Geschichte der Freimaurerei

von
Ferdinand Runkel

Doktor der Philosophie und Magister
der freien Künste

in drei Bänden

Mit einem aktuellen Nachwort von
Dr. Peter Broers, Logenmitglied in Bonn

EDITION
LEMPERTZ

Geschichte der Freimaurerei

von
Ferdinand Runkel

Doktor der Philosophie und Magister
der freien Künste

Erster Band

Erster Band | Inhalt

Vorwort

Die Geschichte der Freimaurerei in Deutschland hat eine erschöpfende Darstellung bis jetzt noch nicht gefunden. Nettelbladt schließt sein bedeutendes Werk im wesentlichen mit dem achtzehnten Jahrhundert ab. Die beiden Forscher, die Kenntnisse und Begabung besaßen, Wilhelm Begemann und August Wolfstieg, planten eine allgemeine Geschichte der Freimaurerei und begannen mit England. Ehe sie jedoch an die Bearbeitung Deutschlands kamen, hat der Tod ihrem Schaffen ein Ziel gesetzt. Überholt ist das Werk von Wilhelm Keller, das, wenn auch nicht immer unparteiisch, eine ganze Reihe wichtiger Urkunden enthält. Findels Geschichte der Freimaurerei ist viel zu polemisch und einseitig, um ein klares Bild von den Erscheinungen zu geben. Friedrich Kneisners Geschichte der deutschen Freimaurerei in ihren Grundzügen ist eine sehr verdienstvolle Arbeit, aber lediglich eine Übersicht, die bei der gebotenen Kürze nur als eine Systematik gewertet werden kann.

Dies Werk soll die geistige Bewegung, die als Freimaurerei bezeichnet wird, erschöpfend darstellen, es soll zeigen, durch welche verschiedenartigen Lichtfilter sie durchgegangen ist, wo sie sich angelehnt hat, aber auch wo sie in ihrem Streben irrte, wo sie sich ins Unfaßbare verlor. Dabei wird der unbefangene Leser finden, daß die Freimaurerei in Deutschland immer nur das Beste gewollt hat, daß sie bereit war und ist, zu dienen am Hochaltar der Menschheit, aber, und das wird leider zu oft verkannt, in erster Linie der deutschen Menschheit, denn wir sind deutsch, wir sprechen deutsch, wir fühlen deutsch und wir beten deutsch.

Deutsch sein heißt volkstümlich sein, darum muß auch dies Werk ein volkstümliches Werk sein.* Der gesamte wissenschaftliche Apparat soll hinter der Darstellung verschwinden. Meine gelehrten Kritiker werden ihn überall herausfühlen, aber der Leser soll durch keine Fußnoten oder Analekten an der unmittelbaren Aufnahme der Geschehnisse gehindert werden. Das ganze Quellenmaterial und die benutzte Literatur finden sich am Schluß zusammengestellt, im Kontext sind nur kurze Hinweise gegeben. So glaube ich ein Werk geschaffen zu haben, das den Leser belehrt und erfreut, ohne ihn anzustrengen. Aus diesem Grunde habe ich auch nur die wichtigsten Urkunden diplomatisch treu wiedergegeben. Die weniger wichtigen und Briefe erscheinen in moderner Rechtschreibung.

Je weiter die Arbeit fortschritt, desto größer wurde in mir die Bewunderung unseres Ordensbruders, Christian Carl Friedrich Wilhelm Freiherrn von Nettelbladt (1779 bis 1843), der in seinen erst als Privatdruck erschienenen historischen Instruktionen, nachmals unter dem Titel „Geschichte der Freimaurerischen Systeme" veröffentlicht, den Grund zur kritischen Betrachtung freimaurerischer Probleme gelegt hat. Ich will nicht verfehlen, hier den Manen dieses bedeutenden freimaurerischen Forschers, dessen über den Dingen stehendes Urteil heute noch zu Recht besteht, den Dank und die Anerkennung zu zollen, die ihm gebühren. Seinen umfangreichen handschriftlichen Nachlaß habe ich mit erheblichem Vorteil benutzen können.

Für die bildliche Ausstattung waren mir in besonders entgegenkommender Weise behilflich die preußische Staatsbibliothek und das Kupferstichkabinett. Die große National-Mutterloge zu den „drei Weltkugeln" sowie die Große Landesloge der Freimaurer von Deutschland haben mir bereitwillig ihre wertvollen Schätze zur Reproduktion zur Verfügung gestellt. Außerdem sind mir von ordensbrüderlicher und befreundeter Seite Bilder überlassen worden. Memori mente gratiam persolvo.

Schließlich drängt es mich, meinen Ordensbrüdern Dr. Eugen Müllendorff und Major Felix Witt-Hoë, sowie dem Großarchivar der großen National-Mutterloge zu den „drei Weltkugeln" Bruder Dr. Stephan Kekule von Stradonitz für ihre wertvollen Winke und Ratschläge herzlich zu danken.

Lichterfelde, am Johannisfest 1931.

Ferdinand Runkel.

*Diese Formulierungen mögen aus heutiger Sicht sonderbar klingen, es gilt jedoch zu beachten, dass sie keine deutsch-nationale Färbung aufweisen, sondern die Wahrnehmung des Themas in der Zwischenkriegszeit ausdrücken und vor dem entsprechenden Hintergrund zu betrachten sind. Das Nachwort wird dieses Thema noch einmal aufgreifen. *Dr. Peter Broers*

König Friedrich der Große

Erstes Buch

Im Vorhof des Tempels

I. Das freimaurerische Geheimnis

Es gibt kaum eine Erscheinung des menschlichen Erlebens, die so verschiedenartige Deutungen und Wertungen erfahren hat wie die Freimaurerei. Vielleicht deshalb, weil sie ahnen ließ, daß sie ein Geheimnis besäße, das viele ihrer Anhänger, trotzdem sie die höchsten Erkenntnisstufen erstiegen hatten, nicht fanden, vielleicht weil sie sich absonderte von der übrigen Menschheit und hinter verschlossenen Türen arbeitete. Aber es muß mit aller Entschiedenheit ausgesprochen werden, daß die Freimaurerei selbst niemals und nirgends in ihren Ritualen behauptet hat, ein Geheimnis zu besitzen. Sie warnt vielmehr ihre werdenden Jünger bei der Aufnahme davor, seltsame Dinge zu erwarten, die in der Loge geschehen würden. Ebensowenig war die Freimaurerei von Anfang an bestimmt, eine geheime Gesellschaft zu sein. Sie hat zu allen Zeiten versucht, sich logisch zum Weltganzen einzustellen, und sich erst auf sich und in die Klausur zurückgezogen, als sie einsah, daß die Masse Mensch ihr feindlich gegenübertrat. Sicher ist es richtig zu sagen, die Freimaurerei hat kein Geheimnis, sondern sie ist ein Geheimnis.

Die Tragik aller großen Ideen ist, daß sie zu ihrer Gestaltung der Menschen bedürfen, die je nach Temperament und Charakter, nach Verstand und Empfindung sie von ihren wesentlichen Grundlagen abdrängen, verändern und sogar ihres eigentlichen Inhalts berauben. In der Geschichtschreibung vollzieht sich etwas Ähnliches, besonders wenn es sich um eine so umstrittene Erscheinung wie Freimaurerei handelt. Jede Darstellung spiegelt die Individualität des Verfassers wider. Da ich seit mehr als dreißig Jahren der Großen Landesloge der Freimaurer von Deutschland angehöre, so ist meine Individualität eindeutig bestimmt. Es darf jedoch nicht angenommen werden, daß alles, was in diesem Werk vorgetragen wird, offizielle Lehrmeinung meines Ordens wäre. Es muß mit aller Entschiedenheit betont werden, daß ich nur meine eigene wissenschaftliche Überzeugung vortrage, die nicht als

Auffassung der Großen Landesloge angesprochen werden darf. Ich muß sogar für mich jede einseitige Orientierung ablehnen, denn ich glaube mir die volle Objektivität des vorurteilslosen Geschichtschreibers gewahrt zu haben. Das hindert natürlich nicht, daß ich in unverbrüchlicher Treue und Verehrung an meinem Orden hänge, denn er ist das Ideal meines freimaurerischen Lebens.

Was als echte freimaurerische Überlieferung gilt, sind die Rituale, die in Form von Zwiegesprächen, ähnlich wie die Stundengebete der katholischen Priester, die sogenannten Breviergebete, eine seelische Vorbereitung der Brüderschaft bewirken sollen. Sie sind das einzig wirklich Alte, aber man hat auch an ihnen so viel umgestalten zu müssen geglaubt, daß es schon einer ernsten text-kritischen Arbeit bedarf, um das Ursprüngliche wieder auszuschälen. Neben diesem reinen Ritual haben die führenden Meister Gesetze und Verordnungen erlassen, Erklärungen zu dem Ritual gegeben, die wohl zu den Akten gehören, aber nicht das urtümlich Zeitlose sind. In diesem zweiten Teil, den wir als Ausführungsbestimmungen im modernen Sinn bezeichnen können, ist allerdings von einem Geheimnis die Rede, das aber nur die Geschichte der Entstehung des Ordens betrifft. Das achtzehnte Jahrhundert freilich hat künstlich Geheimnisse eingewebt, die zum Teil alchymistisch, zum Teil nekromantisch aufgemacht wurden. Die Freimaurerei ist jedoch dafür nicht verantwortlich zu machen.

Mitglieder wie Fremde hat es gegeben und gibt es noch, die alles sinnlich in die Erscheinung Tretende an der Freimaurerei kennen und ihr Wesen doch nicht verstehen. Die Rituale, Eide und Gelübde, Gesetze und Gebräuche sind durch Verräterschriften und Veröffentlichungen anderer Art von Prichard anfangend längst in der Welt bekannt. Aber das sind Äußerlichkeiten, Gerüste der Idee, die nur dem lebendig werden, der sie erlebt, in die man alles hineinlegen kann, was man will, das religiöse Phänomen, das kulturelle, das politische, ja sogar auch das wirtschaftliche Phänomen aller der Lustren, Dezennien und Säkulen, die von der Freimaurerei durchlebt worden sind. Es ist ein Irrtum, zu glauben, man könne die Freimaurerei in ihren äußeren Ausdrucksformen wissenschaftlich durchdringen, mit der kritischen Sonde den Grundstein ihres Geheimnisses erreichen.

Also doch ein Geheimnis! Ja, aber ein Geheimnis ganz anderer Art, als es von den Uneingeweihten, denen außerhalb des Ordens, angenommen wird. Das wahre Geheimnis der Freimaurerei ist ihr innerstes Wesen. Und wenn wir richtig ihre Geschichte schreiben, das heißt, wenn wir nicht nur das äußere Geschehen aus den vorhandenen Urkunden darstellen, sondern wenn wir die Phänomenologie ihres Geistes entwickeln, dann wird sich auch dem Fremden ihre Wesenheit, ihr Geheimnis enthüllen.

Denn die Freimaurerei hat doch ein Geheimnis, wenn auch in ihren Ritualen nichts davon gesagt wird, aber kein Wissender kann dies Geheimnis je verraten, weil ihm die erdgeborene Ausdrucksfähigkeit dafür fehlt, denn das Geheimnis ist nicht okkult, nicht mystisch, es ist vielmehr metaphysisch.

Mit besonderer Absicht lehne ich den Ausdruck „mystisch" ab, weil er mißverständlich ist und den nicht Eingeweihten leicht einen falschen Begriff von Freimaurerei geben konnte. Und da das achtzehnte Jahrhundert von der Rosenkreuzerei herkommende magische und spiritistische Gedanken in die Freimaurerei einzuschmuggeln versuchte, könnte man das, was man heute unter Mystik versteht: Spiritismus, Tischrücken, Anthroposophie und Weißenbergerei, in den Logen vermuten. Das ist aber keineswegs der Fall.

Und wenn wir uns mit den Ausdrücken Metaphysik und Mystik auseinandersetzen wollen, so ist es klar, daß beide Begriffe sich sehr eng begegnen. Mystik ist nichts anderes als theologische Metaphysik oder metaphysische Theologie. Diese Antithese bedarf einer kurzen Erklärung. Beide Erscheinungen, die Metaphysik wie die Mystik, sind nicht spezifisch christlich, sondern wurzeln in der heidnischen Philosophie. Metaphysik ist die Forschung nach den letzten Gründen des Seins, Mystik will das Wesen der Seele und ihre Bereinigung mit Gott erforschen. Der größte und tiefste deutsche Mystiker, der Dominikaner Meister Eckart (geb. um 1250), beruft sich öfter auf den großen altgriechischen Meta-Physiker Platon als den „großen Pfaffen"; und die Mystik des Meisters Eckart kann auch für die Natur des freimaurerischen Geheimnisses in Anspruch genommen werden, wenn er sagt: „Gott ist ein Licht, in sich selbst schwebend in einer stillen Stillheit. Ein ewig Wesen, das sich selbst versteht und erkennt. Das Verständnis des eigenen Lichts, Licht von dem Licht, das ist die ewige Person des Vaters. Der Vater sprach ein Wort, das war sein Sohn. In dem ewigen Wort sprach er alle Dinge. Das Wort des Vaters ist nichts anderes als seine Selbsterkenntnis. Alle Kreaturen stießen aus dem Licht, zu offenbaren das verborgene Licht."

So äußert sich wahre Mystik, nicht Magie und Spiritismus. Aber diese Mystik ist eben theologische Metaphysik, und deshalb bleibe ich bei meiner wissenschaftlichen Überzeugung, das freimaurerische Geheimnis sei metaphysisch. Andere mögen anders urteilen und auch wohl Gründe dafür anführen können, im großen und ganzen ist es nur ein Unterschied im Grade, nicht in der Sache.

Und es ist eine merkwürdige Beobachtung, die wir in der Menschheitsgeschichte machen: Je tiefer der Mensch in die Erkenntnis der Natur, der Physis, eindringt, desto mehr verschließen sich seine Sinne vor dem Metaphysischen.

Und darin liegt auch die Fehlerquelle aller derer, die von der Freimaurerei enttäuscht sind, selbst wenn sie die höchsten Grade besitzen, oder der außerhalb ihrer Stehenden, die sie als Spielerei, einen Mummenschanz oder gar als schädlich, als Werke des Teufels ansehen. Die Freimaurerei birgt in ihren Ritualen weniger, aber in ihren graphischen Zeichen eine Überlieferung von Erkenntnissen metaphysischer Art aus der Jugendzeit der Menschheit, ähnlich wie unsere Volksmärchen nicht grundlose Spiele der Phantasie sind, sondern runenhaftes Erbgut aus paläozoischen Zeiten, wo das Metaphysische dem Menschen noch näherstand. Die Spuren jener Menschen sind verschwunden, aber ihre Weltgebundenheit äußert sich noch in den Formen, die wir als Märchen, Sagen, Legenden und Symbole kennen. Diese Geheimnisse werden wir wohl nie enthüllen. Aber wir können sie erleben, und so ist es auch mit dem Geheimnis der Freimaurerei. Es ist tief verborgen in eines jeden Freimaurers Seele und wird darin zu einer Kraft, die nicht von dieser Erde stammt, sondern eine andere Heimat hat, die jenseits dessen liegt, was unser Verstand erfassen kann. Metaphysisch ist eben jede Erkenntnis, die vom Bedingten zum Unbedingten fortschreitet, also hinter der erfaßbaren Natur das Unfaßbare ergründen will; den sittlichen Wellgrund nennt es Hegel, den dreifach großen Baumeister der Welt nennt es die Freimaurerei, den Quellbrunn aller Kräfte nennt es Jakob Böhme. Diesen Quellbrunn in dem Menschen entwickeln und zum lebhaften Strömen bringen, das ist das Geheimnis der Freimaurerei. Wie der Mensch das Aufspringen und Strömen dieses Quellbrunns erlebt, wie er also das Geheimnis der inneren Erneuung durch den göttlichen Geist empfindet, das kann keiner dem andern verraten.

Geheim bleiben sollen die Erkennungszeichen der Brüderschaft, aber auch diese sind durch unzählige Verräterschriften allgemein bekannt. Daß die Freimaurerei auf sie kein großes Gewicht legt, dürfte dadurch bewiesen sein, daß sie trotz des Verrats die Erkennungsart, Zeichen, Griff und Wort nicht verändert hat.

II. Das Ziel der Freimaurerei

Wenn wir also die Frage nach dem Geheimnis der Freimaurerei als zwecklos nicht stellen wollen, so können wir doch nach ihrem Ziel fragen. Aber schon stocken wir. Es ist eine fromme Phrase, daß die Wege der einzelnen Systeme zwar verschieden, das Ziel aber das gleiche sei. Die englische Freimaurerei hat im wesentlichen gesellschaftliche Ziele und benutzt sie für die Zwecke der imperialistischen Politik des Inselreiches, die romanische Freimaurerei betätigt sich rein politisch und sucht alle einflußreichen Stellungen im Staat durch ihre Mitglieder zu besetzen. In Deutschland scheidet sich die Freimaurerei in die christliche und die humanitäre Richtung, in der ersten nimmt die schwedische Lehrart der Großen Landesloge eine besondere Stellung ein, worauf noch einzugehen sein wird. Jedenfalls ist die Freimaurerei in Deutschland gänzlich unpolitisch. In ethisch-religiöser Beziehung sind Ziele und Wege der beiden deutschen Richtungen grundverschieden, was bei der Darstellung der einzelnen Lehrarten klar in die Erscheinung treten wird.

Wollen wir versuchen, das freimaurerische Ziel auf einen allgemeinen Ausdruck zu bringen, so tun wir das am besten in der ihr eigenen Kunstsprache: Freimaurerei will den Menschen durch Tugend zum Licht führen. Soviel Worte, soviel Symbole. Tugend ist wie Wahrheit und Ehre ein Unfaßbares, verschieden von Zeitalter zu Zeitalter. Ist es die Virtus des Römers, also Mannhaftigkeit, oder ist es die Kalokagathia des Griechen, die Eigenschaft des Guten und Schönen, oder ist es seine Arete, vom Zeitwort aretao = taugen stammend, also Tauglichkeit, Tüchtigkeit? Damit nähert sich die griechische Auffassung der germanischen, denn Tugend gehört zu dem althochdeutschen Verbum tugan = taugen und hat dieselbe Grundbedeutung wie im Griechischen.

Und Licht ist der Gegensatz von Finsternis, das Gute im Gegensatz zum Bösen, das Göttliche im Gegensatz zum Menschlichen, ja schlechthin Gott selbst. Wir müssen auf den Lichtgedanken näher eingehen.

Wenn wir diese Zielsetzung der symbolischen Ausdrucksform entkleiden, so erstrebt die Freimaurerei die Entwicklung eines sittlich wertvollen Menschentums, das sich willig in die Gesellschaftsordnung einfügt, sich bemüht, jedem Mitmenschen mit Wohlwollen zu begegnen, seine Ehre wie die eigene zu achten und ihm nichts zuzufügen, was ihm selbst unangenehm ist. Ein solcher Mensch wäre der körperliche Ausdruck der Tugend, und nur durch Tugend führt nach freimaurerischer Lehre der Weg zum Licht. Über die Tugend sind sich alle freimaurerischen Lehrarten in der Auffassung einig, nicht aber über den Gottesgedanken, der dem Lichtsymbol zugrunde liegt, wie aus dem Prolog des Evangeliums nach Johannes hervorgeht. Und doch ist nur vom Gott-Licht-Gedanken aus wahre Freimaurerei zu finden.

Die Freimaurerei in Deutschland ist in zwei Richtungen gespalten, in die christliche und die humanitäre. Die Großlogen beider Richtungen, der christlichen und der humanitären, sind weltanschaulich vollkommen verschieden eingestellt, ja selbst innerhalb der drei christlichen Großlogen gehen die Auffassungen von Freimaurerei stark auseinander. Unter dem Einfluß der liberalen Bewegung nach der Gründung des Deutschen Reiches, der Kronprinz Friedrich Wilhelm, Ordensmeister der Großen Landesloge der Freimaurer von Deutschland und Protektor der drei altpreußischen Großlogen, stark zuneigte, setzte sich eine Tendenz gegen das christliche Prinzip durch. Die Große National-Mutterloge zu den drei Weltkugeln hat diese Bewegung, die aus dem Kreis ihrer Tochterlogen kam, erst im Jahre 1908 überwunden, als sie den Antrag ihrer Osnabrücker Loge, das christliche Prinzip aufzugeben, ablehnte. Die Große Loge Royal York zur Freundschaft hat im Jahre 1872 das christliche Prinzip für ihre Johannislogen aufgehoben. Die Große Landesloge hat vermöge der Geschlossenheit ihres christlichen Lehrgebäudes Fragen dieser Art nie zu verhandeln gehabt.

Die Freimaurerei ist, das steht unzweifelhaft und unbestritten fest, eine christliche Institution gewesen, als sie im Anfang des achtzehnten Jahrhunderts auf englischem Boden in das Licht der Geschichte trat. Und da die ersten Logen in Deutschland von England aus gegründet wurden, ist auch die deutsche Freimaurerei in ihren Anfängen christlich, aber bestimmt nicht konfessionalistisch gewesen. Sie wollte vielmehr auf das Christentum vor der konfessionellen Scheidung zurückgehen, auf die reine Lehre des Meisters von Nazareth.

Das nur kann der Sinn der „alten Pflichten" sein, wie sie in Andersons Konstitutionenbuch überliefert sind. Für die ersten deutschen Logen waren sie der maßgebende, grundlegende Inhalt ihrer Arbeit, und sie sind es für einen Teil der modernen Freimaurerei heute noch, wenngleich dieser einen wesentlich anderen Weg gegangen ist als die Engländer. Die deutsche Eigenart faßte das Konstitutionenbuch in ihrer vertiefenden, denkerischen Weise auf und gab ihm einen bedeutend wertvolleren Inhalt, indem sie die Gedankenwelt der deutschen Philosophie in die leere Hülle einströmen ließ.

Die Auffassung, daß auch Nichtchristen in die Logen aufgenommen werden könnten, stützte sich auf eine Wendung in der ersten der alten Pflichten, wo es heißt, daß es jetzt (1723) für zweckmäßig gehalten werde, die Maurer nur zu derjenigen Religion zu verpflichten, in der alle Menschen übereinstimmen.

Es kann heute als sicher feststehend angenommen werden, daß mit dieser Wendung nur die christliche Religion gemeint sein konnte. Anderson war strenggläubiger presbyterianischer Geistlicher, für ihn kann die Religion, in der alle Menschen übereinstimmen, nur die christliche gewesen sein. Mohammedaner kamen für England nicht in Frage, Anderson hatte sie im geschichtlichen Teil seines Konstitutionenbuches als diejenigen bezeichnet, deren einziger Plan auf die Zerstörung der Welt durch Feuer und Schwert ausginge. Und die Juden nahmen in England eine sehr untergeordnete Stellung ein, erst 1723 erlangten sie das Recht, Grundbesitz zu erwerben, und vor 1753 konnten sie nicht Staatsbürger werden. Außerdem hatte Anderson eine Schrift über die Dreieinigkeit geschrieben, die sich auch entschlossen gegen die Juden richtete. Endlich betonte er die Geburt Christi unter Augustus im Konstitutionenbuch besonders und nennt ihn Gottes Messias, den großen Architekten der Kirche. In einem auch für Juden bestimmten Konstitutionsbuch wäre eine so entschieden christlich gefaßte Bemerkung kaum am Platze gewesen. Anderson kann keine allgemeine weltbürgerliche Religion gemeint haben, die es ja in der Tat nicht gab, sondern nur das Gemeinsame der christlichen Religionen Englands, wie sie sich auch nannten.

Erst im Jahre 1732 sind in England jüdische Freimaurer mit Sicherheit nachzuweisen. (Begemann.)

Die erste Entwicklung der Freimaurerei mit Ausnahme der Logen schwedischen Systems hat ihren Ausgang von den englischen Logen genommen. Wenn man nun auch nicht sagen kann, wie dies vielfach geschehen ist, daß sie lediglich gesellschaftliche Klubs gewesen wären, denn wir besitzen aus den Jahren zwischen 1717 und 1750 ideale Äußerungen geistig hochstehender Männer aus dem Kreis der englischen Freimaurer, so war es doch erst der deutsche Geist, der einen Bruderbund geschaffen, der auf dem Boden eines dogmenfreien Christentums die sittliche Persönlichkeit in edelster Form zu entwickeln trachtete. In diesem Gedankenkomplex berühren sich Christentum und Humanität, die beiden weltanschaulichen Richtungsgedanken der Freimaurerei in Deutschland, aufs engste. Die christlichen Großlogen stehen auf dem unverrückbaren Standpunkt, daß ohne Christentum eine wahre Humanität nicht denkbar sei.

Da die deutsche Freimaurerei in einem Teil ihrer Logen noch heute die alten Pflichten als Grundlage ihrer geistigen Arbeit und ihrer Ethik ansieht, so mögen sie hier nach der trefflichen Übersetzung Begemanns aus Andersons Konstitutionenbuch von 1723 mitgeteilt werden. Ich muß jedoch hier feststellen, daß die Große Landesloge der Freimaurer von Deutschland, die ihre Akten aus Schweden erhielt, niemals die alten Pflichten anerkannt hat. Für uns Mitglieder dieses Ordens ist das Andersonsche Konstitutionsbuch lediglich eine historische Erscheinung, die keinerlei bindende Kraft für unser freimaurerisches Leben und Handeln hat.

Nunmehr folgen die alten Pflichten im Wortlaut:

Gott und die Religion.

Ein Maurer ist durch seine Berufspflicht gehalten, dem Sittengesetz zu gehorchen; und wenn er die Kunst recht versteht, wird er nie ein törichter

Gottesleugner der ein ungläubiger Freigeist sein. Aber obwohl in alten Zeiten die Maurer verpflichtet waren, in jedem Lande der Religion jenes Landes oder Volks anzugehören, welche es auch war, so wird es doch jetzt für zweckmäßiger gehalten, sie nur zu derjenigen Religion zu verpflichten, in der alle Menschen übereinstimmen, indem man ihre besonderen Meinungen ihnen selbst überläßt, nämlich: gute und redliche Männer zu sein, Männer von Ehre und Rechtschaffenheit, durch was für Benennungen oder Überzeugungen sie sich auch unterscheiden mögen. Dadurch wird die Maurerei der Einigungspunkt und das Mittel, unter Leuten, die einander beständig hätten fremdbleiben müssen, treue Freundschaft zu stiften.

Von der höheren und niederen bürgerlichen Obrigkeit.

Ein Maurer ist ein friedlicher Untertan der bürgerlichen Gewalten, wo er auch wohnen oder arbeiten mag, und darf sich nie bei Anschlägen oder Verschwörungen gegen den Frieden und die Wohlfahrt des Volks beteiligen, auch sich nicht unbotmäßig gegen niedere Obrigkeiten betragen; denn da die Maurerei immer durch Krieg, Blutvergießen und Unordnung geschädigt worden ist, so sind frühere Könige und Fürsten sehr geneigt gewesen, die Zunftleute wegen ihrer Friedlichkeit und Staatstreue, wodurch sie die Verleumdungen ihrer Gegner mit der Tat widerlegten, zu ermutigen, und förderten die Ehre der Brüderschaft, die immer in Friedenszeiten blühte. Wenn daher ein Bruder ein Aufrührer gegen den Staat sein sollte, darf er nicht in seiner Auflehnung unterstützt werden, so sehr man ihn als einen Unglücklichen bedauern mag; und wenn er keines andern Verbrechens überführt ist, obwohl die staatstreue Brüderschaft seine Auflehnung verleugnen müßte und sollte, um der jeweiligen Regierung keinen Verdacht oder Grund zu politischem Mißtrauen zu bieten, so kann man ihn nicht aus der Loge stoßen, und seine Verbindung mit ihr bleibt unauflöslich.

Von den Logen.

Eine Loge ist ein Ort, wo Maurer sich versammeln und arbeiten; daher wird auch jene Versammlung oder gehörig eingerichtete Gesellschaft von Maurern eine Loge genannt, und jeder Bruder sollte einer angehören und sich ihren Satzungen und den Allgemeinen Verordnungen unterwerfen. Sie ist entweder eine einzelne oder eine allgemeine, man lernt sie am besten kennen, wenn man sie besucht, und durch die hier angehängten Verordnungen der Allgemeinen oder Großen Loge. In alten Zeiten durfte ihr kein Meister oder Genoß fernbleiben, besonders wenn er erinnert wurde, zu

Titelkupfer des Konstitutionen-Buchs von 1723

erscheinen, ohne sich einer strengen Strafe auszusetzen, bis der Meister und die Aufseher sich überzeugten, daß reine Notwendigkeit ihn verhinderte.

Die Leute, die als Mitglieder einer Loge zugelassen werden, müssen gute und redliche Männer sein, freigeboren, von reifem und besonnenem Alter, keine Leibeignen, keine sittenlosen und anstößigen Männer, sondern von gutem Ruf.

Von Meistern, Aufsehern, Genossen und Lehrlingen.

Jedes Ehrenamt unter Maurern gründet sich allein auf wahren Wert und persönliches Verdienst, damit die Bauherren gut bedient, die Brüder nicht in Schande gebracht und das königliche Handwerk nicht verachtet werden. Deshalb wird kein Meister oder Aufseher nach dem Alter gewählt, sondern nach dem Verdienst. Es ist unmöglich, diese Dinge näher schriftlich anzugeben, jeder Bruder muß an seinem Platz aufpassen und sie auf eine dieser

Brüderschaft eigentümliche Weise lernen; nur das mögen Bewerber wissen, daß kein Meister einen Lehrling nehmen sollte, wenn er nicht genügende Beschäftigung für ihn hat, und wenn er nicht ein vollkommener junger Mensch ist, ohne Verstümmelung oder Gebrechen an seinem Körper, die ihn unfähig machen können, die Kunst zu lernen, seines Meisters Bauherrn zu dienen, sowie zum Bruder und dann in gehöriger Zeit zum Zunftgenossen gemacht zu werden, nachdem er eben einen solchen Zeitraum von Jahren gedient hat, wie der Brauch des Landes vorschreibt; und daß er von ehrlichen Eltern abstammen sollte, damit er, wenn sonst tauglich, zu der Ehre gelangen kann, der Aufseher und dann der Meister der Loge, der Großaufseher und endlich der Großmeister aller Logen zu sein, je nach seinem Verdienst.

Kein Bruder kann Aufseher sein, ehe er den Grad eines Zunftgenossen durchgemacht hat, auch nicht Meister, ehe er als Aufseher gewirkt hat, auch nicht Großaufseher, ehe er Meister einer Loge gewesen ist, auch nicht Großmeister, wenn er nicht vor seiner Wahl Zunftgenosse gewesen ist, auch muß dieser edelgeboren sein oder ein vornehmer Mann von feinsten Sitten oder ein hervorragender Gelehrter oder ein bedeutender Baumeister oder anderer Künstler, der von ehrlichen Eltern stammt und nach der Meinung der Logen von besonders großem Verdienst ist. Und zur besseren und leichteren und ehrenvolleren Verwaltung seines Amts hat der Großmeister Vollmacht, sich selbst einen Abgeordneten Großmeister zu wählen, der Meister einer Einzelloge sein oder gewesen sein muß, und der hat das Vorrecht, alles zu verrichten, was der Großmeister, sein Vorgesetzter, zu verrichten hätte wenn der besagte Vorgesetzte nicht gegenwärtig ist oder durch ein Schreiben sich seine oberste Gewalt nicht vorbehält. Diesen höheren und niederen Leitern und Lenkern der alten Loge müssen alle Brüder in ihren betreffenden Stellungen gehorchen, gemäß den alten Pflichten und Verordnungen, in aller Ergebenheit, Ehrfurcht, Liebe und Freudigkeit.

Von der Führung der Zunft bei der Arbeit.

a) Alle Maurer sollen ehrlich an Werktagen arbeiten, damit sie an Feiertagen anständig leben können, und die vom Gesetz des Landes bestimmte oder durch Herkommen festgesetzte Zeit soll beobachtet werden.

b) Der Geschickteste der Zunftmännergenossen soll als der Meister oder Oberleiter bei des Bauherrn Werk gewählt oder ernannt werden, und er ist Meister zu nennen von denen, die unter ihm arbeiten. Die Zunftmänner haben jede Schimpfrede zu vermeiden und einander nicht mit beleidigenden Namen zu benennen, sondern Bruder oder Genoß; auch sollen sie sich in und außer der Loge höflich benehmen.

c) Der Meister, wenn er seiner Kunsttüchtigkeit bewußt ist, soll des Bauherrn Werk so preiswürdig wie möglich übernehmen und redlich dessen Vermögen verwenden, als wäre es sein eigenes; auch soll er keinem Bruder oder Lehrling mehr Lohn geben, als er wirklich verdient.

d) Sowohl der Meister wie die Maurer sollen, wenn sie ihren Lohn rechtmäßig erhalten, dem Bauherrn treu sein und ihr Werk ehrlich vollenden, sei es Stückarbeit oder Tagewerk; auch sollen sie das Werk nicht in Stücklohn bringen, das herkömmlich in Tagelohn geht.

e) Keiner soll Neid zeigen über den Erfolg eines Bruders, auch ihn nicht verdrängen oder aus seinem Werk bringen, wenn er fähig ist, es zu vollenden; denn niemand kann eines andern Werk so sehr zu des Bauherrn Vorteil vollenden, wenn er nicht mit den Zeichnungen und Rissen dessen, der es begann, völlig vertraut ist.

f) Wenn ein Zunftmanngenoß zum Aufseher des Werks unter dem Meister gewählt wird, soll er sowohl dem Meister wie den Genossen treu sein, soll sorgsam in des Meisters Abwesenheit das Werk zu des Bauherrn Vorteil beaufsichtigen, und seine Brüder sollen ihm gehorchen.

g) Alle beschäftigten Maurer sollen bescheiden ihren Lohn nehmen, ohne Murren oder Auflehnung, und den Meister nicht verlassen, bis das Werk vollendet ist.

h) Ein jüngerer Bruder soll in der Arbeit unterrichtet werden, um zu verhindern, daß er aus Mangel an Verständnis die Bausteine verderbe, sowie zur Vermehrung und Förderung der Brüderlichen Liebe.

i) Alle bei der Arbeit gebrauchten Werkzeuge sollen von der Großloge genehmigt werden.

k) Kein Handlanger soll bei dem eigentlichen Werk der Maurerei beschäftigt werden; auch sollen Freie Maurer nicht mit solchen arbeiten, die nicht frei sind, ohne zwingende Notwendigkeit; auch sollen sie Handlanger und nichtangenommene Maurer nicht lehren, wie sie einen Bruder oder Genossen lehren sollten.

Vom Benehmen,

1. In der Loge, solange sie gestaltet ist.

Ihr sollt nicht Sonderberatungen oder getrennte Besprechungen halten, ohne Erlaubnis vom Meister, auch nicht von etwas Ungehörigem oder unziemlich reden, auch nicht den Meister oder die Aufseher oder einen Bruder, der zum Meister spricht, unterbrechen; auch sollt ihr keine Possen oder Scherz treiben, während die Loge mit etwas Ernstem und Feierlichem beschäftigt ist, und keine unpassenden Reden führen, unter welchem Vorwande es auch sei, sondern ihr sollt euerm Meister, euern Aufsehern und Genossen schuldige Achtung bezeigen und ihnen Ehrerbietung erweisen.

Wenn eine Klage vorgebracht wird, soll der schuldig befundene Bruder sich dem Urteil und der Entscheidung der Loge stellen, wo die eigentlichen und zuständigen Richter in allen solchen Streitigkeiten sind (wenn ihr es nicht durch Berufung an die Großloge bringt), und denen sie vorgetragen werden sollten, wenn nicht eines Bauherrn Werk unterdessen aufgehalten wird, in welchem Falle ein Einzelschiedsspruch bewirkt werden kann; aber ihr dürft in dem, was die Maurerei betrifft, nie vor Gericht gehen, wenn es nicht der Loge unbedingt notwendig erscheint.

2. Benehmen, wenn die Loge zu Ende ist und die Brüder noch nicht gegangen sind.
Ihr mögt euch in unschuldiger Heiterkeit erfreuen, indem ihr einander nach Vermögen bewirtet, aber ihr sollt jedes Übermaß vermeiden und keinen Bruder nötigen, über seine Neigung zu essen oder zu trinken, oder ihn am Gehen hindern, wenn seine Geschäfte ihn rufen, oder irgend etwas Anstößiges sagen oder tun, oder was eine ungezwungene und freie Unterhaltung stören kann; denn das würde unsern Einklang sprengen und unsere löblichen Zwecke vereiteln. Deshalb dürfen keine persönlichen Reibereien oder Streitigkeiten über die Schwelle der Loge gebracht werden, weit weniger noch Streitigkeiten über Religion oder Nationen oder Staatsverwaltung, da wir als Maurer nur der obenerwähnten Allgemeinen Religion angehören; wir gehören auch zu allen Nationen, Zungen, Stämmen und Sprachen und erklären uns gegen alle politische Erörterungen, da sie nie bisher zum Wohl der Loge beigetragen haben und auch niemals beitragen werden. Diese Pflicht ist stets streng eingeschärft und beobachtet worden, aber besonders allezeit seit der Reformation in Britannien oder der Scheidung und Trennung dieser Nationen von der Gemeinschaft mit Rom.

3. Benehmen, wenn Brüder sich treffen ohne Fremde, aber nicht in einer geöffneten Loge.
Ihr habt einander in höflicher Weise zu grüßen, wie man euch unterrichten wird, indem ihr einander Bruder nennt und freimütig wechselseitige Belehrung gebt, wie sie angemessen erscheint, ohne beobachtet und belauscht zu werden, ohne Anmaßung gegeneinander oder Schmälerung der Achtung, die man jedem Bruder schuldet, wäre er auch kein Maurer; denn obwohl alle Maurer als Brüder auf derselben Waagerechten stehen, so nimmt doch die Maurerei keinem Manne die Ehre, die er zuvor besaß; sie erhöht vielmehr seine Ehre; besonders wenn er sich wohlverdient gemacht hat um die

Brüderschaft, die demjenigen Ehre geben muß, dem sie gebührt, und unfeine Sitten vermeiden soll.

4. Benehmen in Gegenwart Fremder, die keine Maurer sind.

Ihr sollt vorsichtig in euern Worten und in eurer Aufführung sein, damit der scharfsinnigste Fremde nicht zu entdecken oder herauszufinden vermag, was ihm nicht anvertraut werden darf; manchmal sollt ihr ein Gespräch ablenken und es klüglich leiten zur Ehre der ehrwürdigen Brüderschaft.

5. Benehmen zu Haus und in eurer Nachbarschaft.

Ihr sollt handeln, wie es einem sittlichen und weisen Manne geziemt; besonders sollt ihr eure Familie, eure Freunde und eure Nachbarn die Angelegenheiten der Loge usw. nicht wissen lassen, sondern weislich eure eigene Ehre und die der alten Brüderschaft zu Rate ziehen, aus Gründen, die hier nicht zu erwähnen sind. Ihr müßt auch eure Gesundheit zu Rate halten, dadurch, daß ihr nicht zu spät zusammenbleibt oder zu lange von Haus, nachdem die Logenstunden vorüber sind, und dadurch, daß ihr Schlemmerei und Trunkenheit vermeidet, damit ihr eure Familien nicht vernachlässigt oder schädigt, auch ihr selbst nicht untauglich zur Arbeit werdet.

6. Benehmen gegen einen fremden Bruder.

Ihr sollt ihn vorsichtig prüfen, in solcher Weise, wie die Klugheit euch leiten wird, damit ihr nicht von einem unwissenden falschen Heuchler betrogen werdet, den ihr mit Verachtung und Spott zurückweisen und dem ihr euch hüten müßt, irgendwelche Winke eurer Kenntnis zu geben.

Aber wenn ihr entdeckt, daß er ein treuer und echter Bruder ist, sollt ihr ihn demgemäß achten, und wenn er in Not ist, müßt ihr ihm helfen, wenn ihr könnt, oder ihn sonst anleiten, wie er Hilfe finden kann; ihr müßt ihn einige Tage beschäftigen oder sonst ihn zur Beschäftigung empfehlen. Aber ihr seid nicht verpflichtet, über euer Vermögen zu tun, sondern nur, einen armen Bruder, der ein guter und redlicher Mann ist, allen andern armen Leuten in denselben Verhältnissen vorzuziehen.

Zum Schluß: Alle diese Pflichten sollt ihr beobachten, wie auch diejenigen, die euch auf andere Weise werden mitgeteilt werden, indem ihr Brüderliche Liebe pflegt, den Grundstein und Schlußstein, den Kitt und Ruhm dieser alten Brüderschaft, indem ihr alles Zanken und Streiten, alles Verleumden und Afterreden vermeidet, auch andern nicht gestattet, einen ehrlichen Bruder zu verleumden, sondern seinen Charakter verteidigt und ihm alle guten Dienste leistet, soweit es mit eurer Ehre und Wohlfahrt vereinbar ist, und nicht weiter. Und wenn einer von ihnen euch unrecht tut, müßt ihr euch an eure eigene oder an seine Loge wenden, und von da mögt ihr Berufung einlegen bei der Großen Loge in der Vierteljahresversammlung und von da bei der jährlichen Großen Loge, wie das alte löbliche Verfahren unserer Vorväter bei jedem Volk gewesen ist, indem ihr immer erst dann zu einem gerichtlichen Verfahren greift, wenn der Fall anders nicht entschieden werden kann, auch geduldig hört auf den ehrlichen und freundlichen Rat von Meister und Genossen, wenn sie euch zurückhalten möchten, mit Fremden vor Gericht zu gehn, oder wenn sie euch antreiben möchten, alle Rechtshändel schnell abzumachen, damit ihr die Sache der Maurerei mit um so mehr Freudigkeit und Erfolg betreiben könnt; aber gegenüber Brüdern und Genossen, die vor Gericht gegangen sind, sollten der Meister und die Brüder freundlich ihre Vermittlung anbieten, der sich die streitenden Brüder dankbar unterwerfen sollten; und wenn solche Unterwerfung untunlich ist, so müssen sie doch ihren Rechtsstreit oder Rechtshandel ohne Zorn und Groll weiterführen (nicht in der gewöhnlichen Weise), indem sie nichts sagen oder tun, was die Brüderliche Liebe sowie die Erneuerung und Fortsetzung guter Dienste hindern kann, damit alle den wohltätigen Einfluß der Maurerei sehen mögen, wie alle echten Maurer von Anfang der Welt an getan haben und bis ans Ende der Zeit tun werden.

Amen, so möge es sein!

Diese Pflichten, die Anderson, wie jetzt einwandfrei feststeht, aus den alten Zunftakten entnommen und bearbeitet hat, bildeten für einen Teil der deutschen Logen die Grundlage für ihre Gesetze, wenigstens im achtzehnten Jahrhundert.

Anderson ist in den neuesten freimaurerischen Schriften, insbesondere von Wilhelm Begemann, sehr scharf angegriffen worden, vor allem wegen seines Abrisses der Geschichte der Freimaurerei. Aber wir glauben, daß man mit ihm zu streng ins Gericht gegangen ist. Natürlich konnte er nicht mit dem Rüstzeug der modernen Wissenschaft arbeiten, er war befangen in dem Kulturzustand seiner Zeit, eine romantische, durchaus unkritische Natur.

Es ist selbstredend nicht wörtlich zu nehmen, wenn Anderson in seiner geschichtlichen Darstellung bis auf Noah zurückgeht und von den Söhnen Noahs, den Noachiden, als den ersten Maurern erzählt. Auf diese Noachiden kommt er in der zweiten Fassung des Konstitutionenbuches aus dem Jahre 1738 noch einmal zurück, und zwar nicht nur in der geschichtlichen Darstellung, sondern auch in den Pflichten.

Die erste Pflicht nach dieser Umarbeitung lautet folgendermaßen:

„Ein Maurer ist durch seine Berufspflicht gehalten, das Sittengesetz zu beobachten, wie ein echter Noachida; und wenn er das Handwerk recht versteht, wird er nie ein törichter Gottesleugner oder ein ungläubiger Freigeist sein, auch nicht gegen das Gewissen handeln. In alten Zeiten waren die christlichen Maurer verpflichtet, sich den christlichen Gebräuchen jenes Landes anzupassen, wo sie wanderten oder arbeiteten; da aber die Maurern bei allen Völkern gefunden wird, selbst von verschiedenen Religionen, sind sie jetzt nur verpflichtet, derjenigen Religion anzuhangen, in der alle Menschen übereinstimmen (indem man jeden Bruder seinen eignen besonderen Meinungen überläßt), nämlich, gute und redliche Männer zu sein, Männer von Ehre und Rechtschaffenheit, durch was für Namen, Religionen und Überzeugungen sie sich auch unterscheiden mögen; denn sie alle stimmen in den drei großen Artikeln Noahs überein, genug, um den Kitt der Loge zu erhalten. So wird die Maurerei ihr Einigungspunkt und das glückliche Mittel, Leute zu verbinden, die sonst einander beständig hätten fremd bleiben müssen."

Es drängt sich die Frage auf, wie kam Anderson auf die Noachiden. Die Erklärung verdanken wir Begemann, der ein Schreiben aufgefunden hat, das die Beziehung herstellt. Die Brüder in Kalkutta hatten laut Protokoll vom 13. Dezember 1733 zehn Guinen für die Charity und eine Kiste mit Arrak für die Großloge gesandt, wofür ihnen gedankt werden sollte. Der Dankbrief ging aus Gründen, die hier nicht von Bedeutung sind, erst Ende 1735 oder Anfang 1736 ab, und der vierte Abschnitt lautet folgendermaßen:

„Die Vorsehung hat Ihre Loge in die Nähe jener gelehrten Inder gesetzt, die sich gern Noachidae nennen lassen, denn die strenge Beobachtung seiner (d. i. Noahs) Vorschriften wird in jenen Gegenden gelehrt von den Schülern des großen Zoroasters, des gelehrten Archimagus von Bactrien, eines Großmeisters der Magier, dessen Religion vielfach in Indien bewahrt wird (die uns nicht weiter angeht), ebenso viele der Rituale der alten Brüderschaft, die zu seiner Zeit gebraucht wurden, vielleicht mehr, als sie sich selbst bewußt sind. Nur wenn es sich mit Ihren anderen Geschäften vereinigen läßt, in jenen Gegenden die Überbleibsel der alten Maurerei zu entdecken und sie uns zu übermitteln, würden wir alle dankbar sein."

Aus diesem Schreiben scheint hervorzugehen, daß die indischen Brüder Kenntnis von Vereinigungen erlangt hatten, die ähnliche Tendenzen verfolgten wie die Freimaurerei und sich vielleicht auch Söhne Noahs nannten – vielleicht mohammedanische Sekten. – Es ist auch nicht unwahrscheinlich, daß Anderson diese Kenntnis benutzt hat, um seine Neuausgabe des Konstitutionenbuches zu vervollständigen. Aber Begemann tut Unrecht, ihm einen Vorwurf daraus zu machen, daß er Noachidae als ersten Namen der Maurer bezeichnet.

Die Wanderung des Mythos ist geheimnisvoll wie der Mythos selbst, er ist die Form, in der primitive Menschen die Offenbarung Gottes durch die Natur ausdrücken. Und sie trugen ihren Glauben, ihre Sehnsucht und ihre Hoffnung auf ihren Wanderungen mit sich. Er war derselbe Glaube, dieselbe Sehnsucht und dieselbe Hoffnung, die unser Leben bewegen und tragen, vielleicht auch ethnische Elementargedanken, wie es Adolph Bastian nennt. So hat sich auch der Name der Söhne Noahs, der Noachiden, bis zu den Anfängen der englischen Großloge erhalten; wie ein geistiges Fanal flammte er im fernen Bengalen auf und warf seinen leuchtenden Widerschein bis an Englands neblige Küste.

Wer aber waren die Noachiden? Die Söhne Noahs nach der Sprachform. Und so fragen wir, wer war Noah? Noah war schon zur Zeit, da die Quellen der Genesis aufgezeichnet wurden, das Symbol des Sonnengottes, des babylonischen Nebo, also ein Lichtträger. Die alten Hebräer hatten von ihren heidnischen Nachbarn religiöse Anschauungen und kultische Gebräuche angenommen, und so haftet an Noah unendlich viel von dem babylonischen Sonnenmythos. Vor allem ist er der Bringer der neuen Lichtzeit. Sein Name spricht deutlich. Schon 1. Moses 5, 29 bezeichnet ihn als den Bringer der neuen Zeit, es klingt sogar das Erlösermotiv dort an: „Und nannte seinen Namen Noah, um zu sagen, dieser wird uns trösten wegen unserer Arbeit und der Mühsal unserer Hände, an dem Boden, den der Herr verflucht hat." Auch der Weinstock, den Noah pflanzt, ist ein Symbol der neuen Zeit.

Anderson legt Noah und seinen Söhnen die Erhaltung der alten Maurerwissenschaft bei, sie seien alle echte Maurer gewesen und hätten die Überlieferungen und Künste der Vorsintflutler mit sich über die Flut gerettet. Begemann tadelt diese Auffassung Andersons als eine Unterschiebung, weil sie mit der Zunftsage nicht übereinstimme. Und doch hat Anderson offenbar noch andere Quellen gehabt, die Begemann nicht kannte, denn der babylonische Noah, Xisuthros, von dem uns Berossos berichtet, hat auf Befehl Bels – in der griechischen Quelle Chronos – alle Dinge nach Anfang, Mitte und Ende aufgeschrieben und in der Stadt Sippar niedergelegt. Nach Ablaufen der Flut habe ihm Bel befohlen, nach Babylon zurückzukehren, die Schriften aus Sippar zu entnehmen und unter den Menschen zu verbreiten.

Diese Verbindung der babylonischen Sintflutlegende mit Noah beweist, daß Anderson Berossos, den Josephus und Eusebios in ihren Schriften anziehen, kannte oder mindestens von Kennern auf die Quelle aufmerksam gemacht wurde.

Und nun das Endergebnis: Die Noachiden sind die Söhne der Sonne, des Lichtes, mit andern Worten Kinder Gottes; diejenigen, die die Gotteskindschaft als seelisches Erlebnis besitzen, und zwar alle, die zu dem inneren Bund der Lichtsucher gehören, nicht erst diejenigen, die seit zweihundert Jahren das Gebrauchtum der alten Werklogen angenommen haben. Anderson hat also – und dies muß entgegen Bogemanns Auffassung mit aller Bestimmtheit betont werden – nicht so ganz unrecht, wenn er Noachidae als den ersten Namen der Maurer bezeichnet.

Freilich darf man das nicht wörtlich nehmen. Freimaurerorganisationen, wie sie heute bestehen, gibt es trotz aller phantasievollen Hypothesen erst seit dem Anfang des achtzehnten Jahrhunderts. Von allen Verbrüderungen vorher, mögen sie auch ähnliche Formen und Ziele gehabt haben, kann man nur im Sinne Lessings sagen, sie waren Freimaurer ihrer Zeit.

III. Die Lehre vom Licht und vom Wort

Durch Tugend zum Licht, das haben wir als die einfachste Formel für das Ziel der Freimaurerei gefunden. Die Freimaurer sind also Lichtsucher, und zwar alle, welcher Lehrart sie auch angehören mögen. Das Licht ist allen Logen gemeinsam, weil es allen Menschen gemeinsam ist, nur wird es in den verschiedenen Lehrarten symbolisch verschieden aufgefaßt.

Mit dem Licht als naturwissenschaftlichem Problem haben wir uns nicht zu beschäftigen, wir haben nur zu untersuchen, wie das Licht auf die Menschen wirkte und welche Vorstellungen es in ihrem Erleben auslöste, bis es als Mittelpunkt in dem Tempel der Freimaurerei erschien.

Über die Gedankenwelt des Urmenschen, dessen kärgliche Überreste wir in den Sanden von Mauer bei Heidelberg, im Tal der Düssel, dem sogenannten Neandertal, in der Höhle von Crapina, in der Höhle von Le Moustier in Südfrankreich gefunden haben, lassen sich nur Vermutungen aussprechen. Der Mensch ist ein Tagwesen, seine gefährlichsten Feinde, die großen Raubtiere, sind Nachtwesen. Daher war der Mensch, der zur Nacht in Schlaf verfiel, weil er ohne Licht nicht lebensfähig war – Wirket, solange es Tag ist, es kommt die Nacht, da niemand wirken kann –, seinen Feinden rettungslos ausgeliefert. Er zog sich daher zur Schlafzeit in natürliche Höhlen zurück, deren Eingang er durch vorgewälzte Steinblöcke verschloß. Die Nacht war ihm Grauen und Tod, der Tag Erlösung und Leben. So mußte er dahin kommen, im Licht des Tages die lebenschaffende und lebenerhaltende Gottheit zu erkennen und zu verehren.

Die ersten Spuren sprachlicher Festlegung bezeichnen das Licht als Gott, sowohl in der arischen wie in der semitischen Vorstellung. Die altindische Wurzel Div, die dem Gottesnamen Dyaus, Deva, dem griechischen Theos und dem lateinischen Deus zugrunde liegt, bedeutet Glanz, Helle, Licht. Im Altbabylonischen ist der Gott Marduk die Frühlingssonne, Nergal die Herbstsonne. Marduk ist als Weltschöpfer gedacht, ein feiner Gedanke, der eine tiefe Naturbeobachtung voraussetzt, denn durch das Licht wird erst alles Wesen der Erde erkennbar, also geschaffen. Was für den primitiven Menschen nicht sichtbar ist, ist nicht vorhanden, daher ist das Licht für ihn die schaffende Kraft.

Geistig ganz bedeutend höher steht der althebräische Glaube. Diesem ist Gott der alleinige Schöpfer der Welt, aber doch die erste Schöpfertat ist das Licht, nachdem Himmel und Erde geschaffen waren. Gott sprach: Es werde Licht; und es ward Licht. In diesen machtvollen Worten ruhen zugleich zwei Grundpfeiler alles Weltgeschehens: Befehl und Gehorsam. Gott befiehlt, und das Chaos gehorcht und gibt aus der Finsternis das Licht frei, das sich die Frommen der alten Welt als einen allerfeinsten, fast geistigen Stoff vorstellten. Gott scheidet sofort für ewig das Licht von der Finsternis und schafft Tag und Nacht.

Man muß staunen über die hohe Vergeistigung der Vorstellung dieser Schöpfungsgeschichte, die dem Welträtsel des Lichts so ergreifend nahekommt. Es ist eine kosmische Erscheinung, eine Kraft, ein schwingender, sich über die Welt verbreitender Stoff. Viel mehr weiß die heutige Naturwissenschaft auch nicht, sie kennt nur die Bewegungsform des Lichts, sie ist in der Technik, Licht zu erzeugen, unendlich weit fortgeschritten, aber die Natur des Lichts hat sie ebensowenig ergründet wie der schlichtfromme Hebräer, der die Schöpfungsgeschichte auszeichnete. Ihm war die Bedeutung des Lichts wohl klar als göttlichen Ursprunges, ja als Gott selbst, aber es konnte ihm doch auch nicht entgehen, daß von Sonne, Mond und Sternen Licht ausging. Darum mußten Behälter für das Licht geschaffen und an den Himmel gesetzt werden, in denen sich gleichsam der von Gott aus dem Chaos geschaffene Lichtstoff sammelte. Das tat Gott am vierten Schöpfungstag, nachdem schon Pflanzenwuchs die aus dem Meer erhobene Erde bedeckt hatte.

Doch blieb Gott immer die Urquelle des Lichtes. So fragt Saul (1. Sam. 28, 6), als er dem Heer der Philister gegenüberliegt, Jahveh um Rat, der aber antwortet ihm nicht, weder durch Träume noch durch das Licht – die rabbinischen Interpreten sagen durch die Urim – noch durch Propheten. Da wendet sich Saul an die Totenbeschwörerin von En Dor. Also in dieser Zeit, bald nach dem heroischen Zeitalter Israels, war das Licht von Gott ausgehend etwas rein Geistiges, die Erleuchtung des Verstandes. In einem der herrlichen Kapitel des Hiob (38), wo Jahveh aus dem Sturm ruft und seine Allmacht der Ohnmacht des Menschen gegenüberstellt, heißt es wörtlich: „Wo ist der Weg dahin, wo das Licht wohnt, und die Finsternis, wo hat sie ihre Stätte?“ (38, 19). Die Lichtquellen am Himmel kannte Hiob, Jahveh wollte ihn also auf dies höhere Licht hinweisen, von dem der Mensch nicht weiß, von wannen es kommt, auf die göttliche Kraft, zu erleuchten und zu erwärmen.

Immer näher kommt die Menschheit dem freimaurerischen Gedanken des Lichtes, nach dem der Mensch ein Leidender ist, ehe er das Licht empfängt.

Auch die Natur der Lichtverbreitung war den Menschen der Zeit Hiobs, dem achten bis siebenten Jahrhundert vor Christi Geburt, völlig unbekannt, „in welcher Weise dringt das Licht durch und stürmt der Ostwind über die Erde her“ (Hiob 38, 24). Hier setzt Jahveh durch den Mund des hebräischen Dichters die Bewegung des Lichtes gleich der des Sturmes. Und der Sturm ist ja Symbol des göttlichen Geistes. So steht im Anfang der Schöpfungsgeschichte: „Die Erde war wüst und öde, Finsternis lag auf dem Abgrund, und ein göttlicher Sturm fuhr über die Gewässer“ (1. Mos. 1, 2). Weitere Gleichsetzungen finden sich in den Psalmen. In bezug auf Jahveh wird das Licht als ein Kleid bezeichnet: „Der in Licht sich hüllt wie in ein Gewand“ (Ps. 104, 2). „Gottes Angesicht ist das Licht; glücklich sind alle, die im Lichte deines Antlitzes wandeln“ (Ps. 89, 16). Licht und Wort, zwei Grundpfeiler der christlichen Freimaurerei, sind schon in den Psalmen einander gleichgestellt: „Eine Leuchte meinem Fuße ist dein Wort und ein Licht für meine Wege“ (Ps. 119, 105). Immer klarer wird dem Frommen des Alten Bundes, daß Gott das Licht der Welt ist, „der Herr ist mein Licht und mein Heil“ (Ps. 27, 1). Für den, der Unrecht leidet, ist das Licht Bedingung, um sein Recht an den Tag zu bringen. „Jahveh wird hervorgehen lassen wie das Licht deine Gerechtigkeit und dein Recht wie Mittagshelle“ (Ps. 37, 6). In diesem Sinn ist auch das Gesetz ein Licht (Spr. 6, 23), nicht das Licht. Unrecht gilt als Dunkelheit, Recht als Licht: „Sitze ich auch im Finstern, Jahveh wird mir Licht sein, seinen Zorn muß ich tragen, denn ich habe gesündigt wider ihn, bis daß er meinen Streit führt und mir Recht schafft, mich herausführt zum Lichte, daß ich seine Gnade schaue“ (Mich. 7, 8–9).

Das Licht wurde schon frühe zum Symbol. Wie seine erleuchtende Kraft alles irdische Wesen erkennbar macht, so wird schließlich das Licht auch als Quelle des geistigen Erkennens angesehen. Gott ist die Urquelle alles Lichts, von ihm geht die Wahrheit aus, die den Menschen die Offenbarung bedeutet. Daher wird das Licht zum Sinnbild göttlicher Offenbarung.

Mit dem Bewußtsein, daß Gott das Licht der Welt sei, beginnt die Überzeugung von der absoluten Geistigkeit Gottes. Freilich hat sich bis tief in die Anschauung der neutestamentlichen Menschen die anthropomorphe Vorstellung von Gott erhalten. Die alte Welt kommt nicht von der Vermenschlichung Gottes los, seine reine Geistigkeit ist eine Idee, zu der sich der in der Welt der Sinne befangene Mensch nicht erheben kann. Die Eigenschaften, Tätigkeiten und Zustände werden vom Menschlichen auf das Göttliche übertragen. Das Alte Testament spricht von den Augen, sogar von den Augenlidern Gottes (Ps. 10, 5). Jahveh findet Wohlgefallen an dem Opfer Noahs, „und Jahveh roch den lieblichen Geruch". Von dieser Vorstellung ist selbst der hochgeistige, durch und durch philosophisch gebildete Paulus nicht frei. So werden alle Körperteile Gottes menschlich gesehen, aber schon in der apostolischen Zeit und bald nachher symbolisch gedeutet.

Von der Hand und dem Finger Gottes spricht man noch heute, allerdings ohne an etwas Körperliches zu denken.

Mit den Propheten des Alten Bundes beginnt eine Anschauung herrschend zu werden, die im Licht nur Gott oder von Gott ausgehende Kräfte sieht. „Die Sonne braucht fürder nicht zu scheinen…, denn Jahveh wird Dir zum ewigen Licht werden" (Jes. 60, 19). „Ein Glanz wie die helle Sonne strahlte von Jahveh aus, darin war die Hülle seiner Macht" (Hab. 2, 4). Das Licht ist die verhüllte Macht Gottes, die den Propheten als etwas rein Geistiges erscheint. Das einzig irdische Wirken Gottes wird in dem Wind gesehen, Jahveh fährt bald im Sturm daher, bald in einem leisen Säuseln, wobei es nicht ganz klar zum Ausdruck kommt, ob er selbst der Sturm und das Säuseln sei, oder ob er sich nur darin verhüllt, oder ob es sein Geist ist, den er von sich ausgehen läßt, seinen Willen zu verwirklichen, Das hebräische Wort Ruach heißt zugleich Wind und Geist, ähnlich wie das lateinische Spiritus. Daß der Wind ein göttlicher Impuls ist, wird in vielen Stellen klar: „Du machst Deine Engel zu Winden" (Ps. 103, 4). Die tausendfältige Wirkung der göttlichen Allmacht konnte sich der Fromme des Alten Testaments nicht anders vorstellen denn als Boten, Engel, die Gott absandte, seine Befehle auszuführen. Noch Jesus hat den festen Glauben an die Engel: „Oder meinst Du, daß ich nicht könnte meinen Vater bitten, daß er mir zuschickt mehr denn zwölf Legionen Engel?" (Match. 26, 53). Die Engel sind himmlische Lichtwesen, darum erscheinen sie in weißen Kleidern, und die weiße Farbe ist symbolisch der Sieg des Lichtes über die Materie.

Soweit hat sich der Lichtgedanke im Alten Testament vervollkommnet. Man muß nun nicht denken, daß mit der Weltanschauung des Neuen Bundes sich alles sofort ändert. Die Gedankenlinien laufen noch eine

Zeitlang parallel, um sich dann zu überschneiden. Die Theologen der apostolischen Zeit und die christlichen Väter der beiden ersten Jahrhunderte sind noch keineswegs frei von alttestamentlichen Gedanken, sie führen noch den schweren Ballast fast der ganzen orientalischen Dämonologie mit sich, und es ist unverkennbar, daß manches in die Ideenwelt der christlichen Freimaurerei übergegangen ist, aber auch die humanitäre ist davon nicht freigeblieben, denn mit dem Symbol des Salomonischen Tempels ist die ganze Legendenbildung mit übernommen worden. Die christliche Richtung hat noch immer den Meister von Nazareth in die Mitte ihres Lehrwegs gestellt, nicht an den Anfang, wie es vielfach im Laufe ihrer Entwicklung gefordert wurde, aber sie hat mit entscheidender Energie im Beginn ihrer höheren Erkenntnisstufen den Schritt von den Hieroglyphen und Symbolen zu dem Licht vollzogen, das durch das Neue Testament offenbar geworden ist. Man kann den Wert dieses Lehrweges bestreiten, und er ist zu allen Zeiten bestritten worden, indem man behauptete, Christus habe alle diese symbolischen Vorstufen und Mysterien, die im Heidentum wurzeln, unnötig gemacht. Es sei nur erforderlich, Gott zu suchen und Jesu nachzufolgen in den einfachen, aller Welt verständlichen Methoden, die er selbst in den Evangelien gibt.

Und da steht an der Pforte des Neuen Testaments der monumentale Satz im ersten Johannesbrief: „Gott ist Licht – und in ihm ist keine Finsternis" (1. Joh. 1, 5). Im Evangelium nach Johannes, das sich einer besonderen Verehrung der christlichen Freimaurerei in Deutschland erfreut, wird das Wort, der Logos, dem Licht gleichgesetzt, eine Überzeugung, die, wie ich eben gezeigt habe, schon im Alten Testament vorgeahnt ist.

Der Gott-Licht-Gedanke findet sich gleichfalls voll ausgeprägt in der arischen Urgemeinschaft in den schon früh verehrten Lichtgottheiten Mithra, Varuna und Aryaman. Es genügt, diese Tatsache zu erwähnen, ihr weiter nachzugehen ist für die Erklärung des christlichen Lichtes unerheblich.

Mit der Gleichsetzung von Licht und Wort ist notwendig die Erkenntnis verbunden, daß auch das Wort Gott sei.

In der Frühzeit des Alten Bundes, wo Gott noch ganz menschlich gedacht wurde, gehörte zu ihm, daß er sich auch des Wortes bediente. Er sprach zu den von ihm begnadeten Menschen, und die Worte Gottes waren Offenbarungen über seinen Heilswillen mit der Menschheit. Vor allem war das Gesetz der zehn Gebote das Wort Gottes, das Moses aufgezeichnet hatte. Immer aber ist das Wort Gottes Offenbarung.

Offenbarung ist etwas Geheimnisvolles, weil sie die Verbindung des Zeitlichen mit dem Ewigen darstellt, und sie ist lediglich in den Willen Gottes gestellt. Der Mensch kann von sich aus keine Offenbarung schaffen, sondern

Gott gibt sie dem Menschen aus freier Gnade. Es ist also ein persönlicher Verkehr Gottes mit dem Menschen gedacht, dem er sich in einer verständlichen Sprache kundtut. Er legt den Propheten die Weissagungen in den Mund, damit sie seine Befehle dem Volk vermitteln. Das Wort Gottes im Alten Testament ist lediglich Gesetz, es ist die Verkündigung des heiligen und gerechten Willens Jahvehs, bei dem der menschliche Wille, der Naturtrieb, völlig unberücksichtigt bleibt. Die Geschichte des Volkes Israel zeigt, daß das Wort Gottes nicht immer die Kraft hat, sich durchzusetzen, das Volk widerstrebt dem göttlichen Ratschluß und wird bestraft. Die Propheten empfinden dieses bitter, und hart sind die Worte, die ihnen Gott in den Mund legt, bis Jesaias von der Berufung zum Heil für die Heiden spricht: „Die Zeit ist gekommen, zu versammeln alle Völker und Zungen, sie sollen kommen und meine Herrlichkeit schauen" (Jes. 66, 18). Und dann die Drohung (66, 21): „Und auch von ihnen will ich welche zu Priestern und Leviten nehmen." Das ist die Entthronung Israels als des Volkes der Verheißung.

Nun hatte sich das Judentum seit der Zeit Alexanders des Großen, dem ihm innewohnenden Wandertrieb folgend, über alle Teile der damaligen gebildeten Welt verbreitet. In Alexandria, wo ihnen dieselben Stadtrechte wie den Makedoniern verliehen waren, hatte sich eine große jüdische Kolonie angesiedelt. Sie hatten dort einen Prachtbau von Synagoge, in der siebzig mit Gold und Edelsteinen belegte Stühle für das Synedrium standen. In Alexandria berührte sich dieses orientalische Volk mit der stärksten religiösen Begabung mit der griechischen Philosophie. Die Juden hatten schon in den beiden letzten Jahrhunderten vor Christi Geburt die griechische Sprache als Muttersprache angenommen, und so konnten griechische Bildungselemente in das jüdische Wesen eindringen. Es ist dies eine wichtige religionsgeschichtliche Tatsache, weil durch diese Erscheinung die Gottes- und Weltanschauung des Neuen Testaments vorbereitet wurde, vor allem des Evangeliums nach Johannes und die Lehre vom Wort.

Aristobulos ist der erste bedeutende Geist der alexandrinischen Juden, er lehrte um die Mitte des zweiten vorchristlichen Jahrhunderts. Er ist ein begeisterter Anhänger der Philosophie Platos und daher ein Gegner der Vermenschlichung Gottes im Alten Testament. Für ihn ist Jahveh die absolute Unsichtbarkeit und Unbegreiflichkeit. Von Gott unterscheidet er seine alles durchströmende Kraft, sie allein kann der Mensch erkennen. Aristobulos sieht Gott nicht als Schöpfer, wohl aber als Bildner der Welt an, richtiger gesagt, die Weisheit Gottes, von der alles Licht in der Welt stammt. Er fordert strengste Vergeistigung und will demnach alle Stellen im Alten Testament, wo von der Hand Gottes, den Armen und Füßen, seinem Antlitz, seinem Wandel die Rede ist, symbolisch aufgefaßt wissen.

Aristobulos überragend, nicht an geistiger Kraft, sondern an Popularität, war Philo, ein Jude aus reichem alexandrinischen Haus, der nach den neuesten Feststellungen zur Zeit der Geburt Jesu in den dreißiger Jahren seines Lebens stand. Daß Gott rein Geist sei und in unerreichbarem erhabenen Licht jenseits der Welt als ihr Erhalter und Regent throne, war schon seit der babylonischen Gefangenschaft jüdischer Glaubenssatz. Der Monotheismus war den Frommen des Alten Bundes eine Erfahrungstatsache. Aber auch die griechische Philosophie hatte einen stark monotheistischen Zug, der nur das Wissensgut weniger erleuchteter Geister war, die in völliger Abstraktion zu dem reinen Sein, als dem letzten Grund alles Lebens, emporstiegen. Philo vereinigte diese beiden Erkenntnisse des Monotheismus in seiner kühnen Spekulation, die nicht immer fest in den Lötstellen halten wollte. Für Plato war Gott die Idee des Guten, für Philo war selbst das Gute als Eigenschaft Gottes zu menschlich. Gott ist ihm besser als die Tugend, besser als das Wissen, besser als das Gute und Schöne. Diese ewige Majestät Gottes, die sich nicht einmal in dem Namen Jahveh, der Seiende, enthüllt, steht völlig außerhalb der Welt, selbst die leiseste Berührung mit ihr verunreinigt ihn.

Die Ideenlehre Platos deutet Philo sich monotheistisch um, aus den Ideen des griechischen Philosophen werden Gedanken, Kräfte und Eigenschaften Jahvehs, sie nähern sich damit der altjüdischen Engellehre. Während in der vorexilischen Zeit das Wort Gottes kaum etwas anderes als das Gesetz war, wird es in der späteren die Offenbarung als Ergebnis göttlicher Weisheit. Die Weisheit als göttliche Krafteigenschaft ist für den Menschen unbegreiflich. Es muß ein Begriff gefunden werden, unter dem sie sich manifestieren kann. Und diesen Begriff findet Philo bei der Stoa, die zugleich auch den Namen gibt: Der Logos. Den stoischen Philosophen ist der Logos die Weltseele, die alles beherrschende Vernunft. Philo ist der Logos der Vermittlungsgedanke zwischen Gott und der Welt, die in Gott vorgeahnte Schöpfung, die Versöhnung zwischen Gott und der Welt. Er ist nicht nur das Denken Gottes, sondern auch sein Gedanke. Da aber Gottes Gedanken Mächte und Kräfte sind, so werden auch deren Wesenheiten auf den Logos übertragen. Der jüdische Philosoph geht schließlich so weit, den Logos als mythische Gestalt zu sehen, als ein Oberhaupt der himmlischen Wesen, der Engel. Jedoch bleibt er immer Gott untergeordnet und verstößt nicht gegen das Grundprinzip der jüdischen Religion, den unantastbaren Monotheismus. Er ist nur der Werkmeister des göttlichen Willens, das schöpferische Wort. Der Schwerpunkt der Philonischen Logoslehre liegt nicht auf metaphysischem, sondern auf ethischem Gebiet.

„Auf der Hochwacht stehend zwischen Schöpfer und Geschöpf, ist der Logos der ewige Fürsprecher der Sterblichen bei den Unsterblichen und der göttliche Gesandte, der die Befehle des Herrschers den Menschen vermittelt. So ist er der Hohepriester und Mittler, weder ungezeugt wie Gott, noch gezeugt wie die Menschen und dennoch beiden Teilen wesensverwandt. Die Welt hat ihren ewigen Hohenpriester und Versöhner im göttlichen Logos; der irdische, sinnliche, sterbliche Mensch in dem himmlischen Menschen, der, nach dem Ebenbild Gottes geschaffen, als der wahrhaftige Idealmensch ewig bei Gott in der unsichtbaren Ideenwelt lebt." (Lipsius.)

Damit stehen wir an der Schwelle des Johannesevangeliums, das die Lehre vom Licht und vom Wort (Logos) in der von den Anschauungen späterer Zeiten unabhängigen Lehre Jesu Christi enthält.

Der Zusammenhang der Philosophie Philos mit dem Johannesevangelium ist ebensooft behauptet wie bestritten worden. Ich glaube daß die Logoslehre des vierten Evangelisten von Alexandria aus beeinflußt ist, nun aber kommt die Christustatsache, die geschichtliche Person, die als die messianische Vollendung altjüdischer Sehnsucht erkannt wurde.

Ehe ich aber zu der Darstellung der erhabensten Form christlichen Erlebens übergehe, wie sie im Johannesevangelium in die Erscheinung tritt, und wie sie sich in der freimaurerischen Lehre vom Licht und vom Wort noch heute dokumentiert, müssen wir eine Zeiterscheinung würdigen, die ohne Zweifel dem vierten Evangelium seine Form gegeben hat. Wir müssen uns kurz mit der Gnosis beschäftigen. Ich will damit jedoch keinerlei Beziehung auf die Lehrart einer der drei christlichen Großlogen nehmen, vielmehr bin ich überzeugt, daß die Gnosis ein Ausdruck christlicher Sehnsucht war, wie sie noch heute in der Seele des Menschen lebt.

Unter Gnosis versteht man die Erkenntnis, das Wissen von religiösen Dingen, das dem Glauben, dem populären Bewußtsein gegenübergestellt wird. Es geht insofern ein Zug durch die Gnosis, deren Höhepunkt im zweiten christlichen Jahrhundert liegt, der noch heute in der Menschheit, besonders der deutschen, herrschend ist. Nur ist es nicht die Gnosis der Frühzeit religiösen Bewußtseins. Es ist vielmehr jene Gnosis, wie wir sie aus dem Munde Jesu kennen: „Euch ist gegeben, die Geheimnisse des Reichs der Himmel zu erkennen (gnonai), jenen ist es nicht gegeben" (Matth. 13, 11).

Die Gnosis der ersten Jahrhunderte ist eine Mischung orientalisch-jüdischen Engel- und Dämonenglaubens und griechischer Mysterienphilosophie. Sie sucht das Verhältnis des Menschen und der irdischen Welt zu Gott zu erkennen, und damit hat sie den Grund zu den drei großen Rätselfragen gelegt: Woher kommt der Mensch, was ist seine Bestimmung und wohin geht er? Es sind Fragen, die in der Freimaurerei noch heute lebendig sind, die aber bis heute noch keine Gnosis durchdrungen hat.

Heute steht fest, daß die alte Gnosis aus dem religiösen Empfinden der vorderasiatischen Kulturländer stammt. Sie beschäftigt sich mit dem Welträtsel, mit der Erscheinung des Menschen und der Einwirkung Gottes auf Welt und Lebewesen. Sie hat, um eine Erklärung zu finden, komplizierte Systeme aufgebaut, die im wesentlichen alle darauf hinauslaufen, daß eine strenge Teilung zwischen dem Gottesstaat und dem Chaos angenommen wird. Der Gottesstaat wird von den führenden Gnostikern als das Pleroma, die göttliche Fülle, bezeichnet, das Gegenspiel ist das Kenoma, die chaotische Leere. Im Pleroma thront Gott in unnahbarer Hoheit und Herrlichkeit. Vor seinem Hochsitz sitzen stufenweise zu beiden Seiten die von ihm geschaffenen geistigen Zwischenwesen, engelartige Emanationen, Aeonen genannt. Ein solcher Aeon ist die Weisheit, die Sophia. Sie fühlt den leidenschaftlichen Drang, sich Gott mehr zu nähern. Zur Strafe für diese Ungeduld wird die Leidenschaft, die Epithymesis, von der Sophia losgelöst und ins Kenoma verbannt. Dort beginnt sie eine lebhafte Tätigkeit. Sie regt den Herrscher des Chaos, den Demiurgen, an, Menschen zu erschaffen, die mit niederer Weisheit ausgestattet sind. Aber in der Epithymesis-Sophia erwacht die Sehnsucht nach der Heiligkeit des Pleroma und der Nähe Gottes. Es beginnt eine Missionsarbeit mit dem Ziel, die Menschen, den Demiurgen und die Welt von der irdischen Vergänglichkeit zu erlösen und mit den Erlösten ins Pleroma zurückzukehren.

Gott hat nach der Verbannung der Sophia einen neuen Aeon von sich ausgehen lassen, den Soter, der alle Züge des Logos, des himmlischen Jesus, an sich trägt. Im Kenoma ist zu dieser Zeit der irdische Jesus in Nazareth geboren worden, auf diesen läßt sich der himmlische Logos-Soter bei der Taufe im Jordan in Gestalt der Taube nieder, und nun beginnt die Erlösung des Kenoma und seiner Menschen, die nach ihrer Vollendung mit der von der begnadigten Epithymesis-Sophia in das Pleroma zurückkehren. Das unerlöste Chaos wird durch ein aus ihm selbst hervorbrechendes Feuer vernichtet.

Eine der edelsten Blüten gnostischer Frömmigkeit findet sich in der apokryphen Apostelgeschichte des Andreas. Am Ende seiner apostolischen Wirksamkeit ist der Jünger in Patrae, wo er den Märtyrertod am Kreuz erleiden soll. Der Hymnus, mit dem er das Kreuz begrüßt, ist wert, daß er der Vergangenheit entrissen wird, um so mehr, als eine Logenstufe der christlichen Freimaurerei den Apostel Andreas als Patron verehrt. Diese edle Blüte gnostischer Frömmigkeit ist bis ins fünfte Jahrhundert von der katholischen Kirche ehrwürdig gefunden worden, ohne das „gnostische Gift“ zu ahnen.

Andreas geht unter dem Lob seines Herrn und Meisters Christus zum Tode, und als er das Kreuz am Meeresufer aufgerichtet sieht, jubelt er:

„Sei mir gegrüßt, o Kreuz! Denn auch Du darfst Dich ehrlich freuen. Wohl weiß ich, daß auch Du forthin ausruhen wirst, da Du seit langer Zeit müde bist und aufgerichtet mich erwartest. Ich bin zu Dir gekommen, damit ich meine Heimat kennenlerne. Ich bin zu Dir gekommen, da Du Dich nach mir gesehnt hast. Ich kenne Dein Mysterium, um deswillen Du errichtet worden bist. Denn Du bist aufgestellt in der Welt, um das Unstete zu befestigen. Du reichst bis an den Himmel, um den Mensch gewordenen Logos anzuzeigen. Du wurdest ausgereckt zur Rechten und zur Linken, um die furchtbar feindliche Macht abzuwenden und das Zerstreute in der Welt zu sammeln. Endlich bist Du in der Erde verankert, damit Du das, was auf und unter der Erde ist, mit dem Himmlischen verbindest. O Kreuz, Heilstatsache des Höchsten, o Kreuz, Du Zeichen des Sieges Christi über seine Feinde. O Kreuz, Du bist in die Erde gepflanzt, um in den Himmeln Frucht zu bringen. O Name des Kreuzes, der Du das Weltall umfassest. Heil Dir, o Kreuz, daß Du die Welt in ihrem Umfang gebunden hast. Heil der geheimen Züchtigung, mit der Du die heidnische Gnosis schwer triffst und ihren Verkünder aus der Menschheit ausstößt. Heil, o Kreuz, daß Du den Herrn von Dir gelassen, den Mörder als Frucht getragen, den Apostel zur Buße gerufen und uns Deiner würdig angenommen hast. Aber wie lange noch spreche ich und lasse mich nicht vom Kreuz umarmen, um in dem Kreuz zum Leben erweckt zu werden, nachdem ich durch das Kreuz in den Tod geangen bin. Kommt heran, ihr Diener meiner Freude, Henker des Prokonsuls, und erfüllt unseren Wunsch. Bindet das Lamm an das Leiden, das Menschliche gebt dem Demiurgen, die Seele dem Erlöser."

Für die Apostel und die apostolischen Väter waren alle Gnostiker Irrlehrer und wurden von ihnen bekämpft, aber da die Anhänger dieser Lehre sehr sittenstreng lebten und in ihrer Art fromme Menschen waren, so gebot das christliche Pflichtbewußtsein, diese irrenden Schafe heimzuführen.

Allezeit ist es die wirksamste Art gewesen, andersgesinnte Menschen dadurch zu gewinnen, daß man in der Sprache ihrer Überzeugung mit ihnen redete, wie die großen Germanenmissionare die christlichen Gedanken auf die germanische Naturreligion abstimmten. Eine Missionsschrift unter den Gnostikern mußte höchste Vergeistigung des christlichen Glaubens bringen, sie mußte eine Christologie schaffen, die in den erhabensten Philosophemen die Lehre vom Kreuzestod und seiner Erlöserkraft gab. Und in diesem Geiste dürfte das Evangelium nach Johannes entstanden sein.

In dem Streit über die Verfasserschaft des Johannes Stellung zu nehmen, habe ich keine Veranlassung, jedoch ist es meine feste wissenschaftliche

Überzeugung, daß nur ein Mann, der mit Jesu Wesen und Wirken persönlich eng vertraut war, diese wunderbare ernste und tiefe Darstellung des Lebens Jesu geben konnte. Wir fühlen uns eins mit Martinus Luther, der sagt, der Evangelist habe aus dem Herzen Jesu getrunken. Ebenso überzeugt bin ich aber auch, daß der Prolog und einige andere Teile aus einer späteren Zeit stammen, etwa aus der Hochblüte des Gnostizismus. Und der Zweck war, der heidnisch gefärbten Gnosis die christliche gegenüberzustellen, damit die suchenden Seelen des Heidentums für Jesum gewonnen würden.

Die Lehre von Licht und Wort erhält im Prolog des Evangeliums nach Johannes den letzten und vollendetsten Ausdruck, es ist das heiligste Mysterium des Christentums. Wenn wir aber seine ganze Tiefe erfassen wollen, so müssen wir völlig voraussetzungslos an den griechischen Grundtext herantreten. Im Anfang war das Wort. Nein. Das griechische Wort ‚arche' heißt nicht nur Anfang, sondern es heißt auch Herrschaft, das hat schon Tertullian in seiner Erklärung zur Genesis festgestellt. Für Wort müssen wir Logos einsetzen, es ist der schon Philo und der Gnosis bekannte präexistente göttliche Schöpferwille, der gar nicht im Anfang war, sondern vor dem Anfang.

Übersetzen können wir Logos nicht, es ist wahrscheinlich ein symbolisches Geheimwort gewesen, dessen Bedeutung nur mündlich weitergegeben wurde und die seit zweitausend Jahren verschollen ist.

Wollten wir ‚arche' als Anfang übersetzen, so würden wir uns mit den Anschauungen der Zeit, da der Prolog entstanden ist, in Widerspruch setzen, denn den Christen des ersten und zweiten Jahrhunderts, die Logos mit Christus gleichsetzten, war der Logos vor der Weltschöpfung (Joh. 1, 15). Wir müssen also die zweite Bedeutung von ‚arche' nehmen, Herrschaft, Fürstentum, Imperium, Reich. Dann lautet der erste Vers: In seinem Reich war der Logos (erschienen). Das wäre also den Gnostikern, für die das Evangelium als Missionsschrift bestimmt war, die Zeit, da der himmlische Christus (Logos) sich auf den irdischen Jesus bei der Taufe im Jordan niederließ. Nun wird weiter klar, daß es nicht heißen kann: Und der Logos war bei Gott; in der Tat heißt es auch nicht so, denn es steht im Grundtext pros ton Theon, das kann nur übersetzt werden in der Richtung auf Gott hin; die slawischen Bibeln übersetzen demnach auch getreulich w buga. Die Fortsetzung des ersten Verses muß also heißen: Und der Logos hatte den Zug zu Gott hin. Richtig im Sinn der Gnosis, denn er wollte ja Welt und Menschen erlösen und zu Gott zurückführen. Auch der Schluß des Verses ist bei Luther unrichtig, denn da ist das Wort Theos – Gott prädikativ zu fassen, so daß es heißt: und göttlichen Wesens war der Logos. Der zweite Vers wird dann auch in diesem Sinne zu ändern sein.

Wir stehen also bei der Richtigstellung des Textes vor einem völlig veränderten Geist:

In seinem Reich war der Logos erschienen, und er hatte den Zug zu Gott hin, und göttlichen Wesens war der Logos. Dieser war in seinem Reich Gott zugewandt. Alles ist durch ihn geworden, und ohne ihn ist nichts geschaffen, was geschaffen ist. In ihm war Leben, und das Leben war das Licht des Menschen. Und das Licht scheint in die Finsternis, und die Finsternis hat es nicht angenommen.

Johannes legte Zeugnis über ihn (den Logos) ab: Dieser war es, von dem ich gesagt habe: Der nach mir kommt, ist vor mir dagewesen, denn er war eher als ich. Und aus dem Pleroma, von wannen er kam, haben wir alle empfangen Gnade um Gnade."

Wenn wir einer solchen Übersetzung folgen, so wird uns das vierte Evangelium ganz besonders teuer. Licht ist Gott und Wort ist Gott, das ist die christliche Gnosis, die Johannes der spekulativen heidnischen Gnosis gegenüberstellt, und wenn die christliche Freimaurerei für die am Prolog des Johannesevangeliums aufgeschlagene Bibel als Grunderklärung sagt, sie diene dazu, um die Brüder auf die Lehre vom Licht und vom Wort hinzuweisen, so zeigt sie trotz aller inneren Verschiedenheit der drei Lehrarten, eine wie große Bedeutung sie dem Johannesevangelium beilegt. Betrachten wir den Evangelisten Johannes, wie ihn die fortgeschrittene moderne Theologie sieht, ohne Winkelzüge eines philologischen Kritizismus: Johannes kam als ein Mann von sechzig Jahren nach Ephesus, einer von Paulus gegründeten, aber seit dessen im Jahre 64 erfolgten Tode verwaisten Gemeinde. Hier fern vom Tempelkultus, unter dem Einfluß des griechischen Geistes, in den Reibungen des Weltverkehrs und im Luftzug der heidnischen Wissenschaft, insonderheit der von Alexandria durch Apollos herübergebrachten Religionsphilosophie Philos lebend, endlich noch allenthalben von den Spuren und Nachwirkungen der gewaltigen Lebensarbeit des Paulus umgeben, gewann er einen weiteren Gesichtskreis, während herbe Lebenserfahrungen sein Herz still gemacht und seine Leidenschaft gebrochen hatten. So gingen neue Keime in seinem Geist auf und entstand endlich im letzten Jahrzehnt des ersten Jahrhunderts das Evangelium vom Logos (Hase).

Aber wir müssen noch tiefer in das Mysterium von Licht und Wort eindringen, wenn wir die Geschichte der deutschen Freimaurerei als eine Kulturerscheinung erfassen wollen.

Durch Licht und Wort sind wir Menschen in unserer Weltgebundenheit bestimmt, durch Licht und Wort sind wir logisch in den Kosmos eingestellt, kosmische Wesen, die von den Mächten, die in und um uns wirken, in ihrem

Handeln und Erleben beeinflußt werden. Alles, was wir gegen die ewigen Gesetze von Licht und Wort tun, ist wider das Weltgesetz, wider den sittlichen Weltgrund, also kurz unsittlich. Licht und Wort sind nicht nur Symbole Gottes, sondern sie sind auch Kräfte Gottes, wie wir aus dem Johannesevangelium wissen, Kräfte, unter deren Einwirkung wir das höchste Ziel aller Religion, die Erlösung, gewinnen.

Den frommen Israeliten des Alten Bundes war die Erlösung etwas rein Äußerliches, die Befreiung aus wirtschaftlicher, politischer und Lebensnot, vom Leiden der irdischen Welt. Schließlich suchten sie nach der Überwindung des Todes das ewige Leben in einem ungetrübten Glück, Umgang mit den großen Geistern ihres Volkes. Das hofften sie zu erreichen durch die strenge Haltung des Gesetzes, der priesterlichen Vorschriften und die Opfer, die den Zorn Gottes über die Ungerechten, seinen Strafernst mildern sollten. Aber schon im prophetischen Zeitalter setzt sich eine mehr vergeistigte Auffassung von der menschlichen Erlösung durch, innere Umstimmung. „Auch jetzt noch spricht Jahveh, kehret zurück zu mir mit eurem ganzen Herzen und mit Fasten, Weinen und Klagen. Zerreißet euer Herz, aber nicht nur eure Kleider, und kehret zurück zu Jahveh, eurem Gott" (Joel 2, 12/13).

Hier tritt zum ersten Male im Alten Testament der Gedanke auf, daß das äußere jüdische Zeremoniell nicht erlösen kann, sondern daß ein inneres ethisches Erlebnis hinzukommen müsse, das durch Leiden, Weinen und Schmerzen errungen wird. Nicht mehr des Gesetzes Werk ist Mittel der Erlösung, sondern der Geist, der von Jahveh ausgeht, vollendet die Erlösung. Einen Messias als Erlöser kennt das frühe prophetische Zeitalter noch nicht – Joel lebte um 800 v. Christi Geburt –. Auch der zweite Jesaias, der die Heimkehr Israels aus der babylonischen Gefangenschaft besingt, weiß noch nichts von einem Messias, Jahveh selbst hat sein Volk von der Sünde und von der feindlichen Sklaverei erlöst. Wo der Gedanke eines Messias anklingt, ist er äußerlich menschlich. Ein gewaltiger König aus Davids Geschlecht wird erstehen und Israel, nachdem es gereinigt und geläutert ist, zur Herrlichkeit führen.

Erst Jesus gab der Erlösungsidee den religiös-ethischen Inhalt. Mit den Worten: „Mein Reich ist nicht von dieser Welt" (Joh. 19, 36) hat er alle irdischen Messiashoffnungen der Juden von sich abgewiesen. Er kennt nur ein Gebot, das erlösende Kraft hat, nämlich die sittliche Erneuerung, das Gebot, Gott und die Menschen zu lieben. „Ein neues Gebot gebe ich euch, daß ihr einander liebt" (Joh. 13, 34). Und das ist der entscheidende Gedanke, das freimaurerische Ideal. Petrus bemüht sich ganz alttestamentlich, die Stellung Gottes zu den Menschen zu ergründen. Er löst sogar seine tiefste Gebundenheit im jüdischen Gesetz vor der Stimme seines Gottes. Als er in Caesarea im Hause des Cornelius auf dem Dache betete und hungrig ward, hatte er eine Vision, daß ein leinenes Tuch vom Himmel herabgelassen wurde, in dem allerlei Getier, Gewürm und Vögel wimmelten. Eine Stimme sprach zu ihm: Steh auf, Petrus, Machte und iß. Petrus als strenger Jude antwortete: Niemals, Herr, noch niemals habe ich Gemeines oder Unreines gegessen. Da sprach die Stimme von neuem: Was der Herr gereinigt hat, mache du nicht gemein (Apg. 10, 99 ff.). Also die Stellung Gottes zum Menschen war die Theologie des Petrus, die des Paulus die Stellung des Menschen zu Gott, insonderheit zu Christus. Das lag schon in seiner rabbinischjuristischen Vorbildung und in der Art, wie er zu Jesu gekommen war. Der heißblütige Verfolger der ersten Judenchristen oder, wie man sie damals verächtlich nannte, der Nazarener wurde auf dem Wege nach Damaskus durch eine Erscheinung des Auferstandenen erweckt und bekehrt. Was aber war seelisch vorausgegangen? Paulus hatte in der Verfolgung der Christen auch ihre Lehre kennengelernt, er glaubte an einen Messias im Sinn des zweiten Jesaias, wonach das Volk nur durch Opfer und Läuterung gerettet werden konnte. Es mußte also ein großes Opfer gebracht werden, und da zeigte ja Jesaias 52 und 53 den Knecht Gottes, den Ebed Jahveh, als den, der für sein Volk das Opfer gebracht hatte: „Er ist um unserer Missetat willen verwundet, die Strafe liegt auf ihm, damit wir Frieden hätten, und durch seine Wunden sind wir geheilt" (Jes. 53, 5). Ein religiöser Genius wie Paulus mußte hier die Brücke finden zu dem gekreuzigten Jesus und von ihm zu seiner Lehre von der Rechtfertigung. Diese Erkenntnis, daß er die Nazarener zu Unrecht verfolgte, führte ihn zu quälender Reue, und die Stille der Wüste erregte sein inneres Schauen, bis er die Erscheinung Jesu hatte und seine mahnenden Worte hörte. Von nun an gehört sein Leben dem Gekreuzigten und Auferstandenen, und er lehrt die Menschen, wie sie zu ihm gelangen.

Aber weder Petrus noch Paulus schaffen die geistige Atmosphäre für die Freimaurerei, sondern erst Johannes mit seinem neuen Gebot. Er regelt die Beziehungen des Menschen zum Menschen, wie es Jesus schon im Gleichnis vom barmherzigen Samariter unverrückbar festgelegt hatte.

In dieser Erkenntnis ruht der Erlösungsgedanke, wie ihn ein christlicher Freimaurer als der Weisheit letzten Schluß erfassen muß, als das Licht, das im innersten Raum des Tempels, das heißt in den Tiefen des sehnenden Menschenherzens leuchtet. Das ist die Krönung der Lehre von Licht und Wort. Wie Licht und Wort die im Kosmos wirkenden Kräfte Gottes, ja Gott selbst sind, so sind Licht und Wort in uns die erlösenden Kräfte, die uns unsere Unsterblichkeit im Kosmos sichern.

Unser Körper wie unsere Seele sind kosmisch gebunden, aber sie lösen sich nicht voneinander los, wie die landläufige Vorstellung vom Tode ist. Die Seele entschwebt nicht, sondern der Körper veratmet im Schoße der Seele, und so hat Kant recht, wenn er sagt, das Jenseits sei kein anderer Ort, sondern ein anderer Zustand. Eine Verwandlung geht mit dem Menschen im Tode vor sich, wie es die tiefe Symbolik des Kreuzestodes zeigt. Das Grab ist leer nach dreien Tagen, der Körper ist aufgesogen von der Seele unter der, göttlichen Kraftwirkung von Licht und Wort.

Und das ist naturwissenschaftlich nicht einmal so unbegreiflich. Die Naturforschung hat Wirkungen kosmischer Strahlungen festgestellt, die, obwohl noch in den ersten Erkenntnissen stehend, ungeahnte Weitblicke eröffnen. Licht und Wort als Einheit göttlicher Kraftstrahlung haben ihre Exponenten in den uns geheimnisvoll umflutenden Mächten, die jede Erdenentfernung überbrücken und die Worte der Antipoden zu uns tragen. Sonne, Mond und Steine spielen in der freimaurerischen Symbolik eine führende Rolle, aber sie sind nur Quellpunkte des Lichtes, und obwohl wir Zeiten und Kulturkreise genau feststellen können, aus denen die Freimaurerei diese Symbole hergenommen hat, kennen wir nicht die geheime Bedeutung, die sie bei den Weisen des Altertums hatten. Wir ahnen nur, daß mit der Darstellung Erkenntnisse verbunden waren, die unserer Zeit verlorengegangen sind und die vielleicht in der Richtung der kosmischen Strahlungseinflüsse lagen, die heute von der Naturforschung entdeckt zu werden beginnen.

Wir beobachten nur die Einwirkung eines Himmelskörpers, des Mondes, auf besonders empfindsame Menschen, die wir mondsüchtig nennen, aber wir wissen nicht, welche Einflüsse die anderen Himmelskörper auf unser psychisches Sein ausüben, ob nicht ganz unmotivierte Stimmungen und Verstimmungen auf den Einfluß von Strahlen zurückzuführen sind, die aus der kosmischen Weite zu uns dringen. Ein deutscher Freimaurer, der Physiker Friedrich Hildebrandt, hat auf diesem Gebiet in jahrelanger mühevoller Forscherarbeit Ergebnisse und Aufschlüsse gewonnen, die auch für die Lichtsymbole der Freimaurerei Neuartiges ahnen lassen. Jedenfalls ist die exakte Forschung dem Rätsel des Lebens auf der Spur. Die freimaurerische Lehre aber bewahrt, bis heute noch nicht erschlossen, in ihren Zeichen- und Wortsymbolen, einerlei, zu welcher Zeit sie übernommen wurden, jahrtausendalte Erkenntnisse von Gott und Welt auf.

Dies ist meine eigene feste Überzeugung; Lehre irgendeiner Großloge ist es nicht, insonderheit nicht des Ordens der Großen Landesloge.

IV. Einflußlinien

Die Idee der Freimaurerei ist die Idee des Weltalls überhaupt. Die Entwicklung der Idee vollzieht sich in den drei Prozessen der Differenzierung, der Anpassung und der Vervollkommnung. Alles in der Welt unterliegt der Differenzierung, das Unorganische sowohl wie das Leben und die Gefühle. Es ist eine Grundidee der Königlichen Kunst, daß alles Bestehende seine Form ändern muß, um lebensfähig zu bleiben. Dies kann nur geschehen, wenn sich die Veränderung den Lebensbedingungen entsprechend verhalten lernt; dies versteht man unter Anpassung. Nur dort, wo die Veränderung zur Anpassung durchdringt, ist die Vervollkommnung erreicht. Alle Menschheitsideen gehen Veränderungen ein, aber nicht alle Veränderungen gewinnen die Anpassung an veränderte Lebensbedingungen. Nur diese angepaßten erhalten sich, die übrigen sinken in das Nichts. So ist es in der Natur, so in der Geisteswelt. Die Anwendung der natürlichen Entwicklung und Fortpflanzung der Ideen muß der Hauptgedanke jeder ernsthaften Geschichtschreibung sein.

Das müssen wir bei der Erforschung der freimaurerischen Idee und ihrer Geschichte streng festhalten, sonst verfallen wir in die Praxis des achtzehnten Jahrhunderts, das die Freimaurerei möglichst mit Adam beginnen ließ. Wer die Überzeugung vertritt, daß aus der Einsicht der Welteinheit die Religion geboren wurde und daß ihr Inhalt die sittliche Weltordnung sei, ist Bekenner der großen Offenbarung Jesu von Nazareth, der uns lehrte: „Ich und der Vater sind eins." „Die Idee eines Reiches Gottes auf Erden ist die sittliche Ordnung der menschlichen Geister. Jeder Mensch soll freier Priester der moralischen Religion sein, für die es weder Tempel, noch Dogma, noch Kultus gibt. Das moralische Vertrauen ist die einzig mögliche Art des Glaubens, denn die kritische Auffassung der Religion zerstreut alle Transzendenz der Gottvorstellung, Gott wird der Welt immanent, wenn der Mensch sich zur Göttlichkeit erhebt. Die Vorsehung liegt in uns, sofern die kritische Vernunft unsere Vorsehung geworden ist, das göttliche Gericht ist der Geschichte immanent oder soll vielmehr der Geschichte immanent werden durch unsere eigene sittliche Tat. Unser Leben und Wandel muß unser Dasein rechtfertigen. – ... Um die Welt anzuschauen und um Religion zu haben, muß der Mensch erst die Menschheit gefunden haben, und er findet sie nur in Liebe und durch Liebe. Zur Menschheit also laßt uns hintreten, da finden wir Stoff für die Religion! – – – – Die Unsterblichkeit liegt nicht außer der Zeit und hinter der Zeit, sondern wir haben sie unmittelbar wie eine Aufgabe, die wir immerfort lösen" (Ludwig Woltmann).

Das Wesen des Menschen ist bedingt durch seinen Trieb zur Vergesellschaftung und nicht nur zum Zweck wirtschaftlicher Vorteile, Verteidigung der Futterplätze, sondern auch zur Erklärung des Ewigen, des nicht mit den endlichen Sinneskräften erfaßbaren Metaphysischen haben sich gleichgesinnte Gruppen zusammengeschlossen. Schon sehr früh muß dem Menschen das Bewußtsein dafür aufgegangen sein, daß das Leben auf der Erde, das mit dem Tode jäh abgeschnitten wurde, keinen Sinn und Zweck haben würde, wenn nicht nach dem Tode eine weitere Entwicklung folgte. So ist der Glaube an eine mit der irdischen verbundene unsterbliche Natur im Innenleben des Menschen von Anfang an lebendig. Aber zugleich mit diesem Bewußtsein entstand die Überzeugung, daß der Mensch in seinem Erdenleben diese Unsterblichkeit vorbereiten könne durch einen sittlichen Wandel und ein besonderes, von dem tierisch Triebhaften abgekehrtes Leben.

Wir haben sehr frühe Anzeichen dafür, daß sich Gesellschaften gebildet haben, in denen durch besondere Einweihung und Lehre ein Leben geführt wurde, das in Verehrung Gottes und Unterdrückung von Trieben und Leidenschaften ein Fortleben nach dem Tode in seliger Gemeinschaft mit Gott und den erlösten Seelen vorbereiten wollte. In erster Linie kam es in diesen Vereinigungen darauf an, dem Menschen die Furcht vor dem Tode zu nehmen.

Wenn der Tod plötzlich unter eine Familie tritt, einen Angehörigen von allen seinen Funktionen entbindet, das Leben zerstört, besonders wenn er unvermutet kommt, macht er einen gewaltigen Eindruck auf die Umgebung, und dieser Eindruck hat sich trotz der Hunderte von Jahrtausenden, die über die Menschen hingegangen sind, bis heute noch nicht verwischt. Der Tod gab dem Menschen erste Ahnung von einer Kraft, deren Wirkung er nur empfinden konnte, die aber außerhalb seiner Sinneswahrnehmung lag. Damit hatte das Überirdische, das der primitive Mensch schon im Gespenst kannte, eine Machtstellung in seinem Leben gewonnen. Die todbringende Kraft mußte man fürchten, und nur, was der primitive Mensch fürchtete, erhob er zu seinem Gott. Es ist eine urtümliche, im Unbewußten schlummernde Erinnerung, wenn Luther die Erklärung des Dekalogs mit den Worten beginnt: „Wir sollen Gott fürchten, lieben und vertrauen.“ Nicht Liebe und Vertrauen stehen voran, sondern Furcht, im Lutherschen Sinn veredelt die Ehrfurcht.

Alle Mysteriengemeinschaften der verschiedenen Völker und Jahrtausende behandeln das Rätsel des Todes und der Auferstehung, sie schaffen Vorstellungen von den Wohnungen der Seligen und dem Ort der Verdammnis. Sie suchen die Verbindung der Jenseitswelt mit dem irdischen Leben und finden Formeln für die Beschwörung abgeschiedener Seelen, sie entwickeln, oder geben vor zu entwickeln, magische Kräfte in ihren Adepten.

Runkel, Geschichte der Freimaurerei. I.

Alle diese kultischen Vereinigungen haben durch beabsichtigte oder unbeabsichtigte Veröffentlichungen, durch Lehr- oder Verräterschriften Einfluß auf die große kultische Vereinigung unseres Zeitalters, die Freimaurerei, gehabt. Es wäre aber weit gefehlt, in den Irrtum des achtzehnten Jahrhunderts zu verfallen und diese Mysteriengemeinschaften, mögen sie orphische oder eleusinische, ägyptische oder indische, pythagoreische oder essenische heißen, als freimaurerische Organisationen anzusprechen, wie die Welt sie seit der Gründung der Londoner Großloge im Anfang des achtzehnten Jahrhunderts kennt.

Die breiteste Einflußlinie kommt aus dem vorderasiatischen Altertum und objektiviert sich in der Person des Königs Salomo und seinem Tempelbau. König Salomo ist ein Symbol der Religionsempfindung des alten Orients, er gehört ebensogut dem babylonischen, wie ägyptischen, wie islamitischen Mythenkreis an. Daß seine Gestalt von den Israeliten zuerst literarisch festgehalten wurde, ist durch die Tatsache bestimmt, daß er in Jerusalem, der Heiligen Stadt, dem Wohnort Jahvehs, König war. Wir haben nun die Frage zu beantworten: Wie ist er überhaupt in die freimaurerische Gedankenwelt hineingekommen.

Daß wir die Anfänge eines Teils der Freimaurerorganisationen, wie wir sie heute kennen, in den alten englischen Werklogen zu suchen haben, kann wohl nach den eingehenden wissenschaftlichen Feststellungen keinem Zweifel mehr unterliegen. Wir werden also in den Verfassungsurkunden der alten Steinmetzbrüderschaft zuerst die Erwähnung Salomos zu erwarten haben. Und das ist in der Tat der Fall. In der von Begemann als Cookeform bezeichneten Urkunde, die ins vierzehnte, teilweise in den Anfang des fünfzehnten Jahrhunderts zu setzen ist, wird der König Salomo zum ersten Male genannt. Es ist dies der früheste Beleg des Symbols für die Quellen der heutigen Lehrform. Dort wird berichtet, daß schön David den Tempel begonnen und den Maurern Pflichten gegeben, die Salomo bestätigt habe. „Und Salomo selbst lehrte sie ihre Gebräuche mit nur wenig Unterschied von den Gebräuchen, die jetzt üblich sind." Von dort und aus den späteren Fassungen der Zunftsage, wie sie sich in den alten Urkunden vorfand, ist das salomonische Symbol in Andersons Konstitutionenbuch übergegangen. Den Anfang des Tempelbaues durch David hat er schriftgemäß abgeändert und nur von Vorbereitungen gesprochen, eine Änderung, die auch die Schweden in ihrer Aktenredaktion von 1780 angenommen haben.

Wer ist nun eigentlich Salomo und was bedeutet er für die Freimaurerei? Über die geschichtliche Gestalt wissen wir nur, was die Bibel in den Königsbüchern und der Chronik sagt, aber Geschichte ist das nicht. Der oder die Verfasser hatten einen offenkundigen religiös lehrhaften Zweck, was schon frühzeitig erkannt wurde. Es kam den Verfassern der Königsbücher nicht auf die Geschichtserzählung, sondern auf die religiösen Vorgänge an. Alles ist sagenhaft, und da uns für Salomos Zeit so gut wie keine anderen Quellen zur Nachprüfung der geschichtlichen, in der Sage verwobenen Ereignisse vorliegen, so können wir uns von dem König Salomo kaum eine richtige Vorstellung machen. Wir wissen nicht einmal seinen wahren Namen. David nannte ihn Salomo, aber der Herr beauftragte den Propheten Nathan, ihn Jedidja, Liebling Gottes, zu nennen (2. Kön. 12, 25). Einen Personennamen

Phönikischer Säulentempel

Salomo hat es im kananäischen Sprachgebiet nie gegeben. Der Name entspricht auch in der Form dem arabisch bezeichneten Salâmâ, der lyrische Gottesname Salmajâti ist verwandt. Den Namen von Salem als Friedefürst zu erklären, ist eine spätere israelitische Ausbeutung, weil er gegenüber seinem Vater dem Lande in gewisser Beziehung Frieden gebracht hatte. Der Name wird auch mit dem babylonischen salmi, Zwillinge, zusammengebracht und ist so das Symbol Nebos, des Gottes der winterlichen Sonne. Auch in der Kabbâla ist er das Symbol Gottes, wie auch in der Freimaurerei, wo er als der allgegenwärtige Obermeister erscheint, der alle seine Werke überschaut, obgleich kein Mensch ihn sieht. Freilich ist das alles nur Hülle für uralte Esoterik, die sich das frühe Mittelalter geschaffen.

Nach dieser Erklärung verstehen wir auch den Bau eines salomonischen Tempels, den die Freimaurerei in Deutschland als etwas durchaus Ideales,

Geistiges auffaßt. Es ist der Tempel der Tugend, den die Freimaurerei unter den Augen Gottes in dem Herzen eines jeden Bruders erbauen will. Unter Tempel versteht die Königliche Kunst auch den Arbeitsraum, die Loge, erweitert die ganze Welt mit dem Himmel und seinen Gestirnen. Ins Christliche erhoben ist der Tempel der Mensch selbst: „Wisset Ihr nicht, daß Euer Leib ein Tempels des Heiligen Geistes in Euch ist, den Ihr von Gott habt, und Ihr gehört Euch nicht selbst, denn Ihr seid um hohen Preis erkauft" (1. Cor. 6, 19).

Mit dem salomonischen Tempel fallen mehrere Einflußlinien zusammen, so vor allem die babylonische Auffassung, daß alles Irdische ein getreues Abbild des Himmlischen sei. Die beiden Säulen, Jachin und Boas genannt, am Eingang, des Tempels, die der von Salomo berufene phönikische Baumeister Hiram aufrichtete (1. Kön. 7, 13 ff.), sind ein vorisraelitisches Symbol. Sie sind die Punkte, in denen sich die Welt in zwei Teile, in Tag und Nacht, in Licht und Finsternis, in Sonne und Mond, in Leben und Tod scheidet; der Nordpunkt und der Südpunkt, wo sich die Ekliptik mit dem Tierkreis schneidet. Salomo verschreibt sich den Baumeister des Tempels aus Phönikien, auch dort wird der Gott Melkart in Gestalt zweier Säulen verehrt, von denen die eine aus lauterem Gold besteht, die andere aus Smaragd, der die Nächte erleuchtet. Ganz unzweifelhaft sind die beiden Säulen des phönikischen Tempels die Symbole von Sonne (Gold) und Mond (Smaragd), die Nacht erleuchtet. In der phönikischen Göttergenialogie werden sie mit Misor und Sydyk identifiziert, der Gerade und Gerechte, was auch auf die altbabylonischen Kinder des Schamasch, Kettu und Mescharu, Recht und Geradheit, zurückgeht.

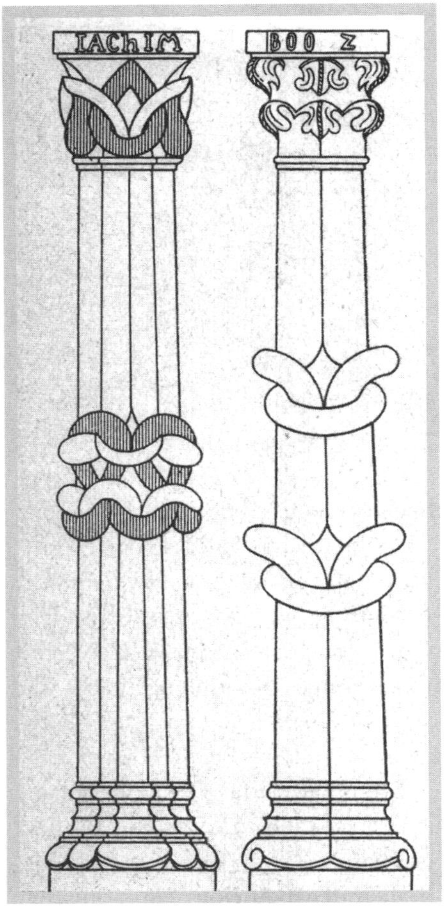

Die symbolischen Säulen im Dom zu Würzburg

Schamasch, der bei den alten Sumerern Utu hieß, ist der Sonnengott, der Licht und Wahrheit offenbart, auf der Hammurabi-Stele heißt er: „der große Richter von Himmel und Erde, der aufrecht erhält alle Lebewesen (Jachin), der Herr des Lebensmutes (Boas).“ Die Stellung der beiden Säulen gibt das Tonmodell eines phönikischen Tempels wieder, das sich im Louvre befindet. Sie sind Symbol des aufrechten Menschen und die Quelle seines Lebensmutes. Gott, der uns als Menschen geschaffen und uns die Erkenntnis der Gotteskindschaft gegeben, gab uns auch den Mut, das Leben und seine Widrigkeiten zu zwingen, und die sichere Überzeugung, daß unsere Kraft in ihm ruht.

Wenn schon die Einführung des salomonischen Tempels in die Symbolik den ursächlichen Zusammenhang mit den Logen der Werkmaurer beweist, so verrät die Behandlung des Säulenmotivs den praktischen Baumeister, der den biblischen Bericht nach den Gesetzen der mittelalterlichen Kirchenbaukunst aufgefaßt hat, wie es durch die Wiedergabe der beiden Säulen im Dom von Würzburg geschieht, die nach der Bibel die Namen Jachin und Booz (Boas) tragen, und zwar stehen sie dort nicht, wie die Bibel vorschreibt, die Säule Jachin rechts, die Säule Booz links, sondern sie stehen umgekehrt. Diese Umkehrung rührt sicherlich davon her, daß der Würzburger Baumeister nicht wußte, daß der Ausgang des Tempels nach Osten gerichtet gewesen ist, die Stellung der Säulen nach dem abendländischen Kirchenbau orientierte, wonach der Eingang im Westen, Chor und Altar aber im Osten lagen. Dann erscheint die Säule Jachin allerdings rechts, die Säule Booz links.

Betrachten wir nun einmal, welche Bedeutung die Erbauer des Würzburger Domes, der etwa aus dem zehnten Jahrhundert stammt, diesen beiden Säulen unterschoben. Da behauptet ein gelehrter Forscher, es komme auf die Namen der Säulen gar nicht an, sondern auf die Form, denn die Säule Boas ist dreiteilig und doch ein Ganzes, sie stellt also das Bild der Dreieinigkeit Gottes dar, und ihr mittlerer Teil kehrt in sich selbst zurück, also: Gott ohne Anfang und Ende. Die Säule Jachin dagegen besteht bloß aus zwei Teilen, die durch ein vielteilig verschlungenes magisches Band vereinigt sind. Diese beiden Teile seien Leib und Seele in engster Verbindung, also der Mensch. Wir hätten demnach in den beiden Säulen Gott und den Menschen zu erkennen, die Vereinigung des Menschen mit Gott, das letzte Ziel freimaurerischer Lehre, klar vor uns. Die Große Landesloge faßt das Säulensymbol anders auf, wir können jedoch, ohne an das Ritual zu rühren, darauf nicht näher eingehen.

Der Einfluß altbabylonischer Gotteserkenntnis, die über die Bibel und die mittelalterliche Baukunst in die freimaurerische Lehre einströmte, wird durch das Säulenmotiv deutlich. Aber noch bestimmter läßt sich die babylonische Quelle nachweisen, die übrigens in der Zwölfzahl unserer Monate, der Siebenzahl unserer Wochentage noch heute lebendig fühlbar ist.

Die Beobachtung des Kreislaufes der großen Himmelskörper schuf die Einteilung der Zeit bei den Babyloniern. Der Stand der Sonne in der Frühlingstagundnachtgleiche rückt mit jedem Jahre weiter nach Osten vor, in 2200 Jahren beträgt das Vorrücken einen ganzen Monat. Unsere erste Kenntnis babylonischer Geschichte auf Grund von Denkmälern reicht bis ins Jahr 3000 hinauf, wo Babylonien unter Sargon I. eine hohe Kulturstufe zeigte. Das war im Stierzeitalter, das heißt, es lag damals der Jahresanfang, das Frühlingsäquinoktium, im Tierkreisbild des Stieres. Eine so hohe Kultur wie in der Zeit Sargons setzt aber eine lange Entwicklung voraus, deren Anfänge also im vorhergehenden Zeitalter, im Zwillingszeitalter, gelegen haben müssen, daher mindestens im fünften und sechsten Jahrtausend vor Christi Geburt. Der Monat der Zwillinge ist aber der Monat Sivan, der unserem Juni entspricht. Merkwürdig, im vorgeschichtlichen Babylon begann das Jahr im Juni, und im Juni beginnt auch das Freimaurerjahr. Die Annahme des Geburtstages des Täufers am 24. Juni ist eine offenkundige Angleichung an die uralte Erinnerung im Unterbewußtsein der Wissenden des inneren Bundes. Genau so haben die entgegenkommenden Missionare die Geburt Jesu, das Weihnachtsfest, mit der germanischen Wintersonnenwende zusammengelegt und heidnische Festgebräuche in christliche umgeweiht. Was bedarf es weiteren Zeugnisses, daß die Ideen der Jahrtausende sich bis auf unsere Zeit erhalten haben.

Dies gilt für einen anderen Zweig der altorientalischen Erkenntnis ebenso, nämlich die Kabbâla, deren Einflüsse in den Philosophien fast aller abendländischen Völker zu spüren sind und durch diese auch ihre Einwirkung auf die Lehren der Königlichen Kunst gewonnen haben. Alle Eigentümlichkeiten der Kabbâla sind schon in der vorchristlichen Zeit entwickelt, aber sie wurden streng geheim gehalten bis tief in das Mittelalter hinein. So empfiehlt Mose Batril im Anfang des fünfzehnten Jahrhunderts: „Wenn der Lehrer dem Schüler diese Ideen entwickelt hat, so darf dieser doch nicht zuviel auf seine eigene Weisheit vertrauen: er darf ohne ausdrückliche Vollmacht seines Lehrers von dieser Wissenschaft nicht sprechen. Dieses Recht wird er erst erhalten, wenn er Proben seiner Einsicht gegeben und so die in ihn gelegten Keime Früchte getragen haben. Man wird ihm aber Stillschweigen empfehlen müssen, wenn er sich als ein bloß bäuerlicher Mensch zeigt und er noch nicht zu denen gehört, die durch ihre Meditationen sich auszeichnen."

Wenn auch die Kabbâla im Laufe der Jahrtausende die verschiedensten Urteile herausgefordert hat, wenn sie von den einen als die tiefste Erkenntnis gepriesen, von den andern als leere Spielerei, Phantastik und Aberglauben abgetan worden ist, so steht doch fest, daß sie auf die geistige Kultur der ihr folgenden zwei Jahrtausende mächtig eingewirkt hat. Und zwar nicht nur auf die Philosophie als solche, sondern auch auf die religiösen und sittlichen Vorstellungen und Handlungen der Völker.

„Von ihr sind die erhabensten und reinsten Vorstellungen von der Wesenheit Gottes und seiner Wirksamkeit in der Welt, von der Immanenz und Transzendenz des Absoluten, von dem Endzweck der Schöpfung, von dem Getragensein alles Geschaffenen von der lichtesten Sphäre bis in das unterste materielle Dasein durch Gottes allwaltende Kräfte, die herrlichsten Gedanken von der Urgestalt des Menschen und seiner hohen Bestimmung, von der Beschaffenheit der nach Gottes Bild gemachten Kreatur, von der Natur des individuellen Geistes, genug, die unvergänglichen Prinzipien einer mit den ewigen Grundlagen der Religion vereinbarten Philosophie ausgegangen. Es ist eine Philosophie, die noch heute auf gleicher Höhe steht mit dem Größten, was deutsche Philosophie in unserem Jahrhundert geleistet hat. Man schmelze nur das reine Gold aus den Schlacken der zeitlichen Ausdrucksformen, man dringe von der Schale zum Kern vor, und man wird noch heute in dieser Überlieferung, die das großartigste Band der Kultur von mehr als zweitausend Jahren, zwischen Judentum und Christentum, zwischen Morgen- und Abendland bildet, eine so reiche, das religiöse und sittliche Leben befruchtende Erkenntnis finden, wie sie das Studium keines anderen philosophischen Systems gewähren kann. Geschichtlich war die Kabbâla die Brücke vom Judentum zum Christentum, und da sie zugleich die Einwirkungen der reifsten vorchristlichen orientalischen Religion enthält, so stehen wir in ihr und durch sie tatsächlich in dem Lebenspunkt aller bedeutenden Phasen des religiösen Bewußtseins, und wir dringen durch sie auch zu den bewegenden Kräften der christlichen Überzeugungen vor, wie sie geschichtlich geworden und wie sie sich fort und fort weiterbilden.

Mit dieser aus grauer Vorzeit überlieferten Lehre steht aber die Freimaurerei in unmittelbarster Verbindung. In welchen Formen auch das, was wir Freimaurerei nennen, in den vorchristlichen Jahrhunderten aufgetreten ist, ob in den verschwiegenen Rabbinenschulen, ob in der urchristlichen Mysterienfeier der Eingeweihten, ob in kleinen geschlossenen Sekten vor und neben dem Christentum, ob in den verfolgten Ketzern Südfrankreichs und Oberitaliens, in den Kreisen der Begharden und Brüder des freien Geistes, in dem Hörsaal des Scotus Erigena, in den geistlichen Kapiteln ritterlicher Orden, die mit der Weisheit des Orients bekannt geworden, in den Kreisen versprengter und dem weltlichen Beruf entsagender Ordensmitglieder, in den Bauhütten, wo sich die philosophische Überlieferung in die Werkzeuge, Symbole und Legenden der Bauleute hüllte, überall ist die Kabbâla, sind es ihre einfachsten und großartigen Grundzüge, die das geistliche Leben dieser Gemeinschaften begründet und gebildet haben und den wesentlichen Inhalt ihres Geheimnisses ausmachten. Sie sind es in einem so hohen Grade, daß heute niemand ohne Kenntnisse und Verständnis der Kabbâla eine genügende Deutung der freimaurerischen Zeichen, der bedeutungsvollen Zahlen der heiligen Worte, der Erkennungszeichen, eine korrekte Erklärung von Weisheit, Schönheit und Stärke und des Ursprungs und Sinnes dieser Bezeichnungen, genug alles dessen geben kann, was allen Systemen der Freimaurerei unter allen Völkern gleich und gemeinsam ist. Denn auf allen Stufen der freimaurerischen Erkenntnis bildet jene Geheimlehre, die der Übergang vom Judentum zum Christentum, vom Orient zum Okzident ist, und, um figürlich zu reden, das Band zwischen Johannes dem Täufer und Johannes dem Evangelisten ist, ein sehr wichtiges Element" (Alexis Schmidt).

Die große Krankheit des ausgehenden Mittelalters, die Goldmacherkunst, hat ihre Ausstrahlungen in die Freimaurerei geworfen. Nicht etwa, daß die Königliche Kunst die Geheimnisse der Alchymie, den Stein der Weisen, gesucht hätte. Die wahre Freimaurerei hat sich niemals damit abgegeben, unedle Metalle in edle verwandeln zu wollen, die Dinge lagen anders. Während sich zahllose Betrüger in die Alchymie drängten und der leichtgläubigen Seelen Goldgier geschickt benutzten, um ihnen das Geld aus der Tasche zu ziehen, hat es neben ernsten Chemikern – ein Hamburger Alchymist entdeckte das Verfahren zur Darstellung des Phosphors, ein anderer fand das Porzellan – auch Philosophen der Alchymie gegeben. Sie suchten die Erkenntnis Gottes aus der Natur zu gewinnen und betrachteten den Menschen als das unedle Metall, das sie durch Frömmigkeit und sittliches Leben veredeln wollten. Die Überwindung der Materie durch den Geist führt den gläubigen Alchymisten zu der Überzeugung, daß der Tod nur eine Verwandlung des Stoffes sei. So fagt der Alchymist Gerhard Dorn im Ausgang des sechzehnten Jahrhunderts: „Zuerst soll aus der Erde Deines Körpers Wasser werden, das heißt, Dein steinernes hartes Herz soll weich werden wie Wachs und achtsam auf die Lehren Gottes, damit der Geist sein Siegel eindrücken könne, dann wandle es um in Luft, das heißt, wende Dein nun demütig gewordenes Herz aufwärts zum Himmel, zu dem der Schöpfer Dich erschaffen hat, und strebe gleich der Luft stets nach oben, suche ihn, so wirst Du ihn finden, bete zu ihm, so wird er Dir seinen Geist geben, klopft an, so wird Dem Verstand geöffnet werden, um das zu erkennen, was göttlich ist. Dann wandle Deine Luft in Feuer um, das heißt in brennendes Verlangen und in heiße Liebe zu Gott und Deinen Nächsten, die nie verlöschen darf" (Zitat bei Wolfstieg).

Das ist im Grunde nichts anderes als das Ziel der Freimaurerei, den Menschen durch Tugend zum Licht zu führen. Und wenn wir heute noch in den letzten Fassungen der Rituale aller Lehrarten Spuren einer alchymistischen Gedankenwelt finden, die sich sogar in Worten der hermetischen Kunst ausdrücken, so hat das mit der Phantastik des Steins der Weisen, des roten Löwen und des grünen Drachen nichts zu tun, sondern ist das Symbol ethischer Forderungen.

Der Einfluß der Kabbâla und der alchymischen Lehre auf das Geistesleben des ausgehenden Mittelalters und der beginnenden Neuzeit hatte seinen besonderen Niederschlag in den Baubrüderschaften, den Mönchsorden und den geistlichen Ritterorden. Die strengen Regeln innerhalb dieser Gemeinschaften erzogen zu einem hochwertigen, religiös-sittlichen Leben. Die Hingabe an das ideale Ziel war stärker als die körperlichen Hemmungen und die gesellschaftlichen Bindungen. Eine schlichte, wortlose Unterordnung unter die Idee und ihren Träger, den Führer oder Meister, zeitigte eine selbstlose Arbeit, die es zu glänzenden Erfolgen brachte.

Kabbâla und Alchymie stammten aus dem Orient, und als sie auf das Abendland trafen, fanden sie williges Entgegenkommen, vor allen Dingen in der Romantik des germanischen Geistes, und bereiteten so den Siegeszug des Islams in Europa vor, der von zwei Seiten, von den Pyrenäen und dem Balkan her, das Abendland in der Zange hielt. Der natürliche Rückschlag waren die Kreuzzüge, in denen die Ritterorden entstanden und wuchsen.

Es ist psychologisch sehr begreiflich, daß der romantische Zug, wie er aus Frankreich sich in freimaurerische Organisationen Deutschlands, der sogenannten strikten Observanz, der Clermontischen Kapitel, des Mosaischen Systems einschlich, mit Vorliebe diese Rittermönche als das Ideal einer menschlichen Vereinigung, die gegenseitige sittliche Veredelung erstrebte, ansah und ihre Ordensregeln sich zum Muster nahm. Es ist dies die organisatorische Einflußlinie, die neben der religiösen, der philosophischen und der metaphysischen für das achtzehnte Jahrhundert bedeutungsvoll wurde.

Vor allem der Untergang des Templerordens, der sagenumwobene Prozeß, dessen Akten im Vatikan ruhten, machte tiefen Eindruck auf die Psyche jener Organisationen. Die Vorwürfe, die gegen die Tempelherren erhoben wurden, erschienen in dem geheimnisvollen Zwielicht der Legende; kein Mensch wußte etwas Gewisses. Der heroische Feuertod des letzten Großmeisters Jakobus Molay regte zu einer begeisterten Bewunderung an, ihn umleuchtete die Aureole eines Märtyrertums, da er für eine große Idee sein Leben gelassen hatte. Alles, was man von den Tempelherren Legendäres wußte, ließ die Erklärung zu, daß sie in der Berührung mit dem Orient, woher die Kenntnisse kabbâlistischer und alchymischer Natur stammten, geheime Kundschaft gewonnen hätten, die sie nicht verrieten und eher das Leben hingaben, als ihre anvertrauten Geheimnisse. Noch heute ist die exakte Geschichtsforschung über den Prozeß, der zum Untergang des Templerordens führte, nicht zu einem sicheren wissenschaftlichen Ergebnis gekommen. Soviel dürfte aber feststehen, daß alle auf der Folter erpreßten Geständnisse von Ketzereien wertlos waren. Gerade in der allerletzten Zeit ist ein geschichtlicher Essay über den letzten Großmeister des Templerordens aus der Feder des Jesuiten Bernhard Duhr in den „Stimmen der Zeit" (Band 118, Heft 3) erschienen. Darin wird der Prozeß scharf kritisiert. Duhr sagt: „Der König (Philipp der Schöne von Frankreich) lügt, die Räte lügen, die Inquisitoren lügen, und dem Papst werden die Lügen auf alle Weise plausibel gemacht, so daß er sie schließlich in seine Bullen aufnimmt. Das bekunden die Tatsachen und mehrere hundert Templer." Somit ist der Orden, wenn auch spät, offiziell von der katholischen Kirche gerechtfertigt.

Ein geschichtlicher Zusammenhang der christlichen Freimaurerei mit dem Templerorden ist nur von den Romantikern des achtzehnten Jahrhunderts in der strikten Observanz behauptet worden. Der mittelalterliche Glanz und die kriegerische Hoheit dieser Ritter, die für Christum fochten, begeisterten jene ehrlichen und herzensreinen Männer ihrerseits, mit geistigen Waffen für ihr Ideal zu streiten. In Zeiten nationalen Unglücks flüchtet sich das Volk in die Sagen und Legenden einer großen Vorzeit. Noch harrt Barbarossa im Kyffhäuser, daß die Raben nicht mehr um den Berg fliegen. Und wie ist es heute? Haben wir nicht auch Verbände, die an den ritterlichen Orden der Brüder vom deutschen Hause anknüpfen, um die vaterländische Not zu lindern und die Wiedererweckung und Erneuerung des nationalen Geistes vorzubereiten?

Es ist die ewig gleiche Geschichte der menschlichen Sehnsucht, die man nicht mit den gefühllosen Waffen der historischen Kritik angreifen sollte, wie das in verflossenen Tagen oft geschehen ist. Ein berühmter Freimaurer Emil Brachvogel sagt: „Wer keine Sehnsucht mehr hat, ist wert zu sterben und zu faulen. Mein Gott erhalte mir die Sehnsucht."

V. Unechte Überlieferungen

Um die Zeit, da die freimaurerischen Organisationen sich gebildet haben, also im Ausgang des siebzehnten Jahrhunderts und Anfang des achtzehnten, herrschte ein Vorurteil gegen alles Neue. Sowohl die alten Familien des Uradels wie die neuen des aus den zahlreichen Kriegen hervorgegangenen Schwertadels ließen sich Genealogien anfertigen, die mindestens auf Cäsar zurückgingen. Merkwürdigkeiten wie die, daß der Vorfahr eines regierenden Grafen bei Cannae gekämpft, wurden gläubig hingenommen. Man ging zwar nicht so weit wie die Könige des Altertums, die von Heroen oder gar von den Göttern abstammen sollten, aber es war Ehrensache, die Stammväter in die graueste Vorzeit zu verlegen.

Diesem Zug der Zeit folgte auch die Freimaurerei, und die kritische Forschung hat sich von Lessing bis auf unsere Tage sehr eingehend damit befaßt, die Unechtheit von vordatierten Überlieferungen nachzuweisen.

Fast alle Großlogen in Deutschland besitzen in ihren Akten Urkunden, gedruckt oder handschriftlich, die legendär gefärbt ein hohes Alter für sich in Anspruch nehmen, ohne einen anderen Beweis dafür zu erbringen als ihre eigene Behauptung. Die Auseinandersetzungen wegen Echtheit oder Unechtheit von Überlieferungen haben nicht selten zu schweren Erschütterungen innerhalb der freimaurerischen Körperschaften geführt, über die an geeigneter Stelle zu berichten sein wird. Wenn man diese Auseinandersetzungen, in denen zum Teil eine bewundernswerte Gelehrsamkeit und unendlicher Fleiß, aber auch eine leidenschaftliche Polemik zutage treten, voraussetzungslos und nüchtern prüft, so fragt man sich erstaunt, wozu alle diese enormen Aufwendungen an Geist und Scharfsinn genutzt haben. Ob die Überlieferungen echt oder unecht sind, ob sie zweihundert, dreihundert oder tausend Jahre alt sind, ist für die Freimaurerei als Kulturerscheinung, als der religiös-ethische Ruhepunkt in dem Treiben und Hasten des politischen, wirtschaftlichen und gesellschaftlichen Tages völlig belanglos. Aber der objektive Geschichtschreiber der Königlichen Kunst wird auch an den unechten Überlieferungen nicht vorübergehen dürfen, denn auch sie sind Dokumente freimaurerischen Wollens und Denkens, sind eine erkenntnistheoretische Erscheinung von zum Teil hohem geschichtlichen Wert. Es ist ein destruktiver Gelehrtenehrgeiz, an dem überlieferten, das unzähligen Menschen ehrwürdig erscheint, seine kritischen Waffen zu wetzen, und die Führer der Großlogen haben recht getan, wenn sie derartige Auseinandersetzungen auf das engste lokalisierten und verhinderten, daß sie an die Außenwelt drangen. Es ist dies nicht immer gelungen, zum Schaden der ernsten Freimaurer, die den Wert der

Überlieferung nach ihrem Inhalt und nicht nach ihrem Alter und ihrer Zuverlässigkeit schätzten.

Jede Erscheinung kann nur aus dem Geist ihrer Zeit beurteilt werden, und wenn es eben im Geist der Zeit lag, Althergebrachtes wertvoll zu finden, so waren diejenigen Männer, die ihren religiös-ethischen Gedanken die Autorität des Alters unterschoben, noch lange keine Betrüger. Sie trugen lediglich dem Geist ihrer Zeit und der Eigenart ihrer Mitmenschen Rechnung, indem sie ihre Jdeen in archaistische Formen kleideten.

Für den Geschichtsforscher sind auch die unechten Überlieferungen wertvoll, denn sie zeigen ihm, wie die Geister jener Zeit eingestellt waren. Er gewinnt ein Urteil über ihre Weltanschauung, den Stand ihrer ethischen Kultur und den Bedeutungswert der Freimaurerei für ihre innere Entwicklung.

Eine der ältesten Urkunden ist das sogenannte Freimaurerverhör, das von der Hand des Königs Heinrich VI. von England (1422–1461) herrühren soll, dessen Entstehungszeit von den meisten Forschern in die Mitte des achtzehnten Jahrhunderts verlegt wird, also in die Zeit, da die Freimaurerei Deutschlands in ihrer ersten Blüte stand. Irgendwelche Anhaltspunkte, wer der Verfasser sei, haben wir gar nicht. Daß er aber Andersons Konstitutionenbuch gekannt hat, dürfte unzweifelhaft sein, denn Anderson berichtet darin von dem Gesetz, das im Jahre 1425 das Parlament unter der Minderjährigkeitsregierung Heinrichs VI. gegen die Werkmaurer und ihre Logenversammlungen erlassen hatte, und fährt fort: „Doch als der genannte König die Volljährigkeit erlangt hatte, legten die Maurer ihm und seinen Lords die obenerwähnten Urkunden und Pflichten vor, und diese, das ist klar, sahen sie durch und billigten sie feierlich als gut und vernünftig, um gehalten zu werden; ja, der genannte König und seine Lords müssen bei den Freimaurern aufgenommen worden sein, ehe sie solche Durchsicht der Urkunden vornehmen konnten."

Die Bezeichnung Verhör rührt wohl daher, daß die englischen Richter die Verpflichtung hatten, die Handwerker viermal im Jahre vorzuladen und sie auf ihre Eide zu verhören, ob sie die Gesetze befolgt hätten. Diese Verhöre wurden 1423 noch einmal, besonders in bezug auf die Bauhandwerker, eingeschärft.

Wir geben zunächst die Urkunde selbst:

1. Frage: Was ist es denn?
Es ist die Wissenschaft der Natur, die Kenntnis von ihrer Kraft und ihrer verschiedenen Wirkungen, vornehmlich die Wissen-

schaft von Zahl, Gewicht und Maß und der rechten Art, alle Dinge zum Gebrauch des Menschen einzurichten, hauptsächlich Wohnungen und Gebäude von aller Art und alle anderen Sachen, die dem Menschen nützen.

2. Frage: Wo fing sie an?
Sie fing an mit den ersten Menschen im Osten, die vor den ersten Menschen im Westen waren; sie kam nach Westen und brachte mit alle Freude für die Wilden und Freudlosen.

3. Frage: Wo fing sie im Westen an?
Die Venetianer (gemeint sind die Phönizier), die große Kaufleute waren, kamen zuerst nach Osten zur Bequemlichkeit des Handels nach Osten und Westen auf dem Roten und Mittelländischen Meere.

4. Frage: Wie kam sie nach England?
Peter Gower (gemeint ist Pythagoras), ein Grieche, reiste, um Kenntnisse zu erwerben, in Ägypten, in Syrien und in jedem Land, wo die Venetianer die Maurerei gegründet hatten. Er gewann Eintritt in alle Logen der Maurer, lernte viel und kam zurück und wohnte in Großgriechenland und wurde da ein mächtiger Weiser und sehr berühmt: Hier stiftete er eine große Loge zu Groton (gemeint ist Krotona) und machte viele Maurer, von denen in der kommenden Zeit die Kunst nach England kam.

5. Frage: Entdeckten die Maurer anderen ihre Künste?
Peter Gower wurde auf seinen Reisen erst aufgenommen und dann belehrt. So sollte es mit allen anderen auch richtig sein. Doch haben die Maurer immer von Zeit zu Zeit den Menschen solche ihrer Geheimnisse mitgeteilt, die allgemein nützlich sein könnten. Nur solche haben sie zurückgehalten, die schädlich sein würden, wenn sie in unrechte Hände kämen, oder ohne die in der Loge dazu gegebenen Erklärungen nichts helfen würden, oder solche, die die Brüder fester zusammenbinden, durch den Nutzen und die Bequemlichkeit, die der Brüderschaft daraus entstehen.

6. Frage: Welche Kunst haben die Maurer die Menschen gelehrt?
Den Ackerbau, die Baukunst, die Astronomie, Zahlen, Tonkunst, Dichtkunst, Scheidekunst, Regierungskunst und Religion.

7. Frage: Woher lernen die Maurer mehr als andere Menschen?
Sie und nur sie besitzen die Kunst, neue Künste zu erfinden, eine Kunst, die den ersten Maurern von Gott gegeben wurde. Sie finden dadurch, welche Kunst sie wollen, und den rechten Weg, sie zu lehren. Was andere Menschen erfinden, kommt nur von ungefähr und ist daher, denke ich, zu gering.

8. Frage: Was verbergen und verhehlen die Maurer?
Sie verbergen die Kunst, neue Künste zu erfinden, und das geschieht zu ihrem Nutzen und Ruhm, sie verbergen die Kunst, Geheimnisse zu bewahren, damit die Welt nichts vor ihnen verbergen kann. Sie verbergen die Kunst, Wunderwerke zu tun und zukünftige Dinge vorherzusagen, damit die Künste nicht von Gottlosen zu bösen Zwecken gebraucht werden mögen. Auch verbergen sie die Kunst der Verwandlungen, den Weg, zum Verständnis des Abrac zu kommen, die Kunst, ohne die Hilfe von Furcht und Hoffnung gut und vollkommen zu werden; und die allgemeine Sprache der Maurer.

9. Frage: Wollt Ihr mich diese Kunst lehren?
Ihr sollt unterrichtet werden, wenn Ihr dessen würdig seid und lernen könnt.

10. Frage: Können alle Maurer mehr als andere Menschen?
Nein, sie haben nur mehr Recht und Gelegenheit als andere Menschen, Kenntnisse zu erwerben; aber manchen fehlt es an der Fähigkeit, noch mehreren an Fleiß, der sehr nötig ist zur Erwerbung aller Kenntnisse.

11. Frage: Sind die Maurer besser als andere Menschen?
Einige Maurer sind nicht so tugendhaft wie andere Menschen, aber im ganzen sind sie besser, als sie sein würden, wenn sie nicht Maurer wären.

12. Frage: Lieben die Maurer einander so innig, wie man sagt?
Ja gewiß, und es kann nicht anders sein, nur gute und rechtschaffene Männer, die einander als solche kennen, lieben sich immer mehr, je besser sie sind.

Über dieses Verhör oder, besser gesagt, dieses Fragestück geht eine merkwürdige Legende. Es sei im Jahre 1430, nach anderen Angaben 1442 entstanden und König Heinrich VI. habe es eigenhändig geschrieben. Aufgefunden sei es erst im Jahre 1526 durch John Leyland, den König Heinrich VIII. beauftragt habe, nach Aufhebung der Klöster bemerkenswerte Urkunden zu sammeln. Leyland soll das Fragestück abgeschrieben haben und die Abschrift in der Bodlejanischen Bibliothek niedergelegt haben. Aber weder Original noch Abschrift sind jemals aufgefunden worden. Der Vorsteher der Bibliothek, Collins, soll eine Abschrift von Leylands Kopie genommen und sie 1696 an John Locke, den berühmten englischen Philosophen, gesandt haben, der sie seinerseits mit erklärenden Anmerkungen am 6. Mai 1696 an Lord Pembroke weitergegeben habe. Abgedruckt sei das Verhör auf zwölf kleinen Oktavseiten 1748 in Frankfurt.

Über das für und wider die Echtheit ist ein langer Streit geführt worden, der jetzt wohl endgültig dahin entschieden ist, daß das Fragestück, wie schon oben gesagt, um die Mitte des achtzehnten Jahrhunderts verfaßt wurde. Der Landesgroßmeister der Großen Landesloge der Freimaurer von Deutschland, Friedrich von Castillon, hatte den königlich preußischen Gesandten am englischen Hof, Grafen Lusi, einen Freimaurer, veranlaßt, nach der Handschrift zu suchen, aber es war keine Spur davon aufgefunden worden, auch absolut keine Aufzeichnung vorhanden, daß sie jemals in der Bodlejanischen Bibliothek aufbewahrt worden war.

Friedlich von Castillon regierte die Landesloge von 1782 bis 1789 und dann wieder von 1799 bis zu seinem 1814 erfolgten Tode. Daraus darf man nicht etwa schließen, daß die Landesloge als solche ein Interesse an dem Inhalt des Verhörs gehabt hätte. Castillon war Mathematiker und nüchterner logischer Geist, dem das streng geschlossene Ritual der Landesloge über alles ging, und es konnte ihm nur darum zu tun sein, das Freimaurerverhör und seine altertümliche Herkunft als englisches Phantasma zu erweisen, denn die Große Landesloge hat all diesen Überlieferungen bis zum heutigen Tag ablehnend gegenübergestanden.

Also nicht nur in der Bodlejanischen Bibliothek konnte keine Handschrift aufgefunden werden, auch den angeblichen Frankfurter Druck von 1748 hat kein menschliches Auge jemals gesehen. Es ist also der Verdacht durchaus gerechtfertigt, daß der Frankfurter Druck nur vorgetäuscht wurde, um die wahre Herkunft zu verschleiern. Der Verfasser war zweifellos ein geschickter Fälscher. Er täuscht die Unwissenheit eines einfachen Werkmaurers vor, wenn er Pythagoras als Peter Gower anführt, wie der gemeine Engländer den griechischen Namen aussprechen würde. Er ließ seine Arbeit 1753 in „The Gentleman's Magazine" unter folgendem Titel abdrucken: „Ein altes Manuskript über

Freimaurerei: Abschrift einer kleinen aus zwölf Oktavseiten bestehenden Schrift, gedruckt zu Frankfurt in Deutschland 1748, betitelt: Ein Brief von dem berühmten Herrn John Locke, betreffend die Freimaurerei, so auf einem Schreibtisch eines verstorbenen Bruders ist gefunden worden."

Das war ein besonderer Trick, daß der Verfasser des Verhörs den berühmten englischen Philosophen John Locke als Eideshelfer heranzog. Er ließ durch einen Brief, der sich in den Werken des großen Denkers verdächtigerweise nicht findet, die geschickt vorgetäuschten Irrtümer des ungebildeten Werkmaurers berichtigen und erklären. Auf diese Weise wurde jede andere Interpretation ausgeschaltet. Über den Verfasser und seine Absichten sind wir völlig im dunkeln. Daß es Laurence Dermott, der Verfasser des Ahiman Rezon und Großsekretär der Großloge der Ancient Masons, gewesen wäre, wie ein älterer deutscher Geschichtsschreiber, Wilhelm Keller, annimmt, trifft bestimmt nicht zu und ist nur zu erklären aus der Beurteilung Dermotts als Fälscher, Betrüger, Schwindler und niedriger Charakter. Nach den epochemachenden Forschungsergebnissen Henry Sadlers im Jahre 1887 und Begemanns entscheidender Ehrenrettung Dermotts, die man dort (Vorgeschichte und Anfänge der Freimaurerei in England, II. Buch, Berlin 1910) nachlesen möge, muß der Glaube an eine Verfasserschaft Dermotts endgültig aufgegeben werden.

Was aber war der Zweck dieser untergeschobenen freimaurerischen Urkunde aus der Zeit Heinrichs VI., wo es noch gar keine Freimaurer gab? Entweder sollten damit die englischen Freimaurer des achtzehnten Jahrhunderts verspottet werden, und dafür spricht die Veröffentlichung in einer profanen Zeitschrift, oder das Gegenteil war der Fall, die Gesellschaft sollte als sehr alt und vornehm verherrlicht werden, denn man argumentierte sehr klug, wenn der König die Aufnahme in die Brüderschaft nachgesucht und erhalten habe, mußte sie doch eine große Bedeutung haben. Auch John Locke sollte nach dem englischen Geschichtsschreiber Lawrie (History of freemasonry, Edinburgh 1859) als Freimaurer aufgenommen worden sein; ein Beweis hat sich jedoch bis heute nicht erbringen lassen.

Jedenfalls ist diese unechte Urkunde ein Dokument des Geistes, der um die Mitte des achtzehnten Jahrhunderts in der englischen Freimaurerei herrschte. Man traute seiner eigenen Geistigkeit nicht viel zu und suchte das, was an Anregung und innerer Tiefe fehlte, durch die Autorität des Alters und der Ehrwürdigkeit zu ersetzen. Sehr bezeichnend ist, daß man die Urkunde in Deutschland auftauchen ließ. Es war die Zeit, als das Genie Lessings über Deutschland leuchtete, als die Augen der Kulturwelt auf den Thron Preußens gerichtet waren, den der große König innehatte, dessen Stern als Philosoph, als Politiker und Heerführer strahlend aufzugehen begann und der Freimaurer

Die Kölner Urkunde

war. Durch ihn war die Brüderschaft in Deutschland geadelt und in eine geistige Höhenluft emporgerückt, die ihr Weltgeltung prophezeien mußte. Noch lehnte sie sich allerdings an England an, woher sie weder eine bedeutende Lehre noch ein wertvolles Ritual erhalten konnte. Aber das Suchen nach der rechten Kunst hatte in Deutschland schon begonnen, und ein Jahrzehnt später brachte Zinnendorf aus Schweden ein Ritual, für dessen kraftvolle Architektur und Innerlichkeit sich bald in den weitesten Kreisen der deutschen Freimaurerei treue Anhänger fanden.

Welche Wirkung mußte eine Urkunde bei den Engländern haben, die aus dem Lande der Dichter und Denker kam? Welch eine Gewähr für die Echtheit, wenn die Urkunde in Deutschland anerkannt war, in dem Lande, das kritische Geister wie die, an die deutschschreibende Schweizer, Bodmer und Breitinger, sich anschlossen, die Johann Joachim Winckelmann und endlich Gotthold Ephraim Lessing erzeugt hatte. Freilich hatte der letztere das Verhör als Staub bezeichnet, aber das lasen ja die Engländer nicht, denen man die Urkunde als echt und wahrhaftig vorsetzte. Der Zweck wurde erreicht, es fanden sich viele Gläubige, die in eine so alte und ehrwürdige Gesellschaft eintraten.

Wir übergehen eine ganze Anzahl anderer unechter Überlieferungen, weil sie in keiner Beziehung zu Deutschland stehen, und wenden uns einer sehr wichtigen, der sogenannten Kölner Urkunde, zu.

Die Urkunde kam auf folgende Weise zum Vorschein: Im Jahre 1816 erhielt der Nationalgroßmeister des Ordens der Freimaurer im Königreich der Niederlande, Prinz Friedrich der Niederlande, mit einem Paket Schriften einen Brief, von Damenhand N. C. geb. v. T. gezeichnet, aus Rotterdam mit dem Bemerken, daß die beigefügten Schriftstücke im Nachlaß ihres Vaters gefunden worden seien. Die Schreiberin nahm an, daß er sie von Herrn von Boetzelaer erhalten. Er habe sie immer sehr sorgfältig verwahrt. Man vermutete, die Dame sei die Tochter des Nationalgroßmeisters van Teylingen, dessen Vorgänger van Boetzelaer war. Ein Beweis dafür ist nicht zu erbringen, es ist auch nebensächlich. Auffallen muß, daß auch diese Papiere in dem Nachlaß eines Verstorbenen gefunden wurden, wie das Freimaurerverhör, das ja auf dem Schreibtisch eines verstorbenen Bruders entdeckt wurde.

Die Sendung der Dame enthielt: die Kölner Urkunde auf Pergament in freimaurerischer Quadratschrift, Lateinisch, und Protokolle einer Loge Frederiks Vreedendaal (Friedrichs Friedental) im Orient, vom Haag aus dem Jahr 1637 bis 1638. Prinz Friedrich ließ die Schriftstücke von einer Kommission prüfen, die Kölner Urkunde faksimilieren, die Protokolle drucken und am 13. April 1813 an die ihm unterstehenden Logen versenden. Das

Original wollte er im Archiv der Großloge niederlegen, hat es aber mit den Protokollen in eigener Verwahrung behalten. Die Schriftstücke wurden auf seine Anordnung nach seinem Tode am 8. September 1881 verbrannt, so daß eine materielle Prüfung der Echtheit nicht mehr möglich ist. Merkwürdigerweise haben wir auch keine zuverlässigen Mitteilungen von Augenzeugen über Echtheit oder Unechtheit; die Mitglieder der ersten Prüfungskommission haben nur die Übereinstimmung der Umschrift mit dem Original bezeugt. Die diplomatische Treue des Originalpergaments ist nie untersucht worden. Unterschrieben ist die Urkunde von den Vertretern der neunzehn Logen, die im Anfang genannt sind. Unter diesen Vertretern befindet sich auch Philipp Melanchthon. Datiert ist das Schriftstück vom 24. Juni 1535.

Die Unechtheit ist von einer ganzen Reihe hervorragender freimaurerischer Gelehrten behauptet, zuletzt von Begemann in seiner Monographie historischphilologisch überzeugend bewiesen worden.

Interessant ist die Frage, ob der Nationalgroßmeister Prinz Friedrich der Niederlande persönlich an die Echtheit der Papiere geglaubt hat. Im Anfang sicher, späterhin scheinbar nicht mehr, denn sonst hätte er in der langen Zeit von 1818 bis 1881 vielleicht einem Gelehrten Einblick in das Original gewährt und es nicht verbrennen, sondern im Archiv seiner Großloge niederlegen lassen. Prinz Friedrich war sehr früh Freimaurer geworden. Er war 1798 geboren und wurde 1816 unter Vermittlung des niederländischen Gesandten von Perponcher durch eine Abordnung der Großen Nationalmutterloge zu den drei Weltkugeln, an deren Spitze der Großmeister von Gujonneau stand, aufgenommen und im selben Jahre, neunzehnjährig, zum Nationalgroßmeister der Niederlande gewählt. Es liegt nahe, daß der oder die Fälscher im Vertrauen auf des Prinzen Jugend und seine mangelnden freimaurerischen Kenntnisse ihm die Papiere in die Hand spielten, um bestimmte Zwecke zu erreichen, die wir erst untersuchen können, nachdem wir die Urkunde selbst mitgeteilt haben.

Zur höheren Ehre des allmächtigen Gottes.

Wir auserwählten Meister der ehrwürdigen und dem Johannes geweihten Gesellschaft oder Genossen des Ordens der Freimaurer, Leiter der Herbergen oder Hütten, die in London, Edinburg, Wien, Amsterdam, Paris, Lyon, Frankfurt, Hamburg, Antwerpen, Rotterdam, Madrid, Venedig, Gent, Königsberg, Brüssel, Danzig, Middelburg, Bremen und der Stadt Köln errichtet sind, kapitelweise in derselben. Stadt Köln – Jahr, Monat und Tag wie unten bezeichnet – versammelt, unter dem Vorsitz des Meisters der in dieser

Stadt gegründeten Hütte, eines ehrwürdigen Bruders, eines hochgelehrten, hochweisen und hochumsichtigen Mannes, der durch unsere einstimmige Wahl berufen wurde, diese Verhandlung zu leiten –, wir erklären durch dieses an alle obengenannten Herbergen auszusendende Schreiben sowohl den jetzigen wie den zukünftigen Genossen: Wir richten unsere Aufmerksamkeit auf das, was in diesen unheilvollen sowie durch Uneinigkeiten und Zwietrachten der Bürger verwirrten Zeiten unserer obengenannten Gesellschaft und allen in diesen Orden der Freimaurer oder des Johannes aufgenommenen Brüdern an Plänen, Meinungen, Umtrieben, sowohl verborgenen als offenkundigen, vorgeworfen wird, was alles wie uns so auch dem Wesen, dem Zwecke und den Vorschriften dieser Genossenschaft völlig fremd ist. Es ist festgestellt, daß die Genossen dieses Ordens besonders deshalb, weil wir durch unauflösliche geheime Verpflichtungen, die uns binden und von allen aufs gewissenhafteste beobachtet werden, gefesselt sind, und damit sie um so sicherer dem Tadel Außenstehender und Profaner sowie dem öffentlichen Abscheu verfallen, des Verbrechens der Wiederherstellung des Ordens der Templer angeklagt und wir öffentlich so dem Volke gekennzeichnet werden, als ob wir weiter planmäßig gefesselt und verschworen wären, daß wir, wie diesem Orden angehörig, dessen Güter und Besitzungen wieder gewinnen, den Tod des letzten höchsten Meisters, der diesem Orden vorgesetzt war, an den Nachkommen der Könige und Fürsten, die dieses Verbrechens schuldig und die Urheber der Vernichtung des genannten Ordens waren, rächen wollten; daß wir zu diesem Zweck in der Kirche Spaltungen, dagegen in weltlichen Reichen und Herrschaften Verwirrung und Aufruhr stifteten; daß wir gegen den Papst, den mächtigsten Priester, den Kaiser und alle Könige von Haß und Feindschaft brennten; daß wir, der Macht keines Außenstehenden, sondern allem den obern und auserwählten Meistern unserer über den ganzen Erdkreis zerstreuten Genossenschaft gehorchend, deren geheime Aufträge und verborgene Pläne durch geheimen Briefwechsel und abgesandte Boten ausführten; daß wir endlich keinem andern den Zutritt zu unseren Geheimnissen gestatteten als denen, die, durch Peinigungen des Körpers geprüft und erprobt, durch einen fluchwürdigen und abscheulichen Eid sich unseren Kapiteln zugelobt und geweiht haben. Darum und in Erwägung alles dessen erschien es nützlich und durchaus notwendig, den wahren Stand und Ursprung unseres Ordens, und wohin dessen Wohlfahrtsstiftung ziele, so darzulegen, wie das Einzelne von vorzüglichen, in der Kunst am meisten erfahrenen und von der echten Kenntnis der Stiftung erleuchteten Meistern geprüft und gebilligt worden ist, und das so Dargelegte den einzelnen Kapiteln oder Herbergen unserer Gesellschaft als ein von uns unterschriebenes und besiegeltes Muster zusammengestellt und ausgearbeitet zugehen zu lassen, damit dadurch zum dauernden Andenken der Sache die Erneuerung dieser unserer Grundlage und die unverletzte Makellosigkeit unseres Zweckes feststehen könne, und damit auch, wenn durch eine von Tag zu Tag überhandnehmende Neigung der Bürger und Völker zu Haß, Feindschaft, Unduldsamkeit und Kriegen es dieser unserer Genossenschaft mehr und mehr erschwert werden sollte, ihren Bestand und ihre Wesenheit bewahren, sich in irgendwelchen Gegenden der Erde ausbreiten und sich selbst im Fortgang der Zeiten weniger unversehrt, ungeschädigt und unverdorben erhalten zu können, – damit dann nichtsdestoweniger zu besserer Zeit und bei besseren Zeitverhältnissen, wenn nicht alle, so doch das eine oder andere Exemplar dieses Schreibens übrigbleibe, nach dessen Richtschnur der Orden, wenn erschüttert, wiederhergestellt und, wenn er verderbt oder seinem Zwecke und seinen Plänen entfremdet sein sollte, neu gestaltet werden kann. Deswegen beschwören wir auserwählten, vom Streben nach dem wahren Licht geleiteten Meister durch dieses allgemeine, nach dem Inhalt der ältesten Urkunden und der Denkmäler, die über Pläne, Gebräuche und Gepflogenheiten der Stiftung und unseres sehr alten und sehr geheimen Ordens vorhanden sind, verfaßte Schreiben alle Mitarbeiter, denen das Schreiben jetzt oder später zukommen sollte, bei ihrem heiligsten Pflichtgefühl, daß sie sich nicht von diesem Zeugnis der Wahrheit lossagen. Außerdem melden und verkünden wir sowohl der erleuchteten wie der dunkleren Welt, deren beider Wohlergehen uns beschäftigt und stark bewegt:

I. Die Gesellschaft oder der Orden der Freimaurer oder der dem Dienste des Johannes ergebenen Brüder leitet seine Abstammung weder von den Tempelrittern her, noch von irgendeinem anderen Orden geistlicher oder weltlicher Ritter, weder von einem einzelnen noch von einem aus mehreren verewigten; noch hat er mit ihnen unmittelbar oder durch irgendein Zwischenband auch nur die geringste Gemeinschaft. Er ist älter als alle Ritterorden dieser Art und war sowohl in Palästina und Griechenland wie in dem einen und andern Teil des Römischen Reiches schon vor den heiligen Kriegen und den Zeiten der Wanderung der obenerwähnten Ritter nach Palästina vorhanden. Dies ist uns aus verschiedenen Denkmälern bewährter Altertümlichkeit offenkundig und bekanntgeworden, und diese unsere Genossenschaft ist schon zu der Zeit entstanden, als zuerst wegen verschiedener Sekten der christlichen Sittenlehre wenige Eingeweihte, die mit der wahren Lehre der Ethik und einer gesunden Auslegung des Geheimwissens vertraut waren, sich von der Menge absonderten; denn zu jener Zeit haben gelehrte und erleuchtete Männer, jene wahren, von den Irrlehren des Heidentums am wenigsten beeinflußten Christen, da sie glaubten, durch eine verunreinigte Religion würden Spaltungen, nicht aber Friede, nicht Duldung und Nächstenliebe, sondern abscheuliche Kriege verbreitet, sich durch den heiligsten Eid gebunden, daß sie die den Gemütern der Menschen eingepflanzten ethischen Grundsätze dieser Religion besser und unbefleckt bewahren, sich ihnen ganz widmen wollten, damit mehr und mehr das wahre Licht aus der Finsternis hervorgehe und dazu nütze, Aberglauben zu bekämpfen und durch Pflege aller menschlichen Tugenden Frieden und Wohlfahrt unter den Menschen zu befestigen. Bei diesen glücklichen Aussichten nannte man die Meister dieser Gemeinschaft dem Johannes geweihte Brüder, indem sie nach dem Beispiel und Vorbild Johannes des Täufers handelten, des Vorläufers des aufgehenden Lichtes und des ersten Märtyrers unter den Lichtbringern. Später wurden diese Lehrer und Schriftkundigen nach der Gewohnheit jener Zeiten Meister genannt und suchten aus den erfahrensten und besten ihrer Schüler welche aus, die sie als Mitarbeiter annahmen, woher der Name Genossen entstand, während die übrigen ausgesuchten, aber nicht angenommenen nach der Sitte der hebräischen, griechischen und römischen Philosophen mit der Benennung Schüler bezeichnet wurden.

II. Unsere Genossenschaft besteht wie einst so auch jetzt aus diesen drei Graden: des Schülers, des Genossen und des Meisters, die letzten Meister aber aus auserwählten Meistern und höchsten auserwählten Meistern; alle sogenannten Genossenschaften oder Brüderschaften dagegen, die mehr oder andere Benennungen oder Unterabteilungen zulassen oder sich einen anderen Ursprung beilegen oder, sich in politische oder geistliche Geschäfte mischend, sich jemand verschwören und Haß und Feindschaft versprechen und geloben, unter welchen Namen es auch geschehen mag, unter dem von Freimaurern oder von Brüdern, die dem Dienst des Johannes ergeben sind, oder unter andern, die gehören nicht zu unserm Orden, sondern werden als Schismatiker abgewiesen und ausgeschlossen.

III. Zwischen jenen Lehrern und Meistern dieses Ordens, die mathematische, astronomische oder andere Wissenschaften übten, hat nach ihrer Zerstreuung über den ganzen Erdkreis ein Wechselverkehr der Lehre und des Lichts stattgefunden, wodurch geschehen ist, daß man anfing, aus jenen auserwählten Meistern einen besonders auszuwählen, als vor den übrigen hervorragend, der allein als auserwählter Meister oder Patriarch verehrt und zugleich als unserer ganzen Genossenschaft sichtbares und unsichtbares Oberhaupt und Führer angesehen werden sollte, wie denn auch heute nach dieser Bestimmung ein oberster Meister und Patriarch, wenn auch nur von sehr wenigen gekannt, wirklich vorhanden ist.

Dies vorausgeschickt, was aus der Sammlung der ältesten Pergamente des Ordens und seiner Urkunden zusammengetragen ist, mit Genehmigung unseres Patriarchen, bestimmen wir, nachdem wir die geheiligten Zeugnisse, die für die Zukunft der Treue unseres Vorsitzenden und seiner Nachfolger anvertraut sind, genau verglichen haben, und verordnen wir, mit der Genehmigung eben dieses höchsterleuchteten Patriarchen ausgerüstet:

IV. Die Leitung unserer Gesellschaft und die Art und Weise, wie die Strahlen des flammenden Lichts zu den erleuchteten Brüdern als auch in die profane Welt getragen und verbreitet werden sollen, stehen bei den höchsten auserwählten Meistern; diese haben zu wachen und zu sehen, daß die Genossen, welches Standes und Ranges sie sein mögen, nichts gegen die wahren Grundsätze unserer Gesellschaft unternehmen; denselben Spitzen des Ordens liegt auch die Verteidigung der Gesellschaft ob sowie die Bewahrung und Sicherstellung ihres Wohlergehens: wenn ein Unglück sie trifft, sollen sie mit Aufopferung ihres Vermögens und Gefahr ihres Lebens sie gegen alle Angreifer unserer Stiftung schützen, so oft und wo es auch der Fall sein mag.

V. Nirgends haben wir erfahren, daß diese Genossenschaft von Brüdern vor dem Jahre 1440 nach Christi Geburt unter einer andern Benennung als der von Johannisbrüdern bekannt gewesen sei; damals aber hat man zuerst, wie uns kund wurde, angefangen, die Brüderschaft mit dem Namen der Freimaurer zu benennen, und zwar insbesondere in Valenciennes in Flandern, zur Zeit als in einigen Flecken des Hennegaus mit Hilfe und auf Kosten jener Brüder zuerst Krankenhäuser gebaut wurden, zur Heilung der Dürftigen, die am heiligen Feuer, dem sogenannten Antoniusübel, litten.

VI. Obgleich wir beim Wohltun keine Rücksicht auf Religion oder Vaterland nehmen, halten wir doch jetzt noch für nötig und sicher, keine andern, als die sich in den Kreisen der Profanen oder Unerleuchteten als Christen bekennen, in unseren Orden aufzunehmen. Beim Verhören und beim Vernehmen von Prüfungen bei denen, die sich zur Weihe des ersten Grades, desjenigen der Schüler, melden, sind keine Peinigungen des Körpers, sondern nur solche Proben anzuwenden, die zur Erforschung des Geistes, der Willensrichtungen und der Naturanlage der Novizen dienen.

VII. Zu den Pflichten, die geboten werden und mit einem feierlichen Eide zu geloben sind, zählen treue Ergebenheit und Gehorsam gegen die weltlichen und rechtmäßig uns vorgesetzten Obrigkeiten.

VIII. Die Grundsätze unserer Handlungen und alle unsere Unternehmungen, wohin und wieweit sie zielen mögen, liegen in diesen beiden Vorschriften ausgesprochen: liebe und schätze alle Menschen wie Brüder und Angehörige; du sollst Gott gewähren, was Gottes, und dem Kaiser, was des Kaisers ist.

IX. Die Geheimnisse und Geheimlehren, in denen sich unsere Bestrebungen verbergen, dienen diesem einzigen Ziele, daß wir ohne Prunken wohltun und ohne Störung unsere Vorsätze durch Handeln bis zum äußersten verfolgen.

X. Das Gedächtnis des heiligen Johannes, des Vorläufers Christi und Beschützers unserer Gemeinschaft, feiern wir alljährlich.

XI. Diese Einrichtung und die übrigen ihr gleichartigen Förmlichkeiten, indem sie in den Versammlungen der Brüder durch Geben von Zeichen oder Worten oder auf andere Arten ausgeübt werden, sind nichtsdestoweniger von den kirchlichen Gebräuchen völlig verschieden.

XII. Nur derjenige wird als Bruder der Johanneischen Gesellschaft oder Freimaurer anerkannt, der auf rechtmäßige Weise, mit Hilfe und unter Vorsitz irgendeines auserwählten Meisters, unter Beistand von mindestens sieben Brüdern, in unsere Mysterien eingeweiht und imstande ist, durch Zeichen und Losungen, deren sich die übrigen Brüder bedienen, seine Aufnahme zu beweisen. Unter diesen Zeichen und Worten sind jedoch auch diejenigen einbegriffen, die in der Edinburger Herberge oder Hütte und den ihr angeschlossenen, ebenso in der Hamburger, Rotterdamer, Middelburger und der sich in Venedig errichtet findenden Hütte in Gebrauch sind, deren Übungen und Arbeiten, obwohl nach Weise der Schotten eingerichtet, doch in dem, was Ursprung, Zweck und Einrichtung angeht, von dem, was wir benutzen, nicht abweichen.

XIII. Indem diese unsere Gesellschaft nur von einem einzigen und allgemeinen Führer, die einzelnen Meisterschaften aber, aus denen sie besteht, je nach Verhältnis und Bedürfnis der verschiedenen Gegenden und Reiche, von verschiedenen Obermeistern regiert werden, ist nichts notwendiger als eine gewisse Gleichförmigkeit aller über den ganzen Erdkreis zerstreuten Glieder, die doch zusammen sozusagen einen einzigen Körper bilden, sowie auch ein Verkehr durch Boten und Zuschriften, der allerorten mit sich und in seinen Lehren übereinstimmt. Deshalb soll dieses gegenwärtige, Natur und Wesen unserer Gesellschaft bezeugende Schreiben allen einzelnen Kollegien des Ordens, die bis jetzt bestehen, zugesandt werden.

Von diesem aus den obenerwähnten Gründen auf solche Weise abgefaßten Schreiben sind daher 19 übereinstimmende Exemplare mit ganz demselben Wortlaut, zur Bestätigung mit unsern Unterschriften und Unterzeichnungen versehen, zu Köln am Rhein erlassen, im Jahre 1535 am 24. Tage des Monats Juni, nach der Zeitrechnung, die als die christliche bezeichnet wird."

Harmanus. Carlton, Jo. Bruce. Fr. v. Upna. Cornelis Banning. de Colligni. Birieux. Johon Schröder. Hofmann. Jcobus Prepositus. A. Nobel. Jgnatius del la torre. Doria. Jacob Uttinhove. Fallt. Niclaes vā Noot. Philippus Melanthon. Huyßen. Wormer Abel.

Die Unechtheit der Urkunde steht also unzweifelhaft fest. Schon das Jtinerar Melanchthons beweist, daß er am 24. Juni 1534 nicht in Köln gewesen sein kann. In Deutschland tauchte der Gedanke, den Templerorden fortzusetzen, nicht vor 1750 auf, und erst nach 1770 erschienen derohalben Angriffe. Diese Jahreszahlen begrenzen also die Erscheinungszeit der Fälschung nach dem achtzehnten Jahrhundert hin. Kloß (Die Kölner Urkunde, Altenburg 1840) nimmt als Zeit der Abfassung die Jahre 1778 bis 1786 an und vermutet, Zweck der Fälschung sei gewesen, den am 13. März 1780 abgeschlossenen Vertrag der Großen Loge der Niederlande mit der Strikten Observanz zu bekämpfen. Nachdem aber auf dem Konvent zu Wilhelmsbad 1782 dieses System zu Grabe getragen worden war, sei die Herausgabe der Fälschung unterblieben.

Das ist möglich, es bleibt nur unerklärt, warum die Urkunde nahezu vierzig Jahre geschlummert hat und erst im Jahre 1818 zum Vorschein kam, als ein junger und maurerisch unerfahrener Großmeister die niederländischen Logen regierte. Darum steht es für mich keineswegs absolut fest, daß die Abfassungszeit der Fälschung in die achtziger Jahre des achtzehnten Jahrhunderts fällt. Wer die Kunst der Mönche von Fulda im zehnten Jahrhundert kennt, Urkunden herzustellen, die ein hohes Alter vortäuschten, der kann auch die Möglichkeit nicht abweisen, daß die Kölner Urkunde erst im neunzehnten Jahrhundert hergestellt wurde. Freilich dürfen wir uns nicht verhehlen, daß das neunzehnte Jahrhundert, besonders nach dem Stahlbad der Befreiungskriege, viel zu ernst und sachlich war, um Urkunden zu phantasieren, lediglich zu dem Zweck, den Freimaurerbund als uralt zu erweisen.

Immerhin war man in Holland noch leichtgläubiger in Logendingen als in Deutschland, wo in den Jahren von 1815 bis 1825 sehr intensiv gearbeitet wurde, um die märchenhaften Anhängsel des achtzehnten Jahrhunderts zu entfernen.

Die Fälschung ist nicht in Deutschland hergestellt, wir können darum auch die deutschen Verhältnisse für die Untersuchung ihres Zweckes nicht heranziehen. In Holland hatte die Freimaurerei nach mancherlei Fährlichkeiten, behördliche Verbote, Verfolgung durch den Klerus, sich schon so gefestigt, daß am 27. Dezember 1756 die Große Loge der Niederlande gegründet werden konnte. Im Jahre 1780 war die Verständigung mit der Strikten Observanz zustande gekommen und das Nationalkapitel von Holland installiert worden. Nach Einverleibung der Niederlande in das napoleonische Kaiserreich verlangte der Großorient von Frankreich mit Zirkular vom 17. Februar 1813 die Oberhoheit der niederländischen Logen, drang aber nicht durch. Er versuchte dann auf eine wenig anständige Art, sein Ziel zu erreichen, indem er, ohne die Rechte der holländischen Großloge zu achten, in verschiedenen Städten französische Logen gründete. Nach dem Zusammenbruch der Franzosenherrschaft erstand in König Wilhelm I. der holländischen Freimaurerei ein wohlgeneigter Herrscher. Aber mit den Franzosen waren nicht ihre Hochgrade verschwunden, nämlich die vier Grade des Rit moderne: 1. der Elu Ecossais, 2. der Maître écossais, 3. der Chevalier de l'Orient und 4. der Chevalier Rosecroix. Es scheint, daß gegen diese französische Phantasterei der germanische Geist der Holländer sich auflehnte und daß aus diesem Gefühl heraus die untergeschobene Kölner Urkunde entstanden war, die ganz klar die Hochgrade ablehnt und nur die drei Grade Lehrling, Geselle und Meister anerkennt. Unter den Meistern aber besondere Persönlichkeiten heraushebt und sie zu auserwählten Meistern (electi magistri) und höchstauserwählten Meistern (summi electi magistri) erhebt. Es ist dies etwas Ähnliches, wie es der Nationalgroßmeister Prinz Friedrich der Niederlande, der auch Nationalgroßmeister für die Hochgrade war, mit seinen Abteilungen des Meistergrades durchführen wollte.

Diese Abteilungen des Meistergrades bearbeiten zwei Grade, die als Ersatz für die von dem Prinzen nicht geschätzten französischen Hochgrade gelten sollten. Sie enthielten den Grad des auserwählten und des hochauserwählten Meisters (uitverkoren und opperuitverkoren Meester). Sie galten nicht als Hochgrade, sondern nur als eine vertiefte Ausbildung des Meistergrades, die Mitglieder trugen auch keine besonderen Abzeichen und führten keine neuen freimaurerischen Titel.

Als der Prinz mit seinem Vorschlag nicht durchdrang, legte er am 31. Mai 1819 sein Hochgradamt nieder. Es ist nicht unwahrscheinlich, daß die niederländischen Gegner der Hochgrade besonders in der Zeit dieser Gegensätze die Kölner Urkunde auftauchen ließen, die der jugendliche und in maurerischen Dingen unerfahrene Großmeister für echt nahm und nehmen mußte, da ja seine niedergesetzte Kommission kein gegenteiliges Urteil gefällt hatte, allerdings auch kein zustimmendes.

Später sind dem Prinzen dann wohl, vor allem durch die deutsche Kritik, Zweifel gekommen, ob die Urkunde echt sei, und er hat sie bis zu seinem Lebensende verschlossen gehalten und nach seinem Tode ihre Vernichtung angeordnet. Das hätte er bestimmt nicht getan, wenn er sie für echt gehalten hätte, einer solchen Barberei wäre der feinsinnige und hochgebildete Oranier nicht fähig gewesen.

Zweites Buch

Hüter der Schwelle

I. Die Rosenkreuzer

Als die englische Freimaurerei im Ausgang der ersten Hälfte des achtzehnten Jahrhunderts nach Deutschland kam, war schon seit längerer Zeit der Boden für die Gründung religiös-ethischer Vereinigungen vorbereitet. Keinesfalls wäre sonst der englische Logengedanke in Deutschland so schnell aufgenommen worden.

Die politische Geschichte des siebzehnten Jahrhunderts war sehr trübe, der große Krieg, der als letzte Folge der Reformation Deutschland in zwei feindliche Lager spaltete, war nicht nur End-, sondern auch Höhepunkt langer Kriegsläufte. Die Geister waren übel gegeneinander erhitzt. Katholiken und Lutheraner, Reformierte und Kalvinisten beschimpften sich gegenseitig mit Worten höchster Verachtung. Die Wirtschaft lag danieder, Bürger und Bauern litten schwere Not, eine unglaubliche Rechtsunsicherheit war eingerissen, die Evangelischen warfen den katholischen Richtern Rechtsbeugung vor und umgekehrt. Alle Stützen wankten, die Staatsautorität verfiel, fremdes Gesindel überflutete das platte Land, bettelte und stahl, wo es noch etwas zu stehlen und zu betteln gab, Mordtaten waren an der Tagesordnung, kurz Chaos. Dazu kam eine Verwirrung der Seelen, wüstester Aberglaube schoß ins Blühen, Geisterbeschwörer, Zauberer und Wahrsager führten das große Wort und lockten den einfachen Leuten das wenige Geld aus der Tasche. Marktschreierische Heilkünstler boten ihre Mittel an und schädigten ihre Nächsten an Leib und Leben.

In einer solch verworrenen Zeit wuchs eine Sehnsucht nach Ordnung aller Verhältnisse unaufhaltsam in den Herzen der leidenden Menschheit empor. Die führenden Geister trösteten und beruhigten. Sie suchten nach dem Heilmittel für ihre deutschen Brüder und glaubten, gemäß dem Geist ihrer Zeit, dieses in den geheimen Wissenschaften gefunden zu haben, als da sind Magie, Alchimie, Astrologie, Theosophie und Pansophie.

Alle überragte Theophrastus Paracelsus. Er war der Lehrer der Meister und Geister bis tief in das siebzehnte Jahrhundert hinein. Sein Genie leuchtet gewaltig trotz des wuchernden Gestrüpps von Aberglauben, Zauberei und Marktschreiern. Sagenhaftes und Legendäres nahm er als Kind seiner Zeit in seine Philosophie auf. Er wies der Medizin neue Wege und gestaltete die Erforschung der Natur von Grund aus um. Der Mensch war ihm ein Geschöpf aus drei Einheiten: Gott, Himmel und Erde, die bei der Trennung im Tode zu dem zurückkehren, von dem sie stammen: Die Seele zu Gott, der Leib zur Erde, um zu verwesen, der dritte Teil, der Astralgeist oder Sternleib, wird von der Luft aufgenommen, aber er verwest langsamer, weil er aus reineren Grundstoffen ist.

Allgemeine vnd General
REFORMATION,
der gantzen weiten Welt.
Beneben der
FAMA FRATERNITATIS,
Deß Löblichen Ordens des Rosenkreutzes / an alle Gelehrte vnd Häupter Europæ geschrieben:
Auch einer kurtzen RESPONSION, von dem Herrn Haselmeyer gestellet / welcher deßwegen von den Jesuitern ist gefänglich eingezogen / vnd auff eine Galleren geschmiedet:
Jtzo öffentlich in Druck verfertiget / vnd allen trewen Hertzen communiciret worden.
Gedruckt zu Cassel / durch Wilhelm Wessell /
ANNO M. DC. XIV.

Erstausgabe der Fama Fraternitatis

Die Jünger des Paracelsus, der schon 1541 mit achtundvierzig Jahren gestorben war, haben seine Lehre nach zwei Richtungen hin ausgebaut: nach der alchimistisch-medizinischen und nach der alchimistisch-theologischen. Die erste interessiert uns hier nicht, die zweite ist die Grundlage der geheimen Gesellschaft geworden, die unter dem Namen des Ordens der Rosenkreuzer oder vom Rosenkreuz das geistige Leben des beginnenden 17. Jahrhunderts beherrschte und im Ausgang des 18. Jahrhunderts wieder auflebte, ja selbst in der heutigen Zeit noch einige Anhänger zählt.

Paracelsus war in erster Linie Arzt, aber er war auch ein christlicher Mystiker, und wir verdanken ihm ein wunderbares Wort über seinen Beruf: „Wohl dem Arzte, der sein Tag vollbracht hatt mit den arcanis und hat in Gott und der Natur gelebt als ein gewaltiger Meyster des irrdischen Liechts."

Das ganze nachfolgende Jahrhundert stand unter dem geistigen Einfluß dieses genialen Mannes, nur haben die Denker der Folgezeit die Philosophie des Paracelsus immer mehr theologisch überwölbt, sie betonten scharf und schärfer seine Lehre, daß man alle Dinge vermöge eines inneren göttlichen Lichts erkennen könne, und sie suchten eine Reformation der unglücklichen Verhältnisse in Deutschland von innen heraus. Der als Führer hervortretende Geist war der württembergische Theologe Johann Valentin Andreae, dem die drei wichtigsten Rosenkreuzerschriften wohl mit Recht zugeschrieben werden. Es ist die Fama Fraternitatis, oder Brüderschaft des hochlöblichen Ordens des R. C., im Jahre 1616 gedruckt; die Confessio Fraternitatis R. C. ad Eruditos Europae, Kassel 1615, und die Chymische Hochzeit: Christiani Rosenkreutz. Anno 1459. Gedruckt zu Straßburg 1616.

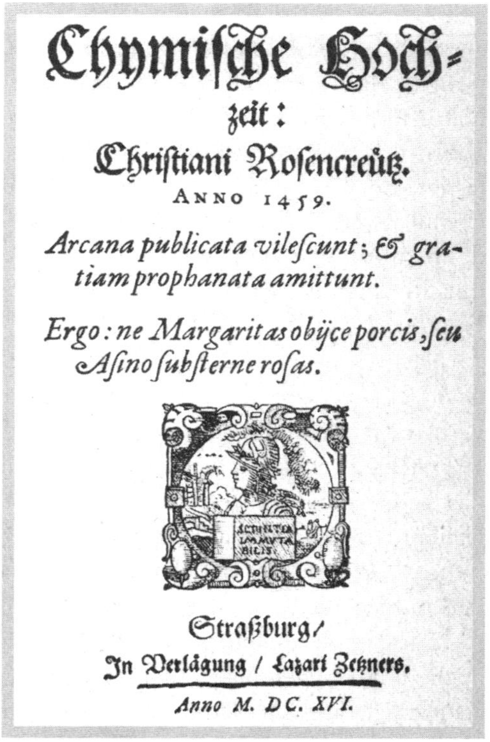
Chymische Hoch-
zeit:
Christiani Rosencreütz.
Anno 1459.
Arcana publicata vilescunt; & gratiam prophanata amittunt.
Ergo: ne Margaritas obÿce porcis, seu Asino substerne rosas.
Straßburg/
In Verlägung / Lazari Zetzners.
Anno M. DC. XVI.

Erstausgabe der Chymischen Hochzeit

Beginnen wir mit der Fama, die zum ersten Male ein Bild von dem streng geheimgehaltenen Rosenkreuzorden gibt. Danach ist sein Stifter und Haupt „der weyland andächtige Geistliche und Hocherleuchtete Vatter Fr. C. R. ein Teutscher“. Es ist Christian Rosenkreutz, der, von armen adligen Eltern geboren, im Kloster erzogen wurde und auf einer Reise ins Heilige Land von den Arabern viel geheime Kenntnisse erwarb. „Zu Fessanum (oder Fez) machet er Kundschafft zu den (wie man sie zu nennen pflegt) Elementarischen Innwohnern, die ihm viel des ihrigen eröffneten, wie denn auch wir Teutschen viel des unsrigen köndten zusammen bringen, da gleiche Eynigkeit unter uns, und da man mit gantzem ernst zu suchen begerete: Von diesen Fessanern bekendt er offt, daß ihr Magia nicht aller rein, auch die Cabala mit ihrer Religion befleekt were, nichtstoweniger wußte er sie ihme treflich nutz zu machen und befand noch bessern grund seines Glaubens als welcher just mit der gantzen Welt Harmonia concordirt, auch allen periodis seculorum wunderbarlichen imprimirt were, und hieraus schlossen sich die schöne Vereinigung, daß gleich wie in jeden Kernen ist ein guter gantzer Baum oder Frucht, also die gantze große Welt in einem kleinen Menschen were, dessen Religion, Policey, Gesundheit, Glieder, Natur, Sprache, Worte und Werck aller in gleichen tono und Melodey mit GOTT, Himmel und Erden ginge, was darwieder das were irrung, Verfälschung und vom Teuffel, welcher allem das erste mittel und die letzte ursach der Weltliche Dissonantz, Blindheit, und Dumbensucht." – Die Ausgabe von 1617 hat „Dunkelsucht".

Wichtig ist auch das Urteil über Paracelsus, von dem die Fama sagt: „Ein solcher (rühmlicher Geistesheld) ist auch in seiner Vocation gewesen, Theophrastus, so gleichwohl in unsere fraternitet nicht getretten, aber doch den Librum M(undi) fleißig gelesen und sein scharfes ingenium dadurch angezündet.: Aber diesen Mann hat der Gelehrten und Naßweysen Übertrang auch in dem besten Lauff gehindert, daß er sein Bedencken von der Natur nimmer friedlichen mit andern conferieren und deßwegen in seinen Schrifften mehr der Fürwitzigen gespottet, als daß er sich gantz sehen lassen, doch ist gedachte Harmonia gründlich bei ihme zu finden, die er ohn Zweiffel den Gelehrten mitgetheilet hette, da er sie größerer Kunst dann subtiles vexirens würdiger befunden, wie er dann auch mit freiem unachtsamen Leben seine Zeit verlohren und der Welt ihre thörichte Freude gelassen."

Nach vielen mühseligen Reisen ist Frater Christian Rosenkreutz wieder nach seinem geliebten Deutschland gezogen und wählte sich aus seinem Kloster drei befreundete Brüder aus, um die Brüderschaft erstlich unter vier Personen zu errichten. Aber bald wurde die Arbeit zu reichlich, und da auch das neue Haus des Ordens Sancti Spiritus fertig geworden war, wurden weitere vier Brüder eingeweiht, um nun die Reformation zu beginnen. „Als nuhn diese acht Brüder dergestalt alles disponiert und gerichtet hatten, daß numehr keine sondere Arbeit vonnöhten und auch jeder ein vollkommen discurs der heimlichen und offenbahren Philosophy hatte, wollten sie auch nicht länger beieinander bleiben", damit sie sich über die Länder zerstreuten, um ihr Wissen auszuteilen und neues hinzuzuerwerben. Ihre Ordensregel – Vergleichung heißt es im Original – war: „1. keiner solle sich einer andern Profession außthun, dann Krancke zu curiren, und diß alles umbsonst: 2. keiner sol genötigt sein, von der Bruderschaft wegen ein gewiß Kleid zu tragen, sondern sich der Landesart gebrauchen: 3. ein jeder Bruder soll alle Jahr sich auff C. Tag bey S. Spiritus einstellen, oder seines außenbleibens ursach schicken: 4. ein jeder Bruder sol sich um ein tägliche Person umbsehen, die ihm auf den fall möchte succediren: 5. daß Wort R. C. sol ihr Siegel, Losung und Character sein: 6. die Brüderschaft sol ein hundert Jahr verschwiegen bleiben."

Es geht also hieraus mit vollster Klarheit hervor, daß wir es mit einer Gesellschaft, mit einem Orden zu tun haben, der ein Jahrhundert, bevor die Engländer die Hülle der Maurer- und Steinmetzzunft dazu benutzten, religiösethische Ziele zu verfolgen, an der inneren Veredelung des Menschen und an der Reinigung des Christentums von dogmatischem Unkraut arbeitete. Die Rosenkreuzer aus dem Anfang des siebzehnten Jahrhunderts waren Freimaurer ihrer Zeit, und es liegt auch in ihrem Gebrauchtum, wie wir es aus den echten Schriften kennen, sehr viel an die Logengebräuche Anklingendes, wenngleich ich kaum so weit gehen möchte wie Ferdinand Katsch (Die Entstehung und der wahre Endzweck der Freimaurerei, Berlin 1897), eine ununterbrochene Verbindung zwischen Rosenkreuz und Freimaurerei zu behaupten. Darin aber scheint er mir recht zu haben, das Ziel, das Fama und Confessio durchschimmern lassen, ist die theosophische Glaubensfreiheit – ein neuerer Forscher, Will-Erich Peuckert (Die Rosenkreuzer, Jena 1928), nennt es im Stil der Zeit pansophisch –, die Ablösung von der Kirchendespotie, statt ihrer aber die Beugung des Eigenwillens unter Gottes Willen nach Jesu erhabenem Beispiel.

Ganz klar spricht sich die Fama (Kassel 1644, S. 124 ff.) aus: „Unser Philosophia ist nichts neues, sondern wie sie Adam nach seinem Fall erhalten, und Moses und Salomon geübet. Also soll sie auch nicht viel Dubitiren, oder andere Meinungen widerlegen, sondern weil die Wahrheit eynig, kurtz, und ihr selbst immerdar gleich, besonders aber mit Jesu ex omni parte, und allen membris überein kämpt, wie er des Vatters Ebenbild, also sie sein Conterfith ist. So sol es nicht heißen: Hoc per Philsophiam Verum est, sed per Theologiam falsum (Das ist in der Philosophie wahr, aber in der Theologie falsch), sondern worinnen es Plato, Aristoteles, Pythagoras und andere getroffen, wo Enoch, Abraham, Moses, Salomo den außschlag geben, besonders wo das große Wunderbuch die Biblia concordiret, das kömmet zusammen und wird eine sphera, oder globus, dessen omnes partes (alle Teile) gleiche weit vom Centro, wie hiervon in christlicher Collation weiter und ausführlicher: Was aber sonderlich zu unser Zeit, das gottloß und verfluchte Goldmachen belangt, so sehr überhand genommen, daß zuforderst vielen verlauffenen henkermäßigen Leckern, große Büberey hierunter zutreiben, und vieler fürwitz und Credulität sich mißzubrauchen anleytung geben, als auch von bescheidenen Personen nunmehr dafür gehalten wird, als ob die mutatio metallorum (Verwandlung der Metalle) der höchste apex (höchste Spitze) und fastigium (Gipfel) in der Philosophia were, darumben alles zu thun, und derselbe Gott besonders lieb sein müsse, so nur große Goldmassen und Klumpen machen köndte, dahin sie mit ohnbedachtem Bitten oder Hertzleydischem saursehen den Allwissenden Hertzkundigern

Gott verhoffen zu bereden! So bezeugen wir hiermit offentlich, daß solches falsch, und es ist mit den wahren Philosophis also beschaffen, daß ihnen Gold zu machen ein geringes und nur ein parergon (Nebensache) ist, deren gleichen sie noch wol andere etlich tausend bessere stücklein haben. Und sagen mit unserm lieben Vatter C. R. C. Pfuh aurum nisi quantum aurum (Pfui über das Gold, immer nur Gold), dann welchem die gantze Natur offen der freut sich nicht daß er ☉ (alchymistisches Zeichen für Gold) machen kan, oder wie Christus sagt, ihme die Teuffel gehorsamb seyen, sondern daß er siehet den Himmel offen, und die Engel Gottes auff und absteigen und sein Nahmen angeschrieben im Buch des Lebens."

Wir erkennen aus dieser Erklärung der Fama ein Doppeltes, einmal, daß wir es mit einem rein geistigen christlichen Orden zu tun haben, und zweitens, daß alles Alchymische nur Symbol ist für die Erkenntnis Gottes und seines Sohnes in und aus der Natur und in dem höchsten Schöpfungswunder, dem Menschen. Im selben Sinne muß man auch die Geschichte des Vaters Rosenkreutz betrachten und die Beschreibung seines Grabmals: Es war nach dem Bericht der Fama ein siebenseitiges Gewölbe, von dessen Decke eine künstliche Sonne leuchtete. Inmitten stand ein kleiner runder Altar, um dessen Rand herum standen die Worte Jesus mihi omnia (Jesus mein alles). Unter dem Altar wurde eine starke Messingplatte entdeckt und aufgehoben, da fand sich der Leichnam des Vaters Rosenkreutz gänzlich unversehrt, in der Hand hielt er ein Buch in Pergament mit Gold geschrieben, T. genannt, das fortan nach der Bibel der größte Schatz der Brüderschaft war. Die Deutung des T. ist wie alle Buchstaben der Rosenkreuzerschriften vielfach versucht worden, aber alle Deutungen sind Vermutungen. Die letzte Deutung von R. Kienast (Johann Valentin Andreae und die vier echten Rosenkreutzer-Schriften, Leipzig 1926), ist thesaurus = Schatz, aus dem Text der Fama selbst gezogen, „ein Büchlein auff Bergament mit Goldt geschrieben, so T. genandt, welches nunmehr nach der Bibel unser höchster Schatz". Die Ausgabe Franckfurt am Mayn 1617 hat noch eine Einschaltung „in andern exemplarn wird ein G. befunden". Das ist gänzlich unverständlich, da der Tote doch nur ein Büchlein in Händen hatte, und auf andere Funde, die in den Seitenschränken des Grabmals entdeckt wurden, kann das G. nicht bezogen werden. Katsch a. a O. erinnert an die tabula smaragdina, auf die Hermes-Trismegistos sein berühmtes Geheimnis geschrieben und die er mit ins Grab genommen habe. Alexander der Große soll diese Tafel aufgefunden haben. Nach einer älteren Sage wurde der Leichnam mit der Schrift in der Hand in einer Höhle bei Zebron durch ein Weib mit Namen Zara entdeckt. Der erste Druck der tabula smaragdina erschien zu Nürnberg 1541, war daher dem Verfasser der Fama bekannt. Es mag also das T. auf dem Büchlein in der Hand des toten Vaters R. C. auch tabula bedeuten sollen.

Über die Person des Vaters R. C. ist nichts bekannt. Das Geheimnis seines Namens wurde so gut gewahrt, daß man lange geglaubt hat, die Gestalt sei nur erdichtet, ja es wird sogar die Deutung R. C. als Rosen-Kreuz angezweifelt. Der Name erschien zuerst in der Fama von 1614 und dann in der Chymischen Hochzeit, die beide vor der Confessio geschrieben waren; ob für die Hochzeit das Jahr 1604 /05, wo Andreae achtzehn Jahre alt war, richtig ist, wollen wir dahingestellt sein lassen, denn selbst bei der zuverlässig beglaubigten Frühreife Andreaes – er hat schon mit fünfzehn Jahren die Universität bezogen – ist bei aller Naivität und Märchenhaftigkeit der Chymischen Hochzeit die Verfasserschaft des Achtzehnjährigen doch schon eine Art Wunder. Man hilft sich damit, daß man die Mitwirkung eines ganzen Kreises von Studenten, darunter des um zehn Jahre älteren Besold, annimmt. Das Jahr 1604 wurde aus den Zahlen um Christianus Rosenkreutz ermittelt: Er ist geboren im Jahre 1378 und hat 106 Jahre gelebt, also wäre 1484 sein Todesjahr. Nach 120 Jahren wird das Grabmal geöffnet, das ergibt das Jahr 1604, das als das Entstehungsjahr der Fama angenommen wird. Bald danach dürfte dann die Hochzeit geschrieben worden sein, die Andreae später überarbeitet 1616 zum Druck beförderte.

Die frühere Ansicht, daß der ganze R. C.-Bund nur eine romanhafte Erfindung Andreaes gewesen wäre und auf einer falschen Auffassung der Chymischen Hochzeit beruhe, ist heute aufgegeben. Eine Rosenkreuzer-Vereinigung hat bestanden, sie war nur klein und in der Aufnahme neuer Mitglieder sehr wählerisch. Eine leere Fiktion ruft nicht eine solche umfassende Literatur hervor, wie wir sie kennen. Sicher ist, daß der Orden oder die Brüderschaft in den Wirren des Dreißigjährigen Krieges zwar nicht unterging, aber untertauchte. Die Gedanken lebten fort. Und diese Gedanken drückt Florentinus de Valentin in seiner Rosa Florescens, Frankfurt 1617, folgendermaßen aus:

„Und diß ist der Brüderschafft kurtze beschriebene meynung, biß zu anderer zeit, nicht daß alle Menschen sollen gleich werden, dann der Mehrertheil zu verstockt und Gottloß, sondern das die glaubige, die Gott ein reinen Sabbath halten, werden sein wie Adam im Paradiß, denn eben diß reine gewissen und ruhe in Christo ist das Paradeiß, wie ein alter Theologus vermahnet, aber nicht geacht wird. Fürwar wer in diesem Paradiß ist, der wird laut Rosencreutzischer promission nicht allein auf natürliche weiß, einem andern in lucis et spiritus Universalium praxi (in Handhabung des Lichtes und Weltgeistes) über etliche hundert Meil seine meynung deutlich und klar entdecken, sondern in einem Buch alle Künst der Welt feliciter (glücklich) erlernen, Perlein, Golt und Edelgestein zu sich ziehen, alles was in Macro- und Microcosmo völlig erkennen, der Menschen Gedancken, wie Salomon himmlisch erlernen, lapidem benedictum (geweihter Stein) zu sein und seines Nutz ohne mühe praeparirn, ja die gantze Natur nackend und bloß entdecken können. ... Schau nun was sey der Rosenkreutzer vorhaben, nemblich Gott und dem Nechsten nach innersten vermögen zu dienen, die Natur zu entdecken und derselben secreta (Geheimnisse) zu Christglaubigen zu nützen und Göttliches Namens ehr, ewiger glori und preiß zu gebrauchen. Hie ist es alles in allem, sonst Wissens nichts, sonst trachtens nichts, sonst wollens nichts."

Dieser Florentinus de Valentin soll identisch mit Theophil Schweighart aus Konstanz sein, der ein eifriger Rosenkreuzer war, Alchimist und Pansoph. In der Jugend trieb ihn wie so viele die Aussicht auf das Goldmachen. Später hat er diese irdischen Wünsche von sich abgetan. Ein ruhig Gewissen, Verachtung alles Stolzes, Liebe zu Gott und dem Nächsten, Abkehr von der Welt, Sehnsucht nach seliger Ewigkeit, das waren ihm die Wege, um zur Weisheit zu gelangen.

Hier ist es wichtig einzufügen, was Theophil Schweighart über das rosenkreuzerische Ergon und Parergon sagt: „Wisse aber, Gott liebender Mensch, Freund und Bruder in Christo, das was ich Author dieses Tractätleins guthertziger Meynung hierinnen entdeckt und offenbart, weder Gott noch der Natur zuwider, sondern vielmehr dermaßen von beyden privilegirt, daß auch alle Menschliche conatus (Unternehmungen) solches in alle Ewigkeit, umbzustoßen viel zu gering seyn werden? Es ist nicht ein bloßer eyteler Menschen Tand oder mein eygens leichtfertiges inventum (Erfindung), sondern die ewige einige blose philosophische Wahrheit selbsten ... biß zu diesen unsern Zeiten, in etlich christliebenden Menschen wunderbarlicher Weiß erhalten: welche so du hierin, gleich als in einem Spiegel apprehendirst, gedenk und glaub festiglich, daß du summum humanae sapientiae in hac vita fastigium foeliciter attingirt (den höchsten Gipfel menschlicher Weisheit in diefem Leben glücklich erreicht), und deinem Kunstbegirigen Gemüth ein völliges genügen gethan hast, das Zeichen deiner Erudition Wirt seyn, ein still ruhig Gewissen, Verachtung alles Stoltz, sonderlich der philantia, Barmhertzigkeit gegen den Armen, Liebe Gottes, und des Nächsten, Haß der Welt, Sehnen nach dem ewigen Leben, und was dergleichen Gottseelige Tugenden mehr seyn. So lang deren Widerspiel noch eins bey dir, darfstu nicht gedenken, daß sich Jungfrau Sophia deiner erbarmet und dich in ihren Lustgärten noch der zeit eingelassen hab.

Das Beste soll das liebste seyn, und in dieser Lieb soll nicht angesehen werden, Nutz und Unnutz, Frommen oder Schaden, Gewinn oder Verlust,

Lob oder Unlob, oder Schandt, oder dieser keines (wie unser Thomas de Kempis redet), sondern was in Wahrheit das edelste und beste ist, das soll das liebste seyn, umb dasselb und keiner andern Ursach willen, dann daß es das edelste und beste ist; das beste aber ist diese der Seelen Perfection (Vollendung), welche geschieht, so man den innerlichen Menschen recht erkent, seine Sünd und Unvermöglichkeit betracht, Gottes Gewalt und Barmhertzigkeit zu gemüth fürt, alle Menschliche Gedanken hindangesetzt, ihme allein alles befihlt, seinem Willen gehorcht, seinen Namen heyliget, bitt, lobt, anrufst, und glorificiert ohn underlaß. Dieses ist das Ergon, das Vorwerck, die größte und fürnembste Kunst und Wissenschaft so wol der Brüder deß Rosen Creutzes, als auch aller Christliebenden Menschen.

Und hier ist zu mercken, daß die geschaffene Seel deß Menschens hat zwey Geistlche Augen; das rechte Aug ist die Müglichkeit zu sehen in die Ewigkeit, das linke Aug zu sehen in die zeit und Creaturen, darinnen Underscheid zu erkennen, was besser oder geringer, und geliebter dem Leib leben zu geben und zu erhalten, hierinnen ist das Parergon.

Sihe erstlich mit dem ersten Aug in die Seeligkeit, erkenn Gott deinen Schöpfer und dich selbers, bitt ihn umb gnedigen beystand, und verzeyhung deiner Sündt, ist eins und das vornembste, und must hier das linke Aug zuhalten; Nachmalen steig von dem Berg herunder, sehe mit dem linken Aug (doch dazu das rechte den Vorzug behalte) in die Zeit und Creaturen. Betrachte erstlich die Natur, waß derselben möglich (solches lernestu so woll auß der Erfahrung und Augenschein, als vermittelst guter und Jrthumbsloß, zum theyll biß daher, zum theyl noch der Zeit nicht publicirten Schrifften) darnach die Clementa, wie sie dardurch operiren, das sperma, alsdann die drey underschiedliche Reich der Natur, Minerale, vegetabile, animale, und darinnen entlich widerumb dich selbens, von dannen du wider aufsteigest zu Gott, dem Allmächtigen, deinem Schöpffer, seine Barmhertzigkeit betrachtest, und bleibest also in globo veritatis (All der Wahr-

Paracelsius

Michael Maier

heit) mit jnniglicher Lust Gott und seine Creaturen zu betrachten, doch allzeit das lincke Aug weiter nicht erstreckent, als deß Leibs Notdurft und proximi commoditas (des Nächsten Bequemlichkeit erfordert."

Und so dachten viele und angesehene Männer. Da war Michael Maier, der Leibarzt Rudolfs II., dem die Universalmedizin und das Goldmachen Hauptsache war, der aber trotzdem einen Hauch Gottes und der Welt verspürt hat, da war der Landgraf Philipp von Hessen, der eifrig rosenkreuzerische Schriften las; Moritz von Hessen gründete 1609 in Marburg eine Professur für Chymiatrie (alchimistische Heilkunde), zwei Professoren der Universität, Philipp Homagius und Georg Zimmermann, waren begeisterte Pansophen und Rosenkreuzer. Homagius erklärte, von Gott immediate berufen zu sein. Peuckert erwähnt (a. a. O.) den Heinrich Nollius mit ganz besonderer Wertschätzung, außer Jakob Böhme wisse er keinen ihm gleichzustellen. Er zitiert aus seiner Schrift Via sapientiae triunae (Weg zur dreieinigen Weisheit) folgende charakteristische Stelle: „Um zur Weisheit zu kommen, müsse man die Natur durchforschen; man müsse mit Kleinem beginnen, etwa mit der Geschichte des Weizenkorns. Das führt zur Erkenntnis, daß in den Pflanzen, im Halm, in den Blüten etwas Erhabenes vorhanden ist, das eine Verwandtschaft mit dem Himmel hat, weil es die Wärme des Himmels in sich aufnimmt und mit sich verbindet. Ebenso ist notwendig, das Wachstum und das Vergehen zu betrachten. Wer dann so durch sich selbst die Natur zu durchforschen gelernt hat, dessen Geist kann nicht ruhen und dringt immer tiefer hinein. Hierbei bedarf er nicht einmal mehr der Vermittlung der Sprache."

Da ist auch noch ein anderer der führenden Geister und Freund Andreaes, der Philosoph Johann Arnd, den Peuckert einen halben Rosenkreuzer nennt und dem auch einmal die Verfasserschaft der Fama zugeschrieben wurde. Die Stelle aus seinem Buch vom wahren Christentum ist äußerst charakteristisch für die Pansophie des Rosenkreuzertums. Es heißt dort: „Obwohl die Erde auswendig ungestalt, grob, hart, dick, finster, tot, dürr und kalt ist, so ist sie doch inwendig ein edles, lebendiges Element, von dem Schöpfer mit vielen Seen unaufhörlicher Fruchtbarkeit und Samkräften erfüllt, die nimmermehr ruhen, sondern als verborgene lebendige Astra immer arbeiten und keine Ruhe haben, bis sie ihre leiblichen Früchte hervortreiben. – Oder: Wer sieht nun nicht allhier unter den Erdgewächsen allein viel tausend Zeugen der Liebe, Güte und Allgemacht Gottes? Da hat Gott zugerüstet eine große Apothek und ein groß Kräuterbuch ganz wunderlich und vollkommen geschrieben. Das ist ein lebendiges Buch; nicht wie man die Kräuter in Büchern beschreibt und als einen toten Schatten abmalt, sondern Gottes Buch sind lebendige Buchstaben, welche allen Menschen, groß und klein, gelehrt und ungelehrt, vor Augen gestellt weiden; allein daß sie nicht von jedermann recht gelesen werden können, darum daß sie die schöne herrliche Signatur der Kräuter nicht kennen; dieselbige muß man zuvor wissen. Bedenke allhie die Weisheit und Güte Gottes. Du wirst an einem Kraut und Blümlein sonderliche Zeichen finden, welche sind die lebendige Handschrift und Überschrift Gottes, damit er jedes Kraut gezeichnet nach seiner verborgenen Kraft. Denn eins hat die Gestalt eines Hauptes, ein anderes die Gestalt und Signatur der Augen usw. Und liegt das vor deinen Augen allenthalben. Sobald du auf einen grünen Rasen trittst, so hast du unter deinen Füßen eine Speise und Arznei. Denn in dem allergeringsten Gräslein und Sämlein, welches du gar gering und für unnütz achtest, ist größere Weisheit Gottes, Kraft und Wirkung, als du ergründen kannst. Ich sage dir, es ist der tausendste Teil der Kräuter Kraft noch nie ergründet. Wo du nun nicht allein die äußerliche Form und Signatur erkennst, sondern die innerliche verborgene Form, und dieselbe offenbar machst durch die Kunst der Scheidung (Alchymie), daß du herausziehst die Kraft, in welcher die rechte Arznei liegt, so wirst du erst die Güte des Schöpfers schmecken in seinem Werk."

Hier wäre auch noch des englischen Arztes Robert Fludd zu gedenken, der auf Grund deutscher Schriften die Rosenkreuzerei nach England brachte.

Alle diese Männer, deren Namen wir kennen, hielten den Orden der Rosenkreuzer für eine lebendige Wirklichkeit, desgleichen eine Zahl von Männern, deren Namen wir nicht kennen. Und er hat auch bestanden, nur haben wir keine Kenntnis von seinen Einrichtungen, nur sein Geist spricht heute noch zu uns. Unzählige Personen haben brieflich die Aufnahme begehrt, aber wir wissen von keinem, daß ihm willfahrt worden sei. Dies läßt sich aus der Notwendigkeit strengsten Geheimnisses erklären, denn alle Rosenkreuzer waren harten Verfolgungen ausgesetzt, und sie hatten daher allen Grund, sich vor den fanatischen kirchlichen und weltlichen Behörden in tiefstes Dunkel zu hüllen, ihre Schriften entweder anonym oder Pseudonym erscheinen zu lassen.

Robert Fludd

Um noch einmal auf die Verfasserschaft der Fama und Confessio zu kommen, so hat man in M. Christophorus Hirschs, eines Freundes von Johann Arnd, Predigers zu Rosa und Eisleben, hinterlassenen Schriften gefunden, daß Johann Arnd an ihn als seinen vertrauten Freund und ehemals gewesenen Kollegen im Vertrauen berichtet hatte, wie ihm D. Johann Valentin Andreae auch sub rosa dies Secretum entdeckt hätte, daß er (Andreae) nebst anderen dreißig Personen im Württemberger Land die Fama zuerst herausgegeben.

Dazu bemerkt Peuckert, dem wir hierin folgen: „Auf einmal scheint diese Nachricht nun doch nicht mehr so märchenhaft, als man bis heute geglaubt. Manches ist freilich durch das Gerücht entstellt; aber wir haben doch den Beweis, daß sich bei dreißig Männer, von denen wir manche als Theosophen kennen, und unter denen auch Arnd gewesen ist, damals vereinigt haben. ... Daß diesen sich versteckt Haltenden der Name Rosenkreuzer mit einigem Recht zukommen kann, das hat sich auch erwiesen, wenn es auch christliche Rosenkreuzer gewesen sind, die sich um 1621 vereinigten."

Es handelt sich hier allerdings nicht um die alte Fraternität der Fama, sondern um die von Andreae geplante societas christiana, die nichts anderes war als eine christianisierte Fraternitas R. C. Andreaes Pläne sind 1620 nicht zur Wirklichkeit geworden. Der große Krieg hat die Menschen versprengt, und als späterhin andere Menschen sich boten, fühlte Andreae sich zu alt, um noch einmal in den geistigen Kampf einzutreten. Aber er hätte es gern gesehen, wenn andere seine Idee ausgeführt hätten. Er wandte sich mehr und mehr dem von den Pansophen entthronten Christus zu und hat dann auch die innere Ruhe wiedergefunden. Wir werden auf diesen Fragenkomplex gelegentlich der Besprechung von Johann Amos Comenius näher einzugehen haben. In Johann Valentin Andreae haben wir einen Hüter der Schwelle der Freimaurerei zu erblicken, dem wir uns nunmehr etwas eingehender widmen wollen.

II. Johann Valentin Andreae

Johann Valentin Andreae war eine der merkwürdigsten Gestalten aus den Geisteskämpfen, die man als Gegenreformation bezeichnet. Er war ein Mann von großen Gaben mit einer vielfältigen Gelehrsamkeit, aber er war kein Charakter. Alles in ihm war unausgeglichen und zwiespältig, und mögen ihn seine begeisterten Biographen noch so sehr in Schutz nehmen, seine

Jakob Andrae, Kanzler der Universität Tübingen

Doppelzüngigkeit zu erklären suchen, es bleibt immer die peinliche Tatsache bestehen, es war kein Verlaß auf ihn.

Damit soll nicht gesagt werden, daß Andreae ein unredlicher Mann gewesen; seine Frömmigkeit in der Reifezeit und im Alter war sicher echt, er war bestimmt auch ein treuer Seelsorger und ein aufopfernder Pfarrer seiner Gemeinde, aber er war schwach, schwankend und der gewaltigen Gegensätze seiner Zeit nicht gewachsen. Zwar hat er viel geleistet, aber er war kein bedeutender Mann, dazu war er zu unselbständig, zu sehr anlehnungsbedürftig, einen Fanatiker der Freundschaft nennt ihn einer seiner Biographen. Er war kein Planet, der sein Licht von der Sonne Christus empfing und unbeirrt seine ewige Bahn zog, er war ein irrender Schweifstern, der von allen Kräften bald nach dieser, bald nach jener Seite abgelenkt wurde. Trotzdem hat er viele sympathische Züge, so seine Treue in der Freundschaft, seine glühende Vaterlandsliebe, seine rührende Anhänglichkeit an seine Mutter, aber er war weiches Wachs, kein Mann für die klirrende Zeit der Reformationskriege.

Das haben seine Zeitgenossen auch sicher empfunden, darum hatte er so viele Gegner, soviel Widerwärtigkeiten schon als Diakon in Vaihingen, als Pfarrer in Calw und schließlich als Hofprediger und Generalsuperintendent

Nicodemus Frischlin

in Stuttgart. Gewiß waren die Männer, die gegen ihn aufstanden, zum Teil streitsüchtige Theologen, wie sie die Zeit geboren hatte, es waren aber auch Freunde darunter, die keineswegs günstig über ihn urteilten. Er hatte das Degenerative vieler Söhne kraftvoller und bedeutender Vorfahren. Diese Vorfahren waren Schmiede, sein Urgroßvater Schmiedemeister in Waiblingen, dessen ältester Sohn Jakob den in Andreae latinisierten Namen der alten Schmiede zu hohen Ehren bringen sollte. Durch seine Heirat war er mit den führenden Prälatengeschlechtern Württembergs verschwägert und gewann bedeutenden Einfluß in seinem Heimatland. Er starb hochgeehrt 1590 als Kanzler und Präpositus der Universität Tübingen. Seine großen Verdienste um die Durchführung der Reformation in Süddeutschland haben ihm den

Namen des württembergischen Luthers eingetragen. Er muß eine kraftvolle imposante Persönlichkeit gewesen sein: Corpore magnus eras, animi sed lumine major, lautet ein Hexameter über ihn: „Körperlich warst du groß, doch größer das Licht deines Geistes." Der Kanzler hatte achtzehn Kinder, von denen Johann Valentins Vater, Johann, das siebente war. Pfarrer ohne Neigung und inneren Beruf, gehörte seine Liebe den Naturwissenschaften und der Goldmacherkunst. Erst Pfarrer in Herrenberg, wo Johann Valentin am 17. August 1586 als fünftes von acht Kindern geboren wurde, dann Abt in Königsbrunn, starb er 1601, ohne für seine Familie Vorsorge getroffen zu haben. Er hatte sich nur um sein Laboratorium gekümmert und, wie alle überzeugten Adepten, viel Geld für seine Liebhaberei ausgegeben, so daß für den Unterricht seiner Kinder nicht in der richtigen Weise gesorgt werden konnte. Er überließ sie Hauslehrern und fahrenden Scholaren, die er sich nach seiner Neigung meist aus der naturwissenschaftlichen Disziplin wählte. Dadurch kam in das Wesen Johann Valentins auch eine wissenschaftliche Zwiespältigkeit, die ihn zwischen dem Brotstudium der Theologie und der Mathematik und den Naturwissenschaften hin und her schwanken ließ.

Mit fünfzehn Jahren bezog er die Universität, und seine Freundschaft suchende Natur fand gleichgestimmte Seelen und Geister, mit denen er schwärmte und wissenschaftlich diskutierte, unter denen der etwa zehn Jahre ältere Christoph Besold besonderen Einfluß auf ihn ausübte. Besold war Jurist, ein tief innerlicher ringender Geist, fromm, rechtlich und bescheiden. Kienast sagt von ihm: „Jhm fehlte die robuste Kraft, das ihm Entsprechende auf- und anzunehmen und das Widerstrebende beiseite zu lassen oder abzustoßen. So schwimmt er auf einem Meere ungeheuren Wissens, willenlos hierhin und dorthin getragen von den Wogen. Das Steuer, das sein Lebensschiff zu rechter Gotteserkenntnis führen soll, entsinkt seinen schwachen Händen: er endet im Katholizismus und Jesuitismus. Aber wie heiß hat er gerungen! Wie ist sein Sinnen und Denken stets auf das Ewige gerichtet!"

Andreae war fleißig und tätig, aber seine Tätigkeit floß auseinander: Mathematik, Mechanik, Malerei, Musik zogen ihn ab von der Theologie. Er las wahllos, was ihm unter die Hände kam, darunter auch gegen seines Lehrer Willen die lateinischen Komödien des Nikodemus Frischlin (1547–1590). Er war, was man einen Musterknaben nennt, aber das hinderte nicht, daß er doch einmal in eine Gesellschaft leichtsinniger junger Leute geriet und mit gefangen wurde. Der Kanzler der Universität griff scharf durch, und Andreae hatte mit dieser Maßregelung jede Hoffnung auf den geistlichen Stand aufzugeben. Er ging auf Reisen, bereicherte sein Wissen und seine Bekanntschaften, aber es zog ihn trotzdem immer wieder zur Theologie zurück. Er nahm seine Studien wieder auf und betätigte sich nebenbei schriftstellerisch.

Johannes Arnd

Nachdem er auch Italien besucht hatte, wandte er sich nun ernstlich der Beendigung seiner theologischen Studien zu, er bat um die Vergünstigung eines Aufenthaltes in Tübingen auf fürstliche Kosten, und diese Bitte wurde ihm nach bestandener Prüfung bewilligt. Er erhielt im theologischen Stift einen Freitisch, und nun warf er sich eifrig auf das Studium der Kirchenväter und der Lutherschen Schriften. Alte Freundschaften wurden aufgefrischt, neue hinzugewonnen, darunter die eines lüneburgischen Edelmannes Wilhelm von Wense, der für sein späteres Leben von entscheidender Bedeutung wurde. Endlich erlangte er auch sein Amt nach einer gelungenen Probepredigt, das erledigte Diakonat zu Vaihingen an der Enz (1614). Nachdem er mit der Tochter des Pfarrers Josef Grüninger sich verheiratet hatte, widmete er sich mit Eifer seinem geistlichen Amt. Aber auch hier begannen sehr bald Schwierigkeiten aller Art. Man hatte ihm verdacht, daß er so schnell aus der weltlichen Lebenshaltung in das geistliche Amt eingetreten war, Neid und Bosheit der Vaihinger, deren Sittenverderbnis und Trunksucht er von der Kanzel hart getadelt hatte, verfolgten ihn, Verleumdungen und Verdächtigungen wurden laut und verbitterten ihm Amt und Leben. Er zog sich daher immer mehr auf sich selbst und seine literarischen Arbeiten zurück, bis es ihm endlich gelang, im Jahre 1620 zum Dekan und ersten Pfarrer der Stadt Calw ernannt zu werden.

Die Zeit in Calw war für Andreae die segensreichste, aber auch die schmerzensreichste. Rund um ihn loderten die Brandfackeln des Dreißigjährigen Krieges. Die siegreichen Feldherren des Kaisers bedrückten die evangelischen Länder und Städte. Das Restitutionsedikt befahl, daß sämtliche Kirchen- und Klostergüter von den evangelischen Fürsten wieder eingezogen würden und den Katholiken zurückgegeben. Die katholischen Kleriker zogen überall unter dem Schutz der kaiserlichen Truppen wieder ein, die evangelischen Geistlichen und Lehrer wurden vertrieben, bis endlich der Stern Gustav Adolfs, des Schwedenkönigs, der den bedrängten evangelischen Glaubensgenossen aus seiner nordischen Heimat zu Hilfe kam, über Deutschland aufging und dem Vordringen der katholischen Feldherren ein

Ziel setzte. Andreae begrüßte begeistert den Erretter, aber er war auch tief erschüttert und mit ihm das ganze evangelische Europa, als Gustav Adolf am 16. November 1632 in der Schlacht bei Lützen fiel. Seine Nachfolger konnten die kriegerischen Vorteile des Königs nicht behaupten, sie wurden in der Schlacht bei Nördlingen geschlagen, und die katholische Soldateska flutete über das wehrlose Land. Auch die Stadt Calw wurde von dem Kriegsunglück nicht verschont. Andreae schidert uns ergreifend seine Erlebnisse, wie er flüchtig mit seiner Familie und etwa zweihundert hungernden Männern, Weibern und halbnackten Kindern tage- und nächtelang in Wäldern und Höhlen hauste. Als er endlich in die geplünderte und halb zerstörte Stadt zurückkehren konnte, fehlte es an allem. Dann kam noch die Pest und raffte viele treue Gemeindemitglieder hinweg. Man kann sich denken, daß diese Leiden den Pfarrer mit seiner Gemeinde eng zusammengeschlossen hatten, und so war es schwer für Andreae, als ihn sein Landesherr als Reorganisator des evangelischen Kirchenwesens nach Stuttgart berief und ihn zum Hofprediger machte. Andreae hat sich ehrlich bemüht, insbesondere um die Hebung der Frömmigkeit und Sittlichkeit des geistlichen Amtes und um den theologischen Nachwuchs, aber er war doch so durch Freud und Leid mit seiner Calwer Gemeinde fest verbunden, daß er glaubte, sich dieses Pfarramt offenhalten zu müssen, um jederzeit aus seiner bevorzugten Stellung dahin zurückkehren zu können.

Johann Valentin Andreae

Bis zum Jahre 1650 hat er, trotzdem schon Krankheit und die Müdigkeit des Alters ihn quälten, sein Amt treu verwaltet. Aber den vollen Ruhestand sollte er noch nicht genießen, es wurde ihm die Abtei Bebenhausen übertragen, und er hoffte in der klösterlichen Stille sich von den aufreibenden Geschäften erholen zu können. Bald zeigte sich jedoch, daß die Arbeitslast größer war, als er es gedacht. Kirchenvisitationen, Landtagsverhandlungen, Ärger mit dem Ökonomieverwalter des Klosters verbitterten dem kranken Mann sehr bald auch den Frieden von Bebenhausen. Das einzige Licht seines Lebensendes war der Verkehr mit den Freunden, insbesondere mit dem

Herzog August von Braunschweig, an den er, schon mit dem Tode ringend, um die Mittagszeit des 27. Juni einen Brief diktierte. Als er ihn unterschreiben wollte, gelang es ihm nur noch, zwei Buchstaben auf das Papier zu setzen, am dritten hinderte ihn der beginnende Todeskampf. Nachdem er noch die zwölf Artikel des christlichen Glaubens, die ihm seine Gattin vorsagte, laut und deutlich nachgesprochen hatte, ging sein Geist ruhig und schmerzlos zur Ruhe.

Wenn man diese Lebensgeschichte überblickt, versteht man die Schwankungen im Verhalten Andreaes. Im Sinne der rechtgläubigen Theologie hatte er in seiner Jugend gefehlt, als er die Fama und die Confessio verfaßte, die er später so entschieden verleugnete und zu einem Scherzspiel degradierte. Was er in der Jugend angebetet hatte, verbrannte er später, und was er verbrannt hatte, betete er an. Er war nicht mutig, kein Mann, der zu seiner Überzeugung stand, immer war er bemüht, seine pansophische Weltanschauung der Studentenzeit zu verbergen aus Sorge um seine amtliche Stelle. Schon 1619, als seine Beförderung zum Dekan bevorstand, sagte er in seiner Schrift „Turm zu Babel": „Man hat der Leute lang genug gespottet; wir wollen nun die Bestrickten befreien, die Zweifelhaften bestricken, die Gefallenen aufrichten, die Verkehrten zurechtbringen, die Kranken heilen. Wohlan, Ihr Sterblichen, Ihr dürft auf keine Brüderschaft mehr warten; die Komödie ist nun gespielt, die Fama hat sie aufgerichtet und auch wieder eingerissen; die Fama sagte ja, jetzt sagt sie nein." Und weiter in derselben Schrift: ,.Ich werde nimmer die wahre christliche Brüderschaft verlassen, welche unter dem Kreuze nach Rosen riechet und sich von der Welt Befleckungen, Verwirrungen, Torheiten und Eitelkeiten ganz entfernt. Es mögen Rosenkreuzer sein oder nicht, so will ich streben, Christi und jedes guten Christen Bruder zu sein; ich will Christi Religion üben, Christi Herrschaft verehren, christliche Weisheit lieben, christliche Sitten erwählen, die Rosen der Christen genießen, das Kreuz der Christen tragen, den Orden der Christen beschützen, christlicher Zucht gehorchen; ich will leben als ein Christ, ich will sterben als ein Christ; es soll Jesus mir alles sein."

Man sieht aus dieser Äußerung, wie Andreae sich entwickelt hatte und mit welcher Entschiedenheit er die Neigung zu den weltlichen Wissenschaften des Rosenkreuzertums aus Angst vor dem Konsistorium von sich abwies. Sogar als er 1639 zum Hofprediger berufen wurde, gab er eine förmliche Erklärung seiner Rechtgläubigkeit ab. Schon zu seiner Zeit war man darüber im Zweifel, ob man dieser Erklärung vertrauen dürfe. Einerseits hielt man ihn nicht für fähig, im jesuitischen Sinne mit Vorbehalt zu schwören, andererseits spöttelte man über den Diplomaten, der es verstand, sich sehr vorsichtig auszudrücken. Peuckert urteilt sehr richtig: „Daß er Fama und Confessio verschwieg, hat seinen guten Grund, man traute ihm nie recht und hatte auch dafür gute Gründe. Niemals hat er seine pansophischen Neigungen völlig vergessen... Er hatte außerdem auch Grund, vorsichtig zu sein, die Württemberger Theologen waren ihm auf dem Halse, weil er für Arnd – der ja auch anrüchig war – eintrat. Ein Diplomat war er, und ehrlich war er nicht immer... So wird man auch wissen, was man von seinem Zeugnis in der Zuschrift der Vita zu halten hat:... ‚Bezeuge ich sowohl in der Stille als öffentlich, daß ich mit den papistischen Pfützen, dem kalvinischen hochtrabenden Stolze, der Heuchelei der Schwenckfeldianer, der Raserei der Weigelianer, dem Unflat der Anabaptisten, den Träumereien der Enthusiasten, den Ausrechnungen der vorwitzigen keine Gemeinschaft weder habe, noch gehabt habe, noch haben werde/ Hier fehlt der Hinweis auf die R. C., wenn man sie nicht in den Enthusiasten sucht."

Schon in seinem Menippus äußert er sich über die Rosenkreuzerbrüderschaft abfällig. Der Menippus enthält Gespräche zwischen A. und B. über alle möglichen Fragen, darunter auch das folgende über die Brüderschaft: „A.: Wie denkst du von jener Brüderschaft, welche jetzt soviel Aufsehen macht? B.: Nicht eben besonders gut. A.: Hast du dich ihr nicht auch angeboten, und zwar vergeblich? B.: Ich sehe eben hier und dort, daß dieses Anbieten vielen nichts hilft. A.: Glaubst du, daß es solche Brüder gibt, oder hältst du das Ganze für eine Verspottung der Neugierigen? B.: Das kann ich kaum sagen; mich schmerzt nur, daß so viele gute Männer in ihrer Hoffnung und ungewöhnlichen Erwartung getäuscht werden. A.: Das eben gebührt ihnen, da ihnen statt des einfachen Weges Christi ein künstlicher und ungewöhnlicher gefällt. B.: Ich wollte in der Tat aus Ekel an der Welt mit redlichem Gemüte zu ihnen wandern, ohne eine Rücksicht auf Gewinn. A.: Es wäre wenigstens nicht unangenehm gewesen, eine so große Offenbarung der Natur und Schätze Goldes zu erlangen. B.: Allerdings, wenn sie nur näher zu Christo hingeführt hätten! A.: Und etwa auch bequemer genährt hätten. Merkst du etwas? A.: Und dem Getümmel der Welt entrissen hätten! B.: Lachst du nicht? A.: Hast du aber jetzt alle Hoffnung aufgegeben? B.: Beinahe; denn sie kommen in den Verdacht, Magier, Ketzer oder Betrüger zu fein, wie dicke Bücher sie dessen zeihen und überführen. A.: Haben sie dir gar nichts an die Hand gegeben? B.: Gar nichts gegen das Versprechen, das sie getan hatten. A: Auch nicht ermahnt? B.: Nicht mit einem Buchstaben. A.: Ich frage nicht danach, ob sie etwas an dich geschrieben haben, was – glaube ich – niemals geschehen wird, sondern ob du bei jenen Annäherungsversuchen etwas für dein christliches Leben gewonnen hast? B.: Wie sollte ich das können, da ich ihre mystischen Bücher nicht habe? A.: Geh zu der Bibel; denn diese preisen sie ja so einzig an. B.: Mir fehlt ein Ausleger. A.: Der sei

Christus! B.: Wie soll ich ihn rufen? A.: Durch Gebet, durch Tränen, durch Fasten, durch Emsigkeit, durch Übung. B.: Bei jenen würde ich aber alles leichter vermögen und von diesen Beschwerlichkeiten frei sein. A.: Das glaube ich nicht; denn wenn sie ihren Orden nach dem christlichen Leben eingerichtet haben, so wird derselbe gewiß durch nichts anderes bestehen, als durch die Regeln Christi, die im heiligen Evangelium uns offenbart sind. Denn sie werden weder Christum zu einem anderen machen, noch die Christen zu Freunden der Welt. B.: Inzwischen bin ich kein Genosse der Brüderschaft. A.: Warum nicht? Wenn irgendwo solche Brüder Christi sind, so bist du durch denselben Christus ihr Bruder. Ist es aber anders, so will ich auf der ganzen Erde keinen Bruder haben, unter welchem Titel es auch sei, der nicht zugleich ein Bruder Christi ist."

Große Gedanken hat Johann Valentin Andreae nie gehabt, und daß er doch einen solchen Einfluß auf seine Zeit ausgeübt hat, beweist, wie unendlich geistesarm diese Zeit war. Aber sie drängte, wie in allen Zeiten der Not, die Menschen dazu, sich zusammenzuschließen, um gemeinsam das Leben zu bezwingen. Die Folge dieser Bewegung war die Errichtung verschiedenartigster Gesellschaften, die mit Freimaurerei nur insofern etwas zu tun haben, als sie Hüter der Schwelle des Tempels waren, nicht aber in das Innere des Heiligtums eintraten.

III. Comenius, Hartlib und der Menschheitsbund

Es hat zu allen Zeiten Schwärmer gegeben, die von einem Menschheitsbund geträumt haben, von glücklichen Inseln, wo aller Streit, alle menschliche Zwietracht aufgehört haben, wo die Menschen in brüderlicher Freundschaft miteinander verkehren und das Triebleben durch den Geist christlicher Liebe niedergehalten wird. Diese Träume hängen eng zusammen mit dem Chiliasmus, der Lehre vom tausendjährigen Reich, das der wiederkommende Heiland für alle, die an ihn glauben, aufrichten werde. Besonders in Zeiten schwerer politischer Wirren und großer, lang andauernder Kriege tauchten Prophezeiungen auf, das Ende der Welt stehe kurz bevor, die Wiederkunft Christi sei bald zu erwarten, und man müsse sich bereithalten.

Starke Geister, geniale Religiöse, wie Martinus Luther, haben solche Träume abgelehnt. Sie lehrten, ein jeder Christ müsse ein solches Leben führen, daß er jederzeit auf die Wiederkunft des Herrn gefaßt sei. Das Gleichnis von den törichten und klugen Jungfrauen sprach das deutlich aus. Aber die Epigonen der Reformation hatten dieses kraftvolle evangelische Christentum nicht mehr, diesen lebendigen Gemeindegeist, sondern sie schwelgten in mystischen Verbrüderungsgedanken und gründeten, häufig nur in der Idee, Gesellschaften, Brüderschaften und Orden, in denen Friede und Freundschaft und ein Aufgehen in schwärmerischer Christussehnsucht herrschend sein sollten. Es waren alles treue, ehrlich fromme christliche Männer, die mit dem rosenkreuzerischen Einschlag einer Reformation der ganzen Welt diese Gemeinschaften pflegten, aber sie waren schwach, zermürbt von der rauhen Wirklichkeit des Dreißigjährigen Krieges, der nicht nur die Fluren und Städte Deutschlands, sondern auch die Seelen und Gemüter zerstampfte.

Johann Amos Comenius

Da trat in erster Linie der Tscheche Johann Amos Comenius hervor, der durch seine Schriften und Predigten eine europäische Berühmtheit erlangte.

Er ist vielfach noch in unserem Jahrhundert als Vorläufer der Freimaurerei angesprochen worden. Schon Krause (Die drei ältesten Kunsturkunden der Freimaurerbrüderschaft, Dresden 1820/21) vertritt die Ansicht, daß die Stifter der englischen Großloge Gedanken des Comenius wörtlich benutzt hatten. Er meint, das neuenglische Großmeistertum habe des tschechischen Philosophen „Menschheitbündliche Ahnungen und urbildliche Darstellungen bei der im Jahre 1717 begonnenen Höherbildung des Maurerbundes zugrunde gelegt und sorgfältig benutzt." Das ist keineswegs richtig, denn nirgends findet sich in den zeitgenössischen englischen Schriften auch nur die geringste Andeutung von einer Comenius-Benutzung. Man stellt sich die Londoner Freimaurerei von 1717 in Deutschland viel zu ideal vor, sie war höchst einfach und harmlos. Wir haben dafür das Zeugnis eines der kundigsten englischen Freimaurer, des langjährigen Sekretärs der wissenschaftlichen Loge Quatuor Coronati, Speth, der von den deutschen Schriftstellern und ihrer Überschätzung der Bedeutung englischer Logen sagt: „Sie (die deutschen Schriftsteller) bilden sich ein, daß die Freimaurerei im achtzehnten Jahrhundert gleich entstanden sei mit allen den Zielen nicht nur, die wir ihr heute in England beilegen, sondern auch mit denen, womit man sie in Deutschland ausgestattet und die sie in England nie gehabt hat. Sie können nicht begreifen, daß sie in den frühen Jahren seit und vor 1717 einfach gar kein Ziel hatte, wenigstens nicht mit Bewußtsein, daß die Logen gewissermaßen gesellige Vereinigungen waren, Reste und Überbleibsel alter Gewerkvereinigungen, von denen weiter nichts geblieben war als die Geselligkeit mit einem gewissen Bestand geheimnisvoller Zeremonien, wie sie überliefert worden waren. Männer von Bildung traten zunächst um der Zeremonien und des Geheimnisvollen willen in die Loge ein und besuchten sie später wahrscheinlich öfter wieder, weil sie sich dort behaglich fühlten und es etwas Neues für sie war, mit einer Klasse von Männern, an deren Gesellschaft sie nicht gewöhnt waren, auf so vertrautem Fuße zu verkehren. Um dies in Behaglichkeit fortsetzen zu können, war es nötig, religiöse und politische Gespräche zu verbannen, da gerade zu jener Zeit Politik und Religion gefährliche Gegenstände für Besprechungen waren, und so wurde eine Grundlage gebildet, aus der unsere jetzigen Anschauungen naturgemäß sich entwickelten. Aber man dachte damals nicht daran, mit Vorbedacht eine Gesellschaft zu gründen, die eine Schule guter Lebensart, reiner Sitten, geläuterter Religion und der Toleranz sein sollte, zum Wohle der Welt und der Gesellschaft im allgemeinen. Alles dies kam naturgemäß und allmählich, weil eben der Boden geeignet dazu war; es entwickelte sich, wie auch sonst alles Gute in England, in langsamer Stufenfolge und ohne bewußte Absicht, und wenn man einem Maurer des siebzehnten Jahrhunderts gesagt hätte, daß alles sollte so kommen, so würde er sehr erstaunt gewesen sein. Die Logen waren einfach gemütliche Klubs, wo die Leute sich behaglich fühlten und mit dem Beharrungssinn unserer Rasse Vergnügen daran fanden, Zeremonien weiterzuüben, die sie möglicherweise gar nicht mehr verstanden. Es waren durchaus keine großen Ziele dabei; alles dies ist von späterer Entwicklung. Aber unsere guten deutschen Brüder wollen das nicht begreifen; sie wollen den frühen Tagen unserer Gesellschaft Ziele späteren Werdens beilegen und beharren in der Einbildung, daß alles mit Bewußtsein und Vorherbestimmung geschehen sei. Infolgedessen sind sie genötigt, nach einer treibenden Kraft zu suchen, nach einer Gesellschaft oder Gruppe von Männern, die ähnliche Ziele verfolgten, und wenn sie eine gefunden haben, die nach ihrer Einbildung dem Zwecke entspricht, so spannen sie jeden Nerv an, zu beweisen, daß sie von den Werklogen Besitz ergriff, um mit deren Hilfe ihre Pläne auszuführen." (Zitat von Begemann.)

Herzog Ferdinand von Braunschweig

Aus dieser Charakteristik schon geht hervor, daß die Freimaurerei in England von Comeniusschen Gedanken nicht beeinflußt sein konnte. Anders liegt der Fall in Deutschland. Auch hier ist zwar ein direkter Einfluß kaum glaubhaft, aber der von Comenius beeindruckte Geist der Zeit dürfte die Freimaurer des achtzehnten Jahrhunderts in Deutschland nicht unberührt gelassen haben. Es liegt außerdem die Annahme nahe, daß auch die schwedische Lehrart comenianischen Geist empfangen habe, da ja Comenius im Jahre 1642 in Schweden war und, mit dem Reichskanzler Oxenstierna und dem Kanzler der Universität Upsala verhandelte. Es scheint aber, daß Oxenstierna von der pansophischen Philosophie des Comenius nicht viel wissen wollte, denn er wies ihn auf anderes hin; er solle für das Bedürfnis der Schulen sorgen und das Studium der lateinischen Sprache erleichtern. Dabei ist es geblieben. Die schwedische Freimaurerei hat demnach nichts von seinen Gedanken aufgenommen, denn wir haben kein einziges Zeugnis, in dem auch nur der Name des Comenius genannt würde. Um die Mitte des achtzehnten Jahrhunderts war er in Schweden bereits völlig vergessen.

Im Jahre 1628 kam er mit Andreae in Verbindung. Er hatte an ihn geschrieben, weil aus seinen Schriften ihm etwas Verwandtes entgegentönte, ein heiliges Streben nennt er es selbst. Andreae antwortet freundlich: „Doch weit davon entfernt, mein früheres Unterfangen zu bereuen oder mich desselben zu schämen, bin ich vielmehr entschlossen, ihm die Kräfte meines Alters zu widmen und einer so Gott wohlgefälligen Bestrebung bis zum Tode treu zu bleiben. Deshalb nehme ich Dich auch gern in meine Freundschaft auf, wenn Du, wie Du schreibst, von allem Parteigeist und aller Streitsucht frei, der Wahrheit allein vertraust und Dich unterordnest und die christliche Freiheit unter dem Bande der Liebe umfaßt."

Comenius bat ihn, trotzdem Andreae sich über die Gebrechlichkeit seines Alters beklagte, nicht eher den Kampfplatz zu räumen, bis er einen Nachfolger herangezogen habe. Darauf antwortet Andreae unter dem 15. September 1629, und dieser Brief ist wichtig, weil wir hier Näheres über die Societas Christiana, die christliche Gesellschaft, erfahren, die Andreae im Jahre 1620 zu gründen beabsichtigt hatte. Es scheint, daß er an Comenius den Statutenentwurf von damals (imago und leges) übersandt hatte. Andreae schrieb: „Deinen Brief vom 20. Juli, verehrter und berühmter Mann, wie wertgeschätzter Freund, habe ich richtig erhalten. Er ist ein neuer Beweis Deiner Liebe zu mir und Deines Strebens nach Besserung der Verhältnisse und in beidem erwidere ich Deine Gesinnung. Möge Christus verleihen, daß diese unsere Übereinstimmung der bedrängten Kirche zum Vorteil gereiche, und meine Hoffnung, daß so viele eifrige

Förderer des Christentums nachwachsen, noch vor meinem Hingange in Erfüllung gehen lassen. Da Du aber so eifrig nach der christlichen Gesellschaft forschest (hier steht im Text von Comenius vermerkt: von der er imago und leges mitgeteilt hatte) so werde ich Deinem sehr ehrenwerten Verlangen nicht entgegenstehen. Jch habe weder einen bloßen Entwurf desselben geschrieben, noch auch eine reine Geschichte. Wir waren eine Anzahl Männer, Männer von Gewicht, die wir uns nach dem Blendwerk mit der leeren Fama (Fraternitatis roseae setzte Comenius hinzu) vor ungefähr acht Jahren hierin zusammentaten, und es waren noch mehr bereit, beizutreten, als die Unruhen in Deutschland ausbrachen und uns fast ganz zerstreuten. Die Meisten, in ein besseres Vaterland eingehend, verließen uns; darüber trauerten einige, andere mischten sich in die Unruhen, manche verzweifelten; ich zog die Segel ein… Mein Ziel war, Christum wieder an seinen Ort zu stellen, nachdem ich die alten religiösen wie literarischen Götzenbilder zerbrach. Aber er wird sich zu seiner Zeit selbst einsetzen und wollte von uns so wenig Bemühungen, als von David den Tempel. Daß wir als Deutsche nur Deutsche wählten, war eine willkürliche Bestimmung und wurde schon damals geändert. Die gute Sache läßt alle Völker als Genossen zu, besonders diejenigen, welche das christliche Exil (mit uns) verewigt. Gebraucht unsern Rat; führt die Sache tüchtig und seid unseres Beifalls gewiß, und Euch befehle ich im Gebet dem Herrn Christo. Lebt wohl und behaltet mich lieb.“ (Zitat bei Peuckert.)

Wir sehen, in den besten Köpfen der Zeit lebte der Gedanke einer christlichen Brüderschaft, die der großen Reformation dienen sollte. Für Comenius gestaltete sie sich zu einem Menschheitsbund aus, Juden, Türken und Heiden sollten aufgenommen werden, natürlich unter der Voraussetzung, daß sie das Christentum angenommen hätten. Aber schon im siebzehnten Jahrhundert kamen diese Gedanken nicht zur Verwirklichung, wo die Menschen noch verhältnismäßig einfach in ihrem Denken und Empfinden waren. Auch das achtzehnte Jahrhundert hat sich noch mit diesem Problem eines Menschheitsbundes beschäftigt. Fast in den Alten aller der damals bestehenden freimaurerischen Lehrarten findet sich die Wendung von einer Einigung aller über den Erdkreis zerstreuten, durch die Königliche Kunst verbundenen Brüder Freimaurer. Aber mit dem Erwachen des nationalen Bewußtseins wurde sehr bald erkannt, daß das Sonderleben der einzelnen Nationen viel zu stark reagierte, als daß man einen Menschheitsbund hätte errichten können. Mit der Entwicklung der Staatenpolitik zur europäischen Politik und in unserer Zeit zur Weltpolitik mit ihren vielfach auseinandergehenden Interessen ist ein freimaurerischer Menschheitsbund völlig zur Utopie geworden.

Der Gedanke bewegte in jener Zeit, die uns beschäftigt, auch den Elbinger Kaufmann Samuel Hartlib, der seit 1628 in England lebte. Er wurde mit Comenius bekannt, und dieser setzte sich mit ihm in Verbindung. Hartlib lud ihn ein, mit nach England zu kommen, und Comenius traf am 22. Dezember 1641 in London ein. Dort erfuhr er, daß er vom Parlament berufen worden war; da dieses aber wegen Abwesenheit des Königs sich auf drei Monate vertagt hatte, so mußte Comenius den Winter über in London bleiben. Er benutzte die Muße dazu, um eine Abhandlung Via lucis zu schreiben: „Weg des Lichts, das ist vernunftgemäße Untersuchung, wie das geistige Verstandeslicht, die Weisheit, endlich am Abend der Tage über alle Geister und Völker glücklich ausgebreitet werden könne." Durch die ausbrechenden politischen Wirren kamen die Pläne des Comenius in England nicht zur Ausführung. Was aber hatte er gewollt? Eine Brüderschaft, die die ganze Menschheit umfaßte. Das tausendjährige Reich liegt hoffnungsvoll in seinen Gedanken, der Sabbat der Kirche wird anbrechen.

Samuel Hartlib hatte sich energisch für diese Gedanken eingesetzt. Er schrieb eine Utopie, kurze Beschreibung des berühmten Königreichs Macaria, und träumte von einer Verwirklichung. Dann tauchte der Name Antilia auf, es ist aber immer derselbe pansophisch rosenkreuzerische Plan eines Menschheitsbundes, den Hartlib sich in eine deutsche und eine englische Gesellschaft geteilt dachte. Comenius erfuhr davon und schrieb an Hartlib im Jahre 1647, daß er in der zu gründenden Akademie die Erfüllung der in der Via. lucis ausgedrückten Wünsche sehe. Das Nähere über die Antilia erfahren wir aus Hartlibs Briefwechsel mit Dr. John Worthington und dem Gelehrten Robert Boyle. An diesen schrieb er unter dem 22. Oktober: „Die große Gesellschaft, die viel größere Gegenstände haben soll, wird wahrscheinlich nächste Woche ans Licht treten. Für diese Woche galt der Beschluß: cum fine hujus septimanae finis erit miseriarum vestrarum (Mit dem Ende dieser Woche werden Eure Leiden zu Ende sein). Sobald ihre Erklärung heraus ist, werde ich nicht verfehlen, Ihnen eine Abschrift zu senden und was ich sonst beifügen kann. Mittlerweile bitte ich ergebenst um Ihr Schweigen betreffs des erwähnten Beschlusses."

In einem späteren Brief (15. November) berührt Hartlib den Plan einer türkischen Bibelübersetzung und den Druck einer Schrift über das beste Mittel für die Ausbreitung des Evangeliums und die Schaffung eines allgemeinen Friedens in der ganzen Welt. Dann geht es weiter: ‚Die Wahrheit ist, ich beabsichtige, alle solche und ähnliche Werke oder Abhandlungen auf Kosten der Macaria drucken zu lassen, deren Zweck ausgesprochenermaßen ist, die Religion auszubreiten und die Reformation der ganzen Welt zu erstreben."

Auch ins Alchimische verlieren sich seine Gedanken, Perlen machen und das Suchen nach der Tinktur, dem Allheilmittel, gehen ihm durch den Kopf, und er glaubt, daß die Macaria diese „Gottesgaben" besitze, aber sich nicht offen darüber aussprechen wolle. Im Jahre 1660 scheint die Sache endgültig erledigt zu sein, denn aus diesem Jahr haben wir eine Mitteilung Hartlibs an Worthington: „Wir pflegten die wünschenswerte Gesellschaft mit dem Namen Antilia und manchmal mit dem Namen Macaria zu nennen; aber Name und Sache sind so gut wie verschwunden. Ich höre, daß der Graf von Worth, dessen Gebiet nicht weit von Köln liegt, ein Einladungsschreiben an alle Nationen, welcher Religion sie auch angehören mögen, veröffentlicht hat, worin er billiges Land und persönlichen Schutz anbietet, und daß zweitausend Mitglieder der Siebenbürgischen Gesellschaft oder Brüderschaft schon dorthin gekommen sind."

Etwas später heißt es in Hartlibs Tagebuch: „Von den Antiliern können wir kein Wort mehr hören, außer daß man von ihnen sagt, sie bereiteten eine gewisse Entschuldigung vor, um zu zeigen, wie sie von denen getäuscht worden sind, an die sie sich gewandt hatten."

In einem ersten Vorwort zu seiner Vorgeschichte der Freimaurerei in England, das nicht publiziert wurde, gibt Begemann noch einen Brief von Worthington an Hartlib vom 29. November 1660: „Auch weiß ich nicht, warum in Ihren letzten Briefen jenem Nichts, wie es sich nun erweist, der Name Antilia gegeben wurde. Ein Freund von uns vermutete, es würde sich zeigen, daß es nur Worte wären. Nach meinem Dafürhalten strebte der Plan nach so hohen Dingen und so erstaunlichen Leistungen (und doch waren die Grundlagen so verborgen und zeigten sich so wenig), daß ich nie viel darauf bauen oder einen zu seinen Verheißungen passenden Ausgang erwarten konnte. Nichts ließ mich einigermaßen etwas Wirkliches darunter vermuten, als die Meinung eines würdigen Freundes, der, wenn er unmittelbar verlehrt hätte (und nicht per inernuntios), mit seinem Scharfsinn es aufgespürt haben würde. Darum tragen die Jnternuntii die größere Schuld."

Darauf antwortet Hartlib am 10. Dezember: „Das Wort Antilia gebrauchte ich mit Beziehung auf eine frühere Gesellschaft, die kurz vor den böhmischen Kriegen fast zu demselben Zweck wirklich begonnen wurde. Es schien, als ob es ein Erkennungswort jener Gesellschaft wäre, das nur von ihren Mitgliedern gebraucht wurde. Ich fragte nie nach seiner Bedeutung. Sie wurde unterbrochen und zerstört durch die folgenden böhmischen und deutschen Kriege. Aber wenn ich gewußt hätte, sie (die neue Gesellschaft) würde sich als ein großes Nichts erweisen, würde ich ihnen niemals jene Benennung gegeben haben, die ich jener Gesellschaft (der früheren), die, wie ich wußte, wirklich war, zu geben mich gewöhnt hatte. Die Vorspiegelungen der Brüderschaft des Heiligen Kreuzes (die sie Geheimnisse nennen) haben unendliche Vorwände und Ausflüchte hervorgerufen. Die Internuntii der Antilia tragen sicherlich die größere Schuld. Aber ich wage diesen Fehler nicht auf das Gewissen der heldenmütigen und aufrichtigen Seele meines Hauptinternuntius zu legen, der wirklich glaubte, daß es so etwas gäbe, obgleich ich ihn oft tadelte wegen seiner übergroßen Leichtgläubigkeit, wie sie sich jetzt erweist."

Über den Hauptinternuntius Hartlibs haben wir kein Zeugnis, vielleicht hat er Comenius damit gemeint, mit dem er bis ans Ende freundschaftlich verbunden blieb. Jedenfalls ist der Menschheitsbund nicht zustande gekommen. Aber gedanklich lebte er fort und hat Flugsamen ausgestreut, der in all den phantastischen Graden der Freimaurerei in Deutschland aufgehen sollte.

Unter all den Gesellschaften, Brüderschaften, Orden des siebzehnten Jahrhunderts, die durchweg auf rosenkreuzerischem Boden standen, kamen und wieder verschwanden, ist einer für die Vorgeschichte der Freimaurerei in Deutschland besonders wichtig, weil sich in seinem Gebrauchtum zum erstenmal bestimmte Anklänge an freimaurerische Gepflogenheiten finden. Peuckert (a. a. O.) gibt eine ausführliche Beschreibung aus seinem Briefwechsel, der sich in der Waisenhausbibliothek in Halle a. d. S. findet. Es handelt sich um die Societas regalis Jesu Christi, die Königliche Gesellschaft Jesu Christi, zu deren Gründung ein Österreicher, Johann Permeier, in den dreißiger Jahren einen Aufruf erlassen hatte.

Johannes Permeijerus

Aus diesem Briefwechsel erfahren wir, daß Permeier sich den Primarius der Sanctae societatis regalis Jesu Christi nannte, und daß er in Büchern und Traktaten, die sich gang prophetisch gaben, die Menschen und die Welt bessern wollte. Ein Brief des Danzigers Crusius vom 22. September 1634 gibt uns näheren Aufschluß. Daraus geht hervor, daß die Traktate und Aufrufe Permeiers etwas dunkel und schwer verständlich waren. Er scheint eine mystisch-ekstatische Natur gewesen zu sein und geglaubt zu haben, von Gott mit einer besonderen Aufgabe betraut worden zu sein. Auch scheint Crusius an der Mission des Primarius gezweifelt zu haben, denn er fordert Beglaubigung: „Dahero ich noch begierlicher bin worden, den rechten Grund dieser Sachen zu wissen und vom Herrn zu vernehmen, durch was Mittel er dieser seiner so wunderbaren und sehr stolz lautenden Vokation sich vergewissert befinde, und durch was für Gründe er andere Leute, die solches von ihm glauben sollen, vergewissern könne, daß ihr Glaube nicht auf einem leeren Wahn bestehe. Es weiset uns zwar der Herr in seinem Schreiben auf die Erfahrung und den Ausgang der Sache selber, die aber noch nicht vorhanden, sondern ins Zukünftige erwartet wird, und kann also viel andern erfolgen als wir wohl hoffen ... Der Herr hoffet, daß gleich wie vor 1600 Jahren der Geist Christi durch die Apostel und über alle Vernunft durchgedrungen, und sein Ziel bei den Menschen erreicht hat, also solle es ihm auch anjetzo nicht fehlen. Welches ich auch mit dem Herrn also hoffe. Aber nichts desto weniger bleibt die Frage noch im Zweifel, ob der Geist Christi auf die Weise, wie dieselbe der Herr ihm einbildet, durchdringen werde; denn es kann wohl sein, daß weder ich noch der Herr dieselbe Weise noch zur Zeit wissen und ergründet haben, nach welcher das letzte und große Licht der Wahrheit unter den Menschen aufgehen, und die bishero ungehorsamen und harten Herzen unter den Gehorsam Christi bringen werde. Daß der Herr solche Dinge zuvorher sagt, das halte ich für recht und für ein Werk Gottes. Daß aber er daneben die großen künftigen Dinge an gewisse Zeit, Ort und Person bindet, und wie es eigentlich zugehen Soll nicht allein beschreibt, sondern noch als der oberste Direktor eines so großen und göttlichen Werkes anordnen und nach seinem Sinn zu richten vermeint, halte ich für einen Fehler, von menschlicher Schwachheit herrührend, und dasselbe so lange, bis der Herr mich recht und gründlich überzeuge, daß er in dem allen, was er tut und lehret, die unfehlbare Wahrheit auf seiner Seite habe."

Crusius ist durchaus kritisch, er läßt sich nicht von den apokalyptischen und eschatologischen Träumen des österreichischen Propheten einsangen, sondern er weist ihn auf die gesunde Vernunft hin, auf die Philosophie, aber nicht auf die elenden eiteln Wasserblasen der weltlichen Philosophie, die sich große Weisheit einbildet, aber nichts Gutes weiß noch versteht, vielmehr durch „Offenbarung der wahren Philosophiae, oder derjenigen Wahrheit, die Gott in die Natur und in den Verstand des Menschen von Anfang als einen Zeugen seiner Wahrheit gelegt hat. Welche bis daher mit vielen Lügen und Eitelkeiten besudelt als eine elende gefangene Magd der Hoffahrt und den Wollüsten der Menschen hat dienen müssen. Jetzt aber hat sie Hoffnung, daß sie aus ihrem Gefängnis erledigt, von allem Schlamm und Unflat der Lügen und der Eitelkeit gereinigt und abgewaschen, von Gott zu seinem und seiner wahren Kinder Dienst werde aufgenommen werden. Darum muß der Herr dieses arme Dirnlein nicht so gar verwerfen und zu den öffentlichen Huren verstoßen; sie hat zwar ein schlechtes Ansehen, aber sie hat eine große Macht unter ihrer schlechten Gestalt verborgen ..."

Auch der rosenkreuzerische Gedanke von einer Reformation der Welt tritt wieder auf. Crusius schreibt am 3. April 1637, nachdem er sich des breiteren über den neuen Stern Kepplers und die Kometen ausgelassen: „Also siehet man, daß solche Gedanken von einer Verbesserung und Reformation des menschlichen Lebens durch Gottes heimliche Wirkung schon von etlichen viel Jahren hero in vielen Menschenherzen durch die auch von außen geschickten Zeichen sind erweckt worden. Welche gewiß nicht umsonst sein werden, sondern ihre Erfüllung zur rechten Zeit erreichen werden."

Im Jahre 1638 ist dann die Brüderschaft gegründet worden, sie war über ganz Deutschland verbreitet und an keinen Ort gebunden. Die Mitglieder verkehrten brieflich untereinander. Über den Charakter der Brüderschaft kann kein Zweifel bestehen. Sie war entschieden rosenkreuzerisch, aber doch fortgeschritten gegen die Zeit der Fama und Confessio. Alchymie und Kabbâla waren aus dem Ideenkreis völlig verschwunden. Sie wurden nicht mehr anerkannt, vielmehr leicht bespöttelt. Christi Friedensreich ist jetzt das große Ziel, vor dem die ganze Menschheit dem Glauben an den Heiland zugeführt werden muß. Auch die Heiden und Juden, denn das gehört zu einer rechten biblischen Eschatologie. Und nun kommt etwas, das wie Freimaurerei des achtzehnten Jahrhunderts anklingt:

„Katholiken und Lutheraner wollten die neuen salomonischen Friedensbücher ins Offene bringen, und man habe in England angefragt, ob nicht die dritte, calvinische Partei auch daran denke: sintemal man gern nach der hundert Jahr alten Augsburgischen Gewohnheit längst gegen Sonnwend- oder Johannistag hinaus die Winkeleisen und Meßschnuren zum Interimsentwurf oder Abriß der ersten Grundsteine und Zimmerbäume des vorhabenden großen Friedensgebäudes, bis an fernern Orten des Niederrheins dazu Raum gemacht, in Vorarbeit an hiesigen Römerberg (er schreibt aus Frankfurt a. M.), anschlagen und überziehen lassen wollte. Daher notwendig zuvor alle dazu entweder von sich selbst angegebene oder berufene Werkleut mit ihrem Namen und Amt im neuen Jerusalemitanischen Architektonialbuch annotiert oder inseriert werden müssen."

Hier treten zum erstenmal in Deutschland (um 1640) baugewerkliche Bilder in einer religiös-ethischen Gesellschaft auf, ja sogar der 24. Juni, der Tag Johannes des Täufers, der große freimaurerische Festtag, wird bedeutsam genannt. Es wäre aber grundfalsch, wenn wir nun, wie es phantastische Schriftsteller so gerne tun, behaupten wollten, daß diese Königliche Brüderschaft Jesu Christi bereits eine Freimaurerloge gewesen wäre. Es sind eben Zeitgedanken, die sich unwillkürlich vordrängen, und der rein symbolische Charakter der Sprache gleitet sehr leicht von dem praktischen Baugewerke in den geistigen Bau hinüber, wie wir ja auch heutzutage von Aufbau sprechen, ohne im geringsten an den handwerksmäßigen Grundgedanken des Wortes uns zu erinnern.

Jakob Böhme

Wir müssen an dieser Stelle noch eines Mannes gedenken, der den Geist der Zeit richtunggebend beeinflußt hat, und von dem jener die Menschheit bejahende christliche Zug in die Gedankenwelt der Sozietäten des siebzehnten Jahrhunderts hineingetragen worden ist: des Görlitzer Schusters und Theosophen Jacob Böhme. Wir besitzen eine prachtvolle Lebensbeschreibung aus der Feder des schlesischen Edelmannes Abraham von Franckenberg (1593 bis 1652), der ein Schüler und treuer Anhänger Böhmes war, auf die wir uns in der Darstellung seines Lebensganges stützen.

Der merkwürdige Mann war 1575 als Sohn armer und geringer Bauersleute „guter Teutscher Art" geboren, und schon als Hirtenknabe hatte er auf dem Berg Landeskrone eine Erscheinung. Er fand auf dem Gipfel unter Buschwerk und Gestein einen Eingang in den Berg und sah eine große „Bütte mit Gelde", aber er nahm nichts davon, sondern ging eilfertig nach Hause. Da er eine „feine gute und geistsame Natur" war, sehr fromm, aber auch sehr schwach und für die Bauernarbeit untüchtig, so wurde er auf das Schuhmacher-Handwerk getan, hat auch redlich ausgelernt und ist schon 1594 Meister geworden.

Böhme hat zweifellos auf der Wanderschaft die Schriften des Paracelsus und des Valentin Weigel (1533–1585) kennengelernt, und er ist in christlicher Demut und Einfalt mehrfach von Gott berührt worden. Eine entschieden ekstatische Natur, hatte er Schaltungen, in denen er sich von göttlichem Lichte ergriffen fühlte. Allmählich fing er an, seine Eingebungen aufzuschreiben, und so entstand sein erstes Buch „Morgenröte im Aufgang, das ist: Wurzel oder Mutter der Philosophie, Astrologie und Theologie aus rechtem Grunde“. Dies Buch wurde von Freunden abgeschrieben und dadurch in der Öffentlichkeit bekannt. Auch der Görlitzer Oberpfarrer Gregorius Richter hörte davon und hat den Böhme mit öffentlicher Lästerung von dem Predigtstuhl verdammt. Er setzte durch, daß der Rat der Stadt dem Schuster das Bücherschreiben verbot. Sieben Jahre ist er gehorsam gewesen, dann aber trieb ihn der Geist, und seine Freunde ermunterten ihn, sein Pfund nicht zu vergraben. Also fing er wieder an zu schreiben, und er hat sich immer mehr vertieft, bis er 1624, noch nicht fünfzig Jahre alt, friedlich und mit hohen Paradieseshoffnungen zur ewigen Ruhe ging.

Jacob Böhmes Geist war entschieden rosenkreuzerisch, und das ist gar nicht so verwunderlich. Der Mann, der alles las, was er erreichen konnte, der sich sogar ins Lateinische hineinarbeitete, kann sehr wohl die Fama und die Confessio, dazu die umschwirrenden Lobschriften und Angriffe aus der Rosenkreuzerzeit gelesen haben. Es klingt durchaus im Sinne jener Schriften, wenn Böhme in der ‚Aurora“ sagt: „Willst du ein Philosoph und Naturkundiger seyn, und Gottes Wesen in der Natur erforschen, wie dieß Alles beschaffen sey, so bitte Gott um seinen heiligen Geist, daß er dich mit demselben wolle erleuchten. Denn in deinem Fleisch und Blute kannst du solches nicht ergreifen; ob du es gleich liesest, so ists nur ein Dunst oder Dunkel vor deinen Augen; allein in dem heiligen Geiste, der in Gott ist, und auch in der ganzen Natur, daraus alle Dinge worden sind, kannst du forschen bis in den ganzen Leib Gottes, welcher ist die Natur, sowie auch bis in die heilige Trinität. Denn der heilige Geist geht von der heiligen Trinität aus, und herrschet in dem ganzen Leibe Gottes, das ist, in der ganzen Natur. Gleichwie der Geist eines Menschen in dem ganzen Leibe in allen Adern herrschet und erfüllet den ganzen Menschen; also auch der heilige Geist erfüllet die ganze Natur, und ist das Herz der Natur und herrschet in den guten Qualitäten in allen Dingen. So du nun denselben in dir hast, daß derselbe deinen Geist erleuchtet und erfüllet, so wirst du verstehen, was hier nachfolgend geschrieben ist; wo aber nicht, so wird dirs gehen wie den weisen Heiden, die sich in der Schöpfung vergafften, und wolltens aus eigener Vernunft erforschen, und kamen in ihrem Dichten bis vor Gottes Antlitz, und konnten dasselbe (doch) nicht sehen, und waren in der Erkenntniß Gottes stockblind. Wie auch die

Kinder Israel in der Wüste das Angesicht Mosis nicht konnten sehen, darum mußte er eine Decke vor sein Angesicht machen, wenn er zu dem Volk trat. Das machte es, daß sie den rechten Gott und seinen Willen nicht verstanden noch kannten, der doch unter ihnen wandelte: darum war die Decke ein Zeichen und Vorbild ihrer Blindheit und Unverstandes. So wenig sein Werk kann seinen Meister ergreifen, so wenig kann auch ein Mensch Gott seinen Schöpfer ergreifen und erkennen, es sey denn, daß ihn der heilige Geist erleuchte, welches allein denen geschieht, die sich auf sich selbst nicht vertrauen, sondern setzen ihre Hoffnung und Willen allein in Gott, und wallen in dem heiligen Geiste, die sind Ein Geist mit Gott."

Schon aus dieser Probe erkennt man, welch ein merkwürdiger Mann dieser ungelehrte Schuster war, der tiefer in die Wesenheiten des religiösen Erlebens eindrang als viele Gottesgelehrte der Zeit, besonders der Görlitzer Oberpfarrer, der ihn noch bis über das Gras hinaus verfolgte. Mit seinem Arzt Dr. Tobias Kober, der ihn in seiner letzten Krankheit behandelte und einen schönen Bericht an Böhmes adlige Freunde gemacht hatte, stand er auf sehr vertrautem Fuß. Auf dem Spaziergang betrachteten sie Blumen, Kräuter und andere Gewächse, aus deren äußerer Signatur und Bildung Böhme die innerliche Kraft, Wirkung und Eigenschaft erkannte und aus ihrem Namen las. Wenn Dr. Kober ihm einen unrichtigen Namen angab, hat der andere sehr bald den Betrug gemerkt und gesagt, daß es der richtige Name nicht sein könne. Er habe auch – so berichtet der Patricius und Rats-Verwandte Ehrenfried Hegenicius –, obwohl er keine fremden Sprachen reden konnte, alles verstanden, in welcher Sprache auch gesprochen wurde, vermittels der Natursprache, die er könnte. Es hing dies wahrscheinlich mit dem zusammen, was er Signatur nannte. Jedes Geschöpf im Buche der Natur ist ein Buchstabe, eine Signatur, die ihr innerstes Wesen anzeigt. Ein durch die äußere Gestaltung Durchsehen in den Kern des Herzens aller Dinge, das ist die Kenntnis von der Signatur, Böhmes Natursprache. In seiner Schrift de signatura rerum (Über die Signatur der Dinge) schreibt er: „Alles, was von Gott geredet, geschrieben oder gelehrt wird ohne die Erkenntnis der Signatur, das ist stumm und ohne Verstand, denn es kommt nur aus einem historischen Wahn. Und ist kein Ding in der Natur, das geschaffen ist, es offenbart seine innerliche Gestalt auch äußerlich. Denn das Innerliche arbeitet stets zur Offenbarung. Als wir solches an der Kraft und Gestaltnis dieser Welt erkennen: wie sich das ewige Wesen mit der Ausgebärung in der Begierde hat in einem Gleichnis offenbart; wie es sich hat in soviel Formen und Gestaltnissen offenbart, als wir solches an Sternen und Element, sowohl an Kreaturen, auch Bäumen und Kräutern sehen und erkennen. Darum ist in der Signatur der größte Verstand, darinnen sich der Mensch nicht allein lernt selber kennen, sondern er mag auch darinnen das Wesen aller Wesen lernen erkennen. Denn an der äußerlichen Gestaltnis aller Kreaturen, an ihrem Trieb und Begierde, item an ihrem ausgehenden Hall, Stimme und Sprache kennt man den verborgenen Geist. Denn die Natur hat jedem Dinge seine Sprache nach seiner Essenz und Gestaltnis gegeben, und das ist die Natursprache, daraus jedes Ding aus seiner

Abraham von Frankenberg

Eigenschaft redet und sich immer selber offenbart.“ Obwohl dieser Jacob Böhme nur ein einfältiger ungelehrter Mann war, so haben doch seine Bücher gewaltig auf die Menschen des siebzehnten Jahrhunderts gewirkt. Seine demütige Frömmigkeit, seine liebevolle Geduld, seine sittliche Höhe und sein unerschütterlicher Glaube an Christi Erlösungstat haben unzähligen in der Not des großen Krieges Verzagten Trost gespendet. Auch er war in Lessings Sinne ein Freimaurer seiner Zeit.

IV. Sprachgesellschaften

Gegen Ende des vorigen Jahrhunderts begann ein sehr heftiger wissenschaftlicher Streit zwischen zwei freimaurerischen Gelehrten, Wilhelm Begemann und Ludwig Keller, über das Vorkommen freimaurerischer Organisationen schon im siebzehnten Jahrhundert auf deutschem Boden. Dieser Streit hat erst mit dem Tode der beiden Gelehrten geendigt. Keller, ein universell gebildeter Geist mit einer starken Intuition und einer lebendigen Vorstellungskraft, sah in allen Vereinigungen, wie sie auch geartet sein mochten, freimaurerische Brüderschaften, Begemann, der nüchterne Quellenforscher, mit einem scharfen kritischen Verstand ausgerüstet, wollte nur gelten lassen, was er unmittelbar aus den Urkunden nachweisen konnte. Beide Gelehrte von einer enormen Belesenheit, schossen jeder nach seiner Eigenart über das Ziel hinaus. Jeder hatte seine besonderen Vorzüge: Begemann arbeitete mit einer diplomatischen Treue, er trat völlig voraussetzungslos an die Probleme heran, und man steht bei ihm immer auf sicherem wissenschaftlichen Grund, Keller ahnte in seiner kühnen Art Zusammenhänge, wo sie urkundlich nicht nachweisbar waren, und er hat dadurch Forschungen angeregt, die zwar seine Theorien und Hypothesen nicht bestätigten, aber andersgeartete Zusammenhänge aufdeckten. Jedenfalls darf die freimaurerische Wissenschaft mit Genugtuung auf die beiden Gelehrten blicken, ihre Lebensarbeit ist nicht verloren, und wenn sie auch, solange sie unter uns weilten, sich leidenschaftlich befehdeten, nach ihrem Hingang erkannte die gelehrte Welt, wie nutzbringend sie einander ergänzten. Mit Recht kann man auf sie das Wort aus Goethes Tasso anwenden: Zwei Männer sind's, ich hab' es lang gefühlt, die darum Feinde sind, weil die Natur nicht einen Mann aus ihnen formte.

Auch über die Sprachgesellschaften des siebzehnten Jahrhunderts entstanden zwischen den beiden Gelehrten erregte Meinungsverschiedenheiten. Keller vertrat den Standpunkt, daß die Sprachgesellschaften, vor allem die bedeutendste, die „Fruchtbringende Gesellschaft“, geheime Wissenschaften betrieben und dieses unter dem harmlosen Zweck einer Verbesserung und Forderung der deutschen Sprache verschleierten. Begemann lehnte dies alles mit urkundlichen Gründen ab, es sei in dieser Fruchtbringenden Gesellschaft nie von etwas anderem als von den sprachlichen Zwecken geredet und geschrieben worden. Ein Zusammenhang mit der Freimaurerei des achtzehnten Jahrhunderts, den Keller in seinen Schriften behauptet, wird mit aller Entschiedenheit bestritten.

Das ist bestimmt richtig, aber Begemann verkennt, daß eine Geistesbewegung sich nicht mit völliger Klarheit in den Urkunden niederschlägt. Die

Kraft des lebendigen Wortes, die mündliche Tradition ist von viel zäherer Lebensdauer und viel ausgiebigerem Umfang als das geschriebene Wort, selbst in einem so schreibfreudigen Jahrhundert wie dem siebzehnten.

Die menschliche Sehnsucht nach der Heimat der Seele, nach dem Gottschauen, nach dem Aufgehen in der Gemeinschaft mit Jesu ist der stärkste Impuls zur Gründung von Brüderschaften gewesen. Das große Mysterium, das unum mysticum, beherrschte das an der irdischen Unzulänglichkeit krankende Menschentum, aber es drückte sich nicht in Briefen, Gesetzen und Dogmen aus, sondern es ging von Mund zu Mund und haftete dort, wo es auf gleichgestimmte Seelen traf, über Jahrhunderte hinaus unverweslich. Es ist die Kraft der Idee des lebendigen Gottes, der Glaube an seinen Heilsplan durch das Erlösungsopfer seines Sohnes.

Wir dürfen uns die Menschen des siebzehnten und beginnenden achtzehnten Jahrhunderts nicht vorstellen wie die Menschen von heute. Was damals unerklärlich war, lernt heute schon der Volksschüler in der Physikstunde. Das Walten Gottes war den Menschen jener dunklen Zeit viel näher als uns, es mußte ihnen Tatsache sein, sie wären sonst verzweifelt. Die Entwicklung bis in die Mitte des neunzehnten Jahrhunderts ging ungemein langsam. Man vergesse nicht, daß vor wenig mehr als hundert Jahren die letzte Hexe in Deutschland verbrannt wurde. Seitdem ist die Entwicklung in einem rasenden Tempo gegangen, und trotz der ungeheuren Spezialisierung in den Wissenschaften treiben wir einer neuen Pansophie entgegen. Stumpfe Äußerlichkeit hat Gott entthront und die Natur an seine Stelle gesetzt, der wahre moderne Pansoph aber erkennt in jeder neuen naturwissenschaftlichen Entdeckung eine immer deutlichere Bestätigung der Allweisheit Gottes.

Und dieselbe Anschauung hatten die erleuchteten Geister des siebzehnten Jahrhunderts, allerdings nur in dem engen Raum ihres Weisheitstempels. Die Mitglieder der Fruchtbringenden Gesellschaft mögen tatsächlich nur die Reinigung der deutschen Sprache betrieben haben, aber in ihren Zusammenkünften hat es sicher an ernstem Gedankenaustausch nicht gefehlt. Man wollte nur gleichgesinnte Männer aufnehmen, die der Harmonie unter den Mitgliedern nicht abträglich waren. Das geht aus dem Zustimmungsschreiben des Oberhauptes, Fürsten Ludwig zu Anhalt, für Johann Valentin Andreae vom 6. November 1646 hervor, wo es heißt: „Herr Johannes Valentinus Andreae kan, wiewol dergleichen geistliche noch nicht in die Fruchtbringende geselschaft gekommen, auf geschehenes ansuchen, gar wol eingenommen werden. Weil aus seinen erbaulichen schriften, die er bisher ausgelassen, so viel Zu sehen und Zu spüren, das er sonder Zweiffel einen verträglichen Geselschafter in brüderlicher Christlicher liebe geben wird. Und wie er sich bisher des streitens Zu seinem großen nachruhme enthalten, so zweiffelt man nicht er auch ferner die Christliche gemeine Zu ihrer seligkeit erbauen werde.“

Wenn also Begemann auf Grund der Urkunden zu Recht behaupten kann, daß nirgends ein anderer als der sprachliche Zweck von der Fruchtbringenden Gesellschaft betont wurde, so zeigt doch die Erklärung des Fürsten, daß man für die Aufnahme bestimmte Charaktereigenschaften forderte, und daß man einen streitbaren evangelischen Geistlichen, wie sie in den Kampftagen des Dreißigjährigen Krieges die Regel waren, höchstwahrscheinlich abgelehnt hätte. Keller hat also bestimmt etwas Richtiges geahnt, wenn er von Mitgliedern verschiedener Art der Einweihung spricht. Freilich sind Engbünde innerhalb der Fruchtbringenden Gesellschaft urkundlich nicht nachzuweisen, aber es wird eben in dieser Vereinigung genau so gewesen sein wie in vielen andern, daß sich Gruppen bildeten, die sich geistig enger verbunden fühlten und ihre innersten Gedanken untereinander besprachen.

Solche Bildungen in den Akten der Gesellschaft festzulegen, war nicht die Gepflogenheit des siebzehnten Jahrhunderts, das kennen wir auch aus der Rosenkreuzerbewegung, und die Fruchtbringende Gesellschaft hatte einen ganz ähnlichen Geist, wenigstens finden wir in ihrer Gemeinschaft fast dieselben Männer wieder wie dort. Da war der Kreis um Andreae, der Kreis um Comenius, eine ganze Anzahl deutscher Fürsten, die den geheimen Wissenschaften zugetan waren. Da waren der Freund Andreaes, Herzog August von Braunschweig, August Fürst von Anhalt, der der Alchimie ergeben war, Ludwig Philipp Pfalzgraf bei Rhein, zweifellos ein Pansoph, Georg Rudolf Herzog zu Liegnitz und Brieg, ein Anhänger von Johann Arnd, und viele andere anhaltinische und weimarische Fürsten, Friedrich Wilhelm der Große Kurfürst, der ein alchymistisches Laboratorium in Köpenick hatte, das 1658 ins Berliner Schloß verlegt wurde, wo der Kurfürst mit einem Adepten namens Eberhard und seinem Kammerdiener Kunkel nach dem Stein der Weisen suchte, Markgrafen zu Brandenburg, mecklenburgische Herzoge, Grafen zu Nassau und Nassau-Saarbrücken, Heinriche aus dem Hause Reuß und andere mehr. Zwar wissen wir nicht von allen, daß sie geheime Wissenschaften betrieben, aber wir wissen aus der Zeit, daß fast jeder deutsche Fürstenhof seinen Hofalchymisten und seinen Hofastrologen hatte.

Es ist also mit höchster Wahrscheinlichkeit anzunehmen, daß man in intimen Kreisen auch die geheimen Wissenschaften pflegte, denn das lag im Charakter der Zeit und ihrer Menschen, die sich hinaussehnten aus dem Jammer und der Bedrückung durch den langen, langen Krieg. Alle sahen ein, daß in der großen Not nur noch Gott helfen könnte, Menschenkräfte waren zu schwach, und so war kaum eine Zeit religiöser als die des Dreißigjährigen Krieges. Schließlich war die Förderung der Muttersprache auch eine Art Gottesdienst im Sinne des evangelischen Bekenntnisses. Alles Fremde, Welsche, Ultramontane sollte aus Deutschland verbannt werden. Lateinisch war zwar immer noch die Sprache der Gelehrten, aber es war auch die Sprache der katholischen Kirche und des Papstes, daher wurde sie abgelehnt. Freilich ging das nicht so ohne weiteres, denn wenn man seine Gedanken ganz klar ausdrücken wollte, schrieb man in lateinischer Sprache. Hielt es doch Andreae noch im Jahre 1646 für nötig, sein Dankschreiben an die Fruchtbringende Gesellschaft lateinisch abzufassen, ein Zeichen dafür, daß er, wie Begemann sehr richtig bemerkt, von den Zielen der Fruchtbringenden Gesellschaft wenig oder nichts wußte. Comenius wußte besser Bescheid; in seiner Linguarum methodus novissima schreibt er: „Derartig ist in Italien, um den Glanz der italienischen Sprache zu erhalten, an der Akademie in Florenz die Gesellschaft La Crusca errichtet worden, die ihre Mitglieder und Gönner allenthalben in Italien hat, und zwar gelehrte und berühmte Männer in nicht geringer Zahl. Und im Jahre 1617 ist in Deutschland mit heldenhaftem Beginnen und zu unvergänglichem Lobe seines Namens für die Nachwelt unter dem Schutze des erlauchten Fürsten von Anhalt, Ludwig, die Fruchtbringende Gesellschaft gegründet worden, der sich die gelehrtesten Männer, darunter berühmte und sogar erhabene Personen, Herzöge, Fürsten, Grafen, Freiherrn, über vierhundert bereits (wie ihr jüngst herausgegebenes Wappen und Spruchbuch zeigt) angeschlossen haben, und sie haben bereits begonnen, in verschiedenen sehr genauen öffentlichen Schriften der Muttersprache den schönsten Dienst zu leisten."

Die Gründung der Fruchtbringenden Gesellschaft erfolgte nach der Begräbnisfeier der Herzogin Dorothea Maria, einer geborenen Fürstin zu Anhalt, als am 24. August 1617 die drei weimarischen Herzöge, Ernst der Jüngere, Friedrich und Wilhelm, mit den anhaltinischen Fürsten Ludwig und Wilhelm auf dem Schlosse Hornstein zusammenkamen und unter Mitwirkung des Hofmarschalls Caspar von Teutleben Namen und Verfassung berieten. Die treibende Kraft war der Hofmarschall, der auch die Anregung gegeben hatte und als erster in der Stammrolle der Gesellschaft erscheint. Er war auch das erste Oberhaupt bis zu seinem 1629 erfolgten Tode. Danach übernahm Fürst Ludwig zu Anhalt die Führung der Fruchtbringenden Gesellschaft. Der Fürst, der bei einem längeren Aufenthalt in Italien im Jahre 1600 in Florenz der Academia della crusca als Mitglied beigetreten war, hat die Verfassung der Fruchtbringenden Gesellschaft in ganz ähnlichem Sinne ausgestaltet. Crusca heißt die Kleie, und die florentinische Akademie hatte den leitenden Gedanken, die Kleie vom guten Mehl zu trennen, wir würden

Fürst Ludwig von Anhalt

sagen: die Spreu vom Weizen zu scheiden. Sie hatte also eine kritische, eine reinigende Aufgabe in bezug auf die italienische, insonderheit toskanische Sprache. Fürst Ludwig erhielt in der Crusca den Namen der „Entzündete" (Acceso) und als Gemälde eine brennende Stoppel (la Stoppia che arde) mit einem Vers Petrarcas als Wahlspruch: „Im Brennen mahnte mich's an mein Heil" (Fecemi ardendo pensar mia salute).

Die Fruchtbringende Gesellschaft war also ganz der Crusca nachgebildet. Krause (Der fruchtbringenden Gesellschaft ältester Ertzschrein, Leipzig 1855) berichtet darüber:

„Ihrer Verfassung nach glich die fruchtbringende Gesellschaft einem Orden, welchen Namen Fürst Ludewig von Anfang her gemieden wissen wollte, von wegen des Wortes, das eigentlich nicht deutsch, und damit man auch nicht in Neid und Mißgunst anderer Bereinigungen und Brüderschaften fallen möge. Ihr Zweck schloß ritterliche Thaten mit ein, war jedoch vorzugsweise auf Erhaltung, Ausbildung und Verbreitung der hochdeutschen Sprache und Literatur, gegenüber dem frech um sich greifenden Fremdwesen, so wie ‚auf Förderung löblicher Sitte und Tugend' gerichtet: ‚diese Güter sollten hochgehalten und gemeinschaftlich gepflegt werden in Einigkeit, Vertraulichkeit und Ergötzlichkeit'. Ein besonderer Gesellschaftsname näherte hierzu die Mitglieder verschiedenen Standes, und das jedem zugetheilte Gemälde und Wort, dem fruchtbringenden Pflanzenreiche entlehnt, erinnerten gleichfalls Frucht zu schaffen, wozu ein achtzeiliges Reimgesetz weiter ermunterte. Das Gesellschaftssymbol bestand im ‚Indianischen Palmbaum' (Cocosnußbaum) mit dem Sinnspruche: ‚Alles zu Nutzen'. Jedes Mitglied war berechtigt, ‚einen in Gold geschmelzten Gesellschaftspfennig am sittig-grünen Bande' zu tragen, dessen eine Seite Name, Gemälde und Wort der Gesellschaft, die andere aber Name, Gemälde und Wort des Mitgliedes zeigte. Manche ließen ihre Attribute noch auf weißen Atlas, welchen der Erzschrein hierzu spendete, vorschriftsmäßig sticken, und diese prächtige Arbeit wurde zu ihrem Gedächtnisse in Cöthen aufbewahrt."

Diese Gesellschaft als eine Großloge zu bezeichnen, wie es Keller getan hat, ist entschieden abwegig. Das beweist uns ganz klar der kurze Bericht, den Fürst Ludwig im Jahre 1629 dem ersten Stammbuch voransetzte, und der im Jahre 1646 als Vorwort zum zweiten Stammbuch in gleichem Wortlaut erschien. Da er entscheidend für die Beurteilung der Fruchtbringenden Gesellschaft ist, setzen wir ihn vollständig hierher:

„Nachdem ihrer viel von der Fruchtbringenden Geselschaft, was dero eigentlicher Zweck, auch wie und worzu sie aufgerichtet, und angestellet, bericht zu haben begehren; Als ist gut befunden worden, nachfolgendes kürtzlich, zu jedes begerenden unterricht zu verfassen. Ist also zuwissen, das im Jahre 1617. den 24. Augstmonats bey einer vornemen, wiewol traurigen Fürstlicher und Adelicher Personen zusammenkunfft, zu etwas ergetzung vorgangenen leides, und anreitzung der löblichen Jugend, zu allerley hohen Tugenden, unterschiedenen Academien, die in frembden Landen, beydes zu erhaltung guten vertrauens, erbauung wolanständiger Sitten, als nützlicher ausübung iedes Volckes Landes-Sprachen, aufgerichtet: erwenung geschehen: Darbey aber ferner erwogen worden, weil unsere weitgeehrete hochdeütsche Muttersprache, so wol an alter, schönen und zierlichen Reden, als auch am überflusse eigentlicher und wolbedeütlicher Wort, so iede sachen besser, als die frembden recht zuverstehen geben können, einen nicht geringen vorzug hat: Das ebener gestalt darauf möchte gedacht werden, wie eine sothane Geselschaft zu erwecken und anzustellen, darinnen man in gut rein deütsch reden, schreiben, auch anders, so bey dergleichen zusammensetzung und erhebung der Muttersprache, (darzu ieder von Natur verpflichtet) gebrauchlich und dienlich, vornemen möchte.

Worauf dann geschlossen worden, diese Geselschaft, wiewol anfangs in der enge, doch also anzurichten, damit iedermänniglichen, so ein liebhaber aller Erbarkeit, Tugend und Höfligkeit, vornemlich aber des Vaterlandes, durch anleitung der darzu erkorenen überflüssigen Matery, anlas hette, desto eher, nach Einnemung dieses guten vorhabens, sich freywilliglich hinein zubegeben. Und weil bey dergleichen zusammenthun nicht ungewöhnlich, und zu mehrer aufmunterung dienlich, das anfänglich die gantze Geselschaft nicht allein auf eine besondere Matery ihren Namen richten, sondern auch ein darzu bequemes Gemählde ihnen wehten, und ein darauf sich wolschickendes Wort, den zweck und die bedeutung meldende, darüber ausdrucken lasse, wie solchem zufolge ein iedweder Geselschafter, der hinein zu tretten gesinnet, auch zuthun schuldig: Also ist diese Geselschaft, die Fruchtbringende, genennet, ihr zum Gemählde ein Indianischer Palmen- oder Nusbaum verordnet, und zum worte, Alles zu Nutzen, gesetzet worden.

Der Name Fruchtbringende darumb, damit ein iedweder, so sich hinein begibet oder zubegeben gewillet, anders auch nicht, als was fruchtmessig, zu Früchten, Bäumen, Blumen, Kräutern oder dergleichen gehörig, und aus der Erden wachsende, oder darvon entstehend, ihme erwehlen könne, und darneben überall Frucht zuschaffen geflissen seyn solle.

Das Gemählde aus ursachen, das wie bey den Thieren keines gefunden wird, so in allem, auch dem geringsten, nützlicher zugebrauchen, als das Schaf, dergleichen ebener gestalt bey diesem Indianischen Palmen- oder Nusbaume volkömlich sich ereüget, inmassen die Bäum- und Kräuterbücher, sonderlich aber die Ost-Indianische Beschreibungen, mit mehren solches bezeügen.

Das Wort aber zu dem Ende, das in und bey dieser Geselschaft alles zu nutzen, frommen, und ergetzung, niemande aber zuleide, schaden oder verdrus gerichtet seyn sol.

Worauf dan folgendes alsobald unterschiedliche Personen in diese Geselschaft eingetretten, und deren eigentlicher zweck und vorhaben kürtzlich auf nechstfolgende zwene Puncten gerichtet, und zusammen gezogen worden.

Erstlich, daß sich ein iedweder in dieser Geselschaft erbar- nütz- und ergetzlich bezeigen, und also überal handeln solle, bey Zusammenkunften gütig, frölich, lustig und verträglich in worten und werken seyn, auch wie dabey keiner dem andern ein ergetzlich wort für übel aufzunemen, also sol man sich aller groben verdrieslichen reden und schertzes darbey enthalten.

Fürs andere, das man die Hochdeütsche Sprache in ihrem rechten wesen und stande, ohne einmischung frembder außländischer Wort, aufs möglichste und thunlichste erhalte, und sich so wol der besten aussprache im reden, als der reinesten art im schreiben und Reimedichten befleißige.

Diesem nach ist auch beliebet worden, das iedweder aus mehrgemelter Geselschaft der in gold geschmeltztes Gemählde, Namen und Wort auf der einen, wie auch sein selbst eigenes auf der andern seiten an einem sittich grünen seidenem Bande tragen solle.

Wie nun sieder der zeit nach dem alter der eintrettung, und nicht des Standes Vorzug, die Geselschaft in ordnung sich vermehret, geben angefügte in Kupfer gestochene Gemählde, nechst der darauf in Reime gefaster Erklärung genugsam zu erkennen."

Es ist also auch aus diesem kurzen Bericht des Fürsten zu ersehen, daß keine geheimen Zwecke von der Fruchtbringenden Gesellschaft verfolgt wurden. Auch aus der Tatsache, daß bei der Aufnahme oder „Einnehmung", wie es in den Akten heißt, besondere Zeremonien in Gebrauch waren, läßt sich kein Schluß auf geheime Zwecke ziehen. Vor der Aufnahme wurde eine eingehende Erkundigung über die Person des Kandidaten eingeholt, das ersehen wir aus den zahlreichen Vorschlägen, die von Mitgliedern gemacht wurden, und von Auskünften, die sie über die anfzunehmenden Personen erteilten. Vor der Aufnahme wurde eine Prüfung veranstaltet. Wir erfahren von einem Kandidaten, daß er „der prüfung wol bestanden, und für der einmischung frembder wörter in der deutzschen Muttersprache einen rechten abscheu treget." Dann wurde auch die Hänselung geübt. Der Fürst gibt auf Befragen darüber Auskunft, daß darin leicht zu viel oder zu wenig geschehen könnte, darum wollte er selbst darüber bestimmen, „also das es bey frembden keinen misbrauch und ärgernüs oder gespötte gebe".

Die Hänselung war sicherlich kaum mehr als eine scherzhafte Neckerei, die mit einem allgemeinen Zutrinken endete, wobei der Neuaufgenommene auf dem Drehstuhl Bescheid tun mußte. Beim Trinken wurden die Gläser unter Trompetenschall gleichmäßig angesetzt. Dann ist auch von einem besonderen Glas die Rede, dem Ölberger, anscheinend eine Art Willkomm, wie wir ihn aus den Zunftgebräuchen kennen, der auch zur Strafe ausgetrunken werden mußte. Als weitere Strafe, wahrscheinlich für Verstöße gegen die deutsche Muttersprache, wird von der Prangerbuße gesprochen, die aber auch einen mehr scherzhaften Charakter gehabt zu haben scheint. Keineswegs wollte Fürst Ludwig, daß es damit allzu streng genommen würde.

Alle an diese scheinbar rituellen Formen geknüpften Hypothesen von einer Großloge, von einem Ordensmeister und von einem freimaurerischen Gebrauchtum sind in das Reich der Phantasie zu verweisen.

Dasselbe gilt auch für die anderen Gesellschaften, die in derselben Periode entstanden und die sich lediglich ernsthaft bemühten, ein Gegengewicht gegen den französischen Einfluß im Zeitalter Ludwigs XIV. zu schaffen. Es war nicht nur das Ringen um die deutsche Muttersprache, es war auch der Kampf gegen die französische Sitte, die an den Höfen und unter den Beamten herrschend geworden war und deutsches Wesen zu verdrängen drohte. So hatte Philipp von Zesen, der auch Mitglied der Fruchtbringenden Gesellschaft war, 1643 die Deutschgesinnte Genossenschaft in Hamburg gegründet, Philipp Harsdörffer, gleichfalls der Fruchtbringenden Gesellschaft angehörig, die Gesellschaft der Pegnitzschäfer oder den gekrönten Blumenorden in

Nürnberg ins Leben gerufen. Johann Rist, Pfarrer zu Wedel an der Elbe, den Elbschwanenorden. Wenn auch hier und da über das Ziel hinausgeschossen wurde oder der Ernst sich in süßliche Tändelei wie bei den Pegnitzschäfern verwandelte, das Streben war gut und erfolgreich, deutsche Art und Sitte waren in Gefahr, unterzugehen, der Aufruf zum Deutschtum, der von diesen Gesellschaften ausging, ist nicht wieder verstummt, bis er in Lessing, Goethe und Schiller sich Weltgeltung verschaffte. Dabei ist nicht zu übersehen, daß Lessing und Goethe Freimaurer waren, während Schiller der Sache sehr nahestand, wie sein Romanfragment: Der Geisterseher, beweist. Er hätte sich sicher dem freimaurerischen Kreis in Weimar nicht entziehen können, wenn er nicht so früh gestorben wäre.

Drittes Buch

Früheste Logengründungen in Deutschland

I. Die Freimaurerei in Hamburg

Der Dreißigjährige Krieg hatte Deutschland in ein Chaos verwandelt, was noch irgendwie wertvoll war, zerstörten die nachfolgenden Kriege, die durch die Intrigen Ludwigs XIV. heraufbeschworen worden waren. Ein Riß ging durch Deutschland. Soviel souveräne Fürsten, soviel Parteien; um Kleinigkeiten entbrannte zwischen zwei Machthabern weltlichen oder geistlichen Charakters ein Streit, sofort wurden Bündnisse geschlossen, und die Truppen marschierten. Da aber kein Bündnis ehrlich war, so war auch zwischen den verschiedenen Heereskontingenten kein Vertrauen, und die Feindseligkeiten zogen sich endlos in die Länge. So hatte Kaiser Leopold mit dem Großen Kurfürsten ein Bündnis gegen Frankreich geschlossen, aber insgeheim dem General Montecuccoli, dem Befehlshaber der kaiserlichen Streitkräfte, den Auftrag gegeben, den offenen Bruch mit Frankreich zu vermeiden. Daher hinderte der General die Operationen des Großen Kurfürsten überall, so daß der ganze Feldzug erfolglos blieb.

Ungeheuerlich war die Reichsverfassung. Davon bekommt man einen Begriff, wenn man die Schrift de statu, imperii germanici (Über den Zustand des Deutschen Reiches) des bedeutendsten Juristen des siebzehnten Jahrhunderts, Samuel von Pufendorf, liest, worin mit wissenschaftlicher Schonungslosigkeit die Unmöglichkeiten der Reichsverfassung aufgedeckt werden Pufendorf machte auch Vorschläge zur Abhilfe, aber sie wurden nicht berücksichtigt.

In religiöser Beziehung war der gewaltige Impuls der großen Reformatoren längst verebbt, obwohl viel latente Frömmigkeit im Volke noch lebendig war. Dogmatische Streitigkeiten, nutzlose theologische Haarspaltereien, gegenseitige Verketzerung vergifteten das religiöse Leben in der evangelischen Kirche Da trat ein Mann von tiefer christlicher Gesinnung und einer Leben weckenden Frömmigkeit auf, Philipp Jakob Spener (1635–1705). Er verwarf alles Äußerliche im religiösen Leben und in der kirchlichen Praxis und forderte das innerliche Ergreifen der göttlichen Offenbarung. Seine „Pia desideria oder herzliches Verlangen nach gottgefälliger Besserung der wahren evangelischen Kirche", die im Jahre 1675 erschienen war, machte einen nachhaltigen Eindruck auf die evangelische Welt Deutschlands. Seine Hausandachten, die sogenannten collegia pietatis, dienten der Verinnerlichung des religiösen Bewußtseins und der werktätigen Liebe. Speners bedeutendster Schüler war August Hermann Francke (1663–1727), der als Professor der Theologie in Halle eine weithin sichtbare und weithin wirkende Tätigkeit entfaltete. Seine Stärke lag wie bei Comenius in der Pädagogik, und seine dauernde Bedeutung ist in seinen Franckeschen Stiftungen zu suchen, die noch heute ein Denkmal der werktätigen Kraft seines wahrhaft evangelischen Geistes sind. Francke war auch der Lehrer des Grafen Zinzendorf (1700 bis 1760), der die Herrnhuter Brüdergemeinde gründete, die sich in ihrer Erlösungslehre mit der christlichen Freimaurerei in Deutschland in vielen Punkten berührt.

So war der geistige Nährboden bereitet, auf dem die ersten Gründungen von Freimaurerlogen in Deutschland erfolgen konnten.

In Hamburg, das seit langen Jahren sehr lebhafte Handelsbeziehungen zu England unterhielt, erfolgte die erste freimaurerische Niederlassung im Deutschen Reich. Ihre Anfänge sind geschichtlich noch nicht völlig sichergestellt. Der Hamburger Arzt Dr. Gottfried Jakob Jänisch erklärte 1765 in einer Rede, er sei in den Jahren 1718 bis 1720 bereits von der Londoner Großloge zum Provinzialgroßmeister für Niedersachsen ernannt worden. Die Unmöglichkeit dieser Behauptung geht schon daraus hervor, daß Jaenisch am 14. Juni 1707 geboren war und also erst im elften Lebensjahr stand, als er angeblich die Großmeisterwürde erlangte. Eine Aufnahme zum Freimaurer aber hat zu keiner Zeit gesetzlich vor dem achtzehnten Lebensjahre stattfinden können, und dann noch mußte der Kandidat eines Freimaurers Sohn sein. Die erste authentische Nachricht freimaurerischen Lebens in Deutschland findet sich in Andersons Konstitutionenbuch (Ausgabe 1738), wonach der Großmeister Herzog von Norfolk 1729 einen Herrn du Thom zum Grand Master of the Circle of Lower Saxony ernannt habe. Diese Nachricht begegnet einem gewissen Bedenken, denn du Thom, lateinisch Thuanus, war am 6. November 1729 in London zum Freimaurer aufgenommen worden. Es ist zum mindesten also recht ungewöhnlich, daß man einen so jungen Bruder schon zum Provinzialgroßmeister einsetzt. Man kann sich bei einer fürstlichen Persönlichkeit solch eine Ausnahme vorstellen, aber nicht bei dem Beamten eines kleinen Staates, denn du Thom war außerordentlicher Gesandter des Herzogtums Braunschweig-Lüneburg und Sachsen-Gotha am englischen Hof. Er ist zwar verschiedentlich vom König und vom Prinzen von Wales in Audienz empfangen worden, aber das war noch kein Grund, ihn als so jungen Freimaurer schon zum Provinzialgroßmeister zu ernennen. Spuren einer Amtstätigkeit lassen sich nirgends nachweisen. Wir haben es hier wahrscheinlich mit einer von Andersons Erfindungen zu tun, um der Londoner Großloge schon frühzeitig eine Führung auf dem Festlande anzudichten.

Glaubwürdiger ist eine Eintragung in das Konstitutionenbuch aus dem Jahre 1733, wonach der Großmeister Earl of Strathmore elf deutschen Gentlemen, guten Brüdern, also in einer gesetzmäßigen Loge aufgenommen, die Ermächtigung erteilt hatte, in Hamburg eine Loge zu errichten. Wir kennen die Namen dieser Brüder nicht, haben auch keine Nachricht, daß sie von der Ermächtigung einer Logengründung Gebrauch gemacht hätten. Ebenso fehlt für eine Hamburger Loge unter dem Namen St. Georg, die 1735 von den Brüdern Marschall und Lord Keith errichtet worden sein soll, jede urkundliche Beglaubigung.

Erst am 6. Dezember 1737 können wir zuverlässig die Gründung einer Loge in Hamburg feststellen, da uns das Gründungsprotokoll erhalten ist. Es wird darin berichtet, daß an dem genannten Tage einige Mitglieder der sehr ehrwürdigen Gesellschaft der Freimaurer in der Taverne d'Angleterre unter der Leitung des sehr ehrwürdigen deputierten Großmeisters von Preußen und Brandenburg, Br. Charles Sarry, und seiner beiden Aufseher, der Bbr. Georg Ludwig von Oberg und Peter Carpser, beschlossen haben, an den ersten vier Samstagen im Monat sich zu versammeln. An demselben Abend wurde Jens Arbien aufgenommen, der Besitzer der Taverne d'Angleterre in der Bäckerstraße war. Die Loge, die zunächst keinen Namen führte, sie hieß nur la Loge d'Hambourg, hat in diesem Hause bis zum Jahre 1740 gearbeitet.

Es sind uns auch die Gesetze in französischer Sprache überliefert. Sie wurden mehrfach übersetzt, zuletzt von Friedrich Kneisner (Geschichte der Provinzialloge von Niedersachsen, Berlin 1902), dessen vorzügliche Fassung wir mit wenigen Änderungen im folgenden wiedergeben:

1. Die Loge soll sich an den vier ersten Samstagen des Monats versammeln.
2. Die Loge wird pünktlich um acht Uhr abends geöffnet und um zehn Uhr geschlossen.
3. Es wird alle drei Monate ein neuer Meister als Vorsitzender der Loge gewählt.
4. Der erwählte Meister soll die Freiheit haben, seine Aufseher und seinen Sekretär zu berufen.

5. Der Meister hat dafür Sorge zu tragen, daß an jedem Logenabend ein Vortrag zur Erbauung der Brüder und zur Belehrung der Lehrlinge und Gesellen gehalten wird.
6. Auch soll der Meister an jedem Logenabend einen Abschnitt aus dem Konstitutionenbuch vorlesen oder vorlesen lassen.
7. Jeder Bruder hat Stillschweigen zu beobachten, sobald es der Meister befiehlt, bei Strafe von einer Mark.
8. Kein Mitglied darf Privatgespräche führen, während die Loge mit ernsten Arbeiten beschäftigt ist, bei Strafe von einer Mark.
9. Kein Mitglied darf über Religion oder Politik sprechen, auch keine unziemlichen oder unzüchtigen Worte gebrauchen, bei Strafe von einer Mark.
10. Die Brüder sollen sich untereinander lieben und sich mit den Namen anreden, die in der sehr ehrwürdigen Gesellschaft gebräuchlich sind.
11. Alle Angelegenheiten werden durch Kugelung beschlossen.
12. Wenn jemand in die sehr ehrwürdige Brüderschaft aufgenommen werden soll, muß er von einem Mitglied vorgeschlagen und der Vorschlag von einem zweiten Mitglied unterstützt werden.
13. Über den Kandidaten wird gekugelt, bevor er aufgenommen werden kann, falls niemand Einspruch erhebt.
14. Wer einen Kandidaten vorschlägt, haftet für seinen Charakter und seinen Intellekt.
15. Kein Atheist und kein Freigeist darf aufgenommen werden, unter welchem Vorwand es auch sei.
16. Die Aufnahme kostet zwanzig Taler und vier Mark.
17. Niemand kann zum Meister befördert werden, der nicht einige Zeit Geselle gewesen ist.
18. Die Aufnahme zum Meister wird mit fünf Talern zum Besten der Loge und außerdem zwei Mark berechnet.
19. Jedes Mitglied zahlt vier Mark monatlich für die Ausgaben der Loge.
20. Alle Strafgelder werden vierteljährlich an die Armen verteilt.
21. Wenn der Logenmeister oder einer der Aufseher am festgesetzten Tage in der Loge fehlen, zahlen sie zwei Mark Strafe in die Logenkasse, wenn sie nicht durch Krankheit verhindert waren.
22. Fehlende Mitglieder zahlen eine Mark.
23. Wenn der Meister fehlt, besetzt der ältere Aufseher den Stuhl, wenn auch dieser fehlt, der jüngere Aufseher.
24. Wenn ein gewesener Logenmeister anwesend ist, nimmt er, falls der Meister abwesend ist, vor den Aufsehern den Stuhl ein.

25. Wenn der Meister aus seinem Amt scheidet, legt er seinem Nachfolger vor allen Mitgliedern Rechnung ab.
26. Kein Mitglied kann zum Logenmeister gewählt werden, das nicht drei Monate Aufseher gewesen ist.
27. Zum Logenmeister sollen nur gewesene Logenmeister, Logenmeister und die beiden Aufseher vorgeschlagen werden.
28. Wenn ein neuer Bruder aufgenommen wird, sollen die Gesetze verlesen und von ihm unterschrieben werden.
29. Die allgemeinen Ordensregeln, insbesondere das Geheimnis, sowie die Sondergesetze und Verordnungen unserer Loge müssen mit peinlicher Genauigkeit beobachtet werden. Bei Übertretungen soll der straffällige Bruder die angedrohten Strafen ohne Ansehen der Person und ohne Gnade erleiden. Die Strafe für das erstemal ist auf zwei Mark festgesetzt.
30. Über neue Gesetze oder die Abschaffung bestehender wird durch Kugelung beschlossen.
31. Kein Mitglied soll Privatgesellschaften in der Loge abhalten oder jemanden dort empfangen, um der Loge keinen Schaden und den Brüdern kein Ärgernis zu bereiten, bei Strafe von fünf Talern.
32. An dem fünften Samstag des Monats sollen sich die Meister versammeln. Es kann auch an einem andern passenden Tag geschehen; zur Meisterloge haben Lehrlinge und Gesellen keinen Zutritt.
33. Alle Verhandlungen werden in französischer Sprache geführt.
34. Der dienende Bruder erhält jeden Monat zwei Mark aus der Logenkasse, vier Mark bei der Aufnahme eines neuen Bruders und zwei Mark bei der Beförderung eines Bruders zum Meister.
35. Jedes Mitglied, das betrunken zur Loge kommt oder sich in der Loge betrinkt, zahlt zwei Mark Strafe.
36. Kein Bruder soll gezwungen werden, mehr zu trinken, als er vertragen kann, bei Strafe von zwei Mark.
37. Nach geschlossener Loge ist es den Brüdern erlaubt, sich zurückzuziehen.
38. Die besuchenden Brüder zahlen eine Mark.
39. Wenn ein straffälliger Bruder seine Fehler, um deren er mehrmals bestraft wurde, nicht ablegt, so soll er aus unserer Gesellschaft ausgeschlossen und unter keinem Vorwand jemals wieder zugelassen werden.
40. Um unser Geheimnis besser zu hüten, soll einigemal der vom Meister festgesetzte Logenabend am Schluß der vorhergehenden Arbeit verlegt werden.

41. Wenn Brüder nach Schluß der Loge zusammenbleiben, sollen sie dem Stuhl die Achtung bewahren, die ihm gebührt.
42. Mitglieder, die ohne Bekleidung Platz nehmen, zahlen eine Strafe von acht Schillingen.

Zu diesen zweiundvierzig Punkten wurde am 29. März 1738 noch ein weiterer hinzugefügt:

Da die Geheimnisse und das Schweigen die hauptsächlichsten Mittel sind, um uns zu behaupten und uns den Genuß der Maurerei zu erhalten und zu bekräftigen, so ist es beschlossen worden, daß derjenige, dem man beweisen kann, daß er die geringsten Einzelheiten aus unseren Versammlungen entdeckt hat, aus unserer Loge ausgeschlossen und verbannt werden soll, wohlverstanden, wenn er es freiwillig und ohne Notwendigkeit tat.

Von den Persönlichkeiten, die bei der Gründungsloge mitwirkten, ist für die Geschichte der Freimaurerei in Deutschland in erster Linie Baron von Oberg wichtig, der im Jahre 1737 zum Meister vom Stuhl der jungen Loge gewählt wurde. Als solcher hat er die Loge in Braunschweig geleitet, die zu dem Zweck gehalten wurde, um Friedrich den Großen zum Freimaurer aufzunehmen. Er war Gutsbesitzer und anscheinend recht wohlhabend. Friedrich der Große berief ihn 1739 zum Vorsitzenden Meister der von ihm in Rheinsberg gegründeten Loge, aber Oberg ist schon bald wieder nach Hamburg zurückgekehrt und hat oft bei seinem Schwiegervater, einem Grafen Ahlefeldt, auf dessen Gut Jersbeck bei Bargteheide gelebt. In dem Hamburger Logenleben ist er dann noch mehrfach bedeutungsvoll hervorgetreten.

Charles Sarry hat sich nur vorübergehend in Hamburg aufgehalten. Er ist sehr bald auf Reisen gegangen und endlich in Berlin gelandet, wo er in der Loge zu den Drei Weltkugeln affiliiert wurde, die ihn 1742 zum Meister vom Stuhl wählte.

Peter Carpser, dem wir in der hamburgischen Logengeschichte noch weiter begegnen werden, war Stadtchirurgus und hatte einen großen ärztlichen Ruf. Er war sehr beliebt bei den Brüdern und starb hochgeehrt im Jahre 1759.

Die neue Loge hat nach dem Ausweis der Protokolle sehr fleißig gearbeitet, fast alle in Hamburg anwesenden Freimaurer haben sich ihr angeschlossen. Es wurden auch zahlreiche Profane aufgenommen, darunter am 14. Dezember 1737 Jakob Friedrich Bielfeld, der nachmals bei der Aufnahme Friedrichs des Großen mitgewirkt hatte, und der 1740 in den preußischen Staatsdienst eintrat. Lange Jahre erfreute er sich der Gunst des Königs und starb als preußischer Freiherr und Geheimer Rat 1770. Am 23. Dezember 1737 wurde Matthias Albert Luttman eingeführt, der später

Provinzialgroßmeister wurde, im folgenden Jahre erwarb Friedrich Christian von Albedyll die Mitgliedschaft, der ebenfalls bei der Aufnahme Friedrichs des Großen in Tätigkeit treten sollte.

Baron von Bielfeld

Die Loge arbeitete ganz im englischen Stil, der Lehrlings- und Gesellengrad wurden gleich bei der Aufnahme erteilt. Mitglied der Loge aber konnten die Brüder erst später werden, und es ist auch vorgekommen, daß die Mitgliedschaft versagt wurde. Als Ritual diente die bekannte Verräterschrift Prichards: Die zergliederte Freimaurerei.

Baron von Oberg scheint sich bald bei den Brüdern mißliebig gemacht zu haben, es wurden auffallend viel Strafen verhängt, und der Meister selbst mußte mehrfach Strafe bezahlen. Nach Ablauf seiner dreimonatigen Amtszeit im Februar 1738 wurde er nicht wiedergewählt. Es trat Peter Carpser an seine Stelle, der aber, vom Rat der Stadt gezwungen, sechzehn Tage nach der Übernahme des Stuhls sein Amt niederlegte.

Damit hatte es folgende Bewandtnis: Die Gründung und die Versammlungen der Loge waren in der Stadt abgünstig besprochen worden und auf diese Weise auch zur Kenntnis des Rats gekommen, der am 7. März 1738 folgenden Beschluß veröffentlichte: „Dem Directeur der Gesellschaft dahin Bedeutung zu thun, daß ein Hochweiser Rath dieselbe und alles, was derselben anhängig, gänzlich subprimiert wissen wolle, oder in Entstehung dessen solches, durch ein öffentliches Verbot zum Effekt bringen würde; auch dem Prätor committiert habe, auf alle fernere demarchen dieser Leute zu vigilieren und in von denen in Erfahrung bringenden Contraventions-Fällen relation abzustatten.".

Peter Carpser, der Beamter der Stadt war, legte also sein Amt nieder, und die Logenarbeiten wurden nicht mehr regelmäßig und auch nicht mehr bei Jens Arbien, sondern in den Wohnungen verschiedener Mitglieder abgehalten. Als weitere Folge wurde eine neue Gesetzesbestimmung, wie wir sie oben mitgeteilt haben, beschlossen. Die Loge hat als Antwort auf diese Ratsverfügung die Strafgelder dem städtischen Waisenhaus entzogen. Die Arbeiten ruhten etwa ein Vierteljahr, und ungefähr zwei Jahre hat das Senatsverbot bestanden, ohne weitere Störung zu verursachen.

Die Loge, die bisher keinen Namen hatte, auch in den englischen Matrikeln unter Nummer 108 ohne Namen eingetragen war, hat später den Namen Absalom, zu deutsch Vater des Friedens, angenommen. Unter diesem Namen ist sie auch als Nummer 119 in den englischen Matrikeln vermerkt. Die hamburgische Tradition hat diese unter verschiedenen Nummern eingetragenen Logen immer als eine einzige angesehen, Mitgliederbestand und Beamtenrat waren dieselben, nur die Namengebung hat sich geändert. Der Name Absalom erscheint im Protokoll zum erstenmal am 4. Juni 1744.

Nach der Aufnahme Friedrichs des Großen, die wir im nächsten Kapitel eingehend behandeln werden, war es zu Streitigkeiten wegen der Reisekosten gekommen. Oberg hatte den verauslagten Betrag einfach aus der Logenkasse genommen, und die Brüder reichten wegen dieser Eigenmächtigkeit einen förmlichen Protest ein, worauf Oberg und seine Freunde, darunter auch der hochangesehene Peter Carpser, aus der Loge austraten. Die andern Brüder wählten den Blaufärber Matthias Luttman zum Meister vom Stuhl. Während seiner Amtsführung wurde ein bedeutsamer Beschluß gefaßt: „Es wurde ohne Widerspruch beliebt, in's künftige sowohl das Protokoll (weil wir an einem deutschen Orte leben und Verschiedene der französischen und englischen Sprache unkundig sind) deutsch zu schreiben und alles maurerische deutsch zu behandeln."

Damit war die deutsche Sprache in die Freimaurerei des Deutschen Reiches eingeführt, ein Schritt, dessen Bedeutung in jener frühen Periode man daraus erkennen mag, daß es in Deutschland noch im Anfang des neunzehnten Jahrhunderts Logen gab, die in französischer Sprache arbeiteten.

Luttman ist, als er Logenmeister wurde, kaum mehr ein einfacher Blaufärber, also ein Handwerker, gewesen, er war vielmehr als Fabrikant anzusprechen, der in reger Geschäftsverbindung mit London stand, wo der Hauptmarkt für Indigo war. Und er muß den führenden Männern der Londoner Großloge doch sehr vertrauenswürdig und achtungswert erschienen sein, sonst hätten sie ihm nicht ein Patent als Provinzialgroßmeister von Hamburg und Niedersachsen erteilt. Wir besitzen das Aktenstück, das wir in deutscher Übersetzung wiedergeben:

„Wir Johann, Graf von Kintore, Lord Keith von Inverury und Keich Hall, Großmeister der alten und ehrwürdigen Gesellschaft der freien und angenommenen Maurer, entbieten allen und jedem sehr ehrwürdigen und geliebten Brüdern unserm Gruß.

Kund und zu wissen sei, daß wir wegen des großen Zutrauens und Vertrauens, das wir in unseren sehr ehrw. und vielgeliebten Br. Matthias Albert Luttman, Esqu., setzen, ihn, den besagten Matthias Albert Luttman, zum Provinzialgroßmeister von Hamburg und ganz Niedersachsen hierdurch konstituieren und bestellen mit völliger Macht und Autorität, seinen Deputierten und seine Aufseher zu ernennen, Maurer zu machen und Logen zu errichten, wie es die Gelegenheit erfordern möchte; besagtes Amt zu halten, zu üben und zu besitzen, solange es uns und den Großmeistern, unseren Nachfolgern, gefallen wird. Besagter M. A. Luttman soll vorzüglich dafür sorgen, daß alle und jedes Mitglied jeglicher von ihm konstituierten Loge regelmäßig zum Maurer gemacht worden sei oder gemacht werde, und daß sie alle und jede Vorschriften, Gesetze und Verordnungen ausüben und beobachten, die in dem Konstitutionenbuch enthalten sind (diejenigen ausgenommen, welche in einer vierteljährlichen Zusammenkunft oder einer anderen allgemeinen Versammlung aufgehoben oder verändert sind oder werden möchten), desgleichen alle andere solche Verordnungen oder Unterweisungen, welche ihm von Zeit zu Zeit von uns oder unserem Deputierten William Greene, Med. Dr., oder von einem uns folgenden Großmeister oder feinem derzeitigen Deputierten mitgeteilt werden möchten. Auch wollen und fordern wir von befugtem M. A. Luttman, daß er jährlich vier vierteljährliche

Versammlungen veranstalte, deren eine am Festtage St. Iohannis des Täufers oder so nahe es füglich sein kann, zu halten ist, und bei diesen und allen anderen Gelegenheiten die Errichtung einer allgemeinen Almosenkasse zur Unterstützung unserer armen Brüder zu befördern. Daß er jährlich uns oder den Großmeistern, unseren Nachfolgern, einen schriftlichen Bericht von dem übersende, was in diesen Versammlungen vorgefallen ist; desgleichen die Angabe der Logen, die er konstituierte und wo und wann; desgleichen die Namen der Mitglieder derselben und wo sie sich versammeln, nebst allen anderen dergleichen Dingen, die zur Ehre und zum Nutzen der Maurerei notwendig sind. Auch soll er zu gleicher Zeit uns oder den Großmeistern, unseren Nachfolgern, oder dem derzeitigen Schatzmeister der Gesellschaft in London zwei Guineen für jede von ihm konstituierte Loge zum Besten der großen Almosenkasse übersenden. Gegeben zu London, unter unserer Hand und unserem Amtssiegel, den 30. Tag des Octobers, a. D. 1746. A. L. 5740.

Auf Befehl des Großmeisters
John Revis, G.S. (Großsekretär)."

Der neue Provinzialgroßmeister ging alsbald an die Arbeit, er berief seinen Beamtenrat und erließ eine Geschäftsordnung, die im wesentlichen nur die wirtschaftlichen Verhältnisse regelte; aber zu einer Arbeit der Großen Loge kam es nicht vor dem 10. März 1743.

Besondere Sorge machte dem neuen Großmeister sein Vorgänger im Stuhlmeisteramt der Loge Absalom, Baron von Oberg, der in einer eigenen Loge Arbeiten abhielt und Mitglieder aufnahm. Luttman beauftragte Carpser, den Versuch zu machen, die Unstimmigkeiten auszugleichen und Oberg zu versöhnen. Dieser zeigte sich durchaus bereit, erschien auch kurz darauf mit Carpser bei Absalom und bezeigte allen Brüdern und der Loge seine Achtung. Das hinderte ihn jedoch nicht, nach wie vor weiter privatim Freimaurer zu machen. Auf eine Beschwerde der Loge Absalom betraute der Großmeister eine Kommission mit der Erledigung des Falles. Diese wandte sich an Carpser, um seine Vermittlung zu gewinnen, worauf Oberg durch seinen Freund erklären ließ: „Br. von Oberg habe kein Patent für sich und die Loge, die er hielte, sondern weil er die Gnade gehabt, den Br. Friedrich, König in Preußen, aufzunehmen, welcher ihm die Würde des Meisters der Loge angetragen, hätte obengedachter Sehr Ehrw. Br. Friedrich befohlen, daß diejenigen Bbr., welche die Gnade gehabt, den König aufzunehmen, beständig eine Loge halten sollten und Br. v. Oberg sollte an seiner Stelle den Platz des Meisters bekleiden. Dieses sei eigentlich der Grund ihrer Loge. Es hätte aber der König ferner gesaget, daß keiner ein Mitglied der Loge seyn, oder angenommen werden sollte, welchem der König nicht mit eigener Hand ein Zeugnis gäbe. Was den

Besuch der Brüder anlangte, so würde es ihnen keineswegs versagt werden. Br. Oberg hielte aber unterweilen im Jahr keine Loge, weil sie eigentlich keine ordentliche Loge hätten. Daß sie ein oder den andern aufgenommen, sollte ferner nicht geschehen. – Bei diesem Bericht soll es sein Bewenden haben. Den Mitgliedern der Loge ist einzuschärfen, sich des Besuchs der Oberg'schen Loge zu enthalten. Br. Arbien (der Logenwirt) sollte gehalten werden, zu berichten, wenn von Oberg bei ihm Loge halten wolle und was in Ansehung der Maurerei in seinem Hause vorginge" (Protokoll vom 21. Februar 1744).

Zur Zeit bestand in Hamburg eine Winkelloge im Kaiserhof, die dessen Wirt Guillaumot als Meister vom Stuhl leitete. Dieser suchte mit seinen Mitgliedern bei der Loge Absalom ein Konstitutionspatent nach, wurde aber mit seinem Anliegen an die Provinzialgroßloge verwiesen. Luttman setzte dann die Loge unter dem Namen St. Georg am 24. Februar 1743 feierlich ein und ernannte den Br. Molinié zum Meister vom Stuhl. Unter diesem Datum wurde die Loge bei der Großen Loge von England als Lodge St. George Emperors Court, Hamburg Nr. 196, eingetragen.

Unter der Amtsführung Luttmans begann sich in Hamburg die schottische Maurerei zu entwickeln. Ob der Name dieser Lehrart mit Schottland etwas zu tun hat, ist zweifelhaft, es scheint vielmehr, daß er auf einer falschen Etymologie beruht. Nachweislich ist die Bezeichnung und die rituelle Formulierung in Frankreich entstanden, das ja die Heimat aller maurerischen Phantastik ist, die um die Mitte des achtzehnten Jahrhunderts in Deutschland Eingang fand. Wir werden noch Gelegenheit haben, auf die ganze Frage näher einzugehen. In Hamburg scheint die nüchterne norddeutsche Denkart in dem einzigen Grad, den die Schottenloge erteilte, sich von den phantastischen Legenden Frankreichs abgewendet zu haben und mehr auf die sittliche Veredelung und die christliche Verinnerlichung der Johannisgrade hingearbeitet zu haben.

Führend in der Schottenbewegung war Baron von Oberg, der im März 1744 den Besuch des Grafen Woldemar von Schmettau aus Berlin empfing und von diesem mit Carpser und Arbien zu Schottischen Meistern aufgenommen wurde. Am 6. November desselben Jahres wurde die erste Schottenloge in Hamburg gegründet und Oberg einstimmig zum Meister gewählt. Luttman, der das maurerische Leben in seiner Provinz sehr aufmerksam beobachtete, konnte nicht gern sehen, daß Oberg eine Nebenregierung in Form eines höheren Grades aufrichtete, und so gründete er gleichfalls eine Schottenloge unter dem Namen Judica, die am 4. April 1745 eingesetzt wurde. Im Jahre 1760 kam durch Molinié eine Vereinigung dieser beiden Logen zustande, der in einer Arbeit der Iudica mitgeteilt hatte: „Da verschiedene zu seiner, der Schmettau-Loge, gehörige Br. verstorben, die noch lebenden sich aber nicht regelmäßig bei der Versammlung derselben emfinden könnten und er also nicht imstande wäre, ordentliche Schottische Loge zu halten, so wolle er bei der Sehr Ehrw. Loge Judica hiemit antragen, ob nicht selbige mit der Loge Schmettau in eine einzige vereinigte Loge zusammengezogen werden könnte. Er habe von der Loge noch 105 Mark zu fordern und bei Herrn Alardus auf dem Boden sei noch ein ‚Coffre' befindlich mit zur Loge Schmettau gehörigen Meubles, zu welchem der Br. v. Oberg den Schlüssel habe. Die Vereinigung wurde genehmigt, die 105 Mark aus der Kasse der Loge Judica bezahlt und der ‚Coffre' abgeholt."

Mit dem Jahre 1764 hören die Protokolle der Loge Iudica auf. Die Zeit der strikten Observanz brachte eine andere schottische Lehrart, die aber auch im Jahre 1782 erlosch. An ihre Stelle trat die altschottische Loge Gottfried zu den sieben Sternen, die in einer Mitgliederversammlung 1783 wichtige Beschlüsse faßte, von denen nur der erste Punkt interessiert. Die andern dienen fast nur der Verwaltung und Organisation: „Die bisherige uralte wahre Freimaurerei, so wie sie vor der Reformation und Bekanntmachung des nunmehro überall abolierten vorigen Systems durch unsere alten Vorfahren zu uns gekommen und so viele Jahre lang in Einigkeit und Zufriedenheit bearbeitet und von uns aus in ganz Deutschland ausgegangen und verbreitet ist, fortgesetzt werden soll, so geloben wir hiermit in vim pacti fundamentalis in perpetuum valituri, die mit der wahren Freimaurerei verknüpfte Absicht nach allen Kräften zu erreichen, ein jegliches von unsern Mitgliedern besser und der menschlichen Gesellschaft nützlicher zu machen, und zwar durch eine aufrichtige Liebe und Freundschaft untereinander und Erforschung der Wahrheit, durch die aufrichtigste Anhänglichkeit an die Lehren und Pflichten unserer heiligen Religion Christi, durch eine, im ausgedehntesten Verbande, allgemeine thätige und wohlüberlegte Wohlthätigkeit und durch eine gehorsame Befolgung der Gesetze des Vaterlandes und unseres Ordens, insoweit letztere bereits verbindlich angenommen sind, oder noch als solche per majora pleni bewilligt und angenommen werden sollten."

Luttman hat eine ganze Anzahl Konstitutionspatente erteilt, so für Braunschweig, Kopenhagen, Hannover, Celle, Oldenburg und Schwerin. Er hat für die Ausbreitung der Maurerei in Deutschland viel getan und mit großer Liebe an der Königlichen Kunst gehangen, um so merkwürdiger ist der Grund seiner Amtsniederlegung im Jahre 1760. Er hatte gelegentlich einer freundschaftlichen Einladung etwas zu viel gezecht und kam angetrunken zu einer Sitzung der Provinzialgroßloge. Die Beschämung über diesen Verstoß war so groß, daß er sich nicht mehr würdig hielt, sein Amt weiterzuführen, alles Zureden war vergeblich, er kam in London um seine Entlassung ein und empfahl den Bruder Gottfried Jakob Jänisch, bisher zweiter Oberaufseher der Provinzialgroßloge, als seinen Nachfolger. Er starb am 20. Oktober 1763.

Gottfried Jakob Jänisch

Die weitere Geschichte der englischen Provinzialloge in Hamburg läßt sich nur im Rahmen der allgemeinen Geschichte der Freimaurerei in Deutschland behandeln. Vorher wenden wir uns dem bedeutungsvollsten maurerischen Ereignis des achtzehnten Jahrhunderts zu, der Aufnahme des Kronprinzen Friedrich von Preußen. Dadurch wurde die Freimaurerei aus ihrer Zurückgezogenheit in das helle Licht des kulturellen Lebens gerückt. Weil die Freimaurerei in Preußen allezeit treu zu ihrem königlichen Bruder stand, haben alle Feindschaften, von denen der große König verfolgt wurde, sich auch gegen sie gerichtet. Die Freimaurerei nahm den Kampf auf, und bis zur Stunde hat sich an ihr das Sprichwort bewährt: „Viel Feind, viel Ehr'!"

II. Die Aufnahme Friedrich des Großen

König Friedrich Wilhelm I. hatte im März 1738 einige seiner Regimenter in Cleve zusammengezogen, um gegen Frankreich und Österreich zu demonstrieren, die ihm die Herzogtümer Jülich-Berg streitig machten. Der König wollte sich die Hilfe der Generalstaaten sichern und reiste am 8. Juli mit seinen ältesten Söhnen und mehreren Generalen nach Wesel zur Heerschau. Auf dem Heimweg beabsichtigte er, seine Nichte, die Gemahlin des Prinzen von Oranien zu besuchen. Am 17. und 18. Juli fand in Minden eine große Parade statt, der eine Hoftafel folgte. Dabei kam das Gespräch auf die Freimaurerei, und der König äußerte sich außerordentlich heftig gegen die neue Erscheinung, die ihm seiner ganzen inneren Einstellung nach unsympathisch sein mußte. Friedrich Wilhelm ist oft verkannt worden. Wer nicht tiefer in das Wesen seines Staatsgedankens eindrang, hat vielfach nur die Ausstrahlungen seines eisernen Regiments, seines Krückstockes und seine harten Urteile gesehen. Aber er war das Urbild preußischer Pflichttreue. Der Leitgedanke seines

Friedrich der Große als Kronprinz

Lebens: „Ein guter Christ, ein sparsamer Hauswirt und ein tapferer Soldat!" ist die Grundlage zur weltgeschichtlichen Größe Preußens geworden. Daß diesem starken Vertreter des Souveränitätsgedankens eine Gesellschaft, deren Ziele nicht klar hervortraten, die auch schon behördlich argwöhnisch beobachtet wurde, verabscheuenswürdig erschien, das ist gut zu verstehen. Und er mag höchlich verwundert gewesen sein, als der Freimaurerei in dem anwesenden regierenden Grafen Albrecht Wolfgang von Schaumburg-Lippe noch an der Tafel noch ein sehr energischer Verteidiger erstand. Die Wirkung auf den Kronprinzen war überraschend. Sogleich nachdem die Tafel aufgehoben war, bat er den Grafen, ihm zum Eintritt in die Gesellschaft zu verhelfen. Lippe war in England Freimaurer geworden, seit 1725 erscheint sein Name in dem

Mitgliederverzeichnis der Loge „Zum Römer und zur Traube“ in Westminster. Naturgemäß konnte er den Wunsch des Kronprinzen nicht übergehen, wenngleich er die Schwierigkeiten nicht verkannte. Die Gegnerschaft des Königs machte eine Aufnahme in einer bestehenden Loge so gut wie unmöglich. Es war also nötig, daß man eine genügende Anzahl von Freimaurern zusammenfand, auf deren Verschwiegenheit man sich verlassen konnte.

Albrecht Wolfgang Graf zur Lippe

Lippe wandte sich an den ihm bekannten Friedrich Christian von Albedyll, der Mitglied der Hamburger Loge war, und dieser gab den Wunsch weiter an den Meister seiner Loge.

Zu gleicher Zeit muß auch der Kronprinz verständigt worden sein, denn im fürstlichen Archiv zu Bückeburg befindet sich seine Antwort, die folgendermaßen lautet:

„Milan (Moyland, ein Schloß bei Cleve), 26. Juli 1738.

Mein lieber Graf. Ich habe mit großem Vergnügen den Brief erhalten, durch den Sie mir Nachricht von den Schritten geben, die Sie im Verfolg meiner zu Minden ausgesprochenen Bitte getan haben. Ich habe keinen Augenblick daran gezweifelt, daß ein vornehmer Mann wie Sie keine

Gelegenheit würde vorübergehen lassen, diejenigen zu verpflichten, deren Hochachtung er besitzt, und es ist eine Eigenschaft Ihres Freundes und zukünftigen Bruders, Ihnen für alle die Mühen zu danken, die er Ihnen verursacht hat. Ich hoffe, daß Sie meine Aufnahme nie zu bereuen haben werden; es wird Ihrer Klugheit überlassen bleiben müssen, ob Sie den Abgeordneten Ihrer Brüderschaft mich nennen wollen oder nicht. Bezüglich der Zeit glaube ich Ihnen positiv sagen zu können, daß der König beschlossen hat, um den 10. nächsten Monats in Salzthal zu sein; die Messe wird ein glaubwürdiger Vorwand für Fremde sein, die sich dorthin begeben. Ich werde eine doppelte Genugtuung haben, wenn ich von Ihrer angenehmen Gesellschaft mehr profitieren kann, als es in Minden möglich war… Haben Sie die Güte, mich wissen zu lassen, was über meine Person beschlossen ist. Berühren Sie nicht diesen Faden in Ihrem Brief an Bredow; haben Sie, bitte, die Güte, ihn zu verständigen, daß es sich um eine hohe Persönlichkeit handle.

Ich bin mit vollkommenster Hochachtung, mein lieber Graf,

Ihr wohlaffektionierter Freund
Federic."

Salzthal hat Friedrich als Deckname für Braunschweig genommen, offenbar in der Erinnerung an das Dorf Salzdahlum im Kreise Wolfenbüttel, wo am 12. Juni 1733 seine Vermählung mit Elisabeth von Braunschweig-Bevern stattgefunden hatte. Der genannte Bredow ist der Oberstleutnant Kaspar Ludwig von Bredow, einer der Offiziere, die den Kronprinzen ins Hauptquartier des Prinzen Eugen von Savoyen im Feldzug des Jahres 1734 begleiteten. In Rheinsberg war er Kavalier der Kronprinzessin; ob er Freimaurer gewesen, ist nicht festzustellen.

Wir besitzen das Protokoll der Loge d'Hambourg vom 29. Juli 1738 in französischer Sprache und den Briefwechsel, der der Aufnahme des Kronprinzen vorausging. Wir geben die Aktenstücke – soviel ich weiß – zum erstenmal in deutscher Übersetzung:

„Es wurde ein Schreiben des Bruders Friedrich Christian Albedyll vorgelesen, das an den Sehr Ehrwürdigen Meister, die Aufseher und Beamten der gesetzmäßigen Loge der Freimaurer zu Hamburg gerichtet und das datiert war Hannover, 22. Juli 1738. Es hat folgenden Inhalt:

Sehr ehrwürdige und geliebte Brüder!

Ich unterbreite Ihrer weisen Entschließung anliegend im Auszug einen Brief, den ich von Seiner Exzellenz, dem regierenden Grafen von Schaumburg-Lippe, unserem hochachtbaren Mitglied und alten Meister, erhalten habe. Die Bedeutung des erhabenen Kandidaten, den ich noch nicht nenne, erfordert, daß wir unsererseits alles tun, die Aufnahme so ehrenvoll wie irgend möglich zu gestalten, würdig der Person, die uns die Ehre ihres Eintritts geben will. Es ist jetzt an Ihnen, dafür zu sorgen, daß einige Großbeamte der Loge sich bereit erklären, in Braunschweig die Zeremonie vorzubereiten, einen Meister zu ernennen, der die Aufnahme leitet, und mit allen Mitteln dahin zu wirken, daß die Zeremonie so feierlich und gesetzlich vor sich geht, wie es unsere alten Statuten erfordern. Ich erwarte Ihre Beschlüsse mit der ersten Gelegenheit, um sie dem Herrn Grafen von Lippe mitzuteilen, und ich zweifle nicht, daß Sie nur einen weisen und vollkommen erfahrenen Meister auswählen, um die Aufnahmearbeit zu leiten. Da es in diesem Fall Ehrensache der Gesellschaft und Brüderschaft ist, so wird Ihre Weisheit wohl die Mittel ausfindig machen, den Wunsch des erhabenen Kandidaten zu erfüllen. Ich bin mit Eifer und unerschütterlicher Anhänglichkeit

F. C. Albedyll.

Diesem Brief war beigefügt der Auszug aus einem Brief Seiner Exzellenz des regierenden Grafen von Schaumburg-Lippe vom 19. Juli 1738 aus Stadthagen:

Ich habe Auftrag aus erhabener Hand, die aber zunächst nicht genannt sein will, wenn möglich eine Gelegenheit zu schaffen, damit der Betreffende in Braunschweig, wo er in diesem Sommer Aufenthalt nehmen wird, zum Freimaurer aufgenommen werden kann. Von den Ordensbrüdern kenne ich nur Sie. Ich selbst, obwohl zum Meister aufgenommen, halte mich nicht für fähig, eine Loge zu leiten, falls eine genügende Anzahl von Brüdern zusammengebracht werden könnte. Ich bitte Sie, mir mitzuteilen, ob Sie in der Lage sind, diesem Mangel abzuhelfen. Sie können sich wohl denken, daß ich diesen Auftrag aus einer erhabenen und höchst achtbaren Hand empfing, da ich mich an Sie mit der Bitte wende, sich in der Sache zu bemühen. Indessen habe ich große Eile zu erfahren, ob Sie uns nicht aus der Verlegenheit helfen und nicht nach Braunschweig kommen können, oder ob Sie hinkommen und eine genügende Zahl von Brüdern sowie einen erfahrenen Meister zur Aufnahme haben. Ich bitte um eine klare Antwort.

von Schaumburg-Lippe.

In dieser wichtigen und delikaten Angelegenheit hat die Sehr Ehrwürdige Loge beschlossen, eine Abordnung nach Braunschweig zu schicken, wenn der erhabene Unbekannte ein regierender Fürst ist. Für diesen Fall wurde über die Wahl eines Meisters abgestimmt. Alle Stimmen fielen auf den Sehr Ehrwürdigen Bruder von Oberg, der den Bruder Löwen zum ersten, den Bruder Stüben zum zweiten Aufseher und den Bruder Bielfeld zum

Sekretär wählte, falls die Reise stattfinden sollte. Es wurde endlich für notwendig erachtet, dem Bruder Albedyll folgende Antwort zu schreiben:

Geehrter Herr!

Unsere Sehr Ehrwürdige Loge hat mich beauftragt, Ihnen ihre besten Empfehlungen und lebhafte Danksagungen zu übermitteln für Ihren Eifer und die Beweise Ihres sehr schätzbaren Gedenkens an die Loge. Die Beflissenheit, die Sie zeigen, Sehr Ehrwürdiger Bruder, den Glanz unserer erhabenen Gesellschaft zu erhöhen, ist jedes Lobes würdig. Die Angelegenheit, um die es sich handelt, hat naturgemäß am gestrigen Logentag die gesamte Brüderschaft beschäftigt. Alle waren mit Ihrem Vorschlag einverstanden, den erhabenen Kandidaten, den Seine Exzellenz der regierende Graf von Schaumburg-Lippe uns empfahl, in Braunschweig durch einige Großbeamte unserer Sehr Ehrwürdigen Loge aufzunehmen. Ein jedes unserer Mitglieder brannte darauf, seine Zustimmung zu geben. Der Sehr Ehrwürdige Bruder von Oberg, der Bruder Löwen, der Bruder Stuben und der Bruder Bielfeld werden die Reise nach Braunschweig unternehmen, sobald unsere Loge die Ehre haben wird, den Namen des erhabenen Kandidaten zu erfahren, den wir schon im voraus hochachten. Wir sind vollkommen überzeugt, daß der Rang und die großen Eigenschaften dieses erhabenen Unbekannten vollkommen der hohen Meinung entsprechen, die wir uns von einem Herrn gemacht haben, für den sich Seine Exzellenz der Herr Graf von Schaumburg-Lippe einsetzt. Ich wage noch mehr, wir empfehlen unsere Sehr Ehrwürdige Loge schon im vorhinein der Hohen Protektion des erhabenen Kandidaten. Verzeihen Sie, geehrter Herr, wenn ich mich zu oft dieses Namens bediene. Wir wagen nicht, ihn anders zu charakterisieren, ohne eine Indiskretion befürchten zu müssen, die die Achtung vor dem erhabenen Unbekannten und seinem erlauchten Proponenten verletzen würde. Sie wissen, was maurerische Verschwiegenheit bedeutet, Sie haben nicht zu fürchten, daß wir den hochachtbaren Namen eines Herrn, der unsere Gesellschaft durch seinen Eintritt ehren will, preisgeben werden. Wollen Sie die Güte haben, Seine Exzellenz den Herrn Grafen von Schaumburg-Lippe zu bitten, uns mit Genehmigung des erhabenen Kandidaten den Namen zu nennen, wenn er noch den Wunsch hat, von uns aufgenommen zu werden.

Die Bedeutung des Falles und die Beteiligung Seiner Exzellenz des Herrn Grafen von Schaumburg-Lippe sowie auch die Ihrige bei dieser denkwürdigen Aufnahme veranlaßt uns, es an nichts fehlen zu lassen, die Feier so ehrenvoll wie nur möglich zu gestalten und so würdig der Persönlichkeit, die uns die Ehre geben will. Die genügende Anzahl Brüder für die Feier ist da. Seine Exzellenz der Graf von Schaumburg-Lippe, Sie, Bruder von Oberg, Bruder

Löwen, Bruder Stüven und Bruder Bielfeld bilden die Loge. Wenn Sie noch andere Brüder Freimaurer finden, die würdig sind, an einer so erhabenen Aufnahme teilzunehmen, wie sie in Braunschweig vollzogen werden soll, so würde deren Gegenwart nur geeignet sein, der neuen Loge einen besonderen Glanz zu verleihen. Herr Baron von Oberg, den wir als unsern Sehr Ehrwürdigen Großmeister haben, ist durchaus geeignet, die Aufnahme zu leiten, und seine beiden Aufseher werden in jeder Weise ihre Pflicht tun. Sie wollen die Güte haben, Seiner Exzellenz dem Herrn Grafen von Schaumburg-Lippe den Dank und die ergebensten Grüße unserer Loge zu übermitteln. Diejenigen von unsern Brüdern, die die Ehre haben werden, der denkwürdigen Aufnahme in Braunschweig beizuwohnen, brennen vor Verlangen, Ihnen zu bezeugen, wie außerordentlich erfreut wir sind, einen Herrn Ihres Namens und Ihrer Eigenschaften unsern Sehr Ehrwürdigen Bruder zu nennen. Wir erwarten die Befehle unseres erhabenen Kandidaten und Ihre Nachrichten mit Hochachtung und Ungeduld usw.

Hamburg, den 29. Juli."

Diese Antwort sandte Albedyll mit folgendem Brief an Lippe:

„Geehrter Herr!

Ich habe die Ehre, Eurer Exzellenz die beifolgenden Einlagen zu überreichen; Sie wollen daraus ersehen, daß die Loge von Hamburg sich sehr geehrt fühlt durch das Ansuchen des erhabenen Kandidaten, und daß sie bereit ist, vier ihrer Mitglieder nach Braunschweig zu senden, um die Zeremonie der Aufnahme zu vollziehen: Es ist wahr, daß sie gern zuvor den Namen unseres zukünftigen Sehr Erhabenen und Sehr Ehrwürdigen Bruders erfahren möchte. Es ist Sache Eurer Exzellenz, zu entscheiden, ob Sie dieser Bitte willfahren wollen, in diesem Fall würde eine bestimmte Antwort durch den Schreiber dieses am Platze sein; es ist außerdem noch nötig, daß ich den Zeitpunkt kenne, an dem unsere Brüder von Hamburg nach Braunschweig reisen sollen, damit ich ihnen mit der Post, die morgen abend nach Hamburg abgeht, Nachricht geben kann. Es würde mindestens ein Tag nötig sein, um alles gehörig in Ordnung zu bringen und uns selbst vorzubereiten. Ich wage die sehr ergebene Bitte, Euer Exzellenz möchten dem Schreiber dieses Nachricht senden, bevor die Post abgeht. Graf von Kielmansegge wird mit zur Feier kommen, und wir werden bestimmt genügend sein, um eine gesetzmäßige Loge zu bilden. Ich habe die Ehre, zu sein mit Hochachtung Eurer Exzellenz ergebener und gehorsamer Diener

v. Albedyll.

Ich bitte Euer Exzellenz, den etwas konfusen Brief zu entschuldigen und mir die Anlage zurückzusenden."

Lippe hat umgehend geantwortet, aber sein Schreiben ist nicht erhalten, dagegen besitzen wir das Bestätigungsschreiben Albedylls:

„Geehrter Herr!

Die Stafette überbrachte mir den Brief Eurer Exzellenz. Ich habe sofort an unsere Hamburger Brüder geschrieben und ihnen nahegelegt, ihre Abreise zu beschleunigen, damit sie am neunten in Braunschweig eintreffen können... Kurz, Euer Exzellenz dürfen überzeugt sein, daß ich für meine Person alles tun werde, damit wir nicht in Schwierigkeiten geraten und den Erwartungen des erhabenen Kandidaten entsprechen..."

Er teilt noch mit, daß Graf Kielmansegge mit nach Braunschweig kommen würde, und bittet den Grafen Lippe, alles zu regeln, damit die Aufnahme ungestört vor sich gehen könne. Er hielt es auch für angebracht, daß die Brüder sich nicht bei Hof zeigten.

Lippe übermittelte diese Nachrichten dem Kronprinzen in einem Schreiben, das der verstorbene Ludwig Keller in der Zeitschrift „Am Rauhen Stein" I, 1 vom 1. Januar 1904 nach einer im fürstlichen Hausarchiv zu Bückeburg befindlichen Abschrift veröffentlichte. Da Keller bemerkt, der Brief oder vielmehr dessen Abschrift „sei leider so schlecht geschrieben, daß die Entzifferung einzelner Worte nicht möglich war", so hat mein Freund, Dr. Stephan Kekule von Stradonitz, auf meine Bitte im Bückeburger Archiv Nachforschungen angestellt, deren Ergebnisse im folgenden mitgeteilt werden:

„Die Bückeburger Abschrift, die Keller vorgelegen hat, ist nicht, wie dieser meint, das Konzept des Briefes, sondern eine Abschrift, hergestellt – wie sorgfältige Handschriftenvergleichung ergeben hat – von der zweiten Gemahlin Albrecht Wolfgangs, Charlotte, geb. Prinzessin zu Nassau-Siegen (geb. 1702, verm. 1730, gest. 1785). Aus diesem Umstand erklären sich einige zweifellos falsch abgeschriebene Worte, bei denen das richtige aber leicht herauszufinden ist."

Wir geben den beachtenswerten Brief diplomatisch treu, wobei die ursprüngliche Schreibung genau beibehalten ist. Hinter den falsch gelesenen und abgeschriebenen Worten ist das richtige in eckigen Klammern eingefügt.

Die Abschrift der Gräfin Charlotte lautet also:

„V. A. R. vient de me rendre l'homme du monde le plus heureux par sa tres gracieuse lettre. Son coeur si digne du sort qui Lattend, ne se plait qu'a faire des heureux; elle apprendra avec satisfaction, j'en suis sur, tout le bonheur, qu'elle me vient de causer.

J'ai celuy de luy pouvoir mander, qu'il y a certitude pour moi de réussier dans la commission, dont votre A. R. m'a daigné charger, et Lincluse en fera, foi, aussi bien que ma diligence; je serai le 10 au soir à Brunschwig pour recevoir les ordres Ulterieurs de V. A. R: j'y serai plustot si elle Lordonne.

Schloß Moyland

Je regarde comme une verité matématique, que jamais Lordre n'aura lieu, de se repentir de l'acquisition, qu'il va faire, mais si l'Illustre Pestulant [Postulant] vient a trouver, que sa curiosité ais été peu satisfaite et a se repentir par consequent; en conscience seroit ce a moi a qui il pouroit s'en prendre, moy, qui ne fais qu'obeir et qui n'en suis tout au plus que la cause inocente?

La Reine vient de confirmer a ma Mere ce que V. A. R. m'avoit fait la grace de me dire et de me mandé [mander] a son sujet. Elle y ayoute des choses si heureuses pour moy de la part de V. A. R., que le silence exprime mieux que tout ce que je pourois dire la grandeur de ma respectueuse réconnesance. Il ne me reste qua souhaitter d'en devenir le moins indigne que je le pourrai.

Si Epicure a jamais fait ce que V. A. R. me marque croire, qu'il ne fit pas dans le Vuide [Vide] de la journée, je croi que c'etoit plus gaiement.

Mais je m'oublie, j'en demande pardon a. V. A. R.: les grandes joies sont indiscrette, la, mienne d'avoir trouvé une occassion de luy obeir et [est] indisible.

Jamais respect, soummission et attachement inviolable négaleront ils les sentimans, avec lesquels je tiens a gloire d'etre ma vie durante.

Monseigneur

de V. A. R.

Le tres soumis tres respectureux et tres humble serviteur."

Die vorstehende Abschrift ist undatiert, da sie aber eine unmittelbare Antwort auf einen Brief Friedrichs vom 26. Juli 1738 darstellt, in die ersten Tage des August zu setzen.

Zu deutsch also:

„E(eure) K(önigliche) H(oheit) hat mich durch Ihren sehr gnädigen Brief zum glücklichsten Menschen der Welt gemacht. Ihr des Schicksals, daß Ihrer harrt (nämlich König zu werden), so würdiges Herz ist nur bestrebt, Glückliche zu machen; Sie wird, dessen bin ich gewiß, mit Genugtuung, das ganze Glück erfahren, das Sie mir verursacht hat.

Ich habe dasjenige, Ihr melden zu können, daß ich gewiß bin, den Auftrag, mit dem E. K. H. mich zu betrauen geruht haben, erfolgreich ausführen zu können, und die Anlage wird dieses ebenso beweisen wie meinen Eifer; ich werde am 10. abends in Braunschweig sein, um die letzten Befehle E. K. H. zu empfangen: ich werde früher dort sein, wenn Sie es befiehlt.

Ich sehe es als eine mathematische Gewißheit an, daß der Orden niemals Grund haben wird, den Neuerwerb zu bedauern, den er erfahren wird, wenn aber der hohe Beitritt-Begehrende finden sollte, daß seine Neugierde wenig befriedigt worden sei, und infolgedessen seinen Entschluß bereuen sollte, würde ich es sein, an den er sich dafür halten könnte, ich, der ich nichts tue, als gehorchen, und der von allem höchstens die unschuldige Ursache ist?

Die Königin hat meiner Mutter bestätigt, was E. K. H. die Gnade hatten, mir zu sagen, und mir über Ihre Angelegenheit Mitteilung zukommen zu lassen. Sie fügt für mich so glückliche Dinge von seiten E. K. H. hinzu, daß Schweigen besser als alles, was ich sagen könnte, die Größe meiner ehrerbietigen Dankbarkeit ausdrückt. Es bleibt mir nur, zu wünschen, daß ich dessen so wenig unwürdig werde, als mir möglich sein wird.

Wenn Epikur jemals das getan hat, was E. K. H. von ihm nicht zu glauben erklären, daß er es in leeren Tagesstunden getan habe, so glaube ich, daß es in fröhlicherer Weise geschah. Aber ich vergesse mich, ich bitte dafür G. K. H. um Entschuldigung: die großen Freuden sind unbesonnen, die meine, Gelegenheit gefunden zu haben, Ihren Befehlen zu gehorchen, ist unaussprechlich.

Niemals werden Ehrerbietung, Unterwürfigkeit und unverletzliche Anhänglichkeit den Gefühlen gleichkommen, mit denen ich auf den Ruhm halte, Zeit meines Lebens zu sein, mein gnädiger Herr, E. K. H. sehr gehorsamer, sehr ehrerbietiger und sehr demütiger Diener."

Die Zitierung Epikurs geht auf den Brief Friedrichs an den Grafen Albrecht Wolfgang vom 26. Juli 1738. In diesem Briefe hatte er über das

Tabakskollegium seines Vaters gespottet: „Quant a ceux qui sont initiés aux misteres de la Tabagie, vous jugerez bien qu'ils employent Le Vuide du jour se parfumer ce qu'Epicure ne fit point je pense." Zu deutsch: „Was diejenigen betrifft, die in die Mysterien des Tabakskollegiums eingeweiht sind, so werden Sie leicht einsehen, daß diese die leeren Tagesstunden benutzen, um sich wohlriechend zu machen, was Epikur keineswegs getan hat, wie ich glaube."

Ein wichtiges Aktenstück aus der Zeit ist der Brief Bielfelds an Oberg vom 20. Juli 1738, mit dem er die Aufforderung, bei der Aufnahme des Kronprinzen mitzuwirken, annimmt:

„Sehr Ehrwürdiger Meister!

Sie behandeln mich nicht wie ein Bruder, sondern wie ein Vater-Maurer: Sie haben die Güte, mich an der Ehre teilnehmen zu lassen, den Königlichen Prinzen von Preußen unserm Orden zuzuführen. Ich erkenne den Wert dieser Gunst vollkommen an und bin bereit, Sie nach Braunschweig zu begleiten, um die Aufnahme zu vollziehen. Es scheint aus dem Briefe des regierenden Grafen zur Lippe-Bückeburg hervorzugehen, daß der Gedanke, Freimaurer zu werden, diesem hervorragenden Prinzen auf eine ganz besondere Art nahegetreten ist. Beachten Sie, Sehr Ehrwürdiger, die merkwürdige Verkettung der Geschehnisse! Es muß sich fügen, daß der König von Preußen mit einem zahlreichen Gefolge nach Schloß Loo reist, um den Prinzen von Oranien zu besuchen, und daß er von dem Kronprinzen begleitet wird; daß ferner bei der Tafel das Gespräch auf die Freimaurerei kommt, und daß der König sehr abfällig darüber urteilt; daß endlich der Graf zur Lippe ihre Verteidigung übernimmt und sich keinen Augenblick von der Majestät blenden läßt, sondern sich mit einem edlen Eifer als Freimaurer zu erkennen gibt. Nach Beendigung der Mahlzeit drückt der Prinz dem Grafen den lebhaften Wunsch aus, Mitglied dieser Gesellschaft zu werden, und daß er wünsche, seine Aufnahme in Braunschweig vollzogen zu sehen, wohin der König, sein Vater, sich zu begeben gedächte und wo der Zustrom zahlreicher fremder Besucher während der nächsten Messe die Ankunft der Freimaurer, die man einladen würde, dort eine Loge zu dem gedachten Zweck zu halten, weniger auffällig erscheinen ließe. Der Graf zur Lippe wendet sich an Sie, mein Herr, um unserem Orden diese ehrenvolle Akquisition zu verschaffen, und Ihre Freundschaft läßt Sie an meine Beteiligung denken. Also, Sehr Ehrwürdiger Meister, eine Folge bemerkenswerter Ereignisse, die einen glücklichen Ausgang dieser Unternehmung voraussagen lassen. Sie wissen, Sehr Ehrwürdiger Meister, daß mein gegenwärtiger Zustand mir nicht gefällt und daß mein Vaterland mich langweilt. Ich gleiche den Blumen, die nichts werden, wenn man sie nicht umpflanzt. In Hamburg würde ich allenfalls in Samen schießen und dann verwelken. Vielleicht will der große Baumeister der Welt mein Glück aufbauen und den Grundstein dazu in Braunschweig legen. Ich bin im Begriff, alles für die Reise zu rüsten. Übrigens begreife ich vollkommen, daß viel darauf ankommt, die tiefste Verschwiegenheit über eine so delikate Expedition zu bewahren. Seien Sie gerecht und glauben Sie mir, daß ich mit allem Eifer und freimaurerischer Hingebung bin ..." (Lettres familières et autres de Monsieur le Baron de Bielfeld, à, la Haye 1763).

Die Hamburger Brüder trafen am 11. August in Braunschweig ein, Stüven war plötzlich erkrankt und konnte die Reise nicht mitmachen. Aus Hannover waren Albedyll und Kielmansegge zur selben Zeit angekommen. Am 12. August in der Frühe meldete Kanonendonner die Ankunft des Königs von Preußen mit dem Kronprinzen und großem Gefolge. Lippe begab sich sofort zu Friedrich und erhielt den Auftrag, um Mitternacht des 14. zum 15. August im Hotel Korn, wo die Brüder abgestiegen waren, die Aufnahme zu vollziehen. Die andern Brüder hielten sich möglichst zurück, weil sie fürchteten, daß der König ihre Absicht entdecken möchte, und daß dann die ganze Freimaurerei darunter zu leiden hätte.

Unbedeutende äußere Schwierigkeiten wurden geschickt beseitigt, und so konnte die Aufnahme gesetzmäßig vor sich gehen. Kurz nach Mitternacht traf der Kandidat in Begleitung des Gardehauptmanns Grafen Leopold Alexander von Wartensleben ein und wurde hintereinander in die drei Grade der Johannisloge eingeweiht. Oberg leitete die Loge, Bielfeld hielt die Ansprache an den Kronprinzen, Obergs Kammerdiener Rabon versah die Stelle des dienenden Bruders.

Gregor Samarow, mit seinem bürgerlichen Namen Regierungsrat Oskar Meding, hat in seinem Roman „Des Kronprinzen Regiment" die ganze Zeremonie mit vollem Text des Rituals geschildert. Es ist aber alles, was dort geschrieben steht, dichterische Phantasie. Aktenmäßig haben wir über die rituelle Handlung keine Kenntnis, wir wissen nicht einmal, wer die beiden Aufseher waren, da Stüven ja infolge seiner überraschenden Erkrankung nicht mitwirken konnte. Noch viel weniger kennen wir das Ritual, nach dem Oberg arbeitete. Nach dem Kronprinzen wurde Graf Wartensleben aufgenommen.

Ein sehr ausführlicher Brief Bielfelds, den er am 24. August noch von Braunschweig aus an Stüven schrieb, unterrichtet uns einigermaßen über die Feier. Da heißt es:

„Herr Baron von Oberg, Herr Baron von Löwen und ich reisten am 10. August von Hamburg ab und kamen am folgenden Abend vor den Torenvon Braunschweig an. Der Zollbeamte schickte sich an, pflichtmäßig unser Gepäck zu revidieren. Diese unangenehme Angelegenheit setzte

Friedrich der Große (Anfang der Regierung)

uns in große Bestürzung. Sie können sich unsere Verlegenheit denken. Wir hatten einen großen Koffer bei uns, der mit allen Möbeln, Gerätschaften und den nötigen Werkzeugen für die Logenarbeit angefüllt war. Dies alles konnte vom Standpunkt des Handels für Braunschweig Konterbande sein. Wir überlegten einen Augenblick. Wenn der Revisionsbeamte hartnäckig darauf bestanden hätte, daß wir den Koffer öffnen sollten, so hätten wir uns für Alchymisten oder Marktschreier ausgegeben: Aber diese Furcht verließ uns, denn indem ich ihm einen Dukaten in die Hand drückte, erklärte er uns für anständige Leute, unfähig, die Zollbehörde zu betrügen.

Wir stiegen im Hotel Korn ab, der vornehmsten Unterkunft der Stadt mit einer sehr guten Küche. Graf zur Lippe, Graf Kielmansegge und Baron von Albedyll waren fast zur gleichen Zeit in Hannover angekommen, und wir haben uns noch am selben Abend in Verbindung gesetzt. Rabon, der Kammerdiener des Herrn von Oberg, ein braver Freimaurer, übernahm das Amt des Wachthabenden (tuileur = Ziegeldecker), und er hat sich vorzüglich damit abgefunden.

Am andern Morgen verkündete der Kanonendonner von den Wällen die Ankunft des Königs von Preußen mit seinem Gefolge. Die Anwesenheit des Monarchen und der Zustrom so vieler Fremden, die von der Messe nach Braunschweig gelockt waren, belebte die Stadt ganz außerordentlich. Wir kamen überein, uns nicht bei Hofe sehen zu lassen, ausgenommen der Graf zur Lippe, den wir an den Kronprinzen sandten, um seine Befehle über Tag, Stunde und Ort der Aufnahme zu empfangen. Seine Königliche Hoheit wählten die Nacht vom 14. zum 15. August und wollten, daß die Feier in unserem Quartier stattfinden sollte, das tatsächlich sehr geräumig und in jeder Beziehung passend war. Es hatte nur eine Unbequemlichkeit, es lag in der Nachbarschaft eines Herrn von W., der neben unserem Salon dicht beim Eingang ein Zimmer bewohnte, das nur durch eine einfache Bretterwand von uns getrennt war. Er hätte jedes Wort und jedes Geräusch hören können. Dies regte uns auf, aber da unsere hannoverschen Brüder seine glückliche Veranlagung kannten, daß er gern, wie es im Liede heißt, seine Traurigkeit im Wein ertränkte, so faßten wir ihn bei seiner Schwäche, besuchten nach dem Diner ihn einer um den andern, und da wir uns erhoben hatten, um ihm tüchtig zuzutrinken, so versetzten wir ihn gegen Abend in einen Zustand, daß er auch an der Seite einer feuernden Batterie nicht erwachen würde; und so hat uns bei dieser Gelegenheit der Thyrsusstab des Bacchus den gleichen Dienst getan, den uns sonst der Finger des Gottes Harpokrates geleistet hätte.

Kurz, der ganze 14. August verlief in Vorbereitungen für die Loge, und wenig nach Mitternacht kam der Kronprinz in Begleitung des Grafen Wartensleben, Kapitän im Regiment des Königs zu Potsdam. Diesen stellte nun der Prinz als Kandidaten vor, und er wünschte, daß er sogleich nach seiner Aufnahme auch geweiht würde. Er bat uns endlich, bei seiner Aufnahme keine der strengen Zeremonien, die gebräuchlich seien, fortzulassen, ihm nichts zu schenken, sondern ihn in diesem Fall durchaus als Privatperson zu behandeln. Also wir nahmen ihn unter allen vorgeschriebenen Formen und Gebräuchen auf. Ich bewunderte seine Unerschrockenheit, seine Haltung und den edlen Anstand, der ihn auch in den kritischsten Augenblicken nicht verließ. Ich hatte eine kleine Rede vorbereitet, die ihn befriedigte. Nach den beiden Aufnahmen eröffneten wir die Loge und schritten zur Arbeit. Er schien darüber sehr erfreut zu sein und verrichtete alle seine Obliegenheiten mit Geist und Gewandtheit.

Ich versichere Sie, mein lieber Bruder, dieser Prinz wird eine große Zukunft haben. Er ist nicht von sehr hohem Wuchs, und Gott würde ihn nicht an Stelle des Königs Saul ausgewählt haben, aber nach der Größe und Schönheit seines Genies verdient er den Thron Preußens einzunehmen zum Glück der Völker. Er hat sehr liebenswürdige Züge, der Hauch des Geistes umweht ihn, ein vornehmes Benehmen, und er machte sich nichts aus seiner Schönheit. Ein Pariser Stutzer würde seine Frisur nicht gut finden, aber seine Haare sind von einem schönen Braun und passen gut zu seinem Gesicht. Seine großen blauen Augen haben zugleich etwas Ernstes wie etwas Weiches und Huldvolles.

Ich war überrascht, ihn von so jugendlichem Aussehen zu finden. Seine Manieren sind die eines Mannes der großen Welt, und er ist gewiß der höflichste Sterbliche in dem ganzen Königreich, das ihn erwartet. Er hat dem Sehr Ehrwürdigen Meister Baron von Oberg sehr feine und sehr schmeichelhafte Liebenswürdigkeiten erwiesen. Von den Eigenschaften seiner Seele will ich in keiner Weise reden, es wäre schwer, nach einer Begegnung darüber zu urteilen, aber ich versichere Sie, daß er nicht ein Wort gesprochen hat, das nicht einen großen Fond von Geist und Herzensgüte bewiesen hätte. Ich berichte in dieser Beziehung nur, was die Öffentlichkeit sagt.

Die Feier war gleich nach vier Uhr morgens beendet. Der Prinz kehrte nach dem herzoglichen Schloß zurück. Er schien ebenso zufrieden mit uns zu sein, wie wir von ihm begeistert sind. Ich stürzte mich in mein Bett, ermüdet von den Anstrengungen dieses schönen Tages.

Heute werden wir die Befehle unseres sehr erhabenen Bruders bezüglich unserer Abreise erbitten. Abends werden wir in die italienische Oper gehen, die sehr gut sein soll, und morgen, glaube ich, treten wir die Rückreise nach Hamburg an, wo ich das Vergnügen haben werde, Sie zu umarmen. Ich bin…"

Der Kronprinz hat sein Interesse für Freimaurerei dadurch bekundet, daß er den Baron von Oberg und Bielfeld nach Rheinsberg berief, um dort im engsten Kreis eine Loge zu errichten. Darüber berichtet Bielfeld in einem Brief vom 12. März 1739:

„Der Kronprinz von Preußen, dem ich gelegentlich der Braunschweiger Messe die Ehre hatte nähertreten zu dürfen, sandte mir den Herrn Grafen

Truchseß Waldburg, Oberst im Dienste des Königs, seines Vaters... Unter anderen Aufträgen sollte er mich sondieren, ob ich geneigt wäre, in den Dienst Seiner Königlichen Hoheit zu treten. Er hat mir dann auch in aller Form einen Antrag gemacht... Herr Baron von Oberg, auf den man, wie ich glaube, gleichfalls sein Augenmerk gerichtet hatte, würde mit bei der Gesellschaft sein, und wir würden die Reise gemeinschaftlich machen."

Mit den „anderen Aufträgen", die Graf Truchseß zu überbringen hatte, wird man wahrscheinlich Aufträge in der Richtung der freimaurerischen Interessen des Kronprinzen zu suchen haben. Ob Truchseß damals schon Freimaurer war, läßt sich nicht feststellen. Das Journal de Berlin vom 9. Juli 1740 nennt ihn bereits unter den Freimaurern. Der Kronprinz wollte in Rheinsberg eine Loge gründen, und Oberg sollte ihr erster Meister vom Stuhl werden. Das ist denn auch geschehen. Nachdem Oberg im November 1739 nach Hamburg zurückgekehrt war, übernahm der Kronprinz selbst die Leitung der Loge. Bielfeld blieb in Rheinsberg.

Nach dem Tode Friedrich Wilhelms I. hat sich König Friedrich dann offen zur Maurerei bekannt. Bielfeld berichtet unterm 20. Juni 1740 an Stüven: „Der König hat öffentlich erklärt, daß er Freimaurer sei, und Seine Majestät haben in den letztvergangenen Tagen eine glänzende Loge gehalten. Ich hatte alles Notwendige dazu vorbereitet und als erster Aufseher amtiert, Seine Majestät selbst nahm den Stuhl ein. Der ganze Hof zittert vor Neugier. Wir haben verschiedene Aufnahmen vollzogen: den Prinzen Wilhelm, den Markgrafen Carl und den Herrn Herzog von Holstein, die alle über die Aufnahme in unseren Orden sehr glücklich waren."

Der König hat dann noch einmal Loge gehalten zu Rheinsberg im November 1740, wo er seinen Schwager, den Markgrafen von Bayreuth, aufnahm.

Seine Loge hatte keinen besonderen Namen, sie wird stets „Loge première" oder, Loge Du Roi notre Grand Maître" genannt. Daraus darf nicht etwa der Schluß gezogen werden, daß Friedrich der Große Großmeister der Logen in seinen Staaten gewesen wäre, Großmeister hieß um die Mitte des achtzehnten Jahrhunderts jeder Logenmeister.

Für die nächsten Jahre hatte der junge König keine Zeit, an seine Loge zu denken. Am 20. Oktober 1740 war Kaiser Karl VI. gestorben, und Friedrich war entschlossen, seine Ansprüche auf Schlesien geltend zu machen. Das Heer war verstärkt und in gutem Zustand, die Diplomatie hatte ihre Karten gemischt, und am 16. Dezember 1740 überschritt der König die österreichische Grenze und am 28. Juni 1742 unterzeichnete er den Frieden, der ihm Ober- und Niederschlesien mit der Grafschaft Glatz und dem mährischen Distrikt Katscher zusprach.

Herzog Carl von Södermanland

III. Die Große Nationalmutterloge zu den drei Weltkugeln.

Die älteste geschichtliche Darstellung über die Anfänge der Großen Loge zu den drei Weltkugeln ist die „Historische kurze Nachricht von der Freymäurer Mutterloge zu den drey Weltkugeln in Berlin", Berlin 1775.

„Se. Königliche Majestät äußerten im Jahr 1740 bey der Thronbesteigung ein Verlangen, daß in Berlin eine Freymaurerloge gestiftet werden möchte. Der geheime Rath Baron von Bielefeld und der geheime Rath Jordan nahmen es über sich, eine Loge unter dem Namen der drey Weltkugeln zu errichten. Sie fieng auch würklich im Monat Junius 1740 zu arbeiten an, und im Julius dieses Jahres wurden schon der Prinz Wilhelm, der Marggraf Carl und der Herzog von Holstein-Beck in dieser neuen Loge aufgenommen.

Das Ansehn der Loge wuchs in wenig Jahren. Sie errichtete 1754 eine Tochterloge unter dem Namen Concorde, oder der Eintracht, welcher ihr damaliger Großmeister, der Baron von Bielfeld, ein Patent den 9. December bes. I. ertheilte. Das Jahr nachher 1755 errichtete sie die zweyte Tochterloge unter dem Namen de l'Amitié, bey welcher in französischer Sprache gearbeitet wird.

Im Jahr 1762 stiftete sie die Loge de la parfaite Union zu Stettin, und das Patent für selbige ward am 18. März 1762 ausgefertigt: kurz nachher nahm sie den Namen zu den drey Zirkeln an.

Ferner errichtete sie

im Jahre 1763 den 26. December durch Deputation eine neue Loge in Magdeburg zu den drey Säulen betitelt; ertheilte den 13. Januar der Loge zu den drey Kronen in Königsberg das Patent; stiftete

1770 den 24. Februar die dritte Filialloge zu Berlin der stammende Stern genannt,

1774 den 17. August die vierte Filialloge daselbst mit dem Namen Friederich zu den drey Seraphinen, in welcher gleichfalls französisch gearbeitet wird,

den 6. December gedachten Jahrs die Loge Augusta zur goldenen Krone in Stargardt,

1775 den 14. Junius die Loge zum goldenen Schwerdt in Wesel, und den 4. September bes. Jahrs Hieselbst die fünfte Filialloge die Verschwiegenheit zu den drey verbundenen Händen genannt.

Als der Baron von Bielefeld die hiesigen Staaten verließ, ward der Marggraf Carl Großmeister, und da derselbe im Kriege mit Tode abgieng, erwählte sie des Prinzen Friederich August von Braunschweig Durchlaucht zum Nachfolger. Sie schickte auch ihrerseits einen Deputirten zu dem diesjährigen großen und ansehnlichen Convent in Braunschweig, den die nach einem gewissen System, welchem neun hier ungenannte Fürsten und Prinzen einverleibet sind, arbeitenden Logen in Deutschland veranstalteten.

Nachfolgende sind es, womit sie in der engsten und genauesten Verbindung stehet, und denen der Durchlauchtigste Herzog Ferdinand als Großmeister vorgesetzt ist.

Braunschweig die Loge zur gekrönten Säule.

Bremen die Loge zum silbernen Schlüssel.

Cassel die Loge zum gekrönten Löwen.

Coppenhagen die Loge Zorobabel zum Nordstern.

Dresden die Loge zu den drey Schwerdtern und die Loge zu den wahren Freunden.

Eisenach die Loge Carolina.

Frankfurt am Mayn die Loge zu den drey Disteln.

Görlitz die Loge zur gekrönten Schlange.

Guben die Loge zu den drey Säulen.

Göttingen die Loge Augusta zu den drey Flammen.

Glatz die Loge zu den drey Triangeln.

Hamburg die Loge Absalon zu den drey Nesseln, ferner daselbst die Loge St. George zur Fichte und die Loge Emanuel zur Maienblume.

Hannover die Loge zum weißen Pferde.

Hasenpoth (Curland) die Loge zur grünen Flagge.

Hildesheim die Loge Ferdinand zur gekrönten Säule.

Husum in Dännemark die Loge Carl zur guten Hofnung.

Leipzig die Loge Minerva zu den drey Palmen.

Marienberg (im Erzgebürge).

Marienwerder (in Preußen).

Marpurg die Loge zum gekrönten Löwen.

Mietau die Loge zu den drey gekrönten Schwerdtern.

Meinungen die Loge Charlotta zu den drey Nelken.

Naumburg die Loge zu den drey Hämmern.

Niederzauche die Loge zum glänzenden Siebengestirn.

Neubrandenburg (Mecklenburgisch) die Loge zum gekrönten Greif.

Nyeborg die Loge St. Knud zum goldenen Lindwurm.

Osten (Schlesien) die Loge zur goldenen Himmelskugel.

Rendsburg die Loge Josua zum Korallenbaume.

Riga die Loge zum Schwerdt.

Rostock die Loge zu den drey Sternen.

Sachsenfels die Loge zu den drey Rosen.

Schleswig die Loge Salomo zum goldnen Löwen.

Stuttgard die Loge Carl zu den drey Cedern.
Warschau die Loge zu den drey Helmen.
Weimar die Loge Amalia.
Wetzlar.
Wismar die Loge zu den drei Löwen.

Außer diesen werden reisende Brüder, die mit richtigen Adressen versehen sind, noch viele mit uns verbundene und vereinigte Logen nicht nur in Deutschland, sondern auch selbst in Frankreich, Italien und den Niederlanden antreffen.

Diese kurze Nachricht sey für diejenigen Brüder hinlänglich, welche von dem unverdunkelten Flor und ununterbrochenen Wachsthum der Preußisch-Brandenburgischen Mutter- und Stammloge zu den drey Weltkugeln überhaupt unterrichtet zu seyn wünschen. Brüderliche Eintracht, unermüdeter Eifer, kluge Verschwiegenheit, Wohlthun im Verborgenen, duldende Sanftmut!) mit Fehlern, Irrthümern und Beleidigungen, als Geburten der Unwissenheit oder des Eigenutzes, Gehorsam gegen die allgemeinen Vorschriften des Ordens, der die Religion, die Reinigkeit des Herzens und der Sitten, die erhabnen Pflichten eines Weltbürgers, und das Glück des Patriotismus im Staat predigt, sind die unwandelbaren ächten Säulen, worauf der Seegen des Allmächtigen zu dem Bau des Tempels der Weisheit ruhet.

Berlin den 1. December 1775."

Diese erste geschichtliche Darstellung der freimaurerischen Frühzeit Berlins trägt auf dem Titelblatt der Ausgabe, die mir vorlag, mit Bleistift geschrieben den Namen Johann Christoph v. Woellner (1732–1800), der in Döberitz als Sohn eines Pfarrers geboren war und selbst Pfarrer in Groß-Benitz wurde. Er legte sein Amt nieder, um die Güter seiner Frau zu verwalten. Später trat er in den Dienst des Prinzen Heinrich von Preußen, wurde preußischer Staatsminister und vom König Friedrich Wilhelm II. in den Adelstand erhoben. Er hat vermöge seiner Neigung zu Magie und Geisterseherei in den freimaurerischen Brüderschaften des achtzehnten Jahrhunderts eine unheilvolle Rolle gespielt.

Aus diesem Schriftchen geht unzweifelhaft hervor, daß die Gründung der Loge zu den drei-Weltkugeln (aux trois globes) auf die Anregung Friedrichs des Großen zurückzuführen ist. Es geht ebenso unzweifelhaft daraus hervor, daß die Loge rechtmäßig errichtet wurde, wenn man annimmt, daß in jener Zeit die Anerkennung der Großloge von London für die Gesetzmäßigkeit notwendig war. Diese Anerkennung liegt vor: „Die große Loge zu London hatte am 24. Februar 1741 dem Bruder Grafen Truchseß zu Waldburg, außerordentlichem Preußischen Gesandten, zu ihrer Vierteljahrsberathung Zutritt gegeben und demnächst zu einem am 19. März desselben Jahres

Johann Christoph v. Wöllner

begangenen großen Maurerfest denselben Bruder und den Bruder Baron von Andrié, Preußischen Gesandten, so wie auch den Bruder Legationsrath von Bielfeld, letzteren als Vertreter der Loge aux trois Globes, eingeladen und mit vielen Ehrenbezeugungen eingeführt.

Der Bruder v. Bielfeld brachte nach seiner Rückkehr der Loge zu den drei Weltkugeln (laut Niederschrift vom 21. Juli 1741) von Seiten der großen Loge von London brüderlichen Gruß nach Maurersitte.

Die englische Großloge hatte erklärt, durch Einladung dieser Brüder den Königlichen Bruder von Preußen und seine Logen ehren zu wollen, ihn, der als natürlicher Großmeister in seinen Staaten selbst Logen zu errichten berechtigt sei." (Geschichte der drei Weltkugeln, Berlin 1903.)

Man hat sich in späterer Zeit, besonders in den freimaurerischen Geisteskämpfen des achtzehnten Jahrhunderts, wo man von Kongreß zu Kongreß eilte, um die wahre Lehre zu finden, sehr ernsthaft darum gestritten, ob eine Loge oder Großloge gesetzmäßig errichtet sei, aber man ist auch sehr duldsam gewesen und hat nichtoffizielle Logen, wenn sie nur einige angesehene Männer als Mitglieder hatten, mit Konstitutionsurkunden ausgestattet und so legitimiert. Sehr vorsichtig muß man für jene Zeit mit dem Ausdruck „Winkelloge" sein, denn es gab noch keine festen Formen und Gesetze, und der Freimaurercharakter war zunächst an die Person gebunden. Jeder in einer gerechten und vollkommenen Loge aufgenommene und zum Meister beförderte Bruder glaubte das Recht zu haben, Loge zu halten und „Freimaurer zu machen". Daß die englische Großloge sich die Oberleitung aller Logen auf dem Festland anmaßte, kommt von ihrem Ursprung aus der Werkmaurerei, aus der zünftigen Steinmetzbrüderschaft her, die ja auch Haupthütten kannte, wie Straßburg, die alle über Europa zerstreuten Hütten in einer gewissen freien Form regierten. In Deutschland hat man die englische Bevormundung sehr bald abgeschüttelt, und das ist im wesentlichen darauf zurückzuführen, daß in Friedrich dem Großen der Freimaurerei in Deutschland eine Autorität geschaffen wurde, die jedes englische Patent überstrahlte. Dann bildete sich immer mehr der Gebrauch heraus, daß die Rituale persönliches Eigentum seien, das man nach Belieben gegen Zahlung einer Gebühr an andere übertragen konnte. Auch die nacheinander entstehenden Großlogen haben an einzelne Brüder das Recht, in einem bestimmten Sprengel Logen zu errichten, gegen Zahlung einer Gebühr für die Ausfertigung der Urkunde übertragen. Nur dadurch ist es zu erklären, daß sich die Freimaurerei so überraschend schnell in Deutschland verbreitet hat. Es waren oft nur sehr wenige Männer, die eine Loge errichteten, manchmal reichte die Zahl nicht einmal zur Besetzung der Logenämter aus, und so kam es, daß solche Gründungen ebenso rasch wieder verschwanden, weil sich keine Interessenten zur Aufnahme fanden.

Die Loge zu den drei Weltkugeln verdankt ihr Entstehen der Tatsache, daß sich in Berlin eine ganze Anzahl gesetzlich aufgenommener Freimaurer befand, die den Wunsch hatten, sich zu einer Loge zusammenzuschließen. Sie haben sich offenbar an den König gewandt, der durch den Geheimrat Jordan, der Sekretär seiner Hofloge war, die Genehmigung erteilte. Die Stiftungsurkunde vom 9. November 1740 beginnt mit dem Hinweis auf die Genehmigung des Königs, ohne jedoch der Vermittlung des Bruders Jordan zu gedenken, mit den Worten: „Die sehr ehrwürdigen Brüder Philipp Simon, Meister vom Stuhl, Jean Serre, erster, und Paul Benezet, zweiter Aufseher, nebst Christian Gregory, Schatzmeister, haben sich am 13. September 1740 versammelt und sind übereingekommen, mit Genehmigung des Königs eine gerechte, vollkommene und gesetzliche Loge der freien Maurer zu stiften."

Jean Etienne Jordan (1700-1744)

„Zu diesem Zwecke haben sie diese gegründet und gestiftet in dem Hotel de Vincent in der Brüderstraße im linken Flügel vornheraus im dritten Stock."

Es waren zunächst vier gerechte Freimaurer, Berliner Kaufleute, die sich im Hotel Montgobert, Brüderstraße 39, zusammenfanden, um unter Mitwirkung Jordans die Loge zu errichten. Die Loge arbeitete nach englischem Ritus, nahm das Andersonsche Konstitutionenbuch als Grundlage, und die Sprache war Französisch. Es wurde sehr fleißig Loge gehalten, meist viermal im Monat, und der Zuspruch aus der guten Gesellschaft war ganz außerordentlich.

Daneben bestand immer noch die Loge des Königs, denn wir erfahren aus den Protokollen, daß sie gegen die Aufnahme des Königlichen Erbkammerherrn Grafen Schwerin im September 1740 Einspruch erhoben hatte, der aber durch eine Aussprache erledigt wurde. Als der König dann im Dezember zu den Truppen abreiste, ist die Loge eingegangen, die Mitglieder traten zu den drei Weltkugeln über. Später, im Jahre 1742, hatte Graf Gotter die Absicht, eine Loge ähnlichen Charakters wie die des Königs zu gründen, aber es gelang der diplomatischen Umsicht Bielfelds, dies zu vereiteln, der König versagte seine Zustimmung.

Graf Gustav Adolf v. Gotter

Eine Bewegung gegen den Gebrauch der französischen Sprache hatte schon 1741 eingesetzt und führte im Jahre 1743 zu dem Beschluß, in den drei Weltkugeln abwechselnd deutsch und französisch zu arbeiten. Am 28. März wurde die erste Loge in deutscher Zunge gehalten; Bielfeld leitete die Arbeit, und es wurden die ersten deutschen Reden gehalten, die im Wortlaut auf uns gekommen sind.

Die Gesetze und Verordnungen unterscheiden sich wenig von denen Graf Gustav Adolf v. Gotter der Hamburger Logen. Auch hier wird gleich im Anfang ein Bruder, der betrunken zur Loge kommt oder sich in der Loge übernimmt, mit einem Dukaten für die Armenkasse gepönt. Ebenso ist es verboten, einen anderen zum Trinken über seine Neigung zu zwingen. Von Politik oder Religion in der Loge zu reden, ist untersagt. Desgleichen sind lästerliche Reden und Streitigkeiten mit Strafen belegt. Aufnahmen und Wahlen sind in der allgemein gültigen Form festgesetzt.

Schon in den ersten Jahren wurden von den drei Weltkugeln außerhalb Berlins neue Logen gegründet, so 1741 in Meiningen die Loge aux trois Bussoles (zu den drei Kompassen) und in Frankfurt a. d. O. eine Deputationsloge, in Breslau aux trois squelettes (zu den drei Totengerippen). In dieser Loge wirkte Zinnendorf, der Stifter der Großen Landesloge, 1758 als Redner;

sie hat sich auch 1775 dieser Großloge angeschlossen. Für Halle wurde von Bielfeld eine Stiftungsurkunde zur Errichtung einer Loge zu den drei goldenen Schlüsseln ausgefertigt, die 1750 ihre Tätigkeit einstellte. Im Jahre 1769 kam das Stiftungsdokument nach Berlin, wo noch einige Mitglieder der alten Loge lebten. Diese beschlossen, ihre Brüderschaft wieder aufleben zu lassen, und wählten Zinnendorf zum vorsitzenden Meister. Dadurch ist auch diese Loge zu der Großen Landesloge gekommen. Im Jahre 1744 waren schon sechs Tochterlogen entstanden, aber der Zusammenhang mit der Mutterloge war sehr lose, es wurden keine schriftlichen Akten erteilt, alles beruhte auf mündlicher Überlieferung, und jede neue Loge verfuhr willkürlich mit dem Gebrauchtum.

Es lag daher in der Luft, einen festeren Zusammenschluß zu suchen. Man dachte noch nicht an eine maurerische Oberbehörde, wie die Hamburger Provinzialgroßloge, sondern man gründete eine Schaffnerloge zur Ordnung der wirtschaftlichen Angelegenheiten. Diese erhielt den Namen „Große Königliche Mutterloge zu den drei Weltkugeln".

Das erste Protokoll berichtet über das Johannisfest am 24. Juni 1744. Das Fest wurde im Garten von Weiß vor dem Stralauer Tor glänzend gefeiert: „Gewöhnlich wurde die Loge gegen Mittag geöffnet; der Arbeit folgte eine feierliche Tafelloge, und bei den Trinksprüchen wurden kleine Kanonen im Garten abgefeuert. Nachmittags fanden sich die Schwestern (nur Ehefrauen und Töchter anwesender Freimaurer) ein und ergötzten sich bei wohlbesetzter Musik und verabreichten Erfrischungen im Garten, der abends erleuchtet wurde. Das Fest ward durch ein Feuerwerk und Abendessen beschlossen. An die vor dem Garten sich einfindenden Armen wurden reichliche Almosen verteilt, die oft die ganze Armenkasse erschöpften, und es ward eine Wache, aus einem Unteroffizier und mehreren Mann Soldaten bestehend, aufgestellt, wohl mehr des vornehmeren Aussehens wegen, als um Zudringliche abzuweisen. Diese Mannschaften, wie auch die Regiments-Hautboisten, die im Garten musizierten, wurden gut bezahlt und bewirtet" (Geschichte der drei Weltkugeln).

Die Johannisfeste von 1742 und 1743 waren in dem von Kameckeschen Grundstücke in der Neustadt, dem heutigen Anwesen der Großloge „Zur Freundschaft" (Dorotheenstraße 21/1) abgehalten worden.

Trotz der guten Entwicklung nach außen sah es um das Jahr 1747 im Innern recht unerfreulich aus. In der Auswahl der Kandidaten war nicht immer die nötige Vorsicht beobachtet worden, und so war der Geist, der in den Beratungen hervortrat, wenig dem freimaurerischen Ideal entsprechend. Dazu kam, daß die Logenkasse mit Schulden belastet war. Die guten Brüder blieben fern oder kehrten der Loge ganz den Rücken. Es war höchste Zeit,

Herzog Friedrich v. Holstein-Beck

daß etwas geschah, und so traten die ernsten und tüchtigen Brüder zusammen und berieten über die Möglichkeit, die Zustände in der Loge zu bessern. Man beschloß, dem Meister vom Stuhl den Gouverneur von Berlin, Herzog von Holstein-Beck als Vizegroßmeister an die Seite zu geben. Der Herzog nahm an, und diese Maßregel hatte einen wohltuenden Einfluß auf den Geist der Loge. Viele der alten Brüder kehrten zurück, es kam Ordnung in die Verwaltung und in die Kasse, die Aufnahmen aus den besten Kreisen mehrten sich, darunter war der Geheimrat Friedrich Wilhelm von Printzen, der sehr bald an die Spitze der Loge berufen und 1761 zum Großmeister gewählt wurde. Er hat durch seine große Umsicht und Ruhe außerordentlich segensreich gewirkt.

In Berlin waren zwei neue Logen gestiftet worden, die Loge „La petite Concorde", 1754, und die Loge „Aux trois Colombes", die nur geborene Franzosen aufnahm. Sie erhielt 1761 eine erweiterte Stiftungsurkunde unter dem Namen „De l'amitié aux trois Colombes" und die Erlaubnis, auch andere Kandidaten als geborene Franzosen aufzunehmen. Mit der Loge Concorde kam es zu Unstimmigkeiten, auf Grund deren sie sich von der Mutterloge lossagte.

Friedrich Wilhelm Baron v. Printzen

Es war nun das Bestreben des Meisters von Printzen, eine Vereinigung der drei Berliner Logen herzustellen. Seine Bemühungen waren von Erfolg gekrönt. Das Schreiben, in dem die Concorde ihre Wiedervereinigung mit der Muterloge anzeigt, lautet:

„Wir eilen mit Herzlichkeit in Ihre Arme zurück, geliebteste Brüder, und huldigen mit Freude der Großen Königlichen Mutterloge zu den drei Weltkugeln als unserer guten würdigen Mutter. Wir ersuchen Sie, geliebteste und würdigste Beamten unserer guten Mutter, uns brüderlichst ein neues Konstitutionspatent zu ertheilen, wodurch wir für ihre rechtmäßige und älteste Tochter anerkannt und uns die Gerechtsame einer gerechten und vollkommenen St. Johannisloge wirklich verliehen werden. Möge der Ruhm desjenigen Tempels, an welchem wir auch gemeinschaftlich arbeiten werden, sich über die ganze Oberfläche des Erdballs verbreiten, mögen unsere vereinten Jubellieder zum Himmel erschallen und überall selbst die Uneingeweihten überzeugen, daß nur in dem Bruderbunde wahre Glückseligkeit herrscht. Mögen auch diese, von dem Beispiel unserer reinen Sitten durchdrungen, sich alle an uns unter dem schönen Paniere der Vernunft und Tugend anschließen."

In einer etwa vierzehn Tage später abgehaltenen allgemeinen Beamtenloge wurde die Vereinigungsurkunde vollzogen, deren wichtigste Bestimmung folgendermaßen lautet:

„Und weil es augenscheinlich zur Aufnahme des ganzen Bundes und besonders der Logen in der Residenz, auch zur baldigen Ausgleichung aller sich etwa ereignenden Zwistigkeiten gereichen wird, wenn ein oberstes maurerisches Tribunal, aus einem Großmeister und zweien Großaufsehern bestehend, errichtet wird: so sollen die drei Logen noch vor der gewöhnlichen Wahl ihre sämtlichen Beamten zusammenkommen lassen, um diese drei Großbeamten als Directores und Inspectores der drei Logen zu wählen, mit dem Vorrechte, daß sie das Jahr hindurch alle Mißhelligkeiten, die sich zwischen den drei Logen ereignen möchten, schlichten und endigen. Bei diesen Gerichtsverhandlungen sollen ihnen die drei Vorsitzenden Meister der drei Logen assistiren; jedoch ohne entscheidende Stimme, sondern bloß, um ihnen von den vorfallenden Umständen ein näheres Licht zu ertheilen, wie auch um die Protokolle zu führen."

Demzufolge wurde Printzen zum Großmeister gewählt, die Loge Concorde nahm den deutschen Namen „Eintracht" an, den sie bis zum heutigen Tag in hohen Ehren und ständiger Treue zu ihrer Mutterloge geführt hat.

Das maurerische Tribunal hat nicht lange bestanden, es kam zu Differenzen, die dazu führten, daß Printzen und seine beiden Großaufseher ihre Ämter niederlegten, wodurch sich das Tribunal tatsächlich auflöste.

Johann Wilhelm von Zinnendorf

Im Jahre 1765 wurde Johann Wilhelm von Zinnendorf, Generalstabsarzt der preußischen Armee, dessen bedeutsames Wirken wir späterhin eingehend zu behandeln haben werden, zum Meister vom Stuhl der Großen Mutterloge zu den drei Weltkugeln gewählt. Er war unbefriedigt von alledem, was sich als Freimaurerei in jenen Zeitläuften darstellte, und suchte beständig nach der wahren und echten Lehre. Als er seine Hoffnung in den Akten der schwedischen Lehrart gefunden hatte, legte er im Juni 1766 den Hammer nieder. Sein Nachfolger war der Kammergerichtsrat Johann Christian Krüger, der die Rituale der ersten vier Grade umarbeitete. Von besonderer Wichtigkeit ist in dem Abschnitt von den notwendigen Eigenschaften eines Freimaurers folgender Satz:

„Nur ein Christ kann in unseren ehrwürdigen Orden aufgenommen werden, keineswegs aber Juden, Mohammedaner, Heiden. Diejenigen Logen, welche von letzteren jemand zugelassen haben, geben dadurch den sichersten Beweis, daß sie nicht wissen, was ein Freimaurer sei. Wären alle unsere Brüder bereits zu derjenigen Stufe von Tugend gelangt, wohin nur die einzige Moral unserer Religion führen kann, so würde dieser Abschnitt der kürzeste sein. Jetzt aber müssen wir, indem wir die ausschließliche Macht der christlichen Religion, ein böses Herz gutzumachen, ehrfurchtsvoll verehren, nur diejenigen Tugenden anzeigen, ohne deren Ausübung keiner ein taugliches Mitglied unseres Ordens sein kann: Uneigennützigkeit, Verschwiegenheit, Behutsamkeit, Unerschrockenheit, Beständigkeit, Sittlichkeit und Gefälligkeit."

Krüger hat dann in aller Form den Anschluß der Mutterloge zu den drei Weltkugeln an die strikte Observanz unter dem Titel der Präfektur Templin der VII. Provinz vollzogen.

*

Innerhalb der Logen, die in Deutschland errichtet worden waren, haben sich eigentümliche Einrichtungen und Gebräuche entwickelt, die ihre Selbständigkeit und ein bewußtes Abrücken von den englischen Formen beweisen. „So hatte man in fast allen Logen anfänglich eine bestimmte Anzahl Mitglieder festgesetzt, die nicht überschritten werden durfte; war die Zahl voll, so wurden die weiter Aufgenommenen nur als Besuchende zugelassen und rückten bei Lücken, gewöhnlich erst nachdem sie eine nochmalige Ballotage zum Behufe der Erlangung der Mitgliedschaft glücklich überstanden, ein. Die Unzweckmäßigkeit einer solchen Einrichtung ergab sich natürlich sehr bald; man suchte sich daher durch Erhöhung der Zahl der Mitglieder zu helfen, ein Notbehelf, der bald nicht mehr ausreichte, bis man sich dazu entschloß, das widersinnige Gesetz ganz anfzuheben (in Berlin geschah das 1754, in Frankfurt blieb es weit länger bestehen). Bei den Logen Friedrich in Hannover und Jonathan in Braunschweig konnte man sich erst nach erlangtem Meistergrad zum Mitglied der Loge anmelden und mußte sich der Ballotage unterwerfen, die Braunschweiger Loge gab dabei ein besonderes Erkennungszeichen. In Halberstadt konnte man wirkliches Mitglied der Loge erst sechs Wochen nach der Aufnahme, und zwar durch die Mehrheit der Stimmen, werden. Die Nichtmitglieder mußten bei jedem Logenbesuche acht gute Groschen zahlen und hatten bei den Beratungen keine Stimme. In Halle konnte man wirkliches Mitglied erst vier Wochen nach der Aufnahme werden und hatte als Besuchender einen Gulden jedesmal zu entrichten.

Wiederholt kommt es vor, daß ein Bruder Mitglied zweier Logen zugleich ist. Ja, ein solcher erscheint in Braunschweig als Schatzmeister für zwei Logen.

In der Loge St. Charles in Braunschweig kam es vor, daß ein Suchender vor anderen aufgenommen wurde, weil er Johann heiße und solche dieses Namens in französischen Logen immer einen Vorrang genossen hätten.

Die Hamburger Provinzialloge setzte fest, die Kandidaten der Theologie umsonst aufzunehmen, um den Predigern als den ärgsten Feinden der Freimaurerei einen besseren Begriff von der Brüderschaft beizubringen. Dies Gesetz, auch auf die Prediger selbst ausgedehnt, fand in Hannover Annahme.

In Hamburg mußte ein Geselle neun Monate warten, ehe er Meister werden konnte, in Halle drei Monate; in Halberstadt mußte ein solcher sechs Monate lang den Logen ordentlich beigewohnt und bei der Abstimmung die Mehrheit der Stimmen für sich haben. In Halle und noch an mehreren anderen Orten erfolgten oft Proposition, Ballotage, Aufnahme und Beförderung an einem Abend, und das selbst bei einer Festfeier; die Loge zu den drei Sternen in Rostock verlangte hingegen, daß ein Bruder drei Jahre im ersten, sieben Jahre im zweiten Grade stehenbleiben müsse, doch konnte davon dispensiert werden.

In Braunschweig setzte man fest, wo es sich tun ließe, die Aspiranten nicht einzeln anzunehmen, sondern immer drei oder mehr. In Oldenburg wurden gewöhnlich mehrere zusammen aufgenommen, bis sechs. In Frankfurt am Main, wo die Aufnahme in der Vorbereitung, den Reisen, den Mitteilungen der geheimen Gebräuche, des Katechismus und Vorlesung einer Rede bestand, wurden in der Regel drei Aufnahmen an einem Abend vorgenommen, manchmal jedoch fünf, und die Beförderung in den zweiten Grad erfolgte hier gewöhnlich am gleichen Abend, die in den dritten durfte erst am nächsten Tage geschehen. Ein Vorgeschlagener sollte nicht in einer Loge zugleich vorgeschlagen und ballotiert werden, Durchreisende ausgenommen. In Berlin, Leipzig, Hamburg, Braunschweig, Oldenburg wurden die beiden unteren Grade zusammen erteilt, was erst in den sechziger Jahren abgeschafft wurde.

In Frankfurt und Hamburg bestand das Rezeptionstapis (Teppich der Aufnahmeloge) aus schwarzem Wachstuch, worauf das Nötige mit Kreide gezeichnet wurde. An letzterem Orte führte man lange Jahre den Suchenden mit offenen Augen herein, eine schwarze Kammer kannte man nicht. In Halle wurde der Teppich bei jeder Loge neu gezeichnet. In Kniphausen saßen die Versammelten um einen mit schwarzer Wachsleinwand bedeckten Tisch herum, wo auf das Wachstuch das Nötige gezeichnet war.

In Hamburg, Berlin und Frankfurt wurde anfänglich der Meister vom Stuhl nur auf drei Monate gewählt, er ernannte sodann die Beamten. In Halberstadt und Halle wählte die Gesamtheit den Meister und die Beamten, ebenfalls auf drei Monate. In Braunschweig wählte der Meister die Beamten.

Hinsichtlich der Ballotagen waren die Gebräuche fast an jedem Ort verschieden. War nur eine schwarze Kugel gefallen, so konnte sie in Halle der Meister vom Stuhl aus eigener Machtvollkommenheit aufheben, bei mehreren erfolgte Zurückweisung, doch durfte sich der Suchende wieder melden. In Hannover und Halberstadt schloß eine schwarze Kugel aus, in Frankfurt zwei, und dort wie in Halle war der Proponent für die Zahlung der Aufnahmegebühr verantwortlich. Bei der Loge Minerva in Leipzig hatten nur Meister das Stimmrecht, eine Beschränkung, die feit 1757 auch in Halle Eingang erhielt und lange in vielen deutschen Logen Gesetz blieb. Drei schwarze Kugeln schlossen aus, zwei konnte der Meister vom Stuhl aufheben. In Braunschweig gehörten zum Ausschluß ebenfalls drei schwarze Kugeln, und die Abgabe brauchte nicht mit Gründen belegt zu werden; hingegen forderte ein späteres Gesetz in Hamburg, daß, wer eine schwarze Kugel gibt, die Ursache, warum, binnen drei Tagen dem Vorsitzenden anzuzeigen hat. Dieses Gesetz fand in der Weise in Braunschweig Eingang, daß bis zur nächsten Loge der Dissentierende sich zu melden hatte. Die Gründe, die er anführe, sollten unter Verschweigung seines Namens in der nächsten Loge vorgetragen und durch Stimmenmehrheit darüber entschieden werden. Nicht gerechtfertigte schwarze Steine sollen null und nichtig sein. In Kniphausen war dem Meister vom Stuhl eingeräumt, nach Verlauf seiner Regierung denjenigen Kandidaten noch einmal auf die Wahl zu bringen, der das erstemal abgewiesen worden, und dasselbe Recht stand seinem Nachfolger zum drittenmal frei. Erst wenn er auch hier nicht angenommen wurde, konnte er nie mehr vorgeschlagen werden.

Hinsichtlich derjenigen, die in Winkellogen aufgenommen worden waren und sich bei regelmäßigen Logen meldeten, wurde ein gleichförmiges Verfahren nicht beobachtet. An mehreren Orten machte man eine neue Aufnahme zur Bedingung, an anderen unterblieb das, und sie erhielten nur Unterricht. Es mag da wohl manchmal Rücksicht auf die äußere Lebensstellung des Suchenden genommen worden sein.

Auch Wort und Zeichen wurden nicht überall gleichmäßig gegeben, an manchen Orten geschah das sehr mangelhaft, so daß Fälle vorkamen, wo bereits Aufgenommene sich nochmals rezipieren ließen, weil sie die ersteren nicht erhalten oder vergessen hatten. Hier und da wurden Mitglieder und Besuchende katechisiert, die Lokalgesetze und das englische Konstitutionenbuch verlesen, auch Arbeiten vorgetragen, die gewöhnlich gedruckt und dem Verfasser honoriert wurden.

An mehreren Orten waren der Sekretär und der Schatzmeister von Zahlung der Beiträge befreit, an einigen sogar sämtliche Beamte.

Anfänglich hielten die vielen Arbeiten der Aufnahme und Beförderung von einer größeren geistigen Regsamkeit der Logen ab, später brachte das Hereinbringen höherer Grade Wirrwarr und nahm Zeit und Mühe der begabteren Brüder in Anspruch, so daß sich im ganzen nicht soviel über eine innere Tätigkeit berichten läßt, als man erwarten sollte. Doch verlangte die Loge in Naumburg von ihren Mitgliedern, daß sie ihre Zeit auf Erlernung und Ausübung nützlicher Kenntnisse und Erfahrung verwendeten, und es mußte deshalb jeder jährlich eine Arbeit einliefern.

In Braunschweig, wo man mehrere (bis zu zehn) Redner wählte, hatten diese die Verpflichtung, Besuchende zu examinieren, auch bei Rezeptionen die Gesetze und einen kurzen Unterricht von den Pflichten des Maurers zu verlesen. Hier wurden auch 1763 wöchentliche maurerische Zusammenkünfte zur Beförderung und Erlernung der Königlichen Kunst gehalten, die Verbindung führte den Namen „die arbeitenden Maurer“, sie sollte sich mit Mathesis und Moral beschäftigten, der Vorsitz wechselte jedesmal, und der Vorsitzende war verpflichtet, eine selbstverfaßte oder fremde Abhandlung vorzutragen. Auch Bücher sollten angeschafft werden. Die Sache schlief aber bald ein.

In Halle ward schon 1759 eine Bibliothek gegründet; es mußte von da ab jeder Lehrling vor seiner Beförderung eine Abhandlung liefern und ehe er den Meistergrad erhielt, sich einer mündlichen Prüfung, die sich auf Katechismus und Ritual bezog, unterwerfen. (Wilhelm Keller, Geschichte der Freimaurerei in Deutschland. Gießen 1859.)

IV. Ausbreitung der Freimaurerei in Deutschland

In dem Jahrzehnt von 1740 bis 1750 hat sich die Freimaurerei außerordentlich schnell über Deutschland verbreitet. Es lag etwas in ihren Lehren, das dem religiös und politisch zerrissenen Vaterland ein Trostmittel zu bieten schien. Etwas sprach zum Herzen der deutschen Menschheit, was ganz außerhalb aller geistigen Speise lag. Eine deutsche Schriftsprache gab es trotz der Lutherischen Bibelübersetzung, die „im Schrecken der Sünde und im Troste des Evangeliums“ verdeutscht war, im eigentlichen Sinne noch nicht. Nur der gemeine Mann sprach deutsch. Der Gelehrte bediente sich des Lateinischen, die vornehme Welt sprach französisch, und die Dichtung fing gerade an, die Ideale der Sprachgesellschaften zu verwirklichen. Aber wenn auch ihre Sprache deutsch war, die Stoffe und Gedanken waren französisch, englisch oder antik. Die Lyrik beherrschte Anacreon, das Theater die Franzosen, den Roman die Engländer.

Und in der Politik sah es noch verwirrter aus, nur in dem Preußen Friedrichs des Großen herrschte peinliche Ordnung. Im Zweiten Schlesischen Krieg war Friedrich bis zum Jahr 1744 nicht erfolgreich gewesen, und mit dem Tode des Kaisers Karl VII. und der Herzogin von Chateauroux waren alle Pläne des Königs zerstört. Nach dem Frieden von Füssen waren Preußens Gegner derartig übermütig, daß sie von einer Teilung Preußens sprachen. Da wendete sich das Blatt, Friedrich schlug den Prinzen von Lothringen bei Hohenfriedberg und Soor, Ziethen zerschnitt die feindliche Streitmacht, die in die Mark einbrechen wollte, bei Katholisch-Hennersdorf, und der alte Dessauer, bei dem sich der König befand, schlug den Grafen Rutowski mit den sächsisch-österreichischen Truppen bei Kesselsdorf. Am 25. Dezember 1745 wurde Friede geschlossen, „Preußen war in dem Feldzug siegreich für sich, besiegt im Reiche" (Ranke). Friedrich erkannte den Gemahl der Maria Theresia, Franz I., als deutschen Kaiser an, aber Schlesien blieb ihm. Als er am 28. Dezember durch das Kottbusser Tor in Berlin einzog, ritt ihm die Berliner Kaufmannschaft entgegen mit dem Rufe: „Vivat Friedrich der Große!"

In dem politischen Kampf jener Zeit standen sich zwei fürstliche Freimaurer gegenüber, Friedrich und Franz I. Dieser war schon 1731 im Haag

Kaiser Franz I.

durch eine englische Freimaurerabordnung aufgenommen worden und hatte im selben Jahre auf einer Reise in England den Meistergrad erhalten. Das Andersonsche Konstitutionenbuch von 1783 berichtet darüber folgendermaßen: „Seine Königliche Hoheit Franz Herzog von Lothringen (nunmehr Großherzog von Toscana) wurde im Haag durch eine Abordnung zu einer Loge daselbst als Lehrling und Geselle aufgenommen. Diese Abordnung bestand aus dem Rev. Dr. Desaguliers als Meister, de nbeiden Esq. Johann Stanhope und Johann Holtzendorf als Aufseher und einigen andern Brüdern, nämlich Philipp Stanhope, Graf von Chesterfield, Lord Gesandter Strickland Esq.,

Vetter des Bischofs von Namur, Benjamin Hadley und einem holländischen Bruder. Da unser Bruder Lothringen dieses Jahr nach England kam, so rief der Großmeister Lovel eine zufällige Loge auf Herrn Robert Walpoles Landhaus Hougthon-Hall in Norfolk und machte Bruder Lothringen und Bruder Thomas Pelham, Herzog von Newcastle, zu Meistermaurern. Von selbiger Zeit an erinnert sich die Brüderschaft sowohl in der Großloge wie in besonderen Logen Seiner Königlichen Hoheit mit Freuden und auf geziemende Weise."

Friedrich August Graf v. Rutowski

Außerdem war der sächsische Heerführer Friedrich August Graf von Rutowski, ein natürlicher Sohn Augusts des Starken und der Frau von Spiegel, der bei Kesselsdorf geschlagen wurde, Freimaurer, und er hat in den nächsten Jahren in den freimaurerischen Brüderschaften Sachsens eine führende Rolle gespielt. In Warschau aufgenommen, errichtete er 1738 die erste sächsische Loge in Dresden: aux trois aigles blancs – zu den drei weißen Adlern – und wurde ihr erster Meister. Die Mitglieder gehörten in der Mehrzahl der bei Hofe eingeführten Gesellschaft an. Das Ritual war französischen Ursprungs, die Brüder führten, ganz im Stil der französischen Freimaurerei, Ritternamen;

Rutowski hieß Chevalier de l'aigle mit Beziehung auf sein Wappen. Die junge Loge erfreute sich eines derart regen Zuspruchs, daß im selben Jahre noch eine zweite: aux trois glaives d'or – zu den drei goldenen Schwertern – gegründet wurde. Die drei weißen Adler haben scheinbar schon 1743 ihre Arbeiten eingestellt, der Name blieb jedoch erhalten in der neuen Provinzialgroßloge von Obersachsen, die auf Anregung des Barons von Vitzthum gegründet wurde. Rutowski wurde zum Großmeister gewählt und erhielt ein englisches Patent als Provinzialgroßmeister von Obersachsen, das vorher der Erbmarschall von Thüringen, Heinrich Wilhelm von Marschall, gehabt, aber nicht ausgeübt hatte. Am 6. Juli 1741 wurde die neue Großloge feierlich eingesetzt. Aus den drei goldenen Schwertern ist in demselben Jahre die Loge aux trois Cygnes – zu den drei Schwänen – entstanden, so daß die Großloge mit drei Johannislogen ins Leben trat.

Über das freimaurerische Leben sind wir aus einer Rede des Geheimrats Friedrich Wilhelm von Ferber unterrichtet, die er zum Gedächtnis eines verstorbenen Bruders (Johann Julius von Vieth) gehalten hatte: „Die Maurerey hatte fast zu eben dieser Zeit hier (Dresden) ihren Anfang genommen, da der Graf von Rutowski die erste Constitution zur Errichtung einer Loge aus England erhalten hatte. Sie glich in ihrer damaligen Jugend – denn unter uns war sie wirklich neu – der aufblühenden Schöne, die noch unabsichtlich um sich her lächelt, Freude fühlt und Freude verbreitet. Die glücklichsten gesellschaftlichen Abende wurden in der Loge zugebracht, und unbesorgt um höhere Aufschlüsse schienen unsere hiesigen Vorfahren nur den Genuß der gesellschaftlichen Glückseeligkeit zum Zwecke der Maurerey gemacht zu haben. Niemand war geschickter, diese Absicht zu befördern, als unser verstorbener Bruder; niemand wußte besser als er, die Freuden, die er anfachte, zugleich unmerklich in das leichte Joch zu zwingen, das ihnen der strenge Wohlstand der Maurerey und ihrer Ritualgesetze anlegten" (Bergemann, Die Große Landesloge von Sachsen, Dresden 1911).

Die junge Provinzialgroßloge trat mit der 1741 in Leipzig gegründeten Loge aux trois Compas – zu den drei Kompassen – in Verhandlung, um sie an ihre Großkörperschaft anzuschließen, und der Erfolg war günstig. Später kamen dann noch zu dem obersächsischen Sprengel die Altenburger Loge aux trois planches à tracer – zu den drei Reißbrettern –, die Loge zu Sachsenfeld und die zu Rossen, aux trois Equerres – zu den drei Winkelmaßen –, hinzu.

Die Logen, die, wie man aus Ferbers Rede erkennt, sich nur für die Förderung des gesellschaftlichen Lebens interessierten, „unbesorgt um höhere Aufschlüsse", erregten allgemein erhebliches Aufsehen. Die Zeitschrift „Curiosa Saxonica" brachte 1742 in einem größeren Aufsatz das Folgende: „Ein Franc Maçon im weitläufigen Verstand sei ebenso viel als ein Freigeist oder honnête homme, der ohne Zwang und Gewalt alles thue, was an sich selbst honnête ist... Diese Gesellschaft beruht auf einem Bündnis für die Freiheit. – Das Absehen dieser fruchtbringenden Gesellschaft ist auf die Erhaltung der Freiheit im Denken und Glauben, auf Verschwiegenheit, Treue, Générosité und andere Verdienste, endlich auf die Beihülfe armer Genossen gerichtet." Der Verfasser tadelt die Pädagogie der Zeremonien – offenbar meint er die Lehrweise durch Symbole –, „weil sie nicht aller Gemüter Werk wären und einigermaßen selbst mit der Freiheit als etwas Gezwungenes stritten, denn die Hauptabsicht könne auch ohne solche zunftmäßige Ceremonie erhalten werden, und das, was dazu komme, scheine ein verzierender Überfluß und einer reinen und nüchternen Philosophie, welche das simple sans cérémonie liebe, nicht allerdings gemäß zu sein" (Bergemann a. a. O.).

Es sind das im Grunde dieselben Vorwürfe, die wir heute noch von der außerhalb der Freimaurerei stehenden Welt hören. Für die Zeit von 1742 darf das nicht wundernehmen, denn es war die Zeit nüchternster Pedanterie, gerade in Sachsen, wo auf der Leipziger Hochschule Gottsched als Literaturpapst thronte, wo der alte Gleim und Gellert lehrten; eine Zeit unerträglicher Beckmesserei, die den jungen Studenten Lessing und seine Freunde zur Verzweiflung brachte.

In Leipzig wurde 1746 die Loge Minerva gegründet, die sich im Gegensatz zu der eingerissenen Französelei vorgenommen hatte, in deutscher Sprache zu arbeiten, und die sich später mit den drei Kompassen vereinigte. Von der Provinzialgroßloge wurde in der Folgezeit nicht viel mehr getätigt. Der Landesgroßmeister Graf Rutowski hat noch 1753 in Leipzig eine unrechtmäßige Loge verboten, dann aber ist die Provinzialloge von Obersachsen in den Stürmen des Siebenjährigen Krieges untergegangen, nachdem sich ein Teil ihrer Sprengellogen der strikten Observanz zugewandt hatte. –

Es war eine natürliche Folge der Mitgliedschaft des deutschen Kaisers und des Königs von Preußen sowie anderer deutscher Fürsten, hoher Offiziere und Beamter, daß die Freimaurerei schnell in diesen Kreisen Deutschlands Eingang fand. Aber es ist auch natürlich, daß sich schon um die Mitte des achtzehnten Jahrhunderts die beiden Richtungen klar voneinander schieden: die preußische und die englische. Wir haben gesehen, daß die Große Mutterloge zu den drei Weltkugeln mit äußerster Entschiedenheit die christliche Grundlage der Freimaurerei betonte, während die englischen Provinzialgroßlogen, die in Hamburg und Dresden und später in Hannover und Frankfurt gegründet wurden, keinen Unterschied in Religion oder Bekenntnis machten.

Wenn Friedrich der Große sich bald nach seinem Regierungsantritt auch nicht aktiv an der Logenarbeit beteiligte, so zeigte er doch in allen seinen Handlungen den Freimaurer. Man kommt über ihn durchaus zu einem Fehlurteil, wenn man ihn nur daran mißt, was äußerlich als Politik, als Kriegstat oder als Verwaltungsakt in die Erscheinung trat, man lernt den großen König erst kennen, wenn man sich in seine Geisteswerke, besonders die geschichtlichen, vertieft. Unbestechliche Wahrheitsliebe, eine geistvolle Anschauung des geschichtlichen Problems und eine blendende Sprache. Wir sehen ganz den pflichtbewußten König, der an sich die höchsten Anforderungen stellte, aber auch von seinen Beamten ungeheuer viel verlangte, „denn Wir sie davor bezahlen". Sein tiefes Gefühl für Gerechtigkeit ließ ihn die Reform der Justiz durchführen, die ihm ganz Europa nachgemacht hat. In religiösen Dingen war er duldsam. Wenn die Preußen nur gute Untertanen waren, so standen sie seinem Herzen nah, mochten sie Calvinisten, Lutheraner oder Katholiken sein. Ein Freigeist, als den er oft hingestellt wurde, ist er gar nicht gewesen, noch viel weniger ein Atheist. Die rührenden Briefe an seinen getreuen Fredersdorf, der ja auch Freimaurer war, sprechen durchaus von einer Gotteserkenntnis und einem Gottesglauben des Königs. Wenn er, wie viele Feinde der Freimaurerei behaupten, sich zu ihrem Gegner entwickelt hätte, so würden nicht fast alle maßgebenden Personen seiner Umgebung Freimaurer gewesen sein. Zu wichtigen Geheimaufträgen nahm er nur Freimaurer, so den Grafen Gotter, um seine Ansprüche auf Schlesien in Wien zu erheben, mit der geheimen Weisung, die Verhandlungen so lange hinzuziehen, bis das preußische Heer die Grenze überschritten hätte, so Truchseß und Bielfeld in Missionen nach England; die Beispiele ließen sich beliebig vermehren. Seine nächsten Verwandten, seine Generale, Ferdinand von Braunschweig, Schwerin und Keith, waren Freimaurer, seine näheren Freunde natürlich, die meisten der höheren Beamten gehörten zur Loge.

Diese Einstellung Friedrichs verlieh naturgemäß Berlin eine Suprematie in der Freimaurerei, die schließlich stark genug war, die englische Großlogenregierung völlig auszuschalten und der Freimaurerei in Deutschland ein nationales, allerdings zunächst ein ausgesprochen preußisches Gepräge zu geben. Aber das Preußische fing damals schon an, das Deutsche zu vertreten. Friedrich fühlte sich trotz eines gemäßigten preußischen Absolutismus als deutscher Reichsfürst, und er war sicher mehr Deutscher als der deutsche Kaiser Franz I. Sein offizieller Titel war ja auch römischer Kaiser, er selbst war ganz Österreicher, schon rund ein halbes Jahrhundert, ehe das römische Kaisertum deutscher Nation erlosch und das habsburgische Kaiserhaus die alte friderizianisch-theresianische Rivalität fortsetzte, bis sie auf dem Schlachtfeld von Königgrätz zugunsten der preußisch-deutschen Vormacht entschieden wurde.

Es ist verständlich, daß diese politische Entwicklung auch die Überlegenheit der altpreußischen Freimaurerei in Deutschland bedingte, eine Tatsache, die noch plastischer hervortrat, als Zinnendorf die schwedische Lehrart in Deutschland einführte.

Die Mutterloge zu den drei Weltkugeln nahm immer entschiedener den Charakter einer regierenden Großloge an, und sie wurde auch in Preußen als solche angesehen, denn die Logengründungen gehen fast alle auf Urkunden der Mutterloge zurück. Eigenartig ist, daß in diesem ersten Jahrzehnt der Freimaurerei die deutsche Gelehrtenwelt sich beinahe geflissentlich von ihr fernhielt, nur ganz vereinzelt begegnen wir einem Professor unter den Mitgliedern, besonders in Universitätsstädten. Wir kennen keinen bedeutenden Mann der Wissenschaft, der sich für die Königliche Kunst interessiert hätte. Allenfalls die Ärzte zeigten Neigung für die Sache, aber das mag mehr aus wirtschaftlichen als aus geistigen Motiven geflossen sein. Die Theologen wurden durch die entschieden feindliche Stellung der Kirche evangelischen wie katholischen Bekenntnisses ferngehalten. Es waren im wesentlichen Offiziere, Beamte, adlige Gutsbesitzer und Kaufleute, die sich zu freimaurerischen Brüderschaften zusammenfanden. Erst mit der Errichtung der Großen Landesloge der Freimaurer von Deutschland beginnt die Wissenschaft zur Freimaurerei Stellung zu nehmen, da erwachte die Kritik und setzte sich mit den Grundfragen geschichtlicher, theologischer und philosophischer Natur auseinander. Von dieser Zeit an kann man die Freimaurerei als eine Kulturerscheinung bezeichnen. Unendlich viel war schon gewonnen, daß durch die Gründung einer deutschen Großloge das Nationale in den Mittelpunkt gestellt, und daß eine Autorität geschaffen wurde, die mit Übergehung Englands gültige Konstitutionsurkunden ausfertigen konnte. Wir besitzen ein solches Dokument für die Loge zu den drei goldenen Hammern in Halberstadt vom 28. Januar 1746. Die Große Mutterloge hatte sich im Hause ihres ersten Aufsehers versammelt und am 13. Januar folgenden Beschluß gefaßt: „Der Bruder Philipp Jacob Schmidt, Weinhändler in Halberstadt, hat bei unserer Loge Ansuchung getan, daselbst eine echte und regelmäßige Loge von Freimaurern errichten zu können. Die Mitglieder Brüder haben wegen dieses Ansuchens gestimmt, und nachdem solches ohne eine Wider-Stimme geschehen, so ist in sein Ansuchen accordiert worden und er zugleich zum deputierten und regierenden Meister zur Errichtung dieses neuen Gebäudes ernannt worden. Der Bruder Secretair Roblau (er selbst schreibt sich Robleau) ist beordert worden, das benötigte Patent unter dem Titel der drei goldenen Hammer zur Errichtung dieser neuen Loge zu verfertigen."

Darauf wurde die Urkunde ausgestellt, die folgenden Wortlaut hatte: „Wir Regierender Meister, Aufseher, Schatzmeister, Secretarius, Stuarts und Mitglieder der ehrwürdigen und vollkommenen Loge der drei Weltkugeln, in Berlin mit Bewilligung Unsers Allergnädigsten Königs und Herrn etabliert, an alle gegenwärtige und zukünftige Brüder Unsern Gruß.

Kund und zu wissen sey hiermit allen denen, so daran gelegen. Nachdem unsere sehr liebe und sehr werthe Brüder, die Freymaurer zu Halberstadt, uns auf brüderliche Art zu vernehmen gegeben, wie sie gesonnen wären, zu gedachtem Halberstadt eine ordentliche und regelmäßige Loge der Freymaurer zu errichten, wenn wir uns gefallen lassen wollten, Ihnen dazu die gehörige Autorität und Macht zu ertheilen; Als haben Wir dieses Ansuchen in reifliche Erwägung gezogen und demselben um so viel williger Gehör gegeben, als wir uns für überzeugt halten, daß es Unsern dortigen lieben und werthen Brüdern an keiner von den edeln Eigenschaften fehlen werde, die einen wahren und echten Freymaurer ausmachen.

Wir setzen, verordnen und errichten also hiermit diese Freymaurer-Loge zu Halberstadt, kraft der uns verliehenen Macht, mit allen Ehrenzeichen der Freymaurerey und erklären dieselbe zu einer ordentlichen und vollkommnen Loge, welche alle diejenigen Rechte, Freyheiten und Vorzüge besitzet, die allen ordentlichen Logen unstreitig zukommen und gehören und halten Sie von nun an für unsere liebe und werthe Tochter unter dem Titel der dreyen Goldnen Hammer.

Da aber keine Gesellschaft ohne einen Regenten bestehen kann, welcher Ordnung und Gehorsam erhält, und einen Jeden zu seinen gehörigen Verrichtungen anweiset, So ernennen Wir zugleich Unsern sehr lieben und sehr ehrwürdigen Bruder Philipp Jacob Schmidt aus Halberstadt, als unsern Abgeordneten Meister, zum Regierenden Meister gedachter vollkommner Loge, mit aller derjenigen Gewalt und mit allem dem Ansehen, welche dem Oberhaupte einer regelmäßigen Loge zukommen, wie Wir denn die Hoffnung zu ihm haben, Er werde den Fortgang Unsers geheiligten Bundes mit allem Nachdruck befördern und nur solche Mitarbeiter annehmen, die würdig sind, das geheimnißvolle Winkelmaß näher kennen zu lernen.

Der Allerhöchste Baumeister der Welten nehme diesen neuen Tempel in seinen Schutz, damit Er zu seiner gehörigen Pracht und Vollkommenheit gelange und eine Zuflucht der Weisheit, der Tugend und der Wissenschaften werde.

Zu mehrerer Bekräftigung haben Wir diese Vollmacht eigenhändig unterschrieben und mit dem Petschaft unserer Loge besiegelt.

Berlin, den 28. Januarii 1746.

gez. J. Fabris,	Gerresheim,	Wahl,
Meister auf dem Stuhl.	p. t. erster Vorsteher.	zweiter Vorsteher.
Schmiel,	J. J. Robleau,	
Trésorier.	Secretaire.“	

Bei dieser Gründung ist eine interessante Einzelheit zu bemerken, die beweist, wie eng in jener Zeit der Gesichtskreis der Freimaurerei war. Als die Großloge den mit ihr in Briefwechsel stehenden Logen Anzeige von der Errichtung der neuen Brüderschaft machte, erfuhr es auch die Loge in Halle, und zwei ihrer Brüder verlangten, daß die Loge Einspruch gegen den ernannten Meister bei der Großloge erheben sollte, da die Persönlichkeit des Führers – er war Weinhändler – und sein Ruf in Halberstadt dem Fortkommen der Loge nicht dienlich seien. Dieses Ansinnen wurde abgelehnt, aber nicht etwa, weil man die Gründe für ungerechtfertigt gehalten hätte, sondern weil ja mit diesem Meister die Loge nur angefangen habe, er doch bloß das Werkzeug gewesen sei, den Brüdern eine Konstitution zu beschaffen. Man würde wohl sehr bald einen andern an seine Stelle wählen. Das geschah in der Tat, denn schon am 26. Mai 1746 wurde Freiherr von Hünecke zum Meister vom Stuhl gewählt.

Dieser war in Braunschweig aufgenommen, wo sich unter der Konstitution der englischen Provinzialgroßloge von Hamburg und Niedersachsen 1744 eine Loge mit dem Namen Jonathan gebildet hatte. Interessant ist dabei die Form der gesetzlichen Errichtung. Es waren einige anderwärts rechtmäßig aufgenommene Brüder zusammengetreten und hatten Loge gehalten und Aufnahmen sowie Meisterbeförderungen vollzogen. Zum Vorsitzenden Meister war der fürstlich Gandersheimische Kammerjunker Ernst Karl Lebrecht von Kitzleben gewählt worden, der denn auch von der Brüderschaft den Auftrag erhielt, über das Geschehene an die Hamburger Großloge zu berichten und ihre Bestätigung nachzusuchen. Er erhielt zustimmende Antwort und die Mitteilung, daß er zum abgeordneten Großmeister ernannt fei. Die Konstitutionsurkunde scheint erst Monate später eingegangen zu sein, denn die feierliche Einsetzung wurde auf den Tag Johannis des Evangelisten, 27. Dezember, festgesetzt.

„An diesem Tag wurde zuerst ordentlich Loge gehalten, in welcher der Prinz Albrecht von Braunschweig und der seiner Person attachierte Kammerjunker von Welling als Lehrling und Gesellen aufgenommen, und in gleich darauf gehaltener Meisterloge der Prinz und ein älterer Bruder zu Meistern und Mitgliedern der Loge angenommen wurden. Nachdem diese Meisterloge ein Viertel auf zehn Uhr geschlossen war, machte der abgeordnete Großmeister bekannt, daß er die Bestätigung der Loge Jonathan gleich vollziehen wolle, ernannte seine Großbeamten, unter diesen den Prinz Albrecht zum zweiten Großoberaufseher, entfernte sich mit ihnen in das für ihn zubereitete Zimmer, wo die Beamten die (damals nur den Großbeamten gebührenden) blau eingefaßten Schurzfelle anlegten und sich mit den Großkleinodien bekleideten. Nun sandte der abgeordnete Großmeister seinen Großschwertträger in die Loge, und ließ ihr, nebst brüderlicher Begrüßung anzeigen, daß er angelangt wäre, um die Loge zu bestätigen. Der erste Oberaufseher und der Secretair der Loge (in diesem, vom Gr. Geheimschreiber angefertigten Protokoll heißt er immer Geheimschreiber) wurden abgeschickt, den sehr ehrwürdigen abgeordneten Großmeister gebührend zu bewillkommnen und nochmals um Bestätigung der Loge Jonathan geziemend zu ersuchen. Er schickte nun seinen Viceabgeordneten Großmeister in die Loge, die gehörige Untersuchung anzustellen und die weißen Stäbe für die Großschaffner abzufordern. Auf dessen Bericht, er habe die Brüder in guter Verfassung, auch die Loge wie eine Gesellenloge zubereitet, und die Kleinodien auf dem Tische liegend gefunden, verfügte sich der abgeordnete Großmeister in folgender Ordnung zur Loge: 1. die beiden Großschaffner mit den Stäben; 2. der Großschatzmeister mit dem Commissorium; 3. der Großgeheimschreiber mit der Bestätigung oder Konstitution (Jedes auf einem weißen seidenen Kissen mit gelben Kanten); 4. die Großoberaufseher mit dem weißen und schwarzen Logenbuche (das weiße ist das Protokollbuch, in dem vorn auf dem Pergament das Mitgliederverzeichnis); 5. der Großschwertträger mit dem Staatsschwert und 6. der Sehr Ehrwürdige abgeordnete Großmeister nebst seinem Viceabgeordneten Großmeister Brüder von Hünecke mit dem Staatshammer zu seiner Linken. Nachdem der letztere ordentlich angeklopft und die Türen der Loge geöffnet waren, ging der abgeordnete Großmeister hinein, hielt den gewöhnlichen Umgang, und als er an seinen Ort getreten, auch das Staatsschwert vor ihm niedergelegt worden, so eröffnete er die Großloge mit allen ordentlichen und gerechten Ehrenbezeugungen der Freimaurerei, hielt eine Rede und bestätigte im Namen der Sehr Ehrwürdigen Großloge in Hamburg und Niedersachsen die Loge Jonathan, deren Meister vom Stuhl, Oberaufseher, Geheimschreiber und übrige Beamte, übergab dem abgeordneten Meister vom Stuhl die Bestätigung oder Konstitution und die Bücher der Loge, erklärte auch jedem seine Pflichten, die sie zu vollführen versprachen, und nachdem der Meistergesang gesungen war und der Bruder Oberaufseher namens der Brüder pflichtgemäß gedankt hatte, schloß der abgeordnete Großmeister die Großloge und befahl dem Meister vom Stuhl, ordentliche Loge zu halten. Man ging nun in großer Prozession in den Speisesaal: voran die Brüder Schaffner, die Lehrlinge und Gesellen, die Meister und Mitglieder der Loge, die besuchenden Brüder, die Brüder Secretair und Schatzmeister; die Brüder Oberaufseher, der abgeordnete Meister vom Stuhl, und zuletzt die Großbeamten; hielt den zweiten Umgang, setzte sich und die Brüder unterschrieben die Gesetze. Nun eröffnete der abgeordnete Meister vom Stuhl die Loge, brachte die Pflichtgesundheiten aus und schloß die Loge wieder.

Dann erst wurde aufgetragen. Die Tafel war köstlich angerichtet und mit herrlichen Speisen und Getränken versehen. Die 34 anwesenden Brüder waren fröhlich, es ging alles in schönster Ordnung zu und wurde also dieses feierliche Fest vergnügt und prächtig um zwei Uhr nachts geschlossen." (Fr. H. A. Lachmann, Geschichte der Freimaurerei in Braunschweig.)

Die Konstitutionsurkunde ist im Original nicht erhalten, aber im Archiv der Braunschweiger Loge Carl zur gekrönten Säule findet sich eine Abschrift, die das Datum des 12. Februar 1744 trägt: „Wir Matthias Albrecht Lütman, constituierter Provinzial-Großmeister von Hamburg und Niedersachsen der alten und Ehrwürdigen Gesellschaft der freyen und angenommenen Maurer, grüßen in bestimmter Ordnung alle unsere Sehr Ehrwürdigen, Ehrwürdigen und geliebte Brüder." Der Großmeister ernennt darin den Bruder von Kitzleben zu einem deputierten Großmeister von der Sehr Ehrwürdigen Großen Loge von Hamburg und Niedersachsen, zu Braunschweig, damit er an seiner Statt die Loge Jonathan gehörig einrichten und konstituieren möge; bestimmt auch, daß der Bruder von Kitzleben beständig die Ehre eines von der Sehr Ehrwürdigen Großen Loge deputierten Großmeisters zu Braunschweig genießen und sich der allein den Großbeamten zuständigen, blau unterfütterten Schürze bedienen soll. Er soll gehalten sein, ein gutes Auge auf die Loge Jonathan zu halten, im nötigen Falle ihr mit Rat und Tat beizustehen, Friede, Ruhe und Einigkeit zu erhalten suchen, und was sonsten zum Nutzen und Vorteil derselben ist, auszuwirken sich bemühen, doch aber soll er sich keiner Gewalttätigkeit über selbige anmaßen, noch dem Meister oder anderen Beamten einigen Eingriff tun. (Lachmann a. a. O.)

Einer der späteren Meister, Ernst Sigismund Baron von Lestwitz, wurde 1764 zum englischen Provinzialgroßmeister der herzoglich braunschweigischen Lande ernannt. Er hat aber seine Großloge nie eingerichtet, weil er schon mit der strikten Observanz zwecks Übertritt verhandelte, der dann 1765 erfolgte.

In ähnlichen Formen vollzogen sich die meisten Gründungen von Logen in Deutschland. In Frankfurt am Main hatte gelegentlich der Kaiserkrönung Karls VII. der französische Gesandte Marquis de Belleisle mit einigen andern Diplomaten die Loge L'Union gestiftet, deren erster Meister der sächsische Legationssekretär Friedrich Wilhelm Steinheil wurde. Aus der Loge heraus wurde das Konstitutionenbuch ins Französische übersetzt, und es wurde abwechselnd in deutscher und französischer Sprache gearbeitet. Die Stiftungsurkunde der Londoner Großloge ist vom 8. Februar 1743 datiert. Die Loge, die sich deutsch „Zur Einigkeit" nannte, hat wechselnde Schicksale gehabt, mußte sogar vorübergehend geschlossen werden, aber sie hat tapfer allen Einflüssen widerstanden. Wir besitzen eine Rede ihres ersten Meisters zur

Marquis de Belleisle

Aufnahme eines Kandidaten, die den Brüdern so bedeutend erschien, daß sie als Belehrung des öfteren vorgelesen wurde:

„Unter allen erhabenen Grundsätzen, die zur Glückseligkeit im menschlichen Leben beitragen, ist ohne Zweifel der am heilsamsten, ersprießlichsten, der nie unserm Gedächtnis entfallen sollte, der uns lehrt, nach einer dauerhaften Lebensansicht zu streben. Bei dem Unbestande und der Gebrechlichkeit der Verhältnisse im menschlichen Leben verdient, was oberflächlich ist, keineswegs unsere Beachtung. Indem wir uns mit trügerischem Scheine begnügen, sehen wir uns in unsern weitstrebenden Erwartungen getäuscht, gerade in dem Augenblick, in dem wir mit der größten Zuversicht auf sie rechnen. Ein Gebäude, wie prachtvoll es errichtet sein mag, muß unfehlbar einstürzen, wenn es nur auf Sand gegründet ist. Je weiter der Bau vorrückt, um so mehr droht ihm sein Einsturz. – Wie verschieden davon ist ein fest gegründetes Werk. Seine Stärke sowie sein Wert besteht in dem unerschütterlichen Fundament, und was auf diesem aufgeführt ist, trotzt der Zerstörung in allen Zeiten.

Dieser weise Grundsatz, der allgemein bewährt ist, ist unschätzbar in seiner Anwendung auf die menschliche Gesellschaft. Das menschliche Herz, von Natur unbeständig und flüchtig, ist nicht geneigt, sich unverbrüchliche

Gesetze aufzuerlegen; schnell entsagt es mit Widerwillen dem Gegenstande, dem es jüngst mit so vielem Eifer nachstrebte. Damit also die Bande dieser Gesellschaft recht fest verknüpft seien, ist es not, daß uns Weisheit zur Seite stehe, die uns Grundsätze vorzeichnet, die wir nie aus dem Gesichte verlieren sollen. Sie setzt dadurch unserer Unbeständigkeit Schranken.

In dieser Ehrwürdigen Gesellschaft sind diese Grundsätze mit dem größten Erfolg aufgenommen und angewendet worden. Indem wir alles entfernen, was störend sein könnte, indem wir alles empfehlen, was zu unserer Erhaltung und zu unserem Glück frommt, sehen wir noch heute unser Gebäude so fest gekittet, daß nichts seine Grundlage zu untergraben vermag. Um Ihnen demnach eine richtige Ansicht von der Trefflichkeit unserer Brüderschaft zu geben, will ich Sie einige Blicke hineintun lassen und Ihnen erklären, worin sie bestehe und welche Eigenschaften sie habe. Die Erhabenheit des Gegenstandes bedarf keines weiteren Rückhaltes, keines erborgten Schmucks, daher werde ich sprechen schlicht und so gedrängt wie möglich.

Die Maurerei, die in unsern Tagen so berühmt ist, ist eine Verbindung einsichtsvoller Männer, die, vereinigt durch das Band der Bruderliebe, geleitet durch die Grundsätze der Moral, sich bestreben, eine vernünftige Gesellschaft zu bilden, zu der jedes Mitglied alle Eigenschaften mitbringen soll, die die Gesellschaft nützlich und angenehm machen.

Da der Mensch unter allen Geschöpfen, seiner Natur zufolge, das geselligste Wesen ist und einer nicht ohne den andern bestehen kann, so folgt daraus, daß die Grundsätze der reinen Maurern mit der Welt zugleich entstanden sind. Vor etlichen Jahrhunderten wurden sie in die Gestalt gebracht, unter der wir sie jetzt kennen.

Die sich zuerst der Sorge unterzogen, unsere Brüderschaft in unserm erhabenen Orden umzugestalten, hielten es für zweckmäßig, vermittels einer symbolischen Andeutung, als freie oder Freimaurer auszutreten. Der Werkmaurer mit der Wasserwaage und dem Winkelmaß in der Hand sucht sein Werk nach dem Zirkel und dem Quadrate einzurichten. So sollen auch wir alle unsere Handlungen mit der Wasserwaage und dem Winkelmaße der Tugend und der Klugheit bemessen, damit sie nach graden Winkeln und dem Zirkel keine Unebenheit an sich tragen. – Der Werkmaurer strebt durch die Gebäulichkeiten, die er aufführt, sich vor dem widrigen Einflusse der Witterung zu schützen. Wir müssen uns erforschen, um uns einen undurchdringlichen Schutz zu erbauen gegen die Untreue und das Mißgeschick, dadurch, daß wir die dauerhaftesten und unerschütterlichsten Grundsätze zur Grundlage unseres ganzen Lebens machen.

Nach dem, was ich Ihnen gesagt habe, sehen Sie leicht ein, daß man, um ein guter, ein vorzüglicher Maurer zu werden, keine geringen Talente oder gemeine Gesinnungen haben dürfe. Darum zeichnet sich unsere wunderbare Kunst so überaus vor den anderen menschlichen Gesellschaften aus, weil sie auf so feste und ausdauernde Grundsätze gegründet ist, daß sie nur mit der Vernichtung dieser Welt sich auflösen kann. – Um mich maurerischer Ausdrücke zu bedienen, so muß ich Ihnen sagen, daß das Geheimnis, das Sittengesetz und die gute Gesellschaft die drei Pfeiler und Schwibbogen sind, die das prachtvolle Gebäude der Maurerei stützen. Nach jedem dieser drei Grundpfeiler sind uns besondere Pflichten vorgezeichnet, an die wir durch heilige Bande geknüpft sind.

Betrachten wir das Geheimnis, so müssen wir nicht allein alles unverletzlich hehlen, was bei uns Geheimnis heißt, und von dem ich Ihnen schon zum Teil die Erklärung gegeben. Wir müssen auch im allgemeinen uns selbst studieren, um verschwiegen zu sein in allen unsern Worten und Handlungen. Sie kennen zu gut den großen Nutzen dieser Tugend der Verschwiegenheit, als daß ich mich jetzt länger dabei aufhalten müßte.

Das Sittengesetz, der zweite Grundpfeiler, der unter sich alle sittlichen Tugenden in ihrem ganzen Umfange begreift, verlangt von uns, daß wir nicht nur in unsern Sitten immer geordnet und anständig seien, es verlangt auch, daß wir nichts tun, wodurch die Sittlichkeit verletzt werden konnte. Diese Gerade könnte der Prüfstein eines wahren Maurers genannt werden. Wie groß auch unsere Rücksicht gegen Personen ist, die durch ihre Geburt und den hohen Rang, in dem sie in der Welt stehen, Auszeichnung vor der Welt verdienen, so beachten wir eigentlich unter uns den Menschen nur, insoweit er gut ist von Natur, und indem wir in dieser Beziehung nur die Wasserwaage der Natur anlegen, schätzen wir uns alle als Brüder. Indem wir also den Lehren des Sittengesetzes, das hauptsächlich die menschliche Gesellschaft vereinigt, folgen, fragen wir bei der Wahl unserer Brüder nicht nach ihrem Glaubensbekenntnisse. Wir sind zufrieden, daß sie mit dem Gepräge der Redlichkeit gezeichnet seien. Es ist ausdrücklich verboten, daß in unsern Versammlungen über Gegenstände der Religion gesprochen werde, um unsern Mitgliedern nicht lästig zu werden, und um alle Mißverständnisse zu vermeiden, die bekanntlich aus derlei Art von Erörterungen entspringen. Zuchtlose Reden sind nicht minder unverträglich mit der Sittlichkeit; daraus folgt, daß wir uns jeglicher Art leichtfertiger und unsittsamer Gespräche enthalten, die keusche Ohren verletzen und reinen Gemütern nie dienen können.

Die gute Gesellschaft, als dritter Grundpfeiler, lehrt uns die Pflichten gegen die Verbindung kennen, derzufolge jeder nach seinen Kräften alles beitragen muß, um sie nützlich und angenehm zu machen. Wir sind daher verbunden, alles fernzuhalten, was Unordnung herbeiführen und die harmonische

Einigkeit, die immerdar unter uns herrscht, stören könnte. Darum ist uns unbedingt untersagt, über politische Gegenstände zu sprechen, was meistenteils nur Uneinigkeit und Zwietracht herbeiführt.

Nach dieser kurzen Erörterung über unsere Grundsätze und daher abgeleiteten Verpflichtungen werden Sie leicht einsehen, daß unsere Brüderschaft nur einen ebenso guten als löblichen Zweck haben kann. Dieser so wünschenswerte Zweck besteht überhaupt darin, daß wir durch tugendhafte Nacheiferung nach allem streben, was gut ist und ehrbar, daß wir gemeinsam an unserer Glückseligkeit wirken, und daß wir insbesondere anmutig und nützlich die Stunden der Ruhe und Erholung bei uns zubringen, die der Erquickung beides, des Leibes und des Geistes, gewidmet sind.

Um zu einem so rühmlichen Ziele zu gelangen, ist es das richtigste Mittel, seine Leidenschaften zu bemeistern. Wir machen es uns zur rühmlichsten ersten Pflicht, diese Meisterschaft und diese so edle Herrschaft über uns zu erlangen. Der Name Freier- und Freimaurer, den wir angenommen haben, drückt vollkommen die erste Pflicht eines Maurers aus, denn niemand kann frei genannt werden, wenn er nicht jene Wallungen, jene stürmischen Aufregungen besiegt hat, die man Leidenschaften nennt.

Hieraus ist augenscheinlich, wie nützlich und hochwürdig unsere erhabene Kunst ist. Der ganze Umfang ihrer Größe faßt sich in dem einen Satze, den niemand ableugnen kann: daß bei uns alles Schöne und Tugendhafte gehegt und ausgeübt wird, und daß alles Schlechte und Lasterhafte auf immer von uns verbannt ist. Und in der Welt ist unsere Gesellschaft die einzige, die sich dieser Eigenschaft rühmen könnte.

Die glänzende Wirkung dieser Grundsätze beschränkt sich nicht auf unsere Verbindung allein. Ein guter Maurer ist ein achtungswertes Glied in jedem Verhältnis und Stande. Um hiervon vollkommen überzeugt zu sein, darf man nur seinen Charakter prüfen. Hiervon einige Grundzüge:

Der wahre Maurer ist ein beneidenswerter Mensch. Tugend, Mäßigung und Klugheit leiten alle seine Schritte. Voll Achtung gegen seine Vorgesetzten, gesellig und höflich gegen seinesgleichen, mitleidig und menschlich gegen Geringere, gibt er jedem die Achtung, die er verlangen kann. Die Erfüllung seiner Obliegenheiten ist seine erste Beschäftigung. Im festen Streben nach Gründlichkeit stört nichts seine Gemütsruhe. Er ist gemäßigt in seinen Wünschen, bescheiden in seinem Benehmen, zugänglich im Umgang, besonnen in seinen Reden, umsichtig in seinen Handlungen, gewissenhaft gegen sein Versprechen, liebevoll als Bruder, treu als Freund. Ach, welch eine große Zahl anderer trefflicher Eigenschaften besitzt er noch?

Dieses kann Ihnen für jetzt genügen, um Ihnen die ersten Ideen und Kenntnisse von der Größe unserer erhabenen Kunst zu gewähren. Sie sehen selbst, daß alles, was Sie soeben gehört haben, weit entfernt, Ihrer Aufmerksamkeit unwert zu sein, sie Ihnen immer lieber, teurer und unschätzbarer machen muß. In dieser gerechten Erwartung haben wir mit Vergnügen Sie dieser würdigen Gesellschaft angereiht, und da Ihre guten anerkannten Eigenschaften uns willkommen sind, so erwarten wir, daß auch Sie sich bestreben werden, mit Eifer und Inbrunst sich den Charakter eines vollkommen würdigen Bruders anzueignen. Sie dürfen dagegen mit Zuversicht von unserer Seite alles erwarten, was Sie von unserer aufrichtigen Anhänglichkeit und Bruderliebe überzeugen könne."

Diese Rede ist wichtig, weil sie die Gedanken der damaligen Freimaurerei in einer klaren Form zum Ausdruck bringt. Sie zeigt, daß die führenden Männer ihre Aufgabe ganz im Sinne der alten Pflichten des Konstitutionenbuches auffaßten. Daß wahre Freimaurerei bei weitem höhere Ziele in sittlich-religiösem Sinne hat, begriff Steinheil nicht, konnte es auch nicht begreifen, denn alles das, was ihm die Londoner Großloge und die Hamburger Provinzialloge an geistigen Schätzen zu bieten vermochten, war eben sehr gering und erfüllte notdürftig die Bedürfnisse eines gesellschaftlichen, etwas schöngeistig angehauchten Vereins. Daher kann man sich nicht wundern, daß die Freimaurer des achtzehnten Jahrhunderts willig den verschiedensten Abenteurern, die ihnen geheime Kenntnisse versprachen, Gehör schenkten.

Geistig bedeutender sind einige Reden aus der Loge zu den drei goldenen Schlüsseln in Halle und zu den drei Rosen in Sachsenfeld, der „Wander- und Ambulantenloge", wie sie ihr Stifter Friedrich Ludwig Graf von Solms in einem Briefe nannte. Sie sind im Jahre 1744 bis 1747 gedruckt worden. Die Drucke sind ganz außerordentlich selten. Da sie jedoch für das geistige Niveau der Logen um 1745 wie überhaupt der deutschen Kultur bezeichnend sind, wollen wir sie wenigstens im Auszug geben.

Die erste Rede wurde am Johannistage 1744 in der Loge zu den drei goldenen Schlüsseln von dem Redner gehalten. Es war dies Andreas Weber, geboren am 27. März 1718 in Eisleben. Er wurde 1749 außerordentlicher Professor der Philosophie in Halle, ging 1750 als Ordinarius nach Göttingen und 1770 in derselben Eigenschaft nach Kiel, wo er 1781 gestorben ist. Zu welcher Zeit er in die Loge eintrat, ist nicht bekannt. Der Titel seiner Rede lautet: „Das Erhabene worzu die Freymaurerei ihre ächten Schüler führet." Wir geben die Auszüge in moderner Rechtschreibung, da es ja nur auf den Inhalt der Reden und nicht auf ihre diplomatische Genauigkeit ankommt:

„Diese sind die Vorzüge erhabener Seelen, daß sie ihr Gemüte niemals zu Staub und Erde verbannen lassen, sondern ihren Geist bei jeder Gelegenheit zu ihrem Schöpfer, dem weisen Baumeister Himmels und der Erden, emporrichten. Dieses ist die Art derjenigen, welche die Niederträchtigen an irdischen

Scheingütern kleben sehen, daß sie durch den Bau der Welt auf die weise Vorsicht Gottes geführet, und nicht nur geführet, sondern auch durch die aufmerksame Betrachtung desselben innigst vergnügt werden. Diese Geister bemerken die unzähligen Wohltaten, welche ihnen von der weisen Regierung des Höchsten zufließen,

Wundern Sie sich nicht, verehrungswürdige Brüder! Wundern Sie sich nicht, daß ich Sie an diesem Tage auf diese Art anrede! Verbinden uns nicht Verordnungen unseres zu verehrenden Ordens, besonders heute unsere Gedanken über alles zu erheben, was noch nach dem Niedern der Erden, dem Sinnlichen, dem Irdischen schmecket?

Es ist also unnötig, um Erlaubnis zu bitten, wenn ich heute zu Ihnen, ehrwürdige Brüder, von dem Erhabenen, wozu die Freimaurerei ihre Schüler führet, reden will. Ein jeder unter den Sterblichen meinet etwas Erhabenes in sich zu haben. Niemand ist, der sich nicht dasjenige als erhaben vorstellen sollte, an welchem er sich vergnüget, welches er verehret, wonach er rennet, das er sich als sein höchstes Gut vorstellet. Und doch sind die Menschen in nichts mehr als eben in dem Urteil von dem Erhabenen unterschieden. Und was ist dieses Wunder? Sollen Einfalt, Torheit und Bosheit die Grenzen des Erhabenen bestimmen, so werden gewiß die Vorstellungen von denselben so unterschieden sein, als unterschieden diese Menschen, von der Einfalt geblendet, von der Torheit verführet und von der Bosheit geplagt werden. Die Einfalt wird ihre Unwissenheit und Blödigkeit für ihr Rühmenswürdiges ausgeben, weil sie ihren Geist an Erde, Staub, Asche, Wind, Schatten, Nichts gebunden hat und mit ihren blöden Augen das, was über ihr ist, nicht erblicken kann. Die Torheit wird die Sklaverei ihrer Leidenschaften, von welchen sie beherrschet, gefoltert und gepeinigt wird, als ihr Höchstes betrachten. Hier wird einer eine glänzende und geschminkte Larve oder etwas, was seiner Zunge kitzelt, hochschätzen. Dort wird ein Aufgeblasener sich Türme in die Luft bauen, und sich alsdann vor andern erhöhet halten, wenn er dieselben zu seinen Füßen liegen sieht. Dort wird ein verzehrter Geizhals sich deswegen andern vorziehen, wenn er andere vor sich, doch nicht vor sich, nein, vor seinem Kasten sich bücken siehet, die ihn zu wiederholten Malen um einen Pfennig vergebens bitten. Dort wird ein rasender Zorniger sich über alles setzen, wenn er sich an seinem Feinde rächen, ihn drücken, verfolgen, ja wohl gar töten kann. Die Bosheit wird ihr höchstes Gut in der listigen Unterdrückung ihrer Brüder setzen. Haß, Neid, Tücke, Feindschaft, Verfolgung, Betrug, Zerrüttung, Verleumdung, Verspottung, Herrsch- oder, daß ich recht sage, Verderbungssucht werden ihr als Sachen vorkommen, die allein einer Hochachtung würdig sind. Blindheit, Torheit und Bosheit werden sich vereinigen und sich im Geiste, oder vielmehr in der Einbildungskraft, stark zu sein dünken, wenn sie sich gegen das setzen und mit einer höhnischen Miene verlachen können, was Weisheit, Vernunft und Tugend für erhaben ausgeben. Diese werden die Höchsten sein und sogar ihren Schöpfer nicht über sich erkennen wollen. Diese werden gegen das erhabenste Wesen streiten und sich deswegen die Erhabensten zu sein einbilden. Wie aberwitzig sind viele der Menschen in ihren Vorstellungen? Ein Freimaurer kann und darf und soll und will nicht unter die Anzahl dieser Unmenschen, dieser Toren, dieser Rasenden gerechnet werden. Nimmermehr können sich diejenigen zu wahren Freimaurern gesellen, welche noch so sehr im Niedern wühlen und sich von dem Erhabenen wegreißen lassen.

Ein Freimaurer macht sich einen andern Begriff von dem Erhabenen. Er weiß, daß die größte Vollkommenheit eines Dinges in seiner Art das Erhabene

Freimaurerische Arbeit um 1750

desselben ausmachet. Er weiß daher, daß schon das erhaben ist, was zu seinen Vorzügen den sicheren Weg bahnet. Er erkennet daraus, daß Gott das allererhabenste Wesen sei, welches nur gedacht werden kann. Er betrachtet die Kreaturen: Er siehet, daß sie an der Vollkommenheit unterschieden sind; er schließet daher, daß eine vor der andern erhaben sei. Er zieht hieraus eine gedoppelte Folge: Er hält es für töricht, Geschöpfe dem Schöpfer vorzuziehen; es kommt ihm aberwitzig vor, den Gebrauch geringerer Geschöpfe den vollkommenern vorzusetzen. Er stellet sich hierauf die Vollkommenheiten eines Geistes, Verstand, Willen und Freiheit vor: er urteilet hieraus, daß diejenigen Geister in ihrer Art erhaben sind, welche diese Vorzüge, soviel ihnen möglich ist, hochtreiben. Er tut einen Blick auf die Menschen; er schließt: sie sind Geister. Er merkt, worin das Erhabene eines Menschen bestehet: er nimmt bei einigen wahr, daß sie so wenig von den menschlichen Vorzügen haben, daß sie auch dieselben noch nicht einmal wissen, noch sich dieselben deutlich vorstellen können. Er hält diese deswegen für niedrige Seelen, die an dem untersten Orte ihren Platz nehmen müssen. Er siehet andere, die ihren Verstand zwar bearbeiten, aber den Willen nicht bessern wollen: er fliehet sie: er rechnet sie noch zu den Niedrigen. Er bemerkt von andern, daß sie sich zwar mit der Tugend vermählen, aber die Erleuchtung des Verstandes verbannen wollen: auch zu diesen gesellet er sich nicht. Er kennet einige, die zwar einen ohnkräftigen Vorsatz haben, Verstand, Willen und Freiheit zu verbessern, die sich aber noch durch ihre Leidenschaften ziehen und wiegen lassen: auch diese vermeidet er. Endlich erblickt er mit Vergnügen einige, die mit der größesten Großmut und Standhaftigkeit ihren Verstand erleuchten, ihren Willen vollkommen machen, ihre Freiheit als ihr kostbares Gut betrachten. Und diese sind es, die er sich unter den Sterblichen als Erhabene vorstellet: diese sind es, mit welchen er sich vereiniget: diese nimmt er zu seinen liebsten und vertrautesten Brüdern an.

Nichts ist erhabener als der, der über aller Himmel Himmel erhaben ist. Das Wesen, welches alle Dinge erhält und regieret; das Wesen, welches Macht, Weisheit und Liebe wesentlich besitzet. Dieses Wesen, dieses unendliche Wesen verehret jeder wahre Freimaurer, als den höchsten Baumeister Himmels und der Erden. Er weiß, daß dieses Wesen sein Schöpfer, sein Erhalter, sein Beschützer, sein Versorger, sein Vater sei. Er weiß, daß die edelste Baukunst, welcher sich widmet, diesen verehrungs- und anbetungswürdigen Jehova zum Stifter habe. Er weiß, daß alle guten und vollkommenen Gaben von ihm als dem Vater des Lichts kommen. Er weiß, daß er deswegen verbunden sei, seine Handlungen nach dem heiligsten und vollkommensten Willen Gottes einzurichten. Er weiß, daß er mit den lebhaftesten Regungen der Liebe, der Ehrfurcht, der Inbrunst zu verehren, zu verherrlichen, zu bewundern sei: und er weiß es nicht nur; sondern er bemühet sich zugleich, diesen angenehmsten Pflichten aufs genaueste nachzukommen. Er sammelt, er verdoppelt seine Kräfte, um dem Herrn ein Herz zu bringen, das ihm angenehm ist. Aber mitten in diesen Bemühungen blickt er auf sich: er merkt den Samen des Verderbens in sich: er siehet, daß er Fehlern und Schwachheiten wie alle anderen Menschen übereilet wird. Er sieht dieses. Er betrübet, er ängstiget sich. Er sucht dieses zu hindern: er sucht Mittel, die Übel von sich zu treiben: er betrachtet, er bewundert die Geheimnisse der Natur: er sucht seinen Bau nach ihren Grundrissen aufzuführen. Er erkennet aber, daß sie unzulänglich sei. Er merkt, daß er vergeblich bei ihr Hilfe erwarte: er eilet zu Gott: er ergreifet die Offenbarung: er verehret dieselbe, und Gott durch sie: er trauet der Gnade, da er sich selbst nicht trauen kann. Auf diese gründet er sich: durch diese sucht er seine ewige Wohlfahrt zu bauen.

Die Freimaurerei gebietet also ihren Schülern, dem unendlichen Wesen einen Tempel zu bauen, in welchem man demselbigen unter billigen Regungen der Andacht, der Ehrfurcht, der Liebe, des Lobes, des Dankes, der Demut den schuldigen Dienst leistet. Und eben deswegen befiehlet sie den ihr gewidmeten Brüdern, daß sie sich um eine gründliche Erkenntnis von Gott und göttlichen Dingen bekümmern, als wonach dieselben ihre Handlungen einzurichten haben. Ein Dienst Gottes, der nur in einigen kalten und blinden Seufzern oder in einigen auswendig gelernten Formeln besteht, ist nicht der, den ein Freimaurer für den wahren hält. Er suchet aus einer überzeugenden Einsicht von Gott und seinen Eigenschaften seine Handlungen zu bestimmen. Daher kommt es, daß er eine gründliche Erkenntnis der geoffenbarten und natürlichen Wahrheiten hoch schätzet. Daher kommt es, daß er seinen Verstand zu erleuchten und zu erweitern, den Willen aber zu heiligen sucht.

Es ist freilich an dem, daß dieses der ordentliche Lauf der meisten Sterblichen ist. Es ist nicht zu leugnen: Je mehr die unglückseligen Nachkommen Adams an Witz und Verstande gewachsen sind, je mehr haben sie denselben zu den niederträchtigsten Ränken, andern zu schaden und zu verfolgen, sich selbst aber und ihren Leidenschaften mehr zu kitzeln angewendet. Warum ist man so sinnreich in den Erfindungen gewesen, die Wollust erregen, den Geiz lachend machen und die Hoffart entzücken sollen? Man gebe doch Achtung auf die größten Proben der Scharfsinnigkeit der meisten Menschen: man sage nur, ob sie nicht tadelhafte Leidenschaften zu Müttern und Töchtern haben? Saget doch, hohe Geister! große Erfinder! saget doch, oder wollet ihr euch nicht entdecken, so prüft euch doch selbst: Was waren die Triebfedern, durch welche ihr zur Untersuchung der Wahrheiten, zur Erfindung vortrefflicher Maschinen und anderer Künste getrieben worden seid? Werden nicht viele erröten? Wird die Veränderung, die sie empfinden, es nicht verraten, daß entweder eine Begierde, den sinnlichen Lüsten desto besser Genüge leisten zu können, oder ein Bestreben, den Kasten zu füllen, oder ein Verlangen, über die Sterne gesetzt zu werden, viele angespornet und zu diesen Arbeiten feurig gemacht hat?

Ein Freimaurer kann unmöglich ein gequälter Sklave der Sinnen, der Einbildungskraft, der Leidenschaften sein. Ein wahrer Bruder kann sich unmöglich so tief erniedrigen, daß er sich unter ihr beschwerliches Joch bequemen und sich durch dieselben beherrschen lassen sollte. Nein! Sein Wille schreibt diesen wütenden Feinden Gesetze vor. Er bestreitet, er besiegt dieselben. Ein echter Schüler unserer Kunst suchet nur deswegen seinen Verstand hochzutreiben, damit sein Wille gebessert werde. Der durch die Wissenschaften aufgeklärte Verstand soll Bewegungsgründe zur Tugend, Klugheit und Gottesfurcht darreichen. Der Wille soll sich nach denselben bestreben, die Handlungen zur Ehre Gottes, zur Wohlfahrt des Nächsten und seiner eigenen Ruhe und Zufriedenheit des Gemüts hervorzubringen. Die Leidenschaften, welche sich in ihm erregen, ihm Hindernisse legen und ihn von dem rechten Wege wegreißen wollen, muß er standhaft unterdrücken. Er darf sich durch nichts, was diesen geheiligten Grundsätzen und Bewegungsgründen zuwider ist, reizen, locken, verführen und von dem Wege, den jeder Freimaurer zu gehen hat, abwendig machen lassen. Er hat allezeit sein Ziel vor Augen: nach demselben richtet er seine Schritte ein. Bei jedem ist er gleich sorgfältig; doch lernet er immer gewisser und hurtiger, zu seinem Endzweck zu kommen. Er wird von seiner Wohlfahrt durch nichts, was die Ohnmächtigen zurückhält, abgehalten. Er lässet sich durch nichts binden, wodurch diejenigen gefesselt werden, welche noch durch ihre Neigungen zu Staub und Erde verbannet sind. Eine wahre Freiheit, welche aus einem vollkommenen Willen entspringt, ist eine seiner nötigsten Eigenschaften. Niemand kann den ersten Grund zu dem erhabenen Baue legen, den jeder wahre Bruder aufzuführen hat, wenn er nicht durch eine vernünftige Wahl sich selbst regieret. Noch weniger kann er in dem aufgeführten Tempel durch die Königliche Kunst dasjenige bewerkstelligen, was die, die draußen sind, so sehr zu wissen verlanget, aber nie erfahren haben, und wonach noch jetzo so viele lüstern sind, denen aber die Zukunft den Vorhang nicht wegziehen wird, der sie hindert, einen Blick in dasjenige Behältnis zu tun, in welchem ein echter Bruder und erfahrener Meister unserer Geheimnisse seinem Amt Genüge leistet.

Monarchen, Regenten, Beherrscher der Erden, die ihr über alles, was die Menschen hochschätzen, erhaben seid, die ihr aber noch dasjenige hochhaltet, was die Sinne blenden kann, sagt, ob sich euer Geist so hoch emporschwingen kann? Saget, ob euch nicht zuweilen die Last der Leidenschaften drücket? Saget, ob euch nicht eine Unruhe über die andere presset, saget, ob ihr nicht öfters von allerhand Plagegeistern gefoltert und erniedriget werdet? Stellet euch im Gegenteil das Bild eines wahren Freimaurers vor; welch ein Unterschied! Nichts kann seine Ruhe des Gemüts stören: nichts kann ihm sein Vergnügen rauben: nichts kann ihn aus der Zufriedenheit setzen, in welcher er seinen Wandel zu führen und zu schließen verlanget: nichts kann ihn von seinem Zwecke, den er beständig vor Augen hat, zurückhalten. Ein einziger Strahl, der ihm aus dem Tempel, den die Kunst der Freimaurer errichtet hat, in die Augen schießet, verdoppelt seine Kräfte und hebet alle Hindernisse, die sich ihm entgegensetzen wollen.

Kann mit einer so ruhigen, zufriedenen und auf alles genau merkenden Seele ein ungesunder Körper verbunden sein? Woher kommt es, daß viele von den Menschen von Schwachheiten, von Krankheiten überfallen und geängstiget werden? Woher kommt es, daß viele die Kräfte des Körpers verzehren und einen abgemergelten Leib an sich tragen? Woher kommt es, daß viele vor der Zeit den Schauplatz, den sie bewohnen, verlassen müssen? Woher kommt es, daß viele die Nägel zu ihrem eigenen Sarge schmieden und Mörder an ihrem eigenen Leibe sind? Kommt es nicht meistenteils daher, weil sie sich durch unmäßige Leidenschaften beunruhigen und besiegen lassen? Kommt es nicht daher, weil viele durch eine viehische Unmäßigkeit ihren Körper schwächen und krank machen? Kommt es nicht daher, weil viele entweder durch unordentliches und übermäßiges Arbeiten oder durch eine unerlaubte Nachlässigkeit ihren Körper entkräften oder verzärteln? Gegen alles dieses hat ein wahrer Bruder einen empfindlichen Abscheu. Er vermeidet dieses als ein tötendes Gift. Sein Bau ist überdies so beschaffen, daß er beständig den Körper stärken und seine Kräfte weder vertrocknen noch verderben lassen kann, bis er endlich die von Gott und der Natur ihm bestimmte Zahl seiner Jahre erreichet hat. Die Freimaurerei machet ihre echten Schüler auch äußerlich glückselig. Tausend, ja hunderttausend wahre Brüder sind ein Herz und eine Seele. So viele, so wahre, so edele, so erhabene Brüder machen uns den Umgang allzeit süß und angenehm. Keiner ist ein Feind des andern; keiner verfolget den andern; keiner drücket und unterdrücket den andern; keiner ist des andern Teufel.

Ja, was noch mehr! Ein Freimaurer liebet nicht nur seine Brüder, nein, er versaget niemand den Grad der Freundschaft und Liebe, dessen er fähig ist. Er merket zwar, daß die Freundschaft der Menschen oftmals nur auf der Zunge sitzet, aber das Herz nicht kenne. Er erfähret, daß unter den glattesten und freundlichsten Worten oftmals die gefährlichsten und feindseligsten Ratschläge verborgen liegen. Er siehet, daß die Menschen oftmals uns nur deswegen lächelnd begegnen, damit sie uns freundlich Fallstricke legen und ins Garn ziehen können. Dem ohnerachtet, will er wenigstens seiner Pflicht ein Genüge leisten und nicht Böses mit Bösem vergelten. Er ist niemals kalt und unempfindlich, wenn er einen Unschuldigen verachtet, verfolget, gedrücket siehet. Er ist vielmehr bemühet, die Elenden zu trösten, den Notleidenden zu helfen, die andern aber aus ihrem Verderben zu erretten, wenn es möglich ist.

Die Freimaurerei erhebet nicht nur ihre Kenner und Verehrer über dasjenige, was die Menschen in ihrem Leben erniedrigen kann: die Furcht des Todes wird sogar durch dieselbe kräftig besieget. Ein Freimaurer zittert nicht, wenn er den Schritt tun soll, der ihn aus der Zeit in die Ewigkeit führet. Er gehet demselben weit munterer entgegen, als er zu den Ergötzlichkeiten eilet. Bei jedem Schritte, den er noch bei den Lustbarkeiten der Welt tut, gehet er etwas stille, damit nicht ein übereilter und unordentlicher Gebrauch Verdruß und Übel gebäre. Aber die Stunde, in welcher er aus der Zeit in die Ewigkeit, aus dem Vergänglichen ins Unvergängliche, aus dem Unvollkommenen zu dem Vollkommenen wandern soll, kommt ohne Anstand: der Augenblick, in welchem nach dem Wert der Handlungen entweder ein ewiges Wohl oder ein ewiges Wehe erfolget, eilet herbei, ohne daß er zurückgehalten werden kann; und ein Freimaurer ziehet seinen Fuß nicht aus Furcht des Todes zurück. Und was ist dieses Wunder? Hat doch ein jeder wahrer Bruder das Mittel, welches viele Weltweisen vergeblich gesucht haben: das Mittel, seinem Tode mit freudigem Gemüte entgegenzusehen. Wie ist es möglich, daß ein echter Bruder den Tod als ein Bild des Schreckens fürchten kann? Gott, den er über alles in seiner Seele gefürchtet und geliebet hat, kann er nicht als einen gestrengen und grausamen Richter, sondern als einen liebreichen Vater, als einen Lehrer der Königlichen Baukunst ansehen. Sein Gewissen beißet ihn nicht seines ganzen Lebens halber. Die äußerlichen Umstände können ihn nicht zurückhalten. Über das, was den Sinnen nur angenehm fällt, hat er längst gesieget. Er weiß, daß wir bei diesem keine bleibende Stätte haben können, sondern daß wir die zukünftige suchen müssen. Hinterlässet er Betrübte, Notleidende, Verfolgte: tausend Brüder werden Vatertreue an ihnen beweisen. Verlanget ein sterbender Bruder anderer Hilfe: tausend Brüder werden dazu bereit fein. Wie kann sich also ein echter Bruder vor dem Tode fürchten, da er doch weiß, daß er durch ihn nichts verlieret, wohl aber vieles gewinnet? Was ist so mächtig, daß es ein würdiges Mitglied unserer Gesellschaft am Ende seiner Wanderschaft besiegen und aus seiner Zufriedenheit setzen sollte? Nichts! Nichts kann dieses tun! Sammelt alle Kräfte, Verehrer, Bewunderer, Anbeter dieser Erden! Versuchet alles! Reizet, locket, wie ihr wollet! Bringet alle eure Schätze, eure Ehren, eure Wollüste zusammen! Haltet sie einem sterbenden Bruder vor! Erhebet ihr

Daniel Nettelbladt
Direktor der Universität Halle

Vorzüge! Zeiget die Annehmlichkeit derselbigen! Rühmet das Vergnügen, das sie euch geben! Tut was ihr wollet! Was werdet ihr damit ausrichten? Werdet ihr jetzo das Herz dessen gewinnen, die er nie hoch geschätzet hat? Vergebliche Bemühungen! Er wird bei allen diesen unveränderlich bleiben. Er wird mit Vergnügen den Augenblick erwarten, in welchem er aus einer unendlichen Reihe niedriger Sachen zu dem erhabensten Wesen, seinem großen Baumeister, erhöhet werden soll. Er wird mit Freuden zu den erhabenen vollendeten Geistern eilen, die er hier als seine Brüder geliebet hat. Große Vorzüge, erhabene Eigenschaften rechter Brüder!

Echte Brüder, wahre Kenner unserer Kunst werden sich beständig über dieses alles erheben; echte Brüder werden ihr erhabenes Ziel allezeit glücklich erreichen; echte Brüder werden allezeit über das siegen, von welchem niedrige Seelen unterdrücket werden; echte Brüder werden allezeit ihren erhabenen Bau aufführen, und wenn er aufgeführet ist, in demselben die edelsten Verrichtungen vornehmen. Und eben hierdurch werden sie der ganzen Welt zeigen, wie erhaben dasjenige sei, wozu die Freimaurerei führt."

Die nächste Rede wurde am Johannistag 1745 gleichfalls in den drei goldenen Schlüsseln in Halle von dem damaligen Redner gehalten. Es war Daniel Nettelbladt, geboren zu Rostock am 14. Januar 1719. Er wurde Professor der Rechte in Halle 1748 und starb als Geheimrat und Direktor der Universität im Jahre 1791. Zum Maurer wurde er aufgenommen 1744 in den drei goldenen Schlüsseln in Halle, amtierte 1745 als Redner und wurde im selben Jahre zum Meister vom Stuhl gewählt. Die ganz vortreffliche Johannisrede führt den Titel: „Daß der Entschluß ein Freymäurer zu werden vernünftig und weise seyn könne."

„Neigungen, welche den Menschen von Natur angeboren, sind von einer solchen Stärke, daß auch den größten Geistern die Unterdrückung derselben schwerfällt. Eine heftige Begierde, nichts vorzunehmen, als was der letzten Absicht unseres Lebens gemäß ist, die Geschicklichkeit, in jedem vorkommenden Falle dieses zu beurteilen, die Gewohnheit, nichts ohne reife Überlegung zu tun und zu lassen, sind die Waffen, wodurch die natürlichen Neigungen müssen gezwungen werden: diese aber zu führen und dadurch ein Sieger zu werden, erfordert eine nicht gemeine Geschicklichkeit.

UNTERM STRICH

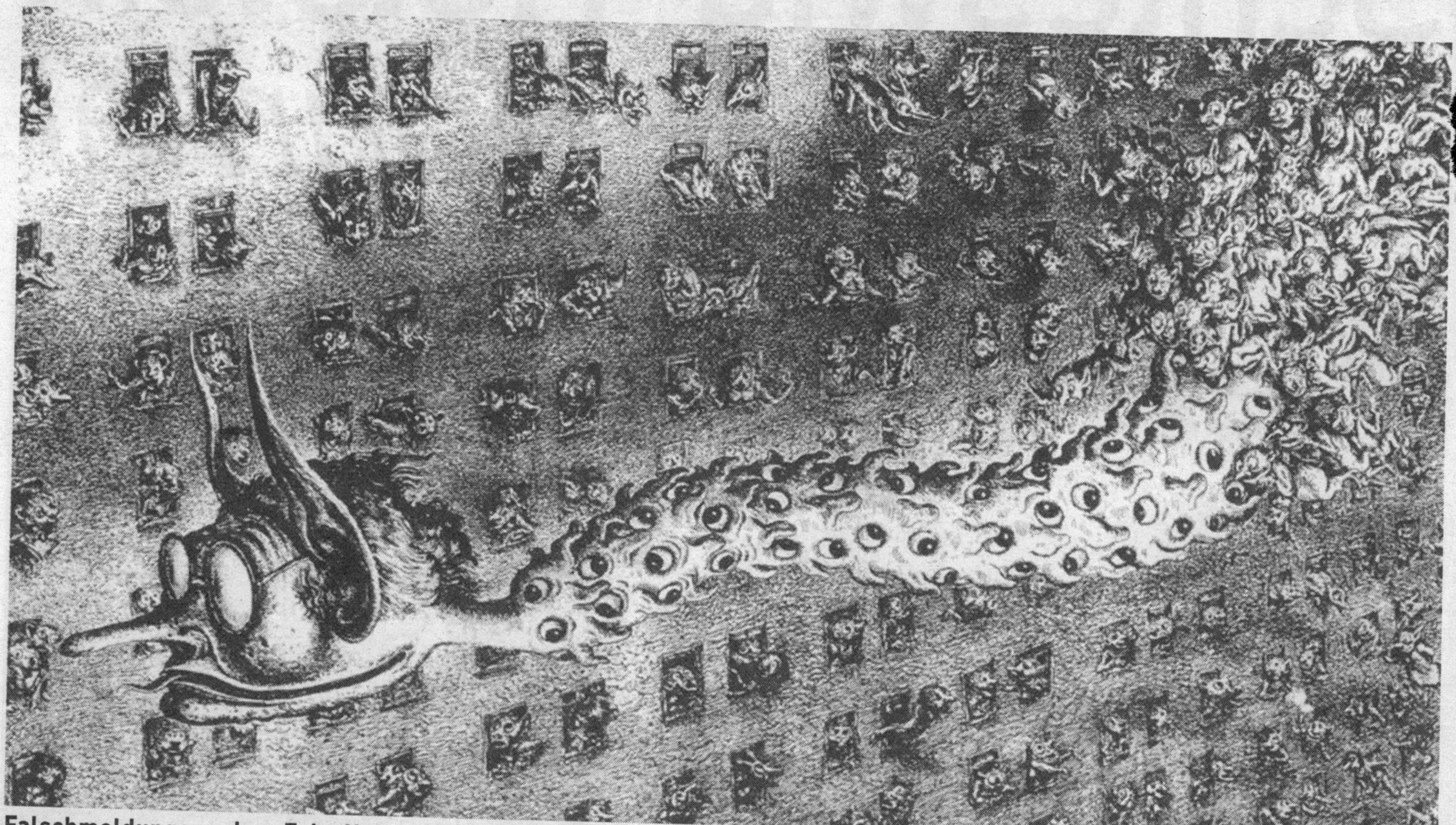

Falschmeldungen oder „Fake News“ *verbreiten sich gerade über soziale Netzwerke wie Facebook oder Twitter rasend schnell. Im Bild: „Das Gerücht“, Lithografie von Paul A. Weber – zu sehen im gleichnamigen Museum in Ratzeburg.*

PAUL A. WEBER MUSEUM

Schleswig-Holstein *Journal*

Das Magazin Ihrer Tageszeitung
Ausgabe 23 – Sonnabend, 10. Juni 2017

Ich will erweisen, Sehr Ehrwürdiger Großmeister und übrige würdige Brüder, daß der Entschluß, ein Freimaurer zu werden, vernünftig und weise sein könne. Ich übernehme also nicht, zu behaupten, daß dieser Entschluß in Ansehung eines jeden, der denselben jemals gefaßt oder noch fassen wird, allezeit notwendig, vernünftig und weise sei. Unsere Handlungen sind nicht an und für sich vernünftig oder unvernünftig, weise oder töricht, sondern werden erst zu solchen in Ansehung desjenigen, der Urheber davon ist. Wie es also möglich ist, daß der Entschluß, ein Freimaurer zu werden, vernünftig und weise sei, ebenso möglich ist es auch, daß er unvernünftig und töricht sei. Wer da weiß, daß er durch den Eintritt in diesen sehr ehrwürdigen Orden Gunst und Gewogenheit verlieren, seiner ihm Vorgesetzten Zorn erregen oder seiner Freunde Freundschaft in Feindschaft verwandeln werde, dabei aber noch nicht überzeuget ist, daß das Gute, dessen er teilhaftig werden wird, dieses Böse überwiege, der handelt unvernünftig; wie der hingegen vernünftig handelt, welcher dieses Übel nicht zu befürchten hat und doch weiß, daß eine solche Handlung gut sei, oder schon überzeugt ist, daß dieses Übel durch das Gute, dessen er sich teilhaftig macht, zu etwas Gutem werden wird. Wer zwar weiß, daß durch die Einkleidung in unserm Orden er und sein Zustand werde vollkommener gemacht werden, diese Einkleidung aber noch nicht als das beste Mittel, solche Vollkommenheit zu erreichen, erkennet, der handelt töricht; wie der hingegen weise handelt, welcher weiß, daß dieses Mittel das beste sei. Kurz, ich rede nicht von dem, was geschiehet und geschehen ist, sondern von dem, was geschehen kann und soll: und dieses ist auch hinreichend, den Vorwurf von uns abzulehnen, daß bei der Wahl, ein Mitglied unserer Gesellschaft zu werden, Vernunft und Weisheit fehlen müsse. Die Eigenschaften eines vernünftigen Entschlusses sind, nach dem Ausspruche der strengsten Sittenlehrer, keine anderen als diese, daß die Handlung, worauf der Entschluß gehet, gut sei und von demjenigen, welcher den Entschluß, sie auszuüben, fasse, im Zusammenhang als gut erkannt werde: dazu aber, daß eine Handlung weise sei, erfordert auch der Weiseste nicht mehreres, als daß sie das geschickteste Mittel sei, eine Absicht wirklich zu machen.

Es ist ein falscher Wahn, als wenn alles, was die Freimaurerei nur auf einige Art angehet, zu den Geheimnissen derselben gehöret. Viele reden, viele schreiben von den Geheimnissen der Freimaurerei, und meinen dieselben entdeckt zu haben, da sie doch nicht wissen, worinnen wir unsere Geheimnisse setzen, und machen sich also eine vergebliche Freude, wenn sie sich mit den Entdeckungen solcher Dinge schmeicheln, die zwar sie, nicht aber wir für Geheimnisse halten.

Eine jede Sache hat einen gedoppelten, teils innerlichen, teils äußerlichen Zustand, welchen wir auch bei der Freimaurerei antreffen. Zu dem

Äußerlichen der Freimaurerei gehören unter anderem die herrlichen Wirkungen derselben, welche auch nach unserm Endzweck vornehmlich zu betrachten sind. Das Innerliche derselben bestehet in dem Endzwecke und den Mitteln, wodurch derselbe erlangt wird. Dieses so erhabene, so schöne, so vortreffliche, so anmutige Innerliche der Freimaurerei macht die Geheimnisse derselben und die Heimlichkeiten der Freimaurer aus. Dieses reizende Etwas hat eine solche Kraft, daß es auch diejenigen, welche es nicht kennen, so lüstern macht, daß sie auf alle mögliche Art es zu entdecken suchen. Wie sollte demnach uns, die wir in der glückseligen Erkenntnis derselben stehen, die Betrachtung dessen nicht ganz außer uns selbst setzen? Dieses ist das wahre Geheimnis, welches wir unter dem Siegel der nur uns ganz eigenen Verschwiegenheit, zu dessen Entsiegelung uns keine List noch Lust, kein Wohl noch Wehe bringen kann, bewahren; und dieses ist das einzige, welches, obgleich auch nur in gewissem Maße, von dem, was zu dem Zustand der Freimaurerei gehört, die Geheimnisse derselben ausmacht.

Die innere Gestalt, Verfassung und Einrichtung unserer Gesellschaft sind und bleiben zwar Geheimnisse für alle die, welche nicht unsere Brüder sind; doch nur insoweit, daß sie nicht wissen, was der Endzweck derselben nicht ist. Wir alle, teure Brüder, haben vorher, ehe wir den Entschluß gefaßt, Mitglieder unserer Gesellschaft zu werden, gewußt, daß der Endzweck derselben nichts enthalte, was der geheiligten Majestät des unendlichen Wesens, dem Staate und der Verfassung desselben, und überhaupt allen natürlichen sowohl als bürgerlichen Obliegenheiten einigermaßen zuwider wäre; und dieses tun wir allen kund, welche auch nicht in unserer Gesellschaft leben, noch in dieselbe zu treten gesonnen sind. Kann nun eine Handlung, die weder gegen Gott, noch gegen den Staat, noch gegen eigene Verbindlichkeit, unmöglich böse sein, so weiß ein jeder, ehe er in unsern Orden tritt, soviel von dem Innerlichen desselben, daß nichts Böses der Endzweck der Gesellschaft sei. Was aber nicht böse ist, muß ja gut, oder auch, wenn man gleichgültige Handlungen für möglich hält, wenigstens gleichgültig sein. Es kann also ein jeder, ehe er den Entschluß faßt, in unsern Orden sich zu begeben, auch sogar das Innerliche desselben soweit erkennen, daß er weiß, es werde ihn derselbe zu keinem Bösen, sondern vielmehr zum Guten oder aufs wenigste zum Gleichgültigen führen: und weiter nichts, als was das Gute oder Gleichgültige sei, im gleichen die Art und Weise, wie man dazu geführt wird, bleibet noch vor ihm ein Geheimnis. Ob nun gleich vermöge dessen, was einer von dem Innerlichen unserer Kunst vor der Aufnahme wissen kann, dieselbe entweder so beschaffen sein kann, daß alles in derselben gut oder alles gleichgültig, oder auch das Gute und das Gleichgültige miteinander vermischt ist; so wissen wir doch aus der Erkenntnis des Äußerlichen der Freimaurerei, daß notwendig etwas Gutes darin enthalten sei, und also der Fall, da alles gleichgültig wäre, nicht statthabe. Es ist demnach unstreitig, daß ein jeder Kandidat unseres Ordens, ehe er den Entschluß fasset, in denselben zu treten, mit völliger Gewißheit wissen könne, es werde ihn entweder die Freimaurerei zu lauter oder aufs wenigste zu einigem Guten führen, böse Absichten aber, unerlaubte Anschläge sind völlig aus dieser so erhabenen Gesellschaft verbannt. Wer nun dieses erkennet und, aus einem edlen Triebe, dieses Guten der Freimaurerei teilhaftig zu werden, den Entschluß fasset, ein Freimaurer zu werden, dessen Entschluß ist ein Entschluß zu einer Handlung, die er im Zusammenhange als gut einsiehet und also vernünftig. Da er nun ferner das Gute, wozu die Freimaurerei führet, durch keine anderen Mittel erhalten kann als durch den Eintritt in die Gesellschaft der Freimaurer, so ist dieser Entschluß ein Entschluß zu einer Handlung, welche das einzige und folglich das beste Mittel ist, seine Absicht wirklich zu erreichen, und also ist der Entschluß weise. So haben demnach wir alle, die wir den Entschluß, Freimaurer zu werden, bereits gefaßt und zur Wirklichkeit gebracht, mit Vernunft und Weisheit ihn fassen können; und ein jeder kann, ohne gegen Vernunft und Weisheit zu handeln, sich entschließen, ein Mitglied unserer edlen Gesellschaft zu werden: nur wir sind nun schon durch die Erfahrung überführet, daß wir darin vernünftig und weise gehandelt haben.

O demnach glückselige Stunde, erfreulicher Tag, da wir den Entschluß gefaßt und zur Wirklichkeit gebracht haben! Redliche Freunde, glückliche Umstände, die ihr uns Anlaß gegeben, auf eine so auserwählte Art unsere Glückseligkeit zu befördern. Sind wir gleich, glückselige Brüder, allezeit von der angenehmsten Regung über das Andenken dieser merkwürdigen Handlung unseres Lebens erfüllet; so laßt uns doch besonders an diesem unserm höchsten Feste dieses erfreuliche Gedächtnis eines so weisen und vernünftigen Entschlusses erneuern. Laßt uns unsere reine Dankbegierde gegen die weise Vorsehung bezeigen, welche uns Kraft und Gelegenheit schenkt, die reichen Früchte desselben zu genießen und den Überfluß unserer Güter andern mitzuteilen. Wir wollen uns aufs neue verbinden, in unserm Berufe weise, dauerhaft und schön zu arbeiten: so wird der Schall und die Stille unserer Werkzeuge in allen achtzehn Abteilungen abwechseln nach dem Maße des Winkels, den Vernunft und Weisheit finden. Sicherheit, Kunst und Freiheit seien unsere Begleiter, wen wir das Licht finden, darinnen wandeln, und nachdem wir dasselbe verloren, es um soviel prächtiger erkennen und vorteilhaft gebrauchen."

Die dritte Rede, die uns überliefert ist, wurde in der Loge Zu den drei Rosen in Sachsenfeld am Johannistag 1745 von dem Redner, dessen Name uns nicht bekannt ist, gehalten. Sie handelte „Von dem Verhältniß der Freimäurerey gegen den Staat". Der Bruder Redner hat ohne Zweifel die Rede seines Amtskollegen Andreas Weber aus Halle gekannt und sehr ausgiebig benutzt. Wir können uns deshalb darauf beschränken, nur das mitzuteilen, was der Sachsenfelder Redner an neuen Gedanken bringt:

„Es gibt Leute in der Welt, denen die unordentliche und blinde Eigenliebe den Satz in den Kopf gebracht: Was ich nicht besitze, kann keine Vollkommenheit sein. Die Leute sind viel zu neidisch, als daß sie anderen vernünftigen Geschöpfen Vollkommenheit zugestehen sollten, die sie selbst nicht haben. Sie sind einmal in sich selbst verliebt und stellen sich alles dasjenige auf der häßlichen Seite vor, was mit ihrem Bilde nicht übereinkommt. Diese Leute betrachten sich selbst aus einem unerträglichen Hochmute durch Vergrößerungsgläser und halten alles für Kleinigkeiten, das sie nicht einsehen können und womit sich ihr aufgeschwollener Geist nicht beschäftiget; und aus diesem Grunde allein sind sie schon kühn genug, auf die Unvollkommenheit der Freimaurerei einen gewaltigen Schluß zu machen. Sie wollen demnach der treuherzigen Welt weismachen, daß das ganze Geheimnis der Freimaurer in kindischen und abgeschmackten Gebräuchen und Feierlichkeiten in einem abgemessenen Tempo des Hin- und Zurückgehens des aufzunehmenden Bruders in talmudischen und zauberähnlichen Wörtern und der gleichen Torheiten mehr bestehe.

Einige, die als ungehirnte Schildwachen in dem gemeinen Wesen anzusehen, machen unsere Gesellschaft zu einem Schlupfwinkel einer Partei, so sich mit nichts als heimlichen Untergrabungen der Ruhe des gemeinen Wesens beschäftige. Sie schauen uns als fürchterliche, mit Staatssachen verirrte Geister an; als Leute, die durch heimliche Verbindungen die Einigkeit des Hauptes mit den Reichsgliedern, die gesetzmäßige Regierung und Verwaltung der brüderlichen Eintracht und die Fürsten und Untertanen von ihrer Verbindlichkeit gegeneinander zu trennen, zu unterdrücken, zu vernichten trachten.

Diese Betrachtung, verehrungswürdige Brüder, hat mich auf den Gedanken gebracht, daß eine Bemühung nicht zu tadeln wäre, vermöge welcher man sich angelegen sein ließe, die wahre Gestalt, das echte Bild eines Freimaurers, soviel als mir meinen Umständen nach möglich ist, zu entwerfen. Ich habe mir auch geschmeichelt, daß der heutige Tag dazu eben nicht ungeschickt wäre, an welchem wir uns miteinander versammelt haben, um die Schönheit und Stärke unseres sittlichen Gebäudes zu betrachten, zu verehren und zu bewundern. Da ich mir vorgesetzt habe, das Bild eines echten Freimaurers abzuschildern, habe ich mir nie in den Sinn kommen lassen, dasselbe seiner Ausdehnung und völligen Schönheit nach zu entwerfen, ich begreife gar wohl, daß dieses vor die Augen der Welt zu legen unseren jetzigen Umständen nach unmöglich ist. Ich muß mich deswegen bemühen, mein Bild auf die Art vorzustellen, daß man es nur auf einer Seite zu sehen bekommt, Ich bin nämlich willens, meinen Freimaurer nur abzuschildern, so wie man ihn in Verhältnis mit dem Staate setzen muß. Ich bin überzeuget, daß mein Gemälde, wenn man es auch nur aus diesem Gesichtspunkte anschauet, dennoch viel Anmut, viel Reizendes an sich haben werde.

Sie werden mir mit allem Rechte auflegen, höchstgeehrte Brüder, daß ich Ihnen zuerst meinen Begriff von dem Staate darstelle und hernach die Gesellschaft der Freimaurer mit demselben in Verknüpfung setzen solle, um dasjenige daraus herzuleiten, so die Verhältnisse der Freimaurer gegen den Staat anzeigen soll. Ich werde mich nicht bei den Gesellschaften überhaupt und den verschiedenen Arten weitläufig aufhalten, um die besondere Gesellschaft, die man den Staat nennet, desto genauer bestimmen zu können. Denn wer weiß nicht, daß eine Gesellschaft überhaupt nichts anderes sei als eine Verknüpfung mehrerer Personen, die mit vereinigten Kräften einen gewissen Endzweck zu erhalten sich angelegen sein lassen. So verschieden nun, als die Endzwecke sind, so verschiedenerlei Gesellschaften kann man sich vorstellen. Werden die Glieder einer Gesellschaft durch einen einigen Endzweck miteinander verknüpft, so nennet man es eine einfache Gesellschaft, verbindet man aber mehrere Endzwecke miteinander, die man alle mit vereinigten Kräften zu erhalten sich bemühet, so heißt es eine zusammengesetzte Gesellschaft. Zu den einfachen Gesellschaften rechnet man den Ehestand, die väterliche und herrschaftliche Gesellschaft. Verbindet man aber etliche von diesen oder alle drei, so entspringet eine zusammengesetzte Gesellschaft, die man das Haus oder die Familie zu nennen pfleget. Die zusammengesetzten Gesellschaften als die Häuser können sich wiederum miteinander vereinigen. Vereinigen sich nun so viele Häuser, als zur Beförderung der gemeinen Wohlfahrt und Erhaltung der Sicherheit nötig ist, so entstehet der Staat oder das gemeine Wesen.

Nun schmeichle ich mir, allerseits ehrwürdige Brüder, daß ich imstande bin, den Satz zu beweisen: Die Gesellschaft der Freimaurer tut der gemeinen Wohlfahrt ein Genüge. Habe ich nicht vorhin bewiesen, daß die gemeine Wohlfahrt, die Glückseligkeit des gemeinen Wesens durch den Verstand und die Tugend, durch die Pflichten gegen Gott, gegen uns selbst und andere Menschen befördert werden? Werde ich denn wohl irren, wenn ich jetzo den Schluß mache: Die edle Gesellschaft der Freimaurer sei in Absicht auf die gemeine Wohlfahrt dem Staate sehr nützlich?

Jetzo sollte ich beweisen, daß unsere erhabene Gesellschaft auch in Absicht auf den andern Endzweck des gemeinen Wesens, in Absicht auf die innere und äußere Ruhe und Sicherheit ihren Pflichten eine völlige Genüge tut. Ich glaube aber des Beweises überhoben zu sein. Fließet diese Eigenschaft nicht aus der vorhergehenden? Ist es wohl möglich, daß ein Freimaurer, so die natürlichen, die philosophischen, ja die christlichen Tugenden ausübt, die bürgerlichen Tugenden aus den Augen setzen sollte? Gebäret nicht die Einfalt und die Bosheit alle heimlichen Verbindungen, alle öffentlichen Empörungen und Spaltungen im Staate, wodurch die allgemeine Ruhe und Sicherheit leiden kann? Der Freimaurer stopft diese zwo Quellen, und wie kann er denn mit Wissen und Willen eine einzige Handlung vornehmen, so dem wahren Staatsvorteile seines Fürsten, der inneren Ruhe seiner Mitbürger und dem äußeren Frieden zuwider wäre? Nein! Ein Freimaurer ist der beste Bürger, der getreueste Untertan. Er hat viel zu richtige Begriffe vom Reiche der Gnaden, als daß er in demselben allen Unterschied zwischen Oberen und Unteren aufheben und eine völlige Gleichheit der Stände einführen wollte, sondern er glaubt vielmehr, daß Gott, selbst den Großen dieser Welt das Szepter in die Hände gegeben, ihre Häupter gekrönet, und daß sie an seiner Statt das Regiment führen. Dadurch bekommt er ein erhabenes und majestätisches Bild von seiner Obrigkeit, dadurch wird er zur Beobachtung seiner Pflichten gegen dieselbe aufgemuntert; daher entspringet eine unverbrüchliche Treue gegen den Landesherrn, in dessen Staat man die öffentliche Sicherheit genießet, und unter dessen Schutz man lebt, daher werden alle diejenigen verirrten Staatsgeister aus unserer erhabenen Gesellschaft verwiesen, welche wider den Ruhestand des gemeinen Wesens einige böse Absicht hegen, so auf dessen Zerrüttung oder Veränderung zielet. Ein Freimaurer gehorsamet also seinen Oberen. Er lebet mit seinen Mitbürgern bürgerlich, und wie kann er denn wider den äußeren Frieden etwas unternehmen? Ich glaube deswegen, Sie werden es mir, allerseits ehrwürdige Brüder, erlauben, den Schluß zu machen: Die Ehrwürdige Gesellschaft der Freimaurer befördert in Absicht auf die innere und äußere Ruhe das allgemeine Beste des Staates."

Diese drei Reden beweisen, daß der deutsche Geist die von England und Frankreich herübergekommene Freimaurerei mit einem bedeutungsvoll ethischen Inhalt erfüllte. Wir müssen gerade in der ersten Rede des Philosophieprofessors Andreas Weber die außerordentliche Fülle des Ausdrucks bewundern, womit er seine Gedanken von allen Seiten und in der verschiedensten Form beleuchtet. Vielleicht stört uns der latinisierende Stil, der künstliche Periodenbau und der etwas gesuchte Prunk der Sprache.

Die ein Jahr später gehaltene Rede des angesehenen Juristen Daniel Nettelbladt präsentiert sich in einer nüchterneren Sprache. Wir fühlen überall den Rechtsgelehrten aus der Schärfe seiner Formulierungen heraus, aber wir freuen uns der sittlichen Persönlichkeit, die aus den Reden der beiden Männer spricht. Der unerschütterte Glaube an einen allmächtigen Gott unter dem Bilde des Baumeisters von Himmel und Erde, die edle christliche

Gesinnung und der Geist der Menschenliebe, die aus beiden Männern sprechen, trotzdem beide genau so wie in unserer Zeit mit den Widrigkeiten der menschlichen Natur, mit Neid, Tücke, Bosheit, Feindschaft zu kämpfen hatten. Sie glaubten an die Möglichkeit, durch moralische Lehren die Menschheit bessern zu können, und sie setzten sich durch einen festen Unsterblichkeitsglauben und eine zuversichtliche Hoffnung auf das Erleben eines höheren Menschentums im Jenseits über die Not des Tages, über die Schlechtigkeit der Menschen hinweg. Goldene Strahlen einer edlen Männerfreundschaft verklärten die Arbeiten in diesen ersten deutschen Logen. Eine freudige Lebensbejahung durchglühte die Seelen der Männer, die sich in jenen Zeiten zur Ausübung der Königlichen Kunst verbunden hatten.

Wenden wir uns nun wieder der pragmatischen Geschichte zu.

Die Loge zur Einigkeit hatte reichlich mit unrechtmäßigen Logen zu kämpfen; in Frankfurt waren ihrer drei entstanden, Mainz, Hanau und Wetzlar hatten gleichfalls ihre Winkelbrüderschaften. Steinheil, dem sich auch im Innern der Loge Schwierigkeiten entgegenstellten, konnte nicht recht mit all den Hemmungen fertig werden und trat 1761 aus der Loge aus. Nach einer kurzen Amtsführung des Geheimrats von Hack wählte die Brüderschaft Johann Peter Gogel, einen weitgereisten Kaufmann, der das Herz auf dem rechten Fleck hatte und auch die Energie aufbrachte, der Loge den inneren Frieden zu schaffen. Er war in England aufgenommen und hielt stark an den englischen Formen fest. Auf seine Anregung wurde in Frankfurt die englische Provinzialgroßloge gegründet und er selbst im Jahre 1766 als Provinzialgroßmeister für den ober- und niederrheinischen und fränkischen Kreis eingesetzt. Er wurde, um den Anschluß Frankfurts an die strikte Observanz vorzubereiten, versuchsweise in die höheren Grade aufgenommen, hat aber trotzdem den Übertritt abgelehnt. Bis zu seinem Tode 1782 hat er die Leitung der Provinzialgroßloge fest in der Hand gehabt. Gogel stand unerschütterlich auf dem Standpunkt, daß nur ein Christ Freimaurer werden könnte, denn er verweigerte 1766 einigen Brüdern in Kassel eine Konstitution, weil „ein Kind Israels" sich unter ihnen befände.

Eine weitere englische Provinzialgroßloge entstand in Hannover ganz in derselben Weise aus einer Johannisloge. Der Gründer war Georg Ludwig Mehmet von Königstreu, der 1744 in der Hamburger Loge Freimaurer geworden war. Sein Vater, der gelegentlich der für die Republik Venedig geführten Feldzüge hannoverscher Truppen in der Levante als Knabe gefangen worden war, hatte das Christentum angenommen, und König Georg I. hatte ihn als Kammerdiener angestellt. Georg Ludwig studierte erst in Göttingen, ging 1741 zum Militär und wurde 1746 Kapitänleutnant bei der Grenadiergarde zu Pferde. Wahrscheinlich hat er schon im Jahre seiner Aufnahme von der Hamburger Provinzialgroßloge ein Patent zur Errichtung einer Loge in Hannover erhalten, die nach dem Prinzen von Wales „Friedrich“ genannt und am 29. Januar 1746 eingesetzt wurde. Georg Ludwig Mehmet übernahm die Leitung.

Daß die Gründung sich zwei Jahre verzögert hatte, lag an den Verhältnissen in Hannover. Unter der Regierung des zum katholischen Glauben übergetretenen Herzogs Johannes Friedrich zu Hannover waren viele Künstler und Abenteurer aus Frankreich und Italien ins Land gekommen, die sehr energisch bemüht waren, die evangelische Kirche zu unterdrücken, also eine lokale Gegenreformation. Die Landeskirche war daher sehr streng darauf bedacht, daß ihre Geistlichkeit treu zur Augsburger Konfession stand, und als der Kandidat der Theologie Heinrich Christoph Leopold Kirchmann sich 1744 zum Freimaurer hatte aufnehmen lassen, verklagte ihn der Generalsuperintendent beim Konsistorium. Die Folge war ein geharnischter Erlaß an alle Superintendenten.

Der Vorsitzende Meister Mehmet von Königstreu, der infolge seiner militärischen Stellung öfter von Hannover entfernt sein mußte und schließlich versetzt wurde, legte den Hammer nieder, und es folgte ihm Philipp Carl Baron von Knigge. Unter dem nächsten Meister vom Stuhl, dem Postkommissar Hinüber, wurde die englische Provinzialgroßloge „in Seiner Majestät deutschen Landen“ gegründet. Veranlassung dazu war die Tatsache, daß die Hamburger Provinzialgroßloge die Loge Friedrich in London nicht hatte eintragen lassen, deshalb wandte sich der Meister vom Stuhl nach London, wobei er eine Abschrift der Hamburger Konstitutionsurkunde einsandte und zugleich wegen der Gründung einer Provinzialgroßloge anfragte. Die Antwort lautete zustimmend, man möge nur einen geeigneten Bruder namhaft machen, den man als Provinzialgroßmeister installieren könnte. Trotzdem einige Brüder in dieser Gründung eine Undankbarkeit gegen Hamburg sahen, wurde Hinüber zum Provinzialgroßmeister gewählt. Die Einsetzung fand am 24. Juni 1756 statt, und das Protokoll darüber ist uns erhalten:

„Es schickte nemlich der Sehr ehrwürdige Großmeister seinen zweiten Großaufseher, Br. Bußmann, an die Loge ab, welcher sich vor der verschlossenen Logenthür durch gewöhnliches Anklopfen zu erkennen gab, so befragte der zweite Oberaufseher der Loge Friedrich den Anklopfenden um die Ursache sothanen Anklopfens und erhielt von Ersterem die Antwort: Der Großmeister ließe mit seinen Oberaufsehern um feierliche Einlassung bitten, worauf ihm das Gegen-Compliment gemacht und derselbe durch die beiden Brüder Stuarts aus dem Präparationszimmer abgeholet wurde, die beiden Brüder Oberaufseher eröffneten ihm nach geschehenem starken Anklopfen die Thür und der Eintritt geschahe in folgender Matze: Es traten zuvörderst der Schwertträger der Loge Friedrich mit entblößtem Logenschwert, und darauf die zwei Stuarts mit ihren Ornaten und Stäben ins Zimmer, welchen der Großschwertträger und hinter diesem der Sehr ehrwürdige Großmeister und letztlich die beiden Großoberaufseher folgten und sich gegen den Meisterstuhl stellten, worauf ihn der Sehr ehrwürdige Meister vom Stuhl in gebundener Rede anredete... Der Sehr ehrwürdige Großmeister hielt eine wohlgesetzte Rede an den Sehr ehrwürdigen Meister und übrige Brüder." (Voigts Geschichte der Loge Friedrich zum weißen Pferde, Hannover 1846.)

Die Provinzialgroßloge hat 1762 eine neue Loge unter dem Namen Georg eingesetzt, die nur bis 1765 bestand, wo sie mit der Loge Friedrich ver-

Markgraf Friedrich von Brandenburg-Bayreuth

schmolzen wurde und zur strikten Observanz unter dem Namen „Zum weißen Pferde" übertrat.

In Bayreuth gründete Markgraf Friedrich von Brandenburg-Bayreuth, der im Jahre 1740 von Friedrich dem Großen zum Freimaurer aufgenommen worden war, die Loge „Zur Sonne", die am 21. Januar 1741 eröffnet wurde. Er selbst übernahm das Amt des Meisters vom Stuhl, aber es ist über seine Amtstätigkeit wie überhaupt über die Anfänge der Loge wenig bekannt, da ihre Akten bei einem Schloßbrand 1758 zugrunde gegangen sind. Die Loge zur Sonne nahm in der späteren Zeit den Charakter einer Großloge an, indem sie von sich aus andere Logen gründete.

Es ist nur natürlich, daß die Loge, die der regierende Herr selbst leitete, sehr rasch an Mitgliederzahl wuchs, und da das im Schlosse hergerichtete Zimmer bald zu klein wurde, so wurde eine Art Filialloge abgezweigt. Der Markgraf nannte diese zweite Loge ebenfalls „Zur Sonne", aber bezeichnete sie zum Unterschied von der im Schloß tagenden als die „Stadtloge". Sie wurde am 14. Dezember 1741 feierlich eingeweiht, und zwar nach englischer Sitte durch einen Umzug vom Schloß bis zum Gasthof „Zum Adler". Wer diese Einweihung erschien in der Tagespresse ein Bericht, der folgendermaßen lautete:

„Die Exempel der weisesten Monarchen, der klügsten größesten Fürsten, so nicht allein vor ihre höchste und allerhöchste Personen in die Freymaurer eingetreten, sondern auch in derer Landen und Residenzen eine und mehr Logen aufzurichten gnädigst erlaubet und sogar befohlen haben, beweisen allen denen, so nicht mutwillig blind sayn wollen, daß die Einrichtung, der Zweck und der Nutzen der Freymaurerey schön, gut und vortrefflich sey, und darf man der vernünftigen Welt kaum zu Gemüthe zu führen, sich unterstehen, daß diese Götter dieser Welt nicht ohne hocherleuchteste Einsicht und kluge Prüfung diese Logen öffentlich zu errichten erlauben. Es wird dieses schon völlig genug seyn, das Edle und Unschuldige dieses berühmten Ordens zu beweisen, daß selbst Könige und Fürsten Obermeister der Logen zu werden und solche mit ihrem Vorsitz und Gegenwart zu beehren sich günstigst Wohlgefallen lassen. Den allerneusten Beweis davon haben wir im Monath Dezember vorwichenen Jahres gesehen, da unser gnädigster Landesfürst und Herr nicht allein in seinem Schloß die Zusammenkünfte der Freymaurerey unter seinem höchsten Vorsitz erlaubet und authorisirt, sondern auch da die Zahl der Freymaurer merklich zugenommen, noch eine zweyte Loge in seiner hochfürstl. Residenz Bayreuth aufzurichten gnädigst anbefohlen. Diese zweite Loge ist demnach vorgestern mit vielen Solenitäten öffentlich errichtet und eingerichtet worden. Zu dem Ende verfügten sich Ihre hochfürstl. Durchlaucht von derer Schloß unter Begleitung der sämmtlichen Ordensbrüder allhier auf den daselbst am Markte gelegenen sogen. goldenen Adler, als woselbst die zweyte Loge hinführo Montags soll gehalten werden, errichtete und weihte solche mit gewöhnlichen Ceremonien ein, beehrten auch die versammelten und an diesem Festtage angenommenen Brüder mit dero höchsten Gegenwart bei Tafel...

Der Anfang dieses Festes war um 4 Uhr Nachm. und wurden verschiedene Candidaten in den Orden aufgenommen und gelangten einige Gesellen zu der Ehre der Meisterschaft. Diese Festivität endigte sich in vollkommner Ruhe, Freude und Vergnügen ohngefähr um Mitternacht, da der Durchl. Meister von seinen getreuen Freymaurern nach dem Schloß begleitet wurde und sich nachmals ein jeder zu Hause begab, um des folgenden Tags als ein treuer Unterthan und Diener seines gnädigsten Fürsten und Herrn seinen ihm obliegenden Pflichten gebührend nachzuleben."

Die Loge „Zur Sonne" erteilte am 24. September neun Brüdern eine Stiftungsurkunde für eine Loge „Libanon zu den drei Cedern" in Erlangen, die unter ihrem 1758 erwählten Meister von Windheim sich sehr hoffnungsvoll entwickelte. Schon ein Jahr danach wendete sich der Erbprinz Alexander von Brandenburg-Onolzbach nach dem Tode seines Vaters an den Markgrafen Friedrich um Konstitution zur Errichtung einer Loge in Ansbach, die den Namen „Zu den drei Sternen" erhielt. Dieser neuen Loge scheinen tüchtige

Erbprinz Alexander von Brandenburg-Onolzbach

Kräfte gefehlt zu haben, denn der Eifer zur Sache erkaltete bald, so daß die Zahl der Arbeiten immer geringer wurde.

Im Jahre 1763 starb Markgraf Friedrich, nachdem er vier Wochen zuvor noch eine Arbeit in der Loge „Zur Sonne" mitgemacht hatte. Er wurde tief betrauert. Sein Nachfolger Markgraf Friedrich Christian gehörte nicht der Loge an, und darum waren die Brüder sehr in Sorge, ob sie weiterhin so kräftigen landesherrlichen Schutz genießen würden. Sie bemühten sich, von dem Landesherrn eine Bestätigung ihrer Brüderschaft und die Erlaubnis zum weiteren Wirken zu erlangen. Der Markgraf erteilte ihnen einen Schutzbrief, der folgenden Wortlaut hatte:

„Von Gottes Gnaden. Wir Friedrich Christian, Markgraf zu Brandenburg und Preuße u. s. w.

urkunden und bekennen hiermit öffentlich, Wasmassen bey uns die hiesigen Mitglieder der Gesellschaft der Freymaurer unterthänigst nachgesuchet, daß nach den Unseres in Gott ruhenden Regierungs-Vorfahrers Liebden eine ordentliche Loge dahier errichtet, welche bisher in sonderlichen Flor und Ansehen gestanden, Mir gnädigst geruhen mögten, solche zu bestättigen, somit ihnen Unsern Landesfürstl. Schutz angedeihen zu lassen und zugleich die Erlaubnis zu ertheilen, ihre Versammlungen ferner ungehindert zu frequentiren und ihrer

Runkel, Geschichte der Freimaurerei. I.

Freymaurerischen Obliegenheit ein Genügen zu leisten. Wann Wir nun den Bitten zu willfahren keinen Anstand gefunden angesehen Uns insonderheit angerühmet worden, daß sich dieselben einer untadelhaften Lauterkeit der Sitten zu befleißigen suchen, ihren übrigen aufhabenden Pflichten in dem gemeinen Leben sich auf keine Weiße zu entziehen, Vielmehr solche auf das genaueste in Ausübung zu bringen sich angelegen seyn lassen, und anbey nicht nur erforderlichen Falles sich untereinander freundschaftlich beyzustehen, sondern auch andern, die es bedürfen, unter die Arme zu greifen zum Augenmerk haben; Alß konfirmiren und erneuern Wir in Kraft dieses alles und jedes, was oberwehnt Weyl Unseres Herrn Regierungs-Vorfahrs Liebden der ersagten hiesigen Freymaurer-Loge, welche den Namen führt zur Sonne, als Landesherrn und Regent accordiret haben, dergestalt und also, daß Wir selbige besonders in Unseren Schirm und Schutz nehmen, derselben Unsere Protection und Gnade ausdrücklich versichern und aus Landesfürstl. Macht, Hoheit und Gewalt sie wider männiglich, der sie zu turbiren, zu beunruhigen oder auf unbillige Weise zu verkleinern sich beygehen lassen sollte, kräftigst handhaben, auch auf keine Art gestatten wollen, daß solcher einige Hinderniß in den Weg geleget, oder sie unter was für einen Vorwand es immer sein möge weder heimlich noch öffentlich gekränket oder beeinträchtigt werde, solchem nach sollen die Glieder dieser etablirten und von Uns gutgeheißenen Loge guten Fug und Recht haben, sich ohne jemands Widerrede fernerhin nach wie vor frey und ungestört zu versammeln, ihren Beschäftigungen in der Stille obzuliegen, andere, die sie für würdig halten, unter sich anzunehmen, sie in allem Guten unterweisen und nach Befinden zu weitern Graden zu befördern, auch alle hierinnen enthaltene Bewilligungen nach eigenen Gutdünken auf diejenigen Logen, die von der hiesigen abstammen oder künftig noch abstammen dürften, zu extendiren und ihnen solche zustießen und genießen zu lassen. Wobey Wir Uns zu ihnen, denen unter Unsern Schutz stehenden Freymaurern versehen, sie werden hinführo jederzeit so wie bisher sich still und ordentlich verhalten, von der Rechtschaffenheit ihrer Gesinnungen bey jeder Gelegenheit überzeugende Proben an den Tag legen, auch zu Unsern gnädigsten Wohlgefallen beständig fortfahren sich gegen andere, insbesondere Nochleidende also zu erweisen, wie es die Menschenliebe mit sich bringt.

Urkundlich haben wir gegenwärtige Confirmation und Protectorium eigenhändig unterschrieben und Unser Geheimes Insiegel anhängen lassen. So geschehen in Unserer Residenz-Stadt Bayreuth den 10. Oktober 1763." (Findel, Geschichte der Großloge zur Sonne, Leipzig 1897.)

Im Jahre 1764 ist dann die Loge „Zur Sonne" auf Anregung ihres Meisters vom Stuhl, des Geheimrats Johann Friedlich Wilhelm von Metzsch, zur strikten Observanz übergetreten; die von ihr gegründeten Tochterlogen folgten ihrem Beispiel.

Viertes Buch

Die strikte Observanz

I. Gründe und Grundlagen

Um die Mitte des achtzehnten Jahrhunderts gab es in Deutschland zahlreiche Logen, aber keine den deutschen Geist befriedigende Freimaurerei. Immerhin hatten die Brüderschaften, in denen sich der reiche Hochadel mit dem bürgerlichen Patriziertum zusammengeschlossen hatte, eine nicht unerhebliche Bedeutung, die man in einer bestimmten Richtung benutzen zu können glaubte. Diese Bewegung ging von Frankreich aus und hatte kein geringeres Ziel, als dem königlichen Geschlechte der Stuarts gegen das Haus Hannover den verlorenen englischen Königsthron wieder zu verschaffen. Es erscheint in den Schriften aus jener Zeit, immer dringlicher betont der Gedanke, daß die Jesuiten die treibende Kraft gewesen seien, die schottische und französische Maurerei für die Stuarts einzusetzen. Es war nur nötig, den geeigneten Mann zu finden, der die Maurerei in Deutschland Stuartisch-katholisch umstellte.

Diesen Mann glaubte man in Karl Gotthelf von Hund und Altengrottkau gefunden zu haben; Baron, wie er oft genannt wurde, sich wohl auch selbst nannte, ist er nie gewesen.

Hund stammte aus einem schlesischen Geschlecht, das bis auf Heinrich von Hund auf Altengrottkau um 1480 zurückgeht. Sein Sohn war 1518 Burggraf von Glatz. In Urkunden kommen schon um 1300 Johann und Christoph von Hund vor, es ist aber nicht nachweisbar, daß sie zur nachmalig Altengrottkauer Linie gehören. Der Vater des Karl Gotthelf war der Kursächsische Kammerherr Joachim Hildebrand von Hund, in dessen Hand sich ein gewaltiger Grundbesitz angesammelt hatte, der nun als Erbe den unmündigen Karl Gotthelf überkam. Dieser stand unter der Vormundschaft seiner Mutter und des Landesältesten Caspar Heinrich von Rodewitz. Die Mutter fürchtete sehr für das Leben ihres Jüngsten, der am 11. September 1722 geboren war, da seine drei älteren Brüder in den Jahren 1712, 1716 und 1722 gestorben waren. Es wurde alles, was die ärztliche Wissenschaft damals kannte, für die Gesundheit des letzten Sohnes aufgewendet; der große Reichtum gestattete jede, auch die kostspieligste Möglichkeit.

Für seine geistige Erziehung wurde trefflich gesorgt. Er studierte von 1737 bis 1739 in Leipzig, ging dann unter Führung des Obersten Karl Friedrich von Schoenberg aus Reisen. Durch den Tod der jüngsten Tochter seines Vormundes, die er geliebt hatte, brach er völlig zusammen und beschloß nie zu heiraten. Im Jahre 1742 war Hund laut eigenhändigen Tagebuchs, das sich im Besitz der Loge „Minerva zu den drei Palmen“ in Leipzig befindet, in Paris und soll dort durch den Einfluß einer vornehmen Dame bestimmt worden sein, zum Katholizismus überzutreten. Er selbst war in den Tagen der Kaiserkrönung Karls VII. in Frankfurt am Main zum Freimaurer gemacht worden. Daß er in Paris 1743 von schottischen Rittern in den Orden der Tempelherren aufgenommen und dem englischen Thronprätendenten Karl Eduard Stuart als dem Großmeister des wiedererweckten Templerordens vorgestellt worden sei, dürfte als Legende anzusprechen sein. Hund selbst hat nie darüber gesprochen, auch keine Namen genannt, da er durch einen Eid zur Verschwiegenheit verpflichtet war. Er ist offenbar von Männern, die ihn für ihre Sonderzwecke ausnützen wollten, getäuscht worden. Der Prinz Karl Eduard war erst am 9. Januar 1744 von Rom abgereist und ist am 20. Januar in Paris angekommen. Hund kann ihn also damals in Paris gar nicht gesehen haben. Daß sein Tagebuch darüber schweigt, erklärt sich ganz zwanglos aus seinem Eide, den er durch eine schriftliche Niederlegung schon verletzt hätte. In diesem Tagebuch berichtet er lediglich, daß er am 20. Februar 1743 in Paris seine erste Loge als Meister vom Stuhl abgehalten und am 25. August bei der Einsetzung einer „Loge régulière“ als erster Aufseher amtiert habe. Also die Beziehungen Hunds zu dem neuen französischen Templerorden sind verworren, dunkel, und kaum noch aufzuhellen. Ebensowenig werden wir sichere Dokumente darüber finden, daß die strikte Observanz ein Werkzeug der Katholischen Kirche zugunsten der katholischen Stuarts gegen das evangelische Haus Hannover war, wie in zahlreichen Schriften aus der Zeit behauptet wird.

Über seine Sendung berichtet sein treuer Freund Keßler von Sprengseysen (Anti-St. Nicaise, Bd. 1): „Kurz darauf (25. August 1743) verließ er Paris und ging über Brabant zur französischen Armee, wohin er Empfehlungen an einige Obere, so sich bei selbiger befanden, erhalten hatte. Hier wurde er in den Geheimnissen dieser maurerischen Partei eingeweiht, ja man legte ihm Pflichten auf, dieses System in seinem Vaterlande zu verbreiten. Diesen Pflichten blieb er auch als ein Mann von Ehre bis an seinen Tod getreu. Man wies ihn zugleich an einen gewissen Herrn von Marschall an, welcher schon bei Jahren und ebenfalls dieses System auszubreiten sich anheischig gemacht hatte.“

Hunds Tagebuch weist im Gegensatz zu dieser Erzählung die Nachricht auf, daß er auf der Hinreise nach Paris in Flandern war, von Paris aber nach Straßburg reiste. Die Unrichtigkeit liegt also offen zutage.

Begemann (Die Tempelherren und die Freimaurer, Berlin 1906) macht auf die auffallende Tatsache aufmerksam, daß Hund bereits 1743 Einweihung und Aufträge erhalten haben will, aber erst 1751 seine erste Loge in Unwürde gestiftet hat. Wir werden bei der Besprechung seines Patentes sehen, daß dies seinen guten Grund hatte. Untätig ist er in dieser Zwischenzeit bestimmt nicht gewesen. Begemann schließt seine Untersuchung:

„Das Vorhandensein freimaurerischer Templer bereits im Jahre 1743 ist eine Erfindung des Herrn v. Hund, der aus Ehrgeiz oder andern persönlichen Gründen, nachweisbar erst seit 1751, mit Hilfe der Freimaurerei einen wirklichen Templerorden wieder herzustellen unternahm. ... Die ganze Geschichte der ‚strikten Observanz' ist ein dunkler Punkt in der deutschen Freimaurerei, nicht bloß in bezug auf ihre schlimmen Wirkungen, sondern auch hinsichtlich ihres im Dunkeln liegenden Ursprungs. So viel aber muß als ausgemacht gelten, daß vor 1750 ein mit der Freimaurerei verquickter Templerorden nirgends sicher nachgewiesen werden kann, am allerwenigsten schon um 1740 in Verbindung mit der französischen Großloge, die sich ganz an die englische Freimaurerei hielt und sich noch 1743 ausdrücklich bezeichnete als „Grande Loge Anglaise de France".

Der Geschichtschreiber der deutschen Freimaurerei wird an dieser Auffassung eines Gelehrten von Weltruf, wie es Begemann ist, nicht vorbeigehen dürfen, ohne sich den Vorwurf machen zu müssen, daß er unwissenschaftlich gegenteilige Meinungen bewußt unterdrücke. Begemann ging als Forscher von ganz anderen Voraussetzungen aus als wir. Für ihn war alles, was nicht urkundlich erwiesen, nicht vorhanden. In der uns beschäftigenden Frage der Verbindung von Freimaurerei und Templerorden ist er sehr vorsichtig und behauptet nur, daß vor 1750 ein mit der Freimaurerei verquickter Templerorden nirgends sicher nachgewiesen werden kann. Er wagt also nicht die Behauptung, daß die Templermaurerei vor 1750 nicht bestanden habe, und das ist für den, der Begemann so genau kannte wie ich und jahrelang mit ihm fast täglich in engstem wissenschaftlichen Gedankenaustausch stand, der sicherste Beweis dafür, daß er selbst nicht fest überzeugt war, sonst hätte er sich nicht so zögernd geäußert, vielmehr in der seinem Charakter näherliegenden apodiktischen Form erklärt, daß es Templermaurerei vor 1750 nicht gegeben habe.

Wir wissen heute, daß der Gedanke einer Wiedererrichtung des Templerordens seit dem Auto da Fé von 1314 nie ganz zur Ruhe gekommen ist; in Portugal bestand er unter der Hülle des Christusordens, in Aragonien als Montesaorden, in Schottland als Distelorden weiter. Es sind dort noch Tempelherren unter Johannitermeistern um die Mitte des sechzehnten Jahrhunderts mit Sicherheit nachzuweisen. Zu welcher Zeit in Frankreich der Orden wieder auflebte, ist nicht festzustellen, solange die Archive der mittelalterlichen Präfekturen, Balleien und Tempelhöfe nicht aufgefunden worden sind. Sowohl in Vienne und Avignon, wie in Lissabon wird noch manches Aktenstück verborgen sein, das Licht in die Geschichte des Ordens nach 1314 bringen könnte. Man bedenke, daß bei Aufhebung des Ordens durch Papst Clemens V. etwa zwanzigtausend Ordensmitglieder der verschiedensten Stufen über Europa zerstreut waren, die zum Teil in Klöstern Unterkunft fanden, wohin sie wahrscheinlich auch ihre Archive geflüchtet haben, zum Teil ziellos in die Welt hinauswanderten, um Kriegs- oder andere Dienste zu nehmen, und man wird verstehen, daß die Akten über diese Frage noch lange nicht geschlossen werden können. Bestimmt wissen wir, daß nicht alle Templerkommenden sich unterworfen hatten und aufgelöst worden sind. So erschien der Wildgraf von Salm, Meister in Deutschland, mit seinen Rittern in voller Waffenrüstung im Domkapitel von Mainz und erklärte den Orden für unschuldig der ihm zur Last gelegten Ketzereien, worauf der Erzbischof keine Einwendungen erhob und die Ritter frei ziehen ließ. Endlich ist zu erwähnen, daß der Orden eine eigene Geistlichkeit hatte – die Johanniter und Deutschherren übrigens auch –, die das gesamte Schreibwerk des Ordens besorgte. Auch diese Geistlichen zerstreuten sich, und es ist keineswegs ausgeschlossen, daß sie in den verschiedensten Klöstern, in die sie sich zurückzogen, wichtige Urkunden niederlegten.

Begemann hat wohl bestimmt recht, daß ein urkundlicher Beweis für eine templerisch-freimaurerische Verbindung vor 1750 nicht erbracht ist, ebensowenig aber ist urkundlich erwiesen, daß eine solche Verbindung nicht schon im Ausgang des siebzehnten und Anfang des achtzehnten Jahrhunderts bestanden habe. Die Geschichte des templerisch-maurerischen Kapitels von Heredom-Kilwinning in Schottland ist noch keineswegs aufgeklärt; der Name Heredom, wahrscheinlich heredis domus, d. h. Tempel des Erben, oder einfach der Pluralgenetiv heredum, wobei domus zu ergänzen wäre, weist bewußt auf templerische Vorgänger hin. Endlich ist die berühmte Rede des Andreas Michael Ramsay anzuführen, die er am 21. März 1737 in einer Versammlung der Großloge von Paris gehalten und worin er ganz klar ausgesprochen hat: „Quelque temps après notre Ordre s'unit intimement avec les Chevaliers de saint Jean de Jerusalem." (Einige Zeit danach – noch während der Kreuzzüge – vereinigte sich unser Orden eng mit den Rittern des heiligen Johannes von Jerusalem.) Ramsay nennt allerdings die Johanniter, doch wohl nur, um den Namen der Johannislogen zu erklären, aber es ist leicht

Carl Gotthelf von Hund und Altengrottkau

einzusehen, daß vorher und nachher die Tempelherren für die Johanniter eingesetzt wurden, um so mehr als der Johanniterorden noch bestand. Auch daß immer nur – sicher seit 1723 – vom Orden der Freimaurer gesprochen wird, deutet auf die Tatsache hin, daß man Freimaurerei und Rittertum, speziell Templertum als zusammengehörig empfand. Wir werden also, falls nicht neu auftauchende Urkunden das Gegenteil beweisen, im Hinblick auf die hartnäckig und an verschiedenen Orten erhaltenen Legenden an eine Verbindung von Templerorden und Freimaurerei im achtzehnten Jahrhundert glauben müssen. Wie sie zustande kam und wo, das liegt in vorläufig nicht zu durchdringender Dunkelheit. Vielleicht wurde die Verbindung, wie die strikte Observanz später erklärte, nur „pia recordatione", in ehrfürchtiger Erinnerung, geschlossen. Wir wissen es nicht.

Auch über Karl von Hund ist Begemanns Urteil einer durchgreifenden Revision zu unterziehen. Er kann keinesfalls als ein Mann der Lügen und „Aufschneidereien" abgetan werden. Wir als Schüler der modernen psychologischen Wissenschaften werden Hund wesentlich anders beurteilen. Die zeitgenössischen Quellen, ungünstige wie günstige, müssen aus ihren Motiven heraus geweitet werden, wir dürfen uns nicht von Gunst und Haß der Zeit verwirren lassen, wenn wir Hunds Charakterbild zeichnen.

Er hatte eine sehr sorgfältige Erziehung erhalten, schon mit fünfzehn Jahren bezog er die Universität Leipzig, und er wird uns von seinen Zeitgenossen als ein äußerst fleißiger Student geschildert. Besonders liebte er die Dichter des Altertums, und seine feurige Jünglingsseele war entschieden dem Idealen zugewendet. In ihm verkörperte sich die ganze Romantik des achtzehnten Jahrhunderts. So ergriff er den Ordensgedanken mit lebhaftem Feuer. Dieser untadelige Edelmann glaubte fest an seine Sendung, den Orden der Tempelherren in Deutschland, Dänemark und dem Baltikum wiederaufzurichten, und er opferte dieser Sendung fast sein ganzes Vermögen sowie große Hof- und Staatsstellungen und nahm, obwohl er ein Leben voll Ehre, Anerkennung und behaglicher Ruhe hätte führen können, Mühe, Arbeit, Anfeindungen und Verfolgungen bis über das Grab hinaus auf sich, lediglich, um seinem Ordensideal zu dienen. Mehr als einmal war er nahe daran, dem Druck zu erliegen, aber sein Pflichtbewußtsein, sein Eid hielten ihn immer wieder aufrecht. Wir besitzen einen Brief aus dem Jahre 1766 von ihm, der seinen seelischen Zustand klar erkennen läßt:

„Verdruß, nicht gemeiner Verdruß, haben mich müde gemacht und mir alle Lust an einer Sache zu arbeiten, benommen, die nicht vom Fleck will. Die besten Projekte verwerfen, die Arbeiten liegen lassen, die Mittel, sie zu bestreiten versagt sehen, das erregt auf die Länge Empfindlichkeit, die alles liegen läßt, weil es andere so machen. Will man was tun, so war es nicht recht, wenn es nicht gesehen worden, communicierte man, so erhielt man nichts wieder. Überdies bin ich nicht imstande, die Expeditionen allein zu führen, meine Kräfte sind hiezu zu wenig. Meine Privat-Geschäfte haben bereits zu viel gelitten. Ich habe als ein ehrlicher Mann dem Orden 21 Jahre mit Hintansetzung meiner Glücks-Umstände aller Art gedient. Ich habe dessen Dienst zu Liebe alle öffentlichen Ämter, wozu Geburt und Glücks-Umstände mir öfters Gelegenheit gegeben, ausgeschlagen, ja das Amt, so ich besaß und welches mir gleichwohl in dem Heizen meiner Compatrioten sehr verdacht worden, niedergelegt und sogar ansehnliche Offerten ausgeschlagen. Ich muß Ihnen lieber Bruder noch mehr sagen, ich habe mich gänzlich in die Hände des Ordens werfen und ihm alles, was ich besitze, übergeben wollen, ich habe mit meinen natürlichen Erben einen Transakt deswegen geschlossen und 12 000 Taler hingegeben, so werden Sie finden, daß ich wohl meine Pflicht gegen den Orden ziemlich erfüllt habe. Dennoch sind mir fliegende Beschuldigungen des Eigennutzes zu Ohren gekommen, die mich nicht wenig afficiert haben. Da alle diese guten Gesinnungen nicht einmal einer Attention gewürdigt werden, so erfordert die Klugheit, daß ich zurücktrete und durch vernünftige Sparsamkeit zu ersetzen suche, was ich aus unzeitiger Liebe zum Orden verloren habe. Ich habe zu erkennen gegeben, daß ich nicht mehr imstande und willens sei, die großen Aufwände und Vorschüsse, die ich bis dahin gemacht, auszuhalten, daß ich daher bäte, man möchte suchen, eine dauernde vernünftige Einrichtung zu treffen, damit die Expedition besetzt und die Ausgaben bestritten werden könnten ohne mein Zutun. Täglich 18 bis 20 Couverts zu halten, fiele mir zu schwer, ich hoffte also, man würde es so einleiten, daß die Hauptexpeditionen und Kassen nach Dresden verlegt und mir die Sachen zur Signatur mit der Post gesandt werden mögen. Hiernächst bat ich auch vor einen Ordens-Secretair und Waffenritter, so beide bei mir sein sollen, zu sorgen, da der Ordens-Canzellist Hänisch verstorben, ich aber aus meinem Beutel keinen mehr salarieren würde und der Ritter vom Dorn (Keßler von Sprengseysen) nicht länger Urlaub erhalten könnte. Hierüber ist viel hin und wieder disputiert, eine gewisse Aigreur entstanden, ich habe alles geduldig angesehen. Nichts hat können expediert werden, da ich mich dem Detail nicht unterziehen und niemand arbeiten wollte. Hierüber kam der Eine oder Andere, der gleich alles reformieren wollte, machte aber mehr Verwirrungen als jemals. Endlich fand ich mich genötigt zu deklarieren, daß ich länger nicht als bis instehenden Ostern zusehen und wenn dann nicht alles förmlich in Ordnung wäre, ich mich genötigt sehen würde, zu Johannis einen General-Convent auszuschreiben, daselbst zu resignieren und die Wahl eines neuen Heer-Meisters bewirken zu helfen, mich selbst aber nach erhaltener Dispensation von meinen

Pflichten, in den deutschen Orden zu begeben, und dieses war mein wahrer Ernst und bleibt es noch, wenn die Sachen nicht so gehen sollten wie wir nunmehro hoffen. Man war darüber verlegen, endlich redete ich mit dem Br. Weißbuch (Johann Friedrich von Weihenbach, Sächsischer Major und Kammerjunker im Orden eques a Sphaera) und Jordan (Sächsischer Hauptmann und Regiments-Quartiermeister), letzterer kommunicierte mir seine Gedanken zu einem Fonds vor den Orden zu erwerben. Der Bruder und ich fanden die Sache wahrscheinlich und ziemlich praktikabel, wir hielten im Monat Januar einen Konvent, wir vereinigten uns alle, die elaborationes zu diesem Plan wurden ausgeteilt und ein jeder griff mit neuem Mut die Arbeit des Ordens an, der alte Geist der Einigkeit belebte sie, und ich hoffe, daß alles gut von statten gehen wird... Sollte es reüssieren, wie es nicht unwahrscheinlich ist, so wird ein unsterbliches Werk daraus, sollte es nicht sein, so wird die Sache nicht verschlimmert, sondern sie geht im alten Gleise, aber doch mit mehrerer activité fort; und danach werde ich meine private Maßregeln nehmen. Sehen Sie bester liebster Bruder, so ist der Zusammenhang der Sachen, ich habe ihn aber keiner Seele als Ihnen entdeckt, behalten Sie diese Umstände für sich, es ist alles ausgeglichen. Aus meinem Herzen sollen auch die Narben und Verwundungen, die man mir zugefügt, nicht mehr zu spüren sein. Wollte Gott, daß das wahre brüderliche Betragen, die Nachsicht natürlicher Fehler aus Begierde dem Ganzen mehr als sich zu nützen, in aller Heizen wohnen möchte. Wie glücklich würden die Brüder sein." (Archiv der Großen Landesloge der Freimaurer von Deutschland.)

Dieser Brief spricht deutlich dafür, daß Hund alle persönlichen Beweggründe im Dienste am Ordensgedanken ausgeschaltet hatte. Dieser war im wesentlichen christlich-edelmännisch und hatte etwas mittelalterlich-feudales, gegen das die Zeit unter dem Einfluß Rousseaus Opposition machte. Die Ideen der französischen Revolution erhitzten schon die Köpfe der Gebildeten in Deutschland. Und aus diesem Geiste flossen die Angriffe gegen von Hund, den man als den Vertreter des aristokratisch-ständischen Prinzips ansah. Gewiß war er das, aber seine Herzensgüte, seine liebevolle Brüderlichkeit, sein feiner Takt und sein ausgesprochenes Talent zur Freundschaft nahmen seinem Feudalismus jede Schärfe. Wenn der ritterliche Geist in Deutschland nicht in den Auswirkungen der französischen Revolution unterging, so ist das nicht zum wenigsten Hunds strikter Observanz zuzuschreiben. Jedenfalls steht seine innere Überzeugtheit, Ehrlichkeit und Wahrhaftigkeit außer jedem Zweifel, selbst für einen Teil seiner Gegner, soweit sie nicht grundsätzlich gegen christliche Freimaurerei eingestellt sind.

Man kann nicht an der ergreifenden Szene vom 11. Juni 1775 zu Braunschweig vorübergehen, wo der Prior clericus von Raven im Namen des versammelten Konvents von Hund verlangte, daß er den Ritter nenne, den er als a pluma rubra bezeichnet hatte. Hund versicherte unter Tränen: „Das liefe wider seinen Eid und sein Gewissen;" darauf beschloß der Konvent, „daß man Seiner Hochwürden und Gnaden nie wieder mit dergleichen auf dero Legitimation hinzielenden Fragen beschwerlich fallen solle."

Dazu kam Hunds stark betonte Anhänglichkeit an sein Vaterland Sachsen und das verbündete Österreich, die ihn seinen preußischen Freunden gegenüber in eine zwiespältige Stellung brachte. Demgemäß hatte er keinen Preußen zum Vertrauten, sein intimer Freund Keßler von Sprengseysen war Sachsen-Meininger Oberst, sein Hauptunterhändler Schubart ebenfalls Sachse; ebenso waren die ersten Mäner, mit denen er sein Kapitel gründete, keine Preußen: von Schoenberg, Kursächsischer Kammerherr, Mylius, Kursächsischer Leutnant, von Kiesenwetter, Kursächsischer Landkammerrat, Vitztum von Eckstädt, Württembergischer Oberst, die beiden Schmid, Sächsische Offiziere. Daran mag man erkennen, daß er sich nur solchen Brüdern anvertraute, die ihm durch ihre nationale Herkunft nahestanden.

Darum zog er auch, als er sein erstes Kapitel 1751 auf seinem Gut Unwürde errichtete, nur wenige Brüder heran. Etwas Schriftliches hatte er von seinen Auftraggebern nicht empfangen, da sein Vorgänger, an den er mündlich verwiesen war, C. G. von Marschall, ihm anscheinend nur die Matrikel der Ordensprovinz überliefert hat, die andern Papiere waren nach seinem Tode von den Erben angeblich verbrannt worden. Der Matrikel ist eine Mitteilung Hunds vorangesetzt: „Mein Herr Antecessor (Marschall) hat selbiges (das Original der Matrikel), als es ihm zum Kopieren gegeben wurde, ins Deutsche übersetzt und mir solches, wie es hier folgt, zur Abschrift kommunicirt. Die von dem Großen Kapitel vidimirte Abschrift hat mir selbiger zwar gezeigt, sie ist mir aber nach seinem Tode nicht überliefert worden. Wie ich denn überhaupt nichts empfangen habe als was ich mir in seinem Leben, da ich ihn doch nur ein einziges Mahl auf acht Tage zu frequentiren Gelegenheit gehabt, abgeschrieben habe. Das Original ist mir von des Groß-Priors Excell. gezeigt worden, als ich im Großen Kapitel installirt und in Pflicht genommen wurde. Weil die Zeit aber zu kurz und mir versichert wurde, daß mein Herr Antecessor damaliger Heer-Meister davon eine Kopie besäße, so habe ich mir keine davon geben lassen. Daß aber diese Abschrift mit dem Original genau übereintrifft, auch richtig übersetzt worden, attestire ich an Eides-Statt nach Pflicht und Gewissen durch meine selbsteigene Hand und Siegel."

Hund hat mit seinem Ordensnamen Carl Ritter vom Degen (eques ab ense) unterzeichnet, und es ist nicht anzunehmen, daß er die Unwahrheit gesagt. Bestimmt hat er die Echtheit der ihm gemachten Mitteilungen geglaubt, und er hat auch Verbindung mit dem Hofe des Prätendenten Karl Eduard Stuart gehalten, wohl auch Geld dorthin überwiesen. Als er aber brieflich hingehalten wurde, schließlich auch gar keine Antwort mehr erhielt, weil man offenbar eingesehen hatte, daß durch freimaurerische Organisationen dem Prätendenten nicht zu helfen sei, so hat Hund die Ausgestaltung der siebenten Provinz des Tempelordens selbst vorzunehmen beschlossen. Hierin erklärt sich vielleicht auch die lange Zeit, die zwischen dem französischen Besuch, bei dem die Einweihung Hunds stattfand, und der ersten Errichtung des Kapitels verstrich.

Ein gewichtiger Zeuge für die Charakterreinheit Hunds ist Friedrich Ludwig Schröder, der ein ausgesprochener Feind des Templergedankens, wie aller über die Johannisgarde hinausgehenden höheren Stufen war. Er sagt im ersten Band seiner Materialien zur Geschichte der Freimaurerei, nachdem er aus dem Archiv Hunds die Mitteilungen über dessen Verkehr mit dem von ihm nie näher bezeichneten Großmeister außerhalb Deutschlands ausgezogen hatte: Aus obigen sehr wichtigen Akten erhellt sehr deutlich: „1. daß der Großmeister mit dem Großkapitel sich damals in London aufhielt; dieser Großmeister also nicht der Prätendent sein konnte; 2. daß erst jetzt, 1754, das System in eine gewisse Ordnung gebracht wurde. ... – Daß ein Mann von Ehre, wie sich von Hund bis an sein Ende bewies, seine Brüder durch falsche Rescripte sollte zu täuschen gesucht haben, ist eben so unglaublich, als daß ihm diese Täuschung bei dem jüngeren Schmidt (Ritter von der Säule), von Schoenberg, Mylius, von Kiesenwetter hätte gelingen können." Immer hin bleibt die Art, wie er sich hinter dem Rücken von Zinnendorf – wovon später – an Eckleff heranzumachen suchte, ein sehr dunkler Fleck auf seiner Ehre.

Über den Ausdruck siebente Provinz ist folgendes zu sagen: Die Tempelherren faßten erst im dreizehnten Jahrhundert in Deutschland, und zwar zunächst in Oberdeutschland Fuß. Der erste und einzige Meister in Deutschland war der Wildgraf Friedrich von Salm, und Ende des Jahrhunderts zerfiel Deutschland schon in drei Provinzen, erstens Oberdeutschland mit dem Rhein, zweitens Niederdeutschland und drittens Brandenburg. Im alten Orden hatten diese die Nummern XII, XIII und XIV. Die beiden letzten hat die strikte Observanz unter Hinzunahme des Baltikums als siebente Provinz ausgestaltet.

Das erste Kapitel wurde, wie schon erwähnt, 1751 ins Leben gerufen und nach der Matrikel Capitel von Droißig genannt. Es bestand zuerst nur aus von Hund und von Schoenberg, dem Ritter vom roten Löwen (eques a Leone rubro). Erst im Jahre 1754 oder 1755 wurde die eigentliche Organisation durchgeführt. An dieser Kapitelsitzung nahmen sieben Brüder teil, außer Hund und Schoenberg, I. G. Schmid, Ritter von der Säule (eques a conlumna), Johann Wilhelm Mylius, Ritter vom Stern (eques a stella), Vitztum von Eckstädt, Ritter vom Adler (eques ab aquila), Johann Heinrich Braune, Ritter vom Salamander (eques a salamandro) und von Kiesenwetter, Ritter vom Diamanten (eques ab adamante). Man sieht daraus, daß die Brüder der strikten Observanz lateinische Ritternamen annahmen, einmal im Verfolg der französischen Gepflogenheit, dann vielleicht, um nach außen hin ihren wahren Namen zu verbergen, denn in den Briefen, die uns aufbewahrt sind, werden fast nur die Ritteinamen genannt.

Über diese Männer sind wir durch Schröder (a. a. O.) gut unterrichtet. Schoenberg, der als Landeshauptmann des Markgrafentums Oberlausitz starb, war der beste Jugendfreund Hunds. Er war enthusiastisch für Ausbreitung des Guten und benutzte Hunds jugendliches Feuer, um ihn zu rühmlichen Plänen aufzumuntern. Da sich in der Folge von Schoenbergs Glücksumstände durch eine vorteilhafte Heirat und andere günstige Zufälle merklich verändert hatten und der persönliche Umgang mit Hund dadurch unterbrochen wurde, so litt diese Freundschaft eine fühlbare Abnahme. von Schoenberg entsagte endlich seiner Ordenswürde, vertauschte den Orden mit einer religiösen Sekte, die „Stillen im Lande“, die mit seinen Gesinnungen mehr übereinstimmte und mit weniger Schwierigkeiten verbunden war.

Der eifrigste unter Hunds Mitarbeitern war der schon im einundfünfzigsten Jahre verstorbene Amtshauptmann des Görlitzer Kreises Ernst Gottlob von Kiesenwetter. Dieser kenntnisvolle fleißige Mann besaß das Vertrauen Hunds in einem hohen Grade. Bis zum Rücktritt Schoenbergs bekleidete er die Stelle des Kanzlers in der Provinz, und es lag nicht an seinem Eifer, daß der Orden nicht zur Vollkommenheit gedieh. Den vorstehenden Mitgliedern des ersten Provinzialkapitels folgte im Range der am 3. Oktober 1791 verstorbene ehemalige Kurfürstlich-Sächsische Leutnant Johann Wilhelm Mylius. Nachdem er sich den Studien gewidmet hatte, ging er aus Neigung zum Militär. Er war Mitglied der Loge zu den drei Hammern in Naumburg und lernte dort Schoenberg kennen. Mit der übrigen Armee wurde er 1756 bei Pirna gefangen, und da er nicht weiter dienen konnte, nahm er seine Zuflucht zu seinen Freunden. Er hielt sich bald bei Hund, bald bei Schoenberg auf. Die Loge zu Naumburg, die es ihren Mitgliedern zur Pflicht machte, ihre Zeit auf Erlernung oder Ausübung nützlicher Kenntnisse und Erfahrungen zu verwenden, hatte in wenigen Jahren verschiedene sehr brauchbare Aufsätze geliefert, die zum Teil als die Grundlage der späteren Einrichtungen und der den veränderten Umständen angepaßten Pläne angesehen werden können. Mylius war finster und kränklich, spürte Abnahme des Gewichts, dies hinderte ihn aber nicht, nach dem Siebenjährigen Kriege wieder Dienste zu nehmen.

Er wurde Ordenskanzler und begab sich zu Anfang des Jahres 1766 nach Görlitz, um dort die Geschäfte der Kanzlei zu leiten. Nachdem er sich mit Hund veruneinigt hatte, nahm Schoenberg ihn auf seine Güter, wo er seine Tage in philosophischer Ruhe verlebte. Auch nach dem Tode des Freundes blieb er treu bei der Witwe und erreichte ein Alter von mehr als siebzig Jahren.

Ferner gehörte noch zu diesen ersten Freunden und dem Provinzialkapitel Johann Erdmann von Gersdorf, Ritter von der Diestel (eques a carduo), Kurfürstlich-Sächsischer Oberstleutnant. Da sein Vater die eine Hälfte des in der Folge Hund ganz käuflich überlassenen Gutes Kittlitz besaß, so waren sie früh Freunde geworden, und weil er nicht sehr begütert war, ging er zum Militär; sein Charakter war vortrefflich, aber es fehlte ihm an Kenntnissen und Wissenschaften. Auch er wurde bei Pirna gefangen und ihm die Stadt Guben als Aufenthalt angewiesen. Seine eingeschränkten Verhältnisse erhielten nach dem Siebenjährigen Krieg die vorteilhafteste Wendung. Seine Stiefmutter starb und hinterließ ihm beträchtliche Güter, deren Verwaltung ihn von dem Militärdienst abzog. Er war streng in der Erfüllung seiner Pflichten und sehr wohltätig gegen seine Umgebung.

Die Ritualien der ersten vier Grade waren aus Frankreich eingeführt und wurden in den Logen zu Unwürde und zu Naumburg benutzt. Den fünften und sechsten Grad hat Hund wohl aus dem Gedächtnis niedergeschrieben. So war denn der Anfang gemacht, in Deutschland den Tempelherrenorden wiederherzustellen.

Die Auffassung dieser Männer war ganz materiell. Sie glaubten nicht etwa, daß die freimaurerische Idee zu allen Zeiten lebendig, sich nur unter verschiedenen Hüllen manifestiert habe, und daß eine dieser Hüllen der Templerorden gewesen sei. Man war vielmehr der Ansicht, daß der Orden sich unter der Maske der Freimaurerei erhalten habe und jetzt wieder hervorgetreten sei. Es dachte freilich niemand daran, die weltliche Macht der Templer wiederzugewinnen, aber man wollte auf andere Weise, auf wirtschaftlichem Wege Geld und Liegenschaften erwerben, um den Mitgliedern Einkünfte zu verschaffen. Auch der alte alchymistische Zug fehlte nicht. Neben ganz nüchternen Plänen wie einer Pensionskasse steht das Projekt des Ritters vom Stern zur Formierung besonderer Departements für die Arbeiten in chymicis, mechanicis und commercialibus. Ebenso weist das heermeisterliche Archiv auf, ein Projekt der Ritter vom Degen und vom Stern für Brüder, die Liebhaber der Chymie und der okkulten Wissenschaften sind.

In den nächsten Jahren bis zum Ausbruch des Siebenjährigen Krieges wurde die Organisation angeblich im Stile des alten Templerordens durchgeführt;

Symbol des I. Grades

Hund behielt die Einteilung in Ordensprovinzen bei, nur waren es nicht die gleichen wie im vierzehnten Jahrhundert. Seine Provinz, der er als Heermeister vorstand, war die siebente und hieß an Elbe und Oder, dazu wurde noch Dänemark, Böhmen und Kurland hinzugenommen. Das Wappen war ein geharnischter Arm mit bloßem Schwert aus einer Wolke ragend und der Wahlspruch hieß labor viris convenit. Den Kapiteln gab Hund die alten Namen, so hieß Berlin Präfektur Templin; Dresden Präfektur Gommern; Leipzig Präfektur Derla; Schlesien Präfektur Appelstädt; Hamburg Präfektur Ivenak. Auch eine besondere Ordenstracht wurde eingeführt. Sie bestand in einem kurzen weißwollenen Untergewand, darüber der Mantel mit dem roten Templerkreuz auf der linken Seite. Dazu wurde eine Uniform getragen mit purpurfarbenem Rock, auf dem neun kleine goldene Schleifen gestickt waren. Darunter eine hellblaue Weste. Um den Hals trugen die Ritter ein rotes Kreuz am roten Band. Darauf standen die Anfangsbuchstaben des Wahlspruches der Provinz L. V. C. Aufgenommen wurden nur Edelleute oder solche, die standesgemäße Ämter innehatten. Die letzteren wurden vom Heermeister oder den Komturen zu Rittern geschlagen. Die Ordensgebietiger waren Prioren, Subprioren, Großkomture, Komture, Präfekten und Kommendatoren.

Symbol des II. Grades

Jede Loge galt als Hauskommende, und der Logenmeister führte den Titel Hauskomtur.

Der ganze Orden war in sechs, später in sieben Grade eingeteilt, von denen die ersten drei Grade den Johannisgraden der Freimaurerei, Lehrling, Geselle und Meister entsprachen, auch ähnliche Rituale hatten. Unbedingten Gehorsam gegen unbekannte Obere mußte schon der Lehrling geloben. Der vierte, der schottische Grad, stellte eine Art Gericht dar, in dem der Kandidat als Schuldiger mit einem Strick um den Hals vorgeführt und schließlich begnadigt wurde. Die vier Grade waren symbolischer Natur und hatten demgemäß auch ihre Sinnbilder; der erste Grad eine oben zerbrochene Säule mit der Devise: ad huc stat (noch immer aufrecht), der zweite Grad einen Würfel mit darauflegendem Winkelmaß und der Devise dirigit obliqua (macht Ungleiches gleich), der dritte ein Schiff, das mast- und segellos auf ruhigem Meer treibt mit der Devise in silentio et spe fortitudo mea (in Schweigen und Hoffnung meine

Symbol des III. Grades

Symbol des IV. Grades

Stärke), der vierte Grad zeigt einen Löwen in einer Felsenhöhle, der mit mathematischen Instrumenten spielt; Devise: meliora praesumo (das Bessere vorweg).

Der fünfte Grad war das Noviziat, und die Loge hieß demgemäß das Novizenhaus. Die Verpflichtung lautete nur auf Verschwiegenheit und Gehorsam. Der sechste Grad brachte die Weihe zum Ritter. Unter feierlichen Zeremonien wurde der Kandidat in die Ordenstracht gekleidet und mit Helm und Harnisch bewehrt. Später (1770) kam dann noch ein siebenter Grad hinzu, der Ritter des großen Gelübdes (eques professus).

So war denn die siebente Provinz des hohen Ordens vom heiligen Tempel zu Jerusalem endgültig errichtet, und man hätte nun an die Ausbreitung gehen können, wenn nicht der Siebenjährige Krieg jede Tätigkeit lahmgelegt hätte. Die Arbeiten in der Naumburger Loge wurden ganz eingestellt, Hund selbst war politisch für seinen Landesherrn und für Osterreich tätig. Seine Güter wurden abwechselnd von österreichischen und preußischen Truppen besetzt. Seine Ritter waren entweder als Beamte oder als Offiziere abwesend. So ruhte alles, selbst der Bau der neuen Kirche in Kittlitz, die Hund im Anfang der fünfziger Jahre aus eigenen Mitteln zu errichten begonnen hatte, mußte unterbrochen werden. Schubart, der Ritter vom Strauß, hat im Kapitelbuch zu Kopenhagen, oder wie es in der Weise der strikten Observanz benannt wurde, zu Binin einen Bericht darüber für die Nachwelt eingetragen:

„In den Jahren nach Christi Geburt 1750, 1751, 1752, 1753, ließen Seine Hochwürden des Herrn Heermeisters Gnaden auf Dero Commende Kittlitz, einem in der Ober-Lausitz in der Gegend Budissin ohnweit Löbau gelegenen Rittergute, wo selbst in den ehemaligen glücklichen Ordenszeiten eine considerable Commende gewesen und die Rudera dieses Commende-Hauses noch bis diese Stunde zu sehen, die alte Kirche, worin etliche zwanzig dort herumgelegene Dörfer eingepfarrt sind, abbrechen, und baueten auf deren Stelle eine neue auf maconnique Art. Es gehen in einer regelmäßigen Abteilung erst drei, dann wieder drei und endlich eine, folglich sieben Stufen bis an das Altar. Auf dem Altar steht ein großes rothes Kreuz über dem Wappen Seiner Hochwürdigen Gnaden. In dem Grundstein unter dem Thurme, welcher 1754 gelegt worden ist, befinden sich bis dahin, von der Zeit der unglücklichen Verfolgung des Ordens Nachrichten. Da kurz darauf im Jahre 1756 der bekannte große Krieg in Deutschland ausbrach, und dortige Gegend hauptsächlich der Tummelplatz der kaiserlichen und preußischen Armeen war, so konnte dieser Bau nicht mit Eifer fortgesetzt werden. Während dieser Zeit aber fand man einen großen Stein, worauf unser Ordenskreuz erhaben gearbeitet war, und woraus man deutlich schließen konnte, daß in der Kirche an diesem Orte, wo der Stein lag, ein Comthur müsse begraben worden sein. Nachdem 1763 erfolgten Frieden wurde der Bau aus allen Kräften fortgesetzt und die Kirche im Jahre 1764 fertig bis auf den Thurm. An dem Geburtstage höchstgedacht Seine Hochwürdigen Gnaden, den 11. September 1764, wurde im Beysein einer großen Anzahl hoher Ordensbrüder, der zweite große Stein unter dem Altar gelegt. Es war derselbe der obenerwähnte gefundene große Leichenstein, worauf das Kreuz gehauen. In der Mitte dieses Steins war im Viereck ein großes Loch gemacht, worinnen eine zinnerne Platte, auf welcher in unserer geheimen Chiffer Nachrichten gegeben waren. Ferner war der Bestand des Provinzial-Capitels aufgezeichnet und nebst verschiedenen kurfürstlichen Münzen, die in diesem Jahre geschlagen, auch ein Verzeichnis der dabei gewesenen hohen Ordensbrüder und des Pastoris loci geleget. Dieses Loch war mit einem Steine bedeckt, worauf das rothe Kreuz gehauen und gemalet war. In den Kopf auf dem Thurm wurden ebenfalls Nachrichten geleget und darin die beiden Grundsteine angezeiget. Dies ist Gottlob die erste Kirche, welche nach dem traurigen Schicksale des Ordens in fünftehalbhundert Jahren in Deutschland oder in dem Heermeisterthume an der Elbe und Oder wiederum erbauert worden ist, und es ist nicht zu zweifeln, daß da der allmächtige Gott seine gnädige Hand über den Orden gehalten und derselbe so wunderbar conservirt worden ist, nicht in kurzer Zeit mehr Ordensgebäude und Kirchen aufgeführt werden sollten und könnten."

Die Bezeichnung des Ordens als stritte Observanz stammt aus der Forderung unbedingten Gehorsams gegen bekannte und unbekannte Obere, und sie wurde gebraucht gegenüber freimaurerischen Organisationen, die einen weniger strengen Gehorsam, eine lata observantia gesetzlich bestimmt hatten. Als Hund nach Abschluß des Siebenjährigen Krieges und Überwindung der Episode, die sich an den Namen Johnson a Fünen knüpft, wovon später zu handeln sein wird, die Ausbreitung seines Ordens in den Logen Deutschlands ins Werk setzte, ließ er sich von den Brüdern eine Verpflichtungsurkunde unterschreiben, die sogenannte Obedienzakte, die wir nachstehend im Wortlaut geben:

„Nachdem wir Endesunterschriebene in Erfahrung gebracht, daß es außer den Logen latae observantiae, als welche uns zeither in Deutschland nur bekannt gewesen, annoch andere, nämlich strictae observantiae gäbe, welche das von Uralters wohlhergebrachte und bis auf den heutigen Tag fortgepflanzte Ritual beobachten, Obere annehmen und erkennen, so entsagen wir hiemit wohlbedächtlich, freiwillig und sine ulla reservatione, denen Gebräuchen und Pflichten der weiteren Observanz, und unterwerfen uns einzig dem rituali strictae observantiae, hauptsächlich aber Seiner Hochwürdigen Gnaden, dem

Herrn Provincial der VII. Provinz und aller deutschen Maurer, erkennen Hochdieselben für unser wahres Oberhaupt, und versprechen hiedurch auf das heiligste und unverbrüchlichste:

1) hochgedachten Herrn Provincial oder demjenigen, welcher etwan von dem hohen Orden zu dieser Würde nach Ihm sollte bestimmt werden, wie auch denen von Hochdemselben für gegenwärtig und künftig Hochverordneten und als specielle Obern uns Vorgesetzten, ohne alle Ausnahme und so viel an uns ist und in unsern menschlichen Kräften stehet, den strengsten Gehorsam zu leisten. Wir wollen uns

2) Hochdenenselben und Dero Verfügungen in zweifelhaften und andern Fällen, besonders aber in so ferne es eine oder andere Loge latae observantiae und was dem anhängig, betrifft, unterwerfen und demjenigen, was von uns zum Besten des Ordens zu thun oder zu unterlassen von unsern resp. Obern gefordert wird, also fort und jederzeit unumschränkte Folge leisten, auch ohne ergründen zu wollen, aus welcher Absicht und zu welchem Zwecke dieses geschehen und jenes unterbleiben soll; ferner versprechen wir

3) von Allem und demjenigen überhaupt, was wir in der Loge besonders auch bei Receptionen hören, sehen und erfahren werden, das tiefste Stillschweigen zu bewahren, und keinem Freimaurer, welcher der stricten Observanz durch seine Unterschrift hierunter nicht beigetreten, noch irgend einem Menschen, er sei männlichen oder weiblichen Geschlechts, das allergeringste zu entdecken, oder auf irgend eine mögliche Weise zu benachrichtigen, noch weniger aber uns ohne Vorwissen unserer Obern in einige, die Frei-Maurerei angehende Correspondenzen einzulassen, auch alle dahin gehörende an uns kommende Briefe dieser Art unsern Obern sogleich einzuhändigen und die Vorschrift der darauf zu ertheilenden Antwort von Ihnen zu erwarten. Endlich wollen wir

4) die von unsern respekt. höchsten und hohen Obern uns zur Besserung auferlegten Strafen, willig und ohne Widerrede über uns ergehen lassen. Dieses Alles geloben wir bei unseren ersten Pflichten, die wir beim Eintritt in den Orden angelegt, bei Verlust unsrer Ehre und dem des ewigen Anschauens Gottes."

* * *

Exkurs über Philipp Samuel Rosa und das Clermontische Kapitel.

Ein kriegsgefangener französischer Offizier, Gabriel Marquis Filley de Lernen – so schreibt er sich selbst in den wenigen Briefen, die im Archiv der Großen National-Mutterloge zu den drei Weltkugeln aufbewahrt werden –, hatte 1758 von der Mutterloge zu den drei Weltkugeln die Genehmigung erhalten, mit anderen gefangenen Offizieren eine Militärloge unter dem Namen La Fidélité zu errichten, der aber verboten war, Aufnahmen zu vollziehen. Sie ist dann nach Auswechslung der Gefangenen wieder eingegangen.

Zum Dank für diese Erlaubnis erbot sich der französische Marquis, ein Kapitel der Ritter von Jerusalem zu errichten, und der vornehme, edel gesinnte Meister der Drei Weltkugeln, Baron von Printzen, ging darauf ein. Wir besitzen das Gründungsprotokoll vom 19. Juli 1760 in lateinischer Sprache:

„Im Namen Gottes Schöpfers von Himmel und Erde.

Aus dem Osten, aus dem Palast des Höchsten Meisters zu Jerusalem. Im Jahre 1758 nach der Geburt des Erlösers trug es sich zu, daß ein französischer Edelmann Filley de Lernen durch die Wechselfälle des Krieges nach Berlin verschlagen und als Gefangener gehalten wurde. Jener war mit vielen anderen gefangenen französischen Offizieren dem Orden der Freimaurer angeschlossen und Ritter des auserwählten Ordens von Jerusalem. In seinem glühenden Eifer für den Maurerorden bat er den Baron von Printzen, damals regierenden Meister der Berliner Freimaurer, mit seinen Genossen und französischen Brüdern eine private und abgesonderte Loge zur Arbeit in der Maurerkunst errichten zu dürfen. Ohne jegliche Bedenken erfüllte Baron von Printzen seine Bitte und gestattete den französischen Brüdern diese Loge für die Zeit ihres Aufenthaltes. Zum Dank dafür erbot sich der genannte Edelmann de Lerneu, ein Kapitel der auserwählten Brüder des Ordens von Jerusalem, das in Frankreich von dem Herzog von Clermont, höchsten Meister dieser auserwählten Brüder gegründet worden war, in Berlin zu errichten. Im Namen und aus der Machtvollkommenheit dieses höchsten Meisters in Frankreich hat er zu Berlin ein solches Kapitel gegründet und feierlich eingesetzt. Baron von Printzen, die Edelleute von Morquis und von Koehler, sowie die Herren Daliazukki und Dancourt wurden aufgenommen, Baron von Printzen aber zum ständigen obersten Meister dieses auserwählten Berliner Kapitels, von Morquis zum ersten und von Koehler zum zweiten Vorsteher berufen. Dem Baron von Printzen wurden die Rechte des obersten Kapitelmeisters übertragen, sowie Freiheit und Macht gegeben, nicht nur Brüder in das Heiligtum des Kapitels aufzunehmen, sondern auch Kapitel an andern Orten einzusetzen. Danach wurde das erste Kapitel der Auserwählten in Berlin unter Lob und Preis des dreieinigen Gottes geschlossen."

Es galt nun, die Rechte zur Geltung zu bringen und die neue Lehre in Deutschland einzuführen. Dazu bediente sich Printzen eines Mannes, der zwar sehr liebenswürdig und geschmeidig, dazu ein guter Redner war, aber kernfaul im Charakter, des Philipp Samuel Rosa, der wie kaum ein anderer der Maurerei des achtzehnten Jahrhunderts geschadet hat. Bei all den vorzüglichen Eigenschaften, die Printzen, und bestimmt mit Recht, nachgerühmt werden, scheint er die Gabe der Menschenkenntnis nicht besessen zu haben. Es war eben eine Zeit, in der sich selbst einsichtige Männer durch mystische und alchymistische Gaukeleien blenden ließen, und Rosa hatte nicht genug an den phantastischen Erfindungen der Franzosen, sondern er geheimniste noch alle möglichen okkulten Schwindeleien in das an solchen Dingen schon überreiche Ritual des Clermontischen Kapitels hinein.

Rosa, dessen Name nicht einmal zuverlässig feststeht, er soll eigentlich Schuhmacher geheißen haben, war aus dem Jsenburgischen gebürtig. Mit Sicherheit ist seine Lebensgeschichte erst von der Zeit an, wo er in Cöthen Pfarrer und später Superintendent und Konsistorialrat war, bekannt. Ein Liebesverhältnis mit einer Witwe erregte großes Ärgernis und brachte ihn aus Amt und Brot; Frau und Kinder ließ er zurück, durchzog Deutschland und brandschatzte die Logen, denen er für gutes Geld allerhand Geheimnisse mitzuteilen versprach. Bei den drei goldenen Schüsseln in Halle wurde er sogar deputierter Meister vom Stuhl. Aber auch dort betrug er sich derart unwürdig, daß er am 9. August 1745 ausgeschlossen wurde. Dann hat er sich einige Jahre in Deutschland herumgetrieben, soll auch in Potsdam sich als Goldmacher betätigt haben, als er aber kein Geld mehr für seine Versuche erhielt, schuldenhalber nach Berlin geflüchtet sein. Dort kam er mit Printzen in Beziehung, der ihn zum ständigen Gesandten des obersten Kapitels von Jerusalem zu Berlin machte.

Was sich die geheimnissüchtigen Maurer alles aufreden ließen, geht aus einem Briefwechsel Rosas mit der Greifswalder Loge hervor. So schreibt er ernsthaft an Greifswalder Brüder, ob sie die dreizehn Lichter, die er tags zuvor in Stettin angezündet habe, gesehen hätten. Zwei Tage darauf versichert er dieselben Briefempfänger: „Er hätte alles wohl empfunden, was sie von ihm gesagt, und wenn sie seinen Namen genannt hätten. Die Luftgeister hätten es zu ihm gebracht und zärtlich communiciret." Dabei hatte er die braven Greifswalder binnen vier Monaten um dreihundertachtzig Taler für Reisekosten und Unterstützungen bei völlig freier Station erleichtert. Aber er war ehrlich und gestand offen, im Falle der Not würde er sie wieder ansprechen, da er leider keinen andern Nahrungsbetrieb als die Freimaurerei habe. Dazu war er sehr fleißig, den Becher der Fröhlichkeit und Gesundheit zugunsten der Brüder zu leeren, ein groß stammend Feuer abzubrennen und bis zum kristallinischen Himmel steigen zu lassen.

Der Ritualinhalt dieses phantastischen französischen Hirngespinstes war ein neuer schottischer Grad, der als vierter rangierte. Die Loge stellte den salomonischen Tempel dar, dem Kandidaten wurde erzählt, daß vier schottische Brüder nach Jerusalem gewandert seien, um das von den Juden vergrabene heilige Feuer zu suchen. „Diese hätten den Grundstein des Tempels erbrechen lassen und darin drei Schalen gefunden, eine mit dem Buchstaben I, eine mit dem Buchstaben G und eine ohne Bezeichnung. Sie wären von ihnen nach Schottland gebracht, und zu ihrem Andenken würde der Grad der schottische genannt. Der König David II. habe sie in seinen Schutz genommen und ihnen als weltlichen Rittern des heiligen Andreas den erhabenen Orden der Distel erteilt. Durch sie sei es möglich geworden, die Zentralwissenschaft wieder zu bearbeiten, deren Kenntnis mit Salomos Tode erloschen sei, in der Folge aber durch diese Schotten den eisten Tempelherren anvertraut wäre. Daher müsse sich jetzt auch jeder schottische Bruder und Ritter verbinden, die Kunst theoretisch oder praktisch zu bearbeiten. Für diesen Zweck beschäftige sich die vierte Stufe mit der Philosophie, dagegen die drei ersten Grade nur mit den niedrigen Wissenschaften, als der Bau-, Metzkunst usw. Der philosophische Bau der Schotten werde befördert durch die Kenntnis der drei Schalen. Das I. auf der ersten zeige das Salz an. Denn so wie im Hebräischen I der Grundbuchstabe sei, aus dem alle übrigen ihre Gestalt genommen hätten und formiert würden, so sei das Salz der Grundleib aller Dinge und so auch des philosophischen Baues, G bedeute bei den hebräischen Weisen den Schwefel. Die dritte leere Schale deute auf den Merkur oder allgemeinen Weltgeist. Weil dieser als ein herumfliegender Geist keine eigene Gestalt habe, sondern allerlei Gestalten in den Leibern annehme, so habe die Schale ohne Buchstaben diese keine gewisse Gestalt habende Eigenschaft andeuten sollen. Dies wären die Grundrisse und Bestandteile aller physikalischen Dinge in der Welt, da aus der Chemie bekannt sei, daß jeder Körper auf diese Bestandteile reduziert werden könne. So gehe mit dem Rauch der Merkur fort und das nach und nach sich verzehrende Inflammabile gebe Beweis vom Schwefel. Zuletzt bleibe Asche, die, wenn man sie auslauge, wahrhaftes Salz enthalte. Diese Materialien zum philosophischen Bau müßten nach den fünf Meisterpunkten bearbeitet werden. Zuerst müsse man sie nach den sieben Stufen siebenmal reinigen, d. h. siebenmal in der großen Arbeit auflösen, wobei Feuer und Wasser – als welches die beiden Säulen bedeuteten – die Mittel der Solution gäben, und dann zum Bade im ehernen Meer bringen, wo die Materitz zusammengesetzt und durch allerlei Farben und Auf- und Absteigung vollkommen gesund gemacht werde. Dann werden sie in das Schiff Noah gebracht, worin die gesunde Materie ersterben und faulen müsse. Im dritten Meisterpunkt komme sie, durch das Sinnbild des babylonischen Turmes wieder lebendig gemacht, zum Wachstum, Vermehrung und Erhöhung. Hierauf müsse dem philosophischen Leibe Gleichförmigkeit und auf allen Seiten gleichwirkende Kraft beigebracht werden; dies geschehe auf dem kubischen Steine. Dann komme der fünfte Meisterpunkt unter dem flammenden Sterne, da der philosophische Leib zu der allerherrlichsten klareszierenden Eigenschaft gebracht und in den Stand gesetzt werde, das Finstere, gleich einem Karfunkel, hell und leuchtend zu machen.“ (Zitat bei Nettelbladt a. a. O.)

Dazu kann man nur mit Goethe sagen, mir dünkt, ich hör' ein ganzes Chor von hunderttausend Narren sprechen.

Nachdem nunmehr der schottische Ritter seine Zeit ausgedient, wird er in das Kapitel der Auserwählten (Electi, französisch Elu), und zum Adlerritter geweiht. Die Zeremonien sind ziemlich dick aufgetragene Narreteidinge. Der auserwählte Adlerritter soll, nachdem er die irdischen Wissenschaften in den Graden vorher erlangt hat, nun in den himmlischen unterrichtet werden. Er lernt, daß die Welt nicht vergehen werde, sondern nach siebentausend Jahren durch Feuer erneut und verklärt werde, und daß die erhabensten Brüder diese verklärte Welt und das darinnen aufgerichtete neue Jerusalem zum Vorwurf ihrer Vergnügungen hätten. Sie würden deshalb die verklärten Meister genannt, und die Erbauung dieses neuen Jerusalems wurde ihr Sinnbild. Die jüdischen Nachrichten nennen sie Bahirim, das ist glänzenden. Und weil sie weltlichen Dingen gänzlich entsagten und sich auf ewig mit Gott verbanden, nennt man sie die göttlichen Weisen oder Philosophen. Ferner wird der Adlerrittter dahin belehrt, daß zur Zeit des christlichen Königreichs in Jerusalem die Ritterschaft in dem Orden, dem er nun angehört, wegen ihrer standhaften Vereinigung mit Gott, die nichts unterbrechen konnte, Ritter Gottes genannt wurden.

Diese Ritter Gottes ist der letzte Grad des Clermontischen Kapitels, dazwischen steht noch der eques illustris oder Tempelritter. Sein Symbol ist ein Auge, das strahlend über dem Bilde der Stadt Jerusalem gemalt ist. Dieses symbolisiert die himmlische und erhabene Metaphysik, die Wissenschaft der übernatürlichen Dinge und die heilige Religion. Weil ein Tempelritter viel Erleuchtung besitze, werde er erleuchteter Bruder genannt.

Die letzte Kapitelstufe, der Ritter Gottes, der Chevalier Sublime, der erhabenste und verklärte Meister und Ritter Gottes, wird nur im Hochkapitel geweiht. Die Zeremonie spielt sich im neuen Jerusalem ab und soll den Kandidaten in eine engste Gemeinschaft mit Gott bringen. Bevor er den Eid ablegt, hält der Prior folgende Ansprache an ihn:

„Mein Bruder, Du stehst vor dem Abriß des neuen Jerusalems, welche Stadt am Ende der siebenten Zeit auf dem verklärten Erdball von Gott selbst wird aufgebaut und dargestellt werden. So wie Du jetzt in der siebenten Stufe unseres geheiligten Ordens das verklärte Licht des Hiramschen Geheimnisses (Hiram war ein Meister in allerlei Kunstwerk und bei Salomos Palast- und Tempelbau beschäftigt, in den Büchern der Könige und der Chronika wird er mehrfach genannt), und die vollkommene Ruhe für Deine Bemühungen von der dritten bis zur sechsten Stufe, Dich durch hieroglyphische Handlungen zu üben, und auch die höchste Belohnung für Deine wissenschaftlichen Arbeiten und Rittertaten in der sechsten Stufe nun empfängst; also wird zur Zeit des neuen Jerusalems einem jeden Würdigen die Erklärung aller Geheimnisse, die vollkommenste Ruhe und die allerhöchste Belohnung in dem allererhabensten Grade zuteil werden. Auch Du, wenn Du Gott und dem Orden bis an Deines Lebens Ende treu bleibst, wirst alles dessen gewürdigt werden. Zu der Zeit wird unsere Welt ein erleuchteter Himmel sein. Die Erde wird leuchten wie ein Stern und das Paradies wird wieder hergestellt sein. Zu der Zeit wird weder Not noch Kummer, weder Streit noch Krieg, weder Unruhe noch Arbeit mehr sein. Es werden folglich alle Arbeits- und Kriegsgeräte niedergelegt werden und ewiger Friede wird auf Erden sein. Unsere siebente Stufe ist ein Sinnbild jener herrlichen Zeit; daher legen wir Arbeitsgeräte und Ritterzeichen ab, was Du, mein Bruder, nun auch tun mußt."

Nun muß der Kandidat niederknien, beide Hände zum Himmel heben und den Eid nachsprechen. Es wird ihm dann weiter aus der Ordensgeschichte erzählt, daß zur Zeit, da der Orden noch in Jerusalem seinen Sitz hatte, die Ritter Gottes in der großen Kirche in der Stadt vor Aufgang der Sonne eingesegnet wurden. Dies sollte auf den künftigen Anteil an der unauflöslichen Vereinigung mit Gott und der „herrlichen Ergötzlichkeit im neuen Jerusalem" hindeuten.

Zur Geschichte der Ordensregierung wurde angegeben, daß das eigentliche Hochkapitel in Jerusalem die ganze Erde in Generallegationen aufgeteilt habe. Der Generallegat über Frankreich sollte der Herzog von Clermont sein, der Generallegat über Deutschland Philipp Samuel Rosa in Halle. Dieser nahm sich der Kapitelgründung als seines einzigen Nahrungsbetriebes sehr energisch an, konstituierte, wo er nur immer konnte, Kapitel, gab ihnen Rechte, wieder Tochterkapitel zu errichten, und wenn sie mit dem Aufschluß der Geheimnisse nicht zufrieden waren, flunkerte er ihnen alle möglichen

Dinge vor, schuf einen achten und neunten Grad, wenn es nur bezahlt wurde. Die Kapitel ihrerseits gründeten wiederum Kapitel, um ihr Geld zurückzuerhalten, und nahmen es auch mit Lehre und Ritual nicht genau. Was sie nicht wußten, phantasierten sie ihren Tochterkapiteln vor, kurz es war ein Hexensabbat, wie er sich kaum toller denken läßt. Wir sind über die Zustände trefflich unterrichtet durch die Briefe Schubarts. Unter anderem heißt es da:

„Soviel Capitel errichtet worden sind, soviel andere Lehrsätze findet man auch. Bald theologische, bald mystische, bald magische. Woher kommt denn diese Abweichung? Kann sie anders woher kommen, als daß man es selbst nicht weih, was man will? Was der Orden ist? Folglich wird ein Hirngespinst und eine Gaukelei nach der andern erfunden.

Den Prager Brüdern hat man weiß gemacht, daß sie im Kapitel nie vergessen möchten, des Bruders Rosa Gesundheit zu trinken, weil es dann bei ihm in Halle, oder wo er sich befände, allemal donnere. Die Rostocker Brüder, welche würdige und rechtschaffene Leute sind, haben mir öffentlich gesagt, daß der Bruder Rosa unter anderen magischen Gaukeleien auch den heiligen Christoph habe zitieren wollen, damit wirklich einen Anfang gemacht und ihnen die Beschwörung schriftlich gegeben habe, die ich auch von seiner eigenen Hand geschrieben, mit meinen eigenen Augen gesehen habe, nach welcher der heilige Christoph 199 000 Stück Dukaten in gangbarer Münze bringen, dalassen und nicht wieder mitnehmen sollte. Der von ihm selbst gemachte und, wenn ich nicht irre, an das Stuttgarter Kapitel abgegebene lächerliche Geisterharnisch ist noch in den Händen der Oberen, sowie eine Menge maurerischer und Kapitelschriften, die Dinge enthalten, die in der Reihe der Möglichkeit und unter Leuten, die Religion haben, nie erhört worden sind. Ich will zwar von ihm wohl glauben, daß nicht die Absicht eines Betrugs, sondern in der Tat seine nach seinem Alter abzumessende Tiefsinnigkeit und menschliche Schwachheit ihn dazu verleitet. Aber da ihm niemand widersprochen, sondern alle es als große Geheimnisse in Ehrfurcht angenommen, so hat dieser gute Bruder endlich alles, was er in schlaflosen Nächten erfunden, selbst für wahr gehalten und mitgeteilt, ohne sich zu bekümmern, was für klägliche, traurige und gefährliche Folgen daraus entspringen könnten."

Das Leipziger Filialkapitel gebraucht in einem Schreiben vom 2. Februar 1764 noch stärkere Ausdrücke:

„Von dem Betragen der Brüder in Berlin, von ihrer Uneinigkeit und dergleichen liefen von vielen Orten die betrübensten Nachrichten ein. Die erdichteten Zeremonien und Sinnbilder wurden nicht nur beständig verändert, sondern sogar die abscheulichsten Hirngespinste einer verdorbenen

Einbildungskraft hinzugetan, selbst die aufs schärfste bewiesenen mathematischen Wahrheiten wurden durch kabbalistische Mißgeburten verdrängt, und aus ganz reinen theosophischen Quellen wurden offenbare Ketzereien eingeführt. Der Wucher, den sie mit ihren Patenten trieben, war ganz übertrieben, und da dieser Gewinn etwas nachzulassen anfing, entdeckten sie den Brüdern im Vertrauen, daß noch ein achter Grad aus dem Tale Josaphat vorrätig sei und der neunte bereits unterwegs wäre.“ (Zitate bei Nettelbladt a. a. O.)

All diese Verwirrungen waren das Werk Rosas, der im Jahre 1760 von der Loge Philadelphia in Halle zum Meister vom Stuhl gewählt worden war. Aber er hat sich dieses Amtes nicht viel annehmen können, da er ja als Generallegat des Berliner Clermontischen Kapitels viel auf Reisen war. Natürlich erfuhren die Brüder in Halle von seinem anstößigen Treiben und wandten sich nach Berlin. „Bruder Rosa“, so heißt es in einem Schreiben, „dessen Name ehedem so beliebt unter den Brüdern gewesen, ist jetzt ein Stein des Anstoßes geworden. Sein schändliches Leben, dessen abscheuliche Laster selbst das Alter noch nicht stumpf gemacht hat, seine Verwirrungen im Orden, die Unordnungen, die er in der Kasse angerichtet, dienen sowohl Profanen als auch den Brüdern zum Skandal... Selbst in fremden Logen redet man von ihm als von dem schändlichen Manne, und man ist schon soweit gegangen, uns den Zugang zu versagen, wofern er länger würde auf dem Stuhle geblieben sein.“

Bis zum Jahr 1765 hielt er sich in Halle auf, verzog dann nach Marburg. Von seinem späteren Lebensgang ist nichts bekannt, er soll in Leyden gestorben sein.

II. Der Aufstieg

Die unsägliche Verwirrung, in der sich die Freimaurerei nach dem Siebenjährigen Krieg in Deutschland befand, zeitigte in den Kreisen ernsthafter Männer den Wunsch nach einer straffen Führung, nach klaren Zielen und nach sittlich hochstehenden Gesetzen, sowie einem verständlichen, wenn auch in dunkel symbolischer Sprache gehaltenen Ritual. Diese Wünsche schien die strikte Observanz zu erfüllen, und wenn die Verbrüderung auch noch klein war, so hatte sie doch unter den gebildeten und gesellschaftlich angesehenen Freimaurern einen sehr guten Ruf. Man horchte auf und wendete vertrauensvoll die Blicke nach Naumburg, nach Unwürde und nach Kittlitz.

Aber es mußte erst noch eine große Erschütterung kommen, ehe die strikte Observanz aus dem wogenden Meer des Wahns glanzvoll aufsteigen sollte. Diese Erschütterung ging von einem ganz gewöhnlichen, aber ungewöhnlich gerissenen Gauner und Schwindler aus, der mit Freimaurerei nicht das geringste zu tun hatte.

Im Ausgang des Jahres 1763 erschien in Jena bei den Brüdern der Loge „Zu den drei Rosen" und des Kapitels „Zion" ein Mann, der sich Baron von Johnson a Fünen nannte und ein Engländer zu sein vorgab. Er behauptete, den Rang eines Großpriors des Ordens der Tempelherren zu haben und im Namen der wahren Ordensoberen abgesandt zu sein, um Deutschland zu rektifizieren. Er kündigte dem Berliner Hochkapitel und allen andern Kapiteln durch Schreiben vom 10. Oktober 1763 sein Erscheinen an und forderte sie auf, sich über ihre Rechtmäßigkeit auszuweisen, und sich weiter unterrichten zu lassen. Er sprach in seinen Erlassen sehr hochfahrend von Streitkräften, über die er verfügte und Flotten des Ordens, die seinem Gebote gehorchten, und er versprach, die irrenden Brüder aus der Finsternis zum wahren Licht führen zu wollen, wobei er ganz beiläufig durchblicken ließ, daß er die Kunst verstände, unedle Metalle in edle zu verwandeln.

Nur aus dem Geiste der Zeit, der allgemeinen Verarmung, die jedem großen Kriege zu folgen Pflegt, ist es zu verstehen, daß wertvolle Männer von Bildung und Stellung ihm Glauben schenkten, ihm Geld anvertrauten und mit ihm durch Dick und Dünn gingen.

Wer Johnson war, steht nicht unbedingt fest. Am glaubhaftesten ist die Ansicht, daß er ein Jude gewesen und Johann Samuel Leucht geheißen habe; in den Kreisen seiner Glaubensgenossen soll er unter dem Spitznamen der schwarze Schlom bekannt gewesen sein. Es wird erzählt, daß er in früheren Jahren Fasanenwärter und später Sekretär im Bernburgischen Dienst gewesen sei. Jm Stile aller Hochstapler der damaligen Zeit beschäftigte er sich mit Alchymie und gewann so Verbindung mit seinem Fürsten, dem er klarzumachen verstand, daß er den Stein der Weisen darzustellen vermöchte. Auf diese Weise gelang es ihm, in der Münze angestellt zu werden, und er entwarf verschiedene Pläne in Finanz- und Verwaltungssachen. Als Münzalchymist schloß er Verträge auf große Silberlieferungen ab, laborierte und manipulierte solange, bis er seinem Herrn melden konnte, er habe reichlich Silber und Gold gewonnen, aber es sei so fein, daß man es mit geringerem Edelmetall legieren müßte. Nachdem ihm nun das fürstliche Silber und Gold übergeben worden war, beeilte er sich fortzukommen, wurde aber auf der Flucht ergriffen und mußte das gestohlene Gut wieder herausgeben. Bestraft hat man ihn nicht.

Nach diesem Streich soll er als Soldat einem württembergischen Freikorps beigetreten sein, was durchaus glaublich erscheint, wenn man die militärische Art beobachtet, in der er die ihm vertrauende Ritterschaft behandelte.

Später soll er sich dem Erbprinzen von Anhalt-Bernburg, der in dänischen Militärdiensten stand, als württembergischer Oberst vorgestellt und ihn um große Summen gebracht haben, wofür er auf der Festung Rendsburg gefangengesetzt wurde, aber auch diesmal wurde er ohne Strafe entlassen. Von all diesen Angaben ist nichts geschichtlich sichergestellt, es wird aber jedenfalls dadurch bewiesen, daß Johnson ein ganz geriebener Gauner war. Seine abschreckende Häßlichkeit wird von allen zeitgenössischen Schriftstellern betont. Kehler von Sprengseysen, der treueste Freund Hunds, schildert ihn folgendermaßen:

„Er war von mittlerer Statur, hatte schwarzes Haar und ein zigeunermäßiges braunes Angesicht. Sein Blick war wild und feuerig. Die vielerlei Rollen, die er während seines Lebens gespielt, hatten ihm eine unaussprechliche Frechheit mitgeteilt. Er hatte bei den vielen Abwechslungen, da er bald eine große Person vorgestellt, bald wiederum sich unter den niedrigsten befunden, sich eine Kenntnis der Menschen erworben, die bewunderungswürdig war. Er heuchelte, liebkosete, drohte, tobte und nahm alle Gestalten an, die er für nötig hielt. Keine Handlung war ihm ungerecht, wenn sie ihn nur zu seinem Endzwecke führte, und viele Begebenheiten seines Lebens haben fast eine unumstößliche Gewißheit, daß er mehr als einen Mord mag begangen haben. Selbst die Dokumente und Kenntnisse, so er von dem Orden hatte, können wohl nicht anders als durch einen Mord in seine Hände gekommen sein. Dieses bestätigt sich um so mehr, da ein Engländer, so Johnson hieß und in Ordensverrichtungen abgeschickt worden, zu Anfang des letzten Kriegs im Spessarter Wald ermordet worden war. Johnson hatte Frechheit genug, sich dieser zu bedienen und gab sich für einen Engländer aus, ohne ein Wort von dieser Sprache zu verstehen."

Seinen Hauptangriff richtete er gegen das Hochkapitel in Berlin. In einer Jenaer Kapitelsitzung erklärte er, daß der Generallegat Rosa angekommen sei, und daß er ihn am folgenden Tage vornehmen wolle, um ihn entweder von seiner falschen Maxime zu überzeugen oder sich selbst überzeugen zu lassen. Er sprach aus, daß er das Berliner Kapitel rektifizieren oder andere Maßnahmen ergreifen werde.

Das Vornehmen fand am 7. Oktober 1763 statt. Johnson forderte Rosa auf, die Umstände zu berichten, unter denen das Berliner Kapitel begründet worden sei. Der Generallegat muß sehr betroffen gewesen sein, denn er antwortete höchst ungeschickt, daß er alles mitgeteilt habe und nicht wisse, ob das Berliner Kapitel noch weitere Kenntnisse verwahre.

Aus den Protokollen geht hervor, daß der „Großprior" Johnson die Erteilung schriftlicher Konstitutionen als völlig ungesetzlich bezeichnete und behauptete, nur er habe das Recht, in Deutschland Kapitel zu errichten.

Er stellte sich empört darüber, daß man in Berlin die Brüder mit Dingen amüsiert habe, die mit dem Orden nicht das geringste zu tun hätten. Er verlangte dann, daß Rosa wenigstens den Lehrlingsteppich erklären sollte. Aber auch das gelang dem Berliner Generallegat nur sehr allgemein. Weiter fragte der Großprior, ob Rosa die „Cassia" gesehen habe und sie kenne. Rosa verneinte, doch meinte er, darunter sei die hohe Weisheit des Ordens verborgen. Schließlich wurde er so in die Enge getrieben, daß er selbst an seiner Sache verzweifelte und sich äußerte, er hätte schon lange die Absicht gehabt, sein Amt niederzulegen. Danach unterschrieb er die demütigenden Protokolle, die Johnson nach Berlin sandte, und von dort Aufklärung über die Aussagen Rosas forderte. Endlich verlangte er, Berlin sollte einen Abgesandten nach Jena schicken, der die Rechtmäßigkeit der Konstitution beweisen und weitere Belehrungen empfangen sollte.

Die kritischen Berliner Kapitulare scheinen schon damals (November 1763) den „Großprior" nicht ernstgenommen zu haben, denn sie gaben gar keine Antwort, worauf Johnson die Abschriften der von Berlin nach Jena erteilten Konstitutionen unter dem Schall einer ritterlichen Feldmusik der Trompeten von den dienenden Brüdern verbrennen, die Originale zerreißen und zurückschicken ließ. Zugleich kündigte das Jenaer Kapitel jede weitere Gemeinschaft den Berlinern mit folgendem Schreiben auf:

„Wir kündigen dem Berliner sogenannten Hochkapitel solemnissime den Bund, worinen wir bis dato mit ihnen gestanden, völlig auf und wollen, daß ihrer uns gegebenen falschen Konstitutionen in unserm Hochkapitel in Ewigkeit nicht gedacht werden soll, wie wir denn deswegen uns gegebene Konstitution sowohl zum Kapitel als zur Schottischen und Johannitischen Loge in Copies mit dem dabei zu beobachtenden Ceremoniel durch unsere dienenden Brüder in der heutigen Session unter dem Schall der ritterlichen Feldmusik der Trompeten verbrennen lassen, die Originale aber zerrissen zum Beweis ihrer nicht habenden Autorité zurücksenden, wir nicht weniger das ganze Buch ihrer falschen, dem hohen Orden stracks zuwider seienden Legum, Bilder und Hieroglyphen ihnen zum ewigen Schimpf und Schande bei allen echten Kapiteln, andern aber zu einem Exempel, die sich unterstehen möchten, den Nachfolger abgeben zu wollen, verbrennt werden."

Die Loge zu den drei Rosen in Jena hat sich auch noch an andere Brüderschaften gewandt, um sie für Johnson zu gewinnen. Sehr charakteristisch ist der Briefwechsel mit der Loge Georg in Hannover. Am 10. Oktober 1763 hatte Jena warnende Nachrichten von dem Legato Generali Rosa ergehen lassen, „dessen Ordenssachen schnurstracks dem wahren System des dreimal heiligen Ordens zuwider" seien. Er sei „nicht eines Buchstabens einer praktischen Arbeit kundig, kenne die Cassiam so wenig, als er sie jemals gesehen".

Die Loge will keine von Berlin aus konstituierte Schottische oder Johannitische Loge an erkennen und fordert die Loge Georg auf, eine hinlänglich beglaubigte Abordnung zu senden, die jedoch die Cassia kennen muß. Sie sei nicht mehr gesonnen, sich bei einer bloß theoretischen Erkenntnis aufzuhalten, sondern „wir wollen uns in Zukunft als arbeitende Maurer beweisen und als eifrige Maurer und Brüder ihre Erkenntnis zu erweitern suchen".

Die Loge Georg lehnte am 29. Januar 1764 die Einladung der drei Rosen ab, indem sie erklärte: „daß sie die große Loge „aux trois globes als vollkommen und gerecht ohne den geringsten Zweifel erkenne". Die Antwort aus Jena ist ein trübes Zeichen für die Verwilderung des Tons, der durch Johnsons Gaukelei eingerissen war:

„An die unwissende und der Welt unbekannte Herren von der sogenannten Loge George zu Hannover.

Wir haben brüderliche und freundschaftliche Meldung an dieselben getan, wie daß wir so glücklich wären, den Hochwürdigen Ritter und Fröre L. G. Commissaire General bei uns zu sehen, der uns Licht von der Finsterniß unterscheiden lehrte; was haben wir für interessirte Absichten dabei haben können, von ihnen etwas zu hoffen, das zu unserer Assistenz gereichen könne, so wenig, als ob wir das Königreich Baragey durch sie erobern sollten. Aber da wir etwas besser von dem Ordens-System unterrichtet sind, als ihnen niemalen träumen kann, so hat es unsere Pflicht erfordert, ihnen als Brüdern davon part zu geben. Sie würden sehr vernünftig gehandelt haben, wenn sie, ehe sie uns geantwortet, erst mit anderen teutschen Logen Rat gepflogen, und nicht als Leute ohne Köpfe so im Wind geurteilet hätten, oder aber sie müssen uns als Leute ohne Köpfe betrachten, wo sie sich sehr irren werden, weil wir besser wissen, was ein Wachslinnen Tapis sei; weilen ihnen aber dieses Böhmische Dörfer sind, so bleiben sie indessen bei dem Blatt-Teutschen: bei ihnen giebt es sehr viel Moräste also auch viel Irrlichter, wir liegen allhier im Gebirge, und genießen eine reine und gesunde Lufft.

Daß sie keine Deputation absenden wollen, tut uns leid, andern teils aber ist es uns lieb, weil wir nicht gerne mit Leuten ohne Gehirne und ohne gesunde Logik zu tun haben mögten. Sie können Brüdern unseres Gleichen keine maurerische Moral predigen; reden sie erst für sich, ehe sie für Betrüger, wie die Berliner sind, intercediren, die die halbe Welt filoudirt haben; enthalten sie sich hinfort des Ausdruckes des Großen Baumeister der Welt und dessen Namen zu mißbrauchen, wovon sie kein Jota kennen, und lernen erst die Regul, daß gewiß wissen besser sei, als blind glauben.

Wir empfehlen ihre Vernunft einem aufgeklärten Verstande, ihnen aber ohne Restriction demjenigen, der die Dummen in seinen Schutz nimmt, denn sie sollen Gottes Esel genannt werden."

Es darf nicht wundernehmen, daß bei einem solchen Verkehrston die Jenaische Bewegung sehr bald abgewirtschaftet hatte. Zwar meldeten sich einige der von Berlin aus durch Rosa gegründeten Kapitel und lieferten ihre Urkunden ab, jedoch der Person des Großpriors und seiner Legitimation gegenüber erhoben sich immer ernstere Bedenken.

Er trieb es aber auch zu arg mit seinem Despotismus. Und nicht nur in der Loge beherrschte er die Brüder, sondern er dehnte seine Herrschaft auch auf ihr Privatleben aus. Sie mußten, wenn sie den Dienst bei ihm hatten, bewaffnet und in ritterlicher Kleidung gehen. Jede Nacht hielten zwei Ritter mit gezogenem Schwert vor seiner Tür Wache. Immer mußte eine Gruppe bereit sein, für ihn zu reiten und auf ein Alarmzeichen sich an einem vorher bestimmten Sammelplatz einfinden. Er gab vor, der König von Preußen verfolge ihn und suche ihn gefangen zu nehmen. Aus diesem Grund machte er mit seinen Getreuen weite Patrouillenritte bei Tag und Nacht in den Bergen und Wäldern um Jena.

Es bleibt ein Rätsel, daß gebildete Männer, wie der Arzt Dr. Teichmeyer, der württembergische Offizier Franz von Prangen und viele andere sich vollständig im Bann dieses merkwürdigen Hochstaplers befanden und nicht nur ihr Vermögen, sondern auch Ehre und Reputation dem Johnson zum Opfer brachten. Johann Gottfried Witzleben, ein feingebildeter Mann, der nicht nur die Rechte, sondern auch Mathematik studiert hatte, war von Johnson in das ritterliche Noviziat aufgenommen worden und hat später in freimaurerischen Zeitschriften allerhand über den Hochstapler erzählt. Wenn man auch nicht alles wörtlich zu nehmen braucht, so geht doch so viel aus den Witzlebenschen Darstellungen hervor, daß Johnson sich einer ganz außerordentlichen Gewalt über seine Anhänger erfreute, die so weit ging, daß er längere Arreststrafen bei ganz geringen Verstößen, wie etwa nicht rechtzeitiges Erscheinen auf dem Alarmplatz, verhängte.

Wir werden diesen Samuel Leucht, der sich als Großprior des Tempelordens und als englischer Edelmann ausgegeben hat, ohne weiteres als einen Schwindler und Hochstapler abtun können, der mit Freimaurerei, wie schon oben gesagt, nichts zu tun hat. Er ist trotz all seiner Gaunereien straflos ausgegangen und nach seinem Zusammenbruch auf der Flucht aufgehoben und im Lutherzimmer der Wartburg ohne ein gerichtliches Verfahren bis zu seinem Lebensende in milder Haft gehalten wurde.

Es gab also in Deutschland drei Hochkapitel, das Berliner, das Jenaische und das der strikten Observanz. Mit dem Berliner Kapitel war Johnson fertig. Es galt für ihn nunmehr, sich mit dem Heermeister von Hund auseinanderzusetzen. Deshalb war auch von Jena wie an alle andern Kapitel an das Hundsche Kapitel ein ähnliches Schreiben abgegangen, worauf eine sehr

Wir Carl Ritter vom Degen Provinzial Groß-Meister der VII Provinz des H:. O:. und derer davon abhangenden Länder, entbiethen allen unseren schottischen Brüdern und Freymaurern, durch die geheiligte Zahlen unsern Gruß.

Demnach der sehr ehrwürdige Bruder Johann Christian Anthon Thöden genant von Trapp des H:. O:. Rit:. uns gehorsamst zu vernehmen gegeben, wie ihm nichts mehr am Hertzen liege, als die Fortpflanzung des H:. O:. nach seinen Kräften zu befördern, zu welchem Ende er entschlossen eine wahre und ächte Loge der Freymaurer in Stettin zu gründen und zu errichten; Wir aber in Rücksicht auf die Beförderung der erhabenen Endzwecke des H:. O:. und die gerechte Ausbreitung desselben, in der Unserer Aufsicht anvertrauten und unsern Befehlen stehenden Provintz des H:. O:. ihm in seinen Suchen keineswegs ent(gegen)stehen wollen als ertheilen wir hierdurch und krafft gegenwärtigen Patents, mit Zuziehung des Raths der Provintz, gedachten unsern Bruder Johann Christian Anthon Thöden Rit:, von Trapp Macht und Gewalt eine Loge der Freymaurer nach den ächten und alten Gebräuchen desselben gemäß anzulegen und zu errichten, Freymaurer in den ersten drei Graden aufzunehmen und zu instruire, belegen überdies selbige mit dem Namen der Loge zu den Drey Zirckeln und geben ihr zum Wappen drey goldene Zirckel in blauen Felde, wollen auch daß diese unsere Verordnung nicht allein auf unsern sehr ehrwürdigen Br:. Johann Christian Anthon Thöden Rit:. von Trapp, sondern auch auf alle ihm in der Folge der Zeit succedirende Meister vom Stuhl, denen wir hierdurch gleiche und die nämliche Rechte verleihen, sich jederzeit erstrecken soll. Verbiethen allen und jeden unsern Brüdern Freymaurern, oder welche sich so nennen, dieser unter Unsern und des Raths der Provinz Schutz genommenen Loge nicht die mindeste Hindernis oder Beeinträchtigung in den Weg zu legen, bei Vermeidung der Ausschließung, großen und kleinen Bannes, oder aller andern uns bekannten thunlichen Strafen, geben gemeldeten unsern Br:. Rit:. von Trapp und denen mit der Zeit auf ihn folgenden Meistern von Stuhl, sämtlchen und jeglichen von seiner Person, hiermit ernstlich und ausdrücklich auf, den Verordnungen und Befehlen, welche ihm und ihnen von uns und unsern Rathe der Provintz eingehändigt werden, die genaueste und vollkommenste Folge, ohne mindeste Säumnis iederzeit zu leisten, widrigenfalls diese von uns ertheilte Rechte und Freiheiten vor null und nichtig angesehen weiden sollen, der Uebertreter aber mit unnachbleiblicher Strafe belegt weiden wird; Jedoch leben wir der zuversichtlichen Hoffnung ersagter unser Br:. und auf ihm folgende Meister von Stuhl weiden ihrer, uns und dem Rath der Provinz schuldigen Pflicht iederzeit dergestalt eingedenk bleiben, daß wir nicht allein niemahls zu einen unangenehmen Verfahren, welches uns höchst schmerzhaft fallen würde, gegen ihn oder sie jemahls zu schielten genöthigt weiden, sondern auch alles mögliche dahin anwenden, die schuldige Obedienz, Zucht und Ordnung zum Besten und Wachsthum des H:. O:. unter den Brüdern einzuführen und mit Klugheit zu unterhalten.

Zu meherer Urkunde haben wir dieses Patent eigenhändig unterschrieben und mit den Großen O:. Insiegel besiegeln lassen. So geschehen S … B … G … den 13. Dezember am Tage Lucia im Jahre fünftausend Vierhundert und Ein und Fünfzig.

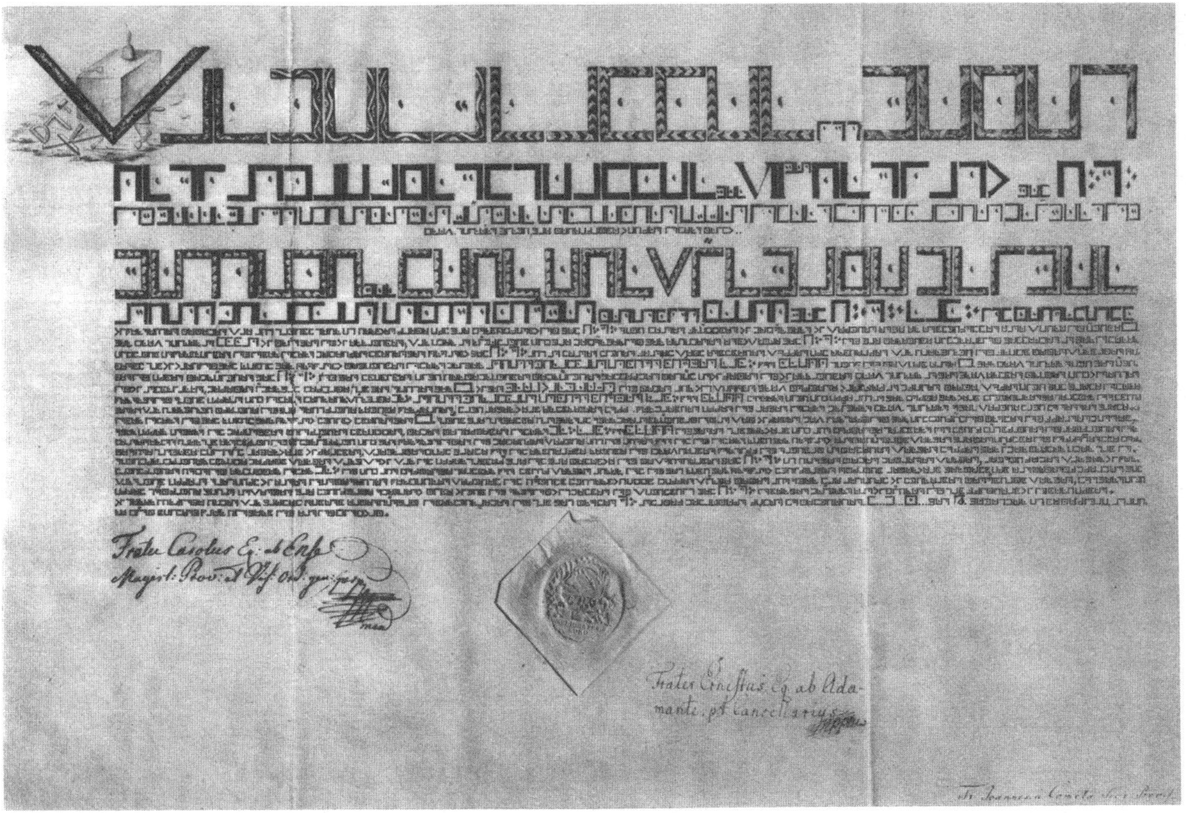

Konstitutions-Patent der Loge zu den drei Zirkeln in Stettin

ausführliche Antwort erfolgte. Diese Antwort ist wichtig, weil sie die Meinung einiger Zeitgenossen und auch späterer, daß Hund den Johnson als Vorspann benutzt habe, um sein System in Deutschland leichter durchführen zu können, klar widerlegt. Hund war eine viel zu ehrenhafte ritterliche Natur, um derartige Winkelzüge zu machen. Es scheint vielmehr umgekehrt zu sein, Johnson suchte die Verbindung mit Hund, um sich selbst zu sichern und sich einen guten Abgang zu schaffen. Das Hundsche Schreiben ist datiert vom 31. Oktober 1763 und hat folgenden Wortlaut:

„Vor dero unterm 10. Oktober datiertes an uns gerichtetes geehrtetes Schreiben, sagen wir Ihnen den ergebensten Dank und können wir Ihnen unser Vergnügen nicht bergen, welches wir empfunden, da wir ersehen, daß dem Unwesen und dem ordnungswidrigen Verfahren der Herren Berliner einmal standhaft widersprochen worden. Wir unseres Ortes sind hievon längst unterrichtet gewesen, da wir uns aber niemals nach einer Verbindung mit einer großen Zahl Freimaurer-Logen, durch Hülfe allerlei Kunstgriffe gedrängt, sondern unser Bemühen lediglich dahin gerichtet, aus dem großen Haufen der in der Irre laufenden Freimaurer tüchtige Subjekte, welche den Absichten des Ordens gemäß, auszusuchen und uns zu verbinden, so haben wir den Fanatismen der Herren Berliner, als einem Systemati, welches über lang oder kurz selbst einstürzen müßte, in Gelassenheit zugesehen; indessen wollen doch auch nicht leugnen, daß wir oftmals mit dem äußersten Mißvergnügen dem niederträchtigen Handel zugesehen, welchen diese Herren mit ihren elenden Geheimnissen getrieben, wodurch leicht ein Unfall entstehen und wahren Brüdern Präjudiz erwachsen könne.

Dem bei Ihnen angekommenen schottländischen Kavalier bitten wir, unsern Empfehl zu machen, es sollte uns freuen, in seiner Person Seine Excellenz den Herrn Robert Chev de l'étoile Flamboyante, Groß-Prior des heiligen Ordens, anzutreffen, um so viel mehr, da Seine Hochwürdigen und Gnaden, unser Herr Provinzial, die Ehre hat, mit ihm seit vielen Jahren in persönlicher Bekanntschaft zu stehen, auch dessen Handschrift den sämtlichen Gliedern des großen Provinzial-Kapitels sehr wohl bekannt ist, indem alle von Zeit zu Zeit von Seiner Eminenz dem Herrn Großmeister und dessen hohen Rate ergangenen Verordnungen von ihm kontrasigniert worden. Wenn dieser Herr denn also vom hohen Orden, wie wir nicht zweifeln wollen, so wird ihm bekannt sein, daß nach den Befehlen des Hohen Ordens nicht erlaubt, die Großmeister und Großpriores desselben seit hundert Jahren, d. h. seit dem Ableben des Großmeisters Gremi, eines Schottländers, 1647 nach gemeiner Rechnung, anders als durch die noms de guerre zu benennen, und daß in jeder Provinz (deren Anzahl, worin der Orden sich abteilt, ihm gleichfalls bekannt sein muß) nur einigen wenigen, in den resp. großen

Provinzial-Kapiteln Sitz und Stimme habenden Mitgliedern derselben wahre Namen bekannt sind. Ansonsten können wir ihnen nicht verhehlen, daß wir in einige Verwunderung gesetzt sind, daß Sie die Ausfertigung schriftlicher Konstitutionen und Verordnungen, als ein dem hohen Orden widerlaufendes Verfahren an und für sich betrachtet und ohne hierauf auf der Herren Berliner Unfug zu sehen, tadeln wollen. Wir können nicht leugnen, daß wir in unserer Provinz, nach der in dem Hohen Orden vor einigen hundert Jahren vorgefallenen Katastrophe, gar verschiedene vor gut befundene Einrichtungen und Gesetze, so wie sie vom heiligen Orden schriftlich ausgefertigt, besitzen, sondern daß wir auch selbst die von den ältesten Zeiten, nämlich von 1301 vor die Provinz Niederdeutschland, deren Grenzen bis an das Baltische Meer reichen, festgesetzte matriculam schriftlich aufbewahren, andere kostbare Reste grauen Altertums, z. B. der ersten Regel, welche unserm Orden bei seiner ersten Einrichtung vorgeschrieben worden, und wovon die originalia in seinen Archiven noch heutigen Tages verwahrt werden, zu geschweige«. Es ist auch leicht zu begreifen, daß kein menschlicher Verstand hinreichend gewesen sein würde, so viele Verordnungen eines so respect. Corporis, als der Hohe Orden ausmacht, so viele Jahrhunderte hinter einander bloß per traditionem oralem aufzubehalten. Da wir nun unseres Ortes uns jederzeit bestrebt, als fratres strictae observantiae, die Ordens-Regeln den Absichten seines ersten Instituts gemäß und so genau als es die Umstände der Zeit, worin wir leben, erlauben, zu befolgen, und in einem richtigen Zusammenhang durch die exacteste Obedienz der Glieder gegen ihre respect. Oberen verbundenes corpus regulare ordinis zu formieren, so haben wir täglich befunden, wie nötig es uns sei, geschriebene Gesetze vor Augen zu haben.

Wir sind also auch unsern Pflichten gemäß jederzeit bedacht gewesen, das alte simple Ordens-System, so wie es von unsern ehrwürdigen Vorfahren errichtet, in ununterbrochener Reihe seiner Hohen Oberen, deren Namen uns sämtlich bekannt, auf uns gekommen, und von welchen die Freimaurerei eine Art eines bloßen Noviziats ausmacht, in welchem man Menschen zu prüfen und kennen zu lernen sucht, in seiner Reinigkeit aufrecht zu erhalten, und folglich sind wir auch niemals gewohnt gewesen, Sinnbilder, Hieroglyphen und Rätsel, als welche lediglich in dem Noviziate oder der Freimaurerei ihren Platz finden können, im Hohen Orden selbsten, als welchem sie gar nicht zukommen, zu admittieren. Was daher Dero getane rätselhafte Frage, die Cassiam betreffend, anlangt, so können wir uns begnügen, einfach zu antworten, daß selbige und verschiedene andere figürliche Fragen gleichen Schlags, welche man tun könnte, in das chymische Fach gehören. Gleichwie nun alle Wissenschaften und Künste, welche dem Hohen Orden einigen

Nutzen verschaffen und ihm zu erlaubten Mitteln dienen können, sich seinem Endzweck zu nähern, so können wir Ihnen sagen, daß wir die Chymie sehr hoch schätzen, zumal da wir verschiedene Brüder unter uns haben, die sich etwas mehr als gemeiner Kenntnis rühmen können. Doch verlieren andere Wissenschaften hierbei nichts, wie wir denn nach Verfassung hiesiger Provinz die verschiedenen Wissenschaften in so viel Departements abteilen, zu welchen wir die Brüder weisen, welche sich solchen Wissenschaften gewidmet.

Sie sehen aus unserer Schreibart, daß wir frei und ohne Rücksicht mit Ihnen reden, die Wahrheit gefällt in nackender Gestalt am besten, und wir verabscheuen alles geschmückte Wesen.

Sie haben durch Dero geehrtestes Schreiben an uns sich ein Recht erworben auf unser Zutrauen, und wir schmeicheln uns, an Ihnen würdige Brüder gefunden zu haben, welche den Wust leerer Grillen und Hirngespinste verachten und bloß auf den großen Endzweck des Hohen Ordens werden losarbeiten helfen. Da wir Ihnen bereits vorhin erklärt, daß wir alles Rätselhafte im Hohen Orden vermeiden, so werden Sie uns geneigt erlauben, daß wir den schottländischen Kavalier, den wir als einen erlauchten Bruder unbekannterweise sehr hoch schätzen, ein paar ganz einfältige geographische Fragen vorlegen dürfen: 1) dans quell region du monde placez vous la ville de la nouvelle Caesarea? (Jn welche Gegend der Welt fetzen Sie das neue Caesarea?) 2) Do you know the fortification of the Fortress of St. Sylvestre? (Kennen Sie die Werke der Festung von St. Sylvester?) Unsern erlauchten Großmeister verehren wir unter der Benennung Chevalier du Soleil d'or und da er ein Pair von Großbrittannien, so werden dem schottländischen Cavalier die folgenden Buchstaben seines wahren Namens G. W. E. of – um so viel leichter zu erklären sein. Diesen allein erkennen wir als unsern ersten Ordens-Oberen, da bekannt genug ist, daß der alljährig in der Groß-Loge zu London mit besonderem Gepränge gewählte Großmeister, wahren Brüdern des Hohen Ordens eigentlich nichts angehe.

Endlich sind wir diesem vornehmen Kavalier höchlich verbunden, daß er sich der Affairen des Hohen Ordens in Ansehung des Berliner Fanaticismi auf eine so rühmliche Art angenommen. Wir danken Ihnen sehr würdige Brüder, für die vertrauliche Mitteilung des ganzen Vorfalls aufs verbindlichste, wir verehren Ihren Eifer mit der geziemenden Hochachtung, und wir werden Alles dasjenige, was zum wahren Vorteil des Hohen Ordens gereichen konnte, besonders in Wissenschaften, die tägliche Verbesserung erleiden, gerne annehmen, und so die hohe Ordens-Verson die jetzt bei Ihnen ist, verlangen sollte, mit uns eine besondere Unterredung zu haben, so wollen wir die Stadt Leipzig zum Orte der Zusammenkunft vorschlagen, wo sich denn ein Glied aus dem Hohen Provinzial-Capitel einfinden soll, ihm über Alles nötige Auskunft zu geben, doch können wir Ihnen im voraus nicht bergen, daß die hiesige Provinz eigentlich von allen ordinairen Visitationen exemt und der Chef derselben selbst magnus Visitator ordinis sei, sollte also ja einmal eine visitatio ex extraordinaria stattfinden, so müßte der Delegatus mit einer besonderen Vollmacht des Consilii supremi ordinis et suorum superiorum versehen sein, der wir sodann die schuldige Obedienz zu leisten nicht entstehen würden, wie wir bereits 1753 den Fall gehabt, übrigens verbleiben wir etc.

Gegeben zu Sonnenburg, den 31. October 1763."

Unterschrieben hatten Hund, Mylius, von Gersdorf, von Kiesenwetter, von Schoenberg und I. D. Jacobi, der Notar und Gerichtsverwalter auf Hunds Gütern, der die Kanzlei des Ordens leitete.

In der nächsten Zeit gingen Briefe zwischen Hund und Johnson hin und her, um Ort und Zeit der geplanten Zusammenkunft festzustellen. Schließlich kam man überein, den Konvent in Altenberge, einem Dorfe im Gothaischen, abzuhalten, das zu dem großen Gute des Hofrats von Schwarzenfels gehörte. Bis diese Frage entschieden war, kamen von allen Seiten Deputierte in Jena an und wurden mit Saus und Schmaus empfangen. Sobald sie ihre Urkunden abgeliefert hatten, wurden diese verbrannt, oder das, was vor dem Feuer bewahrt wurde, an den Heermeister von Hund geschickt. Johnson nahm dann die, denen er sein Vertrauen schenkte, in das ritterliche Noviziat auf, für das er besondere Regeln verfaßt hatte.

Darin versprach der Noviz „Den Ort, wo der Großmeister sich befinde, wann er ihn erführe, nicht zu entdecken – nach dem Aufenthaltsort des Provinzialrates nicht zu forschen, die Fonds und Etablissements des Ordens, wenn er sie erführe, verborgen zu halten, nie zu fragen, wer der Stifter des Ordens gewesen, seine Feldzüge zu Wasser und zu Lande willig zu machen, alle die nicht zu ihnen gehörten, wenn sie auch Freimaurer wären, als Profane zu betrachten, wenn er seine Ausbeute von den Ordensgeldern bekomme, nicht zu fragen woher. Wenn er sich verheiraten wolle, dazu Erlaubnis von seinen Oberen zu erbitten, damit diese wegen Sicherstellung seiner Allodien Maßregeln nehmen könnten. Wenn er unverheiratet bleibe, seine Allodien dem Orden nicht zu entziehen und daher alle Johannis ein Inventarium darüber dem Orden einzuliefern."

Am 26. Mai 1764 traf nun der Heermeister von Hund mit seinem Gefolge in Altenberge ein. Das Zeremoniell für den Konvent geht auf einen eigenhändigen Entwurf Hunds zurück:

„Es sollen Seine Magnifizenz allein im Kapitelzimmer auf einem Fauteuil vor einem mit Rot bedecktem Tische mit dem Ritter vom Pfau (von Prangen), der als Secretarius Intimus Domini Magistri bei diesem Akte gegenwärtig sein kann, sitzen, die andern Brüder aber im Vorzimmer in Ordenstracht sein. Die Türen nach dem Zimmer, wo Seine Magnifizenz sind, bleiben offen.

Der Provinzial mit seinen Brüdern aus der Provinz soll sich in der gewöhnlichen Ordenstracht ankleiden, von ein paar Brüdern komplimentiert und von ihnen zu Seiner Magnifizenz begleitet werden. Wenn er durch das Vorzimmer geht, stehen alle Brüder auf und erweisen ihm mit einer Verbeugung ihre Ehrerbietung, machen das Ritterzeichen und entblößen den Degen, den sie, wenn der Heermeister zu Seiner Magnifizenz in das Zimmer getreten ist, einstecken.

An der Türe dieses Zimmers bleiben die ihm zur Begleitung gegebenen Brüder stehen. Wenn der Provinzial mit seinen Brüdern hereingetreten ist, so macht derselbe mit einer tiefen Verbeugung gegen Seine Magnifizenz das Ritterzeichen. Seine Magnifizenz erwidern dies mit Abnehmung des Huts, tun dem Provinzial einige Schritte bis in die Hälfte des Zimmers entgegen. Der Provinzial gibt Seiner Magnifizenz Griff und Wort und Seine Magniftzenz weisen ihm seinen Platz zur linken Hand auf einem gleichförmigen Fauteuil an; die deputierten Brüder setzen sich auf Stühle an der Wand nach gegebenem Wink nieder. Nach einem kurzen Aufenthalt entblößen Seine Magnifizenz den Degen; der Provinzial steht auf, leistet Seiner Magnifizenz die gewöhnliche Obedienz, indem er das rechte Knie beugt und mit der Hand den Degenknopf berührt, worauf Seine Magnifizenz sich von seinem Stuhl erhebt und dem Provinzial den Bruderkuß gibt, worauf sich dieser beurlaubt und von Seiner Magnifizenz bis zur Türe begleitet und noch einmal embrassiert wird."

Man steht, Hund verstand die Regie. An dem Konvent nahmen im ganzen zweiundsechzig Brüder teil, darunter befanden sich vierundvierzig Adelige und nur achtzehn Bürgerliche. Die Anwesenheitsliste weist folgende Namen auf:

Barthel, Sam. Benjamin, Inspektor der Rüstkammer in Dresden,
Batsch, Georg Laurentius, Stadtrichter in Jena,
v. Bechtolsheim, Baron Joh. Ludwig, Hofrat u. Oberamtshauptmann, nachmaliger Kanzler und Geheimer Rat zu Eisenach,
v. Bechtolsheim, Baron Ludw. Friedr., Kammerherr und dänischer Major,
Becker, Gottlieb Joachim, Inspektor der Rosenschule zu Jena, Benard,
Abraham Heinr., Professor der französischen Sprache in Dresden,
Berendis, Dietrich Hyronimus, Hofrat in Weimar,
v. Bischoffwerder, Joh. Rud., sächs. Kammerherr, später preuß. General und Staatsmann,

v. Brühl, Graf, Karl Adolf, sächs. Generalleutnant in Warschau,
v. Brühl, Graf, Heinr., sächs. Oberst und Generaladjutant,
v. Bünau, Graf, Heinr., sächs. Kammerherr und Rittmeister,
v. Coyet, Joh. Gustav, schweb. Major in Wismar,
Dähnert, Joh. Karl, Professor in Greifswalde,
Daries, Joachim Georg, Professor in Jena,
v. Dyherrn, Graf, Friedr. Leopold, Herr auf Nistiz in Schlesien,
v. Firks, Ernst Joh., Student in Jena, Herr auf Ockten in Kurland,
Franzen, Adam Wilhelm, Professor der Philosophie in Halle,
v. Fritzsch, Freih., Jakob Friedr., Geheimrat, von 1772–1800 Minister in Weimar,
Fritz, Joh. Gottlieb, Dr. med., Arzt in Stettin,
v. Gemmingen, Baron, General in Stuttgart,
v. Gersdorf, Joh. Erdmann, sächs. Oberstleutnant in Naumburg,
Gräfenhahn, Wolfgang Ludw., Hof- und Konsistorialrat, Professor in Jena,
Hamberger, Joh. Erhard Georg, Gerichtsdirektor in Jena,
v. Harnach, Max, Oberst in Stuttgart,
v. Heynitz, Karl Wilh. Benno, Kammerherr und Bergrat in Braunschweig,
v. Hund und Altengrottkau, Karl Gotthelf,
Jaedieken, Zacharias, Doctorandus aus Livland,
v. Keßler, Christian Friedr., gen. Sprengseysen, Kaiserl. Leutnant,
v. Kiesenwetter, Ernst Gottlob, Landesältester im Fürstentum Görlitz,
v. Klüx, Wolf Heinr. Ernst, Leutnant in Halle,
v. Lyncker, Baron, Karl Friedr., Präsident des Konsistoriums in Weimar,
v. Metsch, Baron, Friedr. Wilhelm, Geheimrat in Ansbach,
Meuder, Karl Heinr., Dr. med., sächs. Leibarzt in Dresden,
Mylius, Joh. Wilhelm, sächs. Ingenieurhauptmann in Naumburg,
v. d. Pforte, Joh. Christ. Aug., Hauptmann in Ludwigsburg,
v. Pracht, Leopold, Oberstleutnant in Prag,
v. Prangen, Franz, Rittmeister in Kiel,
v. Raschau, Friedr. Albert Aug., Hauptmann in Gotha,
v. Raven, Ernst Werner, Ritterschaftsdeputierter in Rostock,
v. Reden, Kraus Friedr., Berghauptmann in Clausthal,
v. Reitzenstein, Wolfg. Ehrenfried, Geheimrat und Oberforstmeister in Ansbach,
v. Schauroth, Rittmeister in Hannover, Schickart, Joh. Friedr., Dr. med. in Jena,
v. Schlottheim, Ernst Ludwig, Regierungsrat in Gotha,
v. Schmidburg, Freiherr, Karl Friedrich, Oberstleutnant in Prag,

v. Schmidburg, Freiherr, Friedr. Wilh., Hauptmann in Prag,
v. Schröder, Joachim Heinr., Justizrat in Rostock,
Schubart v. Kleefeld, Joh. Christian, Oberkriegskommissar in Berlin,
v. Schwarzenfels, Friedr. Karl Adam, Hofrat und Oberamtshauptmann in Tonna, Besitzer des Gutes Altenberga,
v. Skölen, Karl Wilh., Hauptmann in Prag,
v. Strodzky, Georg Ernst aus Livland, Magister in Jena,
Succow, Laurentius Joh. Daniel, Professor in Jena,
Teichmeyer, August Heinr. Ludw., Dr. med. in Jena,
v. Trotta, gen. Treyden, Ernst Adam Lewin, Appellationsrat in Dresden,
de Tscheppe, Leutnant a. D. aus Prag,
v. Türck, Otto Philipp, Geheimrat, Kammerpräsident und Hofmarschall in Meiningen,
v. Uffel, Adolf Christ. Ernst, Hof- und Justizrat in Weimar, nachher Oberappellationsrat in Celle, Herr auf Roschütz bei Gera,
v. Vietinghoff, August Wilhelm, Major in Halle,
Vitzthum v. Eckstaedt, Friedr. Gottlob, sächs. Oberstleutnant, Herr auf Renkendorf in der Niederlausitz,
v. Witzleben, Friedrich Karl, Oberforstmeister in Weimar,
v. Witzleben, Joh. Gottfried, cand. jur. und Mathematiker in Leipzig,
Zollmann, J. W., Dr. jur. in Jena.

Der Konvent begann mit einer Erklärung Johnsons, daß die Freimaurerei die geheime Fortsetzung des Templerordens sei. Im geheimen habe sich die Tradition fortgepflanzt, und man müsse jetzt die Freimaurerei soweit wie möglich ausbauen, damit die Priester des Templerordens, in denen man die Hüter des Geheimnisses zu betrachten habe, hervortreten und sich dem Orden näherten. Danach huldigte der Heermeister von Hund dem Johnson und bestätigte die Wahrheit der Erklärungen des „Großpriors“. Nunmehr hielt der Ordenskanzler der strikten Observanz, von Kiesenwetter, eine längere Ansprache, die uns überliefert ist:

„Hochwürdigster, Hochwohlgeborener, Hochzuverehrender Herr Commissarie generalis!

Vor Euer Hochwürden Magnifizenz erscheinen gegenwärtig der Hochwürdigste Hochwohlgeborene Herr, Herr Karl Ritter vom Degen, des Hohen Ritter-Ordens des heiligen Tempels zu Jerusalem, Heermeister Deutscher Lande an der Elbe und Oder, bis an die Baltischen Inseln, Magnus Visitator Ordinis, Großkomthur zu Sonnenburg, Komthur zu Kittlitz und Harta, Hauskomthur zu Görlitz usw. Nomine seiner und der ihm untergebenen Provinz, im Namen aber Seiner Hochwürden und Gnaden zugeordneten hohen Provinzial-Kapitels, Ich, Ernst Ritter vom Diamante, in obhabender Interims-Verwaltung des

Priorats des Heermeistertums an der Elbe und Oder, auch Kanzler besagter Provinz und Kapitular-Komthur zu Marienrode; sodann Wilhelm, Ritter vom Sterne, benannten Heermeistertums verordneter Procurator Generalis, Großkomthur zu Straßburg und endlich Johann, Ritter von der Distel, Präfektus zu Baruth: Sowie wir nun die Ankunft Euer Hochwürden Magnifizenz in Deutschland, unter dem Titel eines Commissarii Generalis Ordinis mit den innigsten Freuden vernommen, und dieser Nation sowohl überhaupt, als unserm Heermeistertume im besonderen dazu Glück wünschen, also versichern wir Euer Hochwürden Magnifizenz aufrichtig, daß wir von der Wohlfahrt des ganzen Ordens sowohl als von den weisen und einsichtsvollen Veranstaltungen und Verfügungen Euer Hochwürden Magnifizenz so eingenommen sind, daß wir dadurch bewogen worden, zu einer Negociation mit Vergnügen die Hände zu bieten, von derem glücklichen Ausgange wir nunmehr die erwünschtesten Früchte zu sehen verhoffen. Und nachdem Euer Hochwürden Magnifizenz uns zu wiederholten Malen teils schriftlich, teils durch den Ritter vom Pfaue (Prangen), Präfekten von Rittersfelde, gegebenen mündlichen Aufträge, die Rechte und Prärogativen, auch Immunitäten, welche hiesigem Heermeistertume ankleben, sowohl die zu dem Herrmeisterlichen Stuhle und allen übrigen Chargen dieser Provinz uns zustehende freie Wahl und resp. Denomination auch sonst, das bei uns hergebrachte Rituel und Zeremoniel uns hochgeneigt konfirmiert, und assekuriert haben; wir auch in der gewissen Zuversicht stehen, Euer Hochwürden Magnifizenz werden uns solches nochmals wiederholen, auch daß die in den Grenzen dieses Heermeistertums hergebrachte Heermeisterliche Gewalt und Autorität eines hohen Provinzial-Kapitels durch fremde Eingriffe, von wem es auch sei, nicht geschmälert werde, im mindesten zugeben und über dieses alles eine förmliche Akte und Registratur, um selbige dem Heermeisterlichen Archive beizufügen, an uns ausfertigen lassen; Also nehmen wir in dieser Rücksicht und unter diesen reservatis nicht den mindesten Anstand, Euer Hochwürden Magnifizenz in der Qualität eines Commissarii Generalis des Ordens als einen hohen Oberen zu erkennen, und Hochdenenselben im Namen unserer und unserer abwesenden Brüder, deren Person wir repräsentieren, die Obedienz zu leisten.

Wir empfehlen uns und unsere Provinz dem gütigsten Wohlwollen, Vorsorge und Schutze Euer Hochwürden Magnifizenz, und werden uns äußersten Fleißes bestreben, Dieselben von unserm Eifer und Treue für den Orden, welche wir bekennen, zu überzeugen. Wie ich mich denn ins besondere glücklich schätze, derjenige zu sein, durch dessen Mund hiesiges Heermeistertum seine Gesinnungen und Bereitwilligkeit Euer Hochwürden Magnifizenz zu erkennen gibt, und mich Hochderoselben beharrlichen Hochzuverehrenden Wohlwollen gehorsamst empfehle."

Darauf antwortete Johnson, genannt Ritter vom großen Löwen, seinen herzinnigst geliebtesten Brüdern auch sehr würdigen edlen und mannhaften Rittern, daß er im Namen des Hohen Rates alle Rechte und Prärogativen der Provinz bestätigte und versprach, eine Urkunde darüber auszufrtigen. Den Schluß bildete dann ein prunkvolles Mahl, bei dem sich das bibere templariter – Saufen wie ein Tempelherr – im Stile des alten Ordens bewährte.

Im Verfolg dieser Sitzung gingen Verfügungen an die Kapitel zu Jena und Naumburg ab: „Demnach Seine Hochwürden, Magnifizenz, der Hochgeborene und tapfere Ritter Friedericus Robert Leo Grand, General-Commissarius und Großprior des hohen Ordens, auch Senior des hohen Rats, mir gnädigst aufgetragen und anbefohlen, daß Mot de passe der Provinz an der Elbe und Oder, zufolge der Obedienz, die wir Seiner Hochwürden und Gnaden dem Hochwohlgeborenen gnädigen Herrn Heermeister, Herrn Karl Ritter vom Degen geleistet haben, als Chevaliers des Ordens der Tempelherren von der strengeren Observanz, hiermit untertänigst einem Hochwürdigen erhabenen Kapitel von Jena bekannt zu machen und mitzuteilen, so heißt dasselbe Balduinus, welches jederzeit umgekehrt ausgesprochen wird unter dem Worte Thuibaldus.

Franz Ritter vom Pfau, Präfekt in Rittersfeld, Senior des Jenaischen Kapitels und Hauskomthur zu Jena."

In einer der nächsten Sitzungen wurde ein neues Ritual entworfen, auf Grund dessen die drei ersten Grade der Maurerei lediglich eine Pflanzschule für den Orden sein sollten. Der Antrag, der von Kiesenwetter und Prangen gestellt war, wonach jeder Noviz sein gesamtes Vermögen bekanntzugeben und sich zu verpflichten habe, es beim Tode dem Orden zu hinterlassen, daß Töchter von bemittelten Brüdern nur an Brüder verheiratet werden dürften, daß Ritter in schlechten Vermögensverhältnissen vom Heiraten abzuhalten seien: Dieser Antrag wurde vom Hofrat von Bechtoldsheim, der diesen „knechtischen Plünderungsplan" scharf angriff, zu Falle gebracht.

Hund vollzog an den Novizen, die Johnson aufgenommen hatte, den Ritterschlag. Es wurde dann auch verhandelt über den Verkauf eines der Hundschen Güter an den Orden. Johnson stimmte dem zu, wie er überhaupt Hund ganz besonders zuvorkommend behandelte. Scheinbar glaubte er, daß des Heermeisters Unterordnung soweit ginge, um auf ihr ein sicheres Fundament für seine Hochstapeleien zu erbauen. Darin hatte er sich nun getäuscht, denn wenn auch Hund, der ganz in Verehrung für den hohen Ordensoberen aufging, für seine Idee alles zu tun bereit war, so war er doch, sobald er einmal mißtrauisch geworden, nicht mehr zu bewegen, zu vergeben. Er war eben eine grundehrliche Natur, und als die Brüder ihm immer deutlicher ihre

Bedenken gegen den Großprior geltend machten, gingen ihm die Augen auf, und er entschloß sich, den Betrüger zu entlarven. In einer der nächsten Zusammenkünfte hielt er ihm seine zweifelhaften Machenschaften vor, aber Johnson leugnete mit der größten Unverfrorenheit. Da sah sich Hund genötigt, ihm Zeugen gegenüberzustellen, die aber zum Teil versagten, weil Johnson gedroht hatte, er würde sich zurückziehen und seine Geheimnisse, auf die sie alle erpicht waren, für sich behalten. Einer von den Zeugen aber, der obengenannte Baron von Bechtoldsheim, der das Schreibwerk für Johnson besorgt hatte, gab der Wahrheit die Ehre, überführte ihn der offenbarsten Lügen und bestätigte die Richtigkeit der von Hund und den andern erhobenen Anklagen.

Jetzt trat der Heermeister aus seiner Reserve heraus und erklärte Johnson unter Forderung auf Degen und Pistolen für einen Betrüger. Johnson verlor aber nur für einen Augenblick die Fassung, dann bat er um vierundzwanzig Stunden Aufschub, um sich vollkommen auszuweisen und alle Brüder von seinen wertvollen Geheimnissen zu überzeugen.

Ein Augenzeuge, Adam Wilhelm Franzen, Professor der Philosophie in Halle, der im Jahre 1761 in der Loge Philadelphia aufgenommen worden war, berichtet das Folgende:

„Johnson hat sein vorgewiesenes, sonst in richtigen Terminis abgefaßtes Patent nicht lesen, ja darinnen seinen eigenen Namen und die Unterschrift nicht entziffern können. Ferner hat er den Namen des Großmeisters, nach dem Hund schon anfänglich gefragt, nicht gewußt, die Probe wegen der Cassia nicht machen können, in allen seinen Erzählungen und Angaben, so mündlich geschehen, dem was er in Schriften gesagt, widersprochen, so daß man gesehen, daß er die Briefe nicht selbst geschrieben. ... Und als man ihm alles, seine Versprechungen, Erzählungen und Lügen vorgehalten und nicht nur Zeugen gegen ihn aufgetreten, die ihm alles ins Gesicht gesagt, sondern ihn auch früher in Bernburg und Holstein gekannt, ist er ganz außer aller Fassung gekommen und hat kurze Zeit verlangt, um den Reichtum seines Kapitels und alle Geheimnisse zu zeigen."

Damit war Johnson erledigt. Er benutzte den Aufschub, den man ihm gegeben hatte, warf sich mit einem seiner Getreuen aufs Pferd und entfloh. Die Brüder von Bechtoldsheim, von Reden und von Türck verfolgten ihn, nahmen ihm seine Papiere ab und ließen ihn laufen. Er wurde dann aufgegriffen und auf Veranlassung des Ministers von Fritsch und des Konsistorialpräsidenten von Lyncker nach der Wartburg gebracht und dort in milder Haft gehalten, bis er im Jahre 1775 starb. Es war ihm verboten, mit irgend jemand zu sprechen oder zu korrespondieren. Er war vollkommen von der Außenwelt abgeschlossen.

Über seine Verhaftung besitzen wir einen Brief Lynckers an Justizrat von Schröder in Rostock vom 5. Mai 1765, worin erzählt wird:

„Ich kann nun mit Zuverlässigkeit berichten, daß Johnson in solche Umstände versetzt ist, daß er zeitlebens weder dem Orden noch andern ehrlichen Leuten schaden kann. Kurz nach meiner an dieselben erlassenen letzteren Zuschrift habe ich ihn durch die hiesigen Landhusaren aus dem Anhalt-Dessauischen Amte Alsleben, woselbst er als ein Vagabonde eingezogen war, mit Genehmigung der Königlich Preußischen Regierung zu Magdeburg, und vermittels von unserer Frau Herzogin Durchlaucht erhaltenen Requisitorialien abholen und auf die Wartburg, einem Bergschlosse bei Eisenach transportieren lassen, er ist daselbst in der Verfassung, daß er nicht echappieren, mit niemanden sprechen und an niemanden schreiben oder Kommunikation, mit wem es sei, haben kann. Die Aufsicht über ihn ist außer dem Eisenachschen Regierungspräsidenten solchen Leuten anvertraut, die nicht Maurer sind, deren ganzes Glück aber auf gute Bewahrung und gute Beobachtung derer, ihnen dieses Betrügers halber vorgeschriebenen Maßregeln ankommt. Seine Arretierung und Auslieferung kostet uns über sechshundert Reichsthaler und sein jährlicher Unterhalt mit den Personen, denen seine Bewachung und die Aufsicht über ihn anvertraut, zweihundert Reichsthaler. Er hat mich und zwei Brüder meiner Diözese über zwei Monate lang dergestalt beschäftigt, daß wir nichts anderes haben vornehmen können, als auf Mittel bedacht zu sein, wie wir die Zufälle aus dem Wege räumen möchten, die seine Loslassung im Amte Alsleben begünstigten, und man kann mit Wahrheit sagen, daß er uns in seiner Erniedrigung und in seinen unglücklichen Tagen nicht weniger zu tun gemacht hat, als zu der Zeit, da er den höchsten Gipfel der Ehre

Minister von Fritsch

erreicht hatte, nur mit dem Unterschiede, daß die Dauer von beiden verschieden ist.“

Der Heermeister hielt dann noch Gericht über zwei Vertraute des Betrügers, den Dr. Teichmeyer und den Rittmeister von Prangen. Teichmeyer wurde der Beihilfe zur Betrügerei des Johnson beschuldigt und mit dem großen Banne belegt. Prangen wurde suspendiert, später aber hat Hund ihn begnadigt und zu seinem Waffenritter ernannt, obwohl er mit Johnson sehr vertraut gewesen und noch nach seiner Flucht mit dessen Frau herumreiste. Der Heermeister spricht sich in seinem Briefe an von Schröder über die beiden folgendermaßen aus:

„Ich komme auf Prangen und Teichmeyer. Was ersteren anlangt, habe ich niemalen die Absicht gehabt, ihn ganz aus dem Orden zu verbannen, allein seine Aufführung muß doch vorher so beschaffen sein, daß man eine Besserung verspüren kann. Die wunderlichen Propositionen aber, die er noch neulich gemacht, die Johnsonschen Schulden zu bezahlen und ein Ausschreiben an die Provinz von achttausend Reichsthalern deswegen zu machen, ist keine Probe seiner guten Denkungsart und sein Aufenthalt bei der Frau des Betrügers gibt nicht Anlaß zu glauben, daß er von ihm sich separiert habe, ja daß sie jetzt aus den Weimarschen und Schwarzburgischen Landen verbannt worden, ist er ihr doch nach Saatfeld gefolgt. Dieses Beginnen hat ihm sogar den Fürstlichen Regierungen verdächtig gemacht. Was würde man von uns denken, wenn wir so bestellten Umständen nach ihn wieder zu uns nehmen? Mit Teichmeyer aber geht es gar nie an, denn er ist vor einen Betrüger entdeckt und als ein Konsorte von Leucht überführt, ja nicht bei dem Orden allein, sondern vor gesamten Fürstlichen Regierungen und vor den Augen der Welt als ein schlechter Kerl bekannt worden. Dergleichen öffentlich Blamierte kann man, ohne seine Reputation zu riskieren, nicht unter sich leiden. Was würde der Hof zu Weimar, Rudolstadt, Hildburghausen, Gotha von uns denken, ja selbst bei uns in Dresden würde man daraus einen schlechten Begriff kriegen, nachdem man erst durch ihre Auswerfung in guten Ruf gekommen ist. Unsere Ehre verliert darunter und wo diese leidet, da muß alles schweigen. Überdies wird er von unserm Vorhaben nichts Gefährliches zu sagen haben, denn eine Société, die sich durch Manufakturen, durch Königliche Wissenschaften und durch sich selbst sucht in die Höhe zu schwingen und sich Renten zu verschaffen, ist nicht strafbar an und für sich, vielmehr dem Lande, wo sie ist, nutzbar.“

Alle Teilnehmer an dem Konvent von Altenberge fühlten die schlichte Ehrlichkeit des Heermeisters von Hund, sie stach so überaus vorteilhaft von dem rohen und betrügerischen Wesen Johnsons ab, daß die meisten sich dem vollendeten Edelmann und Ehrenmann zuwandten und ihm ihr Vertrauen schenkten. Er legitimierte sich dann durch die Matrikel, das bekannte rote Buch, und sein Patent, sowie durch einige Briefe, die angeblich von dem Sekretär des Prätendenten Stuart geschrieben sein sollten, und sprach in seiner vornehmen ritterlichen Art, daß er es den Brüdern überließe, ob sie Vertrauen zu ihm haben und weitere Belehrung von ihm empfangen wollten. Der größte Teil der in Altenberge versammelten Freimaurer trat nun dem System der strikten Observanz bei. Hund begann nach diesem Erfolg mit Hilfe der tüchtigsten Brüder den Orden im Innern zu organisieren und in Deutschland weiter auszubreiten.

In Norddeutschland fand sein System großen Anklang, während man in Süddeutschland sich ziemlich ablehnend verhielt. Dem stärksten Widerstand begegnete die strikte Observanz in der Provinzialloge von Frankfurt, die gelegentlich einer Antwort an die Loge in Regensburg, die sich der strikten Observanz versagt hatte, ihre Gründe darlegte, weshalb sie das neue System verwerfe:

„Da der letzte Krieg eine Menge fremder Nationen nach Deutschland zog, so erhielt der Freimaurer-Orden zugleich dadurch einen entsetzlichen Zuwachs an fremden Brüdern, davon aber leider die Meisten dieses vortrefflichen Titels wenig würdig waren. Dem ungeachtet wurden ihnen die Türen der Logen überall geöffnet und bald darauf brachten sie eine Menge von höheren Graden zum Vorschein, welche teils in Frankreich, teils anderwärts erfunden worden, und deren Gebrauch bis dahin in Deutschland unbekannt gewesen. Diese höheren Grade wurden in kurzem, teils aus Gewinnsucht, teils aus Neubegierde in den meisten Logen eingeführt, ja, sie vermehrten sich mit der Zeit, und was öfters in einer Loge angenommen wurde, blieb in der andern unbekannt. Man wußte endlich nicht mehr, was man glauben sollte, und es entstand natürlicherweise aus allem diesen eine gänzliche Unordnung in den maurerischen Arbeiten. Verschiedene Logen, welche die Unordung gewahr wurden, kamen miteinander überein, eine allgemeine Versammlung des Ordens zu halten, um darin über die Verbesserung desselben, Abschaffung aller Mißbräuche und über den wahren Endzweck des Ordens zu beratschlagen. Dieser Kongreß wurde Anno 1763 in Jena gehalten. Man lud unsere Sehr Ehrwürdige Unionsloge gleichfalls dazu ein, da wir aber jederzeit nach der rechten englischen Bauart unveränderlich fort gearbeitet und alles, was nur den Schein einer Neuerung blicken ließ, sorgfältig vermieden hatten, so hielten wir es für nötig, Abgeordnete nach Jena zu schicken. Diese Versammlung dauerte einige Monate, nachdem man aber viele Zeit und Kosten unnötig verschwendet, so ging man wiederum auseinander, ohne etwas zum Besten des Ordens ausgemacht zu haben. Bei dieser Gelegenheit entstund inzwischen das sogenannte neue System von der strikten Observanz, welches seit einiger Zeit soviel Lärm unter den Brüdern in Deutschland verursacht hat.

Einige von den Abgeordneten auf diesem Congreß, mißvergnügt über den unglücklichen Erfolg ihrer aufgetragenen Geschäfte, gerieten wahrscheinlicherweise auf den Einfall, sich dieses Zeitpunktes zu bedienen, und entschlossen sich vermittelst Erfindung eines neuen Systems zu Oberhäuptern der Freimaurer in Deutschland aufzuwerfen. Sie kündigten unverzüglich allen Logen in Deutschland an, daß sie das wahre Geheimnis der Freimaurer endlich entdeckt hätten, daß dieses Geheimnis nur einer geringen Anzahl von Brüdern bekannt wäre, daß die Beweise davon nicht den geringsten Zweifel übrig ließen und was dergleichen Reden mehr waren.

Die Unordnung und Zerrüttung, worin sich, wie oben gemeldet, damals viele Logen befanden, bewog sie, diese neuen Vorschläge mit völligem Eifer anzunehmen. Man schrieb in alle Gegenden von Deutschland und ganz Norden, man unterhielt einen Briefwechsel mit allen nur bekannten Logen, man tat große Versprechungen, und es konnte also nicht fehlen, daß nicht bald der größte Teil der deutschen Logen zu diesem neuen System übergingen.

Man lud unsere Sehr Ehrwürdige Loge zur Einigkeit gleichfalls dazu ein, ja man brauchte nur alle erdenklichen Mittel, solche zu verführen, allein da die Bedingungen, welche man uns bei Annehmung dieses neuen Lichts vorschreiben wollte, nicht nur der englischen Konstitution gänzlich zuwider waren, sondern auch gegen alle bisherigen Grundsätze der Freimaurerei und gegen den wahren Endzweck des Ordens liefen, so wurde dieses neue System der strikten Observanz in unserer Sehr Ehrwürdigen Unionsloge völlig verworfen. Man hat zwar noch nicht für gut befunden, uns den ganzen Plan dieses weitläufigen Gebäudes vor die Augen zu legen, allein dasjenige, was wir aus den Reden und Briefen der abtrünnigen Brüder und aus sicheren Nachrichten und Beweisen, die in unsern Händen sind, erfahren konnten, ist hinlänglich genug, alle rechten und rechtschaffenen Brüder davor zu warnen.

1) Cassieren und annullieren sie nicht nur alle englischen Constitutionen, sondern verwerfen auch gänzlich unsere verehrungswürdige Große Mutterloge in England, von welcher doch nach genugsam vorhandenen historischen Beweisen alle übrigen außerhalb England befindlichen Logen abstammen, und deren Ansehen und Altertum eben so wenig als die Namen der edlen und angesehensten Brüder, welche derselben von langen Zeiten her vorgestanden, geleugnet werden kann. Wir schämen uns, die niederträchtigen Ausdrücke hier anzuführen, deren sich der Ritter vom Strauß, Bruder Schubart, in gewissen Privatunteredungen gegen die Sehr Ehrwürdige Mutterloge bedient hat, und weshalb man allerdings Rechenschaft von ihm fordern

könnte. Bezeigt sich eine Loge geneigt, ihren Vorschlägen Gehör zu geben, so machen sie wohlbedächtig den Anfang ihres neuen Systems mit Cassation der etwa vorhandenen englischen und anderen Constitutionen; sie verbrennen oder zerschneiden sie, damit man nicht wieder zurückgehen kann. Aufrichtige Brüder würden diesen Schritt zu allerletzt versparen, wenn sie vorher ihre Mitbrüder von ihrer verbesserten Veränderung überzeugt hätten. Sie begnügen sich aber nicht damit, die englische Constitution völlig zu vernichten, sondern sie verwerfen

2) unsern bisherigen moralischen Endzweck des Ordens, welcher in Verbesserung unserer Sitten, in einer liebenswürdigen Geselligkeit, in dem Genuß einer wahren Freundschaft und in der Ausübung einer uneigennützigen Wohltätigkeit besteht. Sie geben solche für Tändeleien aus und machen uns dagegen aus den ihrigen ein Geheimnis. Allein so sehr sie auch solches zu verbergen suchen, so ist doch nichts gewisser, als daß ihre Absichten dahin gehen, durch große Summen Geldes, die sie teils von den bereits etablierten Logen, teils auch von den in den geheimen Orden aufzunehmenden Mitgliedern verlangen, sich in gewissen deutschen Gegenden Güter ankaufen, daselbst den Sitz des Ordens hinzuverlegen, diese Güter durch ihre Oberen administrieren zu lassen, und alsdann die mit der Zeit daraus entspringenden Einkünfte unter die ältesten dabei interessierten Mitglieder des Ordens wiederum auszuteilen.

Man braucht die Welt aber nicht viel zu kennen, um im voraus zu sehen, daß ein dergleichen weitläufiges und mit stolzen und eigennützigen Absichten verknüpftes Projekt nicht nur nicht lange bestehen kann, sondern auch nie in die Erfüllung gebracht werden wird. Urteilen Sie nun, werteste Brüder, ob dergleichen eitle Absichten den ersten Stiftern Unseres Königlichen Ordens jemals in den Sinn kommen können, und ob unser moralischer und bloß auf die Tugend gegründeter Endzweck nicht vielmehr ihrer herrlichen Stiftung gemäßer ist? Man verlangt

3) bei dieser strikten Observanz einen blinden Gehorsam von allen Mitgliedern gegen ihre Oberen, und es sind bereits Exempel genug bekannt, daß man Brüder aus den Logen gestoßen, bloß weil sie ein Verlangen bezeigt, etwas Mehreres zu wissen, und mit dem, was sie bei der strikten Observanz erfahren hatten, nicht zufrieden waren. Man läßt alle diejenigen Brüder in den unteren Graden, welche nicht genug Geld anwenden wollen, zu dem oben erwähnten großen Endzweck mitarbeiten zu helfen, und damit sie sich mit der Zeit nicht darüber beschweren dürfen, so verpflichtet man sie gleich anfänglich zu einem blinden Gehorsam. Wie wenig sich dieser aber mit der Freiheit vereinigen läßt, welche von jeher als eine besondere Tugend in den Tempeln der Freimaurer verehrt worden, und welches auch der Name selbst

mit sich bringt, überläßt man rechtschaffenen Brüdern zum unparteiischen Nachdenken. Aus gleichen Absichten haben sie

4) für gut befunden, die Groß-Meister und übrigen Beamten ihrer Logen nicht nach der bisherigen Ordnung zu erwählen, sondern sie werden durch ihre Oberen für beständig und unabwechselnd dazu ernennet, welches aber den Gesetzen der Freimaurer gänzlich zuwider ist. Man hat auch schon Beweise in Händen, daß diese Einrichtung bei den Logen der strikten Observanz bereits zu großen Unordnungen Anlaß gegeben. Wir wollen nur der einzigen Berliner Großen Loge zu den drei Weltkugeln gedenken, welche durch einen gewissen Bruder von Zinnendorf etliche Jahre auf eine recht despotische Weise regiert wurde, und der endlich, nachdem er diese große Loge in entsetzliche Kosten und Schulden gebracht hat, den Kopf aus der Schlinge zog, und ohneerachtet er einer der obersten Ritter des neuen Systems gewesen, dennoch dasselbe wieder um verließ und zur alten Struktur zurückkehrte. (Die gegen Zinnendorf erhobenen Vorwürfe sind gänzlich ungerechtfertigt. Eine unparteiische Kommission hat seine Sache mehrfach eingehend geprüft und ihn ehrenvoll entlastet.) So sehr sie

5) die Namen ihrer sogenannten Oberen verbergen, so ist doch gewiß, daß der Oberste davon ein gewisser Edelmann aus der Lausitz mit Namen Baron von Hund ist, und vermutlich ist dieses derjenige Ritter, welchem alle Brüder der strikten Observanz, unter dem Namen des Ritters Carl vom Degen bei ihrem Eintritt den blinden Gehorsam angeloben müssen. Sie haben zwar längst gewünscht, einen großen Herrn oder Fürsten zu ihrem Oberhaupte auf zutreiben, allein bis anjetzo hat noch keiner seinen Namen zu ihren Ausschweifungen hergeben wollen, und es wird auch gewiß niemals geschehen. Unter dem obigen großen Ritter stehen viele andere Ritter vom goldenen und silbernen Sporn, welche alle zusammengenommen den hohen oder geheimen Orden, der über Alles gesetzt ist, ausmachen. Aus dieser Versammlung, welche sie öfters das Kapitel oder die Provinz nennen, fliehen alle Befehle. Der Aufenthalt derselben ist wahrscheinlich in Sachsen oder in der Lausitz auf den Gütern des von Hund.

6) Sie haben dem Verlaut nach in ihrer Freimaurerei sieben Grade eingeführt, deren drei erstere mit demjenigen, was wir unter dem Lehrling, Gesellen und Meister verstehen, übereinkommen. Für die vier übrigen Grade aber verlangen sie ansehnliche Summen Geldes. Die Verdienste helfen hier nichts, wenn ein Bruder zu einem höheren Grade gelangen will, sondern es fragt sich nur, ob er das nötige Geld an den Hohen Orden zahlen will, und wenn er die Kosten nicht scheut, so kann er alle Grade in einem Tage erhalten. Das hohe Kapitel ist zugleich auch die Hauptcassa, da aber schwerlich diejenige Summe zusammenkommen dürfte, die sie durch jene hohen Grade

zu erlangen hofften, so begnügen sich obengemeldete Ordensritter indessen mit einer gewissen Auflage, die ein jedes Mitglied der strikten Observanz jährlich an den Hohen Orden bezahlen muß. Wir würden endlich niemals aufhören, wenn wir

7) alles Widersprechende und Falsche einrücken wollten, das wir öfters in den Briefen und mündlichen Unterredungen dieser rektificierten Brüder gefunden haben, und welches ihren Beruf abermals verdächtig macht. Lassen Sie uns nur dieses einzige Beispiel davon anführen:

Sie verwerfen die verehrungswürdige große Muttertage in England vollständig, wie bereits oben gemeldet, und ein andermal schämen sie sich nicht, zur Beschönigung ihres selbsterrichteten Systems, ihren Oberherrn, den Ritter vom Degen, als einen Nachfolger des würdigen Bruders v. Marschall, eines gewesenen Past Grand Master des obersächsischen Kreises, auszugeben. (Hier liegt eine Verwechselung der Personen vor: der englische Provinzial-Großmeister war Heinrich Wilhelm v. Marschall, derjenige aber, den v. Hund seinen Herrn Vorgänger [antecessor] nennt, ist C. G. v. Marschall, von dem wir eine eigenhändige Unterschrift im Ordensbuch der Präfektur Brunopolis [Braunschweig] besitzen. Er zeichnete C. G. Marschall, ritter vom reißbrede d. Z. Heermeister an der E. und Oder. Im Orden hieß er eques a tabula designatoria.) ... Da sich endlich immer mehr Beispiele finden, daß

8) verschiedene, rechtschaffene, angeschene und verdienstvolle Brüder, welche zwar das neue System von der strikten Observanz angenommen und kennen gelernt haben, doch wiederum von demselben abgehen und zur alten Struktur zurückkehren, auch sich nicht scheuen, solches öffentlich vor eine bloße Geldschneiderei auszugeben, so ist nichts gewisseres, als daß dieses auf so seichtem Grunde errichtete Gebäude bald wieder von selbst zusammenfallen wird.

Durch alle diese angeführten wichtigen Gründe überzeugt, sahe sich unsere Sehr Ehrwürdige Unionsloge bewogen, diesen Neuerungen soviel als in ihrem Vermögen stünde Abbruch zu tun, und aus mütterlicher Sorgfalt für das allgemeine Beste des Ordens, damit junge und unerfahrene Mitglieder nicht durch Überredung oder eitle Versprechungen verführt werden mochten; so faßte sie bereits am 7. März des vorigen Jahres (1767) den einmütigen Entschluß, daß den Brüdern von der sogenannten strikten Observanz der Zutritt zu unserer Loge fernerhin nicht gestattet werden könne. Welcher auch im Gesetz niedergeschrieben und bis dato genau beobachtet worden. Man hielt sogleich für notwendig, von allen diesen Vorfällen unserer verehrungswürdigsten Mutterloge in England, sowie der verehrungswürdigsten Großen Nationalloge im Haag genaue Nachricht zu geben, und wir erhielten von beiden Orten bereits im vorigen Sommer die angenehmsten Antworten.

Die englische Mutterloge bezeugte uns wegen unserem edlen und lobenswerten Eifer nicht nur die größte Zufriedenheit, sondern befahl uns überdies, alle echten und rechtschaffenen Logen vor diesen falschen Irrtümern brüderlich zu warnen, den abtrünnigen Logen aber, falls sie nicht zurückkehren wollten, mit dem Verlust aller Gemeinschaft mit allen englischen Logen zu drohen.

Die große Nationalversammlung im Haag gab unseren ergriffenen Maßregeln zu unserem allgemeinen Vergnügen den vollkommensten Beifall. Sie ließ nicht nur unser Schreiben bei allen unter ihrer Provinz stehenden Logen circulieren, sondern faßte ebenfalls den nachdrücklichen Entschluß, die Brüder von der strikten Observanz aus ihren Logen auszuschließen, wie solches einige Brüder in Holland bereits genugsam erfahren müssen.

Es ist zwar nicht zu läugnen, daß auch manche rechtschaffene Brüder durch Vorurteile geblendet, durch Überredung gewonnen, oder aus allzu großem Eifer Mehreres zu erfahren gereizt worden, zu dem neuen System überzugehen, wir hoffen aber, daß diese Brüder in kurzem ihre Irrtümer einsehen und wieder mit Vergnügen zu uns zurückkehren werden. Wir glauben inzwischen durch die genommenen Maßregeln unseren Pflichten hinlänglich Genüge getan zu haben, und da wir mit allen englischen, holländischen, französischen und noch sehr vielen in Deutschland und Norden übrig gebliebenen echten Logen in unzertrennter Harmonie und Zusammenhang stehen, so werden wir nach der bisherigen echten und englischen Bauart unveränderlich fortarbeiten, und jenem Zeitpunkt getrost und ruhig entgegen sehen, der unser Verfahren vor den Augen aller echten Maurer rechtfertigen wird." (Keller, Geschichte des eklektischen Freimaurerbundes, Gießen, 1857.)

Es sind immer dieselben Vorwürfe, die von Anfang an gegen die neue Gründung und bis in das neunzehnte Jahrhundert erhoben werden. Man darf aber von der höheren Warte des zwanzigsten wohl behaupten, die strikte Observanz war wesentlich besser als ihr Ruf. Am schärfsten sind die Vorwürfe ausgedrückt in einem Roman, „Saint Nicaise oder eine Sammlung merkwürdiger maurerischer Briefe, für Freymäurer und die es nicht sind. Aus dem Französischen übersetzt". Die Vorrede ist datiert: „Paris den 31sten October 1783." Als Erscheinungsjahr ist 1785 angegeben, und die Vorrede ist gezeichnet: Jean Baptiste Leuillarb. Man glaubte, daß sich hinter diesem Namen der Darmstädtische Oberhofprediger Johann August Starck verberge, auf dessen maurerische Tätigkeit wir noch näher einzugehen haben werden. Er hat die Verfasserschaft stets abgeleugnet, aber es bestehen doch dafür sehr wichtige innere Gründe, und die neueste Forschung schreibt ihm das Buch entschieden zu, worauf wir noch zurückzukommen haben werden.

Die Angriffe, die er gegen den ehrenwerten v. Hund richtet, sind sehr häßlich und offenkundig unwahr, denn der Heermeister hat sicher nur Gutes gewollt, aber sich, da er gar keine Menschenkenntnis besaß, völlig ungeeigneter Personen bedient. Keßler v. Sprengseysen verteidigte in mehreren Bänden seines Anti-St. Nicaise seinen verstorbenen Freund mit sehr viel Herz und Leidenschaft. Der Kern der Vorwürfe des St. Nicaise ist darin zu erblicken, daß das den Suchenden teuer verkaufte Geheimnis nichts anderes als die Legende sei, die Freimaurerei wäre die unmittelbare Fortsetzung des Templerordens. Er faßt alle seine Vorwürfe in folgendem zusammen:

„Anstatt der ehemaligen brüderlichen Gleichheit, die im Orden herrschte, hat man allerlei Klassen, Titel, Würden und Rang im Orden eingeführt; da waren Comthure, Hauscomthure, Capitular-Comthure, Präfecten, Sub-Prioren, und dergleichen: man hatte Waffenknechte, Socios und Ritter, und, je nachdem der Stand eines jeden beschaffen war, je nachdem ward ein jeder zu dieser oder jener Classe bestimmt. Für einen so brüderlichen Orden, als der Maurerorden einer ist, paßte freilich dieses nicht: Stolz, Hochmut und Rangsucht, die dadurch in demselben eingeführt wurden, mußte nachteilige Wirkung für den Orden haben. Indessen ward dadurch der Eitelkeit der Menschen geschmeichelt. Außerdem hatte man einen gewissen Plan zu Präbenden entworfen, nach welchem man eine Summe von ungefähr fünfhundert deutschen Talern einsetzte, und wovon man denn im Jahre 1772 eine Leibrente ziehen sollte. Hierdurch ward freilich der schädliche Geist des Interesses in den Orden gebracht, und der Orden erhielt statt eifriger Brüder, die ihm von seiten des Herzens ergeben waren, solche, die nur auf ihre Vorteile sahen; aber es wurden dadurch doch dem Orden viele gewonnen, die vielleicht sonst bald würden zurückgetreten sein. Und endlich schmeichelten sich alle mit der glänzenden Hoffnung, den Orden einmal in seinem alten Glanze wiederhergestellt zu sehen, und sehr viele sahen schon dem Zeitpunkt entgegen, da sie sich öffentlich als Tempelritter bekennen, und mit dem schönen roten Kreuz und der ganzen Rüstung der alten Chevallerie öffentlich auftreten würden. Matt hatte wirklich die Absicht, die Maurerei einmal aufhören zu lassen, und wenn man die erforderlichen Geldsummen zusammengebracht haben würde, öffentlich hervorzutreten. Dieses sonderbare System, von welchem ein jeder hätte denken sollen, daß es sich nicht acht Tage würde erhalten können, griff dergestalt um sich, daß nicht nur ganz Deutschland von einem Ende zum andern damit überschwemmt war, sondern es verbreitete sich auch bis in Rußland und Dänemark, und man hat ihm die außerordentliche Menge von Menschen zuzuschreiben, die unter den Deutschen zum Orden gehören.“

Das letzte ist in der Tat richtig, denn wir werden sehen, daß in der Folge die deutschen Logen mit wenigen Ausnahmen das System annahmen, und das muß den Geschichtschreiber gegenüber den Einwendungen Frankfurts kritisch stimmen. Eine große Anzahl geistig hochstehender Männer hat in der strikten Observanz ihre innere Befriedigung gefunden und bis an ihr Lebensende treu und selbstlos zur Fahne gehalten. Sollen das alles beschränkte Köpfe und eitle Äußerlichkeitsmenschen gewesen sein? Darunter der Held Ferdinand von Braunschweig, einer der größten Feldherrn seiner Zeit? Es mag wohl an dem militärischen Geiste gelegen haben, der Deutschland nach dem siebenjährigen Kriege beherrschte, der ein wahrhaft ritterlicher Geist war und der in der strikten Observanz eine Heimat fand. Auch in der deutschen Literatur atmete dieser ritterliche Geist, der Major von Tellheim in Lessings „Minna von Barnhelm", Wielands Ritter Hüon sind typische Gestalten, der Tempelherr in Lessings „Nathan der Weise" ist ein Zugeständnis an den Geist der Zeit. Dieser Geschmack beherrscht noch die nächsten Jahrzehnte, ja er ist wohl der stärkste Impuls zur Erhebung Deutschlands in den Befreiungskriegen. Aber der strikten Observanz war es nicht beschieden, diesen Geist volkstümlich zu machen, dazu waren andere Kräfte und andere Männer ausersehen. Geistesgeschichtlich betrachtet gehören in diese Erlebens- und Gedankenwelt auch Goethes „Götz von Berlichingen", Schillers „Maltheser" wie auch der Ordensritter Marquis von Posa in seinem „Don Carlos", Zacharias Werners „Söhne des Tals", Herders „Cid" und endlich die ritterlichen Dichtungen der Romantiker aus der Artus-, Gral- und Rolandsage.

Jedenfalls war die strikte Observanz in dem Lustrum von 1763 bis 1768 die erfolgreichste Organisation, die geeignet schien, die freimaurerische Sehnsucht der damaligen Zeit zu erfüllen, bis etwas Besseres kam. Es ist sehr billig, eine so imposante Erscheinung geringschätzig als Ritterspielerei abzutun. Solche Beurteiler sehen nur das Äußerliche und verkennen die innere Kraft der ganzen Bewegung.

Um einen Begriff von dem geistigen Niveau der Brüder von der strikten Observanz zu geben, veröffentlichen wir nachstehend eine Rede, die gelegentlich einer Trauerversammlung in der Loge „Zum gekrönten goldenen Greifen" in Neubrandenburg gehalten wurde. Sie ist nur in einer Handschrift für Freimaurer abgedruckt, also für die profane Welt eine Neuheit. Das Thema lautet: „Ob der Tugendhafte den Tod wünschen oder fürchten solle?" Der Redner trat mit den folgenden Ausführungen zum ersten Male vor seine Brüderschaft:

„Der Tugendhafte jedes Jahrhunderts machte einen Entwurf, wie er standhaft dem Tode ins Gesicht sehen könne. Von dem Dasein seiner Seele, von ihrer Fortdauer überzeugt, war ihm nach den verschiedenen Systemen, welche die Weltweisheit entwarf, der Tod bald das Ende aller Unannehmlichkeit, die dieses Leben begleiten muß, bald ein unvermeidliches Übel, welches eben deswegen, weil es unvermeidlich, mit Gleichmut zu ertragen, bald der erwünschte Anfang fortdauernder Glückseligkeit. Selbst in jenen durch die Offenbarung nicht erhellten Reichen ward der Tod ein Gegenstand polizeilicher Bemerkung, weil der einsichtsvolle Staatsmann, er sei Laie oder Priester, zeitig die großen Folgen entdeckte, welche der Gedanke von einem Leben nach diesem auf den sittlichen Charakter, auf die ganze Gedankensart des Volks haben müsse. Da erdachte man ein Elysium, da erstand der Acheron – Belohnung und Schrecken für die, welche nicht genug nachdenken konnten, um die Tugend ihrer eigenen Schönheit wegen zu lieben. Wie wenige sind dazu fähig, und wie schwach würde der Reiz zur Tugend für viele werden, wenn diese oft gegen das Elend kämpft, indes das Laster frech die stolze Stirn erhebt. Zwar ich bewundere den, dessen Grundsatz es ist: man muß das Gute tun, bloß weil es gut ist. Aber der Gedanke, daß auch unsere guten und schlechten Handlungen einen Einfluß auf unsere Bestimmung nach diesem Leben haben werden, folgt von selbst, sobald wir von unserer Fortdauer nach dem Tode überzeugt sind oder sie glauben, ja wenn auch die Tugend durch sich selbst dem Weisen liebenswürdig genug ist, so belebt er doch den Mut, wenn die edle Tat hier bekannt wird, und er wird uns neue Reize geben, wenn wir uns zu kraftlos dünken, um alle die Hindernisse zu übersteigen, welche oft in Verkennung unserer Absichten von anderen uns in den Weg geworfen werden. Und so ist dieses Bestreben, allenthalben Vollkommenheiten um sich her zu verbreiten, in der genauesten Verbindung mit dem Gedanken von Tod und Unsterblichkeit.

Lassen sich hier wohl Fälle gedenken, wo der Tugendhafte den Tod fürchte, wo er ihn wünscht? Ich würde diese Frage geradezu mit nein beantworten, wenn ich mir den Mann ohne alle Verbindung denken könnte. Lebte der Weise abgesondert vom menschlichen Geschlecht nur mit sich allem beschäftigt, welchen Grund könnte er haben, sein Leben zu wünschen. Die Welt ist schön, ihr Anblick zeugt von der Größe des Schöpfers und ihre Ordnung von unendlicher Weisheit. Sie hat unzähligen Reiz für den, der keine Freude kennt, an der nicht zugleich sein Körper den größten Anteil haben müsse. Aber der einsam Nachdenkende sieht, wieviel noch seiner Forschbegierde unerklärlich bleibt, wie wenig er in die Natur der ihn umgebenden Dinge eindringen könne. Wie leicht ist ihm da der Wunsch zu verzeihen, daß er in höhere Sphären versetzt sein möchte, um dies alles mit reinerem Auge, mit tieferer Einsicht, den Sinnen unerreichbar zu durchschauen.

Doch wir sind nicht für uns allein da, unsere Bedürfnisse bringen uns in Gesellschaften zusammen. Unser Vergnügen vervielfältigt sich nach dem Maße, wie wir Menschen um uns zufrieden sehen, und wir fühlen überzeugend, daß es unsere Bestimmung ist, selbst glücklich zu sein und andere glücklich zu machen. Laß den Tugendhaften in diese Verbindung treten, und er wird seine ganze Kraft anspannen, seinen Mitmenschen nützlich zu sein. So tätig auch sein Wille ist, so kann doch ein äußerer Zufall, der Zusammenstoß unvermeidlicher Umstände die Ursache sein, daß seine Talente verkannt werden, daß sein der Freundschaft offenes Herz an Menschen gerät, die seiner Bemühungen unwert sind, und Handlungen, deretwegen sein Gewissen ihm lauten Beifall zuruft, sind vielleicht die, welche ihm seine Begleiter verargen, die ihn in den Augen der unachtsamen Zuschauer verdächtig machen. Ist's Wunder, wenn er mit düsterer Melancholie um sich selbst blickt, unfähig Geräusch von sich selbst zu machen, mißtrauisch jeden, der sich naht, für einen mit Vorurteilen eingenommenen Ausspäher hält, es der Mühe nicht länger wert erachtet, sein verkanntes Herz zu rechtfertigen, und so in sich selbst verschlossen, dann mit einem unserer besten moralischen Schriftsteller sagt:

‚Tugend, du bist mehr als ein leerer Name, mehr als das ordentliche Kennzeichen des Bösewichts? Ohne Zweifel nichts mehr als das, wenn die Welt die einzige Richterin unserer Handlungen wäre. Gäbe es keine Zukunft, käme unser ganzer Wert auf das an, was der Haufe von uns urteilt, oh, so wäre der Selbstmord die beste, die rühmlichste Handlung, die der Weise in seinem Leben vornehmen könnte.

In so unglücklicher Lage, wer kann es dem sonst tugendhaften Mann verargen, wenn er seinen Tod wünscht, da er in ihm das Ende des größten Schmerzes – verkannter Rechtschaffenheit – findet. Zur Ehre des menschlichen Geschlechtes gereicht die Seltenheit dieser Fälle.

Es gibt Gesellschaften, Sie ehrwürdige Brüder führe ich hier auf ihre eigene Überzeugung zurück, wo nicht nach Vorurteilen geurteilt wird und wo der des allgemeinen Beifalles versichert ist, der als der Tugendhafteste sich auszeichnet. Lassen Sie mich das Ideal dieses Mannes entwerfen, lassen Sie mich ihn mit allen wahren Vorzügen, die unser Leben versüßen können, mir gedenken. Er ist Gatte, Vater, Freund mit der Macht, und weil er tugendhaft ist, auch mit dem Willen, soviel Vollkommenheit zu stiften, als er aus dem Standpunkt, den die ewige Weisheit ihm anwies, bewirken kann. Die gütige Natur schuf ihn mit dem warmen Heizen, welches an allem, was ihn umgibt, teilnimmt, mit einer Seele, die sich nie außer mit Bezug auf seine Mitgeschaffenen gedenken kann. Und reifes Nachdenken ordnete diese Anlage, machte sie zur standhaften Tugend. Seine Gattin segnet den Tag, wo er ihr zuerst angehörte – er lebt für sie – und seine männliche Seele mit der ihrigen harmonisch gestimmt, empfindet und er teilt alle Freuden, deren sie beide fähig sein können. Seine Söhne haben sein edles Beispiel zur Folge vor sich. Schon in der ersten entging seinem forschenden väterlichen Auge kein Zug, der ihrer Seele in der Folge eigentümlich sein würde. Zeitig lenkte er jede Begierde, und lehrt sie, wie Zufriedenheit das höchste Glück der Weisen sei, zu welchem nur die strengste Wachsamkeit auf uns, die gewissenhafte Ausübung jeder Tugend, zu welcher sich Gelegenheit darstellt, mit sicherem Schritt führen kann. AIs Männer entsprechen sie seinem Entwurf. – Er war zu ihrer Glückseligkeit gemacht, und sie sind's. – Aber seine tätige Seele schränkt sich nicht auf seinen Haushalt allein ein, er lebt auch für seine Mitbürger, für den Staat. Unter der Menge, die ihn umgibt, findet er Männer, die sich mit ihm zur Ausbreitung der Tugend vereinigen. Eigene und fremde Erfahrung lehrte ihn die tiefsten Falten des menschlichen Herzens erkennen, der Schimmer verblendet ihn nicht, er schätzt nur die Tugendhaften, und das sind seine Freunde. Langsam erwarb er sie, aber nun ist ihre Freundschaft unzertrennlich. Gegenseitige Hochachtung ist der Grundpfeiler ihrer dauernden Verbindung, und das gemeinsame Bestreben nach größerer Vollkommenheit sichert ihnen Erlangung ihrer Absicht. Zwar auch hier wird es nicht an Hindernissen fehlen. Die eifrigste Freundschaft kann erkalten, und oft kann ein Mißverständnis zu weit getriebene oder nicht genug beobachtete Feinheit im Umgange mit Männern, die gleich stark auf Ehre halten, Kaltsinn erwecken. Aber der Fall kann nur entstehen, wenn der erhabene Gedanke von Freundschaft gemißbraucht wird, wenn der Name zum Deckmantel dienen muß, unter welchem Leute, die sich selbst nicht genau genug kennen, sich berechtigt dünken, alle Nachsicht von ihren Freunden zu erwarten, ohne sie zu beweisen, sobald von ihrem eigenen Ich die Rede ist. So ist der tugendhafte Mann nicht, der mit Überlegung Freunde wählte, die er hochachten konnte. Eine sanfte Erinnerung an den Freund, der zu straucheln schien, führt ihn, wenn er auch fehlte, auf seinen Weg zurück, und die selige Zufriedenheit dessen, der sein Wohl dem Freunde dankt. – Ist größere Belohnung guter Tat denkbar? So befestigt der Tugendhafte die Bande der Freundschaft und so erreicht er den guten Zweck, das, was ihm allein unmöglich war, mit andern aufzubauen, sich und seine Gesellen glücklich zu wissen, glücklich durch Ausübung jeder Pflicht. Doch ich würde ihm zu enge Grenzen setzen, wenn ich die Wirksamkeit des Tugendhaften nur in die Zirkel einschränken wollte, welche ihn und seine Freunde umgeben. Rund um ihn her sind Menschen, nicht so genau mit ihm verbunden, aber doch auch seine Mitgeschaffenen. Er sei nun auf höhere Stufen menschlichen Ansehens gestellt und habe so die Macht ausgebreiteter seiner Menschenliebe zu genügen, oder er sei in niedern Ständen mehr denen gleich, die ihn umgeben; so wird seine Tugend ihm die Pflichten, welchen er zu folgen sich zum ewigen Gesetz machte, vorschreiben. Oft bekannt, öfter unbekannt, wird seine mildtätige Hand dem Elenden seine Leiden erleichtern, wenigstens, wenn er sie nicht ganz heben kann. Sein Rat wird dem Unentschlossenen Festigkeit geben, und seine Einsicht wird, das seinen Mitmenschen drohet, zuvorkommen. Seine Weisheit wird dem Laster wehren, es hebt sein frevelhaftes Haupt da nicht, wo die Tugend thront, und die gerettete Nachwelt empfindet die Wirkung seines Daseins, wenn lange der Urheber vergessen, nur noch im Andenken seiner Freunde, die ihn kannten und ihrer Nachfolger lebt.

Und nun, Ehrwürdige Brüder, dieser Mann, dessen Schattenriß ich nur entwerfen konnte, ist am Ende seines Lebens. Ums Bett jammert die Gattin, seine Kinder sind trostlos, der Freund beweint den nahen Verlust des Redlichen, dessen Leben jeder gern dem seinigen rettete. Welch ein Kontrast! Nicht mit Krankheit als auch mit dem Schmerz aller derer, die er liebte, belastet, ist die gewisse Aussicht – Tod –. Mit welcher Miene wird er ihm ins Gesicht sehen?

Wäre diese Stunde die erste, in welcher der Gedanke an den Tod ihn überraschte, dann würde auch der gesetzteste Mut verzagen. Ihm war schon lange seine letzte Stunde gegenwärtig. Er wußte, daß in dem ganzen Leben nur die Erreichung größerer Vollkommenheiten die würdige Beschäftigung des Tugendhaften sei. Aber war es ihm möglich, die größte zu erreichen? Nein! Solange es uns unmöglich ist, über jede Leidenschaft Herr zu sein, solange selbst der Weiseste von zu vielem Feuer und wenn er das unterdrückt glaubt, bald wieder von zu wenigem Feuer irregeführt wird, oder daß ich es mit einem Worte sage, solange wir Menschen sind, ist sie uns unerreichbar. Und doch sagt dieses Streben nach Vervollkommnung, welches den Tugendhaften zu edlen Taten anreizt, daß ein Zeitpunkt denkbar sei, daß er gewiß sein müsse, wie dieses Verlangen erfüllt werden kann. Diesseits des Grabes fand er ihn nicht, er muß in der Ewigkeit liegen, und mit getrostem Mute wird der Weise dieser Entwicklung entgegengehen, die er als Wohltat, als den Lohn seiner unablässigen Bemühung schon lange erwartet. Sollte er sie fürchten, wenn sie nun kommt, wenn sie da ist?

In gleicher Erwartung sind seine Kinder erzogen, so denken die Freunde, die er hinterläßt. – Kann er ihretwegen sorgen, Männer zum Wohl ihrer Mitgeschöpfe vereint, gehen die Bahn fort, die er mit ihnen zu gehen eifrig bemüht war und alle gehen nach demselben Ziel. Er erreicht es früher, sie werden ihm folgen. Nebenumstände können den Wunsch, länger zu leben, in ihm erwecken. Noch braucht ein Freund seinen Rat, noch sind die ihm

Nachgeordneten nicht auf der Stufe der Vollkommenheit, wohin er sie zu leiten gedachte. Aber bald wird er durch die Überzeugung verdrängt, daß nach verflossenen Jahrhunderten eben die Beweggründe, ein längeres Leben zu wünschen, übrig sein würden. Und ist es der Weisheit, ist es der Tugend angemessen, sich in Wünschen ohne Ende zu erschöpfen, ein unerreichbares Gut nur zu verlangen?

Der Tugendhafte hat in seinem Leben der verborgenen Kette nachgespürt, an welcher unsere Schicksale hängen, er hat genau beobachtet, welche Folgen der Tod eines Mannes hatte, dessen Leben er für die Tugend und das menschliche Geschlecht notwendig hielte. Er sah anscheinend Unvollkommenheiten entstehen, aber sie Waren's nicht im Zusammenhang mit dem Ganzen. Im Sohn des verstorbenen Vaters wachte die bis dahin schlafende Kraft auf, die vielleicht bei jenes längeren Lebens Untätigkeit geworden wäre. Der Freund, der sich bis dahin ohne Leitband nicht bewegen konnte, handelte nun nach eigener Einsicht, und handelte um so viel vorsichtiger, weil er sich nun auf sich selbst verlassen muß. Des Erblaßten Stelle nahm ein Würdigerer ein. So lehrte den Tugendhaften seine Erfahrung. Und nun sollte er für die nach ihm bleibenden ein schlechteres Schicksal fürchten?

Ich sage nichts vom Gesetze der Notwendigkeit, dies kann höchstens nur Standhaftigkeit, nur Gleichmut bewirken.

Den Tugendhaften sichert seine Überzeugung, daß er hier die erreichbare Vollkommenheit gesucht, und die Weisheit, welche er in Anordnung des Ganzen beobachtete, vergewissert ihn, daß eben der Zeitpunkt, wo er diese Welt verläßt, derjenige sei, wo die, welche nach ihm bleiben, am leichtesten seinen Abschied ertragen können, daß er selbst jetzt am geschicktesten zu höheren Vollkommenheiten vorbereitet sei. So dachte Sokrates, als er den letzten Befehl sterbend seinen Freunden erteilte: nun, Kriton, bringe dem Gott der Gesundheit ein Opfer. So dachten die bildreichen Ägypter, bei denen das Nachdenken zuerst aufkeimte, und nach ihnen die weiseren Griechen, wenn sie den Gott der Gesundheit hinter Schlaf den Tod retteten.

Wollte ich mehrere Gründe Ihnen darstellen, wie leicht würden sie aufzufinden sein, vielleicht wählte ich nur die schwersten, und vielleicht gereicht es mir zum Vorwurf, daß ich die wichtigsten, welche je einem Manne den Gedanken an Tod und Grab angenehm machen können, die Gründe unserer erhabenen Religion übergeben. Aber es kann meine Absicht nicht sein, alles, was sich bei dieser wichtigen Sache sagen läßt, in der mir bestimmten Zeit vorzutragen, und noch weniger steht es in meinen Kräften, Ihnen, Männern, die des Nachdenkens gewöhnt sind, geoffenbarte Wahrheiten so würdig und mit dem Nachdruck vorzutragen, welcher sich schon lange auf Ihre Seele bei stiller Betrachtung der Ewigkeit äußern müsse. Sie alle sind Christen, Sie kennen die Vorzüge, welche die Gewißheit der Offenbarung über alle das hat, was die strengste Philosophie erweisen könnte."

Der Redner schließt nunmehr seine gedankenreiche Ansprache mit einer Lebensschilderung des Mannes, dessen Tod diese Trauerversammlung gegolten hatte. Ein tiefer Ernst und eine große Vernunft, die Geheimnisse des Lebens und die Beziehungen des Irdischen zum Ewigen, die Menschheitswerte des Christentums zu erkennen, tritt überall deutlich hervor.

Derart waren die geistigen Kräfte, die in der strikten Observanz zur Wirkung kamen. Wir kennen sie im wesentlichen aus den Johannislogen, die gewissermaßen die Pflanzstätten des Inneren Ordens sein sollten. In diesem suchte man die Ideale des mittelalterlichen Rittertums wieder zu beleben. Da aber dessen eigentlicher Inhalt, der Kampf um das Heilige Land, fehlte, so suchte man nach einem Ersatz, den man vollgültig nicht zu finden vermochte. Zu dem Gedanken des neunzehnten Jahrhunderts, dem geistigen Kampf gegen die Feinde des Christentums, konnte man sich noch nicht erheben. Einen breiten Raum im Wirken der strikten Observanz nahm der ökonomische Plan ein, von dem wir nun zunächst zu handeln haben.

III. Der ökonomische Plan

Nach der Entlarvung des Schwindlers Leucht, die ein wesentliches Verdienst Karls v. Hund war, verbreitete sich die strikte Observanz sehr schnell über ganz Deutschland. Hamburg wurde gewonnen und vor allem Berlin trotz der scharfen Gegnerschaft seitens derjenigen Brüder, die bald darauf unter der Führung Zinnendorfs die Große Landesloge der Freimaurer von Deutschland errichteten. Die Gründe für diese überraschende Entwicklung war die Ziellosigkeit und die Verwirrung in den Logen und Lehrarten, wogegen die strikte Observanz eine feste Organisation, eine klare Führung und willenskräftige Männer aus den ersten Kreisen des Landes an der Ordensregierung zeigte.

Die entscheidende Persönlichkeit in dieser Entwicklungsperiode war Johann Christian Schubart (1734 bis 1787) ein Mann, der mit großem Eifer und einer unermüdlichen Zähigkeit den Orden in Deutschland durchsetzte. Auf ihn richteten sich alle Angriffe, Verleumdungen und Verdächtigungen der Zeitgenossen, die eigentlich dem System gelten sollten. Er hat diese Anfeindungen nicht in dem Maße verdient, denn er hat an seine Sache geglaubt. Gewiß hat der Übereifrige sich oft in den Mitteln vergriffen, aber die schweren Vorwürfe der Zeitgenossen gegen seinen Charakter lassen sich, wie wir im Verlauf der Darstellung sehen werden, nicht aufrechterhalten. Ursprünglich war er Kriegskommissar des Britischen Reiches im siebenjährigen Kriege, seit dessen Ende er sich ganz der Freimaurerei hingab, deren Weihe er 1762 in der Loge „Jonathan" in Braunschweig empfangen hatte. Schon im folgenden Jahre schloß er sich der Mutterloge „Zu den drei Weltkugeln" an, deren Abgeordneter oder, wie man damals sagte, „deputierter", Meister er wurde. Nach dem Konvent von Altenberge trat er zur strikten Observanz über, empfing den Namen Ritter vom Strauß (Eques a struthione), und wurde von Hund zum Generalkommissar und Provisor Domorum ernannt, ein Amt, das ihn zum Oberhaupt aller Johannislogen machte. Er zog sich infolge der Mißhelligkeiten außerhalb und innerhalb des Ordens, die auch sein Verhältnis zu Hund getrübt hatten, 1768 ganz zurück und widmete sich auf seinen Gütern der Landwirtschaftswissenschaft, worin er bahnbrechend wurde. Die Berliner Akademie der Wissenschaften erkannte ihm den ersten Preis für seine Schrift über den Anbau von Futterkräutern zu. In Würdigung seiner wirklich großen Verdienste um die Landwirtschaft wurde er als Edler vom Kleefeld in den Adelstand erhoben und zum Geheimrat ernannt.

Johann Christian Schubart von Kleefeld

Die wesentlichen Vorwürfe, die gegen Schubart laut wurden, gipfelten in der Beschuldigung der Geldgier und der Überheblichkeit. Wir werden im Verlauf der Darstellung sehen, daß ihm Unrecht geschah. Die Verwaltung einer so gewaltig wachsenden Organisation kostete viel Geld, das Schubart sich aufzubringen mit allen Kräften und Mitteln bemühte. Persönliche Bereicherung hat er bestimmt nicht gesucht. Er betrachtete die strikte Observanz als einen richtigen Orden wie die Mönchs- und Ritterorden, die ja ihre Mitglieder vollkommen ernährten und versorgten. Das gleiche taten auch viele andere, ohne daß sie der gehässigen Verleumdung wie Schubart verfielen. Und Überheblichkeit? Das ist der landläufige Vorwurf gegen einen Mann, der sich über die Masse erhebt und den die Masse beneidet. Solche Vorwürfe sind nicht ernst zu nehmen, denn sie sind die natürliche Reaktion der Dummheit gegen den Geist.

Hören wir nun die Zeitgenossen über ihn: Johann Joachim Christian Bode (1730 bis 1793), ein merkwürdiger Mann von hohen Gaben, aber einer unzulänglichen autodidaktischen Bildung, ein Kurpfuscher der

Geisteswissenschaften, erst Schafhirt, dann Militärmusiker, schließlich Buchdrucker und Verleger Lessings, ließ sich über Schubart folgendermaßen aus:

„Man fand einen Mann, der die einträgliche Kommission umherzuziehen und der Provinz (Ordensprovinz) kontribuale Menschen zu verschaffen, von sich abzulehnen keine Ursache hatte. Bei seinen vielen natürlichen Gaben und einer fast nicht zu ermüdenden Tätigkeit, hatte er in seinen im Kriege nach und nach geführten Ämtern schon ungefähr sich das verschafft, was zu einem praktischen Geschäftsmanne gehört und Johnsons Versuch war für ihn nicht vergebens gemacht worden. Sein savoire faire brachte die meisten Logen Deutschlands dahin, daß sie gegen das gar nicht zweideutige Versprechen, zu der einzigen wahren Quelle der Freimaurerei und des damit verknüpften Ordens geführt zu werden, sich einem strikten Gehorsam gegen völlig unbekannte Obere und, durch die mancherlei Artikel und die Länge der Zeit, gar nicht unbeträchtliche Ausgaben und Taxen auflegen ließen. Natürlicherweise würde das vorgegebene, aber gar nicht erwiesene Recht der unbekannten Oberen diese Wirkung ohne die nebenher gemachten Vorspiegelungen von Reichtümern, von Etablissements und großer Macht des Ordens, wovon gar viel teils durch Winke, teils durch vertraulich trockene Worte gesprochen ward, nicht getan haben. Diejenigen Vorgesetzten der alten Logen, die er ihres Charakters und Glaubens wegen für empfänglich fand, nahm er auf in das Innerste des Ordens. Wen mehr nach Gold dürstete als nach Ehre, dem teilte er Ämter zu, die ihm aus der Aufnahme und dortigen Kontributionsgeldern der Untertanen Mitglieder, bei halbjähriger Absendung an die Ordenskasse, einige Goldtaler in seinen eigenen Beutel fließen ließen. Wem's wohltat, unter Brüdern bei verschlossenen Türen obenan zu sitzen, bekam Würden ad honores, nichts von alledem umsonst, versteht sich; denn alle neuen Finanzeinrichtungen der Monarchien, bis auf die Stempelbogen und Kanzleigebühren für Titel, waren eingeführt. Zu verdenken war es bei diesen Umständen den neuaufgenommenen Rittern nicht, wenn sie glaubten, sie wären in einem sehr alten, völlig etablierten Orden zu Mitgliedern und Teilhabern an seinen Vorteilen gemacht. In der Entfernung tun große Erwartungen große Wirkungen. Hätte der Herr Kommissarius die Ordensbesitzungen alle fein tief nach Amerika oder Afrika verlegt, das Johannis-Dukatensystem hätte gewiß länger gedauert."

Dieser Johannisdukaten war aus dem allgemein gebräuchlichen Johannisopfer entstanden, nur daß dies nicht mehr dem freien Willen des Spenders anheimgestellt, sondern auf einen holländischen oder Speziesdukaten festgesetzt war. Die Bestimmungen über die Zahlung waren sehr scharf, „weil dadurch dasjenige herbey geschafft werden muß, was nothwendig das Ganze in seinem accuraten Umtrieb zu erhalten dient." Der vielfach erhobene

Vorwurf, daß Schubart, der zuerst diese Abgabe einzog, das Geld für sich verwandt hätte, ist durch nichts bewiesen. Er führte die Gelder stets an die Subprioren ab, die sie zum Besten des Ordens verwandten.

Betreffs der Überheblichkeit und Eitelkeit Schubarts äußert sich Hofprediger von Perard in Stettin vom 2. Oktober 1765 sehr eingehend:

„Künftigen Februarius werde ich, wo ich lebe, mein maurerisches Jubiläum feiern können. Da ich schon 25 Jahre im Orden bin, so ging unser vermeinter letzter Reformator (Schubart) noch in die Schule. Sein Auftritt ist eben nicht der ernsthafteste und klügste gewesen, und außer der Loge hat er sich nicht anders, als durch seine silbernen Sporen (ob er schon beständig zu Fuß ging) merkwürdig gemacht. Er hat sich leichtsinniger Weise verlauten lassen, daß man ihn schon in Berlin vor mir gewarnt hätte; ich redete vom Orden auf eine ungeziemende und spöttische Art. Das habe ich nach seiner Abreise erst erfahren, sonst hätte ich denselben auf die nachdrücklichste Art darüber zur Rede gestellt; sein silberner Sporn und sein vermeintlicher Obristleutnant Rang hätten mich gar nicht erschrecken sollen... Welchen Nutzen hat uns dieser Reformator geschafft? Nichts als Unzufriedenheit und Uneinigkeit unter den Brüdern, die er bis auf drei oder vier Lieblinge und Erwählte ziemlich herunter gesetzt. Ich war in der Stadt Senior des Ordens; bis zu diesem glorreichen Zeitpunkt war ich Deputatus specialis des Ordens, im übrigen kann ich ganz und gar nicht als ein Küster oder Schulmeister angesehen werden, und doch ohne Dero Erinnerung, wertester Bruder, hätte mich der Schubart fast am letzten im Buch des Lebens, nach allen Kaufdienern, einschreiben lassen. Die gute alte Loge wurde aufgehoben, und eine neue eröffnet. Ich tat die Augen auf und meinte was Wunders ich erfahren würde; nichts wesentliches als einige Veränderungen von gar keiner Erheblichkeit. War das wohl einer Reformation wert? An einem dieser Tage will ich auch herum reisen, mir ein Patent von drei vertrauten Freunden aussetzen lassen, die als unbekannte Ritus dieselbe unterschreiben werden, schöne Diäten einkassieren, von den Brüdern herrlich aufgenommen, Austern, hungarischen Wein und andere Leckerbissen einschlucken, von diesem oder jenem was erbetteln, oder durch einen witzigen Tausch an mich bringen, einen Brandenburgischen Dreier an dem Knopfloch als einen Orden tragen, zwei Taschenuhren mit Vorsatz eine nach der anderen herausziehen und mich umsehen, ob die Zuschauer diesen kleinstädtischen Überfluß bemerken und beneiden, die Assembleen wie Bälle frequentieren, und das schöne Geschlecht durch meine Ausschweifungen und stutzerische Aufführung belästigen."

Des weiteren läßt sich Hofprediger von Perard über die Einführung des ökonomischen Planes aus, auf den wir noch näher eingehen werden.

Dieser Brief des hochangesehenen evangelischen Geistlichen, den Karl Friedrich Köppen in seinen wichtigen Korrespondenzen mit der strikten Observanz veröffentlicht hat, ist oft gegen Schubart und die strikte Observanz ausgeschlachtet worden. Sehr mit Unrecht, denn er kommt von einem Mißvergnügten, dessen Ehrgeiz in der neuen Entwicklung unbefriedigt blieb. Das hat auch schon Keßler von Sprengseysen richtig herausgefühlt, wenn er in der dritten Fortsetzung seines Anti-St. Nicaise auf die von Perard gerügte Zurücksetzung hinter die Kaufdiener hinweist: „Hier liegt also der Grund, weswegen Perard so aufgebracht war, und in seinem Unwillen vieles hinschrieb, welches er bei kaltem Blute nicht würde geschrieben haben. Die Rangsucht war also nicht allein bei den unbrüderlichen Brüdern der strikten Observanz... Wie lächerlich, Perard rechnet Schubart zur Sünde an, daß man ihn mit Austern, ungarischem Wein und dergleichen traktiert hat; aber ist das nicht nachgerade der redenste Beweis, daß man mit ihm sehr wohl zufrieden gewesen sein muß? ... Was sollte Schubart wohl machen, wenn ihn die Brüder traktieren oder Geschenke geben wollten, da dieses unmöglich aus Unzufriedenheit geschehen konnte? Wer in aller Welt hat es noch jemand zur Sünde angerechnet, daß er, wenn ihn sein Freund traktiert oder etwas geschenkt hat, solches angenommen? H. von Perard hätte es denen verweisen sollen, die diese Sünde begingen, – es nicht ihm sondern Schubart gaben. Wegen der Diäten hatte er nicht nötig, ihm Vorwürfe zu machen. Man setze sich in jene Lage: Die Loge zu... erfährt, daß ein neues System erschienen ist, von vielen Logen als vortrefflich gerühmt wird (denn wenn dieses System ihnen nicht mit Lobeserhebungen angepriesen worden ist, so hätten sie ja töricht gehandelt, wenn sie es kennen zu lernen gewünscht hätten), sie bitten also, vermutlich nachdem sie darüber Konferenz gehalten haben, entweder geradezu oder durch eine andere Loge den Baron von Hund, jemand zu schicken, der sie von dem System der strikten Observanz unter- und ihre Logen einrichte. Schubart wird abgeschickt. Kann nun wohl ein vernünftiger Mensch verlangen, daß dieser Abgesandte für sein eigen Geld die Kuriosität dieser Loge zu... befriedigen soll? ... Wenn Schubart alle die Reisen, so er auf Begehren der Logen getan hat, von seinem Vermögen hätte bestreiten sollen, so würde sein Vermögen, wenns noch so ansehnlich gewesen, fast nicht hinlänglich gewesen sein."

Aus diesen zeitgenössischen Zeugnissen, die sich leicht in Für und Wider vervielfachen ließen, ist die ganze Persönlichkeit Schubarts zu erkennen. Ein junger hochbegabter Mann voll Feuereifer für die Sache des Ordens, schon frühzeitig in einer angesehenen Stellung – er dem Konvent von Altenberge zu Hund in Beziehung trat – englischer Militärbeamter im Range eines Oberstleutnants, trat er mit dem Selbstbewußtsein der Jugend und der guten Sache, von der er innerlich fest überzeugt war, den Logen gegenüber auf. Daß er dabei hin und wieder aneckte, ist bei der kleinstädtischen Enge der damaligen Zeit kein Wunder. Gewiß, er war eitel, spielte gern den reichen eleganten Mann, aber wir können nicht beurteilen, ob dies wirkliche Züge seines Wesens waren oder ob er glaubte, seiner großen Stellung im Orden auch die äußere glänzende Form schuldig zu sein. Jedenfalls sprach der Erfolg für ihn, denn er hat fast alle Logen in Deutschland von dem Wert der strikten Observanz überzeugen und dem System gewinnen können. Viele ehrenhafte und wertvolle Männer haben ihm Treue und Freundschaft über das Grab hinaus gehalten, und wir besitzen ein Zeugnis Zinnendorfs, der Grund zur Feindschaft gehabt hätte. Das Zeugnis spricht um so mehr zu Schubarts Gunsten, als Zinnendorfs unantastbare Redlichkeit streng die Sache von der Person zu trennen wußte: „In Ansehung der Person des Br. Schubart versichere ich Euer Hochwürden Gnaden, daß ich denselben auf alle Weise geschont habe und künftig schonen werde, daß ich auf alle Weise ihm meine Freundschaft bewiesen habe und ferner beweisen werde. Nur in Absicht des Ordens und der Fehler, so er in Betracht des Ordens gemacht hat, habe ich unmöglich stille sitzen können." Dem tief innerlich veranlagten Zinnendorf lag die laute Art Schubarts nicht, auch war er damals, 1765, schon davon überzeugt, daß die strikte Observanz als ritterliche Organisation, allein auf den ökonomischen Plan gestützt, unhaltbar sei. Und er suchte ihr eine Verinnerlichung zu geben durch die Erwerbung der schwedischen Akten. Diese Absicht hatte die volle Zustimmung des Heermeisters, aber Schubart hintertrieb alles, und darum zog sich Zinnendorf im Jahre 1766 ganz von der strikten Observanz zurück.

Schubart sah die Zukunft des Ordens allein in seinem ökonomischen Plan, und um die finanziellen Grundlagen für dessen Ausführung zu schaffen, trieb er sehr energisch die Gelder von den Johannislogen ein. Solch ein energischer Schatzmeister ist in keiner Gesellschaft beliebt. Daß er sich dabei selbst bereichert hätte, wie vielfach behauptet wurde, ist durch die Quittungsbelege und Entlastungsschreiben, die Keßler von Sprengseysen im dritten Teil seines Anti-St. Nicaise veröffentlicht, vollgültig widerlegt. Männer, die so scharf und glänzend hervortreten, wie Schubart, haben immer Neider und Gegner, und ihre Handlungen verfallen fast stets Mißdeutungen.

Ein richtiges Bild des vielumstrittenen ökonomischen Planes erhalten wir aus der Einführungsurkunde, die wir mit diplomatischer Treue wiedergeben:

„Wir Br. Carl Ritter vom Degen, des Hohen Ritter Ordens des Heiligen Tempels zu Jerusalem der Zeit Heer Meister und Wir Prior, und die im Rath der Provinz sitzende Mitglieder des Provinzial Capitels entbieten allen Willen, und fügen Denenselben und Euch zu wissen: Da Unsre Sorgfalt und Bemühung seit mehreren Jahren stetig dahin gerichtet gewesen, den Orden in Unserer Provinz aufrecht zu erhalten, ihn durch bequeme, erlaubte und Unsern Absichten gemäße Hülfsmittel, mehr und mehr zu bevestigen Unsern vielgeliebten Brüdern, vorzüglich aber denenjenigen, welche dem eigentlichen Umtrieb der Geschäfte sich unterzogen, solche Emolumenta zu verschaffen, durch welche sie wenigstens einigermaßen die Entschädigung, und einstweilige Belohnung ihres Fleißes und vielen Arbeiten erhalten mögten; So haben Wir bereits unterm 13. März, 441 (1755) ein zu Erreichung dieser Absicht abzweckendes Präliminarregulatif, zu Errichtung einer Pensionskasse, in die Provinz provisorie ergehen lassen, welches Wir nachher in der unter dem 27. December 451 (1765) publicirten Erläuterung des mentinirten Präliminar-Cassenregulatifs in einigen Punkten und Clauseln abzuändern, auch gewissermaßen weiter zu extendiren, nach dem sich ereigneten Vorfall gewisser Umstände, der anderweitigen Nothdurft erachtet.

Obgleich Wir nun, durch diese von Uns bisher getroffenen Verfügungen, den vorgesetzten Endzweck größtentheils zu erreichen, das sonderbare Vergnügen gehabt, so haben Wir Uns doch, nachdem der Hohe Orden endlich durch die Incorporation einer Menge würdiger, angesehener und eifriger Brüder, diejenige Größe und innere Gestalt gewonnen, welche ihn zur Ausführung wichtiger und erhabener Endzwecke immer mehr und mehr geschickt macht, nicht länger entbrechen wollen, Denenselben und Euch denjenigen umständlichen und ausführlichen und von Uns wohlbedächtig ausgearbeiteten ökonomischen Plan vorlegen zu lassen, durch dessen Ausführung sowohl Unsere gegenwärtig im Orden lebende geliebte Brüder sammt und sonders als Unsere dereinstige Nachfolger das wahre Wohl des Ordens durch ein zu samlendes ansehnliches Kapital auf immer bevestigen, sich selbst eine auf Lebenszeit assecurirte Jahresrevenue bestimmen, und durch Ankauf liegender Gründe und Possessionen, die Mittel zu wohlgewählten, und dem Orden ersprieslichen anderweitigen Unternehmungen, zuwege bringen können.

Ergehet demnach Unser freundliches Begehr, es wollen Dieselben und Ihr, gegenwärtigen auf den Zustand und die allgemeine der ganzen Provinz eingerichteten ökonomischen Plan in reifliche Erwägung ziehen, selbigen nach allen hier angeführten Erläuterungen, Punkten, Klauseln, auch zu mehrerem Verstand desselben berechneten Tabellen, genau durchlesen, und Uns des fördersamsten, Dero pflichtschuldige Erklärung darüber zufertigen, wer und welche Unserer Ordensbrüder individualiter und singulatim dieser Unserer wohlgemeinten Anordnung sich zu fügen des eignen Sinnes seyn, oder nicht, damit Wir des nächsten Unsere über den völligen führohin zu formirenden Ordensetat, zu machende anderweitige Verfügungen, desto eher zu treffen im Stande seyn mögen. Gleichwie Wir nun keineswegs gemeynet, diese Unsere zum wahren Besten des Ganzen getroffne allgemeine ökonomische

Einrichtung, auf einige Weise auch denen mindesten Unserer Ordensbrüder aufzudringen, sondern es vielmehr jedem insonderheit, allerdings und gänzlich freystehen soll, sich persönlich erklären zu können: ob er diesem hier angefügten ökonomischen Plan inhäriren, seine unverlangten Contribuenda entrichten, mithin an denen zu hoffenden Emolumentis künftighin Antheil nehmen wolle; oder ob er vielmehr, durch einen aufzustellenden förmlichen Revers, sich sowol von allem Geldnachschuß, und den zu hoffenden Vortheilen gänzlich lossagen, und blos als ein übercompletes Mitglied des Ordens angesehen seyn wolle?

Als haben Wir sämtliche Subpriores und Präfecte dahin und Kraft dieses, ernstlich anweisen wollen, denen ihrer Aufsicht anvertrauten Ordensbrüdern sammt und sonders den Tenorem dieses ökonomischen Plans, deutlich und umständlich bekannt zu machen, und selbige dahin anzuhalten, daß sie ihre vorerwähnte unverlangte Erklärung ohne Zeitverlust und ohne die mindeste Ausflucht von sich geben, worüber sodann an Uns der pflichtschuldige Bericht, anderweit gewöhnlichermaßen zu erstatten.

Wir wollen auch Kraft gegenwärtigem unter dem 13. März 441 emanirte Pensionskassenregulatif, nicht minder die am 27. December 451 publicirte Erläuterung desselben, hiermit ein vor allemal gänzlich wiederum aufgehoben haben, mit dem Begehr, selbige beyde von uns ergangene Interimsregulatife führohin als völlig abolirte Gesetze anzusehen; hingegen wollen und verlangen Wir, daß die im nachfolgenden festgesetzte ökonomische Norm alleinig als ein von Uns promulgirtes Gesetz des Ordens angesehen werden möge, und lautet selbiges nach seinem völligen Inhalt also:

Es wird wohlbedächtig vorausgesetzt, daß Unser vornehmster und hauptsächlichster Endzweck jederzeit dahin gerichtet sey, Uns und dem Orden gewisse sichere Etablissements bono et licito modo zu acquiriren, mithin dadurch zuverlässige Fonds zu verschaffen, eine proportionirliche und bestimmte Anzahl Unserer Ordensbrüder leben zu machen und zu unterhalten. Dahero folglich Unsere ökonomische und Finanzeinrichtungen, so beschaffen seyn müssen, daß sie Uns nicht nur die erforderlichen Fonds zuwege bringen, sondern auch solche vorzüglich in indefinitum conserviren.

Das erste wird geschehen, wenn diese Einrichtung nach der jetzigen Lage der Dinge richten, und das andere, wenn die einmal acquirirten Fonds nach ihrem Interessenbetrag repartirt, und auf die Zukunft conservirt werden.

Woferne die tauglichsten, sichersten und leichtesten Mittel hierzu zu gelangen, nicht nur gewählet, sondern auch darüber mit Ernst gehalten und mit Ordnung und Fleiß unterstützt werden; so darf an dem glücklichen Erfolg nicht im mindesten gezweifelt werden.

Diese Mittel aber sind zweyerley.

a) Solche, welche durch Beyhülfe und Zuziehung anderer erlangt werden müssen, und

b) solche, die in Uns liegen.

Was die Mittel, die Wir zu Erreichung Unserer Absichten, durch Beyhülfe und Zuziehung anderer erlangen müssen betrift: so sind dieselben in der Freymaurerey zu finden; und da selbige ohne unseren Brüder Freymaurer großen Schaden, die Erreichung Unseres Endzwecks sehr erleichtern können; so nehmen Wir selbige als die leichtesten und sichersten an. Nur die eigentliche und rechte Methode selbige Unsern Absichten gemäs zu behandeln, haben Wir zeither aus Mangel der dazu gehörigen Logen weder einschlagen noch bestimmen können. Die daher zu nehmende Beyträge, so wie bisher geschehen, unter die arbeitenden respective Obern sogleich wiederum zu vertheilen, und die sonstige nöthige Kosten damit zu bestreiten, ohne davon einen namhaften Fonds machen zu können, ist theils unsicher, folglich nicht dauerhaft, theils aber zu geringe, um dem Orden die nöthigen Menschen zu schaffen, welche sich mit Hintansetzung aller übrigen weltlichen Geschäfte, demselben ganz widmen können.

Ein oder mehrere Zufälle könnten die Neugier der Menschen um Freymaurer zu werden vermindern, oder doch wenigstens sehr einschränken, Unser bisheriges Interimssystem, das sich auf einen, der Veränderung so leicht unterworfenen, geringen Beytrag indessen hat gründen müssen, würde aufhören, ohne daß der Zweck im geringsten erreicht worden wäre. Dieses Erleichterungsmittel muß also weit dauerhafter gemacht werden, um dadurch einen sicheren und beständigen Fonds für den Orden zu erwerben. Dieses nun zu bewerkstelligen, muß ein fester und unveränderlicher Numerus Personarum der sämtlichen Freymaurer in dieser Provinz angenommen und womöglich bald nach ihrem Eintritt ihre künftige Destination, entweder zu Rittern, zu Armigern oder zu Sociis ausgemacht werden, weder über noch unter der fixirten Zahl, kann alsdann keiner weiter zur Aufnahme in den Logen zugelassen werden. Wir verlangen nicht viele, wohl aber tüchtige Menschen, damit dieselben auf diejenige Art behandelt werden können, wie es Unsern Absichten gemäß ist.

Jeder muß künftighin in seinem Grade der Maurerey, ohne zu hoffende Dispensation, ein ganzes Jahr stehen bleiben, ehe er in einen anderen übergeht, nach Verfluß desselben wird er weiter und ein Profaner an seine Stelle gebracht. Da ein jeder die nöthigen Wissenschaften seines Grades erlangt, so ists auch billig, daß er dafür zum Behuf des Ganzen ein proportionirliches Geldquantum bezahle, dieses kann, aber nicht arbiträr, sondern muß durchgängig ein für allemal festgesetzt seyn, damit

1) niemand pro lubitu, taxirt werden könne,

2) man zu allen Zeiten sicher und zuverlässig wisse, wessen man sich von den Beyträgen aus den Logen ganz unfehlbar zu versehen habe, und sogleich

3) die fixirten Ordensrevenüen mit unabänderlicher Accuratesse bezahlt werden können.

Je näher einer zur Perception und würklichen Theilnehmung, der gewiß zu hoffenden Emolumente tritt; je stärker wird sein zu zahlendes Quantum, weil er sich dadurch immer mehr dem Ziele naht, ein Theilnehmer des Ganzen zu werden.

Die Novizen einer Loge werden mit Ende ihres Novizenjahres in ein ganz anderes Fach gebracht, sie gehen der Maurerey ab, und in (den) Hohen Orden, welches als eine natürliche Folge verursacht, daß, um ihre erledigte Stellen zu ersetzen, jährlich wieder so viel Profane in Zuwachs gebracht werden, und hierinnen liegt die eigentliche und wahre Ursache, warum die Revenüen einer Loge immer egal, folglich zuverlässig und dauerhaft seyn können.

Wie aber die jedesmaligen Quanta sicher und schleunig beyzubringen sind, solches wird der Klugheit des Hauscomthurs (Logenmeisters) billig überlassen.

Wir kommen nunmehr auf die Mittel, so in Uns selbst liegen, und von Uns selbst angewendet weiden müssen.

Hier ist lediglich von den Hohen Ordensbrüdern mit Ausschluß sämtlicher Freymaurer die Rede, denn jene gehen Uns eigentlich im genauesten Verstande an, wenn Wir von den wesentlichen Ordensverfassungen sprechen. Sie sind die waren Percipienten und Usufructuarii Unserer Bemühungen, und blos sie ziehen Wir hier in Betrachtung. Es sind nur wenige von Uns vermögend, die Fonds des Ordens durch zu hinterlassende Possessionen zu vermehren, und wenn deren ja etwan einige seyn möchten, so würde es mit diesem Modo, die Provinz zu bereichern, so langsam zugehen, daß dabey mehr verlohren als gewonnen würde. Es müssen daher die leichtesten und besten Mittel ergriffen weiden, und solche, die eher, und häufiger bewürket werden können. Wir zweifeln daher keineswegs, es werde ein jeder rechtschaffen denkende Ordensbruder, sowohl für billig als recht erkennen, daß jedes Glied des Ganzen pro viribus, auch zur Erreichung der Absichten des Ganzen willig beytrage.

Inzwischen sind Wir darauf bedacht gewesen, daß solcher Beytrag niemals weder die Kräfte eines Individui, noch die Proportion des ganzen von daher wiederum unausbleiblich zu hoffenden Genusses übersteigen möge, sondern daß ein Ritter oder Armiger in der Folge der Zeit jährlich ganz unfehlbar, eben so viel wiederum genießen soll, als er von seinem Eintritt an, in die Maurerey bis in (den) Hohen Orden bezahlt hat. Es äquivaliren also die zuhoffenden Emolumente den nach und nach geschehenen Beytrag, sicher reichlich und überflüssig, so daß ein Ritter, wenn er in der Ordnung zur Commende gelanget, jährlich 500 Rthlr., ein Armiger aber 400 Rthlr. gewisse Revenüen, als es einen jeden gekostet, zu erheben hat. Da bereits oben gezeiget worden, daß ein jeder Bruder von diesen 2 Classen, schon als Freymaurer 250 Rthlr. beygetragen hat, so ist leicht ausgerechnet, daß ein Ritter nur noch 250 Rthlr., ein Armiger aber nur noch 150 Rthlr. dazu zu contribuiren habe.

Aus den Anlagen sub No. 2 und deren 1. Capitel ist zu ersehen, daß man alle Reflexionen auf die dermalen im Hohen Orden stehenden Ritter genommen, auch über dies einem jeden freygestellt hat, ob er an diesem Plane, folglich an dessen beträchtlichen Revenüen Antheil oder keinen nehmen wolle. Das 2. Capitel aber enthält nicht nur, wie es mit den künftigen Ritterschlägen zu halten, und wie hoch die abgemessene Anzahl sich erstrecken, sondern auch in dessen beygefügten Tabelle A. die Berechnung, welchergestalt sowohl die von denen nach der Beylage No. 1 und dessen 9ten. §. aus den Freymäurerlogen durch die zu Rittern bestimmte Glieder eingehenden jährlichen 25 000 Rthlr. und die von den jährlich aufzunehmenden 100 Rittern ebenfalls zu erlangenden 25 000 Rthlr. bearbeitet werden, daß schon 1772 und 1773 100 Commenden mit 25 und 50 Rthlr. steigend, bezahlt werden können, bis sie 1782 500 Rthlr. eintragen, wobey es stehen bleibt; im Jahre 1787 aber 120 Commenden mit 500 Rthlr. jede bezahlt werden können, und daß dazu der Orden ein Capital von 1,229,476 Rthlr. besitzet.

Die Anlage No. 3 enthält in Betref der Armiger ein gleiches, daß der Orden von 1772 bis 1783 40 Commenden, mit rspt. 25 und 50 Rthlr. bis 400 steigend, bezahle, und bis 1787 50 Commenden, jede à, 400 Rthlr. vergeben werden, wozu er 503 759 Rthlr. hat.

Auch die Socii und Amici Ordinis haben künftig einige Revenüen, so von eben dem Jahr 1772 anfangend, bis 1783 ziehen 25 Präbenden von 20 bis 100 Rthlr. steigend. 1787 aber haben sie 40 Präbenden jede mit 100 Rthlr. und der Orden dazu ein Capital von 80 356 Rthlr., wovon ein mehreres in der Beylage No. 4 enthalten.

So sind auch ferner nach der Anlage No. 5 20 Meistercommenden jede mit 200 Rthlr. und 2 673 Rthlr. zu Pensionen für verdiente und abgelebte dienende Hohe Ordensbrüder ausgesetzt.

Und endlich enthält die Anlage No. 6, wie es mit dem Johannisopfer künftighin gehalten werden soll, damit diejenigen 125 respective Subpriores und Brüder, welche dem Orden dienen, ad interim und so lange bis die Commenden mit 500 Thlr. bezahlt werden, einige Emolumente für ihre Arbeit genießen.

Schlüßlich ist die Rekapitulation, nach welcher der Orden 1787 1,813,491 Rthlr. besitzet, und die Repartition der Revenüen dieses Capitals beygefügt.

Da sich nun dieser Plan auf vernünftige Grundsätze der Wahrscheinlichkeit und Billigkeit gründet, so ist es auch derjenige, welcher von nun an, zur unabänderlichen Norm angenommen und wonach unabweislich gearbeitet werden soll. Zu diesem Ende wird das Consilium der Provinz, sich so viel möglich, an einem Ort aufhalten, damit hinkünftig auch alle Geschäfte, sie haben Namen wie sie wollen, planmäßig, mit dem stärksten Eifer und Nachdruck ununterbrochen executirt, und die dazu verordneten Mitglieder nebst Subalternen, dieselbe mit gehörigem Fleiß in Ordnung erhalten, auch jeder Superior mit nöthigen Instructionen und erforderlicher Auskunft auf eingehende Berichte ohne den geringsten Zeitverlust versehen werden können.

Um den Ordensbrüdern eine vorläufige Idee von der Einrichtung des Consilii der Provinz einstweilen zu ertheilen, welche ihnen jedoch, wie Wir Uns ausdrücklich vorbehalten, nächstkünftig in den zu publicirenden allgemeinen Constitutionen dieser Provinz nach allen Umständen und der ganzen innerlichen Verfassung weitläufiger bekannt gemacht werden soll; so bestehet solcher nächst der Person des Priors und des Departements

1) Der Canzlei,

2) Der Procuratur, welcher oblieget, das wahre Interesse des Ordens zu bestimmen, und die Fonds derselben in der gehörigen Ordnung zu erhalten.

3) Der Tresorie, oder dem Departement des Schatzmeisters, welcher die Gelder unter sich hat, darüber durch die ihm zugeordneten Officianten, ordentlich Buch und Rechnung halten läßt, die auszuzahlenden Summen nach der vorgeschriebenen Ordnung distribuirt, und sich im Gegentheil durch complete Rescripte und Lieferscheine bedecket, zu welchem Ende er auch vom Provisor-Domorum und Generalvisitator die authentiken Listen erhält, was er aus den Logen und Capiteln einzunehmen hat.

4) Dem Departement des Generalvisitators und des Provisors Domorum, welche beide in Sonderheit die genaue Befolgung der vorgeschriebenen Gesetze, die Ordnung und Disziplin unter sämmtlichen Brüdern in ihrer Obsicht haben.

Die sämmtlichen Glieder des Consilii der Provinz mit Inbegriff des Priors, leisten einer für Alle, und alle für jeden, in specie aber Wir

Ernst Ritter vom Diamante
Prior, und
Erdmann Ritter von der Distel
Schatzmeister

als welche Wir eine eigene Versicherung, mit der Unterschrift unserer eigentlichen und angebohrnen Namen deshalb ausstellen, und dieselbe bey des Herrn Decani und Subprioris von R. tz. b. rg (Ratzeburg) Reverenz deponiren wollen, wovon sodann vidimirte Copien in die übrigen sechs Diöcesen gesandt werden, – Leisten mit unserm sämmtlichen Vermögen, Hab und Gut, die Garantie des gegenwärtigen Plans, und der einzusendenden Gelder und verbinden uns dafür zu haften.

Damit auch ein jeder Bruder, wes Standes und Würden er auch seyn möge, überzeugt werde, daß sein Geld zu keinem andern Gebrauch verwendet werde, als dem zu Folge, was die Listen A. B. und C. besagen, so soll es einem jeden, sogar dem jüngsten Armiger frey stehen, sich die Haupteinnahm- und Ausgabebücher vorlegen zu lassen, und sich daraus von den Vermögensumständen desselben, wo und wie die Gelder placiret sind, zu informiren, zu welchem Ende auch dem ganzen Orden, d. i. den übrigen Gliedern des Provinzialcapitels und den Präfekten auf ihr jedesmaliges Verlangen, am Schlusse des Jahres, eine vom Schatzmeister gefertigte und gehörig vidimirte Bilance aus dem Hauptbuche zugesandt werden soll; dagegen ist aber auch keine Hauptverordnung oder Anweisung gültig, wenn dieselbe nicht von den Gliedern des Departements contrasignirt ist.

Gleich wie Wir nun durch alle diese Verfügungen, nichts mehr als die völlige Überzeugung Unserer vielgeliebten Brüder von der Reinigkeit Unserer Absichten, und von der redlichen Vorsorge, für ihr und der ganzen Provinz wahres Beste zu bewürken suchen, als ersuchen Wir sie sammt und sonders, auch in den nächsten, geliebts Gott, zu publicirenden allgemeinen Constitutionen der Provinz, von der Methode des Umtriebs der Geschäfte, und den besonderen Obliegenheiten aller und jeder, den General- und Specialdirectionen vorgesetzten respective Obern den gehörigen Unterricht sich zu erwerben; so und dergestalt, daß keinem auch dem geringsten Unserer Brüder, über die eigentliche und wahre Art der Behandlung der Ordensgeschäfte der Provinz, führohin der Schatten einiger Unwissenheit, übrig bleiben könne.

Alle Berichte und Rapporte, wollen Wir, daß selbige in Zukunft gerade an das Canzley-Departement, unter den Aufschriften, welche ehestens diesfalls ganz eigends werden vorgeschrieben werden, eingereichet werden, wobey lediglich ganz kurz angemerket wird, in welches Departement sie eigentlich gehören. Ein jeder Departementschef, z. B. der Schatzmeister, Provisor, Procurator expedirt unter seiner Unterschrift die in sein Departement gehörigen Geschäfte, so wie sie in diesem ökonomischen Plan wörtlich enthalten sind, und in soweit selbige nicht gegen den klaren Buchstaben und einmal festgesetzte Verfügungen streiten.

Ein Certificat

Denjenigen Subpriors und Präfekten, welche Gelegenheit haben, die aus ihren Sprengeln eingehenden Gelder (ausgenommen das Johannisopfer und was die Socii für die 3 ersten Grade, und für die Aufnahme in den Hohen Orden bezahlen, als welches jederzeit in Natura eingesandt werden muß) in ihren eigenen Landen zu 5 pro Cent unterzubringen; stehet ein solches gänzlich frey, jedoch muß er die Obligation und die Charta Blanca zur Cession sogleich einsenden. Kann er es aber nicht à 5 fürs hundert unterbringen, so ist er gehalten, es ohne Zeitverlust einzusenden.

(Diese Bestimmung wurde später abgeändert, so daß das Geld in den Sprengeln verblieb.)

Gleichwie nun die Glieder des Consilii, besonders Schatzmeister, mit seinem ganzen Vermögen, über die einzugehenden Gelder Caution und Garantie leisten; so hat ein Gleiches jeder Superior, welcher Ordensgelder in die Hände bekommt, zu prästiren.

Damit auch die mit dieser Einrichtung verknüpfte gegenwärtige und zukünftige Vortheile vorzüglich nicht allein auf die jetzt im Orden stehende, und dereinst nachkommende Brüder, sondern auch auf deren Kinder vor allen Fremden extendiret werden; so soll es vor der Hand erlaubt seyn, daß der Sohn eines Ordensbruders im 15ten Jahre seines Alters, gegen dem, daß er seine competirende Quotam dafür so wie ein anderer Bruder, bezahlet, auch jährlich das Johannisopfer richtig abführet, als ein Lehrling designirt, als ein solcher in die Logenlisten eingeschrieben, und so von Jahr zu Jahr gegen behörige Bezahlung der Grade avancirt werde, dergestalt, daß er im 21ten Jahre seines Alters als ein würklicher Hoher Ordensbruder in die Liste der Provinz eingezeichnet werde, wenn er auch gleich in dieser Zeit, noch nicht einmal als Lehrling, actu sollte recipirt worden seyn. Hat er das 21. Jahr erreichet, so kann alsdann nach Befinden, und ohne das mindeste Bedenken die Aufnahme durch alle Grade der Freymaurerey bis in den Hohen Orden in kurzer Zeit und hintereinander gemacht werden. Jedoch behalten Wir uns über dies noch expresse vor, in der Folge der Zeit noch eine andere Verfügung zu treffen, vermöge welcher dieses Beneficium auf die Söhne der Ordensbrüder, so noch in mindern, z. B. dem 10. oder 12ten Jahre stehen, extendirt werden könnte. Dahingegen schmeicheln Wir uns billig mäßig, daß die Bemühung der Väter jederzeit dahin gerichtet seyn werde, diesen ihren minderjährigen Söhnen eine gute und den Ordensabsichten gemäße Erziehung zu geben, und ihnen vernünftige Begriffe über die Beschaffenheit und das wahre Wesen des Ordens fein bey Zeiten einzuprägen, und erwarten Wir von den Hauscomthurs, daß sie die vermuthliche Charaktere dieser Kinder, und ihre Neigungen, so wie sich selbige nach und nach entwickeln, eben so gut als der anderen aufzunehmenden Lehrlinge, genau nach der bereits angewiesenen Vorschrift schildern, und behörigen Orts einreichen.

Bey der Aufnahme in den Orden ist der weltliche Stand der Brüder jederzeit in Erwägung zu ziehen.

Ritter kann niemand werden als ein Cavalier, Officier oder aus dem Civilstande ein solcher, der den Rang eines Raths hat, Geheim-Secretairen, graduirte weltliche Personen oder gelehrte Rathsherrn in großen oder Reichsstädten.

Armigeri können geistliche und weltliche Gelehrte, Kunstverwandte, und andere werden, deren Stand dem Charakter eines Raths oder Offiziers nicht gleichkommt.

Socii können aus allen Ständen genommen werden, wenn ein Zusammenfluß vieler Umstände ihnen nicht erlaubt, die strengern Pflichten eines Ritters oder Armigeri über sich zu nehmen. Kaufleute, Wechsler und Negocianten können nie in eine andere, als diese Classe kommen, weil es ihre Beschäftigungen nicht zulassen, sich dem Orden anders als Freunde und nicht strikte zu widmen; jedoch kann sowohl diesen als den Armigeris der Rang und Name eines Ritters auf ergangenen Bericht an das Conseil, und erhaltene Approbation, vergönnt werden, zumal wenn sie sich um den Orden verdienstlich machen oder sonst andere Bewegursachen vorhanden sind.

Damit aber auch der Stand eines Armigers künftighin ansehnlicher, und aller Anstoß vermieden werde; so wollen Wir, daß die graue Kleidung der Armiger hinweg falle.

Sollte ein oder dem andern Ritter zu schwer fallen 250 rthlr. zur Commende nachzuschießen, so ist ihm vergönnt, 150 rthlr. zum Fond der Armig. zu erlegen, und sich darauf einschreiben zu lassen; wobey ihm an seinem Rang nichts präjudiciren soll, indem er vor wie nach Ritter verbleibt.

Gleichwie Wir nun alles vorstehende nach genauer der Sache gepflogener Berathschlagung über die in der Provinz hinkünftig festzusetzenden ökonomischen Verfassungen, förmlich zu beschließen für gut erachtet; als wollen Wir, daß selbigen durchgängig und in allem die genaueste Folge geleistet werde. Und hieran geschiehet Unser ernster Wille und Meinung.

Gegeben S–b–g (Sonnenburg), d. $\frac{2}{13}$ Januar $\frac{452}{1766}$.
Frater Carolus Eques ab Ense (Hund)
Magist. Provinc. indig.
Frater Ernestus Eques ab Adamante (Kiesenwetter)
p. t. Prior.
Fr. Wilhelmus Eq. a Stella Cancellar. (Mylius)
Fr. Erdmannus Eq. a Carduo Thesaur. (Gersdorf)
Fr. Christianus Eq. a Struthions (Schubart)
Vis. gen. et Prov. Dom."

Diesem Plan, der ein klares Bild von der ganzen Struktur des Ordens gibt, war eine Garantie und Kautionsakte beigegeben, die folgenden Wortlaut hat:

„Ich Ernst Gottlob von Kiesenwetter, auf Leippa und Werda, verordneter Landesältester des Fürstenthums Görlitz, und Churfürstl. Sächss. würklicher Landkammerrath

und

Ich Johann Erdmann von Gersdorf, auf Wurschen, Nechern, Belgern, Sörke und Kohlwese, weil. Sr. Königl. Maj. in Pohlen und Churfürstl. Durchl. zu Sachsen Obristlieutenant,

leisten hiermit für uns auf unsere Lebenszeit, über einen gewissen sub dato 13ten Jan. $\frac{452}{1766}$. edirten und mit denen angenommenen Unterschriften

Carl R. vom Degen
Ernst R. vom Diamante
Wilhelm R. vom Stern
Erdmann R. von der Distel
Christian R. vom Strauß,

bezeichneten Plan, ratione derjenigen Gelder, die nach demselben jetzt und künftig zusammengeschossen und bezahlet, auch sodann an Uns zum Behuf dieses Plans eingesendet werden, dergestalt mit unserm jetzigen und zukünftigen, beweglich und unbeweglichen Vermögen, nicht minder mit unserer Ehre. Kaution und Garantie, daß Wir nicht nur niemals zugeben noch gestatten wollen, daß entweder von Uns oder sonst einem, wer es auch sey, ein anderer als in dem angeführten Plane deutlich enthaltener Gebrauch gemacht werde, sondern Wir verbinden Uns auch, jedesmal und wenn es verlanget wird, allen, hauptsächlich aber denen jetzigen und künftigen fürnehmen Theilhabern und Mitgliedern, für sich und ohne ihre leiblichen Nachkommen und Erben, das Haupteinnahme- und Ausgabebuch dieser Gelder vor, auch Rechnung und Auskunft abzulegen wie und wo die, der ganzen Gesellschaft gehörige Kapitalia angelegt sind.

Alles getreulich, sonder Arglist, Gefährde und Ausflucht auch bey unserer Ehre, jedoch auch für Uns ohne Unsere Erben und Erbnehmen. Zur Urkund haben Wir dieses eigenhändig unterschrieben, und mit Unsern angebohrnen Wappen bedruckt. So geschehen zu Görlitz in der Oberlausitz am 11. May 1766

Ernst Gottlob von Kiesenwetter
Johann Erdmann von Gersdorf.

Auch Wir Endes Unterzeichnete, treten für Uns und auf Unsere Lebenszeit, obiger Garantie- und Kautionsleistung, nach deren wörtlichen und völligem Inhalte, mit Unserer Ehre, gegenwärtigem und künftigem Vermögen, gänzlich und ohne die geringste Exception bey: zu welchem Ende Wir gegenwärtiges eigenhändig unterschrieben und besiegelt haben.

Actum ut supra

Johann Wilhelm Mylius
Johann Christian Schubart."

Hund hat diesem Plan die Heermeisterliche Konfirmation erteilt, aber er hätte es, wie Keßler von Sprengseysen berichtet, lieber gesehen, daß man nicht zu diesem Mittel gegriffen hätte. Es hatten eben nicht alle Brüder die opferwillige Begeisterung für die Sache wie er selbst, nach seiner Idee sollte kein so materielles Interesse die Brüder an den Orden binden. Wo Menschen wirken, wirken sich eben auch menschliche Schwächen aus.

Bedenklich für den Fortbestand der Freimaurerei in Deutschland war in diesem Plan eine Bestimmung aus dem II. Kapitel der Ausführungsakte, wo es heißt: „1787 sind vollends alle Freymaurer, die 1782 aufgenommen wurden, gänzlich in den Hohen Orden übergegangen, und die Periode der Fr. Maurerey hätte also in unsrer Provinz ihr Ende erreicht."

Schon Keßler hat an dieser Bestimmung Anstand genommen, er sah, da der Nachwuchs aus den Johannislogen fehlte, schließlich das Ende des Ordens in absehbarer Zeit eintreten. Er erkundigte sich demgemäß bei Schubart, der in einem Schreiben datiert Würschwitz, den 26. Julius 1786 sich eingehend dahin äußerte:

„Die beiden von Ihnen in Ihrem Brief erwähnten Stellen aus dem ökonomischen Plan sind dahin zu erläutern, daß von 1787 an, nun keine andere als blos die Söhne und Enkel derjenigen Ordensbrüder mehr aufgenommen werden sollten, welche den Plan gründen und befestigen halfen, also keine Fremden, deren Väter nicht Brüder gewesen, und zur Gründung dieser Anstalt das ihrige nicht beigetragen haben. Wäre aber die Begierde, Freimaurer zu sein noch unter den Menschen, so hätten unabhängig von diesem Plan, eine andere Anzahl von Menschen um die Hälfte vermindert oder vermehrt nach Maßgabe des Plans, der nach Umständen, die in die Denkungsart der Menschen 20 oder 30 jahre später, einpassen, wiederum dergleichen Fonds machen, und unter sich für ihre leiblichen Nachkommen, eine ganz oder zum Teil ähnliche solide Einrichtung treffen können, worüber 20 oder 30 Jahre früher Dispositionen zu machen, nicht ratsam gewesen sein würde. Der Zuwachs im Orden gegen Erlegung von 500 rthlr., hätte also in den Kindern der Brüder, die das Recht haben sollten gleich nach der Geburt (wenn der Vater anders gewollt) eingeschrieben zu werden, nie aufgehört, da sie nach dem Alter zur Perception gelanget wären, und durch die solchergestaltige Vermehrung des Fonds hätten mehrere neue Commenden errichtet, und ein großes Quantum zu Unterstützung der Notleidenden ausgesetzt werden können.

Fünfhundert Ritter sollten stets sein, und diese würden einen Torenstreich begangen haben, wenn sie, wie Sie meinen, sich hätten einfallen lassen wollen, die 2 Millionen unter sich zu teilen, und statt einer sicheren Rente von 500 Reichstalern jährlich für sich und ihre Nachkommen (ohne die Vermehrung durch immer fortdauernde Bezahlung, der 500 Reichstaler Eintrittsgelder) sich ein für allemal mit einigen 1 000 Reichstalern zu begnügen.

Damit das Institut aber nicht eingehen sollte, sollte eben die Sanktion und öffentliche Bestätigung eines Regenten gesucht werden, auch keine Geheimnisse oder Gaukeleien herrschen, damit kein Regent etwas Verdächtiges in diesen zum Besten eines Korps rechtschaffener und wohltätiger Menschen getroffenen Einrichtungen finden möge.

Im Jahre 1767 war ich schon ziemlich weit damit gediehen, und es stand auf dem Punkt öffentliche Sanktion zu haben; aber man hatte böse Streiche gemacht, und war neidisch, daß ich im negoziieren glücklich war. Ich wurde verdrießlich und überließ es den Tadlern und Besserwissern und siehe da blieb alles liegen.

Sie haben ohne Zweifel vergessen, daß ich in der Folge eben darum, und daß dergleichen Dispositionen getroffen werden sollten, auf Generalkonvent drang, weshalb ich denn auch, und da es nicht erfolgte, sondern die klerikalische Gaukelei bei vielen Beifall fand, meine Ämter niederlegte. Ich habe stets bemerkt, daß die seichtesten Köpfe am unzufriedensten waren, und am meisten schrieen, ob sie schon nicht wußten warum. Klügere dachten, schwiegen und warteten ab. Geheimnisse und Verbindungen, von denen die Regenten nichts wissen sollten, suchte ich nie im Orden, und wären sie darinnen gewesen, so hätte ich sie abschaffen helfen. Die Maurerei war nun einmal im Gange und es war Pflicht, sie aufs beste nutzbar zu machen zu suchen. Schwärmereien konnten sonst nicht außen bleiben, und am Ende mußte Gefahr für die Brüder entstehen. Einen Namen mußte die Sache aber doch haben, und darum schien mir der Name Tempelherr bis 1787 ganz unschuldig. Alsdann konnte man sich ja nach Zeit und Umständen einen andern geben, und sich privilegieren lassen; und welcher Souverän würde wohl einer Gesellschaft, die Fonds und gute Absicht hat, einen Namen und ein Privilegium abgeschlagen haben? Mir wenigstens war an allen Traditionen, die mich und meine Brüder nicht reicher, gesünder und glücklicher machen konnten, nichts gelegen. Meine Absicht ging blos dahin, aus der Schwärmerei und Gaukelei ein Institut zu schaffen, das der Bearbeitung denkender rechtschaffener Männer würdig sei, und daß man nach 20 bis 30 jahren sich nicht die mit Scham verbundene Frage vorlegen dürfe: Was hast du nun davon, daß du so viele Jahre die Maurerei mitgetrieben hast? Nur der ökonomische Plan, den ich nicht ohne Mühe und Nachdenken ausarbeitete, war das einzige, was mich einige Jahre in der Verbindung halten konnte, und es kostete mich Mühe genug, meine Kollegen im Provinzialkapitel zu dessen Annahme zu bewegen, weit mehr aber die damals auf 400 angewachsene Innere Ordensbrüder, dazu zu vermögen, einen Baum zu pflanzen, wovon die Nachkommen essen sollten; dazu hatten nur wenige Lust...

Als ich im Jahre 1764 in der Qualität eines beständig abgeordneten Groß-Meisters der Königlichen Mutterloge zu den drei Weltkugeln in Berlin, den sogenannten Johnson öffentlich für den Betrüger erklärte, der er war, so trugen einige seiner Anhänger Giftpulver für mich in der Tasche. Ein rechtschaffener Mann, ein Stabsoffizier, den Sie kennen, und der damals S.P. war (Subprior, gemeint ist Friedrich Gottlob Vitzthum von Eckstädt, er war kursächsischer Oberstleutnant, trat bald nach dem Konvent zu Altenberge aus dem Orden aus), entdeckte mirs und trat sogleich aus aller Ordensverbindung."

Dieser Brief, den Schubart acht Monate vor seinem Tode schrieb, ist deshalb so wichtig, weil er klar den Endzweck erkennen läßt, den Schubart mit der strikten Observanz verfolgte. Er wollte einen Orden schaffen, der ewigen Bestand haben sollte und der den Mitgliedern eine sichere Versorgung für ihr Alter und die Aufnahme ihrer Kinder und Enkel gewährleistete. Also ein Ziel, das mit Freimaurerei nichts mehr zu tun hatte und das die eigentlichen Freimaurerlogen aufhob. Schubart hat durchaus als nüchterner Mann der

Wirtschaft gedacht, und sein Plan war sachlich und gut durchzuführen, in jedem Fall ist der Vorwurf, er habe sich selbst bereichern wollen, durch nichts zu begründen. Er hat wirklich nur das Beste seiner Brüder gewollt, freilich in seinem Sinn und auf seine Weise. Er übersah dabei, daß die alten Ritter- und Mönchsorden neben der Versorgung auch noch ideale Ziele hatten, und geistig hochstehende Männer, wie wir viele in der strikten Observanz finden, konnten sich mit einer lediglich Rentenanstalt nicht zufrieden geben. Der Heermeister selbst war innerlich gegen den ökonomischen Plan. Dafür haben wir ein klassisches Zeugnis in einem Schreiben Hunds, das an das Konsilium der Provinz gerichtet ist, als die Vertreter des ökonomischen Plans Entlastung aus ihren Ämtern forderten. Es ist datiert vom 18. Januar 1768:

Christian Friedrich Keßler von Sprengseysen

„In Ansehung des ökonomischen Plans bin ich völlig unvermögend, einem oder dem andern von ihnen mich hierinnen (der Entlastung) zu fügen. Sie haben sich, meine Hochw. Brüder, demselben ohne mein Zutun und ohne mich um Rat zu fragen, privative unterzogen. Sie sind diejenigen, die die Garantie dafür geleistet haben. Indem ich Ihre guten Absichten zu unterstützen bemüht war, – so fügte ich mich Ihrer Meinung und der Mehrheit der Stimmen – ich unterschrieb den Plan, um seine Ausbreitung – dadurch nicht zu hindern; mit nichten aber konnte ich mich je entschließen, wie Ihnen noch erinnerlich sein wird, dessen Gewährleistung mit zu übernehmen, da ich die tunliche Ausführung desselben, zum Besten unserer Provinz, eifrigst wünschte, an der wirklichen aber von Anfang an gezweifelt habe... Bei diesen Umständen müßte es nach einem wahren Despotismus schmecken, den ich sehr verabscheue, wenn ich eigenmächtig in dergleichen Fällen dispensieren wollte." (Anti St. Nicaise II.)

Trotzdem hatte Hund, um den Plan zu stützen, schon im Jahr zuvor dem Orden ein Angebot gemacht, wonach er dem Orden sein Gut Unwürde schenken und sein Gut Kittlitz für billiges Geld verkaufen wollte. Von der Kaufsumme mußte er einen großen Teil dazu verwenden, um die Fideikommißrechte abzulösen und seine erbberechtigten Verwandten auszuzahlen. Es wäre dem Orden damit eine Schenkung von etwa 45 000 Talern zugefallen – ohne die Schenkungen, die er nach seinem Tode dem Orden gemacht hätte, denn Unwürde war eine Schenkung unter Lebenden.

Der Grund, warum der Rentenplan den Heermeister nicht befriedigte, ist oben schon angedeutet. Keßler von Sprengseysen äußert sich darüber deutlicher: „Er (Hund) war so ganz für das Tempelherrn-System eingenommen, und doch hatte ihm nie ein habsüchtiger Gedanke die Sache interessanter gemacht; im Gegenteil glaubte und wünschte er, daß jeder Bruder von dem Seinigen etwas beitragen möchte, daß der Orden stets fortdauere, damit durch ihn Menschen- und Bruderliebe, Aufklärung und Duldung verbreitet werden möchte. Er war daher ein ganz besonderer Freund der Herrnhuter, und behauptete sehr oft, man müßte ebenso eine Brüderschaft errichten können, ohne daß man nötig habe, besondere Religions-Meinungen anzunehmen, sondern daß Bruderliebe und Toleranz hinlänglich wären, die innigste Verbindung unter helldenkenden Menschen hervorzubringen."

Dieser christliche und echt freimaurerische Gedanke wurde in den Johannislogen, die der strikten Observanz beigetreten waren, eifrig und ernsthaft gepflegt, und von diesen auch ging die heftigste Opposition gegen den Rentenplan aus. Sie verweigerten zwar nicht die Abgaben, aber sie lehnten es ab, ihr Geld an die Provinz, was für viele Logen in der damaligen Zeit außer Landes hieß, abzuführen. So blieb der ökonomische Plan in seinen Ansängen stecken und wurde schließlich ganz aufgegeben.

IV. Johann August Starck und das Klerikat

Durch das Scheitern des ökonomischen Planes war die Freimaurerei des achtzehnten Jahrhunderts in Deutschland aus einer großen Gefahr errettet worden. Sie wäre der Verflachung und Verweltlichung verfallen, oder hätte sich in eine andere Form gehüllt, die sich schon in verschiedener Gestaltung ankündigte, als die Verbindung der afrikanischen Bauherren, der Illuminaten, der asiatischen Brüder und der Gold- und Rosenkreuzer. Ganz einschlafen konnte der Gedanke nicht, denn er wurde durch Zinnendorf in der schwedischen Lehrart lebendig erhalten und erfolgreich ausgebreitet. Aber da die meisten Logen Deutschlands der strikten Observanz angehörten, so rief der Zusammenbruch des ökonomischen Planes im ganzen Reiche empfindliche Erschütterungen hervor. Die Frage nach dem wahren Geheimnis der Freimaurerei, dem endlichen Ziel und Zweck des Ganzen wurde immer dringlicher gestellt, und die Ordensoberen der strikten Observanz hatten darauf keine befriedigende Antwort.

Da kündigte sich ein neuer Mann an, der dem Orden von innen heraus zu helfen versprach: der Konrektor Johann August Starck aus Wismar. Er trug den Ordensnamen Bruder Archidemides ab aquila fulva (vom gelben

Adler) und erklärte, Geistlicher des Templerordens zu sein; als solcher bezeichnete er sich als Cancellarius capituli generalis Canonicorum regularium septimae plovinciae. Der Templerorden bestand ursprünglich aus ritterlichen Laien, die ihre geistliche Versorgung durch die dem Patriarchen von Jerusalem unterstellten Priester erhielten. Später nahmen sie sich Hausgeistliche auf ihren Besitzungen an, die aber nicht Mitglieder des Ordens waren. Papst Alexander III. befreite den Orden im Jahre 1172 von der geistlichen Oberhoheit des Patriarchen und erteilte ihm das Recht, eigene Priester mit Ordensgelübde anzunehmen, so daß von jener Zeit an ein eigenes Klerikat des Templerordens bestand. Daß diese Geistlichen des Ordens neben ihrem Priesteramt auch die weltlichen Geschäfte des Ordens, den Briefwechsel, die Beurkundungen, die Rechnungsführung besorgten, ist eine feststehende Tatsache. An dieses Klerikat knüpften sich Legenden von dem Besitz wertvoller Geheimnisse magischer und alchymischer Art, und nach der Wiederherstellung des weltlichen Ordens in der strikten Observanz erwartete man nicht nur, daß der Großmeister, für den man den Prätendenten Karl Eduard Stuart hielt, sondern auch die Kleriker sich dem wiedererstandenen Orden zu erkennen geben würden. Denn man war der Überzeugung, daß, wie die Ritterschaft, so auch die Priesterschaft insgeheim nach der Aufhebung im vierzehnten Jahrhundert fortbestanden hätte. Es schien daher durchaus glaubhaft, daß mit dem glanzvollen Ausstieg des neuerrichteten weltlichen Ordens das Klerikal sich ihm nähern würde.

Das war in der Tat der Fall. Die Federführung in dieser Vereinigungsbewegung hatte Johann August Starck, eine der widerspruchsvollsten Persönlichkeiten dieser widerspruchsvollen Zeit. Er ist von seinen Zeitgenossen sehr ungünstig beurteilt worden, als verkappter Jesuit, Betrüger, abscheulicher Mensch, böser Geist beschimpft worden. Ohne seine Fehler entschuldigen zu wollen, glauben wir mit seinen neuesten Biographen (Paul Konschel, Hamanns Gegner, der Kryptokatholik D. Johann August Starck, Königsberg 1912, und Gustav Krüger, Johann August Starck der Kleriker, Tübingen 1922), daß er wohl ein sehr komplizierter Charakter, aber keineswegs ein Betrüger war. Ehe wir auf das Klerikat und die weitere Geschichte der strikten Observanz eingehen, müssen wir uns näher mit Starck beschäftigen, weil ohne eine genaue Kenntnis der Persönlichkeit das Wesen seines freimaurerischen Wirkens nicht verständlich werden kann.

Über sein Leben schreibt er selbst gelegentlich seiner Bewerbung um die außerordentliche Professur der orientalischen Sprachen an der Universität Königsberg:

„Ich bin Anno 1741 den 28. Oktober zu Schwerin geboren, 1761 bin ich nach Göttingen gegangen, wo ich beim seligen Hofrat Geßner, dem Doktor

Heilmann, Hofrat Michaelis, Professor Archenwald und anderen Collegia gehöret. Daselbst habe ich zweimal disputiert, einmal de verecundia, Virgilii und zweitens über eine von mir geschriebene Dissertation de Aeschylo. 1763 wurde ich von Göttingen nach Petersburg als Lehrer der römischen Altertümer und orientalischen Sprachen bei der St. Petersschule berufen. Von da ging ich 1765 weg, um eine Reise nach Italien und Frankreich zu machen, wurde aber in Frankreich als Interprète für die morgenländischen Sprachen engagiert. Die Krankheit meines sel. Vaters aber nötigte mich, Paris Anno 1767 zu verlassen und eine Stelle in Wismar als Konrektor anzunehmen. Daselbst erhielt ich eine Vokation nach Prenzlau, die ich ausschlug, und resignierte nun Anno 68 meine dortige Stelle und ging nach Petersburg, von da mir vorteilhafte Anträge von dem Fürsten Wačzenskoy, Generalprokureur des Senats, geschehen waren. Bei meinem ersten Aufenthalt in Petersburg schrieb ich den ersten Teil der in den „gelehrten Nachrichten aus und von Rußland' befindlichen Dissertation de varietatibus ad codices Ebraeos V.T. caute colligendis und bei meinem letzten Aufenthalt die Syllogen Commentationum et Observat. philol. criticarum, wovon der erste Teil im vorigen Jahr zu Leipzig gedruckt ist."

Dazu ist noch nachzutragen, daß sein Vater Samuel Christfried Starck, erster Pfarrer am Dom zu Wismar, Senior des geistlichen Ministeriums und Scholarch war. Seine erste Bildung erhielt er im väterlichen Hause und auf den Schulen der Stadt, von 1760–63 studierte er Theologie, Philosophie und orientalische Sprachen in Göttingen, dort lernte er auch den späteren Oberkonsistorialrat Büsching kennen, der ihm bis zu seinem Lebensende freundschaftlich geneigt blieb und ihn allenthalben gefördert hat.

In Paris soll Starck katholisch geworden sein, eine Tatsache, die er niemals zugegeben hat. Das Zeugnis seines Übertritts scheint auf den ersten Blick unantastbar: In einer Abhandlung über Starck aus der Feder des Abbé Picot in der Biographie universelle ancienne et moderne (Paris 1825) heißt es:

„Starck arriva en Octobre 1765 à Paris, et après les instructions et préparations convenables il prononça son abjuration dans l'église St. Sulpice le 8. Février 1766. C'est ce qui régultate dans registre d'abjuration, reçus à st. Sulpice dépuis 1686 jus qu'en 1791, registre manuscrit qu l'on conserve encore et que nous avons eu sous les yeux. L'act d'abjuration outre la signature de Starck porte…"

Diese Abschwörungsformel trägt weiter die Unterschriften des Abbé Joubert von St., Sulpice, des Abbé de Bausset und des Abbé de Chazal de la Morandie, des Vikars. Picot erklärt, daß er auch noch ein Memoire des Abbé Joubert gesehen habe, das diese Abschwörungsformel erwähnt. Es herrschte großes Interesse für Starck, und man versuchte ihm eine Stelle zu verschaffen.

Alls das nicht gelang, reiste Starck ab. Die betreffende Stelle des Memoire lautet: „Starck encore peu affermi dans la foi, sollicité par ses parents et ces amis, retourna en Allemagne et repris l'exercice de la religion protestante. Son abjuration à Paris avait été secrète et resta toujours ignorée de ses ennemis qui n'auraient pas manqué de la lui reprocher dans leur nombreux écrits contre sa personne ou ses ouvrages. Mais le fait est incontestable, la mémoire de l'abbé existe encore et ne laisse aucun doute." (Zitate nach Konschel.)

Die genannten neueren Biographen Starcks halten dies Schriftstück für authentisch, aber schon Keller zweifelte die Zuverlässigkeit des Abbé Picot an, und im Allgemeinen Handbuch der Freimaurerei wird mitgeteilt, daß ein sehr angesehener deutscher Geschichtsforscher bei einem längeren Aufenthalt in Paris eifrig nach den Aktenstücken gesucht habe. Es wurde ihm jedoch mitgeteilt, daß ein Register der Abschwörungen in der Kirche St. Sulpice nicht vorhanden sei, daß alle Briefe und Papiere in der französischen Revolution vernichtet wurden. Bestimmt erwiesen ist also der Übertritt nicht, ob aber ganz ausgeschlossen, das bleibt die Frage. Jedenfalls hat er sich in seiner ganzen Laufbahn stets als evangelischer Theologe gefühlt und niemals den geringsten Anlaß gegeben, ihn für einen verkappten Katholiken zu halten. Er hat nach seiner Rückkehr aus Paris sehr bald ein geistliches Amt in Wismar angetreten. Im Jahre 1777 siedelte er nach Königsberg über.

Sein Königsberger Aufenthalt war ein langer Kampf des jugendlichen Aufklärers gegen die orthodoxe Theologie der alten preußischen Königsstadt, aber Starck siegte dank der warmen Fürsprache Büschings bei dem Ministerium in Berlin. Er wurde im Jahre 1776, kaum fünfunddreißigjährig, Oberhofprediger und Generalsuperintendent. Neben seinem Amt und seiner Professur betätigte er sich sehr reichlich als wissenschaftlicher Schriftsteller, und die Werke der damaligen Zeit haben für die Geschichte der vergleichenden Religionswissenschaft ohne Zweifel eine nicht zu unterschätzende Bedeutung. Sein schärfster Gegner war der geistvolle und tiefreligiöse Johann Georg Hamann, der Magus im Norden. Ihm war schon das In-Beziehung-Setzen der heidnischen Kulte zum Christentum eine Profanierung.

Diese strenge Auffassung versteht man erst, wenn man Hamanns religiösen Standpunkt betrachtet. Er sagt in seinem Lebenslauf: „Ich fand die Einheit des göttlichen Willens in der Erlösung Jesu Christi, daß alle Geschichte, alle Wunder, alle Gebote und Werke Gottes auf diesen Mittelpunkt zusammenliefen, die Seele des Menschen aus der Sklaverei, Knechtschaft, Blindheit, Torheit und vom Tode der Sünden zum größten Glück, zur höchsten Seligkeit und zu einer Annehmung solcher Güter zu bewegen, über deren Größe wir noch mehr als über unsere Unwürdigkeit oder die Möglichkeit, uns derselben würdig zu machen, erschrecken müssen, wenn sich uns selbige offenbaren."

Johann August Starck

Starck konnte sich in Königsberg keine Stellung machen. Weder als Kanzelredner noch als Dozent hatte er genügende Anerkennung, viele seiner angezeigten Vorlesungen kamen aus Mangel an Zuhörern nicht zustande, dazu brachte ihm der tägliche Dienst in seinem Amte Unstimmigkeiten aller Art, so daß er die Gelegenheit ergriff, seinen Abschied einzureichen, als ihm eine Lehrerstelle an dem akademischen Gymnasium in Mitau angeboten wurde. König Friedrich der Große bewilligte das Abschiedsgesuch, und im Jahre 1777 trat Starck seinen neuen Wirkungskreis in Mitau an. Hier vollzog sich in seinem Innern eine bedeutsame Wandlung. Er, der entschiedene Mann der Aufklärung, wendet sich in seiner Schrift „Freimütige Gedanken über das Christentum" mehr nach der Seite der Orthodoxie hin. Zwar hat er seinen Übergang noch nicht vollkommen vollzogen, aber er sucht schon zu vermitteln zwischen Aufklärung und Orthodoxie; auch seine Stellung zu Luther hat eine leichte Wendung genommen, er erkennt wenigstens seine Bedeutung an, während er die wahrhafte Größe des Reformators noch nicht erfassen kann.

Auch in Mitau hatte er, obzwar er anfänglich jubelnde Briefe schrieb, keine rechten Erfolge, es gelang ihm nicht, festen Fuß zu fassen, obwohl er reichlich Verkehr pflegte. Darum fing er schon im Herbst des Jahres 1777 an, sich um eine andere Stellung zu bemühen. Herzog Friedrich August von Braunschweig-Öls empfahl ihn an seinen Oheim, Herzog Ferdinand, eine Anstellung als Professor der Theologie in Helmstedt in Erwägung zu ziehen.

Daraus aber wurde nichts, offenbar, weil der Obermeister der schottischen Loge in Mitau, Baron von Fircks, im Orden Ritter vom Roten Adler, eine abfällige Auskunft über ihn gegeben hatte. Aber Starck ruhte nicht mit den Versuchen, von Mitau fort und wieder nach Deutschland zu kommen, was ihm jedoch erst, nachdem er zu den Prinzen von Hessen und Mecklenburg in sehr lebhaften Briefwechsel getreten war, im Jahre 1781 gelang, wo er als Oberhofprediger und Konsistorialrat nach Darmstadt berufen wurde. Dort hat er sich bis an sein Lebensende der höchsten Gunst seines feinsinnigen Landesherrn erfreuen dürfen, er wurde im Jahre 1811 in den Freiherrnstand erhoben und starb im Jahre 1816. In den letzten Jahren hatte er die in Mitau begonnene Wandlung zur Orthodoxie vollkommen durchgeführt.

Ein Gesamturteil gibt Konschel (a. a. O.), dem wir durchaus beipflichten können: „Gewiß sind seine Fehler und Verirrungen offenbar. Es stehen dem aber auch viele gut bezeugte sympathische Züge gegenüber, seine große Herzlichkeit und Liebenswürdigkeit, sein harmonisches Familienleben, seine treue Fürsorge für die Verwandten. Wollen wir ihn verstehen, so müssen wir ihn als Kind seiner Zeit würdigen. Die beiden Konfessionen standen sich damals anders gegenüber, als sie es heute tun. Zwischen den Gläubigen in beiden Heerlagern hatte sich durch den gemeinsamen Kampf gegen die Aufklärung eine innige Geistesgemeinschaft entwickelt, starb doch der energische Lutheraner Hamann, umgeben von einem Kreise katholischer Freunde und Geistesgenossen. Die Aufklärung hatte das Ihrige dazu getan, die Unterschiede zu verwischen. So fehlte es Starck in allen seinen Perioden, ebenso wie den meisten seiner Zeit, an einer lebendigen, klaren Auffassung der evangelischen Prinzipien. Daß er kein Geistesriese war, wie sein Gegner Hamann, sondern ein Mann des Mittelmaßes, können wir ihm zum Vorwurf nicht anrechnen. Er war und blieb ein Kind seiner Zeit, während Hamann ein derartig gewaltig von Ewigkeitsgedanken beherrschter Mann war, der hoch hinausgehoben war über allen Wechsel der Zeit. Die Welle der Zeit trieb Starck zuerst in das Lager der Aufklärung, dann aber in das Lager der Reaktion. Er machte eine Entwicklung mit, die viele, und zwar nicht die schlechtesten Geister seiner Zeit machten. Stolberg und die andern Romantiker sind seine Geistesgenossen. Ebenso wie seine Zeit war auch seine Umgebung in Hessen, das von jeher ein Versuchsobjekt für Vereinigungsprojekte zwischen den beiden Konfessionen gewesen ist, dazu ganz geeignet, den Unterschied zwischen Rom und Wittenberg vergessen zu lassen. Zeitweise war eine Annäherung der geistlichen Reichsfürsten und der weltlichen gegen den Kaiser eingetreten. Das Hauptmoment bei ihm war seine Stellung zu den geheimen Gesellschaften. Sie waren die Vorbereitung der Romantik. Gerade in ihnen können wir die Schwenkung deutlich verfolgen, wenn wir uns die Mühe geben, ihre Geschichte zu studieren. ... In allen Lebenslagen und Lebensperioden werden wir ihm nicht abstreiten können, daß er in gutem Glauben gehandelt hat. Ein Schwindler und Betrüger war er nicht. Wenn es ihm nicht gelang, zwischen den beiden Polen, einem reaktionären Mystizismus und einer geistlosen Aufklärung, den rechten Mittelweg zu finden, so ist das kein Wunder. Der Wert und der Ertrag dieses Menschenlebens ist somit eine doppelte Warnung vor diesen beiden entgegengesetzten Gefahren, vor denen die Kirche der Gegenwart, ebenso wie die der Vergangenheit, sich zu hüten hat."

Die freimaurerische Laufbahn Starcks begann 1761, wo er in Göttingen noch als Student in einer französischen Militärloge aufgenommen worden war. Nach Beendigung seiner Studien ging er, wie wir gesehen haben, nach Petersburg, und dort hat er die Anregungen und Kenntnisse erhalten, die ihn befähigten, das Klerikat des Templerordens auszubilden. Baron Friedrich von Vegesack, der nach seiner Angabe vom Heermeister der Auvergne, dem Grafen de la Tour du Pin, unter dem Namen Ritter vom aufstehenden Löwen zum Tempelherrn geweiht worden war, und Johann von Böhnen, schwedischer Oberstleutnant und Kommandant von Wismar, gründeten die Loge zu den drei Löwen, die von der Loge zu den drei Sternen in Rostock als Filialloge am 11. Februar 1767 eingesetzt wurde. Starck war nach Abschluß der Gründungsverhandlungen mit Begesack bekannt geworden und noch vor der Einsetzung der Loge beigetreten. Bald darauf wandte er sich an den Rostocker Meister vom Stuhl, Joachim Heinrich von Schröder, dem er mitteilte, daß er aus Petersburg wertvolle freimaurerische Kenntnisse und Vollmachten besitze, und sprach die Bitte aus, ihm die Verbindung mit dem Heermeister zu vermitteln. Das tat Schröder, und nun begannen Verhandlungen mit dem Ziel, das Klerikat und den Ritterorden zu vereinigen.

Das erste Schreiben ging durch die Hand von Schröders an den Heermeister. Es ist vom 31. März 1767 datiert, und es steht darin der Satz: „Es befindet sich nämlich außerhalb Deutschlands eine gewisse Loge, von welcher ich wünsche, daß sie auf eine geschickte Weise zur strikten Obedienz und besonders zur Provinz Ew. Gnaden gebracht würde. Ich habe in derselben selbst ehemals eine Charge bekleidet, und noch bis jetzt dependiert sie von mir, mit Zuziehung einiger anderer meiner Freunde, und wird durch einen von uns der Loge vorgeschlagenen Meister vom Stuhle regiert. Sie ist reich an äußerlichen Zieraten, hat einen eigenen sehr einträglichen Schatz, aus welchem dem Meister vom Stuhl für eine jede Loge, die er hält, ein ansehnliches Opfer gegeben wird. Aber sie ist reicher durch die wenigen, von welchen sie regiert wird, die das innerste Geheimnis des Ordens besitzen und zu erhöhen Nachten; und vielleicht die einzige Loge des heutigen Alters, die dergleichen Meister und Väter des Tempels ausweisen kann, obgleich dieses der Loge selbst verborgen ist. Euer Gnaden und Dero Hochwürdiges Konsilium verstehen zur Genüge, was ich hiermit ausdrücken will: Ich würde es deutlicher tun können, wenn ich das Glück hätte, an Hochdieselben so schreiben zu können, daß mein Brief nicht durch die dritte Hand gehen dürfte. Meinen Freunden ist von der strikten Observanz allerdings etwas bekannt, aber sie weigern sich, derselben ihre Loge zu unterwerfen (nicht aus ökonomischen Gründen, weil die Loge, wenn sie auch alles der Observanz überlieferte, dennoch immer in sich selbst mächtig und begütert genug bleiben wird), und ich habe es selbst noch nicht zugeben wollen, bevor ich darüber Ew. Gnaden eine Vorstellung getan, und Hochderoselben Willensmeinung und Vorschriften eingezogen, wobei ich Ew. Gnaden feierlichst versichere, daß die Observanz nie eine bessere Acquisition machen kann als eben diese. Ich könnte dazu selbst gar in Person meine Hilfe leisten, wenn ich diesen kommenden Sommer eine Reise dahin tun möchte, vorhero aber mit denen dazu nötigen Instruktionibus der strikten Observanz versehen wäre, sonst auch schriftlich. Ich bin an die Verfassung dieser Loge und an meine daselbst befindlichen Freunde so gebunden, daß ich nie davon ablassen kann… Ew. Gnaden ersuche ich nun noch gehorsamst, mein gegenwärtiges Schreiben nicht so aufzunehmen, als rührte es aus Gründen her, die aus unedlen Absichten kämen oder solche zum Endzweck hätten. Mein Eifer, meine Treue und Gehorsam zu erfüllen, ist allein mein Zweck, sonst begehre ich nichts. Wer in dem glücklichen Besitz des Lichts ist, begehrt keines anderen, und hat immer ein Genüge, wenn ihn der große Meister segnet und seine Arbeiten belohnet."

Während die Verhandlungen liefen, gründete er ein klerikales Kapitel zu Wismar, für das er Ernst Werner von Raven, Herrn auf Nossentin und Sparow, gewann, der mit Zustimmung des Heermeisters schon im Oktober 1767 zum Klerikal übertrat. Die Heermeisterliche Genehmigungs-Akte wurde auf Wunsch der Kleriker auf den 12. Juli 1767 vordatiert. Dadurch wurde dem Klerikat ein ehrenhafter und sehr rechtschaffener Mann gewonnen, der allerdings im Geiste seiner Zeit leidenschaftlich den alchymischen Künsten hingegeben war. Die Sache war bei ihm für Starck in den besten Händen. Raven gehörte ursprünglich der Rostocker Loge an, deren Meister er von 1764–1765 war. Auf dem Kongreß zu Altenberge trat er zur strikten Observanz über unter dem Namen Ernst Ritter von der Perle (Eques a Margarita) und wurde zum Präfekten von Eckhorst und Commissarius Capituli des Subpriorats Ratzeburg ernannt.

Starck sprach sich nun, nachdem er in direktem Verkehr mit dem Heermeister gekommen war, freier aus. Wir besitzen einen sehr wichtigen Brief (Anti-St. Nicaise II), der undatiert ist, aber aus dessen Inhalt mit Sicherheit hervorgeht, daß er 1767 (bei Nettelbladt 6. Juli) geschrieben wurde. Im Eingang entschuldigt Starck sich dem Heermeister gegenüber wegen Verzögerung der Antwort auf zwei Schreiben mit Krankheit und erklärt die Zurückhaltung der Kleriker bis jetzt mit der Sorge, die sie wegen der Affäre Johnson-Leucht beherrscht habe. Dann fährt er fort: „Nun aber danken wir der gnädigen Vorsehung, die uns auf eine so wunderbare Weise in die verehrungswürdigen Hände Ew. Gnaden zurückgeführt, und empfehlen uns Deroselben gnädigem Schutze, dessen wir seit jener unglücklichen Epoche nur leider gar zu lange haben entbehren müssen. – Es ist uns besonders angenehm, daß eine Zeit von fünfhundert Jahren das Andenken von uns bei unserm Fratribus Saccularibus (weltliche Brüder) ebenso wenig vertilgt, als uns ihr treuer Schutz und Eifer für uns noch jederzeit im heiligsten Gedächtnis ist und freuen uns endlich auch, aus einer solchen Zerstreuung in so glückliche und schätzbare Hände gekommen zu sein. Wir nehmen dahero nicht den geringsten Anstand, an Ew. Gnaden unsere Akzeptions- und Agnitions-Akte vorläufig in Copia in denjenigen Terminis anbei zu übersenden, in welchen wir es nach dem Herkommen zu tun verpflichtet sind. Es scheint, als wenn die Vorsehung sich wieder unserer annehme und uns auf einige Weise in unsere ehemalige Verfassung zurückführen will, und dahero preisen wir Ew. Gnaden glücklich, wenn Sie zu diesem Werkzeuge ausersehen sind ... Da nun ferner in dem unglücklichen Zwischenraum Veränderungen, auch in der Religion, vorgefallen sind, und sich bei uns noch Vorschriften und Titularia befinden, die ganz nach der alten Verfassung eingerichtet sind, dergleichen sich auch bei unsern Brüdern Rittern befinden müssen, wie zum Beispiel in funeralibus und andern Fällen, so können wir von niemand als Ihre Gnaden hierinnen den besten Rat und die geschickteste Mäßigung erwarten, welcher wir mit Verlangen entgegensehen. ... Wir wünschen hier nächst recht sehr, daß einmal von Denenselben ein General-Konsilium könnte bewerkstelligt werden, wodurch sich in allen Fällen mehr behandeln und ausrichten ließe als schriftlich, oder als wenn selbst ein Hochwürdiges consilium provinciale ein hohes Mitglied desselben an uns abzuordnen geliebte. Ich vor meine Person stehe zwar in solcher Verfassung, daß ich nicht weiß, ob mich nicht vielleicht ein Wink der gütigen Vorsicht wieder in ein entferntes Reich zurückführt, wo ich mich vor einigen Jahren befunden; dennoch würde ich mit Vergnügen eine solche Reise übernehmen, wenn ich dadurch den Eifer meiner sehr Ehrwürdigen Brüder und der meinigen, der fast Enthusiasmus ist, an den Tag legen könnte ... Diejenige außerhalb Deutschlands gelegene Loge, welche ich Ew. Gnaden ehemals zu schildern die Ehre gehabt, kann nicht allem zur siebenten Provinz gebracht werden, sondern da die Glieder derselben fast durchgängig Deutsche des Niedersächsischen Kreises sind, gehört sie mit dem größten Rechte unter keine andere als Ew. Gnaden Direktion... Am 23. Juni haben wir von unserm sehr Ehrwürdigen Bruder von Raven Dero Beantwortung auf unsere von mir an abgedachten Bruder übergebenen, und von ihm an das consilium provinciale eingereichten Punkte erhalten. Es leuchten uns aus allem Dero gnädige Gesinnungen, Leutseligkeit und Eifer für das Wohl unseres Hohen Ordens, der wirklich verdient, daß man ganz Bewunderung, ganz Gefühl gegen ihn ist, deutlich in die Augen, und wir können es nicht anders als mit dem lebhaftesten Dank erkennen. Wir überliefern uns in die Hände Ew. Gnaden als eines zärtlichen Vaters, und überlassen uns und unsere Loge, die nur erst seit dem 17. Februar dieses Jahres gegründet ist, Dero gnädigen Vorsorge. Unser Hauptzweck muß in Absicht derselben sein, sie hier auf immer festzumachen und so zu gründen, daß sie beständig sei, voraus da meine sehr Ehrwürdigen Brüder der Herr von B. und der Herr Major v. B. so wenig als ich die Hoffnung haben können, für beständig an diesem Ort zu sein. Die Errichtung einer Balley Hierselbst, unter einem Ew. Gnaden gefälligen Namen, die bloß unmittelbar von Denenselben abhinge, und deren Verwaltung keiner von der Balley zu Ratzeburg zu nehmen wäre, würde nicht allein den Zutritt der schwedisch-pommerschen Logen zur strikten Observanz gewiß zuwege bringen, und alle dort von der strikten Observanz gefaßten Vorurteile gänzlich verschwinden machen, sondern auch den Beitritt der nordischen Logen befördern, welches ohne diesen ungemein schwer, und doch von großer Wichtigkeit für den Hohen Orden sein würde. Ohne diesen würde selbst unser capitulum clericorum nicht genug gedeckt sein, und der Hohe Orden von uns schwerlich denjenigen Nutzen haben, den wir von allem niedrigen Eigennutz befreit, selbigem zu verschaffen eifrigst uns bestreben... Wir haben auch keine geringe Freude daraus geschöpft, in der Provinz erkannt zu sein, und in Deroselben Beantwortung zu lesen, wenn es jetzo erfordert würde, wohl den Zweig nennen wollten, von welchem wir in gerader Linie abstammen... Es können also auch Ew. Gnaden unsere Offica, Vota und daher fließende Prärogativen nicht unbekannt sein, und wir erbitten uns von Ew. Gnaden und dem Hochwürdigen Connsilio provinciale immediate eine Gegenakte gehorsamst aus, wodurch wir nicht nur für Ritter dieser Provinz des Ordens, sondern auch Clericis Ordinis regularibus erkannt, und uns die daher fließenden Jura, Canones und Praerogativa in forma bestätigt werden..."

Nachdem Starck noch Beschwerden gegen die Rostocker Loge geführt hatte, deren Meister von Behrmann in sehr schroffer und unfreundlicher Weise die Wismarer Brüder behandelt hatte, schließt er mit dem Ausdruck vollkommenster Verehrung. Diesem Schreiben war die Anerkenungsakte der Kleriker für den Heermeister von Hund in lateinischer Sprache beigefügt.

Wir geben dieses hochinteressante Aktenstück in der deutschen Übersetzung Kehlers von Sprengseysen:

„Dem Hochgeborenen und Hochwürdigsten
Br. Carl
Ritter vom Degen
durch die Vorsehung
Provinzial-Groß-Meister der T. H. an der Elbe und Oder.

Zum unvergeßlichen Andenken gegenwärtigen Vorfalls.

Da es dem verborgenen Ratschluß ehedem gefallen hat, daß unsere Brüder, welche in der vollkommensten Glückseligkeit miteinander lebten, durch unglückliche Zeitläufte, und durch Nachstellung derjenigen, durch welche die Güter unseres verehrungswürdigen Ordens zu Grunde gegangen, die sie ganz allein durch ihre Arbeit und Wachsamkeit hervorgebracht, sie um solche herzugeben, die härtesten Schicksale ausstehen mußten, und aus ihren Wohnungen vertrieben, auf dem ganzen Erdboden zerstreuet, und in Hütten und in verborgenen Örtern zu leben genötigt worden: So ist es doch endlich zu unsern Zeiten, durch die Gnade Gottes dahin gediehen, daß wir nicht allein in ein ganzes und unzertrennliches Chor vereinigt, sondern die glückliche Herstellung des Ordens gewiß hoffen und sicher darauf vertrauen können.

Zuvörderst sagen wir dem Allmächtigen und großen Gott, dem Zeugen unserer und unserer Väter Unschuld, den gebührenden Dank, welcher nach so vielen und mancherlei von uns Verstandenen Unglücksfällen, da wir den Orden gänzlich erlöscht zu sein glaubten, selbigen einmal wiederherzustellen, und auch uns, die wir durch ein widriges Geschick von unsern weltlichen Ordensbrüdern abgesondert herumirrten, aus einer solchen Zerstreuung in alle Nationen gleichsam in eine Herde und zu einem Hirten zu sammeln und zurückzuführen gewollt hat.

Ferner ist es uns vorzüglich angenehm, daß unser und unserer Väter Angedenken, obschon selbst, noch bei dem Flore des Ordens sie immer sorgsam gewesen, und zu diesem Ende selbst von unsern weltlichen Brüdern unterstützt worden, daß ihre Wissenschaft geheimgehalten, und nur wenigen bekannt gemacht würde, dennoch mit solcher Sorgfalt erhalten worden, daß, sobald wir uns ihnen angezeigt, wir nicht allein von dem Herrn Provinzial, und Hochwürdigen Consilium provinciae anerkannt, sondern zur alten Vereinigung eingeladen worden. Welches alles zusammen genommen uns zu wunderbar scheinet, daß es nicht durch menschliche Geschicklichkeit oder mit vorgefaßtem Rat, sondern durch göttlichen Wink angefangen und vollbracht zu sein scheint.

Derohalben wir nicht angestanden haben, diese unsere Anerkennungs- und Annehmungsakte, in der in unserem Kapitel zuletzt gehaltenen rechtmäßigen Cession, am Tage Maria Heimsuchung, in den gewöhnlichen Ausdrücken aufzusetzen, und zum immerwährenden Andenken dieser Begebenheit und zum Zeugnis unserer Liebe und Vereinigung mit dem Hochwürdigen Provinzial-Großmeister und dem Consilio provinciae zu überschicken.

Mit Vorbewußt und Genehmigung.

Ich N. N. (in Abwesenheit des Vicarii in Clericis).

Wir Brüder des verehrungswürdigsten und erhabensten Ordens der Tempelherren erwählte Clerici Regulares, und Besitzer der geheimen Kunst des Ordens willigen, daß nach den von alters her gebrachten Regeln und Gewohnheiten unseres Ordens, sich sowohl unsere Brüder Ritter der Oberherrschaft des Hochwürdigen Provinzials und Consilii provinciae unterwerfen, als fügen wir insbesondere auch unsere Bestätigung und Ansehen bei.

Geloben und bekennen hiermit, was maßen heute, Donnerstag, den 2. Juli als am Feste Mariä Heimsuchung, im Jahre 5453

Wir Endes unterschriebene Brüder durch diesen feierlichen Anerkennungs-Actum, welchen wir eigenhändig unterschrieben, und mit unserm Capitel-Insiegel bedruckt haben, daß wir dem Hochwürdigen Orden der Tempelherren förmlich und wesentlich beitreten, auf nämliche Art und Weise, wie es von unsern Vätern seligen Andenkens und von uns selbst, da wir die Gesetze und Gelübde des Ordens übernahmen, geschehen ist. In diesem Beding, daß von dem Hochwürdigen Provinzial und Consilium provinciae die alten Anordnungen mit Vorschriften des Ordens beobachtet und beibehalten werden, schwören, widmen und geloben wir ihnen unsere Treue und Fleiß hierdurch an.

Den Hochgeborenen und Hochwürdigsten Provinzial-Groß-Meisters an der Elbe und Oder

Bruder Carl,
Ritter vom Degen

Da wir, als er zu der Regierung des Ordens erhoben wurde, unter den Völkern von unsern Brüdern zerstreut lebten, und unser Amt nicht verwalten konnten,

Setzen und weihen wir anjetzo durch diesen feierlichen Actum ein, und halten und erkennen ihn für den wahren und rechtmäßig verordneten Meister und Verwalter des Ordens in weltlichen Dingen, ohne alle Rückhaltung, Zweideutigkeit und Ausnahme, geloben ihm unsere Treue, Fleiß und Gehorsam, also wie es selbst die Verwaltung des Ordens, unsere Grundsätze, Regeln und Vorrechte erfordern und erlauben. Also ebenso gut, als wenn wir selbst gegenwärtig gewesen, und buchstäblich vollbracht hätten.

Durch die nämliche Feierlichkeit erkennen wir, die vom Hochwürdigen Herrn Provinzial angenommenen Glieder, in der Würde als Vorsteher des Ordens in weltlichen Dingen, und versprechen ihnen unsere Treue, Bemühungen und Gehorsam, sowohl zur Beschützung als Ausbreitung des Ordens, wie es von dem Consilium der Provinz anerkannt und festgesetzt wird, und wie es unsere Pflichten, Vorschriften und Vorrechte fordern und erlauben. Ebenso, als wenn wir gegenwärtig gewesen und mündlich vollzogen hätten.

Dem ganzen Orden aber bereinigen und widmen wir uns und unsere verehrungswürdigen Brüder, welche den Regeln und Fußstapfen unserer Väter gefolgt, daß wir alle Mühe anwenden wollen, zu Wiederhervorbringung und Herstellung der alten Wissenschaften und Kenntnisse des Ordens, durch welche allein und durch die Tapferkeit unserer Brüder Ritter ehmalen unser Orden gestanden und geblüht hat, also daß wir uns von ihnen unter keinem Vorwand absondern, auch nicht einmal von den Versammlungen der Ritter, wenn sie zu rechter Zeit, nämlich zu Mitternacht, gehalten werden, ausschließen wollen.

Dieses alles aber ist von uns unter den Bedingungen, Vorbehalt und Klausel geschrieben, ausgefertigt und in unserm Capitel mit Rat und Einstimmung Aller bestätigt worden, daß selbst der Hochwürdige und Hochgeborene Provinzial, Bruder Carl Ritter vom Degen und ein Hochwürdiges Consilium sich äußerst angelegen sein lassen werden, daß niemand von unsern Rechten und Vorzügen, welches die geistlichen Rechte sind, so unsere in Frieden ruhenden Väter und wir von den Zeiten Hugonis de Paganis, und von Zeit der von dem heiligen Bernhard gegebenen Regeln genossen haben, und noch genießen, etwas, unter was für einem Vorwande es auch sei, abzukürzen oder zu schmälern sich unterstehe, oder in den Sinn kommen lasse. Im Gegenteil soll man uns vielmehr allen Schutz, Vorsorge und Hilfe und eine sichere Wache unserer Brüder Ritter angedeihen lassen.

Schließlich bekräftigen und befehlen wir, kraft des unverbrüchlichsten Gehorsams, und unter den in unsern Regeln und Gebräuchen festgesetzten Strafen:

Daß es niemand erlaubt sein soll, dieses Bestätigungs- und Anerkennungs-Instrument zu widerlegen, oder vorsätzlicherweise entgegen zu handeln.

Wenn sich jemand dieses unterstehen, oder dawider handeln dürfte, soll gegenwärtig für einen Verbrecher erklärt werden, und die festgesetzte Strafe gefallen zu sein, anerkenne."

Der Heermeister, der nichts verabsäumen sollte, was dem Orden dienen konnte, ließ durch den Kanzler an Herrn von Raven am 11. Juli 1767 ein aufmunterndes Schreiben richten, dem wir die folgenden Stellen entnehmen:

„... Man hat abseiten des Consilii um die Unterhandlungen möglichst zu beschleunigen und zu erleichtern, alle Schwierigkeiten abzukürzen gesucht, den Brüdern in Wismar ihre propositiones, die ohnehin an und für sich unserm Systemati gar nicht zuwider waren, zugestanden und dadurch unsere gänzliche Bereitwilligkeit zu einer brüderlichen Verewigung mit wahrem Vergnügen an den Tag zu legen gesucht. Bis hierher haben wir täglich einer Antwort von Ew. Hochwürden entgegengesehen, und zwar mit desto größerem Verlangen, je wichtiger und vorteilhafter uns die glückliche Beendigung dieser Negociation zum Wohlsein unseres Ordens vorkommen muß. Da nichts eingelaufen ist, so habe ich vi mei officii mich nomine consilii ganz ergebenst zu erkundigen die Ehre, in was vor terminis diese Unterhandlung stehe? Ob sich etwa nicht vorhergesehene Schwierigkeiten hierbei ereignen? Worin selbige bestehen? Und ob Ew. Hochwürden etwa noch einige nötige Erläuterungen vom Consilio hierzu bedürfen? Ich habe den Auftrag, Ew. Hochwürden um des wahren Besten des Ordens willen, ganz ergebenst zu bitten, ja alle mögliche Sorgfalt anzuwenden, diese Brüder, die sich uns auf eine so generöse Art von freien Stücken zu einer Vereinigung darbieten, aufs äußerste zu menagieren. Ich bin überzeugt, Ew. Hochwürden sehen selbst sattsam die wichtigen Folgen ein, die uns aus diesem Zuwachs eines neuen Corporis, welches so edelmütig von dem Orden denkt und arbeitet:/wie wie man aus des Bruders Starck Briefen sieht:/ entstehen müssen, gegenteils aber würde es überflüssig sein, Ew. Hochwürden die Folgen des Verlustes weitläufig zu schildern, wenn wider unser Hoffen und Vermuten diese Brüder anderen Sinnes werden sollten ... Und da in einer delikaten Affäre uns deutlich genug in die Augen leuchtet, daß eine schriftliche Unterhandlung vieler Langsamkeit und anderen Schwierigkeiten ausgesetzt ist, so wird sich das Consilium, sobald nur die mindeste Nachricht von Ihnen eingeht, entschließen, ein Glied aus seinem Mittel zu ernennen, welches eine Reise in Dero Gegenden ungesäumt antrete, seine Bemühungen mit den Ihrigen vereinbaren und diese Sache mit hinlänglichen Instruktionen versehen zu einem erwünschen Ende zu bringen suche ...“

(Archiv der Großen Landesloge der Freimaurer von Deutschland.)

Die Beitrittsakte Starcks war also von der Provinz angenommen worden. Ein Schreiben dieserhalb ging am 22. August 1767 an die Wismarer Brüder ab, indem man, obwohl in der deutschen Provinz von den Klerikern nichts als die Tatsache ihrer Existenz bekannt sei, ihnen schon im voraus „alle zukommenden Gerechtsame, Prärogativen und Immunitäten“ förmlich bestätigte und anerkannte. Auch die Absendung eines Mitglieds wurde in nahe Aussicht gestellt. Aber man konnte sich zunächst über die Person des Gesandten nicht einigen. Anfänglich war Schubart in Aussicht genommen, der lehnte aber ab, weil er innerlich zu den Klerikern keine rechte Vertrauensstellung fassen konnte. Außerdem war er verstimmt, daß der Heermeister sich, ohne ihm etwas davon zu sagen, mit den Wismarer Brüdern überhaupt eingelassen hatte. Seine Opposition erreichte, daß die Sache der Wismarer Brüder beim Konsilium liegen blieb, bis der Heermeister persönlich eingriff und seinen Waffenritter, Franz von Prangen, im Orden Ritter vom Pfau, unrühmlichen Angedenkens aus seinen Beziehungen zu Johnson-Leucht, als Gesandten nach Wismar abordnete.

Die Vollmacht befindet sich im Archiv der Großen Landesloge und lautet folgendermaßen:

„Demnach Wir Bruder Carl v. Degen des Hohen Ordens des Heiligen Tempels zu Jerusalem der Zeit Heermeister der VIIten Provinz an der Elbe und Oder es dem Wohl des Ordens und der uns anvertrauten Provinz für höchst ersprießlich erachtet haben, um dem liebreichen und freundschaftlichen Gesuch derer dreyen Fratrum Clericorum Regularium zu Wismar, des Br: Archidemides, Augusti et ab Hypopotamo (richtig Hippopotamo), ihnen einen Legatum abseiten Unserer zuzufertigen und sich mit Ihnen über mancherley wichtige, den Nutzen des Ordens betreffende Gegenstände mündlich zu vernehmen, gar gerne zu fügen, und ein solches in die Würklichkeit zu setzen, uns mit Vergnügen entschlossen haben.

Als authorisiren und bevollmächtigen wir Kraft dieses den Hochwürdigen Br. Praefecten Franz Ritter vom Pfau in der Würde Unseres Legati mit gedachten Sehr Ehrwürdigen Bbrn. Clericis zu Wismar Namens Unseres über alles und jedes, was sowohl das System unserer Provinz als das Ihrige angeht, ausführlich zu tractiren, und nach vorangegangener von beyden Theilen gefertigten reciprocierlichen Versicherungs-Acte, auf Treu und Glauben ein ander nichts zu verschweigen, und allenfalls de servando Silentio von beyden contrahirenden Theilen im Fall, welches dermahlen nicht zu vermuthen ist, etwas in dem Systemate reverendorum Fratrum Wismariensium enthalten seyn sollte, was auf die Unterdrückung von denen drey herrschenden Religionen, oder besonderen Staats-Verfassung, zur Zeit abziehlen könnte, und möchte, ohne einigen weiteren Rückhalt mit denenselben, sich vollständig, auf das ausführlichste zu vernehmen, in Ansehung des Inneren, sowohl der clericalischen als unserer weltlichen Verfassung, der damit verbundenen geheimen Absichten, und derjenigen Mittel, wodurch gedachte Sehr Ehrwürdige Bbr. Clerici sowohl solche geltend zu machen, als durch den Hohen Orden haben zu können, und worinnen diese Provinz Ihnen hinwiederum hülfreiche Hand zu leisten begehret wird, und vermag vermeynen.

Auch Namens Unserer im erforderlichen Fall, diejenigen Gelübde und Versprechungen denen Sehr Ehrwürdigen Clericis Regularibus abzulegen, die die Umstände erheischen dürften, welche die nehmliche Kraft haben, und so verbindlich von uns sollen gemacht werden, als hätten wir solche in Person geleistet.

Zu Urkund dessen ist diese Vollmacht gedachtem Unserem Legato dem Br. Franz vom Pfau von uns wohlbedächtig ausgefertiget, mit Unserem großen und kleinen Heermeisterlichen Signet bedrückt, und eigenhändig unterschrieben worden.

So geschehen zu S–b–g. (Sonnenburg) am Tage Sti. Antonii als dem 17. Jan. Stili novi und am Tage Epiphanie den 6. ejusden Stili veteris des O:J: (Ordensjahres) 454 nach Chr. Geburt 1768.

Frater Carolus Eques ab Ense
p. t. Magist. Provincial: indignus
manu propria“

Diesem Gesandten war folgende Instruktion beigegeben:

„Der Bruder Präfekt Franz vom Pfau hat in der Würde eines Legati abseiten unserer an die Sehr Ehrwürdigen Brüder Clerici Regulares Ordinis Archidemedes, Augustus und ab Hippopotamo sich ohne Aufenthalt zu denenselben nach Wismar zu verfügen, ihnen unseren freundlichen brüderlichen Gruß zu vermelden, gedachte drei Sehr Ehrwürdige Brüder unserer Gewogenheit zu versichern, und zufolge nachstehender Vorschrift, mit denenselben zum Besten dieser Provinz und des Hohen Ordens nachdem er in geöffneter Versammlung sein Creditiv übergeben, und seine Vollmacht produciert, in nähere Verhandlung zu treten.

1.

Hat derselbe eine reciprocierliche Acte mit denen Sehr Ehrwürdigen Brüdern zu Wismar zu errichten, worinnen letztere einesteils sich anheischig machen, demselben alle ihre Wissenschaften und Geheimnisse, die sie besitzen – die Verbindungen, worinen sie mit dem auswärtigen Heermeistertümern stehen, den Plan und die Absichten, wodurch sie den Orden heben zu können glauben – bona fide und ohne einigen Rückhalt zu entdecken, wogegen der Bruder vom Pfau andernteils, den Auftrag hat, gedachten drei Sehr Ehrwürdigen Brüdern sowohl den alten als den neuen Statum, der uns vertrauten Provinz frei und ausführlich vorzulegen und zu entwickeln – welche Acte –

2.

Der Bruder vom Pfau mandatario nomine Unserer zu unterzeichnen, und einzig und allein von allen aus dieser Mission ihm zukommenden und bekannt werdenden Nachrichten, uns zu referieren, auch ohne unsere ausdrückliche Erlaubnis, keinen andern Ordensbruder wer er auch sei, solche weder gegenwärtig noch zukünftig, unter irgend einem Vorwande mitzuteilen, hiermit förmlich angewiesen sein solle.

3.

Hat der Bruder vom Pfau die drei Fratres Clerici Wismarienses dahin zu disponieren, daß sie ihrerseits ohne unser Vorwissen, von der inneren Verfassung der VII. Provinz instruieren, bis daß die ganze Unterhandlung völlig mit ihnen geendigt ist, und daß sie sich durch vorerwähnte Acte hierzu mitverpflichten, sowie derselbe mandatario nomine unserer ein gleiches in Ansehung des clericalischen Systems zu versprechen befugt sein soll. Excipe den Herrn Ober-Kriegscommissarium Schubart im Orden genannt Ritter vom Strauß Provisor Domorum, indem dadurch vor der Hand die Zahl der Brüder, welche von beiden Systematibus informiert sind, einander gleich wird, und im Fall unsererseits nötig gefunden würde, mehrere Personen zu initiieren, so soll davon ehe es geschieht, ihnen Nachricht gegeben, und ihre Einwilligung dazu begehrt werden.

4.

Von ihnen zu fordern, daß sie ihn den Bruder vom Pfau entweder ipsa, auguratione oder Communicando Rituali Cleric. ihrer Congregation einverleiben, mit der Gewalt ein solches auf unsere Person und die bekannte Zahl von Brüdern transferieren zu können, wogegen

5.

Ihm dem Bruder vom Pfau hiermit aufgegeben wird, in obenerwähntem Fall, namens unserer das erforderliche Versprechen abzulegen, welches wir als von uns in Person geleistet anerkennen wollen. Und daferne

6.

In dem Systemati Clericorum Wismariensium etwas enthalten sein sollte, welches auf die Untergrabung einer von denen freien herrschenden Religionen abzielt, welches wir zwar mit nichten bei ihnen vermuten können, gleichwohl aber in manchen Zweigen der weiteren Observanz als bei dem sogenannten Cordon rouge ein solches anzutreffen ist – oder daferne dasselbe auch auf die Ausführung gewisseren besonderen Staats-Maximen abzweckte, und man daselbst Schwierigkeiten machen sollte, völlig und ohne Reservat gegen ihn herauszugehen, so ist der Bruder vom Pfau vermittelst dieses § berechtigt, mandatario nomine unserer, in unsere und seine Seele, denen drei Sehr Ehrwürdigen Brüdern Clericis Regularibus Wismar. einen Eid de servando Silentio in perpetuum über das ihm anvertraute, unsere Person und den Ritter vom Strauß ausgenommen, feierlichst und verbindlichst in ihre Hände abzulegen, reservieren uns aber dabei ausdrücklich, daß wir uns zu keiner Ausführung dieser Absichten verpflichten, und in diesem Falle zu nichts als dem Silentio gehalten sein wollen.

7.

Was derselbe abschriftlich von ihren Urkunden, Ritualibus und geheimen Nachrichten, mit der Einwilligung der vorerwähnten Sehr Ehrwürdigen Brüder erhalten kann, hat er zu treuen Händen in unseren Heermeisterlichen Sitz einzuliefern, und hat er die Sehr Ehrwürdigen Brüder Clerici in unserem Namen hierum geziemend zu ersuchen, gemessenen Befehl.

8.

Hat er endlich von denen Clericis Regularibus Wism. zu begehren, daß sie alles dasjenigen, was sie von dieser Provinz verlangen, zur Ausführung unserer gemeinschaftlichen Absichten, und worinnen sie glauben, daß wir schon hilfreiche Hand zu leisten vermögend sein möchten, schriftlich abfassen, und bei seiner Rückkunft in unsere eigenen Hände zu überbringen, zu welchem Ende er ihnen alle Pläne, so in der Provinz successive publiziert worden, durch welche man derselben Fonds zu schaffen bemühet gewesen ist, und getrachtet hat, vorlegen soll. Worüber wir ihre Vorschläge und Meinungen schriftlich von ihnen erwarten. Auch mit denenselben sich zu vernehmen, ob und wenn es ihnen gefällig wäre, einem General-Konvente beizuwohnen, um das Wohl des Hohen Ordens dadurch zu befestigen.

Da wir übrigens das Zutrauen zu ihnen, dem Präfekten Franz Ritter vom Pfau hegen, daß er mit Vorsichtigkeit und Klugheit bei dieser wichtigen Gesandtschaft zu Werke gehen wird, als empfehlen wir ihm unseres tragenden Amts halber, die Aufnahme unserer Provinz auf das trefflichste. Seine dem Hohen Orden bisher geleisteten treuen Dienste, lassen uns die begründete Hoffnung fassen, daß wir uns in unseren Erwartungen, welche wir in Ansehung seines anzuwendenden Fleißes und Eifers bei diesem Geschäfte zu ihm haben, in seiner Person auch dieses Mal nicht irren werden, weswegen wir ihn auch vorzüglich hierzu ausersehen, und zu ernennen gnädigst geruhen wollen. –

Zu welchem Ende wir denenselben diese Instruktion ausfertigen lassen. So geschehen zu S–b–g. am Tage Antonii als dem 17. St. novi und am Tage Epiphanie als dem 6. ejusdem Stili veteris des Ordensjahres 454 nach Chr. Geburt 1768

Frater Carolus Eques ab Ense, p. t. Magist.-Provincial indignus.

Ad Mandatum Reverendissimi Domini Provincialis proprium absente Frater Joanne a Cometa, Secretarius Reverendissimi Domini Magistri Provincialis Subcripsi, ego Frater Daniel a St. Georgio, Armiger. (Daniel Mühle, Hunds Haushofmeister.)

Hanc copiam suo Originali verbotenus concordare in fidem attestor Frater Carolus a Stella fixa, Secret. 0.“ (Jacobi.)

Nach den uns vorliegenden Archivalien erfolgte nun am 10. Februar 1768 der Abschluß eines vorläufigen Einigungsvertrags und am 12. Februar wurde erst die Antwort auf die Fragen in der Instruktion des Heermeisters erteilt. Nettelbladt berichtet, daß die Reise Prangens im Februar 1768 erfolgte, da er auf der Hinreise am 5. Februar mit Raven in Güstrow eine Zusammenkunft hatte.

Geben wir zunächst die beiden Aktenstücke nach der Abschrift, die sich im Archiv der Großen Landesloge befindet:

„Nachdem der Hochwürdige Bruder Präfekt Franz Ritter vom Pfau in qualitate Legati Reverendissimi Magistri Provincialis sich zu uns unten benannten Brüdern verfüget, und sich durch das ihm von Seiten seiner Hochwürden und Gnaden mitgeteilte Creditiv und Vollmacht gänzlich zu einer unter beiderseitigen Teilen vorzunehmenden Unterhaltung legitimiert und wir auch unsererseits durch unsere brevia potentia/: so ihm in diesem sonderlichen Falle zu gegenseitiger Beglaubigung communiciert:/ und andere dahin gehörige Data, und in diesem Fall nicht trügende Indicia hinwiederum von ihm, vor nicht allein wirkliche und legitime Tempelherren, sondern auch für Clericos Regulares Ordinis Sancti Templi Hierosolymitani, unter welchem Titel wir uns Seiner Hochwürden und Gnaden bekannt gemacht, erkannt worden.

So ist es endlich dahin gediehen, daß uns von gedachtem Hochwürdigen Bruder Präfekte Franziscus Eques a Pavone, auch die ihm besonders unter dem $\frac{17}{6}$ Januar von Seiten seiner Gnaden erteilte, und durch den Frater Danielam a Sancto Georgio ausgefertigte Privat-Instruktion an uns, mitgeteilt, worauf wir pünktlich und nach einer reiflichen Überlegung folgende Erläuterung und Antwort schriftlich zu geben, nicht haben Anstand nehmen können.

ad 1

Halten wir es allerdings in einem so wichtigen Geschäfte für höchst notwendig, bona fide und sine ulla, reservatione possibili von beiden Teilen zu handeln, und bei einem solchen Vorhaben durch eine reciprocierliche Acte von beiden Seiten zur vollkommensten Genauigkeit am $\frac{\text{10 Februar}}{\text{30 Januar}}$ in Octava festi Annuntiationis Beatiae Mariae Virginis ausgefertigt und unterzeichnet werden.

Da aber nichts imstande ist, uns zu bewegen, und solches auch nie auf Seiten Seiner Hochwürden und Gnaden begehrt werden wird, unsern ehemaligen Verpflichtungen im geringsten zu nahe zu treten; haben wir uns durch eben benannte Acte nur bloß verbinden können, dasjenige dem Hochwürdigen Bruder a Pavone frei und ohne Rückhalt unsererseits zu entdecken, was die Geschichte des Rev. Ordens, wie uns solche von unsern in Gott ruhenden Vorfahren aufbehalten worden, und die Ritualia, und Regel unserer

Ordnung anbetrifft, haben daher auch diese Stücke demselben zur Abschrift übergeben, und durch unsere Unterschrift und Insiegel bekräftigen wollen.

Was aber diejenigen Wissenschaften und Geheimnisse anbelangt, die unseren Vorfahren im Hohen Orden in specie eigen gewesen, und noch in unseren besonderen Nachrichten eines Teils aufbehalten sind; so haben wir per modum meditationis gedachtem Br. Präfecten a. Pavone den Endzweck und die Beschaffenheit unserer Wissenschaften und Geheimnisse nicht minder zur deutlichen Überzeugung eröffnen wollen, jedoch auf eine solche Weise, daß wir nicht dabei der Art zu nahe getreten, auf welche wir solches empfangen, oder ihm diejenigen Mittel und Wege zu eröffnen, welche wir einschlagen; welches sonst von unserer Seite nicht anders heißen würde, als unsern weltlichen Bbrn. dasjenige zu überliefern, was uns zur Beschäftigung und Verwaltung einzig und allein übergeben worden. Unsern Verbindungen aber mit auswärtigen Heermeistertümern, und der Plan und Abrichten, wodurch wir den Hohen Orden heben zu können glauben, werden sich aus besonderen dem Frater Eques a Pavone überlieferten Promemoriis ergeben.

ad 2

Reservieren wir uns völlig, und Kraft der 2 § § gedachten Instruktion, daß die historischen Stücke, desgl. unsere Regula und Ritualia, die laut § 1 dem Frater a Pavone abschriftlich übergeben, außer der Hohen Person Sr. Hochwürden und Gnaden niemanden mitgeteilt werden mögen, ohne vorher geschehene Zulassung unserer selbst, oder der von unserer Ordnung erkannten Brüder, und auf eine ähnliche Weise im gleichen Falle unserer künftigen Unterhandlungen dieser Art zu erfragen.

ad 3

Eine reciproke Anzahl, denen das Innerste gegenwärtiger Unterhandlungen in beiden Systematibus bekannt wäre, möchte wohl in diesem Falle nicht tunlich sein, es ist von unserer Seite in dem Train unserer Vorstellungen, laut unserer eigenen Zuschriften gewünscht und verlangt worden, daß das Hohe Consilium der Provinz zusammen, einen Abgeordneten aus ihrer Mitteln abschicken möchte, wozu es auch im Anfange den Anschein hatte. Allein, da uns hierinnen unsere Erwartung fehlgeschlagen, und endlich des Herrn Heermeisters Hochwürden und Gnaden, selbst vor Ihre Hohe Person dieses Mittel zu nehmen geruht und den fratrem a. Pavone tanquam Legatum a latere zu uns ab geschickt, finden wir es auch nicht unbillig uns allein hierin an die hohe Person Sr. Hochwürden und Gnaden zu halten, und soviel weniger auch, welches wir uns unumgänglich als eine conditionem sine qua non

---

Runkel, Geschichte der Freimaurerei. L.

vorbehalten, den Provisor Domorum Christianum a Struthione einen uns bis dahin ganz unbekannten Bruder von unsern Unterhandlungen zu benachrichtigen.

Unsere bei Übernehmung der Consecration erhaltenen geistlichen Namen aber, wovon Sr. Hochwürden und Gnaden eine exacte Liste wird beständig eingeschickt werden nach unserer alten Regel de Registro apud Magistrum, behalten wir uns vor Sr. Gnaden bekannt zu sein.

ad 4

Die Art unserer alten Verfassung bringt es mit sich, daß keine Communicatio unseres geheimen Rituals stattfindet, ohne vorhergegangene Consecration auch ohne dieselbe keine Einverleibung in irgend einem geistlichen Kapitular-Sitze geschehen könne. Da aber die in unserer Regel nach unserer hiesigen Verfassung bestimmte Anzahl vollendet, auch wir ohne Zuziehung anderer unserer Brüder nichts zu unternehmen wagen, so haben wir jetzt bei unserer zu machenden Vereinigung dem Verlangen Sr. Gnaden ein Genüge leisten wollen und den Hochwürdigen Bruder a Pavone unter dem Namen N. N. durch wirkliche Consecration zum Presbyter Clericorum in exspectantia, den Anordnungen unserer in Gott ruhenden Vorfahren gemäß, erhoben, damit wir selbigem obgedachte Ritualia Regulam et Acta, historica übergeben, selbiger durch eigenen Augenschein und Notas Charachteristicas, unsere wahren Fratres erkennen, und mit uns und unsern Brüdern alle zukünftigen Unterhandlungen in diesem Falle tanquam Legatus Clericorum tractieren können! jedoch ohne die Nachrichten hiervon auf irgend jemand als allein die hohe Person Sr. Gnaden des Herrn Heermeisteis zu transferieren; wobei aber doch es nicht möglich, und dem fratri a Pavone nach unsern Regeln nicht vergönnt sein kann, wirtliche Clericos zu initiieren oder zu consecrieren welches wegen wir selbigen nur allein zum Clerico in Exspectantia erheben können. Zu welchem Ende auch

ad 5

Die von dem Frater a Pavone erforderlichen Versprechungen sind angenommen worden.

ad 6

Wir können nicht darüber beunruhigt werden, zumal bei den unglücklichen Verschiedenheiten oder Mißbräuchen vielmehr, die sich im Hohen Orden befinden, daß man besorgt, es möchte sich in unserm klerikalischen Systemate etwas finden, das mit dem sogenannten Cordon rouge, auf die Untergrabung einer von den drei herrschenden Religionen, oder auf gewisse besondere Staats-Maximen abzwecke: Eine edle und einem wachenden Obern des Ordens ungemein würdige Besorgnis. Auch wir haben uns nicht ohne Vorsicht, und genugsame Circumspection hierin eingelassen. Mein beides, weder die Untergrabung einer der drei herrschenden Religionen, noch besondere Staats-Maximen befinden sich in unserm Systemate. Wir so wenig als unsere Fratres saeculares haben andere, als dem Orden gemäße Maximen oder Grundsätze, und wenn wir in dem Zwecke des Ordens nicht übereinstimmend waren, mußte notwendig eine Partei von uns irrig sein. Wer unsern Ursprung und Beschäftigungen kennt, wird sehen, daß dieses nie mit uns zusammenhangen kann; und wenn wir uns gewisser alter Liturgieen bedienen, geschieht solches mehr pia recordatione, als daß wir uns dadurch zu irgend einer andern christlichen Sekte, als die wir mit unserer Erziehung erhalten, bekennen sollen. Wie wir auch selbst in unserer Regel nur practicabilia, und auf jetzige Zeiten passende Dinge, uns zu halten, befugt glauben, da überdem es unserer Regel gemäß ist, uns alsdann aus dem Groß-Capitulo wegzubegeben, wenn schon ehedem von Rache, oder Kriegs-Expedition, wie die alten Zeiten es mit sich brachten die Rede ist. Hiermit aber sprechen wir dem Präfecten Eques a Pavone von allen bei seiner Consecration zu leistenden Versicherungen völlig frei und los, woferne nur eines von diesen besorgten Stücken sich in unserem Systemate befinden sollte; Zu welcher Bestärkung wir auch

ad 7

Dem Hochwürdigen Bruder a Pavone die nötigen Papiere unter vorhin erwähnten Einschränkungen, sie allein dem Heermeisterlichen Sitze zur Communication abschriftlich abgeliefert haben.

ad 8

Was aber endlich unsere unvorgreiflichen Gedanken über die verschiedenen Versuche dem Orden Fonds zu verschaffen, oder über die sogenannten ökonomischen Plane, anbetrifft; desgleichen welches unsere unvorgreiflichen Mittel und Anschläge wären, das Wohl des Hohen Ordens zu befördern, und worinen wir der hilfreichen Hand der Provinz nötig hätten, davon würden wir in unseren zu dem Ende gerichteten Vorschlägen handeln, und dem Herrn Legato zu communicieren nicht ermangeln.

Da wir nur dann von einem gemeinschaftlichen Eifer von aufrichtigen und freundschaftlichen Unterhandlungen, von einent zu einem und demselben edlen und unseren seligen Vorfahren gemäßen Zwecke abzielenden Vereinigung unter den segnenden Händen der mächtigen Vorsicht, nichts anderes als die aller gewünschtesten Erfüllungen versprechen können.

Datum W–ae feria, Sti Raymundi Confess. d. $\frac{12}{2}$ Febr $\frac{768}{454}$
Vi Commissionis
Tanquam Legatus a latere Reverendissimi Magistri
VIImae Prov. ad Albim et Oderam

† Ego fr. Franciscus Eq. a Pavone
Praef. Equitum

† Ego fr. Achidemides ab Aquila fulva
Presb. Cler. Reg. R. O. St. Temp. Hieros. Cancell
Cap. Cler. in Regg Maris Baltia
Nomine omnium

† Ego fr. Augustus ab Hypopotamo
Presbyt. Cler. Reg. Rev. Ord. Sti T Hieros."

Der vorläufige Vertrag über die Bereinigung der geistlichen und weltlichen Branche lautet folgendermaßen:

„Der von Seiten Sr. Hochw. und Gnaden dem Herrn Heermeister der VIIten Provinz an der Elbe und Oder bis in die Baltischen Inseln pp Speciell bevollmächtige Legatus zu denen Fratribus Clericis R. O. T. in Wismar, Br. Franz R. vom Pfau, d. H. O. Präfect: hat nach seiner daselbst den $\frac{\text{9 Feb.}}{\text{29 Jan.}}$ a. c. erfolgten Ankunft, sich sogleich zu diesen Brbr. begeben, Ihnen das Creditiv und übrige nötige Vollmachten Sr. Gnaden vorgezeiget, und sie den Zwecke seiner Reise gemäß, brüderlichst angegangen, die von beyden Theilen schon längst gewünschte Unterhandlung anzufangen.

Da aber zu beyderseitiger Sicherheit, und mehreren Nutzen des Ods., zu Folge dem eigenen Vorschlage Sr. Hochwürden und Gnaden beliebet worden, eine gegenseitige Akte aufzusetzen, vermöge welcher sich diese Brbr. reciproce verbinden, diejenige Freundschaft und Aufrichtigkeit zu beobachten, die bey dergl. Traktaten unumgänglich erfordert wird, und einander nichts zu verschweigen, was die gegenwärtige Lage und Umstände des Os. in Ausführung seiner künftigen nützlichen Endzwecke betreffen kann.

Als haben beide contrahirende Theile durch gegenwärtige Akte sich anheischig gemacht, und verbunden:

Es verspricht nemlich der Hochw. Br. Franz R. v. Pfau, des H. O. Präf. in Praesentia derer beyden Brbr. Cleric. Br. ab Hippopotamo und fr. ad Aquila fulva, Ihnen von dem Saecularen System des Os. und unserer Provinz nichts zu verhehlen, mit Ihnen sodann diejenigen Maaßregeln zu ergreifen, die zu Ausbreitung und Fortpflanzung des Os. unumgänglich von nöthen und darüber ihren guten Rath und Meinung zu vermehren. Behält sich hiernächst aber ausdrücklich bevor, daß dieser Unterhandlung, besonders dasjenige, so das Saeculare System angehet, auch von denjenigen Schriften und Nachrichten, so diesen Brüdern zu mehrerer Erläuterung desselben gegeben werden würden, ohne vorher gegangene völlige Endigung derselben, und ohne Vorbewußt und Specielle Erlaubniß Sr. Gnaden jetzt und zukünftig, an niemand wer … sey, das geringste unter irgend einem Vorwand entdeckt werden m …

Dagegen m … für sich und Ihre
hiesige Mitbr … sjenige so
ihnen vom sa … entdecken,
und ihm auf … s Saeculare
beziehung h … i geleisteten
ersten Pflich …

Sollte es … Reservate ge-
macht wür … eystehen, und
keiner zu …

Indem … lie Ausbreitung
und das … was dergl. nicht
zu verm … Sicherheit, und
Vorsorg … n beyden Seiten,
unter … nd dadurch den
Anfan … . Es ist demnach
gegen … rig unterschrieben,
und … u ausgeliefert, das
ande … worden.

S … V. den $\frac{\text{10 Feb. 768}}{\text{30. Jan. 454}}$

… II mae Provic:
… one Praef: Equit:
… fulva
… Heir.
… s Baltici
… omnium,
… otamo
… T. Hieros."

Nach der Vollziehung … urde von Prangen und der ihn begleitende Ordenssekretär Jacobi in … kat aufgenommen. Prangen nahm den Namen Eucharius a Pavone an und eröffnete am 22. Februar 1768 ein Kapitel, in dem einige Beförderungen vorgenommen wurden. Das Protokoll ist uns erhalten, es befindet sich im Archiv des Provinzialkapitels von Rostock und ist schon im Jahre 1885 im Mecklenburgischen Logenblatt veröffentlicht. Daraus geht zuverlässig hervor, daß man die Verbindung der geistlichen und weltlichen Branche bereits als vollzogen betrachtete.

Für den Heermeister übergaben die Wismarer Brüder eine größere Ausarbeitung, die sie „Unvorgreifliche Gedanken über die Verbindung der klerikalischen Branche mit der weltlichen in der siebenten Provinz von seiten der regulierten Kanoniker des Ordens im Subpriorat Ratzeburg" überschrieben, und in denen sie ihre Stellung in acht Paragraphen genau festlegten. Wir geben die recht interessante Einleitung im Wortlaut nach der Abschrift, die sich im Archiv der Großen Landesloge befindet.

„Eine Existenz der klerikalischen Branche im Heiligen Orden, wie der noch in seinen alten Grenzen sich befand, würde schon ein jeder vermuten können, welcher die drei ehemaligen Ritterorden des Tempels, der Hospitaliter und Deutschen Ritter zusammenhält; auch kann hieran niemand zweifeln, der die Geschichte unseres Ordens kennt und erwägt, daß nicht eben dieselbigen Brüder des Ordens, die sich täglich im Gefechte befunden, auch zugleich die kirchliche Officia haben verwalten können. Der Orden hatte eine ungemein große Etendu, er war in dem Besitze vieler Kirchen, es war dahero eine natürliche Notwendigkeit, daß hierzu besondere Personen im Orden mußten bestimmt sein. Noch heutzutage hat es, wie man aus Heliots Mönchs- und Ritter-Orden ersehen kann, eine ähnliche Beschaffenheit mit

Adolf Friedrich Herzog von Mecklenburg-Strelitz 1738–1794
Eques ab annulo equestri

ähnlichen noch blühenden Orden, daß man daraus schon längst einen Schluß auf den vormaligen Zustand des unserigen machen könnte, wenn nicht nähere und gewisse Data davon vorhanden wären. Wir sehen dieses ganz deutlich in derjenigen Geschichte unseres Ordens, die wir in Händen haben, und sie bestimmt die ganze Verfassung der Canonicorum. Ohngeachtet der weiten Entfernung der Zeit und der unglücklichen Veränderung, die unser Orden erlitten, auf eine ziemlich deutliche Weise. Außer der großen Menge geistlicher Personen, die sich nach Beschaffenheit der Katholischen Kirche (in welcher sich noch heutzutage wohl zwanzig Geistliche im Dienst einer Kirche befinden) in allen Zeiten bei diesem Orden befanden und unter dem Namen der Capellanorum Ordinis bekannt sind, wäre noch eine andere und innere Gattung, die mit dem Orden in vorzüglich genauer Verbindung stand und niemals ohne Sakrilegium sich von demselben entfernen konnte. Dies waren Canonici Regulares oder Conventuales. Sie wurden schon anno 1099 von Gottfried von Bouillon bei der Kirche des Tempels bestellt, erhielten zehn Jahre hernach die Regel des heiligen Augustus und traten in den ersten zwanzig Jahren des Ordens der Tempelherren mit diesen Rittern in eine Verbindung. Die Meisterschaften waren in den damaligen Zeiten in den Händen der Geistlichen, und man hielte es der Politik gemäß, sie dem Orden aufs festeste zu verbinden. Dies war die Ursache, daß A-M-t-S-b-rr-n-s- (Andreas Montis Barrensis) sie auf eine feste Anzahl gesetzt wurden und von ihm an eine Regel, die nach derjenigen, welche der heilige Bernhard den Fratribus de militia gegeben hatte, eingerichtet war, verbunden wurden. In Jerusalem befand sich damals der Chef des Ordens, da war auch ihr Sitz oder Groß-Capitel, welches von einem aus ihren Mitteln erwählten Priore regiert wurde; sie errichteten wie die Kapläne des Ordens nicht nur die bezügliche Kirchen-Officia sondern hatten auch zugleich einen wichtigen Anteil an der Regierung des Ordens, wie denn (welches man aus der profanen Geschichte sehen lann) der Prior der Chorherren des Capitels zu Paris, Petrus de Bononia, unter dem Großmeister Jacobo Burgundo, Procurator generalis totius Ordinis war. In den Kapellen wurden die Receptiones der Equitum und die Erwählungen der Supriorum Ordinis vorgenommen, und sie verrichteten dabei als Leute, denen das Innerste des Ordens bekannt war, die geistlichen Officia absolutionis, Benedictiones, Sectiones, Weihungen pp. In nachfolgenden Zeiten war man genötigt, in den verschiedenen Gegenden des Ordens Capellanus zu setzen, die ebenfalls in einer Art von conventualischen Verfassung lebten, unter einem Decano, der ein regulierter Canonicus war, entweder allein standen, oder auch noch dazu durch eine Abbreviatam, wie bevor noch der Orden im heiligen Lande ein Ende nahm, in Frankreich geschehen, regiert worden. Mit der Zeit wurden außer dem Groß-Capitel zu Jerusalem, noch andere Capitula Regularia im heiligen Lande errichtet, desgleichen auch in verschiedenen Gegenden von Europa, unter welchen dasjenige zu Mailand eines der ältesten gewesen. Da die Regula des Andreas Montis Barrensis die beständige Grundregel der Canonici gewesen ist, so ist es wohl gewiß, daß von der darin festgesetzten Zahl wirklicher Regularium nichts ist geändert worden, wie denn auch der darin bestimmte Numerus hinlänglich gewesen, und aus einer weisen Staatsklugheit herfließt. Ein jedes Capitel, das außer den Clericis in exspectantia, das ist solche, die zwar wirklich das Noviciat der Regularium passiert, auch dieselbe Consecration erhalten, aber nicht Sitz und Stimme in Capitulo Canonicorum Regul. hatten, aus sieben Regularibus bestand, wurde von einem Prior regiert. Ein jedes dieser Capitulorum hatte gleiche jura, nur das Haupt-Capitel, das beim Chef des Ordens war, hatte wie uns die Geschichte sagt, das jus particulare officii magni in constitutione magni Magistri. Diese Canonici Regul. wurden aus den Capellanen genommen, die im Orden Officia Ecclesiastica verwalteten. Ein äußerst seltener Fall war es, daß jemand aus den Equitibus dazu gelassen wurde, welcher alsdann vom Groß-Meister die Entlassung seines Voti Equestris (ritterlichen Gelübdes) erhalten haben mußte. Sie taten zweimal Profeß, einmal im Noviciat, welches sie zur regulären Verfassung zubereiten sollte und von siebenjähriger Dauer war, wovon doch ein jedes Capitel dispensieren konnte. Das andere Mal aber, wenn sie wirklich consecriert wurden; in den Capitular-Sitzen dieser Regularum hatten nicht allein der Magister ein Vicarium, der notwendig ein Eques sein mußte, und da er die Stelle des Magistri in diesem Capitel bekleidete, auch vorzüglich dahin sehen mußte, daß ein solcher Capitular-Sitz sich nicht verringerte, wie denn auch ein genaues Register von Canonicis, Exspectantibus und Noviciis aus allen Capiteln in den Händen des Groß-Meisters gewesen, sondern außerdem wären noch zwei Equites, die unter dem Namen Curatorum Domus et Custodum Sacrarii (Verwandter des Hauses und Wächter des Heiligtums) die Tempelwache bei Consecrationen und anderen Feierlichkeiten hielten. Dies ist der eigentliche Begriff, den man sich von der Verfassung unserer Vorväter sowohl nach der Geschichte als denen noch bei uns befindlichen Nachrichten machen kann. So notwendig und für das wahre Wohl dieser Provinz vorteilhaft wir es erachten, wenn die geistliche Branche mit der ritterlichen vereinigt wird, weil diese ohne derselben nicht vollständig und der alten Verfassung in allem conform ist, anderer Umstände zu geschweigen; soviel Schwierigkeit ist demnach dieses unterworfen, die teils durch die Veränderung der Zeit, teils durch die Umstände der Provinz, teils aber auch durch uns selbst verursacht worden, und durch die Lage unserer Brüder m andern Provinzen. Eine wohleingerichtete Ordnung aber würde demnach, da die gegenwärtige Provinz durch den edelmütigen und unsterblichen Eifer Seiner

Hochwürden und Gnaden des Herrn Heermeisters so wohl nach ihrem alten Fuß eingerichtet ist, diese Schwierigkeit bald heben."

Die einzelnen Paragraphen handeln im wesentlichen von der inneren Organisation des Klerikats; der Nachwuchs soll nur aus den Kreisen der Wissenschaft genommen werden, wobei darauf gesehen wird, daß man unverheiratete Kandidaten ins Noviziat aufnimmt, die Verheiratung war natürlich nicht verboten. Dann wird die Ordensregel mitgeteilt, über die Zahl der Kleriker bestimmt der § 5, daß sie höchstens achtundzwanzig unter vier Prioren betragen dürfe, die in vier Kongregationen in der ganzen siebenten Provinz verteilt waren. Aus diesem Kreis wird ein Großprior gewählt, der mit den achtundzwanzig Kanonikern das Großkapitel bildet. Die Klerikerprioren sind im Rang den Ritterprioren gleichgestellt, auch in bezug auf das Freiwerden der heermeisterlichen Würde, also dazu wählbar. Katholische Ordensgeistliche sollen möglichst wenig, Jesuiten gar nicht in das Klerikal aufgenommen werden. Diese letzte Bestimmung widerlegt entscheidend die im achtzehnten Jahrhundert immer wieder aufgetauchte und bis heute nachgeschriebene Ansicht, daß das Klerikal, ja die strikte Observanz überhaupt, eine katholische Gründung gewesen sei. Gewiß hat man, soweit es sich um das Zeremonial handelte, manches aus der katholischen Liturgie und dem Gebrauchtum der katholischen Kirche genommen, aber das hing eben damit zusammen, daß man sich streng an die Regeln und Zeremonien des alten Ordens hielt, der doch ein katholischer Ritterorden war. Auch die nordische evangelische Kirche hat fast wörtlich die alte katholische Liturgie übernommen, und es wird niemand einfallen, ihr den Vorwurf katholischer Neigungen zu machen.

Trotz der offenkundigen Geneigtheit zu einer Vereinigung der beiden Ordensteile kam die Sache nicht recht vorwärts. Die Gegnerschaft des im Orden hoch angesehenen Schubart wirkte unbedingt noch auf die Entschließung des Provinzialkapitels ein. Schubart hatte auf die Bitte des Kapitels am 17. November 1767 ein „brüderlich ohnmasgebliches und pflichtmäßiges Gutachten" erstattet, das sehr verständig die schwachen Punkte der Starckschen Aktion offen darlegte. Andere Schwierigkeiten traten auf, die einzelnen Logen waren untereinander nicht einig, aus dem gescheiterten ökonomischen Plan erwuchsen der Provinzialregierung Geldverlegenheiten, so rief man nach einem Generalkonvent, der denn auch vom Heermeister im Lauf des Jahres 1772 nach Kohlo in der Niederlausitz, einem dem Grafen Brühl gehörigen Gut, einberufen wurde.

Dort wurde von neuem die Frage der Legitimation Hunds angeschnitten, die dahin erledigt wurde, daß der Heermeister sich einer erwählten Kommission gegenüber ausweisen sollte. Diese fand Hunds Erklärungen genügend, und er wurde demgemäß vom gesamten Konvente anerkannt.

Die wichtigsten Ergebnisse waren: erstens die Aufgabe des unbekannten Oberen. Man wählte ein allen sichtbares Oberhaupt in dem Herzog Ferdinand von Braunschweig, im Orden genannt Ritter vom Siege (Eques a Victoria), der zum magnus Superior Ordinis, Großmeister aller schottischen Logen ausgerufen wurde. Prinz Karl von Kurland wurde Protektor des obersächsischen Kreises, Prinz Karl von Mecklenburg-Strelitz Protektor der Logen in Hannover und Mecklenburg. Zweitens wurde eine neue Provinzialregierung eingerichtet und endlich die Verbindung mit den Klerikern durch das Pactum fundamentale besiegelt. Dieser Grundvertrag regelte genau die gegenseitigen Rechte und Pflichten, die Artikel für Artikel gegenübergestellt wurden. Wir geben dieses Aktenstück nach der im Archiv der Großen Landesloge befindlichen Ausfertigung:

Pactum fundamentale.

Zwischen Sr. Hochwürden und Gnaden dem Herrn Heer-Meister der siebenden Provinz an der Elbe und Oder

und

Dem Hochwürdigen Capitulo Canonicorum regularium der siebenden Provinz an der Elbe und Oder des Hohen Ritter Ordens des heiligen Tempels von Jerusalm

A: O. F 653
R: 459

Articulus I

Gemäs denen schon ehemals von und ad Sedem magistralem eingesandten Actis erkennen Wir von Seiten des Capituli generalis Canonicorum regularium den Hochwürdigen Herrn Carl Gotthelf Freyherrn von Hundt und alten Grotkau, im Orden genannt Carolum equitem ab Ense, für das einzige und wahre Oberhaupt und Heermeister der 7ten Provinz des Ordens an der Elbe und Oder bis in die baltischen Inseln, und dessen von den Hochwürdigsten und gnädigsten Herrn dem Grosmeister des ganzen H. Ordens und Höchstdessen Gros-Priore vorgenommene Einsetzung in dieses Heermeisterthum für so gültig als ob es selbst in Gegenwart eines Geistlichen Hohen Ordens Capituls geschehen und die dabey erforderlichen Verrichtungen beobachtet wären. –

Articulus I

Erkennen wir dagegen Heermeisterlicher Seits das Hochwürdige Capitulum generale Canonicorum regularium für das einzige und rechtmäßige Geistliche Capitel der uns anvertrauten VII. Provz und die Einweihung aller Glieder desselben für so gültig, als ob Wir selbst dabey zugegen gewesen, oder unsern Vicarium in Clericis dabey gegenwärtig gehabt hätten. –

Articulus II

Wir versprechen dem zu Folge, dem Herrn Heermeister, und allen, die Ihm in dieser Würde als legitime intrantes folgen werben, – in allen Stücken, wie solches unsere Regel und Geistliche Verfassung mit sich bringt, mit Treue ergeben zu sehn und das

Ansehen des Heermeisterlichen Sizzes und das Beste dieser Provinz, soviel an uns ist, mit allen Kräften zu befördern. –

Articulus II

Gestehen wir Ihnen folgende nahmhaft gemachte Vorrechte zu und versprechen Sie dabey zu schützen auch das Ansehen und Beste des Capituls zu sichern und zu befördern. Vor die Zukunft aber behalten Wir Uns ausdrücklich vor, keine andere einzuräumen, als welche von nun an, innerhalb Jahr und Tag bey der Heermeisterlichen Canzley eingereichet, sattsam erwiesen, bey den nächsten Convent vorgetragen und durch den Schluß des ganzen Provincial-Capituls genehmiget werden.

Und zwar wird zugestanden

1) daß Clerici ihre ganz eigne Capitul-Einrichtungen, so wie ihre eigne Capitul-Versammlungen und ihr eignes Kirchliches Regiment haben, und daß ihre Versammlungs-Orte beständig Templa heißen.

2) daß bei Fratribus Equitibus militiae Christi durchaus von keinem andern Ordens-Geistlichen als allein denen Clericis templariis geistliche Handlungen verrichtet werden dürfen.

3) daß nur denen Clericis templariis, nicht aber einem Equiti oder sonsten jemand von der weltlichen Branche gebüre geistliche Actus zu verrichten. Weihungen von Kirchen und Kapellen, alle Officia, die bey Einführung eines Heermeisters, Prioris, Sub Prioris, Praefecti oder in andern der gleichen Fällen erforderlich sind; desgleichen bey Begräbnissen, Benedictionen, die Hersagung öffentlicher Gebete, indictiones minoris vel majoris banni, zu allen Zeiten Beschäftigungen derer Clericorum bleiben sollen. –

4) Bleibet das Privilegium derer Fratrum Clericorum Geistliche Actus an solchen Orten und bey solchen Personen, die mit dem Päbstlichen Interdikt belegt sind, lediglich deren Klugheit überlassen, jedoch der gestalt, daß man sich von Seiten der weltlichen Branche aller daraus erwachsenden kommenden Verantwortung entschüttet. Nicht weniger wird concordiert, daß sie

5) den von den Equitibus erkannten Bann in Absicht auf seine Execution 40 Tage auf halten, und inzwischen für den Verbrecher noch Vorbitten einlegen dürfen.

6) daß der Prior Clericorum oder dessen rum regularium bey der Heermeisterlichen Wahl concurriren und bey diesem Wahl actu namens vorgedachten Capitul ein Votum abgeben, und sodann selbiger nach vollbrachter Election von Ihnen consecrirt werden müsse.

7) daß Sie Ihren Prioren Selbst wählen, jedennoch jedesmahl dessen Bestätigung bey den Heeresmeisterlichen Sitz suchen.

8) daß ein Clericus qua talis von weltlichen Brüdern nicht gerichtet werden könne. Sollte aber ein Clericus im Stand seyn, ein Delictum zu begehen, welches wider die Verfassung des ganzen Ordens und beyder Branchen liefe, wurde beschlossen, daß dieser sodann von den Clericis dem Weltlichen Judico des Ordens übergeben und daselbst seine Sentenz von einem Judicio mixto gefället werde.

9) Wurde Ihnen zugestanden, daß Sie die Gesetze bewahren, über deren Beobachtung wachen, und auf gute Zucht Acht haben sollen; dagegen Sich die Fratres Clerici der Direction in Politicis und Oeconomicis begeben, und nur ihren brüderlichen Rath gewissenhaft mitzutheilen Sich vorbehalten. Feiner wurde festgesetzt

10) daß kein Eques, so erhaben auch sein Rang sein mag, die Macht oder die Erlaubnis habe, in die Kenntnisse des Innersten derer fratrum Clericorum eindringen zu wollen; vielmehr den Canonicis Regula ribus nachgelassen, diese ihre Beschäftigungen auf das Geheimste zu bewahren, und niemanden von denselben Rechenschaft geben zu dürfen.

11) daß die Canonici Regulares von den Capitulis Equitum zwar nicht ausgeschlossen werden könnten, doch keineswegs in allen Praefectur-Capituln an und für Sich Siz und Stimme haben müssen, sondern dieses nur sodann stattfinde, wenn sie von den Praefectur-Capituln, um gewissen Berathschlagungen beyzuwohnen, ausdrücklich ein geladen weiden. Und

12) bleiben die Canonici regulares Ordinis, qua tales von den allgemeinen Abgaben wie allezeit, so besonders vor der Hand ganz frey, da deren Anzahl sich überhaupt

nur auf sieben Canonicos und andern wenigen Gliedern erstrecket, und Sie zur Erhaltung Ihres clerikalischen Systems verschiedene Abgaben zu tragen haben. Indessen gestehet der Hochwürden Herr Prior Clericorum gerne zu, daß die Provinz allemal die zur Bestreitung der Generaldirection erforderlichen Kosten sich reservire, und an die beyden zu Wißmar und Königsberg zu contribuirenden exemten Praefectuven halte. Wobey jedoch das jährliche Contributions Quantum vor beyde Praefecturen Verhältnismäßig zu bestimmen, und der modus collectandi beyden Praefecturen nachzulassen stehet.

Articulus III

Da wil nun förmlichst und feyerlichst der siebenden Provinz beygetreten, so soll auch hierführ ein genaues Verzeichnis aller O. Bbr. es mögen Canonici regulares oder Expectantes, oder Novicii seyn, jährlich um Johannis dem Heermeisterlichen Sitz eingesandt weihen; auch sollen forthin alle Brevia Canonicorum regularium durch die Heermeisterliche Unterschrift quer übers Capitular Siegel bestätigt werden, und ohne dieses Confirmatum nicht gültig seyn. –

Articulus III

Wir versprechen dagegen, daß von allen weltlichen Fratribus Equitibus, Armigeris und Sociis aus den vereinigten Praefecturen ein genaues Verzeichnis ad Capitulum generale Canonicorum regularium a Sede Magistrali zu Johannis jeden Jahres eingesandt werde. Hiernächst wird dem Priori Clericorum als membro Capituli Provincialis zugestanden, die künftighin auszustellenden Patente der Praefecte und Comthuren in Signum honoris et fidem rerum sic gestarum mit zu unterzeichnen. In schläunigen Fällen bleibt die Unterschrift solange aufgeschoben, bis eine gute Gelegenheit erlaubt, die Expedition an dieselben zu bringen. Und hat der Impetrant allemal theils vor die Sicherheit zu sorgen, theils das Porto zu tragen.–

Articulus IV

Keine regulirte Congregation noch ein regulirtes Noviciat-Haus soll gegründet, noch Capellani Ordinis, sie mögen entweder ihrem eignen Decanum, oder von einem Canonico Capitulari als Decano abhängen, irgendwohin, weder ad determinatum tempus noch auf immer geschickt weiden können, ohne daß solches zuvor ad Sedem Magistralem gemeldet, nud dazu per literas patentes Erlaubnis gegeben worden.

Articulus IV

So soll auch kein neuer Ordenssprengel angeleget werden, von welchem dem Capitulo Canonicorum regularium nicht Nachricht gegeben worden. Ohngeachtet die Matricul dem Heermeisterthum der VII Provinz gewisse Grenzen vorschreibt, so mögen doch, solange die benachbarten Heermeisterthümer noch ganz und gar nicht oder zum Theil nicht in Activitaet sind, folglich entweder nicht contradicendiren oder kein Jus contradicendi haben, nach dem Schluß des Provincial-Capituls neue Ordenssprengel errichtet werden und wird hierüber der brüderliche Rath der Clericorum eingeholt.

Articulus V

Wir gestehen ferner zu, daß die ehemalige Stelle eines Vicarii Magistralis in Clericis wieder in Vigorem komme, und überlassen es der Willkür Seiner Hochwürden und Gnaden dazu einen für das ganze Capitul oder in jeder Congregation einen zu ernennen: doch daß er wenigstens Eques sey, und nicht könne revocirt werden, und soll ohne sein Beyseyn kein Conclusum Capituli gültig seyn.

Articulus V

Dagegen gestehen wir dem Herrn Priori Clericorum oder dessen Mandatario Siz und Stimme im Provincial-Capitel dergestalt zu, daß derselbe zugleich das ganze Capitulum generale Canonicorum vertrete, und in dieser Qualitaet auf allen Provincial Conventen erscheine. Sollte aber auf diesen, ohne jenen einzuladen votirt oder concludirt werden, so sollen Clerci die Befug haben zu verlangen, daß wie die Umstände es erlauben, entweder von neuem votiert und Ihre Stimme erfordert werde, oder wenigstens ihnen Conclusum und vota zu Nachbringung Ihrer Stimme communicirt werden. Wohingegen es sich auf alle Wege versteht, daß majora concludiren; Nach Masgabe der bereits unter den $\frac{6}{17}$ Jan. $\frac{1768}{454}$ geschlossenen Verbindung bleibt noch ferner festgesetzet, daß der Prior Equitum und der Prior Clericorum in der Würde gleich seyn sollen; doch würde dem Prior Clericorum auf der Seite des Decani zur linken Hand des Heermeisters der erste Platz angewiesen und denen Canonicis regularibus mit den Praefectis Equitum nach der Ancienneté zu rangiren, der Rang zugestanden. –

Articulus VI

In Vacantia Prioris Capituli Canoni corum soll der Vicarius Magistralis alle Brevia und Instrumenta Capitulo mit unterzeichnen, die ohne seine Unterschrift nicht gültig seyn sollen; wie er denn auch mit der Besetzung der Vacancen im Capitul ad Sedem Magistralem befugt und übrigens in allen seinen ehemals im Orden gewöhnlichen gewesenen und gehabten Rechten und Praerogativen soll bestätiget seyn.

Articulus VI

In Vacantia Sedis Magistralis soll nach Maßgebung der Statuten „wer nach erfolgtem Ableben des Herrn Heermeisters der Provinz vorstehen soll."

Articul:

1) es dergestalt gehalten werden, daß der Prior Equitum und der Prior Clericorum als Vicarii des Heermeisters mit Zuziehung des Decani und Canzlers der Provinz, welche während der Vacanz Procuratores der Provinz sind, die Regierung des Ordens übernehmen. Diese erste Sorge soll seyn:

2) daß sie den Todesfall den exemten Capitular-Praefecturen bekannt machen und zugleich oder kurz darauf das Conventual-Capitul convociren. Hierbey unter schreibt sich wie in allen übrigen Expeditionen der Prior Equitum zuerst und sodann der Prior Clericorum nachher der Decanus und endlich der Cancellarius.–

Articulus VII

Wie nach den Statuten des Canonicats die drey Officia, des Cancellarii, des Thesaurarii und Lectoris von dem Priore abhängen, sie zu besetzen, so sollen hingegen die drey Titulate des Capitels, ihre Titulos hinfüro vom Heermeisterlichen Siz nehmen, und ihnen durch ein besonderes Breve angewiesen werden, von welcher Ordenskirche sie die titulos führen sollen. Wie denn auch derjenige Canonicus der vom Capitul zum Conductore Noviorum (Novizen meister) ernannt ist, über dieses besondere Amt, auch ein besonderes Breve Magistrale nehmen soll.

Articulus VII

Hingegen sollen alle Expedienda sie mögen Namen haben welche sie wollen, als Brevia Novicen Libella und dergleichen die Nomine totis Capituli Canonicorum ausgefertigt werden, von Sonnenburg aus datirt seyn, weil wir das geistliche Capitul allein an den Heer-Meisterlichen Siz binden, bei welchem die Canonicate des Ordens zu allen Zeiten gewesen sind. –

Articulus VIII

Die canonische Wahl eines Prioris Canonicorum soll hinfort nicht anders als im Beyseyn des Vicarii Magistralis geschehen und davon sogleich ad Sedem Magistralem referiret werden, auch der Prior durch ein besonderes Breve Seiner Hochwürden und Gnaden bestätigt werden. –

Articulus VIII

Die Wahl des Heermeisters, welche nach Vorschrift der Statuten von den versammelten Priorenibus, Praefectis und Commendatoribus mit Zuziehung des Prioris Clericorum vorgenommen worden, ist canonisch und als gültig anzusehen. Doch gestehen wir den Canonicis Regularibus zu, daß derselbe dem Herkommen gemäs mit dem geistlichen Officio, welches bey Ihnen befindlich ist, consecrirt werden müsse und ohne solche die Institutio Magistri unvollständig sey. –

Articulus IX

Da Wir solchergestalt den Fratribus de militia in ein Corpus wieder zusammentreten, gestehen wir es auch allen Hohen Ordens Brüdern aus denen vereinigten 5 Praefecturen zu, bey den geistlichen Ordens Ceremonien, als Officis und Festen; so sie immer mit uns gemein gehabt, in der Capelle gegenwärtig zu seyn, und denselben ex Statutis Ordinis mit beyzuwohnen. –

Articulus IX

Wir versichern dagegen, daß jeder neu aufgenommene Ritter und Armiger seine Reverenz dem Priore, dem Superiori der Congregation, oder einem andern Clerico regulari bezeugen und versprechen soll, daß er nach seinen Kräften Clericos schützen, Ihren Nutzen und Sicherheit fördern, Ihnen die schuldige Achtung bezeugen, und ein unverbrüchliches Stillschweigen von dem, was ihm in allem Betracht auf sie bekannd werden könnte, gegen andere heilig beobachten will. –

Articulus X

Sollen aus des Ordens Archive des Capituls ungehindert Seiner Hochwürden und Gnaden, in allen vorkommenden Fallen, die erforderlichen Acta und Data, sie mögen Ritualia oder Leges und Constitutiones

Articulus X

Wir gestehen hinwiederum zu, daß bey Ihnen unsere gesamte Gesetze niedergelegt, und sie zu Depositariis derselben gemacht werden, auch soll ihnen erlaubt seyn, daferne nicht von Zeit zu Zeit ein Ordensconvent

Ordinis oder Notitiam Historiae militaris angehen in Copia vidimata mitgetheilet: von den Capituls Protocollis jährlich von dem Cancellario Capituli ein Auszug ad Sedem Magistralem eingesandt und dahin von uns sorgfältig gesehen werden, daß das alte Ritual und die Disciplin des Ordens genau beobachtet werde.

Articulus XI

In streitigen Fällen soll vom Concluso Capituli Canonicorum nur allein die Provocation ad Sedem Magistralem Statt finden, und niemanden weiter erlaubt seyn, von dem Ausspruche Seiner Hochwürden und Gnaden auf einen allgemeines Ordens Convent zu bestehen und Abänderungs-Mittel zu suchen. –

Articulus XII

Wir erkennen auch hiermit alle Capitular-Versammlungen der Praefecturen in welche keine Geistliche des Ordens einen Capitular Siz haben, und nicht immer können zugegen seyn, und die in diesen Capitular Versammlungen vorgenommenen Actus für ebenso gültig, als ob wir würklich dabey zugegen gewesen, und die dabey von unserer Seite erforderlichen Handlungen verrichtet hätten, doch daß dieser Actus nicht geistliche Handlungen in sich fassen, und daß die in solchen Praefecturen geschlagenen Equites, wenn sie an einen solchen Ort kommen, wo regulirte Ordens Geistliche sind, dasjenige repetiren was bey ihrer Aufnahme ob defectum Canonicorum nicht hat können ritualmäßig geleistet werden. –

gehalten würde, dergleichen in Vorschlag zu bringen und auf demselben die verhandelten Angelegenheiten des Ordens zu inspiciren auch mit Uns und mit dem Provincial Capitul über die eingeschlichenen Mißbräuche und Änderungen, sowohl über Haupt als auch in Ceremonialibus zur Aufrechterhaltung unserer und eines jeden Gliedes besonderer Vorrechte die nötigen Maasregeln zu nehmen, und darüber gehörig zu halten. Jedoch berufen Wir und Unsere Nachfolger die Convente allein und ohne eines tertii Zuthun.

Articulus XI

So soll wenn von weltlicher Seite sie zu Arbitris ernannt würden, und von da an Uns provocirt würde, keine Appellation stattfinden, und Ihnen die Indictio banni vel majoris vel minoris zugestanden werden. Doch verbleibt denen weltlichen Brüdern das Recht, sich untereinander nach ihren Gesetzen zu richten; auch Uns das Urtheil über einen Verbrecher vom Heer-Meister, und dazu ernannten Ritterlichen Assessoribus gesprochen, und in dessen Namen publicirt werden. –

Articulus XII

Dagegen erklären wir hiermit die beyden Ordenshäuser Wismar und Königsberg unter denen oben Art. II puncto 12 vorbehaltenen Bedingungen zu exemten Magistral Praefecturen, solange nemlich die beyden, das geistliche Ordens Capitel formirende Congregationes diesen beyden Orten befindlich ist, und binden solche lediglich an Unsere Heermeisterliche Person und Provincial Capitel ohne einem andern Sprengel oder dem Visitatori Ordinis unterworfen zu seyn. In diesen beyden Magistrat Praefekturen sollen Sie an den Capitulis militaribus dergestaltig Antheil haben, daß nichts weder in Temporalibus noch eclesiasticis ohne Ihre Beystimmung gültig sey. Doch reservieren Wir blos hierbey, daß von allem, was in diesen beyden Praefecturen vorgeht, Uns vierteljährlich ein genauer Bericht abgestattet und nichts ohne Unsere specielle Einwilligung vorgenommen werden könne, und in allen Stücken die Verfassung des Ordens nebst der pünktlichen Befolgung der

Articulus XIII

Schließlich bekräftigen Wir alle in Unseren Actis ad Sedem Magistralem befindlichen Punkte und verpflichten uns Unserer Seits allen Articuln dieses Pacti fundamentalis getreu und gewissenhaft nachzukommen, wollen auch, daß solches als das Grundgesetz unserer Vereinigung mit der Weltlichen Branche des Hohen Ordens unserer Provinz bey Uns und Unseren Nachkommen angesehen, und ihnen bey allen im Orden von uns übernommenen Pflichten und Verbindungen, getreu Folge geleistet werden soll. Welches wir urkundlich eigenhändig unterschrieben und mit den großen Insiegel unseres Capituli bestätiget haben.

Datum e Sede Magistrali in Conventu Separato Ordinis in festo Trinitatis anno Datum in Capitulo generali Canonicorum Septimae Provinciae Ordinis ad Albimet Oderam.

In festo Sancti Ubaldi Episcopi et Confessoris d. $\frac{16}{27}$ May.

A. O. F. $\frac{459}{653}$

Runkel, Geschichte der Freimaurerei. I.

Grundgesetze beobachtet werde, auf daß im Fall wenn an einem dieser Orten eine Kongregation aufhören sollte, selbige die Exemtion verliehren, und demjenigen Sprengel, in welchem alsdann diese Congregation mit Unserer Bewilligung verlegt wird, zufallen soll.

Nicht weniger genehmigen Wir, daß die von nun an aufzunehmenden Ritter, Armigeri und Socii, daferne kein Clericus bey der Aufnahme zugegen gewesen, die Profession als ein Complementum bey sich erratione Protestantium die überreicht und dieser Urkunde beygefügte Ego N... de ordine Commilitonum pauperum Christi templique Salomonici promitto Deo et tibi Pater, toto vitae meae tempore, servare Regulam Templi, per St. Bernhardum Clarevallensem datam, in quantum ad Statum hodiernum Ordinis dispensata, et Regioni meae omnino congrua est, vivendo in obedientia, sine proprio in Ordine, et humilitate.

Worauf der Prior oder ein anderer Clericus antwortet:

Et ego promitto tibi, si haec observavere quae pollicitus es, ex optatissimam felicitatem et profectionem Ordinis Tempeariorum. Amen.

Formula Professionis beobachtet werde.

Articulus XIII

Schließlich bekräftigen Wir hiermit alle in Unserem Gegen Actis ad Canonicos regulares befindlichen Punkten und wollen alle Articul dieses Pacti fundamentalis sowohl bey Uns und in der ganzen Provinz aufrecht erhalten, als wir solches ja hiermit für Unserer Nachkommen zu einem unveränderlichen Grundgesetz machen, welches Wir mit unserer eigenen Unterschrift und HeerMeisterlichen Insiegel bekräftigen.

Datum e Sede Magistrali in Conventu Separato Ordinis in festo Trinitatis anno $\frac{1772}{459}$.

Unterschrieben ist dieser Vertrag von Hund und seiner Ritterschaft. Für die Kleriker zeichnet von Raven für die Kongregation in Wismar und Starck für Königsberg.

* * *

Mit dem Abschluß des Konventes von Kohlo stand die strikte Observanz auf der Höhe ihres Ansehens. Der berühmte Feldherr Herzog Ferdinand von Braunschweig hatte die Führung des Ordens übernommen. Seine Wahl wird in dem Konventsprotokoll folgendermaßen aufgezeichnet: „Nach der zärtlichen Zuneigung, welche wir, der Heermeister, stets vor das Beste des Ordens geheget, ist es zu allen Zeiten unser sehnlicher Wunsch gewesen einen angesehenen und geliebten Fürsten in das Interesse des Ordens zu ziehen, und ein nachahmungswürdiges Beispiel denen Brüdern zu verschaffen. Nachdem wir nun so glücklich gewesen, durch die Beihülfe verschiedener und vornehmlich unseres Hochwürdigen Bruders a crure armato von Lestwitz den Durchlauchtigsten Prinzen Ferdinand Herzogen zu Braunschweig im Orden Ritter a Victoria genannt, diejenige erhabene Persohn zu finden, die den Orden eben sowohl zur Stütze, als der schönsten Zierde gereichen kann und wird, also haben wir denselben wohlbedächtig und mit einhelliger Beipflichtung aller zu dem gegenwärtigen Convent berufener Hoher Ordens Brüder zum Magno Superiori Ordinis, und Großmeister aller schottischen Logen erkoren, und mittelst einer entworfenen Ackte auch beigefügten Heermeisterlichen Handschreiben zur Annahme dieser Dignitaet ehrerbietigst ersucht. Die Praefecti haben daher solches in ihren Sprengeln mit geziemender Vorsichtigkeit bekannt zu machen. übrigens aber in Betracht ihrer Directionen sich lediglich durch die capitularische Regierung an uns zu wenden."

Es gehörten jetzt neben dem hohen Adel und der Beamtenschaft zwölf regierende Fürsten dem Orden an. Er hatte über das ganze Deutschland bis in die baltischen Provinzen, in Prag und Kopenhagen, seine Logen und Kapitel. An äußerem Glanz fehlte ihm nichts. Bezüglich des inneren Gehaltes erwartete man, daß der Orden durch die Verbindung mit der geistlichen Branche gewinnen würde, und in der Tat bemühten sich die Kleriker sehr, besonders um die Verbesserung der Rituale des freimaurerischen Unterbaues. Auch in der Ausgestaltung der Ordensgeschichte zeigten sie wesentlich eingehendere Kenntnisse als ihre weltlichen Ordensbrüder, aber das große Geheimnis, das man aus der Verbindung zu erfahren gehofft hatte, behielten sie für sich.

Ihre Akten und Rituale sind geistig das Bedeutendste, was die Freimaurerei des achtzehnten Jahrhunderts hervorgebracht hat, und es lohnt der Mühe, sich eingehender damit zu beschäftigen.

V. Die klerikalen Akten

Der ritterliche Orden von der strikten Observanz war in seinen äußeren Formen durchaus geeignet, der adeligen Oberschicht und den höheren Beamten Deutschlands Befriedigung zu gewähren, soweit es ihre rein gesellschaftlichen Aspirationen betraf. Nicht befriedigt war die okkulte Unterströmung, die es in jedem Zeitalter gab und gibt. Sie suchte Belehrung in den geheimen Wissenschaften, den Zugang zu der verborgenen Werkstätte der Natur. Viele waren ehrliche Sucher und ernst Gläubige, viele waren zweifelhaft, aber doch bereit, sich eines Besseren belehren zu lassen; sehr wenige waren kritisch, die allerwenigsten verhielten sich gänzlich ablehnend.

Die große Masse der Gläubigen, Halbgläubigen und Halbzweifler war jedoch überzeugt, daß der Weg zum Geheimnis durch religiöse Zeremonien und Übungen gehen müsse, und da bot das Klerikal den ganzen ritualen Prunk mit religiöser Innigkeit und Glaubenszuversicht den suchenden Seelen. Dazu kam die fast zur geschichtlichen Gewißheit gewordene Legende, daß die Priester des Templerordens die Besitzer der mystischen Geheimnisse gewesen, und daß ihre jetzt wieder aufgetretenen Nachfolger, wenn auch nicht alles, so doch viel des okkulten Besitzes aus dem vierzehnten Jahrhundert aufbewahrt hätten.

Das behaupteten die klerikalen Akten, die wir aus den ansehnlichen Überresten, die sich in den freimaurerischen Archiven zu Berlin, Rostock und Königsberg und Bruchstücke davon in Braunschweig, Dresden, Darmstadt und im Haag, sowie in Privatdrucken und Verräterschriften finden, ziemlich genau kennen. In allen Zeiten habe es Menschen gegeben, so lehrten die Kleriker, die tiefere Kenntnis von den Beziehungen des Menschen zu Gott hatten. Jeder Mensch könne dieser Kenntnis teilhaftig werden, wenn er sich von dem Schlamme des Irdischen befreie und seinen Geist aus dem Banne der Materie zu lösen versuche. Wer dies mit Ernst erstrebe und ehrlich vollbringe, der werde das getrübte Verhältnis zu Gott wieder in voller Reinheit zurückgewinnen und Gewalt über alles Irdische erwerben. Dadurch war der Weg zur Alchymie gegeben, die Forschung nach dem Urstoff, aus dem Gott das Weltall geschaffen habe, denn die Alchymie teilte sich in zwei wissenschaftliche Zweige, der eine suchte lediglich die Umwandlung unedler Metalle in edle durch den Stein der Weisen, der andere war rein spekulativ und wollte auf dem Wege der Erforschung der Urmaterie die Beziehungen des Menschen zu Gott ergründen. Diese Forschung ist in allen Zeitaltern lebendig gewesen. Des weiteren lehrten die Kleriker, zur Zeit der Blüte des Volkes Israel wären es die Essener gewesen, die jene Forschungen betrieben und durch alle Fährlichkeiten der Jahrhunderte fortgepflanzt hatten. Durch sieben syrische Christen, die zur Zeit der Kreuzzüge sich vor den Sarazenen geflüchtet und bei den Tempelherren Schutz und Aufnahme gefunden hätten, sei die geheime Wissenschaft an den Orden gekommen und durch die Kleriker bis auf die jetzige Zeit (das achtzehnte Jahrhundert) bewahrt worden. Nach Aufhebung des Ordens habe sich der Geheimbund der Freimaurerei als Hülle bedient, und darauf zielte die neue Regel ab: „In dieser Zerstörung und Zerstreuung des Ordens, in der der größte Teil unserer weltlichen Brüder den Orden selbst verleugnete, hörten alle kirchlichen Ämter auf, die einst von unsern Vätern im alten Orden verwaltet wurden. Die Consecrationen, einst von den Bischöfen erteilt, hörten auf. Dies allein wollen wir, daß niemand in das innere Heiligtum unseres Ordens, das heute als Philosophie angesprochen wird, Zutritt erhalte, der nicht im Orden der Maurer die höchsten Grade besitzt."

Die Regeln bestimmen über die Kleriker weiter:

„Die Zahl der Kleriker darf nie mehr als siebenzig betragen und bei einer einzelnen Kongregation nicht mehr als sieben ohne die Novizen. Nicht allen Klerikern werden die Geheimnisse des Ordens mitgeteilt, sondern nur denen, die der Prior für würdig hält. Den in die innersten Geheimnisse Eingeweihten ist jede weltliche Beschäftigung verboten. Die geheimen Kenntnisse darf keiner zum eigenen Vorteil, sondern nur zum Nutzen des ganzen Ordens gebrauchen. Jeder soll nach den Grundsätzen des christlichen Bekenntnisses, dem er von Geburt angehört, täglich Gott dienen. Entdeckungen, die von Brüdern in der geheimen Wissenschaft gemacht werden, sollen dem Prior und anderen Brüdern mitgeteilt werden. Alle Brüder sollen den äußersten Fleiß darauf verwenden, die alten Kundschaften wieder aufzufinden."

Die Erteilung der geheimen Kenntnis war in drei Grade gegliedert. Der erste der nach vollendeter freimaurerischer Vorbildung verliehen wurde, war der Hochschotte. Darin wurde zunächst unter dem Symbol des zerstörten Tempels das Schicksal des Templerordens vorgestellt. Trotz der Zerstreuung der Brüder ist das Licht erhalten geblieben, das durch einen Stern, aus dessen Winkeln Flammen schießen, symbolisiert wurde. Sieben kleine Sterne stellen die Erinnerung an die sieben syrischen Christen dar, die das Licht bewahrt haben. Das Gelübde fordert nur Verschwiegenheit und ein tugendhaftes Leben.

Danach folgt das Noviziat, in dem der angehende Kleriker sieben Jahre dienen mußte, wenn er nicht kraft der licentia Prioris dispensiert wurde. Vor der Aufnahme legten vier Novizen mit schwarzen Fackeln dem Kandidaten folgende Fragen vor:

„1. Ob er sich nie mit dem Blute eines Menschen besudelt habe?

2. Ob er sich zur christlichen Religion bekenne und sie nie verlassen wolle?

3. Ob er in keiner Verbindung stehe, die derjenigen, die er eingehen wolle, einigermaßen entgegen wäre?

4. Ob er sich von neuem anheischig machen wollte, dem Orden und dessen innersten Geheimnissen getreu zu sein?

5. Ob er sich der Zucht, den Gesetzen und Gebräuchen des Ordens unterwerfen wolle?“

Nach Beantwortung dieser Fragen bleibt der Kandidat allein seinem Nachdenken überlassen und wird darauf, wenn er das christliche Glaubensbekenntnis abgelegt, in das kirchlich geschmückte Vorbereitungszimmer geführt, wobei von den vier Novizen folgender Hymnus gesungen wird, den ich in deutscher Übersetzung gebe:

Gegrüßt sei uns urdunkle Nacht,
Du Haus verborgner Lichtespracht.
O Nacht, du Mutter aller Wesen,
Als Heim des Lichtes auserlesen.

Erhabner Sitz der heiligen Stille,
Des tief Geheimen Wacht und Wille,
Du wohnst im dunkel Wunderbaren,
Des Lichtes Samen zu bewahren.

Gegrüßt du erstgeborene Klarheit,
Du Morgenstern der ewigen Wahrheit.
Erleuchte uns Nacht-Überwinder
Und mach' uns hell des Lichtes Kinder.

Dort wird er ganz im Stile mittelalterlicher Priesterweihe unter Psalmengesang und Gebet initiiert. Dann übergibt der einführende Bruder ihn dem Novizenmeister, dem Conductor noviciorum, der ihn unterrichtet. Der Grundgedanke dieses Unterrichts ist in folgender Stelle ausgedrückt:

„Es ist uns nicht erlaubt, ganz frei und ungehindert von dem zu reden, was Gott sich vorbehalten hat. Es wird uns genug sein, euch den Weg zu zeigen; es beruht auf Gott, daß er euch das Ende erreichen läßt. Wisset demnach zuvörderst, daß wir Söhne und Nachfolger derer sind, die in dem verflossenen Zeitalter aus der milden Barmherzigkeit Gottes die Erkenntnis in den Geheimnissen der Natur erlangt haben und deswegen weise genannt worden sind, obgleich sie selbst niemals diesen großen Namen begehrt, wohl wissend, daß Gott der Herr nur der alleinige Weise ist, auch desfalls sich in Niedrigkeit Freunde und Verehrer der Weisheit, ihre Diener genannt haben. Dies sind unsere Vorväter, wir, ihre Nachkommen, bemühen uns, ihre Nachfolger zu werden. Ihnen war nichts in der Natur verborgen, der Ursprung, das Sterben, die Verwandlung und Verherrlichung der Geschöpfe durch Tod, Kreuzigung und Verwesen war ihnen bekannt. Lasset aber, geliebter Sohn, da ihr dieses vernehmt, euer Herz von dem Argen nicht verführen und auf Gold, Ehrgeiz oder andere irdische Begehren lenken. Gold ist es nicht – was wir suchen ist Gott, und uns in ihm und in seiner Werke Erkenntnis ihm desto mehr zu nähern, um dereinst unzertrennlich bei ihm zu wohnen. Dieses ist das wichtigste Geheimnis, das wir endlich unter den verschiedenen Hüllen erblickt. Und da diese Kundschaft, seitdem Kanoniker im Tempel gewesen, unter unsern Brüdern und Vätern im Orden gewesen ist, so wollten sie bei der jämmerlichen Zerstörung unseres Ordens diesen kostbaren Schatz der Erkenntnis auf die Nachkommen bringen, die sich dessen durch ihren Wandel würdig machten und durch mancherlei Proben bewährt gefunden werden."

Ferner gehört zu den Akten des Noviziats eine ganze merkwürdige lateinische Ansprache, das Nosce te ipsum (Erkenne Dich selbst), enthaltend eine alchymisch-theosophische Schöpfungsgeschichte: Gott hat die Welt aus dem Nichts geschaffen, bevor sie aber in die sinnliche Erscheinung trat, war tiefe Nacht. Darin war Gott selbst und alles, was später geschaffen wurde, jedoch nur im Geiste Gottes lebendig. Gott war in sich selbst zufrieden und glücklich, wie der irdische Mensch jetzt in sich selbst unzufrieden und unglücklich ist, bis er sich dazu erhebt, in Gott sein Genüge zu finden und glücklich zu sein wie Gott. Denn in ihm sind und leben wir. Wo Gott ist, ist Licht, und wo er nicht ist, herrscht Finsternis. Alles was Gott geschaffen hat, floß aus der Idee, die er in seinem Geiste trug. Er brachte zuerst die Einheit hervor, die der Urgrund aller Dinge war. Nun wird der Redner ganz alchymisch: In dieser Einheit war alles enthalten, zuerst die Zweiheit Geist und Körper, dann die Dreiheit Schwefel, Salz und Merkur (Quecksilber), Schwefel gleich dem Körper, Salz gleich der Seele und Merkur gleich dem Geist.

Verfasser dieser Ansprache soll ein Gaufridus sein, über dessen Existenz in der Profangeschichte nichts bekannt ist. Das Stück ist keinesfalls mittelalterlich, sondern es ist offenbar aus den lateinischen Schriften der älteren Alchymisten, wie etwa Geber und Avicenna, zusammengestellt und verbunden, was für einen tüchtigen Lateiner keine großen Schwierigkeiten machte. Es würde bestimmt der Nachweis gelingen, aus den mittelalterlichen Schriften der Alchymisten die Stellen zu bezeichnen, die in dieser Ansprache benutzt sind. Aber es lohnt kaum dieser Arbeit. Bestimmt ist das Latein nicht durchweg mittelalterlich, und die Ideen gehören durchaus der rosenkreuzerischen Zeit dessiebenzehnten Jahrhunderts an. Wir sind in der Lage, Parallelgedanken durch einen bedeutungsvollen Fund in der Bibliothek der Großen Landesloge der Freimaurer von Deutschland aufzudecken, wovon in einem Exkurs gesprochen werden wird.

Die dritte Stufe, die volle Weihe, bildete das Kanonikat, zu dem der Novize sich vierzig Tage in stiller Einkehr vorbereiten mußte. Die letzten sieben Tage verbrachte er in strengem Fasten. Nachdem er dann gebeichtet hatte, wurde er gegen Mitternacht zur Kapelle geleitet, wo die Kanoniker in voller

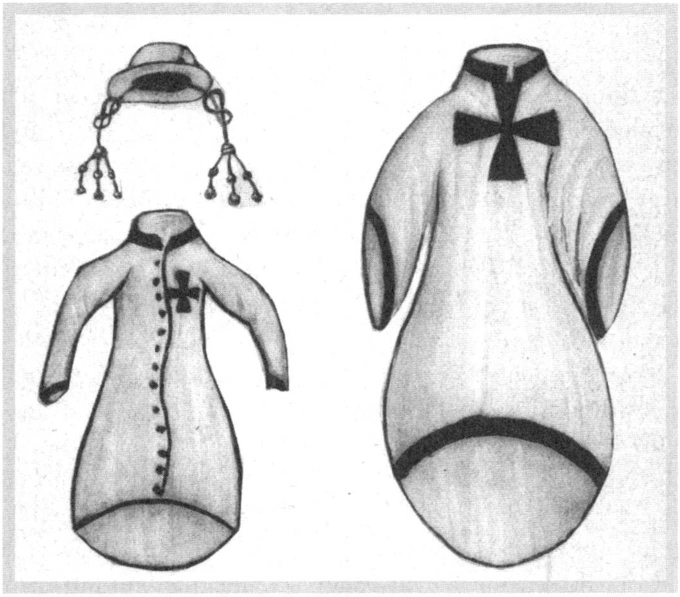

Klerikale Bekleidung

Ordenskleidung ihn erwarteten. Der Prior trägt das große magische Kreuz, die Kanoniker die kleinen Kreuze. Nachdem der Einzuweihende vor den Altar getreten ist, wird der Prolog des Johannisevangeliums verlesen, und der Novize muß sich als Symbol seiner inneren Reinigung waschen, wozu ihm der Vertreter des Heermeisters das Wasser reicht. Nach Gebet und Psalmengesang wird aus Hiob 28, 12–18 vorgetragen, wo von dem Wert der Weisheit die Rede ist, und daß Gott allein sie besitze. Die Lektion schließt mit den Worten: „Die Furcht des Herrn ist Weisheit, und das Böse meiden ist Erkenntnis."

Nun wirft der Prior Salz zur Weihe ins Wasser. Salz ist in der Alchymie nicht nur einer der drei Grundstoffe, sondern auch das irdische Lebensprinzip und endlich das Sinnbild von Weisheit und Kraft. Die Weiheformel lautet in deutscher Übersetzung: „Ich beschwöre das Böse in Dir, o Wasser, durch Gott lebendig geschaffen, Wahrheit und Leben atmend, damit Du Wasser heilig, rein und geweihet werdest zur Austilgung des Bösen und Einpflanzung aller Tugenden durch Christum unsern Herrn, der gekommen ist, die Welt zu richten durch Feuer. (Der Prior bedeckt das Gefäß mit einem schwarzen Tuch.) Gott, Du allmächtiger Schöpfer, der Du Deine Wunder Deinen Dienern unsern Vätern offenbart hast und aus dem Wasser durch eine wunderbare Verbindung der Elemente alles geschaffen hast, wir bitten Dich, dieses Wasser aus seinem verborgenen Zustand zu erlösen. (Er nimmt das schwarze Tuch ab und legt ein weißes auf.) Und nach vielfacher Sühne (multiplices lustrationes, wobei zu bedenken ist, daß multiplicatio im alchymischen Sinn die Umwandlung eines minderwertigen Stoffes in einen höheren zu bedeuten hat) zu reinigen und endlich durch das Wehen Deines Geistes und Deines göttlichen Feuers die Tugend zu verherrlichen (er nimmt das weiße Tuch ab und legt ein rotes auf), zur Vollkommenheit zu führen und königlich zu schmücken, damit sie heilig sei, gefällig und gesegnet, der Du lebst und regierst Einzig in Drei Personen und kommen wirst die Welt zu richten durch Feuer. Amen."

Nachdem der Novize unter Gesang und Gebet siebenmal mit dem geweihten Wasser besprengt wurde, legt er den Eid ab, worauf der Prior ihn küßt und als Bruder begrüßt. Er flüstert ihm den Namen Andreas Montisbarrensis ins Ohr, legt ihm segnend die Hände aufs Haupt mit den Worten: „Gott befestige in Dir, was er begann, er behüte Dich und verherrliche Dich und führe Dich zur vollendeten Gemeinschaft mit dem himmlischen Licht."

Der Prior schwenkt dreimal das Rauchfaß gegen ihn und salbt ihm Stirn und Hand mit dem heiligen Öl. Darauf schmückt er ihn mit dem kleinen Kreuz, steckt ihm den Ring an und befiehlt dann, ihm das Ordenskleid anzulegen. Nachdem er das große magische Kreuz geküßt, wird nach einem kurzen Gebet das Kapitel geschlossen.

Der Unterricht für die Kanoniker war teils historisch, teils okkult, und es handelte sich um eine ganze Anzahl Schriften, von denen uns vieles verlorengegangen ist, die wir aber zum Teil wenigstens in Abschriften besitzen. Unter den historischen Aktenstücken ist erwähnenswert die Lectio de Mysteriis in festo Mysteriorum und das Chronicon des Bruders Ugo a Santa fide, eines Priors von Accon, über den in der Profangeschichte ebensowenig etwas überliefert ist, wie über den vorhin genannten Gaufridus.

Ein ganz merkwürdiges Stück aus den Unterrichtsakten ist die Philosophia Hermetica von Frederico Gualdo, die seit etwa hundert Jahren als verloren galt, aber neuerdings von dem rührigen Bibliothekar der Großen Landesloge aufgefunden und von mir als Manuskript Starcks festgestellt wurde. Sie ist bei Nettelbladt erwähnt, auch nennt der Signatstern den Verfasser, allerdings mit dem Vornamen Theodoricus Gualdo. Hermann Kopp (Die Alchemie in älterer und neuerer Zeit, Heidelberg 1886) spricht von Gualdo gelegentlich der Angaben über die Leben verlängernde Wirkung des Steins der Weisen. Er nennt ihn Federico Gualdo und berichtet, daß von ihm geglaubt wurde, er habe vierhundert Jahre lang gelebt. „Er gehörte dem Bund der Rosenkreuzer an, in welchem würdig Befundene in die höchsten Geheimnisse der Alchymie eingeweiht wurden, und er war wohl einer von diesen. Er hielt sich um 1680 in Venedig auf, brauchte für sich nicht viel, ließ aber doch erkennen, daß er über große Reichtümer verfüge. Er war da in die Tochter eines adeligen Hauses verliebt, aber der Verbindung mit ihr stand im Wege, daß er nicht als Adeliger anerkannt war; dafür, daß dieses Hinderniß beseitigt werde, soll er der Republik Venedig 100 000 Dukaten nach einigen bezahlt, nach anderen versprochen haben, welches letztere glaubhafter ist, weil sich über weiteren günstigen Verlauf dieser Angelegenheit nichts berichtet findet. Er sah damals aus wie ein Mann in seinen besten Jahren, gab aber – wie dies in reiferem Alter stehende Freier öfters tun – sich für jünger aus als er war: Er wollte nur neunzig Jahre alt sein; aber andere wußten es besser: Daß er sein Leben Mittels des Steins der Weisen zu jener Zeit bereits auf etwa vierhundert Jahre gebracht hatte. Es ist von ihm noch ein aus dem Jahre 1722 datierter Brief bekannt geworden; warum er 1724 gestorben ist oder gestorben sein soll, ist unbekannt. Über ihn ist schon zu seinen Lebzeiten mehreres veröffentlicht worden; solches, was den Glauben, daß er als Adept solange gelebt habe, stärken konnte und von einem mit seinem Geheimnis Bekannten geschrieben zu sein scheint, und solches, was jenen Glauben erschüttern sollte; in demselben Jahre, 1700, kamen zu Augsburg heraus ‚Communication einer vortrefflichen Chymischen Medicin, Krafft welcher nebst Gott und guter Diät der berühmte Edelmann Fridericus Gualdus sein Leben auf 400 Jahre zu diesen unseren Zeiten conserviret und kürtzlich noch Anno 1688 zu Venedig zu sehen gewesen. Aus dem Englischen und Italiänischen übersetzt‘ und ‚Der entlarvte Gualdus sive Frid. Gualdus ex se ipso mendacii et imposturae convictus, das ist, ausführlicher Beweis, daß dasjenige, was von einem 400jährigen Venetianischen Edelmann und seiner Medicin vorgegeben wird, mehr für eine Fabel als wahrhaffte Geschichte zu halten‘. Noch 1782 wurde übrigens in einer Anmerkung in der in diesem Jahr veröffentlichten

Ausgabe des ‚Compaß der Weisen' des Federigo Gualdo als eines noch lebenden, zur Zeit fast 600 Jahre alten Adepten gedacht.

Wir werden die Schrift Gualdos, die ein bedeutsames Dokument für die Kulturgeschichte des achtzehnten Jahrhunderts darstellt, diplomatisch treu mit allen Abbildungen als Exkurs wiedergeben und wenden uns jetzt der Kritik der klerikalen Akten zu.

Soviel wird jedenfalls aus dem Inhalt der wiedergegebenen Aktenbruchstücke der Kleriker klar geworden sein, daß diese Branche der strikten Observanz mit dem, was man so gemeinhin als Logenbruderschaft bezeichnet, nichts zu tun hat. Es war einfach die Übersetzung der katholischen Priester- und Mönchsweihe in das Leben evangelischer Menschen. Jedenfalls ist zu erkennen, daß der Vorwurf gegen Starck, durch sein System den Katholizismus in Deutschland ausbreiten zu wollen, unberechtigt ist. Denn überall in den Vorschriften wird betont, daß alles das, was der religiösen Empfindung eines Evangelischen in den alten Liturgien und Gebräuchen anstößig sein könnte, ausgelassen werden sollte. Andere Punkte der Regel, die nur des historischen Interesses wegen aufgenommen waren, wurden als außer Gebrauch gesetzt bezeichnet.

Über die Herkunft der Akten herrschen bislang verschiedene Ansichten. Man hat besonders noch zu Lebzeiten Starcks ihm den Vorwurf gemacht, daß er das ganze klerikalische System erdichtet und mit großer Gelehrsamkeit aus den historischen Überbleibseln echter Templerakten zusammengestellt habe.

Schon Nettelbladt hat ihn gegen diesen Vorwurf in Schutz genommen und die Meinung ausgesprochen, daß Starck seine Kenntnisse und Schriften während seines ersten und zweiten Aufenthaltes in Petersburg erhalten habe, wohin sie durch den Medailleur Lorenz Natter von Florenz gebracht worden waren. Starck hatte ja auch ein Patent in französischer Sprache vorgewiesen, das von einem Petersburger Kapitelmitglied mit dem Ordensnamen Pylades unterzeichnet war. Hinter diesem Namen verbarg sich ein Petersburger Uhrmacher namens Schürger, der später, wie Starck am 20. März 1775 aus Königsberg an von Raden schreibt, aus dem Orden ausgestoßen wurde, „wegen einen Streich, welchen er dem zu Wen verstorbenen Bruder Verdieng gespielt, so auch Ordenspapiere betraf." In dem gleichen Brief gibt Starck die Erklärung ab, daß er von den befreundeten Kanonikern in Petersburg die Freiheit erhielt, die Ordenspapiere für sie und ihre Brüder zu kopieren, doch seien bei dem Bruder Eustachius (Schröter) einige magische Stücke übriggeblieben, die der verstorbene Bruder Lorenz Natter aus Italien mitgebracht hätte. Wir haben keinen Zweifel, daß Starck hier die volle Wahrheit sagt. Dasselbe bezeugt er auch an einer andern, ganz unverfänglichen Stelle, nämlich in einer Nota am Schluß des Manuskriptes von Gualdo: „Friedrich Gualdo war ein Deutscher von Geburt, hielt sich aber zu Ende des vorigen Saeculi in Venedig auf – gehörte aber zu den florentinischen Ordenssitz. – Als wo selbst er seine Wissenschaften erlangt hat. – Hermann Fiduld hat seinen Vetter, den jüngeren Gualdo, gekannt, wie man aus seinem Probierstein sieht, rühmt ihn auch sehr, würde aber solches noch mehr gethan haben, wenn er ihn verstanden oder diese Piece gesehen hätte. Der seelige Bruder Natter hat diese Schrift mit aus Florenz gebracht, und wie er 1765 in Petersburg starb, selbige dem Bruder Schröter, wie seine andere Papiere übergeben, von welchem Manuscript ich diese vortrefliche Piece treulich copirt habe."

Ein weiteres Zeugnis, daß Starck die Akten aus Petersburg erhielt, liefert der Amtsarzt Dr. med. Christian Friedrich Ludwig Dragendorff in Rostock, der um die Mitte des vorigen Jahrhunderts leitender Meister der dortigen Andreasloge war, in einer Notiz am Schlusse von Unterrichtsvorträgen: Er schreibt dort bezüglich der klerikalen Akten, daß er einen Brief Schürgers in Petersburg selbst gelesen und in der Hand gehabt habe, worin dieser die Überlieferung und Aushändigung der klerikalen Akten an Starck bezeugt. Nach diesem Briefe habe ich im Archiv des Provinzialkapitels von Rostock vergeblich gesucht, die Korrespondenz scheint demnach verschwunden zu sein, aber das gewichtige Zeugnis Dragendorffs bleibt trotzdem in voller Kraft. Wir werden daher bei der Beurteilung Starcks, ohne seine menschlichen Schwächen und Fehler entschuldigen zu wollen, an der Ehrlichkeit seiner Angaben und auch an der inneren Überzeugtheit von dem Werte seines Systems in Zukunft nicht mehr zweifeln dürfen.

Wie ernst er selbst seine Sache auffaßte, geht aus einem Briefe hervor, den er an die Prinzen von Hessen und Mecklenburg nach Darmstadt am 5. April 1778 aus Mitau schrieb. Wir übergehen die Einleitung, die lediglich gesellschaftliche Formen enthält. Im weiteren schreibt er folgendermaßen:

„... Aber erlauben mir höchstdieselben, daß ich ohne alles Zeremoniell und Wendungen, ohne alle Umstände mein Herz Ihnen so ausschütte, wie es ist. Meinem Willen, und ich kann wirklich sagen, meiner Pflicht stehen noch immer zwei mächtige Dinge entgegen.

1. Meine Verbindung, in welche ich im Jahre 1767 mit der deutschen Provinz getreten bin. Meine Ansicht war gut. Aber ich war sehr dumm. Ich kannte die Welt nicht genug, war in der Studierstube erzogen und groß geworden, und auf meinen weitläufigen Reisen konnte ich auch nicht weltklüger werden, denn auch da lebte ich in Studierstuben, Büchersälen eingekerkert, oder war im Umgang mit Ordensbrüdern, deren Händen ich sorgfältig empfohlen war. Ich bildete mir im Jahre 1767 ein, die ganze Welt hätte das Herz gegen den Orden, das ich hätte, und sähe die Mängel, die ich teils

hindern wollte und auch sollte, mit unrechten Augen an. Ich ließ mich also in die Verbindung mit der deutschen Provinz ein, die mir von vielen Seiten her sehr nachteilig geworden, und immer zu bereuen Ursache gehabt habe. Ich habe oft den Vorsatz gehabt, mich davon wieder dispensieren zu lassen, habe auch wirklich im September vorigen Jahres darum angehalten, aber nichts erreicht. Ich werde aber den bevorstehenden Konvent förmlich darum anhalten, und alsdann bin ich frei, und die eine Hindernis ist behoben, wodurch meinem besten Willen noch immer unübersteigbare Schranken gesetzt gewesen sein. Hiernächst aber ist

2. meine große Entfernung immer eine ebenso große Hindernis. Ich würde gerechtes Bedenken tragen, dies in Anschlag zu bringen, denn es könnte vielleicht so ausgelegt werden, als wenn ich Verbindungen des Ordens dazu gebrauchen wollte, nun nach Deutschland gezogen zu werden. Ich habe das Vertrauen Euere Durchlauchten werden mich von dieser schiefen Art zu denken und zu handeln freisprechen! ... Ich wünschte, daß bei dieser Gelegenheit ein jedes Mitglied unserer Verbindung mit vollem Blick alles, was in meiner Seele vorgeht, übersehen möchte. Ich glaube, die ganze Lage des Ordens in Deutschland, wie sie jetzt ist und was daraus entstehen wird, zu übersehen. ... Man darf kein Prophet sein, oder die Gabe der Weissagung besitzen, man kann es vordem schon genau sehen, daß sich alles seinem Untergang naht. Die Provinz wird in die kläglichsten Parteien zerfallen, wobei am Ende der Orden den Profanen zum Gespötte bloßgestellt wird.

Dieser gewiß sehr traurigen Epoche geht man mit raschen Schritten und verbundenen Augen entgegen. Ich hielt es gewissermaßen bei diesen Umständen für Pflicht, die Geheimnisse des Ordens, das ist, den kleinen mir davon bekannt gewordenen Teil, einer kleinen genau begrenzten und geprüften Anzahl treuer Brüder mitzuteilen; fällt alles rings um uns herum in seine Trümmer, diese Elite soll den Orden erhalten, sie soll das in unserm Jahrhundert sein, was die wenigen schottischen Brüder im vierzehnten Jahrhundert, und was die Reste unserer Vorfahren, die sich in den Wüsten erhalten hatten, im zwölften Jahrhundert waren, durch welche uns die siebente Zahl so heilig und so wonnereich geworden ist; und denn mögen sie um uns her machen was sie wollen – das war mein Herzensplan und ist es noch, und außerdem sehe ich keinen andern Weg, als daß ich mein gesamtes Archiv, wenn ich weggerufen werde, ins Feuer werfe. Denn es ist besser, daß es gar nicht mehr vorhanden sei, als in unrechte Hände gerate. Hieraus werden Euere Durchlauchten meine redlichen Absichten erkennen. Aber was vermag ich hierzu in dieser weiten Entfernung? Diese steht uns immer im Wege."

Starck fährt fort, immer noch von den Nachteilen der Entfernung zu sprechen und kommt dann zu dem für die Geschichte des Klerikats wichtigsten

Teil des Briefes, nämlich der Beantwortung klarer Fragen, die von den Fürsten an ihn gestellt waren:

„Euer Durchlauchten verlangen von mir eine Nachweisung, auf welche Schriften der älteren Zeit Sie ihr Augenmerk zu richten hätten? Das ist wohl in mancher Hinsicht schwer zu bestimmen, indessen glaube ich dazu des Porphirius und Jamblichus Schriften, desgleichen Dou und Hollwell von Hindostan, desgleichen den von Anquatil herausgegebenen Zend Avesta, nicht ohne Nutzen einem jeden zum Durchlesen empfehlen zu können, der aus profanen nicht zum Orden eigentlich gehörigen Schriften, sich von demjenigen, was im Orden die Mysterien zum Gegenstand haben, vorläufig unterrichten will. Man wird sehr viel Nutzbares darin antreffen, was in der Folge manches erleichtern kann, wenn man sich auf solche Weise einen Weg gebahnt hat. Auf zwei Stücke aber muß man dabei vorzüglich Acht haben.

1. Mischt sich in alle diese Schriften Volks-Religion der Zeiten ein; das muß man immer absondern, als etwas das nicht zum wesentlichen gehört.

2. Ist allen diesen Schriften ein gewisser Hang von Schwärmerei eigen, das ist Zeit und Modekleid, ebenso wie der hieroglyphische Stil bei den Ägyptern, das muß man gleichfalls sehr behutsam absondern. Die Wahrheit ist immer die simple, plane und einfache Sprache der Natur und gesunden Vernunft. Hat man ihn ein mystisch geheimnisvolles Kleid angelegt, das ist ein Externum, das der Weise abzusondern weiß, denn für ihn hört das Politikum auf, das nur für diejenigen die draußen sind, angelegt war...

Ich gehe nun zur Beantwortung der a Cruce Hyerosolymitana mir vorgelegten Fragen. Hier zeigen sich die Schwierigkeiten sehr merklich, die bei unserer Entfernung immer den schriftlichen Unterricht begleiten. Sollte ich daher nicht den rechten Sinn der Fragen verstehen oder meine Antworten darauf nicht hinreichend sein, so erwarte ich darüber eine nähere und weitere Auskunft.

Fr. 1. Ist nach den Grundsätzen und in dem Sinn der Mysterien eine nähere Vereinigung mit Gott bereits in diesem Leben vor dem gewöhnlichen Tode möglich?

Antw. Hier wäre wohl erstlich auseinanderzusetzen, was unter Vereinigung mit Gott verstanden werden soll. Soll es soviel heißen, als Gnade oder näheres Angehören an Gott, so kann daran gar nicht gezweifelt werden, da wir im Grunde von ihm und seinen Absichten besser unterrichtet werden, und wenn wir die in den Mysterien uns obliegenden Pflichten genau erfüllen ihm gewiß näher angehören und genauer mit ihm vereinigt sind. – Aber ich fürchte, daß hier von einer andern Vereinigung geredet werde, da man nämlich mit Gott reden, ihn sehen, und auf solche Art sich mit ihm näher vereinigen will. Dieser Gedanke kommt, soviel ich einsehe, aus einer ganz unrechten

Schule. Alle Vereinigung hier auf Erden ist mittelbar, nämlich vermöge der mittleren Natur. Wir können freilich einer gewissen θειοτης (Göttlichkeit) teilhaftig weiden. Aber das würde doch nichts anderes sein als eine Exaltation unserer gegenwärtigen Beschaffenheit zu einer solchen, die unserer künftigen nahekommt, und ob man das mit Recht oder im eigentlichen Verstande Vereinigung mit Gott heißen könnte, daran zweifle ich. Der Begriff, den man, wenn auch von jenem zukünftigen Zustande die Rede ist, mit dem Ausdruck: Vereinigung mit Gott, verbindet, grenzt häufig so nahe an dem unrichtigen Gedanken von Rückkehr der Seelen in Gott, bei welchem alle eigene Existenz der Seele aufhören muß.

Fr. 2. Kann ein Kenner der Mysterien, der aber nicht zur christlichen Religion gehört, zu derselben gelangen?

Antw. Wer die Mysterien bereits kennt, der darf nicht erst dazu geführt werden. Daß es ehemals Leute gegeben und noch gibt, die keine Christen sind, und doch von den Mysterien genau unterrichtet waren, leidet gar keinen Zweifel; ob ich gleich auch nicht ein einziges Exempel wüßte, daß Juden, seitdem das Christentum gegründet worden, Kenntnisse von den Mysterien gehabt haben sollten. Dies ist etwas sehr Merkwürdiges wider die jüdische Kabalistik. Aber daß zu unsern Mysterien, insofern sie uns übergeben sind, Leute, die keine Christen sind, hinzu gelassen werden könnten, ist eine gänzliche Unmöglichkeit, die nicht nur auf das Zeremoniell von dem ganzen heiligen Dienste der Mysterien, sondern auch in der innern und wesentlichen Beschaffenheit derselben selbst gegründet ist.

Fr. 3. Gibt es außer den sakramentalisch-physischen Mitteln unserer Religion noch andere physikalisch mögliche und nötige zu dem Endzweck.

Antw. Man siehet, daß alles hier von der genauen und richtigen Bestimmung der ersten Frage abhängt. Ich will es versuchen, jene Bestimmung oder jene Frage (dies ist sehr dunkel gesprochen, so wie auch meiner Meinung nach fast die ganze Antwort in Dunkelheit verhüllet ist) mit ihrem ganzen Inhalt zu wenden, und den Ausdruck: Vereinigung mit Gott, von der höchsten Stufe der Mysterien oder sogenanntem magischen Fache zu erklären. Dann würde die Frage diese sein: Sind dazu physikalisch mögliche oder nötige Mittel? dies teilt sich aber wieder in zwei Fragen; nämlich über Mittel, die uns selbst, und Mittel die die ganze Sache betreffen. Was uns selbst anbetrifft, so glaube ich, daß dergleichen Mittel recht nutzbar für uns sein könnten, aber gar nicht unumgänglich notwendig sind, wenn übrigens nur das alles von uns entfernt wird, was im Wege stehen kann. – Was aber Mittel für die Sache selbst anbetrifft, so ist das gar keinem Zweifel unterworfen. Aber es ist nach meinem Erachten und Gewissen nicht nur unrecht, sondern auch von gar keinem Nutzen, wenn man die sakramentalischen Mittel der Religion hierher ziehet. Diese sind uns zu einer ganz andern Absicht gegeben, und ich weiß nicht, wie es zu verantworten ist, wenn sie von einigen hierzu angewendet werden. Oft verkleidet sich ein Engel der Finsternis in einen Engel des Lichts, und rühmt oder erhebt die Heiligtümer der Religion, um uns zu verblenden und zum Mißbrauch derselben zu verführen.

Fr. 4. Gehört zu diesen Mitteln der Schlüssel der Natur und ist solcher nur ein Teil der Wesenheit und des Vermögens des Schlüsselträgers, oder macht ersterer das ganze Wesen des letzteren aus, und kann man keinen Unterschied stattfinden lassen?

Antw. Hierauf ist kurz zu antworten. Schlüssel und Schlüsselträger sind eins und vollkommen dasselbe, und alles was die Mysterien gewähren, das gewähren sie durch ihn allein.

Fr. 5. Schränkt sich das Vermögen des Schlüsselträgers bloß auf unsern Erdball mit seiner Atmosphäre ein, oder wirkt er im ganzen Universo? Vom Schlüssel allein, wenn dieser Unterschied stattfindet, fragt sich letztes nicht?

Antw. Die vorige Frage gibt dieser schon Licht. Wenn man aber den Ursprung und die Natur des Schlüssels oder Schlüsselträgers, die eins und dasselbe sind, kennet, so wird man sehen, daß das Vermögen desselben nicht so eingeschränkt werden könne. Wenn meine verbundene Brüder nur nicht auf einen schrecklichen Abweg fallen möchten, würde ich das sehr deutlich machen. Ich warne also und sage nur: Derjenige, aus dem Alles ist, und durch den Alles erhalten wird, kann unmöglich einen so eingeschränkten Bezirk haben. Der heilige Gesang sagt: Tu per quem et Terra parit, spiritusque Aether parit etc. Das wird genug sein. Aber lassen Sie uns Gott allein die Ehre geben.

Fr. 6. Können wir Verbundene wohl dazu gelangen, Mitglieder jenes priesterlichen Geschlechts zu werden, welchem der Orden seine Geheimnisse entdeckt?

Antw. Über diese Frage habe ich mich schon genug in dem vorhergehenden Teil meines Briefes erklärt, da ich sowohl meine Absichten als die Hindernisse, welche denselben im Wege stehen, angezeigt habe.

Fr. 7. Was müssen wir in dieser Absicht tun, und was ist überhaupt vorher nötig?

Antw. Ich beziehe mich hier wieder auf den vorigen Teil meines Briefes. Ich werde alles anwenden, um meine Erlassung von der Verbindung mit der deutschen Provinz zu erhalten und bitte unsere sämtliche Verbundenen, wenn sie auf den Konvent im Juli reisen, mein Ansuchen zu unterstützen, weil ich ohnedem, wenn auch alle Hindernisse gehoben wären, nichts würde tun können. Was aber alsdann noch nötig sein würde, wird sich alsdann am besten bestimmen lassen.

Fr. 8. Können wir durch Bruder Archidemides die Weihung erhalten?

Antw. Ja, alsdann, aber jetzt nicht, da mich alles bindet.

Fr. 9. Ist die Weihung nur Zeremoniell und Abbildung oder stimmt wirklich das Physische Subjekt derselben unsere Fähigkeiten und Kräfte höher und ist also wesentlich?

Antw. In der Weihung ist allerdings Zeremoniell und Abbildung, indessen ist dies nötig, da ohnedem nirgends Mysterien erteilt werden. So haben wir's empfangen, so teilen wir's wieder mit. Aber das macht nicht alles und das Wesentliche der Weihung aus, ob sie gleich nicht wegbleiben können. Das physische Subjekt der Mysterien metamorphosiert zwar nicht den Menschen, daß durch eine Umschaffung aus einem Unweisen ein Weiser usw. würde, macht aber den Menschen der Geheimnisse empfänglich. Sie gibt aber Tod und Leben aus einem Becher, wie die Geheimnisse der Religion selbst.

Fr. 10. Erlangen wir durch sie Kräfte über die immaterielle Welt?

Antw. Alles geht den simplen einfachen Weg der Natur. Die Beantwortung der fünften Frage wird diese aber schon hinlänglich erläutern.

Fr. 11. Wieviel Haupttüren werden den Vollendeten aufgeschlossen?

Antw. Man kann sagen drei; aber man kann auch mit ebenso vielen Gründen sagen, mir eine einzige; denn Alles ist aus einem. Der Unarius bleibt stets der Grund von allem.

Fr. 12. Ist es nur allein von den Geweihten oder von einem jeden ohne Unterschied zu verstehen, wenn es heißt: ihn zu suchen ist nicht unser Endzweck, denn wir suchen nicht, was wir wissen und kennen?

Antw. Allerdings nur von dem Geweihten allem, die außer uns sind, mögen lange suchen.

Fr. 13. Im letzten Fall ist wohl seiner im Werke der Schöpfung gedacht worden, denn sonst möchte er nur vielleicht dem Naturforscher bekannt sein?

Antw. Da er nur allein den Geweihten bekannt ist, hebt sich diese Frage von selbst. Aber ich füge doch hinzu, daß seiner nie im Werke der Schöpfung gedacht worden.

Fr. 14. Ob nicht, wenn seiner bei dem Schöpfungswerke gedacht worden, er denn darum von dem Naturforscher sollte erkannt werden?

Antw. Hier heißt es: wer glaubt unsern Predigten, und wem ist der Arm des Herrn offenbaret? Nicht was groß vor der Welt, hat Gott erwählt, sondern was niedrig ist, damit er die Weisen dieser Welt zu Schanden mache.

Ludwig Erbprinz von Hessen-Darmstadt

Fr. 15. Ob Bruder Archidemides derjenige bekannte sei, dem die Kräfte und Namen Absinth und Phrut und der Dritte aus Höhern zukommen?

Antw. Das muß wohl allerdings sein. Wir reden was wir wissen und zeugen, was wir gehört haben.

Fr. 16. In welcher Schrift findet man diese Zeichen und Worte: Hagios, Aglor, Holar, Athmatos, und sind sie Bruder Archidemides bekannt?

Antw. Dergleichen Zeichen und Worte sind Archidemides bekannt, er warnet aber einen jeden, indem in Faustens Höllenzwang, in dem Clav. Salom. und andern gottlosen Büchern angetroffen werden.

Fr. 17. Ist zwischen Materie und Immaterialität der Abschnitt gerade und unmittelbar, und also immateriell ganz ohne alles Körperliche; oder ist darunter nur die Befreiung und Erlösung von derjenigen Materie zu verstehen, wie wir Menschen durch unsere Sinne solche zu kennen vermögen?

Antw. Diese ganze Frage müßte wohl zu einer präzisen Antwort genauer detailliert werden. In genere aber findet sich zwischen Materialität und Immaterialität nicht der rasche Abschnitt, den man sich häufig gedenkt, ebenso wenig als zwischen Licht und Finsternis, die voneinander verschieden sind, aber doch wieder zusammenhängen. Wo die Körperlichkeit ganz aufhört, fängt sich die Intellektibilität an.

Fr. 18. Welches ist die allerunterste Sprosse auf der Leiter der Natur?

Antw. Wo natürlich alleinige Korporalität stattfindet, kann man nur immer sagen, wo das wenigste Licht ist.

Fr. 19. Verstatten es Archidemides höhere Pflichten, uns schon jetzt die Grenzen zwischen Mysterien und Religion bestimmter anzugeben?

Antw. Die Frage wird am besten daraus beantwortet werden, wenn ich sage, daß zwischen beiden in gewisser Hinsicht die genaueste Verewigung herrscht, daß eins immer dem andern die Hände bietet. Dieses nun ganz zu erkennen, muß man ganz von den Mysterien unterrichtet sein. Wer diese kennt, wird in jener keines weitern Lehrmeisters bedürfen.

Hiermit hoffe ich, denen mir vorgelegten Fragen, so viel mir nur immer möglich, ein Genüge geleistet zu haben. Sollte hin und wieder noch manches unvollständig sein, so schreiben Sie es nicht meinem Willen zu. Bei dem besten Vorsatz der Deutlichkeit drückt sich der Fragende und der Antwortende nicht immer so aus, daß sie sich einander verstehen. Ich bin ein unvollkommener fehlerhafter Mensch, aber Mangel an Rechtschaffenheit des Herzens ist nie mein Fehler gewesen. Hilft uns Gott, wie ich hoffe, zusammen und hebt die Hindernisse, die noch jetzt dastehen, so soll bei mir keine Falte zurückbleiben, die nicht entwickelt würde. Aber ich muß mir denn eine genaue Folge von Ihnen ausbitten, es mag zur Rechten jemand von Geister träumen, und zur Linken jemand von Goldmachen reden usw.

Doch, das alles wird die Folge zu erörtern Gelegenheit geben. Sie haben im Anfang meines Briefes meine Absichten deutlich gesehen, ich habe sie Ihnen nicht verborgen. Ich suche für mich nichts. Ich wünsche nur, daß bei den Zerrüttungen des Ganzen ein Grund im Verbogenen stehenbleibe. Was für mein Individuum dabei in Betracht kommt, wäre das einzige, daß eine bessere Nachwelt sage: als alles fiel, was Archidemides, der occulte arborem aer pflanzte und das waren die Restaurators und Erhalter, seine Mitverbundene. Soll's sein, so muß sich alles darnach fügen. Soll's nicht sein, so wissen wir, daß eine höhere Hand alles lenket, die nichts ohne Absichten und Ursachen tut. Was ich zum Beschluß dieses Briefes hinzufüge ist der Wunsch, daß der Ewige, unter dessen Händen die Geheimnisse unseres Ordens ruhen, Ew. Durchlaucht unter seine ganz besondere Aufsicht nehme und sie Ihnen immer näher bringen möge; und für mich die Bitte, daß Sie mich fernerhin einigen Anteil an Dero Gnade gewähren mögen, von welcher ich ein überzeugendes als unschätzbars Zeichen erhalten habe, welches niemand mehr zu verdienen bemüht sein kann, als Ew. Ew. Durchlaucht Durchlaucht

ehrerbietigster und getreu verbundener
Archidemides †.

M., den 5 ten April 78.

Dieser Brief ist in mehrfacher Hinsicht wichtig, sowohl für die Beurteilung Starcks als auch für das Verständnis jener Zeit des Suchens nach der wahren und reinen Lehre in der Freimaurerei. Im Kampf der Meinungen ist man dieser Bewegung niemals gerecht geworden. Noch in dem freimaurerischen Schrifttum unserer Tage wird die Geheimnissucht der Menschen des achtzehnten Jahrhunderts gegeißelt. Man stellt alle die Männer, die betrügerischen Goldmachern und Geisterbeschwörern Glauben geschenkt haben, als Schwachköpfe hin. Das waren sie nicht, bestimmt nicht. Sie waren nur schwärmerische Menschen, die nach allem griffen, was ihnen die innige Vereinigung mit Gott zu versprechen schien. Das rationalistische achtzehnte Jahrhundert hatte mit dem Glauben an die Alchymie, an die Verwandlung unedler Metalle in edle und an die Universalmedizien fast ganz gebrochen. Nur tief in den unzugänglichen Gründen des Herzens ruhte noch ein letzter Bodensatz Aberglaube, von dem weder Goethe, noch der weit mehr Verstandesmensch Schiller völlig freigesprochen werden konnten. Jede Zeit hat eben ihre Mystik, denn jede Zeit fühlt das Unbegreifliche, das Hereinragen des Überirdischen in das menschliche Erleben. Ist es denn heute anders? Die wahre Demokratie, das ungeschriebene Naturrecht, der Sozialismus, der Konservatismus, der Faschismus sind ebenso mystische Tatsachen wie das Goldmachen der früheren Jahrhunderte. Die ganze Politik ist eine mystische Erscheinung, wenn man sie von der höheren Warte der Geschichte aus betrachtet. Nein, so wird man entgegnen, die Politik ist eine Wissenschaft: Verfassungsgeschichte, theoretische und praktische Nationalökonomie, Völkerrecht, alles ganz reale und exakte Wissenschaften,

Genau so würde der Adept des siebenzehnten und achtzehnten Jahrhunderts geantwortet haben, wenn man seinem Suchen nach dem Stein der Weisen den wissenschaftlichen Charakter abgesprochen und seine Lehre ins Mystische gewiesen hätte: Die Lehre von den Elementen, ihre Scheidung und Verbindung, das Gesetz der Gerinnung und Verfäulung, die Lehre von den zwei Grundstoffen aller Metalle, die fünf Meisterpunkte, die Lehre von den Arcanis, alles das war dem Adepten Wissenschaft, freilich – und nun kommt das Mystische, das Transzendente – Gott mußte zu allem Werk seinen Segen geben. Genau so ist es heute im staatlichen Leben, nur scheuen sich die heutigen Menschen, Gott die Ehre zu geben, sie reden von Lage, Konjunktur, Geist der Zeit und sie hausen im deutschen Volk mit denselben „höllischen Latwergen" wie Faust zu seiner Zeit. Also seien wir vorsichtig in der Beurteilung der Menschen, die führend in die Freimaurerrei des achtzehnten Jahrhunderts eingegriffen haben. Sie waren Suchende, Sehnsüchtige wie wir alle, sie strebten über die Not des Irdischen hinaus zum Ewigen, zur Erlösung. Das Ziel ist immer das gleiche geblieben, nur die Wege haben sich geändert. Und die Menschen müssen aus ihrer Zeit beurteilt werden, nur so kann man sie als Träger der Geschichte erkennen und aus ihnen die Geschichte selbst, denn es gibt keine Geschichte der Tatsachen, sondern nur eine Geschichte der Persönlichkeiten. Man kann den Satz Treitschkes „Männer machen die Geschichte" dahin erweitern, Männer sind die Geschichte, es sei denn, daß wir eine annalistische Klitterung schreiben wollen. Es kommt also im wesentlichen darauf an, die Menschen richtig zu sehen, dann erkennen wir merkwürdige Irrtümer, die Jahrhunderte lang mitgeschleppt wurden, so daß beispielsweise Catilina keine catilinarische Existenz war, wenn wir von seinem Geschichtschreiber Sallustius wissen, daß er ein Parteigegner Catilinas war und ihn im politischen Kampf so schwarz und falsch wie möglich malte. Er warf ihm sogar den Mord kleiner Kinder vor, wie die Belgier unsern braven Soldaten.

Ein deutscher Dramatiker und sehr ehrlicher Freimaurer, Emil Brachvogel, läßt in seinem früher sehr viel gespielten Trauerspiel „Narciß" seinen Helden im Gespräch mit einigen Pariser Enzyklopädisten sagen: „Absprechen, mein lieber Grimm, nur immer absprechen, das ist die beste Art, die wenig Hirnschmalz kostet." Und weiter kommt verächtlich: „In hundert Jahren wird man fragen, wer war Grimm? Grimm? Grimm? Ach so, der mal auf Diderot geschimpft hat.“

So geht es heute mit Starck. Starck? Starck? Starck? Ach so, der auf die strikte Observanz geschimpft hat. Was er sonst geleistet, daß er der Vater der vergleichenden Religionswissenschaft ist, daß der große Friedrich ihn, den kaum fünfunddreißigjährigen zum Oberhofprediger, Generalsuperintendenten und ordentlichen Professor der Theologie in Königsberg berief, das wird vergessen, und doch zählt es gewichtig zu Starcks Gunsten mit. Für die Freimaurerei des achtzehnten Jahrhunderts hat er auch seine Bedeutung, wenn sie auch im Negativen liegt. Er hat wohl den rechten Weg zur urchristlichen Verinnerlichung geahnt, wenn er sich auch in dem theosophisch-alchymischen Irrgarten verlor. Wir brauchen ihm ja dahin nicht zu folgen, und die leitenden Männer sind ihm nicht gefolgt. Entweder sie änderten grundlegend die Richtung, oder sie wandten sich der schwedischen Lehrart, die Zinnendorf eingeführt hatte, vertrauensvoll zu, und fanden in der herben nordischen Luft christlichen Opferwillens und christlicher Entsagung die Erlösung von dem schwülen sinnbetörenden Pomp der klerikalen Mysterien.

Aber seine Wirkung auf schwärmerische ideale Geister war unbestritten. So schienen die hessischen Prinzen von Starcks Mitauer Schreiben sehr befriedigt. Gustav Krüger (a. a. O.) hat den Briefwechsel aus den Darmstädter Akten ausgezogen: „Wir blicken wie Moses von dem geheiligten Berg in das Land der Verheißung hinüber; werden wir es erreichen?“ Störend auf die ersehnte belehrende Vereinigung wirkte die große Entfernung zwischen Darmstadt und Mitau. Aber „das Vertrauen auf die Herzen lenkende Vorsicht, die Überzeugung von Ihrer Rechtschaffenheit, teuerster Lehrer, und das Bewußtsein, daß unsere Herzen dem Ihrigen in echter Redlichkeit gleichen, dies ist unser Schild wider die dringenden Anfälle der Zweifel und Hindernisse.“

Die nächste Folge dieses Briefwechsels war, daß Prinz Ludwig bei seinem Vater die Berufung Starcks als Oberhofprediger nach Darmstadt durchsetzte. Starcks Brief an die hessischen Prinzen läßt uns zweierlei erkennen: Einmal, daß er innerlich von dem Wert seiner Geheimlehre überzeugt war, sonst hätte er nicht so entschieden auftreten können, und zweitens, daß er ein tief religiöser Mann war, der sich nach den Irrtümern seiner Jugend innerlich gefestigt hatte. In der Tat zeigte seine Darmstädter Zeit, daß er Schluß mit den Schwankungen seiner Frühzeit gemacht hat. Sein Leben ist erfüllt von ehrlicher Arbeit und ehrlichem Kampf, Arbeit in seinem Amt und Kampf gegen seine Widersacher und Neider, die immer die alten Sachen wieder aufwärmten und nicht zur Ruhe kommen ließen. Die strikte Observanz griff er in dem oben schon angeführten Roman „St. Nicaise, eine Sammlung merkwürdiger maurerischer Briefe für Freymäurer und die es nicht sind" (Frankfurt am Main 1786) heftig an. Er hat die Verfasserschaft zwar nie zugegeben, aber auch nie abgeleugnet. Jedenfalls hat er in einem Prozeß, den er gegen die Herausgeber der Berliner Monatsschrift geführt, die richterlich geforderte Erklärung, ob er der Verfasser des St. Nicaise wäre, abgelehnt, worauf die Beklagten freigesprochen wurden.

Wenn man es auch entschieden mißbilligen muß, daß Starck den Orden, dem er doch immerhin mehr als zehn Jahre angehört und mit dessen führenden Männern er freundschaftlich verkehrt hatte, öffentlich schmähte, so kann man doch die Verärgerung begreifen, wenn man betrachtet, wie er von Mitgliedern der strikten Observanz behandelt wurde. Besonders der kurländische Rittergutsbesitzer Ernst Johann von Fircks, im Orden Ritter vom roten Adler und Prior Equitum der Provinz, also der nächste nach dem Heermeister, hat ihn während seines Aufenthaltes in Mitau bitter verfolgt. Nicht nur, daß er ihn in Privatbriefen einen scheußlichen Menschen nannte, er hat ihn auch persönlich hart bedrängt. So ließ er ihn einmal in seiner Wohnung von zwei Rittern förmlich zu Protokoll vernehmen, wie er die Kongregation in Königsberg verlassen habe, was er in Mitau zu tun gedenke und warum er ihm als seinem Ordensoberen nicht seine Aufwartung gemacht habe. Starck wies diese Übergriffe energisch zurück, worauf Fircks eine Beschwerde an das Direktorium erließ, die von einer unvergleichlichen Heftigkeit war. Starck versäumte nicht, in seiner Gegenbeschwerde mit gleicher Münze zu dienen, und die Sache nahm eine derartige Form an, daß der Großmeister, Herzog Ferdinand von Braunschweig, selbst eingriff und Fircks zur Zurücknahme der Klage und zur Versöhnung bestimmte. Starck war aber damit nicht zufrieden, sondern forderte eine Entscheidung, insbesondere wegen der ungesetzlichen Gewalt, die Fircks angewendet habe, um sich der klerikalen Akten zu bemächtigen. Starck schildert den Vorgang in einem Brief vom 15. August 1809 folgendermaßen: „Kurz vor meiner Abreise aus Mitau eröffnete mir Bruder von Sacken, daß Fircks mit einigen seiner Ritter mich auf der Landstraße angreifen und die bei mir befindlichen Ordensschriften abnehmen wolle. Er bat mich dringend, für deren Sicherheit zu sorgen und erbot, sie mir nach Deutschland nachzusenden, wenn ich sie ihm anvertrauen wolle. Es war mir indes, als wenn mir jemand von dem letzteren abriete, und sobald ich zu Hause gekommen war, entfernte ich meine Leute, ging in die Remise, schrob den Kutschersitz ab, machte die Sattlerarbeit los, und füllte statt des herausgezogenen Heues, den Sitz mit den wichtigsten Papieren. Die minder wichtigen schickte ich in der Nacht nach Riga an meinen Spediteur. Was ich so nicht fortbringen konnte und mochte, war ein kleines Convolut, das zwar von Wichtigkeit, aber lateinisch und meistens in Chiffern war. Den folgenden Tag reiste ich, und Sacken begleitete mich nach seinem Gute. Hier traf Fircks ein und forderte im Namen des Herzogs von Södermanland meine Papiere mit dem Vorgeben, daß er beauftragt sei, mich nach Schweden zu schicken. Fircks tobte bei meiner Weigerung wie ein rasender Don Quixote; Sacken spielte die Rolle des Vermittlers, schlug es mir aber ab, einen Expressen an den Herzog, der mir sehr gewogen war, zu schicken, und dessen Hülfe zu reklamieren. In den Händen dieser Menschen mußte ich mich fassen und verstellen, ich gab meine Schlüssel, damit sie selbst nachsuchen könnten, worauf Fircks meine Koffers und Schatullen durchsuchte. Wie er hier nichts gefunden, vermutete er, daß vielleicht in verborgenen Reservoirs des Wagens, den ich neu hatte bauen lassen, etwas möchte versteckt sein. Da ich aber dazu mit Lächeln die Schlüssel gab und nur begehrte, daß ein Sattler und Wagner genommen werden möchte, damit nichts beschädigt würde, so stand er ab. Indessen bemächtigte sich Sacken des lose liegenden versiegelten Convoluts, welches er Fircks als in seinen Händen befindlich vorzeigte, nachmals aber doch behielt, jedoch mit der Versicherung es mir nachzuschicken. Ich habe es zwei Jahre darauf, aber entsiegelt wiedererhalten. Zuletzt zwang mir Fircks das schriftliche Versprechen ab, bei meiner Ankunft in Deutschland alles, was ich von Ordensschriften besäße, ihm nach Kurland zu senden, welches ich indeß, sobald ich die preußische Grenze erreicht hatte, von Memel aus als unbefugt, abgedrungen und unverbindlich erklärte."

Starck war durch all diese Vorkommnisse aufs tiefste verletzt; er beschloß, sich ganz zurückzuziehen und die klerikalische Verbindung in kleinstem Kreise fortzusetzen. Er bestimmte auch von Raden, seine Ämter niederzulegen, und so kam es zur Trennung der beiden Branchen, der weltlichen und der geistlichen, im Jahre 1778. In Königsberg blieb die Kongregation anfänglich noch vereinigt, aber nur, um die geistlichen Zeremonien zu vollziehen. Es wurden demnach auch nur die einschlägigen Ritualien dort gelassen, während alle andern Akten Starck auf der Durchreise an sich nahm.

Aus diesen Zusammenhängen heraus kann man es verstehen, daß Stars, der in der Tat für die strikte Observanz wesentliches geleistet hatte und sich dessen auch bewußt war, scharf gegen den Orden vom Leder zog. Gewiß, es ist ihm Unrecht geschehen, aber es wäre edler gewesen, wenn er mit Versöhnlichkeit, nicht mit Haß und Angriff geantwortet hätte. Doch wer will Richter über die Temperamente sein?

Eine andere, sehr bittere und hohnvolle Schrift, „Stein des Anstoßes und Fels der Ärgerniß, allen meinen teutschen Mitbürgern, in und außer der siebenten Provinz, entdeckt von Ich weiß nicht von Wem? Gedruckt in Teutschland 1780", die gleichfalls Starck zugeschrieben wurde, – das mir vorliegende Exemplar der sehr seltenen Schrift trägt auf dem Titelblatt mit Bleistift den Namen I. A. Frhr. v. Starck – ist nicht von ihm, sondern von Aug. Fr. Cranz, Kriegs- und Steuerrat zu Cleve, bekanntgeworden durch seine Satire auf die Goethe-Schiller-Xenien, „Die Ochsiade oder Schiller und Goethes Unterhaltungen mit einigen Kollegen". (Hamburg 1797.)

Kehren wir nun zu den Akten selbst zurück. Wir wissen aus den oben mitgeteilten einwandfreien Zeugnissen, daß das gesamte Ritualmaterial durch Lorenz Natter von Florenz nach Petersburg gekommen war, wo in einem kleinen Kreis eine Verbindung geschlossen wurde, die bestimmt nicht freimaurerischen, sondern rosenkreuzerischen Charakter trug. Daß die Russen mit der Freimaurerei in Deutschland Verbindung gesucht, ist eine feststehende geschichtliche Tatsache. Der russische Gesandte in Hamburg, der in England zum Freimaurer aufgenommene Graf Mussin Puschkin wurde im Jahre 1766 unter dem Namen Ritter vom Elefanten der strikten Observanz zugeführt. Unabhängig von diesem hatte schon 1765 der russische Generalleutnant Graf Melesino eine theosophisch-freimaurerische Vereinigung gestiftet, die in ihrem letzten Grad das Templerklerikat unter dem Namen Magnus Sacerdos Templariorum (Hoherpriester der Tempelherren) erteilte. Melesino war ein Mann, dem bezwingende Liebenswürdigkeit und sieghafte Beredsamkeit nachgerühmt wurden, er soll gleich fertig in vier Sprachen Loge gehalten haben. Daß der kleine Kreis um Natter mit Melesino Verbindung hatte, ist wahrscheinlich, aber nicht sicher nachweisbar, jedenfalls ist der Gedanke des templerischen Klerikats in diesem Kreise entstanden, in dem man alle Kundschaften angeblich templerischer Herkunft besaß. Es waren aber unter den von Natter aus Florenz mitgebrachten Papieren fast nur rosenkreuzerische. Dazu gehört unter den uns erhaltenen Schriften der „Character Magico-Cabbalistico-Sophicus".

Diese alte magisch-kabbalistische Geheimschrift (character) soll die Geheimschrift der Kunst (artis mysteria) enthalten. Es gehört dazu eine lateinische Erklärung, die auf achtundsechzig Quartseiten eine ganze alchymisch-theosophische Weltschöpfungs- und Naturgeschichte enthält, und in ihrer Hauptsache dem großen Werk des Georg von Welling entnommen ist: „Herrn Georgii von Welling Opus Mago-Cabbalisticum et Theosophicum, darinnen der Ursprung, Natur, Eigenschaften und Gebrauch des Salzes, Schwefels und Mercurii in drehen Theilen beschrieben, und nebst sehr vielen sonderbaren mathematischen, theosophischen, magischen und mystischen Materien, auch die Erzeugung der Metallen und Mineralien, aus dem Grunde der Natur erwiesen wird; samt dem Haupt-Schlüssel des ganzen Werks, und vielen cu(r)ieusen mago-cabbalistischen Figuren. Deme noch beygefüget: Ein Tractätlein von der Göttlichen Weisheit; und ein besonderer

Anhang etlicher sehr rar und kostbarer chymischer Piecen." Leider habe ich nur die dritte Auflage von 1784 auftreiben können. Die zweite ist laut Vorwort des Herausgebers 1735, die erste laut „Vorrede des Autoris" 1721 erschienen.

Es ist ein merkwürdiges Buch, von einer geradezu genialen Religiosität und, einem Tiefblick in die Gotteserkenntnis, die für die Zeit – von Welling war 1652 geboren – erstaunlich ist. Er hatte die große Einheit des Gedankens ohne die marktschreierische Aufdringlichkeit des Paracelsus, von dessen Namensteil Bombast aller literarische Schwulst die Bezeichnung bombastisch erhielt. Man hat Welling dunkel und ein Irrlicht genannt; wer sein gewaltiges Werk aber im Hinblick auf das unum mysticum oder metaphysicum liest, wird, wie er in seiner Vorrede sagt, eine Anleitung erhalten, auf dem wahren Weg der Natur zu wandeln und die Irrwege zu vermeiden.

Kein Geringerer als Goethe hat sich auf Anregung seiner Jugendfreundin, der „herzlichen Gottesverehrerin", des Fräuleins von Klettenberg, sehr eingehend mit Welling beschäftigt. Er erzählt uns davon in Wahrheit und Dichtung: „Sie (die Klettenberg) hatte schon insgeheim Wellings Opus mago-cabbalisticum studirt, wobei sie jedoch, weil der Autor das Licht, was er mitteilt, sogleich wieder selbst verfinstert und aufhebt, sich nach einem Freunde umsah, der ihr in diesem Wechsel von Licht und Finsternis Gesellschaft leistete. Es bedurfte nur einer geringen Anregung, um auch mir diese Krankheit zu inokulieren. Ich schaffte das Werk an, das, wie alle Schriften dieser Art, seinen Stammbaum in gerader Linie bis zur neuplatonischen Schule verfolgen konnte. Meine vorzüglichste Bemühung an diesem Buche war, die dunklen Hinweisungen, wo der Verfasser von einer Stelle auf die andere deutet, und dadurch das, was er verbirgt, zu enthüllen verspricht, aufs genaueste zu bemerken und am Rande die Seitenzahlen solcher sich einander aufklären sollenden Stellen zu bezeichnen. Aber auch so blieb das Buch noch dunkel und unverständlich genug; außer daß man sich zuletzt in eine gewisse Terminologie hineinstudierte, und indem man mit derselben nach eignem Belieben gebahrte, etwas wo nicht zu verstehen, doch wenigstens zu sagen glaubte. Gedachtes Werk erwähnt seiner Vorgänger mit: vielen Ehren, und wir wurden daher angeregt, jene Quellen selbst aufzusuchen. Wir wendeten uns nun an die Werke des Theophrastus Paracelsus und Basilius Valentinus; nicht weniger an Helmont, Starkey und andere, deren mehr oder weniger auf Natur und Einbildung beruhende Lehren und Vorschriften wir einzusehen und zu befolgen suchten. Mir wollte besonders die Aurea Catena Homeri gefallen, wodurch die Natur, wenn auch vielleicht auf phantastische Weise, in einer schönen Verknüpfung dargestellt wird; und so verwendeten wir, teils einzeln, teils zusammen, viel Zeit an diese Seltsamkeiten, und brachten die Abende eines langen Winters, während dessen ich die Stube hüten mußte, sehr vergnügt zu, indem wir zu dreien, meine Mutter mit eingeschlossen, uns an diesen Geheimnissen mehr ergötzten, als die Offenbarung derselben hätte tun können... Meine Freundin, welche eltern- und geschwisterlos in einem großen wohlgelegenen Hause wohnte, hatte schon früher angefangen, sich einen kleinen Windofen, Kolben und Retorten von mäßiger Größe anzuschaffen, und operierte, nach Wellingischen Fingerzeigen besonders auf Eisen, in welchem die heilsamsten Kräfte verborgen sein sollten, wenn man es aufzuschließen wisse; und weil in allen uns bekannten Schriften das Luftsalz, welches herbeigezogen werden mußte, eine große Rolle spielte, so wurden zu diesen Operationen Alkalien erfordert, welche, indem sie an der Luft zerfließen, sich mit jenen überirdischen Dingen verbinden, und zuletzt ein geheimnisvolles treffliches Mittelsalz per se hervorbringen sollten.

Kaum war ich einigermaßen wiederhergestellt, und konnte mich, durch eine bessere Jahreszeit begünstigt, wieder in meinem alten Giebelzimmer aufhalten, so fing auch ich an, mir einen kleinen Apparat zuzulegen; ein Windöschen mit einem Sandbade war zubereitet, ich lernte sehr geschwind mit einer brennenden Lunte die Glaskolben in Schalen verwandeln, in welchen die verschiedenen Mischungen abgeraucht werden sollten. Nun wurden sonderbare Ingredientien des Makrokosmus und Mikrokosmus auf eine geheimnisvolle wunderliche Weise behandelt, und vor allem suchte man Mittelsalze auf eine unerhörte Art hervorzubringen."

Man darf sich also nicht wundern, wenn die Männer der strikten Observanz von der noch mehr als bei Welling vergeistigten Lehre des Klerikats geradezu fasziniert wurden, da doch ein so universaler Geist wie Goethe sich tief in sie versenkte. Er ist übrigens auch der strikten Observanz beigetreten.

Diese Tatsache geht aus einem Revers hervor, den Hugo Wernekke (Goethe und die Königliche Kunst, Leipzig 1905) veröffentlicht:

„Nachdem uns Endesunterzeichneten am heutigen Dato auf dazu von der hohen Behörde ausgewirkte Dispensation nicht nur der vierte Grad der Maurerei historisch mitgeteilt, sondern auch über die ferneren Verhältnisse, Absichten, Beschäftigungen pp des sogenannten inneren oder hohen Ordens erläuternde Aufschlüsse und Unterricht gegeben werden sollen, als machen wir uns, in dankbarer Anerkennung der uns hierunter angediehenen auszeichnenden Begünstigung der Hochw. hohen Obern des Ordens, mit Wiederholung der bei dem Eintritt in denselben abgelegten Verpflichtung, bei resp. Fürstl. wahren Worten, Treu und Glauben, hierdurch verbindlich über dasjenige, was wir bei Gelegenheit des uns zu erteilenden Unterrichts über den vierten schottischen Grad des Maurerordens, über den innern oder hohen Orden und über andere mit demselben in Verhältnis und Zusammenhang gestandene, noch stehende oder künftig etwa noch kommende Ordensverbindungen in Erfahrung bringen und vernehmen werden, ein unverbrüchliches Stillschweigen gegen alle diejenigen, welch zu gleicher Wissenschaft nicht berechtigt sind, zu beobachten, und davon nichts, unter keinerlei Verwand und zu keiner Zeit, auskommen zu lassen. Zu dessen Urkund wir gegenwärtige Versicherung wissentlich und wohlbedächtig von uns gestellt und unterzeichnet haben. So geschehen Weimar, 10. Dezember 1782.

Carl August, H. z. S. Friedrich Hartmann von Witzleben.
Johann Wolfgang von Goethe."

Herzog Karl August erhielt den Ordensnamen Ritter vom weißen Falken, Witzleben Ritter vom Fuchs, für Goethe dagegen ist keiner überliefert. Er war bekanntlich im Jahre 1780 in der Loge „Amalia", die der Minister von Fritsch als Meister vom Stuhl leitete, aufgenommen worden.

Wenden wir uns nun der mago-kabbalistischen Geheimschrift und ihrer Erklärung zu. Die Abschrift, die sich im Archiv der Großen Landesloge befindet, ist die Kopie eines Manuskripts des Eques a Rostro, des Hofrats Ernst Friedrich Hektor Falcke (1774 bis 1809), Bürgermeister von Hannover, der ein überaus eifriges und überzeugtes Mitglied des Ordens war. Sie trägt von der Hand des Professors Dr. Klotz (1787 bis 1854) die Notiz „vorgelegtes Original war wasserfleckig. Übereinstimmend mit dem autographum fratris a Rostro." Der mir zugängliche Text stammt von einem des Lateinischen nicht kundigen Abschreiber und ist sehr fehlerhaft. Zwar hat Dr. Höfig-Parchim ihn, so gut es ging, verbessert, aber es blieben doch immer noch Unklarheiten, die das Verständnis stark erschwerten. Soviel ist jedenfalls sicher, daß es sich bei den dreiundzwanzig oder nach einer andern Tafel vierundzwanzig Zeichen um ein Alphabet handelt, an das der Erklärer eine ganze theosophische Kosmogonie knüpft, die durchaus in Wellingischem Geiste gehalten ist.

In der Einleitung wird die Tafel bezeichnet als „symbolische Schrift, Schloß vor den Mysterien, Siegel der Verschwiegenheit, Stein des Anstoßes für die Unkundigen, Übung für die Tung-Mysten, Schreckmittel der Unwürdigen,

Prüfung für die Novizen. Unter Symbolen waren von Anfang an die wichtigsten Dinge verborgen und die höchsten Erkenntnisse sind vom Himmel zur Erde herabgestiegen, aber nur unter der Hülle der Symbole…

Magisch-kabbalistische Zeichen

Die ganze Natur ist verhüllt, das Licht ist in Symbolen der Nacht verborgen, die Natur hüllt sich in die Decke der Finsternis, und je tätiger sie ist, desto tiefer verbirgt sie sich."

Das erste Zeichen, der Kreis mit dem Kreuz im Innern, ist die alte verhüllte Wissenschaft von Gott. Gottes Natur ist feuriger Geist, und die zweite Figur ist die aus dem Kreis hervorbrechende Strahlung der Göttlichkeit, die die intellektuelle Welt belebt. Diese Strahlungen sind die sieben himmlischen Mächte, die Cherubim, die Seraphim, die Herrschaften, Gewalten, Thronen,

Fürsten, Engel und Erzengel, ganz wie bei Welling. Jede dieser Mächte hat auch ein anderes Zeichen.

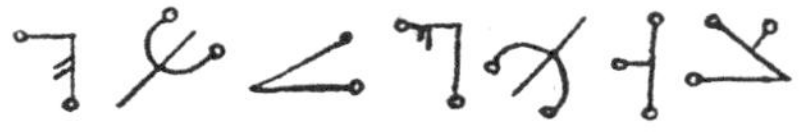

Das dritte Zeichen ist die abwärts gerichtete Strahlung nach dem Abgrund, aus dem die höllischen Geister stammen, die Gegenspieler und Feinde des göttlichen Lichtes. Eine Vereinigung von Licht und Finsternis, Himmel und Abgrund ist nicht möglich, aber eine Strahlung des Lichtes in den Abgrund ist denkbar. So ist eine neue Welt geworden, die das Band zwischen Himmel und Abgrund bildet. Mit dem fünften Zeichen ist der Schlüssel der ganzen Natur und der beiden Reiche gegeben. Licht ist Gott, aber seine Wege sind durch einen Nebelschleier verhüllt. Die höllischen Scharen (legiones tartareae) begreifen die Blitze des Lichtes nicht, bis der Erstgeborene Ordnung in das Chaos bringt. Die leichten Wasser steigen nach oben, die schweren sinken nach unten, aus jenen wird der Himmel, aus diesen das Meer, und im Mittelpunkt entsteht die Erde durch die Kraft des inneren Feuers. Aus den verschiedenen Samen schafft der Erstgeborene Gras, Kraut und Bäume. Aus den dichteren Feuerteilen macht er die Sonne und die anderen Lichter des Himmels. Das sechste Symbol stellt die Wissenschaft vom Anfang der neuen Schöpfung und überhaupt den Anfang aller göttlichen und menschlichen Wissenschaft dar, die nichts anderes ist, als die Lehre vom Licht. Der Anfang aller Dinge war das Wasser, daraus schuf die göttliche Hand des Erstgeborenen alles. Aber ohne Licht ist das Wasser unfruchtbar. Das Licht teilt sich dem Wasser als ein klares fettes Öl mit, darum werden die Mysten durch Wasser und Öl zu ihrer priesterlichen Tätigkeit geweiht. Dies besagt das siebente Zeichen. Das achte Symbol stellt das Feuer dar, aber nicht das gewöhnliche, sondern das Feuer höheren Ursprungs, das geistige, heilige Feuer, das auf dem Altar Gottes brennt. Im neunten Symbol ist die Luft sinnfällig gemacht, das mittlere Element, das aus Wasser und Feuer geworden ist. Das zehnte Zeichen ist das der Trennung der Elemente. Was aber nützt die Trennung, wenn doch wieder eine Bereinigung eintritt? Die Vereinigung ist Urgrund und Anfang alles Lebens. Die erste Nachkommenschaft der Vereinigung ist schwarz, das zeigt das elfte Symbol an, das für Spießglas und Antimonium gesetzt wird (Spießglas diente zum Schwarzfärben). Der Kreis geht nur einen Weg; wenn man ihn auch ins Unendliche wiederholt, alle Kreise sind untereinander gleich. So auch die Natur, wenn sie sich unendlich oft wiederholt, es bleibt doch immer dasselbe. Das Symbol der Vollkommenheit ist das Kreuz. Die Farbe der Vollkommenheit ist das Schwarz, in ihm ruht das Weiß und das Rot verborgen. Die ganze sublunarische Welt liegt unter einem schwarzen Schleier; wenn man ihn wegzieht, erscheint das Licht, und alles wird klar.

Hier schwankt die Überlieferung der Zeichen in den drei Tafeln, die uns aufbehalten sind, die eine hat zwischen dem elften und zwölften Zeichen das Henkel-Kreuz eingefügt – mit den Worten: „Drehe nun wieder das große Rad der Natur. Der geliebte Sohn des Lichtes geht wieder in Tod und Verderbnis, um zu einem besseren Leben aufzustehen. Das Symbol der Venus ist die Signatur dieses Vorgangs." Das zwölfte Zeichen ist der Stab des Merkur, ein bedeutsames Symbol; wenn die mystische Handlung die höchste Stufe erreicht hat, erglänzt dieses Zeichen, das Symbol der vollkommenen Natur, nun folgen die Sinnbilder von Mond und Sonne, sie sind als Vater und Mutter die großen Schlüsselhalter der Natur. Die Körper nehmen von der Sonne die Feuernatur des Urfeuers und vom Mond die wässerige und erdige Natur an. Das nächste Zeichen ist das Viereck, denn die Vier ist das Fundament der ganzen Natur. Aus ihr geht die Drei hervor zur Vervollkommnung der Sieben, und die Eins zur Vervollkommnung der Zehn. Die Eins ist aller Dinge Mutterleib und Grundlage, daraus kommt die Zwei, Leib und Geist oder das Trockne und das Feuchte. Aber die Zwei ist ohne die Drei unmöglich existent, denn Geist und Leib können nicht bestehen ohne das verbindende Band der Seele. Nun kommt das Zeichen für Salz. Alles wäre geschmacklos ohne Salz, der Geist des Salzes belebt die Natur, Salz ist das Band zwischen dem intellektuellen und sensuellen Reich.

Das nächste, das siebenzehnte Zeichen ist das ehrwürdige Symbol der Wiedergeburt. Wo die Pforte des Todes geöffnet wird, da beginnt eine neue Schöpfung. Es ist das Bild eines von einem Halbkreis auffliegenden Skarabäus; der Halbkreis ist ein Schattenriß dieser Welt, die durch einen unglückseligen Zwiespalt die Körperlichkeit annahm. Habicht und Schlange stellen die wunderbare Verbindung des Feuers und des Feuergeistes dar. Geist verbindet sich mit Geist zu immer höherer Vervollkommnung. Das jetzt folgende neunzehnte Zeichen ist der letzte Buchstabe des griechischen Alphabets, das Omega, der erste das Alpha, das Erstgedachte ist der Geist und das letzte ist gleichfalls Geist. So stellt es sich als Symbol des Erstgeborenen dar, der Führer und Mittler zu seliger Verherrlichung ist. Die nächsten vier Zeichen deuten den Weg der Erneuerung der ganzen Schöpfung und ihre völlige Vergeistigung an. Nichts, was Gottes Hand geschaffen, wird zerstört, sondern nur erneut. So kommt der neue Himmel und die neue Erde. Aber das letzte Ziel ist das Kreuz, die Vollendung des Ganzen. Auch das Reich der Finsternis wird durch das göttliche Licht erlöst. Und das Licht wird über die Finsternis den Sieg davontragen und es wird nur e i n Reich des Lichtes sein, das kein Neid, kein Hochmut zerreißt, kein Dunkel verdunkelt, kein Unglück ändern und stören wird. Und wenn alles dem Erstgeborenen unterworfen sein wird, so wird er selbst dem verborgenen Vater alles übergeben, der in ihm als in seinem Ebenbilde allen sich offenbaren und ein Erbarmer aller seiner Werke sein wird, und der Geist Gottes wird alles erfüllen und Gott wird alles in allem sein.

Mit den Worten „Laß o Vater dein Reich kommen" und der Doxologie des Herrengebetes schließt die Erklärung der alten magisch-kabbalistisch-sophischen Tafel. –

Eine zweite, bedeutsame Lehrschrift des Klerikats ist die uns aufbehaltene „Tabula Chaeremonis sacerdotis et philosophi memphici de mysteriis" (Tafel des Chaeremon, Priesters und Philosophen zu Memphis, über die Mysterien). Dieser Chaeremon wird noch einmal erwähnt in der Erklärung zu dem Patent des von Raven als Prior. Dort heißt es (Signatstern III, 229): „Das sicherste Zeichen eines Regularis ist das Wort Absinth aus der Apocalypse VIII, 10–11." Die Bibelstelle lautet: „Und der dritte Engel blies die Posaune, und es fiel ein großer Stern vom Himmel, der brannte wie eine Fackel, und er stürzte auf den dritten Teil der Flüsse und der Wasserquellen. Und der Name des Sterns wird Apsinthos (Wermut) genannt; und es wurde der dritte Teil der Wasser in Wermut verwandelt, und viele Menschen starben von den Wassern, weil sie bitter geworden waren." Dann heißt es im Texte der Erklärung nunmehr lateinisch weiter: „Anfang. Adam hat nach dem Fall in seiner Reue das Mitleid Gottes angefleht, ihm das Licht wiederzugeben, das im Paradiese geleuchtet hatte, in den unterirdischen Regionen aber infolge der List des Teufels in Finsternis gehüllt ist. Von hier kam es an die Patriarchen und an Noah, darauf an Joseph, den Hermes-Schüler, der die Tabula Smaragdina in dem Tempel niederlegte, den er bei Memphis erbaut hatte. Dann kam die Kundschaft an die Magier, an Moses und im Jahre 3840 an Jessa oder Essa, unsern Vater, von Chaeremon in Heliopolis, der Stadt Ägyptens eingesetzt, von hier kehrte Jessa 3860 nach dem heiligen Land zurück, seitdem bestehen die Jessäner."

Die ganze Erklärung charakterisiert sich schon durch die Erwähnung der Tabula Smaragdina als alchymisch. Es ist dies eine alchymische Schrift, die im Mittelalter und bis in das achtzehnte Jahrhundert lateinisch umging. Hermes selbst soll sie, die eine Anleitung zur Ergründung der tiefsten Geheimnisse der Alchymie enthält, selbst verfaßt, aber mit ins Grab genommen haben. Weiter sagt die Legende, daß Alexander der Große auf einem seiner Kriegszüge das Grab des Hermes aufgefunden und das Geheimnis, das auf einer smaragdenen Tafel geschrieben war, gerettet habe. Außer den Patriarchen werden auch Joseph, Moses, der legendäre Jessa und endlich Chaeremon als Adepten bezeichnet. Die angegebenen Jahreszahlen sind reine Phantasie.

Über Chaeremon wissen wir aus der Geschichte wenig, aber Zuverlässiges. Strabo erwähnt ihn in dem ersten Kapitel des siebzehnten Buches seiner Geographica als einen Mann aus Alexandria (τις ἐξ Ἀλεξανδρεα), der den römischen Statthalter Aelius Gallus, in dessen Gefolge Strabo Ägypten bereiste, begleitete. Er wird außerdem noch von Flavius Josephus erwähnt, der ihn als Geschichtsschreiber bezeichnet und gegen ihn polemisiert, weil er die ägyptische Geschichte des jüdischen Volkes falsch dargestellt habe. Chaeremon war Tempelschreiber und Professor der Philosophie an der Hochschule von Alexandria. Und er muß schon ein berühmter Mann gewesen sein, sonst hätte ihn der Kaiser Claudius nicht nach Rom als Lehrer der griechischen Philosophie für den Kronprinzen Nero berufen. Es sind uns von ihm Bruchstücke einer ägyptischen Geschichte aufbehalten, in denen er den ägyptischen Göttern die Elemente der stoischen Physik unterlegt und sie mit Sonne, Mond und Gestirnen identifiziert.

Über den Inhalt der Tafel sind wir durch die Erklärung der dreiunddreißig Figuren genau unterrichtet. Im Archiv der Großen Landesloge befindet sich eine Handschrift in sehr schwerblütigem Lateinisch, das die dunkle symbolische Sprache der Erklärung noch mehr verdunkelt und das Verständnis keineswegs erleichtert. Wir geben sie im Auszug, da es sich um ein bisher der Öffentlichkeit ganz unbekanntes Zeugnis der religiös-ethischen Kultur des achtzehnten Jahrhunderts handelt.

In der Einleitung wird die Tafel als von Hermes der Nachwelt überliefert angegeben, sie sei auf Smaragd eingegraben und enthalte die Quelle aller abendländischen Wissenschaft – also die berühmte Tabula Smaragdina. Die Erklärung ist ganz alchymisch-rosenkreuzerisch, und wir lassen die dreiunddreißig Paragraphen unter Weglassung der vielfach unwesentlichen, langatmigen Äußerungen folgen:

§ 1.

Das erste Bild, das sich Deinen Augen bietet, ist der Rabe. Und Du siehst in ihm die natürliche Neigung aller Erscheinungen, nämlich, daß der Mensch in der Wandlung seiner Natur mehr zum Bösen als zum Guten neigt. Er sucht vor allem sein Wohlergehen und scheidet sich dadurch von seinem Urquell. Vom Licht entfernt, ist er in Finsternis und Armut versunken. Alles was er gebraucht ist nur Raub. Aber ihn beherrscht die Sehnsucht. Er wünscht in den Mysterien unterrichtet zu werden. Er wünscht seinen Ursprung zu erkennen, in das Ende und die zukünftige Bestimmung aller Dinge einzubringen, er will selbst besser werden und wartet, daß die Pforte sich ihm öffne. Keinem ist es gestattet einzutreten, bevor er nicht genau geprüft worden ist. Siehe auch hier, was Du bist und was Du zu tun hast.

§ 2.

Das zweite Bild ist der Hund, er zeigt Dir den Wächter der Mysterien an. Er ist wachsam und wird durch das geringste Geräusch aufgescheucht. Er dient freundlich nur seinem Herrn. Nur den Bekannten gestattet er den Eintritt, alle Fremden weist er ab. Gott selbst hat die Mysterien mit einem festen Wall umgeben und den Wächter angestellt vor dem Heiligtum der Natur, in das nur die Berufenen eingehen dürfen. Sei vorsichtig und aufmerksam, wenn Du die Tür gefunden hast und eintreten kannst, die Weisheit gibt gleicherweise Leben und Tod. Glaube nicht, daß Du durch Schmeichelei etwas erreichen kannst. Was hast Du zu bieten? Liebe? Gottes Liebe ist größer! Reichtum? Wird nicht gewünscht, der Arme schenkt dem Reichen. Macht, Ehre? Es ist größer der Natur und der Welt zu gebieten, als in der Welt König zu sein. ... Suche zuerst Gott zu erkennen und die Natur, dann wird Dich niemand hindern. Siehe das Tor ist geöffnet und zugleich der Zutritt zu den Mysterien gestattet.

§ 3.

Die dritte Figur ist der einführende Bruder für den, der den Zutritt zu dem Heiligtum sucht. Das leinene Gewand des Priesters ist sein Zeichen. Die Mitra kündet den Eingeweihten. Er ist vorher durch Wasser und Feuer gereinigt, Wasser wäscht die alten Fehler ab, Feuer führt zu neuem Leben. Gott teilt seine Geheimnisse nur seinen Mysten, den Priestern und Propheten zu. Nichts wird mitgeteilt als durch die Priester, von Mund zu Mund, Hand in Hand wird Gottes Geheimnis übergeben. Nur der Priester hat das Recht der Einführung, nur er hat den Schlüssel, ihm ist die Sorge dafür übertragen. – Der Schlüssel ist ein einziges Wort, eine Pforte, ein Schlüssel, ein Leben, ein Ende und aus einem alles.

§ 4.

In der vierten Ordnung erscheinen die Priester mit verbundenen Händen. Dies zeigt die Verbundenheit der Mysterien an. Gib niemand die Hand, Du hättest ihn denn erprobt. Beide tragen die dreifache Rute, oder besser den Dreizack in der Hand. Wisse was Dir der Dreizack sagt. Er ist gewissermaßen das Zeichen Gottes. Er ist das älteste Werkzeug in der Natur. Aus Wasser ist alles geschaffen, es ist die Grundlage der ganzen Natur. Die Natur ist feucht und die Mutter aller Dinge. Dann wurde das Feuer aus Wasser geschaffen, es entstand die neue Schöpfung. Wasser enthält Erbe und Luft, Erde und Wasser das Feuer. Aber aus einem entstand alles. Es gibt nur eine Wurzel, und wenn es tausend und aber tausend Lehren gäbe, sie kommen doch nur aus einem Ursprung und von einem einzigen.

Tabula Chaeremonis

§ 5.

Und diese Lehre ist einfach und doch dreifach, worüber der Eingeweihte unterrichtet werden soll. Eingeweiht; aber wer?

Der nackte Mensch, wie ihn die fünfte Figur zeigt. Wir bekleiden uns aus Schamhaftigkeit oder aus Notwendigkeit oder aus Ekel. Lege das Kleid ab, das Dich umgibt, alles steht Dir offen, die Natur errötet nicht, wenn Du ihr Deinen nackten Anblick bietest. Lege den Mantel ab, weder Hitze noch Kälte wird Dich belästigen. Der Himmel ist warm. Lege allen Schmuck ab. Das Priesterliche Leinen ziert Dich besser. Sei ein Mensch, nackt, arm und verlassen. Die Weisheit möge Dir alles zeigen, wovor Du Dich hüten mußt. Die Einweihung kann nur nackt erfolgen, nackt von den Vorrechten des Jahrhunderts, nackt von Ehre, Reichtum, Familie. Alles lege ab, von allem

Runkel, Geschichte der Freimaurerei. I.

sage Dich los. Der Einzuweihende beugt das Knie. Die Könige treten mit geneigtem Haupt ein; siehe der König der ganzen Natur spricht zu Dir. Hebe Deine Hände auf. Die gefalteten Hände sind das Zeichen der Treue und Frömmigkeit. Sei fromm, denn den Gottlosen bereitet das Licht, das Leben gibt, den sicheren Untergang.

§ 6.

Das sechste Bild stellt den Adler und den neben ihm sitzenden Raben dar. Der Adler ist das Zeichen des Hierophanten, des Erklärers der heiligen Gebräuche. Hoch ist der Weg des Adlers, nicht die Erde, sondern den Himmel sucht er, er führt seine Jungen nicht in Höhlen, sondern trägt sie unter den Flügeln zum Himmel empor. In die Höhe fährst Du, hüte Dich, daß Du nicht abstürzest. Der Adler hat das schärfste Gesicht, denn er ist gewöhnt, seine Augen den Strahlen der Sonne auszusetzen. Neben dem Adler sitzt der Rabe, er zeigt den Mysterienschüler an. Er wartet auf Unterricht. Die Lehre der Mysterien ist der Anfang wahren Lebens.

§§ 7 und 8.

Die Lehre der siebenten und achten Figur bewegt sich um Ewigkeit und zukünftiges Leben. Der Kreis ist das Zeichen der Ewigkeit. Der Schmetterling zeigt das zukünftige Leben an. Nichts stirbt, nichts geht unter, es wird nur erneuert.

§ 9.

Die neunte Figur stellt einen Priester dar. Er hält in der Hand die dreifache Rute. Die Einheit ist die Quelle der Zweiheit, und die Zweiheit schließt die Dreiheit ein. Aus der Einheit fließt alle Kundschaft über die Ewigkeit und alles über die zukünftige Wissenschaft von der Schöpfung und der Wiedergeburt. Wem die Einheit gezeigt wurde, der hat die Dreiheit. Lerne das Eine vollkommen erkennen und die gesamte Lehre von der Dreiheit steht Dir offen und ist in Deine Hände gegeben.

§ 10.

Die zehnte Figur schließt und bewacht die Tür, sie bewacht das Vorangegangene und hindert das Folgende. Glaube nicht, daß Du alle Hindernisse überwunden hast, sobald Du eingeweiht bist. Es irrt noch der, der die erste Tür durchschritten und ohne den Hüter die zweite finden zu können glaubt. Je größer das Verborgene ist, desto größer die Sicherheit. Glaube nicht alle Hindernisse überwunden zu haben, sobald Du den Mysten durch Einweihung angehörst.

§ 11.

Die elfte Figur stellt Dir die zu enthüllende geheime Wissenschaft von Gott vor. Die Schlange ist glühend. Sie hat Macht über Leben und Tod, was vornehmlich die Sache Gottes ist. Die Schlangennatur ist erkannt. Unstoffliches Feuer ist Gott, feinstes und reinstes, alles durchdringend, nährend und lebendig machend. Das Kreuz im Kreis des Werdens ist die Quelle, im Verborgenen der Vater. Der Habicht in der Schlange neigt den Kopf zum Licht aus göttlicher Quelle. Es entsteht alles aus der Trias (Dreiheit), und da die Trias ohne die Monade (Einheit) nicht bestehen kann, so umfaßt auch die Monade die Trias in sich. Die höchste Vollendung in diesem und jenem besteht in der vollkommensten Vereinigung der Trias mit der Monade.

§ 12.

Die zwölfte Figur führt gleichsam den Himmel auf die Erde, sie stellt die Weltschöpfung dar. Das Ei ist das Symbol der Welt. Die Schlange aber, die das Ei umschlingt, zeigt den Geist Gottes, der alles umgibt und befruchtet. Denn ehe Gott Himmel und Erde und alle Kreaturen entstehen lieh, war Nacht, aus der das alte Chaos hervorging, das alles enthielt, aber nicht die Macht des Schaffens besaß.

§ 13.

Das dreizehnte Bild zeigt Dir das Henkel-Kreuz, Über die höchsten Dinge geht die Belehrung. Das Kreuz ist Anfang und Ende aller Dinge. Der Kreis ist das Zeichen der Ewigkeit. Was es auch für Lehren gibt, unter diesem einen Zeichen sind sie alle dargestellt. Und vom Himmel auf die Erde führte den Mysten der Prophet. Du siehst hier vornehmlich Gegensätze untereinander verbunden. Die Welt stützt sich auf Gegensätzlichkeiten und sie erhält sich vornehmlich durch Dinge, die sich untereinander wechselweise bekämpfen. Hier sind die größten Gegensätze vereinigt: Das Ewige und das was Anfang und Ende hat.

§ 14.

Dreifach ist die Lehre, die eine weisere Erkenntnis der Mysterien gibt wie es auch der Myste mit dem Hundekopf und der dreifachen Rute in der vierzehnten Figur anzeigt. Es gibt nur eine Kundschaft, die die Mysterien den Mysten, ihren Priestern überliefern, und das ist die verborgene Kenntnis des göttlichen Lichts. Wenn Du das Licht richtig erkennst, Licht von der Finsternis zu scheiden und zu trennen verstehst, dann ist Dir die Universalkundschaft übergeben worden. Aber diese eine Kundschaft scheidet sich von selbst in drei Arten und das ist jene magische Trias, die genau der Trias entspricht, die uns in allen denselben Dingen überall entgegentritt. Was aber ist diese Trias? Nichts anderes als Geist, Seele und Leib. Der einzige höchste, reine und vollkommene Geist ist nur Gott, und die einzige höchste Kundschaft ist, Gott als den verborgenen Vater zu erkennen.

§ 15.

Den Stern zeigt Dir die fünfzehnte Figur, aber ganz verschieden von dem, der Dir sonst in den mystischen Lehren entgegentritt. Jener ist des Lichtes, dieser aber der Nacht Symbol. Was den Mysterien vorausgeht und was ihnen folgt ist die Nacht. Keine höhere Erkenntnis kann dem Menschengeist gegeben werden, als jene ist, die die Erkenntnis vom Licht spendet. Siehe die unendliche Zahl der Sterne zur Nacht am Firmament, sie sind auch am Mittag da, aber nur in der Nacht leuchten sie. Ähnlich auch Du, sobald Dir der Stern der Erkenntnis aufgegangen ist. Teile der Nacht mit, was Du erkannt hast, und der Stern der Erlösung wird Dir aufgehen und leuchten.

§ 16.

Das Kreuz ist das Symbol der Erfüllung, das in dem sechzehnten Bild vorgestellt wird. Den Vollkommenen wird der zugezählt, der zur Vollendung gelangt ist. Wenn die Siebenheit in die Dreiheit übergeht, dann ist die Erfüllung vollkommen. Den Vollkommenen das Vollkommene, den Erfüllten das Erfüllte. Wenn Du alles was körperlich ist und an das Materielle das göttliche Licht bindet durch die Tötung abgelegt hast, und wenn Du durch die Taufe im Feuer zu neuem Leben erweckt bist, wird das göttliche Licht seine Kraft in Dir manifestieren und die Mysterien werden in Dir vollkommen sein.

§ 17.

Das siebenzehnte Bild zeigt den Anfang der Mysterienhandlung. Was nämlich höheren Ursprungs ist in der Geheimlehre, wird dadurch gestärkt, daß die abwärts gerichtete Verhüllung sich auf die Tätigkeit des Gefühls stützt. Im Himmel ist das Haupt der Mysterienwissenschaft und nichts ist so hoch, so erhaben, so erhöht, daß sie es nicht berührte. Sieh hier das doppelte Dreieck, den Skarabäus und die Schlange. Sieh die Materie aller Dinge in diesen drei Symbolen nach ihren Eigenschaften dargestellt. Das doppelte Dreieck ist das elementare Gestirn und das erste zugleich auch das fünfte Element. Das erste Element ist das aller Dinge, intellektueller oder körperlicher. Der erste Anfang ist das fünfte Element, das zugleich auch die Nachkommenschaft der vier Elemente ist, denn es ist aus allen übrigen zusammengesetzt und erzeugt. Der Skarabäus ist das Körperliche, denn das Irdische ist auch der Verwandlung des Skarabäus unterworfen. In der Erde verbirgt er sich, und von dort bricht er hervor, wird geflügelt und strebt mit den Flügeln zum Himmel. Der Schlange ähnlich ist gemäß ihrer feurigen Natur das Intellektuelle, und durch die Kraft inneren Feuers erneuert sie sich selbst.

§ 18.

Mit dem Löwen, den die achtzehnte Figur darstellt, beginnen die Elemente. Er ist der König aller Tiere, feurig ist seine Natur, er ist das passendste Symbol des Feuers. Das erste und höchste aller Elemente ist das Feuer, weshalb auch Gott mit einem fressenden Feuer verglichen wird. Nichts kann ohne Feuer vollendet werden, weder Tod noch Leben, noch Verwesung, noch Verherrlichung. Die höchste Erzeugung des ganzen mystischen Werkes ist das Feuer, wahrend Geist wird, was Geist gewesen ist.

§ 19.

Das zweite Element ist die Luft, die unter dem neunzehnten Bild des Adlers vorgestellt wird. Die Luft ist der Sohn des Feuers. Das zweite Element steigt wegen seiner Härte immer zum schaffenden Feuer auf und erhält aus der Verbindung mit ihm seine bewundernswerte Schnelligkeit, weshalb es den Adler als Symbol hat.

§ 20.

Die zwanzigste Figur zeigt Dir den Ochsen, das heilige Tier, das Symbol der Erde, schwerfällig, untauglich, aber sehr nützlich. Ähnlich die Erde das schwere Element. Aus dem Wasser nahm sie ihren Ursprung, aber nur bis zu ihrer Verkörperung, die durch Lösung und Scheidung aus dem Wasser hervorging. Die Mutter der Erde ist das Wasser, der Vater das Feuer. Was wegen ihres Ursprungs aus dem Wasser schwer ist, wird wegen des in ihr verborgenen Feuers beweglich. Je mehr die Arbeit sich ihrem Ende nähert, desto mehr legt die Erde ihre Dichtigkeit ab, bis sie völlig unsichtbar wird.

§ 21.

Das vierte Element, das unter dem einundzwanzigsten Bild der Fische angezeigt wird, ist das Wasser. Es ist der erste Sohn des Feuers und, obgleich mit ihm im Gegensatz, freut es sich dennoch der Verbindung mit ihm. Die erste Zeugung des Feuers ist das Wasser, und was niemand glaublich erscheint, wird schon im ersten Grad der mystischen Handlung erkannt. Aus dem Wasser entstand Erde und Luft. Die Erde ist das Kind von Wasser und Luft, sie erhielt Körper durch Scheidung, die das Feuer bewirkte. Nichts ohne Wasser. Die Erde wäre trocken und unfruchtbarer Staub, wenn sie das Wasser nicht ernährte und begösse. Obwohl das Wasser höchst körperlich ist, ist es doch die Nährmutter der Geistigkeit. Was zu Anfang sichtbar, wird am Ende völlig unsichtbar, und was anfangs Gewand des Geistes und Feuers war, als das Feuer sichtbar wurde, und was nur geistig ist, wird Gefühl.

§ 22.

Die beiden Dreiecke der zweiundzwanzigsten Figur bezeichnen den Fortschritt der Arbeit. Zwei Elemente sind: Wasser und Feuer, von denen Luft und Erde ihren Ursprung nahmen. Die chaotische Mischung enthält alle Elemente. Aber nichts kann das Chaos ausrichten, es müssen erst seine Bindungen gelöst werden. Sie lösen sich von selbst. Zwei getrennt gestellte Dreiecke sind das Symbol der Lösung. Die erste Lösung geschieht nicht durch den Tod, sondern durch das Zerfließen der klebrigen Feuchtigkeit, denn in Wasser geht alles über. Wenn das Wasser des Feuers entbehrte, wäre es leer und unfruchtbar. Wenn Du das Wasser siehst, so siehst Du den Anfang der Schöpfung.

§ 23.

Siehe im Zeichen der Maus, der dreiundzwanzigsten Figur, die große Lehre vom verborgenen Feuer. Die Maus sucht jetzt die Schlupfwinkel der Erde, wo sie verborgen und sicher leben kann. Ähnlich die Materie. Keine mystische Handlung kann ohne den Tod, die vollkommene Lösung, möglich werden, und durch des verborgenen Feuers Tätigkeit brachte das Wasser die Erde hervor. Das einfache Wasser stagniert und fault, und aus der Verfäulung geht ein neues Element hervor, die Erde. Durch Trennung der feineren von den dichteren Teilen, der leichteren von den schwereren werden zwei Elemente sichtbar werden: Erde und Wasser.

§ 24.

Der Skarabäus, den Dir die vierundzwanzigste Figur abbildet, ist das Symbol des neuen Lebens. Eine neue Schöpfung geht aus dem Tode hervor: Die Erde. Der Einziggeborenen Symbol ist der Skarabäus. Die einzige Schöpfung des Wassers ist die Erde. Aus der Erde geht die neue Nachkommenschaft durch Fäulung hervor und möge sich gleichsam im Anblick der Sonne freuen. Aus Tod und Verwesung erwächst dem im Feuer der Materie eingeschlossenen Geist die Kraft der Erhebung, dennoch leidet er unter den Strahlen der Sonne. Er liebt Verborgenheit und Dunkel und je öfter er sich verbirgt, desto strahlender und vergeistigter geht er hervor. Aus der Erde und von der Erde geboren und gepflegt strebt er dennoch zur Höhe, durch keine Macht sind seine Flügel zu brechen, und nichts ist so hoch, daß er es nicht erreichen könnte.

§ 25.

Du siehst den Habicht als fünfundzwanzigste Figur. Siehe das Bild des Feuers und der Geistigkeit. Das Höchste in den Mysterien ist das Feuer, auch das Höchste in der mystischen Arbeit ist das Feuer. Die Erde, aus dem Wasser entstanden, ist unfruchtbar, wenn nicht der lebendige Geist einströmt. Das Kleid des Feuers ist das Wasser, und im Wasser ruht der Geist verborgen. Der Habicht ist wie der Skarabäus das Symbol des Feuers, der Habicht des in Wasser verborgenen Feuers, der Skarabäus des in der Erde verborgenen Feuers. Das in der Erde verborgene Feuer ist der Anfang des Werdens durch die Verwesung.

§ 26.

Die Eule, das sechsundzwanzigste Bild, ist das Symbol der geheimen Wissenschaften. Die Augen des Menschen sind verschlossen, im Verborgenen arbeitet die Natur.

§ 27.

Die Zwillinge, männlich und weiblich, erscheinen in der siebenundzwanzigsten Figur. Zwei Prinzipien werden Dir vorgestellt, das männliche und das weibliche, das handelnde und das leidende. Aus einem Prinzip entstehen zwei. Das Wasser ist männlich, die Erde weiblich. In der chaotischen Mischung schafft die Natur durch Tod und Verwesung das neue Werden, und die Nachkommenschaft sind die Zwillinge, Mann und Frau, feuriges Wasser und wäßrige Erde. Die Natur verbarg in der Erde den Samen der Dinge und im Weibe ist der Samen des Kindes verborgen, das geboren werden soll.

§ 28.

Der Bock, die achtundzwanzigste Figur, ist das Symbol der fruchtbaren Natur. Und die Zeit, die für das mystische Werk besonders günstig ist, ist dann, wenn die Sonne im Zeichen des Widders steht. Die ganze Natur, sowohl die tierische wie die pflanzliche, drängt zur Verewigung.

§ 29.

Siehe aber gleich den Sperlingen, was die neunundzwanzigste Figur Dir anzeigt, wie sie die Bereinigung erstreben, das Männliche, das Weibliche und das Weibliche das Männliche heftig begehrt. Ebenso geschieht es in der geheimen Arbeit. Durch Lösung und Verbindung entsteht das ganze Mysterium. Die innigste Liebe im Heiligtum der Natur ist das Mysterium. Siehe, es dürstet die Erde, gib der Dürstenden zu trinken.

§ 30.

Die dreißigste Figur sind die sieben Schlangen. Siehe siebenmal das Bild der Drehung. Die Drehung aber ist nichts anderes, als die Wiederholung dessen, was Du einmal gemacht hast. Die Schlange gefällt sich in Drehungen, und ebenso dreht sich die mystische Arbeit in beständiger Windung. Die Schlangennatur ist feurig. Auch das Feuer ist das Werk beständiger Drehung. Sieben Drehungen genügen, damit die dichte Körperlichkeit abgelegt werde, und von allen Flecken gereinigt der Stern in Weiß und Rot strahle. Das Wasser wäscht, das Feuer reinigt durch Entbannung. Beides vollendet die Drehung, sie entfernt die Flecken und brennt die Unreinigkeiten weg. Und wenn die Körperlichkeit in die Geistigkeit übergeht, so ist die Vollendung da.

§ 31.

Siehe Dir die geflügelte Schlange an, das Symbol der vollkommenen Materie, wie sie die einunddreißigste Figur zeigt. Oh, wie hat sich jetzt alles gewandelt. Was nach der Tiefe strebt, ist geflügelt, damit es mit den Flügeln den Himmel erreiche. Der Körper ist in Geist übergegangen, vergeistigt ist die Materie. Willst Du Dich auch wandeln, keine Tür wird sein, in die Du nicht eintreten kannst. Bitte und was Du bittest wird Dir gegeben. Aber beobachte die Bewegung der Schlange. Der Kreis wirkt. Der Kreis ist das Symbol der Drehung. Wenn Du den Himmel verläßt und Deine Augen auf die unteren Reiche richtest, so kannst Du jene nur fassen durch den Kreis, das heißt durch die Drehung.

§ 32.

Siehe endlich den Habicht, das lebendige Bild des Feuers in der zweiunddreißigsten Figur abgebildet. Die himmlische Materie hat fast die ganze Stofflichkeit abgelegt, sobald sie sich Dir unter dem Bild des rötlich schimmernden Feuers zeigt. Schon hat jede Drehung aufgehört. Vollkommen ist das, was zu seiner ursprünglichen Lage zurückgekehrt ist. Vollkommen bist Du, o Mensch, wenn Du nach allen Körperlichkeiten und Wechselfällen dieses Lebens strahlender Geist geworden bist, der Du von Anfang an warst. Ähnlich wird die Materie verzehrt, wenn das Feuer die geistige Natur anzieht.

§ 33.

Das Kreuz gibt die Vollendung, es ist das Zeichen der Zehnheit, die die dreiunddreißigste Figur darstellt. Die zehnte Drehung führt alles zu Ende. Was außerhalb der Zehnheit liegt, besteht nicht mehr in der Einheit. Durch das Kreuz erreichst Du alles, dem Kreuz gehorcht alles, Materie und Geist. Verbrenne die Bücher, wenn Du bis hierher gekommen bist. Lobe Gott und schweige!

Dieser kurze Auszug mag genügen, um zu zeigen, daß die Lehre des Klerikats ganz rein rosenkreuzerisch war, aber wir erkennen auch trotz der dunkeln mysteriösen Sprache, welch hohen Gedankenfluß die Kleriker in ihren Kapiteln nahmen.

Man sieht also, die Kleriker verstanden auch entlegene Quellen zu benutzen, und alle diejenigen, denen die gelehrte Vorbildung fehlte, um sie nachzuprüfen, mußten ihnen glauben und glaubten ihnen auch, das beweist ein Briefwechsel zwischen von Raden und von Bohnen aus dem Jahre 1767. In einem Schreiben Böhnens an Raven heißt es: „Es ist unleugbar, daß die Brüder in Petersburg große Kenntnisse besitzen. Als man hier (in Wismar) fand, daß ich nicht ohne einige Kundschaft wäre, ging man näher gegen mich hervor und machte mir Eröffnungen. Ich sah daraus, daß Starcks Lehrart nicht zu verachten ist, nur ist sein Vortrag darüber etwas dunkel und verwirrt, was ich ihm oft gesagt und worüber ich oft mit ihm gestritten habe, obgleich ich ihm sonst gerne mehr Geschicklichkeit als ich selbst besitze zugestehe ... Er besitzt viele Eigenliebe und täuscht sich daher um so leichter. So war er unstreitig in Petersburg noch nicht vollständig unterrichtet, allein er wollte es nicht eingestehen. Die Rituale, die man ihm von dort hierher sandte, waren alt, nach meiner Meinung im Gebrauch, als der Orden in Palästina blühte, und nicht geeignet, jetzt noch bei der Einweihung in die innersten Geheimnisse gebraucht zu werden. Jetzt in Petersburg wird er aufmerksamer sein, sowie man offener gegen ihn geworden ist."

Aus einem Brief Ravens an Böhnen: „Daß vordem hohe Wissenschaften im Orden getrieben worden, glauben Sie und ich. Es bedarf also keines Beweises. Ob dies Theologie gewesen und alle Zweifel gehoben, weiß ich nicht. Vielleicht und wahrscheinlich hat man Magiam bearbeitet, ob sie aber aus dem Fache der magiae naturalis bis dahin sich gewagt haben, daß sie verdient magia divina, genannt zu werden, ist von uns nicht mehr auszumachen, und das um so weniger, als davon meines Wissens nichts bis zu uns, als etwa sehr verstümmelte Geschichts-Erzählungen gekommen, die nichts lehren, nichts beweisen. In der Alchymie müssen sie Geschicklichkeit gehabt haben, das beweisen soviele Umstände, daß man es wohl nicht bezweifeln kann. ... Wenn Sie mich aus diesem Bekenntnis beurteilen, so werden Sie ermessen, daß ich meine Entschließungen nach dieser Überzeugung nehmen muß. Ich bin daher fest entschlossen, diesen Klerikern treu zu bleiben und geduldig mein Schicksal abzuwarten, niemals aber mit andern Freimaurern zu communizieren. Kann ich hier nichts lernen, so ist es ein Unglück, anderwärts aber würde ich gewiß nichts lernen."

Gegen Dr. Jänisch, Provinzialgroßmeister in Hamburg, äußert sich Raven sehr befriedigt: „Ich habe Entdeckungen gemacht, die mich bei meinem sonst großen Mißvergnügen und Niedergeschlagenheit wieder aufrichten, die, wenn sie gehörig wieder aufgesucht werden, die sichersten Stützen einer gemeinsamen Glückseligkeit darbieten. Genug, ich bin äußerst von dem Lichte gerührt, was durch die mir geschehene Eröffnung in meiner Seele aufgegangen ist. Ich danke Gott als unserem obersten Baumeister, daß er mich nicht ganz unwürdig geachtet, ein zu seiner Ehre gereichendes höchst wundersames Gebäude aufzuführen. Er segne mich hierzu mit seliger Erleuchtung und helfe uns allen zu seinem Lichte."

Weiter befand sich unter Natters Papieren die wiedergefundene Philosophia Hermetica des Frederico Gualdo, die wir im Exkurs wiedergeben, damit die Freunde und Gegner der Freimaurerei sich überzeugen können, daß das templerische Klerikat mit der Königlichen Kunst in der Tat nur Äußerlichkeiten gemein hat. Es benutzte lediglich die Johannisloge um sich durchzusetzen und zog sich im selben Augenblick von ihr zurück, als es zur Einsicht gekommen war, daß für klerikalisch-theosophisch-alchymische Geheimlehren in den Logen kein Raum sei. Aber als Kulturerscheinung des achtzehnten Jahrhunderts ist das Schriftstück bedeutungsvoll und von Interesse.

Exkurs über zwei klerikale Aktenstücke.

Wir geben die beiden Stücke aus den klerikalen Akten, weil sie in die allgemeine Kulturgeschichte des achtzehnten Jahrhunderts gehören und Nichtfreimaurern völlig unbekannt sind. Das erste, das Nosce te ipsum, ist den Mitgliedern der freimaurerischen Organisationen aus der Verräterschrift, dem Signatstern, und späteren Veröffentlichungen in freimaurerischen Zeitschriften bekannt, das zweite jedoch, die Philosophia Hermetica des Rosenkreuzers Frederico Gualdo wird hier erstmalig publiziert. Die Vergleichung der beiden Stücke wird die oben schon festgestellte Ähnlichkeit ergeben, beide haben aus der unendlichen Quelle der praktischen und spekulativen Alchymie geschöpft.

Jedenfalls muß mit aller Entschiedenheit ausgesprochen werden, daß die Freimaurerei sich von diesen Irrtümern ihrer Lehrjahre völlig frei gemacht hat, jedoch unberührt von der strikten Observanz ist keine der heute noch bestehenden Lehrarten geblieben. Allein die Große Landesloge der Freimaurer von Deutschland hat seit dem Jahre 1766, wo sie die Akten der schwedischen Lehrart empfing, in bewußtem Gegensatz zur strikten Observanz gestanden und zu keiner Zeit Irrtümern theosophischer, magischer oder alchymischer Art Eingang in ihre Logen gestattet. Reine Ehrfurcht vor Gott, Gehorsam gegen Obrigkeit und Gesetze, Liebe zu dem Nebenmenschen, das sind von Anfang an bis heute die Grundpfeiler ihres Lehrgebäudes gewesen.

Wir lassen nun den Text der beiden Clericalia folgen:

Erkenne dich selbst
oder
Stimme des Br. Gottfried an die Novizen.

Erkenne dich selbst, das heißt achte auf dich selbst, haben die Weisen der Heiden ihren Schülern zugerufen; und wie man es über eines jeden Heiligtumes Türe einschreiben möchte, so wäre es auch nicht zuviel, wenn man es in eines jeglichen Novizen Herzen einmeißeln könnte.

Es ist eine innere Stimme in uns selbst, die da laut ruft: daß wir erkennen möchten, von wem alles ist, wer wir selbst sind und was wir nach diesem Leben sein könnten. Indes bevor du zu diesem Heiligtume Gottes nahe herantrittst, um über seine Geheimnisse dich unterrichten zu lassen, blicke auf zu dieser Inschrift, die dich laut mahnt: „Mensch, erkenne dich selbst."

Wisse daher, daß du ein sündiger Mensch bist, der nicht wert ist, Gott zu erkennen. Denn obgleich du ihn kennst und erkennst, daß er ist, scheust du dich nicht, vor seinem Angesicht zu sündigen.

Ferner wisse, daß du, bis du dich selbst erkennst, ein Übertreter und ein Pflichtvergessener bist. Denn der Mensch ist gefallen, nicht aber die Geschöpfe, die um seinetwillen zugleich mit ihm bestraft worden sind. Und dennoch begehrst du, über die Geschöpfe zu herrschen und ihr neuer Lenker zu sein, damit dir alles gehorche und untertan sei.

Endlich erkenne dich selbst und wisse, daß deine Vernunft mit Blindheit geschlagen und mit dem Schatten der Nacht umhüllt ist. Und dennoch begehrst du, das Licht zu sehen, und jenen schönen Morgenstern, der dein Herz erleuchten und dich über alles, was Geistliches und Natürliches ist, belehren soll. Und wenn du dieser Stimme folgest, die dich in dich selbst zurückruft, und dir Mühe gibst, die Finsternis zu verscheuchen, damit Licht in dir werde, dann wird zu dir gesprochen: „Komm und siehe!" Denn die Weisheit kommt nicht in die böswillige Seele, und wohnet nicht in einem Körper, der den Sünden frönt.

Wenn du nun also dies zuvor erkannt hast, so lerne, daß alles, was du begehrst, in dir zu finden ist, und weil du deine Augen dem Lichte, das vor dir ist, nicht öffnen willst, wird von dir, gleichwie von dem Lichte des Lebens, gesagt: „und die Welt erkannte es nicht". Erfahre, daß der Allmächtige alles aus dem Nichts gemacht hat. Bevor aber die Sinnenwelt entfaltet wurde, war nichts als dichte Nacht, in der Gott selbst war, und darin war alles, was zukünftig geschaffen werden sollte, schon wirklich vorhanden, jedoch nur in der Idee des Schöpfers, von dem es aus der Welt des Gedankens oder der rein geistigen Anschauung in die sichtbare Schöpfung übertragen werden mußte.

Und Gott ist sich selbst genügend und glücklich, gleichwie nun ein irdischer Mensch niemals sich genügend und immer unglücklich ist, bis er dahin emporsteige, daß er sich selbst genüge in Gott, und glücklich und gleichwie Gott sei. Denn in ihm sind wir und leben wir. Und diese Nacht war vollkommenes Licht und Klarheit, denn wo Gott ist, dort ist Licht, und wo er nicht ist, waltet Finsternis. Damit aber alles, was Gott zu schaffen im Sinne hegte, zu machen wäre, und aus der Vorstellung, die er in seiner Idee über alles hatte, in die Wirklichkeit übergehen könnte, so ließ er jenes Nichts hervorgehen, das heißt die Ur-Einheit, daraus alles, was in der Folge entstanden, seinen Ursprung ableitet. Denn von Gott können einzig nur Einheiten hervorgehen, und alles, was zusammengesetzt ist, ist nur eine weitere Wirkung der Einheit. Und dieses einheitliche Wesen war die Quelle aller Dinge. Denn die Grundlage aller Dinge ist die Zahl Eins, daraus die folgenden zusammengesetzt werden, so daß 2, 3, 4, 7 daraus entstehen. In dieser Hinsicht aber, wie es der Natur Entwicklungsgang mit sich bringt, ward alles übrige zusammenbegriffen: nämlich die Zweizahl, das heißt Geist und Körper; die Dreiheit, nämlich Schwefel gleich Körper, Salz gleich Seele oder Bindemittel, und Quecksilber oder Geist, und endlich die Vierheit, das heißt Erde, Wasser, Luft und Feuer, woraus alles abgeleitet wird und ursprünglich hervorkeimt. Diese elementaren Kräfte lagen untereinander gemischt und zusammengeworfen, und da sie in dem erschaffenen Stoffe ohne jegliche Ordnung und Unterscheidung waren, so wird gerade dieser „Chaos" genannt, nämlich die Geburt der Nacht.

Und dennoch muß alles notwendig denselben Weg gehen, mögen es Menschen oder Tiere, mögen es Pflanzen oder Gesteine auf der Erde sein. Zuerst ist alles in dem Dunkel der Nacht eingeschlossen, sei es im Mutterschooße, sei es in der Erde: zuerst muß eine Durcheinandermischung oder ein Chaos dasein in verschlossener Dunkelheit. Dies ist die Lehre, wie sie durch Überlieferung der Lehre der alten Väter auf uns überkommen ist, und etwas Größeres kann nicht gesagt werden, als die Nacht. Hüte dich aber und halte nie mit jemandem eine Unterredung über sie: er könnte dich nach dem Lichte fragen, das du ihm nicht offenbaren könntest. Damit aber alles nach seiner Ordnung gemacht werden und hervorgehen könne, so hat das Wort Gottes, das die Weisheit selber ist, alles hervorgehen lassen; er, der Alles in sich verbunden hat, jene Kraft, die alles erschaffen hat, der ohne Ende von Ewigkeit her, einiger Sohn vom ewigen Vater, endlich jener Geist, der die heilige Quelle des Lebens ist und die Ursache alles Lebendigen vermöge seiner glühenden Kraft, wodurch das Chaos beseelt wurde.

Das im Innern verborgene Feuer setzte sich in Bewegung und brach hervor, die Welt erhob sich aus dem Gewirre der Wasser, die Erde ging hervor und das Licht ist geschaffen worden. Nicht aber war es ein Licht der Art, wie es heute die Sonne der Erde spendet, sondern wie es im Verborgenen leuchtet, und den Magiern, als sie Christus suchten, vorangeleuchtet hat. Danach begann das obere Licht gemeinschaftlich mit dem unteren zu wirken; das untere nämlich trieb aus der feuchten Erde die feinsten Flüssigkeiten heraus, damit jene trocken würde; das obere dagegen nahm durch Anziehungskraft alle jene feinsten Teilchen für sich in Anspruch, um den Himmel daraus zu machen. Denn ein jegliches Ding freut sich über seinesgleichen, und zieht es an sich, so daß durch diese anziehende Kraft von oben und von unten her Erde wie Himmel zusammengehalten wird, damit sie nicht wieder verschmelzen und in die Urvermischung zurückkehren, sondern auf jeder Seite fest wie eine Mauer dastehen. Aber die Erde selber war annoch mit vielem Gewässer bedeckt und Nichts konnte aus dieser Überschwemmung hervorgehen; sondern der Same mußte notwendig drinnen verdorben werden, da er wegen der Gewalt des Wassers nicht von der Wärme des Feuers berührt und durchglüht werden konnte. Daher hob das innere Feuer die Erde empor: Hügel und Berge wölbten sich auf, die trüben Gewässer stürzten in die Tiefe und bildeten, gleichsam von Dämmen eingeschlossen, Meere und Sümpfe. Darauf keimte allerlei Same auf ihm zusagenden Boden hervor und die gesamte Erde ward grün wie ein lieblicher Garten und Nachts ward sie mit künstlichem Feuerlichte erleuchtet.

Dies Licht aber war nicht immer von den Menschen zu schauen, sondern es mußte ein anderes da sein, das die Zeiten unterscheiden sollte. Darum machte Gott aus der elektrischen Kraft des oberen Feuers die Sonnen auf daß alles, was immer des Feuers Same in sich birgt, dahin wie nach seinem Mittelpunkte zurückkehre, und auf daß sie immer brenne und nimmer ausbrenne, sondern ohne Aufhören über der Oberfläche der Erde glänze. Aber aus der elektrischen Kraft des Äthers schuf er die Mondscheibe, daß sie die Strahlen der Sonne an sich ziehe, wie die Gebärmutter den männlichen Samen anzieht, und sein Licht sollte des Nachts glänzen. Und dies sind die ersten Eltern des Mikrokosmus, der ein Sohn des Makrokosmus ist, und der aus dem feinsten Samen beider himmlischen Kräfte erschaffen, auch beider eindringendste Gewalt und Kräftigkeit besitzt. Wo sie abwesend sind, ahmt er deren Licht nach und vollbringt dasselbe, was damals, als Mond und Sonne noch nicht bereit waren, vollbracht worden ist. Er selbst ist nämlich, was nirgends sonst in der Welt ist; er ist zugleich Vater und Mutter seines Vaters und seiner Mutter und ist auch deren erstgeborenen Sohn. Da aber alles mit Geschöpfen erfüllt sein und auch die unteren Elemente aus sich erzeugen mußten, so war es nötig, daß das Wasser aus seinem leiblichen Körper die Fische und die im Wasser lebenden und die beflügelten Tiere des Äthers hervorgehen ließ, denen von dem Geiste des Salzes ihres Elementes Leben und Bewegung gegeben worden ist, je nachdem sie in dem dickeren Äther, nämlich dem Wasser, oder in dem dünneren Äther, nämlich in der freien Himmelsluft, hin und her eilen.

In ähnlicher Weise hat auch das Erdreich aus seinem leiblichen Körper die geschwefelten irdischen Tiere und Würmer, sowohl die in als über dem Erdboden, erzeugt, und ihnen ist auch von dem Geiste des Salzes des Erdelementes Leben und Bewegungskraft gegeben worden. Der Mensch aber sollte das vollendetste Geschöpf sein, da er nach dem Ebenbilde Gottes selbst die Dreiheit in sich bergen sollte. Darum machte ihm Gott seinen Körper aus der feinsten Erde des Urstoffes aller Dinge. Sein Schwefel bedurfte keiner Reinigung, denn es war reiner, roter, verklärter, unverbrennlicher Schwefel; der Geist seines Salzes war die feinste elektrische Kraft der oberen Elemente, durch den er das tierische Leben besaß. Um aber Gott erkennen zu können und so innig wie möglich mit ihm verbunden zu sein, so blies ihm Gott Geist von sich selber ein und belebte ihn mit dem Funken göttlicher Kraft: Geist, sage ich, blies er ein, der auf wunderbare Weise von Gott ausströmte, ohne daß dadurch ihm etwas genommen worden wäre, und der auch zu Gott zurückkehren wird, wie der Weise sagt: „Der Geist zu Gott, der ihn auch gegeben hat."

So, Mensch, erkenne dich selbst! Denn also warst du gebildet und geschaffen, daß du Gottes Ebenbild trugst und das auf Erden warst, was er selbst im Himmel ist. Es stand der Weg offen nach oben; Gott wandelte mit ihm, dessen Freund er war, und ward von ihm gesehen, solange seine Augen noch nicht dem Tode untertan waren. Es stand offen der Weg zum Baume des Lebens, wo er das Licht, das Leben gibt, erkennen, und immer von seinen Früchten genießen konnte. Als aber der Mensch Gott sein wollte und die Vorschriften verletzte, verdarb er mit einem Schlage alles. Die Erde ist verflucht worden, es hat die Gemeinschaft aufgehört; der Mensch ist sterblich geworden und mit blöden Augen erkannte er ferner nicht, was er früher gewußt hatte, und so oft er das Licht sah, wußte er dennoch nicht, ob es auch Licht sei.

Darum, o Mensch, erkenne dich selbst auch in deinem elenden Zustande, und siehe, ob du das Verlorene und um deiner Schuld willen Verborgene nicht Wiederfinden könnest. Aber siehe dich hier vor und gib Acht, daß du nicht abermals abirrst, und von neuem fällst, und dem ähnlich werdest, der zuerst gefallen ist. Nicht alles leuchtet gleichmäßig recht, und was du aus der Ferne siehst, erscheint dir anders, als wenn du es in der Nähe betrachtest und durchforschst. Darum halte zuerst in dich selbst Einkehr und gehe vorwärts, mit auf deinen Gott vertrauender Seele. Aufrecht stellte dich Gott hin, daß du gen Himmel sehen und von dort her alles erwarten solltest. Nicht aber darfst du danach trachten, wie die unvernünftigen Tiere bald dies bald jenes auf der Erde zu suchen und mit eitlen Künsten zu verfolgen. Alle gute Gabe und alle vollkommene Gabe ist von oben vom Vater des Lichtes.

Wenn du dies völlig erkannt und gewissenhaft verfolgt hast, so hüte dich keinen andern Weg zu betreten, als den alleinigen Weg der Natur, auf dem alles von Anfang an war und demgemäß auch die Welt erschaffen worden ist. Der Strom Gottes ist mit Wässern angefüllt, sagt der Psalmist: dies Wasser ist die Quelle der Natur und der ganzen Welt, denn es ist die Quelle des Lebens und Lichtes, Wasser und Feuer zugleich in höchster Vollendung. Es kann aber keine Vollendung sein außer in der Einheit und nur ein einziges gibt es auf Erden, was eins ist und zugleich alles in sich hält, nämlich die 2 Grundfäden, die für sich die Zweiheit und mit ihrem Verbindungsmittel die Dreiheit bilden, auf einer vierfach erbauten Grundlage oder mit 4 an den Winkeln stehenden Säulen, die die 4 ersten Elemente sind, aus denen die Welt besteht, Erde, Wasser, Luft und Feuer. Diese müssen zugleich eins sein in allen und alle in einen. Nun wissen wir, daß die Welt im Anfang nur Wasser gewesen ist. So muß auch alles im Anfang nur Wasser sein. Dies Wasser ist jenes chaotische, das alles vergiftet, wovon es auch bitteres Wasser heißt, und dort ist alles Verwirrung und Verdunkelung. Wenn man aber will, daß alles in Ordnung gebracht werde und Licht aus der Finsternis hervorgehe, dann ist es nötig, daß die glühende Feuerkraft alles umschlinge, und nicht von gewöhnlichem Feuer, sondern von geistigem Feuer, das mit Augen weder gesehen noch mit Händen gefühlt werden kann, die feinste Kraft der Elemente. Alsdann wird das Äußere, das von unten stammt, das Innere, das von oben stammt, anzünden; Himmel und Erde werden getrennt werden, der Himmel wird oben, die Erde unten, ein jegliches auf seinem Platz, wie es die Satzung ist, endlich wird es Licht sein.

Aber wenn die Erde zum Früchte Hervorbringen geschickt sein soll, muß das Trockene sichtbar werden; auf daß Wasser von Erde geschieden sei, ein jegliches auf seinem besonderen Ort für sich. Dann werden die Sonne und der Mond am Himmelsgewölbe befestigt, und alles wird deren Anblick, jedoch mit Vorsicht ausgesetzt, damit von nun ab hervorkeime, was nach der Art des auf den Acker gestreuten Samens herauskommen muß. Der Zirkel aber ist das Bild der Vollkommenheit und es gibt nichts in der Welt, was nicht durch den Zirkel bewahrt und umspannt werden könnte. Die halbe Last wird durch ihn getragen, und nur ein einziges Rad der Natur gibt es, das immer sich dreht und wodurch es geschieht, daß sie nie aus ihrer Bahn weicht, sondern immer denselben Weg innehält. So drehen sich Sonne, Mond und Sterne und alle Himmelskörper in ihren Kreisbahnen. Aber in der Hand dessen, der dies Rad lenkt, liegt es, wie oft er umtreiben und wie oft er es hemmen will. Bald dies, bald das gesteht er ihm bereitwillig zu; doch, nur zwei Wege gibt es, auf denen du wandeln kannst, wie der Psalmist sagt: Du bist ihm zuvorgekommen mit mildem Segen, du hast auf sein Haupt eine Krone von Edelsteinen gesetzt. Leben bat er von dir, und du hast ihm die Länge der Tage gegeben.

Mancherlei kannst du verfolgen, doch hüte dich, daß du nicht schon jetzt nach dem seufzest, was dir im zukünftigen Zeitraum bestimmt ist. Denn je mehr man etwas überlegt, desto heftiger wird das Verlangen, je mehr etwas umgerührt wird, desto kräftiger wird sein Lebensgeist, und aus dem Lichte könnte leicht eine Flamme werden, die dich mit ewigem und unlöschbarem Feuer verbrennen würde. Alles muß diesen Weg, den du siehst, gehen. Betrachte darum diese Welt, erwäge, wovon und was sie gewesen ist, was heute mit ihr geschieht, und was dermaleinst sich mit ihr ereignen wird. Denn auch die Welt wird entsühnt werden gemäß dem Naturgesetz. Sie hat ja schon im Anfang der Zeiten die Taufe durch Wasser empfangen; so wird sie auch die zweite Taufe durch Feuer empfangen, darin alle körperliche Dichtigkeit entfernt werden und sie selbst zur Vollkommenheit verklärt werden wird. Und dann wird der große Sabbathtag sein, wo alle Kreatur verklärt werden und Gott alles in allem sein wird.

So schaue auch dies an, o Mensch, was du zukünftig sein wirst, und erkenne dich selbst! Alles muß seinen Weg gehen, aber alles nach seinem Rang und Geschlecht.

Dein Geist soll zu Gott zurückkehren, der ihn gegeben hat, und wenn er gereinigt ist, wird auch er zur höchsten Vollkommenheit gelangen am großen Tag der Verklärung. Bis er jedoch dahin gelangt, er wird dort sein, wo es ihm gefallen wird, er wird betrachten und erkennen lernen die großen Werke Gottes, die offenkundigen und die geheimen; die Gottlosen zu eigener Qual und Angst, die Frommen zu ihrem eigenen Trost und ihrer eigenen Freude. Der Körper aus irdischem Stoffe geformt, wird das Los alles Körperlichen teilen und auf natürlichem Wege gereinigt werden, damit jedes Band zwischen Körper und Geist gelöst und ein jeder Teil an seinem Platz sei, der Geist wird ins Geistige, d. h. aus dem Sensuellen ins Intellektuelle übergehen. Die Seele gleichsam das Verbindungsband wird Schritt für Schritt zu ihren feineren Elementen erhöht werden, von denen sie ihren Ursprung nahm. Der Körper ist der Verwesung unterworfen, bis er in der Verklärung durch Feuer geläutert, rein und glänzend durch ein neues Band mit seinem Geiste verbunden werden kann zum ewigen Leben, wo das Ebenbild Gottes in einem neuen Menschen wiederhergestellt werden soll. – Mensch, also erkenne dich selbst. – Und ein jeder, der diese Hoffnung auf ihn hat, sagt St. Johannes, wird sich heiligen, wie auch er heilig ist. Denn wenn nicht das unreine Wesen abgelegt ist, kannst du nicht zu ewigem Licht gelangen. Gott zur Ehr!

Unterschrieben ist dieses Aktenstück von einem Großprior her Kleriker des Ordens, Bruder Paolo di St. Cosma und einem Bruder Vincentio di St. Bernardo, der sich als Sekretär des Generalkapitels der Kleriker in Florenz bezeichnet. Die wörtliche Übereinstimmung des Textes mit dem Exemplar des Bruders Laurentius, das ist Lorenz Natter, bescheinigt Starck mit seinem Ordensnamen.

*

Das zweite Aktenstück ist eine alchymistische Handschrift, wie es in Deutschland unzählige gibt. Sie hat auch kaum einen großen Sammlerwert, aber für die Geschichte der Freimaurerei ist sie unschätzbar, denn sie ist eins der wenigen, vielleicht das einzige Stück der klerikalen Akten von Starcks eigener Hand geschrieben, das uns erhalten ist. Er hatte bei seinem ersten Aufenthalt in Petersburg nur wenig Schriftliches mitbekommen, das wissen wir aus dem oben angefühlten Schreiben des Oberstleutnants von Böhnen. Erst bei seinem zweiten Aufenthalt in den Jahren 1768 und 1769 hat er sich Abschriften von den dortigen Akten genommen, vielleicht auch Unvollständiges ergänzt. Er schrieb ja nach Hamanns Zeugnis ein gutes gentilisch-tralatitisches Latein, so mag ihm das keine Schwierigkeiten gemacht haben. Daß er seine Akten bis zu seinem Tode ängstlich hütete, ist auch bekannt, ebenso daß er seinem Adoptivenkel das ganze Material mit der Verfügung übergab, falls der Erbe keinen Sinn für das Überlieferte habe, es zu verbrennen. Das ist wohl auch geschehen. Auf welche Weise die Hermetische Philosophie gerettet wurde, das müßte noch untersucht werden.

Die Handschrift ist unleugbar die Starcks; ich habe sie mit einem Brief an Herder in der Berliner Staatsbibliothek verglichen und konnte die absolute Übereinstimmung feststellen. Obwohl der Brief ziemlich flüchtig und aus einer späteren Zeit stammt und das Manuskript in einer sehr pretiösen Schönschrift mit größter Sorgfalt angefertigt ist, sind alle charakteristischen Merkmale der Starckschen Hand zu erkennen; so das eigenartige Zusammenziehen der d-Schleife mit dem u-Haken im Auslaut, so der nach oben geschlossene u-Haken, der in der Graphologie auf Verschlossenheit gedeutet wird, so das merkwürdige kleine k.

Das Manuskript besteht aus dreizehn Folioseiten, die rot eingefaßt sind. Auf der ersten Seite steht der Titel italienisch und deutsch, und im Innern eine lateinische Anmerkung, gewissermaßen eine Gebrauchsanweisung für den Leser. Auf dem letzten unbeschriebenen Blatt findet sich die Nota, die wir oben (S. 315) wiedergegeben haben. In dieser Nota nennt Starck einen

„Hermann Fiduld“ und dessen Werk, den „Probierstein“, der Gualdo sehr gerühmt habe. Starck hat offenbar den Namen aus der Erinnerung niedergeschrieben, denn er ist unrichtig. Der angezogene alchymistische Schriftsteller nannte sich Hermann Fictuld und die erwähnte Schrift war zuerst in Dresden 1740 und in dritter Auflage 1784 erschienen. Der Titel lautet: „Längst gewünschter und versprochener chemisch-philosophischer Probierstein, auf welchem sowohl die Schriften der wahren Adeptorum, als auch der betrügerischen Sophisten sehn probieret worden, wodurch einem jedem Sucher der Weisheit der wahre Weg gezeiget, und hingegen alle Irrwege entdecket, so daß er nunmehro gar nicht fehlen kann.“

Fictuld gehörte ohne Zweifel, wie Gualdo, Natter und der ganze Petersburger Kreis dem Orden der Rosenkreuzer an. Sein wahrer Name soll Johann Heinrich Schmidt von Sonnenberg gewesen sein. Er war geboren am 7. März 1700. Schon 1716 soll er Gehilfe eines Regiments-Feldschers zu Temesvar gewesen und von diesem in der Alchymie unterrichtet worden sein. Später wurde er mit dem Baron Prugg von Pruggenheim in Innsbruck bekannt, der ihm weitere Unterweisung erteilte und sich mit ihm und mehreren andren verband.

Die illustrierten dreizehn farbigen Zeichnungen sind von sehr ungeübter Hand und offenbar äußerst mühevoll hergestellt, aber sie erfüllen ihren Zweck. Ursprünglich sollen es chinesische Kupfer gewesen sein.

Es folge nun die Handschrift selbst:

Philosophia, Hermetica,
overò
Vera, Reale, e Sincera Descrizzione della pierra filosofica
cive
medicina universale
tanto per gli corpi umani, che metallici
auctore
Frederico Gualdo
tedesco, filosofo hermetico e vero adetto.

Hermetische Philosophie
oder
wahre, würckliche und aufrichtige Beschreibung des Steins der Weisen,
Das heißt: Universal Medicin
sowohl für menschliche als metallische Körper
von
Friedrich Gualdo
Einen deutschen hermetischen Philosophen und wahren Adepten.

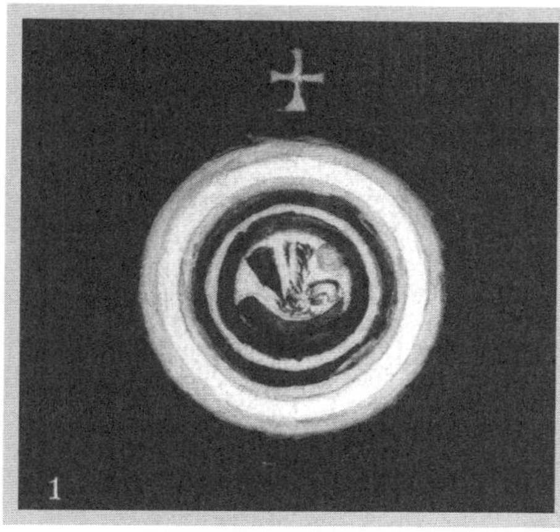

1

Capitel 1. Achtet auf das, was ich euch sage, meine Kinder! und Schüler; verwendet nicht die Gabe des Allmächtigen, auf Stolz und Unschücklichkeit. Machet nie unwürdig Menschen, mit dieser Schrift und ihren Zeichen bekannt, wenn ihr euch nicht die ewige Strafe zuziehen, und des göttlichen und väterlichen Seegens beraubt sein wollet. –

Capitel 2. Trauet nicht irdischen Fürsten, und glaubet nicht ihre eitle Versprechungen, denn ihr werdet das falsche Bestreben der gekrönten Häupter und vornehmen Ritter bemerken: Daher bleibet im Geheimen und arbeitet mit Geduld; betet zu Gott, thut den Armen Gutes, empfehlet eure Seele der Jungfrau Maria, und erwerbet euch die Liebe Gottes und eures Nechsten. –

Capitel 3. Wisset auch, meine Kinder, daß der allmächtige und göttliche Hermes, nicht denen seine götliche Kunst mithellt, welche spielen mit Weibern, Bechern und Mars, auch nicht denen, welche neidisch, auf ihre Nebenmenschen sind, so wenig als den Geitzigen, Treulosen und Unzüchtigen; sondern nur den wahren und gottfürchtenden Christen, welche die Gesetze befolgen, und den Nechsten nicht belügen. –

Capitel 4. Der Allmächtige lies aus dem Nichts das finstere Chaos hervorgehen, eine ungestaltete Masse, eine wunderbare Geburt! Alls ob der Allmächtige nicht Schöpfer genug für dieses Chaos wäre. – Diese Masse war ungestaltet und unbelebt, alles war verworren und finster: Alle Elemente waren darinn verschlossen; die Kraft der Thiere, der Pflanzen, und der Mineralien vermischt! –

Capitel 5. Aus dieser verworrenen und unsauberen Masse, bildete der Allmächtige Himmel, Erde und Geschöpfe, Sonne, Mond und alles bekam Name, sowohl Mineralien, Pflanzen als Thiere. – Wie vermochte die ewige Hand alles aus dem unförmlichen Chaos zu bilden? – Wir meine Kinder! müssen auch in unserem Werke ein solches Chaos suchen, wie Figur 1. auch zeiget. –

Capitel 6. Ich, euer geneigter Vater, erfahren in der Kunst, will euch durch diese Figuren und diese Schrift, unser wunderbares Gemisch zeigen, und alles was verborgen ist in den Büchern und Schriften über den Stein der Weisen, des Goldes, Silbers und Mercurial Wassers, und wie durch Kunst

und Natur aus dem Bestande die Reinheit der Elemente gezogen wurde. –

Capitel 7. Merket also mit großem Fleiße, auf das, was in dieser Kunst nothwendig ist, denn unser unbekanter Mercur, ist nichts anderes, als ein lebendiger, allgemein angeborener Geist, der aus unserem Chaos durch Kunst gezogen wird; eine große Befreundung des allgemeinen Mars. O! unser großer, feuchter und warmer Mercur stehet fest. –

Capitel 8. Nehmet von unserm universal Chaos, nicht mehr als einen gleichen Theil des Mars, übergebet das dem Pluto, Meister der Kunst, der sich vereinigt, und das Reine vom Unreinen scheidet, dieses ist unser universal, agentischer Geist, – die radical Flüssigkeit – von uns gekannt. Dieses ist unser Trockenes, festes Wasser, der babilonische Drache und grüne Löwe genannt. –

Capitel 9. Nehmet diesen Drachen mit seinem Glanz und vermischt ihn von neuem, aber ohne Kraft mit einer gleichen Schwere vom frischen Chaos, und der Löwe wird leuchtender werden. Siebenmal habe ich diesen Löwen seinen Stern sehen lassen, und immer ward er schöner. In dem letzten Werke war er weich wie Wachs, mit einem feinen Silberglanz. –

Capitel 10. Dieses ist unser glänzender Mercur, das große Geheimnis des Allmächtigen; dieses ist unser Mond und Diana, welches zubereitet alle Krankheiten heilet; dieses ist unsere glänzende Beya, welche den Gabrizio zum Gemahl nimmt. O! großes Werck, der einfachen Natur! Dieses zeigt auch die 2te Figur. Wenn Mars mit dem Löwen vereinigt ist, ist unser Mercur bereitet. Diesem Mercur, gebet gemeines, reines Gold mit dem harten Mineral Wasser: nicht sehr fließend, sondern wie Butter, damit Beya und Gabrizio sich küssen können. –

Capitel 11. So zeige ich euch, meine Kinder! deutlich durch die 3te Figur, oder, gegenwärtige

Schrift, daß das Weib nicht ohne den Mann zeugen kann, daher muß Beya mit Gabrizio vereinigt sein. – Jetzt wird Mercur ganz Sonne sein, die Sonne ganz Mond. – O! großer Mercur, in Dir vereinigt sich Silber und Gold-Extract aus der würcklichen Kraft. – Wenn Gold, Mond und unser Mineral-Wasser sich vereinigen, wie die Figur auch zeigt, wird eins wie das andere ganz Gold sein, und aus diesen dreien entsteht unser Mohr, das heißt: Der schwarze Rabe, die weiße Königin, der rothe König, unser Schwefel ohne Malve. –

Capitel 12. Aus den Metallen wird belebter Saame, und aus unserer Vereinigung Gold-Mercur. Nehmet dann von unserem belebten Mercur, und von unserm wohlgeläuterten Golde, vereinigt sie sorgfältig mit ihrem Gewicht und unserer Kunst, daß die Frau nicht sehr den Mann übersteige, doch aber etwas, so wird die erste Vereinigung vollendet sein. –

Capitel 13. Betrachtet die Irrthümer der unwissenden Menschen, welche nach einem gemeinen Namen trachten; sie brauchen gemeinen Mercur und Gold und glauben durch solches Werck, das flüchtige Silber auszuhalten; allein wenn sie den verborgenen Sinnen den Geist öfnen, so werden sie sehen daß beiden der agentische Geist fehlt. Gold mit unserm Mond vereinigt, zeugen unsern Schwefel, wahrer Gold-Saame. –

Capitel 14. Ohne unser geheimes Feuer, kann man nicht bewürcken, was die Natur oder die Kunst will; dieses Feuer ist so von uns verdunkelt, daß wenige es in unsern Büchern gefunden haben; allein welche Materia mann zu unserm wahren Feuer nehmen muß, das zeige ich euch väterlich durch die 4te Figur; erforschet diese mit ruhigem Geiste denn sie ist von der Hand eines Adepten. – Aus dem Material Schwefel, Antimonium, und Mineral Wasser, ist unser Matrical Feuer zusammengesetzt. Aus diesen dreien wird unser reines, belebtes und wohl gemischtes Wasser distillirt. –

Capitel 15. Es ist Feuer, welches dampfend und nicht leicht ist, denn die Kunst soll blos die Natur nachahmen. Es ist Feuer, welches ernährt und nicht verzehrt, welches natürlich ist und sich in unserm Mercur befindet;

feucht, doch immer trocknendes Wasser, welches steht; Wasser, welches die Körper waschet; und die Hände nicht befeuchtet; Feuer aus 3 Substanzen in eine verwandelt; die Sonne und Mercur mit unserm Mond. –

Capitel 16. Jetzt habt ihr aus meiner Schrift vernommen, was Sonne, Mercur und unser Mond sind, und daß man aus 3 Substanzen eine mache, eine die sich in 3 verbreite. Doch immer gleichartig. O! großes Wunder! Weib, Mann und Vereiniger; Vater, Bruder, Schwester, einer Liebe. –

Capitel 17. Nichts anderes ist es als Mercur, Salz und Schwefel. Luft, Wasser und Feuer in Erde gut gemischt. – Unser Gold und Silber, welches ganz Feuer und Leben ist, mit Mercur vereinigt. O! unendliches Wunder. – Aber jeder Saame ist nicht fähig zu zeugen, wenn nicht Fäulnis vorhergehet; und unser ganze Sonnen-Körper schwarz wird. –

Capitel 18. Dieses Werck ist leicht zu vollbringen, wenn in der Fäulnis der Rabe günstig ist. Vereinigt nichts anderes als unsere dreifache Substanz; doch alles nach seinem Gewicht, so, daß das Wasser über stehe. – Dieses ist das Werck der Zubereitung, wie die 5te Figur zeiget. – Darinn ist das Compendium der sicheren Straße; – Betrachtet recht das Feuer; – Luft und Erde, muß sich in unser Wasser verwandeln, wie Schnee. Der goldene Apfel, der grüne Löwe und der geborene Mercur, müssen sterben alle 3 in einem Akt; aus diesem entsteht der schwarze Rabe. Wenn ihr diesen habt, dann lobet Gott und seid fröhlich. –

Capitel 19. Der Schnee, das Eis und gefrorene Wasser,

7

löset sich leicht durch unser feuriges Wasser auf, auch das Gold mit unserem Mond vereinigt, löset sich in unserem beschriebenen Mercur auf; denn die Natur ist dem nicht zuwieder, wenn der metallische Saame sie reift, aber erst muß man das dampfende Feuer faulen lassen, damit der Körper sich rühmlich erzeige. –

Capitel 20. Wenn 90 Tage und Nächte verflossen sind, werden unsere gemischten Körper Vater sein. – Während der ganzen Zeit bewahret mäßiges Feuer, denn die Kunst und die Natur, wollen nicht gezwungen sein, sondern alles will seine bestimmte Zeit haben. Daher habe ich euch gegenwärtige 6te Figur gezeichnet, damit ihr mit Geduld und gehöriger Zeit den geflügelten Raben erwartet. – Wenn die Sonne, der Mond und unser Mercur recht vereinigt und recht gemischt sind, wird der schwarze Rabe zur bestimmten Zeit, mit seinen unendlichen Gefährten sich vereinigen. – Dann wird man keine Trennung mehr finden, und durch recht agentisches Feuer wird man die Weibwerdung sehen. –

Capitel 21. Und wenn ihr den schwarzen Raben sehet, dann lobet Gott und seid fröhlich; zweifelt nicht und werdet nicht muthlos, denn das Werck ist gut angefangen. – Laßt der Natur Zeit, damit der Rabe reif werde, und sich in einen Pfau verwandele, und das mit großem Recht. –

Capitel 22. Vom Schwarzen zum Weißen kann man nicht kommen, weder durch Zeitverkürzung noch durch Versuchung des Feuers, wie man will, sondern vermittelst verschiedener und weicher Farben, wegen der Schönheit des Pfaues und seiner Gunst. – Und wenn die Elementa freundlich und in Frieden sein werden, so sieh auf die wunderbare Operation der Natur und schweige. – Vermehre das Feuer bis zum zweiten Grad, und erforsche beigefügte 7te Figur mit tiefem Sinn. – Aus unsern mit einander gemischten Raben entsteht nach 46 Tagen ein Pfau. Dieser ist das Band der vier Elemente, und die Beya mit Gabrizio genißen Zufriedenheit. –

Capitel 23. Der allmächtige Vater und göttliche Hermes, als Er mit Noch Frieden schloß, ließ alles Wasser an einem Orte stehen, damit die Welt nicht mehr überschwemmet würde. Das Zeichen dieses Friedens war der Regenbogen,

wie man noch heut zu Tage sieht. – Wenn ihr zwischen Wasser und Feuer Friede macht, werdet ihr in unseren Wercke ein ähnliches Spiel sehen. –

Capitel 24. Alles wird dann wieder in guter Ruhe versetzt. Alles wird zu Gunsten des Meisters sein; alles wird sich bald in Farbe des leuchtenden Schnees verwandeln, wie der Mond, wenn er voll leuchtet. – Dieses ist das Reich unseres wiedergeborenen Mondes; dieses ist der Mond mit seinen Tauben. –

Capitel 25. O! über die Barmherzigkeit Jesu Christi gegen uns Undankbare und des Lebens Unwürdige, die wir nicht die Gabe und Gnade Gottes anerkennen wollen. O! über meine Undanckbarkeit, wenn ich, o! mein Schöpfer, durch meine Feder, und mein wahres, aufrichtiges und väterliches Anerbieten bewürcke, daß diese unsere Königin in die Hände eines Treulosen käme. –

Capitel 26. Daher bitte ich Dich, o! göttlicher Schöpfer, erlaube nicht, daß diese unsere Kunst und Schrift, für Gold oder aus Gunst, den Ungeweihten übergeben, oder entdeckt werde; sondern laß denjenigen, der unsere wahre Königin verrathen will, durch Deinen Fluch, und einen plötzlichen Tod vernichtet werden. Damit, diese götliche Kunst, mit ihren Zeichen, nicht in die Hände der Unwürdigen gerathe. –

Capitel 27. So, liebe Kinder, nun habt ihr vernommen, die Zeichen unserer Königin, auch das was der götlichen Kunst zuwieder ist. – Daher bedencket alles, wenn ihr euch nicht die Straffe des Meeres der Hölle zuziehen wollt. Befördert alle mit Geduld, unser Werck durch Gottes Gnade

zur Ehre eurer Nebenmenschen. So werdet ihr den Schatz unserer Königin erlangen, wie meine 8te Figur euch deutlich zeigt. – Diese Königin ist unser erster nicht färbender Schwefel, weiße Medizin. – nach der ersten Ordnung benannt. Dieser verwandelt sich in 43 Tagen in einen bleibenden rothen König. –

Capitel 28. Laßt diese Glänzende und weiße Königin in 55 Tagen verfeinern, und das weiße Gewand, sich mit agentischen Feuer, in Citronen-Farbe, verwandeln, und endlich in glänzendes Roth. Laßt sie in der durchsichtigen Kammer verschlossen, von unserm Pluto sehr geliebt. Laßt sie so, damit Pluto euch sehen lasse, daß aus dieser Königin, der Monarch entstehen soll. – Mit nicht heftigem Feuer, wurde unser agentische(r) König geboren; aber gebt Achtung, und behaltet wohl im Sinn, daß der König des Feuers mächtig sei, sonst wirst Du Dir tausendfältige eitle Gedanken machen; denn unser König wird nur gesehen, in zubereiteten Kreisen. – (Figur 9.)

Capitel 29. Vermehret das Feuer nach euerer Absicht, damit die Königin nach ihrer Zufriedenheit genieße, und euch gebähre einen rothen Sohn, den größten Schatz der ganzen Welt. Rufet unsern Sohn von glänzender Sonne, unsere Jungfrauen Erde aus Damasens Gefülde, unser doppeltes Mercur Gold, das dem Feuer nicht mehr entgeht. –

Capitel 30. Dieses ist unsere geheime Operation, unsere adamitische Erde, eine vollkommene Sache; dieses ist das Ende der Arbeit des mächtigen Hercules; dieses ist das köstliche Blut unserer Schlange; dieses ist die wahre Vereinigung der vier Elemente; dieses ist das Geheimnis, welches die Mächtigen suchen; dieses ist es, was man nie in unseren Büchern geoffenbaret findet. –

Capitel 31. Jetzt, meine lieben Kinder, die ihr Gott fürchtet, höret, was ich euch weiter sage; glaubet mir, denn ich bin der Besitzer dieses Schatzes, und ich sehe nicht auf die Eitelkeit der Welt mit ihrem Golde. – Höret auf das, was ich euch väterlich sage; denn ich schreibe es bloß zum Besten meines Freundes. Euch also, die ihr in unser Geheimnis tretet, euch haben wir diese Gunst erwiesen. –

Capitel 32. Damit ihr euch nicht beklaget, daß in dieser kleinen Schrift, die ganze Kunst, euch nicht nach unserem Versprechen, bekannt gemacht worden sei; so höret aufmerksam ihr Verbrüderte, und betrachtet, was die 10te Figur euch zeigt; Schwefel und unsere Erde, die Blüthe der Sonne, der größte Preis der ganzen Natur. – Dieses ist unser starker und mächtiger König, der im Feuer rühmlich und wiederstrebend ist, und die Medizin der ersten Ordnung genannt. Ich halte ihn fähig, alle Krankheiten zu durchdringen; doch kann er die Metalle nicht verwandeln; er muß erst durch eine zweite Fäulnis gehen. – Ehe er einen solchen Grad erreicht, muß er erst den Tod mit Füßen treten. Diesem König schneide unser Mercur den Kopf ab, wie diese Schrift dir sagt, und bemerke die Zeichen dieser Figur, wenn du das reiche Pfand erlangen wilst. –

Capitel 33. Dieser Schwefel ist selten und ganz Sonne, aber zum Färben hat er nicht die Kraft; bis das zweite Werck vollbracht worden. Das Wasser ist noch nicht in Erde verwandelt; bis unser geliebter Sohn der Sonne, genug vom Wasser nimmt. Erst gebt ihm eine kleine Portion, damit er mit Liebe und Sicherheit es trinke und seine Schönheit nicht ersaufe. –

Capitel 34. Achtet also wohl auf unsere Vorschriften, denn wir sind erfahren in diesen vielfältigen Wercken. Nehmet vier Theile von unserm Wasser, welches darinn war, aber vorher nach unserer Art getränkt, und rectifizirt durch 7 oder 10 künstliche Distillationen, mit dem Namen Mineral-Wasser und von der Natur gekocht, getränktes Feuerwasser, welches allein reift.–

Capitel 35. Weil unser Schwefel ganz Feuer ist, und sich nie an einem wahren Orte befindet, wenn nicht im Feuer, mit dem Feuer der Natur seine Kraft vermehret und gereifet wird, und er an Macht, Kraft und Schönheit wachse, sich von einer Farbe in die andere mit Vergnügen verwandele, bis unser gewafneter Schwefel entsteht, erst mit weiß, dann mit roth gekrönt. –

Capitel 36. Aber das Weiße werdet ihr nicht sehen, und noch weniger das Rothe, wenn nicht vorher das Schwarze darüber kömmt, als Nahrung, von Grad zu Grad das Feuer zu vermehren, und die Tränkung in Fäulnis gehen zu lassen, wie es die Natur will; so wie man ein Geschöpf nährt, denn durch zu viele Speisen, würde man es

zu Anfang schaden, daher genügt es, das Kind nach und nach mit weniger nähren. –

Capitel 37. Zuerst begnügt sich unser Sohn der Sonne, mit dem 8ten Theil; dann in wenigen Tagen mit dem 7ten Theil, in drei Tränkungen, den 6ten Theil des entstandenen Wassers zu trinken. Und immer in wenigen Tagen vermehre die Nahrung, bis er den vierten Theil des Wassers trinkt. Auf solche Art pflege ich als Erfahrener in unserer Kunst, unserm Mars Nahrung zu geben. –

Capitel 38. Ohne die kleinen Tränkungen, bis unsere Erde in schwarz, weiß und roth verwandelt war, habe ich ihm 5 Tränkungen gegeben, mit dem vierten Theil des gesegneten Wassers. Unser wütender Mars trank zweimal, so viel als sein Körper schwer war; bis unser Mars siegreich geworden war, bis er als ein ruhmwürdiger König, aus unserm Diener entstanden war. –

Capitel 39. Dieses ist unser König der zweiten Operation, eine vollkommene Medizin, für Männer und Weiber. Als Elixier der zweiten Operation zeigte sich seine Kraft mächtig, in jeder Krankheit. Dieses ist die Medizin für das lange Leben, welche, durch die Gnade Gottes, es allein verlängert. Gelobet sei die unendliche, rühmliche Dreieinigkeit, und seelige liebevolle Jungfrau Maria. –

Capitel 40. Mit dieser Medizin hat der allmächtige Hermes mir das Leben ohne Kräuter verlängert; mit derselben hat die göttliche Majestät mich getröstet, und mein ganzes Verlangen befriedigt; denn bis ans Ende meines Lebens ist ein vollkommener Schatz eine vollkommene Gesundheit damit vereinigt. Für einen solchen glücklichen Erfolg betet zu Gott mit Liebe, und die beigefügte 11te Figur erforschet mit Aufrichtigkeit. Vermittelst des Todes, des rühmlichen Königs, durch die zweite Operation und den belebten Mercur, durch die Fäulnis und Fixation, erlangt man die Xte Multiplikation. Durch sieben bereitete Tränkungen, und die Diät des Feuers, gut abgemessen, wird in 5 Monaten, unser Werck vollendet sein, und eine zweite vollkommene Umwälzung sich zeigen. –

Capitel 41. Diesem unsern König fehlt die Krone, die dritte Umwälzung gibt ihm diese; und ohne dieselbe widersetzt sich seine Kraft der Verwandlung der Metalle. – Die dritte Umwälzung unseres kurzen Weges geschieht durch die Gährung mit der Begleitung, dann verwandelt er sich in eine rothe Masse, durch alle Farben, wie in dem ersten und zweiten Wercke. –

Capitel 42. Dreimal müssen die Elemente zirculiren; im Feuer wiederstehend, vereinigt, gemischt, verfault, fixiert rühmlich, durchdringend und gereinigt, wodurch die Saame des Goldes wiedergeboren wird, und die Kraft in That auch bewahret. – Dreimal muß die Umwälzung geschehen, damit man die Medizin der dritten Ordnung sehe. –

Capitel 43. In der ersten Umwälzung ist unser Schwefel, in der zweiten der gemischte fixirte Elixier. – In der dritten Umwälzung verfolge die Gährung, und dann auch gleichfalls die Multiplication. Dieses und die Arbeiten unserer gütlichen Kunst, welche unsere Schrift auch deutlich erklärt; und jetzt habt ihr völlig vernommen, durch welche Arbeit der rühmliche König sich in unsere Hände gegeben hat. –

Capitel 44. Welcher nichts anderes zu seiner Verzierung begehrt; als eine goldene Krone, der neuen Zeit; wir wollen also sagen, was dieser König wünscht, und was wir auch sehr wünschen. Es ist kein Mittel zwischen Farbe und Tinctur, bis das Gold mit unserm König reif werde, nicht durch lange Zeit noch durch mühsame Arbeit; – nicht durch große Kosten, noch durch sinnreiche Kunst. –

Capitel 45. Blos Gold in Pulver verwandelt durch Königs Wasser, oder Mercur in Kalck gelöscht, aber so daß aller ätzender Geruch geschieden sei, damit unser König es mit Liebe nehme. – Machet die Bereinigung mit Fleiß, blos mit seinem Wasser, welches gegenwärtig sein muß;

– Der vierte Theil des Mineralwassers muß in einem glässernen Gefäße vereinigt werden. –

Capitel 46. Dann thut diese dreifache Komposition in Feuer, durch Verdauung bereitet. Gebet Feuer, die die Kunst und Natur es begehrt, bis alles fixirt reif sei, und sich in eine rothe Masse verwandele, eine vollkommene und durchdringende Tinktur.

In kurzer Zeit, versichere ich euch, werdet ihr die Gährung mit Hilfe Gottes vollenden. –

Capitel 47. Dann kann unser König mit seinem wiedergeborenen Saamen, unendlich multipliziret werden, und durch keinen rühmlichen Weg, als durch sein zubereitetes Wasser. Durch nichts anderes, als durch Tränkung und durch nöthige Fäulnis; – durch den Grad unserer Fixation, zeigt er sich durch alle Farben bis immer 10 und 10 multiplizirt, in Quantitaet und Kraft vermehrt. – (Figur 12.)

Capitel 48. Betrachtet mit Tiefsinnigkeit die Natur, wie das Korn auf dem Felde sich vermehret, und reift durch nichts anderes als durch bloße Arbeit des armen Bauers, Licht der Sonne, und Gunst des Regens. So kann das Korn unendlich vermehret werden, wenn der Bebauer die Erde nimmt, und sie in ein gut gepflügtes Land legt, und sie dann dem Segen des Himmels empfiehlt; daß wäßrige Wärme Tag und Nacht sich vermehre. –

Capitel 49. Ferner meine lieben Kinder und Verbrüderte, die ihr von unserer Familie geliebt werdet, quälet euch nicht gegen die Natur zu multipliziren, gemeines Gold mit gemeinem Mercur, oder andern unreinem Wasser; wenn ihr nicht Zeit und Kosten verlieren wollt, und endlich durchs Land zu betteln. – Also bleibt beständig auf dem Wege der einfachen Natur, und betrachtet meine 13te Figur. – Diese Figur ist die dritte Umwälzung, die Multiplikation des Unendlichen; und wie das erste und zweite Werck gemacht wurde, so machet auch das Dritte, immer durch verhältnismäßige Tränkung, durch das Werck der Fäulnis bewürckt, mit wohlgeordneten leuchtenden Feuer mit unsern belebten agentischen Wasser. Aber dies ist nöthig zu bemercken, daß in jedem Werck die Zeit kurtz ist, und wenn Du wirst drei Wercke vollendet haben, so färbt Dir ein Theil zu tausendfachen Ehren, wie ich Dir schon durch diese Schrift gesagt habe: Doch will ich Dir noch eins sagen, denn es ist eine große Klippe, daß, ohne Gährung, die Tinktur nichts zu den Königs Metallen tauge; allein gähre nach Art unserer Schrift, und betrachte wohl, unsere letzte Figur. –

Capitel 50. Betrachtet immer jede Sache mit der Möglichkeit, und wie die einfache Natur, in der Operation thut. – In dem Mineral-Reich, wie in dem Thier-Reich, vermehren sich immer die Geschöpfe auf reinen Wegen; denn durch die Vereinigung des Männlichen und Weiblichen hat alles Ursprung und Erzeugung, wie der Mensch, der in Utro sich vom bloßen Bluete nährt, und dann in den Windeln, von Milch. – Betrachtet das Pflanzen-Reich, welches sich liebreich vermehrt; das Feld und den Saamen. – Der männliche Saame wie er sich liebt und nicht fürchtet; alle Vereinigungen müssen von gleichartiger Liebe sein, lebendig und nicht todt; voll von Geist, sonst kann die Natur nicht mehren und zeugen; auch kann die Kunst der

Natur nicht beistehen. – Das Mineral-Reich laßt euch empfohlen sein, das Wasser und unser gereinigter Mond, welcher allen Metallen die Radikal-Feuchtigkeit, und dem Metall-Saamen die natürliche Wärme giebt. Unser Mond ist Saame, vereinigt diese nach der Kunst, mit unserm Wasser, zu Folge dieser Schrift. –

Capitel 51. Lobet Gott, betet für die Todten, fliehet die Sünde, und gebt Acht, damit niemand unsere Schriften bekomme, noch unsere Zeichen sehe. Bewahret sie, verberget sie, und in gefährlichen Fällen empfehlet sie, der göttlichen Majestaet, und werfet sie ins Feuer, und erhaltet euch in der göttlichen und unserer väterlichen Gnade. – Von uns werdet ihr immer Hülfe und den ewigen Seegen erhalten. Dieses ist das einzige Compendium unseres Universal-Wercks, und kein menschliches und sterbliches Wesen kann dem Dreieinigen und Einzigen Gott genug danken für diese Gabe und Offenbarung. In unserm Leben wünscht man nur einen Schatz, der aus langem Leben und einer Menge Gold besteht; dieses kann unser Universal-Stein geben, mit Hülfe des göttlichen Hermes, wenn ihr mit Gottes Gnade arbeitet, und das Werck mit Geduld zu Ende bringt. –

Ende

Omnia ad Maximi Dei
Gloriam

VI. Der Konvent von Braunschweig

Die strikte Observanz hatte ihren Höhepunkt überschritten, die innere Gegnerschaft Friedrichs des Großen, die man irrtümlich als eine Abkehr von der Freimaurerei überhaupt bezeichnet, wirkte in den Gemütern desto stärker, je höher der Ruhm des Großen Königs stieg. Die deutschen Fürsten waren zum großen Teil weit von dem Ideal entfernt, das ihnen Friedrich in seinem Fürstenspiegel vorgezeichnet hatte. Man erinnere sich an sein scharfes Vorgehen gegen den Herzog Karl Eugen von Württemberg: „Denken Sie nicht, das Land Württemberg sei für Sie geschaffen; glauben Sie vielmehr, daß die Vorsehung Sie in die Welt gerufen hat, um dies Volk glücklich zu machen." An seinem fünfzigsten Geburtstag (1778) bekannte der Herzog öffentlich seine Schuld und versprach eine gerechte Regierung. Friedrich war ein scharfer Gegner des Soldatenhandels, er sorgte für Gesetz und Recht, hob den preußischen Richterstand auf eine so hohe Stufe, daß das Sprichwort: „il y a des juges à Berlin" in ganz Deutschland verbreitet war. So richtete sich in der Zerrissenheit des deutschen Vaterlandes die Sehnsucht der Gebildeten in

Deutschland nach Preußen, man war, wie Goethe sagt, „fritzisch" gesinnt, und das Bild des Großen Königs hing allüberall, oft neben dem des ihm feindlich gesinnten Landesherrn.

Und Friedrich war in der zweiten Hälfte der siebenziger Jahre gegen die Freimaurerei verstimmt, der Prunk und das Titelwesen der strikten Observanz widersprach seiner einfachen Natur, die sich schon breitmachende Rosenkreuzerei mit ihrem Geister- und Zauberwesen, in das der Thronfolger bereits eingesponnen schien, behagten ihm gar nicht. Daß die strikte Observanz gerade in der Loge, die sich als seine persönliche Gründung betrachtete, der zu den drei Weltkugeln, Eingang gefunden hatte, mag ihn besonders unangenehm berührt haben. Es fällt daher gar nicht auf, daß er 1774 der Großen Landesloge ein Protektorium erteilt und nicht den drei Weltkugeln. Was ihn besonders an der strikten Observanz störte, war neben der Geistersehern und Goldmacherei, die er im Grund verlachte, das Titelwesen. Das erfahren wir aus einer Verfügung des Berliner Polizeidirektoriums vom 2. Februar 1779:

„Seine Königliche Majestät von Preußen, unser allergnädigster Herr, haben durch Höchstdero an das Generaldirektorium erlassenen Cabinetts-Ordre d. d. Breslau den 29. Januar a. c. zu eröffnen und zu befehlen geruhet, daß, da Allerhöchstdieselben gewahr wurden, wesgestalt die Freymäurer allhier ihren Logen untereinander allerhand Tituls beylegen, solches aber Höchstdieselben ganz und gar desapprobiren, und keineswegs zu gestatten gesonnen sind, den Freymäurern zwar wohl erlaubt sein soll, wann sie zusammenkommen, sich untereinander zu vergnügen, dieselben aber durchaus keine ernsthafte Sache daraus machen, die Logen keine Tituls haben, und die Freymäurer selbigen schlechterdings keine Tituls geben müssen. Seine Königliche Majestät haben daher dem General-Directorio befohlen, sich darnach zu achten, und die dieserwegen nöthigen Verfügungen sofort zu treffen, auch mit allem Ernst darauf zu halten, daß dieser dero Ordre stricte nachgelebet werde.

Dem zu Folge wird dem hiesigen Policey-Directorio aufgegeben, die Meister oder Vorsteher der subsistirenden Freymäurer-Logen, sämtlich, ohne den geringsten Anstand, vor sich zu fordern, sich von ihnen die Titul, welche sie bisher geführt, angeben zu lassen, und ihnen den vorstehenden Höchst unmittelbaren Befehl Sr. Königl. Majestät, zu ihrer genauen Achtung bekannt zu machen, solches ad Protocollum zu nehmen, auch darauf zu vigiliren, daß dawider nicht contravenirt werde, und wenn solches geschehen solte, davon zu Seiner Königl. Majestät vorzutragenden Bestrafung der Contravenienten Anzeige zu thun, wie denn auch das Policey-Directorium zu berichten hat, daß und wie von selbiger diesem Befehle völliges Genüge geleistet worden.

Signatum, Berlin, den 2. Febr. 1779.

Auf Special-Befehl
von Blumenthal, von Derschau, Schulenburg, von Gaudi.
An das
hiesige Policey-Directorium."

Aus dem preußischen, dem fritzischen Geist heraus erhielt denn auch die strikte Observanz den entscheidenden Stoß, der das Ende einleitete. Es waren in Berlin heftige Streitigkeiten mit Zinnendorf und der Großen Landesloge entstanden, auf die wir später näher einzugehen haben werden. Hier sei nur so viel gesagt, daß Zinnendorf von der Leere des Systems der strikten Observanz überzeugt war und das auch offen aussprach. Es wurden dann Einigungsverhandlungen eingeleitet, die zu einem formellen äußeren Frieden führten, in dem auch der gegenseitige Besuch in den Logen freigegeben war. Dadurch lernten viele Mitglieder der strikten Observanz die Lehre der Großen Landesloge kennen und wendeten sich ihr zu, oder wenn sie nicht austraten, fingen sie an, ihr eigenes System zu kritisieren und Unzufriedenheit in ihren Orden zu tragen.

Dazu kamen noch Unstimmigkeiten zwischen dem Heermeister von Hund und der Provinzialregierung, die ihren Grund in einer angeblichen Überschreitung der Befugnisse des Heermeisters hatten.

Es hatte sich schon im Oktober 1772 eine Körperschaft, die sich Großkapitel der fünften Provinz, Burgund, nannte, an den Heermeister gewendet, um ihn zu bewegen, auch die Regierung dieser Provinz zu übernehmen. Es verlangte aber, daß jede Zwischeninstanz ausgeschaltet werde und das Kapitel direkt von dem Heermeister abhänge, außerdem beanspruchte es einen Generalvikar und Gesandten beim Heermeisterlichen Sitz, dafür wollte man die Verfassung der siebenten Provinz unverändert annehmen. Dieser Antrag war für Hund eine besondere Genugtuung. Wenn man auch auf dem Konvent von Kohlo seine Empfindungen taktvoll geschont hatte, er mußte sich doch sagen, daß er kaltgestellt war. Es waren ihm drei Fürsten vorgesetzt, und während der Prätendent Karl Eduard Stuart, den er für seinen eigentlichen Großmeister hielt, seit Jahren nichts von sich hatten hören und ihn völlig absolut hatten regieren lassen, war ihm jetzt in dem glänzenden und weit berühmten Herzog Ferdinand von Braunschweig ein übergeordneter Großmeister erwählt worden, der nicht nur Repräsentationsgestalt war, sondern sich sehr lebhaft seiner Sache annahm. Dazu kam eine neue Provinzialregierung, die keineswegs so unbedingt Hunds Willen tat, wie die von ihm selbst geschaffene.

Er nahm daher den Antrag der fünften Provinz unbedenklich an, ohne sich mit dem Herzog oder der Provinzialregierung ins Benehmen zu setzen. Für die Verhandlungen bediente er sich des Barons Georg August von Weiler, eines sehr gewandten Mannes, aber entschieden einer Abenteurernatur. Er gehörte einem alten süddeutschen Adelsgeschlecht an, war 1726 geboren, also etwa gleichaltrig mit Hund und ihm an Wissen und Lebenserfahrung weit überlegen. Den Siebenjährigen Krieg hatte er als Major auf Österreichs Seite mitgemacht und sich dann ins Privatleben zurückgezogen. Wann er Freimaurer geworden, ist nicht festzustellen, er gab an, in Rom 1743 zum Tempelritter geschlagen worden zu sein, eine recht unwahrscheinliche Behauptung. Seinen Ordensnamen bezeichnete er als Ritter von der goldenen Ähre (Eques a spica aurea). Es scheint, daß er alle Hochgrade der damaligen Zeit besessen, auch den „Prinzen von Jerusalem“ und „Ritter Kadosch“, war also durchaus auf die Phantastik der strikten Observanz eingestimmt. Als er seinen Wohnsitz nach Dresden verlegte, trat er der Loge „St. Jean des voyageurs“, später umgetauft in „des vrais amis“, bei. Dort näherte er sich der strikten Observanz, gab vor, der achten Provinz anzugehören, legte auch ein Patent seines Heermeisters, des Grafen Kuffstein vor, das ihn als Legaten bei dem Heermeister von Hund ernannte.

Mit diesem wurde er in Dresden bekannt, sie kamen bald in nähere Verbindung, da sie wohl merkten, wie sehr sie einander brauchen könnten. Zum Visitator generalis ernannt, verwendete ihn Hund zu verschiedenen Kommissionen, so sandte er ihn auch zu den Brüdern der fünften Provinz, um diese einzurichten. Dann erst machte er der Provinzialregierung Mitteilung von dem Geschehenen. Diese bezeichnete das Vorgehen des Heermeisters als voreilig, es kam zu einem sehr aufgeregten Briefwechsel.

Die Provinzialregierung, oder wie sie sich nannte die Kapitularische Regierung bringt zunächst unter dem 9. Januar 1773 dem Heermeister ihre devoten und ergebensten Glückwünsche „zu der Heermeisterlichen Würde mit der der VII. Provinz verknüpften gleichmäßigen Würde der V. Provinz“ dar und bedankt sich für die Mitteilung. Dann aber kommen auch in sehr höflicher Form die Bedenken, „daß nicht die geringste Zweideutigkeit übrigbleiben könne, wie das unterzeichnete Großkapitel der Provinz Burgund auch gewiß dasjenige sei, wovor es sich ausgegeben und seinen Beruf durch sichere und unverwerfliche Dokumente beweisen, auch dargetan haben werde, daß es aus alten richtigen und nicht neu verliehenen Quellen geschöpft habe.“ Dann wendet sich das Schreiben gegen Weiler, dessen geplante Reise nach Chalon es dringend widerrät. Die Provinzialregierung fühlt sich Übergangen, da Weiler nicht allein verschiedenen Präfekturen, sondern auch dem Großmeister, Herzog Ferdinand, Mitteilung von der Sache gemacht habe. Es steht in diesem Vorgehen eine Schädigung „des kaum in etwas zusammengezogenen Ganzen“. Entschieden verwahrt es sich dagegen, daß Ordenspapiere an die fünfte Provinz, „am allerwenigsten an den Hochwürdigen Herrn a Spica aurea, communiziert werden mögen.“ Schließlich registriert die Provinzialregierung das Gerücht, daß auch die Provinz Auvergne sich an von Hund gewandt habe.

Der Heermeister antwortet, daß die Übernahme der fünften Provinz seine gegenwärtige Stelle in keiner Weise beeinträchtige, er daher das neue Amt als eine reine Privatsache zu übernehmen berechtigt gewesen sei. Außerdem hätte die Ablehnung von den Burgundischen Brüdern als eine Beleidigung angesehen werden können, und man hätte sich eine große Anzahl Feinde gemacht. Seinen Vertrauensmann Weiler hält er entschieden fest, ihn auszuschließen, „könnte von ihm nicht anders als eine persönliche Beleidigung und äußerstes Mißtrauen aufgenommen, auch dortigen Brüdern unter keinem andern, als uns selbst nachteiligen Vorwand bekannt gemacht werden, wozu Unsere Einwilligung zu erteilen Wir Uns nie entschließen können.“

Die Kapitularregierung beruhigt sich nicht dabei: „Wenn also Euer Hochwürden und Gnaden Dero gefaßten Entschluß abzuändern nicht geneigt: so bleibt am Ende kein anderes Ausdrucks-Mittel übrig, als daß nebst dem Hochwürdigen Herrn a Spica aurea ein aufs genaueste instruierter Bruder dieser Provinz, welcher in dem Orden sowohl als Publico einen gewissen Rang, Vertrauen und Ansehen habe, abgesendet“ werde. Hund geht darauf ein und schlägt den Ordenssekretär a Stella fixa (Jakobi) vor, der ja auch schon der Mission nach Wismar angehört hatte.

Darauf antwortet die Kapitularregierung sehr verständig, entweder sei die Vereinigung der fünften Provinz nur eine persönliche Angelegenheit des Herrn von Hund, dann könne sie sich lediglich auf einen persönlichen Glückwunsch beschränken, müsse aber sowohl die Herausgabe der Ordensakten sowie die Absenkung des Ordenssekretärs ablehnen. Dann kommt eine sehr wichtige Stelle: „Keine derer zur Ausbreitung der Maurerei und des Ordens genommenen Maßregeln hat dem Ruf derselben mehr geschadet, und die Reinigkeit der maurerischen Absichten mehr verdächtig gemacht, als die Absendung solcher Personen, welche in der Maurerei ihren Privat-Nutzen, oder wenigstens ihren Unterhalt suchen müssen, zu Besuchung und Einrichtung der Sprengel. Es ist schwer, daß von dergleichen Personen kein Mißbrauch getrieben, und niemals von den Ordens-Verbindungen Gelegenheit genommen werden sollte, Geschenke oder Darlehen bei dessen begüterten Brüdern zu suchen, daß nicht die wichtigsten Stellen in den Sprengeln, nach bloßen Privat-Absichten um Gabe oder Geschenk, den Vermögendsten, oder wohl gar dem, der am leichtesten in eigennützige Absichten eingeht, zugeteilt, Verdienste aber und Eigenschaften, durch welche allein das Wohl des Sprengels gefördert werden könnte, von der Direktion desselben ausgeschlossen, und dadurch wohl nach und nach von dem Orden entfernt, allemal dieser mit einer Menge solcher Mitglieder überladen werden sollte, die ihm nie Vorteil, wohl aber Schande machen können. Aber gesetzt auch der also Abgeschickte bliebe in seinen Schranken; so muß er gleichwohl auf Kosten derer, zu denen er gesandt wird, nicht nur reisen, sondern auch seinen Unterhalt finden, und schon dies kann ihm das zweideutige Ansehen eines Avanturiers geben.

Wir sind sehr entfernt den Bruder a Spica aurea diesen Charakter beizulegen. „Wir halten ihn für einen ehrlichen und geschickten Mann. Wir wünschen, eben damit er in diesem Licht um so mehr erscheinen könne, seinen Stand recht bestimmt zu sehen. Dies aber können wir, ohne seiner Ehre zu nahe zu treten, freimütig gestehen, seine häuslichen Umstände sind nicht so beschaffen, daß wir bei seiner Abschickung nach Straßburg, uns von allen Mißdeutungen, welche auf den guten Namen derer, die an der Sendung Teil hatten, völlig gesichert halten sollten."

Die Angelegenheit fand insofern eine vorläufige Erledigung, daß ein Straßburger Bruder, der Bankier Philipp Jakob Francke nach Dresden gekommen und mit den Brüdern des Inneren Ordens in Verbindung getreten war. Die Besprechungen sind niederschriftlich festgelegt, und da erfuhr man über die fünfte Provinz, daß die Loge „De la Candeur" zu Straßburg das Großkapitel bilde. Von Dresden aus, vor dem Siebenjährigen Kriege, von der damaligen Loge St. Jean des voyayuers – jetzt des vrais amis genannt – konstituiert, wäre sie in kurzem sehr zahlreich geworden, habe wieder andere Logen errichtet oder näher mit sich vereinigt, und endlich bei sich ein Kapitel der französischen Hochgrade gestiftet. Indes hätten einige Brüder sich unter dem Namen conseil privé zu einem Direktorium vereinigt, dies dann mit dem Namen eines Großkapitels belegt und darin den Ursprung des Ordens von den Tempelherren ohne weitere Sinnbilder gelehrt, und sich selbst ohne Ritual und Ordnung als Nachkömmlinge jener Brüder geachtet und geführt. Der Hauptzweck ihrer Bemühungen sei dabei gewesen, immer mehr Erkenntnisse von dem Umfange der Maurerei und den darin zugrunde liegenden Wahrheiten zu erlangen, alles zu prüfen und zu erforschen, und endlich das System beizubehalten, das ihnen hinlängliche Zufriedenheit verschaffen würde.

Da ihnen nun von der Verewigung der deutschen Logen Nachrichten zugekommen wären, und daß sie unter dem Schutze vieler Fürsten standen, ihnen auch eine Menge bekannter angesehener Männer angehörten, so wären sie bemüht gewesen, einen Kanal ausfindig zu machen, mit den Obern in Verbindung zu kommen. Dazu sei ihnen Herr von Weiler als Korrespondent vorgeschlagen, mit dem sie das Weitere verabredet und durch dessen Vermittlung sie von dem Herrn von Hund von Lipse, dem neu erworbenen Gut, aus, für eine besondere Provinz des Ordens, nämlich Burgund, anerkannt, mit Patenten versehen und individualiter mit verschiedenen Ordenschargen bekleidet worden wären.

Francke, der gar keine Kenntnisse von den Einrichtungen und Ritualen der strikten Observanz hatte, ja schon über den Johannis-Meister-Grad mangelhaft unterrichtet war, wurde nach längeren Verhandlungen und freundschaftlichen Unterweisungen in dem Inneren Orden unter dem Ordensnamen a Face (von der Fackel) aufgenommen. Die Verbindung mit der fünften Provinz aber auf den nächsten Ordenskonvent zum Beschluß vorgesehen.

Der Heermeister erklärte sich von diesem Ausgang der Sache befriedigt, auch die Kapitularregierung erließ ein langes Reskript unter dem 26. Juli 1773, in dem sie noch einmal den Hergang schilderte und die Hoffnung aussprach, daß der nächste Konvent zu dem vorläufigen Abkommen, das in fünf Punkten zusammengefaßt war, seine Genehmigung erteilen werde.

Aus dem Briefwechsel des Heermeisters mit der Provinzialregierung in Sachen der fünften Provinz tritt, wie durchweg immer in jenen Tagen, die Frage nach der Legitimität und dem sicher beglaubigten Zusammenhang mit dem alten Templerorden hervor. Es lag im Geist der Zeit, nur das als wertvoll anzuerkennen, was altehrwürdig war, und keiner Neuerscheinung Raum zu geben. Man erstrebte nicht die Ordensbrüderschaft, um einer Idee, einer Weltanschauung willen, sondern um einem alten Orden anzugehören, und so sich aus der Masse des Volkes herauszuheben. Es ist das große und unauslöschbare Verdienst des Herzogs Ferdinand von Braunschweig, dieses edlen Menschenfreundes, die strikte Observanz von den äußerlichen Formen auf die inneren Werte hingewiesen zu haben.

Wir greifen, um dies zu beweisen, dem Gang der Geschichte etwas vor und geben sein Zirkular an sämtliche altschottischen Obermeister aus dem Jahre 1779:

Verehrte Brüder: Ich bin denen Verbindungen als Meister nach allen meinen Kräften nachgekommen; unter folgenden Bedingungen kann ich nur lediglich an der Spitze der Maurerei in der Folge verbleiben. Nämlich wenn die Logen besser, als bis jetzt, werktätiger, Ihren Versprechungen, feierlichen Gelübden und Zusagen ein Genüge leisten, sonsten muß ich feierlich der Würde entsagen, welche ich in der Maurerei bekleide, stille in meinem Herzen Maurer bleiben und mich als werktätiger Maurer beweisen und den höchsten Baumeister aller Welten im stillen für seine unermeßlichen

Wohltaten loben und preisen, welches ich unter göttlichem Beistand bis zum abgelegten Laufe meiner zeitlichen Laufbahn tun werde... Um Ihnen nun den wahren Maurer zu schildern, so fordere ich von selbigen:

1. Wahre Gottesfurcht, nicht scheinheilige Gottesfurcht.
2. Rechtschaffenheit des Herzens.
3. Wahre werktätige Menschenliebe.
4. Die wahre Kenntnis, wie die Bildung und wahre Richtung des Herzens geschehen muß, und wie man sie bei andern erforschen kann.
5. Mildtätigkeit.
6. Barmherzigkeit gegen jedermann, er sei mein Freund oder Feind.
7. Gefälligkeit in menschlichem oder weltlichem Umgange.
8. Wahre Liebe des Nächsten.
9. Verträglichkeit.
10. Verbannung alles Neides.
11. Verbannung aller Abgunst.
12. Vermeidung des Argwohns.
13. Den feierlichen Gelübden und Angelobungen des Maurers pünktlich nachzukommen.
14. Uneigennützig zu sein.
15. Alle übertriebene Eigenliebe fahren zu lassen.
16. Hauptsächlich allem Stolz zu entsagen, als der Quelle alles Bösen.
17. Keine Rachsucht zu hegen.
18. Auf Kenntnis seiner selbst sein Augenmerk zu richten.
19. Stets an Bildung und Verfeinerung seines Herzens zu arbeiten.
20. In allen diesen verharren bis an das Ende der Laufbahn eines Jedweden auf dieser Erde.

Wer diesen Pflichten nachkommt, meine verehrten Brüder, ist ein wahrer Maurer, und an der Spitze solcher verbleibe ich mit Freuden. Allem, was diesem zugegen handelt, entsage ich aufs feierlichste. Werden vorgesetzte Eigenschaften durch einen Jedweden nach seinen Umständen befolgt, so muß notwendig daraus eine bessere Bildung der Menschen, und müssen der Gottheit und Menschheit mehr anpassende Beschäftigungen entstehen, und zwar zum wahren Besten und Wohl anderer Menschen; der Armut und dem Elende wird möglichst abgeholfen. Die Dürftigen und die unrechtmäßig Unterdrückten werden unterstützt."

Solche Ideen tragen für alle Zeiten ihre Legitimation in sich selbst. Aber das achtzehnte Jahrhundert hielt an dem Gedanken fest, daß nur der von einer höheren Körperschaft mit Patent versehene Meister freimaurerische

Gedanken, damals sagte man Kenntnisse, verbreiten dürfe. Dieser Grundsatz war von England ausgegangen, das sich die Oberhoheit über alle Logen der Welt anmaßte, weil es nach seiner Behauptung das Geburtsland der Freimaurerei sei, eine Behauptung, die noch zuletzt Wilhelm Begemann vertrat, die aber keineswegs richtig ist, bestimmt nicht richtig, wenn man die Freimaurerei von den Werkmaurern und Steinmetzen herleitet.

Tut man dies aber, so steht unzweifelhaft fest, daß der Grundgedanke der freimaurerischen Organisation aus Deutschland stammt. Das Wesentliche dabei ist, daß in den Werkmaurerbrüderschaften auch Nichthandwerker aufgenommen werden konnten. Ein namhafter Forscher, August Wolfstieg, erbringt den schlüssigen Beweis dafür (a. a. O.I, 150 ff). Er sagt nach längeren Ausführungen:

„Nun gehörten auch in Deutschland zu den Steinmetzen-Hütten nicht nur Steinmetzen und Architekten, sondern auch viele Liebhaber des Handwerks, namentlich Künstler, Maler, Formschneider, die in Buchdruckereien beschäftigten Leute, Illustratoren, Rubrikatoren usw., auch viele vom Adel, wie die Freiherrn von Tucher, ja selbst Kaiser Max haben sich in die Hütten aufnehmen lassen… Es ist keine Frage, daß der Grund dafür nicht allein in dem Wunsch gelegen haben kann, mit Bauleuten in irgendwelcher Form verbunden zu sein, sondern man wird im Gegenteil annehmen müssen, daß die geistigen Ziele des Bundes für jene Künstler und großen Herren Veranlassung waren, den Hütten sich zuzugesellen."

Daß die deutschen Brüderschaften nach England wanderten und ihre Gesetze und Gebräuche mitbrachten, geht aus der Erscheinung der „vier gekrönten Märtyrer" in England hervor, denn diese waren die Patrone der deutschen Brüderschaften, nicht Johannes der Täufer, den sich die englischen Baubrüderschaften zum Patron erwählt hatten."

Bestimmt sind im vierzehnten Jahrhundert, aber wahrscheinlich schon früher, deutsche Bauleute und Bauvereine in England eingewandert und haben dort als selbständige Korporationen ohne Einwirkung der Obrigkeit unter der Bezeichnung als „sächsische Logen" ihre Kunst ausgeübt. Es sollen einzelne Hütten bis in die Mitte des siebzehnten Jahrhunderts bestanden haben, die ihre eigenen geheimen Kenntnisse, die Symbolik der Gerätschaften und ihren Baustil pflegten. Winzer (Die deutschen Bruderschaften des Mittelalters) erwähnt, daß die englischen Quaderstein-Bauten aus dem vierzehnten Jahrhundert, d. h. die des gotischen Stils, nur mit Hilfe deutscher Bauhandwerker zustande kommen konnten, weil außer ihnen „kein Mensch die Handgriffe und Kunstregeln kannte".

Auch die geistigen Quellen sind in Deutschland zu suchen, und zwar bei den Rosenkreuzern, die wir ja als Hüter der Schwelle des Freimaurer-Tempels erkannt haben. Die beiden Säulen finden sich in rosenkreuzerischen Schriften, ebenso ist die Jakobsleiter des englischen Rituals auf die deutschen Rosenkreuzer zurückzuführen. Vermittler war der schon erwähnte englische Arzt und Philosoph Robert Fludd, der in seiner Philosophia Mosaica sagt: „Das ist jenes dreifache Maß der Jakobsleiter, die er selbst im Traume sah, während er sein Haupt statt auf ein Polster auf einen Stein gelegt hatte, auf dessen Längen-, Breitseite und Tiefe die Bilder der drei Welten gezeichnet waren." Die Jakobsleiter des englischen Rituals hat drei Hauptstufen, Glaube, Liebe, Hoffnung. Selbst der rohe und der behauene Stein findet sich in dem Lapis mortuus und dem Lapis vivus der Rosenkreuzer. Dazu sagt Fludd in seiner Schrift vom höchsten Gut: „Wir sollen umgewandelt werden aus toten Steinen in lebendige, philosophische. Dies geschieht, wenn wir denselben Sinn hegen wie Jesus."

Betrachten wir noch jene ältere Freimaurer-Gruppe in England, die Gormogons oder Gormogonen, deren Name durch Dr. Höfig in Parchim sehr glücklich enträtselt ist. Er hält Gormogonen für eine Korruption, wie sie sich in den echten und unechten Überlieferungen der alten Steinmetzen zuweilen findet. Wir haben in dem Freimaurerverhör Peter Gower für Pythagoras, Venetianer für Phönizier kennengelernt, außerdem steht in den Urkunden Anton Hiram für Adoniram, den schon bei Josephus erwähnten Baumeister Salomos, und Walkan für Thubalkain. Höfig nennt Gormogonen eine Vox hybrida, eine Komposition aus zwei verschiedenen Sprachen. Das Wort sei zusammengesetzt aus dem lateinischen Germanus und dem griechischen Zeitwort gignomai (*γιγνομαι*), was geboren werden bedeutet. Demnach wären Germanogoni, Germogoni, Gormogoni Männer, aus deutschem Stamm geboren. Diese Deutung gewinnt neben der Tatsache, daß die englische Freimaurerei aus dem in Deutschland gewordenen und nach England durch Fludd und andere verpflanzten Rosenkreuzertum entstanden ist, mehr Gewicht, als eine bloß philologische Konjektur.

Die Unstimmigkeiten im Innern des Ordens hörten nicht auf. Kaum war der Zwischenfall wegen des Heermeistertums Burgund erledigt, als sich zwei weitere Provinzen bei von Hund meldeten, die zweite, Occitanien, aus Lyon, und die dritte, Auvergne, aus Bordeaux. Auch sie begehrten ihn zu ihrem Heermeister. Hund sandte seinen Getreuen von Weiler aus und der stellte fest, daß die Kapitel in Lyon und Bordeaux schon seit Mitte der sechziger Jahre templerische Hochgrade austeilten, nämlich den Chevalier Templier. Da aber die Besorgnis bestand, daß der katholische König und seine Regierung einen vom Papst aufgehobenen Orden nicht dulden würde, so verwandelte man den Tempelritter in einen Chevalier Dragon, den Ritter vom Drachen. Weiler ging zunächst nach Lyon, um die Provinz Auvergne einzurichten, zugleich bemühte er sich, Spuren des Klerikats anfzufinden, da ja Starck unter anderem auch behauptet hatte, seine Kundschaft von den Chorherren aus der Provinz Auvergne zu haben, aber er fand nichts. Der Ruf Hunds und der deutschen Provinz muß sehr gut gewesen sein, denn es gelang Weiler ohne weiteres, beide Provinzen einzurichten und zu veranlassen, dem Heermeister von Hund und dem Herzog Ferdinand zu huldigen.

Das gab natürlich wieder erneut Differenzen und immer entschiedener wurde der Ruf nach einem Ordenskonvent erhoben, der dann auch durch Heermeisterliche Verfügung vom 25. Dezember 1774 auf den 22. Mai 1775 nach Braunschweig einberufen wurde.

Noch einmal entfaltete die strikte Observanz ihren vollen Glanz im ritterlichen Zeremoniell. An der Spitze einer festlichen Prozession begab sich der Heermeister in das Ordenshaus, wo der Konvent vom Herzog Ferdinand feierlich eröffnet wurde. Zuerst wurde von vielen der Deputierten die Frage nach der Heermeisterlichen Legitimation gestellt. Man wollte endlich klar sehen, ob das Amt zu Recht bestehe oder nicht. Hund antwortete mit einem Memorandum, das am 31. Mai 1775 verlesen wurde:

„Da in denen mehresten auf die von uns anwesenden Deputirten vorgelegten proponenda eingereichten Beantwortungen, auch besonders wegen bereits ehedem in notum gebrachten Anfragen und von uns anverlangten Belehrungen wiederum die Rede gewesen, so ertheilen Wir denenselben hierdurch Folgendes zur Antwort:

§ I. Halten Wir es Unserm Ansehen, Würde, auch darüber besonders geleisteten Pflichten nachtheilig, von Rittern oder Comthuren, die, ob sie schon Deputirte ihrer Sprengel, dennoch in diesem Stück, die ihrem Ordens Range zustehenden Gränzen selbst nach denen Regeln des Ordens nicht überschreiten können, untersuchet, vielweniger gerichtet zu werden.

§ II. Da Wir sie selbst constituiret und die quästionirte Legalität schon zu Altenberge und Kohlo, aus bloßer Gefälligkeit einigen selbst hier anwesenden Ordensbrüdern, als am ersten Orte, dem Herrn Subprior a. Pilastro Reverenz – Berghauptmann von Reden – und dem Compthur a spina – Keßler v. Sprengseyfen – am letztern aber dem Subprior a crure armato – v. Lestwitz – und dem Herrn Prior a fele – v. Hohenthal – dargethan, so kann es uns nicht anders als beleidigend vorkommen, daß man uns solche aufs Neue abfordert, indem wir noch in Kohlo betheuert, sie nie wiederholen zu wollen.

§ III. Da nun dieser Punct wegen der Legalität durch ihre erste Verbindung und nachmalige auch jetzt erneuerte Obedienzleistung genugsam bekräftiget, so dürfen wir keineswegs zweifeln, daß alle und jede nicht wissen sollten, wie das mit der Würde des Heermeisterthums der 7. Provinz, das

Amt eines visitator generalis unzertrennlich verknüpft sey, kraft dessen wir nicht nur berechtigt, sondern sogar verpflichtet sind, so oft sich die Gelegenheit ereignet, in Irrthum stehende, zerfallne und zerrüttete Provinzen zu erleuchten, zu unterstützen und zu bauen, vermöge welcher wir denn auch glücklich unternommen und vollbracht, durch unsern commissarius generalis a spica aurea die II., III. und V. Provinz völlig wiederaufzurichten und mit der VIII. und IX. und andern solches vorzunehmen im Begriff sind.

§ IV. Das durchgängig dafür gehaltene, als mit dem Groß-Meister Amt bekleidete Stuartsche Haus, hat sich schon seit vielen Jahren mit den Ordens Geschäften weder einlassen können noch wollen, daher dessen tacita renunciatio hinlänglich wäre, einen andern zu erwählen. Man wird aber dennoch alle Zwistigkeiten zu verhüten, und alle fernere Zweifel zu benehmen, eine authentische Erklärung hierüber schaffen und denen es gehört zu behändigen und zu communiciren bemühet seyn.

Frater Carolus ab Ense. S. S. O. Eq. prof. et hoc
temp. Mag. pr. VII provinciae"

Im Protokoll heißt es dazu diplomatisch treu:

„Da nun in deßen 2 § pho Sr. Hochw: Gnad. sich intuiter ihrer Legalitaet auf das Zeugniß hier anwesender Hochw.: Bbr.

H: Pr a Pilastro
H: Pr a Crure armato
Comth. a Spina und
Praek. a Fele bezogen

tratt Ersterer nach Verlangen auf, und versicherte wie er bereits zu Altenberge bei dem hernachmaligen demasquirten Johnson völlig von der Richtigkeit dieser Angabe überzeugt worden, dortige anwesende Bbr: sich hierauf auch auf das genaueste verbunden Sr. Hochw: Gnad: als ihrem rechtmäßigen Heer Mstr: den unverbrüchlichsten Gehorsam zu leisten, selbigen zu vertheidigen und beizustehen, welches er denn auch bei gegenwärtigem Convent zu thun und in pleno anzuzeigen, sich verpflichtet erachte. Conth a, Spina tratt obiger Erklärung in allen Stücken bei. d H. S: P: a Crure armato aber legte wegen dieser, ebenfalls bei letzteren Kohloschen Convent vorgekommenen Sache, dazu er nebst wenigen andern in specie Deputirt worden, das bündigste Zeugniß ab, sagte zugleich, daß in die Richtigkeit und authenticitaet, der ihnen damals von Sr. Hw: Gn: vorgelegten Dommente einen ferneren Zweifel zu setzen ihm nie beigefallen. Endlich confirmirte der H Praefect a Fele als ein in nehmlicher Gelegenheit gegenwärtig gewesener Augenzeuge diese vom H S: Pr: gethane öffentl. Versicherung unter dem Beisatz, wie er schon durch anderweitige Verhandlungen diesen Punct als völlig beigelegt vermeinet.

Worauf sich Sr. Hochw: Gn: an den Herrn Pr: Cleric: a Margarita wendeten und ihn aufforderten, daß wenn in Rücksicht des § IV besagten P: Mem: über erwähnte Materia er den versammelten Convent / wozu er sich gewissermaßen schon in Kohlo anheischig gemacht / denen gegenwärtigen Obr:, eine nähere Auskunft und Erläuterung zu geben im stande, sie solche jetzt von ihm erwarteten. Diesem erwiederte der H: Pr: Cleric: a Margarita wegen Kürtze der Zeit weiter nichts, als daß er sich zwar wohl erinnere, wie in Kohlo von dem Inhalt des § IV des eben verlesenen P: M: gesprochen worden, daß er aber deshalb Aufträge erhalten haben, oder angenommen haben solle, sei ihm nicht bewußt.

Was die Legalitaet des HMstrs: Würde anbeträfe, so setze weder er noch seine geistl. Mitbrüder, darin den mindesten Zweifel, wovon das von ihnen in Kohlo geschlossene Verein den redensten Beweis abgäbe. Dennoch glaube er S. H. G: würden sehr wohl thun, über die verschiedenen Fragen der Praefect: soweit Klugheit und Umstände es erlauben, aufklärende Antworten gnädig zu geben, damit die anwesenden Dept: für ihre Commitenten gedeckt, und diese Bbr: zugleich beruhiget würden."

Es waren immerhin Männer von Gewicht, die für ihren Oberen so männlich und offen eintraten. Der Subprior a Pilastro (Ritter vom Pfeiler) war der Berghauptmann von Reden, der Compthur a Spina (Ritter vom Dorn), der Freund Hunds Keßler von Sprengseysen, ein Meininger Stabsoffizier. Der Subprior a Crure armato (Ritter vom gewappneten Schenkel) war Ernst Siegmund Baron von Lestwitz, braunschweigischer Oberstleutnant und Pagengouverneur, Freund und vertrauter Ratgeber des Herzogs Ferdinand, und endlich der Praefect a Fele (Ritter von der Katze) war der Graf Friedrich Wilhelm von Hohenthal, Herr auf Groß-Städteln und Deuben, ein reicher sächsischer Standesherr und hochgeehrt in seiner Loge, Minerva zu den drei Palmen, in Leipzig. Diese Männer haben bestimmt kein Zeugnis wider besseres Wissen abgegeben, sie haben ebenso wie Hund fest an die Legalität des Heermeisterlichen Amtes geglaubt.

Hund ließ sich nun bewegen, auf den Vorschlag des Priors von Raven einzugehen, aber er wiederholte nur das, was er schon früher in Kohlo gesagt hatte. Weltliche Namen derer, die ihn bevollmächtigt hatten, nannte er nicht, er beschränkte sich auf die Ordensnamen. Als man damit nicht zufrieden war und ihn zu veranlassen suchte, wenigstens den Namen des Abgesandten der unbekannten Oberen, den er als Ritter von dem roten Federbusch (a pluma rubra) bezeichnet hatte, zu nennen, versicherte er unter Tränen, das liefe wider seinen Eid und sein Gewissen.

Der Eindruck dieses verzweifelt seine Eidestreue verteidigenden Ehrenmannes muß auf alle Mitglieder des Konvents erschütternd gewesen sein,

\+ Drmvisgo +

Vill:ty: ma Rot:ty: Halono Halono
fryblgnit colm: Forc: Glba: Olgrictric
Lotrsum: Rslbuiam Tiug: Druf:ty: Frin:
Obylad cittulguo fertusy guld:

Demallt jutstul altrius finist
holburtzga grulbrit altribl: grultisque.
Fruly: Etc: oltyory G:2+16:3:3+9:2 C+11+5:,
10:3+6:5 2a+1 1.M+12:7:9 1n+14 P+10+8:14+8,
C+10:3+5:9:9+19 frasculm galkriszaob medgfgr al.
miud G:2+16:3:3+9:2 1N+11+4:15+13
p+1 1N+8+5:13 rsiculo dtyl erraty
malbal: frulgulbl: umtustilsi at bis tulgol
umn Hmaud gofr: guust: fatgrimi af ald,
frob galbdisfusta altist: dly at misry rity

Hunds

monl handoſtulbis fralquſſm rod aſtal
de hoſy martuſcol ulyurril miſbal
cedrab autl: gnommiff ust ma mistol
luſtub malcor am Frogmilnit auguſtul.
virt aut moſſuy any Rel: Hut halbis
goſma morba quſmir al tuſquer
Pardola frop ü Ford: XXIV. Moſt:
dada VM CCCC X X VII.

1 S: 2+9+3: 10+2+11: 2 s. A: 12+2: 3: 3+6+1+8: 2
1 N+11+9+4l: p:2 N: 4: 3: 2 – P+19: 3l:
2 a+12: 5+2l: T: 14+11+3: H: 1+6: 2+9+11: 14+12

Patent

denn man beschloß, nie wieder Seiner Hochwürden und Gnaden mit dergleichen auf Dero Legitimation abzielenden Fragen beschwerlich fallen zu wollen.

Hunds Legitimation ist in neuester Zeit wieder Gegenstand der Erörterung gewesen. In der Zeitschrift „Die drei Ringe“ (Nr. 12 vom Dezember 1930) veröffentlicht Arthur Singer ein Dokument, das er als das Heermeisterpatent Hunds bezeichnet. Den Beweis dafür ist der Verfasser schuldig geblieben. Das Schriftstück befindet sich im Archiv des Schlosses Dégh, das dem Grafen Festetics gehört, und schon eine oberflächliche Prüfung des Textes läßt erkennen, daß es sich um etwas ganz anderes handelt, als um das Hundsche Heermeisterpatent.

Die Existenz des Dokumentes war längst bekannt, denn schon Theodor Merzdorf veröffentlicht in der Bauhütte (Jahrg. XVII Nr. 43 vom 24. Oktober 1874) dasselbe Schriftstück mit nur ganz unbedeutenden orthographischen Abweichungen. Arthur Singer hat diese Veröffentlichung anscheinend nicht eingesehen, sonst würde er nicht haben schreiben können, es habe „einige Ähnlichkeit mit dem Dégher Patent“ sei „jedoch lange nicht so ausführlich“ und ginge nicht in Einzelheiten ein“. In der Tat ist die Merzdorfsche Fassung Wort für Wort dieselbe wie die Dégher. Nur im Datum scheint ein Druckfehler unterlaufen zu sein, das Dégher Dokument trägt in der Singerschen Veröffentlichung folgende Datumzeile: „Datum ex Decreto Supremi Consilii Lond: du st. Catharinae 25 Nov. 441“; dagegen hat Merzdorf: „Datum ex Decreto Supremi Consilii Lond: die St. Catharinae XXV Nov. CDXII.“ Das wäre 412, offenbar sind die Zeichen verschrieben, die richtige Zahl würde heißen CDXLI.

Des weiteren ist das Schriftstück erwähnt von Ludwig Abasi in seiner Geschichte der Freimaurerei in Österreich-Ungarn (Budapest 1890), wonach es sich in dem freimaurerischen Archiv des Schlosses Dégh seit langer Zeit nebst der Entzifferung sub rubro XCI 12–14 befindet. Außerdem besitzt die Loge Minerva zu den drei Palmen in Leipzig eine Abschrift des Dégher Dokuments, die Begemann (a. a. O.) für verdächtig hält, die aber nun durch die Dégher Fassung beglaubigt ist.

Der in der genannten Zeitschrift veröffentlichte Text ist stark verderbt und bedarf einer eingehenden fachwissenschaftlichen Emendierung, aber schon eine flüchtige Betrachtung zeigt, daß es sich keinesfalls um das Hundsche Heermeisterpatent handelt. Die zuverlässige Datierung vom 25. November 1755 spricht dagegen, denn Hund hatte bereits 1751 sein Kapitel gegründet und 1754 sein Heermeistertum organisiert, also die Nachfolge seines Antecessors, des C. G. von Marschall, Ritters vom Reißbrett, übernommen.

Der erste Absatz des Dokuments lautet nach der Singerschen Veröffentlichung:

„Nous George Guillaume Chev:. du Soleil d'Or., gr:. Mai:, de tous les Templ:. etc:. etc:. Autres Reverendissimi tres Haut es Magnanime gr:. Mai:. prov:. des Pais de l'El:. et Od:., etc:. ... Charles Baron de Hond Chev. de l'Epe notre cheri Fr:. et Ami Salut et contentement."

Die Merzdorfsche Fassung gibt folgenden Text:

Nous George Guillaume Chev. du Soleil d'Or Gt Maitre de tous les T... et au fres Reverendissime tres haut et magnanime Gr. Maitre Prov. de pais del' Elbe et Od: Charles Baron de Hond Chev. del Epée notre cher frere et ami salut et contentement."

Singer übersetzt: „Wir Georg Wilhelm Ritter von der goldenen Sonne, Großmeister aller Templer usw. usw. und die übrigen verehrten sehr hohen und edlen Großmeister der Länder an der Elbe und Oder usw. an Karl Freiherr von Hund vom Degen unserem geliebten Bruder und Freund Gruß und Zufriedenheit."

Nach dieser Übersetzung hat es allerdings den Anschein, als ob Hund 1755 noch nicht Heermeister gewesen wäre, aber schon die Tatsache, daß in dem Dokument kein Wort von einer Bestallung als Heermeister steht, daß vielmehr im vierten Absatz als Zeichen sichtbarer Achtung Hund zum Magnus Visitator Ordinis – Großrichter des Ordens – ernannt wird, eine Würde, auf die er sich Johnson-Leucht gegenüber berief, daß ferner die Brüder von Schoenberg und von Kiesenwetter gleichfalls zu Ordenschargen berufen werden und endlich die Form der Adresse auf der Rückseite: „Au tres Reverendissimi tres haut et magnanime Fr:. Charles Rev:. de l'Epee grande Maitre provincial de Pais de l'El:. et Od:. et:. notre cheri Fr:. et Ami a Sonneborg" – all dies hätte den Übersetzer dem Text gegenüber kritisch stimmen müssen, selbst wenn er die grundlegenden Forschungen Begemanns, die bereits 1906 abgeschlossen waren, anscheinend nicht gekannt hat. Dort hätte er nämlich lesen können, daß Hund schon in Briefen von 1753 an „Grandmaître" oder „Grandmaître provincial" angeredet wird. Daher gibt der Text gar keinen Anlaß, das „Autres" mit „und die übrigen" zu übersetzen, um so weniger, als schon das Merzdorfsche au fres (tres) auf die Spur hätte leiten müssen. Es gab ja nicht mehrere Provinzialgroßmeister der Lande an Elbe und Oder, vielmehr hatte jede Ordensprovinz nur einen Groß- und Heermeister – Hund hat später sogar zugleich mehreren Provinzen vorgestanden –. Im Jahre 1755 war nur Hund im Amte, denn sein Vorgänger Marschall, der Ritter vom Reißbrett, war bereits in den Jahren 1751 auf 1752 gestorben.

Betrachten wir nun den richtiggestellten Text:

„Nous George Guillaume Chevalier du Soleil d'Or, grand Maître de tous les Templiers etc. etc. au très Reverendiasimo, très Haut et Magnanime grand maître provincial des pays de l'Elbe et Oder etc. Charles Baron de Hund Chevalier de l'Epée notre cheri frère et ami salut et contentement."

Zu deutsch:

„Wir Georg Wilhelm, Ritter von der goldenen Sonne, Großmeister aller Templer usw. usw. dem sehr Ehrwürdigen, Hochwürdigen und Gnädigen Provinzial-Großmeister der Lande an Elbe und Oder, Karl Baron von Hund, Ritter vom Degen unserm lieben Bruder und Freund Gruß und Ausdruck unserer Zufriedenheit."

Daraus allein geht schon hervor, daß Hund 1755 schon Heermeister war, also nicht mehr patentisiert zu werden brauchte. Der zweite Absatz enthält die Bestätigung eines Berichts aus dem sehr löblichen Provinzkapitel (du très louable chapitre provincial) und der vierte Absatz die Ernennung zum Großrichter des Ordens.

Das Dégher Dokument ist also offenkundig ein Stück aus dem Briefwechsel, den Hund mit dem Großkapitel in London nachweislich geführt hatte, das auf eine noch nicht erklärte Weise in das Dégher Schloßarchiv kam.

Das wirkliche Heermeisterpatent kam nach Hunds Tode an den Herzog Ferdinand von Braunschweig und nach dessen Hinscheiden an den Landgrafen Karl von Hessen, der dänischer Generalfeldmarschall und Oberhaupt aller dänischen Freimaurer war. Von diesem wurde es in das Archiv der Großen Landesloge von Dänemark in Kopenhagen gebracht, wo es heute noch ruht. Durch das freundschaftliche Entgegenkommen des Ordens-Archivs dieser freimaurerischen Großkörperschaft sind wir in der Lage, das wichtige Schriftstück zum erstenmal der profanen Öffentlichkeit zu übergeben.

Der wissenschaftlichen Forschung war das Patent zugänglich durch eine Veröffentlichung in dem für einen freimaurerischen Engbund hergestellten Privatdruck, den Materialien zur Geschichte der Freimaurerei von Friedrich Ludwig Schröder, wo es mit einigen Schreibfehlern und einer Beschreibung von Siegel und Wappen wiedergegeben ist. Danach hat es Merzdorf (a. a. O.) erneut abgedruckt. Schon Schröder hat richtig erkannt, daß die Zahlenziffer auf der ersten Seite, sowie die von anderer Hand vollzogene dreizeilige Unterschrift in der Ritterchiffre der strikten Observanz abgefaßt ist. Diese Chiffre besteht aus einem System von Buchstaben mit einem Zahlenindex, der entweder vor dem Buchstaben oder in der Potenz steht:

P	a^1	g	a^2	n^1	i^1	s^1	m^1	o^1	l
a	b	c	d	e	f	g	h	i	k
l^2	a^3	y	A″	u	m^2	o^2	n^2	t	H
l	m	n	o	p	q	r	s	t	u
a^5	r^1	r^2	i^2	s^2					
v	w	x	y	z					

Ein + vor der Zahl bedeutet, daß von dem ermittelten Buchstaben im Alphabet soviel Stellen wie die folgende Zahl angibt vorwärts, ein, daß soviel Stellen rückwärts gezählt wird. Es gab in der strikten Observanz drei Arten von Chiffren – nach der Wahl des Herzogs Ferdinand von Braunschweig zum Großmeister eine vierte auf seinen Namen – die größte war die, in der nur der Heermeister an den Großmeister schrieb. Die Chiffrebuchstaben sind nicht willkürlich gewählt, sondern es sind Wahlworte zugrunde gelegt; bei den vorliegenden Namen aus der Geschichte und Legende des Ordens der Tempelherren: Paganis Mol(l)ay, Aumont und Harris. Danach heißen die Zeilen aufgelöst: „Carolus Gotthelff de Hund et Alten Grotkau." Bei dem G ist dem Schreiber ein Irrtum unterlaufen, er hat statt G. zu chiffrieren und „1 S" einzusetzen, die Chiffre G genommen und den Buchstaben des offenen Alphabetes C in die Geheimschrift eingefügt.

Die zweite Gruppe auf der ersten Seite ergibt: „Carolus Eques ab Ense." Die Unterschrift läßt sich klar auflösen in: „Geogrius Vilhelmus, Equs a Sole aur." Daß Schreibfehler unterlaufen sind, beweist das unrichtige Equs und daß statt Sole Soli in dem chiffrierten Text steht. Es mag dies der Ungewohnheit des Schreibens in Chiffren zugerechnet werden. Die dritte Zeile ergibt nach den vorliegenden Schlüsseln ein unverständliches Gewirr von Buchstaben, die als Schreibfehler nicht angesprochen werden dürfen. Es scheint vielmehr hier mit dem Schlüssel gewechselt worden zu sein. Schröder löst auf: Tfac Temp. Magister", wobei die Zahl der Buchstaben zutreffen würde. Das Tfac hält er für „Ordi", aber es leuchtet ein, daß dies eine Doppelchiffrierung wäre, die für das achtzehnte Jahrhundert ganz ungewöhnlich ist. Merzdorf entziffert das erste Wort als „Ifac" und nimmt an, daß es „Supr" aufzulösen sei, was aus denselben Gründen abzulehnen ist.

Das wichtigste bleibt die Feststellung der Jahreszahl, die nach den verschiedenen Angaben schwankt. Das VN liest Merzdorf als 5 000 – die strikte Observanz setzte manchmal vor das Ordensjahr eine 5 000, um von der Erschaffung der Welt zu rechnen –, aber das wäre nach der sonst richtigen lateinischen Schreibweise ungewöhnlich, da die vor dem M(ille) stehende V negativen Wert hätte. Die römische Schreibung für 5 000 ist IↃↃ, eine Eins und zwei umgekehrte C. Die übrigbleibende Zahlengruppe ergibt 427, nach Merzdorf 5 427, nach Keßler von Sprengseysen 428. Das wäre seit der Aufhebung des Ordens im Jahre 1314 die bürgerliche Jahreszahl 1741 oder 1742. Nun ist bisher der waagerechte Strich über der ersten X übersehen oder nicht richtig gedeutet worden. In der Schröderschen Abschrift stehen zwei wagerechte Striche über der X, und Merzdorf fühlt etwas Richtiges heraus, wenn er in einer Fußnote sagt: „Ist der Strich über X ein doppelter oder ein einfacher? Hat er etwas zu bedeuten? Wenn dies, kann er nur einfach sein als Verdoppelungszeichen." Aber befangen in dem alten Vorurteil, wonach Hund ein Betrüger und sein Patent gefälscht sei, zieht er nicht den entscheidenden wissenschaftlichen Schluß, daß die Zahl demnach 437 heißt, also 1751 bedeutet, nämlich das Gründungsjahr von Hunds erstem Ritterkapitel. Der Beweis, daß der Strich die erste X verdoppelt, ist schlüssig durch die Prüfung des chiffrierten Namens Gotthelf am Ende der dritten und am Anfang der vierten Zeile. Dort ist die 5 das t durch Strich verdoppelt und ebenso die auslautende 5, die t ergibt, so daß wir den Namen Gotthelff wie oben angegeben zu lesen hätten. Hund selbst schrieb sich so, wie aus dem von Merzdorf mitgeteilten Protokoll der Logengründung von 1751 zu Kittlitz hervorgeht: „Charle Gotthelff de Hund et Altengrotkau, Seigneur de Unwürde, Kittlitz, Gebelzig, Oppeln, Manua Liska etc."

Nachdem nun einwandfrei feststeht, daß das Patent im Jahre 1751 ausgestellt ist, dürfte kaum noch ein Zweifel an der Echtheit der Kopenhagener Urkunde aufkommen, und der Bericht Keßlers von Sprengseysen, daß die beiden Schmidt, die von Hund im Jahre 1750 oder 1751 nach England und

Schottland geschickt worden waren, ein Patent in Chiffre mitgebracht hätten, gewinnt bedeutend an Glaubwürdigkeit. Alle Berichte der Zeitgenossen und Freunde Hunds, sowie seine eigenen Angaben fügen sich zwanglos logisch und chronologisch zusammen. Es schwindet auch das Bedenken Begemanns (a. a. O.), daß Hund von 1743 bis 1751 mit seiner Gründung gewartet habe. Der ehrenhafte und ritterliche Mann wollte eben nicht eher die Errichtung seines Provinzialkapitels vollziehen, bis er eine schriftliche Bestallungsurkunde in Händen hatte. –

Was sonst noch im Konvent vorkam, waren Verwaltungs- und Sprengelfragen, außerdem wurde, der Grundpakt mit den Klerikern, sowie die Vereinigung mit den wiedererstandenen französischen und einer neu hinzugekommenen süddeutschen, der achten Provinz, bestätigt. Endlich wurde ein Direktorium, bestehend aus dem Präsidenten und vier Großbeamten gebildet und auf drei Jahre nach Braunschweig verlegt.

So ging man, nachdem unendlich viel geredet und protokolliert worden war, am 6. Juli 1775 auseinander.

Der Ausgang des Konvents hatte keine Partei befriedigt. Die Vertreter der Präfekturen waren enttäuscht über die Weigerung des Heermeisters, seine Rechtmäßigkeit und dadurch die des ganzen Systems weiter als durch sein Wort zu erweisen. Was wollten sie eigentlich von dem Manne, der selbstlos seine ganze Arbeitskraft und fast sein ganzes Vermögen dem Orden geopfert hatte? Er sollte seinen Eid brechen und haarklein ausplaudern, was er zu verschweigen aufs feierlichste gelobt hatte. Seine Auftraggeber, die damals, 1743, den hochgesinnten Jüngling durch einen heiligen Schwur gebunden hatten, wußten wohl was sie taten. Dem deutschen Edelmann war ein Eid ein Eid und nur, wie er auf dem Konvent erklärte, nur von dem, der ihn abgenommen oder von dem Papst zu lösen. Aber darauf nahmen die Herren keine Rücksicht. Es war die Auffassung, die Schiller in „Kabale und Liebe“ so treffend charakterisiert. Der Präsident sagt (III. Akt, 1. Szene): „Einen Eid? Was wird ein Eid fruchten, Dummkopf?“ Darauf Wurm: „Nichts bei uns, gnädiger Herr! Bei dieser Menschenart alles …“

In dieser Forderung, auf Kosten der Eidespflicht den Wissensdrang der Präfekturen zu befriedigen, trat die ganze innere Zerfallenheit des Ordens zutage, dem das eigentlich Wesentliche freimaurerischer Sittlichkeit und christlicher Weltanschauung scheinbar gänzlich fremd war. Das war der Anfang vom Ende, und dies wäre auch damals schon eingetreten, wenn nicht die Ehrfurcht gebietende Persönlichkeit des Herzogs Ferdinand die Präfekturen noch einmal bei der Stange gehalten hätte.

Aber es mußte etwas geschehen, und so beschloß man auf eigene Hand zu forschen, was an den Erklärungen des Heermeisters Wahrheit sei.

Da wurde der Heermeister von Hund durch eine höhere Hand von allen Irrungen und Wirrungen erlöst. Obwohl er sich schon leidend fühlte, reiste er im Herbst 1776 nach Meiningen, um den regierenden Herzog Friedrich August Karl Wilhelm dem Inneren Orden unter dem Namen Karl, Ritter vom stammenden Eifer (Eques a Zelo flagrante) zuzuführen. Die Feier, in der Karl nach dem Ritterschlag zum Protektor von Franken ernannt wurde, fand am 25. Oktober 1776 statt. Gleich darauf wurde Hund bettlägerig, bekam hohes Fieber, eine hitzige Krankheit sagen die Berichte, wahrscheinlich eine Lungenentzündung, der er am 8. November erlag.

Er wurde nach seiner letzten Verfügung im vollen Heermeisterlichen Ornat in der Stadtkirche von Mellrichstadt, einem Städtchen in Unterfranken, beigesetzt. Am Finger trug er einen goldenen Ring mit der Inschrift: N. V. J. O. nulla vi invertitur ordo (Durch keine Gewalt kann der Orden gestürzt werden).

Noch auf dem Sterbebett hatte er alle seine Behauptungen und Erklärungen als volle Wahrheit bestätigt, und der vorurteilslose Geschichtsschreiber hat kein Recht, an dieser im Angesicht des Todes abgegebenen Versicherung zu zweifeln.

Exkurs.
Irrungen durch zwei Betrüger.

Etwa um die Zeit, in der wir uns gerade bewegen, traten zwei Betrüger auf, deren Geschichte eigentlich in die Kriminalakten gehört. Da sie aber behauptet hatten, Freimaurer zu sein, vielleicht auch irgendwo in eine Loge aufgenommen worden waren, und da sie ernst strebende Männer der Königlichen Kunst in Verwirrung brachten, so müssen wir sie erwähnen.

Man kann im Hinblick auf diese Elemente die Dringlichkeit verstehen, mit der man eine Legitimation von den Personen forderte, die im Orden eine Bedeutung zu erlangen suchten.

In Dresden trat ein frecher Hochstapler auf, der die strikte Observanz für Betrug erklärte und sich allein die richtige Kundschaft von der Freimaurerei zuschrieb. Es war der Kaffeehauswirt Johann Georg Schrepfer. Er hat durch seine Geistererscheinungen eine ganze Anzahl hochgestellter Leute getäuscht. In Wirklichkeit aber tat er nichts anderes, als daß er die Brüder mit einem starken Punsch bewirtete und ihnen dann, wenn sie in der gehörigen Stimmung waren, vermittels einer Zauberlaterne Geistererscheinungen vorführte. Auch dieser Schwindler hat schmählich geendet, und über seinen Ausgang besitzen wir eine Mitteilung, die sich in den Alten der Loge „Zum gekrönten goldenen Greifen" zu Neubrandenburg vorfand. Der Brief ist gerichtet an den Meister vom Stuhl Rittergutsbesitzer von Roepert auf Trollenhagen bei Malchin, der im Orden den Namen Eques a Torpedine (vom Rochen) führte. Der Brief hat folgenden Wortlaut:

„Göttingen, den 4ten November 1774.

Mein Hochwürdiger Bruder und geliebtester Freund!

Mein letzteres vom 12. Oktober werden Sie hoffentlich richtig erhalten haben, und am 15. erhielt ich von einem brüderlichen Freunde folgende Nachricht unter dem 9. Oktober, welche Sie nun auch schon wissen werden, daß sich dieser Obriste Stein von Steinbach (genannt vorher Schrepfer) am 8. Oktober früh 7 Uhr im Rosenthal bei Leipzig erschossen habe. Die Nacht vom 7. auf den 8. hat er mit drei seiner Anhänger gezecht und experimentieret, morgens um 6 Uhr führet er dieselben in den Rosenthal, rangiert sie in einer größeren Entfernung von sich auf einer Wiese und sagt, daß er ihnen ein Experiment mit Pulver zeigen wolle, worüber sie erstaunen würden, er gehet also in einer ziemlichen Strecke von ihnen zeigt Papiere die er zerreißt mit Grimassen und ins Wasser schmeißt, drauf tritt er noch etliche Schritte weiter ins Gebüsche, augenblicklich fällt ein Schuß, worüber sie einander ansehen, ganz erstaunend endlich, weil er nicht wieder zum Vorschein kommt auf den Ort zu gehen, da finden sie den Hunds etc. mausetot und ein Terzerol neben ihm, diese müssen also selbst Anzeige vom Leichnam tun und werden erwählt zu dieser Verrichtung, welche man ganz natürlicherweise im Arrest behalten mußte, diese sind aber meiner noch folgenden Nachricht zufolge wieder los. Die Gefährten sind dieser Stallmeister und Kammerherr von Bischofswerder, der Hauptmann von Hoffgarthen, zwei Dienstleute aus Görlitz und ein Advokat aus Leipzig gewesen, der erste hat absolut nicht eher aus Leipzig gehen wollen bis er ihm sein Obristen Patent abgegeben hätte, hierauf hat er geantwortet nur Geduld bis morgen, da will ich es Ihnen geben, er hat es also mit seinem großen Kunststücke der Natur zugleich gezeigt und sich zu allen eingefleischt gewissen Teufeln abgeführt. Noch ist nichts weiter entschieden: Noch ist man über den wahren Zusammenhang seiner Sache nicht klug: so viel ist aber gewiß, schreibt mein Freund, daß es nicht Betrug oder Taschenspiel (wofür ich alles solches Zeug halte), sondern wahre Zauberei gewesen ist (Nun ich glaube an keine, mir ist alles bloße Natur und Kunst, nur der Mißbrauch Zauberei, solche Kerle aber wie dieser sind immer Schurken in meinen Augen.). Der Leipziger Magistrat hat nach Frankfurt am Main Requistoriales ergehen lassen um daselbst stehen sollende Koffers zu öffnen worin nach Schrepfers Angaben 2 Millionen liegen sollen (2 Millionen und der Schurke erschießt sich doch, dann wäre mir alles Pulver und Blei zu leicht), wie reimen sich aber 2 Millionen zu 36 000 Reichsthaler Schulden, welche man bei der Untersuchung nach Anzeige eines andren Freundes gefunden hat; also kein Wunder wenn nun noch eine Nach-Komödie etwa erfolgt und sich dieser Kreditor etwa gar erschießt, sobald er vernehmen wird, daß es in den Frankfurter Koffern mit den 2 Millionen nicht richtig ist: O Schande der Torheit auf so einen Vagabunden nur einen Augenblick geachtet zu haben, ich bin noch nie ohne menschliches Mitleiden, aber Gott verzeihe mir, bei diesem Toren finde ich mich nicht gerührt, zumal da nach meinem Prinzipium nichts vom Ursprung aller Dinge verloren gehen kann, ich habe gegen denselben von allem Anfang an mit männlichem Ernste geeifert und die leichtgläubigen Anfänger durchgezogen, man haßte meine reifen Expressiones, nahm mir solche übel, und hieß mich zu voreilig, jetzo mache ich mich noch lustig drüber, und man schreit allenthalben und schämt sich in den Busen.

In Dresden hat er seine Possen aufs höchste getrieben, die am klügsten sein wollenden haben sich bei der Nase herumführen lassen und sind zu Narren gemacht. Die ganze Welt in Dresden hat der Schurke als Kaffeetier in Leipzig bedient, und auf einmal erscheint er wie Obrist in französischem Dienst, trägt Uniform und Porte d'épée gibt sich für einen Sohn Stein de Steinbach aus, alle seine Günstlinge machen das Publikum aufmerksam; und dadurch wird auch der französische Resident Monsieur de Maubois gereizt auch zu ihm zu gehen und verlangt, daß er ihm sein Obristen Patent zeigen und sich rechtlich legitimieren soll, oder sich künftig dieses Titels enthalten möchte: Schrepfer weist ein Billet vor, welches auf den Namen eines Baron v. Steinbach ausgefertigt war, allein der Resident verlangte, er sollte sich legitimieren, daß er wirklich dieser Baron von Steinbach sei, er verspricht solches vor dem 4ten September zu tun und verlangte alsdann auch bei Hofe präsentiert zu werden. Den 2ten September ein Freitag war ein Soupée bei dem Minister von Wurmb bestellt, wozu Schrepfer auch kommen sollte, er schickt aber demselben eine halbe Stunde vorher ein Billet, entschuldigt sich wegen seines Ausbleibens, schützt eine notwendige Reise vor, reist auch augenblicklich ab, bezahlt im Hotel de Pologne richtig und verspricht in Kürze wiederzukommen, er soll aber noch kommen, denn der Teufel hat ihn geholt.

Der v. Bischofswerder ist ihm gleich nachgereist und hat nicht eher wieder zurück gewollt, bis er ihm das Obristen Patent gebe, oder selbst mit ihm zurückreisen würde. Ist das nicht eine drollige Komödie mit diesem Kerl gewesen? – – – –"

Der Brief ist unterzeichnet L. ad Hesperide. Aus einem zweiten Brief desselben Bruders können wir seinen bürgerlichen Namen, I. L. Walther, feststellen. Näheres über ihn zu ermitteln liegt außerhalb des Rahmens unserer Darstellung.

Wie die damalige Welt durch Geistererscheinungen betrogen wurde, geht aus einer interessanten Schilderung in den Denkwürdigkeiten der Markgräfin Wilhelmine von Brandenburg-Bayreuth, der Lieblingsschwester Friedrichs des Großen, hervor. Danach hatte der König durch einige Offiziere gehört, in Halle sei ein Professor, der wirklich Geister erscheinen lassen könne. Friedrich, der gern allem auf den Grund ging, zitierte den Professor nach Berlin und verlangte, daß er ihm einige Geistererscheinungen vorführe. Der Professor aber antwortete:

„Da ich nicht sicher bin, daß mein Geheimnis nicht einigen nachteiligen Einfluß auf das Gehirn üben könne, weshalb ich es nur unter Sicherungsmaßregeln für meine Gesundheit anwende, so bewahre mich Gott, davon in Bezug auf Ew. Majestät Gebrauch zu machen; aber ich will mehr tun, ich will es Ihnen erklären. Es besteht in einem Räucherwerk, das man in einem dunklen Zimmer verbreitet, in das man schaulustige Menschen eintreten läßt. Dieses Räucherwerk, wovon hier das Rezept ist, hat zwei Eigenschaften: 1) den Patienten in einen Halbschlaf zu versetzen, welcher leicht genug ist, ihm alles verstehen zu lassen, was man ihm sagt, und tief genug, ihn am Nachdenken zu hindern; 2) ihm das Gehirn dergestalt zu erhitzen, daß seine Einbildungskraft ihm lebhaft das Bild der Worte, die er hört, abmalt und die Vorstellung beifügt, die dazu dient, das Ziel seines Strebens zu verfolgen und zu erreichen; er ist in dem Zustande eines Menschen, der nach den leichten Eindrücken, die er im Schlafe empfängt, einen Traum zusammensetzt. Nachdem ich in der Unterredung mit meinem Neugierigen möglichst viele Einzelheiten über die Person, die ihm erscheinen soll, kennen gelernt und ihn nach der Form und nach den Kleidern gefragt habe, in denen er sie sehen will, lasse ich ihn in das dunkle Zimmer treten. Wenn ich glaube, daß das Räucherwerk zu wirken begonnen hat, folge ich ihm, indem ich mich gegen den Eindruck des Raucher-Werks durch einen Schwamm schütze, der in den Liquor getaucht ist, den ich hier habe. Dann spreche ich zu ihm: Sie sehen den und den, so und so gestaltet und gekleidet, worauf sich sofort seiner erregten Phantasie die Gestalt abmalt; hierauf frage ich ihn mit rauher Stimme: Was willst Du? Er ist überzeugt, daß der Geist zu ihm spricht; er antwortet; ich erwidere, und wenn er Mut hat, so setzt sich die Unterredung fort und schließt mit einer Ohnmacht. Diese letzte Wirkung des Räucherwerks wirft einen mysteriösen Schleier über das, was er zu sehen und zu hören geglaubt hat, verwischt die kleinen Mängel, deren er sich erinnern könnte, und hinterläßt ihm bei seinem Erwachen eine aus Furcht und Achtung gemischte Überzeugung, gegen die ihm kein Zweifel mehr bleibt."

Schrepfer hat nach den zeitgenössischen Berichten auch geräuchert und dann in den aussteigenden dichten Dampf Bilder aus einer Zauberlaterne fallen lassen. Was er von der Freimaurerei wußte, soll er als dienender Bruder in einer Leipziger Loge gelernt haben. Das ist aber auch die einzige Beziehung gewesen, die er zur Freimaurerei gehabt hat. Über ihn sagt Nettelbladt (a. a. O.) sehr richtig:

„Gewiß beweist nichts mehr den traurigen Zustand des Innern der strikten Observanz, als die Besorgnis, die ihr S. einflößte, und die Neigung der angesehensten Brüder derselben, sich mit ihm einzulassen und bei Schrepfer die Kenntnisse zu suchen, welche sie vergebens bei ihrem Systeme erwartet hatten. Eine Lehrart, die durch einen solchen Angriff sich bedrängt sieht, muß auf schwachem Grunde ruhen!" –

Der andere, vielleicht der merkwürdigste Betrüger jener Tage war ein Freiherr Gottlieb von Gugomos, der eine ganze Zeitlang sogar bedeutende Männer des Ordens, wie den Minister von Wurmb durch seine Vorspiegelungen in Atem hielt. Er gab vor, im Besitz wertvoller Geheimnisse magischer Natur zu sein, und wenn man ihn auf verschiedene Fragen aus dem okkulten Gebiet festnagelte, gab er zwar sehr eingehend Antwort, was er jedoch sprach und schrieb, war völlig unverständlich, wirr und voll mystischer Ausdrücke, meist in einem flüssigen modernen Mönchslatein, denn er war in einer Jesuitenschule erzogen, wo ja die Pflege des Lateinischen besonders liebevoll betrieben wurde. Er verschwand aus der Freimaurerei, als er sich durchschaut sah und hat noch bis in das zweite Jahrzehnt des neunzehnten Jahrhunderts als bayerischer Oberst in München gelebt, ohne noch irgendeinmal hervorzutreten.

Interessant an dieser Episode ist lediglich der Widerruf, den Gugomos wahrscheinlich im Jahre 1780 erließ. Er ist uns erhalten und von Herzog Friedlich Wilhelm von Württemberg, in dessen Gegenwart er niedergeschrieben wurde, beglaubigt. Das merkwürdige Dokument hat folgenden Wortlaut:

„Würdigste Brüder Maurer, geliebteste Brüder in Christo!

Euch jüngeren lieben Brüdern, denen das maurerische Ordenssystem, das unter dem Namen Theophilus a Cygno bekannten Bruder Maurers noch nicht wissend ist, und auch Euch meine geliebten Brüder, die Ihr solches schon geprüft oder vielleicht selbst aus seinem Munde gehört und erlernt habt, Euch allen sei hierdurch, kraft meiner eigenen Handschrift und Bekenntnis, bestens zu wissen getan, daß ich Theophilus a Cygno der unwürdigste Knecht und Sünder, nach unendlichen Foltern und Gewissensbissen von Gott dem Allmächtigen gegen Ausgang des 1779. Jahres die deutlichsten Proben und Überzeugungen erhalten habe, daß meine Lehrer, so mich geführt, Irrlehrer und Verführer gewesen sind, und ich folglich auch dadurch wider besseres Wissen und Gewissen, manchen zum Irrtum, zur unrechten Auslegung des Wortes Gottes, zum Mißbrauch höherer Naturgaben und zur Verkennung des allerheiligsten Wittlers und Erlösers Jesus Christus Anlaß gegeben und dadurch auf Abwegen und die größten Seelenlabyrinthe geführt habe. Ich bekenne Euch also allen hierdurch bei Gott, dem Vater, dem Sohne und Gott dem heiligen Geiste, daß ich alles was ich in betreff dieses obigen Systems, teils von Geschichte, teils von Bearbeitungen, von Selbstkraft, von Ordensgesetzen, Hieroglyphen, Sinnbildern und Sprüchen gelehrt, gesagt, geschrieben oder gedeutet habe, alles von Irrlehrern und aus der Schule des ewigen Menschenfeindes herkomme, und ich also samt Euch ewig hätte verloren gehen können. Ich beschwöre Euch somit vor Gott dem Allmächtigen, daß Ihr alles dieses, was Ihr von dem System gehört, gesehen oder gelesen habt, von dieser Stunde an in die Vergessenheit bringt, verbrennt und auf keinerlei Art mehr daran glaubt, davon sprecht, darüber nachgrübelt und Euch aufs Neue dadurch in die Schlingen des Satans verwickelt, denn ich bekenne es vor Gott, meinem Erlöser und Herrn, daß ich nur allein durch zu jugendlichen Vorwitz und das gewöhnliche Schicksalforschen der Vernunft auf göttliche Dinge in dieses Labyrinth von Verführung geraten bin. Ich bitte Euch also meine lieben Brüder um Vergebung, wenn ich einen oder den andern insbesondere durch einige Reden, Lehren, Handlungen, Wirkungen, Proben, Schriften oder Bilder geärgert, sein unschuldiges Ohr beleidigt und ihn vielleicht auf Irrwege gebracht habe. Verzeiht mir um des Blutes Christi willen, das für Euch und mich geflossen ist, und daß mich allein anjetzt errettet hat und erretten konnte. Ich bitte Euch, meine Brüder, bei dem Leiden unseres allerheiligsten Mittlers, laßt ab von allem, was nur Menschenkraft heißt, denn ihre Pfeiler gründen sich auf die Schule des Satans; übergebt Euch Gott allein als Maurer, das ist als praktische Christen in Demut, Einfalt, Erniedrigung, Verleugnung Eurer selbst, im Glauben und allgemeiner himmlischer Liebe; haltet das Wort des Herrn allein als die Grundgesetze und Regeln Eures heiligen Ordens und erkennet nie einen anderen Meister als Jesus Christus unsern Erlöser und Herrn, den Ihr im Leiden und Tod nachzuahmen Euch allein befleißigen müht, und ohne welches Ihr im Orden entweder zu weiteren Taten und Kenntnissen zu kommen oder einst selig zu werden ganz gewiß unwürdig seid. – Und was ich Euch endlich noch bitte, und zwar um unseres einstigen Gerichtes willen, das ist 1) so schenkt mir liebe Brüder Eure erste Liebe und haßt mich nicht, denn Gott wird es Euch im Himmel vergelten, wenn wir alle rufen werden, unser Vater hat uns erhört. 2) So laßt uns Gott täglich bitten, daß sein allerhöchster Wille in uns doch vollkommen geschehen möge und wir nicht von einer Seite auf die andere wanken mögen. Lasset uns doch einmal Maurer, das ist, praktische Christen sein und bleiben, als welchen ich mich vor Gott und

Euch allein hierdurch öffentlich bekenne, und außer welchen ich von dieser Stunde an alles abschwöre, so wahr mir Gott helfe und sein allerheiligstes Evangelium durch Jesum Christum unsern Erlöser, Meister und Herrn. Amen! Amen! Amen!"

Danach möchte man wohl glauben, daß Gugomos selbst betrogen war, aber es wird wohl so gewesen sein: nachdem er eingesehen hatte, daß er mit seinen Schwindeleien keinen Erfolg haben würde, mag ihm das Gewissen geschlagen haben. Der bessere Mensch hat sich wohl in ihm empört, und er beschloß reumütig, zu einem ehrlichen Beruf zurückzukehren. Und da trieb ihn sein Gewissen, die alten Rechnungen zu begleichen und in seiner Seele wieder Reinheit und Reinlichkeit zu schaffen. –

VII. Das Ende der strikten Observanz

Welch große Bedeutung Hund hatte, erkennt man erst, als die Verschleuderung seiner geistigen Erbschaft begann. Es fiel sehr bald alles auseinander. Des Verstorbenen männliche Festigkeit, verbunden mit einer großen Herzensgüte, seine gefälligen Formen, die nie, auch bei ernsten Auseinandersetzungen den liebevollen Ton brüderlichen Wohlwollens vermissen ließen, hatten meist schnell Unstimmigkeiten zum Ausgleich gebracht. Sein Beispiel, wie er selbstlos alles nur für den Orden tat, wirkte anregend und anfeuernd. Jetzt, wo er nicht mehr da war, fehlte der Mann, mit dem jeder einzelne Bruder vertrauensvoll sprechen konnte. Gewiß, Herzog Ferdinand war der neue Mittelpunkt, aber er war ein Fürst, Schwager des Großen Königs, ein gefeierter Feldherr, zu ihm konnte man nicht so sprechen, wie zu dem gütigen Bruder vom Degen. Man war stolz auf den Glanz, den der Herzog dem Orden gab, aber die natürliche menschliche Anhänglichkeit, das Band der Freundschaft fehlte. Er war immer „des Bruders vom Siege Hochfürstliche Durchlaucht".

Die nächste Sorge in der strikten Observanz war die Regelung der Regierung während der Sedisvakanz. Nach den Bestimmungen hatten die vier höchsten Beamten die Vikariatsregierung zu übernehmen, aber da die betreffenden Männer weit auseinander wohnten, so bestellten von Fircks in Mitau und Graf Brühl in Warschau ihre Vertreter, so daß die Regierung erst im Mai 1777 zustande kam. Sofort ergaben sich neue Schwierigkeiten, denn das Direktorium in Braunschweig kümmerte sich gar nicht um die Vikariatsregierung, sondern verfügte ganz selbständig.

Das wichtigste war die Wahl eines neuen Heermeisters, aber man wollte sich dazu erst entschließen, wenn man das Archiv Hunds geprüft und vielleicht etwas über den unbekannten Großmeister gefunden oder über die Existenz des Großkapitels Näheres ermittelt habe. Minister von Wurmb im Orden Ritter vom Grabe (Eques a Sepulcero) übernahm es, das Archiv durchzusehen. Nach seinem Bericht an den Herzog Ferdinand hat er keinerlei Schriftstücke gefunden, die der Erklärung des verstorbenen Heermeisters als Bestätigung hätten dienen können. Das war ganz natürlich, denn Hund nahm es mit seiner Eidespflicht so ernst, daß er auch nichts aufgeschrieben hatte. Als der Bericht Wurmbs in den Präfekturen und Logen bekannt wurde, wurden die Zweifel an der Richtigkeit der Lehrart erhöht und die allgemeine Unzufriedenheit gesteigert. Eine Gruppe der Mitglieder forderte Aufklärung, eine andere wollte die Erbschaft Hunds erhalten, weil sie schon durch die Länge der Zeit eine gewisse Legalität besitze, eine dritte Gruppe wollte gar nichts mehr mit der strikten Observanz zu tun haben, und zog sich ganz zurück. Dazu kamen die dauernden Kompetenzstreitigkeiten zwischen dem Direktorium und dem Vikariat, peinliche Auseinandersetzungen mit den Klerikern, die, wie schon oben berichtet, zu deren völligem Austritt führten.

In dieser Zeit, August 1776, erschien auf der Durchreise ein schwedischer Freimaurer, Karl Andreas von Plommenfelt, wurde dem Herzog vorgestellt und lernte auch ewige Mitglieder des Direktoriums kennen, die ihm den abenteuerlichen Plan eingaben, die siebente Provinz mit Schweden zu vereinigen. Wahrscheinlich hatten sie damals schon den Hintergedanken, auf diese Weise Zinnendorf und die Große Landesloge wirksam zu bekämpfen. Plommenfelt teilte den Schweden diesen Gedanken mit, der schließlich seinen letzten Ausdruck darin fand, daß der Bruder des Königs, der Herzog Karl von Södermannland, nachmals König Karl XIII., als Heermeister der siebenten Provinz zur Wahl gestellt wurde. Bedingung der strikten Observanz für diese Wahl war eine Erklärung des Herzogs als Landesgroßmeister der Großen Landesloge von Schweden, daß die Konstitution Zinnendorfs ungesetzlich und ungültig wäre. Diese Erklärung wurde zwar gegeben, aber sie war so geschickt verklausuliert, daß es Zinnendorf leicht gelang, sie als unzutreffend zu entkräften. Nach langen Verhandlungen, Zusammenkünften und Erklärungen wurde endlich auf dem Konvent zu Wolfenbüttel 1778 der Herzog von Södermannland zum Heermeister der siebenten Provinz gewählt, nachdem das Ordensgesetz, wonach Fürsten und regierende Grafen nicht wählbar seien, suspendiert worden war.

Aber auch diese Maßregel konnte den Zerfall der strikten Observanz nicht aufhalten. Daher sah sich Herzog Ferdinand als des Ordens Oberhaupt veranlaßt, durch Rundschreiben vom 19. September 1780 zu einem allgemeinen Konvent der Freimaurer einzuladen, auf dem untersucht werden sollte, ob der Orden etwas bloß Konventionelles sei, oder von einer alten Gesellschaft und von welcher abgeleitet werden könne, ob er wirklich existierende Obere habe und wo sie sich befänden, welches Ziel und Zweck des Ordens sei, ob die Wiederherstellung des Templerordens dafür zu gelten hätte, und endlich, ob im Orden geheime Wissenschaft verwahrt würde.

Daß man nach fast dreißig Jahren noch diese Fragen stellen konnte und auf einen allgemeinen Konvent behandelt haben wollte, zeigt die ganze Trostlosigkeit des Zustandes, in dem sich die strikte Observanz befand. Ein solches System hatte keine Daseinsberechtigung mehr.

Als der Herzog von Södermannland, der von der Ausschreibung des Konventes nicht verständigt worden war, davon erfuhr, verbot er kraft seines Amtes als Heermeister den Präfekturen und Sprengeln der siebenten Provinz die Teilnahme an dem Konvent. Und da er im weiteren Verlauf der Ereignisse besorgen mußte, daß das Direktorium ihm gänzlich den Gehorsam versagen würde, so legte er am 20. April 1781 sein Amt nieder. Das Dekret ist für die Geschichte der Freimaurerei in Deutschland von besonderer Wichtigkeit, es möge daher wörtlich folgen:

„Wir, Carl, von Gottes Gnaden, der Schweden, Gothen und Wenden Erb-Prinz, Herzog von Södermanland, Erbe zu Norwegen, Herzog zu Schlesweg, Holstein und Ditmarschen, im Orden genannt fr. Carolus, Eq. Pr. a Sole vivificante (von der Leben wirkenden Sonne), entbieten Unsern Gruß dem Praesidi, Vice-Praesidi, und sämmtlichen Gliedern des Directorii der VII. Provinz.

Da Wir Uns jetzt genötigt finden, einen Schritt zu tun, zu welchem Uns Unser Gewissen und die Christliche Liebe, die Uns mit Ihnen verbindet, und nicht weniger die Sorgfalt, die ein jeder echter Bruder für die Aufrechterhaltung des Friedens und für die innere Ruhe im Orden hegen muß, auffordert, ist es billig, daß Wir Ihnen zuvörderst Unser sowohl ehemaliges als gegenwärtiges Verhalten zu Gemüte führen.

Als Wir im Jahre 1772 in den Hohen Orden aufgenommen wurden, wußte allhier niemand, – daß derselbe in Deutschland annoch beibehalten war. Das Kapitel zu Stockholm war von dem Klerikalen-Kapitel zu Geneve konstituiret worden. Es hatte auch schon ein Kapitel zu Berlin eröffnet, das nur allein dem Stockholmer Kapitel seine Entstehung verdankte, und dieser einzige Umstand dürfte ein hinlänglicher Beweis sein, wie wenig man hier von dem Zustande des Ordens in Deutschland unterrichtet war.

So war die Lage der Sachen in Schweden, bis gegen das Ende des Jahres 1777, als der Bruder a stella immaculata nach Hause kam und Uns die ersten Freundschafts-Versicherungen von den deutschen Kapiteln der VII. Provinz überbrachte. Wir fanden denn, daß Wir in Deutschland Brüder besaßen, deren äußeres Ansehen in der Welt dem Orden ebenso viel Glanz und Ehre versprach, als ihr Eifer für das Wohl desselben feurig zu sein schien.

Die Vorsehung hatte es auch so gelenkt, daß zu eben der Zeit, als das Kapitel zu Stockholm von dem Zustande des Ordens in Deutschland unterrichtet ward, derselbe daselbst sein Haupt verloren. Der Freiherr von Hund, der Heer-Meister der VII. Provinz, war verstorben und die Provinz sollte sich

Carl Ludwig Friedrich, Großherzog von Mecklenburg-Strelitz

jetzt ein neues Ober-Haupt wählen. Ein Geschäft, jederzeit bedenklich, jetzt aber um soviel mehr bedenklicher und wichtiger, da mehrere Große, ja sogar regierende Fürsten, sich um diese Würde zu bewerben schienen, und da, so sehr es auch von der einen Seite dem Orden zur Unterstützung und Ehre gereichen mußte, so viele, die auch vor der Welt erhaben sind, unter seinen Mitgliedern zählen zu können, dennoch von der andern Seite nichts für die innere Eintracht mißlicher ist, als wenn leichte Ehrbegierde und fremde Ansichten den lautern Eifer, der allein die Gemüter der Brüder beseelen sollte, verdrängen können. – Zufrieden damit, dem Orden in Unserm Vaterlande vorzustehen, dachten Wir anfänglich nur den höchsten Beherrscher um Schutz und Segen für die deutschen Brüder anzuflehen, Uns aber übrigens nicht weiter in Ihre Wahlgeschafte zu mischen. – Da aber aus verschiedenen Gegenden der VII. Provinz der Wunsch geäußert wurde, daß Wir Uns – Ihrer Angelegenheiten nicht nur näher annehmen, sondern auch selbsten Uns um das Amt des Heermeisters bewerben möchten, schien Unser Eifer für den Orden es uns zur Pflicht zu machen, diesen Wünschen nicht zu widerstehen. Nach einer reifen Überlegung fanden Wir auch, daß Wir den deutschen Brüdern nützlich werden könnten. Wir konnten denenselben, zugleich mit Unserer Person, Vorteile darbieten, die schwerlich jemand der übrigen Kandidaten zum Heermeisterlichen Stuhle denenselben versprechen konnte. Vorteile, von welchen Wir versichert sein durften und noch versichert sind, daß sie dem Orden in dessen jetziger traurigen Lage ebenso wichtig waren, als sie in den blühendsten Zeiten desselben ihm ehrenvoll und ersprießlich gewesen wären. Wir boten ihnen nicht allein wirkliche und wichtige beruhigende Kenntnisse, – welche ihnen gänzlich fehlten – zugleich mit der Alliance mit einem ganzen Reiche, und den Schutz und Schirm eines mächtigen Königs an. Kaum dürfte wohl jemand in Deutschland haben vergessen können, welche wichtigen Dienste die ehemaligen großen Könige Schwedens dem deutschen Reiche geleistet, und wieviel sowohl die Fürsten als Stände Deutschlands für die Aufrechterhaltung ihrer Gesetze und Freiheiten der Krone Schweden zu danken haben. Solches waren die Vorteile für den Orden, die Wir demselben bereiten konnten, da Wir, als Sohn eines schwedischen Königs und Bruder eines schwedischen Königs, bei Unserm Bruder die gnädigsten Gesinnungen für einen Orden wahrnahmen, die unter Höchstdesselben Zepter einen mächtigen Schutz – genoß, dessen Mitglied zu sein Dieselben sich nicht schämten, dessen Arbeiten Sie beiwohnten, und dessen Vorschriften Sie befolgten. Solche Zeiten konnten überdem wieder eintreten, da die deutschen Brüder sowohl Unterstützung als Zuflucht Vonnöten hatten, und allein in der Person des Königs von Schweden und nur allein bei Ihm konnten sie dieselben erwarten.

Dies waren die einzigen Triebfedern, die Uns bewogen, eine Würde zu verlangen, die, so ehrenhaft sie auch an sich ist, nicht so gar sehr der Ehrbegierde eines Königs Sohnes, des ersten Erben zu einem mächtigen Reiche, und überdies eines Herrn schmeicheln konnte, der im Orden schon in seinem Vaterlande die höchste Würde besaß und zugleich Kenntnisse, die der VII. Provinz völlig unbekannt waren. Bei allen den Unterhandlungen, die hierüber gepflogen wurden, haben Wir auch jederzeit die Aufrichtigkeit und Redlichkeit beobachtet, die einem Bruder geziemt. Und aus allem dem, das sich unter währenden Wahlgeschäfte ereignet, haben Sie leicht abnehmen können, daß Wir nicht Unsert-, sondern des Ordens wegen diese Würde gesucht haben. – Da Wir auch die von Ihnen aus Braunschweig Uns zuerst gefertigte Wahl-Kapitulation nicht annehmen wollten, hätte schon dies Sie überzeugen müssen, wie wenig Uns um die Würde selbst, wie sehr Uns aber um das Wohl des Ordens zu tun war. Und als Wir endlich Ihre Wahl genehmigten und die erneuerte und umgeänderte Kapitulation unterzeichneten, geschah dies einzig und allein, um ein Werk zu befördern und die heiligen und christlichen Obliegenheiten zu erfüllen, zu welchen Wir nicht nur Uns verpflichtet achteten, sondern selbst Unser Eifer für den Orden aufs dringendste Uns aufforderte.

Dies war Unsere Gedenkungs-Art, dies Unser Vorsatz, dies Unser Endzweck, dies Unser Verhalten, gegen Sie und den Orden. – Wie sind Wir aber belohnt worden? Weit entfernt, daß Uns die Erkenntlichkeit bewiesen worden, wozu Wir berechtigt zu sein schienen, weit entfernt, daß Wir mit der Ehrerbietung begegnet worden, die Wir nach Unsrer Würde im Orden hätten erwarten und vermöge Unserer Geburt in der Welt, hätten fordern können, haben Sie gänzlich die Achtung beiseite gesetzt, die Sie diesen schuldig waren, und den Gehorsam, wozu Sie sich selbst in Absicht jener anheischig gemacht. Mit der unerwartetesten Abneigung und Widersetzlichkeit sind unsere Ratschläge und Befehle von Ihnen aufgenommen und behandelt worden, zum Beweise dürfte nur folgendes anzuführen nötig sein:

1. Obgleich das Direktorium nach dem 4ten Artikel der Wahl-Kapitulation verpflichtet war, nicht nur alle heermeisterlichen Verordnungen, Gesetze und Rescripte an sämtliche Sprengel und Glieder der Provinz abzufertigen, sondern auch auf heermeisterlichen Befehl den Briefwechsel mit den übrigen Provinzen zu besorgen, hat doch das Direktorium sich geweigert, diesen letzteren die Bekanntmachung der geschehenen Restauration der IX. Provinz zu überschicken. Es hat dasselbe vielmehr in dessen Schreiben vom 27. November 1780 ausdrücklich behauptet, daß es dieselbe abfertigen weder könne noch wolle, ehe und bevor dasselbe von der Gesetzmäßigkeit dieser Restauration überzeugt worden; und anstatt seinem Beruf gemäß den übrigen Gliedern der Provinz einen bloßen Bericht von dem, was vorgenommen worden, abzustatten, erklärt sich dasselbe, kein Urteil darüber fällen zu wollen, ermuntert aber zugleich sämtliche Großbeamten und Sprengel, ihre Gedanken darüber mit dem Fördersamsten dem Directorio zu eröffnen, gleich als wenn daselbst die Ratschlüsse und Handlungen des Regierenden sollten untersucht und bewährt werden.

2. Gleichfalls hat Uns die Saumseligkeit nicht anders als befremden können, womit Unsere übrigen Rescripte vom Directorio – behandelt worden. So ist Unser vom 1. August 1780 abgelassenes Schreiben nicht eher als im Schluß des Dezembers im Directorio verlesen worden, und noch unterm 27. des letztgenannten Monats erklärt sich das Directorium unwissend, in Absicht des von Uns schon im Anfange des Jahres ausgefertigten Abschieds für Unsern ehe maligen Legatum a latere.

3. Die mit den polnischen Brüdern und der großen holländischen National-Loge getroffene Vereinigung, die sonst, ihrem wesentlichen Inhalte nach, im geringsten nicht von Uns gemißbilligt wird, ist jedennoch von dem Directorio auf eine den Gesetzen und Verträgen gerade widersprechende Art geschlossen worden. Die Entschuldigung, die dasselbe anführet, als man solches alles noch vor Unserer Wahl zur heermeisterlichen Würde bewerkstelligt, ist um soviel weniger gegründet, da die Unterhandlungen nicht nur einesteils, nach des Directorii eigener Angabe, in Unserm Namen geschlossen worden, sondern auch andernteils, was die Verbindung mit der holländischen National-Loge betrifft, aus dem unterm 20. July 1780 – eingesandten Quartal-Berichte des Directorii, sattsam erhellt, daß der hierauf sich beziehende Briefwechsel zwischen Seren. Mag. Sup. Ord. und dem Herrn Coadjutor von der einen, und den holländischen Brüdern von der andern Seite, nicht eher als den 9ten des Februars im verwichenen Jahre im Directorio angemeldet worden, und in Absicht der polnischen Unruhen das Direktorium nachmals selbst gestehen müssen, daß sie erst nach Unserer Installation abgetan worden.

4. Abschon das Direktorium, laut der Wahl-Kapitulation, gehalten war, alle 3 Monate von dem, was von demselben verhandelt worden, Bericht abzustatten, hat dasselbe bisher nur ein einziges Mal diese Obliegenheit beobachtet.

5. In dessen Schreiben vom 31. May 1780 macht Uns das Direktorium die härtesten Vorwürfe, als erklärten Wir eigenwillig die von Uns gegebenen Versicherungen, als änderten Wir willkürlich Gesetze und Verordnungen, als zerstörten Wir nach Gutdünken die beschworene Wahl-Kapitulation, und sagt es Uns endlich gerade zu, daß, wofern Wir nicht bald eine genugtuende Erläuterung über die in Stockholm den 15. Martii vorigen Jahres vorgenommenen Feierlichkeiten und zugleich unverzüglich den wahren Großmeister des Ordens bekannt machen würden, die Provinz Uns alle Treue und allen Gehorsam auf kündigen würde. Ob dies die Sprache getreuer Untergebener gegen ihr gesetzmäßig gewähltes Oberhaupt sei, und ob Wir eine solche Behandlung von der Provinz verdient, darüber mag jeder Unparteiische urteilen. Wir wollen auch jetzt nicht untersuchen, mit welchem Schein des

Rechten das Direktorium oder sonst jemand Rechenschaft von einer Sache fordern könne, die in Unserm Vaterlande vorgenommen und vom Könige, Unserm Herrn und Bruder gebilligt worden. Wir überlassen es nicht weniger Ihrer eigenen Beurteilung, mit welchem Grunde Sie auf die Bekanntmachung des Großmeisters dringen können, solange derselbe nicht für gut erachtet, bekannt zu werden.

6. Lange haben Sie Uns den Vorzug verhehlt, den Sie im Orden vor Uns dem Magno Superiori einräumen. Zuerst bemerkten Wir diesen Umstand in der hommage, die Sie die polnischen Brüder machen ließen, und worin derselbe vor uns genannt worden. Nach den Erinnerungen, die Wir deshalb machten, überschickt Uns das Direktorium ein Formular zu den Diplomen, die vom heermeisterlichen Stuhle ausgefertigt werden sollten, worin ausdrücklich gesagt wird, daß sie auctoritate fratris Ferdinandi a Victoria ausgefertigt worden, und dieser zugleich Supremus Ordinis genannt wird. Eine Benennung, die niemandem, außer dem Großmeister selbst, unter irgend einem Vorwande gehören könnte. Überdies berichtet noch das Direktorium in dessen Briefe vom 27. Dezember mit klaren Worten, wie Magnus Suporior Ordinis schon lange vor unserer Wahl, nicht nur von der VII. Provinz, sondern auch von den übrigen Provinzen als Magnus Superior, und in dieser charge als das höchste Oberhaupt des Ordens, erkannt worden, und dafür werde erkannt werden, bis sich der Großmeister selbst zu erkennen gegeben und gehörig legitimiert hätte. Ein Vorzug, den Wir um soviel weniger anerkennen können, da derselbe weder von Uns, noch Unsern Vorfahren jemals anerkannt worden und desselben nicht die geringste Erwähnung, weder bei der zwischen Uns und Ihnen geschlossenen Union, noch bei Unserer Wahl zum Heer-Meister geschehen; da der Titel eines M. S. O. nicht aus den alten Zeiten des Ordens, sondern nur von der besondern Achtung des Ordens für die Person eines so würdigen Bruders herstammt; da die gleich nach Unserer Wahl Uns zugeschickten Formulare zu den Ordens-Diplomen von ganz anderer Beschaffenheit, als die jetzt Uns zugehenden sind, und keiner andern Autorität, als derjenigen des Heermeisters erwähnen, und da endlich die von uns beiderseitig unterzeichnete und bestätigte Wahl-Kapitulation, Uns, und zwar ausschließungsweise Uns, den Gehorsam von sämtlichen Präfekturen und alle oberherrliche Gewalt ausdrücklich vorbehalten.

7. Dessen ohnerachtet und ohne alle Rücksicht auf die durch die heiligsten Gesetze Uns gehörigen und durch die feierlichsten Eidschwüre Uns gesicherten Rechte, erscheint ganz unerwartet die Ankündigung eines allgemeinen Ordens-Konvents. Durch verschiedene Briefe hatten Wir zwar seit ewiger Zeit den Wunsch der deutschen Brüder erfahren, daß ein allgemeiner Ordens-Konvent

gehalten werden möge. Wir hatten auch zu diesem Ende einen Plan zu einem solchen Konvente unlängst dem Directorio zugefertigt. Aber ohne erst Unsere Genehmigung zu erwarten, ohne Uns einmal um Zeit, Art und Ort zu befragen, wird jetzt dieser Konvent im Namen Magni Sup. ausgeschrieben, und dies Ausschreiben durch das Direktorium den gesamten Sprengeln der Provinz und dem übrigen Orden außerhalb Deutschlands zugestellt. Eine Begebenheit, die Uns zu dem unangenehmen aber zugleich unvermeidlichen Schritt nötigte, diese Ordenszusammenkunft gänzlich zu untersagen. Ein Eingriff in Unsere Gerechtsame, der nicht nur von dem Mangel aller Achtung für Unsere Person zeugt, sondern auch auf einmal alle die Bande, die Uns miteinander verbinden, zerreißt und alle die Rechte vernichtet, die dem als Heermeister gehuldigten Oberhaupte der Provinz und dem Visitatori Generali totius Ordinis eigentümlich sind.

In dieser Lage der Sachen, und da Wir unmöglich solche, mit Ihrem Eide und den Rechten Unserer Würde streitige Schritte mit Stillschweigen übergehen können, haben Wir mit der größten Sorgfalt erwogen, was wir Uns selbst, dem Orden und Unsern Brüdern schuldig waren. Und da Wir von der einen Seite, ohne Vorwürfe aller, Ordnung und Folgsamkeit gegen die Gesetze liebenden Brüder Uns zuzuziehen, nicht mit Glimpf und Schonung Unser Amt so verunehrt sehen können, von der andern aber ein viel zu zärtliches Gewissen haben, als daß wir auf irgend eine Art eine Veranlassung zur Uneinigkeit und Trennung im Orden geben wollten, ergreifen Wir die erste Pflicht, die dem Christen geziemt, die Verleugnung seiner selbst, und erwählen lieber den Ausweg Unser eigenes ressentiment dem allgemeinen Besten aufzuopfern, als eine Gährung, die schon lange genug in Ihrem Directorio herrscht, noch länger zu unterhalten, oder noch mehr auszuführen. Aus diesem Bewegungsgrunde entsagen Wir hiermit gänzlich und feierlich der Heermeisterschaft über Ihre Provinz, einer Würde, die Wir nicht behalten wollen, da solches nicht, ohne die Ruhe des Ordens zu stören, geschehen kann, und nicht können, da wir so wenig Achtung und Ehrfurcht für Unsere Person wahrnehmen.

Da Wir aber jetzt dies Amt niederlegen, hört jedennoch nie der Eifer und die Liebe auf, die Wir jederzeit für den Orden hegen. Wir rufen den höchsten Gebieter und Richter Unseres Ordens zum Schutz und Obhut für ihn und alle Ordensbrüder überhaupt, und einen jeden unter ihnen insbesondere an und wünschen Ihnen das Glück, daß Eintracht und Verträglichkeit unter Ihnen herrschen, und Sie mit ungeteiltem Gehorsam Unserm Nachfolger ergeben sein mögen. Die schwächsten Gesellschaften werden durch Eintracht erhalten, da Unverträglichkeit und Streitsucht die mächtigsten Reiche zerstört.

Schließlich haben Wir es Ihnen im Namen Unsers Allergnädigsten Königs und Herrn, und im Namen der IX. Provinz, deren Protector Seine Majestät der König selbst sind, hiemit anzukündigen, daß Sr. Königl. Maj. Uns anbefohlen haben, Uns gänzlich von dem Bunde mit der VII. Provinz zu trennen, sodaß Wir ins künftige nichts weiter mit denenselben zu beratschlagen und zu verhandeln haben; und erkennen Wir sonst niemand, als den Großmeister und die wahren Superioren, die Uns bekannt sind, für Unsere Ordens-Häupter.

Von diesem allem hat nun das Direktorium den gesamten Sprengeln und Gliedern der Provinz ohne Verzug Nachricht zu geben.

Stockholm, den 10. April 1781.

Carl."

Der Herzog von Södermannland hatte vollkommen recht, so zu schreiben, denn er war von den geschäftseifrigen Unterhändlern der strikten Observanz glatt hintergangen worden, lediglich um das Dekret gegen die Große Landesloge zu erschleichen.

Mit der Amtsniederlegung des Herzogs von Södermannland ruhte wieder die gesamte Arbeit und Sorge auf den Schultern des Herzogs Ferdinand. Vor allem suchte er dem Orden einen Inhalt zu geben, die rein äußeren Formen genügten weder ihm noch der Mehrzahl der Mitglieder. Er glaubte fest, daß es einigen auserwählten Menschen durch die innige Verbindung mit Gott möglich wäre, über die Kräfte der Natur zu gebieten, ja sogar Verbindung mit dem Reiche der Geister zu gewinnen. Darin wurde er durch den Landgrafen Karl von Hessen-Kassel bestärkt. Er gewann auch Verbindung mit französischen theosophischen Gesellschaften durch seine Wahl zum Oberhaupt der Ordensprovinzen von Auvergne und Occitanien. Diese hatten den Templergedanken förmlich aufgegeben und nannten sich Chevaliers bienfaisants de la Cité sainte. Etwas jedoch wie eine Tempellegende war geblieben.

In jener Zeit gewann Eberhard Freiherr von Wächter Einfluß auf die Geistesrichtung des Herzogs. Dieser hatte in Italien am Hof des Prätendenten Karl Eduard Stuart feststellen sollen, ob dieser der geheime Obere des Ordens sei. Seine Erfolge waren negativ, statt dessen wollte er dort Kenntnisse und Geheimnisse erhalten haben, die zur Maurerei angeblich gehörten und jedem Menschen zur Glückseligkeit verhelfen sollten. Welcher Art diese geheimen Kenntnisse waren, hat nie ein Mensch erfahren, es sei denn der Landgraf Karl von Hessen, Heermeister der achten Ordensprovinz, mit dem er in vertrauter Freundschaft lebte. Jedenfalls hatte er in Italien namhafte Reichtümer gewonnen, die ihm bis an sein Lebensende, 1825, ein sorgenfreies Auskommen sicherten.

Prinz und Landgraf Karl von Hessen

Ein anderer Mann, ein typischer Mystiker, Christian Heinrich, Karl Graf von Haugwitz, früher preußischer Staatsminister, der in Frankfurt von Gogel in die Loge zur Einigkeit aufgenommen war, hatte sich unter dem Ordensnamen Ritter vom heiligen Berg (Eques a Monte sancto) der strikten Observanz angeschlossen, war bei einem Besuch des Herzogs in Schleswig mit ihm in Beziehung gekommen und hatte ihm seine Ideen von der Freimaurerrei mitgeteilt. Diese waren nach seinen eigenen Worten:

„Die Erfahrung hat mich gelehrt, daß die Maurern ein Gefäß ist, in welches der menschliche Geist legt, was nur menschlich ist, und so habe ich gefunden, daß sich diesem engeren Verbande zur selben Zeit eine maurerische Verbindung entgegenstellt, welche in ihren Typen nur das von ihr gedichtete Geheimnis der Natur zu finden glaubt. Diese Verbindung hat den Baumeister verworfen und gewähnt, in seinen Werken, im Reichtum seiner Schöpfung sich selbst ihren Tempel bauen zu können, hat sich erfrecht, die Macht der Geister zu bezähmen und mit den überirdischen ein irdisches Spiel treiben zu wollen. Im Jahre 1780 hat dieses teuflische Werk den höchsten Grad erreicht, und ich mich verpflichtet gefühlt, dem König das Gefährliche jener Verbindung zu entdecken."

Er suchte die Geheimnisse „des Natürlichen, Übernatürlichen und Göttlichen, welche der lehrende Engel auf Befehl des über alle Maaßen gütigen Jehovah, dem Adam einst offenbarte, zu ergründen, und sich dazu Wissenschaft und Kraft durch Gebet zu erringen."

„Ich habe", sagt er, „den Herrn gesucht und habe ihn gefunden in den Lehren unseres Ordens. Unaussprechliche geheimnisvolle Bereinigung. Erkenntnis, von der es heißt: dich kennen ist eine vollkommene Gerechtigkeit, und deine Macht wissen, ist eine Wurzel des ewigen Lebens. Und hätte ich ihn, den Herrn nicht gefunden im Orden, dann würde ich zerstört haben, wozu ich nun durch die Gnade des Herrn hoffe ein treuer Mitarbeiter zu sein. Ein jedes Bild, Wort, Wesen im Orden, so mich zum Ziel-Erfüllung des Kreuzes, heilige geheimnisvolle, dem natürlichen Menschen unfaßliche, unaussprechliche Einigung – führt, ist mir das Heiligste. Bei Menschen ist das große Geheimnis nicht zu finden. Laßt uns erfüllen, was der Orden in den drei Graden von uns fordert, und wir werden empfangen, was uns dient zur Aufklärung, aber nicht empfangen als unser Eigentum, sondern uns hingeben, damit wir befunden werden mögen als treue Arbeiter. Dann erlangen wir durch die Bereinigung mit Gott mittelst des Kreuzes und der Gnade Jesu Christi die Kraft, die Macht und die Gewalt über alles Irdische und Teil an seiner heiligen Weisheit."

Es ist begreiflich, daß Ferdinand, der mit heißem Bemühen den Kern der Freimaurerei zu erforschen suchte, diesen beiden Männern ein geneigtes Ohr lieh. Bestärken mußte ihn die Tatsache, daß sie beide völlig unabhängig keinerlei weder materielle noch ideelle Vorteile für sich suchten. Sie wollten nur der Sache dienen. Aus diesem Geist heraus hatte der Herzog das oben mitgeteilte Rundschreiben an die altschottischen Obermeister vom 28. April 1779 erlassen.

Nun aber ging er weiter und betrieb ernsthaft den großen allgemeinen Konvent. Es kam zu weitläufigen Auseinandersetzungen und Gutachten der Sprengel und einzelner Brüder. Die Gegensätze steigerten sich derart, daß der Herzog am 7. November 1780 das Ordensdirektorium suspendierte. Er ließ das Archiv versiegeln und übernahm bis zum Konvent die Ordensregierung allem in die Hand. Er berief dann, sicher im Einvernehmen mit dem Landgrafen Karl von Hessen den Konvent auf den 16. Juli 1782 nach Wilhelmsbad, dem lieblichen kleinen Kurort zwischen Frankfurt und Hanau, der heute noch im Besitz der Landgrafen von Hessen ist.

Auf dem Konvent, der bis zum 1. September tagte, kam es zu wichtigen Entscheidungen. Andere Elemente, die sich einzudrängen suchten, wie Illuminaten und Rosenkreuzer, wovon später zu handeln sein wird, waren schon durch die Geschäftsordnung ferngehalten, die bestimmte, daß alle deputierte Mitglieder des Inneren Ordens der strikten Observanz sein müßten, und wenn sich ein anderer Freimaurer meldete, sollte er an einen Ausschuß verwiesen werden, der zu entscheiden hatte, ob er an den Verhandlungen teilnehmen dürfe.

Interessant war die Auseinandersetzung mit der Großen Landesloge. Es wurde gewünscht, näheres über ihre Lehrart zu erfahren, aber es war unter allen Konventsteilnehmern keiner, der Auskunft geben konnte. Man forderte daher den Rat Boedecker, einen der österreichischen Vertreter auf, Mitteilungen über die Lehrart zu machen. Boedecker war nicht vollständig unterrichtet, aber er hatte doch genug erfahren, um sagen zu können, daß Zinnendorf sich besonderer geheimer Wissenschaft nie gerühmt, er habe vielmehr den

Brüdern die Meinung vom Wunderbaren ausgeredet. In Belehrungen habe er die Ermahnung ausgesprochen: Bemühen Sie sich, gute Menschen zu werden, so werden Sie von selbst weiterkommen. Erwarten Sie keinen Reichtum, keine übernatürlichen Dinge vom Orden, damit Sie sich am Ende nicht betrügen. Veredeln Sie Ihre Herzen, bearbeiten Sie Ihren Verstand und bleiben Sie der Verbindung treu, so wird das Ende gut sein. Das hatte der Konvent nicht hören wollen, und als auch noch Bode eine etwas verblümte Anerkennung der Großen Landesloge aussprach, bog Herzog Ferdinand die Aussprache ab.

Der Zusammenhang mit dem Templerorden wurde in den historischen Unterricht verlegt und die letzte Stufe als Ritter der Wohltätigkeit bezeichnet. In der dreizehnten Sitzung wurde die Unhaltbarkeit des Systems der strikten Observanz erklärt und die feierliche Entsagung ausgesprochen.

Endlich wurde die Frage nach einem Ordensoberhaupt auf die Tagesordnung gesetzt, und auf Anregung Karls von Hessen, der Herzog Ferdinand in der achtzehnten Sitzung zum Generalgroßmeister des Ordens gewählt. Es wurde ihm das Prädikat „Eminenz“ beigelegt. Er nahm die Wahl an und unterzeichnete am 28. August „im Namen der heiligen und unteilbaren Dreieinigkeit, zur höheren Glückseligkeit des Menschengeschlechts und zur Ausbreitung der brüderlichen Liebe“ die Kapitulationsakte; auch hob er die Suspendierung des Ordensdirektoriums auf.

Nachdem der im folgenden mitgeteilte Konventsabschied veröffentlicht war, wurde der Konvent am 1. September 1782 mit einer Rede des Landgrafen von Hessen geschlossen.

* * *

Abschied des General-Ordens-Convents, gehalten zu
Wilhelmsbad bei Hanau, in den Monaten Julius
und August 1782.

Wir, General-Großmeister, Heermeister der Provinzen, Priores, Großbeamte, Präfecten und Deputierte des H. O. der Wohltätigkeit und der unter dem berichtigten Systeme vereinten Freimaurerei, wie wir auf den General-Convent zu Wilhelmsbad, bei Hanau, gesetzmäßig versammelt sind, um den unserer Sorgfalt anvertrauten maurerischen Bau zu befestigen, die Grundsätze und den Zweck des Ordens zu berichtigen und seine verschiedenen Partheien durch gemeinschaftliche und dauerhafte Bande zu vereinigen, haben beschlossen und festgesetzt, wie folgt:

§ 1.

Nachdem Wir gleich beim Anfang unserer Arbeiten überzeugt worden sind, daß es, um die verschiedenen Theile des Ordens in gegenseitige

Thätigkeit zu setzen und nach und nach zu einer völligen Gleichheit in den Grundsätzen, den Ritualen und Verpflichtungen zu gelangen, nöthig sei, einen ehrwürdigen Mittelpunkt zu bestimmen, auf welchen alle Strahlen zusammen stießen, und dabei in Betrachtung gezogen haben, daß unser System seine Erhaltung der unermüdeten Sorgfalt des Hochwürdigst-Durchlauchtigen O. Bruders, Ferdinandus a Victoria, im weltlichen Stande Herzog zu Braunschweig und Lüneburg, bis auf diesen Tag zu verdanken habe, so haben Wir geglaubt, unsere Dankbarkeit auf keine bessere Weise zu Tage legen zu können, als wenn wir höchst gedachten O. Br. in der Würde eines höchsten Oberhaupts aller recticificirten Logen, welche Denselben bereits auf dem 1772 zu Kohlo gehaltenen O. Convente übertragen worden, bestätigten, und solcher zugleich die Würde eines General-Groß-Meisters aller Provinzen des Ordens der Ritter der Wohlthätigkeit und der rectificirten Freimaurerei, nach dem eifrigen und einstimmigen Wunsche der Brüder von allen Nationen, beifügten.

Diesem zu Folge verweisen wir alle Capitel, Logen und Brüder, welche zu unserm Systeme sich halten, ihm in dieser Qualität die Huldigung zu leisten, die den erhabenen Tugenden, wovon er ohne Unterlaß das Vorbild darstellt, zukommet und gebühret, und haben wir ihm durch eine feierliche Acte, welcher unser unbegränztes Vertrauen zu erkennen giebt, das Recht übertragen, General-Convente zusammen zu berufen, auf selbigen zu präsidiren und solche unter dem Beistande der Heermeister der Provinzen und andern Vorgesetzten der verschiedenen Sprengel des Ordens zu dirigiren; wogegen wir von Höchstdemselben eine Capitulation entgegen genommen haben, als ein Pfand der weisen Grundsätze, welche ihn in der Verwaltung der Ordens-Geschäfte leiten und die gesetzmäßige Freiheit bewirken werden, welche alle Ordens-Arbeiten beseelen muß. Gleichermaßen verweisen wir auch alle, sowohl Freimaurer als innere Ordens-Sprengel, den Hochwürdigen Bruder Schwartz, im Orden genannt ab urnam, in der Qualität eines General-Secretarii des ganzen O. zu erkennen und allem dem, was von ihm ausgefertigt werden wird, Glauben beizumessen, immaaßen er mit dem besondern Vertrauen Sr. Eminenz, unsers hochwürdigsten General-Großmeisters, beehrt ist. Um endlich ein Andenken unserer glücklichen Vereinigung unter einem gemeinsamen und wegen seiner erhabenen Eigenschaften höchstverehrlichen Oberhaupte auf die Nachwelt zu bringen, haben wir beschlossen, einen Schauspenning prägen zu lassen, welcher das Brustbild Sr. Eminenz und eine Devise enthalten soll, die sich die glückliche Epoche unseres Convents beziehet.

§ 2.

Eine unserer ersten Sorgen war auf die Authenticität desjenigen Systems, dem wir bis auf den heutigen Tag gefolgt sind, gerichtet und auf den Hauptendzweck, wohin es unsere Brüder führen sollte. Nachdem man verschiedene vorgelegte, sehr emsige Nachforschungen über die Geschichte des Ordens der Tempelherren, von welchem man die Freimaurerei herleitet, in unsern Conferenzen untersucht und verglichen hat, so sind wir überzeugt worden, daß solche nichts weiter als Traditionen und Wahrscheinlichkeiten enthalten und keineswegs solche begründeten Wahrheiten, die unser zuversichtliches Vertrauen verdienten, und wir in keinem Maaße uns hinreichend berechtigt befänden, uns für die wahren und ächten Abkömmlinge der Tempelherren zu halten; daß übrigens auch die Klugheit von uns erheische, einen Namen abzulegen, welcher den Verdacht erwecken könnte, als hegten wir die Absicht, einen durch die geistlichen und weltlichen Mächte aufgehobenen Orden wieder herzustellen, und daß wir billiger Weise eine Verfassung verlassen, welche sich den Sitten und den Bedürfnissen der jetzigen Zeit nicht weiter anpassen läßt. Diesem zu Folge erklären wir also, daß wir einem Systeme entsagen, das in seinen Folgen gefährlich und von der Beschaffenheit ist, daß es den Obrigkeiten Besorgniß erregen könnte, und daß, woferne jemals ein Capitel oder ein Bruder den Vorsatz fassen sollte, diesen Orden wieder herzustellen, wir solches Unternehmen als unstatthaft und streitig mit dem vornehmsten Gesetze der Maurer, welches ihm gebietet, das Ansehen der weltlichen Obrigkeit zu verehren, erklären und verwerfen. Zu diesem Ende und zu ewigen Zeiten allen gefährlichen Verdacht von uns abzuwenden und die im Publicum so unbesonnener Weise verbreiteten Gerüchte zu entkräften, haben wir eine Acte aufgesetzt, die wir alle männiglichen für uns selbst und unsere Committenten unterschrieben haben, in welcher wir diese unsere wohlbedachte Entschließung aufs Feierlichste bestätigen und vor Gott und unsern Brüdern im Namen des ganzen vereinigten und rectificirten Freimaurer-Ordens protestiren, wie der einzige Zweck unserer Verbindung darin bestehe: ein jegliches seiner Mitglieder besser und der menschlichen Gesellschaft nützlicher zu machen, und zwar durch Liebe und Erforschung der Wahrheit, durch die aufrichtigste Anhänglichkeit an die Lehren, Pflichten und Ausübung unserer Religion Christi, durch eine im ausgedehntesten Verstande allgemeine, thätige und wohlüberlegte Wohlthätigkeit und durch eine gehorsame Befolgung der Gesetze unsers respectiven Vaterlandes.

§ 3.

Bei alledem können wir uns nicht verhehlen, daß unser Orden gewisse wesentliche und unleugbare Aehnlichkeiten und Beziehungen mit und auf den O. der Tempelherrn habe, welche fast aus der allgemeinen Tradition, aus öffentlichen Denkmälern und aus den Hieroglyphen unserer Teppiche erhellen, und es daher fast als mehr wahrscheinlich sei, daß die freimaurerische Initiation älter als jener Orden und verschiedenen seiner Ritter bekannt gewesen sein zu verewigen. Hinfolglich, und um allen Spuren eines Ordens nachzugehen, der nach der Meinung einer großen Anzahl Brüder sehr schätzbare Kenntnisse besessen haben soll, und dem wir die Aufbewahrung der Maurerwissenschaft zu verdanken haben, hat es uns gedäucht, es sei unsere Schuldigkeit, einige dieser alten Aehnlichkeiten mit ihm beizubehalten, und diese Aehnlichkeits-Beziehung in einem historischen Unterrichte aufzubewahren, und, da wir in dem alten System einen diensamen Plan der Coordination vorliegend gefunden, nebst sehr bequemen Eintheilungen zur Verfassung umstürzten, wir ohne erhebliche Ursachen das Band zerreißen Erhaltung der guten Ordnung: Wie auch, wenn wir die äußere Form unserer würden, das die verschiedenen Theile des Ordens vereinigt: So haben wir beschlossen, diese Aehnlichkeit in einem Ritter-Orden fortzupflanzen, der den Namen der Ritter der Wohlthätigkeit führe, dem die Aufsicht über die symbolischen Classen und deren Administration obliegen soll. Die Aufnahme in diesem innern Orden haben wir in zwei Epochen getheilet, haben das Ritual für die Aufnahme der Novizen festgesetzt, welchen die Pflichten bekannt gemacht werden sollen, deren Verbindlichkeit sie sich unterziehen, und haben den Entwurf eines Ceremoniels der wirklichen Ritter-Einkleidung gebilliget, der uns vorgelegt ist, und haben dessen weitere Ausarbeitung dem Hochwürdigen Ordens-Bruder von Türkheim, i. O. a, Flumine, übertragen, welche gedachte Ritterwürde wir als eine Belohnung für die in der Ausübung der Wohlthätigkeit angewendete Mühe und Fleiß betrachten. Da aber gleichwohl einige Provinzen und Präfecturen ihre Ursache haben könnten, sich dieser Benennung „Ritter der Wohlthätigkeit" und des Formulars ihrer Aufnahme nicht zu bedienen, oder auch durch solche Zeit- und Orts-Umstände daran verhindert werden möchten, deren Beurtheilung wir der Einsicht unsers Hochwürdigsten General-Großmeister Eminenz anheim stellen: so lassen wir diesen Brüdern gerne die Freiheit, eine von ihnen für nöthig erachtete Modification hinzuzufügen, ohne daß wir deswegen gemeint sein sollten, die Vereinigung mit dem Ganzen des Ordens zu unterbrechen, deren genauere Zusammenhaltung eine der vornehmsten Absichten bei unsern Arbeiten gewesen ist. Anbei haben wir den drei französischen Provinzen, welche seit ihrer National-Reform den Titel: „Chevaliers bienfaisants de la Cité sainte" angenommen haben und solchen einen besonderen Werth beilegen, die Freiheit, sich desselben noch fernerweitig zu bedienen, lassen wollen. Und endlich, indem wir diesem christlichen

Ritter-Orden ein Kreuz, eine übereinstimmende Tracht, Ordens-Namen und die Ringe vorbehalten, um sich dabei einander zu erkennen, so haben wir für nöthig erachtet, daß man sich zum Datiren hinführo der christlichen Zeitrechnung und des verbesserten Calenders bediene, und wollen wir in allen Acten die Zeitrechnung welche bis dahin im vorigen Systeme des Ordens eingeführt war, nicht mehr gebraucht wissen.

§ 4.

Unser vornehmstes Augenmerk ist auf das Rituale der drei ersten Grade gerichtet gewesen, weil solche den allgemeinen Grundstein aller derjenigen ausmachen, die sich Freimaurer nennen und da wir trachteten, alle Systeme unter

Schloß Wilhelmsbad

ein einziges Hauptbannier zu vereinigen, so fühlten wir, wie dieser Zweck unmöglich zu bewirken sein würde, woferne wir nicht alle wesentlichen Sinnbilder beizubehalten und alle diejenigen zurückzuweisen suchten, die eine zu weit getriebene Systemsucht hinzugefügt hätte. Aufs innigste überzeugt, daß die Hieroglyphen dieses alten und lehrreichen Gemäldes die Besserung des Menschen bezielten, wie auch ihn fähiger zu machen, die Wahrheit zu finden, haben wir eine Committee niedergesetzt und ihr aufgetragen, mit dem emsigsten

Fleiße zu untersuchen, welches die ältesten und am wenigsten verstellten Rituale sein möchten. Wir haben solche mit jenen verglichen, die auf dem National-Convent der französischen Provinzen beliebt wurden, welche auf hohe moralische Wahrheiten führen, und haben endlich davon drei festgesetzt, eins für den Lehrlings-, eins für den Gesellen- und eins für den Meistergrad, und sind der Meinung, daß solche sehr wirksam sein werden, die bisher getheilten Logen wieder zu verewigen, so wie sie sich überhaupt auch der ersten unverfälschten Aechtheit am meisten nähern. Wir theilen diese Arbeit unser Brüdern mit und ermahnen unsere Logen, sich daran zu halten und ihren Sinn zu studiren; wobei wir den Provinzen, die etwa darüber Anmerkungen zu machen haben möchten, freistellen, solche binnen hier und Jahresfrist Sr. Eminenz, unserm Hochw. General-Großmeister, vorzulegen. Und wie es auch in fast allen Systemen eine Schottische Classe giebt, deren Ritual das Complement der Maurerischen Hieroglyphen enthält, so haben wir für nützlich erachtet, auch in dem Unsrigen eine Schottische Classe beizubehalten, welche den Vereinigungs-Punkt zwischen den symbolischen und innern Graden ausmache; haben auch das, was die Committee der Ritualien hierzu an Materialien geliefert hat, bereits gebilligt, und die fernere Ausarbeitung und Anordnung derselben dem Hochw. Br.: Willermoz (in O. d. ab Eremo) aufgetragen.

Wir haben Ursache zu hoffen, daß, da wir Verträglichkeit und Bruderliebe gegen die Logen von andern Systemen zu äußern, zum vornehmsten Gesetze und eine thätige, allgemeine, wohlverstandene Wohlthätigkeit zum Unterscheidungszeichen des Unsrigen machen, wir die Vereinigung mit allen guten ächten Maurern desto sicherer bewirken werden, welches wir für unsern Hauptzweck bei unsern Arbeiten ansehen und dabei erklären, daß wir keine Logen und keine Grade für falsch oder der ächten Maurerei zuwider laufend erkennen, als nur solche, deren Grundsätze mit der Religion, den guten Sitten und den geselligen Tugenden unverträglich befunden würden.

§ 5.

Obgleich unsere Logen von jeher es sich haben angelegen sein lassen, ihren Gliedern die Lehren der reinsten Moral vorzutragen und besonders den Herzen der Neuaufgenommenen die Vorschriften der Weisheit und Tugend einzuprägen: so haben wir dennoch für zweckmäßig erachtet, für alle Freimaurer eine allgemeine Regel anfertigen zu lassen, die ihnen dasjenige auf eine andringende Art ans Herz lege, was sie Gott, ihrem Nächsten, sich selbst, ihren Brüdern um dem Orden überhaupt schuldig sind. Wir haben daher eine Regel gebilligt und angenommen, die in beiden Sprachen, der deutschen und französischen, geschrieben ist, welche dem Candidaten bei seiner Einweihung vorgelesen werden soll. Desgleichen auch haben wir unsere Sanction einer Paraphrase eben dieser Regel gegeben, bestehend aus Neun Artikeln, um noch vor der Aufnahme seiner Betrachtung vorgelegt und einigemal des Jahrs in unsern Logen vorgelesen zu werden; und weil die Ritter der Wohltätigkeit sich ganz vorzüglich dem Schutze unserer Religion Christi, der unterdrückten Unschuld und der leidenden Menschheit widmen, und unsere Fonds zu wohlthätigen Stiftungen bestimmt sind: so haben wir gleichfalls eine Regel aufsetzen lassen, die ihnen auf eine bestimmte Weise ihre Obliegenheit erkläre, so wie auch die Grundsätze, welche diesen Ritterorden lenken und regieren sollen. Wobei unser Wille und Meinung ist, daß diese Regel von jedem Ritter als Richtschnur seines Ordenswandels angenommen werden soll, weswegen ihm solche bei seiner Aufnahme entweder im lateinischen Original, oder in einer ihm verständlichen Dolmetschung vorzulegen ist.

§ 6.

Das Bedürfnis eines guten zweckmäßigen Gesetzbuches des Ordens, wodurch einerseits so viel Gleichförmigkeit bewirkt würde, als unter den verschiedenen Provinzen und Sprengeln möglich wäre, ohne auf der andern Seite den Localverhältnissen Gewalt anzuthun und dadurch die Verschiedenheit und Spaltungen zu unterhalten welche bisher über dem Orden der Freimaurer gewaltet haben, ist schon von den vorhergehenden Provinzial-Conventen anerkannt, so wie die Nothwendigkeit, ihm abzuhelfen, beherzigt worden; auch hat der Convent der französischen Provinzen bereits sehr gute Grundstriche dazu geliefert. Wir haben also unsre Aufmerksamkeit auf eben diesen Gegenstand heften müsse, und haben mit Vergnügen einen Plan gesehen, der die verschiedenen Theile dieser Gesetzgebung in ihre gehörigen Abcheilungen zu bringen vorschlägt; viele Grundsätze desselben haben wir bereits in gemeinsame Berathschlagung genommen, und werden solche allen Präfecturen mittheilen, damit dieselben über diese Arbeit ihre Bemerkungen machen mögen; wir hätten aber unsere Sitzungen weit über die Gränze hinaus ausdehnen müssen, die die weltlichen Geschäfte der Deputirten vorschriebe, wenn wir die völlige Ausfertigung dieses Gesetzbuches hätten unternehmen wollen. Wir haben uns also darauf eingeschränkt, nach vorläufiger Untersuchung unsere Billigung der Einleitung zu diesem Codex zu ertheilen, in welcher die Nothwendigkeit positiver Gesetze, die Irrthümer und Mißbräuche, welche bis dahin den Orden zerrüttet, die Mittel, ihm seine Reinigkeit wieder zu geben, und ein kurzer Abriß der allgemeinen Zwecke des Ordens und der Grundsätze, welche die Behandlung seiner Stiftungen und das Betragen seiner Glieder beleben müssen, zu Tage gelegt sind. Wir machen es den Logen zu einem eigentlichen Geschäfte, diese Einleitung in fleißige Überlegung zu nehmen, und sind dabei des Dafürhaltens, daß man sich derselben mit Vortheil gebrauchen könne, um den Logen von fremden Systemen eine günstige Meinung von dem Unsrigen einzuflößen und solche zu der erwünschten Vereinigung mit uns zu leiten. Endlich haben wir auch die Brüder: von Kortum (a Fonte irriguo), Comte de Virieu (a, Circulis), Bode (a. Lilio Convallium) und von Türkheim (a Flumine) zur Ausarbeitung dieses Gesetzbuches ernannt und jeden von ihnen ersucht, deren zwene zu verfertigen, deren Eines die einfachen Grundsätze und Fundamental-Gesetze enthalte, welche für alle Provinzen gelten können, und das Andere die verschiedenen entwickelten allgemeinen, und selbst Local-Gesetze mit ihren Gründen, warum sie solche für die besten erachten, damit hieraus jede Provinz nach reifer Wahl dasjenige nehmen könne, was ihr am angemessensten ist. Unsere Absicht hierbei ist, die Arbeit dieser vier Brüder an die Provinzen einzusenden und, nachdem diese darüber ihre Anmerkungen und Gutachten beigefügt haben, solche dem Bruder von Roßkampf (i. O. d. ad Equo bellicoso) als einer allen Partheien angenehmen Person, gelangen zu lassen, damit er aus allen diesen Materialien einen allgemeinen Codex verfertige.

§ 7.

Nachdem wir einen gemeinsamen Mittelpunkt festgestellt hatten, mußten wir uns mit den vornehmsten Theilen beschäftigen, welche das Ganze des Ordens ausmachen, und die allgemeine Matricul der Provinzen in Durchsicht nehmen, welche unmittelbar unter dem General-Groß-Meister des Ordens stehen. In billiger Rücksicht also, auf das Begehren des Groß-Priorats von Italien, das vormals eines von den beiden Groß-Prioraten der Achten Provinz ausmachte, und in Betracht, daß solches dieses Begehren schon seit einigen Jahren durch den gegen den Durchlauchtigsten Ordens-Bruder a Victoria, geäußerten einstimmigen Wunsch der Provinzen zugestanden sei, trennen wir solches, Kraft dieses, von dem deutschen Groß-Priorat, legen ihm den Archipelagus und Griechenland zu und erklären diese drei Länder feierlichst für eine Provinz des Ordens der Wohlthätigkeit. Wenn wir ferner erwägen, daß, da wir dem System der Wiederherstellung des Ordens d. T. entsagt haben, es mit dieser Entschließung nicht füglich Bestand haben würde, wenn wir eine strenge Beharrlichkeit an der alten Ordnung der Matricul äußern wollten: so haben wir alle die alten Ordensämter, welche vormals mit den verschiedenen Heermeisterthümern verbunden waren, in unsere Hände zurückgenommen, und zwar solcher Gestalt, daß in Zukunft kein einzelnes Mitglied des Ordens damit bekleidet werden könne noch möge; stellen auch die alten Matricul-Benennungen der Präfecturen und Commenden ab, indem solche einzig und allein von dem O. der T. H. sich herschreiben; erklären, daß die Zahl der Provinzen nicht nochwendig auf Neun eingeschränkt sein müsse, sondern vielmehr ihre Anzahl von den Umständen und den Bedürfnissen des Ordens abhänge; daß wir aber gleichwohl für diesmal nicht nothwendig gefunden haben, solche zu vermehren, weil die zwei Provinzen, welche im O. die Namen Arragon und Léon führten, nicht activ sind; weil wir wenig Hoffnung vor uns sehen, uns mit den Logen in Großbrittannien auf eine vortheilhafte und solide Weise zu vereinigen, und wir also für räthlich erachtet haben, diese drei Plätze für unbesetzt anzunehmen. Dieser Meinung zu Folge weisen wir der Provinz von Nieder-Deutschland, welche bisher im O. den Namen der VII. geführt, den Rang der Ersten an, weil sie die älteste unter allen ist, die sich in Thätigkeit gesetzt haben. Den Provinzen von Auvergne, Occitanien und Burgund behalten wir den Rand der II., III. und V. vor, weil diese Letzte ausdrücklich erkläret hat, solche behalten zu wollen. Der Provinz von Italien bewilligen wir den Namen der IV., Ober-Deutschland der VI., und in Rücksicht des Gesuchs der Ordens-Sprengel in den Oesterreichischen Staaten, welches dahin gehet, in Gemäßheit des Willens ihres erhabenen Souverains, in ein National-Corps oder eine Provinz vereinigt zu werden, und mit Einstimmung der übrigen Provinzen, namentlich jener, welche dabei besonders interessiert sind, ernennen und erklären wir Oesterreich für die VII. Ordens-Provinz, so bestehet aus den Capiteln zu Wien, Hungarn und Siebenbürgen, und schlagen hierzu die Präfectur zu Prag und die Logen in Gallicien und Lodomirien, welche bisher zu der I. gerechnet worden; ferner trennen wir die Oesterreichische Lombardei von der IV. und das Oesterreichische Flandern von der V., um solche dieser neuen VII. Provinz einzuverleiben. Und da wir endlich auch wünschen, alle Wege offen zu erhalten, auf welchen wir zum guten Einverständnisse mit dem Schwedischen National-Capitel gelangen könnten, dessen Erhebung zu einer Provinz unter dem Namen der IX. wir deswegen nicht anerkennen, weil solche ohne Zustimmung der übrigen Provinzen geschehen ist, auch dabei in Betrachtung ziehen, daß Rußland, welches nach alten Conventionen einen Theil von der Schwedischen Provinz ausmachen sollte, ein weitläuftiges Reich und unter einer Beherrscherin vereint ist, welche diese Art von Abhängigkeit von einem fremden Reiche nicht gerne sehen mögte, in Rußland auch zu dieser Stunde schon viele Logen von allerlei Systemen sich befinden, welche bereit sind, das Unsrige anzunehmen, und uns ausdrücklich ersucht haben, zu einer eigenen Provinz errichtet zu werden: so erklären wir Rußland für die VIII. Provinz des Ordens und lassen den Rang der IX. für das Schwedische National-Capitel offen, weil solches einen Werth auf diesen Rang und Namen zu legen scheint: wir sind dabei bereit und willig, mit diesem gedachten National-Capitel das Band der brüderlichen Eintracht zu erneuern, sobald nur ein oder der andere glückliche Umstand uns dazu die Mittel an die Hand geben wird, und weil wir den Grundsatz angenommen haben, alle Capitel und Logen eines Reiches unter eine einzige Abhängigkeit zu bringen, sobald seine höchste Obrigkeit es zu verlangen scheint, so haben wir dem Begehren des Hochwürdigsten Heermeisteis der IV. Provinz, genannt Italien, wodurch er die Präfectur von Chambery, die bis dahin zu der II. Provinz gerechnet worden, reclamirt, mit Recht gewillfahrt.

Die Gränzen zwischen den drei Französischen Provinzen, welche durch den Gaulischen Convent (Convent national des Gaules, 1778 in Lyon abgehalten) verrückt worden, stellen wir in eben den Zustand wieder her, in welchem sich solche vor diesem Zeitpunkte befanden, vornehmlich zwischen der II. und III., und ermahnen die II. und V., die ihrige in Güte auszumachen, und falls sie darüber unter sich nicht sollten einig werden können, sich an das Arbitrium Sr. Eminenz, des Durchlauchtigsten General-Groß-Meisters zu verwenden; und besonders ermahnen wir die II. Provinz, der V. durch eine gleichere Eintheilung ihrer Sprengel für den ansehnlichen Theil, den diese Letzte an die Österreichische Provinz hat abtreten müssen, eine Schadloshaltung zu gestatten.

§ 8.

Die Präfecturen stehen hinführo unmittelbar, und ohne Zwischen-Instanz von Prioraten, unter den Provinzen. Wenn wir aber einer Seits wünschen, daß diese Einrichtung in den neu errichteten Provinzen befolgt werde: so sind wir auf der andern keineswegs gesonnen, den übrigen, welche bereits in einer andern nach besondern Local-Umständen und Absichten eingerichteten Form bestehen, Zwang anzuthun, und bewilligen ausdrücklich der II. und IV. Provinz die nochwendige Freiheit, die ihrigen bei den eingetheilten Prioraten zu erhalten und solchen die Präfecturen unterzuordnen.

Nachdem bereits vor drei Jahren mit der Holländischen National-Loge ein Tractat der brüderlichen Vereinigung geschlossen worden, dem zu Folge bald hernach ein Capitel in Haag errichtet ist: so haben wir den Deputirten dieses National-Corps bei unsern Conferenzen zugelassen und da dieser uns den Wunsch des Capitels der Batavier „ein Groß-Priorat von der VI. Provinz auszumachen, das sein eigenes von Ober-Deutschland getrenntes Capitel und Directorium hätte und bloß der Person des Durchl. Hochw. Heermeisters, ohne Zwischenkunft eines Provinzial-Capitels untergeben wäre“, bekannt gemacht: so haben wir mit Beirath und Zustimmung des Durchl. Ordens-Bruders a Leone resurgente – Prinz Carl von Hessen-Cassel – und seines Provinzial-Conclavs, das Capitel der Batavier zu einem extempten Groß-Priorat erhoben und erkennen für dessen Groß-Prior den Durchl. Ordens-Bruder Friedericum a septem sagittis – Prinz Friedrich von Hessen-Cassel –. Da auch die Polnischen Brüder durch ihren Deputirten, den Bruder a Fonte irrguo, ein ähnliches Begehren an uns gelangen lassen, so haben wir deren Bestand bis jetzt noch nicht für hinreichend dauerhaft gegründet gehalten, um dieses Begehren zu verwilligen, und verweisen solche fürs Erste nach an das Provinzial-Capitel der I., zugleich aber haben wir festgesetzt, daß in dem Falle, da verschiedene Capitel und Logen, welche unter einer Landesherrschaft in Vereinigung stehen, die auf ihre Unabhängigkeit eifersüchtig sein möchte, uns um eine abgesonderte Existenz angehen sollten, gleichwohl aber davon noch keine hinlängliche Anzahl vorhanden sein würde, um zu einer Provinz erhoben zu werden, oder auch andre Ursachen vorlägen, die diese Erhebung verhinderten, man ihnen sodann den Rang und Titel eines exempten Groß-Priorats bewilligen könnte, welches unmittelbar von Sr. Eminenz, unserm General-Groß-Meister abhinge. Was aber das Groß-Priorat von Helvetien anbetrifft, so ist unsere Meinung, daß es bei dem zwischen ihm und dem Provinzial-Capitel der V. Provinz geschlossenen Concordat sein standhaftes Verbleiben haben müsse, die Capitel und Logen in der Schweiz die Exemtionen genießen, welche ihnen in solchem versichert worden, übrigens aber den Heermeister der V. Provinz und sein Capitel für ihre Ordens-Oberen zu erkennen haben.

§ 9.

Da uns nichts so sehr am Herzen liegt, als unter den verschiedenen Sprengeln einer Provinz ungestörte Eintracht und gutes Vernehmen herrschen zu sehen, so haben wir sehr ungern das Mißverständnis wahrgenommen, welches seit einigen Jahren zwischen den Prioraten und Bordeaux und Montpellier in der III. Provinz obgewaltet hat; und da die Vermittelung Sr. Eminenz, wie auch der II. und V. Provinz, bisher fruchtlos gewesen, so hofften wir solches auf diesem Convente zur beiderseitigen Zufriedenheit beilegen zu können. Da aber das † zu Bordeaux auf die Einladung, sich vor dem Convente einzulassen, nicht geantwortet, so hat das † zu Montpellier unsern brüderlichen Rath und um ein Ausgleichs-Urtheil uns angerufen, welches gleichwohl über die Gränzen, die Privilegien und das Verhältniß dieser beiden Capitel eine endliche Entscheidung enthalten mögte. Wir ermahnen sie also beiderseits, sich mit brüderlichem Schritt einander zu nähern und das Vergangene in Vergessenheit zu stellen, und tragen den Ordens-Brüdern a Circulis und a Capite galeato hiermit auf, zu diesem Zwecke durch Rath und That ihr Bestmöglichstes zu verwenden; wir ertheilen dabei dem Capitel von Montpellier das Recht, Ivon dato an bis Ende des Jahres 1783 in seinem Priorate und nach Ablauf dieses Termins in der ganzen III. Provinz alle jura des Ordens-Obern zu exerciren, bis dahin, daß das † von Bordeaux den Schlüssen dieses Convents beitritt, und alles dasjenige für gültig erkenne, was

Montpellier während dieser Zeit gethan und unternommen haben wird. Wir warnen ferner das † von Bordeaux, ohne Beitritt des † zu Montpellier zur Wahl eines Heermeisteis der III. Provinz zu schreiten, und berechtigen das letztere, nach Ablauf des Ersten Januars 1784, woferne Bordeaux sich bis dahin nicht nach der Regel ein- und abgefunden hätte, für sich allein diese Wahl anzustellen. Endlich noch gehet unser schließliches Gutachten dahin, daß, im Falle der Einrichtung eines neuen Provinzial-Capitels man die Groß-Beamten-Stellen unter beiden Groß-Prioraten gleich vertheile, und daß seiner ersten Sitzung ein Commissarius Sr. Eminenz des General-Groß-Meisters beiwohne, um die Stelle eines Vermittlers dabei zu vertreten.

§ 10.

Da Se. Eminenz, unser General-Groß-Meister, fürs Beste der Ersten Provinz zuträglich befunden, ihr Directorium von Braunschweig nach einem andern Orte zu verlegen, so schlagen wir den Groß-Beamten und exemten Präfecturen derselben vor, solches in Weimar anzustellen, indem daselbst das Archiv am sichersten aufgehoben sein wird; auf gleiche Weise versetzen wir, mit Rath und Zustimmung des Hochwürdigsten Heermeisters und der Capitel der VI. Provinz, das Directorium von Ober-Deutschland von Meynungen nach Heidelberg und erklären den Hochwürdigen Ordensbruder von Dahlberg – in O. d. a. Tumba sacra – zu dessen Präsidenten. Auf das im Namen der Logen in der Pfalz an uns gelangte und von der VI. Provinz günstig aufgenommene Begehren bewilligen wir die Errichtung einer Präfectur für die Pfalz; gleichfalls erklären wir mit gemeinsamer Zustimmung der Ersten Prov. das bisherige Prä-positur † zu Bremen für eine exemte Präfectur und erheben auch endlich, auf ausdrückliche Einwilligung des Hochwürdigsten Heer-Meisters, des Provinzial- und des General-Visitators der V. Provinz, die Schottische Ordens-Loge zu Metz zu einer ordentlichen Präfectur; mit dem Vorbehalt, daß sich solche, nach der Regel durch ein Connnissorium der Provinz installiren lasse.

§ 11.

Um in unsern Logen die gute Ordnung zu erhalten und ihren Bestand immer mehr und mehr zu reinigen, haben wir alsobald einige Grundsätze festgestellt, welche in das Gesetzbuch eingetragen werden sollen. Wir verordnen also die Schottischen Logen, welche aus den Schottischen Meistern eines Sprengels bestehen, und welchen der Haus-Comthur als Meister vorsteht, zu Aufseherinnen und ersten Instanzen der Logen der ersten drei symbolischen Grade und verstatten den Schotten, in den Logen der untern Grade keine andern Vorzüge, als die Vorzüge eines Meisters vom 3ten Grade, es sei denn, daß solche ein Amt in der Loge bekleideten; als in welchem Falle sie auf

Verlangen des Meisters vom Stuhle ein Committee ausmachen können, welche die in den Logen abzumachenden Geschäfte vorläufig Präpariren mögen. Setzen dabei die wesentlich erforderlichen Aemter in einer Loge auf Sieben, nämlich einen Meister vom Stuhl, zwei Oberaufseher, einen Redner, einen Secretair, einen Schatzmeister und einen Almosenpfleger, welchen jedoch jede Loge noch einen Ceremonienmeister und einen Oeconomen oder Steward hinzuzufügen die Freiheit hat. Wir haben auch zum Gesetz angenommen, daß keine Loge einen Candidaten aufnehmen soll, der nicht sein 21. Jahr zurückgelegt hat und solches durch einen Taufschein erhärtet, jedoch das denjenigen, welche von ihren Vätern, die wirkliche Mitglieder der Loge sind, vorgeschlagen werden, ein Jahr erlassen sei, außer welchem Falle keine Dispensation stattfindet; und wollen, daß bis zum 25. Jahre, woferne der Sohn nicht von Obrigkeitswegen für majorenn erkläret ist, eine schriftliche Einwilligung seines Vaters in seine Aufnahme beigebracht werde.

Um die Aufnahmen nicht nach Gutdünken ins Unendliche zu vermehren, und um der Zahl der Mitglieder einer Loge ein vernünftiges Ziel zu setzen, haben wir das ausdrückliche Gesetz gemacht, daß niemals irgend eine Loge aus mehr denn 54 wirklichen Mitgliedern solle bestehen können, und daß von dem Augenblicke an, da diese Zahl voll sein wird, man nicht anders als nach einer entstandenen Vacanz einen Candidaten aufnehmen soll. So auch haben wir beschlossen, daß in Abwesenheit des wirklichen Meisters vom Stuhle nicht sowohl sein Vorgänger in dieser Würde, sondern der erste Oberaufseher den Vorsitz in der Loge führen soll; daß hingegen jener, sobald die Zeit seines Amts abgelaufen ist, in die Classe der Schottischen Meister zurücktrete und keinen andern Vorzug behalte, als zum Zeichen seiner vorigen Würde einen kleinen Triangel oder Winkelhaken im Knopfloche zu tragen.

§ 12.

Und wie es uns endlich mehr darum zu thun ist, zu überzeugen, als zu zwingen, und wir ganz geruhig auf die Güte unserer Absichten verlassen, so haben wir uns hauptsächlich darauf eingeschränkt, unser System zu säubern und mit demselben alle Brüder zu vereinigen, die sich von der Liebe zum Guten beseelen lassen; auch haben wir nicht für räthlich gehalten, von den Capiteln unsers Systems einen unbedingten Beitritt zu fordern, sondern lassen ihnen die Freiheit, von jetzt an bis Ablauf des 1783sten Jahres unsere Arbeiten zu prüfen und am Ende dieses Termins zu erklären, ob sie durch Annahme der Beschlüsse dieses Convents fortfahren wollen, sich zu unserm Systeme zu halten, oder sich lieber mit irgend einem andern in Verbindung einzulassen. Wir tragen kein Bedenken, zu behaupten, daß dasjenige, welches auf den dauerhaftesten Grund gebauet ist, welches die Wahrheiten der Religion und

Moral sowie die Tugenden der menschlichen und bürgerlichen Gesellschaft lehret, welches die diensamsten Mittel an die Hand giebt, die Wohlthätigkeit in ihrem weitesten Umfange zu üben, nothwendiger Weise das Zutrauen aller der Brüder an sich ziehen müsse, welche den Werth dieser Vortheile zu schätzen wissen.

Wir, General-Großmeister und sämmtliche Capitularische Glieder des Convents wiederholen und erklären, daß diese Beschlüsse dem wahren Sinne der abgehaltenen Protocolle völlig gemäß sind, und den Capiteln und Logen, denen solche gehörig durch die Provinzial-Directora insinuirt worden, zur Richtschnur dienen sollen. Zu Urkunde dessen wir solche alle mit unserer Namens-Unterschrift bestärkt haben.

So geschehen Wilhelmsbad, bei Hanau, den 1. Sept. 1782.

VIII. Die Folgen des Konvents zu Wilhelmsbad

Bei allen grundlegenden Umwandlungen in der Geschichte der Menschheit beobachten wir die Erscheinung, daß die radikalen Richtungen auf den äußersten Flügeln der Entwicklung den Versuch machen, die Führung an sich zu reißen. Sie kommen von der positiven und der negativen Seite der Menschheitsordinate. So auch in der Zeit, die uns beschäftigt. Es meldeten sich jetzt die beiden Bewegungen, die an der Peripherie der Freimaurerei zur Rechten und zur Linken entstanden waren, die Gold- und Rosenkreuzer rechts und die Illuminaten links. Beide Vereinigungen waren nicht Freimaurerei, aber ihre führenden Männer hatten sich in die Loge aufnehmen lassen.

Die auf dem Wilhelmsbader Konvent versammelten Abgeordneten hatten gewiß das Beste gewollt, sie suchten Frieden und Eintracht aller Freimaurer, aber sie trugen einen Gedanken in die Sache hinein, der auf die Dauer zum Widerspruch reizen mußte, sowohl von innen heraus aus der Brüderschaft, als auch von außen bei den staatlichen Gewalten. Es war der Gedanke eines Welt- und Menschheitsbundes, ein Traum aller Zeiten, der sich nie erfüllt hat und sich nie erfüllen wird. Niemals ist die Idee von einer Weltfreimaurerei schlagender ad absurdum geführt worden, als im Krieg von 1914 bis 1918 und seinen Folgeerscheinungen von Friedensvertrag, Sanktionen und Minderheitenpolitik. Die Idee ist so undeutsch wie nur möglich, sie ist von England in die Freimaurerei hineingetragen worden, denn sie war der englischen Welteroberungspolitik ein Mittel, den Geist fremder Völker zu knechten und von innen heraus zu kolonisieren, das heißt zu unterwerfen. Es ist der Geist der französischen Revolution, der zur Zeit des Wilhelmsbader Konvents schon durch die Literatur der französischen Philosophen unter den Gebildeten verbreitet war, es ist gleicherweise der Geist der Rosenkreuzer und Illuminaten, so verschieden sie auch in der Formulierung ihrer Ideen waren.

Herzog Ferdinand regierte nun einen Orden, der in Frankreich ganz andere Gestaltung hatte, als in Deutschland. Katholische Weltanschauung und katholisches Weltbürgertum mußten ganz andere Gebrauchsformen erzeugen, als die evangelische Freiheit, die in der Rechtfertigung durch den Glauben ihr religiöses und sittliches Ziel sah. Wenn es gewiß abwegig war, daß das achtzehnte Jahrhundert, besonders Bode, überall Jesuiteneinfluß witterte, so war es bestimmt richtig, daß jesuitische Vaterlandslosigkeit bei dem Weltbundgedanken Pate gestanden hatte.

Der Konventsabschied, der am 1. November 1782 von dem Direktorium versandt worden war, fand bei den Logen sehr geteilte Aufnahme. Die allzu große Duldsamkeit, die am Ende des § 4 ausgesprochen war, mußte verstimmend wirken. Man vermißte eine sichere Linie und eine Norm, an die man sich halten konnte, und die Anweisung in § 12, sich bis zum Ablauf des Jahres 1783 zum System zu erklären, wurde von den meisten Logen nicht befolgt, sie ließen die Frist stillschweigend verstreichen. So kam das Direktorium in eine recht unangenehme Lage. Die Ordenskasse war geleert, Beiträge gingen nicht ein, die beabsichtigte Verlegung des Direktoriums nach Weimar konnte nicht vollzogen werden. Eine Provinzialregierung bestand kaum noch dem Namen nach. Landgraf Karl von Hessen hatte zwar die Wahlkapitulation der ersten – früher siebenten – Provinz unterschrieben, aber er schob die Forderung nach der gesetzlichen Huldigung der Logen hinaus. Am 21. Juli 1783 erklärte er: „Ich finde den Zeitpunkt dazu nicht geeignet und kann mich auch nicht entschließen, die Groß-Beamten und Sprengel welche die Huldigung etwa verweigern möchten, von der Verbindung mit mir auszuschließen. Denn es ist ein ganz neues System ausgearbeitet, welches man, bis alle Rituale vorliegen, nicht einmal beurteilen kann. Ich will es daher den Logen überlassen, ob sie im Vertrauen auf mich meine Denkungsart und meine Handlun-

Johann Joachim Christoph Bode

Prinz Friedrich August von Braunschweig

gen sich demselben schon jetzt anschließen oder damit noch Anstand nehmen wollen."

In Süddeutschland wirkte der Einfluß der Illuminaten, Bode selbst; der den Auftrag hatte, das neue Gesetzbuch auszuarbeiten, gehörte dem Illuminatenorden an. Es kam daher unter der Führung von Frankfurt und Wetzlar zur völligen Loslösung des Südens von den Ergebnissen des Wilhelmsbader Konvents.

Im Herzen der Mutterloge zu den drei Weltkugeln in Berlin hatte der Trennungsprozeß schon 1780 begonnen. Der Nationalgroßmeister Prinz Friedrich August von Braunschweig, der Neffe des Herzogs Ferdinand, hatte in einem Publicandum vom 7. April 1780 die Hochgrade der strikten Observanz abgeschafft. Die Einleitung der aus elf Paragraphen bestehenden Veröffentlichung atmete einen gesunden freimaurerischen Geist:

„Da nach Abschaffung des bisher in den höheren Graden unserer Logen bearbeiteten bekannten alten Ritter-Ordens, als welcher nach erlangter besserer Überzeugung zu nichts führete und in vieler Hinsicht anjetzo selbst gefährlich zu werden schien, einige unserer Brr. durch die über uns vorzüglich waltende Gnade Gottes glücklich genug gewesen sind, sich in der Ferne dem wahren großen Orden zu nähern, von welchem vorgedachter zuletzt ausgeartete Ritter-Orden, solange er gut geblieben, nur eine Branche abgegeben; so hat dadurch unsere ganze Maurerei eine andere und Gottlob! äußerst glückliche Richtung erhalten. Die Mitglieder des gedachten großen uralten und heiligen, niemals aber öffentlich hervorgetretenen Ordens waren, die einigen älteren Brüdern bekannt sein muß, die Urheber und Stifter jenes Ritter-Ordens; nach dessen vielleicht auf ihre eigene Veranlassung wegen der Laster so vieler Glieder desselben durch alle profane Mächte bewirkten völligen Abolition, sie, die Mitglieder des großen Ordens, die unteren Hieroglyphen-Grade der Maurern klüglich erfanden, um durch selbige gute Menschen zu erziehen, und ihnen nach überstandenen Prüfungen, den Weg zur höheren Maurerei oder zum großen Orden selbst zu bahnen; in dem ihr herzlicher Wunsch und einzige Absicht stets während ist, das Gute in der Welt zu verbreiten und viel Menschen glücklich zu machen; jedoch nur solche, die es wert sind, weil Sklaven des Lasters und Menschen ohne Gottesfurcht und Tugend niemals ins Allerheiligste des Tempels schauen und noch viel weniger Besitzer jener herrlichen

Geschenke Gottes sein können, noch werden. Ohnerachtet diese ihre Stiftung der Maurerei zwar in der Absicht glücklich genug gewesen, daß sich selbige über den ganzen bewohnten Erdkreis ausgebreitet hat, so hat doch die erstaunliche Menge von Logen, deren in der einzigen Stadt London über vierhundert sind, ihre Hoffnung, durch die Maurer lauter gute Menschen zu ziehen, desto weniger entsprochen, indem bis zum Jahre 1717 nur eine einzige Loge gewürdigt worden, mit dem Hohen Orden und den wahren Ordens-Obern in Konnektion zu stehen; sondern es sind nur immer einzelne würdige Brüder zu diesem unschätzbaren Glücke gelangt. Vielleicht aber sind auch noch andere Gründe gewesen, warum diese wichtige Epoche bis dahin verschoben worden. Seit obengenanntem Jahre aber ist es jenen einzelnen Brüdern nur verstattet, sondern auch befohlen worden, nach einer ihnen bekannt gemachten Ordnung, denjenigen Vorbereitungs-Grad zum wahren Lichte und zu höheren Kenntnissen in ihren Logen einzuführen, welcher heute bekannt gemacht werden wird; und der einen starken Fingerzeig abgibt, worinnen die wahren Kenntnisse der höheren Maurerei eigentlich bestehen, und was diejenigen glücklichen Brüder, welche vor würdig erkannt werden, in den hohen Orden zu kommen, zu erwarten haben."

Johann Christian Anton Theden
Generalchirurgus

Es wird dann ein neuer fünfter Grad eingeführt, den allein der vorsitzende Meister der Loge zur Eintracht, der Generalchirurgus Johann Christian Anton Theden (1714–1797) bearbeiten durfte. Die Mutterloge zu den drei Weltkugeln hatte schon von Anfang an im Gegensatz zu dem Konvent von Withelmsbad gestanden und am 1. Juli 1782 erklärt, daß die gegenwärtige Lage der Freimaurerei in aller Hinsicht so bedenklich sei, daß sie aus den triftigsten Gründen für ratsam halte, aus den preußischen Staaten weder Abgeordnete zu dem Generalkonvent zu schicken, noch einem der dort Anwesenden Vollmacht zu erteilen.

In diesem Schreiben wurden folgende Anträge an den Konvent gestellt:

1. daß die drei englischen Grade, wie sie bisher in der sogenannten siebenten Provinz bearbeitet worden, ganz unverändert beibehalten werden. Hierbei wird die Hoffnung ausgesprochen, daß der Mutterloge in kurzem

das bereits zu gesicherte alte Ritual von diesen drei Graden aus der ursprünglichen Handschrift der ersten Stifter der Freimaurerei, welches auch im Großen Geheimen Archiv des Ordens aufbewahrt sei, zugesendet werde, um es in den diesseitigen Logen einzuführen, oder doch ihr jetziges Ritual dadurch zu verbessern und von den eingeschlichenen Irrtümern zu säubern;

2. daß sie nicht gehalten sein dürfe, von ihren Arbeiten, die über die drei untern Grade hinausschreiten, irgend jemand Rede oder Antwort zu geben;

3. daß sie ihren Rang als Altschottische Loge unter dem Braunschweiger Ober direktorium ferner behaupten dürfe und keinem Unterdirektorium unterstellt werde, auch das Recht behalte, Tochterlogen zu stiften.

Wenn einer dieser Aufträge vom Konvent abgelehnt werden sollte, würde die Mutterloge zu den drei Weltkugeln keinen Teil an den Beschlüssen des Konvents nehmen und von ihm keine Gesetze sich vorschreiben lassen.

Als nun die allgemeine Auflösung begann, sprachen auch die drei Weltkugeln am 10. November 1783 ihre vollkommene Lossagung von dem System, das der Wilhelmsbader Konvent geschaffen hatte, aus. In ihrer „Deklaration der alten Mutterloge zu den drei Weltkugeln in Berlin an alle mit ihr verbundene Hoch- und Ehrwürdige Freymaurerlogen in und außerhalb Deutschland", heißt es:

„Die große Verwirrung, welche seit einigen Jahren in der Freymaurerei in und außerhalb Deutschlands eingerissen ist und von einer Zeit zur anderen immer mehr allgemein wird, hat uns endlich dahin vermocht, zu unserer eigenen Wohlfahrt und Ruhe, und zum Besten unserer zahlreichen Tochterlogen, und nach reifer Überlegung einen Entschluß zu fassen, den wir uns die Ehre geben, allen mit uns freundschaftlich verbundenen Logen in und außerhalb Deutschland durch gegenwärtige Deklaration bekannt zu machen.

Dieser standhafte Entschluß bestehet darin, daß wir

1. Uns völlig frei und independent erklären, von aller maurerischen Abhängigkeit, sie habe Namen wie sie wolle, dagegen aber

2. allen Freymaurer-Logen in und außerhalb Deutschland von allen und jeden Systemen unsere maurerische Freundschaft mit dem redlichsten Bruderherzen anbieten und sie um die ihrige ersuchen.

Beide Punkte wollen wir durch folgende weitere Ausführungen näher bestimmen.

§ 1.

Durch die obige Lossagung von aller maurerischen Abhängigkeit wollen wir keineswegs uns dem Gehorsam und der Ehrfurcht entziehen, welche wir dem Hochwürdigsten Durchlauchtigsten Großmeister aller bisher verbunden gewesenen Logen Deutschlands in Absicht seiner höchsten Person schuldig sind. Es ist vielmehr Wonnegefühl für uns, im Angesicht der ganzen maurerischen Welt zu erklären, daß wir Seinem Großmeisterlichen Hammer fernerhin zu gehorchen uns zur heiligsten Pflicht machen, so lange dieser fromme Fürst uns sothaner Huld und Gnade ferner würdigen will. Wer könnte den Dank vergessen, den die deutsche Maurerei dem großen Ferdinand schuldig ist? – Er, der die glückliche Richtung unserer Laufbahn kennet, wird auf keine Art und unter keinerlei Umständen uns jemals hinderlich sein, unser vorgestecktes Ziel zu erreichen.

§ 2.

Anders verhält es sich aber mit den, obwohl äußerst gut gemeinten Beschlüssen des General-Konvents zu Wilhelmsbad. Diese passen in keinem Betracht auf uns, noch auf alle unsere Verhältnisse, daher wir uns von selbigen hierdurch völlig lossagen und sie denjenigen Logen überlassen, welche davon einen besseren Gebrauch machen können, als wir zu thun im Stande sind.

§ 3.

Ein Gleiches gilt von dem bisherigen Altschottischen Directorio; es mag nun solches fernerhin zu Braunschweig verbleiben, oder nach Weimar verlegt werden, so nehmen wir und unsere Tochterlogen davon keine Notiz.

§ 4.

Wir werden hingegen sowohl die einzelnen Mitglieder dieses Directorii wegen ihrer persönlichen Vorzüge, als auch ihre unterhabenden Logen, unserer Pflicht gemäß, als gute Brr. und ächte Maurer stets anerkennen, hochschätzen und uns um ihre Gewogenheit und Freundschaft jederzeit äußerst bemühen. Wie wir denn ferner

§ 5.

Hierdurch alle und jede in und außerhalb Deutschland befindliche Hoch- und Ehrwürdige Logen, sie haben Namen wie sie wollen (bloß jene Sekte ausgenommen, von der wir unter § 7 reden) auf das freundschaftlichste und brüderlichste einladen, uns die Ehre zu erzeigen, sowohl eine maurerische Korrespondenz

in den bekannten und bisher allgemein angenommenen
alten drei Englischen Graden

mit uns theils anzufangen, theils fortzusetzen, als auch ihre reisenden Brr. an uns zu adressiren, welche wir jederzeit liebreich aufnehmen und ihnen, auf ihre Zertifikate, die Thüren unsres Heiligthums in besagten Graden mit größter Willfährigkeit öffnen werden.

§ 6.

Diejenigen Logen und Brr., welche unter dem Namen des Zinnendorf'schen Systems bekannt sind, werden hiervon keineswegs ausgenommen; sie sollen uns zu allen Zeiten willkommen sein, und wir nehmen keinen Anstand, durch diese Deklaration abermals den ersten Schritt zu der Aufhebung und Abschaffung der bisherigen unseligen Trennung zu thun, indem wir hoffen, daß jene bekannte unbrüderliche Klausul in ihrem Lehrlingseide nicht mehr statt haben wird.

§ 7.

Diejenige Sekte, von welcher wir hier oben § 5 reden, kennet jedermann, ohne daß wir nöthig hätten, sie bei Namen zu nennen (gemeint sind die Illuminaten). Von dieser gestehen wir frei, daß ohne Verfolgungs- und Partheigeist, wir ihre Anhänger niemals für Maurer erkennen, oder den mindesten Umgang mit ihnen haben, am wenigsten ihnen den Zutritt zu unsren Logenarbeiten verstatten werden. Verflucht ist der Freimaurer, der die Religion der Christen zu untergraben und die erhabene edele Maurern zu einem politischen System herabzuwürdigen und zu einem solchen umzuschaffen sich nicht entblödet. Der augenscheinlichen Gefahr nicht zu gedenken, daß dadurch der weltliche Arm später oder früher gegen die ganze Maurern erreget werden dürfte. Hinweg mit solchen Übelthätern!

§ 8.

Wenn es uns erlaubt wäre, allen Mutterlogen in und außerhalb Deutschland einen guten Rath wohlmeinend zu ertheilen, so würde es dieser sein: unserem Beispiele nachzuahmen und keine andere Dependenz oder Abhängigkeit in der Maurerei stattfinden zu lassen, als diejenige, welche zwischen ihnen und ihren Tochterlogen nothwendigerweise sein muß. Warum sollte nicht in einem jeden Lande jede Mutterloge sich selbst regieren, sich selbst genug sein können? – Freundschaft mit der ganzen Welt, Abhängigkeit von Niemand, ist der Natur der symbolischen Maurerei, zumal in jetzigen Zeiten, äußerst angemessen und wird vielleicht mehr Harmonie und Ordnung hervorbringen als alle bisherigen Anstalten, Entwürfe und Einrichtungen leider nicht haben bewirken können.

Dies ist der Standpunkt in der maurerischen Welt, den wir nach reifer Überlegung gewählt haben, und den wir mit aller Freimüthigkeit hierdurch öffentlich bekannt machen. Ob selbiger getadelt wird oder nicht, ist uns völlig gleichgültig. Genug, daß unsere Loge von unserem großen Könige geschützt und von dessen Durchlauchtigsten Neffen sicher geführt, ihre Pflichten gegen Gott und den Nächsten erfüllt und in diesem Verhältnis glücklich ist.

Gegeben in der gerechten und vollkommenen Loge zu den drei Weltkugeln in Berlin den 11. November 1783.

Ad Mandatum.
Franz Wilhelm Marchand,
Groß-Sekretair."

Es besteht kaum ein Zweifel, daß dieses Rundschreiben auf den Einfluß der Rosenkreuzer zurückzuführen ist, die in jener Zeit die Leitung der Mutterloge so gut wie ganz in der Hand hatten. Soviel steht jedenfalls fest, daß der altschottische Obermeister Wöllner, später durch König Friedrich Wilhelm II. geadelt, ein eifriger Rosenkreuzer war, ebenso gehörte der National-Großmeister, Prinz Friedrich August von Braunschweig dem Rosenkreuz unter dem Namen, Redivivus an.

Man muß in der Beurteilung der Rosenkreuzerbewegung recht vorsichtig sein und darf nicht das abfällige Urteil der Zeitgenossen und ihrer Nachtreter ohne weiteres als richtig annehmen. Die Prüfung der Urkunden und vor allem der Persönlichkeiten wie ihres christlich sittlichen Lebenswandels lassen ernste Bedenken gegen das Urteil der letzten anderthalb Jahrhunderte aufkommen. Wir werden darüber noch eingehend zu handeln haben.

Die Rosenkreuzer hatten im Namen der altschottischen Loge „Friedrich zum goldenen Löwen" an den Wilhelmsbader Konvent ein Schreiben gerichtet, in dem sie erklärt hatten, daß die Hohen Oberen sich der in der Irre gehenden Brüder erbarmen wollten und beschlossen hätten einen Schritt vorwärts zu tun und in ewigen Logen das Licht zu entzünden. Besonders wurde in dem Schreiben bedauert, daß die Logen unter der Leitung des Herzogs Ferdinand des wahren Lichtes entbehrten, denn die Quelle, aus der diese Logen geschöpft hätten, sei gänzlich unrein.

Herzog Ferdinand antwortete sehr freundlich aber durchaus ablehnend, und die Folge war dann die Deklaration, deren starke Wirkung der Herzog offenbar nicht übersehen hatte, denn alsbald nach der Versendung des besagten Schriftstückes traten eine erhebliche Anzahl Logen aus der Verbindung mit dem in Wilhelmsbad rektifizierten Orden aus. In den folgenden Jahren zerfiel das System vollständig. Herzog Ferdinand zog sich von der Leitung ganz zurück, lebte nur seinen geheimwissenschaftlichen Forschungen, besuchte auch noch hin und wieder die Loge zu Braunschweig, zum letzten Male am Johannisfest des Jahres 1792. Wenige Tage später, am 3. Juli, ging er in die ewige Loge ein.

Mit ihm verlor nicht nur die Freimaurerei einen treuen und selbstlosen Beschützer und Freund, sondern auch die Welt der Armen und Enterbten einen barmherzigen und liebevollen Wohltäter.

Ende des ersten Bandes.

Quellen und Literatur

Abafi, Ludwig, Geschichte der Freimaurerei in Österreich-Ungarn. Budapest 1890.

Almanach oder Taschenbuch für die Brüder Freymaurer. Herausgegeben von Joh. Joach. Bode. 1776.

Andreae, Joh. Val., Fama fratenitatis oder Entdeckung der Brüderschaft des Ml. Ordens des Rosenkreuzes. Cassel 1616.

Anti-St. Nicaise. Bd. I u. II. Leipzig 1786.

Begemann, Wilhelm, Vorgeschichte und Anfänge der Freimaurerei in England. Berlin 1910.

Begemann, Wilhelm, Die fruchtbringende Gesellschaft und Johann Valentin Andrea? Berlin 1911.

Begemann, Wilhelm, Der Orden der Unzertrennlichen des achtzehnten und Die fruchtbringende Gesellschaft des siebzehnten Jahrhunderts. Berlin 1911.

Begemann, Wilhelm, Comenius und die Freimaurer. Berlin 1906.

Bergmann, Alwin, Die Große Landesloge von Sachsen. Dresden 1911.

Bielfeld, Jaques Frederic de, Lettre familiaires. La Haye 1763.

Chymische Hochzeit Christiani Rosenkreutz. Straßburg 1614–1616.

Crux atque cruce derer inter mundi calumnias blühenden Rosenkreutzer. 1618.

Dietrich, G. G., Deutsches Logenleben. Altenburg 1890.

Dietrich, E. G.. Geschichte der unabhängigen Loge Archimedes z. d. 3. R. Altenburg 1901.

Dietrich, G. G., Blätter der Erinnerung. Altenburg 1901.

Findel, J. G., Geschichte der Freimaurerei. Leipzig 1861.

Findel, J. G., Geschichte der Großloge zur Sonne in Bayreuth. Leipzig 1897.

Fabricius, Wilhelm, Die Studentenorden des 18. Jahrhunderts. Jena 1891.

Geschichte der Großen National-Mutterloge zu den drei Weltkugeln. Berlin 1903.

Das Ganze aller geheimen Ordensverbindungen. GW Buch zur Belehrung für Nichteingeweihte usw. Leipzig 1805.

Glaser, Christophorus, Chimischer Wegweiser. Jena und Helmstedt 1696.

Hase, Rudolf, Die Kiste von Dobitschen aus dem Archiv der Loge Archimedes zu den drei Reißbrettern. Altenburg 1909.

Keller, Wilhelm. Geschichte der Freimaurerei in Deutschland. Gießen 1859.

Keller, Wilhelm. Geschichte des eklektischen Freimaurerbundes. Gießen 1857.

Keßler von Sprengseysen, E. T., Abgenötigte Fortsetzung der Anti-St. Nicaise. Leipzig 1788.

Keßler von Sprengseysen, E. T., Authentische Kopien sowohl des Ökonomischen Plans der strikten Observanz vom Jahre 1766 als auch des durch Archidemides eingeschickten und eigenhändig unterschriebenen klerikalischen Plans mit nötigen Anmerkungen des Herausgebers.

Kienast, R., Johann Valentin Andreae und die vier echten Rosenkreuzerschriften. Leipzig 1926.

Kloß, Johann Georg, Annalen der Loge zur Einigkeit. Frankfurt 1842.

Kneisner, Friedrich, Geschichte der Provinzialloge von Niedersachsen. Berlin 1902.

Kneisner, Friedrich, Geschichte der deutschen Freimaurerei in ihren Grundzügen. Berlin 1912.

Konschel, Paul, Hamanns Gegner, der Kryptokatholik D. Johann August Stars. Königsberg i. Pr. 1911.

Köppen, Karl Friedrich, Wichtige Korrespondenzen mit der strikten Observanz oder mit der sogenannten rektificirten Loge, dedicirt an den Herrn Kammergerichts-Rath Krüger. 1771.

Kopp, Hermann, Die Alchemie in älterer und neuerer Zeit. Heidelberg 1886.

Krause, Karl Christian Friedrich, Der fruchtbringenden Gesellschaft ältester Ertzschrein. Leipzig 1855.

Krause, Karl Christian Friedrich, Die drei ältesten Kunsturkunden der Freimaurerbrüderschaft. Dresden 1820/21.

Krüger, Gustav, Johann August Stars der Kleriker. Tübingen 1922.

Lachmann, Fr. A. H., Dr. med., Geschichte der Freimaurerei in Braunschweig. Braunschweig 1844.

Lion, C. Theodor. Comenius und die Freimaurerei, M. d. C.-G. 1922. Merzdorf, J. F. *L. Th.,* Geschichte der Freimaurerlogen im Herzogtum Oldenburg. Oldenburg 1852.

Merzdorf, Joh. Fr. Ludw. Theod., Beiträge zur älteren Logengeschichte Bremens. Bremen 1877.

Nettelbladt, Chr. Friedr. Freiherr v., Historische Instruktionen, Privatdruck (Geschichte der Frmr.-Systeme).

Nicolai, Friedrich, Einige Bemerkungen über den Ursprung und die Geschichte der Rosenkreuzer und Freymaurer. Berlin und Stettin 1806.

L'Ordre des Francs-Macons Trahi. Amsterdam 1745.

Peuckert, Will-Erich, Die Rosenkreuzer. Jena 1928.

Der Signatstern oder die enthüllten sämtlichen sieben Grade der mystischen Freimaurerei. Berlin 1803/04.

Schlemm, Fr., Geschichte der Freimaurerei in Halberstadt. Halberstadt 1846.

Saint Nicaise oder eine Sammlung merkwürdiger maurerischer Briefe. Aus dem Französischen übersetzt. 1785.

Schröder, Friedr. Ludwig, Materialien zur Geschichte der Freimaurerei. Privatdruck.

Taute, Reinhold, Der Freimaurer-Konvent zu Altenberga. Leipzig 1914.

Über geheime Wissenschaften und geheime Verbindungen. Altenburg 1786.

Voigts, Friedrich, Die Freimaurerlogen im Königreich Hannover. Hannover 1855.

Voigts, Friedlich, Geschichte der G. u. B. Freimaurerloge Friedrich zum weißen Pferde im Orient von Hannover. Hannover 1846.

Welling, Georg von, Opus mago-cabbalisticum et theosophicum. Frankfurt und Leipzig 1784.

Wernekke, H., Goethe und die königliche Kunst. Leipzig 1905.

Wiebe, Carl, Die Große Loge von Hamburg und ihre Vorläufer. Hamburg 1905.

Winzer, I., Die deutschen Bruderschaften des Mittelalters. 1859.

Wöllner, Joh. Christoph von, Historische kurze Nachricht von der Freien Loge zu den drei Weltkugeln in Berlin. Berlin 1775.

W. BÜXENSTEIN, BERLIN

Namenverzeichnis

Geschichte der Freimaurerei

von
Ferdinand Runkel

Doktor der Philosophie und Magister
der freien Künste

Zweiter Band

Zweiter Band | Inhalt

Vorwort

Der erste Band dieses Werkes hat eine außerordentlich günstige Aufnahme gefunden. Aus den Kreisen der Freimaurerei Deutschlands und des Auslands sind mir sehr schmeichelhafte und begeisterte Anerkennungen zugegangen, wobei die Einhelligkeit der verschiedenen Lehrarten mir den untrüglichen Beweis dafür liefert, daß ich auf dem rechten Wege sei: nämlich in unbedingter Treue zum eigenen Orden den andern Lehrarten mit derjenigen Hochachtung zu begegnen, die ihre geschichtliche Überlieferung und die geistige Bedeutung ihrer großen Meister verdienen. In der Freimaurerei Deutschlands hat man diesem meinem Streben weitestgehendes Verständnis entgegengebracht. Dabei darf ich jedoch nicht verschweigen, daß bei aller Wertschätzung meines Werkes von humanitärer Seite, wenn auch nur ganz leise und freundschaftlich der Gedanke ausgedrückt wurde, ich hätte den Trennungsstrich zwischen der christlichen und der humanitären Freimaurerei zu scharf gezogen. Ich habe den Trennungsstrich gezogen, das ist richtig, habe ihn ziehen müssen, wenn ich mir nicht den Vorwurf der Unwissenschaftlichkeit zuziehen wollte. Aber Tatsache ist, daß andere Schriftsteller vor mir wie Schröder, Findel, Fischer, Neumann und viele andere den Trennungsstrich schärfer und leidenschaftlicher gezogen haben als ich. Da so etwas leicht vergessen zu werden scheint, ist es gut, daran zu erinnern.

Für die Freimaurerei in Deutschland ist es von großer Wichtigkeit, sich mit diesem Problem einmal ganz ehrlich auseinanderzusetzen, damit auch nicht der geringste Zweifel bleibt. Es gilt, Strömungen die Quelle zu verschütten, in denen Geister herumplätschern, die da glauben, das Wesen der Freimaurerei liege in der möglichst scharfen Polemik, womit man Diskussionen über die Lehrarten führe. Es ist eines jeden Freimaurers gutes Recht, seine eigene Lehrart für die beste aller möglichen Lehrarten zu halten, es ist aber ganz unfreimaurerisch, eine Lehrart, die einem andern wertvoll erscheint, herabzusetzen und zu schmähen. Dazu werde ich nie meine Hand bieten, denn ich könnte die Verantwortung für eine solche Einseitigkeit vor dem Richterstuhl der Wissenschaft nicht übernehmen.

Das ideale Ziel der Freimaurerei, wie es sich während fast zweier Jahrhunderte herausgebildet hat, ist die religiös-sittliche Veredelung des Menschen. Da schon das Erleben des Christentums in jeder der großen Bekenntniskirchen verschieden ist, um wieviel mehr muß das Erleben des religiös-sittlichen Ideals eines Nichtchristen, eines Juden, eines Moslem, eines Parsen oder Buddhisten untereinander und vom Christen verschieden sein. Es ist nun eine unverrückbare Tatsache der Geschichte, daß die Freimaurerei in ihren Anfängen eine christliche Erscheinung war. Das ist keine einseitige Auffassung, sondern das ist das Zeugnis der Quellen, die ich im ersten Bande klar aufgezeigt habe. Wenn England aus Gründen seiner Kolonialpolitik nachmals Nichtchristen zu Freimaurern auf- und angenommen hat, so ist es von der alten Grundlinie abgewichen. Holland, gleichfalls ein Kolonialreich, folgte ihm bald darin nach. Aber die Geschichte des achtzehnten Jahrhunderts lehrt, daß schon der bloße Besuch von jüdischen Brüdern, die in England oder Holland aufgenommen worden waren, in deutschen Logen auf ernsten Widerstand stieß und die Brüderschaften in zwei Lager schied.

Also die Geschichte, nicht ich, der Geschichtsschreiber, habe den Trennungsstrich gezogen. Dies geschichtlich Gewordene zu verschweigen, wäre eine nicht zu verzeihende Unehrlichkeit, dazu ganz unwissenschaftlich gewesen. Ebenso unverzeihlich wäre es, einen andersdenkenden Freimaurer darum gering zu achten, weil er sein religiös-sittliches Ideal auf einem ihm gut scheinenden Weg sucht.

Alle Freimaurer sind Suchende, und nur Suchende können die Erlösung finden in dem großen heiligen Mysterium, das wir nur ahnen und erst in der Unendlichkeit zu finden hoffen. Wer glaubt, im Endlichen ein Vollendeter zu sein, der ist eine starre Masse, die kein Ideal mehr hat und zum geistigen Tod verurteilt ist. Selbstgerechtigkeit ist Ungerechtigkeit. Die Überzeugung ist des Mannes Ehre, darum sollen gerade Freimaurer jede Überzeugung in Ehren halten. Da jede Lehrart ihren Anhängern innere Befriedigung gewährt, so wird ein abfälliges Urteil nur Verstimmung hervorrufen, aber die Sache nicht fördern. Der Wahlspruch des Ordens vom schwarzen Adler, das „Suum cuique", sollte über der Pforte eines jeden freimaurerischen Tempels stehen. Die Freimaurerei unserer Zeit hat eine hohe Aufgabe: Den Kampf gegen die Gottlosenbewegung.

Diese Bewegung untergräbt die Grundlagen unseres bürgerlichen Lebens, zerstört die Familie, verneint jede ethische Kultur und vernichtet mit dem religiösen Verantwortungsgefühl jede Humanität. In diesem Kampf muß die Freimaurerei den Schild erheben, wenn sie nicht ihre Daseinsberechtigung verlieren will. Unsere Nachkommen werden mit Recht fragen, ob wir unserer geschichtlichen Pflicht genügt haben und für das deutsche Ideal mit Bekennermut in die Schranken getreten sind. Wehe der Freimaurerei, wenn sie ihre historische Stunde versäumt. Die Gottlosenbewegung geht alle diejenigen an, denen die heilige Schrift auf dem Altar Grundlinie und Leitstern ihres Lebens ist.

Herzlichen Dank habe ich auszusprechen allen den Meistern, die durch ihr nachsichtiges Urteil über den ersten Band meine Schaffensfreude kräftig gefördert haben, und auch denen, die mir freudig Hilfe geleistet bei der Gestaltung dieses zweiten Bandes, der mich vor die schwerste Aufgabe des ganzen Werkes stellte. Es galt hier aus dem Gestrüpp von Tagesmeinungen, persönlichen Verärgerungen und kleinlichen Bosheiten, wie sie die zeitgenössischen Quellen zum Teil enthielten, die Bilder der führenden Männer klar und gerecht herauszuarbeiten. Ob es mir gelungen ist, mag die Wissenschaft entscheiden. Jedenfalls bin ich für jede Belehrung dankbar. Diesen schweren Problemen gegenüber hat mich ein Wort meines hochverehrten Lehrers, Theodor Mommsen, stets geleitet: „Mit Entsagung ist dies Buch geschrieben und mit Entsagung möchte es gelesen sein."

In erster Linie gilt aufrichtiger Dank meinen Ordensbrüdern, Geheimrat Balthasar-Wolfradt, Oberstleutnant v. Heeringen und Major Felix Witt Hoë, dann den Großmeistern der beiden altpreußischen Großlogen Bruder Karl Habicht, Th. D., und Bruder Oskar Feistkorn, die mir bereitwillig die Archive öffneten und den reichen Schatz ihrer Gemälde zur Verfügung stellten. Ebenso haben die Großmeister der andern in Deutschland arbeitenden Großlogen mich lebhaft unterstützt. Vor allem hat der Großmeister der Großen Loge von Hamburg, Bruder Richard Bröse, nicht nur die Benutzung der bedeutenden Archive der Großloge und des Engbundes in liberalster Weise gestattet, sondern auch durch wertvolle Winke und Anregungen ist er dem Werke von Nutzen gewesen; die wahrhaft freundschaftliche Aufnahme durch die Hamburger Brüder werde ich in dankbarer Erinnerung behalten. Bruder Ludwig Keil aus Bayreuth hat mir seine wichtigen Forschungen zur Geschichte der Bundes- und Großloge zur Sonne im Manuskript zur Verfügung gestellt, und ich habe sie dankbar benutzt; dem Bruder Wilhelm Fluhrer in Frankfurt am Main gebührt gleichfalls mein herzlicher Dank für seine freundschaftliche Beratung und Unterstützung bei Beschaffung von Bildern aus dem Besitz seiner Großloge.

Zum Schluß muß ich noch zweier alten Freunde gedenken, des Großarchivars der Großen National-Mutterloge zu den drei Weltkugeln, Bruder Stephan Kekulev. Stradonitz, der mir auch bei diesem Bande mit seinem guten Rate und seinem großen Wissen treulich zur Seite gestanden hat, sowie meines Ordensbruders, des Generaloberarztes Dr. Johannes Bluhm in Erfurt, der sich der großen Mühe unterzog, eine letzte Korrektur zu lesen. Eine solche verantwortungsreiche, undankbare Arbeit übernimmt nur ein treuer und selbstloser Freund. Ein ehrlicher Händedruck diesen beiden Feunden.

Lichterfelde, am Andreasfest 1931.

Ferdinand Runkel.

Teppich der theoretischen Brüder
der Gold- und Rosenkreuzer

Erstes Buch

Geheim-Orden und Geheim-Bünde

I. Die Gold- und Rosenkreuzer

Die Freimaurerei des achtzehnten Jahrhunderts hat nach drei Richtungen den Geist der Menschen in Bewegung gesetzt: einmal hat sie restlose Begeisterung ausgelöst und wertvolle Menschen für ihr ganzes Leben gefesselt. Diese sahen das Ideal der Bewegung in seiner edlen Reinheit und übersahen, daß menschliche Schwächen allenthalben das Strahlende mit dem Staub des Alltags schwärzten. Menschen konnten irren und fehlen, Betrüger konnten sich eindrängen, um persönliche Vorteile zu gewinnen, aber der Gedanke war unerschütterlich gut und in seinem letzten Ausdruck die unbedingte Nachfolge Christi, die Liebe zu dem Nächsten, Treue und Fleiß in der Berufstätigkeit. Die zweite Gruppe waren die unversöhnlichen Gegner, die alles verwarfen und verfolgten, was mit freimaurerischen Formen in die Erscheinung trat. Diese wandten sich vor allem gegen das Geheimnis mit der nie ganz zum Schweigen gekommenen Redensart, daß das wahrhaft Gute und Edle des Geheimnisses nicht bedürfe, es könne und müsse seine Gaben jedem empfänglichen Menschen offen zuteilen. Wenn aber die Freimaurerei sich in geheime Tempel einschließe, so werde sie wohl etwas zu verbergen haben, was das Licht und das öffentliche Urteil scheuen müsse. Die dritte Gruppe waren Menschen, die in den freimaurerischen Organisationen Stützpunkte erblickten, von denen aus sie ihre Sonderinteressen verfolgen zu können glaubten. Sie ließen sich in eine Loge aufnehmen und suchten von innen heraus das System zu unterhöhlen, indem sie behaupteten, daß alles, was dort gearbeitet würde, unrichtig, daß sie allein die Besitzer des wahren Geheimnisses seien. Dieser Art gehörten die Gold- und Rosenkreuzer an. Es waren nicht immer und lauter Betrüger, wie St. Germain, Leucht, Cagliostro, Schrepfer und vielleicht Gugomos, es waren oft ehrlich Suchende, die fest glaubten, das bessere Teil der Freimaurerei zu besitzen. Männer wie die viel angefeindeten Wöllner und Bischoffwerder haben sicher das Beste gewollt, und sie hatten wohl auch das richtige Gefühl, in welcher Linie die Wahrheit zu suchen sei, aber sie

Johann Rudolf v. Bischoffwerder

waren befangen im Geiste ihrer Epoche, ganz Kinder ihrer Zeit.

Auch der Orden der Gold- und Rosenkreuzer darf nur aus diesem Gesichtspunkt heraus beurteilt werden. Zunächst muß man mit dem völlig unbegründeten Schematismus brechen, der den Orden in alte, mittlere und neuere Rosenkreuzer teilt. Die Fraternitas Roseae Crucis, die Brüderschaft vom Rosenkreuz, ist seit dem siebenzehnten Jahrhundert seit Johann Valentin Andreae nie erloschen. Sie hat in kleinen Gemeinschaften, vornehmlich in Süddeutschland, von wo aus auch die neue Belebung im achtzehnten Jahrhundert ausging, im stillen fortbestanden, und ihr Ziel, die Reformation des menschlichen Geistes- und Gefühlslebens, zu keiner Zeit aus den Augen verloren. In der Richtung der Magie, Kabbâla, Pansophie, Theosophie und Alchymie bewegte sich stets das Suchen der Rosenkreuzer. Wir haben gesehen, daß der florentinische Kreis um Lorenz Natter entschieden eine rosenkreuzerische Vereinigung war; das ging aus den Schriften hervor, die Johann August Starck von diesem nach Petersburg übergesiedelten Kreis empfing. Sowohl die Tabula Chaeremonis, wie der Character magico-cabbalistico-sophicus, wie auch die Schriften des Frederico Gualdo und des als Hermann Fictuld auftretenden Schriftstellers waren rosenkreuzerisch. Auch die klerikalische Bewegung trug faktisch alle Zeichen des Rosenkreuzertums an sich. Was Starck mit der strikten Observanz wollte, die geistige Leitung in die Hand bekommen, das hat Wöllner von der Schottischen Loge „Friedrich zum goldenen Löwen" aus bei der Mutterloge zu den Drei Weltkugeln erreicht.

Der Glaube an die Wahrheit der alchymischen Lehre von der Verwandlung der Metalle und der Darstellung einer Universal-Medizin, des Lebens-Elixiers, war in der zweiten Hälfte des achtzehnten Jahrhunderts schon sehr stark geschwunden. Die Rosenkreuzer-Bewegung brachte durch die Vergeistigung der Alchymie einen neuen Auftrieb, indem sie nicht mehr von einer hermetischen (alchymischen) Kunst, sondern einer Philosophie, einer Symbolik, einer Lebenslehre sprach. Der Pansophische Gedanke, daß die Natur ein Ausfluß der Schöpferkraft Gottes und somit selbst ein Stück Gottheit sei, mußte zu der Überlegung führen, daß die Erkenntnis der Natur die Erkenntnis Gottes in sich schließe. Und so gehen fast alle rosenkreuzerischen Schriften von dem Grundgedanken aus, die

Erforschung der Natur und des Schöpfungsweges sei Gottesdienst. Man nannte das die Lehre vom Chaos.

Die Erneuung des Ordens im achtzehnten Jahrhundert ging etwa um die Mitte des fünften Jahrzehnts von Süddeutschland aus und knüpfte sich im wesentlichen an den Namen eines Doktors der Medizin Bernhard Joseph Schleiß von Löwenfeld aus Sulzbach, der im Orden den Namen Phöbron führte und auch mit einer Verteidigungsschrift gegen den „Rosenkreuzer in seiner Blöße" auftrat. Beide Schriften, auf die wir noch zurückkommen, sind wichtige Quellen, aus denen der Geist und die Organisation des Ordens zu beurteilen sind.

Das offizielle Werk, eine Art von Gesetz- und Instruktionsbuch, führt den Titel: „Bon obristbrüderlicher Wahl, Macht und Gewalt bestätigter Eingang zur ersten Classe des preißwürdigsten Ordens vom Goldenen Rosen Creutze nach der letzten Haupt- und Reformations-Convention errichtet zum guten Gebrauch aller würdigen Brüder, so andere Meister vom Schein des Lichts und dem verlohrnen Worte an- und aufzunehmen berechtigt sind. Cum Concordia, Fratrum erlassen im Jahr des Herrn 1777."

Nach dieser Schrift beginnt der Orden mit Adam, der noch aus dem persönlichen Verkehr mit Gott die sicherste Erkenntnis Gottes und die höchste Weisheit besessen und seinen Kindern mitgeteilt habe. Diese habe sich dann vererbt, und die Urväter und weisen Meister hätten sich vom profanen Haufen abgesondert und den Orden der höchsten Verschwiegenheit gestiftet. „Damit aber die Obern ihre wahren Absichten besser verbergen und die Wißbegierde der Menschen leichter erfahren möchten, so haben sie die drei untersten Klassen der sogenannten Freimaurerei als eine Pflanzschule der höheren Wissenschaften, unter gewissen parabolischen Auszierungen und Ausfüllungen errichtet; und obgleich solche durch die Länge der Zeit mit vielen eiteln und unnützen Nebendingen ganz profaniert und fast unkennbar gemacht worden, so müssen doch in der Zeit vom brüderlichen Rechtswegen die tauglichsten Subjecta aus ihrem Mittel geholt werden und kann kein anderer als ein Meister vom Schein des Lichts in unsern Zirkel treten oder den Grad vom Juniorat des Rosenkreuzes erlangen."

Damit soll also gesagt sein, daß die Freimaurer der drei ersten Grade nur einen Schein des Lichtes hätten, das Licht selbst aber erst im Rosenkreuzer-Orden und seinen Graden erhalten könnten. Über die Anmeldung war das folgende bestimmt:

„Der Kandidat muß also ein wirklicher Meister vom Schein des Lichts und dem verlorenen Worte sein, auch die besonderen Kennzeichen der Tauglichkeit haben; nämlich die Ehrbarkeit, den guten Verstand, die Friedfertigkeit nebst der Wißbegierde und dem Gehorsam. Wenn dann der Kandidat also erfunden worden ist, so kann ihm ein Handgelübde, daß er, was man ihm anvertrauen wird, verschweigen wolle, abgenommen, alsdann die ordentliche Proposition gemacht und dabei gesagt werden: daß er sich keine falschen Vorstellungen machen und etwa gleich, groß und reich zu werden, einbilden, sondern vielmehr glauben und wissen solle, daß man erstlich nach Art der Verbrüderung auf dem unfehlbaren Weg der Tugend zu wandeln erlernen, starke Prüfungen aushalten, und auch die Ordenslehre durch eigenen Fleiß in die praktische Erfahrung bringen müsse. Ist der Kandidat noch willens einzutreten, so wird dem Ordens Directori und von diesem dem Generalat nebst der Anzeige zugleich des Kandidaten Stand und Name eingeschickt, damit solcher kabbalisiert und ein Wappen geschöpft werden könne. So soll auch von nun an außer in einem besonderen Notfall als zum Beispiel, wenn ein Kandidat oder ein zu recipieren Gewalt habender Bruder auf Reisen oder in solchen Geschäften und Umständen wäre, daß er sich nicht aufhalten könnte, keiner mehr bevor sein Stand und Name eingeschickt und der neugeschöpfte Name samt dem Wappen wieder erfolgt ist, wirklich an- und aufgenommen werden."

Das heißt also, daß außerordentlich fein gesiebt wird, bevor ein Fremder, der aber Freimaurer sein muß, zu dem Orden zugelassen werden kann. Vor allem erhält er einen neuen Namen, mit dem er stets zu unterzeichnen hat, wie er auch von keinem anderen, der nicht zu seinem eigenen Kreis oder Zirkel unter der Leitung des Zirkeldirektors tätig ist, irgendeine andere Kenntnis als den Ordensnamen hat. Wenn er dann aufgenommen ist, erhält er als eine der ersten Instruktionen die Lehre von den vier Elementen. Da wird ihm denn gesagt: Das Feuer sei das erste und mächtigste Element und alle übrigen seien daraus entstanden. Denn gleich wie kein Feuer ohne Luft und keine Luft ohne Wasser sei, also sei auch kein Wasser ohne Erde. Wie das eine Element aus dem andern hervorgeht, wird in den Versammlungen gelehrt, und zwar durch praktische Arbeit. Diese praktische Arbeit ist rein alchymisch.

Über den Endzweck des Ordens wird folgendes gelehrt: Der durch den kläglichen Sündenfall von seiner ersten Würde tief gesunkene Mensch soll wieder emporgehoben werden, das durch die Sünde verunstaltete Ebenbild Gottes soll wiederhergestellt und die durch Jesum Christum teuer erkauften Seelen sollen vor dem Satan gerettet werden. Das lichtvolle Reich des Erlösers Jesu soll unter den Menschen richtig erbaut und dem Erzhirten Jesus eine Gemeinde gesammelt werden. „Die Vorsteher dieser Gemeinde sowohl als alle wichtigen, echt geprüften und bewährt erfundenen Brüder durch die Salbung des Heiligen Geistes mit herrlichen Gaben auszurüsten, und sie geschickt zu machen als Heerführer der Gerechtigkeit, ihren hohen Beruf und die Befehle des höchsten Bruder Meisters desto vollkommener auszurichten, und zu diesem Endzweck durch die ihm dem hohen Orden von Gott verliehene Macht und tiefe Einsicht in die Natur, die verborgenen Kräfte derselben wirksam zu machen, das unter den Schlacken des Fluchs tief eingekerkerte, inwärts gekehrte Licht der Natur zu entfesseln und herauszukehren, und dadurch einem jeden würdigen Bruder eine Fackel anzuzünden, bei deren hellem Schein er den unsichtbaren Gott, die Majestät des Allvaters, näher erkennen, voll heiligen Erstaunens in tiefster Dankbarkeit ehrfurchtsvoll anbeten und also mit dem Urquell des Lichts näher vereinigt in der holdseligen Gemeinschaft des göttlichen Erlösers und der heiligen Engel, zeitlich und ewig wahrhaft glücklich und selig werden möge: Das ist der Endzweck des hohen Ordens."

„Der hohe Orden, der die Sache Christi mit Macht und Eifer betreibt, weil sie seine eigene ist, hat die große Not des Menschengeschlechts sehr am Herzen. Unsere weisen Meister sind die durchgeprüften und bewährt erfundenen Kinder des Ordens. Sie haben den Schlüssel zu den Schätzen der Natur. Voll herzlicher Bruderliebe wollen sie nach erprobter Wirklichkeit diesen geheimen Schlüssel überliefern. Nun ist es an den Brüdern, ihre Hände geschickt zu machen, diesen Schlüssel zu gebrauchen. Hierzu dient die Chemie. Es ist freilich nicht die gemeine Chemie, sondern die Chemie des Ordens, die gegenüber dieser ein Riese ist. Was der Chemie des Ordens möglich ist, bleibt der gemeinen Chemie ewig unmöglich. Nimmer wird diese die Körper soweit ausschließen, verfeinern, veredeln, daß sie wiedergeboren und verherrlicht werden, ob sie gleich einen Teil der äußeren Schlacke wegnehmen und den Schein des inneren Lichts hervorbringen kann, niemals aber das innere Licht selbst."

Der Eid, der geleistet werden mußte, umfaßte sieben Punkte oder Pflichten. Die erste war: sich in der Furcht Gottes beständig zu üben. Die zweite: die Liebe des Nächsten vorsätzlich nie zu betrüben. Die dritte: höchste Verschwiegenheit. Die vierte: unverbrüchliche lebenslängliche Treue dem Orden zu halten. Die fünfte: Gehorsam gegen die Oberen. Die sechste Pflicht gebot, der hocherlauchten Verbrüderung kein in ihr Fach einschlagendes Geheimnis zu verschweigen. Die siebente Pflicht gebot, dem Schöpfer seiner Weisheit und dem Orden zu eigen zu leben. Dazu sagen die obersten Brüder:

„Der Begriff des Eigentums erklärt uns diese Pflicht auf die wichtigste und kürzeste Weise; denn sind wir ein Eigentum des Schöpfers, seiner Weisheit und unsers heiligen hohen Ordens,

so müssen wir keinen Eigenwillen haben, sondern alle unsere Verhältnisse und Veränderungen müssen wir freudig den Anordnungen unsers Eigentums-Herrn unterwerfen. Als ein Eigentum unsers Schöpfers und seiner

Weisheit sind wir aber auch zugleich ein rechtmäßig erworbenes Eigentum des heiligen Ordens, weil wir uns freiwillig ihm zu unserer Glückseligkeit übergeben haben, und der hohe Orden in allem, was er mit uns vornimmt, niemals anders, als dem heiligsten Willen des Schöpfers, unseres natürlichen Eigentums-Herrn, gemäß handelt, und gleichsam nur bloß seine Befehle an uns vollzieht. Wir können also vollkommen versichert sein, daß unsere höchsten Ordens-Obern nie etwas anderes in Absicht der Mitglieder des Ordens tun, als was Gott selbst unmittelbar tun würde, wenn er unmittelbar handeln wollte. Ist dem also:

so müssen wir mit uns im Orden nach Gutbefinden schalten und walten lassen; dieser Satz folgt aus dem ersteren. Alles, was uns also als Ordensbruder anbefohlen wird, muß ohne Weigerung pünktlich befolgt werden. Welche Ruhe und Zuversicht für uns, wenn wegen unserer Unvollkommenheiten oder Mängel manche Ordens-Befehle bitter sind, und dem alten Menschen nicht schmecken wollen! Welche Ruhe und Zuversicht für uns, daß Gottes Weisheit selbst diese Anordnungen durch die hohen Ordens-Obern über und mit uns macht, daß uns also kein Unrecht geschieht, noch geschehen kann, weil diese heiligen Männer sich genau nach dem ihnen bekannten Willen Gottes unseres Schöpfers richten.

So müssen wir dies unser unaussprechlich großes Glück demutsvoll erkennen, daß wir, wir, vor so vielen Millionen Menschen gewürdigt worden sind, in dieser nähern und genauen Verbindung mit dem Schöpfer und seiner Weisheit und einem Orden zu stehen, der wegen seiner Hoheit und wesentlichen inneren Größe ein so starker Beweis der Erbarmung Gottes über das Menschen-Geschlecht ist, indem er den Himmel an die Erde ankettet, und den versperrten Weg zum Paradiese wiederum öffnet, dessen höchste Vorsteher im allergenauesten Verstande Freunde Gottes sind, wahre Jünger und Lieblinge unsers hochgelobten Erlösers Jesu Christi, weit über den Rest der Sterblichen erhaben, Meister über die ganze Natur, die mit der einen Hand auf das siegreiche Kreuz der Versöhnung gelehnt, mit der andern die lange Ordenskette festhalten, welche – O! Brüder! jauchzet doch mit uns! bis zu uns herabreicht, und an welcher auch wir, auch wir Glieder sind! Hallelujah! Hallelujah! Hallelujah! Hallelujah! Lobet, Ihr Knechte Gottes! Ihr Rosenkreuzer alle lobt den Herrn! danket, lobsinget seinem heiligsten Namen! denn er hat ein Großes an uns getan, des sind wir fröhlich! Amen!“

Der Orden umfaßte sieben Grade. Der erste Grad waren die

Junioren (Juniores)

„Diese sind Anfänger, welche den ersten Teil des Instituts, die Ordensregeln, das Ceremonial, den Catechismus und die chymischen Zeichen recht zu erlernen sich angelegen sein lassen müssen.“

Solcher Gestalt war der Unterricht in den Geheimnissen, der im nächsten Grad, dem der theoretischen Brüder, fortgesetzt wurde. Auch dafür ist die Quelle bekannt, es ist Christophorus Glaser, „Ordinar-Apotheker Ihrer Durchläuchtigkeit des Hertzogs von Orleans in Pariß". Er schrieb „Traité de la Chimie, contenant une méthode claire et facile, d'obtenir les préparations de cet art les plus nécessaires à la médecine", zuerst veröffentlicht 1663, dann unter dem Titel, Novum laboratorium medeco-chymicum" in deutscher Übersetzung 1677 herausgekommen. Ein anderer Auszug betitelt sich: „Chimischer Wegweiser, das ist sichere Anwendung zur chimischen Kunst, Darinnen durch einen kurtzen Weg und leichte Handgriffe gewiesen wird, wie man allerlei Artzeneyen durch die Chimie bereiten kan. Verlegt von Matthäo Bircknern, Buchh. in Jena und Helmstädt. 1696."

Von diesen Schriften habe ich nur die letzte einsehen können, es ist ein rein pharmazeutisches Werk, ganz im alchymischen Geist verfaßt, aus dem die Rosenkreuzer lediglich ihre Anweisungen zum Laborieren entnehmen konnten. Ihre theosophischen Lehren fanden sie auch noch für die nächsten Grade in dem Welling'schen Werke.

Das war übrigens schon in der Blütezeit der Rosenkreuzer bekannt. Unter den mir zur Verfügung stehenden Archivalien befindet sich ein Brief des Barons von Schröder, im Orden Sacerdos genannt, wahrscheinlich an den Generalchirurgus Theden in Berlin gerichtet, worin er schreibt: „Ich verehre den Theoret. Salomonischen Grad, nur sehe ich ihn nicht als Ordens-Tradition an, denn er ist aus einem raren Buche ausgeschrieben und sogar mit den sich dort befindlichen Druckfehlern, nämlich aus Glasers novum laboratorium medicochymicum in der Edition von 1677 im 3ten Teil von pag. 576 bis Ende."

Zunächst spricht der Unterricht für die Theoretiker vom Zweck dieses Grades, der dahin erklärt wird, daß man durch die Betrachtung der Natur Gott und sich selbst kennen zu lernen habe. Die wahre Weisheit macht aber in der Betrachtung der Natur bei ihrem Urheber den Anfang. Gott, dessen selbständige Vollkommenheit wir besser durch ein ehrfurchtsvolles Stillschweigen und durch die innigste Anbetung, als durch unvollkommene Beschreibungen verehren können – Gott ist der ewige unermeßliche unsichtbare Geist, der da in einem Lichte wohnt, dazu niemand kommen kann; durch dessen heiliges Wort das Unsichtbare sichtbar geworden ist und dessen lebendiger Hauch die ganze Welt beseelt. Nun geht es weiter:

„Als es Gott gefiel, seine Weisheit und Allmacht zu offenbaren, schuf er zuerst Schamajim, das unsichtbare Feuer-Wasser, das die Form und Materie aller Körper enthaltende Chaos. In diesem Chaos war Feuer und Wasser vermengt; nicht dasjenige, so hernach in den daraus erschaffenen Elementen sichtbar worden, sondern das selbst den Elementen zum Urstoff dienende

II. Theoretiker (Theoretici)

„Diese haben des Kollegiums Bücher sammt dem theoretischen Teil des Instituts zu studieren, um hierdurch zu den hermetischen Wissenschaften den nötigen Grund zu legen."

III. Praktiker (Practici)

„Diese können und müssen zwar das chaotische Electrum minerale bereiten, aber dessen wahre Bestimmung muß ihnen bis zu einem weit höheren Grade verborgen bleiben, sie sollen auch alle aus ihrer Praxis den ersten Nutzen zu schöpfen verstehen."

IV. Philosophen (Philosophi)

„Von diesen sind auch einige, so die mineralischen Naturkräfte erkennen, und nebst ihrer Projectionsfähigkeit auf Weiß wo nicht auf Rot die Wissenschaft mit der Tat vereinigt haben."

V. Die Geringeren (Minores)

„Die meisten hiervon sollen die irdische philosophische Sonne vollkommen erkennen und nebst ihrer Projectionsfähigkeit auch Wunderkuren verrichten."

VI. Die Höheren (Majores)

„Einige haben einen oder mehrere von den vier großen Partikeln Stein verfertigt und tingieren auf weiß und rot."

VII. Die Auserwählten Adepten (Adepti exempti)

„Einige haben zwar auch schon Kenntnis vom großen Werke der Natur, (Cabbala und Magia Naturali, sind aber noch zu einer weit anderen Beschäftigung bestimmt und bisher noch nicht alle projectionsmäßig gefunden worden."

VIII. Die Meister (Magistri)

„Diese besitzen sammt den drei Hauptwissenschaften von den Naturreichen das große Universal und wovon wenigstens siebenundzwanzig das Wort vollendet und den Stein der Weisen haben müssen, sind auch Juniores Magiae."

IX. Die Magier (Magi)

„Diesen Brüdern ist außer den göttlichen Kräften und Geheimnissen in der Natur nichts verborgen und sind vermöge dieser Kenntnisse, wie Moses, Aaron, Hermes, Salomo, und Hiram Abif Meister über alles."

Für die ganze Brüderschaft galten die folgenden Gesetze:

1.

„Muß, soll, kann und will glauben ein jeder Bruder das große All und Wesen, welches unanfänglich, unendlich, unermeßlich, allmächtig, allweise, allwissend, allgegenwärtig, durch Alles, in Allem, bei Allem, vor Allem, welches gerecht, heilig, wahrhaftig, liebreich, barmherzig, gütig und selig ist, welches in allen seinen Geschöpfen wirkt, sich verherrlicht und verklärt. In den Oberen-Ungefallenen in Friede, Freude, Wonne, Seligkeit und Herrlichkeit; in den Unteren-Gefallenen aber in Berufung, Strafung, Besserung, Reinigung, Läuterung und gänzlicher Wiederherstellung,

2.

Jesum von Nazareth, daß er sei der eingeborene Sohn Gottes, durch des Geistes Hauch in der hochgelebten und reinsten Jungfrau Maria gezeugt und von ihr geboren, und von Gott, der ein unsichtbarer Geist ist und von keinem Geschöpf gesehen werden kann. Er aber alles im Lichte sieht, weiß, erkennt, zum sichtbaren Herren, König, Gott und Erlöser über alle Geschöpfe im Himmel und auf Erden gesetzt worden, daß er durch sichtbare Anstalten des wunderlichen Kreuzes der Auferstehung, Himmelfahrt, Wiederkunft und Scheidung der Guten und Bösen und dieser Verneuerung und Wiederbringung aller irrgegangenen und abgefallenen Geschöpfe, keines ausgenommen, auch nicht ein Geistchen, es stak, wo es wolle, nach und nach sammle, zurecht bringe und dem unsichtbaren Gott in seine Arme, der Ruhe Freude, und des ewigen Vergnügens wieder liefere, und dafür eine ewige sichtbare Hoheit, Herrlichkeit und Verehrung in allen geschaffenen Welten habe.

3.

Den heiligen Geist als einen hauchenden Ausfluß aus der unendlichen Gottheit, wodurch alles geschaffen, gemacht und hervorgebracht worden, auch alles wesentlich erhalten, erleuchtet, regiert, beherrscht, verneuert und wiedergebracht wird.

4.

Gott in der Einheit und Dreiheit von ganzem Herzen, von ganzer Seele, vor ganzem Gemüt, und aus allen Kräften lieben, fürchten, ehren und anbeten.

5.

Seinen Nächsten lieben als sich selbst und kraft dieses ihm nichts zum Schaden seines Lebens, noch Nahrung, noch Ehre tun.

6.

Ein Christ sein und so leben und sterben: und als ein Christ Gott dienen, nach welcher Art es sei, nach einem innerlichen und äußerlichen Gottesdienst, doch nach einem innerlichen des Geistes und der Wahrheit mehr, als nach dem Äußern.

7.

Sich aller Sanftmut in widrigen Begebenheiten oder Begegnungen, aller Demut gegen jedermann und bei allen glücklichen Bedingungen, aller Geduld in Unglücksfällen und Kreuzes Proben, auch aller Treue, Aufrichtigkeit, Gerechtigkeit, Wahrheit befleißigen, und dagegen den Zorn, Hochmut, der Lieblosigkeit, Unfreundlichkeit, Ungerechtigkeit und den Lügen feind sein.

8.

Keusch, züchtig, mäßig, sittlich und von wohlgeziemenden holdseligen und lieblich gewürzten Worten sein; hingegen alle Wollust und Üppigkeit in übermäßigem Essen, Trinken und Kleiden vermeiden; auch alles fluchen, schwören, alle Zoten und unnütze schändliche Reden aus Herzen und Mund ausrotten. Insonderheit

9.

Gleichwie unser hohes Geheimnis, das Mond- und Sonnen-Geschöpf gereinigt wird, auch sterben, faulen, verwesen und wieder ausstehen muß und hernach mit dem kräftigen himmlischen Wasser, als dem Balsam des Lebens, begossen und dadurch zu einem herrlichen Mond- und Sonnen-Leib verklärt wird, ebenso sich täglich reinigen, auch täglich sterben, faulen, verwesen und im Licht und in einem neuen Leben auferstehen, sich durch den Geist Gottes täglich beleben, bewirken, lehren und regieren lassen, und so dann endlich zu einem hellglänzenden Geiste, der aller Heimlichkeiten der Natur fähig ist, und als ein Sonnen-Engel mit unaussprechlicher Herzensvergnügung, auf dem Ball der Erde, wallen und leben kann, wirklich werden, anders er auch keinen Segen, noch Glück in unserem Sonnenstern und Land haben wird.

10.

Täglich bei dem unendlichen großen Geiste bitten und stehen, mündlich und im Herzen, knieend und stehend, liegend und sitzend, doch alles im Verborgenen, damit er dieses neuen Lebens in des Geistes Auferstehung, und auch der hellglänzenden Auferstehung des Mondes und der Sonnen teilhaftig werden möge.

11.

Bei Anfang dieses unseres großen Werks zuvörderst alle seine begangenen Sünden erkennen und lernen und Gott auf den Namen Jesu um Vergebung der Sünden bitten, auch sich ins Künftige von allen Mißhandlungen, Gewalttätigkeiten und Vervorteilungen an seinem Nächsten, absonderlich auch von Blutgerichten enthalten. Sollte also ein Kaiser, König, Herzog, Fürst, Graf, Edelmann, ein Papst, Bischof, Prälat, Abt, die Blut-Gerichte haben, oder sonsten ein Richter, der mit Blutgerichten zu tun, wolle in die Brüderschaft aufgenommen werden, und die Vorsehung der großen Augen gönnt ihm dieses größte und vergnügteste Glück unter der Sonne, welches auch in alten Zeiten Könige und Große, auch Priester und hohe Priester gehabt, die Gott ergeben gewesen, und mehr lebendig gemacht als getötet haben; so muß

12.

Er von Stund an sich der Blutgerichte entschlagen, und die Übeltäter und die Strafbaren mit an dem Leben schonenden, aber den Leib zwingenden, einschließende mit Arbeit belegende und zum Leben und Heil des unsterblichen Geistes abzielende Strafe begnadigen, und dadurch den Geist zu bessern und nicht zu verderben suchen, und solches alles in einem göttlich gearteten mitleidigen Herzen, das von Barmherzigkeit überläuft, nach der Gleichheit dem Gemüt und Gesetz des Königs der Herrlichkeit. Anders hat die Bruderschaft Beispiele, daß denen, die mit Blutgerichten umgegangen, und ob sie wohl gerecht waren nach dem Gesetz des Aug um Auge, Zahn um Zahn, alles unter den Händen mißraten und verdorben ist. Die Ursach ist unergründlich.

13.

Das Werk im Namen Gottes und mit Gebet anfangen; den Armen nach seinem Belieben und Vermögen etwas austeilen und während der Zeit der Arbeit Gottes andächtig leben und sich aller unnützen und Zeit und Werk verderbenden Gesellschaft entschlagen: Anders er sonsten auf keinen grünen Zweig kommen, noch den Königlichen Berg der Herrlichkeit ersteigen wird.

14.

Wenn er dann als ein Josua den Mond bezwingen und die Sonne zum stille stehen gebracht und sie ins Meer gestürzt und aus ihnen ein unergründliches Meer gemacht, woraus die Gesundheits Quellen aus der Erde Quellen und in den grünen Auen und Bergen und Tälern stießen, solches nicht mißbrauchen, und nicht zur Üppigkeit und Wollust, noch Verschwendung, noch auch zum ungerechten Blutvergießen, sondern zur nötigen Unterhaltung der Seinigen und der Armen anwenden, und diese mit Teil nehmen lassen: Dann dieses geschieht Gott, weil die Armen Gottes sind.

15.

Das unschätzbare Geheimnis vor den Unwürdigen geheim als geheimer halten, und daher keinen Gottlosen, Gottes- und Religions-Verächter, keinen Flucher, keinen Ehr- und Geldgeizigen, keinen Wucherer, keinen Verschwender, keinen Gewalttätigen, Rachgierigen noch Menschen Schinder, keinen Weichling in Völlerei, Sauferei und Hurerei ersoffenen, kurz keinen

Lasterhaften und keinen Läppischen, Flattrichen u. s. w., weder Vater noch Mutter, weder Bruder noch Schwester, noch Mann noch Weib, und auch der eigenen Kinder nicht, die von gedachter Art sind, entdecken, das Allsehende Auge der alles durchdringenden Gottheit wird einen solchen Bruder finden und strafen, daher ein jeder vorsichtig sein soll, damit er nicht in die Sünde des Verrats und der Strafe fallen möge, wie es einigen Brüdern schon ergangen ist.

16.

Niemals mit dem Stern der Herrlichkeit prahlen, sondern allezeit zu verdecken suchen, auch denselben an Niemand in Absicht groß, berühmt, hoch und vornehm zu werden, geben, noch weniger solchen um Geld verkaufen, denn umsonst hat es Gott gegeben, umsonst sollen wirs dem, der würdig ist, und ein Bruder wird, mitteilen.

17.

Niemand diesen kostbaren Schatz frech und rühmend anbieten, sondern alles der inwendigen Herzens-Neigung oder dem besonderen Schicksal der Göttlichen Allmacht, Vorsehung und Führung folgen, und dem es Gott gönnt, gerne hingeben, doch auch auf die Spitze des Sonnenberges nicht sogleich auf einmal aufsteigen lassen.

18.

Sorgfältig vor der Eva unser Heiligtum verwahren, doch aber einer Maria nicht versagen, die mit Männern gleiche Würdigkeit hat. Maria, die sogenannte Prophetin und Hildegarde und andere mehr sind würdig gewesen, die Sonnen-Krone auf ihren Häuptern zu tragen.

19.

Wann die Mitteilung geschieht, entweder aufs neue Licht, oder das erste Viertel, oder vollen Mond, oder bis auf den Sonnenuntergang, oder bis auf die Morgenröte, oder bis auf der Sonnen stehen im Hohen Mittag, oder bis auf der Sonnen Verwandlung in ein unergründliches Meer, alles nach der unendlichen vorgepflanzten Richtschnur der Gesellschaft und ihrer Weise verrichten, auch nach seinem Gefallen, nachdem es die Umstände erfordern, besondere Bedingungen, Verbindungen und dergleichen zu machen, nicht aus der Acht lassen; wie es zu seinem und der Brüderschaft Besten ratsam und nützlich und ihrer Verdeckung dienlich ist, sodann dem angenommenen neuen Bruder die Kennzeichen der Bruderschaft sagen und ihm die Liebe, Pflege, Hochachtung, Verschwiegenheit derselben bestens empfehlen.

20.

Da nun ein Bruder ein rarer Paradiesvogel ist; indem die mehrsten der Gesellschaft bald hier bald da, bald unter diesem bald unter jenem Namen, bald so bald so gekleidet auf diesem Ball der Erde herumwallen, und wenige einen gewissen Sitz haben, so muß...

21.

demungeachtet ein jeder Bruder die verborgene Zusammenkunft Pflegen, und täglich bei der Sonnen Aufgang in seinem Gebets-Opfer dieser seiner mit ihm verbundenen unsichtbaren Brüderschaft gedenken, für sie bitten und täglich sich mit ihnen zu einem Herzens-Zweck und Sinn vereinigen und durch Urim und Thummim stärken, auch bei einer Zusammenkunft sich herzlich freuen, ergötzen, und den, der zwischen den Cherubim und Seraphim wohnt, loben und Preisen.

22.

Sein ganzes Herz Gott und der Brüderschaft geben und in aller Treue, Aufrichtigkeit, Wahrheit, verflucht sei das geringste Äderchen, das falsch ist, verflucht sei alle heimliche Sünde gegen den Bruder, verflucht sei der, welcher seinen Bruder verrät, die gerechte Sache Gottes wird ihn treffen und strafen. Gott erbarme sich dessen und lasse solchen gar nicht verderben.

23.

Endlich sein Leben für die Brüder lassen, niemalen weder das Heilige noch Allerheiligste vor den Handlangern entblößen, auch bei einer vorkommenden Verratung weder eines noch das andere, und weder durch Zwang noch durch Gefängnis, weder durch Liebkosung noch Versprechungen, kurz durch keinerlei Weise von sich in die Hände der Unwürdigen geben, und bei Plünderung und Raubung des Geheimnisses den sinnbildischen und verblümten Aufsatz nicht erklären, sondern lieber von Herzen gern sterben, und also Gott, dem Geheimnis und der Bruderschaft getreu sein bis in den Tod."

Diese Gesetze waren erlassen im Namen Gottes des Vaters, Sohnes und heiligen Geistes und datiert aus dem Jahre nach der göttlichen Geburt 1247. Die Zahl ist keine Jahreszahl, sondern rein kabbalistisch-alchymisch-theosophisch. Die Eins ist das Symbol des Anfangs aller Dinge, Gott und Christus. Die Zwei ist das Werden aus der Vereinigung zweier Prinzipien, Wasser und Feuer, Sonne und Mond, Mann und Weib. Die Summe von Eins und Zwei ergibt die Drei, das Sinnbild der göttlichen Dreieinigkeit. Die Vier ist das Symbol der vier Elemente der Welt, die geheimnisvolle Zahl des Philosophengrades der Rosenkreuzer, sie bedeutet auch die vier Evangelisten. Die Summe der drei ersten

Zahlen ergibt die heilige Sieben, das Losungswort des ersten Grades der Rosenkreuzer. Die letzte Zahl ist gleichfalls die Sieben. Die Summe der beiden letzten Zahlen ergibt die Elf, die Zahl der Sünde, der Gottlosen, die auch der elfte Psalm verurteilt und daneben Gottes Gerechtigkeit erhebt. Die Summe der drei letzten Zahlen ist die Dreizehn, die Zahl des Christusgedankens in der Welt, denn dreizehn Tage sind es von Jesu Geburt am 24. Dezember bis zum 6. Januar, dem Fest der Erscheinung, und die Gesamtsumme ergibt Vierzehn, das ist die Zahl des Todes Jesu, der am 14. Nisan ans Kreuz geschlagen wurde. Betrachtet man nun noch die Summen der äußeren und inneren Zahlen, so geben die ersten die Acht, die den Tag der Auferstehung bedeutet, das Geheimnis der Ruhe, während die inneren Zahlen die Sechs ergeben, das Symbol der Tätigkeit. In sechs Tagen hat Gott die Welt geschaffen, sechs Tage sollten die Juden Manna sammeln in der Wüste, sechs Tage sollst Du arbeiten. – Wir sehen die Grundgedanken der rosenkreuzerischen Lehre sind in die Zahl 1247 hineingeheimnist.

Wenden wir uns nun der Lehre selbst zu.

Wir haben in der Ideengeschichte des Klerikats gesehen, daß die Grundlage seiner geheimen Kundschaft rosenkreuzerisch war und sich auf die magisch-alchymischen Werke der Zeit stützte, so auch die Lehre der Gold- und Rosenkreuzer, die in dem letzten Drittel des achtzehnten Jahrhunderts den Orden über ganz Deutschland ausdehnten. Georg von Welling ist ihre Hauptquelle, dessen Gedanken sie zum Teil wörtlich für ihre Instruktionen benutzten. Das Wellingsche vierte Kapitel „Von der uranfänglichen Welt (de mundo archetypo)“, ist fast wörtlich in die Unterrichtsakten des ersten Grades, der Jünger, verarbeitet. Es ist eine Paraphrase und Erklärung der Schöpfungsgeschichte des Moses, verbrämt mit Gedanken der Alchymie und Theosophie. Man bekommt von der Weisheit der Rosenkreuzer einen Begriff, wenn man bei Welling liest: „Nun bestunde das Chaos in dem finstern, grimmigen Feuer Wasser, auf welchem der Geist Gottes schwebte, daher gegen das Schamajim ein liebliches Freuden-Licht und Licht-Wasser ist. In diesem Chaos war nun der widerspenstige Geist mit allem seinem Anhang versperrt und verschlossen und mußte nun erfahren, was es sei, des göttlichen Lichtes ermangeln. ... Nun sagt der Text, daß Gott im Anfang geschaffen habe, den Himmel und die Erde, das war nun dies oben bemeldete Chaos; nämlich die Sphären oder Kreise des Lucifers und all sein eingeschaffenes Heer war durch die gerechte Rache des göttlichen Gerichts in diese finstere Mischung zurückgebracht, in welcher die Himmel und die Erde verborgen waren, nämlich die drei Anfänge Salz, Schwefel und Quecksilber, das heißt Schamajim, das ist Feuer wie auch Wasser, nämlich das geheime Salz oder das von Gott dem Allmächtigen einzig geschaffene Wesen, das da auch drei ist, in vieren offenbar worden.“

Ein Adept in Rosenkreuzer-Darstellung

Wasser, das Principium passivum, die den Urstoff aller Körper enthaltende kalte, finstere und feuchte Materie. Feuer, das Principium activum, die lebendig machende bewegende Form und Tinctur, das materialische Siegel der großen immateriellen Hand Gottes und seines erschaffenen ewigen Wortes. Dieses warme, trockene und durchsichtige Feuer ist die Quelle des Lichts und aller Bewegung. Jede Tincturwurzel ist ein Mittelpunkt des Wesens, aus welchem Strahlenlinien entspringen, gegen den Umkreis gehen und sich in ihren Wirkungen vervielfältigen. Da sie aber wegen ihrer Homogenität in sich selbst nicht wirken können, so war ihnen Wasser nötig, welches sie vermöge ihrer Wärme bewegen, vermöge ihrer Trockenheit beständig machen und vermöge ihrer Klarheit durchdringen könnten.“

„Nachdem das Chaos also erschaffen war: so hat Gott ferner in diesem finstern Körper gearbeitet, und ihm von seinem Lichte einige Strahlen eingeschoßen. Gott scheidete die Wasser von den Wassern, und setzte das Materialische und Grobe in das Meer und in die Erde, das subtile und Geistige Wasser aber erhob er und setzte es unter und über das Firmament, damit solches firmamentalische Wasser als ein Instrument oder Mittel dem allgemeinen Weltgeiste oder der Natur Feuer diene, den leidenden, besonders den irdischen Kreaturen als eine Hülfe beigebracht und zugetragen werden."

„Da die Kreaturen von den abgeteilten Elementen der Lichter erschaffen waren, so sollten sie auch durch Hilfe dieser Lichter leben, und dieses untere Gebäude, die Welt, bewohnen, dessen Beherrschung der Schöpfer den nach seinem Ebenbilde erschaffenen Menschen übergab, und ihn zu segnen versprach, so er anders in Gottes Geboten wandeln und seinem Schöpfer gehorsam sein würde."

„Das Element ist ein abgesonderter Körper von dem Chaos, in und durch welches die elementirten Dinge bestehen. Der Mittelpunkt dieses allgemeinen Chaos muß die Tugendkräfte der Obern und Untern, ich will sagen des Himmlischen oder Astralischen und Irdischen in sich und bei sich haben, und die Erde in Wasser, dieses in Luft und die Luft in Feuer verwandeln können."

„Die obern Elemente sind in ihrer Wirkung viel vollkommener und kräftiger, als die untern, wie solches an den Wirkungen des Himmels oder des Feuers abzunehmen ist. Dieses geschieht wegen ihrer eigenen Reinigkeit, durch deren Kraft die untern Elemente die obern verringern und schlechter machen. Vermittelst der Anziehung von den untern, und Ausstoßung oder Ausfluß der obern, kann das Leben der Natur und der ganzen Welt wohl beobachtet und gesehen werden, sie schöpfen Atem und leben von den Ausflüssen der obern Wesen, welche sie den untern mitteilen; und eines wird von dem andern belebt und erhalten. Das Feuer und die Luft sind die obern Elemente. Das Feuer als das erste geht allen andern vor, wegen seiner Reinigkeit, Dünnigkeit und Vollkommenheit. Das elementarische Feuer ist der Himmel oder das Firmament selbsten samt den Sternen. Dieses Feuer hat den allgemeinen Weltgeist, als das Natur Feuer, welches vermittelst der Luft sich allen irdischen Dingen mitteilet und sie belebt, überflüssig bei sich; denn das Leben der Dinge ist nichts anders, als ein Ausfluß des Feuers der Natur in dem lebhaften Körper.

Das Wasser und die Erde sind die untern Elemente. Ihrer beiden Erhöhung ist an der Vortrefflichkeit der obern Elemente gelegen, und wird sonderlich zur Erlangung ihrer Vollkommenheit erfordert, daß sie von den obern Kräften vielmals erhoben und bereichert werden."

„Die allersubtilste himmlische Elemente haben zu ihren Einwohnern die allerreinsten himmlischen Geister, welche zu Ausrichtung der Befehle des großen Gottes dienstfertig und bereit stehen. Die Geister werden insgemein abgeteilt in die obern und untern. Die oberen Geister haben ihre Wohnung in dem Himmel und werden in zwei Klassen eingeteilt. Die von der ersten Klasse sind sehr rein und bewohnen den Feuerhimmel; sie erkennen und verstehen die Sachen nicht nach und nach, sondern alles auf einmal zugleich. Die Geister der zweiten Klasse sind diejenigen, welche in dem Firmament und sichtbaren Gestirne wohnen, und weil sie die Wirkung des astralischen Feuer verstehen und solche verrichten, so werden sie nicht unbillig astralische Feuergeister genannt. Sie müssen den obern englischen Geistern anstatt Werkzeugen dienen, wenn sie dasjenige, was ihnen von Gott befohlen wird, an die untern Kreaturen ausrichten sollen; denn das obere vollkommene Licht teilt sich den andern nicht anders mit, als durch ein Mittellicht, welches das astralische ist. Diejenigen Geister, welche in der Luft ihren Aufenthalt haben, verkehren und verändern in ihrer eigenen Natur das Chaos, welches aus vielen Dingen zusammengesetzt ist, und dessen keines der untern Dinge entbehren kann; sie leiten und führen die Luftzeichen oder Meteora und bringen oftmals nach dem Willen Gottes eine wunderbare Wirkung hervor."

„Die Körper der Dinge sind nichts anders als Gefängnisse der innern und wirkenden Geister, damit sie zwischen dem Leben und dem Ende gleichsam eingeschlossen sein und einen Unterschied oder Mitteldung machen mögen. Das vornehmste sind die drei Grundanfänge aller Dinge. Diese Grundanfänge sind wirkliche Substanzen, welche aus dem Element nach der Temperatur eines jeden Dinges extrahiert sind, und zu einem elementierten Körper gediehen worden. Diese drei Grundanfänge nennen wir Salz, Schwefel und Quecksilber. Diese machen in den Körpern, darinnen sie wohl gemäßigt und proportioniert worden, eine dauerhafte Substanz; in den Körpern aber, wo sich das Gegenteil befindet, solchen ist die Substanz unrein und zerbrechlich. Die Reinigkeit besteht in der Übereinstimmung und Proportion dieser drei Anfänge, die Unreinigkeit aber in derselben Ungleichheit."

Über die Wirkung der Gestirne werden die theoretischen Brüder folgendermaßen belehrt:

„Von den obern Gestirnen geschehen die Einflüsse zur Fortpflanzung der unterschiedlichen Gehäuse in den drei Reichen, nach jedes Eigenschaften. Das Licht eines jeden Körpers der obern Gestirne ruht nicht, sondern arbeitet und bemüht sich immer das untere Licht, welches sich in den mancherlei Samenkörnern befindet, auf und an sich zu ziehen; gleicher Gestalt bearbeitet sich die untere Lichtessenz in dem Gesäme das obere an sich herunterzuziehen, und durch dieses Auf- und Anziehen des obern und untern Lichts geschieht die Bewegung und Wachstum aller natürlichen Dinge. Dieser Einfluß des Gestirnes ist ein subtiler Körper, welcher mittelst der Strahlen sich den untern Dingen mitzuteilen vermögend ist. Die mit vielen Strahlen vermengte Influenz wirkt unterschiedlich in den untern Körper, indem sie die

Wirkung derselben entweder beschleunigt oder verhindert.

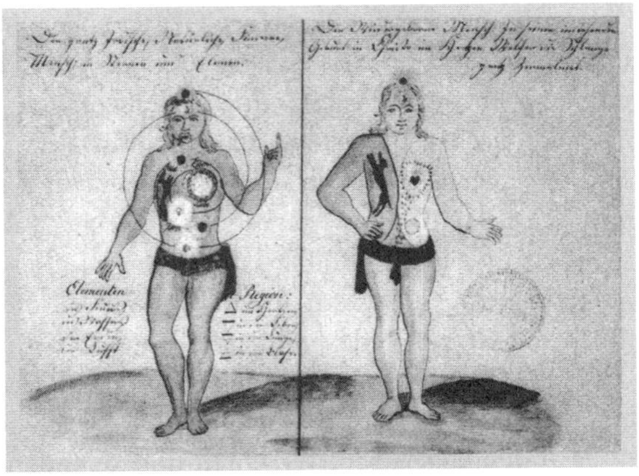

Rosenkreuzer-Symbol

„Der Mensch ist, die allervollkommenste Kreatur unter allen, derowegen ist auch sein Leib auf das vortrefflichste gemacht und zugerichtet, weil solches zu seinen herrlichen Verrichtungen notwendig erforderlich ist. Die Materie des menschlichen Leibes ist nicht gar viel von den andern Tieren unterschieden, außer der Form der menschlichen Teile, von deren Unterschied und Verrichtungen bei denen Zergliederungs-Künstlern Nachricht zu suchen ist. Die menschliche Seele ist ihrer Natur nach himmlisch, und hat das selbständige Vermögen eine Erkenntnis der Dinge in ihr selbst zu schöpfen, und alles dasjenige zu verstehen, was die große Welt und alle Kreaturen in sich schließen. Ohne dem Seelenlichte, welches wir von der Barmherzigkeit Gottes haben und empfangen, wird unsere Seele mit der sinnlichen oder irdischen Seele vermischt und unter derselben Beherrschung geworfen, welches der Tod der vernünftigen Seele oder der lebendig tote Mensch genannt wird. Gleichwie hingegen, wenn die vernünftige von Gott erleuchtete Seele über die sinnliche Seele oder Geist herrscht, alsdann die himmlische verherrlicht und in einen höhern Stand versetzt. Welche also ihre Seelen verherrlichen wollen, müssen sich zu Gott wenden, ihrer Sünden Greuel durch ernste Umwendung und Abkehrung ihrer Begierden ablegen, um den heiligen Geist als das Versicherungspfand ihrer Seligkeit zu erlangen, der wird sie von einer Gnade zur andern, und von einem Heil in das andere führen,

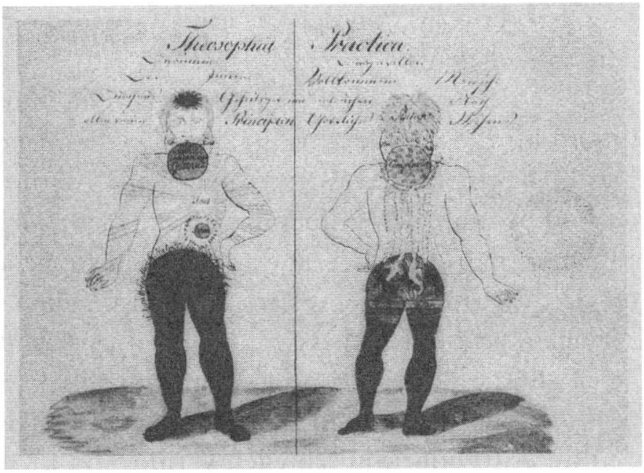

Rosenkreuzer-Symbol

bis daß sie nach seiner Anleitung alle Mängel der Seelen abgetan, und vermöge dessen nach diesem Leben ihre gereinigten Leiber wiederum bewohnen werden. Der Leib ist eine Wohnung des himmlischen Geistes, und in diesem wohnt die Seele, und gleichwie der Geist vom Leibe, also wird auch die Seele von dem Geiste beunruhigt und inficiert. Der Leib kann sich ohne den Geist nicht bewegen, also kann der Geist ohne Seele nichts erkennen, unterscheiden noch verstehen, wie solches an den Tieren zu ersehen ist. Der Geist ist also ein Wagen der Seele, und der Leib ein Werkzeug des Geistes."

„Die drei Kräfte der Seele, der Verstand, der Wille und das Gewissen werden zusammen vor eins genommen und das Gemüt genannt. Der Verstand ist ein Vermögen der vernünftigen Seele, welcher das Bekannte aus dem Unbekannten, und aus dem Ungewissen das Gewisse sammelt und durch das Untersuchen lernt. Der Wille ist ein Vermögen der vernünftigen Seele, welches sich allezeit nach dem erkannten Bösen oder Guten richtet, und so er nicht nach dem wahrhaften Geist trachtet, so ist es ein Laster. Das Gewissen ist das wissende Ding oder Gedächtnis in dem Verstande, da man derjenigen Dinge gedenkt, welche die Vernunft oder Verstand zu tun oder zu lassen gebeut, und ob der Wille nach dieser Regel solches getan oder nicht, und wie Gott beides, sowohl das Tun und das Lassen belohnen wird. Aus diesem erhellt die dreifache Wirkung der Seele, das Erwählen, Bezeigen und Beurteilen in allen den Dingen, die wir tun oder lassen sollen. Seht wie die Weisheit Gottes in das Innere unserer Seelen einen Zeugen, einen Ermahner und einen Richter gesetzt hat. Wehe! demjenigen, welcher diesen Ermahner versäumt, den Zeugen verachtet, und den Richter nicht hören will!"

Darnach folgt eine lange Erklärung der menschlichen Krankheiten, sowohl der körperlichen wie der Krankheiten des Gemüts und der Seele. Das letzte Geheimnis aber ist die Lehre von der Übereinstimmung aller Dinge.

„Alle Kreaturen sind der Form nach gänzlich, der Materie aber noch nicht viel von einander unterschieden; dahero haben sie eine große Verwandtschaft untereinander. Die Elemente, weil sie alle aus einem Chaos herkommen, haben unter sich keinen andern Unterschied, als nach Art ihrer Disponierung und Erhöhung. Alle Dinge sind in der Einheit eingeschlossen, und kehren wiederum dahin zurück. Diese Betrachtung gibt den rechten Schlüssel zu den allergrößten Geheimnissen der Natur, in welcher wir sehen, wie alles in der Zeit, Maß und Gewicht ist erschaffen und gesetzt worden."

„Es ist nicht genug, daß man die Übereinstimmung der irdischen wesentlichen Teile erkennt, man muß auch die Harmonie, welche die essentialischen Unterteile mit den obern haben, in acht nehmen. Die sichtbare Sonne hat eine große Verwandtschaft mit der ewigen und unsichtbaren Zentralsonne. Es schickt eine der andern ihre Strahlen und Ausflüsse vermittelst einer stets währenden Reverberation zu, durch welches Mittel der Lauf und Bewegung aller Kreaturen befördert wird. Der Mond und die Sterne haben gleichfalls eine streitige Handlung mit den astralischen Kräften, welche in den irdischen Körpern verschlossen liegen. Die sichtbare Sonne ist der vergänglichen Welt zu regieren vorgestellt; die Sonne aber der Gerechtigkeit regiert die ewige Welt. Weil die Zeit eine Bewegung ist, so ist ihr Regierer auch beweglich; die Ewigkeit aber, als welche in der Ruhe besteht, wird von dem Unveränderlichen, der da war, der da ist, und der da sein wird, in Ewigkeit regiert. Dieser, wenn er unmittelbarer Weise in der glorificierten Person seines Wortes im Fleisch erscheinen wird, gleichwie er anjetzo in den materialischen Werkzeugen, nämlich in allen Kreaturen mittelbarer Weise erscheint, und in der wunderbaren Erschaffung ihnen zum Regierer gegeben worden ist, alsdenn wird sein unendliches Licht dasjenige, was er vom Chaos zur Regierung der Zeit geschieden hat, aufheben, und mit denselben in dem Augenblick, wenn diese neue und unbegreifliche Feuersklarheit alle verderbliche und dunkle Unreinigkeiten wird vertrieben haben, ein Ende machen. Denn es werden alle Dinge, welche aus der unbegreiflichen Einheit des allein Ewigen Gottes ausgeschlossen, nachdem sie ihren Lauf in der Welt vollbracht haben, wiederum in ihre gereinigte Bereinigung kommen. Die abgeschiedene Finsterniß aber wird die verdammte Erde und eine Wohnung der bösen Geister und ihrer Konsorten sein, darinnen sie alles Lichtes beraubt, und von der freudenreichen Gegenwart Gottes immer und ewig ausgeschlossen und abgesondert sein müssen. Da hingegen die heiligen Engel und heilige Seelen solche Gegenwart Gottes in unendlicher Glorie und Freude anschauen, rühmen und ewig preisen werden."

Der dritte Grad der praktischen Brüder ist rein alchymisch. Die „verbesserte Specialinstruction über die Operationes des großen Mineralwerks vom 3ten Grad oder der Practico" entält rein alchymische Arbeitsrezepte, die aus Christophorus Glaser und anderen Chymikern abgeschrieben sind. Wertvolles bieten sie nicht.

Der vierte Grad der Philosophen ist wieder rein spekulativ. Darin wird die Zahl Vier folgendermaßen erklärt:

„Diese geheimnisvolle Zahl bedeutet vorzüglich

a) jene vier Flüsse, so aus dem Paradiese um die ganze Welt aus- und in alle natürlichen Dinge zu ihrer Erhaltung und Zerstörung wirksam einstießen, und aber deswegen auch

b) die vier wirkenden Eigenschaften der Elemente im physikalischen Verstande, sowie auch vorzüglich
c) die vier Evangelisten des neuen Gnadenbundes darunter verstanden werden: daß daher auch
d) diese vierfache Bedeutung durch vier hebräische Daleth ausgedrückt wird, welche mit ihren Winkeln gegen einander zusammengesetzt unser  formieren und addiert 16 machen, folglich daß 1 und 6 die Zahl der Weisheit, 7, erzeugen, die wiederum die 3 und 4 in sich unterschiedlich enthält, zum Beweis, daß gleich wie im theosophischen und sittlichen Verstande der gefallene Mensch an seinen Hauptbestandteilen, d. i. Geist, Seele und Leib, durch 4, d. i. durch das von dem Propheten vorher verkündigte und von dem Mittler zwischen Gott und dem Menschen in seinem Evangelium durch seine eigene Lehre, Wandel und Tod gelehrte, vorgetragene und verherrlichte Kreuz, in der Zahl 4 als
e) in der Erkenntnis seiner selbst,
f) der Selbstverleugnung, folglich
g) der Absonderung von aller Kreatur und
h) dem folgbaren Tod seines tierischen Menschen, d. i. seiner tierischen Leidenschaften, durch die Versenkung der Selbstheit, d. i. eigenen Gelüstes, Willens oder Sinnes in den alleinigen Willen Gottes vereinigt, somit zur göttlichen Weisheit als der Zahl 7 durch die Wiedergeburt gebracht werden und vermittelst eben dieser Weisheit zum übersinnlichen paradiesischen Leben seines ursprünglichen Schöpfungsstandes und somit zur tinkturalischen und unwandelbaren Vollkommenheit zurückkehren muß. Eben also müssen der physikalischen Bedeutung nach in jener erst erklärten symbolischen Harmonie die natürlichen Körper, welche durch die vier wirksamen Eigenschaften der Elemente aber seit dem Falle der Menschen, als ihres unmittelbaren centri, im Fluch mit Schlacken und Hefen gewirkt und erzeugt worden, durch eine sichtbare Reaktion aller vier Elemente, in drei d. i. in Salz, Schwefel und Quecksilber, diese drei durch vier, d. i. durch die wirksamen Eigenschaften zur Sieben-Zahl, d. i. zur höchsten Klarheit in der Natur des reinsten Lichtwesens gebracht werden; damit sie durch die fortschreitende Wirkung der nunmehr gereinigten vier Elemente wieder vereinigt und in die Natur der Fünf-Zahl, jener tinkturalischen Quintessenz wieder versetzt werden mögen, mit welcher selbe durch das schöpfende Wort ursprünglich begabt waren."

Der fünfte Grad war ganz mit alchymischen Rezepten ausgestattet, die uns in französischer Sprache überliefert sind und sich hauptsächlich mit der

Auflösung des Goldes beschäftigen. Es sind immer dieselben Grundsätze und Anweisungen, denen wir schon in den früheren Graden begegneten und die auch in veränderter Form in den folgenden wiederkehren. Die Hauptquelle sind die Schriften des Heinrich Kunrath oder Khunrath, der 1560 in Leipzig geboren und 1605 gestorben war. Er war ein berühmter Alchymist, im Jahre 1588 in Basel promoviert, wirkte er als Arzt in Hamburg und Dresden. Sein Hauptwerk war: „De Chao triuno physico Chemicorum, vom hylealischen, d. i. primaterialischen, katholischen oder allgemein nützlichen Chaos der naturgemessenen Alchymie und Alchymisten philosophische Confession," Magdeburg 1597. Im Jahre 1786 erschien in Leipzig unter Kunraths Namen „Alchymisch philosophisches Bekenntnis vom universellen Chaos der naturgemäßen Alchymie", wahrscheinlich ein Nachdruck oder Auszug. Kunrath war ein philosophisch spekulativer Kopf und er suchte die Bibel als Grundlage für seine alchymischen Lehren zu erweisen. So schrieb er „Die Kunst den lapidem philosophorum (Stein der Weisen) nach dem hohen Liede Salomonis zu verfertigen. Er war also der richtige Mann für die Rosenkreuzer, und sie haben ihn auch ausgiebig benützt.

Der neunte Grad, die Magier, hüllte sich in ein beinahe undurchdringliches Dunkel. Aus ihnen wurden die regierenden Brüder genommen, die das Generalat bildeten. An ihrer Spitze stand der Magus majorum, der geheime und völlig unbekannte und unumschränkte Herrscher des ganzen Ordens.

Von den Magiern wird in ihrer geheimen Instruktion folgendes gesagt: „Unsere Magi treiben keine gemeine Magie. Unsere Magie ist nicht die natürliche, denn diese verstehen bei uns alle Philosophen. Sie ist keine Schwarzkunst, denn diese ist ein Werk des Teufels, und kein Teufel kann den Anblick unserer Magier ertragen. Sie ist nicht die sogenannte weiße Magie, deren Wirkung durch die Hilfe der sogenannten guten Geister geschieht, die noch viel zu unrein sind, um sich vor Gott zu zeigen; sondern unsere Magie ist die wahre göttliche Magie, kraft welcher wir wie Moses und Elias uns persönlich mit Gott unterreden, oder unsere wechselweisen Botschaften durch die im Feuer Gottes gereinigten und wohnenden Geister schicken. Wir besitzen die zwei Hauptwissenschaften des Jehovah: d. i. die Gebärung und Zerstörung aller natürlichen Dinge. Wir können wie Moses Wasser in Blut verwandeln; wir können wie Josua ganze Städte durch den Schall der Instrumente in Schutt verwandeln. Wir können der Sonne, dem Mond, den Sternen und den Winden gebieten, wir können, wie die Propheten, die Todten erwecken, wir können die Sterne verwandeln und an verschiedene Orte setzen."

Man kann sich kaum vorstellen, daß es Menschen gab, die eine solche geistige Krankheitserscheinung nicht durchschauten. Sie trug doch alle

Zeichen entweder des Betrugs oder des Irrsinns an sich. War in den voraufgegangenen Graden immer noch eine gewisse Vernunft, die chymischen Rezepte waren Realitäten, man sah in den Retorten und Tiegeln sich Metalle und Mineralien mischen und verwandeln. Die Vereinigung von Feuer und Wasser in Dampf war etwas Glaubhaftes. Außerdem hatte es auch die symbolische Bedeutung, daß im Orden alle menschlichen Gegensätze, selbst wenn sie so schroff wie Feuer und Wasser wären, durch die Einheit der Weltanschauung und durch die Nächstenliebe ausgeglichen würden. Wir besitzen in den Briefen namhafter Rosenkreuzer Zeugnisse, daß die aus den oberstbrüderlichen Rezepten hergestellten Arzneien den Kranken wirkliche Hilfe brachten. Es darf aber auch an gegenteiligen Äußerungen nicht vorübergegangen werden. So hat der schon erwähnte Baron von Schröder-Sacerdos Beschwerde darüber gefühlt, daß die Untersuchung einer für einen irrsinnig gewordenen Bruder Schwarz (Gorganus) gelieferten Arzenei in der übersandten Dosis tödlich gewesen wäre. Immerhin ist das Quecksilber in fast jeder chemischen Verbindung ein bewährtes Mittel der alten Arzneikunde. Die Brüder der unteren Grade konnten wohl greifbare Ergebnisse haben, und die Reden, die uns überkommen sind, waren auch geeignet, gläubige Seelen zu erbauen. Aber diese Charakteristik der Magier und ihrer Kräfte und Eigenschaften war doch ein zu handhafter Unsinn, als daß nicht selbst ganz primitive und gespenstergläubige Gemüter bedenklich werden mußten.

Wer so etwas niederschreibt, kann vor dem Richterstuhl der Wissenschaft nicht erwarten, daß ihm noch Gutgläubigkeit zugebilligt werde. Freilich wenn ein Mann wie Wöllner, die Anweisung, aus gekochten Eiern Hühner zu brüten, dem von Schröder-Sacerdos gegenüber damit verteidigt, daß dies durch die Gnade Gottes möglich sei, da bei der allgemeinen Regeneration auch die gekochten Eier zur Tinktur würden, so steht der moderne Forscher vor einer psychologischen Tatsache, die durch alle Zeitalter zu beobachten ist und die nie aussterben wird. Selbst die aufgeklärteste Zeit wird immer Persönlichkeiten hervorbringen, die mit einer unbeugsamen Zuversicht an übernatürliche, das gottgewollte Naturgesetz durchbrechende Wirkungen glauben. Betrüger sind das nicht, sondern Gläubige, die überzeugt sind, daß ihr Glaube Berge versetzt. Aber sie glauben es, sie hoffen es, doch behaupten sie es nicht von sich in so offener Kühnheit und Unwiderleglichkeit, wie es die geheime Konstitution der Magier tut. Hier kann ein vernunftbegabter Mensch nicht mehr mitgehen. Was nun die innere Einrichtung betrifft – wir folgen da Nettelbladt –, so ist die Brüderschaft in gewisse Versammlungen, Zirkel und Kreise eingeteilt. Im salomonischen (theoretischen) Grad heißt der Vorsitzende

Obervorsteher, in den übrigen Graden Zirkeldirektor. Der Zirkel oder Kreis kann aus fünf, sieben oder neun Mitgliedern bestehen. Der Bruder, dem der Auftrag von der Hauptdirektion gegeben wird, einen Zirkel zu bilden, wird dessen sichtbares Oberhaupt. Neben ihm sind Beamte der Senior, der Justitiarius, der Aktuarius (Sekretär), der Kassierer. Der vorschlagende Bruder heißt Jntroduktor. Außer den Mitgliedern ihres Zirkels kennen die Brüder keinen anderen Teilnehmer der Verbindung, und es können in einer Stadt sehr wohl zwei Zirkel sein, ohne daß sie voneinander wissen, ja es können zwei der besten Freunde im Orden sein, ohne es zu ahnen. Die Zirkel selbst stehen unter einer Hauptdirektion. Von dieser kennt der Zirkeldirektor seinem Aufenthalt und weltlichen Namen nach allein den zweiten Hauptdirektor, die andern beiden nur nach ihren Ordensnamen, ohne sonst das geringste von ihnen zu wissen. Er weiß nicht, wohin die Protokolle und Berichte seines Zirkels gehen. Er erhält Befehle, die mit drei mystischen Namen unterschrieben sind, die er nicht versteht, deren Bedeutung er nicht weiß. Er kennt die Personen, die unterschrieben haben, nicht. Er muß aber deren Befehle ohne den geringsten Widerspruch ausrichten und blinden Gehorsam leisten, ohne zu wissen, wem und warum. Die Hauptdirektoren stehen unter den Oberdirektoren oder dem Triumvirate, das eine gleiche Einrichtung hat. Jeder Grad hat seinen eigenen Obern, der nur der Namens-Chiffre nach bekannt ist, von dem in Sachen, die das Doktrinäre des Grades betreffen, Verordnungen angenommen werden müssen, den aber kein Zirkeldirektor kennt.

Es ist begreiflich, daß eine derart organisierte Gesellschaft unbedingt in der Hand ihrer Führer ist, und wenn diese sittliche Persönlichkeiten sind, zum Wohle der Menschheit eingesetzt werden kann. Aber wehe, wenn Männer an der Spitze stehen, die keinen Charakter haben, dann wird eine solche Gesellschaft zu einer unübersehbaren Gefahr.

Aus diesem Gedankengang sind denn die Urteile der Zeitgenossen entweder restlos bewundernd oder scharf ablehnend.

Eine sehr wichtige Schrift, die den Stempel innerer Überzeugung auf jeder Seite trägt, ist der „Compaß der Weisen, von einem Mitverwandten der inneren Verfassung der ächten und rechten Freymäurerey beschrieben; herausgegeben mit Anmerkungen, einer Zueignungsschrift und Vorrede, in welcher die Geschichte dieses erlauchten Ordens, vom Anfang seiner Stiftung an deutlich und treulich vorgetragen, und die Irrthümer einiger ausgearteter französischer Freymäurer Logen entdeckt werden von Ketmia Vere (Berlin und Leipzig 1779)". Der Name scheint ein Anagramm zu sein, aber eine Auflösung ist kaum möglich. Es steckt in den zehn Buchstaben etwas von Freundschaft, amik(c) treu(v)e, dürfte aber absichtlich verstümmelt sein. Nettelbladt, der ja den Ereignissen näherstand, als wir, nennt als Verfasser, der sich hinter dem Pseudonym Ketmia Bere verbirgt, einen Advokaten Jäger in Regensburg, der für das Buch aus der Konvertiten-Kasse dreihundert Reichsthaler erhaben habe. Das Anonymen-Lexikon bezeichnet als Verfasser Adam Michael Birckholz. Jedenfalls ist Ketmia Vere ein entschiedener Freund des Rosenkreuzes. Er schreibt:

„Ihr Liebhaber der Weisheit! wenn Ihr demnach in eurer Wißbegierde glücklich, und eures Wunsches gewährt sein wollt, so verbindet mit eurem Gebet die Lauterkeit der Absichten, reinigt eure Herzen von Stolz, Eitelkeit und Liebe zu eitler, euern Stand übersteigenden Pracht, und Hoheit, legt die Hand an den Pflug, arbeitet fleißig zur rechten Zeit, durch rechte Mittel, und am rechten Ort; so wird Gott seinen Segen unfehlbar dazu verleihen. Der rechte Ort, dessen ich allhier gedenke, ist jene Schule der wahren Weisheit, welche um so viele Jahrhunderte unter dem Namen der Gold- und Rosenkreuzer bekannt ist. Die Lehrer derselben sind die Besitzer aller natürlichen Geheimnisse, zu welchen ihnen Gott die Schlüssel anvertraut, und sie zu Priestern der Natur geweiht hat. Durch diese allein und deren väterliche Unterweisung, kann man diejenige Weisheit erlangen, von welcher der weise Salomon versichert, daß langes Leben zu ihrer rechten Hand, zu ihrer Linken aber Reichtum und Ehre zu finden sei. Es gelangen zwar nicht alle ihre Schüler, wie sie mit väterlicher Liebe und Neigung wohl wünschten, zu einer nämlichen Stufe der Vollkommenheit, indem die größere oder kleinere Fähigkeit, der mehr oder mindere Fleiß, auch der Mangel an dem notwendig dazu erforderlichen, Berufs-Geschäfte, Gelegenheit, häusliche Widerwärtigkeiten, und andere Umstände, fast unüberwindliche Schwierigkeiten in den Weg legen: Indessen wird es doch selten fehlen, daß ein wißbegieriger, frommer, und nach Möglichkeit werktätiger Mitverwandter, auch sogar in denen untern Classen, nicht sollte zu einer sotanen Wissenschaft gelangen, welche ihn vor den allzu harten Anfällen derer zwei härtesten Feinde des menschlichen Lebens, der gänzlichen Armut und Krankheit, bewahren könne.

Hiebei muß ich des so gemeinen Fehlers der meisten Profanen gedenken, die, wann sie von einem Rosenkreuzer reden hören, sich von ihm kein ander Bild vorstellen, als das eines vollkommenen Adepten, und daher entspringt auch vornehmlich der große Neid und Mißgunst, die sie wider besagte Lehrschüler der nützlichsten Wissenschaften hegen. Denn, ob es wohl unstreitig ist; daß alle Adepten, welche von Anbeginn gewesen, noch sind, und bis ans Ende der Welt sein werden, zu dieser geheiligten Verbrüderung gehören; so folgt doch keineswegs, daß alle Rosenkreuzer Adepten sind. Zudem ist die Absicht unserer unschuldigen Gesellschaft keineswegs das Goldmachen: denn man wird in keiner einzigen Verbrüderungsschrift, sollten deren auch noch so viele in die Hände der irdisch gesinnten und afterwitzigen fallen, eine einzige Stelle finden, worin den eintretenden Lehrlingen versprochen werde, daß man ihnen lehren wolle Gold zu machen: Vielmehr benimmt man ihnen diesen Wahn, wofern sie etwa damit angesteckt sein sollten, gleich auf der ersten Stufe des Tempels der Weisheit; man schärft ihnen dagegen ernstlich ein; daß sie zuvörderst das Reich Gottes und seine Gerechtigkeit suchen müßten. Der Endzweck unserer gottgefälligen Unternehmungen sei kein anderer, als: Kunst, Weisheit und Tugend zu erlangen, Gott zu gefallen, und dem Nächsten zu dienen.

Der Weg zu oben angezeigter lobenswürdiger Vollkommenheit zu gelangen, besteht hauptsächlich darin; daß sie alle ihre Bemühungen lediglich und allein zur Ehre des lobenswürdigen Schöpfers der schönen Natur, und zur nähern Erkenntnis desselben aus den Werken der Schöpfung ableiten müßten. Dieses würden sie durch gründliche Erlernung der wahren, auf unsere unfehlbare Grundsätze gebauten Naturlehre erhalten, und dadurch große Einsichten in die Arzneikunst, Ökonomie, Hortikultur, die ächte Scheidekunst, und andere damit verknüpfte, dem menschlichen Geschlecht ersprießliche und gemeinnützliche Wissenschaften erlangen. Es ist daher, und durch treuen Unterricht unserer Weisenmeister weit leichter, als einem, auch dem unvergleichlichsten profanen Gelehrten, durch Gottes Gnade und unsere brüderliche Belehrung, auch in der Verwandlungskunst der Metalle unterweilen die herrlichsten Wahrheiten zu entdecken; indessen werden diese Entdeckungen bei uns für nichts anderes als Nebensachen und unverdiente Gnadengeschenke des freigebigen höchsten Wesens angesehen, und den Besitzern derselben unter den höchsten Strafen und Ankündigung des göttlichen Fluches eingeschärft, niemals den geringsten schädlichen Mißbrauch davon zu machen, sondern das größte Teil desselben zur Ehre Gottes, Vorteil des Publikums und zu Hülfe des armen notleidenden Nächsten zu verwenden. Merkt ihr Feinde der Weisheit! und legt doch eurem schwärmerischen und vergeblichen Verfolgungsgeist Zaum und Zügel an.

Wer sollte nun nicht aus Grund seiner Seelen wünschen, mit unserm geschickten Verfasser dieser geheiligten Verbrüderung als ein Mitverwandter einverleibt zu sein? Solches ist auch einem mit geläuterter und gemäßigter Wißbegierde erfüllten Sucher, welcher auf eben die Art, wie unser gegenwärtiger Schriftsteller, sein Verlangen an den Tag legt, oder durch Gott selbst geleitet wird, nicht so schwer, als einige phantastische Halbgelehrte sich träumen lassen. Ich selbst kann bei dem allmächtigen Gott und meiner Ehre versichern, daß ich etliche zwanzig Jahre viel gearbeitet, immer auf eine göttliche unmittelbare Erleuchtung, oder einen menschlichen Wegweiser, aber vergeblich, gehofft; bis endlich der himmlische Vater mein Seufzen erhört, und mir einen wahren Freund geschickt, den ich zeitlebens auf das dankbarlichste ehren, ihn lieben und für ihn beten werde: dieser hat mich in den Tempel der Weisheit, d. i. in unsern geheiligten Orden eingeführt, woselbst mir nach einem kurzen Aufenthalt, die Schuppen von den Augen gefallen; daß ich dasjenige, was mir unbegreiflich gewesen, durch Gottes Gnade deutlich einsehe. Ich zweifle keineswegs, daß es allen, die diesen Schritt, in eben der lautern Absicht, mit eben der Aufrichtigkeit, die sich meiner Seelen bemeistert, tun werden, auf die nämliche Weise ergehen wird: wozu ich ihnen von Herzen Glück wünsche."

Um der geschichtlichen Wahrheit willen müssen wir auch einen entschiedenen Gegner zu Worte kommen lassen. Adolf Franz Friedrich Ludwig Freiherr von Knigge (1752–1796), bekannt durch sein Buch „Über den Umgang mit Menschen", äußert sich in seiner Schrift „Über Jesuiten, Freymaurer und deutsche Rosenkreutzer" (Leipzig 1781) folgendermaßen:

„Sie haben die äußere Einrichtung der alten Rosencreuzer, soviel sie davon wußten, beibehalten, und mit Zusätzen vermehrt. Allein von dem wahren Geiste derselben ist nichts bis zu ihnen hindurchgedrungen.

Adolf Franz Friedrich Ludwig Freiherr v. Knigge

Ihre Häupter bleiben immer unbekannt. Wenn nun die Neugier einen Mann in ihre Hände liefert; so halten sie denselben in einem solchen Gehorsam, reden aus einem so übermütigen Tone mit demselben, daß er nicht einmal das Herz hat an ihrer Echtheit, Rechtmäßigkeit und Weisheit zu zweifeln, und da sie nun mit großem Eifer werben, und nie eher jemand weiterkömmt, bis er neue Mitglieder, neue Etablissements verschafft hat; so würde durch sie bald die ganze Welt in die Gewalt von ein paar Betrügern kommen. Aber sie wählen sorgfältig nur soviel möglich abergläubische und schwache Menschen zu ihren Untergebenen, hingegen listige, scheinheilige zu den

Mittel-Obern. Um aber der Menschen Denkungsart zu erforschen, werden jedem Aufzunehmenden gewisse delikate Fragen stufenweise vorgelegt, durch deren Beantwortung er sich verraten muß.

Ihre in allen Provinzen zerstreuten Leute müssen alles ausforschen, spionieren, aufsuchen und einberichten, was zu ihrem Zwecke dienen kann.

Niemand kennt den andern, folglich können sie unbekannt eine Menge Triebfedern miteinander und gegeneinander in Bewegung setzen. Jeder bekommt einen Ordensnamen, z. B. Constantinus, Theodosius, Henoch, Cephalus u. d. gl.

Wer ihnen im Wege ist und Aufklärung verbreiten will, der wird auf die schändlichste, rachgierigste Art verfolgt.

Um die Leute beständig in der Abhängigkeit zu erhalten, verbrennen sie ihnen das Gehirn durch die lächerlichsten Schwärmereien, verleiten sie zu religiösen Träumen und Fanatismus, zum Geistersehen und machen sie glauben, durch das Gebet sei alles zu erlangen, ja, selbst Gott werde ihnen einst erscheinen, und mit ihnen reden; sie sollten nur im Glauben anhalten, wachen, beten und fasten; so werde einst ein Mann aus feinen Ländern kommen und sie unterrichten, denn in ihrer Macht stehe es nicht, ihnen ihre Kenntnisse mitzuteilen, sie müßten selbst suchen. Ja! ihre elenden schwärmerischen Schriften z. B. der Compaß der Weisen, das ABC der Weisen, die rosenkreuzerischen Versammlungsreden u. s. f. sind so verworren und unsinnig, daß kürzlich der Verleger derselben, der zuviel darin studiert hatte, darüber toll geworden ist.

Auf diese Art nun bleiben die Leute beständig in ihrer Gewalt, und hoffen immer auf Offenbarungen. Unterdessen geben sie ihnen allerlei chymische Prozesse, welche sie auf eigene Kosten arbeiten und über den Erfolg berichten müssen. Führen diese Prozesse zu irgend einer guten Entdeckung; so bereichert sich die Gesellschaft mit diesen Kenntnissen; geraten sie nicht, so hat es an dem Mangel an Frömmigkeit und Gebet der Arbeitenden gelegen.

Sodann teilen sie Arzeneien aus und zwar oft die armseligsten, aus Ofenruß, Urin oder dergleichen gezogene Tropfen und Essenzen. Ihre Untergebenen müssen damit an Profanen den Versuch machen und über die Wirkung Nachricht geben. Krepiert ein solcher Profaner; ei nun! so ist wieder Mangel an Frömmigkeit die Ursache; geht es gut, so wird die Arznei mehreren mitgeteilt, um die Versuche zu vervielfältigen.

Wenn die ersten Häupter dieser Gesellschaft nicht unwissende Betrüger wären, so könnten sie es im Politischen und Wissenschaftlichen in der Tat weit bringen, obgleich das Ganze auf einem Betrug beruht. Aber man lese nur ihre Schriften, und die Befehle an die Untergebenen – sie ekeln jeden wegen des schleppendsten elendesten jämmerlichsten Stils, wie ihn kein irgend geschickter Dorfschulmeister schreiben würde. Alles wimmelt von Widersprüchen, groben Irrtümern und Stellen aus alten Werken weiserer Männer ohne Auswahl und Verstand ausgeschrieben und schief und erbärmlich ausgelegt. Man sieht, daß sie mit den allerersten unleugbarsten Grundsätzen der gemeinsten Wissenschaften fremd sind; daß sie die neuesten Entdeckungen in der Natur nicht kennen; daß sie unter anderem das elende, längst widerlegte System der Generierung der Dinge durch die Wirkung der Zentralkräfte gegen die obern Kräfte als ein Evangelium annehmen und die gewöhnlichsten Naturphänomene der Einwirkung böser und guter Geister zuschreiben; daß sie die Hieroglyphen der alten Kabbalisten für bares Geld annehmen und nach den Worten verstehen. Mit einem Worte, daß sie es darauf anlegen, den dümmsten Aberglauben wieder herrschend zu machen, damit sie im Trüben fischen können und indem sie ihre Mitglieder zu unbrauchbaren, untätigen Leuten in der bürgerlichen Welt machen, ihr Reich auf Betrug und Dummheit bauen.

Um dies Reich desto fester zu machen, geben sie vor, ihnen komme die Direktion der Freimaurerei zu, die doch gerade das Gegenteil zum Augenmerk hat. Deswegen bemühen sie sich, Einfluß in dieselbe zu bekommen und teilen die Freimaurergrade pflichtvergessener fälschlicherweise aus, an wen sie wollen.

Sie lassen sich angeblich kein Geld bezahlen, nehmen aber doch in jedem ihrer Grade, acht, zwölf und mehr Thaler, welche sie an Arme auszuteilen vorgeben, aber in ihre eigene Tasche stecken, als wenn Goldmacher dergleichen Zuschüsse bedürften.

Ihre Emissarien laufen in der Welt umher und bitten hie und da um Unterstützung unter dem Vorwande: sie wollten nur sehen, ob noch Bruderliebe in der Freimaurerei herrsche, und von dieser Probe hänge das künftige Glück dieser Versuchten ab. Auf diese Art ziehen eine Menge von Müßiggängern in Deutschland herum, denen in Hoffnung auf Erleuchtung kein neugieriger Freimaurer etwas abzuschlagen wagt, und die insgesamt verdienten ins Zuchthaus gesetzt, sowie ihre Bücher durch des Büttels Hand verbrannt zu werden.

Es ist unbegreiflich, wie die Verblendung und Liebe zum Wunderbaren soweit führen kann, solche Narrheiten zu glauben. Eine Gesellschaft von Weltweisen, die kaum ihren Namen schreiben können; von Goldmachern, die betteln und sich Geld bezahlen lassen; von Vielwissenden, die in allen Wissenschaften fremd, alle Menschen auszuforschen suchen; von Nachkömmlingen der alten Weisen, die nicht einmal die einzig echte Quelle kennen, aus welcher in unseren Tagen geheime Weisheit fließt; von Gewissenlosen, die eidbrüchige Winkellogen halten; von Christen, die zum Teil unmäßig, liederlich und rachgierig sind; von Leuten, die vorgeben schon seit vierhundert Jahren eine allgemeine Reformation der Welt zu träumen und noch keine Grafschaft reformiert haben; von Leuten, welche die allgemeine Arzenei besitzen und beständig krank und elend sind.

Aber es gibt lächerliche Vorurteile in der Welt, wogegen die gesunde Vernunft vergebens schreit, und je öfter man in seinen Erwartungen betrogen wird, desto eifriger wird oft die Begierde zu finden, was man immer vergebens suchte. Diese deutschen Rosenkreuzer haben unser Zeitalter auf einen solchen Ton gestimmt, daß man wiederum anfängt, die elendesten Ammenmärchen zu glauben, gegen welche einst Thomasius zu Felde zog. Ein solcher Rosenkreuzer glaubt, seinetwegen könne ein Sturm, ein Ungewitter entstehen, seine Hauskatze sei vom Teufel besessen, um ihn zu versuchen, er könne blindlings die Bibel aufschlagen und darin Antworten auf jede Frage finden, gleich als wenn der Schöpfer einem so elenden Tropfe zu gefallen, solche Wunder täte! Ein anderer hält sich für einen Priester der Gottheit und verrichtet unberufen allerlei geistliche Ämter. Wenn ihm ein chymischer Prozeß oder dergleichen nicht gelingt, so hat er nicht genug gebetet, möchte auch der Prozeß an sich den allgemeinen Regeln der Scheidekunst entgegenlaufen. Überhaupt meinen sie, Gott habe uns auf die Welt gesetzt, um in heiliger Untätigkeit mit Beten ohne Arbeiten den Schöpfer zu ermüden. Ein Buch braucht nur unverständlich, aus alten theosophischen Büchern zusammengeschmiert zu sein, so wird es mit Golde ausgewogen, und ein Mann, der nur etwas abgesonderter, sonderbarer lebt als die übrigen, wird weit und breit als ein echter Adept verschrieen. – Sancta simplicitas! – Aber das ist das schändlichste, daß durch diese sonst bedauernswürdigsten Torheiten der Welt so mancher tätige nützliche Bürger entrissen, in den Wissenschaften ein Stillstand bewirkt, und jede Quelle der Erfindung und Nachforschung verstopft wird."

Dieser heftige Angriff wird der Rosenkreuzer-Bewegung keineswegs gerecht und er ist auch nicht immer ganz ehrlich, denn er kommt Knigge nicht aus dem Herzen, sondern ist Mittel zum Zweck. Er war ein Mensch, der von einem glühenden Geltungsbedürfnis beherrscht war, der unter allen Umständen eine Rolle spielen wollte. In der strikten Observanz war ihm das nicht gelungen, so versuchte er es im Illuminaten-Orden, dem er 1780 beigetreten war und dessen Ausbreitung er sich eifrig widmete. Er sagt selbst, daß er mit Hintansetzung aller seiner häuslichen und anderer wichtiger Geschäfte täglich fast sechzehn Stunden für den Orden arbeitete. Er opferte erhebliche Summen und ließ sich nie bezahlen, um dem gewöhnlichen Verdacht des Eigennutzes zu entgehen. „Ich schrieb gegen Jesuiten und Rosenkreuzer, die mich nie beleidigt haben, mich aber jetzt verfolgen." Knigge war eine kühl-nüchterne, ironische Natur ohne einen Funken von Poesie. Das erkennt man auch aus seinen Romanen, und der mystische Zug in der Rosenkreuzerei lag ihm gar nicht. Wir werden seinem Wirken noch begegnen bei den Illuminaten und bei der Gründung der Großen Mutterloge des Eklektischen Freimaurerbundes.

Seine Schrift hätte wohl kaum eine Wirkung getan, wenn nicht innere Streitigkeiten hinzugekommen wären, und Äußerungen hoch beförderter Rosenkreuzer, die Knigges Urteil zu bestätigen schienen.

Die schärfste Gegnerschaft richtete sich gegen Wöllner, dessen Charakterbild bedenklich in der Geschichte schwankt. Aber wir können doch nicht so bedingungslos der Verurteilung dieses eigenartigen Mannes zustimmen, wenn wir eine Äußerung Friedrich Nicolais beachten, der gewiß nicht als ein Freund der rosenkreuzerischen Schwärmerei anzusehen ist.

„Dieser unnatürliche Durst nach geheimen Wissenschaften, welche er, gleich so vielen andern Hintergangenen Gläubigern, immer nun bald zu erlangen hoffte, und sich indeß mit einer Menge sinnloser kabbalistischer und magischer Worte und dunkler Anspielungen begnügte und sie andern als hohe Weisheit anpries, verdunkelte nach und nach seinen sonst hellen Kopf; und seine irregeführte Einbildungskraft ließ ihn allenthalben Geheimnisse und Wunder sehen. So stürzte er sich in den bodenlosen Abgrund der Magie und Geisterseherei, und es regte sich in ihm die chimärische Einbildung, daß die geheime Lehre von der rosenkreuzerischen Philosophie, von der Gemeinschaft mit den Geistern, der er sich nun ganz ergeben hatte und die er für das einzige wahre Wissen hielt, bald ganz allgemein werden und alle andere Philosophie verdrängen würde."

Es waren andere am Werk, die sich des allzu gläubigen, vertrauensvollen Wöllner bedienten, Ordensobere, die sich in tiefste Anonymität hüllten, und die er wohl selbst nur nach ihrem Ordensnamen kannte. Diese waren überlegene Kenner des menschlichen Herzens und seiner Schwächen und verstanden es, fieberhaftes Verlangen zu erregen und ihre Werkzeuge durch Ordens-Ehrenstellen in eine solche Begeisterung zu versetzen, daß sie willig zu allem die Hände boten und so aus Betrogenen selbst zu Betrügern wurden. Mit Hilfe derart zubereiteter Werkzeuge drangen sie in die Leitung der Freimaurerlogen ein und gewannen in der Tat über die Große Mutterloge zu den drei Weltkugeln einen so starken Einfluß, daß man diese Körperschaft in jener Zeit, etwa um die Mitte der achtziger Jahre des achtzehnten Jahrhunderts, als durchaus rosenkreuzerisch bezeichnen muß.

Der erste schwere Angriff aus den Kreisen des Ordens kam durch das schon oben erwähnte Buch, „Der Rosenkreuzer in seiner Blöße," das im Jahre 1781 mit der Städtebezeichnung Amsterdam erschien und als dessen Verfasser „Magister Pianco, vieler Kreise Bundesverwandter" zeichnete. Hinter diesem

Decknamen verbarg sich, wie wohl heute feststeht, Hans Heinrich Freiherr Ecker von Eckhoffen, und Amsterdam ist in der Geheimsprache der Rosenkreuzer Nürnberg. Er wandte sich mit einer schneidenden Schärfe und einer für die Zeit bemerkenswerten Gelehrsamkeit gegen das ganze System und gab einen klaren Überblick über die Organisation durch die Veröffentlichung der Tabelle aus dem Jahre 1763. Vernichtend ist seine Verurteilung des höchsten Grades der Magier, von denen die geheime Konstitution behauptet, daß sie sich wie Moses und Elias persönlich mit Gott unterreden oder wechselweise Botschaften durch die im Feuer Gottes gereinigten Geister schicken könnten. Dummdreist und gotteslästerlich nennt er solche Äußerungen und erklärt: „Moses hat niemals persönlich, das ist, daß er Gott körperlich gesehen hätte, mit Gott gesprochen. Da Gott mit Moses durch den brennenden Dornbusch sprach, so sah Moses nichts als ein Feuer und er fragte: Herr, wer bist Du? Und Gott antwortete: Ich bin der ich bin, und dies ist Jehovah. Ebenso verhielt es sich bei den Geboten, die er auf dem Sinai gab; und niemals hat Gott mit den Propheten des alten Bundes körperlich gesprochen."

Dann stellt er die Frage, ob die Magier frömmer und Gott angenehmer als ihm Moses und die Propheten waren, und wie sie einen so öffentlichen dummdreisten Betrug rechtfertigten. Er bezeichnet das alles als eine erdichtete schwarze Lüge und kommt schließlich zu demselben Schluß wie Knigge: „Hier müht ihr wahrlich gestehen, daß ihr entweder ins Tollhaus oder, (wenn es euch wirklich vorsätzliche Bosheit und Betrug ist, wie ich es natürlich dafür erkläre) zur höchsten Gnade an die Ruderbänke ohne Nasen, Ohren und Zungen gehört."

Gegen solch wuchtige Vorwürfe gab es keine Verteidigung. Zwar hat Phöbron seinen im Lichte der Wahrheit strahlenden Rosenkreuzer geschrieben, aber er konnte seinen Gegner nur beschimpfen: „Pianco – Phöbron hatte sein Pseudonym durchschaut, denn er nennt ihn bei seinem Ordensnamen Nichneri Veckort, allerdings fehlerhaft Nicheri Vockort – ist einer zügellosen Wollust ergeben – wie Sie – lebt in einem beständigen Ehebruch, und schleppt zu eben dem Ende eine Dirne mit sich herum. Diese Lebensart erfordert viel Geld, da er doch nichts als Schulden hat – wie Sie – und zwingt ihm von Zeit zu Zeit immer neue Kunstgriffe ab, dem nächsten besten gutherzigen Nebenmenschen welches abzubetrügen. Seine Streiche mißlingen ihm zwar manchmal: er hat aber auch nicht wenige recht derb gebutzt."

Der Kennzeichnung der Magier Eckhoffens weiß Phöbron nichts entgegenzusetzen als die Behauptung: „Die Magen der wahren Rosenkreuzer und ihre Vorgänger waren zu allen Zeiten auserwählte Lieblinge Gottes, und wer solche lästert, ist laut der heiligen Schrift ein Gotteslästerer." Für diesen Lästerer bittet er dann recht beweglich: „Barmherziger Herr, bekehre den

Herzog Friedrich August zu Braunschweig
National-Großmeister der drei Weltkugeln

Friedrich Ludwig v. Wurmb

Lästerer durch das Licht deiner siegenden Gnade um seiner Seele, deines Blutes und deiner selbst willen, auf daß ihm das vielfache greuliche Unglück, so er mir und andern guten Brüdern auf des Seelenmörders, deines Feindes Geheiß mit so arger Bitterkeit wünscht, nicht selbst treffen möge."

Die beiden Streitschriften fanden weite Verbreitung und brachten große Unruhe in den Orden. Dazu kam, daß von seiten der Illuminaten stark durch Zeitungen und Flugblätter gegen die Rosenkreuzer gearbeitet wurde. Daher entstand unter den Mitgliedern eine gefährliche Unzufriedenheit, die sich oft in herber Kritik Luft machte.

Ein begeisterter Freimaurer, ein sehr gebildeter und sehr liebenswerter Mensch, der sächsische Kabinetts- und Konferenz-Minister Friedrich Ludwig von Wurmb, dem wir schon in der strikten Observanz begegnet sind, äußerte sich sehr abfällig, obwohl er schon in den höheren Graden war. Er beschwerte sich über den hochfahrenden Stolz der Oberen und lehnte die hohlen Zeremonien ab, er verlangte Realitäten. Wurmb war entschieden eine ekstatische Natur, denn er hatte Erscheinungen und war überzeugt, überirdische Warnungen zu erhalten. Jedenfalls glaubte er an ein Hereinragen der Geisterwelt in das menschliche Dasein. Da ihm nun die Rosenkreuzer gar nichts bieten konnten, verlangte er seine Entlassung, die ihm auch in sehr höflicher Form erteilt wurde. Auf ähnliche Weise verlor der Orden eine ganze Anzahl vornehmer Mitglieder, andere weniger hohen Standes wurden einfach ausgeschlossen und vermehrten so die Zahl der Gegner.

Trotzdem breitete sich die Bewegung immer mehr aus, besonders, nachdem es Wöllner gelungen war, den preußischen Thronfolger, nachmaligen König Friedrich Wilhelm II., unter dem Ordensnamen Ormesus II dem Rosenkreuz zuzuführen. Es wurde demzufolge allen Zirkeln befohlen, für den Br. Ormesus II, der für die Ausbreitung des Reiches Christi und des Ordens vieles beitragen kann, in allen Versammlungen zu beten.

Die führende Rolle bei der Aufnahme des Thronfolgers spielte Hans Rudolf von Bischoffwerder (1741–1803). Er war 1760 als Cornet in die preußische Armee eingetreten und nach beendetem Krieg Stallmeister des

Runkel, Geschichte der Freimaurerei. II.

Herzogs Karl von Kurland in Dresden geworden. Schon 1758 in der Loge Philadelphia zu Halle als Freimaurer aufgenommen, war er 1764 zur strikten Observanz unter dem Namen eines Ritters vom Greifen übergegangen. Da er sehr den Geheimwissenschaften zugetan war, hatte er sich von Schrepfer einfangen lassen und war bis zu dessen Selbstmord bei ihm geblieben. Offenbar hatte er ihm die Handgriffe abgelauscht und nach seinem Tode die Apparate an sich gebracht. Er war eine Herrennatur von kraftvollem Körper, ein tüchtiger Fechter auf Hieb und Stich und ein trinkfester Zecher. Dabei konnte er außerordentlich bescheiden und liebenswürdig auftreten, wenn es in seine Zwecke paßte.

Den Thronfolger lernte er während des bayrischen Erbfolgekrieges kennen, in dem er eine Jägerkompagnie errichtet hatte, die der Heeresabteilung des Prinzen Heinrich unterstellt wurde. Nach dem Friedensschluß folgte er dem großen König nach Potsdam, und dort wurde er mit Wöllner bekannt, der dem Thronfolger Vorträge über Staatswirtschaft und Verwaltung hielt. Durch Geistererscheinungen umgarnten beide den leichtgläubigen Fürsten, aber während Bischoffwerder geneigt war, den Neigungen Friedrich Wilhelms nachsichtig entgegenzukommen, verlangte Wöllner, selbst ein Mann von strengen Sitten, die rauhe Tugend der Rosenkreuzer. In dem „Belvedere" im Charlottenburger Schloßpark hatten die beiden dem Prinzen ganz im Schrepferschen Stil den Geist des Großen Kurfürsten erscheinen lassen, der ihm eine drohende Strafpredigt hielt und ihn ermahnte, auf den Pfad der Tugend zurückzukehren. Friedrich Wilhelm war auf das tiefste erschüttert und rief nach seinen Freunden, ihn von dem Zauber zu erlösen und zu seiner Freundin zu bringen, was ihm abgeschlagen wurde. Man fuhr noch in derselben Nacht nach Potsdam, wo die Brüderschaft zu seinem Empfang bereit war. Es erfolgte nunmehr seine Aufnahme, bei der der Redner die Ermahnungen des Ahnherrn wiederholte. Die gesamte Brüderschaft bat inständig, daß Friedrich Wilhelm seinen Lebenswandel ändern möge, was dieser auch bedingt zusagte.

Nach der Thronbesteigung machte Friedrich Wilhelm Bischoffwerder zum Flügel- und dann General-Adjutanten und Wöllner zum Minister. Beide waren bis zu seinem Tode seine fast ausschließlichen Ratgeber. – – –

Immer klarer trat der Vorwurf hervor, daß Wöllner sich mit den Jesuiten verbunden habe, und in der Tat war der Zirkeldirektor in München der Beichtvater des Kurfürsten Karl Theodor, der frühere Jesuit Pater Frank, der in Gemeinschaft mit Wöllner die Vernichtung der Illuminaten betrieb und auch in Bayern durchsetzte. Ein solches Vorgehen, das ganze Familien von Haus und Hof ins Verderben trieb, erbitterte viele Brüder, und immer lauter erhoben sich die Stimmen gegen Wöllner.

Die ganze Empörung kam in dem Streit Wöllners mit dem Baron von Schroeder (Sacerdos) zum Ausdruck. Aufgenommen war dieser in der Loge zu den drei Sternen in Rostock, und zwar schon im Alter von dreizehn Jahren, mußte aber versprechen, sich erst mit achtzehn Jahren zur Freimaurerei zu bekennen. Er wurde Offizier und kam kurz vor Ausbruch des bayrischen Erbfolgekrieges nach Berlin, wo er Wöllner kennen und verehren lernte. Dieser nahm ihn in die Rosenkreuzer-Brüderschaft auf und entsandte ihn nach Rußland, um dort den Orden zu verbreiten. Nach Berlin zurückgekehrt, wurde ihm das Archiv der Ober-Hauptdirektion übertragen, und da erhielt er Einblick in die inneren Verhältnisse des Ordens. Damals mögen wohl schon die ersten Zweifel in seinem Herzen aufgestiegen sein. Auf Wunsch seines Freundes Schwarz, das Amt des Hauptdirektors in Moskau zu übernehmen, war er nach Rußland zurückgekehrt, nachdem er in den achten Grad befördert worden war. Der Zwischenfall mit der Arznei für Schwarz und dessen Mitteilungen auf dem Totenbett veranlaßten ihn, gegen Wöllner vorzugehen.

Im Archiv der Großen Landesloge befindet sich der Schriftwechsel, dabei das erste Schreiben, in dem Wöllner direkt des Betruges beschuldigt und ihm aus den Archivalien nachgewiesen wird, daß er in alle Machenschaften eingeweiht war und seine Hand zur absichtlichen Täuschung geboten hätte. Wöllner enthob ihn sofort seines Amtes und ermahnte ihn, „in sich zu gehen, er sei bis zum Hauptor des Heiligtums geführt worden, das ihn mit zeitlichen und ewigen Gütern und tiefen Naturkenntnissen, nach ausgestandener Prüfung und richtig befundener Empfänglichkeit ebenso gewiß würde bereichert haben, als ein Gott im Himmel sei. Statt dessen beginne er, an der Echtheit des Ordens zu zweifeln; der böse Feind, dem er ein Stachel im Auge gewesen sei, wenn er gut geraten, habe durch seine höllischen Einhauchungen seine elenden Zweifel vermehrt und ihm einen Todesboten nach dem andern hingesendet. Er möge sich gehorsamlich allem unterwerfen, was die Oberen befehlen, und demütigst unter heißen Bußtränen Tag und Nacht auf seinen Knien beten, daß er um Christi Blutes willen ihm seine Sünde vergeben möge."

Schröder ließ sich nicht einschüchtern, er blieb dabei, daß er nur die reine Wahrheit gesagt habe; und als auch von anderer Seite Wöllner seine Doppelzüngigkeit vorgehalten wurde, gab er klein bei. Er versicherte Schröder, der nach Berlin gekommen war, seiner zärtlichen Liebe, er möge nur von seinem unseligen Zweifel lassen. Die Ordensoberen seien ganz Liebe und Sanftmut. Es wurde ihm sogar zugebilligt, daß er sich seine Richter selbst wählen könne. Schröders Verteidigungsschrift, die sich gleichfalls in dem genannten Archiv befindet, enthält Hundertsiebenzehn Beschuldigungspunkte, die er alle aktenmäßig begründet hatte. Die Sache ging an die Oberen und blieb dort liegen, ohne daß man jemals darauf zurückkam.

Dem Fall Schröder folgte der Fall Röpert. Georg Friedrich von Röpert auf Trollenhagen war in Hannover zum Freimaurer aufgenommen und hatte sich später an die Loge zu den drei Sternen in Rostock angeschlossen. Er gründete die Loge zum gekrönten goldenen Greifen in Neubrandenburg, deren Meister vom Stuhl er war. Auch nach seinem Übertritt zur strikten Observanz behielt er das Amt. Bei Gugomos in Wiesbaden machte er die Bekanntschaft von Wöllner und Bischoffwerder, die ihn dem Rosenkreuz zuführten.

Seine Zweifel waren von derselben Art wie die Schröders, er trug sie nur verschwommener vor. Wöllner erließ ein Exhortatorium (Ermahnung), das Röpert nicht ruhig hinnahm, sondern sehr ausführlich beantwortete. Er beschwerte sich, daß man seine Zweifel nicht berücksichtige, und hielt ihnen Mangel an christlicher Gesinnung vor und bekannte vor dem Angesicht Gottes, daß er keine bösen Absichten habe. Dann aber stellt er folgende kritische Fragen:

1. „Sind wir nicht Jesuiten? Und wenn ich auch annehme, daß dies unter Voraussetzungen noch anginge:
2. Wie soll und kann das Verfahren gegen die Illuminaten in Bayern verantwortet, ja nur entschuldigt werden? Sind Spuren der Nachfolge Christi drin? Und welcher ehrliche Mann kann hier eine Verantwortung gelten lassen oder eine Ausrede, die sich in heiliges Dunkel hüllt und ihre Werke in Finsternis treibt?
3. Kann es selbst nach dem Hirtenbrief verantwortet werden, daß vom Juniorat bis zum achten Grad lauter Chymie getrieben wird?
4. Von wem mochten Sie wohl mit Gewißheit behaupten, daß er den Lapis zustande gebracht? Lassen Sie uns hinsetzen und uns über dies alles vereinigen. Aber dazu gehört kaltes Blut, können Sie das anschaffen? – Dazu gehört Beiseitesetzen aller Gründe, die man bis her hatte, und Prüfung derer, die uns entgegengestellt werden, wollten Sie das? – Dazu gehört ein offenes Herz, kein Verschweigen und Verstoßen des, der nur die Miene anderer Gesinnung annimmt. Haben Sie sich das abgewöhnt, oder wollen Sie das gegen mich nicht tun? Denn im Vertrauen gesagt, Sie sind mir intolerant gegen die e gremio nostro vorgekommen, die auch nur einen Schein von Abstimmigkeit gegen sich haben. Dies kann nun freilich wohl von der festen Angänglichkeit Ihrer Überzeugung kommen, aber diese können Sie nicht bei allen voraussetzen. Dazu gehört ferner, nicht postulieren, nicht voraussetzen wollen, was nicht nach richtigen Gründen, historischen Factis und

Anwendung gemeinen Menschenverstandes von beiden Seiten als bestimmt angenommen werden kann. Wollen Sie zu einer solchen Untersuchung sich verstehen?"

„Glauben Sie mir, nach der Ihnen gewidmeten Bruder- und Menschenliebe ist mir an dem Urteile über Sie mehr als über mich selbst gelegen. Sie stehen auf der Warte, ich diene im Tal; ich bin im eigentlichen Verstande niemandem als mir selbst Rede und Antwort schuldig. Sie, wenn Sie es beherzigen wollen, Hunderten von Brüdern, die alle auf Sie sehen, und die, wenn Sie auf Sinai zu stehen glauben, unten das goldene Kalb anbeten. Bedenken Sie diese Lage unbefangen und sagen, ob es Ihnen nicht darum zu tun sein muß, richtig beurteilt zu werden..."

Wöllner antwortete sehr von oben herunter, es gäbe noch jetzt Auserwählte Gottes unter dem Menschengeschlechte, die durch Reinigkeit der Seele über den Rest der Sterblichen erhaben und daher mit dem Hauptschlüssel der Natur versehen, zur verborgenen Ökonomie Gottes in der Welt gehörten. Bei dieser einzig wahren Idee vom Orden fielen alle elenden Vorspiegelungen von Jesuiten, Katholizismus usw. als das armselige Modesystem weg und würden lächerlich.

Bei so tiefgreifenden inneren Gegensätzen, die in einem großen Teil der Mitglieder gegen Wöllner und seine Führung bestanden, läßt es sich denken, daß Äußerungen dieser Art nur geringen Eindruck machten. Es drohten sogar Veröffentlichungen in der Literatur und in der Presse, da zogen es die leitenden Oberen vor, die Unzufriedenen auf einen General-Konvent zu vertrösten, an dem sie Aufklärung versprachen.

Aber auch das geschah nicht. Unerwartet verfügten die Oberen im Jahre 1787 ein Silentium, einen Stillstand der ordentlichen Zirkelarbeiten. Der Orden als solcher trat nicht mehr sichtbar in die Erscheinung, aber eine Verbindung unter den Mitgliedern wurde aufrechterhalten. Die Oberen versandten an die einzelnen Zirkeldirektoren von Zeit zu Zeit alchymische Rezepte, wofür die Gebühren nach Frankfurt am Main, nach Regensburg oder nach Nürnberg entrichtet werden mußten. Die Idee lebte fort und wurde im engsten Kreis der Mutterloge zu den drei Weltkugeln gepflegt, und sie ist nur langsam erloschen. Sie hat alle Abwandlungen des Mystizismus mitgemacht, die wir als Theosophie, als Spiritualismus und Parapsychologie kennen, um in der Pansophie, ihrem eigentlichen Ausgangspunkt, zu enden.

Die heutigen Rosenkreuzer nennen sich hermetische Bruderschaft vom Rosenkreuz und geben von Zeit zu Zeit Schriften heraus, die erkennen lassen, daß das alte robuste Gebrauchtum vollständig vergeistigt wurde. Ihre Schriften atmen den alten christlichen Glaubensernst und die alte rosenkreuzerische Sittenstrenge, aber es geht ein Zug von Internationalität durch, der dem denkenden und suchenden deutschen Menschen innerlich widerstrebt. Der Internationalismus ist schon in der uralten Legende vom Turmbau zu Babel verworfen. Gerade in der Vielgestaltigkeit der nationalen Individualitäten, die sich anziehen und abstoßen, ist der Bestand der Menschheit gesichert: „Das ist dann erst einmal die große wahre Einheitsschule, in welche alle Menschen auf Erden ihr ganzes Leben lang gehen müssen, einerlei ob Kinder oder Greise, ob Schwarze oder Weiße, ob Deutsche oder Franzosen, ob Arme oder Reiche, ob Männer oder Frauen, ob Einfältige oder Professoren, ob Christen oder Monisten, Juden oder Heiden usw. ... Ohne daß der Körper und der Intellekt vernachlässigt werden, liegt doch der Schwerpunkt mehr in der Entfaltung des Innenlebens und dem in jedem Menschen schlummernden Götterfunken, der durch das reine selbstlose Tun, erhabenes Denken und Meditation in den göttlichen Willen verschmelzen und hohe magische Dinge vollbringen kann."

In ihrer Forderung der Selbsterkenntnis als einer Hauptbedingung erkennen wir das alte nosce te ipsum der klerikal-rosenkreuzerischen Bewegung; das selbe kommt in den vier Erkenntnisstufen vor, die in der hermetischen Bruderschaft die vier Gnadengaben des Geistes genannt werden:

„Zuerst werden Gesichte eintreten. Sobald der innere Geist reger und freier, ungebundener wird von den schweren materiellen Fesseln, wird er auch sein inneres Auge als wie im Traume zu öffnen versuchen und dann figürliche und formale Vorstellungen von Begebenheiten aus dem siderisch-astralen Plan haben, die aber meist alle geringen Wert haben und daher am niedrigsten stehen.

Die 2. Stufe besitzt die eigentlichen Offenbarungen des Geistes. Sobald nämlich das inwendige Gemüt durch einen Lichtstrahl des universellen, heiligen Geistes durch und durch erleuchtet und durchgeistet ist, wird dann vor allem der wahre Sinn des Geistes ohne jegliche Form oder Figur dem inwendigen Sinn vorgestellt. Nur wahre Propheten, die vom Geiste Gottes erweckt wurden, kommen bis zu diesem Schauen.

Der 3. Grad betrifft die direkte, unmittelbare Überführung, d. h. wenn das Gemüt in das höchste Prinzip der Weisheit urplötzlich verzückt und aufgenommen wird, um darin die Mysterien und unaussprechlichen Wunder der göttlichen Zahl in Einheit. Dreiheit und Siebenheit zu schauen und zu umfassen. In dieser Himmelswelt kann der menschliche Geist nur kurze Zeit stehen, weil sein Prinzip, solange es einem Körper anhaftet, nie so gereinigt und geläutert werden kann, um dauernd in diesem Centro zu bleiben. Darin ist der Bruder bereits eins mit allen Kräften der Welt, lebt in jedem Gedanken, und alle Geister stehen unter ihm.

Die 4. und letzte Stufe ist die letzte Offenbarung, die noch einem sterblichen Menschen vielleicht einmal zu erreichen möglich sein kann, denn sie ist die letzte und höchste Stufe in dieser Welt. Sie ist kurz angedeutet als die Einswerdung, die Vermählung des heiligen Geistes Gottes selbst mit dem reinsten Lichtwesen der Seele, um das große Mysterium der Wiedergeburt und Erneuerung in allen Dingen der Natur und Menschheit zu krönen und zu vollenden, also auch den Menschen zum reinen, inneren, göttlichen Leben selbst zu verklären, oder um im innersten Centro der Seele die letzte Pforte zur Theoscopia, dem Gott-Schauen, zu öffnen, um die Krone zu empfangen, als ein Heiland der Welt allem diesen zu diesen oder als allweiser Bruder im göttlichen Amt mit göttlicher Macht verbunden unermeßlichen Segen, Glückseligkeit und Frieden allen Wesen im All zu spenden von Ewigkeit zu Ewigkeiten. –"

Außerdem bestehen noch Hochgrade, „die himmlischen Fakultäten", in denen die eigentlichen Ordenslehren niedergelegt sind.

Über die Aufnahme wird gesagt: „Nun sollte ja niemand auf die Vermutung kommen, diese illustre Brüderschaft sei alleiniges Privileg sehr weniger weiser, edler und vorzüglicher Geister, dem ist allerdings nicht so. Jedermann ist zum Beitritt und Eingang berufen, wenn auch nur sehr, sehr wenigen die Pforten des Tempels sich öffnen, um sie einzulassen. Denn die Aufnahme, der Eingang in die Bruderschaft, hängt von keinem Wesen im Weltall ab, sondern nur ganz allein vom Suchenden selbst. Daher ist auch niemand da, der ihn unter Formalitäten einführen könnte. Nur er selbst nimmt sich auf, er selbst rückt in den Stufen der Erkenntnis höher und höher, nur er selbst hat das zu bestimmen, wie auch niemand, kein Gott und kein anderes Wesen, die Macht hat, ihn aus der Brüderschar auszuschließen und zu separieren. Das kann auch nur der Suchende selbst, nur er allein ist imstande, die Verbindung, die im allgemeinen ewig dauert, zu lösen. Also den Eingang kann jeder suchen, und ein jeder, der im Zentrum, im Innern ist, hat die Macht, dem Suchenden die Wege zum Tempel zu lehren und zu zeigen, aber kein Wesen, es mag sein, was es will, vermag eher ins Innere einzugehen, bevor es nicht die dazu erforderliche Reife erlangte."

Die ganz still wirkende Bewegung stellt sich als eine Flucht vor der brutalen Wirklichkeit des Weltgeschehens in die reine Sphäre des Geistigen dar. Es ist eine Pistissophie, eine Glaubensweisheit, die an die alte christliche Gnosis anklingt. Sie ist geboren aus der Not des deutschen Menschen, die der rohe Siegerwille der Feinde gebracht hat. Aber es geht auch ein tatenloses Hindämmern durch diese hermetische Gedankenwelt, wie es der Buddhismus in seinen höchsten Daseinsformen zeigt. Dieses neue Rosenkreuzertum lähmt jede Aktivität und tötet den nationalen Schwung, denn es ist nicht nur politisch, sondern auch religiös international. „Wir suchen uns selbst und können auch nichts anderes finden als uns selbst in allen Dingen, Formen, Ideen und Substanzen des Daseins. Denn wir sind in dieser neuen Anschauung nicht mehr du und ich, dieses und das, ihr und wir, – sondern sind allzumal einer im Wort, Christus, Buddha, Tao, Allah, Gott, d. i. Pansophen."

Es wäre pharisäische Selbstüberhebung, wenn wir z. B. Laotses Tao-Lehre in ihren hohen sittlichen Werten verkennen wollten, aber für uns ist das Christentum der letzte Ausdruck religiösen Erlebens und in Wahrheit die Religion, in der alle Menschen übereinstimmen könnten, wenn der Weg erst gefunden wäre, im Christentum das nationale Sonderleben beizubehalten, wie es der juden-christliche Pfarrer Rabinowitz in Kischinew, eine wahrhafte Paulus-Natur, vorgeahnt hat. Die Freimaurerei in ihrer heutigen Gestaltung lehnt alle Erscheinungen wie diese hermetische Bruderschaft, die neuen Illuminaten und andere Sektenbildungen mit Entschiedenheit ab und wehrt dem Eindringen solcher Lehren mit der ganzen Kraft ihrer geschichtlichen Stellung.

II. Die Illuminaten

Eine der ersten Ausgaben von Schillers Räubern trägt auf dem Titelblatt die Devise „In Tirannos". Sie war aus dem Geist der Zeit geboren, Sturm und Drangperiode, die eine Auflehnung gegen jede Art von Unterdrückung, besonders in der Sphäre des Geistes kennzeichnete. In Bayern, wo auf den hochsinnigen Kurfürsten Maximilian III., volkstümlich Max-Joseph genannt, der als einer der besten Fürsten Bayerns galt, Karl Theodor von der Pfalz gefolgt war, wurde der Druck der Jesuiten, die den Kurfürsten voll beherrschten, äußerst schwer empfunden. Vor allem in den Kreisen der Wissenschaft regte sich der Unwille wie ein unter der Asche schwelendes Feuer, denn hervorwagen durfte er sich nicht, weil die Mönche sofort mit Dienstentlassung und Leibesstrafen antworteten.

In der juristischen Fakultät der Universität Ingolstadt lehrte Professor Adam Weishaupt und seit Ende des Jahres 1773, also gleich nach Aufhebung des Jesuitenordens, auch kanonisches Recht, was seit neunzig Jahren eine Domäne der Jesuiten gewesen war. Die Übernahme dieses Lehrstuhls trug ihm die unversöhnliche Feindschaft der Jesuiten ein, die ihn mit allen Mitteln zu vernichten strebten. In diesem Kampf suchte er nach Bundesgenossen, und so verfiel er auf den Gedanken, einen Orden zu gründen, für den er

Adam Weishaupt

sich die Freimaurerei zum Vorbild nahm; in eine Freimaurerloge ist er erst später aufgenommen worden. Er nannte seine Gründung den Orden der Erleuchteten, Illuminaten, und erzählte, daß er die letzte Anregung aus einem Buche von Thomas Abbt empfangen habe, wo es heißt: „Vieler, sehr vieler Menschen zeitliche und ewige Wohltat zu befördern, ihr Leben und Wandel durch Vorschriften so einrichten, daß sie immer glückseliger, immer vollkommener werden; die Veranstaltung treffen, daß ihnen dergleichen Regeln ebenso geläufig als geliebt seien; solche Lagen aussinnen, dadurch sie sich alle, aller Widerspenstigkeit ungeachtet, zu einem gemeinschaftlichen Guten müssen hinführen lassen; dazu denn alle Verwicklungen, die meisten möglichen Fälle mit ihren Ausnahmen überdenken, arbeiten, manchmal ohne Frucht, sich trösten, aufrichten, selbst anspornen müssen; keine Widerwärtigkeiten, keine Gefahr achten; keine innere Abneigung der Lauigkeit überhandnehmen lassen; und dies alles bloß darum, weil es zu Nutzen und Frommen der herzlich geliebten Nebenmenschen gehört, ihrer, die nach einerlei Bilde mit uns geschaffen sind. Oh! Wo ist der Mensch, der dies tut? Wenn er nicht mehr ist, wo ist seine Bildsäule? Wo ist sein marmornes Bruchstück? Sagt mir's, daß ich hingehe, den kalten Stein in die Arme schließe und des Urbildes eingedenk mit heißen Tränen der Dankbarkeit das Bild benetze."

Ursprünglich waren es nur wenige vertraute Freunde und Schüler, die Weishaupt um sich sammelte, und eine bestimmte feste Form hatte der Orden auch noch nicht angenommen. Alles war bislang ungeordnet im Kopfe des Stifters. Der Freimaurerei ihrer Zeit gegenüber waren die Illuminaten keineswegs freundlich gesinnt, sie benutzten sie bloß, um aus ihren Reihen sich Mitglieder zu holen. Es wurde ganz klar ausgesprochen, daß man nur Eingang in die Logen suchen solle, um brauchbares Menschenmaterial für den Illuminatenorden zu finden. Das war nicht gerade anständig, ebensowenig wie die Art, wie man Mitglieder warb, zu billigen. Man beredete zunächst die würdig befundenen Freimaurer zu einem Vorbereitungskurs, in dem ihnen gesagt wurde: „Wenn sich die besseren Menschen verbinden, der Korruption zu steuern und die Hindernisse hinwegzuräumen, die der Weisheit und Tugend im Wege stehen, so müssen diese Menschen nicht nur alle die Hindernisse kennen, sondern auch die kräftigsten Mittel haben, sie zu heben. Das findet man aber in solchen geheimen Verbindungen und namentlich in der Freimaurerei nicht." Dann wird im weiteren Unterricht die Freimaurerei herabgesetzt und ihr jede Bedeutung abgesprochen.

Der Vorbereitung folgte nunmehr das Noviziat, in das der Kandidat erst eingeführt wurde, nachdem er einen Revers unterzeichnet hatte, worin er nverbrüchliches Stillschweigen gelobte. Es wurde ihm aufgegeben, ein Diarium zu halten, in dem er alle Ein- und Ausgänge im Verkehr mit dem Orden zu buchen hatte. Auch Charakterschilderungen von Personen, die er für den Orden tauglich hielt, wurden von ihm verlangt. In dieser Zeit war ihm ein Führer zugeteilt, über den er jeden Monat Bericht erstatten mußte. Dieser Bericht war der sogenannte Quibus licet-Zettel. Hatte er etwas über seinen Führer zu sagen, was nur für die Augen des Provinzoberen bestimmt war, also ein ungünstiges Urteil oder eine Beschwerde, so fügte der Noviz in der Ausschrift das Wort „Soli" bei; einen solchen Zettel durfte der Führer nicht erbrechen. Wenn der Noviz sich über den Provinzial zu beschweren hatte, so wurde auch dieser übergangen und der Bericht mit dem Worte „Primo" gekennzeichnet.

Dieses Spionage- und Überwachungssystem war von dem Jesuitenorden übernommen und unbedingt unsittlich, denn es mußte Treu und Glauben, Freundschaft und Vertrauen untergraben. Dabei führte jedes Mitglied einen Ordensnamen – Weishaupt nannte sich Spartacus – so daß die meisten Brüder sich nur unter diesem Namen kannten, der auch in allen Korrespondenzen als Unterschrift benutzt werden mußte.

Das Noviziat währte ein bis drei Jahre, und in dieser Zeit kannte der Kandidat nur seinen Führer, der sich sehr eingehend mit ihm beschäftigte und ihn prüfte. Waren drei Jahre vergangen, ohne daß eine Berufung zur Aufnahme in den Orden erfolgte, so galt dies als eine Ablehnung. Der Noviz hörte nichts mehr, seine Berichte wurden nicht mehr beantwortet, und er blieb, was er vorher gewesen war, in der Freimaurerei. Im andern Fall erfolgte seine Aufnahme in den ersten Grad, den der Minervalen, der gewissermaßen eine gelehrte Gesellschaft darstellte, in der durch Beispiel und Unterricht das Herz gebessert und der Verstand erleuchtet werden sollte.

Das Abzeichen dieses Grades war eine Eule aus vergoldetem Metall, die ein aufgeschlagenes Buch in den Klauen hielt, worauf die Buchstaben P. M. C. V. (per me caeci vident, durch mich werden die Blinden sehend) zu lesen waren. Als Kennzeichen hielt man die Hand flach über die Augen, als ob man vom Licht geblendet wäre; man nannte dies das Blendzeichen. Die Weihe selbst erfolgte abends bei verschlossenen Türen, und erst danach erhielt der Geweihte die Erlaubnis, einer Versammlung beizuwohnen. Am Schluß einer solchen Versammlung fragte der Obere den Zensor, ob er keine Klage gegen die anwesenden Brüder habe, worauf jener antwortete: „Erlauchter Oberer, ich soll andere richten, bin ich aber selbst in euren Augen rein in Gedanken, Worten und Werken?" Ist der Obere mit seinem Zensor nicht zufrieden, so gibt er ihm den Tadelzettel mit der Bemerkung: „Bessere dich und andere." Findet er ihn aber gerecht, so fragt er von neuem, ob auch die andern gerecht seien. Hierauf teilt der Zensor Tadelzettel an die Brüder aus, oder wenn er sich über keinen zu beklagen hat, ruft er: „Erlauchter Oberer, alles ist gerecht."

Der nächste Grad ist der Illuminatus minor, der kleine Illuminat, etwa der schwach Erleuchtete. Auf dieser Stufe wurden die Lehrer und Führer der Minervalen vorgebildet. Menschenkenntnis war das Schlagwort dieses Grades, die durch Menschenbeobachtung erworben werden sollte. Man kann sich vorstellen, wohin das führte. Jeder wußte, daß er von seinem Ordensbruder beobachtet wurde, daß er ihm ein Schulfall für die Übungen in der Menschenkenntnis war. So ist es nicht zu verwundern, daß sich ein Spionagesystem entwickelte, das für aufrechte Menschen unerträglich war. Andererseits hörte jede freie Bewegung auf, kein Bruder durfte wagen, dem andern sein Herz auszuschütten, ja nicht einmal seine Meinung offen zu sagen. Er konnte ja gar nicht wissen, ob der, dem er sich eröffnete, nicht etwa ein hoher Oberer war, denn in den Minervalversammlungen mußte sich jeder, welchen Grad er auch immer besaß, als Minerval geben. Weishaupt hat diese Gefahr sicher nicht vorausgesehen, noch weniger ein Spionagesystem beabsichtigt. Es war ihm lediglich ein erzieherisches Moment; heißt es doch in der

Instruktion: „Menschen werden durch beständigen, vernünftigen Zuspruch, durch gutes Beispiel und beständige Sorgfalt gezogen. Das Auge des Hirten macht die Herde gedeihen, und die Vorsorge guter, wachsamer, unermüdeter Menschen macht wieder gute Menschen."

In dem Eid mußte unverbrüchliches Stillschweigen in unverbrüchlicher Treue und Gehorsam allen Oberen und allen Satzungen des Ordens gelobt werden. Für eine Zuwiderhandlung unterwarf sich der Illuminatus minor allen Ahndungen und Strafen, die von den Oberen verhängt wurden. Es wurde ihm ein bloßer Degen auf die Brust gesetzt und mit unausbleiblicher Rache gedroht, gegen die ihn kein Herrscher schützen könne, wenn er jemals zum Verräter am Orden werden würde. Als Hauptgedanke dieses Grades galt die Überwindung aller politischen und religiösen Vorurteile.

Die dritte Stufe war der Illuminatus, major der größere Illuminat oder etwa der höher Erleuchtete, er hieß auch schottischer Ritter und war in Ritual und Bekleidung eine Nachäffung des freimaurerischen Gebrauchtums, wie es die strikte Observanz bot.

Diese Entwicklung war verhältnismäßig langsam vor sich gegangen, Weishaupt selbst hatte nur eine dunkle Vorstellung von seinem eigenen Wollen, er warf lediglich Gedanken hin, ungeordnet, wie sie ihm gerade aus dem Studium zeitgenössischer Werke zuflossen. Denn er war keineswegs ein originaler Denker, sondern mehr ein Empfänger und Dolmetscher der Gedanken anderer. Er hatte viel gelesen und las unentwegt, ziemlich planlos, und ebenso planlos legte er auch seine Schriften an. Es kostet geradezu Überwindung, sich durch die unendliche Weitschweifigkeit durchzuarbeiten und diese kompakte Masse seiner Lesefrüchte auf die Grundeinheit seines Ziels zurückzuführen. Ohne seine Freunde, unter denen der kurfürstliche Regierungsrat Franz Xaver Zwackh, im Orden Cato genannt, Professor Baader (Celsus), Kanonikus von Hertel (Marius) und Revisionsrat von Berger (Scipio) die bedeutendsten waren, wäre er nie mit der Organisation zu Rande gekommen.

Diese Männer bildeten mit noch einigen andern sehr achtbaren Persönlichkeiten den Areopag, der als eine Art Ordensrat die Leitung des Ordensganzen innehatte und keineswegs immer mit Weishaupt, dem Ordensgeneral, übereinstimmte. Von dem Areopag gingen auch die ersten und die späterhin umgearbeiteten Statuten aus, die maßgebend den gesamten Illuminatismus gestaltet haben.

Am aufschlußreichsten für die erste Periode des Ordens, die etwa 1781 abschloß, ist der gemeinschaftliche Schluß des Areopags über den Zweck, die Mittel und die Einrichtung der Gesellschaft, von Leopold Engel (Geschichte des Illuminatenordens, Berlin 1906) erstmalig veröffentlicht.

Darin wollte der Orden die Jugend interessieren, die Neigung zum Laster vermindern, und Aufklärung verbreiten. Das jesuitische Spionagesystem wurde auf das richtige Maß zurückgeführt, es sollte von den übertriebenen Vorschriften zur Beobachtung gereinigt werden, „denn wir wollen die Charaktere der Menschen und nicht die Familiengeheinmisse erfahren". Über die Gradeinteilung wird gesagt, daß die Haupteinteilung des Ordens in kleinere und größere Mysterien geschehen solle. „Zu den kleineren gehört der bereits entworfene Minervalgrad, der kleinere Illuminat (Illuminatus minor)), wo die Anleitung zur Menschenkenntnis, Physiognomie, und was sonst noch dazu beiträgt, gelehrt werden. Darauf folgt der größere Illuminat (Illuminatus major), dann der dirigierende Illuminat (Illuminatus dirigens) oder wie er noch heißen soll, und endlich der scientivische Grad, in welchem für jedes wissenschaftliche Fach eine besondere Klasse unter den Mitgliedern, die sich dazu bekennen, errichtet wird. Zu den größeren Mysterien, deren Abteilungen ebenfalls noch zu bestimmen sind, werden die Resultate der scientivischen Klasse, die Beratungen darüber mit auswärtigen Ordensgelehrten und die Verwahrung und Anwendung des Gesammelten vorbehalten. ... Es bleibt einer weiteren Überlegung und allgemeinem Schluß überlassen, ob in diesem höheren Mysterium Bemerkungen über Religion und über Staatsverfassung gegeben werden sollen. Soviel aber wird schon dermalen als ein immerwährendes Gesetz bestimmt, daß sich der Orden weder mit Religion, noch mit Staatssachen beschäftigt. Insofern der Hauptzweck und die oben angezeigten Mittel von selbst einen Einfluß auf Aberglauben, Despotismus und Tyrannei haben, gegen welche unser Jahrhundert bereits Riesenschritte gegangen ist, überläßt man dem Genius und der Beschäftigung künftiger Generationen."

Eine bedeutsame Wendung nahm die Entwicklung des Ordens, als Freiherr von Knigge im Jahre 1780 beitrat und sich sofort eifrig der Sache widmete. Bald nachdem er aufgenommen war und den Minervalgrad und den Illuminatus minor kennengelernt hatte, trat er mit Weishaupt und Zwackh in Briefwechsel und machte Vorschläge zum weiteren Ausbau des Ordens. Weishaupt schien Knigge die geeignete Persönlichkeit zu sein, vermöge seiner Kenntnis der freimaurerischen Verbrüderungen und seiner weitreichenden Beziehungen in der aristokratischen Gesellschaft für den Orden zu werben. Er erteilte ihm fast unbeschränkte Vollmachten zu Aufnahmen und übertrug ihm auf Grund vorhandener Materialien die Bearbeitung der weiteren Grade.

Nach der nunmehr endgültigen Bearbeitung war der ganze Orden in drei Klassen eingeteilt. Die erste Klasse umfaßte als ersten Grad den

Minervalgrad, der als Vorbereitungs-Pflanzschule gedacht war, der zweite Grad war der Illuminatus minor, der kleine Illuminat. Die zweite Klasse enthielt als dritten Grad die drei gewöhnlichen Stufen der Freimaurerei, Lehrling, Geselle und Meister. Der vierte Grad war der Illuminatus major, der größere Illuminat, der fünfte Grad der Illuminatus dirigens, der leitende Illuminat oder schottische Ritter, wie er gegenüber dem ersten Entwurf genannt wurde. Die dritte Klasse sollte die höheren Ordensgeheimnisse enthalten, war aber noch nicht ausgearbeitet. Später kamen dann der Priester- und der Regentengrad hinzu, von denen es aber nicht sicher feststeht, ob sie überhaupt ausgeteilt wurden, da den Orden sehr bald sein Schicksal ereilte.

Der Inhalt dieser Grade ist uns aus den zahlreichen Schriften, Briefen und Reden bekannt. Aus der Weitschweifigkeit und Redseligkeit lassen sich einige Punkte herausschälen, die den Machthabern damals gefährlich schienen und wohl auch in der Zeitstimmung der keimenden Französischen Revolution gefährlich waren. Der Nationalismus sollte durch Menschenliebe überwunden werden; in diesem Sinne wurde der Patriotismus als eine Quelle des Egoismus abgelehnt.

Um all den Mißständen in religiöser, sittlicher und politischer Beziehung entgegentreten zu können, sollten geheime Weisheitsschulen gegründet werden, diese wären die Archive der Natur und der menschlichen Rechte. „Durch sie wird der Mensch von seinem Fall sich erholen, Fürsten und Nationen werden ohne Gewalttätigkeit von der Erde verschwinden, das Menschengeschlecht werde dereinst eine Familie und die Welt der Aufenthalt vernünftiger Menschen werden." Aufklärung verbreiten sei das wichtigste. „Wenn solche Aufklärung ein Werk der Moral ist, so nimmt auch Aufklärung und wechselseitige Sicherheit zu. Die Moral ist also die Kunst, welche die Menschen lehrt, volljährig zu werden, der Vormundschaft loszuwerden und Fürsten und Staaten entbehrlich zu machen. Oder wozu braucht man sie sodann?"

Man sieht, wie sich die Lehren des Ordens widersprechen. In den unteren Graden wird bestimmt erklärt, daß der Orden sich nicht mit politischen Fragen (Staatssachen) beschäftige, und im Priestergrad wird klar die Revolution gegen die Fürsten und Staaten gepredigt. Es ist durchaus nichts anderes, als was die konsequenten Anarchisten des neunzehnten Jahrhunderts gelehrt haben.

Daß die Religion auch in den höheren Graden Gegenstand der Arbeit war, geht aus zwei wichtigen Briefen hervor, die beide im Signatstern (V. Band) abgedruckt sind. Der erste ist von Knigge (Philo) an Zwackh (Cato) gerichtet:

„Wir müssen immer die vorzüglichsten Neigungen des Zeitalters betrachten. Die List und Ränke der Priester haben die ganze Welt gegen sie und gegen das Christentum aufgebracht. Aber zu gleicher Zeit haben Aberglaube und Fanatismus die Oberhand gewonnen, und die menschliche Vernunft scheint rückwärts zu gehen. Wir müssen die Dinge so erklären, daß die Schwärmer sich nicht entrüsten, und daß dem ungeachtet eine freie Untersuchung stattfindet. Wir müssen nicht das Kind mit dem Bade ausschütten, sondern es so einrichten, daß das Christentum als die geheime Lehre der Freimaurer angenommen wird. Wir haben aber auch mit dem Despotismus der Fürsten zu tun. Dieser nimmt täglich zu. Der Geist der Freiheit atmet und seufzt überall, und durch Hilfe der geheimen Weisheitsschulen blühen Freiheit, Gleichheit und die unveräußerlichen Menschenrechte in jeder Brust. Wir müssen demnach die Extreme auf folgende Art zu vereinigen suchen. Christus erfand keine neue Religion, sondern er wollte nur Religion und Vernunft wieder in ihre alten Rechte einsetzen. Er wollte dieserhalb die Menschen in ein gemeinschaftliches Band vereinigen; er wollte sie dazu empfänglich machen, indem er ihren Verstand aufklärte und ihnen half, alle Vorurteile abzulegen. Zuerst wollte er alle Menschen lehren, sich selbst zu regieren; dann sind Obere und Fürsten unnötig; Freiheit und Gleichheit werden ohne Revolutionen ihren Platz wieder einnehmen. Dieser große Lehrer erklärt in dieser Hinsicht alle Stellen aus der Schrift und verbietet seinen Jüngern alles Gezänke, weil jeder die wahre Deutung seiner Meinung darin finden würde. Es ist nun gleichviel, ob das wahr oder unwahr ist. Diese Religion war einfach, aber insoweit inspiriert, als seine Jünger diese Lehre nicht fassen konnten. Viele waren berufen, aber wenige auserwählt. Diesen Auserwählten wurden die wichtigsten Geheimnisse entdeckt, und selbst unter ihnen waren die Grade des Unterrichts verschieden. Sie waren eingeteilt in 70 und 12. Dies war dem Altertum und den jüdischen Gebräuchen gemäß. Die jüdische Theosophie war, sowie die Eleusinische und Pythagoräische, ein dem Pöbel unbekanntes Geheimnis. Die wahren Lehren des Christentums wurden also nur den Adepten in einer Disciplina arcani, anvertraut. Letztere bewahrten es wie das vestalische Feuer, es wurde nur in geheimen Gesellschaften unterhalten, so der Nachwelt überliefert, und nun besitzen es die echten Freimaurer."

Dieses illuminatische Scheinchristentum wird noch deutlicher aus einem Worte Knigges, „dies ist bloß ein Mantel, um uns zu verbergen, daß die Leute nicht erschrecken".

Der zweite Brief ist gleichfalls an Zwackh gerichtet, aber er stammt von dem Ordensgeneral selbst, von Adam Weishaupt:

„Der Illuminatismus zeigt uns, daß wir nicht mehr unter Vormundschaft stehen, daß wir mündig sind, daß wir der Priester und Fürsten nicht bedürfen. Jesus von Nazareth, der Großmeister unseres Ordens, erschien zu einer Zeit, als die äußerste Verwirrung in der Welt herrschte; und unter einem Volke, das unter den Fesseln der Sklaverei seufzte. Er zeigte ihnen das Licht der Vernunft; und um noch gewisser zu gehen, rief er die Religion und Meinungen zu Hilfe, die dazumal geläufig waren, und verband auf eine sehr geschickte Art seine damaligen Sitten und Gebräuche. Seine Lehren hüllte er in Gleichnisse. Nie führte ein Prophet die Menschen mit so vieler Leichtigkeit auf den Weg der Freiheit als er. Er verhüllte den vortrefflichen Sinn seiner Lehre und erklärte ihn nur einigen wenigen. Wer laßt uns nur annehmen, daß Freiheit und Gleichheit der große Zweck seiner Lehre, und daß Moral der Weg ist, diesen Zweck zu erreichen, so wird das ganze Neue Testament verständlich und Christus der Erlöser der Sklaven sein. Die Erbsünde besteht darin: daß der Mensch aus dem Zustand der Freiheit und Gleichheit herausgetreten ist. Das Reich der Gnade ist die Wiederherstellung durch Illuminatismus und Moral. Dies ist die Wiedergeburt. Der Mensch ist gefallen, heißt: wenn er unter einer Regierung lebt. Der Mensch ist erlöst, wenn er nur der Moral folgt; dann tritt er ins Reich der Gerechten …"

Die Einweihung zum Priestergrad war an ein festes Zeremonial gebunden. Der schottische Ritter, der würdig befunden war, auf die Priesterstufe erhoben zu werden, wurde am frühen Nachmittag mit verbundenen Augen in einen Wagen gesetzt und, von einem Freunde begleitet, auf Umwegen nach dem Weihehaus geführt. Dort wird er vor eine verschlossene Tür gestellt, und nachdem ihm die Binde von den Augen genommen ist, bedeutet, die schottischen Ritterinsignien anzulegen und den Degen zu ziehen. Nach einiger Zeit wird ihm mit feierlicher Stimme zugerufen: „Tritt ein, Verwaister, die Väter rufen dich, tritt herein und verschließ die Tür hinter dir."

Nun gelangt er in ein Zimmer, das prächtig rot tapeziert ist. Im Hintergrund befindet sich ein Thron unter einem Himmel, auf dem eine Krone, ein Schwert, Gold, Kostbarkeiten und Fesseln liegen, davor auf einem roten Kissen die priesterliche Kleidung. Nachdem der Kandidat die Tür hinter sich geschlossen hat, redet ihn der Dekan, d. i. der Titel des Leitenden, folgendermaßen an: „Schaue auf, blendet dich der Glanz dieses Throns? Gefällt dir dies Spielwerk, diese Krone, dieses Szepter, diese kostbaren Monumente menschlicher Herabwürdigung? Sprich! Gefällt dir dies, so können wir vielleicht deine Wünsche befriedigen. Unglücklicher! Wenn dein Herz daran hängt, wenn du dich hinaufschwingen, wenn du helfen willst, deine Brüder elend machen, sie unterdrücken, so tue es auf deine Gefahr. Suchst du Macht, Gewalt, falsche Ehre, Überfluß; so wollen wir für dich arbeiten, wir wollen dich den Thronen so nahe bringen, als du es wünschst, und dich dann den Folgen deiner Torheit überlassen: aber unser inneres Heiligtum bleibt einem solchen verschlossen. Willst du aber Weisheit lernen, willst du lernen, Menschen klüger, besser, frei und glücklich machen, so sei uns dreimal willkommen. Hier siehst du Zeichen der königlichen Würde prangen, und dort auf jenem Kissen das bescheidene Kleid der Unschuld! Was wählst du? Gehe hin und ergreife, was dein Herz befriedigt."

Wenn der Kandidat nach der Krone greift, so ruft ihm der Dekan zu: „Fort du Ungeheuer! Beflecke nicht diesen heiligen Ort. Geh! Fliehe, solange es noch Zeit ist!"

Nun kommt der Freund, führt ihn hinaus, und die Aufnahme erfolgt nicht. Greift der Suchende aber nach dem Priesterkleide, so hört er die Worte: „Heil dir, Edler! Das konnten wir von dir erwarten; aber halte ein! Noch darfst du dies Kleid nicht anziehen. Höre erst, wozu wir dich bestimmt haben! Setze dich auf einen Stuhl und merke auf."

Nun wird ihm der Unterricht vorgelesen, der uns vollständig aufbewahrt ist. Er umfaßt sechzig enggedruckte Seiten, und wir sind oben schon auf das Wesentlichste des Inhaltes eingegangen.

Nachdem der Unterricht beendet ist, in den sich mehrere Brüder teilen müssen, tritt durch eine Hintertür der Freund ein, jetzt in priesterlicher Kleidung, einem bis auf die Füße reichenden weißwollenen Gewand, das am Hals und an den Ärmeln mit feuerrotem Seidenband zusammengehalten und in der Hüfte mit einem rotseidenen Gürtel geschlossen ist. Der Dekan trägt auf der linken Brust ein großes rotes Kreuz aufgenäht. Dazu gehört ein viereckiger Hut von rotem Samt.

Auf die Weisung „Folgen Sie mir", nimmt der Freund das Kissen mit der Bekleidung auf und geht voraus bis zur Tür des Versammlungsraums, der Ritter folgt ihm mit entblößtem Degen. Wenn sie dort angekommen sind, bedeutet der Freund dem Kandidaten, er solle seine Schuhe aus- und dagegen die Priesterschuhe, die er ihm überreicht, anziehen. Sobald dies geschehen, gibt der Priester ein Zeichen, die beiden Flügel der Tür öffnen sich, und man sieht den Dekan vor einem kleinen, rot bedeckten Altar, drei Stufen hoch stehen. Das Zimmer ist rot tapeziert. Über dem Altar hängt oder steht ein gemaltes oder geschnitztes Kruzifix. Auf dem Altar liegt das Ritualbuch, eine rot gebundene Bibel, dabei ein kleiner gläserner Teller mit Honig nebst einem gläsernen Löffelchen sowie ein gläsernes Gefäß voll Milch mit einem Trinkgläschen und ein kleines Fläschchen voll wohlriechenden Öls. Eine brennende heilige Lampe hängt über dem Haupt des Dekans, der mit dem Gesicht nach dem Altar hin, also gegen Osten gekehrt, steht. Die Priester sitzen zu beiden Seiten auf rot gepolsterten Bänken. Die dienenden Brüder stehen, die höheren Obern aber sitzen zu beiden Seiten des Alters.

Runkel, Geschichte der Freimaurerei. II.

Es werden auch dienende Brüder aufgenommen, die aber nur auf Verschwiegenheit vereidigt werden. Sie tragen schwarze Kleider von demselben Schnitt wie die Priester, gehen aber mit entblößtem Haupt und haben während der Arbeit ihren Platz an der Tür.

Dann folgt in feierlicher Frage und Antwort die Verleihung des Priestergewandes. Die priesterliche Tonsur wird dargestellt durch das Abschneiden eines Haarbüschels auf dem Wirbel und kreuzförmige Salbung mit Öl, worauf der Dekan dem Geweihten Honig und Milch reicht und ihn mit Zeichen, Griff und Wort bekannt macht. Das Wort ist „Inri“ und bedeutet Jesus Nazarenus Rex Judaeorum.

Die Einsetzung eines Dekans geschieht in einem pontifikalen, nicht immer ganz richtigen Lateinisch.

Auf den Priestergrad folgte der Regentengrad, den nur die regierenden Mitglieder erhielten. Bevorzugt wurden Männer, die frei und unabhängig von Fürsten waren und die bereits kundgegeben hatten, daß sie mit ihrer Staatsverfassung unzufrieden seien. Sie wurden in das Aufnahmezimmer als Sklaven eingeführt und gefragt, wer sie in diesen elenden Zustand versetzt habe, worauf die Antwort zu erfolgen hatte: „Die Gesellschaft, der Staat, die Gelehrsamkeit, die falsche Religion.“ Dann wird ein menschliches Skelett enthüllt, zu dessen Füßen Schwert und Krone liegen. Auf die Frage, ob der Suchende das Skelett eines Königs, eines Edelmannes oder eines Bettlers vor sich habe, muß der Suchende die Antwort schuldig bleiben. Darauf erklärt der Vorsitzende: „Ein Mensch zu sein, ist das einzige, was von Wichtigkeit ist.“

Im Aufnahmeraum ist neben dem Thron eine hohe weiße Säule errichtet, auf der eine Krone liegt. An der Säule hängen ein weißer Hirtenstab und ein Palmenzweig. Die Bekleidung der Regenten besteht aus einem Brustschild von weißem Leder, darauf ein rotes Kreuz. Dazu wird ein Weiher Mantel getragen mit rotem Kragen und Ausschlägen, ein runder weißer Hut mit rotem Federbusch und rote geschlossene Halbstiefel vollenden den Anzug. Das Wort des Grades ist „Redemptio“, zu deutsch Erlösung.

Aus dem Unterricht sind einige Stellen bemerkenswert, um die jesuitische Moral der Illuminaten zu kennzeichnen: „Es ist zuweilen nötig, den Untergebenen vermuten zu lassen (ohne jedoch selbst die Wahrheit zu sagen), als wenn insgeheim von uns alle Ordens- und Freimaurersysteme dirigiert, oder als wenn die größten Monarchen durch den Orden regiert würden, was auch wirklich hin und wieder der Fall ist... Durch Weiber wirkt man oft in der Welt am mehrsten; bei diesen sich einschmeicheln, sie zu gewinnen suchen, sei eine eurer feinsten Studien. Mehr oder weniger werden alle durch Eitelkeit, Neugierde, Sinnlichkeit und Hang zur

Abwechslung geleitet. Hieraus ziehe man Nutzen für die gute Sache. Dies Geschlecht hat einen großen Teil der Welt in seinen Händen. Auch das gemeine Volk muß allerorten gewonnen werden. Dies geschieht am besten durch Einfluß auf die Schulen; sodann durch Freigebigkeit, durch eigenen Glanz, durch Herablassung, Popularität und durch äußere Duldung der herrschenden Vorurteile, die man erst nach und nach ausrotten kann... Eine unserer vornehmsten Sorgen muß auch sein, unter dem Volke sklavische Fürstenverehrung nicht zu hoch steigen zu lassen. Durch diese knechtischen Schmeicheleien werden diese mehrenteils sehr mittelmäßige schwache Menschen noch immer mehr verdorben: Man gebe also vorerst nur in seinem Umgange mit den Fürsten das Beispiel, vermeide alle Familiarität mit ihnen, vertraue sich ihnen nie, gehe auf einem bequemen, doch höflichen Fuß mit ihnen um, mache, daß sie uns fürchten und ehren, rede und schreibe von ihnen, wie man von andern Männern spricht, damit sie wissen lernen, daß sie Menschen wie wir und nur konventionelle Herren sind."

Das falsche Spiel, das die Illuminaten mit den Freimaurern des achtzehnten Jahrhunderts trieben, geht aus folgender Stelle des Regentenunterrichts hervor: „Wenn nur die Zwecke erreicht werden, so ist es gleichgültig, unter welcher Hülle es geschieht, und eine Hülle ist immer nötig; denn in der Verborgenheit beruhet unsere Stärke. Deswegen soll man sich immer mit dem Namen einer anderen Gesellschaft decken; die Logen der untern Freimaurerei sind das schicklichste Kleid für unsere höheren Zwecke, weil die Welt nun schon daran gewöhnt ist, nichts Großes von ihnen zu erwarten, das Aufmerksamkeit verdiene. Auch ist der Name einer gelehrten Gesellschaft eine sehr schickliche Maske für unsere untern Klassen; hinter welche man sich stecken könnte, wenn irgend etwas von unsern Zusammenkünften erfahren würde. Man sagt sodann, man versammele sich heimlich, teils um der Sache mehr Reiz, mehr Interesse zu geben, oder um die Schwäche eines noch ganz neuen Instituts zu verbergen. Es ist sehr wichtig, die Einrichtungen anderer Gesellschaften zu erforschen und sie zu regieren; ja, wenn es, ohne große Verbindlichkeiten sich aufzuladen, geschehen kann, so lasse man sich mit Erlaubnis seiner Oberen in solche aufnehmen. Militärschulen, Akademien, Buchdruckereien, Buchladen, Domkapitel und alles, was Einfluß auf Bildung und Regierung hat, muß nie aus den Augen gelassen werden. Gerichtshöfe sollten immer von unsern Mitgliedern besetzt sein: Es ist besser, als Fürsten selbst zu gewinnen; denn Fürsten müssen nie einen höheren Grad als den eines schottischen Maurers erhalten, weil sie die Sachen entweder verderben oder zu ihrem eigenen Vorteil anwenden wollen."

Es kann keinem Zweifel unterliegen, daß eine Hauptquelle der Feindschaft und der Angriffe, denen die Freimaurerei in der Folge und bis in unsere Tage preisgegeben ist auf die tückische Gleichsetzung des Illumina-

Karl Theodor Kurfürst von Bayern

tismus mit der Freimaurerei zurückzuführen ist. Im achtzehnten Jahrhundert hat man nicht ganz ohne Grund den Ausbruch der Französischen Revolution mit den Illuminaten in Verbindung gebracht. Es muß daher mit aller Entschiedenheit erklärt werden, daß die Freimaurerei in Deutschland niemals etwas mit den Illuminaten zu tun gehabt hat. Die Tatsache, daß eine ganze Anzahl von Freimaurern des achtzehnten Jahrhunderts dem Illuminatenorden beigetreten waren, ist nur daraus zu erklären, daß ihnen von den staats- und religionsgefährlichen Grundsätzen nichts mitgeteilt wurde, oder daß sie eben entartete Freimaurer waren, die innerlich schon mit freimaurerischen Gedanken gebrochen hatten. Das erstere ist bestimmt der Fall bei den Fürsten, die sich hatten aufnehmen lassen. Sie konnten ja überhaupt nicht in die höheren Grade aufrücken; und in dem schottischen Rittergrad, den sie höchstens erhalten konnten, kam der Illuminatismus nicht in seiner ganzen gefährlichen Zielstrebigkeit zum Ausdruck. Dies ist sicher für einen Fürsten anzunehmen, der zu den edelsten Menschen aller Zeiten gehörte, Herzog Ernst II. von Sachsen-Gotha und Altenburg. Er war es, der Adam Weishaupt, nachdem er seines Amtes entsetzt war und sich vor schwerer

Strafe nur durch die Flucht gerettet hatte, gegen seinen Landesherrn, den Kurfürsten Karl Theodor, in Schutz nahm, ihm den Titel eines Hofrats verlieh und die Möglichkeit einer ruhigen Existenz bis zu seinem im Jahre 1830 erfolgten Tode gewährte.

Etwa um den Anfang des Jahres 1783 trat zwischen Weishaupt und Knigge eine fühlbare Verstimmung ein, die wahrscheinlich darin ihren Grund hatte, daß Weishaupt den Einfluß Knigges unangenehm empfand und für seine Autorität besorgt wurde. Knigge hatte etwa fünfhundert Mitglieder dem Orden zugeführt, darunter Bode, der in dem Freimaurer- und Ordenswesen des achtzehnten Jahrhunderts eine führende Rolle spielte. Durch Bodes Bemühungen waren die Herzöge Ernst II. und Karl August, der Freund Goethes, Goethe selbst sowie der Landgraf Karl von Hessen dem Illuminatenorden zugeführt worden. Anfänglich kam es zu Unstimmigkeiten bei der Bearbeitung des Priestergrades, die Knigge besorgt hatte, die aber Weishaupts Billigung nicht fand. Er wandte sich immer mehr von Knigge ab und ignorierte völlig dessen Vorschläge. So beschloß im Jahre 1784 Knigge, auszutreten, und sehr bald setzte die schwere Verfolgung der Illuminaten seitens der Regierung des Kurfürsten Karl Theodor in Bayern ein.

Es scheint keineswegs ausgeschlossen, daß Knigge dabei seine Hand im Spiele hatte. Seine Verärgerung war sehr groß und im Anfang des Jahres 1783 derart gestiegen, daß er sich sogar zu Drohungen hinreißen ließ. In einem undatierten Brief (Nachtrag von weiteren Originalschriften usw., München 1787) spricht er klar aus, was er vorhat: „Wenn ich nun:

1. Den Jesuiten und Rosenkreuzern einen Wink geben wollte, wer sie verfolgt.
2. Wenn ich die kleine unbedeutende Entstehung des Ordens nur einigen Personen entdeckte.
3. Ihnen durch meine Concepte dartäte, daß ich einen Teil der Grade selbst aufgesetzt habe.
4. Wenn ich ihnen erzählte, wie ich mich, nach dem, was ich für die Sache getan habe, muß mißhandeln lassen.
5. Wenn ich sie mit dem jesuitischen Charakter des Mannes bekannt machte, der uns alle vielleicht bei der Nase herumführt, uns nützt zu seinen ehrgeizigen Absichten, uns aufopfert, so oft es sein Starrsinn verlangt. Was sie vielleicht von einem solchen Manne, von einer solchen Maschine, hinter welcher vielleicht dennoch Jesuiten stecken, oder sich noch stecken könnten, zu fürchten haben.
6. Wenn ich die, welche Geheimnisse suchen, versicherte, daß sie nichts zu erwarten haben.

7. Wenn ich die, welchen die Religion teuer ist, mit den Grundsätzen des Herrn Generals vertraut machte.
8. Wenn ich aufdeckte, wie neu dieses Werk ist, auf wie schwachen Füßen es zum Teile beruht.
9. Wenn ich die Brüder aufmerksam auf eine Association machte, hinter welcher die Illuminaten steckten.
10. Wenn ich mich mit Fürsten und Freimaurern verbände.
11. Wenn ich alsdann einen festern, uneigennützigen, Hellern Plan er fände, der ganz auf Redlichkeit und Freiheit beruht, darin dann die besten Köpfe, mit denen ich in Verbindung bin, hineinzöge, in allen Gegenden Leute anstellte, die sich heimlich von Illuminaten müßten aufnehmen lassen, um auch in der Folge zu erfahren, was geschähe.
12. Wenn ich selbst in Griechenland gewissen Leuten Winke gäbe und dadurch auf einmal Stifter und alles bekannt machte:
13. In Rom durch die Fürsten, durch Numenius, durch Rosenkreuzer so Lärm schlüge.

Ein Orden, der auf diese Art die Menschen mißbraucht und tyrannisiert, als Spartacus die Absicht hat, der würde die armen Menschen in ein ärgeres Joch bringen, als die Jesuiten. Es ist Pflicht, dem zu steuern, und das bin ich so fest entschlossen zu tun, daß ich auch nicht den Schatten von Verdacht bei den fünfhundert armen Leuten, die ich dem Orden zugeführt habe, übriglassen will; ich habe mich zu einer Maschine der Tyrannei brauchen lassen: alle sollen es wissen, daß auch ich betrogen worden, und mit dem besten Herzen betrogen worden bin.

Haben Sie die Güte, mein bester Bruder! diesen Brief (ich will ihn noch in das Paquet mit einlegen, damit Sie ihn noch früher erhalten) an Spartacus zu communicieren. Wenn ich dann vor dem 26. April keine befriedigende Antwort erhalte, dann fange ich meine Feldzüge an; es liegt alles dazu bereit. Bekomme ich eine einzige unhöfliche Zeile; so ist alles aus."

Knigge beruhigte sich zwar später wieder, aber der Groll gegen Weishaupt blieb bestehen. Und nun sind die Daten beachtenswert: Am 22. Juni 1784 erfolgte die erste Verfügung in Bayern, die alle geheimen Gesellschaften verbot, aber die Illuminaten noch nicht namentlich bezeichnete. Am 1. Juli 1784 trat Knigge endgültig aus dem Orden aus, und am 2. März 1785 wurde das entscheidende Verbot mit Nennung der Illuminaten erlassen. Die Kassen wurden für konfisziert erklärt und die eine Hälfte der Armenkasse, die andere dem Denunzianten zugesprochen.

Es ist dem Charakter Knigges keineswegs allzu fremd, daß er im Ärger, seinen Geltungstrieb nicht befriedigt zu sehen, alles vernichtete, wie er gedroht hatte. Seine vielfältigen Beziehungen machten es ihm möglich, aus völlig gedeckter Stellung die schärfsten Gegner, die Rosenkreuzer, gegen die Illuminaten zum Angriff zu bestimmen, der ja auch in der Tat erfolgte. Seine Wirkung erkennen wir aus dem Erlaß des Münchener Großpriorats an Wöllner in seiner Eigenschaft als Hauptdirektor vom 1. September 1785, den wir bei Nettelbladt abgedruckt finden. Wöllner hatte die Mitgliederliste der Illuminaten in Bayern ausgemittelt, und es ist nicht unmöglich, daß Knigge sie ihm auf Umwegen in die Hand gespielt hatte. Zirkeldirektor in München war ja, wie wir wissen, der Beichtvater Karl Theodors, der frühere Jesuit Pater Frank.

Sein Bericht an Wöllner lautete folgendermaßen: „Der jüngste Tag des Illuminatensystems in Bayern scheint heranzunahen. Seit dem Tode des vom Donner erschlagenen Priesters Lanz zu Regensburg, der neben Weishaupt fiel (Weishaupt war mit Lanz auf einem Spaziergange vor der Stadt von einem Gewitter überrascht worden, wobei ein Blitz den neben ihm stehenden Priester Lanz traf und tötete) und als Emissarius nach Berlin reisen sollte, habe ich mit gespannten Kräften an ihrer Zerstörung gearbeitet, zur Erhaltung der Religion Jesu, zum Heil meines Vaterlandes, und zum Heil der Jugend, und für die gute Ordenssache. Endlich nun ist es dahin gediehen, daß die zwei Rädelsführer zu Ingolstadt kassiert, zum Schrecken anderer mit Weib und Kind brotlos gemacht und fortgeschafft, ferner zehn andere, meistens junge frevelnde Edelleute, von der Akademie relegiert, mithin durch verhinderte Absolvierung aller Dienste unfähig gemacht sind. Die Universität selbst hat strenge Befehle und bittere Vorwürfe bekommen, daß dort, wo alles Serenissimum verlachte, nun alles zittert. Alle Offiziere der ganzen Armee vom Feldzeugmeister bis zum Fahnenjunker, alle hohen, mittleren und unteren Gerichtsstellen und Landeskollegien haben sich feierlich gegen die illuminatische Sekte reservieren und cassationem ipso facto incurrendam (bei drohender Kassation) unterzeichnen müssen. Alle Gouverneurs, Kommandanten, Polizeistellen haben ebenfalls bei Kassation ohne Gnade Ordre, solche Logen ohne Rücksicht der Personen zu arretieren. Die berüchtigten Illuminaten Savioli, Constanza und Zwackh sind ad officiis suspendiert, die Denunzianten bekommen Recompense. Wegen unseres sehr illuminierten Cleri bin ich der Mittelsmann zwischen Serenissimo und dem Bischof von Freisingen, der nun bald mit Interdikten, Suspensionen, Hirtenbriefen zufahren wird… Ich habe Himmel und Hölle bewegt, den langmütigen Kurfürsten zu dieser Resolution zu determinieren. Widerrufen aber tut er niemals, und so wäre auf eine Zeit Ruhe und Friede vor ihnen. Euer usw. mögen leicht ermessen, wie sehr der Allmächtige meine Bemühungen bisher gesegnet,

Maximilian Joseph Kurfürst von Bayern

und ich habe mir nicht vorzuwerfen irgendeinem Individuum namentlich geschadet haben, noch mich von einer Gewalttätigkeit meines Temperaments hinreißen lassen. Und nun diesem Allmächtigen zum ewigen Danke, stehet unter so vielen Stürmen, unter so vielen Tausenden, die jetzt die Maurerei in ignorantia zu schmähen wieder Mut haben, unser heiliger Orden wieder aufrecht, und auch die Verleumdung nährt sich an keinem unserer Brüder. Wir gehen zwar stille, aber mit mutiger Stirn unter den gefallenen Afterbrüdern herum, gehorchen des guten Beispiels wegen den Befehlen unseres Souveräns und halten jetzt keine Versammlungen, sind aber seiner Gnade versichert. Etenim non est abbreviata, manus Domini Dei omnipotentis (also noch nicht abgekürzt ist die Hand des allmächtigen Gottes. Jes. 59, 1). Was ich gewagt habe, noch wage und wagen werde, ermessen Euer usw., wenn Ihnen Leute und Lokale bekannt sind. Allein spes non confundit (Hoffnung läßt nicht zuschanden werden. Röm. 5, 5), und sollte ich auch einst oder bald als ein Opfer fallen, jenseits erwartet mich ein Grad, der hienieden nicht zu erreichen ist."

Die Ausrottung des Illuminatenordens in Bayern wurde mit allen Mitteln durchgeführt, aber sie ist ganz vollständig nicht gelungen. Beim Tode Karl Theodors, 1799, gab es offiziell in Bayern keine Illuminaten mehr, aber mit dem neuen Kurfürsten Maximilian Joseph, aus dem Hause Zweibrücken, kam ein anderer Geist in die Regierung. Graf Montgelas, der Illuminat gewesen war, wurde zum Minister ernannt, Zwackh kehrte zurück, und wenn auch der Orden nicht wieder offen in die Erscheinung trat, etwas von seinem Geist, gereinigt von den Fehlern seiner Anfänge, blieb lebendig.

Und ist lebendig geblieben bis in unsere Zeit.

III. Die Afrikanischen Bauherren

Unter all den ordensbrüderlichen Gemeinschaften des achtzehnten Jahrhunderts ist die phantastischste, aber in ihren ethischen Zielen ehrlichste die der „Afrikanischen Bauherren von der Königlichen Loge der Verschwiegenheit". Der leitende Geist dieser Verbrüderung war Karl Friedrich Köppen (1734–1797), Kriegsrat und Kanonikus zu Berlin, ein sehr streitbarer Mann von puritanischer Rechtlichkeit und Ehrenhaftigkeit. Er war wohlhabend und konnte frei über seine Zeit verfügen, die er dazu benutzte, um sich einen großen Schatz von Wissen anzueignen. Eine ganz unkritische Natur, erwuchsen auf dem Boden dieser vielfältigen Kenntnisse merkwürdige Blüten einer ungezügelten Phantasie, und so entstand in seinem Kopfe die Loge der afrikanischen Bauherren. Sichere Nachrichten, ob er selbst der Erfinder oder ob er eine Anregung von anderer Seite erhalten hat, existieren nicht. Auch wann und wo Köppen Freimaurer geworden, ist urkundlich nicht nachzuweisen, er selbst gab an, in Frankfurt a. d. O. von einem Professor Nicolai aufgenommen worden zu sein.

Köppen knüpfte sehr geschickt an eine Lücke in der angeblichen Geschichte der Freimaurerei an. Andersons Konstitutionenbuch beklagt, daß es über die Verbreitung der Freimaurerei in Afrika an Nachrichten fehle. Diese Nachrichten erfand Köppen in seiner Geschichte der Bauherrenloge. Nach ihrem Konstitutionenbuch, das sich im Archiv der Großen Landesloge befindet, begann die Geschichte mit Ham, dem Sohne Adams, der der erste Großmeister der afrikanischen Bauherren genannt wird. Er wanderte nach Ägypten aus, erhielt dort von seinem Volk den Namen Menes, d. h. König, und von ihm sei eine Gesetzeskommission geschaffen worden, die den Namen Crata Repoa führte. Solange Ham lebte, hatte er den Vorsitz in jener Crata Repoa.

Über den Namen Crata Repoa lassen sich nur Vermutungen aussprechen. Die sprachliche Prüfung zeigt, daß die semitischen Sprachen versagen, und die Tatsache, daß die meisten Namen, die in der Crata Repoa vorkommen, griechisch sind, läßt darauf schließen, daß auch der Name der Gesellschaft aus dem Griechischen stammt. Crata ist eine Nebenform von Cras, was Fleisch bedeutet, und Repoa wäre mit dem griechischen Verbum repo zusammenzubringen, das wörtlich ein Hinneigen, ein langsames Niedergleiten, meist von der Waagschale gebraucht, bezeichnet. Dem Zeitwort repo ist auch der Begriff der Neigung zur Liebe nicht fremd, wie wir ja auch im Deutschen Neigung direkt für Liebe gebrauchen. Wenn wir also in Crata Fleisch nach dem Vorgang Luthers als Menschheit auffassen, dann würde also Crata Repoa eine Gesellschaft sein, die brüderliche Zuneigung unter der Menschheit zu fördern sich als Ziel gesetzt hat.

Die weitere Geschichte kann nur als verworren und phantastisch bezeichnet werden. Dort werden schon Logen in Heliopolis, Memphis und Babylon angenommen. Es wird auch erzählt, daß die jüdischen Essener und Therapeuten sich der Lehre der ägyptischen Bauherren zugewendet hätten, und als diese vom Bischof Alexander von Alexandrien zum Christentum bekehrt worden waren, wären sie die eigentlichen Träger und Erhalter der Crata Repoa geworden. Es kamen nun Zeiten der Verfolgungen, in denen die Bauherren sich und ihre Geheimnisse verborgen halten mußten, und es wäre wahrscheinlich der ganze Orden in Vergessenheit geraten, hätten nicht einige italienische Freimaurer unter dem Papst Pius II. ihre Zusammenkünfte erneuert und ihnen die Gestalt einer Akademie der Wissenschaften gegeben. Damit geht die Geschichte der afrikanischen Bauherren nach Europa über, und nun ist es ein leichtes, das Fortbestehen bis auf die Mitte des achtzehnten Jahrhunderts zu konstruieren. In Deutschland hat es wahrscheinlich vor dem Jahre 1763 keine Loge der Bauherren gegeben.

Ehe wir in eine Darstellung des Systems eintreten, wollen wir eine der merkwürdigsten, sehr seltenen Schriften der afrikanischen Bauherren der Vergessenheit entreißen: Die Crata Repoa, die erstmalig 1770 gedruckt, dann 1778 von Christian Ludwig Stahlbaum neu aufgelegt wurde. Der vollständige Titel lautet:

Crata Repoa oder Einweihungen in der alten geheimen
Gesellschaft der Egyptischen Priester.

Diese Ausgabe ist offenkundig nach der Abschrift eines nicht wissenschaftlich Gebildeten gemacht werden, denn die Rechtschreibung der fremdsprachigen Ausdrücke und Eigennamen ist oft bis zur Unkenntlichkeit entstellt. Glücklicherweise besitzen wir noch mehrere Abdrucke, aus denen wir, da sie zuverlässiger sind, die Irrtümer aufklären können.

Da ist vorab: „Der entdeckte Orden der afrikanischen Bauherrenloge“, Constantinopel 1806 (Constantinopel ist in der Sprache der geheimen Gesellschaften des achtzehnten Jahrhunderts Paris), worin die Crata Repoa teilweise abgedruckt ist. Wir werden daraus, da der Abdruck offenbar nach einer besseren Handschrift erfolgte, Herkunft und Bedeutung der Namen feststellen und auch die wertvollen Erklärungen der Aufnahmegebräuche und der Hieroglyphen geben.

Der wissenschaftliche Apparat sowohl des endeckten Ordens wie der Crata Repoa ist recht ungenau in seinen Angaben, so daß die Nachprüfung in den meisten Fällen unmöglich ist. Aber hier und da erhält man doch wichtige Aufschlüsse, die blitzartig das geistige Leben in den Ordensverbindungen des achtzehnten Jahrhunderts enthüllen. So spricht der Verfasser des entdeckten Ordens in den Vorbemerkungen zu den Einweihungen von dem Bild der geflügelten Eiche und fährt fort: „Perecydes soll sich dieser Hieroglyphe zu seinem Unterricht von der Unsterblichkeit der Seele bedient haben. Diese bildermäßige Vorstellung hat bei den Hebräern und Chaldäern einen Fortgang gefunden, ehe man noch den Plato kannte, und folglich ist sie eine alte Erfindung. Cicero erwähnt auch den Perecydes und seine Lehre.“

Der Verfasser zitiert die Tusculanen I, 16. Dort spricht Cicero von der Unsterblichkeit der Seele und erwähnt tatsächlich den Perecydes Syrus. Dieser Philosoph von der Insel Syrus lebte gegen Ende des sechsten Jahrhunderts vor Christi Geburt, er soll der Lehrer des Pythagoras gewesen sein und war der erste, der seine Gedanken in Prosa ausdrückte. Wir haben Reste einer Theogonie von ihm, die seltsamen Charakters sind und viel Ähnlichkeit mit den orphischen Dichtungen ausweisen. Sein Werk hieß: „Vom Weltgebäude und seinen fünf Teilen“, und es begann folgendermaßen: „Zeus und Chronos (die Zeit) und die Chthonia (Ur-Erde) waren von Ewigkeit“. Die Chthonia aber wurde Ge (Erde) genannt, weil Zeus sich in Eros (Liebesgott) verwandelt, da er Ordnung in die Welt bringen wollte. „Und Zeus webte ein großes und schönes Gewand, darauf bildete er die Erde und den Ogenos (Okeanos) und die Häuser des Ogenos. Das Gewand breitete er über die geflügelte Eiche (den Weltenbaum, der schwebend gedacht wurde), darunter war die Region des Tartaros; die Töchter des Boreas (Nordwind), die Harpyen und die Windsbraut bewohnten sie. Da hinab stürzte Zeus die Götter, die einen Frevel begangen hatten.“

Die afrikanischen Bauherren erklärten die geflügelte Eiche mit dem Mantel als Symbol des Menschen, der die Hülle der fleischlichen Begierden (Mantel) abwerfen muß, um dann erst durch die Regungen der Seele (Flügel) zur Vollkommenheit und einem höheren Leben zu gelangen.

Es sind das die Grundgedanken aller der menschlichen Gemeinschaften, die Freimaurer ihrer Zeit waren.

Wir geben nun zunächst den Text der Crata Repoa nach der Ausgabe von 1778. Er beginnt mit der Vorbereitung zur Einweihung:

„Wenn jemand Lust hatte, in die Gesellschaft von Crata Repoa zu treten, so mußte er zuvörderst von einem solchen Eingeweihten besonders empfohlen werden.

Gemeiniglich geschahe solches von dem Könige selbst, durch ein Schreiben an die Priester.

Die Priester aber wiesen ihn zuerst von Heliopolis ab, zu den Lehrern von Memphis; von Memphis wurde er nach Theben verwiesen.

Endlich wurde er beschnitten.

Gleich darauf wurden ihm gewisse Speisen untersagt (nämlich Hülsenfrüchte und Fische), und er durfte keinen Wein mehr trinken, als bis er in dem höhern Grad nur dann und wann dazu Erlaubnis erhielt.

Endlich mußte er einige Zeit, gleich einem Gefangenen, viele Monate hindurch, seinen eigenen Gedanken überlassen, in einer unterirdischen Höhle zubringen. Sie gaben ihm die Erlaubnis, seine Gedanken aufzuschreiben, welche sorgfältig untersucht wurden, um den Verstand des neuen Mitgliedes kennenzulernen.

Darnach wurde er in einen Gang, mit Hermessäulen besetzt, geführt, worauf Sinnsprüche waren, die er auswendig lernen mußte.

Sobald er diese auswendig wußte, kam der Thesmosphores zu ihm. Er hielt eine starke Peitsche in der Hand, um den Pöbel vor dem Thor der Profanen aufzuhalten, durch welches er den neu Einzuweihenden führte.

Dem Eingeweihten wurden die Augen verbunden und seine Hände mit starken leinernen Bändern gefesselt.

Erster Grad

des Pastophoris oder Lehrlings, der die Thür des Eingangs zu dem Thor der Menschen zu bewachen hat.

So bald der Lehrling in der Grotte zubereitet worden, so nahm ihn der Thesmosphores bey der Hand und führte ihn vor das Thor der Menschen.

Bei seiner Ankunft schlug der Thesmosphores einen älteren Pastophoris, der zur Bewachung der Thüre außerhalb gestellt war, auf die Schulter, der alsdann den Lehrling durch ein Anklopfen an der Thür des Eingangs meldete.

Nach einigen an ihn geschehenen Fragen eröffnete sich das Thor der Menschen und wurde der neu Eingeweihte eingelassen.

Hier wurde er von dem Hierophantes wegen verschiedener Sachen befragt, worauf er genaue Auskunft geben mußte.

Darnach führte man den Lehrling in der Birantha herum. Während dieser Zeit verursachte man einen künstlichen Wind und ließ über den Eingeweihten regnen. Die Blitze fuhren ihm ins Gesicht, und schreckliche Donner erschütterten sein Gehör.

Wenn nun der Lehrling durch nichts erschrocken werden konnte, so wurden ihm von dem Menies oder Gesetzleser die Verfassungen von Crata Repoa vorgelesen, welche er billigen mußte.

Hatte er sich denenselben völlig unterworfen, so führte ihn der Thesmosphores vor den Hierophanten, vor welchem er mit entblößten Knien sich niederwerfen mußte, und indem man auf seine Kehle die Spitze eines scharfen Schwerts setzte, mußte der Lehrling Treue und Verschwiegenheit angeloben, wobey Sonne, Mond und Sterne, als Zeugen der Wahrheit, angerufen wurden.

Nach diesem Eide eröffnete man dem Lehrling die Augen und stellte ihn zwischen zwo Säulen, so Betilies hießen und viereckigt waren.

Zwischen diesen beiden Säulen lag eine Leiter von sieben Sprossen, mit acht Thüren von verschiedenen Matatten. Man erklärte aber nicht gleich dem Lehrling diese Figuren, sondern der Hierophantes hielt folgende Rede:

„Ich wende mich zu euch, die ihr das Recht habt, mich anzuhören. Schließet alle Thüren vest zu, damit die Profanen und die Spötter nicht hinein kommen mögen. Ihr aber Mene Musée oder Kinder der Arbeit der himmlischen Untersuchung, höret meine Rede! Ich trage euch große Wahrheiten vor. Hütet euch vor Vorurtheilen und Leidenschaften, welche euch von dem rechten Wege der Glückseligkeit entfernen werden. Richtet eure Gedanken auf das göttliche Wesen und lasset dasselbe stets vor euren Augen seyn, um dadurch euer Herz und Sinne zu lenken. Wenn ihr den sicheren Pfad der Glückseligkeit betreten wollt, so bedenkt, daß ihr stets vor den Augen des Allmächtigen einhergeht, der die Welt erschaffen. Es ist das einzige Wesen, welches alle Dinge erhält und hervorgebracht hat, und das von sich besteht. Er siehet alles. Kein Sterblicher kann ihn sehen, und kein Mensch wird sich seinen Blicken entziehen."

Nach dieser Rede zeigten sie dem Lehrling an, daß die Leiter, über deren Sprossen er gehen müßte, ein Sinnbild der Seelenwanderung wäre. Ferner belehrten sie ihn, daß die Namen der Götter eine ganz andere Bedeutung hätten, als das Volk glaubte.

Sie erklärten ihm die Ursachen von den Winden, Blitz und Donner. Kurz, dieser Grad war der Naturlehre gewidmet.

Dazu zählten sie die Anatomie und die Arzeneykunst.

Sie lehrten auch die symbolische Sprache und die gewöhnliche hieroglyphische Schrift.

Gleich nach seiner Aufnahme gab ihm der Hierophant das Losungswort, woran sich alle Eingeweihte erkannten, und welches Amoun hieß, und so viel, als sey verschwiegen, bedeutete.

Sie erkannten sich auch an einem besonderen Handgriff.

Darnach erhielt er eine Art Mütze, welche wie eine Pyramide gestaltet war. Seine Hüften umgürteten sie mit einem Schurztuche, so sie Xylon nannten. Um seinen Hals trug er eine Art von Kragen, der aber glatt an der Brust anschloß. Sonst gieng er unbekleidet und mußte das Thor der Menschen bewachen, so oft ihn die Reihe traf.

Der zweyte Grad.

Neocoris.

Wenn der Pastophoris in seinem Lehrjahre Merkmale von Fähigkeiten gab, so wurde ihm ein starkes Fasten auferlegt.

Nach Vollendung desselben wurde der Neocoris in eine schwarze Kammer gebracht, so Endimion genannt wurde.

Schmackhafte Speisen, welche von schönen Weibern ihm aufgetragen wurden, erfrischten seine abgematteten Kräfte. Dieses waren die Frauen der Priester, welche, gleich wie die Gefährtinnen der Diana, ihn auf alle mögliche Weise zur Liebe reizten.

Wenn er diese Probe ausgestanden, so kam der Thesmosphores wiederum zu ihm und that einige Fragen an ihn.

Nach richtiger Beantwortung derselben wurde der Neocoris in die Versammlung geführet. Der Stolista oder Wasserträger begoß ihn mit Wasser. Er mußte hierauf versichern, daß er keusch und züchtig gelebt habe. Wann diese Handlung geschehen war, so kam der Thesmosphores mit einer lebendigen Schlange auf ihn zugelaufen, warf sie ihm auf den Leib, und zog solche durch das Schurzkleid wiederum hervor.

Der ganze Ort der Zusammenkunft war gleichsam mit Schlangen gefüllt, um den Neocoris zu schrecken.

Je standhafter er diese Probe ausgehalten, desto mehr Lob erhielt derselbe nach seiner Aufnahme.

Er wurde wieder zu zwoen hohen Säulen geführt, in deren Mitte ein Greif zu sehen war, der ein Rad vor sich trieb.

Man erklärte ihm diese Säule mit Orient und Occident. Der Greif war das Sinnbild der Sonne, und das Rad mit vier Speichen die vier Jahreszeiten.

Eben hieran lehrte man ihm die Kunst, die Wasserwage zu richten. Die Geometrie und Baukunst wurde ihm dabey gezeigt, und er lernte mit allen Maaßstäben und Rechnungsarten umzugehen, deren er in der Folge sich zu bedienen hatte. Zu seinem Merkmal erhielt er einen Stab mit einer Schlange umwunden, und das Wort Heve war seine Losung, wobey man ihm den Fall des menschlichen Geschlechts erzählte. Sein Zeichen war, die beyden Arme kreuzweis über seine Brust zusammen zu schlagen. Ihr Amt bestand darin, die Säule zu waschen.

Dritter Grad.

Das Thor des Todes.

Wobey der neu Eingeweihte Melanephoris genannt wurde.

Die Geschicklichkeit und gute Aufführung des Neocoris machten ihn zu diesem Grade tüchtig. Man zeigte ihm selbst die Zeit seiner Aufnahme an. Er wurde von dem Thesmosphores in ein Vorzimmer geführt, über dessen Eingang Pforte des Todes geschrieben war.

Dieses Zimmer war mit Vorstellung von unterschiedenen Arten einbalsamierter Körper und Särge besetzt. Alle Wände hiengen von dergleichen Zeichnungen voll. Und da es der Ort war, wo die Leichname abgeliefert wurden, so fand der neue Melanephoris daselbst die Paraskisten und alle Heroi in Arbeit. In der Mitte aber stand der Sarg des Osiris, der noch, wegen der Erstickung, mit Blut überflossen war.

Man fragte den neuen Melanephoren, ob er an der Ermordung seines Herrn Theil genommen hätte? Nach der Verneinung dieser Frage ergriffen ihn zween Tapixeyten.

Sie führten ihn in einen Saal, wo alle übrigen Melanephoren ganz schwarz gekleidet waren. Der König selbst, der allemal dieser Handlung mit beywohnte, redete ihn, dem äußeren Schein nach, sehr freundlich an, und bat ihn, wofern er nicht glaubte, Herz genug zu haben, die Probe, so mit ihm vorgenommen werden sollte, auszustehen, daß er lieber die goldene Krone, so er ihm reichte, annehmen sollte.

Der neue Melanephor war aber schon vorhero unterrichtet, die Krone von sich zu werfen, und sie mit Füßen zu treten.

Sogleich rief der König: Beleidigung, Rache!! und hob ein Opferbeil auf, und schlug mit solchem den Melanephor ganz leise vor den Kopf.

Die beiden Tapixeyten warfen den neuen Melanephoren von rückwärts auf die Erde, und die Paraskisten umwickelten ihn mit Mumienbändern. Unter dieser Handlung weinten die andern alle um ihn. Darnach brachten sie ihn wieder nach einem Thor, woran Heiligthum der Geister geschrieben war. Bey Eröffnung desselben fuhren Blitze und gewaltige Donnerschläge um den vermeynten Todten.

Charon nahm die Leiche, als einen Geist, in seinen Kahn auf, und brachte ihn zu den unterirdischen Richtern. Pluto saß auf seinem Richterstuhl, Rhadamantus und Minos waren ihm zur Seite, wie auch Aethon, Nycteus, Master und Orpheus.

Es geschahen an ihn sehr harte Fragen über seinen ganzen Lebenslauf, und endlich wurde er verdammt, in diesen unterirdischen Gängen zu verbleiben. Er wurde von den Bewickelungen der Leichentücher befreit und erhielt neuen Unterricht, der in folgenden Sätzen bestand:

1. Niemals nach Blut zu dürsten, und seinen Mitgliedern in der Lebensgefahr beizuspringen.
2. Nie einen Toten unbegraben zu lassen.
3. Eine Auferstehung von den Toten und zukommendes Gericht zu erwarten.

Darnach mußte er sich einige Zeit auf das Malen legen, um die Särge der Mumien und Bänder auszieren zu können. Er erhielt eine Anweisung zu einer besonderen Schrift, welche die hierogrammatische genannt wurde, und die er bald nötig hatte; denn damit waren die Geschichte von Egyptenland, die Erdbeschreibung, die Anfangsgründe der Sternkunde abgefaßt. Er wurde auch in der Beredsamkeit unterrichtet, um künftighin die öffentlichen Leichenreden halten zu können. Sein Zeichen bestand in einer besonderen Art der Umfassung, die Gewalt des Todes auszudrücken. Das Wort hieß: Monach, Caron Mini, Ich zähle die Tage des Zorns.

Hier in diesen unterirdischen Gängen blieb er solange, bis man sah, ob er zu weitern Wissenschaften fähig war, oder ob er nur ein Paraskiste oder Heroi werden mußte; denn heraus kam er hier zeitlebens nicht, wofern er nicht wahre Geschicklichkeit besaß.

Zwei Seiten aus dem Johannes Evangelium

Handschrift aus dem 4. Jahrhundert n. Chr. (Altes Museum-Berlin)

Vierter Grad.

Die Schlacht der Schatten.

Chistophoris.

Wenn die Tage des Zorns vorbei waren, welche gemeiniglich anderthalb Jahre dauerten, so kam der Thesmosphores wieder zu ihm, grüßte ihn freundlich, und verlangte, daß er ihm folgen sollte, indem er ihm einen Degen und Schild gab.

Sie gingen dunkle Gänge miteinander fort, bis endlich gewisse bekleidete Personen in gräßlichen Gestalten erschienen, Fackeln und Schlangen trugen, und indem sie Panis (Brot) riefen, ihn angriffen. Der Thesmosphores befahl ihm, sich tapfer zu wehren, und sich aller Gefahr entgegen zu setzen. Endlich wurde er von ihnen gefangen genommen, die Augen ihm wieder verbunden, und um seinen Hals ein Strick befestigt, doch so, daß er nicht konnte gewürget werden.

Darnach zogen sie ihn an die Erde bis zu dem Saal, wo er einen neuen Grad empfangen sollte.

Die Schatten entfernten sich mit einem neuen Geschrei, welches schleunig entstand.

Man richtete ihn auf, und führte ihn ganz entkräftet in die Zusammenkunft. Die Augen wurden ihm aufgebunden, und hier sahe er die schönste Auszierung eines Saales mit den prächtigsten Gemälden behangen. Der König war selbst mit dem Demiurges gegenwärtig.

Sie trugen alle ihr Allydei.

Um ihnen saßen die Stolistä oder Wasserträger, der Hierostalista mit der Feder auf dem Huth, als Sekretär, der Zacoris, so die Kasse führte, und der Komastis, der für die Mahlzeiten Sorge tragen mußte.

Der Odos oder Redner (Sänger) hielt darauf eine Rede, worin er dem neuen Christophoris zu seinem Vorsatz Glück wünschte. Er hätte aber nur noch die Hälfte seiner Arbeit überstanden, wovon er ihm gleichfalls Proben ablegen müßte.

Darnach wurde ihm ein Trunk überreicht, der sehr bitter war und Cice hieß. Diesen mußte er ganz ausleeren. Hierauf übergab man ihm das Schild der Minerva, so auch Isis hieß, legte ihm die Stiefel des Anubis an, der mit dem Merkur einerlei war, und den Mantel des Orci mit der Kappe. Er erhielt ein Schwert, und ihm wurde anbefohlen, der Person, welche er dort in der Höhle antreffen würde, den Kopf abzuhauen, und ihn dem König zu bringen. Jedes Mitglied rief aus: Niobe: da ist die Höhle des Feindes. Es zeigte sich in dieser Höhle ein ungemein schönes Frauenzimmer, welches gleichsam zu leben schien und sehr künstlich von feinen Blasen und Häuten verfertigt war.

Zu dieser ging der neue Christophores, faßte sie bey den Haaren und hieb ihr den Kopf ab. Er brachte solchen zu dem Könige und zu dem Demiurges, die seine Heldenthat lobten und ihm erzählten, er habe das Haupt der Gorgo abgehauen, die mit dem Typhon vermählt gewesen, und Anlaß zu dem Morde des Osiris gegeben hatte. Er sollte beständig ein Rächer des Bösen seyn. Hierauf behielt er die Erlaubnis, stets mit der Kleidung, so ihm gegeben worden, zu gehen. Sein Name wurde in ein Buch eingetragen, worin alle Richter des Landes standen.

Er hatte den freyen Umgang mit dem Könige. Er erhielt seine tägliche Nahrung vom Hofe.

Er empfing alle Gesetzbücher des Landes, und einen Orden, den er jedoch nur bey der Aufnahme eines Chistophores oder nur in der Stadt Sais tragen durfte. Er stellte die Isis oder Minerva in Gestalt einer Eule vor.

Man gab ihm davon folgende Erklärung, daß der Mensch bey seiner Geburt ebenso blind als eine Eule wäre, durch Proben und durch die Weltweisheit aber ein Mensch würde. Der Helm bedeutete den größten Grad der Weisheit, der Kopf der Gorgone die Unterdrückung der Leidenschaften. Der Schild die Beschützung für Spottreden. Die Säule die Standhaftigkeit. Der Wasserkrug den Durst nach Wissenschaften. Der Köcher mit den Pfeilen die Beredsamkeit. Der Spieß die Überredung von weitem, da man nämlich durch seinen Ruf andere gleichsam verwunden könnte. Der Palm- und Ölzweig den Frieden.

Ferner lehrten sie ihn, daß der Name des großen Gesetzgebers Joa hieße.

Dieses Wort war auch ihr Losungswort.

Sie hielten zuweilen Zusammenkünfte, worin niemand als alle Chistophores kommen durften.

Solches Kapitel hieß Pyxon.

Sie hatten ein Kapitelwort, nämlich Sasychis.

Sonst mußte er sich auf die ammanische Sprache legen.

Fünfter Grad.

Balahate.

Der Christophores besaß das Recht, diesen Grad zu fordern, den ihm der Demigurges nicht abschlagen durfte.

Er wurde also nach dem Ort der Zusammenkunft geführt, woselbst er von allen Mitgliedern empfangen und in den Saal eingeführt wurde. Darauf geschah eine Art von Schauspiel, welches er nur ansehen durfte und davon zuletzt die Erklärung erhielt. Eine Person, die Orus genannt wurde, gieng in der Begleitung einiger Balahaten, welche alle Fackeln trugen, in dem Saal herum, und sie schienen etwas zu suchen. Endlich fing Orus an, seinen Degen zu zucken. Man sah darauf in einer Höhle, über welcher Flammen hervorschlugen, den Typhon ganz traurig als einen Mörder sitzen. Orus nahte sich ihm. Typhon stand auf und zeigte sich in einer schrecklichen Gestalt. Hundert Köpfe saßen auf seinen Schultern. Sein ganzer Leib war mit Schuppen besetzt, und seine Arme von einer erstaunlichen Länge. Nichtsdestowniger ging Orus zu ihm, warf ihn zu Boden und erlegte ihn. Man warf seinen Körper, nachdem man den Kopf abgeschlagen hatte, in die Höhle, aus der nun gräßliche Flammen hervorbrachen. Der Kopf aber wurde jedem gewiesen, ohne ein Wort zu sprechen.

Der neue Balahate empfieng hierauf die Nachricht, daß Typhon das Feuer bedeutete, das eines der schrecklichsten Elemente wäre, ohne welches doch in der Welt nichts angerichtet werden könnte. Orus, die Arbeit und Fleiß, könnten aber daraus großen Nutzen schöpfen, wenn sie die Gestalt desselben gleichsam zu töten wüßten.

Hierauf wurde dem Balahate die Anweisung zu Chymie gezeigt, und wofern er Lust dazu hatte, stand es ihm frey, ihren Untersuchungen, so oft er wollte, beyzuwohnen.

Zu diesem Ende war sein Losungswort Chymia.

Sechster Grad.

Astronomus vor der Pforte der Götter.

Dieser Grad war mit einigen Vorbereitungen verbunden, und wurde er bey dem Eintritt in den Saal der Zusammenkunft sogleich in Fesseln und Banden gelegt.

Der Thesmosphores führte ihn darauf zu der Pforte des Todes zurück, welche viele Stufen hatte, die man herunter steigen mußte, weil bey der Einweihung vom dritten Grad die Höhle mit Wasser angefüllet war. Hier sahe er Leichen liegen, welche als Verräther der Gesellschaft umgebracht waren. Man drohte ihm ein gleiches Schicksal, und nun wurde er wiederum zurückgeführt, einen neuen Eid zu schwören. Nach Ablegung desselben wurde ihm der Ursprung der ganzen Götterlehre erzählt und ihm die Anweisung zur praktischen Sternkunst beygebracht. Er mußte des Nachts den Beobachtungen beywohnen und ihnen arbeiten helfen.

Er wurde für den Astrologen und Horoskopen gewarnet; denn gegen diese hatten sie einen wahren Haß und Abscheu, indem sie die Urheber aller Abgötterey und Aberglaubens waren. Diese falschen Lehrer des Volks hatten sich das Wort Phoenix zu ihrer Losung erwählt, worüber die Astronomi nur spotteten.

Gleich nach seiner Aufnahme führte man ihn zu der Pforte der Götter und eröffnete ihm solche. Er fand sie daselbst alle abgemalt, wobey ihm der Demigurges alle Auslegung ihrer Geschichte selbst ertheilte, ohne ihm etwas zu verschweigen. Auch zeigten sie ihm eine Reihe ihrer schon gehabten Oberaufseher an, und die Liste ihrer in der ganzen Welt zerstreuten Mitglieder. Sie lehrten ihn auch einen priesterlichen Tanz, in dessen Gängen die Laufbahn der Gestirne vorgestellt war. Das Losungswort war Ibis, welches Kranich bedeutete und das Sinnbild der Wachsamkeit vorstellte.

Siebenter Grad.

Propheta oder vielmehr Saphenath Pancah, ein Mann,
der die Geheimnisse weiß.

Der letzte und vorzüglichste Grad, worinn alle Geheimnisse genauer erklärt wurden. Der Astronomus konnte, ohne die Erlaubnis und Bewilligung des Königs, der Demigurgen und aller höhern Mitglieder, diesen Grad nicht erhalten.

Sie hielten darauf öffentliche Umgänge, wobey sie jederzeit alle Heiligthümer dem Volke zeigten. Dieser Umgang wurde Pamylach genennet.

Sobald diese vorbey waren, giengen sie des Nachts heimlich aus der Stadt, wo gewisse Häuser lagen, die in einem Viereck gebaut waren und verschiedene Stuben hatten, so alle prächtig bemalt waren und das menschliche Leben vorstellten.

Diese Häuser wurden Maneras genannt, denn das gemeine Volk glaubte, sie hätten einen besonderen Umgang mit den abgeschiedenen Manes. Wenn sie in diesen Hütten ankamen, die mit vielen Säulen, woran wechselweise ein Sphinx und Sarg stand, umgeben waren, so überreichte man dem neuen Propheten einen Trunk Oimellas und sagte ihm dabey, daß nunmehro alle Proben ein Ende hätten.

Darnach empfing er ein Kreutz von besonderer Bedeutung, welches er beständig tragen mußte.

Er bekam ein schönes weißes gestreiftes und recht weites Kleid, so Etangi hieß.

Sein Kopfputz war viereckig.

Zu seinem Zeichen hatte er hauptsächlich dieses, daß er seine Hände gemeiniglich in seinen weiten Ärmeln kreutzweise zu stecken pflegte.

Hierauf wurden ihm alle Haare abgeschnitten.

Darnach erhielt er die Erlaubnis, alle geheimen Bücher zu lesen, welche in der ammanischn Sprache geschrieben waren, wozu er die Chiffre erhielt, so königlicher Baubalken genannt wurde.

Der größte Vorzug, den sie erhielten, bestand darinn, daß sie die Könige konnten wählen helfen.

Ihr Wort ist gewesen Adon.

Er konnte auch, nach einer gewissen Zeit, Ämter in der Gesellschaft erhalten, und Demigurges werden.

Die Bedeutung nebst der Kleidung.

1. Demütiges, der oberste Aufseher der Gesellschaft, trug einen himmelblauen Rock mit Sternen gestickt und einen gelben Gürtel.

Er trug einen Saphir mit Edelsteinen umfaßt an einer goldenen Kette um den Hals.

Er war zugleich der höchste Richter im Lande.

2. Hierophantes war beinahe so bekleidet als der Demigurges, nur mit dem Unterschied, daß er ein Kreutz trug.

3. Stolistas, der Wasserträger, hatte einen weißen gestreiften Rock an und eine besondere Art von Stiefeln. Er hatte alle Kleidungen unter seiner Verwahrung.

4. Der Hierostolistas trug eine Feder auf dem Huth, und ein Gefäß, so Canonicon genannt wurde, und eine zylindrische Gestalt hatte, worinn Dinte zum schreiben war.

5. Der Thesmosphores war derjenige, der alle Eingeweihte einführen mußte.

6. Der Zacoris führte die Kasse.

7. Der Komastis mußte den Tisch besorgen. Unter ihm standen die Pastophores.

8. Odos der Redner und Sänger.

Mahlzeit.

Sie mußten sich vorhero alle waschen, bevor sie sich zu Tische setzten.

Sie durften keinen Wein, sondern nur Bier trinken.

Bey Tische wurde entweder ein ganzes Skelet, oder ein Butoi (Sarcopeja), Sarg herumgezeigt, worauf der Odos das Manero: das ist: o Tod, komm zur rechten Stunde, anstimmte, so von allen Mitgliedern mitgesungen wurde. Nach Endigung der Mahlzeit giengen sie zu ihren Geschäften und Betrachtungen, oder verfügten sich zur Ruhe, wofern sie nicht zu astronomischen Untersuchungen das Götterchor Biranta öffneten, in welchem Fall sie ganze Nächte durchwachen und Beobachtungen anstellen mußten."

Es bleibt nun noch übrig, die Namen zu erklären, soweit dies bei der unsicheren Rechtschreibung möglich ist.

Im ersten Grad wird der Adept „Pastophoris“ genannt, die andere Schreibung hat die Form Pastophoros. Pastophoros war ein niederer Priester, der die Götterbilder trug, wenn sie in die Kapelle gebracht wurden, pastophoros war auch das Beiwort des Planeten Venus. „Thesmosphoris“ oder besser Thesmosphoros ist der Thesmosphores der Gesetzgeber, und war auch Beiname der Demeter, Göttin der Fruchtbarkeit, und der Persephone, Göttin der Unterwelt. Menies, der Gesetzgeber, hängt vielleicht mit dem griechischen menyo (**μηνύω**) zusammen, was verkündigen, anzeigen bedeutet. „Matatten“ ist offenbar ein Schreibfehler, denn im entdeckten Orden heißt es Metallen. „Mene Musee“ wird in der Crata Repoa erklärt als „Kinder der Arbeit der himmlichen Untersuchung“, gemeint sind damit die eben eingeweihten Pastophoren. Es ist offenbar eine Bildung wie mene machos – einer, der im Kampfe ausharrt, ein Mene Mousaios wäre einer, der im Dienste der Musen, also in Künsten und Wissenschaften eifrig tätig ist. Man könnte darunter auch einen, der mit der himmlischen Untersuchung, der Astronomie, beschäftigt ist, verstehen, und Astronomie ist stets ein Zweig der königlichen Kunst gewesen. „Xylon“ wird das Schurztuch genannt; diese Bezeichnung geht ganz klar auf Herodot zurück, der III, 47 die Baumwolle als **εἴρια ἀπὸ ξύλου** – Wolle vom Holz – bezeichnet und VII, 65 sogar von **εἵματα ἀπὸ ξύλου,** Kleider von Holz, spricht, d. h. von Baumwolle. Das Wort „Birantha“ entzieht sich allen etymologischen Prüfungen. Es scheint, daß der Abschreiber sich geirrt hat, Birantha dürfte aus Veranda verderbt sein.

Im zweiten Grad wird der Beförderte „Neocoris“ oder nach der anderen Angabe Neocoros genannt, im griechischen Kultus war der **νεωκόρος** der Tempelfeger. „Endimion“ oder Endimon wurde die schwarze Kammer genannt. Der Verfasser erklärt, Endimon heiße nachgeahmte Grotte. Der „Stolista“, als Wasserträger bezeichnet, dürfte der **στολιστής** des Plutarch, der Ankleider, sein. Das Losungswort „Heve“ ist Eva, nach der Lutherschen Schreibung, die der Bulgata folgt. Heva, hebräisch Chawa, das heißt Lebensspenderin, Mutter der Lebewesen. Diese Deutung darf als richtig angenommen werden, da in der Crata Repoa dem Neocoros bei der Mitteilung des Wortes der „Fall des menschlichen Geschlechts“, natürlich nach der Genesis, erzählt wurde.

Im dritten Grad heißt der Geweihte „Melanephoris“ oder Melanophoros. Im Griechischen ist der **μελανοφόρος** einer, der schwarze Kleider trägt, die das Zeichen der Trauer waren, und die dritte Erkenntnisstufe der afrikanischen Bauherren war ja dem Todesproblem gewidmet. Dort erscheinen auch die drei Leichenbesorger, die Paraskisten, im Ritual bezeichnet als „Leute, die den Körper aufschnitten“, es sind die Paraskeuasten (παρασκευαστής), die Zubereiter; zum andern nennt die Crata Repoa die „Heroi“, im entdeckten Orden Hieroi, was einfach Heilige heißt. Sie werden auch als „heilige Männer, die mit Einbalsamieren umgingen“, bezeichnet. Zum dritten sind die Tapixeiten genannt, Leute, welche die Toten begraben mußten“. Wahrscheinlich ist der Name zusammengesetzt aus taphe (ταφή) und dem Zeitwort xéo (ξέω). Taphe heißt das Begräbnis, xéo ursprünglich schaben, polieren, und übertragen einfach arbeiten. Daß statt Taphe Tapi erscheint, dürfte auf neugriechische Einflüsse zurückzuführen sein, denen wir im weiteren Verlauf der Worterklärung noch begegnen werden. Im modernen Griechisch heißt der Totengräber Nekrothaptis (νεκροθάπτης). Das Wort des dritten Grades war „Monach Caron Mini“ und wird übersetzt: „Ich zähle die Tage des Zorns.“ Auch hier erscheint die neugriechische Aussprache des altgriechischen Wortes für Zorn μῆνις; caron würde, als Akkusativ, von καιρός, neugriechisch käron ausgesprochen, Zeitpunkt bedeuten. Mundartig würde käron mini wohl „Tag des Zorns“ heißen können. Gänzlich unerklärt bleibt „Monach“; monachos, der Mönch, gibt keinen Sinn, allenfalls das neugriechische monacha (μοναχά) – nur ließe sich annehmen.

Der vierte Grad bezeichnet den Geweihten als „Chistophoris“. Damit kann nur jener Tempeldiener gemeint sein, der die Kisten mit den heiligen Geräten des Dionysos und der Demeter trug, er hieß Kistophoros (Κιστοφόρος). Der Demiurges oder Demiurgos war der „höchste Aufseher der Gesellschaft“. Bedeutung gewann der Demiurgos erst in der Lehre der Gnostiker, wo er als Schöpfer der sichtbaren Welt gewissermaßen ein Unterorgan Gottes des Vaters war. Auf die anderen Bedeutungen bei Plato und in der Politik brauchen wir nicht einzugehen. Odos, der Sänger, Redner, ist klar ᾠδός, was dieselbe Bedeutung hat. Zacoris entspricht dem ζάκορος, einem Priester oder Tempeldiener, der nach Thomas Magister noch verehrungswürdiger als der Neokoros war. „Komastis“ dürfte dem Komistes (Κομίστης), dem Besorger, entsprechen, in der Crata Repoa ist er etwa das, was wir heute als Schaffner bezeichnen. Der Name des großen Gesetzgebers „Joa“ ist mit Bezug auf Diodor genannt. Dort aber heißt er Jao (Ιαώ) und wird als der den Juden von Moses gepredigte Gott erwähnt, an derselben Stelle weiter unten wird auch der ägyptische Gesetzgeber Sasychis genannt, dessen Name als Losungswort des Kapitels „Pyxon“ dient. Pyxon (πυξών aus πυξέων) bezeichnet einen Buchsbaumhain. Das Holz des Buchsbaums verwendete man im Altertum zur Herstellung von Götterbildern. Man kann also eine symbolische Ausdrucksform für das Kapitel wohl in dem Buchsbaumhain verstehen. „Alydei“ oder Alithäen leitet der Verfasser vom griechischen aletheia (ἀλήθεια) ab = Wahrheit. Die neugriechische Aussprache tritt hier deutlich hervor. Die Aletheia sei ein ägyptischer Orden gewesen.

Der fünfte Grad bezeichnete den Eingeweihten als „Balahate“, ein Wort, das jeder kritisch-philologischen Behandlung widerstrebt. Denkbar wäre eine Bezeichnung zu dem hebräischen „balach“, was schrecken, furchtbar machen, verstellen und, übertragen, „zaubern“ bedeutet. Daß hier die Kunst der Magie hineinspielt, ist nicht ohne weiteres abzuweisen. „Orus“ erscheint in der anderen Schreibung als Horus und ist somit klar.

Im siebenten Grad wird der Adept „Propheta“ genannt oder „Saphenat Pancah“; Die Herkunft dieses Namens ist ohne weiteres klar, wenn wir 1. Moses 41, 45 heranziehen, wo in genauer Übersetzung des Urtextes steht: „Der Pharao verlieh Josef den Namen Zafenat Paneah.“ Luther übersetzt: heimlichen Rat. Es handelt sich offenbar um einen ägyptischen Mysterientitel, der hebräisch Sophnat Paneach heißt. Das C in unserem Text ist ein Schreibfehler. Die Septuaginta bringen den Titel unübersetzt Psonthom phanech (ψονθομφανήχ) nach dem koptischen p-sônt-om-phanch, was bedeuten würde „Retter der Welt“. So faßt es auch Hieronymus in der Vulgata auf, wo „salvator mundi“ steht. Josephus übersetzt „revelator occulti“ – Offenbarer des Geheimnisses. Das ist wohl auch die Meinung der Crata Repoa, wo als Deutung gegeben wird „ein Mann, der die Geheimnisse weiß“. Das Wort „Pamylach“, das der Verfasser der Crata Repoa als oris circumcisio – Beschneidung der Zunge deutet, hängt vielleicht mit dem griechischen „myllon“ – Lippe zusammen, und es besteht hier eine merkwürdige Ähnlichkeit mit der Versiegelung der ersten Christen. „Maneras“ als Totenhäuser gedeutet, wird mit den Manen, den wohlgesinnten Seelen der Verstorbenen im römischen Kultus, zusammengebracht. Der Trank „Oimellas“ oder in der zweiten Schreibung „Oximellas“ ist offenkundig ein Getränk Oxymeli (ὀξύμελι) aus Essig und Honig, das bei Lysias erwähnt wird.

Damit haben wir die Erklärung der Worte, soweit sie möglich und nötig war, beendet. Warum wir so ausführlich auf den schwierigen und dunklen Stoff eingingen, bedarf eigentlich keiner Rechtfertigung, wenn man erwägt, daß wir eine Ideengeschichte liefern wollen. Wir müssen immer wieder die vielseitige Belesenheit Köppens und seiner Freunde bewundern und das große Talent, mit dem sie weit auseinanderliegende Erscheinungen dichterisch verknüpften.

Die Crata Repoa wurde die Grundlage zum Aufbau des ganzen Systems, dessen Inhalt wir im folgenden nach dem Original wiedergeben. Der Text findet sich in dem obenerwähnten kleinen Werk „Der entdeckte Orden der afrikanischen Bauherren-Loge“:

„Der erste Grad hat zur Absicht. durch eine Hieroglyphe zu beweisen, wie die Heyden, hauptsächlich durch die Egyptische Geheimnisse vieles aus der wahren Religion entdeckt haben, und bedeutet das Losungswort Sesiom nichts anderes als Moises, von dem die Egyptier ohne Zweifel sehr vieles erfahren haben. (Sesiom ist in der Tat nur eine Umstellung der Buchstaben von Moises. Im Logenbuch wird als Wort des ersten Grades „Amoun" angegeben, was bedeutet „sei verschwiegen".) Der zweyte Grad zeigt an, daß Moses dem jüdischen Volke hauptsächlich aus der Erkenntnis der Natur und der Welt die Lehren der Religion hat beybringen wollen. Das Wort Hephata zeigt an, daß dieser Grund ein Aufschluß von unserm ganzen Geheimnis ist. Drittens wird nach den Regeln der Weltweisheit die Nothwendigkeit der Selbsterkenntnis dargethan, weil die meisten Sittenlehrer darin fehlen, daß sie die Natur des Menschen als völlig verdorben angeben, da doch der Mensch ein großes Werkzeug Gottes seyn kann. Im vierten Grad wird vorgestellt die genaue Verbindung des Menschen mit der Welt, also, daß ihnen beyden der Nahme eines Tempels beygelegt werde, und daß Christus der Eckstein der wahren Religion sey.

So wie die anderen Freymäurer haben auch die Bauherren ihre Losungswörter und Zeichen, womit sie theils durch ihre Wachen kommen, theils von den fragenden Beamten in Logen gelassen werden, theils sich außerhalb erkennen. Diese werden niemand bekannt gemacht. Zuweilen aber werden sie schnell durch einen Befehl des Großmeisters verändert, wenn, wie die Redensart lautet, Regenwetter einfallen will.

Diese Merkmahle gehören nun zu den Esoterischen Zeichen, woran sie sich unter einander kennen. Ihre Orden aber sind mehrentheils esotherisch, und werden außer der Loge an der Uhr, oder am kleinen Finger der rechten Hand getragen.

Bey der ersten Aufnahme bekommt der Bauherr ein kleines goldenes Kreutz mit einem hängenden freyspielenden Sterne. Das Kreutz kommt aus den Egyptischen Einweihungen und bedeutet Thanatos oder Tod. Der Stern ist auch alt und bezieht sich lediglich auf den Ursprung von Decona.

Im vierten Grad haben sie einen gelehrten Orden, den Orden der Minerva, den der verstorbene König von England so geschmackvoll fand, daß er ihn für die Gelehrten allein einführen wollte, wenn er nicht zur rechten Zeit belehrt wäre, wie er schon getragen würde.

Dieser Minervenorden stellte solche als eine Eule mit einem weiblichen Gesichte, Helm, Waffen und neben einer Säule vor, worauf ein Wasserkrug zu sehen ist. Die Auslegung davon findet man in dem Grand Cabinet Romain pag. 26 folgendermaßen:

Der Mensch ist in seiner Jugend blind, durch Proben und Wissenschaft aber wird er ein vernünftiger Mensch. Der Helm bedeutet den größten Grad der Weisheit, der Kopf der Gorgone die Unterdrückung der Leidenschaften. Der Schild die Beschützung vor den Spottreden. Die Säule die Standhaftigkeit. Der Krug mit Wasser den Durst nach Wissenschaften. Der Köcher mit den Pfeilen die Beredsamkeit. Der Spieß die Überredung von weitem, da man durch Ruf und Überzeugung andre gleichsam vermeiden (verwunden??) könnte. Der Palmbaum und Ölzweig den Frieden der Weltweisen.

Dieser Orden wird an blauem Bande um den Hals in den Bauherrenlogen getragen, an der Uhr aber wie eine Berloque. Wir besitzen aus den Logenbüchern der afrikanischen Bauherren die ausführliche „Erklärung des Pallas- oder Minerven-Ordens", aber dieser kurze Auszug mag genügen.

Die Ritter bezeichnen sich mit dem Ringe außer den Logen, im Kapitel selbst aber tragen sie an einem weißgewässerten Bande ein Medaillon, worauf ein Degen mit der Unterschrift steht:

Pro fide servanda.

Auch dieser Orden wird in Gestalt eines Schwerts, um welches sich ein S windet, an der Uhr getragen.

Nach dem vierten Grad folgen noch drei: 5. der Noviz, 6. der Bauherr, 7. der Tribunalist."

In der Zeit starker seelischer Not, wie sie nach dem langen Kriege Friedrichs des Großen und den kaum verwundenen Schäden des Dreißigjährigen Krieges die geistig strebenden deutschen Männer beherrschte, war es wohl verständlich, daß nicht wissenschaftlich gebildete Männer, vor allem Offiziere, sich von dem System, das Koeppen im wesentlichen aufgebaut hatte, von den geheimnisvollen Anziehungskräften und vor allem von der Tatsache, daß in den Logen der afrikanischen Bauherren die Lehren und Geheimnisse aller freimaurerischen Systeme enthüllt wurden, anlocken ließen. Dazu kam noch, daß es Koeppen gelungen war (auf welche Weise ist nicht aufgeklärt), eine Protektion des Königs oder des Prinzen von Preußen zu erhalten. Sein feindliches Auftreten gegen die strikte Observanz gewann ihm einen großen Teil derjenigen Brüder, die mit jener Lehrart unzufrieden waren oder nicht die erwartete Beförderung gefunden hatten, und so entwickelte sich das System der afrikanischen Bauherren in Berlin derart, daß um das Jahr 1773 bereits vier Logen bestanden. Auch in der Schweiz und in Südwestfrankreich faßte das System Boden.

Koeppens Heftigkeit hatte ihm einen unangenehmen Auftritt eingetragen. Von den Brüdern der strikten Observanz war er auf das schwerste beleidigt, und als er den General-Chirurgus Theden Unter den Linden öffentlich apostrophierte, wurde er von diesem handgreiflich gezüchtigt. All dies löste in Koeppen die Vorstellung von Verfolgungen aus, er fürchtete für seine Sicherheit und begann sich gänzlich zurückzuziehen.

In jener Zeit tiefer Melancholie verbrannte er einen großen Teil der Akten seiner Lehrart, und nur mit Mühe gelang es seiner Frau und seinen Freunden, den Rest zu retten. Bald nachher legte Koeppen sein Amt als Großmeister nieder. Die Akte, die er unter dem Datum des 15. August 1775 veröffentlichte, enthält einen wichtigen Absatz, der uns als Richtschnur dienen kann für die Beurteilung der angeblich alten Akten. Dort heißt es:

„Ich habe mich bemüht, während dieses Amtes die Geschichte des Ordens zu erforschen, zumal da ich die Liste aller Großmeister, so vor mir gewesen, besaß, und ich habe gefunden, daß alle Schwertorden Ähnlichkeit mit dem der Tempelherren haben. Ich habe entdeckt, daß diesem königlichen Orden die Geheimnisse der Tempelherren von zehn Rittern sind übergeben worden, ich habe durch Nachsuchen in den Akten die ganze amanische Schrift völlig ergründet und kann dadurch dartun, daß alle Geheimnisse der Tempelherren eine Nachahmung der heidnischen Einweihungs-Gebräuche gewesen sind."

In den Originalakten der afrikanischen Bauherren befindet sich der Hinweis auf die amanische Schrift und auf Decona. Sie bestand erstens aus dem Δ, das für den Ursprung aller Dinge angesehen wurde, zweitens aus dem □ als dem Zeichen der Wahrheit, drittens aus der X als der Zahl der Vollkommenheit. Wenn man nun dieses Δ um seine Spitze laufen läßt, so kommt folgende Figur zum Ausdruck ⊠. Mit dieser Chiffre sollen nun die Priester und Könige geschrieben haben, und aus diesem Grunde sei sie amanisch genannt worden.

Als Beleg für diese Tatsache zittert der Verfasser der Crata Repoa das erste Buch der Maccabäer, Kap. 12, Vers 20, worin ein Brief des Areus. Königs von Sparta, an den Hohepriester Onias angegeben wird – in der Septuaginta wird der König Oniareus genannt. Die Erwähnung der Spartaner gibt den afrikanischen Bauherren zu der Bemerkung Veranlassung, daß in Sparta die Decona oder der königliche Baubalken verwahrt gewesen sei, und aus diesem königlichen Baubalken sei die amanische Schrift entstanden.

Über die amanische Schrift und die Decona hat C. Schulze (Zirkel-Korrespondenz 1878) sehr eingehend gearbeitet und die einzig richtige Erklärung gegeben. Amanisch oder die andere Form amonisch führt er auf den Namen der ägyptischen Gottheit Amon zurück, und die Tatsache, daß in der Crata Repoa auch die Form amonisch vorkommt, gibt ihm dazu alle Berechtigung. Amon aber geht auf das koptische Amn zurück, das verhüllen bedeutet. Amanische Schrift ist also nichts anderes als verhüllte Schrift, Geheimschrift, und die Entstehung aus dem spartanischen Baubalken der Decona wird gleichfalls überzeugend nachgewiesen. Schulze erklärt Decona als verderbt aus Dokana, von Dokos, der Balken. Dokana heißt „die balkigen Götterbilder", und es sind nach der Erklärung Plutarchs zwei parallele Hölzer, die durch zwei andere querliegende verbunden sind. Sie galten im alten Griechenland als das Symbol der Dioskuren und darum als Symbol der Bruderliebe. Der spartanische Baubalken hatte dieselbe Form und wurde von den Spartanern mit in die Schlacht genommen, einmal um die Hilfe der Dioskuren im Kampfe zu gewinnen, und zum andern als Symbol der beiden Könige. Als später nur ein König das Heer führte, wurde auch nur ein Balken mitgenommen. Man sieht also, daß mit der Entwicklung des griechischen Geistes der Glaube an die Götter zurücktrat. In der Tat aber ist die Form des spartanischen Baubalkens, die Dokana, die Grundlage der noch heute in der Freimaurerei üblichen Quadratschrift, amanisch genannt, weil sie die profane Schrift verhüllt.

Man hat über die Lehrart der afrikanischen Bauherren im neunzehnten Jahrhundert sehr abfällig geurteilt, und auch Nettelbladt sieht in ihrer Lehre, in der Darstellung ihrer Geschichte nur Schwindel, Verirrung und Unsinn. Gerade die besten Männer des achtzehnten Jahrhunderts waren suchende Seelen, und aus einer Fülle von Briefen und Aufsätzen in Zeitschriften geht hervor, daß sie durchaus die geschichtliche Darstellung der Orden, denen sie angehörten, als etwas Symbolisches betrachteten und sich subjektiv daran erbauten, wie man sich heute an einer schönen Dichtung erbaut.

Wer die Geschichte der Freimaurerei des achtzehnten Jahrhunderts schreiben will, muß sie mit äußerster Zurückhaltung schreiben, denn es ist unendlich schwer, sich in die Seele und in die geistige Welt jener Tage hineinzufühlen. Es war eine Zeit gläubigen Aufschauens zu höheren und höchsten Dingen, aber neben dem Glauben, dessen liebstes Kind das Wunder ist, geht auch der Aberglaube, und wir wissen, daß selbst Männer wie Goethe und der König Friedrich der Einzige nicht frei von abergläubischen Schatten waren.

IV. Die asiatischen Brüder.

Eine der merkwürdigsten Erscheinungen des achtzehnten Jahrhunderts, die sich mit freimaurerischen Formen umgab und behauptete, das wahre Geheimnis zu besitzen, sind die asiatischen Brüder. Wir kennen ihre Gesetze, Rituale und Lehren vollkommen und sind auch in der Lage, ihre verschiedenen Entwicklungsstufen aufzuzeigen, ehe sie in der endgültigen Fassung unter dem Titel „Brüder St. Johannis des Evangelisten aus Asien in Europa" hervortraten.

Als Vorstufe ist der in dem Anfang der achtziger Jahre aufgekommene „Mächtige und weise Orden der Ritter und Brüder des Lichts" anzusehen, als dessen Verbreiter, vielleicht sogar Erfinder, Hans Heinrich Freiherr Ecker von Eckhofen galt. Wir haben diesen Mann, dessen Charakterbild schwankend in der Geschichte der Freimaurerei steht, als fanatischen Gegner der Rosenkreuzer, nicht des Rosenkreuzertums, kennengelernt, denn sein System oder vielmehr seine Systeme sind ausgesprochen rosenkreuzerisch.

Die Ritter des Lichts gaben vor, ihren Ursprung von den sieben weisen Vätern, Vorstehern der sieben Kirchen in Asien, genommen zu haben. Der Orden bestand aus fünf Graden. Aufnahmefähig war ein Freimaurer, jedoch nicht bevor er siebenundzwanzig Jahre alt und sieben Jahre Meister war. Die Einweihungen in die drei ersten Grade waren ziemlich nüchtern, erst der fünfte Grad, der des Priesters, entwickelte eine gewisse Feierlichkeit. Eine besondere Rolle spielten dabei das heilige Feuer und der heilige Rauch, deren Zutaten neben Mandragora, der narkotisch wirkenden Alraune, alles enthielt, was die alten Zauberbücher vorschreiben.

Schon zur Zeit des Konvents zu Wilhelmsbad wurde gegen diesen Orden Stellung genommen. Die altschottische Mutterloge „Friedrich zum goldenen Löwen" in Berlin hatte in dem früher erwähnten Schreiben vom 10. August 1782 den Herzog Ferdinand von Braunschweig feierlich beschworen, gegen den „After-Orden" vorzugehen. Da heißt es:

„Euer Hochfürstliche Durchlauchten sowohl als die meisten würdigen Mitglieder des Konvents würden dem schwarzen Höllengeist sein Handwerk legen, wenn er nur nicht die Kunst verstünde, sich in einen Engel des Lichts zu verstellen.– Allein, wenn vielleicht Fasten und Beten, wenn die heiligsten Gebräuche der Religion, wenn geweihte Kruzifixe, wenn Bibel und Räucherwerke bei einer Handlung angewendet werden: welcher fromme Christenmensch kann einen Augenblick glauben, daß diese Handlung nicht gut und Gott wohlgefällig sei? Wer kann hier Gottlosigkeiten und Betrug argwöhnen? – Wenn aber unsere mit göttlicher Salbung versehenen Oberen uns sagen, daß zwischen der heiligen göttlichen Magie und zwischen der gotteslästerlichen Kako-Magie nur ein halber Schritt sei, ganz unkennbar einem jeden, der nicht durch den hohen Orden unterrichtet ist; daß der Satan durch solche heiligen Gebräuche sich göttliche Ehre antun lasse; daß der elende Kako-Magus das Zeichen des geheimnisvollen Heil-Kreuzes, und den gebenedeiten Namen Jehova! nötig habe, um den verdammungswürdigen Naturzwang zu bewirken; daß er auf Gottes Zulassung bloß hierdurch einige verborgene Naturkräfte rege mache, und ihnen durch den allerabscheulichsten Mißbrauch alles dessen, was heilig ist, gebieten können. – Ach gnädigster Herr! Wen überfällt nicht Grausen und Entsetzen bei der Abscheulichkeit einer solchen Handlung."

Dieser Verzweiflungsschrei richtet sich weniger gegen die Ritter des Lichts und ihre Lehre, als vielmehr gegen Eckhoffen, der ja ein abtrünniger Rosenkreuzer war und, wie ziemlich feststeht, Verfasser der heftigsten Angriffsschrift: „Der Rosenkreuzer in seiner Blöße." Im Grunde bot der Orden doch dieselbe alchymisch-magische Phantastik, wie sie die Rosenkreuzer in Friedlich zum goldenen Löwen betrieben, und es war sehr geschickt, jene Ordensleute als Kakomagen, d. h. Adepten der schwarzen oder teuflischen Magie zu brandmarken. Der Herzog ließ sich jedoch bekanntlich nicht einfangen, aber er prüfte beide Richtungen und wurde sowohl Rosenkreuzer, wie er sich auch von Eckhoffen in den Orden der Asiaten späterhin aufnehmen ließ.

Soweit war es aber um 1782 noch nicht. Ehe die Ritter des Lichts sich in die asiatischen Brüder verwandelten, machten sie noch eine Zwischenstufe durch, die man gemeinhin das Grünstädter System nennt. Begründer war der ehemalige preußische Hauptmann von Assum, eine jener Zwielichtgestalten, die um die Freimaurerei des achtzehnten Jahrhunderts geisterten. Er war in den Drei Weltkugeln aufgenommen, hatte sich dann Zinnendorf angeschlossen, war aber später ganz der Alchymie verfallen. In herzoglich zweibrückischen Diensten errichtete er 1779 in Neuwied die Loge „Zur wahren Hoffnung", der er als Meister vom Stuhl vorstand. Im Jahre 1786 gründete er das neue System der Ritter vom Kreuz der Dreieinigkeit und verband damit eine Lotterie, die von der gräflich Leiningen-Westerburgischen Regierung privilegiert wurde. In Grünstadt hatte er eine Loge „Zur schottischen Beständigkeit" errichtet und schickte Werber ins Land, denen er ein Zirkular mit seinem Ordensnamen Veridicus, vollständig Philadelphus ab aquila viride laureata unterzeichnet mitgab. Als Großmeister gewann er den Prinzen Ludwig George Karl von Hessen-Darmstadt, einen gutmütigen schwankenden Menschen, der immer in Geldverlegenheit war und darum sehr leicht von Abenteurern und Goldmachern mißbraucht werden konnte. Er war einige Jahre Landesgroßmeister der Großen Landesloge gewesen, aber er hat ihr wenig Treue bewiesen, trat er doch, noch während er das Amt bekleidete, in das Starcksche Klerikat der strikten Observanz ein. Später schuf er ein eigenes System, in das er alle seine Dienstboten, ja sogar seine Geliebte aufnahm. Er starb 1823 in Neustrelitz.

Die Verbindung des Assumschen Grünstädter Systems mit den asiatischen Brüdern Eckhoffens ist in Wien zu suchen, wo beide Schwarmgeister offenkundig aus derselben Quelle geschöpft haben. Dies mag daraus hervorgehen: In Hamburg hatte Eckhoffens jüngerer Bruder Hans Karl, der sich als Advokat kärglich ernährte, eine Winkelloge „Zum flammenden Stern“ gegründet und wahllos jeden aufgenommen, der die Gebühren zahlte, darunter auch zwei Juden, Isaak Oppenheimer und Gottschalk Samson. Assum hatte in Grünstadt einen Nationalkongreß der Freimaurer ausgeschrieben, von dem Hans Karl von Eckhoffen durch einen Abgesandten Assums, einen Baron von Strunsky, gehört hatte. Da nun Oppenheimer in Geschäften nach dem Rhein reiste, veranlaßte er ihn, auch Grünstadt zu besuchen und sich um eine Konstitution zu beweiben, die ihm auch bereitwillig erteilt wurde, worauf dann in Hamburg eine neue Loge „Zum glänzenden Felsen der schottischen Vereinigung des alten Systems“ ins Leben trat.

Zur Einsetzung war auch Hans Heinrich von Eckhoffen, aus Wien kommend, in Hamburg erschienen, wo er das Grünstädter System kennenlernte und billigte. Es liegt daher der Schluß nahe, daß Assum aus derselben Quelle geschöpft hatte wie Eckhoffen, der nunmehr sofort daran ging, eine Obermeisterschaft der asiatischen Brüder in Hamburg zu gründen. Hans Karl wurde unter dem Ordensnamen Israel – Hans Heinrich nannte sich Abraham – zum Obermeister ernannt, und wir finden neben einigen jüdischen Kaufleuten einen königlich-dänischen Geheimrat, einen hannöverischen Major, königlich-polnische Offiziere, einen Lübeckischen Superintendenten und Doktor der Theologie sowie mehrere Arzte in dem ersten Mitgliederverzeichnis.

Damit hatten die Ritter und Brüder St. Johannis des Evangelisten aus Asien in Deutschland Fuß gefaßt.

Die Absicht des Ordens war, eine brüderliche Verewigung edeldenkender, frommer und gelehrter Männer, ohne Rücksicht auf Geburt und Stand, zu schaffen und gemeinschaftlich die Geheimnisse aller natürlichen Dinge zum Besten der Menschheit zu erforschen. Dazu war die ganze Organisation in fünf Abteilungen gegliedert, zwei Probestufen und drei Hauptstufen: Die erste Probestufe waren die Suchenden, die zweite Probestufe die Leidenden, die erste Hauptstufe hieß Ritter- und Brüder-Eingeweihte aus Asien in Europa, die zweite hießen die weisen Meister, in der driten Hauptstufe nannten sich die Mitglieder Königliche Priester oder die echten Rosenkreuzer oder die Stufe Melchisedek.

Die Oberleitung des ganzen Ordens hatte ein aus zweiundsiebzig Gliedern bestehendes kleines Synedrion, an dessen Spitze der Ordensgroßmeister mit seinen Beamten stand. Dieses Synedrion teilt sich in fünf Ausschüsse, deren Vorsitzende feststehende hebräische Namen führten, die derart forterbten, daß jeder in eine solche Stelle Einrückende denselben Namen erhielt. So hieß der Vorsitzende des ersten Ausschusses Rosch Hamdabrim, zu deutsch das Haupt der Redner, und jeder, der diese Stelle einnahm, legte seinen früheren Ordensnamen ab und zeichnete seine Urkunden mit Rosch Hamdabrim.

Unmittelbar unter dem Synedrion stand das Generalkapitel des Ordens mit dem Generalobermeister und seinem Beamtenrat.

Europa war in vier Provinzen eingeteilt, die ihren Namen nach den Himmelsgegenden führten. In jeder Provinz residierte ein Provinzialkapitel, das der Provinzialgroßmeister mit seinen Beamten regierte. Unter jedem Provinzialkapitel arbeiteten so viel Obermeisterschaften, als sich aus den Mitgliedern ergaben, von denen nur dreiunddreißig in einer Obermeisterschaft sein durften. Unter den Obermeisterschaften bearbeiteten die Meisterschaften die beiden Probestufen, von denen jede nur zehn Mitglieder haben durfte.

Die Lehre des Ordens war eine kosmisch-alchymisch-magische Theologie und Kosmogonie. Es wurden vier Schöpfungen angenommen: 1. die unsichtbare Schöpfung, Aziloth, die Schöpfung außer der Zeit, 2. die erste allgemeine, sichtbare Schöpfung, Beria genannt, 3. die Geisterschöpfung, Zezira, und 4. endlich die Schöpfung der Welten mit Namen Asia. Der unendliche Gott brachte homogene Wesen, die verklärten heiligen Geister, zuerst hervor. In der Verstandeswelt herrschte der Sohn der Morgenröte, der erste Ausfluß des Unendlichen in der verklärten Schöpfung. Er war so verklärt, weil die Strahlen der göttlichen Majestät gerade auf ihn zugingen, und die ganze Geisterwelt lag zwischen Gott und ihm. Um Gott den Unendlichen waren sieben herrliche Geister gelagert, die immer die ersten Ausflüsse des Unendlichen empfingen und die einzigen Mittler waren, durch die sich die Majestät des Ewigen offenbarte. Das Unendliche herrschte über die Schöpfung der heiligen Geister, der Sohn der Morgenröte aber über Millionen bis an die Kreise der Söhne Gottes. Er strebte nach Selbständigkeit, und die unzähligen Geister, über die er gebot, folgten ihm. Der Unendliche strafte ihn und entzog ihm seine Strahlungen. Das Licht hörte auf, ein dunkles, kaltes, feuriges Wasser, ein irdisches, schleimiges, schwefliges Salzwasser, ein Schlamm entstand, ein Chaos. Auf diesem Chaos schwebte der Geist Gottes, der weltschaffende Geist, die Ausgeburt des Unendlichen oder des Wortes. Dieser Geist Gottes hieß Elohim, der Sohn der Morgenröte bekam den Namen Luzifer, weil er das Bild des ersten unsichtbaren Menschen in der Verklärung ist. Nun folgte die Schöpfung, die von Moses beschrieben ist. Und der erschaffene Mensch erhielt die Gewalt, frei zu herrschen, die ehemals der Sohn der Morgenröte in der verklärten Schöpfung besessen hatte. Der erste Mensch wurde Adam genannt, und er war aus zwei Aktionen gebildet, der männlichen und der weiblichen, und die ganze Schöpfungskraft lag in ihm eingeschlossen. Er war herrlich, durchsichtig und glänzend, da er durch den roten und weißen Schwefel des feurigen Wassers gebildet wurde. Luzifer war sein Widersacher, er wollte Adam ins Verderben reißen und verlockte ihn zu dem Wunsch, etwas zu besitzen, um seine Herrschaft vermehrt zu sehen.

Dieser Wunsch war der Ehebruch des freien Willens, und nun schlief Adam den ersten Schlaf der Begierde. Hier schied Jehovah-Elohim das Wasser von dem Feuer, nahm das Wasser und baute daraus das Weib. In ihm war Geist, Blut und Leben nach dem Bild der finsteren Welt. Der Baum des Lebens war Adam selbst, und jener Baum der Erkenntnis des Guten und Bösen war das Weib. Dann kam die Übertretung des göttlichen Befehls und Adams Fall, die ehemalige Verklärung wurde von der körperlichen Hülle eingeschlossen, und es war ihm von Jehovah-Elohim auferlegt, sein verklärtes geistiges Inneres nur mit Mühe, Sorgen und äußerst demütiger Gewalt suchen und nur in Reue und Buße finden zu können. Dies ist das Geheimnis der Erbsünde.

Wir sehen, daß die ganze Lehre rein alchymisch-rosenkreuzerisch und stark mit talmudisch-spekulativer Philosophie durchsetzt ist, die von dem eifrigsten Mitarbeiter Eckhoffens, dem Juden Markus Hirsch oder Hirschmann, der sich auch gelegentlich von Hirschfeld nannte, herrührte. Für uns heutige Menschen, die wir eine ganz andere Naturwissenschaft kennen, ist die Lehre der asiatischen Brüder eine geistvolle Verstiegenheit, die mit der Verinnerlichung der Sittengesetze der Freimaurerei und ihrer Steigerung zum Erlebnis der göttlichen Offenbarung nichts zu tun hat. Aber man kann sich wohl vorstellen, wenn man sich in den Geist der Endzeiten des achtzehnten Jahrhunderts einfühlt, daß suchende Seelen in diesem System eine begrenzte Befriedigung fanden.

Wenn hervorragende Freimaurer wie Ferdinand von Braunschweig und Karl von Hessen-Kassel die Einweihung suchten, so würde man fehlgehen, dies als Zustimmung zu der Lehre zu betrachten, es dürfte vielmehr dem Umstand zugeschrieben werden, daß sie als die berufenen und auserwählten Führer die Verpflichtung fühlten, die der Apostel in den Worten (Thess. 5, 21): „Prüfet alles, und das Gute behaltet“ ausdrückt. Gerade diese beiden Fürsten hatten einen unbezwinglichen Hang zur okkulten Forschung und zur magisch-alchymischen Erklärung der kosmischen Zusammenhänge. Mit dem festen Glauben an eine unsterbliche Seele verbanden sie die Hoffnung, sich den Geistern der Verstorbenen nähern und mit ihnen in lebendige Beziehungen treten zu können. Sie konnten nicht fassen, daß es im All unendliche Hemmungen gibt, die nicht zu überwinden sind, und wie sie an feuriges Wasser und wässeriges Feuer glaubten, so glaubten sie auch an das, was wir heute Spiritismus nennen. Daher waren ihnen alle Menschen willkommen, wenn sie gewisse Phänomene hervorrufen konnten, die aus einer hysterischen Veranlagung flossen, Medien im Sinne der modernen Auffassung waren.

So nur ist es zu erklären, daß sie Abenteurern, die offenkundig aus ihren magischen Phantastereien Geld zogen, was am bequemsten und unauffälligsten durch eine Ordensgründung mit unbekannten Oberen geschah, völlig hemmungslos ausgeliefert waren. Wie sonst wäre es zu erklären, daß Männer von Geist und Rang einen Eid leisten konnten, wie ihn die erste Hauptstufe der Asiaten verlangte. Darin heißt es: „Ich verspreche, diesen Eid heilig zu halten, und niemand soll imstande sein, mich davon loszusprechen. Überhaupt aber schwöre ich, allen Pflichten der Ritter und Brüder St. Johann des Evangelisten aus Asien durch mein ganzes Leben getreu zu bleiben. Sollte ich je eine einzige übertreten, so mögen meine Vorgesetzten mich durch unbegreifliche Kräfte, des ebenso unbegreiflichen Naturbandes, zum bedauernswürdigsten Geschöpfe machen; so möge wider mich durch die ganze Ewigkeit die Macht des bösen Urwesens wirken; so mögen die grimmigen lichtscheuenden Geister die gewaltigen Fürsten der Finsternisse, alle Schrecken der Nacht wie eine dicke Wolke um mich versammeln und alles Licht aus meinem Geist, aus meiner Seele und aus meinem Leibe weichen, und das gute Urwesen, welches eins ist und drei, schließe mich ewig von seiner Barmherzigkeit aus."

Alle diese Orden, deren es um jene Zeit eine ganze Anzahl gab, die zu schildern wir keine Veranlassung haben, pflügten mit dem rosenkreuzerischen Kalbe und spekulierten auf die Sehnsucht der Menschen, über das Irdische hinauszustreben. Sie drängten sich an die Freimaurerei ihrer Zeit heran, weil sie in deren Anhängern die tauglichsten Objekte für ihre finanziellen Aspirationen vermuteten. Meist hatten sie sich in dieser Vermutung nicht getäuscht, aber sie stießen doch auch auf Männer, die ihr Vorhaben bald durchschauten und sie in Flugschriften und Broschüren heftig angriffen. Besonders wurden die beiden Brüder Eckhoffen davon betroffen; der ältere Hans Heinrich hat sich kräftig gewehrt, aber mit dem Argument, es könne ihm niemand beweisen, daß seine Behauptungen nicht zuträfen, kam er nicht weiter. Wer ihm nicht glauben wolle, solle es bleiben lassen, und wer nicht zahlen wolle, solle seinen Beutel verschlossen halten. Damit hatte er eigentlich recht, aber das Alter und die Echtheit seines Ordens blieben dabei unbewiesen.

In einem Punkt sind die Gesetze und Lehren der asiatischen Brüder bemerkenswert, nämlich darin, daß sie die Aufnahme von Juden gestatteten und damit zum erstenmal die Judenfrage in der Freimaurerei Deutschlands stellten.

Da als Bedingung für die Aufnahme in den Orden der Meistergrad einer Freimaurerloge gefordert war, den damals in Deutschland ein Jude nicht erwerben konnte, so waren die Juden darauf angewiesen, sich in England oder Holland, wo sie in den Logen Aufnahme finden konnten, einweihen zu lassen. Das war natürlich umständlich, und daher lichteten die asiatischen Brüder ihr Augenmerk darauf, deutsche Logen zu schaffen, in denen Nichtchristen, aber der englischen Gepflogenweit folgend, nur Monotheisten, also Juden, Mohammedaner, Parsen und Buddhisten, aufgenommen wurden. Sie nannten diese Logen Melchisedek-Logen oder Toleranzlogen, und es sind sowohl in Hamburg wie auch in Berlin solche entstanden, sie konnten sich aber nicht lange halten. Eine der schärfsten Gegenschriften: „Der Asiate in seiner Blöße" (Asien – Bremen – 1790), als deren Verfasser Stars vom Hofrat von Schütz in seiner Broschüre „Freie Bekenntnisse eines Veteranen der Maurern" (Leipzig 1824) mit Sicherheit bezeichnet wird, erklärte es als eine Unehrlichkeit, Juden aufzunehmen, wenn man in dem Eid des eingeweihten Bruders verlange: „Ich ... bekenne, daß man, um zur Erkenntnis der wahren und echten Geheimnisse unseres Ordens gelangen zu können, die einzige wahre, reine und heilige Lehre des Erlösers des ganzen Menschengeschlechts, die heiligste Lehre Jesu Christi, mit Leib, Seele und Geist, mit Herz, Mund und Taten frei bekennen und sein gegebenes Gesetz pünktlich erfüllen müsse." In der Haupt-Veröffentlichung, „Die Brüder St. Johannis des Evangelisten" (Berlin 1803) ist dieser Satz zwar ausgelassen, aber es sind noch Spuren einer ursprünglich christlichen Fassung genug vorhanden. So findet sich unter den Hauptfesttagen bestimmt: „Das Fest der Geburt Christi und der Tag Johann des Evangelisten, und diese beiden sollen in eins, nur am letzten Tage gefeiert werden ... Der Tag, da Melchisedek Brot und Wein opferte, der Tag, da Christus das Abendmahl einsetzte, und der Tag Johann des Täufers sollen am letzten Tag zusammen gefeiert werden." An einer andern Stelle heißt es: „Da keine Natur ohne drei Anfänge und vier Elemente bestehen kann, so bestand auch der Unendliche, in welchem die verklärte Schöpfung und Natur von Ewigkeit her eingeschlossen lag, aus Vater, Sohn und Geist."

Desgleichen ist das Eröffnungsritual des Aufnahmekapitels ganz christlich:

Frage: Was war am Anfang?
Antwort: Das Wort.
Frage: Wo?
Antwort: Bei Gott.
Frage: Und was ist das Wort?
Antwort: Gott.

Frage: Was war im Wort?
Antwort: Das Leben.
Frage: Was ist also Gott?
Antwort: Der Anfang, das Wort und das Leben.
Frage: Und der Anfang, das Wort und das Leben?
Antwort: Sind eins.
Frage: Wer gibt Zeugnis von dieser Wahrheit?
Antwort: Johann und die sieben Gemeinden.

Es besteht unter diesen Umständen der Verdacht, den auch die Zeitgenossen unumwunden aussprachen, daß Eckhoffen eine ursprünglich rein christliche Ordensverbindung deshalb ins Jüdische umgebogen und den gewiegten Talmudisten Markus Hirsch, im Orden Marcus ben Bina genannt, zur Herstellung oder Umarbeitung der Ordensakten gewonnen habe, um jüdische Geldleute, die in keinem Orden Deutschlands aufgenommen wurden, zu interessieren. Sein jüngerer Bruder Hans Karl hat die Aufnahme von Juden in einer Schrift: „Werden und können Israeliten zu Freymaurern aufgenommen werden?“ (Hamburg 1788) sehr lebhaft zu rechtfertigen gesucht. Er hat auch Anhänger gefunden, aber der Gegner war eine wesentlich größere Zahl, unter denen sich gewichtige Männer, wie der Hamburger Provinzialgroßmeister Dr. von Exter, befanden. –

Über die Anfänge des Ordens berichtet Hans Heinrich von Eckhoffen in seiner „Abfertigung“ (Hamburg 1788), daß er im Jahr 1774 durch einen Freund, Georg Hagsting – der Name klingt englisch –, dem Orden zugeführt worden sei. Aber schon achtunddreißig Jahre früher hätten einige ältere Brüder den Plan gefaßt, sich in Europa niederzulassen. Zur Ausführung kam es damals nicht, erst nach dem Frieden von Hubertusburg wurde der Plan durchgeführt. Vorzüglich seien damit die Brüder Spangenberg und Wrbna beschäftigt gewesen. Eckhoffen gibt an, der erste sei Professor in Marburg gewesen. Wir hätten es demnach mit Johann Konrad Spangenberg zu tun, der am 25. Januar 1711 in Homburg (Hessen) geboren wurde und am 19. Dezember 1783 gestorben ist. Spangenberg studierte seit 1726 in Marburg erst Theologie; nachher unter Christian Wolffs Leitung, der, von Halle vertrieben, in Marburg einen neuen Wirkungskreis gefunden hatte, Mathematik. Spangenberg war vorzüglich in vielen toten und lebenden Sprachen und verstand gut zu unterrichten. Seit Oktober 1728 gab er Studenten Unterricht in der reinen Mathematik. Die Zeit zwischen 1737 und 1738 brachte er auf Reisen zu, besuchte Erlangen und Basel, erweiterte seine Kenntnisse, schloß Freundschaften, so mit Bernoulli, dem er besonders nahetrat. Nach Marburg zurückgekehrt, widmete er sich zunächst wieder dem Privatunterricht bis 1741, wo er zum Professor der Mathematik berufen wurde. Im Jahre 1765 legte er dies Amt nieder und verlebte als ein schwärmerischer, aber gutartiger Frömmling seine Tage in der Einsamkeit.

Es ist durchaus möglich, daß Spangenberg an dem Aufbau des Ordens der asiatischen Brüder mitgearbeitet hat. Diese Verbindung von Theologie und Naturwissenschaft, Mathematik und kabbalistischer Zahlenmystik lag durchaus in der Ideenlinie Spangenbergs.

Der zweite Bruder Wrbna ist wohl Eugen Wenzel Graf Wrbna-Freudenthal (1728–1789); er hatte 1746 in Leipzig studiert und wird als äußerst freimütig bezeichnet. Im Anfang scheint der Orden ganz den Charakter der Rosenkreuzer des siebenzehnten Jahrhunderts gehabt zu haben, das heißt, es bestand keine feste Örtlichkeit, wo Kapitel gehalten wurde, sondern die Ordensbrüder verkehrten brieflich. Das geht aus Eckhoffens Bericht deutlich hervor: „Man muß schon vormals einige dergleichen Vereinbarungen in geschlossenen Gesellschaften getroffen haben, denn es wurden Schriften ausgewechselt, die von den Brüdern im Jahr Christi 1510 ohne den Tag des Monats zu bemerken, sodann andere, welche den 20. Januar und 4. April 1638, den 2. Januar 1752 und den 28. April 1755 in Ordnung gebracht, und worin unter andern einige Brüder bemerkt waren, als Odorat der Schottländer; Hans Wühren, Meister zu Hall im Inntal; Erlach Glerck; Murau; Weschkowitz; Attembs; ein gewisser Graf von Wallenstein, K. K. Oberst-Kämmerer, und Spangenberg, Professor zu Marburg, nebst mehreren andern. Diese Schriften liegen in unserm Archiv, mehr Brüder als ich haben sie gesehen und Schrift und Papier, die ein Kenner von Jahrhundert zu Jahrhundert leicht unterscheiden kann, haben alles Charakteristische der angegebenen Zeiten. – Es werden wohl noch ältere Dokumente solcher Vereinbarungen in dem Archiv vorhanden sein, deren Einsicht mir zur Zeit vielleicht noch nicht gebühret." „Im Jahr 1780 wurde die Vereinigung der obern Brüder dieses Systems in Europa angefangen, und im Jahr 1784 wirklich geschlossen, wodurch sie sich nämlich in einen gesellschaftlichen Körper und zu gemeinschaftlicher Fortpflanzung dieser Kenntnisse verbanden. Um dies zu bewerkstelligen, wurden die von jeher bei uns bekannten allgemeinen Gesetze zugrunde gelegt und nur hin und wieder mehr für die europäischen Sitten und den Charakter dieses Weltteils lokalisiert."

Die genannten Schriften sind wahrscheinlich rosenkreuzerisch gewesen, von denen wir wissen, daß nur die wenigsten im Druck erschienen, vielmehr handschriftlich unter den Ordensbrüdern umgingen und oft weite Reisen machten. Wir finden deren sowohl in Deutschland wie in England, Frankreich, Italien und Nußland, teils lateinisch oder deutsch, teils in die betreffende Landessprache übersetzt. Daß derartige Schriften nach Griechenland und die Türkei gelangten, ist zwar nicht erwiesen, aber keineswegs unwahrscheinlich, denn Paracelsus, der eigentliche geistige Vater der rosenkreuzerischen Lehren, hat ganz Europa bereist. Er hat seine Jugend in Kärnten verlebt, wo sein Vater Arzt war, hat Ungarn, Siebenbürgen und Kroatien durchzogen. Es scheint also durchaus nicht so abwegig, wenn Eckhoffen erklärt, der Hauptsitz der asiatischen Brüder sei in Thessalonich und die Ordensschriften seien ursprünglich nicht in deutscher Sprache abgefaßt gewesen. Unmöglich ist das keineswegs, stammt doch die Alchymie überhaupt aus dem Orient.

Es ist nicht nur des achtzehnten Jahrhunderts, sondern allgemeine Menschenart, wenn man eine Idee mißbilligt oder ihr nicht folgen kann, alles in Bausch und Bogen zu verwerfen, absichtlich oder unabsichtlich Mißverstandenes in Schlimmes umzudeuten, ehrliche Überzeugung als bewußte Lüge zu bezeichnen und dem Gegner vor allem den guten Glauben abzusprechen. Wenn der Mönch Lambert von Hersfeld Geschichte schreibt, so fälscht er den Canossagang Heinrichs IV. in einen Sieg des Papsttums um, während er ein diplomatischer Sieg des Kaisers war. Denn hätte Heinrich nicht in Canossa um Weihnachten den auf ihm ruhenden Bann beseitigt, so wäre der Papst im Frühjahr in Deutschland erschienen und hätte den Kaiser abgesetzt. Und wie malt Lambert die Lösung des Bannes aus? Tagelang habe der Kaiser mit nackten Füßen büßend im Schnee gestanden, ohne beim Papst Einlaß und Verzeihung zu finden. Wie aber sah es in Wirklichkeit aus? Canossa liegt in der Emilia, der Winter ist also nicht so schlimm. Natürlich konnte der gebannte Kaiser nicht mit dem Papst unter einem Dache wohnen, er mußte also in einem anderen Teil des Schlosses Quartier nehmen. Drei Tage hintereinander erschien er auf kurze Zeit im Büßergewand vor dem Burgeingang, worauf der Papst als christlicher Priester die Lösung des Bannes nicht verweigern konnte, ohne die Idee des Christentums auszugeben. Damit hatte der Kaiser Thron und Reich für sich gerettet.

Es ist also immer so gewesen und ist es noch, daß im politischen und geistigen Kampf die Dinge verdreht werden; für sittlich hochstehende Menschen und Freimaurer ein tiefer Greuel. Aber geradezu abscheulich wirkt es, wenn in einem solchen Kampf ein Seichtling, dem die Ritterlichkeit des Geisteskampfes versagt ist, die Ehre des Gegners antastet und seine Persönlichkeit durch den Sumpf von Klatsch und Verleumdung zieht. Achtung vor dem Gegner ist Selbstachtung.

Auch die Brüder Eckhoffen, besonders der ältere, wurden maßlos beschimpft, und selbst in neueren Werken wird der Ausdruck Hochstapler im großen Stil und Gauner gebraucht. Ein kritischer Geschichtsschreiber darf sich niemals einseitig die Urteile der Gegner zu eigen machen, nur durch sorgfältiges Abwägen der Auffassungen von Freund und Feind kann ein wahres Charakterbild zustande kommen. Wir werden das noch deutlicher als bei den Brüdern Eckhoffen bei Johann Wilhelm von Zinnendorf sehen, wobei die Urteile von Freund und Feind wie Feuer und Wasser gegenüberstehen. Nie habe ich das tiefe Symbol der klerikalen Alten von der Vereinigung des Feuers und Wassers zu feurigem Wasser oder wässerigem Feuer so lebhaft empfunden, wie bei der Darstellung der freimaurerischen Geisteskämpfe des achtzehnten Jahrhunderts mit ihrer krähwinkligen Privatlebenschnüffelei.

Der Urgrund der heftigen Angriffe gegen Hans Heinrich war nicht sein System, denn es war nicht schlechter und nicht besser als das der Rosenkreuzer, der Illuminaten, Afrikanischen Bauherren, der Union der Zweiundzwanzig, des Ordens der Aechten und wie alle die Vereinigungen hießen, die pseudofreimaurerische Versammlungen abhielten. Aber Hans Heinrich hatte sich durch seine Schrift „Der Rosenkreuzer in seiner Blöße" den Haß dieser Sekte zugezogen. Schon Phoebron, Hofrat Schleiß von Löwenfeld, hat ihm in seinem strahlenden Rosenkreuzer die allerschlimmsten Dinge vorgeworfen, wie Betrug, Schulden machen, Ehebruch und Fälschung. Die Gold- und Rosenkreuzer waren gute Hasser, besonders wenn ein abtrünniges Mitglied einen Konkurrenzorden aufmachte, der florierte und sogar Fürsten und führende Männer zu Mitgliedern gewann.

Wie die Verdächtigungen lanciert wurden, ersehen wir aus einem Brief des Prinzen Ludwig George Karl von Hessen-Darmstadt an Hans Karl von Eckhoffen vom 19. Dezember 1786. Darin heißt es: „An der Geschichte des Synedrions zu Wien, und denen Ihrem Herrn Bruder (dessen Aufenthalt ich gern wissen möchte, um ihm meine Revokation wissend zu machen) gemachten Beschuldigungen habe ich zwar ursprünglichen Anteil, und bin dazu durch schriftliche Nachrichten veranlaßt worden, die das Gepräge der Zuverlässigkeit so lebhaft wie echte Kinder der Wahrheit an sich trugen. Da ich aber deren Verfasser zur Bestätigung ihrer Aussage aufforderte und sie sich nun weigern, hervorzutreten, so verlieren jene Nachrichten bei mir alle Authenticität."

Auch das, was Friedrich Ludwig Schröder über die Brüder berichtet, trägt zu deutlich die Signatur der Parteilichkeit an der Stirn, als daß man darauf ernsthaft Gewicht legen könnte. Gewiß ist, daß Eckhoffen für die Einführung in den Orden Gebühren erhob, auch einen Teil davon für sich selbst verwendete. Aber das galt im achtzehnten Jahrhundert nicht als ehrenrührig, denn auch in den gerechten Freimaurerlogen erhielt der Meister vom Stuhl ein Drittel der einkommenden Aufnahmegebühren. Und wenn ein Aufgenommener dann nicht das gefunden hatte, was er von der Loge erwartete, belferte er über nutzlos fortgeworfene Gelder und verdächtigte den Meister des Eigennutzes.

Dem allen gegenüber – wir wollen die Fehler der Brüder Eckhoffen nicht beschönigen – fällt die Erklärung des Herzogs Ferdinand von Braunschweig für Hans Heinrich bedeutungsvoll in die Wagschale. Dieser tadellose ritterliche Freimaurer, Fürst und Offizier empfand es als Gewissenspflicht, für den Verleumdeten recht kräftig einzutreten: „Da ich nun Gelegenheit gehabt habe, diesen Mann persönlich kennenzulernen, um mich von seinen Grundsätzen, insofern solche auf das Wesentliche der Maurerei einen Bezug haben, auf das genaueste zu unterrichten, so habe ich gefunden, daß solche sowohl mit den Pflichten unserer allerheiligsten Religion als auch mit denjenigen, die wir als Bürger jedes Staates zu beobachten haben, in der strengsten Übereinstimmung stehen, und auch nicht den entferntesten Anschein einer gefährlichen Lehre, geschweige gar einer Kakomagie enthalten. Bei einer solchen Überzeugung also finde ich mich in meinem Gewissen verbunden, zur Steuer der Wahrheit und zur Rettung des auf eine unbegründete Weise angefochtenen guten Namens des würdigen Bruders Freiherr Ecker von Eckhoffen hierdurch vor allen meinen Brüdern zu erklären, daß ich die nachteiligen Gerüchte, die sich auf seine Rechnung in der maurerischen Welt verbreitet, und die durch den Eindruck, den sie bei manchem angesehenen Bruder gemacht haben, ihm auch in seinen weltlichen Verhältnissen nachteilig geworden sind, für erdichtete Verleumdungen seiner Feinde ansehe, ihn aber als einen würdigen Bruder erkenne, der nicht nur meine, sondern auch die Hochachtung aller derer in einem hohen Grade verdient, die ihn näher zu kennen und seine Lehre zu prüfen die Gelegenheit und das Glück haben werden.“

Hans Heinrich starb 1790, zwei Jahre vor seinem fürstlichen Freund, der sich auch seines Bruders Hans Karl angenommen hatte. Damit war dem Orden der asiatischen Brüder sein kräftigster Vertreter verlorengegangen, auch dämmerte eine neue Gedankenwelt herauf, die durch die französische Revolution über die Welt getragen wurde. So erlosch der Orden allmählich in sich selbst.

Zweites Buch

Die Große Landesloge der Freimaurer von Deutschland

I. Johann Wilhelm von Zinnendorf

In dem schweren Kampf, den die Freimaurerei des achtzehnten Jahrhunderts gegen das Eindringen von Alchymie, Magie und anderen geheimen Wissenschaften führte, die sich in Ordensverbindungen auslebten, wie sie im vorigen Buch geschildert sind, trat ein Mann hervor, der die widersprechendsten Urteile seiner selbst und seines Wirkens erfahren hat: Johann Wilhelm Ellenberger, genannt Kellner von Zinnendorf. Er ist von seinen Freunden wie ein Vater geliebt und verehrt, von seinen Gegnern gehaßt, verfolgt und bitter verleumdet worden. Ein Mann von starkem Willen, von unbeugsamer Rechtlichkeit und einem Drang, die reine Lehre der Freimaurerei zu ergreifen, dazu ein Naturforscher und Arzt, der in klarer Erkenntnis der Wirklichkeit alle verstiegene Mystik energisch ablehnte, und da er in den Kriegen seines Königs als Militärarzt den ganzen Jammer des erdgeborenen Menschen gesehen hatte, folgte er in schlichtem Glauben seinem Erlöser Jesus Christus für Leben und Sterben hoffnungstreu nach. Puritanisch streng gegen sich selbst, aufrecht in der Vertretung dessen, was er als Wahrheit erkannt, sogar gegenüber den Großen der Welt, konnte er gütig und liebevoll gegen Gleichgesinnte sein. Nie hat ein hilfesuchender Bruder in körperlicher oder geistiger Not vergebens bei ihm angepocht, er fand stets ein offenes Herz und eine offene Hand.

Was aber höher als all dieses steht, er schwankte nie in seiner Überzeugung, ließ nie in bezug auf die Lehre mit sich handeln bis zu dem Augenblick, da er als Meister vom Altar der Großloge Hochmittag verkünden wollte, der Hammer seiner treuen Hand entsank und der ewige Meister ihn zu höherem Lichte abrief.

Zinnendorf war am 10. August 1731 in Halle geboren, sein Vater war Friedrich August Ellenberger, Erb-, Lehn- und Gerichtsherr zu Erdeborn im Mannsfeldischen, seine Mutter Sophia Wilhelmine Kellner von Zinnendorf,

Tochter des Hofrates Johann Wilhelm Kellner von Zinnendorf. Auf Grund eines Testaments seines Großvaters mußten er und sein Bruder Friedrich Wilhelm den Namen Kellner von Zinnendorf annehmen. Den ganzen Fragenkomplex um die Namensänderung hat Dr. Stephan Kekule von Stradonitz aufgeklärt, dem wir hier das Wort erteilen:

Das Testament Johann Wilhelm Kellners von Zinnendorf vom 6. Dezember 1730, veröffentlicht am 13. Dezember 1738, enthält für den Fall des Aussterbens der männlichen Nachkommenschaft des Erblassers die nachstehende Bestimmung:

„So soll in diesen Fidei Commiß Güthern meiner Tochter der Ellenbergin, ihr Sohn August Wilhelm, und dessen männliche Descendenten, und wenn auch diese ermangeln, seine Brüder, so von meiner Tochter erzeugt sind, nach dem Alter Succediren, und als Erben, denen nächstvorhergehenden Successoribus Titulo institutionis… substituiret und zu diesen Güthern berufen sein.

Gleichwie aber in solchem Fall alle diejenigen, so von der Ellenbergischen Familie zu diesen Fidei Commiß Güthern gelangen wollen, den Zinnendorffischen Nahmen, sobald sie dazu gelangen, annehmen, und sich also Kellner von Zinnendorff, sonst Ellenberg genannt, nennen und schreiben müssen, anderergestalt ich sie nicht vor Successions fähig erkenne, sondern derer Güther beraubet und solche denen, so ich ihnen nachgeordnet habe, zugewendet wissen will…"

Aus diesem Testamente wurde ein beglaubigter „Extrakt" gefertigt und mit folgendem Immediatgesuche dem König überreicht:

„Es hat unser Groß Vater mütterlicher Seite, Johann Wilhelm Kellner von Zinnendorff ein Fidei Commissum Familiae gestiftet, und in seinen… Testament unter anderem verordnet, daß alle diejenigen, so von der Ellenbergischen Familie zu diesen Fidei Commiß Güthern gelangen wollen, den Zinnendorffischen Nahmen, sobald die darzu gelangen, annehmen, und sich also Kellner von Zinnendorff, sonst Ellenberg genannt, nennen und schreiben müssen, anderergestalt ich sie nicht vor Successions fähig erkenne, sondern derer Güther beraubet und solche denen, so ich ihnen nachgeordnet habe, zufallen sollen; a) wie solches die Beylage sub. a mit mehrern besagt. Da nun das Zinnendorffsche Fidei Commiß auf mich, Friedrich Wilhelm Ellenberg gekommen ist, und ich alfo nach dem Willen und der ausdrücklichen Verordnung des Stiffters desselben, den Nahmen Kellner von Zinnendorff annehmen muß. Ich, Johann Wilhelm Ellenberger, aber nach meinem vorgedachten Bruder, der nächste Successor in fidei Commisso bin, und dahero ebenfalls nöthig erachte, den Zinnendorffschen Nahmen anzunehmen; So haben wir beyde Gebrüdern Ellenberger vor uns und unsere eheliche Leibes Erben die Confirmation des Adel bey Annehmung des Zinnendorffschen Nahmens hierdurch suchen und Ew. Königl. Mayst. allerunterthänigst bitten sollen:

Die allerhöchste Königl. Gnade vor uns zu haben, und vor uns und unsere eheliche Leibes Erben, den Adel unter dem Nahmen Kellner von Zinnendorf, sonst Ellenberg genannt, praestitis praestandis uns zu conferiren, uns zu bestätigen, auch zu unsrer Legitimation uns einen Adel Briefs ausfertigen zu laßen.

Wir verharren…

gez. Friedrich Wilhelm und Johann Wilhelm Gebrüdern die Ellenberge."

Auf dieses Gesuch erging unter dem 15. September 1763 eine Kabinettsorder, deren Konzept nicht zu ermitteln ist, weder im Kgl. Geheimen Staatsarchiv zu Berlin, noch im Staatsarchiv zu Magdeburg, noch im Archiv der Regierung zu Merseburg, deren Inhalt man aber durch eine zweite Eingabe der Brüder Ellenberg (oder Ellenberger) an den König mit voller Klarheit erkennen kann.

Diese zweite Eingabe lautet:

„Obgleich Ew. Königl. Mayst. vermöge beyliegenden Original Cabinet Schreibens vom 15. hujus uns die allergnädigste Erlaubnis ertheilet, daß wir als Testaments Erben, unseres Groß Vaters des Weyland Hoffrats Keiner von Zinnendorff seinen Nahmen führen und schreiben dürften.

So finden wir doch, daß wir zum Besitz und Genuß der Zinnendorffschen Güther, eines vollständigen Adels-Briefes benötigt sind, zumalen bemeldete Güther Fidei Commiß Güther sein, welche bei der Zinnendorffschen Familie zu ewigen Zeiten verbleiben und konserviret werden müßen.

Wir bitten also Ew. Königl. Mayst. alleruntherthänigst, Uns die Königliche Gnade zu erzeigen und uns zu dem Besitz und Genuß der Zinnendorffschen Güther ein Nobilitäts Diploma nach Ausweiß des beiliegenden Adel Brieffes welcher von dem Kayser Rudolph den 2ten unserm Groß Vater erteilt worden mit beybehaltung seines Wapens und übrigen adelichen Praerogativen in Duplo bey dero Geheimder Etats Kanzley ausfertigen zu laßen.

Wofür wir in submissister Devotion lebenslang beharren Ew. Königl. Mayst.

Friedrich Wilhelm und Johann Wilhelm Gebrüdern Ellenberge zu Halle.

Berlin, den 26. September 1763."

Zu diesem Gesuch erstatteten die Minister (Karl Wilhelm Graf Finck von) Finckenstein und (Ewald Friedrich von, später Graf von) Hertzberg nachstehenden Bericht in französischer Sprache:

„Die Brüder Ellenberg, denen Ew. Majestät durch eine Kabinettsorder die Erlaubnis erteilt haben, den Namen und das Wappen ihres Großvaters Kellner von Zinnendorff anzunehmen, bitten in dem beifolgendem Gesuch darum jedem von ihnen ein besonderes Adelsdiplom ausfertigen zu lassen, um mit desto weniger Schwierigkeiten in die adligen Güter folgen zu können, aus denen ihr vorgenannter Großvater ein Fideikommiß gemacht hat.

Da dieses eine Gnadenerweisung ist, die einzig und allein von der freien Entschließung Eurer Majestät abhängig ist, so erwarten wir mit dem tiefsten Respekt Dero Befehl.

Berlin, den 7. Oktober 1763."

Auf diesen Bericht und das beiliegende Gesuch erging bereits am 8. Oktober zu Potsdam nachfolgende, mündliche Entschließung, die sich, von der Hand des Kabinettssekretärs Eichel aufgezeichnet, auf dem Rande befindet:

„Mündl. allergnädigste resolution.

Das gehet nicht an! und würde zu einer Prostitution des adels und denen Leuthen selbst zur Last und Schaden sein, da sie vorhin nicht adelich gewesen. Es muß ihnen genügen, daß ich ihnen permittiret sich nach den Nahmen ihres Erblassers zu schreiben.

Potsdam, den 8. October 1763."

Daraufhin fertigte Hertzberg nachfolgenden Bescheid „an die Gebrüder Ellenberger" ab, dessen Konzept im Geheimen Staatsarchiv zu Berlin liegt:

„Denen Gebrüdern Ellenberger wird... hiermit nachrichtlich zu wissen gefügt, daß Se. Königl. Mayst... Bedenken gefunden, Ihnen ein ordentliches Adels-Diploma ausfertigen zu lassen, und Sie sich dahero begnügen müssen, daß höchstdieselben Ihnen, mittels der hierneben wieder zurückgehenden Cabinets-Resolution..., die Freyheit gegeben, Sich, nach dem Nahmen ihres Groß Vaters und Erblassers, Kellner von Zinnendorff zu nennen und zu schreiben. Sig. Berlin, den 10. October 1763. ad mandatum."

Zinnendorf wuchs nach Art der Söhne aus gutem wohlhabenden Hause auf. Er erhielt eine sorgfältige Erziehung, wie sie für einen Knaben am Platze war, der sich einen wissenschaftlichen Beruf gewählt hatte. Seine Kenntnisse waren in jeder Beziehung gründlich, er schrieb auch in flüchtiger Korrespondenz ein für jene Zeit bemerkenswert gutes Französisch und verstand, wie es der Geist seiner Wissenschaft mit sich brachte, sich geläufig lateinisch auszudrücken.

Auf der Universität Halle widmete er sich der Medizin. Ein ernster, arbeitsamer und religiöser Student, erlangte er im Jahre 1756 den Doktortitel und trat wie viele junge Ärzte als Feld-Medicus in die Armee des Großen Königs, die Ende April 1757 die Grenze überschritten hatte. Zinnendorf befand sich beim schlesischen Korps, und er scheint die Zurücksetzung des Arztes gegenüber dem Offizier bitter haben empfinden müssen. Sanitätsoffiziere im Sinne der heutigen Auffassung kannte die Armee Friedrichs nicht.

Indes Zinnendorf tat unverdrossen seine Pflicht, er diente seinem König und dem leidenden Soldaten, bis die siegreiche Armee den Frieden von Hubertusburg erkämpft hatte und nach Hause entlassen worden war. Die Friedensjahre, in denen er als Aufsicht führender Arzt am Lazarett des Königlichen Invaliden-Hauses tätig war, ließen ihm freie Zeit genug, um sich sehr eingehend mit der freimauerischen Idee zu beschäftigen.

Als der bayerische Erbfolgekrieg ausbrach, schlug der Leibarzt des Königs, Geheimrat Cothenius Zinnendorf als seinen Nachfolger in der Oberleitung des Kriegs-Sanitätswesens der Armee vor. Er muß also unter allen denen zur Verfügung stehenden Militärärzten doch der tüchtigste gewesen sein, sonst hätte ein so berühmter Gelehrter wie Cothenius ihn nicht auserwählt. Der König genehmigte am 25. März 1778 den Vorschlag seines Leibarztes. In dem Minütenband von 1778 im geheimen Staatsarchiv findet sich des Königs Äußerung:

„Den 25. Mart. An Geh. Rat Cothenius.

Ich ertheile Euch auf Euern Bericht vom 24. dieses hiedurch zur Antwort, wie Ich Euern Vorschlag aggreire und davon zufrieden bin, daß der Ober Feld Medicus v. Zinnendorf in der bevorstehenden Campagne Eure Functiones übernimmt, weil die zunehmende Schwäche Euerer Augen Euch nicht verstattet, selbst der Armee zu folgen. Desgleichen bin ich auch davon zufrieden, daß der vormahlige Feld Medicus Helmig bey der zweyten Armée zum Ober Feld Medicus bestellt wird. Ich mache Euch dann noch solches hiedurch bekannt und könnet Ihr alles darunter erforderliche arrangiren. Indessen müsset Ihr auch dahin sehen, sämtliche zu den Feld Lazaretten und Feld Apotheken benöthigte Leute sobald als möglich zusammen zu kriegen."

Den Oberbefehl im Sanitätswesen führte Zinnendorf nicht allein, es war ihm der General-Chirurgus Schmucker ranggleich koordiniert. In jener Zeit waren die Heilkunde und die Chirurgie zwei völlig getrennte Gebiete. Die General-Chirurgen gingen aus den Wundärzten, den Feldscheers hervor und waren ausgesprochene Spezialisten, oft von großer chirurgischer Fertigkeit. In der Folge sind des Königs Verfügungen, die wir in den Minüten finden, fast alle an beide gerichtet. So am 30. März 1778: „S. K. M. (Seine Königliche Majestät) lassen Dero Dr. v. Zinnendorf und General Chirurgus Schmucker hiedurch bekannt machen, daß in den ersten Tagen des künftigen Monats sämtliche Regimenter sich in Marsch setzen und auch die Berlinische und hiesige Regimenter den 10. April aufbrechen sollen, Höchstdieselben beschien also hiedurch in Ansehung der Feld Lazereths und Feld Apothequen von beyde Armeen die nöthige Vorkehrung zu treffen, daß alles dazu gehörige gegen die Zeit fertig und im Stande ist wie denn auch die Feld-Etats vom 1. April an den Anfang nehmen sollen. Wonach ist sich also zu richten, und alles darunter erforderliche zu besorgen haben."

Friedrich der Große (Büste von Bardou)

Die beiden Chefs berichteten gewöhnlich zusammen direkt an den König, und er antwortete meist umgehend, obwohl er sich am 6. April zur Armee begeben hatte, und sich in der Postkutsche auf Reisen befand. Sein erstes Ziel war Breslau, dort aber hielt er sich nicht lange auf, denn schon am 14. April schreibt er an Kaiser Josef II., der sich in Ölmütz befand, aus Schönwalde, einem Dorf bei Silberberg. Am 9. April verfügte der König: „Da S. K. M. aus dero General Staabs Medicus v. Zinnendorf und dero General Chirurgus Schmucker Bericht ersehen, daß die Feld Lazareths von beyden Armeen gegen den 15. dieses völlig im Stande und eingerichtet seyn werden, so ist solches gantz recht; es muß aber auch an die Compagnie Feldscheer etwas Vitriol mitgegeben werden, damit, wenn die Pursche auf dem Marsche Wasser trinken wollen, was davon mit darunter gemischt werden kann. Welches Sie also zu besorgen nicht unterlassen werden."

Es gab eine Menge zu tun, und der König dachte an alles. So verfügte er am 19. April von Schönwalde: „S. K. M. haben dero von Zinnendorfs und General Chirurgus Schmuckers Bericht vom 15. dieses erhalten, und sind von den getroffenen arrangements wegen der für beyde Armeen eingerichteten Lazareths in so weit in Gnaden zufrieden, und müssen sie nunmehro das sonsten noch erforderliche vollends reguliren und in Ordnung bringen, und was den eingereichten Etat für die Bedienten bey den Feld Lazareths betrifft, so haben Höchstdieselben solchen zwar generaliter approbiret, und selbigen dero Etats Minister Frh. v. Schulenburg vollzogen zugeschickt, jedoch ist dero Intention keineswegs, daß alles angesetzte Geld so Monath vor Monath hin, immer weg ausbezahlt werden soll, das gehet nicht an, sondern die Ausgaben müssen sich allezeit nach denen Umständen richten, denn wenn zum E. viele Kranke sind, so werden auch viele Aufwärter erfordert, sind aber nur wenige Kranke und Blessirte in den Lazareths, so sind auch nur wenige Aufwärter nöthig. Sodann scheinen auch die Tractamente für die Unterbedienten als Cassen Rendanten und dergleichen Leute etwas hoch angesetzt zu seyn. Überhaupt wird der Min. v. Schulenburg mit dem v. Zinnendorf und Schmucker darüber zuvor noch näher sprechen und müssen sie hiernächst darauf sehen, daß durchgehendst alle Menage und gute Ökonomie beobachtet wird."

Am 26. April an Zinnendorf allein: „S. Königl. Maj. lassen den General-Feld-Medicus v. Zinnendorf auf Dero Bericht vom 25. dieses hiedurch zu erkennen geben, wie es insoweit gantz gut, daß derselbe in Breslau eingetroffen, um in Ansehung der Lazarett) Anstalten das weiter erforderliche zu besorgen; Höchstderoselben Intention ist aber nicht, daß das Haupt-Lazarett) in Breslau etabliert werden soll, sondern dieselben werden hiernächst schon befehlen, wo solches hinkommen soll. Wonach also der v. Zinnendorf sich zu richten hatt."

Wiederum am 7. Mai an Zinnendorf in Breslau: „S. Maj. haben mit des General-Feld-Medicus v. Zinnendorf Bericht vom 4. Mai das Verzeichnis der bey den Feld Lazareths befindlichen Kranken von Dero Armee erhalten, und lassen demselben darauf zu erkennen geben, wie er das darunter erforderliche nur so vor sich, und bestmöglichst, Dero Allerhöchsten Willensmeinung gemäß, wahrnehmen und besorgen muß, und nicht nötig hat, an S. Königl. Majestät darüber zu schreiben. Wonach er sich also zu richten hatt."

Und endlich am 5. Juni aus Schönwalde an beide Funktionäre, die sich in Breslau befanden: „Sr. Königl. Maj. befehlen Dero General Feld Medicus v. Zinnendorf und Dero General Chirurgus Schmucker hiedurch in Gnaden, sofort und ohne Zeitverlust zu veranlassen, daß die Hälfte von dem Feld Lazarett) mit allem was dazu gehört, sogleich nach Neiße abgehet, und daselbst eingerichtet wird. Die andere Hälfte aber kann noch in Breslau verbleiben."

In Neiße erfuhr Zinnendorf die bitterste Enttäuschung seines Lebens. Als Militärarzt von langjähriger Erfahrung fand er Mängel im Kriegs-Sanitätswesen, die vor allem in einem verständnislosen Hineinbefehlen nicht ärztlich gebildeter Personen hervortraten. Er machte deshalb Vorschläge zur Reform, die aber übel aufgenommen wurden, denn der König ließ ihn wissen, daß Cothenius mit seiner Führung gar nicht zufrieden sei, und er daher seinen Vorschlägen nicht nähertreten wolle, ehe er sich nicht überzeugt habe, ob Zinnendorf „es meritiret oder nicht". Er machte zwar den Versuch noch einmal mit Schmucker zusammen, seine Reformberichte an den König gelangen zu lassen, aber auch dieser Vorstoß mißglückte, und Zinnendorf nahm, wahrscheinlich im Oktober 1778, seinen Abschied. Über die Gründe zu diesem Schritt sind wir nur unvollkommen unterrichtet. Alles was an urkundlichem Material aufzufinden war, hat Ludwig Schmidt in einer sehr sorgfältigen und vorzüglichen Untersuchung zusammengetragen (Schriften der wissenschaftlichen Kommission der Großen Landesloge, Heft 4, Berlin 1917). Er fand in dem Archiv der Berliner Loge „zu den drei goldenen Schlüsseln" eine Gedächtnisrede auf Zinnendorf vom Hauptmann von Boaton, einem seiner näheren Freunde, auf, die Licht in die Angelegenheit bringt. Boaton schilderte zuerst den Haß und die Verfolgung von seiten der strikten Observanz und fährt dann fort: „Man atmet auf und erwartet, daß er endlich im Schatten seiner Unschuld friedlichere Tage verleben werde; nein, er triumphiert vergebens, der Krieg geht weiter; es ist die sagenhafte Hydra, die er bekämpft. Man muß gestehen, die Schläge, welche man gegen ihn führt, verfehlen nicht alle ihr Ziel, man greift ihn in der Dunkelheit heimlich und von weitem an. Man hat es vor allem auf den Ruf unseres Großmeisters abgesehen, d. h. ihn an der empfindlichsten und verwundbarsten Stelle zu packen, dank der fast allgemeinen Bosheit, die die Menschen dahin bringt, das leicht zu glauben, was zum Nachteil ihrer Nächsten ausgesprengt wird. Wie viele ungerechte Vorurteile fanden Beifall gegen den Bruder von Zinnendorf, manchmal ließen sie ihn die Achtung angesehener Männer verlieren, und oft schadete sie den Fortschritten unserer Kunst. Es ist ein großer Unterschied zwischen dem Haß und den anderen Leidenschaften; diese werden stumpf, entkräften sich und sterben schließlich, indem sie sich befriedigen, ab. Der Haß dagegen, immer unersättlich, vermehrt seine Kräfte bei der Ausübung, und je mehr Erfolg er hat, um so heftiger und gefährlicher wird er. Sah man jemals diesen, welcher unseren Großmeister verfolgte, sich einen Augenblick abschrecken lassen? Ihre Anstrengungen waren derart, daß sie ihn endlich zwangen, in einer Zeit, wo die Kenntnisse, welche er sich in der Medizin erworben hatte, dem Könige und dem Staat sehr nützlich hätten sein können, auf einen ehrenhaften Posten zu verzichten, der die Mittelmäßigkeit seines Einkommens

Johann Wilhelm v. Zinnendorf

etwas ausglich und eine Menge Unglücklicher seiner Hilfe beraubte, denen sein Verlust ebenso empfindlich war wie das Übel, von dem er sie hätte befreien können."

Also im Lager seiner freimaurerischen Gegner sind die Männer zu suchen, die Zinnendorf dazu brachten, daß er den Abschied nahm, und diese Erkenntnis führt uns zu dem Geheimrat Cothenius und dem General-Chirurgus Theden, die beide der strikten Observanz angehörten. Drei Briefe Zinnendorfs an Levin von Geusau, die Ludwig Schmidt veröffentlicht, sprechen deutlicher als Boaton. Der erste ist vom 13. Oktober 1778. Zinnendorf schreibt:

„Daß ich auch in dem elenden Neiße bin, werden Sie wissen. Den Winter über möchte ich aber nicht gern Hierbleiben; indessen muß ich es mir gefallen lussen, wenns der Monarch so gut findet.

Mancherlei Nachrichten von mir werden Ihnen von mir hoffentlich zu Ohren gekommen sein, und Sie werden jedesmal von selbst zu urteilen vermocht haben, welche davon wahr und welche schlechterdings falsch sein müssen; Sie kennen auch meine Verfolger sowie die Ursachen, weshalb ich die höchsten Kränkungen erdulden muß. Die Hauptursache der jetzigen ist der Geh. Rat Cothenius; Ermisch war das Werkzeug, dessen er sich bedienen wollte, und da die Sachen mit diesem schon zum Ausbruche gediehen waren, so bediente er sich bei der Armee in Schlesien hauptsächlich des Leib-Medici Herrn Moehsen und des General-Chirurgi Theden, und zwar hatten dann, wie dieser wieder ihre Menschen von allerlei Rang und Würden.

Jetzt ist diese für mich höchst unangenehme Sache, wie Sie aus beiliegender Abschrift des dieserhalb aufgesetzten und unter dem 9. d. M. in orginali überschickten status causae zu ersehen belieben werden, ihrem Spruch und Ende nahe. Ihr Erfolg wird' den Ausschlag geben, ob ich im Dienst bleiben kann oder nicht.

Meine häufigen und nicht unbedeutenden Arbeiten und der viele Verdruß, den ich bereits in dieser Campagne aus Liebe und Eifer für den Königl. Allerhöchsten Dienst erdulden müssen, haben mich ohnedieß schon mehrteils Invalide gemacht, sodaß ich mit gehöriger Tätigkeit künftiges Jahr zu dienen mich nicht vermögend halte. Will es tunlich sein, so lassen Sie doch den Herrn Major v. Prittwitz und andere rechtschaffene Männer diesen status causae lesen."

Der „status causae", den der Auditeur Toeppen unterschrieben hatte, ist datiert Neiße, den 6. Oktober 1778. Darin steht, „daß der Oberfeldapotheker Ermisch dem Feld-Kriegs-Kommissariat eine fälschliche Denunziation eingereicht, worin er den General-Feld-Stabsmedikus Herrn v. Zinnendorf eines üblen Haushaltens mit den königlichen Medizingeldern, eines eigennützigen Einverständnisses mit den Lieferanten und schlechten Vorstehens seines Amtes beschuldigt". Indes hatte das Haupt-Feldlazarett-Direktorium sich genötigt gesehen, diesen Ermisch wegen böslicher gänzlichen Vernachlässigung seines Postens als erster Feldapotheker, wegen verschiedener denunzierter und verifizierter Defraudation zu suspendieren.

Der General-Feld-Stabsmedikus v. Zinnendorf war wegen der mündlich wie schriftlich seit geraumer Zeit von Ermisch überall verbreiteten Injurien bei dem Generalmajor Freiherrn v. Rotkirch klagbar geworden und hatte um eine rechtliche Untersuchung, zur Störung dieser Unordnung und Sicherung der königlichen allerhöchsten Interessen bei dem Feldlazarett wie auch um Genugtuung für die ihm angetane Beschimpfung gebeten. Kläger und Beklagter wurden vernommen, wobei sich ergab, daß Beklagter Ermisch wider die Instruktionen die ersten Pflichten eines Oberfeldapothekers vernachlässigt, daß er sich der größten Unordnung und Verwirrung der pharmazeutischen Angelegenheiten bei den Feldlazaretten schuldig gemacht, indem er notwendige Medicamenta composita schlecht oder gar nicht zusammengesetzt, ferner sich Defraudationen schuldig gemacht.

In Betreff der Injurienklage ist an den Tag gekommen, daß Beklagter Ermisch „ohne den geringsten hinlänglichen Grund fälschlich und boshafter Weise den klagenden Herrn Stabs-Medicum v. Zinnendorf einer üblen Wirtschaft mit den königlichen Medizingeldern, eines eigennützigen Verständnisses mit den Lieferanten und schlechten Vorstehen seines Amtes in den Angelegenheiten der Feldapotheke beschuldigt und durch schriftliche und mündliche, weit und breit verbreitete Injurien dieser Art die Ehre seines Vorgesetzten gröblich geschmälert hat. Da also, sowie einerseits die angefochtene Unschuld des Herrn Klägers erwiesen, anderseits Beklagter Ermisch als ein meineidiger Beamter und treuloser Verweser des ihm anvertrauten Amts, und überdies noch als ein überführter und eingestandener Defraudant und frecher Calumniant wider seinen Vorgesetzten, den Kläger, erfunden ... so wurde Inkulpat in Arrest abgeführt."

In dem zweiten Briefe vom 3. November 1778 schreibt Zinnendorf an v. Geusau: „Meine Feinde und in Sonderheit der übel gesinnte Cothenius hatten mir dieses zubereitet und der Herr Dr. M. Möhse, gleich wie der Herr Generalchirurgus Theden haben in der Armee davon viele unwahre und unerlaubte Plaudereien gemacht. Doch Geduld, Gott hat bis hierher geholfen, derselbe wird weiterhelfen."

Der dritte Brief ist vom 28. November: „Daß ich von dem Haupt-Feldlazarett entlassen wurde, habe ich gewünscht, verschiedentlich gebeten und ich bin froh und dankbar dafür, daß man mich gehen läßet, da man meine tätige, redliche und treue Dienste nicht zu prüfen, nicht zu erkennen und mir dagegen nicht Gerechtigkeit widerfahren zu lassen für besser erachtet.

Behalte ich die Besorgung des Invalidenhauses zu Berlin und die seit 1763 genossenen 400 Rthlr. Traktament, so bin ich zufrieden und dankbar dafür; nimmt man mir aber auch diese, wohlan, so vertraue ich dann auch auf Gott, der mich nie verlassen hat."

Cothenius

Für das Charakterbild Zinnendorfs und seine Auffassung vom ärztlichen Beruf ist der Schluß seiner Lazarettordnung bedeutungsvoll, die er am 9. Mai 1778 in Breslau erließ:

„Da die Arbeiten der Ärzte und Wundärzte insonderheit bei den Feldlazaretten, das Leben und die Gesundheit leidender Menschen und der ihrer Aufsicht, Pflege und Heilung anvertrauten Soldaten betreffen; so können dieselben unmöglich dabei leichtsinnig zu Werke gehen, wenn sie ein Gewissen in sich fühlen, und öffentliche Verantwortung und Strafe scheuen. Ein Arzt oder Wundarzt bei den Königl. Feld-Lazaretten darf sein Geschäft nicht als ein Handwerk betrachten, wodurch er nur vermutliche Ehrentitel erschleichen, oder unnütz Geld sammeln will, welche beide doch nur eine Speise der Motten und ein Fratz des Rostes werden, sondern er muß stets eingedenk sein, daß er Gott, dem Könige, seinen Vorgesetzten und seinen Nebenmenschen von seinen Handlungen Rechenschaft zu geben habe, und daß, wenn auch diese schweigen, und dulden, doch Jener selbst von dem kleinsten seiner Geschöpfe, wieviel mehr aber noch von dem, was am Menschen geschehen ist, einst Rechenschaft fordere. Daher muß er stets im Gedächtnis haben, daß er jederzeit so handele, daß er seine Seele vom Verderben gerettet sehen möge, und seine Hände sein rein halten können.

Nur ein tugendhafter, gesitteter Arzt oder Wundarzt kann des Beistandes Gottes und des Vertrauens der Menschen würdig erkannt werden, und welcher derselben also wünschen mag, daß es ihm wohlergehe, der merke diese Worte und lasse ein dergleichen Verfahren die Richtschnur seines Lebens sein.“

Arzt sein hieß für Zinnendorf helfender Menschenfreund sein, und so setzte er das, was er in der Loge lehrte, ins praktische Leben, in die Tat um. Wir besitzen Briefe genug, aus denen hervorgeht, daß er nicht nur ein liebevoller und selbstloser, sondern auch ein tüchtiger Arzt war.

*

Mit der Freimaurerei hatte er schon früh geistige Beziehungen, er erzählt, daß er in seinem vierzehnten Lebensjahr während schwerer Krankheit eine Vision gehabt, die ihm als Folge die Freimaurerei und deren Ausübung zur liebsten Beschäftigung gemacht habe. Die erste Weihe erhielt er in der Loge „Philadelphia zu den drei goldenen Armen“ in Halle am 13. März 1757; am gleichen Tage wurde er zum Gesellen und drei Tage darauf zum Meister befördert. Das Jahr darauf versah er in Breslau das Amt des Redners in der Loge „aux trois squelettes“. Bis zum Ausgang des Siebenjährigen Krieges ließ er sich in die schottischen Grade und in das Clermont-Rosaische Kapitel aufnehmen. Als nach Beendigung des Krieges Zinnendorf nach Berlin zurückgekehrt war, schloß er sich der großen Mutterloge zu den drei Weltkugeln an und wurde im Juni 1765 zu ihrem Meister vom Stuhl gewählt.

So ehrenvoll diese Wahl war, so verhängnisvoll wurde sie für den Träger dieses schönen, aber auch verantwortungsreichen Amtes. Von da ab beginnt für Zinnendorf die schwerste Zeit seines Lebens, ein beispielloses Ringen gegen die finsteren Mächte des Hasses, der Verleumdung, hohnvoller Verdrehungen und des gehässigsten Neides. Unter allen Männern, mit denen Zinnendorf im Kampf lag, hat ihn keiner so bitter verfolgt wie Friedrich Ludwig Schröder, der in seinen Materialien zu Zinnendorfs maurerischer Laufbahn aber auch alle und jede seiner Handlungen, jedes Wort, jede harmlose Wendung im Briefwechsel mit abfälligen Bemerkungen begleitet und dadurch auf ein Jahrhundert Zinnendorf ins schwerste Unrecht gesetzt hat. Schröders Schrift ist derart, daß man dem klugen und vielseitig gebildeten Mann und Künstler kaum noch Verständnis entgegenbringen kann.

Es soll Aufgabe und Ehrenpflicht eines unparteiischen Geschichtschreibers sein, die bösartig vergiftete Atmosphäre um Zinnendorf endgültig und gründlich zu reinigen.

II. Im Kampf um die Großloge

Um die Zeit nach dem Friedensschluß von Hubertusburg waren die freimaurerischen Verhältnisse in der Mutterloge zu den drei Weltkugeln und den von ihr abhängenden Logen in einer heillosen Verwirrung. Einer ihrer besten Männer, der Kammergerichtsrat Johann Christian Krüger, ein Charakter, in dem altpreußischer Patriotismus und eine begeisterte Liebe zu dem großen König wetteiferten mit einem warmen Heizen für die Freimaurerei, wie er sie verstand, bewährte sich als Führer von nicht gewöhnlichem Format. Aber er hatte bei allen Vorzügen auch seine großen Fehler, die sich in dem Gegensatz zu Zinnendorf und der Landesloge bedauerlich auswirkten und sein Bild trübten.

Jedenfalls hatte er schon früh den Urgrund des Übels erkannt, denn schon Ende 1763 äußerte er sich in einer Nachschrift zu einem lateinischen Kapitelschreiben nach Braunschweig sehr abfällig:

„Da ich mit unermüdlichem Eifer dahin gestrebt habe, daß die Kenntnis derjenigen Dinge, und Wissenschaften, die zu meiner Stellung gehören und mit ihr verknüpft werden, ganz klar und vollkommen sei, und viel Mühe für unsern Orden aufgewendet habe, muß ich aufrichtig bekennen, daß ich nirgends mehr des Ungewissen und Zweifelhaften gefunden habe, als in den Kapitelgraden.

Niemand war imstande den Zusammenhang der ganzen Symbolik zu erklären, niemand hat den geschichtlichen Faden aufzeigen können, im Gegenteil vieles widerstreitet der Geschichte. Der ganze Bau entbehrt meines Erachtens einer soliden Grundlage. Das meiste habe ich als Erdichtung erkannt, Illusion einer corrupten Phantastik, als ein lächerliches Bekenntnis,

Mysterien durch neue Mysterien erklären zu wollen, vergebens wird man das Licht suchen. Das Heilige wird mit Profanem vermischt, die Wahrheit mit Visionen, der rechte Glaube mit Ketzereien. Hören Sie auf, meine Brüder, derart zweifelhafte Lehren weiter zu verbreiten, vielleicht kommt bald der Tag, an dem wir erkennen, daß dieser oder jener uns aus wenig reinen Beweggründen verhöhnt hat. Mögen alle Kapitel zusammenbrechen so wie sie jetzt sind, wenn nur die Wahrheit an den Tag kommt und wir das wahre Ziel des Ordens erreichen. Alle meine Kraft werde ich anstrengen, um jeden Zweifel zu tilgen, damit unser Orden nicht der Verachtung anheimfällt und nicht unverdiente Verfolgung erregt wird."

Auch Zinnendorf hatte schon vor seiner Wahl zum Meister vom Stuhl die Unhaltbarkeit des Systemwirrwarrs in den drei Weltkugeln durchschaut, und da er schon 1763 durch Freunde erfahren hatte, die reine freimaurerische Lehre sei nur in Schweden zu finden, so trat er durch Dr. Johann Fiedrich Schopp mit Stockholm in Verbindung. Schopp war ihm zugeführt worden durch den Kandidaten der Rechte Hans Karl Baumann, den er von seiner Heimatloge Philadelphia her kannte.

Schopp reiste im Dezember 1763 nach Schweden, konnte aber nicht recht vorwärtskommen, er verlangte nur immer Geld. Da verbündete sich Zinnendorf mit vier Brüdern, darunter den beiden Meistern der drei Weltkugeln und der Honcordia, um eine Schottenloge unter dem Namen Germanien in Berlin zu errichten. Sie wandten sich nach Stockholm und baten, ihre Loge dort einzuschreiben und auch die „Einschrift bei der großen englischen und den andern echten Schottenlogen brüderlichst zu besorgen".

Zinnendorf und seine Freunde kämen bald zu der Überzeugung, daß Schopp nicht der rechte Mann zur Vertretung ihrer Sache in Stockholm sei. Ein Brief vom 11. Juni 1764 führte den Bruch hierbei, der schwedische Staatsrat Gadebusch versuchte nun das Ziel zu erreichen.

Inzwischen war die Loge zu den drei Weltkugeln durch Schubart zur strikten Observanz übergeführt, und Zinnendorf als Ritter vom schwarzen Stein zum Präfekten von Templin ernannt worden. Krüger wurde ihm als Kommissar des Provinzial-Kapitels unterstellt. Das war ein unglückliches Verhältnis, denn Krüger hatte den Präfekten zu beaufsichtigen, war ihm aber im Rang nachgeordnet. Es kann keinem Zweifel unterliegen, daß zwei so starke und selbstbewußte Charaktere nicht ohne Reibungen nebeneinander arbeiten konnten, und daraus floß die Quelle der unversöhnlichen Gegnerschaft.

Zinnendorf hatte natürlich seinem Heermeister von Hund, der ihn in schmeichelhafter Weise aufnahm, von den Plänen mit Schweden Kenntnis gegeben. Das steht aktenmäßig fest, und alle späteren Behauptungen, die den Vorwurf der Hinterhältigkeit und Jntrigue gegen ihn erheben, beruhen auf Unkenntnis der Urkunden oder sind absichtliche Fälschungen.

Schon bei der ersten persönlichen Begegnung mit Hund hatte Zinnendorf keinen Zweifel darüber gelassen, daß er, ohne die Glaubwürdigkeit des Heermeisters anrühren zu wollen, den Seinen Beweise für die Wahrheit der aufgestellten Behauptungen bringen müsse. Er betonte auch ausdrücklich, daß er bereits mit erfahrenen Brüdern in Schweden Verbindungen angeknüpft habe, die er unbeschadet seines Amtes als Präfekt von Templin weiter fortführen werde, um so mehr, als er sich lediglich mit ihrer Zustimmung der strikten Observanz angeschlossen habe. Hund erhielt sogar Kenntnis von dem stattgehabten Briefwechsel und erteilte Zinnendorf den Auftrag, „im Stillen und unter einem Vorwand, der den übrigen Brüdern nicht auffiele, etwa einer Handlungsangelegenheit", die Beziehungen weiter zu pflegen und sich um Erlangung ausführlicher Mitteilungen zu bemühen.

Ganz klar schreibt Schubart am 19. Oktober 1764 an den Subprior von Schröder nach Rostock:

„Der würdige Bruder von Zinnendorf, genannt Ritter vom schwarzen Stein, hat ganz incomparable Dessins mit Stockholm; sie sind approbiert und er hat von Seiner Hochwürden Gnaden die nötigen Verhaltungs-Befehle desfalls."

Er konnte also reinen Gewissens mit Schweden weiter verhandeln, nur Geheimhaltung war ihm von seinen Ordens-Oberen anbefohlen. Freilich ging nicht alles ganz glatt. Der Ordensmeister in Schweden Karl Friedrich Eckleff konnte kein rechtes Vertrauen zu den Berliner Brüdern fassen, und erst als der redliche Baumann auf Zinnendorfs Betreiben nach Stockholm gereist war, wo er am 10. Mai 1765 eintraf, nahmen die Dinge, wenn auch langsam, doch sicheren Fortgang. Endlich am 14. September 1766 traf Baumann wieder in Berlin ein und überbrachte die Rituale und Akten aller Grade, sowie einen Freibrief, eine Instruktion für den Ordensmeister (Vicarius Salomonis), ferner eine Anleitung zur Errichtung eines Kapitels und schließlich einen Brief Eckleffs an den neuen Ordensmeister über die Auffassung der Akten. Diese Urkunden befinden sich heute noch im Archiv der Großen Landesloge, und wir werden noch näher darauf einzugehen haben.

Von all diesen Geschehnissen war Hund laufend unterrichtet worden, aber er lohnte Zinnendorfs Ehrlichkeit schlecht und versuchte hinten herum gleichfalls an Eckleff heranzukommen, um dessen Rituale zu erlangen. Er wandte sich zu diesem Behufe an einen schwedischen Freimaurer, den Oberkriegskommissar Johann Berger, dem er die von Johannes Rudbeck

Karl Friedrich Eckleff

(Carl Friedrich Eckleff, deutsch von Carl Olaf Nordgren, Berlin 1931) veröffentlichte Instruktion erteilte:

„Wenn Sie sich an H. Baron von Ecklef selbst adressieren, so komt es sehr auf den Ton an, aus welchem dieser Br. mit Ihnen sprechen wird. Ist selbiger etwa allzuhoch und geheimnisvoll, und zielt lediglich dahin ab, Sie auszuforschen, so haben Sie sich wohl vorzusehen, daß Sie auf Ihrer Hut sind. Sie haben mit einem Staatsmann zu thun. Sind aber die Discourse so eingerichtet, daß Sie aus selbigem eine Gleichförmigkeit des Schwedischen O. Systems mit dem unsrigen mit Recht schließen können, so können Sie zwar in Ihren Antworten hierüber Dero Meinung sagen und zu erkennen geben was Sie billigen oder mißbilligen, jedoch so viel möglich nur in allgemeinen Ausdrücken, ohne sich in einigen Detail einzulassen. Denn, ehe so weit vorzuschreiten ist, erwartet man vorgängig einen umständlichen und genauen Rapport, um Ihnen nähere präcisere Jnstructionen zufertigen zu können. Aus eben dieser Ursache halte ich nicht für rathsam, daß Sie dem Br. Ecklef gleich anfänglich durch Fragen seine Geheimnisse abzulocken suchen, es müßte denn auf eine sehr versteckte Art und gleichsam von ohngefehr geschehen können. Da nach der Anzeige des Ew. S. Pr. R. a Grue (Geheimrat von Schröder) dieser Br. Ecklef mit seinen Höheren Graden äußerst geheim thun soll, so könte eine anscheinend allzugroße Neugier besagten Bruder Ecklef mißtrauisch machen. Dieses mögte uns schädlich sein, und Sie discreditiren. Können Sie aber die Wege finden, sich des Br. Ecklef Zutrauen und particuläre Freundschaft auf eine solche Art sich zu bemächtigen, daß Sie gewiß sind, eine etwas kühne Frage werde Ihnen nicht zu sehr zur Last gelegt werden, so überlasse Dero Einsicht Ihre Erforschungen nach diesem hier vorausgesetzten Falle einzurichten. Jedoch erwarte abermals hierüber einen getreuen und umständlichen Bericht, und ehe und bevor nicht dieserhalb eine besondere Instruktion an Dieselben einläuft, müssen Sie sich ja hüten in ein Detail zu entriren, welches auf die intendirte Vereinigung mit Schweden abzielen könte."

Es ist ganz unerklärlich, wie der sonst so ehrliche Hund sich auf derartige Winkelzüge einlassen konnte. Offenbar hat er Zinnendorf nicht ein Wort von seiner Parallel-Aktion gesagt, denn es findet sich in dem Briefwechsel nicht die leiseste Andeutung. Wahrscheinlich hat ein anderer Einfluß auf Hund gewirkt, vermutlich Schubart, der sich gleichfalls um die schwedischen Rituale bemühte.

Hatte Hund bisher Zinnendorf ermutigt, die Verhandlungen mit Schweden fortzusetzen, so schob er jetzt den Provinzialrat vor, mit dem er sich ins Benehmen setzte. Dort stieß er auf schroffe Ablehnung, deren Wortführer Schubart war. Dieser erblickte das Ordensziel in wirtschaftlichem Vorteil und der Wiederherstellung des Templerordens. Und als daher Zinnendorf die Rückkehr Baumanns und den Erfolg seiner Bemühungen meldete, erhielt er die Antwort, daß die Reise und die Unterhandlungen nicht genehmigt würden, vielmehr ihm, dem Bruder von Zinnendorf, überlassen bliebe, die Resultate beider nach Gefallen zu benutzen, jedoch sie als ohne weitere Verbindung mit dem Orden betrachtet werden sollten.

Ein Versuch zur Verständigung schlug fehl, ja nicht einmal Kenntnis von den schwedischen Akten wollte der Ordensrat nehmen, da zog Zinnendorf die einzig mögliche Konsequenz und erklärte am 16. Dezember 1766 an Hund seinen Austritt aus der strikten Observanz.

Das wichtige Schreiben ist uns erhalten:

„Der Eyfer, den ich jederzeit für Freymäurerey gehabt, hat mich bishero unermüdet beschäftigt, dieselbe so kennen zu lernen, damit ich die in ihr liegende Wahrheiten durch sie selbst einzusehen, und das Falsche einer vorgeblichen Freymäurerey durch eben dieselbe gar leicht abzusondern vermögte.

Durch mein eyfervolles Beharren in diesen Bemühungen und durch das erforderliche Hinzuthun redlicher Freunde, hat es mir auch endlich geglückt, meine Wünsche, zu meiner innigsten Zufriedenheit, nur erst vor kurzem zu erreichen.

Ich weiß solchemnach nunmehro überzeugt, daß diejenige Gesellschaft, welche stricte Observanz sich nennt, eine bloße Erdichtung und ein Grund nachtheiliger Absichten für die eigentliche Freymäurerey und deren wahre Glieder ist.

Ich entsage mich dahero und in Kraft dieses, aller der Verbindlichkeiten die ich Ihnen oder andern an Ihrer Statt, in Rücksicht auf die oben genannte Verfassung, auf irgend eine Art, jemals geleistet, und verweise alles Ungemach, was daher bereits entsprungen, oder noch erwachsen mögte, auf den Veranlasser ganz billig zurück.

Die mir bis jetzt anvertrauten Schriften und Sachen will ich, nach erhaltener desfalligen Anzeige, alsofort denjenigen überliefern den Sie dazu ernennen, und darneben in die nöthige Verfassung setzen werden, mir meine an die hiesigen Logen, als richtig befundene und hinlänglich erkannte Anforderungen, abtragen zu können.

Außerdem ersuche ich Sie, zu verfügen, daß mein und meines Bruders Name in allen Listen gestrichen werde.

Ich bitte Gott, daß er Sie dahin leiten wolle, alle Dero Thun zu seiner Ehre und zum Besten Dero Nächsten, auch Ihrer selbst, fürs künftige einzurichten. Unter diesen wohlmeinenden Wünschen beharre ich allstets

Dero aufrichtiger Freund und Diener
von Zinnendorf."

Nun setzte ein formidabeles Kesseltreiben gegen Zinnendorf ein, das in der Freimaurerei nicht seinesgleichen hat. Erklärlich ist diese bittere Feindschaft auch der besten Männer der strikten Observanz daraus, daß der Austritt Zinnendorfs weithin Aufsehen erregen mußte, und daß er in einem Zeitpunkt erfolgte, in dem Hund in großer Verlegenheit war, weil sich allenthalben in seinen Logen die Opposition erhob. Wenn ein Mann wie Zinnendorf in einer hochangesehenen Staatsstellung – er war Königlicher Ober-Feld-Stabs- und Invaliden-Medicus, dazu hatte er eine ausgedehnte Privatpraxis, die auf seinen guten Ruf als Arzt schießen läßt – aus dem Orden austrat, mußte dies nachteilig wirken. Dazu kannte man in Berlin seine große Wohltätigkeit, oft hat er unbemittelte Kranke ohne Engelt behandelt, ihnen sogar noch die Arzneien geschenkt. Er war eine Persönlichkeit im öffentlichen Leben der Residenz, von der man nicht nur in Freimaurerkreisen mit Achtung sprach.

Das Ausscheiden eines solchen Mannes mußte allgemein bemerkt und besprochen werden. Man konnte nicht annehmen, daß ein Mann, wie Zinnendorf, ohne Grund das System, in dem er mit Erfolg tätig gewesen war, sollte verlassen haben. Man fand die Art und Weise, wie dieser Mann, den man sonst so erhoben hatte, behandelt, wie ungeprüft und ohne Kenntnis über ihn geurteilt wurde, hart und ungerecht. Da man aber nichts ernstliches gegen ihn vorbringen konnte, so suchte man allen möglichen Klatsch heraus, um ihm etwas anzuhängen. Es ist geradezu abstoßend, wie ein Wort aus seinen Reden, ein Satz aus seinen Briefen, die bei einem so temperamentvollen Manne nicht immer auf ihre Wirkung abgewogen waren, aus dem Zusammenhang gerissen und ihm zur Anklage gemacht wurden. Dabei immer die salbungsvollen Versicherungen der Freundschaft und Bruderliebe.

Die Berliner Freimaurer waren in zwei feindliche Lager geschieden, die eine Gruppe hatte mit Leidenschaft die Lehren der strikten Observanz ergriffen, weil sie eine festgefügte äußere Ordnung und ein bestechendes Zeremonial hatte, das gegenüber den Wirren, die durch Rosa, Johnson-Leucht und Konsorten angerichtet worden waren, einen entschiedenen Fortschritt zur Wahrheit bedeutete, der andere Teil stand in Opposition wegen der wirtschaftlichen Aspirationen, der Versorgungen und Rentenversicherungen, kurz des ökonomischen Planes, der zweifellos mit dem freimaurerischen Ideal nichts zu tun hatte. Diese Gruppe hoffte auf Schweden.

Die Spaltung war tief, der Riß nicht zu überbrücken, ja selbst im Kreis der mit Zinnendorf verbündeten Brüder machte sich schon im Frühjahr 1764 eine Scheidung der Geister bemerkbar, die durch den Bruch mit Dr. Schopp noch verstärkt wurde. Wir werden sehen, daß dieses Auseinanderstreben später verhängnisvolle Folgen hatte, deren Wirkung noch bis heute nicht ganz verwunden ist.

Im folgenden Jahre scheinen die Unstimmigkeiten schon mehr Gestalt gewonnen zu haben, denn es wurde schon verhandelt, auch trat der Kammergerichtsrat Krüger als Führer von Zinnendorfs Gegnern deutlich hervor. Am 12. Dezember 1765 sollte eine Zusammenkunft und Aussprache stattfinden, aber Krüger hatte den Zeitpunkt drei Uhr nicht innegehalten, und als er nach vier Uhr eintraf, war Zinnendorf fortgegangen, um seine Kranken zu besuchen. Dies hatte er Krüger mitgeteilt und eine Zusammenkunft auf den 14. Dezember vorgeschlagen. Krüger sagte zu mit dem Bemerken, daß er nicht wisse, ob Pierre Dieu, der Meister vom Stuhl der Loge zur „Eintracht“, infolge des Markttages schon um drei Uhr zur Stelle sein könne. Dieu war Accise-Jnspektor. In diesem Briefe versichert Krüger, daß er niemals böse auf Zinnendorf gewesen, dieser auch keine Ursache habe, ihm zu zürnen, er lasse stets Menschenliebe, Wahrheit, Redlichkeit und den Trieb zur wahren Ehre walten und habe ein gutes Gewissen. (Archiv der drei Weltkugeln.)

Krüger hat den Kampf gegen seinen ehemaligen Amtsbruder in der Präfektur Templin erbittert und rücksichtslos geführt und sich auch den Dank seines Heermeisters erworben. Wir haben einen Brief Hunds vom 29. Juni 1768 gefunden, der sich in diesem Sinne ausspricht: „Dero Verdienste sind doppelt groß, da Sie nicht allein den gänzlichen der Praefektur Templin drohenden Untergang so geschickt verhindert, sondern auch aller Verläumdungen und Bosheit Zinnendorfs ohnerachtet, sich ein Choix (Auslese) von Ihren Brüdern zu machen gewußt, davon vielleicht die mehrsten es Ihnen nur allein zu danken haben, daß sie von der Gefahr in den Zinnendorffschen Hirngespinsten und Erscheinungen Antheil zu nehmen, befreyet worden.“

So schreibt der Mann, der Zinnendorf lebhaft ermutigt hatte, die reine Lehre in Schweden zu suchen und der vor nicht allzu langer Zeit sich also äußerte: „Ich preise den Augenblick glücklich, da ich Sie habe kennen lernen. Hätte der v. Strauß (Schubart) sonst von mir keine Obligation zu fordern, so wäre es doch dadurch, daß er mir in Ihnen einen so biedern Freund und Bruder verschafft hat.“

Und das war Zinnendorf mit ehrlicher Aufrichtigkeit, denn er hat sich sogar der ihm gar nicht passenden Praxis, durch Handelsgeschäfte Geld für den Orden zu erwerben, mit Eifer und einer Energie, die einer besseren Sache würdig gewesen wäre, angenommen. Der Dank dafür waren Schmähungen und Verdächtigungen.

Um die tödlich vergiftete Luft kennenzulernen, genügt eine Aktennotiz des Majors von Kleist, die sich im Archiv der drei Weltkugeln befindet und die fast ein Jahrzehnt später niedergeschrieben ist, als längst schon alle die Vorwürfe durch gemischte Untersuchungskommissionen zugunsten Zinnendorfs entschieden und ihm von seinen Gegnern das Zeugnis eines redlichen Bruders ausgestellt worden war. Man muß staunen, mit welcher Zähigkeit dieser Klatsch sich erhielt, ja, daß selbst ein sonst vorsichtiger Forscher, wie der verstorbene Dr. Paul Gehrke, ihn in seiner Geschichte der Loge zum stammenden Stern kritiklos wieder aufnehmen konnte.

Wir geben dieses Dokument menschlicher Unvernunft als ein Zeichen der geistigen Verwüstung, die um jene Zeit in der Freimaurerei Deutschlands herrschte:

„Anzeigungen einiger Ursachen, welche den von Zinnendorff nach meinem Wissen von unserer Loge getrennt.

Es war bereits seit geraumer Zeit ein Gemurmel der Unzufriedenheit bey den meisten Brr: geweßen, bevor ich von erwähnten v. Zinnendorff zum deputirten Mstr der Loge proponirt war. ich übernahm dieße Stelle, umb näheres Licht von unseren Verfassungen zu erlangen, ich wurde aber von dem Zinnendorff mit fleiß immer in einer beständigen Unwissenheit untergehalten, mit dem Bedeuten! die Statuta erforderten es also. Einige Br. aber, welche mehr Erfahrung hatten überredeten mir des Gegentheils, mit der Warnung, ich könte mir einen Verdacht zuziehen wann ich von den Oeconomischen Umbständen alß Mstr von der Loge nicht ein mehreres wüßte: Sie fügten hinzu! die Ablegung derer Rechnungen wäre bereits vielmahl verlangt aber nicht erfolgt, und dieses wäre die Ursache des Mißvergnügens. Der v. Z. unterhielt indeßen die Gemächer mit allerhand weitläufigen projectis, 1) Solten Actien in der Tabacks Ferme vor die Loge genommen werden, wobey auch denen Brn: angerahten wurde ihr Geld à 10 Procent guth unterzubringen, 2) wird ein Handel mit Pontac, Papier und provencer Öhl angefangen, hierauf erfolgte noch ein Handel mit Wertheimer Wein und Malaga. 3) wurde ein gewisser Baumann nach Schweden geschickt, umb daselbst die Vereinigung mit unserer Loge zu bewerkstelligen und die wahren Geheimnisse des Ordens zu suchen, gedachter Baumann retournirte, die Loge erfuhr aber so wenig die versprochenen miracula als den versprochenen Nutzen, von dem Öhl, Papir und Weinhandel; Hierauf kamen auf Bewerkstellung des Br. Krügers zwey Deputierte aus der pr: v: nz:, die Rechnung wurde zwar abgelegt aber nicht in Pleno capitulo, die Ablegung geschahe in des Br: Krügers Gegenwart und in Beysein der Deputirten nebst einigen Anhängern von Z.: Der Br. Krüger sagte! Er hätte mit Fleiß in der Güthe tractiret umb allen eclat zu vermeyden, derselbe fügte noch hinzu! Es wäre zwar nichts in der Caße, wir wären aber nichts schuldig, hierbey hatte es sein Bewenden. Kurtz darauf erfuhr ich, daß 50 Rthlr collectirte Gelder von der abgebrandte Gurowsche Kirche in Schlesien nicht eingeschickt waren, der v. Z. versicherte schriftlich wovon ich noch den Brief habe, dieses Geld läge baar in caßa und es fehle noch der versprochene Beytrag einiger Brüder zu einer großen Summa, es verstrich hierüber wieder eine geraume Zeit ohne das Geld abzuschicken, hierauf erwähnte ich dießes in der öffentl: Loge, der Br: Kramer, ein Anhänger v. Z. erwiederte solches Geldt wäre in der Rechnung bey Gegenwarth derer Deputirten damahls so mit darauf gegangen, ich gab zur Antworth solche Sachen schienen mir nicht mäurerisch zu seyn, wenn man collectirte Gelde angriffe, umb ein vacuum in seiner eigenen Rechnung damit auszufüllen hierauf schloß ich die Loge. Kurtz darauf produzirte der Br. Krüger ein Schreiben von dem Z. in einer conference, worin derselbe sich der ferneren Verbindung mit uns entsagte: Er bediente sich noch des Ausdrucks ohngefähr! Er konnte bey so beschaffenen Dingen nicht umbhin Unß auf Gott zurück zu weisen. gleichsam alß wenn Er unß zuvor von demselben abgeführet hätte, der fernere Inhalt des Briefes war ein verwirrter Zusammensatz von vielen unbestimmten undeutlichen Ausdrücken: Es entstund bey Eröffnung des Briefes ein tiefes Stillschweigen nach geschehener Verletzung aber ein lautes Gelächter; einige Brüder nenneten es, einen Nebel von Hyroglyphischen Ausdünstungen, die andern hielten es vor ein würckliche Vor Rede aus einer Calmucken-Postille, Kurtz es war eine Mischung von allerhand Dingen, die hier und da mit Brocken der Religion mal à propos überstreut waren. Kein eintziger konnte es dechifriren noch weniger aber die Religions Ermahnungen mit denen durchgebrachten Kirchen Geldern en parallèle Bringen: Dieser Brief wird vermuthlich noch im Archiv seyn daferne sein Anhänger Kramer solchen nicht, alß damahliger Secretaire heimlich entwandt. Ein mehres kann der Br: Krüger und von Köhler anführen, Erster wird auch anzeigen können. auf was Arth und Weise die Rechnung abgelegt, ingleichen wo die Silbernen Geräthe aus dem inneren Orden geblieben: Dieser angeführte kann ich mit Grunde der Wahrheit bezeugen, auch mich auf das Zeugniß der Brüder berufen: außer dießem ist noch eine Rede gegangen von versandt gewesenen Holtze, welches sich der v. Z. durch eine erschlichene cabinets Ordre mit dem Geheimen Rath Wurm aus Hamburg zugeeignet und verkaufst, worüber der wahre Eugenthümer der Holtz Schwemmer Weiße, noch in Verantwortung gerathen, dieses kann ich aber nicht nach seiner wahren Beschaffenheit detailliren. andere Br: Hauptsächlich der Br. Würst wird vielleicht ein mehres davon wissen.

Berlin d. 3 te 9 ber 1774

von Kleist, Major Kammerherr".

Was diese Angriffe auf die Redlichkeit Zinnendorfs in Geldsachen des Ordens betrifft, so wird vorab die Frage zu stellen sein, ob er nötig hatte, anvertraute Gelder für sich zu verwenden. Dies muß unbedingt verneint werden. Der dänische Rittmeister Heinrich August von Sudthausen, der für die schwedische Lehrart besonders eifrig in Hamburg wirkte und auch vom Kaiser Josef II. in freimaurerischen Angelegenheiten mehrfach empfangen wurde, hatte seit 1753 in Halle studiert und kannte Zinnendorfs Familie. Er versicherte, daß dessen Vater ein bemittelter Mann war, der einen erheblichen Anteil an den Halleschen Salzwerken besessen, den

Zinnendorf erbte und 1774 noch besaß. Außerdem hatte er seine amtliche Stellung und eine gute ärztliche Praxis. Er konnte sich Wagen und Pferde halten und hat im Jahre 1767 noch eine für damalige Verhältnisse bedeutende Erbschaft von zwanzigtausen Talern gemacht. Er war durchaus in guten Vermögensverhältnissen, sonst hätte Prinz Ludwig von Hessen-Darmstadt nicht fast ein halbes Jahr bei ihm wohnen und speisen können. Von besonderen kostspieligen Leidenschaften Zinnendorfs ist nichts bekannt geworden, andernfalls hätten seine Feinde gewiß darauf eingehakt. Er hatte also gar nicht nötig, auch keinerlei Veranlassung, Ordensgelder in seinem Interesse zu veruntreuen.

Seine Rechnungen sind ja auch mehrfach sehr eingehend geprüft worden: Das erstemal durch Schubart und Bode am 22. und 23. Juli 1766, wobei sich herausstellte, daß die Ordenskasse ihm noch siebenhundertundsiebenundvierzig Taler schuldete. Mit diesem Ergebnis war die strikte Observanz gar nicht einverstanden und forderte eine zweite noch schärfere Prüfung, die von sechs Brüdern unter Führung Krügers vorgenommen wurde. Das Protokoll vom 17. Juni 1767 hat keine Verfehlung namhaft gemacht.

Zinnendorf, nun im Besitz der schwedischen Rituale, begann damit Logen zu gründen, was freilich bei der rücksichtslosen Gegnerschaft der strikten Observanz, nur langsam vorwärts ging. Am 15. Mai 1768 erteilte er kraft seiner Gerechtsame als schottischer Meister seinem Freunde Levin von Geusau die Erlaubnis, in Potsdam eine Loge unter dem Namen „Minerva“ zu errichten. Ein Jahr darauf reaktivierte er die von 1743 bis 1749 in Halle tätig gewesene Loge „zu den drei goldenen Schlüsseln“, deren Vorsitzender Meister er bis zu seinem Tode blieb.

Am 22. November setzte er eine schottische Loge unter dem Namen „Indissolubilis“ ein, wozu ihm ein Freund tausend Taler zu überlassen versprochen hatte.

Merkwürdig war, daß Baumann nur die Rituale, nicht aber den Freibrief und die Instruktionen Eckleffs an Zinnendorf abgeliefert hatte. Nun erlitt er am 21. November 1769 einen Schlaganfall, und da er sein Ende herannahen fühlte, übergab er jetzt seinem Freunde auch die schwedischen Urkunden. Dabei stellte sich heraus, daß der Freibrief gar nicht auf Zinnendorf, sondern auf den Namen von Pierre Dieu ausgestellt war, der unter den verbündeten Brüdern offenbar für den Fall der Erwerbung der schwedischen Akten als ihr Oberhaupt bestimmt gewesen war. Wenn Zinnendorf, trotzdem er wußte, daß er den höchsten Preis für einen andern erwarb, rastlos und unverdrossen weiter dem Ziel entgegenstrebte, so zeigt dies, daß es ihm nur um die Sache, aber auch nur um diese zu tun war. Nun hatte sich mit dem Übergang der drei Weltkugeln zur strikten Observanz eine Spaltung vollzogen, Pierre Dieu war von den Verbündeten abgegangen, und Baumann hatte sich nicht für berechtigt gehalten, die Dokumente ohne weiteres an Zinnendorf zu übergeben. Warum? Eine der vielen ungelösten und unlösbaren Fragen dieser fragwürdigen Zeit. Jedenfalls hat er drei Wochen vor seinem Tode am 24. November 1769 an Eckleff geschrieben, „daß er das Letzte, was er für Bruder Dieu, den sie unter sich mit Recht als Verstorbenen betrachteten, vor dreien Tagen dem Bruder von Zinnendorf anvertraut habe, und er dies zu genehmigen und das Patent auf ihn zu stellen und ausfertigen zu lassen bitte."

Die Instruktion Eckleffs änderte Baumann der Gleichheit der Handschrift wegen selbst ab, er hatte sie nämlich in Stockholm nach Diktat niedergeschrieben, der Freibrief wurde nach Schweden gesandt.

Eckleff hat die Urkunde nicht neu ausgestellt, offenbar weil es ihm zuviel Mühe machte, die Quadratschrift noch einmal abzuschreiben, sondern er hat sowohl in der Adresse, wo der Name „Guillaume de Zinnendorf" einmal, als im Text selbst, wo er dreimal vorkommt, an allen Stellen Radierungen vorgenommen, von denen eine so scharf ist, daß ein kleines Loch im Pergament sichtbar wird. Daß keine Fälschung vorliegt, wie späterhin vielfach behauptet wurde, geht daraus hervor, daß Eckleff sich nicht die geringste Mühe gegeben hat, sein Tun zu vertuschen. Der neue Name ist mit anderer Tinte geschrieben, die brauchbaren Striche des alten Namens sind mitbenutzt und wo der Raum nicht ausreichte, hat er den Schluß des längeren Namens „orf" ruhig zwischen die Zeilen korrigiert. Das Dokument kam erst im März 1770 von Stockholm zurück, und da Zinnendorf sich beklagt hatte, daß er die Quadratschrift schlecht lesen könne, so sandte Eckleff eine Abschrift des heute noch im Stockholmer Archiv befindlichen französischen Textes mit. Diese Urkunde zeigt ohne jegliche Radierung an den betreffenden vier Stellen den Namen Zinnendorfs und ist wie das Original untersiegelt.

Diese rein äußerlichen Dinge, die sich ganz natürlich erklären, sind als Gründe zu Anfeindungen Zinnendorfs benutzt worden. Man hat noch bis tief ins neunzehnte Jahrhundert hinein die Legalität der Großen Landesloge bestritten, und noch im Jahre 1878 hat Dr. Adolf Widmann, einer der gelehrtesten Männer in der Freimaurerei Deutschlands, durch Öffnung der Archive diese Lüge mit Erfolg bekämpfen müssen.

Von den vier Urkunden, die Baumann aus Schweden erhielt, ist der Freibrief oder Freiheitsbrief, wie man besser sagen müßte, die wichtigste. Er gibt ein klares Bild von dem Ernst, womit Eckleff die Übertragung der Gerechtsame an Zinnendorf auffaßte. Sowohl der Inhalt, wie der pontifikale

Stil kennzeichnen ihn als unzweifelhaft einer früheren Zeit ungehörig. Er ist undatiert, aber das will nichts besagen, denn auch der Freiheitsbrief, auf den die große Landesloge von Schweden ihre Gesetzlichkeit stützt, ist gleichfalls undatiert und in derselben Form ausgestellt. Man kann nicht annehmen, daß die Nichtdatierung auf eine Vergeßlichkeit der ausstellenden Personen zurückzuführen sei, es wird sich vielmehr so verhalten, daß man diesen Freiheitsbriefen den Charakter der Zeitlosigkeit geben wollte, ein Gedanke, der durchaus in den Auffassungen des achtzehnten Jahrhunderts von der Verbindung der Bauhütte mit dem Rittertum lag.

Die offizielle deutsche Übersetzung des Freiheitsbriefes vom 1. November 1776 lautet folgendermaßen:

„Ehre sei dem Allerhöchsten Bauherrn des ganzen Weltalls!!!

Heil und Wohlwollen den Brüdern, Herren, Meistern und Arbeitern, wahren und gesetzmäßigen Freimaurern, vereinigt oder zersteut auf der Oberfläche der Erde.

Nachdem der Weise der Weisen vollkommen unterrichtet worden ist, wie sehr der Hocherleuchtende und Hochwürdige Bruder Wilhelm Herr von Zinnendorf unserer Würdigen Universität (die Kapitel wurden damals Universitas genannt) Ehre macht, die Pflichten der Gastfreundschaft gegen die fremden Brüder ausübt, sich damit beschäftigt, die vereinigten oder zerstreuten Brüder in der Königlichen Kunst zu unterrichten, zu verbessern und zu vervollkommnen, und daß er wünscht in seinen Gerechtsamen und in den Verbindungen, die seine ihm rechtmäßig zugehörende, jetzo noch aufgelöste Gerechtsame festknüpfen, bekräftigt zu werden, so hat er, um darüber Rath zu Pflegen, für gut geachtet, das Große Kapitel der Hocherleuchteten, Hochleuchtenden und Hochwürdigen Brüderschaft l'Innocente zusammen zu berufen; und nachdem das eben erwähnte Sehr Würdige Kapitel mit einhelliger Stimme die Weisheit, Tugenden und Einsichten des gesagten Bruders Wilhelm Herrn von Zinnendorf erhoben, als der da für einen fleißigen Arbeiter, für einen weisen und erfahrenen Meister in der K. Kunst erkannt worden, alle Sprachen zu reden, ohne Bücher und Merkmahle zu zeigen und zu lehren verstehe, ein großer Geometer, Sternkundiger und Baumeister sei, nach allen Teilen der Welt gereist habe, ein tapferer Ritter, ein gerechter Bruder, und gewohnt sei über die Regierung des Ordens und die Aufführung der Meister und Arbeiter zu wachen und daher würdig sei, allen andern Maurern vorgezogen zu werden; so erlaubt der Weise der Weisen mit Einwilligung des Großen Kapitels der Hocherleuchteten, Hochleuchtenden und Hochwürdigen Brüderschaft l'Innocente dem genannten Hocherleuchteten, Hochleuchtenden und Hochwürdigen Bruder Wilhelm Herrn von Zinnendorf vom Aufgang zum Niedergang und von Mittag nach Mitternacht zu reisen, bis er in sich Trieb empfinde und gebeten werde, irgend wo einen sichtbaren oder unsichtbaren Aufenthalt festzusetzen, um daselbst die Auserwählten zu versamlen und sie mit einer Wolke zu bedecken, um sie mit Hülfe von R. N. F. gegen S. T. P. (Religio, Natura, Fortitudo, Religion, Natur und Tapferkeit gegen Sancti Templi Perturbatio, des heiligen Tempels Zerstörung) zu beschützen, so daß Niemand sie sehen oder ihnen Schaden zufügen könne, damit sie gewiß und versichert sein mögen, daß die Kunst, die Wahrheit und das Licht daselbst ausgeübt werde, regiere und den Stuhl einnehme, bis zu dem letzten Zeitpunkte der Welt.

Aus diesen Ursachen überträgt der Weise der Weisen dem dreimal genannten Bruder die Sorge und Regierung des Tempels, macht ihn zum Austeiler und Inhaber aller seiner Rechte und Geheimnisse, ernennt ihn zu seinem Stadthalter und giebt ihm seinen Nahmen, mit völliger Gewalt, ein Großes Kapitel der Brüder zu stiften, zu öfnen und einzurichten, an welchem Orte, wenn er nur von hier Neunmahl Neun Meilen entlegen ist, er selbst verlangen möchte, nach der von alter Zeit hergebrachten Art und Weise und in den ihm mitgeteilten Gebräuchen und Unterricht; versieht ihn mit diesem vollkräftigen, bestätigten und mit dem Siegel Salomons und mit dem des Sehr Würdigen großen Kapitels besiegelten Freiheits-Briefe, um denselben vorzulegen allen Brüdern Herren, Meistern und Arbeitern, wahren und gesetzmäßigen Freimaurern, vereinigt oder zerstreut, welche begehren möchten, gehörig und gesetzmäßig eingerichtet zu werden, und welchen er für guth finden könnte, es sei in dem Allgemeinen oder Besonderen, ihn vorzulegen, vorzuzeigen und lesen zu lassen; wünschen ihm dazu die Weisheit des Größten der Könige, um das Gebäude, nach den Regeln der Kunst, mit Weisheit, Schönheit und Stärke, zur Ehre der edlen Baukunst auszuführen, mit angefügtem Verbote, weder an dem Tempel, noch an dem Bau, noch an der Arbeit irgend etwas hinzuthun, zu verfälschen oder zu verändern, im Ganzen oder in dem Teile, noch zu gestatten, daß dieses geschehe; erklären ihm dabei, daß der oder diejenigen, welche das Gegenteil zu thun sich unterstehen möchte oder möchten, sich den Unwillen eines jeden, gehörig und gesetzmäßig errichteten Großen Kapitels zugezogen haben werde oder werden.

Grüßen ihn übrigens von Herzen mit allen dem Weisen der Weisen gebührenden Ehrenbezeugungen und nach der ihm bekannten und erforderlichen Zahl.

Friede sei mit ihm, dem Tempel und der Universitas der Brüder von Ewigkeit zu Ewigkeit. Es geschehe also!!!“

Nachdem nun Zinnendorf im Besitz aller der Aktenstücke von Eckleff war, setzte er die Gründung von Johannis-Logen energisch fort. Auch seine

Freunde bemühten sich nach dieser Richtung hin erfolgreich, so daß im Spätherbst 1770 sieben Logen und eine schottische Andreas-Loge in Arbeit standen. Den Gedanken, eine Große Landesloge von Deutschland zu errichten, hatte Zinnendorf von Anfang an, aber wir wissen aus dem Briefwechsel mit seinen Freunden, daß er nicht eher an diese Gründung herantreten wollte, bevor nicht zwölf Johannislogen das schwedische System angenommen hatten. In dieser Beziehung schrieb er am 23. Januar 1771 an Martinez in Potsdam: „Wir werden in kurzem zwei neue Logen hier in Berlin errichten. Von der einen wird Bruder Cramer und von der andern Bruder von Marconnay Meister sein; die erstere wird „zum goldenen Schiff" und die zweite „zum fliegenden Pferde" (Pegasus) heißen. Ehe jedoch diese Logen gegründet werden konnten, drängten die äußeren Ereignisse, die immer schärfer sich zuspitzenden Gegensätze mit der strikten Observanz, sowie das Eindringen der englischen Großloge in Berlin zur Entscheidung, und so kam es am 27. Dezember, dem Tage Johannis des Evangelisten 1770 zur Gründung der Großen Landesloge der Freimaurer von Deutschland. Das Protokoll des Gründungstags, an dem die Meister und Beamten der bereits bestehenden sowie der im Werden begriffenen Logen zusammengekommen waren, ist leider verloren gegangen. Wir besitzen nur einen Bericht des Groß-Sekretärs in der Matrikel. Als erster Landesgroßmeister wurde unter Beobachtung der Gesetze der General-Münzdirektor Martin Kröncke gewählt, und dann verbanden sich die Brüder, daß sie „mit Eifer, Treue und Tätigkeit dem vorgesetzten erhabenen Ziele entgegenstreben wollten. Sie verpflichteten sich, die Ehre Gottes allenthalben zu befördern, Nächstenliebe zu verbreiten und das Wohl des Ordens dauerhaft zu machen, die bisherigen Verirrungen durch Liebe und Beispiel nach und nach zu verringern und, soweit es in ihren Kräften stehe, den Glanz und die Ehre des uralten und ehrwürdigen Ordens in Deutschland wiederherzustellen."

Diese Entwicklung und vor allen Dingen, der sich immer mehr ausbreitende Gedanke der schwedischen Lehrart, riefen die alten Gegner Zinnendorfs wieder auf den Plan. Trotz der aktenmäßigen Feststellung und der völligen Entlastung wurde Zinnendorf in der häßlichsten Weise angegriffen. Man ging sogar so weit, die Verleumdungen in profane Kreise zu tragen, um den gehaßten Gegner auch in seinem Beruf zu schädigen und in der Gunst seiner Vorgesetzten zu beeinträchtigen.

Unerwartet fand sich in dem Kriegsrat Karl Friedrich Köppen, dem Großmeister der afrikanischen Bauherren, ein leidenschaftlicher Anhänger und Verteidiger Zinnendorfs. Offenbar hatte die klare und nüchterne Art, sowie die einheitliche, gedanklich hochstehende, schwedische Lehre, den vielseitig gebildeten, aber höchst Phantastischen Mann durch den Gegensatz angezogen. Es mag auch wohl ihn der Gedanke beherrscht haben, über die Anerkennung der Großen Landesloge seinen Bauherren in die echte Freimaurerei Eingang zu verschaffen. Er hatte mit den drei Weltkugeln eine Art Konvention geschlossen, die aber von dem Heermeister v. Hund nicht bestätigt wurde, und auch aus diesem Grunde mag seine Parteinahme für Zinnendorf mit entstanden sein. Durch seine Vermittlung nun kam nach langen Verhandlungen eine Einigung zwischen Zinnendorf und der strikten Observanz zustande. Das Friedensinstrument ist im Original im Archiv der Großen Landesloge vorhanden:

„Nachdem durch freundschaftliche Vermittlung des Hochwürdigen Großmeisters hiesiger afrikanischen Bauherren Loge, Bruders Köppen, die zwischen den hiesigen vereinigten Freimaurer-Logen der strikten Observanz zu den drei Weltkugeln und zur Eintracht, so der Br. v. Zinnendorf vom Oktober 1764 bis im Juli 1766 geführt, an beiden Theilen vorgewesenen Irrungen nunmehr zu den Logen der strikten Observanz und des Br. v. Zinnendorf Zufriedenheit glücklich gehoben worden, so danken beide Teile wohl erwähntem Br. Köpften zuvörderst für alle hierbei angewandten Bemühungen, und erklären hiemit, daß weder die Logen noch irgend ein Bruder besagter Logen an den Bruder v. Zinnendorf, noch dieser so wenig als seine Brüder, weder von jetzo noch zukünftig, weder an den Logen der strikten Observanz, noch an einen Bruder derselben in Maconniquen Sachen etwas zu fordern haben; dagegen bedingt sich der Bruder von Zinnendorf aus, daß, weil man bei der Mediation unmöglich das Protokoll und die Balance vom 17. und 18. Juli 1767 wegen unterbliebener Conclusion zum Grunde des gegenwärtigen Vergleiches legen konnte, daß dagegen auch an denselben so wenig über das Vorhergehende noch über dieses Protokoll und Balance vom 17. und 18. Juli die geringsten Ansprüche vom Gegenteil zu keiner Zeit mehr gemacht werden.

Da alles dieses der Billigkeit und den redlichen Absichten des Ordens gemäß ist, so danken auch die Logen der strikten Observanz dem sehr ehrwürdigen Bruder v. Zinnendorf für die bei Führung seines Amtes bewiesene Treue und Dienste, und sind erbötig dagegen, bei allen sich ereignenden Gelegenheiten demselben Beweise ihrer wahren Liebe und Diensteifers zu geben.

Urkundlich ist diese ausgestellte Decharge von dem Bruder Koppen als Mediator und dem Br. v. Zinnendorf, wie auch von sämtlichen Meistern der Logen eigenhändig unterschrieben und mit dem kleinen Logensiegel der Mutterloge, auch dem Petschaft des Br. Köppen und Br. v. Zinnendorf bestätigt, auch allen dreien Teilen ein gleichlautendes zugestellt worden.

So geschehen den 29. November 1770.

Br. Johann Christian Krüger, Obermeister d. Logen strictae observantiae. Köppen qua mediator. Joh. Wilh. v. Zinnendorf. G. v. Köhler, Meister der Mutterloge zu den dreien Weltkugeln. Theden, Meister der Loge zur Eintracht."

Man hätte nun glauben sollen, daß mit dieser Erklärung die Anfeindungen endlich aufhören würden. Das war nicht der Fall, im Gegenteil, die Verleumdungen wurden immer bösartiger, so daß Zinnendorf sich gezwungen sah, sich im März 1771 an den General-Chirurgus Theden zu wenden und eine nochmalige Revision seiner Rechnungen zu verlangen. Theden versprach, die Angelegenheit seiner Loge zur Beratung vorzulegen und nach einer nochmaligen Erinnerung von seiten Zinnendorfs teilte Theden unterm 19. April mit: „Alle gestern versammelt gewesenen Brüder bezeugen in pleno, daß sie ihrerseits nicht das mindeste Böse gegen Zinnendorf gedacht, viel weniger geredet und ihre einmal abgegebene Akte auf keinerlei Weise geschmälert haben, und dieses setzt v. Zinnendorf schon vor allem, was einer oder der andere für sich sagen könnte, in Sicherheit, weshalb man auch ganz unnötig hält, neue Untersuchungen anzustellen, ob die Rechnungen richtig oder unrichtig sind, denn alles Versprechen soll treulichst erfüllt werden. Um indessen dem Bruder v. Zinnendorf Beweise der Achtung zu geben und ihn nicht zu beleidigen, ist man bereit, den Bruder Peters und seitens des Bruders v. Zinnendorf den Bruder Cramer zu bitten, die Rechnungen durchzugehen und ein Conclusum zu fassen. Dies falle nun aus wie es wolle, so ändert dies daran nichts, was in der bereits gegebenen Akte enthalten ist, aber es soll dazu dienen, den Brüdern der strikten Observanz anzuzeigen, daß die Rechnungen durchgegangen sind und alles so abgemacht ist, daß Bruder v. Zinenndorf nichts von der strikten Observanz und ebenso diese nichts von Zinnendorf zu fordern habe."

Die Kommission waltete streng ihres Amtes und kam zu dem Schluß, daß er nichts schuldig sei, sondern nach bestem Wissen und Gewissen in der Verwaltung der Logen-Angelegenheit verfahren habe, „so daß wir die dem Bruder von Zinnendorf unter dem 29. November 1770 von unsern insgesamt Ober- und Logenmeistern ausgestellte Decharge nicht nur vollkommen hiedurch ratihabieren, und allen unsern Brüdern bekannt machen wollen, daß wir ihm nichts geschenkt, sondern ihn von allen jemaligen Ansprüchen und Vorwürfen als unverdient freisprechen, und zur Beglaubigung dieses haben beide Meister der Loge von der Eintracht und zum flammenden Stern als Rechnungs-Revisoren dieses Gezeugnis abgefaßt, unterschrieben und gesiegelt."

Darunter hatte Theden eigenhändig die Bemerkung gesetzt: „Dieses Attest ist keine Frucht einer Furchtsamkeit vor dieser oder jener Leute Drohungen, sondern lediglich ein Beweis redlicher Denkungsart, die man von der anderen Seite sich auch verspricht."

Haus der Loge Royale York (18. Jahrhundert)

Nun freilich war jeder Zweifel an der Ehrlichkeit Zinnendorfs und an seinem reinen Wollen ausgeschlossen. Alle Rechnungen waren genau geprüft und selbst einer seiner ausgesprochenen Gegner, der General-Chirurgus Theden, hatte eine offene männliche Erklärung abgegeben. Aber die Verunglimpfungen gegen den Stifter der Großen Landesloge, wollten trotzdem nicht zur Ruhe kommen. Der Grund der Gegnerschaft lag eben tiefer als in finanziellen Differenzen. Zinnendorf war dem Bestand der strikten Observanz gefährlich, darum mußte er beseitigt werden. Aber er wehrte sich und erhob in einem Promemoria vom 29. Juni 1773 Anklage gegen den Kammergerichtsrat Krüger bei der Mutterloge zu den drei Weltkugeln. Demgemäß setzten die Prinzen Friedrich von Braunschweig und Ludwig von Hessen-Darmstadt, der erstere Oberhaupt der Mutterloge, der letztere seit dem 10. Juni 1773 Landes-Großmeister der Großen Landesloge, eine Kommission, wir würden heute sagen, ein Ehrengericht, ein, das über die Klagepunkte endgültig entscheiden sollte. Von seiten der drei Weltkugeln wurden ernannt: Hofmarschall von Penavaire, Kammerrat

Woellner und Kammergerichts-Advokat Egerland, von seiten der Großen Landesloge, oder wie es in den Originalakten heißt, von seiten der Ehrwürdigen Loge des Bruders von Zinnendorf: Leutnant von Rothe, Hauptmann von Boaton, Kaufmann Palmié.

Die Anweisung des Prinzen von Braunschweig ist äußerst interessant und zeigt, wie sehr er sich in den Fall vertieft hat, und daß er keineswegs ein Dekorations-Großmeister war, sondern, daß er es mit seinem Amte bitter ernst nahm. Demgemäß schrieb er an die von ihm in die Kommission berufenen Brüder: „Meine verehrten Brüder. Nachdem ich mich nunmehro gründlich überzeuget, daß die Gegenstände, welche die projectirte Vereinigung zwischen den hiesigen vereinigten Logen der stricten Observanz mit der Loge des Bruders von Zinnendorff bißhero aufgehalten haben, und noch aufhalten auf einer, wider den gedachten Bruder von Z. und dessen als damahliger Meister derer vereinigten Logen der Stricten Observantz geführten Amts und Oeconomischen Verwaltung, gefaßten nachtheiligen Meynung, beruhen, daß auch dessen abgelegte und niedergeschlagene Rechnungen, ein Beständiger Stein des Anstoßes, aus der Ursache bleiben werden, weil selbiger, als nicht genugsam justificirt, geachtet worden; Es mir aber sowohl, als des Printzen Louis von Darmstadt Liebden, sehr am Hertzen liegt, alle Hindernisse aus dem Wege zu räumen, welche diese erwünschte Vereinigung noch ferner aufhalten möchten, Endlich auch der mehr erwehnte Bruder von Zinnendorf sich im Beyseyn des Printzen von Darmstadt Liebden, und des in meinen Diensten stehenden Hofmarschalls von Penavaire, dahin erklärt hat, wie er sich einer nochmaligen strengen und unparteiischen Revision seiner sämtlichen Rechnungen unterwerfen, sich auch anheischig macht, alle darinnen zu findende Defecte so gleich baar zu bezahlen; im gegenseitigen falle aber, und wenn, die zur Revision derselben aus membris beyden gegenseitigen Logen zu ernennende Commissions, besagter Rechnungen richtig finden und ihn von aller Verantwortung freysprechen sollte; verlange, daß ihm eine öffentliche sowohl mündliche als schriftliche Declaration seines Wohl Verhaltens sowohl, als seiner redlich geführten Amts Verwaltung gegeben werde;

So haben wir Beyderseitigen Printzen und Protectores derer zu vereinigenden Logen dieses von dem Bruder von Zinnendorff uns gethanen Vorschlag gemäß, diese Commission einzuberuffen resolvirt, und mache ich insbesondere meinen werthen Brüdern derer vereinigten Logen der stricten Observantz Bekanndt, wie ich zu diesem Geschäfte, die Brüder von Penavaire, Woellner, und Egerland, ernenne gebe ihnen auf, so gleich in Gemeinschaft derer von des Printzen von Darmstadt Liebden zu ernennenden dreyen Brüdern, die Revision der Zinnendorffischen Rechnungen, nach aller ohnparteiischen Strenge, vorzunehmen, darüber zu sprechen und mir alsdann, das darüber abgehaltene Revisions Protokoll zur ferneren und endlichen Entscheidung vorzulegen.

Potsdam, d. 25. Juny 1773.

Friederich August Pr. v. B."

Diese Kommission hat bis zum 4. Juli 1773 getagt und alle Fragen zum Teil durch eingehende Vernehmungen geklärt. Krüger hat sich schriftlich sehr ausführlich geäußert und dabei keinen Hehl aus seiner feindlichen Gesinnung gegen Zinnendorf gemacht. Er schoß einen vergifteten Partherpfeil ab, offenbar in der Überzeugung, daß der Angriff die beste Verteidigung sei, und behauptete, daß die Entlastung Zinnendorfs lediglich erteilt worden sei, um Aufsehen bei den Profanen zu vermeiden. „Man hat alle Beschwerden, die man wider den Br. von Zinnendorf hatte, und die unserer Überzeugung nach sehr gegründet waren, mit dem Mantel der brüderlichen Liebe zugedeckt und lieber eine rühmliche Decharge geben, als eigensinnige Strenge im Herzen behalten wollen… Dabei werde ich beständig bleiben, daß die Decharge keineswegs aus Schuldigkeit, sondern bloß aus brüderlicher Liebe und Vergebung von uns gegeben sei."

Auf diese unerhörte Entstellung ist die Kommission nur insofern eingegangen, als sie Klüger entscheidend desavouierte; im Protokoll heißt es „… indessen würde der Br. Krüger auch auf der anderen Seite zu entschuldigen sein, weil er bei der ersten Rechnungsabnahme von der Sachekeine Idee gehabt, und der Bruder Schubart ihm gesagt, daß dem Bruder von Zinnendorf wohl noch achthundert Reichstaler defektirt werden können; woraus sich ergebe, daß Bruder Krüger nicht der erste gewesen, der ein Mißtrauen geäußert, sondern durch den Bruder Schubart dazu verleitet worden."

Daß Schubart für Zinnendorf keine Sympathie hatte, ist verständlich, denn für den uneigennützigen Mann, der sein ganzes Vermögen, seine freie Zeit, seine Arbeitskraft der großen, ihn beherrschenden Idee zum Opfer brachte, waren die Tendenzen Schubarts, die nur auf Gelderwerb ausgingen, eine innere Unmöglichkeit. Zinnendorf hat sich ja auch mehrfach bei dem Heermeister von Hund beschwert und an dem Verfahren Schubarts rückhaltlos Kritik geübt. Daß dieser bei der ersten sich bietenden Gelegenheit seine Vergeltung nahm und Zinnendorf verdächtigte, als habe er die Ordenskasse der strikten Observanz betrogen, ist gerade kein besonders edler Zug.

Das Endergebnis, die letzte Entscheidung des Ehrengerichts war für Zinnendorf durchaus ehrenvoll. Nachdem unter dem Vorsitz des Prinzen von

Hessen-Darmstadt Zinnendorfs Freunde eine Sentenz ausgearbeitet hatten, war die Kommission unter Prüfung sämtlicher Vorlagen zu ihrem Schlußurteil gekommen. Es ist uns original erhalten, wie es aus der ersten Niederschrift hervorging. Mit allen Namen und Siegeln wird es im Archiv der drei Weltkugeln aufbewahrt als ein Zeichen, daß auch in diesem von Haß und Neid überhitzten Kampf ehrliche Männer Recht und Unrecht abzuwägen verstanden.

„Betreffend die von dem Bruder von Zinnendorff gegen den Bruder Krüger an- und vorgebrachte Beschuldigung, giebet die, von des Printzen Friedrich von Braunschweig Hochfürstl. Durchlauchten niedergesetzte und unter dem hohen Vorsitz des Printz Ludwig zu Hetzen Darmstadt Hochfürstl. Durchlauchten, abgehaltene Commission, ihre Gutachtliche Meynung dahin ab.

Daß es zuförderst bey der schriftlichen Erklärung des Br. von Zinnendorff, wie er an der Loge zu denen 3 Welt Kugeln keine Forderung, Recht oder Anspruch habe, sein Bewenden behalte. Hier nächst in Rücksicht derer ihm ertheilten Dechargen vom 29. November 1770 und 27. Junii 1771 seine geführte Rechnungen vor quittirt, und er seines geführten Amts halber für völlig gerechtfertiget zu achten; diesemnach es wieder alles Recht, Billigkeit und gute Sitten angelaufen, wenn jemand, wer es auch sey, diesen Dechargen zu wieder, etwas geredet, oder geschrieben haben solte.

Uebrigens müssen wir nach Erwegung der uns vorgelegten Acten und Piecen bekennen, daß der Br. von Zinnendorff, für das Wohl der teutschen Brüderschaft, als ein ehrlicher, redlicher und guter Bruder gearbeitet, wie ihm den auch, dieses Zeugniß bereits, in denen vorgedachten Dechargen ertheilet worden.

Wir müssen es dahero wohl einer Uebereilung zuschreiben, wenn der Br. Krüger, wie ihm ausdrücklich Schuld gegeben wird, gegen den Br. v. Zinnendorff, nachdem er ihn einmahl schriftlich und mündlich als einen ehrlichen mann anerkannd, entweder selbst zu dessen Nachtheil gereichende Gesinnungen geäußert, oder, wenn er, da er dergleichen von anderen gehöret, diese nicht ihres Unrechts belehret, und sie auf bessere Gedanken zu bringen bemüht gewesen.

Wenn er aber an diesen Beschuldigungen einigen antheil zu haben nicht an sich kommen laßen will, den Br. v. Zinnendorff auch keine besondere Vorfälle, noch Zeit und Ort deßhalb anzeuget, und der Br. Würst, auf dessen Zeugniß er provociret, von keiner hierher gehörigen Beleidigung etwas wissen will; so ist der Br. v. Zinnendorff nach denen Civil-Gesetzen einige Satisfaction zu fordern nicht berechtiget.

Indessen, und da der Br. Krüger, in seinem den 1. Juli a. c. Coram Commissione verlesenen Promemoria nicht in Abrede setzet, die Lehren und

Hauptmann de Boaton, Mitarbeiter Zinnendorfs

Vorträge des Br. v. Zinnendorff vor Schwärmerey und eigene Erfindung ausgegeben zu haben, so finden wir nach denen natürlichen Gesetzen, die uns Zur Ausübung der Freundschaft, gegen jedermann, auch selbst gegen unsere Feinde verbinden, und welche Gesetze wir, als Frey Maurer in ihrem ganzen Umfange erfüllen müssen, dieses Verfahren des Br. Krügers um so mehr übereilt und beleidigend; als er seinem eigenen Geständnis nach, von den Lehren des Br.v. Zinnendorff keine Kenntniß, gehabt, und folglich auch weder Gutes, noch Böses davon sagen sollen; ersteres aber billig urtheilen müssen, weil nach der allgemeinen Regel, ein jeder solange für guth gehalten wird, bis man von ihm des gegentheils überführet worden.

Wenn nun diese und andere dergleichen Urtheile, wohl Gelegenheit und Anlaß gegeben haben mögen, daß die Handlungen des Br. v. Zinnendorff so wohl bey hiesigen, als fremden und auswärtigen Logen, sehr übel, und seinen guthen Nahmen beleidigend ausgelegt worden, und wir als ächte und wahre Frey-Maurer, zur Liebe des Nächstens, und einem jeden so viel als möglich, nützlich zu werden, verbunden sind; So finden wir der Sache angemessen, und für billig, und Recht: Daß denen auswärtigen, und Mit uns in Verbindung stehenden Logen bekannd gemacht werde:

Daß die Handlungen des Br. von Zinnendorff von einer Höchst ernanndten Commission untersucht, und er überall als ein guter, ehrlicher, redlicher und treuer Bruder, befunden worden.

Zum Beweise, daß wir unsere Meynung ohne ansehen der Persohn, ohne dabey habendes Interesse, sondern vielmehr aus wahrer Ueberzeugung, ihrer Richtigkeit, von uns gegeben, haben wir solche eigenhändig unterschrieben und besiegelt; So geschehen. Berlin den 4ten Julii 1773.

von Penavaire Woellner Egerland v. Boaton
A. v. Rothe Palmié.

Wir confirmiren, ratihabiren und bestätigen, obiges Gutachten, der von Uns niedergesetzten Commission in allen seinen Punkten und Clauseln, und Wollen und Befehlen hie durch, daß solches seinem Gantzen Inhalte nach, befolget werde, und die Kraft eines rechtlichen Erkenntnisses habe, wie Wir den auch wollen, daß es allen denen, so daran gelegen, gehörig bekannd gemacht werde. Urkundlich, unter unserem Insiegel und Unterschrift. Potsdam den 5ten Julii 1773.

Friedrich August Pr. v. B.
Ludwig George Karl Printz zu Hetzen Darmstadt."

Egerland teilte Zinnendorf dieses Erkenntnis mit und bat ihn um sein Einverständnis noch für denselben Tag, da er es sofort den beiden Prinzen zur Unterschrift vorlegen müsse. Zinnendorf antwortete ganz kurz: „Da ich nur Ruhe haben und unverdient nicht fernerhin gekränkt seyn mag; so bin ich von der mir durch den Würdigen Bruder Egerland und von Ihnen angefertigten Sentenz Volkomen wohl zufrieden.

von Zinnendorf.

Berlin den 4ten Julius 1773."

Die Handschrift dieses im Archiv der drei Weltkugeln befindlichen Anerkenntnisses ist sehr nervös und zeigt die Abspannung Zinnendorfs, während er sonst eine ruhige und klare Handschrift hatte. Er war offenbar durch die langen und schweren Kämpfe ermüdet. Wenigstens hatte er so viel erreicht, daß er für den Augenblick sich ohne Nebengedanken dem weiteren Aufbau des Ordens widmen konnte.

Seine erste Bemühung, der er sich mit Eifer hingab, ging um die Anerkennung seitens der Großen Loge von England in London. Für die große

Hofmarschall von Penavaire

Landesloge war und ist diese Sache, bei der unendlich viel Papier und Tinte verbraucht wurde, ziemlich unwesentlich, da Zinnendorf und alle seine Nachfolger, bis zum heutigen Tag, eine Suprematie der englischen Großloge nie anerkannt haben. Er wollte ja auch keine Konstitutionsurkunde, keine Ernennung zum National-Großmeister von Deutschland unter dem englischen Großmeister, sondern er wollte die Anerkennung der Gleichberechtigung und das, worauf man damals besonderes Gewicht legte, den freundschaftlichen Briefwechsel, der sich meist in ganz konventionellen und äußerlichen Formen unter Übersendung der Mitgliederverzeichnisse vollzog. Praktisch hatte er so gut wie gar keinen Wert.

Für die Geschichte der Freimaurerei in Deutschland sind Zinnendorfs Verhandlungen mit London insofern wichtig, als sie Gelegenheit geben, einmal die Frage der Gesetzmäßigkeit einer Loge zu erörtern.

Und da lösen sich aus der Verschiedenheit der Entwicklung zunächst zwei Formen ab: die Errichtung einer Loge aus eigenem Recht, das an der Person haftete, und die Konstitutions-Urkunde einer Großloge.

Zinnendorf hatte einen Freibrief zur Errichtung eines Kapitels von Eckleff, dem Ordensmeister oder wie er damals hieß, dem Vicarius Salomonis, erhalten. Das Stockholmer Kapitel hieß „Innocente" und verdankte seine Entstehung einem Freibrief, den Eckleff von dem Ordensmeister eines Grand chapitre „Illuminé" aus Genf im Jahre 1750 erhalten hatte. Ob dieses Kapitel in Genf bestanden hat, ist geschichtlich bis jetzt nicht erwiesen. Die Ansicht Widmanns (Zirkelkorrespondenz 1878), daß es in Stratzburg beheimatet gewesen, gewinnt sehr an Wahrscheinlichkeit, wenn man sich vergegenwärtigt, daß im Jahre 1772 von Straßburg aus die fünfte Provinz, Burgund, mit dem Heermeister von Hund Verbindung suchte (I. Bd. S. 352).

Die Tradition des achtzehnten Jahrhunderts weiß von einer Verbindung der versprengten Tempelritter mit den Bauhütten zu berichten, und da die Ritterschaft der Diözese Mainz unter dem Wildgrafen von Salm der Aufhebung sehr kräftigen Widerstand entgegensetzte, so liegt der Schluß nahe, daß schon früh die Beziehungen mit der Haupthütte in Straßburg aufgenommen wurden. Da in den fünfziger Jahren des achtzehnten Jahrhunderts dort eine

Ludwig Georg Karl Prinz v. Hessen-Darmstadt.

Loge bestand, ist es keineswegs unmöglich, daß sich auch ein Kapitel (Universitas) erhalten habe, dessen letzte Mitglieder während der rücksichtslosen Katholisierung Straßburgs sich und ihre Rituale nach dem Calvinistischen Genf geflüchtet haben.

Der Freiheitsbrief des Schwedischen Kapitels ist genau in derselben Weise ausgestellt wie der des Berlinischen, gleichfalls undatiert. Eckleff hat ihn ebenso, wie er ihn bekam, Zinnendorf weitergegeben und dafür, wie das zu jener Zeit allgemein Rechtens war, eine Geldsumme empfangen, denn er hielt sich nicht nur dafür, sondern er war in seinem Amte als Ordensmeister Eigentümer der Kapitelrituale. Im Jahre 1773 überließ er genau so wie 1766 an Zinnendorf, an den Herzog Karl von Södermanland Amt und Gerechtsame. Daraus ging die Große Landesloge von Schweden auf die gleiche Art hervor, wie die Große Landesloge von Deutschland, und alle späteren Behauptungen gegen ihre Gesetzmäßigkeit sind bewußt oder unbewußt Geschichtsfälschungen.

Nach langwierigen Verhandlungen, die durch Intrigen hingezogen wurden, kam durch die Bemühungen des in Hamburg lebenden englischen

Anton Thomas Palmié, Mitarbeiter Zinnendorfs

Kaufmanns Charles Hanbury im Jahre 1773 am 30. November der Vertrag mit der englischen Großloge zustande, worin es heißt: „Die oberste Große Loge zu London erkennt daher hierdurch die große Loge zu Berlin für die einzige große Landesloge des deutschen Kaiserreichs an, und alle Staaten Sr. Königlichen Majestät in Preußen mit eingeschlossen, und verspricht und verpflichtet sich hierdurch von unterzeichnetem Datum an, in dem deutschen Reiche und den Staaten Sr. preußischen Majestät so wenig eine neue Loge zu konstituieren, als sonst die geringste maurerische Gerechtigkeit und Gewalt auszuüben." Sie nahm nur die Distrikte aus, in denen bereits englische Provinzial-Großmeister bestellt waren. Nach Erlöschen dieser Gerechtsame sollten auch jene Distrikte der großen Landesloge unterstellt werden.

Wichtig ist in dieser Periode ein Brief des englischen Groß-Sekretärs James Heseltine an Zinnendorf vom 1. August 1774: „Ich wünsche, daß die Verbindung beider kontrahierenden Teile von guten Erfolgen für den Orden sei, wozu die Großloge zu London alles beitragen wird. Unsere beiderseitigen Großlogen sind dem Br. Hanbury für seine Bemühungen verpflichtet, ohne dessen Anwesenheit in London die Vereinigung nicht zustande gekommen wäre, indem die vorgefaßte Meinung, die wir gege Sie durch unglimpfliche falsche Vorstellungen von Ihren Verrichtungen gefaßt hatten, von solcher Art waren, daß es unmöglich gewesen sein würde, solche durch bloßen Briefwechsel zu heben. Seine persönlichen Verdienste, seine Rechtschaffenheit und seine hiesigen Verbindungen sind dessen ungeachtet hinlänglich gewesen,

Widmung der von Eckleff dem Berliner Ordenskapitel gestifteten Bibel

alle und jede Hindernisse aus dem Weg zu räumen und der Erfolg ist unserer Erwartung angemessen."

Es geht aus diesem Schreiben ein Doppeltes unzweifelhaft hervor: daß Zinnendorf keine Konstitution von England nachgesucht und erhalten hat, sondern daß eine Art Freundschaftsvertrag gleichberechtigter Groß-Körperschaften geschlossen wurde, und zum andern, daß die Verleumdungen der strikten Observanz bis nach England vorgetrieben worden waren.

Die andere Form der Logengesetzmäßigkeit ist die Erteilung einer Stiftungsurkunde von seiten einer berechtigten Großloge, es ist die Form, die heute noch als einzige besteht, wenngleich die Gründung aus dem persönlich erteilten Recht theoretisch nicht aufgehoben ist. Die neueren Gesetze haben sie allerdings derart eingeschränkt, daß sie praktisch nicht mehr zur Wirkung kommen kann.

Inzwischen war den führenden Männern der strikten Observanz klar geworden, daß sie durch persönliche Verdächtigungen Zinnendorfs nichts erreichen konnten. Mit dieser Praxis hatten sie auf der ganzen Linie Fiasko gemacht. Ihre Niederlage war, wenn auch noch so geschickt in den offiziellen Verlautbarungen verschleiert, offenkundig und hatte ihrer Sache empfindlich geschadet, indessen das Ansehen der Großen Landesloge beständig wuchs, so daß immer neue Logen ihrer Lehrart entstanden.

Der Funke, den man anfänglich auslöschen zu können geglaubt hatte, war zur lebendigen Flamme geworden, die hell emporlohte. Darum entschloß man sich zu dem Schritt, den Hund und sein Ordensrat im Jahre 1766 abgelehnt hatten: man suchte die Vereinigung mit der jungen aufstrebenden Großloge.

Prinz Friedrich August von Braunschweig berief im Einvernehmen mit dem Landesgroßmeister der großen Landesloge, dem Prinzen Ludwig von Hessen-Darmstadt, auf den 14. Oktober 1773 eine Versammlung, an der die führenden Vertreter beider Richtungen teilnahmen mit dem Zwecke, eine Einigung zu erreichen.

Es wurde bis zum 19. Oktober verhandelt und ein Vergleich abgeschlossen, der zwar einen Frieden, aber einen sehr lückenhaften herstellte. Keine der beiden Parteien hatte eine rechte Freude an dem Übereinkommen. Die strikte Observanz, die vorgeschlagen hatte, den Herzog Ferdinand von Braunschweig als obersten Großmeister seitens der Großen Landesloge anzuerkennen, fiel darum durch, weil Zinnendorf die Entscheidung seiner Großloge vorbehielt, wenngleich er selbst sich zustimmend äußerte. Wir wissen aus einem Schreiben des Priors der Kleriker, Ernst Werner von Raven, daß er von dem Ordensrat den Auftrag hatte, keine im Grunde wesentliche Vereinigung mit den Brüdern der Großen Landesloge, sondern bloß ein besseres Einverständnis mit ihnen zu schaffen, während die Prinzen auf eine große Verschmelzung hinarbeiteten. Darin lag schon der Keim zu weiteren Gegensätzlichkeiten, die auch nicht ausblieben.

Ehe wir jedoch dem Gang der Geschichte weiter folgen, wollen wir uns mit der Lehre der Großen Landesloge selbst beschäftigen, weil sie das kommende Jahrhundert der Freimaurerei in Deutschland maßgebend beeinflußt hat.

III. Die Ordenslehre

Die besten Kenner der Ordenslehre, die sie auch am tiefsten erlebt haben, lehnten stets und mit überzeugender Wahrhaftigkeit den Gedanken ab, daß die Große Landesloge Hochgrade besitze. Sie kennt nur eine Weisheit, nur eine Erkenntnis, die sie symbolisch als das Licht bezeichnet, das im innersten Raum ihres Tempels leuchtet. Dieses Licht ist der Anfang, der Mittelpunkt und das Ende aller Weisheit und alles menschlichen Erlebens. Von ihm aus dringen die erweckenden Strahlen in die Tiefe und Weite, beleuchten und befruchten die Geister, die sich noch im Gefängnis der erdgebundenen

Ordenshaus der Großen Landesloge 1798

Menschennatur befinden. Man könnte also weit eher sagen, die Ordenslehre der Großen Landesloge habe Tiefgrade, als Hochgrade, denn das Licht im innersten Raum des Tempels, im Mittelpunkt der erlösenden Liebe, war von allem Anfang, und es hat aus sich selbst die Unterstufen geschaffen, die erst an den Glanz des Lichtes gewöhnen, die Gabe des inneren Schauens entwickeln mußten. Die Vertrauten des heiligen Johannes waren eher als die Johannisloge, und die Vertrauten des Andreas eher als die Andreasloge.

Und dies ist nicht eine Auffassung von heute, sondern eine gesicherte Überlieferung aus der Frühzeit der Großen Landesloge. Schon der Landes-Großmeister Friedrich von Castillon schrieb unterm 5. Juli 1805 an Friedrich Ludwig Schröder: „Überhaupt gehen Sie, Hochwürdiger und Geliebtester Bruder von dem Grundsatz aus, daß die höheren Grade nur nachher aus besonderen Absichten, erfunden worden sind, da wir hingegen fest überzeugt sind, daß die von uns für echt anerkannten höheren Grade eher als die 3 Johannis Grade Statt gefunden; diese Letztern aber nur um des höheren Willen, in späteren Zeiten, erfunden und gezogen worden sind." (Die Sperrungen sind von Castillon herausgehoben.)

Das Licht im innersten Raum des Tempels ist jene Wahrheit und Weisheit, die im Kreis der Johannis-Vertrauten bewahrt wird und im Evangelium Johannis aufgezeichnet ist. Nur wer diese urchristliche Gottes-Offenbarung ohne die hinein verwobenen Anschauungen späterer Zeiten ergriffen hat, wird die Ordenslehre in ihrer vollen, Leben weckenden und erlösenden Kraft empfinden.

Und das ist durchaus nicht schwer, es erfordert keine wissenschaftliche Bildung, keinen besonders scharfen Verstand, es verlangt nur einen aufgeschlossenen Sinn für das Göttliche im Menschen und in der Natur und eine Befreiung von den Hemmungen, womit das erdgewachsene Triebleben den Geist in Fesseln schlägt. Dann wird die weihevolle Erhebung im Innern sich vollziehen und die Erlösung vom Staube in der Nachfolge des Obermeisters Jesu bis zur esoterischen Vereinigung mit dem zum Christus gewordenen Menschensohn gewonnen werden.

Das Christus-Mysterium ist das Licht, von dem alle Strahlungen in die Tiefe gehen, sie werden immer blasser, je weiter sie sich von ihrer Quelle entfernen. Es gibt in dem Ritual der Johannisloge nur eine einzige Stelle, die ohne symbolische Verhüllung auf Christus deutet, das ist die Forderung, den Befehlen des himmlischen Salomo zu gehorchen und bereit zu sein, den göttlichen Erlöser aufzusuchen, der für die Menschen gestorben ist und der sich im Lichte seiner Offenbarung wiederfinden läßt.

Daraus geht unleugbar hervor, daß die Ordenslehre mit Christus beginnt, und sie nimmt denselben Weg, den die Urchristen nahmen, die erst die

Gemüter vorbereiteten und sie willig machten, sich dem Mysterium vom erlösenden Heiland hinzugeben. Und dieser steht erhaben über aller konfessionellen Interpretation als das göttliche Wort, das bei Gott war und den Menschen anzog, seine Natur aber durch den Gehorsam in den Willen des Vaters so reinigte und durchleuchtete, daß auch die Erscheinung so göttlich und so rein wurde, wie der erste Adam aus Gottes Schöpfung hervorging. Es ist das einzige Wort, das Band zwischen Gott und dem Menschen, der vom Jesus zum Christus fortschritt.

In ihm ist das Mittel gegeben, die Klarheit des Lichtes im innersten Raum des Tempels zu schauen und zu begreifen. Jesus bezeugte durch menschliche Tugenden und lebendigen Ausblick zu Gott, durch aufrichtige Anerkennung des Göttlichen im Menschen und durch Umgang mit Gott seine heilige Sendung. So soll auch der Mensch durch eben diese Mittel das Göttliche in sich wirksam machen. Christus ist der Ordensherr, er, der für der Menschen Schuld das Kreuz getragen und sie durch sein Blut geheiligt hat, der die Zerstreuten sammelt, er ist Gottes Opferlamm, das der Welt Sünden getilgt hat. Er ist der Baumeister des neuen Tempels, dessen Grundstein von Anfang der Zeiten bereitet war, er hat die Ewigkeit des Baues mit seinem Blut besiegelt und jedem die Hoffnung gegeben, einzugehen ins Allerheiligste. Er hat die Menschheit' vom Verderben erlöst und die Macht des Todes gebrochen; durch seine fünf Wunden ist allen eine Wohnung im neuen Tempel errichtet.

Von dieser Glaubenshöhe aus, der Höhe im Osten, wo des unvergänglichen Lichtes Quelle ist, wird der ganze Unterbau des Ordens bestrahlt, und schon in der Vorbereitungsstufe, in der Johannis-Loge, liegt die Bibel auf dem Altar, aufgeschlagen am Evangelium Johannis.

Denn der Träger des Christus-Mysteriums ist der Evangelist Johannes, der zuerst vom Licht zeugte, man kann daher auch von einem Mysterium Johannis des Evangelisten sprechen, das geistig tragend für den Orden ist. Neben diesem, aber, noch unsicher tastend, geht das Mysterium des Apostels Andreas, und ganz dunkel, nur schattenhaft angedeutet, das Mysterium Johannis des Täufers. Aber es wäre mißverständlich, wenn man drei Mysterien annehmen wollte, denn die Lehre der Großen Landesloge kennt nur ein Mysterium, nämlich das der erlösenden Liebe durch Jesus, den Christus, nur das eine Licht, das von oben stammend Johannes den Evangelisten, Andreas den Apostel und Johannes den Täufer erleuchtete.

Da aber im Evangelium nach Johannes die Mysterien der drei geistigen Persönlichkeiten in das eine Christus-Mysterium zusammenstießen, so ist dieses Evangelium die maßgebende Erkenntniskraft, der entscheidende Lebensimpuls der gesamten Ordenslehre.

Zwei hervorragende Mitglieder der Großen Landesloge sprechen sich über das Evangelium bedeutungsvoll aus: Lessing sagt, „es macht allein eine Klasse für sich aus", Matthias Claudius findet darin „so etwas ganz Wunderbares, Dämmerung und Nacht und durch sie hin der schnelle zuckende Blitz. Ein sanftes Abendgewölk, und hinter dem Gewölk der große volle Mond leibhaftig". Herder, ein begeisterter Freimaurer, nennt es „der älteren Evangelien Nachklang im höheren Chor".

Johannes der Evangelist vertritt das Christentum in seinem reinsten Ausdruck, in einer neuen Form ganz losgelöst vom Judentum. Während bei den Synoptikern dieses noch stark beteiligt ist, sei es in der Nachfolge Jesu unter besonderen jüdischen Gebräuchen, sei es in tödlicher Feindschaft. Im Johannes-Evangelium ist der Sieg des Christentums entschieden. Johannes hat keine Beziehung mehr zu seinen „Brüdern nach dem Fleisch". Unbeugsam vertritt er die höhere Gottes- und Christuserkenntnis, er rechnet mit den Juden gründlich ab. „Ihr seid vom Vater, dem Teufel und eures Vaters Leidenschaften wollt ihr folgen. Jener war ein Menschenmörder von Anfang, und in der Wahrheit steht er nicht, weil keine Wahrheit in ihm ist. Wenn er lügt, so kommt es aus seiner innersten Eigenart, denn er ist ein Lügner und der Vater der Lüge." (8, 44.) Es bleibt also kein Zweifel, die Trennung der alten Gottesgemeinschaft von der neuen ist unwiderruflich vollzogen. Das Evangelium kennt Christus als Lebenstatsache der Welt. Den Kindern des Teufels stellt Johannes die Kinder Gottes gegenüber, dem alten Jerusalem, dessen Tempel zerstört ist, das neue Jerusalem.

Nun darf keinen Augenblick verkannt werden, daß das Johannes-Evangelium uns nicht in seiner Urgestalt vorliegt, sondern daß es später verschiedentlich dogmatisch Verschleiert wurde. Originalhandschriften oder auch nur Handschriften aus der Entstehungszeit besitzen wir nicht. Die frühesten Texte stammen aus dem vierten Jahrhundert nach christlicher Zeitrechnung, sowohl die sinaitische wie die vatikanische Handschrift ist nicht älter, und keine bietet mit Sicherheit einen reinen Text. Denn in jener Zeit hatte die kirchliche Dogmatik bereits einen breiten Boden gewonnen, und es sind willkürliche Varianten entstanden, je nachdem die dogmatische Spekulation eine Stelle so oder anders gebrauchte.

Wenn die Ordenslehre der Großen Landesloge sich auf die „reine, ursprüngliche, von den verschiedenen Anschauungen der Zeitalter unabhängige Lehre Jesu Christi" gründet, so geht sie auf das Johannesevangelium zurück, das ihr als Ausdruck göttlicher Heilstatsache gilt. Nun hat zwar die Theologie mit dem ganzen Rüstzeug einer Wissenschaft von anderthalb Jahrtausenden das Evangelium durchforscht, aber es ist ihr trotzdem noch nicht einmal gelungen, die ältesten Haupthandschriften mit Sicherheit kritisch zu vergleichen. Daher sind wohl manche Stellen in der altchristlichen Urkunde als unecht, als spätere Zusätze herausgehoben, das reine Wort, die originale Predigt des Evangelisten Johannes ist aber noch nicht einwandfrei gesichert.

Nun darf man nicht johanneisches Evangelium und johanneische Theologie verwechseln, denn das Evangelium ist eine Urkunde für sich, deren Eigenart durch die Umwelt bestimmt wurde, in der sie entstand, in Ephesus inmitten einer großen Anzahl gnostischer Gemeinden. Die Theologie des Evangelisten ist ohne seine Briefe nicht denkbar, und gerade in diesen, die man zu den katholischen, also universalistischen rechnet, tritt das Dogmatisierende stark hervor. Es ist klar festzuhalten, daß der Gebrauch des Begriffes Logos im Evangelium etwas ganz anderes bedeutet als in den Briefen. Im Evangelium ist es der Logos, die Vereinigung von Ewigkeit und Zeitlichkeit in Jesus Christus, dem menschgewordenen Gottsohn, oder sagen wir, um verständlicher und weniger mystisch zu werden, dem im Menschen sich äußernden Gottesimpuls. In den Briefen ist das Wort Logos unzweifelhaft die Predigt, die auch ihre befreiende Kraft hat, niemals aber den Logos, der göttlicher Natur ist, in seinem Wirken als sittlicher Weltgrund erreichen kann.

Das Evangelium ohne seine dogmatischen Überschleierungen lehrt, daß der fleischgewordene Gottesimpuls die Wiedergeburt der Welt, die Erhebung der verlorenen Menschheit zur Gotteskindschaft durchführen werde. So ist sein mystisch-symbolisches Kernstück die Erweckung des Lazarus, worin der Evangelist seinen eigenen Weg der inneren Erweckung schildert, denn Lazarus, hebräisch Eleazar, ist nur eine Umschreibung des Namens Johannes (Jochannaan), beide heißen zu deutsch: Gotthilf. Was ist der Johannes der Frühzeit gegen den der Spätzeit? Erst der leidenschaftliche, durchaus gewalttätige Geist, der Donnersohn (Mark. 3, 17), dem es nicht darauf ankam, über ein Dorf in Samaria, das seinem Meister die Herberge verweigerte, Feuer vom Himmel herabzurufen (Luk. 9, 34). Der Heißsporn, der den besten Platz im Reiche Gottes für sich erwartete, ist im Alter, nachdem sein Meister mit der tiefen erlösenden Liebe an ihm gearbeitet hatte, unendlich bescheidener geworden.

Nehmen wir die überschleiernde lehrhafte Dogmatik von der Lazarus-Perikope fort, so haben wir den Kern und Geist der Ordenslehre: Der dem Irdischen verfallene, erdgebundene Mensch ist hingegeben in den seelischen und geistigen Tod; sobald ihn das Licht, das wir jetzt als die göttliche Offenbarung durch den Sohn erkennen, erreicht und durchdringt, wird er wieder lebendig, obgleich er schon Leichengeruch ausströmte. Diese erhabene Strahlung wirft das Licht der Ordenslehre bis in die Johannisloge im Symbol des Tempelbaumeisters Adoniram oder, wie er bei Josephus genannt wird,

Ad-or-am, der nichts anderes ist als Adam der Mensch, den das Licht, hebräisch Or, vollkommen durchdrungen hat.

So ist das Evangelium Johannis die Seelenbiographie seines Verfassers und darin das geistesgewaltige sechste Kapitel, in dem die mystische Folge des wahren Glaubens, das Einswerden mit dem Christus, in einer schimmernden Klarheit dargestellt wird. Es ist das größte Erlebnis des Evangelisten Johannes, die wahrhafte Erweckung vom Tode und zugleich das Mittel, wodurch man dazu gelangen kann: „Wer mein Fleisch ißt und trinkt mein Blut, bleibt in mir und ich in ihm." Denn er ist die Offenbarung dessen, der ihn gesandt hat, ja er ist mehr, denn er sagt mit unerschütterlicher Überzeugung: „Ich und der Vater sind eins." Es spielt hier der mystische Urgedanke lebendig herein, der tief im religiösen Leben aller, selbst der primitivsten Völker wurzelt, daß mit dem Genuß von Fleisch Kraft und Wesen der Geschöpfe, von denen das Genossene genommen ist, sich dem Essenden mitteilen. Darum das jüdische Verbot, von unreinem Getier zu essen, weil sonst das Unreine in den Menschen übergehe. Böswillige Antichristen wollen darin eine Wendung zum Kannibalismus sehen, aber ihnen ist die Tiefe des Johanneums ewig verschlossen.

Christi Fleisch ist eben nicht mehr Fleisch im Sinne menschlicher Vorstellung, sondern es ist der Logos, der Erlösungswille Gottes, denn das Wort wurde Fleisch. Und weiter wird der Gedanke noch schärfer ausgedrückt, es heißt Glauben an den Namen Jesu des Christus. Der Name ist der mystisch zusammengefaßte Mittelpunkt oder die Seele des menschgewordenen Logos. Urmenschliche Vorstellungen leben hier auf: Wer den Namen ausspricht, ruft die Kraft des Namenträgers herbei, ein ethnischer Elementargedanke, auf dem die Beschwörung der Geister und der Glaube an ihre Möglichkeit sich gründete. In den Anfängen des Christentums waren die Gläubigen noch sehr im Banne heidnischer Vorstellungen – und sind sie es heute weniger? Den Namen Christi annehmen, heißt ein Kind der göttlichen Zeugung, wiedergeboren werden im Licht und in der Wahrheit und das Leben gewinnen, ob man gleich stürbe.

Mit dem Namen ist das Wesen aufs engste verbunden, der Name ist das magische Geheimwort, das die Seele aufschließt, wessen Name ich annehme, in dessen Hände und Herrschaft gebe ich mich bedingungslos. Das heißt, ich entäußere mich meines alten Wesens und ziehe ein anderes, ein neues an. Dazu gehört eine unendliche Demut, eine Kraft der Selbsterniedrigung, die Jesus bewährte, als er sich der ärmlichen Taufe durch Johannes im Jordan unterzog. Aber nicht die Wasser des Flusses, nicht die besondere Kraft des Täufers machten ihn zum Christus, sondern die rückhaltlose Unterwerfung unter den Willen des Vaters und seiner Sendung. Selbsterniedrigung und

Selbsterkenntnis der erdgebundenen Leiblichkeit, die zwar schöne Werke und Geistestaten in der Welt wirken kann, die aber im Göttlichen Kraftlosigkeit und Tod bedeutet. Darin berührt sich bewußt die Bundeslehre der drei Weltkugeln, wie sie sich anfangs des neunzehnten Jahrhunderts herausgebildet hat, eng mit der Ordenslehre der Großen Landesloge.

Nur durch die Nachfolge Christi in Leben und Sterben kann das Reich, der Himmel, das ewige Leben erworben werden. Und nur durch den Glauben an den Namen. So genügt es, wenn der mit Jesu am Kreuz hingerichtete Mörder den sterbenden Heiland bittet: „Herr, gedenke meiner, wenn du in dein Reich kommst." Jesus stellt keine Bedingung, fordert nichts von Reue und Buße wie die dogmatische Kirchendisziplin, sondern er gibt ihm unmittelbar die Versicherung: „Heute noch wirst du mit mir im Paradiese sein." Das ist die Kraft des Namens und Wesens, daß sie die Welt auslöscht und die Ewigkeit aufrichtet, das ist der Erlösungswille der Kreatur, dem unmittelbar die Erlösungstat Gottes folgt.

Dies ist das Mysterium des Apostels Andreas, wie es in der Andreasloge der Großen Landesloge gelehrt wird. Andreas ist der Jünger, der seinem Meister nachfolgte in Leben, Lehre und Tod am Kreuz. So wurde die Andreasloge der starke Mittelbau, der zuerst die Strahlen des Lichtes der Offenbarung von dem Christus gewordenen Jesus empfing und dadurch die Vereinigung von Gottnatur mit Menschennatur begreifen lernte.

Von Andreas geht das Mysterium auf Johannes den Täufer über, das in der Selbsterniedrigung des Irdischen das Ewige sucht. Johannes zeugt vom Licht, aber er hat es nicht und ist es nicht, er tauft mit dem vergänglichen Wasser, und alle, die er tauft, müssen sterben. Wenn sie sich nicht mit dem heiligen Geiste taufen lassen, gewinnen sie nicht das ewige Leben. Denn was aus dem Fleisch ist, bleibt den Bedingungen des Fleisches unterworfen. Von Erde bist du genommen, zu Erde sollst du wieder werden. Aber schon in der Johannisloge dämmert die ewige Wahrheit auf.

Wir sehen also: die Ordenslehre geht denselben Weg zur Vollendung des Menschen im Geiste der Wahrheit und in der Loslösung vom Irdischen oder in der Verbindung des Zeitlichen mit dem Ewigen, den Johannes-Lazarus ging. Aber das Licht der Offenbarung war zuerst im Orden, ehe Johannis- und Andreasloge bestanden. Nicht, wie in der Anschauung der Frommen des alten Bundes, wurde aus Abend und Morgen ein Tag, sondern aus Morgen und Abend. Versunken und vergangen ist das alte Jerusalem, und sein Tempel ist zerstört. Das neue Jerusalem ist geboren aus Geist und Licht. Und das Suchen nach dem verschütteten Grundstein, der Christus ist, ließ die Tiefgrade der Andreas- und Johannisloge werden.

IV. Die Verfassung

Wenn Menschen eines Geistes und eines Willens sich zusammentun, um einem Ideal nachzustreben und ein bestimmtes Lebensziel zu erreichen, so bedürfen sie gewisser Vereinbarungen, die ein zweckdienliches Zusammenwirken möglich machen. Ursprünglich wird es nur ein Arbeitsplan sein, wonach dem Einzelnen je nach Begabung und Kraft sein Arbeitspensum zugeteilt wird. Verlangen Zweck und Ziel die Kraft des ganzen Menschen, dann wird auch das äußere Leben in bestimmte Regeln gefügt werden müssen, und so entsteht eine Verfassung. Eine Verfassung für gemeinsames Leben und gemeinsame Arbeit setzt Leitung und Geleitete voraus. Sobald diese Entwicklung erreicht ist, entsteht das, was wir einen Staat nennen, wobei es gleichgültig ist, ob es sich um einen politischen, also nationalen Staat, oder einen Ordensstaat handelt. Dem Staate aber liegt ein Staatsgedanke, eine Staatsidee zugrunde, woraus die Form der Verfassung zu erklären ist.

Es ist nun zu untersuchen, auf welcher von den beiden Ideen die Ordensgemeinschaft beruht, die wir in der Staatslehre kennen. Ist es der liberale Individualismus, der in dem Staat lediglich die Gemeinschaft von hordenweise getrennten Individuen, Menschen, Atomen sieht, die durch Gesetz und Polizeigewalt zusammengehalten werden, oder gründet er sich auf das Naturrecht des Menschen und erkennt er als letzte Zielsetzung dieses Naturrechts Gott an? Aus der Darstellung der Ordenslehre geht hervor, daß der Orden sich auf Gott gründet, der Grundgedanke also keineswegs der individuelle Liberalismus sein kann, daß er sich vielmehr der Hegeischen Definition und in gewisser Beziehung dem Gedanken des Aristoteles in der Interpretation des heiligen Thomas von Aquino nähert, wonach der Staat die Selbstverwirklichung Gottes ist.

Hegel nennt den Staat die Wirklichkeit der sittlichen Idee, und er setzt neben diese sittliche Idee noch die Vernunft, indem er sagt: „Alles Vernünftige ist Wirklichkeit, und alles Wirkliche ist vernünftg." Dann wäre also die Wirklichkeit – und der Staat ist Wirklichkeit – die Entfaltung der göttlichen Vernunft. Denn Hegel sieht im Staat die Verwirklichung der sittlichen Idee, die Welt, überhaupt als die Entfaltung der göttlichen Vernunft. Und wenn wir also die Ordensgemeinschaft in ihrem Wesen erkannt haben, als auf der Zielsetzung Gott beruhend, woraus sich der Orden, das Ordensgesetz und das Ordensgebrauchtum entwickelt haben, so erkennt er auch das Naturrecht an, auf dem der Staat als solcher beruht. Es stellt sich also der Orden der Großen Landesloge in einen bewußten Gegensatz zu dem Rechtspositivismus, der ein jedes Naturrecht leugnet und behauptet, das Recht sei eine rein menschliche Konstruktion. Damit verneint er die Verwurzelung des Rechtes in Gott, die Große Landesloge dagegen betrachtet den Glauben an Gott, den sie unter dem Bilde des Großen Baumeisters der ganzen Welt verehrt, als eine Forderung der Vernunft, und sie nennt sich selbst einen Freimaurer-Ritterorden, geschlossen zur Ehre Gottes.

Das ist deutlich und läßt keinen Zweifel auskommen. Das Ordensgesetz aber ist das Instrument der Hoheit des Ordens, die sein inneres Bewegungs- und Lebensprinzip darstellt. Der letzte Grund der Hoheit aber liegt in Gott, wie viele Worte des alten und neuen Testaments beweisen. Nur an eine Stelle im Johannesevangelium sei erinnert (19, 11). Jesus steht gefangen und gefesselt vor Pilatus und verweigert jede Antwort, da erklärt ihm der Römer: „Weißt du nicht, daß ich Macht habe, dich zu kreuzigen oder dich freizulassen?" Darauf spricht Jesus eins der gewaltigsten und zugleich demütigsten Worte: „Du hättest keine Gewalt über mich, wenn sie dir nicht von oben her gegeben worden wäre."

Es ist ein Naturgesetz, daß in einer Gemeinschaft ein Leiter und eine regierende Gewalt bestehen. Denn keine Gemeinschaft ist ohne Leitung ihrer Glieder möglich, und die Glieder können nicht zu dem gemeinsamen Ziel hinbewegt werden, wenn sie nicht unter einer Führung stehen, die innerlich überzeugt ist, daß sie ihre Gewalt nur besitzt von dem, der die Gewalt aller ist, die Urkraft der Weltschaffung und Weltregierung. Auch der Ordensstaat bedarf einer Autorität, die, wie der Orden selbst, ihren Ursprung in der Natur und, da die Natur die Entfaltung der göttlichen Vernunft ist, in Gott selbst hat. So ist die Ordensgewalt als die Herrschergewalt des Ordens nichts anderes, als eine Teilnahme an der Herrschergewalt Gottes. Es ist die Ausübung des göttlichen Herrscherrechts durch menschliche Werkzeuge, aber im Namen Gottes.

Der Ordensstaat besteht jedoch nicht nur aus Leitenden, sondern auch aus Geleiteten, die den Wesenszweck des Ordens erfüllen. Bei der Untersuchung des Wesenszwecks, wie wir ihn aus der Ordenslehre kennengelernt haben, stoßen wir auf eine schroffe Ablehnung des liberalen Individualismus, des Rousseau'schen Gedankens über den Menschen, sowie auch des Kant'schen Gedankens, und wir kommen zu jener Erkenntnis, daß der Mensch nicht ein atomartig in der Welt hierhin und dorthin zerstreutes Wesen ist, sondern daß er nach seinem tiefsten Innenleben von Gott selbst zur Gemeinschaft bestimmt wurde. Also was dem Menschen innewohnt, ist das Gemeinschaftsgefühl. Und dieses Gemeinschaftsgefühl zu sammeln oder diese Menschen, die im Gemeinschaftsgefühl sich einig sind, zu einer Gemeinschaft zusammenzufügen und dadurch das letzte Ziel des Gemeinschaftsgedankens zu erreichen, ist der Wesenszweck des Ordensstaates. Wenn der

Mensch, und das fühlen wir alle in uns selbst, zur Gemeinschaft bestimmt, also kein einzelschweifendes Tier ist, so ist es sein Naturrecht, diesem Gemeinschaftsgefühl, diesem Drängen nach Gemeinschaft Folge zu geben und sich zusammenzuschließen. Und er tut das auch. Der Ordensgedanke nimmt diese Neigung der Menschen, oder sagen wir, der Brüder, sich zusammenzuschließen, auf und unterstützt sie, und das ist ein Wesenszweck des Ordensgedankens, das ist aber auch die Grundlage des Staatsgedankens. Er stützt diese Gemeinschaft auf das Naturrecht und die Gerechtigkeit, Das Ritual spricht auch von diesen Dingen in verhüllter Sprache. Denn das Naturrecht in seiner Unendlichkeit ist letzten Endes ein Ausfluß des göttlichen Schöpferwillens, des unendlichen göttlichen Schöpferwillens, der göttlichen Einheit, die in dem Zirkel symbolisiert wird. Und die Gerechtigkeit drückt das Ritual aus durch den rechten Winkel. Damit wird der Wesenszweck des Ordens ausgesprochen: Den Bruder, das Gemeindeglied in der Gliedgemeinschaft, in seine Rechte und Pflichten auf das göttliche Naturrecht in ihm zu stellen und die Gerechtigkeit der Führer gegen die Brüder zu betonen. Wenn wir daher den Grundgedanken oder den Entstehungsgedanken des Ordens und seines Wesens darin erblicken, daß allen Menschen das Gemeinschaftsgefühl innewohnt, und daß sie aus diesem Gemeinschaftsgefühl heraus sich zu einem Orden zusammenschließen, so kommen wir auf die Definition dieser Ordensgemeinschaft als einer Verbrüderung, die auf dem Wesenswillen der Gemeinschaftsglieder beruht. Was heißt das? Wesenswillen der Brüder? Dem Wesenswillen gegenüber setzen wir den liberalen Gedanken des Wahlwillens.

Der Wesenswille ist der natürliche, in dem Menschen emporschießende Wille, während der Wahlwille eine Entscheidung des Menschen selbst, die keineswegs vernünftig zu sein braucht, voraussetzt. Wir treten also in den Orden ein infolge des natürlichen Willens zur Gemeinschaft. Es ist gewissermaßen eine Notwendigkeit des natürlich empfindenden Menschen, die Gemeinschaft seiner Brüder zu suchen und zu bilden. –

Vom Grundgedanken des Ordens, dem Abstrakten, müssen wir zum Konkreten, zur Lebensform weiterschreiten. Die Lebensform als solche ist nichts anderes als die gesetzliche Festlegung der Ordnung im Gemeinwesen, und diese gesetzliche Regelung nennt man Verfassung. Sie beschäftigt sich – wenn wir von der politischen Parallel-Erscheinung ausgehen – mit drei Problemen.

Zunächst mit der Ordnung der obersten Gewalt, also mit dem Ordensoberhaupt, zum zweiten mit der Festsetzung der Rechte der Ordensbrüder, und zum dritten mit der Bestimmung der Pflichten der Ordensbrüder. Das ist das Wesen einer Verfassung. Dabei müssen wir festhalten: Staatsform und

Verfassung sind Erscheinungen des positiven Rechts, nicht des Naturrechts. Sie sind geschaffen von Menschen, und je nachdem die Menschen sich ändern, je nachdem die Verhältnisse, die überstaatlichen Verhältnisse sich ändern, ändern sich auch die Staatsformen und Verfassungen, weil die Verfassung eben kein Phänomen des Naturrechtes, sondern ein Phänomen des positiven Rechtes ist.

Generalleutnant Levin v. Geusau
Ordensmeister der Großen Landesloge

Die Verfassung der Großen Landesloge schließt sich an keine der bestehenden Staatsformen nationaler Staatsgebilde an, sondern sie ist in gewisser Beziehung der Verfassung der geistlichen Orden nachgebildet, wobei dem besonderen Charakter der freimaurerischen Ordensbrüderschaft Rechnung getragen ist.

An der Spitze des ganzen Ordens steht der Ordensmeister, der, wie wir aus dem Freiheitsbrief für Zinnendorf wissen, auch das Kapitel, den innersten Kreis des Ordens, leitet. Da das Kapitel aber die Lehre, symbolisch ausgedrückt das vollkommene Licht bewahrt, so hat der Ordensmeister bis in die äußersten Verzweigungen des Unterbaues die leitende Gewalt über die Lehre.

Der Unterbau, die Andreas- und Johannislogen sind nicht nur Pflanzstätten der Idee, sondern sie sind auch Wirtschaftskörper, sie erwerben und verwalten wirtschaftliche Werte, sei es in Grundstücken, den Logenhäusern, oder in Einrichtungsgegenständen, Bibliotheken, Erzeugnissen der bildenden Kunst und ökonomischen Betrieben. Die Führung der Andreas- und Johannislogen in bezug auf Lehre und Verwaltung liegt in den Händen des Landes-Großmeisters. Er wird von der Hauptversammlung, in der die Vertreter des ganzen Ordens zusammengefaßt sind, nach dem Vorschlag des Ordensmeisters auf drei Jahre gewählt. Das Amt des Ordensmeisters ist lebenslänglich. Das liegt in der Natur dieses Amtes, denn er ist der oberste Wächter der Ordenslehre. Und da diese unveränderlich ist, darf auch das oberste Wächteramt nicht einem dauernden Wechsel unterworfen werden. Die Einheit des Gedankens muß wenigstens für ein Menschenalter gesichert sein. Ein Weiteres zu tun, liegt außerhalb menschlicher Macht.

Vielfach ist diese Doppelspitze der Ordensleitung angegriffen worden, und sie ist gewiß eine verfassungs-wissenschaftliche Eigenheit, die jedoch in der Ordensgeschichte begründet ist und außerdem auch Analogien in der Völkergeschichte hat. Im Altertum kannte Sparta zwei Könige, Rom zwei Konsuln. Aber keine dieser Formen deckt sich mit der Verfassungsform der Großen Landesloge, denn die profanen Regierungsformen ruhen auf weltlichen Interessen und besitzen eine Polizeigewalt, um Gehorsam zu erzwingen. Im Orden aber handelt es sich nicht um weltliche Interessen, er hat auch keine äußere Macht, sondern er ist allein auf den freiwilligen Gehorsam seiner Mitglieder gegründet. Es handelt sich um einen geistigen, von alters her stammenden, nicht fabrizierten Schatz, der zwar allen zugänglich ist, aber immer nur von wenigen ergriffen und erkannt wird.

In der alten Geschichte des Ordens wird als sein Oberhaupt ein Salomo, nicht der biblische König Salomo genannt. Diese Gestalt ist stets symbolisch geblieben. Die Große Landesloge hat als Ordens-Großmeister oder Obermeister, wie sich das Gesetz ausdrückt, stets nur Christus gekannt und verehrt. Der Ordensmeister, der Vicarius Salomonis, ist nicht, was man hinter dem Ausdruck Vicarius vermuten könnte, der Stellvertreter Christi. Vicarius hat schon zu Ciceros Zeiten die Bedeutung von Nachfolger im Amt oder

Unterbeamter, in der juristischen Terminologie bei Papinianus ist Vicarius der Vertreter fremder Verpflichtungen. Der Ordensmeister ist also der Jesu Christo untergebene Vertreter der dem Christen heiligen Verpflichtung. Er ist der pastor fidelis animarum fidelium, der treue Führer der getreuen Seelen.

Der Landes-Großmeister, im alten Orden der Procurator Salomonis, das heißt der Oberverwalter des Ordens, leitet den Unterbau. Der Ordensmeister ist ihm übergeordnet, er setzt ihn auch in sein Amt ein. Es kann also von einer doppelten Spitze nicht die Rede sein.

Diesen beiden leitenden Beamten stehen ihre Räte zur Seite, die sie in ihrer Arbeit entlasten und auch in ihrer Verantwortung unterstützen. Für letzte Entscheidungen, die das Wohl und Gedeihen des Ordensganzen berühren, sind zwei parlamentarisch geartete Körperschaften vorgesehen: der Groß-Logen-Ausschuß und die Hauptversammlung.

Die Eigenart dieser Verfassung ist vielfach und zu allen Zeiten nicht erkannt und verstanden worden. Man hat dabei immer den Fehler gemacht, sie in die drei großen, schon von Aristoteles gelehrten Verfassungen einzureihen und auf eine abstempeln zu wollen. Darin liegt die unversiegbare Fehlerquelle. Aristoteles kennt die Monarchie, die Aristokratie und die Politeia oder Timokratie, in der das Volk nach der Time, nach der Steuerstufe urteilt, wählt und am Staatsleben beteiligt ist. Er kennt aber auch und formuliert gleich die drei Entartungen dieser Verfassungen oder Staatsformen, die Entartung der Monarchie zur Tyrannis, indem der König oder der Monarch als Leiter des Staates nicht die sittliche Forderung, das höchste Ziel aller Staatsformen, das Gemeinwohl, sondern seine persönlichen Interessen in den Vordergrund stellt. Die Entartung der Aristokratie ist bei Aristoteles die Oligarchie, die Herrschaft der Wenigen, also eine Klassenherrschaft, eine Diktatur Weniger, und die Entartung der Politeia nennt er Demokratie. Was man heute unter Demokratie versteht, ist für Aristoteles die Politeia. Wir kennen ja auch eine Entartung der Demokratie, die rein mechanische gegenüber der organischen Demokratie, oder den konsequenten Marxismus, der in die Ochlokratie, die Diktatur des Proletariats ausläuft. Marx verkennt in seinem vergesellschafteten Menschen den aristotelischen Gedanken vom Zoon politikon, dem politischen Menschen, der ein organisches Wesen eines organischen Ganzen ist. Marx macht ihn zum willenlosen Rad in der Staatsmaschine und vergißt, daß der Mensch eine selbständige und selbsttätige Grütze ist, die sich in freier Hingabe an den sittlichen Wert der Gemeinschaft dem Ganzen einfügt und ihm selbstlos dient.

Aristoteles bevorzugt die Monarchie, aber nicht die Erbmonarchie, sondern die Wahlmonarchie, und er möchte auch die gefährlichen, für das Gemeinwohl gefährlichen Momente in der Aristokratie und der Politeia durch Gesetze korrigieren.

Ganz in diesem Geiste ist die Ordensverfassung der Großen Landesloge entstanden. Gewiß, der Orden zeigt äußerlich staatliche Formen, aber er ist grundverschieden vom Staate, hat mit ihm nichts zu tun und ist daher auch kein Staat im Staate, wie viele seiner Gegner behaupten, sondern er ist eine geistliche Gemeinschaft, in der zwar dieselben Menschen wie im Staate zusammengeschlossen sind, aber zu einem völlig von diesem verschiedenen Wesenszweck. Der Freimaurer-Ritterorden ist keine durch Zufall entstandene Vereinigung von Menschen, sondern eine durch Christi Vorbild geschaffene Verbrüderung mit dem unmittelbaren Zweck, die Seelen zu erheben, zu heiligen, vom Staub des Irdischen zu befreien und auf den Weg der Gnadenerlösung durch Christus zu führen.

Die Ordensverfassung ist dem Wesenszweck des Ordens adäquat, und es kann natürlich nicht geleugnet werden, daß sie, wie alle menschlichen Einrichtungen, Mängel hat. Es muß aber auch gesagt werden, daß die Brüderschaft jederzeit bereit und entschlossen ist, Wandel zu schaffen im Sinne des heiligen Augustinus, der da sagt: „Wenn das Volk gut geartet und reif ist, wenn es sich als gewissenhaften Hüter des Gemeindewohls erweist, dann wird mit vollem Rechte gesetzlich bestimmt, daß einem solchen Volk die Befugnis zusteht, sich seine Behörden selbst zu wählen. Wenn dann freilich dasselbe Volk allmählich entartet, wenn sein Urteil käuflich geworden ist, wenn es die Regierung verbrecherischen und schlechten Menschen anvertraut, dann wird dem Voll diese wichtige Gewalt, Ehren zu vergeben, mit Recht entzogen und in das Befinden einiger wenigen Edelmenschen gelegt." (De libero arbitrio.)

V. Lessing und die Freimaurerei

Nicht lange, nachdem Gotthold Ephraim Lessing die Augen für immer geschlossen hatte, schrieb Herder an Gleim: „Ich kann nicht sagen, wie mich sein Tod verödet hat." Der Schmerz war in Deutschland so allgemein, daß sich selbst diejenigen beugten, denen Lessings scharfe Feder bitter wehe getan hatte. Wir verehren in ihm Deutschlands größtes kritisches Genie und einen unserer bedeutendsten Dichter. Die Wahrheit, wie er sie sah, war ihm das höchste Ideal, sein Geist flog hinaus über die enge zünftige Tradition seiner Zeit. Gewiß ist er nicht auf allen von ihm gepflegten Gebieten bahnbrechend gewesen, aber sein Wirken in künstlerischer, wissenschaftlicher und religiöser Beziehung bedeutet immer eine

Epoche, wenn er auch nirgends einen Abschluß erreichte. Lessing gehörte zu jenem Dreigestirn, das damals am Himmel der deutschen Dichtung glänzte: Klopstock, Lessing, Wieland Während Klopstock das Religiös-Ernste vertrat, war Wieland der Sänger der heiteren Grazie, jener stand unter dem Einfluß der Engländer, besonders Miltons, dieser war ein Anhänger der Franzosen. Lessing war von Anfang an kerndeutsch, ihm war jeder Überschwang, jede Frivolität fremd, und dadurch errang er seine großen Erfolge. Klopstock war nicht Freimaurer, was eigentlich wundernehmen muß, da er einen großen Teil seines Lebens in Hamburg verbrachte, dem Geburtsort der Freimaurerei in Deutschland, und nachweislich mit vielen Freimaurern Umgang hatte. Wieland dagegen war, wenn auch erst sehr spät, in seinem fünfundsiebzigsten Jahre dem Orden beigetreten. Wir besitzen die Gedächtnisrede, die Goethe auf ihn am 18. Februar 1813 bei der Trauerfeier der Loge „Amalia" in Weimar gehalten hat. Der Meister entwarf ein umfassendes Bild von Wielands Leben und Schaffen und ging am Schluß auch auf seine Freimaurerei ein. Wieland hatte einen Unfall erlitten, von dem er glücklich genesen war, daran knüpfte Goethe an und führte aus:

„Wie sich nun seine Lebensphilosophie auch bei dieser Prüfung bewährte, so brachte ein solcher Unfall keine Veränderung in der Gesinnung noch in seiner Lebensweise hervor. Nach seiner Genesung, gesellig wie vorher, nahm er teil an den herkömmlichen Unterhaltungen des umgänglichen Hof- und Stadtlebens, mit wahrer Neigung und anhaltendem Bemühen an den Arbeiten der verbundenen Brüder. So sehr auch jederzeit sein Blick auf das Irdische, auf die Erkenntnis, die Benutzung desselben gerichtet schien – des Außerweltlichen, des Übersinnlichen konnte er doch, als ein vorzüglich begabter Mann, keineswegs entbehren, denn indem er alles abzulehnen schien, was außerhalb den Grenzen der allgemeinen Erkenntnisse liegt, außer dem Kreise dessen, was sich durch Erfahrung betätigen läßt, so konnte er sich doch niemals enthalten, gleichsam versuchsweise, über die so scharf gezogenen Linien wo nicht hinauszuschreiten, doch hinüberzublicken und sich eine außerweltliche Welt, einen Zustand, von dem uns alle angeborenen Seelenkräfte keine Kenntnis geben können, nach seiner Weise aufzuerbauen und darzustellen.

Einzelne seiner Schriften geben hierzu mannigfaltige Belege; besonders aber darf ich mich auf seinen Agathodämon, auf seine Euthanasie berufen, ja auf jene schönen, so verständigen als herzlichen Äußerungen, die er noch vor kurzem offen und unbewunden dieser Versammlung mitteilen mögen (Wieland hatte am Stiftungsfeste der Loge „Amalia", den 24. Oktober 1812, einen Vortrag über das Fortleben im Andenken der Nachwelt gehalten). Denn

Christoph Martin Wieland

zu unserem Brüderverein hatte sich in ihm eine vertrauensvolle Neigung aufgetan. Schon als Jüngling mit demjenigen bekannt, was uns von den Mysterien der Alten historisch überliefert worden, floh er zwar nach seiner heiteren klaren Sinnesart jene trüben Geheimnisse, aber er verleugnete sich nicht, daß gerade unter diesen, vielleicht seltsamen Hüllen zuerst unter die rohen und sinnlichen Menschen höhere Begriffe eingeführt, durch ahnungsvolle Symbole mächtige, leuchtende Ideen erweckt, der Glaube an einen über alles waltenden Gott eingeleitet, die Tugend wünschenswerter dargestellt, und die Hoffnung auf die Fortdauer unseres Daseins sowohl von frischen Schrecknissen eines trüben Aberglaubens, als von den ebenfalls falschen Forderungen einer lebenslustigen Sinnlichkeit gereinigt worden.

Nun als Greis von so vielen weiten Freunden und Zeitgenossen auf der Erde zurückgelassen, sich in manchem Sinne einsam fühlend, näherte er sich unserem teuren Bunde. Wie froh er in denselben getreten, wie anhaltend er unsere Versammlungen besucht, unseren Angelegenheiten seine Aufmerksamkeit gegönnt, sich der Aufnahme vorzüglicher junger Männer erfreut, unseren ehrbaren Gastmahlen beigewohnt und sich nicht enthalten, über manche wichtige Angelegenheiten seine Gedanken zu eröffnen, davon sind wir alle Zeugen, wir haben es freundlich und dankbar anerkannt. Ja, wenn dieser altgegründete und nach manchem Zeit-Wechsel wiederhergestellte Bund eines Zeugnisses bedürfte, so würde hier das vollkommenste bereit sein, indem ein talentreicher Mann, verständig, vorsichtig, umsichtig, erfahren, wohldenkend und mäßig, bei uns femesgleichen zu finden glaubte, sich bei uns in einer Gesellschaft fühlte, die er der besten gewohnt, als Vollendung seiner menschlichen und geselligen Wünsche so gern anerkannte."

Lessing war sowohl im dichterischen Schaffen, wie im bürgerlichen Leben, wie in der freimaurerischen Betätigung grundverschieden von Wieland. Er näherte sich mehr dem geistigen Wesen Klopstocks; im edelsten Sinne Rationalist, war er doch ein Gegner der platten Aufklärungsphrasen, fast ein schärferer Gegner als der Orthodoxie.

Lessing war in einem streng rechtgläubigen, evangelischen Pfarrhause aufgewachsen, aber schon früh regten sich in seiner Seele Zweifel. Unausgesprochen war sein religiöses Leben von dem Grundsatz Abälards durchdrungen: „Dubitando ad inquisitionem venimus „inquirendo veritatem percipimus." (Durch Zweifel gelangen wir zum Forschen, durch Forschen ergreifen wir die Wahrheit.) Er ging noch weiter als Abälard, er bestritt die Möglichkeit, Wahrheit überhaupt zu erlangen. Wahrheit galt ihm auch nicht als die Hauptsache. Er sagt in einer Streitschrift gegen den Superintendenten Reß in Wolfenbüttel das bekannte viel zitierte Wort: „Nicht die Wahrheit, in deren Besitz irgendein Mensch ist oder zu sein vermeint, sondern die aufrichtige Mühe, die er aufgewandt hat, hinter die Wahrheit zu kommen, macht den Wert des Menschen. Denn nicht durch den Besitz, sondern durch die Nachforschung der Wahrheit erweitern sich seine Kräfte, worin allein seine immer wachsende Vollkommenheit besteht. Der Besitz macht ruhig, trage, stolz. – Wenn Gott in seiner Rechten alle Wahrheit und in seiner Linken den einzigen immer regen Trieb nach Wahrheit obschon mit dem Zusatz mich immer und ewig zu irren, verschlossen hielte und spräche zu mir: „Wähle – Ich fiele ihm mit Demut in seine Linke und fugte: Vater gib! Die reine Wahrheit ist ja doch nur für dich allein."

Daran jedoch müssen wir festhalten, Lessing hat in seinem ganzen Leben den Glauben an Gott nie verleugnet, er fühlte sich stets gebunden in Gott, aber seine Religion war nicht die christliche. Seine Religion war das Suchen nach der Religion, er fühlte sich in einem religiösen Entwicklungsstrom und er ließ sich tragen von einer Sehnsucht, für die er keine Begriffe finden konnte. Dem wortgewaltigen Dialektiker versagten die Worte, sein Innerstes zu enthüllen. Das Judentum betrachtete er als das Kindesalter des religiösen Erlebens. Dieses primitive Volk wäre keiner anderen Erziehung zugänglich gewesen, als der, durch Versprechen von Belohnungen und Androhung von Strafen zur Wahrung des Gesetzes angehalten zu werden. Das Christentum war Lessing als das Knabenalter der religiösen Entwicklung erschienen, „Christus ward der erste zuverlässige Praktische Lehrer der Unsterblichkeit der Seele", die noch nicht allgemeiner Glaubensbesitz des Judentums gewesen, sondern nur Glaube einer gewissen Sekte geblieben sei. Dann fährt er fort (Erziehung des Menschengeschlechts, § 59):

„Der erste zuverlässige Lehrer. – Zuverlässig durch die Weissagungen, die in ihm erfüllt schienen; zuverlässig durch die Wunder, die er verrichtete; zuverlässig durch seine eigene Wiederbelebung nach dem Tode, durch den er seine Lehre versiegelt hatte. Ob wir noch jetzt diese Wiederbelebung, diese Wunder beweisen können: das lasse ich dahingestellt sein. Sowie ich es dahingestellt sein lasse, wer die Person dieses Christus gewesen. Alles kann damals zur Annehmung seiner Lehre wichtig gewesen sein: jetzt ist es zur Erkennung der Wahrheit dieser Lehre so wichtig nicht mehr.

Der erste praktische Lehrer. – Denn ein anderes ist, die Unsterblichkeit der Seele, als eine Philosophische Spekulation vermuten, wünschen, glauben; ein anderes, seine inneren und äußeren Handlungen darnach einrichten.

Und dieses wenigstens lehrte Christus zuerst. Denn ob es gleich bei manchen Völkern auch schon vor ihm eingeführter Glaube war, daß böse Handlungen noch in jenem Leben bestraft würden: so waren es doch nur solche, welche der bürgerlichen Gesellschaft Nachteil brachten, und daher auch schon in der bürgerlichen Gesellschaft ihre Strafe hatten. Eine innere Reinigkeit des Herzens in Hinsicht auf ein anderes Leben zu empfehlen, war ihm allein vorbehalten.

Seine Jünger haben diese Lehre getreulich fortgepflanzt. Und wenn sie auch kein anderes Verdienst hätten, als daß sie einer Wahrheit, die Christus nur allein für die Juden bestimmt zu haben schien, einen allgemeinern Umlauf unter mehreren Völkern verschafft hätten; so wären sie schon darum unter die Pfleger und Wohltäter des Menschengeschlechtes zu rechnen.

Daß sie aber diese Eine große Lehre mit andern Lehren versetzten, deren Wahrheit weniger einleuchtend, deren Nutzen weniger erheblich war: wie konnte das anders sein? Laßt uns sie darum nicht schelten, sondern vielmehr mit Ernst untersuchen: ob nicht selbst diese beigemischten Lehren ein neuer Richtungsstoß für die menschliche Vernunft geworden."

Im weiteren setzt sich Lessing mit dem neuen Testament auseinander. Es habe mehr als alle anderen Bücher den menschlichen Verstand beschäftigt und erleuchtet, „sollte es auch nur durch das Licht sein, welches der menschliche Verstand selbst hineintrug". Lessing steht dem neuen Testament lediglich als Kritiker, als Intellektualist gegenüber, und da konnte ihm das Mysterium der Christustatsache nie lebendig werden. Darum war es ihm auch unmöglich, das Wesen der Freimaurerei zu erkennen. Er verstrickte sich in innere Widersprüche, wenn er ein neues ewiges Evangelium erwartete, nach dessen Lehre der Mensch „das Gute will, weil es das Gute ist, nicht weil willkürliche Belohnungen darauf gesetzt sind, die seinen flatterhaften Blick ehedem bloß heften und stärken sollten, die inneren besseren Beziehungen desselben zu erkennen".

Das wäre ein Rückschritt in der ethisch-religiösen Erziehung des Menschengeschlechtes gewesen, denn das Gute um des Guten willen allein zu tun, das hatte schon Demokritos von Abdera, im fünften Jahrhundert vor Christi Geburt gelehrt. Was aber ist das neue Evangelium, das Lessing erwartet, was die höchste Vollendung? Er spricht es deutlich aus, nachdem er sich über den langsamen Gang der Entwicklung geäußert hat:

„Geh deinen unmerklichen Schritt, ewige Vorsehung! Nur laß mich dieser Unmerklichkeit wegen nicht an dir verzweifeln! Laß mich an dir nicht verzweifeln, wenn selbst deine Schritte mir scheinen sollten zurück zu gehen! – Es ist nicht wahr, daß die kürzeste Linie immer die gerade ist. ... Eben die Bahn, auf welcher das Geschlecht zu seiner Vollkommenheit gelangt, muß jeder einzelne Mensch (der früher, der später) erst durchlaufen haben. – In einem und eben demselben Leben durchlaufen haben? Kann er in eben demselben Leben ein sinnlicher Jude und ein geistiger Christ gewesen sein? Kann er in eben demselben Leben beide überholt haben?

Konrad Eckhof

Das wohl nun nicht! – Aber warum könnte jeder einzelne Mensch auch nicht mehr als einmal auf dieser Welt vorhanden gewesen sein? Ist diese Hypothese darum so lächerlich, weil sie die älteste ist? Weil der menschliche Verstand, ehe ihn die Sophisterei der Schule zerstreut und geschwächt hatte, sogleich darauf verfiel? – Warum könnte auch Ich nicht hier bereits einmal alle die Schritte zu meiner Vervollkommnung getan haben, welche bloß zeitliche Strafen und Belohnungen den Menschen bringen können? ... Warum sollte ich nicht so oft wieder kommen, als ich neue Kenntnisse, neue Fertigkeiten zu erlangen geschickt bin? Bringe ich auf einmal so viel weg, daß es der Mühe, wieder zu kommen, etwa nicht lohnt?

Darum nicht? – Oder, weil ich es vergesse, daß ich schon dagewesen? Wohl mir, daß ich es vergesse. Die Erinnerung meiner vorigen Zustände würde mir nur einen schlechten Gebrauch des gegenwärtigen zu machen erlauben. Und was ich auf jetzt vergessen muß, habe ich denn das auf ewig vergessen? Oder, weil so viel Zeit für mich verloren gehen würde? –

Verloren? – Und was habe ich denn zu versäumen? Ist nicht die ganze Ewigkeit mein?“

Sehr geistvoll, dabei die hinreißende Sprache des großen deutschen Dichters, aber nicht freimaurerisch und wieder ein Rückschritt hinter die Zeiten der Hexe von En Dor. Verstehen kann man Lessing wohl, dem das Leben zwar die Unsterblichkeit seines Geistes schenkte, aber jedes allgemein menschliche Glück versagte, dem es die nach Jahren bangen Wartens endlich errungene geliebte Frau schon nach einem Jahre durch den Tod entriß. Verstehen kann man den verbitterten einsamen Mann, daß er sich

Carl August
Herzog zu Sachsen Weimar u. Eisenach

nach einem zweiten Erdenleben sehnte. Ihm folgen, kann ein wahrer Freimaurer nicht.

Lessings Beziehungen zur Freimaurerei begannen schon sehr frühe, freilich waren sie nicht direkt, sondern sie wurden vermittelt durch Freimaurer, die mit Lessing in Verkehr standen. Es ist das Verdienst Paul Gehrkes, in seinen Freimaurerischen Lessingstudien (Berlin 1929), die der breiten Öffentlichkeit deshalb nicht bekannt geworden sind, weil sie nur für Freimaurer bestimmt waren, aus dem Archiv der Großen National-Mutterloge zu den drei Weltkugeln festgestellt zu haben, daß fast alle näheren Bekannten Lessings Freimaurer waren. Schon während seiner Studentenzeit in Leipzig, wo er viel in Theaterkreisen verkehrte, begegnete er Freimaurern. Daß er damals noch nicht engere Bande mit der Königlichen Kunst knüpfte, lag wohl an dem Einfluß, den sein Vetter und Freund, Christlob Mylius, (1722–1754) aus ihn ausübte. Er war der jüngste von fünf Söhnen eines Pastors, der eine Schwester von Lessings Vater zur Frau hatte. Außer seinem Namen Christlob hatte der junge Mediziner nicht viel christliches in sich, und obgleich Mylius eines sehr schlechten Rufs in Leipzig genoß, hielt Lessing gute Freundschaft mit ihm. Er war ein ausgesprochener Deist und strich alles dogmatische aus seinen Anschauungen. In der von ihm herausgegebenen Zeitschrift „Der Freygeist" karikierte er mehr, als er niederriß; es ist bezeichnend für seinen eigentümlichen Charakter, daß er die tiefsten Probleme neben Satiren über Stutzer und Frauenzimmer erörterte.

Es war die Zeit, in der Lessings Lustspiel „Der junge Gelehrte" von der Neuberin in Leipzig aufgeführt wurde, und unter den Schauspielern, mit denen er in Verkehr stand, waren zwei zum mindesten Freimaurer, nämlich Heydenreich und Brückner. Von dem letzteren sagt Karl Lessing in seiner Lebensbeschreibung Gottholb Ephraims das Folgende: „Brückner, der immer viel Achtung und Freundschaft für Lessingen hatte, auch da noch, als ihm Eckhof von Lessingen weit vorgezogen wurde, versicherte mit vieler Aufrichtigkeit, daß er Lessingen oft bei den schwierigsten Rollen zurate gezogen und von niemand besser belehrt worden sei, als von ihm. Lessing habe ihm sogar die schwersten Stellen vordeklamiert und gestikuliert, und er, Brückner, sei von dessen Richtigkeit und Eindringlichkeit in die Rolle anschaulich überführt worden; nur den Anstand hätte er an Lessingen zuweilen daran vermißt."

Es ist anzunehmen, daß Brückner, der sich später ganz ins Mystische, Spiritistische verlor, mit Lessing auch über Freimaurerei gesprochen hat. Als er dann im Jahre 1748 seinem Vetter Mylius nach Berlin folgte, hatte er reichlich Gelegenheit, mehr zu hören, sowohl durch das Studium freimaurerischer Schriften, als auch durch den Verkehr mit Eingeweihten. Vorläufig war sein Standpunkt noch ablehnend, und die erste seiner freimaurerischen Schriften, „Das Geheimnis", ein Märchen, verspottete die Freimaurerei, aber er hat es nachmals verworfen und in seine Werke nicht aufgenommen.

Erst in Hamburg, wohin er im April 1767 übergesiedelt war, trat er der Freimaurerei näher. Hier in der von Freimaurerei geradezu erfüllten Luft konnte er an der Erscheinung gar nicht achtlos vorübergehen, er mußte zu ihr Stellung nehmen. So kam es denn im Jahre 1771, da er schon zweiundvierzig Jahre alt war, zu seiner Aufnahme, über die wir sehr genau unterrichtet sind.

Lessing hatte im Jahre 1770 sein Amt als Bibliothekar in Wolfenbüttel angetreten und befand sich auf Besuch in Hamburg. Dort hatte er Bode gebeten, ihm die Aufnahme in den Orden zu ermöglichen, aber eine unverblümte Ablehnung erfahren. Bode berichtet darüber in seiner Übersetzung von Bonnevilles Buch, „Les Jésuites chassés de la, Maçonnerie et leur poignard brisé par les Maçons", die 1788 erschienen war, folgendermaßen:

„Der Übersetzer, der lange Zeit mit Lessing in wahrer Vertraulichkeit gelebt hat, ist es seiner Asche schuldig, folgendes zu sagen: Lessing sagte zu einem Meister vom Stuhl der strikten Observanz (Bode selbst), er wisse das Geheimnis der Freimaurerei, ohne eingeweiht zu sein, und wolle darüber schreiben. Dieser Meister vom Stuhl antwortete: Lessing, ich möchte nicht gern in einer Wissenschaft Ihr Gegner sein; aber hier wissen Sie so wenig, daß ich es leicht haben würde, meinen Speer gegen Sie auszunehmen. Lessing meinte freilich, das sei nur die Sprache eines Meisters vom Stuhle. Indessen brachte ihn doch der ernsthafte Ton seines Freundes dahin, um die Aufnahme zu ersuchen. Der Meister vom Stuhl aber gab ihm zur Antwort: Ich wüßte keinen Mann, den ich lieber zum Bruder hätte als Sie. Aber ich muß es Ihnen deßwegen platterdings abraten, sich aufnehmen zu lassen, weil die Fortschritte in unserem Systeme zu langsam für Ihr Alter und für Ihren feurigen Charakter sind. Dabei blieb es. Ein anderer Meister vom Stuhl von einem anderen Systeme in eben der Stadt hatte Lessings Wunsch, Freimaurer zu werden, erfahren und machte sich ein Vergnügen daraus, ihm die Erfüllung seines Wunsches anzutragen. Denselben Abend nach der Aufnahme sagte dieser Herr von R(osenberg) zu Lessing: Nun, Sie sehen doch, daß ich die Wahrheit gesagt! Sie haben doch nichts gegen die Religion oder den Staat gefunden!! Hier kehrte sich Lessing, der eben etwas Langeweile gefühlt haben mochte, um und sagte: Ha! ich wollte, ich hatte dergleichen gefunden, das sollte mir lieber sein. Infolgedessen ging er, wie der Übersetzer weiß, den gewöhnlichen Schritt der Grade bis zum dritten fort. Weiter aber ist er nie gekommen, ob das gleich nur an ihm lag; und für einen Tempelherrn hat er sich nie gehalten. Wahrhaftig, nicht einmal für einen symbolischen, geschweige für einen wahren."

Man hat die Glaubwürdigkeit dieser Darstellung vielfach angezweifelt, aber die von meinem verstorbenen Freunde, Professor Dr. Wilhelm Wald, in der Zirkelkorrespondenz, dem Ordensblatt der Großen Landesloge, veröffentlichten und von mir nachgeprüften Archivalien bestätigen die Tatsachen als solche, nicht ohne weiteres den Inhalt des Gespräches, das Bode mitteilt. Aus der Mentalität Lessings wäre der Wunsch, in der Freimaurerei etwas gegen die Religion und den Staat zu finden, durchaus verständlich. Auch Rosenbergs Glaubwürdigkeit wird angezweifelt, er geht durch die Freimaurerei mit dem Makel des Abenteurers belastet, aber die Urteile und Zeugnisse, die wir über ihn haben, stammen fast alle von Gegnern seines Meisters Zinnendorf und der Lehre der Großen Landesloge. Daß er bei Bode und in Hamburg nicht beliebt war, ist begreiflich, denn seiner Arbeit ist es zu danken, daß die Landesloge in Hamburg Fuß faßte. Er hat ehrenwerte Männer, wie Sudthausen und Leonhardi, zu Freunden gehabt. Gewiß, es ist nicht zu leugnen, daß er von der Freimaurerei persönliche Vorteile erwartet und wohl auch gehabt hat, aber das war im achtzehnten Jahrhundert gang und gäbe und durchaus nicht unehrenhaft. Es steht jedoch auch ebenso fest, daß er seine ganze Zeit und Arbeitskraft mit Treue und Hingebung seinem Orden widmete. Bezüglich Lessings hatte er bestimmt keinen Grund, an Zinnendorf Unrichtiges zu berichtigen. Auch der Ton seiner Briefe macht den Eindruck der Wahrheit. Zum ersten Male erwähnt er Lessings Namen in einem Schreiben vom 7. September 1771:

„Ich glaube auch mit ehestem unsern berühmten Lessing im Orden zu haben."

Am nächsten Tag folgt eine besondere Zuschrift an Zinnendorf, die sehr wichtig ist: „Eben vernehme ich, daß Hr. Lessing ein Manuscript jemandem zu lesen gegeben, welches er will drucken lassen. Es betitelt sich: Der wahre Orden der Freimaurer aus den ältesten Urkunden hergeleitet und mit Gründen bewiesen. Ich stelle alles mögliche an Ihm (so) habhaft zu werden und habe ihm sogar versprechen lassen gratis zu recipieren ... Wäre es nicht angebracht, wenn Sie an ihn schrieben? Ich will ihm das Schreiben selbst einhändigen, denn er ist gesonnen, noch acht oder vierzehn Tage hier zu bleiben. So viel ich habe vernehmen können, muß er durch die Wolfenbüttelsche Bibliothek viele Kenntnisse vom Orden bekommen haben." Das erwähnte Manuskript dürfte der erste Entwurf zu dem Freimaurergespräch „Ernst und Falk" gewesen sein.

Über Lessings Aufnahme berichtet Rosenberg an Zinnendorf unterm 15. Oktober 1771:

„Habe ich jemalen mit Vergnügen die Feder ergriffen, so ist es gewiß heute geschehen! Indem ich Ihnen die erfreuliche Nachricht überschreiben kann, daß es mir endlich, nach vieler Mühe gelungen, den guten Bruder Gotthold Ephraim Lessing im Orden im Beisein des guten Bruder Knorre zu recipieren. So gern ich gewünscht hätte, seine Aufnahme öffentlich zu veranstalten, so war es mir doch unmöglich zu bewerkstelligen, weilen er besonders Ursachen hatte, es annoch in Ansehung der Braunschweigischen Herrschaft eine Zeit hin geheim zu halten. Er wird mir bei seiner Ankunft in Braunschweig seinen Aussatz zuschicken und bleibt dennoch fest dabei, daß er von dem Grunde der Sache gut instruiert wäre. Da er nunmehr weiß, daß sie in Braunschweig nichts reelles besitzen, so sagte er noch heute früh, daß es seine Sache wäre, dergleichen falsche Dinge zu zerreißen und gänzlich aufzuheben. Man sollte ihn nur gehen lassen. Er wird sich in Wolfenbüttel eine Loge nach seiner Art zusammensetzen und wollte Meister derselben sein, das Übrige sollte die Folge zeigen. Ich glaube, allerliebster Bruder, Ihnen in der Stille einen Gefallen erwiesen zu haben. Wenn dem also, so ersuche ich Sie ergebenst, diesen Mann mit einem Schreiben zu beehren und mir dasselbe zur ferneren Bestellung zuzuschicken.

Ich habe es ihm versprochen. Sie können leicht schließen, daß ein Mann von seinen Kenntnissen weiter dringen wird und sich nicht mit dem begnüge. Ich werde ihn gänzlich an Sie verweisen. Dieses ist auch sein einziger Wunsch. Er hat mich weiter ersucht, daß es wenigstens vor dieses Jahr allhier in Hamburg verschwiegen bliebe. Bode hat ihm schon seit einigen Jahren nachgestellt, aber nichts ausrichten können ... Ich erwarte demnach ohne Maßgebung ein Schreiben an den Br. p. Lessing und bitte zu glauben, daß mit ungeheuchelter Hochachtung und mit der aufrichtigsten Bruderliebe verharre ..."

Auch die in diesem Brief von Rosenberg mitgeteilten Tatsachen wurden vielfach in Zweifel gezogen, selbst ein so vorsichtiger Mann wie Wilhelm Wald hat sich der über ein Jahrhundert wahrenden Stimmungsmache gegen Rosenberg nicht entziehen können und er findet daher an dem Briefe allerlei auszusetzen. „Mit welchem Behagen hat er die Feder ergriffen, um Lessings Aufnahme zu melden", heißt es, und schon durch das Wort „Behagen" – Rosenberg schrieb „Mergnügen" – wird eine Atmosphäre der Zweifelhaftigkeit geschaffen. War Rosenberg nicht berechtigt, stolz zu sein? War es nicht eine Tat, was er vollbracht hatte? Es war ihm gelungen, einen der drei größten Dichter des damaligen Deutschland dem Orden zuzuführen, nach unseren heutigen Begriffen den größten, denn Lessing! ragt über Klopstock und Wieland um Haupteslänge hervor. Den gefeierten Dramatiker, dessen „Minna von Barnhelm" auf allen Bühnen deutscher Zunge mit stürmischem Erfolg gespielt wurde, hatte er für die Große Landesloge gewonnen. Das war ein Erfolg allerersten Ranges, und Rosenberg hatte durchaus Veranlassung, darauf stolz zu sein und sich dessen zu freuen. Zinnendorf hat den Wert dieser Akquisition wohl zu schätzen gewußt. Wald stellt es so dar, als ob Zinnendorf Mißtrauen gegen Rosenberg gehegt hätte, aber nicht der leiseste Ton von Mißtrauen spricht aus seinem nächsten Briefe vom 19. Oktober 1771:

„Sie erhalten im Einschluß das verlangte Schreiben an den p. Bruder Gotthold Ephraim Lessing.

Ich wünsche, daß dasselbe von dem eigentlichen, dabei gehofften Nutzen begleitet werden möge. Nunmehr aber muß ich es Ihnen überlassen, daß, wenn derselbe, wie Sie sagen, je eine Loge, vor der Hand in Wolfenbüttel zu errichten willens und im stände sein sollte, denselben so zu unterichten, als es dazu, den Gesetzen gemäß erforderlich sein will.

Außerdem erwarte ich durch dero und des lieben Bruders Knorre, welchem ich mich bestens zu empfehlen bitte, unablässige Bemühungen, daß ich die Schrift, welche der gute Bruder Lessing von dem Orden herausgeben wollen, des baldigsten erhalte. Das Mehrere mit künftiger Post. Behalten Sie mich lieb und glauben Sie, daß ich nie aufhören werde mit der vollkommensten Hochachtung und treuesten Ergebenheit zu beharren

dero

aufrichtigster Bruder
v. Zinnendorf."

Dies Schreiben zeigt alles andere als Mißtrauen gegen Rosenberg, im Gegenteil, es ist in einem Ton gehalten, in dem Zinnendorf nur an seine Vertrauten zu schreiben Pflegte. Und nun schreibt Zinnendorf auch persönlich an Lessing, was er vor der Aufnahme trotz der Anregung Rosenbergs nicht getan hatte. Mit vollem Recht. Es hätte ja so ausgesehen, als ob der Ordens-Stifter selbst in Bewegung gesetzt werden müßte, um den großen Dichter zum Eintritt zu bestimmen, eine Handlungsweise, die schon durch das Gesetz des Ordens verboten war. Erst als Lessing aufgenommen war, hat Zinnendorf an ihn geschrieben. Und dieser Brief hat die bittersten Anfeindungen erfahren, er ist von der Mehrzahl seiner Beurteiler gänzlich mißverstanden worden. Ich gebe ihn nach der Selbstschrift Zinnendorfs, die sich im Archiv der Großen Landesloge befindet, diplomatisch treu:

An
den Bruder Gotthold Ephraim Lessing
zu Hamburg.

Berlin, den 19. Oktober 1771.

P. P.

Der Bruder Freihr. von Rosenberg, hat mir das Vergnügen gemacht, mir unterm 15. dieses, zu berichten, daß Er Sie zum Bruder Frey-Maurer auf- und angenommen habe.

Ich wünsche Ihnen und uns zu diesem volführten Schritte, das beste Glück. Sie haben durch denselben eine Bahn betreten, die, ich getraue es mir zu behaupten, die einzigste in ihrer Art und diejenige ist, welche Ihnen beim Ziel derselben, alle Zufriedenheit gewahren kan, die Dero forschbegieriger Geist, zum Algemeinen Wohl der Menschen auszuspähen und zu ergründen, je gewünscht habe und mag.

Denken Sie sich hiebei, was Sie können und wollen, nur nicht, daß ich mit einem Enthusiasmus schriebe, wo die schöpferische Einbildungskraft, die Stelle der deutlichen Überzeigung eingenommen hat, oder, daß der Scharfsinn, gleichsam, mit einem Blicke, weder jezzo, noch ehe Ihnen die Binde von den Augen genommen worden, schon alles entdeckt habe, was Weisheit, Schönheit und Stärke daselbst in einem Punkt vereinigt haben.

Gotthold Ephraim Lessing

Doch hievon zur andern Zeit, ein mehreres, jetzt wil ich von demjenigen ins besondere mit wenigen sagen, was ich Ihretwegen wünsche und der Orden der Freymaurer von Ihnen in den Gegenden Ihrer jezzigen Bestimmung mit Zuversicht erwartet.

Suchen Sie diesem nach, bitte ich, aldort zuvörderst Derjenige zu werden, welcher Socrates ehedem den Atheniensern war; allein, dem wiedrigen Schicksahle zu entgehen, welches leider seine Tage verkürzte, müssen Sie den Zirkel nicht überschreiten, den Ihnen die Freymaurerei jedesmal vorzeichnet und jederzeit eingedenk bleiben, daß wir nur hinter verschlossenen Thüren, auch allein gegen Brüder, welche mit uns gleiche Erkäntnisse haben, von der Freymaurerei reden und die uns darinnen aufgegebenen Arbeiten, nie anders verrichten dürfen.

Ich erwarte hierüber nach der mir ebenfals durch den Br. Frhr. von Rosenberg gethanen Anzeige, Dero mir angenehme nähere Erklärung zuversichtlich, gleichwie die Schrift, welche Sie vor dem Eintritt im Orden durch den öfentlichen Druck ganz unrecht bekant zu machen, den Gedanken, gehabt haben sollen.

Sie werden dadurch denjenigen um ein vieles verpflichten, welcher zum ersten Mal das Vergnügen hat, sich mit der vollkommensten Hochachtung zu nennen

Dero aufrichtig ergebenster Bruder
von Zinnendorf."

Wer diesen Brief ganz unbefangen liest, wird nichts anderes darin finden, als ein sehr höfliches, brüderlich freundschaftliches Schreiben Zinnendorfs an den berühmten Dichter. Man kann sogar beobachten, mit welcher Geflissentlichkeit Zinnendorf den Ton des Ordensvorgesetzten vermeidet. Er war im Lebensalter um zwei Jahre jünger als Lessing, aber als Freimaurer ihm an Wissen und Würden bedeutend überlegen. Wie taktvoll und zurückhaltend äußert er sich, und welch eine ebenso große, wie feinfühlige Anerkennung liegt darin, daß er Lessing die Rolle des Sokrates zugeteilt wissen will. Im achtzehnten Jahrhundert galt Sokrates als der weiseste Mann des griechischen Altertums, und mit diesem weisesten der Griechen stellt Zinnendorf seinen Ordensbruder Lessing auf die gleiche Stufe. Aber im Hinblick auf den gefährlichen Boden, auf Braunschweig, das Hauptquartier der strikten Observanz, und nicht nur Braunschweig, sondern ganz Deutschland legt er ihm nahe, nicht den Zirkel zu überschreiten, um dem „wiedrigen Schicksahle, welches leider seine (des Sokrates) Tage verkürzte", zu entgehen. Zinnendorf warnt in wohlmeinender Weise, über Dinge zu schreiben, die doch nur mißverstanden werden und Lessing nur schaden würden.

Nicht genug, daß Boos (Geschichte der Freimaurerei, Aarau, 1894) diesen Brief impertinent nennt und eine Stellung Lessings unter Vormundschaft darin erblicken will, nein, irrsinnige Fanatiker wollen sogar die Androhung des Giftmordes daraus lesen, falls Lessing etwas verraten würde. Daß ein Gelehrter wie Erich Schmidt in seiner Lessing-Biographie Boos kritiklos nachbetet, ist unverzeihlich, weil er die beste Gelegenheit gehabt hätte, sich an der Quelle zu unterrichten, denn sein Fakultätskollege, der angesehene Kunsthistoriker Karl Frey war Mitglied der Großen Landesloge und ein Freimaurer von Format, der ihm nicht nur die Einsicht in die Archivalien, sondern auch die allerzuverlässigste Auskunft hätte ermöglichen können.

Daß Zinnendorf das Manuskript Lessings kennenlernen wollte, war nicht nur sein gutes ordensgesetzliches Recht, sondern seine Pflicht, denn es konnte ihm im Interesse des Ordensganzen nicht gleichgültig sein, wenn ein Mitglied des Ordens mit einer Schrift an die Öffentlichkeit trat, die mit der Ordenslehre in Widerspruch stand. Wir wissen, daß Zinnendorf in einem schweren Kampf um seine Lehrart stand, und daß er alles vermieden sehen mußte, was seinen Gegnern Angriffsmöglichkeiten bot, und das wäre der Fall gewesen, wenn ein Mann von der Bedeutung Lessings sich gegensätzlich geäußert hätte. Dabei wird durchaus verkannt, daß die Verfassung der Großen Landesloge rein hierarchisch ist, und Zinnendorf als Ordensmeister darüber zu wachen hatte, daß nichts von den Mitgliedern geschrieben oder durch Druck veröffentlicht würde. Also von Bevormundung kann gar keine Rede sein, Lessing hatte das Ordensgesetz beschworen, und es war Zinnendorfs Pflicht, den Bruder daran zu erinnern, und er tat das freundlich und wohlwollend.

Über Zinnendorfs Auffassung von der Sache und seine Meinung über Lessing unterrichtet uns ein Brief an Rosenberg vom 22. Oktober 1771, den ich gleichfalls nach des Verfassers eigener Niederschrift gebe:

„So lieb es mir aus mehr als einer Ursache seyn muß, daß der Bruder Gotthold Ephraim Lessing, dem Orden der Freymaurer einverleibt worden, so gewiß stehen die Vortheile seiner Aufnahme erst von der Zeit dem Gesichts Punkte aus welchem derselbe die Freymaurerei vor der Hand betrachtet und von desselben darnach ganz wahrscheinlich einzurichtenden Aufführung, zu erwarten.

Ich sehe daher sowohl demjenigen, was derselbe vor seine Aufnahme im Orden in Druck geben wollen, als und auch ganz besonders denen schriftlichen Äußerungen mit Verlangen entgegen, die er über seine Aufnahme selbst gegen mich zu äußern gut finden wird.

So gewiß ist, daß von der Thätigkeit dieses Bruders sowohl verschiedene Vortheile für den Orden, als auch noch viel weit mehrere für ihn selbst erwachsen können, so gewiß muß bey diesem seinem Handeln alle nur mögliche Vorsichtigkeit und Verschwiegenheit beobachtet werden, obschon es

Erbprinz Karl Wilhelm Ferdinand von Braunschweig

eben gewiß ist, daß Er des algemeinen Beyfalls wegen, des er sich wohl verdient erworben hat, die Güte der Sache mehr als jemand erforderlichen Falls und in so weit es schicklich ist, nicht allem öfentlich vertreten, sondern auch alda, unsern Vorschriften gemäß, mit Nachdruck verteidigen muß, wohin Ihn die weisse Vorsehung, allem Anschein nach, auch zur Ausrottung der Schwärmereien in der Freymaurerei für jezzo hingesezzet hat. Es ist schon genug und bedarf keines weiteren Beweißes, wenn ein Lessing heimlich und öfentlich sagt, die Gesellschaft der strikten Observanz, sey nichts weniger als Freymaurerei dem regirenden Herrn Herzog gleichwie des Herrn Herzogs Ferdinand Durchl.; Durchl: des baldigsten zu versichern würde ich dem Bruder G. E. Lessing eben nicht abrathen.

Was abseiten eines Bruders, welcher eine Loge errichten wil, den Gesetzen gemäß zu besorgen sey, davon werden Sie den Bruder Lessing gehörig unterrichten und ihn selbst während seines jetzigen Aufenthaltes in Hamburg, in die dazu nöthige Verfassung setzen; vergessen Sie dabey nicht, daß von dem erste Unterricht alles abhänget."

Lessing hat auf Zinnendorfs Schreiben nicht geantwortet, wenigstens ist in den Archiven, die in Frage kommen, eine Antwort nicht aufgefunden worden. Er hat auch keine Loge jemals besucht, sich jedoch mit der Freimaurerei sehr eingehend beschäftigt.

Die Hoffnungen, die Zinnendorf auf Lessing gesetzt hatte, erfüllten sich in keiner Weise, und das war sehr begreiflich. Lessing war Beamter des Herzogs von Braunschweig. Der Erbprinz Karl Wilhelm Ferdinand hatte seine Berufung als Bibliothekar nach Wolfenbüttel durchgesetzt und war unablässig bemüht, seine Stellung zu verbessern. Dann lebte Herzog Ferdinand, der oberste Chef der Strikten Observanz in Braunschweig. Es wäre also nicht nur taktlos, sondern auch unklug gewesen, im Herzen der gegnerischen Richtung eine Loge der Großen Landesloge zu errichten. Es war für Lessing gewiß ein sehr unangenehmes Gefühl, ein dem Freiherrn von Rosenberg nicht genügend überlegtes Versprechen gegeben zu haben, das er nun nach Prüfung der Verhältnisse nicht halten konnte. Dies war wohl auch der Hauptgrund, weshalb er den Brief Zinnendorfs nicht beantwortete, nicht etwa, daß er sich verletzt gefühlt hätte. Lessing war in jener Zeit in einer derart kampffreudigen Stimmung, daß er gewiß nicht geschwiegen hätte, wenn er sich beeinträchtigt geglaubt hätte. Endlich muß man bedenken, daß er nunmehr nach langen ermüdenden Wanderfahrten, nach Not und Entbehrungen, mit Schulden belastet, in einer gesicherten Stellung zur Ruhe gekommen war. Sollte er sich jetzt in Gegensatz zu seinen Wohltätern und alles aufs Spiel setzen?

Die Herausgabe der bibliothekarischen Schätze von Wolfenbüttel nahm ihn voll in Anspruch und sog seine ganze Arbeitskraft auf. Er fühlte sich unglücklich in der Kleinstadt, es fehlt ihm der anregende Verkehr, an den er gewöhnt war, alles ist so eng, so klein, die Menschen sowohl wie die Umwelt. Auch Braunschweig, das er gelegentlich besuchte, bot seinem hochfliegenden Geist und seiner weitstrebenden kosmischen Sehnsucht nichts. Da faßt er den Entschluß zu reisen. Heraus aus der täglichen Tretmühle. Und darum bittet er um Urlaub, der ihm bereitwillig gewährt wird, und er geht auf Reisen. In Wien trifft er mit Eva König zusammen, seine ganze seelische Not strömt er in ihr treues Herz aus. Die Wolfenbütteler Schmerzen schreien laut, er will heraus aus der drückenden Enge, aber Eva rät ihm dringend, die Stelle nicht aufzugeben, da sie die einzige Möglichkeit der ersehnten ehelichen Verbindung biete. Und schon reicht ihm Braunschweig wieder die Hand, Maximilian Julius Leopold, der jüngste Prinz des herzoglichen Hauses, ist in Wien eingetroffen, um seine italienische Reise anzutreten und wünscht Lessings Begleitung. Er schreibt darüber an seinen Bruder unterm 7. Mai 1775 aus Malland:

„Ms ich ungefähr zehn Tage in Wien war, langte der jüngste Prinz von Braunschweig daselbst an, welcher in seinen Angelegenheiten eine Reise nach Venedig machen wollte. Weil er mir nun sehr anlag, ihn dahin zu begleiten, mit der Versicherung, bei seinem Vater alles gut zu machen, so habe ich es endlich getan, in Betrachtung, daß meine Umstände dadurch nicht schlimmer werden können und ich auf diese Weise wenigstens einen Vorgeschmack von Italien bekomme. Dieser Vorgeschmack, will ich Dir nur mit wenigem sagen, hat meinen alten Gedanken, in Italien zu leben und zu sterben, wieder ganz erneuert, so sehr gefällt mir alles, was ich in dieser Gegend höre und sehe."

Obwohl die italienische Reise Lessing nicht das gab, was er gesucht hatte, wirkten doch die großen Eindrücke des Landes, seine Kunstschätze und seine klassischen Erinnerungen wohltuend auf das Gemüt des Dichters ew. Im Sommer 1776 erhöhte der Herzog sein Gehalt und ernannte ihn zum Hofrat, damit war die Möglichkeit gegeben, an eine Vermählung zu denken, die denn auch im Oktober stattfand.

Die still waltende, geistig hochstehende Eva gab Lessing die glücklichste Zeit seines ganzen Lebens, leider nur eine sehr kurze Zeit, denn am 10. Januar 1778 starb sie infolge der Geburt eines Sohnes, der nur wenige Stunden gelebt hatte.

Medaille auf Herzog Ferdinand v. Braunschweig

Lessing war völlig niedergebrochen, verzweifelt am Leben, hoffnungslos einsam, und nur die Arbeit riß ihn aus der Tiefe seelischen Elends, wie es kaum je einem Menschen beschieden war. In jener Zeit lag er zur Verteidigung der Wolfenbütteler Fragmente in heftigem Geisteskampf mit der orthodoxen Theologie, insonderheit mit dem Hamburger Hauptpastor Johann Melchior Goeze. In diesen äußerst fruchtbaren Streitschriften geht es um Lessings Stellung zum Christentum. Sie sind in einer blendenden Sprache und mit einer wunderbaren Denkschärfe geschrieben. Im übrigen war dieser Hauptpastor Goeze ein nicht zu unterschätzender Gegner und Lessing, wenn auch nicht an exaktem Wissen, durchaus ebenbürtig. Es will schon für die Bedeutung des Mannes etwas sagen, wenn sich ein Lessing so ernst und eingehend um seine Widerlegung bemühte. Wir verdanken diesen Streitschriften und dem daraus geflossenen Briefwechsel die tiefsten religiösen Bekenntnisse eines Genies wie Lessing. Und es kann keinem Zweifel unterliegen, daß er nicht ganz unberührt von Goezes Lehre und Überzeugung geblieben ist, denn er urteilt in manchen Fragen viel weniger schroff als vorher.

Lessing führte diese Kämpfe nicht immer mit der wissenschaftlichen Ruhe, die wir sonst an ihm so sehr schätzen, er wird zuweilen unglaublich bissig. Seine ganze Verbitterung, das tötende Gefühl der Einsamkeit kommen darin zum Ausdruck, dazu ein quälendes Augenleiden, das ihm, besonders an dunklen Tagen, die Stunden endlos in die Länge zog.

In jenen trüben Tagen näherte er sich wieder der Freimaurerei. Nicht, daß er eine Loge besucht hätte, dazu stand er den ihm naheliegenden Logen der strikten Observanz zu ablehnend gegenüber, aber er vertiefte seine Anschauung durch Studium aller erreichbaren Werke, und es scheint, daß er auch Rituale seines eigenen Ordens, der Großen Landesloge, durchgearbeitet hat.

Denn in dem fünften Gespräch von „Ernst und Falk“ findet sich eine Stelle, die fast wörtlich dem Ritual des Lehrlingsgrades entnommen ist.

Diese Freimaurergespräche sind zuerst, drei an der Zahl, im Jahre 1778 erschienen. Lessing hatte das Manuskript im Juli desselben Jahres an den Herzog Ferdinand von Braunschweig geschickt, und es entwickelte sich ein Briefwechsel, den der Meister der Loge „Carl zur gekrönten Säule“ in Braunschweig, Richard Partuschke (Gotthold Ephraim Lessing zum Gedächtnis, Braunschweig, 1929), zum ersten Male veröffentlichte. Die Briefe sind so wichtig, wie die Gespräche selbst, denn sie geben Zeugnis von dem Herzen eines großen Freimaurers, des Herzogs, und von dem Selbstbewußtsein Lessings, das von dem Dichterfürsten wohl zu verstehen ist, dem Freimaurer aber nicht gut zu Gesicht steht. Lessing hätte besser getan, das Urteil seinen Lesern und Kritikern zu überlassen, daß die Gespräche „das Ernsthafteste, Rühmlichste und Wahrste, was vielleicht jemals über Freymaurerey geschrieben worden“, seien. Es klingt doch recht überheblich und es ist außerdem keineswegs richtig.

Lesen wir nun die Briefe selbst:

„Mein lieber Herr Hof-Rath Lessing!

Sie haben mir eine große Gefälligkeit erzeiget in Mittheilung und in Besitz-Ertheilung der gewissen geschriebenen Gespräche. Sie werden mit Vergnügen oft von mir gelesen, und sicher wie auch sorgfältig aufbewahrt werden. Dieses mir gezeigte besondere Vertrauen schätze ich sehr hoch, und sehr werth. Nehmen Sie diese Aufrichtige Gesinnung wie auch die Versicherung an, daß ich mit großer Werth und Hochachtung bin und verbleibe

Mein lieber Herr Hof-Rath Lessing
Ihr freund williger Ergebener
Ferdinand Herzog zu Braunschweig und Lüneburg mp.

Wolfenbüttel, 29. Juli 1778.

Kann das Sechste Gespräch nicht auch zum Vorschein kommen? Oder werden die Critischen Anmerkungen über das fünfte Gespräch nicht auch bald ans Licht treten? Ich wünschte es, und demnächst sie auch gleichfalls in der Handschrift geleich deren Gespräche zu besitzen.

F. H. z. B. L.“

„Durchlauchtigster Herzog,
Gnädigster Herr,

Da ich mir schmeicheln darf, daß von den bewußten Gesprächen die drey ersten, das Ernsthafteste, Rühmlichste, Wahrste sind, was vielleicht jemals über die Freymaurerey geschrieben worden: so habe ich der Versuchung, sie drukken zu lassen, nicht länger widerstehen können. Meine Absicht dabey, die schwanken, falschen, verkleinerlichen Ideen, welche oft von Freymäurern selbst, über ihre Bestimmung geäußert werden, zu berichtigen und zu veredeln, können Euer Durchlaucht weder verkennen noch mißbilligen.

Aber ich habe mich zugleich unterstanden, den Namen Euer Durchlaucht meinen Blättern vorzusetzen: und das ist es eigentlich, was mich bey Überreichung derselben, beunruhiget und verwirret. Wie konnte ich gleichwohl, die Lauterkeit meiner Gesinnungen der Welt besser bezeugen als durch diese Erdreistung? Man ist sich keiner bösen Sache bewußt, wenn man vor solchen Augen damit zu erscheinen waget.

Ich ersterbe in tiefster Verehrung
Euer Durchlaucht
untertänigster Knecht
Lessing."

Wolfenbüttel, den 19. Oct. 1778.

„Mein lieber Herr Hofrat Lessing

Es kann mir nicht anders, als ungemein schmeichelhaft seyn, meinen Nahmen vor einer Schrift zu sehen, die aus Lessings Feder geflossen. Ich bin Ihnen daher, mein lieber Herr Hofrat, für Ihre Aufmerksamkeit, die Sie mir auf diese Art in denen nunmehr im Druck erschienenen Gesprächen für die Fr. M. bezeigen, vollen Dank schuldig.

Legen Sie mir es aber ja nicht vor Stoltz oder Besorgniß aus, wenn ich gewünscht hätte, daß Sie vorher meine Beystimmung zu dem öffentlichen Druck gefragt hätten.

Stoltz – ein ächter wahrer Fr. M., und wenn er auch der größte Fürst wäre, kennt diesen Fehler der Menschheit nur dem Nahmen nach, seine Seele muß davon Frey seyn.

Besorgniß – von dieser, ich gestehe es Ihnen aufrichtig, bin ich nicht gantz frey; ich überlasse diesen Ausdruck Ihrer eigenen tiefen Einsicht und Auflösung: Sie wissen, da ich Sie selbst für einen Fr. M., Sie mögen regelmäßig oder nicht regelmäßig aufgenommen seyn, halte, wie freywillig und feyerlich sich ein solcher verpflichtet, nichts von denen wesentlichen Kentnissen der Gesellschaft drucken zu lassen.

Sie thun es – Sie kennen über dies das aufmerksame Publicum auf alle Kleinigkeiten, die uns angehen, eben so gut als ich, und haben es schon erfahren wie schief oder grade es über Dinge urtheilet, die nicht allen einerley seyn können.

Ich wünsche daß obgedachte Gespräche von der Welt und der Mry. wohl aufgenommen und verstanden werden möge!

Die Quelle der Wahrheit ist für Sterbliche unerschöpflich – je tiefer – desto unergründlicher!

Für mich bleibt es übrigens, ich wiederhole es nochmals, sehr schmeichelhaft, daß Sie mir mehrgedachte Gespräche zu meiner Prüfung und weiteren Ausbreitung mittheilen, und mir Ihre Gedenkungsart über die Mry. bekannt machen wollen.

Ich bin mit vieler Werth und Hochschätzung
Mein lieber Herr Hof-Rath
Ihr Bereitwilliger geneigter
und sehr Ergebener

Ferdinand Herzog zu Braunschweig und Lüneburg mp.“ (manu propria)
Braunschweig 21 Oct. 1778.

„Durchlauchtigster Herzog,
Gnädigster Herr,

Ich werde mich nie unterstehen, den ersten und würdigsten Fr. M. in einen Wortwechsel über Dinge zu verpflechten, die er allein zu durchdringen fähig und zu entscheiden berechtigt ist.

Nur zu einem Vorwurfe darf und kann ich nicht schweigen, durch den ich mich in Seinen Augen so sehr herabgewürdigt finde.

Ich habe kein Vertrauen gemißbraucht: alles, was man mir anvertrauet hat, liegt noch tief in mir verborgen. Ich habe nichts getan, was mit freywillig von mir übernommenen Verpflichtungen auf irgend eine Art streite. Vielmehr ist, was ich gethan habe, eine Folge dieser Verpflichtungen. Nur weil es mich schmerzet, daß der Gegenstand derselben in öffentlichen Schriften, die sich größten Theils von Fr. Mr. selbst herschreiben, so sonderbar gemißhandelt wird: habe ich eine Seite derselben – nicht enthüllen – sondern ihm die Hülle nur genauer anpassen zu müssen geglaubt.

Ich habe keine geheimen Kenntnisse entheiligt: ich habe blos die Welt zu überzeugen gesucht, daß da noch wirklich große geheime Kenntnisse verborgen liegen, wo sie dergleichen zu suchen, endlich müde ward.

Werde ich verstanden: so bin ich gerechtfertiget. Werde ich nicht verstanden: so habe ich nicht geschrieben.

Wolfenbüttel, den 26. Oct. 1778.

Ich ersterbe in tiefster Verehrung
Euer Durchlaucht untertänigster Knecht
Lessing."

Schon am 20. Oktober hatte der Herzog nach Partuschke an den deputierten Großmeister, Oberstleutnant von Lestwitz, Stoff zur Beantwortung des Lessingschen Briefes übersandt. Auch den letzten Brief erhielt Lestwitz zur Kenntnis, worauf er noch am selben Tage antwortete und den Briefwechsel zu beendigen riet:

„Hochwürdigst-Durchlauchtigster Herzog
Gnädigster Fürst und Herr.

Euer Herzoglichen Durchlaucht gebe ich hierbey das Lessingsche Schreiben mit devotestem Danke für dessen gnädigste Mittheilung zurück. Aus demselben entdeckt sichs in der Stelle, wo er von Vertrauen und freywillig übernommenen Pflichten spricht, gantz klar, daß er zum Fr. M. aufgenommen seye: Seine Absicht eine Seite der Fr. M. durch seine Schrift denen Augen des publici nicht sowohl zu enthüllen, als ihr vielmehr die Hülle genauer anpassen zu wollen, verdient Beyfall, und ist zu wünschen! Und dahin bezieht sich zuverlässig seine von Euer Durchlaucht unterstrichene Stelle. Ohnvorgreiflich und unterthänigst würde ich rathen: den Briefwechsel mit Herrn Lessing über diesen Gegenstand für jetzt geendigt seyn zu lassen.

Ich ersterbe in tiefster Ehrfurcht
und Pflichtschuldigster Unterwürfigkeit
Euer Herzoglichen Durchlaucht
unterthänigst treugehorsamst
E. S. v. Lestwitz."

Braunschweig 26. Oct. 1778 eyligst.

Außerdem teilte sich der Herzog noch zwei vertrauten Brüdern mit, dem Grafen August Dietrich von Marschall (1749 bis 1794) und dem Hof- und Domprediger Jakob Friedrich Feddersen (1736 bis 1788).

Karl, regierender Herzog zu Braunschweig

Marschall war Herzoglich Braunschweigischer Kammerherr und Hofgerichts-Assessor in Wolfenbüttel. Er gehörte zur „gekrönten Säule" in Braunschweig und war im Jahre 1775 zur strikten Observanz übergetreten. Auf dem Konvent von Wilhelmsbad versah er das Amt als Groß-Zeremonienmeister.

Feddersen war zuerst Hofprediger in Ballenstedt, dann kam er als Pfarrer nach Magdeburg und schließlich als Dom- und Hofprediger nach Braunschweig, wo er der dortigen Loge beitrat. Er ist bekannt geworden als Verfasser viel gelesener Erbauungsschriften. Als Freimaurer schrieb er „Dreymal drey Reden über die Übereinstimmung der Freymäurerey mit der Religion" (Bremen, 1778 bis 1781), die reichlich unbedeutend sind. Es mögen nun die Briefe folgen:

„Von des Herzogs Hand: Ein reponendum verblieben.

Monseigneur.

Je présente mes très humbles Actions des grace à Votre Altesse Serenissime de la communication des lettres cy incluses; toutes les trois font honneur à leurus Auteurs, à Vous Monseigneur, les sentiments elevés que Votre Altesse y fait paroitre et de renvoyer Mr. Lessing au voeu sacré du silence, et à celui-ci sa belle et Philosophique justification devant un Juge competant comme Elle et qui aime écouter la Verité, car celle-ci n'est pas à mesconnoitre dans les lettres de Mr. Lessing.

Je suis avec le plus profond Respect
Monseigneur
de Votre Altesse Serenissime
le très humble et très obéissant serviteur
Comte Marschall."

Brunswic, 4. Nov. 1778.

Zu Deutsch:

Gnädiger Herr,

Euerer Durchlauchtigsten Hoheit sage ich meinen untertänigsten Dank für die Übermittelung der beigeschlossenen Briefe; alle drei machen ihren Verfassern Ehre, Ihnen gnädiger Herr, die hohe Gesinnung, die Euere Hoheit zum Ausdruck bringen, auch Herrn Lessing auf das heilige Gelübde der Verschwiegenheit hinweisen, und diesem seine schöne philosophische Rechtfertigung vor einem so kompetenten Richter wie Sie, der die Wahrheit zu hören liebt, denn die ist nicht zu verkennen in den Briefen des Herrn Lessing.

Ich bin mit der größten Hochachtung
Gnädiger Herr
Euerer Durchlauchtigsten Hoheit
untertänigster und gehorsamster Diener
Graf Marschall."

Braunschweig, 4. Nov. 1778.

„Durchlauchtigster Herzog.
Gnädigster Fürst und Herr!

Ew. Hochfürstlichen Durchlauchten danke ich unterthänigst für die gnädigst mitgeteilten Schriften. Mit wahrer Freude habe ich Ew. Durchlaucht treffende, richtige und gründliche Antwort an den H. R. Lessing gelesen. – –

Besorgniß über Lessings Schrift muß jedem nachdenkenden Mr. ins Gemüth kommen. Deß bin ich gewiß.

Lessings Absicht ist nicht strafbar, aber unwiderstehlicher Hang: in allen Dingen etwas sonderbares und auffallendes Vorzustellen, hat die Gespräche hervorgebracht.

Mit tiefster Ehrerbietung, die ewig dauern wird, bin ich

Ew. Hochfürstlichen Durchlauchten
unterthänigster dankbarster
Feddersen."

Braunschweig, 17. des Novemb. 1778.

Der Hofprediger hat vollkommen recht, weder Lessings Absicht, die Gespräche zu schreiben, noch ihre Veröffentlichung war in jenen Zeiten strafbar. Den Mitgliedern der Großen Landesloge jedoch war es verboten. Aber es ist auch ebenso richtig, daß des Dichters Hang, in allen Dingen etwas wunderbares und auffallendes vorzustellen, die Gespräche veranlaßt hat.

Ebenso gewiß wie Feddersen mit seiner Äußerung ein abfälliges Urteil über Lessing, der ihm ein Feind des Christentums war, fällen wollte, ebenso gewiß sieht unsere Zeit in den Gesprächen die ehrenvolle Erfüllung einer unabweisbaren Pflicht des Genies, das Deutschland die erhabenen Meisterwerke „Minna von Barnhelm" und „Emilia Galotti" geschenkt, sich mit einer Kulturerscheinung wie der Freimaurerei ernsthaft auseinanderzusetzen. Die Gespräche sind sehr überschätzt worden, jedoch läßt sich nicht verkennen: sie enthalten Geistesblitze von einer tief aufleuchtenden Kraft; in der Kunst des Dialogs ist der letzte dichterische Ausdruck erreicht, die Sprache ist von einer geradezu kristallenen Klarheit und die meisterhaft beherrschte Rede Falks bringt eine starke dramatische Spannung. Aber es muß einmal mit aller Offenheit, mit allem Freimut gesagt werden: Der Dichter spricht von der Freimaurerei, wie der Blinde von der Farbe. Lessing hat ja auch in der Tat niemals eine Loge nach seiner Aufnahme wieder besucht, er verkehrte wohl im großen Klub von Braunschweig, dessen Mitglieder in der Mehrzahl Freimaurer waren, aber diese Vereinigung war erst 1780, also nach der Veröffentlichung der Gespräche gegründet worden. Seine Kenntnis von der Freimaurerei hatte Lessing lediglich aus Gesprächen mit Brüdern und aus den zahlreichen Schriften, die er bei seinem Leseeifer wohl alle durchgearbeitet hatte. Aber die königliche Kunst ist ihm nie Erlebnis geworden, hat ihm nie unmittelbar die Seele erwärmt. Alles blieb bei ihm kühle Verstandessache, dichterische Intuition. Er trat an die Freimaurerei allein mit dem Intellekt heran, und damit ist ihr Wesen nicht zu ergreifen, sie muß erlebt werden, das Erlebnis ist alles, das Verstandesmäßige Erfassen ist nichts. Er sah die Auswüchse der Freimaurerei des achtzehnten Jahrhunderts überlebensgroß, das

Maximilian Julius Leopold
Herzog zu Braunschweig

innere Wesen jedoch der Kunst, das Mysterium ist ihm nicht ausgegangen. Dieser kerndeutsche Dichter, der das deutsche Drama aus den Fesseln der Fremdherrschaft erlöste, sah in der Freimaurerei die Fata Morgana eines internationalen Menschheitsbundes, den es nie gab und nie geben wird. Das nationale Sonderleben in der Freimaurerei ist selbst mit Lessingscher Dialektik nicht fortzudisputieren, so wenig wie in den Religionen das Sonderleben des Evangeliums, der Thora und des Korans. Jede Nation hat ihre eigene Freimaurerei, jede Religion ihr eigenes ethisches Ziel als etwas historisch gewordenes, etwas notwendiges, das aus der Verschiedenheit des menschlichen Wesens geboren wurde.

Lessings Toleranzidee wollte alles zu einer weltumspannenden Einheit zusammenschweißen, die freimaurerische Toleranzidee kann aber nur darin bestehen, im Sonderleben der eigenen Richtung die Richtung des andern zu achten, jedes ehrliche Streben anzuerkennen, nicht aber zu bekämpfen oder gar verächtlich zu machen.

Bis zum heutigen Tage ist noch jeder Versuch, eine Einheit in der Freimaurerei zu schaffen, zum Scheitern verurteilt gewesen, nicht einmal in einer völkischen Gemeinschaft ist es möglich gewesen, eine nationale Großkörperschaft zu gründen. Nach kurzer Zeit, wenn das Ziel schon erreicht schien, splitterten sich Gruppen ab, und es dauerte gar nicht lange, und es war eine neue Richtung entstanden. Es muß also doch der Einheitsgedanke dem Wesen der Freimaurerei nicht innewohnen, sonst würden sich nicht immer und immer wieder zentrifugale Kräfte regen, die den Einheitsgedanken nicht zur Ausführung kommen lassen. Es ist auch höchst fraglich, ob ein solches Ziel wünschenswert wäre. Für die Freimaurerei in Deutschland jedenfalls nicht. Die beiden Richtungen, die christliche und die humanitäre, sind in der Natur der deutschen Menschen begründet, sie haben den Gedanken aus ihrer indogermanischen Urheimat. Schon die germanische Schöpfungsgeschichte weist diesen Gedanken auf. Darnach kamen drei Götter, Odin, Hoenir und Lodur nach Midgard, der Welt. Dort fanden sie ohne Bestimmung und unvermögend Askr und Embla, zwei Bäume. Diesen gab Odin die Seele, Hoenir den denkenden Geist und Lodur Lebenswärme und blühendes

Aussehen. (E. Mogk in Hermann Pauls Grundriß der Germanischen Philologie.) Im Alt-Babylonischen ist der Weltenberg ein Doppelgipfel, diese Anschauung zieht sich durch die ganze vorderasiatische Mythologie und ist auch ins alte Testament übergegangen; überall finden wir als Kultusstätten den Doppelgipfel, so Sinai und Horeb, Zion und Morijah, Ebal und Garizim. Auch die Höhe freimaurerischen Erlebens, die Höhe im Osten, ist ein Doppelgipfel; das trennende Tal überbrücken zu wollen, ist ein utopisches Verfangen. Auf jedem Gipfel leuchtet die Flamme menschlicher Sehnsucht, und was dem einen heilig ist, mache der andere nicht gemein.

Lessing ist der erste, der diese verschiedene Auffassung in der Freimaurerei Deutschlands aufgezeigt hat, er ist auch der erste, der die große Einheit suchen wollte, und so mußte er in der bitteren Skepsis der Fabel von den drei Ringen enden: „Der rechte Ring vermutlich ging verloren."

Er ging aber nicht verloren, jeder Freimaurer, der im Christentum die höchste Form des religiösen Mysteriums erlebt hat, wird Lessing als Freimaurer ablehnen. Seine Stellung zum Christentum wird viele Menschen unbefriedigt lassen. In Nathan dem Weisen kommt es doch gegenüber dem Judentum und dem Islam zu schlecht weg. Wie sehen in dem Drama Lessings Christen aus? Da ist der Pfäffisch zelotische Patriarch, der religiös indifferente Tempelherr und der naive, bauernschlaue Klosterbruder; denen gegenüber stehen der weise Nathan und der edle Saladin, mit der ganzen Pracht seines dichterischen Genius geschaffen. Wer so ungerecht Licht und Schatten verteilt, ist nicht bloß liberal und tolerant, der ist kein ehrlicher Christ mehr. Lessing hat zwar eine Rechtfertigung seiner Auffassung versucht, sie ist aber völlig mißlungen.

Seine Stellung zum Christentum kommt am deutlichsten zum Ausdruck in einem Aussatz vom Jahre 1780, „Die Religion Christi". Er sagt da: „Ob Christus mehr als Mensch gewesen, das ist ein Problem. Daß er wahrer Mensch gewesen, wenn er überhaupt gewesen; daß er nie aufgehört hat, Mensch zu sein: das ist ausgemacht. Folglich sind die Religion Christi und die christliche Religion zwei ganz verschiedene Dinge."

Der Unterschied, den Lessing macht, ist rein sophistische Spekulation, die darin ihren wesentlichen Ausdruck findet, daß die eine von Christus als Mensch gelehrt, die andere ihn, der mehr als Mensch gewesen, zum Gegenstand ihrer Verehrung macht. Lessing ist auch hier ganz Intellektualist, wie in der Freimaurerei, er will die Religion mit dem Verstand ergründen, die doch nur seelisches Erlebnis ist und sein kann.

Das tritt noch schärfer hervor in einem Fragment, „Das Christentum der Vernunft", worin sein Nur-Intellektualismus die Geburt des Sohnes zu erklären sucht: „Das einzige vollkommenste Wesen hat sich von Ewigkeit her mit

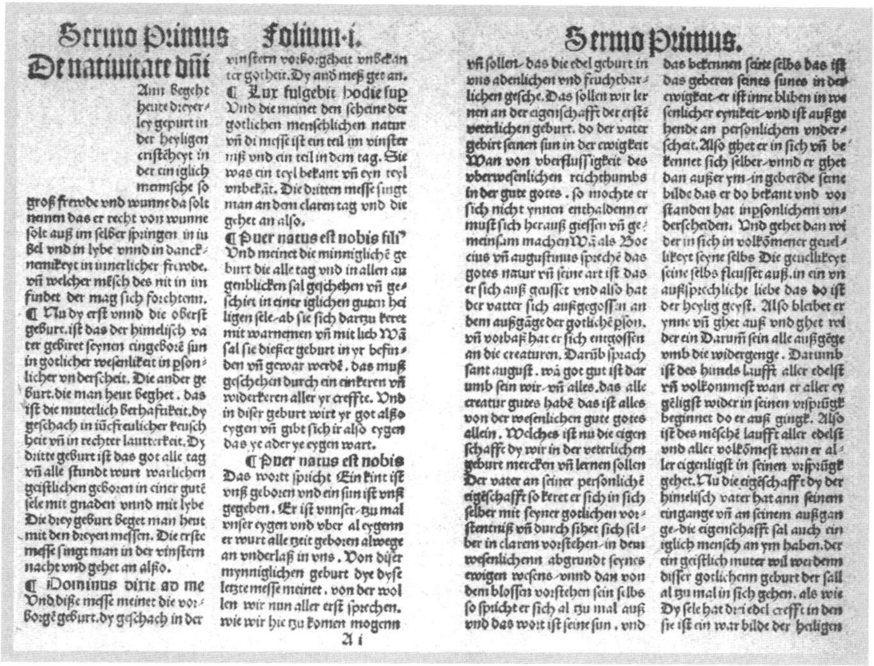

Sermo Primus Folium·i.

De natiuitate dñi

Ann begeht
heute dreyer-
ley gepurt in
der heyligen
cristeheyt in
der ein iglich
memsche so
groß frewde vnd wunne da solt
nemen das er recht von wunne
solt auß im selber springen in iu
bel vnd in lybe vnnd in danck-
nemikeyt in innerlicher frewde.
vñ welcher mēsch des nit in im
findet der mag sich forchtenn.
¶ Nu dy erst vnnd die oberst
geburt. ist das der himelisch va
ter gebiret seynen eingeborē sun
in gotlicher wesenlikeit in psön-
licher vnderscheit. Die ander ge
burt. die man heut beghet. das
ist die muterlich berhaftikeit. dy
geschach in iūcfreulicher keusch
heit vñ in rechter lautterkeit. Dy
dritte geburt ist das got alle tag
vñ alle stundt wurt warlichen
geistlichen geboren in einer gutē
sele mit gnaden vnnd mit lybe
Die drey geburt beget man heut
mit den dreyen messen. Die erste
messe singt man in der vinstern
nacht vnd gehet an alßo.
¶ Dominus dixit ad me
Vnd diße messe meinet die vor-
borgē geburt. dy geschach in der
vinstern vorborgehait vnbekan
ter gotheit. Dy and̄ meß get an.
¶ Lux fulgebit hodie sup
Vnd die meinet den scheine der
gotlichen menschlichen natur
vñ di messe ist ein teil im vinster
niß vnd ein teil in dem tag. Sie
was ein teyl bekant vñ eyn teyl
vnbekāt. Die dritten messe singt
man an dem claren tag vnd die
gehet an also.
¶ Puer natus est nobis fili⁹
Vnd meinet die minnigliche ge
burt die alle tag vnd in allen au
genblicken sal geschehen vñ ge-
schiet in einer iglichen gutem hei
ligen sele-ab sie sich dartzu keret
mit warnemen vñ mit lieb Wā
sal sie dießer geburt in yr befin-
den vñ gewar werdē. das muß
geschehen durch ein einkeren vñ
widerkeren aller yr creffte. Vnd
in diser geburt wirt yr got alßo
eygen vñ gibt sich ir also eygen
das ye ader ye eygen wart.
¶ Puer natus est nobis
Das wortt spricht Ein kint ist
vnß geboren vnd ein sun ist vnß
gegeben. Er ist vnnser-tzu mal
vnser eygen vnd vber al eygenn
er wurt alle tzeit geboren alwege
an vnderlaß in vns. Von diser
mynniglichen geburt dye dyse
letzte messe meinet. von der wol
len wir nun aller erst sprechen.
wie wir hie tzu komen mogenn
A i

Sermo Primus.

vñ sollen- das die edel geburt in
vns adenlichen vnd fruchtbar-
lichen gesche. Das sollen wir ler
nen an der eigenschafft der erstē
veterlichen geburt. do der vater
gebirt seinen sun in der ewigkeit
Wan von vberflussigkeit des
vberwesenlichen reichthumbs
in der gute gotes. so mochte er
sich nicht ynnen enthaldenn er
must sich herauß giessen vñ ge-
meinsam machen Wā als Boe
cius vñ augustinus sprechē das
gotes natur vñ seine art ist das
er sich auß geusset vnd also hat
der vatter sich außgegossen an
dem außgāge der gotlichē psön.
vñ vorbaß hat er sich entgossen
an die creaturen. Darūb sprach
sant augustin. wā got gut ist dar
umb sein wir- vñ alles. das alle
creatur gutes habē das ist alles
von der wesenlichen gute gotes
allein. Welches ist nu die eigen
schafft dy wir in der veterlichen
geburt mercken vñ lernen sollen
Der vater an seiner personlichē
eigēschafft so keret er sich in sich
selber mit seyner gotlichen vor-
stentniß vñ durch sihet sich sel-
ber in clarem vorstehen- in dem
wesenlichenn abgrundt seynes
ewigen wesens- vnnd dan von
dem blossen vorstehen sein selbs
so sprichtt er sich al tzu mal auß
vnd das wort ist seine sun. vnd
das bekennen seine selbs das ist
das geberen seines sunes in der
ewigkeit- er ist inne bliben in we
senlicher eynikeit- vnd ist außge
hende an personlichem vnder-
scheit. Also ghet er in sich vñ be
kennet sich selber- vnnd er ghet
dan außer ym- in geberēde seine
bilde das er do bekant vnd vor
standen hat in psönlichem vn-
derscheiden. Vnd gehet dan wi
der in sich in volkōmener geuel-
likeyt seyne selbs Die geuellikeyt
seine selbs fleusset auß. in ein vn
außsprechliche liebe das do ist
der heylig geyst. Also bleibet er
ynne vñ ghet auß vnd ghet wi
der ein Darumb sein alle außgēge
vmb die widergenge. Darumb
ist des himels laufft aller edelst
vñ volkonmest wan er aller ey
geligst wider in seinen vrsprūgk
beginnet do er auß gingk. Also
ist des mēschē laufft aller edelst
vnd aller volkōmest wan er al-
ler eigenligst in seinen vrsprūgk
gehet. Nu die eigēschafft dy der
himelisch vater hat ann seinem
eingange vñ an seinem außgan
ge- die eigenschafft sal auch ein
iglich mensch an ym haben. der
ein geistlich muter wil werdenn
disser gotlichenn geburt der sall
al tzu mal in sich gehen. als wie
Dy sele hat drei edel crefft in den
sie ist ein war bilde der heiligen

Predigt von Meister Eckart, Johannes Tauler zugeschrieben. Wiegendruck von 1498

nichts, als mit der Betrachtung des Vollkommensten beschäftigen können. Das Vollkommenste ist er selbst... Gott dachte sich von Ewigkeit her in aller seiner Vollkommenheit, das ist: Gott schuf sich von Ewigkeit her ein Wesen, welchem keine Vollkommenheit mangelte, die er selbst besaß. Dieses Wesen nennt die Schrift den Sohn Gottes, oder welches noch besser sein würde, den Sohn Gott."

Die Harmonie zwischen Gott und dem Sohn ist für Lessing der heilige Geist. Die Weltschöpfung geschieht dadurch, daß Gott seine Vollkommenheiten denkt, denn „jeder Gedanke ist bei Gott eine Schöpfung". Das Fragment schließt mit der Definition der moralischen Wesen, die Lessing als solche bezeichnet, die sich ihrer Vollkommenheit bewußt sind und das Vermögen haben, darnach zu handeln.

Lessing lehnt die von ihm konstruierte christliche Religion mit ihren dogmatischen Kategorien als echter Rationalist ohne weiteres ab. Die christliche Freimaurerei stellt sich auf den Standpunkt, nur die von Zusätzen späterer Zeit freie Lehre Jesu Christi anzunehmen, aber sie zwingt keines ihrer Mitglieder, die kirchliche Dogmatik ihres christlichen Bekenntnisses zu verleugnen. Die christliche Freimaurerei kennt also keine Negation irgendeiner

Joannis Tau
len des heiligẽ lerers
Predig/fast frucht
bar zů eim recht
christlichen
leben.
Deren Predigen
gar nah hie in disem bůch des halb-
teyls meer seind dañ in andern vorge
truckten bücherē die man sydhar mit
der hilff gots funden hat/ Der seyn
wort yetzt wider erweckt vnnd aller
welt verkündt.
Getruckt zů Basel
Anno M. D. XXI.

Titelblatt der Predigten von Tauler, Basel 1521

christlichen Kirchengemeinschaft, sie läßt jedem ihrer Mitglieder völlige Freiheit. Auch die humanitäre Freimaurerei übt keinen Gewissenszwang, sie verpflichtet nur nicht ihre Mitglieder auf ein bestimmtes Bekenntnis, lehnt aber mit aller Entschiedenheit für die Aufnahme in ihre Logen jeden Atheisten ab. Dies gilt für die Freimaurerei in Deutschland, für die nordischen Großlogen, die angloamerikanischen und auch die niederländische Freimaurerei, während nur die romanische auch Atheisten aufnimmt.

Christus selbst sah das Endliche nur in Beziehung auf das Unendliche, er fühlte Gott sich selbst immanent, „ich und der Vater sind eins". Die Erlösung vom Endlichen kann daher nur erfolgen als Versöhnung des Menschen mit Gott durch die Angleichung, die Nachfolge Christi. Das ist durchaus die Lehre der deutschen Mystik des Mittelalters, wie sie am reinsten von dem religiösen Genie, dem Dominikaner Meister Eckart, gepredigt wurde. Man sieht, wie nahe sich die Mystik des dreizehnten und vierzehnten Jahrhunderts mit dem Rationalismus des achtzehnten berührt, allerdings nicht in den Grundwahrheiten, sondern in der Ausgestaltung. Der Rationalismus wurzelt im Menschen als irdische Tatsache, die Mystik hat nur Verständnis für die seelische Erscheinung, und während der Rationalismus sich mit seinen ethischen Forderungen an die erbgeborene Vernunft wendet, wendet sich die Mystik an den Gottesimpuls in der Seele.

Gedenkblatt von Joh. Friedr. Reineke

Diese Abhängigkeit Lessings von der Mystik tritt klar hervor in dem zweiten Fragment, „Das Christentum der Vernunft“, wo er ganz in den Bahnen des Meisters Eckart geht, oft bis zum wörtlichen Ausdruck. Lessing nennt Gott das Vollkommenste. Hören wir Meister Eckart. Ich zitiere nach dem von meinem verehrten Lehrer Wolf Lasson festgestellten Text (Meister Wart, der Mystiker, Berlin 1868): „Gott ist allgenugsam. Tausend Welten zu Gott hinzugefügt sind nicht mehr als Gott allein. Er ist ein für sich bestehendes

Wesen, das nichts bedarf und dessen alle Dinge bedürfen. Er ist der absolut Reiche, und sein Reichtum beruht auf fünf Gründen: er ist die erste Ursache, darum teilt er auch allen Dingen mit; er ist von Wesen einfach, darum ist er das Allgemeinste; er ist sein eigener Ursprung, darum entspringen aus ihm alle Dinge; er ist unveränderlich, darum ist er das höchste Gut; er ist vollkommen, darum ist er das Unbegreiflichste."

Lessings Erklärung der Geburt des Sohnes ist ganz Eckartisch. Der Meister sagt: „In Gott ist zweierlei: Wesen und Beziehung auf sich oder Relation. Des Vaters Wesen ist es nicht, was den Sohn in der Gottheit gebiert, denn der Vater, insofern er das Wesen ist, sieht nur in sein bloßes Wesen; da findet er sich in aller seiner Fülle ohne alle Besonderheit, ohne Sohn und heiligen Geist, und sieht nur sein eigenes absolutes Wesen. Will aber der Vater sich selber schauen und sich auf sich beziehen in einer anderen Person, so gebiert des Vaters Wesen in dieser Beziehung auf sich den Sohn" ... „Als Vernunft blickt der Vater auf sich selber, und durch die Selbstspiegelung seines Wesens muß er sich selbst abbilden oder aussprechen in einem sich daraus ergebenden Wesen. Darum ist das Wort ein Sohn, eins mit dem Vater von Wesen, verschieden von Person. Dieses Sich-in-sich-spiegeln der Gottheit ist ewig; eben deshalb ist auch die Geburt des Sohnes ewig, und gleich im Anfang war das Wort bei Gott. Der Sohn ist identisch mit dem Verständnisse, mit dem sich der Vater in der Bestimmtheit seiner Natur versteht... Im Akte des Sicherkennens setzt sich der Vater als sein eigenes Objekt, und indem er sich als ein anderes sich gegenüberhält, unterscheidet er sich als Person von diesem andern als einer andern Person. Der Sohn nun als vollkommenes Gegenbild des Vaters ist wissendes und vernünftiges Wesen wie er. Sohn heißt das Objekt des göttlichen Erkennens in dem Sinne, wonach etwas als Sohn desjenigen bezeichnet wird, dem es sein Dasein verdankt und mit dem es zugleich Wesensgleichheit besitzt. Wort (Logos) wird der Sohn genannt, weil er aus Gott fließt im Akte des Beistehens und doch. zugleich in Gott bleibt, wie das Wort die Entäußerung meines Gedankes ist, der doch zugleich in mir bleibt und mir als Denkendem wesensgleich ist."

Wie Lessing in der Darstellung der Geburt des Sohnes ganz von Eckart abhängig ist, so auch in der Lehre vom heiligen Geist. Er nennt die Harmonie zwischen Vater und Sohn „den Geist, welcher vom Vater und Sohne ausgeht". Meister Eckart sagt: „Aus der Lust und der Liebe, die Vater und Sohn aneinander haben, entspringt der Heilige Geist, und weil diese Liebe zwischen Vater und Sohn ewig gewesen ist, so ist der Heilige Geist ebenso ewig wie Vater und Sohn." Lessing setzt lediglich für Liebe Harmonie, sonst sind die Werdensvorstellungen bei dem Rationalisten und dem Mystiker vollkommen gleich, nur daß die Denkreihe bei Eckart original, bei Lessing anempfunden ist. Aber Lessings messerscharfe Logik, Knappheit und Klarheit wird besser verstanden werden, als die reiche Fülle der breit dahin strömenden spekulativen Formulierung des großen Mystikers.

Auch im Weltschöpfungsgedanken ist Lessing ganz abhängig von Meister Eckart. So sagt er, jeder Gedanke sei bei Gott eine Schöpfung, die verschiedenen Wesen seien Ergebnis des göttlichen Denkens. Wenn Gott seine Vollkommenheiten zerteilt denkt, das heißt, wenn sie ihm ins Bewußtsein treten, dann schafft er. Da nun Gott seine Vollkommenheiten auf unendlich viele Arten zerteilt denken könnte, so wären unendlich viele Welten möglich. Meister Eckart drückt denselben Gedanken folgendermaßen aus: „Gott als das absolute Wesen umfaßt in sich die Möglichkeit einer unbestimmbaren Menge endlicher Wesen. Keine Fülle geschaffener Wesen kann je seinen Reichtum erschöpfend bezeichnen; Gott hätte in seiner Allmacht noch tausendmal mehr schaffen können, wenn er gewollt hätte. Darim besteht seine Herrlichkeit, daß er tausend Welten schaffen könnte und doch über ihnen allen erhaben schwebte in seinem lauteren Wesen. Indem Gott sich selber anschaut, erfaßt er sich als die Fülle der Ideen, der Urbilder aller Dinge."

Das Lessingsche Fragment bricht ab, als die Erörterung der Ethik beginnen soll, der Verfasser gibt uns nur noch die Definition der moralischen Wesen als solcher Wesen, die sich ihrer Vollkommenheiten bewußt sind und ihnen gemäß zu handeln vermögen. Das nächste Glied in Lessings Denkreihe wäre wohl die Antwort auf die Frage gewesen, was heißt es, sich seiner Vollkommenheiten bewußt zu sein?

Das Vollkommenste ist Gott, die Wesen haben nur Grade der Vollkommenheiten, die den Vollkommenheiten Gottes ähnlich sind. Grade der Vollkommenheiten kann es aber, konsequent durchgedacht, nicht geben. Eine gradierte Vollkommenheit ist eben eine Unvollkommenheit; nur das Vollkommenste, Gott, ist positiv die Vollkommenheit. Wenn sich also die Wesen ihrer Vollkommenheit bewußt werden, so werden sie sich Gottes bewußt. Das Gottesbewußtsein ist Grund und Motiv der Ethik. Also auch der Rationalist Lessing würde nicht daran vorbeikommen, alle Ethik auf Gott zu beziehen, wie es auch Meister Eckart tut.

Im übrigen kennen wir Lessings Ethik aus der Erziehung des Menschengeschlechtes; er fordert, das Gute zu tun allein um des Guten willen, nicht in der Hoffnung auf Lohn oder in der Furcht vor Strafe.

Damit mündet er wieder in den Ideengang Eckarts ein: „Gott lohnt alles Gute, und was du um seinetwillen läßt, das gibt er dir hundertfältig wieder.

Am heiligen Wyhennacht tag predig Doctor Joannis Tauleri. Das .I. Blat

Der erst teil der

Uff wyhennach

Am heilgen wyhennacht tag

Predigt von Meister Eckart. Druck von 1521

Geht aber deine Absicht auf diese Vergeltung, so erlangst du nichts; denn du hast nichts gelassen. Der Mensch sollte keinen Lohn begehren, weder Verstehen und Wissen noch Rührung und Andacht oder Seelenfrieden, sondern allein Gottes Willen. Der Gerechte begehrt überall nichts in seinen Werken; denn die etwas begehren und um eines äußerlichen Zweckes willen wirken, sind Knechte und Mietlinge. Tust du das, was imstande ist, dich in Gott einzubilden mit der Absicht, daß es dies vollbringe, so wird das Werk durch diese fremdartige Nebenabsicht geradezu sündhaft und entfernt dich von Gott."

Nachdem wir die nahe Verwandtschaft der Theologumena Lessings mit den Gedanken des Meisters Eckart festgestellt haben, ist die Frage zu beantworten, ob er die Werke, Predigten und Traktate des großen mittelalterlichen Mystikers gekannt haben könne. Mittelbar und unmittelbar bestand für Lessing diese Möglickeit. Mittelbar durch die Werke von Eckarts Schüler und Ordensbruder, Johannes Tauler, der ganze Gedankenreihen seines Lehrers benutzt hat. Seine Werke waren durch den Druck in ganz Deutschland bekannt, und es war für den Wolfenbütteler Bibliothekar ein leichtes, ein Exemplar zu erhalten. Taulers Predigten waren zum ersten Male 1489 in einem Wiegendruck bei Kachelofen in Leipzig erschienen, dann in Basel 1521, und erneut aufgelegt ebendort 1522. Ich habe alle drei Ausgaben eingesehen und schon in der ersten Predigt de nativitate Domini (über die Geburt des Herrn) die Übereinstimmung mit Eckart feststellen können.

Tauler spricht eingangs der Predigt, daß der Vater den Sohn in der Ewigkeit aus dem Überfluß und dem überwesenlichen (überschwenglichen hat die Ausgabe von 1521) Reichtum seiner Güte geboren habe. Dann fährt er ganz Eckartisch fort: „So konnte er sich nicht enthalten, sich auszugießen, wie Boetius und Augustinus sagen, daß es Art der Gottesnatur sei, sich auszugießen, und also hat der Vater sich ausgegossen durch das Heraustreten der (zweiten) göttlichen Person. Und weiter hat er sich entgossen in die Geschöpfe… Welches ist nun die Eigenschaft (Gottes), die wir bei der väterlichen Geburt bemerken und lernen sollen. Der Vater wendet sich infolge seiner persönlichen Eigenschaft in sich selber mit seinem göttlichen Verständnis und durchschaut sich selbst mit klarem Verstehen in der Tiefe seines ewigen Wesens. Und dann durch das bloße Verstehen (Erkennen) seiner selbst spricht er sich allzumal aus, und dies Wort ist sein Sohn. Das Erkennen seiner selbst ist das Gebären seines Sohnes in der Ewigkeit. Er ist mit dem Vater in wesensgleicher Verewigung geblieben, er ging aus ohne persönlichen Unterschied, also geht er in sich und erkennt sich selber, dann geht er aus sich heraus und schafft sein Bild, das er erkannt und verstanden hat in seinen persönlichen Unterschieden. Und er geht dann wieder in sich in vollkommenem Gefallen seiner selbst. Dies Gefallen seiner selbst fließt aus in eine unaussprechliche Liebe, und das ist dann der heilige Geist."

Lessing hatte sich wegen der Herausgabe der von ihm aufgefundenen Handschrift des Berengar von Tours gegen Lanfrancus sehr eingehend mit der mittelalterlichen Theologie beschäftigen müssen, und man findet allenthalben Spuren dieser Studien, denen nachzugehen für unseren Zweck keine Veranlassung vorliegt. Nur darauf möchten wir hinweisen, daß er den Gedanken, daß Gott das Vollkommenste sei, dem Thomas von Aquino entlehnt hat, bei dem es heißt: „ipsum esse est perfectissimum omnium". Auch Eckart hat Thomas, der gleich ihm Dominikaner war, benutzt.

Soweit ist die mittelbare Berührung mit den Ideen des Meisters Eckart für Lessing durchaus im Bereich der Möglichkeit liegend anzunehmen. Aber auch eine unmittelbare Kenntnis ist nicht unwahrscheinlich, denn es gab zu Lessings Zeiten in einer ganzen Anzahl deutscher Bibliotheken Handschriften Eckarts. Zwar waren seine Schriften von der Kirche verdammt, aber insgeheim gingen sie in vielen Abschriften von Hand zu Hand und beeinflußten das christliche Leben. Die zeitgenössischen und späteren Theologen haben fast alle aus dem reichen Strome seines Schrifttums geschöpft, und es steht durchaus nicht fest, ob die oben angezogene Predigt Taulers überhaupt von ihm oder vom Meister Eckart selbst ist, Lasson glaubt das letzte bestimmt. Mehr als hundert Jahre nach dem Tode – Eckart war um 1328, Tauler 1361 gestorben – konnte der Verfasser mit, Zuverlässigkeit nicht mehr festgestellt werden, zumal die Gleichartigkeit der Gedanken die Identifizierung stark erschwerte.

Wir geben in der Abbildung die zitierte Stelle aus der Taulerschen Predigt in der Ausgabe von 1498 und 1521 und zum Vergleich den Wortlaut Eckarts nach der Handschrift bei Franz Pfeiffer (Die Mystiker des 14. Jahrhunderts): „Wie gebirt got der nâtûre sînen sun in der sêle? als die crêatûre tuont in bilden und gelîchnisse? Triuwen nein! mêr: in aller der wîse als er in der êwikeit gebirt, weder minr noch mê. Eyâ, wie gebirt er da? Daz merket. Sehet got der vater hat ein vollekomen însehen in sich selber, und ein abgründigez durchkennen sich selber mit îme selber, nicht mit dekeinem bilde. Und alsô gebirt der Vater sînen sun in wârer einunge götlicher nâtûre. Sehet in derselben wîse und in keiner andern gebirt got der vater sînen sun in der sêle grunde und in irm wesenne unde vereinet sich alsô mit ir. Wan wêre dâ, iht bilde, sô enwêre da iht warin einunge un an der wâren einunge lît alliu ir sêlikeit."

Wir sind den Spuren der deutschen Mystik in Lessings Theologie und Ethik etwas weiter nachgegangen, weil hier die Quellen fließen, aus denen sowohl Lessing wie auch die Freimaurerei geschöpft hat. Er weicht nur dort von der deutschen Mystik ab, von Meister Eckart, ihrem Lehrer und Berkünder, wo es sich um das religiöse Grieben der Christustatsache im Fleisch handelt. Alle vorweltliche und überweltliche Spekulation der deutschen Mystik war ihm durchaus kongenial, und in dieser Denkreihe spricht er ganz die Sprache Eckarts, Taulers und Susos. Sobald es sich aber darum handelt, mit Jesus zu Christus zu werden, durch die Gnade Gottes in Christo Frieden zu finden, geht der Rationalist Lessing nicht mehr mit. Man hat bei all diesen fragmentarischen Äußerungen aus der Nach-Goezeschen Zeit den Eindruck, Lessing habe sich ernsthaft bemüht, auf dem Weg der mystischen Spekulation zur Nachfolge Christi zu gelangen, aber ein hemmendes Etwas warf sich ihm ständig entgegen.

Wir glauben dieses Etwas in seinem kritischen Intellektualismus sehen zu müssen. Die Schärfe seines zergliedernden Verstandes schloß die Wärme des Gemütes aus. Selbst in der schwersten Zeit seines Lebens beherrscht ihn das Verstandesmäßige so überragend, daß er ein Bonmot fand, wo andere Menschen Tränen vergossen hätten. Seine Frau lag seit Tagen ohne Bewußtsein und starb bald darauf. Der Sohn, den sie ihm geboren, hatte nur zwanzig Stunden gelebt. Darüber schrieb er an Eschenburg: „... ich verlor ihn so ungern diesen Sohn! Er hatte so viel Verstand, so viel Verstand! ... War es nicht

Verstand, daß man ihn mit eisernen Zangen auf die Welt ziehen mußte? Daß er so bald Unrat merkte? War es nicht Verstand, daß er die erste Gelegenheit ergriff, sich wieder davon zu machen?"

Dieser überwuchernde Intellektualismus hinderte Lessing, die Freimaurerei, wie auch das Christentum, ja die Religion überhaupt innerlich zu erleben. Und so wurde er zum Gegner der christlichen Freimaurerei und recht eigentlich der geistige Vater der humanitären Richtung. Darum bei aller Wertschätzung des dichterischen und denkerischen Genies werden wir Lessings Bedeutung für die Freimaurerei Deutschlands nicht hoch anzuschlagen haben. Im Grunde des Herzens war ihm die Freimaurerei, um eins seiner berühmten Worte zu gebrauchen, Staub, nichts als Staub. Bedauerlich, aber unwidersprechlich.

VI. Der Kampf mit anderen Mitteln

Die innere Einstellung der strikten Observanz zu einer Vereinigung mit der Großen Landesloge war nicht aufrichtig, denn in Wirklichkeit wollte sie den Vergleich so schließen, daß er eine Unterordnung bedeutet hätte. Ein ehrlicher Gedankenaustausch war schon deshalb nicht möglich, weil von Raven, der Wortführer der strikten Observanz, mit gebundener Marschroute und einer vorgefaßten Meinung in die Verhandlung eintrat. In einem langen Brief an Dr. von Exter in Hamburg vom 10. November 1773 spricht er sich ganz klar aus: „Eine genaue Auseinandersetzung, Prüfung und Ausfindigmachung der Unwahrheit ihres Systems; ein strenger Beweis der Wahrheit des unsrigen, waren nicht anwendliche oder ins Mittel zu bringende Dinge. Warum? Ich würde sie ja nur ohne Not klüger gemacht haben, und sie hätten alle Entdeckungen in ihr Gewebe so hineinflechten können, daß es in der Folge Schwierigkeiten gekostet hätte, sie des falschen zu überführen."

Aber auch Zinnendorf machte aus seinem ungünstigen Urteil über die strikte Observanz keinen Hehl. Der Unterschied war nur der, daß er trotz seiner Ablehnung die Vereinbarungen streng innehielt und sogar bei der nächsten Wahl den Herzog Ferdinand von Braunschweig zum Landesgroßmeister vorschlug, was unter Umständen eine Art Unterstellung unter die strikte Observanz nach sich gezogen hätte.

Eine Zeitlang blieb Ruhe, wenigstens solange der Prinz Ludwig von Hessen an der Spitze der Großen Landesloge stand, und Zinnendorf arbeitete unermüdlich an der Befestigung seines Lebenswerkes nach außen und im Innern.

Das nächste, was ihm und seinen Mitarbeitern wichtig schien, war die landesherrliche Anerkennung der Großloge und ihrer Tochterlogen. Ein Zwischenfall drängte zur Ausführung: Bei der Feier des Johannisfestes 1774, das in einem Vergnügungslokal vor dem Landsberger Tor gefeiert wurde, störten ewige ausgelassene Offiziere die Feier und verprügelten die eingreifenden Wachmannschaften. Da eine Beschwerde bei der Kommandantur erfolglos blieb, entschloß sich die Große Landesloge, eine Abordnung mit einer Bittschrift an den König zu senden. Dies wurde am 5. Juli 1774 ausgeführt. In der Bittschrift, die, in französischer Sprache abgefaßt, sich im Geheimen Staatsarchiv befindet, wurde mitgeteilt, daß die Große Loge von London die Große Landesloge für Deutschland anerkannt habe. Der Vertrag wurde in französischer Übersetzung beigefügt und die Bitte um des Königs „Allerhuldreichsten Schutz“ ausgesprochen. Der König antwortete zwei Tage später: „... verleihen Seine Königliche Majestät der Großen Loge von Deutschland zu Berlin völlige Freiheit, diesen Vertrag (mit der englischen Großloge) in der Art zu erfüllen, als sie es selbst am zuträglichsten beurteilen wird, um dero Staaten insonderheit aber Ihrer (Majestät) Residenz-Stadt die glücklichsten Wirkungen, die sie sich selbst davon verspricht, genießen zu lassen, und Seine Königliche Majestät werden sich das fühlbarste Vergnügen jederzeit daraus machen, durch Allerhöchstdero mächtigen Schutz zum fürnehmsten Zweck aller wahren Freimaurerei mitzuwirken, welcher nämlich ist: die Menschen geselliger, tugendhafter und wohltätiger zu bilden.“

Demgemäß bat die Große Landesloge den König um Verleihung einer Urkunde. Dieser Bitte willfahrte Friedrich der Große und befahl dem Departement für die auswärtigen Geschäfte, „einen förmlichen Akt über Allerhöchst dero Schutz“ auszufertigen.

Diese königliche Urkunde ist nicht nur für die Große Landesloge von der allergrößten Bedeutung, sondern sie ist für die gesamte Freimaurerei in Deutschland eine richtunggebende geschichtliche Tat.

Einer der bedeutendsten Fürsten aller Zeiten, gleichmäßig berühmt und bewundert als Mensch, als Staatsmann wie als Feldherr, hatte sich offen für die Freimaurerei erklärt. Ein Geist, der in die Tiefen blickte und der als absoluter Regent sich verantwortlich fühlte für seine Untertanen, hatte die hohen sittlichen Werte erkannt, die in der wahren Freimaurerei liegen, nicht nur für den Menschen als Objekt des Staates, sondern auch für den Staat selbst. Nicht mehr der schwärmerische Kronprinz des Jahres 1738, dessen noch dunkler Zug zum Idealen ihn in den Orden führte, sondern der reife abgeklärte Geist des die Sechzig auf den Schultern tragenden königlichen Philosophen hatte hier eine Entscheidung gefällt, die eine Art Glaubensbekenntnis bedeutete.

Es folge die Urkunde selbst: „Wir, Friedrich, von Gottes Gnaden, König von Preußen, Markgraf zu Brandenburg, des heiligen Römischen Reiches Ertz-Cämmerer und Churfürst, souverainer und oberster Herzog von Schlesien, souverainer Prinz von Oranien, Neufchatel und Vallengin, wie auch der Grafschaft Glatz, in Geldern, zu Magdeburg, Cleve, Jülich, Berge, Stettin, Pommern, der Cassuben und Wenden, zu Mecklenburg und Crossen Herzog, Burggraf zu Nürnberg, Fürst zu Halberstadt, Minden, Cammin, Wenden, Schwerin, Ratzeburg, Ostfriesland und Mörs, Graf zu Hohenzollern, Ruppin, der Mark, Ravensberg, Hohenstein, Tecklenburg, Schwerin, Lingen, Bühren und Lehrdamm, Herr zu Ravenstein, der Lande Rostock, Stargard, Lauenburg, Bütow, Arley und Breda usw. Thun kund und fügen hiermit zu wissen, Demnach Uns die in Unsern hiesigen Königlichen Residentzien etablirte große Frey-Maurer-Loge von Deutschland, in tiefster Ehrfurcht zu erkennen gegeben, die um den bey Stiftung dieses Ordens zum Grunde gelegten Endzweck, das Wohl und das Beste der menschlichen Gesellschaft, sowohl überhaupt als insbesondere zu befördern, desto eher erreichen zu können, die Meister vom Stuhl und Vorsteher verschiedener gesetzmäßigen Logen sich zusammen gethan, um zu dem Ende mit der für die älteste anerkandten Großen Loge zu London eine Uns zugleich allerunterthänigst überreichte Vergleichs-Acte errichtet hätten, Kraft welcher besagte Große Englische Loge die in hiesigen Residentzien etablirte Große Loge für die Große Loge von Deutschland Unsere sämtliche Staaten mit einbegriffen, anerkennet, und ihr unter den in bemeldter Vergleichs-Acte enthaltenen Bedingungen das Recht zustehet, nicht nur für sich Mein in dem Umfange besagter Länder und Staaten, neue Logen zu errichten, sondern auch die in Deutschland und in unsern Staaten bereits errichtete sowohl vereinigte als abhängende Logen nach den Gesetzen der Freimaurerey zu dirigiren; So haben Wir diese Convention nicht nur mittelst Unserer allergnädigsten Cabinets-Resolution vom 7. dieses Monaths huldreichst genehmiget, sondern Wir haben auch dieser in Unserer Residentz etablirten Großen Freimaurer-Loge, damit Sie der Ihr durch die älteste große Loge zu London in der unterm 30. Novembris an. pr. vollzogenen Vergleichs-Acte zugestandenen Rechte und Vorrechte einer großen Landes-Loge von Deutschland desto eher und sicherer zu genießen und sich zu erfreuen haben möge, Unsere zugleich nachgesuchte besondere Königliche Allergnädigste Protection Schutz und Schirm umsomehr huldreichst verwilligen und ihr darüber hierdurch die ausdrückliche Versicherung in Gnaden ertheilen wollen, als Wir nicht zweifeln, Sie werde Sich dieses Merkmahl Unserer Begünstigung, Huld und Gnade zu einem neuen Bewegungs-Grund dienen lassen, ihre Kräfte zu verdoppeln für das Wohl und die Glückseeligkeit der menschlichen Gesellschaft ohne Nachlaß zu arbeiten.

In Rücksicht dieser Ihrer Uns zu einem allergnädigsten Wohlgefallen gereichenden rühmlichen Absichten und Bestrebungen ertheilen Wir auch hiermit, und Kraft dieses Schutzbriefes die allergnädigste Erlaubniß, daß Sie Sich der Ihr zugestandenen Rechte und Vorrechte einer großen Landesloge von Deutschland und sämtlichen Unserm Scepter unterworfenen Staaten bedienen, und sowohl in Unserer Residentz als in Unsern sämtlichen Landen frey öffentlich, und ungehindert nach den Gesetzen und Statuten des alten ehrwürdigen Freimaurer-Ordens, zum Wohl und Besten der Gesellschaft arbeiten könne, und Wollen Wir Ihr Unsern Königlichen Schutz und Schirm in allen gerechten, billigen und rechtmäßigen Dingen kräftigst angedeyhen lassen, und nicht zugeben, daß so wenig diese Große Loge von Deutschland, noch die von Ihr abhängenden und mit Ihr vereinigten gesetzmäßigen und guten Logen, sowie die Mitglieder derselben sowohl überhaupt, als insbesondere in Ihren wohlhergebrachten Rechten, Vorrechten und Freyheiten gestöhret und beeinträchtiget werden.

Wir beschien demnach auch hierdurch allen Unsern sowohl militär- als Civil-Bedienten, Befehlshabern und Collegiis insbesondere aber Unserm Gouvernement und Ober- und Unter-Gerichten in Unserer Residentz Berlin Sich hiernach gebührend und allergehorsamst zu achten, mehrbesagte Große Frey-Maurer-Loge von Deutschland auf Ihr Ansuchen hierbey nachdrücklich zu schützen, und nicht zu gestatten, daß Dieselbe hierwieder im geringsten beschweret werden möge.

Des zu Urkund haben Wir dieses Ihr ertheilte allergnädigste Protectorium höchsteigenhändig unterschrieben und Unser großes Königliches Gnaden-Siegel anhängen laßen.

So Geschehen und Gegeben in Unserer Königlichen Residentz-Stadt Berlin den SechsZehnten Tag Monaths Julii nach Christi Unsers Herrn Geburth im EinTausend Sieben Hundert Vier und Siebenzigsten und Unserer Königlichen Regierung im Fünf und Dreyßigsten Jahre

Federic.“

Die Wirkung dieses Schutzbriefes auf die freimaurerische Welt war überraschend. Die englische Großloge äußerte sich in einem Dankschreiben an Friedrich den Großen vom 21. Juli 1775:

„Sire!

Die vielfachen Beweise ausgezeichneter Huld, die es Euerer Majestät gefallen hat den erhabenen Mysterien der Freimaurerei zu geben, insbesondere aber der erhabene und gnädige Schutz, den Allerhöchst dieselben vor kurzem der in Berlin gegründeten Großen Loge von Deutschland angedeihen zu lassen geruht haben, erfüllen uns, den Großmeister, den abgeordneten

Großmeister und die übrigen Würdenträger der Großloge der freien und angenommenen Maurer in London mit der lebhaftesten und ehrfurchtsvollsten Dankbarkeit.

Majestät! Wir schätzen die kindliche Liebe dieser ehrwürdigen Körperschaft und unsere väterliche Zärtlichkeit legt so großes Gewicht auf die Verbindung mit ihr, daß wir niemals aufhören werden, die ihr gewährten Vorteile als uns selber erwiesen zu betrachten. Die Aufrichtigkeit und die Gerechtigkeit dieser Gesinnungen bewegen uns, vertrauensvoll dem Throne Euer Majestät mit dem untertänigsten Dank, dafür zu nahen, daß Allerhöchstdieselben in unserer Geschichte die glückliche Epoche herbeigeführt, in der der große Friedrich geruht hat, sich als gerechter Beurteiler des uns anvertrauten Pfundes durch die Uebernahme des Königlichen Protektorats über die wahre Freimaurerei in dem großen deutschen Reiche zu erweisen. Ein solches Beispiel konnte nur von dem Salomo des Nordens gegeben werden. Es sichert ihm ein unveränderliches Anrecht auf die Dankbarkeit einer Gesellschaft, die unter dem Schutz des ruhmreichen Lorbeers, der das Haupt Euerer Majestät schmückt, Allerhöchstdemselben nur zu folgen hat, um zur Unsterblichkeit zu gelangen.

Lange Zeit hindurch, Majestät, hielten unsere Herzen mit Mühe den Ausdruck der Dankbarkeit zurück. Er wurde nur durch die Hoffnung verzögert, durch den Ruhm Euerer Majestät eine unglückselige Sekte vernichtet oder zur Einheit zurückgeführt zu sehen, die unter dem täuschenden Namen der strikten Observanz oder der Reform des Nordens, auf Schlangenwegen den Frieden und die Harmonie der wahren Freimaurer-Brüderschaft in Deutschland stört. Ein gelehrter, weiser und siegreicher Monarch, der durch den Schutz, den er unsern Kindern gewährt, die Prinzipien dieser weihte, hätte ihre Gegner zu uns zurückführen müssen. Dieses große Ereignis, der Gegenstand unserer heißen Wünsche, rief, wenn es eingetreten wäre, unsere Herzen zu den Füßen Euerer Majestät und wir hatten geglaubt, dies abwarten zu sollen, um die Ihrem Volke so teuren Augenblicke Euerer Majestät nicht zu mißbrauchen. Wir geben uns der Erwartung hin, daß dieser Erfolg nur verzögert ist, aber unsere ungeduldigen Gemüter vermögen die Bewegungen der Dankbarkeit nicht länger zurück zu halten.

Geruhen Euerer Majestät den Ausdruck dieser zu genehmigen. Er ist um so aufrichtiger, je weniger wir daran zweifeln dürfen, daß Allerhöchst Ihr erhabener, der Loge von Deutschland gewährter Schutz dazu dienen wird, die wahren Prinzipien unserer Kunst immer mehr auszubreiten und nicht allein ihre Segnungen der Menschheit fühlbar zu machen, sondern auch unsere widerspenstigen Brüder zur Erkenntnis des Wertes dieser Prinzipien zu führen. So köstliche Erfolge werden täglich die Zahl derer vermehren, die als wahre Freimaurer mit und von den aufrichtigen Wünschen für das Wohlergehen Euerer Majestät beseelt sind. Als Führer dieser Vereinigung wird es uns eine besondere Pflicht sein, ihnen dazu das Beispiel zu geben und wir werden uns glücklich schätzen, wenn Euere Majestät der Ueberzeugung Raum geben möchten, daß wir mit der lebhaftesten Dankbarkeit und der tiefsten Ehrfurcht verharren

Eurer Majestät untertänigste und gehorsamste Diener
Petre, Großmeister. Rowland Holt, abgeordneter Großmeister.
Thomas Parker, erster Groß-Aufseher. John Hull, zweiter Groß-Aufseher.
Rowland Berkeley, Groß-Schatzmeister.
Auf Befehl des Großmeisters
Ja. Heseltine, Groß-Sekretär."

Auch die Große Landesloge von Schweden nahm mit aufrichtiger Freude an dem großen Ereignis teil. Sie schrieb auf die Mitteilung aus Berlin:

„Mit dem größten Vergnügen hat die große National-Loge von Schweden durch Ihr Geehrtes vom 27. Dez. 1773 vernommen, daß endlich die höchste Nationalloge zu London die Rechtmäßigkeit der großen National Loge von Deutschland anerkannt und ihre Jurisdiction bestimmt hat.

Nicht weniger wurden wir von brüderlicher Freude durch die Nachricht durchdrungen, daß Ihre Arbeiten die Protection Ihres erhabenen Monarchen erhalten; und wir wünschen Ihnen als wahre Brüder Glück über diese beiden glücklichen Eingriffe für die Königliche Kunst im allgemeinen, für Deutschland und Sie im Besonderen. Wir zweifeln nicht, daß dem Orden viel Gutes daraus entspringen wird. Ihre Weisheit läßt uns hoffen, und wir urtheilen nach der täglichen Erfahrung, indem wir, wie Sie, der hohen Protection unseres Gnädigen Souverains und der Korrespondenz der höchsten großen Mutterloge uns erfreuen. Da wir uns vorgenommen haben, eine freundschaftliche Korrespondenz mit der Großen Nationalloge von Deutschland zu unterhalten; so glauben wir nicht, Sie mit einer angenehmeren Nachricht eröffnen zu können, daß Se. Königliche Hoheit der Herzog von Södermanland mit ausnehmender Güte den Wünschen unserer Nationalloge nachgegeben und den Großmeisterlichen Hammer angenommen hat. Wir übersenden Ihnen eine Liste der gegenwärtigen Großoffizianten und eine andere der arbeitenden Logen, welche von Zeit zu Zeit in unserer Jurisdiction sind constituiert worden und in der großen Nationalloge Sitz haben.

Wir werden jederzeit sorgfältig darauf sehen, daß kein aus Deutschland kommender Maurer in unserer Loge zugelassen wird, der nicht mit einem legalen Recommandations-Briefe versehen ist." Es folgen einige

Bemerkungen zu den Logenlisten, dann schließt das Schreiben: „Wir sind und bleiben für immer mit der größten Hochachtung und der wärmsten Bruderliebe

Ihre ergebensten Diener und Brüder."

Das Schreiben ist datiert: Stockholm, den 20. November 1774, und unterschrieben von dem deputierten Großmeister, den beiden Groß-Aufsehern und dem Großsekretär.

In der strikten Observanz war man zunächst sowohl über die Londoner Vergleichsakte, wie auch den Königlichen Schutzbrief völlig konsterniert. Als erste raffte sich die dem Gegner am nächsten stehende Präfektur Templin, also Berlin, auf. Der National-Großmeister Prinz Friedrich August von Braunschweig lud Zinnendorf zum 26. November 1774 zu sich ein. Er wollte einen erneuten Ausgleichsversuch machen und verlangte die Vorlage des Schutzbriefes im Original. Zinnendorfs sehr charakteristische Antwort fanden wir im Archiv der drei Weltkugeln:

„Durchlauchtigster Printz
Gnädigster Printz und Herr

Meine Unpäßlichkeit erlaubt mir nicht, Ew: Hochfürstliche Durchlauchten gnädige Einladung auf Morgen Mittag annehmen zu können, und ebendieselbe bestimmet mich, Hochdieselben unterthänigst zu ersuchen, mich aus Ursache dessen, meines Außenbleibens wegen, großmüthig zu entschuldigen.

Was die Vorzeigung des erhaltenen Allerhuldreichsten Königl: Protectorii bey Ew: Hochfürstliche Durchlauchten, verlangtermaßen in originali, anlanget, so kan ich, da dieses unterthänig zu befolgen, nicht von mir abhanget, gesagten Hochdero anfordern, für meine Persohn, gantz gehorsamst nicht wilfahren. Eben dieses weißheitsvolle Zeugniß der Allerhöchsten Königlichen Huld, gegen die hiesige Große Loge von Deutschland, darf nach derselben allgemeinen Beschluß, Irgend Jemand, nicht weiter anders als in ihrer geöfneten algemeinen Versammlung vorgewiesen werden.

Würden diesemnach, Ew. Hochfürstliche Durchlauchten, das von des Königs Majestät, der hiesigen Großen Loge von Deutschland, allergnädigst erteilte Protectorium, unter gesagtem allgemein festgesetzten Beschluße, in originali zu sehen, annoch gnädigst verlangen, so erwarte ich Hochderoselben huldreiche Befehle, wenn Ew: Hochfürstliche Durchlauchten zu verlangen geruhen, daß ich die Mitglieder derselben, in der Palmiéschen Behausung, zu dem Ende, außerordentlich zusammen beruffen solle.

Den Nahmen eines Protectors der Freymaurer in hiesigen Landen, welchen Ew. Hochfürstliche Durchlauchten, in höchstdero heutigen an mich gnädigst erlassenen Zuschrift, Sich eigenhändig zu bedienen geruhet, muß ich, als zeitiger Groß Meister der hiesigen Großen Loge von Deutschland, in tiefster Unterthänigkeit, mir, für allemahl, verbitten, weil, so wenig die hiesige große Landesloge, noch ich, und kein wahrer Bruder Frey Maurer, in dieser vielsagenden qvalität, nirgend Jemand anders, als Seine Königliche Majestät von Preußen, den Weißesten und huldreichsten Monarchen von der Welt, anerkennen dürffen und mögen. Geruhen Ew: Hochfürstliche Durchlauchten diese aufrichtige Schreibart als unverstellte Ausdrücke, eines wahren Frey Maurers, gnädigst anzusehen und überhaupt huldreich zu bemerken, daß wenn Hochdieselben mit der hiesigen großen Loge von Deutschland, gemeinschaftliche Sache zu machen, sich würden entschließen können, Ew: Hochfürstliche Durchtauchten gleich wie Jedermann, alsdann, nach denselben algemeinen und besonderen Gesezzen, zu wercke zu gehen belieben müssen.

Würden Ew: Hochfürstliche Durchlauchten überdieß sich dahin gnädigst entschließen können, die hiesige große Loge von Deutschland, mich selbst und insgesamt zu derselben gehörende Mitglieder, nach höchsteigener richtiger Überzeigung zu beurtheilen; so darf ich mir schmeicheln, daß hochdieselben uns sämtlich, aus einem ganz anderen, als bisherigen Gesichtspunkte ungezweifelt, nicht nur betrachten, sondern auch, nach ebendemselben, jederzeit huldreich zu behandeln, die Gnade haben werden.

In hofnungsvoller Erwartung eines dergleichen glücklichen Zeitpunktes, beharre ich mit der ehrerbietigsten Hochachtung unausgesetzt,

Ew. Hochfürstlicher Durchlauchten
unterthänigst gehorsambster Diener
von Zinnendorf

Berlin
d. 25 November
1774."

Der Prinz war über die freie und männliche Sprache Zinnendorfs so tief verstimmt, daß er weder mit ihm, noch mit der Großen Landesloge irgend etwas zu tun haben wollte. Von dieser war ein Schreiben, das Friedrich von Castillon als deputierter Landes-Großmeister unterzeichnet hatte, am 27. November 1774 eingegangen, worin die volle Übereinstimmung mit Zinnendorf erklärt war. Die Große Landesloge läßt keinen Zweifel darüber, daß sie nur dann eine Vermittlung des Prinzen annehmen werde, wenn die Gesetze der Freimaurerei nicht verletzt würden. „Weder der Bruder von Zinnendorf noch wir, ziehen uns von einer mündlichen Unterredung mit Ew: Durchlauchten aus andern Gründen zurück, als weil wir wissen, daß hochdieselben, als Chef der stricten Observantz, anders als wir denken, und aus eben diesem Grunde werben Ew: Durchlauchten es für vernünftig zu erklären geruhen, daß derselbe und wir anfengs mit kluger Entfernung handeln. Verwerfen Ew: Durchlauchten diese unsere unterthänigen Vorschläge, so verwerfen Hochdieselben alles, was zur ersten Grundlage unserer Vereinigung gehört."

Der Hofmarschall des Prinzen von Penavaire antwortete unterm 29. November 1774, daß Friedrich August ungehalten darüber sei, daß Zinnendorf den vorjährigen Verabredungen zuwider den Namen einer großen Loge von Deutschland angenommen habe. An Castillon schrieb der Hofmarschall, daß der Prinz ihn beauftragt habe, das Schreiben der großen Landesloge zu erbrechen und wenn es von der Zinnendorfschen Angelegenheit handle, er es „ohne Ihro Durchlauchten davon den geringsten Rapport abzustatten, zurückschicken solle".

Jedenfalls war die Lage geklärt, eine Vereinigung mit der strikten Observanz für Zinnendorf und seine Brüderschaft kam nicht in Frage. Gegen Ende des Konvents von Braunschweig scheint das Protektorium des Königs für die Große Landesloge in geheimer Sitzung besprochen worden zu sein. Im Archiv der drei Weltkugeln findet sich der Entwurf einer Eingabe an den großen König, die folgendermaßen lautet:

„Allerdurchlauchtigster pp.

Ew. Königl. Majestät haben die hohe Gnade gehabt die Frey Mäurer in Höchstdero Landen bereits im Jahr 1740 Allerhöchstdero Schutzes zu würdigen und jüngsthin denenselben ein Protectorium huldreichst zu ertheilen. Diese Königl. Gnade aber hat ein gewisser medicus in Berlin nahmens Zinnendorff welcher es sich vor einigen Jahren hat einfallen lassen eine sogenannte Frey Maurer Loge zu errichten, sträflich an sich zu reißen gewußt, und dieß Protectorium für seine Anhänger erschlichen; so wie er auch von der großen Loge zu London auf eine unrechte Art sich ein Patent ausgewürcket hat, wogegen unsere Ordens-Oberen bereits das Nöthige nach England ergehen lassen. Die alte ächte Loge zu den 3 Welt Kugeln zu Berlin welche in Deutschland die vornehmste ist, und selbst Printzen von Allerhöchstdero Königlichem Hause aufgenommen hat, ist durch diese Kühnheit des Zinnendorfs in die größte Verlegenheit gesetzt, und wir Endes unterschriebene gegenwärtig in Braunschweig versammlete Deputirte aller ächten Frey Mäurer Logen Deutschlands unterstehen uns dahero

Ew: Königl: Majestät hiedurch fusfällig zu bitten, das von dem Zinnendorf erschlichene Protectorium der ächten Loge der 3 Welt Kugeln zu Berlin huldreichst ertheilen zu lassen.

Die wir in tiefster Ehrfurcht ersterben

Ew: Königl. Majestät
allerunterthänigste Brdr.
gehorsamste

Braunschweig, d. 4: Jul: 1775.

Frh: v. Hund Obermeister und Deputirter der Logen von
Elsaß u. Lothringen."

Eifersucht und Ärger gegen den erfolgreichen Zinnendorf hatten dieses Schriftstück diktiert, und man kann sich kaum vorstellen, wie ernste und aufrechte Männer ihre Würde soweit vergessen konnten, daß sie sich zu solchen Verleumdungen und falschen Darstellungen hinreißen ließen. Dazu der servile Ton, der bei Friedrich dem Großen gar nicht angebracht war, wirkt für uns heute geradezu abstoßend.

Zunächst waren wir im Zweifel, ob das Schreiben, das sich ja nur im Entwurf vorfand, überhaupt an den König abgegangen war. Die Nachsuche in den Minüten von 1775 war ergebnislos, und schon konnte man hoffen, daß es nur im Entwurf existiere, der Brief aber nicht abgegangen sei. Da stießen wir im Geheimen Staatsarchiv auf ein Aktenfaszikel über freimaurerische Angelegenheiten, in denen sich einige lose Blätter befanden, die Abschriften von Verfügungen des großen Königs enthielten. Es waren drei Folioblätter, das erste vom 17. Juli 1774, das zweite vom 31. Juli 1775 und ein sehr interessanter humorvoller Brief in französischer Sprache an Friedrich von Braunschweig vom 30. Januar 1777. Alle drei Abschriften sind am 24. November 1866 von dem Stadtgerichtsrat Grafen Wartensleben vorgelegt und von dem Geheimen Staats-Archivar Friedländer vidimiert. Eine erneute Nachsuche im Geheimarchiv der drei Weltkugeln hat die Auffindung der Originale gezeitigt. Graf Wartensleben war zehn Jahre lang Mitglied des Bundesdirektoriums der drei Weltkugeln.

Das erste Schriftstück beweist, daß noch vor der Erteilung des Protektoriums, in der Zeit der Vorverhandlungen, die Führer der drei Weltkugeln schon bei dem König vorstellig geworden waren und die freimaurerischen Verhältnisse in ihrer Weise geschildert hatten. Der Entwurf dieser Eingabe von der Hand des Kammergerichtsrats Krüger befindet sich in dem genannten Geheimarchiv und ist in mehrfacher Beziehung interessant:

„Allerdurchlauchtigster etc.

E. K. M. geruheten allergnädigst, gleich bey dem Antritt Dero glorreichen Regierung öffentlich bekannt machen zu lassen, daß Sie den Orden der Freymäurer mit Dero Allerhöchstem Schutz begnadigten. Solche

Bekanntmachung geschahe durch die hiesigen öffentlichen Blätter, besonders die französische Hof-Zeitung vom 2. Jul. 1740; und in dem folgenden Stück vom 9. dieses Monats werden die allhier aufgenommenen Mitglieder deßelben verzeichnet. Hierauf bat der Geheime Rath Jordan, als ein Mitglied, Nahmens einiger Personen, eine Loge in der Stadt anlegen zu dürfen; Sie erhielten dazu mündlich die allergnädigste Erlaubniß und es mußten gedachter p. Jordan auch der Geheime Cämmarirer Fredersdorff ihnen andeuten, bey der Wahl ihrer Glieder darauf zu sehen, daß selbige Personen von anständigen Eigenschaften wären: Zugleich könte die zu errichtende Loge in allen ansehnlichen Städten neue von ihr abhängige Logen stiften: Auf diese Art entstand die hiesige Loge zu den dreyen Welt-Kugeln. Sie setzte ihre Beschäftigungen bedeutend fort, vornehmlich die Bemühungen, die allerreinste Treue und Unterthänigkeit gegen ihren Monarchen ihren Mitgliedern einzuprägen und so errichtete sie verschiedene andere Logen. Nur vor einigen Jahren wolten einige Logen sich absondern, und mit der Loge zu den3 Weltkugeln, als der eigentlichen Stammloge, in keiner Verbindung stehen; sie wurden aber durch glimpfliche Vorstellungen dahin gebracht, daß sie sich mit derselben im October 1773, wieder vereinigten und über solche Vereinigung einen schriftlichen Vertrag errichteten.

Allein eben diese Logen haben, vor einigen Tagen bey E. K. M. um Dero allerhöchste Protection und die Confirmation als einzigen großen Landes Loge in Dero Staaten angesucht, auch nach einer allergnädigsten Cabinets-Ordre Erhörung ihres Gesuches gefunden.

Allergnädigster König und Herr, wir, die Mitglieder der Stamm- und Mutterloge „Loge zu den dreyen Welt Kugeln", werfen uns vor Dero geheiligtem Thron nieder, und versichern in tiefster Ehrfurcht, uns nicht des mindesten bewußt zu seyn, wodurch wir uns der Königlichen Gnade die uns als die Landesloge schon längst erneuet unwürdig gemacht haben könten, alle unsere Grundsätze und Arbeiten sind den Pflichten unseres Ordens aufs genaueste angemeßen, unserer dienstwillige Treue überzeuget uns, daß Allerhöchstdieselben nicht gesonnen seyen, uns den einmal geschenkten Vorzug zu entziehen.

Wir bitten daher allerunterthänigst:

Allerhöchstdieselben geruhen das uns bereits im Jahr 1740 ertheilte Vorrecht der einzigen Landes Loge in Dero Staaten wiederum zu erneuern und zu bestätigen, die von anderen Logen gesuchte und erlangte Ordre, auf unsere Loge zu den dreyen Welt-Kugeln übertragen und die übrigen Logen anweißen zu lassen, sich mit der unsrigen gehörig zu vereinigen.

Die wir in tiefster Unterwerfung ersterben
E. K. M.
allerunterthänigste treugehorsamste
Knechte
Sämtliche Mitglieder der Loge zu den Dreyen Weltkugeln."
Berlin d. 15 Jul. 1774.

Der König ließ sich nicht von seiner Auffassung abdrängen, er antwortete ganz kurz mit einer unverhüllt tadelnden Ablehnung:

„Seiner Königlichen Majestät von Preußen Unseren allergnädigsten Herrn scheinet die, aus der Vorstellung der Freimaurer Loge, zu den Drey Welt-Kugeln vom 15ten dieses Monats, hervorgehende Spaltung und Uneinigkeit, mit der anerkannten Großen Landesloge von Deutschland, unanständig und schlecht zu seyn; und, da Höchstdieselbe damit gar nichts zu thun haben wollen, so müssen Sie Sich beyderseits zu vertragen suchen, und, auf Wiederherstellung der brüderlichen Eintracht, ernstlich arbeiten.
Potsdam den 17 Julii 1774
Friedrich
An die Freymaurer Loge zu den drey Weltkugeln in Berlin."

Die zweite Verfügung zeigt, daß das häßliche Schreiben der auf dem Konvent zu Braunschweig versammelten Abgeordneten der strikten Observanz doch abgegangen war. Der König antwortete, wie im Jahre vorher ablehnend, nur noch um einen Grad schärfer:

„Seiner Königlichen Majestät von Preußen Unser allergnädigster Herr lassen denen zu Braunschweig versammlet gewesenen Deputirten der Freymaurer Loge, zu den drey Welt-Kugeln, auf deren Vorstellung vom 4ten dieses, hierdurch zu erkennen geben, wie Höchst dieselben gar nicht absehen, was ihnen die Berlinische Loge des Dr. v. Zinnendorff, angehet: Ein Doctor kann so gut eine Loge haben, wie ein anderer; Überhaupt sind Seiner Königlichen Majestät gesonnen, in dem Fall einem jeden seine liberté zu lassen, und jedem hierunter machen zu lassen, was er will, und wie er es für gut findet.
Potsdam, den 31ten Julii 1775.
Friedrich.
An die Deputirte der Freymaurer Loge zu den drey Welt Kugeln."

Damit war auch dieser Vorstoß abgeschlagen. Die strikte Observanz hatte wohl erkannt, daß sie mit der weiteren Ausbreitung der schwedischen Lehrart der Großen Landesloge, erledigt sein würde, weil sie nichts gleichwertiges zu bieten hatte. Sie entschloß sich daher, nach dem Tode ihres Heermeisters

v. Hund im Jahre 1776 einen entscheidenden Schlag gegen Zinnendorf und sein Lebenswerk zu führen. Davon soll im nächsten Kapitel gesprochen werden.

VII. Treu bis zum Tode

Zinnendorf hatte zunächst einen großen Erfolg, indem er einen regierenden Fürsten, den Herzog Ernst II. von Sachsen Gotha und Altenburg als Landesgroßmeister gewann. Der Herzog war ein feiner Geist, ein vornehmer Charakter und er stand dem Gedanken der Freimaurerei weltanschaulich sehr nahe. Er nahm die Wahl an und bedankte sich herzlich dafür in einem persönlichen Handschreiben an Zinnendorf:

„Hochwürdiger Deputirter Groß-Meister,
Vielgeliebter Bruder!

Ich danke Ihnen nochmals für die brüderliche Verwendung, durch welche Sie und der Hochw. Br. von Castillon mir zu einer so unvermutheten und unverdienten Ehren Stelle in unserem Ehrwürdigen Orden verholfen haben. Ich werde nie, glauben Sie es, meine Brüder, vergessen das wahre und wesentliche, das ich Ihnen zu verdanken habe, ich meine die mehreren Kenntnisse unserer Geheimnisse, und hoffe auch mit der Zeit von Ihnen noch mehreres Licht zu erhalten. Wenigstens hoffe ich solches durch die aufrichtigste Zuneigung für Sie und den reinsten Eifer für den Orden zu verdienen. Ich wünsche auch nichts mehr als die Gelegenheit, Ihnen, Hochw. Brüder, die vollkommenen und aufrichtigen Gesinnungen zu bewähren, mit welchen ich, Sie durch unsere Heilige und uns allein bewußte Zahl grüßend, jederzeit verharre.

Gotha, d. 5. Julius 1775.

Ihr aufrichtiger treuer Bruder
Ernst."

Das Bild, das der für die Königliche Kunst begeisterte Fürst aus den Schriften seiner Zeit von der Freimaurerei gewann, entsprach in keiner Weise seinen Erwartungen. Der Streit zwischen der Großen Landesloge und der strikten Observanz und der Ton, der in den Veröffentlichungen angeschlagen wurde, war ihm zuwider. Und er betrachtete es als seine nächste Aufgabe, hier Frieden zu stiften. Zu diesem Zwecke wandte er sich zuvörderst nicht als Landesgroßmeister, sondern als einfacher Maurer an den Herzog Ferdinand von Braunschweig. Seine Bemühungen fielen auf fruchtbaren Boden; Ferdinand veranlaßte ein Rundschreiben an alle Logen der strikten Observanz,

Ernst II. Herzog von Gotha und Altenburg

sich aller öffentlichen Streitschriften zu enthalten. Ein ähnliches Zirkular entwarf Zinnendorf und legte es dem Herzog Ernst unterm 27. März 1776 vor. Die Genehmigung stand noch aus, der Herzog zögerte, sich zu erklären, da hielt es Zinnendorf für nötig, eine persönliche Aussprache herbeizuführen und reiste Ende März 1776 nach Gotha. Wir wissen verhältnismäßig wenig über den Inhalt der verschiedenen Aussprachen, aber wir wissen, daß Zinnendorf mit einem vollen Erfolg nach Berlin zurückreiste. Der Herzog hatte die Würde des Landes-Großmeisters für ein weiteres Jahr angenommen, das Toleranzedikt des Herzogs von Braunschweig war am 10. Mai veröffentlicht worden und nun konnte auch das Rundschreiben der Großen Landesloge herausgehen. Herzog Ernst aber hat es nicht unterschrieben, der Grund entzieht sich unserer Kenntnis. Vielleicht ist er darin zu suchen, daß für die strikte Observanz das Braunschweigische Direktorium und nicht Herzog Ferdinand gezeichnet hatte. Herzog Ernst wollte als „médiateur entre les deux parties", wie er sich selbst nannte, in offiziellen Schriftstücken wahrscheinlich nicht hervortreten.

Das Rundschreiben der Großloge hat folgenden Wortlaut:

„Nach dem Seiner Hochfürstlichen Durchlauchten, des regierenden Herren Hertzogs von Sachsen-Gotha, unser Hochwürdigster Landes Groß Meister, und dem, Höchstdenenselben besonders eigenen weisheitsvollen Triebe das allgemeine Beste der Frey Maurerey in Deutschlandt, überhaupt zu befördern, aber insonderheit annoch, den eingerissenen lieblosen und schädlichen Unwesen abzuhelfen und dasselbe für immer zu verhüten, wodurch sich Brüder gegen Brüder vergehen, sich heimlich und öffentlich, mündlich und schriftlich, ja was noch mehr, selbst durch Zeitungs Blätter und durch andere in Druck gegebene Schriften übelgesinnt angreiffen, unverantwortlich beleidigen, und sich in den Augen der Unkundigen, zu gleich treffenden Nachtheil, nicht wenig anstößig machen, mit des, gleich groß und gleich gut gesinnten Herrn Hertzogs Ferdinand von Braunschweig und Lüneburg Hochfürstl. Durchlauchten, laut gnädigst mitgeteilten Hin und Rück Schreibens vom 16ten und 29ten Februar dießes Jahres, Sich dahin glücklich vereiniget haben, Friede, Liebe und Eintracht, unter den Brüdern, von der einen und der andern Seite, wo möglich, zu bewürken und ununterbrochen dauerhaft zu machen: Also werden unsere insgesammt Ehrwürdige Brüder hierdurch liebreich erinnert und ermahnet, ihrer Pflichten jederzeit gehörig eingedenk zu seyn, und denenselben gemäß zu handeln, welchen zu folge, die jeder für sich und alle überhaupt angelobet haben, nicht allein, alle Menschen hertzlich und aufrichtig, sondern auch und noch um so mehr, ihre Brüder zu lieben, denen die uns beleidigen zu vergeben, alles geschehene Unrecht zu vergessen, nicht Böses mit Bösem zu vergelten, vielmehr gegentheils durch Nachsicht und Liebe, die fehlenden zu besseren Gesinnungen, zu bestimmen, und durch Beobachtung alles dessen, den edlen und großmüthigen Absichten, Höchstgedachter Beyder Durchlauchtigsten Fürsten, so viel an einem jeden lieget, schuldigst behülflich zu seyn.

Berlin den 27ten Mertz 1776.

Im Nahmen der Großen Landes Loge der Frey Maurer von Deutschlandt

Johann Wilhelm von Zinnendorf
Deputirter Groß Meister

Burghard Ludwig Werner Cramer
Erster Groß Aufseher

Friedrich von Castillon
Zweyter Groß Aufseher

Bewert
Groß Secretaire."

In dem Begleitschreiben an Herzog Ernst hatte die Großloge klare Bedingungen für die Vereinigung gestellt:

„Ihnen, Hochwürdigster Landes-Groß Meister, ist es überflüssig bekannt, daß wir und insgesamt liebe Brüder, alle Eitelkeit und Ruhmredigkeit ganz entfernt, sowohl in fürgeschriebenen Gesetzen als den einzig entscheidenden Erkenntnissen im Orden angemessen, durchgängig wahre Freimaurer sind und daß unseren sämtlichen Logen ihrer gesetzmäßigen Richtigkeit auf irgend eine diesen zustehende Art nicht das geringste mangelt; sollen wir uns also nach Inhalt dieser Gesetze, durch welcher genaue Beobachtung das Ganze und Wesentliche des ehrwürdigen Freimaurer-Ordens nur allein bestehen kann, mit dem Gegenteile glücklich vereinigen, so ist ein für allemal gesagt, kein anderes, auf immer bestehendes Mittel vorhanden, als daß der Gegenteil aus Liebe zu Gott und zu dem, was gut genannt zu werden jemals verdient, sich zuförderst mit uns dahin vereinige und verbinde, gleiche Fürschriften und Obliegenheiten, als wir samt und sonders im Orden übernommen haben, ebenfalls freiwillig anzunehmen und demnächst in brüderlicher Vereinigung mit uns zu gleich edlen Zwecken treu und ehrlich zu arbeiten ernstlich bemüht sein möge."

Der Herzog nahm, trotzdem er eigentlich mit Ablauf seines Amtsjahres seine Würde niederlegen wollte, den Hammer von neuem an, und berief entgegen dem Vorschlag der Großloge Zinnendorf wieder zu seinem abgeordneten Großmeister.

Der Lieblingsgedanke des Herzogs kam nicht zur Vollendung, vielmehr entwickelten sich bald Unstimmigkeiten, die daraus flossen, daß Ernst aus der Ferne die Große Landesloge regieren wollte, was schon deshalb unmöglich war, weil Entscheidungen getroffen werden mußten, die den Aufschub einer hin und her gehenden Post zwischen Berlin und Gotha nicht vertrugen. So kam es zur Amtsniederlegung und sehr erregten Erklärungen, die später zurückgenommen wurden, womit äußerlich der Friede hergestellt war. Innerlich hatte sich der Herzog von der Freimaurerei abgewandt und seine Befriedigung als Illuminat gefunden. Das Schreiben, womit er seine Amtsniederlegung rückgängig machte, hat folgenden Wortlaut, es war an alle Tochterlogen gerichtet:

„Mit dem Vergnügen, das man empfindet, wenn man Streitigkeiten geendiget stehet, an denen nur Pflicht und Kränckung Theil zu nehmen zwangen, mit diesen Gefühlen melde ich Ihnen meine Brüder, daß durch ein Schreiben der Hochwürdigen Großen Landesloge von Deutschland an mich vom 3ten Julius a. c. die zeitherigen Spaltungen zu meiner Zufriedenheit beygeleget sind. Ich bitte Sie also meine über diesen Vorfall an Sie abgelassene Circulare, vom 14ten Jan. und 8ten Merz dieses Jahres, in Ihren Archiven zu cassieren, Zum Beweiß wie bereit ich aus Liebe für das Ganze bin, alles von meiner Seite zu thun, was das Andencken in dieser unangenehmen Sache die ich mich zu vergessen Bemühe, verbannen kan, und verbleibe mit aller Ergebenheit.

Ihr wohlgeneigter Bruder
Ernst H. zu S. Gotha."

Gotha den 1ten August 1777.

Am 20. August wurde dem Herzog folgende Antwort erteilt:

„Die hiesigen sieben gesetzmäßig arbeitenden Logen von der Constitution der Großen Loge der Freymaurer von Deutschland zu Berlin haben diejenigen Schreiben erhalten, mit welchen Ew. Hochfürstl. Durchl. unter dem ersten dieses Monats sie zu beehren geruht haben.

Mit dem größesten Vergnügen haben sie Ew. Hf. D. Verlangen erfüllt und Höchstdero Schreiben vom 14ten Januar d. J. in ihren Archiven cafsieret. Unter dem 8. Merz haben sie dergleichen Schreiben von Ew. Hf. D. zu erhalten nicht die Ehre gehabt.

Sie freuen sich der wiederhergestellten Eintracht; sie wünschen dem Orden, Ew. Hochfürstl. Durchlaucht und sich selbst dazu Glück und sie danken Höchstdenenselben mit gerührtestem Herzen für denjenigen Antheil welchen Ew. Hf. D. an Beylegung der obgewalteten und nunmehr zur allseitigen Zufriedenheit geendigten Streitigkeit, genommen haben. Löblich ist es von jedem Freymaurer zur Wiederherstellung des Friedens und der Eintracht gern die brüderliche Rechte zu bieten oder anzunehmen; und aufrichtigst danken daher Ew. Hf. D. die hiesigen gesetzmäßigen sieben arbeitenden Logen, daß Höchstdieselben unsern Brüdern ein so rühmliches Beyspiel haben geben wollen. – Sie ersuchen Ew. Hf. D. gehorsamst dieses alles für die wahren Gesinnungen der hiesigen gesetzmäßigen Logen zu halten und der ehrfurchtsvollen Ergebenheit versichert zu sehn mit welcher alle Brüder derselben mit uns zu verharren die Ehre haben.

Durchlauchtigster Herzog
Gnädiger Fürst und Herr,
Hochwürdiger, Geliebtester Bruder
Ew. Hf. Durchl.

treu ergebenste Brüder."

Dieses Schreiben war von allen Logenmeistern, abgeordneten Logenmeistern, Aufsehern und Sekretären unterschrieben.

Neue Verwicklungen erhoben sich, und zwar von einer Seite, woher sie am wenigsten zu erwarten gewesen waren, von Schweden, der Großloge, die durch dieselbe Lehrart mit der Großen Landesloge verbunden war.

Der Hintergrund der ganzen Angelegenheit ist dunkel, wahrscheinlich spielten politische Interessen hinein, die den König von Schweden, Gustav III., einen Neffen Friedrichs des Großen, den Versuch machen ließen, in der Freimaurerei Deutschlands Einfluß zu gewinnen. In Schweden hatte der übermächtige Adel den Vater Gustavs, den König Adolf Frederik, gezwungen, obwohl er eine Schwester Friedrichs zur Gemahlin hatte, gegen seinen Schwager in den Siebenjährigen Krieg einzugreifen. Gustav III. war nicht gesonnen, sich dem Adel unterzuordnen. Er hatte viel von dem Wesen seines großen Oheims, er liebte die französische Literatur und pflegte mit den Berühmtheiten der Pariser Schriftstellerwelt freundschaftlichen Gedankenaustausch. Aber er hatte auch etwas von Friedrichs Größenbewußtsein und Energie, etwas Preußentum in sich, und so gelang es ihm, den Adel niederzuhalten und in der Verfassung von 1772 dem König eine fast absolute Macht zu sichern. Die großen Pläne, im Verein mit Preußen eine Union des evangelischen Europa im Norden gegen die katholische Macht, den Papismus im Süden aufzurichten, kamen nicht zur Ausführung, da der begabte und kraftvolle König im Alter von sechsundvierzig Jahren durch Meuchelmord fiel.

Freundschaftliche Beziehungen bestanden schon seit 1776 mit der Großen Landesloge von Deutschland, von der führende Mitglieder in Schweden gewesen waren und von dem Bruder des Königs, dem Herzog von Södermanland, sehr freundlich aufgenommen worden waren. Dieser Fürst wechselte mit Zinnendorf herzliche Briefe, von deren Charakter nur der folgende Kenntnis geben mag:

„Deputirter Großmeister!

Ich bin äußerst entzückt über alles, was Sie schmeichelhaftes in dem Briefe schrieben, den mir der Br. von Castillon zugestellt hat. Da ich jeden guten und würdigen Bruder ehre; so soll mir die Gelegenheit sehr willkommen sein, Ihnen und unsern wahren deutschen Brüdern den Eifer zu beweisen, der mich für den Orden im Allgemeinen belebt, und die brüderliche Zuneigung, die ich den würdigen Gliedern insbesondere gewidmet habe.

Der Br. von Castillon würde Ihnen darüber ein vollständiges Zeugnis haben geben können, wenn meine Krankheit und seine nahe Abreise erlaubt hätten, uns öfter über das Beste der Königlichen Kunst zu sprechen.

Ich habe mit vielem Vergnügen den Eifer, die Talente und die Eigenschaften gefunden, die einen der wahren Maurer charakterisieren sollen. Uebrigens bin ich sehr gerührt über die Freundschaft meines Cousins, des Herzogs Ernst von Sachsen-Gotha, Landesgroßmeisters von Deutschland und ich hoffe, Sie werden mir die Dienstgefälligkeit nicht versagen, ihn meiner hohen Achtung und der brüderlichen Zuneigung zu versichern.

Indem ich wünsche, daß Weisheit und Glück Ihre Arbeiten krönen mögen, bin ich Ihr sehr ergebener

Carl, Herzog von Södermanland."

In diesem schönen Verhältnis trat eine merkwürdige Wandlung ein, die wie alle Vorgänge in der Menschenseele schwer zu erklären ist. Ein schwedischer Abenteurer Karl Andreas von Plommenfelt war in Braunschweig dem Herzog Ferdinand vorgestellt worden – August 1776 – und hatte den Gedanken einer Vereinigung mit der schwedischen Freimaurerei angeregt. Nach Hause zurückgekehrt, gelang es ihm durch seine Vorspiegelungen den Herzog von Södermanland zu veranlassen, sich nach dem Tode des Herrn von Hund um das Heermeistertum der siebenten Provinz der strikten Observanz zu bewerben. Diese nahm den Gedanken begierig auf und erklärte, daß man die Wahl des Herzogs einleiten wolle, wenn er die Gerechtsame Zinnendorfs für ungültig erklären und die Rituale zurückfordern würde.

Eine solche Bedingung mußte den Herzog in große Verlegenheit setzen. Zunächst ließ er in Berlin unverbindlich Fühlung nehmen, und als dies zu keinem Ergebnis führte, wurde unterm 28. April 1777 eine Urkunde ausgefertigt, die wir im Wortlaut mitteilen wollen:

„Nous sousignes Grand Maitre, premier et second Chancelliers Commendeurs et Grand Officiers du Chapitre de Stockholm, Declarons pour nous et pour tous nos Frères Officiers, Sous Officiers et Chevalliers du même Chapitre, que la Patente pour la Constitution d'un Chapitre à Berlin accordé, pour le Fr. Eckleff au Sr. Zinnendorff a été emané sans au qu' une communication ou avec quelquonque de notre Chapitre, ainsi cette patente manquant de toute Legalité est regardée par Nous comme non avenue et tout a fait nulle, à raison de quoi Nous ne balancons point sur la Requisition de

Nos Très Eclairés, Trs Illustres et Très Respectables Frères de la Septieme Province, de biffer, annuller, et aneantir la dite Constitution.

Donné à Notre Chapitre à Stockholm le 28 d'Avril 1777.

Charles, Duc de Sudermannie."

Diese Akte wurde Zinnendorf übergeben, und die schwedischen Abgesandten erwarteten, daß er nunmehr geneigt sein würde, sich und seine Großloge zu unterwerfen. Aber darin sahen sie sich getäuscht. Unterm 2. September 1777 versandte die Große Landesloge das folgende Rundschreiben an alle ihre Tochterlogen:

„Nach einer von sechzehn Schwedischen Brüdern unter dem 28ten April dieses Jahres ausgefertigten, dem Hochw. Bruder von Zinnendorf aber nicht eher, als am 28ten August, in Gegenwart der H. W. Brüder von Castillon und von Rüdinger, vom Herrn Grafen von Oxenstierna, und Herrn von Plommenfelt, abschriftlich übergebenen, und von Sr. D. dem Herrn Herzog Ferdinand von Braunschweig, dem Herrn von Lestwitz, und dem Herrn von Kalm, beglaubigten Erklärung, ist es nunmehr zu wahrscheinlich, daß die Schwedischen Brüder, wenigstens größtentheils die brüderlichen Bande, welche zeither sie mit uns vereinigten, zerrissen haben, und hingegen mit der stricten Observanz in Bund und Freundschaft getreten, wie auch von den alten Einrichtungen der wahren Freymaurerey abgegangen sind. Die sechzehn Brüder in Schweden, welche eben bemeldete Erklärung unterschrieben haben, widerrufen darin für sich und ihre übrige Brüderschaft, den von dem ältesten Bruder derselben, auf einen von unseren Brüdern, vor mehr als zehn Jahren ausgestellten Freyheits-Brief, ohne deshalb andere Ursachen anzuführen, als daß derselbe ohne Vorwissen der Schwedischen Brüderschaft, von dem ältesten Bruder allein, ertheilt worden sey. „"Daher"„, heißt es darin ausdrücklich, „"erklären wir, auf Anhalten unserer Brüder von der 7ten Provinz – so nennt sich die stricke Observanz in Deutschland – diesen Freyheits-Brief für null und nichtig."„

Es würde zu weitläuftig seyn, auch ist hier der Ort nicht, zu untersuchen, ob jener Bruder würcklich, wie anjetzt die Schwedische Brüderschaft behaupten will, den Freyheits-Brief allein ausgefertigt habe, und, wenn er es gethan hätte, ob er es thun konnte? Genug, daß seitdem der Folger jenes Bruders, sowie die übrige Schwedische Brüderschaft, die hiesige Brüderschaft mündlich und schriftlich, für gesetzmäßig, für verbessert, für vollkommen anerkannt, ja selbst sie mit den wenigen außerwesentlichen Dingen versehen hat, die letzterer etwa noch fehlten. An gehörigem Ort und Stelle sind außerdem die ungezweifelsten Beweise hierüber vorgelegt worden. Solte die Schwedische Brüderschaft nach diesem allen dennoch berechtigt seyn, den

Freyheits-Brief zu widerrufen, so wäre ja kein Vertrag so feyerlich, den man nicht zu brechen, so wären ja keine Rechte so heilig, die man nicht zu kränken, befugt wäre. Die ununterbrochene Fortsetzung unserer Arbeiten ist demnach, ohngeachtet jenes Widerrufs, dennoch völlig gesetzmäßig. Ueberdies bedürfen wir nun der Hülfe der Schwedischen Brüderschaft nicht mehr, und können ihre Anerkennung entbehren. Es ist nun mit unserer Verfassung dahin gediehen, daß wir uns lediglich auf Gott, auf die Lehre des Ordens und auf unsere ältesten Brüder zu verlassen brauchen.

Burchard Ludwig Werner Cramer
Mitarbeiter Zinnendorfs

In vorerwähnter Erklärung und in dem Widerruf wird zwar nichts davon erwähnt, daß die Große Loge und die arbeitenden Logen in Schweden, allen Verbindungen mit unserer Großen Loge und mit unseren arbeitenden Logen entsagten; allein das Eine muß natürlich aus dem Andern folgen, und zwar um so vielmehr, da unter den sechzehn oben erwähnten Brüdern, auch alle Groß-Beamte der Gr. Loge von Schweden sich befinden; sie, die vor garnicht langer Zeit noch die freundschaftlichsten Briefe an uns schrieben.

Die H. W. Logenmeister werden daher ersucht, den Brüdern ihrer Loge bekannt zu machen, daß sie sich aller Gemeinschaft mit Schwedischen Brüdern zu enthalten, auch dergleichen Brüder so wenig in ihren Logen zuzulassen, als selbst Schwedische Logen zu besuchen haben würden, bis eine glückliche Sinnes-Aenderung der Schwedischen Brüder, oder ein anderer noch nicht vorher zu sehender Ausgang der Sache, die Gr. L. Loge von Deutschland in den Stand setzt, deshalb andere Verfügungen zu treffen.

Die hier angefügte beglaubigte Abschrift eines Schreibens Sr. K. H. des Herrn Herzogs Carl von Södermanland an den H. W. Bruder von Zinnendorf, welches ohne Datum, aber, wie aus dem darin angefühlten Umstande von der nahen Abreise des H. W. Bruders von Castillon aus Schweden erhellt, ebenfalls im September des abgewichenen Jahres geschrieben ist (siehe oben), bedarf keiner weiteren Erläuterung. Unter vielen anderen Belegen sind diese als die neuesten gewählt worden. Sie beweisen die damahligen freundschaftlichen Gesinnungen der Schwedischen Brüder gegen unsere Gr. Loge überhaupt, und gegen den H. W. Bruder von Zinnendorf insbesondere. Der jetzige Vorfall ist eben so schnell als unerwartet erfolgt. Wer unterdessen den Lauf der Dinge in der Welt kennt, und die Widersprüche, in welche die Menschen nur zu oft mit sich selbst verfallen, der wird sich mehr darüber betrüben als verwundern.

Wer sich durch diesen Vorfall irre machen läßt, wer da zweifelt, ob wir auch die wahre Freymaurerey gesetzmäßig besitzen und sie auf andere gute Brüder fortpflanzen können, den bitten wir – in Frieden von uns zu scheiden, wer aber im Vertrauen zu unserer guten Sache, und zu uns, treulich zu arbeiten, bestreben, bey uns bleiben will, der halte sich hinführo lediglich an das, was ihm von unsern guten Brüdern in der Freymaurerey gelehrt worden ist, und freue sich mit uns, Gottes, als des Gebers aller Gaben und alles Guten.

In Zuversicht auf diesen großen Baumeister der Welt, tragen wir auch noch diese, von der Schwedischen Brüderschaft, ohne unser Verschulden, uns zugefügte Kränkung mit Geduld; Ihm stellen wir unsere Sache anheim und Ihm, der recht richtet, und der da einem jeden geben wird, nachdem er gearbeitet hat."

Dieses würdige und auf den Boden eines sicher verbrieften Rechts sich stellende Schreiben hatten die Schweden nicht erwartet, sie versuchten einzulenken und teilten Zinnendorf mit, daß sie neue Instruktionen erhalten hätten. Er antwortete am 5. September: „Wenn die neuen Anweisungen, die Sie von Seiner Königlichen Hoheit empfangen haben, nicht von völlig anderer Art und angenehmer für mich und meine Brüder sind ... haben wir jetzt nichts mehr mit Seiner Königlichen Hoheit dem Herrn Herzog von Södermanland und dem Kapitel in Stockholm zu verhandeln, und ich schmeichele mir, meine Herren, daß Sie es nicht unangebracht finden, wenn ich Sie bitte, mich mit derart unangenehmen Dingen zu verschonen."

Es ist bezeichnend für die Bedeutung Zinnendorfs und für die Liebe und das Vertrauen, das er genoß, daß keine der Tochterlogen sich von der Großen Landesloge trennte, dagegen haben die Schweden mit ihren neuen Verbündeten gleich von Anfang schlechte Erfahrungen gemacht. Die leitenden Männer der strikten Observanz gebärdeten sich in den Verhandlungen, als ob sie die Interessen eines wirklichen Ritterordens mit ausgedehnten Besitzungen und einer großen Macht zu vertreten hätten. Sie stellten in der von ihnen entworfenen Unions-Akte und Wahlkapitulation Bedingungen, die von den Schweden nicht einmal diskutiert, geschweige denn angenommen werden konnten. Aus zeitgenössischen Briefen wissen wir, daß sie mit dem Benehmen der Deutschen keineswegs zufrieden waren. Zuerst hätte man die Wahl des Herzogs von Södermanland nicht genug beeilen können, man hätte sie für ein großes Glück gehalten. Man habe sie den Abgeordneten als ganz sicher vorgespiegelt, um die Akte gegen die große Landesloge zu erhalten, die nach ausdrücklichem Befehle nur dann habe übergeben werden sollen, wenn der Herzog bereits gewählt worden sei. Sobald man die Akte den Abgeordneten abgelistet hatte, wurden immer neue Schwierigkeiten gemacht, so daß es den Anschein erweckte, als ob die Erlangung der Akte der einzige Zweck der Unterhandlung gewesen sei.

Schließlich wurde die Opposition durch die Sorge vor einer Wiederannäherung der Schweden an Zinnendorf überwunden. Auf Veranlassung des Herzogs Ferdinand erließ das Direktorium der strikten Observanz ein Rundschreiben an die Präfekturen, das die Lage sehr klar darstellt, wenn es sagt: „Eine traurige Erfahrung hat uns seit einer Reihe von Jahren gelehrt, welchen Schaden die verschiedenen Sekten in der Maurern dem Orden und der VII. Provinz zugefügt haben. Alle unsere Bemühungen, solche zu einer Vereinigung mit uns zu bringen, waren vergeblich, und die gewaltsamen Mittel, welche man hie und da angewandt, dienten zu nichts, als unsere eigene Schwäche aufzudecken. Durch unsere Vereinigung mit Schweden aber vermehrt sich unsere intensive und extensive Stärke; und die verschiedenen Sekten werden vor der größeren Masse bald verschwinden. Vereinigen wir uns aber nicht, so vermehren wir eo ipso die Zahl unserer Gegner und haben darunter ein Korps von Brüdern gegen uns, das wir seiner inneren Stärke wegen nicht mehr Sekte nennen dürfen, und das sich mit eben dem Rechte wie wir, die allgemein rechtgläubige Kirche nennen wird (gemeint ist die Große Landesloge) – die Folgen einer solchen Waltung fallen in die Augen. Gesetzt, man vergliche sich in Schweden wieder mit Zinnendorf; dieses allein würde uns einen äußerst nachteiligen Stoß versetzen. Wir glauben ferner, mit Grund voraussetzen zu dürfen, daß, wenn die Vereinigung mit Schweden nicht zustande kommt, ein innerlicher Zwist im Orden unvermeidlich ist, und daß gewisse Vorurteile einzelne Mitglieder des Ordens zu Schritten verleiten könnten, die mit den Ordensgesetzen nicht bestehen. Das böse Beispiel wird andere verleiten, man wird sich über die Wahl nicht vereinigen können, die Anarchie wird allgemein werden, und die gänzliche Zernichtung unseres Ordenskörpers wird das Ende dieser Verwirrung sein."

Auf diese Weise kam endlich die Wahl des Herzogs zustande, und er konnte 1779 in sein Amt eingesetzt werden, das er wie früher dargestellt (Bd. I. S. 377 ff.) sehr bald niederlegte. Aber es dauerte doch bis zum Jahre

1819, ehe die Verstimmung zwischen der Großen Landesloge und Schweden völlig beseitigt war. Da erst kam es, was ohne die Intrigen der strikten Observanz wahrscheinlich schon vierzig Jahre früher gekommen wäre, zu einem Allianz- und Freundschaftsvertrag, in dem sich beide Großkörperschaften „die ungekränkteste Freundschaft, sowie auch in allen Fällen, wo das Beste des Ordens, die Bewahrung der Königlichen Kunst und das gegenseitige Wohl es erfordern möchte den brüderlichsten Beitritt und die kräftigste Hilfe“ versprechen und zusichern. –

Bewundernswert ist die Spannkraft Zinnendorfs und die treue Hingabe an sein Ziel. Mitten in all den Mißhelligkeiten setzte er den Schlußstein in den Bau, dem er seine ganze Lebensarbeit gewidmet hatte, und errichtete das Große Ordens-Kapitel „Indissolubils“ in Berlin. Der Bericht darüber von der Hand des Obersekretärs, Andreas Christoph von Rüdinger, ist uns erhalten:

Kapitän v. Rüdinger,
Mitarbeiter Zinnendorfs

„Nachdem der Hocherleuchtete Ordens Meister Br. Johann Wilhelmv. Zinnendorf Alles, was den Gesetzen der Stiftung eines vollkommenen Ordenskapitels vorhergehen mußte, vor dem Jahre 1766, da er die wahre Freymaurerey von unseren älteren Brüdern erhalten, bis hierher gethan hatte, so berief er heute (am 20. Dezember 1776) sämtliche für das Kapitel aufgenommene Brüder in Berlin und Potsdam in seine in der alten Grünstraße in dem Hause des Lederhändlers Eibrecht belegene Wohnung um zwölf Uhr Mittags zusammen und stiftete, vermöge des ihm vom hocherleuchteten, hochleuchtenden und hochwürdigen Gr. Ordenskapitel „l'Innocente“ erhaltenen Freyheitsbriefes mit allen erforderlichen Feyerlichkeiten hier in Berlin ein vollkommenes, Hocherleuchtetes, Hochleuchtendes und Hochwürdiges großes Ordenskapitel, und zwar unter dem Namen „l'Indissoluble“ für Deutschland.“

Die Errichtung dieses Kapitels meldete Zinnendorf sogleich dem Ordenskapitel in Schweden an, worauf Eckleff sehr freundschaftlich antwortete, aber die Bitte der Berliner, ihnen die Sitze der übrigen Kapitel zwecks Einleitung eines Briefwechsels mitzuteilen, konnte Eckleff nicht erfüllen. Es gab eben zu dieser Zeit keine anderen Universités als die beiden. –

Eine interessante Begebenheit des Jahres 1779 verdient aus den Akten hervorgezogen zu werden. Anfangs Februar wurden die Leiter aller Berliner Logen durch das folgende Schriftstück überrascht:

„Denen sämmtlichen Herren Vorstehern oder Directoren aller hiesigen Freymäurer Logen, soll ich eine Königliche allergnädigste Ordre ohne Anstand publiciren, und habe ich deshalb die Ehre Euer Hoch Edelgebohren hiezu auf heute Nachmittag um 3 Uhr in meinem Quartier einzuladen.

Berlin, den 3ten Februar 1779.

Philippi."

Der Geheime Kriegsrat Philippi war Stadtpräsident und Polizeidirektor. Die preußische Armee war zum bayrischen Erbfolgekrieg mobil gemacht, und Friedrich der Große befand sich in Breslau. Der König war in jener Zeit in keiner guten Stimmung. Allerlei Ärgerliches war geschehen. Schon die Veranlassung zum Krieg, Schutz der Reichsverfassung gegen die Übergriffe des Kaisers von Österreich, des Königs schwächliches Alter, wie er sich selbst ausdrückte, vielleicht auch das Verhalten des Thronfolgers, das dem strengen alten Soldaten gar nicht paßte, mögen seine Stimmung verdorben haben. Bezüglich der Freimaurerei störte sein starkes Souveränitätsgefühl die strikte Observanz mit ihrer wie eine Nebenregierung sich gerierenden hierarchisch-ritterlichen Verfassung. Das Rosenkreuzertum, in das der Thronfolger schon eingesponnen zu werden begann, beleidigte den freien hochstrebenden Geist und veranlaßte ihn zu einer Kabinettsorder, die uns in dem folgenden Schreiben des General-Direktoriums aufbewahrt ist:

„Seine Königliche Majestät von Preußen, unser allergnädigster Herr, haben durch Höchstdero an das General-Direktorium erlassene Cabinets-Ordre d. d. Breslau den 29. Januar a. c. zu eröffnen und zu befehlen geruhet, daß, da Allerhöchstdieselben gewahr wurden, wesgestalt die Freymaurer allhier ihren Logen untereinander allerhand Tituls beylegen, solches aber Höchstdieselben ganz und gar desapprobiren, und keinesweges zu gestatten gesonnen sind, den Freymaurern zwar wohl erlaubt seyn soll, wann sie zusammenkommen, sich untereinander zu vergnügen, dieselben aber durchaus keine ernsthafte Sache daraus machen, die Logen keine Tituls haben, und die Freymaurer selbigen schlechterdings keine Tituls geben müssen. Seine Königliche Majestät haben daher dem General-Directorio befohlen, sich darnach zu achten, und die dieserwegen nöthigen Verfügungen sofort zu treffen, auch mit allem Ernst darauf zu halten, daß dieser dero Ordre stricte nachgelebet werde.

Dem zu Folge wird dem hiesigen Policey-Directorio aufgegeben, die Meister oder Vorsteher der subsistirenden Freymaurer-Logen, sämtlich, ohne den geringsten Anstand, vor sich zu fordern, sich von ihnen die Titul, welche sie bisher geführt, angeben zu lassen, und ihnen den vorstehenden Höchst unmittelbaren Befehl Sr. Königl. Majestät, zu ihrer genauen Achtung bekannt zu machen, solches ad Protocollum zu nehmen, auch darauf zu vigiliren, daß dawider nicht contravenirt werde, und wenn solches geschehen solte, davon zu der Seiner Königl. Majestät vorzutragenden Bestrafung der Contravenienten Anzeige zu thun, wie denn auch das Policey-Directorium zu berichten hat, daß und wie von selbiger diesem Befehle völliges Genüge geleistet worden.

Signatum, Berlin, den 2. Febr. 1779.

Auf Special-Befehl
von Blumenthal, von Derschau, Schulenburg, von Gaudy.

An das
hiesige Policey-Directorium.“

Eine besondere Veranlassung zu dieser Order des Königs hat sich nicht finden lassen. Sie ist bestimmt, wie schon angedeutet, in der Titulatur der strikten Observanz zu suchen, weil auch besonders darauf hingewiesen ist, daß die Logen sich untereinander Titel geben. Friedrich der Große sah also dies Treiben und griff das Unwesen zunächst in seiner äußerlichen Erscheinung an. So entstand die Kabinettsorder, deren Bekanntgabe durch den Berliner Polizeidirektor in folgendem Protokoll niedergelegt ist:

Actum Berlin den 3. Februar 1779.

Ad Rescript: clement: vom 2. Febr. soll der Inhalt der Allerhöchsten Königl. Cabinets-Ordre de dato Breslau den 29. Januarii daß die Freymaurer, wann sie zusammenkommen, sich zwar untereinander vergnügen können, es sollen aber die Freymaurer durchaus keine ernsthafte Sache daraus machen, und daß Ihro Königl. Maj. ganz und gar desapprobiren, daß die Logen sich untereinander allerhand Tituls beylegen, welches nicht gestattet werden soll. Die Logen sollen die Tituls anzeigen, welche sie bisher geführt, die Logen sollen keine Tituls haben, und die Freymaurer sollen selbigen keine Tituls geben, und sind die Contravenienten, vom Policey-Directorio zu bemerken, und zur Bestrafung anzuzeigen, allen Meistern oder Vorstehern der hier subsistirenden Logen, ohne Anstand, kund gemacht werden.

Wenn nun die hiesigen Freymaurer drey Corps ausmachen

1. Mutter-Loge zu den drey Weltkugeln, deren Meister Herr von Köhler,

Zur Eintracht. Herr Hof-Buchdrucker Decker in Abwesenheit des Herrn General-Chirurgi Theden.

Der flammende Stern. Meister Capitaine Marschall von Bieberstein. Diese Loge arbeitet jetzt nicht, weil sie aus lauter Militärpersonen besteht.

Friedrich zu den drey Seraphinen. Meister Herr Hof-Marschall von Penavaire.

Zur Verschwiegenheit. Meister Herr Kriegs-Rath Beyer.

Stehen insgesammt unter Direction Sr. Hochfürstl. Durchlaucht des Prinzen Friedrich von Braunschweig und werden in Abwesenheit Sr. Durchlaucht geführt von dem Herr Kammer-Rath Wöllner. Der Versammlungsort ist im Baerschen Hause in der Leipzigerstraße.

2. Die Große Landes Loge wird geführt von Herrn Professor von Castillon.

Unter dieser stehen:

Die drey goldenen Schlüssel, deren Meister Herr General-Münz-Director Singer,

Das goldene Schiff, der Meister der Haupt-Banco-Buchhalter Cramer,

Pegase. Meister Herr von Boaton, Gouverneur de l'académie militaire.

Die Beständigkeit, Meister Hof-Post-Secretaire Brandes,

Der Pilgrim, Meister Herr Professor von Castillon der jüngere,

Der goldene Pflug, Herr von Rüdinger, Königl. dänischer Hauptmann und Legations-Secretaire,

Der Widder, Meister Kaufmann Palmié.

Der Versammlungsort ist im Singeischen Hause beym Arsenal.

3. Royale Yorck de l'amitié. Hängt von der Großen Loge zu London ab, und der hiesige Directeur und Meister derselben ist der Königl. Directeur von der Régie Herr Delagoanère.

Der Versammlungsort ist unter den Linden in des Bäker Menns Hause, so sind vorbenannte Logenmeistern, jeder besonders, schriftlich vorgeladen, heute um 3 Uhr, in meinem Revier zur Publication einer eingegangenen Königl. Ordre, die hiesigen Freymaurer-Logen betreffend, sich einzufinden. Nachdem alle, exclusive des Herrn Professor von Castillon und des Herrn Hauptmanns von Rüdinger (für welche der Herr Hauptmann von Boaton und Kaufmann Palmié sich als Bevollmächtigte giriren) sich persönlich eingefunden, so ist zuförderst von sämmtlichen Herren Meistern zugestanden, daß die oben genannten drey Corps der hiesigen Freymaurer und ihre Meister und Versammlungs-Oerter richtig aufgeführt, auch hier sonst keine Freymaurer-Logen, als die benamten in Berlin existiren.

Hierauf ist selbigen das Rescript: clement: vom 2. Februar a. c. deutlich vorgelesen, und dem Directeur der Régie Delagoanère in französischer Sprache bekannt gemacht.

Sämmtliche Herren Comparenten versichern, diese allergnädigste Königl. Ordre auf das allergenaueste zu befolgen, was aber die Angabe der Titels beträfe, so wären ihnen keine andern bekannt, als die Namen der Logen, wodurch eine von der andern unterschieden würde, und die Namen der Aemter, als Obermeister, Meister, Vorsteher, Armen-Pfleger, Kranken-Pfleger, Cassirer und Secretaire. Die Herren Comparenten zweifeln, ob Ihro Majestät die Namen der Logen unter den Titeln verstehen möchten, weil Ihro Majestät diese Namen in den erlassenen verschiedenen Schreiben Allerhöchst selbst ertheilet, und die Namen der Aemter wären bey Erhaltung der Gesellschaft unzertrennlich; übrigens müßten sie anführen, daß die Arbeiten der sämmtlichen Logen keine andern wären, als welche Ihro Königliche Majestät der Großen Landes-Loge ausdrücklich vorgeschrieben, nemlich die Menschen mehr gesellschaftlich, mehr wohltätig und mehr tugendhaft zu bilden, und so viel Gutes, als möglich zu bewürken, als worin ihre Pflichten und Vergnügen vorzüglich beständen.

Nach vorgelesenem Protocoll ist selbiges von allen Herren Meistern unterschrieben.

Philippi.
Wollner v. Köhler Decker v. Penavaire Beyer Singer
Cramer de Boaton, pour lui même et pour F. de Castillon,
Brandes, Palmié, für mich und für den Hauptmann von Rüdinger,
Delagoanère.

Der Geheime Kriegsrat Philippi tat nun noch ein übriges und trug die Bitten der Oberen der Berliner Logen dem König vor. Sein Bericht befindet sich in Abschrift im Archiv der Großen Landesloge, und wir haben sämtliche Abschriften mit den Originalen im Geheimen Staatsarchiv verglichen und nur unbedeutende Abweichungen in der Orthographie feststellen können:

Bericht, Berlin den 3. Febr. 1779.

Allerdurchlauchtigster pp.

Auf Ewr. Königl. Majestät gestrigen Befehl habe ich das allergnädigste rescriptum vom 2. dieses, die Freymaurer betreffend, den Meistern der hiesigen Logen bekannt gemacht.

In Ansehung der verbothenen Tituls haben die Logenmeister ad Protocollum, welches ich in Copia beifüge, die Ursachen angezeigt, weshalb ihnen unbekannt, was Ihro Königl. Majestät hierunter eigentlich verbothen wissen wollen, und haben sie nach geschlossenem Protocoll allerunterthänigst anzutragen gebethen:

> ob Ewe. Königl. Majestät allergnädigst geruhen möchten, ihnen Copiam der Allerhöchsten Cabinets-Ordre de dato Breslau den 29. Ianuarii, durch mich zufertigen zu lassen.

Wann ich nun bey den im Protocollo angeführten Gründen die Logenmeistern nicht bescheiden können,

was unter den verbothenen Tituls verstanden werden soll,

so erwarte deshalb nähern Befehl.

Da auch die Mutter-Loge zu den drey Weltkugeln, mit ihren abhangenden Logen, unter Direction Sr. Hochfürstl. Durchlaucht dem Prinzen Friedrich und die hiezu mit gehörende Loge, der flammende Stern, welche jetzt nicht arbeitet, unter dem im Felde befindlichen Meister, Capitaine Marschall von Bieberstein, Woldeckschen Regiments, steht; so frage ich allerunterthänigst an:

ob ich beyden, Copiam rescripti clementissimi vom 2. Februar, zufertigen soll.

Sonst ist noch meine Pflicht, hier zu berühren, wie die hiesigen Freymaurer zum Unterhalt vieler Dürftigen auch zur Verstärkung der Armen-Gelder beym Armen-Directorio ansehnliche Beyträge machen.

Ich ersterbe pp.

Gor. Königl. Majestät

pp.

Philippi.

Eine Antwort auf diesen Bericht findet sich in unseren Archivalien nicht. Philippi hat wahrscheinlich mündlich Bescheid gegeben, denn er selbst hat eine Antwort erhalten. Im geheimen Staatsarchiv ist der Originalbericht mit der Randverfügung des Königs von der Hand Wloemers (Kriegs- und Domänenrat bei der Kurmärkischen Kammer, Justitiar für die Justiz- und Bergbelehnungssachen beim Bergwerks- und Hüttendepartement). Der Entwurf zur Antwort an Philippi ist gleichfalls vorhanden:

den 20ten February 1779.

An den Geheimen Kriegsrath

Philippi:

Se. Königliche Majestät von Preußen, Unser allergnädigster Herr, lassen Dero Geheimen Kriegsrath Philippi, auf dessen unterm 3ten dieses abgestatteten allerunterthänigsten Bericht, wegen der in Gefolge der unterm 2ten eiusdem an ihn erlassenen rescripti, denen Meistern der hier subsistierenden Frei-Mäurer-Logen mehreren Inhalts des mit eingereichten protocolli bekandt gemachten Königlichen allerhöchsten Willens-Meinung in Ansehung der verbotenen Tituls, hiermit zur Resolution ertheilen;

daß da in dem an gedachten p. Philippi unterm 2ten hujus erlassenen rescripto, die Königliche Cabinets-Ordre de dato Breslau, den 29ten January

a. cur. deren communication die Logen-Meister der Frei-Mäurer gebeten, nach ihrem gantzen Umfange und mit Beybehaltung der darin befindlichen Ausdrücke selbst enthalten ist, es nicht nötig sein wird, denen Logen-Meistern die Abschrift solcher Cabinets-Ordre zu ertheilen, sondern referent kann ihnen allenfals copiam des obengedachten rescripts, welches ihrem Verlangen zu genügen hinreichet, communiciren.

Hiernächst ist Sr. Königlichen Majestät höchste Willens-Meinung darin in Ansehung der den Logen nicht zu gebenden Tituls, deutlich genug, daß solche nehmlich keine besonderen bestimmte Begriffe und Bedeutungen mit sich führende Benennungen den Logen geben sollen…

20ten February 1779.

a. s. b. (auf Special Befehl)

Am Schluß des Briefes war gesagt, daß eine besondere Mitteilung an den Prinzen Friedrich und Marschall v. Bieberstein nicht nötig sei.

Merkwürdigerweise ist diese Sache fast zwanzig Jahre später unter der Regierung Friedrich Wilhelms III. noch einmal aufgetaucht. Man kann sich vorstellen, daß der junge König, der unter Leitung Friedrichs des Großen zu einem nüchternen, sparsamen und wohlwollenden Menschen erzogen worden war, tief innerlich dem Geheimbundtreiben abgeneigt war, und er hat sich gelegentlich der Beratung des Entwurfs für das am 20. Oktober 1798 erlassene Edikt die alten Akten vorlegen lassen.

Die Staatsminister Schulenburg und Heinitz befolgten diesen Befehl mit Schreiben vom 15. März 1798, das sich im Geheimen Staatsarchiv befindet:

„An des Königs Majestät.

Nach dem gnädigsten, von Eurer Königlichen Majestät uns gegebenen Befehle haben wir die wegen der hiesigen Freymaurer im Jahre 1779 bei dem General Directorio verhandelten Acten aussuchen lassen und legen sie Allerhöchstdemselben unterthänigst vor:

Sie enthalten…

Nun folgt eine Wiedergabe des Inhalts der oben angeführten Schriftstücke, worauf das Schreiben schließt:

Da inzwischen einige Mitglieder der Freymaurerei, vielleicht von sogenannten höheren Graden sich in der Folge mit Geisterseherei, Goldmacherei und Verwandlung von Metallen und mit Zubereitung von Tincturen und Universalmedizinen abgegeben: so wird es nicht undienlich seyn

die Logen-Vorsteher gegen solchen Unfug warnen und sie auf den von ihnen selbst angegebenen Zweck ihrer Arbeiten zurückführen zu lassen.

Wir stellen daher unterthänigst anheim, ob Eure Königliche Maj. deshalb einen Cabinetsbefehl an das General Directorium zu erlassen beschließen wollen.“

König Friedrich Wilhelm III. hatte eine bessere Meinung von der Freimaurerei als seine Minister. Auf ihr Schreiben erließ er eine Kabinetts-Order, die nicht nur sehr interessant, sondern auch sehr ehrenvoll für die Freimaurerei ist, weshalb wir sie aus der Verschwiegenheit des geheimen Staatsarchivs ans Licht ziehen:

Meine lieben Staats Minister
Graf v. Schulenburg und Freih. v. Heinitz.

Auf Euren Brief vom 13ten d. und unter remittirung der von dem General Directorio im Jahre 1779 auf Veranlassung einer Cabinets-Ordre verhandelten Acten, die Freymaurerey betreffend, habe Ich Euch hiermit zu erkennen geben wollen, daß Ich Bedenken trage wegen der vormahls durch die höheren Grade hin und wieder bey den Freymaurern eingeschlichenen Mißbrauche, etwas Näheres an die Logen-Vorsteher verfügen zu lassen, indem solches einiges Aufsehen erwecken, und auf die Gedanken führen könnte, daß neuerdings Thorheiten und Betrügereyen von Geisterseherey oder Goldmacherey statt gefunden haben könnten, welches doch der Fall nicht ist, indem man vielmehr mit Grunde hoffen darf, daß unter den jetzigen Umständen jene Gaukeleyen kein großes Glück mehr machen, und die verschiedenen Logen von selbst hinlänglich dafür sorgen werden, ihnen den Eingang zu verwehren, um weder dem Staate verdächtig noch dem Publico lächerlich zu werden. Ich verbleibe Euer wohlaffectionirter König

Friedrich Wilhelm.

Berlin, den 15. März 1798.

* * *

Die Vernichtungs-Akte Schwedens war die letzte große Enttäuschung, die Zinnendorf erfuhr, auch das letzte große Leid, das dieser in seinem Streben so selbstlose, treue Mann erfahren sollte. Er wurde entschädigt durch die Liebe, Dankbarkeit und Verehrung seiner zahlreichen Freunde, die ihm die Treue über das Grab hinaus bewahrt haben, trotzdem er manchmal mit seinem Tadel auch ihnen gegenüber nicht zurückgehalten hatte. Selbst Charles Hanbury, der sich um die Anerkennungs-Urkunde der englischen Großloge ein unleugbares Verdienst erworben hatte, mußte Zinnendorfs eifervolle Art erfahren. Wir danken dieser Auseinandersetzung eine Selbstkritik Zinnendorfs, die ihn in der ganzen Unerbittlichkeit gegen die eigenen Schwächen zeigt:

„Ich will Ihnen gleich anfangs und ohne allen Hinterhalt gestehen, daß ich oftmal empfindlich, schnell aufgebracht, auch zuweilen eigensinnig bin;

aber Eigenschaften dieser Art sind von Männern meiner Art, wenn sie unternehmend sein und das Unternommene ausführen sollen, schlechterdings unzertrennlich. Indessen haben mich dieselben, Gott sei Dank, noch zu keinem Bösen jemals verleitet. Auch leugne ich nicht, daß ich von jeher verschiedene Schwachheiten an mir gehabt, und eine oder die andere auch noch an mir haben möge: aber auch dadurch erinnere ich mich nicht, dem Orden überhaupt oder Ihnen insbesondere geschadet zu haben. Hat jemand dieserhalb irgend ein Nachteil getroffen, so bin nur ich selbst der Betroffene gewesen. Meine vielen Fehler, zumal es sehr leicht zugehen kann, daß ich in Betreff ihrer mir selbst die Binde vor die Augen legen möchte, werden Sie indessen belieben, mir doch fördersamst brüderlich anzuzeigen."

Im Winter 1782 begann Zinnendorf sich unpäßlich zu fühlen, und der erfahrene Arzt mochte wohl wissen, daß seine Stunde gekommen sei. Er schrieb auch in diesem Sinn an verschiedene seiner Freunde. Die Bestürzung war allgemein, aber die Hoffnung, es handle sich nur um eine vorübergehende Krankheit, hielt alle noch aufrecht. „Sie sind nur ein paar Jahre älter als ich", schrieb Sudthausen, „die Schwachheiten des Alters können also unmöglich schon drücken. Vergessen Sie also nur vorerst noch die Sterbegedanken."

Die Hoffnungen, sein Leben zu erhalten, waren trügerisch. Am 6. Juni 1782 eröffnete er um halb sechs Uhr die Quartais-Loge, verlas die Protokolle der Großbeamten-Beratungen, gab aber bald das weitere Vorlesen an den Großsekretär ab, offenbar fühlte er sich bereits unwohl. Plötzlich sank er bewußtlos in die Arme des neben ihm sitzenden deputierten Großmeisters Friedrich von Castillon.

Über den Vorfall schrieb der treue Rüdinger an einen von Zinnendorfs wärmsten Freunden, Leonhardi, in London: „Unser Landes-Großmeister, der von uns allen ganz unaussprechlich geliebte Bruder Johann Wilhelm von Zinnendorf eröffnete die Gr. Landesloge. Er hatte die Arbeit kaum eine halbe Stunde fortgesetzt, als er zu unserem größten Schrecken die Sprache verlor und vom Stuhle gesunken sein würde, wenn nicht der deputierte Landes-Gr.-Meister ihn unterstützt hätte und andere gute Brüder zu Hilfe geeilt wären. Wir wurden nur zu bald gewahr, daß unser bester Bruder und Vater vom Schlage gerührt und an der rechten Seite gelähmt worden sei. Wir schafften sogleich einen Wundarzt herbei, der ihm die Ader öffnete. Alle sonst in dergleichen Fällen anzuwendenden Mittel wurden wirklich angewendet, allein sie waren alle vergebens: die Stunde, da unser zärtlich geliebter Bruder von uns genommen werden sollte, war gekommen, und am 8. Juni des Abends zwischen sechs und sieben Uhr verschied er in den Armen seiner ersten Brüder, nachdem wenig mehr als zweimal vierundzwanzig Stunden seit dem ersten Anfall des Schlages verflossen waren. Am 12. Juni ist er zur Erde bestattet worden. Das Leichengefolge war ansehnlicher als man hier jemals, beim Absterben eines Königs oder einer Königin ausgenommen, gesehen hat."

Im Dienste seines Königs, im Dienste der leidenden Menschheit und im Dienste seines Ordens-Ideals hat Zinnendorf seine Lebenskraft ausgeströmt. Er war ein Charakter blank und gerade wie seine Degenklinge. Im Eifer für die einmal erkannte Wahrheit konnte er heftig und bitter werden. Weichliches Schwanken, jede Halbheit war ihm unerträglich und veranlaßte ihn oft zu scharfen Auslassungen. Er stieß dadurch bei manchen wertvollen Menschen an und entfremdete sie sich und seiner Sache.

Aber gerade so mußte er sein, um in dem Geistes-Chaos der Freimaurerei des achtzehnten Jahrhunderts unbeirrt Kurs halten zu können. Starrsinnig haben selbst ehrliche Anhänger ihn genannt, und er war es, war es geworden, mußte es sein. Nur auf seine Weise, mit seinem unbeugsamen Starrsinn konnte die Freimaurerei aus der Verschlammung und Vernebelung des Rosenkreuzer – Aberglaubens gerettet werden. Das hatte Friedrich der Große sehr wohl erkannt, als er Zinnendorf und der Großen Landesloge seinen Schutzbrief erteilte und alle noch so beweglichen und den „Medikus" verdächtigenden Eingaben mit offenem oder ironischem Tadel abfertigte.

Die Große Landesloge war bei Zinnendorfs Tode fest im Kulturleben Deutschlands verankert, sie hatte das Große Ordens-Kapitel, zwei Provinziallogen, die von Schlesien in Breslau, errichtet am 20. Juni 1776, und die von Niedersachsen in Hamburg, eingesetzt am 3. Juli 1777, sowie zwei Andreaslogen und einige fünfzig Johannislogen.

Zinnendorfs innerste Gedanken in jenen Tagen des Ringens spiegeln sich lebendig in dem Logensiegel der im Jahre 1775 errichteten Johannisloge zur „Beständigkeit" in Berlin wider, das er selbst entworfen hatte. Es ist ein Fels im wogenden Meer, von Wetterwolken umzogen und von Blitzen umzuckt. So sah er damals sein Lebenswerk, und sein Schauen war eine Wahrsagung. Der Tempelbau steht heute noch unerschüttert in denselben Maßen und Rissen, wie sein erster Meister ihn erbaut hatte.

Ehe wir von Zinnendorf Abschied nehmen, wollen wir eine Rede wiedergeben, die er am 17. September 1773 gehalten hat. Diese Rede ist insofern von geschichtlicher Bedeutung, als sie den untrüglichen Beweis liefert, daß Friedrich Wilhelm II. als Kronprinz in einer Loge der Großen Landesloge, und zwar in den drei goldenen Schlüsseln zum Freimaurer aufgenommen worden ist:

„Nicht der eitle Ruhm, ein Redner zu sein, wozu mir die erforderlichen Eigenschaften, ich sage es ohne Erröten, fehlen; nein, nur die gute Absicht, an dem heutigen festlichen Tage, in dieser ehrwürdigen Versammlung, etwas öffentlich vorzutragen, welches, wie ich hoffe, einen allgemeinen Nützlichen Eindruck auf die Gemüter eben dieser Versammlung veranlassen kann, vermag mich jetzo vor Ihnen, geliebte Brüder, zu sprechen.

Aber, was werde ich Ihnen sagen können, das Sie nicht schon wissen, oder das die weisen Lehren der Freimaurerei nicht in sich enthielten und welches in unseren Versammlungen nicht bereits verschiedentlich vorgetragen wäre. Dem allen möge indessen immerhin sein; genug, daß das, was das Gepräge der Freimaurerei hat, gut ist, und dahero oft, obzwar von beredteren Lippen als die meinigen sind, vorgetragen zu werden verdient.

Weg also mit aller Besorgnis, welche den freien Lauf meiner Gedanken auch nur im geringsten aufhalten kann; ich werde reden, daß ich verständlich bin, und dieses ist für Lehrbegierige und für Brüder, welche die Nachsicht lieben, schon genug.

Der Gegenstand meiner heutigen Rede wird zuvörderst dieser sein, daß ich mit wenigen Worten, ohne den Satz selbst weitläufig ausführen zu können, zu zeigen mich bemühen werde, daß es nicht nur gut, sondern auch sogar notwendig sei, ein Freimaurer zu werden.

Religion, Tugend, Vernunft und Erfahrung machen es ungezweifelt gewiß, daß alles dasjenige dem Menschen gut sei, was ihm auf die eine oder andere Art, dem Wesentlichen nach, Nutzen schafft: gleichwie dem Menschen jede Sache notwendig ist, je geschwinder und gewisser er dieses Nutzens bedarf und je weiter derselbe die Grenzen seiner Glückseligkeit erreicht.

Nun ist es aber keineswegs zu leugnen, daß die Liebe gegen Gott und Menschen, die Ehrerbietung gegen den König, die Religion und Regierung, der Gehorsam gegen die Gesetze, die Güte und Gerechtigkeit gegen jedermann, ja selbst gegen unsere Feinde, die Eintracht, die Freundschaft, die Verschwiegenheit und alle anderen sittlichen Tugenden, sie haben Namen, wie sie wollen, sowohl deutlich zu verstehen und pünktlich auszuüben jedem Menschen vorzüglich nützlich sind, als diese Gegenstände der Tugend auch, nicht allein überhaupt, sondern auch noch ganz besonders in den Versammlungen guter Brüder Freimaurer, mannigfaltig gelehrt, auch die praktischen Beweise derselben, von einem jeden unserer Brüder zu allen Zeiten gefordert und die fehlenden dieserhalb, bald liebreich, bald nachdrücklich an diese Pflichten erinnert werden; woraus denn ganz natürlich und einleuchtend genug folgt, daß es nicht nur gut, sondern auch sogar notwendig sei, ein Freimaurer zu werden. Ich schweige für diesmal von allem andern, wodurch ich diesen Satz um so mehr zu erweisen gar wohl vermöchte. Sie, meine lieben Brüder, haben diesen Wink des inneren Guten in Ihnen, durch den getanen Schritt der Aufnahme in unsere ehrwürdige Gesellschaft, bereits das

König Friedrich Wilhelm II.

rühmlichste Gehör gegeben; lassen Sie uns nun auch diese oben gesagten Tugenden in ihrem ganzen Umfange jederzeit vor Augen haben; lassen Sie uns in unseren Versammlungen oft an dieselben erinnern, uns auch den verschiedentlichen Nutzen davon, deutlich genug zu Gemüte führen und die Glückseligkeit daraus hinlänglich erwägen, die sich uns in bereitwilliger Annehmung derselben in der Entfernung und so reizend darstellt, wir werden alsdann, wie ich im voraus gewiß bin, weder durch Worte noch durch bildliche Vorstellungen, sondern lediglich und allein durch die Wahrheit selbst auf das gewisseste überzeugt werden, daß es uns nicht nur gut, sondern sogar höchst notwendig gewesen sei, Brüder Freimaurer zu werden.

Runkel, Geschichte der Freimaurerei. II.

Demgemäß, meine wertesten Brüder, gibt uns der heutige Tag annoch insbesondere freudigen Anlaß, einer unserer oben gesagten Obliegenheiten das schuldigste Genügen alsbald zu leisten.

Sie wissen schon, meine ehrwürdigen Brüder, daß wir heute die glückliche Wiederkunft eines Tages miteinander zu begehen uns vereinigt und uns zu dem Ende allhier versammelt haben, an welchem unser liebenswürdigster Bruder Seine Königliche Hoheit Prinz Friedrich Wilhelm von Preußen vor neunundzwanzig Jahren das allgemeine Licht der Welt erblickte.

Wir wollen, ehrwürdige Brüder, ich bin es gewiß, nach unser aller einmütigen Verlangen, diesen frohen Tag dadurch feierlich begehen, daß wir die aufrichtigsten Wünsche für das künftige Wohl dieses durchlauchtigsten Prinzen gen Himmel schicken, welcher unserer vollkommensten Ehrerbietung und unserer ganzen Liebe würdig ist.

Gib also, wir bitten dich, Baumeister der ganzen Welt, du, dessen Weisheit dieses herrliche Gebäude und alles, was darinnen ist, gegründet hat; Du, dessen Stärke das Ganze erhält, und du, dessen Güte dieses alles so schön und so bewundernswürdig ausgeziert hat, daß dein Licht unserem guten Bruder, des Prinzen Friedrich Wilhelm von Preußen Königliche Hoheit, von nun an und immerdar leiten und deine Wahrheit Ihn führen möge, damit Er sich des alten Menschen völlig entkleiden und den neuen anlegen könne, welcher nach dem Ebenbild Gottes erschaffen ist in Gerechtigkeit und Heiligkeit der Wahrheit. Bekleide denselben, du Ursprung und Quelle alles Guten mit dem Schmuck der Demut gegen dich und mit der Zierde deiner Liebe gegen alle Menschen; damit Er solcher Gestalt, den Lastern und Feinden des Verstandes und Körpers ritterlich widerstehen könne: und alsdann, Herr, wenn Er vor dir also wandeln wird, so bringe Ihn hin zu deinem heiligen Berge und in deine Wohnungen, damit Er dich daselbst verehren und dein Angesicht sehen möge. Es geschehe also!“

Excurs.

Freimaurerverfolgung zu Aachen.

Auf dem Boden der Loge „Georg zur wahren Treue“ zu Neustrelitz wurden Akten der Freimaurerloge „Zum gekrönten Greif“ in Neubrandenburg gefunden, die mir zur wissenschaftlichen Bearbeitung übergeben wurden. Diese Loge war am 22. März 1774 gelegentlich der Aufnahme des Herzogs Adolf Friedrich zu Mecklenburg-Strelitz gegründet worden, hat aber schon im Anfang der achtziger Jahre ihre Pforten wieder geschlossen. Sie gehörte zum Subpriorat Ratzeburg, Hauscommende Boitzenburg, der strikten Observanz. Das Aktenbündel enthielt Briefe von und an den Meister vom Stuhl,

Georg Christian v. Röpert auf Trollenhagen bei Malchin, Protokolle, Logenreden und Mitteilungen aus dem freimaurerischen Leben des achtzehnten Jahrhunderts in seinem letzten Viertel.

Darunter fand ich auch einige bisher unbekannte Aktenstücke zu der Freimaurerverfolgung des Jahres 1779 in Aachen, die nicht nur für die freimaurerische, sondern auch für die politische Geschichte nicht ganz ohne Bedeutung sind.

Aachen war damals freie Reichsstadt und wurde von einem jährlich durch die Zünfte gewählten Rat regiert. Tatsächlich aber hatten sich einzelne Familien der Gewalt bemächtigt und übten sie engherzig und kurzsichtig aus. Unduldsamkeit gegen Lutheraner und Reformierte, die im Herzogtum Limburg ihren Gottesdienst abhalten mußten, Ämterverteilung nur unter die bevorrechtigten Familien, Faulheit und Gewinnsucht, Zerrüttung der Finanzen, die durch sanktionierte Hazardspiele aufgebessert werden mußten – das war das trübe Bild jener Tage. Als nun am 9. September 1778 die Johannisloge „Zur Beständigkeit“ gestiftet worden war, richtete sich alsbald der Haß gegen die vom Papst gebannten und exkommunizierten Freimaurer. Schon am 26. März 1779 wurde eine sehr scharfe Verordnung gegen die Brüder erlassen, die den mit hohen Geldstrafen und Verlust des Bürger- und Einwohnerrechts bedrohte, der Freimaurerversammlungen in seinem Hause aufnahm.

Diese Verordnung war veranlaßt durch leidenschaftliche Predigten zweier Mönche, und darüber finden sich notariell beglaubigte Berichte in den Neustrelitzer Akten, die an die schottische Directorial-Loge Joseph zum Reichsadler“ erstattet worden waren. Der erste Bericht ist undatiert, trägt aber von der Hand Röperts die Bleistiftnotiz „Aachen 10. Ap. 1779“.

„Bey Gelegenheit der dahier einige Zeit gehaltene Freymaurer Logen, hat sich einer binnen der Stadt Aachen gestellter Dominicaner Prediger Nahmens Ludovicus Greinemann S. theol. Lector aus dem Aichstädtischen bey Maynz gebürtig, zu vielmalen unterstanden gegen die Maurerey und deren Intoleranz nicht nur überhaupt, sondern gegen die Brüder insbesondere seine Predigten dahin fulminando zu richten, als wann selbige die lasterhafteste Bündnisse unter sich verschworen, woraus die gefährlichsten Folgen in der Religion und dem Staat selbsten entstehen könnten; die Ausdrücke giengen so weit, daß er die Achische Maurer alle kennete, es stünden sogar Gerichts-Persohnen darunter, und wie von solchen Leuthen die Administration einer gleichgültigen Justiz erwartet werden könnte. Er particularisierte weiter und deutete auf jene ehrliche Männer, die in ihrer treibenden Handlung durch Frequentierung der Loge anderst nicht blicken ließen als den Untergang ihrer Handlung, und daß sogar dieses eben die gerechte Schickung und Belohnung Gottes seye, daß dergleichen Handelsleuthe – worunter aber einer durch Aufwiegelung einiger Neider das Unglück gehabt, ohngeacht seines bekannten Vermögens, von etlichen Creditoren überfallen zu werden – zu Verderb gerathen mußten. Bey diesen Ausdrücken war es nun ebenso ähnlich als wann er die bedeutete Subjecta mit dem Nahmen selbst von der Canzel abgerufen hätte. Er gieng noch weiter und sagte, daß die Freymaurer nur Schelme, Spitzbuben und Teufelsbanner, auch dadurch, daß sie in der Aufnahme in die Maurerey einen Eyd leisteten, das nehmliche Beyspiel derer Spitzbuben und Schelme folgten, die zu Herzogenrod und Volckenburg gefangen wären.

Dieses bei einem jeden rechtschaffenen Mann höchstärgerliche Predigen hat also den Pöbel zu größter Gährung gegen die Maurer aufgebracht, auch nicht weniger erwürket, daß der Achische Magistrat das schärffeste Edict gegen die Maurer auf die Stadt Thore affigieren lassen. Dieses stillte den Prediger ganz und gar nicht, sondern er fieng in der letzten Predigt an unter dem Anschein die Vorsorge der Obrigkeit unter solchem Edict zu haben, eine weitere und zwar die allerzügelloseste Predigt, mit vorgegangener Abladung des Pöbels zu halten, wobei er nicht nur die vergangene Ausdrücke weit schärfer wiederholte, sondern gar gegen die Obere der teutschen Freymaurer-Logen schimpflich angienge mit denen Formalien:

Wie, ihr Freymaurer, Ihr Vorläufer des Antichrist, ihr seit würklich daher in der Stadt von einem Ort zum anderen getrieben worden und man wird euch noch ferner Vertreiben und wo sollt ihr dann also zuletzt hinfliehen? Gelt, ihr meynt nacher Braunschweig? Ich will aber sagen Babillon.

In der Folge seiner Canzel Reden beließe er sich mit äußersten Kräften nicht nur die Regierung selbst gegen die Freymaurer aufzubringen, sondern uns zugleich den blöden Pöbel und dessen in Achen bekannter Wuth und zügellosester Gesinnungen gegen sie aufzuwiegeln und zu Austilgung des Ordens zu Hülfe zu rufen. Diesem nur Muth und Tapferkeit einzublasen fienge er von sich selbsten an, und sagte: weder Drohungen weder Schmeichel Reden hielten ihn gegen derselben Lastern zu predigen nicht ein u. d. mehr. Den ersten Bestrebungen den Schein der Wahrheit beyzulegen so riefe er die hiesige Freymaurer als Betrieger der Städtischen auf den einkommenden Waaren gesetzten Abgaben aus, behauptend, daß es eine ihrer Fundamental Lehren seye die Waag Pächter zu betriegen, fort die Städtische Einkünfte zu beeinträchtigen. Den 2 tern Endzweck seiner Predigt ganz sicher zu Wege zu bringen, suchte er den Pöbel glaubend zu machen, und also dadurch an sich zu locken, daß die Freymaurer alle die in diesem Orden nicht einverleibte als profanen anseheten, – in diesen ohngefehren Worten – Euch Christen nennen sie profane, das ist entweyhete, entheiligte und niederträchtige Persohnen; Sie allein wollen ehrwürdige, geweyhete und geheiligte Persohnen seyn; helffet Ihr Christen, dieses Unkraut mit mir bis auf die Wurzel zu vertilgen.

Zum Schlusse setzte er noch hinzu Sodoma und Gomora sind wegen ihren Lastern durch den Feuer Regen ein Opfer der Flammen und also bestraft worden, und euch Fr. M. wird selbige Strafe eben auch zum Theil werden. Amen.

Daß der Vorbenannter Dominicaner Prediger der vom Canzel abgehaltenen letzteren Predigt den vorstehenden letzteren §phum anfangend, in der Folge seiner Canzelreden & bis zum Ende beygefüget habe, solches bescheinige mir annoch wohl beyfällig zu seyn, Kraft meiner eigenen Unterschrift.

I. A. Eickholtz
(L. S.) Kayserl. in der R. St. Aachen residierender Notarius."

Der zweite Bericht läßt sich aus dem Konzept datieren, er ist am 12. April 1779 verfaßt:

„Der Pater Lector von denen Capuzinern Prediger im Münster in Achen predigte gestern den 11. April 1779 gegen die Fr:Mr: und schalte sie als unchristliche und Gottes Vergessene Leuthe. Er ermahnte alle Christen sie als Heyden und publicaner anzusehen, weilen sie sich durch ihre boshafte und Teuflische Zusammenkünfte den Kirchenbann zugezogen hätten. Eben diese Strafe zögen sich alle diejenigen auf den Hals, welche nur den mindesten Umgang mit Ihnen hätten, noch mehr aber jene, so vor sie arbeiteten und am meisten die so für ihre Loge den Thron, die Tische, die Sessel, die Tablier ec. gemacht hätten, ja sogar die welche die Fr: Mr: logierten, speiseten, tränckten oder auf andere Art bedienten, wären verdammt und könnten ohnmöglich seelig werden; jene hingegen, so ihre Ostern bereits gehalten, und nicht gebeichtet hätten, was für Umgang sie mit denen Fr: Mr: gehabt und was sie für sie gethan, wären in doppelten Kirchenbann den niemand als der Pabst allein aufheben könne.

Gar in ihrem letzten Zügen könne kein Priester, sondern der Pabst selbst nur allein diesen Bann aufheben, und wann einer in diesem Kirchenbann sterbend auf geweyheten Boden begraben würde, dessen Cörper unter diesen Ausdrücken wieder ausgegraben und auf einen weit davon entfernten Ort zur Erde gebracht werden müsse, dann dieser geweyhete Ort durch dessen Leiche entweyhet, und von neuem wieder geheiligt werden müßte; wobei er die bekannte fabelhafte Historie von Pyrrhus allegierte…

Endlich rufet er alle Pastores, Priesters und Beichtiger auf und ermahnete Sie ja keinem Freymaurer unter keinem praetext die heiligen Sacramente zu reichen."

Hier folgt, ähnlich wie oben, die Beglaubigung desselben Notars.

Der Erfolg dieser Hetze blieb nicht aus, denn nach dem Bericht eines Bruders namens Dachtler wurde der „gute Bruder Richter“ am hellen Tage auf der offenen Straße von „zwei starken Kerls“ überfallen und übel zugerichtet. Inzwischen hatten aber die Berichte bei den Fürsten, die dem Freimaurer-Orden angehörten, ihre Wirkung getan, und einige richteten Protestschreiben an den Magistrat der freien Reichsstadt Aachen. Unter den Akten von Neustrelitz fanden sich zwei Schreiben, die bisher unbekannt waren und die sowohl für die Kulturgeschichte wie für Rechts- und Staatswissenschaft im Ausgang des achtzehnten Jahrhunderts ebenso bedeutungsvoll sind, wie für die Stellung des Freimaurer-Ordens im Staate.

Das erste rührt von „Ihro des H. Erbprinzen zu Darmstadt Hochfürstl. Durchl.“ her. Es handelt sich um den Beschützer Starcks, den Erbprinzen Ludwig, nachmaligen Landgraf Ludwig X. und späteren Großherzog Ludwig I. Ludwig war aufgenommen 1771 als Erbprinz in der Loge „Johannes der Evangelist zur Wohltätigkeit“ in Darmstadt, trat aber im selben Jahre zur strikten Observanz über, und seine Stellung im Freimaurer-Orden charakterisierte er selbst in dem nachfolgenden Schreiben, das undatiert ist, aber von der Hand Röperts das Datum „6. Mai 1779“ trägt. Diese Aufzeichnung ist bestimmt irrtümlich, denn der Überfall auf den Bruder Richter geschah am 9. Mai. Das Schreiben muß also um die Mitte des Monats verfaßt sein:

„Da ich das Vergnügen von denen unter des Herzogs Ferdinands zu Braunschweig Liebden Großmeisterthum Verewigten Logen des Rheinischen Sprengels Chef und Protector zu seyn, so konnte mir die Verfügung nicht verborgen bleiben, die meine Hochgeehrte Herren den 26. Merz d. I. gegen meine Loge zu Aachen durch den Druck öffentlich haben bekannt machen lassen.

Wenn die Freymaurerey etwas dem Staat nachtheiliges enthielte, so werden Dieselbe mir zutrauen, daß ich weder ein Mitglied davon seyn, noch sie in meinen besonderen Schutz genommen haben würde. Des Königs von Schweden, Dänemark und Preußen May'ts. wie auch des Herrn Herzogs von Braunschweig und Sachsen Meiningen Lbd. nebst anderen Fürsten Deutschlands haben die Freymaurerey als eine ihren Staaten nützliche Gesellschaft angesehen und privilegirt. Euer etc können es auf mein Fürstenwort glauben, daß darin nichts vorgeht, was dem Staat auch nur in der entferntesten Beziehung nachtheilig seyn könne; um dieselbe hierinn gänzlich zu beruhigen, bin ich bereit jede Magistrats Person aus Aachen in den Freymaurer Orden aufnehmen, und durch alle grade führen zu lassen und gebe einem jeden die Erlaubnis, wenn er etwas gegen den Staat oder die Religion anstoßendes darinn finden sollte, daß er nicht nur aus dem Orden wiederum heraustreten, sondern solches auch Euer etc, ohne allen Anstand bekannt machen darf, mehr Aufrichtigkeit, einen stärkeren Beweis der Unschuld können meine hochgeehrten Herren von dem Orden der Fr: Mr: gewiß nicht verlangen.

Ist nun aber in der Freymaurerey nichts enthalten, was dem Staat oder der Religion nachtheilig ist, so scheinet es mir für die natürliche Freyheit deren Bürgern einer Freyen Reichs Stadt sehr beschwerend zu seyn, daß dieselbe ihnen solche Zusammenkünfte verbieten wollen, die gegen die Religion und den Staat nichts verfängliches in sich begreifen, doch dieses ist die Sache ihrer Bürger, in unsern Logen wird denen Freymaurern nichts so sehr, als Gehorsam gegen ihre Obrigkeit eingeprägt, den nahesten Beweis davon können meine hochgeehrteste Herren daraus wahrnehmen, daß die dortige Loge seit dem erlassenen Rathsverbot keine Zusammenkunft mehr gehalten hat.

Erlauben meine hochgeehrteste Herren, daß ich ihre Bürger auf einen Augenblick verlasse und die Ehre der Freymaurerey überhaupt, von der ich über den Rheinischen Sprengel Chef und Protector bin, mit der folglich meine eigene Ehre so nahe zusammen hängt, gegen dero abgemeldete Verordnung die Freymaurerey retten darf. Dieselbe haben in der eben gemeldeten Verordnung die Freymaurerey

a) eine unerlaubte,
b) Verdächtige,
c) von dem Römischen Stuhl mit dem Kirchen Bann belegte Gesellschaft benannt, der man
d) ohne Aergernis und
e) ohne Gefahr gemeiner Bürgerschaft nicht nachsehen könnte.

Ich habe mich durch meine schottische Directorial Loge Joseph zum Reichsadler um das Betragen meiner Brüder zu Aachen sehr genau erkundigt. Alle eingezogene Nachrichten stimmen darinn überein, daß ihrem sittlichen Benehmen nichts zu Last gelegt werden kann, es sind folglich von denenselben, die obenangezogene Ausdrücke auf die Freymauerey überhaupt angewendet worden. Wie beleidigend sie für ein so ansehnliches Corps, das so viele Souverains und Fürsten Deutschlands unter seine Mitglieder zählt, seyn müsse, fühlen meine hochgeehrte Herren bey näherer Ueberlegung der Sache wohl von selbsten. Ich glaube meiner eigenen fürstl. Ehre und dem Ansehen der Freymaurerey, von der ich Chef und Protector bin, die Rücksicht schuldig zu seyn, daß ich dieselbe, wie hiemit geschieht, angelegentlich ersuche: meine hochgeehrte Herren belieben die obenberührte Ausdrücke in einer anderweitigen gedruckten Erklärung gütigst zurückzunehmen.

Nie werden dieselben beweisen können, daß in einer unter mir stehenden Loge etwas unerlaubtes, Verdächtiges, ärgerliches, oder für gemeine Bürgerschaft gefährliches vorgegangen sehe; läßt sich aber solches nicht erweisen, so ist die mir und dem Orden zugefügte Beschimpfung in keiner Maas zu rechtfertigen, und dieselbe werden es den Souverains und sämtlichen Fürsten Deutschlands, die Mitglieder des Freymaurer-Ordens sind, nicht verdenken, wenn sie bey ausbleibender Genugtuung sich diese gegen jedes Mitglied des dortigen Magistrats, von der ich mir eine genaue Liste werde geben lassen, bey der ersten Gelegenheit selbst nehmen zu lassen, die Aufmerksamkeit haben.

Was aber den vorgeblichen Kirchenbann insonderheit betrifft, so geht derselbe

1. nach Maßgabe des Westfälischen Friedens die Protestanten nicht an, und sie dürfen unter diesem Vorwand durch öffentlich angeschlagene gedruckte patentes nicht geschimpft werden.

2. ist man, so viel es die Catholische angehen könnte, von dem Daseyn dieser angeblichen Bulle nicht einmal gewiß, sollte sie aber durch ungleiche Berichte eines fanatischen Geistlichen erschlichen worden seyn, so ist doch die selbe

a) von dem Hl. Bischof zu Lüttich nicht publiciret, und

b) von Kayserl. Majestät nicht genehmigt, folglich für deutsche Katholische Bürger nach klarer Vorschrift des deutschen geistlichen Rechts von keiner Verbindlichkeit.

Will man aber die Sache nach allgemeinen rechtlichen Grundsätzen betrachten, so wissen meine hochgeehrteste Herren von selbst, daß die Gewalt des Römischen Stuhls sich bloß auf Religion und geistliche Sachen einschränket, mit beyden beschäftigt sich die Freymaurerey nicht, über Sachen, die beide Gegenstände nicht bezielen, hat der Römische Stuhl keine Gewalt, es haben daher die angeschenste Katholische Geistliche auch kein Bedenken gefunden, sich über diese angebliche Excommunication hinauszusetzen, und bis an ihr End ächte Freymaurer zu bleiben. Der geistliche Oberhirt von Aachen, der Bischof von Lüttich, war selbst Freymaurer.

Eine Excommunication ist nach meinem Begriff eine Strafe, die wegen einem schweren geistlichen Verbrechen gegen einen öfters gemahnten hartnäckigsten Christen von der geistlichen Obrigkeit verhängt wird. In unseren Versammlungen werden keine Verbrechen begangen, wir unternehmen nichts gegen den Staat, nichts gegen die Christliche Glaubenslehren, nichts gegen das äußere einer Christlichen Kirche, zu welcher Parthey sie auch immer gehören mag, unsere katholische Maurer sind von ihrer Kirche nie gemahnet worden, nie gegen dieselbe hartnäckig gewesen, wie kann also eine excommunication gegen sie Platz haben? Mir wird es stets unbegreiflich bleiben, wie meine hochgeehrteste Herren eine so geartete Bulle des Römischen

Hofes, ohne daß sie von einem deutschen Bischof zu Aachen publiciret, oder von Kayserl. Mayt's genehmiget ist, zum Nachtheil der deutschen Staats Verfassung gegen eine ganze Gesellschaft in obrigkeitliche Anwendung bringen könne. Sollten Kayserl. May't von diesem Vorgang benachrichtiget werden, so bin ich überzeugt, daß allerhöchst dieselbe den von meinen hochgeehrtesten Herren unternommenen in die allerhöchste Kahserl. Vorrechte eingreifenden Schritt gewiß nicht billigen werden.

Da nun solchergestalt die Bewegursachen, welche Dieselbe zu dem Edict vom 26ten Merz d. I. veranlaßt haben, nach meiner Einsicht hinwegfallen, so nehme ich mir die Freyheit denenselben die übelen Folgen begreiflich zu machen, die aus der eben bemerkten Verfügung in dem Busen der Reichs Stadt Aachen unter dero Bürgern nothwendig entspringen.

Kann denselben es gleichgültig seyn, wann rechtschaffene Bürger, ihre Stadt verlassen, wann angehene Fabricanten durch die angekündigte Bulle auf einmal ihre Arbeitsleuthe und Gesellen verliehren? Es ist uns bekannt geworden, mit welcher Gewaltthätigkeit unser Bruder Richter von dem dortigen Pöbel behandelt worden ist, der sich durch dero Verordnung zu dergleichen menschenfeindlichen Handlungen berechtiget zu seyn geglaubet hat. Denenselben kann eben so wenig verborgen seyn, wie sehr durch dero Verordnung die Prediger Greinemann und Schuf angefeuert worden sind, den Pöbel in öffentlichen Predigten zu einem Aufruhr gegen die Freymaurerey zu bewegen und meine hochgeehrteste Herren haben es gelassen mit angehört, wie diese Aufwiegler sich die schimpflichste Ausdrücke gegen den Orden erlaubt, und Braunschweig mit Babel verglichen haben. Können dieselbe einen von der Geistlichkeit aufgebrachten Pöbel im Zaum halten, wann er ihre beste Bürger mißhandelt? Meine hochgeehrteste Herren bemessen hieraus von selbst, wie wenig die innere Ruhe von Aachen mit dero Verordnung bestehen kann, wollen meine hochgeehrteste Herren mit mir die auswärtige Folgen betrachten, so kann ich dieselbe versichern, daß bey dem längeren Bestand dero Verordnung kein Freymaurer in Engelland, Holland, Frankreich und Deutschland sich mit einem Bürger aus Aachen in das geringste Gewerb einlassen, nie das Baad zu Aachen oder ihre Stadt besuchen wird, er ist dieses seiner eigenen Sicherheit schuldig.

Den dortigen Predigern werden des Herrn Bischofs zu Luttig Lbd., an die ich mich gewendet, wie ich nicht zweifle, Grenzen setzen und da meine hochgeehrteste Herren von der dortigen Geistlichkeit nichts mehr zu befürchten haben, meine Brüder in Aachen aber jede Gelegenheit benutzen werden, um sich als rechtschaffene Bürger des Staats auszuzeichnen, so nehme ich mir die Freiheit meine hochgeehrteste Herren angelegentlichst zu ersuchen, dieselbe belieben das öfters erwehnte Edict, welches zu so vielen innerlichen und äußerlichen Unruhen Anlaß gegeben hat, gütigst wieder aufzuheben und dem Br. Richter wegen den bey hellem Tag auf offener Straße erlittenen Thätlichkeiten nicht nur Genugtuung, sondern auch für die Zukunft Sicherheit zu verschaffen.

Da diese die erste Freundschaft ist, die ich mir von denenselben erbitte, so schmeichle ich mir, daß die für meine Brüder eingelegte Vorsprache nicht ohne Wirkung seyn wird und werde ich die mir bezeugende Willfährigkeit durch meine Frau Schwester, die Kronprinzessin von Preußen Liebden Ihro Königl. May'st. in Preußen als dem 1sten Protector des Freymaurer Ordens anrühmen zu lassen nicht verfehlen, mir aber wird jede Gelegenheit überaus angenehm seyn, bey der ich denenselben für die mir zugehende Gefälligkeit jene Erkänntlichkeits volle Hochachtung bethätigen kann, mit der ich die Ehre habe ohnunterbrochen zu seyn.

meiner hochgeehrtesten Herren
wohlaffectionirter
Ludwig.

Darmstadt. undat. May.
1779.

Das zweite Schreiben rührt vom Herzog Carl zu Sachsen-Meiningen her. August Friedrich Karl Wilhelm war am 10. Januar 1775 in der Loge „Charlotte zu den drei Nelken" in Meiningen zum Freimaurer aufgenommen worden und am 25. Oktober desselben Jahres wurde er von Hund in der Präfektur Rochenburg (Meiningen) der strikten Observanz als Protector Franconiae installiert:

„Von Gottes Gnaden Carl regierender Herzog
zu Sachsen, tit: pleniss:
Unsern gnädigsten Gruß zuvor.
Edle und Wohlweise, liebe besondere.

Nachdem Uns ohnlängst Abschrift eines Decrets, so dieselben wider die in Aachen befindliche Freymaurer publiciren lassen, zugekommen, Wir auch sowohl aus öffentlichen als privat Nachrichten ersehen müssen, wie sogar der in öffentlichen Predigten gegen diese keines andern Verbrechens schuldige Persohnen aufgehezte Pöbel, sich wider selbige durch Thätlichkeiten vergangen, und solche noch ferner, der größten Gefahr und Verfolgung ausgesetzt sind; So erachten Wir Uns, Vermöge der denen Freymäurern in Unsern Fürstl. Landen nach dem Beyspiel, Ihro Majestät des Königs von Preußen, des Königs von Schweden, deren Herren Herzöge zu Gotha, Braunschweig und Mecklenburg, und vieler andern Reichs

Fürsten auch freyen Reichs Städte, ertheilten öffentlichen Protection, ja selbst als ein Mitglied dieser Gesellschaft verbunden, Uns ihrer in diesen bedrängten Umständen anzunehmen, und denenselben einen so übereilten Schritt lebhaft zu Gemüthe zu führen, da wir zugleich die gewisse Versicherung hinzufügen können, daß die Freymaurerey nichts enthält, so denen Lehrbegriffen der Christlichen Religion oder denen guten Sitten im geringsten zuwieder.

Wenn Wir auch annehmen, daß ewige einzelne Mitglieder des Freymaurer Ordens zum Mißvergnügen oder Unzufriedenheit wider sie Anlaß gegeben, so verdiente jedoch die ganze Gesellschaft, so in Frankreich, England, Italien, Rußland, Dänemarck und Pohlen und fast in ganz Europa geduldet wird, und sich durch menschenfreundliche und wohlthätige Handlungen bereits genugsam ausgezeichnet hat, mehreres Menagement, und es läuft gegen alle natürliche Billigkeit, daß da dieselben von ihrer Verfassung und Einrichtung nicht unterrichtet sind, sich in besagtem Decret so beleidigender und ehrenrühriger Ausdrücke zu bedienen.

Die zum Vorwand gebrauchte Excommunications-Bulle kann dieses Verfahren ebenso wenig entschuldigen, da deren Existenz sehr ungewiß, solche nicht alle Freymaurer ohne Unterschied angehet, und auch selbst für die Catholischen Mitglieder so lange ohne verbindende Kraft ist, bis sie nicht auf Befehl des Herrn Fürst Bischof von Luttig in Aachen publiciret, und von allerhöchst Ihro Römisch Kayserl. Majestät approbieret worden, endlich aber auch jede Excommunication ein bey der Freymaurerey nicht statthabendes Verbrechen zum Voraus sezt. Desto unverzeyhlicher ist erfolglich auch, daß ein paar dasiger Mönche, der Dominicaner Mönch Greinemann und der Capuziner Schuff aus Unwissenheit und unzeitigen Eifer, den Pöbel in ihren Predigten gegen unschuldige Personen aufgewiegelt, auch noch immer fortfahren, selben in dieser Wuth zu unterhalten, und dadurch ein so übles Beyspiel der Christlichen Duldung und Sittenlehre an den Tag zu legen.

Wie Wir nun zu dero Einsicht und Gerechtigkeits Liebe das Vertrauen heegen, dieselben werden nach reiflicher Erwägung der Umstände auf Unsere zum Besten derer Bedrängten und Verfolgten Freymaurer in Aachen, gethane Vorstellung, ernstliche Rücksicht nehmen; so ersuchen Wir dieselben hierdurch gnädigst, selbigen durch anderweite Verordnungen gebührende Genugthuung wiederfahren zu lassen, und selbe als rechtschaffene Christen und Friedliebende Einwohnende gegen die weitern unbesonnenen Unternehmungen des aufgewiegelten Pöbels zu schützen, auch die in dem erwähnten emanirten Decret gebrauchten Ausdrücke aus der einer ganzen ansehnlichen Gesellschaft schuldigen Achtung abzuändern, oder solches gänzlich aufzuheben. In dieser Anhofnung verbleiben Wir denenselben übrigens mit Gnaden zugethan.

Datum:
Meiningen zur Elisabethenburg, den 19. May 1779.
Von Gottes Gnaden Carl regierender Herzog zu Sachsen."

Das Schreiben selbst ist energischer als das vorige, es ist ja auch ein regierender Herr, der hier spricht. Er hat es nicht nötig, wie Erbprinz Ludwig, auf seine verwandtschaftlichen Beziehungen zu dem Thronfolger Friedrichs des Großen und auf den Großen König selbst hinzuweisen. Er hatte die Macht, selber zu handeln. Wenn die Magistratspersonen von Aachen nicht nachgaben, so konnte es leicht geschehen, daß sie auf einer Reise außerhalb des Reichsstädtischen Gebietes festgenommen und vor Gericht gestellt wurden. Aus der Verordnung war sehr leicht eine Beleidigung des regierenden Herzogs zu Sachsen oder gar des Königs von Preußen zu konstruieren.

Aber der Magistrat gab klein bei. Als auch noch König Gustav III. von Schweden interveniert hatte, wurde die Verordnung aufgehoben.

Drittes Buch

Die Große Loge von Preußen genannt Royal York zur Freundschaft

I. Die Loge Royale York de l'Amitié

Kein Leitwort für die Geschichte der Großen Loge zur Freundschaft ist geeigneter als Friedrich Rückerts Wort: „Die vom Irrtum zur Wahrheit reisen, das sind die Weisen." Bei keiner deutschen Großloge zeichnet sich das Ringen um die Idee der Freimaurerei, um das wahre Licht deutlicher in all seinen Erscheinungen ab als bei dieser, die als jüngste der drei altpreußischen Großlogen alle Erfahrungen ihrer älteren Schwestern verwerten konnte. Aber auch sie mußte es erleben, daß ihr geistiger Vater, einer der kenntnisreichsten Freimaurer jener stürmischen Übergangszeit in der Jahrhundertwende, Ignaz Aurelius Feßler, mit den giftigsten Angriffen verfolgt wurde, die selbst vor seinem Privatleben nicht haltmachten.

Es scheint im Schicksalsbuch der Freimaurerei unverlöschbar eingeschrieben zu sein, daß alle die Geister, die sich über die Masse der Mitläufer und Nachzügler erheben, von Neid und Mißgunst verfolgt werden. Sicherlich gibt es in der Freimaurerei nicht mehr unvollkommene Menschen als in anderen menschlichen Vereinigungen, sie treten nur auf der reinen Folie der hohen Idee viel schärfer hervor und kommen viel krasser zum Ausdruck, weil hier ein Abweichen vom rechten Winkel der Gesinnung und des Wandels ungeheures Aufsehen erregt und alle, selbst aus der profanen Welt, mit Fingern auf so einen Entgleisten deuten und mit schadenfroh heuchlerischem Augenaufschlag schmälen: natürlich ein Freimaurer.

Und die Geschichte der Freimaurerei kann diese Schadenfreude leider nicht Lügen strafen. Da drängt sich dem ehrlichen Geschichtsschreiber doch sehr ernsthaft die Frage auf: Kann die freimaurerische Lehre überhaupt ihr Ziel, Edelmenschen in religiös-sittlichem Sinne zu bilden, bei dem angeborenen bösartigen Dichten und Trachten des menschlichen Herzens erreichen? Diese Frage ist, so schwer die Erkenntnis uns auch wird, nur mit einem sehr, sehr bedingten Ja zu beantworten. Ein glattes Nein, das viele zur Antwort geben wollen, ist keineswegs berechtigt, denn es sind Edelmenschen aus der Werkstätte der Königlichen Kunst hervorgegangen, aber nur dann, wenn

Aufgeschlossenheit und Empfänglichkeit für das religiös-sittliche Ideal den betreffenden Menschen eingeboren war.

Wir sind alle Produkte einer Ahnenreihe, und die Elemente des geistigen und körperlichen Eigenlebens von Jahrhunderten wirken sich in uns als Individuen aus. Keine noch so tiefe Menschenkenntnis kann das Elementarische in einer Persönlichkeit mit Sicherheit wahrnehmen. Dabei wurzelt die Freimaurerei als Logengemeinschaft vornehmlich im praktischen Leben, und dessen Notwendigkeiten führen häufig Männer an die Spitze, die vielleicht treffliche äußere Eigenschaften als Verwalter oder Gesellschafter, Redner oder Künstler haben, denen aber der große Zug des Edelmenschen ganz abgeht, die beherrscht sind von kleinlichem Neid auf geistige Erfolge anderer, die ihnen versagt sind, Eitelkeit und Amtssucht kommen dann noch hinzu, und sofort ist der Konflikt da. Alles das sind nicht nur Eigenschaften der Freimaurerei, sondern jeder menschlichen Organisation, aber sie treten in dem beschränkten Rahmen der Freimaurerei schärfer und unangenehmer hervor, und, was das gefährlichste ist, sie entziehen der Sache die besten Kräfte. Die Dampfwalze der robusten Gewissen hat noch immer den Sensitivismus des geistigen Verantwortungsbewußtseins niedergedrückt. Wem jedes Mittel recht ist, seine schwarzen Instinkte zu befriedigen, der wird immer Sieger bleiben, das ist Weltlauf und Menschenschicksal.

Über all diesem Wirren und Dunkeln, über dieser Menschelei und Heuchelei, über Honigrede und Giftmichelei steht strahlend die große, herrliche Idee, das Ziel der Sehnsucht der Besten in der Freimaurerei, in ewiger Majestät, unberührt, ungekränkt, in stolzer Glorie leuchtender Göttlichkeit. Um dieses Einzigen willen haben fast alle treu ausgehalten, manchmal unter unsäglichen Kränkungen und Leiden. Selig sind, die um der Gerechtigkeit willen verfolgt werden, denn ihrer ist das Reich der Himmel. –

Allzeit hat es in der Freimaurerei Deutschlands Männer gegeben, die ihr Leben dem Suchen nach dem rechten Weg zum Ideal, zur höchsten Abstraktion der Menschenwürdigkeit, gewidmet haben. In der Loge Royale York war es nicht anders.

Ihre Anfänge liegen im Dunkel. Nach der Überlieferung, von der zuerst Claude Etienne Le Bauld de Nans in einem Logenvortrag vom 28. Mai 1780 spricht, fällt ihre Gründung schon in die Zeit vor Beginn des Siebenjährigen Krieges.

Le Bauld de Nans war 1736 in Besançon geboren; wahrscheinlich in Italien zum Freimaurer aufgenommen, erscheint er um 1766 in Mannheim als Meister vom Stuhl der Loge „St. Charles de l'Union". Es war dies eine schottische Loge, die von Franzosen errichtet worden war, die der Kurfürst von der Pfalz an seinen Hof gezogen hatte. In jener Zeit hatte ein Jesuitenpater

Claude Etienne Le Bauld de Nans
Meister vom Stuhl der Loge Royale York de l'Amitié

öffentlich gegen die Freimaurer gepredigt. Le Bauld de Nans übernahm die Verteidigung, er wandte sich in einem sehr ausführlichen Beschwerdeschreiben an den Rektor des Jesuitenhauses in Mannheim und wurde dann mit seinem Redner zu einer Konferenz im Kloster eingeladen, die sehr erregt verlief, aber doch den Erfolg hatte, daß der Jesuit am nächsten Sonntag von der Kanzel erklärte, er habe zu seinem Schmerz erkennen müssen, daß er durch falsche Berichte getäuscht worden sei. Er habe jetzt bessere Nachrichten, und er stehe nicht an zu erklären, daß in der Freimaurerei höchst ehrenwerte und gute Männer seien, und er könne nur Gutes über die Mitglieder der Loge sagen, und er glaube eher das Gute als das Schlechte von ihnen.

Das war ein nicht zu unterschätzender Erfolg, und der Briefwechsel, der uns in einem selten gewordenen Werkchen – „Recueil de Discours, prononcés en differentes époques solemnelles dans la Venerable des Très ancienne Loge Française La Royale York De L'Amitié...par le Vble. F. Le Bauld-de-Nans, Orateur de la L." – überliefert ist, zeigt den Verfasser als außerordentlich unterrichtet und als ernsten, sittlich hochstehenden Freimaurer.

Le Bauld de Nans, von Haus aus Schauspieler, war von Friedrich dem Großen als Regisseur des französischen Schauspiels nach Berlin berufen worden, und 1775 wird er zum ersten Male in den Protokollen der Loge als Besuchender erwähnt. Im Jahr darauf schloß er sich ganz an und bekleidete dann mehrere Logenämter, bis er 1788 Meister vom Stuhl wurde. Das Jahr seines Todes steht nicht fest, er starb wahrscheinlich in der Zeit von 1789 bis etwa 1792. Er galt als einer der besten Lehrer der französischen Sprache, war eine außerordentlich lebhafte, gesellige Natur, aber er konnte auch schroff und rechthaberisch sein. In der Loge hielt er sehr auf Ordnung und Anstand.

Diesem Manne verdanken wir die ersten Nachrichten über die Loge de l'Amitié, und wir dürfen seiner Wahrheitsliebe und Rechtlichkeit glauben, wenn auch alle Urkunden über Gründung und Bestehen aus der Zeit vor dem Siebenjährigen Kriege fehlen. Danach wäre eine Gruppe von französischen Künstlern, Gelehrten und Beamten, die Friedrich der Große nach Berlin gezogen hatte, zusammengetreten, um Loge zu halten. Sie waren alle in Frankreich aufgenommen und zum Teil schon in die höheren Grade befördert. Die Zeit ist ganz unsicher, Le Bauld de Nans gibt einmal das Gründungsjahr der Loge La Concorde unter der Konstitution der drei Weltkugeln an, das wäre 1754, und weiter erwähnt er, daß sich L'Amitié 1752 an die drei Weltkugeln angeschlossen habe. Urkunden darüber finden sich, wie erwähnt, nicht. Es ist aber anzunehmen, daß Le Bauld de Nans Annalen aus den fünfziger Jahren benutzt hat, da er eine dahin zielende Bemerkung macht.

Jedenfalls war das Leben in der Loge de l'Amitié nicht sehr erfreulich. Streitigkeiten aller Art herrschten unter den Mitgliedern, und als dann der Siebenjährige Krieg ausbrach, schliefen die Arbeiten fast ganz ein. Einige Brüder jedoch retteten die Idee und suchten im Jahre 1760 festen Grund durch Anschluß an die drei Weltkugeln zu gewinnen. Von diesem Jahre an stehen wir auf urkundlich sicherer Geschichte. Das Protokollbuch der Großen National-Mutterloge vom 5. Mai 1760 sagt: „...der fr. Orateur zeigte an, wie eine gewisse Anzahl Freimaurer, geborene Französische Untertanen, wünschten, mit der Erlaubnis der Loge Mère allhier eine particulière Loge zu etablieren, und zwar unter dem Titel de la paix et de la joie, mit dem Versprechen, keine als nur lauter geborene Franzosen und nach geschehener Bekanntmachung zu recipieren, ferner das Johannisfest gemeinsam mit der Loge Mère zu feiern, alle einkommenden Almosengelder zur Cassa zu liefern, im übrigen aber eine genaue Correspondenz mit der Loge Mère zu beobachten." Nachdem über den Fall „gehörig deliberiret" worden war, wurde die Entscheidung dem Meister vom Stuhl, von Printzen, überlassen. Am 10. Juni 1760 wurde die Errichtung dann genehmigt, und am 10. August desselben Jahres wurde sie im Hause des Bruders Rüffin in der Poststraße als französische Loge „de trois Colombes" gehörig installiert. Der Name zu den drei Tauben verschwindet wieder, und nur noch im Wappen der Großloge, in einzelnen Siegeln und Kleinodien lebt sein Gedächtnis weiter.

Die neue Loge erhielt bald mehr Bewegungsfreiheit durch das Zugeständnis der Mutterloge, auch andere Kandidaten als geborene Franzosen

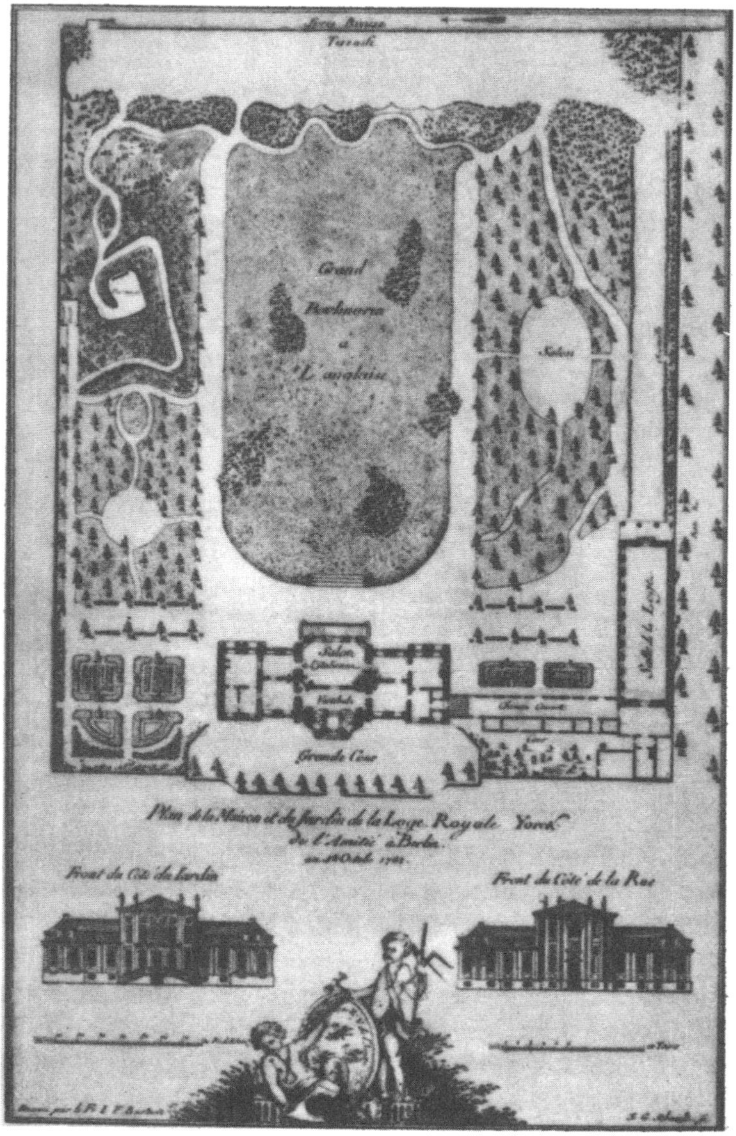

Alter Plan von Haus und Garten der Loge Royale York de l'Amitié 1782

aufnehmen zu dürfen, und im Jahre 1761 kam eine Vereinigung der drei in Berlin bestehenden Logen zustande, die ihren Niederschlag in einer Art Oberbehörde, dem maurerischen Tribunal (vgl. Bd. I, S. 138), fand. Das freilich wurde eine Quelle von Unstimmigkeiten, die sich ganz von selbst ergaben. Die Wahl der Tribunalbeamten wurde nicht befriedigend gefunden, jede der drei vereinigten Logen hatte etwas anderes auszusetzen, und die französische Loge l'Amitié nahm eine Sonderstellung sowieso ein. Einzelne Brüder übten Rechte aus, die ihnen nach Ansicht des Tribunals nicht zustanden, so waren Konflikte unausbleiblich. Dazu kam der Krieg, der für Preußen recht schwer wurde und der Loge viele Mitglieder entzog. Die wenigen Zurückgebliebenen hatten auch nicht das Talent, die Brüderschaft zusammenzuhalten. ...Das wirkte auch nach außen hin und führte schließlich zur Trennung der Mutterloge und der „Eintracht".

Eduard August Herzog von York

Ein guter Kern jedoch erhielt sich in der Brüderschaft, und diese paar Getreuen bauten die Loge wieder auf und suchten bei der schottischen Loge Puritas in Braunschweig eine Konstitution nach, die auch erteilt wurde, und nun ging die Entwicklung rasch vorwärts, zumal auch inzwischen der Friede von Hubertusburg geschlossen war, der eine Anzahl der älteren Brüder zurückgeführt hatte. Am 6. Juni 1764 zählte die Brüderschaft schon wieder fünfundvierzig Mitglieder. Le Bauld de Nans sagt: „Der glückhafte Aufstieg der Loge war so reißend, ihr Ruf erlangte einen so hohen Grad im Vergleich zu dem vorangegangenen Stillstand, daß die Mitglieder erstaunt waren."

Besonders fördernd auf die Entwicklung wurde die Aufnahme des Herzogs Eduard August von York, Bruders des Königs Georg III. von England, am 27. Juli 1765, der sich auf der Durchreise in Berlin befand und der sich zum Protektor der Loge erklärte und ihr gestattete, ihrem alten Namen den Zusatz „Royale York" anzufügen. Seitdem nannte sie sich Royale York de

Runkel, Geschichte der Freimaurerei. II.

l'Amitié. Sie hat diesen Namen erst im Weltkrieg abgelegt als Protest gegen das Eintreten Englands in die Reihe der Feinde Deutschlands. Diese Kriegserklärung hat Wilhelm Begemann mit dem letzten Hauch seines verlöschenden Lebens als eine Sünde gegen den heiligen Geist der Geschichte bezeichnet.

Zufolge dieser Aufnahme und der Protektion des Königlichen Prinzen von England suchte die Loge de l'Amitié engeren Anschluß an die Londoner Großloge, die ihr auch bereitwillig ein Konstitutions-Patent unter dem 24. Juni 1767 erteilte, ihr Wunsch jedoch, als Mutterloge mit dem Recht, Logen zu errichten, anerkannt zu werden, wurde ihr versagt. Sie sollte wohl berechtigt sein, neuen Vereinigungen vorläufig für sechs Monate die Erlaubnis zu erteilen, Loge zu halten, aber innerhalb dieses Zeitraumes sollte die Stiftungsurkunde von London eingeholt werden. Die Großloge versicherte, daß diese auf Grund der Empfehlung der de l'Amitié nicht versagt werden würde.

Das war alles recht gut. Nach außen hin hatte die Loge Ansehen, und ihre Mitglieder waren stolz darauf, die einzigen von der Londoner Großloge anerkannten Freimaurer in Preußen zu sein, aber an Erkenntnis und freimaurerischer Lehre hatten sie nichts gewonnen. Einer ihrer besten Männer, der Berliner Stadtsekretär Karl Friedrich Ludwig Schlicht, lange Jahre Beamter und gegen Ende seines Lebens Vorsitzender Meister, beklagt in einem Brief vom 27. Juni 1799 die angeblich traurigen Zustände mit recht harten Worten:

„Was wir von England erhielten, bestand bloß in einem auf Pergament ausgefertigten Patente; da war keine Vorschrift, kein Gesetz, kein Ritual, und daher arbeitete die damalige Loge de l'Amitié bald nach diesem, bald nach jenem Ritual, je nachdem man das Neuere dem Älteren vorzog."

Am meisten bedauert Schlicht das Fehlen jeglicher Akten, die dann von angeblich zweifelhaften Personen beschafft wurden.

Dann fährt Schlicht fort: „Die Rituale schienen zwar aus guten Quellen zu kommen, waren aber durchaus verstümmelt und mit Tand angefüllt. Ich beziehe mich deshalb auf den ehemaligen vierten Grad, den sogenannten Elû. Kann man sich wohl etwas Absurderes und Läppischeres denken… Ich habe daher auch diesen Grad, solange ich die höheren Arbeiten führte, nie mit diesem Rituale und Ceremoniel mitgeteilt."

Man wird der Glaubwürdigkeit dieser Quelle mit äußerstem Mißtrauen begegnen müssen. Der Brief ist aus einer augenblicklichen Verstimmung heraus geschrieben, die den Verfasser die Dinge in einem ganz anderen, Licht sehen ließ, als er sie vorher gesehen hatte und als er sie nachher sah. Alles ist übertrieben und übersteigert. Wo gäbe es nicht in jeder menschlichen Organisation Mitläufer, denen mehr an Tafelfreuden als an der Sache gelegen ist, und dann wissen wir aus der Geschichte, daß die Loge de l'Amitié sehr tüchtige Männer gehabt hat, die selbstlos ihr Bestes für die Brüderschaft gaben, so daß sie blühte und gedieh bis zu ihrer bedeutenden Stellung in der Freimaurerei Deutschlands.

Die Authentie dieses Briefes ist von August Flohr in seiner „Geschichte der Großen Loge von Preußen genannt Royal York zur Freundschaft" (Berlin, 1898) bestritten worden, und zwar zum erstenmal nach hundert Jahren, aber man kann über Flohrs Gründe einen leisen Zweifel nicht unterdrücken.

Schlichts Brief ist von Feßler im zweiten Band seiner Schriften, der nach seinem Austritt aus der Royal York erschien, veröffentlicht worden, und man mag diesem eigentümlichen, innerlich zerklüfteten Mann vorwerfen, was man will, aber ihm eine direkte Fälschung zuzutrauen, hieße sein Andenken schänden.

Also eine Fälschung Feßlers anzunehmen, wie es Flohr zu tun sich für berechtigt hält, ist nicht angebracht. Daß Feßler gegen die Großloge, die ihm so viel verdankte und die ihn unter den bittersten Anschuldigungen ausgeschlossen hatte, keine freundschaftlichen Gesinnungen hegte, ist verständlich, ebenso, daß er nachteilige Äußerungen über sie von einem ihrer angesehensten Mitglieder nicht unterdrückte, kann man aus seiner Verstimmung heraus begreifen. Alles das darf jedoch an der Echtheit des Briefes nicht zweifeln lassen.

Was Flohr weiterhin angibt, überzeugt auch nicht. Die Begebenheiten, von denen Schlichts Brief spricht, erscheinen nicht in den Protokollen. Wir wissen, wie in jenen Zeiten Protokolle geführt wurden. Anfänglich verwendete der Sekretär große Sorgfalt darauf, er verzeichnete jede Kleinigkeit; allmählich werden die Nachrichten dürftiger, und schließlich bleibt es bei ein paar stereotypen Wendungen. Jeder Forscher, der in freimaurerischen Archiven gearbeitet, hat das mit Bedauern empfinden müssen. Also auch das Schweigen der Protokolle kann die Unechtheit des Briefes nicht erhärten.

Endlich will Flohr eine Diskrepanz finden zwischen dem Brief und einer offiziellen Rede Schlichts über die Geschichte der Loge Royale York, abgedruckt in „Die gute Sache der Freymaurerey in ihrer Würde dargestellt; Züllichau 1798". Als Großredner und Meister vom Stuhl der Johannisloge war er verpflichtet, mit seinen privaten Auffassungen zurückzuhalten. In einem vertraulichen Briefe hat er seiner Verärgerung Luft gemacht. Übrigens hat er gelegentlich der offiziellen Rede im Grunde dasselbe gesagt, nur nicht so ausführlich und wesentlich abgemildert. Das Wichtigste aber ist die völlige Einheit von Stil und Ausdrucksweise in den beiden Schriftstücken, die sich oft bis zum Gebrauch derselben Worte und Wendungen verfolgen läßt. So heißt es in der Rede: „Allein die Liebe zum Guten vereinigte nach dem Tode des Bruders Le Bauld de Nans die Herzen der Brüder wieder zum gemeinschaftlichen Zwecke." Und in dem Briefe: „Durch seinen (Le Baulds) Tod wurden die Herzen der Brüder wieder aufs Neue vereinigt, und jeder dem sonst Freymaurerey nicht ganz gleichgültig war, glaubte diesen Zeitpunkt benützen zu müssen, um etwas Gutes zu stiften."

Es wird also bei der Echtheit des Briefes sein Bewenden haben müssen. Trotzdem ist die Quelle höchst verdächtig.

Nunmehr gestützt auf ihre Wissenschaft und ihre Gerechtsame seitens der Londoner Großloge, begann die Royale York Tochterlogen zu gründen. Da aber wurde sie von London aus angewiesen, etwaige Anträge wegen Stiftung neuer Logen an die Große Landesloge in Berlin zu richten, die ja unter dem 30. November 1773 den bekannten Anerkennungs-Vertrag abgeschlossen hatte. Der Royale York wurde anheimgestellt, sich entweder mit der Großen Landesloge zu vereinigen oder, unabhängig, nur der Londoner Großloge verantwortlich zu bleiben. Sie wählte die Vereinigung, die am 19. Mai 1774 unterzeichnet wurde, aber beiden Brüderschaften wenig Befriedigung bringen sollte. Schon 1778 erfolgte unter unsäglichen Mißhelligkeiten der Bruch.

Über den damaligen Zustand äußert sich Ignaz Aurelius Feßler in seiner handschriftlich überlieferten kritischen Geschichte der Freimaurerei:

Die Loge Royale York zur Freundschaft sei vor und bis zu seiner Affiliation eine von London aus konstituierte St. Johannis-Loge gewesen. Sie habe nach dem französischen Logenritual ursprünglich nur französisch, dann französisch und deutsch, endlich nur deutsch gearbeitet. Als höhere Grade spendete sie den Elû des Quinze et des Neuf et de Perignan, den Ecossois rouge und Ecossois Vert de St. André, den Chevalier de l'Aigle et de Pelican ou Prince souverain de Roge Croix und durch ein paar Jahre auch den Chevalier de Triple-Croix, anfänglich in französischer, dann in deutscher Sprache. Die Inhaber des siebenten Grades oder des Prince souverain de Rose-Croix hätten sich zu einem Conseil sublime konstituiert, das sodann die sogenannte blaue Loge nach den von Feßler aufgestellten Gesetzen beherrschte und alle Angelegenheiten entschied.

Wie in den meisten Logen jener Übergangszeit erhoben sich Schwierigkeiten, deren die Führer mit ernstem Bemühen Herr zu werden versuchten. Der Mann, dem das größte Vertrauen in dieser Beziehung zuzuschreiben ist, war Jean Pierre Delagoanère, Direktor des Büros der Generalverwaltung der Steuern. Er war 1726 zu Maudiet in der Guyenne geboren, also Südfranzose, und wurde 1774 zum Meister vom Stuhl gewählt. Taktvoll und energisch, war er rastlos für die Loge tätig, bis er 1784 als Accise-Direktor nach Emmerich versetzt wurde.

Jean Pierre Delagoanère
Großmeister der Großloge Royale York

Wann er von Emmerich nach Berlin zurückkehrte, ist mit Sicherheit nicht zu ermitteln, weder die Akten des General-Direktoriums im geheimen Staatsarchiv, noch die Archivalien der Großen Loge zur Freundschaft geben zuverlässige Nachricht. In den Berliner Adreßkalendern erscheint er zum erstenmal wieder 1796 unter Gesandtschaften mit der Eintragung: „Zu Corunna. Hr. Delagoanère, Consul von der ganzen Küste von Gallizien". Dieselbe Eintragung findet sich 1797 und 1798. Bei der Loge „Pax inimica malis" in Emmerich ist durch ein Schadenfeuer ein großer Teil der alten Akten zerstört, so daß eine Feststellung nicht möglich war. Nur soviel konnte ermittelt werden, daß Delagoanère am 14. November 1793 einer Versammlung der Emmericher Loge beigewohnt hat. In einer Erklärung Feßlers wegen Besorgnis einiger Brüder über die unbekannten Oberen sagte er: „Zu Johannis 1796 versprach der Hochw. Br. Delagoanère, daß er noch vor seiner Abreise einige höhere Kenntnisse, so gut er sie selbst besäße, dem Br. Schlicht mitteilen wollte. Delagoanère hat in dieser Zeit auch einige Schriftstücke unterzeichnet; er wird also wohl erst 1796 nach Berlin zurückgekehrt sein.

Unter seiner Führung wurden zwölf auswärtige Logen gestiftet und Delagoanère in Anerkennung seiner Arbeit 1783 zum Großmeister ernannt.

Der Wunsch, ein eigenes Heim zu besitzen, führte im Jahre 1779 dazu, das Grundstück zu erwerben, das die vier vereinigten Logen der Großloge zur Freundschaft heute noch in der Dorotheenstraße besitzen. Es ist eines der edelsten Kunstwerke Berlins, von Andreas Schlüter 1712 erbaut.

Mit der steigenden Zahl auswärtiger Tochterlogen nahm die Royale York immer mehr den Charakter einer Mutterloge an, wenn ihr auch von London Namen und Eigenschaft einer solchen verweigert wurden. Die Häufung der Arbeit durch den Verkehr mit den Tochterlogen scheint Delagoanère in seinem Wirken für die Johannisloge so sehr beschränkt zu haben, daß man für deren Leitung einen substituierten Meister ernannte, der vor allem auch der deutschen Sprache mächtig war. Und die Loge war in ihrer Wahl glücklich, denn sie fand in dem Hofjuwelier Louis Baudesson den besten Mann für diesen schweren Posten. Trotz des Einsatzes aller Kräfte war der innere Friede noch nicht vollständig hergestellt. Besonders bemühte er sich um die Herstellung der Einigkeit unter den Brüdern. Diese war dadurch getrübt, daß die Brüder der höheren Grade diktatorisch in das Innenleben der Johannisloge eingriffen. Ihre Rechte waren festgelegt in dem neuen Gesetzbuch, das Le Bauld de Nans ausgearbeitet hatte. Es bildeten sich wie allenthalben Parteien und Gruppen, die sich einander bekämpften.

Baudesson, der große Verehrung unter den Brüdern genoß, gab sich die redlichste Mühe, die Brüderschaft zusammenzuhalten, er verband mit einer vorbildlichen Treue eine liebevolle Sanftmut, die ihm ein bedeutendes Übergewicht über die Mitglieder gab, aber der Tod riß ihn, erst siebenundvierzig Jahre alt, zu früh aus seinem profanen und maurerischen Wirkungskreis.

Sein Nachfolger wurde Le Bauld de Nans, der ernsthaft strebte, die Verhältnisse zu bessern. Leider starb auch dieser treffliche Mann schon nach Jahresfrist.

Eine bedeutsame Wendung nahm die Entwicklung der Loge unter der Leitung des nach einem kurzen Interregnum zum Meister vom Stuhl gewählten Georg Wilhelm Rettcher, Rendant und Buchhalter des Königlichen Hauptmünz-Kontors.

Bisher waren die Arbeiten in der Johannisloge stets französisch geführt worden, aber allmählich traten in der Mitgliederzahl die Franzosen zurück, und die Deutschen überwogen. Schlicht versuchte die Akten ins Deutsche zu übersetzen und hielt Unterrichtsvorträge in seiner Muttersprache. Auch um die Begrenzung der Rechte des Sublime oder Suprême Conseil gegenüber der Johannisloge machte er sich besonders verdient. Er wandte sich an die große Landesloge und bat um Mitteilung von deren Akten, um danach die Verfassung seiner Brüderschaft umzubilden. Dieser Bitte konnte nach den Gesetzen der Großen Landesloge nicht stattgegeben werden.

Louis Baudesson
Meister vom Stuhl der Loge Royale York de l'Amitié

Offen hat der ehrlich und eifrig um die Sache bemühte Mann zugegeben, daß es ihm nicht möglich sei, die grundlegenden Reformen durchzuführen. Soviel hatte er jedenfalls erreicht, daß die Versammlungen von nun an in französischer und deutscher Sprache gehalten wurden. Erst 1794 hörten die französischen Arbeiten ganz auf. Es ist Schlichts Verdienst, daß die Forderung nach einer gründlichen Erneuung und Ausgestaltung der Gesetze und Rituale nicht mehr zur Ruhe kam.

Und im geeigneten Zeitpunkt erschien auch der geeignete Mann, Ignaz Aurelius Feßler, mit dem wir uns nun näher befassen müssen.

II. Ignaz Aurelius Feßler

Ein bewegtes Leben, dessen Kenntnis wir fast ausschließlich Feßlers eigenen Angaben und den Mitteilungen seiner Freunde verdanken. Wie weit ein Mensch in einer Selbstbiographie seinem eigenen Wesen und den ihn berührenden Ereignissen objektiv gerecht werden kann, lehrt Goethes „Wahrheit und Dichtung". Absichtlich oder unabsichtlich verschieben sich die Dinge; die Menschen erscheinen in einer erhöhten Verklärung oder gesteigerten

Verdüsterung. Keinem Menschen ist es gegeben, sich selbst in ungünstigem Lichte darzustellen; es wäre auch eine unbillige Forderung. Und wenn einer schlecht von sich selber spricht, so hat man immer das Gefühl, als ob er etwas Besonderes damit für sich beabsichtige, entweder Widerspruch herauszufordern oder in der Krone der Bescheidenheit zu glänzen.

Ignaz Aurelius Feßler war ein Mann, der ein starkes Geltungsbedürfnis hatte. Er war ein bedeutender Geist, besaß ein geradezu überraschend reiches Wissen, aber es wurde ihm schwer, sich mit dem praktischen Leben abzufinden.

Geboren war er in Zurndorf an der Leitha im Jahre 1756. Seine Eltern lebten in kleinen Verhältnissen, der Vater war ein verabschiedeter Dragoner-Wachtmeister, seine Mutter eine schwärmerische Katholikin, die ihr Kind schon vor der Geburt dem geistlichen Stand feierlich gelobt hatte. Seine erste Bildung erhielt der Knabe durch das Lesen von Legenden der Heiligen. Der Beichtvater der Mutter, der Jesuitenpater Jakovics, nahm sich seiner an und brachte ihn auf die Jesuitenschule in Raab. Es scheint, daß der junge Feßler sich in die Strenge der jesuitischen Scholastik nicht recht finden konnte und darum auch nicht vorwärts kam. Der Geltungstrieb, der ihn schon früh beherrschte, veranlaßte ihn, eine selbständige Arbeit zu schreiben und seinem Lehrer einzureichen, der sie mit harten Worten verurteilte. Da wandte er sich an den Rektor des Kollegiums, und der schaffte Abhilfe, und nun fand Feßler derart Gefallen an dem Leben der Jesuiten, daß er sich zur Einweihung meldete; aber es kam nicht zum Noviziat, da der Jesuitenorden sehr hart bedrängt wurde und seine Aufhebung bevorstand, so daß Feßlers Mutter es für geraten hielt, ihn anderswo unterzubringen.

Eine solche Gelegenheit bot sich durch einen Verwandten in dem Kapuzinerkloster zu Otten. Im Jahre 1773 legte er sein Ordensgelübde ab und erhielt den geistlichen Namen Innocentius. Zwei Jahre fühlte er sich ganz glücklich; eine prachtvolle Gestalt, die in seinem jugendlichen Leben scheinbar eine bedeutende Rolle gespielt hat, war der Bibliothekar des Klosters Besnjio bei Budapest, der greise Pater Leonidas, dessen Liebe der Gärtnerei und den Blumen gehörte. Da das Wasserschöpfen und Wassertragen dem guten alten Mann sehr beschwerlich war, so nahm Feßler ihm diese Arbeit ab und erhielt dafür Bücher, soviel und welche auch immer er wollte.

Eine Revolution in seinen religiösen Überzeugungen brachte die Bekanntschaft mit einem Laien reformierten Bekenntnisses, einem Herrn von Podmanitzky, in dem jungen Kapuziner hervor. Er gab ihm Claude Fleurys Kirchengeschichte und Muratoris Schriften, von denen besonders dessen Abhandlung über die wahre Andacht tiefen Eindruck auf ihn machte. Mit einem Male erschien ihm die Möncherei in einem ganz anderen Licht.

Trotzdem ließ er sich die Priesterweihe erteilen, wobei wohl das bestimmende Motiv war, dadurch mehr Freiheit und vielleicht die Verwendung außerhalb des klösterlichen Konvents zu erhalten.

Das gelang jedoch nicht so schnell, vor allem mußte er seine wissenschaftliche Bildung vollenden, denn was er auf der Jesuitenschule und im Kloster gelernt hatte, konnte nur als eine zum Teil recht mangelhafte Vorbereitung gelten. In Wien, wohin er nach der Priesterweihe versetzt worden war, besuchte er die Vorlesungen der Universität und befleißigte sich vor allem neben der Theologie des Staats-, Völker- und Kirchenrechts, sowohl des katholischen wie des evangelischen.

Ein etwas geheimnisvoller Vorfall brachte Feßler in Verbindung mit dem Hofe Josephs II. Er war der einzige Priester seines Klosters, der des Ungarischen mächtig war, und so wurde er in einer Mitternacht im Jahre 1783 aus seiner Zelle geholt und in ein unterirdisches Gefängnis geführt, um einem sechsundsiebenzigjährigen sterbenden Mönch die letzte Ölung zu spenden. Der alte Mann hatte dort zweiundfünfzig Jahre gefangen gesessen, weil er einen seiner Vorgesetzten tätlich angegriffen hatte.

Feßler machte dem Prälaten Rautenstrauch, mit dem er bekannt geworden war, Mitteilung von dieser Ungeheuerlichkeit, und es wurde dadurch eine Aktion des Kaisers veranlaßt, derzufolge die eigene Gerichtsbarkeit der Klöster aufgehoben wurde. Feßler glaubte sich nun von der Geistlichkeit verfolgt, und durch seine Freunde erhielt er, nachdem er den theologischen Doktorgrad erworben, einen Ruf an die Universität Lemberg als ordentlicher Professor der orientalischen Sprachen und der Exegese.

Hier kam er zum ersten Mal mit der Freimaurerei in Berührung, worüber er in seinen Briefen (Sämmtliche Schriften, Bd. I; Berlin 1801) sehr eingehend berichtet:

„Ehe ich noch selbst Freimaurer ward, hatte ich schon ziemlich deutliche Vorstellungen und Kenntnisse von der inneren Einrichtung und den Gebräuchen der Brüderschaft. Meine Verhältnisse in Wien von 1780 bis 82 brachten es mit sich, daß Menschen von allen Ständen, Klassen und Verbindungen mich zum Vertrauten ihrer Gewissensangelegenheiten wählten. Es sind dies die einzigen Verhältnisse, in welchen sich der Mensch ganz entkleidet und ohne alle Schminke dem Manne hingibt, der ihn zu verstehen und zu nehmen weiß; es sind die höchsten Mysterien der Anthropognosie, die immer nur unter zweien gefeiert werden können, und wo unter der unbegrenzten Macht des einen über das Gemüt des andern jede Täuschung, jede Unwahrheit schwinden, und die feinste Bemäntelung ihren Zweck verfehlen muß. Es war garnichts seltsames, daß sich mir in diesem Verhältnisse auch Freimaurer näherten, die entweder von andern meines Standes in den

Abgrund der Hölle verdammt, oder von ihrem eigenen Gewissen geängstigt, Beruhigung bei mir suchten."

‚Ich wollte lernen, ich wollte wissen, was an der Sache ist, wie sie betrieben wird, und wie die Art, sie zu betreiben, auf die so ganz verschiedenen Gemüter wirkt. Die Casuistik und die Kunst zu fragen sind die Grundpfeiler des Verhältnisses, in dem ich mich befand, fest auf dieselben gestützt, erfuhr ich alles, was ich verlangte in einer Vollständigkeit, die bisweilen selbst beigebrachte Akten und Dokumente nicht viel mehr erweitern konnten. Viele habe ich der guten Sache der Freimaurerei und der Brüderschaft, durch Aufhellung und Erweiterung ihrer Ansichten treu erhalten, durch mich ist keiner von ihr getrennt worden. Die Darstellung des Unterschiedes zwischen Christentum und Christen, zwischen Kirche und Mönchsorden und die Anwendung dieses Unterschiedes auf Freimaurerei und Freimaurer, Freimaurer-Brüderschaft und Logensysteme verfehlte nie ihre Wirkung."

„So vorbereitet trat ich im Jahre 1783 aus diesen in aller Rücksicht für mich lehrreichen Verhältnissen aus, und folgte meinem neuen Berufe nach Lemberg, wo mich nichts hinderte, meinen lange genährten Wunsch zu erfüllen und mich in die Brüderschaft aufnehmen zu lassen."

Aufgenommen wurde Feßler in der Loge „Phönix zur runden Tafel".

„Bei dieser, die größtenteils aus Kaiserlichen Subaltern-Officianten bestand, wurde ich vorgeschlagen, und den 1. Mai 1783 in den Orden aufgenommen. Das Ritual war aus dem der strikten Observanz und dem Zinnendorfschen System zusammengesetzt, die Ceremonien waren mir nicht mehr neu, und mit soviel Anstand und Würde sie auch ausgeführt wurden, blieb ich doch ruhig und kalt dabei, welches ein Teil meiner neuen Brüder für Gleichgültigkeit gegen die Sache, der andere für Stolz auf meine profanen Wissenschaften, deren Wert überhaupt noch diesen Abend sehr tief unter die maurerischen herabgesetzt wurde, auslegten. Gleich bei meinem Eintritt in die Brüderschaft schief beurteilt und verkannt, besuchte ich die Versammlungen doch fleißig, freute mich am Ende selbst, mich so recht im Handwerkssinne als unwissenden Lehrling behandelt zu sehen, und tat nichts um meinen Meistern eine bessere Idee von mir beizubringen, als daß ich gegen die öfters schon so hoch gepriesene maurerische Passivität, Empfänglichkeit und Hingebung an den Ordensgeist eine und die andere Rede hielt, der man die Erwähnung in dem Protokoll und die Aufbewahrung in dem Archiv verweigerte."

Die wichtigste Belehrung erhielt Feßler von einem Herrn von Korsitzky. Er berichtet darüber lebendig und durchaus wahrheitsgetreu:

„Das Äußere des Mannes frappierte mich stark. Es verriet ehemaligen Wohlstand und gegenwärtige Dürftigkeit. Seine Gesichtszüge waren ausdrucksvoll, seine Miene mehr beobachtend als mysteriös, aus seinem Blick sprachen Gram und Schwärmerei gleich stark. Ich empfing ihn ohne alle Grimasse der Konvention, offen und herzlich, wir wurden bald bekannt, und nachdem ich mehrere seiner Rêverien ruhig, und ohne was er sagte zu bekritteln oder zu bezweifeln, angehört hatte, wurden wir auch Freunde. Hier die kurze Geschichte seines Schicksals, wie er sie mir selbst erzählt und größtenteils mit Papieren dokumentiert hat. Nach vollendeten Studien auf der Universität Straßburg, wo er bei der Loge ‚St. Louis d'Alsace' zum Freimaurer aufgenommen und auch zu allen Graden des Clermontischen Kapitels war befördert worden, bereiste er Frankreich und England und trat endlich im Jahre 1758 unter General Fermor in russische Dienste, in welchen er auch nach dem Hubertusburger Frieden mit den russischen Truppen zur neuen Königswahl nach Polen, in sein Vaterland zurückkehrte. Im Jahre 1766 nahm er seinen Abschied und reiste in Erbschaftsangelegenheiten nach Stockholm, wo ihn sein Hang zur Schwärmerei durch mehrere Jahre festhielt. Die Maurerei brachte ihn mit dem bekannten Doktor Medic. Br. Eckleff in Verbindung, der ihn nicht nur in die höchsten Grade des schwedischen Systems einweihte, sondern ihm auch seine wichtigsten Papiere mitteilte, und ihn Abschriften davon nehmen ließ". (Bedeutsam ist, daß der schon bei Lenning verzeichnete Irrtum, Eckleff sei Mediziner gewesen, schon damals verbreitet war!)" Korsitzky war damals noch wohlbemittelt, liberal, und scheute keine Kosten, wo er die Aussicht hatte, in den geheimen Wissenschaften fortzuschreiten. Bruder Eckleff befriedigte ihn hierin vollkommen, und Korsitzky schoß mit Freuden die Summen vor, welche jener zu seinen alchymischen Operationen brauchte. Alchymie, Theosophie und Magie kosteten ihn zu Stockholm seine ganze Zeit, und einen guten Teil seines Vermögens. Er würde alles hingeopfert haben, hätte ihn nicht ein äußerst kostspieliger Prozeß im Jahr 1771 in sein Vaterland zurückgerufen. Der Prozeß und mit demselben sein ganzes Vermögen ging für ihn verloren. Er reiste daher 1778 nach St. Petersburg, um sein Glück zu suchen; fand aber nichts als brüderliche Aufnahme und einige Unterstützung bei dem Obristen Bruder von Melesino, mit und bei dem er fleißig mauerte, und den Vorrat seiner maurerischen und magischen Papiere vermehrte. Im Jahre 1782 kam er nach Galizien, wo er in Lemberg von einer Pension von 300 alten Silberrubeln lebte, die er aus Ruhland bezog, aber, von wem, mir niemals entdecken wollte.

Seinen eigentlichen Unterricht fing er mit mir damit an, daß er mir die vollständigen Akten des Clermontischen Hochkapitels zu lesen gab, ‚denn', sagte er, „Du mußt den Weg wenigstens historisch gehen, den ich wirklich gegangen bin, damit Du das Licht schätzen lernst, das am Ende Deiner harret, und welches ich sehr teuer bezahlen mußte." Außer der Idee eines neuen Jerusalem, welche sich recht gut philosophisch hätte bearbeiten lassen, fand ich in diesem ganzen phantastischen Gewebe nichts brauchbares für mich: den verborgenen sehr zusammenhängenden Sinn desselben ahnte ich damals noch nicht. – Von der sublimen Höhe des neuen Jerusalem führte er mich in das Innerste des Melesinoschen Systems, wo mir unterwegs die Kammer der Weisheit und die Altäre der Philosophen ganz sonderbar auffielen. In die Ordenslehre des schwedischen Systems weihte er mich stufenweise förmlich ein. Man müßte', sagte er, „irgend etwas im Orden ganz gesetzlich sein, weil man nur dadurch den Schlüssel, der noch manchen verborgenen Schatz eröffnet, erhalten kann'."

Nach herbeigeschafftem Apparat, so gut ich ihn auftreiben konnte, nahm er mich zum schottischen Lehrling und Gesellen auf; weihte mich zum Verteidiger des Tempels, und wies mir meinen Platz an, wo ich die Arbeit veredeln und polieren sollte. Um mich ganz geschickt dazu zu machen, ließ er mir die Akten da, bis er Zeit haben würde, mich eine Stufe höher zu führen. Dies geschah nach einigen Tagen in seiner Wohnung, wo er so gut es möglich und nötig war, den Apparat einer St. Andreas-Loge herbeigeschafft hatte, und mich, um meine Grade fortzusetzen, mich dem Schlusse der Wahrheit zu nähern und derselben immer würdiger zu werden.

Die Aussicht auf den letzten Aufschluß einer Sache, die man, von allen Seiten betrachtet, für durchaus wichtig halten muß, über welche sich aber bei jedem deutlichen Anblick sogleich dichte Wolken zusammenziehen, ist gewiß eine der angenehmsten. Mit Sehnsucht erwartete ich den Tag, an dem Bruder v. Korsitzky mir statt derselben die Wirklichkeit hinstellen würde. Ich erwartete dies um so ungeduldiger, da der Tag meiner beschlossenen Reise nach Wien immer näher heranrückte, und ich in dem Besitze des vollen Maurerischen Lichtes daselbst zu erscheinen wünschte. Mein Wunsch ward erfüllt. Acht Tage vor meiner Abreise führte mich Korsitzky in seine Wohnung, aus der ich als Auserwählter in den dritten Himmel emporgehoben werden sollte. Die Aufnahme war kurz, aber desto länger der Unterricht. Welch ein verworrenes Gewebe von Unwahrscheinlichkeiten und Widersprüchen. Wie ein Bettler, der des Nachts von unermeßlichen Schätzen träumt, und des Morgens im Schoße der Dürftigkeit und des Elends erwacht, stand ich da und starrte meinen Freund an, nachdem er das niederschlagende ‚du bist nun durchgeführt' ausgesprochen hatte. Was mir noch einigen Trost übrigließ, war, daß Korsitzky über meine Bestürzung nicht verlegen ward, und daß einige Stellen in dem Fragebuch dieses Grades mir wirklich reichhaltigen Stoff zum Nachdenken darboten."

Besonders regte ihn die Frage nach dem Alter des Ordens an, wo es heißt, er sei alt nach den Materialien seines angenommenen Gebäudes und jung oder neu in seiner jetzigen Form. Aber der Weisheit letzten Schluß scheint Korsitzky seinem Schüler Feßler doch nicht mitgeteilt zu haben, und Feßler war auch recht unbefriedigt und forschte weiter.

Mit solchen Gedanken von Freimaurerei förmlich beladen kam Feßler nach langen Irrfahrten in Berlin an. Er war zur evangelischen Kirche übergetreten, hatte sich verheiratet, aber in der Ehe nicht das gefunden, was er gehofft. Also auch hier eine Enttäuschung. Eine tiefe innere Zerrissenheit, ein sehnendes Suchen, aus dem Konflikt der Kirchenreligiosität herauszukommen, hatte sein ganzes Wesen erschüttert. Sein Jugendideal war ihm zerstört und er bemühte sich, verstandesmäßig damit fertig zu werden.

So fand er Anschluß an die Loge Royale York und wurde sehr bald zu den wichtigsten Arbeiten der Ritual- und Gesetzes-Umbildung herangezogen. Aber er scheint anfänglich keine rechte Lust gehabt zu haben, sich irgendwie zu betätigen. Delagoanère und Schlicht galten ihm als rechtschaffene Männer, aber er war fest entschlossen, sich von ihnen nicht „imponieren“ zu lassen. Recht warm wurde er nicht in der Brüderschaft.

Bei einem Besuch im Logenhaus, der den Zweck hatte, einen Freund zum Spaziergang abzuholen, wurde er überraschend in das sublime conseil eingeführt. „Ich konnte es nicht fassen, wie eine Gesellschaft es wagte, einen für sie durchaus fremden Menschen so in ihr Innerstes einzuführen.“

Der hohe Rat war gerade damit beschäftigt drei Punkte zu erörtern. Einmal, wie könnte man die Rituale sowohl der Johannisgrade, als der höheren Grade in Nebensachen zweckmäßiger, dem Geiste der Maurerei und des Zeitalters angemessener einrichten?

Zum andern, durch welche Mittel könnte das verfallene Ansehen des sublime conseil bei der Meisterschaft wieder hergestellt werden?

Und drittens, wer könnte und wollte sich der Ausarbeitung eines Entwurfes zu einem neuen Gesetzbuch unterziehen, da die französischen Gesetze für den gegenwärtigen Zustand der Loge teils nicht mehr zweckmäßig, teils nicht mehr ausführbar seien.

Aus der Versammlung wurde sofort Feßler als der geeignete Mann vorgeschlagen. Er nahm ohne Bedenken an, obwohl ihm Freunde und Bekannte abrieten. über den Grundgedanken seiner Arbeit ist zu sagen, daß er vieles aus den bei der Loge bis dahin üblich gewesenen französischen Ritualien beibehielt. Wohlüberlegt nahm er sehr viel aus den Akten der Großen Landes-Loge und aus dem 1794 gedruckten System der Prager Loge, und richtete die wenigen neuen Zusätze so ein, daß man in Hinsicht auf Inhalt und Sprache ihre Neuheit und ihn als Verfasser, unmöglich erkennen konnte.

Seine Arbeit fand allgemeinen Beifall, und er wurde dringend beauftragt, auch die höheren Grade umzuarbeiten. Dazu aber konnte er sich anfänglich gar nicht verstehen, denn es schien ihm ganz unmöglich, in die französischen Grade eine rein moralische Tendenz hineinzutragen. Er stellte daher den Antrag, die höheren Grade überhaupt abzuschaffen, und statt dessen eine Art höheren Gremiums zu gründen, in dem nur die Geschichte der Freimaurerei behandelt würde. Dieser Vorschlag wurde abgelehnt, und Feßler mußte nun doch an die Umarbeitung gehen.

Was er an Quellen hatte, gibt er genau an: „Mein damaliger, zur Einrichtung der höhern Grade geeigneter Vorrat mir eigentümlich zugehöriger Papiere bestand aus den höhern Graden der goldenen Rosenkreuzer, aus den höhern Graden der strikten Observanz, aus ziemlich ausführlichen Auszügen des schwedischen Chapitre illuminé und aus dem vollständigen Clermontischen Hochkapitel. Diese maurerischen Schätze hatte ich einem hochgraduierten und hochbeamteten Bruder in Schlesien zu verdanken, dem ich aber mein Ehren- und Maurerwort verpfänden mußte, a) ihn nie durch Nennung seines Namens zu kompromittieren, und b) diese Papiere nie einer Loge ohne seine vorher eingeholte Bewilligung mitzuteilen. Auf das dringende Verlangen des Bruders Delogoanère schrieb ich nun an gedachten Bruder um seine Einwilligung, und nachdem ich diese erhalten hatte, wählte ich das Clermontische Hoch-Kapitel als die Quelle, aus welcher alle höhern Grade des Logenwesens geflossen sind, zur Grundlage meiner Arbeit. Der Chevalier Sublime des Clermontischen Hoch-Kapitels gab mir das Substrat zu dem achten Grade, womit ich aus triftigen Gründen das höhere Gradenwesen der Loge Royale York vermehren und beschließen wollte."

Dann entwarf er, um die Fundamental Konstitution für die ganze Brüderschaft, die ihm vom conseil sublime übertragen war, vorzubereiten, eine Konstitution für die künftigen Inhaber des achten Grades, die, unter dem Namen des Innersten Orientes über das conseil sublime erhaben, über alle rein-maurerischen Gegenstände, Ritual- und Graden-Sachen ausschließend entscheiden, dem bisherigen conseil sublime aber lediglich die Abstimmung über Kandidaten der höheren Grade, bis zum siebenten einschließlich, überlassen sollten. Er konnte sich nicht entschließen, seine weiteren Arbeiten der Willkür und beliebigen Modifikation des ganzen Konseil, eines Gremiums von siebenundzwanzig Mitgliedern, unter denen einige nicht Deutsch verstanden, vorzulegen.

Auf die umgearbeiteten Stufen, die zwischen der Johannisloge und dem neuen achten Grade eingeschoben wurden, einzugehen, ist nicht nötig, da sie in einer Schrift aus dem Jahre 1804, „Die höchsten Grade der hochwürdigen Großen Mutterloge Royal York zur Freundschaft oder das non plus ultra der Freimaurerei" vollständig abgedruckt sind. Sie wurden übrigens auch bald abgeschafft.

Da der Großmeister Delagoanère Berlin verlassen mußte, um sein Amt als Konsul zu Coruña in Spanien, wozu er, wie wir wissen, schon seit 1796 ernannt war, anzutreten, bestellte er in einem feierlichen Kapitel Feßler zu seinem Substituten und übertrug ihm die Leitung der höhern Grade.

Nach Schaffung der Rituale war es nur nötig, dem so entstandenen Orden eine Verfassung zu geben, und diese zu entwerfen war keiner mehr geeignet als der im Kirchen- und Ordensrecht gut vorgebildete Feßler. Er entledigte sich dieser Aufgabe zu allgemeiner Zufriedenheit, so daß der „Grundvertrag oder die Fundamental-Constitution" am 3. August 1797 sanktioniert und beschworen wurde.

Der Grundgedanke dieser Verfassung und ihr Geist ist in folgenden Stellen ausgedrückt:

„Jede vernünftige Gesellschaft muß unablässig dahin arbeiten, daß ihre Ordnung und alles Gute, was von ihr geschieht, nicht von den zufälligen guten Eigenschaften der zeitigen Vorsteher, die abgehen, sich verändern, sterben können, abhange; sondern aus der Fundamental-Verfassung oder der Form der Gesellschaft selbst erfolge.

Nur jene Gesellschaft kann eine gut organisierte genannt werden, deren Vorsteher, kraft der Verfassung alle Macht haben, Gutes zu wirken, und keine Macht, Böses zu tun oder willkürlich zu herrschen."

In der Konstitution werden zuerst die Grundsätze aufgestellt, die jeder „maurerischen Gesetzgebung zur Grundveste dienen".

Erster Grundsatz.

Alle Freimaurer suchen den Zweck der Freimaurerei; wenige Freimaurer suchen ihn da, wo sie ihn finden follen. Eingehüllt in den Mantel der Sinnbilder und Anspielungen, will man, statt diese Hülle aufzuheben, die Freimaurerei aus ihrer Verkleidung erraten, da doch jeder Teil dieser Hülle nur einen Teil der Freimaurerei ankündigt. Daher ist es denn gekommen, daß fast alle in der Erklärung der nämlichen Sinnbilder geirrt haben; und daher sind die maurerischen Parteien und Systeme entstanden, welche sie aufrecht erhalten; daher entsteht auch die Beharrlichkeit an gewisse vorgefaßte Meinungen, wovon die Parteigänger dieser Systeme beherrscht werden. Jede dieser Parteien konnte sich doch wohl bei sehr verschiedenen Zwecken in Ansehung des wahren Zweckes irren. Es gibt nur eine Freimaurerei. Diese kann nur einen Zweck haben; deshalb können beinahe alle Absichten, welche sich die verschiedenen maurerischen Parteien zum Gegenstand machen, unmöglich der Zweck der Maurerei sein, weil es unmöglich ist, mehr als einen Zweck anzunehmen. Um aber zu diesem Zwecke zu gelangen, kann man verschiedene Wege einschlagen, verschiedene Mittel anwenden, und vielleicht könnte man mit Recht behaupten, daß man verschiedene Mittel anwenden müßte; darin liegt aber der Fehler, daß man diese Mittel als ebensoviel Zwecke bei den mancherlei Parteien der Maurern angenommen hat.

Der Zweck der Freimaurerei ist kein Geheimnis. Das wahrhafte Geheimnis liegt in den Mitteln, zum Zwecke zu gelangen.

Zweiter Grundsatz

Der Keim aller maurerischen Kenntnisse ist in den ersten drei Graden eingeschlossen. Folglich muß jede Mannigfaltigkeit von Graden, welche Geldgier, Marktschreierei, Torheit, Aberglaube, Schwärmerei, Eitelkeit und Herrschbegierde erzeugt haben, auf immer aus der maurerischen Verfassung verbannt werden. Und wenn man gestattet, daß die Urkunden davon aufbewahrt werden, so darf es nur deswegen sein, um zur Geschichte der maurerischen Ausschweifung Stoff zu liefern.

Mit diesem Grundsatz steht folgende Erklärung nicht im geringsten Widerspruche, nämlich:

Die gerechte, vollkommene und vollendete Große Mutterloge Royale York besteht:

1. aus den ersten drei Graden der Sct. Johannis-Maurerei,
2. aus den Graden der schottischen Loge,
3. aus dem hochwürdigen Ordenskapitel oder dem innersten Orient.

Hingegen gehören in Zukunft alle Zeremonien und Weihen der Elûs, Illustres, Sublimes, Souverains sowie selbst die Benennung und die Anmaßung des conseil sublime lediglich in die Geschichte der Erziehung, des Wachstums und der Verirrung dieser g. v. u. v. Mutter-Loge."

Der dritte Grundsatz behandelt rituelle Fragen und eignet sich daher nicht zur Erörterung vor der breiten Öffentlichkeit.

Vierter Grundsatz

Die maurerischen Gesetze müssen den Staatsgesetzen untergeordnet sein, so daß in keinem Falle die einen oder die andern einen verderblichen Stoß erleiden können.

Dieser Grundsatz ist von der Unterwürfigkeit und dem Gehorsam hergeleitet, den man den Gesetzen des Vaterlandes und der Landesherrschaft schuldig ist und welchen der Aufzunehmende bei seiner ersten Einweihung beschworen hat."

Bedeutsam ist, was die Fundamental-Konstitution über den Grundzweck der Freimaurerei sagt:

„Wohltätigkeit im ausgebreitetsten Sinne des Wortes erkennt die gerechte, vollkommene und vollendete Mutterloge Royale York zur Freundschaft für den einzigen, echten, reinen, erlaubten Grundzweck der Freimaurerei, dem sie nur dann zu entsprechen glaubt, wenn sie alle übel, welche die Menschen drücken, die geistigen sowohl als die körperlichen, durch erlaubte, d. i. mit den Gesetzen der Moral und des Staates innigst übereinstimmende Mittel zu vermindern trachtet.

Die g. v. und v. M. L. R. Y. zur Freundschaft verabscheut also hier feierlich den verderblichen Grundsatz einiger neueren Korporationen: der Zweck heiligt die Mittel; und sie verpflichtet sich hiermit für alle zukünftigen Zeiten, sowie für alle gegenwärtige und zukünftige Mitglieder, daß sie nie zur Erreichung auch des heiligsten Zweckes ein Mittel anwenden oder die Anwendung zulassen wolle, welches entweder an sich oder in den gegebenen Umständen den Gesetzen der Moral oder des Staates zuwider wäre.

Dieser feierlichen Erklärung und Verpflichtung gemäß bleibt es der g. v. und v. M. L. R. Y. zur Freundschaft ewig und unwiderruflich verboten, sich in irgendeine Verbindung mit dem Illuminatismus, oder mit was immer für einer Gesellschaft, welche zu was immer für politische Zwecke hinarbeitet, einzulassen; ferner, ihren Arbeiten und Wirkungen, sowohl in als außer den Logen, im Ganzen oder durch einzelne Mitglieder, auch nur die geringste politische Tendenz oder Richtung zu politischen Absichten und Zwecken, zu geben.

Ebenso fest und standhaft erklärt sich auch die g. v. und v. M. L. R. Y. zur Freundschaft gegen alles, was alchymische, theurgische und theosophische Schwärmerei als Mittel zum Zwecke der Freimaurerei dargeboten hat, oder in der Folge noch darbieten könnte.

Und da alle echte Aufklärung nur durch eigene Vernunfttätigkeit erzeugt und erlangt werden kann; auf jedem andern Wege hingegen nur die Zahl der unbesonnenen und für das allgemeine Wohl gefährlichen Nachbeter vermehrt wird; da zugleich die sogenannten Aufklärer immer mehr sich selbst als die Wahrheit suchen; so erklärt die g. v. und v. M. L. R. Y. zur Freundschaft hiermit auch nachdrücklichst und fest, daß sie nie gestatten werde, die Verbreitung der sogenanten Aufklärung in ihren Zweck oder in ihre Mittel aufzunehmen.

Dieser Bestimmung des Grundzweckes gemäß erkennt dann die g. v. und v. M. L. R. Y. die Freimaurerei:

1. für eine Schule der Vernunft und der Sittlichkeit, in welcher sich ihre Glieder bilden;
2. für eine Erziehungsanstalt zur Vernunftmäßigkeit und Sittlichkeit für die Welt; eine Anstalt, durch welche in dem Verhältnisse der Fähigkeit

und Würdigkeit der Ordensglieder so manches Böse aus der menschlichen Gesellschaft verbannt, und so manche drückende Bürde der leidenden Menschheit abgenommen werden kann;

3. für einen festen Bund innigst vereinigter Freunde, welche mit stets wachsamer Sorgfalt, rastloser Tätigkeit und duldender Liebe, ihre Zöglinge und jüngeren Brüder in der Schule der Vernunft und Sittlichkeit führen, leiten, üben; der Wahrheit, Weisheit, allgemeinen Menschenliebe und reinen Gottesverehrung einen Tempel bauen, und daselbst der, unter was für Bedrückungen auch seufzenden Menschheit nur in der Wahrheit, Weisheit und reinen Sittlichkeit, Heil und Rettung; nur in der unerschütterlichen Treue gegen den Staat und seinen Regenten, Glückseligkeit verkündigen.

Die g. v. und v. M. L. R. Y. zur Freundschaft sieht das Erste in den Graden der johannitischen, das Zweite in den Graden der schottischen Maurerei, das Letzte in ihrem hochwürdigen Ordenskapitel."

Über die Anforderungen bei der Aufnahme sagt die Konstitution:

„Nach der ältesten Maurer-Sitte mußte jeder Suchende

a) ein freier Mann,

b) ein Christ,

c) ein guter Bürger,

d) ohne Tadel in seinen Sitten sein.

Hieraus folgt im allgemeinen, daß der Stand der eigentlichen Knechtschaft vom Orden ausschließe; und das Ansehen des Ordens fordert, daß man diesem Ausdrucke eine etwas ausgedehnte Bedeutung gebe, und zu Mitgliedern der Loge niemals annehme

a) Leibeigene,

b) Kanzleiboten, Ratsdiener und dergleichen,

c) Livreebediente,

d) gemeine Soldaten.

Wohl aber können diese zu dienenden Brüdern, doch nur auf Verlangen ihrer Herren oder Vorgesetzten, aufgenommen werden.

Wenn einige Freimaurerlogen bisher keine Handwerker aufgenommen haben, so kann dies nicht aus dem unrichtigen Begriffe von einer sogenannten knechtigen Hantierung herrühren; so ein Vorurteil kann überhaupt als kein Hindernis gelten. Die hochwürdige Loge Royal York zur Freundschaft wird bei einem Suchenden nur fragen, ob und wie er zu dem Zwecke der Freimaurerei mitwirken könne, und auf welcher Stufe der moralischen und geselligen Kultur er stehe?

Von Alters her hat die Maurerei Juden, Muhamedaner und alle Nicht christen ausgeschlossen. Nicht nur der Vorzug der christlichen Moral, sondern auch die Betrachtung, daß man dem Orden den Vorwurf der Irreligiosität nicht zuziehen müsse, streitet für die Beobachtung dieser uralten Observanz. Ein jeder Suchende muß sich also kurz und präzis zu einer der christlichen Gemeinden bekennen, bleibt aber mit allen inquisitorischen Fragen, wie er über einzelne Lehrsätze, denke, verschont. Nur dem mutwilligen Spötter über Religion kann man den Zutritt nie verstatten."

Dieser Grundvertrag ist das Beste, was Feßler für die Royale York geleistet hat, wohlverstanden in dem Sinne, wie er die Freimaurerei auffaßte. Der Vertrag wurde für drei Jahre angenommen und sollte nach dem Gedanken seines Schöpfers alle drei Jahre neu nachgeprüft und den veränderten Verhältnissen angepaßt werden. Von nun an waren die Arbeitskreise und Befugnisse der einzelnen Ordensabteilungen genau bestimmt. Die Meisterloge wurde das unumschränkte Ökonomie-Kollegium, dessen dahin gehörigen Gesetzen alle Abteilungen untergeordnet waren. Die schottische Loge prüfte alle Ökonomie- und Lokal-Gesetzesvorschläge, ehe sie an die Meisterloge zur Bestätigung kamen. Das conseil sublime sollte bloß über die Beförderungen zu höheren Graden entscheiden – der innerste Orient aber Gesetzgeber in allen rein maurerischen Angelegenheiten sein, also mit Ausschluß der Verwaltungssachen.

Die neue Verfassung stand unverrückbar auf dem Boden des christlichen Bekenntnisses wie die beiden anderen altpreußischen Großlogen. Aber schon in den dreißiger Jahren des vorigen Jahrhunderts machten sich Bestrebungen geltend, die, namentlich auf Betreiben außerdeutscher Großlogen, eine Gesetzesänderung zugunsten der Aufnahme nichtchristlicher Männer durchzusetzen suchten. Diese Bewegung zeitigte bei der Gesetzesrevision im Jahre 1854 die Aufhebung der Bestimmung, daß besuchende Brüder sich zum Christentum bekennen müßten. Durch die Gesetzesänderung des Jahres 1872 wurde die Aufnahme von Nichtchristen gestattet, aber im Jahre 1924 wurde die Rückkehr zum alten Grundgesetz beschlossen, so daß auch die dritte der altpreußischen Großlogen auf dem Fundament des christlichen Glaubens ruht, so daß nunmehr die Aufnahme von Nichtchristen ausgeschlossen ist.

Sehr glücklich war der Beschluß, die Fundamental-Konstitution dem König zur Bestätigung einzureichen. Feßler schreibt sich selbst diese Initiative zu. Er sagt in seiner Pilgerfahrt: „Staatsrechtlichen Principien getreu, hatte ich in der mir übertragenen Logenreform nie einen Schritt getan, ohne Seine Majestät den König als Staatsoberhaupt, vor dem kein Geheimnis irgendeiner geschlossenen und ausschließenden Gesellschaft rechtlich bestehen kann, davon in Kenntnis zu setzen."

Dies wirkte sich in der kommenden Zeit bedeutungsvoll aus.

III. Die Stiftung der Großloge und ihre Folgen

Die Krönung seiner Wirksamkeit sah Feßler in der Erhebung der Loge Royale York zur Großen Mutterloge in den preußischen Staaten, die er nun mit allem Eifer betrieb, um die Gleichberechtigung mit den beiden andern in Berlin schon bestehenden Großlogen zu erlangen.

Am 23. April 1788 hatte die Londoner Großloge ihren am 30. November 1773 geschlossenen Vertrag mit der Großen Landesloge für aufgehoben erklärt und das Recht wieder in Anspruch genommen, selbst in Deutschland Provinzial-Logen zu errichten. In ihrem Schreiben führt sie alle möglichen Gründe an, wirft der Großen Landesloge Mangel an Aufrichtigkeit, Klugheit und Duldsamkeit vor und hängt sich in echt englischer überheblicher Heuchelei den Mantel christlicher Langmut um. Sie habe es trotz allem für angemessen gehalten, der Großen Landesloge ihre Unterstützung fortzugewähren in der Hoffnung, daß die Zeit mehr Mäßigung bringen werde. Dann aber kommt sie auf den Hauptgrund: „Die hohe Großloge hatte ferner Grund zur Unzufriedenheit deshalb, weil die Berliner Großloge eine der wesentlichsten Bestimmungen des Vertrages, nach dem sie verpflichtet war, an den allgemeinen Unterstützungsfonds denjenigen Geldbetrag abzuführen, den die Verhältnisse und die Lage der Berliner Großloge gestatten würden, jedoch niemals unter fünfundzwanzig Pfund Sterling, unbeachtet ließ."

Also in der Geldfrage erblickte die Londoner Großloge das Wesentliche. Dann fühlte sie sich beleidigt, weil die Große Landesloge ihren Vertreter, den Hauptmann Graefe, später geadelt, der ganz im Fahrwasser der strikten Observanz und ihrer Machenschaften sich bewegte, nicht anerkannte. Dieser Graefe, der mit den braunschweigischen Truppen den Feldzug in Amerika mitgemacht hatte, besaß ein Patent als deputierter Großmeister von Kanada von London und kehrte im Jahre 1785 nach Braunschweig zurück. Er kam gleich anfänglich in enge Beziehungen zu dem Herzog Ferdinand von Braunschweig und war geneigt, dessen Wünschen zu dienen, die auf eine allgemeine Verewigung unter seinem großmeisterlichen Hammer hinzielten.

In Berlin ist Graefe nie gewesen. Er sandte von Braunschweig aus eine Vollmacht ein und bemerkte dabei, „daß Deutschland von allerhand Parteien zerrissen sei, daß Fanatismus und Parteigeist in den Logen der brüderlichen Vereinigung Hindernisse entgegenstellten, daß Toleranz überall vorherrschen müsse, leider aber nur der Eitelkeit Gehör gegeben würde, und daß er erwarte, die Große Loge werde sich mit ihm vereinigen, um andere Verhältnisse herbeizuführen".

Diese Bemerkung, einige Umstände und Äußerungen bei Übergabe der Vollmacht durch seinen Bruder, Kaufmann Graefe in Berlin, und daß in der Vollmacht stets der Ausdruck: „oberste Große Loge zu London" gebraucht war, mußten auffallen, und so fand die Große Landesloge es notwendig, in der Antwort vom 20. Oktober ihm bemerklich zu machen, daß sie zwar bereit sei, ihn anzuerkennen und brüderlich zu empfangen, aber auch von ihm voraussetze, daß er keine Logen in Deutschland besuchen werde, die nicht von ihr als gut und gesetzmäßig anerkannt wären. Dies hatte eine höchst beleidigende Erwiderung Graefes unter dem 14. März zur Folge, und weitere Schritte führten zur Herstellung der Provinzial-Loge englischer Konstitution in Hamburg und endlich zum förmlichen Bruche des Vertrages von 1773 von seiten der Großen Loge von England. Graefe ging im Frühjahr 1786 auf einige Zeit nach London zurück und benutzte die Gelegenheit, über das Benehmen der Großen Landesloge in gehässiger Weise Klage zu führen. Es war sehr leicht, die Brüder in London, die von dem Zustande der Freimaurerei in Deutschland nichts wußten, zu täuschen. Kaum zurückgekehrt, erließ er am 17. August 1786 von Hamburg aus ein Schreiben an den Landesgroßmeister der Großen Landesloge, Professor Friedrich von Castillon, in dem er ihm anzeigte, daß er nunmehr den englischen Provinzial-Großmeister von Hamburg feierlich einsetzen werde, auch wurde versucht, die Mitglieder der zur Großen Landesloge gehörigen Provinzial-Loge von Niedersachsen von ihrer Mutterloge in Berlin abzuziehen. Diese wurde zur englischen Provinzial-Loge von Preußen erklärt und ihre Hamburger Logen vor Graefes Richterstuhl gefordert.

Dieses Verlangen wurde abgelehnt, die Logen verbaten sich alle Zudringlichkeiten und Anmaßungen und erklärten, es unbegreiflich zu finden, daß die Große Loge von London feierlich geschlossene Verträge aufheben wolle.

Dies benutzte Graefe, um auf eine sehr unbescheidene Weise die Landesloge zur Rede zu stellen, ob sie Anteil an dieser Erklärung habe, mit der Londoner Großloge zu drohen, und da er verdientermaßen keine Antwort erhielt, seinen Ingrimm gegen die Große Landesloge dadurch zu zeigen, daß er am 27. Oktober 1786 in einem an die Loge gerichteten heftigen und unanständigen Schreiben „vermöge seines Amtes als Repräsentant die Große Landesloge für eine unechte und ungesetzmäßige Loge erkläre, alles jedoch der heilsamen Toleranz und brüderlichen Liebe unbeschadet". (Nettelbladt, Historische Instruktionen.)

So kam es denn zur Aufhebung des Vertrages, wobei betont wurde, daß die in Preußischen Logen aufgenommenen Maurer mit derselben Aufmerksamkeit und Achtung empfangen werden sollten wie bisher.

Haus der Großen Loge von Preußen, gen. „Zur Freundschaft", vom Garten aus gesehen

Einen Einfluß auf Bestand und Ansehen der Großen Landesloge hatte dieser Akt englischer Treulosigkeit nicht, es fiel keine ihrer Tochterlogen ab, und sehr bald danach begann eine freundschaftliche Annäherung an die Mutterloge zu den drei Weltkugeln, die nun nach Lossagung von der strikten Observanz sich innerlich bedeutungsvoll gefestigt hatte. Entschlossen hatte sie die Leitung in die eigene Hand genommen. Der National-Großmeister, Prinz Friedrich August von Braunschweig, war meist in Öls, der Zugeordnete Wöllner hatte infolge seiner pietistisch-rosenkreuzerischen Richtung viel an Vertrauen bei den Mitgliedern eingebüßt.

Da faßte die Mutterloge den wichtigen Beschluß, daß von nun an alle Beamten ihrer Loge wieder frei gewählt werden sollten. Infolge dieses Beschlusses wurde einer der hervorragendsten Geister der drei Weltkugeln, der Oberkonsistorialrat und Propst Johann Friedrich Zoellner (1753 bis 1804), zum Meister vom Stuhl der Mutterloge gewählt, als solcher führte er bei der offiziellen Amtsniederlegung Friedrich Augusts die Geschäfte des National-Großmeisters.

Das wichtigste Ereignis in diesem Zeitabschnitt war die Erwerbung eines Konfirmations-Patents und Protektoriums, das am 9. Februar 1796 erteilt wurde. Es lautet also:

„Wir Friedrich Wilhelm von Gottes Gnaden, König von Preußen usw. thun kund und fügen hiermit zu wissen, demnach Uns die in Unserer Residenz bereits im Jahre 1740 von Unserem in Gott ruhenden Oheim und

Vorfahren in der Regierung, Friedrich dem Zweiten, König von Preußen, Glorreichen Andenkens, gestiftete Freimaurerloge, zu den drei Weltkugeln genannt, in tiefster Ehrfurcht gebeten, das ihr bei ihrer Stiftung als einer ächten und wahren Freimaurer-Mutterloge ertheilte Konfirmations-Patent und Protektorium zu bestätigen, Wir deren Ersuchen allergnädigst nachgegeben, ertheilen derselben hiermit und Kraft dieses nicht nur Unsere nachgesuchte besondere Königliche Protektion, Schutz und Schirm, sondern bestätigen auch noch die ihr als einer wahren Freimaurer-Mutterloge ertheilten Rechte und Vorrechte dergestalt und also, daß die zur selbigen gehörigen Beamten, Groß- und Obermeister, deputirter Obermeister, Meister vom Stuhl, deputirter Meister, Vorsteher, Sekretarius, Redner und übrigen Mitglieder, Tochterlogen in Unserem Lande zu errichten, Grundstücke zu erwerben und wiederum an Andere zu veräußern und als eine moralische Person zu handeln berechtigt sein sollen, erlauben und genehmigen auch, daß sich gedachte Freimaurer-Mutterloge zu den drei Weltkugeln des ihr zugestandenen Logensiegels, worin drei Weltkugeln gestochen sind, bei ihren Verhandlungen und in ihren Logenangelegenheiten bedienen könne, und zweifeln nicht, sie werde sich dieses Merkmal Unserer Begünstigung, Huld und Gnade zu einem besonderen Bewegungsgrunde dienen lassen, ihre Kräfte zu verdoppeln, für das Wohl und die Glückseligkeit menschlicher Gesellschaft ohne Nachlaß zu arbeiten. In Rücksicht dieser Uns zu einem Allergnädigsten Wohlgefallen gereichenden Absicht und Erstrebung erteilen Wir auch die Erlaubnis, daß sie sich der ihr als einer rechten und wahren Freimaurer-Mutterloge zugestandenen Rechte und Vorrechte in sämmtlichen Unserem Zepter unterworfenen Staaten bediene, und sowohl in Unserer Residenz als in Unseren sämmtlichen Landen frei, öffentlich und ungehindert nach denen Gesetzen und Statuten des alten ehrwürdigen Freimaurerordens zum Wohl und Besten der Gesellschaft arbeiten kann, und wollen Wir ihr Unsern Königlichen Schutz und Schirm in allen gerechten billigen und rechtmäßigen Dingen kräftig angedeihen lassen und nicht zugeben, daß diese Mutterloge nebst den von ihr abhängenden und mit ihr vereinigten gesetzmäßigen und guten Logen, sowie die Mitglieder derselben so wohl überhaupt als insbesondere in ihren wohlhergebrachten Rechten, Vorrechten und Freiheiten gestört oder beeinträchtigt werden. Wir befehlen demnach auch hierdurch allen Unsern sowohl Militär- als Civilbedienten Befehlshabern und Collegiis, insbesondere aber Unserem Gouvernement, Ober- und Untergerichten in Unserer Residenz Berlin, sich hiernach gebührend und allergehorsamst zu achten, mehr besagte Freimaurer-Mutterloge auf ihr Ansuchen hierbei nachdrücklichst zu schützen und nicht zu gestatten, daß sie hiergegen im geringsten beschwert werden möge.

Deß zu Urkund haben Wir denselben dieses Confirmations Patent und Protectorium höchsteigenhändig unterschrieben und Unser großes Königliches Gnadensiegel anhängen lassen.

So geschehen und gegeben in unserer Königlichen Residenzstadt Berlin, den 9. Tag des Monats Februar nach Christi unseres Herrn Geburt im 1796sten und unserer Regierung im 10. Jahr.

Friedrich Wilhelm."

So lagen die Dinge, als Feßler gleichfalls auf ein Protektorium und auf die Erwerbung des Charakters einer Großloge hinarbeitete. Es waren schon Verhandlungen mit Bischoffwerder noch zu Lebzeiten Friedrich Wilhelms II. angeknüpft worden. Der König hätte eine Vereinigung mit den drei Weltkugeln gerne gesehen, aber sein Tod hinderte die Weiterverfolgung dieses Gedankens. Und nun wandte sich die Loge an den Nachfolger mit der Bitte um einen Schutzbrief, worauf der König unterm 29. Dezember 1797 verfügte:

„Ich bin, wie bekannt, in den sogenannten Geheimnissen der Freimaurerey nicht eingeweiht. Wenn Ich daher der Loge Royale York de l'Amitié das bei Mir nachgesuchte Protectorium bewilligte; so würde Ich einer Verbindung, deren Zweck und Mittel Mir gleich unbekannt sind, einen ausgezeichneten und bestimmtern Schutz zusagen, als Ich allen Meinen treuen Unterthanen und allen unschuldigen Gesellschaften überhaupt schuldig bin und gern gewähre. Ich bin weit entfernt, irgend ein Mißtrauen in die Gesinnungen der Mitglieder der Loge zu setzen. Ich setze vielmehr voraus, daß der Zweck der Loge edel und auf die Beförderung der Tugend gerichtet ist, daß ihre Mittel erlaubt sind, und daß aus ihrem Wirkungskreise jede politische Tendenz verbannt wird. Ist die Loge, wie ich keineswegs zweifle, in diesem Falle, sind alle Mitglieder derselben treue, dem Staate und seiner Verfassung ergebene Unterthanen, so werden sie, Ich bin es überzeugt, sich dabey beruhigen, daß sie theilnehmen an dem Allgemeinen Wohlwollen und der landesväterlichen Zuneigung und Liebe, mit welcher Ich ebenso sehr nach dem Antriebe Meines Herzens, als nach der Mir theuern Regentenpflicht jeden rechtschaffenen Staatsbürger in Schutz und Obhut nehme, und dann wird es Mir zum Vergnügen gereichen, der Loge Royale York de l'Amitié so gut als jeder andern unverdächtigen Loge in meinen Staaten diese Gesinnung bei jeder Gelegenheit zu bethätigen. Berlin, 29. Dec. 1797.

Friedrich Wilhelm."

In dieser Verfügung war die Erteilung eines Protektoriums nicht direkt ausgesprochen. Die Loge richtete daher alsbald ein neues Gesuch an den König, der fast umgehend antwortete:

„Ich finde keine Bedenken, der Loge Royal York de l'Amitié auf ihr Gesuch vom 1ten Januar und mit Bezug auf die derselben unterm 29sten Decbr. ertheilte Resolution hiermit zu erkennen zu geben, daß ihr sowohl als ihren Tochterlogen der Genuß aller derer Rechte zustehen soll, welche den übrigen hiesigen Mutterlogen, durch die ihnen vormals ertheilten Protectoria bewilligt worden sind, und daß es ihr daher auch freistehet, besonders in Absicht ihres Hauses die Befugnisse einer moralischen Person jederzeit auszuüben. Berlin, 4. Jan. 1798.

Frédéric Guillaume."

Nunmehr war die Gleichberechtigung der Loge, die hier in diesen Verfügungen zum erstenmal als Royal York und nicht als Royale York amtlich bezeichnet wird, in ihrer Stellung zu König und Staat mit den beiden andern Freimaurerischen Körperschaften ausgesprochen. Es konnte jetzt nicht mehr schwer sein, auch die Anerkennung als Großloge zu erwerben.

Das freilich ging nicht ganz so reibungslos, wie Feßler und seine Freunde sich die Sache gedacht hatten.

Feßler glaubte auf Grund von Mitteilungen der englischen Großloge seinen Zweck dadurch zu erreichen, daß er aus der gesetzmäßigen Johannisloge Royal York zur Freundschaft, wie wir sie von nun an nennen müssen, durch Teilung in vier Johannistagen unter besonderen Namen und Meistern mit Beamten-Kollegien die Grundlage schaffen könnte, um eine große Loge, das heißt eine Spitzenorganisation, wie man heute sagen würde, zu errichten. Er ging von der für die Royal York durchaus richtigen Auffassung aus, daß eine Großloge dann gesetzlich entsteht, wenn mehrere legale Johannislogen zusammentreten und sich einen Großmeister und Großbeamte wählen, ihnen eine Verfassung geben, auf Grund deren die Großkörperschaft bestimmte Regierungs- und Verwaltungshoheiten erhält und ausübt.

Einen völlig anderen Standpunkt nimmt die Große Landesloge ein, ohne anderen Großlogen die Berechtigung ihrer Auffassung bestreiten zu wollen. Sie geht von dem Grundsatz aus, daß die Gründung einer Großloge sich von einem durch Freiheitsbrief berechtigten Großmeister herleitet, der die nach einem von ihm verliehenen Ritual arbeitenden Johannislogen zusammenfaßt und ihnen eine Großlogenverfassung gibt, demgemäß auch seinen Beamtenrat beruft.

Die Geschichte der Großen Landesloge zeigt uns, daß ihre Konstitution in erster Linie auf Grund eines Freiheitsbriefes erfolgte. Den Anfang bildet die Universitas das freimaurerische Urkapitel, also nicht die Johannisloge. Das Licht kommt von oben, nicht von unten. Nach den Traditionen der Großen Landesloge und Andeutungen im Ritual bildete sich etwa im vierzehnten Jahrhundert, sicher durch deutsche Baubrüderschaften, die vielleicht Kundschaft von Süden und Osten hatten, irgendwo auf den britischen Inseln die erste freimaurerische Universitas. Diese Universitas hat Freiheitsbriefe an einzelne Ausländer erteilt, damit sie in ihrem Vaterland eine neue Universitas errichten könnten. Diese neuen, von einer Persönlichkeit gegründeten Universitates waren durchaus national und nur insoweit von dem Urkapitel abhängig, als sie nach den gleichen von ihm überlieferten Gesetzen ihre Tätigkeit ausübten.

Haus der Großen Loge von Preußen, gen. „Zur Freundschaft“

Einen solchen Freiheitsbrief hatten nur die Große Landesloge in Berlin und die Große Landesloge von Schweden. Keine andere Großloge kann einen, wenn auch noch so schwachen Beweis erbringen, daß sie als Großloge aus eigenem Rechte einer Persönlichkeit gestiftet ist. Keine Großloge, die ursprünglich ein Patent als Johannisloge oder als Provinzialloge von England erhalten hat, kann nachweisen, daß sie als gleichberechtigte Großloge von England anerkannt ist. Im Sinne einer Universitas hat sich die englische Großloge die Berechtigung selbst ausgestellt, und alle andern von ihr abhängigen Logen, sofern sie Großlogen wurden, haben dies gleichfalls auf eigene Faust und im Widerspruch mit England getan, wenn sie auch später von England anerkannt wurden.

Die englische Großloge hat bei ihrer Gründung die alten Urkunden und Akten der Maurerei besessen und was ihr brauchbar erschien angenommen, den Rest aber verschwinden lassen. Die schwedische und die deutsche Großloge haben diese Urkunden behalten und besitzen sie heute noch. Dadurch hatte sich die englische Großloge selbst die Möglichkeit abgeschnitten, ihre eigene Lehre weiterzuentwickeln und die außerhalb Englands entstandenen Logen durch Gemeinsamkeit von Ritual und Gesetz fest an sich zu ketten.

Diese wichtigen Umstände hatte Feßler nicht in Betracht gezogen, als er zur Gründung der Großloge schritt. Sein Vorschlag, die Johannisloge in die vier Logen zu teilen: 1. Friedrich Wilhelm zur gekrönten Gerechtigkeit, 2. Zur siegenden Wahrheit, 3. Urania zur Unsterblichkeit, 4. Pythagoras zum flammenden Stern, fand keineswegs allgemeinen Beifall, aber am 7. März 1798 wurde er von der höchsten Ordensabteilung zum Beschluß erhoben und am 11. Juni 1798 wurde die Große Loge Royal York zur Freundschaft feierlich eingesetzt. Wenige Tage darauf erfolgte die Anzeige von der Gründung an die beiden in Berlin bestehenden Großlogen. Die National-Mutterloge zu den drei Weltkugeln hatte nichts einzuwenden und pflegte freundschaftlichen Verkehr. Die Große Landesloge dagegen mußte aus ihrer Wesensart heraus die Anerkennung noch verzögern.

Nettelbladt, der den Dingen näher stand als wir – er war 1779 geboren und schon 1803 zum Freimaurer aufgenommen – behandelt die Angelegenheit (a. a. O.) vom Standpunkt des gelehrten Juristen. Danach hätte die Loge Royal York überhaupt nicht das Recht gehabt, Logen zu gründen. Also hätten die ungesetzmäßigen und nicht anerkannten einzelnen Johannislogen aus sich selbst durch bloße Formveränderung keine gesetzmäßige Behörde errichten oder ihr gesetzliche Rechte und Prärogative aneignen können. – „Daneben machten die Beamten der Landesloge die Brüderschaft auf das Bedenkliche der von Feßler eingeführten Neuerungen aufmerksam. Dies vom 12. August 1798 datirte Schreiben mit eben so zarter brüderlicher Schonung als ernster Wahrheit abgefaßt, machte den gewünschten Eindruck nicht.“

Feßler hat sich über die Frage in einer umfassenden Denkschrift geäußert, die sich im Archiv der Großen Loge zur Freundschaft befindet. Wir geben den Teil, der das einschlägige Problem behandelt. Die auch historisch wichtigen Ausführungen lauten:

„Eine bloße St. Johannis Loge, das ist, eine Maurer Gesellschaft, die unter einem Meister vom Stuhl und seinen resp. Beamten und Geschäftsführern, in den drei unteren Graden arbeitet, Mutter Loge nennen wollen, ist Maurerischer Unsinn. Eine Loge, die unter dem Großmeister und seinen Großbeamten in vier oder in sechs, und wenn man will, auch in sechzig höheren Graden arbeitet, bloß der höheren Grade wegen, für eine Mutter Loge halten, verrät krasse maurerische Unwissenheit. Was könnte im ersteren Falle jede St. Johannis Loge hindern, daalleet. Johannis Logen an Rechten gleich sind, sobald es ihr beliebte, sich als Mutter Loge anzukündigen, und überall neue St. Johannislogen zu konstituieren; wo man sich von ihr konstituieren lassen wollte? Was könnte jede andere Loge hindern, sich höhere Grade zu erkaufen, oder eine Reihe derselben sich zu schmieden und unter diesem Vorwande als Mutter Loge aufztreten. Sagt man, beide Fälle, die unendliche Verwirrung in der Maurerwelt anrichten würden, sind nicht wohl möglich, weil eine Loge, die sich als Mutter Loge ankündigen will, sich als solche durch ein Patent müsse beurkunden können, so frage ich, wer kann diese Patente erteilen? Eine andere bloße St. Johannis Loge? Es ist ja ein maurerischer Grundsatz, daß alle St. Johannis Logen an maurerischen Rechten gleich find, also eine Loge, die in höheren Graden arbeitet? Was haben die höheren Grade mit maurerischen Formen zu tun? Was bleibt nun übrig, als eine Loge, die etwas mehr ist als eine bloße St. Johannis Loge, ohne Rücksicht, ob sie in höheren Graden arbeitet oder nicht, mithin eine Mutter Loge, oder was dasselbe ist, eine Große Loge, ein großer Orient. Eine Mutter Loge ist also wesentlich an Maurerischen Rechten und Befugnissen von einer bloßen St. Johannis Loge, oder von einer in höheren Graden arbeitenden Loge verschieden. Was macht sie aber zu einer Mutter Loge? – Weder die drei unteren St. Johannis Grade noch die Grade der höheren Maurerei, auch nicht die Hauptstadt eines Landes, oder die Anzahl der Mitglieder, oder Patente aus London, Edinburg oder Paris; sondern eine wesentliche innere maurerische Form, welche bei verschiedenen maurerischen Systemen schon in dem Lehrlings Eid und Lehrlings Katechismus ziemlich deutlich angezeigt wird. Selbst die meisten Mitglieder der Loge R. Y. z. F. haben bei ihrer Aufnahme in den Orden geschworen, „nie eine Winkel Loge zu besuchen, das heißt, solche Logen, die nicht von den Meistern in der Königlichen Kunst errichtet worden sind“, und in den meisten Lehrlings Katechismen wird auf die Frage: welche Logen heißen Sie gerecht?

geantwortet: Diejenigen, die von den Meistern in der Königlichen Kunst gesetzmäßig errichtet worden sind.

Aus dem Allen ergibt sich der bestimmte und vollständige Begriff einer Mutter Loge, Großen Loge, oder eines Großen Orients von selbst: eine Große Loge ist die Versammlung aller Vorsitzenden und hammerführenden Meister und Vorsteher eines Orients, worinnen über das allgemeine Beste des Ordens beratschlagt, und für alle von dem Großen Orient abhängende St. Johannis Logen, Lokal-Verordnungen und Gesetze nach beliebter Mehrheit der Stimmen gemacht und Mißverständnisse unter den dependierenden Logen, oder einzelnen Brüdern, die an den großen Orient appellieren, ausgeglichen und auch neue Tochterlogen errichtet werden.

Hieraus folgt 1. daß eine große Loge nach eben der Form, und nach eben den Gesetzen arbeitet wie eine gewöhnliche ordentliche Loge, nur daß sie als große Loge keine Aufnahmen in irgendeinem Grade macht;

2. daß der Großmeister mit den zu den höheren Graden bestimmten Groß Beamten für sich allein keine große Loge, in dem oben aufgestellten Sinn ausmachen können, sondern daß schlechterdings der Beitritt mehrerer Vorsitzenden und hammerführenden Meister und Vorsteher dazu nötig ist;

3. daß nur der Großmeister mit den beisitzenden mehreren Meistern von Stühlen, als die eigentlichen Konstituenten der Tochterlogen; die Großbeamten hingegen als solche, bloß als Zeugen angesehen und geachtet werden können;

4. daß nur die von einem solchen Collegio mehrerer hammerführenden Meister konstituierte Sct. Johannis Loge eine gerechte Loge genannt werden könne, weil nur die Vorsitzenden und hammerführenden Meister, die eigentlichen und wahren Meister der königlichen Kunst sind;

5. daß die Loge R. Y. z. F. solange auf den Namen einer großen Loge oder eines großen Orients Verzicht leisten müsse, bis sie sich in der wesentlichen maurerischen Form eines großen Orients der Maurerwelt darstellt.

Man könnte zwar einwenden, daß bei den übrigen Großen Orienten die fünf, sechs, sieben, zehn und mehreren Sct. Johannis Logen aus Notwendigkeit entstanden wären, bei ihnen haben die Johannis Meister nicht Sitz und Stimme wie bei der Loge R. Y., man sah aber ein, daß es unbillig sein würde, wenn das Direktorium Beschlüsse faßte, ohne die Meister darüber zu Rate zu ziehen, es lag nicht in ihrem Plane, die Stimmen aller Meister zu hören, auch schienen ihnen die Beamten von einer Johannis Loge für die ganze Societät zu klein, um die Gerechtsame der Letzteren zu beobachten, sie teilten daher die Brüder in mehrere Sct. Johannis Logen, und diese verschiedenen Beamten derselben repraesentierten das Korps der Meister in dem Kapitel.

Wer dies einwendet, betrachtet die großen Oriente nach dem inneren Verhältnis ihrer Mitglieder und bei denselben die verschiedenen Sct. Johannis Logen in Beziehung auf dies Verhältnis, und weil sie zufällig und aus Notwendigkeit entstanden sind, schließt er, daß diese mehreren Sct. Johannis Logen auch in Beziehung auf die Form eines großen Orients in der Maurerwelt nur zufällig und gar nicht notwendig sind; dies ist aber nicht richtig geschlossen. Es ist allerdings wahr, daß die verschiedenen großen Logen, die j e t z t als große Oriente anerkannt sind, aus Notwendigkeit und mit der Zeit erst entstanden sind. Jede große Loge muß eine kleine gewesen sein, und jeder große Orient mußte vor seiner Anerkennung als solcher, entweder eine einzige Sct. Johannis Loge, die sich in der Folge um der Annehmung willen, in mehrere Johannis Logen geteilt hat, ausgemacht haben, oder durch die Kondition mehrerer kleinen Sct. Johannis Logen entstanden sein. Beide Fälle haben wir selbst in Berlin vor unseren Augen.

I. Die Loge zu den drei Weltkugeln; jetzt National-Mutter-Loge genannt, wurde im Jahre 1740 gestiftet und blieb eine bloße Sct. Johannis Loge, selbst nachdem sie schon aus ihrem Mittel im Jahre 1754 die Loge zur Eintracht, 1770 die Loge zum flammenden Stern, 1774 die Loge Friedrich zu den drei Seraphinen, 1775 die Loge Verschwiegenheit errichtet hatte.

Erst im Jahre 1780, nachdem sie der großen Loge in London bewiesen hatte, daß im Orient von Berlin vier vereinigte Sct. Johannis Logen unter dem Hammer der Loge zu den drei Weltkugeln arbeiteten, wurde sie bloß kraft dieser unerläßlichen maurerischen Form, die sie nun wirklich hatte, von der großen Loge in London als eine große Loge anerkannt und bestätigt, und sofort auch, sowohl von der hiesigen großen Landesloge, als auch von der großen Loge in Hamburg und mehreren großen Logen Europas als Mutter Loge und großer Orient angesehen.

Beiläufig bemerke ich hier, daß man mehreren Brüdern dieser Tage gesagt habe, vermutlich, um sie gegen den Beschluß des Kapitels einzunehmen, die National Mutter Loge zu den drei Weltkugeln ginge jetzt damit um, ihre vier Sct. Johannis Logen zu einer einzigen zu vereinigen. Wer auch immer dies den Brüdern insinuiert hat, der hat sie mit einer Unwahrheit hintergangen, denn ich habe mich bei den Direktoren gedachter Loge, den Hochwürdigen Brüdern Boumann, Klavroth und Gohl, die vor allen andern davon wissen mußten, genau erkundigt, und alle versicherten mir, daß nie daran gedacht worden, und nie daran gedacht werden könnte.

II. Lassen Sie uns nun sehen, wie die Landes Loge ein großer Orient geworden sei. Die Loge zu den drei goldenen Schlüsseln stand als Sct. Johannis Loge schon im Jahre 1769, dann wurde im Jahre 1772 die Loge Pegase errichtet. Nun trat Zinnendorf auf und wollte seine Johannis Loge zur großen Mutterloge erheben und als solche in der ganzen Maurerwelt anerkannt wissen. Mit den maurerischen Formen genau bekannt, verewigte er vor allem die bereits bestehenden und erst genannten Sct. Johannis Logen in Berlin, und um seiner Sache recht gewiß zu werden, suchte er auch die Sct. Johannis Loge R. Y. de l'Amitié zu seinem Bündnis zu bringen, und so wandte er sich nach London, um für die so vereinigt arbeitenden Sct. Johannis Logen das Bestätigungs Patent einer großen National-Mutter-Loge oder einer großen Landesloge zu erlangen. Durch die damalige Untätigkeit und Sorglosigkeit der Loge Royale York gelangte er zu seinem Zwecke. Die große Loge von London sah sowohl bei der Zinnendorfischen, als auch hernach bei der Loge zu den drei Weltkugeln die wesentlich notwendige maurerische Form realisiert und gewährte der ersteren im Jahre 1773, der letzteren im Jahre 1780 das Bestätigungs Patent und die Anerkennung eines großen Orients. Die einzelnen Zinnendorfischen Sct. Johannis Logen, und die einzelnen Sct. Johannis Logen zu den drei Weltkugeln hätte weder die große Loge in London noch irgend ein anderer erfahrener Maurer, der mit der Maurerei etwas mehr, als durch Hammerschläge, schöne Formeln und Tafellogen bekannt ist, als große Mutterloge oder als großen Orient annehmen können. Die Loge Royale York hat selbst in ihrem Archive sprechende Beweise für diese Wahrheit.

Kaum war sie der großen Loge in London affiliiert, so hielt sie um den Namen einer Mutter Loge und um das Recht Tochterlogen zu konstituieren an. Der damalige Provinzial Großmeister für auswärtige Logen in London Bruder John de Vignoles, mit den maurerischen Formen genauer, als die damaligen Vorsteher der Loge R. Y. bekannt, antwortete den 14. Februar 1769, daß die große Loge in London den Titel einer Mutter Loge niemals einer einzelnen Loge erteilt habe, und eben so wenig auch das Recht Tochterlogen zu konstituieren einer einzelnen Loge gebühren könne'.

Hier sind die eigenen gewiß merkwürdigen Worte des gedachten Großmeisters: „Vous demandés le titre de Mere Loge, et le droit d'en constituer autres. – Jamais la G. Loge n'a, accordé ce premier titre à une Loge particulière et le second droit ne peut être de Ia Comptence d'aucune Loge specale. – Selon l'aveu que vous faites dans cet article, vous êtes le seule Loge de Constitution AngIaise dans les Etats de nôtre chere Frère le Roi de Prusse. Vous ne pouvés dés lors avoir aucun droit à demander un Grand-Maitre Provincial, qui ne droit s'accorder qu'autant, qu'on peut reunir sous sa Jurisdiction un nombre de Loges, qui s'aident par une mutuelle emulation.“

Aus Mangel also einer wesentlichen maurerischen Form wurde der R. Y. ihr Verlangen geradezu abgeschlagen und ihr nur erlaubt, zerstreute Maurer zu vereinigen und ihnen im Namen der großen Loge in London auf drei Monate die Erlaubnis zu erteilen, um Logen Versammlungen halten zu dürfen: während dieser drei Monate aber sollte die provisorie eingesetzte Loge verpflichtet sein, durch das Zeugnis der Loge R. Y. unterstützt, sich das Patent einer regulären Konstitution aus London zu verschaffen.

Alle weiteren Bemühungen der Loge R. Y., die Vorzüge einer großen Mutter Loge zu erlangen, waren vergebens, und mußten vergebens bleiben, weil es ihr an der nötigen Form fehlte. Der Großmeister de Bignoles hatte ihr das ziemlich deutlich zu verstehen gegeben, aber entweder wollten ihn die damaligen Vorsteher der Loge R. Y. nicht verstehen, oder sie waren mit dem Innern der Maurerischen Verfassung zu wenig bekannt. Darum blieb auch ein zweites Schreiben des Großmeisters de Vignoles vom 25. Decbr: 1772, nachdem Zinnendorf schon seine Schritte gemacht hatte, von Seiten der Loge R. Y. noch fruchtlos. Auch in diesem Schreiben machte er die Vorsteher der Loge R. Y. auf die ihr mangelnde maurerische Form aufmerksam:

‚J'ai, soumis, sagt er: vos lettress de 24 Juin, 18 et 22 Septbr: au jugement des grands Officiers, et ils sont touts convenus, 1. que le titre de Mere Loge ne s'est jamais donnée: mais s'aquiest par celle qui cree sur celle, qui est crée. 2. que le titrs de Loge nationale ne se donne Jamais à. une Loge speciale: Mais à un corps nombreux de Loges. Aussi n'en connoissons nous que trois, France, Suède et Hollande. C'est ce que je vous ai mander dans ma lettre du 14 Febr. 1769 ce que vou aves reconnu vous même dans la, vôtre du 8me Janvier 1770.

Allein die Loge R. Y. blieb eine einzelne Sct. Johannis Loge und so lange sie diese Form behält, kann sie kein erfahrener Maurer noch irgend ein großer Orient mit Recht als eine große Mutter Loge anerkennen."

Soweit Feßler.

Der ganze Streit ist rein formaljuristisch und nur aus den Zeitumständen und Gebräuchen verständlich. Es dreht sich im wesentlichen um die zwei Fragen: Einmal, war die Royal York berechtigt, Logen zu gründen, und zum andern, unter welchen Umständen schuf die Teilung vier gesetzmäßige Logen?

Ohne Zweifel hatte die Royal York den Charakter als Mutterloge im Sinne der Rechtsauffassung jener Zeit, denn sie hatte seit 1765 Logen in Rheims, Besançon, Kassel, Mannheim, München, Schweidnitz und an anderen Orten durch Stiftungsurkunde errichtet. Die Große Loge von London hatte ihr das Recht erteilt, Logen zu gründen und sie vorläufig auf drei (sechs) Monate in Arbeit zu setzen, dann aber die englische Konstitution für die neuen Logen nachzusuchen.

Ignaz Aurelius Fessler
Deputierter Großmeister der Großloge Royale York

Ernst Ferdinand Klein
Großmeister der Großloge Royale York

Da London der Royal York in der Behandlung dieser Angelegenheit das größte Wohlwollen zugebilligt hatte, so wäre die Errichtung von vier gesetzmäßigen Logen aus der einen Johannisloge für Feßler ein leichtes gewesen. Warum er den Weg über London nicht ging, können wir heute nicht mehr aufklären. Es ist auch für die Sache belanglos.

Man muß sich vom heutigen Standpunkt nur wundern, wie eine derart rein formale Differenz weitere Kreise ziehen konnte, die bis in die bürgerliche Gesellschaft hinein unangenehmes Aufsehen erregten. Es kam so weit, daß die Große Landesloge sich gezwungen sah, den Besuch der Vereinigten vier Logen ihren Mitgliedern zu verbieten. Natürlich mußten auch die Royal York-Brüder die Logen der Landesloge meiden, und das wurde sehr bitter von diesen bemerkt. Feßler selbst sagt, daß die Brüder der Royal York von den geselligen Brudermahlen der Landesloge sehr erbaut, mitunter auch erleuchtet in das Lokal der Loge Royal York zurückgekommen wären und mit Entzücken die bei der Landesloge ganz einheimische Ordnung, Herzlichkeit und feine Geselligkeit gerühmt hätten, die sie bei ihrer eigenen Loge durchaus vermißten. Feßler erkennt an, daß diese Vorzüge lediglich in dem gegründet waren, was bei der Loge Royal York nicht leicht zu bewirken gewesen, nämlich in der besseren Erziehung der Mitglieder der Großen Landesloge, in der strengen Auswahl bei Aufnahmen und Beförderungen und in der energischen Handlungsweise der nie zu entzweienden Beamten.

Mit Feßlers Ausscheiden aus der Royal York hat sich dann das Verhältnis zur Großen Landesloge zwar langsam, aber sicher gebessert. Dazu hat viel beigetragen das Königliche Edikt vom 20. Oktober 1798 „wegen Verhütung und Bestrafung geheimer Verbindungen, welche der allgemeinen Sicherheit nachteilig werden können". In dem § 3 werden als toleriert angegeben die drei Mutterlogen: die Mutterloge zu den drei Weltkugeln, die Große Landesloge, die Loge Royal York de l'Amitié.

Demgemäß nahm der am 13. September 1800 eingesetzte Großmeister, der Geheime Obertribunalrat Ernst Ferdinand Klein, nachdem auf seine Veranlassung Feßler entfernt war, die Verhandlungen mit der Großen Landesloge wieder auf, die ein geneigtes Ohr fanden.

Am 27. Mai 1806 gestattete die Landesloge es nämlich jeder Loge ihrer Konstitution, nach ihren Verhältnissen zu ermessen, ob sie mit den Mitgliedern einer andern an ihrem Wohnorte nach Maßgabe des Königlichen Edikts vom 20. Oktober 1798 arbeitenden Loge Umgang haben, also den wechselseitigen Besuch gestatten wolle oder nicht, und machte an demselben Tage der Loge Royal York davon Anzeige. Das war zwar noch nicht die freimaurerisch rechtliche Anerkennung, aber es war doch eine äußerlich sichtbare Gemeinsamkeit, die schon durch den Wortlaut des Edikts für die in Preußen arbeitenden Brüderschaften galt. Die Zeit ist mit wohlwollender Duldung über diese rein juristischen Fragen zur Tagesordnung übergegangen, der Zusammenschluß der drei altpreußischen Großlogen, wie wir sie nun nennen müssen, ist immer fester, die Weltanschauungs-Freundschaft immer vertiefter geworden.

IV. Fichte und Feßler

Mit dem Amtsantritt des Obertribunalrats Klein als Großmeister begann der Stern Feßlers zu erbleichen.

Seine ganze Entwicklung hatte etwas Unruhvolles. Sein glühender Wissensdrang, sein enormer Fleiß, seine starke schriftstellerische Begabung und sein rednerisches Talent mußten ihm in jeder freimaurerischen Gemeinschaft eine führende Stellung verschaffen. Das Autoritätsbewußtsein, das dem ehemaligen katholischen Priester in Fleisch und Blut übergegangen war, machte ihn wie von selbst zum Führer. Er hatte zu Zeiten Delagoanères fast unumschränkt regiert und alle seine Pläne im wesentlichen durchgesetzt. Das lag an der merkwürdigen Fassung der im Jahre 1800 revidierten Konstitution, wonach der Großmeister dem deputierten Großmeister nicht übergeordnet war. Jedes Amt hatte seine bestimmte Tätigkeit, das des deputierten aber die größere Bedeutung. Daher hieß es von dem Großmeister in der Eingabe an den König:

„Das Amt erfordert im ganzen Jahr nicht mehr als vier Logenbesuche (bei den Quartalversammlungen) und das Geschäft besteht lediglich in der Oberaufsicht über das Ganze, in historischer Kenntnisnehmung von allem was geschieht, und in Unterschreibung dessen, was den Gesetzen gemäß beschlossen ist."

Eine derartige Stellung konnte einem tatkräftigen und ehrenhaften Mann wie Klein nicht genügen. Und hatte es schon unter seinem Vorgänger von Sellenthin Unstimmigkeiten gegeben, so traten jetzt die Gegensätze scharf hervor. Klein ließ sich nicht an die zweite Stelle schieben, sondern behauptete sein Recht der Oberaufsicht. In einem Brief an Feßler sprach er sich ganz klar aus:

„Die Unzufriedenheit mit meinem Großmeisteramte beruht noch auf ganz andern Gründen. Es scheint mir, genau betrachtet, ganz überflüssig zu sein, bietet aber noch Stoff genug zu Unannehmlichkeiten dar."

Das paßte Feßler gar nicht, und er beschloß, sein Amt niederzulegen. Klein nahm diese Wendung auf und drängte auf sofortigen Rücktritt, der auch am 30. April 1802 erfolgte. Feßler sagte sich von allem los, „bis die Brüder ihre Klagen gegen ihn auf gesetzlichem Wege angebracht und die Großloge oder der Innerste Orient darüber entschieden und sich eines Besseren von seiner Amtsführung überzeugt haben würden". Dazu kam es nicht, seine Johannisloge Urania entließ ihn, weil die gesamte Meisterschaft sich gegen ihn aussprach. Man hatte diese milde Form gewählt und von einer Untersuchung abgesehen, weil man voraussah, daß das Verfahren mit Ausschluß enden würde. Es wurde ihm jedoch anheimgestellt, falls er mit dieser Lösung unzufrieden sei, ein maurerisches Erkenntnis zu verlangen. Darauf verzichtete er und hob jede Verbindung mit allen unter der Leitung der Royal York stehenden Verbrüderungen auf.

Ohne Zweifel ist dem um seine Großloge hochverdienten Manne mit wenig Wohlwollen begegnet worden. Er hat durch seine Geistesarbeit den Lehrinhalt aller Grade bedeutend bereichert und vertieft. Noch heute, wenn man die alten Rituale Feßlers durchforscht, muß man nicht nur den hohen Geist, sondern auch die edle dichterische Sprache bewundern. Sicher hätte ein Mann wie Feßler, dessen Schriften, sowohl wissenschaftliche wie auch seine Romane, allgemein wertgeschätzt wurden, mehr Rücksicht verdient, denn er war eine Persönlichkeit, die jeder Loge zur Zierde gereicht hätte.

Ein unsterbliches Verdienst hat sich Fehßler dadurch erworben, daß er einen der gewaltigsten Denker aller Zeiten, Johann Gottlieb Fichte, für die Freimaurerei Deutschlands gewann. Daß dieser große Geist, der es wagen durfte, Kants Philosophie weiter zu bilden und höhere Erkenntnisse zu fördern, in der Loge nicht seine Befriedigung fand, ist bei einem Manne, dessen Gedankenflug in die höchsten Regionen stieg, durchaus begreiflich. Daß er mit seinen strahlenden Ideen in die Königliche Kunst eintrat, sie aufnahm und, um in seiner Terminologie zu bleiben, in These, Antithese und Synthese schöpferisch weiterentwickelte, ist das größte Erlebnis der Freimaurerei.

Über die erste Verbindung, die Fichte mit Feßler und der Loge Royal York knüpfte, sind wir genau unterrichtet durch Fehßlers Aufsätze „Meine maurerische Verbindung mit den Brüdern Fichte und Fischer" (Sämtl. Schr. ll, 319 ff.).

Feßler stellt die Bekanntschaft so dar, daß Johann Gottlieb Rhode, der Herausgeber der Jahrbücher der Großloge, am 20. September 1799 ihm mitgeteilt habe, er habe mit Fichte viel über Freimaurerei gesprochen. Fichte habe das System der Royal York sehr gebilligt und dabei bemerkt, der Freimaurer-Orden müßte nichts als eine Niederlage von Ideen sein. Rhode hatte den Eindruck, daß Fichte höhere maurerische Kenntnisse besitze, und so tauchte der Wunsch auf, den Philosophen für die Loge Royal York zu gewinnen. Das gelang, der Anschluß wurde genehmigt und Fichte eingefühlt. Feßler hielt eine Rede zu seiner Begrüßung, und es scheint, daß Fichte schon damals eine unerklärliche Abneigung gegen Feßler faßte, die später zum Bruch führte. Das ist jedoch belanglos und bei Fichtes schroffem Charakter durchaus verständlich. Das Bedeutungsvolle ist, daß ein Mann wie Fichte dazu gewonnen wurde, sich in den Geist der Freimaurerei zu vertiefen und seine Ideen der Brüderschaft vorzutragen.

Fichte hatte Kants Philosophie, die Erfahrung aus zwei Komponenten, dem erkennenden Subjekt und dem Ding an sich, zu konstruieren, dahin beschränkt, daß er nur das Subjekt, das Ich, anerkannte, und das Ding an sich als die Ursache der Materie der Erfahrungskenntnis ebenso subjektiver Herkunft, wie seine Verknüpfung in Raum und Zeit lehrte.

Es kann nicht unsere Aufgabe sein zu zeigen, wie die Idealphilosophie Fichtes alle Erscheinungen als Taten des Ichs darstellt und schließlich zu einem Weltbild kommt, das von jedem Freimaurer anerkannt werden muß. „Unsere Welt", sagt er, „ist das versinnbildlichte Material unserer Pflicht; dies ist das eigentlich Reelle in den Dingen, der wahre Grundstoff aller Erscheinung." Eine solche Auffassung von der Welt bedingt eine noch erhabenere Auffassung von Gott. Wenn die Wirklichkeit der Welt nach Fichte nicht auf Wissen beruht, sondern auf einem Glauben, der eine Pflichtnotwendigkeit ist, scheint die aus unserer Natur hervorgegangene idealistische Welt nur ein

Spiegelbild dieser, aber eine vollkommen moralische Regelung und nur der Moral dienend. „Diese lebendige moralische Ordnung ist Gott.“ Jede Eigenschaft, die wir ihm zuschreiben, auch das Bewußtsein, hieße ihn ins Menschliche herabziehen, jeder Begriff von der Gottheit würde ein Abgott. In dieser geistigen Erlebensperiode, die bis etwa 1800 zu rechnen ist, also die Zeit, in der Fichte sich der Freimaurerei hingab, kennt er nur die Forderung einer sittlichen Weltordnung.

Dieser Mann, dessen Gedanken die höchstmögliche Gottesverehrung enthalten, wurde als Atheist verdächtigt, aber es steht fest, daß er ein auf-

Johann Gottlieb Fichte

richtiger Christ war, der in seinem Hause Erbauungsstunden hielt. An diesen gemeinsamen Andachten mußte neben der Familie auch das Gesinde teilnehmen. Es wurde ein Choral gesungen, dann sprach Fichte über eine Stelle aus dem Neuen Testament, am liebsten aus dem von ihm besonders verehrten Johannesevangelium.

Wichtig sind die verschiedenen Auffassungen Fichtes und Feßlers über den Wert freimaurerischer Geschichte. Die Auseinandersetzungen sind uns aufbewahrt. Fichte schreibt über seine innere Einstellung an Feßler am 28. Mai 1800: „Sie verzeihen es vielleicht meiner brennenden Begierde, gemeinschaftlich mit Ihnen für die Vervollkommnung unseres Geschlechts zu arbeiten, wenn ich die höchst wahrscheinlich überflüssige Bitte und Beschwörung hinzufüge: daß doch ja nicht Rechthaberei, Gelehrteneifersucht, Widerstreben, etwas zurückzunehmen, zwischen uns trete! Ich habe mich von neuem durchaus geprüft, und glaube mich von der reinsten Wahrheitsliebe beseelt, wünschend, daß Sie recht und ich unrecht hätte, fertig, erbötig dieses zu gestehen, sobald ich es einsehe, und mit Eifer in Ihre Pläne hineinzugehen; und ich würde mein falsches Herz mir aus dem Busen reißen, wenn es mich hierüber täuschte."

Die Gegensätze waren nicht aufzulösen. Über die freimaurerische Geschichte und ihren Wert sagt er:

„Wozu will der Maurer eine Geschichte seines Ordens, die ihm noch überdies als letzter Aufschluß über diesen Orden gelte? Etwa lediglich, um wie ein gelehrter Geschichtsforscher ein, noch dazu nicht besonders interessantes Kapitel aus der Menschengeschichte – das über geheime Verbindungen – zu lernen? Ich meine: nein – sondern um einzusehen, wie diese bestimmten Gebräuche und Formeln, die ihm im Orden überliefert worden, entstanden sind – und sie dadurch erst ganz zu verstehen. Seine Geschichte muß sein eine genetische Deduction der bestehenden Mysterienfeiern; sowie z. B. eine Staatengeschichte eine genetische Deduction der bestehenden Staatsverfassungen sein muß."

Im Zusammenhang sprach Fichte sich folgendermaßen aus:

„Meine Gegensätze gegen des Bruder Feßler System über die letzten Aufschlüsse reducieren sich auf folgende zwei Hauptpunkte: 1) Es kann auf diesem Wege keine historische Wahrheit gefunden werden. 2) Selbst, wenn sie es könnte, so wäre das kein befriedigender Aufschluß für einen geheimen Orden. Ad 1) zeigt der Bruder Feßler, indem er seine mündlich gegen mich geschehene Äußerung, daß nach ihm es überall keine historische Wahrheit gebe, schriftlich zurücknimmt, durch die Tat, daß es ihm, freilich ohne sein deutliches Bewußtsein, an einem Begriffe von historischer Wahrheit gänzlich fehle; daß es sonach für ihn allerdings keine gebe, in den Worten: „Ich glaube fester an Themistokles Schlacht – Huß' Verbrennung und Karl's Enthauptung." Spuken da nicht die leider nicht ungewöhnlichen Begriffe von Wahrscheinlichkeit, von höhern und niedern Graden der Wahrscheinlichkeit, von einem Glauben, der ein rechter ganzer Glaube ist, und von einem andern Glauben, der freilich kein ganzer ist, aber darum doch – ein stattlicher Glaube? – als ob irgendwo die Wahrheit aus Fluten von Gründen zusammengesetzt, und nun mit der Elle gemessen würde. Meiner philosophisch erweislichen Überzeugung nach kann man auch in der Geschichte nur entweder wissen, oder nicht wissen; und im ersten Fall wissen, entweder, daß etwas war, oder daß es nicht war; und es gibt auch hier keinen Mittelzustand, und kein Schweben zwischen Sein und Nichtsein; und der ernsthaft denkende

Mann resigniert sich kalt und fest, nichts zu wissen, noch wissen zu wollen über das, wodurch er wohl weiß, daß man nichts wissen kann. Factum ist nur das, was in irgendeinen menschlichen Sinn gefallen. Geschichte ist Überlieferung solcher Sinneseindrücke an andere, in deren Sinn dasselbe nicht fiel. Historisch erwiesen ist mir dasjenige Factum, ohne welches ein anderes, das in meine Sinne fällt, so gar nicht sein konnte, wie es ist. Jedes Factum, von welchem die letztere Bedingung nicht gilt, ist mir unerweislich, und ich werde darüber nie, weder für noch wider, etwas behaupten. Jedes Factum, nach dessen Voraussetzung etwas, das in meine Sinne fällt, nicht so sein könnte, wie es wirklich ist, ist mir erwiesen falsch. Auf den Sinneneindruck reduziert sich sonach zuletzt alle historische Wahrheit: und dieser ist kein aus Teilen zusammengesetztes, sondern ein positives, unteilbares, das da ist oder nicht ist...

Die Tatsache, die in unser aller Sinne fällt, sind die maurerischen Gebräuche, Formeln, Rituale. Die Geschichte der Maurerei, wenn sie wahre Geschichte, und nicht ein Meinen und Wähnen, also kurz eine Fiction ist, nur daß der Urheber derselben zuerst sich selbst täuschte, ehe er andere zu täuschen versuchte, – diese Geschichte muß die gleichfalls in wirklich lebender Menschen Sinne gefallenen Tatsachen ausstellen, durch welche allem die erstern so werden konnten. Es muß – ich glaube nicht, daß dies eine für den Bruder Feßler überflüssige Exposition der Aufgabe sei – beides, der gegenwärtige Zustand – und der historisch verfolgte Ursprung dieses Zustandes so genau zusammen passen, daß jeder Mensch von gesundem Menschenverstande diesen Zustand nur aus einem solchen Ursprunge begreift, und umgekehrt, aus einem solchen Ursprunge diesen Zustand ableiten und folgern könnte, sogar ohne unmittelbare Wahrnehmung. Daß Sie dies sich nicht einmal vorgenommen haben, daß Sie es nicht leisten können, noch werden, gestehen Sie selbst so unverhohlen, daß es hierüber keines Disputs mehr unter uns bedarf. Wir sind nicht über die Anwendung der Prinzipien: wir sind über die Prinzipien selbst uneins. – Der gesunde Menschenverstand, mit welchem Sie es in der Maurerei zu tun haben werden, ist hierin auf der Seite des Philosophen, ohne seine Sache gerade so auseinanderzusetzen; er will Gewißheit, keine bloße Mutmaßung. Sie werden es erleben, daß Sie nicht befriedigen."

Es dreht sich dann um die Frage, ob irgend jemand ein Interesse habe, in einen Orden einzutreten, wenn er nicht die Überzeugung gewinnen könne, daß er dort etwas finde, was ihm anderwärts nicht geboten werde. Dazu sagt Fichte:

„Er (Feßler) habe empfangen, erhalten, was er gebe. Er suche nur die Beweise dafür in vorhandenen historischen Quellen. Er gebe sonach allerdings etwas, das nur im Orden zu finden sei; und das einzige, was dieses nur da zu findende zu sein vermag, Tradition. Es ist hierbei die Frage: woher und auf welchen Wege haben es diejenigen erhalten, die es dem Bruder Feßler gaben. Durch Studium öffentlich historischer Denkmäler; oder auch durch eine Tradition, die bis zu ihrem Ursprunge hinauf nirgends aus öffentlich historischen Denkmälern geflossen sei. Ist das letztere der Fall, so leisten Sie ja allerdings, was ich fordere, was meines Erachtens der Geweihte eines geheimen Ordens fordern muß; und Sie haben dann nur bei Zeiten ernstlich darüber nachzudenken, wie Sie die ununterbrochene Kette, sowie die Treue und Reinheit der Überlieferung zu beweisen gedenken. Ist das erstere der Fall, so befriedigen Sie nicht: denn es ist ganz einerlei, ob Sie, oder ob Ihr Vorderglied, oder dessen Vorderglied, u. f. f. aus öffentlich historischen Denkmälern geschöpft, und nun ein Resultat, das jeder Uneingeweihte auch hätte ziehen können, verborgen und zum Geheimnis gemacht hat. – Sie befriedigen nicht: und Sie wollen dies doch noch nicht laut gestehen."

Darauf antwortet Feßler: „Ich kann nichts sagen als: Brüder, das weiß ich, das glaube ich, das ist mir wahrscheinlich; eurem Verstande muß es überlassen bleiben, ob ihr es auch glauben, ob ihr es auch als wahrscheinlich annehmen könnt und wollt. Ich kann euch nichts weiter geben."

Fichte antwortet streng im Geiste seiner Wissenschaftslehre, und diese Antwort ist grundlegend für jede freimaurerische Forschung. Aber auch als Richtschnur für die Kritik der Akten und Rituale ist Fichtes Äußerung von unschätzbarer Bedeutung. Für den großen Denker haben nur Akten Wert, die wirklich Menschheitsüberlieferungen sind, nicht solche, die von einem Menschen fabriziert wurden. Fichte schreibt:

„...so führe ich hier den Beweis (den er früher angeschnitten hatte) noch ein wenig deutlicher: a) Wir haben ja wirklich ein wesentliches und ausschließend eigenes Besitztum, das nur durch mündliche Tradition fortgepflanzt wird; unsere Gebräuche und Rituale. Nur durch mündliche Tradition, sage ich. Wir verbieten Mitteilung durch Druck und Schrift. Wir desavouieren die gemachten Abdrücke und erkennen keinen für einen Maurer, der nur auf diesem Wege jene Kenntnisse sich verschafft hätte. b) Wir wollen uns teils von der Echtheit dieser mündlich überlieferten Gebräuche und Rituale überzeugen; teils über ihren Ursprung und ihre wahre Bedeutung unterrichten. c) Dieses kann nur geschehen durch eine Geschichte der Tradition, durch welche sie uns überliefert sind. d) Diese Geschichte einer bloßen Tradition kann offenbar auch nur bloß tradiert sein. Ich weiß nicht, ob die Auserwählten unsers Innern Orients klar ebenso schließen: daß aber ihren Erwartungen dunkel dieser Schluß zu Grunde liegt, glaube ich an ihnen bemerkt zu haben. Sind wir nun nicht in Besitz einer solchen Tradition, so bleibt, meines Erachtens, nichts übrig, als ihnen unverhohlen die reine Wahrheit zu sagen, daß wir überall nichts wissen, nichts haben, und erst durch unsere eigene Arbeit in das, uns seinem Ursprunge nach Unbekannte etwas hineinlegen wollen."

Die grundlegenden Gedanken Fichtes über Freimaurerei sind in sechzehn Briefen an einen Ungeweihten über Philosophie der Freimaurerei niedergelegt. Es sind umgearbeitete Vorträge, die er in der Royal York gehalten hatte. Er beschäftigt sich darin mit der Frage, was der Orden an und für sich selbst sein kann oder sein soll, und er sieht seinen Zweck darin, die Menschheit zu einer höchstmöglichen Ausbildung zu führen. Die große menschliche Gesellschaft sucht diesen Endzweck zu erreichen, indem sie das Ganze der menschlichen Ausbildung in Teile zerlegt und jedem einzelnen Teil ein Arbeitsfeld zuweist. Aber die höchste Ausbildung, die zur sittlichen Freiheit, kann nur durch Arbeit des einzelnen allein geleistet werden.

„Alles, was nach irgendeinem Unterschiede unter den Menschen, sei es an Kunstfertigkeit, an Kenntnissen oder an Tugend aussieht, ist gegen die Maurerei profan; was aber die sittliche Freiheit betrifft, dagegen ist selbst die Maurerei profan oder einseitig; denn jene ist das Allerheiligste, wogegen sogar das Heilige gemein ist."

Der Orden hat also den Zweck, seine Mitglieder der inneren sittlichen Reife entgegenzuführen. „Sowie die Reife erfolgt, vermählt sich holde Poesie mit der Klarheit des Kopfes und der Rechtschaffenheit des Herzens, die Schönheit tritt in den Bund mit der Weisheit und Stärke." Der wahre Endzweck des menschlichen Daseins ist nicht von dieser Welt, das Leben auf der Erde ist nur Vorbereitung und Keim eines höheren Daseins, das wir so gewiß fühlen, wie wir ungewiß über seine Formen sind. Der Maurer sucht diese Vorbereitung durch treue Wirkung im Zeitlichen in der festen Zuversicht, daß dahinter das Himmlische verborgen sei. „Ihm ist die Religiosität gar nichts Isoliertes und für sich Bestehendes. Er ist nicht religiös, sondern er denkt und handelt religiös; die Religion ist ihm kein Gegenstand, sondern nur der Äther, in dem ihm alle Gegenstände erscheinen. Nur das ihm unsichtbare und unbegreifliche Ewige, das hinter dieser Hülle des Irdischen verborgen ist, strebt er an. Sein Sinn ist immer in der Ewigkeit, seine Kräfte sind immer bei euch. Diese Betrachtung stellt ihm statt des irdischen Zwecks, an dem er verzweifelt, unerachtet er nicht aufgibt, für ihn zu arbeiten, einen unsichtbaren und ewigen auf. Der vollendet ausgebildete Mensch bleibt nicht auf dieser Stufe stehen. Nun hat er Religion. Das Pflichtgesetz und der Weltlauf widersprechen sich nicht mehr, weil er nun eine höhere Welt kennt, von der die hiesige nur die ihn übende Erscheinung abgibt. Die Religion ist ihm nun nicht mehr Gegenstand, sondern Werkzeug alles seines Wirkens. Sie ist ihm nicht etwas, das er sich noch macht, daran er sich erinnerte und

Festsaal der Großen Loge von Preußen gen. „Zur Freundschaft"

ermahnte, sondern dasjenige, wodurch er, seiner selbst unbewußt, alles andere macht. Sie ist das Auge seines Lebens, das er nicht sieht, wodurch er aber alles andere sieht, was er sieht. Wie sich in den Augen des Maurers der irdische Zweck zu dem ewigen verhält, so verhält sich für ihn der gegenwärtige nächste Zweck des Staats, in dem er lebt, zu dem irdischen Zwecke der gesamten Menschheit. In seinem Gemüte ist Vaterlandsliebe und Weltbürgersinn innigst vereinigt: Vaterlandsliebe ist seine Tat, Weltbürgersinn ist sein Gedanke; die erstere die Erscheinung, die zweite der innere Geist dieser Erscheinung."

Nie sind edlere Worte über Freimaurerei gesprochen worden, und das Große bei Fichte ist, daß er sie auch in die Tat umsetzte.

Bei der Erhebung des Landsturms 1813 erschien er vom Katheder fort, wo er eben noch seine Studenten durch seine flammende vaterländische Begeisterung mitgerissen hatte, auf dem Alarmplatz. Es sollte ihm nicht beschieden sein, mit in den Krieg zu ziehen, aber durch seine machtvollen Reden über den Begriff des wahrhaften Krieges riß er die Nation empor. Er durfte den Ausstieg nicht mehr erleben, seine Gattin, die opfervollste Dienste in den Feldlazaretten leistete, erkrankte am Armeetyphus, und bei deren Pflege hatte sich Fichte jene Krankheit zugezogen, die ihn am 27. Januar 1814 heimrief zu einem höheren Leben, das er wie kaum ein anderer auf dieser Erde durch seinen Wandel vorbereitet hatte.

Von der Loge hatte er sich schon, durch ein ungeschicktes Schreiben des vertretenden Meisters verletzt, am 4. Juli 1800 ganz zurückgezogen. Was

Varnhagen in seinen Denkwürdigkeiten sagt, daß Fichte seine Lehre zur Pflege und Ausbreitung dem Freimaurerorden habe übergeben wollen, um diesem dadurch sine neue Weihe zu verschaffen und „diesen in allen Weltteilen wirksamen Bund von Verbrüderten zu einem Organ der Philosophie zu machen…", das scheint Fichtes Absicht richtig zu treffen. Er wollte jedenfalls dem Orden seine Kulturarbeit im Dienste der Menschheit zuweisen.

Diesen Gedanken hat er wegen der menschlichen Widerstände in der Loge aufgegeben, eigentlich ganz im Gegensatz zu seiner maurerischen Philosophie, denn da ist er sehr duldsam: „Allerdings sind bei weitem nicht alle diejenigen Maurer, die diesen Namen führen; alle aber sollen es werden, und keiner, der diesen Namen trägt, soll aufgegeben werden. Solange dies geschieht, solange nur auf jenes Ideal hingestrebt wird, ist die Gesellschaft eine maurerische, gesetzt, daß kein einziges ihrer Glieder diesen Zweck erreichte, gesetzt auch, daß bis diesen Tag der wirkliche Zweck der bestehenden Maurerei der gewesen wäre, ihren Zweck zu suchen."

Fichtes Auffassung von Gott, Welt, Tod und Unsterblichkeit ist bekannt, wir brauchen darauf nicht näher einzugehen. Die Stimme des Gewissens ist ihm das „Orakel aus der ewigen Welt, das mir verkündigt, wie ich an meinem Teil in die Ordnung der geistigen Welt oder in den unendlichen Willen, der ja selbst die Ordnung dieser geistigen Welt ist, mich zu fügen habe… Es ist nichts wahrhaft Reelles, Dauerndes, Unvergängliches an mir als diese beiden Stücke: die Stimme meines Gewissens und mein freier Gehorsam. Durch die erste neigt die geistige Welt sich zu mir herab, und umfaßt mich als eines ihrer Mieder; durch den zweiten erhebe ich mich selbst in diese Welt, ergreife sie und wirke in ihr. Jener unendliche Wille aber ist der Vermittler zwischen ihr und mir; denn er selbst ist der Urquell von ihr und von mir."

Das Christentum ist für Fichte nichts anderes, als das sichtbare Ziel des Menschen an sich: Das Reich Gottes, das den Menschen aus dem erdgebundenen Zustand erlöst und zur sittlichen Freiheit leitet. „Die Freiheit setzt voraus das Bild, und das Bild setzt voraus die Freiheit. Dieser Zirkel löst sich nur so, daß das Bild einmal Sache, Realität sei, schlechthin ursprünglich und grundanfangend in einer Person sich verwirkliche. Diese Person ist Jesus. Diese schlechthin notwendige Person stimmt überein mit dem, was die Erzählungen uns von Jesu berichten." Jesus war von den alttestamentlichen Lehren unbefriedigt. „Warum? Weil in ihm dunkel und unentwickelt ein anderes höheres Bild lag. Woher? Absolut durch sein individuelles Dasein aus Gott. Er war also unmittelbar ohne ihm bewußte Freiheit durch sein Dasein Bürger des Himmelreichs; sein Wille ging auf in einem höheren Willen, er war dessen Werkzeug und so wurde er seiner sich bewußt."

Hier berührt sich Fichtes Vorstellung mit der Feßlers, der in Jesu den Gesandten des Lichtes verehrte. Fichte ist ganz abstraktes Denken, Feßler ganz dichterisches Erfühlen. Darum fanden sich die Geister schnell auf dem Boden des Gemeinsamen, trennten sich aber ebenso schnell wegen der völlig verschiedenen Art, die Erscheinungen zu erleben. Beide haben die Spuren ihres Wirkens der Freimaurerei nachhaltig eingedrückt.

Feßler kam nach Rußland, wo er für die evangelische Kirche Bedeutendes leistete. Er war den Wolgadeutschen ein treuer Seelsorger und mannhafter Vertreter ihrer religiösen Interessen. In hohem Alter starb er als Generalsuperintendent der evangelischen Kirche Rußlands.

Viertes Buch

Neue Großlogengründungen. Lösung von der englischen Oberhoheit

I. Die Entwicklung in Hamburg

Wenn die führenden Männer der Freimaurerei in Hamburg durch den Anschluß an die stritte Observanz die festgefügte Form nicht gefunden hatten, die zu einer gedeihlichen Wirksamkeit in einer menschlichen Verbrüderung nötig ist, so lag das daran, daß der ganze Charakter des Inneren Ordens dem hamburgischen Geist nicht angepaßt war. Die freie hanseatische Handelsstadt hatte andere Männer gebildet, als es die Monarchien getan, in denen der Unterschied zwischen Adel und Bürgertum scharf hervortrat. Wer nicht „von Stand" war, galt nichts, daher die merkwürdige Erscheinung, daß unsere großen Klassiker sehr eifrig danach strebten, ein Adelsdiplom zu erhalten. In Hamburg galt der Besitz und die kaufmännische Tüchtigkeit. Die Tatsache, daß ein wertvoller, nach hamburgischen Begriffen sehr wertvoller Mann in der strikten Observanz nicht Ritter werden konnte, daß er sich mit dem Waffenträger oder Genossen begnügen mußte, wenn er nicht von Adel war oder als Beamter und Offizier eine gleichwertige Rangstellung besaß, diese Tatsache wurde von dem Hamburger Kaufmanns- und Bürgerstolz als unmöglich empfunden.

Die Große Landesloge, die in der äußeren Struktur, in dem Festhalten an dem Ordensgedanken und dem Freimaurer-Ritter einen ähnlichen Charakter zeigte, hatte in Hamburg in dem Jahrzehnt nach ihrer Gründung (1770 bis 1780) bedeutende Fortschritte gemacht, und Dr. med. Jänisch, der ehemalige Provinzial-Großmeister und jetzige Präfekt, näherte sich den führenden Männern aus den Hamburger Tochterlogen der Großen Landesloge. Ihm schloß sich Bode an und verlangte, man solle ihm Mitteilungen aus dem Ritual machen, und wenn er von dessen Wert überzeugt sei, so werde er sich mit dem Orden verbinden und auch die strikte Observanz herüberziehen. Aus Bodes Briefen und der ganzen Unterhandlung spricht sich ein Gefühl der Überlegenheit aus, das ihm sonst nicht eigen war. Dies hat die Mitglieder der Großen Landesloge derart abgestoßen, daß sie, obgleich Zinnendorf riet, das Verlangen Bodes zu erfüllen, es ablehnten, sich mit ihm einzulassen. Sie hatten Mißtrauen gegen ihn.

Jänisch aber blieb dabei, Belehrung zu suchen. In einem Brief vom 21. August 1772 schreibt Rittmeister von Sudthausen über eine Zusammenkunft mit ihm:

„Nachdem wir uns einige Stunden über die vielfachen Veränderungen in der deutschen Maurerei unterhalten hatten, sagte er (Jänisch), daß er sehr wünsche, endlich einmal aus der Verwirrung herauszukommen, und daß er hoffe, durch diesen Unterricht der Wahrheit teilhaftig zu werden, daß Alles, was er gehört, ihm ein gutes Vorurteil erwecke und er die Vereinigung wünsche, aber auch hoffe, daß man ihm seinen Posten als Provinzial-Großmeister von Niedersachsen, den er so lange inne gehabt, lassen und ihn darin bestätigen werde. Ihm habe zeitlebens die Freimaurerei viel Unruhe gemacht, er habe überall gesucht und nichts gefunden, und würde mit Freuden sein graues Haupt zur Ruhe legen, wenn er in Hamburg alle Brüder unter einen Hut bringen könnte."

Die Verhandlungen zerschlugen sich, die Große Landesloge vereinigte ihre Hamburger Tochterlogen zu einer Provinzialloge von Niedersachsen, deren Stiftungsurkunde vom 13. September 1777 datiert ist. Bode siedelte im folgenden Jahr nach Weimar über, und an seiner Stelle wurde der Dr. med. Johann Gottfried von Exter zum deputierten Meister der altschottischen Loge gewählt. Es war dies, wie erinnerlich, die Zeit, in der sich die strikte Observanz in voller Auflösung befand. Schröder (Materialien IV) sagt über Exter: „Schade um diesen Mann, daß sein Verstand nicht gebildet genug war, und die leidige Mysteriensucht ihn von einer Torheit zur anderen trieb, in welche er auch seine Brüder verwickelte. Er war übrigens ein redlicher Mann', pünktlich in Geschäften und unermüdet... Er hatte ein besonderes Rednertalent und ein so bewunderungswürdiges Gedächtnis, daß er zehn, zwölf Punkte in der Rede eines andern nach der Reihe aus dem Stegreif beantworten konnte."

Dies Urteil Schröders ist durchaus begründet, denn Exter war es, der die Hamburger Freimaurer ganz in die Rosenkreuzerei hineinführte. Dabei darf man nicht verkennen, daß die Stimmung dafür reif war. Die meisten hatten kaum einen Willen oder Einsicht in die Dinge, sie ließen sich führen. „Die kleinere Zahl, bei weitem kleinere Zahl, regierte. Dies waren Leute, die Ceremonien liebten, viel sprechen konnten, wo es nicht auf deutliche Begriffe ankam, viel glaubten, wo sie nicht begreifen konnten, und darum dies nicht Begriffene mit um so größerer Ehrfurcht betrachteten, und wo Erklärungen nötig wurden, ein natürliches Hülfsmittel in dem Stillschweigen fanden, das ihr Bedürfnis sie lehrte, und wodurch sie ihrer Sache nutzten, ohne ihren

Verstand anstrengen zu dürfen. Sie liebten die Geheimnisse, aber nicht die Untersuchung, sie liebten aber auch die Stellung, die ihnen ein gewichtiges Ansehen verlieh und sie mit einem Nimbus umgab. Es war ihnen deshalb an Fortsetzung ihrer mysteriösen Tätigkeit, aber nicht an Einsicht gelegen.“ (Albrecht a. a. O.)

Dr. med. Johann Gottfried von Exter

In dieser geistigen Verfassung kamen die Beschlüsse des Konvents von Wilhelmsbad und die völlige Umgestaltung der strikten Observanz zustande. Aber das Neue, das dort geschaffen worden war, gefiel auch nicht, und das erlösende Wort war die Rückkehr zum englischen System. Also wurden die alten Symbole und Rituale wieder hervorgeholt und man versuchte, die unterbrochene Verbindung mit London aufzunehmen. Das war zunächst, solange der Londoner Vertrag mit der Großen Landesloge bestand, nicht möglich. Die Hamburger beschlossen daher, die altschottische Loge „Gottfried zu den sieben Sternen" als Große Loge zu konstituieren. Diese Beschlüsse wurden im Dezember 1782 gefaßt und späterhin genauer formuliert. Man gelobte „eine aufrichtige Liebe und Freundschaft untereinander und Erforschung der Wahrheit, durch aufrichtigste Anhänglichkeit an die Lehren und Pflichten unserer heiligen Religion Christi, eine im ausgedehntesten Verstande, allgemeine tätige und wohlüberlegte Wohltätigkeit und eine gehorsame Befolgung der Gesetze des Vaterlandes und unseres Ordens, insoweit letztere bereits verbindlich angenommen sind oder noch als solche per majora pleni bewilligt und angenommen werden sollten".

In den drei unteren Graden sollte nach dem englischen System gearbeitet werden und alle Besucher aus anderen Logen und Lehrarten sollten zugelassen werden. In diesem Sinne wurde das Notifikationsschreiben auch an die Große Landesloge abgefertigt. Diese bezeugte durch die Meister ihrer Hamburger Tochterlogen ihre Bereitwilligkeit zu jeder brüderlichen Übereinkunft, verfehlte aber nicht, auf ihre freimaurerische Eigenart hinzuweisen.

Darauf kam eine Antwort, die eine Kampfansage bedeutete. Es heißt darin: Es sei ein allgemeiner Rechtssatz: prior tempore, potior jure. Ihre große Loge sei eine der ältesten in Deutschland und habe viele Jahre gearbeitet, ehe die andern. Logen in Hamburg errichtet wären, deren Pflicht es gewesen, die Konstitutionen bei ihr zu suchen. Sie hätte in Ermangelung eines weltlichen Armes freilich geschehen lassen müssen, was geschehen sei, aber unter Verwahrung ihrer Gerechtsame, so, daß ihr rechtmäßiger Besitzstand nicht verrückt worden. Was man von einer sogenannten Landesloge gesagt, sei dunkel, sie kenne solche nicht, sie sei in Deutschland nicht ausführbar, da es aus verschiedenen Staaten bestehe, sie wäre nicht von allen Logen anerkannt...

Dies war der Ausgangspunkt der Unstimmigkeiten, die wir oben geschildert haben, und deren letzter Ausdruck die Wiedererrichtung der englischen Provinzial-Loge von Niedersachsen in Hamburg war.

Hier ist ein geschichtlicher Irrtum zu berichtigen, den sowohl Schröder wie auch Feßler in ihren Schriften verbreitet haben. Sie behaupteten, die Große Landesloge habe aus Veranlassung der Wiederherstellung der englischen Provinzial-Loge in Hamburg den Mitgliedern ihrer dortigen Logen den Besuch der vereinigten Logen untersagt und v. Exter die Anerkennung als Provinzial-Großmeister verweigert. Das letztere ist richtig und konnte nicht anders sein, solange die Landesloge sich auf den Vertrag von 1773 stützte und noch nicht anzunehmen befugt war, daß die Großloge zu London auf ihrer Aufhebung, unter Verletzung aller Rechtlichkeit und alles guten Glaubens, bestehen würde. Das erste ist eine aktenmäßige Unwahrheit. Die Landesloge hat ein solches Verbot nicht erlassen und brauchte es nicht zu erlassen, weil der Inhalt des Lehrlingseides entschied. Dagegen hat sie den hartnäckigsten Widerspruch bei den Hamburger Brüdern selbst gefunden, als sie die Gestattung des wechselseitigen Besuchs verfügen wollte, und sie nur mit Mühe dazu bestimmt. Das Verbot des Besuchs unserer Logen in Hamburg ist auf Veranlassung Graefes von der englischen Provinzial-Loge erfolgt.

Es war die Zeit, in der Graefe (vgl. S. 258 ff.) in Hamburg auftrat, an den man sich nun als Retter aus allen Nöten wandte. Exter bemühte sich sehr um ihn, besonders deshalb, um die Verbindung mit der englischen Großloge wieder anzuknüpfen. Graefe blieb zurückhaltend, ja er schlug auch ab, die echten englischen Ritualien mitzuteilen, ließ sich aber dann doch bestimmen, indem er das Verbot des Niederschreibens dadurch umging, daß er dem damaligen Prov.-Großsekretär Dr. Beckmann das alte Ritual in die Feder diktierte. Der Prov.-Großmeister von Exter war damit nicht zufrieden, er lebte noch ganz in dem Geiste der strikten Observanz und des Rosenkreuzertums und mochte die lieb-gewordenen Symbole nicht missen. „So entstand ein Ritual, das ungleich mystischer und gesalbter als das der strikten Observanz war."

Bald nachher gewinnt Friedrich Ludwig Schröder Einfluß auf die freimaurerische Entwicklung in Hamburg.

Ein bewegtes Leben, Schauspielerkind und selbst Schauspieler, Regisseur, Dramaturg, Schriftsteller und schließlich Theaterdirektor, hatte er Welt und Menschen kennengelernt. Von getünchter Leinwand, farbigem Licht und tönenden Phrasen hatte er genug bekommen in seinem Beruf. Als er im Jahre 1786 von Wien nach Hamburg zurückkam, fand er dort eine Freimaurerei vor, die phantastischer und theatralischer war als jedes Theater. Dazu führte die Provinzial-Loge ein straffes Regiment, das von den Tochterlogen nur schwer getragen wurde. Ein Geist der Auflehnung beherrschte einen großen Teil der gebildeten Deutschen. Freiheit und Gleichheit scholl es von Paris herüber, die Philosophie, die zur Französischen Revolution geführt hatte, war in Deutschland schon lange bekannt, das Illuminatentum förderte diesen Geist, und so erklärte Georg Heinrich Sieveking (1751–1799) am Tage seiner Wahl zum Meister vom Stuhl der Loge St. George – 6. August 1789 –, daß er die Wahl nur annehmen werde, wenn die Mitglieder seine Ansichten über den Orden billigten. Er könne nur eine Freimaurerei betreiben, die auf

Freiheit und Gleichheit beruhe, die jetzigen Gebräuche, Symbole und der Eid seien Possen, mit denen vernünftige Männer sich nicht beschäftigen

Altes Logenhaus der Großen Loge von Hamburg an der Großen Drehbahn

dürften. Dann erklärte er, „daß statt der bisherigen langweiligen Versammlungen die Brüder von Zeit zu Zeit ohne weitere Ceremonie zusammen kämen, um sich über gemeinnützige Gegenstände zu unterhalten, und ihr vorrätiges Geld an die Stadt-Armen-Anstalt, die so trefflich eingerichtet werde, ablieferten".

Es ist ein Zeichen der Zeitstimmung, daß er auf diese Bedingungen hin bestätigt wurde. Trotzdem war nicht ganz Hamburg damit einverstanden, es regten sich auch damals manche Gegner, denen Schröder, der 1787 zum Meister vom Stuhl der Loge „Emanuel zur Mayenblume" gewählt worden war, Stimme verlieh. Er hielt am 3. September 1784 eine Rede gegen Sieveking, die uns im vollen Wortlaut überliefert ist. Er suchte zu beweisen, daß die Freimaurerei gut und wohltätig für die Menschheit wirke, weil sie Ehrfurcht gegen Gott und die Religion und Liebe gegen alle Menschen von ihren Anhängern fordere und nur edle Zwecke verfolge. Daß die ihr eigentümlichen Hieroglyphen, Zeremonien und Gebräuche unumgänglich notwendig wären, und ohne sie die Freimaurerei als solche nicht gedacht werden könne, folglich diejenigen, die sie abschaffen wollten, aufhörten, Freimaurer zu sein und den Mystikern, Illuminaten und Schwärmern ihre Türen öffneten: das war seine Überzeugung.

Sofort nach Schluß der Rede traten Sievekings Anhänger gegen Schröder auf, und es kam zu einem bitteren Wortstreit, so daß der Meister mit dem

Hammer die Ordnung wiederherstellen mußte. Nun standen sich zwei Gruppen in unversöhnlicher Feindschaft gegenüber, die so heftig wurde, daß die Logen am 1. Juni 1790 eine Zeitlang geschlossen werden mußten.

Um diese Zeit trat Bode mit einem großen Einigungsplan hervor, einem auf Freiheit und Gleichheit begründeten Bund aller bestehenden Logen. Er verneinte jedes Recht einer Oberherrschaft, auch das der Großen Loge von London. Demgemäß versandte er ein Zirkular, datiert „Germanien (Gotha) im 9. Monat 5790“ (1790), in dem er sagte:

„Es ist für die Freimaurerlogen und Brüderschaften im deutschen Land nicht nur nützlich und vorteilhaft, es ist nicht nur Recht, sondern es ist ihre Pflicht, wenn sie anders nicht für den fast unglaublich weit gehenden Mißbrauch verantwortlich sein wollen, der durch die symbolische Freimaurerei in ihrer gegenwärtigen Lage in Deutschland von Zeit, Geld und Geisteskräften gemacht wird, auf eine engere Verbindung unter den Logen deutscher Nation zu denken, wodurch dieses Institut nach und nach wirklich das werden könne, wofür es in seiner anfänglichen Verbreitung bei uns gehalten wurde, d. h. eine innige Verbindung edeldenkender Menschen zu solchen gemeinnützigen und wohltätigen Endzwecken, welche ohne eine stille Vereinigung zerstreuter Kräfte entweder gar nicht oder doch nicht so leicht und sicher erreicht werden könnten.“

Über die Organisation war folgendes gesagt: „Der Bund der deutschen Freimaurerei ist für Deutschland allgemein, bezieht sich aber bloß auf Freimaurerei und keineswegs auf sogenannte höhere Grade. Alle in den Bund tretenden Logen sind ohne Unterschied an Alter und Zahl ihrer Mitglieder einander völlig gleich, haben gleiche Rechte und Pflichten. Alle im Jahr 1790 in Deutschland bereits existierenden Logen sind ohne Rücksicht auf die Quelle ihrer Konstitution und ohne weitere Untersuchung bundesfähig. Jede bundesfähige deutsche Loge übt gleich bei Schließung des Bundes ihr Stimmrecht in seiner ganzen Ausdehnung aus. Der Bund der deutschen Freimaurerei hat, solange er nicht über 27 Logen in sich faßt, eine große Loge zur Expedierung der Bundesgeschäfte an der Spitze. Sobald aber die Anzahl der Logen stärker wird und Logen aus allen neun Kreisen Deutschlands im Bunde sind, so bildet jeder Kreis seine eigene große Loge nach dem Muster der ersten. Diese präsidierende Loge bleibt aber nicht immer an demselben Orte, sondern das Präsidium geht von einer Loge zur andern.“

Das Zirkular hatte so gut wie keinen Erfolg. Einige Logen antworteten zustimmend, andere ablehnend, viele nahmen gar keine Notiz davon, und als dann Bode am 13. Dezember 1793 starb, wurde die ganze Sache mit ihm begraben. Interessant ist der Versuch an sich, der im Laufe des neunzehnten Jahrhunderts immer wieder auftauchte und auch in kleinerem Rahmen Gestalt gewann, wie im Großmeister-Verein der drei altpreußischen Großlogen, im eklektischen Bund und schließlich im deutschen Großlogenbund, der sich 1872 konstituierte.

II. Friedrich Ludwig Schröder

Ein Künstler, ein Menschendarsteller, der in einer Zeit, wo der Schauspieler, der Komödiant zu den verächtlichen Berufen zählte, sich eine angesehene bürgerliche Stellung errang. Also mußte er eine Ausnahme sein, vor seinen Berufsgenossen bedeutend hervorragen, und das war in der Tat der Fall. Vor uns liegt ein Leben fleckenlos in sittlicher Beziehung, erfüllt von Arbeit und Wohltun, ein Leben, das geziert war durch treue Freundschaften über das Grab hinaus, aber auch ein Leben, erfüllt von der glühenden Leidenschaftlichkeit einer Herrennatur.

Als Schröder in die freimaurerischen Wirren Hamburgs entscheidend eingriff, hatte er die Direktion des Schauspiels abgegeben und lebte unabhängig in Rellingen bei Hamburg. Er hatte also Zeit genug, sich in die Geschichte und Lehre der Königlichen Kunst zu vertiefen. Er hat hierbei nicht Fleiß, nicht Mühe, nicht Geld gespart, er hat in gewissen Beziehungen Tüchtiges geleistet, das Anerkennung und Dank verdient. Um so mehr ist es zu bedauern, daß er nicht überall aus unverwerflichen, reinen und echten Quellen schöpfen konnte.

Über Schröders Auffassung von Freimaurerei in geschichtlicher, sittlicher und religiöser Beziehung sind wir genau unterrichtet durch seinen Biographen und langjährigen treuen Freund, Professor S. L. W. Meyer (1759-1840), der sich folgendermaßen ausspricht:

„Eine alte britische Brüderschaft, die sich mit Aufführung großer steinerner Gebäude beschäftigte und die Erfahrung nicht verleugnen konnte, daß Krieg, Blutvergießen und Zwietracht ihrem Vorteil widerspreche, hatte seit dem Jahr 1660 das Glück, unter dem Einflüsse Sir Christopher Wrens zu stehen, den selbst Leibniz als unbefangenen philosophischen Denker ehrte. Er war der Mann, was bis dahin den Zunftgenossen vielleicht nur dunkel vorgeschwebt, zum klaren Bewußtsein zu bringen. Er zeigte durch Wort und Tat, daß brüderliche Liebe die Grundlage, der Schlußstein, Kitt und Ruhm ihrer Verbindung sein müsse; daß es kein wirksameres Mittel gebe, Zank und Streit zu vermeiden, als die Verzichtung, einem Menschen aufdringen zu wollen, wessen er nicht begehre; und daß man jedem zutrauen dürfe, er könne gut und treu sein, welches Land ihn auch geboren, durch was für Benennungen oder Glaubensmeinungen er sich unterscheide. Dieser einfache Grundsatz machte die Innung zum Mittelpunkt der Eintracht und stiftete Freundschaft unter Personen, welche sonst in beständiger Entfernung geblieben wären. Da es in England nichts Ungewöhnliches ist, sich zu einer Gilde zu bekennen, wenn man sich auch ihrem Beruf nicht widmet; da sich die Brüderschaft von jeher um vornehme Beschützer und gelehrte Berater hat bewerben müssen: so entging auch diesen nicht, daß sie niemanden die Ehre entziehe, welche er zuvor besaß; daß sie solche vielmehr erhöhe, wenn er es um sie verdiene, weil sie der Pflicht huldige, Ehre zu geben dem Ehre gebühret und schlechte Sitten zu vermeiden. Daran erinnerten sie ihre Gebräuche, und die Werkzeuge ihrer Tätigkeit wurden Sinnbilder ihrer Sittenlehre. Auch dieser Begriff mußte, wie die Geheimnisse ihres Handwerks, erlernt werden und blieb, nicht mit Unrecht, der Zukunft vorbehalten, deren Genossen sich seiner als Beglaubigung bedienten. Andere hätten einen solchen Sinn nicht darin gefunden, und konnten gereizt werden zu verspotten, was sie nicht anzuwenden wußten. Als Sir Christopher Alters wegen sich der Aufsicht entzog, glaubten seine Freunde und Zöglinge, im Jahr 1717, die Wohltätigkeit einer Einrichtung, welche sich in einem beschränkten Kreise bewährt hatte, verdiene über alle Klassen der bürgerlichen Gesellschaft verbreitet zu werden. Sie versuchten, freie unbescholtene Menschen, ohne Rücksicht auf Stand, Vaterland und Meinungen, brüderlich nebeneinander zu stellen, und die guten Wirkungen einer solchen Vereinbarung ihrem gesunden Verstande zu überlassen, Unordnungen und Zwistigkeiten aber durch die nämlichen Anordnungen vorzubeugen, welche die Innung gegen sie angewandt. Mehr als sie gehofft, ging in Erfüllung. Die Brüderschaft der Menschenliebe und Duldung hat sich schnell und unaufhaltsam über die Erde verbreitet, und ist ein Band der Menschheit geworden, das, eben weil es so leicht und locker geschlungen war, durch die Anfechtungen einer bestürmten Zeit nicht zerriß. Was sie geleistet, läßt sich nur im einzelnen nachweisen. Auch im ganzen hat sie hoffentlich Böses verhütet; aber Nichtgeschehenes füllt keine Blätter in der Geschichte. Was sie sein könnte, ohne sich untreu zu werden, welchem Musterbilde der Vollkommenheit der Freimaurer nachstreben darf, hat Lessing dargestellt. Es ziemte meinem Freunde und Meister, eine solche Ansicht in ihrer Reinheit aufzufassen und zu befolgen, und ich blicke mit Verehrung und Liebe zu seinem Beispiel hinauf. Er tat auch hier was recht war und gut. Wo allgemeine Menschenliebe. Denkfreiheit und gegenseitige Achtung und Schonung der Begriffe, die den Mann mit unvermeidlichen Unfällen des Lebens aussöhnen und ihn über sie erheben, noch nicht an der Tagesordnung gewesen wären, würde Schröder sich nicht erlaubt haben, sie aufzudringen; wo sie galten, glaubte er zu ihrer Bewahrung beitragen zu dürfen. Es fiel ihm so wenig wie seinen britischen Vorgängern ein, jede religiöse, philosophische oder politische

Meinung, jede Staatsverfassung oder Einrichtung für gleich ehrwürdig und gut zu halten. Auch er hätte gewünscht, was ihm schlecht schien von dem Guten, was gut von dem Besseren verdrängt zu sehen. Es ist mehr als verzeihlich, es ist löblich und wohltätig, daß jeder die Ansicht, das Verhältnis, welche er für die heilsamste hält, geltend zu machen strebe. Das werden fast alle wollen, und manche müssen. Aber, in der Bemühung um einen pflichtmäßigen Zweck ist es schwer, sich vor der Verkennung des Gegners zu bewahren. Eine kleine Pause, während deren sich die Kämpfer ohne Groll ins Auge fassen, kann der Besonnenheit nicht schaden. Daß sie nicht in Verderbliche Vorliebe ausarte, wird die Natur wohl verhüten. Die uns mit tausend Reizen an unsern besonderen Vorteil gewiesen, die Fremden ungleich seltener und leiser das Wort redet, erteilt auch ihre entfernten Winke nicht vergeblich. Reisende, oder Personen, die ihr Beruf mit sehr verschiedenen Menschen in Berührung bringt, sind in der Regel milder, ohne deswegen schlechter zu sein. Mag diese Gelegenheit der Erfahrung nicht bloß wenigen Begünstigten vorbehalten bleiben! Mag unter den mancherlei Verbindungen, in welchen Menschen sich begegnen, eine Statt finden, in der, solange sie ihren harmlosen Kreis nicht überschreiten, gemeinschaftlicher Ursprung sie zu gegenseitiger Schonung und Vertrauen berechtigt! Mögen Herzen sich vereinigen, so Köpfe getrennt bleiben! Mag eine Zeitlang sogar den Köpfen jede Frage erlassen werden, über welche sie sich trennen; und das Herz, dem ein Herz entgegenschlägt, der Grübelei entsagen, wie dieses eine solche Regung vor seinem Kopfe zu vertreten sich getraue! Es gibt ja andrer Verbindungen zu Fehde-, Lehr- und Bekehrungsanstalten ohnehin genug; und die Brüderschaft verbeut keinem ihrer Genossen, außerhalb ihrer Grenzen, so tätig dafür zu sein, als er vor seinem Gewissen verantworten kann. Nur ihr, die, aus allen Ständen und Völkerschaften verschmolzen, auf allgemeine Duldung Anspruch macht, fehlt die Befugnis, den Einsichten derer vorzugreifen, von denen ihre Duldung abhängt; die Anmaßung, weiser und besser zu sein als Andere. Ihr einziges Unterscheidungszeichen, Friedlichkeit, gründet sich auf keine besondere Offenbarung, auf keine Belehrung, welche das Leben oder die Schule den Aufmerksamen versagt. Mildgesinnte sollen sich in sittlicher Verbrüderung begegnen, und die Milde ihres Sinnes daran erkennen, daß sie sich in ihr begegnen. Die Geheimnisse und Vorurteile des Handwerks sind die ihrigen nicht mehr. Aber mehr als Vorurteil ist, daß sie ihre Gebräuche und Sinnbilder nicht so öffentlich zur Schau stellt; daß sie eben so wenig damit prunkt, als sich ihrer schämt; daß sie solche nur denen mitteilt, welche zu ihr gehören wollen. Sie trägt keine Bedenken, vornehme und geringe Bewerber zuzulassen, freie Männer von gutem Ruf, die ihr im bürgerlichen Leben zu befehlen, oder einzelnen ihrer Mitglieder zu gehorchen haben. Sie besitzt weder Macht noch Willen, einen einzigen zurückzuhalten, dem es in ihrer Mitte nicht gefällt. Sie enthält sich sorgsam, irgendeinem seinen Beruf, sein Verhältnis zu verleiden. Sie untergräbt keine Religion. Sie unterstützt keine Empörung. Sie gibt keiner Regierung weder Vorwand noch Grund zu politischer Eifersucht. Sie führt Menschen freundlich zusammen, und entläßt sie als Bekannte. Diesen Zweck verheimlicht sie nicht. Die einfachen Mittel, wodurch es ihr gelungen ist, ihn seit Jahrhunderten fest zu halten, sind ihr rechtmäßiges Eigentum. Sie wollen gelernt und geübt sein. Sie dienen zu Erkennungszeichen, und haben für Fremde keinen Wert. Sie könnten, von Andersgesinnten, außer ihrem Zusammenhange, und mit geringerer Vorsicht, sogar mißdeutet werden. Ihre Verwerfung, ihre Umänderung, wie viel Witz und Scharfsinn auch daran verschwendet wären, würde eben das Band zerreißen, das sie feiner und glänzender machen wollte. Man hat sich hie und da gerühmt, von diesen Gebräuchen und Sinnbildern einige belauscht und verraten zu haben. Ihren Geist verstand der sicherlich nicht, der eine solche Pflichtverletzung sich erlauben dürfe; der ruhmredige Verräter ist mehrenteils ein Lügner; und die Zeichen, deren sich die Kunst bedient, sind die Kunst nicht selbst. Endlich gibt es keine Freimaurerei ohne Anwendung, und ebensowenig einen Freimaurer, der es für sich allein wäre, als einen Ehemann ohne Frau. Man kann sich abgeneigt fühlen es zu werden, man kann aufhören, es zu sein, man kann so heißen ohne den Namen zu verdienen; aber man kann ihn nicht verdienen ohne Tat."

Man kann nicht leugnen, daß die hier ausgesprochenen Grundsätze ein edles Menschentum bezeugen, aber das ist noch nicht Freimaurerei, ist nicht einmal Humanität, ein Begriff, den Schröder als Unterscheidungslösung auf sein System schrieb. Hie Christentum, hie Humanität, hie Hochgrade, hie altenglisches System, das war der Prägestempel des Geisteskampfes, den Schröders Wirken entfesselte.

Schröder war von allen Gegnern, die der christlichen Freimaurerei, insbesondere der schwedischen Lehrart der Großen Landesloge erwuchsen, der ehrenhafteste. Er hat in sittlicher Beziehung ein vorbildliches Leben geführt und mit den besten Männern seiner Zeit Freundschaft gehalten. Sicher hat er das Gute gewollt und mit heißem Bemühen danach gestrebt, es zu ergründen. Keine Zeit war ihm zu schade, keine Mühe zu groß, kein Geld zu teuer, um es nicht aufzuwenden, sich zu unterrichten. Aber er litt eben an dem ewig alten Menschenübel, das Paulus, der große Seelenkenner, mit den Worten (1. Cor. 13,9) ausdrückt: (???), unser Wissen ist Stückwerk. Befangen in der Idee, daß die echte Freimaurerei mit den drei Graden Lehrling, Geselle und Meister abgeschlossen sei, übersah er unter dem Eindruck der Hochgrad-Phantastereien des achtzehnten Jahrhunderts, daß die Freimaurerei höher liegt, daß infolgedessen – von einem anderen Standpunkt gesehen – die ganze Gruppe der Johannisgrade als Lehrlingsstufe, die der schottischen Andreasgrade als Gesellenstufe, das Kapitel als Meisterstufe angesehen werden kann. Schröder war der Überzeugung, daß es über die richtige Stellung dem Tode gegenüber, die der Meistergrad lehrt, keine höhere Weisheit gäbe, und geben könne. In der Instruktion für den Meistergrad wird klar gesagt: „Die Innung stammt vom Maurergewerk und hat davon die Symbole angenommen, darum kann sie nicht mehr als drei Grade haben, Lehrlinge, Gesellen und Meister. So ist's in allen Ländern, wo Innungen sind; mit dem Meister schließt sich der Kreis, wer hinter ihm noch mehr verlangt, ist kein Meister."

Streng bei dem altenglischen Gedanken ist Schröder nicht geblieben, und er rechtfertigt dieses Abweichen im Lehrlingsunterricht: „Wir wollen nicht jede Stelle des alten Katechismus eigensinnig in Schutz nehmen. So sehr wir geneigt sind, ihn im Ganzen jedem neuen vorzuziehen, so erkennen wir doch, daß das, was vor mehreren hundert Jahren einer englischen Brüderschaft gesagt ward, die größtenteils aus Handwerkern bestand, unmöglich in allen Verhältnissen für gebildete Maurer eines andern Landes passen könne, und haben daher für unsern Gebrauch gemildert und weggelassen, was der Geist der Zeit und die Umstände zu fordern schienen."

Näher auf das Schrödersche Ritual einzugehen, kann nicht die Aufgabe einer allgemeinen Geschichte sein. Es besteht mit geringen Abänderungen noch heute in vielen Logen und befriedigt unzählige Männer. Wir wollen Hochachtung haben vor der Geistesarbeit dieses hervorragenden Menschen und Maurers, wenn wir auch bedauern, daß Einseitigkeit seinen Blick trübte, und wir wollen nicht im Sinne des Shakespeareschen Antonius daran festhalten: „Was Menschen Übles tun, das überlebt sie, das Gute wird mit ihnen oft begraben." So sei es auch mit Friedrich Ludwig Schröder. Er hat für die Reinigung der Freimaurerei von Aberglauben, Mystik, Magie und Rosenkreuzerei unendlich viel getan, aber er ist nach unserer Auffassung einen falschen Weg gegangen, sonst hätte er mit dem von ihm am härtesten und ungerechtesten angegriffenen Zinnendorf zwar nicht körperlich, aber geistig zusammentreffen und Schulter an Schulter mit ihm kämpfen müssen. Zeit und Umstände haben es anders bestimmt, das ist Wesen und Schicksal der Menschheitsgeschichte.

Immerhin müssen wir, um das Zeitbild scharf herauszuarbeiten und keine Dunkelheiten zu lassen, auf die Gegensätze der beiden Richtungen, die bis in unsere Tage lebendig geblieben sind, näher eingehen.

Schröder hat eine Abhandlung über alte und neue Freimaurerei für Meister verfaßt, in der seine scharfe Stellung gegen die Grundidee der drei altpreußischen Großlogen klar zum Ausdruck kommt. Dort spricht er eine sehr leidenschaftliche Sprache gegen das ritterliche Ideal der Großen Landesloge, das er rein äußerlich auffaßt. Der Gedanke eines geistigen Rittertums, in dem der Degen das Symbol des göttlichen Lichtstrahls ist, wurde Schröder nicht lebendig. So sagt er in der Abhandlung: „das Tragen der Degen – man denke der Mordgewehre – ist eine nichtswürdige Handlung, die den betrügerischen Ritterbrüdern verdankt wird." Gezogene Waffen in den Logen „ist der höchste Unsinn". „Die höheren Grade würden immer als Nüsse und Äpfel gebraucht, womit man den Affenhaufen spielen lasse, um ihm sein Geld abzunehmen." Ferner lehnt er jeden Eid in den Logen ab, weil er ja auch kein Geheimnis anerkennt. In dieser Richtung hat er anregend gewirkt, denn in den Logen von heute ist der Eid abgeschafft und durch das Wort eines ehrlichen Mannes ersetzt. Doch ist er in seinem Urteil nicht immer vorsichtig, Einzelfälle verallgemeinert er und sagt: „überall trifft man auf Verrat und Bruch des Eides, und ein Meineidiger läßt unbefangene Menschen einen Eid schwören, Dinge zu unterlassen, die vor seinen Augen geschehen."

Obgleich Schröder alle Fortentwicklung des freimaurerischen Erlebens über die drei Johannisgrade hinaus ablehnte: „wer mehr verlangt, ist kein Meister. Nur ein Tor kann sich hinter einem Meister noch etwas denken…" führte er in anderer Form, in der des Engbundes, eine Kenntnisstufe ein: „Alle Brüder fanden sich nicht durch die vortrefflichen Lehren der drei Grade befriedigt, sondern suchten noch etwas Besonderes im Orden. Um diese zu befriedigen, vor aller Schwärmerei zu bewahren, sei die Kenntnisstufe errichtet", heißt es im Hamburger Konstitutionsbuch (§ 14, 1). Und weiter: „Die Kenntnisstufe hat mit der Verwaltung und Regierung der Logen nichts zu tun, sie wird als gänzlich von ihr getrennt betrachtet." Darum sagt Schröder in einem Zirkular, womit er sie und sein System ankündigte: „Ich betrachte die Kenntnisse, welche ich erlangt habe, zwar als mein Eigentum, aber ich halte es für Pflicht, sie nicht für mich allein zu behalten, sondern sie zum Besten der Maurerei, einigen Brüdern in jeder Loge mitzuteilen, und deshalb werde ich bei den Logen die Errichtung einer Art von viertem Grade vorschlagen, worin man geprüfte Brüder aufnimmt."

Und um die Verbindung gar nicht zweifelhaft zu machen, in den Gesetzen für die Meister: „Wer drei Jahre Meister war und das Gefühl hat, seine Pflichten mit Eifer und Treue erfüllt zu haben, hat Hoffnung zur Kenntnis der verschiedenen Systeme in der Maurerei gelassen zu werden. Er muß deshalb seine Vorstellungen und Bemerkungen über die Meisterstufe in der Freimaurerei, seinem Meister schriftlich zustellen und um die Kenntnisstufe anhalten. Wird sein Gesuch erfüllt, so muß er einige ihm vorzulegende Fragen schriftlich und ausführlich beantworten."

Der Charakter des Engbundes wird dadurch bestimmt, daß über einen vorgeschlagenen Bruder ballotiert wurde, daß er einen Revers zu unterschreiben hatte, und daß ein Eintrittsgeld und ein jährlicher Beitrag bezahlt werden mußte. Der Engbund hatte seinen besonderen Beamtenstab und auch seine Erkennungszeichen. Das Konstitutionsbuch von 1801 spricht sich über den Engbund folgendermaßen aus: „Die Kenntnisstufe, zu welcher eine glückliche Ballotage den Zutritt gestattet, soll wißbegierige, dabei gute Brüder, welche es ernstlich mit der Freimaurerei meinen, vor aller Schwärmerei und ihren unzähligen schlimmen Folgen bewahren; die dort zu erlangenden Kenntnisse gehören nicht zum Logenarchiv. Die Kenntnisstufe hat nichts mit der Regierung und Verwaltung, weder der Provinzialloge noch der ihr untergeordneten Logen zu schaffen. Um den Logen alles Mißtrauen zu benehmen, daß diese Stufe je Eingriffe in ihre Rechte machen könne, so sind außer dem Provinzial-Großmeister, dessen Deputierten und den Großaufsehern, auch die Meister vom Stuhle als Repräsentanten der Logen geborene Mitglieder dieser Kenntnisstufe, doch kann ein neugewählter Logenmeister erst im zweiten Jahre seines Amtes den Eintritt verlangen. Wer drei Jahre Meister ist, kann nach günstiger Ballotage Eintritt erlangen. Mit dieser Kenntnisstufe ist eine Zirkelkorrespondenz verbunden, welche aus den Aufnahmen und jährlichen Beiträgen bestritten wird."

Der Engbund, dem Geist und Tendenz des Systems klar vorschwebt, wird errichtet, wo eine Loge von Hamburg aus konstituiert ist, er bemächtigt sich sofort des entschiedensten Einflusses auf die geistige Leitung der Brüder, er entwickelt die Idee, die sie erfassen soll, und bringt zur Vollendung, was in den Brüdern Meistern vorbereitet ist. Es bedarf dazu gar keiner besonderen Instruktion von Hamburg aus. Mit dem Augenblicke, in dem der Engbund ins Leben tritt, ist diese seine Wirksamkeit bedingt, und dadurch hat zugleich der Mutterbund in Hamburg die Mittel, seine Tätigkeit nach allen Punkten zu richten, wo diese geheimen Vereine sich finden.

Die Stellung der Großen Loge von Hamburg zu dem Engbund geht aus einem freundschaftlichen Schreiben des Großmeisters Bruder Richard Bröse an mich hervor, das im Wortlaut folgen möge: „Schröders Forschungsdrang mußte seine ihm geistig verwandten Brüder beeinflussen und ebenfalls in ihnen den Wunsch nach Belehrung und Erkenntnis erwecken. Daß sich für derartige wissenschaftliche Forschungen nicht die gesamte Masse der Brüderschaft eignete, ist ohne weiteres verständlich, ebenso verständlich ist, daß man sich gegen Elemente abschließen wollte, die sich vielleicht nur aus Eitelkeit in den engen Kreis um Schröder hineindrängen wollten, ohne aber in der Lage zu sein, den Verhandlungen zu folgen. Aus diesen Erwägungen heraus hat Schröder die Aufnahme von einer Ballotage abhängig gemacht. Wenn

Schröder diesen Kreis gelegentlich als eine ‚Art' vierten Grad bezeichnet hat, so war dies nur eine façon de parler, als die sie ja ohne weiteres zu erkennen ist. Daß Schröder nicht im entferntesten daran dachte, auch nur etwas, was an einen vierten Grad erinnern könnte, einzuführen, geht aus seiner leidenschaftlichen, durch die Geschichte der „Strikten Observanz" erklärlichen Abneigung gegen alles, was über den dritten Grad hinausreicht, sowie aus den absolut klaren Bestimmungen der Verfassung der Großen Loge von Hamburg hervor. Schröder hat also niemals etwas anderes im Sinn gehabt, als die intelligenten Elemente seiner Tochterlogen zu geistiger Betätigung auf dem Gebiete freimaurerischer Forschung anzuregen. Diese Anregung fiel keineswegs überall auf günstigen Boden, weil nicht überall entsprechende Bedürfnisse vorlagen. Selbst in Hamburg trat der Engbund nach 1850 während eines längeren Zeitraumes außer Tätigkeit. Aus allem diesen geht hervor, daß es sich nur um gänzlich zwanglose Vereinigungen handelte, die in keiner Beziehung jemals den Charakter eines höheren Grades gehabt haben."

Dr. Johann Philipp Beckmann
Großmeister der Großen Loge von Hamburg

Die Schöpfung des Engbundes war die Krönung des Schröderschen Werkes. In diesem Rahmen konnte er die ganze Fülle seiner Ergebnisse als Forscher und Sammler für die Hamburger Brüder auswerten und so einen Einfluß gewinnen, der ihm die unbedingte geistige Führung sicherte. Dies wirkte sich besonders von 1799 an aus, wo Johann Philipp Beckmann, Dr. iur. und Domherr zu Hamburg, nach Exters Tode zum Provinzial-Großmeister gewählt wurde und Schröder zu seinem Abgeordneten berief. Die beiden leitenden Männer waren in treuer Freundschaft verbunden, und so hatte Schröder freie Hand, seine Reformen durchzuführen, die seit 1797 durch die Engbundbewegung eingeleitet worden waren. Um die Zeit seiner Berufung zum abgeordneten Großmeister war er mit seinen Vorbereitungen fertig geworden und erließ von Weimar aus an Zöllner und einige andere Logenmeister das folgende Schreiben:

„Seit ich den Logenhammer annahm, machte ich es mir zur Pflicht, das innere Wesen einer Sache, welche so manchem braven Manne vergeblich verschwendete Zeit gekostet hatte, zu ergründen; kein Werkzeug eines mir unbekannten Obern zu sein, oder zur Verbreitung und Fortpflanzung eines Hirngespinstes beizutragen. Ich ehre die Freimaurerei, weil unendlich viel Gutes durch sie bewirkt werden kann; ich hasse aber den Mißbrauch, wodurch sie so oft zum Deckmantel der abenteuerlichsten Schwärmerei und des Betruges wurde. Meine glückliche unabhängige Lage, die Muße, in der ich lebe, gaben mir zur Ausführung meines Zweckes Gelegenheit und Zeit, an welcher es dem Manne von Beschäftigung durchaus fehlt. Ich halte es für Pflicht, die Kenntnisse, welche ich erlangt zu haben glaube, nicht für mich allein zu behalten, sondern sie zum Besten der Maurerei einigen Brüdern jeder großen oder einzelnen unabhängigen Loge unter nicht schwer zu erfüllenden Bedingungen mitzuteilen. Bekannt mit dem Innern aller Hauptsysteme, glaube ich ihre Richtigkeit und den wahren Ursprung der Freimaurerei und ihrer Ummodelungen erweisen zu können. Ich teile meine vermeinten Kenntnisse nicht mit, um Geld zu erwerben; nicht um einen Tauschhandel der Kenntnisse zu treffen; nicht um mich an die Spitze der mehrsten Logen zu stellen, – alles dieses bedarf ich nicht, und es wäre meinem Lebensplane schnurstracks entgegen. Ich glaube der Maurerei wesentlich zu dienen, wenn ich denen, die an dem Ruder stehen, die bisherigen Täuschungen entdecke und sie vor neuen bewahre. Dies ist mein Hauptzweck. Findet man Wahrheit in meiner Darstellung, so werde ich eine unabhängige Vereinigung der Logen durch ein allgemeines Ritual, welches sich so sehr als möglich dem alten englischen nähert – und die Errichtung einer Art von viertem Grad – vorschlagen, in welchem geprüften Brüdern Wahrheit gezeigt wird. Alles was ich für meine Mitteilung fordere, ist die Unterzeichnung beiliegenden Reverses, und daß die Zahl der vertrauten Brüder in jeder Loge nicht über sieben gehe."

Der Revers lautet:

„Ich Endesunterschriebener verspreche auf mein Ehren- und Maurerwort, daß ich das was mir von dem Br. F. L. Schröder anvertraut wird, ohne seine ausdrückliche Bewilligung keinem Menschen entdecken, noch die mindeste Abschrift von dem Mitgeteilten nehmen will. Ferner verspreche ich die Absichten des Br. Schröder zu unterstützen, wenn ich überzeugt werde, daß sie gut, edel, ausführbar und heilsam sind."

Von nun an kommt Schröders Eigenart immer deutlicher zum Ausdruck. Er hatte eine Sammlung von Ritualien angelegt, wie sie kein Freimaurer vor ihm und keiner nach ihm besaß. Er hatte, wie er an Friedrich von Castillon, den Landesgroßmeister der Großen Landesloge schrieb, mehr Geld als je ein

Prinz angewandt, um alle nur erreichbaren Akten zu erwerben. Das Archiv des Engbundes der Großen Loge von Hamburg gibt davon ein beredtes Zeugnis, aber auch den sicheren Beweis, daß die schwedischen Akten und die der Großen Landesloge unecht und verstümmelt waren. Ein ausgeschlossenes Mitglied der Loge „Zum Fruchthorn", heute „Füllhorn", in Lübeck, einer Tochterloge der Großen Landesloge, betrieb den Aktenhandel im Großen. Dieser Mann versorgte auch Schröder mit Akten, die er bald aus Kopenhagen, bald aus andern Quellen erworben zu haben vorgab. Diese Erwerbung konnte naturgemäß nur auf unredliche Weise stattgefunden haben. Das Archiv des Engbundes besitzt Briefe dieses Aktenhändlers, dessen Name die Geschichte besser verschweigt, woraus wir die Preise, die sich zwischen fünfzig und sechzig Talern für einen Band bewegen, erfahren. Unter diesen Akten befindet sich auch das Fragebuch des chemischen Grades, den Zinnendorf eingeführt haben sollte, und den schon Nettelbladt als apokryph erwiesen hat. Ich habe die Akten, soweit sie die Große Landesloge betreffen, nachgeprüft und durchweg als unecht feststellen können.

Am heftigsten bekämpfte Schröder Zinnendorf und die Lehre der Großen Landesloge. Er behauptete auf Grund der in seinem Besitz befindlichen apokryphen Akten des Schwedischen Kapitels, Zinnendorf habe die von Eckleff erhaltenen Akten verändert und verfälscht. In der Schrift „Zinnendorfs maurerische Laufbahn" griff er den toten Meister mit leidenschaftlicher Schärfe an, und es ist schwer verständlich, daß ein Mann wie Schröder in diesem Fall so ohne jede Kritik verdammte. Er muß in seiner fanatischen Ablehnung der christlichen Lehrgrundlage der Großen Landesloge von einer Persönlichkeit unterstützt worden sein, die ihm als unbedingte Autorität erschien und ihm wohl auch die Echtheit seiner Akten bestätigt haben mochte. Die Lösung dieses Rätsels konnte nur in den Archiven der Großen Loge von Hamburg gefunden werden, und die Richtung, in der sich die Forschung bewegen mußte, hatte schon Findel und nach ihm Friedrich Kneisner in seiner Geschichte der Provinzial-Loge von Niedersachsen angegeben, wo er Bruchstücke aus einem Briefwechsel Schröders mit Dr. Jakob Mumßen mitteilte, der von 1777 bis 1779 Landesgroßmeister der Großen Landesloge gewesen war.

Wir müssen uns daher etwas näher mit Mumßen beschäftigen und folgen der Lebensbeschreibung Kneisners (Die Landes-Großmeister der Großen Landesloge, Teil I; Berlin 1916). Eine bewegte Jugend in ärmlichen Verhältnissen, die dem begabten Jüngling erst durch eigene Ersparnisse das Universitätsstudium ermöglichte. In den Jahren 1763 bis 1766 studierte er in Leipzig Medizin und ließ sich nach bestandenem Doktorexamen in Hamburg als Arzt nieder. Zum Freimaurer war er 1757 in der Loge

„St. Georg" in Hamburg aufgenommen worden und er ist dann 1771 zu den „drei Rosen" übergetreten, wo er jede Arbeit besuchte. Die Brüderschaft wählte ihn 1773 zu ihrem Vorsitzenden Logenmeister, und von da an trat er zu Zinnendorf in Beziehung, den er hoch verehrte und in einer Rede, die er am 24. Januar 1779 in seiner Loge hielt, in trefflicher Weise gegen die bekannten Angriffe verteidigte. Die einschlägigen Stellen lauten wörtlich:

„Ich komme nun zu den Artikeln der Anklagen selbst, womit sich diese wider uns erheben und heimlich wüten:

1. Sie leugnen die Rechtmäßigkeit des Berufs und unserer Arbeit.
2. Sie leugnen auch die Rechtmäßigkeit der Großen Landes-Loge.
3. Sie behaupten, wir wären nicht mit Recht zu den Akten und Sachen gekommen, welche wir zum Grund unserer Arbeit legen.
4. Sie werfen uns vor, der Br. v. Zinnendorf habe sie hintergangen, betrogen, treulos verlassen und sei ihnen als ihr ehemaliger Schatzmeister noch schuldig. Wir wären von diesem in die Irre geführt.

1. Was den ersten Artikel ihrer Anklagen betrifft, wie können jene die Rechtmäßigkeit unserer Arbeit leugnen, da sie doch wagen würden, die Rechtmäßigkeit unserer Akten zu bezweifeln, auf welchen allein die ganze Form unserer Loge und der auf dieser erbaueten Großen Landesloge beruht?

2. Die Rechtmäßigkeit aber unserer Großen Landesloge mögen sie ebensowenig bestreiten, weil dieselbe nicht allein von der Lehre des Ordens lediglich abhängt, und dessen weisen Gesetzen, sondern auch zufolge dieser Lehre, selbstwirkend mit eigener Kraft, eben diese Lehre und des Ordens Gesetze aufbewahrt, handhabt, und erhält unabhängig von jedweder anderen Großen Freimaurer-Loge in irgendeinem Volke, bei welchem die Freimaurerei wohnt. Denn erstens sind nicht die Mitglieder der Großen Landesloge die vornehmsten der Beamten, nämlich die Meister und Aufseher aller rechtmäßigen Logen? Und sind nicht die Großbeamten selbst mit dem Großmeister die Delegaten aus diesen alle Jahr nach den Gesetzen gewählt und bestätigt worden? Müssen sie nicht Rechenschaft geben von ihrer Verwaltung, die sie wahrlich freiwillig übernehmen, und den damit verknüpften bitteren Verdruß, den Undank aufrührerischer Gesellen, die Nachrede der Mißtrauischen, die Verfolgung der Gegner, den Haß der Fürsten geduldig tragen? Und sie ertragen alles das Unrecht, weil sie glauben, es werde eine Zeit kommen, wo sie gerechtfertigt vor dem gerechten Richter ausruhen mögen von ihrer Arbeit und diejenigen glücklich sehen, welche voll Vertrauen und Gehorsam der Führung ihrer Meister unter guten und löblichen Gesetzen nicht widerstreben.

3. Ich komme nun zu einem der bittersten Vorwürfe, worüber sie groß Klagegeschrei erheben, desto unedler, als dasselbe nicht öffentliche

Rechtfertigung leidet, weil man von den eigentlichen Geheimnissen nicht reden darf, ohne ein Verräter zu sein, und desto ungerechter, weil ihre Angriffe schon unzählige Male an ihrem Orte sind widerlegt und abgeschlagen worden. Ich muß also versuchen, so wie des Ordens Geheimnisse unter Bildern verhüllt sind, ebenfalls gleichnisweise davon zu reden! ...

War das Palladium, das Ulysses und Diomedes mit List und Gewalt aus dem Tempel entwandten, ohne welches Troja nicht konnte erobert werden, den Griechen nicht angenehm, und war, was Prometheus den Göttern entwandte, uns Menschen zu bringen, nicht das Feuer des Himmels? Wenn ich also zugeben wollte, unsere Akten und die Lehren des Ordens wären nicht rechtmäßig auf uns gekommen, sondern es hätten gewisse Personen sie anderen entführt, noch anderen vorenthalten und uns gegeben, weil's ihnen also gefiel, so bleibt sie jedoch immer dieselbe Lehre und die Verantwortung fällt auf jene und nicht auf uns, die wir der Lehre folgen, und wer die Braut hat, ist der Bräutigam, wie die göttliche Weisheit sagt. Ich räume aber diesen Satz unseren Gegnern nicht ein, sondern behaupte mit dürren Worten, daß es mit dieser Mitteilung und Übergabe des Ordens und der darin enthaltenen Mysterien ganz natürlich zugegangen ist, denn es sind Männer ausgesandt worden zu suchen, und sie fanden den Weg, aus Freundschaft gab man ihnen, was ihnen nötig war, und gab es mit Recht und nach allen Umständen, wie es die Gesetze fordern. Diese gaben darauf, was sie empfangen hatten, nicht in die Hände wollüstiger, ruhmsüchtiger, eitler Toren, welchen darnach gelüstete, sondern in die Hände ihrer Freunde und Brüder, um dadurch den Orden fortzupflanzen und auszubreiten. Das ganze Geschrei kommt also aus dem Munde derer, welche gern Besitzer und Eigentümer der Ordensgeheimnisse hätten sein wollen, um sie eigentlich denen zu entwenden, für welche die Vorsehung sie bestimmt hatte, und ihren eigenen Stolz, ihre Eitelkeit und grenzenlose Torheit zu befriedigen und ihre Lüste zu sättigen, deren Abrichter und Personen mir zum Teil bekannt sind, sodaß ich der Vorsehung danke, welche alles zum besten wendet und mich behütet hat, ihr Bundesgenosse zu werden.

4. Der vierte Artikel, nämlich über Br. v. Zinnendorf, ist ganz persönlich wider einen Mann gerichtet, welcher der Gegenstand ihres Hasses lange schon war und über welchen sie alle ihre Bitterkeit ausschütten. Weil nun ein Mann alleine nicht der Orden ist, so ist es schon an sich unedel, das, was sie an ihm rügen, der ganzen Gesellschaft aufbürden, aus welcher sogar wenige nur diesen Mann kennen... Da sie sich aber eben der List bedienen, diesen Mann als das Haupt einer von ihm gestifteten Sekte, die Lehre des Ordens, als ein von ihm zusammen gerafftes und ersonnenes System zu verschreien, nur uns alle nach seinem Namen Zinnendorfianer und Sektierer zu nennen.

So sehr wir auch alle Namen irgendeiner Sekte von uns ablehnen, so fordert das alles nur auf, sowohl den Mann als uns im wahren Lichte darzustellen... Daß die Lehre des Ordens kein vom Br. v. Zinnendorf ersonnenes System ist, solches weiß ich und bekräftige solches mit meiner eigenen Versicherung, er hat auch kein Komma oder Punktum hinzugesetzt noch hinweggelassen von allem dem, was dem Orden gehört. Ich bezeuge es und mein Zeugnis ist wahrhaft. Ich habe alles das, was ich weiß von der vortrefflichen Lehre größtenteils ihm zu verdanken. Aus Liebe hat er mir die Wege geöffnet, ich konnte ihm nichts dafür wiedergeben und mehrere haben mit mir gleichen Anteil. Niemals habe ich ihn eigennützig oder feindselig, viel weniger rachsüchtig befunden, sondern alle Zeit liebreich, wohltätig, ordentlich und gar sehr leicht versöhnlich und Beleidigungen und Schmach gerne vergebend. Er ist ein Mensch und hat menschliche Schwachheiten, und ich weiß von ihm selbst, daß er sein Leben zu bessern sich sehr hat angelegen sein lassen, eine Aufrichtigkeit welche besser ist als alle angenommene Heiligkeit einiger andern."

Wir haben kein besseres Zeugnis über den Geist der damaligen Zeit als diese Rede. Die Persönlichkeit Zinnendorfs wird vor unseren Augen lebendig, Mumßen hatte seinen Ordensmeister vollkommen verstanden; um so unbegreiflicher ist es, daß er zwanzig Jahre später seine Meinung vollständig änderte, wie aus Briefen hervorgeht, die er an Friedrich Ludwig Schröder richtete. Es müssen Einflüsse auf ihn gewirkt haben, die seine an und für sich nicht starke Persönlichkeit entscheidend umstimmten.

Schon der äußere Lebensgang Mumßens gibt Ausschlüsse genug, warum er anderer Auffassung wurde. Im Jahre 1777 wurde er zum Landesgroßmeister der Großen Landesloge gewählt und er hat dies Amt „aus Gehorsam und aus Dankbarkeit" nicht abzulehnen gewagt. In seine Amtszeit fällt der Bruch mit Schweden. Noch hielt er treu zur Fahne. Als aber auch noch die Bedenken seiner Freunde, des Grafen Stolberg, des Matthias Claudius und Johann Heinrich Voß ihm die bisherige bedingungslose Gefolgschaft aufkündigten, als er an den Hamburger Brüdern Lauheit und Mattigkeit gewahrte, als er von der Zurückhaltung der schlesischen Logen (Tochterlogen der Großen Landesloge) hörte, „da schlichen sich auch in seine Briefe leise Andeutungen von Zagen und Mutlosigkeit ein". (Kneisner.)

Mumßen zog sich von aller maurerischen Betätigung zurück, am 26. Juni 1784 hat er die von ihm gegründete Andreasloge zum letzten Male versammelt, die dann lange Jahre nicht mehr aktiv war. Er folgte dann einem Antrag des Grafen Bernstorff, als Erzieher von dessen Söhnen nach Kopenhagen überzusiedeln, wo er neun Jahre verweilte. Als er dann nach Hamburg zurückkehrte, fand er alles verändert, die Freunde hatten der

Friedrich Ludwig Schröder

Jakob Mumßen
Landesgroßmeister der Großen Landesloge

Großen Landesloge, wenn auch kein offizieller Austritt erfolgt war, den Rücken gekehrt. Bis zum Jahre 1791 wurde Mumßen trotz seiner Abwesenheit noch als Provinzial – Großmeister von Niedersachsen geführt und bis 1792 bekleidete er das Amt des deputierten Provinzial-Großmeisters. Von den sogenannten „Höheren Akten" hielt er nichts. Am 10. Juni 1800 schrieb er an Castillon: „Sie, geliebter Bruder, kennen meine Bedenklichkeiten, meine Zweifel, und wie ich lieber möchte, die sogenannten höheren Akten einstellen, als ausbreiten und mich an der Bearbeitung meiner selbst und Ausübung der eigentlichen Maurerpflichten vorzüglich halten."

In dieser Periode des Zweifels war Mumßen Friedrich Ludwig Schröder freundschaftlich nahegetreten. Die starke suggestive Persönlichkeit dieses Mannes hatte offenbar einen nachhaltigen Einfluß auf ihn gewonnen, die ihm entgegengebrachte herzliche Freundschaft hatte den alternden und an Freunden arm gewordenen Mumßen völlig in den Schröderschen Ideenkreis eingesponnen. Schröder hatte ihm seine Schrift gegen Zinnendorf in einzelnen Heftlagen zugesandt und Mumßen hat der Rückgabe stets einen Brief beigelegt, von denen uns vier erhalten sind. In diesen Briefen, deren Einsicht mir durch das freundschaftliche Entgegenkommen des Großmeisters der Großen Loge von Hamburg ermöglicht wurde, spricht sich Mumßen sehr abfällig gegen Zinnendorf und die Lehre der Großen Landesloge aus, und es kann keinem Zweifel unterliegen, daß Schröder dadurch in seiner Gegnerschaft wesentlich unterstützt wurde.

Wir wissen, daß alle Vorwürfe, die gegen Zinnendorf erhoben wurden, sich als unhaltbare Verdächtigungen erwiesen haben; und das wußte Mumßen auch, aber er hatte nicht mehr die Kraft, sich von den auf ihn einwirkenden Einflüssen freizumachen. In gleicher Weise, wie die Verdächtigungen gegen Zinnendorf sind die gegen Eckleff zu beurteilen. Schon in der ersten Hälfte des Jahrzehnts von 1870 bis 1880 haben die Gelehrten der Großen Landesloge

Widmann und Hoburg Eckleffs Ehrenrettung auf Grund der Urkunden vollzogen, und in dem obenerwähnten Buche Rudbecks tritt die unantastbare Ehrenhaftigkeit dieses Mannes so klar hervor, daß jedes weitere Wort überflüssig erscheint.

Professor Friedrich von Castillon
Ordensmeister der Großen Landesloge

Die Große Landesloge hatte bisher zu der Kritik Schröders an Zinnendorf und ihren Akten völlig geschwiegen. Als aber ein Brief Schröders durch Zufall in ihre Hände kam, der ein äußerst ungünstiges Urteil enthielt, stellte der Landesgroßmeister, Professor Friedrich von Castillon, Schröder zur Rede.

Der genannte, bis zum Jahre 1806 reichende Briefwechsel befindet sich, von Schröders Hand sorgfältig geordnet, im Archiv der Großen Loge von Hamburg, und wir sind in der Lage, das Wichtigste davon mitzuteilen.

Schröder selbst leitete ihn durch eine „Vorerinnerung" ein: „Meine Correspondenz mit dem Br. v. Castillon entstand auf folgende Art. Br. Wehner in Hannover, nachheriger M. v. St. der Loge zum schwarzen Bär, hatte einen Brief von mir auf der Straße verloren, dieser war von einem Br. der Loge zur Ceder gefunden, an Br. v. Schönermark und von diesem an den Br. v. Castillon gesendet worden. In diesem Briefe stand, daß Zinnendorf die schwedischen Acten verändert habe – wie ich irrig glaubte (von Schröder selbst gesperrt) –, hierüber forderte v. Castillon Beweiß; ich gab ihm den, welchen ich hatte.

Der damahlige kurze Briefwechsel ist, nebst andern Dingen verbrannt worden. Die Loge in Altenburg gab zu einem neuen Anlaß. Mein erster Brief ist ebenfalls nicht mehr vorhanden; der Inhalt läßt sich aber aus Nr. 1 ersehen."

Diese Nr. 1 ist der folgende Brief:

„Der Br. F. L. Schroeder (:Dep. Prov. Großmeister der Logen Engl. Constitution, vormahls Schauspiel Direktor:) Hamburg den 30. Dcbr 1800. Glück und Seegen zum Neuen Jahrhunderte, Mein Verehrtester geliebter Bruder. Ich war eben im Begriff, Ihnen zu schreiben und Sie um die Zurücksendung des Hefts zu bitten, als ich ihn erhielt. – Warlich, nicht auß Besorgniß daß etwa Abschrift genommen würde – dafür bürget mir ihr beiderseitiges Wort; sondern, weil von den hiesigen sieben Vertrauten ihn erst 5 Brüder gelesen hatten. Es thut mir sehr leyd, daß ich Ihnen aus eben der Ursache den Ersten Theil nicht wieder senden kann – Der Zweite Theil muß Ihnen aber, wann Sie ihn genau geprüft haben, deutlich darthun, daß alle die Ritter-Systeme, Rosenkreuzerey p. p. platte, nicht zur Mrey gehörige Erfindungen und Betrügereyen sind. Tritt Ihre Loge dem Verein bey, so werde ich Sie nicht nur durch Übersendung der Ritualien sondern durch andere Dinge noch stärker überzeugen. Jeder, der die schwedischen hohen Grade ansieht, kann sich mit einem Blick überzeugen, daß sie Französisches Machwerk sind weil die Erklärung der Haupt Worte, nur in dieser Sprache statt findet. – Es ist überdies eine große Lüge Zinnendorffs, und seiner Nachfolger, wenn sie sagen, daß sie, die, durch Baumann erhaltenen Ackten unverfälscht gelassen haben – Schon in den ersten Graden sind wichtige Veränderungen."

Das Weitere berührt Fragen des Rituals und innere Logenangelegenheiten. Dann folgt das Zeugnis über die Auffindung:

„Den Brief des lieben Bruder Schroeders vom 30t Decb 1800, der hier auf der Straße ohne Couvert von einem Prophanen gefunden, und den SEW. Br. Conradi gebracht worden, welcher ihn mir sogleich zugestellt, habe ich abgeschrieben, und die Copie unserm HW. Prov. Großmeister Br. von Schönermarck zu gesandt, das Original aber auf Verlangen des HW. Bruders Falcke demselben heuthe zugestellt, welches ich der Wahrheit gemäß, hierdurch bezeuge. Hannover d 21 Marz 1801 C. H. Richelmann."

Castillon wandte sich nunmehr direkt an Schröder und in einem Schreiben vom 6. Juni 1801 äußerte er sich, er sei überzeugt, daß Schröder nur Mutmaßungen ausspreche, die sich auf verstümmelte Nachrichten stützten. Dann forderte er den Beweis, daß die Akten der Großen Landesloge in einem hier nicht zu erörternden Symbol verändert seien und erklärt zugleich, daß es Schröder unmöglich sein werde, den Beweis dafür zu führen. Dann fährt er fort: „Wir können Ihnen (so) des Gegentheils überführen, indem wir

Ihnen die schwedischen Originalakten zeigen können, und wirklich zu zeigen erböthig sind, wenn Sie je wieder nach Berlin kommen sollten und uns mit Ihrem Besuche beehren wollen."

Obwohl der Briefwechsel sich in den vornehmsten Formen von beiden Seiten vollzog, konnte eine Verständigung nicht erzielt werden, und die Korrespondenz schlief ein. In diese Zeit fällt ein Brief Mumßens, der äußerst wichtig ist, weil er eine wenigstens teilweise Umkehr bezeugt. Jedenfalls tritt er dafür ein, daß Zinnendorf an den aus Schweden erhaltenen Akten nichts geändert hat.

Mumßens Brief ist datiert Altona, 20. August 1802, und die einschlägige Stelle hat folgenden Wortlaut:

„Ihr Briefwechsel mit Castillon, mein ehrwürdiger lieber Bruder, war ernsthaft und nicht ohne Empfindlichkeit von seiner Seite. Ich begrüße es und es macht seinem Herzen Ehre.

Castillon bemerkt, daß Sie beide mit ungleichen Waffen streiten. Wenn es also ist so fürchte ich, Sie sind Diomedes und Castillon Glaukos. Gleichwohl sind Sie als Freunde auseinandergeschieden.

Wenn ich vergangene Umstände vergleiche, die aber schon der Nebel der Zeit umhüllet, so glaube ich nicht, daß Zinnendorf die Akten, die er von den Schweden oder von Baumann oder nach ihm erhielt, verändert hat. Er hätte dieses nicht wohl ohne Mitwissen und Wirken der Uebrigen tun können. Ich glaube vielmehr, daß er jeden Satz als ein Heiligtum angesehen hat, ohne daran zu rühren. Aber ich vermag nicht, darüber etwas sicheres zu behaupten..."

Im Verfolg dieses Briefes hat Schröder dann auch seinen Irrtum eingesehen, denn er schreibt am 26. August 1805, nachdem der Briefwechsel mit Castillon um einer anderen Frage willen wieder aufgenommen worden war: „Ich muß bey dieser Gelegenheit erklären, daß meine ehemalige Behauptung, Br. v. Zinnendorf habe die fünf ersten Grade geändert, falsch war. Aber wie konnte ich glauben, daß die Änderung von schwedischer Seite geschehen sey." Schröder spielt hier auf die berühmte Redaktion des Herzogs von Södermanland an, die dieser auf Grund neuer Akten vorgenommen hatte.

Darauf antwortete Castillon am 14. Januar 1806: „Die Offenherzigkeit, womit Sie gestehen, Ihre ehemalige Behauptung: Br. von Zinnendorf habe die fünf ersten Gr. verändert sey ungegründet, macht Ihrer Wahrheitsliebe alle Ehre, und würde meine Hochachtung gegen Sie noch verdoppeln wenn es möglich wäre."

Man erkennt aus dieser Sinnesänderung Schröders, wie stark der Einfluß Mumßens war. Denn Schröder hatte die Originalakten der Großen Landesloge nicht eingesehen, sondern seinem Freunde Mumßen aufs Wort geglaubt. Wie dieser Einfluß ihn jetzt im günstigen, so hatte er ihn früher im ungünstigen Urteil bestärkt. Jedenfalls hat Schröder in dem schon erwähnten Brief vom 26. August 1805 durchaus freundschaftlich geschrieben: „Sie nehmen, Hochw. den in der Abhandlung (die von Schröder an Castillon eingesandt war) aufgestellten Zweck, auch als den Ihrigen an – diese Äußerung ist ein hinlänglicher Beweggrund, Sie und Ihr System zu ehren, und das, was in meinen wenigen Kräften steht, beyzutragen, daß beyderseitige Logen in gutem Vernehmen bleiben."

Wie falsch Schröder von seinen Leuten, „die es wissen konnten", unterrichtet war, mag aus dem Folgenden erhellen:

Schröder glaubte die Unechtheit der Akten der Großen Landesloge ganz besonders dadurch beweisen zu können, daß er sich auf einen Brief Castillons an Johann Wilhelm Dumpf, Pagenhofmeister in Gotha, berief, worin Castillon seinen Zweifel an der Echtheit der Ritualien zum Ausdruck gebracht habe. Darauf antwortet Castillon in einem langen Brief vom 21. Juni 1806: „Der glaubwürdige Mann, der Ihnen, Hochwürdiger und Geliebter Bruder, den Inhalt eines meiner Briefe an den seeligen Br. Dumpf mitgetheilt hat, woraus erhellen soll, daß ich bald nach Zinnendorfs Tode, an der Ächtheit unserer Akten (denn von diesen kann nur die Rede seyn, System ist ein selbstgeschaffenes Etwas) gezweifelt habe, hat Ihnen eine derbe Unwahrheit aufgeheftet. Ich bin mir völlig bewußt, nie an der Ächtheit unserer Akten gezweifelt zu haben; hätte ich dies je, so hätte ich auf immer von der Fr: M: die mir ohnehin nur Mühe, Arbeit und Sorge verursacht, Abschied genommen. Ueberdies, so lieb wie Dumpf mir auch war, so ist er doch nie im eigentlichen (Sinne?) mein Vertrauter gewesen; ihm hätte ich gewiß nicht meine Zweifel mitgetheilt, und um so weniger, da ich nicht wüßte, was mich dazu bewogen hätte: Trost und Stärkung, wenn sie nur nöthig gewesen, hatte ich weit besser in der Nähe; ich war ja von unsern unterrichtetsten Brüdern umgeben, so wie ich es noch bin."

Damit schloß der Briefwechsel, der zu einem Ergebnis nach der einen oder anderen Seite nicht geführt hat. Es ist bei einem freundschaftlichen Gedankenaustausch geblieben. Die Vertreter der beiden Richtungen waren sich menschlich näher getreten und hatten sich als Ehrenmänner achten gelernt.

Schröder hat freimütig seinen Irrtum eingestanden, seine Auffassung von der Freimaurerei jedoch keineswegs geändert.

Immerhin darf nicht verkannt werden, daß die Schröderschen Reformen der schwülen Mystik des achtzehnten Jahrhunderts ein Ende gemacht und ein ernstes Verständnis für die Freimaurerei geschaffen haben. Es ist allenthalben so in der Geschichte, sei es der Staaten, der Wirtschaft oder des Geistes. Radikale Umstürzler tragen die neuen, wenn auch überschraubten Ideen voran, sie werfen den Feuerbrand in alte Bauten. Das Alte, Unbrauchbare, Überlebte geht zu Grunde, und die Nachfolger des Radikalismus lassen Vernunft und Ordnung sprechen.

Zinnendorf brachte die Ordenslehre aus Schweden nach Deutschland und setzte sich mit der ganzen zielbewußten Kraft des geborenen Führers für seine Sache ein. Er war durchaus altpreußischer Pflichtmensch, aber kein Umstürzler, ein gläubiger Christ, und eine Kampfnatur wie sein großer König, er eroberte mit seiner Idee weite Gebiete, weil er überzeugte.

Schröder gleichfalls eine starke Führernatur, aber ein Künstler, ein Menschendarsteller von Rang, ein Meister der Regie, ein Sohn der Aufklärungszeit, aber ein Gegner der übertriebenen Ideen der französischen Revolution, wie wir aus seiner Rede gegen Sieveking wissen, ein leidenschaftlicher Kämpfer gegen alles, was außerhalb seines Bewußtseinskreises lag. Er erkannte nicht, daß in alle dem Absonderlichen, das in den Hochgraden des Clermontischen Kapitels, der strikten Observanz und der anderen Orden und Bünde des achtzehnten Jahrhunderts lag, doch eine tiefe Sehnsucht nach Erkenntnis der höchsten und letzten Dinge sich äußerte. Er glaubte in dem Engbund durch Belehrung über das Wesen anderer Systeme und durch geistigen Austausch einen Ersatz geschaffen zu haben für die von ihm abgelehnten Hochgrade.

Aber der Engbund erfuhr sehr verschiedene Urteile, er hatte begeisterte Anhänger und schroffe Gegner. Das lag wohl in dem Geist der Übergangszeit, in der sich etwas ganz Neues vorbereitete. Schröder glaubte Gutes geschaffen zu haben. Er glaubte! Vor allem glaubte er an seine Sendung zur Reformation der Freimaurerei, und er setzte sich mit allem Fleiß und aller Kraft eines von wirtschaftlichen Sorgen freien Mannes dafür ein. Zwar wirkten die freimaurerischen Verhältnisse einer allgemeinen Anerkennung seines Systems entgegen, aber in einer Aussprache im Jahre 1800 mit Feßler in Berlin hoffte er den Weg gefunden zu haben und beauftragte Feßler, die Satzungen eines großen Freimaurer-Vereins zu entwerfen. Feßler, geübt in solchen Arbeiten, entledigte sich der Aufgabe mit einem derartigen Erfolg, daß die drei von England konstituierten Körperschaften, die Provinzial-Logen in Hamburg und Hannover und die Große Loge Royal York in Berlin, am 20. August 1801 den Vertrag unterschreiben konnten.

Ein wichtiges Dokument nicht nur der Freimaurerei in Deutschland, sondern auch unserer Geistesgeschichte; darum geben wir die Satzung im Wortlaut, wie ihn Schröder im Geheimdruck seiner Materialien überliefert hat:

Großer Freymaurer-Verein.

Wir Grosmeister, Deputirte Grosmeister, Gros-Aufseher und Gros-Beamte der großen Freymaurer-Provinziallogen in Hamburg, Hannover, und Berlin

Beurkunden hiermit und machen bekannt,

Daß

Die so eben genannte, und unten durch ihre vollziehenden Gros-Beamten unterzeichneten großen Freymaurer-Provinziallogen, als namentlich:

I. Die große Freymaurer-Provinzialloge von Niedersachsen und Bremen in Hamburg,

II. Die große Freymaurer-Provinzialloge des Churfürstenthums Hannover,

III. Die große Freymaurer-Loge in Berlin, Royale-York zur Freundschaft genannt,

unbeschadet Ihrer Verbindungen mit der großen Landes-Mutterloge von England, Ihrer besonderen oder anderweitigen Verträge, und der unabweichlichen Beschlüsse, die jede dieser großen Prov. Logen in Ihrem eigenen Kreise für sich selbst festgesetzt hat,

unter sich einen großen Freymaurer-Verein und Logenvertrag geschlossen, und sich zu dessen Erhaltung und Fortpflanzung sowohl in als auch außer Deutschland, auf das genauste verbunden und wechselseitig verpflichtet haben, wodurch

die ehrwürdige Freymaurer-Gesellschaft eine richtigere, den Fortschritten des menschlichen Geistes in der intellektuellen, sittlichen und ästhetischen Cultur angemessenere Stimmung erhalte, und einer eigennützigen oder herrschsüchtigen Geheimnißkrämerey auf immer verschlossen werde. Sie endlich, eben so sehr über die Kälte mancher ihrer Mitglieder, und über den Spott oder die Verachtung der Ungeweihten, als über den Verdacht der Staaten erhaben, mit den Zwecken des Staats und der äußern Kirche in unendlichen Progressionen in keinem Punkte kollidire.

Erster Abschnitt.

Zur Richtschnur im Hinstreben zu diesem erhabenen Zwecke, sind die ersterwähnten großen Freymaurer-Provinziallogen über folgende Grundsätze durchaus einig und einverstanden.

Art. I.

Die Worte: Freymaurerey und Freymaurer-Brüderschaft bezeichnen eben so zwei wesentlich und durchaus verschiedene Dinge wie die Worte: Wissenschaft und Schule, Religion und Kirche.

Daraus folgt:

Art. II

Daß Freymaurerey, von Zeit und Ortbedingungen unabhängig, immer ein und dasselbe, immer nur dasjenige was den inneren Menschen, seine ganze Denk- und Handelsweise, zwischen dem Zirkel und dem Winkelmaaße einschließt und unverrückt festhält; mithin, was den Menschen in der Gesellschaft und im Staate moralisch vollendet, seyn und bleiben müsse: die Freymaurer-Brüderschaft mag übrigens hier oder dort, eine dem Wesen der Freymaurerey angemessene, oder ihm widersprechende Richtung angenommen haben.

Art. III.

Die vereinigten großen Prov. Logen erkennen in der Freymaurer-Brüderschaft keinen sogenannten geheimen genetischen Ordenszweck, den die Brüderschaft außer den drei St. Johannis-Graden von jeher gehabt und bearbeitet haben soll. Ihnen ist der Zweck der Freymaurer-Gesellschaft:

Gemeinschaftliche äußere Ausübung, Erhaltung und Fortpflanzung der Freymaurerey;

und Sie sehen dabei lediglich auf die einzig mögliche, rein moralische Natur und Tendenz derselben, welche der erleuchtetere Theil der Brüderschaft stets anerkannt hat.

Art. IV.

Da die Bestimmung und Festsetzung des Wesens und der Tendenz der Freymaurerey, als etwas positives und überliefertes, nicht mehr der Willkühr einzelner Freymaurer oder einzelner Logen überlassen werden kann: so erkennen die vereinigten großen Prov. Logen das älteste engl. Freymaurer-Ritual der drei Grade als die sicherste historische Erkenntnisquelle des Wesens und der Tendenz der Freymaurerey an.

Art. V.

Dagegen erkennen und authorisiren die vereinigten großen Prov. Logen nichts von dem, was man über die drei St. Johannis-Grade gewöhnlich höhere Grade zu nennen pflegt.

Nach dem zwischen den vereinigten großen Prov. Logen fest bestehenden Einverständnis über diese fünf Grund-Prinzipien, setzen gedachte große Logen als Mittel zum Zwecke dieses Vereins folgende Bedingungen und Grenzen ihres wechselseitigen Verhältnisses fest.

Zweiter Abschnitt.

Art. I.

Jede der großen Logen, die zu diesem Verein gegenwärtig oder künftig gehören werden, wählet sich bei den übrigen großen Logen des Vereins einen Repräsentanten, der mit Sitz und Stimme sowohl den ordentlichen Quartal- als den außerordentlichen Versammlungen der respektiven großen Loge beiwohnt, und entweder nach vorläufig eingeholter Instruktion oder nach erhaltener Vollmacht zu allen allgemeinen maurerischen Beschlüssen mitwirkt.

Art. II.

Diese Repräsentanten erscheinen überall bei der großen Loge, wo sie repräsentiren, mit dem Zeichen der großen Loge, welche sie repräsentiren, decorirt; und werden als solche in den gegenseitigen Tableaux aufgeführt.

Art. III.

Sowohl von den ordentlichen Quartal- als auch von den außerordentlichen Versammlungen senden sich die vereinigten großen Prov. Logen getreue und vollständige Copien ihrer Protokolle, und verabsäumen in Absicht des Briefwechsels überhaupt nichts, was ihr Beitritt zu dem großen Freymaurer-Verein, was Pflicht und Ordnung erfordern.

Art. IV.

Jede dem Verein beitretende große Loge wählt aus ihrem Mittel eine beliebige Anzahl vertrauter Brüder, welche Sie als Ihren innersten Orient ansieht, dem die Anordnung, Vermehrung und Bewahrung ihres maurerischen Kenntnißschatzes, das heißt: historische Dokumente, Akten und Ritualien etc. verschiedener Systeme anvertraut; aller Einfluß aber in die eigentliche maurerische Verfassung, Verwaltung und Regierung, sowohl der großen als besondern Logen gänzlich untersagt ist.

Art. V.

Die innersten Oriente der vereinigten großen Logen theilen sich gegenseitig von diesem Erkennißschatze unentgeltlich und gegen bloßen Erlag der Copialien, alles dasjenige mit, was dem einen oder dem andern mangelt.

Art. VI.

Der innerste Orient jeder großen Loge bestimmt für sich, in wie vielen Abschnitten oder Erkenntniß-Stufen und unter welchen persönlichen Bedingungen dieser Kenntniß-Schatz den Mitgliedern ihres besondern Logenbundes mündlich mitgeteilt werden soll. Abschriften oder Auszüge aus diesen Akten des Kenntnißschatzes werden keinem der Brüder für sich gestattet, so wenig sie ihm in seine Privat-Gewahrsame gegeben werden dürfen.

Art. VII.

Findet es eine oder die andere der vereinigten großen Logen ihrem Lokal- und Personal-Verhältniß nach, noch nötig, den von Ihrem Innersten Orient festgesetzten Erkenntniß-Stufen oder Instruktionen eine Art von Initiation vorausgehen zu lassen, so soll ihr dies frei stehen; jedoch unter keiner andern

Bedingung, als daß die Ritualien zu diesen Initiationen eine lediglich rein moralische Tendenz haben, und in denenselben nichts dunkel noch ungeklärt gelassen, nichts versprochen, auf keinen innern oder höhern Orden hingewiesen werde; wofür die vertrauten Brüder, denen die Einrichtung dieser Initiationen zustehen soll, Bürge seyn müssen.

Art. VIII.

Die vereinigten großen Logen führen über die Auslagen für Copialien genaue Rechnung, und schließen halbjährig gegenseitig ab.

Dritter Abschnitt.

Soll diese Vereinigung der mehrerwähnten großen Logen, und der dadurch entstehende große Freymaurer-Verein zu dem Eingangs dieser Urkunde angegebenen Zwecke hinwirken, so muß es sich:

Art. I.

Jede der vereinigten großen Logen angelegen seyn lassen, diesen Verein durch den Beitritt mehrerer großen und besondern Logen in und außer Deutschland zu erweitern und zu begründen.

Art. II.

Große Logen können nur mit Uebereinstimmung aller bisher vereinigten großen Logen, und nach Annahme der in dieser Urkunde ausgestellten Bedingungen, in den Verein aufgenommen werden; zu welchem Zwecke sie vorläufig eine von ihren Groß-Beamten unterzeichnete Beitritts-Erklärung an alle großen Logen des Vereins, und zwar an jede besonders einzusenden haben, wofür der beitretenden großen Loge alsdann eine mit der gegenwärtigen gleichlautende, von den Groß-Beamten sämtlicher großen Logen des Vereins unterzeichnete, und mit den angehängten Siegeln versehene Urkunde ausgefertigt wird.

Art. III.

Besondere Logen in Deutschland, die noch außer diesem Verein sich befinden, können nicht anders in den Verein aufgenommen werden als unter der Bedingung, daß sie sich an die in diesem Verein stehende große Loge ihrer Provinz anschließen, die Constitution derselben und ihre allgemeinen maurerischen Gesetze annehmen, und nach Ritualien arbeiten, welche die konstituirende große Loge bearbeitet hat.

Nach diesen Grundsätzen und unter diesen Bedingungen und Einrichtungen ist die Bereinigung der erwähnten großen Prov. Logen und dieser große Freymaurer-Verein festgesetzt, eingegangen, beschlossen, bestätigt und darüber gegenwärtige Urkunde in Triplo ausgefertigt, unterschrieben und vollzogen worden. So geschehen im Jahre 1801.

(Das Original ist in einer Linie nebeneinander, wie folgt unterzeichnet.)

Die große Freymaurer-Provinzialloge von Niedersachsen und Bremen in Hamburg, den 20. August.

J. P. Beckmann, Provinzial-Grosmeister.
F. L. Schröder, dep. Prov. Grosmeister.
Otto v. Axen, in Abwesenheit des Br. Jacob v. Axen, als erster Gros-Aufseher.
Bernhard Georg Schuch, zweiter Gros-Aufseher.
J. J. Jänisch, Gros-Sekretär.

Die große Freymaurer-Provinzialloge des Churfürstenthums Hannover in Neustrelitz und Hannover,

den 24. Julius / 12. August

Carl, Herzog zu Mecklenburg, Prov. Grosmeister.
H. A. L. v. Zerßen, Vice-, Dep. Pr. Grosmeister
J. B. Lampe, erster Großaufseher
G. O. S. Lasius, zweiter Gros-Aufseher
C. F. Wehner, Grossekretär

Die große Freymaurer-Loge in Berlin, Royal York zur Freundschaft genannt,

den 22. Junius.
E. F. Klein, Grosmeister
J. A. Feßler, deputirter Grosmeister.
Basset, erster Gros-Vorsteher
Clavin, zweiter Gros-Vorsteher
Sigismund, Grossekretär

Alle Unterschriften sind durch die großen Logensiegel beglaubigt.

In diesem Vertrag, der ganz die Feßlersche Eigenart zeigt, ist Schröder noch mit einem Hochgrad einverstanden unter den Einschränkungen, die Artikel VII des zweiten Abschnittes macht. Das mußte er, sonst wäre der Beitritt der Großloge Royal York nicht möglich gewesen, und daran war ihm unendlich viel gelegen. Innerlich stand er dem Feßlerschen Ritual ablehnend gegenüber, und das war wohl auch der Grund, der zwischen beiden Männern zum Bruch führte.

Schröder befand sich in den Jahren 1800 und 1801 auf Reisen, besuchte an allen Orten die Logen und ihre Führer, um ihnen seine Hefte, wie er es nannte, zu lesen zu geben, also er warb für seine Idee und seinen Engbund. Er kam auch nach Berlin und lernte Zöllner kennen, aber es scheint, daß er bei dem klargeistigen, von seiner Idee überzeugten Mann kein Glück mit seinen Heften hatte. Zöllner meinte, ohne einen Punkt zu widerlegen, es stecke doch wohl noch etwas anderes hinter der Sache, und sie würden den freilich vortrefflichen Zweck, den Schröder sich vorgesteckt hatte, auch durch ihre Ritualien erreichen können.

Anders erging es ihm mit Feßler, bei dessen Ritualbearbeitung ihn störte, daß er noch „mehrere Zinnendorfische Gebräuche als in dem Prager Ritual enthalten sind, eingeführt hätte". Feßler war eine ähnliche Natur, darum zogen sie einander an und stießen sich auch wieder ab. Feßlers Anerkennung der Schröderschen Hefte ist in sehr schönen Worten gehalten, aber sie sagt eigentlich nichts, Schröder teilte sie in seinen Materialien mit: „Ich habe die Resultate des mühsamen Forschens von Bruder Schröder über den Geist der verschiedenen maurerischen Systeme und über die Geschichte des Ordens mit angestrengter Aufmerksamkeit und immer höher steigendem Interesse gelesen, habe hier gründliche Berichtigung, dort überraschende Bestätigung dessen, was ich selbst über diesen wichtigen Gegenstand des maurerischen Forschens gedacht und herausgebracht hatte, überall aber Wahrheit gefunden. Dies ist mein Bekenntnis, und das Bekenntnis der wenigen Guten und Auserlesenen, mit denen ich diesen Geistesgenuß teilen durfte. Möchte doch Br. Schröder, der in einer festen, aufrichtigen, durch das Band der Überzeugung geschlossenen Verewigung mehrerer großen und einzelnen Logen zu einem unzertrennlichen Bund echter und wahrhaft ehrwürdiger Maurergemeinden wirkt,

Der Arbeitssaal der Großen Loge von Hamburg im alten Haus

die verdiente Belohnung seiner Aufopferungen, seiner Uneigennützigkeit und seines Eifers für die gute Sache finden. Möchte ihn doch jeder rechtschaffene Bruder, jede gute Loge in der Bewirkung dieser Vereinigung so tätig unterstützen, wie es die große Loge Royal York zur Freundschaft zu tun bereit ist..."

Mit Feßler kam es bald zu einer ernsten Verstimmung, da dieser die Hefte Schröders in seiner Geschichte der Freimaurerei veröffentlicht hatte.

Es war dies nicht das einzig Unangenehme, das Schröder in diesen Jahren traf. Dazu kamen die unglücklichen politischen Verhältnisse, die schwer auf dem auch gesundheitlich nicht mehr festen Manne lasteten.

Am 13. November 1809 schrieb er: „Ich bin der Freimaurerei ziemlich abgestorben, indem meine vielen Opfer, die ich ihr brachte, nur einen sehr kleinen Erfolg gehabt haben." Am 23. desselben Monats: „Ich bekümmere mich wenig mehr um die Freimaurerei und bedauere herzlich die lange Zeit, welche ich ihr geopfert habe. Die deutschen Maurer wollen betrogen sein, es liegt ein Hang zur Mystik in ihnen, der die gesunde Vernunft unterjocht." Am 12. Januar 1810: „Die Freimaurerei ist mir so gleichgültig geworden, daß ich nur einiger Brüder wegen eine Beamtenstelle noch 1½ Jahr bekleide. Ich habe dieser Sache große Opfer gebracht und wenig bewirkt. Die Herrschsucht, die Unwissenheit, der Dünkel, der Eigennutz, legen der vernünftigen Freimaurerei tausend Hindernisse in den Weg." Am 11. Februar 1810: „Mir ist die Freimaurerei gleichgültig. Sie (Moßdorf) sind es nicht allein, mit dem ich die maurerische Korrespondenz aufgehoben habe. Meine Zeit ist ganz andern Gegenständen gewidmet, meine hiesigen Brüder kennen sie und sind zufrieden, daß ich mich nicht ganz zurückziehe."

Seine Freunde beruhigten ihn, denn sie wußten, daß mit ihm der gute Geist von ihnen weichen würde. Er hing auch innerlich zu fest mit der großen Sache, der er sein Leben geweiht, zusammen, und so wurde das Gefühl der Resignation noch einmal überwunden.

III. Die deutsche Not

In Berlin vollzog sich ganz im stillen die Annäherung der drei altpreußischen Großlogen. Die Große National-Mutterloge zu den drei Weltkugeln hatte im Jahre 1799 das Grundstück in der Splittgerbergasse erworben, auf dem sie noch heute ihr segensreiches Wirken ausübt. Am 19. Dezember 1800 fand die feierliche Einweihung statt. Bei dieser Gelegenheit war sowohl die Große Landesloge wie die Große Loge Royal York sehr zahlreich vertreten. Die Festrede hielt der Geheime Ober-Finanzrat Friedrich Philipp Rosenstiel. Zuerst sprach er von der traurigen Verwirrung am Ausgang des sechsten Jahrzehnts des achtzehnten Jahrhunderts und führte an, daß die Entfernung von zwei Brüdern aus der Mutterloge, die im Jahre 1767 ihrer Mitgliedschaft entsagten, mit Veranlassung geworden wäre, daß eine neue Loge entstanden sei, die er nunmehr als Schwesterloge der Großen National-Mutterloge unter dem Namen der Großen Landesloge von Deutschland feierlich bewillkommnet und ihr „brüderlich, traulich" die Hände reicht. Er fuhr dann fort: „Unser Schmerz über jene Entfernung löst sich heute in Dank und Freude auf; Dank für echte Bruderliebe und Treue, die wir oft erfahren; Freude über gleichförmige Gesinnung und gleich ernstliches Streben, nach dem, was wohlanständig, und billig und wahr und gut ist und von ihren Prüfungs- und Übungsstätten mit hinübergenommen werden kann zur höhern Ausbildung."

Damit war das Samenkorn brüderlicher Freundschaft zwischen den drei altpreußischen Großlogen zu einem zarten Pflänzchen emporgewachsen, das wenige Jahre später in den Zeiten von Preußens tiefster Schmach zu einer festen Verbindung werden sollte.

Immer dunkler zogen die Wolken am politischen Himmel Preußens herauf, und das furchtbare Jahr 1806 machte jedem Logenleben ein Ende. Wir müssen uns den schweren Zusammenbruch Preußens aus jenen Tagen vergegenwärtigen, um so mehr, als er eine verzweifelte Ähnlichkeit mit dem Zusammenbruch Deutschlands in unsern Tagen hat, nur daß die preußische Armee in erschütternder Auflösung und panischem Schrecken vor Napoleons Soldaten nach den entsetzlichen Niederlagen von Jena und Auerstädt flüchtete.

Was damals Preußen und Deutschland aus dem tiefen Fall erhob, war die geistige Innerlichkeit seiner führenden Männer, die hohe Auffassung von der christlichen Sendung des deutschen Volkes und der sittliche Ernst, der über dem nationalen Unglück ein höheres Ziel nicht aus den Augen verlor.

Als Napoleon in Jena, während seine Adjutanten und Ordonnanzen vor Erschöpfung niedergesunken waren, die Nachricht von der Vernichtung der preußischen Hauptarmee empfangen hatte, schrieb er in der Nacht persönlich die Befehle für den nächsten Tag nieder. Ihm gegenüber in einem Nebenhaus saß einsam bei der Lampe in seinem Dachstübchen Hegel und schrieb in der nämlichen Nacht vom 14. zum 15. Oktober 1806 den Schluß seiner Phänomenologie. Und dort heißt es:

„Das Geisterreich, das auf diese Weise sich in dem Dasein gebildet, macht eine Aufeinanderfolge aus, worin einer den andern ablöste und jeder das Reich der Welt von dem Vorhergehenden übernahm. Ihr Ziel ist die Offenbarung der Tiefe, und diese ist der absolute Begriff; diese Offenbarung ist hiermit das Aufheben seiner Tiefe, oder seine Ausbreitung, die Negativität dieses insichseienden Ich, welche seine Äußerung oder Substanz ist – und seine Zeit, daß diese Entäußerung sich an ihr selbst entäußert und so in ihrer Ausdehnung ebenso in ihrer Tiefe, dem Selbst ist. Das Ziel, das absolute Wissen oder der sich als Geist wissende Geist hat zu seinem Wege die Erinnerung der Geister, wie sie an ihnen selbst sind und die Organisation ihres Reichs vollbringen. Ihre Aufbewahrung nach der Seite ihres freien in der Form der Zufälligkeit erscheinenden Daseins, ist die Geschichte, nach der Seite ihrer begriffenen Organisation oder die Wissenschaft des erscheinenden Wissens; beide zusammen: die begriffene Geschichte bilden die Erinnerung und die Schädelstätte des absoluten Geistes, die Wirklichkeit, Wahrheit und Gewißheit seines Thrones, ohne den er das leblose Einsame war; nur: Aus dem Kelche dieses Geisterreichs schäumt ihm seine Unendlichkeit."

Blücher

Ein Volk, aus dessen Mitte solche ewigen Wahrheiten in die Erscheinung treten, kann nie und nimmer verloren sein. Zeitweise wird sich sein Dasein verdunkeln, aber der Sieg des Geistes wird immer seine Hoffnung bleiben, und mit einem Sieg des Geistes wird auch die politische Bedeutung und Macht zurückkehren, denn es ist der Geist, der sich die Formen baut, auch die politischen.

Napoleon war in Berlin, die Armee zertrümmert, selbst der grimme Bruder Blücher hatte bei Ratkau kapitulieren müssen, die Festungen waren übergegangen, und in all diesem äußeren Unglück waren die preußischen Patrioten durch die Art, wie Napoleon ihre heiligsten Gefühle verletzte, aufs tiefste erbittert. Von Wittenberg war er nach Potsdam geritten und hatte sich die Gruft Friedrichs des Großen ausschließen lassen. Das Bulletin vom

26. Oktober besagt darüber folgendes: „Der Kaiser hat die Gruft Friedrichs des Großen besucht. Die Asche dieses großen Mannes ruht in einem hölzernen Sarge, der mit einem kupfernen überdeckt und in dem Gewölbe ohne alle Verzierungen, ohne Trophäen, ohne irgend etwas, das an seine großen Taten erinnern könnte, aufgestellt ist. Der Kaiser hat dem Invaliden-Hotel zu Paris den Degen Friedrichs, seine Dekoration des Schwarzen Adler-Ordens, seine Generalsschärpe, sowie die Fahnen, die seine Garde im siebenjährigen Kriege führte, zum Geschenk gemacht. Die Veteranen werden alles, was einem der ersten Feldherrn, die die Geschichte kennt, gehört hat, mit heiliger Ehrfurcht empfangen."

Da neuerdings das alte Märchen wieder aufgetischt wird, als habe Napoleon Degen und Schärpe von dem Sarge Friedrichs genommen, muß um der geschichtlichen Wahrheit willen festgestellt werden, daß der Kaiser diese Gegenstände in einem Zimmer des Stadtschlosses zu Potsdam einpacken ließ. Er hat indes nicht den Degen geraubt, den der König getragen, sondern einen von dem Kaiser Paul von Rußland Friedrich zum Geschenk gemachten. Den Degen, den Friedrich gewöhnlich trug, hatte Friedrich Wilhelm III. mit nach Königsberg genommen und nach dem Feldzug 1814 dem historischen Kabinett der Königlichen Kunstkammer in Berlin überwiesen. Dieser Degen ist ein unvergängliches Bild für die Einfachheit und Sparsamkeit des großen Preußenkönigs. Seine Scheide war aufgeschlitzt, aber anstatt sie von einem Sattlermeister flicken zu lassen, hatte sie der König öfter höchsteigenhändig mit Siegellack zusammengeleimt.

In Deutschland gebot Napoleon und seine Soldateska. Berlin und viele andere Orte schlossen die Logen, um jede Berührung mit den Freimaurern im französischen Heer zu vermeiden. Man beschränkte sich auf gesellschaftliche Zusammenkünfte. Erst 1808, nachdem die feindlichen Truppen aus Berlin abgezogen waren, konnten die Arbeiten wieder aufgenommen werden.

Diese schweren Zeiten hatten jedoch das Gute, daß sie die inneren Unstimmigkeiten vergessen machten und den Zusammenschluß förderten. So konnte eine feste Abmachung zwischen den drei altpreußischen Großlogen getroffen werden. Am 6. Januar 1810 wurde der Freimaurer-Verein der drei Großen Logen in Berlin gegründet. Danach hatte jede der drei Großlogen vier Deputierte zu entsenden, die sich monatlich einmal abwechselnd in den Räumen der drei Großlogen versammeln sollten, um über „maurerische Gegenstände, soweit sie die Johannis-Maurerei und das Ganze des Vereins angehen, einander ihre Ideen mitzuteilen". Es wurde außerdem festgesetzt, daß sie ihre bestehenden und noch zu errichtenden Logen untereinander anerkennen sollten und daß die Anerkennung anderer Logen nur gemeinschaftlich erfolgen sollte. Sie hatten sich aber auch zu einer gegenseitigen Verteidigung ihrer Gerechtsame verpflichtet, so daß, wenn eine der Logen durch eine fremde Loge gekränkt würde, dies als eine Kränkung des ganzen Vereins zu betrachten sei.

Es kann keinem Zweifel unterliegen, daß dieses Vertragsinstrument ganz bedeutend zur Befestigung der freimaurerischen Arbeit in Berlin beigetragen hat. Vor allem war es das Mittel, gegenseitige Unstimmigkeiten in brüderlicher Freundlichkeit auszugleichen, und nicht, wie es noch im Ausgang des achtzehnten Jahrhunderts der Fall gewesen war, durch öffentliche häßliche Verunglimpfungen in Zeitschriften, Flugblättern und Büchern sich gegenseitig zu befehden.

Es ist ganz natürlich, daß, während Napoleon mit seinem Heere Deutschland besetzt hielt, er auch versuchte, die Freimaurerei unter seinen Einfluß zu bringen. Wann Napoleon Freimaurer geworden ist, steht nicht sicher fest, daß er es gewesen, ist wahrscheinlich. Seine beiden Brüder Josef und Jérome gehörten bestimmt dem Orden an. Darum gewann dort, wo die Franzosen unmittelbaren Druck auf das freimaurerische Leben ausüben konnten, französische Freimaurerei Boden. So entstanden in Kassel, wo Jérome Napoleon als König von Westfalen residierte, französische Logen. Die deutschgesinnten Brüder versuchten sich dadurch gegen die Unterwerfung unter den Groß-Orient von Frankreich zu schützen, daß sie ihre Loge „Friedrich von der Freundschaft" umbenannten in „Royal Jêrome Napoléon de la fidélité" und ihr Kapitel als Groß-Orient von Westfalen einsetzten.

Noch unglücklicher lagen die Verhältnisse in Hamburg, das bald nach der Schlacht bei Jena eine französische Besatzung erhalten hatte und das 1810 als bonne ville de l'empire, also zur französischen Stadt, erklärt wurde, die Elbmündung war gleichfalls in den Händen des Feindes. Die scharfe Gegnerschaft Napoleons gegen England machte den Verkehr mit der Londoner Großloge unmöglich, und so wurde der Gedanke spruchreif, sich von England loszusagen und eine eigene Großloge zu errichten, sicher auch in der Abwehr gegen eine Unterordnung unter den Grand Orient de France. Dazu kam noch, daß der französische Polizeidirektor sich sehr energisch in die Hamburger Logenverhältnisse einmischte, so daß für die allezeit deutschpatriotischen Hanseaten kein Weg offen stand, als sich zur selbständigen Großloge zu erklären. Eine Vorfrage bei den drei altpreußischen Großlogen bezüglich der Anerkennung wurde günstig beantwortet, und so konnte man zur Tat schreiten.

Unter dem Vorsitz des Provinzial-Großmeisters Dr. Beckmann wurde am 4. Februar 1811 der folgende Beschluß gefaßt: „Unsere bisherige große

Provinzialloge von Hamburg und Niedersachsen für eine unabhängige Große Loge von Hamburg zu erklären."

Die Anerkennungen der verschiedenen freimaurerischen Körperschaften gingen ein, wenn auch einige durch die unglücklichen politischen Verhältnisse in Deutschland verspätet. Soviel aber ist sicher, die Wirren des achtzehnten Jahrhunderts waren endgültig überwunden. Deutschland, durch die innere Not geeinigt, richtete seinen Geist und Willen auf die Abschüttelung der Fremdherrschaft unter Führung der Freimaurer Stein, Hardenberg, Schön, Blücher, Scharnhorst, Boyen und Fichte.

Graf Viktor Henckel von Donnersmarck, nachmals Ordensmeister der Großen Landesloge, hat in dieser Vorbereitungszeit für die Befreiung Deutschlands dem Vaterland wichtige Dienste geleistet. Schon am Feldzug von 1806 nahm er mit seinem Regiment Anteil, trug mit Standhaftigkeit die Folgen dieses unglücklichen Krieges und wirkte auf die militärische Neugestaltung ein, die Friedrich Wilhelm III. zwischen 1807 und 1810 in der preußischen Armee durchführte. Der König belohnte seinen Eifer und seine Treue, indem er ihn 1810 zum Flügeladjutanten ernannte und ihn bald darauf dem Feldmarschall Grafen Kalckreuth auf einer Sendung nach Paris beigab. Der Zweck dieser Sendung war, Erleichterung der Lasten zu gewinnen, die Napoleon dem besiegten Preußen auferlegt hatte. Die Mission Kalckreuths scheiterte zwar an dem Übermut und der Herrschsucht des Siegers, aber Henckel, beseelt von dem echt preußischen Reitergeist, hatte doch Gelegenheit, dem Gewaltigen an der Seine in kecker Rede entgegenzutreten und ihm zu zeigen, welcher Geist des Freimuts und der Seelenstärke in den Preußen lebte, der zwar gebeugt und besiegt, aber nicht niedergeschmettert werden konnte und auch im Unglück dem Sieger Achtung einzuflößen wußte. Im Herbst 1812 schickte der König den Grafen Henckel von Donnersmarck an den russischen Hof und zu dem General von Yorck, dessen Mißtrauen Henckel durch Geradheit und Biederkeit erst überwinden mußte.

Grund zum Mißtrauen konnte Yorck schon haben, denn die damalige Politik des Königs lief darauf hinaus, sich anscheinend dem Willen Napoleons widerspruchslos zu fügen und den Gedanken an eine zukünftige Erhebung sorgfältig zu verbergen, ohne ihn jedoch jetzt in den Tiefen seines Herzens aufzugeben. Es galt, Zeit zu gewinnen und den völligen Untergang des preußischen Staates solange aufzuhalten, bis der günstigste Augenblick zum Widerstand gekommen war. In der Umgebung des Königs blieben die Führer der französischen Partei, der Fürst Hatzfeld und eben jener Feldmarschall Kalckreuth, mit dem Henckel in Paris gewesen war. Der König ließ sie nicht nur in ihren Stellungen, sondern er gab ihnen sogar Zeichen seines besonderen Vertrauens. Er hatte sich darum auch um Yorck gar nicht gekümmert.

Generalleutnant Graf Henckel v. Donnersmarck
Ordensmeister der Großen Landesloge

Man ließ die Truppen vollständig unbeachtet; sie waren in Feindesland und sollten für sich selber sorgen.

Henckel schrieb am 31. Oktober an den König: „Das Regiment Nr. 6 ist im buchstäblichen Sinne ohne Hosen.“ Als einige Soldaten dieses Regiments bei Gelegenheit einer Patrouille aus einem Gehöft einige Stücke Leinwand geholt hatten und deshalb zur Verantwortung gezogen werden sollten, entwaffneten sie die Strenge des Kapitäns – wie einst Phryne die Richter Athens – dadurch, daß sie ihre Mäntel zurückschlugen und ihre Blöße zeigten. Der König war überaus gnädig und lieh durch den Grafen

Henckel fünfzig Orden „Pour le mérite" und für die Unteroffiziere und Soldaten Geld und Ehrenzeichen verteilen. Trotzdem blieb Yorck, „das rauhe unzugängliche Eisenherz", Henckel gegenüber kühl. „Der General", so erzählt Henckel von Donnersmarck, „empfing mich kalt und trocken. Nachdem ich ihm die Depeschen überreicht, ließ er mich an der Tür stehen und ging ans Fenster, um sie zu lesen. Er schien noch nicht zufrieden, obgleich der König zu dem offiziellen noch ein eigenhändiges Schreiben beigefügt und darin mit den gnädigsten Ausdrücken innigst bedauert hatte, bei den jetzt so erschöpften Kassen nicht mehr schicken zu können, aber gewiß bei günstigeren Verhältnissen daran denken werde, noch mehr zu tun. Nun war nach Yorcks Ansicht dieser oder jener mit Belohnung Übergangen oder hatte zu wenig erhalten, und so ging es im ewigen Tadeln und Mäkeln fort. Auf einmal fuhr er heraus: „Was wollen Sie eigentlich hier?" Antwort: „Des Königs Majestät Wille ist, daß wir das Glück haben sollen, unter Ew. Exzellenz den Krieg führen zu lernen" Yorck: „Dem ist nicht so, mein Herr Graf, der König schickt Sie her, zu spionieren, wie die Sachen hier betrieben werden, und Rapport von den Details zu machen, die ich vielleicht nicht berichte." Ich muß gestehen, daß mich solche Äußerung etwas verblüffte, und vielleicht etwas unziemlich antwortete ich: Zu widrigen Geschäften eines Spions lassen wir uns nicht gebrauchen. Er machte mir eine Verbeugung und ging hinaus."

Es ist nicht ganz klar, ob Yorck sein Mißtrauen gegenüber dem Grafen Henckel überwunden hat, wie überhaupt die ganze Geschichte zu jener Zeit nicht durchsichtig ist. Auf den Bericht des Grafen Henckel an den König ist es wohl zurückzuführen, daß Friedrich Wilhelm III. sich offiziell von Yorck lossagte, aber sicherlich nur im höheren Interesse, um den immer noch sehr starken Franzosenkaiser nicht gegen Preußen zu reizen. Yorck hat den Grafen Henckel am 27. Dezember 1812 mit einer Depesche an den König abgesandt, worin er seine Loslösung von den Franzosen und seinen Anschluß an die Russen als noch dem Willen des Königs anheimgegeben mitteilte. Henckel hat also die entscheidenden Tage vor der Konvention von Tauroggen mitgemacht. Ob Yorck sein Mißtrauen gegen ihn endlich abgelegt, ist nicht zu ermitteln. Es ist aber wohl anzunehmen, sonst hätte er nicht unter seinen Augen am 26. Dezember die Verbrüderung mit den Kosaken geschehen lassen. Jedenfalls war das Mißtrauen Yorcks gegen Henckel unbegründet, denn dieser hat im Feldzug 1813/15 in allen Schlachten des Korps Blücher an der Katzbach, bei Leipzig, Montmirail, Laon, Paris, Ligny und Belle Alliance tapfer mitgefochten.

So wirkten die ritterlichen Freimaurer Deutschlands für ihr bedrängtes Vaterland, die unzähligen Männer nicht zu nennen, die mit den Waffen auf

Yorck

dem Schlachtfeld für Deutschlands Befreiung kämpften, bluteten und starben. Auch König Friedrich Wilhelm III. konnte sich diesem Eindruck nicht entziehen.

Ob der König Freimaurer gewesen ist oder nicht, entzieht sich jeder Feststellung. Angeblich soll er nach Ostern 1814 in einer russischen Feldloge unter Leitung des Kaisers Alexander aufgenommen worden sein, aber die Bedingung gestellt haben, daß bei seinen Lebzeiten über diesen Schritt unverbrüchliches Stillschweigen beobachtet werden müsse.

Albin von Reitzenstein hat im Bundesblatt der drei Weltkugeln diese Frage genau untersucht. Danach geht die Nachricht von der Aufnahme des Königs auf eine Mitteilung des russischen Generals von Scheffler zurück. Nachforschungen konnten der Bestimmung des Königs zufolge erst nach seinem Ableben angestellt werden. General von Scheffler war schon im Jahre 1831 an der Cholera gestorben; von den Teilnehmern an der Feldloge lebte im Jahre 1841 noch Hiller von Gaertringen. Dieser konnte sich aber nur noch an Gerüchte aus dem Jahre 1815 besinnen und bezeichnete den Generalleutnant von Wolzogen als Gewährsmann. Dieser jedoch erklärte, daß er nichts gehört habe und selbst niemals Freimaurer gewesen sei. Es war also nichts festzustellen, das Geheimnis, wenn es überhaupt bestanden hatte, war gut gewahrt worden.

Demgemäß erklärte das altschottische Direktorium der drei Weltkugeln unter dem 3. Februar 1844: „Da bei der Nichtduldung der Freimaurerei in Rußland nicht zu gewärtigen sei, daß die Hinterbliebenen des Bruders von Scheffler maurerische Notizen in seinem maurerischen Nachlaß vorgefunden haben werden, möchte nun auch die letzte Aussicht zu einer näheren Ermittelung der Tatsachen in dieser Angelegenheit geschwunden sein, und es muß daher die Mitteilung des Bruders von Scheffler von der Aufnahme des Königs nur für eine nicht außer Zweifel gesetzte, bloße Kunde erachtet werden. Im Nachlaß des Königs sind weder Bekleidung noch sonstige maurerische Gegenstände gefunden worden."

Ob der König nun zu den Eingeweihten gehört hat oder nicht, das bleibe dahingestellt, Jedenfalls hat er den Freimaurerorden während seiner Regierung stets beschützt, und als er durch Verordnung vom 6. Januar 1816 sämtliche geheime Gesellschaften verbot, hat er als einzige den Freimaurerorden ausgenommen.–

In Hamburg war nach dem Tode Beckmanns 1814 Friedrich Ludwig Schröder Großmeister geworden, „eine unerläßliche Anerkennung des Dankes, den die Großloge ihm schuldete". Nur kurze Zeit hat er dies höchste Amt seiner Brüderschaft verwaltet, schon am 3. September 1816 starb er ganz Plötzlich, „ein Mann von Talent und von Verdienst um den Logenbund, dem er vorstand. Ja! wer wird dies rücksichtlich seiner geschichtlichen Forschungen, welches Glaubens er auch sei, nicht bereitwilligst anerkennen?"

IV. Der eklektische Bund

Wir haben gesehen (Bd. I, S. 400 ff.), daß von dem Ergebnis des großen Freimaurer-Konvents zu Wilhelmsbad im Jahre 1782 niemand recht befriedigt war, und es begann dann auch sehr bald das Suchen nach etwas Besserem. Zunächst bewegte sich das Spiel der Kräfte um die Loge zur „Einigkeit" in Frankfurt a. Main. Diese war, unabhängig von allen übrigen Lehrarten, von London gegründet und wurde von dem sehr tüchtigen und sittenstrengen, dabei liebevollen und hilfsbereiten Johann Peter Gogel ganz im englischen Geiste geleitet. Er war englischer Provinzial-Großmeister des ober- und niederrheinischen Kreises, und sein Amt sollte laut Artikel 6 der Vergleichsakte zwischen London und der Großen Landesloge vom 13. Oktober 1773 erst mit seinem Tode erlöschen, wonach die „Einigkeit" sich der Berliner Großloge unterwerfen sollte. Als nun Gogel 1782 gestorben war, trat dieser Fall ein, aber die Einigkeit zeigte wenig Neigung, ihre Unabhängigkeit auszugeben, Über den Geist, der in der Loge herrschte, unterrichtet uns ein Brief des Barons Knigge vom 28. März 1783 an ein Mitglied der Großen Landesloge:

„In der Loge l'Union in Frankfurt herrscht so wenig wahrer maurerischer Geist und Ton, daß diese Loge weder zu gewinnen noch zu fürchten sein möchte, Überhaupt wird in Frankfurt selbst wenig zu tun sein. Die Leute sind zu zerstreut, zu sehr an Müßiggang und Wohlleben gewöhnt, zu wenig durch Literatur und Moralität kultiviert, durch die mannigfaltigen Täuschungen zu schlecht für die Freimaurerei gestimmt, zu sehr an ihren Eigennutz durch Handlungsgeist gebunden. Wie ich höre, sucht die Loge sich mit einigen anderen in ein Bündnis zu begeben. Da sie aber keinen festen Zweck und keine Kenntnisse haben, so hat dies nicht viel auf sich."

Dieses Bündnis war der sich langsam vorbereitende eklektische Bund, dessen Vater der Assessor am Reichskammergericht in Wetzlar Franz Friedrich von Ditfurth war. Er hatte bei der Gründung der Loge „Joseph zu den drei Helmen" in Wetzlar mitgewirkt und war seit 1777 ihr Meister vom Stuhl. In der strikten Observanz leitete er als Ritter von der Esche die Präfektur Kreuznach. Kloß sagt von ihm: „Er hing mit Wärme und Innigkeit am Maurerbunde, indem er in ihm das schönste Institut zur Verbreitung echter Humanität und Aufklärung erkannte und aus dem Zusammenwirken aller zu diesem Zwecke die feurigsten Hoffnungen für eine Epoche geistiger Erlösung aus den Banden der Vorurteile und des Aberglaubens schöpfte; eine Ansicht, welche er, solange er als Maurer wirksam blieb, standhaft und nach besten Kräften verfolgte und zu verwirklichen strebte."

Dieser Mann war gänzlich unbefriedigt von der strikten Observanz und sagte sich mit seiner Wetzlarer Loge in einem heftigen Schreiben von ihr los. Er schlug darin vor, man solle nur die vier Grade der Maurerei bearbeiten und die Geschichte des Templerordens mit ausdrücklicher Vermahnung daß man ihn nicht wiederherzustellen gesonnen sei, bloß als einen historischen Aufschluß für eine zu bestimmende geringe Zahl von Brüdern, aus denen künftighin etwa bloß der vierte Grad bestehen könnte, verwahren. Man solle sich gegenseitig verbinden, an keinen andern, wie auch immer gearteten Geheimnissen teilnehmen, und die Abhängigkeit von keiner anderen Loge anerkennen. Herzog Ferdinand sollte als Großmeister der Maurerei und als hohes Oberhaupt verehrt werden, alle Templerakten und Papiere sowie die Ordensgerätschaften sollten sicher verschlossen oder verbrannt werden.

Franz Friedrich von Ditfurth

Ditfurth hatte mit seinen Vorschlägen keinen Erfolg, selbst in Wetzlar kämpfte er mit den Hemmungen der Intrigue, aber er war nicht der Mann, sich von einem als richtig erkannten Weg durch Widrigkeit von Menschen und Verhältnissen abdrängen zu lassen, und er fand in dem Frankfurter

Buchhändler und Senator Johann Karl Brönner einen ebenso ehrlichen wie kraftvollen Mitarbeiter. Durch diese beiden Männer kam ein Zusammenwirken der Frankfurter Provinzialloge und der Wetzlarer Direktorial-Loge „Joseph zum Reichsadler" zustande, die zur Gründung des eklektischen Bundes führte.

Zunächst schlossen die beiden Körperschaften eine Art Vorvertrag ab, in dem sie sich gleicher Rechte versicherten: „Haben die hochwürdige Provinzialloge zu Frankfurt a. M. und die hochwürdige Provinzialloge „Joseph zum Reichsadler" in Wetzlar sich dergestalt miteinander verbunden, daß sie ein gemeinschaftliches Direktorium…führen wollen, so daß diese beiden Logen nur eine Direktorialloge ausmachen, auch kein Teil einseitig ohne Beistimmung des anderen etwas abfassen, beschließen und expedieren soll." Der Vorvertrag, der acht Artikel enthielt, die alle Pflichten und Rechte der beiden verbundenen Logen umfaßte, wurde am 22. und 24. März 1783 unterzeichnet.

Am 18. März war schon ein Zirkular entstanden, am 21. März von Wetzlar genehmigt, das die Grundgedanken des neuen Bundes enthielt. Es ist eins der wichtigsten Aktenstücke der freimaurerischen Geschichte:

„Verehrungswürdigste Brüder!

Es wird gewiß keiner unter Ihnen sein, der nur einige beträchtliche Schritte in der Maurerei getan, und mit Aufmerksamkeit den drei symbolischen Graden derselben nachgeforscht hat, der nicht eingestehen müsse, daß Freiheit und Gleichheit die Grundlage unseres Sehr Ehrwürdigen Ordens ausmachen. Auf diesen Felsen war es, worauf die Sehr Ehrwürdigen Stifter einst diesen der Menschheit so sehr zur Ehre gereichenden Bau errichteten und welcher die Dauerhaftigkeit desselben auf die folgende Zeiten versichern sollte. Weisheit, Schönheit und Stärke waren die Stütze desselben, und Harmonie, Freundschaft und Menschenliebe der Kitt, der ihn zusammen verbinden sollte, und so erhielte sich dieses herrliche Gebäude Jahrhunderte hindurch unerschüttert und in dem größten Flor.

Je richtiger und einleuchtender diese Sätze sind, desto auffallender muß es einem Jeden an dem Schicksal unsers Sehr Ehrwürdigen Ordens teilnehmenden Bruder sein, wenn er einen Blick auf die traurige Lage wirft, worinnen sich derselbe gegenwärtig beinahe in allen europäischen Ländern befindet. Wer die ursprünglichen Gesetzbücher unseres königlichen Ordens aufmerksam durchgelesen und den Geist derselben studiert, auf der andern Seite, aber die verschiedenen seitdem im Orden vorgekommenen Auftritte, nebst den häufigen öffentlich im Druck erschienenen Schriften mit unparteiischem Auge betrachtet, und endlich dies alles mit kaltblütiger Vernunft, gesunder Philosophie, Kenntnis der

Geschichte und der dermaligen Sozietätsverfassung der in Europa lebenden Menschen verglichen und abgewogen hat, muß der nicht dm nämlichen Kontrast bei uns finden, als zwischen Salomons Tempel und dem Turme zu Babylon? Gleich bei dem ersten Eintritt in den Orden wird die Einbildungskraft des neu aufgenommenen Bruders durch die herrlichsten Aussichten, daß er mit den besten, edelsten und rechtschaffensten Männern in wahrer Freundschaft und zärtlicher Bruderliebe Hand in Hand den Pfad der Tugend, Wahrheit und Weisheit wandeln soll, rege gemacht –. Aber was erblickt er, wenn die Binde seinen Augen entfallen? Sekten nach Absicht und Lehre mannigfaltig verschieden, die im Schoße der Eintracht entstunden, und Bruderherzen so heftig entzweiten, daß diese sich nun untereinander selbst von ganzer Seele hassen, verketzern und verfolgen. In eben der Zeit, wo Philosophie und Toleranz selbst den Feinden des Ordens die Waffen aus den Händen gewunden hatten, treten Zwietracht und Verfolgung unter den Brüdern auf, und wenn der Orden gleich von außen her nicht mehr beunruhigt wurde, so wurde der Tempel desto mehr durch innere Uneinigkeit zerstört. Mit ihnen drangen Despotismus, Haß, Stolz, Eigennutz, Schwärmerei und Durst nach Ehrenstellen ins Heiligtum der Eintrachten und drohten dem Gebäude den gänzlichen Untergang.

Alle diese unseligen Plagen trafen unseren geheiligten Orden nur seitdem, da man die Grundlagen desselben, nämlich Freiheit und Gleichheit, untergraben wollen. Was für Zerrüttungen werden demselben aber nicht noch von auswärts her durch die fernere Übertretungen dieser Pflichten bevorstehen! Müssen wir nicht vielmehr befürchten, daß weltliche Obrigkeiten in die Länge über eine ansehnliche Anzahl ihrer Untertanen, die sich als Maurer verbinden, und auswärtige Fürsten und Particuliers als Obere erkennen, auch Gelder unter sich aufbringen, um solche an auswärtige Obern zu versenden, endlich aufhören werden gleichgültig zu bleiben, zumal wenn sie von den Beschäftigungen ewiger Systeme Nachricht erhalten, die bei denen allenthalben so laut werdenden angeblich höhern Graden der Maurerei ihnen nicht lange mehr entgehen kann und wird?

Lassen Sie uns also, meine Verehrungswürdige Brüder, vorsichtig sein, und dieweil es noch Zeit ist, durch weise Maßregeln dieser drohenden Gefahr vorbeugen! Lassen Sie uns in Ansehung aller bisher bekannten Systeme, davon keins noch zur Zeit erwiesen und erweislich ist, vor der profanen und Maurer-Welt eine kluge Neutralität ergreifen, und alles dasjenige, woraus weltliche Obrigkeiten Verdacht schöpfen könnten, unter uns abschaffen. Jede einzelne Loge mag ihre höheren Grade, die keine allgemeine Sache sind, für sich allein verantworten. Vor allen Dingen lassen Sie uns, meine Verehrungswürdigen Brüder, die wahre Maurern auf denjenigen echten und simplen Fuß wieder herstellen, worinnen sie sich noch vor nicht langen Zeiten, vor Entstehung aller dieser Systeme befand; Wir enthalten uns hiebei alles Urteils über die Güte, Echtheit und Beweiskraft aller dieser Systeme, weil unserer Meinung nach Toleranz eine Grundpflicht unsers Ordens ist, wir begnügen uns bloß hier mit historischer Gewißheit anzumerken, daß durch die Einführung der höhern Grade ebendiejenige Zwistigkeiten und Spaltungen im Orden entstanden sind, wodurch derselbe so unendlich viel von seinem Wert verloren hat. Wir nehmen daraus um so mehr die unumstößliche Lehre, daß in einer Gesellschaft wie die unsrige, Freiheit und eigene Überzeugung herrschen müsse, und daß sich darinnen der Vernunft nicht gebieten lasse; Lassen Sie uns endlich jenen berühmten Männern des Altertums, den eklektischen Philosophen nachahmen, die, ohne sich an ein besonderes Lehrsystem zu binden, aus allen das Beste und Überzeugendste heraus nahmen, so wird auch künftig unsere eklektische Maurerei sicherlich die beste sein.

Man hofft also, allen würdigen und rechtschaffenen Brüdern einen wichtigen Dienst zu leisten, wenn man Mittel und Wege ausfindig macht, um sie zu jener ersten und edlen Einfalt des Ordens wieder zurück zu führen, und wenn man ihnen die wahren Gründe desselben wieder in Seele und Gedächtnis brächte, und sie unaufhörlich an dieselben verbände. Zu diesem Ende haben sich die unterzeichneten Logen mit vielen deutschen und auswärtigen Logen dahin vereinigt, der Maurerei ihre erste Würde, Ansehen und Reinigkeit wieder zu geben, die erloschene brüderliche Einigkeit durch das engste Freundschaftsband wieder herzustellen, und alle sich dagegen stellende Hindernisse mit vereinigten Kräften aus dem Wege zu räumen, und haben sich unter folgenden Bedingungen zur eklektischen Maurerei mit einander verbunden:

1. Nehmen diese durch bloßes Freundschaftsband mit einander verbundenen Logen die alten Ritualien der Drei Symbolischen Grade wieder an. Diese drei Maurergrade allein werden von allen verbundenen Logen durchgehends gleichförmig anerkannt. Dahingegen steht es

2. jeder Loge frei, welche oder wie viele weitere Grade sie bei sich einführen will, nur müssen solche nicht zu einer Sache der ganzen Verbindung gemacht oder ihrentwegen, wie es in den bisherigen Maurersystemen geschah, die Einförmigkeit der drei Maurergrade geändert werden, auch bleiben solche jeder Loge ihrer eigenen Verantwortung lediglich überlassen. Es hängt

3. keine der hier verbundenen Logen von der andern ab; alle sind einander gleich und hat keine das Recht der andern Vorschriften zu machen;

es hören also die Namen von Schottischen und andern Obern Logen gänzlich auf, obwohl einer jeden Loge freisteht, einen schottischen oder andere höhere Grade bei zubehalten. Es hängt dem ungeachtet bloß und lediglich von den verbundenen Logen ab, wenn einige unter sich, der ganzen Verbindung unbeschadet, eine Dependenz von einander freiwillig erkennen und verabreden wollen, wenn es ohne den Argwohn des Landesherrn deswegen rege zu machen, geschehen kann. Auch bleibt den Meister Brüdern jeder Loge die Wahl des Meisters vom Stuhl und der beiden Vorsteher, diesen aber die Besetzung der übrigen Logenämter überlassen; sie können jene auf beständig oder auf bestimmte Zeit nach dem Befinden der Lokalumstände, die ihnen zu Rate zu ziehen freisteht, wählen. Desgleichen hat

4. jede Loge ihr eigenes Ökonomicum, von dem sie niemandem als sich selbst oder ihren eigenen Beamten Rechenschaft zu geben hat. Auch hören unter den verbundenen Logen alle Abgaben von Geld einer Loge an die andere gänzlich auf, die unter keinerlei Vorwand, unter welchem es auch sei, statthaben soll, es sei denn, daß sich ebenfalls einige Logen dazu, ohne Gefahr die Obrigkeit darüber aufsichtig zu machen, freiwillig unter sich verbindlich machen wollten, woran übrigens die ganze Verbindung keinen Anteil nimmt. So wenig aber die Logen von einander abhängig sind, eben so wenig sollen sie

5. von einem andern Obern, außer mit Einwilligung ihres eigenen Landesherrn, in den drei verbundenen Graden abhangen. Weil aber doch ein gemeinsames Band aller hier verbundenen Logen nötig ist; so soll solches

6. in einer freundschaftlichen Korrespondenz und Mitteilung aller etwaigen Ordens-Vorfallenheiten bestehen, an deren Spitze einige Logen als dem Mittel punkt, wohin alles zusammenstießt, stehen müssen; Zu welchem Ende denn auf Ersuchen verschiedener bereits beigetretener Logen sich

7. die Provinzialloge zu Frankfurt am Main und die Provinzialloge Joseph zum Reichsadler in Wetzlar zu einem gemeinschaftlichen Direktorio dergestalt bereinigt haben, daß es jeder Loge freisteht, an welche von diesen beiden Logen sie schreiben und ihre Nachrichten einschicken will. In dieses Logen Bündnis werden gegenwärtig

8. alle Logen ohne Rücksicht auf ihre bisherige Konstitution angenommen. Für die Zukunft aber, hält man es für nötig, daß jede neu errichtete Loge, die dieser Verbindung beitreten will, von einer oder der andern verbrüderten Loge konstituiert sei, und erbietet man sich allenfalls nach Beschaffenheit der Umstände, auch ein Konstitutions-Patent gratis zu erteilen. Alle in den verbundenen Logen aufgenommenen und dazu sich bekennenden Brüder werden

9. in allen verbundenen Logen auf Vorzeigung eines durchgehends gleichförmigen Zertifikats und Angebung des Losungswortes zugelassen und ihnen mit brüderlicher Zärtlichkeit und Hülfeleistung bei allen vorfallenden Gelegenheiten begegnet, auch ist

10. jedem einzelnen Bruder, der die drei Maurergrade in unserer eklektischen Verbindung erhalten hat, sich in andere Systeme aufnehmen zu lassen, erlaubt, und darf derselbe nach wie zuvor unsere Logen besuchen, wenn er nur keine Logensache daraus macht, Brüder dazu anwirbt, und die Ordnung der zum Grund unserer Verbindung gelegten drei Grade nicht stört. Auch lassen wir

11. alle Brüder derjenigen Systeme zu den Versammlungen der drei Grade unserer Verbindung zu, die ein gleiches mit unsern Brüdern tun. Sollte es aber künftig ein oder dem anderen System einfallen, aus Intoleranz oder Verfolgungssucht uns die Türen ihrer Logen zu verschließen, so bleibt es jeder Loge eigener Willkür überlassen, ob sie gegen die Brüder eines solchen intoleranten Systems das Wiedervergeltungsrecht ausüben, oder solchen nach dem von uns geäußerten toleranten Grundsatz dem ungeachtet den Zutritt zu ihren Arbeiten gestatten will. Ob nun gleich aber die hier verbundenen Logen von keinem auswärtigen Obern abhangen sollen, so steht es jedoch

12. einer oder mehreren der verbundenen Logen frei, sich einen großen Herren dergestalt, daß er keine Befehle an sie erlassen könne, noch in Logen sachen sich einer Direktion anmaße, zum Protektor zu erwählen, wenn sie nur denjenigen, welchen sich die meisten Stimmen der verbundenen Logen etwa künftighin zum Generalprotektor der ganzen Verbindung erwählen sollten, in gleicher Qualität und ohne Einräumung einiger Gewalt anerkennen wollen. Doch bleibt es auch hier jeder Loge überlassen, nach Beschaffenheit ihrer Lokal umstände, einen solchen Protektor anerkennen zu dürfen oder nicht. Es führt

13. die Verbindung der eklektischen Maurerei den Namen: die zur Wiederherstellung der Königlichen Kunst der alten Freimaurerei verbundene Logen. Und endlich ist

14. jede Loge jeglichen Systems, ingleichen jede Loge, die sich etwa neu er richten will, unter diesen Bedingungen in unsere Verbindung aufzunehmen. Wollten sich jedoch die assoziierten Logen zu seiner Zeit enger und genauer freiwillig verbinden, und zum Beüen ihrer Assoziation eine nähere und zweck mäßigere Einrichtung treffen, so steht

15. ihnen dieses allerdings frei, und es hängt alsdann von den mitverbundenen Logen ab, welcher Loge sie die dazu nötige Direktion anvertrauen wollen. Dieses ist es, teuerste Brüder, womit wir durch Entfernung des Partei-

geistes, Zwang, Eigennutzes und Abhänglichkeit, einer Gesellschaft, die dazu berufen ist, und in allen Zeiten dazu berufen war, der unterdrückten Menschheit und verfolgten Tugend zum Zufluchtsort zu dienen, und die Rechte der

Johann Karl Brönner

besteckten Weisheit in die Menschen zurückzurufen, wieder aufzuhelfen gedenken; wir versprechen Ihnen eine ansehnliche Zahl mit uns verbundener Logen und ein edles Häufchen würdiger, fester und für Tugend und Wahrheit glühender Männer. Diejenigen Logen, die nun an diesem, zur Wiederherstellung der alten echten Freimaurerei errichteten Freundschaftsband Anteil nehmen wollen, werden uns willkommen sein, und wir sind bereit Hand in Hand feiner Mit Ihnen gemeinschaftlich an dem erhabenen Bau unseres sehr ehrwürdigen Ordens fortzuarbeiten. Wir bitten uns in diesem Fall Ihre Erklärung bis Ende August aus, damit wir sodann imstande sind, das Verzeichnis der verbundenen Logen drucken zu lassen, und an alle mitverbundene Logen einsenden zu können. Der höchste Baumeister der Welten wolle die Redlichkeiten unserer Absichten segnen, und solche mit einem glücklichen Fortgang begünstigen.

Frankfurt, den 18. März 1783.

Im Namen der Hochw. Prov. Loge zu Frankfurt a. M.
Simon Friedrich Küstner, Prov. Sekretär.

Wetzlar, den 21. März 1783.

Im Namen der Hochw. Prov. Loge Joseph zum Reichsadler.
Christian Wilhelm Rotberg, Prov. Sekretär."

Die Wirkung des Zirkulars war anfänglich nicht sehr bedeutend. Man verkannte zwar nicht die guten Gedanken und die Reinheit der Gesinnung, die sich darin aussprachen, aber die Anhänglichkeit an Alt-Gewordenes war doch noch zu stark, um etwas Neues, obwohl es sich als eine Rückkehr zum Alten bezeichnete, ohne weiteres anzunehmen. Bis zum Jahre 1789 waren etwa dreiundfünfzig Logen aus Deutschland, Polen, Neapel und Dänemark beigetreten. Die Hoffnung, daß die Hamburger Loge, „Gottfried zu den sieben Sternen" als Mit-Direktorialloge sich dem Bunde anschließen würde, erfüllte sich nicht; so blieb es bei einem freundschaftlichen Verhältnis.

Natürlich fehlte es auch nicht an Angriffen, die besonders aus der Überlegung flossen, daß einige der Gründer dem Illuminatenorden angehört hatten. Man glaubte in dem Bunde einen deistisch-unchristlichen Grundgedanken zu erkennen, obwohl aus zahlreichen Äußerungen Ditfurths sein streng christlicher Standpunkt hervorgeht.

Die Grundsätze hat Küstner in drei Sätzen klar formuliert:

„In dem ersten Grad weihen wir den Lehrling zur Erkenntnis seinerselbst ein. Ein wichtiges Studium für den Menschen, aber auch um so schwerer, da der Mensch sich selbst das größte Geheimnis ist.

Im zweiten Grad führen wir den Gesellen auf die Erkenntnis der Natur. Ein sehr weitläufiges und unbegrenztes Feld für den forschenden Maurer, in dem alle Kenntnisse zum Nutzen und Wohl der Menschheit verborgen liegen.

In dem dritten Grad lassen wir den Meister seine Betrachtungen bis zu dem Schöpfer und Urheber aller Dinge hinaufschwingen, damit er den auf die Einheit gegründeten dreifachen Grund näher erkennen lerne und um dadurch zu der allerverborgensten Weisheit durchzudringen. Dadurch glauben wir dem Zweck des Ordens am nächsten gekommen zu sein und der Mühe des Maurers wert, sich darum zu bewerben."

Ditfurth hat die Unzulänglichkeit dieses Inhaltes sehr wohl gefühlt, und er beschloß, einen vierten Grad einzuführen, in dem alles, was man von der Maurerei erfahren könnte, gelehrt werden solle. Er schrieb darüber an Brönner, daß, wenn Frankfurt und Wetzlar zusammenhalten und in brüderlicher Harmonie arbeiten und gegen alle Logen in der Welt tolerant seien und die eigenen Bruder durch einen zu entwerfenden vierten Grad vor allen andern auszeichnen, man den eklektischen Logen mehr Dauer und Festigkeit geben würde, als durch den Beitritt von einer Menge wilder Logen. Die Maurern sei eine Sache, die auf der einen Seite segenvollen unleugbaren Nutzen stiften, auf der andern Seite aber auch unendlich gemißbraucht werden könne, dergestalt, daß man mittels der Neugierde und dem Verlangen, mehr als andere Menschen zu wissen, rechtschaffene Männer ohne ihr Wissen zu Mitschuldigen solcher Unternehmungen machen könne, in die sie in ihrem Leben nicht gewilligt haben würden. Die Freimaurerei habe schon vieles, ja alles gewonnen, wenn sie sich gegen letzteres sichergestellt habe.

Die Provinzialloge zu Frankfurt lehnte nicht unbedingt ab, sie riet nur, man möge damit noch warten, um die eklektischen Logen nicht zu früh mit Neuerungen zu behelligen. Dabei blieb es.

Eine Merkwürdigkeit aus diesen Tagen verdient für die Geschichte aufbewahrt zu werden. Ein Bruder, von Hirschen, behauptete, das Geheimnis entdeckt zu haben, aus der Luft ein Salz zu gewinnen, mit dem sich alle Krankheiten heilen ließen. Er bot die Erfindung für bare sechstausend Gulden der Loge an, wobei er sich verpflichtete, sein Geheimnis in Zukunft nicht mehr auszunutzen. Das Schreiben wurde zu den Akten gelegt und dem hochgeehrten Bruder" gar keine Antwort gegeben. Ironisch bemerkt dazu Wilhelm Keller (Geschichte des eklektischen Freimaurerbundes, Gießen 1857), „wodurch die Welt um die Früchte dieser außerordentlichen Erfindung kam". Natürlich kann Hirschen ein Schwindler gewesen sein, aber nach dem heutigen Stand der Wissenschaft, wonach die Gewinnung des Salpeters aus der Luft ein fester Besitz der Chemie ist, werden wir Hirschens Erfindung nicht so ohne weiteres in das Bereich des alchymistischen Betrugs setzen dürfen. Wir wissen, daß die Chemie dem Laborieren der Alchymisten wichtige Entdeckungen zu verdanken hat. Vielleicht ist hier eine solche der Welt verlorengegangen, die hundertvierzig Jahre nachher im Weltkrieg zu einer ungeahnten Bedeutung gelangte. –

Simon Friedrich Küstner

Mit dem Beginn des Jahres 1785 hatte die eklektische Maurerei in gewisser Beziehung festen Fuß gefaßt, und es galt nun, ein einheitliches Gesetzbuch zu schaffen, eine Aufgabe, der sich eine Kommission unterzog, die im Januar 1788 das Werk der Provinzialloge vorlegen konnte. Inzwischen schlief die Tätigkeit der Direktorialloge in Wetzlar allmählich ganz ein, Ditfurth scheint keine Freude mehr an der ganzen Angelegenheit gehabt zu haben, seit Juli 1788 veranlaßte er keine Sitzungen mehr, und im Januar 1791 legte er sein Amt als Großmeister nieder.

Was ihn zu diesem entscheidenden Schritt veranlaßte, ist nicht mit Bestimmtheit festzustellen, man darf aber wohl annehmen, daß die Absicht der Frankfurter Provinzialloge, wieder mit London anzuknüpfen, zu Ditfurths Entschluß nicht unwesentlich beigetragen hat.

Und das Spiel gelang, zwar nicht zur Freude aller angeschlossenen Logen, da eine Doppelstellung geschaffen war, die auf die Dauer zu Unzuträglichkeiten führen mußte. Die Provinzialloge sah sich veranlaßt, sich in einem Zirkular-Schreiben an ihre Logen zu wenden gelegentlich der Übersendung des Programms für die feierliche Einsetzung. Dieses Zirkular wurde dazu benutzt, auch die immer wieder auftretenden Bedenken der illuminatischen Grundlage des Bundes zu zerstreuen. Es lautet: „Der im Jahre 1783 von uns gemeinschaftlich mit der Hochwürdigen Direktorial Loge „Joseph zum Reichsadler“ in Wetzlar vorgeschlagene eklektische Bund lehrt nichts als reine englische Maurern, und es werden darin nur die drei symbolischen Grade bearbeitet. Dies Bündnis sollte kein neues Maurersystem sein, sondern ein Mittel, Brüder zu vereinigen, die Neben-Absichten, die auf die reine englische Maurern gepfropft wurden, aber nicht angeschlagen sind, entfernt hatten, wie unser diesseits im März 1783 erlassenes Zirkular umständlich und deutlich lehrt.

Je reiner aber diese und alle unsere Bemühungen zum Besten des Ordens jener Zeit gewesen sind, desto schmerzhafter mußte es für uns sein, die edelsten, die besten Absichten von vielen Brüdern und auch selbst von vielen deutschen und auswärtigen Logen mißdeutet und das allgemeine Vorurteil unbekämpft zu sehen, als ob die eklektische Verbindung nur eine Hülle des Illuminatismus sei.

Johann Peter Gogel

Wir sehen uns also genötigt zu erklären, sowohl für uns, als auch im Namen unserer Hochwürdigen Direktorial Schwester-Loge, Joseph zum Reichs-Adler in Wetzlar, daß weder dieses System noch irgend ein anderes, als die ursprünglich auf den drei Graden beruhende englische Maurerei unter dem Namen der Eklektiker verborgen war oder ist.

Wir können und wollen zwar nicht leugnen, daß einige Mitglieder unserer Logen, durch Forschungs-Geist getrieben, – dem die englische Maurerei niemals Zwang angelegt hat – sich auch mit dem Systeme der Illuminaten bekannt machten, deren Lehren und Gebräuche nunmehr in öffentlichen Schriften der Welt vor Augen liegen. In wie weit solche Brüder dabei beruhigt worden, war unsere Sache so wenig zu untersuchen, als wir Willens waren, je andere Grundsätze, als die der uralten englischen Maurerei in der Loge anzunehmen, Überdies hatte auch dies Forschen einzelner Brüder in dem Illuminaten-System niemalen den geringsten Einfluß auf den eklektischen Bund gehabt, wovon die Protokolle unserer Provinzial-Loge den besten Beweis geben.

Wir erwähnen dieses Umstandes nur allein zur Belehrung derjenigen, die da glauben könnten, weil einige unserer Brüder zu den Illuminaten gehörten, so wirke auch dieser Orden durch unsere Loge, dem wir aber hierdurch nochmals feierlich widersprechen.

Je unverdienter uns inzwischen eine solche Beschuldigung traf, desto willkommener kam uns dagegen die treue Hand, die unsere Hochwürdige Große Mutter-Loge uns wieder darbot; wir ergriffen sie mit desto zärtlicherer Freude, weil wir durch dieses öffentliche Denkmal sowohl allen, wiewohl unverdienten, Verdacht von uns zurückweisen, als auch nunmehr durch diese Stütze gestärkt, unsere fernern Kräfte zur Ehre der englischen Maurerei mit heiterer Stirne verwenden können. Nur diese Lehre zu bearbeiten, laden wir alle uns verbundene sehr ehrwürdigen Logen nicht nur aufs neue ein, sondern wir ermahnen sie selbst, kein anderes System in ihre Heiligtümer einschleichen zu lassen. So rühmlich es für jeden einzelnen Bruder ist, seinen Trieb nach Kenntnissen nicht zu ersticken, so schädlich ist es, wenn jeder seine oft unverdauten Grundsätze einer ganzen Versammlung vortragen und aufdringen wollte. Einzelne Wahrheiten find öfters lehrreich und für den, der sie besitzt, beruhigend, nicht immer aber läßt sich einer ganzen Loge die Überzeugung davon mitteilen, durch die doch nur allein Mißdeutung vermieden werden kann. Das englische Maurer-System bietet uns Stoff genug dar, sowohl im moralischen als spekulativen Fache, unsere Kenntnisse und Beruhigung zu erweitern und zu begründen; bleiben wir also solange dabei stehen, bis derjenige auftritt, der uns überzeugend belehren kann, er habe alles darinnen Enthaltene erschöpft.

Möge diese unsere neue Verwendung zum Besten des Ordens von jedem Bruder, dem Gegenwärtiges zu Gesichte kommen wird, eben so unbefangen beurteilt werden, als wir unsere ungeheuchelten Grundsätze darinnen öffentlich darstellen. Möchte die Absicht dadurch erreicht werden, daß das Licht der Maurerei auch in jenen Provinzen wieder scheinen könnte, wo es wegen seiner vermeinten Verwandtschaft mit dem Illuminatismus so kläglicher Weise gänzlich unterdrückt worden ist, und daß endlich das Vorurteil besiegt und die Fackel der Wahrheit wieder entzündet werde."

Zum Provinzial-Großmeister war Johann Peter von Leonhardi gewählt worden, der am 25. Oktober 1789 feierlich eingesetzt wurde. Das Londoner Patent vom 20. Februar 1789 ist nach dem üblichen Schema abgefaßt und bietet keine bemerkenswerte' Sonderbestimmung, die von Einfluß auf den eklektischen Bund gewesen wäre.

Die Schwierigkeiten der Doppelstellung traten alsbald hervor, die Logen von Kassel und Karlsruhe fragten an, ob bei der erneuerten Verbindung mit London der eklektische Bund bestehen könne, sie erhielten beruhigende Zusicherungen, andere Logen, darunter Gotha, erklärten den Bund für aufgelöst.

Die Unstimmigkeiten machten sich sogar im Innern der Hauptloge des Bundes, der „Einigkeit" in Frankfurt, bemerkbar, und das kam daher, daß einige Brüder mit dem Inhalt der drei Johannisgrade nicht zufrieden waren und höhere Aufschlüsse begehrten. Diese bot ihnen nach der Rückkehr zur Londoner Großloge deren vierter Grad, Royal Arch, das Kapitel vom Königlichen Gewölbe. Etwa zwölf Brüder, darunter von Leonhardi, der Großmeister, und Brönner, hatten diesen Grad empfangen. Natürlich waren die Gegner höherer Erkenntnisstufen gegen den Royal-Arch-Grad, und es kam zu lebhaften Auseinandersetzungen, die damit endeten, daß das Kapitel vom Königlichen Gewölbe sowohl von der Provinzialloge wie auch von der „Einigkeit" völlig gesondert gehalten werden sollte.

Dieser Royal-Arch-Grad, in dem das „Erkenne Dich selbst" Leitgedanke ist, entstammt dem Schoße der englischen ancient masons, und sein Inhalt wird in den Gesetzen von 1778, revidiert 1807, folgendermaßen geschildert:

„Die alte Maurerei besteht aus vier Graden, von denen der Lehrlings-, der Gesellen- und der erhabene Meistergrad die drei ersten sind. Derjenige Bruder, der in diesen drei Graden gut bewandert und sonst in der Masse, als im Folgenden ausdrücklich bestimmt wird, dazu geeignet ist, kann ausersehen werden, um den Zutritt zum vierten Grade, den heiligen Royal-Arch, zu erhalten. Dieser Grad ist fürwahr erhabener, erlauchter und mächtiger, als die vorhergehenden. Er ist der Gipfel und die Vollendung der alten Maurerei. Unsern Gemütern prägt er einen festen Glauben ein an das Dasein einer höchsten Gottheit, bei der kein Anfang von Tagen und kein Ende von Jahren stattfindet, und erweckt in uns auf eine angemessene Art die Ehrfurcht und Verehrung, die diesem heiligen Namen gebührt. Wegen seiner Vorzüglichkeit hat dieser Grad unter den Maurern die Benennung eines Kapitels erhalten. Damit dieser höchste Grad ausgespendet werden könne mit der Regelmäßigkeit, Ordnung und Feierlichkeit, die der erhabenen Absicht entspricht, womit er seit undenklichen Zeiten erteilt worden ist, als ein wesentlicher Bestandteil der alten Maurerei und als die Vollendung und der Schlußstein des schönen Systems, haben die vortrefflichen Maurer in der Großloge von England, nachdem sie sich nach Maßgabe der alten Konstitutionen gehörig versammelt haben und den Vorschriften der Einsetzung gemäß in ein gemeinsames Großkapitel zusammengetreten sind, die Satzungen, die zu seiner Regierung seit langer Zeit in Gebrauch waren, sorgfältig gesammelt und durchgesehen, sodann sie aber angenommen, daß sie, mit amtlicher Genehmigung der Großloge, in die Bücher jeder gesetzmäßig eingesetzten Loge eingetragen werden und auf eine glaubhafte und entscheidende Art einen Teil der Gesetze und Satzungen in Bezug auf die Regierung der Zunft ausmachen sollen.“ (Zitat bei Lenning.)

Wer an das Mysterium der Unsterblichkeit der Seele glaubt, wer überhaupt ein Fühlen und Erleben dafür hat, es könne mit diesem so fragwürdigen Erdendasein nicht die Bestimmung des Menschen erfüllt sein, der muß unbefriedigt bleiben von der Lehre der Johannisgrade.

Auch die entschiedensten Anhänger der symbolischen Freimaurerei, die wir lediglich für den Unterbau unseres geistigen Tempels halten, oder für den Vorhof, werden von der Kraft der Idee hingerissen, die den Kultus der Unsterblichkeit im christlichen Sinne durchströmt. Sie versuchen zu glauben, daß sie das ganze Mysterium, vor dem wir uns in tiefer Ehrfurcht beugen, in ihren Meistergrad hineinlegen können. Was ihnen das Ritual versagt, ersetzen sie durch Vorträge.

Und wie könnte es anders sein, wo man an die höhere Bestimmung des Menschen glaubt, wie in allen Kreisen der Freimaurerei. Der Glanz des echten Edelsteins hat noch immer den Similischimmer überstrahlt, und je höher die Not der Zeit steigt, je erschütternder die seelischen Kümmernisse uns bedrohen, desto gläubiger und hoffnungsvoller schauen wir alle nach dem Mittelpunkte der erlösenden Liebe.

Die Notzeit der napoleonischen Kriege hat auch der eklektische Bund gefühlt, die meisten seiner Logen gingen zugrunde. Dazu kamen Sprengelstreitigkeiten mit der Großen Loge Royal York wegen der von ihr in Frankfurt gestifteten Johannistage „Sokrates“. Während der Franzosenzeit hatte die Provinzialloge Mühe, ihre Unabhängigkeit zu bewahren. Nach Überwindung

Napoleons und Befreiung Deutschlands nahm sie ihre Tätigkeit wieder auf und gründete mit neubearbeiteten Ritualen in benachbarten Städten einige Logen.

Johann Peter Freiherr v. Leonhardi

Die Freundschaft mit England sollte auch bald ihr Ende finden. Vertragstreue ist nie Sache der englischen Großloge gewesen, sie errichtete trotz dem lebhaften Widerspruch der Frankfurter Provinzialloge in Mainz und in Frankfurt Johannislogen. Dies wurde die Veranlassung, sich von der englischen Vormundschaft zu befreien. Dazu kam noch, daß Frankfurt von London Schutz seiner Sprengelrechte gegen den Landgrafen Karl von Hessen verlangte, der einigen aus der Loge zur Morgenröte, jener von England in Frankfurt gegen den Vertrag konstituierten Loge, ausgeschiedenen Mitgliedern eine Stiftungs-Urkunde unter dem Namen „Carl zum aufgehenden Licht" erteilt und ein altschottisches Direktorium bewilligt hatte. Alle Vorstellungen in London verhallten ungehört, und da entschloß sich die Provinzialloge von Frankfurt im Jahre 1823 unter der Führung des greifen Leonhardi, sich für unabhängig zu erklären und sich als selbständige Großloge des eklektischen Freimaurerbundes in Frankfurt am Main aufzutun. Heute nennt sie sich Große Mutterloge des Eklektischen Freimaurer-Bundes.

Damit war die englische Oberhoheit über die Freimaurer Deutschlands im wesentlichen endgültig beseitigt. Nun erst war das achtzehnte Jahrhundert unwiderruflich vorüber, seine mystisch-alchymisch-magischen Schatten, die das Licht der reinen Lehre verdunkelt hatten, entwichen in das Wesenlose.

Zwei elementare Erscheinungen haben dies zuwege gebracht, die am Ende des achtzehnten und am Anfang des neunzehnten Jahrhunderts auftraten: die französische Revolution und die deutschen Befreiungskriege. Zwischen beiden Erscheinungen liegt das fin de siècle. Mirabeau sagt: „Die Schlacht bei Roßbach war der Anfang der Revolution.“ Und nun das Merkwürdige, die französische Revolution schuf das Nationalgefühl, das „je suis Français“ gegenüber dem Ich bin Preuße, Bayer, Schwabe, Hesse. Die französische Revolution schuf aber auch den Begriff der Humanität. Voltaire ist der Vater des Begriffes, ein Geist von universaler Wirksamkeit. Goethe schreibt an Frau von Stein über ihn: „Es ist, als ob ein Gott, aber eine Kanaille von Gott über das Hohe und Edle spricht.“ Voltaire war durchaus Aristokrat, Feudalherr, seine Humanität war frei von Kirche und Theologie, nicht auf demokratischem, sondern auf aristokratischem Boden erwachsen. Die beiden Begründer des Begriffes Humanität waren Cicero und Voltaire, und beide waren Aristokraten. Das zugkräftigste Schlagwort jener Zeit war das Rousseausche „Rückkehr zur Natur“. Der künstliche Ständeunterschied gegenüber der natürlichen Gleichheit ist der Gedanke Rousseaus. Dazu kam die materialistische Philosophie der Enzyklopädisten, und die Wirkung dieser neuen Ideen war sehr groß, selbst bei Hof in Frankreich, auch in Preußen und am Hof Katharinas II. Damit war der mittelalterliche Ständestaat erledigt, er hatte kein Vertrauen mehr zu sich selbst und keine Machtmittel, er konnte nicht einmal das Nationalgefühl aufrechterhalten. Die Armee war ganz ständisch und fühlte sich nicht als national. Erst Bonaparte schuf den nationalen Geist in der Armee und führte ihn zum Siege. Er preßte die Republik in monarchische Formen.

Aber auch in Deutschland war das Nationalgefühl erwacht, die Werkschätzung Frankreichs, seiner Kultur und Sprache war überwunden, überall flammte das Bekenntnis zum Deutschtum auf, das man archaistisch Teutschtum schrieb. Der Tugendbund entstand zur Abschüttelung der Fremdherrschaft. Freikorps wurden organisiert, der Landsturm aufgeboten.

Die Logen waren geschlossen, aber der freimaurerische Geist wirkte fortzeugend vaterländische Begeisterung und vaterländischen Opfermut. Feldlogen sorgten für die Aufrechterhaltung dieses Geistes während der kriegerischen Geschehnisse. Während der Befreiungskriege waren drei Feldlogen von den drei Weltkugeln und drei von der Großen Landesloge gegründet worden.

Mit der Niederwerfung Napoleons war auch die alte Zeit überwunden. Alles Nebelhafte fiel von der Freimaurerei ab, die Romantik des achtzehnten Jahrhunderts flüchtete sich in die deutsche Dichtung, das harte Klirren der Waffen hatte sie verscheucht.

Wie der Krieg die Menschen verschiedenster Stände geeinigt hatte, so die Feldlogen die verschiedenen Lehrarten. Zunächst hörten die Systemstreitigkeiten für eine längere Zeit auf. Jede Großloge ging daran, ihre Rituale nachzuprüfen und auf den Geist der neuen Zeit einzustellen.

Excurs.
Die schottische Maurerei.

Schottland ist in der Geschichte der Freimaurerei von jeher das Land der Sage und Legende gewesen und ist es geblieben bis tief in das neunzehnte Jahrhundert hinein, erst die Untersuchungen Wilhelm Begemanns haben „die Nebel des Wahns" zerstreut. Aber auch der absolute Nachweis, daß keine Urkunden vorhanden seien, auf Grund deren geschichtliche Spuren der schottischen Legenden angenommen werden könnten, vermag uns nicht zu überzeugen, daß eben diese Legenden ohne jeden historischen Kern sein sollten.

In der ersten Ausgabe seines Konstitutionenbuchs macht Anderson, selbst ein Schotte, die frühesten Angaben über die Freimaurerei in Schottland:

„Die Könige von Schottland ermutigten sehr die Königliche Kunst, von den frühesten Zeiten bis zur Vereinigung der Kronen, wie aus den Überbleibseln prachtvoller Bauten in jenem alten Königreich und aus den dort viele hundert Jahre ohne Unterbrechung existierenden Logen hervorgeht, deren Urkunden und Überlieferungen die hohe Achtung jener Könige für diese ehrwürdige Brüderschaft bezeugen, die stets vollgiltige Beweise ihrer Liebe und Treue gab, woraus der alte Trinkspruch unter den Schottischen Masons entsprang, nämlich: Gott segne den König und die Zunft!

Auch wurde das Königliche Beispiel vom hohen und niedern Adel sowie von der Geistlichkeit Schottlands befolgt, die sich in allem zum Wohl der Zunft und der Brüderschaft verbanden, indem die Könige oft die Großmeister waren, bis, unter anderem, die Masons von Schottland ermächtigt wurden, einen bestimmten und festen Großmeister und Großaufseher zu haben, die Gehalt von der Krone hatten und auch eine Erkenntlichkeit von jedem neuen Bruder im Königreich beim Eintritt. Ihr Geschäft war nicht allein, in der Brüderschaft zu regeln, was etwa verkehrt ging, sondern auch alle Schwierigkeiten zwischen Mason und Bauherrn anzuhören und endgiltig zu entscheiden, den Mason zu bestrafen, wenn er es verdiente, und beide zu angemessenem Vergleiche zu verpflichten. Wenn bei diesen Verhandlungen der Großmeister abwesend war, führte der Großaufseher den Vorsitz... Ohne Zweifel wurden mehrere Sächsische und Schottische Könige nebst vielen des höheren und niederen Adels sowie der hohen Geistlichkeit Großmeister jener frühen Logen, infolge eines damals herrschenden mächtigen Eifers, prächtige christliche Tempel zu bauen."

In der Ausgabe von 1738 geht Anderson noch weiter, da berichtet er schon von vier königlichen, sechs geistlichen und acht adligen Großmeistern, während feststeht, daß diese Würde erst am 30. November 1736 geschaffen wurde.

In der Folge kam dann der ganze Legendenkranz um den Prätendenten Karl Eduard Stuart auf und der von den Jesuiten als den eigentlichen Oberen der Freimaurerei, eine Ansicht, die von Bode und seinem Kreis hartnäckig wie eine Zwangsvorstellung verbreitet wurde. Aber auch in Frankreich war diese Vorstellung ziemlich allgemein. Es existiert eine Schrift „La Maçonnerie écossoise" (de Bonneville, Paris 1788), in der behauptet wird, daß die Anfangsbuchstaben von Supérieurs Inconnus (Unbekannte Obere) nichts anderes bedeuteten als Societas Jesu (Gesellschaft Jesu). Wir brauchen auf diese Dinge nicht einzugehen, denn sie sind so gründlich von der Wissenschaft in das Reich der Fabel verwiesen, daß kein ernsthafter Mensch mehr daran glaubt, nur die Gegner der Freimaurerei suchen daraus noch gelegentlich Kapital zu schlagen.

Wir wollen uns den wichtigeren Fragen nach dem geistigen Inhalt der schottischen Maurerei zuwenden, denn noch heute bearbeiten diejenigen Großlogen, die über die größte Mitgliederzahl in Deutschland verfügen, die schottischen oder Andreas-Grade. Freilich von der Geheimwissenschaft des achtzehnten Jahrhunderts ist nichts übrig geblieben, alles ist in die Höhenluft des christlichen Sittengesetzes erhoben.

Es dürfte heute unbestritten feststehen, daß die schottische Maurerei in Frankreich entstanden ist. Nach einer alten Matrikel im Stockholmer Archiv, die Begemann eingesehen hat, haben in den Jahren 1738 und 1739 einige Schweden in einer Pariser Loge bereits Schottengrade erhalten. Von diesem Zeitpunkt an verbreitet sich der Gedanke weiter; wir finden in Maubeuge, Metz, Straßburg, Berlin, Hamburg und Köln bereits Schottenlogen in voller Tätigkeit, die neben höheren Kenntnissen, die fast durchweg magisch-alchymischer Natur waren, auch eine Art Oberhoheit über die Johannislogen ausübten, solche gründeten und mit Stiftungsurkunden versahen.

Begemann nimmt auf Grund von umfassendem Urkundenmaterial an, daß die schottische Maurerei mit Schottland nicht das geringste zu tun habe, daß sie vielmehr infolge der Kunde von der 1736 gegründeten Großloge von Schottland und durch Ramsays Rede (Bd. I, 184) in Frankreich erfunden worden sei. In dieser Rede hatte Ramsay auf Schottland als die Heimat sehr alter und blühender Logen hingewiesen. Erfinderische Köpfe schufen neue Grade und gaben sie als schottische aus, so daß wir bald nach 1740 auch in der freimaurerischen Literatur Frankreichs Schottische Meister mit höheren Ranganspruchen antreffen, gegen die am 11. Dezember ein abwehrender Beschluß in der Pariser Großloge gefaßt wurde. Sie wußten sich aber durchzusetzen und erlangten in den neuen Statuten von 1755 für sich wichtige Zugeständnisse. Die schottischen Logen sind also unschuldig am Entstehen schottischer Grade. Man hat auch wohl versucht, die Benennung écossais als entstellt aus acassais zu erklären, aber dieser Versuch ist mit aller Bestimmtheit abzulehnen, denn ein Eigenschaftswort acassais hat es im Französischen niemals gegeben. ...Es muß dabei bleiben, daß alle sogenannten schottischen Logen und Grade den Namen mit Unrecht tragen und nicht aus Schottland herstammen. (Begemann.)

Wir werden nunmehr die Frage zu beantworten haben: Wie kam man in Frankreich dazu, die höhere Erkenntnisstufe, die man um die Zeit des ersten Drittels des achtzehnten Jahrhunderts schuf, schottisch, écossais, zu nennen? Es kann keinem Zweifel unterliegen, daß die politische Agitation um den Prätendenten viele seiner Anhänger, schottische Edelleute, nach St. Germain en Laye zog, wo der Prätendent Hof hielt. Wahrscheinlich hatte schon früher ein Stuart den Orden des heiligen Andreas von der Distel wieder erneut und seinen Getreuen verliehen. Das alles wurde aber sehr geheimgehalten, und es ist wohl in jener Zeit geschehen, daß man die Freimaurerei mit diesem Geheimorden in Beziehung setzte, um die eigentlichen Ziele zu verhüllen. Die Formel des Ritterschlags beweist deutlich, daß der Andreasorden mit der Freimaurerei nichts gemein hatte:

‚Ich schlage Euch zum Ritter des Ordens des heiligen Andreas von der Distel, im Namen des großen Jehovah, des unsterblichen Geistes, der da lebt in Ewigkeit; im Namen unseres heiligen Vaters, des Apostels Andreas, im Namen des Königs von Schottland, unseres hochachtbaren Großmeisters, und in meinem eigenen Namen, als regierenden Meisters. Ich hänge Euch das schottische Kreuz der Ritterschaft des heiligen Andreas von der Distel um; Ihr seid dessen von der schottischen Ritterschaft gewürdigt worden. Tragt und bewahrt es mit dieser angediehenen Würde und Treue und Verschwiegenheit bis an den Tod. Mit Eurem Schwerte sollt Ihr Eure schottische Pflicht und Eure Brüderschaft beschützen. Seid ein tapferer Ritter, verehret die unsterbliche Gottheit demütig, seid ein glänzendes Bild der Tugend und eine strahlende Sonne der Wahrheit.“

Nachdem der Orden ins Freimaurerische umgebogen worden war, geschah der Ritterschlag nicht mehr im Namen des Königs, sondern im Namen des Großmeisters des Kapitels von Heredom in Schottland, von dem aber vor 1755 auf schottischem Boden keine Spur nachzuweisen ist.

Es sind also Anhaltspunkte genug vorhanden, die neu geschaffene Loge mit Schottland in Verbindung zu bringen. Aber die Sache liegt vielleicht doch etwas anders. Bei der Ausstattung des Tempels der schottischen Meister spielen Triglyphen am Deckenfries eine besondere Rolle, wahrscheinlich um symbolisch den ewigen Wechsel von Licht und Finsternis in der Natur darzustellen. Triglyphen heißen im Griechischen σκοτία und sind in die lateinische Zunftsprache bei Vitruvius als scotia übergegangen. Wenn man nun weiter überlegt, daß Wahrung des Geheimnisses dieses im Verborgenen, in der Finsternis arbeitenden Ordens ein wichtiger Punkt des Ordensgelübdes war, so kommt man zu der merkwürdigen Feststellung, daß im Griechischen die Finsternis σκότος (scotos) heißt, der Orden also im Verborgenen, ἐν σκοτῷ (en scoto), seine Tätigkeit ausübt. Lehrinhalt und Ritual widersprechen dem nicht.

Hier liegt die Umbildung eines mißverstandenen Fremdwortes vor, ähnlich wie die englischen Steinmetzen aus Pythagoras Peter Gower, wie die Soldaten des Weltkrieges aus dem chemin des dames einen Schmenker Damm machten, so haben die französischen Erfinder der neuen Erkenntnisstufe aus dem nicht verstandenen scotos écossais herausgelesen. Sprachliche Vorgänge sind geheimnisvoll, sie vollziehen sich ebenso aus physiologischen wie aus psychologischen Reizen, die wir lediglich experimentell feststellen, aber in den seltensten Fällen erklären können. Wir sind heute nicht mehr in der Lage, zu ermitteln, welcher gelehrte Franzose, vielleicht ein katholischer Priester, als Parteigänger der Stuarts und seines Bekenntnisses, das griechische Wort in die Akten des Grades einschmuggelte, um das Geheimnis noch tiefer zu verhüllen. Er schrieb natürlich mit lateinischen Buchstaben, und so konnte es leicht geschehen, daß die falsche Etymologie zur Herrschaft kam. Es lag ja so nahe, der Prätendent war Schotte, seine Umgebung waren Schotten, Ramsay war Schotte und er betonte Schottland als die älteste Heimat des Ordens, der Apostel Andreas war der Patron Schottlands; scotos und scotia waren vergessen, und die schottische Loge war entstanden.

In den langen Jahren, in denen ich wortführender Meister einer schottischen Loge in Berlin war, habe ich viel über diese geheimnisvollen Zusammenhänge sprachlicher Entwicklung nachgedacht und die Ergebnisse dieses Nachdenkens mit gelehrten Freunden aus der Brüderschaft besprochen, da fand ich während der Arbeit an diesem Werke in einer versteckten Fußnote zu einem Aufsatz von Dr. Höfig-Parchim aus dem Jahre 1872 folgende Bemerkung: „Wenn die Andreasloge im Verborgenen arbeitet, so denkt mein philologisches Gemüt gern an ἐν σκοτῳ, um so lieber, als scotia ein von Vitruv ins Lateinische eingeführter bautechnischer Ausdruck und scotia ein gebogenes, aus zwei Quadraten zusammengesetztes Glied an den Säulen ist.“ Merkwürdigerweise ist auch Höfig nicht der erste, der diesen Gedanken gehabt. In dem Ritual der „Deutschen Union der Zweiundzwanzig“, auf die wir im dritten Band näher eingehen, steht über das Wort des ersten Grades dieses freimaurerisch aufgezogenen Geheimbundes folgende Erklärung: „Das Wort im ersten Grad sey Skotus, welches Finsterniß, nach dem Griechischen, heißen soll, aber auch auf Schottisch – gezogen werden kann.“ (Dr. Karl Friedrich Bahrdt, Geschichte und Tagebuch meines Gefängnisses usw., Berlin und Wien, 1790.) Wenn ich nun auch die Priorität des Gedankens, obwohl ich ihn unabhängig von den angezogenen Quellen gefunden und vorgetragen habe, nicht mehr beanspruchen kann, so ist mir doch dies eine wichtige Stütze für die Theorie, die noch bedeutend an Glaubwürdigkeit gewinnt, wenn wir uns näher mit dem Geiste der Schottenlogen beschäftigen, deren reinste Form uns in der Andreasloge der schwedischen Lehrart vorliegt, wie sie die Große Landesloge der Freimaurer von Deutschland vertritt.

Vorab müssen wir jedoch den Inhalt der Legende kennenlernen, an die noch Zöllner glaubte und die er in seinen Instruktionen vortrug (Archiv der drei Weltkugeln). Auch Nettelbladt konnte sich von dem Gedanken an Schottland nicht ganz freimachen, wenngleich er sich sehr kritisch äußerte. Allein Zinnendorf hat die Legende abgelehnt, wie wir später sehen werden.

Am vollständigsten ist die Legende in einer schon seltenen Schrift wiedergegeben, die 1802 herauskam: „Was ist unter der Parabel: Die Familie der Amicitier…eigentlich zu verstehen? Vom Bruder Amicus Veritatis.“

Diese Schrift hat eine Vorgeschichte. „Der Beobachter an der Spree“, eine kleine Wochenschrift, begann in ihrem dreizehnten Stück am 29. März 1802 mit einer Erzählung: „Die Familie der Amicitier, eine Revolutionsgeschichte unserer Tage“, die durch viele Wochen fortgesetzt wurde. Darin wird eine patriarchalisch geleitete Familie geschildert, die in einem abgelegenen Tal der Auvergne ein beschauliches und glückliches Dasein führte. Das Hauptfest war die Totenfeier ihres Ahnherrn, des Amicus Sincerus, den schon Salomo gewürdigt hatte, „bei dem Bau des großen Tempels zu Jerusalem zu Rate gezogen zu werden“.

„Bloß die Mannspersonen nahmen Anteil an diesem Fest. Es hieß das Gedächtnis des Todes. Der Tempel war bei dieser Gelegenheit schwarz ausgeschlagen. Skelette, Totenköpfe, Gebeine und Särge – und das memento mori, das so kräftig an das sic transit gloria, mundi erinnert – erblickte man bei jedem Schritt.

Die Amicitier selbst waren schwarz bekleidet, mit schwarzen Mänteln angetan, ihre Hüte waren herabgeschlagen und ihre Haare zerstreut um den Kopf herumfliegend. Sie sahen einander an und sprachen nicht. In tiefes Nachdenken schienen sie verloren. Endlich betrat einer die Kanzel und sprach mit heller und fürchterlicher Stimme: Mensch, gedenke an den Tod!"

In diesen Frieden des Tales brachte ein Mitglied der Familie Amicus der Catenarier Aufregung, indem er die Amicitier veranlaßte, aus ihrer Abgeschiedenheit herauszutreten und sich in die Welt der Politik zu begeben. „Sie befolgten diesen Rat und fielen in Versuchung und Stricke."

Herzog von Berwick

Diese Erzählung, die offenbar eine Satire auf die durch die französische Revolution geschaffene Demokratie sein will, hat der Amicitier-Familie ganz deutliche Züge der Freimaurerei, insbesondere der in Frankreich bestehenden schottischen, gegeben. Dagegen wendet sich nun die genannte Schrift des Amicus Veritatis, indem sie zeigt, daß die Freimaurerei ganz andere als politische Ziele verfolge und sich aus der Verirrung der Parteigängerschaft für die Stuarts erfolgreich gelöst habe. Zu diesem Zweck berichtet der Verfasser die von ihm für Geschichte gehaltene Legende, leider ohne seine Quelle anzugeben.

„Nach dem gewaltsamen Tode Karls I. sahen einige Königlichgesinnte die Free-Masonry, die bis dahin eine Vorbereitung zur Einweihung in das Verständnis jener Hieroglyphen (freimaurerischer Symbole, die der Verfasser vorher beschrieben hatte) gewesen war, als ein Mittel an, unter eben diesen Hieroglyphen ihren Zweck zur Wiedereinsetzung Karl Stuarts zu verstecken und so auf eine sichere Art nach und nach diejenigen kennenzulernen, auf die man bei einer Konterrevolution bauen könnte.

Dieser nun zu einem politischen Zweck umgeschaffene Orden mußte dem Oliver Cromwell um so mehr unentdeckt bleiben, da teils das Einschreiben in die Zunft gesetzlich in London und mithin ganz unverfänglich war, teils aber auch der Lehrling die Gesellen und Meister, der Geselle die

Meister und die Meister die geheimen Oberen nicht kannten. Der Zweck selbst wurde den Meistern in den Sinnbildern zwar nahegelegt, nicht eher aber mündlich eröffnet, bis man sich ihrer völlig versichert hatte und mithin ohne alle Furcht sein konnte. Mit den uralten Hieroglyphen verband man daher ein Feldgeschrei, ein Hilfszeichen und die eidliche Anerkennung, daß sich der Verräter den Strafen des Hochverrats unterwerfen wolle. Die wahren Maurer, d. i. diejenigen, welche in die Geheimnisse der uralten Hieroglyphen eingeweiht waren, ließen dies, da der Endzweck sittlich gut war, zwar geschehen, sie sahen aber durch das geflissentlich verbreitete Dunkel hindurch und vergaßen ihren höheren Endzweck auch nicht einen Augenblick. Wie die Chefs der Konterrevolution mit der Einsetzung Karls II. daher ihren Endzweck erreicht sahen und die Freimaurerei aufgelöst glaubten, bemerkten sie mit Bewunderung dennoch ihre Fortdauer und mußten hierüber erstaunen.

Bis auf Karl I. hatte es nur eine Freimaurerei gegeben, und diese war ohne allen Pomp zum Besten der Menschheit fortgepflanzt, und es war darüber weder geschrieben noch irgend etwas aktenmäßig verhandelt worden. Nach Karls I. Ermordung flocht man politische Zwecke in dieselbe, und sie verlor bis auf die im Stillen arbeitenden Logen und bis auf die Regierung des Ganzen, ihre uralte Gestalt. Als nun der Prinz Wilhelm von Oranien in England landete, und Jakob II. den 20. Dezember 1688 London verlassen mußte, bei Windsor gefangen wurde, dann entwischte und bei Ambleteuse in Frankreich ans Land ging, da erfuhr die alte ehrwürdige Freimaurerei ihre zweite Verdrehung und beinahe gänzliche Umwandlung. Der Herzog von Berwick, der natürliche Sohn Jakobs II., Meister vom Stuhl einer schottischen Loge, verband sich mit den Jesuiten, und aus dem Löwen des Juda – ward ein schottischer Löwe gemodelt. Berwick hielt nun auch geheime Einverständnisse mit dem Lord Berkley in England. Die uralten Hieroglyphen wurden umgewandelt, neue Zeremonien wurden erfunden und man arbeitete auf die Wiedereinsetzung Jakobs II. und die Unterdrückung der protestantischen Religion in England hin. Die Hauptloge war in einem Gewölbe unter dem Profeßhause der Jesuiten zu Paris. Jakob II. ward in diese Loge eingeführt.

Bei diesem von den Jesuiten erfundenen Orden – den die Freimaurerei stets verdammt hat und in alle Ewigkeit verdammen wird – wurde der Dolch zum Symbol des höchsten Grades erwählt... In einem andern höheren, und zwar tierischen Grad sieht man einen Mönch abgebildet, der in der einen Hand den Giftkelch, in der andern den Dolch haltend, mit der Unterschrift: Je dois tout à ma religion. Also ich muß für meine Religion alles leiden, selbst den Tod, und ich muß für sie alles tun, selbst jedes Verbrechen.

Das ganze Geheimnis dieses Ordens bestand nun in nichts anderem als in der meuchelmörderischen Erdolchung Wilhelms III., Königs von England."

Dazu veröffentlicht der Verfasser zwei Aktenstücke, die ein Versprechen des Mordes an die Jesuiten und einen Auftrag Jakobs II. enthalten. Diese Urkunden tragen den Stempel der Unechtheit so deutlich an der Stirn, daß sich ein Eingehen darauf nicht verlohnt. Dann heißt es weiter:

„Als alles entdeckt und das ganze Komplott der Meuchelmörder in England verhaftet war, schrieb Jakob den 20. März 1696 von Boulogne aus an Ludwig XIV: „Heil und Gnade erwartet Ihrer, heiliger Ignatius und heiliger Loyola bitte für sie und habe Mitleid mit ihren Seelen; Gib nicht zu, daß sie irgend eine Qual im Fegefeuer ausstehen, denn sie haben nicht bekannt, daß ich und meine Brüder, deine Nachfolger, sie angestiftet haben."

Selbst protestantische Geistliche wurden durch die Jesuiten in diesen neuen Orden aufgenommen und zogen sogar von Paris her Pensionen.

Aus der uralten und einzig ehrwürdigen Freimaurerei entstanden also:

1. Die englische politische, um Cromwell zu stürzen.
2. Die schottische französische jesuitische, um das Haus Stuart wieder auf den englischen Thron zu bringen.
3. Die Französische Maurerei strikter und later Observanz, welche nachher in Jakobinismus umgewandelt wurde."

Dies ist im wesentlichen die Legende, wie sie im achtzehnten Jahrhundert geglaubt wurde. Wir sehen aber aus den Bemerkungen des Verfassers, daß er die wahre Freimaurerei in keiner Weise mit dieser politischen Bewegung identifiziert.

Nettelbladt, der seine historischen Instruktionen etwa um das Jahr 1830 abgeschlossen hatte, stand den Dingen wesentlich skeptischer gegenüber. Hören wir seine Ansicht:

„Es gewinnt das Ansehen, daß nach 1696 die geheimen Ritter des Ordens des heiligen Andreas von der Distel geschlagen sind, und da in diesem Zeitraume bis zu des Königs Jakob II. Tode, 1701, die Angelegenheiten des Hauses Stuart wegen der entdeckten Verschwörung gegen Wilhelm III., in England und Schottland vielfach bedrängt waren und daß man nach seinem Tode das Spiel um so lebhafter fortsetzte, weil damals Umstände die Hoffnung für die Ausführung der im Clermontischen Collegio und zu St. Germain gemachten Pläne begünstigten.

Der fanatische Eifer, den der König Jakob für Wiedereinführung der katholischen Religion in England bewiesen hatte, kostete ihn die Krone und führte ihn ganz in die Hände der Jesuiten, bei denen er sich in der letzten Zeit seines Lebens aufhielt und deren Gelübde er ablegte. Ihren Rat befolgte er blindlings, und ihnen übergab er die Leitung seiner Angelegenheiten. An die Hoffnung, für ihn den verlorenen Thron wiederzugewinnen, knüpften sie die Aussicht, dem katholischen Glaubensbekenntnisse in England die Oberhand zu verschaffen und die protestantische Kirche zu unterdrücken. Von ihren schottischen Glaubensgenossen durften sie hierbei Unterstützung erwarten. Daher begünstigten sie jede Verbindung mit ihnen. Unstreitig war ihnen jede Idee, für den gemeinschaftlichen Zweck zu wirken, also auch die, dies vermittelst der Freimaurerei zu tun (wenn sie wirklich zu ihrer Kenntnis gekommen ist, was keineswegs bewiesen vorliegt), willkommen, und die Ausführung der letzteren nicht unwahrscheinlich, da sie das Wesen und wahre Ziel des Bundes nicht kannten, also nach den Erfahrungen, die ihnen ihr eigener Orden in Rücksicht auf Wirksamkeit der Art darbot, urteilen mußten. Sie verrechneten sich hier wie bei allem, was sie die Stuarts unternehmen ließen, inmittelst aber hinderten sie sicher die Verfolgung des betretenen Weges, wenn ihnen der Gedanke überhaupt mitgeteilt ward, nicht, das heißt, es wurden schottische Brüder und Ritter des heiligen Andreas von der Distel aufgenommen und selbst Franzosen, die sich für die Sache des Königs entschieden, mit dem geheimen Ordenszeichen belohnt. Dies letztere geschah häufiger, als nach Jakob II. Tode der französische Hof den Prätendenten Jakob III., auch Ritter St. Georg genannt, öffentlich anerkannte und ihn feierlich seiner fortdauernden Unterstützung versicherte. Doch ist auch damals noch die Zahl der in diese Stufe Eingeweihten klein gewesen, und je nachdem die Erwartungen auf Unterstützung von außen her gesicherter wurden und mächtige Hilfe erschien, oder jene sich unsicherer und diese sich unwirksam zeigte, man also der geheimen Hilfsmittel entbehren konnte, oder ihrer bedürfte, wurde diese Art von Freimaurerei mit größerer oder geringerer Lebhaftigkeit betrieben. Daß sie indes nie zu einiger Wirksamkeit gelangt, daß sie bei allen Begebenheiten jener Zeit ohne Einfluß geblieben ist, das ist ebenso gewiß, als daß keine andere Verbindung zwischen den Jesuiten und der Brüderschaft stattgefunden hat, als die hier berührte Möglichkeit einer Beziehung am Hofe Jakobs II. und III. Dies beweisen der in England bekannt gewordene, von diesem König selbst aufgesetzte Lebenslauf, vor allem aber die von Macpherson unter dem Titel Original Papers herausgegebene Sammlung von Originalbriefen und Aktenstücken, in denen sich nicht die geringste Spur von Einwirkungen der Freimaurer, von Verbindung der Jesuiten und Freimaurer oder von einem Plane der ersteren, durch den Orden zu wirken, findet."

Nachdem die Drahtzieher eingesehen hatten, daß sie auf dem Wege über die Freimaurerei ihr Ziel nicht erreichen konnten, daß außerdem die echte Freimaurerei sich ihnen völlig versagte, daß endlich der Prätendent Frankreich verlassen mußte, behielten die zurückgebliebenen Anhänger ihre Versammlungen bei, und da sie nicht mehr dem alten Zweck dienten, erfanden sie Ritual und Zeremonien, trugen ihren alten Ordensschmuck hinter verschlossenen Türen, und damit war die schottische Maurerei des heiligen Andreas von der Distel entstanden, die sehr bald auch nach Deutschland verpflanzt wurde.

Die strikte Observanz schon hatte ihren Schottengrad, über den der klardenkende Zöllner folgendermaßen urteilte: „Man sieht es diesem Grad sozusagen auf den ersten Blick an, daß er bloß zu irgend einer Zwischenstufe bestimmt war. Und eben deshalb ward auch, seit seiner Einführung die schottische Maurerei mit so vieler Gleichgiltigkeit behandelt. Die Vergleichung mit den anderen Schottengraden aber lehrt auch, daß er durchaus nicht geeignet war, die Zwecke der Andreas-Schotten zu fördern."

Das ist durchaus richtig, und Zöllner hat bei der Umarbeitung des von der strikten Observanz übernommenen Schottengrades zwar manches Formelle beibehalten, besonders deshalb, weil die alten Brüder sich nur ungern von den gewohnten Zeremonien trennen, aber er hat den Grad doch auf eine wesentlich bedeutendere geistige Höhe gehoben. Vor allem betont er, daß alle Mysterien der Vorzeit als eine geistige Verwandtschaft der Maurerei zu gelten hätten, deren letztes Ziel aber sei die Lehre des göttlichen Stifters des Christentums. Als Symbol konnte daher kein heidnisches Heiligtum in Frage kommen, aber auch kein christlicher Dom, sondern es wurde der dazwischen liegende Tempel zu Jerusalem genommen, wobei ausdrücklich in den Zöllnerschen Instruktionen, die sich handschriftlich im Archiv der Großen National-Mutterloge zu den Drei Weltkugeln befinden, erklärt wird, daß die schottische Maurerei mit dem jüdischen Tempeldienst nicht das geringste zu tun habe. Alle Wischen Tempel, der des Salomo, des Esra und des Herodes, mußten vergehen. Der freimaurerische Tempel aber kann nie vergehen, denn er ist das weite Schöpfungsgebiet, ein Tempel der Offenbarung Gottes.

Die Loge Royale York de l'Amitié hatte ihre schottischen Grade von den französischen Emigranten erhalten, denen sie ihre Gründung verdankte. Erst Feßler hat mit den phantastischen Legenden und Zeremonien aufgeräumt. Die schottische Maurerei behielt er in seinem „Inneren Orient" zwar bei, aber er lehnte alle Hypothesen über die Geschichte der Freimaurerei grundsätzlich ab. Feßlers Schottengrad hieß der „schottische oder vollkommene Baumeister", und er war im Jahre 1797 fertiggestellt worden. Darin wurde der Zweck folgendermaßen angegeben: „Nach dem erhabenen Grundzweck der Freimaurerei ist die schottische Loge eine Erziehungsanstalt zur Vernünftigkeit und Sittlichkeit für die Welt. Das Ziel sowie die Art und Weise dieser Erziehung sehen Sie in bedeutungsvollen Sinnbildern dargestellt. Schon die ältesten Völker hatten in ihren Mysterien heilige Laden, in welchen Dinge verschlossen waren, die sie dem Eingeweihten als Symbole der vorgetragenen und enthüllten Wahrheiten zeigten. In einer solchen Lade waren die großen Geheimnisse der ägyptischen Priesterreligion verschlossen."

Im weiteren Unterricht erfolgt die Erklärung über die hebräische Bundeslade, die das größte Geschenk Gottes, die Gesetze, enthielt. Der Orden sei ein Gottesstaat, der Freimaurer Bürger dieses Staates. Dies sei die höchste Würde des Menschen, denn sie enthalte die Pflicht, das Göttliche im Menschen zur Herrschaft zu bringen. Dann wird zur Duldsamkeit gegen die Meinung anders Denkender ermahnt. Der schottische Baumeister erklärt den Namen des biblischen Tempelbaumeisters, Hiram, als Hic Jesus Resurrexit A Mortuis (Jesus ist von den Toten auferstanden).

In der Erklärung der symbolischen Bedeutung des Patrons der schottischen Logen, des Apostels Andreas, nähert sich Feßler sehr der schwedischen Lehrart, in die er von dem Polen Korsitzky eingeführt worden war, der sie direkt von Eckleff empfangen hatte. Die erleuchteten Väter des Ordens nannten die schottischen Logen nach Andreas, so erklärt er, weil Andreas der erste war, „Der dem Gesandten des Lichts anhing und folgte. In der Andreasloge verehrt man die Geheimnisse des göttlichen Reiches, dessen nur wenige empfänglich und würdig sind." Man sieht schon aus dem Stil, daß hier aus einer fremden Sprache übersetzt worden ist.

Auch Feßler erwähnt noch die Legende: „Wer hat die schottischen Maurer zu Andreas-Rittern gemacht? Der König von Schottland zur Belohnung der ihm geleisteten Dienste in den heiligen Kriegen. Die Andreas-Ritter arbeiten daran, daß sie die Harmonie (der Welt) wieder herstellen, ihre Natur veredeln und sich also zum reinsten Werkzeug der Gottheit machen."

Als Johann Wilhelm von Zinnendorf auf Grund des Eckleffschen Freiheitsbriefes am 22. November 1769 die Schottische St.-Andreas-Loge „Indissolubilis" gründete, hat er nichts von alle dem Legendären und Magisch-Alchymischen der französischen Schottenloge übernommen, und wo irgendwelche Überreste in alchymischen Worten im Ritual und in Wand-Inschriften geblieben sind, deuten sie alle symbolisch auf die sittliche Persönlichkeitsentwicklung im Sinne der Lehre Jesu des Christus hin. Zinnendorf selbst hat nie eine andere Auffassung gehabt und hat schon am Andreas-Fest (30. November) 1769 in seiner Festrede ganz klar den Grundgedanken der Andreas-Loge ausgesprochen:

„Welche besonderen Umstände sind an dem heiligen Andreas bemerkenswert und der feierlichen Begehung heute und zu allen Zeiten würdig?

Keine anderen als der innere Ruf oder der feste Entschluß, dem in ihn gelegten Triebe gottesgemäß zu leben und sich anfangs zum Schüler Johannis des Täufers annehmen zu lassen, auch diesem Johannes nach eben demselben

Rufe willige Folge zu leisten, da er ihn von sich zu einem vollkommenen Meister wies, und endlich die Wahrheit der göttlichen Religion Christi durch seine Lehren und seinen Lebenswandel zu bestätigen, ja sie selbst beim Schlüsse seiner Arbeiten mit dem Tode zu besiegeln. Aber aus welcher Ursache begehen wir diesen Tag insbesondere als Freimaurer feierlich?

Ich tue diese Frage mit gutem Bedacht, damit ich Gelegenheit erhalte, Ihnen in gegenwärtiger Versammlung diejenige Antwort darauf geben zu können, die mit dem Endzweck dieses Ordens und der Feier dieses Tages in Beziehung auf uns völlig übereinstimmt.

Ich sage also, diese Gedächtnisfeier soll uns erinnern, antreiben und dahin bringen, uns als Freimaurer unserem Stifter und Vorgänger, dem heiligen Andreas, darinnen völlig ähnlich zu zeigen, daß wie unseren Sinn zur Besserung ändern und als schottische Meister durch Worte und Handlungen bekennen, daß wir dem ersten Apostel Christi, sowie es unser Beruf erheischt, nachfolgen, und dadurch zur Erbauung unserer Mitbrüder das Zeugnis ablegen, daß wir Christo, unserm Herrn und Meister, zugehören.

Ja, meine liebsten Brüder, befestigen wir uns mit den sanften Banden des Heils an das hoffnungsvolle Kreuz des Apostels; beweisen wir ununterbrochen, daß wir, wie er es war, von dem Lichte der Erkenntnis Christi, der ursprünglich aus Gott abstammt, erleuchtet sind, und sterben wir wie vormals er an dem heutigen Tage allen Sinnlichkeiten dieser vergänglichen Zeit ab: So werden wir in einer beständigen Ehrfurcht für Gott, in einer aufrichtigen Liebe gegen unseren Nächsten und in einer brüderlichen Gleichheit und Stille mit Christo, mit ihm und allen Märtyrern unseres verehrungswürdigen Ordens als mit dem Kreuz bezeichnete Ritter siegen und in Gott leben in alle Ewigkeit der Ewigkeiten."

Im achtzehnten Jahrhundert waren mit dem Schottengrad die Gerechtsame verbunden, Johannislogen zu gründen und in ihnen das Licht auszuteilen. Das hat die Andreas-Loge der Großen Landesloge noch beibehalten, aber durchaus symbolisch gedeutet. Die Gerechtsame geben dem schottischen Meister, was jeder Mensch auch im Leben erstreben muß: Selbständigkeit und persönliche Freiheit. Aber während der Mensch im täglichen Leben diese Gerechtsame dahin auffaßt, daß er seine Kräfte nach eigenem Ermessen verwenden und die Frucht seiner Arbeit selber genießen kann, verlangt die Andreas-Loge mehr, sie fordert die Herrschaft des geistigen Wollens über die leibliche Schwäche. Frei wie ein Schmetterling soll sich der Mensch in die reine Höhe schwingen, nicht wie eine Heuschrecke sich nach jeder Erhebung immer wieder zur Erde ziehen lassen. Selbständigkeit und Freiheit faßt die Andreas-Loge im Sinne Luthers auf, daß ein Christenmensch nicht in sich selbst, sondern in Christo und seinem Nächsten lebt: „In Christo durch den

Glauben, in dem Nächsten durch die Liebe. Durch den Glauben fährt er über sich in Gott, durch die Liebe wieder unter sich. – Siehe, das ist die rechte geistliche christliche Freiheit, die das Herz frei von allen Sünden, Gesetzen und Geboten macht. Diese Freiheit übertrifft alle andere Freiheit wie der Himmel die Erde."

Eine solche Freiheit, wie sie Luther lehrt und als Ideal für den Christenmenschen hinstellt, soll der schottische Andreas-Meister gewinnen; und er kann sie nur gewinnen, wenn er wie der heilige Andreas alles hinter sich läßt und dem Meister nachfolgt in derselben Treue, wie es der Apostel Andreas getan hat. über ihn finden wir in den kanonischen Schriften verhältnismäßig wenig, desto reichlicher blüht die Legende in der apokryphen Literatur. Danach war der Apostel ein Missionar großen Stils, der Wunder ganz im Geiste seines Meisters tat und bis zu den Aethiopiern hinunter die Lehre von dem Heiland brachte, der für der Menschen Schuld das Kreuz getragen, gestorben und am dritten Tage wieder auferstanden war.

Wir besitzen ein Denkmal in griechischer Sprache, die Taten des Apostels Andreas, aus dem wir den Teil geben wollen, der uns über die Auffassung des Apostels unterrichtet:

„Was wir alle mit unseren Augen gesehen haben, Presbyter und Diakonen der Kirchen in Achaja, haben wir aufgeschrieben zu Nutz und Frommen aller Kirchen, die in Christi Namen gegründet sind, im Osten und Westen, im Norden und Süden. Friede sei mit Euch allen, die Ihr an den einen Gott glaubt, an die vollkommene Freiheit: Den wahrhaftigen ewigen Vater, den wahrhaftigen einzig geborenen Sohn, den wahrhaftigen heiligen Geist, hervorgegangen aus dem Vater, bleibend in dem Sohn, damit offenbar werde, es sei ein Geist, der in dem Vater und dem Sohne wirke zur Ehre der Gottheit. Diesen Glauben haben wir gelernt von dem seligen Andreas, dem Apostel des Herrn Jesu Christi, dessen Leiden wir mit eigenen Augen gesehen und nicht gezögert haben, es nach Maßgabe unserer Fähigkeit aufzuzeichnen.

Der Prokonsul Aigeas war nach der Stadt Patrae gekommen und hatte angefangen, die Gläubigen zur Verehrung der heidnischen Götterbilder zu zwingen. Zu diesem kam der heilige Andreas und sagte: Du mußt, selber ein Richter, deinen Richter im Himmel erkennen und anbeten. Wenn Du ihn aber anbetest als den wahren Gott, so mußt Du Dein Herz von diesen falschen Göttern abwenden.

Ihm antwortete Aigeas: Bist Du Andreas, der die Tempel der Götter zerstört und die Menschen zu einer Anbetung überredet, von der die römischen Kaiser befohlen haben, sie zu unterdrücken, wenn sie amtlich zur Kenntnis kommt?

Der heilige Andreas erwiderte: Die römischen Kaiser haben die Wahrheit nie erkannt, dies auch lehrt deutlich der Sohn Gottes, der zum Heil der Menschen in die Welt gekommen ist, daß die Bilder nicht nur nicht Götter sind, sondern schändliche und dem Menschengeschlecht feindliche Dämonen. Sie lehren die Menschen, Gott zu beleidigen, damit er sich von ihnen abkehre und sie nicht erhöre, solange sie ihn beleidigen. Und solange Gott sich abwendet und sie nicht erhört, sind sie Gefangene des Teufels; und solange spielt er mit ihnen, bis ihre Seelen den Körper verlassen, hilflos und nackt, und nichts mit sich nehmen als ihre Sünden.

Aigeas antwortete darauf: Das sind unnütze und dumme Redensarten. Denn Euren Jesus, in dessen Namen Du dies den Juden verkündigst, den haben sie zum Tod am Kreuzesholz verurteilt.

Der Heilige erwiderte: Wenn Du das Mysterium des Kreuzes nur erkennen wolltest und begreifen, mit welcher wissenden Liebe der Fürst des menschlichen Lebens um unseres Gebetes willen das Kreuzesholz nicht unfreiwillig, sondern freiwillig auf sich nahm.

Aigeas antwortete: Wenn er von seinem eigenen Jünger verraten, von den Juden gefangen wurde, wenn er dem Procurator unbequem war und gemäß dem jüdischen Antrag von dm Soldaten des Prokurators hingerichtet wurde, wie kannst Du behaupten, er habe das Kreuz freiwillig auf sich genommen?

Der Heilige erwiderte: Ich kann behaupten freiwillig, weil ich bei dem Verrat durch seinen Jünger anwesend war."

Wir sehen also, der Apostel Andreas ist, wie auch der Name, der zu deutsch der Mannhafte bedeutet, ein Kämpfer für seinen Meister und dessen Lehre. Wie von der ersten Stunde, da er Jesum fragte: „Meister, wo wohnst Du", und Jesus ihn einlud: „Kommt und sehet", wie er ihm dann treu nachfolgte, so vertrat er bis zu seinem Ende am Kreuz die Lehre seines Meisters. Darum leitet der wortführende Meister der Andreas-Loge die Brüderschaft nicht mit dem Hammer, wie der Vorsitzende Meister der Johannis-Loge, sondern mit der Streitaxt, die das wichtigste Symbol in der schottischen Andreas-Maurerei bedeutet. In der christlichen Symbolik ist die Axt das Symbol des Kampfes, sie bedeutet aber auch das Gericht Gottes, die Vernichtung des Bösen. „Schon ist die Axt", heißt es im Evangelium, „an die Wurzel der Bäume gelegt, und jeder Baum, der nicht gute Frucht bringt, wird abgehauen und ins Feuer geworfen." Melito von Sardes deutet in seinem symbolischen Werk die Axt als Trübsal, er deutet sie aber auch als das Sinnbild Christi selbst. In anderer Verbindung ist sie ihm die Gabe des Verstandes, gilt ihm aber auch als Sinnbild der Verfolgung durch die Bösen: „Sie rissen ein mit Beil und Axt", heißt es im vierundsiebenzigsten Psalm. Auch ein anderer Symboliker, Petrus von Riga, bezeichnet die Axt direkt als Christus. „Wie das

Beil vom Holz springt, so stieg Christus in der Todesstunde zur Hölle hinab. Aber das Beil kehrt zum Holz zurück, wie der Geist nach überwundenem Tod zum Körper zurückkehrt."

In der Johannisloge ist der Hammer nichts anderes als das Bild des Kreuzes, und die Streitaxt nur eine weitere Entwicklung des Hammers; so kann man wohl verstehen, daß sie in ihrer tiefsten Bedeutung das Kreuz selbst symbolisieren soll.

Der Geist der schottischen Maurerei verlangt also die völlige Hingabe an die christliche Lehre und die Nachfolge des Meisters von Nazareth. Darauf weisen so ziemlich alle Symbole der schottischen Maurerei hin; wenigstens haben sie sich im neunzehnten Jahrhundert in allen den Lehrarten, wo sie gepflegt wird, bewußt dahin entwickelt.

V. Die Großloge zur Sonne in Bayreuth.

Wir haben die Darstellung des freimaurerischen Lebens zu Bayreuth in dem Zeitpunkt verlassen, wo die Loge zur Sonne auf Anregung ihres Meisters vom Stuhl, des Geheimrats, Generals und Oberamtmanns Johann Friedrich Wilhelm Freiherrn von Metzsch, zur strikten Observanz übergetreten war (I. Bd. S. 179). Auch die von ihr errichteten Tochterlogen „Libanon zu den drei Cedern" zu Erlangen und „zu den drei Sternen" in Ansbach folgten dem Beispiel. Das war im Jahr 1764. Metzsch, der als altschottischer Obermeister eine eifrige Tätigkeit entfaltete, war ein Mann von reichen Gaben und verstand es, das Logenleben anziehend und würdig zu gestalten.

Aufgenommen worden war er als Kammerjunker und Offizier der Garde in der Schloßloge des Markgrafen im Januar 1741, und schon im Juni desselben Jahres wurde er zum ersten Aufseher gewählt, um im Dezember zu der neugegründeten Stadtloge überzutreten, in der er das Amt des zweiten Aufsehers verwaltete.

In der Schilderung der Verhältnisse Bayreuths zur Zeit der strikten Observanz stützen wir uns auf die Forschungen des ausgezeichneten Historikers der Bundes- und Großloge Zur Sonne in Bayreuth, des Bruders Ludwig Keil, der uns seine Manuskripte in freundschaftlichster Weise zur Verfügung stellte.

In den fünfziger Jahren des achtzehnten Jahrhunderts waren durch einen französischen Abenteurer, Graf Louis Alexandre Riquetti de Mirabeau, die französischen Hochgrade in Bayreuth eingeführt worden, und 1755 wurde Metzsch zum Patz-Meister gewählt. Als im folgenden Jahre der Obermeister seine Ämter niederlegte und sich ganz zurückzog, trat von Metzsch an seine

Markgraf Alexander zu Ansbach-Bayreuth

Stelle. Mit Ernst widmet er sich seinem Amte, er entwirft ein Reglement für die dienenden Brüder, schafft das Tragen der Kellen ab und schenkt seiner Loge den von ihm „accurat zusammengetragenen Catechismum der Freimaurerei, soviel die Stufe des Lehrlings betrifft". Die Loge „Zu den drei Cedern" in Erlangen verdankt Metzsch ihre Errichtung. In den Jahren 1757 bis 1763 weilt der Obermeister viel fern von Bayreuth der Kriegsläufte wegen.

Gerade um diese Zeit wurden die fränkischen Logen von mehreren Schwindlern gebrandschatzt, die mit allen möglichen mystischen Graden hausieren gingen. Auch Philipp Samuel Rosa beglückte Bayreuth mit den Clermontischen Kapitelgraden, die bereits arbeitende Schottenloge nahm den Namen einer „Schottischen Ritterloge des vierfachen Bundes" an.

Als Metzsch aus dem Felde zurückkam, fand er völlig neue Verhältnisse vor. Im Februar 1763 war der Markgraf Friedrich infolge einer Lungenentzündung plötzlich gestorben, und die Loge glaubte ihre tiefe Trauer am besten zum Ausdruck zu bringen, wenn sie das Andenken des Heimgegangenen in drei feierlichen Trauerlogen ehrte.

Die politischen Verhältnisse des Fürstentums waren unter der Regierung des unfähigen Sonderlings Markgrafen Friedrich Christian nicht günstig. Der Fürst hat sicher nur das Beste gewollt, aber sein vertrauter Leibarzt Schröder hatte sein Ohr und errichtete eine Nebenregierung der Kabalen, Intrigen und der Korruption. Künste und Wissenschaften flohen aus Bayreuth, und eine ganze Anzahl Freimaurer ertrug die Launen des Emporkömmlings nicht, legte ihre Ämter und Hofchargen nieder und verließ die Stadt. Dabei gelang es dem Geheimen Hof-Schatullier und Expeditionsrat Bruder Brendel, einem Günstling des Markgrafen, von diesem, der bekanntlich nicht Freimaurer war, das im ersten Bande (S. 178/179) mitgeteilte Protektorium zu erwirken.

Auf dem Konvent von Altenberge war dann Metzsch zur strikten Observanz übergetreten und er ist ihr begeisterter Verkünder in Franken geworden.

Bayreuth wurde zur Präfektur Supplinburg erhoben, und Metzsch zum Präfekten ernannt. Wenn er auch mit mancherlei Schwierigkeiten zu kämpfen hatte, sein Eifer erlahmte nicht, und es gelang ihm auch, trotz der wenig erfreulichen politischen Verhältnisse, den Verkehr unter den Brüdern aufrecht zu erhalten. Aber die Dinge waren stärker als der rührige Obermeister, die Brüderschaft mußte sich große Zurückhaltung auferlegen, und es fanden so gut wie gar keine rituellen Arbeiten statt. Man kam nur hin und wieder freundschaftlich zusammen. Mit dem Regierungsantritt des Markgrafen Alexander 1769 wurde die Residenz nach Ansbach verlegt, und nun mußte eine große Anzahl von Mitgliedern, vor allem die Hofbeamten und Gardeoffiziere, ebenso Metzsch, nach Ansbach übersiedeln. Allenthalben ruhten die Logenarbeiten, Libanon hatte sich schon vorher aus Mangel an Mitgliedern aufgelöst und erst 1774 ihre Tätigkeit wieder begonnen, auch die „Drei Steine“ waren nicht mehr tätig.

Markgraf Alexander war, obwohl er der strikten Observanz angehörte, keiner ihrer Freunde. In seiner Idee lag ein anderer Freimaurer-Orden nach dem Muster des Schwanenordens, den einer seiner hohenzollernschen Vorfahren, Kurfürst Friedrich II., 1443 gestiftet hatte, und der bis zur Reformation bestehen blieb. Infolgedessen mußte sich von Metzsch mit seinem Eifer für die strikte Observanz sehr zurückhalten. Er hielt es für geboten, „seinen Eifer zu unterdrücken“ und „auf schicklichere Gelegenheit zu warten, bis er wiederum seinen Pflichten (als Präfekt) Genüge leisten konnte“. Auf dem Konvent zu Braunschweig 1775 wurde daher v. Metzsch unter Beförderung zum Subprior die Leitung des fränkischen Sprengels abgenommen und dem Direktorium in Meiningen unterstellt.

Trotz allem zeigten die fränkischen Logen und auch das Ansbacher Kapitel wenig Sinn für die strikte Observanz, sie unterstellten sich zwar äußerlich dem Orden, aber der ökonomische Plan war nicht nach ihrem Geschmack. So kam es lediglich zu brieflichen Auseinandersetzungen, die jedoch zu keiner Entscheidung führten. Als nun am 8. November 1776 der Heermeister von Hund gestorben war, fehlte zunächst das sichtbare Oberhaupt des Ordens, und so trat ein fühlbarer Stillstand ein.

Da besuchte im Jahre 1778 Herzog Ferdinand von Braunschweig Ansbach, und dies Ereignis regte zur Wiederaufnahme der Versammlungen an. Markgraf Alexander wurde zum Protektor ausgerufen, worauf die Loge seinen Namen ihrem bisherigen Namen boransetzte. Herzog Ferdinand erhob sie zur altschottischen Direktorial-Loge in Franken diesseits des Mainstroms.

Nunmehr nahm auch die Loge zur Sonne in Bayreuth auf Veranlassung Metzschs ihre Arbeiten wieder auf, der Markgraf erteilte die Erlaubnis, sich im Schloß zu versammeln, bewilligte frei Licht und Heizung und versicherte sie seines Wohlwollens und fortdauernden Schutzes.

Karl Friedrich Wilhelm Freiherr von Voelerndorff und Waradein

Unter der Regiegierung des Markgrafen Alexander hatten sich die Verhältnisse der fränkischen Fürstentümer sehr günstig entwickelt. „Glücklich unter Alexanders Regierung“ lautete damals die Inschrift einer Jubiläumsmünze des Stadtmagistrats Erlangen. Aus Briefen fränkischer Freimaurer, die uns Bruder Wilhelm Keil im Manuskript zur Verfügung stellte, geht die Zufriedenheit des Landes deutlich Hervor. Da heißt es aus dem Jahre 1787: „Wohl uns…, daß wir in einem Zeitpunkt leben, wo das Bestreben des Fürsten dahin geht, sanft und mit Liebe zu herrschen, wo das erste Grundgesetz heißt, den Untertanen die Last der Abgaben immer mehr zu erleichtern, …die Einkünfte mit kluger Sparsamkeit zum Besten des Landes zu verwenden und damit solche Einrichtungen und Anstalten zu treffen, die die Beförderung der allgemeinen Wohlfahrt zur Absicht haben."

Und in einem anderen Brief heißt es: „Der Kriegsmann wacht für die öffentliche Ruhe und übt sich in den Waffen...der Richter und Gelehrte handhabt Recht und Gerechtigkeit oder entwirft bei nächtlicher Lampe mancherlei Anschläge zum Ruhm seines Fürsten, zum Besten der Untertanen. Der Handel breitet sich aus, der Bürger treibt ruhig sein Gewerbe, und der Ackermann, von schweren Auflagen befreit, bebaut freudenvoll und emsig das Land. Alles blüht und jeder Stand empfindet und genießt das Glück unter Alexanders sanftem Scepter zu stehen. Er, dieser liebevolle Vater belohnt die Verdienste, trocknet die Tränen der Witwen und ernährt die verlassenen Waisen."

Um diese Zeit gewinnt ein Mann Einfluß in der Bayreuther Brüderschaft, der für die Entwicklung von entscheidender Bedeutung sein sollte. Es ist Carl Friedrich Wilhelm Freiherr v. Voelderndorff und Waradein, Regierungsrat und Hofgerichtsbeisitzer, dann Landrichter, Hofgerichtsassessor, Regierungs- und Pupillar-Präsident unter preußischer und später unter bayerischer Regierung Appellationsgerichts-Präsident.

Zum Freimaurer aufgenommen wurde er am 11. Januar 1780 in der alten Loge zur Sonne; bald darauf erhielt er die schottischen Grade. Die Brüderschaft erwartete viel von ihm, und er hat diese Erwartungen nicht getäuscht. Schon bald nach seiner Aufnahme trat er als Redner hervor. Er setzte sich begeistert für die Sache der Freimaurerei ein. Sein Ideal war, „daß kein Bruder hilflos von uns ging, daß inniges Wohlwollen in unsere profanen Geschäfte übertragen, Menschenliebe uns in das Gemeinwesen begleitete, strenge Tugend unsere Ämter besorgen half, Teilnahme am Schicksal Anderer unsere Hände und Arme öffnete, Weisheit, männliche Würde und Zuneigung uns in die Zirkel unserer Bekannten, unserer Freunde, unserer Familien folgte." Dazu war er ein Feind von „Blendwerk übernatürlicher Dinge, somnambulistischer Erscheinungen und eines vertraulichen Umgangs mit Geistern". Er wollte sich nicht bewegen „unter Männern, die die Erde aufwühlten und Sternschnuppen auffingen, um den Stein der Weisen zu finden".

Voelderndorffs Charakter war gerade und gerecht, aber auch leidenschaftlich in der Verteidigung des Rechts. In einem Fall, wo ein Bruder gröblich beleidigt worden war, ohne daß der Obermeister v. Metzsch sofort eingeschritten wäre, erhob Voelderndorff laute Anklage und verließ die Loge, ohne an den ferneren Arbeiten teilzunehmen. Er hat auch das fünzigjährige Stiftungsfest, das im Jahre 1791 zugleich mit dem Johannisfest feierlich begangen wurde, nicht besucht. Im selben Jahre trat Markgraf Alexander sein Land an Preußen ab. Dies Ereignis, womit die Vergünstigungen für die Loge

Johann Friedrich Wilhelm Freiherr v. Metzsch

Caesar Ludwig Zacharias Schunter

wegfielen, sowie die Schatten der französischen Revolution lähmten den Logenbetrieb. Die Arbeiten wurden zwar nicht förmlich eingestellt, aber Zusammenkünfte fanden nur zu besonderen Gelegenheiten statt.

In dieser trüben Zeit näherte sich Voelderndorff wieder der Brüderschaft. Mit Feuereifer begann er den Wiederaufbau, lange Konferenzen, die nicht ohne Opfer und Verdruß verliefen, wurden im Jahre 1797 abgehalten, bis man um die Jahrhundertwende die Loge wieder eröffnen konnte.

Mit dem Anschluß der fränkischen Fürstentümer an Preußen wirkte sich das Edikt gegen die geheimen Gesellschaften vom Jahre 1798 auch für die fränkischen Logen aus. Da nur die drei altpreußischen Großlogen toleriert waren, so mußten sie sich unter die Oberhoheit einer von den dreien stellen. Die Logen in Ansbach und Erlangen hatten sich schon 1799 bei den drei

Weltkugeln affilliieren lassen. Die Ansbacher Loge wurde im Jahre 1807 zur Provinzialloge von Franken unter dem Namen „Anacharsis zum erhabenen Zweck" erhoben, schied dann infolge der bayerischen Besitzergreifung des Fürstentums auf Befehl der Regierung aus dem Verband der drei Weltkugeln aus und stellte bald ihre Tätigkeit ganz ein. Die Loge „Zur Sonne" in Bayreuth schloß sich an die Große Loge Royal York zur Freundschaft an. über die Zeit des Anschlusses der Loge zur Sonne sind wir gut unterrichtet durch Akten und Briefwechsel, die sich im Archiv der großen Loge zur Freundschaft befinden.

Am 4. Juni 1800 schrieb der am 11. Juli zum Meister vom Stuhl gewählte Voelderndorff an die Berliner Großloge, daß die Arbeiten in den unruhigen Jahren, die der französischen Revolution folgten, geruht hätten. Das Mobiliar und die Gerätschaften der Loge wären in einem Zimmer des Opernhauses untergebracht. Voelderndorff teilte weiter mit, daß die Arbeiten wieder aufgenommen worden seien, äußerte aber ewige Bedenken wegen zweier Brüder, deren Betragen er für unwürdig hielt.

Der Antrag auf Annahme der Loge zur Sonne als Tochterloge ist vom 2. Juni datiert. Er enthält folgende drei Punkte:

„1. Die hiesige Loge zur Sonne mütterlich aufzunehmen.

2. Die Konstitution und das Ritual uns gefälligst mitzuteilen.

3. Einen Repräsentanten uns bekannt zu machen, der der Wahl des Meisters vom Stuhl, des deputierten Meisters und sämtlicher Logenbeamten beiwohnt, den jährlichen Geldbetrag an die Große Loge mit uns verabredet und das Wahlprotokoll zur Genehmigung einsendet."

Am 6. Juli erfolgte die Antwort zustimmend unter Beifügung des Konstitutionspatentes und der Bekleidung, sowie des Repräsentantenpatentes für Voelderndorff.

Die Stiftungsurkunde der Großloge ist vom 4. Juli datiert und lautet: „Wir Großmeister, Deputirter Großmeister, Groß Vorsteher, Großbeamter, Vorsitzender Meister, Representanten und Mitglieder der Hochwürdigen unter dem Schutze seiner Majestät unseres allergnädigsten Königs und Herrn Friedrich Wilhelm des Dritten, dirigirenden Großen Freymaurer Loge, Royale York zur Freundschaft im Orient von Berlin;

Beurkunden und bezeugen hiermit, daß, nachdem die sehr Ehrwürdige gerechte und vollkommene Sanct Johannis Loge der freyen und angenommenen Maurer zur Sonne im Orient zu Bayreuth bey unserem Großen Orient um die Ertheilung eines Stiftungs- und Affiliations-Briefes angetragen, um mit unserem Logenbunde vereinigt, desto thätiger und sicherer zu dem Zwecke unseres erhabenen Ordens hinzustreben; so haben Wir nach reiflicher Erwägung des gedachten Ansuchens und in Hinsicht des allgemeinen guten Rufes der vorgenannten Sehr Ehrwürdigen Sanct Johannis Loge zur Sonne beschlossen, dem Verlangen derselben zu willfahren, und sie in den Bund der nach unserem System arbeitenden Freymaurer Logen auf- und anzunehmen.

Wir constituiren und bestättigen demnach
die Loge zur Sonne im Orient von Bayreuth

zu einer rechtmäßigen, gerechten und vollkommenen Sanct Johannis Loge der freyen und angenommenen Maurer nach dem uralten Herkommen und nach dem Systeme der Hochwürdigen Großen Freymaurer Loge Royale York zur Freundschaft und ertheilen Ihr Kraft dieses Patentes alle Macht und Gewalt, in den drey Sanct Johannis Graden, nach unserem Ritual und den allgemeinen Vorschriften des erhabenen Freymaurer Ordens, Männer von bewährter Rechtschaffenheit und Treue gegen ihren Landesherrn und das Vaterland mit gründlicher Beobachtung der Rituale und der Gesetze in den erhabenen Orden der freyen und angenommenen Maurer aufzunehmen."

Es erfolgt dann die Ernennung des Meisters vom Stuhl und der Vorsteher, die im weiteren auf ihre Pflichten hingewiesen werden, und endlich die Bestätigung mit dem Wunsch: „Der Große Baumeister der Welt segne Ihre Arbeiten und erhalte Ihre Werkstätte zur Verherrlichung seines Gesetzes, zur Ausbreitung der Tugend und zur Wohlfahrt der Menschheit."

Die feierliche Einsetzung erfolgte am 3. August, bei der Voelderndorff als Meister vom Stuhl wirkte, deputierter Meister war Peter Fedorowitz von Lowtzow, Major im Regiment von Unruh, als zweiter Aufseher amtierte Ludwig Johann Friedlich Syberg von Voerde, Hauptmann im selben Regiment. Die Festrede Voelderndorffs ist uns erhalten:

„Wir wünschen sehr, unsere lebhafte Freude über den heutigen festlichen Tag nicht durch einen Rückblick auf die Vergangenheit unterbrechen zu müssen. Aber es gehört zur Geschichte unserer gerechten und vollkommenen Loge, anzuführen, daß ihre Arbeiten durch dreimal drei Jahre ausgesetzt waren und daß in dieser langen Zeit ein großer Teil der uns teuer gewesenen Brüder der Ewigkeit zugeeilt ist. Unter denen, die noch auf Erden wallen, erkaltete aber der Eifer für Maurerei nie. Sie verbanden sich daher freundschaftlich mit denen aus der gerechten und vollkommenen Loge zum goldenen Schwert in Wesel hierher gekommenen Brüdern, und da das Königl. Preuß. Edict vom 20. Oktober 1798 alle bisherigen Verbindungen mit auswärtigen und unbekannten Obern aufhob, und nur solche Logen für erlaubt erklärte, welche sich einer der drei großen Mutter Logen in Berlin anschließen würden; so fiel die einmütige Wahl auf die Hochwürdige Große Mutter Loge Royal York zur Freundschaft in Berlin, deren offene Handlungsweise uns besonderes Zutrauen eingeflößt und unsere schon längst genährte Überzeugung befestigt hat, daß die Freymaurerei mit der Religion Hand in Hand gehen, daß jene ebenso, wie diese auf Weisheit und ihre Erfindungen Anspruch machen dürfe, und daß beide edelste Töchter des Himmels nicht einzig und allem unter ihren Schwestern dazu verdammt sein können, die Vernunft, vom Schöpfer gegeben, gefangen zu nehmen, ernstem und kaltem Nachdenken zu entsagen, auf wahre Aufklärung, das Resultat der Vernunft und ihres Gebrauchs, Verzicht zu tun und so – mitten in dem Traum von Infallibilität – immer und ewig in dem Alter der Kindheit zu bleiben. Mütterlich nahm hierauf die Hochwürdige große Loge Royal York zur Freundschaft die hiesige gerechte und vollkommene Loge zur Sonne zur Tochterloge auf, und heute war der festliche Mittag, an welchem wir feierlich installiert wurden, die Sponsion über die Annahme des Grund-Vertrages und Gesetzbuchs leisteten und uns über die Geburtsstunde eines Regenten freuten, unter dessen Königlichem Schutz wir unsere Arbeiten an dem großen Bau mit Eifer und Segen fortzusetzen gedenken."

In den folgenden Jahren gestaltete sich der Verkehr zwischen der Großloge und Bayreuth äußerst lebhaft und freundschaftlich. Laut Revers vom 1. April 1802 errichtete die Sonnenloge einen inneren Orient nach dem Ritual Feßlers.

In den schweren Jahren der napoleonischen Kriege schlief der Briefwechsel fast ganz ein, weil die führenden Männer und viele Mitglieder unter den Waffen standen. In jener Zeit leitete die Loge Karl Christian Ernst Reichsgraf von Giech, der aber nicht in Bayreuth, sondern auf seinem Gute Thurnau wohnte. Er wurde tatkräftig unterstützt von seinem deputierten Meister, einem der ausgezeichnetsten Männer, die der Loge zur Sonne angehört haben, dem Kriegs- und Domänenrat Caesar Ludwig Zacharias Schunter. Er war von der Loge „Augusta zu den drei Flammen" in Göttingen gekommen, und man kann wohl von ihm sagen, daß die Maurerei sein Lebensideal gewesen ist.

Wir besitzen von ihm einen langen Bericht (Archiv der Großen Loge zur Freundschaft), der die Ereignisse von 1806 bis zum Oktober 1807 behandelt und auch in Bezug auf die politische Geschichte äußerst wertvoll ist. Im Frühjahr 1806 begannen die Vorbereitungen zum Krieg durch das Zusammenziehen der fränkischen Truppen in der Provinz, aber schon im Jahre 1805 hatten diese Truppenbewegungen angefangen. Am 11. Januar dieses Jahres, so berichtet Giech, warten viele fremde Brüder zur Loge gekommen, es waren meist Offiziere und obere Militärbeamte des um Bayreuth versammelten Armeekorps des Generalleutnants von Blücher. Die Instruktionsloge an jenem Tag war von achtzehn fremden Brüdern besucht und „wir hatten die Freude, an diesem Tage bei einer ohnehin zahlreichen Versammlung viele fremde Brüder in unseren Hallen zu begrüßen, dazu den sehr ehrwürdigen Hammer führenden Meister, Bruder von Blücher, Meister vom Stuhl der sehr ehrwürdigen Loge „Zu den drei Balken des neuen Tempels" genannt, in Münster...Bruder von Blücher wirkte durch eine kurze aber äußerst gehaltvolle Rede auf das vorteilhafteste auf die Herzen aller anwesenden Brüder." Bald darauf hat sich Graf von Giech ganz von der Loge zurückgezogen. Er nahm auch die Wahl zum Repräsentanten nicht an, und dies Amt wurde dem Major von Herwarth übertragen.

Schunter fährt in seinem Bericht fort:

„Nun begann der Krieg, an welchem auch ich als Feldoffiziant Anteil nehmen mußte. Vom September und Oktober vorigen Jahres an wurde dadurch die Loge einer Anzahl Beamter und Brüder beraubt, und dieser Mangel machte es unmöglich, auch nur halb besetzte Versammlungen zu halten. Am Ende November (1806) kam zwar ein Teil der Beamten aus der Kriegsgefangenschaft wieder an; aber es blieb bei einer unwillkürlichen Deckung, weil die Brüder die Folgen des Krieges, den Druck des Landes und der Einwohner und seine Resultate mitfühlen und mittragen mußten, und die allgemeine Niedergeschlagenheit auch allen Maurergeist unterdrückt hatte."

Schunter war mit dem geschlagenen Heer bis hinter die Weichsel zurückgegangen und besuchte auf der Rückreise in Berlin den Großmeister der Royal York, dem gegenüber er sich über die ungünstigen Aussichten der Sonnen-Loge aussprach. Als er dann im Februar wieder nach Bayreuth kam, war seine erste Aufgabe, die Finanzen der Loge zu ordnen; Versammlungen der Brüder waren nicht möglich, aber der tapfere tatkräftige Mann verzagte nicht. „Langsam, mühsam und unstreitig undankbar war der Weg, den ich beginnen mußte", schreibt er, „und schon der Anfang war mit Dornen besteckt. Im Mai (1807) war ein Terrorismus herrschend geworden, der jedem zu drohen schien und der jedem Verhältnisse eine Zertrümmerung weissagte." Trotzdem verfolgte Schunter den Wiederaufbau der Loge ruhig und mit nicht versagender Energie, bis es ihm schließlich gelang, die Brüderschaft wieder zusammenzubringen. Schwer wurde die Unsicherheit empfunden, welchem Staat die Provinz Bayreuth zugeteilt werden würde. Noch regierte ein französischer Oberst als Gouverneur in der Stadt, der auch in die Loge kam und den Antrag stellte, einige seiner Offiziere zu Freimaurern aufzunehmen. Die Verhältnisse waren durchaus befriedigend, aber wie bald konnte sich das ändern, und es schien den Brüdern daher angebracht, der Sonnen-Loge eine gewisse Selbständigkeit zu geben, falls die Loslösung der Provinz endgiltig ausgesprochen werden würde. Man kam daher auf den Gedanken, sie zur Großen Provinzial-Loge in Franken unter der Konstitution der Großen Loge Royal York zu erheben. Der dahingehende Antrag wurde genehmigt, und das Patent am 4. Dezember 1807 ausgestellt. Es sollte davon aber zunächst kein Gebrauch gemacht werden, bis sich die politischen Verhältnisse geklärt hätten. Den Brüdern wurde es jedoch bekanntgemacht. Es hat folgenden Wortlaut:

„Wir...etc...fügen hiermit zu wissen:

Nach dem unsere geliebte Tochter, die im Orient Bayreuth zeither bestandene sehr ehrwürdige gerechte und vollkommene Sanct Johannis Freymaurer Loge: Zur Sonne das Verlangen

zu einer Filial-Großen-Provincial-Loge der Freymaurer in Franken ernannt und des Endes mit einem Constitutions Patente von uns versehen zu werden,

eröfnet hat, diesem Verlangen auch, nach beschlossenem Vertrage in unserer am heutigen Tage gehaltenen Quartals-Versammlung deferirt worden: So erklären wir hiermit, daß wir unsere bisherige Tochter Loge zur Sonne in Bayreuth zur Großen Provincial Loge der Freymaurer von Franken hierdurch patentisiren, jedoch unter der ausdrücklichen Bedingung, daß sie jetzt und immerdar dem Grundvertrag und den Gesetzen der Großen Loge der Freymaurer Royale York zur Freundschaft genannt, treu ergeben bleibe, jedem Eingriffe in die konstitutionellen Rechte derselben männlich widerstehe und ihre Arbeiten nach den ihr zugefertigten Ritualien fortsetze."

Nach dem Frieden von Schönbrunn war das Schicksal der Provinz entschieden, und nun machte die Loge zur Sonne von dem Patent Gebrauch. Schunter schrieb unterm 26. März 1810 an die Großloge: „Der Zeitpunkt ist endlich gekommen, bis zu welchem ich Ihnen, Hochwürdiger Großmeister, versprochen habe, den öffentlichen Gebrauch von dem unserer hiesigen Loge zur Sonne mitgeteilten Constitutionspatente zu einer Großen Provincial Loge nach Constitution der Hochwürdigen Großen Loge Royale York zur Freundschaft zu machen. Wir sind nun offiziell genug unterrichtet, daß die arme Provinz nächstens dem Königlich Bayerischen Szepter übergeben werden wird." Er versichert dann die Große Loge auch fernerhin der treuen Anhänglichkeit, selbst wenn das Band durch staatliche Verordnungen unterbrochen werden würde. Dies erfolgte denn auch noch im selben Jahre, da das bayerische Gesetz nicht zuließ, daß die Logen in den neu erworbenen Provinzen von einer fremden Großloge abhängig waren.

Schunter hatte sich schon, seitdem bekannt geworden war, daß die Provinz Bayreuth der Krone Bayern einverleibt werden sollte, bemüht, bezüglich der Verordnung vom Jahre 1784, wonach alle Staatsbeamten aus den Logen austreten mußten, eine Milderung für die Provinz Bayreuth zu erlangen. Dies glückte insofern, als ihm „von schätzbarer und bedeutender Hand" mitgeteilt wurde, „daß man den Staatsdienern in den neuen Provinzen den Zutritt zur Loge connivendo gestatten und ihren Austritt offiziell nicht weiter verlangen würde, daß man darüber aber weder etwas Offizielles fordern noch erwarten dürfte, weil das Ministerium, welches Anno 1807 den bekannten Ausspruch in Ansbach und Nürnberg (die Beamten müßten aus den Logen austreten) einmal getan habe, sich kein Dementi geben könne und wolle".

Dies war ein Erfolg, und nun mußte auch offiziell die Lösung von der Berliner Großloge ins Werk gesetzt werden. Es geschah am 20. Juli 1810, nachdem vorher aus der Loge zur Sonne die Johannis Loge „Eleusis zur Verschwiegenheit" abgeteilt und mit den Logen in Fürth und Hof eine Vereinigung zur großen Loge erzielt worden war.

Der Antrag befindet sich original im Archiv der Großen Loge zur Freundschaft. Er lautet:

„Die Regierungsberänderung in dem Fürstenthum Bayreuth ist nunmehr nach den zwischen des Kaisers von Frankreich und des Königs von Bayern Majestäten abgeschlossenen Verträgen eingetreten, und es haben letztgedachte Seine Königliche Majestät von diesem Fürstenthum feierlichen Besitz ergriffen. Auch die Autoritäten des Landes haben Seiner Majestät besondere Pflichten abgeleistet.

Da die Königlich Bayerischen Policey-Geseze in Ausführung gebracht werden sollen, nach solchem aber die in den fränkischen Provincen unter dem Schuze und Aufsicht der Policey geduldeten Logen keine abhängigen Verbände mit Logen eines fremden Reiches unterhalten und diese Verhältnisse aufgeben sollen, wie im Jahre 1806 unsere Schwestern die Loge zur Wahrheit und Freundschaft in Fürth von uns zu tun jetzo verpflichtet gewesen ist; so bitten wir Sie Hochwürdigste und Hochwürdige Brüder, so schmerzhaft es uns auch fallen muß, mit Bezug auf die von unserm mitunterzeichneten Meister vom Stuhl bereits darüber vorausgegangenen Nachricht, um die verfassungsmäßige Entlassung aus dem bisherigen engen Bunde als Tochter-Loge. Unvergeßlich wird uns jene engere Verbindung bleiben, in welcher wir der Liebe, der Achtung und der maurerischen Auszeichnungen viele genossen und wir werden Sie in dem dauernden brüderlichen Freundschafts Band ewig unterhalten, daß alle Maurer Vereine mit gleicher Anhänglichkeit fesseln und verbunden halten soll. Da die Loge zur Sonne in dem neuen Verhältnisse, die mit ihrer im Jahre 5741 erfolgten Stiftung schon erworbenen und geübten Rechte einer Großen-Mutter-Loge wieder geltend macht, welche sie bey der Hochwürdigen Großen-National-Loge-Royal-York zur Freundschaft seit dem Jahre 5799 deponirt hatte, nachdem sie sich derselben dem Staats-Geseze der vorigen Regierung vom Jahre 5798 gemäß deren Bunde angeschlossen hatte; so hat sie sich auch als Große-Provincial-Loge dieses Sistems in Franken nachdem darüber bereits von der Hochwürdigsten Großen-National-Mutter-Loge-Royal York zur Freundschaft am 4. December 5807 erhaltenen Patent zu constituiren und ihre Schwestern in Fürth und Hof mit der zugleich hier abgetheilten Sanct Johannis-Loge Eleusis zu vereinigen, sich veranlaßt gesehen.

Wir glauben kaum, als Erklärung beyfügen zu dörfen, daß wir nach voller Ueberzeugung das Ritual und die Constitution besonders das Gesez-Buch, ferner mit maurerischer Pflicht beobachten und beybehalten werden, dessen hoher Sinn und Tendenz uns bisher innigst befriedigt hat.

Die Abweichungen, welche die veränderten Verhältnisse bey Anwendung der lediglich auf die Hochwürdigste Große-National-Loge Royal York zur Freundschaft in Berlin passenden einzelnen Bestimmungen des Grund-Vertrags für die Provincial-Loge in Bayreuth unvermeidlich bestimmen werden, können als wesentliche Veränderungen nicht betrachtet werden.

Wir empfehlen uns, die ganze Brüderschaft und unsern neuen Verein dem steten brüderlichen freundschaftlichen und wohlwollenden Andenken der Hochwürdigsten Großen-National-Loge Royal York zur Freundschaft und ihrem sehr Ehrwürdigen Bundes-Verein und wünschen nichts inniger, als auch in unserem künftigen Verhältnis die maurerische Achtung von Ihrer Seite zu erhalten, wie wir von unserer Seite die dankbare Verehrung unterhalten und durch die Fortsetzung der freundschaftlichen Mittheilungen bethätigen werden, welche uns auch höhere Bestimmungen nicht beschränken.

Wir wiederholen jetzt die Versicherung unserer ausgezeichneten Verehrung und verharren in der uns heiligen Zahl.

Orient von Bayreuth, den 20ten Julii 5810

Das Beamten Collegium der Loge zur Sonne

Ihre

treu verbundensten Ordens-Brüder.“

(Folgen die Unterschriften.)

Die Große Loge beschloß darauf am 13. Dezember 1811: „Dem nachgesuchten Dimissoriale steht nichts entgegen, wenn das Patent als Tochter Loge zurückgeschickt und die unbedeutenden pecuniären Verbindlichkeiten berichtigt sein werden.“

Die Anerkennung durch die übrigen Groß-Körperschaften in Deutschland erfolgte ohne besondere Schwierigkeiten. Das Verhältnis zur Royal York blieb dauernd freundschaftlich, und noch längere Zeit wurde der Briefwechsel aufrecht erhalten.

Da traf die Großloge zur Sonne und ihre Tochter-Logen ein neuer vernichtender Schlag: Am 13. September 1814 erschien eine Königliche Verordnung, die allen Staatsbeamten die Mitgliedschaft geheimer Gesellschaften verbot. Dadurch sanken die Logen auf fast die Hälfte ihres Bestandes herab, und einige mußten ihre Arbeiten ganz einstellen. In Bayreuth fand am 21. Februar 1815 eine Abschiedsfeier statt, über die berichtet wird: „Die Katastrophe machte uns erst aufmerksam auf unser groß gewordenes Werk. Die Uebergabe der Dokumente, des großen schönen Inventars etc. in die Hände des neuen Meisters vom Stuhl und seiner Beamten fand statt. Das Johannisfest wurde gefeiert mit der Vollständigkeit, die der Eifer der arbeitenden wie der zuschauenden Brüder erwartete, erhebend für beide Teile. Der brave, ernste überlegte Simon, der den Hammer übernommen, war voll regen Eifers. Nach der ersten Periode des Leidens wurden dann die Instruktionen fortgesetzt. Wir haben (März 1815) sieben Tage vor der Publikation des schmerzlichen Königlichen Befehls uns vereinigt und alle Tage gearbeitet, unser maurerisches Testament in großer Einigkeit gemacht für jede Zukunft und haben in einer feierlichen Loge als Männer und Maurer in brüderlicher Umarmung mit unzertrennlichem Herzen Abschied genommen." (Zitat bei Findel.)

Zufolge der Regierungsverordnung hatte auch der tüchtige Schunter, der zuletzt Konsistorial-Direktor war, aus der Loge ausscheiden müssen. Aber er blieb bis zu seinem im Jahre 1835 erfolgten Tode der Brüderschaft im stillen verbunden.

Der Briefwechsel mit der Groß-Loge Royal York versickerte allmählich. Die Bezeichnung als Große Provinzial-Loge bestand nicht mehr zu Recht, und es wurde daher mit Eifer und Tatkraft darauf hingearbeitet, eine selbständige Großloge zu errichten. Daraus erwuchs ein neuer umfangreicher Briefwechsel, bis endlich am 29. September 1829 die Wahl der Großbeamten erfolgen und der Name „Großloge zur Sonne" angenommen werden konnte. Ihr unterstellten sich „Eleusis zur Verschwiegenheit" in Bayreuth, „Zum Morgenstern" in Hof, „Zur Wahrheit und Freundschaft" in Fürth und „Zur Freimütigkeit am Rhein" in Frankental.

Ende des Zweiten Bandes.

Quellen und Literatur

Albrecht, Heinrich Christoph, Geheime Geschichte eines Rosenkreuzers (Cedrinus). Hamburg 1792.

Amicus Veritatis. Wer ist unter der Parabel der Amicitier eigentlich zu verstehen? Berlin 1802.

Authentische Geschichte des Bruder Gordians. Kosmopolis (Stuttgart) 1789.

von B., Johann George, Die entdeckten Trümmer der Bauherrn Loge. Berlin 1790.

Bemerkungen über einige Originalschriften, welche bey dem gewesenen Regierungsrath Zwack durch vorgenommene Hausvisitationen zu Landshut ... sollen gefunden ... seyn. Frankfurt und Leipzig 1787 sowie Nachtrag: München 1787.

Begemann, Wilhelm, Der alte und angenommene schottische Ritus und Friedrich der Große. Berlin 1913.

Bonneville, Nicol. de, La maçonnerie écossoise comparée avec les trois Professions et le Secret des Templiers du 14e Siècle. Londres – Paris 1788.

Bonneville, Nicol. de Le Jésuites chassés de la maçonnerie, et leur poignard brisé par las maçons. Paris 1788. Deutsch von Ehr. Joach. Bode.

Chrysophirons Reden über ewige Pflichten der Gold- und Rosenkreuzer alten Systems. München 1792.

Compaß der Weisen, von einem Mitverwandten der inneren Verfassung usw. von Ketmia Vere (Adam Michael Birkholz). Berlin und Leipzig 1779.

Crata Repoa, oder Einweihungen in der alten geheimen Gesellschaft der Egyptischen Priester. Berlin 1778.

Danzel, Theodor Wilhelm, Gotthold Ephraim Lessing. Leipzig 1850,1853/54.

Der ächte Illuminat (hersg. von Joh. Heinr. Faber). Edessa (Frankfurt) 1788.

Der Orden der Ritter und Brüder St. Johann des Evangelisten aus Asten für Europa.

Die Brüder St. Johannis des Evangelisten aus Asten in Europa oder die einzige wahre und ächte Freimaurerei. Berlin 1803.

Die Familie der Amicitier (Beobachter an der Spree). Berlin 1802.

Die neuesten Arbeiten des Spartacus und Philo in dem Illuminaten-Orden; usw. Frankfurt 1793.

Die theoretischen Brüder oder Zweite Stuffe der Rosenkreutzer etc. (Graf v. Löhrbach). Athen (Regensburg) 1785.

Discours, prononcé dans la loge de l'Amitié par le frère B.(auld de Nans). Berlin 1773.

Ecker von Eckhoffen, Hans Heinrich, Freiherr von, Versammlungsreden der Gold- und Rosenkreuzer des alten Systems. Amsterdam (Hof) 1779.

Ecker und Eckhoffen, Hans Heinrich, Freiherr von, Abfertigung an den ungenannten Verfasser der verbreiteten, sogenannten Authentischen Nachricht usw. Hamburg 1788.

Engel, Leopold, Geschichte des Illuminaten-Ordens. Berlin 1906.

Feßler, Ignaz Aurelius, Sämmtliche Schriften über Freymaurerey. Freyberg 1801–1807.

Feßler, Ignaz Aurelius, Rückblicke auf seine siebzigjährige Pilgerschaft. Breslau 1824.

Flohr, August, Geschichte der Großen Loge von Preußen. Berlin 1898.

Gehrke, Paul, Dr., Freimaurerische Lessingstudien. Berlin 1929.

Geschichte der Großen National-Mutterloge in den Preußischen Staaten genannt zu den drei Weltkugeln. Berlin 1903.

Grillenberger, G., Geschichte der Loge zur Wahrheit und Freundschaft in Fürth. Fürth 1903.

Hauptmomente der Geschichte der Großen Loge von Preußen gen. Rohal York zur Freundschaft. Berlin 1849.

Kneisner, Friedrich, Lessings freimaurerische Werke. Hamburg 1929.

Lasson, Adolf, Meister Eckart der Mystiker. Berlin 1868.

Illuminatus Dirigens oder Schottischer Ritter. Frankfurt 1794.

Mönckeberg, E., Lessing als Freimaurer. Hamburg 1880.

Münter, Friedlich, Authentische Nachricht von den Ritter- und Brüder-Eingeweihten aus Asien. Kopenhagen 1787.

Partuschke, Richard, Gotthold Ephraim Lessing zum Gedächtnis. Braunschweig 1929.

Pfeiffer, Franz, Deutsche Mystiker des 14. Jahrhunderts. Neudruck der Ausgaben von 1841 und 1857.

Philo's (Knigge) endliche Erklärung und Antwort usw. Hannover 1788.

Probierstein für echte Freimaurer (Christian Ulrich Detlef Frhr. von Eggers). Kopenhagen 1786.

Der Rosenkreuzer in seiner Blöße von Magister Pianco (Ecker von Eckhoffen). Amsterdam (Hof) 1781.

Rohde, Johann Gottlieb, Beyträge zur Geschichte der Großen Mutterloge Royale York zur Freundschaft im Orient Berlin. Berlin 1798.

Schleiß von Löwenfeld (Phoebron), Der im Licht der Wahrheit strahlende Rosenkreuzer. Leipzig 1782.

Spieker, Christian Wilhelm, Dr., Lebensbeschreibung des Herzogs Maxim. Julius Leopold von Braunschweig. Frankfurt a./O. 1839.

System der affricanischen Bauherrn (Manuskript).

Velthusen, Joh. Casp., Pokeach Iwrim. Beleuchtung einiger mystischen Allegorien und Hieroglyphen usw. Stade 1804.

Velthusen, Joh. Casp., Historische Winke über ächte und unächte Freymaurerey. Leipzig 1804.

Velthusen, Joh. Casp., Historisch kritische Nachforschungen über Ursprung und Fortschritte... der sogenannten Schottischen Maurerey usw. Leipzig 1805.

Wald, Wilhelm, Geschichte der Großen Landesloge der Freimaurer von Deutschland. Berlin 1920

Weishaupt, Adam, Apologie der Illuminaten. Frankfurth und Leipzig 1786.

Weishaupt, Adam, Kurze Rechtfertigung meiner Absichten. Frankfurt und Leipzig 1787.

Weishaupt, Adam, Einleitung zu meiner Apologie. Frankfurt und Leipzig 1787.

Zollinger, Friedrich, Lessings maurerisches Bekenntnis. Bern 1929.

W. BÜXENSTEIN, BERLIN

Namenverzeichnis

Geschichte der Freimaurerei

von
Ferdinand Runkel

Doktor der Philosophie und Magister
der freien Künste

Dritter Band

Dritter Band | Inhalt

Vorwort

Mit diesem dritten Band ist die Geschichte der Freimaurerei in Deutschland vorläufig abgeschlossen, und ich habe vor allem der Brüderschaft und ihren Führern für das Vertrauen zu danken, das sie mir in jeder Phase der fortschreitenden Arbeit bewiesen haben. Ich habe ferner zu danken für die einhellige Anerkennung dessen, was ich in den beiden ersten Bänden zur Darstellung gebracht habe. Aber nicht nur von seiten der freimaurerischen Gelehrten, sondern auch von der allgemeinen Wissenschaft habe ich uneingeschränkte Zustimmung erfahren.

Alle Geschichtschreibung hat eine Tendenz und muß eine haben, sonst ist sie nichts anderes als eine Tabelle von Ereignissen. Die Tendenz dieses Werkes ist, Aufklärung zu verbreiten über eine Kultur-Erscheinung, die in den weitesten Volks-Kreisen absichtlich und unabsichtlich mißverstanden wird. Vor der unbestechlichen Wahrhaftigkeit der Urkunden, die ich aus den Geheim-Archiven der Großlogen veröffentlichen durfte, kann die gefährliche, volksverhetzende Agitation keinen Glauben mehr finden. Die strenge Zuverlässigkeit meiner Quellen kann von jedem gelehrten Forscher nachgeprüft werden, wenn ich es auch mit Fleiß vermieden habe, die Signaturen der angezogenen Archivalien anzugeben, und nur die wichtigsten Urkunden diplomatisch treu reproduzierte.

Der dritte Band dieses Werkes führt in die bewegteste Zeit des neunzehnten Jahrhunderts. Das Aufkommen des vierten Standes, die Neugestaltung der Staatsidee in den Verfassungskämpfen des Nachmärz, die Einigung der deutschen Stämme im Deutschen Reich haben der Freimaurerei neue Wege zum alten Ideal gewiesen.

In jenen leidenschaftlich durchfluteten Jahren haben deutsche Menschen einander nicht verstanden und sich bis aufs Blut bekämpft, ja selbst in die stillen Tempel der Freimaurerei drang der Geist der politischen Zwietracht ein. Seitdem sind sich die beiden Richtungen, die christliche ältere und die humanitäre jüngere, immer fremder geworden. Es lief die humanitäre Minderheit Sturm gegen die christliche Mehrheit, bittere Worte fielen ganz im Stile der politischen Parteiung.

Freimaurerischer Geist aber verlangt Duldung einer jeden geschichtlich gewordenen Richtung, Gewissensfreiheit auf der einen wie auf der anderen Seite.

Keine Lehrart hat das Recht, die andere zu disqualifizieren; jede strebe ehrlich auf dem für richtig erkannten Weg ihrem Ideal zu. Das Innenleben einer jeden Großloge ist ihre allereigenste Angelegenheit, in die niemand etwas hineinzureden hat, um so mehr nicht, als die Vielgestaltigkeit ihre originäre Begründung in der Vielgestaltigkeit des Menschengeistes findet und mit diesem ihr Werden und Vergehen haben muß.

Nur dieser Geist der Duldung sichert der Freimaurerei eine Dauer im Wechsel der Menschheitsgeschichte.

Alle freimaurerischen Lehrarten äußern sich in einer symbolischen Sprache, die ihre sichtbaren Zeichen und Hieroglyphen aus den verschiedensten Zeiten und Ideenkreisen nimmt. Über diese freimaurerischen Symbole gibt es ungezählte Einzelschriften, aber keine zusammenfassende Arbeit. Diese Lücke auszufüllen wäre ein wünschenswertes Ziel der freimaurerischen Wissenschaft. Freilich müßte die freimaurerische Symbolik in Beziehungen gesetzt werden zur symbolischen Theologie, zur Symbolik der Sprache, zur Symbolik der Künste und zur Symbolik des praktischen Lebens. Denn nur so können die tiefen Zusammenhänge mit dem Menschen und seiner logischen Einstellung zum Weltganzen klargelegt werden.

Wenn der große Baumeister der Welt mir die Schaffenskraft erhält, möchte ich wohl ein solches Werk in Angriff nehmen, das sich als vierter Band diesem Werke organisch anschließen könnte.

Die letzte Entscheidung darüber liegt bei dem Verlage dieses Werkes, dem ich an dieser Stelle meinen alleraufrichtigsten Dank abzustatten mich verpflichtet fühle. Er hat keine Mühe und kein Opfer gescheut, auf jede meiner Ideen einzugehen und das Werk in einer Weise auszustatten, die über jedes Lob erhaben ist. Ein tiefes Verständnis für die hohe Aufgabe des deutschen Schrifttums erzeugte ein harmonisches Zusammenarbeiten, das in keiner Entwicklungsspanne der großen und oft schwierigen Arbeit auch nur die geringste Trübung erlitt.

Lichterfelde am Andreasfest 1932.

Ferdinand Runkel.

König Wilhelm I als Prinzregent
Protektor der drei altpreußischen Großlogen

Erstes Buch

Kelle und Schwert im neuen Jahrhundert

I. Das Ringen um die Idee

Die Freimaurerei wird ein Kind ihrer Zeit sein, oder sie wird nicht sein, denn wenn sie nicht die Ideen ihrer Zeit zu ihren eigenen machen kann, dann gerät sie in einen Zustand der Überalterung, überlebt sich und geht unter. Daß ein künstliches Beleben durch Ritualänderungen nie zum Ziele führt, haben die beiden letzten Jahrhunderte deutlich bewiesen. Entweder enthält das Ritual Botschaften aus der Ewigkeit, dann sind diese ewig, oder es ist Menschenwerk, spekulative Konstruktion, dann vergeht es, wie die unzähligen Gesellschaften, Bünde, Orden und Bruderschaften vergangen sind. Diese waren Zeitgebilde, Gegenwartsgedanken und trugen nicht den glühenden Prägestempel der Ewigkeit, der Offenbarung Gottes in der Natur, also auch in der Krone der Natur, im Menschen selbst.

Gott aber war vor der Ewigkeit und wird nach der Ewigkeit sein. Gott ist eigenschaftslos; er ist, der er ist, das erkannten schon die Frommen des alten Bundes. Aber auch dieses zieht ihn schon zu sehr in die Vermenschlichung herab.

So ist es auch ein Trugschluß der Endlichkeit, daß Gott seiend sein müsse, weil wir sein Wirken, seine Offenbarung empfinden. Sein ist eine endliche Eigenschaft, denn es kann sich zum Nichtsein wandeln, es kann aufhören. Sein hat einen Anfang, also auch ein Ende, wenigstens alles Sein, was im Bereich unseres Denkens und Erlebens liegt.

Gott hat aber keinen Anfang, denn sonst müßte er auch ein Ende haben. Dies ist ein unausdenkbarer Gedanke, weil uns, seit Menschen existieren, das Gottesbewußtsein unvergänglich eingepflanzt ist. Gott ist das Geheimnis des Weltganzen, nur sich selbst vergleichbar in seinen Erscheinungsformen als Vater, Sohn und heiliger Geist. Mehr von ihm zu sagen, wäre endlicher Dogmatismus.

Gott ist, und das Gottesbewußtsein ist. Weiteres von Gott zu denken oder gar wissen zu wollen, wäre eine lästernde Vermessenheit. Beugen wir uns andachtsvoll vor dem tiefen Geheimnis und seien wir dessen gewiß, daß nur in dem Beugen vor Gott die menschliche Glückseligkeit und Weltüberlegenheit gefunden werden können.

Suchen wir nicht das Geheimnis der Gottesgeburt in Jesus zu ergründen, nicht, erforschen zu wollen, wodurch er zum Christus wurde, sondern nehmen wir die Erlebensform des Gottesbewußtseins als des Sohnes in andachtsvollem Glauben auf, dann wird uns Christus eine Tatsache, und die Erlösung des Unendlichen in uns vom Endlichen zum Ziel. Dann wird die Ewigkeit des Gottesbewußtseins zur Ewigkeit des Christusbewußtseins, und wir erheben uns über die Welt des Endlichen in die Welt der Offenbarung des Unendlichen.

In der Welt des Endlichen und in der Welt des Unendlichen herrscht das Gesetz, die Weltordnung, eine höhere im Unendlichen, eine niedere im Endlichen. Das Agens dieser Weltordnung ist Gott, der Allgeist, wie Fichte es zutreffend ausdrückt, die absolute Intelligenz, die schaffende Majestät, die in einer geheimnisvollen, unergründlichen Innenspiegelung bewußt und zielgedanklich alle Wesenheiten des Kosmos werden läßt und lenkt, die sich offenbart in der Natur und in unserm innersten Leben, bald als Kraft, bald als Vernunft, bald als Empfindung, immer unerklärlich, aber nie verlöschend, selbst nicht im Tode. Wir nennen dies mit den unvollkommenen Mitteln unserer Sprache die Unsterblichkeit der Seele, an die ein echter Freimaurer unverbrüchlich glaubt.

Darum ist alles in dieser Welt des Endlichen und des Unendlichen der Ausfluß göttlichen Schaffens. Jedes Geschehen ist gottgewollte Erscheinung, und das ist eine Offenbarungserkenntnis, die so alt ist wie das Christentum. Kein Sperling fällt auf die Erde ohne den Willen Gottes, die Haare auf unsern Häuptern sind alle gezählt (Matth. 10, 30).

Jede Erscheinung ist ewig als Erscheinung an sich und in ihrer Wandlung. Die politische Erscheinung nennen wir den Staat, die geistige Erscheinung nennen wir Kultur, die gesellschaftliche Erscheinung nennen wir Wirtschaft und die übersinnliche Erscheinung nennen wir Religion.

Diese vier Erscheinungen machen die Gesamtheit des menschlichen Lebens aus, wenn sie sich logisch in das Weltganze einfügen. Und in der Freimaurerei spiegeln sich diese als Terminologie des Rituals und als Graphik des Teppichs wider, der, wie die Loge selbst, das Weltganze bedeutet. Aber weder Ritual noch Teppich sind starre Gebilde, sondern in dem Rhythmus von Wort und Bild bewegliche Kleinodien, die sich der Wandlung der vier Erscheinungen anpassen. Jedoch nicht immer geht dies Anpassen ohne Erschütterungen vor sich. Besonders dann nicht, wenn die Wandlung der Erscheinungen eruptiv und revolutionär weite Gebiete geistigen Erkennens überspringt, so daß die schwerfällige Erlebensmaschine des Alltags nicht mit dem Sprunge Schritt halten kann.

Nun ist der Übergang vom achtzehnten zum neunzehnten Jahrhundert für uns, die wir die große Synthese der geschichtlichen Ereignisse sehen, nicht sprunghaft, nicht eruptiv, sondern der wesentliche Inhalt dieses Übergangs, die Befreiung des Geistes, hatte sich schon in der fridericianischen Zeit, in dem Kopf des großen Königs selbst vorbereitet. Der politische Fortschritt vom Untertanen zum Staatsbürger, der in Frankreich revolutionär getan wurde, erfolgte in Deutschland, und zwar von Preußen ausgehend, im Gleis der Gesetzgebung.

Der Große von Sanssouci, der wahrhaft königliche Geist, hatte schon als Kronprinz 1739, ein Jahr, nachdem er Freimaurer geworden war, in seinem Anti-Macchiavell geschrieben, keine Empfindung sei so unzertrennlich vom menschlichen Wesen, wie die Freiheit von dem gebildeten Menschen bis zum Wilden, „alle sind gleichmäßig davon durchdrungen, denn wie wir ohne Ketten geboren sind, so wollen wir auch ohne Zwang leben. Der Geist der Unabhängigkeit und des edlen Stolzes, der so große Männer in dem Volke erweckt und Republiken hervorgerufen hat, die unter den Menschen eine Art von Gleichheit errichten und sie dem Naturzustand näherbringen. Der republikanische Geist, der auf seine Freiheit über alle Maßen eifersüchtig ist, schöpft Verdacht gegen alles, was ihn beschränken könnte, und empört sich über den bloßen Gedanken eines Herrn. Man kennt in Europa wohl Völker, die das Joch ihrer Tyrannen abgeworfen haben, um der Unabhängigkeit teilhaftig zu werden, aber man kennt keine, die sich als Freie einer freiwilligen Sklaverei unterworfen hätten. Niemals wird man wahrhaft freie Republikaner überreden können, sich einen Herrn zu wählen, und wenn es auch der beste wäre, sie werden uns immer entgegenhalten, es sei besser, von den Gesetzen, als von der Laune eines einzigen Menschen abzuhängen".

Und der große König hat diese Grundsätze nie verleugnet. Das öffentliche Wohl blieb ihm immer das höchste, denn der Fürst, „weit entfernt, der absolute Herr der von ihm regierten Völker zu sein, ist er nichts anderes als ihr erster Diener (premier domestique)... Ein Fürst, der die Gabe hat, sich beliebt zu machen, wird über die Herzen gebieten, weil es seine Untertanen als ihren eigenen Wunsch empfinden, ihn als ihren Herrn zu haben, und in der Geschichte fehlt es nicht an edlen Taten, die durch Liebe und Treue veranlaßt wurden". Nicht der Wille des Monarchen, sondern das Gesetz war ihm die Grundlage des Staates. Friedrich schrieb 1779 gelegentlich des Prozesses mit dem Müller Arnold an das Kammergericht: „Sie müssen wissen, daß der geringste Bauer, ja, was noch mehr ist, der Bettler ebensowohl ein Mensch ist, wie Seine Majestät sind, und dem alle Justiz gewährt werden muß, indem vor der Justiz alle Leute gleich sind, es mag sein ein Fürst, der gegen einen Bauern klagt, oder umgekehrt, so ist der Fürst vor der Justiz dem Bauer gleich, und bei solchen Gelegenheiten muß nach der Justiz verfahren werden ohne Ansehen der Person."

Unablässig beschäftigte sich der König mit der Gesetzgebung, aber erst 1781 erschien der erste Teil seines Corpus juris fridericiani im Entwurf.

Sein Nachfolger förderte dann das Werk so kräftig, daß durch königliches Patent vom 20. März 1791 das allgemeine Landrecht für die preußischen Staaten veröffentlicht werden konnte. Es sollte mit dem 1. Juni 1792 Gesetzeskraft erhalten. Darin heißt es: „Die allgemeinen Rechte der Menschen gründen sich auf die natürliche Freiheit, sein eigenes Wohl ohne Kränkung der Rechte des andern suchen und befördern zu können.... Das Wohl des Staates überhaupt und seiner Einwohner insbesondere ist der Zweck der bürgerlichen Vereinigung und das allgemeine Ziel der Gesetze. ... Das Oberhaupt des Staates, dem die Pflichten der Beförderung des allgemeinen Wohles obliegen, ist, die äußeren Handlungen aller Einwohner diesem Zweck gemäß zu leiten und zu bestimmen berechtigt. ... Die Gesetze und Verordnungen des Staates dürfen die natürlichen Rechte nicht weiter beschränken, als der gemeinschaftliche Endzweck erfordert. Rechtsstreitigkeiten zwischen dem Oberhaupt des Staates und seinen Untertanen sollen bei den ordentlichen Gerichten nach den Vorschriften der Gesetze erörtert und entschieden werden. ... Machtsprüche oder solche Verfügungen der oberen Gewalt, welche in streitigen Fällen ohne rechtliche Erkenntnis erteilt worden sind, bewirken weder Rechte noch Verbindlichkeiten."

Mehr hatte die französische Revolution mit der Erklärung der Menschenrechte auch nicht verlangt, als dieses preußische Gesetzbuch. Aber die Zeit war doch noch nicht gekommen, es allgemein einzuführen. Unerwartet erschien am 18. April 1792, also sechs Wochen vor dem Zeitpunkt der Einführung, eine königliche Verfügung, die sie auf unbestimmte Zeit vertagte. Der König war unter dem rosenkreuzerischen Einfluß Wöllners und Bischoffwerders bedenklich geworden. Besonders störte ihn der Ausdruck Machtspruch, er sollte entfernt werden, desgleichen alle Sätze, die das Staatsrecht und die Regierungsform betrafen. Immerhin blieben noch die Elemente bestehen, auf denen der neue preußische Rechtsstaat aufgebaut werden sollte, der im Donner der Geschütze des Befreiungskrieges aus Steins und Hardenbergs Herz und Hirn hervorging.

Die Erklärung der Menschenrechte wirkte sich in Deutschland nicht revolutionär aus, wenigstens nicht nach der politischen Seite. Davon schreckten die Ereignisse in Frankreich ab, jedoch der geistigen Revolutionäre gab es viele. Selbst Kant sprach sich in seiner 1795 herausgekommenen Schrift „Zum ewigen Frieden" in diesem Sinne aus: „Die bürgerliche Verfassung in jedem Staate soll eine republikanische sein; sie ist die einzige, welche aus der

Idee des ursprünglichen Vertrags hervorgeht, auf den alle rechtliche Gesetzgebung eines Volkes gerichtet sein muß. Außer dieser Lauterkeit des Ursprungs gewährt sie auch die Aussicht in die gewünschte Folge, den ewigen Frieden, weil die Bestimmung der Staatsbürger dazu erfordert wird, den Krieg zu beschließen, und nichts natürlicher ist, als daß, da sie alle Drangsale des Krieges über sich selbst beschließen müßten, sie sich sehr bedenken würden, ein so schlimmes Spiel anzufangen."

Das war reiner Pazifismus, der in eine Periode, wie sie kriegerischer nicht gedacht werden konnte, in keiner Weise paßte. Die Geschichte ging daher auch, ohne den Königsberger Denker zu beachten, unaufhaltsam ihren Gang.

Die Befreiung der Geister hatte in Frankreich mit dem Abklingen der Revolution ein Nationalgefühl, eine Vaterlandsliebe erzeugt, die zu den größten Taten begeisterte. Sie hatte ihre letzte Ausdrucksform in dem leidenschaftlichen Kriegsfanatiker Bonaparte gefunden. Nachdem er sich aber zum Tyrannen entwickelt hatte, die ganze europäische Welt mit seinen Heeren drückte und die deutschen Fürsten in knechtische Abhängigkeit zwang, erhob sich die Befreiung der Geister im Schoße Preußens, und zwar wesentlich unter Führung von Freimaurern, zu beispiellosen Opfern der Liebe zu König und Vaterland.

Der König und die Königin gaben in der Reinheit ihres Lebens, Wollens und Handelns ein Beispiel vaterländischer Tugend, das seinen stürmischen Widerhall in ganz Preußen fand. Des Königs vaterländische Treue, die Liebe der Königin zum Volke, ihre unerschütterliche Frömmigkeit begeisterten das gesamte Preußenvolk zu den heldenhaftesten Opfern.

Die Königin Luise hat in ihrem Leben und Sterben das Idealbild der deutschen Frau, der preußischen Patriotin, unverlöschlich geschaffen. Überwunden waren die französische Hofetikette, der Modenzauber, die Abgeschlossenheit. Das königliche Paar lebte mitten unter seinem Volke. Der König führte „seine Frau" und trug den Regenschirm, nahm wohl auch eins der Kleinen auf den Arm. Oft ließ sich die Königin im Garten ihrer Milchfrau für sich und die Kinder ein Glas frisch von der Kuh bringen. Das war der neue Geist in seiner Befreiung, der die Schranken zwischen König und Volk eingerissen hatte. Man muß die rührenden Briefe der Königin an ihren Vater lesen, um die unendliche Liebe jedes Preußen für diese hohe und reine Seele begreifen zu können.

Wer war dieser Vater, an dem die Königin mit so rührender kindlicher Liebe und herzinnigem Vertrauen hing? Die Geschichte sagt nüchtern und sachlich: Es war der Herzog Karl Friedrich Wilhelm von Mecklenburg-Strelitz. Die Geschichte der Freimaurerei sagt mehr: Er war einer der begeistertsten, unentwegtesten und treuesten Führer der königlichen Kunst in Deutschland, dessen wir im ersten Bande dieses Werkes nur flüchtig und im Bilde gedacht haben. Nun aber müssen wir diesen Fürsten in seiner schlichten Männlichkeit, in seinem großdeutschen Idealismus, in seiner von hoher politischer Moral getragenen Tapferkeit näher kennenlernen, um die Quellen und Elemente aufzuzeigen, aus denen sich teils durch hereditäre Anlage, teils durch Erziehung Luise zu dem erhabenen Charakterbilde einer wahrhaft königlichen Frau entwickelte. Es sei den Gegnern der Freimaurerei, besonders denen aus dem Lager der deutschen Patrioten unserer Zeit, mit dem ganzen wissenschaftlichen Ernst gesagt, alles, was wir an der Königin Luise von Preußen, ja, schon an der „gnädigen Frau von Paretz" mit liebevoller Verehrung in unserem Herzen tragen, ist echt freimaurerisches Geistes- und Charaktergut. Königin Luise war das Urbild einer „Schwester", der jeder Freimaurer nach dem althergebrachten Gebrauchtum weiße Handschuhe an geweihter Stätte überreichen würde mit dem inneren Gebot und Bewußtsein, daß sie nie von unreinen Händen getragen werden.

Da sie schon früh ihre Mutter verloren hatte, wurde sie von ihrer Großmutter, der Landgräfin Marie Luise Albertine von Hessen-Darmstadt, erzogen. Am Hofe von Darmstadt herrschte ein wahrhaft freimaurerischer Geist, und Luisens Vater gehörte mit dem Erbprinzen Ludwig, den Prinzen Ludwig George Karl und Georg von Hessen-Darmstadt zu den sieben Verbündeten, oder dem Bund der Sieben, die eine mystische Freimaurerei betrieben, aber von ernster christlicher Gesinnung waren. Auszunehmen ist vielleicht Ludwig George Karl, der ein sehr abenteuerliches Leben geführt und sich ein eigenes, etwas heidnisch gefärbtes Christentum zurechtgemacht hatte.

Welche vaterländische Kraft in der freimaurerischen Idee liegt, zeigte Herzog Karl von Mecklenburg-Strelitz. Er war der einzige deutsche Fürst, der sich begeistert von Anfang an der Sache Preußens im Befreiungskampf gegen Bonaparte anschloß, während alle anderen deutschen Fürsten in schmachvoller Mantelträgerei sich dem französischen Eroberer beugten und ihre Volkskraft in seine Heere zur Unterdrückung des Deutschtums sandten.

Alle Schriften aus der Zeit sprechen von Herzog Karl als dem gerechten und edlen Fürsten, der den Beitritt zu Napoleons Rheinbund solange als möglich hinausgeschoben hatte und auch dann nicht, wie andere Fürsten, die von dem Franzosenkaiser dargebotene Souveränität annahm. Es gibt keine Urkunde oder Verordnung, die Karl als „souveräner Herzog von Mecklenburg" unterfertigt hätte, er hat nie in die Verfassung seines Landes eingegriffen. Dadurch erhielt er das Vertrauen, das zwischen ihm und den Ständen und dem Volk von jeher bestanden hatte. Er litt unter der französischen Bedrückung mit seinem Lande, das vom November 1806 bis zum Jahre 1813 zwei Millionen Reichstaler für die französische Herrschaft hatte aufbringen müssen, die Plünderungen und unregelmäßigen Requirierungen nicht eingerechnet.

Am 17. März 1813 war Friedrich Wilhelms „Aufruf an mein Volk" erschienen, am 30. März erfolgte die Erklärung des Herzogs, von der ein Zeitgenosse sagt, sie habe ausgesprochen, „was wir an Ihm verehren, Demut vor Gott, Vertrauen auf den Schützer allen Rechts, Fürstenwürde, deutschen Sinn und deutsche Redlichkeit".

Dieser Aufruf verdient aus dem Staub der Akten der Vergessenheit entrissen zu werden, um zu zeigen, wie der große und begeisterte Freimaurer seinen Dienst an Volk und Vaterland erfaßte:

„Der Kaiser von Rußland und der König von Preußen haben sich zum Kampfe gegen den Kaiser der Franzosen vereinigt, zu einem Kampfe für die Unabhängigkeit Europas, insbesondere für Deutschlands Ehre und Freiheit. Mit freudiger Zuversicht und nach den besten Kräften meines Landes schließe ich mich ihnen an, allerdings nicht ohne die Mittel gewürdigt zu haben, welche den erhabenen Befreiern zur Erreichung ihres großen Zweckes zu Gebote stehen, aber vor allem doch im Vertrauen auf Gott, dem es wohlgefällt, wenn man das erwählet und tut, was Recht ist. Während der mächtigste Fürst Europas sich meinen Beschützer nannte, habe ich nur darauf sinnen – nur dafür sorgen können, wie die Leiden und Lasten meines Landes zu erleichtern, wie sie erträglich zu machen seien. Von dem vorgeblichen Beschützer selbst gingen diese Lasten und Leiden aus! Französische Truppen überschwemmten mein Land und zehrten von dessen Mark, während ich ein verhältnismäßig bedeutendes Militär für fremde Zwecke aufstellen und erhalten mußte! Der Seehandel – für Mecklenburgs Wohlstand unentbehrlich – wurde gesperrt! Französische Douanen besetzten das Land, erhoben Steuern für den Kaiser – verbrannten Waren nach Willkür, und wir mußten sie nähren! Es wurden für französische Armeen Stückknechte gefordert von den Deutschen, und wie die mächtigsten Fürsten des Rheinbundes sich zu dieser Stellung herabließen, blieb auch mir keine Wahl. Spione drängten sich ein, und die Namen der redlichsten Männer füllen ihre Listen, weil sie ein kräftig freies Wort gesprochen, wohl auch, weil sie den Spähern mißfällig gewesen! Französisches Militär holte mecklenburgische Männer aus unserer Mitte, um sie nach Willkür zu richten. Dies ist das treue Bild unseres Zustandes seit den letzten sechs Jahren! Unser Eigentum, unsere öffentliche und persönliche Freiheit, stand in den Händen der Fremden, und unser Blut mußten wir lassen für sie!

Mecklenburger, deutsche Männer! die Stunde der Befreiung ist gekommen, und es ist hoch an der Zeit! Laßt auch uns zeigen, daß wir wert sind besserer

Tage, indem auch wir freudig und lebendig ans Werk gehen! Dann wird es allen gelingen, wenn jeder das Seine tut. In solcher Zeit sondern sich die herrlichen, kräftigen Naturen von denen ab, die in Selbstsucht und Schwäche verkümmert sind, in solcher Zeit erwirbt man sich Achtung oder verscherzt sie! Wir wollen uns Achtung erwerben bei den Deutschen, indem ein jeder von uns mit Hingebung tut, was an ihm ist! Mit Gott werde ich mich der Ehre wert zeigen, ein deutscher Fürst zu sein, und ihr, getreue Mecklenburger, werdet allen deutschen Brüdern ein Beispiel geben, auf daß man auch uns nenne in der Geschichte und unsere Kinder achtungswerter Väter sich rühmen!

Neustrelitz, den 30sten März 1813.

(L. S.) Carl,
Herzog zu Mecklenburg."

Wenige Tage darauf rief der Herzog die streitbare Mannschaft zu den Waffen: „In dem Augenblick, da auch uns es vergönnt ist, für die Sache des deutschen Vaterlandes nach unsern besten Kräften mitzuwirken, berufen wir, mit freudiger Zuversicht auf den deutschen Sinn, in unserm Lande die jungen Männer desselben zum Kampfe.

Nach dem Wunsche unserer mächtigen Alliierten werden wir ein Husarenregiment errichten, und wollen damit ein reitendes Jägerkorps in eben der Art verbinden, wie solches bei der Königlich Preußischen Armee der Fall ist."

Und nun drängte sich die mecklenburgische Mannschaft zum Kriegsdienst. Was nicht im Kontingent des Landes Platz fand, ging zum Lützowschen und Reichschen Freikorps.

Die Kosten wurden durch freiwillige Spenden aufgebracht. Darüber berichtet Hofrat Friedrich Müller (aktenmäßige Darstellung der Teilnahme des Herzogtums Mecklenburg-Strelitz an dem Kriege gegen Frankreich, Neustrelitz 1814) das folgende:

„Der verehrte Landesherr selbst gab das ganze fürstliche Silberservice, 868 Pfund 11⅞ Lot schwer, zum Dienst der heiligen Sache des Vaterlandes, die großgesinnte Tochter eines solchen Vaters, Prinzessin von Solms, Königliche Hoheit, entkleidete sich ihres kostbaren Schmucks und weihte ihn demselben großen Zwecke. Hierdurch wurde gezeigt, was entbehrt werden kann; freudig brachte nun die Mehrzahl der Einwohner, wenn nicht alles, so doch das mehrste Silbergerät; die Zünfte und Schützengilden opferten ihre Becher und Schilde, so daß überhaupt dem Gewicht nach 1542 Pfund 24 Lot Silber dem Vaterlande dargebracht worden sind. Auch an barem Gelde und an sonstigen geldeswerten Sachen, Pretiosen usw. war der Zuschuß sehr bedeutend. Einzelne, eben nicht reiche Privatpersonen gaben

1000 Reichstaler; die größte Mehrzahl nach Kräften, so daß der Gesamtbetrag aller freiwilligen Gaben sich auf hundertfünfundzwanzigtausend und einige hundert Reichstaler beläuft, womit der zur Ausrüstung nicht allem des Husarenregiments, sondern auch mehrerer Ergänzungen desselben erforderliche Kostenaufwand bestritten worden ist."

Mit den mecklenburgischen Truppen ging der jüngste Sohn des Herzogs, Prinz Karl, der Halbbruder der Königin Luise, ins Feld. Er führte die zweite Brigade im Korps Yorcks, der auch seine Landsleute unterstellt waren.

Wir haben diese Tatsache in ihrem ganzen Umfange schildern zu müssen geglaubt, um zu beweisen, daß die hohen Tugenden, die wir an der Königin Luise verehren, ein Ergebnis freimaurerischen Geistes waren, der, wie wir in der Folge noch klarer erkennen werden, nicht nur die Erhebung Preußens zum Befreiungskampf, sondern auch die Neuordnung des preußischen Staates maßgebend beeinflußt hat.

Und der König Friedrich Wilhelm III.? Es ist fast zur Tradition geworden, ihn ungünstig zu beurteilen, ihn schwankend, schwach, kleinlich und ängstlich zu nennen. Man warf ihm vor, daß er sich zu jeder Entscheidung im Sinne der Befreiung von Bonapartes Despotie habe zwingen lassen. Richtig, aber gewiß nicht, weil er ängstlich war, sondern weil er politisch weiter sah, als die geistigen Sturmgesellen seines Volkes. Eine Eigenschaft, die von den Römern dem großen Gegner Hannibals, dem Quintus Fabius Maximus, als höchste militärische Tugend ausgelegt wurde, so daß ihm der Beiname der Zauderer (Cunctator) gegeben wurde, diese Eigenschaft verdachte man dem König Friedrich Wilhelm III. Auch im Zweiten Punischen Krieg revoltierte das Volk gegen des Fabius zögernde Kriegführung und gab ihm einen temperamentvollen General bei, der Hannibal angriff, geschlagen wurde und fast vernichtet worden wäre, wenn der großherzige Zauderer ihm nicht zu Hilfe gekommen wäre. Die Folge dieser völkischen Maßnahmen waren Niederlagen auf Niederlagen und endlich Cannae. Friedrich Wilhelm kannte die große Gefahr in dem ungebrochenen Kriegswillen Napoleons auch nach der Niederlage von 1812, er war sich der Unzuverlässigkeit seines russischen Bundesgenossen aus der bitteren Notzeit des Tilsiter Friedens wohl bewußt und wagte daher nicht, dem Kaiser Alexander unbedingt zu vertrauen. Es mag den persönlich tapferen Mann schwere innere Kämpfe gekostet haben, das preußische Schwert in der Scheide zu halten. Er sprach sich nie darüber aus, denn er war eine verschlossene Natur und noch verschlossener geworden nach dem Tode der Königin Luise. Es ist ganz unhistorisch, zu behaupten, Napoleon wäre schon 1804 vernichtet worden, wenn der König vor Austerlitz mobil gemacht hatte. Der große Meister der inneren Operationslinie, der souveräne Beherrscher aller Kriegsmittel Frankreichs und halb Europas wäre damals auch mit Preußen fertiggeworden, um so mehr, als die Einheitlichkeit der Kriegführung bei den Verbündeten fehlte, ein Mißstand, der sich durch die ganze Zeit der Befreiungskriege zog.

Der König kannte seinen Gegner Napoleon, sein überlegenes Feldherrntalent und seine rücksichtslose Verbrechernatur, die keine Verträge und kein gegebenes Wort hielt. Am Ende ist schließlich der Erfolg maßgebend, und die Politik Friedrich Wilhelms zeitigte Leipzig, Waterloo und St. Helena, die Befreiung Deutschlands und seinen Aufstieg zur Weltmacht. Friedrich Wilhelms Zaudern war politisch richtig, und die großen Staatsmänner Hardenberg und Metternich haben dies nicht nur anerkannt, sondern dieselbe Politik durchgeführt. Nur nennt man es bei ihnen hohe Staatskunst und bei dem König Schwäche, Schwanken, Unsicherheit. Ungerechte Urteile werden darum nicht gerechter, weil sie länger als ein Jahrhundert behauptet werden.

Man muß sich etwas in die Seele Friedrich Wilhelms hineindenken. Die neuen Staatsmaximen, die seine großen Mitarbeiter Stein, Hardenberg, Schön in Preußen durchführten, waren ihm, dem Monarchen der absolutistischen Zeit, weltanschaulich so wesensfremd wie Feuer dem Wasser, aber er hat nie den Fortschritt sachlich gehindert. Er hat den Bauernsohn Scharnhorst zum General befördert und geadelt, er ließ sich von Yorck, der ihm persönlich höchst unsympathisch war, hanebüchene Grobheiten sagen und erhob ihn trotzdem in den Grafenstand und ernannte ihn zum Feldmarschall. Seine bescheidene, bürgerliche Natur stellte stets die eigene Leistung zurück, und so kam es, daß sein wesentlicher Anteil an der Befreiung Deutschlands übersehen wurde. Welch ein Unterschied zwischen ihm und den deutschen Fürsten, die Napoleon anhimmelten und sich von ihm Land, Fürsten- und Königskronen schenken ließen. Friedrich Wilhelm lehnte alles ab, er hätte ja auch nach dem Vorschlage Napoleons Kaiser werden können, aber er blieb, was er war, der König von Preußen, der erste Diener seines Volkes.

Wie eng er sich mit dem Volke verbunden fühlte, zeigte die Tauffestlichkeit der am 1. Februar 1808 geborenen Prinzessin Luise, zu der Friedrich Wilhelm die Vertreter des Volkes eingeladen hatte. Darüber schreibt ein Augenzeuge, H. von Bardeleben: „Mit wem mochte Er damals die Vatersorgen teilen als mit seinem Volke? Er berief die Stände Alt-Preußens, den Edelmann, den gewerbetreibenden Bürger und den Ackerbau, um sich. Sie mußten das Volk vertreten. Und mitten unter den Seinen standen sie und waren die Seinen und legten die Hände auf das Kind und beteten für ihn und sein Haus. Von Bundesgenossen vernachlässigt, von Freunden verabsäumt, von Dienern und Höflingen aufgegeben, von dem größten Teil seines Volkes getrennt, fragte der König: Ist es euch neu, daß der Unglückliche verlassen wird?“

Diese enge Berührung mit dem Volk war in der Geschichte der Könige von Preußen eine ganz neue Erscheinung, und sie wirkte sich für beide Teile wohltätig aus. Der König erfuhr, daß das Volk weit mehr war als bloßes Material zu Soldaten, Dienstboten und allenfalls Unterbeamten, und das Volk sah seinen König entkleidet von dem Prunk der Regalien, als Menschen, der lebte und litt, wie jedermann in dem unglücklichen Preußenland. Solche Erlebnisse hatten den König reif gemacht für die gewaltigen Reformen, die den neuen Staat und die neue Zeit heraufführten. Begeisterter Opferwille für die vaterländische Gemeinschaft, Anhänglichkeit und Treue für das angestammte Königshaus und Liebe zu dem regierenden Herrn, das waren die Elemente, aus denen die Volkserhebung gegen den französischen Tyrannen floß. Aber all dies war erst eine Folgeerscheinung, das Primäre war die Erneuung der Geister, die Verinnerlichung der Religion, die Kraft der evangelischen Befreiung und das Erwachen des Nationalbewußtseins.

Die Quellen dieser Bewegung lagen, wie wir gezeigt haben, schon im achtzehnten Jahrhundert. Lessing hatte die Wege gewiesen, aber keinen Abschluß erreicht. Ein anderer sollte die letzten Schlüsse ziehen, und es ist bedeutsam, daß auch er wie fast alle die charaktervollen Neugestalter um den König ein Freimaurer war.

Johann Gottfried Herder war der Prophet der neuen Zeit, der das deutsche Volk von der geistigen Fremdherrschaft befreite. Er lehrte die Deutschen, deutsch zu sein, deutsch zu fühlen und stolz auf ihr Deutschtum zu blicken. Was Lessing zuerst mit seinem durchdringenden Beistand erkannt hatte, das ergriff Herder mit dem Herzen. Er war nicht der große Dichter wie Lessing, der unsterbliche Meisterwerke schuf, aber er war der große Wegweiser, der offenbarende Geist, wie ihn Vilmar nennt.

Sein Meister, den er überflügelte, war Johann Georg Hamann, der Magus im Norden, dessen wir schon als Gegner Starcks zu gedenken hatten. Von ihm hatte er den Gedanken, daß der ganze Mensch mit seinem Verstand, seiner Empfindung und seiner Vernunft sich für eine Idee einsetzen müsse. Hamanns Bedeutung mag man ermessen an dem Einfluß, den er auf Herder und vor allem auf Goethe ausgeübt. Dieser gedenkt seiner in „Wahrheit und Dichtung“ als des „würdigen und einflußreichen Mannes, der uns damals ein ebenso großes Geheimnis war, als er es immer dem Vaterlande geblieben ist“.

„Seine sokratischen Denkwürdigkeiten“, fährt Goethe fort, „erregten Aufsehen und waren solchen Personen besonders lieb, die sich mit dem blendenden Zeitgeiste nicht vertragen konnten. Man ahnte hier einen tiefdenkenden, gründlichen Mann, der, mit der offenbaren Welt und Literatur genau bekannt, doch auch noch etwas Geheimes, Unerforschtes gelten ließ, und der sich darüber auf eine ganz eigene Weise aussprach. Von denen, die damals die Literatur des Tages beherrschten, ward er freilich für einen abstrusen Schwärmer gehalten, eine aufstrebende Jugend aber ließ sich wohl von ihm anziehen. Sogar die Stillen im Lande, wie sie halb im Scherz, halb im Ernst genannt wurden, jene frommen Seelen, welche, ohne sich zu irgendeiner Gesellschaft zu bekennen, eine unsichtbare Kirche bildeten, wendeten ihm ihre Aufmerksamkeit zu, und meiner Klettenberg, nicht weniger ihrem Freunde Moser, war der Magus aus Norden eine willkommene Erscheinung.... Unsere Aufmerksamkeit auf diesen Mann hielt Herder immer lebendig, der, mit seiner Braut und uns in Korrespondenz bleibend, alles, was von jenem merkwürdigen Geiste ausging, sogleich mitteilte.... Das Prinzip, auf welches die sämtlichen Äußerungen Hamanns sich zurückführen lassen, ist dieses: Alles, was der Mensch zu leisten unternimmt, es werde nun durch Tat oder Wort oder sonst hervorgebracht, muß aus sämtlichen vereinigten Kräften entspringen, alles vereinzelte ist verwerflich. Eine herrliche Maxime! aber schwer zu befolgen. Von Leben und Kunst mag sie freilich gelten; bei jeder Überlieferung durchs Wort hingegen, die nicht gerade poetisch ist, findet sie eine große Schwierigkeit; denn das Wort muß sich ablösen, es muß sich vereinzeln, um etwas zu sagen, zu bedeuten. Der Mensch, indem er spricht, muß für den Augenblick einseitig werden; es gibt keine Mitteilung, keine Lehre ohne Sonderung. Da nun aber Hamann ein für allemal dieser Trennung widerstrebte und, wie er in einer Einheit empfand, imaginierte, dachte, so auch sprechen wollte und das gleiche von andern verlangte, so trat er mit seinem eigenen Stil und mit allem, was die andern hervorbringen konnten, in Widerstreit. Um das Unmögliche zu leisten, greift er daher nach allen Elementen; die tiefsten, geheimsten Anschauungen, wo sich Natur und Geist im Verborgenen begegnen, erleuchtende Verstandesblitze, die aus einem solchen Zusammentreffen hervorstrahlen, bedeutende Bilder, die in diesen Regionen schweben, andringende Sprüche der heiligen und Profanscribenten, und was sich sonst noch humoristisch hinzufügen mag, alles dies bildet die wunderbare Gesamtheit seines Stils, seiner Mitteilung."

Dieser Mann war der befruchtende Regen für den gewaltigen Baum der Erkenntnis, den Herder im Herzen der Deutschen pflanzte. Er erkannte die lebendige Kraft im Volk, das ihm nicht mehr die rohe, stumpfe Masse war. Er bahnte die Achtung vor dem geistigen Leben des Volkes an und „vor den Rechten dieser geistigen Lebenselemente, und hierdurch wurde ein starker Damm gegen die zu gleicher Zeit hereinbrechende Aufklärerei errichtet, die dem Volke wohlzutun meinte, wenn sie ihm alle eigentümlichen Züge, alle ererbten geistigen Besitztümer entzöge und es mit den armseligen Brocken der Kulturweisheit fütterte". (Vilmar.)

Herders Wesen war nicht gerade angenehm, und das machte ihm viele Feinde. So sagte einer dieser von ihm, Herder gehöre zu der neuen Rasse von Theologen, den galanten, witzigen Herren, denen Volkslieder, die auf Straßen und Fischmärkten ertönen, so interessant wie Dogmatiken seien.

Goethe schildert uns Herder in „Wahrheit und Dichtung" mit treffender Plastik:

„Herder konnte allerliebst einnehmend und geistreich sein, aber ebenso leicht eine verdrießliche Seite hervorkehren. Dieses Anziehen und Abstoßen haben zwar alle Menschen ihrer Natur nach, einige mehr, einige weniger, einige in langsameren, andere in schnelleren Pulsen; wenige können ihre Eigenheit hierin wirklich bezwingen, viele zum Schein. Was Herdern betrifft, so schrieb sich das Übergewicht seines widersprechenden, bitteren, bissigen Humors gewiß von seinem Übel und den daraus entspringenden Leiden her. Dieser Fall kommt im Leben öfters vor, und man beachtet nicht genug die moralische Wirkung krankhafter Zustände und beurteilt daher manche Charaktere sehr ungerecht, weil man alle Menschen für gesund nimmt und von ihnen verlangt, daß sie sich auch in solchem Maße betragen sollen.

Die ganze Zeit dieser Kur (Herder hatte eine Augenoperation bestanden) besuchte ich Herdern morgens und abends; ich blieb wohl auch ganze Tage bei ihm und gewöhnte mich in kurzem um so mehr an sein Schelten und Tadeln, als ich seine schönen und großen Eigenschaften, seine ausgebreiteten Kenntnisse, seine tiefen Einsichten täglich mehr schätzen lernte. Die Einwirkung dieses gutmütigen Polterers war groß und bedeutend. Er hatte fünf Jahre mehr als ich, welches in jüngeren Tagen schon einen großen Unterschied macht; und da ich ihn für das anerkannte, was er war, da ich dasjenige zu schätzen suchte, was er schon geleistet hatte, so mußte er eine große Superiorität über mich gewinnen. Aber behaglich war der Zustand nicht: Denn ältere Personen, mit denen ich bisher umgegangen, hatten mich mit Schonung zu bilden gesucht, vielleicht auch durch Nachgiebigkeit verzogen; von Herdern aber konnte man niemals eine Billigung erwarten, man mochte sich anstellen, wie man wollte. Indem nun also auf der einen Seite meine große Neigung und Verehrung für ihn, und auf der andern das Mißbehagen, das er in mir erweckte, beständig miteinander in Streit lagen, so entstand ein Zwiespalt in mir, der erste in seiner Art, den ich in meinem Leben empfunden hatte. Da seine Gespräche jederzeit bedeutend waren, er mochte fragen, antworten oder sich sonst auf eine Weise mitteilen, so mußte er mich zu neuen Ansichten täglich, ja stündlich befördern. In Leipzig hatte ich mir eher ein enges und abgezirkeltes Wesen angewöhnt, und meine allgemeinen Kenntnisse der deutschen Literatur konnten durch meinen Frankfurter Zustand nicht erweitert werden; ja, mich hatten jene mystisch-religiösen chemischen

Beschäftigungen in dunkle Regionen geführt, und was seit einigen Jahren in der weiten literarischen Welt vorgegangen, war mir meistens fremd geblieben. Nun wurde ich auf einmal durch Herder mit allem neuen Streben und mit allen den Richtungen bekannt, welche dasselbe zu nehmen schien. Er selbst hatte sich schon genugsam berühmt gemacht und durch seine Fragmente, die kritischen Wälder und anderes, unmittelbar an die Seite der vorzüglichsten Männer gesetzt, welche seit längerer Zeit die Augen des Vaterlandes auf sich zogen. Was in einem solchen Geiste für eine Bewegung, was in einer solchen Natur für eine Gärung müsse gewesen sein, läßt sich weder fassen noch darstellen. Groß aber war gewiß das eingehüllte Streben, wie man leicht eingestehen wird, wenn man bedenkt, wieviele Jahre nachher, und was er alles gewirkt und geleistet hat."

Man erkennt aus dieser Schilderung das Aufrüttelnde und Neustrebige in Herders Natur, und man wird ermessen, wenn schon Goethe dieser machtvollen Persönlichkeit solchen Einfluß auf sich zugab, wieviel größer Herders Wirkung auf die gesamte gebildete Welt gewesen ist. Wir wissen, daß Goethe sich nicht leicht einer geistigen Autorität unterordnete, aber diese unbedingte Anerkennung Herders zeigt uns den Geist dieses Führers in seiner ganzen Größe. Dazu kam seine tiefe kindliche Frömmigkeit, die er mit Hamann teilte, seine echte Humanität und seine Begeisterung für alles wahrhaft Deutsche. Dies waren die Wurzeln, die dem Geist der vaterländischen Erhebung die Wege ebneten.

Als Freimaurer hat sich Herder praktisch sehr wenig betätigt, seine Stellung als Generalsuperintendent in Weimar, glaubte er, verbiete ihm, die Loge zu besuchen. Aber er trug freimaurerischen Geist in sein seelsorgerisches Amt, in seine Kanzelreden und in seine Schriften. Er stand in angeregtem Briefwechsel mit den führenden Freimaurern seiner Zeit und befruchtete ihre Tätigkeit. Man kann nicht sagen, daß es tiefe Weisheit gewesen wäre, was er der Freimaurerei gab, oder sonderlich neue und bahnbrechende Gedanken, aber er gab der königlichen Kunst, was ihr auch heute nottut, einen neuen gewissen Geist.

Wir besitzen in der Adrastea einen dem Lessingschen Gespräche Ernst und Falk nachgebildeten Dialog über Freimaurerei, worin er seine Gedanken niederlegt. Der Dialog trägt die Überschrift „Wer den Zweck der Freimäurerei, wie sie von außen erscheint", und die Personen, die über diesen Gedanken meditieren, heißen Faust, Horst und Linda. Darin wird ausgesprochen, daß die Freimaurerei im wesentlichen, wenigstens nach dem Andersonschen Konstitutionenbuch, eine Geschichte der Baukunst, insonderheit der Baukunst in England, darstellt. Herder kritisiert die Art und Weise der Freimaurerei des achtzehnten Jahrhunderts, die ihren Anfang bis zu Adam und Nimrod

Johann Gottfried Herder

zurückverlegt. Vor allem will ihm dieses Erhalten der Mitglieder im Dunkeln und das Betonen des Geheimnisses nicht behagen. Aber er verteidigt auch wieder diese Art und läßt Faust sagen: „Ist Verhehlen und Betrügen einerlei? Sage man, soviel man zu sagen gut findet, nur nichts Falsches. Wer kann und darf für seine Ahnen stehen? Sind wir die Ahnen? Die ganze bürgerliche, ja jede Geschichte geht aus barbarischen Zeiten hervor; wer kann, wer darf können für diese untergegangenen Zeiten? Wir freuen uns, daß sie untergegangen sind. Ehre macht es uns, wenn wir zu ihrem Untergange beitrugen und etwas Besseres wurden. Wären, wie die Sage geht, die Freimäurer denn auch zuerst wirkliche Männer gewesen, was schadete es ihnen?"

Herder kommt dann auf den allgemeinen, in der Öffentlichkeit bekannten Grundsatz, daß die Mitglieder der Freimaurer-Gesellschaft sich untereinander förderten, und läßt wieder Faust die Verteidigung führen: „Und doch, Linda, wäre es ein großer Mangel der Gesellschaft, wenn sich ihre Glieder nur untereinander forthülfen. Sie würde damit eine Art Judentum, ein Staat im Staat. Vielmehr wünschte ich, daß diese Unsichtbaren, wie bedürfnislose Geister, sich selbstvergessend, nach außen wirkten. Diese Parteilosigkeit machte die Gesellschaft zu einem Areopag des Verdienstes, der Sitten und der Talente. Träte sie jedem Edelwollenden auch außer ihrem Viereck unsichtbar zur Seite, und unterstützte und belohnte ihn, weckte den Schlummernden, richtete den Gesunkenen auf; wie manches würde für die Zukunft still vorbereitet, was jetzt noch nicht getan werden kann, was aber gewiß geschehen wird und geschehen muß! Deshalb habe ich es gern, wenn ich höre, daß die Gesellschaft talentvolle, rüstige Jünglinge, durch Stand, Rang, Güter, vorzüglich aber durch tätige Klugheit und Erfahrenheit viel vermögende Männer wählet. Jene, hoffe ich, bildet sie aus: denn sie führet ja die sichersten Werkzeuge der Richtigkeit als Symbole; diese braucht sie mit der Macht einer Gesellschaft in vervielfachter Kraft."

Im folgenden kommt dann Herder auf das Geheimnis und auf die weitere Geschichte der Baukunst zurück, ganz in dem Gedanken, daß die Brüderschaft der Freimaurer aus der Brüderschaft der Werkmaurer hervorgegangen sei. In einer Fortsetzung des Gespräches, das Herder „Salomos Siegelring" überschreibt, spricht Horst aus, daß hinter dem Geheimnis der Freimaurerei noch etwas anderes zu suchen sei, und er bezeichnet es englisch a mystery, ein Kunstgeheimnis, und fährt dann fort:

„Lies diesen alten Katechismus der Freimäurer. Freilich wird über den Aufgenommenen gebetet, daß, wie er seine Hand ausstreckt zum heiligen Wort, er sie auch ausstrecken möge, dem Bruder zu helfen, merke Dir wohl, nur dem Bruder! Und zwar ohne seinen und seiner Familie Nachteil. Freilich wird ihm gewünscht, daß er in allen Tugenden von Stufe zu Stufe steige, und die Mäurerei auf der ganzen Erde gesegnet sei. Mithin soll und darf es keinen unmoralischen Freimäurer nach den Gesetzen der Stiftung geben. Das aber wirst und mußt Du mir einräumen, daß Namen, Grade, Symbole, Zeichen, Lieder und was man überhaupt vom Ritual der Gesellschaft weiß, die Sprache der Kunst führen."

Das Bedeutungsvollste ist die Entdeckung Herders über den Ursprung der Legende von Salomos Tempelbaumeister Hiram. Dies erzählt Horst: „Höret ein morgenländisches Märchen: Denn das Licht und die Mäurerei kommen von Osten. Als Salomo seinen Tempel aufführte – Ihr wisset doch beide, daß seinem Siegelringe, der alle Geheimnisse in sich faßte, die Geister und Genien dienten? ... Vermittelst der Genien und Geister, die alle unter seinem Gebot standen, baute er den Tempel. Diese Genien und Geister sind das Urbild unserer Freimäurer. Höret weiter: Alle standen unter seinem Befehl, zuletzt aber unwillig: Denn der Bau des Tempels währete lange. Als Salomo vor Vollendung desselben seinen Tod voraussah, bat er Gott, daß sein Tod den Genien solange verborgen bliebe, bis sie seinem Siegelringe gehorsam den Bau vollendet. Die Bitte ward erfüllt. Salomo stand betend im Tempel, indem er stehend sich auf seinen Stab lehnte. Über ein Jahr stand er also, die Genien, die ihn noch lebend glaubten, vollendeten den Bau des Tempels. Da kam ein Wurm in den Stab und zernagte ihn; der Leichnam sank, des Königs Tod ward kund; der Tempel ward indes vollendet. Da hast Du, Faust, das Urbild der Maurerei und zugleich der Geschichte Hirams im Ritual der Gesellschaft. Dort und hier ein gestorbener Meister des Baues bei Vollendung des Tempels. Dort und hier eine unter dem Siegelring des Meisters am Tempel bauende, durch einen Eidschwur gebundene geheime Gesellschaft. Suche nun nach, wie aus dem feinen orientalischen Märchen die Geschichte des Maurermeister Hirams ward, und – Du kommst weiter.

Faust. Du erdichtest doch nicht das Märchen, Horst?

Horst. Es steht in einem Buch, durch den Engel Gabriel vom Himmel gebracht; viel älter als Karl I. in England, es steht im Koran. Höre die vierunddreißigste Surah mit der Überschrift Saba:

> Wir verliehen dem David Vortrefflichkeiten und Sprachen:
> Berge singet mit ihm abwechselnd mit Chören!
> Und verbanden die Vögel, mit einzustimmen: Erweichten
> Erze für ihn und sprachen: Daraus bereite Dir Panzer!

Fuge die Bleche zusammen, und wirke Gerechtes. Ich sehe
Was Ihr tut, Isaiden. Desgleichen unterwarfen
Wir dem Salomo selbst die wehenden Winde; sie wehten
Monatlich ihm, am Abend jetzt, und jetzo am Morgen.
Auch die Quellen geschmolzenen Erzes ergossen vor ihm sich
Ja die Genien selbst verbanden wir mit dem Eidschwur,
Ihm zu arbeiten; und wer abwiche von den Befehlen,
Sollte schmecken die Pein der Glut. Sie machten ihm alles,
Was er befahl; Paläste und Säulen, Kessel und Schüsseln.
Wirket Gerechtigkeit, sprachen wir, Ihr von Davids Geschlechte,
Dankbar; wenige sind's von meinen Knechten. Und endlich,
Als wir beschlossen Salomos Tod; den Genien sagte
Niemand ihn, als der kriechende Wurm der Erde, benagend
Salomos Stab. Da sank sein Leib; da sahen die Geister:
Hätten sie das Verborgene gewußt, sie hätten in Fesseln
Ihrer Strafe mit nichten solange beharrt –

Lies darüber der Kommentatoren soviel Du willst; kurz, die durch einen Eidschwur gebundenen, unter dem Siegelringe Salomos am Tempelbau arbeitenden Genien sind – die Freimäurer. Selbst die Entstehung dieses morgenländischen Märchens kann ich Dir zeigen, so sonderbar sie Euch vorkommen mag. Weil in der Bibel stand, daß, als der Tempel Salomos gebaut wurde, man weder Hammer noch Beil noch irgendein Eisengezeug im Bauen hörte, so dichtete die märchenreiche morgenländische Sage nicht nur weiter; sondern jede Nation dichtete eigen auf ihre Weise. Die Juden ersannen das Märchen vom Wurm Schamir, mittelst dessen der Werkmeister die größten Steine ohne Mühe gespalten, welchen Wurm Salomo auf Anzeige des Dämons Asmodi, wo er zu finden sei, dem Auerhahn abgejagt habe. Zierlicher dichteten die Araber; sie ließen den Bau durch eidverpflichtete Geister und Genien vollenden –

Faust. Wie und wo aber diese arbeitende Genien, arbeitende, gar mordende Gesellen, und aus Salomo Hiram wurde?

Horst. Dünkt Dir das ein Rätsel? Jede Zunft, jedes Gewerbe schuf oder wählte sich in jenen rohen Zeiten, da sie entstand, ein dergleichen Symbol mit Legenden und Märchen. Noch jetzt, wenn in London Zünfte und Magistrate mit dem Lord Mayor aufziehen, repräsentieren sie die Geschichte der Stadt aus den ältesten Fabelzeiten mit Personen und Emblemen von Trojanern, Römern, Briten, Sachsen, Normännern. Brutus, der König Lud, Androklos, Theomantius erscheinen. Die Zünfte folgen, jede mit ihrem Helden, die Winzer mit dem Bacchus, die Weber mit der Penelope, mit der Ceres die Bäcker, die Schuster mit dem heiligen Crispin und Chrispianus, mit den Cyklopen die Grobschmiede, die Wollenweber mit Bischof Blaise – Du weißt wohl nicht warum, Linda? Weil er das Wollweben erfand. Merke Dir Deinen Hiram. Die Musiker ziehen mit Apollo, die Apotheker mit Äskulap, die Schiffszimmerleute mit der Arche Noah, warum sollen die Mäurer sich nicht Hiram und den Tempel Salomos wählen? Beide standen in der Bibel; jenes Märchen durch die vielverändernde Sage empfangen, ward, wie in der mittleren Zeit alle morgenländischen Sagen, handwerksmäßig europäisiert; was siehst Du hierin Sonderliches und Wunderbares?"

Aus diesen Gesprächen geht klar hervor, welch hohe Meinung Herder von der Freimaurerei hatte, obwohl er ihr durchaus kritisch gegenüberstand. Wir wissen auch aus dem Briefwechsel mit Friedrich Ludwig Schröder, daß er dabei sehr bescheiden war und eine Mitarbeit an den Ritualen mit der Bemerkung ablehnte, er sei nicht genügend eingeweiht. Sein Geist war es, der wahre Humanität dem wahren Christentum gleichsetzte und der Freimaurerei höhere Ziele wies, als ihr das achtzehnte Jahrhundert gegeben hatte.

Was Herder unter Humanität verstand, hat er deutlich ausgesprochen. Er sah sie in dreifacher Beziehung: als politisches, als sittliches und als religiöses Phänomen, und nach allen dreien Richtungen ist seine Auffassung bahnbrechend und grundlegend für die Erneuung des deutschen Geistes im neunzehnten Jahrhundert geworden.

Das politische Phänomen arbeitet er scharf heraus in den Briefen zur Beförderung der Humanität, und zwar in dem „Gespräch über die unsichtbar-sichtbare Gesellschaft". Zunächst gibt er eine Definition des Staates: „Die Staaten vereinigen die Menschen, damit durch diese und in dieser Vereinigung jeder einzelne Mensch seinen Teil von Glückseligkeit desto besser und sicherer genießen könne. Das Totale der einzelnen Glückseligkeiten aller Glieder ist die Glückseligkeit des Staats. Außer dieser gibt es gar keine. Jede andere Glückseligkeit des Staats, bei welcher auch noch so wenig einzelne Mitglieder leiden, ist Bemäntelung der Tyrannei. Anders nichts. –

Gut also! Das bürgerliche Leben des Menschen, alle Staatsverfassungen sind nichts als Mittel zur menschlichen Glückseligkeit. Was weiter?

Nichts als Mittel und Mittel menschlicher Erfindung; ob ich gleich nicht leugnen will, daß die Natur alles so eingerichtet, daß der Mensch sehr bald auf diese Erfindung hätte geraten müssen. Nun sage mir, wenn die Staatsverfassung Mittel, Mittel menschlicher Erfindungen sind: sollten sie allein von dem Schicksale menschlicher Mittel ausgenommen sein?

Was nennst Du Schicksale menschlicher Mittel?

Das was unzertrennlich mit menschlichen Mitteln verbunden ist, daß sie nicht unfehlbar sind. Daß sie ihrer Absicht nicht allein nicht entsprechen, sondern auch wohl gerade das Gegenteil bewirken."

Herder zeigt dann, wie jede Staatsverfassung nur Gültigkeit innerhalb der individuellen völkischen Gemeinschaft hat: „Wenn ein Deutscher einem Franzosen, ein Franzose einem Engländer begegnet, so begegnet nicht nur ein bloßer Mensch einem bloßen Menschen, sondern ein solcher Mensch begegnet einem solchen Menschen, die ihrer verschiedenen Tendenz sich bewußt sind, welches sie gegeneinander kalt, zurückhaltend, mißtrauisch macht, noch ehe sie für ihre einzelne Person das geringste miteinander zu schaffen und zu teilen haben.... Nicht genug, daß die bürgerliche Gesellschaft die Menschen in verschiedene Völker und Religionen teilet und trennet. Diese Trennung in wenige große Teile, deren jeder für sich ein Ganzes wäre, wäre doch immer noch besser als gar kein Ganzes. – Nein; die bürgerliche Gesellschaft setzt ihre Trennung auch in jedem dieser Teile gleichsam bis zur Unendlichkeit fort. Oder meinst Du, daß ein Staat sich ohne Verschiedenheit von Ständen denken läßt? Er sei gut oder schlecht, der Vollkommenheit mehr oder weniger nahe; ohnmöglich können alle Glieder unter sich das nämliche Verhältnis haben. – Wenn sie auch alle an der Gesetzgebung Anteil hätten, so können sie doch nicht gleichen Anteil haben, wenigstens nicht gleich unmittelbaren Anteil. Es wird also vornehmere und geringere Glieder geben. – Wenn anfangs auch alle Besitzungen des Staats unter sie gleich verteilet worden: so kann diese gleiche Verteilung doch keine zwei Menschenalter bestehen. Es wird bald reichere und ärmere Glieder geben."

Die Möglichkeit einer Änderung denkt sich Herder nur durch eine Verbesserung der Staatseinrichtungen; diese sind ihm nicht so heilig, „daß es verboten sein sollte, Hand an sie zu legen." Aber nicht als Umstürzer, sondern in der Absicht, die schlechten Einrichtungen nicht weiter einreißen zu lassen. Und dann fährt er fort: „Recht sehr zu wünschen, daß es in jedem Staat Männer geben möchte, die über die Vorurteile der Völkerschaft hinweg wären und genau wüßten, wo Patriotismus Tugend zu sein aufhört. Recht sehr zu wünschen, daß es in jedem Staat Männer geben möchte, die dem Vorurteil ihrer angeborenen Religion nicht unterlägen; nicht glaubten, daß alles notwendig gut und wahr sein müsse, was sie für gut und wahr erkennen. Recht sehr zu wünschen, daß es in jedem Staat Männer geben möchte, welche bürgerliche Hoheit nicht blendet und bürgerliche Geringfügigkeit nicht ekelt; in deren Gesellschaft der Hohe sich gern herabläßt, und der Geringe sich dreist erhebet. Und wenn er erfüllt wäre, dieser Wunsch? Nicht bloß hier und da; nicht bloß dann und wann. Wie wenn es dergleichen Männer jetzt überall gäbe? zu allen Zeiten nun ferner geben müßte? Und diese Männer nicht in einer unwirksamen Zerstreuung lebten? nicht immer in einer unsichtbaren Kirche? Daß ich es kurz mache. Und diese Männer die Freimaurer wären?"

Die Freimaurerei seiner Zeit jedoch genügte ihm nicht, er wollte „eine Gesellschaft aller denkenden Menschen in allen Weltteilen", und ihre drei Lichter seien Poesie, Philosophie und Geschichte. Es ist also keine Gesellschaft von Menschen, sondern eine Gesellschaft von Ideen, und ihr einziger Antrieb wäre die Humanität.

Dann lehrt Herder weiter: „Gäbe man diesem Begriff alle seine Stärke, zeigte man ihn im ganzen Umfange seiner Wirkungen, und legte ihn als Pflicht, als unumgängliche, allgemeine, erste Pflicht, sich und andern ans Herz, alle Vorurteile von Staatsinteresse, angeborener Religion, und das törichtste Vorurteil unter allen, von Rang und Stande würden – verschwinden? Da irrest Du Dich sehr. Nicht verschwinden, aber gedämpft, eingeschränkt, unschädlich gemacht werden; was Deine genannte und vielleicht verdienstvolle Gesellschaft ja auch nur bewirken konnte, wenn sie es bewirken wollte. Weißt Du es nicht besser als ich, daß alle dergleichen Siege über das Vorurteil von innen heraus, nicht von außen hinein erfochten werden müssen? Die Denkart macht den Menschen, nicht die Gesellschaft; wo jene da ist, formt und stimmt sich diese von selbst. Setze zwei Menschen von gleichen Grundsätzen zusammen; ohne Griff und Zeichen verstehen sie sich, und bauen in stillen Taten den großen edlen Bau der Humanität fort. Jeder, nach dem er kann, in seiner Lage, praktisch; er freuet sich aber auch am Werk andrer Hände, weil er überzeugt ist, daß dies unendliche, unabsehliche Gebäude nur von allen Händen vollführt werden kann, daß alle Zeiten, alle Beziehungen dazu erfordert werden, mithin ein jeder einen jeden nicht einmal kennen darf, kennen soll, geschweige, daß er ihn durch Eidschwüre, durch Gesetze und Symbole bände."

Für die humanitären Lehrarten gilt Herder als ein Mann ihres Geistes, und in der Tat ist es richtig, daß er das höchste Ziel der Freimaurerei in der Humanität erblickte. Aber da erhebt sich die Frage, wie sah Herder die Humanität? Wenn wir uns in seine „Ideen zur Philosophie der Geschichte der Menschheit" vertiefen, so finden wir, daß er den christlichen Lehrarten viel näher steht, als den humanitären. Im sechsten Kapitel des vierten Buches sagt er: „Ich wünsche, daß ich in das Wort Humanität alles fassen könnte, was ich über des Menschen edle Bildung zur Vernunft und Freiheit, zu feineren Sitten und Trieben, zur zartesten und stärksten Gesundheit, zur Erfüllung und Beherrschung der Erde gesagt habe: Denn der Mensch hat kein edleres Wort für seine Bestimmung als er selbst ist, in dem das Bild des Schöpfers unserer Erde, wie es hier sichtbar werden konnte, abgedruckt lebet."

Und im siebzehnten Buche wird er ganz deutlich: „Siebenzig Jahre vor dem Untergange des Jüdischen Staates ward in ihm ein Mann geboren, der sowohl in dem Gedankenreich des Menschen als in ihren Sitten und Verfassungen

Louise, Königin von Preußen

eine unerwartete Revolution bewirkt hat, Jesus. – Das Reich, das er ankündigte, nannte er das Reich Gottes, ein himmlisches Reich, zu welchem nur auserwählte gelangen könnten, zu welchem er also auch nicht mit Auferlegung äußerlicher Pflichten und Gebräuche, desto mehr aber mit einer Aufforderung zu reinen Geistes- und Gemütstugenden einlud. Die echteste Humanität ist in den wenigen Reden enthalten, die wir von ihm haben. Humanität ist's, was er im Leben bewies und durch seinen Tod bekräftigte; wie er sich denn selbst mit einem Lieblingsnamen den Menschensohn nannte. – Als ein geistiger Erretter seines Geschlechts wollte er Menschen Gottes bilden, die, unter welchen Gesetzen es auch wäre, aus reinen Grundsätzen anderer Wohl beförderten und selbst duldend im Reich der Wahrheit und Güte als Könige herrschten. Daß eine Absicht dieser Art der einzige Zweck der Vorsehung mit unserem Geschlecht sein könne, zu welchem auch, je reiner sie denken und streben, alle Weisen und Guten der Erde mitwirken müssen und mitwirken werden; dieses ist durch sich selbst klar: denn was hätte der Mensch für ein anderes Ideal seiner Vollkommenheit und Glückseligkeit auf Erden, wenn es nicht diese allgemein-wirkende reine Humanität wäre? – Die menschenfreundliche Denkart Christi hat brüderliche Eintracht und Verzeihung, tätige Hilfe gegen die Notleidenden und Armen, kurz jede Pflicht der Menschheit zum gemeinschaftlichen Bande seiner Anhänger gemacht, so daß das Christentum demnach ein echter Bund der Freundschaft und Bruderliebe sein sollte. Es ist kein Zweifel, daß diese Triebfeder der Humanität zur Aufnahme und Ausbreitung derselben, wie alle Zeit, so in Sonderheit anfangs viel beigetragen habe."

Und an anderer Stelle: „Je reiner eine Religion war, desto mehr mußte und wollte sie die Humanität befördern; dies ist der Prüfstein selbst der Mythologie der verschiedenen Religionen.... Die Religion Christi, die er selbst hatte, lehrte und übte, war die Humanität selbst. Nichts anderes als sie, sie aber auch im weitesten Inbegriff, in der reinsten Quelle, in der wirksamsten Anwendung."

Und wieder an einer andern Stelle das klarste Bekenntnis: „Und warum verhehlen wir eine Norm der Ausbreitung des moralischen Gesetzes der Menschheit, die uns so nahe lieget? Das Christentum gebietet die reinste Humanität auf dem reinsten Wege. Menschlich und für jedermann faßlich, demütig, nicht stolz-autokratisch, selbst nicht als Gesetz, sondern als Evangelium zur Glückseligkeit aller gebietet und gibt es verzeihende Duldung, eine das Böse mit Gutem überwindende tätige Liebe. Es gebietet solche nicht als einen Gegenstand der Spekulation, sondern gibt sie als Licht und Leben der Menschheit, durch Vorbild und liebende Tat, durch fortwirkende Gemeinschaft.... Wenn die schlechte Moral sich an dem Satz begnügt: Jeder für sich, niemand für alle! so ist der Spruch: Niemand für sich allein, jeder für alle! des Christentums Losung."

So wurde Herder Wegbereiter und Führer in die Zeit der geistigen Erneuung und Vertiefung, der Loslösung sowohl von glatter Aufklärerei als auch von dem überhitzten Pietismus und Mystizismus. So wurde der Geist geboren, der die heroischen Opfer in den Befreiungskriegen möglich machte.

II. Geheimbünde, die freimaurerische Formen vortäuschen.

Der Ausgang des achtzehnten Jahrhunderts war erfüllt von Gegensätzen in fast allen Erscheinungsformen des menschlichen Lebens. Der seichte Rationalismus hatte an den Grundfesten des Christentums gerüttelt, die Ideen der französischen Revolution wirkten sich nicht nur im politischen Leben aus, sondern gewannen auch Einfluß auf Erziehung und Moral, ja sogar die äußeren Formen des gesellschaftlichen Verkehrs. Die Moden unterlagen den von jenseits des Rheins herüberflutenden Anregungen, und der Hof Friedrich Wilhelms II. ging mit seinem Beispiel der bürgerlichen Gesellschaft voran.

Die Gegenströmung bewegte sich in zwei Richtungen: Die eine suchte durch die Regierungsgewalt auf die Gesinnung des Volkes zu wirken, die andere wollte von innen heraus durch Gründung von Verbänden und Brüderschaften dem religiösen und sittlichen Verfall steuern. Gegen beide Richtungen erhob sich die aufklärerisch-revolutionäre Partei und schloß gleichfalls Geheimbünde.

Alle diese Geheimbünde bedienten sich der aus Verräterschriften bekanntgewordenen freimaurerischen Formen. Zumeist waren ihre Gründer Freimaurer, die aus irgendwelchen Anlässen ausgetreten oder ausgeschlossen worden waren.

Eine Geschichte der Freimaurerei kann an diesen Erscheinungen ebensowenig vorübergehen, wie eine Geschichte der Kunst an den Kunstfälschungen. Aber das muß mit aller Entschiedenheit gesagt werden, mit der Freimaurerei haben alle diese Geheimbünde, Verbände und Verbrüderungen nicht das geringste zu tun, es sind Fälschungen der Freimaurerei und nicht einmal gute.

Der Führer der ersten Gruppe war Wöllner, der schon, als die ersten Blitze der revolutionären Bewegung in Frankreich aufleuchteten, durch sein Religionsedikt Abhilfe schaffen zu können glaubte. Darin heißt es: „Man hat schmerzlich bemerkt, wie seit Jahren die Geistlichen und Lehrer des lutherischen und calvinischen Bekenntnisses die Grundwahrheiten der Schrift untergruben und, unverschämt den ehrwürdigen Namen der Aufklärung deutelnd, Irrtümer ohne Zahl, die längst als solche erkannt waren, ausstreuten. Der König will innere Überzeugung nicht zwingen, ja selbst bekannte Neuerer nicht aus ihrem Amte treiben, aber jeder soll von nun an, dem hergebrachten und festgesetzten Kirchenglauben getreu, lehren, oder im Fall der Übertretung mit Entsetzung vom Amte, oder noch härter bestraft werden."

Dies Edikt hatte nicht den von Wöllner erwarteten Erfolg. Es entstanden ihm im Oberkonsistorium höchst beachtenswerte Gegner in den beiden Freimaurern, den Oberkonsistorialräten Johann Friedrich Zöllner und Friedrich Gedicke, die mit ebenso großer Gelehrsamkeit wie charaktervollem Freimut die Unabhängigkeit von Lehre und Forschung verteidigten. Da beschritt Wöllner einen andern Weg. Etwas gegen die beiden hochgeachteten Männer zu unternehmen, die gleich ihm der großen National-Mutterloge zu den drei Weltkugeln angehörten, verbot ihm die Klugheit und wohl auch die Achtung, aber er stellte sie kalt, indem er eine geistliche Prüfungskommission schuf, die er mit Leuten seiner Gesinnung besetzte. Der Zweck dieser Behörde war in der „Instruktion für die königliche Examinations-Commission in geistlichen Sachen" dahin angegeben, „unter Gottes Segensbeistande den Irrlehrern und Verführern Einhalt zu tun, damit das Volk nicht wie bisher geschehen von der alten, reinen, wahren Religion Jesu abgeführt werde". Das Religionsedikt wurde als Grundlage alles kirchlichen Lebens bestimmt. Durch Unterbehörden in der Provinz mußten Listen über die Pastoren und Lehrer angefertigt werden, und zwar nach zwei Richtungen: „In der ersten Liste werden alle Prediger und Schullehrer nach ihrer Rechtschaffenheit,

Geschicklichkeit, Verdiensten und vornehmlich nach Orthodoxie und Anhänglichkeit an die alte, reine, christliche Glaubenslehre aufgeführt, und zwar zu dem Zweck, daß aus dieser Liste diejenigen ausgewählt werden, mit denen wichtigere Lehrstellen in Kirchen und Schulen künftig zu besetzen sind. In die zweite Liste kommen vornehmlich alle Neologen und die ganze Rotte der sogenannten Aufklärer unter den Predigern und Schullehrern, um sie bei nicht erfolgter Besserung dem weltlichen Arm zur wohlverdienten Kassation und Strafe zu übergeben."

Solange der König lebte und Wöllner im Amte blieb, war gegen die Bestimmung der Regierung kaum etwas zu machen, und die bedrückten Seelen sahen keinen anderen Ausweg, als hinter verschlossenen Türen ihr Herz auszuschütten und ihre Gedanken auszutauschen. Die freien Geister suchten Zuflucht in den Freimaurerlogen, aber nicht alle fanden dort ihre Befriedigung, denn allzusehr beherrschten noch Systemstreitigkeiten und Formalien das Logenleben. Man suchte nach einer höheren Art menschlicher Geistesgemeinschaft, in der ein vom Dogmatismus gereinigtes Christentum gelehrt und erlebt wurde. In der Großen Landesloge war durch Zinnendorf am ehesten diesem Ziel der Boden bereitet; in den Drei Weltkugeln herrschten noch die Formen der strikten Observanz und im Schottengrad das Rosenkreuzertum; in der Royale York de l'amitié war das französische Wesen gerade überwunden worden, und es hatte sich der preußische Geist durchgesetzt, aber es war noch keine feste Stellung zum Ritual gewonnen worden.

Daher splitterten sich freimaurerische Gruppen ab, die eine völlige Erneuung der königlichen Kunst zu schaffen suchten, und es lassen sich deutlich drei Ströme unterscheiden: Der eine war aufklärerisch-revolutionär und richtete sich nicht nur scharf gegen Wöllners Religionsedikt und seine Rosenkreuzerei, sondern auch gegen die Grundlagen des Christentums, der zweite war auch gegen Wöllner, aber er vertrat ein dogmenfreies Christentum und stellte hohe sittliche Anforderungen, der dritte war ganz exklusiv und teilte nur wenigen seine Ideen mit, er blieb völlig im achtzehnten Jahrhundert stecken, verfolgte magischalchymische Neigungen, verband damit aber die Bedingung einer streng sittlichen Lebensführung und war gegen alle revolutionären Ideen. Diese drei Gruppen knüpften sich an die Namen Bahrdt mit der „Deutschen Union der Zweiundzwanzig", Feßler mit dem „Bund der Evergeten" und Starck mit den „Sieben Verbündeten".

Wir müssen auf diese drei Gesellschaften näher eingehen, weil sie aus der Ideenwelt des achtzehnten Jahrhunderts in die des neunzehnten überleiten, gewissermaßen die geistige Brücke zwischen den beiden Zeiträumen bilden.

A. Die Union der Zweiundzwanzig.

Karl Friedrich Bahrdt (1741–1792), Doktor der Theologie und Professor, hatte eine starke formelle Begabung in Wort und Schrift. Seine Lebensgeschichte liest sich wie ein Roman. Von Leidenschaften, Unrast, Ehrgeiz und einem fast krankhaften Geltungstrieb hin und her gerissen, schrieb er vieles, aber nicht viel. Gelehrter und Kaffeehauswirt von einer sehr zweifelhaften Moral, war er der letzte, der die geistigen und moralischen Qualitäten gehabt hätte, um den Freimaurerorden zu reformieren, denn darauf lief die anscheinend von ihm allein gegründete Deutsche Union der Zweiundzwanzig hinaus.

Uns mit seinem unsteten Lebensgang näher zu beschäftigen, haben wir keine Veranlassung. Der Mann, der sprunghaft in seinem Leben wie in seinem Schaffen, haltlos in seiner Moral war, hatte nur einen versöhnenden Zug, das war die Liebe zu seinen Kindern. Sonst ist alles an ihm unsympathisch, unsauber und widerwärtig. Er, der unentwegte Revolutionär und Aufklärer, wird in dem Augenblick, wo der Arm des Gesetzes ihn erfaßt und zur Haft gebracht hat, zum weinerlichen Waschweib, das die Welt mit seinen Verdauungsbeschwerden langweilt und speichelleckerisch bettelnd sich an Wöllner wendet, den er in einem Lustspiel gemein beleidigt hatte. Und was tat Wöllner, der viel geschmähte, und in seinem reinen Wollen so tief verkannte Mann? Er schickte seinem Beleidiger zehn Louisd'or für seine Kinder. Wöllner hatte geäußert, er sei soweit von Rachegefühlen entfernt, daß er vielmehr den Monarchen um Bahrdts Begnadigung bitten wolle. Darauf wandte sich Bahrdt an den Minister selbst. Er erzählte darüber: „Ich hatte davon (von Wöllners Äußerung) gehört und keinen Augenblick angestanden, mich an diesen, vielleicht von mir selbst verkannten Mann zu wenden, ihm meine und meiner armen Kinder traurige Lage vorzustellen und um seine Vermittlung zu bitten. Und ich hatte bereits auf der Priesterstube (Bahrdts erstes Gefängnis in Halle) von Seiner Exzellenz die beruhigendsten Versicherungen erhalten, welche unter anderem mir folgende Worte unvergeßlich machen werden:

„Um die Post nicht zu versäumen, schreibe ich heute sehr eilig, indem ich Ihnen nach Lesung Ihrer Antwort nicht zeitig genug sagen kann, daß ich Ihnen heilig verspreche, Ihr Fürbitter zu werden. Den Lauf der Justiz kann ich nicht hemmen, allein Ihre Sentenz falle aus, wie sie wolle, so kenne ich das vortreffliche Herz des Königs und verstehe zu bitten. Seien Sie also ruhig und getrost …"

Die markierten Worte dieses Schreibens waren von Seiner Exzellenz selbst unterstrichen, so wie der Brief selbst eigenhändig von ihm geschrieben war."

Nachdem dann Bahrdt wieder lang und breit über seine Körperbeschwerden gesprochen hatte, fährt er fort: „In Augenblicken der tiefsten Schwermut wiederholte ich meine Bitte an den Staatsminister Herrn von Wöllner, um eine baldige Erlösung, und erhielt jedesmal die Erneuerung Seines Versprechens: Verlassen Sie sich darauf: Ich halte mein Wort. – Auch schickten mir S. E. abermals fünf Louisd'or."

Im Urteil der Nachwelt lebt Wöllner als ein schlimmer Obskurant und als der böse Geist des Königs Friedrich Wilhelms II. Wir sehen, er hatte auch menschlich-sympathische Züge und konnte einem seiner bittersten Feinde nicht nur vergeben, sondern sogar für ihn bitten. Wollen wir einen Mann darum schmähen, weil er streng und kritiklos an das Evangelium von Jesus dem Christus glaubte, und dessen Lebensgrundsätze mit der ganzen Machtfülle, die dem Minister und Freund des Königs zur Verfügung stand, durchzuführen suchte? Ein überzeugungstreuer, tugendhafter Mann, war er der Meinung, seinem Volk und dem preußischen Staat dadurch am besten zu dienen, daß er sich energisch für das Christentum, wie er es verstand, einsetzte. Wenn er dabei ins andere Extrem, in den Aberglauben, verfiel und dem Meister von Nazareth nicht mehr im Geiste und in der Wahrheit nachfolgte, so war das die natürliche Konsequenz seiner Anschauung. Die neue Zeit mit ihrem freieren religiösen Erleben ist über ihn hinweggegangen, er aber hat zu seiner Zeit und in seinem Sinn der Freimaurerei treu, redlich und mit seinem ganzen Herzen gedient.

Bahrdt hat zum Danke für die Freundlichkeiten Wöllners ihn in der unerhörtesten Weise belogen. Wie aus dem Briefwechsel hervorgeht, den sein Mitarbeiter, der Leipziger Buchhändler Degenhard Pott (Pragmatische Geschichte und endlicher Ausschluß der Deutschen Union, Leipzig 1799) veröffentlicht hat.

Wöllner hatte von der Deutschen Union als einem staatsgefährlichen Geheimbund und von dem Treiben Bahrdts Kenntnis erhalten durch die Anzeige eines üblen Burschen, der sich als Sekretär Bahrdts dessen Vertrauen erschlichen hatte und dann zum Judas an ihm wurde.

Bahrdt, der in der Nähe von Halle einen Weinberg gekauft und zum Kaffeehaus und zur Ausflugswirtschaft ausgebaut hatte, war überraschend festgenommen und unter Anklage gestellt worden. Er war verdächtig, Verfasser einer Schrift zu sein, die den Titel führte: „Commentar über das Königl. Preuß. Religionsedikt vom 9. Jul. 1788. Sr. Excellenz dem Herrn Staatsminister von Wöllner zugeeignet. Amsterdam 1788." Des weiteren wurde er angeschuldigt, ein Theaterstück, „das Religionsedikt, ein Lustspiel in fünf Aufzügen, eine Skizze von Nicolai dem jüngern. Thenackel 1787, gedruckt durch Johann Michael Bengel", geschrieben und veröffentlicht zu haben. Bezüglich des Kommentars konnte Bahrdts Verfasserschaft nicht erwiesen werden, er wurde darum auch von dieser Anschuldigung freigesprochen. Anders bei dem Lustspiel, das eine widerliche, in den gröbsten Ausdrücken sich bewegende Verächtlichmachung des Religionsediktes sowie eine Verhöhnung Wöllners und des Königs darstellte. Bahrdt hatte zugegeben, daß er Einschaltungen in das Manuskript gemacht, die Verfasserschaft aber stets bestritten, das Stück sei ihm von unbekannter Hand zugegangen. Das Kammergericht hat ihm nicht geglaubt, wenn es auch nicht ihn als Verfasser erweisen konnte, aber auf Grund der von ihm zugestandenen Stellen, die er eingeschaltet hatte, kam es zu einer Verurteilung, und die Strafe wurde auf zwei Jahre Festung bemessen. Durch Wöllners Fürsprache erließ ihm der König im Begnadigungswege die Hälfte der Strafzeit.

Auch auf Bahrdts Beziehungen zur Deutschen Union der Zweiundzwanzig war die Untersuchung ausgedehnt worden. Dazu hatte sein Verteidiger einen langatmigen Schriftsatz eingereicht, den sich das Kammergericht im wesentlichen zu eigen machte, und da es in der Deutschen Union und ihrer Gründung und Ausbreitung keinen straffälligen Akt sah, gelangte es zu einem freisprechenden Erkenntnis. Dies Erkenntnis, das am 21. Oktober 1789 Bahrdt in Halle bekannt gegeben worden war, ist ein Kulturdokument ersten Ranges und für die Beurteilung der Freimaurerei im ausgehenden achtzehnten Jahrhundert von besonderer Wichtigkeit. Es lautet:

„Vor einiger Zeit erschien in Leipzig eine Schrift unter dem Titel: Mehr Noten als Text (Verfasser dieser Schrift war Bode). In dieser wurde von einer geheimen Gesellschaft, die deutsche Union, oder die Verbindung der Zwei und Zwanzig, Nachricht gegeben, und es entstand die Vermutung, daß der Dr. Bahrdt sich in dem Mittelpunkte der Gesellschaft befinde. Teils aus diesem Grunde, teils auch, weil über den Zweck dieser Gesellschaft sich verschiedene nachteilige Gespräche verbreitet hatten, ist die Untersuchung auch darauf mit gerichtet worden.

Hierauf ist durch das Geständnis des p. Bahrdts folgendes ausgemittelt: Schon im Jahre 1783 habe er den geheimen Plan zur deutschen Union von unbekannter Hand mit der Anfrage erhalten, ob er nach diesem Plane mit arbeiten wolle? er habe dies in der Antwort bejaht, jedoch sei erst nach vier Jahren eine zweite Einladung erfolgt, bei der eine gedruckte Nachricht an die Freunde der Wahrheit und ein geschriebener unvollständiger Entwurf zum geheimsten Operationsplan nebst dem vorläufigen Plan zur deutschen Union beigefügt gewesen wäre.

Inkulpat will hierauf auf nähere Bekanntmachung gedrungen haben, und ihm sei zur Antwort gegeben worden: daß die Einladenden XXII verbündete aber zerstreut lebende Maurer wären, sich aber nicht nennen wollten, jeder

D. Carl Friedrich Bahrdt

würde in seinem Wirkungskreise nach dem gemeinschaftlichen Zweck arbeiten, und Inkulpat solle ein gleiches tun, wobei ihm ein Wink auf Leipziger Verbündete gegeben worden sei. Mit diesen und vorzüglich mit p. Pott habe er hernach gearbeitet, Pläne verändert und verbessert, zum Druck besorgt und sein Zentrum in Halle gestiftet. Nach Michaelis v. I. habe er mit den Leipziger Uniirten den Entschluß gefaßt, zu versuchen, ob das Zentrum der Union in die Bernburgische Lande verpflanzt werden könne, und habe er deswegen mit dem dortigen Fürsten Unterhandlung gepflogen. Sein Wirkungskreis sei durch ganz Deutschland gegangen, und wenn er Männer von Tätigkeit und Kenntniß gefunden habe, so habe er es diesen wiederum überlassen, ihren eigenen Wirkungskreis sich zu bilden, und hieraus wären in neuern Zeiten Diöcesen errichtet worden, welches Institut sich aber wieder zerschlagen habe.

Er, der Denunciat, habe das Direktorium des in Halle gewesenen Centrums allein geführt, wobei ihm p. Pott treulich beigestanden habe. Obere habe er keine gehabt, und also habe er auch an diese keine Berichte erstatten können. Er sei in Rücksicht auf seinen Wirkungskreis Stifter der Union, insoweit, als sie in dem Buche mehr Noten als Text entdeckt ist. Er habe Plane und Briefe abdrucken lassen und herumgeschickt, habe eingeladen und angefragt, wer Diöcesan werden wolle, habe diese instruiert und belehrt, wie sie handeln und wirken sollten. Er habe auch die bekannt gemachten Aufsätze bis auf einige ausgearbeitet und umgeändert, und alle die Union betreffende Dinge wären an ihn unter der Adresse der deutschen Union oder der XXIIer gekommen. Diese Firma habe er deshalb gewählt, weil die an ihn ergangene erste Einladung im Namen der XXII verbündeten Maurer erlassen sei...

...Diese Gesellschaft, deren Mitstifter der Inkulpat ist, scheint nach den bei ihm vorgefundenen Planen eine Art freimäurerischer Verbindung zu sein, die blos in dem sich vorgesetzten Zweck von Verbindungen ähnlicher Art abweicht. Dies beweisen die in dem geheimsten Operationsplane gemachte Einteilung der Brüder in Grade, die Art, ihre Aufnahmen und ihre Versammlungen zu halten, und sonstige Gebräuche.

Dies vorausgesetzt, so ist es an sich keinem Bedenken unterworfen, auch dieser Gesellschaft den Schutz und die Duldung zukommen zu lassen, welche bisher die Freimäurer aller Systeme in der Preußischen Monarchie genossen haben.

Bekannt ist es genug, vorzüglich durch die bei Gelegenheit des Starckschen Prozesses herausgekommenen Schriften, daß Freimaurergesellschaften sehr oft ihren Hauptzweck verändert haben; das so lange üblich gewesene System des Tempelherrnordens und die Einrichtungen des verstorbenen Barons Hund dienen hier zum Beweise.

So wenig nun jemand daran gedacht hat, den einzelnen Gesellschaften daraus einen Vorwurf oder ein Verbrechen zu machen, eben so wenig kann man es auch einzelnen Mitgliedern tun, wenn sie die bisherige Bahn ganz verlassen, und sich eine neue wählen. Dies letztere hat eigentlich die verschiedenen Systeme, wie man es zu nennen pflegt, in der Freimaurerei hervorgebracht, und kein Stifter eines solchen ist bisher zur Rechenschaft gezogen worden.

Dies wird auch immer der Fall sein müssen, so lange der Zweck einer solchen geheimen Verbindung dem Staate unschädlich ist, und es kommt daher auch auf die Prüfung des bei der deutschen Union zum Grunde liegenden Zwecks an."

Das Urteil geht nun auf den geheimen Operationsplan ein. Dann heißt es:

„Es frägt sich jetzt nur noch, ob die unterlassene Nachsuchung der landesherrlichen Bestätigung dieser Gesellschaft ein Verbrechen sei? Dies ist es aber nicht, weil, wie schon oben gezeigt ist, diese ganze Verbindung nur ein neuer Zweig der Freimaurerei werden sollte. Der geheime Operationsplan der Union setzt diese Behauptung außer allen Zweifel, indem daselbst durch die Einführung der drei Grade alles auf Maurerei zurück geführt wird. Diese ist nun aber längst von dem Staat gebilliget und geduldet, kein System derselben aber hat das Recht, andere zu verdrängen und sich ausschließend in Besitz des Schutzrechts zu glauben, und alle, ächt oder unächt, müssen daher dieses Schutzes genießen, bis Gesetze darüber ein anderes festsetzen, oder bis der Zweck den guten Sitten oder dem Staate gefährlich wird. Letzteres ist hier der Fall nicht, wie aus den Planen gezeigt worden, und diese Gesellschaft bedurfte daher der Bestätigung nicht.

Allem gesetzt auch, daß hierüber noch irgend ein Zweifel obwalten sollte, so wird solcher dadurch völlig gehoben, daß die Union noch keine geschlossene Gesellschaft war, daß deren Plane noch der Prüfung der Mitglieder unterworfen waren, und daß es nach erlangter Konsistenz des Ganzen noch immer Zeit genug war, die Bestätigung des Regenten nachzusuchen."

Neben dem geheimen gab es noch einen geheimsten Operationsplan, der sich vollkommen in freimaurerischen Formen bewegte, nur andere Zeichen und Worte waren vorgesehen. Dieser geheimste Operationsplan ist die letzte Konsequenz verschiedener Umarbeitungen, die als Zirkulare, als Organisationspläne an die Mitglieder verschickt worden waren. Die deutsche Union ist ihrer Grundstimmung nach, so behauptet Bahrdt in seinem Verteidigungsschreiben, ein freimaurerisches Institut oder System. Bahrdt selbst sagt, er sei ein alter Maurer und im Jahre 1777, da er in geschäftlichen Interessen in England weilte, zum Freimaurer aufgenommen worden. Angeblich hatte er ein Empfehlungsschreiben des Prinzen Ludwig von Hessen-Darmstadt an den Großsekretär der Großloge von London, Heseltine, der ihn dann in Gegenwart eines Professor Forster in Halle und dessen ältesten Sohnes in den Orden aufnahm. In England will Bahrdt die drei ersten Grade erlangt haben.

Was von dieser Angabe zu halten ist, erhellt aus einem Urteil von Bahrdts Freund und Mitarbeiter Pott, worin es heißt, „Was Dr. Bahrdt über deutsche Union gesagt hat, ist größtenteils Roman, so wie seine von ihm selbst verfertigte und herausgegebene Lebensgeschichte."

Über den Charakter des Gründers der Union besteht kein Zweifel. Er wurde von fast allen seinen Zeitgenossen sehr ungünstig beurteilt. Daß trotzdem seine Gründung, die deutsche Union, eine große Anzahl geistig bedeutender Männer anzog und veranlaßte, Zeit, Mühe und Geld dafür aufzuwenden, beweist, wie tief in den Seelen der Gebildeten des ausgehenden achtzehnten Jahrhunderts die Sehnsucht nach Loslösung der geistigen Gebundenheit in den Hauptfragen des menschlichen Erlebens war. Die von Pott veröffentlichte Mitgliederliste weist erste Namen des deutschen Adels, des hohen Beamtentums, der Geistlichkeit und der Wissenschaft auf. Wenn auch viele nach dem Zusammenbruch Bahrdts ihre Unterschrift zurückgezogen haben, so blieb doch immer eine große Anzahl, die das Interesse für den Geheimbund erkennen ließ.

Unter diesen befand sich auch Knigge, der ja, wie wir wissen, sowohl in der Freimaurerei wie im Illuminatenorden seine innere Befriedigung gesucht, aber nicht gefunden hatte. Der eigenartige Mann hat überall schöpferisch gewirkt und reife, belebende Gedanken mitgeteilt. Sehr wichtig ist ein Brief an die deutsche Union, der von Pott veröffentlicht wird und etwa in die Zeit nach Versendung des geheimsten Operationsplanes 1787/1788 fällt. Der Brief lautet:

„Verehrungswürdige Männer,

Beschuldigen Sie mich keiner Nachlässigkeit, keiner Lauigkeit. Ich bin oft unpäßlich, habe kleine Reisen gemacht, muß acht Stunden des Tages dem Unterrichte der Kinder widmen, habe dabei viel Verdruß und Arbeit bei Regulierung meiner hiesigen ökonomischen Geschäfte, muß mich mit Advokaten und anderen Schelmen herumzanken, habe einen ausgebreiteten Briefwechsel, literarische Geschäfte und kurz! – ich bin nicht Meister über meine Zeit, kann also für die Verbindung nicht so tätig sein, als ich wünschte; denn an gutem Willen für die gute Sache fehlt es mir nie. Hiervon glaube ich Ihnen die beste Probe dadurch geben zu können, daß ich fortfahre, mit der ungeheucheltsten Offenheit über die Schwierigkeiten zu reden, welche ich von allen Seiten sich Ihrem Plan entgegendrängen sehe. Ob ich meine Gedanken gehörig werde ordnen können, weiß ich nicht; ich muß so hinschreiben, was mir gerade über diesen Gegenstand, über welchen ich sehr oft nachdenke, einfällt.

Kurz nachher, als ich den Revers der Verschwiegenheit für Sie unterschrieben hatte, reisete ich nach Braunschweig, um einige herrliche Köpfe für die Union zu gewinnen. Ich speisete – es war in der Meßzeit – abends bei einem Freunde mit verschiedenen einheimischen und fremden Gelehrten, noch ehe ich mich einem einzigen eröffnet hatte. Die Wörter: Deutsche Union und Zweiundzwanzig, die ich an einem Ende der Tafel erschallen hörte, machten mich aufmerksam. Ich fragte, und nun vernahm ich mit großem Befremden, daß man von einer Sache, die ich als heiliges Geheimnis bewahrte, inter pocula et coram mulieribus, laut und in sehr leichtfertigen Ausdrücken redete. Man sagte, das ganze sei eine Anstalt von Herrn Dr. Bahrdt in Halle; mit Bitterkeit und Intoleranz fuhr man über Plan, Zweck und Mittel der Union her. Man zergliederte die (vermutlich doch auch unter dem Siegel der Verschwiegenheit den Spöttern mitgeteilten) gedruckten Stücke, und versicherte, daß in Berlin, Braunschweig und anderen Orten die Gelehrten, selbst die, deren Namen auf dem Verzeichnisse ständen, nicht teil an der Verbindung nehmen würden. – Ich schwieg, mußte aber unverrichteter Sache von Braunschweig abreisen. Kaum war ich hier angekommen, so trat ein Freund zu mir, und eröffnete mir: Es sei einem angesehenen Manne der Antrag gemacht worden, ihn in die deutsche Union aufzunehmen, man habe ihn desfalls an mich gewiesen. Er habe aber nicht nur keine Lust, diesem Bunde beizutreten, sondern warne vielmehr davor. – Teuerste Brüder! Ich muß Sie dringend bitten, meinen Namen als Teilnehmer gegen niemand zu nennen. Nicht nur bin ich, wenn derselbe bekannt wird, weniger imstande, mit sicherem Erfolg zu wirken, sondern es schadet auch der guten Sache. Sobald ich ins Spiel komme; so glaubt man, es sei meine Absicht, unter fremdem Gewande den Illuminatenorden fortzusetzen. Folglich habe ich da schon tausend gegen mich. Meine öffentliche Erklärung gegen geheime Verbindungen hält man nur für einen jesuitischen Kunstgriff; die Anhänger gewisser Systeme wittern ein neues Freimaurersystem, welches ihren Finanzoperationen entgegen arbeiten könnte; die Rosenkreuzer, die mich eben nicht sehr lieben, regen alles auf. Meine ehemaligen vielfachen politischen, literarischen und Ordensverhältnisse haben mir manche Feinde erweckt. Alle diese schlagen sich nun zu der Partei gegen die Union – und kurz! schon jetzt sehe ich meine Wirkungskraft zum Besten der Gesellschaft, wenigstens was ihre Ausbreitung betrifft, sehr gehemmt.

Allein es ist nicht das einzige, was ich auf dem Herzen habe. Bei dem Plan selbst fallen mir manche Bedenklichkeiten ein, die ich für Pflicht halte, Ihnen, würdige Freunde! zu eröffnen.

Gegen alle Operationen geheimer Verbindungen ist das Publikum heutzutage mißtrauisch. Man argwöhnt Finanz-Operationen, Despotismus, Religions-Untergrabung und dergleichen. Wollen wir etwas ausrichten, so müssen wir in Form und innerem Werte uns vor allen andern Verbindungen auszeichnen.

Unsere Gegenstände müssen groß, wichtig, für die ganze Menschheit interessant, Erforschung der Wahrheit, Sieg der Tugend und Redlichkeit, Beförderung der Sittlichkeit, Freiheit, Einfalt und Mäßigkeit, Flor der Wissenschaften, Ermunterung des verkannten Talents sein! Unsere Mittel müssen das Licht nicht scheuen dürfen und müssen fern von allem Despotismus sein. Dies vorausgesetzt, so erlauben Sie mir folgende kleine Bemerkungen. Ich glaube nicht, daß jetzt mehr als jemals der Strom des Aberglaubens und der Dummheit einzubrechen droht. Der Narren und der Schurken sind von jeher in der Welt mehr gewesen, als der Weisen und Edlen. In diesem Zeitalter nun, wo jedermann aus voller Brust seine Lehren expectorieren darf, wird daher mehr Unsinn als Weisheit ausgerufen, so wie da, wo freier Handel ist, mehr Schwefelhölzer als Goldstangen verkauft werden; allein das beweist doch nicht, daß jetzt ein Saeculum sei, wo man ungestört Schwefelhölzer für Goldstangen ausgeben könnte. Es war von jeher also, und wird immer so sein. Einzelne Verbindungen unter den Bessern werden nie eine Vogelhecke für Weisheit und Tugend anlegen können. Alles, was in ihrer Macht steht, ist, dafür zu sorgen, daß sie von den übrigen kreischenden Vögeln nicht gar zu sehr überschrien, von Raubvögeln nicht verfolgt werden, ihren schönen Gesang nicht verlernen, die versteckten himmlischen Sänger aufsuchen, und die Augenblicke nützen, wo jene schlafen, um dann ihre Harmonie mit diesen anzustimmen. Drei Kanarienvögel werden aber einen Trupp Gänse nie weder überschreien können, noch wollen, und nun gar diese abrichten oder notzüchtigen zu wollen, um mit ihnen zu hecken und Bastarde zu zeugen – das geht nicht.

Deswegen nun halte ich alle Operationen, um den Toren und Schurken das Maul zu stopfen und sie auszurotten, für unnütz und unerlaubt. Jedermann muß in dieser Welt das Recht haben, soviel Unsinn sagen und schreiben zu dürfen, als ihm beliebt. Die Wahrheit darf nur durch Überzeugung siegen, bei denen, die Sinn dafür haben, nie sich ein Monopolium zu verschaffen suchen, und zwar dies deswegen, weil

1) ein solches Monopolium früh oder spät gemißbraucht wird, weil dann die Menschen ihre Vorurteile, Privat-Meinungen und ihren Ehrgeiz (wer ist von diesem allem frei?) an die Stelle der Wahrheit setzen, und dann ist man schlimmer daran, als unter dem Drucke der Schafsköpfe.

2) Weil das sicherste Mittel, den Irrtum zu verewigen, und der Bosheit Gelegenheit zu geben, einen festen Gegenplan anzulegen, dieses ist, wenn man aus der großen Mutter-Kirche der Narrheit eine ecclesiam pressam macht. Hiervon bin ich so sicher überzeugt, daß ich selbst bekenne: So sehr ich manche Parteien ehemals verachtet habe, so sehr fühl' ich mich zuweilen geneigt, jetzt ihre Verteidigung zu übernehmen, seit jeder Beruf zu haben glaubt, einen Stein auf sie zu werfen.

3) Weil wirklich keine Frage schwerer zu beantworten ist, als die: „Was ist Wahrheit?" Sie muß durch Raisonnement pro et contra aufgelöst werden.

Ich glaube also, daß wir weise handeln, wenn wir uns über Grundsätze vereinigen, diese mit Klarheit und ohne Leidenschaft unermüdet lehren, empfehlen, ausbreiten, dafür kämpfen, uns unterstützen, befördern, uns einander auf den Leuchter zu stellen suchen, andere edle Menschen aus dem Staube hervorziehen, über Unsinn laut lachen; aber jedem erlauben, sich für ebenso klug zu halten und auch seine Waren zu Markte zu bringen, auszuposaunen und zu verteidigen.

Nun was die Freimaurerei betrifft! Dies Federwerk ist sehr abgenutzt. Die Hieroglyphen sind allgemein bekannt, und die Zeremonien hundertmal gedruckt. Schwerlich würde es uns gelingen, einem neuen Zweige dieses Ordens Glauben und Anhang zu verschaffen. Doch käme es freilich darauf an, ob Sie eine neue, wichtige Erklärung der Sinnbilder und Gebräuche zu geben oder einen echten Ursprung zu beweisen im Stande wären, und in diesem Falle würde es in der Tat nicht schwer halten, bald aller Orten festen Fuß zu gewinnen.

Vortrefflich ausgedacht scheint mir der Plan, auf einmal auszusprengen, die Union sei nicht zustande gekommen, und dann erst die Bessern und Sichern enger zu vereinigen.

Den Buchhandel an uns zu ziehen, dabei sehe ich unübersteigliche Hindernisse vor uns. Die Buchhändler, welche einmal im Besitz und Rufe sind, werden sich nicht unter unsere Direktion geben, und die jungen Anfänger, die wir etwa gewinnen könnten, werden von jenen Sosiern unterdrückt werden.

Das Mittel, unter dem Schleier von Lese-Gesellschaften u. d. gl. in allen Städten zu wirken, kömmt mir sehr zweckmäßig vor, so wie überhaupt alle Mittel, welche, ohne Aufsehen zu erregen, und ohne gegen andere intolerant zu verfahren, dahin führen, Grundsätze der Vernunft und Rechtsbeschaffenheit auszubreiten.

Als ich noch in den Rhein-Gegenden lebte, da stand ich unmittelbar mit manchen Fürsten-Höfen in Verbindung. Es würde mir ein leichtes gewesen sein, einen von den Erden-Götterlein zu bewegen, sich als Protektor an die Spitze einer solchen Anstalt zu stellen. Schriftlich läßt sich dergleichen nicht wohl verhandeln, und in diesen Gegenden, wo ich seit 1½ Jahren wohne, ist nichts dergleichen zu tun. Allein ich kann Ihnen zwei Fürsten namhaft machen, bei denen ein irgend geschickter Negociateur gewiß keinen Fehlschritt wagen würde, um sie für eine gute Sache zu gewinnen. Der eine ist der Landgraf von Hessen-Homburg, der warm für alles Edle und Gute, mit allen Tugenden eines Privatmannes ausgerüstet, aber arm und ein Feind von allen Winkelgängen und verdächtigen Mitteln ist. Der andere wäre der sehr verkannte Fürst von Nassau-Saarbrück – ein seiner, verständiger, tätiger Mann ohne Vorurteil, und leicht zu allen Unternehmungen zu bewegen, die einen vernünftigen Zweck haben und nicht zu großen Unkosten verleiten; denn er ist sparsam.

Und nun etwas über Vertrieb der Schriften, Beförderung der Pränumerationen u. s. f. Ich muß hier wieder ganz aufrichtig reden. Die mehresten Männer von Geschäften sind in dem Falle wie ich. Es wird mir wöchentlich eine Menge von Pränumerations-Planen, Ankündigungen u. dgl. zugeschickt. Viel in Gesellschaft zu gehen, dazu hab ich keine Muße. Ich kann also weiter nichts tun, als in einem öffentlichen Blatte bekannt machen, daß ich Pränumerationen auf dies oder jenes annehme, und dann geschieht es denn mehrenteils, daß, wenn das Werk nicht vorzüglich wichtig, der Name des Verfassers nicht sehr berühmt, oder der Pränumerationspreis gegen den zu erwartenden Ladenpreis nicht äußerst geringe ist, sich niemand bei mir meldet, umsomehr, da solcher Ankündigungen eine ungeheure Menge erscheinen. Dies Gewerbe würde uns überhaupt sehr weit führen, viel Zeit unnütz wegnehmen und unsern Kredit schwächen, wenn wir, wie es doch wohl oft der Fall sein würde, aus Gefälligkeit den Debit mittelmäßiger Werke beförderten. Am Ende empfehlen und vertreiben sich ja gute Werke auch von selbst; die Buchhändler honorieren die Arbeiten berühmter Schriftsteller nicht so schlecht, als man es ihnen nachsaget. Nur bei besondern einzelnen Fällen, wenn ein großer, noch nicht in der literarischen Welt bekannter Kopf öffentlich auftreten wollte und Unterstützung bedürfte, oder wenn ein Nachdruck bald zu besorgen wäre; nur dann, dacht ich, sollten wir durch Sammlung von Pränumeranten zu Hülfe kommen. Auch würden dann diese Empfehlungen von größerem Gewicht sein, wenn sie seltner kämen. Mir gehen wahrlich schon jetzt die Leute aus dem Wege, sobald sie sehen, daß ich einen gedruckten Zettel aus der Tasche ziehe, obgleich ich nie etwas auf Pränumeration habe drucken lassen, als meine Klavier-Solos.

Sehen Sie, würdige Männer! das sind meine Gedanken über diesen Gegenstand, mit aller Offenherzigkeit gesagt! – bestimmen Sie nun darnach, in wiefern Sie mich für die Verbindung brauchbar finden, oder nicht! Ich bin von ganzem Herzen

Der Ihrige

Knigge."

Briefe ähnlichen Inhalts sind in jener Zeit viele an Bahrdt geschrieben worden. Was die Gebildeten angezogen hatte, waren die hohen Worte und Versprechungen, sowie die Hauptzwecke der Union, die im „Geheimen Plan" folgendermaßen angegeben waren:

„Die Hauptzwecke der Union sind: Vervollkommnung der Wissenschaften, der Künste, des Kommerzes usw., in Sonderheit der Volksreligion. Die Verbesserung der Erziehung und Unterstützung guter Erziehungsanstalten. Hervorziehung gemeinnütziger Talente von aller Art. Belohnung entschiedener Verdienste. Versorgung verdienstvoller Menschen im Alter und Unglück. Versorgung von Mitgliedern der Union hinterlassener bedürftiger Witwen und Waisen. Die allgemeinen Mittel dazu sind: Gemeinschaftliches Wirken durch Rat, Empfehlung und Hülfe. Unterricht in Schriften. Hinlängliche Geldsummen."

Als aber den Worten keine Taten folgten, ja nicht einmal trotz Eid und Versicherung die Namen der angeblich führenden zweiundzwanzig Männer genannt wurden, weil sie eben nur in der Vorspiegelung Bahrdts existierten, brach das Gebäude zusammen.

Dazu hat besonders die schon erwähnte Gegenschrift Bodes „Mehr Noten als Text" beigetragen. Es folgten dann weitere Angriffe. Den Anfang machte der Weimarische Legationsrat J. F. Bertuch, der in der Jenaischen Literatur-Zeitung erklärte, daß er kein Mitglied der Union sei, obwohl er in der von Bode veröffentlichten Liste aufgeführt wäre. In einem Brief vom 22. September 1788 spricht er sich neben andern sehr wichtigen Bedenken dahin aus: „Ich bin als alter und erfahrener Freimaurer und Logenbeamter, und als ehrlicher Mann, ein zu abgesagter Feind aller unbekannten Obern und alles unbedingten Gehorsams, als daß ich mich aufs neue den Stiftern und Obern eines neuen Ordens, die ich nicht namentlich kenne, ernstlich verbindlich machen sollte; ferner muß ich auch die Maschine, durch die ich mitwirken soll, und ihre Kräfte, Vollkommenheit oder Mängel, genau kennen, um zu wissen, ob der intendierte Zweck auch durch sie, unter gewissen Voraussetzungen, wirklich erreicht werden könne und werde, oder ich Zeit, Geld, Mühe, und vielleicht auch meinen Namen umsonst daran setze; denn ich tue einen einmal getanen Schritt nicht gerne wieder zurück."

Als nun auch der Zentral-Geschäftsträger Bahrdts, der Oberamtmann Bartels in Giebichenstein bei Halle, sich zurückzog, war das Schicksal der deutschen Union endgültig besiegelt. Es arbeiteten zwar noch einige Diözesanschaften, aber auch diese stellten bald ihre Tätigkeit ein. Der Gedanke jedoch, der unter den Gebildeten Wurzel gefaßt hatte, blieb bestehen und wirkte sich in anderen Formen aus.

B. Der Bund der Evergeten.

Die deutsche Union der Zweiundzwanzig war eine Art Freidenker-Bund gewesen und hatte sich mit politischen Fragen so gut wie gar nicht beschäftigt. Der Bund der Evergeten ging andere Wege. Er war gegen den Staat gerichtet, wie er sich in dem Preußen Friedrich Wilhelms II. darstellte.

Die beiden Männer, die als Gründer anzusprechen sind, waren ganz erfüllt von den neufranzösischen Ideen der Freiheit, Gleichheit und Brüderlichkeit. Es waren Joseph Zerboni und August Wilhelm von Leipziger. Der letztere hatte der deutschen Union angehört. Er war Leutnant im Regiment von Wolframsdorf in Glogau und spielte trotz seiner Jugend eine gewisse Rolle. Im Jahre 1767, als Sohn eines Generals geboren, hatte er sich 1789 mit der Tochter des kommandierenden Generals von Wolframsdorf vermählt. Ignaz Aurelius Feßler, damals Erzieher beim Fürsten Carolath, mit dem er 1789 bekannt wurde, schildert ihn als einen gebildeten, denkenden und sehr belesenen Mann. Zwar war der erste Eindruck auf Feßler ungünstig, eine auffallende Kälte und Trockenheit stieß ihn ab. Diese Empfindung scheint sich aber bei näherer Bekanntschaft verloren zu haben. In der von Leipziger gestifteten Lesegesellschaft kamen die beiden einander näher, und schon 1791 beraten sie, ob man nicht ähnlich wie die damals gerade gescheiterte deutsche Union eine Gesellschaft gründen könnte, die am Wohle der Menschheit, aber tätiger und wirksamer arbeite als die Freimaurerei. Feßler stand dem Gedanken sympathisch gegenüber, lehnte aber jede schöpferische Mithilfe vorläufig anderer Arbeiten wegen ab. Er sagt von sich selbst, daß er noch zu sehr Ungar, noch zu sehr Mönch, noch zu sehr Universitätslehrer gewesen sei, um sich in die gesellschaftlichen Formen der ihn umgebenden Menschen hineinfinden zu können. Aber der Enthusiasmus Leipzigers und besonders Zerbonis scheint ihn bestimmt zu haben, an der neuen Gründung mitzuarbeiten, jedenfalls hat er sich bereit erklärt, die Ritual- und Statutenentwürfe Leipzigers zu prüfen und seine Gedanken dazu niederzulegen.

Joseph Zerboni war die treibende Kraft. Er war 1760 in Breslau als ältester Sohn des Kaufmanns Zerboni geboren und gehörte einer alten italienischen

Adelsfamilie Zerboni di Sposetti an, die unter österreichischer Herrschaft in Schlesien eingewandert war. Den Adel hatte der Vater abgelegt, weil er ihn für hinderlich in seinem kaufmännischen Berufe hielt. Joseph war auf dem Jesuiten-Gymnasium zu Breslau vorgebildet, hatte in Halle Rechtswissenschaft studiert und war nach abgelegten Prüfungen von dem schlesischen Minister Grafen Hoym als Assessor bei der Kriegs- und Domänenkammer in Glogau beschäftigt worden. Sein Jugendfreund, der 1767 geborene Kaufmann Christian Jakob Salice-Contessa schloß sich ihm begeistert an. Er hatte auf Reisen in England, Holland und Frankreich die Ideen der französischen Revolution aufgenommen und sprach sehr leidenschaftlich und radikal. Feßler rühmt ihm viele schöne Züge des Geistes und Herzens nach.

Zerboni war zweifellos ein hochbegabter Mensch, ein sehr tüchtiger Jurist und pflichttreuer, arbeitsamer Beamter, aber sein Temperament ließ ihn in Fragen der Politik oft über das Ziel hinausschießen. In seiner Verteidigungsschrift (Geheimes Staatsarchiv Berlin), die er in dem wegen Geheimbündelei gegen ihn angestrengten Prozeß abgefaßt hatte, äußert er sich über seine Entwicklung folgendermaßen:

„Ich wurde, wo ich nicht irre, im Jahre 1789 Maurer. Meine Erwartungen bei dem Eintritt in den Orden erstreckten sich nicht auf geheime Ausschlüsse der physischen und der intellektuellen Natur; aber die Bekanntschaft einiger Mitglieder der Loge, durch die ich mit dem Orden verbunden wurde, erregten in mir die zuverlässige Hoffnung: ein Bestandteil einer Gesellschaft erlesener Männer zu werden, die an ihrer eigenen Veredelung, an der Bildung ihrer Mitbrüder, an der Erstickung des kalten, starren Egoismus und an der Verbreitung eines wohltätigen Gemeingeistes arbeiteten. Meine Hoffnungen verminderten sich bald nach meiner Einweihung und schwanden ganz bei dem letzten Grade, den ich empfing. Ein kurzes Studium der Geschichte des Ordens machte es mir wahrscheinlich: daß demselben ein ähnlicher wie der von mir gemutmaßte Zweck zum Grunde gelegen habe, daß aber der Geist bis auf einige flüchtige Spuren in der alles zerstörenden Zeit verwittert sei und nur einen toten Körper zurückgelassen habe, dessen mystischer Bau eine Anzahl Menschen beschäftigt, die sich im Besitz einer Menge undeutbarer Hieroglyphen reich fühlten. Ich fand, daß die Maurerei schon sehr oft zum Deckmantel und zur Begünstigung lichtscheuer Absichten gedient hatte; und es entging mir nicht, daß sie soeben im Begriff stand, von mehreren Logen auf die empörendste Art gemißbraucht zu werden. Das ebenso boshafte als verächtliche Komplott, welches dies bewirkte und das so weit ging: selbst durch erschlichene öffentliche landesherrliche Verordnungen sich mit dem Versuche zu beschäftigen, das Reich der Finsternis wieder zu gebären – ist nun bereits gerichtet.

In dieser Periode war es, wo zuerst die Idee in mir entstand, wie wohltätige Folgen es haben dürfte, wenn die besseren Mitglieder des Ordens sich in einem höheren Grade konzentrierten und durch Bearbeitung und Verbreitung einer von aller Mystik gesonderten Moral und auf dieser gegründeten Religion den verderblichen Absichten der Feinde der Vernunft entgegenwirkten. Ich teilte meine Gedanken mehreren Maurern mit und ich fand den Kaufmann Contessa, den Kapitän von Leipziger für dieselben in einem vorzüglichen Grade empfänglich ... Bekannt mit der Leichtigkeit, mit der dieser gegen einen jeden, welcher den Schild der Offenheit aushängt, Vertrauen zu fassen pflegt, und die Mühe, welche sich die Gegenpartei gab, Spione und Rekruten zu werben, empfahl ich ihm, bei allen weiteren Kommunikationen die äußerste Behutsamkeit. Er hatte diese Empfehlung außer Acht gelassen und entschuldigt sich in einem Briefe gegen einen deshalb von mir empfangenen Vorwurf. Wenn er sich in diesem Briefe des Ausdruckes: „unser moralisch-politisches System" bedient, so bezieht er das Wort politisch vermutlich auf die bedeutenden politischen Verhältnisse der Menschen, welchen wir entgegenzuarbeiten wünschten. ... Die französischen Staatsumwälzungen, der Versuch der Coalliierten Mächte, der französischen Nation Gesetze zu geben, fing um diese Zeit an, die bürgerliche Gesellschaft zu einem ernsten Vorwurf philosophischer Untersuchungen zu machen. Schriftsteller vom ersten Range verkündeten eine unausbleibliche allgemeine Umwandlung der bestehenden Verhältnisse der Dinge; und die öffentliche Meinung schien sich vielleicht mehr aus Wunsch als aus Gründen an die ihrige zu schließen. Ich glaube mir die warme Teilnahme an einem Gegenstande von so unendlicher Wichtigkeit nicht als ein Verbrechen anrechnen zu dürfen.

Ein Verhältnis, wo auf der einen Seite lauter Zwangspflichten ohne Rechte, auf der andern Seite lauter Rechte ohne Pflichten stehen, eine Regierung, bei der die höchste Gewalt ohne alle Einschränkung, ohne eine Urkunde, welche die Grenzen des empfangenen Auftrages absticht, in die Hände eines einzigen verantwortungslosen Mitgliedes bringt, schien mir widernatürlich. Es entging mir nicht, daß eine solche Verfassung für das ganze die möglichst wohltätigste und glücklichste werden könne und müsse, sobald das mit der unbedingten Souverainität bekleidete Individuum das an Kopf und Herz vollendetste Glied der Gesellschaft ist. Aber es war mir auch ebenso einleuchtend, daß der völlig entgegengesetzte Fall den gänzlichen Umsturz aller Sicherheit, Ordnung, Ruhe, den Untergang der öffentlichen Glückseligkeit und die endliche Auflösung des Vereins selbst zur unausbleiblichen Folge haben müßte. Eine solche Verfassung schien mir daher mehr ein vorbereitender Zustand als das letzte Ziel der vollendeten Kultur. Ich war geneigt, sie wie eine Vormundschaft, wie ein Verhältnis zwischen Vater und Kind zu betrachten, wo das letztere in eben dem Grade, als es nach und nach mündig wird, bis zu seiner völligen Emanzipation allmählich das Recht der Direktion seiner Handlungen empfängt, wo das Bestreben des ersteren dahin gerichtet ist: das von ihm der Sinnwelt gegebene Vernunftwesen von der tiefsten Stufe der Hülflosigkeit, mithin der Knechtschaft zur vollendetsten Selbständigkeit zu führen. Meine Überzeugung schien von den Schritten belegt zu werden, welche einsichtsvolle Fürsten damals taten. So entäußerte sich der Herzog von Braunschweig für sich und alle seine Nachfolger des Rechtes: ohne Einwilligung des Volkes Landesschulden zu kontrahieren. Ein für die öffentliche Wohlfahrt und Ruhe höchst bedeutender Schritt.

Contessa und Leipziger kleideten meine Gedanken in die Idee eines moralischen Fehmgerichtes. Als sie mir im Sommer 1796 ihre Ausarbeitungen vorlegten, hatte ich schon Gründe gefunden, die Sache für wenig mehr als einen frommen Wunsch zu halten. Ich hatte mich mehreren Maurern, bei denen ich Gemeingeist vermutete, mitgeteilt; und alle schienen die Ausführung meines Planes wünschenswert zu finden; aber alle äußerten mehr oder weniger das Bedenken: daß diese Ausführung den Interessenten die Verfolgung der herrschenden Partei – der unsere Bemühungen doch nicht lange ein Geheimnis bleiben könnten – zuziehen würde; daß die Krankheit unter den dermaligen Umstanden im Grunde betrachtet nicht mehr heilbar sei, und daß man sich in die Übel der Zeit schicken müßte. Was stand von Menschen zu erwarten, deren matte Seele vor jedem Opfer des Patriotismus zurückbebt; die in allen ihren Handlungen nur sich selbst suchen."

In Feßler sah Zerboni die geistesstarke Persönlichkeit, die dem geplanten Geheimbunde die richtige Form zu geben vermochte. Weiter wurden ins Vertrauen gezogen der Kammergerichtsreferendar von Reibnitz und der Hofrat Ritter in Glogau, der wie Leipziger der Deutschen Union angehört hatte, und einige andere Herren, die Feßler (Actenmäßige Ausschlüsse über den Bund der Evergeten in Schlesien, Freyberg 1804) nur mit ihren Nameninitialen bezeichnet.

Feßler hatte Leipziger vorgeschlagen, ihm seine Gedanken auf gebrochenem Bogen mitzuteilen, wozu er dann seine Anmerkungen machen würde. Leipziger hatte dies nicht getan, und es waren Monate vergangen, ehe Feßler wieder etwas von dem Bunde hörte.

Es war ein Ritual entworfen worden, das ganz die freimaurerischen Formen nachahmte. Die Tendenz des Bundes enthüllt sich in der Anrede, die der Vorsteher an den neu aufzunehmenden Kandidaten richtet, nachdem dieser vor Totenköpfen und Gerippen den Eid des Gehorsams und der Verschwiegenheit geleistet hat:

„Mein Herr, selbst an Ihrem Namen hängen mannigfaltige Vorurteile, die dem Toren heilig, dem Weisen lächerlich sind. Namen sind nur dazu da, um menschliche Wesen voneinander zu unterscheiden. Der Orden kennt keinen Abstand der Geburt, keinen erborgten Rang in der Gesellschaft. Wir sind alle gleich, weil wir alle Menschen sind; auch Sie müssen es werden, wenn Sie unser Brüder sein wollen. Sie heißen also von nun an N. N."

Die Namen, die gegeben wurden, waren aus dem Altertum genommen. Feßler hieß Pythagoras, Leipziger Charondas, Zerboni Pelopidas, Contessa Thrasea und Reibnitz Zeno. Jedem Aufgenommenen wurde ein älterer Bruder beigegeben, der ihn in die Geheimnisse und Arbeiten des Ordens einführen mußte. Dadurch wurde ein Überwachungssystem geschaffen, das dem bei den Illuminaten geübten sehr ähnlich war. Als Ziel der Arbeit wird dem Novizen mitgeteilt, der Orden wolle „alle guten Menschen zu einer allgemeinen Wirksamkeit für die Glückseligkeit der ganzen Welt brüderlichst vereinigen und Vernunft und Menschenrechte geltend machen."

Feßler war die Aufmachung zu illuminatisch, dann stieß ihn die Art Leipzigers ab, der ihn bestimmen wollte, weitere Ordensgrade auszuarbeiten und vorzugeben, sie seien ihm von den Ordensoberen im Reich zugeschickt worden. Derartige Unwahrhaftigkeit widerstrebte der sittlichen Auffassung Feßlers. Er versagte sich zwar der Sache nicht ohne weiteres, stellte aber folgende Bedingungen: „daß sie alle übrigen Mitglieder des bisherigen Ordens der Täuschung entledigen sollten; daß sie mir von Zeit zu Zeit, und ehe ich noch Hand an das Werk legte, ihre eigenen Ideen, wie eine zur Beförderung der menschlichen Kultur abzweckende Gesellschaft eingerichtet werden müsse, mitteilen möchten."

Diese Mitteilungen blieben aus, es kam höchstens von Reibnitz eine sanfte Mahnung, von Zerboni Briefe mit Vorwürfen über Feßlers Untätigkeit und Saumseligkeit. Endlich schickte Zerboni einige rasch niedergeschriebene Blätter, von denen Feßler sagt, daß sie zeigten, auf welche Abwege ein kraftvoller Geist, mit einer exaltierten Phantasie gepaart, geraten könne, wenn er sich, in allen Erwartungen getäuscht, gezwungen sieht, selbst handeln und schaffen zu müssen. Schließlich entschloß sich Feßler, da ihm die Menschen, insonderheit Contessa, wertvoll erschienen, eine Konstitution auszuarbeiten. Es war dies im Juli 1793. Nach seiner eigenen Angabe entnahm er die Gedanken dazu Schmidts Versuch eine Moralphilosophie (Jena 1792) und Reinholds Briefen über Kantische Philosophie (Leipzig 1792), von denen er wörtliche Auszüge machte.

Es waren hohe Anforderungen, die Feßler an die Bundesbrüder stellte, und sie waren nicht geneigt, ihm zu folgen. Darum legte er das Amt des Vorstehers oder, wie es im Bunde hieß, des Archiepistaten nieder. Es folgte ein langes Hin und Her von brieflichen Auseinandersetzungen, besonders deshalb, weil Zerboni und wohl auch Leipziger, von den politischen Ideen der französischen Revolution gänzlich erfüllt, dem Bunde einen politischen Charakter geben wollten. Feßler, der viel zu sehr Freimaurer war und die Gefahren einer politisch-revolutionären Betätigung erkannte, lehnte jede weitere Mitarbeit ab. Es kam zu einer vollkommenen Trennung, bis im Juli 1795 Leipziger nach langer Abwesenheit nach Schlesien zurückkehrte und Feßler am 14. August aufsuchte. Bei der nun stattfindenden Aussprache versuchte Leipziger seinen Freund von der Strenge in dem Ausschluß aller politischen Tendenz abzubringen. Dies gelang nicht, Feßler blieb entschlossen bei seiner Auffassung.

Trotzdem gaben die Verbündeten die Hoffnung nicht auf, den Gelehrten zu gewinnen. Sie arbeiteten indessen eine neue Unionsakte aus und sandten sie Feßler zur Unterschrift zu. Feßler hatte eine Freundschaft fürs Leben gefunden in Christian Fischer, der seit 1789 Konrektor am Gymnasium in Hirschberg war. Mit diesem hatte er die ganze Frage des Evergetenbundes eingehend besprochen, und Fischer war unter dem Namen Criton beigetreten. Jetzt nun beriet er sich mit diesem und seinen andern Freunden, aber auch diese versagten der neuen Unionsakte ihre Billigung, und damit hörte Feßlers Zugehörigkeit zu dem Bunde endgültig auf. Es entwickelte sich nunmehr die zweite Phase der Verbrüderung, die politische, und diese Richtung sollte für Zerboni und seine Freunde zu einer Quelle höchst unangenehmer Erlebnisse werden.

Im Jahre 1793 war in Petersburg die zweite Teilung Polens beschlossen worden, und König Friedrich Wilhelm II. war nach Polen abgereist. Er fand in den ihm zugefallenen Woiwodschaften, Landschaften und Städten die traurigste Mißwirtschaft vor. Adel und Geistlichkeit widerstrebten heftig den guten Absichten des Königs. Die neuen Gebiete wurden als Provinz Südpreußen dem General-Direktorium unterstellt und erhielten einen besonderen Oberpräsidenten in dem Staatsminister von Voß.

Zerboni war zum Kriegs- und Domänenrat bei der Domänenkammer in Petrikau ernannt und als Justitiar bestellt worden, dies auf Empfehlung des schlesischen Ministers Grafen Hoym. In Breslau war es infolge des Eindringens revolutionärer Gedanken zu politischen Unruhen gekommen, im Jahre 1793 wegen eines ungarischen Schneidergesellen, den der Polizeidirektor ins Hundeloch hatte sperren lassen, und im Jahre 1796 wegen eines alten Fischers, der angeblich einen Deserteur über die Oder gefahren hatte.

Aus diesen Anlässen fühlte sich Zerboni verpflichtet, einzugreifen und wandte sich in einem Schreiben vom 12. Oktober 1796 an den Grafen Hoym.

Der Vizekönig von Schlesien und Südpreußen, wie Graf Hoym vom Volke genannt wurde, hat auf diesen Brief zuerst in keiner Weise reagiert, wenngleich er persönlich empfindlich gekränkt war. Vier Wochen vergingen, ehe der Minister den Entschluß faßte, den Brief seines Untergebenen an den König zu senden, da er in eigener Person nicht einschreiten wollte, wo er selbst beleidigt war und sich befangen fühlte. Für Friedrich Wilhelm II. genügte es, daß Zerboni republikanischer Gesinnungen überführt war, um scharf durchzugreifen. Er ließ Zerboni in Petrikau verhaften und auf die Festung Glatz bringen. Mitte Februar 1797 wurden dann auch Leipziger und Contessa gesänglich eingezogen.

Lediglich auf Grund des Untersuchungsergebnisses, ohne eine richterliche Entscheidung verfügte der König durch eine Kabinettsorder, „daß der gewesene Kriegsrath Zerboni wegen seiner auf Zerrüttung der Ordnung und Ruhe im Lande abzielenden unerlaubten und gefährlichen Verbindung nach der Festung Magdeburg gebracht und daselbst auf allerhöchste Gnade in genauer Verwahrung gehalten werden sollte." Auch Contessa wurde in derselben Weise verurteilt. Leipziger als Offizier wurde vor ein Kriegsgericht gestellt, mit Kassation, Verlust des Ordens Pour le Mérite und lebenslänglicher Festungshaft bestraft.

Als am 16. November 1797 König Friedrich Wilhelm II. gestorben war, wandten sich die Verurteilten und ihre Verwandten und Freunde an den jungen König mit der Bitte um Begnadigung. Dieser willfahrte nicht ohne weiteres, obwohl die Verurteilung der Angeklagten ohne richterliche Erkenntnis lediglich auf Machtspruch seines Vorgängers seinem bekannten Gerechtigkeitsgefühl widersprochen haben dürfte. Er wies den Großkanzler von Goldbeck an, dessen Vorschläge auf Strafmilderung und Begnadigung auch auf Zerboni und Genossen auszudehnen. Demgemäß beschäftigte sich die Strafmilderungskommission mit dem Fall, und sie hat am 14. Mai 1798 in einem eingehenden Bericht das Verfahren unter der vorigen Regierung sehr eingehend nachgeprüft. Das Ergebnis dieser Prüfung war, daß die Beschuldigten eines Hochverrats nicht überführt seien, und daß Zerboni für die Ungehörigkeit jenes Briefes an seinen vorgesetzten Minister durch die erlittene Haft hinlänglich bestraft sei. Die Kommission beantragte Haftentlassung, und wenn der König dies für bedenklich halte, dem Zerboni wenigstens eine schriftliche Verteidigung und eine Entscheidung in den angeordneten Instanzen durch Urteil und Recht zu gewähren. Auch für Leipziger wurde baldige Entlassung beantragt.

An dieser Stelle muß noch einmal mit voller Klarheit ausgesprochen werden, die Freimaurerei als solche hat keinen Teil an der politischen Ausgestaltung des neunzehnten Jahrhunderts genommen, wie sie überhaupt niemals in Fragen der Politik eine Stellung prätendierte und niemals prätendieren wird. Aber es ist etwas anderes um die Freimaurerei als Organisation und

Idee, etwas anderes um ihre Mitglieder, die Freimaurer. Es kann keinem Ordensbruder versagt werden, in seiner persönlichen Auffassung eine politische Parteistellung einzunehmen. Das Vaterland wird jedem Freimaurer, wenn er durchdrungen ist von der Kraft des Gedankens, näherstehen als die Loge, und wenn es zu einem Konflikt zwischen Vaterland und Freimaurerei kommen könnte, was in Wirklichkeit ausgeschlossen ist, so dürfte jeder wahrhafte Freimaurer entschlossen die Partei des Vaterlandes wählen. Dies ist ihm lebenswichtige Pflicht und natürliches Recht.

C. Die sieben Verbündeten.

Die Beurteilung von Erscheinungen, deren Lebensäußerungen sich im innersten Kern der Menschenseele abspielen, ist außerordentlich schwer, und der Gelehrte, der mit dem ganzen Rüstzeug der zeitgenössischen Wissenschaft, aber ohne aufgeschlossenes Gemüt an sie herantritt, wird nur selten einem Fehlschluß entgehen. So wurde die Brüderschaft der sieben Verbündeten, über die man schlechterdings nichts Sicheres weiß, einfach als Verirrung der strikten Observanz und des achtzehnten Jahrhunderts abgetan. Erst Gustav Krüger (Johann August Starck und der Bund der Sieben, Darmstadt 1931) hat eine richtige Stellung zu dieser rätselvollen Freundschaftsloge, die aus dem Klerikal der strikten Observanz hervorging, gewonnen. Geheimrat Krüger, der Gießener Theologe, hat eine außerordentlich sensitive wissenschaftliche Finderbegabung, und die erschloß dem Gelehrten Verbindungen zwischen den Verfassern der „Eudämonia oder deutsches Volksglück, ein Journal für Freunde von Wahrheit und Recht" aus den Jahren 1795 bis 1798, dem Darmstädter Hofdiakonus und später Hofprediger Georg Wilhelm Petersen mit Johann August Starck und dem Bund der Sieben. Krüger hat die Akten der Loge „Johannes der Evangelist zur Eintracht" in Darmstadt und die mehr als zweihundert Briefe Petersens an Friedrich Nicolai in der Berliner Staatsbibliothek (Band 56) benutzt und alles Wissenswerte veröffentlicht. Es blieb uns also nur noch eine Nachlese, aber auch diese hat Ergebnisse gezeitigt, die für die freimaurerische Wissenschaft neu und für das Geheimnis der sieben Verbündeten aufschlußreich sind. Krüger ist nicht Freimaurer, und darum konnte er nicht hinter den Schleier leuchten, mit dem die Wirklichkeit der Dinge umhüllt war. Außerdem stand er ganz unter dem Einfluß des ungünstigen Urteils, das die Gelehrten der humanitären Freimaurerei über die strikte Observanz veröffentlicht haben, die auch nur das Äußere, den Anachronismus eines Ritterordens sahen, ohne die tief innerlichen Erscheinungen der sehnsüchtigen Menschenseele und die Reinheit des Wollens von Karl v. Hund erkennen zu können. Auch über Starck urteilt Geheimrat

Krüger, wie aus einem Schreiben an mich hervorgeht, ungünstig, weil er den Stimmen der Zeitgenossen allzu große Beachtung schenkt. Gewiß, sowohl Hund wie Starck hatten ihre menschlichen Schwächen, aber man kann keinem der beiden Männer nachweisen, daß sie nicht fest an ihre Sache und ihre Sendung geglaubt hätten. Hund war selbstlos und von edler Menschenfreundlichkeit, ein wenig eitel, leichtgläubig und voll des guten Glaubens an das Recht seines Heermeistertuns, Starck hatte mehr schlechte Eigenschaften, viel Menschliches und Allzumenschliches, aber beide waren ehrliche fromme Christen und gute Freimaurer, wenn es ihnen auch nicht immer gelang, das Triebhafte ihrer menschlichen Natur zu bekämpfen. Starck war von Haß und Neid umlauert und beständig im Kampf gegen die damals epidemische Jesuitenriecherei. Wir werden die giftigen Briefe des Schloßkranichs, wie Petersen – laut Mitteilung Bräuning-Oktavios – wegen seiner Magerkeit in Darmstadt genannt wurde, kennen lernen. Er war ein begabter Theologe, ein gewandter Schriftsteller, aber ein übler, leisetreterischer Pfaffe, der seinen Oberhofprediger Starck bitter haßte und zu keiner Zeit unparteiisch gegen ihn sein konnte.

Petersen war im Anfang der siebziger Jahre Erzieher der hessischen Prinzen Friedrich Ludwig und Christian Ludwig, der Söhne des Landgrafen Ludwigs IX., und glaubte die Anwartschaft auf eine große Stellung in Darmstadt zu haben, darum wohl auch hatte er im Jahre 1777 einen Ruf nach Königsberg als Oberhofprediger, Generalsuperintendent und Professor der Theologie ausgeschlagen, wobei ihm als Pfälzer vielleicht auch das ostpreußische Wesen nicht behagt haben mag. Es ist daher menschlich verständlich, daß die Berufung Starcks, der sich wissenschaftlich bereits in jungen Jahren hervorgetan hatte, seine Aussichten bedenklich verschlechterte. Schon im ersten Brief an Nicolai vom 2. Oktober 1780 zeigt der Schloßkranich seine Krallen:

„Daß Herr D. Starck in Mietau zum Nachfolger Benners in Gießen bestimmt und ad interim zur Oberhofpredigerstelle berufen worden, werden Sie vielleicht bereits wissen. Der Prinz von Mecklenburg (Schwiegersohn unseres Prinzen Georg Wilhelms hier) hat sich alle mögliche Mühe schon seit einem Jahr deswegen gegeben; und endlich unter unserm jetzigen Ministerio seinen Zweck erreicht! unter dem Moser'schen würde er ihn schwerlich erreicht haben. Er soll aber hier ohne Besoldung dienen... Die meisten hierländischen Geistlichen sind mit dieser Berufung höchst unzufrieden. Den D. Bahrdt hat man fortgejagt, und den D. Starck, der noch schlimmer ist als Bahrdt, holt man. Auch geht schon unter dem hiesigen Stadtpöbel die Sage herum, daß Starck Bahrdt' sche Prinzipien habe."

Dieser Berufung war ein längerer Briefwechsel vorausgegangen zwischen dem Herzog Karl von Mecklenburg-Strelitz, den hessischen Prinzen, die mit dem Mecklenburger verschwägert waren, und Starck, der sich damals in Mitau befand. Dieser Gedankenaustausch war zum Teil aus dem Signatstern bekannt. Es ist das Verdienst des Geheimrats Krüger, die lückenfüllende Ergänzung aus dem Archiv der St. Johannisloge „Johannes der Evangelist zur Eintracht in Darmstadt" ans Licht gezogen zu haben. Ich habe diese Akten sorgfältig nachprüfen können, da die Große Freimaurerloge zur Eintracht in Darmstadt sie mir freundschaftlicherweise zur Verfügung stellte:

„Wir dürfen", heißt es im ersten Brief, „... Ihnen sagen ... daß wir uns von der Bemühung um echte Wahrheit, um diejenige Kenntnis, welche Sie uns anempfohlen haben, nicht abschrecken lassen, sondern, wenngleich ermüdet durch die langen Reisen in trockener Sandwüste, wenngleich aufgebracht gegen verräterische Führer, dennoch unsern Weg fortsetzen und bis an das Ziel unserer Tage, nach der wahren Bahn des Lebens und der Erkenntnis zu forschen entschlossen sind, um Sie zu überzeugen, wie wenig eine gemeine Neugierde an unsern Entschlüssen teilhabe." Ziel und Zweck des Ordens sei nicht Goldmachen und Geisterbeschwörung. Was die Prinzen suchen, ist folgendes: „Der nähere Umgang mit dem höchsten Wesen muß der letzte und höchste Endzweck des Ordens sein, die lebhaftere Überzeugung von göttlichen Wahrheiten, die Bekanntschaft mit Wesen, die auf denen unzähligen Stufen zwischen uns und dem Höchsten stehen, die nähere Vorbereitung zu unserer ewigen Entwicklung, die Gewalt über die Schätze der Natur und Kunst, soweit sie das höchste Wesen zu unserer und unserer Neben-Menschen Glückseligkeit dienlich erachtet, müssen ihre gesegnete Folgen, aber nur Folgen, niemals Haupt- und Endzweck sein.... Das sind die Gesinnungen, aus denen heraus wir nun Sie um gütige Belehrung bitten und bei allem, was uns das Heiligste ist, beschwören: ob wir, in ruhiger Stille, den großen Zeitpunkt der Annäherung des Lichtes erwarten oder aber dasselbe aussuchen sollen? Ob wir, im letzteren Falle, an denen uns angerühmten Örtern, und in denen so oft genannten Gegenden Schottland, Italien, Cypern, Ungarn, Schweiz pp. das Ziel unserer Wünsche finden werden, und nach welcher von denen soeben genannten Gegenden wir unsere Schritte zu richten haben?"

In dem weiteren Briefwechsel hat nun Starck die engere Verbindung angeraten und genau so wie früher die klerikalischen Kongregationen auf die Zahl von sieben Mitgliedern beschränkt. Er ist durchaus ehrlich gegen seine fürstlichen Anhänger und verspricht keineswegs besondere Geheimnisse. So schreibt er am 30. August 1777 – nicht Juli, wie Krüger mitteilt – aus Mitau:

„Übrigens lehne ich alle die günstigen Vorurteile einer tiefen Einsicht in die Geheimnisse unseres Ordens, die ich in Hochderselben Schreiben für mich finde, von mir ab, so zufrieden ich mit dem bin, was ich erkannt habe, so sehr bescheide ich mich, daß ich wenig weiß, und bin daher nichts weniger als der Mann, der vieles verspricht. Ich erinnere mich, daß ich an Fürsten schreibe, die eben so sehr, wie jeder rechtschaffene Mann, der die von Gott in der Welt gemachte Ordnung kennt, durch Ausübung bürgerlicher Pflichten Unterhalt und Vermögen zu erwerben, von Goldmachen werden entfernt sein. Ich schreibe auch an Christen, für welche der Zauberstab der Geister-Beschwörer nicht gehört, sondern das Kreuz unseres Herrn, der seinen Jüngern befahl, sich nicht darum zu freuen, wenn ihnen Geister untertan sind, sondern daß ihre Namen bei Gott aufgeschrieben sind, ob er ihnen gleich, aber ohne Kreis und Zauber-Stab, ein Vermögen über die immaterielle Welt gegeben hatte. – Ich komme nun noch zu den Hauptgegenständen des Briefes. Mich dünkt, daß ich in demselben über unsern Orden einen unrichtigen Gedanken bemerke, wenn es heißt: Die Maurerei entstand nicht da, wo ein anderer Orden aufhörte, sondern sie ist älter als jener. Die Maurerei, nämlich die Grade Lehrling, Geselle und Meister, entstanden allerdings da, wo ein anderer Orden aufhörte, und die neuen maurerischen Grade wurden auch selbst erst mit der Zeit hinzugefügt. Dies ist eine Sache, die aus der wahren Geschichte außer Zweifel ist. Aber die Geheimnisse des Ordens sind älter, als die Maurerei, älter als der Templer-Orden, sie haben schon ehemals die Welt beglückt, ob sie gleich allenthalben in ein undurchdringliches Dunkel eingeschlossen waren und sind, da sie hin und wieder durch Staats- und Religions-Revolutionen untergegangen waren, durch ein bloßes Ungefähr zum Templer-Orden gekommen, der mit ihnen in gar keiner Verbindung steht, und ihnen nur das ist, was das Kleid dem Menschen ist. So wie die Maurerei dem Templer-Orden zur Decke dient, so dient derselbe den Geheimnissen gleichfalls dazu."

Der Bund der Sieben wurde dann einmütig geschlossen, „um mit vereinten Kräften nach dem höchsten irdischen Ziel unserer Wünsche, der Einweihung in die wahren Geheimnisse unseres Hochwürdigsten Ordens zu streben". Die Bedingungen des Bundes waren nach den Darmstädter Akten folgendermaßen niedergelegt:

1. „Über alles dasjenige, was wir zweckdienliches erfahren werden, ein wechselseitiges uneingeschränktes Vertrauen zu haben, uns diejenige Kenntnisse, welche wir erwerben werden, einander mitzuteilen, und gemeinschaftlicht uns zu unterstützen, um dadurch unsere Wissenschaft auf den Grad der Vollkommenheit zu bringen, zu dem wir sie erhoben zu sehen wünschen.

2. Würde jedoch einer unter uns Geheimnisse unter der ausdrücklichen Bedingung eines zu beobachtenden Stillschweigens erfahren können, so hat er sich zwar alle Mühe zu geben, um das Recht, seine Kenntnisse seinen Mitverbündeten mitzuteilen, zu erlangen, falls ihm aber dieses nicht zugestanden würde, bleibt ihm unbenommen, sich den erforderlichen Unterricht geben

zu lassen, und ist er sodann nur schuldig, denen Mitverbundenen die Art der Kenntnisse, oder die Arbeit, womit er sich beschäftigt, oder die er gesehen hat, im allgemeinen kund zu tun.

3. Gegen solche, die nicht von unserer Verbindung sind, muß das strengste Stillschweigen über alles dasjenige, was einzelne derer Mitverbundenen denen übrigen sud sigillo Secreti unionis eröffnen, beobachtet werden, und sind zu solchem Endzweck alle solche Aussähe mit folgenden Buchstaben anzufangen: S. S. S.u.

4. Wo möglich muß die Zahl von 7 unter denen Verbundenen nicht überschritten werden, oder doch wenigstens niemand ohne Bewilligung sämtlicher Mitglieder derselben hinzugefüget werden können.

5. Wir verbinden uns zu diesem allen, bei unsern allerheiligsten Verpflichtungen, und entsagen aller gegenwärtigen und künftigen Dispensation von derselben, sie haben Namen wie sie wollen, und werden gegeben, von wem es auch immer sein mag."

Die Darmstädter Akten geben die Namen der Sieben an. Es sind Karl, Herzog zu Mecklenburg-Strelitz; Ludwig Georg Karl, Prinz von Hessen-Darmstadt; Ludwig, Erbprinz von Hessen-Darmstadt; Georg, Prinz von Hessen; Konsistorialrat Friedrich Viktor Falcke; Karl Wilhelm, Fürst von Nassau-Usingen; Kurt (nicht Karl) Heinrich, Graf von Callenberg. Später wurde dann die Zahl überschritten, ohne daß ideell die Siebenzahl geändert wurde. Man kam auf den Ausweg, jedem ordentlichen Mitglied einen Zögling, Freund und Gehilfen beizugeben, der jedoch keine vollen Rechte haben sollte. Auf diese Weise fand der Freiherr Johann Christian Josef von Waldenfels auf Vorschlag des Fürsten von Nassau-Usingen Zutritt zu der Kongregation, eine ekstatische Persönlichkeit, die fest an Geisterbeschwörungen glaubte, auch selbst Phänomene hatte, wie aus einem Brief vom 23. August an den Erbprinzen Ludwig hervorgeht. Krüger teilt ihn mit: „Ich habe mir in Kranichstein gewunschen, einen Geist zu sehen. Dieser Wunsch ist mir gewährt worden, ich habe einen gesehen, einen Tag nach meiner Zurückkunft in dem Garten des Herrn Kammerlichter Grafen Spaur, nachmittags um fünf Uhr, als ich darin mit dem Freiherrn von Zobel, einem Bruder des zweiten Grades, spazieren ging. Der Geist stund nicht zehn Schritte von uns an einem Baum. Wir beide sahen ihn zugleich, betrachteten ihn stückweise, sprachen darüber und blieben eine halbe Stunde (!) vor ihm stehen, ohne uns zu fürchten. Es war ein starkes männliches Gesicht von falber Farbe, die Backen waren etwas eingefallen, er machte mit dem Munde Bewegungen, die aber nicht unangenehm waren. Wir sahen die Stirn, Nase und Kinn sehr deutlich, Augen hatte er keine, die beiden Öffnungen waren wie in einem Totenkopf, Schultern und Arme waren deutlich zu sehen, in der Gegend des

Ellenbogens war die Figur bis auf den Boden von einer Wolke umgeben. Wir blieben stehen, bis die Figur vor unseren Augen verschwand, und waren beide ganz gelassen. Es kann also weder Betrug noch Einbildung gewesen sein. Dieses melde Ew. Hochfürstlichen Durchlaucht als einem Bruder des heiligen Bundes im engsten Vertrauen, und bitte ich sehr angelegentlich, niemanden etwas davon zu sagen. Der Geist scheint allerdings gute Absichten zu haben, da er sich ohne Berufung in einer so guten Gestalt gezeigt hat..."

Starck hat gegen diese Art der Mystik stets eine ablehnende Haltung eingenommen: „Ich hab' es Ihnen nicht versprochen, Ihnen die intellektuelle Welt sehen zu lassen, einige Regimenter von Geister zu kommandieren, die Kräfte der Natur zu erhöhen, Metalle zu veredeln, in weiter Entfernung in andern Körpern zu wirken, und was sonst Neubegierde und andere Leidenschaften der Menschen wünschen, und so viel Gaukler, die unter uns aufgestanden sind, ihren Anhängern versprochen haben."

Wenden wir uns nun wieder den Briefen des Hofdiakonus Petersen zu, die immerhin einigen Aufschluß über den Charakter des Bundes der Sieben geben. Sie beschäftigen sich im wesentlichen mit der Person Starcks; und da dieser der geistige Führer der Sieben war, so lassen sich aus Petersens, wenn auch durch Haß und Neid verzerrten Äußerungen Rückschlüsse auf die Kongregation selbst ziehen. Der Schloßkranich blieb immer im Hintergrund, denn er fürchtete argen Verdruß, da Starck ohnehin schon wisse, daß er mit Nicolai korrespondiere. Er hat daher in seinen Berichten an den Berliner Verleger für seinen Vorgesetzten Decknamen gewählt. So nannte er ihn den „Obotriten" oder „Megalopotitanus" oder den „Mann quaestionis" und hauptsächlich „Nisus", den Namen eines sagenhaften Königs von Megara, der ein Sohn des Pandion und Enkel des Kekrops war. Er bekämpfte mit seinen Brüdern Aegeus, Pallas und Lykos seine Vettern die Metioniden in Athen und erhielt nach deren Vertreibung Megara und den Isthmos. Mit Minos, dem großen Seekönig von Kreta, geriet er in Krieg und wurde von seiner Tochter Skylla, die sich in Minos verliebt hatte, verraten. Was Petersen veranlaßt hatte, gerade den Namen dieses Königs für Starck zu wählen, war die Sage, daß Nisus auf seinem Haupte ein purpurfarbenes Haar hatte, das als Geheimnis seiner Macht galt. Die Tochter riß ihm im Schlaf dieses Haar aus und entzog ihm auf diese Weise seine Macht, so daß er dem Ansturm des Seekönigs erlag. Petersen spielte mit diesem Decknamen auf Starcks Kryptokatholizismus und die angeblich heimlich getragene Tonfur an, also das Geheimnis im Haupthaar war das tertium comparationis.

Es lag vor allem in Petersens Aufgabe, Starcks Leben und Wirken auszuspionieren und Friedrich Nicolai eingehend zu unterrichten. Da haben wir denn einen Brief vom 24. März 1775, der allerlei Wissenswertes enthält:

„Soviel ich weiß, ist Nisus ein Verwandter des Herrn Forster und vornehmlich von dem Jüngeren geschätzet. Würden beide auf geschickte Weise ausgeholet: so könnte man vielleicht manches Wichtige erfahren. Da er mit Büschingen an dessen Schule zu Petersburg einige Zeit gearbeitet hat: so müßte auch B. mehreres wissen. Ich meines Orts weiß bloß einiges Allgemeine von seinen Reisen, daß er zum Exempel in Paris und Brüssel gewesen. Ein gemeinsamer Freund versichert, daß er in Italien gewesen und zu Florenz bei den Freimaurern eine Stelle bekleidet habe, die bloß ein Katholik bekleiden könne. Noch andere wollen wissen, daß er mit den Jesuiten in genauester Verbindung stehe, daß er eigentlich die (abgeschmackte) Idee von der Rectification der Jesuiten unter die Leute gebracht und namentlich drei Herren reiche Praebenden zugesagt habe, ist auch höchst gewiß. Vermutlich werden diese nun einsehen, daß er mit ihnen seinen Spaß gehabt und sein Spiel getrieben habe und werden nicht länger mit sich scherzen lassen. Indessen haben sie in Rücksicht auf ihn zu viele Schritte vorwärts getan (ohne sich vor der Welt ein Dementi zu geben), als daß sie weit rückwärts gehen könnten. So lieh der Ehemann – Erbprinz Ludwig? – zum Exempel 1782, da Ouvrier – Professor der Theologie in Gießen – ein Programm gegen die freimütigen Betrachtungen schrieb, ein Schreiben nach Gießen ergehen, a,) an die theologische Fakultät, worin ihr verboten wurde, polemische Programme zu schreiben, b) an den Kanzler, worin er angewiesen wird, darüber zu halten und beide sollten wissen, wer da Nisus angreife, der solle es mit ihm selbst zu tun kriegen!!! Diese Hetze ist nun verflogen. Dergleichen Leute wollen überdies das Privilegium infallibilitatis haben eben sowohl als die Päbste. Wird Nisus indes vor dem Publikum einmal entlarvet: so ist nicht abzusehen, wie man sich noch seiner annehmen könne. Das können Sie indes gewiß glauben, daß auch der Ehemann weder so oft noch so lange mit ihm konferiert als 1781 · 1782 und daß Nisus zuweilen eine Stunde lang im Vorzimmer harren muß, und ihm dann doch mehr als einmal gesagt worden, man könne ihn nicht sprechen. Ich glaube noch immer an das: Wahrheit besteht, Lüge und Trug vergeht. Das hiesige Publikum, (bei welchem sein Kredit längst ganz dahin ist), wartet mit Ungeduld auf den ersten günstigen Zeitpunkt, um mit starker Hand über ihn herzufallen. Daß es ihm gänzlich an Freunden mangelt, daß vielmehr eine stille Verschwörung gegen ihn ist: daran ist niemand schuld als er selbst. Er hat freilich gedacht, wie jener in Erasmi soll „quaestus est ubi populus est" oder principes sunt, allein das Spiel mit Menschen, sie seien, wer sie wollen, muß mit großer Klugheit getrieben werden, sonst endigt es sich auf eine für den Betreffenden höchst üble Weise."

Im weiteren meldet Petersen, daß Hofrat Petermann seit einem halben Jahre in Darmstadt anwesend sei als Erzieher, wie wir aus einem späteren

Briefe (12. September 1787) erfahren, des ältesten Sohnes des Herzogs Karl von Mecklenburg-Strelitz, der ja seinen Sohn und seine Tochter, die spätere Königin Luise von Preußen, im Hause der Großmutter in Darmstadt erziehen ließ. Von Petermann weiß der Schloßkranich allerlei zu berichten, so, daß er „Sohn eines böhmischen und deutschen Predigers aus Dresden und ein erklärter Freund des Nisus sei und übrigens, (welches Sie seines Zöglings wegen, der einmal regieren soll, beklagen werden) ein ebenso offener Anhänger und Lobpreiser der Geisterseher, Geisterbeschwörer, Goldmacher, ein Verehrer des Schrepfer etc. Da ich fünf, sechsmal in seiner Gesellschaft gespeiset, und aus seinem Munde den Glauben an der – gleichen Menschen habe laut ertönen hören, ich auch von andern Wahrheitsfreunden allerlei, ihn betreffendes, vernommen habe: so können Sie dieses gewiß glauben. Der Hofrat Petermann rühmt sich der genauen Verbindung mit dem jungen Herrn Falcke zu Hannover – einem der Sieben –. Reisen Sie im künftigen Sommer durch Hannover nach Pyrmont: so können Sie vielleicht durch Falcke mehr von Petermann und zugleich von Nisus, erfahren, denn im Anfang Junius reiset Petermann mit seinem Eleven von hier nach Hannover zurück; und wird nicht ermangeln, seinem Freunde Falcke alles haarklein zu erzählen, was er nur von Nisus weiß. Noch muß ich melden, daß Petermann auch eine Zeitlang Hofmeister in Breslau gewesen."

Johann Samuel Petermann war, bevor er nach Darmstadt kam, Hofmeister bei dem Grafen Mengden in Wildenfels. Er war am 8. April 1774 in der Loge „zur Säule" in Breslau zum Freimaurer aufgenommen worden und Stifter der Loge „zum goldenen Apfel", die anfänglich in Zwickau, dann in Dresden beheimatet war. Petermann hat viel in der Loge „Archimedes zu den drei Reißbretern" in Altenburg verkehrt, und Ludwig Friedrich Lenz, der Meister vom Stuhl der Altenburger Loge, erwähnt ihn öfter in seinen Briefen an den Freiherrn Ludwig Heinrich Bachoff von Echt (Rudolf Hase, Die Kiste in Dobitschen, Altenburg 1890). Petermann hat in Altenburg die Schottengrade erhalten: „Sie haben den Bruder Petermann, der diesen Morgen (4. Juni 1775) mit der Zwickauer Post nach Wildenfels zurückgereiset ist, und Ew. Exzellenz sich zu Gnaden empfiehlet, weiter, ich glaube aber nur bis zum Schottenmeister, avanciert." Petermanns Hofratstitel war Herzoglich-Mecklenburgischer Herkunft. Er wird noch in einem Altenburger Protokoll vom 14. Oktober 1778 unter den Anwesenden erwähnt, als „Meister vom Stuhl der Ehrwürdigen Loge zum goldenen Apfel im Erz Gebürge". –

In demselben Brief berichtet Petersen weiter: „Seit dem 15. Februar ist ein großer Freimaurer-Konvent in Paris, hier soll ein ganz anderes System aufgestellt werden, als das 1782 auf dem Konvent in Wilhelmsbad etablierte. Nisus ist (wie mir jemand als zuverlässig versichern wollte) zu diesem Pariser

Konvent ebenfalls eingeladen worden, hat es aber mit höhnischer Verachtung von sich gewiesen." Nun kommt eine wichtige Nachricht über Starck: „Leider ist das Geistersehen und was dazu gehört in unserer Stadt und Gegend im Zunehmen. Und Nisus trägt in aller Stille zur Verbreitung dieses Glaubens das seinige bei. Daß er sehr oft in Biebrich bei dem regierenden Fürsten von Nassau-Usingen gewesen (der seit dem Oktober 1783 in Paris lebt und nun auch dem Konvente qu. beiwohnen wird) dieses wird Ihnen wahrscheinlich bekannt sein. In gleicher Absicht hat er wahrscheinlich auch seine Reise nach Gießen im vorigen Oktober getan, wenigstens war es keine Lustreise..."

Petersen trägt allerhand Klatsch zusammen, wie es so seine Art ist und nun kommt am 20. April 1788 eine Briefstelle, die wichtig für die Beurteilung der sieben Verbündeten ist: „Noch stehen die Sachen in Ansehung des Nisus ebenso wie bisher, und ihm ist bis jetzt kein Haar gekrümmt worden. Die vortreffliche Schrift der Frau von der Recke – Etwas über des Herrn Oberhofpredigers Johann August Starck Verteidigungsschrift, Berlin und Stettin 1788 – hat nicht das mindeste zu seinem Nachteile gewirkt. Unser Regent erfährt von dem was im Publikum in Hinsicht auf Nisus vorgeht, gerade soviel als sein Referendar ihn erfahren lassen will. Dieser zwar für seine Person kann den Nisus nicht riechen; allein eine (nicht genug überlegte) Furcht vor dem Nachfolger macht, daß er nicht gegen denselben zu Felde zieht. Der eben erwähnte Nachfolger, ist nun allerdings bei weitem nicht mehr so für den Nisus, als er vom Jahre 1781 bis 84 und 85 gewesen ist; hat auch alles, alles, gelesen, was gegen solchen bisher herausgekommen ist, und lieset noch alles; indes hat er bis jetzt nicht getan, was anderwärts erwartet worden ist. Der Grund dieser Handlungsart in Ansehung des Nisus scheint teils in Ordensverbindungen, teils (ja vielleicht hauptsächlich) darin zu liegen, daß wir uns nur um das bekümmern, was uns unmittelbar angeht; alles übrige hingegen gehen lassen, wie es immer gehen mag." – Dazu schreibt Nicolai mit roter Tinte an den Rand: „Den Umständen nach kann das sehr weise sein." – „Nisus, seinem Symbole gemäß, placere domino praeposito, hat sich immer mit äußerster Sorgfalt gehütet, den Neigungen und dem Geschmacke des Nachfolgers irgendwie entgegen zu handeln." Dann fährt er fort:

„Es ist sehr bekannt in unserer Stadt, 1) daß in der Behausung des Mannes quaestionis ein großer Kasten steht, der höchstwahrscheinlich zu Freimaurer-Operationen bestimmt ist, allerlei Schriften, Gerätschaften enthält, und wozu bloß er und eine gewisse hohe Person den Schlüssel haben, und 2) daß vom Jahre 1781 bis 84 in einem nahe bei unserer Stadt liegenden Landhause verschiedene Abendversammlungen sind gehalten worden, die ziemlich lange gedauert haben. Allein die Leute vom Schlage des Mannes quaestionis wissen allzu wohl, und hausen auch darauf los, daß viele Sachen teils nicht gerichtlich erwiesen werden, daß aber manche, die davon wissen, Bedenken tragen, sie ins Publikum zu bringen." Weiter am 27. Februar 1791: „Starck ist übrigens im Felde der Mysterien noch immer unermüdet tätig, hat vor kurzem mit dem hier gewesen königlich Dänischen Gesandten, Herrn von W–r einige lange Unterredungen gehabt, empfängt öfters Besuche auswärtiger katholischer Geistlichen, empfängt eine Menge von Briefen, vornehmlich und in jeder Woche von seinem Herzensfreund, dem Herrn von Grolman – Petersen schreibt Grollmann – aus Gießen, läßt allerlei Werkzeuge kommen, dessen sich sonst die Goldmacher zu bedienen pflegen und anderes mehr." Eine der letzten Mitteilungen Petersens ist datiert vom 14. August 1793: „Unser alter Gönner und Freund Archidemides spricht wie ein eigentlicher enragé bei allen Gelegenheiten gegen Aufklärer und dergleichen und wittert allenthalben Illuminaten und Jakobiner."

Diese letzte Nachricht zeigt, daß Starck sich zur quinta essentia seines religiösen Erlebens durchgerungen hatte, zum festen Glauben an seinen Heiland, und dieser Glaube ist ihm Trost in all seinen Kämpfen mit offenen und versteckten Feinden, mit Krankheit und Siechtum geworden. Er hat bestimmt von der geheimen Spionentätigkeit Petersens gewußt, aber nichts gegen ihn getan, und das ist der Triumph seiner christlichen und freimaurerischen Weltanschauung, daß er sich selbst überwand und dem giftigen Feinde vergeben konnte. Wie leicht wäre es ihm bei seinen ordensbrüderlichen Beziehungen zu dem Erbprinzen gewesen, der seit 1790 als Landgraf Ludwig X (als Großherzog Ludwig I) regierender Herr zu Hessen-Darmstadt war, Petersen zu entfernen. Er hat nichts gegen den übelen Feind, den Schloßkranich getan, hat ihn 1787 zum Hofprediger, 1791 zum Konsistorialrat und 1803 zum Kirchen- und Schulrat aufrücken lassen; ein edleres Zeichen christlich-freimaurerischer Gesinnung konnte Starck nicht geben. Petersen war übrigens nicht Freimaurer. In einem seiner Briefe an Nicolai lehnt er den Gedanken entschieden ab. Ein Freund hätte ihn im Jahre 1783 aufgemuntert, aber er hätte keine Neigung gehabt. Seine freimaurerischen Kenntnisse habe er vom Hörensagen und aus Büchern.

Aus einem Brief Petersens vom 4. Mai 1795 erfahren wir, daß Starck von Zeit zu Zeit in Frankfurt Konferenzen habe und zweimal wöchentlich an Grolman nach Gießen schreibe. Dabei spricht er von einem heiligen Bunde und nennt zwei Mitglieder, Professor Köster (1734 bis 1802) in Gießen und Ritter von Zimmermann in Hannover (Johann Georg, 1728 bis 1795, Leibarzt des Königs von England in Hannover). Dieser heilige Bund hatte nichts mit den sieben Verbündeten zu tun, sondern war die Eudämonia, eine „Gesellschaft durch ganz Deutschland zerstreuter Gelehrten von allen Konfessionen,

Ludwig Adolf Christian v. Grolman
wirklicher Geheimrat

Fakultäten und Ständen". Ludwig Adolf Christian von Grolman (1741 bis 1809) war Regierungs- und Konsistorialdirektor in Gießen, seit 1806 Wirklicher Geheimrat, Freund, Ordensbruder und juristischer Berater Starcks. Er war Freimaurer, ursprünglich in der strikten Observanz aufgenommen, später Meister vom Stuhl der Loge in Gießen. Zimmermann war nicht Freimaurer, vielmehr ein Gegner aller geheimen Gesellschaften. Mit der Königlichen Kunst scheint er sich jedoch gegen Ende seines Lebens, wahrscheinlich infolge seines Bekanntwerdens mit Grolman und Starck, ausgesöhnt zu haben. Über die Zeitschrift Eudämonia, ihre Herausgeber und Mitarbeiter, haben Krüger in der Historischen Zeitschrift (1931) und Max Braubach im historischen Jahrbuch der Görres-Gesellschaft (1927) sehr eingehend gearbeitet. Für die Geschichte der Freimaurerei haben die äußeren Umstände keine Bedeutung, uns interessiert nur der Inhalt der Eudämonisten-Bewegung als Vorläufer der geistigen Erneuung im neunzehnten Jahrhundert. Wir geben die Gedanken der Väter dieser Bewegung, Grolmans und Starcks, wörtlich nach dem „Prospectus" (Leipzig 1795):

„Die traurigsten Erfahrungen haben es seit geraumer Zeit bewiesen, und keinem aufmerksamen Staatsmanne haben diese Erfahrungen entgehen können, daß der Gemeinsinn der deutschen Völker, in religiöser und politischer Hinsicht, eine Stimmung erhalten, welche der Religion, den Fürsten, der Reichsgrundverfassung, der bürgerlichen Erziehung, dem Glücke des Volks und jedes einzelnen den nahen Untergang droht. Statt der Tugenden, welche die Hauptzüge des National-Charakters ausmachten, Religiosität, Regentenliebe, Anhänglichkeit an Verfassung und Vaterland, herrscht Gottesverleugnung und Lästerung, Fürstenhaß, öffentliche Verspottung der Fürsten und Obrigkeiten, und schwärmerische Revolutionslust, welche durch schriftliche und mündliche Aufruhrs-Predigten teils erregt, teils gestärkt wird. Das alles wird nicht nur ins geheim getrieben; sondern es wird nun auch in unzähligen öffentlichen Schriften laut gelehrt. Es geschieht dabei mit einem Druck gegen die anders Denkenden, daß ein kaltblütiger und unparteiischer Zuschauer oft glauben sollte, er sei schon mitten in Paris versetzt, wo man gegen die herrschende Partei nicht mehr laut reden oder schreiben dürfe.

Wer nur einen flüchtigen Blick auf Frankreichs literarische Geschichte wirft, der sieht bald, daß die jetzigen Franzosen die Wahrheit reden, wenn sie behaupten, daß die Revolution durch Schriftsteller, deren ewige den Altar, andere den Thron untergruben, vorbereitet worden. Eben dieses geschieht auch durch eine Menge von Schriften in Deutschland; was dieses aber für Folgen haben werde und müsse, ist nicht schwer abzunehmen. Und gleichwohl sehen Deutschlands Obrigkeiten mit einer Schonung darein, die selbst bei jener Partei die größte Bewunderung erweckt.

Sollte es da nicht wenigstens den anders Denkenden erlaubt sein, auch ihre Meinung über Gegenstände zu sagen, von welchen das Wohl und Wehe von Deutschland abhängt? Sollten sie nicht falsche gefährliche Sätze von dem Prunk der Wohlredenheit und der künstlichen Darstellung, in welchen sie oft eingekleidet werden, entblößt, das heißt, in der nackten Wahrheit vorlegen, und für Folgen warnen dürfen, die grenzenloses Elend herbeiführen können?

Diesem billigen Gedanken verdankt das Journal seine Entstehung, das hierdurch dem Publikum angekündigt wird. Es führt den Titel:

Eudämonia, oder deutsches Volksglück.

Der Inhalt desselben begreift mit wenigen Worten den großen Zweck: Deutschlands glückliche religiöse und politische Verfassung zu erhalten. Alles was dahin nahe oder entfernt abzweckt, findet im Journal seine Stelle.

Die Verfasser des Journals bestehen aus einer Gesellschaft durch ganz Deutschland zerstreuter Gelehrten von allen Konfessionen, Fakultäten und Ständen. Aus leicht zu begreifenden Ursachen beobachten sie noch zur Zeit das Incognito. Indessen sind mehrere von ihnen ihren Landesherrn und Obrigkeiten, auch andern guten und großen Fürsten Deutschlands schon jetzt bekannt, die ihre redliche und uneigennützige Absicht auch nicht verkennen."

Dann heißt es weiter:

„Ganz Europa ist nun schon seit mehreren Jahren in das große noch immer fortdauernde Trauerspiel verwickelt, welches seit 1789 die Franzosen, durch ihre gewaltsame Staatsumwälzung fortgerissen, in immer fürchterlichern, schrecklichern Scenen ausstellten. Jeder Unbefangene muß es eingestehen, daß es einer, im Verhältnisse gegen die Volksmasse in Frankreich, sehr geringen Anzahl von schlauen Bösewichtern, den Jakobinern, nur zu sehr gelungen ist, unter den Ruinen des Altars und des Thrones, zugleich alles, was die allgemeine Volksglückseligkeit in einem Staate ausmacht: Sicherheit, des Lebens und des Eigentumes, Ruhe und Ordnung, zu begraben.

Nicht zufrieden, durch eine grenzenlose Anarchie, im Gefolge einer beispiellosen Tyrannei, unter dem Namen, Revolutionsgewalt, ihr eigenes Vaterland in unabsehliches Elend gestürzt zu haben, suchten diese Mord- und Raub-begierigen auch in allen übrigen Europäischen Staaten das Volksglück, auf die nämliche Art wie in Frankreich, zu zertrümmern, um in dieser allgemeinen Verwirrung teils ein Asyl gegen das gesetzliche Rächeramt der wiederaufzulebenden Gerechtigkeit, und deren unerbittliche Bestrafung ihrer an der Menschheit verübten Greueltaten zu finden, teils ihre Herrschsucht auf immer zu befriedigen; so wahrscheinlich es nun aus diesem allen ist, daß in dieser jakobinisierten Stimmung der öffentlichen Meinung, manche Ursache des bisherigen unerwarteten französischen Waffenglückes aufzusuchen sein mag, eben so wahrscheinlich ists, daß gerade darin auch der Keim zu gewaltsamen Staatsumwälzungen in Deutschlands Provinzen verborgen liegt, wodurch leicht das allgemeine deutsche Volksglück, in jeder Rücksicht, sehr gefährdet werden könnte, besonders wenn man unglücklicher Weise fortfahren sollte, auf diesen äußerst wichtigen und allgemein höchst interessierenden Gegenstand eine eben so geringe Aufmerksamkeit zu richten als unkräftige und zweckwidrige Mittel zur Verhütung dieses allgemeinen Volksunglückes anzuwenden.

Die Herausgeber dieser Zeitschrift schmeicheln sich daher, kein unverdienstliches Werk unternommen zu haben, eine Gesellschaft echt aufgeklärter wahrer Vaterlandsfreunde gebildet zu haben, welche es sich zur heiligsten Pflicht machen: Das gutgesinnte deutsche Publikum (das sein bisheriges Glück, Gott nach seiner Väter Weise zu verehren, und unter dem sanften gesetzlichen Scepter rechtmäßiger Regenten und Obrigkeiten ein stilles und ruhiges Leben zu führen, nicht mutwillig verkennt, noch undankbar wegwirft) nicht nur auf alle heimliche und öffentliche Störer seines Glückes, und auf die mancherlei Kunstgriffe, deren sie sich bald gerade zu, bald verdeckter Weise bedienen, dieses Glück zu stören, aufmerksam, sondern auch demselben durch eine richtige Darstellung der deutschen Staatsverfassung, und deren schon angefangenen und noch immer fortgesetzten Verbesserung des Veralteten und Fehlerhaften, sein wahres Glück anschaulicher und fühlbarer zu machen...

Wenn wir den Zweck, unserer Eudämonia in der Beförderung des deutschen Volksglückes setzten: so verstehn wir unter dem Ausdrucke Volk: die gesamte deutsche Nation im zivilisierten Zustande, von ihren rechtmäßigen Oberhäuptern durch alle Stände und Unterabteilungen bis auf die unterste Volksklasse herab.

Volksglück und zwar deutsches Volksglück, ist daher, nach unsern Begriffen, die bürgerliche Glückseligkeit, welche alle und jede Mitglieder der deutschen

Staaten ohne Ausnahme in persönlicher Sicherheit, in gesetzlichem Schutze des rechtmäßig erworbenen Eigentums, in ungestörter Ruhe und fortdauernder eingeführten Ordnung, und überhaupt in Zufriedenheit mit der gegenwärtigen Lage finden, welche doch wahrlich in Deutschland so schlimm nicht ist, als Übelgesinnte es vorspiegeln.

Zwar diese Zufriedenheit kann nie und nirgends allgemein sein. Schon in den tausendfältigen Richtungen der menschlichen Leidenschaften liegt eine unversiegbare Quelle der Unzufriedenheit mancher Leute mit ihrem Zustande. Und überdem ist und bleibt die beste bürgerliche Einrichtung eines Staates doch immer nur ein menschliches – folglich ein unvollkommenes Werk. Es ist daher weder eine ganz vollkommene Staatsverfassung, noch eine ganz vollkommene Regierung nicht einmal möglich. Und darum ist die am wenigsten unvollkommene jedem vernünftigen und ruhigen Staatsbürger die beste, weil er die unvermeidlichen kleinern Übel darin um des überwiegenden Guten willen gerne erträgt.

Eine hier unparteiisch gezogene Parallele zwischen der so hoch gepriesenen französischen demokratischen Regierungsform, und der seit Jahrhunderten bestehenden deutschen würde, durch den auffallendsten Kontrast, den Vorzug der deutschen in jeder Hinsicht ins helleste Licht setzen, wenn sie nicht die Schranken dieses Aufsatzes überschritte. Sie wird aber gewiß im Laufe dieser Zeitschrift ihre eigene Stelle erhalten, so wie andere wichtige Materien, die hier nur können berührt werden. Deswegen verkennen wir die Mängel nicht, die auch unserer deutschen Verfassung, so wie jeder menschlichen Anstalt, anhängen. Man hat von Zeit zu Zeit daran gebessert, und wird es gewiß bei der noch immer steigenden echten Aufklärung auch fernerhin tun. Wenn auch Privatpersonen durch – in gehöriger Ordnung getane Vorschläge etwas dazu beitragen können und wollen; so ist es ihnen, vermöge der in Deutschland herrschenden Freiheit, ja völlig unbenommen. Im Gegenteil aber hofft man auch, daß die höchst tragische Geschichte der französischen Revolution unser deutsches Volk überzeugen werde, daß alle unüberlegte, rasche, gewaltsame Mittel hierzu unmöglich dienlich sind, sondern daß solche geradezu alles ärger machen; daß es also besser sei, so lange in dem bisherigen Gebäude ruhig zu wohnen, als es umzureißen, ehe man ein neues errichten konnte.

Denn, es ist hierbei nicht gesagt, daß niemand auf die Verbesserung seiner Lage bedacht sein solle. Nein! dies ist nicht nur erlaubt, sondern in manchen Fällen auch sogar Pflicht. Nur müssen die angewandten Mittel zur Erlangung größerer Ansprüche in sich selbst gerecht sein. Sie dürfen folglich nicht zum Schaden, zur Unterdrückung anderer, z. E. der Obrigkeit selbst, ganzer ansehnlicher Volksklassen, und zur Brechung der Verträge mit andern Nationen, wie überhaupt nicht zur Entreißung und Schmälerung desjenigen, was jeder in mancherlei Hinsicht sein Eigentum, und oft ein ihm sehr teures Eigentum nennen kann, hinführen. Auch müssen diese Mittel der Sache, den Umständen angemessen sein, und das wirklich fördern, was man beabsichtigt. Ein Blick in die Geschichte des durch seine Revolution über alle Beschreibung unglücklichen Frankreichs wird die gefährlichen Abwege kennen lehren, worauf die Stifter der französischen Republik das gesuchte größere Volksglück nicht allein nicht fanden, und nicht finden konnten, sondern auch die noch übrig gebliebene Reste desselben durchaus vernichteten...

Durch die Geschichte der allgemein unglückseligen Revolution in Frankreich aufs überzeugendste belehret, werden also die deutschen Völkerschaften sich nie von arglistigen Schlauköpfen, durch herrschsüchtige, eigennützige Demagogen betören lassen, ihr wirkliches Volksglück vorgespiegelten, vielversprechenden und nichts haltenden Schattenbildern unmöglich zu realisierender Ideale von Freiheit, Gleichheit etc. mutwillig aufzuopfern, noch wie die Franzosen, philosophischen Quaksalbern sich hingeben, um an sich ein von Friedrich dem Einzigen in seinen Briefen an D'Alembert nach Verdienst persifliertes experimentum in anima vili machen zu lassen; da jene Ideale offenbar von jenen neu Machiavellistischen Marktschreiern und Betrügern nur darum sind erfunden worden, und mit dem betrüglich scheinenden Flittergolde der in Frankreich sogenannten modernen Philosophie verbrämt, öffentlich zu Schau aufgestellt werden, um gutmütige, leichtgläubige Menschen, und vorzüglich durch Schmeicheleien den nicht denkenden großen Haufen, zu ihren verderblichen Absichten zu mißbrauchen, und alsdann über alle Beschreibung elend zu machen."

Der Schleier, der das Geheimnis der sieben Verbündeten umhüllt, ist noch nicht gelüftet. Alle Mitglieder des Bundes haben das Gelübde tiefster Verschwiegenheit unverbrüchlich gehalten. Weder in Urkunden, noch in Briefen verlautet ein Sterbenswörtchen über die Logenarbeit, die in dem einsamen Landhaus abgehalten wurde. Petersen war auf der rechten Spur, aber er hat nur das Äußerliche erkundet und ganz falsche Schlüsse daraus gezogen, er glaubte an Goldmacherei und Geisterbeschwörung und sah in dieser vergeistigten Männerfreundschaft schmutzigen konträren Sexualismus. Auch Gustav Krüger hat das Wesen des Bundes völlig verkannt, wenn er schreibt: „Wenn man sich den Inhalt des Briefwechsels vergegenwärtigt, so muß sich die Frage aufdrängen: hatten denn diese Fürsten und Herren nun gar nichts anderes zu tun, als sich immer wieder zu unterhalten über angebliche Geheimnisse und sich immer von neuem der Verschwiegenheit zu versichern über Dinge, die zu verschweigen dem Außenseiter kaum der Mühe wert scheinen kann?"

Er vergißt dabei, daß Ludwig I., der schon als Erbprinz zu den Sieben gehörte, einer der vortrefflichsten Regenten seiner Zeit war, und daß Karl von Mecklenburg-Strelitz sich den unvergänglichen Lorbeer um das Haupt wand, der erste deutsche Fürst gewesen zu sein, der 1813 mit Preußen zur Befreiung des Vaterlandes ausstand. Und Starck hat seine Sendung durchaus ernst genommen. Er war als Theologe nicht ohne Bedeutung, durch die Bekanntschaft mit den Florentiner Rosenkreuzern um Sackville und Lorenz Natter, deren Bestrebungen er in Petersburg näher getreten war, hatte er erkannt, daß die Erforschung der Natur ein Mittel der theologischen Erkenntnis sei. Gott in den geheimen Kräften und Wirkungen der Natur suchen, darin sah er seine höchste Pflicht als Geistlicher. So kam er zu der Überzeugung, daß alles Geschehen in dieser Welt in und um den Menschen Gesetz des göttlichen Weltplanes sei. Darum trat er als Eudämonist mit seinem Freunde Grolman dem Geist der französischen Revolution leidenschaftlich entgegen, darum verfolgte er die Aufklärung, ohne jemals ein Feind wahrer Aufklärung zu sein. Wir sehen aus den einleitenden Gedanken zur Eudämonie, daß er sich keineswegs der Überzeugung verschloß, es sei nicht manches in politischen und religiösen Dingen der Besserung bedürftig. Er betont es geradezu als Pflicht, am Fortschritt mitzuarbeiten, und insofern wurde er ein Vorbereiter der neuen Zeit.

Aus diesem allen können wir einen Schluß auf den geistigen Inhalt der Logenarbeit im Bunde der Sieben ziehen. Schon die Zahl Sieben weist uns auf eine klerikale Kongregation eines ritterlichen Ordens, der in seiner militärischen Organisation untergegangen war. In seiner Jugend hatte Starck geglaubt, diese sei in der strikten Observanz erhalten geblieben, aber er hat sich bald davon überzeugen müssen, daß dem nicht so, daß vielmehr der innere Orden der strikten Observanz eine Neuschöpfung ohne jede Tradition sei. Sein Klerikat hielt er für echt, und wir wissen nicht, welche Urkunden ihm in Frankreich, während seiner Verbindung mit dem katholischen Klerus zur Verfügung gestanden. Höchstwahrscheinlich hat er Abschriften genommen, die er sorgfältig und ängstlich gehütet. Sein Testament gibt uns davon Kenntnis, darin wird gesagt das Kästchen aus Mahagoniholz, von dem auch Petersen wußte, enthalte wichtige, unschätzbare Schriften, die zum Freimaurer-Orden gehören, „da ich und einige Freunde, die schon insgesamt vor mir gestorben sind... noch Glieder dieses Ordens waren".

Die sieben Verbündeten waren zweifellos Freimaurer, aber von der Freimaurerei, wie sie sich in der strikten Observanz als wieder erweckter Templerorden darstellte, völlig losgelöst. Sie waren, wie wir oben dargetan haben, mit Starck überzeugt, daß die Freimaurerei zwar da entstanden sei, wo ein anderer Orden aufgehört habe, aber die Geheimnisse des Ordens seien älter als die Freimaurerei, auch älter als der Orden der Templerherren. Sie seien in ein tiefes Dunkel gehüllt gewesen und nur durch einen Zufall zu diesem Ritterorden gekommen, der für sie nur die äußere Hülle abgegeben habe. „Es ist daher, heißt es in dem schon erwähnten Brief Starcks vom 30. August 1777, ebenso des wahren Zwecks verfehlt, wenn man einen Kreuzzug, Rekuperationen ehemaliger Besitzungen und was dahin gehört zur Absicht des Ordens erweist, als wenn man die Behauung der Steine, Zubereitung von Kalk und Laimen (Lehm) zur Absicht des Ordens machen wollte. – Zu diesen Geheimnissen, die der einzige Zweck sind, gibt es allerdings mehrere Wege: Keine Religion und Himmels-Gegend kann deren an sich selbst ausschließen, und ich bin überzeugt, daß es außer denen, die Christen sind, noch gegenwärtig Leute gibt, die im Besitz solcher Geheimnisse sind. Aber der Weg durch die christliche Religion und durch unsern Orden ist der sicherste und auch der vorteilhafteste, auch der alleinige, den wir betreten müssen. Denn a) werden wir auf demselben für manchen Verirrungen bewahrt, von welchen die Wege, die zu den Geheimnissen führen, keineswegs frei sind. b) Wir haben nicht nur die Überbleibsel derer, die uns die Geheimnisse überliefert und schon ausgegangen sind, erhalten, sondern auch mit denselben die Kenntnisse anderer verbinden können. c) Vermittelst der christlichen Religion ist uns alles dies geworden, und für uns kein Weg ohne die. – Es ist ganz recht, daß nicht bloß einzelne Schüler durch einzelne Lehrer geleitet, sondern mehrere diesen Weg betreten können. Aber Geheimnisse der Art sind nicht für viele, sie sind der Teil weniger Menschen – Endzweck oder Beschäftigung oder Gegenstand der Geheimnisse möchte wohl einerlei sein, und dieses ist nichts anderes als die Beantwortung der Fragen: Wer und was bin ich? Was werde ich sein? Was sind alle Dinge, die mich umgeben? Kurz, Kenntnis der großen Leiter der Natur, nach ihren verschiedenen Sprossen. Die Folgen hiervon erörtern sich selbst: Sie betreffen Körper- und Geisterwelt, Geschichte des Menschen-Geschlechts wie der Welt: es wird mit einem Male eine große Tür aufgetan, es fallen Decken weg, die Aberglaube und Unglauben, Menschen – sogenannter Verstand und Unverstand uns vorgehängt hat, wir sehen anders als bisher, die Wahrheit redet, das wahre Göttliche macht unsere Überzeugung aus: ich denke, das ist genug für vernünftige Menschen, die Tugend und Gottseligkeit schätzen, und wer das Größere sucht, findet auch, wenn es Gott gefällt, das Kleinere, er halte es denn zurück, damit wir nicht ewige Kinder bleiben, sondern, zur männlichen Vollkommenheit geführt, ihm näher rücken. – Aus diesem Gesichtspunkte denke ich nach meinen geringen Einsichten, ist alles zu betrachten. Hierbei aber was ist zu tun? Ist in ruhiger Stille die Annäherung des Lichts zu erwarten, oder ist es aufzusuchen? In Schottland, Ungarn, Italien, Schweiz, Frankreich usw.? Es ist wahr,

Sie, Durchlauchtige und Hochwürdige, können zum Aussuchen mehr Schritte tun, als irgend ein anderer; ich glaube aber auch, daß Sie eben nach Ihrem Stande mehrere Schwierigkeiten haben und mehrerer Gefahr werden ausgesetzt sein. Mein Rat, wenn derselbe in Erwägung gezogen zu werden verdient, würde sich mehr für eine ruhige Erwartung bestimmen." Seinem Rat aber fügt er nun eine zweifache Bitte hinzu: 1) Verbinden Sie sich unter einander auf das allergenaueste, und lassen Sie das genaueste Band der Liebe und Eintracht unter sich herrschen. Wenn diese siebenfache Schnur nicht gerissen wird, so wird sie mächtig ziehen. 2) Entfernen Sie sich, so viel als möglich ist, von allen Verwicklungen des weltlichen Ordens, denn ohne einmal darauf zu sehen, daß er von den Stufen der Maurerei an bis zum Templer-Orden sehr viele Alternationen erlitten und auch im äußeren das nicht ist, was er sein soll, so werden Sie in demselben nur immer mehr und mehr von Ihrem vornehmsten Gesichtspunkte entfernt".

Es war ein ernstes Gottsuchen durch Erkenntnis der Natur und sittlichen Lebenswandel, das die Sieben in stiller Abgeschiedenheit von der Welt einigte. Über die rituellen Formen lassen sich auch nur Vermutungen aussprechen. Es fanden Einweihungen statt, und wir können mit einer gewissen Berechtigung annehmen, daß sie in der Ritualform stattfanden, die Starck in Petersburg kennen gelernt hatte. Es drehte sich immer um das Eine, wovon Starck in seinem Brief an Raven vom 11. Februar 1778 spricht: „Mein Kopf ist mit Kennwissen angefüllt, wogegen sich alle meine profane Gelehrsamkeit verkriechen muß: ich weiß, was es mit dem Urheber unseres Daseins, mit uns selbst und unserer ganzen Körperwelt für eine Bewandtnis hat, und was unsere Bestrebung in der Zukunft sein wird. – Der Ursprung und die ganze Genealogie des menschlichen Wissens liegt vor mir... Ja ich sah, da ich den Grund aller wahren und natürlichen Magie wiedergefunden hatte... und ich sahe also das große Vinculum vor mir zwischen der intellektuellen und sensuellen Welt."

Diese Erkenntnis hat Starck immer mehr vergeistigt, ohne je aufzuhören, in der alchymischen Praxis zu wirken. Er muß auch etwas, wie die Prima Materia, das Magisterium geglaubt haben zu besitzen. Das geht aus dem Testament an seinen Adoptiv-Enkel hervor:

„Du wirst beim Durchstudieren dieser Dir anvertrauten Schriften finden, daß sie teils historisch, teils metaphysisch oder theognostisch, teils physisch sind. In Ansehung der beiden ersten Punkte habe ich nichts zu erinnern... Aber in Ansehung des letzteren, nämlich des physischen, mußt Du durchaus auf Deiner Hut sein. Solltest Du je Neigung finden, Dich mit dem Praktischen zu befassen, wozu Dir sogar die erforderlichen Utensilien neben der Schatulle mit den Schriften werden eingehändigt werden, so mußt und sollst Du Dich nicht eher mit dem Praktischen befassen, als bis Du schon die Theorie ganz im Kopf hast, wozu es Dir in den Schriften an Unterricht nicht fehlt. Auch binde ich es Dir aufs Gewissen, da Du mit keiner einzigen Sache praktisch Dich abgibst, als mit derjenigen, die in diesen Schriften angegeben ist. Um sie kennen zu lernen, darfst Du nur dasjenige, was Du in einer kleinen Büchse in der Schatulle findest, einige Tage in Regenwasser einweichen, dann wirst Du sehen, wie sie eigentlich aussieht und beschaffen ist, um sie alsdann sammeln zu können. Handelst Du anders und gibst Dich mit anderen Dingen ab, wozu man leicht verleitet werden kann, so läufst Du Gefahr, auf allerlei Abwege zu geraten und Deine zeitliche Glückseligkeit zu zerstören."

Das, was in der kleinen Büchse aufbewahrt wurde, war wohl das tiefste Geheimnis der Sieben, aber auch nur Mittel zum Zweck geistiger Verinnerlichung und engster Gemeinschaft im Blute Christi, ein Meßopfer im Sinne der vorkatholischen aber schon abgeklungenen apostolischen Zeit, und Starck war der Prior celebrans dieser klerischen Kongregation.

Unverbürgten Nachrichten zufolge soll der Bund der Sieben heute noch insgeheim bestehen. Darnach müßten auch die Papiere Starcks oder Abschriften davon noch existieren, und es ist keineswegs ausgeschlossen, daß sie noch einmal aufgefunden werden. Eine bestimmte Spur leitet auf den Provinzial-Großmeister von Mecklenburg Freiherrn Karl von Nettelbladt, worauf wir noch näher einzugehen haben werden.

III. Der Tugendbund

Die Geschichte der Erhebung Preußens gegen die Herrschaft Bonapartes und die Befreiung Deutschlands in den Jahren 1813 bis 1815 ist eine Geschichte der vaterländischen Taten deutscher Freimaurer. Die Logen als solche haben sich streng an den Grundsatz gehalten, aus ihren Tempeln jede politische Tätigkeit fernzuhalten, aber sie haben ihre Mitglieder dazu erzogen, sich mit Gut und Blut für das Vaterland und den König einzusetzen. Die Loge hat kein Recht und hat es nie beansprucht, ihren Brüdern die politische Bühne zu verbieten, aber da der freimaurerische Geist ein Geist des Gehorsams gegen Obrigkeit und Gesetze ist, konnte sie Mitglieder, deren politische Tätigkeit sich gegen den Staat richtete, nicht in ihren Reihen dulden. Es ist die bitterste Verkennung der freimaurerischen Weltanschauung und ihrer sittlich-religiösen Bestimmung, wenn politische Parteien von heute Freimaurern den Zutritt versagen. Freimaurer sein bedeutet nicht ein politisches laisser faire, laisser aller, sondern es bedeutet den vollen Einsatz aller Kräfte im politischen Kampf für Freiheit und Größe des Vaterlandes.

Fürst von Hardenberg

Dieser Geist lebte in den Freimaurern aus dem ersten Jahrzehnt des neunzehnten Jahrhunderts, und da waren an dessen Schwelle zwei der größten, Hardenberg und Stein, die Retter Preußens, die Befreier Deutschlands. Hardenberg war der Gedanke, Stein die Tat. Es ist Stil geworden, Hardenberg hinter Stein zurückzusetzen, aber es muß einmal ausgesprochen werden: das unsterbliche Verdienst, zuerst erkannt und ausgesprochen zu haben, woran es in Preußen fehle, gebührt Hardenberg.

In den Jahren 1778 bis 1781 finden wir in den Verzeichnissen der Loge „Zum weißen Pferde" in Hannover als Meister vom Stuhl oder, wie die Bezeichnung in der strikten Observanz war, als Hauskomthur den Ritter von der Cypresse, den „Geheimen Cammerrath" Karl August von Hardenberg-Reventlow. Er stand den bedeutenden Freimaurern Hannovers nahe, so vor allem dem Herzog Karl von Mecklenburg-Strelitz, dem Konsistorialrat Ernst Friedrich Viktor Falcke, denen wir unter den sieben Verbündeten begegnet sind. Hardenberg, der auf seinen Reisen und in seiner amtlichen Tätigkeit im Ausland die Ideen der französischen Revolution kennengelernt hatte, erkannte sehr früh, daß nur eine vollkommene Umstellung der preußischen Staatsidee dem König Land und Krone retten konnte. Aus der Verbannung, in die er auf Napoleons Befehl geschickt worden war, sandte er eine eigenhändig geschriebene Denkschrift von fünfundachtzig Folio-Seiten unter dem 12. September 1807 an den König, die in ihren Grundzügen alles enthielt, was für Steins Reformen später maßgebend wurde. Und Hardenberg war sich der Bedeutung seiner Denkschrift bewußt, denn noch am 8. Februar 1820 schrieb er an den Geheimen Legationsrat Varnhagen: „Ew. Hochwohlgeboren erhalten hierbei Ihren Aufsatz mit einer kleinen Abänderung zurück. Sie ist notwendig, um den Anteil des Herrn vom Stein, sowie den meinigen an der Reorganisation des preußischen Staates richtig zu stellen. Ich bin weit entfernt, ersterem irgend ein Verdienst streitig zu machen; nur ist's billig, daß ihm nicht, wie fast allgemein geschieht, zugeschrieben werde, was mir gebührt."

Die allgemeinen Gesichtspunkte jener Denkschrift waren folgende:

„Die Begebenheiten, welche seit mehreren Jahren unser Staunen erregen und unserem kurzsichtigen Auge als fürchterliche Übel erscheinen, hängen mit dem großen Weltplane einer weisen Vorsehung zusammen. Nur darin können wir Beruhigung finden. Wenngleich unserem Blicke nicht vergönnt ist, tief in diesen Plan einzudringen, so läßt sich doch der Zweck dabei vermuten: das Schwache, Kraftlose, Veraltete überall zu zerstören und nach dem Gange, den die Natur auch im Physischen nimmt, neue Kräfte zu weiteren Fortschritten zur Vollkommenheit zu beleben. Der Staat, dem es glückt, den wahren Geist der Zeit zu erfassen und sich in jenen Weltplan durch die Weisheit seiner Regierung ruhig hineinzuarbeiten, ohne daß es gewaltsamer Zuckungen bedürfe, hat unstreitig große Vorzüge und seine Glieder müssen die Sorgfalt segnen, die für sie so wohltätig wirkt. Die französische Revolution, wovon die gegenwärtigen Kriege eine Fortsetzung sind, gab den Franzosen unter Blutvergießen und Stürmen einen ganz neuen Schwung. Alle schlafenden Kräfte wurden geweckt; das Elende und Schwache, veraltete Vorurteile und Gebrechen wurden – freilich zugleich mit manchem Guten – zerstört; die Benachbarten und Überwundenen wurden mit dem Strome fortgerissen. Unkräftig waren alle die Dämme, welche man diesem entgegensetzte, weil Schwäche, egoistischer Eigennutz und falsche Ansicht sie bald ohne Zusammenhang aufführten, bald diesen, in gefährlichem Irrtume, unterbrach und dem verheerenden Strome Eingang und Wirkung verschaffte. Der Wahn, daß man der Revolution am sichersten durch Festhalten am Alten und durch strenge Verfolgung der durch solche geltend gemachten Grundsätze entgegentreten könne, hat besonders dazu beigetragen, die Revolution zu befördern und derselben eine stets wachsende Ausdehnung zu geben. Die Gewalt dieser Grundsätze ist so groß, sie sind so allgemein anerkannt und verbreitet, daß der Staat, der sie nicht annimmt, entweder seinem Untergange, oder der erzwungenen Annahme derselben entgegen sehen muß; ja selbst die Raub-, Ehr- und Herrschsucht Napoleons und seiner begünstigten Gehülfen ist dieser Gewalt untergeordnet und wird es gegen ihren Willen bleiben. Es läßt sich auch nicht leugnen, daß ohnerachtet des eisernen Despotismus, womit er regiert, er dennoch in vielen wesentlichen Dingen jene Grundsätze befolgt, wenigstens ihnen, dem Scheine nach, zu huldigen genötigt ist. Also eine Revolution im guten Sinne, graden Weges hinführend zu dem großen Zwecke der Veredelung der Menschheit durch Weisheit der Regierung und nicht durch gewaltsame Impulsion von Innen und Außen, das ist unser Ziel, unser leitendes Prinzip. – Demokratische Grundsätze in einer monarchischen Regierung, dieses scheint mir die angemessene Form für den gegenwärtigen Zeitgeist. Die reine Demokratie müssen wir noch dem Jahre 2240 überlassen, wenn sie anders je für die Menschen gemacht ist. Mit derselben Kraft und Konsequenz, mit welcher Napoleon das französische revolutionäre System verfolgt, müssen wir das unsrige für alles Gute, Schöne, Moralische verfolgen, für dieses Alles, was gut und edel ist, zu gewinnen trachten. Ein solcher Bund, ähnlich dem der Jacobiner, nur nicht in dem Zwecke und in der Anwendung verbrecherischer Mittel und Preußen an der Spitze, könnte die größte Wirkung hervorbringen und wäre für dieses die mächtigste Allianz! Dieser Gedanke möchte mehr als ein politischer Traum sein, wenn man zumal das Interesse der Bundesglieder auf mehrfache Art dabei ins Spiel zöge, welches sehr möglich ist; die Mittel würden sich finden. Unter anderen, aber ähnlichen Umständen, jedoch bei einem ganz verschiedenen Zeitgeiste, revolutionierte Kurfürst Friedrich Wilhelm der Große nach der unglücklichen Epoche unter Georg Wilhelm gleichfalls seinen Staat und legte den Grund zu seiner nachherigen Größe. War aber je ein Zeitpunkt günstig für solche Maßregeln, so ist es unstreitig der gegenwärtige, wo der Staat eine so große Veränderung erlitten hat und nach ganz neuen Grundsätzen handeln, einer gänzlichen Wiedergeburt unterliegen muß."

Sehr bedeutsam auch für unsere Zeit sind die nachstehenden Gedanken Hardenbergs:

„Überhaupt zeige man Charakter; dieser muß dem Staate wieder aufhelfen, so wie der Mangel daran ihn gestürzt hat. Wesentliche Schritte sind dazu geschehen. Preußen hat durch sein Betragen im Unglücke und durch treue Beharrlichkeit einen großen Teil der Verlornen Achtung wieder erworben und sich rein gewaschen von den alten politischen Sünden. Man übe eine ehrliche, grade, treue Politik, ohne List und Trug, die entgegengesetzte Napoleons, aber mit großer Konsequenz. Nur dieses kann Vertrauen geben, und nur auf Vertrauen in Rechtlichkeit und Konsequenz kann Achtung gegründet werden, statt deren der Übermächtige Furcht gebietet. Nur Achtung kann einem Staate Ansehn und Sicherheit verschaffen, der durch Furcht nicht imponieren kann. Auch im Unglück kann man Würde behaupten und einen edlen, festen Ton beibehalten. Insonderheit ist bei allen Verwicklungen mit Napoleon die größte Vorsicht nötig, da noch so viele Gegenstände mit ihm auszugleichen sind, und er das Messer noch über uns zuckt. – Aber um Alles in der Welt schmeichle man Napoleon nicht kriechend, wie ehemals. Damit würde man den Zweck gewiß verfehlen, wie wir ihn verfehlt haben. Napoleon weiß recht wohl, was er von solchen Schmeicheleien und Zuvorkommenheiten zu halten hat, und nur seine Achtung kann frommen. Man hüte sich, mit ihm zu streiten, so lange es irgend möglich ist, man beleidige ihn nicht, aber auch gegen ihn benehme man sich mit Würde, Festigkeit und Konsequenz. Von sehr guter Hand ist mir versichert worden, daß man die Briefe des Königs „les Elégies de Frédéric Guillaume" nannte."

Hardenberg war es vor allem, der den König bestimmte, den in höchster Ungnade entlassenen Stein zurückzurufen. Sein Schreiben an Stein ist charakteristisch für die Sprache, die ein Freimaurer einem Freimaurer gegenüber führt:

„Mit Gewißheit darf ich darauf rechnen, daß Sie jede persönliche Rücksicht bei Seite setzen werden, um die Befriedigung zu haben, den Staat zu retten, dem Sie seit Ihrer Jugend Ihre Kräfte geweiht haben! Sie sind in der Tat der einzige, auf den alle guten Vaterlandsfreunde ihre Hoffnung setzen; würden Sie sich weigern, sie zu erfüllen? Ich verwerfe diesen Gedanken. Der König wird Ihnen das Ministerium des Innern und der Finanzen übertragen; machen Sie ihm Ihre Bedingungen, aber bei dem Könige selbst; es wird ohne Zweifel nur von Ihnen abhängen, sich in unmittelbare Beziehung zum Könige zu setzen und darin, gleich mir, zu erhalten. Es ist von größter Wichtigkeit, daß Sie sich ohne Zögern zum Könige begeben. Die ersten Augenblicke werden die größte Sorgfalt erfordern. Der König wird Ihnen bestimmt sein ganzes Vertrauen schenken und Ihnen die Sorgfalt für die Wiederherstellung des Staats mit der Wahl der Mittel und Personen überlassen. Von dem, was zwischen Ihnen beiden vorgefallen ist, sei niemals wieder die Rede. Der König hat durch das Unglück viel gewonnen, und seine Ausdauer macht ihm Ehre. Treffen Sie die rechte Weise, die Geschäfte mit ihm zu behandeln, so werden Sie ihn zu allem bestimmen, was gut und nützlich ist, wie mir dies vollkommen gelungen war. Vermeiden Sie besonders das Ansehen, ihn regieren zu wollen. Er besitzt die gute Eigenschaft, Widerspruch zu ertragen und denjenigen zu schätzen, der ihm die Wahrheit sagt, wenn es mit der Ehrfurcht geschieht, die man dem Fürsten schuldig ist, ohne Bitterkeit und aus wahrer Liebe für ihn und seinen Dienst."

Um Stein und Hardenberg schwebte der erhabene Geist der Königin Luise. Sie hatte die Freundin Steins, Frau von Berg, gebeten, sich für dessen Wiedereintritt in den preußischen Dienst einzusetzen, und Stein war so ritterlich, alles zu vergessen, was die Ungnade des Königs ihm angetan. Der Brief, mit dem er seinen Entschluß dem König meldet, ist vom Geiste echter Freimaurerei diktiert:

„Ew. Königlichen Majestät Allerhöchste Befehle wegen des Wiederantritts des Ministeriums der einländischen Angelegenheiten sind mir durch ein Schreiben des Kabinettsministers Hardenberg, de dato Memel, den 10. Juli, am 9. August zugekommen. Ich befolge sie unbedingt und überlasse Ew. Königlichen Majestät die Bestimmung jedes Verhältnisses, es beziehe sich auf Geschäfte, oder Personen, mit denen Ew. Maj. es für gut halten, daß ich arbeiten soll. In diesem Augenblicke des allgemeinen Unglücks wäre es sehr unmoralisch, seine eigene Persönlichkeit in Anrechnung zu bringen, umsomehr, da Ew. Maj. selbst einen so hohen Beweis von Standhaftigkeit geben."

Auch der König zeigte sich in seiner ganzen Seelengröße, daß er seinen Widerwillen gegen Stein, den „Revolutionär und Gleichmacher" überwand, sich selbst besiegte und am 4. Oktober 1807 folgende Kabinettsorder erließ:

„Mein lieber Staatsminister Freiherr vom Stein. Die jetzige Lage des Staats und seine künftige Wiedereinrichtung macht eine gänzliche Einheit in der Verwaltung wünschenswert. Nach der Euch schon mündlich geäußerten Absicht vertraue ich Euch hierdurch die Leitung aller Zivil-Angelegenheiten Meines Staats, Ihr findet nach seiner gegenwärtigen Lage an verwaltenden Hauptbehörden das preußische Provinzial-Ministerium, das interimistische Justizministerium, die kombinierte Immediat-Kommission und die Friedensvollziehungs-Kommission in Berlin. Mein Wille ist, daß Ihr die Berichte dieser Behörden Mir vortragt, in den Konferenzen des Auswärtigen Departements Vorsitz und Stimme nehmt, die Geschäfte der kombinierten Immediat-Kommission, die Verwaltung der Generalkassen und der Staatsbuchhalterei, auch der Bank und Seehandlung leitet, und von allen diesen, so wie von sämtlichen Behörden Meines Staates eine jede, für Euern Wirkungskreis Euch nötig oder nützlich scheinende Auskunft zu fordern berechtigt seid. Und da die künftige Einrichtung des Militärwesens, sowie die einstweilige Bestimmung des Militärs in den Finanzzustand, in die Politik und in die künftige Staatsverfassung so wesentlich eingreift: so will ich, daß Ihr auch an den Beratschlagungen der Militär-Kommission Teil nehmt. Die nötigen Befehle an die Behörden habt Ihr selbst entwerfen zu lassen und Mir zur

Vollziehung vorzulegen. Nach Wiedererlangung der jetzt noch von Frankreich besetzten Provinzen wird die Wiederkehr einer freien, selbständigen Verwaltung andere Behörden fordern, und Ich erwarte hierüber und über Euer Verhältnis zu denselben von Euch selbst den Plan als Euer wohl-affectionierter König. Memel, den 4. Oktober 1807."

Diese Order war die Folge der ersten Audienz Steins beim König, in der Stein alles das forderte, was der König ein Jahr zuvor zurückgewiesen und worüber er den ungefügen Beamten in Ungnade entlassen hatte. Stein hatte die größte Hemmung für seine Reformen in dem allmächtigen Beyme gesehen und dessen Entfernung verlangt. Der König hatte Stein nachgegeben, aber erst für später. Um Steins Opposition zu besiegen, schrieb die Königin Luise an den Trotzigen und ausnahmsweise – deutsch:

„Ich beschwöre Sie, haben Sie nur geduldt mit den ersten Monathen. Der König hält gewiß seyn Wort, Beyme kömmt weg, aber erst in Berlin. Solange geben Sie nach. Daß um gotteswillen das Gute nicht um 3 Monat Gedult und Zeit über den Haussen falle. Ich beschwöre Sie um König, Vaterland, meine Kinder und mein selbst willen darum. Geduldt! Louise."

Stein war während der Zeit, da er am Reichskammergericht in Wetzlar arbeitete (1778), in die dortige Loge „Joseph zu den drei Helmen" eingetreten, und sein Leben und Wirken war bestimmt von der freimaurerischen Idee. Seine Mitarbeiter waren fast alle Jünger der Königlichen Kunst, so Theodor von Schön, Johann Gottlieb Frey, Friedrich Leopold Freiherr von Schrötter, Hans Jakob von Auerswald, über die das wesentliche in dem höchst verdienstvollen Buche „Deutsche Freimaurer zur Zeit der Befreiungskriege" von Julius R. Haarhaus (Jena 1913) mitgeteilt ist. über die Zusammenarbeit schrieb Schön an Pertz: „In Beziehung auf die neue Ordnung der Dinge bildeten wir mit Stein eine unsichtbare Kirche, deren Haupt die Idee des Staates im Himmel war, und in welcher Stein das ius circa sacra verwaltete. Von Genehmigen oder nicht Genehmigen, von Maximen oder Principien war nicht die Rede; wir lebten und sprachen mit Stein, aber seine Bedenken und seine Unklarheit in einzelnen Punkten, z. B. bei der Repräsentation, bei Aufhebung der Patrimonial-Jurisdiction usw. hinderten uns nicht, in Entwicklung der Idee des Staates vorzugehen, indem wir auf die Macht der Wahrheit und auf Steins guten Geist rechneten." (Zitat bei Haarhaus.)

Während diese Männer ihre besten Kräfte für die Wiederaufrichtung Preußens einsetzten, herrschte in Berlin, das von den Franzosen besetzt war, eine beispiellose Gesinnungslosigkeit. Man hoffte, daß die französische Armee bald abziehen und Bonaparte sich milde stimmen lassen werde. Im übrigen wurde viel gelästert, und es war selbst in der guten Gesellschaft der Gedanke verbreitet, das Schicksal des Volkes werde sich noch weiter verschlimmern. Infolgedessen glaubten die Gebildeten zum großen Teil, man müsse immer mehr nachgeben, und tadelten, daß der König noch nicht um jeden Preis dem Rheinbünde beigetreten sei. Im geheimen jedoch wirkte eine kleine Gruppe gegen diese Erfüllungspolitik, trieb zur Auflehnung gegen das französische Regiment und forderte opferwillige Liebe für König und Vaterland.

Karl Freiherr vom und zum Stein

Wie immer in Zeiten vaterländischer Not, wo der einzelne sich zu schwach fühlt, bildeten sich Gesellschaften, Verbände und Gemeinschaften, in denen jener Geist, der 1813 lodernd emporflammte, gepflegt wurde.

Wieder waren es Freimaurer, die von Königsberg aus einen Bund gründeten, der unter dem Namen „Tugendbund" eine schnelle und weite Verbreitung in den preußischen Landen fand. Wir sind aus den hinterlassenen Papieren des Professors Hans Friedrich Gottlieb Lehmann, die sein Sohn, Professor August Lehmann, herausgegeben hat, sehr eingehend über diese Bewegung unterrichtet. Danach saß am runden Tisch im Logenhause der Loge „Zum Totenkopf und Phönix" in Königsberg eine Anzahl Freimaurer zusammen und besprach betrübt die Lage des Landes. Dabei bemerkte Lehmann: „Als Freimaurer gebührt uns bloß die Betrübnis über unser Land, und wir dürfen nichts weiter beginnen; aber wir sind auch Bürger des Staats; ich denke, wir stiften einen Bund, unabhängig von der Maurern." Auf dem Nachhausewege fragte ein anderer Bruder, ob es Lehmann mit diesem ernst sei, dann wolle er ihm sagen, daß ein solcher schon bestehe und er eintreten könne. Diese Vereinigung war unter dem Namen „Der deutsche Bund" von dem Oberfiskal Mosqua, der gleichfalls der Loge angehörte, gestiftet worden und richtete sich im wesentlichen gegen die französische Herrschaft. Lehmann berichtet nunmehr weiter: „Es kam uns darauf an, daß eine Konstitution für den Bund aufgesetzt werde. Den Mitgliedern, welche Freimaurer waren, lag viel daran, daß die Sache nicht etwa der Freimaurerei nachteilig werde. Darum wollten einige, ich sollte die Konstitution des deutschen Bundes aufsetzen, da man mich als einen Freund der Freimaurerei kannte. Mosqua wollte mit mir gemeinschaftlich daran arbeiten; ich aber hielt es für besser, wenn einer, und zwar er, als Stifter sie aufsetzte." Die Konstitution fand nicht den Beifall der Brüder, „erstlich, weil die Sache in Formen, Zeichen und dergleichen nach einem Orden aussehe, den der König nicht genehmigen werde und ein Freimaurer nicht eingehen dürfe; zweitens, weil die Sache so systematisch verklammert sei in Formeln, Zeichen und Eiden, daß sie, zu sehr in sich gekehlt, zur Zeit des Ausbruchs in ihrem Gewebe stecken bleiben müsse, die Sache müßte einfacher sein; drittens, weil der Zweck nicht versteckt genug sei. Wer eintrat, wußte zuvor schon, was er solle; das Geheimnis des Bundes lag schon vor dem Eintritt klar vor den Augen der Fremden; da wir unter den Augen der Franzosen lebten, so mußte der Bund anscheinend nichts gegen sie beginnen." –

Damit war der deutsche Bund ausgegeben, und tags darauf wurde der Tugendbund errichtet. Professor Lehmann entwarf die Verfassung, und am 16. April fand eine Konferenz statt, in der dieser Entwurf von neun Männern unterschrieben wurde, von denen die meisten dem Freimaurerorden angehörten.

Die Grundartikel waren folgende:

1. Wenn es in einem Volk an Sittlichkeit, Religion, ernstem Geschmack und Gemeingeist fehlt, so sind die Gesetze der Obern kraftlos, und in der Verwaltung des Staats arbeitet der bürgerliche Tod.

2. Selbst das Schicksal der Armeen einer Nation hängt von der Bildung im Volke ab; werden die Heere des Volkes bis zur Vernichtung besiegt, ohne daß neue wieder aufstehen, so liegt die halbe Schuld im lockern Volke.

3. Es ist also zweifellos, daß das Wohl des Staats auf seiner Bürger Geiste ruhe, daß die Staatsverwaltung durch die Willigkeit im Volk ihren Nachdruck bekomme, und daß überhaupt ein gutes Bürgertum auf gute Menschheit warte.

4. Die Teile der bürgerlichen Verfassung selbst bilden zum Bürgertum, aber nicht zur Menschheit; denn die Verwalter der Schulen, der Kirchen, des Rechts, der Polizei u. dgl. müssen selbst zuvor gute Menschen sein, ehe sie in ihren bürgerlichen Zöglingen wahre Menschheit bilden können.

5. Zwar ist die Bildung zur wahren Menschheit eine Sache der Freiheit jedes einzelnen; allein die Menschheit ist doch eine Idee von Allgemeinheit, und in dieser weiset sie auf einen Verein hin.

6. Also wird sie nur durch einen Verein von nichtbürgerlicher Verfassung ins Leben gerufen.

7. Zwar sind freie Verfassungen in literarischen, religiösen und freimaurerischen Vereinen da. Diese aber liegen unter Theorien oder Formen, oder gehen mit ihrem Einflüsse nicht über ihren Kreis hinaus zur Welt.

8. Der Krieg, welcher in seinen Folgen immer drückender wird, weil seine Verbreitung wächst und er in jedem Friedensschlüsse neue Nahrung bekommt – das allgemeine Hinstreben auf Politik mit Abneigung von Seelenbildung und mit Ungeschmack an stillern Studien – die durch den Wechsel großer Staatenverhältnisse entstandene Neuerungssucht – die durch Kriege herbei geführte Überladung und Verwirrung in den bürgerlichen Geschäften – endlich die wachsende Unzufriedenheit mit den Machthabern u. dgl. – geben die bange Furcht, es werden Wildheit und Zügellosigkeit in die Völker einkehren.

9. Solches zu verhüten und die Völker in die Leitung der Vernunft zu nehmen, ist das Streben jedes bessern Menschen.

10. Doch ist jeder einzeln zu schwach für diesen Zweck; es sei denn, er trage sich mit dem Gefühle von wechselseitiger Treue, Liebe und Achtung dem Sturm entgegen.

11. Ein Verein allein kann dieses Gefühl geben und ist daher eine sichere Burg, wenn jene Ungewitter kommen.

12. Damit die Heere, welche vor Aufruhr schützen sollen, nicht selbst Unmenschlichkeiten begehen, müssen auch sie einen guten Geist aus der Idee eines Vereins zur wahren Menschheit nehmen.

13. Eine Genossenschaft wirkt mit mehr Macht und Furchtlosigkeit auf die Zwecke der einzelnen hin, als diese allein wirken können.

14. Es entstehe also ein Verein, welcher durch sein Streben nach wahrer Menschheit die Idee derselben im Volke zu beleben suche.

15. Ein musterhaftes Leben, Humanität und Anfesselung jedes Menschen an jeden und an das Gesetz, ist das Ziel dieses Vereins.

16. Festigkeit im Sinne und irgend welche gute Auszeichnung, sind die Bedingungen zur Wahl der Mitglieder.

17. Der Glaube, daß ein solcher Verein schon da sei, muß von den Mitgliedern befördert werden, weil der Verein durch diesen Glauben an würdiger Mehrheit gewinnt und zunimmt.

18. Dieser Verein ist nicht geheim und scheuet nicht das Licht; aber die Mitglieder schreiten auch nicht vorschnell zu Tage, sondern treten zur Verborgenheit zurück, wenn nicht die Pflicht sie aufruft.

19. Die Anstalten jedes Mitgliedes zur Mehrung der Genossenschaft und zur Erreichung des Zwecks werden von den Mitgliedern gefördert.

20. Die Mitglieder arbeiten mündlich oder schriftlich und durch alle Mittel ihrer Macht darauf hin, daß Vaterlandsliebe, deutsche Selbheit, Geradsinn, Liebe zu den natürlichen Verhältnissen der Familie, Anhänglichkeit an den Monarchen und die Verfassung, Achtung gegen Gesetz und Obere – daß Religiosität, Liebe zur Wissenschaft, Humanität und Brüderlichkeit, Mut und Hoffnung, Freimütigkeit und körperliche Festigkeit – daß der Haß gegen den Luxus, dieses Gift der Treue, der Natürlichkeit und offenen Schlichtheit, und diesen Pfleger von Falschheit, Gelbsucht und gekünstelten Sitten, der Haß gegen Schmeichelei, Kriecherei, Verweichlichung und Menschenscheu – wachse, und daß ein jeder den Menschen an allen Orten aufsuche, um ihn zu diesem Zwecke zu führen.

21. Dieser Verein ist gegen keinen Menschen, keine Nation: aber wahre Menschheit soll seine Liebe sein, und das Laster sein Haß.

22. Er entsagt in seinen Grundsätzen aller unmittelbaren und machthabenden Einwirkung auf Politik und Staatsverfassung.

23. Er soll kein Strafgericht gegen die Großen des Landes bilden, noch auch sich Anmaßungen gegen ihren Wirkungskreis erlauben; er will mit Liebe zu den Heizen gehn, und in die Tiefe wahrer Menschlichkeit sich versenken.

24. Jedes Mitglied erhebt sich gegen zügellose Reden zum Nachteile des Landesherrn, der Religion und der guten Sitten, dagegen jeder laut wird für den edlen Sinn unsres jetzigen Königs, und zur Belehrung über seine Anordnungen.

25. Milder Ernst gegen Untergebne, Nichtduldung der Frechheit und des vorlauten Geschwätzes, müssen in der Familie der Mitglieder eben so herrschen, als jedes Mitglied die Aufsuchung des gemeinen Volks sich zum Zwecke stellt, um demselben sittlichen Enthusiasmus einzuflößen.

26. Werthaltung des Gottesdienstes gehört zu den Pflichten dieses Vereins.

27. Die Organisation des Vereins und deren Abteilungen sind in der besondern Verfassung desselben bestimmt angegeben.

Der Zweck des Vereins war, nicht Tugend und Wahrheit überhaupt zu verbreiten, sondern vielmehr, „Vaterlandsliebe, Anhänglichkeit an unsern guten und gerechten König und dessen ganzes erlauchtes Haus, Gemeinsinn und Gemeinwohl zu befördern, und in Sonderheit auch die Maßregeln der Regierung zur Beförderung dieser öffentlichen Tugenden zu unterstützen. Darum nennt sich auch unser Verein nicht schlechtweg den Tugendverein, weil dies von unserer Seite eine Anmaßung sein würde, sondern die Gesellschaft zur Übung öffentlicher Tugenden, oder den sittlich-wissenschaftlichen Verein“.

Nachdem die Leiter des Tugendbundes ihre Gesetze und Statuten dem König eingesandt hatten, wurde der Verein genehmigt. Eine eigentliche Autorisation hatte sich der Tugendbund nicht erbeten, ebensowenig hatte er um Privilegien oder sonstige Begünstigungen nachgesucht.

Die Vereinigung wurde in den höchsten Kreisen durchaus günstig beurteilt.

Der Herzog von Holstein-Beck, ein Nachkomme des Vizegroßmeisters der großen National-Mutterloge zu den drei Weltkugeln und eifriges Mitglied des Tugendbundes, hatte dem König nach einer Tafel für den Schutz gedankt, den er bisher der Vereinigung gewährt hat. Der König hatte darauf geantwortet: „Es freut mich, daß Sie auch dazu gehören. Es ist wahr, daß dieser Verein Feinde hat, und daß ich der einzige bin, der ihn hält; die andern Herren wollen alle nicht viel davon halten, solange ich nur weiß, daß der Verein sich bloß in seinen vorgesetzten Schranken hält, werde ich ihn gewiß schützen, weil wohl manches Gute durch ihn bewirkt werden kann, und ich weiß es, daß viele vernünftige Männer in dieser Gesellschaft sind, von denen ich gewiß erwarten kann, alles zu vermeiden oder zu entfernen, was zu begründeten Beschwerden gegen den Verein Anlaß geben könnte."

Diese Herren, die nicht viel vom Tugendbund hielten, waren hauptsächlich in den Reihen derjenigen zu suchen, die sich auch den Reformbestrebungen Steins, Hardenbergs und Schöns widersetzten. Ebenso kam ein starker Widerstand aus dem Freimaurerorden selbst, offenkundig aus dem Grunde, weil die Logen befürchteten, infolge der starken politischen Betätigung des Tugendbundes, dessen geistige Führer alle Freimaurer waren, Nachteile für die Sache der Königlichen Kunst gewärtigen zu müssen. Ein Umstand beförderte noch die Gegnerschaft der Logen. Es war nämlich in dem ersten Abdruck der Verfassung ein Paragraph fortgeblieben, den Lehmann mit besonderer Rücksicht auf die Freimaurerei niedergeschrieben hatte: „Da der Verein kein Orden ist, so bedarf er nicht der Formen, Zeichen und geheimen Zusammenkünfte."

Der Briefwechsel zwischen den Leitern des Tugendbundes und den Königsberger Logen ist uns in den hinterlassenen Papieren des Professor Lehmann erhalten, wo Fehlendes aus dem Archiv der Großen Landesloge leicht ergänzt werden kann. Dieser Briefwechsel ist sowohl für die Geschichte der Vereinigung wie der Freimaurerei so wichtig, daß wir ihn im ganzen wiedergeben wollen.

Diejenigen Mitglieder des Tugendbundes, die den Königsberger Logen angehörten, hatten unterm 7. Dezember 1808 die Logen gebeten, die ihnen beigelegte Grundverfassung ihren Brüdern zur Kenntnis zu bringen und dadurch im Kreise der Freimaurerei für den Tugendbund zu werben. Dies wurde mit folgendem Schreiben abgelehnt:

Schreiben der Logenmeister, Vorsteher und Offizianten der vereinigten Logen zum Totenkopf und Phönix, d. d. Königsberg, den 15. Februar 1809, an die ehrwürdigen Brüder v. Falkenhain, Steinke, v. Oppen, v. Creilsheim, Mosqua, Hern, v. Hannsen und v. Boyen.

H. von Boyen

„Sehr ehrwürdige Brüder!

Das von Ihnen unterm 27. Dezember v. I. an uns gefälligst erlassene Schreiben ist in Abwesenheit des Vorsitzenden Meisters der hochwürdigen Loge zum Totenkopf eingegangen, und es hat daher die Beantwortung bis zur Rückkehr des vorerwähnten Logen-Meisters ausgesetzt werden müssen.

Sie haben den Wunsch geäußert, daß die uns mitgeteilte Grund-Verfassung des sogenannten sittlich wissenschaftlichen Vereins zur Kenntnis unserer Logen-Mitglieder gebracht werden möchte.

Da wir uns aber bei unseren Versammlungen, wie Ihnen selbst bewußt sein wird, einzig und allem mit Gegenständen, die unmittelbar auf den Orden Bezug haben, und nie mit fremdartigen beschäftigen, so werden Sie wohl selbst einsehen, daß der uns mitgeteilte Aufsatz sich nicht zur Bekanntmachung in unseren Logen eignet.

Wir forschen ohnehin nie nach Dingen, die außer uns vorgehen. Von der Einrichtung und Verfassung anderer geheimer oder öffentlicher Gesellschaften Notiz zu nehmen, liegt ganz außer dem Zweck unseres Maurer-Bundes. Die im Publikum über den sogenannten sittlich wissenschaftlichen Verein in Umlauf gekommenen Gerüchte und Urteile haben daher weder unsre Neugierde noch Teilnahme rege machen können.

Wir wünschen übrigens, daß Ihnen Ihre neue Verbindung mehr Nahrung für Geist und Herz und eine höhere Befriedigung gewähren möge, als Sie in unserm ehrwürdigen Orden gefunden zu haben scheinen.

Königsberg, den 15. Februar 1809.

Die Logenmeister, Vorsteher und Offizianten der vereinigten Logen zum Totenkopf und Phönix.“

Darauf erließen Totenkopf und Phönix am 20. Februar 1809 an ihre Mitglieder folgendes Zirkular:

„Die Grundverfassung unseres ehrwürdigen Ordens, die freilich nur den, dem Licht nähergerückten Brüdern vollständig bekannt ist, gestattet es nicht, daß ein Maurer-Bruder einem anderen geheimen oder öffentlichen Bunde beitrete, ohne vorher die Entlassung vom Orden nachgesucht zu haben. An diese uralte sehr weise Einrichtung schließt sich eine andere, wornach selbst diejenigen Brüder, welche einer andern gesetzmäßigen Loge beitreten wollen, zuvor der Mitgliedschaft derjenigen, der sie bisher angehörten, entsagen müssen. Da wir nun in Erfahrung gekommen sind, daß einige unserer geliebten Brüder, dem allhier vor einiger Zeit errichteten sogenannten Tugend- oder sittlich wissenschaftlichen Verein beigetreten sind, so können wir nicht anders vermuten, als daß entweder Unkunde unserer Verfassung, oder Unzufriedenheit mit dem seither bei uns erhaltenen Lohne diesen Schritt veranlaßt hat. Wir ersuchen daher sämtliche hochwürdigen und ehrwürdigen Brüder der vereinigten Logen zum Totenkopf und Phönix hierunter namentlich ihre Erklärung abzugeben, ob und welche von ihnen dem gedachten Verein beigetreten sind und welche Motive sie hierzu veranlaßt haben.

Weit entfernt, die Freiheit irgend eines unserer geliebten Brüder im mindesten einschränken zu wollen, werden wir vielmehr denjenigen, die sich nicht etwa bloß aus Unkunde, sondern vielleicht deshalb an gedachten Verein angeschlossen haben, weil sie in diesem eine höhere Befriedigung als in unserem Maurer-Bunde zu finden glauben, ihre Entlassung von letzterem nicht vorenthalten, sondern solche bei der hochwürdigen Großen Landesloge für sie gebührend nachsuchen.

Wie edel und rühmlich übrigens der Zweck und die Tendenz des mehrerwähnten Tugend Vereins auch sein möge, so können wir uns doch, ohne Vernachlässigung der mit unserm Verein verknüpften Maurer-Arbeiten keine unmittelbare Teilnahme an einer Verbindung erlauben. Es ist vielmehr, wenn das Fortschreiten unseres Tempelbaues nicht geradehin gehemmt werden soll, unbedingt notwendig, daß die bei diesem Bau angestellten Arbeiter sich solchem ausschließend und ungeteilt widmen, oder ganz davon zurücktreten.

Wir stellen nun jedem unserer geliebten Brüder anheim, welche von beiden Alternativen er seiner Neigung und Konvenienz nach zu wählen für gut finden wird. Da aber auch der Zeitpunkt herannaht, wo die an des Königs Majestät einzureichenden Jahreslisten der Logen-Mitglieder angefertigt werden, in diesen aber der jährliche Ab- und Zugang nachgewiesen werden muß, so sehen wir einer baldmöglichsten Erklärung entgegen, um erwähnte Listen gehörig vervollständigen zu können."

Schreiben derselben Loge vom 2. März 1809 an die ehrwürdigen Brüder Lehmann und von Creilsheim.

„Sehr ehrwürdige, geliebte Brüder!

Aus der von Ihnen in betreff des Tugend-Vereins abgegebenen Erklärung haben wir ersehen, daß Sie, der ehrwürdige Bruder Lehmann sich bei Ihrem etwanigen Austritt aus jenem Verein, hierüber mehr als jeder andere bei des Königs Majestät legitimieren müssen, um Ihre bürgerliche Ehre sicherzustellen, daher Sie denn auf eine nähere Bestimmung antragen, ob Sie die Freimaurerei als Ursache Ihres Austritts angeben und sich von mehrerwähntem Verein auf Gefahr eines Verlustes trennen sollen. Da nun aus dieser Äußerung, der Sie, der ehrwürdige Bruder von Creilsheim, in Ihrer besonders abgegebenen Erklärung beigetreten sind, sattsam hervorgeht, daß Sie beiderseits bei Ihrer Anschließung an den Tugend-Verein Verpflichtungen übernommen haben, denen Sie, ohne höhern Orts verantwortlich zu werden, nicht entsagen können, so sind wir auch weit entfernt, Sie dieser Verantwortlichkeit oder gar der Gefahr eines Verlustes aussetzen zu wollen.

Es bleibt daher unter diesen Umständen Ihrer näheren Beprüfung und reiflichen Überlegung allein anheim gegeben, ob Sie es für geratener oder wohl gar für nötig erachten, lieber Ihre mit unserm ehrwürdigen Orden früher eingegangenen Verbindungen aufzugeben, als jenen zu entsagen, und dies umsomehr, als Ihr Austritt aus unserm ehrwürdigen Orden, wie wir auf das heiligste versichern Sie weder einer Verantwortlichkeit noch irgend einer Gefahr, ja selbst nicht einmal der entferntesten Anfeindung irgend eines Maurerbruders aussetzen würde. Wie nahe uns Ihre Trennung auch gehen mag, so werden wir, die alle Menschen als Kinder eines Vaters und mithin als Brüder ansehen, Sie nach wie vor achten und lieben, in der an des Königs Majestät einzureichenden Jahresliste aber uns frei und unverhohlen über die Ursachen Ihres Austritts aus unserm Bunde erklären, wonach denn die von Ihnen, dem ehrwürdigen Bruder Lehmann, aufgestellte Bedenklichkeit, ob die von unserer Seite in Betreff des Tugend-Vereins ergangene Aufforderung zur Wissenschaft des Königes Majestät kommen darf, sich von selbst erledigt.

Wir sehen Ihrem endlichen bestimmten Entschluß entgegen.

Es bedarf übrigens wohl kaum einer Erwähnung, daß die im Eingange des Zirkulars vom 20. Februar in Hinsicht anderer geheimer oder öffentlicher Verbindungen aufgestellten Grundsätze keineswegs auf solche Gesellschaften hindeuten, deren Tendenz bloß auf Vergnügen oder wissenschaftliche Unterhaltung gelichtet ist, daher Sie, der ehrwürdige Bruder Lehmann, es bei näherer Prüfung wohl selbst fühlen werden, daß der Tugend-Verein und die

Deutsche Gesellschaft nicht zu einer und derselben Kategorie gezählt werden können.

Wir beharren mit Hochachtung und Liebe

Ihre ergebenste Brüder."

„Antwortschreiben an sämtliche Logen, Totenkopf, Phönix und Drei-Kronenloge zu Königsberg vom 7. März 1809.

Die hiesigen hochwürdigen Logen haben durch das gegen diejenigen Brüder, die zugleich Mitglieder des hier existierenden sittlich wissenschaftlichen Vereins sind, erlassne Zirkular, nach welchem sie entweder den Verein verlassen oder aus dem Maurerbunde ausgeschlossen werden sollen, unsere Herzen um so tiefer und empfindlicher gekränkt, je lebhafter in uns die Überzeugung ist, unsre Maurerpflicht nicht verletzt und ein so mindestens hartes und unfreundliches Verfahren keinesweges verdient zu haben. Wir wollen jedoch weder darüber klagen noch urteilen, sondern das Mißverhältnis, in welches uns vielleicht die Leidenschaft einiger Individuen gestoßen hat, ausgleichen, was uns auch nicht schwer werden wird, wenn die hochwürdigen Logen, wie wir es erwarten dürfen, unsre ohne Groll und Bitterkeit ausgesprochenen Gründe ohne Vorurteil anhören und ohne Leidenschaft beurteilen. Das strenge Verfahren der hochwürdigen Logen entspringt einzig aus der ganz falschen Meinung, daß der Verein eine geheime Gesellschaft sei, geheime Zwecke und geheime Obern habe. – Wir werden beweisen, daß dem nicht so sei.

Der Verein entstand zu der Zeit, als unser Vaterland die Folgen des unglücklichen Krieges (schrecklicher als der Krieg selbst) zu fühlen anfing, und jeder am Wohl seiner Nation Teilnehmende noch fürchterlichere Folgen, Barbarei und Gesetzlosigkeit befürchten mußte. Das jedes kräftigen Mannes und noch mehr des Maurers würdige Verlangen, zu helfen, zu schützen und abzuwenden, verbunden mit der Überzeugung, daß nur eine vereinigte Masse von Kräften zweckmäßig wirksam sein konnte, gab dem Verein seine Entstehung, und das Bedürfnis, diese Masse von Kräften auch nach Regeln und mit Ordnung und dadurch sicher zum Zwecke geleitet zu sehen, gab ihm seine Konstitution. Er entstand aber nicht im Geheimen, nicht ohne Wissen des Königs und der Regierung. Schon als Entwurf wurde die Konstitution dem Könige vorgelegt, vom Staats-Rate geprüft und mit einigen Abänderungen gebilligt. Der Verein erhielt die Sanktion des Königs selbst, von welcher wir eine Abschrift beilegen und welche wir in originali vorzeigen wollen, im Fall die Hochwürdigen Logen dies verlangen sollten. Sie bestimmt den Wirkungskreis des Vereins ganz genau und stellt ihn als eine freie, gebilligte, das Wohl des Vaterlandes und die Beförderung alles Guten und Schönen in demselben, so wie die Hinderung des physischen und moralischen Verderbens der Nation bezweckende Gesellschaft dar.

In diesen Grenzen begann nun der Verein zu wirken. Was er hervorgebracht, liegt zum Teil vor den Augen des Publikums da, als die Armenspeisung, der Volksfreund (eine Zeitschrift) und anderes mehr, zum Teil noch der Regierung zur Prüfung vor, z. B. Vorschläge zur Aufhelfung der unglücklichen Passarge-Gegend und zur Einrichtung öffentlicher körperlicher Übungsanstalten für die Jugend; zum Teil noch nicht ganz vollendet in den Verhandlungen, als ein militärisches Lehrbuch, ein Plan zur Verbesserung der Volksgesänge, der Volkserziehung und dergl.

Dieses alles muß hinreichend dartun, daß der Verein als Gesellschaft überhaupt nicht nur unschädlich sei, sondern auch dem ganzen sehr nützlich sein wolle und in seiner vollkommensten Ausbildung es auch sein werde. Auch der Maurerei kann der Verein nicht entgegen sein. Er ist kein Orden. Er legt keine Pflichten auf, die gegen unsere Maurer-Pflichten streiten, und jedem Eintretenden legt er seine ganze Verfassung ohne Schleier oder Reservation vor Augen. Er fordert keinen Eid, und nur die Verschwiegenheit. welche jede bürgerliche Korporation von ihren Mitgliedern fordert, hat keine geheime Versammlungen, keine geheime Erkennungszeichen, keine Stufen oder Grade, und endlich am allerwenigsten geheime Obern, da die Gesamtzahl der Mitglieder an einem Orte ihre Vorsteher und Offizianten nur auf eine bestimmte kurze Zeit wählt, und gar keinen Obern anerkennt außer dem König selbst, der auch nicht nur durch die schriftliche Sanktion, sondern auch noch vor wenig Tagen mündlich und sehr kräftig erklärt hat, daß er der Beschützer des Vereins sein wolle, solange derselbe die ihm gesteckten Grenzen nicht überschreiten werde. Dieses ist bis jetzt nicht geschehen; im Gegenteil steht der Verein in einer ununterbrochenen Korrespondenz mit den Ministern des Königs, denen jeder Plan zur Prüfung und Billigung vorgelegt wird, ehe man zur Ausführung irgendeines Unternehmens schreitet, und denen wie dem Könige selbst alle Mitglieder namentlich bekannt sind. So wird also auch von seiten der Staatsbehörde der Verein nicht zu den geheimen Gesellschaften gerechnet, und das letzt emanierte Publikandum hat auf ihn gar keine Beziehung, denn er müßte, da die Regierung von seiner Existenz unterrichtet ist, ausdrücklich darin benannt sein, oder die Regierung würde sich in keine weitere offizielle Verhandlungen mit demselben eingelassen, vielmehr das Edikt längst zu seiner Auflösung angewendet haben. Von diesem allen geschieht aber ganz das Gegenteil, und in diesem Augenblicke ist die auf Befehl des Königs nochmals revidierte Konstitution sowohl in seinen als seiner Minister Händen. Ohne Vorurteil und Leidenschaft denn geurteilt, was ist der Verein? –

Nochmals, kein Orden, sondern eine freie, öffentliche, vom Könige und dem Staat gebilligte, zur Beförderung des allgemeinen Wohls abzweckende und wirksame Verbindung guter und treuer Staatsbürger aus allen Ständen, eine Gesellschaft also, der hiesigen Deutschen, der ökonomisch-physikalischen, kurz jeder privilegierten Akademie ganz gleich in Ansehung des Zweckes und der Verfassung, nur mit einem ausgedehnteren Wirkungskreise. Mit welchem Anscheine von Recht können also Logen die Brüder ausstoßen wollen, welche Mitglieder dieses Vereins sind? Haben sie ihre Maurer-Pflichten dadurch verletzt, ihren heiligen Schwur gebrochen? – Es antwortet vielleicht ein einzelner im heiligen Eifer: Ja! aber wo sind die Beweise? Und wo straft man, seitdem St. Peters Stuhl verfiel, ohne zu untersuchen, den Schuldigen mit dem Unschuldigen? – Wir bekennen aufrichtig, daß wir als Maurer in den Verein eintreten zu müssen geglaubt haben, insofern es uns als solchen Pflicht ist, jedes gute Werk, es beginne wo und wer es wolle, zu fördern, und insofern es für die Logen selbst beruhigend sein müßte, Brüder in dem Verein zu wissen, die ihre Treue an dem Orden und ihren Eifer für die heilige Sache desselben nie verleugnet haben, wie wir uns alle dessen bewußt sind. Darum fühlen wir auch die Kränkung, welche die von den Logen erlassenen Zirkuläre uns verursachen mußten, um so tiefer, sind aber bei dem allen außer Stand zu erfüllen, was von uns verlangt wird, indem es hier darauf ankommt, uns und dadurch die Logen selbst nicht zu kompromittieren. Eingedenk der weisen Regel, welche uns der Orden durch den Mund des Meisters gab, als wir das heilige Licht erblickten: ‚sich in eine unbekannte Sache ohne Vorsicht einlassen, ist Vorwitz, aber eine geprüfte Sache ohne Grund oder aus Furcht verlassen, ist des Mannes unwürdig; erklären wir demnach einstimmig, daß wir die Logen nicht decken wollen und protestieren gegen die Exklusion, die zugleich unsere bürgerliche Ehre verletzt. Wir wollen als Maurer leben und sterben, aber, um beides zu können, auch Gutes wirken, wo es uns möglich ist.

Wir bitten daher die Hochwürdigen Logen, im Fall, woran wir jedoch zweifeln, jene Zirkulare auf besondern Befehl der Hochwürdigen Mutter-Loge erlassen worden, diese unsere Erklärung derselben zu übersenden und sie entscheiden zu lassen; im Fall sie aber aus der hiesigen Logen eigener Autorität emanierten, sie mit dieser unserer Erklärung an die Mutter-Logen zu schicken. Wir hoffen übrigens, daß die obenangeführten Gründe beides unnötig machen werden, und versprechen den Hochwürdigen Meistern v. St., jede etwa noch nötig erscheinende nähere Auskunft über den Verein zu geben, und ihnen auch die Konstitution, sobald sie aufs neue vom Könige gebilligt worden, zur Durchsicht vorzulegen.

Dagegen erwarten und bitten wir, daß nicht nur jenes Zirkular zurückgenommen, sondern auch in geöffneter Loge unsere dadurch gekränkte Ehre wiederhergestellt werde.

Wir werden dann die uns widerfahrene Kränkung als gehorsame Kinder einer sorgsamen Mutter vergessen und immer beweisen, daß wir auch als Mitglieder des Vereins treue, fleißige und eifrige Freimaurer sein können. Dadurch hoffen wir das Zutrauen der Hochwürdigen Logen wieder zu erlangen, und uns dessen stets würdig zu beweisen. Mit der dringenden Bitte, uns hierüber bald gütig zu bescheiden, verharren wir in unwandelbarer Treue und in der uns bekannten und stets heiligen Zahl

Hochwürdige Meister vom Stuhl, Ehrwürdige Ober-Vorsteher
und Beamte, sämtliche geliebten Brüder dieser Logen,
Ihre
treuergebenen und verbundenen
Brüder
Herzog von Holstein-Beck, Major v. Boyen, Kapitän Perilli, Beine, Kriegsrat Dreyer, Ober-Forstmeister Krause, Lieut. v. Hannsen, Geh. Sekretär Durre, Ober-Fiskal Mosqua, Hofprediger Weyl, Professor Lehmann, Justizrat Höpfner,
Hesse, v. Falkenhain, Chifflard, Colrep, Oppen, Knakfuß,
(Stieler und noch andere)."

Antwort der vereinigten Logen zum Totenkopf und Phönix vom 8. März 1809 auf vorhergehenden Brief.

„Es ist uns äußerst unangenehm, aus Ihrem brüderlichen Schreiben vom 7. d. M. ersehen zu müssen, daß das von uns wegen des Tugend-Vereins an die sehr ehrwürdigen Brüder unsrer verewigten Logen zum Totenkopf und Phönix erlassene Zirkular aus einem wahrscheinlich von dem damit herumgesandten dienenden Bruder begangenen Versehen nicht nur den Mitgliedern unsrer vereinigten Logen, an die es ausschließend gerichtet war, sondern auch mehreren anderen, nicht zu unseren Logen gehörigen ehrwürdigen Brüdern zur Abgabe ihrer Erklärung vorgelegt worden ist.

So wie wir Sie nun wegen dieses sehr unangenehmen Versehens brüderlichst um Verzeihung bitten, so versichern wir auch auf Maurerwort, daß wir nie auf den Gedanken gekommen sind, uns über die Handlungsweise und maurerischen Meinungen der nicht zu unsern vereinigten Logen gehörigen ehrwürdigen Brüder irgendein Urteil oder wohl gar eine Rüge anmaßen zu wollen.

Was dagegen die den Namens-Unterschriften zufolge zu unsren vereinigten Logen zum Totenkopf und Phönix gehörigen ehrwürdigen Brüder Lehmann und Chifflard anbetrifft, so werden wir in Ansehung dieser an die uns vorgesetzte hochwürdige große Landesloge in Berlin berichten, und gedachten Brüdern den zu erwartenden Beschluß zu seiner Zeit gehörig bekannt machen. Wir beharren mit aufrichtiger Hochachtung und Bruderliebe

Ihre

treu verbundenen Brüder
die Meister, Aufseher und Beamten der vereinigten Logen
zum Totenkopf und Phönix."

Dieser Bericht ist dann auch alsbald unter Beifügung der Grundverfassung des Tugendbundes und des Zirkulars an die vorgesetzte Groß-Körperschaft nach Berlin abgegangen. Wir geben den Wortlaut nach dem im Archiv der Großen Landesloge befindlichen Originalaktenstück:

„Die hiesigen verewigten Logen zum Totenkopf und Phönix, deren eifrigstes Bemühen es immer gewesen ist, ihre Mitglieder für die erhabenen Zwecke des Ordens in volle Wärme und Tätigkeit zu setzen, sehen sich veranlaßt, Sie Hochwürdige ehrwürdige und geliebte Brüder von Ereignissen zu benachrichtigen, die ihnen bedenklich vorgekommen sind, gegen die sie schon einige Maßregeln genommen haben, da die Sache offiziell geworden ist.

Es entstand in dem vorigen Jahre hier eine Gesellschaft, welche anfangs den Namen Tugendbund führte, sich jetzt aber einen sittlich wissenschaftlichen Verein nennt. Zu dieser Gesellschaft gehören nicht nur viele Freimaurer, sondern unter ihren Stiftern sind auch einige Mitglieder unserer Logen, namentlich die Brüder Lehmann und Chifflard. Der sittlich wissenschaftliche Verein, welcher sich überall Einfluß zu verschaffen – und nicht nur hier, sondern in allen Gegenden von Deutschland Anhänger zu haben sucht, schien es sich besonders angelegen sein zu lassen, Freimaurer in sein Interesse zu ziehen. Einige der jüngern Brüder, welche von ihm Aufforderungen erhielten, wandten sich an ältere Brüder, fragten sie um Rat, ob sie einen solchen Schritt wohl tun könnten, ohne der Loge mißfällig zu werden und erhielten immer die Antwort, ihre ganze Aufmerksamkeit dem Orden zu widmen, demselben ganz anzugehören. Der genannte Verein, über welchen das Publikum zu urteilen anfing, und von dem einige, die schon mit ihm in Verbindung getreten waren, sich wieder trennten, wurde ein Gegenstand der Aufmerksamkeit vieler unserer Brüder, die es durch mündliche Erklärungen zu erkennen gaben, daß sie es sehr mißbilligten, daß Freimaurer und Mitglieder unserer Logen diesem Verein beigetreten wären..."

Totenkopf und Phönix bitten bei der Großen Landesloge um Entscheidung: „Ob Mitglieder des sittlich wissenschaftlichen Vereins auch zugleich Mitglieder unserer Logen bleiben können oder ob die, welche den ersteren nicht verlassen wollen, zur Deckung unserer Logen zu verpflichten sind."

Schreiben des Professors Lehmann vom 9. März 1809 an die Logen zum Totenkopf und Phönix.

„Hochwürdige Großmeister und deputierte Meister, sehr ehrwürdige Offizianten beider ehrwürdigen Logen zum Totenkopf und Phönix,

Herzlich geliebte Brüder!

Auf Ihr Schreiben vom 2. März c. wiederhole ich, wie und nicht anders ich auch schon unter Ihr Zirkular vermerkt hatte, daß ich ein Maurer leben und sterben will und nie aus dem Orden trete, aus dem sittlich-wissenschaftlichen Verein allerdings herausgehe, falls wirklich eine Kollision von ihm mit der Maurerei erwiesen wird, daß aber ohne Anzeige bei dem Monarchen das letzte bei Verlust des ehrlichen Namens und der bürgerlichen Ehre – von welchem Verlust allein bei solchen Sachen die Rede sein kann – von mir am allerwenigsten geschehen kann.

Über die Sache selbst, glaube ich, wird Ihnen ein Schreiben von sämtlichen hier zu belangenden Maurerbrüdern als Gliedern des Vereins genügen; sodaß ich also nur ein paar Worte hersetzen darf aus Bruderliebe und aus Liebe zum Orden, dessen öffentliche Ehre jedem Maurer, also auch mir am Herzen liegen muß.

Was in der Profanen Welt nicht geschah, das ist von Brüdern geschehen, daß man eine Gesellschaft, welche dem Monarchen und der Regierung gefällt, welche durch sich und ihre Belebung anderer Männer unstreitig Nutzen absetzte, und welche doch wohl einige, selbst von Maurern, geachtete Mitglieder hat, – herabzuwürdigen gesucht hat. Wozu noch dies kommt, daß bei Ihrem Zirkular das Urteil der Prüfung vorangeht, welches man nur gegen schon erwiesene Verbrecher zu tun pflegt. Ich glaube aber, daß dies eine Beleidigung sei, indem wir keine Verbrecher sind, oder daß ein Urteil ohne Untersuchungen einer Verfolgung ähnlich sieht. Staatsmäßig konnten Sie die Sache nicht nehmen. Denn da mußten Sie entweder die Regierung über diese Sache berichtigen wollen, oder Sie wünschten hierüber von der Regierung berichtigt zu werden; weil der Monarch, da er keine andere Gesellschaft als den Maurer-Orden dulden will, durch die Autorisation des s. w. Vereins staatsmäßig denselben für vertraglich mit dem Maurer-Orden erklärt hat. Also maurerisch aus dem Punkt zarter Besorgnisse konnten Sie diese Sache nur nehmen. Aber nun mußten Sie auch zuvor, ehe Sie Brüder preisstellten, und ehe Sie Lärm in der Welt machten, daß Feinde der Loge Aufwasser bekamen, solche Brüder, denen Sie Klugheit, Liebe und Ehrlichkeit zutrauen, zu sich und vor den Stuhl berufen und sie brüderlich befragen, ob und was zu besorgen sei. Dann war kein Geschrei, keine Klage, und Sie hatten den s. w. Verein in den stillen Bann getan. Daß sie nun dies nicht taten, mußte uns kränken, weil Sie damit das Urteil unsrer Verwerflichkeit schon voran geschickt hatten.

Runkel, Geschichte der Freimaurerei. Band III.

Mich mußte dies umsomehr kränken, da ich weiß, was ich getan habe, damit der Orden durch den Verein nicht leide. Warum ritz ich schon lange vor dem Kampf für den Orden, zu einer Zeit, wo Maurer und Nichtmaurer schriftlich und mündlich die Logen einer Trägheit beschuldigten, die Zügel von dem raschen Wagen des s. w. Vereins an mich, daß ich ihn aus den Mauern eines Bundes, wie solche befürchtet wurden, ins Freie leitete? Auch der Orden muß seine Politik haben; diese aber rät eben, sichere Säulen in dem s. w. Verein aufzustellen, daß er nicht Lauf nehme zu unangenehmen Gestalten. Nehmen Sie aus ihm die Brüder weg, und sorgen Sie, was werden könne.

Sie sagen in Ihrem Schreiben, daß gegen diejenigen, welche aus dem Orden treten, kein Groll unter den Brüdern zurückbleiben werde. Vom Austritt aus dem Orden ist gar keine Rede; ich weiß auch nicht einmal, ob der Unterschied von Orden und Loge hier Anwendung finde, als nur insofern, daß ich und wir allerdings bitten müssen, unsre Verhandlungen mit der Loge ja nicht anzusehen als Verhandlungen mit dem Maurer-Orden. Selbst aber für den wirklichen Fall dieser bloßen Diskussionen mit Ihnen ist jenes Versprechen allerdings wichtig. Allein verzeihen Sie meiner Schwäche, daß ich, zumal der Ansang Ihrerseits für mich schon so hart und kränkend war, gestehe, viel Gewalt hierin gebrauchen zu müssen, um den Unterschied von Gesetz und Tun, von Vornehmen und Erfolgen wegwischen zu können, daß ich vielmehr mich in die entgegengesetzte Stimmung schon gefangen gebe.

Mit wirklicher Bruderliebe und Hochachtung verharre ich

Ihr

treuer Ordensbruder

Lehmann."

Die Angelegenheit wurde in der Großen Landesloge sehr eingehend behandelt und der Königsberger Loge mitgeteilt, daß die Frage des sittlichwissenschaftlichen Vereins keine Frage eines einzelnen Systems, sondern der ganzen Freimaurerei sei. Man sei daher gehalten, sich mit den beiden andern Großlogen ins Benehmen zu setzen. Im übrigen ist die Große Landesloge der Ansicht, „die Königsberger Loge hätte nicht so übereilt zu handeln brauchen, da ja keine Gefahr im Verzug lag. Es wäre angebracht gewesen, vorher anzufragen, ehe sie das Zirkular erlassen hätte." Im engen Kreis des Groß-Beamten-Rats war die Ansicht herrschend, daß man jetzt die Königsberger Loge „soutenieren" müsse, es wurde demgemäß erklärt, daß das unleugbar Gute, das der sittlichwissenschaftliche Verein bezwecke, in derselben Form von der Freimaurerei bezweckt werde, der Verein also für einen Freimaurer überflüssig sei, ein Freimaurer daher zwischen beiden wählen müsse.

Im übrigen sei in Berlin das Gerücht verbreitet, der König werde den Tugendbund auflösen, womit die Angelegenheit für die Logen erledigt sei.

Eine solche Entscheidung war nur deshalb möglich, weil in den Akten des Vereins die politische Tendenz, die Vorbereitung der Erhebung gegen Frankreich, nirgends ausgesprochen war. Was gedruckt vorlag, war in der Tat nichts anderes, als was die Freimaurerei auch als ihr Ziel verfolgte, aber unausgesprochen war von Anfang an der sittlich-wissenschaftliche Verein eine Organisation aller vaterländischen Kräfte zur Befreiung von dem Joche Bonapartes.

Ferdinand von Schill

Auch die Erhebung des Majors von Schill wurde dem Tugendbund angerechnet. Dabei ist Schill niemals Mitglied gewesen. Wir besitzen in den Papieren des Professors Lehmann eine Aufzeichnung über Schills Beziehungen zum Tugendbund. Darin heißt es wörtlich: „In dieser Versammlung (4. Mai 1809) war auch der Geheimrat Ribbentrop. Dieser sagte uns, daß der Major von Schill nach Königsberg kommen werde, von dessen Eintritt zum Tugendvereine er gewiß sei. Als derselbe angekommen war, nötigte ich ihn und die Mitglieder des Tugendvereins zu mir, wo wir einen ganzen Nachmittag und Abend in meinem Garten zubrachten. Die Studenten wollten ihm ein Vivat bringen, weshalb sie mich angingen, ihn bis spät abends bei mir zu behalten. Es ward aber aus diesem Vivat nichts, weil in so kurzer Zeit die Anstalten dazu nicht zureichen konnten. Mit dem Tugendvereine war er zufrieden; aber, obschon er ein Mitglied sein wollte, so lehnte er doch seine Unterschrift zur Liste der Mitglieder ab. Und als ich ihn einsam im Garten bei mir darüber fragte, warum er das tue, sagte er mir: „Er wisse nicht, ob er in Zukunft nicht noch Dinge unternehmen werde, welche dem Tugendverein, wenn er seinen Namen in denselben setzte, Schaden tun könnten und mit den Gesetzen des Tugendvereins nicht stimmen.“ Nachher ist mir bei den öffentlichen Ereignissen des Schill diese Rede verständlich geworden..."

Friedrich Ribbentrop war ein eifriger Freimaurer und ein Mann von glühender Vaterlandsliebe, auf dessen Leben und Wirken wir bei der Behandlung der Feldlogen eingehend zurückkommen müssen.

Der Oberzensor des Tugendbundes, der Prinz Hermann von Hohenzollern-Hechingen, hat sich in einer Eingabe an den König vom 25. August 1809 über Schill ausführlich geäußert: „Man beschuldigt den Verein gesetzwidriger, ja staatsverräterischer Handlungen; man scheute sich nicht, ihn aufs unwürdigste zu verunglimpfen, Männer, die allgemein geehrt, spottweise als Stifter des Vereins zu nennen, wenngleich sie nicht einmal Mitglieder gewesen. Als nun gar die Entweichung des Majors von Schill und des Majors Grafen von Krockow bekannt wurde, glaubte man den Verein von seiner politischen Tendenz überführen und in ihm den Grund jener Vergehen finden zu können. Ich kann aber Eure Majestät auf Ehre versichern, daß Major von Schill nie Mitglied des Vereins war, obgleich aus Irrtum in den früheren Listen sein Name aufgeführt ist. Ich habe sogar erfahren, daß er von dem edlen Zweck desselben durchdrungen, einem Freunde, der ihn früher zum Beitritt aufgefordert, zur Antwort gab: er dürfe dies nicht, denn es könnten Fälle eintreten, in welchen sein Beitritt dem Verein Unannehmlichkeiten zuziehen würde. Graf Krockow war zwar Mitglied, aber nur ein einziges Mal hat er den Verein zu Kolberg besucht. Jetzt ist er aus den Listen ausgestrichen infolge der ihm gemachten Beschuldigungen, und der Leutnant Baersch suspendiert." Dieser Leutnant Baersch war der Regimentsquartiermeister Schills bei dessen Unternehmung.

Es ist auffallend, wie sehr man in Preußen die Macht Napoleons und seine rücksichtslose Rache fürchtete. Und diese gesündeste und stärkste vaterländische Bewegung, der sowohl Scharnhorst wie Gneisenau ernste Beachtung schenkten, der Hermann von Boyen mit ganzer Seele anhing, wurde aus Angst vor den napoleonischen Schergen abgelehnt. Dabei versuchte die Leitung des Tugendbundes durch Revision der Gesetze sich immer mehr mit dem Schleier der Harmlosigkeit zu umgeben. Alle diese Gesetzesänderungen wurden dem König mitgeteilt und viermal, zum letztenmal am 3. Juni 1809, die königliche Bestätigung nachgesucht. Auf dies letzte Schreiben entschied der Minister Graf zu Dohna am 8. Juni: „Namens Seiner Königlichen Majestät von Preußen, unseres allergnädigsten Herrn, wird den Räten des Stamm- und dem Zensor des sittlich-wissenschaftlichen Vereins auf die Eingabe vom 3. dieses Monats hierdurch eröffnet, daß über die am 5. April dieses Jahres nachgesuchte Bestätigung der Grundverfassung des Vereins ein bestimmter Bescheid noch nicht erfolgen kann, indem der allerhöchste Entschluß auf einen in der Sache erstatteten Immediat-Bericht zuvörderst abgewartet werden muß."

Am 31. Dezember 1809 ging dann ein Kabinettschreiben des Königs bei dem Prinzen von Hohenzollern-Hechingen ein: „Mein Herr Prinz! Ich benachrichtige Sie, daß ich für gut befunden habe, den sittlich-wissenschaftlichen Verein nach dem Wunsche mehrerer Mitglieder desselben ohne alles öffentliche Aufsehen, aber vollständig aufzulösen, und habe hiernach die betreffenden Ministerien des Innern und der Justiz mit Befehl und Instruktion versehen, so daß diese auch sämtliche Papiere des Vereins in Empfang nehmen lassen werden. Ich verbleibe

Ihr wohlaffectionierter
Friedrich Wilhelm."

Die Kabinettsorder an den Staatsminister, Grafen zu Dohna, und an den Großkanzler Beyme vom selben Tage lautet folgendermaßen:

„Meine lieben Staatsminister Graf zu Dohna und Großkanzler Beyme!

Auf Euern Bericht vom 24. dieses Monats löse ich den sittlich-wissenschaftlichen Verein nach dem eigenen Wunsche mehrerer Mitglieder hierdurch auf und will, daß solches

1) ohne alles öffentliche Aufsehen, aber vollständig geschehe,
2) alle Papiere desselben abgeliefert und versiegelt aufbewahrt werden,
3) die Mitgliedschaft weder im Guten noch im Bösen angerechnet werde, und
4) die Zensurbehörden keine Schriften und Äußerungen über diese ganze Angelegenheit zum Druck gelangen lassen.

Soweit der Verein sich mit gemeinnützigen Gegenständen, z. B. mit Unterstützung der verarmten Gutsbesitzer an der Passarge beschäftigt, gehen diese Angelegenheit und dazu gesammelten Fonds an die geeigneten Staatsbehörden über, insofern nicht etwa einzelne Individuen in ihrem eigenen Namen unter Aufsicht des Staats dergleichen Akte der Wohltätigkeit fortsetzen wollen. Ihr habt dafür nach diesen Bestimmungen das weitere überall zu verfügen. Ich verbleibe

Euer wohlaffectionierter König
Friedrich Wilhelm."

Die beiden Minister fügten bei Übersendung dieser Order an den Prinzen von Hohenzollern noch etwas wie eine persönliche Entschuldigung hinzu, indem sie den löblichen Eifer für das gemeine Wohl besonders anerkannten und die Hoffnung aussprachen, daß die Wohlgesinnten des Vereins auch nach dessen Auflösung ihre weise Tätigkeit fortsetzen würden.

Die Order des Königs traf am 11. Januar 1810 in Königsberg ein, und am 15. Januar wurde die letzte Generalversammlung gehalten und „in tiefster Trauer und unter Tränen wurde diese letzte Versammlung aufgehoben".

Diese Auflösung und ihre Form war ein trauriges Zeichen der Zeit, denn es wurde der wahre Grund verschwiegen. Der wahre Grund lag in dem Einfluß der französischen Gewaltherrschaft, vielleicht gar einer direkten Forderung Napoleons an den König, diesen patriotischen Verein aufzulösen. Und es kann keinem Zweifel unterliegen, daß die knechtischen Seelen, die sklavischen Leisetreter, die an keine Befreiung von Napoleons Gewaltherrschaft glauben konnten, im Innern dieser Wendung frohlockend zustimmten.

Als Deutschland vom französischen Joche befreit war, gab der König im Jahre 1816 in einer Verordnung die wahren Gründe der Auflösung an. Es heißt da wörtlich: „Als das Vaterland in Gefahr war, haben Wir selbst den sittlich-wissenschaftlichen Verein genehmigt, welcher unter dem Namen des Tugendbundes bekannt ist, weil Wir ihn als ein Befriedigungsmittel des Patriotismus und derjenigen Eigenschaften ansahen, welche die Gemüter im Unglück erheben und ihnen Mut geben konnten, es zu überwinden. Wir fanden aber bald in den uns zur Bestätigung vorgelegten Entwürfen einer Verfassungsurkunde jenes Vereins, sowie in der damaligen politischen Lage des Staats, Gründe ihn aufzuheben und den Druck aller Diskussionen über denselben zu untersagen. Seitdem haben dieselbigen Grundsätze und Gesinnungen, welche die erste Stiftung desselben veranlaßten, nicht bloß eine Anzahl der vorigen Mitglieder desselbigen, sondern die Mehrheit unsers Volks beseelt, woraus unter der Hilfe des Höchsten die Rettung des Vaterlandes und die großen und schönen Taten hervorgegangen sind, durch welche sie bewirkt wurde, und jetzt – wo der Friede allenthalben hergestellt ist, und jeden Staatsbürger nur ein Geist beleben, jeder nur einen Zweck haben muß, durch einträchtiges pflichtmäßiges Bestreben den sich so herrlich bewährten Nationalsinn zu bewahren und den Gesetzen gemäß zu leben, damit die Wohltat des Friedens allen gesichert bleibe und der Wohlstand aller, welcher Unser unverrücktes Ziel ist, bis zur möglichen Vollkommenheit gebracht werde..."

Wenn die Zeit und die Angst vor der Knute Napoleons auch die hohen vaterländischen Verdienste des Tugendbundes verdunkelte und zu unterdrücken suchte, so hat doch diese Anerkennung des Königs die Ehre der Männer gerettet, die sich mit der ganzen Glut ihrer Seele, mit der vollen Hingabe ihrer Persönlichkeit und ihres Besitzes für die Rettung Preußens einsetzten. Die Geschichte der Freimaurerei in Deutschland verzeichnet ihre Namen mit goldenen Lettern als Vertreter echt freimaurerischen Geistes, der nur dort gedeihen kann, wo ein treues Bekenntnis zum Vaterland, opferbereites Pflichtgefühl und nationale Würde dem deutschen Menschen Lebensbedingung ist.

Zweites Buch

Freimaurerei und Vaterland

I. Feldlogen

Freimaurerei ist eine innere Kraft, die überall zur Betätigung drängt und sich nicht allein in ihre Kultstätten einschließen läßt. Aus dieser Eigenschaft floß das Bestreben, neue Logen zu gründen, wenn Freimaurer an einen Ort verschlagen wurden, wo keine Brüderschaft bestand. Man darf dies aber nicht mit einem Ausbreitungstrieb verwechseln, einer Bestrebung, die Mitgliederzahl zu vermehren, wie es etwa die politischen Parteien haben, sondern es liegt im freimaurerischen Menschen selbst, es ist das Bedürfnis, in Gemeinschaft mit Gleichgesinnten zu leben und zu wirken. Merkwürdigerweise finden sich auch immer die rechten Männer zusammen, sie ziehen sich anscheinend magnetisch an, es ist fast so, als ob eine gleichförmig leuchtende Aura alle Freimaurer umgebe. Es ist die vom erdgebundenen zum lichtgebundenen Menschen entwickelte Persönlichkeit.

Ist ein solches Streben schon in normalen Zeiten verständlich, wieviel verständlicher wird es in Kriegszeiten, wo das irdische Heim den kriegführenden Menschen jeden Augenblick durch den Gegner entrissen werden kann, wo er jeden Augenblick bereit sein muß, vor seinen ewigen Richter zu treten. Darum schließen sich im Kriege diejenigen, die sich als Freimaurer erkennen, eng zusammen, stärken und helfen sich in Lebens- und Todesnot. Die Uniform verwischt die bürgerlichen Unterschiede und hebt die völkische Gemeinschaft deutlicher hervor als im gewöhnlichen Leben. Wer sich anders trägt, wer anders spricht, ist der Feind, und der Feind hat weder teil an unserm äußeren, noch an unserm inneren Leben. Wir können ihm nur mit der Waffe in der Hand gegenübertreten als Kämpfer bis zum bitteren Ende; andere Beziehungen gibt es für den Soldaten nicht. Aber der Volksgenosse rückt uns näher, er mag aus welchem Gesellschaftskreis auch immer stammen, er wird zum Kameraden; und wenn Kameraden sich als Freimaurer erkennen, werden sie zu Brüdern. In allen lebt ja die Sehnsucht, den Lärm des Krieges in einem stillen Tempel der königlichen Kunst zu vergessen. Ist auch der

Körper in Unruhe und Streit, die Seele soll Frieden finden, sei es auch nur für wenige Stunden.

Dieser freimaurerischen Sehnsucht verdanken die Feldlogen ihr Entstehen, deren erste Anfänge völlig im Dunkel liegen. Sobald sie ins Licht der Geschichte treten, erkennen wir, daß ihr Geist ein vaterländischer Geist war, und daß sie Heimstätten wurden aller kriegerischen Tugenden: Gottvertrauen, Todesverachtung, Manneszucht, Treue und Liebe zu König und Vaterland. Es ist eine der giftigsten Verleumdungen, daß die Feldlogen dazu gedient hätten, mit den Freimaurern der feindlichen Mächte Verbindung zu pflegen. Schon im achtzehnten und im Anfang des neunzehnten Jahrhunderts haben die Heimatlogen während der französischen Invasion die Arbeiten eingestellt, um nicht gezwungen zu sein, mit französischen Freimaurern zusammenzukommen. Um wieviel mehr haben die Feldlogen deutsch-vaterländischen Geist gepflegt, so in allen Kriegsläuften wie auch zuletzt im Weltkrieg. Hören wir, was mein Ordensbruder, Major Felix Witt-Hoë, im großen Krieg zugeordneter Meister der Feldloge zum aufgehenden Licht an der Somme, in seinem Schriftchen „Vom Geist der Feldlogen" (Leipzig 1917) sagt:

„Wir alle, deutsche Brüder Freimaurer, wissen es, daß unsere Gegner im eigenen Vaterlande ebenso sich zum Kampfe rüsten gegen uns wie unsere Feinde jenseits der Grenzen. Ja selbst in profanen Kreisen der Heimat unter sonst uns Wohlgesinnten herrscht eine unheilvolle Auffassung, als ob wir mit den Umtrieben der romanischen Freimaurer und ihrer unheilvollen, nachweisbar zum Kriege führenden Verhetzung im geistigen Zusammenhang ständen. Wir müssen, Brüder der deutschen Feldlogen, die Hüter an den Toren des Tempels sein mit dem flammenden, nackten Schwert der Wahrheit und Gerechtigkeit. Wir müssen in erster Linie die Gefahr von der Seite unserer historisch traditionellen Gegner nicht gering achten, wir müssen durch Aufklärung und öffentliche Ablehnung jeglicher Verbindung mit irgendwelchen internationalen Vereinigungen den rein nationalen Charakter unserer neuen maurerischen Orientierung im Vaterlande und vor der Welt dokumentieren; der selbstverständlichen Treue vaterländischer Pflichterfüllung müssen wir eine höhere Weihe geben durch Höchstleistungen im Felde und in der Heimat und Konsolidierung des deutsch-nationalen Freimaurertums. Vor allem, und das sei mein ernstes dringendes Bekenntnis, müssen wir jede leiseste Regung des utopistischen Pazifismus in unseren Reihen mit der Wurzel ausrotten."

Die Anfänge der Feldlogen liegen, wie schon gesagt, völlig im Dunkel. Unbestimmte Nachrichten sprechen von einer englischen Feldloge, die 1733 in Boston in Tätigkeit gewesen sei. Ein Nachweis ist nicht zu erbringen. Auf deutschem Boden finden wir 1761 die erste Feldloge. Sie war von fremden Offizieren unter dem Namen „Parfaite Union“ in Stettin gegründet worden; unter demselben Namen erscheint eine Loge in Magdeburg, in der sich französische und österreichische Kriegsgefangene zusammengeschlossen hatten. Ein Mitgliederverzeichnis dieser Loge von Johannis bis September 1761 soll sich im Logenarchiv zu Oldenburg befinden. Beide Logen waren aber anscheinend keine echten Feldlogen, sondern mehr Armeelogen oder Militärlogen, wie der Ausdruck auch lautete.

Ganz sichere Kunde haben wir erst von schwedischen Feldlogen auf deutschem Boden aus der Zeit des Siebenjährigen Krieges. Der Generalleutnant H. I. L. von Salza hatte eine Feldloge in Greifswald gegründet, die sehr eifrig arbeitete und im Jahre 1762 einhundertundzehn Mitglieder zählte, unter denen wir die Freunde Zinnendorfs, den Kandidaten der Medizin Kölpin und den Magister der Philosophie Gadebusch, finden. Fast zu gleicher Zeit errichtete Salza eine Feldloge in Stralsund unter dem Namen „IH vwu-its“, deren Akten und Fragebücher sich noch im Archiv der St.-Johannis-Loge „Gustav Adolf zu den drei Strahlen“ befinden. Ein Folioheft, in dunkelblauen Samt gebunden, enthält die allgemeinen Gesetze des Freimaurerordens in schwedischer Sprache und die besonderen Bestimmungen für die „Armeen-Werkloge“, die Hauptmann Karl Johann von Essen, der Sekretär der Loge, entworfen hatte. Auch die Stiftungsurkunde ist vorhanden. Wir übergeben jenes Aktenstück in deutscher Übersetzung zum ersten Male der Öffentlichkeit, weil es ein geschichtliches Wertstück aus der Frühzeit der Freimaurerei in Deutschland ist.

§ 1. Die allgemeinen Gesetze und Statuten, die in der Mutterloge angenommen und gebräuchlich sind, sollen der Arbeitsloge mitgeteilt werden, damit keine anderen benutzt werden, die Arbeit vorwärts geht und Ordnung in der Loge gehalten wird.

§ 2. Die Arbeitsloge soll die gleiche Farbe für die Bekleidung der Meister und Gesellen haben, gleiche Beamtenbänder, Zeichen und Schmuck wie die Mutterloge. (Als Mutterloge wird eine Loge in Christianstad genannt, über die Näheres nicht zu ermitteln war.)

§ 3. Die Arbeitsloge arbeitet in der gleichen Materie wie die Mutterloge. Alle Mittel, die im Laufe des Jahres bei der Kasse der Arbeitsloge eingehen, ob sie aus Aufnahmegebühren oder anderen Geldern bestehen, sollen für Rechnung der Mutterloge aufbewahrt werden bis zum 24. Juni, dem Tag St. Johannis, dem großen Feiertag des Ordens, wobei der Überschuß, der möglicherweise in der Kasse vorhanden sein könnte, zur Aufbewahrung in der Kasse der Mutterloge eingesandt sein muß. Die Rechnungslegung wird gemäß der Beamteninstruktion der Mutterloge geleistet, wobei der

Logenmeister angehalten wird, jedes Vierteljahr die Rechnungen nach Soll und Haben über den Stand der Logenkasse einzusenden, von ihm, dem Schatzmeister und Sekretär unterschrieben.

§ 4. Für die Anschaffung und Unterhaltung von Schmuck und Werkzeug sowie für die ordentlichen Ausgaben werden dem Logenmeister aus der Logenkasse Mittel in der gleichen Weise wie in der Mutterloge zur Verfügung gestellt, nach den Instruktionen für den Schatzmeister und Sekretär. Die Ausgaben werden der Kasse der Mutterloge in Rechnung gestellt, die Kosten sämtlicher Tafellogen werden von den Mitgliedern selbst bezahlt wie in der Mutterloge.

§ 5. Jedes Mitglied der Arbeitsloge zahlt außerdem wie in der Mutterloge vierundzwanzig Taler Kupfer jährlich an die Pensionskasse, worüber der Sekretär gleich nach der Aufnahme von den Neuaufgenommenen und Angeschlossenen einen Revers einzufordern hat, der nach dem beiliegenden Formular abgefaßt und mit den Kassenbelegen eingesandt werden muß. (Dieses Formular war im Stralsunder Archiv nicht aufzufinden.)

§ 6. Die erste Abgabe an die Kasse von dem, der zum Lehrling aufgenommen werden soll, wird auf vierzig Reichstaler kurant festgesetzt und nicht weniger, jedoch hat der Logenmeister die Befugnis, an dem Johannistag, dem Ordensfesttag, einen, höchstens zwei zum Maurer kostenlos aufzunehmen.

§ 7. Gemäß den allgemeinen Statuten und den in der Maurerei üblichen Gebräuchen und dem uralten Zeremoniell haben der Logenmeister und seine Loge Erlaubnis, als Lehrlinge aufzunehmen und sie nach der vorgeschriebenen Zeit zu Gesellen zu befördern: Offiziere der Armee und Personen gleichen Standes, nachdem über sie ordnungsgemäß nach vorangegangenem Vorschlag in geöffneter Loge gekugelt worden ist.

§ 8. Weil die allgemeinen St.-Johannis-Statuten vorschreiben, daß der Meistergrad in der Maurerei nicht bloß durch Alter und Dienstjahre, sondern durch Eifer für die Ehre des Ordens, Arbeitsamkeit und Kenntnisse gewonnen werden kann, und ein Meister solche persönlichen Eigenschaften haben muß und verpflichtet ist, sie andern beizubringen, so muß bei Beförderung eines Gesellen zum Meister alles dies genau beobachtet werden, und es darf keine Bevorzugung zum Schaden des Ordens stattfinden. Dadurch gewinnt die Brüderschaft tüchtige Mitarbeiter und Beamte, deren Fleiß nicht mit dem Aufstieg erlahmt und deren Eifer für die Ehre des Ordens nicht altert, ehe sie selbst altern.

§ 9. Unter diesen Bedingungen sollen der Logenmeister und seine Loge die Befugnis haben, jährlich drei Gesellen seiner Loge, die sich dazu geeignet und verdient erwiesen haben, zu erheben, aber keinen mehr.

§ 10. Da in Zukunft, wie wir hoffen, die Zahl der Mitglieder zunimmt, so daß mehrere mitarbeitende Meister wegen der Menge der Gesellen und Lehrlinge benötigt werden, hat der Logenmeister die Befugnis, der Mutterloge solche schriftlich vorzuschlagen und anzumelden und ihre Genehmigung abzuwarten, ohne die keine Beförderung stattfinden darf.

§ 11. Wenn neun Meister in einer Loge sind, so müssen dagegen achtzehn arbeitende Gesellen und sechsunddreißig Lehrlinge da sein, damit für jeden Meister zwei Gesellen und vier Lehrlinge zur Verfügung stehen. Dies ist das richtige Verhältnis für die Arbeit.

§ 12. Jedes Vierteljahr sendet der Logenmeister der Mutterloge ein Verzeichnis derjenigen, die er als Maurer auf- und angenommen hat, und ersucht für sie um formelle Ausweise, die ihm gegen Zahlung der üblichen Gebühren ausgehändigt werden sollen.

§ 13. Gleichzeitig sendet er ein Verzeichnis von denen ein, die durch ordentliche Kugelung aus seiner Loge entlassen oder ausgeschlossen wurden, wobei vier schwarze Kugeln Aufschub, acht schwarze Kugeln Ausschluß bewirken. Sobald solche Fälle vorkommen, über die die Meister von Christianstad, Stralsund und Greifswald einander Mitteilung machen, bleibt die endliche Entscheidung der Mutterloge vorbehalten.

§ 14. Für den Fall, daß ein Mitglied der Loge oder ein neu Aufgenommener nach Stockholm reifen will, ehe sein Ausweis von der Mutterloge angelangt ist, kann ihm ein Zeugnis mit dem Siegel des Logenmeisters gegeben werden, von den Aufsehern und dem Sekretär mit unterschrieben. Dies Zeugnis wird später gegen das formelle Patent der Mutterloge ausgetauscht.

§ 15. Alle Beamten müssen Meister sein, wenn die Zahl der Mitglieder das erlaubt, sonst genügt es, daß nur die Ämter der Aufseher und des Sekretärs mit Meistern besetzt sind.

§ 16. Wenn ein besuchender Bruder als Mitglied der Loge aufgenommen zu werden wünscht, muß er gleichzeitig mit seinem Revers vierundzwanzig Taler Kupfer an die Pensionskasse bezahlen und außerdem der Loge eine freiwillige Spende von wenigstens zehn Taler pommersch Kurant leisten.

Gegeben in der Loge der schwedischen Armee äs dato 23. Juli $5\frac{6}{2}7$ (1762)

H. J. L. von Saltza, Exzellenz
Großmeister der Schwedischen Armeeloge.

Johan Beck Fries, Exzellenz ....
1. Aufseher 2. Aufseher

von Fjell, Exzellenz
Sekretär."

Aus diesen Bestimmungen geht hervor, daß der Zusammenhang mit der Mutterloge in Christianstad recht eng und die Rechte der Feldloge beschränkt waren. In allen entscheidenden Fragen mußte die Mutterloge angerufen werden.

Die Fragebücher der drei Johannisgrade, die sich gleichfalls bei den Akten der Feldloge in Stralsund befanden, gehören zu dem ältesten freimaurerischen Geistesgut, das wir überhaupt besitzen, und weichen in manchen Symbolen von den heutigen ab. Auch mit den Eckleffschen Akten stimmen sie nur hier und da zusammen. Wo sie jedoch abweichen, geben sie uns bedeutungsvolle Aufschlüsse. Es sei daher gestattet, einen kurzen Ausflug ins Symbolische zu machen.

Das Symbol der Fenster hat die freimaurerische Wissenschaft vielfach beschäftigt, ohne daß ein Ergebnis erzielt worden wäre. Auch das Fragebuch der Lehrlinge berührt die Fenster in der Loge mit folgender Frage: „Haben Sie Fenster in der Loge?" Antwort: „Drei. Eins im Osten, eins im Westen, eins im Süden." Neue Frage: „Warum haben Sie keins im Norden?" Antwort: „Weil die Sonne dort so einen schwachen Schein gibt."

Die Schwierigkeit der Erklärung liegt vornehmlich darin, daß die Loge früher Fenster hatte und daß sie nun verschwunden sind. Sie werden gedeutet als Vernunft, Verstand und Wille als die Eigenschaften, die Gott den Menschen gegeben hat, um über die Fragen, woher komme ich, was tue ich auf der Erde und wohin gehe ich, philosophieren zu können. Die Fenster sind aus der Loge verschwunden, weil das Licht der Offenbarung dem Menschen jetzt den Weg zeigt. Diese Erklärung ist sehr gezwungen und gehört einer Zeit an, die den wahren Inhalt des Symbols nicht mehr kannte. Die christliche Symbolik des Mittelalters erklärt die Fenster als die kontemplativen Geister, Rabanus nennt die Fenster das Herz des Menschen, die inneren Gedanken, für Petrus von Capua ist Christus das rettende Fenster, der das Fenster der Arche Noah oder auch der ganzen Welt ist. Petrus von Riga sagt: „Wenn die ganze Welt durch Brand zerstört wird, wird allein die Kirche durch Christi Blut das Leben haben. Die Kirche rettet das rote Blut, am Kreuze vergossen, das aus dem heiligen Fenster der Seite (Christi) auf die Welt floß." Darnach ist das Fenster Symbol für die Speerwunde in Jesu Seite, und das purpurfarbene Seil, das in der Symbolik einiger Lehrarten zum goldenen Seil wurde, das herabrinnende Blut. Die Bundeslehre der drei Weltkugeln kennt nur ein rotes Seil. In der Folge konnten die Fenster in der christlichen Freimaurerei verschwinden, weil die Erlösung bereits durch Christi Kreuzestod vollzogen und er selbst, wo zwei oder drei in seinem Namen versammelt sind, mitten unter ihnen ist.

Auch die Erklärung für das Fehlen des Fensters im Norden, weil die Sonne dort so einen schwachen Schein gibt, oder weil der Norden die Finsternis, das

Böse bedeute, ist ohne Kenntnis der altorientalischen Vorstellung gemacht. Darnach ist der Norden keineswegs das Böse, im Gegenteil der Norden ist der Sitz der Gottheit; heißt es doch Jesaja 14, 13: „In den Himmel will ich steigen, über Gottes Sterne meinen Thron erheben und mich setzen auf den Berg der Versammlung (der Götter) im äußersten Norden." Luther übersetzt „Berg des Stiftes, an der Seite gegen Mitternacht", aber es heißt wörtlich Berg der Versammlung im äußersten Norden und kann gar nicht anders gedeutet werden, so auch Gesenius (Der Prophet Jesaja, Leipzig 1821): „Die Vorstellung von einem heiligen Götterberg im Norden ist tief in den asiatischen Religionen gegründet." So haben die Inder den Meru, die Perser den Elbordsch, auf dem Ormuzd und himmlische Geister wohnen, der Olymp der Griechen lag im Norden, auch im alten Testament wird die Erscheinung der Gottheit immer aus Mitternacht kommend geschildert: So Hiob 37, 22: „Von Norden her strahlt es wie Gold, die göttliche herrliche Majestät."

Es haben übrigens alle Fragebücher, sowohl die englischen wie die französischen, desgleichen die Verräterschriften dieselbe Erklärung des fensterlosen Nordens. Man hat eben zur Zeit der Niederschrift an das uralte Verbot des Gottschauens nicht mehr gedacht, sondern die rein äußerliche Stellung der Erde zur Sonne betrachtet. Die Sonne bedeutet aber niemals in der freimaurerischen Symbolik den Himmelskörper als solchen, sondern immer nur etwas Geistiges, das Licht der Offenbarung Gottes.

II. Feldlogen im achtzehnten Jahrhundert

Die erste Feldloge, die von deutschen Brüdern gegründet war, trat am 26. Oktober 1763 zu Magdeburg ins Leben. Im Archiv der Großen National-Mutterloge zu den drei Weltkugeln befindet sich das erste Protokoll, das wir im folgenden wiedergeben:

„Der deputierte Großmeister der Großen und Königlichen Mutter Loge zu denen drei Weltkugeln in Berlin: der Hochwürdige Bruder Schubarth verfügte sich nebst uns abends um vier Uhr in die Wohnung des Bruders von Fenek und eröffnete eine gerechte und große Loge mit allen Zeremonien, der Hochwürdige avertierte die Ursache, warum Er gegenwärtige große Loge eröffnet habe folgendermaßen: Meine Sehr Ehrwürdigen Brüder, es haben verschiedene von Eifer zu Erlernung und weiteren Verbreitung unserer Königlichen Kunst angeflammte Brüder nämlich von Fenek Kapitän, von Rabiel, von Westerling, Major: Freiherr von der Goltz, Leutnant von Böhm, Kapitän von Morgenstern, Leutnant von Graevenitz, Leutnant von Larisch, bei der Königlichen Großen und Mutterloge zu den drei Weltkugeln eine gerechte Johannis Loge halten zu dürfen angesuchet, welchem Begehren nach reiflicher Erwägung von Seiten gedachter Sehr Ehrwürdiger Königlicher Mutter Loge um so eher willfahrt wurde, weil diese neue Loge nur eine zum Regiment gehörende und von dem Ort seiner Garnison independente Loge sein sollte, dahero mir als ihrem beständig abgeordneten Großmeister zur Einweihung dieses neuen Tempels unter dem Namen zu den drei Säulen das darüber ausgefertigte Konstitutionspatent eingehändigt, so habe ich Sie meine Sehr Ehrwürdigen Brüder ersucht Bruder Fleischmann zum ersten Groß-Vorsteher den Bruder Kramer zum zweiten Groß-Vorsteher und mir (!) zu seinem Groß-Sekretär ernannt. Als denn mir auftrug, die Brüder welche installiert werden sollen behörig zu examinieren, ob sie alle regelmäßig freie aufgenommene Maurer wären. Welchen Auftrag ich mich schuldigst unterzoge und nach zuvor getaner kleiner Erinnerung an ihr heutiges Ihnen sowohl rühmliches als gutes Unternehmen zum Examine schritte, so fande ich dieselben durch gegebene Zeichen, Wort und Griffe, auch durch verschiedene Fragen aus dem Lehrlings- und Gesellen-Katechismo als echte Maurer, und stattete davon an den Hochwürdigen Bericht ab. Worauf der Hochwürdige diese gerechte und vollkommene Große Deputations Loge mit allen Feierlichkeiten schlosse und zur Installation schritte.

Der Zug zu derselben ginge folgender Gestalt:

Zwei Stewards der neu einzuweihenden Loge führten die deputierten Groß Beamten nach dem neuen Logensaal, diesen folgte der deputierte Groß Sekretär mit dem Konstitutions Patent. Als denn der Hochwürdige beständig abgeordnete Groß Meister Bruder Schubarth: Hierauf folgten die beiden Groß Vorsteher und die Einweihung dieser neuen Loge zu den drei Säulen wurde nach dem Protokoll sub Lit. B. vollzogen.

Schubarth beständig abgeordneter Groß Meister der Sehr Ehrwürdigen
Großen und Mutterloge zu den drei Weltkugeln in Berlin
Fleischmann, regierender Meister der Ehrwürdigen Loge der
Beständigkeit in Magdeburg als erster deputierter Groß Vorsteher
Cramer, zweiter deputierter Groß Vorsteher
van Assum, Redner und deputierter Groß Sekretär."

Über die Tätigkeit dieser Loge ließ sich nichts ermitteln, weder das Konstitutionspatent noch das oben bezeichnete Protokoll hat sich im Archiv der drei Weltkugeln vorgefunden. Es ist nur noch ein Brief da, den Schubarth am 31. Oktober an die Großloge schrieb und ihr sehr flüchtig auch in der Handschrift Mitteilung von der erfolgten Einsetzung der Feldloge machte. Er müsse eilig fortreisen und werde einen eingehenden Bericht nachliefern. Auch darüber ist weiter nichts in den Akten zu finden.

Über eine Feldloge im bayrischen Erbfolgekrieg haben wir ein ganz kurzes Protokoll: „Actum Nimptsch, den 24. Juni 1778 als am Tage des heiligen Johannes. Dato eröffnete der Hochwürdige Bruder von Legat, Meister vom Stuhl der Berlinischen Stuarts Loge in hoher Gegenwart unseres Durchlauchtigsten Groß Meisters in einer militärischen Versammlung die gewöhnliche Johannis Loge mit ritualmäßigen Feierlichkeiten.

Nachdem der Hochwürdige Vorsitzende Meister mit den versammelten Brüdern bei der Feierlichkeit dieses Tages dem obersten Baumeister für dessen im verflossenen Maurerjahr erhaltene Wohltaten gedankt und für das Glück aller Brüder die feurigsten Wünsche abgelegt, so katechesierte dieser Hochwürdige Bruder mit sämtlichen Brüdern. Hierauf trat der Bruder von Ostfelder auf und verlas eine sehr wohlgesetzte Rede, welche allgemeinen Beifall erhielt."

Anwesend waren fünfzig Brüder Freimaurer, und die Armensammlung wurde auf Befehl des Großmeisters, des Prinzen Friedrich August von Braunschweig an die Armen des Orts verteilt. Der Prinz von Braunschweig hat persönlich dieses Protokoll unterschrieben, nach ihm der Vorsitzende Meister und seine Beamten. Ein weiteres ist über diese Loge nicht auszumitteln gewesen.

Wenden wir uns nun den Feldlogen zu, die von der Großen Landesloge der Freimaurer von Deutschland im bayrischen Erbfolgekrieg gegründet wurden. Da finden wir als erste im Archiv die Akten der Loge „Zum goldenen Becher", die sich beim Hauptfeldlazarett der königlich preußischen Armee in Breslau gebildet hatte. Das erste Schreiben ist an die Große Landesloge gerichtet und hat folgenden Wortlaut:

„Eine kleine Anzahl durch den jetzt bevorstehenden Krieg zerstreuter Brüder Freimaurer, deren Namen Ihnen hochwürdige Brüder nicht unbekannt sein können, da wir Brüder und Mitglieder von verschiedenen Logen Ihrer Konstitution sind, haben sich allhier gesammelt, um eine St. Johannis-Loge zu formieren, welche herumziehend, und jedesmal bei dem Hauptlazarett der königlichen Armee befindlich, und den Beinamen zum goldenen Becher führen soll.

Diese Loge ist auch bereits, in Kraft habender Gerechtsame eines unserer Brüder den dritten Mai dieses Jahres (1778) allhier errichtet worden.

Die genaueste Befolgung der allgemeinen und besonderen Verordnung unseres alten und ehrwürdigen Ordens ist bei Stiftung derselben zum Grunde gelegt und ins Protokoll derselben gleich anfangs niedergeschrieben worden."

Es folgt dann die Mitteilung, wie die neue Loge die ökonomischen Angelegenheiten mit der Großloge zu ordnen gedenkt, und schließlich die

Unterschriftsformel. Unterzeichnet ist das undatierte Schreiben von Friedrich Sigismund von Giape als Logenmeister, K. F. W. Deterding als deputierten Meister, Karl Heinrich Wahnschaft als 1. und Wilhelm Dresky als 2. Aufsetzer sowie J. C. Pyl als Sekretär.

Die Große Landesloge antwortete unter dem 9. Juli 1778 zustimmend:

„Mit dem größten Vergnügen hat die Große Landesloge dasjenige Schreiben ohne Datum erhalten, wodurch Sie dieselbe von der gesetzmäßigen Stiftung Ihrer ehrwürdigen St. Johannis-Loge zum goldenen Becher benachrichtigen. Sie wünscht Ihnen zu diesem Unternehmen von ganzem Herzen Glück und ist völlig überzeugt, daß durch Ihre fortgesetzten redlichen Bemühungen alles dasjenige Gute erreicht werde, was sich nach dem zugleich eingegangenen Verzeichnis Ihrer Mitglieder (worunter wir den Namen eines Bruders gefunden haben, den alle echten Freimaurer in Deutschland als ihren Vater verehren) von Ihrer Loge erwarten läßt. Die Große Landesloge sieht es als eine besondere Schickung der göttlichen Vorsicht an, daß Ihre Loge gerade zu einer Zeit hat gegründet werden müssen, da die Lage der Freimaurerei in Schlesien so mißlich ist."

Der Bruder, von dem die Großloge in so anerkennenden Worten spricht, ist ihr eigener Stifter, Johann Wilhelm von Zinnendorf, der als Chef des Militär-Sanitätswesens ins Feld gerückt war. Und die mißliche Lage der Freimaurerei in Schlesien bezieht sich auf die Unstimmigkeiten, die sich sowohl mit der strikten Observanz als auch mit dem Herzog Ernst II. von Sachsen Gotha und Altenburg, dem gewesenen Landes-Großmeister, erhoben hatten. Sie waren zwar beigelegt worden, aber bei den schlesischen Logen glimmte das Feuer des Unmutes noch ein Zeitlang weiter.

Die Loge zum goldenen Becher wurde nach Beendigung des bayrischen Erbfolgekrieges aufgelöst. Zinnendorf übersandte am 13. November 1779 der Großloge das letzte Protokoll, wonach der goldene Becher mit den drei goldenen Schlüsseln in Berlin vereinigt wurde. Einige Mitglieder der nunmehr aufgelösten Feldloge traten ihren Heimatlogen wieder bei.

Eine zweite Feldloge wurde in Landshut errichtet, und zwar von dem Premierleutnant im Infanterie-Regiment von Ramin Johann Rudolf Ludwig von Ponikau, auch Ponigkau geschrieben. Er war in den Jahren 1776 bis 1780 abgeordneter Logenmeister der Berliner Loge zum goldenen Pflug und erhielt am 9. November 1778 von der Großen Landesloge eine Vollmacht auf „von ihm am 27. Oktober dieses Jahres getane Anfrage während der diesmaligen Winterquartieren, Freimaureilehrlinge, Gesellen und Meister nach Vorschrift der hergebrachten Gesetze, Gebräuche und Gewohnheiten unseres Ordens auf- und anzunehmen", alle Arten von Logen zu halten und in der „von ihm zu regierenden Armee-Loge Nummer Eins das Licht auszuteilen".

Ludwig August v. Guionneau

Die Großloge sandte, nachdem alle Bedenklichkeiten behoben waren, Akten und Logenbücher nach Landshut. Das Gründungsprotokoll ist vom 23. Oktober, worin dem Stifter gedankt wird, „es über sich genommen zu haben, an die Hochwürdige Große Landesloge von Deutschland in Berlin die nötigen Vorstellungen zu tun, um deren Einwilligung zu diesem guten Werke zu erhalten".

Bei der Gründung waren einundzwanzig Brüder zugegen. Es wurde regelmäßig zweimal im Monat, und zwar am Montag, gearbeitet, und man hielt gute Freundschaft mit der Schmiedeberger Loge „Zu den drei Felsen", die auch in der ersten Zeit ihre Rituale hergeliehen hatte, ehe die Exemplare von Berlin angekommen waren. Das letzte Protokoll ist vom 8. Mai 1779 datiert, am 14. September desselben Jahres bittet die Feldloge Nummer Eins, die Großloge möge die aufgelaufenen Kosten bis Ende des Jahres stunden, bis dahin hoffe sie den Rest abtragen zu können. Der Zeitpunkt, an dem sie sich endgültig auflöste, ist aus den Akten nicht festzustellen, zum letzten Male gedenkt die große Landesloge ihrer in einem Schreiben an den Groß-Schatzmeister Freiherrn von der Goltz, worin sie die Restschuld von dreißig Reichstalern, „da die Armeeloge Nummer Eins nicht mehr besteht", niederzuschlagen beschlossen habe.

Eine dritte Loge verdankte dem ehemaligen Landes-Großmeister, Freiherrn von der Goltz, ihre Entstehung. Sie wurde als Armeeloge Nr. 2 am 27. Oktober 1778 bei der Armee in Sachsen unter dem Namen „Zum Wegweiser" errichtet. Die Bitte um Bestätigung sandte von der Goltz am 31. Oktober 1778 an die große Landesloge nach Berlin ab. Das Gründungsprotokoll aus Klein-Sedlitz ist uns erhalten:

„Nachdem der Hochwürdige Bruder Freiherr von der Goltz an dem heutigen Tage die sich unterschriebenen Brüder Freimaurer zusammen berufen, um in Gemeinschaft mit selbigen eine gesetzmäßige Freimaurerloge bei der hier in Sachsen stehenden Armee zu errichten, so eröffnete derselbe zuvörderst denen versammelten Brüdern, wie er, dem Wunsch verschiedener guter Brüder zufolge, wie auch als ältester Bruder, und ehemalig gewesener Landes-Großmeister, sich nicht nur allein berechtiget, sondern auch verbunden hielte, an der Errichtung einer Loge mit allen Kräften zu arbeiten, um mit denen Brüdern, welche von ihren eigentlichen Logen zurzeit entfernt sein müssen, nicht müßig, sondern in Ausbreitung unserer königlichen Kunst, zur Beförderung unseres erhabenen Zwecks wirksam zu sein. Er trug hierauf sämtlichen Brüdern vor, sich einen Großmeister (Logenmeister) zu wählen, und die allgemeine Wahl fiel auf den Hochwürdigen Bruder von der Goltz selbst, welcher es auch mit brüderlicher Gütigkeit annahm und den Brüdern für das in ihn gesetzte Vertrauen aufrichtigst dankte.

Runkel, Geschichte der Freimaurerei. Band III.

Hierauf schlug der nunmehrige Hochwürdige Großmeister den Brüdern vor, ob es nicht gut sein würde, unserer neu errichteten und am heutigen Tage feierlich eingesetzten Loge den Namen

Zum Wegweiser

zu geben, ein Name, welcher so einfach er auch sei, dennoch auf unsere gute Sache sehr anpassend wäre, und gleichwie im gemeinen Leben ein Wegweiser ein sicheres und ordnungsmäßiges Mittel sei, um sich nicht durch etwa ableitende Nebenwege verleiten zu lassen, wohl aber zur Erlangung des sich fürgesetzten Ziels auf dem einigen rechten Wege mit Zuversicht fortzuwandeln, so sei auch die wahre Freimaurerei ein sichtbares Mittel, um in Verbindung mit Weisheit, Schönheit und Stärke, das höchste Ziel der wahren Glückseligkeit zu erlangen. Durch einen abermaligen allgemeinen Beifall wurde auch diese Benennung von allen Brüdern mit Freuden angenommen.

Der Hochwürdige Großmeister ernannte hierauf zu seinem deputierten Meister den Hochwürdigen Bruder von Wurmb, der es mit Dank annahm."

Danach wurden die übrigen Beamten ernannt.

„Die Loge wurde hierauf nach Vorschrift der Gesetze eröffnet, und der Hochwürdige Großmeister ermahnte sämtliche Brüder, bei Erwählung und Annehmung neuer Brüder alle mögliche höchst notwendige Behutsamkeit anzuwenden, da es des Ordens Absicht gemäß sei, nicht sowohl viele, als gute und unbescholtene Brüder zu haben. ... Da auch aller Wahrscheinlichkeit nach die Brüder dieser neu errichteten Loge den Winter über getrennt sein würden, so war der Hochwürdige Herr Großmeister der Meinung, verschiedene von der Loge zum Wegweiser abhängende Deputations-Arbeiten anzuordnen, und zwar in der Lausnitz unter Direktion des Hochwürdigen Bruders von Wurmb und auch in der Gegend von Wittenberg und Torgau unter Führung des Hochwürdigen Bruders Neander, als welche beide Brüder ihrer Erfahrung wegen dazu geschickt wären und den Winter über in den entfernten Provinzen die Arbeit zu dirigieren haben würden. Auch erklärte sich der Hochwürdige Großmeister, daß, da er im Felde die Akten nicht mit sich führen könne noch dürfe, er sich zwar an die Hochwürdige Große Landesloge wenden wolle, damit ihm die Akten überschickt würden, sodann würde auch jeder der Brüder Beamten in diesem Winter darauf bedacht sein, das in sein Amt Einschlagende aus den Akten wie auch das Fragebuch auswendig zu lernen.

Sämtliche Brüder wurden ersucht, von den Brüdern, mit welchen sie bei einem Regiment ständen, eine namentliche Liste an den Bruder Sekretär einzugeben, welcher daraus ein Ganzes formieren, und solche auch dem Bruder Schatzmeister mitteilen soll. Darauf erfolgte die Armensammlung und der Schluß der Loge."

Über den Fortgang der Arbeiten sind wir nur unvollkommen unterrichtet. Nachdem die Große Landesloge am 19. November die Brüder zu der Gründung beglüswünscht und sowohl zwei Logenbücher wie auch zwei Fragebücher des Lehrlingsgrades übersandt hatte, wurde die erste Arbeit am 7. Dezember in Magdeburg unter Leitung Neanders abgehalten. Die zweite Arbeit leitete von der Goltz am 1. Januar 1779 in Dresden, worüber sich ein Bericht vom 27. März in den Akten findet. Das beigefügte Mitgliederverzeichnis weist sechsunddreißig und zwei dienende Brüder auf. Wann die Feldloge ihre Arbeiten einstellte, ist aus den Akten nicht ersichtlich.

In den hannoverschen Kurlanden bildete sich aus der Loge „Zum schwarzen Bär" in Hannover im Jahre 1781 eine Feldloge noch unter der Direktion der strikten Observanz. In einem Protokoll der Präfektur Calenberg vom 17. Oktober 1781 heißt es: „Da man erfahren hatte, daß die Loge zum schwarzen Bär eine deputierte Loge für ihre mit dem fünfzehnten und sechszehnten Regimente nach Ostindien abgehenden Brüder konstituiert habe, so erscheint es billig, auch unsern Brüdern dasselbe zu verwilligen wozu a Pallio purpureo (Herzog Karl von Mecklenburg-Strelitz) seine Einwilligung gegeben. Es ward daher die Errichtung einer solchen unter dem Namen „Zum weißen Pferd" beliebt und solche konstituiert."

Die Konstitutionsurkunde lautet folgendermaßen:

„Wir von Gottes Gnaden Karl Herzog zu Mecklenburg-Strelitz, Beschützer und Altschottischer Obermeister der vereinigten Logen in den Kur-Hannoverschen, Herzoglich Mecklenburgischen Landen und in dem Westfälischen Kreise und Wir wirklicher Meister vom Stuhl, deputierter Meister vom Stuhl, Vorsteher und Sekretär der gerechten und vollkommenen Loge zum weißen Pferde zu Hannover, grüßen alle Unsere Sehr Ehrwürdigen und geliebten Brüder. Kund und zu wissen sei hiemit, nach demmalen denjenigen Unserer sehr Ehrwürdigen Brüder, welche mit dem fünfzehnten und sechszehnten Regiment der Königlich Großbritannischen und Kur-Hannoverschen Truppen nach Ostindien zu marschieren im Begriffe stehen, den sehnlichen Wunsch geäußert, unter dem Namen der hiesigen gerechten und vollkommenen Loge zum weißen Pferde, als reifende Loge ihre maurerischen Arbeiten fortsetzen zu dürfen, und Wir die Gewährung dieser Ehre Unseres dreimal großen Ordens abzweckenden Wunsches Ihrer Uns erprobten Rechtschaffenheit und rühmlichsten maurerischen Treue nicht versagen können, so geben Wir Ihnen hiermit Macht und Gewalt, sowohl bei dem fünfzehnten und sechszehnten Regiment vorbesagter Truppen unter Unserm Namen als eine reisende Loge in den drei Graden der Maurerei, Lehrling, Gesell und Meister, nach Vorschrift unserer allgemeinen und besonderen Ordens- und Logen-Gesetzen und Instruktionen, nach mitgeteilten vollständigen Ritualien zu arbeiten, aufzunehmen und zu rectifizieren, und zwar in dem Maße, daß, in dem Fall beide Regimenter in solchen Stand-Quartieren liegen, daß sie sich zu einer Loge versammeln können, sie zusammen in einer Loge arbeiten, widrigenfalls aber sie sich in zwei Logen zu verteilen die Macht und Befugnis haben, zu welchem Ende denn auch diese dermalige Konstitution in zwei gleichlautenden Exemplaren ausgefertigt und originalisiert worden ist; – übrigens werden Wir die von Ihnen konstitutionsmäßig aufgenommenen Brüder, jederzeit als wirkliche Mitglieder der hiesigen gerechten und vollkommenen Loge zum weißen Pferde erkennen und achten, auch als solche in Unsern Listen jederzeit aufführen. Gegeben Hannover, den 1. November 1781 in den geheiligten Zellen der gerechten Loge zum weißen Pferde."

In den Akten, die Theodor Merzdorf eingehend durchgearbeitet und aus denen er die Ergebnisse in der Freimaurer-Zeitung (Leipzig 1877) veröffentlicht hat, findet sich auch ein Patent vom 25. Oktober 1781 für den Oberstleutnant und Kommandeur des fünfzehnten Regiments Karl Ludwig Reinbold: „Als wirklich Vorsitzender Meister der unter Unserm Namen in Ostindien arbeitenden Logen dergestalt und also, daß er dieses Amt solange er sich in England oder Ostindien auf halten wird verwalte und mit Zuziehung deren von Uns zu ernennenden deputierten arbeitenden Meister deren beiden Logen, der Oberaufseher, Sekretäre, Schatzmeister, und übrigen Beamten dieser Loge erwähle und bestätige, dabei aber sich aller ihm, als wirklich Vorsitzender Meister vom Stuhl, nach denen ihm bekannten, allgemeinen und besonderen Ordens- und Logen-Gesetzen, Instruktionen und Ritualien, zustehenden Rechten bedienen möge."

Gleichlautende Urkunden erhielten die deputierten Meister: Für das fünfzehnte Regiment Major Varenius, für das sechzehnte Hauptmann von Hardenberg.

Daß die Loge in Ostindien sehr rege gearbeitet hat, beweist ihr Rechnungsbuch, das im Jahre 1783 abgeschlossen wurde. Die Mitglieder dieser Feldloge haben sich nach Heimkehr der Truppen ihren Mutterlogen wieder angeschlossen.

Eine zweite Feldloge, die von der Provinzial-Großloge in Hannover konstituiert war, führte den Namen „Johannes zum Degen" und war bei dem in den Jahren 1796 bis 1801 in Hoya zusammengezogenen Observationskorps errichtet. Nach welchem Ritual diese Feldloge arbeitete, ist nicht festzustellen, Merzdorf glaubt, daß sie nach der Lehrart der Großen Landesloge in Berlin gearbeitet habe. Er schließt dies aus dem Siegel, das eine Mauer zwischen verschiedenen Geräten und darauf einen Altar zeigt und nach seiner Ansicht auf eine Arbeit von Loos deutet, der bekanntlich zur Großen

Landesloge gehörte. Urkunden über diese Logengründung finden sich im Archiv der Großen Landesloge nicht. Ob eine Arbeit in Hoya stattgefunden hat, läßt sich nicht feststellen, es scheinen sich da allerlei Schwierigkeiten erhoben zu haben, die jedoch durch den General von Wallmoden, der schon in den Zeiten der strikten Observanz Logenmeister gewesen war, beseitigt wurden. Sicher ist, daß die Loge im Jahre 1798 einige Male im Tempel ihrer Mutterloge in Hannover gearbeitet hat. Am 30. April 1801 wurde die Feldloge Johannes zum Degen endgültig aufgelöst.

Ungefähr um dieselbe Zeit bildete sich ebenfalls im Amtskreis der Provinzialloge von Hannover eine Feldloge, in der der Kriegssekretär und Syndikus Georg Karl Ludwig Meißner den Hammer des Logenmeisters führte. Er wandte sich an den wortführenden Meister der St. Andreasloge Fidelis in Hamburg mit der Bitte, ihm die Akten der Großen Landesloge zu überlassen, zugleich bat er um seine Beförderung in die Andreasloge, und zwar, weil er infolge seiner Unabkömmlichkeit in der Armee nicht nach Hamburg reisen könne, in Hannover die Beförderung zu vollziehen. Beide Gesuche wurden abgelehnt und ihm nahegelegt, sich eine Konstitutionsurkunde von der Großen Landesloge zu erbitten. Dazu sei nötig, daß er Sicherheit für die Aufbewahrung der Akten in der Feldloge stellen könne. Die Beförderung in die Andreasloge sei nur in Hamburg oder in Berlin zulässig.

Ein langes Leben scheint diese Feldloge nicht besessen zu haben.

III. Feldlogen im neunzehnten Jahrhundert

Die politische Lage in Preußen ein Jahr vor dem Beginn der Befreiungskriege gegen Frankreich war außerordentlich verwickelt. Die Übermacht Bonapartes war zur Zeit des Eintritts in den Feldzug gegen Rußland derart bedrohlich, daß im Jahre 1812 eine offene Gegnerschaft den Untergang Preußens herbeigeführt hätte. Darum war jede mögliche Vorsicht geboten. Hardenberg hatte in seiner Denkschrift vom 2. November 1811 vorgeschlagen, sobald als immer möglich mit Rußland insgeheim abzuschließen. Ebenso geheim mit England Unterhandlungen anzuknüpfen, um sich Geld, Waffen und Kriegshilfe zu verschaffen. Dann schlug er vor, mit Österreich Fühlung zu nehmen, jedoch in der Stille alles vorzubereiten, um den Kampf gegen den Kaiser der Franzosen zu bestehen, zunächst aber den Versuch zu machen, unter allen Umständen den Frieden zu erhalten. Im Offizierkorps und in der Bevölkerung garte es bedenklich, besonders nachdem die Division Friant die preußische Grenze überschritten hatte. Die Politik des Königs konnte sich daher nur der größten Zurückhaltung befleißigen, zumal die Verhandlungen wegen eines

Bündnisses mit Frankreich schwebten. Friedrich Wilhelm konnte also seinen Generalen keine bestimmten Befehle geben. Von höchster Bedeutung für die Politik des Königs ist die Sendung des Obersten von dem Knesebeck an den Kaiser Alexander nach Petersburg, zu einer Zeit, als Hardenberg im Begriff stand, den Bündnisvertrag mit Napoleon abzuschließen. Dieser Knesebeck war ein merkwürdiger Mann. Er hatte sich nach dem unglücklichen Jahre 1807 auf sein Landgut zurückgezogen, und als er aus den Zeitungen die Absicht Napoleons erfuhr, gegen Rußland loszuschlagen, kam ihm der Gedanke, „gegen den Feind der Ideologen zwei ideelle Mächte aufzubieten: Raum und Zeit; denen sich dann noch zwei sehr reelle Bundesgenossen zugesellen würden: Hunger und Frost." Sein Kriegsplan war, anstatt durch eine frühzeitige Allianz mit Rußland die Franzosen in ihrem Marsch aufzuhalten und so das Kriegstheater in den Raum zwischen Weichsel und Oder zu verlegen, das Bündnis mit Napoleon zu betreiben und dessen Einfall in Rußland auf jede Weise zu begünstigen. In Berlin besprach er sich im Januar 1812 mit Scharnhorst, lehnte aber dessen Plan, einen allgemeinen Volksaufstand zu erregen und die Russen an der Oder festzuhalten, als unheilbringend für Preußen ab. Er riet dem König, sich zunächst in das Unvermeidliche des Bündnisses mit Frankreich zu fügen und Napoleon ein preußisches Hilfskorps zu stellen, wobei er immer wieder seine vier Bundesgenossen, Raum, Zeit, Hunger und Frost in den Vordergrund schob.

Für die Stellung des Königs und ihre weltgeschichtliche Bedeutung ist es außerordentlich wichtig, die Antwort zu kennen, die er Knesebeck gab: „Ist mir alles wohl auch schon beigefallen, die Herren hier aber wollen alle das Gegenteil, soll mich auf der Stelle mit Rußland vereinigen, sehe aber wohl ein, daß dabei nichts Gutes herauskommen wird. Mit Kaiser Alexander möchte ich auch nicht gerne ganz brechen, wissen ja, wie wir miteinander stehen. Wird sich aber doch wohl schön bedanken, die Franzosen in sein Land einrücken zu lassen, wie sie wollen, ohne sich zu schlagen."

Knesebeck gab dann die Anregung, die Sache in Petersburg selbst zu betreiben, und da Napoleon den Wunsch geäußert hatte, der König möge noch einmal bei Alexander versuchen, den Frieden aufrechtzuerhalten, so ergab sich wie von selbst die Sendung Knesebecks nach Petersburg. Er erhielt von Hardenberg ein offizielles Schreiben, der König aber gab ihm einen eigenhändigen Brief mit, von dessen Inhalt weder Hardenberg noch Scharnhorst noch sonst einer der Generale oder Minister etwas erfuhr. In diesem eigenhändigen Schreiben vom 12. Januar 1812 teilte der König dem Kaiser Alexander mit, daß die Pläne des Obersten von dem Knesebeck durchaus seine eigenen seien und bat um geneigte Aufnahme und Erwägung. Knesebeck wurde von Kaiser Alexander mit besonderer Freundlichkeit empfangen, und die kaiserlichen Generale von Phull und Barclai de Tolly billigten Knesebecks Vorschläge, gaben den Plan eines Offensivkrieges auf und beschlossen die Verteidigung in dauernden Rückzugsgefechten durchzuführen.

Im Februar hatte dann Napoleon das Bündnis mit Preußen unterschrieben. Darin war bestimmt, daß ein preußisches Hilfskorps den Feldzug gegen Rußland auf dem linken Flügel mitmachen sollte. Zum Oberbefehlshaber war Generalleutnant von Grawert, ein bekannter Freimaurer, vom König auf Wunsch Napoleons ernannt worden. „Da es Mir aber sehr wichtig ist", schrieb der König an Yorck, „das ganze Korps noch einem General untergeordnet zu wissen, der sich durch seine Kriegserfahrenheit, seine Tätigkeit und seine Anhänglichkeit an Meine Person, Mein Vertrauen in einem gleichen Grade erworben hat, so ernenne Ich Sie hiermit zum zweiten Befehlshaber desselben unter dem Oberbefehl des Generalleutnants Grawert, in der Überzeugung, daß Sie sich dieser neuen Bestimmung gern unterziehen und Mir in derselben bei eintretenden ernsten Vorfällen gewiß bald Gelegenheit geben werden, Ihnen Mein Wohlwollen besonders zu betätigen."

Bei diesem Korps befanden sich sowohl unter den Offizieren wie unter den oberen Militärbeamten außerordentlich viel Freimaurer, und so ist es nicht zu verwundern, daß sich unter diesen der Wunsch regte, in einer Feldloge sich zu vereinigen. Schon in Königsberg, wo sie bei der Loge „Zu den drei Kronen" eine Heimstätte gefunden hatten, beschlossen sie, sich an das altschottische Direktorium der Großen National-Mutterloge zu den drei Weltkugeln zu wenden, um die Konstitution für eine Feldloge zu erhalten.

Über diese Gründung sind wir durch die nahezu vollständigen Archivalien im Archiv der drei Weltkugeln genau unterrichtet. Sie sind von Dr. Albrecht Erlenmeyer in seiner Geschichte der St. Johannis-Loge „Friedrich zur Vaterlandsliebe" zu Koblenz (Berlin 1901) eingehend durchgearbeitet und der freimaurerischen Öffentlichkeit übergeben worden. Das erste Ansuchen an das Altschottische Direktorium stammt aus Königsberg vom 2. Mai 1812 und lautet in seinen wesentlichen Teilen folgendermaßen:

„Der Augenblick scheint sich immer mehr zu nähern, in welchem wir diesen Ort verlassen und der Bestimmung unseres Berufs, dem Befehl unseres geliebten Monarchen gemäß folgen werden. Das Los war geworfen und uns fiel es so, daß wir jetzt täglich erwarten müssen, die Order zum Ausmarsch zu erhalten.

Wehmütig ist unser Gefühl, wenn wir an die Minute der Trennung denken und traurig senkt sich unser Blick, wenn wir im Kreise unserer teuren Ordensbrüder weilen und von ihnen Beweise herzlicher Zuneigung und Bruderliebe empfangen, wenn jeder uns schon im voraus Glück zu dem großen Gange wünscht, zu welchem uns unser Beruf als Soldat auffordert. Da drängt sich dann der Gedanke uns auf: bald werden wir entfernt von unsern guten Brüdern sein, bald ist es uns nicht mehr vergönnt, den Tempel zu betreten, in welchem wir der hohen Weisheitslehren unsers Ordens so viele hörten und es erwachte da die innige Sehnsucht in uns, auch in den Zeiten der Gefahr und des Krieges ein Heiligtum dem Orden zu gründen. Wir haben alles reiflich überdacht und erwogen und dann den Entschluß gefaßt, Sie Hochwürdige Brüder um die Konstitution einer Feld St. Johannes Loge, unter dem Namen:

Friedrich zur Vaterlandsliebe

zu bitten. Sie wissen es, verehrte Brüder, daß wir vereint mit den kaiserlichfranzösischen Truppen fechten werden. Sie wissen es auch, daß es bei diesen nichts seltenes ist, daß sich eine Anzahl Maurer zusammentut, um im Felde Logen zu halten, gleichviel ob diese Logen rechtmäßig konstituiert sind oder nicht, es scheint uns daher nicht ganz unzweckmäßig zu sein, diesen Brüdern ein Beispiel von dem Geiste der Ordnung zu geben, die überall in unserem ehrwürdigen Orden sichtbar hervorleuchten sollte und durch die Gründung einer gerechten und vollkommenen Feldloge zu verhindern, daß nicht in der bevorstehenden Kampagne, wie es leider öfters geschieht, mit der Maurerei gespielt wird. Diese Rücksicht und innige Liebe und Ergebenheit für unsern Orden veranlassen uns, Ihnen unsern Wunsch vorzutragen und den von uns entworfenen Plan nachstehend zur Prüfung und Entscheidung vorzulegen."

Die Brüder geben nun an, wie sie die Loge gestalten und die Kosten aufbringen wollen und fügen das Gründungsprotokoll bei. Zum Meister vom Stuhl wurde der Kriegskommissar und Staatsrat Friedrich Ribbentrop gewählt, Über diesen hervorragenden Freimaurer sagt sein Biograph Erlenmeyer (Friedrich Ribbentrop als Freimaurer):

„Es gehört schon eine besondere Vertiefung in die Geschichte unserer um die Wende des achtzehnten Jahrhunderts mit Frankreich geführten Kriege, und in die der deutschen Freiheitskriege dazu, um Ribbentrop, den Intendanten Blüchers und General-Intendanten der Armee zu kennen, um ihn gar zu schätzen. Er ist nicht volkstümlich. Wer ihn aber kennen gelernt hat, der wird mir aus begeistertem Herzen Recht geben, wenn ich sage, daß dieser Mann mit dem umfassenden Geiste, daß dieser Held der Tatkraft und Entschlossenheit, dieses Vorbild der Lauterkeit und Einfachheit, dieser Träger der glühendsten Vaterlandsliebe, dieser Mensch mit dem edelsten Menschenherzen eine der bewunderungswürdigsten Gestalten der preußischen Geschichte und der deutschen Freiheitskriege ist.

Für die Freimaurerei in Preußen, besonders für unsere Drei Weltkugel-Freimaurerei ist Ribbentrop von großer Bedeutung. Ausgestattet mit jener echten deutschen Tugend, der Begeisterungsfähigkeit für alles Gute, Wahre und Schöne, hat er seine gewaltige Tatkraft und seine unvergleichliche schöpferische Begabung sogleich in den Dienst der königlichen Kunst gestellt, nachdem er in den Tempel der Humanität eingetreten war. Aber auch hier ist er nicht volkstümlich, auch hier ist ihm kein Sitz in der Ruhmeshalle der Großen bereitet…

Friedrich Ribbentrop ist zu Marienthal im Herzogtum Braunschweig am 6. Oktober 1768 geboren. Er wurde im Collegium Carolinum zu Braunschweig unterrichtet und vollendete seine Universitätsstudien auf der Universität Helmstädt mit einer Reifeprüfung für den juristischen Staatsdienst am 10. Oktober 1787. Er trat in den preußischen Staatsdienst, und wurde bei der Kriegs- und Domänenkammer in Minden als Referendar am 26. August 1788, und bei der Kriegs- und Domänenkammer in Hamm als Assessor im Jahre 1790 angestellt. …

Ribbentrop ist am 14. Mai 1790 in der Loge „Verschwiegenheit zu den drei verbundenen Händen" in Berlin aufgenommen worden. Die Aufnahme ist bei einem vorübergehenden Aufenthalt in Berlin erfolgt, den Ribbentrop

Graf Neidhard v. Gneisenau, Feldmarschall

vielleicht zu dem Zwecke genommen hat, um seine Versetzung von Minden nach Hamm zu betreiben. Es darf wohl angenommen werden, daß der junge zweiundzwanzigjährige Assessor sich gerade die „Verschwiegenheit" nicht nur aus Gründen persönlicher Beziehung zu ihren Mitgliedern ausgesucht hat, unter denen er gewiß Berufs- und Standesgenossen hatte, sondern auch aus Gründen bestimmter Lebensanschauung und Weltauffassung."

Auf das Ansuchen vom 2. Mai antwortete das Altschottische Direktorium zustimmend, und es folgte noch ein kurzer, sehr herzlicher Briefwechsel, dann wurde die Stiftungsurkunde erteilt, die folgendermaßen lautet:

„Im Namen der Hochwürdigen National-Mutter Loge zu den drei Weltkugeln in Berlin beurkunden wir, das Altschottische Direktorium derselben, Kraft der uns zustehenden Gerechtsame, und der im Gefolge des Allerhöchsten Protectorii vom 9. Februar 1796 und des Königlichen Ediktes vom 20. Oktober 1798 uns erteilten Befugnisse, daß auf geschehenes Ansuchen eine gerechte und vollkommene Feld St. Johannis-Loge des Freimaurerordens von uns gestiftet und derselben der Name Friedrich zur Vaterlandsliebe beigelegt, auch ihr zum Siegel ein Altar mit darauf brennendem Opferfeuer und darüber ein schwebender Adler mit der Inschrift sic semper gegeben worden. Dieser unserer gesetzmäßig konstituierten Feldloge steht demnach das Recht zu, nach den ihr von uns erteilten Statuten und uralten wohl hergebrachten Gebräuchen, Brüder Freimaurer in den drei ersten Graden des Ordens an- und aufzunehmen, sie in den Kennwissen, die ihren Stufen in der Ordensverbindung angemessen sind, zu unterrichten und alle Gerechtsame zu üben, welche einer gerechten und vollkommenen St. Johannis Loge gebühren.

Wir bestätigen den gegenwärtigen, rechtmäßig gewählten Meister derselben den Hochwürdigen Bruder Friedrich Ribbentrop, Staats Rat und General Kriegs Kommissar dergestalt, daß nicht nur er, sondern auch alle seine gesetzmäßig gewählten und von uns bestätigten Nachfolger die Funktionen eines Vorsitzenden Meisters ausüben und alle mit seinem Amt verbundenen Rechte zu genießen haben sollen."

Jetzt folgt der übliche Passus über die verschiedenen Verpflichtungen, und dann heißt es weiter:

„Zu Urkunde dessen haben wir dieses Konstitutionspatent eigenhändig unterschrieben und mit dem großen Insiegel der großen National Mutter Loge zu den drei Weltkugeln bedrucken lassen.

Geschehen im Orient zu Berlin am Pfingstfeste, welches ist der 17. Mai 5812.

Das Altschottische Direktorium usw.
Klapproth I. v. Guionneau. v. Beyer. Gohl. Schmalz."
(Zitat bei Erlenmeyer.)

Das Altschottische Direktorium beauftragte nunmehr am 31. Mai 1812 den Meister der St. Johannistage „Zu den drei Kronen" in Königsberg, Grafen von Kalnein, das Licht in der Feldloge einzubringen. Er konnte aber diesen Auftrag nicht ausführen, da die Mitglieder der Feldloge mit ihren Truppenteilen bereits abmarschiert waren. In Tilsit, wo die dort ansässige Loge bereitwillig ihren Tempel zur Einweihung zur Verfügung gestellt hatte, sollte am Johannisfest (24. Juni) die Weihefeier stattfinden, da aber Napoleon in der Nacht vom 23. zum 24. Juni über den Njemen gegangen war, überschritt auch befehlsgemäß das preußische Kontingent am 23. Juni abends sechs Uhr mit seinen Vortruppen die Memel. Die Einsetzung der Feldloge erfolgte erst am 4. August in Mitau, worüber uns das folgende Schreiben an die National-Mutterloge unterrichtet:

„Hochwürdige und innig verehrte Ordensbrüder!

Nachdem wir die uns von Ihnen gütigst erteilte Konstitution zur Errichtung der St. Johannes Feld Loge Friedrich zur Vaterlandsliebe empfangen hatten, war die Eröffnung dieser Loge unser sehnlichster und angelegentlichster Wunsch. Wir glaubten uns der Erfüllung desselben in Tilsit nahe, wo die Bereitwilligkeit der Brüder der sehr ehrwürdigen Loge Louise zum aufrichtigen Herzen uns mit dem brüderlichsten Zuvorkommen alle Mittel dazu bot.

Der Johannestag, der von allen auf der Oberfläche der Erde zerstreuten Maurern gefeiert wird, sollte uns doppelt festlich werden und an diesem Tage unser neues Heiligtum das Licht empfangen. Aber ewige Stunden vor der Ausführung führte der Befehl zum eiligen Marsche den größten Teil der Brüder über den Njemen auf feindlichen Boden, fern vom Vaterlande. Angestrengte Märsche und Mangel an einem passenden Lokale schienen das Ziel unserer Wünsche noch auf lange Zeit hinaus zu setzen. Endlich kamen wir nach Mitau, wo ein passendes Lokal in dem schönen Klubhause um so mehr die Einweihung der Feld Loge gestattete, da sich der größte Teil der Brüder in der Nähe befand. Gern hätten wir diese Feierlichkeit am dritten August, dem Geburtstage unseres verehrten Königs vorgenommen, aber es war bereits eine andere Feier dieses Nationalfestes bestimmt und so mußten wir die unsrige auf den folgenden Tag verlegen.

Am vierten August gegen Mittag erfolgte dann die Einweihung unserer Feld Loge nach den Vorschriften und Gebräuchen unseres ehrwürdigen Ordens. An 70 Brüder hatten sich dazu eingefunden. Der hochwürdige Bruder Hiller von Gaertringen vertrat die Stelle des abwesenden deputierten Meisters. Nachdem das neue Heiligtum durch das Licht erhellt worden und der erste Hammerschlag des Meisters in demselben erschollen, wurden von dem hochwürdigen Meister vom Stuhle, von dem hochwürdigen Bruder Hiller von Gaertringen und von dem Redner der Loge, Bruder Hempel Reden gehalten.

Der Bruder Hempel hatte zur Feier des Tages ein Stiftungslied gedichtet, wovon wir Ihnen hier beikommend einige Exemplare überreichen. So steht denn unsere Loge unter Ihrem Schutze, hochwürdigste Ordensbrüder, fest gegründet, so werden uns durch Ihre Güte, auch fern vom Vaterlands, die Freuden zu teil, welche der heilige Orden seinen echten Söhnen beut. Mit Dankbarkeit erinnerten wir uns dieser Wohltat bei der Stiftungstafel, welche diese Feierlichkeit beschloß...

Wir empfehlen Sie hochwürdigste und innig verehrte Ordensbrüder der huldreichen Obhut des großen Baumeisters der Welt, bitten Sie um die Fortdauer Ihrer Gewogenheit, und grüßen Sie mit Verehrung und treuer Bruderliebe in der uns heiligen Zahl.

Mitau, den 8. August 1812.

Meister vom Stuhl, deputierter Meister und Vorsteher der
St. Johannes Feld Loge Friedrich zur Vaterlandsliebe
Ribbentrop v. Quednow v. d. Marck Neuendorff Baersch."

Dies Schreiben war durch die Vermittlung des Repräsentanten der Feldloge bei der Mutterloge, Generalmajor Johann Freiherr von Hinrichs, nach Berlin überfertigt und vom Altschottischen Direktorium folgendermaßen beantwortet:

„Mit großem Vergnügen haben wir aus Ihrer Zuschrift von Mitau den 8ten d. M. ersehen, daß es Ihnen gelungen ist das Licht in Ihre Loge einzuführen.

Das Gedeihen und das Schicksal Ihrer Verbrüderung interessiert uns in mehr als einer Rücksicht, es sind so viele unter Ihnen, die wir näher kennen lernten, die in näheren Beziehungen zu uns standen, sie alle sind vom Vaterlande getrennt, und Ihr Beruf zwingt die mehrsten unter Ihnen den Kampf für König und Ehre zu bestehen.

Ihre alle Verhältnisse haben so wichtige Beziehungen auf das profane Leben, sei es in Rücksicht auf den zu bekämpfenden Feind, oder die Untergebenen, oder die friedlichen Einwohner des fremden, feindlich behandelten Landes, daß ein hoher Grad von Tugend dazu gehört, um in jeder Lage den Sinn für Menschenwohl und Wert ohne Zurücksetzung der Pflicht, zu bewähren. Der Maurer soll diese Tugend vorzüglich üben, und teuerste Brüder, wenn Sie gleichsam das profane Publikum zwingen, in dieser Ausübung den Orden achten und lieben zu lernen, und besonders da, wo unser Bund bis itzt sein Licht noch nicht strahlen ließ und wo er gar keine Anhänger kennt.

Wir bitten daher um so eifriger den höchsten Beschützer alles dessen, was auf der Welt gut und edel ist, daß er Ihr so herrlich angefangenes Werk mit seinem Segen beglücke, ihm Gedeihen gebe, und Sie alle mit Muth und

Standhaftigkeit zur unwandelbaren Ausübung aller Maurertugenden ausrüste und wünschen, daß so wie das Entstehen Ihrer Loge glänzend war, der Fortgang stets blühend bleiben möge...

Wir umarmen Sie mit der Vorliebe, die jede Mutter für ihr jüngst geborenes Kind hat, und der frohen Hoffnung, Sie wo nicht alle, doch größtenteils, im Vaterlande mit Ehre und Ruhm gekrönt begrüßen zu können mit der Versicherung unserer herzlichen Bruderliebe."

Als protokollierender Sekretär zeichnete dieses Schriftstück Georg Baersch, einer der merkwürdigsten Menschen jener Tage, dessen wechselvolle Lebensschicksale wie die Handlung eines Romanes ablaufen. Er war 1778 in Berlin geboren, konnte aber seinen Lieblingsgedanken, Theologie zu studieren, nicht ausführen, sondern mußte sich der Kaufmannschaft widmen. Mit seinem mütterlichen Vermögen gründete er ein Geschäft, das bankerott machte, auch der zweite Versuch, den er mit dem Vermögen seiner Schwiegermutter unternahm, verfiel demselben Schicksal. Da entschloß er sich, Kriegsdienste zu nehmen, und trat als Feldlazarettinspektor bei dem Korps Hohenlohe ein. Nach der unglücklichen Schlacht von Jena wurde er verabschiedet und auf Halbsold gesetzt. Wir begegneten ihm dann bei der Gründung des Tugendbundes und dem kühnen Zug des Majors von Schill, dessen Regimentsquartiermeister er war. Diese seine Zugehörigkeit zum Schillschen Freikorps brachte ihm noch mancherlei Ungelegenheiten, bis er 1811 die Erlaubnis erhielt, sich in Berlin aufzuhalten, und von seinem Freunde Ribbentrop eine Anstellung erhielt. Mit diesem ging er 1812 zum Yorckschen Korps und trat der Feldloge bei.

Er hat in seinem späteren Leben die Bekanntschaft fast aller bedeutenden Männer der Befreiungskriege gemacht und hat dem preußischen Staat mit seiner großen Begabung und seinem außerordentlichen Fleiß treu gedient, bis er im Jahre 1819 als Landrat in Prüm angestellt wurde. Er verwaltete diese Stelle bis 1834, von da ab bis zum Jahre 1848 wirkte er bei der Regierung in Trier, nahm aber in diesem Jahr infolge der unerquicklichen politischen Zustände seinen Abschied. Als Freimaurer hat er außerordentlich segensreich gewirkt und sich in zahlreichen Beamtenstellen auch als Meister vom Stuhl bewährt. Er starb am 7. Januar 1869 und hat uns in seiner Lebensbeschreibung und seiner Schrift über Schills Auszug und Tod wertvolle Zeitdokumente hinterlassen.

Die Feldloge hat dann die kriegerischen Ereignisse, die zur Niederwerfung Napoleons führten, treulich mitgemacht und ist endlich in die stehende Loge „Friedrich zur Vaterlandsliebe" in Coblenz übergeführt worden.

* * *

Mit der Bildung der verschiedenen Armeen, die nach dem Zusammenbruch Napoleons in Rußland den Vormarsch angetreten hatten, empfanden die Freimaurer auch bei der schlesischen Armee das Bedürfnis, eine Feldloge zu gründen.

Um diesen starken Zug nach maurerischer Betätigung nicht nur unter den Brüdern selbst, sondern auch unter den Offizieren, Beamten und Mannschaften zu begreifen, ist es nötig, einen Blick auf die allgemeinen Verhältnisse in Preußen zu werfen, und da haben wir in der Denkschrift des Hauptmann von Pfuel, die er in Petersburg am 1. September 1812 Stein übergab, und die von dem Kaiser Alexander so günstig aufgenommen wurde, daß er Pfuel in russische Kriegsdienste zog, eine ausgezeichnete Schilderung der Gesamtstimmung in Preußen. Da heißt es folgendermaßen:

„Preußen ist ein Land, welches Schlag auf Schlag so heftige Erschütterungen erfahren hat, daß sich alle Gemüter in einem Zustande allgemeiner Gärung befinden. Von allen Seiten alte Schutzmauern niedergerissen, überall Neues, überall Versuche, Herumtappen, sehr oft Irrtum; ein moralisch herabgewürdigter, politisch vernichteter Adel, ein Haufe von Glücksrittern, durch keine Bande an das Wohl des Staates geknüpft, eine durch die Auflagen zerrüttete Bevölkerung, welche nicht murrte, solange man die Opfer zu irgendeiner großen Anstrengung, den Staat zu retten, für notwendig erkannte; der König endlich, welcher gegen die allgemeine Erwartung im kritischen Momente eine andere Partie ergriff. Das Volk hört auf keine Vorwände, es fühlt nur sein Elend und daher die allgemeine Unzufriedenheit. Die Bande, welche das Volk an den König binden, lockern sich, und obschon man fortfährt die Franzosen zu hassen, betrachtet man die Russen mit Gleichgültigkeit, da man auf sie einige unbestimmte Hoffnung auf Hülfe und Befreiung gesetzt hatte. Diese Stimmung der Gemüter, diese Aufregung, welche zu dem Äußersten treibt, dieses Elend, welches sich in erschreckendem Fortschritte steigert, machen die Preußen geneigt, sich einem verzweifelten Entschluß hinzugeben und lassen vermuten, daß sie die gemeinschaftliche Angelegenheit mit Wärme ergreifen werden, in dem Augenblicke, wo sich einige Wahrscheinlichkeit des Gelingens zeigt. Übrigens kennt man die Ansichten des Köngs sehr wohl, wodurch man über das Verbrechen des Treubruchs (le crime de félonie) in einem gewissen Sinne sehr beruhigt sein kann. Tages zuvor, eh' ich Berlin verließ, war ein Generalstabsoffizier von der Armee angekommen mit der Nachricht von einem Siege, welchen die Preußen über die Russen davongetragen; er überbrachte eine, dem Feinde abgenommene Fahne. Der König ließ diesen Offizier sehr lange im Vorzimmer warten und als er ihn empfing, schien er keineswegs, weder über die Botschaft, noch über die Fahne erfreut zu sein."

Die Feldloge bei der schlesischen Armee trat am Johannistag 1813 in Gnadenfrei bei Reichenbach ins Leben. Das erste Protokoll, das sich in den Akten der Großen National-Mutterloge zu den drei Weltkugeln befindet, hat folgenden Wortlaut:

„Zur Feier des heutigen, jedem Maurer so heiligen Tages hatten die unterzeichneten Brüder – getrennt von ihren sehr ehrwürdigen Logen – sich hier versammelt, um im traulichen Bruderkreise nach den Regeln unserer königlichen Kunst, an dem ewigen Tempel der Tugend und Weisheit zu bauen. In dem hiesigen Gemeindehause war einfach und schmucklos ein Zimmer für die Arbeitsloge eingerichtet worden. Aus den benachbarten, selbst aus mehreren entfernten Logen wohnten viele würdige Brüder diesem Feste bei, deren Namen das angebogene Verzeichnis enthält. Der hochwürdige Bruder von Hippel eröffnete die Loge, nachdem die besuchenden Brüder unter Gesang eingeführt waren, mit ritualmäßiger Feierlichkeit und forderte die Brüder mit herzlicher Innigkeit auf, in dieser verhängnisvollen Zeit treue Freunde, wahre Maurer und würdige Preußen zu bleiben, und nie zu erkalten im tätigen und unermüdeten Eifer für die heilige Sache des Vaterlandes, der Tugend und Gerechtigkeit.

Der Hochwürdige gab dem sehr ehrwürdigen Bruder von Zerboni das Wort und dieser schilderte mit starken und treuen Farben das Bild des Tyrannen, welcher die Menschheit unter das Joch des empörendsten Despotismus treten will und der selbst das Heiligtum der Maurerei mit verräterischen Händen beflecken und für die Zwecke seiner Herrschsucht zu mißbrauchen wagt. Tiefer Haß gegen ihn sprach aus dem Blicke eines jeden der versammelten Brüder und der beste Wille und der heilige Schwur, nie aufzuhören ein würdiger Preuße und ein würdiger Maurer zu sein." Darauf wurde die Armensammlung vorgenommen, „und wir hatten das Glück eine sehr reiche Beisteuer zum besten armer verwundeter Krieger zu erhalten... Die Zahl aller anwesenden Brüder betrug dreiunddreißig, bei der Sammlung fanden sich 99 Reichstaler Gold und 33⅓ Taler Kurant."

„Wenige Worte, im tiefen Gefühl dieser Stimmung legte der Hochwürdige den Brüdern noch an das Herz und schloß mit den ritualmäßigen Feierlichkeiten die Loge."

Theodor Gottlieb von Hippel, der Meister vom Stuhl, war 1775 geboren und der Neffe jenes Theodor Gottlieb von Hippel, der in der strikten Observanz den Namen Eques a Falce führte und zu der klerikalen Kongregation von Königsberg gehörte. Er war preußischer Staatsrat und ein Mann von ausgezeichneten Gaben, einer glühenden Vaterlandsliebe und leidenschaftlich tätig um die Erhebung des Volkes gegen die französische Herrschaft.

Im Verfolg der Johannis-Arbeit richteten die Brüder an die Große National-Mutterloge das folgende Schreiben:

„Um uns herum hatte das Kriegs-Getümmel alle Freimaurer Logen vermocht, für den Augenblick ihre maurerischen Arbeiten einzustellen. Der Johannistag rückte heran, und die unterzeichneten Brüder sahen sich außer Stande ihren Durst nach maurerischer Arbeit in einer vollkommenen und gerechten Loge zu stillen. Einige Tage vor dem Eintritte des Johannis-Festes vereinigten wir uns deshalb zur vorläufigen Konstituierung einer Feld-Loge, und durften dabei um so mehr auf die Einwilligung unserer verehrten Mutter-Loge rechnen, als wir sämtlich Meister, und wir der von Hippel, von Vegesack und Zerboni di Sposetti Schottische Meister sind. Wir haben hierauf zu Gnadenfrei, eine bei Reichenbach belegene Herrenhuter Kolonie, am 24. d. M. das Fest des heiligen Johannes zuvörderst durch eine Arbeitsloge eröffnet, hierauf eine der Würde dieses Tages angemessene Tafelloge gehalten, und hatten dabei die Freude mehrere Brüder aus den in der umliegenden Gegend momentan gedeckten Logen in unserer Mitte als Besuchende begrüßen zu können.

Unser einstimmiger Wunsch ist es nun aber, uns von unserer sehr verehrten Mutter-Loge und dem Hocherleuchteten Alt-Schottischen Direktorium als eine vollkommene und gerechte Feldloge konstituiert zu sehen. Wir übersenden zu diesem Ende

1) Abschrift des, am St. Johannistage bei unserer Arbeit aufgenommenen Protokolls, und

2) eine Liste der von uns gewählten Beamten, welche auch sämtlich an jenem Tage ihre Funktionen verrichteten.

Wir sind nicht alle Brüder eines Systems, wollen aber alle einen und eben denselben Zweck, und es kann unseres Erachtens diese äußere Verschiedenheit zumal bei einer Feldloge nichts relevieren. Unsere sehr verehrte Mutter-Loge und ein Hocherleuchtetes Alt-Schottisches Direktorium ersuchen wir daher ehrerbietigst:

uns eine Konstitution zu einer vollkommenen und gerechten Feldloge, welche wir „Zum eisernen Kreuz“ nennen werden, zu verleihen, uns mit dem Ritual für die drei Johannis Grade zu versehen, und uns die für die Beamten unserer Loge erforderlichen Zierraten, nach vorhergegangener Bestätigung derselben, zu übersenden.

Wir werden uns gerne und willig den dabei festgesetzten Vorschriften, mit welchen uns die sehr verehrte Mutter-Loge bekannt machen wird, unterwerfen, und geloben dies hierdurch im voraus aufs feierlichste. Wir bitten aber recht sehr, uns die oben nachgesuchte Konstitution, das Ritual und die erwähnten Zierraten in dem möglichst kurzen Zeitraum zukommen zu lassen, da vielleicht schon vor Ablauf des Waffenstillstandes wir, die wir sämtlich um den Hocherleuchteten Bruder, den Staatskanzler von Hardenberg, beschäftigt sind, unsern jetzigen Aufenthalt verändern müssen, und nicht bestimmen können, wohin wir unsern Weg nehmen. Es wird sich daher gewiß sehr gut einrichten lassen, daß wir alles bis zum 10. kommenden Monats erhalten, und schlagen wir vor: diese Sachen dem mitunterschriebenen Bruder von Hippel und zwar bei Gelegenheit der täglich hierher abgehenden Estafetten senden zu lassen. Zu dem Ende kann das Paket an den Herrn Hofpostmeister Brese in Berlin zur weiteren Beförderung abgegeben werden.

Wir empfehlen uns dem brüderlichen Andenken aufs angelegentlichste und begrüßen Sie durch die uns heilige Zahl als

Ihre treu verbundenen Brüder.“
(Folgen die Unterschriften.)

Auf dieses Schreiben ging unter dem 10. Juli 1813 vom Alt-Schottischen Direktorium das folgende Antwortschreiben ein:

„Ihr brüderliches Schreiben haben wir erst den 7. dieses Monats zu erhalten das Vergnügen gehabt, sodaß es nicht mehr in der Möglichkeit lag, Ihrem Verlangen zu genügen und alle Erfordernisse zur Gründung einer Feld Loge bis zum 10. d. M. dorthin zu beschaffen. Jedoch haben wir ungesäumt alles getan, um Ihr rühmliches Vorhaben zu befördern. Das Konstitutionspatent ist in Arbeit, die Rituale und Instruktionen sollen nächstens, samt den Statuten und den Beamten Zeichen erfolgen, und anbei erhalten Sie den Meister-Eid und die Submissions Akte, beide erwarten wir mit der umgehenden Post zurück, nachdem erstere von dem Meister und deputierten Meister: (welche wir hiermit bestätigen) und letztere von allen Brüdern Stiftern unterschrieben sein werden. Auch genehmigen wir die Wahl der übrigen Beamten, wie nicht minder den sehr gut gewählten Namen der Loge und zweifeln nicht, daß dieselbe unter so würdigen Brüdern und dem wahren Ordens Geist arbeite, mit aller Vorsicht und Gewissenhaftigkeit zu Werke gehen und unserem guten Bunde Ehre machen wird, und hierzu erstehen wir deshalb Segen und Gedeihen vom obersten Baumeister der Welten. Beiläufig bemerken wir, daß die lieben Brüder vor der Konstitution nicht hätten förmlich arbeiten sollen, und darum die Arbeit am Johannis Tage eigentlich illegal war. Indessen ist die Form durch die Absicht und die Resultate geheiligt worden, und besonders ist die reiche Ausbeute für die armen verwundeten Krieger ein schönes Denkmal dieses Tages gewesen. Empfangen Sie ...“

Dies Schreiben zeigt einen etwas schwerfälligen Stil, wir wissen aber nicht, ob es in dieser Form abgegangen ist, denn was uns vorlag, war lediglich der im Archiv der großen National-Mutterloge aufbewahrte Entwurf.

Die Loge entwickelte eine reiche Tätigkeit, und eine ihrer ersten rituellen Handlungen war die Ernennung Hardenbergs zum Ehrenmitglied. Das uns aufbehaltene Protokoll besagt, daß während der vorbereitende Bruder einen Novizen in den Stand setzte dem Tempel zugeführt zu werden, der zweite Vorsteher, Bruder Philipsborn ums Wort gebeten habe. „Nachdem ihm solches gewährt worden, tat er den Vorschlag dem Hocherleuchteten sehr ehrwürdigen Bruder, dem Staatskanzler von Hardenberg die Ehrenmitgliedschaft in der gerechten und vollkommenen Feld Loge „Zum eisernen Kreuz“ anzutragen. Mit allgemeinem Beifall wurde dieser Vorschlag angenommen, und dem Bruder Sekretär gleichzeitig aufgetragen, ein passendes Schreiben namens der Loge an den Bruder von Hardenberg zu entwerfen und bei der nächsten Gelegenheit zur Unterschrift vorzulegen.“

Nach Beendigung des Krieges wurde die Feldloge zum eisernen Kreuz ausgelöst und diese Tatsache der Großloge mit folgendem Schreiben mitgeteilt:

„Nur dem Zusammentreffen mehrerer unvermeidlicher Hindernisse ist es beizumessen, daß sie von der Auflösung unserer Feldloge zum eisernen Kreuz heute erst durch uns Unterzeichnete, Hierselbst befindliche vormalige Beamten derselben, im Auftrage der noch abwesenden Brüder hierdurch ganz gehorsamst benachrichtigt werden.

Diese Auflösung erfolgte zu Paris am 14. Mai 1814. Auffallend erschien hier der Zufall, daß das Lokal unserer Schluß-Loge in der Rue de Jena war, und daß unsere Kette sich gerade sieben Jahr und sieben Monate nach dem Schlachttage von Jena löste.

Bei der dem Maurer heiligen Wahrheit können wir im Namen aller Brüder zum eisernen Kreuz beteuern, daß wir die Stunden, die wir in unsern kleinen enggeschlossenen Kreisen verlebten, mit unter die glücklichsten des Feldzuges rechnen dürfen. Wir lernten fühlen, daß der Schmuck und die Pracht des Tempels, – dessen Einrichtung mancher trefflichen Loge gleich in der ersten Geburt, der Sorgen quälende Mitgift für ihre ganze Lebensdauer wird, und sie am Ende bloß um ihrer ökonomischen Subsistenz willen nötigt, Mitglieder aufzunehmen, die streng genommen die Veredlung ihres Selbst noch eine Zeitlang im Vorhof der maurerischen Hallen abwarten müßten – gewiß das letzte Erfordernis einer gerechten und vollkommenen Loge ist. Nach den Regeln der königlichen Kunst waren unsere Tempel gebaut, aber arm und prunklos waren sie geschmückt, und doch hallten sie wider von der Freude der Brüder, sich einmal ungesehen von der damals so grauenvollen Welt im stillen Maurerfrieden wiederzufinden.

Wir lernten unsere Überzeugung begründen, daß Maurern mehr sei als bloße Form, zu der sie viele, die den Sinn nicht zu deuten vermögen, herabwürdigen wollen. Wenn der Jammer des Elends, das uns auf dem Blutzuge von dem Orient unserer ersten Loge zu Oberpeilau in Schlesien bis zu dem der letzten in der Kaiserstadt des geschlagenen Feindes begleitete, uns mit Kummer füllte, und das Herz zerrissen hatte; so fanden wir Aufheiterung und Balsam im Troste des brüderlichen Freundes.

Wir lernten einander kennen, schätzen, lieben, wir träten näher aneinander, wir standen fest zusammen und trugen die Leiden der trüben Tage in brüderlicher Gemeinschaft; die Freuden der glücklichen Ereignisse aber teilten wir mit maurerischer Herzlichkeit, und so wurden jene uns leichter und diese uns doppelt genußreich. Wir halfen, wo wir konnten, nach unsern Kräften, und unsere Hilfe war dreifache Wohltat, weil sie immer im Augenblick der höchsten Not kam. So ward uns durch unsern maurerischen Verein die eiserne Zeit eine goldene.

Dieses Glück hochwürdigste Brüder haben wir Ihnen allein zu danken, da Sie die Gewogenheit hatten, unserer Feld-Loge eine gesetzmäßige Konstitution zu verleihen und sie unter Ihren maurerischen Schutz zu nehmen. Wir entledigen uns hierdurch des uns von den Brüdern gedachter Loge gewordenen Auftrags, und versichern Sie für dieses höchst schätzbare Merkzeichen Ihres brüderlichen Wohlwollens unseres allerseitigen unauslöschlichen Dankes. Wir haben von der durch Ihre Güte getroffenen Bestimmung äußerlich (als Äußerung) vernommen: daß die Mitglieder unserer Feld-Loge das Zeichen derselben neben dem Zeichen ihrer eigentlichen Loge in allen maurerischen Zusammenkünften fortwährend tragen dürfen. Auch dafür sollen wir auf ausdrücklichen Auftrag unserer Brüder Ihnen unsere tiefgefühlte Verpflichtung zu erkennen geben, und dabei bemerklich machen, daß wir diese ehrenvolle Auszeichnung in ihrem ganzen Umfange zu würdigen wissen.

Schließlich legen wir das Verzeichnis sämtlicher Brüder unserer Loge bei und fügen sämtliche Gerätschaften, Protokolle und sonstigen Papiere nach beigefügtem Verzeichnis hinzu mit dem Ersuchen diese sämtlichen Gegenstände gefälligst aufbewahren zu lassen; mit dem Wunsche daß, solange wir alle zu maurerischen Arbeiten hinieden bestimmt sind, die Weltverhältnisse unseres teuren Vaterlandes die Zurückerbittung aller dieser Beischlüsse nicht wieder nötig machen mögen.

Mit der Bitte um die Fortdauer Ihres uns und den geliebten Brüdern unserer Loge bisher geschenkten Wohlwollens, und mit der Versicherung, daß wir es uns jederzeit zur Ehre rechnen werden, nennen wir uns in der uns heiligen Zahl

Ihre

durch die Kette unseres großen Bundes treu verbrüderte

(folgen die Unterschriften).

Berlin, den ... ten Mai 1815."

Die Feldloge hat sehr eifrig gearbeitet und zu allen Zeiten Novizen aufgenommen. Ein prachtvolles in Schwarz und Gold gebundenes Protokollbuch in Großfolio bewahrt das Archiv der Großen National-Mutterloge zu den drei Weltkugeln noch auf, in dem sich die Protokolle von 1813 bis zum 14. Mai 1814 sehr sauber geschrieben befinden. Dann hat wohl die Unruhe der kriegerischen Ereignisse eine Weiterführung unmöglich gemacht.

* * *

Zu gleicher Zeit entstand in Mainz eine Feldloge unter der Konstitution der großen Loge Royal York zur Freundschaft, die merkwürdigerweise ebenfalls den Namen „Zum eisernen Kreuz" führte. Ein umfangreiches Aktenstück im Archiv dieser Großloge unterrichtet uns eingehend über diese Gründung. Den Antrag stellte der jüngere Le Bauld de Nans, der damals Major im Ingenieurkorps des vierten Armeekorps und Platz-Ingenieur zu Mainz war. Er stellte am 4. Mai 1815 den Antrag bei dem Großsekretär, ihm die Vollmacht zu erwirken, für die preußische Garnison in Mainz eine Feldloge zu errichten. Der Großsekretär trug die Bitte in einer am 19. Mai abgehaltenen außerordentlichen Konferenz der Großloge vor, und diese genehmigte die Errichtung der Feldloge, „obgleich dieselbe von den Schwierigkeiten bei Ausführung und Fortsetzung eines solchen Werks überzeugt ist, so rechnet sie, vertrauend auf Ihren Eifer und Ihre maurerische Einsicht darauf, daß Sie, verehrter Bruder, hierbei mit der möglichsten Vorsicht zu Werke gehen werden".

Unter dem 3. August 1815 teilte die Loge ihre Gründung an die Schwestergroßlogen mit: „Mehrere Brüder des preußischen Militärs von dem Wunsche beseelt, selbst im Getümmel des Krieges die erhabene königliche Kunst der Freimaurer zu betreiben, haben auf die Stiftung einer St. Johannis Feldloge unter der Bezeichnung des eisernen Kreuzes bei der Hochwürdigen, gerechten, gesetzmäßigen und vollkommenen Großen Loge Royale York zur Freundschaft in Berlin angetragen. Diesem Wunsche ist gewillfahrt, und die St. Joh. Feldloge zum eisernen Kreuze gestiftet worden.

Indem die Feldloge es für ihre Pflicht hält, Sie, Hochwürdige, sehr Ehrwürdige und vielgeliebte Brüder, von diesem frohen Ereignis zu benachrichtigen, empfiehlt sie zugleich alle ihre Mitglieder, von denen ein namentliches Verzeichnis beigeschlossen ist, Ihrem brüderlichen Wohlwollen, und bittet im Namen derselben um maurerische Güte.

Von uns, die wir von der Königlichen Kunst im Innersten beseelt sind, wird jeder Beweis einer brüderlichen Gesinnung stets dankbar anerkannt und erwidert werden, und mit dieser Versicherung unterzeichnen wir uns als Ihre

treu verbundene Ordensbrüder."
(Folgen die Unterschriften.)

Es schloß sich an die Genehmigung ein reger Schriftwechsel an; Le Bauld de Nans war ein fleißiger Briefschreiber und gut unterrichteter Freimaurer. In seiner stillen Kabonniere arbeitete er die Lokalgesetze aus und bereitete die Reden vor, mit denen er die Brüder belehrte und erbaute. Die Großloge sandte die Reverse ein, die sich von allen Mitgliedern unterschrieben und untersiegelt noch im Archiv befinden. Dann erst wurde das Konstitutionspatent am 30. November 1815 erteilt. Es ist außerordentlich interessant und weicht in seinen Bestimmungen wesentlich von denen der beiden andern altpreußischen Großlogen ab. Wir geben es in seinen hauptsächlichsten Ausführungen:

„Wir Großmeister, zugeordneter Großmeister, Großvorsteher, Großbeamte und Repräsentanten der Großen Loge Royal York zur Freundschaft tun kund und fügen hiermit zu wissen,

Nachdem der Hochwürdige Bruder Le Bauld de Nans Uns den Wunsch geäußert hat, im Orient der königlich preußischen Armee eine gerechte und vollkommene St. Johannis-Feldloge unter dem Namen „Zum eisernen Kreuz" zu stiften, Wir auch diesem Wunsch nichts entgegenzusetzen haben, da der in dieser Hinsicht vorgeschriebene Revers im Orient von Mainz den fünften Juni dieses Jahres von dreizehn Brüdern Meistern, zwei Brüdern Gesellen und zehn Brüdern Lehrlingen vollzogen und eingeschickt worden ist; so konstituieren Wir kraft dieses die Loge zum eisernen Kreuz und nehmen alle Mitglieder derselben in Unsern Großen Freimaurer-Logenbund, den Meister vom Stuhl, den deputierten Meister aber und die derzeitigen wie künftige als stimmberechtigte Mitglieder Unserer Großen Loge hiermit auf und an und erteilen der gedachten Loge, jedoch und ausdrücklich auf die Dauer des gegenwärtigen Krieges, die Befugnis, in ihrem Orient maurerische Zusammenkünfte zu halten, rechtschaffene, bewährte, dem Regenten und dem Vaterlande treu ergebene Männer nach dem vorgeschriebenen Ritus Unseres Logenbundes als Freimaurer-Lehrlinge aufzunehmen und solche nach Befinden der Umstände zu Gesellen und Meistern zu befördern, jedoch unter der ausdrücklichen Bedingung, diese Loge nur für die Dauer des Krieges bestehen zu lassen, gleich nach hergestelltem Frieden die Akten und Rituale an die Große Mutterloge der Freimaurer Royal York zur Freundschaft zurückzugeben und sämtliche maurerischen Utensilien zu vernichten oder in einer gerechten Loge aufbewahren zu lassen und endlich dafür zu sorgen, daß diejenigen Mitglieder der Feldloge zum eisernen Kreuz, die schon als Maurer sich anschlossen, in ihre früheren maurerischen Verhältnisse, diejenigen aber, die von derselben erst als Maurer aufgenommen in die Kategorie der isolierten Brüder zurücktreten."

Das Patent verbietet dann noch, daß die Loge „in die Rituale oder in Unsere Verfassung etwas hineinträgt oder hineintragen lasse, was auf irgend eine politische Tendenz hinziele, den Landesgesetzen zuwider sei, oder Fanatismus, Aberglauben und Schwärmerei begünstigen könne".

Das Abzeichen der Mitglieder war ein Pentagramm in einem Strahlenkranz, das im fünfeckigen Mittelfeld ein eisernes Kreuz trug.

Der Meister vom Stuhl, der ja als Sohn eines berühmten Freimaurers und führenden Mitglieds seiner Großloge ein Meister in der königlichen Kunst war, hat regelmäßig seine Arbeiten abgehalten und die vorgeschriebenen Berichte vierteljährlich an die Großloge nach Berlin abgesandt. Am 19. März hat er mitzuteilen, daß durch den Abmarsch des dreizehnten und zwanzigsten Regiments in ihre neuen Garnisonen viele würdige Brüder der Loge verlorengingen, trotzdem hat er die Arbeiten aufrechterhalten können. Die Auflösung der Feldloge ist in den Akten nicht besonders vermerkt, nur in einer Antwort der Großen Loge vom 26. September 1816, die einigen beschwerdeführenden Brüdern erteilt wurde – es handelte sich um geringfügige Affiliationsfragen –, wird gesagt: „Da jedoch die Feldloge gegenwärtig sich zugleich aufgelöst hat", so sei die Beschwerde überholt. Le Bauld de Nans berichtet schon am 9. Dezember 1816 von den Arbeiten der St. Johannis-Loge zum eisernen Kreuz, bezeichnet sie also nicht mehr als Feldloge.

In der Tat war sie in eine stehende Loge umgewandelt. Interessant für die damaligen Verhältnisse in Mainz ist ein Bericht vom 17. November 1821 von dem vorsitzenden Meister, der nach Le Bauld de Nans den Hammer führte. Er teilt mit, daß seit achtzehn Jahren in Mainz die Loge „Zu den vereinigten Freunden" bestehe, die unter der Konstitution des Groß-Orients von Frankreich arbeite, aber von dem Bruder Prinzen Karl von Hessen einem deutschen Orient zugeführt worden sei, sie habe jedoch die Anerkennung der drei altpreußischen Großlogen noch nicht erhalten. Im Jahre 1815 dann sei die Loge „Zum eisernen Kreuz" errichtet worden und im Jahre 1818 eine dritte Loge „Ludwig zur Eintracht" unter der Konstitution der Direktorial-Loge des Eklektischen Bundes zu Frankfurt. Die Vielfältigkeit der Logen sei in einer nicht sehr bevölkerten Stadt wie Mainz der königlichen Kunst nur nachteilig. Eine Vereinigung mit der ehemals französischen Loge konnte infolge der Nichtanerkennung nicht erzielt werden, und der Bericht bedauert, daß so der Verkehr mit vielen lieben Brüdern unmöglich geworden sei. Mit der Loge „Ludwig zur Eintracht" wurde die Vereinigung geschlossen, und zwar derart, daß die Ludwigsloge den eklektischen Bund verließ und sich mit dem eisernen Kreuz vereinigt der Großen Loge Royal York anschloß. Als gemeinsamer Name wurde „Ludwig zur Eintracht" zu Ehren des Großherzogs Ludwig I. von Hessen beibehalten.

***

Wenden wir uns nunmehr den Feldlogen zu, die während der Befreiungskriege unter der Oberhoheit der Großen Landesloge der Freimaurer von Deutschland gegründet wurden:

Im Frühling des Jahres 1811 hatte sich der Logenmeister der St. Johannis-Loge „Zum Tempel der Tugend" in Schwedt Graf von Lottum an den Provinzial-Großmeister von Katte mit der Bitte gewandt, ihm die Erlaubnis zur Errichtung einer Feldloge zu erteilen. Der Provinzial-Großmeister, der sich nicht für zuständig hielt, gab das Schreiben unter dem 9. Mai 1811 an die Große Landesloge ab, und der Landes-Großmeister, Professor Friedrich von Castillon, beauftragte den Landes-Großsekretär, die Akten der Feldlogen des achtzehnten Jahrhunderts vorzulegen, um die Bedingungen festzustellen, unter denen Feldlogen durch die Große Landesloge errichtet worden seien. Demgemäß stellte die Große Landesloge unterm 29. Mai 1811 die Vollmacht aus:

„Demnach der Hochwürdige Bruder Karl Heinrich Graf von Lottum, Logenmeister der Ehrwürdigen St. Johannis-Loge „Zum Tempel der Tugend" zu Schwedt zufolge Anzeige des Hochwürdigen Provinzial-Großmeisters Bruders von Katte vom 9. dieses Monats aus rühmlichem Eifer für das Beste des Freimaurer Ordens sowohl, als in Betracht, daß ein großer Teil der Mitglieder der Loge zum Tempel der Tugend als militärische Brüder bei dem jetzigen Truppenmarsch von dem Arbeitsort ihrer Logen entfernt sein müssen, darauf angetragen, ihn zur einstweiligen Erbauung einer Feld-Loge zu bevollmächtigen, dieses gute Vorhaben aber von der Hochwürdigen Großen Landesloge der Freimaurer von Deutschland zu Berlin sehr beifallswert gefunden; so erteilt die Große Landesloge zu Berlin gedachtem Hochwürdigem Bruder Grafen von Lottum die zur Erbauung einer Feld-Loge nötige Vollmacht kraft dieses, dergestalt und also, daß der Hochwürdige Bruder Graf von Lottum berechtigt sein soll, während des jetzigen Truppenmarsches, im Felde, wo er sich befindet, Freimaurer Lehrlinge, Gesellen und Meister nach

Carl Graf von Wylich und Lottum

Vorschrift der hergebrachten Ihm überlieferten, und von Ihm zu halten angelobten alten und ehrwürdigen Gesetze, Gebräuche und Gewohnheiten unseres Ordens auf- und anzunehmen, in den Versammlungen der Brüder die Tafeln der Lehrlinge, Gesellen und Meister vorzulegen und zu erklären, in Umstimmungs-, Aufnehmungs-, Unterweisungs-, Ökonomie- und Tischlogen der auf diese Weise von ihm zu regierenden Feldloge Nummer eins das freimaurerische Licht auszuteilen, zu dem Ende auch die Akten einer Ehrwürdigen in der Nachbarschaft errichteten St. Johannis-Loge, welche gegenwärtig etwa ihre Arbeiten eingestellt haben möchte, sich aushändigen zu lassen."

Graf Lottum dankte de dato Körlin, den 4. August, und erklärte, daß der Gedanke, eine Feldloge zu gründen, in ihm von dem Augenblick an beschlossen gewesen sei, als er vernommen habe, daß Bruder von Blücher an die Spitze des Armeekorps gestellt werden würde. Die große Landesloge sprach ihm ihre Anerkennung für seine treue Arbeit aus und legte ihm zugleich nahe, ihrer Loge zu Treptow a. R. durch Zuführung neuer Mitglieder einen neuen Impuls zu geben. In dem Verzeichnis, das die Feldloge im Jahre 1812 an die Groß-Loge sandte, sind achtunddreißig Mitglieder genannt, unter denen auch Blücher erscheint.

Blücher hat Zeit seines Lebens der Königlichen Kunst in Treue angehangen. Nach seinem Siege an der Katzbach ging er zu einer Tempelarbeit in die Loge zur goldenen Mauer in Bautzen am 18. September 1813 und hielt vor den Brüdern folgende Rede: „Ich habe von Jugend auf die Waffen für mein Vaterland geführt und bin darin grau geworden. Ich habe den Tod in seinen fürchterlichsten Gestalten gesehen und sehe ihn noch täglich vor Augen. Ich habe Hütten rauchen und ihre Bewohner nackt und bloß davonfliehen sehen und ich konnte nicht helfen. So bringt es das Toben und Treiben der Menschen in ihrem leidenschaftlichen Zustande mit sich. Aber gerne sehnt sich der bessere Mensch aus diesem wilden Gedränge heraus, und segnend preise ich die Stunde, wo ich mich im Geiste mit guten und treuen Brüdern in jene höheren Regionen versetzen kann, wo ein reineres und klareres Licht uns entgegenstrahlt. Heilig ist mir daher die Maurerei, der ich bis zum Tode treulich anhängen werde und jeder Bruder wird meinem Herzen stets teuer und wert sein. Gott sei mir gnädig!"

Die Loge schloß am 10. Oktober 1816 ihre Pforten. Sie hatte eine ganze Anzahl neuer Mitglieder aufgenommen, Beförderungen in den Gesellen- und Meistergrad vollzogen.

* * *

Am 4. März 1813 teilten Graf Henckel von Donnersmarck und General-Chirurgus Wiebel der Großen Landesloge mit, daß sie willens seien, „bei dem zu eröffnenden Feldzuge eine Feldloge zu errichten und bitten um eine Konstitution. Die Loge soll den Namen Suum cuique führen. Der Landesgroßmeister verfügte am 12. März:

„Bei der Stiftung einer Feldloge unter der Führung solcher guten Brüder hat es kein Bedenken; da wir nicht wissen, wo der Bruder Graf Lottum sich befindet und ob er auch nicht vielleicht seine Feldloge in Arbeit setzen wird, so werden wir wohl diese neue Feldloge No. zwei nennen... Der Name Suum cuique will mir nicht gefallen. Er drückt einen allgemeinen Rechtssatz aus, der sich in der Freimaurerei von selbsten versteht, auch würde es nicht wohl möglich sein, ein passendes Logensiegel dazu zu verfertigen. Um indessen unsern guten Brüdern soweit als möglich zu willfahren, so schlage ich vor, dieser neuen Feldloge den Namen Feldloge No. zwei mit dem Motto: Suum cuique beizulegen."

Der Landes-Großmeister schickte diese Verfügung an die Groß-Beamten, die alle schriftlich zustimmten. Darauf wurde eine Vollmacht ausgefertigt, die das Datum des 12. Mai 1813 trug:

„Demnach die Hochwürdigen Brüder Graf Henckel von Donnersmarck Meister der Ehrwürdigen St. Johannis-Loge zur Beständigkeit in Berlin und General-Chirurgus Wiebel, Meister der Ehrwürdigen St. Johannis-Loge Minerva zu Potsdam aus rühmlichen Eifer für das Beste des Freimaurer-Ordens den gemeinschaftlichen Entschluß genommen, mit Hilfe mehrerer ins Feld ziehenden guten und echten Freimaurer eine Feldloge Nummer zwei, unter dem Motto suum cuique: zu erbauen, und dabei beide Hochwürdige Brüder um die dazu nötige Vollmacht bei der Hochwürdigen Großen Landesloge zu Berlin gebührend angesucht haben, die Hochwürdige Große Landesloge aber diesem edlen Vorhaben ihren Beifall nicht hat versagen können: so erteilt die Hochwürdige Große Landesloge zu Berlin gedachten Hochwürdigen Brüdern, Graf Henckel von Donnersmarck und Wiebel, die zur Erbauung der Feld-Loge Nummer zwei nötige Vollmacht kraft dieses, dergestalt und also, daß der Hochwürdige Bruder Graf Henckel von Donnersmarck als Logenmeister, und der Hochwürdige Bruder Wiebel als deputierter Logenmeister berechtiget sein sollen, während des bevorstehenden Feldzuges, da, wo sie sich befinden werden, Freimaurer Lehrlinge, Gesellen und Meister ... auf- und anzunehmen ..."

Die Loge hat sehr eifrig gearbeitet und ist bis zum Jahre 1818 in Feindesland geblieben. Am 15. November 1818 siedelte sie nach Erfurt über, um dort ihre Umwandlung in eine stehende Loge zu vollziehen. Die Auflösung der Feldloge zeigte Graf Henckel aus Charlottenburg am 9. Januar 1819 an:

„Mit dem Ende unseres Aufenthaltes in Frankreich habe ich meiner Pflicht gemäß auch die Arbeiten der mir anvertrauten Feldloge Nummer zwei mit dem Motto Suum cuique geschlossen. Mit treuem Eifer ist das Werk von uns allen betrieben worden, und ich bin es meinen gewesenen Beamten besonders schuldig, hier öffentlich dankbar ihrer zu erwähnen, denn sie sind nie müde geworden, mich treulich zu unterstützen ..."

Aus dieser Feldloge ging dann die St. Johannis-Loge „Friedrich Wilhelm zum eisernen Kreuz" in Erfurt hervor. Graf Henckel, der später als Ordensmeister der Großen Landesloge treue Dienste geleistet hat, hatte dieser Feldloge nicht nur Opfer an Zeit, Mühe und Gedankenarbeit gebracht, sondern ihr auch eine namhafte Summe baren Geldes vorgeschossen. Bei der Überführung in eine stehende Loge verfügte dann die Große Landesloge, daß Graf Henckel sich aus der Logenkasse der Feldloge bezahlt machen möge. In einem herzlichen Schreiben dankt er ihr dafür.

Darauf antwortete die Große Landesloge am 12. Februar 1819:

„... Wenn Sie Ihrerseits dem treuen Eifer Ihrer Brüder Beamten das wohlverdiente Lob beilegen, so dürfen wir mit desto mehrerem Rechte Ihrer ausgezeichneten Liebe für den Orden, Ihrer treuen Fürsorge für das Wohl Ihrer Loge, die keine Mühe und Arbeit, selbst wenn sie mit Aufopferung verbunden war, gescheut hat, und Ihrer Weisheit und Umsicht, mit der Sie die Arbeiten geleitet, Gerechtigkeit widerfahren lassen. Es ist uns hinlänglich bekannt geworden, in welchem besonderen Flor Ihre gute Loge sich befand, und welcher vortreffliche Geist alle Ihre Brüder Mitglieder beseelt hat, und wir haben mit der Freude einer liebenden Mutter daran teilgenommen. Gebe der große Baumeister, daß der gute Same, den Sie so reichlich ausgestreut haben, Frucht tragen möge! ..."

***

Infolge der politischen Wirren, die der Einigung Deutschlands unter der Führung Preußens vorangingen, befahl König Friedrich Wilhelm IV. im November 1850 unter Manteuffels Ministerium die Mobilmachung. Es kam freilich nur zu einem Vorpostengefecht bei Bronzell südwestlich von Fulda, in dem allein ein Trompeterschimmel des zehnten preußischen Husarenregiments verwundet wurde, der als der „Schimmel von Bronzell" im Treppenwitz der Weltgeschichte weiterlebt.

Dieser Ausgang war natürlich nicht vorauszusehen gewesen, denn die Wolken am politischen Himmel hatten drohende Gewitterfarbe gezeigt, und es wäre für Preußen kein leichter Krieg geworden.

In dieser Zeit bat der vorsitzende Meister der Loge Teutonia in Potsdam, der Militärarzt Dr. Puhlmann, um die Vollmacht der Großen National-Mutterloge zu den drei Weltkugeln zur Errichtung einer Feldloge. Das Gesuch unter Anschluß des Mitgliederverzeichnisses ging am 1. Dezember 1850 ab und war mit folgenden Worten eingeleitet:

„Die Unterzeichneten, sämtlich Glieder der Sehr Ehrwürdigen gerechten und vollkommenen St. Johannis-Loge „Teutonia zur Weisheit" im hiesigen Oriente, und in dem Falle, bei dem zu erwartenden Ausbruche eines Krieges sofort im Dienste des Königs und des Vaterlandes ins Feld rücken zu dürfen, haben sich heute zur Stiftung einer Feldloge für die Dauer des bevorstehenden Krieges verbündet. Wir sind von dem lebhaften Wunsche beseelt, uns die gemeinsame Übung unserer maurerischen Pflichten zu sichern, um nicht gerade in solcher Zeit und Lage des Lebens, welche mehr als jede andere

J. W. von Wiebel

die ernsteste Selbstprüfung, den angestrengtesten Fleiß im Streben nach höherer Vollendung und den engsten und innigsten Anschluß an die Brüder erheischt, der geistigen und sittlichen Erhebung entbehren zu müssen, zu welcher wir uns durch die fleißige Arbeit unter den drei großen Lichtern veredelt fühlen.

Und – wir sind dessen gewiß – wie wir werden viele, die gleich uns mit freudigem Stolze zu den Fahnen sich scharen, und wenn es gilt zu siegen oder zu sterben – für die Ehre des Soldaten ist es dasselbe – mitten in dem Gewühl des Krieges gern zu dem heimlichen Altar treten, um den sie die Bruderkette schließen und sich befestigen im Glauben, in der Hoffnung und in der Liebe."

Die Genehmigung zur Konstituierung einer Feldloge unter dem Namen „Zum siegenden Adler" und dem Siegel, das einen aufsteigenden Adler mit einem Schwert in den Fängen zeigt und der Umschrift „soli ne cedis" wurde von der Quartalkonferenz erteilt und das Konstitutionspatent mit dem Datum des 12. Dezember 1850 versehen. Der Tag der Lichteinbringung war von dem Protektor, dem Prinzen Wilhelm von Preußen, nachmaligem Deutschen Kaiser, auf den 27. Januar 1851 festgesetzt. Die Feierlichkeit fand in den oberen Sälen des Potsdamer Bahnhofsgebäudes statt. Um ein Uhr mittags erschien der Prinz, der bis zum Schlusse der Einweihung um zweieinhalb Uhr im Kreise der Brüder verblieb. Leider ist die Ansprache, die der Prinz von Preußen gehalten hat, uns nicht überliefert. Die Niederschrift schließt: „Das gegenwärtige Protokoll wurde, nachdem es vorgelesen, zum kräftigen Merkmale der Wahrheit und zur erhebenden Erinnerung für künftige Glieder dieser Feldloge von dem Durchlauchtigsten Protektor unterschrieben."

Bei der der Feier folgenden Tafelloge brachte der Prinz von Preußen den Trinkspruch auf den König aus und dankte Puhlmann für die ihm gewidmeten Worte. Im Schwesterntoast wurde seiner Gemahlin besonders gedacht.

Da es nicht zum Kriege kam, so wurde die Feldloge am 15. Juni 1851 laut Verfügung des Bundesdirektoriums in eine stehende Loge verwandelt, und da für eine zweite derselben Lehrart in Potsdam kein Bedürfnis vorlag, außer Tätigkeit gesetzt.

Nach sieben Jahren, als wieder ein Krieg drohte, und die Mobilmachung in Preußen befohlen war, beantragte Dr. Puhlmann die Reaktivierung der Feldloge, die auch vom Bundesdirektorium genehmigt wurde. Da aber schon am 1. August 1859 die Demobilmachung eintrat, kam die Feldloge nicht zur Arbeit. Das letzte gedruckte Mitgliederverzeichnis weist fünfzig Mitglieder auf und an der Spitze als Ehrenmitglied den Prinzen von Preußen. In den darauffolgenden Kriegen der Jahre 1864, 1866 und 1870/71 hat der siegende Adler nicht wieder gearbeitet.

IV. Feldlogen im „Weltkrieg“

Wenn ich den Ausdruck „Weltkrieg“ gebrauche, so sehe ich dabei, um mit Martinus Luther zu reden, dem gemeinen Mann aufs Maul und ehre die volkstümliche Wortprägung, obgleich sie eine unmögliche Hyperbolie ist. Ich ehre auch die prachtvolle Volkssymbolik, die überall wortschöpferisch auftritt und trotz allem philologischen Entsetzen ihren Siegeszug durch die Sprachen hält.

In den Kriegen, die der Gründung des deutschen Kaiserreichs unter dem Szepter Kaiser Wilhelms I. vorangingen, wurden keine Feldlogen auf deutscher Seite errichtet. Das ist merkwürdig, da doch sowohl der König wie der Kronprinz begeisterte Freimaurer waren und dem Feldlogen-Gedanken gewiß nicht widerstrebt hätten. Es scheint aber, daß bei den nicht lange währenden Feldzügen, die durchaus den Charakter des Bewegungskrieges hatten, das Bedürfnis zur Feldlogenarbeit nicht empfunden oder durch die schnell wechselnden kriegerischen Ereignisse unterdrückt wurde. Auch war das letzte Jahrzehnt der Regierung Friedrich Wilhelms IV. eine Zeitwende, erfüllt von politischen und weltanschaulichen Gegensätzen und der stillen freimaurerischen Geisteskultur nicht günstig. Wenn die Geister aufeinanderplatzen, ist kein Raum für den freimaurerischen Gedanken. Erst wenn die bürgerliche Harmonie wieder errungen ist, wenn das Leben die neue Form aus den Stürmen einer Zeitwende gewonnen hat, belebt sich auch der freimaurerische Atem von neuem, und die verödeten Logen werden wieder aufgesucht.

Beim Ausbruch des Weltkrieges war das Deutsche Reich eine Weltmacht, und die vaterländische Begeisterung der denkwürdigen Augusttage verwischte jeden Parteiunterschied. Jung und alt drängten sich zu den Fahnen. Der Kaiser, der oft in entscheidenden Stunden ein treffliches Wort fand, sprach das aus, was alle bewegte: Ich kenne keine Parteien, ich kenne nur Deutsche. Mit dem stürmischen Vormarsch auf der Westfront, nach Hindenburgs gewaltigen Schlägen im Osten, glaubte jedermann an eine schnelle Überwindung des feindlichen Widerstandes und an einen baldigen Frieden. Als aber der verhängnisvolle Rückzug von der Marne in den ersten Septembertagen erfolgte, als Kitcheners Wort bekannt wurde: „Die Deutschen gewinnen alle Schlachten, und wir den Krieg“, als dann der Vormarsch im Schützengraben versackte, da sahen die Wissenden ein, es werde ein langes Ringen nötig sein, um sich der von allen Seiten ausstehenden Feinde zu erwehren.

Und damals verlangten die in schwerem Kampf stehenden Freimaurer nach dem inneren Frieden ihres stillen Tempels, nach seelischer Sammlung und nach brüderlicher Aussprache in Not und Tod des gewaltigen Auskampfes zweier weltpolitischen Theorien. Und nun bildeten sich die ersten Feldlogen des Weltkrieges. Schon am 15. Januar 1915 fanden sich bayerische Offiziere in Lüttich zusammen, um unter der Aufsicht der Bundes- und Großloge „Zur Sonne in Bayreuth“ eine Feldloge mit dem Namen „Zum eisernen Kreuz“ zu errichten. Als dann weitere Gründungen erfolgten, beschloß der deutsche Großlogenbund in seiner Tagung am 29. Mai 1915, allgemeine Bestimmungen für die Gründung von Feldlogen zu erlassen:

„§ 1. In Kriegszeiten können für die Dauer des Krieges Feldlogen gestiftet werden, welche Aufnahmen und Beförderungen vorzunehmen berechtigt sind. Die Feldlogen sind nicht an eine durch maurerische Lichteinbringung geweihte Stelle gebunden, haben jedoch dafür Sorge zu tragen, daß sie bei ihren Arbeiten maurerisch gedeckt sind.

§ 2. Brüder, welche zu einer Feldloge zusammentreten oder derselben später sich anschließen wollen, bedürfen keiner Entlassungsurkunde von der Loge, welcher sie angehören.

Die zu einer Feldloge zusammentretenden Brüder haben sich durch ihre Zertifikate als solche auszuweisen.

War einer dieser Brüder Mitglied einer ruhenden (inaktiven) Loge oder einer außerhalb Deutschlands belegenen Loge, von welcher eine solche Urkunde nicht beigebracht werden kann, so genügt die Bescheinigung einer Persönlichkeit, deren Eigenschaft als Bruder bekannt ist, in welcher auf Maurerwort versichert wird, daß der Betreffende als Freimaurer aufgenommen ist und den angegebenen Grad besitzt.

§ 3. Diese Brüder haben sich schriftlich zu verpflichten, sogleich nach Beendigung des Kriegszustandes ihre Akten und die Vorschriften über das Gebrauchtum sowie das Patent, sofern sie ein solches erhalten haben, an ihre Großloge zurückzugeben, wie ihre maurerischen Gerätschaften bei dieser Großloge oder in einer Johannisloge aufbewahren zu lassen oder zu vernichten. Das etwa eingeführte Logenabzeichen verbleibt den Brüdern.

§ 4. Die Mitglieder einer Feldloge, die sich derselben schon als Maurer anschlossen, treten nach deren Auflösung oder Entlassung aus derselben in ihre früheren Logenverhältnisse zurück, jedoch mit den Rechten und Pflichten des Grades, den sie in der Feldloge etwa erworben haben.“

Über die Feldlogen, die in den schweren Kriegsjahren entstanden, und die den deutschen Freimaurern, die in dauernder Fühlung mit dem Feinde waren, Trost und Erhebung spendeten, sobald sie von der Front zurück in Ruhestellung kamen, sind wir sowohl durch die Akten bei den Aufsicht führenden Großlogen als auch durch Veröffentlichungen gut unterrichtet. Der Geist in allen Logen war der gleiche, und es genügt, wenn wir uns mit den wichtigsten näher beschäftigen und von den übrigen nur Namen und Gründungsjahr mitteilen.

Von außerordentlicher Bedeutung wurde die Loge „Zum aufgehenden Licht an der Somme“, die am 14. März 1915 von zwölf deutschen Freimaurern im Tempel der Loge „Justice et Vérité“ zu St. Quentin gegründet wurde. Sie gewinnt vor allem Bedeutung durch ihren ersten Meister vom Stuhl, Dr. Wilhelm Ohr, dessen menschliche und kriegerische Größe, dessen freimaurerische Treue und Hingebung ein bleibendes Vorbild sind. Wir werden uns mit diesem seltenen Mann, in dem der Geist der Befreiungskriege wiedergeboren schien, in seiner vaterländischen Begeisterung, in seinem heldenhaften Leben, Wirken und Sterben ein Theodor Körner unserer Zeit, etwas näher beschäftigen müssen, denn in ihm verkörpert sich der hohe Patriotismus, der die Freimaurerei Deutschlands im Weltkrieg beseelte.

Sein wissenschaftliches Arbeitsgebiet war die mittelalterliche Geschichte, für die er sich in Tübingen 1904 mit einer Schrift „Die Kaiserkrönnung Karls des Großen“ habilitiert hatte. Dann zog es ihn in die Politik, im Jahre 1911 unterlag er als Kandidat für den Reichstag der Sozialdemokratie. Im Jahre 1913 habilitierte er sich in Frankfurt am Main, der Vaterstadt seiner Eltern und Voreltern, an der Akademie für Sozial- und Handelswissenschaften. Dort schloß er sich, nachdem er das freimaurerische Licht in der Münchner Loge „Zum aufgehenden Licht an der Isar“ erblickt hatte, der Loge „Zur Einigkeit“ als Besuchender an. Von Frankfurt aus rückte er mit einem Landsturm-Bataillon am 14. Oktober 1914 ins Feld.

Auf französischem Boden hatte er Gelegenheit, das Wesen der französischen Freimaurerei zu studieren, das er in seinem unvergleichlich kritischen Buch „Der französische Geist und die Freimaurerei“ darstellte. Er weist überzeugend nach, daß die Freimaurerei in Frankreich republikanisch und politisch sei: „Deutsches Denken ist in der Regel dem französischen Maurer unbekanntes Land. Er sprudelt seine feurig geliebten Ideen der französischen Revolution heraus, erklärt in gleichem Atem, daß jede Religion dogmatisch sei, daß aber dennoch die Freimaurerei nicht gegen die Religion, sondern nur gegen den Dogmatismus sei. Er weist mit Entrüstung zurück, daß der Groß-Orient von Frankreich Politik treibe, erklärt aber mit freudigem Stolze, daß die französische Revolution das Werk der Loge gewesen sei und würde sich sehr wundern, wenn diese Ideen nicht aller Herzen höher schlagen ließen. Die Ideen anderer sucht er nicht zu verstehen.“

Als Kompanieführer war Ohr durchdrungen von dem Gedanken, daß väterliche Sorge für seine Kameraden die erste Bedingung des Führers sei. Er erzog in seinen Leuten den kriegerischen Geist und den Gedanken, das Blutopfer sei eine befreiende vaterländische Tat. So sagt er in einer Feldandacht:

„Helft einander in Friedfertigkeit und Dankbarkeit bei allen kleinen Gelegenheiten in und außer Dienst, denn ein jeder von euch ist ein Stück deutschen Vaterlandes. Meidet nutzlosen Streit über alte und neue Parteimeinungen. Wir sind hier deutsche Soldaten, sonst nichts. Haltet den Geist treuer Kameradschaft hoch, der unsere Erfolge verbürgt. Sind schlechte Elemente unter euch, so stoßt sie aus, und haltet euch rein im Kriege von Unrecht und Sünde. Erkennet, daß der Krieg etwas unendlich Größeres ist, als wir geahnt, ein Zerstörer und erbarmungsloser Würger, aber auch ein Zeugender, ein Lebenswecker, ein Sturm, der Bäume entwurzelt und Tod und Schrecken sät, aber auch ein Wegbereiter kommender neuer Gestaltung in Volk und Menschheit.“

Um die ganze Größe dieses treuen Mannes und Maurers kennenzulernen, müssen wir uns vor Augen halten, daß er in aller zermürbenden Arbeit des Kriegsdienstes, im seelenerschütternden Trommelfeuer unsterbliche Schriften über die Königliche Kunst schrieb. Am 26. Juni 1916 sandte er die ersten Bogen seines Werkes über die französische Maurerei seinem zugeordneten Meister vom Stuhl mit folgender Widmung: „Die englische Offensive beginnt – mein Johannistag heißt: Vorwärts in die zerschossenen Gräben! Gott mit uns! Ich danke innig für Ihr letztes brüderliches Schreiben und grüße Sie in echter Freundes- und Brudertreue.“ Dieser zugeordnete Meister seiner Feldloge war Felix Witt-Hoë, damals Hauptmann im Generalstab, der im Jahre 1912 in der Loge „Friedrich zur Vaterlandsliebe“ in Koblenz aufgenommen worden war. In dieser Loge lebte der Geist ihrer Mutterloge, jener Feldloge, die zu Mitau im Yorckschen Korps gegründet worden war. Witt-Hoë führte in seinem Feldkoffer die alten Akten von 1813/15 mit nach Frankreich hinein und brachte so den Geist der Befreiungskriege der Feldbrüderschaft zu.

Über den Geist dieser Feldloge gibt uns der Bericht ihres vorsitzenden Meisters Nachricht. Es waren Brüder der verschiedensten Lehrarten in dieser Feldloge vereinigt, und ihre Mutterloge gestattete, nach allen anerkannten Ritualen zu arbeiten, wovon der vorsitzende Meister weitgehenden Gebrauch machte. Die Feldlogengesinnung, die durch die beiden Führer, Dr. Ohr und Hauptmann Witt-Hoë, unter den Mitgliedern geschaffen wurde, fand ihren Ausdruck in folgendem, von dem vorsitzenden Meister niedergelegten Gedanken: „Der Krieg stürzt die freimaurerischen Ideale nicht um, sondern vertieft sie. Die deutsche Bauweise vermag dem Soldaten zur höchsten Pflichterfüllung die Wege zu weisen. Der deutsche Sieg schließt den Sieg des maurerischen Gedankens ein. … Bei aller Verschiedenheit der Lehrarten und bei allen scheinbar so tiefgehenden Gegensätzen ist die deutsche Freimaurerei doch eine geistige Einheit. Dies war damals ein Glaube, wie der, daß es keine

Johann Friedrich Zöllner
Oberkonsistorialrat

Parteien mehr gäbe. Im Gegensatz zur romanischen Freimaurerei dient sie den höchsten sittlichen Ideen als eine rechte Erbin der Ideenwelt unseres klassischen deutschen Zeitalters.“ Bei diesem Streben nach hohen geistigen Zielen verlor die Feldloge nicht den Blick für praktische Nächstenliebe. Dies beweist ihr Aufruf an sämtliche deutsche Freimaurerlogen zur Berufshilfe für Kriegserblindete und Kriegsertaubte. Für dieses Werk der Menschenliebe hatte die kleine Feldloge achtzehntausend Goldmark gesammelt.

Der Grundgedanke des freimaurerischen Wirkens von Wilhelm Ohr war deutsch. Er glaubte an die Prophezeiung, daß am deutschen Wesen einmal die Welt genesen werde, er ersehnte den Sieg in dem großen Kampfe, um eine deutschfundierte Welt erstehen zu lassen, die aller Welt Erlösung und Frieden bedeute. Was er von einer Feldloge verlangte, legte er in folgenden Worten nieder: „Die Feldlogen haben eine Kraft der inneren Erbauung, wie sie nur selten die Feldgottesdienste oder die Ansprachen besonders begabter Offiziere erreichen können. Bedenket, was jeder einzelne durchzumachen hat in der Front, wie die Nerven zermalmt, die natürliche Elastizität der Seele zerrieben zu werden pflegt. Wohl bleibt der Soldat aufrecht und tut seine Pflicht. Er preßt seiner Natur das Übermenschliche ab, er tut seinen Dienst, solange er über Kopf und Glieder zu verfügen vermag. Welch eine Auffrischung bietet ihm aber die Feldloge, wenn er, von der Front kommend, im Etappengebiet einen maurerischen Tempel betreten kann, wenn die uralten Worte ihm zugerufen werden, die nun eine ganz andere Bedeutung für ihn gewinnen. Er kehrt zurück, als ob er einen Urlaub im Genesungsheim beendet hätte, ja, in manchen Fällen wird man von einer Wiedergeburt der moralischen Kraft reden dürfen.“

Wilhelm Ohr starb wie er gelebt, groß und pflichttreu. Noch am 19. Juli 1916, im Sturm der gewaltigen Sommeschlacht, schrieb er an seine Gattin: „Immer noch in derselben Stellung (Nagelstellung, Riegelstellung), es ist sehr interessant, aber furchtbar dreckig. Wenn ich noch jung genug wäre, um an ‚Chre‘ genug zu haben, müßten Freude und Stolz alle Strapazen aufwiegen. Da dies aber nicht der Fall ist, tut's die Freude an den Leuten und an der erfüllten Pflicht. ... Deine Briefe begleiten mich mit all den lieben Kindergeschichten durch Not und Entbehrung, so daß ich im Grunde meines Herzens ganz glücklich und froh bin. So einig zu sein mit der Familie und der großen, heiligen, täglichen Pflicht – was kann man sich mehr wünschen in solcher Zeit? ... Von St. Quentin habe ich die Nachricht, daß bei einem Fliegerangriff der kleine französische Tempel, in dem die Feldloge arbeitete, in Rauch und Flammen aufgegangen ist. Du kannst Dir denken, wie diese Nachricht auf mich wirkte. Ich dachte an alle Stunden der Erhebung und Erbauung, die ich mit Witt-Hoë und den lieben Brüdern in diesem kleinen

Tempel hatte. Diese Erinnerung stärkte mich sehr und ich fühle jetzt so: Ich brauche des Tempels nicht mehr, das Schlachtfeld ist jetzt mein Tempel, das Granatloch mein Altar, die Handgranate mein Hammer."

Die letzte Karte Ohrs ist vom 22. Juli. Gegen sechs Uhr abends erhielt er den Befehl, mit seiner Kompanie in die vorderste Kampfstellung einzurücken, er hat dort treu und freudig mit seinen prachtvoll erzogenen Leuten ausgehalten und den Engländern jeden Zoll breit Vordringens kühn bestritten. Als er endlich doch gegen Morgen sechs Uhr des 23. Juli seine fast aufgeriebene Kompanie zurücknehmen mußte, erhielt er, als er sich zur Beobachtung über den Rand des Granattrichters erhob, einen Schuß unterhalb der linken Schläfe, und fünf Minuten später hauchte er seine Heldenseele aus. Die Leiche wurde zwischen zwölf und ein Uhr mittags von einer Mine vollständig zerrissen, so daß außer den Erinnerungsstücken, die ihm sein treuer Bursche abgenommen hatte, von ihm keine Spur geblieben ist. Aber unter den Freimaurern Deutschlands wird die Spur von seinen Erdentagen nicht in Aeonen untergehen!

***

Im selben Jahre wurde in Brüssel von dem Telegrapheninspektor Otto Beese und dem Oberpostsekretär im Reichspostamt Wilhelm Appel die Feldloge „Stern von Brabant" gegründet. Es traten am 8. Dezember vierzehn Brüder Freimaurer zusammen, von denen die überwiegende Mehrheit den drei altpreußischen Großlogen angehörte. Demgemäß wurde die neue Feldloge unter die Konstitution einer der drei altpreußischen Großlogen gestellt, und zwar wurde durch Mehrheitsbeschluß die Große Loge von Preußen genannt zur Freundschaft gewählt.

Von dieser Großloge wurde am 8. März 1916 die Stiftungsurkunde erteilt, nachdem der Protektor der drei altpreußischen Großlogen, Friedrich Leopold Prinz von Preußen, die Genehmigung gegeben hatte. Die Lichteinbringung, die der Großmeister, Professor Eberlein, persönlich vollzog, fand am 26. März 1916 statt, wobei er in seiner Weiherede folgendes aussprach: „Ein schöner Gedanke war: Die Weltmaurerei! Ein stolzes Schiff, hinausgesandt mit dem Wunsche, daß es alle Fährnisse überstehen und überall, wo es anlegte, Heimaterde finden möge! Der Traum ist dahin; an der ersten Brandung schon ist das Schiff gestrandet. Wird es je wieder flott zu machen sein? Absondern wollen wir deutsche Brüder uns für die Zukunft nicht, aber die deutsche Freimaurerei wird den alten erhabenen und erprobten Grundsätzen der echten, wahren Königlichen Kunst treu bleiben und auf dem nationalen Empfinden aufbauen. In diesem Sinne müssen wir die Klärung der Zukunft abwarten."

Dr. Wilhelm Ohr

Die Feldloge „Stern von Brabant" hatte viel von Angriffen zu leiden, aber sie hat sich mannhaft verteidigt, wie man in der verdienstvollen Geschichte, die Wilhelm Appel, zur Zeit Ehrenmeister der Loge „Techow zur Brudertreue" in Berlin-Steglitz, verfaßt hat, nachlesen möge. Ihre Arbeit ging mit dem unglücklichen Ausgang des Krieges zu Ende, die letzte Versammlung fand am 16. Oktober 1918 statt. Doch verlosch ihr Licht nicht, denn fünf alte Brüsseler haben in Berlin zur Erinnerung an die Feldloge und zur Pflege des Verkehrs zwischen den ehemaligen Mitgliedern eine neue Johannisloge gegründet, deren Einsetzung am 1. März 1924 stattfand. Sie führt den alten Namen „Stern von Brabant" und hat sich unter den Schutz der Großen National-Mutterloge zu den drei Weltkugeln gestellt.

An der Westfront hat noch eine ganze Anzahl von Feldlogen bestanden, die alle im gleichen Sinne und Geiste gegründet und geführt wurden.

***

An der Ostfront zeigte der Krieg von Anfang an einen anderen Charakter. Nach dem Plan Schlieffens, des großen Moltkeschülers, sollte der Zweifrontenkrieg im Westen offensiv, im Osten defensiv geführt werden. Schlieffen wollte die Russen bis zur Weichsel vorgehen lassen und sie dann in einer groß angelegten Verteidigungslinie festhalten, indeß alle verfügbaren Kräfte angriffsweise gegen Frankreich verwendet werden sollten. Das Aufgeben dieses Planes führte zwar zu den ruhmvollen Siegen Hindenburgs, zugleich aber zur

Entblößung der Westfront und zur Niederlage an der Marne. Damit wurde der Krieg auf Jahre hinaus verlängert und der Zusammenbruch vorbereitet. Als dann im Osten die Offensive zum Stehen kam, erwachte auch hier der Feldlogengedanke.

Im Herbst 1915 beschlossen einige Freimaurer, die in Warschau im Kriegsdienst standen, eine Feldloge zu gründen. Sie beauftragten den Rittergutsbesitzer Ökonomierat Franz Schiftan, Meister vom Stuhl der St. Johannisloge „Zum Stern St. Johannis“ in Zielenzig, der als Vorsitzender des Schiedsgerichts beim General-Gouvernement in Warschau tätig war, gelegentlich einer Reise nach Berlin die Genehmigung zur Gründung der Feldloge unter dem Namen „Zum eisernen Kreuz im Osten“ bei der Großen Loge von Preußen, genannt zur Freundschaft, zu betreiben. Ökonomierat Schiftan trug die Bitte der Warschauer Brüder dem Großmeister persönlich vor und fand günstige Aufnahme. Dieser Besuch hatte am 4. November 1915 stattgefunden, und schon am 8. November richtete die Großloge an den zum Führer der Feldloge ausersehenen Oberstabsarzt d. R. Dr. Arthur Spaethe, Mitglied der St.Johannisloge „Boanerges zur Bruderliebe“ in Hamburg, das folgende Schreiben:

„Der Ehrw. und gel. Br. Schiftan hat unsern Ehrwürdigsten Großmeister durch seinen Besuch erfreut und ihm mitgeteilt, daß fünfzehn Brüder Meister verschiedener Systeme beschlossen haben, in Warschau eine Feldloge unter dem Namen „Zum eisernen Kreuz im Osten“ zu errichten und daran den einstimmigen Wunsch geknüpft haben, die neue Feldloge der Großen Loge von Preußen, genannt zur Freundschaft, zu unterstellen.

Zu unserer Freude können wir Ihnen mitteilen, daß der Großlogen-Vorstand soeben beschlossen hat, diese von Ihnen zu stiftende Feldloge unter den Schutz unserer Großloge zu nehmen. Die formelle Genehmigung der Großlogen-Versammlung wird nachgeholt werden und nach unserer zuversichtlichen Auffassung ebenso günstig ausfallen. Die Neugründung einer Feldloge unseres Systems in Warschau begrüßen wir um so mehr, als hier und in einer Reihe anderer polnischer Städte schon vor mehr als hundert Jahren Logen unserer Lehrart in hoher Blüte standen, bevor sie sich der Russischen Großloge anschlossen.

Mit dem für die zu errichtende Feldloge gewählten Namen sind wir vollkommen einverstanden…

Die Loge entwickelte ein außerordentlich reges freimaurerisches und gesellschaftliches Leben und blieb in beständigem freundschaftlichen Schriftverkehr mit ihrer Großloge. Als Dr. Spaethe im Jahre 1917 abkommandiert wurde, wählte die Brüderschaft den Ökonomierat Schiftan. Er wurde wenige Wochen später jedoch nach Posen versetzt, und die Brüderschaft sah sich gezwungen, eine Neuwahl vorzunehmen, die auf den Oberstabsarzt Dr. Beyer fiel, der aber infolge Kommandierung nach dem Westen das Amt nicht antreten konnte. Es wurde infolgedessen von neuem zur Wahl geschritten, und die Brüderschaft erkor sich den Hauptmann der Landwehr Albert Heck, Kommandeur der Schutzmannschaft beim Kaiserlichen Polizeipräsidium in Warschau, Mitglied der St. Johannisloge „Zum Pilgrim" in Berlin, zu ihrem Vorsitzenden Meister.

Mit dem Unglück der deutschen Waffen wurde dann die Feldloge „Zum eisernen Kreuz im Osten" aufgelöst.

***

Professor Dr. Eberlein

Am 14. Mai 1916 waren in Mitau einige zwanzig Brüder zusammengetreten, um eine freimaurerische Bereinigung zu bilden, die sich unter Aufsicht der Königsberger Loge „Zum Todtenkopf und Phoenix" stellte. Zum Vorsitzenden wurde der Armeeintendant beim Oberkommando der achten Armee, Wirklicher Geheimer Kriegsrat Wilhelm Augustin Balthasar Wolfradt, gewählt, der auch, als die Vereinigung die Errichtung einer Feldloge unter dem Namen „Zum deutschen Schwert im Osten" beabsichtigte, zum Vorsitzenden Logenmeister gewählt wurde. Die neue Feldloge beantragte durch Vermittlung ihrer Aufsichtsloge die Genehmigung ihres Planes bei der Großen Landesloge der Freimaurer von Deutschland in Berlin.

Während die Verhandlungen mit der Großloge schwebten, wurde Geheimrat Balthasar Wolfradt zur Organisation eines Volksernährungsamtes beim Kriegsministerium in Berlin aus der Front abberufen. An seiner Stelle übernahm Oberbürgermeister Dr. Seraphim, der der Johannisloge Totenkopf und Phoenix angehörte, den Vorsitz.

Die Genehmigung der Feldloge erfolgte ohne jede Schwierigkeit. Die Urkunde lautete:

„Ich genehmige hiermit gern die Errichtung einer neuen Feldloge in Mitau unter der Konstitution der Großen Landesloge der Freimaurer von Deutschland unter dem Namen ‚Zum deutschen Schwert‘. Ich wünsche der jungen Loge, deren Eröffnung, wie ich vernehme, zum Johannisfest 1916 stattfinden soll, nach innen wie nach außen eine segensreiche und gedeihliche Entwicklung und entbiete allen dabei beteiligten Brüdern meinen ordensmeisterlichen Gruß.

Gegeben Jagdschloß Klein-Glienicke, den 11. Juni 1916.

Friedrich Leopold, Prinz von Preußen,
Protektor der drei altpreußischen Großlogen,
Ordensmeister.“

Darauf wurde am 24. Juni 1916 die Vollmacht zur Errichtung einer Johannis-Feldloge in Mitau behufs gesetzmäßiger Betreibung der Arbeiten in den drei Johannisgraden erteilt: „... habe ich, der I. abgeordnete Landesgroßmeister Br. Richard Kleffel, in Vertretung des zurzeit fehlenden Landesgroßmeisters mit einstimmigem Beifall der Großen Landesloge der Freimaurer von Deutschland und nach Genehmigung durch den hochwürdigen Protektor und weisesten Ordensmeister kraft dieser Vollmacht die Feldloge „Zum deutschen Schwert im Osten“ für die Dauer des gegenwärtigen Krieges gesetzmäßig einsetzen und bestätigen, sowie den zum Vorsitzenden Meister dieser Feldloge erwählten Br. Richard Seraphim als ersten Logenmeister bestätigen wollen.“

Es folgte dann die Erteilung der Gerechtsame und die Verpflichtung, die Loge zu leiten, „daß die Ehre Gottes sowie von jeher, also auch jetzt und künftig durch die Freimaurerei allenthalben gefördert werden möge.“

Die Feldloge hatte ein großes Haus mit geeignetem Garten in Mitau gemietet und darin ihren Tempel errichtet. Die Lichteinbringung erfolgte am 2. Juli, nachmittags eineinhalb Uhr, und die Große Landesloge hatte den I. abgeordneten Landesgroßmeister Generalarzt Dr. Kleffel bestimmt, die Loge in Arbeit zu setzen. Wir besitzen dessen eingehenden Bericht über diese Feier, dem wir aus dem Archiv der Großen Landesloge das folgende entnehmen:

„Durch die am 1. August 1915 erfolgte Besetzung der Hauptstadt Kurlands Mitau, woselbst auch kurze Zeit darauf der Sitz der deutschen Verwaltung (später Militärverwaltung Kurland) errichtet wurde, waren zahlreiche Freimaurer nach Mitau und dessen nähere Umgebung gekommen. Unter diesen machte sich bald das Bedürfnis eines Zusammenschlusses zwecks maurerischer Betätigung geltend; es wurde nach mancherlei Versuchen im April 1916 in der Mitauer Zeitung eine Aufforderung an alle Freimaurer erlassen, sich zu einer

Besprechung zwecks Gründung eines Kränzchens oder einer Feldloge im Museumsaal in Mitau am Sonntag, den 14. Mai 1916 einzufinden.

Zu dieser Besprechung fanden sich zwanzig Brüder ein. Bruder Balthasar (Carl zu den drei Greifen, Greifswald), Armeeintendant der achten Armee, begrüßte mit herzlichen Worten die Erschienenen, gab seiner Freude Ausdruck über die rege Teilnahme, aus welcher zu schließen sei, daß tatsächlich Bedürfnis und Interesse an und für freimaurerische Betätigung vorhanden sei. Hiermit war die Tätigkeit der Einberufer der Versammlung – der Brüder Balthasar, Seraphim (Dr. jur., Stadthauptmann von Mitau) und Sieber (Bankier) – erledigt, und es wurde den versammelten Brüdern anheimgegeben, aus ihrer Mitte heraus selbst einen Bruder zu erwählen, der die Leitung übernehmen solle für die Führung der weiteren Verhandlungen.

Einstimmig wählte die Versammlung hierauf zum Vorsitzenden den Bruder Balthasar, welcher die Wahl dankend annahm.

Bruder Balthasar richtete nunmehr an die Anwesenden die Frage, ob alle einer in Deutschland anerkannten Johannisloge angehörten, da sich nur solche Brüder an den Versammlungen beteiligen könnten, und bat die Brüder, sich selbst in die ausgelegte Liste einzuzeichnen.

Der Vorsitzende sprach dann über den Zweck der geplanten Zusammenkünfte und hob insbesondere hervor, daß Mitau für die Freimaurerei historischer Boden sei, denn hier wurde im Klubhaus im Jahre 1812 am 4. August die erste preußische Feldloge unter dem Namen „Friedrich zur Vaterlandsliebe" von Offizieren des Yorckschen Hilfskorps eröffnet. Zunächst müssen sich die anwesenden Brüder schlüssig werden, ob sich nur die Bildung eines Kränzchens oder einer Feldloge empfehle und gewünscht werde. Bruder Balthasar erwähnte besonders, daß er bereits in Berlin bei der Großen Landesloge der Freimaurer von Deutschland Mitteilung gemacht habe von der Vorbereitung für die geplante Gründung in Mitau, wie er dorten unter dem Ausdruck lebhafter Freude die Zusicherung der Förderung dieser Bestrebungen zugesagt erhalten und sich auch die Brüder der Königsberger Loge zum Totenkopf und Phönix sofort bereit erklärt hatten, alle vorbereitenden Schritte für die beabsichtigte Gründung einer Feldloge zu übernehmen und auch alle Einrichtungen und Arbeitsgeräte zur Verfügung zu stellen.

Einstimmig beschloß hierauf die Versammlung, sich nicht erst in der losen Form eines Kränzchens zusammenzuschließen, sondern eine Feldloge zu gründen, und zwar unter dem Namen „Zum deutschen Schwert im Osten" unter Anschluß und unter dem Schutz der Johannisloge „Zum Totenkopf und Phönix" in Königsberg, und daß sich die Feldloge unterstellen wolle der Großen Landesloge der Freimaurer von Deutschland in Berlin.

Alle nötigen Schritte, um die Bestätigung der Feldloge und deren gesetzmäßige Eröffnung zum Johannisfest 1916 zu erreichen, soll die Totenkopf-Loge übernehmen und dieser soll die dahingehende Bitte ausgesprochen werden.

Die Zusammenkünfte sollen zunächst jeden Donnerstag acht Uhr abends im Museumsaal stattfinden, der für diesen Zweck zur Verfügung gestellt ist, und alle vier Wochen sollen Arbeitslogen abgehalten werden.

Darauf erfolgten die Beamtenwahlen.

„Als Mitgliedzeichen wurde bestimmt ein dem aus der Sammlung des Museums vorgelegten Bijou der früheren Mitauer Loge „Zu den drei gekrönten Schwertern“ nachgebildetes Zeichen, indessen nicht in Gelbmetall, wie das Original, sondern in Eisen und Stahl. Dies Zeichen soll am blauen Band um den Hals getragen werden.“

Alle Hoffnungen, die von den Mitgliedern der Feldloge an eine Fortdauer in der Zukunft als stehende Loge, sei es in Mitau oder in Riga, geknüpft wurden, sind durch den Gang der politischen Ereignisse nicht erfüllt worden. Der Schlußbericht an die Großloge ist vom 28. November 1918 datiert, der Logenmeister legte den Hammer mit schmerzlichem Bedauern in die Hut der Mutterloge zurück.

***

Im September 1916 faßte der Hauptmann Otto Kück, im bürgerlichen Leben Fabrikdirektor, in Libau mit noch zwei anderen Freimaurern den Entschluß, die Brüder in der Umgegend zu einem freimaurerischen Kränzchen zusammenzuschließen und schließlich eine Feldloge zu gründen. Schon am 18. Oktober konnte er der Großen Loge von Preußen genannt zur Freundschaft die Mitteilung machen, daß die Gründung der Feldloge unter dem Namen „Anker und Schwert“ beschlossene Sache sei und fügte zu gleicher Zeit das Gesuch um Genehmigung und Vollmacht bei. Der Großbeamtenrat entsprach seinem Wunsch, und so konnte nach Erledigung der gesetzlichen Vorschriften die Einsetzung erfolgen. Am 10. November 1916 erteilte der Protektor der drei altpreußischen Großlogen, Prinz Friedrich Leopold von Preußen, seine Genehmigung. Die Brüderschaft gab sich durch Beschluß vom 11. November 1916 folgendes Ortsgesetz:

§ 1. Die Feldloge „Anker und Schwert“ arbeitet als gerechte und vollkommene Johannisloge unter dem Hammer und dem Grundgesetz der Großen Loge von Preußen „genannt Freundschaft“.

§ 2. Für die Mitglieder sind maßgebend die §§ 443–446 des Grundgesetzes der Großen Loge von Preußen und die Grundsätze des Großlogenbundes für die Errichtung der Feldlogen.

§ 3 und 4 bestimmen die ökonomischen Verpflichtungen.

§ 5. Zu der Bekleidung der Heimatloge tritt ein besonderes Abzeichen der Feldloge. Diejenigen Brüder, welche bis zur Auflösung der Feldloge Mitglieder derselben geblieben sind, haben das Recht auf dauernden Besitz des Logenabzeichens. Wer vorher die Loge deckt oder seinen ökonomischen Verpflichtungen nicht nachkommt, hat das Zeichen an die Loge zurückzusenden.

§ 6. Bei Auflösung der Feldloge entscheidet über die Verwendung des vorhandenen Logenvermögens die Große Loge von Preußen, genannt zur Freundschaft."

Am 17. Dezember 1916 vollzog dann der Großmeister Professor Dr. Eberlein persönlich die Einbringung des Lichtes.

Die Loge hat nicht nur unter den Freimaurern, die in der dortigen Gegend im Felde standen, sondern auch in profanen Kreisen sich eines besonderen Ansehens erfreut, wie die große Anzahl von Neuaufnahmen, unter denen sich auch Mitglieder der dortigen Bevölkerung befanden, zeigt. Es tauchte dann im Jahre 1918 der Gedanke auf, die Feldloge in eine stehende zu verwandeln, wozu von seiten der Großloge am 8. Januar 1919 die Zustimmung erteilt wurde. Als Libau im Januar 1919 von den Bolschewisten ernstlich bedroht wurde, schloß die Loge ihre Pforten.

Die Hoffnung, die Arbeit später wieder aufnehmen zu können, erfüllte sich zwar, doch sah sich die Brüderschaft gezwungen, am 20. April 1921 aus dem Verband der Großloge zur Freundschaft auszuscheiden und die Anerkennung einer neu zu gründenden Loge mit dem Namen „Zum Anker" als selbständige Loge nachzusuchen. Die Leitung hatte der Konsul Wilhelm Litten übernommen.

***

Im Dezember des Jahres 1915 beschlossen einige Freimaurer, die kriegsdienstlich sich in Kowno aufhielten, eine Feldloge zu gründen. Die Federführung hatte der erste Bürgermeister von Köslin, Dr. Pusch, der als Oberbürgermeister in Kowno beamtet war. Dr. Pusch gehörte der Loge „Zu den drei Degen" in Halle an, und er wandte sich zwecks Vermittlung an die Johannisloge „Maria zum goldenen Schwert" im Orient Köslin, die ihrerseits das Bundesdirektorium der Großen National-Mutterloge zu den drei Weltkugeln zu Berlin über die Absicht der Kownoer Freimaurer unterrichtete. Es waren etwa fünfundzwanzig Brüder der verschiedensten Lehrarten, die am 17. Februar 1916 im Offiziersheim zu Kowno die Gründung beschlossen und sich der Großen National-Mutterloge unterstellt hatten. Zum Meister vom Stuhl war Oberstabsarzt d. L. Dr. Baudler erwählt, und

Gabriel Philipp v. Rapin-Thoyras
Oberstleutnant

das Amt des zugeordneten Meisters wurde Dr. Pusch übertragen.

Die Große Mutterloge erteilte am 11. März 1916 mit Folgendem ihre Genehmigung: „Im Namen der Großen National Mutterloge in den Preußischen Staaten genannt ‚zu den drei Weltkugeln' beurkunden wir, daß diese Großloge kraft der ihr durch das Königliche Konfirmationspatent vom 9. Februar 1796 erteilten Gerechtsame, auf geschehenes Ersuchen zu Kowno eine gerechte und vollkommene Johannis-Feldloge unter dem Namen ‚Deutsche Wacht an der Memel' gestiftet hat.

Indem wir die neue Tochterloge unsres Bundes herzlich begrüßen, machen wir ihr zur unverbrüchlichen Pflicht, ihre Versammlungen und rituellen Arbeiten sorgfältig nach den bestehenden Satzungen und Gebräuchen unsres Bundes sowie nach den künftig von uns ausgehenden Vorschriften abzuhalten. Auch ist die Loge und namentlich der Meister vom Stuhl verpflichtet, alle von uns an die Loge und an ihn gerichteten Schreiben und Drucksachen treu und sicher zu bewahren.

Von sämtlichen Brüdern der Loge erwarten wir, daß sie die Gesetze unseres Bundes gewissenhaft befolgen und unseren und der Großloge Anordnungen und Beschlüssen nachkommen, auch bestrebt sein werden, die Ehre und Wohlfahrt ihrer engeren brüderlichen Vereinigung, wie unseres Bundes nach bestem Vermögen zu fördern.

Insbesondere vertrauen wir, daß die Brüder der Loge als getreue Untertanen Sr. Majestät dem deutschen Kaiser und König von Preußen allezeit die schuldige Ehrerbietung erweisen und den Reichs- und Landesgesetzen unbedingt Folge geben werden.

Zu Urkund dessen haben wir auf Grund des Artikels 37 der Grundverfassung unseres Bundes diese Stiftungsurkunde eigenhändig unterschrieben und mit dem Siegel der Großen National Mutterloge versehen lassen.

Gegeben im Orient Berlin am 11. März 1916."

(Folgen die Unterschriften.)

Die Lichteinbringung fand am 1. April in feierlicher Form statt. Die Niederschrift darüber besagt: „Am 1. April wurde die Feldloge in Kowno ‚Deutsche Wacht an der Memel' feierlichst geweiht. Eine kleine Zahl mutiger Brüder, vom Kriege in der seit August v. J. wieder deutschen Stadt aus allen

Gegenden unseres Vaterlandes und aus Logen aller Lehrarten zusammengeführt, hatte den Entschluß gefaßt, der deutschen Freimaurerei in Feindesland eine Stätte friedlicher erhebender Arbeit und Vereinigung zu schaffen. Mit dem allen Zweigen unserer Heeresverwaltung eigenen, bewundernswerten Einrichtungsgeschick war aus einem verlassenen und unglaublich verwahrlosten Gebäude ein schmuckes Haus mit einladenden Gesellschaftszimmern und mit schlichten, aber sinnig gezierten würdigen Arbeitsräumen geschaffen worden. Dort versammelten sich am Sonnabend, den 1. April halb sechs Uhr fünfzig Brüder. Zu den feldgrauen Brüdern waren Vertreter der Logen aus Königsberg (3 Kronen), Insterburg (Preußischer Adler), Tilsit (Irene) mit Genehmigung der Heeresleitung eingeladen und erschienen. Auch aus dem benachbarten Wilna, wo die dort weilenden Freimaurer ebenfalls die Gründung einer Feldloge beschlossen und deren Bestätigung schon beim Bundesdirektorium der Großen National-Mutterloge nachgesucht haben, war eine Abordnung herübergekommen.

Fünfzig Brüder insgesamt nahmen an der feierlichen Handlung der Lichteinbringung und an der Festarbeit wie an der Festtafelloge teil. Im Auftrage des Bundesdirektoriums weihte der Sehr Ehrwürdige Bruder Lullies, Vorsitzender Meister der Loge „Zu den drei Kronen" im Orient Königsberg, die Feldloge „Deutsche Wacht an der Memel" nach dem vorgeschriebenen Gebrauchtum. In herzlichen Worten begrüßte er sie, wünschte ihr des Baumeisters aller Welten reichsten Segen für die schöne, wenn auch schwere Arbeit, als Pionier deutscher Kultur in dem neudeutschen Lande Wache zu halten. Der Vorsitzende Meister Bruder Baudler, sonst Vorsitzender Meister der Loge in Arnstadt, übernahm den Hammer, eröffnete die Festloge und gelobte in seiner Festansprache treuestes Streben nach dem hohen Ziele, das diese Loge sich im besonderen gesteckt hat. Dem Dank an die Loge „Zu den drei Kronen", die Patenstelle übernommen, und an deren Meister, der soeben das Licht eingebracht hatte, gab er Ausdruck durch Verleihung der Ehrenmitgliedschaft an Bruder Lullies. In der Festzeichnung legte der Redner Bruder Vogt allen Brüdern die Pflicht zur Ehrfurcht eindringlich ans Herz. Gerade in dieser tiefernsten Zeit, gerade auf diesem vorgeschobenen Posten gelte es dafür einzutreten, daß wir, daß alle Ehrfurcht haben und zeigen vor dem, was über, was unter, was in uns ist. Bruder Jökel, Vorsitzender der Loge zum Preußischen Adler in Insterburg, überbrachte deren Glückwünsche und Grüße. Der 1. April, der Geburtstag des deutschesten Mannes, Bismarcks, möge, so führte er in markigen Worten aus, ein glückverheißendes Zeichen für die neue Bauhütte sein. Was die Befreiungskriege einst der Freimaurerei gebracht, das hat dieser Weltkrieg erneut: die Feldloge. Wenn es dieser neuen Loge beschieden sein sollte, in dem uralten deutschen, hoffentlich

Eingang zum Tempel der Großen National-Mutterloge zu den drei Weltkugeln

deutsch bleibenden Kulturlande in eine ständige Johannisloge umgewandelt zu werden, dann hätte sie eine kostbare Aufgabe erfüllt. Drei Altarleuchter bilden das Geburtstagsgeschenk der Insterburger Brüder.

Auch Bruder Stobbe, der Meister der Tilsiter Irene, überbrachte die Grüße und Glückwünsche seiner Brüder. Mit lebhafter Zustimmung nahmen alle zur Feier Versammelten die Grüße des Bruders Kalischer und dessen Mitteilung auf, daß auch in Wilna sehr bald unserer Königlichen Kunst ein Tempel erstehen wird.

Nach dem gebrauchstümlichen Schluß der von Harmoniumvorträgen verschönten Festarbeit erwartete die Teilnehmer eine Festtafelloge, deren Einfachheit noch nicht einmal übertrieben kriegsmäßig war und nicht zu stark an die nicht gar so weit entfernte Front gemahnte. Aber das Bild einer Feldloge kam überzeugendst zur Geltung. Die wenigen Gäste im bürgerlichen Gewande saßen zerstreut zwischen den Felduniformen. Und da saßen neben dem Generalarzt der Sanitäter, dem Obersten gegenüber der Kanonier. Und wie diese Zusammensetzung die Geschlossenheit unseres Volkes in Waffen verkörpert, so spiegelt sich in dem Zusammenschluß von Brüdern aller Lehrarten zu einer brüderlichen Kette das Bild der vielgestaltigen, von einem gleichen Streben zusammengehaltenen deutschen Maurerei verheißungsvoll.“

Die Loge entfaltete während der folgenden Jahre ein reges maurerisches Leben, wie aus den Akten der Mutterloge hervorgeht, war dann jedoch genötigt, am 6. Dezember 1918 infolge der militärischen Lage im Osten der Mutterloge von der beschlossenen Auflösung der Feldloge Mitteilung zu machen. Dazu und zu der Übergabe der Gebrauchsgegenstände, Abzeichen und Rituale an die Königsberger Loge „Zu den drei Kronen“ erteilte die Großloge unter dem 14. Dezember 1918 ihre Zustimmung.

***

Kurze Zeit später wurde die Schwester-Feldloge unter dem Namen „Wilna zum flammenden Schwert“ in Wilna gegründet. Die National-Mutterloge erteilte sehr bald die Genehmigung, und die Lichteinbringung fand am 13. Mai 1916 statt. Nach der Auflösung fanden sich die Mitglieder zu einer Vereinigung zusammen, die heute noch blüht.

Im Hochsommer 1916 traten siebzehn Freimaurer in Bialystock, im südlichen Litauen, zusammen, um eine Feldloge zu gründen. Es waren Anhänger der verschiedensten Lehrarten, und es wurde beschlossen, sich der Konstitution der Großen National-Mutterloge zu unterstellen. Zum Vorsitzenden Meister wurde Ingenieur Hans Harder gewählt, und die Große Loge erteilte der neuen Johannis-Feldloge, die sich den Namen „Deutsche Säule in Litauen“ gegeben hatte, am 7. August 1918 die Stiftungsurkunde.

Über die Tätigkeit dieser Feldloge sind wir aus den überlieferten Niederschriften gut unterrichtet. Danach traten am 12. Juni 1918 die Brüder im Aquarium zu Bialystock zusammen und besprachen die Gründung. Dabei wurde auch die Frage der Ermietung einer Arbeitsstätte erledigt. Bei der Feier des Johannisfestes, die am 23. Juni in der Wohnung eines Bruders stattfand, wurde die Namengebung vollzogen.

Die Großloge hatte für die Lichteinbringung das Mitglied ihres Bundesdirektoriums, Geheimen Sanitätsrat Dr. Emil Adler, abgeordnet, der unter allerlei Schwierigkeiten die beschwerliche Reise nach Bialystock zurückgelegt hatte.

Am 15. September 1918 konnte dann die Feier der Lichteinbringung stattfinden.

Die „Deutsche Säule in Litauen“ hat mit dem Kriegsende auch ihr Ende gefunden. Am 26. November 1918 fanden sich dreizehn Mitglieder zusammen, um die Loge zu schließen. Die Rituale und die Gerätschaften waren bereits vorher wegen der bedrohlichen Zustände verbrannt worden. Nach einigen ergreifenden Ansprachen, die sich um die Gedanken: Logenbruder, Freimaurer und Freimaurerfreundschaft drehten, schloß der Vorsitzende Meister die Loge mit drei harten Schlägen.

***

Eine sehr tapfere und sehr erfolgreiche Feldloge war die Johannisloge „Carmen Sylva zur deutschen Treue“ in Bukarest, deren Gründer und erster Logenmeister Johannes Tiedje, Leutnant der Landwehr im thüringischen

Ulanenregiment war. Ursprünglich hatten die mit den Besatzungstruppen Ende Januar 1917 nach Bukarest gekommenen Freimaurer ein Feldkränzchen gestiftet, Johannes Tiedje zu ihrem Vorsitzenden gewählt und sich unter den Schutz der Großen Landesloge gestellt. Sehr bald empfanden die Mitglieder das Bedürfnis, eine gerechte und vollkommene Feldloge zu gründen, und Johannes Tiedje wandte sich an den Logenmeister der Johannisloge „Zum Totenkopf und Phönix“ in Königsberg, Geheimrat Hieber, der sich der Sache mit dem diesem ausgezeichneten Freimaurer eigenen Eifer annahm. Er machte den Vorschlag zu dem Namen, den die Loge mit Stolz bis zum Ende des Krieges führte. Die sich entgegenstellenden Schwierigkeiten wurden mit Hilfe der beiden deutschen Logen in Bukarest, die zur Zeit geschlossen waren, der Mutterloge „Totenkopf und Phönix“ und der Großen Landesloge in Berlin überwunden. In den letzten Apriltagen konnte die Lichteinbringung stattfinden, und von nun an arbeitete die Loge unter der Leitung ihres ausgezeichneten Meisters eifrig und fleißig fort. Sie hielt mit den deutschen Brüdern in Bukarest gute Kameradschaft, es meldeten sich nicht nur sehr viele Brüder der verschiedensten Lehrarten, die ihr Dienst nach Bukarest führte, sondern es wurde auch ein Offizier der verbündeten ottomanischen Armee, der Leutnant Saib Memun, für die Bukarester Loge „Sapientia“ aufgenommen.

Im Herbst hatten die Feldloge und alle deutschen Freimaurer in Bukarest eine große Freude, indem der Großmeister der Großen Loge von Preußen genannt zur Freundschaft, Professor Dr. Eberlein, auf einige Zeit dienstlich in Bukarest anwesend war. Die Feldloge hielt ihm zu Ehren eine stark besuchte Festarbeit ab, in der der Großmeister eine bedeutungsvolle Ansprache hielt.

Leider führte der notwendige Wechsel des Kriegsdienstes den vorsitzenden Meister Johannes Tiedje nach einem arbeitsreichen und hoffnungsvollen Logenjahr fort von Bukarest. Er sollte zwar in Rumänien bleiben, aber weit von Bukarest entfernt stationiert werden. Es kam jedoch anders: Der aufreibende Dienst – Tiedje hatte die Leitung der Flüchtlingsfürsorge – hatte seine Gesundheit erschüttert, so daß er sich einer längeren Kur in der Heimat unterziehen mußte.

Die Feldloge hatte eine ganz besondere Aufgabe zu erfüllen insofern, als sie auch den Brüdern der beiden ruhenden deutschen Logen in Bukarest eine Stätte der Arbeit und Erhebung bieten wollte. Aber auch für die vielen durchreisenden Brüder standen die Pforten des kleinen unscheinbaren Tempels stets offen. Mitglieder der verschiedensten Lehrarten fanden sich zu gemeinsamer Arbeit zusammen, und es ist das besondere Verdienst des ersten Logenmeisters gewesen, im Rahmen des Rituals der Großen Landesloge den Einheitsgedanken zu finden und in seinen vorzüglichen Reden festzuhalten,

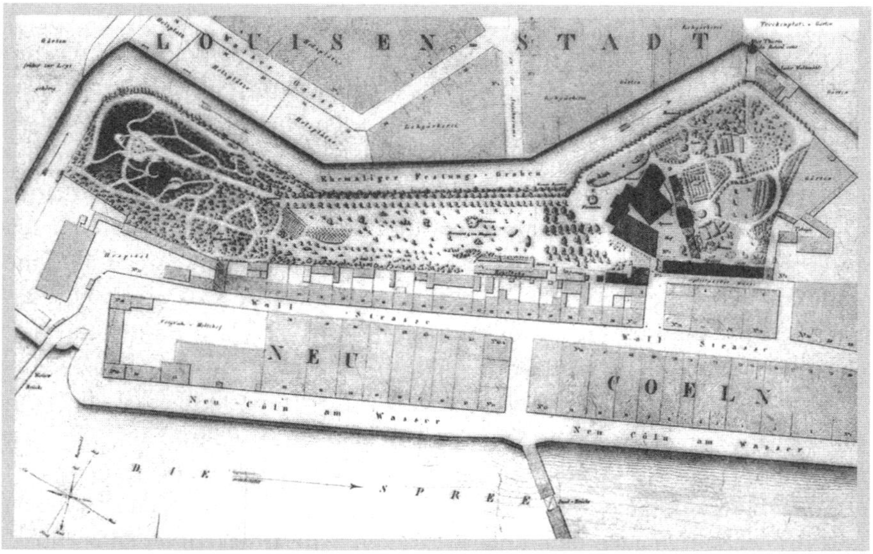

Plan der Grundbesitzung der Großen National Mutterloge zu den drei Weltkugeln

der alle soweit verband, daß sie sich nicht fremd fühlten. Dazu gehörte ein außerordentlich feiner Takt und ein umfassendes freimaurerisches Wissen, eine nie versagende Liebe zur Sache und ein sittlicher Ernst, Eigenschaften, die sich in Tiedje zu einem schönen Ganzen vereinten.

Der Zusammenbruch der deutschen Armeen im Westen zwang die tapfere Feldloge am 6. November 1918 die Pforten ihres Tempels zu schließen. In der Schlußansprache heißt es:

„Mit stolzem Bewußtsein können wir von uns sagen, daß wir hier draußen stets versucht haben, unsere Pflicht als deutsche Freimaurer zu tun, wie sie uns von unserer und den andern deutschen Großlogen anvertraut war. Ob es uns gelungen ist, kann nur der große Baumeister aller Welten entscheiden. Gerade hier draußen hatten wir so recht erkannt, daß nur das deutsche Ideal und der göttliche Gedanke die Wahrheit seien. Diese Wahrheit hat auch uns feldgraue Brüder hier draußen zusammengehalten, daß wir, trotz aller verschiedenen Systeme, eine eng verschlungene deutsche Bruderkette bildeten. Nur schweren Herzens trennen wir uns von der lieb gewordenen Stätte und den lieb gewordenen Brüdern, aber doch auch wieder froher Hoffnung, geht es doch in die Heimat zurück. Dorthin wollen wir mitnehmen diesen Geist der Feldloge.“

***

Wie die Menschheit Wunschträume hat, die ihren Niederschlag in Märchen, Sagen und Legenden finden, so hatte auch die Freimaurerei ihre Wunschträume von einer Religion, in der alle Menschen übereinstimmen, und von einem Weltbund, in dem alle Menschen Brüder sind. Diese freimaurerischen Wunschträume hat der Weltkrieg endgültig zerstört, und es ist das unsterbliche Verdienst der Feldlogen, dies erkannt zu haben, erkannt in der harten Schule von Not und Tod, und nicht nur erkannt, sondern auch ausgesprochen zu haben den Gedanken, daß es in der Freimaurerei nur eine wahrhafte, ehrliche Verbrüderung gibt, nämlich die der Volksgenossen. Das Vaterland ist die höchste Einheit, über die hinaus es keine seelische und geistige Gemeinschaft gibt. Amtlicher Briefwechsel, Austausch der Mitgliederverzeichnisse, Glückwunschschreiben zu Stiftungsfesten, das alles mag mit ausländischen Logen möglich sein, mehr aber nicht. Die maßlosen Verleumdungen und Verdächtigungen der französischen, belgischen und schweizerischen Freimaurerei im Weltkrieg gegen deutsche Logen, Feldlogen und Brüder sollten auch dem unentwegtesten Schwärmer für einen Menschheitsbund die Augen geöffnet haben. Die Gebietiger der Freimaurerei in Deutschland aus dem neunzehnten Jahrhundert haben noch an eine Verbrüderung mit engländischen und französischen Logen geglaubt, sie haben sich gegenseitig Besuche gemacht, und ihre Reden flossen über vor brüderlicher Liebe; sie tauschten Umarmungen und Bruderküsse, aber schon die ersten politischen Spannungen, der erste Kugelwechsel im Weltkrieg haben die Ideologien restlos vernichtet.

Unter den führenden Männern unserer Kriegsgegner waren und sind zahlreiche Freimaurer, sie haben zu der Verewigung des Krieges durch den Friedensvertrag, zu der wirtschaftlichen Versklavung des großen und stolzen deutschen Volkes geschwiegen, sie haben keinen Finger gerührt, unsere völkische Not zu lindern. Im Gegenteil: sie arbeiten eifrig daran mit, uns immer tiefer in Elend und Unfreiheit hineinzustoßen. Man hat aus dem Lager unserer Gegner in Deutschland den Feldlogen vorgeworfen, sie hätten Brüderschaft mit den Freimaurern der feindlichen Nationen gehalten. Heute liegen vor uns die Akten der Feldlogen offen. Wir haben jede Zeile, auch des intimsten Briefwechsels eingehend durchforscht, aber auch nicht der leiseste Gedanke einer solchen Verirrung hat sich finden lassen. Überall eine klare Absage an die Freimaurer der feindlichen Länder. Dafür aber ein begeistertes Bekenntnis zum deutschen Vaterland und ein freudiges Einsetzen von Gut, Blut und Leben für die deutsche Ehre.

Drittes Buch

Der Ausbau des inneren Tempels

I. Die Große National-Mutterloge zu den drei Weltkugeln

Mit dem Ausgang des achtzehnten Jahrhunderts begann im Schoße der großen National-Mutterloge ein kraftvolles Streben, sowohl im Ritual, wie in der Verfassung etwas Neues, den Ideen der Zeit Angepaßtes zu schaffen. Die strikte Observanz hatte altfreimaurerisches Erbgut aufbewahrt und nach zwei Richtungen hin für ihre Zwecke ausgewertet. Die eine Richtung suchte einen Ritterorden zu schaffen, der ähnlich wie die Mönchsorden seinen Mitgliedern eine vollkommene Versorgung brachte. Die andere Richtung verlor sich aus dem Ideal eines klerikalen Priestertums ins Magisch-Alchymische. Es war daher nur natürlich, daß die große National-Mutterloge, nachdem sie sich von der strikten Observanz losgesagt hatte, danach strebte, in Ritus und Verfassung die neuen Werte der Aufklärung freimaurerisch nutzbar zu machen. Ihr Großmeister, Friedrich August von Braunschweig, hatte schon seit dem Rhein-Feldzug seinen Wohnsitz in Potsdam aufgegeben und lebte auf seinem Erbe in Oels. Sein abgeordneter Großmeister, Wöllner, war nach dem Regierungswechsel aus dem Staatsdienst ausgeschieden und hatte sich auf sein Gut Groß-Riez bei Beeskow zurückgezogen. Da kamen Männer der neuen Zeit, die nunmehr die Führung der Großloge antraten und eine völlige Umgestaltung beschlossen.

Eine vollkommene Neuordnung, sowohl der Verwaltung wie auch der Rituale, wurde beraten und fand in dem Beschluß vom 6. Juli 1797 Ausdruck dahingehend, „ein beständiges Direktorium zu errichten, welches den Namen des Altschottischen Direktorii führen, das Ganze der mit der National-Mutterloge verbundenen Logen dirigieren und im Namen und anstatt der National-Mutterloge gerichtliche und andere öffentliche Geschäfte verwalten und verfassungsmäßig führen solle.“ Die vier Berliner Tochterlogen wählten demgemäß in der Person ihrer Vorsitzenden Meister das Altschottische Direktorium, das mit dem Altschottischen Obermeister nunmehr aus fünf Mitgliedern bestand.

Dieser Altschottische Obermeister war seit 1794 der Geheime Oberfinanzrat und Oberhofbauintendant Michael Philipp Boumann, der nunmehr der eigentliche Leiter der Bundesgeschäfte geworden war. Von ihm ging auch die Schöpfung der neuen Grundverfassung aus, die der Groß-Archivar Johann Christian Samuel Gohl entworfen hatte. „So kurz als möglich", schrieb Boumann am 7. März 1797 an Gohl, „wünsche ich den inneren Geschäftsgang eingeleitet zu sehen, damit das Direktorium immer mit Präzision gegen die Mutterloge handeln kann und alles pour parler aufhört. Ich bin voller Erwartung, den der Sache entsprechenden Entwurf zu erhalten."

Boumann war am 12. April 1747 im Königlichen Schloß zu Potsdam geboren, wo sein Vater, von Herkunft Holländer, als Oberbaudirektor tätig war. Der alte Boumann war ein hervorragender Architekt und hat während seines Wirkens u. a. in Berlin die Universität, die Kunstakademie, die Hedwigskirche, die Domkirche, die ehemalige Kriegsschule in der Burgstraße, in Potsdam das Rathaus, die französische Kirche, das Berliner Tor, die Häuser der Holländischen Kolonie sowie die Zerpenschleuse gebaut. Michael Philipp war das jüngste von vier Kindern und widmete sich dem Beruf seines Vaters. Er begann als Kondukteur bei dem damaligen Bau-Komtoir und späteren Hof-Bauamt. Später wurde er Ober-Baurat beim Ober-Bau-Departement. Von ihm rühren unter anderen Bauten die alte Königliche Bibliothek und die Königsbrücke in Berlin sowie das Theater in Potsdam her.

Um welche Dinge sich ein hoher Beamter im alten Preußen alles zu kümmern hatte, beweist folgendes Schreiben, das ich im Geheimen Staats-Archiv auffand:

„Des Königlichen Wirklichen Geheimen Cabinet-Rats Herrn Beyme Hochwohlgeboren habe ich einliegend noch die vorzügliche Ehre, Abschrift einer allergnädigsten Cabinets Ordre vom 17ten November vorigen Jahres, wegen den, durch den Inspektor Küster nachgesuchten Bau eines Glocken und Uhrbehälters auf der Friedrich Werderschen Kirche ganz gehorsamst mitzuteilen.

Da nun Se. Königl. Majestät nicht mehr als viertausend Reichsthaler zu sotanem Endzweck zu accordieren gewilligt sind, und der Bau des Turmes mit Uhr und Glocken an siebentausendsiebenhundertdreizehn Reichsthaler 4 Groschen kosten würde; so habe ich mich genötigt gesehen, an den hiesigen Magistrat zu schreiben, und anzufragen, ob selbiger die übrigen dreitausendsiebenhundertdreizehn Reichsthaler 4 Groschen aus der Kämmerei zuzuschießen imstande ist, wozu vielleicht nach Äußerung des Inspektors Küster die Glocken und Uhrkosten zum größten Teil durch eine Kollekte herbeigeschafft werden müßten.

Sobald der Entschluß vom hiesigen Magistrat eingegangen ist, werde ich sogleich des Königs Majestät meinen alleruntertänigsten Bericht zu Füßen legen, inmittelst sind aber diese viertausend Reichsthaler auf den instehenden Bau-Etats-Entwurf mit notiert worden.

Berlin, den 8ten Februar 1799. Boumann."

Der König verfügte darauf:

„Der Inspektor Küster hierselbst hat in der anliegenden Eingabe gebeten, auf dem bei der hiesigen Friedrich Werderschen Kirche bereits vorhandenen Fundamente, einen Glocken und Uhrbehälter aufführen zu lassen, und ich bin nicht abgeneigt die hierzu nötigen Kosten zu accordieren, wenn der erwähnte Bau nach der vorgeschlagenen Weise und mit Inbegriff der Glocken und Uhr für die Summe von viertausend Reichs-Thaler aufgeführt werden kann, oder die Anschaffung der letzteren Stücke, von der Kirche übernommen werden sollte. Ich trage Euch daher hierdurch auf, das nunmehr weiter Erforderliche in Gemäßheit zu verfügen, und will zu seiner Zeit hierüber Euren näheren Bericht erwarten.

Berlin, den 17. November 1798.

Friedrich Wilhelm.

An den Geheimen Finanz Rat Boumann."

Martin Heinrich Klaproth
Obermedizinalrat

Zum Freimaurer wurde Boumann am 3. August 1775 in der Johannisloge „Zur Eintracht" aufgenommen. Die Königliche Kunst war ihm Herzenssache, und obwohl er ein vollgerüttelt Maß beruflicher Arbeit zu bewältigen hatte, widmete er jede freie Stunde dem Dienste des Ordens. Fast niemals fehlte er in den Sitzungen, und noch wenige Wochen vor seinem Tode finden wir seinen Namen unter einem Sitzungsprotokoll.

Trotz der hervorragenden Erfolge, die er in seinem Beruf errungen hatte, trotz der großen Vertrauensstellung, die er bei seinem König genoß, war er von einer rührenden Bescheidenheit. Davon zeugt ein Brief an Gohl vom 16. April 1797: „Liebster Bruder, wenn ich als Obermeister fehle und das maurerische Ruder nicht so führe, wie ich es führen müßte, so rechnen Sie es mir nicht zu, denn wie kurze Zeit ist es her, daß man erst beliebet hat, mich alten Bruder in der Maurerei als Mitglied der Mutterloge aufzunehmen? Ich habe also keine Gelegenheit gehabt,

Michael Philipp Boumann
Geheimer Oberfinanzrat

Kenntnisse vom inneren Geschäfts- und Betriebskreis unserer Mutterloge zu erhalten; wie will und kann ich also alles entsprechend und richtig leiten und führen? Nein, Sie allein, mein hochwürdiger Bruder, können mir hierzu die Anleitung geben, da Sie ganz die innere Verfassung kennen; nur ein Wink desjenigen, was rechtens ist, und ich werde ihn befolgen! Nehmen Sie dann auch meine profanen Geschäfte an, die beinahe mir keine Stunde übrig las-

Männerzelt im Garten der „Loge zu den drei Weltkugeln" Splittgerbergasse und Wallstraße. Von Leopold Zielcke 1843

sen, ganz dem Orden eigen zu leben; ich muß also nur die kurzen Zwischenzeiten verwendbar machen, die ich zur Not von meiner kostbaren Zeit mir abknause. Meine angelobten Dienst-Pflichten muß ich durchaus erfüllen; den Befehlen meines Königs prompt Genüge leisten; und dann bin ich Vater von fünf Kindern, welche mit meine ganze Aufmerksamkeit verlangen, um solche zu nützlichen Gliedern des Staates zu bilden. Ihre Winke werde ich mittlerweile befolgen und bestimmen, daß die Meister von den Stühlen ein eigenes Direktorium ausmachen sollen, worin zuvörderst alle Sachen von Wichtigkeit zu debattieren sind, bevor solche zur Kenntnis der Mutterloge kommen.

Das Direktorium würde also aus Zöllner, Klaproth, v. Rapin, v. Beyer, v. Guionneau, aus dem Groß-Sekretarius, dem Groß-Schatzmeister und meiner Wenigkeit bestehen!“

In der Sitzung, in der Boumann die Satzungsänderung vortrug, wurde einstimmig beschlossen, „dem Ganzen eine neue recht feste Konstitution zu geben, die dem Zahn der Zeit zu widerstehen und den Bund unter allen möglichen Ereignissen unverändert und unwandelbar aufrecht zu erhalten fähig wäre“. Zu diesem Zweck sollte vor allen Dingen eine recht kraftvolle höchste Autorität eingesetzt werden, „die durch alle Stufen hindurch wirken und alles im Zusammenhang erhalten könne; die aber zugleich, beständig in gleichem Maße und nach gleichen Prinzipien handelnd, bis in die spätesten Zeiten unverändert bleibe, ohne irgendeinem Wechsel der Grundsätze und der Handlungsweise unterworfen zu sein... Und endlich sollten alle Ritualien und Statuten revidiert und von allem dem gereinigt werden, was durch Einmischung fremdartiger Systeme hineingetragen worden war.“

Im Laufe der nächsten Wochen wurde der völlig durchberatene Entwurf dem nominell immer noch im Amte befindlichen National-Großmeister, Herzog Friedrich August von Braunschweig-Oels, und dem zugeordneten National-Großmeister, Wöllner, unterbreitet und von beiden genehmigt.

Den wesentlichen Inhalt der Grundverfassung gibt die vom Bundesdirektorium herausgegebene Geschichte der Großen National-Mutterloge (Berlin 1903) folgendermaßen:

„Die National-Mutterloge wird durch die Grundverfassung wieder zur gesetzgebenden und leitenden Behörde eingesetzt. Sie besteht aus sechsunddreißig ordentlichen Mitgliedern, und ihnen sind alle Geschäfte der bisherigen Beamten-Konferenz überwiesen, außerdem aber auch die Wahlen der Großbeamten und Mitglieder.

Das Altschottische Direktorium besteht nach der Grundverfassung aus sieben Mitgliedern, welche ihre Befugnisse und Rechte nur durch Übertragung von der National-Mutterloge haben. In ihrem Namen und an ihrer Stelle handelt das Direktorium und hat daher zu den Verhandlungen, aus welchen Verbindlichkeiten für die Mutterloge entstehen, die Zustimmung der letzteren einzuholen. Andererseits ist das Direktorium dem Staat für alle Beschlüsse der National-Mutterloge verantwortlich, und soll daher keine Anordnung der National-Mutterloge ohne Zustimmung des Direktoriums Gesetzeskraft erhalten.

Die ins Direktorium erwählten Brüder bilden zugleich den höchsten Inneren Orient des Logenbundes und haben in dieser Eigenschaft die heilige Verpflichtung: die Lehre rein und von allen fremden Beimischungen frei zu erhalten, den maurerischen Kenntnisschatz zu bewahren, zu vermehren und auszuspenden.

Die Große National-Mutterloge hatte ihre im Jahr 1779 gegebene Erklärung: „nur als bloße Freimaurerloge angesehen sein zu wollen“, bei dieser ihrer

Erneuerung fest im Auge behalten und geeignete Maßregeln getroffen, daß durch die neue Verfassung das Eindringen von Zwecken, die der Maurerei fremd sind, für die Zukunft unmöglich gemacht würde.

Georg Friedrich Eberhard v. Beyer
Geheimer Oberfinanzrat

Die Mitteilung der Geschichte der Freimaurerbrüderschaften, der Zwecke und Formen aller in ihnen entstandenen Lehrarten, die Erklärung der Symbole und die letzten geschichtlichen Aufschlüsse wurden besonderen Ordensstufen vorbehalten, die aber in dem damals gewöhnlichen Sinn des Wortes durchaus nicht Hochgrade genannt werden dürfen, und die denen, die sie besitzen, gar keine Obergewalt über die Logen erteilen, sich vielmehr allein auf die Befestigung in der Lehre und auf deren weitere Entwicklung, keineswegs auf die Verwaltung und Gesetzgebung beziehen.

Die allgemeine Altschottische Loge des Bundes wurde eine solche Stufe, und die bei den Tochterlogen bestehenden Schottischen Logen sind keine selbständigen Körperschaften, sondern nur Abzweigungen der allgemeinen Altschottischen Loge. Sie können nur bei einer selbständigen Johannisloge aus deren ordentlichen Mitgliedern und mit Bewilligung ihrer Johannis-Meisterschaft bestehen und haben keine Art von Aufsicht, noch irgendein Vorrecht bei der Verwaltung der Johannisloge."

Friedrich Philipp Rosenstiel
Geheimer Oberfinanzrat

Um der Grundverfassung die Starrheit zu nehmen und die Möglichkeit zu schaffen, im Laufe der Zeit Änderungen zu treffen, die sich veränderten Verhältnissen anpaßten, war beschlossen, daß von sieben zu sieben Jahren die Verfassung einer Revision unterzogen werden sollte. Das ist denn auch geschehen, ohne daß der Grundgedanke erschüttert worden wäre. Die Bundesannalen sprechen sich darüber folgendermaßen aus: „Der gute Erfolg und das schöne Gelingen rechtfertigten die gefaßten Beschlüsse und die ergriffenen Maßregeln. Alles lebte wieder auf. Einheit im Plan und im Willen, Kraft und Beharrlichkeit in der Ausführung, verbunden mit einer außerordentlichen Tätigkeit aller mitwirkenden Behörden, erzeugt bald Ordnung, Eintracht, Zufriedenheit, Herzlichkeit im Umgange; so sehr wirkte das Beispiel von oben herab. Segen und Gedeihen belohnten die Arbeit, und der Bund erreichte in kurzer Zeit eine Festigkeit, eine Vollkommenheit und Schönheit, wovon die schnellen Fortschritte in die Augen fallen mußten und beispiellos waren, und welche ihn in die hohe Achtung bei den in- und ausländischen Logen gesetzt haben, die er noch genießt."

Ein großes Verdienst um die Freimaurerei in Deutschland erwarb sich Boumann durch die Begründung der Freundschaft mit der Großen Landesloge, die vermöge des besonderen Geistes ihrer Lehre und des unbeugsamen Festhaltens an dem Überkommenen sich schwer in die Gedankenwelt der humanitären Freimaurerei hineinfühlen konnte. Auf alle Vorstellungen und Angriffe konnte sie mit gutem Recht immer nur wie Luther dem Zwingli die Antwort geben: „Ihr habt einen andern Geist als wir."

Die Große National-Mutterloge hatte sich schon mit ihrer Erklärung vom 11. November 1783 der Schwester-Großloge genähert, denn darin heißt es von den Brüdern der Landesloge: „sie sollen uns zu allen Zeiten willkommen sein, und wir nehmen keinen Anstand, durch die Deklaration abermals den ersten Schritt zu der Aufhebung und Abschaffung der bisherigen unseligen Trennung zu tun."

Boumann fand in dem damaligen Landesgroßmeister der Großen Landesloge, dem General Carl August von Beulwitz, einen Mann von seinem Takt und großer Liebe zur Sache, der dem Gedanken eines freundschaftlichen Zusammengehens sympathisch begegnete. Schon im Jahre 1795 vollzog sich die Annäherung. Da heißt es in den Annalen der drei Weltkugeln: „Das angenehmste Ereignis in diesem Jahre war eine noch nähere freundschaftliche Verbindung mit der Landesloge, wozu der Bruder Boumann rühmlichst am meisten beitrug. Und am Johannisfest erschien in der Mutterloge eine feierliche Deputation der Landesloge, um uns zu diesem Feste Glück zu wünschen, welches wir erwiderten."

Das war zunächst eine rein äußerliche Höflichkeit, die sich wiederholte, als am 18. Dezember bei der Einweihung des neuen Tempels der drei Weltkugeln General von Beulwitz in einer warmherzigen Rede die Glückwünsche seiner Großloge überbrachte. Aber auch geistig näherte sich die Lehre der Großen National-Mutterloge durch die Umarbeitung der Rituale, womit Johann Friedrich Zöllner beauftragt wurde, der am Johannisfest 1796 vom deputierten National-Großmeister von Wöllner zum Meister vom Stuhl der Mutterloge eingesetzt worden war.

Mit diesem hervorragenden Manne, den die offizielle Geschichte der Großen National-Mutterloge „den größten Wohltäter unseres Bundes in Beziehung auf Lehre und Ritual" nennt, werden wir uns jetzt zu beschäftigen haben.

A. Johann Friedrich Zöllner.

Es mag einer andern Feder vorbehalten bleiben, die äußeren Lebensschicksale dieses bedeutenden Mannes zu schildern. In eine Ideengeschichte der deutschen Freimaurerei gehört nur eine Darstellung von Zöllners geistiger Persönlichkeit. Nur dort, wo die Geschehnisse des praktischen Lebens geistige Auswirkungen hatten, dürfen sie eine Rolle spielen, und da wird denn doch viel Äußerliches berührt werden müssen, denn bei Zöllner löste beinahe jede Wendung, jedes Ereignis seines bürgerlichen und beruflichen Lebens geistige Werte aus. Ob er von der Kanzel ein Schriftwort erläuterte, oder in seinen wöchentlichen Unterhaltungen die Erde und ihre Bewohner behandelte, oder ob er in Sitzungen sich gutachtlich äußerte, immer wußte er Bedeutendes zu sagen, Anregendes, Förderndes zu geben. In allem war er ein echter Freimaurer, ein treuer Arbeiter am Glück seiner Volksgenossen. Im Mittelpunkt aber all seines Denkens stand ihm die christliche Religion.

Alles menschliche Wissen teilte dieser universelle Geist in Empfindungsbegriffe und Vernunftbegriffe. „Die ersteren sind diejenigen, die wir, ohne Mitwirkung unserer Willkür erlangen, in dem sie, wenn man so sagen darf, in unsere Seele, deren Tore sie geöffnet finden, ohne Widerstand und ohne Mühe eindringen. Die Vernunftbegriffe dagegen sind diejenigen, welche sich der Geist durch seine eigene Kraft erwirbt, indem er sich mit jenen ersteren beschäftigt, und sie miteinander vergleicht und verbindet.

Da wir unsere Empfindungsbegriffe nicht anders als vermittelst der Sinne erhalten, und da wir offenbar auch nie Vernunftbegriffe haben würden, wenn nicht sinnliche Erkenntnisse in der Seele vorhergegangen wären: so ward es früh ein anerkannter Grundsatz: daß nichts in dem Verstande sei, was ihm nicht durch die Sinne wäre zugeführt worden."

Scharf umriß er alle Kenntnisse, die der natürlichen Einsicht des Menschen vergönnt sind, und zog ihnen zwei Grenzen: Die eine ist die Idee von uns selbst, die uns zu der Idee des höchsten Wesens und unserer wichtigen Verpflichtung führt. „Die andere ist der Teil der Mathematik, der die allgemeinen Eigenschaften der Körper, die Ausdehnung und die Größe zum Gegenstand hat. Zwischen diesen beiden Grenzen ist ein unermeßlicher Zwischenraum, wo der höchste Verstand das Wissenswürdige teils durch eine Menge von Nebelwolken verdeckt, teils durch einzelne Lichtstrahlen, die von Zeit zu Zeit den Blick wieder fesseln, sichtbar gemacht hat."

Nie vor Zöllner hat ein Denker das Symbol der Freimaurerei, die Geometrie, die ihr die Königliche, die Universalwissenschaft ist, sinnvoller und verständlicher gedeutet. Dann fährt er fort (Allgemeine Übersicht des menschlichen Wissens, Berlin 1790): Es fehlt indessen sehr viel, daß die kleine Anzahl von gewissen Kenntnissen, worauf wir rechnen können, und die, wenn ich mich so ausdrücken darf, an die beiden äußersten Grenzen des Raumes, von welchem wir reden, verbannt sind, uns zur Befriedigung unserer Bedürfnisse genügen sollten. Die Natur des Menschen, deren Kenntnis uns so unentbehrlich, und mit Recht von Sokrates so sehr anempfohlen ist, bleibt für den Menschen ein undurchdringliches Geheimnis, solange er bloß dem Lichte der Vernunft überlassen ist; und den größesten Köpfen gelingt es, trotz ihrem anhaltenden Nachdenken über diesen wichtigen Gegenstand, doch nur selten, daß sie ein wenig mehr davon wissen, als die übrigen Menschen. Man kann eben dies von unserm gegenwärtigen und zukünftigen Dasein, von dem Wesen, dem wir beides schuldig sind, und von der Verehrung, die es von uns fordert, sagen.

Nichts ist uns daher unentbehrlicher, als eine geoffenbarte Religion, die uns über diese wichtigen Gegenstände unterrichtet. Da sie bestimmt ist, unsere natürlichen Erkenntnisse zu ergänzen, so enthüllt sie uns einen Teil von dem, was uns verborgen war; aber sie schränkt sich auf dasjenige ein, was wir zu wissen schlechterdings nötig hatten; das übrige ist für uns verschlossen, und wird es wahrscheinlich immer sein. Einige wenige Wahrheiten für unsern Glauben, eine kleine Anzahl von Vorschriften für unser Verhalten, dies ist es alles, worauf sich die geoffenbarte Religion zurückbringen läßt; und dennoch genießt selbst das Volk, vermittelst des Lichtes, das sie über die Erde verbreitet hat, einen ungleich höheren Grad der Beruhigung und der Gewißheit in Ansehung der allererheblichsten Fragen, als sie je die Sekten der Philosophen genossen haben."

Ein treffendes Bild der geistigen Persönlichkeit Zöllners gibt eine Vorlesung über die Frage, ob im menschlichen Leben das Gute oder das Böse des Übergewicht habe. Er hielt diese Vorlesung am 26. Februar 1795 in der Akademie der Wissenschaften, also vor einem Gremium der bedeutendsten Gelehrten Berlins. Glaubt man, daß das Böse im menschlichen Schicksal überwiege, so ist es ein Haupteinwurf gegen das Bestehen einer moralischen Weltregierung. Zöllner behandelt zunächst rein historisch und kritisch den gesamten Ideenkomplex, der schließlich in der Frage gipfelt, ob trotz des angeblichen Übergewichtes des Bösen im Leben man den Wert des Lebens doch so hoch schätze, daß man es am Ende noch einmal durchleben möchte. Dazu äußert sich Zöllner: „Was mich selbst betrifft, so habe ich mich oft im Ernst gefragt, ob ich meine bisherige Lebensbahn, so wie sie gewesen ist, noch einmal durchlaufen möchte, wenn ich es sollte? ... Ich sage ohne alles Bedenken: Ja! Ich weiß heute nicht mehr alle Augenblicke des Vergnügens und der Unlust aufzuzählen; ich erinnere mich so mancher bitteren Erfahrung, die mich tief verwundete, ich stelle mir große Abschnitte meines Lebens vor, in denen ich keine einzige hervorstechende Freude genoß, ich komme ins Gedränge, wenn ich den reinen Gewinn der jetzt zurückgelegten Tage in Absicht auf eigentlichen Lebensgenuß angeben soll; denn was ich an Ausbildung des Geistes und Charakters gewonnen habe, ist wenigstens in dieser Rücksicht kein reiner Gewinn; weil ich offenbar so vieles Mißvergnügen nicht haben würde, wenn ich mit stumpferen Sinnen den Torheiten, Kleinigkeiten, den Nichtswürdigkeiten in der Welt zusehen könnte; weil ich dann noch in manchem Vergnügen Genuß, in mancher Beschäftigung Unterhaltung, in mancher Äußerlichkeit etwas Wichtiges finden würde, wo ich jetzt, um nichts Schlimmers zu sagen, bloß das Eitle und Leere sehe. Und bei dem allen ist mir mein Leben von der Wiege bis auf diese Stunde so viel wert, daß ich, wenn mir an der Pforte desselben weiter nichts, als was ich bis jetzt gehabt habe, wäre geboten worden, keinen Augenblick würde angestanden haben, hineinzutreten. Denn es bleibt mir vom Ganzen ein froher Eindruck zurück, ich habe gern gelebt, ich sage: Wohl mir, daß ich geboren bin!"

Wenn wir dieses Leben, das Zöllner selbst für so wertvoll hielt, überblicken, so müssen wir ihm recht geben. Er stammte aus einfachen Verhältnissen. Sein Vater war Königlicher Förster in Neudamm, ein Mann von gesundem, praktischem Verstand, von merkwürdiger Energie des Geistes und einer lebendigen Begeisterung für seinen König Friedrich den Großen, dem er persönliche Dienste geleistet hatte in den schweren Schlachten gegen die Russen, insbesondere bei Zorndorf. Diesem Vater ist Zöllner bis an sein Lebensende dankbar gewesen, für alles das, was der vortreffliche Mann ihm gegeben hatte. Er starb als Oberförster im Hause seines Sohnes in hohem Alter. Und Zöllner hatte Grund zur Dankbarkeit, denn obwohl sein Vater keineswegs wohlhabend war, hielt er ihm doch einen Hauslehrer, der den Knaben bis zum achten Lebensjahre unterrichtete. Der Hauslehrer war zwar nicht sehr bedeutend, er war Zögling des Halleschen Waisenhauses gewesen und hatte den frömmelnden Ton, der damals dort herrschte, beibehalten. Mit einer übertriebenen Strenge hielt er die Heiterkeit seines Zöglings nieder, ohne ihn durch Bildung des Geistes und Herzens zu entschädigen. In jener Zeit erhielt die Neudammer Stadtschule einen neuen Rektor, den nachmals als Oberpfarrer in Neudamm wirkenden Gossow, der sich nun Zöllners annahm und dessen Unterricht dieser bis zu seinem fünfzehnten Lebensjahre genoß. Im Jahre 1768 kam er in die Oberschule nach Frankfurt an der Oder, die der Magister Christgau leitete, ein alter Büchergelehrter, von dessen weitschweifigen Vor-

Diterich

trägen nur diejenigen Schüler etwas gewannen, die selber mitzuarbeiten pflegten. Zöllner wohnte im Hause seines Lehrers, und er hat in der Unterhaltung mit dem kenntnisreichen Greise und vor allem aus dessen reichhaltiger Bibliothek großen geistigen Nutzen gezogen.

Zwei Jahre lang besuchte er die Oberschule, dann bezog er die Universität, wo er sich besonders an Töllner anschloß. Dieser gelehrte Professor nahm sich seiner Schüler ganz besonders an. Er teilte ihnen stets die Ergebnisse seiner Forschungen mit, übte sie im Katechisieren und Predigen und spornte sie durch oft wiederholte Prüfungen zu fleißigem Studium an. Seinem Schüler Zöllner wandte er besondere Aufmerksamkeit zu, er nahm ihn als Amanuensis an und diktierte ihm alles, was er in den letzten Jahren seines Lebens drucken ließ. Und er muß ihn sehr geschätzt haben, denn er ernannte ihn im Fall seines Todes zum Lehrer seines einzigen Sohnes. Töllner starb im Jahre 1774 und sein Sohn zwei Jahre nach ihm. Zöllner war nunmehr frei und begab sich auf Reisen, betreute dann ein Jahr lang einen jungen Frankfurter Studenten, den Freiherrn von Kottwitz. Seiner Neigung nach hätte er die Universitätslehrerlaufbahn eingeschlagen, und er wurde auch von dem Staatsminister Freiherrn von Zedlitz, der ihn im Hause Töllners kennen und schätzen gelernt hatte, dazu ermuntert. Aber es war nicht die Theologie, die er sich als Fach wählte, sondern die Kunstgeschichte. Er las ein Kolleg über die Theorie der schönen Künste und Wissenschaften, das gleich anfangs eine große Zahl Zuhörer fand. Er scheint jedoch in diesem Fache seine geistige Befriedigung nicht gefunden zu haben, vor allem dürfte ihn die Enge der kleinen Universitätsstadt bedrückt haben, kurz er entschloß sich, eine Predigerstelle in Berlin anzunehmen, wozu ihn der Minister von Zedlitz empfahl.

Es handelte sich um die erledigte Stelle eines lutherischen Predigers an der Charité. Die Vokation, die sich im Archiv des Berliner Konsistoriums findet, gibt uns ein treffliches Bild von den hohen Anforderungen, die an den noch nicht sechsundzwanzigjährigen Kandidaten gestellt wurden:

„Das Königl. Armen-Direktorium hat beschlossen, die durch Absterben des Herrn Johann Robert Franke bei der Charité erledigte Predigerstelle Lutherscher Konfession dem Herrn Johann Friedrich Zöllner nach den erhaltenen Zeugnissen und Beweisen von seinen rühmlichen Einsichten, guten Lehrgaben und unbescholtenem Wandel, wieder zu übertragen; Es vocieret also dasselbe ihn hierdurch im Namen Gottes und in Kraft des dem Armen Direktorio allergnädigst verliehenen Patronat Rechts zum ordentlichen Prediger und Seelsorger bei der in gedachter Charité der Lutherischen Konfession ergebenen Armen und Kranken, auch der dahin gepfarrten Hospitaliten des Koppschen Armenhauses auch der im Dorotheen Hospital befindlichen dieser Konfession zugetanen Hospitalitinnen; die ordentlichen Amtsgeschäfte, die er hiermit zu übernehmen verbunden ist, sind die Sonn- und Festtags-Predigten, Vor- oder nachmittags, nachdem es der Wechsel mit dem Prediger reformierter Konfession mit sich bringet, die jedesmalige katechetische Wiederholung seiner Vormittags-Predigt in den Nachmittagsstunden desselben Tages, der Nachmittagspredigt aber am folgenden Tage, täglich Morgen oder Abend-Betstunden, wie ihn und den Prediger reformierter Konfession auch hierbei die Reihe trifft. Endlich die Besuchung der Kranken und Sterbenden und vierteljährigen Kommunion Haltung im Irrhaufe. Sie alle hat er nicht nur ordentlich abzuwarten, sondern auch, mit aller Weisheit und Treue zu verwalten, nach der Vorschrift des Evangelii Jesu Christi und der darin enthaltenen Lehre der Wahrheit zur Gottseligkeit mit gehöriger Rücksicht auf die in hiesigen Landen autorisierten öffentlichen Bekenntnis-Schriften der Evangelisch-Lutherischen Kirche. Daher soll er besonders in den Betstunden solche Stellen oder Abschnitte der heiligen Schrift wählen, die ihm die beste Veranlassung geben, nützliche Anwendungen auf den vermischten Haufen roher und lasterhafter oder abgelebter Kranken und anderer elenden Menschen zu machen, und damit er sich desto mehr ihrer Aufmerksamkeit und verständigen Zuneigung auf sich selbst versichere, oft beim Beschluß dieser Betstunden und bei Anfang der folgenden umher fragen, was sie gehört und behalten haben. Und wie er bei jeder Verrichtung seines Amts es nicht an aufrichtigen Bezeugungen seiner herzlichen Wohlmeinung und mitleidigen Liebe wird fehlen lassen; so verpflichtet ihn das Armen Direktorium noch besonders zu einem durchaus rechtschaffenen und unanstößigen Wandel, zur Achtung gegen den jedesmaligen Oberinspektor der Charité und ihm gebührender Folge in dem was die Ordnung des Hauses verlanget, zur brüderlichen Freundschaft mit dem

Prediger reformierter Konfession und zum ehrerbietigen Gehorsam gegen den jedesmaligen Probst in Berlin als seinen Inspektoren in Amtssachen, auch muß er denen Verfügungen und anderweitig zu treffenden Einrichtungen des Armen Direktorii sich unterwerfen.

Dagegen soll er für seine Bemühungen nebst der freien Wohnung, dem freien Tisch, Holz, Licht und Wäsche jährlich fünfundneunzig Taler an barem Gelde und also quartaliter dreiundzwanzig Taler achtzehn Groschen zu genießen haben und aus der Charité Kasse gegen Quittung empfangen, auch bei Bemerkung seines guten Eifers sich der möglichen Fürsorge für seine weitere Beförderung getrösten können.

Übrigens hat er, die allergnädigste Bestätigung dieses ihm erteilten Berufes zu suchen. Das Königliche Armen Direktorium wünscht ihm dazu viel Glück und Segen.

Urkundlich unter des Armen Direktorii Siegel und Unterschrift gegeben
Berlin, den 24. März 1779

Königl. Preuß. Wirkl. Geheimer Etats Rat und zum Armen Direktorio
verordnete Praesident Direktor und Räte
Zedlitz, v. d. Hagen, Ransleben, Cothenius, Philippi, Gregori,
Arends, Spalding, Pülz, Hetzer, Teller, Willmann, Hoffmann.

Vocation
für den Candidat Herrn Johann Friedrich Zoellner
als Evangelisch-Lutherscher Prediger im Maison de Charité."

Die Bitte um Bestätigung richtete Zöllner am 15. Juni an den König, und schon am 17. Juni ging der Introduktionsbefehl an den Oberkonsistorialrat und Probst Teller. Die Einführungspredigt ist uns erhalten.

Zöllner hat das schwere Amt drei Jahre treu verwaltet, und als 1782 eine Vakanz an der Marienkirche eingetreten war, berief ihn der Berliner Magistrat als zweiten Diakonus. Noch in demselben Jahre verheiratete er sich mit der ältesten Tochter des Archidiakonus Diterich, der die erste Pfarre an St. Marien innehatte. Über diesen Geistlichen äußert sich Zöllners Freund Johann Erich Biester: „Nicht leicht verdient ein Name mit mehr Achtung und Liebe ausgesprochen zu werden, als der Name Diterichs, der auf eine seltene Weise Sanftmut mit Festigkeit, Frömmigkeit mit Freiheit des Geistes, kindliche Unschuld mit Erfahrungsweisheit, bescheidene Selbstbeschränkung mit umblickender Einsicht, und alle Tugenden einer früheren Welt mit der Reife eines gebildeten Zeitalters zu vereinigen wußte. Die innige Verbindung Zöllners mit einem solchen näheren Amtsgenossen, solchem würdigen Muster eines Geistlichen, solchem Vater, konnte nicht anders als die heilsamste Befestigung des Charakters bei dem edlen jüngeren Manne zur Folge haben."

Die Akten der Nicolai- und Marienkirche weisen gerade um die Zeit der ersten Amtsjahre Zöllners große Lücken auf, aber aus dem Kreise seiner Freunde wissen wir, daß seine Predigten außerordentlich besucht waren, und zwar in einer Zeit, wo die Ideen der französischen Revolution durch die Köpfe der Menschen schwirrten und im allgemeinen über Lauheit im Kirchenbesuch geklagt wurde. Aber Zöllners umfassende Kenntnisse, seine reiche Erfahrung im Verkehr mit den Menschen, besonders mit den Ärmsten der Armen, den körperlich und geistig Kranken, seine warme, menschliche Herzlichkeit, sein feiner Humor, der, ohne die Würde und Strenge des Amtes zu verletzen, auch seine strafenden Predigten in ihrer Schärfe milderte, all das gewann ihm die Menschen und füllte seine Kirche. Er war eine gesuchte Persönlichkeit in Berlin, nicht leicht geschah etwas Besonderes, ohne daß nach Zöllner gerufen wurde. Seine Fähigkeiten hatten sich zu oft bewährt, als daß man auf ihn hätte verzichten können. Ämter über Ämter wurden auf seine Schultern gehäuft. Er wurde Probst, Kurator von Waisenhäusern, Beisitzer im Armendirektorium, Ephorus des Berlinischen Gymnasiums, schließlich Oberkonsistorialrat und nach seines Schwiegervaters Tode 1797 auch Archidiakonus bei der Marienkirche. Endlich berief ihn der König in das Oberschulkollegium.

Obgleich Zöllner seit 1791 Mitglied der Akademie der Wissenschaften war, kann man ihn doch nicht eigentlich als einen Gelehrten von Fach bezeichnen, aber man würde unrecht tun, wenn man die Vielfältigkeit seiner wissenschaftlichen Interessen als oberflächlich bezeichnen wollte. In allen den Zweigen, in denen er tätig war, hatte er etwas von Bedeutung zu sagen, und selbst wenn es sich um eine rein praktische Frage handelte, wußte dieser bewundernswerte Mann die Dinge von einer Seite zu beleuchten, die ihm selbst die Achtung der Fachleute eintrug.

Vor uns liegt ein Schreiben vom 23. Mai 1799 an den König, das in diesem Sinne Aufschluß gibt:

„Allergnädigster, Großmächtigster König, Allergnädigster König und Herr.

Schon unter den vorigen beiden glorreichen Regierungen ist daran gearbeitet worden, die Begräbnisplätze aus der Stadt vor die Tore zu verlegen. Der Sprengel der Nicolai- und Marienkirche hatte ein besonders dringendes Bedürfnis, diese Verlegung baldigst zu wünschen; denn der Kirchhof, welcher für das ganze eigentliche Berlin bestimmt ist, und an sich schon zu klein war, hatte durch die Anlegung des ehemaligen v. Raminschen Exercierhauses noch einen ansehnlichen Teil verloren und war über die Hälfte zu Begräbnisplätzen ganz unbrauchbar geworden.

Ew. Königl. Majestät Herr Vater glorreichen Andenkens erklärten Sich geneigt, der Kirche den auf diese Weise erlittenen Verlust durch Begünstigung bei Anlegung eines neuen Kirchhofes zu ersetzen. Die Ausführung dieser wohltätigen Absicht blieb aber ausgesetzt; weil der neue Begräbnisplatz zwischen dem Prenzlauer und Bernauer Tor belegen ist, und die Stadtmauer, welche denselben mit einschließen sollte, nicht bis dahin fortgeführt ward.

Von einem Jahre zum andern hat man nun die Hoffnung unterhalten, daß die Stadtmauer weiter fortgeführt werden würde; und während dieser Zeit ist das Übel, welches die Beengung des alten Kirchhofes hervorbringt, dergestalt gewachsen, daß nun die Leichen dort nicht mehr ohne Gefahr für die Gesundheit der Nachbarn und ohne Beschwerden der Gemeine beigesetzt werden können.

Bei dem gänzlichen Unvermögen der Kirchen, welche die Last trifft, würden Ew. Königl. Majestät den Einwohnern des eigentlichen Berlins eine mit dem lautesten Dank zu erkennende Wohltat erweisen, wenn Allerhöchstdieselben geruhen wollten, es noch in diesem Jahre möglich zu machen, daß die Anlage des neuen Kirchhofes Zustandekommen könnte; und dies würde geschehen, wenn Allerhöchstdieselben geruhten, von der noch zu ziehenden Stadtmauer nur jetzt das Stück aufführen zu lassen, welches den neuen Kirchhof einschließen würde und auf der beiliegenden Zeichnung mit roten Linien angedeutet ist.

Da das Ackerstück, welches auf diese Weise eingeschlossen würde, größtenteils der Nicolai-Kirche gehört, und die Besitzerin des übrigen Teiles mit einem angrenzenden Stücke abgefunden werden kann: so würde damit ohne sehr erhebliche Kosten ein geräumiger und guter Begräbnisplatz gewonnen.

Diese Mauer würde zwar auf der einen Seite 600 auf der andern Seite 400 Fuß betragen, folglich nach einem ohngefährigen Überschlag 4-5000 Taler kosten; aber gerade soviel würde es auch betragen, wenn einst die Mauer so, wie jetzt die Palisaden gehen, sollte gezogen werden, weil keine Verlängerung der Mauer, sondern bloß eine Veränderung der ein- und ausspringenden Winkel nötig ist.

Sollten Ew. Königl. Majestät indessen diese Summe noch auf den diesjährigen Bauetat zu bringen sich nicht zu entschließen geruhen, so würde die Verlegenheit der Kirchspiele auch dadurch behoben werden, wenn Allerhöchstdieselben

> Dero Oberhofbauamte die Ordre erteilten, entweder dieses Stück der Stadtmauer auf den Etat des künftigen Jahres zu bringen, oder vor der Hand bis die Stadtmauer so weit fortgeführt würde, das auf dem Plane bezeichnete Stück mit einem Zaune einzuschließen, welcher höchstens 600 Taler kosten könnte.

In der Hoffnung, daß Ew. Königl. Majestät diese, auf das allgemeine Beste abzielende alleruntertänigste Bitte gnädig annehmen und Allerhöchstdero

Oberhofbauamt mit den nötigen Befehlen deshalb zu versehen geruhen werden, ersterbe ich in tiefster Ehrfurcht..." (Geh. Staatsarchiv.)

Diesem eigenhändig geschriebenen Brief hatte Zöllner eine saubere farbige Zeichnung beigefügt, die dem König den Lageplan deutlich machen sollte.

Auch in die geistigen Kämpfe, die der evangelische Klerus gegen das Wöllnersche Religionsedikt führte, hat Zöllner eingegriffen. Maßvoll wie in all seinen Handlungen, ist er gegen den Mann, der an leitender Stelle in der großen National-Mutterloge stand, nie scharf aufgetreten. Er wußte wohl, was seine Großloge Wöllner verdankte. Gewiß war dem freien Geiste Zöllners die mystische Persönlichkeit des zum Staatsminister aufgerückten und geadelten Wöllner wenig zusagend, aber er vergaß nie, welche bedeutenden Verdienste sich dieser allein um die Erwerbung des königlichen Protektoriums gemacht hatte. Und der Minister wußte die vornehme Art Zöllners zu schätzen und schritt gegen ihn nicht ein, wie wir schon an früherer Stelle mitgeteilt haben. Anderen Geistlichen ist es übler ergangen. Wir haben darüber das Zeugnis des Konsistorialrates Professor Dr. G. S. Steinbart, der seit Töllners Tode dessen Lehrstuhl in Frankfurt an der Oder einnahm. Er hatte im Jahre 1797 in einer kurzen Geschichte der wichtigsten Vorgänge in Kirchensachen an den König berichtet. Da heißt es unter anderem: „Wöllner schilderte Sr. Majestät die würdigen Männer im Oberkonsistorium, sowie alle gelehrten Theologen, besonders auch auf den Universitäten als irreligiöse und gefährliche Aufklärer und daher erfolgten die äußerst niederschlagenden Kabinettsordres und Rescripte. Dem Rat Teller wurde die Ordination genommen und er eine Zeitlang von seinem Amte dispensiert. Den Räten Gedicke und Zöllner wurde erkläret, daß sie nur aus besonderer Gnade noch geduldet würden."

Es ist erstaunlich, daß bei der Fülle von Geschäften Zöllner noch imstande war, einen verhältnismäßig umfangreichen gesellschaftlichen Verkehr zu unterhalten. Nun sollte er auch noch die Kirchenbücher seiner Parochie eingehend führen. Da aber griff seine vorgesetzte Behörde ein, anscheinend auf Veranlassung des Staatsministers von Massow, der Zöllner sehr wohlgesinnt war. In Gemeinschaft mit dem Großkanzler von Goldbeck machte er eine Eingabe an den König vom 26. März 1803, worin es heißt: „Es ist schlechterdings unmöglich, daß die hiesigen Pastoren die Kirchenbücher selbst führen können. Drei derselben, die Räte Teller, Zöllner und Hecker, sind außer ihren sonstigen Ämtern Mitglieder des Oberkonsistorii, letztere beiden des Oberschulkollegii und die ersteren auch des Armen-Direktorii. Dagegen der Oberkonsistorialrat Teller die Tentamina der Kandidaten pro Ministerio und ihre Ordination zu besorgen hat. Die

v. Massow
Königl. Staatsminister

mit diesen Ämtern verbundenen Geschäfte füllen einen ansehnlichen Teil ihrer Zeit aus und sind in manchen Zeiten hinreichend, um den tätigsten Mann allein zu beschäftigen. Dann haben die Pröbste Teller und Zöllner und der Prediger Küster an der Werderschen Kirche weitläufige Inspektionen und alle damit verbundenen Geschäfte zu besorgen."

Zöllner hat, solange er gesund war, mit unendlichem Fleiß die Fülle der Arbeiten erledigt, die ihm nach und nach aufgetragen worden waren. Er hat dabei ein für die damaligen Verhältnisse beachtenswertes Einkommen gehabt, aber stets in der uneigennützigsten Weise in der Erkenntnis wahrer Freimaurerei Wohltätigkeit geübt. Als aber die Krankheit, die im Jahre 1804 seinen frühen Tod herbeiführte, sich bemerkbar zu machen anfing, suchte er sich zu entlasten. Zu diesem Zweck wandte er sich an den König, und die Denkschrift ist uns in den Kabinettsakten des Geheimen Staatsarchivs erhalten. Sie ist charakteristisch für die Persönlichkeit Zöllners und zugleich ein wertvolles Dokument der Berliner Kirchengeschichte. Dabei zeigt sie so viel freimaurerische Kultur, freimaurerischen Sinn und freimaurerischen Takt, daß wir die Wiedergabe dieser Urkunde für eine unerläßliche Forderung der freimaurerischen Geschichtschreibung halten:

„Untertänigstes Pro Memoria!

Mehrere Umstände dringen mich, eine Veränderung meiner Amts-Verhältnisse zu wünschen.

Vor fünfzehn Jahren übernahm ich die sämtlichen Ämter des Oberkonsistorialrats Spalding und behielt mein Predigtamt als zweiter Diakonus bei der hiesigen Marienkirche bei. Für das letztere erhielt ich zwar einen Gehilfen, aber da mir dieser größtenteils die Predigten allein abnahm und ich die meisten Actus ministeriales, die Katechisationen, die Vorbereitungen, die Sühneversuche und dergleichen selber bestreiten mußte, so ward ich in der Tat sehr mit Geschäften belastet. Allmählich überstieg diese Last meine Kräfte. Die Arbeiten im Oberkonsistorio nahmen mit der Erweiterung der Monarchie und mit dem besser organisierten Gange der Geschäfte zu; die Examina der Kandidaten und Schulhalter, die Inspektions-Geschäfte, die Arbeiten im Armen-Direktorio – alles wurde weitläufiger und zeitzersplitternder.

Als überdies der erste Diakonus an der Marienkirche (Ober-Konsistorialrat Diterich) vor sieben Jahren starb, erhielt ich, mit dem Einrücken in seine Stelle, durch die Vermehrung der Katechisationen und des Beichtstuhles, einen solchen Zuwachs von Arbeiten, daß ich schon damals auf eine Veränderung meiner übrigen Amtsverhältnisse gedacht haben würde; wenn ich nicht innigst gewünscht hätte, den ehrwürdigen Ober-Konsistorialrat Spalding in seinem hohen Alter ungestört in seiner ganzen Lage zu lassen.

Da aber eine Kränklichkeit, an der ich seit sechs Jahren gelitten habe, im vergangenen Frühjahr durch neue Zufälle vermehrt worden ist, und ich, nach dem Urteil der Ärzte mein Leben nur erhalten kann, wenn ich von den Geschäften, die sich unaufhörlich durchkreuzen, zu einfacheren, nicht mit langem und angestrengtem Reden verbundenen Arbeiten übergehe: so wage ich es, untertänigst meine Gedanken vorzulegen; wie ich glaube, daß mein Leben noch einige Zeit gefristet und doch meine gesammelte Erfahrung und etwaige Geschäfts-Kenntnis noch dem Staate nützlich werden kann.

Das Ober-Schulkollegium hat in diesem Jahre ein äußerst einsichtsvolles und tätiges Mitglied verloren; und die übrigen Mitglieder desselben haben so viele anderweitige Amtsgeschäfte, daß es fast nicht möglich ist, mit Generalibus, welche eine zusammenhängende Bearbeitung erfordern, fertig zu werden. Zu Lokal-Untersuchungen, welche schlechterdings notwendig sind, wenn wichtige Anstalten gründlich reformiert werden sollen, und wenn das Kollegium die unentbehrliche Personal- und Lokal-Kenntnis erlangen will, findet sich die Zeit mit der größten Schwierigkeit. Die Abwesenheit des Kommissarii ist mit Nachteil seiner übrigen Ämter verbunden, und ein großer Teil der Früchte, welche die angestellten Untersuchungen bringen würden, geht verloren; weil nach seiner Rückkehr die unterdes aufgehäuften und die fortlaufenden Geschäfte eine ruhige und vollständige Bearbeitung der Materialien und der bei den Lokal-Untersuchungen gemachten Einleitungen unmöglich machen.

Ein so wichtiges Departement erfordert daher unstreitig Arbeiter, die sich demselben mit ihrer ganzen Zeit und Kraft widmen können; zumal, da der hohe Chef desselben an der Spitze mehrerer Departements steht, von denen die meisten gleichfalls keine eigenen Räte haben, sondern so wie beim Ober-Schulkollegio auch nur von anderweitig genugsam beschäftigten Männern bearbeitet werden. Ungleich geringere Dicasteria haben Räte, die bloß für ihr Fach bestimmt sind, und haben ein ungleich stärkeres Personal.

Diese Betrachtungen haben mich auf den Gedanken gebracht, daß des Königs Majestät nicht abgeneigt sein würden, den Gehalts-Etat des Ober-Schulkollegii so zu erhöhen, daß wenigstens zwei Räte sich den Geschäften dieses Departements wo nicht ausschließend, doch größtenteils widmen könnten.

Garten des Bundeshauses der Großen National-Mutterloge zu den drei Weltkugeln

Wenn des Herrn Ministers von Massow Excellenz von mir zu urteilen geruhten, daß meine Dienste in diesem Fache ursprünglich ersprieslich sein könnten, so würde ich es, unter den jetzt obwaltenden Umständen, für eine ausgezeichnete Huld ansehen, wenn ich bei dem Ober-Schulkollegio so gesetzt werden könnte, daß ich von meinen Prediger-Geschäften wenigstens größtenteils frei würde. Ich würde solche jetzt gleich ganz aufgeben, aber ich glaube, ohne Eitelkeit sagen zu dürfen, daß ich als Prediger in den jetzigen Zeiten, wo die Anhänglichkeit an den Religions-Kultus so abgenommen hat, noch nützlich werden kann, wenn ich auch nur von Zeit zu Zeit die Kanzel betrete. Hiernächst sehe ich keine Möglichkeit, mich von den Kirchen-Geschäften ganz los zu machen, ohne den ehrwürdigen Probst Spalding für den Rest seiner Tage in seiner jetzigen Lage zu stören, und endlich glaube ich auch, die Ansetzung eines zweiten Mitgliedes im Ober-Schulkollegio zu erleichtern, wenn ich noch einen Teil meiner Einkünfte vom Predigtamte behalten und also mit einer geringeren Besoldung aus dem Ober-Schulkollegio fertig werden kann.

Um dies letztere ins Licht zu setzen, muß ich von dem Zustande meiner bisherigen Einkünfte Rechenschaft geben; und ich fürchte dabei den Vorwurf des Eigennutzes umsoweniger, da ich Beweise genug vom Gegenteil gegeben zu haben glaube und unter anderm eine Einnahme für meine Predigtentwürfe, welche jährlich zwischen drei- und vierhundert Thaler beträgt, abgetreten habe, um der verarmten Kirchenkasse aufzuhelfen. Ich habe bisher als Archidiakonus bei der Marien-Kirche, nach der Beilage A ... 1392 Thaler 10 Groschen aus der Dispositionskasse als Zulage, solange der

Probst Spalding lebt .... 300 Thaler
aus dem Ober-Schulkollegio .... 250 Thaler
aus dem Ober-Konsistorio .... 100 Thaler

Summa 2.042 Thaler 10 Groschen

Da mein Amt, meine persönlichen Verhältnisse und meine Neigung es mir unmöglich machen, meine Wohltätigkeit gegen Notleidende von aller Art einzuschränken; da meine Kinder in die Jahre treten, wo sie große Kosten verursachen, wenn ihre Bildung vollendet werden soll, und da ich vielleicht noch eine geraume Zeit leben und arbeiten kann: so wünschte ich sehr, daß ich bei der Veränderung meiner Geschäfte, wenigstens diese Einnahme behielte.

Meine Kollegen bei der Marien-Kirche würden vollkommen zufrieden sein, wenn ich ihnen die zufälligen Einkünfte, welche nach obiger Angabe im Durchschnitt jährlich siebenhundertsechzig Thaler betragen, überließe, und dem Hilfsprediger, der jetzt nur dreihundert Thaler hat, noch hundert Thaler von den fixierten Einkünften also achthundertsechzig überhaupt von der gesamten Einnahme abträte. Mir blieben dann elfhundertzweiundachtzig Thaler davon übrig.

Wenn nun des Königs Majestät geruhten, mir die bis zum Tode des Probsts Spalding auf die Dispositionskasse angewiesenen .... 300 Thaler
zu lassen, und sich die aus dem Ober-Konsistorio und
Schulkollegio bisher genossenen Gehalte von .... 350 Thaler
behielte: so würde mit Inbegriff der .... 532 Thaler
aus dem Archidiakonate der Marien-Kirche
nur noch ein Zuschuß von .... 860 Thaler

nötig sein, um die gewünschten .... 2.042 Thaler
voll zu machen.

Hierzu wäre nun das Gehalt, welches durch den Tod des Oberschulrats Gedike erledigt worden ist, fast hinreichend; aber ich kann nicht umhin zu bemerken, daß mein Kollege, der Oberkonsistorialrat Mecker bis jetzt nur zweihundertfünfzig Thaler Gehalt beim Ober-Schulkollegio hat und ich es für unbillig halten würde, einen Antrag zu machen, wodurch derselbe die Aussicht, wenigstens das ursprüngliche Gehalt eines Oberschulrats von fünfhundert Thaler zu bekommen, verlöre.

Diese Einrichtung würde freilich nur stattfinden, solange der Probst Spalding lebte, und bis dahin müßte ich denen Predigern, welche mich mit Predigen in der Nicolai-Kirche unterstützen, eine billige Remuneration geben. Sollte mit dieser des Königs Majestät nicht auf die wahrscheinlich kurze Lebensdauer des verdienten Greises hinzutreten: so bin ich bereit, sie aus meinen Einkünften zu bestreiten. Wenn einst der Probst Spalding mit Tode abgeht: so würde ich dann auch in Ansehung der Probstei-Geschäfte mit dem Magistrate ein Abkommnis zu treffen suchen, daß ich einen verhältnismäßig mäßigen Anteil an den Einkünften behielte; worüber ich dann, nach Maßgabe der Umstände zuvor dem hohen Geistlichen Departement einen untertänigen Vortrag machen würde.

Sollte dieser ganze Antrag genehmigt werden: so kann ich nicht umhin, untertänigst zu bemerken, daß doch auch noch ein Rat im Ober-Schulkollegio fast unentbehrlich sein möchte; denn so oft einer krank wird, oder auf Kommission oder zu seiner Erholung verreist ist, wird die Last der Geschäfte für den übrig bleibenden zu groß; und ein eigentlicher Philolog von Profession wäre in diesem Kollegio gewiß sehr wünschenswert.

Berlin, den 29. September 1803.

Zöllner."

Eine Verfügung des Königs auf diese Eingabe ist in den zuständigen Archiven nicht aufzufinden. Sie dürfte aber wohl ergangen sein, denn Zöllner hat im Jahre 1804 ein Schreiben an den König gerichtet, aus dem zu ersehen ist, daß der König weiterhin Zöllner sein Vertrauen geschenkt hat. Zöllner schrieb:

„Ew. Königliche Majestät haben ihre wahrhaft landesväterlichen Gesinnungen, seit dem Antritte Allerhöchstdero Regierung, durch so viele Tatbeweise bewährt, daß jeder Ihrer treuen Unterthanen, von dem Wunsche belebt werden muß, auch in seinem Wirkungskreise zur Beförderung so erhabener Absichten, und damit zur Verherrlichung dieser schönen Regierungsepoche das seinige beizutragen. Der Preußische Staat war längst wegen der edlen Grundsätze und gereiften Weisheit seiner Beherrscher der Gegenstand der Bewunderung und Nachahmung für andere Völker. Das Schulwesen war indessen immer noch nicht, unter den wesentlichen Verbesserungen, welche Allerhöchstdero Vorfahren bewirkten, an die Reihe gekommen; und es blieb Ew. Königliche Majestät vorbehalten, der Schöpfer eines Zweiges der allgemeinen Landeswohlfahrt zu werden, dessen Flor nicht nur die Regierungsperiode Friedrich Wilhelms des dritten zu einer der denkwürdigsten und segensreichsten in der Geschichte des Preußischen Staates machen; sondern auch dazu beitragen wird, das Leben Ew. Königlichen Majestät mit dem Genusse der erquickendsten Früchte fortgesetzter Sorgfalt und Arbeit zu verschönern.

Johann Joachim Spalding

Die Ausführung des ganzen Planes gleicht zwar der Pflanzung eines Gartens, die sich nicht durch Kunst und Anstrengung erzwingen läßt, sondern größtenteils der fortwirkenden Naturkraft überlassen bleiben muß; da aber Ew. Königliche Majestät in Ihren blühendsten Jahren diese edlen Pflanzschulen anlegen; so werden Sie noch die herrlichsten Blüten und Früchte davon sehen und Ihrem hoffnungsvollen Sohne und Ihren Enkeln werden dieselben auf immer entgegenreifen.

Ew. Königliche Majestät haben das gnädigste Zutrauen geäußert, daß ich in dem Fache der Erziehung etwas Erspriesliches leisten würde. Um wenigstens meinen redlichen Willen an den Tag zu legen, habe ich ein Werk ausgearbeitet, welches ich mit tiefster Ehrfurcht Allerhöchstdenenselben zu Füßen zu legen wage.

Es hat mir geschienen, daß es Zeit sei, aus den verschiedenen Völkerstämmen, welche den Preußischen Staat ausmachen, eine Nation zu bilden; damit endlich diese, sonst so ungleichen Untertanen, sich als Mitglieder einer großen Familie ansehen lernen und sich alle mit Ehrfurcht, Liebe, Dank und Vertrauen an ihren gemeinschaftlichen Landesvater anschließen.

Dieser Gedanke, den ich durch das Ganze bezwecke, hat für mich so viel Seelenerhebendes, daß ich mitten in einer verzehrenden Krankheit dadurch gestärkt worden bin, den ersten Teil zu beendigen!

Es wird mich außerordentlich froh machen, wenn ich so glücklich bin, meinem Allergnädigsten Könige damit nicht zu mißfallen, und die Erlaubnis erhalten, auch den zweiten Teil, der die speziellen Vorschläge enthalten wird, ehrfurchtsvoll zu überreichen, der ich in tiefster Unterwerfung ersterbe

Ew. Königl. Majestät
allerunterthänigster Knecht
Joh. Friedr. Zöllner."

Berlin, den 18ten März 1804.

(Geh. Staats Archiv.)

Diese Schrift, auf die Zöllner hinweist, waren die Ideen über Nationalerziehung, die er mit einem Vorwort vom 29. Februar 1804 herausgegeben hat. Es war ihm nicht vergönnt, mehr als den ersten Teil fertigzustellen, denn schon am 12. September desselben Jahres ereilte ihn der Tod. Über dieses letzte Werk sagt ein Mitglied der Großen Landesloge, sein Freund Biester: „Wenn er gleich, wie sachkundige Männer behaupten und auch mit Gründen belegt haben, in seinem Urteile über Pestalozzi Unrecht hat, so bleibt dessen ungeachtet dieses Buch schätzbar und lehrreich, wegen großer tiefer Wahrheiten, wegen glücklicher Gedanken, wegen kraftvoll und freimütig gesagter edler Rettungen des oft verkannten und unterdrückten Menschenwertes."

Dies Urteil der zeitgenössischen Gelehrten hat die moderne Pädagogik im wesentlichen korrigiert, und es ist ein Zeichen für den Weitblick Zöllners, daß sich die Wissenschaft heute fast ganz seine Auffassung von Pestalozzi zu eigen gemacht hat.

Das Ziel der Erziehung ist für Zöllner, den Menschen zu einem vernünftigen, sittlichen und, soviel es seine Lage gestattet, glücklichen Wesen zu bilden. „Wieweit die Vernunft der Individuen gebildet werden könne und müsse und auf welches Maß von Glückseligkeit ihnen ein Anspruch zukommt, ist im allgemeinen nicht zu entscheiden. Sittlichkeit aber kann und soll jeder in jedem Zustand üben; wenigstens kann und muß es jeder dahin bringen, daß er, der Stimme seines Gewissens gehorsam, Unrecht und Unwürdigkeit meidet."

Wie in allen seinen Schriften und Reden ist ihm auch hier der Brennpunkt das religiöse Empfinden. Dabei kommt es ihm nicht auf Dogmen an, „um derentwillen man solange dem Sinn der Bibel Gewalt angetan hatte. Dies ebenso verständige als heilsame Verfahren ward von denen, die mehr auf Wahrheit und christliche Frömmigkeit, als auf hergebrachte Meinungen hielten, mit verdientem Beifall gekrönt, und dadurch wurden andere ermuntert, auf diesem Wege immer weiter zu gehen. Anstatt aber ihrer ursprünglichen Absicht getreu zu bleiben und die Achtung für die Bibel immer fester zu gründen, vergaßen ihrer viele, was sie eigentlich mit ihrem Schriftforschen wollten. Mancher wünschte seine Gelehrsamkeit, mancher seinen Scharfsinn, mancher seine Freimütigkeit geltend zu machen, und so ward die Heilige Schrift immer mehr zu einem alltäglichen Buche herabgewürdigt, und ihr Inhalt in jede Form gepreßt, welche die Philosophie des Tages oder eine individuelle Vorstellungsart, ihm zu geben, für gut fand."

Religion ist ihm nicht nur eine Quelle der inneren Ruhe, des Trostes und froher Hoffnungen, sondern auch eine Bürgschaft und Stütze der menschlichen Tugend. Die Christliche Religion gilt ihm als göttliche Wahrheit, an dem Geiste und dem Herzen ihrer wahren Kenner und Verehrer bewährt.

Alle Versuche, ihre Stelle durch die bloße natürliche Religion auszufüllen, lehnt Zöllner ohne weiteres ab.

Das wichtigste Kapitel ist das zweite, in dem er von der Nationalerziehung als solcher spricht. Vor allem versucht er den Begriff des Vaterlandes zu entwickeln, den er durchaus groß-deutsch auffaßt. Dem Preußen seiner Zeit wirft er Mangel an Nationalgeist vor, und er glaubt den Grund darin zu finden, daß in dem Staate Deutsche, Polen, Litauer und Wenden vereinigt, doch durch ihre Sprachen getrennt sind. Er verlangt daher, daß die gebildetste Sprache, die ihm ohne Bedenken das Deutsche ist, soweit zur Herrschaft komme, daß jeder preußische Untertan sie in Wort und Schrift beherrscht. Dabei spricht er einen Grundsatz aus, der gerade heute für die Frage der Minderheiten-Politik äußerst wichtig ist: „Die Anwendung gewaltsamer Mittel zur Ausrottung einer Landessprache in einer Provinz wird weder vor dem Richterstuhl der Humanität, noch der Politik gerechtfertigt werden; denn sie führt unausbleiblich zu vielfacher Härte, erregt Erbitterung und verfehlt deshalb desto gewisser ihren Zweck.“

Weiterhin verlangt er, daß in den preußischen Volksschulen für die Erweckung eines militärischen Geistes gesorgt werden solle, weil der preußische Staat vermöge seiner Lage genötigt sei, ein verhältnismäßig großes stehendes Kriegsheer zu unterhalten.

Dann setzt sich Zöllner ganz im Sinne einer späteren sozialen Zeit für die Bildung des gemeinen Mannes ein: „Ist irgend etwas einleuchtend, so ist es dies: daß gerade die Volksklassen, die am wenigsten Muße und Gelegenheit haben, sich durch eigenes Nachdenken aus dem Zustande der Unwissenheit und Unvollkommenheit zu erheben, am meisten einer zweckmäßigen Belehrung bedürfen; und ist irgend etwas gerecht und billig, so ist es: daß die, welche durch Anstrengung und den Fleiß der mechanischen Arbeiten Muße und Hilfsmittel erhalten, die Wahrheit zu erforschen, nützliche Erfindungen zu machen und Quellen des größeren Wohls der bürgerlichen Gesellschaft zu eröffnen, zugleich alles aufbieten, jener arbeitenden Klasse die Früchte ihres Fleißes mitzuteilen und ihr die Resultate des Forschens und Spekulierens auf dem leichtesten und sichersten Wege zuführen!“

Er sieht also die einzige Möglichkeit, wodurch Wohlstand, Ordnung und innere Ruhe der Staaten allein zu gründen und zu sichern ist, in dem Anbau der Vernunft im Volke.

Endlich sieht er die Schwierigkeiten, die sich einer Nationalerziehung entgegenstellen, in dem Unterschied der Religionen. Er spricht sich daher gegen die Konfessionsschule aus. Man überlasse den Konfessionsunterricht der Privat-Belehrung, „man sorge bei jeder Schule, je nachdem es die Lokalität am besten gestattet, dafür, daß die Schüler in Privatstunden den

Religions-Unterricht ihrer Konfession erhalten; aber in den öffentlichen Lehrstunden lasse man die allgemeinen Religionswahrheiten vortragen und verknüpfe damit Ermunterungen zur äußeren Religiosität, zur Achtung vor dem öffentlichen Kultus, zur Gebetsübung und zur treuen Benutzung des besonderen Religionsunterrichtes ..." Was Zöllner weiter sagt, ist edelste freimaurerische Weltanschauung: „Es leuchtet von selbst ein, wieviel schon für das gute Einverständnis der Untertanen gesorgt sein würde, wenn sie sich von ihrer Kindheit an gewöhnten, ohne Sekten-Haß, friedlich nebeneinander zu den Füßen desselben Lehrers zu sitzen; wenn sie früh schon den echten Geist der Duldung kennen und üben lernten, und gemeinschaftlich aus den reinsten Quellen die Gründe der Sittlichkeit und des Trostes zu schöpfen angeleitet würden."

Für die Bedeutung der Freimaurerei in Deutschland und speziell für das Preußen im Anfang des neunzehnten Jahrhunderts darf nicht vergessen werden, daß dieser Mann von der Königin Luise ausgewählt wurde, an drei Vormittagen jeder Woche ihr Vorträge aus der Geschichte und aus anderen wissenschaftlichen Gebieten zu halten.

Zur Freimaurerei hat Zöllner schon früh Beziehungen gewonnen. Noch während seiner Frankfurter Dozentenzeit trat er in die Johannis-Loge „Zum aufrichtigen Herzen" ein. Nachdem er Berlin als künftigen Wohnsitz erwählt hatte, ließ er sich bei der Johannis-Loge „Zur Eintracht" affiliieren (14. Mai 1779). Es war die bewegte Zeit, in der sich die Mutterloge mehr und mehr von der strikten Observanz abwandte, vor allem aus dem starken Nationalbewußtsein heraus, keinen Großmeister, der nicht Deutscher war, über sich anzuerkennen. Sie wollte allein ihrem Großmeister in der Person des Herzogs Ferdinand von Braunschweig Gehorsam leisten.

Bei seinem umfassenden Wissen, seiner liebenswürdigen Persönlichkeit und vor allem bei seiner Beredsamkeit, die Biester „bezaubernd" nennt, wurde Zöllner bald zur Mitarbeit herangezogen. Er wurde Großredner und hat als solcher am 15. September 1786 in der Trauerloge auf den Tod Friedrichs des Großen die Gedächtnisrede gehalten.

Die Mutterloge faßte am 7. März 1799 den Beschluß, den Prinzen Friedrich August von Braunschweig als Großmeister und Wöllner als deputierten Großmeister ehrenamtlich weiterzuführen und daher diese Ämter unbesetzt zu lassen. Bis Umstände einträten, die einen Großmeister erforderten, sollte der Meister der Mutterloge – seit 1796 Zöllner – als einstweiliger Großmeister angesehen werden. Somit wurde er zum einstweiligen National-Großmeister gewählt und ihm der Ober-Medizinalrat Martin Heinrich Klaproth (1743 bis 1817) als zugeordneter National-Großmeister beigegeben.

In die Zeit seiner Amtsführung fällt die umfassende Gedankenarbeit, aus der endgültig die Scheidung der Geister in christliche und humanitäre Freimaurerei hervorging.

Zöllners Auffassung war unerschütterlich christlich, und so faßte er auch die Humanität als eine mit dem Christentum fest verbundene freimaurerische Eigenschaft auf. Ein Schreiben vom 12. Dezember 1801 an den deputierten Großredner Geheimen Oberfinanzrat Friedrich Philipp Rosenstiel (1754 bis 1832) umreißt klar Zöllners Standpunkt:

„Die Freimaurerei ist eine Bildungsanstalt zur Humanität – und wir haben schon viel getan, wenn wir nur immer fortschreiten und nicht stillstehen. Mängel werden wir immer auch noch an uns selber und an unsern Brüdern finden. Bei allen wird auch selbst das Fortschreiten nicht vonstatten gehen. Aber darum müssen und dürfen wir nicht das Ganze, welches doch wahrhaft die gute Richtung hat und befördert, aufgeben, weil es in einzelnen Teilen mangelhaft ist. Ein echter Zug der Humanität ist es, Verirrungen einzelner zu tragen, sie liebreich darauf aufmerksam zu machen, und zu der Besserung der Individuen und des Ganzen dadurch mitzuwirken, daß wir ein Beispiel der Mäßigung, der Verzeihung, der Duldung geben. – Ich gestehe Ihnen aufrichtig, daß ich für die Bildung meines Charakters durch die Freimaurerei viel gewonnen zu haben glaube; aber hauptsächlich auch, daß ich gelernet habe, Schwachheiten, Verirrungen und Kränkungen zu ertragen; daß ich mich gewöhnt habe, meine Empfindlichkeit zu mäßigen, und daß ich durch Beobachtung der Unvollkommenheit zu nichts gereizt werde, als zu dem Versuche: das Vollkommenere bewirken zu helfen. Die Überwindung, die es mich gekostet hat, mir dies allmählich zu erkaufen, scheint mir jetzt kein zu hoher Preis; denn ich finde, wieviel es mir in allen meinen Verhältnissen wert ist. Lassen Sie uns, liebster Bruder! denen es um das wahrhaft Gute zu tun ist, dazu miteinander verbinden, desto sicherer sind Sie eines glücklichen Erfolgs.“

In den Jahren 1800 bis 1802 hatte Friedrich Ludwig Schröder sich mit der Großen National-Mutterloge in Verbindung gesetzt, um sie von seiner Auffassung über die Entstehung der Freimaurerei und der Feststellung neuer Rituale für die Johannis-Grade zu verständigen. Er hatte dann auch seine Hefte (vgl. Band II, Seite 300) dem Altschottischen Direktorium übersandt und um Äußerung gebeten. Diese Äußerung ist von Zöllner entworfen, und Friedrich Ludwig Schröder ist damit sehr wenig zufrieden gewesen. Zöllners Konzept befindet sich im Geheim-Archiv der Großen National-Mutterloge, und wir sind in der Lage, dieses für die Geistesgeschichte der Freimaurerei wie für die Charakteristik des Ritualschöpfers Zöllner wichtige Schriftstück beizubringen:

„Sie erhalten, geliebter Bruder, das uns gütig mitgeteilte Manuskript hierbei mit dem herzlichsten Danke zurück. Wir haben es mit großem Vergnügen und mit Bewunderung Ihres Scharfsinns, Ihrer Kenntnisse und Ihres Fleißes, wie mit Verehrung Ihrer Wahrheitsliebe und Ihres durchaus für das Gute gesummten Herzens gelesen. Um jeden einzelnen Punkt gehörig zu erwägen ist freilich die Zeit nicht hinlänglich gewesen, und vielleicht liegt darin auch die Ursache, warum uns noch nicht überall der Faden Ihrer Ideen sichtbar werden konnte. Im ganzen aber können wir Ihnen die Versicherung geben, daß gerade der Grundsatz, den Sie an die Spitze Ihres zweiten Teiles gestellt haben, ganz aus unserer Seele geschrieben ist: (Die Freimaurerei muß, wenn sie nützen soll, den leeren Raum ausfüllen, welcher noch zwischen der Religion und den Gesetzen vorhanden ist. Sie muß gute Menschen vereinigen, um Vorurteile zu vernichten, Tugend und Wahrheit zu verbreiten und ohne Mystik und Theosophie Gott gefällig zu werden.)

Wenn Ihre Zeit es erlaubt, sich mit dem Systeme bekannt zu machen, welches wir jetzt bearbeiten, so werden Sie sich überzeugen, daß wir gerade diese Gesichtspunkte genau vor Augen haben und alles in den einzelnen Arbeiten darauf hinlenken, ohne auf irgendeiner Stufe den Bruder, der sich unserer Leitung anvertraut, zu täuschen. Erlauben Sie indessen, zu bemerken, daß wir dennoch nicht im Stande sind, durchaus in Ihre Ideen über den Ursprung des Ordens und in Ihre Erklärungsart des Ganzen einzugehen; denn gerade das, geliebter Bruder, was in Ihrer Erklärung noch unenthüllt bleibt, ist ein Grund, die Züge nicht hinwegzuschneiden, auf welchen am Ende die Möglichkeit einer vollständigen Erklärung beruhen dürfte. Es schien uns daher, seitdem wir uns an der Spitze der unter uns vereinigten Logen befinden, unumgänglich nötig, dafür zu sorgen, daß Brüder, welche mit unserem ganzen Systeme bekannt gemacht worden, auf einen Punkt gestellt würden, von welchem sie weit genug um sich sehen können, um nicht durch irgendeine andere Darstellung der Sache gelockt und so auf Irrwege geführt zu werden, übrigens werden wir gewiß immer mit den Logen und Brüdern, welche von Ihren Ideen ausgehen und in der Folge auch allenfalls ihre Rituale darnach umformen möchten, in einem guten Vernehmen und in Eintracht zu stehen suchen, um mit ihnen gemeinschaftlich den endlichen Zweck aller echten Ordens-Vereine zu befördern trachten; denn nichts dünkt uns dem Geiste der Maurerei (wie sich auch jeder die Hüllen derselben vorstellen möge!) so sehr entgegen zu sein, als Zwiespalt und Hartnäckigkeit, Dringen auf Einerleiheit in der Vorstellungsweise! Obgleich es sehr wünschenswert sein dürfte, den Sektengeist durch eine gewisse Einförmigkeit in den Ordensarbeiten zu vertilgen; so scheint dies doch nicht erreichbar zu sein, und von einer andern Seite wird vielleicht auch der damit verbundene Nachteil durch die Erhaltung eines regeren Eifers und durch desto lebendigere Teilnahme an dem jedesmaligen Zustande der Dinge in größerem Maße aufgewogen; wenn nur jede Loge es nie vergißt, daß zu dem Geiste des Ordens ganz vorzüglich auch Toleranz gegen anders Denkende gehört, sofern diese anders Denkenden nur nicht die Pflichten der Maurer verletzen.

Ist es Ihnen gefällig, uns von dem Fortgange Ihrer Arbeiten in dem Orden ferner zu benachrichtigen; So werden wir Ihnen dafür sehr verbunden sein und nicht unterlassen, diesen Beweis Ihres brüderlichen Wohlwollens auf alle Weise zu erwidern!"

Der feinfühlige Menschenkenner Zöllner, der erfahrene Seelsorger hatte das Richtige erfaßt. Jede Gleichmacherei verwarf er auf Grund der Polyphonie der Menschennatur. Das wichtigste war ihm, wie schon sein Schreiben an Rosenstiel ausdrückt, Mäßigung, Verzeihung und Duldung.

Der nun folgende Briefwechsel berührte verschiedene Gegenstände. Schröder richtete einige Fragen an Zöllner, die sich auf Geschichte und Persönlichkeiten bezogen. Er trat auch mit einer Aufforderung zur Beteiligung an dem Großen Freimaurer-Verein (Band II, Seite 295 ff.) an die National-Mutterloge heran, fand aber keine Zustimmung. Auf einer längeren Reise durch Deutschland besuchte er auch Berlin und hatte eine längere Aussprache mit Zöllner, die in den angenehmsten Formen verlief, aber in der Sache keine Einigung brachte. Schröder scheint jedoch aus Zöllners liebenswürdiger Menschlichkeit und seiner brüderlichen Freundlichkeit die Überzeugung gewonnen zu haben, daß er mit seinen Ideen von der Geschichte der Freimaurerei und der Wertlosigkeit der über die Johannis-Logen hinausstrebenden Erkenntnisstufen Eindruck gemacht habe. Um so mehr überraschte ihn die höflich verhüllte Ablehnung, die er erfuhr.

Er antwortete am 9. Oktober 1801 aus Rellingen sehr verstimmt:

„Ich erstaunte in der Tat nicht wenig, mein verehrungswürdiger Bruder! von Ihnen mit einem Briefe beehrt zu werden. Erlauben Sie, daß ich Ihnen deshalb meine Gründe vorlege. Wie ich nach Berlin kam, empfingen Sie mich mit dem möglichsten Vertrauen. Mein Benehmen war dem Ihrigen gleich. Sie lasen meine Hefte, und ich konnte von Männern – und vorzüglich von Ihnen – erwarten, daß Sie mir, wenn ich Sie nicht überzeugt hätte, Gründe würden entgegengesetzt haben. Nichts von dem allen! Sie zogen sich augenscheinlich zurück; erfüllten nicht einmal das Versprechen, mir Köppens Fabrik (!) zum Durchlesen zu geben, und ich erhielt eine Antwort auf einige Bemerkungen, die ich über Ihre Logeneinrichtung und Ihre nähere Vereinigung mit der Royale York gemacht hatte. Ich sandte Ihnen eine Nachricht, die für Ihre Legitimation nicht unwichtig ist, wie Sie sie denn auch bei Ihrer Feier gebraucht haben – und erhielt keine Zeile Antwort. Ihre große

Johann Erich Biester

Loge sendet ihr Zirkular nebst der Einweihungs Feier an die fünf vereinigten Logen, und verlangt dagegen, daß diese die Antworten oder Briefe an die Ihnen untergeordneten Logen an Ihre große Loge senden sollen – eine ziemlich deutliche Vorbeigehung der Provinzialloge, welche doch vor einigen Jahren durch einen Brief Ihrer großen Loge beehrt wurde, der die einzige Ursache meiner Annäherung gegen Sie war. Doch nun zu Ihrem Briefe. – Ich danke Ihnen verbindlichst wegen der Nachricht von Baumann, welche ich aber schon genauer hatte. – Wenn der Verein der drei großen Logen mit zuviel Pomp angekündigt wurde, so liegt dies wohl überhaupt in dem Geschmacke der Royale York, die viel auf Pomp halt – und nach der Einweihung ihres Logensaales zu schließen, könnte ich dies auch von Ihrer großen Loge sagen. Sie werden in unserm Zirkular sehen, wie einfach wir dergleichen Dinge behandeln und anzeigen. Die Hamburger Logen haben von jeher alles Aufsehen vermieden. Nicht einmal unsere Liederbücher sind in einem Buchladen zu bekommen, und werden als Manuskript für Brüder gedruckt. Sie sagen, mein liebster Bruder! ! Ihre große Loge arbeite ebenfalls auf den erklärten Hauptzweck des Vereins – Haben Sie auch die Mittel zu diesem Zweck? Sind nicht auch eine Menge Ihrer Zeremonien diesem Zweck entgegen? oder – leiten sie nicht von diesem Zweck ab? sind sie zu diesem Zweck nicht unnötig? und – Sie werden es mir zugeben – welches noch so abenteuerliche System hat nicht vorgegeben, nach diesem Zweck zu arbeiten?

Ich verstehe nicht, welches zufällige Hindernis Ihr gutes Vernehmen (doch wohl mit der Royale York) trennen könnte! Wie ich in Berlin war beklagten Sie sich über Feßlers Publizität – auch wir sind darüber unzufrieden. Ich hoffe aber, er wird den Vorstellungen seiner Freunde deshalb Gehör geben. Ich bin sehr gegen alles öffentliche Verfahren in der Maurerei, und werde gewiß nicht eher öffentlich verfahren, als wenn ich keine Hoffnung mehr sehe, dem Mysterienkram in der Stille und nach und nach den Garaus zu machen. Verliere ich diese Hoffnung – die täglich lebendiger wird – dann lasse ich aber gewiß auch alle jene Possen, und die vollständige Geschichte der deutschen Maurerei drucken. Dazu fühle ich mich als Weltbürger verpflichtet. Das kann und darf ich, weil ich für alles, was ich besitze, nur Geld, aber kein Versprechen der Verschwiegenheit gab.

Besser, daß die Maurerei ganz aufhöre, als daß sie bleibe, was sie war – Gaukelei.

Ich sitze so sehr in Geschäften, daß ich meinen Landsitz vor dem künftigen Sommer nicht verlassen kann, und also nicht das Vergnügen haben werde, Sie in Berlin zu sehen.

Sie sagen, daß wir in unsern Vorstellungen von der Maurerei voneinander abweichen –. Ich weiß nicht, welche Sie davon haben, und was für Beweise Sie für Ihre Meinung haben können; aber ich wünschte, daß Sie die Gründe, und die authentischen Dokumente, die ich für meine Meinung angeführt habe zu entkräften versuchten. Aus Ihrem Nachsatze sehe ich, daß Sie meine Hefte mit der äußersten Flüchtigkeit gelesen haben. Nicolai und ich sollten einer Meinung dazu (sein)? Er, der die Freimaurerei 1664 von einer Gesellschaft Gelehrten stiften, und 1688 durch Jesuiten ummodeln läßt! Man kann nicht verschiednerer Meinung sein als er und ich. Wahrlich, lieber Bruder! Sie haben zu flüchtig gelesen; Sie haben mit vorgefaßter Meinung gelesen und nicht prüfen wollen. Was über zwanzig der ersten Köpfe Deutschlands und über einige der ersten Geschichtskundigen untersucht, wahr gefunden, und mit noch mehreren Belegen erhärtet haben, konnte ein Mann wie Sie nicht so leicht verwerfen, wenn er nicht hätte Verwerfen wollen. Hätten Sie meiner Meinung Gründe entgegengesetzt, so würde ich Ihnen den letzten Aufschluß gegeben, und so wahr ich lebe! alle Ihre Zweifel gehoben und Sie überzeugt haben. Halten Sie dies für keine Prahlerei, ich bin ihrer nicht fähig; und wozu sollte sie?

Bei uns ist nur eine Kenntnisstufe, in welcher den Mitgliedern alle hohen Grade vorgelegt werden, und ihre Betrüglichkeit bewiesen wird; Hiermit ist die Geschichte der deutschen Maurerei nebst der Entstehung aller Logen und Systeme verbunden. Hier ist – außer den Instruktionslogen für Meister – doch wohl ein ziemlich vages Band, um die Brüder zu leiten – welches Sie bei unserer Einrichtung vermissen. Der Ursprung der Freimaurerei wird nur an sehr wenige und solche Brüder mitgeteilt, welche prüfen können, und von denen man versichert ist, daß sie demohngeachtet nach Möglichkeit trachten werden, die Zwecke zu erfüllen, welche 1717 in die Freimaurerei gelegt wurden, und vollkommen mit dem alten Ritual übereinstimmen. – Obgleich Sie so rasch mit mir abgebrochen haben, so bin ich doch bereit, Ihnen einen Aufsatz über alte und neue Maurerei zu senden, welcher bis jetzt ganz allein alle Logen zur Annahme des Rituals bewog und sie überzeugte. Ich muß mir aber einen Revers über die baldige Zurücksendung, und daß keine Abschrift genommen werde, ausbitten.

Die letzte Seite enthält eine Art von Drohung – wie kann es zu Kontestationen zwischen Ihnen und unsern Logen kommen? Sie haben mir freilich durch Ihre Rede bei der Feier eine hinlängliche Veranlassung zu einer ernsten Beantwortung gegeben – aber besorgen Sie nichts; ich hasse wirklich alle Streitigkeiten, und bin alt genug, nicht gleich jeden kleinen Ausfall zu rügen. Hüten Sie sich aber, mein lieber Bruder! nicht die Verfahrungsart der großen Z.(innendorf) Loge nachzuahmen – dies allein könnte bewirken, was Sie besorgen.

Ich wünsche eine Bereinigung der deutschen Maurerei; und Sie lassen mir Gerechtigkeit widerfahren, wenn Sie glauben, daß ich es mit reinem Herzen, ohne alles Interesse will. Ich weiß aber, daß dies kein Werk eines Augenblicks ist; ich weiß, welchen Widerstand – nicht die Freimaurer – sondern die Vorgesetzten der Systeme und Logen diesem heilsamen Plan entgegensetzen werden und warum sie ihn entgegensetzen. – Und so gehe ich still und langsam den Weg, den ich mir vorgezeichnet habe, und überlasse es der Zeit und Wahrheit, das ihrige zu tun.

Aufrichtig und offen habe ich Ihnen geantwortet. Die kleine Empfindlichkeit, zu der Sie mich berechtigt haben, ist durch Ihren Brief verschwunden, und ich bin, wie sonst mit der herzlichsten Hochachtung und Bruderliebe

Ihr ergebenster

F. L. Schröder.

Alle Zweifel und Anfragen in Ihrem Briefe sind in dem oberwähnten Aufsatze deutlich und bestimmt beantwortet. Die Wiedereinführung des alten Rituals verhindert allen Mystizismus, und wirkt mehr auf Herz und Geist, als die Degen, Kolosonium, Reisen durch die Elemente und alle die Possen der Zinnendorfer. Das ist Tatsache."

Zöllner hat sich lange besonnen, ehe er auf diesen Brief antwortete, denn Schröders Art hatte ihm mißfallen, aber seine brüderliche Höflichkeit ließ keine schroffe Antwort zu: „Als ich Ihren lieben, bösen Brief vom 9. Oktober vorigen Jahres erhielt, war ich mit Arbeiten so überhäuft, daß ich schlechterdings alles mußte liegen lassen, was nicht unmittelbar von der dringendsten Notwendigkeit war und Muße erforderte. Diese wollte ich doch der Beantwortung Ihres Briefes umsomehr widmen, da ich es schlechterdings nicht ertragen kann, von Ihnen unrichtig beurteilt zu werden, und das haben Sie in Ihrem Briefe getan, wenigstens haben Sie mich mißverstanden. Darüber muß ich mich rechtfertigen."

Zöllner behandelt nun im folgenden einige Organisationsfragen und fährt dann fort: „Zuvörderst glaubten wir, daß die Bearbeitung unserer hohen Grade sehr wohl mit der Entdeckung, die Sie über den Ursprung der Freimaurerei gemacht hatten, bestehen könne. Wir hatten längst auf alles

Ritterwesen, auf geheime Ordenskenntnisse und auf verborgene Ordenszwecke Verzicht getan. Wir hatten schon in der Instruktion für Lehrlinge ganz bestimmt uns über dies alles erklärt und demgemäß unsere hohen Grade bearbeitet. Es schien uns also, daß in unserer Ansicht des Ordens und in unseren Arbeiten durch die Entdeckung von dem Ursprung der Maurerei nicht notwendig eine Änderung bemerkt werden müsse... Daß wir keinen anderen Zweck haben und haben können, als Liebe für Wahrheit und Tugend in einem engverbundenen Kreise zu befördern, und unsere Brüder gerade durch die Hilfsmittel, welche der Orden vorzüglich in Händen hat, vor Geheimniskrämerei und Schwärmerei zu bewahren."

Damit schließt der Briefwechsel zwischen Zöllner und Schröder.

Zöllner war im allgemeinen von einer kraftvollen Gesundheit und konnte seinem gewandten und geübten Körper auch ein Übermaß von geistiger Arbeit gestatten. Nur in den letzten Jahren machten sich bei ihm peinigendes Herzklopfen und heftige Brustkrämpfe geltend. Die kleinste körperliche Arbeit, die ihm früher spielend von der Hand gegangen war, strengte ihn an, der Schlaf brachte ihm keine Erquickung. Noch bezwang seine Willenskraft die fortschreitende Krankheit. Mit abgeklärter Heiterkeit ertrug er seine Schmerzen und richtete sogar noch die Seinen, die sich um ihn sorgten, mit freundlichem Zuspruch auf. Da lähmte ihn ein Schlaganfall, aber auch das konnte ihn nicht völlig niederwerfen. Seine heitere Ergebung in den Willen Gottes gab ihm die Kraft, wie ein weiser Mann standhaft und treu an seinem letzten Werke, von dem wir oben gesprochen haben, zu arbeiten. Sein Lebensgrundsatz: „Ich muß wirken die Werke dessen, der mich gesandt hat solange es Tag ist, denn es kommt die Nacht, da niemand wirken kann" erhob ihn über alle Nöte seiner schweren Krankheit. Als er sich wieder etwas wohler fühlte, beschloß er, den geliebten Ort seiner Jugend, Frankfurt an der Oder, noch einmal aufzusuchen. Nach einem Aufenthalt von einigen Wochen, frühmorgens am 12. September 1804, ging er in den ewigen Osten ein.

B. Lux christiana.

Wenn man die festgefügte und charaktervolle Lehre der Drei Weltkugeln, wie sie sich in den heute gültigen Ritualen und Instruktionen darstellt, mit den Entwürfen Zöllners vergleicht, so findet man, daß trotz der auflösenden Zeit von bald anderthalb Jahrhunderten sein Geist noch immer die Stunde regiert. Zöllners Hineinfühlen in die Idee der Verbrüderungsbewegung hatte etwas Geniales, oft etwas Prophetisches. Seine tiefe polyhistorische Bildung erinnert an Leibniz, seine Intuition an Hegel, sein Stil an Kant. Daß seine Zeitgenossen ihn wie einen Vater verehrten, ist bei dem liebreichen, brüderlichen

Wesen, bei der bescheidenen Art, den Schatz seines Wissens in den Dienst der Brüderschaft zu stellen, verständlich, aber die unvergängliche Hoheit der Königlichen Kunst erweist sich in der Treue der Großloge gegenüber der grundlegenden Arbeit Zöllners, überall, wenn auch unter gänzlich veränderten Verhältnissen fühlt man die schöpferische Meisterhand, die gütig verstehende Toleranz des seltenen Mannes. Sein geistiges Erbe wurde mit ehrfürchtiger Dankbarkeit verwaltet und ausgestaltet, und neue höhere Werte hat der Fortschritt des menschlichen Wissens und Erlebens nicht ergeben.

Zöllner hat zunächst die Instruktion für die drei Johannis-Grade ausgearbeitet und am 5. März 1799 dem Direktorium vorgelegt. Darüber enthält die Niederschrift folgende Stelle:

„Um den Johannis-Graden noch mehr Wichtigkeit zu verleihen, und damit der Neu-Aufgenommene in den Stand gesetzt werde, sich einen richtigen Begriff von der Natur und dem Zweck unserer Verbindung machen zu können, unterzog sich der hochzuverehrende Bruder Zöllner der Mühe, für diese Grade Instruktionen zu entwerfen. Mit der Idee, welche dieser Bruder damit zu verbinden und auszuführen gedenkt, hatte er die Güte, die Anwesenden vorläufig bekannt zu machen." Die Instruktion zum ersten Grad kam jedoch erst am 14. Mai 1799, die zum zweiten Grad am 27. Mai 1800 und die zum dritten Grad am 1. Juli 1800 zum Abschluß. Nach Ausweis der Niederschrift vom 4. März 1800 hatte das Direktorium den Beschluß gefaßt: „Den hochverehrten Bruder Zöllner auf das brüderlichste zu ersuchen, sich die Ausarbeitung des Schottengrades und der folgenden Grade gefälligst angelegen sein zu lassen, solche baldigst nach Möglichkeit mitzuteilen, welches die besten Aussichten auf den gesegnetsten Erfolg verspreche." Bereits vom 8. April 1800 machte Zöllner die Direktorial-Mitglieder mit dem von ihm ausgearbeiteten Ritual für den vierten Grad durch Vorlesen bekannt. Noch in demselben Jahr wurde dieses Ritual, ferner die Instruktion dieses Grades sowie die Altschottische Konstitution, welche beide der Bruder Zöllner ausgearbeitet hatte, vom Direktorium eingeführt.

Der Grundgedanke, den Zöllner nach eingehendem Studium aller Rituale, als tragendes Fundament der Freimaurerei erkannte, war, Erkenntnis der Weisheit in göttlichen und menschlichen Dingen, wahre Religiosität und Bruderliebe unter den Brüdern und dadurch im allgemeinen zu fördern. Dabei war ihm die Religion der mächtigste Hebel aller geistigen Kultur. Die Ahnung der nahen Verwandtschaft des Menschen mit dem Unsichtbaren entwickelt sich mit der Vernunft zum Bewußtsein eines Verhältnisses, das von allen irdischen Verhältnissen durchaus verschieden ist. Es kann sich dies Bewußtsein, wie die Erfahrung gelehrt hat, in sehr verschiedene Formen kleiden und verschiedenartig, nach dem Charakter der Zeit und der Völker, mitteilen. Aber das Wesen, der Grundton des Religiösen wird immer bleiben und sich hier in einem dunkleren, dort in einem deutlicheren Gefühle zwiefach aussprechen: nämlich in dem Glauben an eine alles Irdische beherrschende Macht und in dem Glauben an eine alles ausgleichende Gerechtigkeit. In diesem Glauben fließt die religiöse und sittliche Natur des Menschen zusammen. Dem Glauben an eine Macht, die höher ist als alle irdischen Gewalten, hat der Mensch nie ausweichen können, selbst wenn er es unternahm, ihn in sich zu unterdrücken. Der Name „Schicksal" ändert wenig an dem Begriffe; der Mensch kommt doch immer auf ein Wesen zurück, das der Urquell alles Seins und eben deshalb auch der Machthaber über alles ist. Ebenso führt der tief in des Menschen Brust gelegte Sinn für Recht und Unrecht, wenn man das Unverhältnismäßige des Glückes zu dem Verdienst und des Elends zu der Schuld wahrnimmt, auf eine unsichtbar waltende, scheinbar zögernde, aber endlich gewiß sich offenbarende Gerechtigkeit hin. Damit verbindet sich die trostvolle Ahnung einer Zukunft, die jenseits des Sichtbaren liegt, in der alle Rätsel sich lösen und alle Ungerechtigkeiten sich ausgleichen werden.

Das Mysterium der Religion ist das Verhältnis des Menschen zu einer übersinnlichen Welt. Die Ideen von Gott und Unsterblichkeit haben eine Tiefe, die sie den gewöhnlichen Beweisgründen entzieht. Sie können in dem Herzen angeregt werden, und sie wurden es in ihrer reinsten und erhabensten Gestalt durch die Offenbarungen des Evangeliums. Dabei ist das Evangelium keine dogmatisch-positive Religion, sondern es ist die Religion selbst, denn es lehrt Gott als den Vater der Menschen und die menschliche Seele so geartet, daß sie sich mit ihm zusammenschließen kann und zusammenschließt. Das Evangelium ist eine Kraft Gottes, die da selig macht alle, die daran glauben. In dieser Auffassung ist die Stellung der Großloge begründet. Sie fordert von denen, die sie in ihren Bund aufnimmt, die Zugehörigkeit zum christlichen Bekenntnis. Die Erziehung zu einer sittlichen Persönlichkeit kann mit dem höchstmöglichen Erfolge nur bei einer gewissen Gleichartigkeit der zu Erziehenden erreicht werden, die das Sympathisieren miteinander und das Einwirken aufeinander ermöglicht. Sie ergibt sich, neben der Unbescholtenheit des Lebenswandels, aus der gleichartigen Stufe der Geistes- und Herzensbildung, aus der Gemeinsamkeit der Sprache und aus der Gemeinsamkeit religiöser Grundanschauungen.

Das christliche Lebensideal ist in den Schriften des Neuen Testaments gezeichnet. Jesus hat es uns vorgelebt, er hat ein Leben der Liebe geführt, der Liebe zu Gott und der Liebe zu seinen Brüdern, den Menschen. Die Liebe ist durch ihn das die Menschheit erneuende und sie beherrschende Lebensprinzip geworden. Nicht als ob in der vorchristlichen Welt nicht auch schon

Friedrich Gedicke

Liebe vorhanden gewesen wäre. Sie war vorhanden, denn sie ist in dem Wesen des Menschen begründet, sie ist eine Naturanlage. Aber ihre Bedeutung für das Leben war nicht erkannt, sie war nur im Keime vorhanden. Das Christentum erst hat diesen Keim zu reicher Entfaltung gebracht also, daß die Liebe die kleinsten Fasern des Menschenherzens durchdringt und belebt. Gott hat nicht Liebe, nein, Gott selbst ist Liebe; und die Menschen schauen nicht mit Furcht und Zittern zu ihm empor, sich wohl seiner Barmherzigkeit und Gnade tröstend, nein, sie umfassen ihn als ihren himmlischen Vater.

Wenn nach den Satzungen der Großloge zu den drei Weltkugeln nur solche freie Männer Aufnahme finden, die zur christlichen Religion sich bekennen, so ist das dadurch begründet, daß nach ihrer Lehrart das freimaurerische Lebensideal und das christliche sich decken. Es ist das Ideal, nach dem die moderne Kulturwelt den Grad des Menschseins, der Humanität bemißt, es ist ihr Humanitätsideal. Ihm aber einen anderen Namen zu geben, als der ihm geschichtlich zukommt, einen anderen Namen als Ideal christlicher Humanität, dazu liegt kein Grund vor.

Zöllners Instruktion über den vierten, den schottischen Grad, war rein geschichtlich, und überall dort, wo er theologische Gedanken anklingen läßt, sind sie bewußt christlich (vgl. Band II, 335). Alles, was von historischer Kundschaft über schottische Maurerei damals bekannt war, hat er treulich zusammengetragen und quellenkritisch beleuchtet. Durch seinen hochgelehrten Freund Biester, der von 1789 bis 1816 Vorsitzender Logenmeister der St. Johannis-Loge „Zum goldenen Pflug" in Berlin, einer Tochterloge der Großen Landesloge, und von 1799 bis 1816 Redner der St. Andreas-Loge „Indissolubilis" war, ist er in den Geist der Andreas-Logen der schwedischen Lehrart eingeführt worden. Zielbewußt hat Zöllner die altschottische Loge seiner Großloge zur Christusloge ausgestaltet, das Licht Christi, die Lux Christiana, entzündet.

Die Johannisloge beschäftigt sich mit dem äußeren salomonischen Tempel, die Schottenloge mit dem inneren Heiligtum. Dies ist der erhabene Tempel der Natur, in dem eine reinere und edlere Gottesverehrung aus der Kenntnis der Natur strömt, als dem besten Mittel, zur wahren Gotteserkenntnis zu gelangen. Die Weisheit, die der Orden zu bewahren hatte, war größtenteils mit der Naturerkenntnis verschwistert. Dieser Gedanke ist dann in der späteren Fassung der Rituale festgehalten worden. Der Freimaurer sucht Gott nicht in einem durch Menschen erbauten Tempel, sondern in dem großen Tempel der Natur. Die Bibel ist die Hauptquelle allen Glaubens, darum liegt sie auch auf dem Altar. Aus ihr lehrte Christus die letzte Weisheit, die Erfüllung des Gesetzes.

So bereitet die allgemeine altschottische Loge auf das religiös-sittliche Endziel der Bundeslehre der Großen National-Mutterloge vor, das Zöllner folgendermaßen darstellt:

‚Der einzige philosophische und geschichtliche Gesichtspunkt, von welchem man bei jedem Urteile über unsern Bund ausgehen muß, um zu einem befriedigenden Aufschluß zu kommen, ist dieser:

Die edleren Bedürfnisse des Geistes und Herzens sind für den Menschen so dringend, daß sie in jedem Volke, sobald es eine ordentliche gesellschaftliche Verbindung errichtet und sich dadurch zu einiger Kultur emporgeschwungen hatte, innigst gefühlt werden mußten. Von diesem Gefühl, in welchem der laute und dringende Beruf zur Veredlung unseres Geschlechtes und die Bürgschaft unserer höheren Würde liegt, war die unmittelbare Folge, daß unter allen Völkern des Altertums weise Männer aufstanden, die jenen Bedürfnissen abzuhelfen strebten.

Es kamen ihnen dabei Vorteile zustatten, die wir in unserem Zeitalter kaum ahnen. Darum zuvörderst manches, was uns jetzt die tiefste Untersuchung kostet, stellte sich ihnen von selbst dar. Wenn wir zum Beispiel jetzt über die frühere Gestalt des Erdballs und damit über die Art seiner Ausbildung Beobachtungen sammeln wollen: so müssen wir gewöhnlich erst eine Menge von Schichten und Lagern hinwegräumen, welche sich nach und nach durch Jahrhunderte aufgehäuft und das, was ursprünglich war, verdeckt haben; und doch bleibt es in unzähligen Fällen unentschieden, wieviel davon ursprünglich oder später entstanden sein möge. Ebenso wenn wir den Menschen wollen kennenlernen, sehen wir jetzt nur die Gestalt vor uns, die ihm eine erkünstelte Erziehung, ein gebieterischer Drang von gewaltsam wirkenden Umständen, Abstumpfung oder Verzärtelung seiner Gefühle und unnatürliche Verbindung oder Trennung gesellschaftlicher Verhältnisse gegeben haben. Den Menschen selbst sehen wir fast nie, und in tausend Fällen nehmen wir seine Hülle für etwas Wesentliches und das Wesentlichste für einen Teil seiner Hülle.

Wieviel anders war dies alles im grauen Altertum! Mochte immerhin auch vor den Augen jener Weisen der Erdball nicht so ausgebreitet sein, wie er aus der Hand des Schöpfers gekommen war; wenigstens die Veränderungen verdeckten seine ursprüngliche Gestalt nicht, die seit jenen Jahrtausenden diese Gestalt soviel unkenntlicher gemacht haben! Und wenigstens den Menschen hatten sie mehr mit seinem unbefangeneren kindlichen Sinne, mit dem unerkünstelteren Gefühle seiner ursprünglichen Bedürfnisse, in dem natürlicheren Ebenmaße seiner Kräfte in einem einfacheren Verhältnisse gegen die ganze weite Schöpfung vor sich. – Daher gelang jenen früheren Weisen so oft ein tiefer Blick, den die spätere Spekulation nicht zu ersetzen vermag; daher lag in ihren einfachen Aussprüchen so oft eine Innigkeit, die durch keine Beredsamkeit aufgewogen wird.

Es war aber nicht bloß ein Bedürfnis, die Wahrheit zu entdecken, sondern auch sie mitzuteilen. Wenn es einem Glücklichen gelungen war, irgendeinen Lichtstrahl zu erblicken, wo ihn vorher nur dunkle Nacht umgeben hatte; wie entzückt mußte seine Seele, wie heiß sein Verlangen sein, an seiner Freude auch andere teilnehmen zu lassen! Wie oft aber mußte ein solcher die niederschlagende Beobachtung machen, daß eben die Wahrheit, die sein ganzes Innere mit heiliger Glut belebte, von andern mit Kälte und Gleichgültigkeit aufgenommen ward; weil sie ihren hohen Sinn nicht zu enthüllen, ihren Wert nicht zu achten vermochten! So entstand ein neues Bedürfnis, sich Männer auszusuchen, die von einem ähnlichen Durste getrieben wurden und eine ähnliche Empfänglichkeit besaßen. Ihrer konnten immer nur wenige sein. Sie vereinigten sich zu einem heiligen Bunde, dessen Losung war: Suche Weisheit und übe sie. Kaum waren sie zusammengetreten: So sahen sie ihren Eintritt durch die schönen Früchte einer gegenseitigen Mitteilung, d. i. durch den Zuwachs ihrer Einsichten und durch ein neues Leben ihres Mutes belohnt. Je glücklicher sie sich bei diesem neuen Genusse fühlten, desto mächtiger forderte sie ihr menschenfreundliches Herz auf, immer mehrere mit dem Bande zu umschlingen, welches sie so innig vereinigte. Aber unmöglich konnte ihnen die Entdeckung entgehen, daß sie, um zuverlässige Freunde zu haben, sich erst würdige Schüler bilden mußten. Diese mußten in Ansehung ihres Charakters geprüft, in Ansehung ihrer Empfänglichkeit vorbereitet werden.“ –

Im nächsten verfolgt Zöllner die Entwicklung des religiösen Empfindens bei den Völkern des Altertums bis zu den Juden. Dann fährt er fort:

„Wir, die wir von Kindheit an mit der Idee einer einigen, alles regierenden Gottheit, die, ein ewiger, uranfänglicher Geist, über Himmel und Erde erhoben ist, vertraut gemacht worden, wir haben jetzt kaum noch eine Ahnung davon, welch einen erstaunenswürdigen Schritt der menschliche Geist bloß dadurch machte, daß Jehowah angebetet ward! Wenn wir dann und wann eine Stunde unserer Muße dem Nachdenken hierüber widmen: So wird es uns von selbst einleuchtend werden, daß mit der Isis und dem Osiris und mit den Göttern des Olymps zugleich eine Menge von Träumen, welche Geist und Herz verkrüppelt und eingeengt hatten, verschwinden mußten, und daß auf einmal der Tempel, der dem Jehowah errichtet ward, gleich der aufgehenden Sonne, durch seinen Glanz Nacht und Nebel zerstreute!

Aber der Name Jehowahs blieb bloß das Eigentum eines kleinen, übrigens unbedeutenden Volkes. Ganz Judäa war gleichsam für den übrigen Erdkreis ein großer Mysterien-Tempel; und in Judäa gab es der eigentlich Eingeweihten nicht viele. Die israelitischen Priester machten es bald wie die in den Mysterien der Hindus und der Ägypter; ihnen war der Tempeldienst alles, und der, dem sie dienten, ward ihnen immer fremder; ja, selbst der Hohepriester hatte oft nur äußerlich die Weihe erhalten! Die wahren Mysterien der Hebräer waren allein bei den Propheten zu finden; aber nach und nach erlosch auch unter ihnen das Licht.

Endlich erschien am Ende des vierten Jahrtausends der gemeinen Zeitrechnung das volle Licht, welches alle vorhergehenden verdunkelte. Jesus Christus trat auf. Der Sinn seiner göttlichen Verkündungen war tiefer, als der Tiefsinn der ältesten Weisen, ihr Umfang ungleich vollständiger als die Lehren Mosis und der Propheten, ihr Zweck höher, allgemeiner und wohltätiger, als alles, was bis dahin für Weisheit und Religion gegolten hatte.

Von keinem Menschen wissen wir genau, wie er bisher über das Christentum und über den göttlichen Stifter desselben gedacht hat. Als ein Spötter oder Verächter der Religion kann niemand Freimaurer sein. Der Orden ist auch weit entfernt, dem Gewissen Zwang anzutun: sonst würde er aufhören, ein Bund freier Menschen zu sein. Aber der Ordern fordert, was er zu fordern berechtigt ist: Nie über Jesum Christum und über sein Evangelium ein Urteil zu fällen, ohne sich folgender unleugbaren Tatsachen bewußt zu bleiben.

Das menschliche Geschlecht hatte seit Jahrtausenden geforscht. Unter allen bedeutenderen Völkern der Erde waren ausgezeichnete Weise aufgestanden, und insonderheit hatte Jehowah unter dem jüdischen Volke Männer erweckt, die mit der Verkündigung seines Namens die Mitteilung der erhabensten Wahrheiten verbanden. Aber nie hat vor Jesu einer die Erkenntnis des höchsten Wesens so vollständig, so deutlich, so trostvoll gelehrt. Nie hat einer an diese Erkenntnis so starke und edle Bewegungsgründe zur Tugend und soviel Trost und Beruhigung im Leben und im Tode geknüpft, als er. Ja, unter allen hat keiner auch nur die eine, auf echter Frömmigkeit gebaute Tugend gefordert, viel weniger geübt, wie er!

Seit der Erscheinung Jesu auf Erden sind Jahrhunderte verflossen. Der menschliche Geist hat in allen Zweigen des Wissens zum Teil erstaunenswerte Fortschritte gemacht; aber außer der Christenheit ist auch nicht unter einem Volke wahre und reine Religionserkenntnis mit ihren beglückenden Folgen zum Vorschein gekommen; und in der Christenheit hat man sich dem Aberglauben und der Irreligion, der Unwissenheit oder der leichtsinnig entscheidenden Vermessenheit in eben dem Maße genähert, in welchem man sich von den einfachen Lehren des Göttlichen entfernte.

Diese unwidersprechlichen Tatsachen mögen zugleich gegen diejenigen zeugen, die das Verdienst Jesu um das menschliche Geschlecht durch die Behauptung herabsetzen wollen, daß das Wesentliche seiner Religion in der Vernunft selbst gegründet und durch sie erkennbar sei. Unstreitig gehört es mit zu dem Gepräge ihres göttlichen Ursprungs, daß die Vernunft, je unbefangener sie prüft, desto williger in die Lehren des Christentums einstimmt; daß sie aber deshalb auch ohne Christentum dieselben hätte entdecken können, ist eine von jenen Behauptungen, deren der ernsthafte Denker sich schämt, weil es unzulässig ist, über eine Tatsache zu entscheiden, ohne sich auf Erfahrung zu stützen. Jene Behauptung aber hat nicht nur keine Erfahrung für sich, sondern wird durch sehr entschiedene Tatsachen widerlegt. Was oben erwähnt wurde, ist unwidersprechlich durch die Geschichte erwiesen. Die Wahrheiten des Christentums wurden vor Christo durchaus nicht und nach ihm nirgends außer der Christenheit erkannt. Wenn nun einer diese Wahrheiten aus der Bibel oder aus Schriften, die aus dieser schöpften, erlernt und seine Vernunft genugsam gebildet hat, um die Vernunftmäßigkeit der Religion zu erkennen; und wenn er nun behauptet: er oder irgend ein anderer würde auch ohne die Bibel und ohne Christentum zu dieser Erkenntnis haben gelangen können: so wäre doch dies wenigstens ebenso undenkbar und noch vermessener, als wenn ein Schüler des Euklides hätte sagen wollen: Mein Lehrer hat kein Verdienst um mich, denn die Mathematik hätte ich selbst erfinden können.

Bei Jesu Christo kommt aber noch etwas Eigentümliches hinzu, was ihn für die denkenden Beobachter der Weltbegebenheiten als ein ausgezeichnetes Werkzeug der Vorsehung, als den Gesandten der Gottheit charakterisiert. Alles, was einzelne Weisen vor ihm von jenen erhabenen Wahrheiten ans Licht gezogen hatten, war in tiefe Spekulationen gehüllt oder damit verwebt und eben deshalb unfähig, in den Besitz des Volkes überzugehen. Seine Lehre, seine Verheißungen, seine Bewegungsgründe zur Frömmigkeit sind aber so einleuchtend und einfach, daß sie sich von selbst jedem unbefangenen Verstande und jedem fühlenden Herzen empfehlen. Das Licht des Evangeliums ist wie das Licht der Sonne:

mit diesem gleichen Ursprungs und, wie dieses, bestimmt, alle mit Licht und mit Wärme zu segnen.

Hierauf gründet sich die tiefe Huldigung, die der Orden mit Ehrfurcht und Freude in jeder unserer Versammlungen dem Lieblingssohne der Gottheit darbringt!“ (Geheim-Archiv der Drei Weltkugeln.)

Unter Zöllners Mitwirkung ist noch 1801 die Verfassung des Inneren Orientes in bestimmte Formen gegossen worden, nach dem Grundsatz, den die neu gestaltete Große National-Mutterloge schon 1798 ausgesprochen hatte: „Man sei gesonnen, die eigentliche Freimaurerei nach ihrem inneren Wesen und ihre Verfassung von den bisher angenommenen höheren Systemen, insofern sie nach ihrem Wesen nicht mit der Freimaurerei in Verbindung ständen, zu trennen."

Nach Zöllners Tod ging der Großmeisterliche Hammer auf Ludwig August von Guionneau über, seinen Freund und langjährigen gleichgestimmten Mitarbeiter. Er war Schlesier. Seine Eltern hat auf meine Veranlassung mein Freund Dr. Stephan Kekule von Stradonitz ermittelt. Er war am 11. Dezember 1749 zu Berlin geboren. Sein Vater war der 1789 daselbst verstorbene Pionier-Hauptmann Jacques de Guionneau, aus französischem Refugié-Geschlechte stammend, seine Mutter: Marie Silvie de Renouard de Biville, aus einem ebensolchen Geschlechte. Vermählt war er selbst mit einer geborenen von Lüderitz, über seine erste Erziehung sind wir nicht unterrichtet. Im Jahre 1764 trat er als Korporal in das- Infanterie-Regiment Herzog Friedrich von Braunschweig ein, wurde 1788 Stabskapitän und als Assistent zum Ober-Kriegskollegium versetzt: 1790 wurde er Major und zugleich Geheimer Finanzrat im Militär-Departement des General-Direktoriums. Er machte den Rheinfeldzug 1793 mit und erhielt den Orden pour le mérite. Im Jahre 1798 zum Oberstleutnant, 1800 zum Oberst befördert, wurde er 1805 General-Intendant der Armee und rückte 1809 bei seinem Abschied zum General-Major auf.

Schon im Jahre 1774 war er in der St. Johannisloge „Zum flammenden Stern" in Berlin dem Freimaurer-Orden beigetreten. Lange Jahre bekleidete er das Amt des Sekretärs und wurde dann zum Meister vom Stuhl gewählt. Er war Mitglied des altschottischen Direktoriums, Altschottischer Obermeister, um dann die höchste Würde in der National-Mutterloge zu übernehmen. Die letzten zwanzig Jahre seines Lebens hat er mit bewundernswertem Fleiß ganz ausschließlich der Großloge gewidmet. Während Zöllner die Bearbeitung der Instruktionen für die Johannis-Grade entwarf, unterzog sich Guionneau der mühevollen Arbeit, die Rituale neu zu bearbeiten, und das Protokoll der Direktorial-Sitzung vom 21. Februar 1799 äußert sich wie folgt: „Da es bereits beschlossen war, die drei blauen Grade der Maurerei, die so, wie sie bis jetzt bearbeitet worden, noch immer die nämlichen sind, wie sie bei der Reform von 1765 unter dem Namen der strikten Observanz bei unseren Logen eingeführt worden, – zu ihrer ursprünglichen Reinheit zurückzuführen, indem selbige für unser jetziges System gar nicht passend sind und nie einen Zusammenhang hatten, so machte der Hochwürdige Bruder von Guionneau die anwesenden Brüder mit einer Umarbeitung, dieser drei Grade bekannt, welche deren ungeteilten Beifall nicht nur erhielt, sondern auch dem Hochwürdigen Bruder auf eine ganz unverkennbare Art den treuesten Dank für diese dem Zweck des Ganzen so sehr entsprechende Arbeit einstimmig zollten."

Guionneau hatte sich für seine Arbeiten durch eingehendes Studium der Philosophie und der Theologie unter freundschaftlicher Anleitung von Zöllner vorbereitet. Er war rastlos tätig und! er hat seine Ämter mit vorbildlicher Treue verwaltet. Die Annalen des Bundes, die er selbst niedergeschrieben hat, geben Zeugnis von der ausgezeichneten Begabung und dem hervorragenden Fleiß dieses Meisters.

In der Front des Grundstücks in der Splittgerbergasse, auf dem heute das schöne Haus der Großen National-Mutterloge steht, war ein einstöckiger langgestreckter Bau errichtet, der lauter einzelne ineinandergehende Zimmer hatte. Dort hatte sich Guionneau nach dem Tode seiner Frau das letzte Zimmer eingerichtet, und er hat dort viele Nächte arbeitend zugebracht. Er war eine ähnliche Natur wie Zöllner, nur fehlte ihm die wissenschaftliche Fachbildung. Er war Autodidakt und hatte alle Vorzüge und alle Schwächen, die dem selbsterarbeiteten Wissen anhaften.

Guionneau starb achtzigjährig im Jahre 1829 und an seiner Stelle wurde der Geheime Ober-Finanzrat Philipp Rosenstiel zum National-Großmeister gewählt.

II. Die Große Landesloge der Freimaurer von Deutschland

Es geht um den Gedanken Orden oder Bund, System oder Lehre, der für die neuzeitliche Entwicklung der Freimaurerei in Deutschland maßgebend ist. Noch um die Wende des achtzehnten Jahrhunderts war man allgemein davon überzeugt, daß die Verewigung der Freimaurer ein Orden sei, der eine Regel und eine Lehre, ein Ritual und eine Verfassung besitze. Der erste Angriff auf diesen Gedanken richtete sich gegen die strikte Observanz und endete mit ihrer Zertrümmerung, der zweite, und zwar ein Generalangriff, traf die drei altpreußischen Großlogen, und er ging von Friedrich Ludwig Schröder aus. In der Zeit dieses Angriffs war die am meisten befehdete Großkörperschaft die Große Landesloge der Freimaurer von Deutschland.

Ist es daher zu verwundern, daß sie in ihrer Verteidigungsstellung ihre Lehre, ihre Gesetze und ihr Gebrauchtum wie einen Felsen von Bronze stabilierte und alles ablehnte, was ihr nicht ordensgemäß erschien?

Schon bald nach Zinnendorfs Tode haben die führenden Männer in einem Rundschreiben vom 30. Juni 1785 an die Tochterlogen ihren gesetzlichen Standpunkt klar zum Ausdruck gebracht, und man kann sagen, daß dieser Standpunkt mutatis mutandis heute noch gültig ist. In diesem Rundschreiben heißt es:

„Die Freimaurerei kann und muß ihrer Natur zufolge im allgemeinen nur dem Namen nach bekannt sein, so, daß jemand, der sich in diese Gesellschaft aufnehmen läßt, das für Freimaurerei halten muß, was man ihm dafür angibt; hieraus folgt nun von selbst, daß unter der Larve der Freimaurerei allerlei, den wahren Brüdern sowohl als den Menschen überhaupt, schädlicher Unfug getrieben werden könnte. Beinahe möchten wir sagen, es sei bereits in Deutschland geschehen, wenigstens haben wir Beweise in Händen, daß Logen, die nicht mit der Großen Landes-Loge von Deutschland in Verbindung sind, für nötig gefunden haben zu erklären, sie würden nie eine gewisse Sekte als Maurer erkennen oder den mindesten Umgang mit ihren Anhängern pflegen. Notwendig und weise war es demnach, sobald die Freimaurerei

Altes Ordenshaus der Großen Landesloge (Oranienburger Straße)

sich auszubreiten anfing, auf ein Mittel zu denken, diesem Übel vorzubeugen. Daher entstanden die großen Landeslogen und das ihnen übertragene Recht, allein gesetzmäßige Logen zu stiften. Diese Einrichtung aber wäre ganz ohne Nutzen, wenn in einem Lande, wo eine öffentlich bekannte große Loge ist, auch die sogenannten Logen, welche nicht durch jene sind gestiftet oder anerkannt worden, als gesetzmäßige, zu der wahren Brüderschaft gehörende Logen angesehen und die Gemeinschaft mit ihnen unterhalten würde. Nicht weniger notwendig und weise ist diese Verfügung in Ansehung der gesetzmäßig arbeitenden Logen denn zu geschweigen, daß diese dadurch der Unannehmlichkeit entgehen, mit Gesellschaften verwechselt zu werden, von welchen, da sie einmal vom wahren Wege abgewichen sind, man nicht wissen kann, wieweit sie in der Unordnung fortschreiten werden, so sind auch die echten Logen gegen alle Verfälschungen und Neuerungen gesichert. Gibt man jetzt aus Gefälligkeit zu, daß Mitglieder anderer Gesellschaften unseren Gesetzen zuwider den Zutritt in unsere Loge erhalten, so werden sie über kurz oder lang noch eine andere Gefälligkeit verlangen, welche man nicht wird abschlagen wollen, um die Frucht der ersteren nicht zu verlieren und so würde nach und nach die wahre Freimaurerei gänzlich verbannt. Daß aber dies der Gang des menschlichen Herzens und Geistes wirklich ist, wird keiner leugnen können, welcher mit beiden etwas bekannt und in der Geschichte nicht ganz unerfahren ist. – Mit der Duldung aber vertragen sich diese Gesetze nicht!

Die wahre Duldung kann doch unmöglich in etwas anderem bestehen als darin, daß einem jeden erlaubt wird, so zu denken, wie er will; daß ihm nicht schlechterdings unsere Denkungsart aufgedrungen wird, auch alle Gelegenheiten vermieden werden, über Meinungen zu streiten; daß ferner keiner von uns weder gehaßt, noch verfolgt wird, weil er anders denket als wir. Nirgend schreiben unsere Gesetze vor, diejenigen, welche nicht echte Freimaurer sind, zu zwingen, anders zu denken, als sie wirklich denken, welches ohnehin unmöglich ist; noch ihnen unsere Denkungsart aufzudringen, viel weniger mit ihnen über die Verschiedenheit in unseren und ihren Meinungen zu streiten. Vielmehr ist uns geboten, nie von der Freimaurerei mit ihnen zu reden, obwohl wir sie darum weder hassen noch verfolgen, sondern wie alle Menschen lieben sollen. Unsere Gesetze schreiben uns bloß vor, sie als Fremde zu betrachten, welche nicht zu uns gehören, und also auch nicht die Vorteile unserer Gesellschaft genießen können. So liebevoll sind dabei diese Gesetze, daß sie denenjenigen, welche auf eine ungesetzmäßige Weise Logen errichtet haben, sowohl als denenjenigen, welche in solchen unechten Logen sind aufgenommen worden, den Zutritt zu guten Logen unter gewissen Bedingungen erlauben. …

Entweder muß man eine jede Versammlung, welche sich Loge nennt, und einen jeden Mann, welcher sich für einen Freimaurer ausgibt, dafür annehmen, das heißt: die Freimaurerei müßte gänzlich aufhören oder es müssen gewisse Kennzeichen da sein, an welchen man denjenigen erkennt, der mit Recht den Namen eines Freimaurers trägt. Leichtsinn, Unvorsichtigkeit, Verräterei haben es uns unmöglich gemacht, diese Merkmale auf Zeichen, Wort und Griff einzuschränken, zu geschweigen, daß diese Dinge nur im Grunde ein kleiner Teil von dem sind, was bei uns gelehrt wird. Darum nennen wir nur den einen echten und wahren Freimaurer, dem in einer gesetzmäßigen Versammlung und Loge, alles ist mitgeteilt worden, was ihm seinem Grade nach zukömmt; so wie man keinen einen echten Tischler- oder Maurer-Meister nennen wird, wäre er auch noch so geschickt, wenn er nicht dazu in einer Zunft ist aufgenommen worden. Wir wissen sehr wohl, daß mancher wackere und rechtschaffene Mann darunter leiden kann; wir begreifen sehr wohl, daß eine unechte Loge durch Länge der Zeit und andere Umstände eine solche Festigkeit und einen solchen Ruf erhalten kann, daß ein in dieser Versammlung aufgenommener vernünftiger und ehrlicher Mann sich schwerlich wird überzeugen können, er sei unrecht aufgenommen worden, zumal wenn die Vorliebe, welche man zu seinem ersten Führer natürlicherweise hat, hinzukömmt. Wir geben gerne zu, es wäre zu wünschen, daß dem abgeholfen werden könnte; allem man wird auch zugeben müssen, daß es nicht möglich ist, und daß unsere Gesetze alles tun, was dabei getan werden kann, wann sie erlauben, einen solchen Mann, sobald er es aufrichtig wünscht, und also gesonnen ist, uns vollkommen gleich zu werden, und sich unseren Gesetzen zu unterwerfen, unsern gesetzmäßigen Logen einzuverleiben.

Es läßt sich in dieser Welt keine Einrichtung denken, welche nicht ihre Unbequemlichkeiten hätte, so wie sich keine Gesellschaft, keine Einrichtung ohne gewisse Verordnungen denken läßt, welchen sich derjenige, so von der Gesellschaft sein will, unterwerfen muß. Wollte man diese Verordnungen so oft verändern, als es einem Fremden einfallen möchte, ein Mitglied der Gesellschaft zu werden, ohne sich den Gesetzen derselben zu unterziehen, so hörte diese Gesellschaft von selbst auf, eine besondere Gesellschaft zu sein; ja alle menschliche Gesellschaft müßte aufhören, sobald keiner sich bequemen wollte, einer gewissen Richtschnur zu folgen. Gesetzt nun auch, Pflicht und Gewissen erlaubten uns die Gesetze, welche uns mit dem übrigen der Freimaurerei sind übertragen worden, welche wir freiwillig angenommen und feierlich versprochen haben, unverrückt beizubehalten; gesetzt sagen wir, Pflicht und Gewissen erlaubten uns, diese Gesetze zu verändern, so müßten doch andere an ihre Stelle treten, und wenn das ganze Menschen-Geschlecht sich nicht mit einem Male änderte, so würden sich bald Leute finden, die

Justizdirektor v. Both

diese neuen Gesetze übertreten, deswegen sich trennen und eine besondere Gesellschaft für sich ausmachen würden, und dann fänden wir uns wieder da, wo wir jetzt sind oder vielmehr wir würden selbst mit fortgerissen und uns allmählich und unvermerkt ganz von der wahren Freimaurerei entfernt haben. Der unglückliche Gedanke, daß ein jeder sich darin seinen eigenen Weg bahnen und die Gesetze nach Willkür auslegen und verändern könne, ist die eigentliche Veranlassung zu aller Zwietracht, zu allen Spaltungen gewesen. Eine Abweichung vom guten Wege zieht unvermeidlich die zweite und diese die dritte nach sich. Sollten wir nun auch, anstatt mit festem Fuß dem einmal betretenen Steige der Wahrheit standhaft zu folgen, mit zerstreuten Sinnen und Gedanken zu wanken anfangen, so könnten wir, so würden wir gewiß das Opfer unseres Wankelmuts werden. Wir würden das verlieren, was wir besitzen, ohne daß diejenigen, zu deren Besten zu handeln, wir uns eigentlich setzten, dabei gewönnen.

Dieses würden die so betrübten als unausbleiblichen Folgen unserer Abweichung von den Gesetzen sein, dahingegen unsere Standhaftigkeit, denselben treu zu verbleiben, ganz andere und bessere Früchte hervorbringen könnte. Haben wir die wahre Freimaurerei? und welcher Bruder, der die Schönheit, die Weisheit und den Zusammenhang unserer Lehre aufmerksam betrachtet, wird wohl jemals daran zweifeln; haben wir die wahre Freimaurerei? und weichen wir nie von ihrer Richtschnur ab, so ist es wahrscheinlich, daß die Vorurteile nach und nach verschwinden, und die biedern Männer, die wir jetzt mit Wehmut von uns getrennt sehen, sich uns nähern werden, sodaß allmählich aller Unterschied unter den Guten aufhören wird. Und geschieht dieses nicht, so haben wir uns wenigstens nicht vorzuwerfen, die Wahrheit selbst von uns gestoßen zu haben, und Ursach zu sein, daß diejenigen, welche sich herzlich nach ihr sehnen, sie nicht mehr so nahe, nicht mehr so leicht finden können.

Wenn wir aber, diese, wir gestehen es, der Natur des Menschen nach zu urteilen, mehr schöne und wünschenswürdige als gewiß zu erwartende Hoffnung, mit Grund bei uns nähren, so müssen wir durch unser liebreiches zuvorkommendes Betragen, in allem, was nicht Freimaurerei ist, bei allen Gelegenheiten, suchen die Strenge zu mildern, welche die genaue Beobachtung unserer Gesetze in Anlehnung derer, die nicht zu uns gehören, dem Scheine nach haben möchte. Die Beweise unserer Liebe, unserer Bereitwilligkeit, ihnen zu dienen, und unserer Hochachtung, überzeugen also die Rechtschaffenen, Wohlgesinnten, Wahrheitsliebenden unter ihnen, daß keine Abneigung, kein, einem Freimaurer unwürdiger, ihn entehrender Haß, sondern allein das Gefühl unserer Pflichten, uns von ihnen in der Freimaurerei absondere.

Allein dabei müssen wir nicht stehen bleiben. Wir müssen uns nicht bloß bemühen, unsere Pflichten gegen diejenigen, welche unglücklicherweise vom wahren Wege abgewichen sind, oder denselben nie betreten haben, zu erfüllen; sondern wir müssen überhaupt so handeln, daß wir den Namen würdiger Freimaurer-Brüder mit Wahrheit führen und die Ehre und das Beste des Ordens befördern. Die Bearbeitung unserer selbst nach den Vorschriften unseres uralten und ehrwürdigen Ordens, sei daher, unser erstes und vornehmstes Augenmerk: damit unsere Herzen so rein, so tugendhaft werden, daß kein Bruder sich fürchten darf, den andern sein Herz ganz sehen zu lassen, und also inniges Vertrauen, aufrichtige Liebe und ungestörte Eintracht unter uns wohnen. Hauptsächlich aber wachen wir unaufhörlich darauf, daß, wo möglich, kein Unwürdiger unter uns aufgenommen werde. Keiner, welcher die Religion, die reine Vaterlandsliebe, die guten Sitten verspottet, seiner Obrigkeit nicht ergeben ist, oder sich den Lastern überläßt, sollte und müßte in unserm Tempel eingelassen werden. Nicht allein, weil gar keine gegründete Hoffnung vorhanden ist, einen solchen Menschen jemals zu bessern und zum Freimaurer zu bilden, sondern auch damit man die Ehre und das Wohl des Ordens nicht gegen die so ungewisse Besserung eines solchen Mannes aufs Spiel setze, und ohne Erröten, auch mit Wahrheit sagen könne: daß kein Gewinnst uns verleitet, und daß wir unsern ehrwürdigen Orden nicht mit vielen, sondern vielmehr mit würdigen Mitgliedern zu vermehren suchen."

Diesen Geist zu pflegen war der damalige Landes-Großmeister v. Castillon der richtige Mann, mild und entgegenkommend in der Form, streng und unnachgiebig in der Sache. In der Schilderung seines Lebens folgen wir der trefflichen Denkschrift zum hundertfünfzigsten Stiftungsfest der St.-Johannis-Loge „Zum Pilgrim" in Berlin von Paul Burmeister:

„Friedrich Adolph Maximilian Gustav von Castillon, am 22. September 1747 zu Lausanne geboren, entstammte der altadligen Familie Salvemini, die sich seit dem vierzehnten Jahrhundert in Castiglione bei Florenz niedergelassen hatte und später den Namen dieser Stadt annahm. Sein Vater Giovan Francesco mußte 1729 aus Italien fliehen, weil er sich einige zu dreiste Äußerungen über Religion erlaubt hatte. Er begab sich nach der Schweiz. Obwohl er durch seine unsterblichen Verdienste um die Fortschritte der mathematischen Wissenschaften allgemein geschätzt wurde, hatte er doch schwer um seine Existenz zu ringen. Erst seit 1737 besserte sich seine Lage, als er Direktor am Gymnasium zu Vevey wurde. Im Jahre 1745 übernahm er in Lausanne die Erziehung eines Prinzen von Anhalt-Zerbst und hier wurde zwei Jahre später Friedrich geboren. 1751 erhielt der Vater einen Ruf als Mathematik-Professor an die Universität Utrecht. In dieser Stadt verlebte Castillon seine Jugendjahre. Seine geistige und sittliche Bildung lag allein in den Händen seines Vaters, der aus einer sonderbaren Abneigung gegen alle öffentlichen Lehranstalten seinen Sohn keinen fremden Händen anvertrauen wollte. Castillon hat sich selbst später im Freundeskreise oftmals darüber beklagt, daß er „dadurch alle Vorteile" die mit öffentlichen Lehranstalten

Festsaal des Ordenshauses der Großen Landesloge (Oranienburger Straße)

innigst verknüpft sind, entbehren mußte, mit den nötigen Schulkennwissen nicht gehörig versehen und besonders in den alten gelehrten Sprachen nur unvollkommen bewandert war. Aber das Beispiel angestrengten Fleißes, das er in der Person seines Vaters täglich vor Augen hatte, feuerte ihn so an, daß er sich schon frühzeitig in den strengen Wissenschaften übte, welche die Hauptbeschäftigung seines Vaters waren. Gleich nach Beendigung des Siebenjährigen Krieges, wurden Vater und Sohn auf Empfehlung des berühmten D'Alembert von Friedrich dem Großen nach Berlin berufen. Der Vater wurde Professor der Mathematik an der Artillerie-Schule, der Sohn Lehrer der Mathematik an der eben neugegründeten Ritter-Akademie. Castillon rechtfertigte das Vertrauen, das man in seine Fähigkeiten und Kenntnisse setzte, durch Faßlichkeit und Lebendigkeit seines Unterrichts. Seine Zöglinge bewiesen durch ihre Fortschritte, wie zweckmäßig seine Lehrmethode war. Die

Generale von Tauentzien, von Krusemarck und von Knobelsdorf haben in späteren Jahren oftmals ausgesprochen, wieviel sie seiner Leitung zu verdanken hätten. Seit 1787 war Castillon auch Professor der Philosophie an der gleichen Anstalt. Als 1791 sein Vater starb, übernahm er dessen Stellung an der Artillerie-Schule. Diesen Posten bekleidete er bis zum Jahre 1809, wo er bei der Vereinigung aller verschiedenen Lehrinstitute zur allgemeinen Kriegsschule nach fünfundvierzigjähriger Dienstzeit in den Ruhestand versetzt wurde. Bis zum Jahre 1805 gab Castillon seinen Unterricht in französischer Sprache. Von Jugend auf gewöhnt, französisch zu sprechen, fand er sich in die deutsche Sprache anfangs nur mühsam hinein. Und auch später, als er mit unserer Sprache schon vertrauter geworden war, kamen noch immer Augenblicke vor, in denen man es merkte, daß er als Ausländer nach einem Ausdruck suchen mußte. In der deutschen Schriftsprache dagegen bekundete er vollkommene Fertigkeit und Verständnis und das gleiche kann man von den Reden sagen, die ausgearbeitet waren. Von seinen in der Loge gehaltenen Ansprachen sagte ein Zeitgenosse: „Seine Vorträge sind redende Beweise, welches tiefe Forschen er angewendet hat, die in Bildern verkleideten Wahrheiten unserer Wissenschaft zu enthüllen, um sie uns in ihrer natürlichen Verbindung zu zeigen; eine jede von ihm gehaltene Loge deckten wir nicht anders als mit neuer Erleuchtung bereichert und zu den besten Entschlüssen eines Maurers ermuntert."

Wenngleich die Mathematik Zeit seines Lebens stets seine Lieblingsbeschäftigung blieb, so wandte er doch später der Philosophie seine Forschungen zu namentlich, als Kants Werke seine Aufmerksamkeit auf sich zogen. Dabei war ihm sein mathematischer Kopf eine große Hilfe. Obgleich er auf den schriftstellerischen Ruhm keinen Wert legte und seine Bescheidenheit, der ausgezeichnetste Zug seines Charakters, ihm eine gewisse Furcht vor dem öffentlichen Auftreten sowie eine Abneigung gegen alles einflößte, was nur irgendwie den Schein einer Anmaßung tragen könnte, so vergrub er doch nicht die Schätze, die er gesammelt. In dieser Absicht beteiligte er sich an der Beantwortung mehrerer von gelehrten Instituten aufgestellten Fragen und wurde dreimal preisgekrönt. In Stunden der Erholung war die Musik Gegenstand seiner Liebe. Nicht allein, daß er sie prakisch ausübte und mit Anmut die Flöte blies, er bearbeitete sie auch theoretisch. In der großen Encyclopaedie des sciences, die gegen den Jahrhundertwechsel erschien, sind alle die Musik betreffenden Artikel von ihm, soweit sie nicht von dem berühmten Rousseau unterzeichnet sind. So suchte er sich den Ruf eines gründliches Forschers zu sichern, aber seine Bemühungen wurden nicht immer anerkannt und nach Verdienst entlohnt. Aber er klagte nie, und sein Grundsatz war und blieb: Der Lohn müsse den Gelehrten aussuchen und nicht von

Nettelbladt I
Bildnis aus den letzten Lebensjahren

ihm gesucht werden. So wurde er dem König Friedrich oft als Mitglied der Akademie der Wissenschaften vorgeschlagen, der König überging diesen Vorschlag aber stets mit Stillschweigen. Erst nach dem Tode des Königs wurde er von Friedrich Wilhelm II. als Mitglied der Akademie bestätigt.

Mit seinen Verdiensten als Lehrer, wahrheitsliebender Forscher und treuer Diener des zu seiner Heimat gewordenen Preußischen Staates verband er alle häuslichen und stillen Tugenden. Er war ein dankbarer Sohn, ein treuer Gatte, ein zärtlicher Vater und biederer Freund. Nie hat er sich von seinem alten Vater getrennt und manches Opfer gebracht, um dem würdigen Greise seine letzten Tage zu verschönen. Vermählt war er mit Maria Magdalena Palmié, der ältesten Schwester des zweiten Meisters der St. Johannisloge „Zum Widder“ in Berlin und späteren Ordensmeisters Palmié, mit dem er in der glücklichsten Eintracht lebte. Soweit es seine durch Berufsgeschäfte und durch seine maurerische Tätigkeit in Anspruch genommene Zeit zuließ, lebte er nur im Kreise der Seinen. Und wer von seinen näheren Freunden Zutritt zu diesem intimen Zirkel fand, pries seine ernstfrohe und lehrreiche Unterhaltung, sein biederes, freimütiges, heiteres Gemüt, die ihn zu einem angenehmen Gesellschafter machten. Er schwärmte für die Schönheiten der Natur und hielt sich daher im Sommer meist auf dem Lande, aber in unmittelbarer Nähe von Berlin auf.“

Castillon war keine schöpferische Natur und hatte keine historische Begabung, aber er war ein klarer Kopf, ein scharfsinniger Mathematiker, der den Dingen auf den Grund ging. Er hatte ein bedeutendes Lehrtalent und verstand vorzüglich darzustellen. Daher bemühte er sich auch besonders um die Instruktionen für die Logenbeamten. So stammt von ihm aus dem Jahre 1813 die Logenmeister-Instruktion, die sich besonders durch den Abschnitt auszeichnet, in dem von der Autorität des Logenmeisters gesprochen wird. Darnach soll er kein anderes Machtmittel gegen die Mitglieder der Loge haben, als dies, daß seine Brüder aus Sorge, seine Freundschaft zu verlieren, die Gesetze des Ordens achten.

Castillons großes Verdienst um den Orden liegt vor allem darin, daß er treu an dem von Zinnendorf Überlieferten festhielt und keiner Lockung und keiner Vorstellung gegenüber von dem, was er für Recht und Wahrheit erkannt hatte, abwich. Er hatte jenes liebenswürdige Temperament des Südländers, war immer gefällig, und auch dort, wo er verweigern mußte, geschah es in einer so freundschaftlichen Form, daß der Abgewiesene ihm nicht nur nicht zürnen konnte, sondern im Gegenteil sich dankbar fühlte für eine Belehrung, die er erhalten hatte. Da er seine Grenzen kannte, so forderte er die geschichtliche Forschung und die wissenschaftliche Arbeit im Ordensganzen, sowie die literarische Betätigung der Mitglieder mit liebevollem Verständnis.

Nettelbladt I., Jugendbildnis

Er befreite die Redner der Logen von den starren Schranken, die ihnen bisher gezogen waren. Er ist der Begründer der Bibliothek der Großen Landesloge, und das beste was man von ihm sagen kann ist, daß er ein treuer Wächter des Ordens und seiner Lehre war.

Gerade die Lehre und ihre Ausgestaltung lag Castillon besonders am Herzen. Sowohl Zinnendorf wie seine vertrauten Freunde und Mitarbeiter wußten, daß Eckleff etwas Unvollständiges gegeben hatte und trotz aller Versprechungen keine weiteren Aufschlüsse mehr gab. Heute wissen wir, daß er nicht mehr besaß als er gegeben hatte. Als die Ordensregierung auf den Herzog von Södermanland übergegangen war, entschloß sich Zinnendorf, seinen treuen Castillon nach Schweden zu senden, um vom Herzog weitere Kenntnisse zu erbitten. Wir kommen auf die Schwierigkeiten, die er in Stockholm vorfand, an anderer Stelle (Seite 263ff.) zurück. Hier haben wir es nur mit der Lehre zu tun. Der Herzog empfing Castillon außerordentlich freundlich und befahl, ihm alles zu zeigen, was Schweden hätte. Castillon wurde demgemäß in die letzten Erkenntnisse eingeweiht, aber schriftlich erhielt er nichts. Als er nach Berlin zurückgekehrt war, rekonstruierte er aus dem Gedächtnis die rituellen Handlungen und Gedanken. Es sind dies die sogenannten interimistischen Architekten-Akten, die bei der Großen Landesloge in Gebrauch waren, bis sie aus Schweden die wirklichen Architekten-Akten erhielt, wovon später zu sprechen sein wird.

Castillon hat die schwere Zeit der französischen Besetzung Berlins durchgemacht; aber er hatte auch noch das Glück, die Erhebung Preußens, seines geliebten Adoptiv-Vaterlandes, zu erleben. Er starb am 27. Januar 1814, und die hohe Wertschätzung sowie die Liebe, die er sich erworben, sprechen zu den Nachkommen aus der Gedächtnisrede, die ihm Johann Erich Biester gehalten hat.

„So ist er, den wir innig liebten, den wir herzlich verehrten, unser Freund Friedrich von Castillon, in die Gruft gesenkt und wir Hinterlassenen trauern, daß er seiner Familie, seinem nähern Kreise und einer weit verbreiteten edlen Wirksamkeit so plötzlich entrissen worden ist. – Ach, sie haben einen guten Mann begraben, und wie vielen unser war er mehr?

Wenn ein schönes Leben, ein unsträflicher Wandel, eine glückliche Verbindung des Denkens und Empfindens, ein durch Wissenschaft und Liebe der Kunst erhöhter Geist, eine angestrengte Beschäftigung mit den höchsten sittlichen und göttlichen Dingen, ein echt patriotischer Sinn, eine rege Tätigkeit, ein Herz voll Liebe, Treue und Wohlwollen den achtungswürdigen guten Mann bilden, so verdient unser teurer Castillon den Ehrennamen im ausgezeichneten Grade. Es sei genug hieran für ihn. Es ist genug für uns!

Schon dieser geweihte Boden, wo ringsum so viele dem großen Tage der Auferstehung entgegenschlummern, auch der Vater, auch die Mutter unseres Verewigten, diese ernste Stätte schon erinnert, daß ausführliche Lobreden hierher nicht passen, und überhaupt nicht Worte, die etwas anderes als den eigentlichen Menschen berühren; auch will seine reine Seele dies nicht, die über allen Tand der Eitelkeit schon hienieden erhaben war, und jetzt dem reinsten Lichte noch näher, nur das Gute, nicht das Schimmernde als gut anerkennt.

Ja, edler Geist, teure Seele, wir wollen tun, wie Du es heischest, wie Du selbst in Deiner Verfügung es vorschriebst. Wenn also die Wehmut Deiner treuen Freunde über Deinen Verlust nicht ganz schweigen kann, so ergreife und belebe sie zugleich die Erinnerung an Deine Tugend, Deine Bescheidenheit, Deine Güte, die Erinnerung, wie Du mit redlichem Eifer die Wahrheit allein suchtest, aus schwierigen Verhältnissen stets fleckenlos hervorgingst und nie von dem Pfade des Rechts Dich entferntest. Möge denn jeder durch Dein Beispiel angefeuert, durch Deinen Begräbnistag erschüttert, nur dem nachstreben, was gut und wohl und recht und heilig ist!

So muß Dein Andenken liebevoll und geliebt fortdauern, fortwirken, Dir zur Ehre, wie Du es verdienst, Deinen nachgebliebenen Freunden zum Segen, wie Du es wünschen kannst, Du Guter!"

Mit den Befreiungskriegen war in Preußen ein ritterlich-militärischer Geist eingezogen, der sich auch in den Logen bemerkbar machte. Die Nachfolger Castillons waren Soldaten, kriegserfahrene Männer, so der General Joachim Friedrich Neander von Petersheiden 1814 bis 1817 und Johann Heinrich Otto von Schmidt, der als Oberst im Yorkschen Korps Führer der Artillerie war und einen wesentlichen Anteil an den Siegen an der Katzbach, beim Elbübergang bei Wartenburg, bei Leipzig, Laon und Paris hatte. Schmidt führte die Landesloge von 1818 bis 1837. Dann folgte ein kurzes Interregnum, in dem der Ordensmeister Johann Michael Palmié, zuletzt Professor an der Kriegsakademie und Konsistorialrat der Provinz Brandenburg, das Amt des Landesgroßmeisters übernahm. Ihm folgte von 1838 bis 1841 General Wilhelm Ludwig Viktor Graf Henckel von Donnersmarck, dessen wir bereits mehrfach zu gedenken Gelegenheit hatten.

Unter der Regierung des Ordensmeisters Palmié, der sich besonders den Ausbau des inneren Tempels angelegen sein ließ, trat ein Mann als geistiger Führer in der Landesloge hervor, dessen Bedeutung der eines zweiten Stifters gleich kam. Es ist der Ober-Appellations-Gerichtsrat Christian Karl Friedrich Wilhelm Freiherr von Nettelbladt. Die Gestalt dieses großen Meisters, dessen nachhaltiger Einfluß auf die Große Landesloge von Deutschland heute noch lebendig fortwirkt, werden wir nunmehr zu schildern haben.

A. Nettelbladt.

Obwohl die Befreiungskriege den europäischen Mittelmächten eine politische Weltstellung gebracht hatten, waren die wirtschaftlichen Verhältnisse trostlos. Viele Männer, die tapfer ihr Leben für Volk und Heimat eingesetzt hatten, mußten ihre Existenz in harter Arbeit wieder ganz neu aufbauen, Handel und Industrie waren fast vernichtet, englische Erzeugnisse überschwemmten den deutschen Markt. Dazu kam noch 1816/17 eine bittere Hungersnot.

In geistiger Beziehung hatte ein vollkommener Umschwung gegenüber den Ideen des achtzehnten Jahrhunderts stattgefunden. Das rationalistische, abstrakte Konstruieren und metaphysische Spekulieren waren der historischen

Kritik gewichen. Besonders Berlin und seine Universität waren der Mittelpunkt des neuen geistigen Lebens. Hier leuchtete seit 1818 der Stern Hegels. In der Geschichtsschreibung traten Niebuhr, Raumer, Ranke, Pertz hervor. Das künstlerische Berlin war beherrscht von Gottfried Schadow, dem großen Meister, der 1816 das Symbol der St. Johannislogen zur Beständigkeit und zum Pilgrim modelliert hatte. Das unvergleichliche Denkmal der Königin Luise von der Hand Rauchs, seine Heldenstatuen aus den Befreiungskriegen waren bewunderte Sehenswürdigkeiten Berlins. Die Dichter Chamisso, Kleist, die beiden Schlegel, E. T. A. Hoffmann waren die Lieblinge des

Großer Tempel im Ordenshaus der Großen Landesloge (Oranienburger Straße)

gebildeten Berlin. In der Naturwissenschaft herrschte Humboldt beinahe unbeschränkt. Alle diese geistigen Erscheinungen warfen starke Strahlungen in die Arbeiten der Landesloge. Nach außen war davon nicht allzuviel zu spüren. Zwar wurden neue Logen gegründet, bestehende angeschlossen, in Königsberg wurde das Provinzial-Kapitel von Preußen „Fidelitas sempiterna" errichtet, aber das wesentliche war die Verinnerlichung des Logenlebens. An dieser immer tiefer sich auswirkenden Vergeistigung hatte Nettelbladt den bedeutendsten Anteil.

Christian Karl Friedrich Wilhelm Freiherr von Nettelbladt, der letzte Sohn des Kanzleidirektors von Nettelbladt zu Rostock, wurde daselbst den 15. Februar 1779 geboren.

Schon in den ersten Lebenswochen der Mutter beraubt, ersetzte ihm diesen herben Verlust in reichem Maße deren Schwester, die der Vater zur zweiten Gattin gewählt hatte. Diese ausgezeichnete, an Geist, Gemüt und Gefühl hoch begabte Frau war von dem glücklichsten Einfluß auf die Entwicklung und Ausbildung des Kindes, das bei dem stillen häuslichen Glück seiner Eltern, bei der innigen Liebe, die sie verband und mit der sie die Ihrigen umfaßten, ebenso sehr geistig als leiblich gedeihen mußte.

Nach gründlicher Vorbereitung im Elternhause konnte der junge Mann im Jahre 1794 die Ritterakademie zu Lüneburg besuchen, wo er bis 1796 verweilte und dann mit dem Zeugnis der Reife die vaterländische Hochschule bezog. Hier und in Marburg studierte er bis zum Jahre 1800 die Rechte. Noch in später Zeit zählte er die Marburger trefflich benutzte Studienzeit zu den frohesten und glücklichsten Tagen seines Lebens.

Nach erfolgter Anstellung hatte er sich früh vermählt, aber die überaus glückliche Ehe war nur kurz, sie wurde durch den Tod der Gattin getrennt, ebenso verlor er auch die zweite Frau, nachdem sie ihm zwei Söhne geschenkt hatte. Seine dritte Ehe gab ihm achtzehn glückliche Jahre, in denen ihm drei Kinder aufwuchsen. Unerwartet schnell schied auch die dritte, ihm sehr teure Gattin aus dem Leben. Nach langer, tiefer Trauer schritt er zum vierten Ehebündnis und gewann eine treue Gefährtin und Stütze seines Alters und seiner letzten Lebenstage.

Seine Gesundheit, schon lange durch heftige Brustleiden erschüttert, erregte seit dem Verluste seiner dritten Gattin, den er nie ganz überwand, lebhafte Besorgnisse, und wenn seine gute Natur auch noch mehrere sehr schwere Krankheiten, die ihn dem Grabe nahe brachten, selbst zwei Schlaganfälle, besiegte, so sanken doch bei herannahendem Alter seine körperlichen Kräfte immer mehr, während sich die geistigen in ungeschwächter Stärke und Regsamkeit bis zum letzten Augenblick erhielten.

Die glückliche Verheiratung seines zweiten Sohnes und die Geburt zweier Enkel, an denen er mit unendlicher Liebe hing, warfen noch einen hellen Freudenschein auf den Abend seines Lebens, und er erholte sich im Sommer 1842 hoffnungsvoll, da trafen ihn aber plötzlich ungeahnt die härtesten Schläge des Schicksals: der schnelle Tod seines ältesten Sohnes und der zärtlich geliebten Schwiegertochter. Mit erstaunenswürdiger Seelenstärke errang er sich zwar neuerliche Fassung und Ergebung in den Willen des Höchsten, aber der hinfällige Körper unterlag und schien zuletzt nur noch von dem ungeschwächten Geiste aufrechterhalten zu werden. Ein Leiden, das mit unaufhörlicher Beschwerde verknüpft war, machte die letzten Monate seines Lebens sehr qualvoll, doch voll Geduld und Vertrauen unterwarf er sich dem, was der ewige Meister über ihn verhängte und gab ihm – am 9. Juni 1843, abends neun Uhr, bis zum letzten Augenblicke volles Bewußtsein bewahrend – die unsterbliche Seele zurück.

Nettelbladt hat dem Dienste des Staates dreiundvierzig Jahre gewidmet. Schon 1800 betrat er als Auditor bei der Rostocker Justizkanzlei unter der eigenen Leitung seines Vaters die richterliche Laufbahn, wurde nach einem Jahre zum Kanzleirat und demnächst zum Justiz- und Konsistorialrat befördert. Diese Ämter bekleidete er von 1801 bis 1813, von wo er als Assessor beim Hof- und Landgerichte nach Güstrow berufen wurde. Im Jahre 1818 ernannte ihn sein Großherzog zum Oberappellationsrat im höchsten Gerichtshof des Landes. Mit der ausgezeichnetsten Tüchtigkeit wirkte er bis an sein Lebensende. Die mecklenburgische Rechtswissenschaft verdankt ihm eine Reihe sehr schätzenswerter Werke, in denen er seine reichen richterlichen Erfahrungen niederlegte.

Die Großherzoge Friedrich Franz und Paul Friedrich betrauten ihn häufig mit den wichtigsten Regierungskommissionen, Visitationen und außerordentlichen Arbeiten, die er stets zur vollsten Zufriedenheit vollendete, wodurch er sich vielfache Verdienste um die Justizpflege und die Ordnung rechtlicher und bürgerlicher Zustände in seinem Vaterlande erwarb.

Nettelbladt war ebenso sehr durch Vorzüge des Geistes wie des Herzens und Gemütes ausgezeichnet. Mit ungewöhnlicher Schärfe des Verstandes verbanden sich in ihm eine rege Phantasie, ein lebhaftes, tiefes Gefühl, eine entschiedene Willensstärke und ein unermüdlicher Tätigkeitstrieb, den selbst die schwersten Krankheiten nicht hemmen konnten, in die gerade viele seiner wichtigsten und umfangreichsten Arbeiten fielen. Mit der höchsten Pünktlichkeit und Gewissenhaftigkeit verwaltete er seinen Beruf, er arbeitete ebenso rastlos wie leicht. Noch in der Genesung befindlich sprach er die Überzeugung aus, daß niemand genug zu tun habe. Voll Treue und Hingebung gegen seine Freunde, die ihm wiederum die unerschütterlichste Anhänglichkeit bewiesen, ein liebevoller Gatte und Vater, überall bereit, helfend, fördernd einzugreifen, Nützliches, Heilbringendes zu unterstützen oder selbst hervorzurufen, von natürlicher Liebenswürdigkeit und gewinnender Freundlichkeit im gesellschaftlichen Umgange, fielen ihm die Herzen aller zu, die ihm nahestanden.

Ein solcher Mann mußte den Orden und der Orden ihn finden, um nimmer wieder voneinander zu lassen. Sohn eines Bruders, der selbst länger als fünfzig Jahre dem Orden angehörte, und wenn auch in späteren Jahren von der äußeren Logentätigkeit zurückgezogen ihm stets Liebe und Anhänglichkeit bewahrte, wurde Nettelbladt schon früh der Gemeinschaft der Wissenden zugeführt.

Hier öffnet sich unserm Blick ein großer umfassender Kreis der reichsten und segensvollsten Wirksamkeit, deren grundlegende Bedeutung für die Freimaurerei in Deutschland eine eingehende Schilderung verlangt.

Dieser große Meister erblickte in der Loge „Zum Tempel der Wahrheit“ am 1. März 1803 das Licht und wurde schon am 1. November desselben Jahres zur zweiten und am 2. Januar 1804 zur dritten Ordensstufe befördert. Die verbesserten Grade erteilte ihm die St. Andreasloge „Quattuor Elementa" zu Stralsund 1804 und 1805, und darnach eröffneten sich ihm die Tore des Inneren Heiligtums. Von dem Kapitel „Zum Phönix" zu St. Petersburg wurde er von dem Staatsrat von Böber historisch am 9. Februar 1810 zum Vertrauten Salomos geweiht und als solcher am 24. März 1812 in der Großen Landesloge von Deutschland zu Berlin eingeführt.

In der Loge, die ihn aufgenommen, bekleidete er von 1807 an das Amt des abgeordneten Logenmeisters, bis er 1811 zur Führung des ersten Hammers erwählt wurde. Nach seiner Versetzung nach Parchim gründete er dort die Loge „Friderica Ludovica", die er zweiundzwanzig Jahre leitete. Ebenso verdankt die St. Andreasloge „Lucens" in Rostock Nettelbladt ihre Gründung im Jahre 1812. Nur seinem rastlosen Eifer und seinen Bemühungen gelang es, die vielen Schwierigkeiten zu überwinden, die sich ihrer Stiftung entgegenstellten, und auf seine Bürgschaft allein die mehrfach abgelehnte Bewilligung von der vorgesetzten Ordensbehörde in Berlin zu erlangen. Auch die Gründung der Provinzialloge von Mecklenburg und Neuvorpommern verdankt ihm ihre Einrichtung.

Aber nicht Nettelbladt hatte die Anregung dazu gegeben, wie Begemann behauptet (Mecklb. Logenblatt, Jahrg. 18), sondern der Justizrat Karl Friedrich von Both, nachmals Vorsitzender Logenmeister der St. Johannisloge „Prometheus" zu Rostock. Wir wissen dies aus einem Briefe des Dr. Dr. Johann Friedrich Basilius Wehber-Schuldt, Erbherr auf Goldensee, vom 15. Februar 1817 an Nettelbladt:

„Besonders habe ich Sie über einen Plan zu fragen, der mir von v. Both mitgeteilt worden ist, und der wenn er mit Ansehn vorgetragen wird, leicht wichtige Folgen haben kann. – Ich gestehe, ich kann in dem ganzen Plan kein Licht finden! Eine Provinzialloge kann doch nur statthaben, wenn alle Logen zu einem System gehören! Wollen die andern zu uns übergehen, weil von unserer Verfassung zwei Logen sind, von jeder andern nur eine, alsdann biete ich mit Freuden die Hand und ich weiß auch Sie, mein verehrter Ordensbruder! werden nicht dagegen sein. Aber sollen wir zu der einen oder andern übergehen, so wäre das im Falle der Einwilligung eine Verräterei, die eines Noffodei – der bekannte Verräter des Templerordens – würdig wäre."

Im April 1817 begab sich Nettelbladt im Auftrag der Großen Landesloge nach Stralsund, um die Verewigung der pommerschen Logen schwedischer Lehrart mit der Großen Landesloge von Deutschland durchzuführen; eine Angelegenheit, die er zu allseitiger Zufriedenheit beendigte. In diesem Jahre wurden auch die Einleitungen zur Wiedererneuerung freundschaftlicher Verhältnisse mit der großen Loge von Schweden begonnen, woran Nettelbladt der größte Anteil zugestanden werden muß.

Es handelte sich darum, eine Gesandtschaft nach Schweden zu senden, um die ehemals freundschaftlichen Beziehungen wieder anzuknüpfen. Nettelbladt selbst konnte aus Rücksicht auf seine amtliche Tätigkeit nicht reisen, aber er lenkte die Aufmerksamkeit der Großloge auf seinen Freund Wehber-Schuldt, eine Persönlichkeit von edler Vornehmheit und unbedingter Ordenstreue. Wir besitzen sein erstes Schreiben an Nettelbladt vom 16. Februar 1818, worin er dem Freunde seine Berufung und Annahme mitteilt:

„Schon hatte ich am Freitag meinen Brief an Sie angefangen, als ich noch am Abend einen langen gewichtigen Brief vom Hochw. Palmié erhielt, der mein ganzes Denk- und Begehrungs-Vermögen in Tätigkeit setzte und einen Entschluß von mir erheischte, der nicht leichtsinnig getan werden durfte. Nachdem Sie, mein geliebter Bruder! den Antrag nach Stockholm zu reisen mit triftigen Gründen abgelehnt hatten, waren Palmiés Gedanken auf mich gefallen, und nach Aufzählung aller Beweggründe dazu, und Anführung, daß Sie es abgelehnt, forderte er mich dazu auf, weil, wie ich glaube, auch Sie zu günstig von mir in dieser Rücksicht geurteilt haben. Aber welch ein Abstand! Sie, in der ganzen Geschichte des Ordens und besonders unserer Verfassung eingeweiht, und am Ziel mit sicherm Blick das Ganze überschauend, ich völlig unwissend, im Dunkeln tappend, und nicht einmal wissend, was hinter dem letzten Vorhang meiner wartet; Sie mit dem Schwedischen Ritual ganz bekannt, ich aber nur wenig davon kennend, wie soll ich nur das halb leisten können, was Sie so vollkommen auszuführen imstande wären! Doch da Palmié so dringend bittet, da er sagt, daß der ganze Plan unterbleiben müßte, wenn ich nicht wolle, da er hinzusetzt, daß Sie die Instruktion machen und vollkommen vorschreiben, daß Ihr Bruder, den ich zwar nicht die Ehre habe zu kennen, mein Begleiter sein würde; da es mir auch endlich eine hohe Befriedigung meiner Anhänglichkeit und Liebe zum Orden ist, so habe ich mich entschlossen, die Reise zu unternehmen, wenn der gekrönte Bruder die Huldigung annehmen will, und nicht die Zeit der Reise zu spät hinausgesetzt wird, daß alsdann schon alle Logen geschlossen sind. Palmiés Auftrag ist, Ihnen meinen Entschluß zu melden, damit Sie sogleich an die Ausarbeitung der Instruktion gehen könnten."

Die Prüfung und Bearbeitung der von den Deputierten mitgebrachten wichtigen Aktenstücke, eine Vergleichung der schwedischen Urkunden und Akten mit denen der Großen Landesloge und Vorschläge zur Entfernung etwaiger, im Laufe der Zeit entstandenen Verschiedenheiten in der echten Form und dem Ausdruck zur möglichen Gleichstellung gingen demnächst aus der Feder Nettelbladts hervor.

In demselben Jahre, den 31. Januar 1819, forderte der Ordensmeister und der Landes-Großmeister gemeinschaftlich den Baron von Nettelbladt auf, Instruktionen für die Logenmeister, über die Akten der drei ersten Grade auszuarbeiten. Bereits im Mai 1819 überreichte er sie, und nachdem sie den Ordensbehörden vorgelegt und von ihnen geprüft worden waren, erhielten sie am 12. Oktober desselben Jahres die Genehmigung und wurden an alle Logen des Ordens versandt. Nachdem Nettelbladt in den Jahren 1821 und 1822 mehrfach durch wichtige Ausarbeitungen und Aufträge der Landesloge und des Ordensmeisters in Anspruch genommen worden war, wurde ihm 1823 auch die Abfassung historischer Instruktionen für den dritten Grad nahegelegt. Er unterzog sich mit großem Eifer dieser mühevollen und umfänglichen Arbeit, zu der ihn seine Forschungen und sein reiches maurerisches Archiv vor allem in den Stand setzten. Bis zu seinem Tode ist die Geschichte des Ordens in England und Frankreich, des Systems der National-Mutterloge zu den drei Weltkugeln, der strikten Observanz, des eklektischen Bundes, der afrikanischen Bauherrn, der Gold- und Rosenkreuzer, des Schröderschen Systems und der Loge Royal York erschienen, und im Manuskript sind noch weitere Ausarbeitungen hinterlassen worden.

Im Jahre 1824 wurden ihm höchst wichtige Arbeiten für die Kapitel-Rituale mit besonderem Bezug auf die schwedischen Akten übertragen. Diese Arbeiten von größtem Umfange beschäftigten ihn bis zum Jahre 1832 und wurden nach vielfachen Beratungen mit dem Ordensmeister und seinen Beamten, die seine mehrfache Anwesenheit in Berlin erforderten, vollständig angenommen.

Nettelbladt hat unverrückt daran festgehalten, daß die Erforschung der reinen Wahrheit und der zu ihrer Erkenntnis gegebene freimaurerisch-wissenschaftliche Inhalt der Akten die seelische Grundlage des Ordens sei. Ein Umstand aber ist in seinen, von ihm nicht beabsichtigten, ja wohl kaum zu ahnenden Folgen für die ganze Existenz des Ordens von Wichtigkeit geworden. Wenn auch die Kenntnis der historischen Basis zur richtigen, ungeteilten Würdigung aller Truggestalten und, um die Überzeugung von der hohen Bedeutung der Lehrart zu gewinnen, notwendig war, so hat doch schon Nettelbladt mit großem Eifer die realen Voraussetzungen der geschichtlichen Überlieferungen betont.

Diese Auffassung war Nettelbladt nicht von ungefähr etwa wie eine Erleuchtung gekommen, sondern sie war das Ergebnis seines rastlos forschenden Geistes. Wo er Ausschlüsse vermutete und erwarten konnte, daß man sie ihm geben würde, scheute er keine Mühe und keine Kosten, um sie zu erlangen. Aus diesem Trieb zur Erkenntnis floß ein Briefwechsel von ganz außerordentlichem Umfang, den in pietätvollem Verständnis das Archiv des Provinzial-Kapitels in Rostock aufbewahrt hat. Wir verdanken dem eingehenden Studium dieser unschätzbaren Urkunden Licht über wichtige Wendungen in Nettelbladts freimaurerischer Entwicklung. Dies ist um so bedeutsamer, als er im Grunde eine verschwiegene Natur war und selbst seinem vertrautesten Freunde über die Sache alles, über seine geistige Persönlichkeit nichts enthüllte. Er stand noch ganz im achtzehnten Jahrhundert, das seinen Freimaurern schwere Eidesfesseln auflegte, ehe die Geheimnisse, die eigentlich keine waren, mitgeteilt wurden. So ist es gekommen, daß wir erst durch Nettelbladts Briefwechsel davon Kenntnis erhielten, wie eng er mit der klerikalischen Branche der strikten Observanz verbunden war.

Gustav Krüger-Gießen, hat in seinem Essay über die sieben Verbündeten einen Brief von Carolus a nexu longinquo erwähnt, der sich in den Alten der Darmstädter St. Johannisloge „Johannes der Evangelist zur Eintracht" befindet und mit dem er nichts anzufangen wußte. Auf eine Anfrage konnte ich ihm keine Auskunft über den a nexu erteilen, wenngleich die Datierung Güstrow, den 15. Februar 1818 mich auf Nettelbladts Spur hätte leiten müssen. Da fand ich durch einen glücklichen Zufall im Archiv der Höchsten Ordens-Abteilung der Landesloge einen längeren Brief, datiert Güstrow, den 19. März 1818, wahrscheinlich an den Staatsrat v. Böber. Unverkennbar war er von Nettelbladts Hand und unterzeichnet a nexu longinquo, dazu, um die Authenticität ganz sicher zu machen, der bürgerliche Name. Geheimrat Krüger hat mir freundlicherweise den Brief aus dem Darmstädter Archiv mitgeteilt, der uns davon Kenntnis gibt, daß Nettelbladt von Starck als Kleriker anerkannt worden ist und höchstwahrscheinlich auch zu den sieben Verbündeten gehörte. Eine Andeutung in einem weiter unten veröffentlichten Brief macht dies durchaus glaubhaft.

Nettelbladts Brief aus den Darmstädter Akten ist die Abschrift der Antwort auf einen Brief des Prinzen und Landgrafen Ludwig Georg Karl von Hessen, der bekanntlich eine kurze Zeit Landes-Großmeister der Großen Landesloge zu Berlin gewesen ist. Wir geben dieses Schreiben, das vom 24. Januar 1818 datiert ist, in der charakteristischen Ausdrucksweise und Rechtschreibung des Landgrafen Ludwig, den seine Verwandten Louis nannten, weil es ein treffendes Bild dieses merkwürdigen Mannes zeichnet, der schwankend auf der Scheide zweier Jahrhunderte völlig aus der natürlichen Lebensbahn eines deutschen Fürsten wich und ein geradezu romanhaftes Leben führte. Er ist von meinem Freunde Professor Wald nicht besonders günstig beurteilt worden, aber wir werden angesichts der Tatsache, daß er gleich Nettelbladt dem Klerikat angehörte, das hohe religiöse und sittliche Forderungen an seine Mitglieder stellte, unser Urteil im wesentlichen umredigieren müssen. Wenn er auch das Triebhafte seiner irdischen Erbschaft nie ganz überwand, hatte er doch einen festen Glauben an Gott und Christus.

Wir geben nunmehr das Schreiben selbst:

„Liebster Höherer Ordens Bruder Carolus a nexu longinquo

Erlauben mir für heute; nur denn Anfang einer lebhaften Corespondenz: Mit denensellben zu eröfnen.

Wegen Ihrem Herrn Vatter! alles erwiederte Vortreffliche: Was dieser Würdige im Hohen Maurer-Sinn verdient.

Von Wismar, Nossentin, und Ratenfelden, wurde zu erst zum Höchsten des Cl. (erikat) befördert; Dann durch Archidémides allhier C. R. M. N. in einem Cpl. (Capitel) als übercompletter jedoch vollständig unterrichtet in dieser der Wissenschaften Heiligsten Sinne. Von Petersburg; Über Königsberg: Vom Schwedisch-Florentinischen Constituirten aus R. émanirten; Hatt es Drey Reissen gemacht. Nennen Sie mir doch in Ihrem Wissen das Dreyfache R. mit seinen Buchstaben als Worth? Damit wir weiter vertraulicher werden können. In einem wahrscheinlich in jenem berührten Rein Eclektischen Systeme; bekäme Minus, und Major schon vor 33 Jahren (denn ich wandle auch schon im 5.ten Monath meines 50.sten Maurer Lebens) als völlig instruirter. Kennen Sie Boyemann? Haben Sie vom Baron von Vegesack alles erhalten? Oder in Stockholm vom Könige selbst? in Rom; und in Florentz: so wie in Avignon; ware Persöhnlich. Bey Zinnendorf wurde bis zum Ordens-Meister alsso im Zwölfften Grad incorvorirt und im Dänischen gibt es nur Zehen.

Ich habe Zwey im Höchsten-Innern aus Schweden alleweil hier wohnen. Können Sie aus Berlin den Bruder Gésické? (Wahrscheinlich Gedicke.) Der soeben in Frankfurth am Mayn angekommen seyn soll? Mit Auftrag in hiessiger Gegend die Errichtung zu vollenden. Bruder Carlsen (Major und Bataillonskommandeur in Darmstadt) empfiehlt sich; und bittet das Verlangte nur mir einzuschließen worum in jener Antworth dieselben von Ihnen gebethen worden sind. im innersten heißt ich Johannes der Evangelist + × im Innern Johannes der Täufer. Im äußern Innern Ludovicus à Léone Aureo Coronato, welcher zu Darmstadt um ¼ auf 4 Uhr Samstag Nachmittag schließt: Was er fortzusetzen gedenckt. Unter denn Göttlichen-Schutz Sie Siebenfach empfehlent in Darmstadt denn 24sten Januar 1818."

Darauf antwortete Nettelbladt:

„Durchlauchtigster Landgraf, gnädigster Landgraf und Herr, Höchst erleuchteter Bruder.

Indem ich Euer Durchlaucht meinen untertänigsten Dank für die brüderlich gnädige Zuschrift vom 24. Januar dieses Jahres sage, eile ich auf die mir vorgelegten Fragen zu antworten.

Ich habe die erste Weihe bis zum Schottischen Meister in Deutschland, dann in Schweden bis zum Ritter von Westen jetzt Salomos Vertrauter erhalten und bin in Petersburg zum V. (Vertrauten) d. h. (heiligen) A. (Andreas) R. (itter) v. P. (urpurband), und endlich zum C. (ommandeur) R. (itter) und M. (agister) T. (empli) bis zur Vollendung befördert, und sowohl in Berlin in den ersten Graden, als auch brieflich in den letzten klerikalischen Graden vom seeligen Archidemides anerkannt. Für den letzteren habe ich dann alle Papiere des Wismarischen klerikalischen (Kapitels) gerettet und übernommen, besitze sie auch noch vom Nov. (izen) bis zum Character magico cabalistico sophicus antiquus und bis zur Tabula Chaeremonis Sacerdotis et Philosophi in siebzehn Original Cahiers, die für die Geschichte der Maurerei von unschätzbarem Wert sind. Ich habe indeß die Verpflichtung alles vor meinem Tode zu verbrennen, wenn sich mir nicht ein echter ymzopyzm zu erkennen gibt, der sie abfordern könnte, was der selige Archidemides aber nicht für wahrscheinlich hielt.

Nach allen diesen Erfahrungen, die ich in der Maurerei gemacht habe, ist mir jede Vermehrung meiner Kenntnisse von Wert, und ich bin also umso gespannter auf einige Nachricht wegen des dänischen Systems, welches jetzt durch des Landgrafen Karl Durchlaucht an Ausbreitung gewinnt. Ich wiederhole demnach die untertänige Bitte, mich hierüber sowie über die Grade, denen Euer Durchlaucht in Ihrem vorigen Briefe erwähnen, und wovon Höchst Sie sagen, daß Sie vom 8. und 9. August 1817 vier vom Landgrafen Karl erhalten haben, umsomehr zu belehren als ich die dritte Hauptstufe der königlichen Priester und das Jerusalem kenne. Ich kenne auch Raphael, aber in dieser Beziehung kein dreifaches R.

Bohemann kenne ich also auch, aber er hat ja im vorigen Jahre förmlich in einem gedruckten Buche, das er selbst allenthalben hier versandt hat, widerrufen. Wie ist dies zu erklären?

Den Br. Gedicke aus Berlin kenne ich nicht, bezweifle auch, daß er von den rechten Wissenden gesandt ist.

Mein Vater empfiehlt sich der Gnade Eurer Durchlaucht und ich beharre bis zur Asche in tiefster Ehrfurcht

Euer Durchlaucht
untertänigst treuverbundenster
Carolus a nexu Longinquo †.

Güstrow, den 15ten Febr. 1818."

Der Briefwechsel Nettelbladts mit dem Prinzen Ludwig ist anfänglich sehr rege gewesen und Ludwig war auch durchaus geneigt, Nettelbladt seine Kenntnisse mitzuteilen, um von ihm weiteres, was er nicht wußte, zu erfahren.

Über die Erklärung der geheimnisvollen Buchstaben in Nettelbladts Brief unterrichtet uns ein Schreiben Ludwigs, das zwar nicht datiert, aber mit Sicherheit in den Frühling 1818 zu setzen ist:

„Schon am 25sten Februar hatte dero letztes Schreiben an 5 Seiten beantworthet; da aber darinnen Anführungen vorkommen: welche bis zu dieser Stunde 20 Menschen auf 2 Uhr Nachmittags Donnerstag den 12ten März 1818 noch nicht weder berichtiget; noch entledigt wurden. So kann ich jenes Schreiben nicht eher abschicken als bis ich Sie Ihnen définitive erklären kann.

Yoloila, Zoroaster, Magus, optimo, Perfectus, Ygnatius, Zorobabel, Magister; waren meine Lesearten Von Buchstaben die mit Fleiß sonder Vocalen mir geschrieben wurden: um den von Allem wissenden als Aecht zu Probieren und zu erkennen daß er würdig seyn zu nehmen Gnade um Gnade; als N. M. cf. Castellétarius. ⁞

∴ S. H. et F ∴ Tu : : in Cgt.– o –ne

J. 1. J. vulgo – J. H. S. oder S. J. P. P. in der Abschrift von 17 Chs.

Der Preis sey noch so hoch nur geschwind, um es zu erhalten in der Abschrift anzusetzen; und die vorläufige Antworth wegen dem Collationiren: womöglichst mit der umgehenden Post mir ohne Complimenten, und Titulaturen, so wie ichs gegenwärtig mache; mitzutheilen und ablaufen zu lassen. T. T. L. A. La C."

Für die Beurteilung der maurerischen Lebensarbeit Nettelbladts ist es außerordentlich wichtig, seine Beziehungen zu Starck klarzustellen. Der Darmstädter Brief zeigt uns Nettelbladt mit dem lateinischen Namen des von der strikten Observanz losgelösten und, wie wir sehen werden, noch lange erhalten gebliebenen Klerikats. Eine Art von Zufall führte ihn zu dieser geistlichen Branche der Freimaurerei. Es steht fest, daß er Starcks Schriften schon in den ersten Jahren seines Ordenslebens sehr eingehend studiert und geschätzt hat. Die Veranlassung, mit Starck in Briefwechsel zu treten, ist eben der Zufall, der im Menschenleben so oft eine Geisteskrise zur Folge hat. Die Papiere der inaktiv gewordenen Loge zu Wismar waren in unrechte Hände geraten, und Nettelbladt, der darum wußte, sah keine andere rechtliche Möglichkeit, sie zu retten, als daß er Starck, den einzig Überlebenden, veranlaßte, seinen Anspruch an die Papiere geltend zu machen. In einem Schreiben vom 26. Oktober 1808 schlug er Starck vor, einen dem Darmstädter Oberhofprediger bekannten Bruder zu bevollmächtigen, an seiner Stelle zu handeln.

Nettelbladt kommt in diesem Schreiben zu sehr interessanten Äußerungen: „Seit ich Mitglied des Freimaurer-Ordens bin, seit ich mich in engeren Verbindungen in dieser Rücksicht befinde, seit frühere und gleichzeitige

Ereignisse in der Geschichte der Freimaurerei Gegenstände meiner besonderen Aufmerksamleit wurden, hat der Zeitpunkt, den Sie durch vorzügliche Tätigkeit bezeichneten, auch meine Aufmerksamkeit in hohem Grade auf sich gezogen. Wenn in den neuesten Zeiten der größte Teil der Freimaurer ohne Ziel und ohne Zweck herumzuirren scheint, wenn bald ein Bruder den Orden zum Tummelplatz seines philosophischen Aberwitzes machen, bald ein anderer die Freimaurerei für eine tabula rasa erklärte, in die jeder schreiben kann, was und wie er will, wenn ein dritter endlich in der Maurer-Gesellschaft eine Erziehungsanstalt für die gesamte Menschheit, ein Universalmittel zur Humanisierung glaubt gefunden zu haben, wenn durch alle diese Torheiten der echte Maurer, der den endlichen Zweck des Ordens nicht ganz aus den Augen verloren hat, sich innig bedrückt fühlt, so ist es Trost, rückwärts auf die Zeit zu blicken, wo Sie allen Verirrungen abzuhelfen zu innig bemüht waren, wo Sie gegen Torheiten aller Art stritten, wo Sie der Unbestimmtheit eine sichere Richtung geben wollten. Eben diese der gesamten Freimaurerei so heilsame, damals oft fruchtlose Bemühungen, die tiefsten Kenntnisse, die Ihre Freimaurer-Schriften und einzelne bekannt gewordene Briefe von Ihnen blicken lassen, die Liebe und Anhänglichkeit für den Orden, die daraus hervorgeht, ließen es umso schmerzlicher bedauern, daß seit längerer Zeit Ihre maurerische Tätigkeit so ganz sistiert, wenigstens auf einen sehr engen und vertrauten Zirkel reduziert ist, lassen aber auch den natürlichen Wunsch nicht unterdrücken, daß früher oder später diese Stille gebrochen, und für die Nachkommen ein bleibendes Resultat daraus hervorgehen möge.

Die Resultate Ihrer Erfahrungen im und Ihre Betrachtungen über den Orden müssen für alle Zukunft ein überaus schätzbarer Wegweiser für die Maurerwelt sein, möchten Sie diesen der Nachwelt, wenn Sie bei Ihrem Leben die maurerische Eingezogenheit nicht verlassen wollen, doch nicht entziehen! Möchten Sie wenigen die Ueberzeugung hinterlassen, wo und was Wahrheit ist, damit diese ob all der Täuschung, sich endlich nicht ganz verlieren! Ja, Hocherleuchteter Bruder, den innigen Wunsch, daß die große Summe Ihrer maurerischen Kenntnisse nicht ganz verloren und verborgen bleibe, kann ich nicht unterdrücken, mit der Lebhaftigkeit meiner ganzen Anhänglichkeit an den Orden und meiner auf Ihre Schriften gegründeten Verehrung gegen Sie, muß ich Ihnen denselben darlegen."

Starck antwortete darauf unter dem 4. November sehr entgegenkommend, er könne sich gar nicht denken, um welche Papiere es sich handele, denn es habe bei seinem Wegzug von Wismar nichts gefehlt, er habe auch Vorsorge getroffen, daß nichts in unrechte Hände geraten könne. „Es kann aber dennoch sein, daß einige andere, auch nicht unwichtige Stücke abhanden gekommen sind, denn Herr von Raven – der Prior der Wismarischen

Kleriker-Kongregation – hatte bei der in seinen Vermögensumständen herrschenden Verwirrung und von den davon besorgten gerichtlichen Verfügungen seinem Nachbar, einem gewissen Herrn von Röper (Röpert auf Trollenhagen), der nachmals zu den Rosenkreuzern überging, ein wohlverschlossenes Portefeuille zu verwahren anvertraut, und dieser gab es ihm nachher offen zurück mit dem Bemerken, daß es von selbst aufgesprungen wäre. Wenn also Papiere von einiger Wichtigkeit in fremde Hände sollten geraten sein, so müßte es von diesen sein. Es hat Gott gefallen, mich als den einzigen von jener Verbindung übrig zu lassen, und je mehr ich fühle, daß ich bei meinem bald siebzigjährigen Alter nicht auf ein langes Leben hier rechnen darf, um desto mehr fühle ich auch die Verbindlichkeit, noch vorher soviel ich kann dazu zu wirken, daß von solchen Sachen nichts in fremden Händen bleibe."

Starck bittet um eine Angabe des Inhalts der Papiere und ob sich dabei Briefe befinden, die in Stücke zerschnitten seien, an sich zwar unwichtige Sachen, jedoch könne damit „in diesen Zeiten, in welchen der Meineid so wenig kostet und bei der verächtlichen Hungerleidigkeit unserer Schriftsteller" fürchterlicher Mißbrauch getrieben werden.

Es ist merkwürdig und für die Beurteilung der menschlichen Natur wichtig, wie wenig sich die Gegner der Freimaurerei und ihre Taktik geändert haben. Was Starck von ihnen sagte, trifft noch heute auf die Angreifer zu: „Als alles nichts helfen wollte, so suchte man durch öffentliche Beschuldigungen des Jesuitismus und der Hexerei uns zu nötigen, zu unserer Verteidigung mit allem herauszurücken und öffentlich vor dem Publikum zu sagen, was wir in den engeren Zirkeln des Ordens nicht haben sagen wollen und können. Dies alles veranlaßte meine wenigen, noch übrig gebliebenen Freunde und mich, den Vorsatz auszuführen, den man schon vor vielen Jahren gehabt, und die Sache gänzlich von der Freimaurerei zu trennen, die seit dieser Zeit als ein ausgeblasenes Ei und als eine tabula rasa zu betrachten, worauf der eine seine rosenkreuzerischen Schwärmereien, der andere seine illuminatischen Projekte zum Sturze der Throne und Altäre, der dritte Menschen-Erziehungsplane, der vierte jene kosmopolitischen Humanitäts-Entwürfe etc. etc. malt und nach Herzenslust malen kann, wie ihn gelüftet, lauter Projekte, die schon jeder Lehrling von Nachdenken widerlegen könnte."

Darauf antwortete Nettelbladt am 16. November 1808: „Ihre verehrte Zuschrift vom 4. d. M. habe ich am 13. erhalten und widme Ihnen zuvörderst meinen wärmsten und brüderlichsten Dank für die gütigen Aeußerungen, die dieselbe über mich enthält, sowie für das Vertrauen, welches Sie mir beweisen. Beides hat, da es von Ihnen kommt, besonderen Wert für mich, und ich werde demselben immer zu entsprechen suchen.

Was Gegenstand und Inhalt der noch in Wismar vorhandenen Sachen betrifft, so kann ich darüber und überhaupt über die Art, wie ich zu der Kenntnis von der Existenz dieser Sachen gekommen bin, folgendes anführen.

Im Jahre 1805 führten mich Geschäfte auf mehrere Tage nach Wismar und brachten mich in nähere Berührung mit dem Bruder Schultesius. Neben anderen Gegenständen der Unterhaltung kam auch die Rede auf Freimaurerei, und da man sich in hiesiger Gegend immer schon mit dem Gedanken getragen hatte, daß das Archiv der Logen von Wismar in seine Hände gekommen sein sollte, so befrug ich ihn hierüber. Er bejahte diese Frage nicht nur, sondern war auf meine Bitte so gefällig, mir die Sachen zu zeigen. Außer alten Logenakten, die teils von der Johannis-, teils von der Andreasloge herzustammen scheinen, fanden sich zwei zusammengebundene mäßig starke Bände allerhand Ordenspapiere, als Protokolle, Briefe, Listen und andere Sachen. Beide Bände habe ich aufgebunden und durchgesehen und erinnere mich bestimmt, außer dem klerikalischen Chiffre-Alphabet, das aber nur flüchtig abgeschrieben zu sein schien und welches Schultesius mir herauszunehmen erlaubte, und das sich auch jetzt noch in meinen Händen befindet – folgende Stücke darin gesehen zu haben, wovon ich die folgenden mir abschrieb: Historia ordinis contracta, Rituale für den Hohen Schotten, Rituale consecrationis cum officio magno.

Ob dies Abschriften oder Originale, das kann ich mir (!) nicht weiter besinnen, doch weiß ich aber noch ganz bestimmt, daß ich nach Briefen von Ihnen, Hochwürdiger, fragte, und daß Bruder Schultesius, der sich in seinem Leben nicht viel um Freimaurerei bekümmert hatte, und dem nichts wichtiger wie die Ruhe und der Wein war, auch wahrscheinlich sich nie die Mühe genommen hatte, die Sachen genau durchzusehen, mir keine Auskunft geben konnte, sondern nur sagte, ich könnte dies wenn ich wollte, einmal genau durchsehen.

Bei meinem damaligen Aufenthalt in Wismar konnte ich soviel Zeit nicht erübrigen, und wie es dann zuweilen geht, verschob es auch in der Meinung, es würde sich bei der Nähe von Wismar schon eine bequeme Gelegenheit dazu finden. Diese fand sich aber nicht, das Jahr 1805 trafen mich viel häusliche Unfälle, die eine Abwesenheit von Hause nicht erlaubten, die französischen Invasionen folgten, so zögerte sich die Ausführung meines Vornehmens immer hin, bis Schultesius plötzlich vor kurzem starb. Jetzt bedauere ich mein längeres Zögern nur zu sehr, ließ ich sogleich mein Augenmerk die Sicherheit jener Sachen sein. Ich beschloß nämlich, Ihnen umgehend von diesen Dingen Nachricht zu geben und es Ihrer Bestimmung zu überlassen, ob und was zu deren Sicherheit geschehen sollte. Dieser Entschluß, der nur aus Furcht in den Verdacht der Aufdringlichkeit bei Ihnen zu geraten, eine kurze Zeit verschoben war, ist von mir ausgeführt, wie ich die bestimmte Nachricht erhielt, daß mehrere unbefugte Personen Jagd auf diese Papiere machten. Dies ist die getreue Erzählung dessen, was mir über Inhalt und Existenz dieser Papiere bekannt ist. Sie können deren Wert genau wie ich beurteilen, doch scheint es mir auf jeden Fall am sichersten und geratensten, sie für die Möglichkeit eines zweideutigen Gebrauches zu sichern. Das Vertrauen, das Sie mir dadurch beweisen, daß Sie mir die Aufbewahrung derselben bestimmen, ehrt mich in allem Betracht, und ich werde mir nicht nur deren getreuste Aufbewahrung angelegen sein lassen, sondern ich gebe Ihnen auch

> hierdurch die feierliche Versicherung auf das Wort eines ehrlichen Mannes und Maurers, daß ich nicht allein eben die Sorgfalt wie für meine übrigen maurerischen Papiere trage, sondern sie auch vor meinem Tode verbrennen werde.

Die Vollmacht zu deren Erhebung würde ich bitten allenfalls so zu stellen:

> ich Endes Unterzeichneter als einziges noch lebendes Mitglied der vormaligen Freimaurer-Logen zu den drei Löwen und zu den drei Hammern in Wismar bevollmächtigte hierdurch den Herrn Justizrat und Konsistorialrat von Nettelbladt zur Entgegennahme aller derjenigen maurerischen Papiere und Sachen, die vormals zu dem Archive der genannten Logen gehörten, besonders der sich noch vorfindenden von mir eigenhändig geschriebenen Briefe, sie mögen sich noch unter dem Nachlaß des verstorbenen Bruders Schultesius zu Wismar oder sonstwo vorfinden und genehmige die zu diesem Zwecke von ihm zu ergreifenden Maßregeln im voraus.

Sobald wie ich so glücklich bin, diese Pièцen erhalten zu haben, werde ich ungesäumt Ihnen, Hochwürdiger, Nachrichten vom Vorhandenen und dessen Inhalt geben.

Ich kann diesen Brief nicht schließen, und die so interessante Unterhaltung mit Ihnen nicht abbrechen, ohne mir die Erlaubnis zu erbitten, auch über den letzten Teil Ihres Briefes einige Worte zu sagen:

Das Bild, das Sie von der Freimaurerei entwerfen, ist nur zu wahr; das was gewöhnlich für Freimaurerei verkauft wird, ist ein Nichts, das sich der Mühe nicht lohnt, das keinem vernünftigen Mann genügen kann, und das das Herz des Maurers, der so dankbar dem Orden sein könnte, und bei dem der Funke der Wahrheit überkommen ist, mit Wehmut erfüllt.

Lustig ist es anzusehen, wenn die Freimaurer jeder auf seine Weise schreien: hier ist Wahrheit und doch alle gleich verblendet umherlaufen. Umso wichtiger wäre es, daß endlich diesen Irrenden sich ein Wegweiser zeigte, der diesem unbestimmten Herumtreiben eine feste Bestimmung verschaffte, und umso bedauernswürdiger ist es, daß Ihre früheren Bemühungen zu diesem Zweck scheiterten. Doch man wird, man muß die Gründe ehren, die Sie bestimmten ganz zurückzutreten und sich von der Freimaurerei zu trennen. Und doch die Schätze maurerischer Kenntnis, die bei Ihnen verborgen sind, das treffliche Archiv, welches Sie besitzen und das über das Innere manches Systems, mancher Branche tiefe Aufschlüsse gibt, soll dies auch für die Zukunft jedem, der Wahrheit sucht, verschlossen bleiben? Dies wäre ein großer unersetzlicher Verlust nicht allein für die Freimaurer, nein für die ganze Menschheit, die in ihren geheimen Wünschen dadurch sauberer würde. Sollte es jetzt nicht noch möglich sein, in eben der Absicht, die einst die Ihrige war, noch auf die Freimaurerei zu wirken, und sie dadurch anderen schädlichen Einwirkungen zu entziehen? Fast sollte ich es glauben.

Doch ich verdrieße Sie durch eine Menge Fragen, die Sie vielleicht nicht beantworten mögen oder können. Sie werden es mir schon verzeihen, die Gelegenheit der Unterhaltung mit Ihnen legte sie mir zu nahe um sie unterdrücken zu können. Wenn man sich jahrelang mit einer Sache beschäftigt hat, um am Ende zu einer Ueberzeugung zu gelangen, die nicht erfreulich ist, so tut es wohl, zu einem Mann wie Sie, Hochwürdiger, es sind, von diesen Erfahrungen zu sprechen. Ich habe ein gut Teil der gang und gäbenen Grade kennen gelernt. Zuletzt bin ich in das Schwedische System eingeweiht, wie urteilen Sie darüber, wenn die Frage nicht indiskret ist, mir scheint es mehr Realität wie die andern zu haben, doch dies will nicht viel sagen."

Diese Auffassung von der Freimaurerei seiner Zeit hat Nettelbladt während seiner ganzen Ordenslaufbahn beibehalten. Er sah in dem, was Zinnendorf aus Schweden erhalten hatte, den wertvollsten Inhalt freimaurerischen Erlebens, und er wurde darin bestärkt durch die Stellungnahme Starcks, die er am Schlusse eines für die Geschichte der Freimaurerei in Deutschland hochwichtigen Schreibens vom 1. Dezember 1808 zum Ausdruck bringt:

„Hochwohlgeborner Herr Justiz Rat,
Hochwürdiger und Verehrtester Obr.!

Ihr verehrliches Schreiben vom 16. v. M. habe ich zwar schon in der vergangenen Woche zu erhalten die Ehre gehabt; aber ich hatte zuviel dringende Geschäfte, um solches sogleich zu beantworten. Ich rechne auf Ihre Güte, daß Sie mir diesen unvermeidlichen Aufschub verzeihen werden.

Sehr vielen Dank muß ich Ihnen für die ausführlichen Nachrichten sagen, die Sie mir in der bewußten Sache zu geben die Güte gehabt haben. Es ist mir in der Tat unbegreiflich, wie man bei Aufhebung der Logen zu Wismar so sorglos oder unvorsichtig – um mich! des gelindesten Ausdruckes zu bedienen, habe zu Werke gehen können, daß man nicht nur die Papiere derselben, sondern auch solche, welche eigentlich nicht dahin gehörten, in solche Hände kommen lassen, für welche sie nicht gehörten. Ich weiß nicht, ob Sie die Lage wissen, in welcher die beiden Logen zu Wismar und Königsberg standen. Als solche, die eine Klerikale Kongregation hatten, waren sie exemt, und standen unmittelbar unter dem Großmeister. Da nun nach dem Abgang des Klerikalen Kapitels von der VII. Provinz auch die Loge zu Wismar es rätlich fand, auseinander zu gehen; so hätten die dahin gehörigen Papiere dem Großmeister zugeschickt werden, die zur Schottenloge der Klerikalen Kongregation gehörigen aber allein in Ravens oder Boths Händen bleiben oder verbrannt werden müssen. Aus meinem vorigen Briefe werden Sie ersehen haben, daß mir auf Ravens Verordnung alle Original Papiere zugeschickt worden, und es ist dieses mit einer Sorgfalt geschehen, die alles Lob verdient. Ich kann daher nicht begreifen, was die mir specificirten Papiere, als Historia ordinis, contracta Rituale des Hohen Schotten, Erklärung der Kapitel- und Rituale Consecrations cum offico magno für welche sind, und wie man Abschriften – wenn anders dieselben ächt sind – davon habe nehmen können und wozu, da die Haupt Person bei solchen Handlungen die Orginalia in Händen hatte, und ein anderer derselben nicht bedurfte. Da Sie mir zugleich melden, daß sich dabei eine flüchtig gemachte Abschrift der Klerikalen Chiffre befunden; so vermute ich fast, daß alles dieses Kopien sind, die in der Eile von jemand gemacht worden, dem sie nicht gebührten, und die Schrift, Gott weiß durch welchen Zufall zu Gesicht bekommen. Hierin werde ich noch mehr dadurch bestärkt, daß hier nur von einer Chiffre die Rede ist: wir haben aber davon drei gehabt, und es ist nun die Frage, welches von diesen dreien es ist. Haben Sie daher die Güte, wenn Sie auf meine Anweisung sämtliche Papiere erhalten haben, mir die vorhin gedachten Stücke zuzusenden. Es kann solches mit der fahrenden Post am besten geschehen, und Sie werden am sichersten gehen, wenn Sie um den versiegelten Umschlag an mich mit meiner Adresse noch einen andern versiegelten Umschlag mit der Adresse: An die J. C. Hermann's che Buchhandlung zu Frankfurt am Main machen. Ich werde diese Handlung, an die ich mehreres an mich schicken lasse, in Zeiten davon avertieren. Zugleich ersuche ich Sie diese Papiere durchzusehen – Ihre mir bewiesene Rechtschaffenheit gibt schon dazu das Recht – und mir zu melden, was Sie unter denselben interessiren möchte; so will ich Ihnen solches auf ein schriftliches Versprechen, daß Sie solches ausschließlich für sich behalten, und vor Ihrem Tode verbrennen wollen, gern zurückschicken. Wären wir uns näher; so würde ich gern noch mehr tun. – Was die andern Papiere anbetrifft, welche einige Stücke der von Raven, Schröder (a Grue) Behrmann, mir, vielleicht auch Vegesack und Böhnen geführten Korrespondenz enthalten und woraus man manches wird ersehen können, wodurch wir dazu gekommen sind, uns mit der damaligen strikten Observanz einzulassen; so behalten Sie diese nur gleich für sich: ich habe das Zutrauen zu Ihrer Rechtschaffenheit, daß Sie sorgen werden, daß

Ordenshaus der Großen Landesloge von Deutschland, Haupteingang

diese Stücke nicht in andere Hände gerathen. Ich lege nun hier die Vollmacht nach Ihrer Vorschrift bei, und wünsche, daß der Erfolg unserer beiden Wünschen entsprechen möge.

Sie gedenken noch eines Herrn von Hagedorn, durch dessen plötzlichen Tod auch manche Papiere in ungeweihte Hände – wie Sie vermuten, könnten gekommen sein. Mir ist dieser Mann gänzlich unbekannt, und ich zweifle sehr, daß derselbe zur Schottenloge, wenigstens zur Klerikalen Kongregation je gehört habe. Ich war freilich mit dem seligen Raden nicht immer gleichen Sinnes: er hing noch immer zu sehr an seinen alten Brüdern aus den Rittern. Von deren bodenlosen System ich schon längst voraussahe, was hernach erfolgt ist, auch plagte ihn zu sehr die Neugierde, und um dieser genug zu tun, ließ er sich oft in Dinge ein, von welchen er hätte wegbleiben sollen, wie ich mich denn aus allen Kräften – aber vergebens – seiner Reise zu dem Wiesbader Konvent entgegen setzte, dessen Prophet auch nachmals als ein Betrüger bewiesen ist. Aber er hat mich immer erst konsulirt, ehe er jemand zu der engeren Verbindung zuließ. Da er mir nun nie einen von Hagedorn genannt, so zweifle ich sehr, daß derselbe zu der engeren Verbindung oder der Klerikalen Kongregation je gehört habe. Wenn Justizrat Carnaz die übernommenen Papiere desselben für wichtig gefunden, so kann dieses – wenn er selbst nicht Maurer ist, daher rühren, daß ihm diese Sachen überhaupt fremde gewesen. Ich will es indessen nicht in Abrede sein, daß auch durch diesen Kanal manches in unrechte Hände kommen könne. Es gab in jenen Zeiten der Schnapphähne viele und mancherlei, deren Wichtigkeit aber die gepriesene Aufklärung und der illuminirte Berolinismus vernichtet hat, so daß nun die Wahrheit eben dadurch, daß sie nicht geglaubt und geachtet wird, gesichert ist und so trifft auch hier der Ausspruch der Schrift: Er hat alles beschlossen unter dem Unglauben!

Es würde mir sehr lieb gewesen sein, wenn Sie die Güte gehabt hätten, mir zu sagen, welchen einzelnen Äußerungen über Freimaurerei in dem Triumph der Philosophie Sie nicht beistimmen, wenn Sie gleich im Allgemeinen das Bild für treffend halten. Leider ist nur alles allzu wahr, und noch neulich hat mich ein sehr angesehener Mann, der alle Klassen der gewöhnlichen Freimauerei durchgegangen, selbst ein Mitglied in der ersten National Versammlung gewesen und sich mit vielen Sachen daselbst ausgezeichnet, davon überzeugt, wie fürchterlich für Religion, Sitten und Staat der Orden gemißbraucht worden, und welche nachteiligen Einflüsse er auf die französische Revolution gehabt. Auch hätte das Gesagte noch sehr erweitert und mit wichtigen Dokumenten belegt werden können. Dieser Mißbrauch und diese nachteiligen Einflüsse waren aber eine ganz natürliche Folge, da man einmal von dem Haupt Princip des Ordens sich entfernt hatte, wonach derselbe aus einer sehr eingeschränkten Zahl von Menschen bestehen sollte, die einzig und allein dazu bestimmt waren, um dasjenige, was man erhalten hatte, zu erhalten und auf die Nachkommenschaft zu bringen. Entfernung von diesem Haupt Princip fing schon frühe genug an, und bewirckte schon bald die Zurückziehung derer, die was wußten, von den übrigen: sie nahm aber noch mehr Überhand seitdem die Freimaurerei nach Frankreich übergegangen war, und ward endlich im vorigen Jahrhundert seit dem siebenjährigen Kriege und vorzüglich durch die strikte Observanz aufs Höchste getrieben. Da es jedoch – ohne die von Anfang an gegebenen heiligen Versicherungen für Unwahrheit und Betrug zu erklären, und den Orden zu beschuldigen, daß er mit den heiligsten Sachen ein unverantwortliches Spiel treibe – jedem einleuchten mußte, daß im Orden Sachen von Wichtigkeit enthalten sein müßten, aber niemand zu sagen wußte, und die es wußten, es der großen Menge nicht sagen wollten und konnten, worin sie beständen; so war es natürlich, daß jeder auf die durch Zurückziehung der Unterrichteten zu einer tabula rasa gewordenen Maurerei dasjenige schrieb, was ihm dünckte. Der neue Gold- und Rosenkreuzer kritzelte darauf seine Alchymistischen Sudeleien, von Geistergetrieb, die Illuminaten ihre Luciferianischen Projekte zum Sturz der Throne und Altäre, der excentrische Kosmopolit seine Menschen Erziehungs Plane, andere ihre Kabbalistischen Visionen, die Philosophische Konjuration ihre Empörungs Projecte gegen das Christentum und die Staatsverfassung und so andere Sachen. Diesem Übel wäre wohl schwerlich anders abzuhelfen, als durch Zurückführung zu dem ersten und wesentlichen Haupt Princip des Ordens, also durch Errichtung eines engeren Ausschusses oder Ordens im Orden. Aber wer kann das oder schickt sich dazu? Ich bei meinen hohen Jahren und nach meiner ganzen Lage am allerwenigsten: zu dem muß man nur einen Blick auf die gegenwärtige mißliche Lage unserer Zeiten, die immer kritischer wird, und auf die Beschaffenheit unserer Zeitgenossen werfen, um den Gedanken ganz fahren zu lassen. Doch wer weiß, welchen Wandel der Dinge Gott in Kurzem herbeiführt? Haben wir ja doch zu unsern Zeiten so viel wunderbare und wohl nie geahnte Ereignisse gesehen und erfahren. Es kann also auch in dieser Hinsicht ein wohl nie gedachter Wandel der Dinge erscheinen. Denn daß wir schon in politischer und religiöser Hinsicht am Ende, oder im letzten Akt des großen vor uns aufgeführten Schau- oder Trauerspiels sein sollten, möchte wohl eine eben so eitle als ungegründete Meinung sein.

Sie fragen mich um mein Urteil von dem schwedischen System, nemlich dem ächten, nicht demjenigen, welches von Zinnendorf nach seiner Art und zu seinen Absichten umgebildet worden. Ich glaube es ziemlich ganz zu kennen, habe auch vor mehreren Jahren mit einigen der vornehmsten Glieder desselben in Verhältnissen gestanden. Borgenstierne, der Ihnen vielleicht als ein solcher, der ganz vom Interieur ist, bekannt sein wird, ist auch vor einigen Jahren bei mir gewesen, und zwei meiner Freunde in hiesigen Gegenden gehören selbst zu dem chapitre illuminé. Um aufrichtig von der Sache zu reden, hat dieses System freilich mancherlei Umwege, die allerlei Umstände notwendig gemacht haben können; aber im Ganzen genommen ist es gut, und unter allen mir sonst bekannten dasjenige, welches noch die mehreste Wahrheit enthält, und ich will hoffen, daß die durch den verstorbenen Herzog von Gotha nach Schweden gekommenen Papiere des berüchtigten Illuminaten-Patriarchen Bode, dort keine nachteilige Veränderungen hervorbringen werden, sondern man sie gehörig würdigen wird. Haben Sie mit schwedischen Männern Konnexion, so kann ich am ersten raten sie zu kultiviren.

Verzeihen Sie mir die Weitläufigkeit dieses Geschreibs. Erhalten Sie mir Ihre Gewogenheit und nehmen die Versicherung von der vorzüglichen Hochachtung an mit der ich bin

Hochwürdiger u. Verehrtester Obr.
Ihr
ganz gehorsamster
nota manus."

Wir schließen hieran zwei weitere Briefe Starcks an Nettelbladt, die aus mehr als einem Gesichtspunkt von äußerster Wichtigkeit sind. Aus dem ersten Briefe hat Nettelbladt in seiner Geschichte der strikten Observanz (Historische Instruktionen IV, 116. Privatdruck) einen kurzen Passus benutzt. (Vgl. Band I, 309/310.)

Darmstadt d. 15. Aug. 1809.

Ihr verehrliches Schreiben vom 4. d. M. Hochwürdiger Ordensbruder habe ich heute zu erhalten die Ehre gehabt. Mein Befinden ist zwar nicht das Beste, sondern so, wie es, wenn man den Siebzigen so nahe ist, als ich, zu erwarten steht, und besonders macht mir eine rheumatische Schwäche des Kopfes alles Kopfarbeiten schwer. Indessen ist es mir doch eine angenehme Pflicht, sobald als nur möglich ist, zu antworten, und Ihnen damit einen kleinen Beweis meiner herzlichen Hochachtung gegen Sie zu geben. Wenn ich nicht so viel schreibe, als ich wohl sollte und möchte, werden Sie die Güte haben, es nicht meinem guten Willen, sondern meinem schon bemerkten Gesundheits Zustande zuzuschreiben.

Zwei Stücke sind mir gleich beim Lesen Ihres lieben Briefes aufgefallen. Das erste ist, wie ein gewisser, mir in jeder Hinsicht ganz unbekannter Mensch wie der mir genannte Bauer aus Nürnberg ist, die bewußten Papiere habe in Anspruch nehmen können? Wäre er auch Freimaurer, so hätte er doch kein Recht auf Papiere, die der Loge zu Wismar gehörten. Glieder dieser Loge und besonders diejenigen, die die Direktion derselben gehabt, und von welchen ich der einzige noch lebende bin, können nur allein daran einiges Recht haben. Das Unrecht dieses Anspruchs ist aber um so viel größer, da unter diesen Papieren solche sind, die das Klerikat angehen, auf welche niemand, als der dazu gehört, einiges Recht hat, und hiernächst Aufsätze und Briefe von meiner Hand, die als solche auch mein Eigentum sind. Sie urteilen ganz recht, daß der Aventurier damit irgend eine Spekulation im Sinne gehabt, um einen neuen Teil des Signat-Sterns zusammen zu schmieren, und ich setze hinzu, um sich dieses Produkt des Meineides und Betrugs von den dumm gläubigen bezahlen zu lassen. Es ist dieses ein sehr trauriger Beweis von dem tiefen sittlichen und religiösen Verfall, sowohl unter den Menschen überhaupt, als unter den Freimaurern insbesondere, welchen weder Eid und Pflicht noch das Wort eines ehrlichen Mannes mehr heilig ist. Ein bekannter witziger Kopf äußerte schon vor mehreren Jahren gegen mich den Wunsch: Gott gebe uns einen gesegneten Krieg, um so viele unserer elenden Federschützen unter die Muskete zu bringen! Des Krieges haben wir nachher übersatt gehabt; aber darum hören die elenden Schmierereien, und die Spekulationen damit noch nicht auf. Daß man vorhabe alles durch den Druck bekannt zu machen, was man von Ordens-Geheimnissen aufjagen könnte, um auf solche Weise die Freimaurerei zu vernichten und auf den Trümmern derselben den Illuminatismus als Sieger aufzustellen, das sagte mir vor einigen Jahren Borgenstierna, ein angesehener schwedischer Herr und sehr gut unterrichteter Bruder, der einige Tage hier war und mich besuchte. Ich trug daher kein Bedenken ihm die große Sammlung der in meinen Händen befindlichen Schriften zu zeigen, und ihn auch darauf aufmerksam zu machen, daß in den drei bis vier kleinen Piecen, die ich andern mitgeteilet hatte, große und wichtige Stellen, die in margine virguliret waren, ausgelassen, und andere in Chiffren geschrieben waren. Nun, sagte er darauf, dann werden die Verräter nicht vieles liefern können, sie müßten denn durch ihre eigenen Lügen supplieren: Sie haben gut getan, von Anfang an so vorsichtig gewesen zu sein! Das habe ich denn auch bestätigt gefunden, als ich den Signatstern zu Gesicht bekam. – Das andere, was mir aufgefallen ist, ist dieses, wie so manche Stücke, die unter den mir specificierten zum sogenannten Innern Orden oder den Verhandlungen desselben gehört, in die Hände des Schultesius, der doch nur bloßer Maurer gewesen, haben kommen können. Ich kann mir dieses nicht anders erklären, als daß der in Wismar lebende Bruder des seligen Raven von Nossentien, der die Papiere dieses letztern nach seinem Tode in Empfang nahm, und sie bei seinem Tode an Both überliefern sollte, aus dessen Händen ich auch alles, was er hatte, erhalten habe, nicht vorsichtig genug verfahren, einige Stücke aus den Händen gegeben, von welchen man in der Eile ewige abgeschrieben, andere gar nicht wieder gegeben. Gott, und Ihrem Eifer und Ihrer Rechtschaffenheit sei es nun gedankt, daß diese Papiere nun fremden Händen entzogen, und dadurch gegen Verrat und Mißbrauch gesichert worden.

Sie wünschen über die Piecen Nr. 12, die meinen Streit mit Fircks (ab Aquila rubra) betreffen, einige Auskunft, und die will ich Ihnen gern geben.

Fircks war ein exaltierter Kopf, ein wahrer Don Quichotte der Chevalerie, der die Prätensionen der Tempelritterschaft bis ins Lächerliche trieb: indessen hatte er sich immer sehr freundschaftlich gegen mich betragen, und viel mit mir korrespondiert. Da ich aber noch in Königsberg war, entstanden Mißhelligkeiten zwischen der Berliner und der Mitauischen Loge. Berlin, als die sogenannte Präfektur Templin behauptete, daß die Königsbergische, die so gut fundiert war als keine einzige, und welche in des Königs Staaten läge unter ihr stehen müsse: sie war wirklich auch ursprünglich von Berlin konstituiert. Die Mitauische Loge dagegen behauptete, sie müsse unter ihr stehen, denn sie gehöre zu der Dióces Tempelburg, wozu Preußen, Polen bis tief in Rußland geschlagen sei, und von welcher Fircks Präfekt war. Der Graf v. Finckenstein, Chef der Königsberger Loge wollte weder das eine noch das andere: er kannte und fürchtete die Berlinschen Schuppereien, und hielte es seiner Ehre, vielleicht auch seinen Dienstpflichten entgegen, daß das Haus, dem er vorstand, von einem auswärtigen abhängen sollte. Man lud also die Sache auf einen andern Karren: Das Königsberger Freimaurer-Haus wandte sich an den Heermeister und verlangte aus eben dem Grunde, weswegen Wismar zu einer exempten Magistrat Kommende war erklärt worden, nämlich wegen der da befindlichen Klerikalen Kongregation, daß auch Königsberg dieses widerfahren möchte. Dies ward ohne Anstand bewilligt, und weder Berlin noch Mitau bekam eine Hand in die Königsberger Loge. Es kann wohl sein, daß wegen des großen Ansehens, in welchem ich in der Königsberger Loge stand, mir Flicks diese Vereitlung seiner Prätensionen zugeschrieben, und dadurch zuerst sein Widerwille gegen mich entstanden. Hätte ich wirklich allen oder den vornehmsten Teil daran gehabt; so glaube ich, daß ich recht gehandelt: Wer streitet nicht für ein Haus, zu welchem er gehört? Auch war es noch sehr ungewiß, ob die Berlinschen oder die Mitauischen Ansprüche gegründeter wären. Aber in der Tat hatte ich nicht mehr Teil daran als alle andern Glieder des Königsberger Kapitels. Die Haupt Person davon war der Graf von Finckenstein. Fircks ließ sich indessen nichts von allem in seinem Briefe an mich merken, sondern schrieb so freundschaftlich als vorher. Einige Zeit hernach kam ein junger Graf Sievers aus Lifland, der in Leipzig studirt hatte und zur dortigen Loge gehörte, nach Königsberg mit einem Briefe von dem Professor Eck an den Grafen Finckenstein, worin dieser ersuchet wurde, denselben zum Schotten oder zum Novizen (ich kanns nicht mit Gewißheit sagen) aufzunehmen, der auch schon dort dafür die Gebühren bezahlt hätte, den man aber aufzunehmen verhindert worden wäre. Der Baron von Korff, der in Abwesenheit des Grafen Finckenstein dessen Stelle versah, fand kein Bedenken, der Leipziger Loge diesen Gefallen zu erzeigen. Hierüber schlug Fircks Lärm: Die Königsberger Loge, die keinen Vorteil davon gehabt, und bloß Procuratorio nomine gehandelt zu haben glaubte, fand nicht für gut, darauf zu antworten. Ob Fircks mir dieses zur Last gelegt, weiß ich nicht: es wäre auch höchst unrecht gewesen, da die Logen-Sachen mich nichts angingen. Er änderte auch sein Betragen nicht gegen mich, schrieb mir die freundschaftlichsten Briefe, und die Deputierten, die er auf den Konvent schickte, wurden mir von ihm empfohlen und hatten den Auftrag, sich bei mir Rats zu erholen. Ich betrachtete ihn also immer als meinen Freund. Einige Zeit danach erhielt ich die Vokation vom Herzog nach Mitau. Von nun an zeigte sich Fircks in einer ganz andern Gestalt. Ich meldete ihm dies und empfahl mich zur weiteren Freundschaft, und – erhielt keine Antwort. Kurz vor meiner Abreise dahin schrieb ich ihm wieder und erhielt keine Antwort. Ich ahnte, daß was dahinter stecken möchte, weil ich mich aber keinem Menschen zudränge, und einer des andern entbehren konnte, ließ ichs gehen, und hatte ihm auch nichts zu schreiben. Bald nach meiner Ankunft in Mitau ward ich von dem dortigen Meister vom Stuhl, dem Landmarschall von Medem, einem gutmütigen Mann, zur Loge eingeladen: ich ging hin als Besucher, sagte aber demselben, daß ich kein ordentliches Glied der Loge sein könnte, weil ich der Königsberger Loge mein Wort gegeben hätte, bei derselben zu bleiben: da ich auch Chef der Klerikalen Kongregation zu Königsberg war, müßte ich auch bei ihr bleiben und könnte nicht Glied einer andern Loge sein. Wirklich hatte ich auch so viel Zudringlichkeiten im Orden erfahren, daß ich mich so sehr zurückzuziehen wünschte, als ich nur könnte. Es blieb also bei diesem einzigen Loge Besuch, ob ich gleich übrigens mit mehreren Gliedern derselben in profanen freundschaftlichen Verhältnissen lebte. Auf Johannis, wo der ganze Kurländische Adel seiner Geldsachen wegen nach Mitau kommt, kam Fircks auch dahin. Ob er mir gleich seine Ankunft nicht wissen lassen, machte ich ihm doch mit meinem Freunde, dem Herrn von Sacken, auf dessen Zureden meinen Besuch, und da wir ihn nicht zu Hause fanden, so ließ ich eine Visiten Karte zurück. Er war so unhöflich, mir nicht einmal eine wiederzuschicken. Nach Endigung der Johannis Geschäfte begleitete ich meinen Freund Sacken und seinen Schwager, den Baron Rönne, bis zu einem Gute einer Verwandtin von ihnen. Am folgenden Tage, nach meiner Rückkunft von da, kamen ein Herr v. Mirbach und ein Major v. Korff zu mir und begehrten mich allein zu sprechen. Wie sie allein bei mir waren, erklärten sie, daß sie im Auftrag des Fircks, den sie mit allen Ordens Titeln nannten, kämen, und zogen ein Papier hervor, um mich über einige Punkte ad protocollum zu vernehmen, von welchen die vornehmsten waren: Warum ich nicht dem Fircks den ihm bei seiner Anwesenheit schuldigen Besuch gemacht und ihm dadurch meine Reverenz bezeugt? Wie ich in Kurland im Orden wolle angesehen sein? Warum man in Königsberg den Graf Sievers aufgenommen habe? Welches der Zustand der Königsberger Loge sei? So unbefugt und insolent dieser Auftritt war; so faßte ich mich doch, diktierte den beiden Messieurs die nötigen und zweckmäßigsten Antworten, ohne mir und dem Königsberger Hause etwas zu vergeben und protestierte finaliter gegen das ganze Verfahren. Gleich nachdem sie weg waren schickte ich eine Stafette an Sacken, der mit seinem Schwager noch auf dem Gute ihrer Verwandtin war und gab ihm von dem Vorfalle Nachricht. Beide kamen gleich nach Mitau zurück und brachten mir ein paar geladene Pistolen, um dem ersten, der mich wieder in meinem Hause turbierte, nach dem in Kurland üblichen Faustrecht eine Kugel durch den Kopf zu jagen und gingen überdies noch allenthalben herum und erklärten es mit jedem anzunehmen, der mich beunruhigen würde. So hatte ich denn wohl Ruhe; allein diese rasche Procedur meiner beiden Freunde, und die Antworten, die ich auf die Fragen an mich, seinen beiden Rittern ad protocollum gegeben, hatten den Fircks so aufgebracht, daß er eine wütende und durchaus lügenhafte Klage bei dem Ordens Directorio gegen mich eingab. Ich habe sie nie gesehen; man hat mir aber gemeldet, daß er vorgegeben, ich habe Unruhe in der dortigen Loge zu stiften gesucht und sei die Ursache, daß der Baron Rönne aus der Loge ausgeschieden sei. Das erstere erscheint schon dadurch als unwahr, daß ich nur ein einziges Mal als Besuchender in der Loge gewesen, und er würde unter allen dortigen Freimaurern keinen Einzigen haben aufstellen können, mit dem ich von Ordens-Sachen nur ein Wort geredet. Der Abgang des Bruder Rönne war aber ohne all mein Zutun geschehen, und allein dadurch veranlaßt worden, daß man ihm, nachdem man ihm ein schönes Münz-Kabinet abgeschwatzt, einen andern vorgezogen hatte, den er selbst zur ersten Aufnahme vorgeschlagen hatte. Hätte ich darum gewußt, so hätte ich gewiß den Bruder Rönne abgeraten: aber sein Abtritt war ganz unprämeditiert und ward in dem Augenblick beschlossen und ausgeführt, da er in der Loge jenen sich vorgezogen sahe. Dennoch schrieb Fircks mir dieses zu bloß weil Rönne als Sackens Schwager mein genauer Freund war. Ich erfuhr sogar, daß Fircks, um mich anzuschwärzen, einen in Kurland notorisch schlechten und zu allem fähigen Mann, nemlich den Professor Tiling, der auch Freimaurer war, und der durch seine Spielsucht und Schuldenmachen seine arme Frau dergestalt zur Verzweiflung gebracht, daß sie sich vergiftete, als solchen gegen mich aufgeführt, den ich wegen Versäumnis seiner Kollegien gedrückt haben sollte, welches ich nicht einmal gekonnt hätte. Ich erfuhr endlich, daß Fircks beim Directorio dahin angetragen, daß man ihm von Ordens wegen den Auftrag geben sollte, mir alle in meinen Händen befindlichen Ordens Papiere abzufordern, von welchen ich doch kein Blatt der sogenannten strikten Observanz verdankte. Das war also die causa finalis dieser ganzen wider mich angebrachten Klage. Dies bewog mich denn an Raven als den Prior Capituli und an die Kongregation Königsberg zu schreiben, denselben alles vorzulegen und zu erklären, daß ich gänzlich ausschiede. Raven versuchte anfangs mich anders umzustimmen: da ihm eben dies nicht gelang, gab er mir meine Entlassung, meinem Beispiel folgten beide Kongregation und Raven selbst, und so war denn das ganze Klerikat-Kapitel auf immer von der strikten Observanz getrennt. Auf dem gehofften Wege konnte nun Fircks und die, welche vielleicht mit ihm gewirkt, nicht zum Besitz meiner Papiere gelangen; man mußte also nur zu verhindern suchen, daß ich nicht aus Kurland wegginge, so konnte man hoffen, daß man sie doch spätestens dann erhielte, wenn ich stürbe, da meine damals schwache Gesundheit kein langes Leben versprach. Als ich daher nach Dr. Rehkopfs Abgang von Helmstädt sondirt wurde, ob ich dessen Stelle, als Abt von Marienthal, Superintendent und Professor Theologiae zu Helmstädt annehmen wolle, und ich mich dazu entschlossen hatte, ward dieses, da es, ich weiß nicht wie, bekannt geworden war, durch Fircks, der sich dazu des alten Lestwiz, so wie dieser sich dazu des Minister Jerome(?) bediente, vereitelt: ich habe noch die Kopie des Briefes in Händen, den Fircks des wegen an Lestwiz geschrieben. Dies machte denn, daß mein Ruf nach Hessen mit der größten Heimlichkeit getrieben ward. Als aber nun alles darüber in Richtigkeit, und es nicht zu hintertreiben war, griff man zu andern Maaßregeln, nämlich denjenigen der offenbaren Gewalt, und es glückte, selbst meinen Freund, um den ich große Verdienste hatte, den vorgenannten Herrn v. Sacken – es mag nun die Furcht sich seine Landsleute zu Feinden zu machen, weil damals in Kurland eigentlich nur ein Schwert das andere in der Scheide hielt, oder der Reiz zum Besitz meiner Papiere mit zu gelangen, oder beides auf ihn gewirkt haben – mit dahinein zu ziehen. Ich bin hernach ziemlich genau von allem unterrichtet worden. Dieser kam nämlich kurz vor meiner Abreise nach Mitau, und machte mir die fausse découverte, daß Fircks mich mit einigen seiner Ritter auf der Landstraße angreifen, um mir die in meinen Händen befindlichen Ordens Schriften abzunehmen, er riet mir daher sie ihm anzuvertrauen, er wolle sie mir sicher nach Teutschland nachschicken. Ich antwortete bloß auf diesen Rat, daß ich für alles sorgen werde. Zugleich bat er mich meine Reise mit ihm über sein nicht viel aus dem Wege liegendes Gut zu machen, und noch ein paar Tage bei ihm zu bleiben, da er mich selbst bis Frauenburg bringen werde: dies sagte ich zu. Als wir uns denselben Nachmittag auf der Straße begegneten, stieg er aus einem Schlitten, und kam an den meinigen, und bat mich dringend für die Sicherheit der Schriften zu sorgen und sie ihm anzuvertrauen. Ich war – da ich ihm mein Leben anvertraut hätte – wirklich dazu geneigt: aber mit einmal wars, als ob mir jemand sagte: Um Gottes willen; – traue nicht! Ich folgte diesem Wink, und sagte nur im Allgemeinen, ich werde schon für alles sorgen, er könne unbesorgt sein! Sobald ich nach Hause gekommen, entfernte ich meine Leute, ging selbst in die Remise, schrob den Kutscher Sitz ab, machte die Sattlerarbeit los, und füllte statt des herausgezogenen Heues, den Sitz mit den wichtigsten Papieren, und setzte alles wieder in den vorigen Stand. Die minder wichtigen schickte ich noch in der Nacht nach Riga an den der die Spedition meiner Sachen besorgte, in einem kleinen Verschlag, um sie mit abzuschicken. Was ich nicht in den Kutscher Sitz bringen konnte, war ein kleines Konvolut, das zwar von Wichtigkeit, aber lateinisch und größtenteils in Chiffres war, dies versiegelte ich blos, um es los mit mir zu nehmen, weil schon alles gepackt war. Den folgenden Tag reisete ich ab, und Herr v. Sacken begleitete mich bis zu seinem Gute. Ich blieb da noch einen Tag und wollte am folgenden weiter reisen, ward aber unter allerlei Vorwänden aufgehalten. Am dritten Tage kam Fircks selbst dahin, und begehrte von mir im Namen des Herzog v. Södermanland, mit dem Vorgeben, daß er sogar beauftragt sei mich nach Schweden zu schicken – ich habe hernach ersehen, daß dies ein lügenhaftes Vorgeben gewesen – die Auslieferung aller in meinen Händen seienden Ordens Schriften. Fircks tobte bei meiner Weigerung wie ein rasender Don Quichote: Sacken spielte die Rolle eines Vermittlers, schlug eines aber dabei ab, daß ich einen Expressen an den Herzog, der mir sehr gewogen war, schicken und dessen Hülfe reklamieren konnte. Ich war also in der Falle und in den Händen dieser Menschen ohne Hülfe; ich mußte also mich fassen und verstellen, gab die Schlüssel, damit sie selbst nachsuchen könnten, worauf Fircks meine Koffers und Schatullen durchsuchte. Wie er da nichts gefunden, vermutete er, daß vielleicht in verborgenen Reservoirs des Wagens, den ich mir hatte bauen lassen, etwas möchte versteckt sein: da ich aber dazu mit Lächeln die Schlüssel gab und nur begehrte, daß ein Sattler und Wagner möchte dazu genommen werden, damit nichts am Wagen beschädigt würde; so standen sie davon ab. Um indessen nicht leer, ohne alle Beute davon zu gehen, so bemächtigte sich Sacken des vorhin gedachten los liegenden aber versiegelten Konvoluts, welches er anfangs Fircksen als in seinen Händen befindlich nur blos vorzeigen wollte, welches er aber nachmals unter allerlei Vorwänden doch behielte, jedoch mit der Versicherung, es mir nachzuschicken. – Ich habe es zwei Jahre darauf auch wircklich wiedererhalten, obgleich entsiegelt: indessen wird, weil es lateinisch und dabei größtenteils in Chiffres war, niemand was daraus haben entnehmen können. – Zuletzt nötigte mir Fircks noch das schriftliche Versprechen ab, bei meiner Ankunft in Teutschland alles was ich von Ordens Schriften besähe, nach Kurland zurückzuschicken, welches ich sobald ich die preußische Grenze erreicht hatte, schon von Memel aus, als unbefugt, abgedrungen und unverbindlich erklärte, und welches ich nie erfüllen würde. – Fircks starb nicht lange darnach an einer Blut Kolik, und hatte es auf seinem Todbette sich sehr vorgeworfen, daß er so gegen mich gehandelt. Sacken knüpfte acht Jahre hernach die vorige Freundschaft wieder an, und trat sogar, als ich die Fehde mit den Berlinern hatte, zu meinem Vorteil öffentlich auf und suchte dadurch das Geschehene wieder gut zu machen. – Hier haben Sie die Fircksische Geschichte der gewissenhaftesten Wahrheit gemäß nach allen Umständen von Anfang bis ans Ende. Daß ich Sie Ihnen so gemeldet, sehen Sie als einen Beweis meines Vertrauens in Ihre Rechtschaffenheit an, und ich versehe es mir zu derselben, daß Sie alles für sich behalten werden. Wenn Sie aber diese ganze Geschichte durchdenken und dann erwägen, daß von 1786–1790 die verbundene Illuminaten-Freimaurerei- und Aufklärer-Verschwörung mich nötigen wollten, zu meiner Verteidigung öffentlich der Welt zu sagen, was das Klerikat enthalten habe, wenn Sie dabei bedenken, daß man, als auch dieses vergebens gewesen, selbst was man erhaschen können und dazu abgerissen, verunstaltet und durch eigene Zusätze verfälscht und im Signatstern zur Publicität gebracht; so wird es Sie wohl nicht mehr befremden, daß dasjenige, was vormals das wesentliche Interieur des Freimaurer-Ordens war, von demselben dergestalt entfernt worden, daß es gar nicht mehr damit wieder verbunden werden kann, und es nun nicht einmal möglich des Lehrlings Tapis zu verstehen. Aber genug davon.

Sie wünschen nun, mein Verehrungswürdiger Ordensbruder, daß ich Ihnen melden möchte, welche von den specificierten Papieren ich zurück zu haben wünsche... Es soll Ihnen indessen unbenommen sein, sich daraus dasjenige auszuziehen, was Sie interessiert, und Sie für sich nutzbar zu sein erachten: dieses gehört denn aber auch nur ausschließlich für Sie allein, und Sie werden dafür, wie ich von Ihnen versichert bin, wohl sorgen, daß auch das, was Sie sich auszeichnen, in keine fremden Hände komme. – Die außerdem noch vorgefundenen Briefe von Vegesack, Raven, Böhnen, Both und a Grue (von welchen Sie sagen, daß sie durchaus von keinem wichtigen Inhalt sind) bitte ich nur zu verbrennen. –

Ihr vorletztes verehrliches Schreiben war von 8ten Februar: ich habe solches damals richtig erhalten. Denken Sie nicht, mein verehrter Freund, daß ich Sie für indiskret und zudringlich gehalten, Sie dadurch bei mir verloren hätten, wie Sie schreiben, und ich um deßwillen ihn bisher unbeantwortet gelassen habe. Sein Sie versichert, daß ich Sie wegen Ihrer mir aus bloßem eigenen Herzensantriebe bewiesenen Rechtschaffenheit und Gewissenhaftigkeit umso mehr ganz ausgezeichnet hochschätze und Sie meinem Herzen teuer sind, als solches in diesen Zeiten des religiösen und sittlichen Verfalls außerordentlich selten ist. Ich schrieb bloß deswegen nicht, weil Herr Doktor Hasse nach seinem beigelegten Briefe, wegen der kurzen Tage und strengen Kälte Sie noch um einige Monat Nachsicht gebeten hatte, um die sämtlichen in großer Konfusion liegenden Papiere zu arrangieren. Das Resultat hievon wollte ich also abwarten, und darüber strich die Zeit bis jetzt dahin. Ich behalte es mir aber vor, alles was jener Brief enthielte, in meinem nächsten mit zu beantworten, da ich heute und gestern schon über Gebühr und mehr als meine Kräfte zulassen, geschrieben habe. Verstatteten es mir meine Jahre noch einmal die weite Reise in mein Vaterland zu machen und meinen nahen Verwandten auf Hirschburg zu besuchen, so würde ich bei Ihnen einsprechen, und Ihnen persönlich und tätig meine Erkenntlichkeit beweisen. Doch kann solches auch ohnedies geschehen.

Ich verharre mit der aufrichtigsten und treusten Hochachtung

Ihr ganz gehorsamster

St."

„Darmstadt d. 14. Septbr. 1809.

Ihre verehrliche Zuschrift vom 30ten v. M. mein Hochwürdiger und Verehrtester Ordensbruder habe ich zu erhalten die Ehre gehabt: ich würde sie früher zu beantworten für meine Pflicht gehalten haben, wenn nicht überhäufte Arbeiten, die bei meiner schwachen Gesundheit mir sehr schwer werden, es mir unmöglich gemacht hätten. Es ist mir denn doch lieb, daß ich Ihnen über die Fircksische Geschichte einigen Ausschluß gegeben habe. Ich hätte noch viel mehr darüber sagen können. Wie weit es müsse mit der Geheimniskaperei gegangen sein, können Sie daraus abnehmen, daß mir der Herzog Karl von Strelitz damals, als ich hieher reisete, durch den seligen Hofrat Falcke zu Hanover eine Reise-Route zuschickte, die ich in Berlin vorfand, um das Braunschweigische nicht zu berühren, weil zu besorgen war, daß man auch da noch möchte Hinterhalte gelegt haben. Es ist eine sonderbare Verfahrungsart, die man nur auf Rechnung des tiefen religiösen und sittlichen Verfalls unserer Zeit schreiben kann, wenn man Leute, die das nicht geben dürfen was man begehrt, erst brüskiert, dann mit Gewalt angreift, und wenn alles das nicht zum Ziel bringt, alle erdenkliche Lügen, Verläumdungen und Verfolgungen gegen sie ausübt. Ich habe oft sonderbare Sachen erfahren in dieser Art, die auf eben so sonderbare Weise mir zur Kunde gekommen. Hier nur ein Beispiel aus meheren. Ich war mit dem aus der Schrepferischen Farce bekannten Kammerherrn von Heinitz in Korrespondenz gekommen und er hatte mich durch seine Briefe so einzunehmen gewußt, daß ich wirklich viel Zutrauen zu ihm hatte, und seinen Wünschen entsprochen haben würde, wenn es in meiner Gewalt gewesen wäre. Eines Tages erhalte ich einen Brief von ihm – ich war damals in Königsberg – ich lese und lese und finde Dinge, die er mir schon längst geschrieben hatte; ich lese weiter, und lauter Sachen, die mich nichts angingen, mir auch fremde waren: ich lese weiter und finde mich selbst mit den gehässigsten Farben abgemalt der im Orden dominieren wolle, und vor dem man auf den Knien liegen müsse um was zu erlangen und doch nichts erlange, und daher wohl Schubart recht haben müsse, daß alles Wind sei, und man täte wohl, wenn man den Klerikalen den Daum aufs Auge halte pp. Aus einigen Stellen zum Schluß des Briefes sahe ich, daß der Brief an den damals in Warschau befindlichen Secretair Dörper (a Corona, laurea) gerichtet sei, und wahrscheinlich eine Verwechselung der Briefe geschehen sei. Wirklich schickte mir auch Dörper den für mich bestimmten aber an ihn gekommenen Brief: ich schickte ihm den ihm gehörigen, ohne etwas dabei zu melden. Ich gab hierauf selbst Heinitzen von dieser Verwechselung Nachricht, mit dem Beifügen, daß, da ich dadurch gesehen, wie er über mich sentiere, unsere Korrespondenz ein Ende haben müsse. Er schrieb mir tausend elende Entschuldigungen: aber ich antwortete nicht weiter. – Daß ich, gerade ich und ich allein die Zielscheibe gewesen, wohin alle diese Leute ihre Pfeile richteten ist ganz ohne mein Zutun geschehen, und Sie werden vielleicht am besten im Stande sein sich davon zu unterrichten. Der Loge zu Wismar stand Vegesack als Meister vom Stuhl, v. Bohnen und ich als Vorsteher vor. Als wir wegen unserer Befreiung von dem drückenden Joch, das uns die drei Sternen Loge zu Rostock nach dem ökonomischen Plan hatte auflegen müssen, unterhandelten, wollte Schröder (à Grue) mit Vegesack – da beide weltlicher Händel wegen gespannt waren, sich gar nicht einlassen: mit Bohnen, der als Schwede sich nicht teutsch im Schreiben ausdrücken konnte, hatte es auch Schwierigkeiten, und so blieb ich allein übrig die Sache zu führen, obgleich ich nichts tat und tun konnte ohne Vegesack und Bohnen. So ward ich denn als die Hauptperson in dieser Sache angesehen. Ich hatte freilich große Konnexionen mit den Überresten des schottländischen Kapitels zu Petersburg, habe auch wircklich dadurch in der Folge alles in meine Hände bekommen, was nicht nur dasselbe besessen, sondern was auch ein anderer Bruder dieses Kapitels (wahrscheinlich Lorenz Natter), der auch in der Welt sehr rühmlich bekannt ist, und 1764 starb, in Italien, Frankreich und Schottland gesammelt hatte; aber darum war ich es doch nicht allein und die einzige Hauptperson: auch Vegesack hatte keine gemeine Kenntnisse: ich besitze noch die Kopie des ihm von dem Grafen de la Tour du Pin ausgefertigten Patents als Kleriker und Bohnen war ein Mitglied des schwedischen Kapitels. Was ich allein tun konnte, war das einzige die Petersburger Loge, in welcher sich noch die Reste des ehemaligen schottischen Kapitels befanden, der strikten Observanz zuzuführen: das hoffte ich auch, aber es schlug fehl, würde auch nichts mehr geholfen haben, weil diese Brüder gar nicht mehr die Loge besuchten, und sich von allem zurückgezogen hatten, und eben dieses auch von mir exigierten, welches ich auch tat. Noch ehe Vegesack und Bohnen nach Schweden gingen, waren Raven und Both zu uns getreten, und nahmen auch deren Stellen nachher ein, und wenn ich auch, wie es nach den Verhältnissen, worin wir standen, Pflicht war, diese von allem was ich in Petersburg sammlen zu können so glücklich gewesen war, unterrichtete, so viel als nemlich durch Briefe geschehen konnte, so war ich doch darum immer nicht die Haupt-Person, sondern Raven war es so wie es vormals Vegesack gewesen war. Mich also, der ich bloß durch ein unglückliches Ohngefähr in diese Sache hineingeraten war, zum primum mobile in derselben zu machen, da doch Raven nach Vegesacks Abreise nach Schweden, als Chef allgemein bekannt war, als solcher alles tat, und manches tat, was ich nicht billigte, wie z. B. seine Reise zum Wiesbader Konvent, das war sehr unrecht. Eben so unrecht war es auch, sich allerlei Zudringlichkeiten und zuletzt gar Gewalttätigkeiten, und zuletzt die abgeschmecktesten Verläumdungen und Verfolgungen gegen mich zu erlauben. Denn waren die Sachen, wie man nicht läugnen konnte, ein ausschließliches Eigentum des Klerikal-Kapitels die man wissen und haben wollte; warum suchte man ein einzelnes Mitglied desselben zur Zielscheibe sich aus, und forderte diese Sache nicht vielmehr von dem ganzen Kapitel? Waren die Sachen aber mein Privat-Eigentum – und so konnte ich gewissermaßen alles dasjenige betrachten, was meine Freunde in Petersburg meinen Händen anvertraut hatten –; wer in der Welt kann ohne die größte Ungerechtigkeit zu jemand sagen: Gieb heraus, was man dir anvertraut hat oder du gesammelt hast, oder wir verfolgen dich bis aufs Leben!? Nach allen diesen Hergängen, wird es Sie, mein innig verehrter Freund und Bruder unmöglich wundern können, daß ich und die weniger unterrichteten Freunde, die übrig geblieben sind (denn alle andern, Vegesack, Raven, Both, Hoyer, Berger, Hippel und Korff sind gestorben), uns von allem zurückgezogen und die Sache von der Maurerei ganz abgesondert haben. Sie kennen unser Vaterländisches Spruch Wort: Béter alleen, als in quader Gemeen! Wie Feßler in seinem um 125 Rth. verkauften Manuscript (wieder ein neuer maurerischer modus acquirendi!) über mich, und meine sogenannte, mir immer unwillkommen gewesene maurerische Tätigkeit, urteilt, welche Ansichten er von dem Klerikal hat, und wie er alles auf sich deutet, sehe ich sehr gleichgültig an. Ich habe nie Ehren und Vorteile in, mit und durch die Freimaurerei zu erlangen gesucht. Es ist lächerlich eine große Rolle in vier Wänden und bei verschlossenen Türen zu spielen sich zur Ehre rechnen, und schon von Rosa's Zeiten an, ist der Ruf Chef einer Freimaurer Partei zu sein, eben nicht sehr honorabel gewesen: und nach Vorteilen durfte ich eben so wenig jagen: denn außerdem, daß ich einen vermögenden Vater hatte, habe ich immer von meinem dreiundzwanzigsten Jahre an immer verhältnismäßig einträgliche Stellen gehabt, in Petersburg bei ganz freier Station über zweihundert Rubel, in Wismar über vierhundert Rtlr., wieder in Petersburg bei freier Station dreihundert Rubel, in Königsberg an tausend Taler Einkommen, in Kurland fünfhundert Dukaten, hier über dreitausend Gulden. Ich mache Sie hier mit mir ganz vertraut und nun urteilen Sie, was ich zu allem denken und sagen muß. Ich habe überdies eine vermögende Frau geheiratet und – habe keine Familie! Daß ich mich für die Sache – nicht für die Maurerei als Maurerei betrachtet – sondern für das was in derselben lag – interessirt, war sehr natürlich und gerecht: denn ich bin von ihrem großen Wert und Wichtigkeit vollkommen überzeugt, und ich darf hoffen, daß man mir so viel Philosophie, Geschichtskenntnis und Kritik zutrauen wird, daß ich mich für falsche und nichts nutze Sachen nicht interessieren werde. Nachdem ich so viel dafür gelitten hatte, habe ich mich noch auf andere Weise, als durch bloßes Resonnement und Demonstrieren – denn bei allen Schlüssen kann doch unvermerkt ein Sophisma mit unterlaufen – mich zu überzeugen gesucht, und ich habe alles wahr und richtig gefunden, und das hat den von meinen Freunden mir gefaßten Entschluß das Siegel aufgedrückt, die Sache von der Maurerei ganz abgesondert zu halten, und nun gelassen und stille zuzusehen, was man mit dem ausgeblasenen Ei für ein Spiel treiben, wie man es bald so, bald anders anmalen und herum kollern wird. Der Feßlerianismus, dessen Vater eigentlich Hungar war, wird aufhören, da Feßler nach Rußland geht und da eine gute Versorgung erhält. Die Schröderischen Schüler (eigentlich schreibt sich die neue Rosen-Kreuzerei von einem gewissen Jäger aus Regensburg her, der entweder selbst oder sein Kompagnon Stallmeister des Fürsten Palen gewesen) werden nach und nach auch einsehen, wie schlimm man ihnen mitgespielt: ich weiß aus guter Hand, daß man dem einen dies dem anderen wieder was ganz anders als großes Geheimnis übergeben, und habe einen ganzen Kasten voll von den schönen Siebensachen gesehen, die alle höchstabgeschmackt waren, so daß ich mich verwundert, daß vernünftige Menschen sich damit befassen können. Den Bodeschen wircklichen Ruchlosigkeiten, die eigentlich auf Zerstörung aller positiven Religion und Umwälzung der Staaten ausgehen und aus des Kindlein-Abtreibers Weishaupt, Schule sind, wird die religiöse und politische bessere Ordnung der Dinge, der wir – da der zu stramm angezogene Bogen dem Zerspringen nahe ist – nicht fernentgegen sehen können, ein Ende machen. So wird es auch den verschiedenen Logen gehen, die jetzt hin und wieder errichtet werden, und da man weiß, wozu geheime Gesellschaften, zu brauchen sind, ihre Konstitutionen aus Paris sich holen, oder holen müssen. Zu remedieren und alle diese verschrobenen Köpfe zurecht zu setzen, ist schon einmal nicht, und wenn Sie alles kennten, würden Sie dies selbst sagen, und es am besten finden, daß man davon bleibt, sich dessen in der Stille freut was man hat, und wenns mit Sicherheit geschehen kann, es zu erhalten sucht. Kann ich Ihnen einmal Ihre mir bewiesene Rechtschaffenheit durch Wahrheit vergelten, so wird es, so viel meine Kräfte erlauben, gern geschehen: wären wir nur von einander nicht entfernt und ich nicht so alt. Röpert hat sehr übel gehandelt und Raden sehr unvorsichtig; indessen welch eine Rolle spielt derjenige, der heimlich sich in des Schlafenden Zimmer schleicht, seinen Wandschrank eröffnet und seine Papiere durchschnüffelt, und dann daraus stiehlt, was ihm beliebt! Da ist ja wieder Bruder Kain oder Bruder Noffodei, wie er leibt und lebt! Doch werden sie ihres Fangs nicht sich sehr haben erfreuen können, und daß man nur falsche oder verstümmelte Stücke im Signal Stern geliefert, davon könnte ich Sie durch den Augenschein überführen. – Daß mich die Herrn aus der Nicolaitischen Clique noch nicht vergessen, will ich wohl glauben: aber was hilft es sie? Ich lese dergleichen nicht, und fahre immer fort, ihnen entgegen zu wircken, und das werde ich tun bis auf den letzten Hauch: denn ich halte es für Religions Pflicht den Feinden Gottes und der Menschheit entgegen zu wirken, so viel immer möglich ist. Das sind Titanen, die Fels auf Felsen türmen und den Himmel erstürmen wollen und unter demselben selbst begraben werden. Sie haben den Antichristianismus so hoch getrieben, als er nur getrieben werden kann, und daher ist auch das Ende davon näher als man denkt. Was den Nicolai besonders anbetrifft, so ist alles, was ihn hätte zum Umdenken bringen können, als da seine Tochter unglücklich verheiratet worden, sein einer Sohn sich erhangen und der zweite den Hals gebrochen, für ihn vergebens gewesen. Von einem solchen Menschen ist alles zu erwarten, und es war seinem Character und seinen Absichten ganz gemäß, den Verfasser des Triumph Philosophie den Ziegler (denn dieser war wahrscheinlich der Recensent) nicht unwürdig genug behandelt hatte, noch unwürdiger zu behandeln. Das hat indessen nichts geholfen: die Original Ausgabe des Buchs ist bis auf wenige Exemplare vergriffen, und von dem Nachdruck ist bereits die zweite Auflage gemacht, und davon auch nicht viel mehr übrig. Wegen des VII. und

VIII. Abschnitts im Zweiten Teil, ward es auf einige Zeit im Österreichischen verboten; aber ungeachtet des Verbots ließ der Erzbischof von Wien, Graf von Hohenwarth, sechsunddreißig Exemplare unmittelbar von dem Verleger sich schicken, und bald hernach ward es wieder ganz freigegeben. So wenig helfen die Nicolaitischen Proskriptionen. Kein Buch ist ganz ohne Fehler: so auch dieses nicht. Aber in den Hauptsachen ist alles so durch die Menge der darin angeführten Schriftsteller erwiesen und gleichsam dokumentirt, daß man nichts dagegen mit Gründen einwenden, sondern sich nur an Kleinigkeiten hängen kann. Dies ist auch das Urteil eines Mannes, der als ein sehr gelehrter und rechtschaffender Mann bekannt und allgemein geschätzt ist, der selbst vom Orden war, und mit den verschiedenen Auftritten in demselben in Franckreich und Teutschland genau bekannt ist, der auch selbst ein Mitglied der ersten National Versammlung war, und nur kaum sein Leben retten konnte. Dieser Mann ist der berühmte Johann von Türckheim, dessen in Girtanners Geschichte der französischen Revolution so oft rühmlich gedacht ist, gegenwärtig bei uns als wirklicher Geheimer Rat in Diensten steht, und auch vom Großherzog das Großkreuz des Ordens erhalten hat. Von ihm habe ich auch noch, da er ein intimer Freund von mir ist, in den Th. 2 pag. 358/359 stehenden Nahmen einige Berichtigungen erhalten, die einer! neuen Auflage vorbehalten sind, die viele wichtige Zusätze und Bestätigungen des bereits gesagten erhalten wird.

...Sie wünschen die ersten Gugomosischen Circulare und die Acten des Wiesbader Konvents zur Vervollständigung Ihrer Sammlung zu haben, da Sie vermuten, daß ich sie haben werde, weil Raven den Konvent bezogen. Ich habe diese Stücke nicht, sehe schon gleich bei dem Schreiben des Gugomos was an diesem triumphierenden Schwan war, und tat alles was ich konnte, obgleich vergeblich, um Raden abzuhalten, dahin zu reisen, und habe mich auch hernach um die zu Wiesbaden geschehenen Dinge nicht bekümmert und was ich vorausgesehen hatte zeigte sich bald. Aber entweder der Prinz Christian oder Türckheim haben diese Sachen, oder können sie verschaffen. Ist dieses, so kann ich sie Ihnen, da beide meine vieljährigen genaue Freunde sind, leicht verschaffen, und denn schicke ich sie Ihnen, damit Sie sich, um Ihre Sammlung vollständig zu machen, sie abschreiben lassen können. Von dem Gugomos der anfangs bloßer Betrüger war, kann ich Ihnen einmal etwas sehr merkwürdiges schreiben, das mir der jetzige König von Würtemberg Kommuniciert, und nicht bezweifelt werden kann, da ich die dazu gehörige Originalstücke selbst in Händen gehabt, und woraus es sichtbar ist, daß der Mensch sich hernach mit wirklich schlechten Sachen abgegeben hat. – Die Adresse an den Herrn Oberhofgerichts Advocator, Herrn Docter Funckler auf Broda zu Leipzig werden

Sie noch wohl haben; um an ihn mit Einschluß an mich die Sachen abzuschicken.

Behalten Sie mich lieb, und sein der unwandelbaren Hochachtung versichert, mit der ich bin

Ihr gehorsamster

St.“

Wir haben diese Schreiben Starcks ausführlich wiedergegeben, weil sie, wie wir aus Nettelbladts Schriften erfahren, seine freimaurerische Geistesrichtung schon in den Anfängen seiner Ordenslaufbahn beeinflußten. Dieser Einfluß hat bis an sein Lebensende gewirkt. Die Tatsache, daß ihm früh jene wichtigen Ordenspapiere bekannt wurden, hat seine Forschung stark angeregt, so daß er das ganze gewaltige Lehrgebäude des Ordens übersah und die ihm zugrunde liegende Christustatsache als das Unvergängliche, nie Alternde erkannte. Es wäre aber das Bild von Nettelbladts freimaurerischer Entwicklung unvollständig, wenn wir nicht des direkten Einflusses aus dem Orden selbst gedenken wollten.

Friedrich von Castillon hatte im Jahre 1812 als Ordensmeister seine Gedanken als Richtlinien für seinen Nachfolger, gewissermaßen ein ordensmeisterliches Testament, aufgezeichnet. Dieses hochwichtige Aktenstück, das Ordenserlebnis eines großen und begeisterten Ordensmannes, wurde Nettelbladt mitgeteilt, und er hat sich diese Gedanken völlig zu eigen gemacht. Insonderheit sind es die folgenden Leitideen gewesen, von denen Nettelbladt niemals abwich und sie mit der ganzen Schärfe des geborenen Apologeten gegen alle Anstürme verteidigte:

„Keiner der wider die Lehrsätze des allgemeinen Glaubens der anerkannten christlichen Kirche geredet oder geschrieben hat, kann zum Freimaurer aufgenommen werden, ehe er nicht öffentlich widerruft; auch muß der Freimaurer nach seiner Aufnahme diese Lehrsätze ehren und unangetastet lassen... Hier befürchte ich, man werde meine religiösen Grundsätze zu streng finden, man wird damit unzufrieden sein. Allein wenn man bedenkt, worauf die Lehrsätze hinauslaufen, so hoffe ich, man werde mir alsdann ohne Bedenken beistimmen. Meines Bedünkens werden sich diese Lehrsätze auf die folgenden einschränken:

Es gibt nur einen Gott, den allmächtigen Schöpfer des Weltalls.

Die Seele des Menschen ist unsterblich und wird nach dem Tode des Körpers, belohnt oder bestraft, nachdem der Mensch sich im Leben betragen.

Die ersten und Hauptpflichten des Menschen, wovon alle anderen ausfließen und folgen, sind:

Gott als die Urquelle alles Guten, über alles zu ehren und zu lieben.

Seinen Nebenmenschen wie sich selbst zu lieben, um denselben also als sein zweites Ich zu betrachten und zu behandeln.

Christus als dasjenige ausgezeichnete Wesen zu ehren und anzuerkennen, Welches zuerst die oben aufgestellten Grundsätze öffentlich lehrte, und das erhabene Beispiel gab, bloß für das Gute zu leben und nötigenfalls für dasselbe zu sterben.

Meiner Überzeugung nach muß man eine ebenso vernünftige als tröstliche Lehre wie diese, nicht zu untergraben suchen, und wenn man auch unglücklich genug wäre, daran zu verzweifeln, nicht andere Menschen ebenso unglücklich machen wollen. Wozu nützte es wohl der Menschheit, wenn man sie überzeugte: eine blinde und notwendige Tätigkeit, welche sich zufolge bestimmter Gesetze nach und nach entwickelt, ist die Ursache alles dessen, was da ist. Ganz vergebens wäre es also, in der Hoffnung eines zukünftigen Lebens, seine Handlungen nach dem Sittengesetz abzumessen, denn ist es einmal nach den bestimmten Gesetzen notwendig, daß etwas den Menschen überlebe, so geschieht es unvermeidlich und ebenso unvermeidlich ist der neue Zustand, der auf diesen irdischen folgt."

Der feste Glaube an die schwedischen Rituale, die für Nettelbladt die allein echte Freimaurerei enthielten, war durch Starck gestützt worden. Freilich mit dessen Auffassung von Zinnendorfs Tätigkeit konnte er auf Grund der urkundlichen Beweise, die ihm zu Gebot standen, sich nicht einverstanden erklären. Er kannte die große Pietät, die Zinnendorf gegenüber den Eckleffschen Akten beherrschte, so daß er nicht einen Buchstaben daran geändert hatte. Nettelbladt schreibt in diesem Sinn an den Staatsrat von Böber in Petersburg aus Güstrow am 19. März 1818 noch als a nexu longinquo:

„Es ist wie vieles in der Feßlerschen Geschichte eine Lüge, daß die Akten des neunten Grades erst im Jahre 1801 von Stockholm zufällig erlangt worden wären, und ebenso ist es eine Lüge, die Feßler dem Herrn Schröder in Hamburg nachgeschrieben hat – wenn er sagt, es sei in den aus Schweden erhaltenen Akten von den Brüdern der Großen Landesloge irgend etwas geändert, oder endlich, es werde in irgendeinem Grade ein solches Fragebuch mitgeteilt, das er als letzten Aufschluß des Systems aufzustellen für gut findet. – Dies ist nicht der Fall, so wie die Akten des ersten bis neunten Grades noch heute erteilt werden, so sind sie aus Schweden gekommen und nichts ist daran geändert. In einem den Akten beiliegenden Inhaltsverzeichnisse sind die Logenbücher verifiziert."

Immerhin war im Laufe der Zeit manches reformbedürftig geworden. Menschen und Zeiten hatten sich geändert, die Wissenschaft hatte einen machtvollen Schritt in der Entwicklung vorwärts getan, und es erwies sich notwendig, die Akten auf die neue Gedankenwelt einzustimmen.

Die Anregung zur Neuredaktion der Akten ging von Nettelbladt aus. Im Jahre 1836 war in Leipzig bei Carl Andrä eine Schrift unter dem Titel erschienen: „Freimaurer-Logenbuch, enthaltend das vollständige Rituale aller drei Johannisgrade nach dem Systeme der großen Landesloge, ein Nachtrag zum Hephata." Der vollständige Abdruck dieser Rituale enthielt Richtiges und Falsches und war darum geeignet, Mißverständnisse zu erzeugen. Nettelbladt war daher der Meinung, daß die bereits seit längerer Zeit empfundene Überalterung der Akten eine Neubearbeitung nötig mache. Er äußerte sich darüber am 7. Juli aus Parchim:

„Es ist längst eine neue Redaktion unserer Akten als wünschenswert erkannt und wie ich meine, auch eingeleitet. Unverkennbar leiden die bisher gebrauchten Exemplare an mangelhafter Übersetzung und am gehörigen Ausdruck. Nächstdem bedürfen sie, nach den verschiedenen von der Landesloge ausgegangenen Berichtigungen und Erläuterungen, mancher Zusätze und bestimmterer Hinweisungen, endlich sind ihnen gewiß noch weiter, ohne Verletzung der Grenzen, welche zu berücksichtigen, nach den allgemeinen verordneten Pflichten einige Emendationen wünschenswert. Wenn diese Redaktion gegenwärtig sofort beschafft werden könnte, so wäre, nach meiner Ansicht, den Nachteilen der Veröffentlichung für lange Zeit so entgegengetreten, wie es der Augenblick erfordert und möglich macht.

Wenn ich mich recht erinnere, liegt bereits vom Bruder von Schubert eine angefertigte neue Übersetzung der Akten vor, es käme also nur unter deren Mitgebrauch auf Revision und Redaktion der Akten nach den gegebenen Gesichtspunkten an, eine Arbeit, die, wenngleich umfänglich, doch für einen erfahrenen Bruder, der mit den nötigen Materialien versehen ist, nicht sehr schwierig sein kann. Bei dieser Redaktion wird es leitender Grundsatz sein und bleiben müssen, alles Wesentliche und Eigentümliche sorgfältig festzuhalten, im unwesentlichen, besonders im Ausdruck, eine neuere Stellung zu nehmen, und namentlich, soweit tunlich, sich den neueren schwedischen Akten zu nähern, etwa in der Art, wie es rücksichtlich der schottischen Akten von mir versucht ist und die desfallsige Arbeit dem Hochwürdigen Landesgroßmeister bereits unterliegt.

Ich fühle mich verpflichtet, Höchsterleuchtete und verehrte Brüder, Ihre Aufmerksamkeit hierauf zu lenken, und Ihnen die sofort zu verfügenden Einleitungen dazu brüderlich vorzustellen."

Darauf antwortete der Landes-Großmeister General von Schmidt am 5. August 1836: „– Was nun den Vorschlag einer neuen Redaktion unserer St. Johannisakten betrifft, so bin ich damit vollkommen einverstanden, und habe auch bereits das von dem Hochwürdigen Bruder von Schubert mit den schwedischen Akten verglichene und danach berichtigte Exemplar ins Reine schreiben lassen; würde auch davon schon weitere Anwendung gemacht haben, wenn der unglückliche Zeitgeist nicht überall hemmend entgegenträte. Sodann erscheint die Abschriftnahme der revidierten Akten, um eine jede Loge gleich damit zu versehen, als ein schwer zu beseitigendes Hindernis, wenn man nicht jahrelang darauf warten wollte: denn der gute Wille zur Unterstützung bei dieser Arbeit ist nicht mehr der wie in älterer Zeit."

Erhard Freiherr v. Nettelbladt

Des weiteren schreibt der Landesgroßmeister über diese Frage am 9. September 1836:

„Ich habe zuvor mit dem Ordensmeister, wie es sich gebührt, über den so wichtigen Gegenstand kommuniziert und nehme keinen Anstand, das von demselben erhaltene Antwortschreiben zur gefälligen Einsicht urschriftlich zu überschicken. Sie werden daraus ersehen, wohin der Wunsch des Ordensmeisters geht, dem auch ich mich anzuschließen wage, indem ich Sie ganz ergebenst bitte, die Revision und Verbesserung unserer St.-Johannis-Akten gefälligst zu übernehmen. Daß Abänderungen und Zusätze bei den Akten nötig sind, darüber teile ich Ihre Ansichten vollkommen, wenn die notwendige Würde der Handlungen bei dem jetzigen Zeitgeist erhalten werden soll und ich habe darüber meine Gedanken und Vorschläge zu Papier gebracht, welche gleichfalls dem Paket Akten beiliegen. Es ist heutzutage nicht mehr der alte ehrwürdige Geist, der unsere in Gott ruhenden Vorfahren die Vorschriften der Akten mit Ernst und Würde pünktlich befolgen lieh, vielmehr ist man geneigter zur Abkürzung der Handlungen und Gebräuche Auslassungen sich zu erhauben, um nur, wie es scheint die jetzt zur Hauptsache gemachte Abteilung der Arbeit, nämlich: den Vortrag des Redners herbeizuführen. Dergleichen Vorträge sind allerdings nicht zu verachten; allein man legt jetzt einen zu großen Wert darauf, so daß das eigentliche der Bundeslehre darunter leidet. Deshalb will es mir scheinen, als wenn nicht pünktlich genug die Beobachtung aller Gebräuche usw. in den Akten vorgeschrieben und empfohlen werden kann."

Hier ist füglich die Frage zu erörtern, welche Quellen standen Nettelbladt zur Verfügung, aus denen er eine Neubearbeitung der Akten vornehmen konnte. Zunächst natürlich die Eckleffschen Akten, die Baumann im Jahre 1766 aus Schweden erhalten hatte. Dann haben wir aus dem Briefwechsel erfahren, daß er die Ritualien des Starckschen Klerikats sowie dessen sehr aufschlußreichen Briefwechsel fast vollständig besaß. Über weitere Materialien unterrichtet uns ein Schreiben Nettelbladts an Landgraf Christian von Hessen, einen der sieben Verbündeten aus dem Mai 1818. Er schreibt darin: „Heute übersende ich Hochdenenselben diejenigen Bruchstücke, welche ich über den Grad des Ritters vom Purpurbande unter meinen Sammlungen auffinde. Bruchstücke kann ich es nur nennen, da es eines eigentlichen Zusammenhanges entbehrt und fast eine Zusamensetzung des Purpurbandes und des Kommandeurs zu sein scheint. – In Petersburg so wenig als in Berlin wird der erstere Grad unter diesen Zeremonien mitgeteilt... Weiter habe ich die Ehre, Ew. Durchlaucht die Grade des Ritters von Osten und Westen zu überreichen. Sollten Höchst Sie dagegen vielleicht etwas über den Grad des Vertrauten des helligen Johannis besitzen und es mir mitzuteilen geruhen wollen, so werde ich dies mit dem untertänigsten Danke annehmen. Der Ritter von Osten und Westen, wie ich sie submissest vorlege, sind Abschriften von den Akten, die die schwedischen Deputierten an die strikte Observanz 1770 herausgaben. Wörtlich so, wie die Grade hier niedergeschrieben sind, werden sie im Kapitel Phoenix in St. Petersburg erteilt und bin ich daselbst 1808 und 1809 danach befördert."

Wir haben also jetzt drei Quellen sicher festgestellt: die Eckleffschen Akten von 1766, die klerikalen Akten Starcks und dessen mit Petersburg geführten Briefwechsel und die Akten, die der strikten Observanz nach der Wahl des Herzogs von Södermanland zum Heermeister der siebenten Provinz mitgeteilt wurden. Dazu kommen nun noch die sogenannten Königsberger Akten aus dem klerikalen Kapitel, die im Archiv des Provinzialkapitels der Großen Landesloge dortselbst aufbewahrt werden. Endlich verfügte er über diejenigen Akten, die die schwedische Gesandtschaft des Jahres 1819, auf die wir im weiteren näher einzugehen haben, mitbrachte. Es war also ein umfassendes Material, wie es bisher keinem Forscher, selbst Friedrich Ludwig Schröder nicht, zu Gebote gestanden hatte. Nettelbladt hatte umsichtig und pietätvoll seine Quellen benutzt und vor allem nichts an den ursprünglichen Akten Eckleffs geändert. Er hatte nur geordnet und, was als wesentlich betont werden muß, den Ritualen zur Öffnung und Schließung der Loge eine gebrauchsfähige Form gegeben.

Nettelbladt arbeitete außerordentlich schnell, was um so mehr bewundernswert ist, als er gerade in jener Zeit durch Amtsgeschäfte sehr in Anspruch genommen war. Schon am 11. Oktober konnte er fertige Akten einsenden. Darüber schreibt der Landes-Großmeister: „Das schwierigste für mich ist jetzt die Ernennung einer Prüfungskommission, zu welcher ich gern Brüder wählen möchte, welche die Sache mit Liebe, Eifer und Ernst behandeln; wozu die Auswahl, leider! sehr schwer ist, besonders da man schon Stimmen vernommen hat, welche die Notwendigkeit einer neuen Redaktion nicht einsehen wollen. Deshalb, und um auch durch Anstoß unser wohlgemeintes Geschäft nicht rückgängig zu machen, bin ich auf den Gedanken gekommen, vier Beamte des Kapitels zu Mitgliedern der Kommission zu wählen und denselben einige Großbeamte, die ich als eifrige, zuverlässige Brüder kenne, beizugeben. Der Ordensmeister ist mit diesem Vorhaben einverstanden und werde ich die Sache weiter einleiten, damit das Geschäft mit nächster Woche beginnen kann.

Mit wahrem Vergnügen habe ich die neue Redaktion durchgelesen, finde die Veränderungen ganz zweckmäßig, zweifle aber, ob es ausführbar zu machen möglich sein wird, an die Stelle des zweiten Aussetzers Männer zu bestellen, welche die Fähigkeit besitzen, die Suchenden mit passenden Zusprächen während der Reisen zu begleiten... Rücksichtlich dieser Wahrnehmung würde ich es für zweckmäßig halten, den Akten eine besondere Instruktion für den zweiten Aufseher zum Gebrauch bei einer Aufnahme beizufügen."

Am 26. November 1836 zeigt der Landes-Großmeister den Eingang der Neubearbeitung des zweiten und dritten Grades an: „Die Verbesserungen des zweiten Grades haben ganz meinen Beifall, und ich wünsche nur, daß solche auch sich der Zustimmung der Revisoren zu erfreuen haben mögen. Diese Brüder, die ich mit großer Gewissenhaftigkeit und im Einverständnis mit dem Ordensmeister gewählt habe, und welche gegenwärtig mit Durchsicht des ersten Teiles beschäftigt sind, machen mir durch ihre Bedenklichkeiten und Einwendungen manchen Kummer, und ich muß fortfahren zu versuchen, wie ich das gute Werk durchführen kann. Die Geistesstimmung für das Beste des Bundes ist nicht mehr die unserer Väter."

Der Landesgroßmeister hatte mit dem, was er am Schlusse seines Schreibens sagt, den Finger in die Wunde gelegt, aber es war ein Glück, daß die Landesloge einen Nettelbadt zu ihren Mitgliedern zählte. Er hat mit unendlicher

Mühe und außerordentlichem Fleiß sich alle jene Akten beschafft, die notwendig waren, um die Grundgedanken der Ordenslehre klar und verständlich für jeden Bruder herausarbeiten zu können. Die Nettelbladtsche Redaktion der Akten war darum so vorzüglich, weil sie, ohne von der Urform der Überlieferung abzugehen, den gesamten Ideeninhalt der parallel laufenden Gedankenreihen sinngemäß benutzte. Auf Jahrzehnte hinaus war ein Werk geschaffen, an dem niemand rühren mochte. Dies hatte neben vielen Vorzügen auch den Nachteil, daß die Forschungsarbeit in der Landesloge fast ganz einschlief, und häufig wird in den Briefen der führenden Männer darüber geklagt, daß ein Stillstand und eine Lauheit eingetreten sei, die schon an Rückschritt grenze.

Nettelbladt hat bis an sein Lebensende nicht aufgehört, einen umfangreichen Briefwechsel mit fast allen ausgezeichneten Maurern seiner Zeit zu führen. Der vielseitige Einfluß, den er dabei geübt, die Vorteile, die er der wahren Lehre errungen, und die wichtigen Urkunden und Aktenstücke, die er für die Nachwelt gerettet hat, alles das sind hohe Verdienste, die um so höher angeschlagen werden müssen, weil er völlig selbstlos nur um der Sache willen sich einsetzte. Insbesondere hat er mit dem Landgrafen Karl von Hessen einen Briefwechsel geführt, der reichen Gewinn für die Sache der Landesloge abwarf. Wir wissen ja, daß der Landgraf nach dem Tode des Herzogs Ferdinand von Braunschweig das umfangreiche Archiv dieses Fürsten erbte und in vorbildlicher Weise benutzte und verwaltete. Allerdings mußte er vorher die Schulden des Herzogs bezahlen, ehe ihm die Akten ausgefolgt wurden. Gewiß hat dieser Fürst seine Eigenheiten gehabt, versenkte sich in mystische Phantome, aber er war doch ein Mann von reinem christlichen Wollen und der Freimaurerei mit seinem ganzen Herzen zugetan. Der ehrwürdige neunzigjährige Patriarch der Freimaurerei hat Nettelbladt durch die Vermittlung von Wehber-Schuldt aus seinem Archiv viel mitgeteilt. Noch im letzten Lebensjahr des Landgrafen hat ihm Wehber-Schuldt seinen Besuch gemacht und Nettelbladt unter dem 12. August 1836 darüber berichtet:

„Gestern abend, mein teurer Freund und Bruder, bin ich von Schleswig zurückgekehrt, und ich eile, Ihnen beigehendes Paket zu übersenden. – Am 27. Juli machte ich dem General Großmeister Landgrafen Karl v. Hessen meine erste Aufwartung in Louisenlund, wo er sich jetzt aufhält. Ich fand ihn sehr schwach an Körper und Geist; das Gehör ist ziemlich vergangen und das Gedächtnis in betreff der Gegenwart sehr mangelhaft. Indes empfing er mich sehr huldvoll, ließ mich nahe bei ihm sitzen und bat, nur etwas laut zu sprechen, weil er etwas schwer höre. Ich berührte diese und jene Seite seiner Ansichten und fand, daß sie womöglich noch seltsamer geworden waren. – Ich lenkte das Gespräch auf das Historische des Ordens, vermeldete ihm

Ihren Gruß und bat um die Erlaubnis, aus dem Archive einige Papiere zur Durchsicht nehmen zu dürfen. – Er willigte gleich darin, ließ seinen Adjutanten und Archivar Herrn Obristleutnant von Krohn rufen, und dieser erhielt den Befehl, mit mir einen Tag zum Besuch des Archivs zu verabreden und mir die Konvolute zu geben, die ich haben wolle. Bei der Beurlaubung sagte er mir, ich möchte so oft wiederkommen, als ich wolle. Ich ging mit Bruder von Krohn, und nach kurzer Unterredung fand ich, daß wir gleiche Ansichten über die Lehre des Landgrafen hatten, und wir näherten uns einander voll Vertrauen. Er sagte mir unverhohlen, daß nur noch zwei Logen nach dem System des Landgrafen in den dänischen Staaten wären, in Altona und Kopenhagen; daß nach des Landgrafen Tode auch diese aufhören würden, denn der Führer wäre damit einverstanden. – Was wird dann werden? fragte ich. – Das weiß Gott, wir haben ja nichts anderes und Besseres, also wird der Bund ganz aufhören. – „Was wird denn aus dem Archiv?" – Das weiß ich nicht, wahrscheinlich kommt es nach Kopenhagen, denn alle, die nach dem Tode General Großmeister werden und das Archiv haben sollten, sind tot. Jetzt spricht der Landgraf gar nicht mehr davon. – Wir verabredeten am Freitag, den 29. Juli, in Schleswig auf Schloß Gottorf zusammen zu treffen und in das Archiv zu gehen. Ich war an dem Morgen schon etwas unwohl; fuhr dennoch hin, und das Archiv wurde geöffnet. Alles war mit dickem Staub belegt, und Bruder von Krohn sagte, daß alles fast noch so läge, wie ich es vor vierzehn Jahren gesehen; denn der Bruder Kammerrat Schleep habe sich nicht darum bekümmert, und er habe auch keine Zeit dazu, da er nicht nur Sekretär des Landgrafen, sondern auch Geschäftsführer der Herzogin von Holstein-Beck-Glücksburg und Lehrer der Prinzen derselben sei. Es wäre zu wünschen, daß ein Bruder sich des Geschäfts unterzöge, um alles durchzusehen und zu ordnen. Wenn ich einmal vierzehn Tage dazu widmen könnte, so würde mein Fleiß dankbar anerkannt werden. – „Sind die Kisten von Braunschweig angekommen?" – Ja, aber sie stehen noch da, die eine ist geöffnet, aber es ist nichts weiter als Bücher und gleichgültige Papiere darin. – „Haben Sie die Papiere von Bohemann, die die Witwe hierhergebracht und wofür sie eine Pension von 600 Reichsthalern bis zu ihrem Tode erhalten, auch hier?" – Daß die Witwe Bohemann hier gewesen, weiß ich; aber von den Papieren habe ich nichts gesehen. Serenissimus hat sie vielleicht selbst verwahrt und wahrscheinlich weiß er nichts mehr davon und ebensowenig wohin er sie gelegt… Ich sah nur flüchtig den Inhalt durch. Weil ich dadurch zwei Tage verlor und am 31. Juli auf drei Tage nach Husum reiste, so schrieb ich an Bruder von Krohn, er möchte mir die Erlaubnis auswirken, die Hefte auf einige Wochen mitnehmen zu dürfen. Nach meiner Rückkehr von Husum hielt eine Ordonnanz vor der Tür, die einen Brief brachte, worin Serenissimus mir erstens meine Bitte, die Hefte mitzunehmen, rein abschlug, und zweitens mich zu Sonntag, den 5. August, nach Louisenlund um 5 Uhr und zur Tafel um 4 Uhr einlud. – Am bestimmten Tage und zur festgesetzten Stunde war ich in Louisenlund, welches zwei gute Stunden von Schleswig entfernt ist. Ich ging erst zu v. Krohn und darauf beide zum Großmeister, der mich schon erwartete. Ich trug nochmals meine Bitte wegen der Akten, wohl motiviert vor, aber er schlug sie rein ab, und ich ging ..."

Landgraf Karl hat sich während seines ganzen Lebens mit magischen und alchymischen Versuchen beschäftigt, und er hat an das Hereinragen übersinnlicher Mächte in das menschliche Leben geglaubt. In der Aussprache, die Wehber-Schuldt mit dem zweiundneunzigjährigen Fürsten hatte, erzählte dieser von wunderbaren Erscheinungen, die er gesehen. Seine Wunschträume hatten sich ihm erfüllt und beherrschten ihn völlig. Wenige Tage nach der Begegnung mit Wehber-Schuldt war er sanft in die Ewigkeit eingegangen.

Wehber-Schuldt meldete den Tod des Landgrafen an seinen Freund Nettelbladt am 23. August, und er meinte, daß nunmehr die Hoffnung auf eine Benutzung des Archivs völlig ungewiß sei. Der Landgraf selbst hatte schon in früheren Jahren Nettelbladt auf den Landgrafen Christian von Hessen verwiesen, der sein intimster Freund gewesen und dem er die meisten Ordenspapiere anvertraut habe. Christian von Hessen aber war vor Karl aus dieser Zeitlichkeit abberufen worden, und nun blieb nichts anderes übrig, als sich nach Darmstadt zu wenden, und zwar an den Oberst Schueler, den Landgraf Karl Nettelbladt im Jahre 1830 als den Vertrauten des Landgrafen Christian bezeichnet hatte. Der nun folgende Briefwechsel ist außerordentlich interessant, wenn er auch für Nettelbladt keinen direkten Erfolg zeitigte. Er gibt uns Nachricht davon, daß das Starcksche Klerikal noch bis in die dreißiger Jahre des neunzehnten Jahrhunderts in Darmstadt bestanden hatte.

Nettelbladt wandte sich fast umgehend an den Obersten Schueler und erhielt aus Darmstadt vom 21. Dezember 1830 folgende Antwort:

„Hochwohlgeborener Herr,
Hocherleuchteter Ehrwürdiger Br.,

Das sehr verehrliche Schreiben Ew. Hochwohlgeboren vom 15. v. M., welches ich den 22. desselben erhielt, habe ich erst am 12. d. Sr. K. Hoh. dem Großherzog, unserem allverehrten Hochw. a Leone armato vorlegen können. Allerhöchstdieselben haben nun beschlossen, da annoch aller Nachlaß des Hochs. a cedro Libani unter Siegel liegt, daß dennoch Ihnen hocherleuchteter hochwürdiger Bruder sehr gern willfahrt werden solle, wenn Sie, wie Sie erboten, durch die origin. Vollmacht sich ausweisen werden, von welcher man hier beglaubte Abschrift nehmen wird, und welche dann mit denen

Ihnen abzusendenden Ordensschriften, Insignien, Briefe usw. zurückgehen soll – auch Sie auf die beigehende Spezifikation gefälligst quittieren werden.

Seine Durchlaucht und Hochwürdige Bruder Landgraf Karl habe ich bereits hiervon Meldung getan.

Aus mancherlei Ordensanlässen ist mir Ew. Hochwohlgeb. Name schon längst rühmlichst bekannt gewesen und ich schätze es sehr hoch, durch jetzige Veranlassung mit Ihnen Hochwürdiger Bruder in nähere Berührung gekommen zu sein.

Dem baldigen Vollzug der von Ihnen festgesetzten Bedingungen mit Vergnügen entgegensehend, füge ich hier die Versicherung meiner vollsten Hochachtung noch bei, mit welcher die Ehre hat zu zeichnen

Ew. Hochwohlgeboren gehorsamst t. v.
Schueler Obr.
i. Ord. a Schola salutis."

Die Angelegenheit zog sich einige Monate hin, und es scheint, daß man in Darmstadt viel hin und her beraten hat, ob man Nettelbladt die Papiere aushändigen wolle. Schueler ließ sich Zeit, die unangenehme ablehnende Antwort zu erteilen:

„Hochwohlgeborener Herr,
Hochwürdigster, Hochverehrter Bruder,

Augenübel verhinderte mich bisher, und zwar seit dem 26. v. M., die folgende leidige Nachricht zu erteilen. Trotz meiner tätigen Bemühungen und trotz der bestimmten Bewilligung unseres allverehrten a Leone armato stellten sich die Sachen ganz anders. Der Kabinettssekretär Schleiermacher erklärte nämlich:

1. daß er selbst Kleriker, deren noch mehrere hier vorhanden seien;

2. daß dem Begehren Ew. Hochwürden nicht willfahrt werden könne, weil beim Nachlaß des † a Cedro Lidani (Landgraf Christian) keine klerikalischen Papiere vorhanden seien, daß der sel. Starck seine eigenen Papiere längst vor seinem Tod vernichtet habe und ebenso die Papiere des † Großherzogs, die an seinen Vater übergegangen, dasselbe Schicksal erlitten hatten; daß eine spätere Verfügung des ✠ Archidemides die von Ew. Hochwürden produzierte Vollmacht aufhebe;

3. daß der verstorbene Landgraf Christian vor seinem Tode verfügt habe, daß sein ganzes Ordensarchiv an ihn – Schleiermacher – übergehen solle und aus solchem nichts – folglich auch keine Papiere – die schwedischen Grade – das weiße Band mit Kreuz – und namentlich das klerikale Kreuz mit dem Baff. betr. – Briefe usw. verabfolgt werden dürften.

Christian, Landgraf von Hessen-Darmstadt

Ist Ihnen, mein Hochverehrter Hochwürdiger Bruder, an den verlangten Ordensfachen, besonders am Besitz Ihrer eigenen Briefe, weiter sehr gelegen, so rate ich an: daß Sie sich nunmehr direkt an diesen Kabinettssekretär Schleiermacher wenden möchten, vielleicht dann möchte die Wirkung davon Ihren Wünschen besser und genügend unterstrichen, welches ich von Herzen wünsche.

Die hierher kommunizierte Vollmacht lege ich mit dem Bemerken hier wieder an, daß Herr Schleiermacher selbst eine Abschrift davon genommen hat, worauf Sie sich nur gefälligst wie auf alles frühere unterm 22. Dezember vorigen Jahres von mir Mitgeteilte beziehen wollen, wo Sie sich in Korrespondenz mit ihm setzen wollten.

Unsern allverehrten, Hochwürdigen, Durchlauchtigsten Landgr. Karl habe ich von all obigem auch benachrichtigt.

Mit der ausgezeichnetsten Hochachtung zeichnet

Ew. Hochwohlgeboren gehorsamst t. v.

a Sch. sal.

Darmstadt, 9. März 1831."

Trotz dieser Ablehnung gab Nettelbladt seinen Vorsatz nicht auf, die für ihn wichtigen Akten doch noch in die Hände zu bekommen. Er wandte sich, dem Rate Schuelers folgend, an den Kabinettssekretär Schleiermacher, der wie Schueler dem Klerikat angehörte, und erhielt den nachstehenden sehr interessanten Brief, der einigen Aufschluß über die früher eingehend dargestellte Verewigung der sieben Verbündeten gibt:

„Hochwohlgeborener Herr Ober-Appellationsrat,
Hochwürdiger, verehrter Bruder!

In Erwiderung Ihres geehrten Schreibens muß ich Ew. Hochwohlgeboren zuerst wegen Verspätung dieser Antwort um Verzeihung bitten. Veranlaßt wurde diese durch die Hoffnung, wenigstens einem Teil Ihrer Wünsche bald Genüge leisten zu können, namentlich dem, der Ihre eigene Korrespondenz betrifft, die ich vergeblich unter dem Nachlaß des Höchstseligen a Cedro Libani gesucht hatte, welcher Nachlaß aus Mangel an Raum nicht so hatte aufgestellt werden können, um mit Leichtigkeit Nachsuchungen darin anstellen zu können. Manches war freilich eine Zeitlang vor dem Tode des HS 2, Cedro Libani vernichtet worden, daher hatte ich geglaubt, Ihre Korrespondenz werde erhalten worden sein. Bis jetzt aber habe ich sie, nach mehrmonatlicher Abwesenheit wieder hierher zurückgekommen, noch nicht aufgefunden, so daß ich fast zweifle, daß dieses später der Fall sein wird. Wie aber auch der weitere Erfolg sein mag, über den ich noch nicht bestimmt urteilen kann, da noch ein Teil des maurerischen Nachlasses zurück ist, so verlassen Sie sich darauf, daß ich Ihre Wünsche in dieser Richtung erfüllen werde und daß Ihre Briefe in keine fremden Hände kommen. Hinsichtlich der Diplome aber und Ordensinsignien des HS a Cedro Libani nehme ich allerdings Anstand, einzelne Stücke davon abzugeben, da der Höchstselige gewünscht haben, daß diese ungetrennt zusammenbleiben sollten.

Die Verhältnisse des Klerikats sind Ihnen wahrscheinlich noch bis zu einer Periode bekannt, wo dieses seinen Mitgliedern nach und durch das Zurückziehen des verewigten Großherzogs von allen Zusammenkünften so gut wie aufgehört hatte; aus dieser Zeit datiert die Bestimmung des Archidemides, wonach Sie in den Besitz aller seiner Papiere kommen sollten. Wenige Jahre später aber gestalteten sich mehrere Verhältnisse anders; Archidemides trat mit einigen der früheren Kleriker zusammen, es fanden wenige Aufnahmen einiger sonst wo mit den höheren maurerischen Graden bekleideten Personen statt, und so bildete sich ein Kapitel, wobei manche Punkte des ehemaligen Rituals aufgegeben wurden, im übrigen aber die nun gebildete Gesellschaft eine Fortsetzung des Klerikats formierte. Durch Adpotion des Neffen seiner Gattin, dem er nach dessen Tode dessen Sohn substituierte, hatte sich Archidemides eine Familie gebildet; ein Kodizill verfügte nun zu dessen Gunsten über seinen maurerischen Nachlaß; einen großen Teil Papiere aber verbrannte Archidemides, da er bei zunehmender Schwäche im vorletzten Jahr seinem Tode entgegensah und monatelang täglich seine Papiere durchlief, und was nicht erhalten werden sollte, selbst in den Ofen warf.

Unabhängig von dem, was alles durch die frühere Gründung des hiesigen Klerikats an Papieren sich bei diesem befand, hatte a Cedro Libani teils durch

Kauf, teils auf anderem Wege sich die Haupturkunden des klerikalischen Systems verschafft, die mit jenen mir vermacht wurden und sich jetzt in meiner Verwahrung befinden, da ich sie auch noch bei Lebzeiten des Höchstseligen a Cedro Libani größtenteils in meiner Wohnung hatte und sie erst später wieder zurückgab, als einigen höheren Mitgliedern ein Teil derselben vorgelesen wurde.

Übrigens blieb die Fortdauer der klerikalischen Arbeiten völlig geheim, außer aller Verbindung mit der später gebildeten hiesigen Loge, so daß die erste Notiz in dieser Hinsicht, die ein Fremder erhielt, die war, welche Oberst Schüler zufolge Ihres Schreibens an denselben bekam, der früher nie die Existenz einer solchen Gesellschaft geahnt hatte.

Es hat mich sehr gefreut, bei dieser Gelegenheit, verehrter Herr und Bruder, mit Ihnen in schriftliche Verbindung getreten zu sein, und indem ich die Ihnen oben gegebene Zusicherung wiederhole, bitte ich Sie, die Versicherung der ausgezeichnetsten Hochachtung zu genehmigen, womit ich die Ehre habe zu verharren

Ihr ganz gehorsamst treuverbundener Br.
A. Schleiermacher.

Darmstadt, d. 13. Oktober 1831. im Ord. a Stella Magorum."

Dieses Schreiben ist das letzte sichere Lebenszeichen des Starckschen Klerikats oder, wie es in der Darmstädter Zeit genannt wurde, die Verewigung der „sieben Verbündeten". In den nachfolgenden Jahren haben wir keine urkundlichen Beweise, daß eine Verbrüderung der Kleriker noch bestanden habe.

Nunmehr war eine Periode in Nettelbladts Entwicklung zum Abschluß gekommen, die wir als seine geistigen Wanderjahre bezeichnen können. Jetzt kam die Zeit der Ernte, die letzten zehn Jahre dieses reichen Lebens sind erfüllt von schöpferischer Arbeit. Wirkliche Ruhe konnte dieser strebende, rastlose Geist nicht finden, der gewaltige Schaffenstrieb hielt seine Kraft stets gespannt. Immer bereit, in die Bresche zu springen, wenn es das Wohl des Ordens verlangte, immer zur Stelle, wenn schwere wissenschaftliche Probleme zur Lösung drängten, immer auf dem Sprung zu reisen, wenn der Orden seiner bedurfte, sei es, daß irgendwo Zwistigkeiten entstanden waren, die sein mildes vermittelndes Wort ausgleichen sollte, sei es, daß er Anmaßungen in die gebührenden Schranken zurückzuweisen hatte.

Wir haben seiner natürlichen Veranlagung zum Apologeten der Ordenslehre gedacht. Nach dieser Richtung ist ihm ein voll gerüttelt Maß von Arbeit erwachsen, und er hat gute Arbeit getan, weil ihm die Sache des Ordens Herzenssache war. So ist er nicht nur der interpretierende Theoretiker und Gesetzgeber des Ordens geworden, sondern auch sein Geschichtsschreiber und vor allem der glänzendste Verteidiger seiner Lehre.

Trotz des Toleranzedikts von 1798 und trotz der vaterländischen Gesinnung der drei altpreußischen Großlogen, die sich in den Befreiungskriegen durch freudige Opfer von Gut und Blut offen gezeigt hatte, hörten die Anfeindungen gegen die Freimaurerei nicht auf. Wir entnehmen aus einem Briefe des Landesgroßmeisters Generals von Schmidt vom 1. Dezember 1820 an Nettelbladt, daß immer im trüben gegen die preußischen Freimaurer gearbeitet wurde. Im Jahre 1819 hatte der Polizeiminister, Fürst Wittgenstein, eine anonyme Beschwerde gegen die Freimaurer erhalten, worin sogar Persönlichkeiten mit Namen genannt waren, die Reden gegen den König und die Regierung gehalten haben sollten. Der Landesgroßmeister konnte durch eine offene Erklärung dem Fürsten gegenüber die Sache aus der Welt schaffen. In dem Schreiben heißt es dann: „Der Fürst glaubte meinen Worten und jene Anklage war beseitiget. Gestern als ich bei dem König zur Tafel geladen war, sagte der Fürst Wittgenstein zu mir, wie man in Troppau – in Troppau hatte von Oktober bis Dezember 1820 ein Fürstenkongreß stattgefunden, an dem der König von Preußen und der Kaiser von Rußland teilgenommen hatten – viel von mir gesprochen habe, welches er mir mitteilen wollte, zu welchem Ende derselbe mich nötigte, mich neben ihm an der Tafel niederzulassen. Nicht wenig hierüber verwundert, vernahm ich dann folgendes. Der russische Kaiser habe gegen unsern König sich ganz ernstlich dahin ausgelassen gehabt, daß man die Freimaurerverbindung, als eines geheimen Vereins, unter sehr strenge Aufsicht stellen müsse. Der König habe deshalb mit dem Fürsten Wittgenstein gesprochen, welcher diese Maßregel nach der demselben von mir gegebenen Erklärung für unnötig gehalten habe. Seine Majestät der König, hiermit einverstanden, habe den Fürsten mit sich genommen, um Seiner Majestät dem Kaiser von Rußland das vorzutragen, was ich über die Tendenz des Ordens geäußert hätte, wobei mein Verhältnis zum Orden mit zur Sprache gekommen wäre. Diese Erklärung habe beide Majestäten gänzlich beruhigt, so daß man von jener Maßregel abstrahiert habe. Diesem fügte der Fürst Wittgenstein noch hinzu, wie es ihm sehr angenehm sein würde, wenn ich ihm über das Wesen des Ordens etwas schriftlich mitteilen würde, damit er einen solchen Aufsatz jetzt benutzen könnte, um ihn beiden Majestäten vorzulegen.

Dies scheint mir eine sehr gewünschte Gelegenheit zu sein, um den erhabenen Personen eine Ansicht über die harmlose Maurerverbindung zu geben, auch solche nach ihrem Wesen als treue Staatsdiener und rechtliche Männer darzustellen. Seine Durchlaucht der Fürst führte an, daß die französischen Logen bekanntlich keinen guten Ruf hätten und schien es gern zu vernehmen, als ich demselben versicherte, daß wir mit denselben nicht kommunizierten. Ebenso hatte es seinen Beifall, daß niemand vor Erlangung des fünfundzwanzigsten Jahres aufgenommen würde, weil, wie er sich ausdrückte, die Brauseköpfe nur unter jungen Leuten gefunden würden.

Außer dem Bruder Palmié sind Sie, mein Hochwürdiger Bruder, der einzige, dem ich hiervon Mitteilung mache, und ich bitte daher auch, daß Sie die Güte haben, solches für sich zu behalten; besonders ersuche ich Sie brüderlichst ergebenst, mir, wenn es möglich sein könnte, bald Ihre Gedanken darüber mitzuteilen, was wohl in jenen Aufsatz aufzunehmen sein dürfte. Mir scheint diese Ausarbeitung von der größten Wichtigkeit, sowie auch, daß wir darin besonders von der Landesloge sprechen, um nicht eine Bürgschaft für alle übrigen zu übernehmen. Noch muß ich als bemerkenswert anführen, daß Seine Majestät der König nach der Tafel viel mit mir sprach, welches sonst nicht geschieht, wenn er mit jemand unzufrieden ist. Ich für mein Teil glaube, daß unser König den Orden immer beschützen wird; aber ich wünschte auch, daß wir ihm und allen Regenten sagen könnten, daß sie unter den Mitgliedern desselben als echte Maurer die treuesten und ergebensten Diener finden. Vielleicht gibt der jetzige Zeitpunkt Gelegenheit, sich darüber mit Bescheidenheit auszulassen."

Diese wichtige Information für den Fürsten Wittgenstein hat Nettelbladt maßgebend beeinflußt, und sie hat die altpreußischen Großlogen in der Zeit der Demagogenverfolgungen vor allen polizeilichen Aktionen, wie Haussuchungen, Brieföffnungen und Überwachungen, bewahrt. –

In bezug auf die Ordenslehre hat Nettelbladt mit den Gegnern vielfach die Klinge gekreuzt. Die Auseinandersetzung mit Friedrich Ludwig Schröder bewegte sich äußerlich in korrekten brüderlichen Formen, aber als Schröder immer deutlicher mit der Absicht herausrückte, Nettetbladt und die von ihm geleitete Loge zum Hamburger System herüberzuziehen mit der Aussicht, daß er dann alle Geheimakten des Engbundes benutzen könne, brach Nettelbladt den Briefwechsel ab; und als er endlich die ihm von Schröder verweigerte Kenntnis des Pamphlets „Zinnendorfs maurerische Laufbahn" erhielt, trat er offen in Kampfstellung. Auch mit Theodor Merzdorf unterhielt er einen regen Briefwechsel. Es standen sich hier zwei Gelehrte gegenüber, Überzeugung gegen Überzeugung, aber auch Hochachtung gegen Hochachtung, mild in der Form, streng in der Sache.

Nettelbladts Auffassung auf der Höhe seiner freimaurerischen Wirksamkeit geht aus einem Briefe an Merzdorf vom 28. April 1837 klar hervor: „Ich glaube schwerlich, mein verehrter Bruder, daß wir über die Frage, was Freimaurerei ist, und über die Frage, warum die Juden nicht zugelassen werden dürfen, die allerdings damit in gewisser Beziehung zusammenhängt, uns vereinigen werden. Das was Sie für Freimaurerei halten, erkenne ich nicht dafür, sondern für eine gesellschaftliche Vereinigung zu irgendeinem unsträflichen Zweck, wobei man sich freimaurerischer Formen bedient. Auf Ihre Frage antworte ich also: Juden sind keine Maurer und können keine Maurer sein, wenn man sie auch in England, Frankreich und Holland aufgenommen hat. Ihre Zertifikate beweisen nichts weiter, als daß eine Gesellschaft, die freimaurerische Formen beobachtet, sie ausgestellt hat und daß sie in dieser Gesellschaft als Maurer betrachtet werden. Ein solches Zertifikat kann aber keine andere Gesellschaft verpflichten, dasselbe zu tun.

Die Freimaurerei hat ein bestimmtes Mysterion, welches nur Christen mitteilbar ist und nur von Christen ergriffen werden kann. Das ist Ihnen sicher eine zu orthodoxe Behauptung, allein ich kann meine Überzeugung nicht verleugnen und bin übrigens wegen eines solchen Vorwurfs in meinem Herzen vollkommen ruhig, da ich in meinem Leben auch als Maurer hinreichend bewiesen habe, wie sehr ich freisinnige Ansichten ehre, das Neue, Bessere anzuerkennen und Aufklärung zu befördern geneigt bin. Gewissensfreiheit gestehe ich jedem zu, allein ich verlange sie auch für mich.

Wozu ich einer Berechtigung bedarf, um Ihnen die ganze Wahrheit anzuvertrauen? Ich weiß nicht, ob ich wörtlich so geschrieben habe? Allein die Sache ist allerdings richtig. Die Erkenntnis, das Mysterion der wahren Maurerei, kann und darf nur unter gewissen Voraussetzungen mitgeteilt werden, es müssen gewisse Bedingungen eintreten, von denen uns nicht abzuweichen erlaubt ist. Eine Dispensation, sich in höhere Grade aufnehmen zu lassen, werden Sie von Ihrer Loge nie erlangen, denn sie gehört ja zum Schröderschen System, und dies verhindert auf jede Weise offizielle Kenntnis in dieser Beziehung. Es begnügt sich, in seinen Erkenntnisstufen falsche und verstümmelte Mitteilungen zu machen und dadurch jede Forschung an der Quelle zu verhindern. Deshalb muß auch jeder, der die Schrödersche Erkenntnisstufe erhält, sich verpflichten, nie einen höheren Grad zu nehmen. – Sie nennen dies System human und sind der Meinung, daß man redlich und offen zu Werke ginge, ich leugne dies durchaus. Allerdings sucht man die Fahne der Humanität aufzuziehen, allein im Innern ist es ganz anders bestellt. Intoleranz, Verleumdung und Falschheit sind die Grundzüge eines Systems, welches im Entstehen eine polemische Richtung nahm, sie fortwährend, wenngleich heimlich verfolgt, aber nach Schröders Tode weder Geist noch Kraft hat, um das Ziel, welches er sich gesetzt hatte, zu erreichen.

Wenn Sie die Direktion so genau kennten und besonders von den Verhältnissen, unter welchen das System gebildet und verbreitet ward, so aktenmäßig unterrichtet wären wie ich, so würden Sie meine Ansicht sicher teilen. Übrigens erzeigen die Hamburger mir die Ehre, mich für ihren erbittertsten Gegner zu halten, sie haben aber nie den Mut gehabt, sich in einen ehrlichen Kampf mit mir einlassen zu wollen, oder den Forderungen der Billigkeit und Gerechtigkeit nachzugeben…“

Das Bild dieses großen Menschen und Meisters steht nun klar vor unsern Augen. Gerade dieser letzte Brief zeigt uns den Mann, der in seinem ganzen Wesen der gerechte Richter war und die Meinung seines Nebenmenschen, wenn sie nur aus ehrlicher Überzeugung floß, achtete. Bescheiden wie er war, hat er seinen Standpunkt niemals einem andern aufdrängen wollen. Dies war eine vorzügliche Eigenschaft, aber das beste an ihm war doch sein der Freundschaft offenes Herz.

Eine Freundschaft, ebenso edel wie treu, verband ihn mit seinem Ordensmeister Johann Michael Palmié, den die Geschichte der Großen Landesloge mit Recht den großen Neubildner nennt. Er war einer der gewaltigsten Kanzelredner, die Berlin jemals gehabt hat und zwanzig Jahre Ordensmeister der Großen Landesloge. Die umfangreiche Korrespondenz schließt mit einem prachtvollen Schreiben Nettelbladts vom 2. September 1838, das seine ganze wertvolle Persönlichkeit enthüllt.

„Mein teuerster Freund, es ist lange, daß ich auf Ihre Briefe nicht geantwortet und Ihnen überhaupt nichts mehr von mir zu lesen gegeben habe, wir können also miteinander aufrechnen, denn auch Sie haben mich auf die versprochenen Mitteilungen warten lassen. Uns beide drückt die mit den vorrückenden Jahren unabwendliche Schwäche und so manches Ungemach, von dem wir früher keine Ahnung hatten. Indes mahnt mich das um so stärker an die Pflicht, zu vollenden, was wir angefangen haben."

Der Grund, warum die beiden Freunde über ein halbes Jahr einander kein Lebenszeichen gegeben hatten, lag tatsächlich in den Beschwerden des Körpers. Palmié war vielfach krank und bettlägerig und wurde von Gliederschmerzen geplagt, die ihm oft eine Lähmung der rechten Hand brachten, so daß ihm das Schreiben sehr schwer wurde. Die Briefe aus seinen letzten Lebensjahren – er starb 1841 – sind oft überhaupt nicht mehr leserlich. Und auch Nettelbladt litt unter Krankheitsanfällen und, wie wir aus seiner Lebensgeschichte wissen, auch schmerzvollen Geschehnissen in seiner Familie. Nun aber hatte er sich aufgerafft, weil die Pflicht, das große Lebenswerk nicht unvollendet zu lassen, ihn gebieterisch mahnte. Er fährt fort:

„Es sind zwanzig Jahre, seit wir beide in rüstiger Kraft in Güstrow zusammentrafen und uns gelobten, den Bau aller Schwierigkeiten ungeachtet zu vollenden. Viel ist in der Zeit geschehen, unermüdet tätig sind wir gewesen, wir haben gestaltet, verändert, verbessert, vervollkommnet, aber das Ziel ist noch nicht erreicht, und immer haben wir mit neuen Schwierigkeiten zu kämpfen gehabt. Indes stellt sich soviel heraus, daß, wenn wir nichts zur Vollendung tun, schwerlich jemand nach uns sie in unserem Sinne und Geiste zu erreichen imstande sein wird – ja, daß selbst die nächste Zukunft das Ziel nicht einmal erkennt, was wir uns gesteckt haben. Schwerlich wird jemand die Masse der Materialien, welche wir zusammengebracht haben, wieder zu sammeln imstande sein. Schwerlich wird jemand in die Mangelhaftigkeit des Bisherigen so eindringen, und die Gesichtspunkte, nach denen allein eine Abhilfe möglich wird, so freisinnig und scharf, so unparteiisch und wahr ins Auge fassen. Schwerlich wird jemand die gemachten Fehler so treu enthüllen und mit soviel Fleiß die Mittel zu ihrer Verbesserung entdecken wollen. Darum erkenne ich es für eine unabweisliche Pflicht, das niederzulegen, was das letzte Ergebnis aller bisherigen Bemühungen gewesen ist, was sich aus den vorhandenen Materialien herausgestellt hat und was die Mittel bieten kann, den Schlußstein in letzter Vollkommenheit herbeizuschaffen. Nach diesen Gesichtspunkten habe ich die Ihnen bereits eingehändigten Abteilungen des elften Buches redigiert und vor längerer Zeit Ihnen zugehen lassen. Jetzt ist auch des elften Logenbuches fünftes Kapitel zweiter Artikel und damit der Unterricht für die Architekten vollendet, und soll nur noch ins Reine geschrieben werden. Ferner habe ich in dem zwölften Buche den Unterricht für den Ordensmeister, die wortführenden Architekten und die höchsten Beamten in dem ersten Kapitel desselben zusammengestellt als die besonderen Kenntnisse der höchsten Beamten, aber die Geschichte der Gestaltung und Vervollkommnung unseres Kapitels darin niedergelegt, welche ich hierneben anschließe. Ich ersuche Sie, sie genau nachzulesen und zu prüfen, und wenn Sie sie genehmigen, sie mir wiederum zugehen zu lassen, um hier die Reinschrift zu besorgen. Daneben wünsche ich zu wissen, ob Sie das elfte Buch, so wie ich es Ihnen zugesandt, besiegelt und eingeführt haben. Es ist mir von Ihnen, mein teurer Freund, darüber nichts, sondern es sind mir nur einige allgemeine Bemerkungen von Heegewaldt und Loos, die ich auch beantwortet haben werde, zugegangen. Ich muß sehr wünschen und empfehlen, daß Sie damit nicht säumen, denn wenn der Himmel Sie abriefe, vielleicht auch mich, so würde eine große und kaum abwendliche Verlegenheit entstehen. Es können allerdings die Akten noch mancher Ausstellung unterliegen, und sie werden es, wie jedes Menschenwerk. Allein so wie die Sache liegt, ist etwas Mangelhaftes besser wie gar nichts, als das was die Redaktion aus den vorhandenen Materialien gegeben hat! Eine Prüfung weiter als sie geschehen ist, scheint weder möglich, noch der Klugheit, noch Ihrem Standpunkt angemessen. Möglich nicht, weil außer Ihnen, Loos und Heegewald und mir, niemand in das Material und in unsere Schwächen soweit eingedrungen ist, um ein genügendes Urteil fällen zu können. Der Klugheit nicht angemessen, da es nur ein Heer von Zweifeln, von Kämpfen und von Kritiken aufregen würde, deren Ende und Erfolg nicht abzusehen wäre, und die leicht zur gänzlichen Erschütterung unserer Lehrart führen dürften. Ihrem Standpunkt besonders gefährlich, da die Behauptung der ordensmeisterlichen Autorität, wie sie hingestellt ist, gerade auf Vollkommenheit unserer Kundschaft und unserer Gestaltung beruht. ... Sie müssen, wenn Sie einst abgerufen werden, nicht allein mit dem Bewußtsein und nach Kräften hundertfältig mehr getan und gewirkt zu haben als alle Ihre Vorgänger scheiden, sondern auch mit dem Ruhme und der Gewißheit für Ihre Nachfolger, daß Sie ihnen ein wahres und vollendetes Ganzes hinterlassen und dadurch die Gewißheit, daß der Bau bestehen wird. Nur dem allerengsten Kreise, also den höchsten Beamten, die zum Steuer des Ordens berufen sind, darf die Kenntnis von der Erbauung unseres Kapitels und dem Zustande unserer Kundschaft gegeben werden, und das habe ich in dem angeschlossenen Buche getan und dadurch allen Anforderungen der künftigen Zeit genügt."

Eine spätere Zeit ist nicht mehr so streng gewesen, und heute ist der ernsten wissenschaftlichen Forschung, die schon Adolf Widmann im Ausgang der sechziger Jahre des vorigen Jahrhunderts einleitete, keine Schranke gesetzt.

Der bedeutungsvolle Brief endete: „Wenn ich meinesteils in allem, was die gesamte Redaktion betrifft, kein Urteil scheue und jede Silbe nachweisen und verteidigen will, so ist doch nach Ihrer ganzen Umgebung es höchst bedenklich, mit den Mitteilungen hervorzugehen, daß Sie etwa einer Rezension unterstellt werden, es ist nur ein einziger Bruder in dieser Umgebung, der Kenntnis, Geist und guten Willen genug hat, einzudringen und dessen Eindringen von Nutzen sein kann. ... Ich sehe nunmehr Ihren weiteren Bestimmungen alsbaldig entgegen und bitte, wenn es möglich wäre, auf einige Tage die Zusendung der mundierten Akten, damit ich Kleinigkeiten, die ich vielleicht im Konzepte nur obenhin bemerkt habe, noch einmal nachzusehen imstande bin, um bei Allegaten nicht zu fehlen.

Vom abgeordneten Landes-Großmeister habe ich einen freundlichen Brief erhalten, den ich Ihnen lediglich verdanke, und wofür ich Ihnen die Hand drücke. Ich schließe an ein Aktenstück, die schwedische Korrespondenz betreffend, welches Sie mir anvertraut haben, und umarme Sie herzlich und innig."

Es war in Nettelbladts Leben Hoch-Mitternacht geworden, und der große Meister bereitete sich vor, die irdische Loge zu schließen. Ein prachtvolles Tagewerk war vollendet. Nettelbladts Arbeit ist späterhin mehrfach umredigiert, nie aber verbessert worden, denn keiner seiner Nachfolger hatte die umfassenden Kenntnisse und die leidenschaftliche Liebe zur Sache wie er. Starck wandte auf ihn einmal das mecklenburgische Sprichwort an: „Bèter alleen, als in quader Gemeen", „Besser allein, als in zweifelhafter Gesellschaft", und das war treffend für ihn, und es war auch und blieb der Grundsatz der Großen Landesloge. Im Ausgang des neunzehnten Jahrhunderts, als man die

Nettelbladtsche Fassung der Akten umarbeitete, wich auch der Nettelbladtsche Geist von dem Orden. Aber je mehr die Zeit in dem ewigen Kreislauf der Notzeit der Napoleonischen Gewaltherrschaft ähnlich wurde, je mehr sich der Druck des Vertrags von Versailles verstärkte, desto entschiedener vollzog sich in der Landesloge die Wiedergeburt der Nettelbladtschen Gedanken. Ist auch manches in seinen historischen und rituellen Werken überholt, Lieblingsgedanken seiner edlen ritterlichen Seele als unhaltbar erwiesen, die klassische Linie ist geblieben. Mehr als je gebietet die politische Entwicklung Deutschlands, auf dieser klassischen Linie festen Mutes fortzuschreiten. Der Geist Nettelbladts regiere die Stunde!

B. Der Freundschaftsvertrag mit Schweden

Um die Beziehungen der Großen Landesloge von Schweden und der Großen Landesloge von Deutschland richtig zu verstehen, müssen wir bis in die Zeit Zinnendorfs zurückgehen. Dieser treffliche Mann wußte, daß die ihm von Eckleff überlieferten Akten unvollständig waren, und er sandte daher im Jahre 1776 seinen vertrauten Freund Castillon nach Schweden, um durch persönliche Verhandlungen mit Eckleff das Fehlende zu erhalten. Inzwischen war die Würde des Ordensmeisters auf den Herzog Karl von Södermanland übergegangen, der, obwohl schwer erkrankt, Castillon außerordentlich freundschaftlich aufnahm und sich in der schmeichelhaftesten Weise über Zinnendorf äußerte (Band II, 192 ff.).

Da traten Ereignisse ein, die das gute Einvernehmen zwischen beiden Großkörperschaften empfindlich störten. Castillon wohnte in der Nähe des preußischen Gesandten in Stockholm, des Grafen von Nostiz, der ein eifriges Mitglied der strikten Observanz war. Der Sekretär der Gesandtschaft, Kornbek, war mit Castillon bekanntgeworden und hatte nichts eiligeres zu tun, als seinem Chef mitzuteilen, der Berliner Professor sei Freimaurer, gehöre zur Großen Landesloge von Deutschland und habe sicherlich besondere Aufträge. Nun näherte sich Nostiz Castillon und versuchte ihn über den Zweck seines Besuches auszuforschen. Der vorsichtige und kluge Castillon war diplomatisch genug, sehr höflich zu sein, aber über das wichtigste, was Nostiz erkunden wollte, tiefes Stillschweigen zu beobachten. Da aber Nostiz fast täglich mit Eckleff und einem andern Mitglied des schwedischen Ordenskapitels, dem Baron von Bierkén, verkehrte, so blieb er nicht lange im Zweifel über Castillons Mission. Und sobald er abgereist war, gelang es ihm mit Hilfe des Abenteurers Plommenfelt, den Herzog gegen die Große Landesloge einzunehmen, so daß die strikte Observanz schließlich die bekannte Vernichtungsakte erschleichen konnte.

Zu dieser Unfreundlichkeit hätte es nicht zu kommen brauchen, wenn Zinnendorf auf Bierkén hätte hören wollen, der sein und der Großen Landesloge aufrichtiger Freund war. Zinnendorf hatte im Gefühl seines Rechts die schwedischen Abgesandten sehr kurz behandelt und namentlich Plommenfelt, den er mit Recht für einen Schwindler hielt, verletzt. Bierkén hatte in fast jedem Briefe Zinnendorf darauf aufmerksam gemacht, daß die Verhältnisse sich völlig verschoben hätten. Er riet ihm immer von neuem, den von Eckleff ausgestellten Freibrief von dem Herzog von Södermanland bestätigen zu lassen. Nötig war das nicht, denn das schwedische Kapitel war, wie wir bereits früher gezeigt haben, in derselben Form konstituiert wie das Berliner. Ein solcher Schritt Zinnendorfs aber hätte ihm sehr viel Kämpfe und der Großen Landesloge mancherlei Anfeindungen erspart.

Der Herzog von Södermanland, der anfänglich sehr freundschaftliche Gesinnungen für Zinnendorf hegte, war von Plommenfelt über die Ordensverhältnisse in Deutschland völlig falsch unterrichtet worden. Dieser listige Schwindler, der auf der Durchreise in Braunschweig mit einigen Mitgliedern des Direktoriums der strikten Observanz bekanntgeworden war, hatte sich als brauchbares Werkzeug erwiesen, einen großen Schlag gegen Zinnendorf und die Große Landesloge zu führen. Es ist der Indizienbeweis möglich, daß Plommenfelt der Kamarilla in Braunschweig gegen genügende Bezahlung seine Dienste widmete, um jene Vernichtungsakte von dem Herzog zu erhalten. So stellte er dem für die Königliche Kunst begeisterten Fürsten die hohe Aufgabe vor, die Freimaurerei in Deutschland und Schweden unter seiner Führung zu vereinigen, alle Gegensätze auszugleichen, so daß ein Hirt und eine Herde sei. Seinen Auftraggebern war es ganz gleichgültig, wer die Heermeisterwürde erlangte, ihnen war der Herzog von Södermanland nur Mittel zum Zweck, und ernsthafte Mitglieder des Stockholmer Kapitels, wie Bierkén, Oxenstijerna und Generalleutnant Horn, haben das auch wohl durchschaut. Daher hatten die schwedischen Abgesandten auch die bindende Verpflichtung, die Vernichtungsakte gegen die Große Landesloge nicht eher herauszugeben, als bis die Wahl des Herzogs von Södermanland zum Heermeister erfolgt sei. Die Kamarilla der strikten Observanz hat sie ihnen jedoch vorher abgelistet, und es hätte nicht viel gefehlt, daß der Herzog darnach überhaupt nicht gewählt wurde.

Es ist also verständlich, wenn Zinnendorf über Schweden verstimmt war und auf die wohlgemeinten Ratschläge Bierkéns nicht hören wollte.

Nachdem nun die strikte Observanz zu Grabe getragen war, und der Hauptgegner der Großen Landesloge, Herzog Ferdinand von Braunschweig, das Zeitliche gesegnet hatte, regte sich bei den Führern der Großen Landesloge immer entschiedener der Wunsch, die Vernichtungsakte auszutilgen und die Freundschaft mit dem stammverwandten und durch gleiche Lehrart verbundenen schwedischen Freimaurertum wieder anzuknüpfen. Mit einem längeren Schreiben vom 7. Januar 1812, das Castillon unterzeichnet hatte, wurde der Briefwechsel wieder aufgenommen. Am 24. Juni 1814 zeigte die Große Landesloge den Schweden den Tod Castillons an, worauf am 15. September von dem deputierten Großmeister eine Antwort einging, worin es heißt, daß der König mit Rücksicht auf Castillon – Herzog Karl hatte als Karl XIII. nach der Entthronung seines Neffen den schwedischen Thron bestiegen –, „den Se. Majestät kannten und mit seiner Achtung beehrten und als einen Bruder schätzten, der die echten Kenntnisse und wahren Grundsätze unseres ehrwürdigen Ordens besaß." Dann folgte die Beileidserklärung und der Brief schloß: „Übrigens da wir erkennen, daß Sie Ihre Arbeiten nach den Grundsätzen leiten, denen auch wir folgen und die wir für die einzig wahren halten, so wird es uns stets ein Vergnügen sein, den Mitgliedern Ihrer Großloge die Achtung und das brüderliche Wohlwollen zu erweisen, worauf alle wahren und würdigen Freimaurer ein Recht haben."

Damit war das Tor zur freundschaftlichen Vereinigung weit geöffnet. Und als nun die Annahme der im ehemals schwedischen Vorpommern gelegenen Logen durch die Große Landesloge beabsichtigt wurde, entstand ein Briefwechsel zwischen den Schweden und der Loge in Stralsund „Gustav Adolf zu den drei Strahlen". Generalleutnant von Bennet schreibt am 19. November 1813 an den Meister der Loge von Stralsund, Herrn von Schubarth:

„Professor Castillon ist diesen Sommer in Gotenburg gewesen, er hat sich als Wortführer der Großen deutschen Landesloge in Berlin, zu erkennen gegeben, er ist von Sr. Königl. Majestät gekannt, als einer, der gute und richtige Kenntnisse besitzt, und Se. Königliche Majestät sind geneigt, in der Eigenschaft eines Weisesten Salomos Vicarii, zu erlauben, daß sie in Relation mit der Schwedischen Großen Landesloge kommen möge, wenn sie solche verlangen, widrigenfalls wird es verbleiben wie es bisher gewesen. Durch Se. Majestät unermüdete Sorgfalt ist unsere Arbeit so autorisiert und auf so festen Grund gebaut, daß wir nie gesucht haben, nie zu suchen gebrauchen, noch nie suchen werden eine Relation, mit wem es auch sei, aber es soll uns immer zur Freude gereichen, wenn Brüder, welche die rechten Freimaurerkenntnisse besitzen, sich mit uns in Relation einlassen wollen, und werden wir nie unterlassen, ihnen diejenige brüderliche Achtung zu beweisen, welche sie als rechtschaffene Freimaurer zu fordern das Recht haben."

Ein Brief Castillons vom 21. Dezember 1813 an Schubarth enthält folgende Stelle: „... bitte dringend, soviel Sie Ihrerseits dazu beitragen können, zu bewirken, daß wir endlich aus Stockholm eine Antwort auf unser letztes Schreiben, und zwar eine befriedigende Antwort, bekommen. Wir wünschen nichts mehr als wiederum in eine genauere Verbindung mit unseren guten schwedischen Brüdern, von welchen wir eigentlich abstammen, zu kommen."

Die Erfüllung dieses Wunsches sollte Castillon nicht mehr erleben. Die Antwort ging erst gelegentlich der Genehmigung zum Anschluß der beiden Logen in Stralsund und Greifswald ein, die König Karl XIII. am 9. Oktober 1817 erteilte:

„Indem Sie mir den Anschluß der beiden Ehrwürdigen mit der Großen Nationalloge von Schweden verbundenen und nun mit der Großen Loge von Deutschland vereinigten St.-Johannis-Logen melden, äußern Sie den Wunsch, die heiligen Bande noch enger zu knüpfen, die durch Gleichförmigkeit der Grundsätze und Gebräuche beide Mutterlogen umschlingen. In dieser Absicht und um einen ununterbrochenen Briefwechsel wieder zu eröffnen, haben Sie mir das Verzeichnis Ihrer gegenwärtigen Großbeamten und den von Ihnen abhängenden Arbeitslogen vorgelegt. Dieser Sendung fügen Sie den Wunsch hinzu, daß Ihre Großloge nebst der ihr zugehörigen Werkstätten in das Verzeichnis der fremden Logen, mit denen die Große Loge von Schweden in Verbindung steht, aufgeführt werden möge.

Indem Ich den Wert Ihres Vertrauens empfinde und Ihre ehrfurchtsvollen Huldigungen annehme, danke Ich Ihnen für den Eifer, den Sie bezeugen, mit der schwedischen Freimaurerei, deren Beschützer und Haupt zu sein Ich mir zur Ehre rechne, enger verbunden zu werden. Die Königliche Kunst, die Sie üben und lehren, hat sich auf immer im Norden festgesetzt. Diese erhabene Wissenschaft, die das Glück der Menschen zum Ziel hat und sie nur erleuchtet, um sie zu bessern, erhält sich dort in ihrer ursprünglichen Reinheit. Um dieses gemeinschaftliche Ziel zu erreichen, müssen alle echten Brüder einhellig handeln, und sich gegenseitig Hilfe leisten …

Mit Befriedigung bewillige Ich Ihnen also uneingeschränkt Ihre Bitte, indem Ich die nötigen Befehle erteile, damit Ihre Große Loge und Ihre Werkstätten unter den mit der Großen Loge von Schweden verbundenen Logen aufgeführt werden.

Endlich gebe Ich Ihnen die Versicherung, daß Ihre Brüder, so oft sie unsere Logen besuchen werden, unsere Bruderliebe sie vergessen lassen wird, daß sie Fremde sind. Ich bitte den Großen Baumeister des Weltalls, sie in seine heilige und gnädige Obhut zu nehmen. Carl ✠."

Nachdem dieser Freundschaftsbund geschlossen war, begann ein reger Briefwechsel zwischen den beiden Großen Logen. Freundschaften knüpften sich, rein geschäftliche Beziehungen, die seit lange bestanden hatten, wurden durch die freimaurerische Gemeinschaft zu einem herzlichen brüderlichen Zusammenwirken. Soweit es die Lehre und das Ritual anging, war Nettelbladt der federführende Kopf, er, der sich am erfolgreichsten in die Geschichte und in die Ritualien der vergangenen und seiner Zeit vertieft hatte. Es kam für die Große Landesloge vor allem darauf an, durch eine offizielle Kundgebung die Vernichtungsakte von 1777 aufgehoben zu sehen, und die Kenntnisse, die Karl XIII. aus Genf erhalten hatte, zur Vervollständigung der Eckleffschen Akten zu erhalten.

Am 5. Februar 1818 war Karl XIII. gestorben, und am 9. desselben Monats gab die Große Loge von Schweden der Landesloge von dem Ableben des Königs Kenntnis. Es erfolgte eine Beileidskundgebung, und die schwedische Große Landesloge hielt zu Ehren des in den ewigen Osten eingegangenen Vicarius Salomonis der neunten Provinz eine feierliche Trauerloge ab. Es wurde eine Medaille geprägt, die mit einem freundschaftlichen Schreiben der Großen Landesloge in Berlin unter dem 5. Februar 1819 übersandt wurde.

Inzwischen hatte Nettelbladt die zwischen Stockholm und Berlin schwebenden Fragen erledigt, und der Gedanke, eine Gesandtschaft abzusenden, um die freundschaftliche Verbindung auch vertraglich festzulegen und das fehlende Aktenmaterial zu erhalten, hatte greifbare Gestalt gewonnen. Auf Vorschlag Nettelbladts wurden drei Mitglieder ausgewählt, die mit einer ausführlichen von Nettelbladt ausgearbeiteten und von den oberen Ordensbehörden in Berlin gebilligten Instruktion versehen wurden. Es waren dies Dr. phil. Wehber-Schuldt, Nettelbladts jüngerer Bruder Erhard Freiherr von Nettelbladt und Hauptmann von Stein.

Diese Abgesandten waren am 24. Februar 1819 in Stockholm eingetroffen und folgten am nächsten Tag einer Einladung des Generals von Bennet. Der General machte zunächst einige geschichtliche Mitteilungen über die Herkunft des schwedischen Kapitels, und dann wurde die Frage der Rechtmäßigkeit des Berliner Kapitels erörtert. Bennet erklärte, nach dem Tagebuch der Gesandtschaft, das sich im Archiv der Höchsten Ordensabteilung der Großen Landesloge befindet, „daß wir (das Berliner Kapitel) rechtmäßige Kenntnisse hätten, die den ihrigen gleich wären, und es würde also um so leichter sein, über das Vergangene hinwegzugehen und es als unnötig nicht weiter zu berühren. Diese Äußerung veranlaßte den Bruder Wehber-Schuldt zu bemerken, daß die Kenntnis, welche mehrere neologische Logen Deutschlands von einer von seiten der schwedischen Brüderschaft ausgestellten und gegen das große Kapitel der Landesloge von Deutschland gerichteten Kassationsakte vom Jahre 1777 hätten, eine Kenntnis, welche der wahren Freimaurerei in Deutschland zu nicht geringem Schaden gereiche, bei uns den Wunsch erzeugen müßte, diese keineswegs verdiente Vernichtungsakte wiederum durch eine ostensible Gegenerklärung aufgehoben zu sehen.

Der Bruder von Bennet schien frappiert und behauptete geradezu, eine solche Akte könne durchaus nicht existieren, wenigstens nicht von seiten des jetzigen Großen Kapitels von Schweden.

Auf die von ihm hinzugefügte Frage: ob es vielleicht während der Zeit, daß Graf Scheffer Großmeister gewesen, geschehen sei, ward erwidert: gedachte Akte sei ausgestellt, nachdem bereits Sr. Majestät Karl XIII. die Führung des Ordens übernommen, auch von ihm und den sämtlichen Großbeamten unterschrieben.

Bruder von Bennet lehnte nochmals jede Kenntnis einer solchen Akte ab, setzte jedoch nach einigem Besinnen hinzu: Sie haben zu der Zeit zur siebenten Provinz gehört, als der selige König Heermeister derselben ward, und es ist deshalb möglich; daß wie zu derselben Zeit alle nicht zur strikten Observanz gehörigen Logen kassiert wurden, auch Sie in dieses Schicksal mit verflochten gewesen sind.

Bruder Wehber-Schuldt hielt hier die Bemerkung nötig, „der verstorbene Herzog von Braunschweig sei wahrscheinlich die Veranlassung dieser Verfügung".

Die weiteren Verhandlungen wurden in freundschaftlichster Weise geführt, und am 2. März sollten die Kapitelabgeordneten dem König vorgestellt werden. Um vier Uhr nachmittags fuhren sie zum General von Bennet, der sie zu dem Kronprinzen geleitete, wo sich die zwölf Ritter-Kommandeure des schwedischen Kapitels versammelt hatten. Das Tagebuch fährt weiter fort:

„Der Kronprinz trat herein, wir wurden von Bennet einzeln vorgestellt, worauf Bruder Wehber die Anrede hielt. Sr. Königl. Hoheit antworteten in einigen verbindlichen Worten. – Bald darauf, angeführt vom Kronprinzen in Begleitung aller Kommandeure, begaben wir uns zu Sr. Majestät. Die Kommandeure traten vorher in das offene Zimmer des Königs und wir wurden gleich darauf vom Zeremonienmeister eingeführt. – Seine Majestät stand umgeben von dem Kronprinzen und den Kommandeuren. – Der Bruder Wehber hielt die Anrede, worauf der König in seiner Antwort sagte: Er sei sehr erfreut (charmé), die Deputierten der Großen Landesloge bei sich zu sehen und danke derselben für die ihm bewiesene Aufmerksamkeit. Er würde gern unsern Wünschen entgegenkommen, soweit es seine Kräfte verstatteten und die gegenwärtigen Höchsterleuchteten Brüder für rätlich halten würden. Seine vielen Geschäfte würden es ihm zwar nicht erlauben, den Logenarbeiten während unseres hiesigen Aufenthaltes, wie er wünschte, vorzustehen. Sein Sohn jedoch, eingeweiht in sämtliche Grade des Ordens, werde ihn ersetzen und sei ausdrücklich von ihm autorisiert, dasjenige von uns entgegenzunehmen, was wir etwa in maurerischer Rücksicht an ihn gelangen lassen wollten. Er schätze die Maurern sehr und bemühe sich, in die Fußtapfen seines Vorgängers Karls XIII. zu treten, daher er denn auch alles tun werde, die edle Sache der Freimaurerei überall zu befördern, jedoch nur insofern es geschehen könne, ohne der Freiheit und Unabhängigkeit Schwedens zu nahe zu treten, denn Schweden müsse allezeit frei und unabhängig sein. – Mit einigen höflichen Wendungen schloß darauf die Rede. Hierauf begann der König der Reihe nach den Brüdern die Hand zu geben und sie zu umarmen, wobei auch den Deputierten dieselbe Ehre widerfuhr.

Es ging darauf der König mit seinem Sohne voran zur Tafel, an der alle Kommandeure und Deputierten teilnahmen.

Nach beendigter Mahlzeit traten die von der Marschallstafel ein, und man begab sich in ein anderes Zimmer, wo zuerst der Kronprinz und nachher der König sich lange unterhielt, und der Erste dem Bruder von Stein die gewünschte Beförderung zusagte und uns auf den Donnerstag zum Kapitel einlud. – In der Unterhaltung fiel nichts die Maurerei betreffend vor.

Wir können die Anmerkung nicht übergehen, daß wir mit dem heutigen Tage und dessen Inhalt zufrieden sind."

Neben gesellschaftlichen Veranstaltungen und Einladungen wurde sehr reichliche und fruchtbringende Arbeit geleistet. Vor allem erreichte die Gesandtschaft, daß die noch fehlenden Akten, die Eckleff nicht gehabt, mitgeteilt wurden. Am 13. April erfolgte dann die Überlieferung des Freundschaftsvertrags, den der König bereits genehmigt hatte. Es ist dies ein wichtiges Aktenstück in der freimaurerischen Geschichte Deutschlands im neunzehnten Jahrhundert.

Wir geben es im folgenden wörtlich und diplomatisch treu:

Ehre sei dem
Großen Baumeister aller Welten!!!

Nachdem die Höchst-Erleuchtete und Höchst-Wirkende Große Landes-Loge von Schweden zu Stockholm, zu folge der Erklärungs-Acte vom 25sten März, und belebt von dem Verlangen die Bande der Brüderschaft unaufhörlich zu knüpfen, welche Sie seit einem halben Jahrhundert mit der Höchst-Erleuchteten und Höchst-Wirkenden als auch Hoch-Würdigen Großen Landes-Loge aller Brüder Freimaurer von Deutschland zu Berlin vereinigen, sich entschlossen hat dieses durch einen besonderen Vertrag zu bewirken, und zu dem Ende ernannt und abgeordnet die freien und angenommenen Maurer-Ritter, Höchst-Erleuchtete Brüder Groß-Würdenträger und Commandeure vom Rothen Kreuze:

Magnus Friedrich Graf von Brahe, Reichsfreiherr, Ritter und Commandeur aller Königlichen Orden, Ritter des Ordens Königs Carl XIII.,

Wilhelm Freiherr von Bennet, General-Lieutenant, Secretair der Königlichen Orden, Commandeur des Nordstern-Ordens, Ritter des Ordens Königs Carl XIII., sammt des Schwert-Ordens, und

Albrecht Graf von Lantingshausen, gewesenen Ober-Kammerherr und General-Major, Groß-Kreuz des Wasa-Ordens, Ritter des Ordens Königs Carl XIII. und des Schwert-Ordens.

So haben diese Brüder sich mit den Abgeordneten der Großen Landes-Loge von Deutschland, nämlich mit den freien und angenommenen Maurer-Rittern, Höchst-Erleuchteten Brüdern Groß-Würdenträgern und Commandeuren vom Rothen Kreuze:

Johann Friedrich Basilius Wehber-Schult, Doctor Philosophiae, Erbherr auf Goldensee,

Christian Erhard Freiherr von Nettelbladt, und dem Höchst-Leuchtenden Bruder

Carl Heinrich von Stein, Capitaine im Dienste Sr. Königl. Hoheit des Groß-Herzogs von Mecklenburg-Schwerin,

nach dem verabredeten Orte begeben, wo sie als Bevollmächtigte beider Großen Logen einen Allianz- und Freundschafts-Tractat abgeschlossen haben, wie folgt:

1.

Die Höchst-Erleuchtete und Höchst-Wirkende Schwedische Große Landes-Loge, einerseits, und die Höchst-Erleuchtete und Höchst-Wirkende als auch Hoch-Würdige Große Landes-Loge von Deutschland andererseits, erkennen, in allen Abtheilungen der Arbeiten die Provincial-Schottischen und St. Johannis-Logen, die unter Ihrer Leitung gegenwärtig arbeiten werden, für ächt und gesetzmäßig, und die Satzungen, die Gebräuche und den Endzweck dieser Arbeiten, wie sie sich jetzt befinden, für die einzig wahre und uralte Freimaurerei an. Sie versprechen und sichern Sich einander die ungekränkteste Freundschaft zu, sowie auch in allen Fällen, wo das Beste des Ordens, die Bewahrung der Königlichen Kunst und das gegenseitige Wohl es fordern mochte, den brüderlichsten Beitritt und die kräftigste Hülfe.

2.

Um hinfort eine ununterbrochene Gemeinschaft unterhalten zu können, haben die beiden Großen Logen verabredet, nicht nur ein Verzeichnis aller in den besonderen Abtheilungen unter Ihrer Leitung arbeitenden Logen, die Namen der Meister vom Stuhl und der Beamten, die ausgegebene Calender, Circular-Briefe und dergleichen, jährlich nach der Feier Johannes des Täufers

Johann Michael Palmié
Professor und Konsistorialrat

ein ander mitzuteilen, sondern auch alle merkwürdigen Begebenheiten in der Freimaurerei, die bei Ihnen eingetroffen sein könnten, einander anzuzeigen. Demgemäß soll die eine die andere von allen den Secten, Neuerungen und Irrthümern benachrichtigen, die der wahren Königlichen Kunst drohen, und von den Anstalten, die getroffen worden sind, dieselben minder schädlich zu machen. Sie werden nachher miteinander die nöthigen Maasregeln überlegen, um die Reinheit und Würde des uralten Freimaurer-Ordens zu behaupten und zu befestigen.

3.

Die beiden Großen Logen, in Übereinkunft, jedem Bruder einer alliierten Loge Zutritt zu den Arbeiten seines Grades zu gewähren und ihm in den Versammlungen den seinem Freimaurer-Range gebührenden Platz zu geben, verpflichten sich gegenseitig, jeden Bruder in den respectiven Ordens-Abtheilungen bis zu den St. Andreas-Graden inclusive aufzunehmen, der zu dem Ende einen gültigen Empfehlungsbrief der Alliierten Großen Loge vorzeigt. Wenn aber ein Bruder sich an einem zu dem District der einen oder der andern Großen Loge gehörenden Orte häuslich niederläßt, um daselbst mehrere Jahre zu bleiben, und wenn er verlangt, in die höheren Grade Eintritt zu gewinnen, so kann er in diese nicht anders aufgenommen werden, als auf Empfehlung seines Groß-Meisters, und nach den Statuten des Ordens.

In dieser Rücksicht sollen beide Großen Logen die Formel eines Empfehlungsbriefes verabreden, ohne welchen kein Bruder in einen höheren Grad der Alliierten Großen Loge befördert werden darf.

4.

Wenn die eine oder andere Große Loge sich genötigt findet, eine Loge zu schließen, oder irgend einen Bruder zur Ausschließung zu verurtheilen, so soll Sie die Alliirte Große Loge davon benachrichtigen, damit der Ausgeschlossene keinen Eintritt in die Alliirten Logen erhalte. Wenn die eine oder andere Große Loge für nöhtig erachtet, in ihrer jetzigen äußeren Einrichtung etliche mit dem Zweck ihrer Arbeiten übereinstimmende Abänderungen zu machen, soll es Ihr obliegen der Alliirten Großen-Loge solches anzuzeigen, damit das gegenseitige Vertrauen nicht geschwächt und die Ungleichheit der Gebräuche und Gewohnheiten nicht einer Verschiedenheit der Regeln und innern Grundsätze zugeschrieben werde.

5.

Von diesem Tractat sollen zwei der Form und dem Inhalte nach einander ganz gleiche Exemplare angefertigt und nach der Ratificirung in allen von beiden Großen-Logen abhängenden Provincial, Schottischen und St. Johannes-Logen bekannt gemacht werden.

Zur Beglaubigung dieses haben Wir, Kraft unserer respectiven Vollmachten gegenwärtigen Tractat unterzeichnet und unsere Wappensiegel dabei gesetzt.

Geschehen zu Stockholm, den 6. April 1819.

M. F. Brahe. W. Bennet. A. Lantingshausen.
I. F. B. Wehber-Schuldt. C. E. v. Nettelbladt. C. H. v. Stein.

Wir Carl Johann, von Gottes Gnaden, König von Schweden und Norwegen, der Gothen und Vandalen, Weiser Vicarius Salomonis, Großmeister der IX. Provinz; Thun kund, daß Wir, mit gemeinschaftlicher Einwilligung des großen Raths der Provinz, vorstehenden Allianz- und Freundschafts-Tractat haben ratificiren, bestätigen und annehmen wollen, und daß Wir ihn in allen seinen Artikeln, Punkten und Clauseln, annehmen, bestätigen und ratificiren.

Zur Beglaubigung dessen haben Wir diesen Tractat mit Unserer Eigenen Hand unterschrieben und ihn mit unserem Königlichen Siegel und mit dem Siegel des Vicarii Salomonis versehen lassen.

Gegeben zu Stockholm, den 13. April 1819.

Carl Johann.

I. D. Valerius
Groß-Secretair
Actis concordare testor
I. D. Valerius
Secretarius Magnus.

Wir, Weise der Weisen, Großmeister des Hoch-Erleuchteten, Hochleuchtenden und Hochwürdigen Großen Ordens Capitels zu Berlin, und Wir Landes Großmeister der Hochwürdigen Großen Landes-Loge von Deutschland ebenfalls zu Berlin, erklären und bekräftigen hiemit, daß Wir mit Einwilligung des besagten Großen Capitels und der besagten Großen Loge, vorstehenden, zwischen den beiden Erleuchteten Brüderschaften von Schweden und von Deutschland geschlossenen Allianz und Freundschaft Tractat in allen seinen Artikeln, Puncten und Clauseln, ratificiren, bestätigen und annehmen.

Karl XV., König von Schweden

Zur Beglaubigung dessen haben Wir diesen Tractat mit eigener Hand unterschrieben, und ihn mit dem Siegel unsers Großen Capitels, sowie mit dem unserer Großen Loge versehen lassen.

Gegeben zu Berlin d. 31. Mai 1819.

Becherer
Großmeister des Capitels

von Schmidt
Landes Großmeister

Schultze
Ober Secretair.

actis concordans testor
Palmié Abgeordneter Landes Großmeister.

(Archiv der Höchsten Ordens-Abteilung der Großen Landesloge.)

Die schwedisch-deutsche Freundschaft hat sich länger als ein Jahrhundert nicht nur erhalten, sondern sich noch mehr gefestigt und vertieft. Die Ordensmeister der Großen Landesloge haben alle die höchste freimaurerische Würde der Großen Landesloge von Schweden, den Orden Karls XIII. erhalten, und der König von Schweden ist als Vicarius Salomonis der neunten Ordensprovinz stets Ehrenmitglied der Höchsten Ordensabteilung der Großen Landesloge von Deutschland. Aber nicht nur sind es diese traditionellen äußeren Ehrungen, sondern, was wichtiger ist, der Gedankenaustausch der führenden Geister beider Großlogen hat niemals aufgehört und stets fruchtbringende Ergebnisse gezeitigt.

Menschen und geschichtliche Erscheinungen stehen in einer festen Relation, und so haben sich auch zwischen schwedischen und deutschen Menschen wertvolle und dauerhafte Freundschaften geknüpft, die sich besonders in der Zeit des nationalen Unglücks in Deutschland bewährt haben.

C. Adolf Widmann und die Ordenslehre

Der große Gewinn, den die Union mit Schweden für die Große Landesloge von Deutschland gehabt hat, war die Vervollständigung der Eckleffschen Akten, wodurch die Arbeit Nettelbladts erst ermöglicht wurde. Nun aber schien der Orden vollkommen befriedigt, er ruhte aus und genoß behaglich die Früchte der Nettelbladtschen Geistesarbeit. Was dieser in seinen historischen Instruktionen gesagt hatte, war das Roma locuta, causa finita. Niemand wagte daran zu rütteln, konnte es auch gar nicht wagen, denn das Material, das Nettelbladt benutzt hatte, war zu einem Teil durch den Unverstand seiner Tochter verbrannt – sie hatte einen Winter lang mit den Papieren ihres Vaters geheizt –, zum andern Teil war es unzugänglich in den Archiven vergraben, die nur den Archivaren und ganz wenigen Vertrauten geöffnet wurden. Die Großloge glaubte sich zu dieser strengen Klausur verpflichtet, weil die Angriffe sowohl aus freimaurerischen wie aus profanen Kreisen jedes Maß überstiegen. Der Wortlaut der harmlosesten Akten wurde umgedreht und bösartig gegen den Orden ausgedeutet. Infolgedessen versandete jede Forschung, sowohl in der Geschichte, wie in der Lehre, ja, es setzte sich geradezu der Gedanke fest, das Forschen sei verboten, und in der Tat waren Mitglieder, die über das allen Zugängliche hinaus Fragen stellten, nicht gerade gern gesehen.

Da trat ein Mann auf, der von einem glühenden Forschungsdrang beseelt war. Die Worte des Rituals genügten ihm nicht, ketzerisch meinte er, es müsse sich dabei auch etwas denken lassen. Er sprach den Satz aus, das Forschen in den Akten sei wichtiger als das Forschen über die Akten. Er war hochgelehrt, ein Romantiker mit stark ekstatischem Einschlag, ein blendender

Redner und ein warmherziger Mensch: Dr. Christian Adolf Friedrich Widmann. Als er im Jahre 1866 zum Vorsitzenden Meister der St. Johannisloge „Zur Beständigkeit" in Berlin gewählt wurde, begann eine neue Zeit für die Landesloge.

Anfänglich hat die Königliche Kunst nicht die Macht besessen, Widmann in ihren Kreis zu fesseln. Erst zwanzig Jahre nach seiner Aufnahme, als er von größeren Reisen nach Berlin zurückgekehrt war, fing er an, wirklich als Freimaurer zu arbeiten. Er ist seit Beginn selbständigen Schaffens von einer großen Idee beherrscht worden, von der er sich wie von einem gleichsam vorgesteckten Ziel nie entfernt hat. Das ist der schon früh in seine Brust gelegte Gedanke der Einheit der Weltenschöpfung, des göttlichen Zusammenhanges aller Dinge. Nie hat er eines herausgerissen, um kleinlicher endlicher Zwecke willen, die Harmonie zerstört, die das Universum in allen seinen Gliedern durchströmt und in seinem zum Schönen, Reinen und Erhabenen geneigten Herzen Widerhall fand. Alles erschien ihm nur als ein Glied in der großen Kette der wirkenden Kräfte der Schöpfung. Beharrlich war er jenem größten Ziele denkender Menschen nachgegangen. Den Weg zu suchen, der die irrende Welt zu dem ewigen Quell zurückführt, durch den die menschlichen Dinge allein im Zusammenhange stehen. Dieser Weg schien ihm am reinsten in dem Orden aufbewahrt, und er war der innersten Überzeugung, daß die Freimaurerei jenen Weg deutlich weise.

Die innere Wesenheit Widmanns, die eine Summe seiner Lebensschicksale war, ist bestimmend geworden für die nächsten fünfzig Jahre der Großen Landesloge. Darum ist die Kenntnis seines Lebens- und Ordensweges ein integrierendes Stück ihrer Geschichte.

Das irdische Leben und Wirken dieses Meisters hat sein Freund und Amtsnachfolger, Amtsgerichtsrat Professor Felix Possart, in seiner Gedächtnisrede geschildert, der wir im wesentlichen folgen.

Widmanns Familie war seit vielen Menschenaltern in Schwaben ansässig, stammte aber aus Tirol, an dessen waldigen Bergen, grünen saftigen Matten und farbenreichen Seen Zeit seines Lebens sein Herz hing. In Kitzbühel, einem Städtchen des Jachbergtales, waren die Widmanns ein ansehnliches protestantisches Geschlecht. Ein direkter Vorfahr Widmanns war im Anfang des siebzehnten Jahrhunderts Bürgermeister des Ortes. Er erlag dem Fanatismus des stets der römischen Kirche ergebenen Landes. Seinen Glauben besiegelte er mit dem Tode. Als sein Haupt unter dem Henkerbeil gefallen war, wanderte das Geschlecht in das nahegelegene, an Land und Leuten ihnen verwandte Schwaben aus und gewann sich viele Menschenalter hindurch Ansehen und Ehren – bis es mit Adolf Widmann gänzlich erlöschen sollte. Sein Vater, Johann Friedrich war lange Zeit Pfarrer in Herrenalb im Schwarzwald, dann in Maichingen im württembergischen Neckarkreis. Hier wurde am 7. Mai 1818 Adolf geboren. Sein Vater starb kaum ein Jahr nachher, noch nicht achtunddreißig Jahre alt. Seine Kinderzeit verlebte Widmann in Leonberg. „Diese Zeit", schreibt er einmal, „liegt vor mir wie ein klarer Kristall, aus dem man nichts heraussehen kann, der einen nur recht erquicklich und ruhig ansieht, ganz rein wie ein Kindesauge." Vermögende und einflußreiche Verwandte, der Verkauf eines Familiengutes und vor allem die Sorge, den Kindern eine tüchtige Schulbildung zu geben, veranlaßte die Mutter, nach Stuttgart zu übersiedeln. „Wie einer versetzten Blume", schreibt Widmann, „die bisher im Freien ungehindert gewuchert hat und leidet, wenn sie zurückgeschnitten, vom Topf beengt in der Stube verblühen soll, so ging es mir. Ich sollte in die Schule laufen, unter Knaben sitzen, die im Alter mir gleich, schon lateinische Verben konjugierten, während ich kaum deutsch buchstabieren konnte, ich sollte artig und gesittet sein und wußte das doch nicht anzugreifen, ich war ganz verdutzt, wie einer, der vom Schlafe schnell erweckt, seine Sinne noch nicht gesammelt hat. Mit wahnsinniger Energie warf ich mich aufs Lernen, und bald saß ich oben, hatte aber meine Gesundheit ruiniert, die seit jener Zeit leidet, – aber wahrscheinlich ganz zugrunde gegangen wäre, wenn ein durch mein ganzes Wesen gehender Zug mich nicht gerettet hätte, – daß ich, sobald keine Schwierigkeiten zu überwinden waren, faul wurde."

Als Widmann gegen Ende der Schulzeit an die Wahl des Lebensberufes gehen mußte, kam eine Zeit der Sorge für die ganze Familie. Die ehrbaren hochgestellten Verwandten wollten die bedeutsame geistige Kraft der Heimat gern erhalten. Ihn aber trieb es hinaus aus den kleinstaatlichen Verhältnissen. Die schwäbischen Grenzen waren schon dem Gymnasiasten keine chinesischen Mauern. Er sollte Theologie studieren, hatte aber einen mächtigen Hang für die Staatswissenschaften; seine Sehnsucht war ein akademisches Lehramt. Dies und die ungezügelte Lust, mit der er jugendlichen Ideen nachhing, löste ihn nach und nach von seiner Familie, mit der er späterhin eigentlich nur noch durch die Liebe zu seiner Schwester Maria in einiger Verbindung blieb. Als er im siebzehnten Jahre vierfach prämiiert die Reife für die Universität erworben hatte, bezog er nach einem kurzen Aufenthalt in Heilbronn, wo er sich auf der Kämmerei praktisch informierte, im April 1837 Tübingen und ließ sich dort für die Staatswissenschaften immatrikulieren. Bald aber lockte ihn das bewegte politische Leben am Neckar. Baden, in Deutschland immer ein Vorort für den Fortschritt, ging auch damals voran. Da dem schwärmerischen Herzen des Jünglings keine Schranke mehr schien, ließ er sich von der Politik nur zu leicht fesseln. Die Gefahr sah er nicht. Von seiner Familie schon losgelöst, ließ er nun auch das Studium liegen. Der frühe Verlust des Vaters und der daraus entspringende Mangel einer konsequenten charakterbildenden Erziehung, die gärende Zeit der dreißiger Jahre, in der er zum Jüngling und Mann heranreifte, machen es erklärlich, daß er sich gänzlich der Politik zuwandte. Er übersiedelte nach Heidelberg und schloß sich begeistert der politischen Bewegung an. Es galt den Kampf gegen den mit atheistischen Theorien sich spreizenden Radikalismus.

Im Frühjahr 1841 erwarb er sich in Heidelberg den Doktortitel, worauf er sich im Sommer 1842 von seinen Freunden trennte und nach Freiburg im Breisgau ging, um abseits vom Weltverkehr seine wissenschaftliche Ausbildung zu vollenden. Die glänzende Frucht dieser Freiburger Zeit war das ideenreiche Buch über das Volk und die Parteien (Heilbronn 1843). Kaum ein Jahr war nötig gewesen, ihn zum politischen Selbstbewußtsein zu bringen. „Was ich empfangen habe", heißt es im Vorwort, „ist durch Mühe und Arbeit des Innern mein Eigen geworden; ich allein dünke mich Mann genug, um dafür einzutreten."

Das Buch machte Aufsehen. Der Blick des eben ans Ruder gekommenen Ministers von Arnim, dem eine gleich edle und seine Natur in dem Geheimrat Matthis zur Seite stand, richtete sich auf ihn. Emanuel Geibel, der mit dem jugendlichen Autor eng befreundet war, vermittelte. Er schrieb am 4. April 1844 im Auftrage der preußischen Regierung, Widmann solle, wenn ihm eine Stellung lieb wäre, wobei der Freiheit seiner Überzeugung auf keinerlei Weise zu nahe getreten werden solle, baldigst nach Berlin kommen. Beiden Teilen, der Regierung wie ihm, bliebe nach persönlicher Bekanntschaft völlige Freiheit anzunehmen oder zurückzutreten. Geibel riet dringend, auf den Antrag einzugehen. Er könne bei der Sache nur gewinnen, vor allem solle er bedenken, welch ein Wirkungskreis sich ihm eröffne. Ein paar Leute konnten hier Großes leisten; wie auch sich schon das Bewußtsein lohne, in einem großzügigen Staate eine lebendig schaffende Stellung einzunehmen; daß es möglich werden könnte, manche seiner Ideen ins Leben zu rufen; daß ihn ein freier Umgang mit bedeutenden Männern erwarte, daß endlich die besprochene Stellung nur als ein Anfang zu betrachten sei.

Widmann nahm an. Seine Aufgabe war teils, die politischen und sozialen Erscheinungen in der Literatur in einem täglichen Bericht zu bearbeiten, teils, die Maßregeln der Regierung in der Presse zu erläutern und zu verteidigen. Eine Stellung, die man heute als Pressechef bezeichnen würde. Es war für ihn eine Zeit des regsten politischen Schaffens. Neben einer lebhaften journalistischen Tätigkeit schrieb er eine politische Broschüre nach der andern. Aber gleich von Anfang stellten sich ihm große Schwierigkeiten entgegen. Die Regierung war ängstlich und blieb stets in der Defensive. Unter den einzelnen Ministerien herrschte Uneinigkeit über die Behandlung der Presse und übermächtige Einflüsse einer absoluten Tendenzpolitik, denen sich die Ressortminister nicht entziehen konnten.

Widmann trat gleich mit seiner ersten Schrift: „Das Königliche Wort Friedrich Wilhelm III." (1844) in die Offensive, behandelte dann die soziale und religiöse Frage in zwei Schriften unter dem gemeinsamen Titel „Politische Beobachtungen", stellte sich jener Tendenzpolitik in seiner Schrift „Politische Bedenken wider die Evangelische Kirchen-Zeitung" entgegen und der katholischen Agitation wie den schon damals auftauchenden sozialistischen Fragen durch die Schrift „Belgien, Rheinland und Adolf Bartels" und durch den größeren Aufsatz „Marr, Heinzen und Freiligrath".

Seine politischen Grundsätze lassen sich etwa so zusammenfassen: Nicht blind, aber von Herzen haßte er den Radikalismus. Wahren Trost wider diese Krankheit sah er nur in wahrer Liebe zum Vaterland. Diese Liebe erschien ihm wie ein Stern, der erlösche, wenn man dem Zuge der Parteien folge. Es war für ihn nicht ein Höheres, zu verstehen, was Gott und Freiheit heiße, sondern diesen Gott und diese Freiheit zu lieben und diese Liebe zu hegen und zu pflegen. Er hielt es einer freien Seele und einer werktätigen Liebe zum Vaterland für würdiger, wider die damals hereinbrechende Macht armseliger radikaler Mittelmäßigkeit zu kämpfen, als durch törichte hohle Opposition die Fürsten in die Arme der Partei zu treiben, die nicht weniger Übles in Deutschland getan als der Radikalismus. Er sah unter solchem Beginnen das deutsche Volk leiden und forderte als Abhilfe eine ständische Verfassung und eine geregelte Fürsorge und Organisation des vierten Standes, indem er der Ansicht war, daß das Königtum nicht bestehen werde ohne politische Stände, und daß die Zeit nie Beruhigung werde finden können, wenn die sozialen Forderungen des vierten Standes der zufälligen Entwicklung überlassen blieben. Er wollte das Königtum halten, aber nicht als absolutistische Gewalt, sondern als Hort der Volksfreiheit und Vermittler der sozialen Gegensätze. Deshalb kämpfte er gegen das dogmatisch-konstitutionelle Prinzip, das den einzigen Halt des Königtums, die Stände, zerstöre und es selbst verdürbe. Nach ihm führte das sogenannte konstitutionelle Prinzip zum Chaos und zur Revolution. Eine monarchische Verfassung aber könne nicht auf dem konstitutionellen Begriff des Staatsbürgertums, sondern einzig auf den natürlichen Ständen beruhen.

Gerade dieses Prinzip suchte er in einer Schrift: „Über die Organisation der ständischen Vertretung" zu verteidigen. Er blieb aber ungehört, von der Opposition wegen ihrer konstitutionellen Ideale, von den Konservativen wegen seiner zu engen Begrenzung des ständischen Prinzips. Die Regierung selbst hielt sich zurück.

Widmann sah sich dem Haß und der Verleumdung preisgegeben, als die Entscheidung des 18. März 1848 herandrängte und von selbst seine Verbindung mit dem Ministerium des Innern löste, die einzige, in der er je gestanden hat. Er hielt den konstitutionellen Begriff des Staatsbürgertums tödlich für die Monarchie; er hatte ihn bekämpft, konnte also unter einem Regimente der konstitutionellen Opposition nicht nützlich sein. Mit seinem Austritt aus dem Staatsdienst hörte aber seine politische Tätigkeit nicht sofort auf, auch nicht, als er vom Oktober 1848 ab seinen Aufenthalt in Jena nahm.

Berlin war indessen in mehr als einer Beziehung entscheidend für seinen künftigen Lebensweg geworden.

Zunächst hatte er sich in den Freimaurerorden aufnehmen lassen. Er war eine tief religiöse Natur. Hören wir ihn selbst, wie er als Student in einem Briefe von seiner Konfirmationszeit schreibt: „Ich vergoß den Abend vor dem Eintritt in den Konfirmationsunterricht bittere Tränen; diesen Abend werde ich nie vergessen. Meine Marie (die ältere Schwester) kam; damals erschien sie mir wie ein Engel, und ich gelobte, ihr unveränderliche Liebe zu zollen. Ich habe es gehalten, sie war der Stern, der mir einzig blieb, wenn alles wechselnd an mir vorüberflog; aus allen Stürmen, die dieses heiße Herz erschütterten, trat ihr Bild immer wieder hervor. Von diesem Tage an beginnt ein herrliches Leben für mich; jede Faser meines Innern faßte, klammerte sich fest an die Lehren der Heiligen Schrift, ich wollte gut sein und war es auch…" So baute sich von früh an der Grund zu der Religiosität auf, die Widmanns unerschütterlicher Halt in allen wechselnden und drangvollen Lagen des Lebens geworden ist. Schon früh hatte die prophetisch begabte Persönlichkeit des Gründers und Vorsitzenden Meisters der St.-Johannis-Loge „Wilhelm zur aufgehenden Sonne" in Stuttgart auf ihn bedeutsamen Einfluß gewonnen und ihn auf die Freimaurerei und speziell auf die Große Landesloge aufmerksam gemacht als diejenige menschliche Vereinigung, die am reinsten uralte Traditionen über die Beziehung und das Verhältnis des Menschengeistes zum göttlichen Wesen bewahre. Auch mitten im Treiben und Wirbel des politischen Lebens vergaß er den Hinweis jenes greisen Bruders nicht und ließ sich am 2. August 1844 in die St.-Johannis-Loge „Zur Beständigkeit" aufnehmen, am 3. April 1845 in den zweiten und am 14. November desselben Jahres in den Meistergrad befördern.

Doch gingen die Wogen seines Lebens noch zu hoch, als daß er jetzt schon zu einer ruhigen Betrachtung der freimaurerischen Wahrheiten hätte kommen können. Jahre der Arbeit und der Wanderschaft mußten erst an ihm vorbeiziehen, das Geschick ihn erst reifen, ehe es ihm den Tempel des

Lichtes öffnete. Er sagte von sich selbst, daß er zwanzig Jahre lang ein fauler Maurer gewesen wäre.

Das geistig bewegte Leben Berlins, das ihn damals umgab, und dem er sich nicht entziehen durfte, wollte er anders seine Stellung erfüllen, harmonierte auch wenig mit dem, was die Freimaurerei von einem wahren Jünger fordert, und der gärende Stoff im eigenen Innern ebenso wie die geistige Erregtheit in den damaligen politischen wie literarischen Kreisen kontrastierten geradezu mit dem Quietismus in der Freimaurerei.

Widmanns Stellung brachte den Verkehr mit den Ministern (von denen er nur Eichhorn nicht ertragen konnte und ihn, wo er nur immer Gelegenheit fand, bekämpfte) und ihren Räten mit sich. Die hohe Beamtenwelt hatte den geist- und gemütvollen Menschen gut aufgenommen, die geselligen Kreise der Kuglerschen und Neanderschen Familie, wo Schelling und Krummacher verkehrten, waren ihm geöffnet, Kopisch, Scherenberg, Drake und anderen hervorragenden Männern war er durch seinen Freund Geibel empfohlen. Besonders wurde er an das Haus des berühmten Theologen Professor August Neander gefesselt, um dessen Nichte Emma sich ein kleiner Zirkel von Schriftstellern und Künstlern gesammelt hatte, der sich mit den politischen Stürmen des Jahres 1848 nur zu schnell zerstreute. Nicht aber löste sich das Verhältnis zwischen ihm und jener geistreichen liebenswürdigen Dame, die ihm auch bald ihre Hand zum Ehebunde reichte.

Am eigenen Herd und in Gemeinschaft mit der Gattin, der er viele seiner Werke in die Feder diktierte, fing er an zu sammeln und in Form zu bringen, was ihm bisher an Erkenntnis von Welt und Menschen zugefallen war. Freilich konnte er sich im thüringischen Lande, damals von demokratischen Strömungen überschwemmt, nicht sofort vor jeder Berührung mit der Demokratie bewahren. Zuviel verknüpfte ihn auch noch mit der Politik, als daß er mit ihr plötzlich hätte brechen können. Er hielt Vorlesungen über die Geschichte der sozialen Bewegungen und über die Elemente der Staatskunst; er entwarf das heute noch gelesene und lesenswerte Werk, „Die Gesetze der sozialen Bewegung", Jena 1851. Dabei veröffentlichte er kleinere Schriften, „Frankreich, Rußland und die vereinte deutsche Großmacht" (1854). Wenn ihm nach und nach die Erkenntnis, daß die politischen Bewegungen zunächst an ihrer Hohlheit scheitern müßten, die politische Tätigkeit verleidete, so ersetzten ihm der gesellige Jenenser Professorenkreis und schätzenswerte Bekanntschaften, wie die Schleidens, was ihm die politische Misere an wahren Freuden entzog.

Eine echt schwäbische poetische Natur, durchwanderte er, wie ehemals die Wälder des Schwarzwaldes, jetzt die Wiesen und Felder Thüringens und schrieb jene feinen, von zartem Naturhauch durchwehten Novellen in den beiden mehrfach aufgelegten Bänden „Am warmen Ofen“, „Für stille Abende“ (1853). Er veröffentlichte die Romane „Tannhäuser“ (1850), „Der Bruder aus Ungarn“ (1852) und das seinem ältesten und treuesten Freunde Heinrich von Orelli gewidmete Schauspiel „Nausikaa“ (1855). Aus jener Zeit datieren seine größeren Dramen: „Don Juan de Maranna“, „Kaiser und Kanzler“ und „Sarah Haßfurter“ (2 Bände, 1858).

Die „Nausikaa“ wurde in Koburg, der „Don Juan“ in Stuttgart angenommen. Wenn jene, die zuerst 1858 in Breslau zur Aufführung kam, als die edelste Blüte Widmannscher Dichtung bezeichnet werden muß, so erreichte er den größten Erfolg mit „Sarah Haßfurter“, einem bürgerlichen Drama in fünf Akten, das 1858 und 1859 wiederholt in Wiesbaden und im Königlichen Residenz-Theater in München über die Bühne ging.

Seiner hochernsten Richtung auf dramatischem Gebiete, für das er auch technische Studien in wiederholt längerem Aufenthalt in Wiesbaden gemacht hatte, war die Zeit nicht hold. Dennoch hätte er seinen Weg gemacht, wenn nicht mitten in jenes regste und schönste Schaffen Widmanns, mitten in jene glückliche Zeit, nachdem er der aufreibenden beunruhigenden Politik entronnen war und seine Geistesschwingen frei zu bewegen begonnen hatte, hemmend, ja vernichtend ein Wetterschlag auf sein Haupt gefallen wäre. Seine Lebensgefährtin wurde ihm in jähem Tod entrissen. Da litt es ihn nicht mehr in enger Stube, in enger Stadt. Hinaus in die Welt mußte er. Im Anschauen der Natur und der Menschenwerke wollte er vergessen, Jahre brachte er auf Reisen zu. Der Süden Europas, namentlich Genua, dessen Academia dei Quiriti ihn am 20. Januar 1865 zu ihrem Mitgliede ernannte, und Rom fesselten ihn. Aber auch Spanien, die Inseln des Mittelmeeres und die heißen Küsten Afrikas sah er.

Mit ruhigem Herzen kehrte er 1865 in den Norden zurück. Berlin, den Mittelpunkt des politischen und geistigen Lebens, wählte er sich zum Wohnsitz. Hier wurde ihm noch einmal die Freude eines glücklichen Familienlebens zuteil. Eine treue, hingebende, in nie rastender Sorglichkeit ihn umgebende Ehegattin, Charlotte geb. Bloch, schenkte ihm eine von ihm inniggeliebte Tochter. So vom gütigen Geschick begnadigt und getröstet für viele und mannigfache Leiden des Herzens und Geistes, in Frieden mit der Welt und mit sich, fügte es sich, daß sein unabhängiger Geist allem noch befriedigende Nahrung im Kreise der Freimaurer finden sollte. Wenn ihn auch hin und wieder in großer politischer Zeit das ihm innewohnende, eigentümliche Hellsehen zur schriftstellerischen Tätigkeit in Dingen über Staat und Kirche verführte – sein eigenstes Feld geistigen Schaffens blieb von nun an die königliche Kunst und ist es mit kurzer Unterbrechung, in der die geschäftlichen, über Deutschland hereingebrochenen Leiden seine ganze

Tätigkeit zur Rettung seines Vermögens in Anspruch nahmen und ihn fast zwei Jahre (1874 bis 1876) von Berlin fernhielten, bis an sein Lebensende geblieben.

Widmann hat trotz des wechselnden Loses, das ihn getroffen, den hohen Ruf erfüllt, der für die Freimaurerei an ihn ergangen war. Er war eine reine und ganz ideal angelegte, durch und durch gemütvolle Natur. Sein heißes Wollen hatte in dem, was Politik und Philosophie ihm zu bieten imstande waren, keine ausreichende, wahre Befriedigung finden können. Er bedürfte der Welt und ihres erfrischenden Lebens. Er war nicht zum Asketen geboren. Seine Ideale abstrahierte er nicht aus den Theorien, sondern schöpfte sie aus dem lebendigen, frischen Quell des ihn umgebenden Lebens, das sich ihm zum Schönen gestaltete. Daher fand er erst seinen Wirkungskreis wieder, als sich ihm der tiefe Gehalt der ehrwürdigen Überlieferungen beruhigend und erquickend erschloß, in denen er freilich mehr als eine Sammlung von Schätzen der Moral oder einer äußerlichen Humanität sah, zu deren Übung man weder geheimnisvolle Formen noch die Abgeschlossenheit des freimaurerischen Tempels nötig hätte.

Widmann war nach seinem Denken und Handeln schon von Jugend auf Freimaurer und hat dafür in allen seinen Werken Beweise hinterlassen. In seiner ersten Schrift vom Jahre 1843, fast noch ein Jüngling, sagt er: „Zwei schützende Mächte stehen hinter dem Chaos und dem formenden Geiste, die dem Sterblichen die Hand reichen, damit er den Streit und die Bürde der Endlichkeit überwinde – das allwaltende Schicksal und die ewige Idee. Beide, Schicksal und Idee, verlangen ein Opfer. Das Schicksal ist das Gesetz – die Idee die Wahrheit. Beide unerbittlich, bis das natürliche Leben und der individuelle Geist sich in Demut unterwerfen. – Dann aber ist Gott da und empfängt den ausgestoßenen, demütig rückkehrenden Endlichen in Liebe. Denn er ist Liebe und Gnade, die Liebe bricht das Gesetz nicht, aber sie raubt dem Schicksal den Stachel, indem sie die Notwendigkeit in Freuds und Freiheit, die kalte unerbittliche Wahrheit der Idee in die Schönheit kehrt.

Gott, der selbst Leben, das kleinste Lebendige liebt, können und müssen wir lieben, und je mehr wir das Maß, das Gleichgewicht von Schicksal und Idee in uns herstellen und lieben, um so mehr sind wir Gottes. Das Kleinste mag sich zwar in seiner Individualität keine Elle setzen, es kann aber vollkommen werden wie der Vater im Himmel. Der Himmel aber ist überall. – Dann ist Christus der Größte! Das Kreuz, das Schicksal, welches an ihm die Schuld der ganzen Endlichkeit rächte, nahm er in Demut auf sich. Er trug es, ganz der echte Mensch, mit Würde, aber ohne allen Heroismus. Er gab der Endlichkeit, der auch er angehörte, den Tribut, indem er zum liebenden Gott flehte, daß er den herben Kelch des Schicksals von ihm nehme, obwohl die unerbittliche Wahrheit der Idee, von der er überall Zeugnis gab, ohne Furcht vor den Menschen, ihm eingab, daß ihm nichts bleibe, als den Kelch zu leeren und sich dem Gott in die Arme zu werfen, den er von ganzem Herzen und von ganzer Seele liebte.

Die Hölle und den Tod überwand er, weil er nie ein ethisches Gesetz verletzte und die Wahrheit der Idee nie in die Lüge kehrte. Dem natürlichen Leben gab er sich nicht mehr hin, als gerecht ist. Ohne Angst und Scheu das Erlaubte fröhlich und dankbar genießend, blieb er in voller Keuschheit und Reinheit, die schon in seiner Geburt ausgesprochen wird, denn er ist der Jungfrau Sohn. Die Taufe mit dem reinsten Element sollte alle, die ihm nachfolgten, in dieselbe Reinheit aufnehmen.

Nie auch setzte er die Individualität, obwohl vor ihm und nach ihm kein größerer endlicher Geist war, mehr ein, als Gott wohlgefällig ist. Deshalb strömte die volle Gewalt der ewigen Wahrheit über seine Lippen, deshalb wies er den Versucher ab, der ihn mit Überhebung des Individuums, mit der Herrschaft der Welt lockte, die ihm so gut zu Füßen gefallen wäre wie dem Alexander und Cäsar. Darum lehrte er Demut und Liebe vor allen Dingen. Freilich nicht Demut vor Menschen, wie man ihn fälschlich auslegt, sondern Demut vor dem Schicksal, der Idee, Liebe aber zu Gott und den Menschen, so sie seine Kinder sind. Darum lehrte er, daß das Größte, der größte Triumph Gottes, die Versöhnung von Schicksal, Idee, Natur und Individualität – die Gnade – sei, daß das himmlischste Recht der Menschen in der Vergebung ruhe. Milde war er, wo noch ein Gottesfunke schimmerte; sonst wäre er mit dem Weibe nicht am Brunnen von Samaria gestanden; unerbittlich handhabte er das Schwert der Wahrheit, wo er die Lüge und die Sünde wider die ewig klare Idee sah, mit der die Lüge nicht bestehen kann."

Acht Jahre später schreibt er von Jena in „Die Gesetze der sozialen Bewegung":

„Wir müssen auf zwei Hauptwege aufmerksam machen, welche zur Vollendung der geistigen Anlage im Menschen zur Göttlichkeit führen (die streng auseinander zu halten sind). Wir werden zwar später nur den zweiten Weg verfolgen, müssen den ersten aber immer im Auge behalten, weil er uns vielleicht zur Erlösung führt, wenn uns der ernsthaft zurückgelegte zweite Weg unbefriedigt gelassen haben sollte. Wir nennen den ersten Weg zur Göttlichkeit, zur freien Selbstbestimmung und wahren Herrschaft den Weg Christi, den anderen den Weg der Welt.

Der erste Weg ruht auf zwei ungeheuren Voraussetzungen, welche ihre Sicherheit nicht im Verstande haben können, weil dieser keine Mittel hat, sie zu beweisen, die deshalb allein im Glauben ruhen, worunter wir nicht ein Fürwahrhalten, sondern eine Kraft und Eigenschaft des Menschen verstehen.

Die Voraussetzungen sind der Glaube an einen lebendigen Gott und der Glaube an die Erscheinung eines vollendeten Menschen, also eine Offenbarung.

Treten diese Voraussetzungen als Sicherheit des Glaubens in einem Menschen auf, so ergibt sich sein Weg zur freien Selbstbestimmung und wahren Herrschaft von selbst. Der göttliche Funke in ihm hat dadurch seinen Zusammenhang mit dem lebendigen Gott wiedergefunden und wächst nicht bloß zu immer lichteren Stufen, sondern zur Vollendung selbst durch Christus, der unter denselben menschlichen Bedingungen und endlichen Beschränkungen, denen jede menschliche Persönlichkeit unterworfen ist, die absolute göttliche Persönlichkeit errungen hat. Dieser Weg muß, wenn seine Voraussetzungen in einer Menschenseele lebendig wirksam sind, mit Notwendigkeit zur absoluten sittlichen Freiheit, zur Herrschaft seiner selbst und zur Befreiung von allen Einflüssen anderer Persönlichkeiten, zur Kindschaft Gottes und ebenso notwendig zur wahren Herrschaft über die Natur und ihr Bedürfnis, zur Bedürfnislosigkeit, somit zum Siege über den Tod – dieses furchtbarste Herrschaftsmittel der Natur – zum Wunder, zur Auferstehung und zum ewigen Leben führen.

Darum sagt Christus von sich: „Ich bin der Weg, die Wahrheit und das Leben“."

In dem Kriege des Jahres 1870, da alle vaterländisch gesinnten Männer sich dem Staat zur Verfügung stellten, wollte auch Widmann nicht zurückbleiben. Da es ihm nicht gelang, seinem Wunsche gemäß mit dem Hauptquartier als Berichterstatter ins Feld zu ziehen, trat er in Berlin mit hilfsbereiten Brüdern zusammen und widmete sich der Verwundetenfürsorge. Nach Friedensschluß begann er seine grundlegende Tätigkeit für den Orden. Er war ja ein freimaurerischer Spätling, darum ließ man ihn schnell von Stufe zu Stufe steigen, die Archive wurden ihm geöffnet, und sogar das Studium der Akten der Grade gestattet, die ihm nach den Ordensgesetzen noch nicht erteilt werden konnten. Am 14. Juni 1868 hatte er den achten Grad, am 11. Juni 1869 den neunten Grad erhalten. Am 6. Dezember 1869 wurde er zum Ritter-Kommandeur mit dem roten Kreuz und am 3. März 1872 zum Mitglied des Ordens-Rates ernannt.

Mitten aus reichem Schaffen, im engsten Freundschaftsbunde mit seinem Ordensmeister, hochgeachtet von den Treuen des Ordens, geliebt von allen Brüdern, die ihm persönlich nahegetreten waren, wurde er ohne vorausgegangene Krankheit, ja ohne daß auch nur ein Unwohlsein das nahende Geschick anzeigt, am Morgen des 26. Mai 1878 nach einer im ruhigen Schlaf verbrachten Nacht von einem Gehirnschlag betroffen. Der ewige Meister hatte ihn gerufen.

Dr. Adolf Widmann

Eine Geistesgeschichte der Freimaurerei in Deutschland hat die Aufgabe, das Ewige festzuhalten, das unerschöpflich aus dem reichen Quell von Widmanns Seele floß. Und der Inhalt dieser Seele spricht sich deutlich aus, wenn er als den einzigen Zweck unserer Lehre bezeichnet: „Liebe lernen und zum Licht gelangen."

So aus dem Zusammenhang gerissen, klingt das Wort wie eine leere Redensart, aber wenn wir den führenden Meister auf seinen Forschungswegen begleiten, müssen wir erkennen, wie scharf er den letzten Grund und Zweck der Ordenslehre charakterisiert hat. So sagt er weiter: „Der wahre Maurer hat zu jeder Stunde den Zusammenhang mit dem ewigen Vater des Lichts und mit dem Nächsten zu suchen. Wer dies tut, übt wahre Liebe; wer sich jeden Augenblick dieses Zusammenhanges erinnert, wird edel und weise." Auch hier noch ganz schlichte Wahrheiten, die durchaus nicht freimaurerisch zu sein brauchen, die wir ebensogut bei einem Geistlichen finden könnten. Und Widmann weiß wohl, daß ihr noch ganz die freimaurerische Sonderheit fehlt und spricht es freimütig aus: „Wir kennen ja nur Erkenntnisstufen; keine Stufen der Liebe, der Brüderlichkeit, der Gleichheit und Gnade; hieraus kann der, welcher eben das Licht erblickt, hoch erleuchtet sein, und der Höchsterleuchtete ein Lehrling." Damit hatte Widmann eine Wahrheit ausgesprochen, die tief einschneidend die Selbstgefälligkeit manches Bruders verletzte, der da glaubte, schon Freimaurer zu sein, wenn er äußerlich Zeichen,

Griff und Wort beherrschte, die allezeit für Widmann Grund- und Eckstein waren und blieben. Noch härter geht er mit den Brüdern seiner Zeit ins Gericht: „Denn der Übelstand liegt nicht in unserem Gebrauchtum, er liegt vielmehr im ungenügenden Unterricht von dem, was spezifisch Freimaurerei ist; nicht bloß bei uns, sondern in allen Logen aller Lehrarten."

Und in den folgenden Worten gibt er ein treffendes Bild vom Logenleben seiner Tage, es ist das Urteil eines Propheten und eines unbeugsamen Apostels der Wahrheit: „Wir namentlich kennen den Inhalt der einzelnen Grade nicht so, wie er im Logenbuche steht: Wir gehen in den zweiten Grad über, ohne den ersten ganz verstanden zu haben; wir hören nicht das, was in den Akten steht, sondern oft Fremdartiges, was sehr geistreich sein kann, aber nicht königliche Kunst ist; wir haben die Bräuche unserer Vorfahren zu weit verlassen. Die Tafel ist schwarz, die Figuren darauf sind weiß, zum Andenken daran, daß die Freimaurer früher die Tafel im Kopf haben sollten, und jedesmal bei Eröffnung der Loge mit weißer Kreide auf dunklem Grund zeichnen und beim Schluß wieder auswischen mußten. Wir kümmern uns nicht mehr um das Fragebuch, das unsere Vorfahren auswendig wissen mußten."

Als Widmann zu dieser Überzeugung gekommen war, begann seine gewaltige Arbeit, um derenwillen wir ihn den Reorganisator Ordinis, den Erneuerer des Ordens, nennen dürfen. Zunächst erkannte er, daß die Lehre der Großen Landesloge den Gang der Natur und Weltgeschichte nachahme, d. h. daß sie von der Unvollkommenheit zur Vollkommenheit schreite, und darin ruhte für ihn eine doppelte Erkenntnis, die zu einer doppelten Apologie wurde, einmal: Gegen alle, die den Hochgradgedanken ablehnten; im wesentlichen Freimaurer. Zum andern: Gegen alle, die eine Mitteilung der altjüdischen Weisheit in dem dritten Johannis-Grade ablehnten, weil ja doch das Christentum ein neues Weltbild geschaffen habe; im wesentlichen Profane.

So will er jeden Novizen vorab in der Weisheit des alten Tempels unterrichtet haben, ihn dann erst zur Liebe, die im neuen Tempel gepredigt wird, einführen. „Christus ist nach Anschauung unserer Akten", so sagt Widmann, „der Mittelpunkt unserer Geschichte, in dem sich alle Strahlen der alten Weisheit sammeln und von dem die Strahlen mit erneuter Kraft ausgehen, die Zeit nach Christus durchdringend und in seinem Geiste alles Zerstreute sammeln werden. Das aber, was diese Anschauung besonders eigentümlich macht, besteht darin, daß sie jedem einzelnen Jünger der Königlichen Kunst vorschreibt, sich zuerst in der alten, sozusagen vorchristlichen Weisheit zu üben, und daß sie diese Übung als den richtigen, unerläßlichen Weg ansieht, um zu Christus zu kommen und daß sie mit unerschütterlicher Festigkeit – in Christus die ewige Sonne im Osten sieht, über die hinaus keine höhere Wirkung der ewigen Vernunft in der Menschheit erscheinen kann, weil es das Reich der Seligkeit selbst ist, wenn Christus durch seinen Geist alle Geister und Herzen der Menschen gesammelt haben wird und jeden würdig gemacht hat, sich zu heiligen und in allem und aus allem, was in seinem Herzen oder um ihn herum in der Welt der Erscheinung ist, das Göttliche zu sehen – Zeichen! – zu fühlen – Griff! – und zu hören – Wort!“

Jetzt war das große Endziel, der Weisheit letzter Schluß, in klaren Worten aufgestellt, die große Synthese der Akten neu aufgefunden, und nun ging Widmann daran, als Johannislogenmeister die Johannisakten im Zusammenhang zu diesem Endziel zu bringen. Seiner phantasievollen Seele wurden die Zeichen auf der Arbeitstafel lebendige Quellen immer neuer Erkenntnisse, seine weite Wissensgebiete umfassende Bildung erlaubte ihm, in die Tiefen der alten Geheimlehren zu tauchen und Perlen von herrlichem Glanz an die Oberfläche zu bringen. Ein Staunen ging durch die freimaurerische Welt, besonders natürlich waren die Mitglieder der Großen Landesloge ergriffen von dem Erkennen, welchen Schatz sie in ihren Akten besaßen. Und nun regten sich die Kräfte überall und boten ihre Mitwirkung an, freudig aufgenommen von dem geistvollen Entdecker.

Denn das ist das Große an Widmann, daß er neidlos an seiner Seite die werdenden Geister sich entwickeln ließ, wie ein weiser Gärtner pflegte er die jungen Pflänzchen. Er war kein Bruder, der auf einsamer Höhe thronen wollte, er wollte die ewige Idee zum Siege führen. Das war ihm alles, persönliche Vorteile und Ehrungen waren ihm nichts. Liebe lernen war sein Grundsatz, aber nicht nur lernen, sondern auch üben. Ein Strom von Liebe muß von diesem seltenen Manne ausgegangen sein, sein Wesen begeisterte, ja riß hin. Das hören wir nicht nur von den Alten, die ihn noch gekannt haben, sondern das wird dem, der seinen Erdentagen nachforscht, klar aus der Opferbereitschaft, die seine Freunde beseelte. Maurer, die in harter Berufsarbeit standen und vom Logenleben außerdem aufs äußerste in Anspruch genommen waren, opferten ihre Nächte, um Widmann Abschreiberdienste zu leisten. Eine Gefolgschaft unbedingt Getreuer sammelte er um sich, alle haben von ihm gelernt, aus seinem Reichtum hochfliegender Gedanken geschöpft und dann weiter gebaut. Die Forschungen, die er angeregt, sind bis heute noch nicht abgeschlossen.

Widmann fand den Schatz im Acker, und er ging hin und verkaufte all seine Habe und kaufte den Acker. Das heißt, er opferte alle profanen Vorteile und Ehrungen, die einem Manne von seinen Gaben wieder und immer wieder geboten wurden und warf sich mit ganzer Kraft auf die Enthüllung der sittlichen Idee der Ordenslehre.

Zum höchsten Ziel, zum Schauen Gottes, wird die Menschheit nur geführt durch die Starken im Geiste, und die sittliche Idee in der königlichen Kunst verhindert, daß die Schwachen auf diesem Höhenweg zurückbleiben. Aufs Wirtschaftliche übertragen: nicht schrankenloser Individualismus, der einer Klasse gestattet, rücksichtslos ihre Forderungen mit Gewalt durchzusetzen, sondern Ehrfurcht vor dem Rechte der Allgemeinheit. Das ist das Ziel der sittlichen Erneuerung unseres ganzen Volkes, das wir anstreben müssen.

Wer Gewalt über seinen Bruder hat und sie zu dessen Nachteil anwendet, ist keine sittliche Persönlichkeit, vor allem kein Freimaurer. Heterozentrisch denken und nicht egozentrisch, das ist jene Erkenntnis, die Widmann als das Licht bezeichnete, zu dem der Freimaurer gelangen muß, es ist aber auch die Liebe, die wir lernen sollen.

Ein geschlossenes Bild der lebendigen Geschichte, in und an der Widmann arbeitete, gibt die Rede, die er bei der Jahrhundertfeier der St.-Johannis-Loge „Zur Beständigkeit“ am 12. Oktober 1875 hielt. Sie zeigt nicht nur das verzehrende Feuer seiner Seele, sondern auch den Glanz seiner Sprache, eine attisch kultivierte Rhetorik bei einer Fülle und Schlagkraft der Gedanken, wie sie in der Freimaurerei bisher nicht zutage getreten war:

„Was sind eure hundert Jahre gegen die achtzehnhundert Jahre unserer heiligen Kirche, was eure neue Weisheit gegen unsere alte? So schreien die Ultramontanen auch heute in unser stilles, festlich geschmücktes Haus herein.

Wir sind diesen Geistern keine Antwort schuldig, wohl aber uns selbst.

Denn wenn wir klar sagen können, was hundert Jahre für die Freimaurerei sind, so haben wir damit ihre geistige Aufgabe bestimmt, wir haben den Kampf, der in dieser Aufgabe liegt, bereits aufgenommen und müssen wissen, welche Waffen wir haben, die zum Siege führen, und welche Waffen als unbrauchbar in der Rüstkammer liegen oder ganz der Vergessenheit überliefert werden müssen.

Es gibt nur eine korrekte und umfassende Erklärung, was der positive Inhalt der Freimaurerei sei. Sie steht in unseren Johannisakten und sollte zu Häupten jedes einzelnen von uns stehen:

Die Freimaurerei ist geboren mit dem ersten Menschen und so alt als die Menschheit; darum sind vor ihr hundert Jahre wie ein Tag, und sie darf mit mehr Recht als ihre Gegner fragen: Was sind achtzehnhundert Jahre gegen meine Jahrtausende und meine ewige Wurzel? Ich bin der Edelstein, dessen Strahlen Leben erwecken; wo ich nicht bin oder verdeckt und verloren werde durch Irrtum und Selbstüberhebung der Herzen, da ist Finsternis und bleibt Finsternis und wäre dieser Finsternis Macht gegeben über alle Weisheit der Welt und allen Reiz der Sinne.

So spricht der Funke des Lichts. Ich leuchtete in den Hainen am Ganges und am Nil, ich war bei den Patriarchen, bei Moses und den Propheten; ich heiligte Sokrates, ich war und bin im Herzen, im Wort und Tun jedes großen Menschen und binde die Geister aller Zeiten in eine unauflösliche Kette des Verständnisses; durch mich wird die Geschichte der Menschheit erst ein geordnetes Ganzes, und als die Finsternis alles verschlingen wollte, da stand ich in funkelnder Klarheit über dem Haupte eines sterbenden Menschensohnes, den wir göttlich nennen, weil der Mensch keinen Namen für das Vollkommene hat als den Namen Gottes.

Über diesem Bilde bin ich stehengeblieben und sende meine Strahlen herab über alle Menschen und befruchte alles, wo sich mir nur ein Herz öffnen will.

Ich war die Kraft der Apostel und der ersten Kirche, ich allein rette heute noch Kirchen und Tempel, obwohl die Häupter verwittert sind und die Satzungen leblos, denn ich bin als Kraft des Glaubens und der Gewißheit in den Herzen der einzelnen, die mich suchen, lebendig. Ich habe den Mönch zum Arbeiter und den Ritter zum Helden gemacht, habe den wandernden Bauleuten die Wege gewiesen und bin der Trost der Einsamen, Denker und Dulder, daß sie in der Vereinsamung nicht verzweifeln.

Ich bin der Morgenstern; wohl dem, der mich von ferne sieht und mich zu rufen versteht, daß ich mich in sein Herz senke.

Dieses Licht in sich lebendig machen, nennt die Freimaurerei die Königliche Kunst, vor dieser Kunst sind hundert Jahre wie ein Tag, und sie fragt am Abend eines solchen Tages einzig und allein: Hast Du den Edelstein bewahrt, bewahrst Du ihn in einem würdigen Gefäß, hast Du ihn treu verteidigt, hast Du auch richtige Waffen, ihn zu verteidigen?

Diese Frage richtet sie an alle Freimaurer; sie richtet sie auch heute an die kleine Gemeinde unserer Loge.

Denn diese Frage ist mit einemmal eminent praktisch geworden. Der Kampf des Lichts mit der Finsternis hat eine feste Gestalt angenommen und hat einen bestimmten Namen. Alle diejenigen, welche geistliche Zwecke mit weltlichen Mitteln und welche weltliche Zwecke mit geistlichen Mitteln durchsetzen wollen; alle diejenigen, welche sich in Kirchen und Tempel einnisten und ihre Verbrechen an der Freiheit des Geistes durch die Ehrfurcht aller gegen Kirche und Tempel geschützt glauben und die den Widerstand gegen ihre eitle Herrschsucht als Haß gegen die Religion und Verfolgung der Heiligen brandmarken möchten, haben sich in Ost und West, in Süd und Nord gegen die Königliche Kunst und die Freimaurerei verbunden. Seit bald einem halben Jahrhundert haben sie ihre Pläne gegen uns festgestellt und die psychologische Reihenfolge dieser Pläne mit Zähigkeit festgehalten und rücken jetzt gegen uns an, geleitet, gerüstet und entschlossen, während die Freimaurer in falscher Sicherheit die Zeit verpaßt, verträumt, in kleinem Streit verzettelt oder auf Herstellung ganz unbrauchbar unwirksamer Waffen vergeudet haben.

Als ich von Rom zurückkam und den Hammer der Beständigkeit übernahm, habe ich die Brüder unablässig vor dieser Gefahr gewarnt, daß sich der letzte Zweck Roms gegen die Freimaurerei zuspitzen werde; daß aber Rom nicht direkt gegen uns Freimaurer losgehen, sondern die Absicht habe, durch die von ihnen ganz geleiteten Franzosen erst das deutsche Vaterland und die Kraft der Nation zu brechen. Die Roten sollten den Schwarzen erst die weltliche Macht in Deutschland schaffen, damit die Dunkelmänner dann ihre geistlichen Verbrechen an uns leicht vollziehen könnten.

Alle Brüder, die mir vorangingen oder mir folgten, teilten die Ansicht von dieser Gefahr und waren bemüht, unseren Reformversuch, das Positive in der Freimaurerei wieder herzustellen, zu beeilen, damit wir in der Stunde der Gefahr die richtigen Waffen finden könnten.

Darum haben wir die Symbolik wieder in den Vordergrund gedrängt, denn sie allein bietet – freilich nur, wenn sie richtig verstanden wird – die Mittel und Methoden, wie unsre Väter die Erweckung eines inneren Lebens und die Kraft einer unauflöslichen Kette gewonnen haben; sie allein ist ein würdiges Gefäß zur Bewahrung des Edelsteins.

Darum waren wir bemüht, alle falschen Decken und Bande abzunehmen, mit welchen Zeiten und Irrtum den Edelstein überdeckt und verschlossen hatten.

Deshalb haben wir den historischen Ballast über Bord zu werfen versucht, der sich solange als letztes Geheimnis der Freimaurerei geltend gemacht und durch diese Prätension die Einheit unseres Ordens bedroht hat. An die Stelle der geheimen legendären Historie trat dies wirklich, vor aller Augen Geschehene.

Darum haben wir auf Einfachheit in Lehre und Gebrauch gedrungen und das Liebgewordene selbst zum Opfer getragen.

Deshalb haben wir, oft genug mit schwerer Selbstüberwindung, Frieden und Einigkeit unter allen Brüdern Freimaurern zu halten gesucht, damit der Erbfeind nicht über vereinzelte Gruppen herfallen konnte. Wir haben Kritik an keinem anderen versucht als an uns selbst, und haben unter uns gekämpft, nicht damit einer den andern besiege, sondern um einig zu werden und einig zu bleiben für die Stunde der Not.

Auf diesem Wege zu unserem Ziel wurden wir nicht aufgehalten, aber doch gehemmt, als 1870 unser großer Kaiser das Volk der klerikalen Landsknechte niederwarf und den deutschen Geist an die Stelle rief, die ihm gebührt. Die

Karl Friedrich v. Selasinsky, Generalleutnant

Gefahr des Jesuitismus schien beseitigt oder mindestens in die Ferne gerückt. Nicht zum Segen der Landesloge. Denn viele unserer eigenen Brüder hielten nun die energische Anstrengung, die sie bisher für Klarheit unserer Lage und Einfachheit in Lehre und Gebräuchen aufgewendet, nicht mehr für so nötig und erschlafften; andere, angeregt durch das Vorbild der deutschen politischen Einheit, die doch nur durch die höchsten Opfer erkauft war, hofften ohne Opfer, nur durch äußere Klugheit und schwächliche Kompromisse eine Einheit der deutschen Freimaurerei zu gewinnen.

Die Bauhütte in treuem Verein mit der Germania sang uns das Totenlied. Es ist aber anders gekommen. Der Schutt und das Geröll, das sich vom Felsen der Landesloge selbst loslösen wollte, ist in das Tal der Vergessenheit hinabgefallen – und der Rest ist Schweigen und wird nur Schweigen sein.

Wenn die positive Kraft, die in unserer Königlichen Kunst wohnt, sich je in der Landesloge klar äußerte, so war es in dieser Stunde, als die Brüder, wie eine Mauer, schweigend in die Kette traten, fester vereint als je zuvor, und am anderen Morgen ihre Arbeit wieder aufnahmen. Meine Brüder, die Landesloge lebt – das ist ein Abriß der inneren Geschichte der Landesloge. Wenn es für alle in der maurerischen Kette verbundenen Geister keine Kluft zwischen Vergangenheit und Gegenwart gibt, so werden die Geister unserer Stifter uns heute freundlich umringen.

Die Landesloge lebt. Das beweisen Sie, meine Brüder, die von ferne gekommen, um die Landesloge zu ehren. Sie lebt und wirkt kräftiger als je zuvor; denn alle Brüder, die sonst wohl miteinander rangen, was das Wahre und das Richtige sei, sind eins; daß wir uns neu gestalten wollen, und in diesem Tun aber uns nur bestimmen lassen von dem positiven und festen Grund, den uns unsere Akten bieten, daß wir sehnlichst die Einheit der deutschen Freimaurer wünschen, aber nicht auf Kompromisse, sondern aus einen gemeinsamen positiven Inhalt, und zürnen mit denen, die riefen, daß es keinen Segen gebe ohne Opfer und keine Einheit ohne gemeinsamen positiven Inhalt.

Von den Schwätzern, die alles mit Phrasen machen und plumpe Reden für tödliche Keulenschläge halten, rede ich nicht, obwohl auch sie sich herandrängten; auch von denen nicht, welche die Kirche und die verschiedenen Konfessionen durch unsere Existenz bedroht erklärten und uns für Feinde der Religion ausschreien. Die Verblendeten vergessen, daß gerade das, was wir unser nennen wollen – das innere Leben und seine Früchte, die Liebe, die Innigkeit, der Gehorsam gegen Gott und die Freiheit von den Menschen –, der Mittelpunkt jeder Kirche und die Wurzel jeder Religion ist, und daß, wenn wir dem, was sie Kirche und Religion nennen, fernstehen, es bloß darum geschieht, weil sie diese Grundlagen verwischt oder verloren haben.

Was uns nach 1870 in unserem eigenen Kreis bedrängte, war etwas viel Wichtigeres als die Schwätzer und wehmütig Frommen. Es liegt in der Zeit, daß Tausende von Brüdern, die ihr Leben wirklich nach dem Winkel richten, unantastbar in ihrem sittlichen Wert und ihrem Ernst für das Wahre, die eifrig bemüht sind, alle Mittel zu ihrer Geistesbildung anzuwenden, fest überzeugt sind, daß die getreue sorgsame Beobachtung der Natur und ihrer gesetzmäßigen Vorgänge das Leben selbst erklären, daß die endlose Schraube der Dialektik je ein sicheres Resultat über die ewigen Dinge geben könne, daß räsonnierende und ästhetische Beobachtungen über die Tatsachen der Religion religiöses Leben erzeugen und die Kraft ersetzen können, die in Glauben, Liebe und Hoffnung liegt.

Diese Brüder schreiben der Freimaurerei keinen selbständigen, Herz und Vernunft bildenden Inhalt zu, sondern halten sie nur für ein einmal vorhandenes zweckmäßig eingerichtetes Institut, worin nur die ewig wechselnden Resultate der Naturforschung und die ästhetisierenden Schattenbilder der neuesten theologischen Wissenschaft niedergelegt zu werden brauchten, um in weite Kreise fruchtbringend einzudringen und die Menschenseele zu heiligen und Frieden zu bringen. Sie entfernen sich entweder von der Freimaurerei wegen ihrer angeblichen Unwissenschaftlichkeit oder sie nähern sich der Freimaurerei in dem Bewußtsein, daß sie viel klüger, viel fortschrittlicher als unsere Väter sind, daß die königliche Kunst eine Fabel, die Symbole Spielerei, das innere Leben im besten Falle Schwärmerei sei, und daß sie uns eine Wohltat erweisen, wenn sie die Loge mit ihren klaren Resultaten des Denkens und der Naturwissenschaft erhalten. Da diese Brüder hauptsächlich aus Lebenskreisen stammen, welche eine wissenschaftliche Bildung zur Voraussetzung haben, da sie tüchtig ins Leben eingreifen und nur ihrer Natur folgen, wenn sie das Unklare klarmachen, und Vorurteile töten wollen; da sie auf die Bedürfnisse des andern, namentlich wenn er seine Bildung dem Leben und der Erfahrung verdankt, wenig Rücksicht nehmen, da ihnen die Erkenntnis des innersten Lebenspunktes fehlt, so werden sie nicht bloß oft Fanatiker für ihre eigenen Meinungen, sondern immer die Versuche anderer, die gleich ihnen Vorurteile wegbringen, Unklarheiten beseitigen; das Einfache zurückführen, aber das Kind nicht mit dem Bade ausschütten wollen. Diese Brüder unseres eigenen Kreises hemmten die langangestrebten Reformen unserer Landesloge, weil sie alles hinauswerfen wollten, ohne die Sache selbst erfahren zu haben und alles auf einmal hinauswerfen wollten, ohne die entgegenstehenden Schwierigkeiten zu erwägen. So war vor zwei Jahren die Lage der Landesloge in ihrem eigenen Schoße vielfach bedrängt und die ernsten Reformversuche ernstlich bedroht.

Freilich muß jede große Institution, die auf Leben Anspruch macht, solche Gegensätze ertragen können, und kann sie ertragen, weil der Druck nicht immer derselbe ist, da die Wellen auch wieder zurückfluten, und weil in der Freimaurerei am Ende die äußeren Interessen, welche sonst leicht dem Kampfe einen herben Charakter geben, doch mehr und weniger zurücktreten und Raum bleibt für Wohlwollen und Gerechtigkeit.

Und doch liegen Gefahren aller Art in solchen Kämpfen, sei es, daß, wie es einst unter Pio Nono geschah, den Leitern auch die notwendigen Reformen verkündet werden; sei es, daß der kleine Ehrgeiz seine Zeit gekommen glaubt. Jede große Institution muß jederzeit auf solche Unternehmungen gefaßt sein. Wir sind bereit, den Kampf mit der Finsternis aufzunehmen. Denn die Landesloge lebt."

D. Die Wahrheit der Ordenslegende

Vor zwei Jahren ist mit dem Ordenssenior, dem feinsinnigen und liebreichen Maximilian Geisler der letzte Lehrling Adolf Widmanns zum höheren Licht eingegangen. Er hatte diesen Suchenden am 10. Dezember 1874 aufgenommen, und es war die letzte Logenarbeit, die der große Meister leitete. An diesem Tag sprach Widmann noch einmal in schlichten Worten sein Glaubensbekenntnis aus:

„Die Große Landesloge ist gegen andere Logen dadurch im Vorteil, daß sie nie etwas in ihren Akten geändert hat. Die Unverändertheit, die seit einhundertacht Jahren besteht, gibt Hoffnung, daß es auch fernerhin so bleibe; aber man muß dazu wissen, daß die Ideen, die den ritualen und äußeren Formen zugrunde liegen, so alt sind wie die Menschheit. Der Ursprung der 1766 an uns von Schweden überkommenen Akten läßt sich nicht mit

Bestimmtheit nachweisen, die nächsten Anknüpfungspunkte weisen nach Schottland. Dort waren die Bauhütte und eine zweite geheime Gesellschaft, die mit den Tempelherren Zusammenhang hatte, in Tätigkeit. Von dieser zweiten Gesellschaft her stammen unsere Akten. Diese sind wahrscheinlich von Schottland über Frankreich nach Italien gelangt, und von dort über Genf nach Schweden gekommen. Dies kann von uns aktenmäßig nachgewiesen werden, und deshalb lassen wir uns auch nie in Streitigkeiten mit Andersdenkenden darüber ein. Unser Zusammenhang mit den Templern ist mehrfach angegriffen worden. Aber wir können diesen Zusammenhang nachweisen. Treibt man nun dergleichen Studien unbefangen, so sind sie höchst interessant. Man darf sie aber nie zur Hauptsache machen. Hauptsache bleiben stets die Wege des Ordens zur Selbstveredelung unserer selbst und Vereinigung mit Gott."

Diese unerschütterliche Überzeugung von der Wahrheit der Tradition in den Akten der Großen Landesloge hat Widmann im Jahre 1869 gewonnen, als er mit J. A. Gnospelius, einem geborenen Schweden, der als Großkaufmann in England lebte, im Auftrag der Berliner Ordensleitung nach Stockholm reiste, um die letzten dem Berliner Kapitel noch fehlenden Kenntnisse zu erlangen.

Diese Reise war von einem vollen Erfolg gekrönt, schon weil der damalige Ordensmeister der Großen Landesloge von Deutschland, Friedrich Wilhelm, Kronprinz von Preußen, ein weit größeres Gewicht den fürstlichen Ordensoberen von Schweden gegenüber besaß, als der bürgerliche Ordensmeister 1819 hatte. Der Kronprinz von Preußen befand sich zur damaligen Zeit auf einer Reise nach dem Heiligen Land, aber er war an der Aufklärung aus Schweden doch so sehr interessiert, daß er aus Konstantinopel am 29. Oktober 1869 an den Prinzen Oskar von Schweden, den Bruder des Königs und Thronfolger, folgenden Empfehlungsbrief richtete:

„Mein lieber Vetter und Ordensbruder!

Seitdem ich die verschiedenen Formen der Freimaurerei in Deutschland beobachte, hat mich die Große Landesloge von Deutschland besonders durch die Ausdauer interessiert, mit welcher sie seit vielen Jahrzehnten bemüht ist, dasjenige, was ihr zu einem abgeschlossenen Ganzen mangelt, namentlich aus Schweden herbeizuschaffen. Es würde mir darum eine wahre Freude machen, die Große Landesloge am Johannisfest 1870 zur Feier ihres hundertjährigen Bestehens mit einem Abschluß ihrer Akten belohnen zu können. – Dieser Abschluß hängt aber wesentlich davon ab, daß sich die Schwedische Großloge entschließt, die Architektenakten, welche hier offenbar noch manche Lücke haben, vollständig mitzuteilen und uns darüber volle Klarheit zu geben, in welcher Art und Weise diese vollständigeren Akten in den Besitz

König Gustavs III. und des damaligen Herzogs von Södermanland gekommen sind.

Ich habe immer beobachten können, daß Verhandlungen von Großloge zu Großloge zu unvollständigen, mindestens langsamen Resultaten führen. Förderlicher wäre gewiß ein persönlicher Austausch unserer beiderseitigen Anschauungen und freimaurerischen Kenntnisse, weshalb ich es immer schon aufrichtig bedauerte, daß es mir bisher nicht möglich ward, das Feuer persönlich aus Eurem Heiligtume zu holen. Ja, ich beklage dies um so mehr, da schon seit Graf Bennets Zeiten immer behauptet worden war, „der vollständige Inhalt der in Schweden bewahrten Architektenakten könne nur an ein fürstliches Oberhaupt der Freimaurerei und nur persönlich mitgeteilt werden."

Bevor mir aber der Wunsch, persönlich um diese Kenntnisse zu werben, erfüllt wird, möchte leicht die kurze Zeit bis zum hundertjährigen Stiftungsfeste der Großen Landesloge verrinnen.

Darum würde ich es als einen Akt brüderlichen Freundschaftsdienstes ansehen, wenn Du, mein lieber Vetter, vorläufig einem Manne, welchem ich hierüber Vertrauen schenken kann, und welchen ich senden werde, sobald die Arbeiten der Schwedischen Großloge wieder begonnen haben werden, soviel Gunst erweisen willst, daß er mir bei seiner Rückkehr über die Sachlage referieren und mir dasjenige von Akten mitbringen kann, was Du der deutschen Brüderschaft glaubst mitteilen zu dürfen. Bruder Gnospelius, welcher als Ritter Kommandeur mit dem roten Kreuz die höchsten freimaurerischen Ehren besitzt, wird bei uns zwar ausführlich instruiert werden, worauf er im einzelnen seine Fragen zu richten hat und ist auch beauftragt, Dir das Resultat einiger Forschungen bei uns vorzulegen, welche dazu dienen können, einen gegenseitigen Austausch von freimaurerischen Kennwissen und Ideen anzuregen ...

Friedrich Wilhelm, Ordensmeister."

Widmann, der eine Zeitlang krank gewesen war, hatte sich soweit erholt, daß er die Reise nach Stockholm unternehmen konnte. Die Aufnahme der beiden Abgesandten war ganz außerordentlich. Der Ordensmeister, König Karl XV., eine hochbegabte Künstlernatur, hat sich ihnen viele Stunden gewidmet und persönlich reichlich Aufklärung gegeben.

Ein im Jahre 1852 in Stockholm wiederaufgefundenes Ritualbuch ist nicht nur äußerst wichtig für den Beweis der Echtheit der Überlieferung der Großen Landesloge, sondern auch für die Bundeslehre der Großen National-Mutterloge zu den drei Weltkugeln, weil es auch für deren höhere Grade den Beweis liefert, daß alle mystischen und wissenschaftlichen Erkenntnisstufen

Ordenshaus der Großen Landesloge von Deutschland, Kapitelflügel

aus den Ritualien der Domkapitel herstammen. Es enthält unzweifelhaft das Ritual desjenigen Domkapitels, das die Urform der Kapitel-Rituale der Großen Landesloge ist, nämlich das Ritual des Domkapitels der regulierten Chorherren vom heiligen Grab in Jerusalem.

Ein Domkapitel gab es an jedem Bischofssitz und jedes dieser Domkapitel arbeitete im allgemeinen nach den Liturgien der katholischen Kirche. Zum Teil aber hatten sich an verschiedenen Bischofssitzen besondere Regeln, Aufnahme-Ritualien und Mysterien herausgebildet. Aus dieser Verschiedenheit der einzelnen Domkapitel entstand jene Fülle von Hochgraden des achtzehnten Jahrhunderts, die nur äußerlich zusammenhingen und zum Teil mit allen möglichen Abenteuerlichkeiten magischen und alchymischen Charakters, ja sogar mit Reminiszenzen aus Ritualien deistischer Geheimgesellschaften aufgeputzt wurden. Bei dem erbitterten Kampf gegen diese Hochgrade ist die Lehre der Großen Landesloge von Deutschland mit demselben Maß gemessen worden, wie diese abenteuerlichen Hochgrade, und es ist das unendliche Verdienst Adolf Widmanns, den Nachweis erbracht zu haben, daß die Ritualakten der Großen Landesloge auf ein Kapitel zurückgehen, das im vierzehnten Jahrhundert in Schottland bestand. Dieses schottische Domkapitel leitete die Bauhütten und hatte maßgebenden Einfluß auf deren Gebräuche. Als nun die wenigen überlebenden Templer sich nach Schottland wandten, wo ihr Orden schon seit 1153 bedeutende Besitzungen besaß und infolgedessen ein großer Bauherr geworden war, schlossen sie sich an dieses schottische Domkapitel an und trugen ihr aus dem Orient mitgebrachtes viel älteres Ritual des Domkapitels vom heiligen Grabe in die Rituale des schottischen Kapitels hinein.

Daß Tempelherren noch lange nach der Aufhebung ihres Ordens in Schottland gelebt haben, wenn auch unter ganz veränderten Bedingungen und einem beschränkteren Wirkungskreis, ist geschichtlich erwiesen, ebenso daß ihnen ihre Besitzungen zum Teil zurückgegeben worden waren. Unter Jakob IV. 1488 war die Vereinigung der Templer mit den Johannitern so gut wie vollzogen. Von da ab sind beide Orden durch einen einzigen Johanniter-Präzeptor im Parlament vertreten und werden von diesem Zeitpunkt an mit dem gemeinsamen Titel angesprochen „Deo et Sancto Hospitali de Jerusalem et Fratribus eiusdem Militiae Templi Salomonis". Dabei muß man noch in Betracht ziehen, daß in jener Zeit die schottische Kirche von der päpstlichen Macht sich sehr unabhängig hielt, daß der Kirchenbann in diesem Lande stets unwirksam geblieben war, also auch die Templer von ihm nicht berührt wurden. Dies war in keinem andern Lande Europas möglich. Endlich war nirgends soviel Vorliebe für die freimaurerischen Geheimnisse des Ordens, als gerade in der von kuldäischen Überlieferungen erfüllten Kloster- und Kapitelgeistlichkeit Schottlands überhaupt und auf den Inseln Mull und Jona insbesondere, wo die Bildung und freie Richtung der schottischen Kirche geradezu herstammten. Es steht also geschichtlich fest, daß die geflüchteten französischen Tempelherren in größerer Zahl nirgends anders ein sicheres Asyl finden konnten, als allein in Schottland, daß sie ferner nirgends in der Welt so günstige Bedingungen zu einem Wiederaufbau vorfanden, als in Schottland, denn es gab im Norden kein anderes Land, wo sie, wenn auch sehr eingeschränkt, doch als Tempelherren unter dem Schutze der königlichen Macht noch längere Zeit fortbestehen und soviel Freiheit, Eigentum und Schutz von dem Papst genießen konnten, daß sie Zeit gewannen, die innere Kundschaft zu retten und diese mit Erinnerungen an den zerstörten Tempel nach und nach in ein anderes mit ihnen seit zweihundert Jahren befreundetes, durch gleiche Wurzeln in der Weisheit des Orients nahestehendes, in Schottland blühendes Institut, die Bauhütte, hineinzuretten. Dazu waren Jahrzehnte, ja Jahrhunderte nötig, sonst würde eine solche Verschmelzung dem wissenschaftlichen Verstande unglaubwürdig erscheinen. Die Bauhütte hatte das Mysterium Johannis des Täufers, der innere Kreis der Tempelherren das Mysterium Johannis des Evangelisten. Die letzteren machten keinen Versuch, die Organisation der Bauhütte zu verändern, im Gegenteil, statt ihrer früheren Titel Präfekt, Präzeptor, Kommendator, Kanzler usw. nannten sie sich Meister, Abgeordneter Meister, Aufseher, Sekretär usw. Es blieb auch dann beim alten, als sich neue Zwischenstufen einschoben zwischen den Jüngern des Täufers mit dem Winkelmaß und den Jüngern des Evangelisten mit dem Kreuz.

Eine wichtige Kundschaft erhielt die Gesandtschaft der Großen Landesloge persönlich durch den König, indem er bestätigte, daß der Ordensmeister der Großen Landesloge von Schweden Dokumente und Kleinodien des schottischen Königlichen Kapitels sowie das Recht der Großmeisterschaft von dem letzten Karl Eduard Stuart durch Gustav III. vertragsmäßig erworben habe.

Widmann ist der Ansicht, daß aus den schwedischen Dokumenten, die er gesehen, sich der Einfluß nachweisen lasse, den die Italiener und ihre klerikalen Templer-Traditionen auf die Gestaltung der schwedischen Kapitelakten gehabt haben, und er stellte fest, daß sich hierin Bruchstücke der nach Florenz und Genf geflüchteten schottischen Überlieferungen fanden. Ein abschließendes Urteil hat er erst später ausgesprochen. Zunächst galt ihm als feststehend, daß die Freimaurerei als solche für Ritus, Lehre und Kundschaft durch jene Dokumente nichts gewinnen könne, daß aber ihr geschichtlicher Wert bedeutungsvoll sei.

Die Schweden besitzen noch ein anderes Logenbuch von großem Wert und nach großen Prinzipien geordnet und restituiert. Es enthält die wichtigste Grundlage der Freimaurerei. Denn es liefert den unumstößlichen Beweis, daß die in der schwedischen Lehrart zum Ausdruck gelangenden Anschauungen, Mysterien, Symbole und Meistergeheimnisse seit Jahrhunderten und von Anfang an im wesentlichen so gestanden haben, wie wir sie heute in den schwedischen Akten und denen der Berliner Ordenslehre dargestellt finden. Es ist damit erwiesen, daß das Mysterium des inneren Ordens schon im elften oder zwölften Jahrhundert bestanden haben muß, und daß also die Überlieferungen der Großen Landesloge von Deutschland auf Wahrheit beruhen.

Dies war das Ergebnis der schwedischen Mission von Widmann und Gnospelius im Jahre 1869, an deren Schluß Prinz Oskar an den Landes-Großmeister der Großen Landesloge in Berlin Caesar von Dachröden, schrieb:

„Höchsterleuchteter Bruder!

Da die beiden Ordensbrüder Gnospelius und Widmann in wenigen Tagen nach beendigtem Auftrag wieder zurückreisen, sende ich mit ihnen diese Zeilen, um meinen brüderlichen Gruß der Großen Landesloge von Berlin zu bringen.

Es ist uns eine wahre Freude gewesen, die beiden Vertreter der siebenten Provinz hier bei uns zu sehen; und wir hoffen, daß sie mit dem, was sie hier erfahren und gesehen, zufrieden sind, und es wird uns und mir speziell sehr angenehm sein, immer mehr und mehr den freundlichen und brüderlichen

Logenverkehr zwischen Schwedens und Deutschlands Ordensbrüdern, vermehrt zu sehen. Empfangen Sie, Höchsterleuchteter Ordensbruder, die Versicherung meiner aufrichtigen Hochachtung.

Oscar
Pr. ✠ S $^{S}_{0}$ IXten Provinz."
(Procurator Salomonis.)

Adolf Widmann hat die Erkenntnis, daß die Tradition der Großen Landesloge von Deutschland Wahrheit sei, mit seinem Herzblut gegen die Angriffe seitens der Hochgrad-Gegner verteidigt. Um ihn standen bewährte Freunde, die seine Erkenntnis weiter ausgebaut und wissenschaftlich gestützt haben. In der von ihm im Jahre 1872 gegründeten Zirkelkorrespondenz erschienen die wissenschaftlichen Ergebnisse seines Forscherlebens in Aufsätzen, wie sie bisher die freimaurerische Wissenschaft nicht gekannt hatte.
Aber noch zu seinen Lebzeiten begann sich eine neue Richtung hervorzutun, die man gegenüber der ordens-philosophischen Richtung die ordensphilologische nennen kann. Die Rede des Kronprinzen (Seite 371), worin er die Forderung aufstellte, daß die Legende des Ordens durch Urkundenbeweise der Geschichte erwiesen werden solle, veranlaßte einige gelehrte Brüder, unter denen Dr. Höfig in Parchim der am besten fachlich Gebildete war, geschichtliche Beweise zu suchen, die nach der Natur der Sache unmöglich gefunden werden konnten. War die Legende richtig, das Zusammenwachsen von Domkapitel, Bauhütte und Templerorden und die sich daraus entwickelnde Freimaurerei des achtzehnten Jahrhunderts, so hatten die geflüchteten und verfolgten Tempelherren zwingende Gründe, ihr Geheimnis nicht in schriftlichen Urkunden niederzulegen. Das Hineinströmen der verfolgten Tempelherren in die Bauhütte, die Verwandlung der Ordensritter in Maurerbrüder mußte vor den Augen der weltlichen Mächte verborgen bleiben. Es war also eine gänzlich unwissenschaftliche Forderung, schriftliche Beweise dort zu fordern, wo sie absichtlich unterdrückt und, wenn sie bestanden hatten, vernichtet worden waren. Diese Tatsache hatten Widmanns Freunde erkannt und auch in der Zirkelkorrespondenz und in den andern freimaurerischen Zeitschriften sowie in gedruckten Vortragssammlungen ausgesprochen. Die führenden Männer nach Widmanns im Jahre 1878 erfolgtem Tode, die geistvollen Vertreter Widmannscher Erkenntnis, waren Professor Felix Possart, Professor Felix Seckt, einer der glanzvollsten Redner, den die Große Landesloge je zu den ihrigen gezählt, Ober- und Geheimer Regierungsrat Eduard Metzener, dessen gesammelte Vorträge im Jahre 1912 erschienen. Ganz besonders der letztere hat mit zwingender Logik die Unwissenschaftlichkeit der gegnerischen Forderungen nach schriftlichen Urkunden dargetan.

Friedrich Leopold Prinz von Preußen

Aber das alles blieb ohne Wirkung. Widmanns Philosophie wurde niedergerungen von einer philologischen Persönlichkeit, die mit einer wahrhaft diktatorischen Autorität auftrat. Es war Wilhelm Begemann, dessen glänzende philologische Begabung gepaart war mit einem unbeugsamen diktatorischen Willen, nichts gelten zu lassen, was nicht durch Urkunden bewiesen sei. Die Übersteigerung dieses an und für sich lobenswerten Grundsatzes führte in der Großen Landesloge zu einer Ernüchterung und einer Trockenheit, die nur das eine Gute hatten, daß sie eine starke Gegenströmung erzeugten. Diese Gegenströmung, an deren Aufkommen die alten Anhänger Widmannscher Erkenntnis noch Anteil hatten, verwarf unter Führung des zur Zeit regierenden Ordensmeisters, Wirklichen Geheimen Kriegsrats Wilhelm Augustin Balthasar Wolfradt, das im Jahre 1888 von der Großen Landesloge beschlossene Fallenlassen der Templerlegende. Man hatte erkannt, und das hatte schon Metzener zum Ausdruck gebracht, daß es unlogisch sei, die geschichtliche Unmöglichkeit eines Zusammenhanges mit dem Tempelherrenorden zu behaupten und trotzdem den geistigen Inhalt eines geschichtlich nicht zu erweisenden inneren Ordenskreises festzuhalten. Die neueste Richtung, die sich mit voller Überzeugung wieder zur Widmannschen Philosophie gegen die Begemannsche Philologie erklärt hat, fand ihren äußeren Ausdruck in dem Zusatz

„deutschchristlicher Orden" zu dem alten Titel „Große Landesloge der Freimaurer von Deutschland", wobei nicht vergessen werden darf, darauf hinzuweisen, daß in den ältesten Urkunden und auch noch fast durchweg in den Zeiten der Verhandlungen mit Schweden immer nur von der Großen Landesloge von Deutschland die Rede ist. Der Zusatz „Freimaurer" fehlt in den meisten Fällen.

Dieser neuen Entwicklung wird nicht allein von den alten Gegnern aus dem humanitären Lager, sondern auch von wohlmeinenden Freunden entgegengehalten, daß sie zu einer Isolierung der Großen Landesloge innerhalb der Freimaurer Deutschlands führen werde. Das ist richtig, aber nicht zu ändern, denn es steht unweigerlich fest, daß weder Zinnendorf, der Ordensstifter, noch Nettelbladt, noch Widmann, – die drei Männer, denen tiefste Ritualkenntnis zur Seite stand, – etwas anderes in der Großen Landesloge gesehen haben, als einen vergeistigten Ritterorden, der den Kampf für das Christentum nicht mehr wie die alten Ordensritter mit Schwert und Lanze, sondern mit Seele und Geist zu führen hat.

In diesem Sinne geht auch die neue Reformation der Akten. Wir sagen absichtlich Reformation, und zwar nicht im übertragenen Sinn von Umgestaltung, Verbesserung, sondern in der ursprünglichen Bedeutung von Erneuerung, das will sagen, daß man auf den Zustand zurückgeht, da eine Idee sich noch in ihrer ersten, neuen Prägung befand.

Wenn eine Idee in die Erscheinung tritt und die Herrschaft über eine menschliche Gesellschaftsgruppe gewinnt, trägt sie trotz ihrer Unteilbarkeit mehrere Richtungsneigungen in sich. Ihre Entwicklungsfähigkeit ist bedingt von der ihr innewohnenden Kraft. Mit der wachsenden Ausdehnung treten die verschiedenen Richtungsneigungen in ihr selbst hemmend und verändernd auf. In der Gesellschaftsgruppe, die Träger der Idee ist, sind Persönlichkeiten verschiedenen Charakters, Intellekts und Willens vereinigt, auf die andere Ideen, die aus den wechselnden Phänomenen der Zeit geboren werden, verschiedenartig

Dr. Wilhelm Begemann

reagieren. Diese Persönlichkeiten tragen in die ursprüngliche Idee ihre charakteristische Reaktion hinein. Und so wird aus Aktion und Reaktion eine anders sich darstellende Idee.

In der Ordensidee vereinigten sich der Ordensgedanke der regulierten Lebenserfüllung und der Bruderschaftsgedanke. Je mehr die freimaurerischen Denkerpersönlichkeiten die eine oder andere Erscheinungsform betonten, entwickelte sich der reine christliche Orden oder die humanitäre Freimaurerloge. Zinnendorf, Castillon und Nettelbladt eng verbunden mit Palmié hatten ihre klare Richtung des christlichen Ordens, wenngleich auch – wir sehen dies an dem geistigen Austausch mit Friedrich Ludwig Schröder – der Bruderschaftsgedanke ihrer Richtung schon, divergierend, in den Weg trat.

Unter der Ordensregierung des Kronprinzen von Preußen breitete sich der Bruderschaftsgedanke weiter aus, und als die letzte Säule der reinen Ordensidee, Adolf Widmann, im Jahre 1878 gestorben war, überwucherte der Bruderschaftsgedanke den alten Kern fast bis zur Unsichtbarkeit. Dann kam Wilhelm Begemann mit seiner ganz englisch gestimmten Werkmaurer-Genesis und zertrümmerte bis zur Andreasloge hinauf die Ordensidee, weil er nur wenig Verständnis dafür hatte trotz seiner streng wissenschaftlichen Natur und seiner umfassenden Bildung. Ein Mitglied des Ordens hat in einer kleinen Schrift die prächtige These geprägt, nicht Wissen, sondern Weisheit sei das Agens des menschlichen Lebens.

Die Reformation, die sich gegenwärtig unter der Führung des Ordensmeisters Balthasar Wolfradt vollzieht, will eine Erneuerung der ursprünglichen Idee, wohlverstanden keine Neuerung. Das heißt Abkehr von allem, was bruderschaftliche Exegese an den Ordensgedanken angeflickt hat. Zurück zu Nettelbladt heißt die Losung. Der große Mecklenburgische Meister ist heute lebendiger denn je, seine Gedanken werden die neue Richtung, zu der sich auch der Geschichtsschreiber dieses Werkes zählt, zum Siege führen und die ursprüngliche Ordenlehre rein aus dem Trümmerhaufen abgesprengter Wucherungen erstehen lassen.

Daß der Orden deutsch und nur deutsch sein will, gewinnt für alle diejenigen vollste Berechtigung, die den völligen Zusammenbruch der großen Menschenverbrüderung, von der die Freimaurerei geträumt hat, in den neuen, neuesten und allerneuesten Phasen der Weltpolitik beobachtet haben. Der Vertrag von Versailles, der Völkerbund in Genf und die Konferenz von Lausanne dürften zur Evidenz bewiesen haben, daß es nicht am Platze war, wenn drei deutsche Großlogen die brüderlichen Beziehungen zu England wieder aufgenommen haben. Schon heute haben die Tatsachen der weltpolitischen Geschichte denjenigen deutschen Großlogen Recht gegeben, die in vaterländischem Stolz den wirtschaftlichen Unterdrückern jenseits des

Kanals und des Rheins die Bruderhand verweigern, solange nicht Deutschland von ihnen als gleichberechtigte Großmacht anerkannt wird. Die Freimaurerei will den Frieden, sie ist irenisch, aber nicht pazifistisch, und sie wird stets der Worte des Meisters von Nazareth eingedenk bleiben: „Ich bin nicht gekommen, Euch den Frieden zu bringen, sondern das Schwert", das Schwert des Geistes freilich, aber auch, wenn das Vaterland ruft, die ruhmbedeckten Waffen aus unserer großen Vergangenheit.

III. Die Große Loge von Preußen genannt zur Freundschaft

Der reiche Inhalt, den Feßlers umfassende Kenntnisse und sein bewundernswerter Fleiß der Lehre der Großen Loge zur Freundschaft gegeben hatte, mußte nun aus der Idealwelt des Ritualschöpfers in das tägliche Leben und das logenmäßige Gebrauchtum übergeführt werden. Feßler hatte trotz einer lebendig hervortretenden organisatorischen Begabung einen starken Zug zum Geheimnisvollen. Er hat, obwohl sein religiöses Leben durch streng evangelische Grundsätze beherrscht war, nie den Katholizismus ganz auslöschen können. Und je mehr er das Dogma durch den evangelischen Kritizismus überwand, desto liebevoller pflegte er das Mysterium der katholischen Kirche in seiner Seele. Dies hat bei aller Nüchternheit des Anglizismus dem Ritual jene hohe christliche Ergriffenheit gegeben, die besonders im Inneren Orient alles auf das Gottesbewußtsein des Meisters von Nazareth abstellt.

Die Große Loge zur Freundschaft hat äußerlich an den Feßlerschen Ritualien wenig geändert, ein Zeichen für deren relative Zeitlosigkeit, nur das Grundgesetz, also die verwaltungstechnischen Bestimmungen sind dem fortschreitenden Zeitgeist angepaßt worden. Freilich hat sie dem aufkommenden Liberalismus und dem Geist hinzukommender Logen Rechnung getragen. Ehe wir darauf eingehen, müssen wir uns mit der Person des Großmeisters beschäftigen, der nach Feßlers Ausscheiden die Zügel der Regierung zielbewußt in die Hand nahm.

Nachdem der Großmeister von Sellenthin am 5. Juni 1801 sein Amt niedergelegt hatte, war die Brüderschaft in den Meinungen, wer an seine Stelle zu wählen sei, sehr geteilt. Man dachte an einen Fürsten, aber Feßler sah wohl ein, daß er im Fall einer solchen Wahl die großmeisterlichen Geschäfte allein würde zu tragen haben, und er war es auch, wie er in seinen sämtlichen Schriften mitteilt, müde, „mit anzüglichen Reden und schiefen Deutungen angegriffen zu werden". Daher lenkte er die Gedanken der Brüder auf den Geheimen Obertribunalrat Ernst Ferdinand Klein, über den er sich folgendermaßen äußert: „Dieser würdige Bruder war im Herbst 1800 von Halle nach Berlin versetzt worden. Die ungemein hohe Idee, die ich, noch unbekannt mit seinen Schriften, von seinen tiefen Einsichten in die philosophische Rechtslehre hatte, machte, daß ich mich, ungeachtet seiner zurückschreckenden Kälte, ihm näherte und keine Gelegenheit, ihm meine Achtung und mein Vertrauen zu bezeigen, ungenützt vorbeigehen ließ. Den 31. Dezember 1800 drang ich herzlicher mit der Bitte in ihn, sich wieder bei unserer Loge, bei der er aufgenommen worden war, anzuschließen, und er willigte ein."

Klein wurde darauf gewählt, aber er teilte mit, daß ihm die Annahme der Wahl untersagt sei. Da entschloß sich Feßler den König selbst um die Genehmigung zu bitten, daß Klein die auf ihn gefallene Großmeisterwahl annehmen dürfe. Das Schreiben hat folgenden Wortlaut: „Ew. Königl. Majestät melden wir, die unterzeichneten zeitigen Vorsteher der Großen Freimaurerloge Royal York zur Freundschaft, in tiefster Untertänigkeit, daß, nachdem der Geheime Legationsrat von Sellenthin, Alters und zunehmender Kränklichkeit halber, den 5. Juni anni currentis das Amt eines Großmeisters niedergelegt hatte, die Großbeamten, die Logenmeister unserer hiesigen vier verewigten und die Repräsentanten unserer auswärtigen Logen, am 31. Juli den Geheimen Obertribunalrat Klein, der seit achtzehn Jahren als Mitglied unserer Loge sich die Achtung, die Liebe und das Zutrauen der Brüderschaft erworben hat, mit einhelligen Stimmen zum Großmeister unseres ganzen Logenvereins gewählt haben.

Wir glauben, bei dieser Wahl um so mehr darauf bedacht sein zu müssen, einen Mann an die Spitze unseres Logenvereins zu setzen, der bei allgemein bekannter Rechtschaffenheit seines Charakters und anerkannten Verdiensten, dem Staate ganz besonders verpflichtet ist, als wir durch unsere unbedingte Offenheit gegen den Thron das unschätzbare Glück erzielt haben, Ew. Königl. Majestät allerhöchsten Schutzes und allergnädigsten Zutrauens teilhaftig geworden zu sein.

Da indessen der Geheime Obertribunalrat Klein, so geneigt er auch übrigens ist, dieses Amt anzunehmen, uns eröffnet hat, daß seine Vorgesetzten diese Annahme bedenklich finden, weil in dem neunzehnten Paragraphen des Titels drei im dritten Teile der Gerichtsordnung den Räten der Landesjustizkollegien zur Pflicht gemacht ist, keine Nebenbedienung anzunehmen, so sehen wir uns notgedrungen, Ew. Königl. Majestät in tiefster Untertänigkeit anzuzeigen, daß das Großmeisteramt bei der Großen Freimaurerloge Royal York zur Freundschaft weit weniger als ein Vorsteheramt bei einer Ressource beschäftigt, und schon aus dem Grunde nicht als eine distrahierende, mit dem Königlichen Dienst unverträgliche Nebenbedienung angesehen werden dürfte, weil dieses Amt im ganzen Jahre nicht mehr als vier

Logenbesuche fordert, und das ganze Geschäft desselben lediglich in der Oberaufsicht über das Ganze, in historischer Kenntnisnehmung von allem, was geschieht, und in Unterschreibung dessen, was den Gesetzen gemäß beschlossen ist, besteht.

Da überdies der Geheime Obertribunalrat Klein als ein tätiger und fleißiger Staatsdiener und als ein Mann, der weder dem Vergnügen des Spiels, noch andern zeitversplitternden Ergötzlichkeiten nachhängt, bekannt ist, so bürgen, außer unsern Gesetzen, welche überall treue und gewissenhafte Erfüllung der Amts- und Untertanspflichten auf das nachdrücklichste einschärfen, auch noch die persönlichen Eigenschaften dieses Mannes dafür, daß das ihm übertragene maurerische Amt ihn nie mit seinen Dienstpflichten in Kollision setzen werde, noch könne; wohl aber wird er durch die von ihm zu führende Oberaufsicht über unsern Logenverein, unterstützt durch seine Einsichten, Grundsätze und Vaterlandsliebe, die sittliche und rechtliche Tendenz unserer Verfassung von allen fremdartigen und schädlichen Einmischungen rein erhalten und auch dadurch dem Staate einen nicht ganz unerheblichen Dienst leisten.

Wir bitten demnach Ew. Königl. Majestät namens unseres ganzen Logenvereins alleruntertänigst, unsere auf mehr gedachten Geheimen Obertribunalrat Klein gerichtete Wahl allergnädigst zu agréieren und zu genehmigen, und wir getrösten uns der huldreichsten Willfahrung dieses alleruntertänigsten Gesuchs um so mehr, als selbst dem Staate daran gelegen sein dürfte, die Oberaufsicht auf Freimaurerlogen einem seiner Beamten übertragen zu sehen, von welchem die pünktlichste und treueste Beobachtung der Vorschriften des allerhöchsten Edikts vom 20. Oktober 1798 mit Zuversicht zu erwarten ist.

In tiefster Ehrfurcht und Devotion ersterben wir

Ew. Königlichen Majestät
Alleruntertänigste,
die zeitigen Vorsteher der Freimaurerloge
Royal York zur Freundschaft.

Berlin, den 21. August 1801.

(Folgen Unterschriften.)“

Der König erteilte auf diese Vorstellung seine Genehmigung, und Klein nahm das Amt an, dem er nunmehr seine ganze Kraft widmete, aber auch keine wie immer geartete Nebenregierung des deputierten Großmeisters duldete.

In der Darstellung seines Lebens folgen wir der Allgemeinen Deutschen Biographie.

Ernst Ferdinand Klein war ein hervorragender Jurist und einer der tätigsten Mitarbeiter an der Gesetzgebung Preußens am Ende des achtzehnten und Anfang des neunzehnten Jahrhunderts. Er war zu Breslau am 3. September 1744 geboren, wo sein Vater ein angesehener Kaufmann war. Im väterlichen Hause verkehrten meistenteils Gelehrte und Staatsmänner, und der Vater, selbst feingebildet, ein Ästhet, würde man heute sagen, trug zu der geistigen und moralischen Ausbildung seines Sohnes viel bei. Er war ein begeisterter Verehrer Friedrichs des Großen, ein bewährter Menschenfreund und, wie sein großes Vorbild, in religiösen Dingen duldsam. Klein besuchte das Magdalenen-Gymnasium, von dem er in seiner Selbstbiographie nicht viel Gutes zu sagen weiß. Die Lehrer hatten nicht seine Billigung, „im Gefühle ihrer eigenen Schlechtigkeit muteten sie dem Schüler nicht zu, die Lehrstunden zu besuchen, baten vielmehr nur, durch Herumlaufen während der Lehrstunden in der Nähe der Schulgebäude kein Aufsehen zu erregen“. Der junge Gymnasiast war daher in erster Linie auf Selbstarbeit angewiesen, und seinem eigenen Fleiß ist es vor allem zu danken, daß er die Reife zur Universität erlangte. 1763 ging er nach Halle, wo ihn namentlich Daniel Nettelbladt, ein begeisterter Freimaurer, von dem wir eine Rede (Band I, S. 166) mitgeteilt haben, besonders anzog. Zum Studium der Jurisprudenz war Klein durch den Telemach Fénélons angeregt worden. Darin war ihm besonders lieb „der weise Mentor und sein Zögling als Lehrer und Schüler der Gesetzgebungskunst“.

Nachdem er seine Studien beendet hatte, ließ er sich in seiner Vaterstadt als Advokat nieder, und er fand eine reichliche Praxis, da mit Beendigung des Siebenjährigen Krieges der Breslauer Handel einen bedeutenden Aufschwung genommen hatte. Der Stand der Rechtsanwälte war damals nicht besonders geachtet, und dieser Umstand bedrückte den ehrliebenden Mann von vornehmer Gesinnung außerordentlich. Er betonte deshalb, daß man bei wichtigeren Sachen die Anwälte zu mündlicher Darstellung veranlassen möge, damit sie „in edler und gewählter Sprache ihre Vorträge vor dem Publikum halten müßten, welches sich dann von der Gerechtigkeit der richterlichen Aussprüche überzeugen könne“. Er legte dies in seiner Schrift „Gedanken von der öffentlichen Verhandlung der Rechtshändel und dem Gebrauch der Beredsamkeit in den Gerichtshöfen“ nieder.

Klein war eine entschieden kritische Natur, und als er in verschiedenen Veröffentlichungen einige Mängel der damaligen Gesetzgebung gerügt hatte, wurde der zum Großkanzler beförderte schlesische Justizminister Graf Carmer auf ihn aufmerksam. Er wurde nach Berlin berufen und hat dort wichtige Arbeiten in der Gesetzgebung getätigt. Im Jahre 1789 wurde er Mitglied der Akademie der Wissenschaften und gewann durch die Herausgabe der

F. W. A. von Sellenthin Geh. Rath u. Staats-Secretair, Ex., Großmeister

Annalen der Gesetzgebung und Rechtsgelehrsamkeit in den preußischen Staaten eine weit über sein Vaterland hinausgehende Anerkennung.

In dieser bedeutenden Stellung war es natürlich, daß er, selbst Freimaurer, mit den hervorragenden Freimaurern seiner Zeit, Nicolai, Zöllner, Biester, Gedicke u. a., in freundschaftlichen Verkehr trat. Zum Kammergerichtsrat ernannt, nahm er teil an den Sitzungen der Kriminaldeputation des Kammergerichts, und dies hat wesentlich zu seiner Ausbildung als Kriminalist beigetragen. Im Jahre 1791 wurde er als Professor und Direktor an die Universität Halle gerufen. Vieles hatte sich dort seit seiner Studienzeit geändert, und er selbst trug sehr dazu bei, die Studentenschaft nicht nur in wissenschaftlicher, sondern auch in moralischer Beziehung auszubilden. Er verkehrte mit seinen Schülern nicht nur als Lehrer in den Hörsälen, sondern auch als Freund im Kreise seiner Familie. Seine Wirksamkeit war außerordentlich reich, und es ist daher nicht zu verwundern, daß die Regierung den angesehenen Strafrechtslehrer im Jahre 1800 an das Obertribunal nach Berlin berief. Er starb als Geheimer Oberjustizrat am 18. März 1810.

Klein war seiner ganzen Natur nach das Gegenspiel von Feßler, er hielt nicht viel von Mysterien und Esoterik. Und als sich Friedrich Ludwig Schröder der Großloge wieder näherte, ging er auf dessen Ideen, vor allem dessen Lieblingsgedanken, den Engbund, ein. Die Folge war eine Umgestaltung des Innersten Orients und eine Abgrenzung seiner Gerechtsame gegen den Wirkungsbereich der Großen Loge. Dies wurde in dem Gesetzbuch von 1806 folgendermaßen festgelegt:

„Die Große Loge Royal York zur Freundschaft geht von dem Grundsatze aus, welcher in jeder maurerischen Verbindung herrschen muß, daß inniges Vertrauen die Brüder miteinander verbinden, das Gesetz aber die Rechte der einzelnen Mitglieder sowie das Eigentum der ganzen Gesellschaft sicherstellen soll. Die Große Loge Royal York zur Freundschaft bedarf zur Erreichung ihres wohltätigen Zwecks geeigneter Mittel, welche durch Geheimhaltung gegen einen ihre Wirkung schwächenden, gemeinen Gebrauch geschützt werden müssen. Die Kenntnis dieser Mittel und die Nachrichten, welche sie über die Geschichte des Freimaurerinstitutes aufbewahrt, machen den ihr eigentümlichen Kenntnisschatz aus, dessen Mitteilung an feste Gesetze gebunden ist. Hieraus ergibt sich der vollständige Begriff von dem maurerischen Wirkungskreise der Großen Freimaurerloge Royal York zur Freundschaft, nämlich Ausbildung und Aufrechterhaltung ihrer maurerischen Verfassung, und Verwaltung und Ausspendung des maurerischen Kenntnisschatzes, das ist der bei dem System der Großen Freimaurerloge Royal York zur Freundschaft anerkannten und üblichen Grade. Unter dem Namen der Großen Loge Royal York wird die Gesamtheit der Logen und Brüder verstanden, welche dem maurerischen System dieses Logenbundes zugetan sind. Es wird aber auch mit diesem Namen das Kollegium bezeichnet, welches die Angelegenheiten des Bundes verwaltet. Dieses mit maurerischen Feierlichkeiten sich versammelnde Kollegium besorgt ausschließlich die Ausbildung und Aufrechterhaltung der maurerischen Verfassung; den vertrauten Brüdern aber, welche an dem vollständigen maurerischen Kenntnisschatze teilgenommen haben, hat sie die Regulierung des Ritualwesens durch das bei demselben unter dem Namen des Innersten Orients bestehende Beamtenkollegium überlassen. Diesem Innersten Oriente bestätigt sie als einem nach dem Grundvertrage des ganzen Logenbundes existierenden Kollegium seine maurerisch-rechtliche Existenz, und zwar in der Art, daß ihm nicht nur die Rituale der drei St. Johannis-Grade, sondern auch die Verwaltung und Ausspendung des vollständigen maurerischen Kenntnisschatzes ausschließlich zugeeignet wird, wobei es sich von selbst versteht, daß es der Großen Loge freisteht, ihre Bemerkungen über die Rituale der drei St. Johannis-Grade dem Innersten Orient mitzuteilen und eine Verbesserung derselben zu veranlassen.

So wie nun das bei der Großen Loge Royal York unter dem Namen der Großen Loge subsistierende Kollegium sich nicht mit der Bestimmung des Ritualwesens befassen darf, so soll auch der Innerste Orient sich nicht in die Ausbildung und Aufrechterhaltung der maurerischen Verfassung und in die politische Leitung der Tochterlogen mischen, und kein Mitglied des Innersten oder Inneren Orients hat als solches Sitz und Stimme in der Großloge oder kann als solches sich in den besonderen Logen ein Recht oder einen Vorzug vor den übrigen Beamten anmaßen; doch gebühren dem Obermeister und dessen Substituten, als Vorsitzern eines angesehenen maurerischen Kollegiums, die den beiden Großmeistern gewidmeten äußeren Merkmale der inneren Achtung der Brüder, und sie nehmen daher auch bei allen Feierlichkeiten den ersten Platz nach den beiden Großmeistern ein. Der Großmeister und Zugeordnete Großmeister haben nicht mehr gleiche Rechte und Pflichten; sie haben zwar gleichen Rang; jedoch soll, um Einheit in dem Gange der Geschäfte zu erhalten, der Großmeister der Regel nach bei der Versammlung der Großen Loge den Vorsitz führen, der zugeordnete Großmeister aber auf dessen Ansuchen oder bei dessen Verhinderung seine Stelle vertreten. – Der Verantwortlichkeit wegen, welche durch das Edikt vom 20. Oktober 1798 den Vorstehern der drei Preußischen Großlogen auferlegt ist, müssen die beiden Großmeister Mitglieder des Innersten Orients sein."

Über die ethischen Forderungen war bestimmt: „Ein wahrer Freimaurer macht das Sittengesetz zur einzigen Richtschnur seiner Handlungen; er verehrt das höchste Wesen auf eine vernünftige Art und vermeidet alles, was einen Mangel dieser Verehrung anzeigen könnte. – Er wird also nie, weder aus Leichtsinn noch aus Vorsatz, seine maurerischen Gelübde brechen... Ein Freimaurer soll ein friedfertiger Untertan der bürgerlichen Gewalt und ein treuer Diener des Königs und des Staates sein. Er darf sich daher nie in eine heimliche oder öffentliche Unternehmung einlassen, welche eine Staatsumwälzung bezweckt, oder auch nur mittelbar, durch bittere Beurteilung des Regenten oder der Staatseinrichtungen mündlich oder schriftlich zur Vorbereitung derselben mitwirken. Jeder Freimaurer, der von einer solchen Verbindung und ihren Zwecken Nachricht erhält, ist daher verbunden, solchen augenblicklich der obersten Polizeibehörde den Vorschriften der Landesgesetze gemäß anzuzeigen. Sollte ein Mitglied gegen dieses Gesetz gehandelt haben, so wird es nach wirklicher Überführung exkludiert. – Getreu dem Grundsatze, daß jede Gesellschaft, die vor dem Regenten irgendein die Regierung und den Staat betreffendes Geheimnis hat, einen Staat im Staate ausmacht, erklärt die Große Loge, daß sie schlechterdings kein Geheimnis der Art hat, noch haben will. Jeder Bruder ist daher verpflichtet, jedem, der ihn offiziell fragt, mit der strengsten Wahrhaftigkeit alles zu entdecken, was er in dieser Hinsicht als Maurer erfahren haben könnte."

Die in diesem Gesetz ausgesprochenen Grundsätze sind im wesentlichen bis zum Jahre 1872 maßgebend gewesen. Nun aber machte sich der liberale Geist geltend; besonders waren es die Logen, die aus der erloschenen Großloge von Hannover zu der Großloge zur Freundschaft übergetreten waren, die den Antrag stellten, den Innersten Orient aufzuheben. Die zur Gesetzesrevision niedergesetzte Kommission lehnte ab. In den zuständigen Gremien wurde beschlossen, als oberstes Lehrkollegium den Innersten Orient und als oberstes Regierungskollegium die Große Loge festzuhalten. Über den Innersten Orient war gesagt: „Der Innerste Orient, welcher in Verbindung mit den von ihm gestifteten Inneren Orienten seine besonderen Statuten hat, ist der Bewahrer, Vermehrer und Austeiler des gesamten Kenntnisschatzes der Großen Loge. Letztere hat dem Innersten Oriente die Bearbeitung aller Ritualfragen übertragen. – Seine Vorlagen gewinnen durch die Zustimmung der Großen Loge Gesetzeskraft."

In den erwähnten besonderen Statuten wird als die wesentliche Aufgabe des Innersten Orients hingestellt: „Er ist die oberste wissenschaftliche Behörde des Systems der Großen Loge von Preußen, genannt Royal York zur Freundschaft, welche die Aufgabe hat, die Lehre und den Ritus dieser Großen Loge in voller Reinheit zu bewahren, den ganzen Kenntnisschatz derselben gegen Entstellung und Mißbrauch zu sichern, seine Erweiterung zu fördern und diese Lehre und den Ritus derselben in Beziehung auf die Johannisgrade unter gesetzmäßiger Mitwirkung der Großen Loge auszuteilen."

Die allgemeinen Grundsätze wurden in folgender Fassung angenommen: „Die Freimaurerei bezweckt, in einer zumeist den Gebräuchen der zu Bauhütten vereinigten Werkmaurer entlehnten Form, die sittliche Veredelung des Menschen und menschliche Glückseligkeit überhaupt zu befördern. Indem sie von ihren Mitgliedern den Glauben an Gott, als den obersten Baumeister der Welt, an eine höhere sittliche Weltordnung und an die Unsterblichkeit der Seele voraussetzt, verlangt sie von ihnen die Betätigung des höchsten Sittengesetzes: „Liebe Gott über alles und Deinen Nächsten als Dich selbst!" – Bibel, Zirkel und Winkelmaß sind dem Freimaurer die Symbole der jedem Maurer obliegenden Pflichten, und als solche unveränderliche Hauptsymbole der Freimaurerei. – Nur freie Männer von gutem Rufe und von einer solchen geistigen Bildung, wie sie die Ausübung des maurerischen Berufes voraussetzen muß, können als Mitglieder des Bundes zugelassen werden. Stand, Nationalität oder Farbe, Religionsbekenntnis und politische Meinung dürfen kein Hindernis der Aufnahme sein. – Zweck und Wesen der Freimaurerei sind in den drei Johannisgraden vollständig enthalten. In denjenigen maurerischen Systemen, welche höhere Grade bearbeiten, berechtigt deren Besitz an sich zu keinem besonderen Vorzug in der Leitung der Johannisloge; dagegen genießen jene drei Grade in allen maurerischen Systemen gleichmäßige Anerkennung. – Aller Vorzug unter den Maurern gründet sich einzig auf wahren Wert und eigenes Verdienst. – Der Freimaurerbund ist keine geheime Verbindung; Zweck, Geschichte, Gesetzgebung und Statistik des Freimaurerbundes sind kein Geheimnis und können der Regierung, wenn es verlangt wird, vorgelegt werden. Das von jedem Freimaurer bei der Aufnahme respektive Beförderung an Eidesstatt abgelegte Gelübde der Verschwiegenheit bezieht sich nur auf die Formen der maurerischen Arbeit, auf die Gebräuche (das Ritual). – Privathandel und Streitigkeiten sollen nicht zur Tür der Loge hereingebracht werden, viel weniger aber Streitigkeiten über Religion, Politik oder Staatsverwaltung."

Damit war die Aufnahme von Nichtchristen gesetzlich bestimmt. Es ergab sich aber eine Schwierigkeit insofern, als an dem Ritual nichts geändert worden war und man auch nichts hatte ändern wollen. Es war dabei geblieben, daß das feierliche Gelübde auf die beim ersten Kapitel des Evangeliums St. Johannis geöffnete Bibel abgelegt wurde. Es wurde daher, um Schwierigkeiten zu begegnen, den Kandidaten vor der Aufnahme eine schriftliche Erklärung vorgelegt, die folgenden Wortlaut hatte: „Die Bibel weist hin auf die Erkenntnis und Verehrung des großen Baumeisters aller Welten. Sie ist zu einer heiligen Leuchte geworden für die Menschheit. Die Maurerei fordert keinen Bibelglauben dem Buchstaben nach, kein kirchliches Bekenntnis von den Brüdern, verlangt aber von ihnen wahre Religiosität. Erwarten muß sie von ihren Mitgliedern, daß sie Achtung haben vor den ehrwürdigen Denkmälern des Altertums, welche die Erziehung des Menschengeschlechtes bezeugen, und sie hat manche ihrer Symbole und Lehren der Bibel zu verdanken. Dieses uns heilige Buch liegt bei unserer Arbeit aufgeschlagen, und zwar im ersten Grade an der Stelle, wo von Johannes dem Täufer die Rede ist, nach welchem wir uns Johannismaurer nennen, und es ist ein uralter Gebrauch, daß jeder Aufzunehmende das Gelübde der Treue und Verschwiegenheit mit Auflegung der Hand auf die so geöffnete Bibel ableiste." Daran war die Frage geknüpft, ob der Aufzunehmende Bedenken gegen die Erfüllung dieser Förmlichkeit habe. Es wirft ein recht eigentümliches Licht auf diejenigen Nichtchristen, die trotz dieses streng christlichen Gelübdes die Hand auf das Johannes-Evangelium am ersten Kapitel legten, auf diese allerchristlichste Urkunde aus den Schriften des neuen Bundes.

Diese innere Zwiespältigkeit hat in allerneuester Zeit die Änderung des Grundgesetzes veranlaßt, wonach die Große Loge zur Freundschaft endgültig zum christlichen Prinzip zurückkehrte. Wir werden im folgenden darauf noch näher einzugehen haben.

In den nächsten Jahren wurde die 1872 beschlossene grundlegende Wendung trotz gegenteiligen Äußerungen in der Gesetzgebung noch fester verankert. Das Jahr 1881 brachte eine Revision der Statuten und darin den klaren Ausdruck, daß der Freimaurerbund von seinen Mitgliedern kein dogmatisch bestimmtes Gottesbekenntnis fordert. Die Aufnahme wird nicht mehr abhängig gemacht von einem religiösen Bekenntnis. Die Vorstellung von Gott sei bei den Menschen je nach ihrer Eigenart und Bildung vielfältiger Natur und doch nur unvollkommen. Die Freimaurer verehren Gott unter dem Bilde des Baumeisters des Weltalls, und das ihnen heilige Sittengesetz habe seine tiefste und stärkste Wurzel in Gott. Daher wird jede atheistische Verbindung abgelehnt, desgleichen wird erklärt, daß die Loge nicht berufen sei, sich an politischen und kirchlichen Parteikämpfen handelnd zu beteiligen; sie solle als neutraler Friedenstempel Brüder, die verschiedenen Parteien und Religionsbekenntnissen angehören, menschlich einigen, wenn sie die maurerischen Ideen und Grundsätze anerkennen. Die Freimaurer seien verpflichtet, die Grundsätze der Freimaurerei im Leben zu betätigen und ihre sittlichen Grundlagen zu verteidigen, wenn sie angegriffen werden.

A. Die Lehre

Es kann keinem Zweifel unterliegen, daß trotz der Aufnahme von Nichtchristen die Große Loge zur Freundschaft innerlich christlichen Grundsätzen huldigte. Sie war zur Zeit ihrer Gründung auf das Christentum gestellt und ist zur Zeit der Gründung des Großmeistervereins auch diesem Gedanken treu geblieben. Daß sie wieder zu ihm zurückgekehrt ist, beweist, daß es in der Freimaurerei keine Möglichkeit gibt, auf längere Zeit von der ursprünglichen Idee abzuweichen. Die Große Loge zur Freundschaft geht davon aus, daß das Wesentlichste der Freimaurerei in den alten Pflichten der Londoner Großloge enthalten sei. Zwar habe sich im Laufe der Zeit manches geändert und ändern müssen, da ja keine irdische Form unvergänglich sei; demnach heißt es in der Vorerinnerung zu den Akten der drei Johannisgrade:

„Unsere Lehrart betrachtet die sittliche Vollendung des Menschen als die Hauptaufgabe der Maurerei. Da diese Aufgabe hinieden nur unvollkommen gelöst werden kann, so zeigt unsere Lehrart auf ihren verschiedenen Stufen, was seine Geweihten tun sollen und müssen, um diese ernste und hohe Aufgabe, soweit es dem Menschen möglich ist, zu lösen und sich in diesem Leben für ein künftiges würdig vorzubereiten. So steht die Freimaurerei mit der Religion in keinem Widerspruche, sondern in dem Verhältnis gegenseitiger Unterstützung und Förderung. Die erste Stufe oder der Lehrlingsgrad zeigt symbolisch die geistige Geburt des Menschen, das Erwachen aus der Nacht der Unwissenheit zum Lichte der Wahrheit. Da aber das Streben nach Wahrheit kein bloß thoretisches bleiben kann, sondern den ganzen Menschen ergreifen und ihm zur andern Natur werden soll, so dringt die Maurerei darauf, daß ihre Jünger gleich auf der ersten Stufe das für wahr Erkannte an sich selbst darstellen, das heißt sich selbst umbilden nach den Vorschriften des Gesetzes, welches die Wahrheit enthält. Dieser Standpunkt der Gesetzlichkeit ist der erste, welchen der Mensch gewinnen muß. Wir bezeichnen die Übung dieser Tugend als Arbeit am rohen Steine. Wenn aber diese Arbeit, die Aneignung der sittlichen Gesinnung, ein Werk ist, das von dem angehenden Maurer selber vollzogen werden muß, und ihm von niemandem abgenommen werden kann, so steht er in seiner Ausübung nicht allein, und gemeinsames Arbeiten führt zu gegenseitiger Unterstützung. Früh wird der Maurerlehrling auf den wohltätigen Einfluß der Gottesverehrung, der Freundschaft und brüderlichen Hilfe, sowie auf die Notwendigkeit der Standhaftigkeit und Seelenreinheit aufmerksam gemacht."

„Die meisten dieser Tugenden sind nur durch Geselligkeit und in ihr zu erwerben, nur indem der Mensch mit dem Menschen verkehrt und ihm sein Herz öffnet und entfaltet. Darum soll der Mensch alles draußen lassen vor der Tür der Loge, was den Menschen vom Menschen trennt und sie einander entfremdet, die Sorge um persönliche Interessen, den Hochmut auf Vorzüge, Rang, Titel und Reichtum, die konfessionellen und politischen Ansichten, den Nationalstolz. Es soll vielmehr sein Stolz sein, sich in der Loge als Mensch, entkleidet von allen Zufälligkeiten, die seine Stellung in der Außenwelt bezeichnen und auszeichnen, zu geben, wie er ist, und in dieser Entkleidung dennoch würdig zu erscheinen; er soll seine Ehre darin suchen, den Brudernamen als den schönsten und ehrwürdigsten Titel nicht bloß zu gewinnen, sondern auch zu verdienen. Alle sollen Brüder sein in der edelsten Bedeutung des Worts, und kein anderes Ansehen soll gelten als das des Gesetzes. Wer aber daraus folgern wollte, daß das Streben der Maurerei dahin gerichtet sei, die Höhen und Tiefen in der Menschengesellschaft gleich zu machen, würde sehr irren. Wir wissen, daß es ein verwerfliches Bestreben ist, das Hohe herabzuziehen bis auf den Stand der Mittelmäßigkeit, und daß selbst, wenn es gelänge, das Niedrige bis zu dieser Linie zu erheben, nichts daraus entstehen könnte, als eine trostlose Flachheit. Davon kann nimmer die Rede sein. Unsere Logen sind nicht außer, sondern in der Welt."

Die Aufnahme zum Lehrling ist das Bild der moralischen Geburt und des geistigen Wachstums des Menschen. Die Beförderung in den Gesellengrad ist ein Bild des Fortschritts des moralischen Menschen zur Humanität. Wahrheit und Tugend sollen nicht nur des Gesetzes wegen geübt werden, sondern sie sollen auch Gegenstände des menschlichen Wohlgefallens sein. Das Gesetz soll dem Maurer nicht nur der strenge Herr und Gebieter sein, sondern sich zu seinem Freunde und Berater entwickeln. Das Gesetz wird nicht aufgehoben, aber seine Starrheit wird belebt, die Ausübung der Pflicht gewinnt gefällige, wohltuende Form, die Kunst verklärt das Dasein, die Freundschaft beseeligt es und eine neue höhere Stufe der Entwicklung ist gewonnen. Zu dem kräftigen Willen hat sich das feine Gefühl für das Schöne gefeilt, das Leben und seine Einrichtungen haben eine wohltuende, das Herz ansprechende und erhebende Form gewonnen.

Dies ist das Wesen der Gesellenarbeit, die als Arbeit am behauenen Steine bezeichnet wird. Und dann führt die Ritualerklärung fort:

„War auf der ersten Stufe Gewöhnung des Willens an Gesetzlichkeit und Recht die Aufgabe, so ist auf der zweiten Stufe Veredlung des Gefühls mit Hinblick auf den Urquell des Lichts, als dessen Sinnbild der flammende Stern im Osten leuchtet.

Allein das Höchste ist noch nicht erreicht; noch lebt der Mensch, wenn auch in Geselligkeit, doch auf einen kleinen Kreis beschränkt, indem er

Der alte Tempel der Großen Loge zur Freundschaft

leicht dazu kommt, sich als den Mittelpunkt zu betrachten und seine eigene Förderung für das wesentliche Ziel seiner Bestrebungen zu halten. Er soll in die Meisterschaft hineinwachsen, seinen Gesichtskreis erweitern, von dem engen Kreis zum Menschengeschlecht fortschreiten, um die Übel kennenzulernen, die es seiner hohen Bestimmung entfremden. Was durch Unvernunft, Genußsucht, Selbstüberhebung getötet ist, gewinnt durch die Kraft des wiedergefundenen Meisterwortes neues Leben… Wer bereit ist, handelnd wie leidend, lebend wie sterbend, sich der Menschheit hinzugeben, der hat die Stufe erreicht, auf welcher er an dem Meisterwerke seines diesseitigen Daseins arbeitet, und getröstet sich, wenn der leibliche Tod diesem ein Ende macht, der Vollendung in einer höheren Welt. – Die Erhebung in den Meistergrad ist ein Bild des zu seiner göttlichen Bestimmung emporstrebenden Menschengeschlechts."

Der Ausdruck „sich der Menschheit hinzugeben“ darf ja nicht dahin gedeutet werden, daß die Großloge zur Freundschaft den Gedanken eines allgemeinen Menschheitsbundes vornehmlich betonen wolle. Menschheit ist hier vielmehr als menschliche Natur aufzufassen. Die Frühjahrsversammlung am 22. Mai 1932 hat mit unzweifelhafter Klarheit das Bekenntnis zum deutschen Vaterlande zum Ausdruck gebracht. Der Grundgedanke dieser Versammlung läßt sich in die Worte fassen „erst meine Heimat, dann die Welt“. Die Wiederanknüpfung, freimaurerischer Beziehung zu unseren Kriegsgegnern, insbesondere zu England, wird entschieden abgelehnt. Drei humanitäre Großlogen hatten behauptet, der Verkehr von Freimaurern Deutschlands und Englands verbessere die politische Atmosphäre. Dazu erklärte die Versammlung:

„Zur Verbesserung dieser politischen Atmosphäre sind die Diplomaten da. Außerdem tragen die Geschäftsverbindungen, die wissenschaftlichen, künstlerischen und sportlichen Begegnungen und Verhandlungen dazu bei. Alles das ist gut und notwendig; es unterstützt die Arbeit unserer Politiker. Wie aber sollte die Freimaurerei politische Mithilfe leisten können? Was ist denn überhaupt der Sinn unserer freimaurerischen Zusammenkünfte? Doch nicht das sportliche Messen der Kräfte, auch nicht die wissenschaftliche Belehrung oder die Erörterung wirtschaftlicher Zusammenarbeit, noch gar die in Genf so ausgiebig getriebene Ausübung politischer Handelsgeschäfte. Alles das gehört nicht in die Loge. Die Gegner der Freimaurerei würden recht haben, uns zu bekämpfen, wenn wir die Loge zu politischen Verhandlungen irgendwelcher Art mißbrauchen wollten. Nein, unser gesamtes Tun und Treiben in der Loge verfolgt ganz allein den einen Zweck, uns zu ‚erheben‘, uns ‚aufzubauen‘. Mit dieser Erziehungsarbeit verknüpft sich unlöslich die Verbrüderungsarbeit. Jedes Logenfest ist zugleich ein Verbrüderungsfest. Wenn es das nicht ist, hat es seinen Zweck verfehlt und hat mit wahrer Freimaurerei nichts zu tun.

Infolgedessen bedeutet die Wiederanknüpfung mit England nichts anderes, als daß deutsche Männer mit Engländern sich in heiliger Stille, unter erhebenden Gebräuchen verbrüdern und eine „unzerreißbare Kette“ bilden wollen. Dagegen wehren wir uns mit aller Entschiedenheit. Das widerstrebt unserem innersten Empfinden, ist auch etwas völlig anderes, als was mit den obengenannten Verbindungen wirtschaftlicher, wissenschaftlicher Art usw. erstrebt und erreicht wird. Die deutsche Freimaurerei hat wahrhaftig genug zu tun, wenn sie das Brudergefühl innerhalb unseres eigenen Volkes zu wecken und zu stärken sich bemüht. Da liegt ihre Aufgabe; das ist nötiger und wertvoller als ein Hinausstrecken der Arme über die Grenze, das doch nur falsch verstanden wird, von den Engländern nicht minder als von unseren deutschen Volksgenossen.“

Und dann kommt der entscheidende Satz: „Wir wollen uns nicht mit englischen Freimaurern verbrüdern, wir wollen weder in Gedanken noch in der Wirklichkeit eine Kette mit ihnen bilden."

Auch der Hinweis auf die „alten Pflichten" wurde in dieser denkwürdigen Frühjahrsversammlung vaterländisch modifiziert: „Die alten Pflichten sind erstens sehr verschieden ausgedeutet worden, haben zweitens im Laufe der Zeit mehrfache wesentliche Änderungen erfahren und haben drittens niemals allgemeine Geltung besessen. Weder England noch Amerika hat sich jemals an die Forderung gehalten, daß es auf die Rasse nicht ankomme: Farbigen hat man dort stets den Eintritt in die anerkannten Logen verwehrt. Wieweit die romanische Freimaurerei von den alten Pflichten abgewichen ist, bedarf wirklich keiner näheren Darlegung mehr. In Deutschland hat stets nur ein Teil der bestehenden Großlogensysteme und auch dieser nur mit sehr bedeutenden, meist stillschweigenden Einschränkungen die alten Pflichten zur Richtschnur genommen. Unsere Großloge sieht in ihnen wie in dem ganzen Konstitutionenbuch des Bruders Anderson nichts weiter als eine historisch wertvolle Urkunde ohne jede verpflichtende Kraft."

Diese Stellung war die natürliche Konsequenz der alle Zeit treu vaterländischen Gesinnung der Großloge, die ja auch als äußeres Zeichen ihres deutschen Geistes im Anfang des Weltkrieges die letzte symbolische Erinnerung an ihren Zusammenhang mit der englischen Großloge durch Streichung des Titels „Royal York" aus ihrem Namen getilgt hat. Sie bezeichnet sich seitdem als die „Große Loge von Preußen, genannt zur Freundschaft". In freimaurerischen Kreisen war das „Royal York" längst nicht mehr gebräuchlich, man nannte die jüngste der drei altpreußischen Großlogen nur noch kurzweg „Zur Freundschaft".

Streng auf christlicher Grundlage steht der Innere Orient. Schon die Loge stellt ein christliches Gotteshaus in Form eines gotischen Domes dar mit den drei Teilen: der Vorhalle, dem Inneren und dem Allerheiligsten. Der zum Inneren Orient zu befördernde Johannismeister wird aufmerksam gemacht, daß er zu einem neuen Leben berufen sei, einem Leben, das keinesfalls eine Wiederholung des alten Lebens sein dürfe, sondern daß er eine höhere Stufe der Vollendung und eine engere Verbindung mit dem Ewigen erreichen müsse. Dem zu neuem Leben Wiedergeborenen glänzt ein volles, helleres Licht, das von einer Sonne ausstrahlt, dem Christentum, weil durch dieses Evangelium der Liebe die Menschheit auf eine höhere Stufe gehoben worden ist, als es auf dem Wege der starren alttestamentlichen Gesetzmäßigkeit möglich war.

Dann kommt auch der deutsch-vaterländische Gedanke klar zum Ausdruck, wenn der Obermeister sagt: „Der Tempel, den Salomo als Wohnstätte des Einigen Gottes gebaut hatte, liegt in Trümmern. Wir erachten es daher für unsere Pflicht, den Bau eines neuen Gotteshauses auf deutscher Erde neu zu weihen. Darum wollen wir jetzt an diese Arbeit gehen eingedenk der Worte des großen Meisters von Nazareth: Ich will den alten Tempel Gottes abbrechen und in drei Tagen wiederaufrichten."

Das große Erlebnis des Inneren Orients ist die Christustatsache, die Überzeugung, daß es nur einen Weg zur Vollkommenheit gibt, den durch Jesus den Christus, und in diesem Sinne verpflichtet sich der Novize, mit Jesus Christus in innigster Verbindung zu bleiben und aus ihm alle Zeit Kraft zu schöpfen zu dienender Liebe an allen Menschen. Die vierte Säule, die zu den drei Säulen der Johannisgrade hinzukommt, ist die Säule des christlichen Glaubens. Hoch aufgerichtet strahlt im Allerheiligsten das hell leuchtende Kreuz, das Siegeszeichen der Wahrheit und das Sinnbild der christlichen Liebe.

Es ist begreiflich, daß in diese Loge, die wir als die Christusloge bezeichnen können, keine Nichtchristen Eingang finden können. Der Innere Orient und seine Filialen im Reiche waren schon in den Beschluß von 1872 nicht einbegriffen, sie konnten nicht einbegriffen sein, weil durch die Aufnahme von Nichtchristen die innere Harmonie mit den beiden altpreußischen Schwestergroßlogen gestört worden wäre.

Schon seit Gründung des Großmeistervereins (Kapitel IV) hatte sich als notwendig herausgestellt, die leitenden Gremien der drei Großlogen gegenseitig in die Rituale der höchsten Erkenntnisstufen einzuführen. Demgemäß hatte die Große National-Mutterloge zu den drei Weltkugeln am 12. Januar 1842 ein Schreiben an den Innersten Orient der Großen Loge zur Freundschaft gerichtet, in dem gesagt war:

„Durchdrungen von der Überzeugung, daß die Einigkeit zwischen den Logen verschiedener Systeme nur dann wirklich ungetrübt bestehen kann, wenn sie auf einem vollständigen, gegenseitigen Vertrauen beruht, haben wir reiflich die Mittel erwogen, welche geeignet wären, ein solches zwischen unseren verschiedenen Logensystemen sicher und für die Dauer zu begründen.

Das größte Hindernis, welches sich einem solchen unbedingten Vertrauen entgegenstellt, oder es doch wenigstens ganz allein von dem gegenseitigen persönlichen Zutrauen derer abhängig macht, die zufällig gerade an der Spitze der verschiedenen Systeme stehen, liegt unstreitig darin, daß in jedem der Systeme eine Anzahl von Brüdern (namentlich die, welche durch die Mitglieder ihres speziellen Bundes zur oberen Leitung der Ritualangelegenheiten berufen sind) noch innerhalb des allgemeinen maurerischen Geheimtums gewisse spezielle Systemsgeheimnisse gegeneinander haben. Dies nötigt den einen wie den andern bei gemeinschaftlichen Erörterungen zu einem gewissen vorsichtigen Benehmen, das nur zu leicht den Schein des Mißtrauens annimmt und jeder ganz offenen und rückhaltlosen Besprechung der wichtigsten Bundesangelegenheiten hindernd in den Weg tritt.

Es kann wohl kein Zweifel darüber obwalten, daß dieser Übelstand gehoben werden könnte, wenn eine Anzahl solcher Brüder eines jeden Systems, welche in demselben das meiste Vertrauen genießen, auf legalem Wege in alle Kenntnisse, welche die anderen Systeme besitzen oder zu besitzen glauben, eingeweiht würden. Diese Brüder könnten sich dann ganz offen und klar beraten, denn keiner von ihnen wäre genötigt, irgendeine Frage unbeantwortet zu lassen, und alles unter ihnen müßte unverschleierte Wahrheit sein.

Die aus dem Zutrauen ihrer Systemsmitglieder hervorgegangene Autorität, mit welcher diese Brüder in ihren Logen ausgerüstet sind, wird hinreichend sein, um ohne Erörterung der Details, in dem, was ihnen von den anderen Systemen anvertraut worden, schiefe Urteile und unbegründete Befürchtungen berichtigen und vernichten zu können.

Beseelt von dem aufrichtigen und reinen Wunsche, soviel in unsern Kräften steht, zur Begründung eines wirklich einigen Verhältnisses der vaterländischen Logen beizutragen, haben wir beschlossen, unseren Schwester-Großlogen darin freimütig entgegenzukommen und beginnen damit, Ihnen, geliebte Brüder (die Sie uns schon so viele unzweideutige Beweise von Zutrauen gegeben haben, daß wir kein Mißverstehen unserer Absicht befürchten dürfen), den Vorschlag zu machen, gegenseitig eine Anzahl von Brüdern in allen Graden, Kenntnisstufen, Instruktionen oder wie wir es nennen mögen, zu initiieren und ohne allen Rückhalt zu unterrichten; bloß unter der Verpflichtung, alles dasjenige, was ein jeder nur durch seine Beförderung in den anderen Systemen Neues erfährt, vor Profanen sowohl als vor Brüdern, die dem betreffenden Grade nicht angehören, verschwiegen zu halten und es nicht weiter zu verbreiten.

Es kann dabei gar nicht darauf ankommen, wieviel oder wie wenig der eine dem andern gibt, sondern nur darauf, daß er ihm alles mitteile, was er hat.“

Der Innerste Orient ging auf die Vorschläge gern ein, und es erhielten sieben Mitglieder die speziellen Kenntnisse aller Grade des Systems der drei Weltkugeln und die Übersicht ihres Zusammenhanges, wogegen dem Höchsten Innern Orient dieses Logenbundes aus dem Archive der Freundschaft alle diejenigen Mitteilungen gemacht werden sollten, die er zu haben wünscht.

Durch einen Beschluß des Innersten Orients wurden die Pforten seiner Innern Oriente auch den sich als Inhaber des vierten Grades der Größen Landesloge von Deutschland ausweisenden Brüdern geöffnet und die Filial-

Die Hochwürdige vollendete Alt Schottische Mutter Loge

Royale York zur Freundschaft

An

die sehr ehrwürdige St. Johannis Meister Loge

Glück, Heyl und Seegen.

Da es von entschiedener Wichtigkeit ist, daß sich die große Loge Royale York zur Freundschaft, ihrer Würde gemäß, durch mehrere St. Johannis Logen als **Große Alt Schottische Mutter Loge** ankündige und formalisire; da es zugleich die Sicherheit der Rechte sowohl des Kapitels als auch der Meister Loge, so wie die Aufrecht-erhaltung und Befestigung der constitutionellen Ordnung fordert, daß die Meister Loge mehr als einen Repräsentanten bey dem Kapitel habe, und dem Kapitel mehr als ein vorsitzender Meister für die Constitution und die Gesetze verantwortlich sey; so haben der Innerste Orient und das Kapitel kraft ihrer constitutionellen Rechte beschlossen, daß von künftigen Johannis an, alle maurerischen und constitutionellen Arbeiten der drey untern St. Johannis Grade unter Vier ordentliche vorsitzende Meister, die alle an Rechten, Pflichten, Verantwortlichkeit und Rang gleich sind, dergestalt getheilt werden sollen, daß jeder ordentliche vorsitzende Meister mit einem eigenen respectiven Corps Vorsteher, Redner, Secretair, Ceremonien Meister, Präparateur und übrigen Beamten eine eigene St. Johannis Loge ausmache und alle vierzehn Tage ein Mahl arbeite.

Diese Vier St. Johannis Beamten Logen führen fordan folgende vier Nahmen.

I, Friedrich Wilhelm zur gekrönten Gerechtigkeit

II. zur siegenden Wahrheit.

III Urania zur Unsterblichkeit

IV. Pythagoras zum flammenden Stern.

werden als Vier St. Johannis Logen in dem Tableau der großen Loge Royale York zur Freundschaft aufgeführt und erhalten auch in dem Logen Calender ihre gewöhnlichen Arbeits Tage angewiesen.

Die Brüder bleiben ungetheilt und alle zusammen Mitglieder der unter der Alt Schottischen Großen Mutter Loge Royale York zur

Freundschaft vereinigten Vier St. Johannis Logen, und werden auch als, also in alphabetischer Ordnung in dem Tableau der großen Loge aufgeführt.

Das Logen Bijoux bleibt unverändert und wird von den Mitgliedern der Vier vereinigten St. Johannis Logen an der blauen Schleife hängend an der Seite; von den constitutionellen Neun und Vierzig Mitgliedern der Alt Schottischen großen Mutter Loge hingegen an einem Orangefarbenen Moirébande um den Hals an der Brust getragen; und zwar von der nächsten Constitutions Mstr Konfer. an.

Die Große Meister Loge oder die Conferenz Logen werden wechselweise von den Vier ordentlichen vorsitzenden Meistern und ihren respectiven Beamten mit gleichen Rechten und Pflichten, gleicher Verantwortlichkeit und mit gleichem Range ausgeschrieben und dirigirt.

Diesem Beschluße zu folge, wird das große Meister Collegium in der künftigen Wahl Loge, nach der Wahl des

Ober Schatz Meisters
Allmosenpflegers und
Directors des Stewards Collegii

ordentliche vorsitzende	Meister	4.
" ———	Vorsteher	8.
" ———	Redner	4
" ———	Sekretaire	4.
" ———	Ceremon. Mstr	4
" ———	Praeparateurs	4.
	in allem	28

an Rechten Pflichten und Verantwortlichkeit gleiche Vorsteher und Beamten, ferner

Schatz Meister	4
Stewards.	8
Censoren.	8 und
Hospitaliers	4
in allem	24

Geschäftsführer zu wählen haben, worauf jeder, Vorsteher, Beamte und Geschäftsführer so gleich den Nahmen der St. Johannis Beamten-Loge zieht, welcher er in Zukunft angehören soll.

Die Mitglieder der großen Meister Loge werden demnach hiermit aufgefordert, alles mögliche zu thun, um sich die noth-

wendige

wendige Kenntniße von der Würdigkeit und Fähigkeit sämtlicher Brüder zu erwerben, damit die Wahlen in der künftigen Wahl Loge so ausfallen wie es die Würde und die Wohlfahrt unseres heiligen Bundes fordert.

Gegeben im Orient von Berlin den Siebenten Merz 1798.

Der Innerste Orient der vollendeten Alt Schottischen Mutter Loge Royale York zur Freundschaft

Delagoanère G. M. + Fessler dep. Gross Mstr. Darbes 1t. Gr. Aufs. Basset 2t. Gr. Aufs. Schlicht Gross Redner

[illegible] Großschatzmeister Stöver Gr. L. Mstr. Feldmann [illegible]

Salzmann

Natorp Gr. Sekr.

Sanctionirt im Hochwürdigen Ordens Kapitel Berlin den Zehnten Merz 1798

Das Hochwürdige Ordens Capitel der vollendeten Alt Schottischen Mutter Loge Royale York zur Freundschaft.

Charles [illegible] +

Zehender

[illegible] [illegible]

André Doering

[illegible]

Natorp Gr. Sr.

Vorgetragen in einer plenieren Meister Conferenz Loge, und durch die Mehrheit der

Berlin d: 13: März 1798.

Schlicht
Meister v. Stuhl

Küster
Röver
Hermes
DuBois
Gründler

Gründungs-Urkunde der vier vereinigten Logen.

Oriente angewiesen, daß sie sich in Anwesenheit besuchender Brüder anderer Systeme enthielten, deren Gebrauchtümer und Tendenzen zum Gegenstand des Unterrichts oder der Untersuchung zu machen. Von diesem Beschlusse wurde der Großen Landesloge Mitteilung gemacht und die Hoffnung ausgedrückt, daß das Erbieten, wenn es von der Großen Landesloge angenommen werde, für die nähere Befreundung unter den beiderseitigen Logen fruchtbringend sein möge. In dem Schreiben wurde zugleich Mitteilung gemacht von dem, was zwischen den Großen Logen zu den drei Weltkugeln und Royal York verhandelt worden war, um die innere Verbindung zwischen den vaterländischen Systemen durch Aufhebung der noch stattfindenden gegenseitigen Verheimlichung der höchsten Ordenskenntnisse befördern zu helfen.

Die Große Landesloge ernannte eine Kommission von drei Brüdern, die mit drei Brüdern von der Freundschaft am 2. November 1842 über die Besuchsberechtigung Beschluß faßte. Im Monat vorher war von der Großen Landesloge den Schottischen Meistern des Systems der drei Weltkugeln die Besuchsberechtigung zugestanden worden.

Am 23. November, auf den die Feier des Andreasfestes wegen der Hundertjahrfeier der Allgemeinen Altschottischen Loge zu den drei Weltkugeln verlegt war, eröffnete die Große Landesloge ihre sämtlichen Andreaslogen den Schottischen Brüdern der beiden anderen Ordenssysteme, und zwar die älteste Indissolubilis in Gegenwart des Protektors.

Am 30. November war die Hundertjahrfeier der Allgemeinen Altschottischen Loge zu den drei Weltkugeln. In Beziehung auf die Vereinigung der Schottischen und Andreaslogen sagte der Durchlauchtigste Protektor, das Streben zur Einigung sei den Brüdern fortwährend als ein Erbteil von ihren Vorfahren hinterblieben und offenbare sich auch besonders jetzt auf das erfreulichste. In Beziehung auf die gegenwärtige so glückliche und freudenvolle Vereinigung zwischen den Schottischen Brüdern aller drei Preußischen Großlogen, deren Herbeiführung ihm zugeschrieben würde, könne er nur wiederholen, was er schon vor acht Tagen bei Gelegenheit des Vereinigungsfestes in der Großen Landesloge gesagt habe, daß der Funke dazu schon lange in den Herzen der Brüder geglimmt und nur der äußeren Veranlassung bedurft habe, um ihn zur Flamme anzufachen und lebendig auflodern zu lassen. Er schätze sich glücklich, daß es ihm vorbehalten gewesen sei, diese Veranlassung haben geben zu können.

Die Vereinigungsakte vom 2. November 1842 hat folgenden Wortlaut:

„Infolge der zwischen der Hochwürdigen Großen Landesloge von Deutschland und dem Innersten Orient der Hochwürdigen Großen Loge von Preußen, genannt Royal York zur Freundschaft, brieflich gepflogenen

Verhandlungen hatten sich die unterzeichneten Brüder Deputierten beider maurerischen Behörden im Logenhause der letztern eingefunden, um wegen Zulassung der Brüder der Großen Landesloge von Deutschland, welche den St.-Andreasmeister-Grad besitzen, zu den Arbeiten der Innern Oriente der Großen Loge von Preußen, genannt Royal York zur Freundschaft, und wegen Teilnahme der Brüder dieser Innern Oriente an den St. Andreaslogen jedes Grades der erstern Lehrart eine Vereinigung herbeizuführen.

Da die Hochwürdigen kommittierenden Behörden von gleichem Eifer bestrebt sind, dies echt maurerische Geschäft zu fördern, so wandte man sich nach der brüderlichsten Begrüßung, ausgesprochen durch den Bruder Klöden und erwidert durch den Bruder Klemm, zu den Punkten, über die eine Vereinbarung zweckmäßig erschien, und es wurde:

1) Dem Wunsche der Hochwürdigen Brüder Deputierten der Großen Landesloge von Deutschland, Kenntnis zu erhalten von der Verpflichtung, welche bei der Aufnahme in den Innern Orient durch die Initiation zum schottischen vollkommenen Baumeister abgelegt wird, durch Vorlegung des diesfälligen Ritualbuches und Vorlesung der Verpflichtung aus demselben genügt. Sie fanden die Fassung der letztern so befriedigend, daß ihnen nur die Bemerkung übrig blieb, es möchte ausgesprochen werden, daß die Verpflichtung zum vollständigen Verschweigen in gleicher Weise auch rücksichtlich der Schottengrade der beiden andern im Preußischen Staate bearbeiteten Systeme heilig zu halten sei.

Die Deputierten von Royal York erklärten ihren Inneren Orient hierzu gern bereit und wollen dafür sorgen, daß dessen Filialen von einer solchen Bedeutung der Verpflichtung durch das infolge gegenwärtiger Verhandlung nötig werdende Umlaufschreiben nicht nur in Kenntnis gesetzt, sondern auch angewiesen werden, diese Bedeutung in die Verpflichtung für künftige Beförderungen mit aufzunehmen, was die Brüder Deputierten der Großen Landesloge von Deutschland in ähnlicher Weise erwidern zu wollen namens ihrer Hochwürdigen Mandantin versichern.

2) Wenn letztgedachte Hochwürdige Großloge nach ihrem Schreiben vom 1. vorigen Monats den Besuch der Arbeiten der Innern Oriente von Royal York auf diejenigen ihrer Brüder, welche den St. Andreasmeistergrad besitzen, zu beschränken ihren innern Verhältnissen angemessen findet: so hat der Innerste Orient von Royal York, wie dessen Deputierten erklären, dagegen nichts zu erinnern und wird Verfügung treffen, daß nur den Brüdern St. Andreasmeistern, welche als solche – sei es durch Zeugnis gegenwärtiger Brüder dieses Grades oder durch von ihrer respektiven Ordensbehörde ausgefertigte Zertifikate oder Legitimationskarten – sich genügend ausweisen,

nicht aber den St.-Andreas-Lehrling-Gesellen, die Zulassung zu den Arbeiten der Innern Oriente gewährt werde.

Was andererseits die Legitimation von Mitgliedern der Innern Oriente betrifft, so sind die Namen derselben in den respektiven Logenmitglieder-Verzeichnissen durch ein Sternchen bezeichnet; sie können sich daher, sofern die Identität nicht zweifelhaft ist, durch ein solches Verzeichnis, nötigenfalls aber müßten sie sich durch ein Zertifikat des Innern Orients, welchem sie angehören, ausweisen.

3) Es wurde ferner von den Brüdern der Großen Landesloge von Deutschland erwähnt, daß deren Arbeitslokale für den St. Andreasmeistergrad sehr beschränkt und deshalb zu wünschen sei, daß die Brüder von Royal York hiervon unterrichtet werden möchten, um sich nicht verletzt zu fühlen, falls der Raum es nicht gestatte, alle sich einfindende Brüder bei der Arbeit zuzulassen. Einverstanden hiermit erklärten die Brüder Deputierten von Royal York, das Erforderliche gern veranlassen zu wollen.

4) Hinsichts der Bekleidung wurde für zweckmäßig erachtet, daß solche von beiden Seiten in der Art anzulegen sei, wie sie bei den eigenen Arbeiten der Schottenlogen getragen wird.

5) Eine Anfrage über die Nichtzulassung von Nichtchristen zu den Arbeiten der Schotten- oder Andreaslogen fand ihre Erledigung durch die Erklärung:

> Die gegenseitige Besuchszulassung kann nur in bezug auf die zur Zeit geltenden statutenmäßigen Grundprinzipien der Lehre stattfinden. Wesentliche Abänderungen dieser Prinzipien, ohne gegenseitiges Einverständnis, berechtigen die beteiligte Große Loge zur Erwägung der Frage: ob sie die Fortdauer jener Besuchszulassung damit vereinbarlich finde.

6) Von den Brüdern Kommissarien der Großen Landesloge von Deutschland wurde weiter befürwortet und von den Kommissarien des Innersten Orients von Royal York anerkannt, daß der gegenseitige Besuch der Schottischen oder St. Andreasmeister dieser beiden Systeme der ersteren Großen Loge keine Verpflichtung in betreff der Zulassung Schottischer Brüder anderer Ordenssysteme auferlege.

7) Die beiderseitigen Kommissarien halten es dem schönen Verhältnisse, in welchem ihre Hochwürdigen Behörden zueinander stehen, angemessen, daß auch fortan bei den Arbeiten alles vermieden werde, wodurch die Lehrart einer der beiden Großen Logen herabgesetzt oder angefeindet würde, und wollen dafür sorgen, daß in diesem maurerischen Sinne hier, wie außerhalb, gehandelt werde, wie denn seitens des Inneren Orients dessen sämtliche Filialen bereits veranlaßt sind, in Gegenwart von Brüdern der beiden andern

Systeme bei ihren Instruktionen diese Systeme nicht zum Gegenstande der Belehrung und Untersuchung zu machen. Endlich:

8) Erklären die beiderseitigen Kommissarien, daß sie zu allem, was einerseits vorgeschlagen, andererseits zugestanden worden, von ihren respektiven Behörden die Ermächtigung erhalten haben."

B. Der Fall Settegast

Um die Wende des Jahrhunderts erlebte die Große Loge zur Freundschaft und mit ihr die preußischen Schwestergroßlogen eine folgenschwere Erschütterung, die sich an den Namen des Geheimrats Hermann Settegast knüpfte. Dieser, ein Gelehrter von Weltbedeutung, hatte sich, nachdem er einen Ruf im Jahre 1881 als Professor an die Landwirtschaftliche Hochschule in Berlin erhalten hatte, der St. Johannisloge „Friedrich Wilhelm zur gekrönten Gerechtigkeit" angeschlossen. Settegast, der das freimaurerische Licht 1854 in der Loge „Psyche" in Oppeln, einer Tochterloge der drei Weltkugeln, erblickt hatte, trat 1859 der St. Johannisloge „Zum Totenkopf und Phönix" in Königsberg bei und hat dort die drei Johannisgrade der Großen Landesloge kennengelernt. Über seine Tätigkeit in der Großen Loge zur Freundschaft folgen wir einem Vortrag von Paul Krause, der das Amt des Großzeremonienmeisters bekleidete und zugleich Vertreter der Großen Loge von Hamburg bei seiner Großloge war. Dieser Vortrag befindet sich handschriftlich im Archiv der Großen Loge zur Freundschaft.

Im Jahre 1884 wurde Geheimrat Settegast, obwohl er noch kein Logenamt bekleidet hatte, auch nicht Mitglied der Großen Loge gewesen war, auf besonderen Wunsch des damaligen Großmeisters, Professor Herrig, zum zugeordneten Großmeister gewählt. Settegast hat demnach fünf Jahre als zugeordneter Großmeister, ohne abweichende Ansichten an Herrig kundzugeben, gewirkt. Nach dem plötzlichen Tod Herrigs wurde er von den Tochterlogen einstimmig für die Wahlzeit Herrigs (bis Johanni 1890) am 6. Mai 1889 zum Großmeister gewählt.

In der Ansprache, durch die Settegast das Amt annahm, gelobte er feierlich „unerschütterliches Festhalten an den gesetzlichen, durch die Statuten unserer Großen Loge vorgezeichneten Grundlagen unseres maurerischen Systems" und versprach „eifrig mitzuwirken, daß das Ansehen und der Wirkungskreis der Großen Loge Royal York ihrer großen Aufgabe gemäß sich fort und fort mehrt."

Am 3. Juni wurde Settegast als Großmeister begrüßt durch eine Anrede, in der als Gründe, weshalb gerade er gewählt sei, angegeben werden:

„1) weil wir von ihm aus seinen eigenen Äußerungen wissen, daß er unsere Logen-Verfassung für besonders glücklich halte wegen ihrer Eigentümlichkeit, und weil er durch sein bisheriges Verhalten die Bürgschaft biete, er werde – unter Umständen auch gegen seine eigenen persönlichen Neigungen – mit aller Kraft dafür eintreten, daß die Gesetze ihrem Wortlaute nach ausgeführt und ihrer Entstehungsgeschichte nach ausgelegt würden, etwaige Abänderungen aber nach den gleichen Gesichtspunkten der Wahrung des Geistes der Entwicklung unseres Systems vor sich gehen".

Geheimrat Hermann Settegast

„2) weil es ehrenvoll für uns sei, einen so bedeutenden, von allen Kundigen anerkannten Gelehrten an der Spitze unserer Großloge zu wissen";

„3) weil wir Gelegenheit gehabt haben, sein echt maurerisch abgestimmtes Herz kennen und lieben zu lernen."

Die damaligen Statuten der Großen Loge zur Freundschaft hatten nur bis Johannis 1890 Gültigkeit, deshalb wurde 1889 eine Revisionskommission eingesetzt, die Vorschläge zu machen und von den Johannislogen eingegangene zu beraten und demnächst der Großen Loge zur Beschlußfassung vorzulegen hatte. Die Kommission bestand aus vierzehn Mitgliedern und trat am 10. September 1889 unter dem Vorsitz Settegasts zusammen. Auf seinen Antrag beschloß die Kommission bis zur Beendigung ihrer Aufgabe über ihre Verhandlungen Stillschweigen zu beobachten. Settegast leitete die Verhandlungen in den acht Sitzungen, nahm dann an zwei Sitzungen, in denen seine eigenen Änderungsvorschläge vorgebracht und beraten wurden, nicht teil und legte am 15. November 1889 sein Amt ohne Angabe der Gründe nieder, nachdem seine Anträge mit sechs gegen vier Stimmen abgelehnt waren. Diese Anträge bezogen sich auf:

„1) Abänderung des Grundgesetzes betreffs der beiden Abteilungen der Großen Loge, also der Großen Loge als solcher für die Verwaltung und des innersten Orients als Lehrabteilung. Der

2) Antrag bezog sich auf die ungerechtfertigte Zurückweisung von Suchenden nicht-christlichen Bekenntnisses. Der Antrag wurde mit neun gegen drei Stimmen angenommen und in den Entwurf für die neuen Gesetze aufgenommen."

Nachdem auch die Revision des Grundgesetzes der Großloge zur Freundschaft nicht Abänderungen in Settegasts Sinn gebracht hatte, schied er aus dem Verband seiner Großloge gänzlich aus und meldete sich im Mai 1891 zur Affiliation bei der Loge „Ferdinande Karoline" in Hamburg. Diese Loge sandte während der Logenferien nach Berlin eine Deputation, die in einem, einem Bruder in der Friedrichstraße gehörigen Restaurationslokal die Annahme vollzog. Bald darauf beschloß eine Anzahl zu Hamburg gehöriger, in Berlin lebender Brüder, eine Tochterloge zu gründen, und wandte sich am 15. November 1891 und 15. April 1892 schriftlich an den damaligen Minister des Innern Herrfurth, der indessen am 12. Mai 1892 antwortete, daß er nicht in der Lage sei, diesem Gesuche Folge zu geben, da nach den noch in Kraft bestehenden Bestimmungen des Edikts von 1798 in Preußen nur die preußischen drei Großlogen des Freimaurer-Ordens geduldet seien, jede andere, diesen nicht angeschlossene Loge aber für verboten erachtet werde. Etwaige Zuwiderhandlungen würden die Einleitung des gerichtlichen Verfahrens nach sich ziehen. Hierauf trat Settegast auch aus der Hamburger Loge aus und gründete mit seinen Anhängern, meist Nichtchristen, am 1. August 1892 einen Verein, den er „Große Freimaurerloge von Preußen, genannt Kaiser Friedrich zur Bundestreue", betitelte. Dagegen erhob das Berliner Polizeipräsidium Einspruch, weil die Auffassung entstehen könne, es handle sich um eine anerkannte Freimaurer-Großloge. Settegast gab sich mit dieser Entscheidung nicht zufrieden, sondern klagte beim Bezirksausschuß, der die Verfügung des Polizeipräsidiums unter dem 24. November 1892 aufhob. Nunmehr legte das Polizeipräsidium Berufung beim Oberverwaltungsgericht ein, das im Sinne Settegasts entschied. Nach diesem Urteil, das am 22. April 1893 ergangen war, bestätigte das Oberverwaltungsgericht das Erkenntnis des Bezirksausschusses. In der Begründung war gesagt, daß die den drei altpreußischen Großlogen durch das Edikt vom Jahre 1798 (Band II, 258) gewährte Sonderstellung durch die Verordnung vom 6. April 1848, wonach alle Preußen berechtigt sind, zu solchen Zwecken, die den Strafgesetzen nicht zuwiderlaufen, ohne vorgängige, polizeiliche Erlaubnis sich in Gesellschaften zu vereinigen, aufgehoben sei. Danach wären alle, das freie Vereinigungsrecht beschränkenden, noch bestehenden gesetzlichen Bestimmungen aufgehoben.

Settegast gründete jetzt in Berlin drei Johannislogen, dann eine in Breslau und endlich eine in New York. Das Recht dazu konnte ihm gesetzlich nicht bestritten werden, aber weder seine Großloge, noch deren Tochterlogen erhielten die Anerkennung der deutschen im Großlogenbund vereinigten Großlogen. Nur die Großlogen von Ungarn und der Niederlande sprachen die Anerkennung aus.

Über Settegasts Gründung äußerte sich I. G. Findel, einer der entschiedensten Vertreter humanitären Schrifttums, folgendermaßen: „Die neue

Großloge hat von vornherein den Umstand gegen sich, daß sie nicht von dem geistig vorgerückten Teile der alten Logen, also von dieser Seite her nicht aus einem Bedürfnis heraus gegründet ist, sondern vorwiegend von jüdischen Brüdern, welche ihr „Recht" erzwingen wollten, so daß sie keineswegs freizuhalten ist von dem Beigeschmack egoistisch-parteiischer Tendenz."

In die nun folgende Zeit fällt ein Federkrieg gegen die drei altpreußischen Großlogen. Settegast schrieb mehrere Broschüren über den freimaurerischen Notstand in Preußen, wogegen sich bewährte Freimaurer, wie Dr. med. Hieber, Logenmeister der Königsberger Loge „Zum Totenkopf und Phönix", in einer Entgegnung „Zur Abwehr", wie er sie nannte, mit dem Nachweis wandte, daß Settegast gerade durch seine Deduktionen den Beweis liefere, wie wenig er die drei Systeme, denen er angehört hatte, kennengelernt hätte. Mitglieder der Settegast-Logen benutzten die ihnen sympathische Tagespresse, um nicht nur die drei preußischen Großlogen, sondern auch einige ihrer hervorragenden Mitglieder in der gröblichsten Weise anzugreifen, worin sie noch besonders dadurch bestärkt wurden, daß ihrer Großloge allseitig die Anerkennung versagt wurde. Natürlich wurde von seiten der angegriffenen Großlogen niemals in gleicher Weise auf diese Angriffe geantwortet, man überließ diese Gesellschaft ihrem Schicksal, dessen Ausgang vorherzusehen war. Sehr bald entstanden unter den Mitgliedern der Settegastschen Winkellogen Zwistigkeiten, siebenundvierzig Mitglieder, darunter angesehene Männer, von denen auch einige früher zur Großen Loge zur Freundschaft gehört hatten, traten gleichzeitig aus, und die Breslauer Loge schloß sich der Frankfurter Großloge an.

Infolge der Entscheidung des Oberverwaltungsgerichtes gründete Hamburg 1898 und 1900 in Berlin mehrere Johannislogen und nahm die Mitglieder der Settegastlogen förmlich auf. Damit war der Fall Settegast ein für allemal erledigt. Die Große Loge zur Freundschaft hat die Settegast-Bewegung vermöge der ihr innewohnenden geistigen Lebenskraft schnell überwunden, und von seinen Anträgen, die auf die Vernichtung der inneren Oriente und des innersten Orients hinzielten, ist nichts Wesentliches übriggeblieben. Für die Geistesgeschichte dieser Großloge ist es jedoch von Wert, die innere Einstellung Settegasts kennenzulernen, um die Standhaftigkeit und Treue zur einmal erkannten Wahrheit der Lehre beurteilen zu können, wodurch die damaligen Führer der Großloge der Gefahr entgingen, die der christlichen Freimaurerei und den drei altpreußischen Großlogen drohte. Männer wie Flohr, Jänisch, Wagner und der Prinz Heinrich von Schönaich-Carolath haben sich im Vorkampf für die christliche Grundlage der Freimaurerei mit allen ihren Kräften eingesetzt und sind bittersten Anfeindungen und Schmähungen ausgesetzt gewesen. Aber sie haben durchgehalten. Daß sie im Recht waren, hat die allerneueste Entwicklung der Freimaurerei in Deutschland zur Genüge bewiesen.

Wir gehen nun auf die Settegastschen Ideen ein, indem wir seine Vorschläge vom Februar 1890 mitteilen. Es klang ganz harmlos, wenn Settegast für die Bezeichnung „innerster Orient“ „engerer Rat“ und für das „oberste Regierungskollegium“ „Abteilung für Verwaltung“ vorschlug. Die Gefahr für die Lehre der Großen Loge zur Freundschaft erhellt erst aus der Settegastschen Begründung, die folgendermaßen lautet:

„Die Freimaurerei als Königliche Kunst aufgefaßt, kann der Forschung, namentlich bezüglich ihrer geschichtlichen Entstehung und Fortbildung nicht entraten. Denn die Frage: wohin? läßt sich nicht ohne Eingehen auf die Untersuchung der Frage: woher? beantworten.

Professor Herrig

„Aber die Anerkennung der Bedeutung geschichtlicher Forschung auch für das System der Großen Loge Royal York schließt nicht die Notwendigkeit ein, Grade oder Stufen zur tieferen Erkenntnis ihres Wesens zu bilden und ihrer Verfassung einzufügen.“

„Die Bezeichnung ‚Innerster Orient und Innerer Orient‘ sind ganz dazu angetan, den Glauben an eine Zusage zu erwecken, daß auch den Mitgliedern der Großen Loge Royal York das volle Erfassen und Begreifen erst mit dem Beschreiten dieser Staffeln erschlossen werde. Das würde aber im Widerspruch mit §5 des Grundgesetzes der Großen Loge Royal York stehen. Denn hier wird gesagt, daß Zweck und Wesen der Freimaurerei in den drei Johannisgraden vollständig enthalten sind, daß diese ferner den ganzen Erkenntnisschatz zur Erfassung maurerischer Lehre und zum Begreifen des Zieles maurerischen Strebens sowie der Mittel, dieses Ziel zu erreichen, bieten und erschöpfen.“

„Es könnte eingewendet werden, daß es doch ohne Belang sei, ob man zur Bezeichnung der Sonderstellung der für die wissenschaftlich-maurerische

Forschung ausersehenen Brüder den Ausdruck: ‚Innerster bzw. Innerer Orient' wähle, wie es bisher geschah, oder ob man sich dazu – wie jetzt vorgeschlagen wird – der Ausdrücke ‚Engerer Rat' und ‚Wissenschaftlicher Ausschuß' bediene."

„Dieser Einwand trifft jedoch nicht zu. Denn so wenig verfänglich die bisherigen Ausdrücke bei oberflächlicher Betrachtung auch scheinen mögen, so verbirgt sich in ihnen doch unverkennbar die Richtung auf die Anbahnung von Hochgraden, ja, als ein zielbewußter Schritt zu ihrer Einführung. In diesem Sinne werden die Bezeichnungen ‚Innerster und Innerer Orient' von der Maurerwelt überhaupt und so auch von den Brüdern der Großen Loge Royal York ausgelegt. Der Name – so sagt man – sei geändert, die Sache und der Sinn geblieben. Statt der ‚Grade' spricht man von ‚Stufen', Erkenntnisstufen. Die eine führt in den Inneren, die zweite in den Innersten Orient. Diese Bedenken haben ihre volle Berechtigung, denn wie sollte man in den gewählten Bezeichnungen nicht Reste der Rittergrade des Tempelherrensystems oder wenigstens der Andreas- bzw. Schottischen Maurerei erblicken, wenn man auf das Gebrauchtum des Inneren Orients eingeht. Die Initiation in den Inneren Orient versetzt uns in den Tempel der Andreas-Ritter, die Mitglieder nennen sich, vollkommene Schottische Baumeister', sie feiern Feste, die der Johannis-Maurerei ganz fremd sind und unter denen das Andreasfest obenan steht. Erst vor kurzem ließ sich der Großmeister einer Berliner Großloge in einem maurerischamtlichen Organ dahin vernehmen, daß die Andreas oder Schotten-Logen unzweifelhaft aus den Bestrebungen der vertriebenen Stuarts und ihrer Anhänger hervorgegangen seien, jene wieder auf den Thron zu bringen, indem sie die Bauhütten als Bereinigungspunkte dazu benutzten."

Professor Dr. Bruno Alwin Wagner, Großmeister

„Der Beweis dafür, daß in der Aufrichtung des Innersten Orients das Streben ruht, das innere Leben und die Vollkraft der Johannisgrade zu unterbinden, spricht sich unverkennbar auch in den jetzt gültigen Statuten desselben aus. Darin heißt es, daß er die maurerischen Kenntnisse, sofern sie in den Instruktionen für die Johannisgrade nicht enthalten sind, durch die von ihm gestifteten Inneren Oriente ausspenden und dahin wirken werde, daß echte Freimaurerei nach ihrem ganzen Wesen und in ihrer historischen Entwicklung richtig und vollständig erkannt werde."

„Des weiteren wird geltend gemacht, es wären die Johannisgrade vollauf damit beschäftigt und hätten sich darauf zu beschränken, den Menschen zum Gegenstände der Arbeit zu machen, den Erkenntnisstufen aber müsse die Betrachtung der Freimaurerei selbst vorbehalten bleiben. Beachtet man ferner, daß in dem ganzen Gesetz wie ein roter Faden sich das Streben zu erkennen gibt, bezüglich der maurerischen Lehre und des Gebrauchtums in voller Unabhängigkeit von der Großen Loge dazustehen und nach beiden Richtungen die Johannis-Maurerei zu beherrschen, so ist der Gedanke nicht abzuweisen, daß der Innerste Orient von der Idee getragen wird, es gereiche der Maurerei zum Segen, wenn in ihr derselbe Dualismus herrsche, wie er vergleichsweise in katholischen Staaten zum Ausdruck komme. Die weltliche Staatsgewalt führt das weltliche Regiment, das Gebiet des Glaubens und Gewissens wird von der Kirche oder dem Papismus geregelt und bevormundet. Dualistische Gebilde dieser Art widersprechen aber einer freien Auffassung des Gedankens der Freimaurerei und ihrer Leitung. Was echte freimaurerische Lehre sei, das soll dem Freimaurer nicht ein Sonderkollegium in der Gestaltung eines Innersten Orients sagen und vorschreiben, sondern es hat ebenso wie die Verwaltung von der jedes zwiespältige Regiment abweisenden, ewigen Großen Loge auszugehen."

„In ihr kann ein das innere Leben störender Unabhängigkeitsdrang, ein Kitzel, die Spitze in der einen oder andern Richtung einzunehmen und zu behaupten, nicht aufkommen."

„Ein oberstes Lehrkollegium, dessen neun Mitglieder auf Lebenszeit gewählt werden, ist ein Seitenstück zu dem papistischen Kardinalskollegium. Mit Recht machte schon 1872 die Johannisloge ‚Friedrich Wilhelm zur gekrönten Gerechtigkeit' in ihrem Antrage vom 31. März geltend: „Die Große Loge, eine grundsätzlich aus der Blüte der Johannislogen hervorgegangene Körperschaft, soll sich von dem Innersten Orient, einer sich selbst durch Kooptation ergänzenden Behörde, auf deren Zusammensetzung die Johannistagen auch nicht den mindesten Einfluß haben, vorschreiben lassen, was sie lehren soll?"

„Kommt dazu, daß der Großmeister der Großen Loge kein Amt im Innersten Orient bekleiden darf, dagegen der oberste Meister desselben sowie die obersten Beamten für Großlogenämter wählbar und wiederholt zu den höchsten Beamtenstellungen in der Großen Loge berufen worden sind, so liegt darin nicht nur ein Widerspruch mit der Gleichberechtigung beider Abteilungen der Großen Loge, sondern auch die Gefahr, daß das sogenannte Regierungskollegium von dem sogenannten Obersten Lehrkollegium ins Schlepptau genommen wird. Die Geschichte der neuesten Zeit gibt davon genügend Kunde; man erinnere sich der Verfolgungen, denen der Großmeister Herrig ausgesetzt war."

„Mit seiner jetzigen Fassung befindet sich das System Royal York in einer auf die Länge unhaltbaren Lage: es hat sich losgesagt von der einfachen, klaren und altbewährten Verfassung der Großen Loge von England, in der seine Wiege stand, ohne doch auf der andern Seite festen Anschluß an das schwedische System oder die Schottische Maurerei gefunden zu haben. In seiner nunmehrigen, von ihm als Versuch einer Vermittlung gewählten schwankenden Stellung widerstrebt das System Royal York der Einheit aller deutschen Großlogen mit Ausnahme nur der Großloge zu den drei Weltkugeln und der Großen Landesloge in Berlin. Diese haben unserem System ja die Berechtigung zugesprochen, daß die Brüder des Inneren Orients (insofern sie nicht Juden sind und wir diese von dem Inneren Orient fernhalten) zu den Arbeiten ihres vierten Grades, aber auch nicht weiter, zugelassen werden. In diesem Entgegenkommen liegt für unser System eher eine Zurücksetzung – fast möchte man sagen Demütigung – als eine Genugtuung."

„Wiegt eine solche lockere Verbindung, auf die heute nicht das geringste Gewicht zu legen ist, den Mangel an Einheit in der gesamten deutschen Freimaurerei, die Entfernung von allen andern deutschen Großlogen mit Ausnahme jener beiden Berliner Großlogen auf? Diese Frage konnte vor der politischen Einigung des Deutschen Reiches vielleicht mit einiger Berechtigung bejaht werden, insofern man nämlich in dem wenn auch noch so lockeren Zusammenhange der drei Berliner Großlogen einen Gewinn für die Machtsphäre der Preußischen Maurerei zu erblicken geneigt war. Dieser zu damaliger Zeit von unserem erhabenen Kaiser Wilhelm gehegte Gedanke wurde aber durch die Ereignisse von 1870/71 ganz in den Hintergrund gedrängt; denn seitdem brach sich die unsern Kaiser Friedrich III. erfüllende Überzeugung mehr und mehr Bahn, daß die Errungenschaften auf dem Gebiete der großen Politik auch mitbestimmend für die maurerische Politik Deutschlands sein müsse."

„Man klammert sich heute noch an die Ideen des Kaiser Wilhelm I. aus den Tagen der deutschen Zerrissenheit und vergißt darüber das unentwegte Einheitsstreben unseres erleuchteten Bruders Kaiser Friedrich III., der – aufs vertrauteste mit dem deutschen Logenleben und seinen modernen Bedürfnissen – mahnte: „danach zu trachten, die reine und unverhüllte einfache Lehre der Freimaurerei zur Geltung zu bringen, aber auch den Kampf der Meinungen, mögen sie noch so weit auseinander gehen, nicht zu scheuen, weil eben dann die echte Läuterung erreicht wird, welche zu den edlen und schlichten Grundsätzen unserer Königlichen Kunst führt." Das sind eigenste Worte des uns allen Unvergeßlichen, gesprochen in einem Tempel unseres Systems; sie wollen wir hochhalten, und in diesem Geiste werden wir siegen!"

„Die deutsche Maurerei wird und muß mehr und mehr ein mächtiger Kulturfaktor werden, wenn sie in sich und durch ein übereinstimmendes System fester geschlossen dasteht, als es jetzt durch den Großlogenbund nicht erreicht, sondern nur gedacht ist. Ein schwächlicher Versuch ist es geblieben. Durch volle Einheit und Übereinstimmung der Großlogensysteme ist die Macht der deutschen Freimaurerei zu gewinnen; ohne diese Einheit hat sie keinen Anspruch darauf, ausschlaggebende Führerin des Geistes der Humanität auf deutschem Boden zu sein. Was unser System zur Erreichung dieses Ideals und zum Anschluß an die Mehrzahl der deutschen Großlogen aufzugeben sich gezwungen sieht, ist – wie sich aus den von mir eingebrachten Verbesserungsvorschlägen zum zweiten, von der Großen Loge handelnden Abschnitt unzweideutig ergibt – im Vergleich mit dem daraus für unser System sowie für die Gesamtheit der deutschen Großlogen bzw. der deutschen Freimaurerei in Aussicht stehenden Gewinn als ein nennenswertes ins Gewicht fallendes Opfer nicht zu betrachten."

Es ist außerordentlich schwierig, sich in die Seele Settegasts einzufühlen. Daß ein Großmeister Reformen vorschlägt und, wenn sie von der Mehrheit abgelehnt werden, sein Amt niederlegt, ist eine Erscheinung, die wir in der Geschichte der Freimaurerei des öfteren erlebt haben. Daß ein solcher Reformator zu einer anderen Lehrart übergeht und versucht, seine Ideen von außen her zum Sieg zu führen, weil es ihm von innen heraus nicht gelang, ist gleichfalls verständlich. Daß er aber, wie Settegast, die drei Großlogen, denen er nacheinander angehört hat, und zwar fast fünfzig Jahre, in seinen Schriften gekränkt und beschimpft hat, das ist schwer begreiflich. Soweit darf der Subjektivismus eines gekränkten Menschen nicht gehen, und eines Freimaurers schon gar nicht.

Settegasts Leben und Handeln gibt auch nicht den leisesten Anlaß zu glauben, daß unlautere Motive ihn bestimmt hätten, das zu verbrennen, was er jahrzehntelang angebetet hatte. Er war zweifellos von einer ehrlichen Überzeugung durchdrungen, aber, und das ist vielleicht der Schlüssel zu seinem Wesen, er war ein hochgelehrter Naturforscher, ein begeisterter Anhänger der Darwinschen Entwicklungslehre, und er wandte seine naturwissenschaftliche Methode auf das ethisch-religiöse Problem in der Freimaurerei an. Was er in seinen weltberühmten Forschungen auf dem Gebiet der Tierzucht erkannt, das wandte er auf die Menschen an, er verfehlte den Weg zwischen Instinkt und Intellekt und glaubte seine naturwissenschaftlichen Kreuzungstheorien auf geisteswissenschaftliche Phänomene übertragen zu können. Er war ein ehrlicher Mann, aber ein Fanatiker, der den Begriff der Gewissensfreiheit nur für sich in Anspruch nahm, aber dem Andersdenkenden nicht zubilligen wollte. Eine greisenhafte Rechthaberei trieb diesen zweiundsiebzigjährigen Gelehrten dämonisch vorwärts, und er sah nicht, daß sein Schiff steuerlos zerschellte. Die drei altpreußischen Großlogen, die er „kryptogamische Gebilde voll von Bombast und trübem Mystizismus" nannte, sind nicht nur geblieben, sondern haben sich bedeutungsvoll entwickelt.

C. Vaterlandsdienst ist Menschheitsdienst

Der Beschluß vom Jahre 1872, Nichtchristen zur Aufnahme in die drei Johannisgrade zuzulassen, hatte keineswegs den allgemeinen Beifall sämtlicher Tochterlogen der Großen Loge zur Freundschaft. Schon im Jahre 1890, wo eine Gesetzesrevision zur Beratung stand, waren starke Neigungen hervorgetreten, zur alten christlichen Überlieferung zurückzukehren. Die Begründung klang sehr eindeutig: „Das Christentum ist das Evangelium der Liebe, und weil wir Freimaurer auf seinem Standpunkt stehen, sollen und können wir jene Nächstenliebe, die wir als Bruderliebe umschreiben, jederzeit üben, auch dem Juden gegenüber. Aber daraus folgert noch nicht, daß der Christ und der Freimaurer sich dem Juden unterordnen, sich für fremde Zwecke ausbeuten lassen und sich fürchten und schämen soll. Die Fundamente, aus denen er die Kraft und das Beispiel für seine sittlichen, idealen Aufgaben schöpft, sind „offen vor aller Welt zu bekennen. Wenn man in diesem Sinne Phrasen wie Humanität und Toleranz anwendet, so ist das eine Fälschung des Begriffs der Freimaurerei, denn sie erfordert in erster Linie doch wohl Wahrhaftigkeit gegen uns selbst und andere."

Die Berliner St. Johannisloge „Urania zur Unsterblichkeit" stellte im Jahre 1899 den Antrag, bei dem betreffenden Paragraphen im Grundgesetz die Worte einzuschalten: „Der Suchende bekennt sich, abgesehen von jeder politischen und konfessionell-kirchlichen Tendenz, zum Christentum." Die Begründung sagte: „Der Antrag heißt keine Neuerung, sondern nur eine Rückkehr zur alten, fast ein Jahrhundert im eigenen System bewährten Tradition. Eine solche Rückkehr bedeutet keinen Rückschritt, sondern nur das Aufgeben eines mißlungenen fünfundzwanzigjährigen Versuchs, wie solcher die Fassung des §4 darstellt. Wenn je eine Institution verpflichtet ist, neues aufzugeben, was sie als schädlich für ihren Bestand erkannt hat, so ist dies in hervorragendem Maße die Loge, deren Wirken an die Tradition gebunden ist und bleiben wird."

Die Bewegung für die Wiederaufnahme der alten Überlieferung ist dann nicht mehr zur Ruhe gekommen, am bedeutungsvollsten war der Ruf August Wolfstiegs, des berühmten Bibliographen und Historikers der Freimaurerei: „Möge die Große Loge auch in ihrem Grundgesetz offen bekennen, daß sie, wie Bruder Goethe sagt, unter dem Zeichen des mit Rosen umwundenen Kreuzes zu arbeiten und zu siegen gedenkt."

Das war im Jahre 1906. Deutschlands machtvolle weltwirtschaftliche Entwicklung bedingte in der Folgezeit eine intensive Kolonialpolitik. Die Berührung mit England war unvermeidlich, die deutschen Marineoffiziere lernten an allen Punkten der besiedelten Erde englische Marineoffiziere kennen und waren geblendet von deren ritterlicher Kameradschaft. Die Hamburger Kaufleute und Reeder entäußerten sich des alten Hanseatenstolzes und benahmen sich ganz englisch. Hamburg nannten sie eine Vorstadt von London. Kurz, es drang ein verderblicher Internationalismus in das Deutschtum ein. Man öffnete die deutschen Universitäten den Ausländern, Japaner überfluteten unsere Hörsäle und Institute, zu den deutschen Regimentern aller Waffen waren fremdherrliche Offiziere kommandiert, sie studierten und spionierten und trugen fremde Gewohnheiten und fremden Geist ins deutsche Land.

So war es kein Wunder, daß auch in die Freimaurerei Deutschlands ein internationaler Zug kam. Mehr und mehr verwischte sich die christliche Grundlinie, Besuche von Humanitären in christlichen Logen und umgekehrt waren an der Tagesordnung. Fast in jeder Festrede konnte man die Phrase hören, wenn auch Schurz und Kleinod verschieden seien, der Geist sei derselbe. Auf ausländischen Tagungen wurden zwischen deutschen und fremden Freimaurern Bruderküsse getauscht. Eine verwaschene Sentimentalität schwärmte von einem Menschheitsbund, man machte in Weltbürgertum und Interkonfessionalismus und begann auf dem weichen Kissen christlicher Toleranz sanft einzuschlafen. Aus den Johannistagen, selbst der Großen Landesloge von Deutschland, wurden alle christlichen Anklänge verbannt. Es galt schon für Antisemitismus, wenn in einer Johannisloge der drei Altpreußen der Name des Meisters von Nazareth fiel. Kurzum, es herrschte eine Begriffsverwirrung ohnegleichen.

Da fielen Blitz und Schlag des Weltkrieges auf Deutschland. Eng umschlossen, wütend umstürmt, erbarmungslos blockiert, Frauen und Kinder in Hunger, Not und Verzweiflung gestoßen. Französischer sadistischer Haß, englische eisgekühlte Niedertracht schürten das Feuer der Vernichtung, um daran schwere Sklavenketten für die überlebenden zu schmieden. „Zwanzig

August Wolffstieg

Millionen Deutsche sind zuviel auf der Welt“, das war die Tendenz des Versailler Vertrages. Der französische Finanzminister erklärte, man müsse auf dem Weg der Reparationen den Deutschen soviel künstlichen Dünger wegnehmen, daß ihre Felder verödeten und sie der Hungersnot preisgegeben würden.

Das war zuviel, der deutsche Geist, der christliche Geist erwachte, und aus den Tochterlogen der Großen Loge zur Freundschaft erhob sich die Forderung: Rückkehr zum christlichen Gedanken! Am 28. September 1923 richtete die St. Johannisloge „Freundschaft im Hochland“ in München das folgende Schreiben an die Große Loge zur Freundschaft:

‚Der deutschen Freimaurerei droht die Gefahr der Auflösung bzw. des Verbots, wenn die Kreise, die sie befehden, zu entscheidendem Einfluß in der Regierung gelangen. Große Teile des deutschen Volkes sind unsere Gegner geworden, alle mißtrauen uns, und vor allem stehen uns unsere nationalgesinnten Volksgenossen feindlich gegenüber. Die Gegnerschaft stützt sich besonders auf die Tatsache, daß die Freimaurerei unter jüdischem Einfluß stehe, daß unter den Mitgliedern sich zahlreiche Pazifisten, ja sogar Marxisten befinden, und daß die deutsche Freimaurerei innige Beziehungen zur Weltfreimaurerei unterhalte.

Infolgedessen versagen uns die nationalen Kreise das jedem wahren Deutschen zustehende Recht, mit allen Mitteln geistiger und materieller Art und unter Einsetzung der ganzen Persönlichkeit, ja des Lebens mitzuwirken an der Wiederaufrichtung unseres in höchster Not befindlichen Vaterlandes. Jede Aufklärung durch persönliche Einwirkung oder Vorträge und Schriften bleibt wirkungslos, solange wir nicht in aller Form und in voller Öffentlichkeit nachweisen können, daß unsere Freimaurerei christlich und national eingestellt ist und in gleicher Weise wie alle anderen vaterländischen Vereinigungen den Internationalismus jeglicher Art ablehnt. Hier müssen gerade die altpreußischen Großlogen, die von jeher ihren christlichen und nationalen Standpunkt betonten, vorangehen. Wir unterbreiten daher unserer ehrwürdigen Großloge folgende Anträge:

I.

Es wolle in der Verfassung festgelegt werden:

a) daß Suchende, die nicht auf rein nationalem Boden stehen, sowie Juden grundsätzlich nicht aufgenommen werden;
b) daß jeder freimaurerische Verkehr mit Logen oder Logenmitgliedern von Staaten, die deutschfeindlich gesinnt sind, bei Ausschluß aus dem Bunde strengstens verboten ist, ebenso der freimaurerische Verkehr mit nicht anerkannten Logen in Deutschland oder Mitgliedern solcher Logen;
c) daß die Vorsitzenden Meister aller Tochterlogen durch Angelöbnis zu verpflichten sind,

    ihre Logen in christlichem und streng nationalem Geist zu führen, die Mitglieder zu begeisterten Tatmenschen zu erziehen, die bereit sind, für das Vaterland jedes Opfer zu bringen.

II.

Die Großloge wolle im Falle der Annahme des Antrags I gemeinsam mit den beiden anderen altpreußischen Großlogen eine Erklärung etwa folgenden Inhalts in der Tagespresse veröffentlichen:

„Erklärung:

Angesichts der trotz aller Aufklärungen nicht aufhörenden Verdächtigungen und Angriffe gegen uns und die zu unserem altpreußischen Großlogenverbande gehörigen Tochterlogen erklären wir hierdurch folgendes:

Unsere Logen nehmen wohl Glieder aller bürgerlichen Parteien auf und treiben keine Parteipolitik, aber sie verlangen von ihren Mitgliedern unbedingt, daß sie auf nationalem Boden stehen und sehen von jeher neben der Erziehung des inneren Menschen die Pflege des nationalen Geistes und der treuen Liebe zum Vaterlande als eine ihrer Hauptaufgaben an. Sie haben mit Internationalismus nicht das geringste zu tun, haben bei Kriegsbeginn die Beziehungen zur Freimaurerei der Feindstaaten gänzlich gelöst und stehen auch heute noch in keinem organischen Verhältnis zur Freimaurerei der Ententestaaten.

Heinrich Prinz zu Schönaich-Carolath, Großmeister

Unsere Logen treiben auch keine Kirchenpolitikund überlassen es jedem ihrer Mitglieder, die Fragen des Glaubens nach eigenem Gewissen zu regeln, aber sie verlangen von ihren Mitgliedern, daß sie auf durchaus christlich-religiösem Boden stehen, und sie nehmen keine Juden auf.

Sie lehnen jede Gemeinschaft mit jüdischen, internationalen und Winkellogen ab.

Sie besitzen keine Hoch- und geheimen Grade, wie die romanische und übrige ausländische Freimaurerei und haben keine anderen Oberen, als die in aller Öffentlichkeit bekannten und von den Mitgliedern frei gewählten Großmeister.

Ihre Gesetze legen sie den Regierungen ihrer Länder vor und halten auch ihre Mitgliederverzeichnisse nicht geheim."

Aus Besprechungen mit den hiesigen Tochterlogen der Großen Landesloge und der Großloge zu den drei Weltkugeln sowie mit den betreffenden ehrwürdigen Großmeistern haben wir die Überzeugung gewonnen, daß ein einheitliches Vorgehen dieser beiden Großlogen im Sinne unserer Anträge bestimmt zu erwarten ist. Es will uns scheinen, daß unsere Großloge sich dem Vorgehen der beiden anderen altpreußischen Großlogen anschließen sollte.

Runkel, Geschichte der Freimaurerei. Band III.

Wir bitten unsere ehrwürdigen Großmeister eine schriftliche Abstimmung sämtlicher Tochterlogen über unsere Anträge herbeizuführen, und zwar möglichst rasch. Die Öffentlichkeit stellt die Frage: „Wie und wo steht die deutsche Freimaurerei?" Es liegt in unserem eigenen Interesse, auf die eindeutige Antwort nicht lange warten zu lassen."

Diesem Antrag schlossen sich in einer etwas anderen Form, in der Sache gleichen Geistes die St. Johannislogen „Scharnhorst zum Deutschen Glauben" in Hannover und „Georg zur geklönten Säule" in Clausthal an.

Zunächst erfolgte eine lebhafte Aussprache in der von Dr. August Horneffer herausgegebenen Zeitschrift der Großen Loge zur Freundschaft, „Am rauhen Stein", bei der alle Meinungen zum Wort kamen. In der Einleitung zu dieser Aussprache legte Horneffer die Richtgedanken in lichtvoller Weise fest:

„Die Annahme des sogenannten ‚christlichen Prinzips' ist keine Neuerung. Durch sie wird lediglich ein Zustand wiederhergestellt, der in unserer Großloge bis zum Jahre 1872 bestanden hat. Will irgendein Bruder behaupten, daß unsere freimaurerischen Vorfahren bis zum Jahre 1872 keine echten Freimaurer gewesen seien? Das wird doch wohl keiner wagen. Ja, bis zum heutigen Tage ist die Aufnahme in den ‚Inneren Orient' auf Christen beschränkt. Will irgendein Mitglied der zur Großen Loge von Preußen gehörigen Logen behaupten, daß der Innere Orient unfreimaurerisch sei? Das kann ich nicht glauben."

Geheimer Archivrat Dr. Ludwig Keller

„Allerdings wird der Ausschluß nichtchristlicher Brüder vom Inneren Orient in unserm derzeitigen Grundgesetz nur damit begründet, daß die Rücksicht auf die Andreas- und Schottengrade der beiden anderen preußischen Großlogen, die nur Christen zulassen und mit denen unser Innerer Orient in einem gegenseitigen Besuchsverhältnis steht, uns die genannte Beschränkung auferlege. Ferner ist es eine unwiderlegliche Tatsache, daß nicht nur unsere Großloge, sondern auch die Großloge „Zu den drei Weltkugeln" wiederholt zum Ausdruck gebracht hat, daß der Ausschluß nichtchristlicher Brüder eines Tages aufhören werde und müsse."

„Aber was beweist das? Es beweist nur, daß die gegenwärtige Mehrheit unserer Brüder über den sogenannten ‚Fortschritt' in der Freimaurerei anders denkt, als die Mehrheit innerhalb der letzten fünfzig Jahre gedacht hat. Die

Mehrheit ist heute der Ansicht, daß die Maßnahme der siebziger Jahre sich nicht bewährt hat, oder wenigstens, daß diese Maßnahme, wenn sie vielleicht im Glück und Glanz unseres Vaterlandes unschädlich oder gar nützlich war, heute in der Zeit des tiefsten Unglücks und der größten Schmach hinderlich und gefährlich ist."

„Warum? Hier kommen wir zum Kernpunkt der Sache, zur Bestimmung des Zieles unserer Großloge. Welches Ziel muß sich die deutsche Freimaurerei und unsere Großloge im besonderen stecken? In der heutigen furchtbaren Lage, wo unser Volk geschändet, versklavt und verarmt am Boden liegt, kann es kein anderes Ziel für uns geben, als unserem Vaterlande wieder aufzuhelfen. Vaterlandsdienst ist für uns Menschheitsdienst; völkische Arbeit ist für uns Humanitätsarbeit."

„Wie aber kann dieser Dienst, diese Arbeit erfolgreich geleistet werden? Der Wege gibt es verschiedene. Man kann auf die große Masse einzuwirken suchen; man kann die Ewigkeit des ganzen Volkes predigen; man kann große Koalitionen bilden und kluge Kompromisse schließen. Wir tadeln diesen Weg nicht, aber wir ziehen es vor, in unserer Großloge einen anderen Weg zu gehen. Wir wollen diejenigen deutschen Männer zusammenschließen, die fest im Boden unseres Volkstums und im Boden der religiösen Volkskultur wurzeln, diejenigen deutschen Männer also, die einander über die wichtigsten Fragen des Lebens ohne viel Worte verstehen, die nicht ängstlich ihre Worte und Mienen abwägen müssen, um einem Andersgläubigen und Volksfremden nicht wehe tun zu müssen. Kurz, wir wollen ganz enge, vertraute Kreise von unbedingt Heimattreuen und gottestreuen Männern bilden. Unsere Großloge soll, um einen Fremdausdruck zu gebrauchen, nach Möglichkeit ‚homogen' sein. Auf diese Weise glauben wir der Erneuerung unseres Vaterlandes erfolgreicher dienen zu können, als wenn wir den Rahmen möglichst weit spannen und um die wichtigsten Fragen unseres Volkslebens mit vorsichtiger Zurückhaltung herumgehen müssen. Wir verwehren es keiner Großloge, keiner Vereinigung, wie sie auch heiße, ihre Aufgabe anders zu fassen und dem Vaterlande in weiteren und loseren Kompromißverbänden zu dienen."

„Durch diese Auffassung setzen wir uns mit den freimaurerischen Überlieferungen keineswegs in Widerspruch; wir geben ihnen nur eine zeitgemäße und sachgemäße Anwendung. Gewiß: die Freimaurerei hat das Ziel, alle Gegensätze und Trennungen zu überwinden, wie Bruder Lessing in seinen Freimaurergesprächen so meisterhaft dargetan hat. Aber der Weg zu diesem Ziel braucht durchaus nicht der zu sein, daß man, wie Bruder Krause wollte, alle Menschen unterschiedslos in einen einzigen Topf hineintut. Das haben auch die Stifter unseres Bundes richtig bedacht, indem sie die Freimaurerei zu einer geschlossenen Männergesellschaft machten, die die Frauen und die gesellschaftlich und geistig Ungebildeten absolut ausschließt. Man wählte sorgfältig und streng aus, handelte also scheinbar dem Gedanken der Allverbrüderung schnurstracks entgegen. In Wahrheit erreichte man auf diesem exklusiven und aristokratischen Wege mehr, als man auf dem Wege der Massenannäherung erreicht haben würde."

„Die englische Freimaurerei war von Anfang an und ist noch heutigen Tages, wie jeder Kenner weiß, eine durchaus christliche und eine völkisch-englische Angelegenheit. In der Theorie ist sie kosmopolitisch und religiös-indifferent. In der Praxis ist sie vaterländisch und christlich. Die wenigen Israeliten, die sie aufgenommen hat, zwang und zwingt sie, wie Bruder Wolfstieg ganz richtig erkannt hat, rücksichtslos und selbstverständlich zur stummen oder ausgesprochenen Annahme und Betätigung der englischen Lebens- und Glaubensauffassung."

„Wenn jetzt unsere Großloge in ihrer großen Mehrheit die Nichtchristen und die nicht im deutschen Volkstum Wurzelnden grundsätzlich nicht mehr in ihre Reihen aufzunehmen wünscht, so kann man darin ein Eingeständnis der Schwäche sehen. In der Tat: das deutsche Nationalbewußtsein ist schwach, weit schwächer als beispielsweise das englische. In unserem lieben Vaterlande ist der Internationalismus viel stärker und viel gefährlicher als bei anderen Völkern. Wir können uns leider nicht die Kraft zutrauen, Menschen, die neben der Zugehörigkeit zum deutschen Sprach- und Kulturganzen noch die Zugehörigkeit zu einem anderen Volkstum pflegen und als Erbschaft in sich tragen, mit demselben unbedingten Heimatglauben zu erfüllen, wie wir selber ihn mit der Muttermilch eingesogen haben. Darin liegt kein Vorwurf gegen irgend jemand. Es liegt auch kein Antisemitismus darin, von dem ich persönlich mich vollkommen frei weiß. Ich möchte die Mitarbeit unserer jüdischen Mitbürger auf so vielen Gebieten nicht missen und wünsche ihre Rechte nicht verkürzt zu sehen. Die Roheiten, deren man sich heute vielfach gegen sie schuldig macht, verletzen mein freimaurerisches und menschliches Gewissen. Aber ich halte es trotzdem unter den heutigen Umständen für besser, daß unsere Großloge den Rahmen enger spannt. Ich glaube, daß sie auf diese Weise unserem Vaterlande und auch indirekt unseren jüdischen Mitbürgern bessere Dienste leisten kann. Es versteht sich von selber, daß diejenigen, die sich in unseren Reihen befinden, und die wir als echte Freunde und Brüder liebgewonnen haben, ihre wohlerworbenen Rechte ungeschmälert behalten werden."

„Wenn einst die Hand Gottes nicht mehr so schwer auf uns liegt, wenn wir einst wieder unser Angesicht erheben, unsere Blicke hinausrichten dürfen über das nächste, dringendste, quälendste Anliegen unseres Herzens, dann wird es Zeit sein, die Frage von neuem zu erwägen, ob wir den Rahmen wiederum weiterspannen dürfen, ob wir Gegensätze in unseren Logen verarbeiten können, Fremdheiten überwinden können, die uns jetzt im Zustande der Erniedrigung bedrücken und hemmen."

Nachdem die Meinungen genügend ausgetauscht waren und ein klares Bild über die Auffassung der einzelnen Tochterlogen gewonnen war, übertrug der Großbeamtenrat einem Ausschuß die Begutachtung der Anträge. Dieser Ausschuß hat eine Arbeit veröffentlicht, die sowohl in historischer wie in psychologischer Beziehung, vor allem aber im Geiste echt freimaurerischer Denkungsart ein Monument christlicher Duldsamkeit und verständnisvoller Objektivität ist. Sie stammt aus der Feder des zur Zeit zugeordneten Großmeisters Dr. jur. H. Höpker.

Der Ausschuß erörterte zuerst die Begriffe „christlich" und „deutsch" und prüfte dann, ob sie mit der freimaurerischen Grundidee vereinbar seien. Er kam zu dem Schluß, daß das Verlangen nach einem bestimmten Glauben als Vorbedingung für die Aufnahme der Idee der Freimaurerei nicht widerstreite. Dann fährt das Gutachten fort:

„Die Forderung nach der Zugehörigkeit zur deutschen Volkheit oder der Festlegung des deutschen Charakters der Großloge ist jedenfalls zum ersten Male gestellt und erscheint in ihrer Neuartigkeit dem Gedanken der Humanität und der Toleranz zu widersprechen. Demgegenüber ist aber darauf hinzuweisen, daß, wenn die Forderungen nach der Zugehörigkeit zu einer bestimmten Religionsgemeinschaft und selbst die allgemeine Forderung aller Logen nach einem bestimmten Bildungsgrade zulässig ist, es unerfindlich ist, warum eine ähnliche Beschränkung nach der Zugehörigkeit zu einer bestimmten Volkheit der Idee der Freimaurerei widersprechen soll. In der Annahme dieses Widerstreits liegt, wie schon diese Parallele zeigt, eine Verwechslung zwischen den besonderen Forderungen, die eine Loge an ihre Mitglieder je nach Art ihres Grundgesetzes zu stellen befugt ist, und der Aufgabe, die sich die einzelne Loge oder Großloge stellt. Die Pflege der Humanität und der Toleranz muß sich die Loge selbst angelegen sein lassen und sie von ihren Mitgliedern verlangen; sonst würde sie sich tatsächlich in Gegensatz zu dem Grundgedanken der Freimaurerei setzen. Dagegen kann sie sehr wohl der Auffassung sein, daß diese Pflege sich innerhalb ihres Kreises nur dann verwirklichen läßt, wenn ihre Angehörigen in den grundlegenden Lebensauffassungen übereinstimmen. Ohne diese Übereinstimmung sei die Erziehung in den einzelnen Logen erschwert und unmöglich gemacht, da man dann infolge des Streites über die fehlenden gemeinsamen Grundlagen oder Lebenseinstellungen nicht zu der wirklichen Erziehungsaufgabe gelangen würde. Die Ungleichartigkeit der Menschen bedingt außerdem, daß gleichartige Ziele nur nach verschiedenen Methoden, die dem besonderen Wesen der Angehörigen einer Gemeinschaft angepaßt sind, erstrebt und erreicht werden können und müssen."

Bei der Prüfung der Grundgedanken der Anträge kommt der Ausschuß zu der Feststellung, „daß sowohl das religiöse wie das nationale Bedürfnis in dem gesamten deutschen Volke und vor allem in den Kreisen der Freimaurer ganz allgemein seit dem letzten Jahrzehnt sichtlich gewachsen ist. Man ist sich wieder bewußt geworden, daß unsere religiösen Vorstellungen in Deutschland nur auf der Grundlage des Christentums ruhen und aus ihm heraus zu verstehen sind. Diese Tatsache kommt auch seit langem, wenn nicht in allen, so doch in den meisten Tochterlogen der Großen Loge von Preußen, genannt zur Freundschaft, in ihren Arbeiten, in ihren Gedanken und ebenso in den Aufsätzen, die die Brüder dem Rauhen Stein oder anderen freimaurerischen Zeitschriften zusenden, zum Ausdruck. Die Aufnahme des christlichen Grundgedankens in das Grundgesetz würde also nur die Kodifizierung eines schon tatsächlich, wenigstens der Hauptsache nach bestehenden Zustandes bedeuten.

Ähnlich verhält es sich mit der zweiten Forderung. Schon immer haben sich die Logen die Pflege des vaterländischen Gefühls angelegen sein lassen und angelegen sein lassen müssen. Eine sittliche Veredelung des Menschen ist überhaupt nur denkbar, wenn er sich nicht in Gegensatz zu seiner Volks- und Staatsgemeinschaft stellt, sondern anerkennt, was er seinem Volke verdankt und welche Verpflichtungen innerlichster Art er ihm gegenüber besitzt. Ein Mensch, der die innere Zugehörigkeit mit seinem Volke leugnet, begeht ein sittliches Unrecht. Nur dort, wo die Bande mit dem eigenen Volke durch Auswanderung dauernd gelöst sind, die Umgebung und die Lebensverhältnisse eines anderen Volkes einen Menschen umfangen und er schließlich durch Heirat oder Abstammung sowie durch seinen Beruf einem anderen Volkstum näher gebracht wird, wird es zu verstehen sein, daß er versucht, in dem neuen Volkstum Wurzel zu fassen. Wie stark aber die Bande, die den Menschen mit seinem Volke verbinden, sind, ergibt sich gerade daraus, daß diese freiwillige oder erzwungene Verwurzelung in einem anderen Volke häufig erst der dritten und späteren Generation gelingt, und daß gerade, wie die Erfahrung beweist, am stärksten die Deutschen ihr deutsches Volkstum fühlen, die durch die Verhältnisse gezwungen sind, in einem fremden Volke dauernd zu bleiben und sich dort einzuleben. Ein Mensch kann zu einer möglichst vollkommenen, menschlichen sittlichen Veredelung danach überhaupt nur gelangen durch die Form und in der Art seines Volkes.

Diese Erkenntnis der innigen Wechselwirkung zwischen dem einzelnen Menschen und seinem Volke und die Erkenntnis, daß ein allgemein gültiges Menschenideal, losgelöst von Volk und Zeit, ein Phantasiegebilde ist, hat, ebenso wie die parallele – lange geleugnete – von Kant bereits erkannte seelische Verschiedenheit von Mann und Frau in Deutschland und anderen Völkern allgemeine Anerkennung gefunden."

Bezüglich der Stellung zu der Aufnahme von Juden und Dissidenten äußert sich der Ausschuß in einer sehr eingehenden völkerpsychologischen und -physiologischen Erörterung, indem er ausführt:

„Es ist ohne weiteres zuzugeben, daß tatsächlich auch die Verwurzelung fremder Volksteile mit dem deutschen Volke nicht nur möglich ist, sondern daß sich sogar geschichtlich in einer Reihe von Fällen nicht zum Nachteil des deutschen Volkes Verschmelzungen vollzogen haben. Es braucht unter anderem nur an die Aufsaugung der französischen Refugiés erinnert zu werden. Aber gerade diese Erinnerung beweist, daß an eine Eindeutschung der Juden, die an ihrem jüdischen Glauben festhalten, nicht gedacht werden kann, Solange die französischen Refugiés eine eigene Kolonie bildeten, solange sie fast ausschließlich unter sich heirateten und ihren eigenen französischen Gottesdienst hatten, fühlten sie sich, wie jeder Kenner der Geschichte weiß, wohl als gute preußische Untertanen, niemals aber als Deutsche. Erst als sie ihre Sonderstellung aufgaben, die Heiraten zwischen französischen Flüchtlingen und Deutschen allgemein wurden und sie ihren besonderen Gottesdienst mehr und mehr aufgaben, war ihre wirkliche Einbürgerung nicht nur in das Staatsgefüge, sondern auch in das Deutschtum vollzogen. In weit höherem Maße gilt dies von den Juden. Sie mögen zu einem großen oder zu dem größten Teil gute Untertanen des Deutschen Reichs sein und sich als solche fühlen, dem deutschen Volke gehören sie nicht an, solange sie noch selbst die Scheidelinie ihrer selbständigen Religion aufrechterhalten. Diese Scheidelinie, die bei den Juden das andere Religionsbekenntnis errichtet, liegt darin, daß die jüdische Religion, mag sie noch so freiheitlich und modern aufgefaßt werden und von der Vorstellung eines Volksgottes losgelöst sein, von dem Bewußtsein, Angehörige eines anderen Volkes zu sein, nicht getrennt zu werden vermag. Man kann daher erst durch seinen Austritt aus der jüdischen Glaubensgemeinschaft seine jüdische Volkheit aufgeben. Aber gerade deshalb ist es auch ein Irrtum der Juden, sich zugleich als Deutsche zu bezeichnen, da man zwei Völkern nicht anzugehören vermag. Sie können nur, wie schon hervorgehoben wurde und unbestritten bleiben soll, gute deutsche Staatsbürger sein und für ihr Wahlvaterland eine aufrichtige Anhänglichkeit besitzen. Erst die Aufgabe ihrer Religion bedeutet aber das Ende, häufiger erst den Anfang der Verschmelzung auch mit dem deutschen Volke und seinem Wesen. Ist doch diese Verschmelzung ein Prozeß, der meist Generationen dauert und sich, wie die Verschmelzungsprozesse verschiedener Völker beweisen, wieder nur unter Kämpfen hüben und drüben allmählich vollzieht.

In diesem Zusammenhang ist aber noch einmal die Frage aufzuwerfen, warum die Großloge die Zugehörigkeit zu der deutschen Volkheit verlangen soll, wenn feststeht, daß auch Angehörige eines anderen, wie z.B. des jüdischen Volkes, deutsche Staatsbürger sein können und ihren Staat und ihr Wahlvaterland ebenso wie Deutsche hochzuhalten und zu verteidigen bereit sind und denen, wie nicht genugsam betont werden kann, in keiner Weise die moralische Würde, Maurer zu werden, abgesprochen werden darf.

Die Bedeutung dieser Forderung hängt nun nach der Auffassung des Ausschusses mit den Aufgaben, die die Logen bei der geistigen Erneuerung des deutschen Volkes zu übernehmen haben, zusammen. Ohne irgendwie ein moralisches Werturteil aussprechen zu wollen, ohne das Vorhandensein höherer oder niederer Eigenschaften bei den einen oder den anderen feststellen zu wollen, kann man sich nicht der selbstverständlichen Erkenntnis verschließen, daß das Wesen des jüdischen Volkes, auch soweit es innerhalb des Deutschen Reichs wohnt, ein anderes ist, als das des Deutschen, und daß sich dieses Wesen gerade auf den geistigen Gebieten und in der Einstellung zu wichtigen Lebensfragen in höherem oder geringerem Grade bei allen Mitgliedern des jüdischen Volkes lebendig erweist. Ein weitschichtiger Beweis braucht dafür nicht angetreten zu werden. Es ist in das tiefe, lebensvolle Bewußtsein unseres Volkes gedrungen, daß ebenso wie die Verwelschung in früheren Tagen, so heute die Semitisierung der natürlichen Entwicklung und damit der geistigen Erneuerung des deutschen Wesens heute nicht nur hinderlich, sondern sogar gefährlich werden kann und zerstörend und zersetzend wirkt. Wie jeder Mensch erst ein Charakter wird, wenn er sich von der Bevormundung und von den fremden, seinem Wesen widerstreitenden Einflüssen freimacht, so kann auch ein Volk die ihm seinem Charakter nach vorgeschriebene Bahn und Lebensaufgabe nur erfüllen, wenn es den Mut hat, fremde Einflüsse auszuschalten. Man mag demnach die Juden, die man kennengelernt hat, noch so hoch als Menschen schätzen, so wird man ihnen doch deshalb keinen bestimmenden Einfluß auf das deutsche Volksleben zubilligen und am wenigsten dulden, daß sie sich erkühnen dürfen, dem deutschen Volke vorzuschreiben, wie es denken, fühlen und handeln soll."

Nach derart eingehenden und ernsten Erwägungen empfahl der Ausschuß eine Neugestaltung einzelner Teile des Grundgesetzes, worin vor allen Dingen ausgedrückt war, daß der einzige Zweck der Großen Loge zur Freundschaft darin zu erblicken sei, „nach den Grundsätzen des Christentums und des deutschen Idealismus Religiosität, Sittlichkeit, Vaterlandsliebe und Brudersinn mit Hilfe der altüberlieferten, der Freimaurerei eigentümlichen Mittel zu erwecken, zu nähren und zu verbreiten." Für die Aufnahme wurde der Satz hinzugefügt: „Sie (die Suchenden) müssen auf dem Boden christlicher Anschauung stehen und im deutschen Volkstum wurzeln."

Nachdem der ganze Problemkomplex so eingehend vorbereitet war, erfolgte die Beratung in der Frühjahrsversammlung des Jahres 1924. Aus dieser Versammlung sind zwei Äußerungen bemerkenswert. Zuerst die des Vertreters der antragstellenden Loge, der St. Johannisloge „Freundschaft im Hochland" zu München, der den Antrag seiner Loge mit folgenden Worten begründete:

„Es herrscht die Auffassung, der Münchener Antrag wolle etwas Politisches. Das liegt uns ganz fern. Unser Antrag ist völlig kulturell, nicht politisch. Die alte Freimaurerei wollte das Weltbürgertum. Diese Idee war nicht schlecht. Doch hat jede Idee ihre Wirkungszeit. Sie muß in neue Formen übergehen, und der neue Gedanke muß das alte Gut weiter führen. Napoleon, der Cäsar des Weltbürgertums, hatte mit seiner Idee in weiten deutschen Kreisen Anklang gefunden. Er wollte ein einheitliches Europa. Im Gegensatz dazu steht der völkische Gedanke – zuerst unbewußt, aber seit 1806/07 alsbald bewußt. Das zeigt sich auch in der Kunst, in dem Vorstoß der Romantik. Jede Wissenschaft drängt seitdem auf das Völkische hin. Das ist längst zum Allgemeingut geworden. Das Judentum hat ein Interesse daran, daß die Völker sich dieses Gedankens nicht bewußt werden. Das zeigt sich in der verjüdeten Sprache und Musik. Wir haben uns gefragt, woher kommt es, daß die deutsche Freimaurerei ihre Bedeutung verloren hat? Weil sie mit den Marxisten, Ultramontanen und Juden Anhänger des Weltbürgertums war. In unserem Ritual ist immer noch die Rede von einer vornapoleonischen Gedankenwelt. Deshalb hat es keine Anziehungskraft und Stoßkraft. Führend wird unsere Großloge nur sein, wenn sie den völkischen Gedanken hervorkehrt. Der Slawe ist mit dem deutschen Blut und der deutschen Art herausgewachsen. Dieser Gedanke unserer Anträge ist in dem Ausschußantrage nicht ausgesprochen. Das Wort ‚wurzelt' ist bildhaft. Jeder Jude kann das von sich sagen. Die Juden sind aber eine große Gefahr, sie unterbinden den Ausbau unserer deutschen Kultur. Das haben mir ehrliche Juden klipp und klar zugestanden. So wenig wir Juden werden können, so wenig kann ein getaufter Jude Deutscher werden. Der Jude ist nicht schlechter, wir wollen aber die Vollendung unserer deutschen Kultur. Ein katholisch gewordener Jude kann nicht national sein, da der Katholizismus international ist. Durch das Wort christlich kommen wir in eine unfreie Weise hinein. Das Grundgesetz soll für uns das Banner sein. Es darf sich nicht auf Ausnahmen aufbauen. Wir schlagen deshalb folgende Änderung der Fassung vor, „christliche Weltanschauung und dem Blute und der Gesinnung nach im deutschen Volkstum wurzeln". Bei der andern Fassung wird jede Loge Individualfälle besonders zu behandeln haben. Selbst wenn ein tüchtiger Jude ausgeschlossen wird, hat er doch noch Gelegenheit, sein Deutschtum zu zeigen."

Von der Rassefrage ausgehend wurde von anderer Seite das Problem folgendermaßen beleuchtet: „Die Begründung des Ausschußantrages liegt vor.

Nachdem aber verschiedene Anträge gestellt sind, ist es notwendig zu erklären, weshalb wir an unserm Standpunkte festhalten müssen. Wir müssen eine einheitliche Linie finden. Verschiedene Logen haben bereits sich gegen jede Änderung ausgesprochen. Stellen Sie sich vor, wenn Sie Ihre weitergehenden Anträge durchdrücken wollen, wie da eine mittlere Linie gefunden werden soll. Diejenigen, die nichts geändert wissen wollen, müssen zuviel aufgeben. Ewigkeit gibt es nur auf einer mittleren Linie. Jeder opfert, um das Ganze stark zu machen. Ich bitte deshalb dringend, den Ausschußantrag anzunehmen. Bei dem völkischen Gedanken habe ich bisher noch nicht verstanden, was damit gesagt sein soll. Hätten wir ein deutsches Volk, dann ließe sich darüber reden. Es gibt aber keine einzige ungemischte Rasse. Stellen wir das Rassentum als Gedanke in den Vordergrund, dann gibt es überhaupt kein Ariertum. Max Müller schon mußte anerkennen, daß es ein derartiges Ariertum nicht gibt, ebensowenig wie ein Indogermanentum. Alle Bücher sind sich darüber einig, daß das europäische Volk aus vier Rassen besteht: dem homos europaeus, dem homo mediterraneus, dem homo alpinus und dem homo dinarius. Kelten und Slawen sind von den Germanen nicht verschieden. Die jetzigen Slawen sind zum Teil Mongolen. Die zweite Rasse ist wenig, die dritte Rasse weit verbreitet. Die vierte Rasse ist stark in Oberbayern, Steiermark, Österreich und Ostpreußen verbreitet und ist eine der wichtigsten Wurzeln der Juden. Keine Rasse leistet das größte durch die Reinheit, sondern durch die Blutmischung. Die Rassenfrage bedeutet daher ein Fallstrick. Was wir wollen, ist die Befreiung vom materiellen Denken. Der homo alpinus ist eine ebenso große Gefahr wie der Jude. Die Wirtschaftsfrage ist eine Gefahr für das Deutschtum, und darum müssen die Vertreter dieser Frage als führende ausgemerzt werden. Blutmischung und Rassenkennzeichen stehen nicht fest. Was uns befreit, ist die Selbstzucht, nicht Blutprobe, sondern Menschen, die einem bestimmten Ideale entsprechen. Die jüdische Religion kann daher als Scheidelinie angesehen werden.

Der letzte Antrag ging dahin, daß uns nicht angenehme Brüder aus andern Logen als besuchende zu uns kommen sollen. Dann treiben wir keine Freimaurerei mehr. Alle Rassen müssen trotz alledem eine Einheit haben. Wie Mann und Frau sich bei aller Verschiedenheit zusammenfinden, müssen auch andere Brüder wie die Frauen bei uns Zutritt haben. Wenn wir Freimaurer bleiben wollen, müssen wir den Menschheitsgedanken im Rassentum aufrechterhalten und uns einigen auf dem mittleren Gedanken der Großloge."

Danach wurde die Rückkehr zum christlichen Prinzip im Sinne des Ausschusses angenommen.

IV. Der Großmeisterverein

Seit dem Königlichen Edikt von 1798, in dem unter den in Preußen anerkannten und genehmigten, „tolerierten“ hieß es damals, Großen Logen auch die Royal York begriffen war, hatte die Landesloge ihren Widerstand gegen deren Gründung stillschweigend fallen gelassen. Der Grundsatz Zinnendorfs, daß in einem Lande, wo schon eine Große Loge bestehe, keine zweite errichtet werden dürfe, war durch den Königlichen Gesetzesakt nicht mehr zeitgemäß, aber eine brüderliche Annäherung verhinderte immer noch die Person Feßlers. Erst als dieser aus der Großen Loge zur Freundschaft ausgeschieden war, stand der Weg zur engeren Verbindung offen.

In dem angesehenen Gelehrten und hohen Staatsbeamten, Geheimrat Klein, hatte die jüngste preußische Großloge einen Großmeister erwählt, der mit der Unantastbarkeit des preußischen Richters das herzliche Wohlwollen des echten Freimaurers verband. Freundschaftliche Beziehungen zu den führenden Meistern der beiden anderen Großlogen machten ihn ganz besonders geeignet, das Vermittleramt zu übernehmen, und die Zeitstimmung kam einer Annäherung entgegen. Diese Stimmung schildert Generalleutnant Karl Friedrich von Selasinsky im Jahre 1839, damals abgeordneter Landesgroßmeister, folgendermaßen:

„Nachdem durch die großen politischen Unfälle, die unser Vaterland in den Jahren 1806 und 1807 betroffen hatten, allgemein ein neues Leben und Streben alle Bewohner des damals so unglücklichen Preußens ergriff, die Notwendigkeit einer Vereinigung aller Stände und Alter sich herausstellte, um innerlich wieder zu gewinnen, was äußerlich verlorengegangen war, nachdem überall das, was die verschiedenen Stände bis dahin wesentlich getrennt hatte, auf dem Altar des Vaterlandes geopfert ward, die Scheidemauern sanken, Vorrechte und Privilegien schwanden, fühlten auch die hiesigen drei Großen Logen das Bedürfnis einer innigeren Verbrüderung unter sich in ihren Tochterlogen und die Notwendigkeit einer Einrichtung, wodurch die früher oft stattgefundenen Zerwürfnisse aufgehoben, der Entstehung neuer Mißhelligkeiten vorgebeugt, das Band inniger brüderlicher Liebe um alle Logen und Brüder unseres Vaterlandes aufs neue kräftiger geschlungen werden konnte.“

Innerhalb der Brüderschaften war der Wunsch sehr lebhaft, die Vereinigung, die längst durch Freundschaften im profanen Leben und im bürgerlichen Beruf bestand, auch offiziell bestätigt zu sehen, und so entschloß sich Klein, den ersten Schritt zu tun. Am 1. November 1807 wandte er sich mit folgendem Schreiben an die Große Landesloge und an die Drei Weltkugeln:

„Hochwürdige, innigst verehrte und geliebte Brüder!

Es ist in unserer am 30ten vorigen Monats stattgehabten extraordinären Versammlung die Frage aufgestellt worden:

> ob es nicht geraten sei, allgemeine, nicht bloß einzelne Systeme betreffende, Logenangelegenheiten einem Kollegio zur Kognition und Entscheidung vorzulegen, welches aus Deputierten sämtlicher im hiesigen Orient befindlichen drei Großen Logen zusammenzusetzen sein würde?

Diese Frage ist einstimmig bejahend beantwortet, von seiten unserer Großen Loge auch bereits die unterzeichneten Großmeister zu Deputierten auf den Fall erwählet worden, wenn auch Sie, Hochwürdige herzlich geliebte Brüder, einer solchen Einrichtung Ihren Beifall schenken, und Ihrerseits ebenfalls zwei Brüder behufs der gemeinschaftlichen Konferenzen zu deputieren belieben wollten. Wir erbitten uns hierüber Ihre gefällige Erklärung, grüßen Sie herzlich in der uns heiligen Zahl und verharren mit Hochachtung und Bruderliebe

Ihre treuverbundenen Brüder
Die Große Loge der Freimaurer Royale York zur Freundschaft genannt

Klein	Du Bois	Blumenthal
Großmeister	subs. Großmeister	1. Großbeamten-Vorsteher
	Drake	Marmalle
	2. Großbeamten-Vorsteher	Groß-Sekretär.“

Castillon wandte sich am 6. November an die Drei Weltkugeln: „Wir machen es uns zur angenehmen Pflicht, Ihnen Hochwürdige und geliebteste Brüder! ein unterm 1ten dieses Monats von der Großen Loge Royal York zur Freundschaft erhaltenes Schreiben und unsere heut darauf gegebene Erklärung mitzuteilen und dadurch dem Gesetz der gegenseitigen brüderlichen Kommunikation zu genügen, welches wir uns schon längst aufgelegt haben.“

Das erwähnte Schreiben an die Großloge zur Freundschaft lautete folgendermaßen:

„Hochwürdige, sehr verehrte, geliebteste Brüder!

Auf Ihre brüderliche Zuschrift vom 1ten dieses Monats, in welchem Sie uns den Vorschlag machten,

einem aus Deputierten der hier befindlichen drei Großen Logen bestehenden Kollegio, allgemeine nicht einzelne Systeme betreffende Logenangelegenheiten zur Kognition und Entscheidung vorzulegen:

geben wir Ihnen hiermit die Erklärung: daß wir gern zu allem Guten die Hände bieten und nicht abgeneigt wären, zwei Deputierte aus unserer Mitte zu gedachtem Kollegio zu ernennen, wenn wir nur wüßten, ob auch die Große

National-Mutterloge zu den drei Weltkugeln, welcher Sie den Vorschlag ohne Zweifel bereits mitgeteilt haben, damit einverstanden ist. Denn gedachtes Kollegium kann doch wohl nur durch gemeinschaftliches Zusammentreten aller drei Großlogen zustande kommen.

Wir versichern...

Ihre treuverbundenen Ordensbrüder
v. Castillon
Landes-Großmeister

Fr. Becherer	Henne	Schulze
1. Grotz-Aufseher	2. Groß-Aufseher	Groß-Sekretär."

Die Drei Weltkugeln antworteten am 29. November 1807 das Folgende: „Sowohl wir als die Große Landesloge sind geneigt, dem in Ihrem brüderlichen Schreiben vom 1. dieses Monats enthaltenen Vorschlag näherzutreten, und müssen wir uns vor allen Dingen über die eigentlichen Zwecke dieser Einrichtung gemeinschaftlich näher besprechen, und wollen daher die von Ihnen ernannten Deputierten, namentlich den Hochwürdigen Großmeister Bruder Klein und den Hochwürdigen deputierten Großmeister Bruder Dubois zu einem Brudermahle in unserem Logenlokal auf Sonnabend, über acht Tage, den 12. Dezember cr., mittags ein Uhr, brüderlich ergebenst einladen.

Nach der Tafel können wir dann mit den ebenfalls eingeladenen Deputierten der Großen Landesloge eine gemeinschaftliche Konferenz eröffnen."

Nunmehr kamen die Abgeordneten der drei preußischen Großlogen jeden Monat zusammen. Abwechselnd wurde in den drei Ordenshäusern getagt, und die jeweils gastgebende Großloge führte den Vorsitz in der Konferenz. Die Protokolle, die in den Archiven aufbewahrt sind, geben Kunde von der sich immer enger gestaltenden Freundschaft. Nichts geschah innerhalb der preußischen, deutschen und ausländischen Freimaurerschaft, was nicht beraten und zu einer gemeinsamen Stellungnahme geführt wurde.

Im Jahre 1810 gab sich die bisher lose Verbindung feste Statuten, die am 6. Januar die Genehmigung der drei Großlogen erhielten, unter dem Titel:

Freimaurer-Verein der drei großen Logen zu Berlin

1.

Die zwölf Deputierten der hiesigen drei großen Logen, und zwar vier von einer jeden Großen Loge, versammeln sich monatlich einmal abwechselnd, in den Lokalen der drei Großen Logen, um sich über maurerische Gegenstände, soweit sie die Johannis-Maurerei und das Ganze des Vereins angehen, einander ihre Ideen mitzuteilen.

2.

Die drei Großen Logen sichern sich die gegenseitige Anerkennung aller zu dem Bunde einer jeden jetzt gehörigen oder in Zukunft zu stiftenden oder zu affiliierenden Logen zu.

3.

Nur solchen fremden Logen wird die Rechtmäßigkeit zugestanden, welche die zum Bunde gehörigen drei Großen Logen oder eine derselben bisher als eine echte Loge anerkannt und gegen welche alle drei nichts einzuwenden haben, oder die sie in der Folge alle drei anerkennen werden. So kann auch keiner Loge das Recht zugestanden werden, eine Loge zu stiften, ohne daß sie nicht selbst eine anerkannte rechtmäßige Große Loge sei.

4.

Jede der drei Großen Logen bleibt bei ihrem Systeme, in ihren individuellen Gerechtsamen, in ihrer Selbständigkeit, und handelt wie bisher, ihrer eigenen Verfassung gemäß, ohne die (!) Zustimmung der übrigen zu bedürfen.

5.

Die drei Großen Logen sichern sich gegenseitige Verteidigung ihrer Gerechtsamen zu, dergestalt, daß, wenn eine fremde Loge selbige kränken, irgendeine, von einer der drei Großen Logen gestiftete oder affiliierte Loge nicht anerkennen, oder andere Eingriffe in ihre Rechte tun wollte, und gerechte Veranlassung zum Mißvergnügen gäbe, dies als eine Beleidigung des ganzen Bundes angesehen, und eine solche Loge nicht weiter anerkannt werden soll.

6.

Da die drei verbündeten Großen Logen, der Verschiedenheit ihrer Systeme ungeachtet, doch das gemeinschaftliche Beste der gesamten Maurerei in schwesterlicher Eintracht besorgen; so machen sie sich auch verbindlich, daß jeder derselben, sobald sie bemerkt, daß irgendeine Tochterloge der andern befreundeten Großen Logen diesem gemeinschaftlichen Zwecke zuwider handelt, und besonders durch das unmoralische Betragen ihrer Mitglieder die Maurerei entehrt, oder sonst den Brüdern der befreundeten Logen gerechte Veranlassung gibt, den brüderlichen Verkehr mit einer solchen Loge abzubrechen, der dieser Loge vorgesetzten Großen Mutterloge davon Nachricht geben solle, damit sie dem Übel abhelfen, oder eine solche Loge aufheben könne. Dagegen soll aber auch die Große Loge, welcher die Anzeige geschieht, zwar die Richtigkeit derselben prüfen, jedoch die schwesterliche Warnung freundschaftlich aufnehmen.

7.

Kein Bruder kann von einer Loge eines Systems zu einer andern Loge eines andern Systems eher übertreten, als bis er den Abschied von der Loge, die er verläßt, geziemend nachgesucht, und denselben der Loge, welcher er beitritt, gehörig vorgelegt hat.

8.

Wenn eine Tochterloge einer verbündeten Großen Loge zu einer andern verbündeten Großen Loge übertreten will, so soll diejenige Große Loge, welche bei der Sache nicht interessiert ist, durch ihre zu diesem Maurer-Verein erwählten vier Deputierten unparteiisch beurteilen und per plurima entscheiden, ob nicht etwa dem vorhabenden Übertritt tadelnswürdige Widersetzlichkeit der Tochter gegen die Mutter zum Grunde liegt, als in welchem Fall der Übertritt als unerlaubt erklärt wird, und die widerspenstige Tochter entweder gehorsamlich zu ihrer Mutter zurückkehren, oder als aufgelöset angesehen werden soll.

Wenn zwischen diesen vier Brüdern die Stimmen pari sind, so soll angenommen werden, daß keine Renitenz statt habe und also der gesuchte Übertritt erlaubt sei.

9.

Keine Tochterloge kann eher zu einer andern Großen Loge übertreten, als bis sie Konstitution und Akten an ihre bisherige Große Loge zurückgeschickt und der Meister vom Stuhl auf sein Maurerwort schriftlich versichert hat, daß keine Abschrift genommen worden sei.

10.

Die drei Großen Logen ernennen je zwei Deputierte zur Verwaltung der General-Armen-Kasse, welche die von den drei Großen Logen verhältnismäßig geleisteten Beiträge einziehen. Aus dieser Kasse werden alle Anforderungen durchreifender Brüder, die um Unterstützung bitten, befriedigt, nach vorhergegangener Untersuchung, inwiefern sich der Bittende zu einer seiner Lage angemessenen Unterstützung qualifizieret. Von jeder Großen Loge werden quartaliter fünfzehn Reichsthaler zur General-Armen-Kasse geliefert.

11.

Jeder Einheimische, der sich bei einer in Berlin unter Konstitution einer Großen Loge arbeitenden Johannis-Loge zur Aufnahme oder Affiliation meldet, wird den beiden andern Großen Logen angezeigt, und ist der Aspirant von einer andern Loge bereits ballotiert und abgewiesen worden, so kann er von keiner andern Loge in Berlin aufgenommen werden. Meldet sich ein Reisender zur Aufnahme oder zur Affiliation, so muß er anzeigen, an welchem Orte er sich die letzten zwei Jahre aufgehalten hat. Ist an diesem Ort eine von den drei Großen Logen anerkannte Loge vorhanden, so wird bei derselben über die Aufführung des Aspiranten Erkundigung eingezogen. Ist an dem Orte keine anerkannte Loge vorhanden, so wird man die besonderen Empfehlungen, auf die sich der Aspirant beziehet, berücksichtigen. Dabei wird noch festgesetzt, daß wenigstens neun Tage Zeit gelassen werden müssen, um bei den hiesigen Großen Logen über den Kandidaten die nötigen Erkundigungen einziehen zu können.

12.

Kein isolierter Bruder, das heißt, ein solcher, der nicht aktives Mitglied einer zu den drei verbündeten Großen Logen gehörigen Tochterloge ist, soll zu den Logenarbeiten zugelassen werden, und ein Bruder, der sich von seiner Loge zu trennen und zu einer andern Loge überzugehen Willens ist, oder vorgibt, muß mit einer besonderen Entlassung versehen sein, demselben aber bemerklich gemacht werden, wie er sich schlechterdings an eine rechtmäßige konstituierte Loge anzuschließen habe, wenn er irgend an maurerischen Arbeiten ferner teilnehmen wolle.

13.

Ein Jude kann bei den hiesigen drei Großen Logen weder aufgenommen noch affiliiert oder zum Besuche zugelassen werden.

14.

Wenn ein Bruder einer der drei Großen Logen sich durch Vergehungen die Strafe der Suspension zugezogen hat und die Zeit der Suspension drei Monate übersteigt, so soll dessen Suspension den beiden andern Großen Logen angezeigt werden. Nach dieser Anzeige soll die Große Loge, welcher die Anzeige geschehen ist, ihm während der Suspensionszeit auch den Gebrauch ihres Lokals und den Zutritt zu ihren Arbeiten und Vergnügungen versagen. Um indessen die Brüder, die so unglücklich sind, suspendiert zu werden, möglichst zu schonen, soll eine solche Suspensionsanzeige nur den Logenmeistern und von diesen nur dem Zeremonienmeister und dem Sekretär ihrer Logen bekannt gemacht werden. Damit einesteils jedes Mitglied der Loge sich vor einer solchen Strafe hüte, und andernteils die auf Suspension stimmenden Brüder mit dem Nachteil dieser Strafe hinlänglich bekannt werden, so soll die Wirkung der Suspensionsstrafe überhaupt alle Vierteljahre in jeder Loge bekanntgemacht werden.

15.

Wenn einer, welcher wegen Raub, Diebstahl und ähnlicher allgemein für schädlich gehaltenen Handlungen zur Untersuchung gezogen worden, doch in der Folge so weit gebessert wird, daß man ihm sogar ein angesehenes Staatsamt anvertrauet, so darf er doch als Freimaurer nie vorgeschlagen und aufgenommen werden.

16.

Ist es zweifelhaft, ob die Handlung unter die, im vorigen Paragraphen beschriebenen schändlichen Handlungen gehöre, oder würde dem Suchenden eine zwanzigjährige Verjährung zustatten kommen, so muß der Fall, ehe zur Aufnahme geschritten wird, den verbündeten Großen Logen zur Beurteilung und Entscheidung vorgelegt werden.

17.

Kein Bruder darf, bei Strafe der Exclusion, etwas über die Freimaurerei zum Druck befördern, ohne zuvor seine Abhandlung der Zensur seiner Großen Loge unterworfen zu haben.

18.

Vorstehender Verein ist in den drei verbündeten Großen Logen vorgetragen, und von denselben genehmigt worden, und behalten sich die Deputierten vor, die etwa mit der Zeit notwendig werdenden Nachträge oder Veränderungen ihren respektiven Großen Logen zur Genehmigung vorlegen zu dürfen.

Zur Urkunde dessen ist dieser Verein in triplo ausgefertigt und von den Deputierten der verbündeten drei Großen Logen unterzeichnet und besiegelt worden.

Berlin, am 6ten Januar 1810.

(Folgen die Unterschriften.)

V. Königliche Freimaurer

Das bedeutendste Ereignis in der Freimaurerei des neunzehnten Jahrhunderts war der Beitritt des Prinzen Wilhelm von Preußen, nachmaligen Königs und Deutschen Kaisers zum Freimaurer-Orden. Es entsprach durchaus dem ernsten Wesen des Prinzen und den schweren Schicksalen in seiner Jugend, sowie der Kenntnis, daß die führenden Geister der Befreiungskriege sowie die großen Staatsmänner in der Regierungszeit seines Königlichen Vaters fast alle dem Freimaurer-Orden angehört hatten, wenn in seinem Herzen sich der Wunsch regte, gleichfalls der Brüderschaft anzugehören. Zahlreiche Zeugen bestätigen, daß er nur seinem Herzen und nicht staatspolitischen Erwägungen folgte. Er hatte auch mehrfach Gelegenheit gehabt, mit Ordensbrüdern in hohen militärischen und Staatsstellen bekannt zu werden, und so trug er seinem königlichen Vater die Bitte vor, mit der Freimaurerei in nähere Verbindung zu treten. Der König unterstützte diese Neigung, stellte aber die Bedingung, daß Prinz Wilhelm nicht einer besonderen Loge, sondern allen Freimaurer-Brüderschaften in den Preußischen Staaten ohne Rücksicht auf deren Lehrarten angehören und das Protektorat über alle Logen im Königreiche übernehmen solle. Auch wünschte der König, daß die altpreußischen Großlogen mit einem Antrag an den Prinzen herantreten sollten.

Demzufolge baten die drei Großmeister den Prinzen um eine Audienz, die schon für den folgenden Tag gewährt wurde. Der Tag der Aufnahme war auf den 22. Mai 1840 festgesetzt, und die Feier sollte im Ordenshaus der Großen Landesloge stattfinden. Anwesend waren: der National-Großmeister der drei Weltkugeln O'Etzel, der Großmeister der Großen Loge Royal York zur Freundschaft, Link, dazu die Vorsitzenden Meister und Beamten der höchsten Ordensabteilungen und die Großbeamten der drei preußischen Großlogen, endlich die Vorsitzenden Meister der fünfzehn in Berlin arbeitenden St. Johannislogen.

Der Landesgroßmeister Graf Henckel von Donnersmarck eröffnete um 5¾ Uhr eine Aufnahmeloge und begrüßte die versammelten Brüder herzlich. Er drückte seine Freude aus, an dem heutigen für alle Freimaurer in Preußen so höchst glücklichen Tage die Brüder vereinigt zu sehen und nannte die Versammlung eine gemeinsame preußische Großloge. Hierauf wandte sich der National-Großmeister dem Grafen zu und überreichte ihm zur Führung der denkwürdigen Arbeit den ehrwürdigen Hammer, mit dem König Friedrich der Große vor hundert Jahren seine Logenarbeiten geleitet hatte. Darauf wurde der fremde Suchende Prinz Friedrich Wilhelm Ludwig von Preußen in den Tempel eingeführt, und der Landesgroßmeister sprach ihn folgendermaßen an:

„Das erste Gefühl, welches sich jetzt in meiner Brust regt, ist unbeschreibliche Freude, Eure Königliche Hoheit in diesen Hallen zu begrüßen. An dieses Gefühl reiht sich der Ausdruck des ehrfurchtsvollsten Dankes für das Vertrauen, welches Sie uns schenken, daß Sie hier erscheinen, um die Weihe als Freimaurer zu empfangen und demnächst das Protektorat über sämtliche Freimaurerlogen im Preußischen Staate zu übernehmen. Wir alle danken inbrünstig dem Großen Baumeister der Welten dafür, daß er uns einen solchen Tag hat erleben lassen.

So, wie wir alle die treuesten Untertanen Sr. Majestät des Königs sind, so versprechen wir Eurer Königl. Hoheit jetzt schon, auch Ihnen, als unserm Protektor, fortan mit Gut, Blut und Leben, treu und ergeben zu sein. Vermöchte ich doch, Ew. Königl. Hoheit die Gefühle meines Herzens, wie sie mich in diesem glücklichen Augenblicke beleben, so recht wahr auszudrücken. Ich hatte das Glück, Ihr Leben von Jugend auf näher betrachten und den hohen Ernst, welcher dasselbe stets so besonders auszeichnete, zu verehren. Wie groß ist meine Freude, Sie nun an dieser ernsten und heiligen Stelle empfangen zu können. Nehmen Ew. Königl. Hoheit für das mir hierbei persönlich erwiesene Vertrauen meinen innigsten und ehrfurchtsvollsten Dank auf.

Die Tendenz des alten ehrwürdigen Freimaurer-Ordens ist ernst und schön. Diese Verbindung hätte sich nicht eine so lange Reihe von Jahren erhalten können, wäre ihr Zweck nicht von der edelsten Art, und hätten die Wächter des Ordens nicht mit Sorgfalt die ihnen obliegenden Verpflichtungen erfüllt. Blicken Ew. Königl. Hoheit um sich, so finden Sie hier wie überall in den Logen von allen gebildeten Ständen redliche und ehrenwerte Männer, die, obgleich zum Teil an Lebensjahren sehr vorgerückt, dennoch eifrigst teilnehmen an den Logenarbeiten und in dem Kreise ihrer Brüder ihre edelsten Freuden genießen. Dies wird Ihnen eine Garantie sein, daß der Freimaurerbund auch Ihrer würdig ist."

Darauf nahm die Aufnahmehandlung ihren weiteren Fortgang, und der Prinz legte das Gelübde in die Hände der drei altpreußischen Großmeister ab, worauf der Landesgroßmeister sprach: „Wir nehmen diesen Handschlag Euer Königl. Hoheit im Angesicht des allmächtigen und allwissenden Gottes an Eidesstatt an. Möge dieser Augenblick Euer Königl. Hoheit noch in der letzten Stunde Ihres Lebens heilig und ehrwürdig sein."

Danach erhielt der Prinz die Weihe zum Gesellen und Meister.

Bei der Tafelloge dankte Prinz Wilhelm mit folgenden Worten: „Meine Brüder! So darf ich Sie jetzt nennen. – Als Mir der Antrag gemacht wurde, in Ihren Bund einzutreten, habe Ich natürlich über die demselben zugrunde liegende Richtung ernstlich nachgedacht und Mich mehrfach danach erkundigt, was davon zu halten sei, bevor Ich die Genehmigung Sr. Majestät des Königs zu Meiner Aufnahme in den Orden nachsuchte. Überall vernahm ich nur das Beste, und besonders vertraute Ich auf dasjenige, was Mir hierüber die Herren, welche Sie an Mich deputierten, insoweit mitteilten, als das ihre Pflicht erlaubte und einem Laien bekannt werden durfte. Ich kam daher mit erfreulichen Erwartungen zu Ihnen. Ich gestehe, diese meine Erwartungen sind durch die Würde, den Ernst und die Tiefe des Ordens in den wenigen Stunden, die Ich hier unter Ihnen verlebt habe, vielfach übertroffen worden, und Ich zähle den heutigen Abend zu den glücklichsten meines Lebens.

Ich danke Ihnen für das Mir bewiesene Vertrauen und für Ihre Liebe. Sie – der Prinz wandte sich zu dem Landes-Großmeister Grafen Henckel von Donnersmarck – haben viel Schmeichelhaftes von Mir gesagt. Ich fühle, daß Ich es noch nicht verdiene. Wir Menschen sind ja alle schwach. Allein Ich fühle auch die Größe meiner Pflichten in der Stellung, welche Mir im Orden übertragen sind und die Ich mit Erlaubnis des Königs heute übernehme. Ich werde mich bemühen, diese Verpflichtungen unter Gottes Beistand, den Ich deshalb anrufe, treu zu erfüllen und Ihre Liebe, Ihr Vertrauen zu verdienen. Daß diese Versicherung wahr, Mein Vorsatz ernst sei, dafür möge Ihnen Mein bisheriger Lebenswandel und das, was Ich bisher unter Gottes Beistand geleistet habe, Bürgschaft geben. Ich bitte Sie, sich Mir stets zutrauensvoll zu nähern. Ich trinke auf Ihr Wohl und auf das Wohl aller Logen."

Das waren nicht leere Worte. Der Prinz hat es mit seiner Aufgabe sehr ernst genommen, dafür spricht ein Schreiben vom 31. Mai 1840:

„Nachdem Mir, von den Großmeistern der drei Großen Logen in den Preußischen Staaten der Wunsch vorgetragen ist, das Protektorat derselben zu übernehmen und Ich mit Allerhöchster Genehmigung Seiner Majestät des Königs diesen Wunsch erfüllt habe, kann Ich Mein lebhaftes Interesse für die erhebende Sache des Ordens nicht besser betätigen, als wenn Ich nicht allein den Arbeiten der Logen und den Versammlungen der Großen Loge und des Großmeister-Vereins öfters beiwohne, sondern auch, um eine fortgesetzte Übersicht der allgemeinen maurerischen Verhältnisse dieser drei Logen zu erlangen, Sie ersuche, Mir künftig:

1. Die Abschrift der Protokolle der Konferenzen des Großmeister-Vereins;
2. gegen Schluß des Maurer-Jahres, und zwar vom Jahre 1841 an eine Übersicht von den maurerischen Arbeiten der ihrem Hammer untergebenen Logen in den preußischen Staaten in gedrängter Kürze;
3. von jetzt ab alle außerordentlichen Vorkommenheiten;
4. alle etwa in der Lehre, im Ritual und in der organischen Gesetzgebung vorfallenden Veränderungen anzuzeigen;
5. Mir bis zum 25. Dezember jedes Jahres das Sr. Majestät des Königs bisher direkt eingereichte Mitglieder-Verzeichnis zur Übergabe an Seine Majestät einzureichen und gleichzeitig eine Abschrift zu Meinen Akten mitzuteilen, endlich
6. wenn Sie wünschen weniger wichtige, die St. Johannis-Maurerei betreffende Angelegenheiten, welche keine unmittelbare Eingabe nötig machen, zu meiner Kenntnis zu bringen, solche dem von Mir dazu beauftragten Hochwürdigen Bruder Bork behufs Mir darüber zu machenden Vortrages mitzuteilen.

Ich grüße Sie in der uns heiligen Zahl
Der Protektor der sämtlichen Freimaurer-Logen
in den preußischen Staaten
Wilhelm."

Der Prinz wurde König, und der König wurde deutscher Kaiser, aber niemals ist er von dem Wege der Ordenspflicht abgewichen. Er hat sich über alles unterrichten lassen, und als die schwedische Mission die Akten mit den letzten Aufschlüssen des Ordens im Jahre 1869 nach Berlin brachte, ließ der König sich die Logenbücher vorlegen und prüfte sie bis ins einzelne mit peinlicher Genauigkeit.

Was der Freimaurer-Orden dem Könige war, welche hohen inneren Werte er ihm gegeben, das drückte er bei der Feier seines fünfundzwanzigjährigen Maurer-Jubiläums am 22. Mai 1865 in seiner Schlußrede aus:

„Mit großer Freude bin Ich Ihrer Aufforderung gefolgt, heute in Ihrer Mitte zu erscheinen, wo Sie des Tages gedenken wollten, an welchem Ich vor fünfundzwanzig Jahren der Ihrige wurde.

Die Worte die Sie gehört, die mein seliger Vater sprach, als er Mir die Erlaubnis zum Eintritt erteilte, sind richtig wiedergegeben worden: „Ich könne getrost in den Orden treten, denn die Freimaurer hätten ihm stets Treue, Liebe und Gehorsam bewiesen.

Ich bin damals in Ihre Mitte getreten, nicht wissend, was Mir bevorstand, und mit manchem Vorurteil, wie es noch jetzt viele hegen, die außerhalb dieses Kreises stehen. Aber schon am Tage Meiner Aufnahme entdeckte Ich hier eine Würde, eine Tiefe und einen Ernst der Gesinnung, welche Mir, wie ich dies bei der folgenden Tafelloge aussprach, Zeugnis davon gab, daß Ich Mich einer Genossenschaft angeschlossen, welche einer hohen Anerkennung würdig sei.

Es ist heute auch ein Rückblick auf die fünfundzwanzig Jahre Meiner Mitgliedschaft getan und Mir der Dank für Meine Wirksamkeit ausgesprochen worden. Ich nehme denselben freudig entgegen, aber Ich gebe Ihnen diesen Dank auch zurück, denn Sie haben mitgewirkt. Zwei großartige Momente sind es, deren dabei gedacht worden ist: die innige Vereinigung der drei Systeme und der dem Orden zuteil gewordene Schutz.

Als Ich bei Meinem Eintritt von drei verschiedenen Systemen in Preußen hörte, glaubte Ich, es sei der Wunsch der Brüder, eine Vereinigung durch Meine Vermittlung herbeizuführen. Kaum eingetreten sah Ich aber, daß dies sehr schwierig wäre. Nur durch Ihr Entgegenkommen wurde es möglich, die bestehenden Schranken aufzuheben; nur durch Ihr Wollen und Wirken konnte Ich die herzliche und enge Verbindung der drei preußischen

Großlogen ins Leben rufen. Sie haben lebendige Bruderliebe geübt. Dafür gebührt Ihnen der Dank.

Sie haben ferner erwähnt, daß Ich den Orden geschützt in einer Zeit, wo er großen Gefahren gegenüberstand. Ich konnte ihn vertreten, weil Ich seine Gesinnung kannte, weil Ich wußte, daß sein Streben rein und lauter sei. Daß Ich aber die Wolken vom Horizonte verscheuchen konnte, das war wiederum Ihr Werk, insofern Sie Mir durch die Reinheit und Lauterkeit Ihrer Gesinnungen und durch Ihre Handlungen dies ermöglichten.

Seitdem hat Mich das Geschick an eine Stelle berufen, wo Sie keines Vertreters mehr bedürfen.

Schwer sind die Aufgaben, die Ich an dieser Stelle zu lösen habe. Die vom Redner gegebene Schilderung des Königlichen Amtes ist wahr und treu; bald ist es freudig, bald kummervoll. Es ist richtig, daß die Freude des Königs widerstrahlt im Gesichte seiner Untertanen; aber auch der Kummer eines Königs findet seinen Widerschein. Und Sie wissen es alle, Mir ist viel Kummer bereitet worden. Wir treiben hier keine Politik; aber es ist richtig hier hervorgehoben worden, daß das Königliche Amt es fordert, die große Zukunft für das Vaterland im Auge zu behalten. Die Überzeugung Meines Gewissens ist es, die Mich bei der Ausübung dieser schweren Pflicht feststehen läßt. Zu allen Dingen gehören Vorbereitungen, und nicht jedem erkennbar ist das hohe Ziel, dem diese Vorbereitungen zustreben. Der Orden aber lehrt Ruhe und Besonnenheit im Urteilen und Handeln.

Lassen Sie uns nie anders als von Dankbarkeit durchdrungen, unserer Vorfahren gedenken, welche einen Bund uns hinterließen, welcher, wie Ich bereits öfter ausgesprochen, auf Gottesfurcht und Religion gegründet ist, Tugend und Moral zur Basis hat, uns für unser Wirken in der Außenwelt zu stählen, zu befestigen und vorzubereiten.

Und da es, soweit Mein Blick reicht, so in den Logen gehalten wird, daß das, was dem Menschen seinen Wert gibt, in ihnen gepflegt und gefördert wird, so hege Ich auch die Zuversicht, daß es so bleiben wird. Die Verirrten aber – so hoffe ich – werden zur richtigen Erkenntnis zurückkehren.

Nehmen Sie Meinen Dank für die Freude, die Sie Mir heute bereitet haben, und lassen Sie es nochmals gesagt sein, daß wir uns hier zur Ruhe und Besonnenheit vorbereiten sollen, um sie in die Außenwelt hinauszutragen.

Dann werde Ich der Ihrige sein und bleiben, weil Sie Mir dieselben geblieben sind!"

Der Prinz Protektor ist stets für die Freimaurerei mit dem ganzen Gewicht seiner Person und seiner hohen Stellung als Thronfolger eingetreten. Am klarsten tritt seine Auffassung in die Erscheinung in dem Briefwechsel mit dem Generalsuperintendenten D. Johann Friedrich Möller in Magdeburg, der bei Bereisung der Provinz Sachsen in Erfurt sich geäußert hatte, er werde alles anwenden, um die Geistlichen seiner Diözese zum Austritt aus dem Freimaurerorden zu bewegen. In einem Schreiben, Berlin, den 10. November 1855, stellt ihn der Prinz sehr energisch zur Rede. Vorab legt er ihm die Frage vor, ob er Freimaurer sei, und verlangt eine unparteiische Prüfung. Möller, der sich als Nichtmaurer bekannte, brachte in seiner Antwort offen seine gegensätzliche Stellung zum Ausdruck. Darauf schrieb der Prinz schon am 18. November folgendes:

„Für die Offenheit, mit welcher Sie mein Schreiben unter dem 12. d. M. beantwortet haben, sage ich Ihnen meinen aufrichtigen Dank. Ihre Offenheit verlangt das nämliche nun auch fortgesetzt von mir. Leider sehe ich aus Ihrem Briefe, daß die zweite Auffassung, die ich von Ihrer Wissenschaft über den Freimaurerorden aufstellte, die Ihrige ist, das heißt, das Sie nicht Maurer sind, also nur nach Hörensagen diesen Orden kennen. Ja, Sie gestehen es wörtlich ein: „daß Sie sich niemals von Mitgliedern des Ordens haben referieren lassen, daß Sie die einschlagende Literatur nicht studiert hätten und daß die Beurteilung der Sache, soweit sie das staatliche und soziale Leben im allgemeinen anlangt, über Ihren Gesichtskreis hinausliegt; doch in ethischer Beziehung um derer willen, welche an der Spitze stehen, der Orden Anspruch auf Vertrauen mache.“ – Wenn Sie somit also eine sehr oberflächliche Kenntnis des Freimaurerordens zu haben einräumen, wie können Sie da mit voller Überzeugung und Gewissenhaftigkeit behaupten, daß die Ihnen Untergebenen: „kaum heilsame Schritte zu Ihrem Berufswirken tun, wenn sie jene Verbindung suchen und pflegen?“ – Sie wollen zwar Beruhigung für diesen Ihren Ausspruch darin finden, daß Ihre Obern ähnlicher Auffassung huldigen; indessen grade mit diesen Ihren Obern stehe ich in demselben Kampfe wie mit Ihnen, da auch diese gar keine Kenntnis vom Orden besitzen, also eben so unberechtigt sind, die Geistlichen, die demselben angehören, scheel anzusehen und zu beurteilen. – Sie sprechen die Grundsätze aus, auf welchen Sie hinsichtlich der Religion, ihrer Ausübung und Pflege stehen, und neben diesem großen gottseligen Geheimnis keine andere Geheimnisbewahrung zu dulden sei (Matth. 10, 26, 27). Ist hierbei etwa jedes Geheimnis erlaubt? Ist denn hiermit nicht vielmehr nur den Geheimnis Erfindungen entgegengetreten worden, wie etwa die katholische Kirche sie als zu ihren Hauptlehren neben jenem gottseligen Geheimnis aufstellt und für dieselben die nämliche Anbetung verlangt, die wir Evangelischen nur dem letztgedachten Geheimnis zollen? Indessen selbst zugegeben, daß jedes Geheimnis verpönt sei, wie kommt es, daß Sie es doch aussprechen können, „daß es noch viele würdige und ehrenvolle Männer Ihres Standes gibt, vor denen sich zu beugen man Ursache habe, obwohl Sie dem Orden angehören!“ – Dürfte irgendeine vorgesetzte Behörde bei Ihrer Auffassung von Geheimnis einen Geistlichen, der Maurer ist, vierundzwanzig Stunden im Amte länger lassen? Da dies nun aber geschiehet, so beweiset dies wohl hinreichend, daß man durchaus sich scheut, so gewaltsam zu Werke zu gehen, weil man die Sache nicht gehörig kennt und daher des Gefühls nicht Herr werden kann, eine Ungerechtigkeit zu begehen. Und dies ist der richtige Standpunkt für die, die außerhalb des Ordens stehen. – Wenn nun aber das erste Erfordernis eines preußischen Maurers ist, daß er sich zu denen im Staate anerkannten christlichen Konfessionen bekenne; daß Religiosität, Sittlichkeit, brüderliche Liebe, unbeschadet der Pflichten gegen den Staat, die Kirche und die eigene Familie, die Kennzeichen des Ordens sind; wenn Treue gegen den König ein Hauptgesetz desselben ist, dagegen alle Diskussionen über Konfessionen und Politik bei den maurerischen Vorträgen untersagt sind, – dann frage ich Sie, was gegen eine solche Verbrüderung einzuwenden ist, bei der nichts Geheimnis ist als ihre Geschäfte, Zeremonien und Erkennungszeichen?? Die christliche Religion eines Menschen wird keine andere, wenn er Maurer wird; sie steht in der Maurerei auf demselben Fundament, welches Sie annehmen, wie kann bei solchen Wahrheiten ein Geistlicher den andern verfolgen? Die Zeiten, hoffe ich, liegen weit hinter uns, wo man von den Freimaurern Geister zitieren, Goldmachern, Zauberkünste usw. und wer weiß was für Unsinn glaubte und träumte! Daß alles mißbraucht werden kann, werde ich niemals leugnen; aber, um Mißbrauch zu treiben, braucht man sich nicht in Verbrüderungen einzulassen, das beweiset unsere Zeit leider an jedem Tage, sowohl in der Kirche als im staatlichen Leben; die letzten Monate wissen davon zu erzählen! Daß aber die preußische Maurerei, und nur von der spreche ich und nur für diese bin ich verantwortlich, keinen Mißbrauch treibt, dafür gebe ich Ihnen mein Fürstliches Wort und dazu im Geiste den Handschlag, auf den Sie in der Wirklichkeit ein solches Gewicht legten, und der sich wiederholen wird, wenn ich Sie billig, gerecht, unparteiisch finde! Jetzt also die Hand aufs Herz: Warum sollen Geistliche nicht Freimaurer sein??“

Möller reichte nunmehr ein Rechtfertigungsschreiben ein, indem er auf Grund der Bibel seine Auffassung darlegte. Der Prinz erklärte sich mit „dem christlich moralischen Standpunkt“ des Generalsuperintendenten durchaus einverstanden, aber daß darum Geistliche nicht Freimaurer sein könnten, sei ihm unklar geblieben. Möller erließ trotz dieser Abfuhr einen Hirtenbrief gegen die Freimaurerei, worauf der Prinz aus Coblenz unter dem 20. April 1856 sehr mannhaft antwortete:

„Wenn man eine Sache angreifen will, so muß man sie vorher genau kennen.

Sie haben die Freimaurerei seit langer Zeit angegriffen, ohne dieselbe zu kennen.

Ich habe mich der Mühe unterzogen, Ihnen diese Kenntnis zu eröffnen. Sie haben dieser Eröffnung kein Gehör geschenkt.

Der Evangelische Ober-Kirchenrat hat an Sie einen Erlaß unter dem 10. März 1855 gerichtet, der gleichfalls ohne Kenntnis der Freimaurerei abgefaßt war; ein ähnlicher Erlaß sollte an sämtliche Konsistorien erfolgen.

Da mußte ich einschreiten und tat dies durch ein Schreiben vom 31. Dezember 1855 und erklärte mich entschieden gegen den mir vorgelegten, vorerst projektierten Erlaß. Der Evangelische Ober-Kirchenrat reponierte darauf diesen Erlaß unter dem 13. März 1856.

Von diesen Vorgängen waren Sie teils amtlich, teils privatim unterrichtet.

Da erscheint Ihr sogenannter Hirtenbrief von Sonntag misericordias domini 1856, den Sie mir zusendeten, nicht nur an die Geistlichen, sondern auch an sämtliche Lehrer der Provinz Sachsen gerichtet! Brauche ich nach Vorstehendem noch ein Wort darüber zu sagen, welchen Eindruck dies Ihr Verfahren auf mich machen mußte?

Der Evangelische Ober-Kirchenrat hat mir seinen Erlaß vom 14. April an Sie über dies Ihr Verfahren eingereicht; der in demselben ausgesprochenen Mißbilligung schließe ich mich vollkommen an.

Ihr Hirtenbrief versichert, die Freimaurerei nicht angreifen zu wollen, und dann folgen doch in jedem Hauptsatze desselben wenig verschleierte Andeutungen über dieselbe, welche jener Versicherung vollkommen widersprechen. Ich enthalte mich des Urteils!

Welchen Eindruck außerdem auf mich die Anführung gemacht hat, aus welchem Grunde Sie geschwiegen haben, als von der Unterlassung des Kirchengebets 1848 für mich die Rede gewesen ist, überlasse ich Ihnen selbst zu entscheiden. Dies Ihr Schweigen und Ihr unausgesetztes Verfahren gegen die Freimaurerei, deren Haupt ich bin, steht in einem so engen Zusammenhange, daß ich schweige, weil Schweigen hier an seinem Orte ist."

Der hohe Herr hat dem Orden bis an sein Lebensende in Treue angehangen, und er konnte keinen größeren Beweis für die Wertschätzung der Ordenslehre geben, als daß er seinen Sohn, den Prinzen Friedrich Wilhelm, nachmaligen Kaiser Friedrich, selbst dem Orden zuführte. Es war sein Wunsch, daß der junge Prinz in die Große Landesloge eintrete und nicht, wie er, allen drei preußischen Großlogen zu gleicher Zeit angehörte. Den Grund dafür gab er in einem Schreiben vom 15. November 1853 dahin an, daß er die Große Landesloge für die Aufnahme seines Sohnes ausersehen habe, weil er in diesem Orden die Weihe als Maurer empfangen habe. „Ich habe dies getan, weil der Prinz Friedrich Wilhelm für jetzt keine exceptionelle Stellung im Orden einnehmen kann und habe aus diesen Gründen den, auf einer Verabredung der Großmeister vom 22. Mai 1852 beruhenden Antrag der Großen Landesloge: Meinen Sohn als Ehrenmitglied aller drei Preußischen Großlogen aufzunehmen, nicht berücksichtigen können. – Nachdem die Aufnahme Meines Sohnes in der geschehenen Weise feierlich vollzogen, auch bereits öffentlich bekannt gemacht worden, ist eine Abänderung derselben nicht mehr angänglich; dagegen stimmt es mit Meinem Wunsche und Meiner Absicht ganz überein, daß Mein Sohn von Ihren beiden Großlogen (Drei Weltkugeln und Freundschaft) als Ehrenmitglied aufgenommen, auch als solches in ihren Listen geführt und je nachdem er in der Großen Landesloge befördert sein wird, auch bei Ihnen in die entsprechenden Grade eingeführt werde."

Die feierliche Aufnahme des Prinzen erfolgte am 5. November 1853 im Palais des Prinzen von Preußen, wo ein Saal zu einem freimaurerischen St.-Johannis-Tempel vollständig eingerichtet worden war. Anwesend waren mit den Großmeistern je zwölf Mitglieder der drei altpreußischen Großlogen. Prinz Wilhelm, der Protektor der preußischen Freimaurer, sprach die Versammlung folgendermaßen an: „Meine Hochwürdigen Brüder! Der Zweck der Arbeit, zu welcher Ich Sie heute berufen habe, ist die Aufnahme Meines Sohnes in den Orden der Freimaurer und Ich hoffe, er wird dessen würdig sein. Längst hat er Mir den Wunsch seiner Aufnahme vorgetragen. Ich habe aber die nötige Dispensation von dem gesetzlichen Alter nicht zu weit ausdehnen und daher sein zweiundzwanzigstes Jahr abwarten wollen. Seine Zukunft, wenn sie ihn am Leben erhält, wird dem Orden für lange Zeit eine Bürgschaft für den kräftigsten Schutz sein, aber freilich nur dann, wenn Sie dabei verbleiben, die reine Lehre unverbrüchlich zu bewahren. – Ich habe die Große Landesloge der Freimaurer von Deutschland zur Aufnahme Meines Sohnes ausersehen, weil Ich selbst, wenngleich unter andern Verhältnissen, und für alle Logen zugleich, in derselben die Weihe erhalten habe. Ich ersuche nun den Hochwürdigen Landes-Großmeister, Bruder Busch, die Aufnahme Meines Sohnes zum Freimaurer und zum Mitglied der Großen Landesloge vorzubereiten."

Nachdem dies geschehen war, vollzog der Durchlauchtigste Protektor selbst die Weihe, und nachdem Prinz Friedrich Wilhelm den Meistergrad erhalten hatte, richtete der Prinz von Preußen herzliche Worte an seinen Sohn: „Seit Jahr und Tag hast Du den Wunsch ausgesprochen, in den Orden der Freimaurer aufgenommen zu werden. Dein Wunsch ist jetzt erfüllt worden. Die Aufnahme hat in derselben Weise stattgefunden, in welcher Ich dem Orden zugeführt wurde und wie Ich sie für Dich gewünscht habe. Sie wird, wenngleich sie nur in ihren Erklärungen allgemein und aphoristisch gehalten wurde, Dir bewiesen haben, daß das Werk des Ordens ein sehr ernstes, daß es ein heiliges und erhabenes ist. Es gibt nur einen Ausgangs- und einen

Prinz Friedrich Wilhelm

Endpunkt für das Leben des Menschen, der das Höchste lebhaft und ungetrübt erkannt hat – zu dem richtigen Verständnis dieses Notwendigen wird der Orden Dich führen, wenn es Dein stetes Bemühen sein und bleiben wird, die heiligen Lehren in Dich aufzunehmen, wenn Du sie zur Tat und Wahrheit wirst werden lassen. Es fehlt nicht an lauten Stimmen, die außerhalb des Ordens stehen und sich bemühen, denselben zu verdunkeln und zu verdächtigen; – wie Ich niemand ein Recht zugestehen kann, über den Orden abzusprechen, der ihn nicht kennt, so werde Ich auf Grund der Mir gewordenen Erkenntnis nie solchen Stimmen ein Gehör schenken. Möge auch Deine Zukunft den Beweis geben, daß Du mit klarem und ungetrübtem Blick zu sichten und den Orden zu verteidigen wissen wirst. Man greift den Orden an, weil er sich in Geheimnisse hüllt und man zu bequem ist, sich davon zu überzeugen, daß dies jetzt noch notwendig ist; wie es in der Art derer liegt, welche zertrümmern wollen, daß sie mit Oberflächlichem sich begnügen, so dringen auch in diesem Falle die Gegner nicht tiefer ein, um eben absichtlich nicht eines Bessern belehrt zu werden. Sei und werde Du also dem Orden ein starker Schutz, dann wird nicht allein Deine eigene Zukunft eine gesicherte sein, sondern Du wirst überhaupt das herrliche Bewußtsein in Dir tragen, dahin gestrebt zu haben, das Wahre und Gute um Dich verbreiten zu wollen."

Am Schluß der Tafelloge sprach Prinz Friedrich Wilhelm seinen Dank aus: „Es ist für Mich ein erhebendes Gefühl, Meine Brüder, Mich heute zum ersten Male in Ihrer Mitte zu sehen, es nun erreicht zu haben, daß ein Wunsch Meines Herzens, den ich seit Meiner Kindheit gehegt, in Erfüllung gegangen. Daß die Grundsätze, welche Mir von Meinem edlen Herrn Vater eingeprägt worden, Mich nie verlassen werden, das versichere Ich Ihnen aus vollster Liebe! Und so bringe ich, in dankbarer Erwiderung der Mir erwiesenen Liebe, auch Ihre Gesundheit aus, und setze nur noch hinzu, daß Ich dies von ganzem Herzen tue!"

Die Bedeutung des Prinzen Friedrich Wilhelm ist so groß und tief greifend für die Freimaurerei in Deutschland geworden, daß wir etwas eingehender uns mit ihm und seiner Zeit beschäftigen müssen. Unsere Generation ist gewohnt, den hohen Herrn als den schwer leidenden und klaglos duldenden Kaiser Friedrich zu sehen, den blondbärtigen, reckenhaften Sieger von Wörth. Er ist uns ein Symbol, und ich werde den Eindruck nie vergessen, als ich ihn gelegentlich der Besichtigung des Infanterie-Regiments Nr. 97 in Hanau zu Pferd steigen sah und im Galopp nach dem Exerzierplatz reiten. Wie er dann von Blumen überschüttet an der Spitze des Regiments in die Stadt einritt, nur das Großkreuz des eisernen Kreuzes und den Stern vom schwarzen Adler auf dem schlichten Waffenrock, das ist wie ein Markstein der ruhmvollen Vergangenheit in mein Erleben eingepflanzt. Er war mein König, dem ich den Fahneneid geschworen, er war mein Ordensbruder, dem ich mich in Treue verbunden fühle, und man wird es mir nachempfinden, wie schwer es dem Geschichtschreiber wird, von ihm zu sagen, als Freimaurer war er nicht auf dem rechten Weg.

Prinz Friedrich Wilhelm war eine leidenschaftliche Natur, er konnte sehr schnell heftig werden, war aber auch ebenso schnell versöhnt. Dafür haben wir einen klassischen Zeugen: Bismarck. Er berichtet in seinen „Gedanken und Erinnerungen" von einer Sitzung des Staatsministeriums, wo er ihm nahelegte, daß er, wenn er andere Prinzipien als die Regierung habe, lieber zu vermitteln suchen möge, als zu opponieren. „Er lehnte das scharf ab, wie es schien in der Vermutung, daß ich meinen Übergang in seine Dienste anbahnen wolle.

Ich habe den feindlichen Ausdruck olympischer Hoheit, mit dem das geschah, Jahre hindurch nicht vergessen können und sehe noch heute den zurückgeworfenen Kopf, das gerötete Gesicht und den Blick über die linke Schulter vor mir. Ich unterdrückte meine eigne Aufwallung, dachte an Carlos und Alba (Akt 2, Auftritt 5) und antwortete, ich hätte in einer Anwandlung dynastischen Gefühls gesprochen, um ihn mit seinem Vater wieder in nähere Beziehung zu bringen, im Interesse des Landes und der Dynastie, das durch die Entfremdung geschädigt wäre; ich hätte im Juni (1863) getan, was ich gekonnt, um seinen Herrn Vater von Entschließungen ab irato abzuhalten, weil ich im Interesse des Landes und im Kampfe gegen die Parlamentsherrschaft die Übereinstimmung in der königlichen Familie zu erhalten wünschte. Ich sei ein treuer Diener seines Herrn Vaters, und wünschte ihm, daß er, wenn er den Thron bestiege, anstatt meiner ebenso treue Diener finde, wie ich für seinen Vater gewesen. Ich hoffte, er würde sich des Gedankens, als ob ich danach strebte, einmal sein Minister zu werden, entschlagen; ich werde es niemals sein. Ebenso rasch wie erregt, ebenso rasch wurde er weich und schloß das Gespräch mit freundlichen Worten."

Der Prinz stand sehr unter dem Einfluß seiner Gemahlin, die ganz Engländerin war und auch bis an ihr Lebensende blieb. So mag auch die englische Auffassung von Freimaurerei in die Mentalität des hohen Herrn hineingetragen worden sein, eine Auffassung, die für Deutschland, wenigstens für die große Mehrheit der Freimaurerei, die in den drei altpreußischen Großlogen vereinigt war, nicht tragbar war.

Prinz Friedrich Wilhelm ist am 29. Januar 1855 in das Kapitel eingeführt worden. Der Wunsch seines Vaters, selbst die Weihe zu vollziehen, ging nicht in Erfüllung, da er im Dienste des Königs beschäftigt war. Prinz Friedrich Wilhelm antwortete auf den ihm gewidmeten Trinkspruch folgendes:

„Meine Brüder! Ich habe heute in Ihrer Mitte eine erhebende Feier erlebt. Die Worte, welche der Weiseste Ordensmeister an Mich gerichtet hat und die herrlichen Lehren des Ordens sind tief in Mein Herz eingedrungen. – Ich bringe Ihnen mit bewegtem Herzen Meinen wärmsten Dank dar für Meine Beförderung zu dem höheren Ordensgrade. Daß Mein Vater bei dieser Meiner Weihe nicht hat gegenwärtig sein können, tut Ihm und Mir sehr leid; in Seinem Namen versichere Ich, daß derselbe heute mit doppelter Teilnahme in Ihrer Mitte erschienen sein würde, wenn es ihm möglich gewesen wäre. Derselbe folgte dem Rufe Seiner Majestät des Königs; indessen ist Er im Geiste unter uns. – Tief ergriffen von der heiligen Feier, wiederhole Ich Meinen Dank und leere Mein Glas auf das Wohl der Brüder!"

Bei der Weihe zum Ritter von Westen am 12. Februar war der Protektor, Prinz Wilhelm, persönlich zugegen, dabei sprach der Ordensmeister, General von Selasinsky, die denkwürdigen Worte: „Ein geistreicher Freimaurer, der Bruder Schröder in Hamburg, fragte einst unseren dritten Ordensmeister, den verdienstvollen Bruder von Castillon: „Wie kommt das Schwert in Salomos Tempel?“ Ihm ward mit der Gegenfrage erwidert: „Wie kommt Salomos zerstörter Tempel in eine christliche Loge?“ Es sei mir hier eine kurze Ausführung der Frage und der Gegenfrage gestattet. Schwert und Tempel sind nur Symbole in der Freimaurerei. Der Tempel ist Symbol des geistigen Baues, an dem die Freimaurer arbeiten; das Schwert ist Symbol des Kampfes, den sie dabei mit sich selbst und den äußeren Feinden zu führen haben …

Der Prinz Wilhelm vollzog darnach die Weihe seines Sohnes mit einer bedeutungsvollen Ansprache. Durch Verfügung des Ordensmeisters, General von Selasinsky, wurde Prinz Friedrich Wilhelm zum Ordens-Ober-Architekten berufen und am 10. Mai 1853 eingesetzt. Als Selasinsky gestorben war, kam das höchste Amt in der Großen Landesloge gesetzmäßig an den Prinzen. Bei der Übernahme am 18. Juni 1860 sprach er sehr eingehend über das freimaurerische Erleben, wie er an sich selbst es erfahren hatte, und schloß: „Solang ich am Leben bin, werde ich dem Orden treu ergeben sein, vorausgesetzt, daß der Orden seinen Grundbestimmungen treu bleibt. Denn sollten diese Grundbestimmungen fallen, so ziehen sowohl der Allerdurchlauchtigste Protektor wie auch ich unsere Hand vom Orden zurück.“

Um die Stunde, da dies Wort gesprochen wurde, war es das Wort eines ehrlichen Mannes, und der Prinz hat bestimmt aus aufrichtigem Herzen geredet. Aber in der Folge wirkten Einflüsse auf ihn, die ihn in eine gegenteilige Richtung drängten, nämlich zur Abkehr von den Grundbestimmungen des Ordens. Wir wissen, daß er seine jugendliche Gemahlin leidenschaftlich liebte und ihr fast in allen Stücken nachgab, daß Kräfte am Werk waren, die den Prinzen für die liberale Sache, für eine Parlamentsherrschaft der mächtigen Fortschrittspartei in dem monarchischen Preußen zu gewinnen suchten. Wir kennen auch die Namen jener Männer, unter denen Hintzpeter, Geffken, von Stockmar und der Legationsrat Meyer besonders das Ohr des Kronprinzen hatten. Sie trieben ihn in die Opposition gegen seinen Vater und König, der selbst durch dunkle Andeutungen einer Revolution besorgt gemacht worden war, so daß er sich Bismarck gegenüber äußerte: „Da vor dem Opernplatz, unter meinen Fenstern, wird man Ihnen den Kopf abschlagen und etwas später mir.“ Zusammen mit diesen politischen Gegensätzen, die von England aus durch die Kronprinzessin vertieft wurden, ging ein weltanschaulicher Gesinnungswechsel, der den Kronprinzen gegen die Lehre der Großen Landesloge zugunsten des humanitären Prinzips einnahm. Allmählich gewann der Stettiner Archidiakonus, Gustav Adolf Schiffmann, Einfluß auf die freimaurerische Anschauung des Kronprinzen.

Diese Sinnesänderung lag um die Wende der sechziger zu den siebziger Jahren. Sie fand ihren ersten Ausdruck bei der Hundertjahrfeier der Großen Landesloge am 24. Juni 1870. Der Kronprinz von Preußen eröffnete als Ordensmeister diese geschichtliche Festloge mit einem schlichten Gebet. Dann hieß er im Namen des Protektors, des Königs Wilhelm, alle Brüder auf das herzlichste willkommen und indem er besonders betonte, daß er sich in diesem Augenblick an die gesamte Freimaurerei wende (die ausgehobenen Worte hat der Kronprinz eigenhändig in die Niederschrift eingefügt), versicherte er die Teilnahme seines Hauses an den Interessen des Bundes, der unter solchem Schutz wohlberaten sei. Er begrüßte insbesondere die Abgesandten des Königs von Schweden und ersuchte sie, dem König Karl XV. sowie den Prinzen des königlichen Hauses seinen und der Großen Landesloge Dank zu übermitteln.

Darauf begann der hohe Herr seinen Vortrag, den wir nach der Original-Niederschrift geben, die von dem fürstlichen Redner eigenhändig durchkorrigiert ist. Diese Rede ist keinesfalls von dem Kronprinzen selbst verfaßt. Bestimmte Wendungen lassen darauf schließen, daß Schiffmann dabei mitgewirkt hat:

„Meine Brüder! Der feierliche Augenblick ist herangekommen, in welchem wir das erste Jahrhundert des Bestehens der Großen Landesloge von Deutschland beschließen. Schenken Sie, bevor wir den Beginn des neuen Jahrhunderts verkünden, einigen Worten Ihre Aufmerksamkeit, die ich als stellvertretender Protektor und als Ordensmeister mich gedrungen fühle, bei dieser Feier an Sie zu richten.

Ich stehe als stellvertretender Protektor allen drei preußischen Großlogen gleich nahe und es ist mir das keine schwierige Aufgabe, da es nach meiner Überzeugung nur eine Freimaurerei gibt, die in den verschiedenen Lehrarten nur in verschiedener Form auftritt. Daß dies hat kommen können, daß so verschiedene Zweige aus der einen Freimaurerei hervorgewachsen sind, ist bei der Eigentümlichkeit unseres Ordens und bei der geschichtlichen Entwicklung desselben leicht erklärlich."

Gewiß gibt es nur eine Freimaurerei, zu der sich ursprünglich nur Christen in einer Bruderschaft zusammenfanden. Das aber meinte der Kronprinz nicht, sondern er wollte auf die englische Gleichmacherei hinweisen, die ihm infolge der irreführenden Einflüsse als das wahre Ziel der Freimaurerei erschien. – Er fuhr fort:

„Wir nennen die Freimaurerei eine Kunst, sogar die Königliche Kunst. Der Name soll unzweifelhaft darauf zielen, daß die Freimaurerei nicht bloß ein Haben und Wissen, sondern ein Können ist, und zwar das höchste Können, die Darstellung der Sittlichkeit im Leben. Aber, meine Brüder, die Freimaurerei hat noch eine andere Seite, nach der hin sie mit der Kunst verwandt ist. Wie die bildende Kunst, so bringt auch die Freimaurerei ihre Wahrheit zur Anschauung durch sinnlich wahrnehmbare Form. Nur ist zwischen beiden der Unterschied, daß die Kunst Gebilde schafft, in denen wir die Idee des Künstlers gleichsam unmittelbar verkörpert vor uns sehen, die Freimaurerei aber sich der Symbole bedient, welche die Idee nur andeuten, der Zeichen, mit denen die Gedanken und Wahrheiten, wenn auch noch so passend, doch mehr oder minder willkürlich verknüpft sind. Gerade diese Symbolik ist für die Zwecke der Freimaurerei recht geeignet. Weil Zeichen und Gedanke sich nicht vollkommen decken, dieser in jenen nicht seinen vollen, unmittelbaren Ausdruck findet. So bedürfen die Zeichen der besonderen Auslegung und können somit dazu dienen, den Eingeweihten zu vergegenwärtigen, was der, der Deutung Unkundige, nicht erraten kann. Andererseits aber konnte es nun auch leicht geschehen, daß sich an solche Symbole verschiedene Erklärungen anknüpften, von den einfachsten Beziehungen auf das Leben bis zu den abstraktesten Gedanken, von den ernstesten Wahrheiten an bis zu bloßen Spielereien. Ebenso leicht konnte es sich dann auch ereignen, daß in verschiedenen Kreisen und unter verschiedenen Verhältnissen sich diese Formen, ja selbst von den einfachsten Grundtypen aus, in verschiedener Weise und in größerer oder kleinerer Zahl und Mannigfaltigkeit vervielfältigten. Nehmen wir dann dazu, daß, wie uns berichtet wird, die Überlieferungen unseres Ordens auf mehr als einem Wege aus der alten in die neue Zeit gekommen sind, so wird es in der Tat erklärlich, daß abweichende Lehrarten sich bilden konnten. Aber es ist auch ebenso klar, daß wir bei aller Verschiedenheit doch nur eine Freimaurerei haben, aus derselben ursprünglichen Quelle geflossen, nur unter mannigfaltigen Einflüssen anders gestaltet und verschieden gefärbt.

Leider ist dies nicht immer so anerkannt, wie es in unserem Bunde wohl hätte geschehen müssen. Das verflossene Jahrhundert ist an heftigen Kämpfen und gehässigen Verketzerungen der einzelnen Lehrarten untereinander nicht arm. Danken wir Gott, daß dies am Schlusse des Jahrhunderts schon ganz anders steht!

Wir haben ja die Freude, daß Repräsentanten verschiedener Großlogen dies Fest in brüderlicher Teilnahme mit uns begehen. Danken wir allen Brüdern, welche mit dazu beigetragen haben, daß dies Bewußtsein von der Einheit der Freimaurerei sich immer weiter Bahn gebrochen hat. Danken wir insbesondere hier Seiner Majestät dem Könige, unserem Allerdurchlauchtigsten Protektor, daß Allerhöchstderselbe durch seinen Einfluß die preußischen

Großlogen einander nähergeführt, und eben damit das Bewußtsein der Zusammengehörigkeit der Brüder und Logen verschiedener Lehrarten zu wecken und aufrechtzuerhalten gewußt hat.

Was mich betrifft, so entspricht dieses Zusammenwirken meinem persönlichen aufrichtigen Verlangen und meiner Überzeugung, und ich halte mich als Stellvertreter unseres Allerdurchlauchtigsten Protektors noch besonders verpflichtet, in diesem Bestreben meinem Vater zu folgen. An Sie, meine Brüder, richte ich deshalb bei dem heutigen Feste die dringende Bitte: Halten wir das Bewußtsein von der Einheit der Freimaurerei und von der Zusammengehörigkeit der verschiedenen Lehrarten in der Folgezeit recht fest! Gebe ein jeder die Eitelkeit auf, die da glaubt, allein die ganze und die echte Wahrheit zu besitzen und allein für die Wahrheit die echte und die richtige Form anzuwenden. Möge darin das neue Jahrhundert wirklich eine neue Zeit werden, daß hinfort jeder in brüderlicher Achtung und Anerkennung auch dem anders Denkenden, in anderen Formen Arbeitenden begegne, daß jeder den Schild des Friedens vor seinem Herzen hertrage! Kann es uns ehren, daß wir uns der besten Traditionen, der richtigsten Deutungen rühmen, wenn wir dabei versäumen, die eigentliche Aufgabe der Königlichen Kunst zu lösen, die Lehren unseres Ordens in unserem Leben uns leiten zu lassen und zu üben? Welch einen Wert soll es denn haben, daß man sich Brüder nennt im Kreise der Freimaurerei, wenn der Streit um irgendwelche Vorzüge dahin führt, daß man gegeneinander die brüderliche Gesinnung verleugnet? Nein! auswärts den Blick auf die großen Lehren und Wahrheiten gerichtet, welche unsere Zeichen und Symbole in der ganzen Freimaurerei zur Darstellung bringen sollen, auf daß wir uns und den Orden vor der Gefahr bewahren, Kleines und Unwesentliches als Hauptsache in der Freimaurerei anzusehen, und nicht Veranlassung bieten, Untergeordnetes zu sogenannten brennenden Fragen zu machen, die man als einen Keil in den fruchtbaren Baum hineintreiben möchte, dessen Wurzeln bis in Jahrtausende zurückreichen, um ihn dadurch in nutzlose kleine Stücke zu zersplittern.

Lassen Sie uns nach der Einheit streben, in welcher die verschiedenen Großlogen, eingedenk des gleichen Ursprungs und der gleichen Aufgabe, sich als Glieder eines großen Ganzen wissen, gleichsam als die Provinzen eines Reiches, von denen jede ihre Eigentümlichkeit bewahrt, die aber alle verbunden sind durch gleiche Liebe zu König und Vaterland, durch das gleiche freudige Streben, mitzuwirken zum Wohl und Gedeihen des ganzen Staates. – Einigkeit! das sei der Wunsch, den ich an dem heutigen schönen Fest allen Brüdern zuerst ausspreche!

Ich wende mich jetzt besonders der Großloge zu, welche heut ihr Jubelfest feiert und zu der ich als Ordensmeister eine besondere Stellung habe, der

Großen Landesloge von Deutschland. Sie ist bis in die neueste Zeit der Gegenstand, zum Teil sehr gehässiger Angriffe gewesen. Diese Angriffe können um so weniger beirren, je deutlicher sie beweisen, daß die Gegner von der Geschichte und von der Lehre der Großen Landesloge nur einzelne Bruchstücke kennen, und selbst diese nicht einmal genau. Es ist ja eine gewöhnliche Erfahrung, daß selbst gebildete Leute an Bruchstücken, zum Beispiel einer Antike, geringschätzig vorübergehen, während der Künstler, der es versteht, sich die ganze Figur in seinem Geiste zu konstruieren, selbst noch auf das geringste Überbleibsel des Kunstwerkes einen großen Wert legt.

Wir können ein kompetentes Urteil über die Große Landesloge nur dem einräumen, der ihre Lehre, ihre Einrichtungen, ihre Geschichte gründlich kennt. Aber ich möchte doch fragen, ob von unserer Seite nichts geschehen kann, um auch für weitere Kreise ein richtigeres Urteil zu ermöglichen. Und hier möchte ich insbesondere auf eins aufmerksam machen. Die Akten der Großen Landesloge sagen bestimmt und unzweideutig, daß die Entstehungs- und Entwickelungsgeschichte dieser Lehrart allerdings verschieden sei von der Geschichte anderer Systeme. Sie lehren, daß unser Orden zwar dieselbe Kundschaft, wie die übrigen Freimaurer, aber auf einem anderen Wege, durch andere Vermittlung und deshalb auch in anderer Erscheinungsform erhalten habe.

Eine solche ungleiche Übermittelung der gleichen Kundschaft, selbst wenn sie zu verschiedener Darstellung und Einrichtung geführt hat, wäre an und für sich, zumal in unseren Tagen kein Grund, welcher die Große Landesloge von der übrigen Freimaurerwelt trennen könnte. Sie ist aber Grund zu Trennungen geworden, weil dieselben Akten zugleich verlangen, daß die Geschichte der Großen Landesloge in ihrem ganzen Umfange verschwiegen werden müsse, ja im Bunde selbst nur zuletzt an die wenigen ältesten und bewährtesten Brüder mitgeteilt werden dürfe.

Damit aber war eine Forderung aufgestellt, welche schon das vergangene Jahrhundert nur unvollkommen erfüllen konnte, und welche mit jeder Stunde weniger glücklich wird, wenn wir nicht eine Unterscheidung machen, die in der Natur der Sache selbst liegt, wenn wir nicht wenigstens von der Geschichte, die mit den symbolischen Handlungen und Mysterien der verschiedenen Stufen unseres Ordens im engen Zusammenhange steht, die Geschichte der Entstehung und Entwickelung der Großen Landesloge trennen und die letztere offen darlegen, so daß sie von allen im Bunde untersucht werden kann. Wir würden damit den Übelstand beseitigen, daß diese Geschichte unserer Großloge, die ja doch den übrigen Freimaurern nicht ganz unbekannt bleiben konnte, aus unsicheren Quellen dargestellt und in unvollkommener und gefährlicher Weise verbreitet wurde, und somit nicht nur in anderen Lehrarten falsche Urteile aufrecht erhält und verbreitet, sondern in unserem eigenen Kreise manche Brüder unsicher macht über das eigene Herkommen.

Ich will mit dem Wunsch dieser Änderung nicht etwa eine Anklage gegen unsere Vorfahren aussprechen. Im Gegenteil – ich bringe mit Ihnen allen unsere dankbare Huldigung den Manen derjenigen Brüder dar, welche mit Mühe und Opfern unsere Akten erwarben, und sie ein langes Jahrhundert hindurch oft in Not und Sorge, oft sogar ohne den Lohn eines vollen Verständnisses mit Pietät gehütet und an uns überliefert haben. Aber, was sie bewog, das Geheimnis soweit auszudehnen, kann uns unter veränderten Umständen nicht bewegen, ebenso eng uns zu binden, wenn wir bedenken, daß die Geschichte der Abstammung unserer Lehrart ein Geheimnis doch nicht mehr ist und schon darum nicht sein kann, weil die historischen Verhältnisse der Landesloge vielfach – nur leider und zu unserem Schaden unrichtig und halb richtig gedruckt zu lesen sind.

Ich nehme deshalb nicht Anstand, heute bei dem Eintritt in ein neues Jahrhundert die bisher beobachtete Schranke des geschichtlichen Geheimnisses zu durchbrechen und hier bei dieser Feier selbst ein bisher geheim gehaltenes historisches Dokument zu veröffentlichen. Vor hundert Jahren hat man den Bruder von Zinnendorf des Eidbruches und Verrats angeklagt, weil er den Freibrief, der mit den ersten Grundakten aus Schweden überliefert worden war, auf von Zinnendorfs Namen lautet und ihm ausdrücklich die Ermächtigung gibt, ihn vorzulesen, anderen Brüdern nur gezeigt hatte. Ich dagegen will diesen Freibrief, von dessen Vorhandensein heute noch viele Brüder nichts wissen, obwohl er wenigstens den Wert hat, zur Bildung dieser Großloge den Anlaß gegeben zu haben, Ihnen trotz seiner eigentümlichen Form heute vorlesen lassen, zum ersten Zeichen eines freieren Flügelschlages in dem neuen Jahrhundert.

Bedarf die äußere Geschichte von der Entstehung und Entwickelung unserer Großloge der Lösung allzu enger Bande, so bedarf die innere Geschichte in ihrer Beziehung auf Lehre und Einrichtung unseres Ordens mehr Sicherheit und Klarheit.

Wir besitzen ein ganzes System von Zeichen, die nach einem bestimmten geometrischen Prinzip gebildet sind. Mit diesen verbunden sind zahlreiche andere Symbole, die zum Teil besonderen geschichtlichen Verhältnissen ihren Ursprung verdanken. Namentlich über die Entstehung der letzteren berichten unsere Akten ausführlich, und es fehlt unserem Orden auch an Dokumenten nicht.

Aber während frühere Zeiten sich bei der Autorität der Überlieferung beruhigten, sind in unseren Tagen die Forschungen der historischen Kritik zu einer Macht geworden, der auch die heiligsten Überlieferungen sich nicht mehr entziehen können. Diese Macht stellt auch an unseren Orden Forderungen, die sich auf die Länge hin ungestraft nicht abweisen lassen. Mag immerhin eine Anzahl von Brüdern noch heute auf Autorität und Überlieferung sich berufen und sich damit begnügen. Es gibt eine Anzahl anderer Brüder, die dem Stande der gegenwärtigen Geschichtsforschung entsprechend, über alles historisch Überlieferte gründlichen und genügenden, Nachweis verlangen. Und diese haben in unserem Orden nicht weniger Recht als die anderen.

Ich nehme nun keinen Anstand, hier öffentlich einzugestehen, was uns für diese unabweisliche Forderung der Gegenwart noch mangelt. Ehrlichkeit ist nie eine Schmach. Ich spreche es deshalb unverhohlen aus: in dieser Beziehung ist bei uns noch nicht alles so sicher und so klar, daß wir jeden Zweifel mit ausreichenden historischen Nachweisungen niederschlagen könnten.

Es ist deshalb seit langer Zeit mein Bestreben darauf gerichtet, die historischen Dokumente redlich und gründlich untersuchen und pünktlich ordnen zu lassen. Deshalb danke ich allen, welche mich in diesem Bestreben unterstützt haben. Insbesondere aber fühle ich mich zu großem Danke verpflichtet gegen Seine Majestät den Allerdurchlauchtigsten Weisesten Ordensmeister der neunten Provinz, den König von Schweden und Norwegen, der noch im vergangenen Jahre der Deputation, welche von uns nach Stockholm gesandt war, in brüderlich bereitwilligster und entgegenkommendster Weise alle Dokumente und Schätze der schwedischen Loge zu erneuter Einsicht und gründlicher Untersuchung zugänglich gemacht hat.

Aber trotzdem sind wir mit unseren Forschungen noch nicht bis zu einem völlig genügenden Ziele gelangt, wie es sich für einen Orden geziemt, der das Symbol des Lichts so hoch stellt, daß bei ihm selbst alles licht und klar sein soll.

Darum vorwärts in diesen Forschungen! Folgen Sie mir als Ihrem Ordensmeister, in das neue Jahrhundert mit dem Vorsatz, auch den größten Schwierigkeiten gegenüber nicht zu ermüden, und vertrauensvoll den befähigten Brüdern überlassend, die Schatten, die noch vorhanden sind, zu zerstreuen und für alle Einrichtungen und Lehren, welche geschichtlichen Verhältnissen ihren Ursprung verdanken, auch einen sicheren geschichtlichen Boden zu gewinnen.

Man mag es beklagen, aber Tatsache bleibt es, daß der bloße Autoritätsglaube diesen sicheren Boden dem gegenwärtigen Geschlechte nicht mehr liefert. Wir müssen ihn also auf anderem Wege gewinnen, da derselbe nicht zu entbehren ist, und unser Orden doch nicht eine Last sein soll, die wir tragen, sondern vielmehr eine Macht, die uns trägt, anregt und stärkt.

Für Wahrheiten des Verstandes können Gründe und Beweise uns helfen, während sittliche und religiöse Wahrheiten sich unmittelbar durch ihre Wirkung auf unser Herz und unser Leben bezeugen. Geschichtliche Wahrheiten aber können nur durch geschichtliche Forschungen sichergestellt werden. Darum sind solche Studien in unserer Zeit eine ernste Pflicht gegen den Orden, der wir uns nicht entziehen können, in der beruhigenden Überzeugung, daß, welches auch die Resultate sein mögen, diese schließlich nur fördersam wirken können. Bestätigen sie die Überlieferung, so werden für die Wirkungen die hemmenden Zweifel schwinden; zeigen sie manches als unhaltbar, so wird die Liebe zur Wahrheit uns den Mannesmut geben, das Unhaltbare zu opfern; aber wir werden dann das Sichere mit um so größerer Hingebung zur Geltung bringen.

Ich schließe hieran unmittelbar noch eine Forderung, welche für das Gedeihen der Großen Landesloge im neuen Jahrhundert mir unerläßlich erscheint, nämlich: Vereinfachungen für unser Logenleben!

Fürchten Sie nicht, daß ich hier Reformen verlange auf Kosten des Alten, welches noch lebensfähig ist und Leben verbreiten kann.

Ich richte mich nur gegen dasjenige, was – gleichviel ob aus alter oder neuer Zeit stammend, die geistige Tätigkeit und die Wirkungen der Lehre in unserem Bunde zu hemmen versucht oder wirklich hemmt. Auch bin ich weit entfernt, hier zu befehlen oder zu fordern, oder auf Ihr Gewissen und Ihre Überzeugung einen Druck ausüben zu wollen. Ich will nur frei und offen meine Überzeugung aussprechen, und es Ihnen überlassen, zu prüfen, anzubahnen, einzuleiten, was geschehen kann, um das geistige Leben in unseren Logen zu fördern. Nur vor der Zukunft, welche einst Richterin sein wird über den heutigen Tag, will ich mich rechtfertigen, daß ich zu rechter Zeit ausgesprochen habe, was mir als notwendig erscheint.

Als ich in den Orden aufgenommen ward, bin ich in die Große Landesloge eingetreten, wohl wie die meisten Brüder, ohne über die Freimaurerei und über die Eigentümlichkeit unserer Großloge Genaueres zu wissen. Aber bewährte und treue Männer haben mir versichert, daß in unserem Orden, wenn auch oft unter totem, unfruchtbaren Gestein verschüttet und von Überflüssigem überwuchert – uralte Traditionen und herrliche, von jedem Zeitgeist unabhängige, für das sittliche Leben wichtige und fruchtbare Wahrheiten verborgen liegen.

Diese Aussprüche haben sich mir in der Tat bestätigt. Aber ich frage Sie: ist es gut, daß es so steht? Darf es so bleiben, daß Abgestorbenes und Überflüssiges das Tüchtige und Lebenskräftige überdeckt und dadurch für viele Brüder verborgen gehalten wird? Lassen wir das auf die Länge bestehen, tragen dann nicht wir die Schuld, wenn viele Brüder zu dem guten gehaltvollen

Kern gar nicht hindurchdringen und dann die einen unwillig oder spottend von unserem Treiben sich abwenden, während den andern der Orden nur als Mittel dient, ihre Eitelkeit zu befriedigen, so daß sie dadurch sittlich verdorben statt sittlich gehoben werden? Hüten wir uns, daß wir nicht durch zu starres Festhalten an liebgewordenen alten Gewohnheiten das Auge für die Gegenwart und ihre Bedürfnisse blind werden lassen, während die Zeit mit gewichtigem Schritt vorwärts ging!

Ich bin weit entfernt, willkürliche Änderungen zu fordern. Ich habe als Ordensmeister gelobt, nach äußersten Kräften darüber zu wachen, daß die Lehre des Ordens rein und unverfälscht den Nachfolgern überliefert werde. Und ich werde das Gelübde halten. Aber eben deshalb warne ich: Hüten wir uns wohl, unbesonnen zu verfahren, oder gar wegzuwerfen, was einigen, wenn auch noch so achtbaren und unterrichteten Brüdern mißfällt, während ich gleichzeitig mahne, mit allem Nachdruck dafür zu sorgen, daß der Orden durch seine Einrichtungen und Lehren vor allem sittlich veredelnd auf die Gemeinschaft der Brüder wirken könne. Denn wenn diese Fähigkeit fehlt, würden die Arbeiten, wie ich es eingangs erwähnte, trotz des reichsten Besitzes an Symbolik und Deutung derselben, nur nutzlose Vergeudung von Zeit und Kraft, leere Worte und unfruchtbare Spielereien werden.

Diesen beiden Rücksichten zu genügen, sei unser ernstliches Streben, wie es seit der Zeit, wo ich das Amt als Ordensmeister übernahm, mein aufrichtiges Verlangen gewesen ist. Freudig werde ich alle Vorschläge begrüßen, welche mir von den Beamten des Ordens in diesem Sinne gemacht werden, und jederzeit bereit sein, zu dem Zweck einer größeren geistigen Belebung von meinem Ordensmeisterlichen Vorrechte Gebrauch zu machen, nach dem Bedürfnisse der Zeit das Licht höher aufleuchten zu lassen, daß es auch den äußersten Kreis unseres Bundes besser erhelle. Möge es uns gelingen, die richtigen Mittel und Wege zu finden!

Auf zweierlei, scheint mir, müssen wir hierbei ganz besonders unser Augenmerk richten. Zuerst darauf, daß der Unterricht schon auf der untersten Stufe den Brüdern eine ausreichende Erkenntnis dessen gewähre, was ihnen dargeboten wird. Es kommt mir nicht in den Sinn, zu wünschen, daß man die Lehren und symbolischen Handlungen der verschiedenen Stufen durcheinander menge, und den Lehrling vor der Zeit zum Meister befördere. Aber das scheint mir nötig, daß ihm von Anfang an ein seiner Bildung entsprechendes Verständnis dessen möglich gemacht werde, was ihm Neues und Fremdes entgegentritt. Soll unser Orden nicht dastehen wie eine Ruine, aus alter Zeit, die man anstaunt, ihres Alters wegen schätzt, vielleicht gar bewundert, ist er in der Gegenwart dazu da, um dem Leben der Gegenwart zu dienen, dann müssen seine Handlungen und Symbole die Herzen erwärmen, das Denken anregen, unmittelbar in die Anschauungs- und Vorstellungsweise der Gegenwart eingreifen können – und dazu ist eine unerläßliche Bedingung: „ein ausreichendes Verständnis".

Geben wir die Furcht auf, daß wir unrecht handeln, wenn wir aus den Lehren der höheren Grade in die niederen herübernehmen, was diese befruchtet. Das wird die beste Anwendung der höheren Grade sein. Denn, – und dieses ist das zweite, worauf ich Sie aufmerksam machen möchte, – wir müssen den Gedanken auch in unserer Großloge immer mehr zur Geltung kommen lassen, daß in unserer Zeit (1870) die Johannisloge das Hauptaugenmerk in der Freimaurerei sein, das Hauptgewicht erlangen muß.

Sie umschließt den größten Teil der Brüder, durch sie wird der Orden am meisten den Segen verbreiten, die Wirkung üben können, die von ihm ausgehen soll. – Ich habe wohl nicht nötig, in diesem Kreise gegen den Verdacht mich auszusprechen, als wollte ich ihn zu anderen, ihm selbst grundsätzlich fremden Zwecken mißbrauchen.

Aber das ist meine Hoffnung, das ist, was mein Interesse für ihn rege erhält, daß ich ihn geeignet erachte, vermittelst seiner stillen Arbeit die Wurzeln eines gesunden sittlichen Lebens in unserem Volke zu nähren, und das wird er am besten, wenn die Keime des Geistes, den er erhalten soll, mit Bewußtsein in den weitesten Kreisen aufgenommen werden können.

Unsere Akten lehren, daß schon in der Arbeitstafel des ersten Grades alle Kenntnisse der Freimaurerei enthalten seien. Wohlan, lassen wir diese Wahrheit immer mehr zur Wirklichkeit werden, und damit zugleich den Verdacht entfernen, als lehrten unsere höheren Grade etwas anderes, als die Johannis-Maurerei. Welch ein Erfolg, wenn wir damit auch die höheren Grade in eine klare, unbeneidete, der Verleumdung und Anklage entrückte Stellung treten lassen! Sie werden dann vor der ganzen freimaurerischen Welt als das erscheinen, was sie sein sollen, die Bildungsstufen für diejenigen, welche die Lehre des Ordens bewahren und verbreiten sollen; die Prüfungsräume für diejenigen, welche dem Orden zu dienen bestimmt sind, um ihn in lebendiger elastischer Kraft zu erhalten. Die Hochgrade werden dann immer mehr erscheinen als die mit Altersweisheit gesättigten Kommentare zu den Johannis-Akten, aus denen man lernen kann, was in der Johannisloge gelehrt und verkündet werden soll.

Somit habe ich meine Ansicht über das, was unserer Großloge für das neue Jahrhundert not tut, offen und unumwunden ausgesprochen.

Ich weiß, daß nicht alle Brüder diese Ansichten teilen, daß manche unter ihnen von diesen Ansichten Schaden und Unheil für den Orden fürchten. Mögen diesen Brüdern meine Worte eine Veranlassung sein, ernst und unbefangen zu prüfen, ob nicht der Boden, der durch Aufstellung dieser Ansicht erschüttert wird, vielmehr einer Eisdecke gleicht, die das Leben in Erstarrung zurückhält, als einem Felsengrunde, auf dem das Gebäude unseres Ordens in stolzer Ruhe sich sicher fühlen darf?

Ich hätte am heutigen Fest nicht so gesprochen, wüßte ich nicht, daß alle diese Gedanken seit Jahren in der ganzen Freimaurerwelt, wie in der Großen Landesloge wiederklingen.

Noch ist das Leben in dem alten herrlichen Baum, noch kann er, wohlgepflegt und gehütet von treuen Meistern, welche nicht erschrecken, wenn das dürre Laub niederrauscht, weil das junge Grün durchbrechen will, reiche und gute Früchte tragen.

Mag denn ein Frühlingshauch am Anfang des neuen Jahrhunderts unseren Orden umwehen, daß ein junges frisches Leben erwache und sich kräftig rege, ein Leben, welches die Frucht nicht schuldig bleibt.

Schreiten Sie dann mit Besonnenheit, mit Ruhe, mit reifer Schonung, aber auch mit frischem, frohem Mut, furchtlos und beharrlich vorwärts und seien Sie überzeugt, daß ich Ihnen auf diesem gewichtigen Gang gern und treu zur Seite stehen werde.

Unvollkommenes hat das scheidende Jahrhundert uns hinterlassen, als unvollkommen wird das kommende an seinem Schlusse bezeichnen, was wir getan. Möchte man aber den Ruhm uns zuerkennen können, daß wir redlich bemüht gewesen sind, im Sinne derjenigen Vorfahren, die den Namen der Weisen verdienen, zu handeln, und dem Geist und Wesen unserer Zeit entsprechend dem Orden die Gestalt zu geben, die seinen edlen Zielen angemessen, von dem jetzt lebenden Geschlecht gewürdigt werden, und zu seinem Helle wirksam sein kann.

Aber ein Großes ist in diesem Hause immer gewesen. Ein Großes soll in diesem Hause immerdar wirken – mehr wert als alle hohen Kenntnisse – ein klarer Ausfluß des wahren großen Geheimnisses der Freimaurerei.

Der Friede wohnt in diesen Hallen, Barmherzigkeit und Hilfe, treue Freundschaft, Gehorsam gegen das Gesetz, Vaterlandsliebe, pietätsvolle Verehrung unseres Königs und Landesherrn; – und der Doppelgesang von Ernst und Freude pries zu jeder Zeit den allmächtigen Vater der Menschen. So möge es bleiben! Das walte der große Baumeister der Welt."

Diese Rede enthält manchen guten Gedanken, und das wurde auch in der Großen Landesloge anerkannt. Besonders die Anregung zur geschichtlichen Forschung fand lebhafte Zustimmung. Es setzte eine eifrige wissenschaftliche Tätigkeit ein, die in der 1872 von Adolf Widmann gegründeten Zirkelkorrespondenz ihren literarischen Mittelpunkt fand. Aber diese Rede, die unverblümt die Grundlage der Großen Landesloge als eine Eisdecke bezeichnete, war eine Gefahrenquelle ersten Ranges, denn sie gab Einflüsterungen von humanitärer

Seite und anderen gegnerischen Stimmen von der autoritären Stelle des fürstlichen Ordensmeisters Ausdruck. Eine solche Rede kann der Ordensmeister vor seinem Ordensrat, allenfalls vor den höchstbeförderten Brüdern halten, aber nicht bei einer bedeutungsvollen Feier, an der die Freimaurerei des gesamten Deutschlands teilnahm. In diesem Sinne war die Rede ein gefährlicher und unverzeihlicher Mißgriff. Die Bemerkung, daß es nur eine Freimaurerei gebe, ohne daß klar gesagt war, welches die eine Freimaurerei sei, entfachte einen leidenschaftlichen Streit, in dem die altpreußische, christliche Richtung maßlos angegriffen wurde. Eine andere Gefahr erwuchs aus der Landesloge selbst, indem einige Forscher unter der Führung des Archidiakonus Schiffmann ihre kritische Begabung an den Grundlagen des Ordens üben zu müssen glaubten und schriftliche Beweise forderten, wo sie von einem ernsthaft gebildeten Historiker nicht erwartet werden konnten.

Schiffmann wußte den Kronprinzen derart auf seine Seite zu ziehen, daß der hohe Herr ganz vergaß, was er bei der Übernahme des Ordensmeister-Amtes von den Grundbestimmungen des Ordens gesagt hatte, und diktatorisch das Aufgeben dieser Grundbestimmungen forderte. Als er mit seinen Ideen Schiffmannscher Provenienz vor den Ordensrat kam, sah er sich aufrechten Männern gegenüber, die jeder englisch-humanitären Umbildung der Großen Landesloge und ihrer Lehre ein klares Nein entgegensetzten. Sie ließen sich durch die Autorität der fürstlichen Geburt des Ordensmeisters nicht von ihrer Überzeugung abbringen, der Gegensatz zwischen konservativer Gesinnung und liberalem Neuerungstrieb konnte nicht überbrückt werden, und so tat der Kronprinz den einzig möglichen Schritt, er legte sein Amt als Ordensmeister nieder. Die inneren Gründe dafür hat er zu verschiedenen Zeiten verschieden angegeben. Eine offizielle Erklärung gab er am 7. März 1874 ab, als er zum letzten Male das Kapitel leitete. Er hielt am Schluß eine Ansprache, die zeigt, wie fremd seinem humanitär eingestellten, liberal gerichteten Gedankenkreise die auf Tradition, Ordensgeist und Hierarchie aufgebaute Ordenslehre der Großen Landesloge geblieben war.

Die Ansprache lautete folgendermaßen:

„Nachdem beinahe vierzehn Jahre verflossen sind, seit Ich als Ordensmeister an die Spitze der Großen Landesloge von Deutschland getreten bin, scheide Ich heute aus dieser Stellung. Mich begleitet aus derselben das Bewußtsein, darnach gestrebt zu haben, so viel Meine anderweitigen Pflichten es gestatteten, das Wohl der Großen Landesloge zu fördern, und ferner das freudige Gefühl, daß Meine Bestrebungen nicht erfolglos gewesen sind.

Die Ansichten, welche Mich bei Meiner Amtstätigkeit geleitet haben, sind ausführlich in der Rede niedergelegt, welche Ich bei der Jubelfeier der Großen Landesloge gehalten habe, und welche Ich daher als allgemein bekannt voraussetzen darf. Ich will Mich deshalb heute darauf beschränken, in dem engeren Kreise der Kapitelbrüder von den Erfahrungen zu reden, welche Ich in Meiner ordensmeisterlichen Stellung gesammelt habe.

Je länger Ich Mich mit den Ordensangelegenheiten beschäftigte, desto weniger vermochte Ich Mich der Wahrnehmung zu verschließen, daß die Große Landesloge eine Zahl von Symbolen und Gebräuchen besitzt, die Mir darum überflüssig erscheinen, weil das, was sie bedeuten sollen, schon unter anderen Formen dargestellt ist. Ferner aber gelangte Ich zu der Auffassung, daß manche ihrer Zeremonien von dem erhabenen Wesen der Freimaurerei keineswegs unzertrennlich sind, so daß Ich Mich, bei aller Anerkennung des Anregenden und Interessanten, das sie bieten, nicht scheue, den schon wiederholt getanen Ausspruch hier zu wiederholen: der Orden könne auch ohne dieselben bestehen und auch ohne sie seinem Zwecke vollkommen dienen.

Jene Anhäufung von symbolischen Formen ist, glaube Ich, auf besondere geschichtliche Veranlassungen, welche bei der allmählichen Entstehung des Ordens von Einfluß auf denselben gewesen sind, zurückzuführen und aus ihnen zu erklären. Da wir aber hierfür nur wenige zuverlässige Beweise besitzen, erschien es Mir dringend geboten, daß das Dunkel, welches auf unserer Ordensgeschichte ruht, gelichtet und Klarheit über die Geschichte der Großen Landesloge geschaffen würde, und zwar geschichtliche Klarheit in einer den wissenschaftlichen Anforderungen der Gegenwart entsprechenden Weise. Ich habe deshalb keine Gelegenheit vorübergehen lassen, wieder und wieder daran zu erinnern, daß die Große Landesloge diese Aufgabe namentlich in den höheren Graden als eine ihrer wesentlichsten Pflichten ansehen müsse, weil sie sich bei den bloßen Traditionen nicht beruhigen dürfe.

Gewiß haben jene Überlieferungen ihren Wert, aber für sich allein sind sie ungenügend, um einmal entstandene Zweifel zu beheben, und unzureichend, um einen sicheren Boden für das gedeihliche Fortbestehen der Institution zu geben. Wo sie nun gar der freien Forschung sich entgegenstellen, und jeden Zweifel an ihrer Zuverlässigkeit als ein Vergehen brandmarken, da müssen sie geradezu nachteilig und gefährlich wirken. Es ist auf dem Gebiet der Ordenslehre und der Ordensgeschichte nicht anders als auf anderen Gebieten menschlichen Wissens; wir können uns auch in der Loge nicht von den Anforderungen der Zeit, der ja das Logenleben in richtigem Verständnis seiner Aufgabe dienen soll, losmachen, und könnten wir es, wir dürften es nicht, weil wir nicht in der Erkenntnis der Wahrheit zurückbleiben dürfen in einem Orden, der Licht und Wahrheit als seine höchsten Ziele preist!

Das bloße starre Festhalten am Überlieferten reicht nicht aus. Was für eine frühere Zeit vielleicht völlig geeignet war, ist es heute nicht mehr; was einer früheren Denkweise beruhigende Sicherheit bot, hält den wissenschaftlichen

Anforderungen der Gegenwart gegenüber nicht mehr Stand. Wollten wir dies übersehen, das bloße Konservieren des Alten im Orden würde dahin führen, daß derselbe allmählich anfinge jenen Ritterburgen zu gleichen, die einst ihren Insassen vollen Schutz für Freiheit und Leben gewährten, heute aber, obgleich sie in ihrem alten Zustande unversehrt erhalten geblieben, nur noch dazu gut genug sind, armen Gefangenen zum Kerker zu dienen und sie von dem frischen Verkehr des Lebens auszuschließen! – Darum, neben voller Achtung vor der Tradition: geschichtliche Forschung mit allen Mitteln, welche die heutige Wissenschaft bietet!

Um diese zu fördern, habe Ich gern dazu mitgewirkt, unsere Sammlung von Urkunden, welche für die Entstehung unserer Lehrart von Wichtigkeit sind, zu vervollständigen, und Ich darf daran erinnern, daß diesem Zweck die Ihnen bekannten Erfolge der schwedischen Mission im Jahre 1869 wesentliche Dienste geleistet haben. Seitdem war es Mir während Meines Aufenthaltes in Schweden und Norwegen im Sommer 1873 durch das Vertrauen und überaus freundliche Entgegenkommen Seiner Majestät des jetzt regierenden Königs Oscar II. vergönnt, auch von den geheimsten Dokumenten, welche die schwedische Loge besitzt, genauere Einsicht zu erhalten und solche zur Kenntnis Seiner Majestät unseres Kaisers und Königs zu bringen. Ein Zeichen echt brüderlicher Gesinnung und Teilnahme, für welches Ich dem erlauchten Fürsten, der jene Brüdervölker regiert, zum wärmsten, aufrichtigsten Dank verpflichtet bin.

Gleichzeitig bin Ich nicht müde geworden, die Brüder in den höheren Graden zu eingehendster Untersuchung unsrer Dokumente und Akten immer wieder aufzufordern und anzuregen, ebenso wie Ich bemüht gewesen bin, denen, welche dazu Neigung und Befähigung hatten, diese Forschung zu ermöglichen und sie darin nach besten Kräften zu fördern.

Ich habe außerdem damit begonnen, wichtige Arbeiten über unsre Quellenschriften den Ritterkommandeuren in allen Kapiteln abschriftlich mitteilen zu lassen, damit zunächst wenigstens die höchstbeförderten Brüder in den Stand gesetzt würden, sich ein selbständiges Urteil zu bilden. Mich hat dabei die Auffassung geleitet, daß, wenn sich ein Bruder zunächst durch alle Grade hindurch auf die Autorität anderer hat verlassen müssen, es des Ordens Pflicht sei, dem gereiften Manne wenigstens auf der höchsten Stufe der Kenntnisse einen eigenen Einblick und eignes Urteil zu gestatten. Zu meiner Freude ward Ich hierbei richtig verstanden und sehe, daß die Arbeit von verschiedenen Punkten aus rüstig in Angriff genommen ist, daher erwähne Ich auch heute bei dem Ausscheiden aus Meinem Amte gern mit Anerkennung und Dank diejenigen Leistungen, von denen Ich persönlich habe Kenntnis nehmen können.

Bruder Hoburg hat vor längerer Zeit eine übersichtliche Darstellung der Ordensgeschichte nach den bisher unter uns herrschenden Ansichten geliefert.

Bruder Widmann hat das Verdienst im Verein mit Bruder Alexis Schmidt, nicht nur die Brüder zu einer gründlicheren Kenntnis und Auffassung der Akten geführt zu haben, welche unseren Arbeiten gegenwärtig zugrunde liegen; beide Brüder haben auch versucht, die historischen Überlieferungen von neuen, bisher unter uns nicht beachteten Gesichtspunkten aufzuklären und zu stützen.

Bruder Schiffmann hat seinen Fleiß besonders darauf verwandt, unsere ältesten Akten mit den später aus Schweden uns überlieferten und mit den von v. Nettelbladt bearbeiteten kritisch zu vergleichen und die Verschiedenheiten darzulegen.

Endlich hat der für uns leider zu früh verstorbene Bruder Hoefig versucht, durch kritische Vergleichung mit den ältesten bekannten Freimaurerschriften über Alter und Ursprung unserer ältesten Akten und Dokumente Licht zu verbreiten.

Auf diese Weise wurde denn von sehr verschiedenen Punkten aus die Bahn freier Geschichtsforschung eröffnet und betreten.

Natürlich sind jene Untersuchungen in sehr verschiedener Weise und in verschiedenem Geiste geführt worden, und es darf niemand Wunder nehmen, wenn dabei diejenigen Erscheinungen nicht ausgeblieben sind, denen wir überall da begegnen, wo herrschende Tradition und Autoritätsglaube mit kritischer Forschung aneinander geraten. Zweifel werden rege, man wird vielleicht unangenehm aufgestört aus der behaglichen Ruhe des vermeintlichen sicheren Besitzes; die Geister platzen aufeinander; alles scheint in eine unheilvolle Verwirrung geraten zu müssen, statt des gehofften klareren Lichts droht zunächst nur Ungewißheit und eine größere Dunkelheit. – Lassen wir uns aber dadurch nicht irren! – Wenn in der Natur bei drückender, erschlaffender Luft das erfrischende Wetter herannaht, dann geht ihm wohl auch voraus ein gewaltiger Sturm, der die ältesten Bäume schüttelt und gegeneinander schlägt; Staub wirbelt auf; alles scheint in Aufregung und Verwirrung; jeder sucht dem Unwetter zu entfliehen. Aber hinterher atmet alles leichter und froher, und überall entwickelt sich ein frischeres, kräftigeres, reicheres Leben. – Nicht anders ist es in der geistigen Welt bei den Kämpfen um gründlichere, gesicherte, klare Erkenntnis. Und so wird es auch bei uns sein, wenn es den forschenden Brüdern um die Wahrheit, und nur um die Erkenntnis der Wahrheit zu tun ist. Ernstes Forschen wird dahin führen, daß zwiespältige Meinungen sich lösen, daß die Unsicherheit schwindet, und wenn auch der unerbittlichen Kritik manches zum Opfer fallen wird, auf dem gereinigten und historisch begründetem Boden werden die Brüder sich desto zuversichtlicher bewegen, und das Logenleben wird von dem Druck der Zweifel befreit, welche das eigne Nachdenken oder die Urteile anderer im einzelnen hervorrufen, sich um so gedeihlicher entfalten, den hohen Zwecken der Freimaurerei um so wirksamer dienen.

Unheilvoll könnten die Meinungsverschiedenheiten und die dadurch veranlaßte Unsicherheit der Ansichten nur dann werden, wenn unlautere Motive sich den historischen Forschungen beimischten; wenn nicht die lautere Wahrheit das letzte und höchste Ziel der Forschenden bliebe, und wenn infolgedessen die böse Taktik, der wir wohl anderswo bei ähnlichen Kämpfen begegnen, auch in den Bruderkreis eindränge, daß man, um seiner Ansicht zur Geltung zu verhelfen, sich nicht scheute, die Person des Gegners zu verdächtigen, wo man die Anschauungen und die Überzeugung desselben mit fachlichen Gründen nicht zu widerlegen vermag. Das hieße allerdings, das leidenschaftliche Parteiwesen in die Kreise verpflanzen, in denen die Bruderliebe das goldene Vereinigungsband bilden soll, und damit all das Unheil, das immer von leidenschaftlichem Parteieifer unzertrennlich ist, auch unserem Orden einimpfen. Sich davor zu hüten ist die ganz besondere Pflicht der forschenden wie der bei der Leitung des Ordens beteiligten Brüder. Ihnen liegt es insbesondere ob, den übrigen Brüdern voranzuleuchten in der Gesinnung und den Tugenden, die der Orden von allen seinen Gliedern fordert; sie insbesondere sollen in ihrem Verhalten zeigen, welche Frucht die Ordenslehre bringt, wenn sie den Bruder von der untersten bis zur höchsten Stufe geführt hat. So darf man von ihnen erwarten, daß sie bereit und imstande sein werden, die Bruderliebe auch da zu bewahren, wo die Ansichten weit auseinandergehen, und selbst dem Gegner soviel Liebe zur Wahrheit zuzugestehen, als man für sich selbst in Anspruch nimmt. Vermag der Orden dies nicht mit seiner ganzen reichen Symbolik zu bewirken, welch ein Wert könnte ihm dann noch beigemessen werden?

Daß alles Persönliche von diesen Forschungen ferngehalten werde, darf Ich um so mehr fordern, da Ich Selbst hierfür ein Opfer nicht scheue.

Denn für Meinen Rücktritt aus dem Ordensmeisteramt ist auch die Erwägung maßgebend gewesen, daß Ich befürchtete, es möchten durch Meine Stellung im Orden und durch persönliche Rücksicht auf Mich irgendwie die Forschungen beeinflußt oder beeinträchtigt werden. Eben von dieser Befürchtung will Ich aber durch Meinen Rücktritt die Brüder befreien. Mein Name soll nicht dazu dienen dürfen, Unhaltbares mit diesem Schilde zu decken. Andrerseits will Ich aber auch nicht, daß irgendeiner der Brüder aus Rücksicht auf Mich einer Ansicht folge, die er selbst sachlich nicht für ausreichend begründet erachtet. Mir ist es, das wiederhole Ich in dieser

Abschiedsstunde mit vollem Nachdruck, nur um die Wahrheit zu tun, aber Ich will auch, daß man durch kein Motiv irgendwelcher Art ihre Erkenntnis trübe. Daß sie ans Licht trete, dazu habe Ich die Forschungen zur Aufklärung unserer Ordensgeschichte eingeleitet und bis hierher geführt. Daß sie in diesem Geiste fortgeführt werden, diese Aufgabe überlasse Ich Meinem Nachfolger als eine ernste Pflicht, indem Ich zuversichtlich hoffe, daß es seine besondere Sorge sein wird, die volle Freiheit der Forschung allen höchstbeförderten Brüdern, die dafür Sinn haben, ungestört zu erhalten. Möge jedem derselben das uneingeschränkte Recht bewahrt bleiben, vor den Brüdern der obersten Stufe die Überzeugung, die er durch redliches Forschen gewonnen, unumwunden kundzugeben. Nur dadurch ist ein Austausch der Ansichten gesichert, der das noch Dunkle aufhellt und wenigstens auf der obersten Stufe jedem ein selbständiges, begründetes Urteil gestattet.

Solange diese historischen Forschungen ungehemmt betrieben werden, will Ich mit warmer Teilnahme die weiteren Arbeiten verfolgen, werde gern von allen wichtigen Ergebnissen der Forschung Kenntnis nehmen und freudig bereit sein, auch Meinerseits den weiteren Fortgang dieser Untersuchungen zu fördern.

Eine glänzende Bahn der Entwicklung ist der Großen Landesloge von Deutschland eröffnet worden. Frei steht es ihr von nun an, auf derselben fortzuschreiten, oder aber einfach bei dem bisher beobachteten Herkommen zu beharren. Gespannt blicken die Augen vieler taufende von Brüdern auf das, was der Orden von nun an tun oder unterlassen wird.

Mögen seine höchsten Beamten stets das Richtige zu wählen und zu treffen verstehen.

Und so erfülle Ich denn mit dem Scheiden aus dem Amte, das Ich in seiner hohen Bedeutung für die Förderung der erhabenen, herrlichen Zwecke der Freimaurerei lieb gewann, eine Pflicht gegen Mich Selbst, gegen den Orden und gegen die Brüder der Großen Landesloge. Ich scheide aber nur aus der begrenzten Tätigkeit innerhalb eines Systems, um desto unbefangener in Meiner Tätigkeit als stellvertretender Protektor unserer Königlichen Kunst in umfassenderer Weise zu dienen.

Die Würde, die Ich in diesem Augenblick niederlege, übergebe Ich denn hiermit Ihren Händen, Mein lieber Bruder von Dachroeden. Sie haben eine Reihe von Jahren als Landes-Großmeister an der Spitze der Großen Landesloge gestanden; Sie haben seit manchen Jahren als Mein Stellvertreter vielen Obliegenheiten Meines bisherigen Amtes sich mit unterzogen, das Amt, das Sie heute übernehmen, ist Ihnen deshalb nicht unbekannt und fremd. Möge es Ihnen gelingen, die Große Landesloge in gedeihlicher Wirksamkeit zu führen und zu fördern!

Ich danke Ihnen und allen Brüdern Beamten für die Unterstützung, welche Sie Mir gewährt haben; Ich danke allen Brüdern für das Vertrauen, das Sie Mir während Meiner Amtsführung erwiesen haben; und Ich bitte den allmächtigen Baumeister der Welt, daß er auch fernerhin der Großen Landesloge nicht fehlen lasse seinen Schutz und seinen Segen. –“

Diese Rede zeigt so typisch die Gedanken und die Redaktion Schiffmanns, daß man einzelne Redewendungen und Ausdrücke aus den Schriften Schiffmanns fast wörtlich wiederfindet. Der grundlegende, von Schiffmann ihm suggerierte Irrtum lag darin, daß er meinte, urkundlich beglaubigte Beweise für die templerische Überlieferung in der Lehre der Großen Landesloge fordern zu können, wo es in der Natur der Sache lag, daß die verfolgten und geächteten Ordensritter mit Absicht alle schriftlichen Beweise für das Weiterbestehen des Ordens vernichteten. Der Kronprinz verwechselte Legende und Geschichte, und er stand so sehr unter dem englisch-humanitären Einfluß, daß er einen allgemeinen Verbrüderungsbrei anrühren und den christlichen Ordensgedanken auf dem Altar der „alten Pflichten“ opfern wollte. Es sollte jedem die Äußerung seiner Meinung freigegeben sein, niemand sollte durch die Rücksicht auf die Person des Kronprinzen daran gehindert werden. Diese Wendung in der ordensmeisterlichen Abschiedsrede veranlaßte Schiffmann, in seinem negierenden Fanatismus so weit zu gehen, den Orden und seine Regierung aufs bitterste anzugreifen. Was vor allem auf seinen Ehrgeiz anstachelnd gewirkt hatte, war die völlig legale Änderung des Wahlgesetzes für den Ordensmeister, die seine ehrgeizigen Hoffnungen, selbst das höchste Amt erlangen zu können, vereitelte. Danach nahm er die Urkunden und Rituale sowie die geheimen Archivalien der Großen Landesloge vor und unterzog ihre geschichtliche Glaubwürdigkeit einer völlig einseitigen Kritik. Ein absoluter Dilettant in der geschichtlichen Disziplin, hatte er kein Verständnis für die fachliche Beurteilung von Quellen und Urkunden. Er ging in seiner Verblendung so weit, daß er das Gelübde der Verschwiegenheit verletzte. Die Folge war ein ehrengerichtliches Verfahren, in dem er zum Ausschluß verurteilt wurde.

Kaiser Wilhelm bestätigte dies Erkenntnis mit folgendem Schreiben:

„Sie haben Mir unterm 4. dieses Monats das in der maurerischen Untersuchungssache wider den Ordens Unter Architekten und wortführenden Meister des gesetzmäßigen Provinzial Kapitels von Pommern südlich der Peene, Bruder Schiffmann, Mitglied der St. Johannisloge „Drei goldene Anker zur Liebe und Treue“ in Stettin, von dem Ordensrat des Großen regierenden Ordens Kapitels der Großen Landesloge der Freimaurer von Deutschland Hierselbst unter dem 27. Juni dieses Jahres gefällte und von Ihnen dem Ordensmeister von Deutschland, unter dem 1. Juli dieses Jahres bestätigte Erkenntnis vorgelegt.

Nach genommener Einsicht und Erwägung aller hierbei geltend gemachten Gründe, kann Ich zu dem wider Schiffmann gefällten Erkenntnis ihn wegen der fortgesetzten Verletzung des Gelübdes maurerischer Verschwiegenheit aus dem Orden der Freimaurer zu excludieren, nur meine volle Billigung aussprechen.

Ich sage Ihnen für die Mitteilung des bezüglichen Schriftstücks meinen Dank und hoffe zugleich, daß Sie und der Ordensrat nicht nachlassen werden, für Aufrechterhaltung der bestehenden Gesetze und strengste Erfüllung der von jedem einzelnen übernommenen Verpflichtungen einzutreten.

Die Ordenslehre und ihre alten Gebräuche, wie sie uns von den Vätern überkommen, sie müssen rein und hoch gehalten werden, denn sie sind der Leitstern unseres Bundes, und solange Sie, der Ordensrat und die Große Landesloge, diesem unbeirrt folgen, wird auch Mein teilnehmendes Interesse Ihren Arbeiten alle Zeit gesichert bleiben.

Ihrem Ermessen überlasse Ich es, dies geeigneten Orts zur Kenntnis zu bringen und hiermit Meinen Gruß i. d. u. h. Z.

Berlin, den 18. September 1876 Wilhelm

An den Ordens-Meister
Br. v. Dachroeden.“

Dieses Schreiben des kaiserlichen Protektors bedeutet nicht allein eine Verurteilung Schiffmanns, sondern der ganzen Richtung, die, durch die Person des Kronprinzen gedeckt, glaubte, ihre Zeit sei gekommen, um den christlichen Ordensgedanken endgültig zu beseitigen und dafür die Utopie eines Menschheitsbundes einzusetzen.

Der Kronprinz hat selbstverständlich auch weiterhin der Freimaurerei seine ganze Zuneigung erhalten, denn er hatte erkannt, daß das Wesen der königlichen Kunst nicht getrübt werden könne und dürfe durch individuelle Auffassungen. Noch im Jahre 1883, gelegentlich der Festloge zur Einweihung des neuen Bundeshauses der Großen Loge zur Freundschaft, an der er als stellvertretender Protektor der drei altpreußischen Großlogen teilnahm und persönlich das Licht in den neuen Tempel einbrachte, sprach er die denkwürdigen Worte:

„Auf Befehl und im Namen Seiner Majestät des Kaisers und Königs, unseres Allerdurchlauchtigsten Protektors, der Mich mit Seiner Vertretung, beauftragte, drücke Ich den versammelten Brüdern Allerhöchst Sein Bedauern aus, nicht persönlich der Einweihung dieser schönen Räume beiwohnen zu können, biete Ihnen Allen aber zugleich den Gruß Seiner Majestät.

Nachdem Ich Mich des Kaiserlichen Auftrags entledigt habe, spreche Ich Ihnen nunmehr Meine innige Freude aus, gerade heute unter Ihnen zu

Josef Friedrich Freiherr v. Racknitz
Landesgroßmeister von Sachsen

verweilen und insbesondere in den neuen Tempel das Licht eingebracht zu haben.

Beim Anschauen der so großartig künstlerischen Leistungen, die uns umgeben, kann Ich nicht umhin, der fast wundersamen Beziehung zu gedenken, die zwischen der Scholle, auf der wir uns befinden, und der Geschichte Meines Hauses besteht; denn das uns Allen lieb und werte kleine Gebäude, das bisher den Arbeiten der Loge Royal York diente, nunmehr aber durch diesen prachtvollen Neubau in Schatten gestellt ist, entstand zu der Zeit, als die Königskrone Meinem Hause zuteil ward, während dagegen dieses Tempels Grundsteinlegung innerhalb des ersten Jahrzehnts der Wiedergeburt und der Wiederaufrichtung des Deutschen Reiches wie seines Kaisertums stattfand.

Aber nicht die Erinnerungen, die sich uns aufdrängen, nicht die Schönheit der Räume, in denen wir uns befinden, dürfen uns heute die Hauptsache sein. Sie können nur nebenher mitwirken, wie der Rahmen bei einem Bilde, wie die Stätte, auf der ein Mensch lebt und schafft, nicht ohne Einfluß sind.

So wünsche ich denn, daß die Wirkung der schönen Räume, in denen Sie sich fortan bewegen werden, bei der Arbeit und beim Verkehr untereinander allezeit wohltuend sein möge.

Das wichtigste aber bleibt auch bei der heutigen Feier der Zweck, dem diese Räume dienen sollen, das, was den wahren Maurerberuf ausmacht.

Vor allem wünsche ich Ihnen deshalb, daß in diese Hallen ein frisches, echt maurerisches Leben mit einziehe, das in der stillen Arbeit genährt und gepflegt, in stets fortwirkender Kraft sich geltend mache und seinen Segen entfalte.

Wenn der ideale Gehalt, der unseren Bund erfüllt, bei denen, die die Arbeit leiten sollen, sich zu einem Zuge ihres eigenen Lebens gestaltet, wenn sie denselben in warmen Worten den versammelten Brüdern ans Herz legen, wenn die Brüder das Dargebotene mit ernstem Sinn aufnehmen, es in stiller Arbeit an sich selbst zur Veredelung des eigenen Lebens verwenden, wenn es dann bewußt oder unbewußt mit hinausgetragen wird in die Außenwelt, auch hier anregend und sich verbreitend: dann wird die Loge, dann wird die Freimaurerei, die hier ihre neue Stütze gefunden hat, ein Segen für die Brüder, für unser Volk, für unsere Zeit.

Daß dies sich erfülle, das sei der Wunsch, mit dem Ich Sie hier heute begrüße."

Als der Kronprinz dann, nachdem der Großmeister, Professor Herrig, seine Gesundheit ausgebracht hatte, dankte, kam er auf seine alte Idee zurück: „Ich danke Ihnen, Meine Brüder, für die Art, wie Sie Mich heute aufgenommen haben, und wiederhole hier gern noch einmal, daß es Mir zu hoher Befriedigung gereichte, mit Ihnen Zeuge der erhebenden Feier der Weihe dieses Hauses gewesen zu sein. Sie wissen, daß Ich Meine Kräfte bereitwillig den edlen Zwecken der Freimaurerei widme und hierin nicht nachlassen will, solange der Bund seinen Grundgesetzen treu bleibt. Innerhalb der mehr als fünfundzwanzig Jahre aber, die verstrichen, seitdem Ich als Nichtwissender in Ihre Reihen trat, bin Ich zu der Überzeugung gelangt, daß während der Zeit, in der wir Leben, Licht und Aufklärung verlangt, die Freimaurerei sich solchem Streben nicht verschließen soll. Wir Maurer dürfen im Forschen und Prüfen nicht rasten. Wir dürfen an dem Herkömmlichen, selbst wenn es uns teuer und wert geworden ist, nicht darum festhalten, weil wir es als Überlieferung empfangen haben, weil wir uns in dasselbe, wie in eine Gewohnheit, nun einmal eingelebt haben. Auch bei uns heißt es: nicht Stillstand, sondern Fortschritt! Mit dem Vertrauen, daß solches frisches, freimaurerisches Leben unserem Zeitalter beschieden ist, trat Ich heute unter Sie. Schließen wir uns zur Förderung desselben immer fester und fester aneinander und reichen uns die Hand zum schönen Bunde."

Über einen Besuch des Kronprinzen in Königsberg berichtet Geheimrat Dr. Otto Hieber in seiner Schrift gegen Settegast (Berlin 1892): „Am Anfange des Juni 1885 weilte der damalige Kronprinz mit seinem Sohne, unserm jetzigen Kaiser, in Königsberg. Die Gesellschaftsräume unserer Loge zum Totenkopf und Phönix waren zu einer Festlichkeit hergegeben worden, welche von den Offizieren des Regiments des Kronprinzen ihrem hohen Chef gegeben wurde. Auch ich hatte hierzu eine Einladung erhalten. Während des Festes trat der damalige Meister unseres Provinzial-Kapitels, welcher sich gleichfalls unter den Festteilnehmern befand, an mich heran und teilte mir mit, er habe dem Kronprinzen die Bitte vorgetragen, ihn in die damals gerade neu ausgestatteten Räume des Kapitels geleiten zu dürfen. Der hohe Gast sei in liebenswürdigster Weise darauf eingegangen und habe gestattet, daß, außer dem Kapitel-Meister, auch ich, der damals eben erst erwählte Meister der Johannisloge, ihn dorthin geleiten dürften. Und so geschah es. Der Kronprinz verließ die Gesellschaft und begab sich in unserer alleinigen Begleitung nach oben. Unter heiteren Scherzen stieg er die Treppe hinan, als er jedoch die Arbeitssäle betreten hatte, wurde er ernst, fast schweigsam. Mit der größten Aufmerksamkeit und eingehendstem Interesse nahm er die neuen Einrichtungen in Augenschein und hielt mit seinem Lobe, ja seiner freudigen Bewunderung nicht zurück. Als er den Raum einer unserer höchsten Ordensstufen betrat, blieb er sinnend und sichtlich ergriffen stehen. Nach einer Pause sprach er etwa folgende Worte: „Was ist doch das für ein herrlicher, tief ergreifender Grad! Ich erinnere mich noch lebhaft der letzten Arbeit, die ich auf dieser Stufe geleitet habe, in welcher ich dem Herzog Carl (Herzog zu Schleswig-

Holstein-Sonderburg-Glücksburg) selbst die Weihe erteilte." – Wieder blickte er eine Weile sinnend, wie in Erinnerung verloren, vor sich hin; dann wandte er sich zu uns und sprach mit milder Freundlichkeit: „Nun, es ist doch vieles besser geworden. Man weiß jetzt in der Landesloge, wohin ich will; und das gereicht mir zur Freude!" – Und ich wußte jetzt, daß das Herz Friedrichs, des Edlen, noch das unsrige war! – Das war eine kostbare Viertelstunde; sie bildet eine der schönsten Erinnerungen meines Lebens. – Also geschehen am 3. Juni 1885."

Während der wenigen Monate, in denen er die Kaiserkrone trug, hat dieser Kaiserliche Maurer noch zweimal an die drei altpreußischen Großlogen das Wort gerichtet. Zum ersten am 31. März 1888:

„... Unter seinem (Kaiser Wilhelms) hochedlen Protektorate hat die Freimaurerei die Benennung „Königliche Kunst" gehörig aufrechtgehalten. Rein und erhaben im Gemüt, in Wort und Tat, und die Brüder beseelend, die ihm auf der Bahn zur Weisheit, Schönheit und Kraft nachahmen, blieb er bis zu seinem Eingang in den ewigen Osten ein leuchtendes Muster für alle Brüder Freimaurer... Wie der verblichene Kaiser Wilhelm, werde ich nicht ermangeln, wie bislang der Freimaurerei mein aufrichtiges Interesse zu widmen."

Dann zum letztenmal vor der Erlösung von seiner schweren Krankheit am 10. April 1888: „... Wie der Heimgegangene Kaiser überall da mit ganzer Seele und Geisteskraft eintrat, wo nach einem hohen und edlen Ziel gestrebt wurde, so trug er insbesondere unserem Orden ein ehrendes Vertrauen und warmes Interesse entgegen, deren Zeugnisse der Geschichte des Ordens angehören. Sein Heimgang, der in der ganzen Welt betrauert wird, war gleich seinem ganzen Leben, der eines Christen und echten Freimaurers, eines Helden, der den Tod überwindet, um zum ewigen Lichte einzugehen.

Ich trete die Nachfolge dieses erhabenen Protektors der Freimaurerei in der frohen Hoffnung an, daß die Erinnerung an seine Seelengröße und Liebe bei allen Gliedern der Bruderkette, reichen Segen bringend, bis in die fernsten Zeiten erhalten bleibe."

Wir haben noch zweier königlicher Freimaurer aus dem Hause Hannover zu gedenken, die natürlich infolge der nahen Verwandtschaft mit dem Großbritannischen Königshaus ganz englisch orientiert waren. Immerhin muß man anerkennen, daß sie sich als Könige von Hannover stets als deutsche Reichsfürsten gefühlt und auch in deutsch-vaterländischem Sinne betätigt haben.

König Ernst August war schon als Herzog von Cumberland im Jahre 1796 zum Freimaurer aufgenommen worden. Er hatte dann die Leitung der englischen Provinzial-Großloge in Hannover übernommen und im Sinne und auf Anregung der hannoverschen Brüder am 1. November 1828 eine Großloge des Königreichs Hannover eingesetzt. Diese Körperschaft hat einen besonderen Einfluß auf die Freimaurerei in Deutschland nicht ausgeübt, aber sie hat den Logen des Königreichs infolge der engen Beziehungen zu dem Königshaus viel genützt.

Zum erstenmal befand sich der Herzog von Cumberland im Jahre 1814 im Kreise der Brüder der St.-Johannis-Loge „Friedrich zum weißen Pferde" in Hannover und äußerte sich dem Meister vom Stuhl gegenüber, er habe sich so wohl im Kreise der Brüder gefühlt, daß er wünschte, Mitglied der Loge zu werden. Im Jahre 1814 wurde ihm dann die Ehrenmitgliedsurkunde übersandt, und er dankte darauf in herzlichen Worten. Er bedaure, daß er von so geliebten Brüdern in Hannover entfernt sein müsse (er hatte die Schwester der Königin Luise zur Gemahlin und lebte meist in Neustrelitz), aber er hoffe auf ein baldiges Wiedersehen und eine frohe Zukunft. „Möge die Loge recht viel des Guten noch auf Erden stiften, damit das hohe Ziel unserer ehrwürdigen Maurerei immer näher dem Menschengeschlechte gebracht und die still blühende Liebe der Brüder durch die edle Frucht offenbar werde, welche Genuß für alle ist. Kann ich in der Entfernung mitwirken, in Ihrem Kreise: so soll es nie an brüderlicher Bereitwilligkeit fehlen, gleich wie das Beste der Loge stets mir am Herzen liegen wird."

Ernst August hat auch als König und bis zu seinem Lebensende im Jahre 1851 das Amt des Großmeisters geführt und ist im Leben und Sterben ein echter Freimaurer gewesen.

Sein Sohn, König Georg V., hatte durch Verfügung von 19. März 1852 das Protektorium über die Logen seines Königreichs übernommen, und da der damalige Großmeister, Reichsgraf von Bentinck, von Hannover abwesend war, so führte der deputierte Großmeister, Baurat Heinrich Ludolph Krüger, die Verhandlungen mit dem König-Protektor. Dabei kam es zu tief religiösen Gesprächen, und der König gewann ein starkes inneres Erleben des freimaurerischen Gedankens, so daß er den Entschluß faßte, sich einweihen zu lassen. Aber er machte seine Aufnahme von der Bedingung abhängig, die Großloge auf rein christlichen Standpunkt zu stellen und jede Aufnahme von Nichtchristen zu verbieten. Nachdem der Großbeamtenrat die christliche Grundlage beschlossen hatte, bestimmte der König als Tag seiner Aufnahme den 14. Januar 1857. Über den feierlichen Akt sagt das Protokoll, das uns H. Wanner der Ältere (fünfzig Jahre gemeinsamer Arbeit unter einem Dache) mitteilt:

„Seine Majestät der König wurden darauf ritualgerecht zum Freimaurer des ersten Grades aufgenommen und empfingen 7¼ Uhr die feierliche Bundesweihe, zu welcher von dem Sehr Ehrwürdigen Vorsitzenden ein zu diesem Zwecke eigens angefertigter Hammer benutzt ward. Es wurde darauf dem Allerdurchlauchtigsten Bruder der erste Unterricht in der Königlichen Kunst erteilt, die maurerische Bekleidung angelegt und das für die treue königliche Lebensgefährtin Seiner Majestät bestimmte Paar Handschuhe übergeben, auch wurden Seine Majestät mit den besonderen Rechten und Pflichten der Brüder Lehrlinge durch den Unterschriebenen (F. W. Lohmann, Sekretär der Loge zum schwarzen Bär) bekannt gemacht, worauf Seine Majestät das Verpflichtungsbuch mit Allerhöchst ihrer Unterschrift zu versehen geruhten."

An demselben Abend wurde dem König auch die Meisterweihe erteilt, worauf er mit herzlichen Worten dankte: „Ehrwürdige und geliebte Brüder! Nun, wo ich die beglückende und aufrichtige Freude habe, in Ihren heiligen Bund aufgenommen zu sein, darf ich aussprechen, daß ich von jeher den innigen Wunsch gehegt habe, demselben näher anzugehören. Das Protektorat über den Freimaurerbund genügte mir nicht mehr, ich mußte unter Ihnen sein, ich mußte Ihr Bruder werden. Meinen Wünschen haben Sie gewillfahrt, indem Sie mir die Pforten aller Logen meines Landes geöffnet und mich als Mitglied derselben aufgenommen haben. Nehmen Sie dafür meinen aufrichtigen, wärmsten Dank an und die Versicherung, daß ich bemüht sein werde, Ihnen das zu sein, was Sie von mir erwarten. Ich rufe den göttlichen Baumeister aller Welten an, mir zum Wollen das Vollbringen zu geben, damit ich Ihnen stets ein treuer Bruder sein könne."

Selbstverständlich wurde der König nun auch Großmeister der Großloge von Hannover, und er hat dieses Amtes treuen und warmen Herzens gewaltet. Ein Mann von einer schlicht christlichen Frömmigkeit, vermied er im Bruderkreise, jedes Zeichen seiner königlichen Würde anzulegen. Im einfachen schwarzen Anzug erschien er in der Bruderkette, und wie er innerlich sich in nichts von den Brüdern unterscheiden wollte, so sollte auch äußerlich nichts an seine fürstliche Stellung erinnern. Das Dankschreiben, das er gleich nach seiner Aufnahme an die St. Johannisloge „Friedrich zum weißen Pferd" erließ, enthüllt die edle Seele und das echte freimaurerische Empfinden des hohen Herrn:

„Innigst geliebte Bundesbrüder! Es ist Meinem Herzen ein zu wohltuendes Gefühl, als daß Ich nicht gern den Brüdern der Loge Friedrich zum weißen Pferde im Oriente von Hannover Meine brüderliche Anerkennung dafür abstatten sollte, daß Sie durch eine von der Loge abgeordnete Deputation die schöne Feier Meines Eintritts in unsern Bund erhöht und Mich zugleich auch als Mitglied Ihrer Loge anerkannt haben. Der hohe heilige Augenblick Meiner Bundesweihe hat mein Gemüt tief ergriffen und wird Mir unvergeßlich bleiben.

Mit Worten vermag Ich Meine warme, innige Regung für den erhabenen Zweck unsers Bundes, sowie Meine Freude, demselben nun mit Ihnen anzugehören, nicht auszusprechen. Die Maurerkette hat Mir Männer und Bruderherzen noch näher zugeführt, als es sonst vielleicht möglich gewesen wäre. Es ist nicht allein das Herz des Landesherrn, Ihres Königs, nein, es ist das Herz des Bruders, des wahrhaften Maurerbruders, das Ihnen, Meine teuren Brüder, warm und innig entgegenschlägt.

Wie Ich die hohe ernste Bedeutung des Bundes im Glauben an Gott und unsern Heiland, durch Taten wahrer Menschenliebe, gegenseitiger Treue und Vertrauens in Weisheit, Stärke und Schönheit erkenne, so lassen Sie uns, Meine Brüder, nur vereint, um so eifriger und kräftiger dem Guten nachstreben und zu allen edlen Werken die Bruderhand uns reichen. Dazu gebe der große Baumeister aller Welten seinen Segen und Beistand."

Nach dem Kriege von 1866 wurde Hannover dem Königreich Preußen einverleibt. Der König, der seit dem Jahre 1840 völlig erblindet war, lebte mit seiner Gemahlin teils bei Wien, teils in Frankreich und zuletzt bei seinem Sohne, dem Herzog Ernst August von Cumberland in Gmunden, wo in der kleinen evangelischen Kirche noch heute die einfache Holzbank steht, auf der der König regelmäßig dem Gottesdienst beiwohnte. Er war ein innig gläubiger Christ und ein aufrichtiger Freimaurer.

Viertes Buch

Dauer im Wechsel

I. Die Große Landesloge von Sachsen

In Sachsen hat die Freimaurerei mit am frühesten Fuß gefaßt. Graf Rutowski hatte, wie wir geschildert haben, die erste Dresdener Loge gestiftet, „Zu den drei Adlern“ genannt, aus der dann die Loge „Zu den drei goldenen Schwertern“ (aux trois glaives d'or) hervorging, die nach mancherlei Schicksalen und mehrfachen Namensänderungen noch heute unter dem Namen „Zu den drei Schwertern“ in stolzer Blüte und segensreicher Arbeit besteht.

Diese Brüderschaft genoß im Lande ein so großes Ansehen, daß sich die Loge in Plauen an deren Meister vom Stuhl wandte, „den Versuch zu unternehmen, die zahlreichen vaterländischen Logen und Brüder von dem ebenso entbehrlichen wie lästigen Einflusse auswärtiger Großlogen zu befreien und alle zu einem Bunde zu vereinigen“. Der Meister der drei Schwerter, Geheimrat Karl Friedrich von Brand, besprach diese Anregung in einer Meister-Konferenz am 23. Januar 1805, und das Ergebnis war ein Rundschreiben, dem er zugleich die Grundgedanken der geplanten Vereinigung beifügte.

1. Die Kursächsischen Logen, welche bisher mit auswärtigen Großen Logen in Verbindung gestanden, irgendeine höhere Autorität derselben anerkannt, oder auch bestimmte Zahlungen an dieselben zu leisten übernommen haben, heben künftig diese Verhältnisse gänzlich auf.

2. Alle diese Logen unterhalten mit den ausländischen Großen oder gewöhnlichen Logen bloß diejenigen Verbindungen, die alle und jede gerechte und vollkommene Logen und alle echten Freimaurer gegenseitig anerkennen.

3. Dagegen vereinigen sie sich zu einem Bunde der gesamten Kursächsischen Freimaurer-Logen.

4. Dieser Bund umfaßt, wo möglich, alle diejenigen in Kursachsen bestehenden Logen, von welchen die obrigkeitlichen Behörden vor einigen Jahren durch die anbefohlenermaßen eingezogenen Erkundigungen legale Notiz erlangt haben, – insofern nicht vielleicht eine oder die andere derselben geneigt ist, die auswärtigen Verbindungen dieser durch Gemeinsinn und Vaterlandsliebe veranlaßten Verewigung vorzuziehen.

5. Keine dieser Logen hat dabei einen Vorzug vor den übrigen: alle sind gleich.

6. Sie haben unter sich gewisse Punkte festzusetzen, nach welchen bei Irrungen, die zwischen einzelnen Logen, zwischen Logen und Brüdern, ingleichen zwischen einzelnen Freimaurern entstehen können, verfahren und zu deren Entscheidung in jedem einzelnen Falle eine zu bestimmende Anzahl Schiedsrichter ernannt werden soll.

Bundeshaus der Großen Landesloge von Sachsen in Dresden

7. Die verweigerten Aufnahmen oder Beförderungen, ingleichen die erfolgten Suspensionen und Exklusionen, dürfen keiner der verbundenen Logen unbekannt bleiben.

8. Es wird bei diesem Bunde bloß auf die drei St.-Johannis-Grade Rücksicht genommen: Die Notiz von höhern Graden und Erkenntnisstufen muß sogar aus den Logenlisten entfernt werden.

9. Der Einsicht und Prüfung einer jeden Loge bleibt es überlassen, von welcher Seite sie die Maurerei betrachten will. Die Verschiedenheit der Meinungen, Gebräuche und Rituale kann der Teilnahme an dieser Verbindung nicht entgegenstehen.

10. Die einzige unerläßliche Bedingung, die von einer jeden zu dem Bunde tretenden Loge zugestanden und sorgfältig erfüllt werden muß, besteht darinnen, daß bei Bewilligung der Aufnahmen und Beförderungen stets die größte Vorsicht zu beobachten ist und daß vorzüglich weder in den Logen etwas vorkommen, noch in den Ritualen etwas enthalten sein darf, was mit den Gesetzen der Religion, des Staats und der guten Sitten auf irgendeine Art in Widerspruch steht.

11. Die Ausschließung aus dem Bunde und Anzeige bei der Obrigkeit soll die unausbleibliche Folge einer bei genauer Untersuchung sich ergebenden Vernachlässigung der jedem Freimaurer so heiligen Gesetze der Religion, des Staats und der guten Sitten sein.

12. Die Aufmerksamkeit auf die ununterbrochene allgemeine Beobachtung dieser Gesetze muß notwendig einer zu dem Bunde der gesamten Kursächsischen Freimaurer-Logen gehörigen einzelnen Loge übertragen werden.

13. Diese übernimmt auf gewisse Art eine Verantwortung für die übrigen mit ihr verbundenen Logen.

14. Sie muß aber auch in den Stand gesetzt werden, sich stets von der Verantwortlichkeit dessen, was in dieser Loge vorgeht, zu unterrichten.

15. Zu diesem Endzweck wählt sie bei einer jeden mit ihr verbundenen Loge aus deren Mitgliedern oder Beamten drei Brüder, welche sich auf Maurerwort schriftlich dazu verbindlich zu machen haben, daß sie bei ihrer Loge die größte Aufmerksamkeit auf die genaue Beobachtung des angegebenen Grundgesetzes richten und von jedem bedenklichen Falle ohne Verzug Nachricht geben wollen.

16. Unter allen Kursächsischen Logen ist keine durch ihre Verhältnisse geschickter dazu als die vereinigte Loge zu den drei Schwertern und wahren Freunden, die durch ihr Erziehungsinstitut schon seit langer Zeit nicht bloß landesherrliche Duldung, sondern auch Anerkennung erlangt hat.

17. Diese Loge zu den drei Schwertern und wahren Freunden wird dadurch nicht zu einer das Logenwesen in Kursachsen dirigierenden Loge erhoben.

18. Sie darf aber wohl erwarten, daß jede auf diese Art mit ihr sich verbindende Loge geneigt sein werde, in Rücksicht auf die Übernahme jener Obliegenheit jährlich ein nach dem Verhältnisse der Anzahl ihrer Mitglieder zu bestimmendes Quantum von wenigstens zwanzig Reichstalern an die Loge zu den drei Schwertern und wahren Freunden einzusenden.

Diese Anregung der drei Schwerter wurde mit lebhaftem Beifall aufgenommen, einige Logen hielten sich zwar vorerst noch zurück, andere aber traten sofort mit dem klaren Willen hervor, eine eigene vaterländische Großloge zu stiften. Der Gedankenaustausch zeitigte einen regen Briefwechsel, in dem die Meinungen aller an der Vereinigung teilnehmenden Logen zum Ausdruck kam. Endlich waren die wichtigsten Fragen geklärt, und Brand konnte in einem zusammenfassenden Rundschreiben vom 28. August 1805 die Leitgedanken festlegen, die auf einem für den 28. Oktober in Aussicht genommenen Konvent zu Dresden beraten werden sollten:

„1. Die vaterländischen Logen, die sich, um den angezeigten Zweck zu erreichen, durch einen Logenbund zu vereinigen wünschen, sind bereits entschlossen, daß sie sich durch die Verschiedenheit der Meinungen, welche dieses Gegenstandes halber von einigen in unserm Vaterlande bestehenden Logen geäußert worden, nicht abhalten lassen, diesen Verein zu schließen.

2. Wenn er daher in gewisser Rücksicht bereits für geschlossen zu achten ist, so kommt es dabei nur noch auf eine Vereinigung in Ansehung seiner äußeren Form und zu entwerfenden Grundgesetze an.

Diese wird der Gegenstand der gemeinschaftlichen Beratschlagungen bei einer maurerischen Zusammenkunft der Abgeordneten aller vaterländischen Logen sein, die an der Errichtung des Bundes entweder selbst Anteil nehmen oder auch nur von den Fortschritten dieser die Freimaurerei in Kursachsen so nahe angehenden Unternehmung genau unterrichtet zu sein wünschen.

3. Ich darf hoffen, daß ich die Meinungen derer, welche an diesem Konvente Anteil nehmen wollen, nicht verfehle, wenn ich Dresden als den Ort und den 28. Oktober dieses Jahres als den Anfang der Zusammenkünfte in unmaßgeblichen Vorschlag bringe.

4. Dem Gutbefinden einer jeden an diesem Konvente teilnehmenden Loge bleibt es überlassen, ob sie für die genaue Prüfung dieser wichtigen Angelegenheit durch die Absendung mehrerer Brüder sorgen oder nur einen derselben dazu bevollmächtigen will, doch wird sie wegen der entscheidenden Mehrheit der Stimmen bei eintretenden Abstimmungen in keinem Falle mehr als eine einzelne Stimme haben können. Es versteht sich auch von selbst, daß die Abgeordneten einer jeden Loge zur Begründung der Verbindlichkeit des zu schließenden Vertrags das Recht, den Willen ihrer Loge auszusprechen und für selbige zu stimmen, durch eine hinreichend unterzeichnete Vollmacht, die jedoch von der zu derselben nicht gehörigen Instruktion wohl zu unterscheiden sein dürfte, darzulegen haben.

5. In Rücksicht auf den Hauptzweck der ganzen Anstalt, daß dadurch der auswärtige Parteigeist mit allen seinen Folgen von den vaterländischen Logen auf immer entfernt werde, ist es nötig, daß die dem Bunde beitretenden Logen, welche bisher irgendeine höhere Autorität ausländischer Großen Logen anerkannt oder auch bestimmte Zahlungen an dieselben zu leisten übernommen haben, sotane Verhältnisse unter Beziehung auf den im Vaterlande errichteten Logen-Verein ohne Verzug aufheben.

6. Eine jede vaterländische Loge ist unstreitig nach den deshalb allgemein angenommenen und durch die Geschichte aller Logen bestätigten Grundsätze berechtigt, die Verhältnisse dieser Art, in welchen sie gegen irgendeine Große Loge steht, aufzukündigen. Keine der letzteren ist befugt und vermögend, sie daran zu behindern, und nur in dem einzigen Falle, wenn die aus der Liste der Schutzverwandten gestrichene Tochterloge

es unternehmen wollte, die Freimaurerei auf eine von den bisher allgemein anerkannten maurerischen Grundsätzen und Formen im wesentlichen abweichende Art zu bearbeiten, kann es einer Großen Loge zukommen, einer abtrünnigen Tochterloge die Anerkennung mit einigem Erfolg zu versagen.

7. In Beziehung auf die Sorge, daß die Freimaurerei in unsern einzelnen, nach so mancherlei ihnen mitgeteilten Ritualen und Gesetzen arbeitenden Logen vielleicht nicht stets in der allgemein anerkannten Reinheit derselben fortgepflanzt werden würde, ist es jedoch höchst wünschenswert und sogar notwendig, daß diejenigen Logen, welche einer ausländischen Großen Loge die bisher geduldete Unterwürfigkeit und Zinsbarkeit aufkündigen und derselben dagegen die Aufsicht über ihre fortdauernde Regelmäßigkeit ersparen wollen, jene Furcht durch irgend eine zweckmäßige Anstalt für immer abzuwenden suchen.

8. Diese Absicht wird sehr leicht erreicht werden, wenn die vaterländischen Logen, die sich durch einen Bund vereinigen wollen, dabei zugleich eine eigene Große Loge oder ein Direktorium der Freimaurerei in Kursachsen errichten, welches ihnen in ihrem Vaterlande künftig, statt der bisherigen verschiedenen Tennungspunkte, als ein selbsterwählter Vereinigungspunkt und als Schutzwehr gegen alle willkürliche Behandlungen der reinen Freimaurerei dienen kann.

9. Auf die über die maurerischen drei Johannis-Grade hinausgehenden sogenannten höhern Grade und Erkenntnisstufen, deren Notiz sogar aus den Listen der verbundenen Logen zu entfernen sein dürfte, kann bei diesem Logenverein und bei der damit zu verbindenden Errichtung eines Directorii keine Rücksicht genommen werden. Jene Kenntnisse und Grade bleiben das fortdauernde ungestörte Eigentum derjenigen Mitglieder der zum Bunde tretenden Johannislogen, welche sich damit beschäftigen wollen.

10. Das Direktorium sorgt vorzüglich für die Erhaltung und Fortsetzung der Maurerei, welche in den drei Johannis-Graden enthalten ist. Die Rituale und Gesetze, nach welchen dieselbe bisher in den einzelnen vaterländischen Logen behandelt wurde, sind die durch die Autorität der Großen Loge, welche sie mitgeteilt hatten und durch eine vieljährige Anerkennung geheiligten und genehmigten Formen, deren Echtheit keinem Zweifel unterworfen sein kann. In diesen verschiedenen Ritualen und Gesetzen darf daher ohne Vorwissen und Genehmigung des gesamten Logen-Vereins oder vielmehr der durch denselben zusammengesetzten Direktorial-Loge nie etwas abgeändert werden. Jede zum Bunde tretende Loge überreicht zu dem Ende dem Direktorio eine beglaubigte Abschrift des Rituals und der Gesetze, nach welchen dieselbe die Freimaurerei bisher behandelt oder künftig zu bearbeiten entschlossen ist und die jedesmaligen Beamten sotaner Loge bürgen demselben

dafür, daß diese anerkannten Rituale und Gesetze in ihrer Loge solange unabänderlich beibehalten werden, bis irgendeine Wanderung, die jedoch nie das Wesentliche der alten reinen Maurerei betreffen darf, gemeinschaftlich beschlossen ist.

11. Übrigens ist die Direktorial-Loge ein maurerisches Gericht, welches die verbundenen Logen und Brüder sich selbst wählen und durch welches sie alle nicht sofort beizulegende Irrungen, die nicht vor die obrigkeitlichen Behörden zu bringen sind, entscheiden lassen wollen.

12. Alles, was die innere und eigentlich ökonomische Einrichtung einer jeden zum Bunde tretenden Loge betrifft, gehört an und für sich, und solange deshalb keine sofort zu beseitigenden Irrungen entstehen, nicht zur Beurteilung der Direktorial-Loge.

13. Die Residenzstadt Dresden scheint der Ort zu sein, an welchem das neue Direktorium der Freimaurerei in Kursachsen zu errichten sein dürfte.

14. Dasselbe besteht aus den gewöhnlichen Beamten einer Großen Loge, welche bei dem zu veranstaltenden Konvent durch die Abgeordneten der sämtlichen sich vereinigenden vaterländischen Johannis-Logen, aus den für immer in Dresden sich aufhaltenden Freimaurer-Meistern ohne Rücksicht auf ihre bisherige maurerische Tätigkeit und auf die Logen, zu welchen sie sich zählen, zu erwählen sein werden. Sie verwalten die ihnen anvertrauten Ämter wenigstens drei Jahre lang, und nach Ablauf derselben wird eine neue Wahl der Großbeamten veranstaltet. Übrigens sind die jedesmaligen den Hammer führenden Meister, deputierten Meister und beiden Aufseher der sich verbindenden Logen, vermöge der ihnen anvertrauten Ämter, die von jeder einzelnen Loge gewählten Mitglieder des Direktorii.

Es werden aber diejenigen, welche durch die Entfernung ihrer Wohnorte an den gewöhnlichen Versammlungen der letztern Teil zu nehmen sehr oft behindert werden müssen, dafür zu sorgen haben, daß stets ein gehörig legitimierter Bevollmächtigter derselben und Repräsentant ihrer Loge in Dresden anwesend sei, welcher bei den festzusetzenden, vielleicht vierteljährlichen Direktorial-Versammlungen die Stelle der entfernten Loge vertreten kann. Dieser wird auch zum Behuf der einzuholenden Anweisungen womöglich jedes Mal einige Wochen vor dem Versammlungstage des Direktorii von den dabei zur Beurteilung kommenden Gegenständen zu unterrichten sein.

Eine Menge anderer, die Form und den Geschäftsgang dieser Direktorial-Loge betreffenden Einrichtungen müssen notwendig bis zum Konvent und bis nach Entscheidung der Frage ausgesetzt bleiben, ob das Direktorium selbst errichtet werden soll.

15. Bei dieser Zusammenkunft wird endlich auch im voraus zu entscheiden sein, ob auswärtigen Logen, welche diesem eigentlich nur für vaterländische Logen in Vorschlag gebrachten Bunde in der Zukunft vielleicht beizutreten wünschen, der Beitritt zu bewilligen sein dürfte."

An der Versammlung nahmen sieben Logen teil, aber man konnte keine vollkommene Einigung erzielen. Insbesondere der Entwurf für die Grund-Verfassung begegnete vielfachen Meinungsverschiedenheiten. Bemerkenswert ist, daß die Abgeordneten eine Überordnung der englischen Großloge nicht mehr anerkannten, jedoch wollten sie, um ängstlichen Gemütern Rechnung zu tragen, ein Patent in London nachsuchen, aber sich völlig von einer Bevormundung freihalten.

Die Großlogengründung kam 1805 noch nicht zustande. Die kriegerischen Verwicklungen verhinderten jeden weiteren Schritt in dieser Richtung. Erst im Jahre 1811 wurden die Verhandlungen wieder aufgenommen. An den Beratungen, die am 7. Februar begannen, nahmen teil: Minister Gottlob Adolf Ernst v. Nostiz-Jänkendorf, Mitglied der Loge „Zur goldenen Mauer" in Budissin (Bautzen); Kammerherr Kurt Friedrich Wilhelm Leopold v. Loeben, dep. Meister vom Stuhl der Loge „Zum Leoparden" in Lübben; Obersteuerdirektor Georg Heinrich v. Carlowitz, Mitglied der Loge „Zu den drei Schwertern" in Dresden; Kammerherr Friedrich Karl Leopold Freiherr v. Beust, Mitglied der Loge „Zum goldnen Apfel" in Dresden; Präsident Karl Victor August v. Broizem, Mitglied und Senior der Loge „Zu den drei Schwertern" in Dresden; Oberhofrichter Ernst Friedrich Karl Ämilius Freiherr v. Werthern, Mitglied der Loge „Zum goldenen Kreuz" in Merseburg; Hofrat Karl August Tittmann, Mitglied der Loge „Zum goldenen Apfel" in Dresden; Geheimer Rat Johann Georg Friedrich Freiherr v. Friesen, Mitglied der Loge „Minerva" in Leipzig; Kammerherr Johann Adolf v. Leipziger, Mitglied der Loge „Zu den drei Schwertern" in Dresden; Hofrat Dr. Carl Heinrich Titius, Mitglied der Loge „Zu den drei Schwertern" in Dresden; Oberküchenmeister Joseph Friedrich Freiherr v. Racknitz, Mitglied der Loge „Zu den drei Schwertern" in Dresden; Geheimer Rat Karl Friedrich v. Brand, Meister vom Stuhl der Loge „Zu den drei Schwertern" in Dresden; Hofrat Dr. Johann Nikolaus Bischoff, Meister vom Stuhl der Loge „Zum goldnen Apfel" in Dresden; Generalleutnant Heinrich Wilhelm v. Zeschau, deput. Meister vom Stuhl der Loge „Zum goldnen Apfel" in Dresden; Kammerherr Karl Johann Wilhelm v. Nostitz von der „jetzt gedeckten Loge „Zu den drei Kronen" in Prag und Münster und Generalleutnant Johann Adolf Thielmann, Mitglied der Loge „Zu den drei Schwertern" in Dresden.

Heinrich Wilhelm v. Zeschau, Generalleutnant

Die versammelten Delegierten der sächsischen Logen beschlossen, eine Hauptversammlung auf den 23. Februar 1811 auszuschreiben, die auch zustande kam und unter dem Vorsitz eines hervorragenden Freimaurers, des Generalleutnants von Zeschau, tagte. Endgültig wurden die Grundgedanken festgelegt, von denen der hauptsächlichste war, daß alle vereinigten Logen die Freiheit haben sollten, nach ihrem bisherigen Ritual und System zu arbeiten. „Die Große Landesloge von Sachsen erkennt innerhalb der sächsischen Logen jetzt nur die drei Johannis-Grade an und gestattet den höheren Graden und Kapiteln, wo sie noch existieren, keinen Einfluß auf die Logenverwaltung." Alle Vorsitzenden Meister sowie die beiden Aufseher sollen automatisch

Mitglieder der Großen Loge, jedoch ohne Stimmrecht, sein. Darauf wurde die Wahl des Landes-Großmeisters und der Beamten vorgenommen. Zum Großmeister wurde Friedrich Freiherr v. Racknitz und zu seinem Deputierten Generalleutnant Heinrich Wilhelm von Zeschau gewählt.

Damit war die Großloge noch nicht gegründet, die Beamten konnten nur als designiert gelten, aber sie hatten doch ein Recht zu arbeiten. Und das taten sie denn auch fleißig und umsichtig. Vorab mußte ein Einvernehmen mit den Großlogen herbeigeführt werden, nach deren Ritualien die Sächsischen Landeslogen arbeiteten, dann mußten Entwürfe für ein Grundgesetz, für die Vollmacht der Vertreter und andere Arbeiten erledigt werden. Endlich war man so weit, daß diejenigen Logen, die ihren Beitritt erklärt und Vertreter namhaft gemacht hatten, auf den 27. September 1811 zu einer Versammlung nach Dresden eingeladen werden konnten, wo dann die Errichtung der Großen Landesloge von Sachsen beschlossen werden konnte.

Generalleutnant v. Zeschau eröffnete die Beratungen mit einem Vortrag über die Geschehnisse seit dem Februar 1811. Darin sagte er, wie Alwin Bergmann in seiner ausgezeichneten Festschrift zur Hundertjahrfeier berichtet (Dresden 1911), unter anderm folgendes:

„Alle Staaten Deutschlands, wo Maurern getrieben wird, sind in Errichtung großer Logen mit ihrem Beispiel uns vorangegangen, und Verschiedenheit der Systeme in den Bundeslogen ist ihnen kein Hindernis gewesen. Wie? Und Sachsen allein sollte nicht Energie und Gemeinsinn genug haben, sich ihnen gleichzustellen? Wir allein wollten dadurch unsern Mangel an Kraft, unsere einseitigen Ansichten, unsern Kaltsinn für die Maurerei beurkunden? Auf, meine Brüder. Lassen Sie uns mit Manneskraft und Brudersinn ans Werk gehen – lassen Sie uns das Ganze ins Auge fassen und kleinliche Rücksichten beseitigen – lassen Sie uns eilen, uns über den Grundvertrag zu vereinigen, uns als große Loge zu konstituieren und als solche anzukündigen – wie uns denn die große National-Mutter-Loge zu den drei Weltkugeln in Berlin bereits dafür anerkannt hat – und lassen Sie uns nicht die Beschämung erfahren, daß man in allen maurerischen Flugschriften unser Mißlingen ankündigt und unser vergebliches Bemühen behohnlächelt. Schon einmal scheiterte ein ähnlicher Versuch; ich enthalte mich, ein Urteil darüber zu fällen – warum? – Wird aber auch diesmal das Ziel nicht erreicht, dann möchte wohl jedes neue Unternehmen dieser Art auf ewige Zeiten ebenso vergeblich sein, als unser bisheriges Bemühen es war. Uns wird aber dennoch das beruhigende Bewußtsein bleiben, daß unsre Absichten rein und edel waren!"

Nach Abschluß der Beratung über das Grundgesetz erklärten die Logen „Zur goldenen Mauer" in Bautzen, „Zum Brunnen in der Wüste" in Cottbus,

„Zum goldenen Apfel“ und „Zu den drei Schwertern“ in Dresden, „Zu den drei Bergen“ in Freiberg, „Zur gekrönten Schlange“ in Görlitz, „Zum Leoparden“ in Lübben, „Zur Harmonie“ in Hohenstein, „Zu den drei Flammen“ in Planen und „Zu den drei Säulen“ in Triebel bestimmt ihren Beitritt. Generalleutnant von Zeschau weihte dann durch drei Hammerschläge die Vereinigung als Große Landesloge des Königreichs Sachsen, worauf er folgende Ansprache hielt:

„Vollendet ist nun das Werk, an welchem seit sechs Jahren gearbeitet ward; Biedersinn und Toleranz machten den Entwurf, Bruderliebe und Eintracht führten ihn aus. Geschlungen ist das schöne Band um den größten Teil der vaterländischen Logen, fester vereint sind wir von nun an, und kräftiger können wir jetzt fürs allgemeine Wohl der Brüderschaft, fürs Ganze der Maurerei wirken. Lassen Sie uns, meine sehr ehrwürdigen Brüder, dies hohe Ziel nun stets ins Auge fassen! – Immer sei unser Streben, den Vorurteilen zu steuern, Licht zu verbreiten, die Unwürdigen aus unserm Bunde zu entfernen und nur dem Edlen, dem Geprüften, dem Manne von Geist und Herz den Zutritt zu gestatten. In unseren Logen werde die Maurerei nach ihren ursprünglichen reinen Prinzipien bearbeitet. Veredlung des Menschen sei unser Zweck, jede unserer Arbeiten spreche diesen aus. Und welcher Zweck könnte wohl schöner, erhabener sein? Wer kann diese Tendenz der Maurerei verkennen, wenn man die ältesten Symbole und Gebräuche mit forschendem Geiste prüft? Die Form, die wir beobachten, sei uns bloß Form. Nie störe sie, wo Abweichung stattfindet, den brüderlichen Gemeingeist, der sich jetzt so herrlich unter uns ausspricht, und immer mehr gehe aus dem schönen Vereine Einheit und Übereinstimmung im Ganzen hervor. Fern von maurerischem Stolze, von Sucht, zu glänzen, von der unlautern Absicht, nur seine Meinung geltend zu machen, betrachte sich jeder Großbeamte nur als ein Werkzeug des Gesamtwillens. Die Aufrechterhaltung des Bundes, die strenge Befolgung des Grundvertrages sei unser Augenmerk. Anspruchslos sei jeder Großbeamte in Wort und Betragen, und Beispiel sei er den Brüdern. Er rechtfertige unter allen Umständen das Vertrauen, welches die Bundeslogen in ihn setzten, durch Eifer und Tätigkeit. Jeder Repräsentant erwäge jederzeit das Wohl der Logen, die er vertritt, und das Wohl des ganzen Bundes. Er mache es sich zur Pflicht, seiner Committentin von allen Verhandlungen treue Nachricht zu geben, ihr stets die Ansichten zu zeigen, wie sie für das Ganze geeignet sind, und fern von Persönlichkeit, stelle er bei den Deliberationen seine Meinung klar und vorurteilsfrei ohne Anmaßung, ohne Streitsucht dar. Mit einem Worte, lassen Sie uns sämtlich unsere intellektuellen und moralischen Kräfte aufbieten, daß man von der Großloge des Königreichs Sachsen sagen möge: ihr Bau werde durch Weisheit geleitet, durch Stärke ausgeführt und durch Schönheit geziert. Dann wird Glück und Gedeihen unser Unternehmen krönen und der Beifall unserer Brüder, ja aller redlichen Männer uns lohnen. Der Segen des allmächtigen Baumeisters aller Welten werde uns zuteil, und sein Auge blicke gnädig auf uns herab, bis wir vollendete Maurer werden!"

Die nächsten Jahre waren erfüllt von Sorgen um die Rituale. Die Loge „Zu den drei Schwertern" konnte sich wegen der Verpflichrungsakte, die jeder Meister vom Stuhl leisten mußte, mit den drei Weltkugeln in Berlin nicht verständigen. Nach damaligen politischen Begriffen war Berlin Ausland, und man lehnte es ab, den Eid der Treue für den Landesherrn einer ausländischen Großloge zu leisten. So kamen die drei Schwerter nach manchen Beratungen und Korrespondenzen am 7. Mai 1817 dazu, endgültig das Schrödersche Ritual anzunehmen. Die Große Loge Royal York zeigte sich entgegenkommender, da die Logen zu Hohenstein und Freiberg das Feßlersche Ritual beibehalten wollten.

Mit der Erhebung Preußens zur Befreiung vom Joche Bonapartes war Sachsen Kriegsschauplatz geworden, und die Große Landesloge von Sachsen mußte daher ihre Arbeiten einstellen. Am 20. Februar 1813 hielt sie ihre letzte Sitzung ab und nahm erst am 17. August 1815 unter Zeschaus Vorsitz die Arbeiten wieder auf. Aber die Kriegsereignisse hatten große Veränderungen gebracht, die Hälfte Sachsens war preußisch geworden und damit mußten auf Grund des Edikts von 1798 die Logen zu Kottbus, Görlitz, Lauban, Lübben, Merseburg und Triebel aus dem Verband der Großen Landesloge von Sachsen ausscheiden. Dies war ein schwerer Schlag für die junge Großloge, aber Zeschau war nicht der Mann, den Mut zu verlieren. Ein kriegserprobter General, ein begeisterter Freimaurer, nahm er sofort, als er mit seinem König aus der Gefangenschaft zurückgekehrt war, die Führung der Großloge wieder auf. Er eröffnete die erste Arbeit mit Worten des Willens und der Kraft:

„Die Ereignisse unserer Zeit, welche so manche Verbindung zertrümmerten, so manches heilige Band löseten, so manche durch die Zerreißung bewirkte, blutende Wunde zurückließen, haben auch auf die Große Landesloge des Königreichs Sachsen nachteilig gewirkt und ihr den Untergang gedroht. Schon sah man im In- und Auslande größtenteils solche als eine ephemere Erscheinung an, als ein Meteor, dessen Verschwinden nahe an sein Entstehen grenzt, denn sie hatte seit länger als zwei Jahren kein Lebenszeichen von sich gegeben – und wenn auch die Logen unsers Bundes darüber im stillen seufzten, so wurde doch dagegen vielleicht hin und wieder der vermeintliche mißlungene Plan, uns von auswärtigem Einfluß freizumachen, belächelt.

Aber was gereifte Männer mit Besonnenheit begannen, müssen entschlossene Männer durchführen; vollendet muß der Bau werden, wenn einmal das Gerüst dasteht. Es würde Schwäche verraten und Mangel an Energie, wenn wir nicht aus dem bisherigen Schlummer erwachen wollten. Unser Vaterland regeneriert sich, wiewohl im verjüngten Maßstabe, und sieht einer besseren Zukunft vertrauensvoll entgegen, lassen Sie den Maurerbund dem politischen Verein hierin nicht nachstehen. Zum ersten Male versammelt sich heute die Große Landesloge nach zwei unglücklichen Jahren –; hat Parteiwut die Staaten zerfleischt, so sei doch der Sekten- und Systemgeist fern von uns! Fest geschlungen sei unter uns die Bruderkette, sei auch ein Symbol mehr oder weniger auf unserm Tapis. – Möge der zweite Aufseher im Süden oder Westen sitzen, möge der Meister oder erste Aufseher schließen. Nicht auf die Formen sei unser Auge gerichtet, sondern auf das Wesen! – Auf mancherlei Wegen werden wir geleitet, aber sie führen alle zu einem großen Ziele. Ein dreißigjähriges Forschen und genaue Bekanntschaft mit vielen Systemen hat mich davon überzeugt. Veredlung unsrer selbst und unsrer Brüder sei unser Streben und nach oben sei unser Blick gewendet. Diesen Geist lassen Sie uns auf die Bundeslogen übertragen und immer mehr verbreiten!“

Wenige Wochen nach dieser denkwürdigen Arbeit, am 14. September 1816, legte Freiherr von Racknitz sein Amt nieder, und die Großloge wählte Generalleutnant von Zeschau zum Landes-Großmeister.

Seine nächste Aufgabe sah Zeschau darin, die drei Leipziger Logen zum Anschluß an die Großloge zu bewegen. Verhandlungen waren schon vor dem Kriege gepflogen worden, hatten aber zu keinem Ergebnis geführt. Jetzt wurden sie wieder aufgenommen und es kam mit „Apollo“ und „Balduin“ zu einer vorläufigen Einigung. Daneben lief ein anderer Plan, die Gründung einer Großen Loge in Leipzig. Dem widersetzte sich Zeschau mit aller Entschiedenheit. Es folgten langwierige Auseinandersetzungen und Kämpfe, die schließlich damit endeten, daß die Gründung nicht zustande kam, aber daß die Leipziger Logen außer „Apollo“ auch die lose Verbindung mit dem sächsischen Bund aufgaben. Dafür kamen neue Logen hinzu und unter der festen Leitung Zeschaus gewann die Große Landesloge von Sachsen immer weitere Anerkennung und der freundschaftliche Verkehr mit den übrigen deutschen Großlogen vertiefte sich je länger desto mehr. Zeschau war so klug, in allgemein freimaurerischen Fragen niemals eine Entscheidung allein zu treffen, sondern immer erst diplomatisch die Stellung der anderen Großlogen zu sondieren, um sich dann der Mehrheit anzuschließen, während er in den inneren Angelegenheiten seiner Großloge kein Hineinreden duldete. Im Jahre 1830 ließ sich Zeschau, der bereits siebenzig Jahre alt geworden war, nicht wieder wählen, er wurde zum Groß-Senior ernannt. Er genoß der wohlverdienten Ruhe nicht lange, schon am 14. November 1832 legte er die irdischen Werkzeuge nieder. Bergmann sagt über ihn: „Neunzehn Jahre lang, erst als Zugeordneter und bald als Großmeister, war er der Großen Landesloge von Sachsen ein weiser Führer, begeisternd ausgleichend und regelnd mit dem Worte des Ernstes und der Milde. Seiner kräftigen, umsichtigen und klugen Leitung verdankt die Großloge ihr inneres Gedeihen in Ordnung und Frieden, sowie die Anerkennung und das Vertrauen der Großlogen Deutschlands."

In der Folge hatte die Große Landesloge von Sachsen eine Gefahr von außen zu bestehen, die sich recht bedrohlich anließ. Wir geben die Ereignisse nach der lichtvollen quellenmäßigen Darstellung von Alwin Bergmann:

„Eduard Emil Eckert, früher Advokat in Döbeln, dann Herausgeber der Freimütigen Sachsenzeitung in Dresden, war mit seinem Gesuche um Aufnahme in den Freimaurerbund als übel beleumundeter Mensch abgewiesen und dadurch zu einem seiner eifrigsten Feinde geworden, weil er darin die Ursachen aller Revolutionen sah. In einem gedruckten Vortrage über die innere politische Lage Sachsens wies er auch darauf hin, „daß sich der Einfluß dieser Humanistenverschwörung noch heute in drei Ministerien fühlbar mache." Daraufhin hatte das Gesamtministerium gegen ihn einen Kriminalprozeß eröffnen lassen. „Nun soll ich mein Urteil von einem Richterstande erwarten, der zum größten Teil selbst in höheren Häuptern aus Freimaurern besteht. Der Maurer wurde so zum Richter und Rächer in eigener Sache gegen mich. Dies brauchte ich mir um so weniger gefallen zu lassen, als der Orden schon in seiner Eigenschaft als Weltverein den sächsischen Vereinsgesetzen zuwider ist, als die Ordenverpflichtungen speziell unverträglich sind mit der Pflicht des richterlichen Standes, endlich als der Orden hochverräterische Zwecke wirklich verbirgt und erstrebt. Ich perhorreszierte daher den sächsischen Richterstand bis

Im Innern des Bundeshauses der Großen Landesloge von Sachsen

zur geschehenen Aufhebung des Ordens und führte den ausführlichsten Beweis – in einer dem Königlichen Stadtgerichte überreichten Beweisschrift." Zugleich beantragte er beim Justizministerium „die Perhorreszenz- und Beweisschrift einer hohen Cognition zu unterziehen und die Aufhebung des Ordens zu vermitteln." Ihm wurde der Bescheid, „daß der Antrag zur Cognition zum Ministerium der Inneren Angelegenheiten gehöre und daher an dieses Ministerium abgegeben worden sei". Nun wandte er sich an die Ständeversammlung. Am 16. Februar 1852 überreichte er dieser, und zwar zunächst der 1. Kammer, die von ihm bereits bei den Staatsbehörden eingebrachten „Gesuche um Aufhebung des Ordens der Freimaurer als nach Organismus und nach Wirksamkeit unverträglich mit dem Staatswohle" nebst einer sehr umfangreichen Beweisschrift dafür und verband damit das ehrfurchtsvolle Gesuch an die Hohe Ständeversammlung: „Dieselbe wolle sich bei der Hohen Staatsregierung dahin verwenden, daß letztere den Orden in Sachsen aufhebe und beim Hohen Deutschen Bunde dahin wirke, daß die Aufhebung des Ordens in ganz Deutschland verfügt werde". In der Freimütigen Sachsenzeitung vom 17. Februar 1852 gab Eckert seinen Lesern „Nachricht von diesem Akt, der unzweifelhaft als ein Akt von welthistorischer Bedeutung erscheinen muß" und teilte ihnen zugleich das „Überweisungsschreiben" und das Erscheinen „der umfangreichen Beweisschrift" mit. Infolgedessen erforderten die Königlichen Kreisdirektionen zu Dresden und Leipzig von den Stuhlmeistern Hofrat Winkler (drei Schwerter), Appellationsrat Dr. jur. Schwarz (Goldener Apfel) und Lucius (Apollo) Auskunft

1. über die Freimaurerlogen in Dresden und Leipzig,
2. welche Zwecke sie verfolgen und ob sich diese letzteren insbesondere auf öffentliche Angelegenheiten im Sinne des Vereinsgesetzes vom 22. November 1850 beziehen,
3. ob und in welcher Weise die einzelnen Logen des Ordens unter sich und mit auswärtigen Logen in Verbindung stehen und ob unter ihnen eine organische Gliederung bestehe und
4. ob und in welcher Weise eine eidliche Verpflichtung der Mitglieder, wie von dem Advokaten Eckert behauptet wird, bei ihrer Aufnahme in den Orden geschehe und worauf dieselbe gerichtet sei.

Bereits am 23. März übergaben die beiden Dresdner Logen die neun Bogen starke Verteidigungsschrift, in welcher Entstehung, Zweck und Einrichtung der Logen „mit der schuldigen Gewissenhaftigkeit und Treue" dargestellt wurde.

Am 20. Februar 1852 fand in der Ersten Kammer die erste Verhandlung statt, die zweite am 28. April, in der die Deputation über die Eingabe des Advokaten Eckert Bericht erstattete. Er lautete dahin, daß von der Gesamtheit der Deputation die Eingabe sowohl als Petition wie als Beschwerde als formell unzulässig erklärt worden und daher abgewiesen sei, weil sie beleidigende Ausdrücke enthalte. Was die Sache selbst anbelangte, so beruhigte sich die Kammer bei der Erklärung der Regierung, daß sie eine den Rechten und Umständen gemäße Entschließung fassen werde, nachdem die Erörterungen im Lande beendigt und die Antworten auf die Umfragen bei mehreren deutschen Regierungen (Preußen, Bayern, Hannover) eingegangen seien…

Eckert wurde während der Verhandlungen vom Gesamtministerium namens des Königs in kriminalgerichtliche Untersuchung gezogen, weil er in einem dem Könige überreichten Memorial über die Lage der sächsischen Dynastie die Behauptung aussprach: „Noch heute würden in den Ministerien nur Revolutionäre angestellt." Zu Neujahr 1853 legte Eckert die Redaktion der Freimütigen Sachsen-Zeitung nieder und beschloß, ins Ausland zu gehen. Am Auswandern aus Sachsen aber wurde er durch die gegen ihn anhängige Kriminaluntersuchung verhindert. Er rief daher die Gnade des Königs an und hatte auch Erfolg; die Untersuchung wurde hierauf niedergeschlagen. Von Dresden wandte er sich nach Berlin, wo man ihn jedoch bald polizeilich auswies. Nun ging er nach Prag, später nach Wien. Hier trat er zum Katholizismus über. Zu guter Letzt erschoß sich dieser Unwürdige vor dem Stadtkrankenhause in Wien."

Eine unangenehme Folge hatte der Fall Eckert für die Freimaurerei in Sachsen insofern, als höchstwahrscheinlich auf Grund dieser Angriffe der Kriegsminister von Rabenhorst den Angehörigen der Armee den Eintritt in die Logen mit einem Erlaß verbot.

Dieser Erlaß hat bis in den Anfang des neuen Jahrhunderts Gültigkeit gehabt. Unter dem 21. März 1908 verfügte das Kriegsministerium an den Landesgroßmeister, Geheimen Baurat Edmund Waldow: „Euer Hochwohlgeboren teilt das Kriegsministerium auf Ihre mündlich gestellte Anfrage ergebenst mit, daß der unter dem 15. April 1852 ergangene Armeebefehl, durch den Offizieren die Mitgliedschaft im Freimaurer-Orden verboten war, durch Seine Majestät den König aufgehoben worden ist, nachdem sich ergeben hat, daß der genannte Orden politische Zwecke nicht verfolgt.

Kriegsministerium
Freiherr von Hausen."

Mit der Übernahme des Großmeisteramtes durch den Medizinalrat Dr. Gustav Heinrich Warnatz, dem geistigen Urheber des Großlogenbundes, machte sich innerhalb der Tochterlogen eine starke Reformbewegung geltend. Warnatz war aber nicht der Mann, sich von den großen Gedanken, die er als Ziel der Freimaurerei erkannt hatte, abbringen zu lassen. Er hielt treu an dem Grund-Verträge fest, ohne die Entwicklungsfreiheit der einzelnen Johannislogen zu hindern. Eine Änderung des Grundvertrags schien ihm nicht geboten, er müsse nur mit echtem Maurersinn und mit dem Streben nach Maurerweisheit und Maurerliebe gehandhabt und gedeutet werden.

Das Leben der Großen Landesloge von Sachsen ist in den nächsten Jahrzehnten eng mit dem Leben des Deutschen Großlogenbundes verknüpft, so daß sich eine besondere Darstellung erübrigt. Die Große Landesloge von Sachsen ist bis in die neue Zeit stets ihre eigenen Wege gegangen, aber sie hat dabei das große Ziel nie aus den Augen verloren und stets gute freundschaftliche Beziehungen zu den anderen Großlogen gehalten. Ihr vaterländischer Sinn und ihr treudeutscher Geist haben sich auch in den Erschütterungen des Jahres 1932 als echt bewährt.

II. Große Freimaurerloge „Zur Eintracht" in Darmstadt

Die hessischen Fürsten aus dem Hause Brabant, die in Darmstadt Hof hielten und regierten, hatten seit ihrem großen Ahnherrn, dem Landgrafen Philipp dem Großmütigen, eine lebhafte religiöse Begabung, eine innige Frömmigkeit, die, wie das nicht selten vorkommt, einen entschiedenen Hang zu mystischer Betätigung auslöste.

Es ist daher nicht zu verwundern, daß sie einer religiös-ethischen Gemeinschaft wie der Freimaurerei ihr Interesse zuwandten, ja, daß einige Mitglieder dieses Fürstenhauses sich sehr eindringlich und lebenfüllend damit beschäftigten. Zwar fielen sie alle in abirrende, mystosophische und theosophische, theurgische und alchymische Ideenkreise, aber sie störten nicht die Freimaurerei in ihren Staaten, selbst wenn sie stark liberale Tendenzen zeigte. Daher konnte sich der Eklektische Bund in Hessen-Darmstadt gut entwickeln, bis es zu einem für die humanitäre Richtung sehr eigenartigen Streit kam, in dem humanitäre Intoleranz Orgien feierte. Es mutet den Geschichtschreiber höchst seltsam an, wenn er aus humanitären Kreisen je und je den Vorwurf der Unduldsamkeit, geistigen Despotie gegen die christlichen Großlogen, insonderheit die Große Landesloge in Berlin, hören muß und den Verzweiflungskampf der St. Johannisloge „Karl zum aufgehenden Licht" in Frankfurt am Main um das christliche Prinzip mit der Großen Mutterloge des Eklektischen Freimaurerbundes studiert.

Dieser Kampf ist für die Geschichte der Freimaurerei nur insofern interessant, als er zur Gründung der Darmstädter Großloge führte. Sonst ist es für die große Idee oder vielmehr ihre menschlichen Träger sehr beschämend, wenn man sieht, mit welcher leidenschaftlichen Hetze der

Andersdenkende verfolgt, verketzert und sogar in seinem bürgerlichen Leben verleumdet wurde.

Die Loge „Karl zum aufgehenden Licht“ war in den Eklektischen Bund eingetreten, und man hatte ihr völlige Ritualfreiheit, auch die Bearbeitung eines Schottengrades, feierlich beeidet, zugebilligt. Der Eklektische Bund war in seiner Frühzeit eine rein christliche Großloge, das geht aus seinen „Lebensregeln für ächte Freimaurer“ vom Jahre 1829 deutlich hervor. Da heißt es über die Pflicht gegen Gott und die Religion: „Wie aber wolltest Du bestehen vor seinem (Gottes) Angesicht, schwaches, sündliches Geschöpf, das jeden Augenblick seine Gebote übertritt und seine Heiligkeit beleidigt, wenn nicht sein väterliches Erbarmen Dir einen unendlichen Versöhner geschenkt hätte. Hingegeben den Verirrungen der Vernunft, wo fändest Du die Gewißheit einer beruhigenden Zukunft; wo Schutz, wenn Gott Gerechtigkeit übte? Danke also, danke Deinem Erlöser, beuge anbetend Dich vor dem Worte, das Fleisch ward, und preise die Vorsehung, die Dich im Schoße der Christenheit in die Welt rief. Bekenne aller Orten die göttliche Religion Christi und schäme Dich nie, ihm anzugehören. Das Evangelium ist der Grundstein unserer Verpflichtung, glaubst Du diesem nicht, so hörst Du auf, ein Maurer zu sein. In allen Deinen Handlungen zeige eine erleuchtete und tätige Frömmigkeit, gleich fern von Heuchelei und Schwärmerei. Das Christentum beschränkt sich nicht allein auf Forschungen im Gebiete der Wahrheit, erfülle alle Pflichten, welche es Dich lehrt, und Du wirst glücklich sein, Deine Mitmenschen werden Dich segnen und Du wirst ohne Furcht vor dem ewigen Richter erscheinen.“

Die Pflichten gegen den Orden faßte der Eklektische Bund in folgende Schlußworte zusammen:

„Wenn die Lehren, welche Dir der Orden gibt, um Dir den Weg zur Wahrheit und zum Glück zu erleichtern, sich tief in Dein folgsames und den Eindrücken der Tugend offenes Herz einprägen; wenn die heilsamen Lehren, welche jeden Deiner Schritte in der maurerischen Laufbahn bezeichnen sollen, Deine eigenen Grundsätze und die unveränderliche Richtschnur Deiner Handlungen werden, o mein Bruder! wie groß wird dann unsere Freude sein! Du wirst Deine erhabene Bestimmung erfüllen, Du wirst das Ebenbild Gottes wieder erlangen, welches das Erbteil der Menschen im Stande der Unschuld war, welches der Zweck des Christentums ist, und welches auch die wichtigste Aufgabe der maurerischen Weihe ist. Des Himmels geliebtes Geschöpf wirst Du sein, seine reichen Segnungen werden auf Dir ruhen und des ruhmvollen Namens eines Weisen würdig, wirst Du immer frei, glücklich und standhaft auf Erden wandeln, ein Genosse der Könige, der Wohltäter der Menschen und das Vorbild Deiner Brüder.“

Bei der verschiedenartigen Zusammensetzung der Logen in Frankfurt konnte es nicht wundernehmen, daß sich eine Opposition gegen das christliche Prinzip erhob. Immer und immer wieder wurde der Antrag auf Zulassung von Nichtchristen zur Aufnahme in die Tochterlogen des Bundes bei der Großloge gestellt, und als Professor Dr. med. Johann Georg Burckhard Franz Kloß Großmeister geworden war, vertrat er die Aufhebung des christlichen Prinzips sehr energisch. Er untersagte sogar christliche Ausdrücke in den freien Vorträgen der Johannisloge.

Nun war die Loge „Karl zum aufgehenden Licht“ von Anfang an als christliche Loge gegründet und besaß auch einen Schottengrad. Da die führenden Männer der Johannisloge gleichfalls die Leitung der Schottenloge innehatten, so konnte es nicht vermieden werden, daß auch in den Arbeiten der Johannisloge ein ausgesprochen christlicher Geist herrschte. Der Großmeister Kloß, der am 24. September 1843 einer Festarbeit in der Loge „Karl“ anwohnte, rügte die Form der Arbeit in einer protokollarischen Äußerung der Großen Loge. „Ohne für jetzt“, äußerte er sich, „einige andere Abweichungen vom Eklektischen Ritual zu berühren, führe ich an, daß der Ehrwürdige Bruder zweiter Aufseher bei den Reisen, die im Ritual vorgeschriebenen bekannten Ermahnungen und Erinnerungen völlig ausließ ... Wohl aber waren an deren Stelle auf entschieden ungehörige Weise die theologischen Worte: Vater, Sohn und Geist, also rein kirchlich-dogmatische Gegenstände eingeflochten. Dieses steht im entschiedenen Gegensatz mit den alten Grundgesetzen der Freimaurerei sowie mit dem von der genannten Loge angenommenen, in Kraft stehenden Eklektischen Gesetzbuch.“

Der Großmeister rügte dann noch einen weiteren Fall und die Loge „Karl“ blieb ihm die Antwort nicht schuldig. Sie kämpfte mit ihrer ganzen Kraft für die christliche Grundlage und fand dabei einsichtsvolle Unterstützung bei den Logen von Darmstadt und Mainz. Eine Flut von Schriften für und wider das Christentum in der Freimaurerei ergoß sich über die beteiligten Kreise, bis am 2. Juli 1844 die Loge „Karl“ durch einen keineswegs gesetzlich begründeten Beschluß aus dem Eklektischen Bunde entlassen wurde. Nunmehr reifte im Kreise der drei durch die christliche Idee verbundenen Logen der Gedanke, sich enger aneinander zu schließen. Am 1. Dezember 1844 traten in Mainz die vorsitzenden Meister der drei Logen zusammen und beschlossen, unverzüglich sich von der Oberhoheit der Mutterloge des Eklektischen Bundes zu befreien. Man beschäftigte sich mit dem Gedanken, sich einer anderen Großloge anzuschließen, und in der Tat wurde ein Briefwechsel mit dem Ordensmeister der Großen Landesloge in Berlin, dem Grafen Henckel von Donnersmarck, angeknüpft, der aber zu keinem Ergebnis führte. Der Versuch, den die Frankfurter Loge „Zur Einigkeit“ unternahm, eine Aussöhnung der dissentierenden Logen mit der Großloge herbeizuführen, schlug gleichfalls fehl, ungeschickte und beleidigende Schriften taten zudem das ihre, die Kluft zu vergrößern, so daß sich die drei Logen an den Protektor der hessischen Logen, Großherzog Ludwig II., der dem Orden angehörte, wandten, er möge huldreichst gestatten, daß sie sich zu einem selbständigen Logenbund alsbald konstituierten. Der Großherzog ließ zustimmend antworten und erteilte nicht nur seine landesherrliche Genehmigung, sondern übernahm auch durch Erlaß vom 27. Februar 1846 das Protektorat der neuen Großloge. Dieser Erlaß hat folgenden Wortlaut:

„Ludwig II. von Gottes Gnaden, Großherzog von Hessen und bei Rhein usw.

Nachdem die Logen „Johannes der Evangelist zur Eintracht“ in Darmstadt, die „Freunde zur Eintracht“ in Mainz, und „Karl zum aufgehenden Lichte“ in Frankfurt am Main sich von dem eklektischen Freimaurer-Bunde, mit dem sie bisher vereinigt gewesen, getrennt, und sich mit Unserer Genehmigung zu einem neuen eklektischen Freimaurer-Bunde vereinigt haben, dessen Gesetzbuch Uns von ihnen mit dem Gesuch um Bestätigung desselben sowie um Übernahme des Protektorats über den unter dem Namen „Zur Eintracht“ errichteten Freimaurer-Bund vorgelegt worden; so bestätigen Wir diesen hiermit unter Zusicherung Unseres besonderen Schutzes, solange die dazugehörigen Logen treu die wahren Maurerpflichten in Eintracht innerhalb der durch das Gesetzbuch gezogenen Grenzen erfüllen und sich aller Einmischung in Staats- oder kirchliche Angelegenheiten enthalten.

Urkundlich unserer eigenhändigen Unterschrift und des beigedrückten Geheimen Siegels. Ludwig.“

Über die Auffassung der drei Logen sind wir durch ein Rundschreiben unterrichtet, womit sie ihre Gründung den übrigen deutschen Großlogen anzeigten:

„Wie Ihnen bereits zur Kenntnis gekommen sein dürfte, sind im September vorigen Jahres die gerechten und vollkommenen St. Johannislogen „Johannes der Evangelist zur Eintracht“ im Orient Darmstadt, die „Freunde zur Eintracht“ im Orient Mainz und „Karl zum aufgehenden Licht“ im Orient Frankfurt nach freiem Entschlusse aus dem eklektischen Freimaurer-Bunde ausgetreten. Ihre Beweggründe dazu lagen lediglich in den Verhältnissen, welche seit länger als einem Jahre sich in jenem Bunde ereignet hatten, insbesondere aber darin, daß das christliche Prinzip, welches im eklektischen Ritual und Bunde begründet und durch das Protokoll der Großen Loge jenes Bundes am 19. Dezember 1832 als die ursprüngliche Tendenz der eklektischen

Maurern erklärt worden ist, dem auch obige Logen nach ihrer innersten Überzeugung treu ergeben sind, vermittelst eines Majoritätsbeschlusses der eklektischen Logen in diesem Bunde aufgegeben und mit einem andern Prinzip vertauscht worden war. Wie nun über das Prinzip der Maurerei unter den genannten drei Logen die völligste Überzeugung bestanden und fortbesteht, so hat sich auch während der erwähnten Vorfälle unter ihnen ein so festes und herrliches Band der Eintracht und Bruderliebe gebildet, wie es schöner und inniger unter Brüdern kaum gefunden werden könnte! Dieses Kleinod sich zu bewahren und aus seinem inneren Werte segenbringende Früchte zu ziehen, wendeten sich dieselben an den Großherzog von Hessen und bei Rhein, Königliche Hoheit, Höchstweiche ihnen nicht nur huldreichst gestatteten, einen neuen selbständigen Logenbund unter dem Namen „Zur Eintracht“ auf Grund der vorgelegten Stiftungs-Urkunde hin zu errichten, sondern auch Allergnädigst geruheten, dem für den neuen Bund entworfenen Gesetzbuche die Allerhöchste Sanktion zu erteilen, das Protektorat über denselben zu übernehmen und hierüber am 27. Februar dieses Jahres förmliche Höchsteigenhändig vollzogene Protektorats-Urkunde ausstellen zu lassen.

Mit den zur Gründung der Großloge nötigen Qualitäten und Erfordernissen versehen, traten daher am 22. vorigen Monats die von den drei Bundeslogen gewählten Mitglieder der Großen Loge zur Eintracht zusammen, wählten deren Beamte und vollzogen nach Vorschrift der Gesetze und unter den üblichen Formalitäten die Konstitutierung der neuen Großen Loge des Freimaurer-Bundes zur Eintracht.

Indem nun diese in die Reihe der übrigen Großlogen eingetreten ist, halten wir uns für verpflichtet, Ihnen von deren Konstituierung Kunde zu bringen und uns Ihnen zu einem schwesterlichen Einvernehmen wie solches unter den Hochwürdigsten Großlogen des deutschen Vaterlandes besteht, angelegentlichst zu empfehlen. Wir wünschen dabei herzlichst in gewissenhafter und treuer Beachtung der Bundessatzungen an dem gesegneten Wirken der Hochwürdigsten älteren Schwester-Großlogen zum Nutzen, Frommen und zur Förderung der Maurerei rüstigen Anteil zu nehmen und dabei durch deren gereiftere Erfahrung und bessere Einsichten uns liebevollst unterstützt zu sehen. Unsere Pflicht und unser eifrigstes Streben wird es dagegen sein und bleiben, uns dieses schätzbaren Wohlwollens würdig zu erweisen, das von uns gewünschte Verhältnis dauernd zu erhalten und zu befestigen und überall die Gefühle der Liebe, Hochachtung und des Dankes zu betätigen, wovon wir für Sie durchdrungen sind.

Wir beehren uns zugleich, den dermaligen Personenstatus der Großen Loge zur Eintracht und das Gesetzbuch des Bundes beizuschließen, welchem unsere Protektorats- und Stiftungs-Urkunde vorgedruckt ist. Aus letzterem werden Sie ersehen, daß wir den von den Hochwürdigsten Großlogen Preußens gemeinschaftlich aufgestellten Bundeszweck auch als den unsrigen anerkennen und angenommen, und daß uns bei Ausstellung des Gesetzbuches gleichfalls die Gesetzbücher der Hochwürdigsten preußischen Großlogen zu unserer Richtschnur gedient haben.“

Das Gesetzbuch, dem der Großherzog seine Bestätigung erteilt hatte, enthielt in der Einleitung die folgenden Bestimmungen:

„Die verbündeten Logen erkennen als unumstößlichen Bundeszweck an: fern von jeden politischen und konfessionell kirchlichen Tendenzen nach den Grundsätzen des Christentums, insbesondere der christlichen Sittenlehre, auf die Veredlung ihrer Mitglieder und Beglückung des Menschengeschlechts hinzuwirken. Sie erblicken in der maurerischen Gleichheit und Freiheit die Grundpfeiler des Bundes und erachten Toleranz für eine Grundpflicht desselben.

Da das Gesetzbuch und Ritual, welche für die verbündeten Logen bisher Gültigkeit hatten, sowohl das christliche Prinzip, als auch den Grundsatz einer natürlichen Gleichheit und edlen Freiheit mit klaren Worten feststellen, so werden beide dem zu entwerfenden Gesetzbuche beziehungsweise Rituale zugrunde gelegt.

Wenn auch der aufgestellte Bundeszweck der maurerischen Wirksamkeit der verbündeten Logen zur Grundlage dient, so versteht es sich doch von selbst, daß in dem Bunde freie Überzeugung herrschen muß, und daß somit jeder der verbündeten Logen völlig freie Entwicklung der Logentätigkeit vorbehalten bleibt; nur darf in keiner Loge eine dem Bundeszwecke zuwiderlaufende Richtung verfolgt, oder bei den Logenarbeiten von den Ritualen abgewichen, auch müssen die Bestimmungen des Gesetzbuches zu jeder Zeit befolgt werden.

Die von den verbündeten Logen bisher bearbeiteten drei symbolischen Grade werden von denselben gleichförmig und ausschließend beibehalten.

Jede Loge verzichtet demnach für immer darauf, in höheren Graden zu arbeiten, oder solche bei sich einzuführen.

Keine der verbundenen Logen hängt von der anderen ab; alle haben gleichen Rang, gleiche Rechte und Vorzüge zu genießen, und keine ist befugt, der anderen Vorschriften zu erteilen, wie denn überhaupt die Gesetze allein es sind, welche eigentlich regieren. Es bleibt also namentlich einer jeden Loge die Wahl ihres Meisters vom Stuhl, die Besetzung der übrigen Logenämter, sowie die Leitung ihrer inneren Angelegenheiten überlassen und hat solche keiner anderen desfalls Rede und Antwort zu geben, noch von ihren ökonomischen Einrichtungen Rechnung abzulegen.“

Über die Eigenschaften eines Freimaurers war das Folgende gesagt:

„Unbescholtener Ruf und sittlicher Lebenswandel sind die ersten Erfordernisse, welche der Bund von seinen Mitgliedern verlangt. Auch sollen dieselben auf einer solchen Stufe der geistigen und geselligen Bildung stehen und eine solche Empfänglichkeit des Gemütes besitzen, daß von ihnen eine tätige Mitwirkung zum Nutzen und Frommen des Bundes und zur Förderung des Bundeszweckes erwartet werden kann.

Der Freimaurer bemühe sich, alle Pflichten, welche ihm Religion und Vernunft, Staat und Familie, Stand und Beruf auferlegen, stets mit erhöhtem Eifer zu erfüllen.

Er zeige sich überall als aufrichtiger Gottesverehrer, sei christlichen Sinnes und Wandels; er übe Duldsamkeit, als Grundpflicht des Bundes, gegen die Bekenner aller Religionen, ehre und achte die religiösen Meinungen anderer und enthalte sich jeden Spottes über Glaubenssachen.

Er sei ein Vorbild in Erfüllung aller Pflichten, welche ihm als Untertan und Staatsbürger obliegen, und dies um so mehr, als der erste Eid der Treue, den jedes Mitglied des Bundes leistet, vorzüglich dem Landesherrn und der Obrigkeit gewidmet ist.

In seinem bürgerlichen und Privatleben sei er ein gehorsamer Sohn, ein liebevoller Bruder, ein treuer Gatte, ein guter Vater; er bestrebe sich, die seiner Obhut Anvertrauten zur Gottesfurcht und echten Religiosität zu erziehen, und wache über ihre geistige und leibliche Wohlfahrt; er sei häuslich, sittsam und mäßig, benehme sich im Umgange bescheiden, gefällig und liebreich; er liebe seinen Nächsten als Bruder, stehe Leidenden und Hilfsbedürftigen nach Kräften bei und ehre selbst in dem Gefallenen den Menschen.

In dem Verhältnisse zum Bunde sollen den Freimaurer Gehorsam gegen das Gesetz, Vertrauen gegen dessen Organe und Eifer in Erfüllung aller maurerischen Obliegenheiten beseelen; er übe diese Pflichten ohne alle Nebenabsichten.

Verschwiegenheit sei ihm eine heilige Pflicht, damit nicht nur alle maurerischen Kenntnisse, Fertigkeiten und Verhandlungen überhaupt vor Nichtmaurern, sondern auch dasjenige, was die verschiedenen Grade lehren, vor solchen Brüdern geheimgehalten werden, welche diese Grade noch nicht besitzen.

Deshalb ist auch keinem Bundesmitgliede gestattet, ohne Einwilligung seiner Loge etwas über den Freimaurerbund drucken zu lassen.

Zur Erreichung des gemeinsamen Bundeszwecks widme jeder Maurer, soweit es seine sonstigen Pflichten erlauben, dem Bunde Zeit und Kräfte, Talente und Geschicklichkeit und bleibe ihm stets treu ergeben.

Er befördere insbesondere durch Rat und Tat das Wohl und Gedeihen seiner Loge, bezeige derselben stets Anhänglichkeit und Achtung und verlasse sie nicht ohne triftige Gründe.

Oberappellationsrat Johann Friedrich Lotheisen
Großmeister der Großloge „Zur Eintracht" in Darmstadt

Stand, Rang und Reichtum geben im Bunde kein Übergewicht, wohl aber sind Verstand, Gemüt und richtiges Gefühl, Sittlichkeit und geistige Bildung Eigenschaften, welche dem, der sie besitzt, Achtung und Auszeichnung unter den Brüdern verschaffen.

Die Ehre des Freimaurers ist das Bewußtsein treu erfüllter Pflicht, ein makelloser Wandel und das daraus hervorgehende gute Gewissen.

Er halte alle seine Bundespflichten heilig; Maurerwort gelte ihm gleich dem feierlichsten Eide.

Seine erste und unablässige Arbeit sei auf sein Inneres, auf seine geistige Vervollkommnung gerichtet; er lerne sich daher selbst kennen, um zu wissen, welche Leidenschaften er zu bekämpfen, welche Fehler er abzulegen habe.

Fühlt er sich dazu nicht stark genug, so vertraue er sich einem Bruder an, damit dieser ihm die Hand reiche, wenn er wankt, ihn warne, wenn er fehlt, ihn aufrichte, wenn er gefallen sein sollte. Unermüdlich strebe er, dahin zu wirken, daß die segensreichen Lehren des Bundes in ihm, in seinen Bundesbrüdern und in der Menschheit überhaupt immer mehr zur Tat und Wahrheit werden.

Unter den Brüdern herrsche jederzeit Vertrauen, Aufrichtigkeit und freundschaftliche Zuneigung. Auch im profanen Leben verleugne der höher gestellte Bruder den geringeren nicht, dieser aber beachte jenem gegenüber stets das, was hergebrachte Ordnung, Anstand und Sitte erfordern, und jeder sei, wenn er für die Ehre und den Ruf des anderen zu wirken vermag, mit Freuden hierauf bedacht. Schande treffe den, der ruhig einen Bruder verleumden hören kann.

Den Vorgesetzten im Bunde ist der Maurer diejenige Achtung schuldig, welche ihnen als geprüften, erfahrenen, durch das Vertrauen ihrer Brüder zum Amte berufenen Männern gebührt.

Da jeder eifrige Freimaurer auf alles aufmerksam sein wird, was Bezug auf das Wohl des Bundes haben kann, und viel daran gelegen ist, daß von solchen Dingen der nützlichste und vorsichtigste Gebrauch gemacht werde, so soll jeder Bundesbruder verbunden sein, alle wichtigen, die Freimaurerei betreffenden Nachrichten, die er zu erfahren Gelegenheit hat, dem Meister vom Stuhl zu eröffnen.“

Zum Großmeister war Johann Friedrich Lotheisen, Oberappellationsrat in Darmstadt (1796–1859) gewählt worden.

Die neue Großloge entwickelte sich dank des wohlwollenden Interesses, das ihr von seiten des regierenden Fürstenhauses bezeigt wurde, und dank der hervorragenden Großmeister sehr günstig. Es hat natürlich auch nicht an Spannungen gefehlt, wie sie infolge der Eigenart der verschiedenen Logen bei jeder Großloge vorkommen. Die bewegte Zeit der Revolution des Jahres

1848 hatte die Arbeiten der Großloge fast ein ganzes Jahr unterbrochen. Dazu kamen innere Schwierigkeiten, die ihren Ausdruck in der Loge „Karl zum aufgehenden Licht“ fanden. Gemäß dem christlichen Prinzip war durch Lokalgesetz bestimmt, daß Nichtchristen der Besuch der Loge versagt war.

Gegen dieses Lokalgesetz wurde mit Stimmenmehrheit der Antrag angenommen, bei allen offiziellen Arbeiten Nichtchristen als besuchende Brüder zuzulassen, wenn sie ihre Aufnahme in einer gerechten und gesetzmäßigen Loge nachweisen konnten. Darauf trat eine streng an den christlichen Grundsätzen festhaltende Minderheit aus der Loge aus und gründete eine neue Loge unter dem Namen „Karl zum Lindenberg“, die alsbald den Anschluß an den Eintrachtbund nachsuchte. Die Entscheidung über diesen Antrag zog sich bis zum Jahre 1850 hin, wo am 21. April die neue Loge feierlich angenommen wurde. Die Loge „Karl zum aufgehenden Licht“ hatte diese Entwicklung vorausgesehen und war schon am 13. November 1849 aus dem Eintrachtbunde ausgetreten.

Das innere geistige Leben in der Großloge wurde durch diese Gegensätzlichkeiten in keiner Weise gestört. Die Großloge beteiligte sich an allen Ereignissen im Leben der Freimaurerei Deutschlands. Bei der Aufnahme des Prinzen Friedlich Wilhelm von Preußen in den Freimaurerorden übersandte sie eine Begrüßungsadresse an den Prinzen, worauf ihr am 10. Februar 1854 folgende herzliche Antwort zuging: „Die Gesinnungen und Wünsche, welche von der Hochwürdigsten Großloge zur Eintracht in dem gefälligen Schreiben vom 22. vorigen Monats ausgesprochen worden sind, haben meinem Herzen wohlgetan. Ich fühle mich dafür zum innigsten Danke verpflichtet, welchen ich hiermit ausdrücke und die Versicherung hinzufüge, daß ich nicht aufhören werde, der hochwürdigsten Großloge zur Eintracht meine brüderlichste Teilnahme zu bewahren.“

Im Jahre 1859 erhielt die Großloge einen bedeutenden Zuwachs, den sie dem unmittelbaren Eingreifen des Großherzogs verdankte. Es war Ludwig III., der im Jahre 1848 zur Regierung gekommen war und, obwohl nicht Freimaurer, das Protektorium erneuert hatte. Zum Feste der silbernen Hochzeit des Großherzoglichen Paares hatte die Großloge eine Abordnung gesandt, um die Glückwünsche und ein Festgeschenk zu überreichen. Darauf erließ der Großherzog unter dem 13. Januar 1859 folgende Kabinettsverordnung: „Aus der mir am 19. vorigen Monats überreichten Adresse der Großen Mutterloge des Eklektischen Bundes zu Frankfurt am Main und aus dem über das Verhältnis der Hessischen Logen zueinander und zu ihren Großlogen von Ihnen geforderten Berichte habe ich zu meinem Befremden ersehen, daß die vier Hessischen Logen zu Gießen, Offenbach, Worms und Alzey noch dem Eklektischen Freimaurerbunde angehören. Ich wünsche, daß diese vier

Logen sich dem Großlogenbunde „Zur Eintracht“ anschließen und erteile Ihnen daher den Auftrag, diese Logen davon in Kenntnis zu setzen und mir demnächst zu berichten, ob meinem Wunsche entsprochen worden sei.“

Diesem landesherrlichen Wunsch mußte natürlich entsprochen werden. Die Schwierigkeit bestand nur darin, daß die neu eintretenden Logen auf das Recht, Nichtchristen aufzunehmen, nicht verzichten konnten. Ein Ausgleich wurde dadurch geschaffen, daß sie sich zwar dem Gesetzbuch des Eintrachtbundes unterwarfen, jedoch bis auf weiteres bei ihrer alten Praxis bleiben durften, freilich wurde ihnen das Stimmrecht in der Großloge in bezug auf rituelle Fragen versagt, ihnen sonst aber alle Rechte und Pflichten einer Tochterloge zugebilligt.

Die Entwicklung zur rein humanitären Richtung war infolge des Zuwachses aus dem Eklektischen Lager nicht aufzuhalten, und nach Gründung des Deutschen Großlogenbundes wurde das Grundgesetz im humanitären Sinne geändert. Der Großherzog erteilte am 22. Juni dieser Umarbeitung seine Zustimmung: „Wie ich am 1. Juli 1848 das von meinem Herrn Großvater unter dem 1. August 1816 den Freimaurern erteilte, von meinem Herrn Vater unter dem 1. Mai 1830 erneuerte Protektorium und das Gesetzbuch des Freimaurerbundes „Zur Eintracht“ bestätigt habe, so finde ich mich heute bewogen, dem aus von mir gebilligten Gründen jetzt umgearbeiteten Gesetzbuche dieses Bundes meine Bestätigung zu verleihen. Es ist sich hiernach gebührend zu achten, und es werden sich die Logen des Eintrachtbundes meines besonderen Schutzes zu erfreuen haben, solange die Mitglieder desselben die ihnen durch dieses Gesetzbuch auferlegten Pflichten treu und wahr erfüllen und sich jeder Einmischung in Staatssachen enthalten.“

Am 12. Oktober 1873 wurde das neue Grundgesetz dann eingeführt, das sich völlig auf den Boden der alten Pflichten von 1723 stellte und wonach freie Männer von gutem Ruf ohne Ansehen des Standes, der Nationalität, der Farbe oder des Religionsbekenntnisses Aufnahme fanden.

Auch Großherzog Ludwig IV., der nach dem am 13. Juni 1877 erfolgten Tode Ludwigs III. die Regierung übernommen hatte, bestätigte am 21. Juli 1877 den Schutzbrief. Ebenso verhielt sich Ernst Ludwig, der am 31. März 1892 mit folgendem Erlaß das Protektorium übernahm: „Nachdem Wir Uns gnädigst bewogen gefunden haben, das von Unseren Vorgängern in der Regierung den Freimaurern erteilte Protektorium in der Art zu bestätigen, daß es sich auf die sämtlichen in dem Bunde „Zur Eintracht“ dermalen vereinigten Logen erstreckt, so ist sich hiernach gebührend zu achten. Es werden sich diese Logen Unseres besonderen Schutzes zu erfreuen haben, solange die Mitglieder derselben die ihnen durch die Gesetze und Statuten auferlegten Pflichten treu und wahr erfüllen und sich jeder Einmischung in Staatssachen enthalten.“

Dr. jur. Matthias Leykam

Das eigenartige geistige und künstlerische Leben Darmstadts bestimmt maßgebend die innere Entwicklung der Großloge. Der mystische Zug, der durch den Ton, den die Vereinigung der sieben Verbündeten angegeben, herrschend geworden war, wandelte sich nach der theosophischen Seite hin und erstrebte eine Erneuerung des gesellschaftlichen Daseinsgefühls in einer okkulten, wesenhaften Zusammengehörigkeit gleichartiger Individualitäten.

Dieser mystische Zug lag sowohl in der Natur des hessischen Volkes, wie in der Stadt selbst. Darmstadt hatte im Anfang des neunzehnten Jahrhunderts etwa zwanzigtausend Einwohner, und überall trat noch das Mittelalter hervor. Da waren Reste der alten Stadtmauer, Türme und Tore, buckelige Winkel und altväterische Häuser, in denen die Gespenster eine altberechtigte Heimstätte besahen. Auch die Umgebung hatte etwas Mystisch-Verträumtes, Herder nannte sie eine „melancholische Zaubergegend“.

Ludwig I., einer der innigsten Freimaurer aller Zeiten, der Freund Starcks, war der bedeutendste Fürst des Hauses seit Philipp dem Großmütigen. Sohn der „großen“ Landgräfin Karoline, wie sie Goethe genannt, war er eine entschiedene Künstlernatur. Seine ganze Liebe galt der Musik, er war ein Meister auf der Geige und verstand jedes andere Instrument so weit zu handhaben, daß er den Musikern seines Orchesters ihre Partie vorspielen konnte. Schon als Erbprinz hat er als erster Geiger im Orchester mitgewirkt, später dirigierte er die Opern seines Hoftheaters und verkehrte leutselig und kameradschaftlich mit den Musikern. Wenn auch ein Anhänger französischer Kultur, blieb er doch immer deutscher Fürst und hat niemals die Liebe zu seinem deutschen Vaterland verleugnet. Seine hohen Verdienste um das Hessenland, seine liberale Gesetzgebung, sein inniger Zusammenhang mit dem Volk, wurde von seinen Bauern und Pfahlbürgern nicht verstanden.

Seine Nachfolger, wenn auch nicht so bedeutende Regenten, zeigten die gleichen Charakterzüge. Sie lebten mit ihrem Volk, sie fühlten sich ganz als hessische Landsleute und waren stolz auf ihre völkische Eigenart, ob sie sich in der Wissenschaft, in der Kunst oder im gesellschaftlichen Leben betätigten. Es ist durchaus charakteristisch für den Großherzog, wenn er nicht dulden wollte, daß hessische Logen einer ausländischen Großloge unterstellt waren. Er war in erster Linie der „Landgraf“, der Gebieter des Landes – in einigen hessischen Gegenden heißt der Vorsteher des Dorfes „Grebe“, was sprachlich

Freimaurerloge Joh. d. Evangelist z. Eintracht, Darmstadt
Sitz der Großloge

und sinnlich dasselbe ist wie Graf. In dem Wort Graf liegt aber nicht nur der Begriff des Gebietens, sondern auch der des Hütens und Wartens, der Hüter und Wärter, wie Deichgraf. Also es bedingt einen engeren Zusammengang mit dem Volke, als den des Regierens allem, legt dem Fürsten aber auch höhere Pflichten auf. Kaiser Wilhelm nannte sich, wenn er eine besonders enge Verbundenheit mit den Brandenburgern ausdrücken wollte, „Euer Markgraf“.

Das bürgerliche Leben in Darmstadt war schleppend, langweilig. Stadt und Land waren arm, Kriege und politische Wirren hatten alles niedergedrückt. Politisch herrschte, seitdem der kränkliche, früh gealterte Großherzog Ludwig II. zur Regierung gekommen war, der allmächtige Minister du Thil ganz im Geiste Metternichs. Aus dieser Sumpf- und Friedhofsluft erhoben sich geistige Persönlichkeiten großen Stils, der geniale Georg Büchner, der Lustspieldichter Ernst Elias Niebergall mit seinem geradezu shakespearischen Humor, beide allzu früh gestorben. Eines anderen Darmstädters Geist ragte in diese Zeit hinein, des Johann Friedrich Merck, der Goethe zum Mephistopheles Modell gestanden hatte. Eduard Duller zog nach Darmstadt und beherrschte eine Zeitlang die Lesekränzchen und Literaturvereine der kleinen Residenz.

Runkel, Geschichte der Freimaurerei. Band III.

Während das geistige Leben in profanen Kreisen revolutionär war und in ständiger Opposition gegen die Knute des Ministers du Thil stand, fand sich der gebildete Teil des loyalen Bürgertums in der Freimaurerei zusammen. Aber auch auf diese hatte der sozial-ethische Kritizismus Büchners abgefärbt. Zwar hatte die Loge die Methode übernommen, aber sie war von einem andern Geist beherrscht. In ihrem stillen Tempel sammelten sich alle Persönlichkeiten, die in eine Höhere Sphäre geistigen Erlebens hineingewachsen waren, und nach Überwindung der Wirren der Revolutionszeit gingen aus ihr jene ausgeprägten Eigenarten hervor, die den Kampf gegen den Eklektischen Bund um das christliche Prinzip mit einer Leidenschaft führten, die ihnen aus der Terminologie der Revolutionspublizistik ins Blut übergegangen war. Und seitdem hat Darmstadt immer Geister von besonderem Stil hervorgebracht. Es erstand aus ihm selbst und seinen eigenen intellektuellen Kräften eine völlig originale Kultur, die einerseits sehr fortgeschritten war und manchen deutschen Zopf abgeschnitten hatte, andererseits aber in sich gebunden streng konservativ am Hergebrachten festhielt.

Die Darmstädter Eigenart führt noch heute ein Sonderleben in Deutschland von durchaus beachtenswertem Format.

So hat auch die Große Loge „Zur Eintracht“ in das freimaurerische Leben Deutschlands durch bestimmt geprägte Ideen eingegriffen. Sie hat sich niemals weder vom Großlogenbund noch von einer andern Großloge ins Schlepptau nehmen lassen, aber sie ist auch niemals aus dem Rahmen, der die freimaurerische Gedankenwelt umspannt, herausgetreten. So ist aus ihr der Gedanke zur Bildung einer deutschen freimaurerischen Zentralbehörde hervorgegangen, der allerdings bei der Natur der Freimaurerei unseres Vaterlandes keinen Erfolg hatte; so hat sie sich mit klaren und zielbewußten Gedanken gegen die Angriffe der römischen Kirche gewandt und ebenso hat sie gegenüber den Erklärungen außerdeutscher Logen im Krieg des Jahres 1870/71 sehr scharf die deutsche Eigenart verteidigt. Sie beschloß damals: „Die Großloge des Freimaurerbundes „Zur Eintracht“ erhebt nachdrücklichen Protest gegen die Einmischung von Politik in die Maurerei; sie lehnt es daher ab, auf die politischen Reflexionen der Loge „Les amis Philanthropes“ in Brüssel einzugehen; sie spricht ihr tiefes Bedauern darüber aus, daß die Großloge „Alpina“ zu einer Manifestation eine Notwendigkeit oder Veranlassung habe erkennen können; sie erklärt endlich, daß sie mit Abscheu und tiefer Verachtung Kenntnis genommen habe von dem unerhörten Attentate, welches die auf dem „Manifeste des Loges“ genannten zehn Pariser Logen und nicht minder die Loge „Henri IV.“ durch die lächerlichen Anklagen und unwürdigen Schmähungen der deutschen, ja der gesamten Maurerei gegenüber begangen haben, sowie daß sie nach solchem Vorgehen die Verbindung mit diesen Logen hiermit vollständig abbreche.“

Bedeutungsvoll ist auch die Erklärung der Großloge auf das Manifest, das sechs Brüder des Eklektischen Bundes unter dem 13. August 1882 in einem Flugblatt an die Großlogen Deutschlands gerichtet hatten. Darin war verlangt: Glaubens- und Gewissensfreiheit, es sollte der Glaube an Gott als den allmächtigen Baumeister aller Welten aus den freimaurerischen Grundsätzen gestrichen werden. Jede konfessionelle Bedingung für den Eintritt in den Freimaurerbund sollte entfernt werden. Ferner wurde gefordert, ernste Teilnahme an den großen ethischen und sozialen Fragen im Sinne friedlicher Entwicklung.

Dazu nahm die Großloge zur Eintracht mit folgender Erklärung Stellung:

„1. Statt die Förderung echt humanitärer Gesinnung in den Vordergrund zu stellen, glaubte das Flugblatt durch Weglassung historisch gewordener Symbole, wie das des allmächtigen Baumeisters aller Welten, reformatorischen Zwecken dienen zu können. Der Name Gottes, des allmächtigen Baumeisters aller Welten, ist das erste und vornehmste Symbol der Maurerei. Mit ihm steht und fällt unsere ganze Symbolik. – Der Gottesbegriff in unserem Bunde ist so außerordentlich weit ausgedehnt, daß jeder, der den gebildeten Ständen angehört, durch dieses Symbol nicht abgehalten werden kann, in den Freimaurerbund einzutreten.

2. Die konfessionelle Frage reist ihrer Lösung so rasch entgegen, daß es wahrlich keiner ostensiblen Schritte zur Förderung derselben bedarf.

3. Da der geschäftsführende Großmeister des deutschen Großlogenbundes am 13. September 1876 unter den prinzipiellen Beschlüssen des deutschen Großlogentages, § 3 c, mitgeteilt hat:

„Die Logen sind berufen, ihre Beziehungen zu den ethischen Lebenskreisen und Kulturbestrebungen in den Brüdern zum klaren Bewußtsein zu bringen. – Die Freimaurer sind verpflichtet, die Grundsätze der Freimaurerei im Leben zu betätigen und die sittlichen Grundlagen der Gesellschaft, da wo sie angegriffen sind, zu verteidigen“,

so ist Punkt 3 des Frankfurter Flugblatts durch diese „Prinzipiellen Beschlüsse“ schon längst aufgestellt und mit demselben also kein Schritt zur inneren Erneuerung geschehen. – Die „prinzipiellen Beschlüsse“ des Großlogentages bieten uns einen Wirkungskreis, der an Ausdehnung nichts zu wünschen übrigläßt und auch allen, die die höchste sittliche und geistige Bildung besitzen, genügen kann. – Das Arbeitsfeld, das uns der Großlogentag geboten hat, gibt dem Freimaurerbund vollauf genügenden Raum, auf das Kulturleben der Menschheit einen dauernden segensreichen Einfluß auszuüben.

Abgesehen aber von dem materiellen Inhalt des Flugblatts erscheint auch die Form, in welcher dessen Unterzeichner sich direkt an die Brüder Freimaurer wenden, statt auf dem durch die Verfassungen der einzelnen Großlogen vorgeschriebenen Wege den von ihnen proklamierten Grundsätzen Annahme und Geltung zu verschaffen, vollkommen unzulässig, weil die beliebte Verfahrungsart in ihren Konsequenzen notwendigerweise zur Zerstörung der Ordnung innerhalb der einzelnen Großlogen und des zwischen diesen mühsam geschaffenen, im deutschen Großlogenbunde zum Ausdruck gelangten Bandes führen müßte.

Aus diesen Gründen findet die Großloge des Eintrachtbundes in den Vorschlägen des Frankfurter Flugblatts keine Neuerung und keine Änderung, die der Entwicklung unseres Bundes förderlich sein könnten. – Sie hält dasselbe nur für geeignet, Zwistigkeiten und Trennung in dem Freimaurerbund hervorzurufen und daher für unzeitgemäß und unzweckmäßig.

Wenn der Freimaurerbund bisher keinen Einfluß auf das Kulturleben der Menschheit ausübte, so ist die Schuld nicht an den Prinzipien, sondern an den Freimaurern gelegen.“

Auch fernerhin nahm der Eintrachtbund an allen Geschehnissen der Freimaurerei in Deutschland lebhaften Anteil und die hohe Achtung, die der Großloge zuteil wurde, zeigte sich bei der Feier ihres fünfzigjährigen Bestehens am 22. März 1896, an der die maßgebenden Führer der deutschen Freimaurerei teilnahmen. Großherzog Ernst Ludwig sandte das folgende Glückwunschschreiben an den Großmeister, Bankdirektor Philipp Brand:

„Es sind seit der Entstehung des Freimaurerbundes zur Eintracht nunmehr fünfzig Jahre verflossen. Wie schon die Gründung desselben mit der Genehmigung und unter dem Schutz Meines Hochseligen Vorfahren des Großherzogs Ludwig II. stattfand, so erfolgte auch der spätere Zusammenschluß aller Logen des Großherzogtums im Eintrachtsbund auf unmittelbare Anregung weiland Sr. Königl. Hoheit des Großherzogs Ludwigs III., und es hatte sich der Bund mit allen seinen Gliedern während der ganzen Zeit seines Bestehens huldvollen Interesses von Seiten Meiner Hohen Vorgänger in der Regierung wie von Meiner Seite zu erfreuen. Andererseits aber hat auch der Freimaurerbund zur Eintracht allezeit in Freud und Leid mit treuer Anteilnahme zu seinem Fürsten und dessen Haus gestanden und während des halben Jahrhunderts seines Bestehens innerhalb der seinem Wirken gesetzten Grenzen seinen dem allgemeinen Wohl gewidmeten Zielen unentwegt nachgestrebt.

Im Rückblick hierauf wünsche Ich dem Freimaurerbund zur Eintracht zu seiner fünfzigjährigen Jubelfeier, daß auch fernerhin ein gütiges Geschick über ihm walten und er im treuen Festhalten an seinen bewährten Grundsätzen auch in Zukunft blühen möge!

Um Meinem Interesse und Meinen guten Wünschen für den Eintrachtsbund einen sichtbaren Ausdruck zu verleihen, werde Ich den in ihm vereinigten Logen zu Alzey, Bingen, Darmstadt, Friedberg, Gießen, Mainz, Offenbach und Worms Mein Bild schenken.

Ich ersuche Sie, diesen Erlaß zur Kenntnis des Freimaurerbundes zur Eintracht zu bringen und verbleibe Ihr wohlgeneigter

Ernst Ludwig."

Die Großloge zur Eintracht hat seit ihrer Gründung sich stets entschieden zum deutschen Vaterland bekannt und ist zu keiner Zeit, wie auch immer sich die politischen Verhältnisse in Deutschland gestaltet hatten, davon abgewichen. Auch in der heute aufgeworfenen Frage der Wiederaufnahme der amtlichen Beziehungen zu der englischen Freimaurerei hat die Darmstädter Großloge fest zum Deutschtum gehalten. Sie hat sich damit an die Seite der Mehrheit der deutschen Freimaurer gestellt.

III. Der Deutsche Großlogenbund

Die politischen Sturmzeiten in den vierziger Jahren des vorigen Jahrhunderts konnten nicht ohne Einfluß auf das maurerische Innenleben bleiben. Zwar wirkten sie sich nicht revolutionär aus, dazu war der Autoritätsgedanke in der Freimaurerei zu stark ausgebildet, aber die Logen nahmen die andere Seite der politischen Bewegung auf, den Einheitsgedanken. Wie man im politischen Deutschland die staatliche Zerrissenheit, die Kleinstaaterei als einen schweren Mißstand empfand, so auch die Scheidung der Freimaurerei in Deutschland in acht verschiedene Großlogen und Systeme, die sich weltanschaulich differenziert gegenüberstanden. Man suchte, wie im politischen Leben ein deutsches Kaiserreich, so im freimaurerischen eine deutsche National-Großloge zu schaffen. Im Jahre 1848 tauchte dieser Gedanke in Schlesien, in Sachsen und in Frankfurt auf, ohne daß er Zustimmung der maßgebenden Großkörperschaften gefunden hätte. Eigentlich zur Ruhe gekommen ist er nicht, allenthalben wurden von einzelnen Logen und Mitgliedern Reformvorschlage an die Großlogen herangebracht, die meist eine allgemeine Einheitlichkeit in Ritual und Verfassung verfolgten. Die ganze Bewegung richtete sich vornehmlich gegen die Sonderstellung der drei altpreußischen Großlogen und ihre christliche Grundlage. Die Anträge auf Zulassung nichtchristlicher Freimaurer häuften sich, ja es wurden sogar

Eingaben an den Protektor der drei altpreußischen Großlogen, den Prinzen Wilhelm von Preußen, eingereicht. Hier blicken wir schon tiefer in die Motive der oben (Seite 380 ff.) dargestellten Auffassung des Kronprinzen. Der Prinz antwortete einer Gruppe von Antragstellern unter dem 26. April 1843: „Mit der Übernahme des Protektorats über die Preußischen Freimaurerlogen ist mir auch die Verpflichtung überkommen, den Bund in seinen Fundamentalbestimmungen zu schützen und ihn vor Neuerungen zu bewahren, die nur dazu dienen können, die Erreichung des ursprünglichen Zweckes zu erschweren oder zu vereiteln. Ich darf voraussetzen, daß Ihnen die Grundsätze, von denen bei der Aufnahme der Mitglieder der Preußischen Freimaurerlogen nach den Statuten des Bundes ausgegangen werden muß, nicht unbekannt sind, und wenn danach nur die Aufnahme christlicher Glaubensgenossen statthaft ist, so folgt daraus, daß auch nur diesen die Zulassung zu den Preußischen Freimaurerlogen eingeräumt werden kann.

Wollte ich versuchen, an den Fundamentalbestimmungen eine Änderung vorzunehmen, so würde dies, wie ich im voraus überzeugt bin, die Folge haben, Unzufriedenheit bei den diesen Grundsätzen treu anhängenden Mitgliedern zu erwecken, wodurch dem Zweck, der mich allein bestimmen konnte, das Protektorat zu übernehmen, entgegengewirkt werden würde. Ich wünsche, daß Sie bei unbefangener Erwägung der obwaltenden Rücksichten zu der Überzeugung gelangen mögen, daß nicht Mangel an Teilnahme, die ich Ihnen sonst gern betätigt hätte, sondern nur die Rücksichten, die ich dem bestehenden Bunde schuldig bin, es mir unmöglich machen, zur Erreichung des von Ihnen beabsichtigten Zweckes, wie achtbar derselbe auch ist, meinerseits mitzuwirken."

Im selben Sinne sprach sich der Prinz Wilhelm gegenüber dem Suprême conseil von Frankreich für die altschottische Maurerei aus. Später, Ende der fünfziger Jahre, hat man die besuchsweise Zulassung nichtchristlicher Brüder mit der Begründung gestattet, den Frieden und die Eintracht mit allen anerkannten Großlogen zu fördern.

Die Reformbewegung mit dem Ziel einer einzigen National-Großloge war besonders lebhaft im Bereich der Großen Landesloge von Sachsen. Da entschloß sich der energische und großzügige Landes-Großmeister, Medizinalrat Gustav Heinrich Warnatz (1810–1872), die Bewegung aufzufangen und ihre Leitung in die Hände der anerkannten Großlogen zu legen.

Am Osterfest des Jahres 1868 erließ er ein Zirkular an die Großlogen in Deutschland:

„Mögen auch die Grundsätze der Freimaurerei die tiefste Berechtigung, aber auch Stabilität und Dauerhaftigkeit haben, so läßt sich dies doch nicht von dem Konkreten der Königlichen Kunst, von ihrer äußern Form, ich will

Gustav Heinrich Warnatz, Medizinalrat

lieber es als das Logenwesen bezeichnen, sagen, ist es ja doch Menschenwerk. Mehr oder weniger wird es dem Wechsel unterliegen, je nachdem das begründete Bedürfnis der Logen als nötig und nützlich erscheinen lassen wird. Aber auch die nicht abhaltbaren Strömungen des Zeitgeistes werden nicht so ganz ruhig an dem ebenso großartigen als für die Menschheit segensreichen Werke der Maurerei vorüberziehen. Ein solcher Zeitpunkt seit mehreren Jahren sich vorbereitend, scheint bereits angelangt zu sein. Ich sehe von den erklärten Feinden der Maurerei ab und fasse nur ihre Freunde, die Maurer selbst, in das Auge. Unter ihnen selbst regt sich der Geist des Reformierens. Zwar hat man das Abstrakte der Maurerei von dieser Seite aus noch nicht angegriffen, ihre Grundsätze gelten noch als heilige. Wohl aber ist man bereits gegen das Geheimnis der Maurerei – geheime Form derselben – gegen das Ritualwesen, gegen das Gradwesen, gegen das Großlogenwesen aufgetreten und arbeitet schließlich auf eine großartige Zentralisation der Maurerei hin. Ich will als Maurer diesen Bestrebungen nicht böse Absichten unterlegen, allein bei einer näheren Betrachtung derselben kommt man unschwer zu der Besorgnis, daß sie, wenn sie allgemeine Akklamation erhielten, zu einem ihrem

Aufhören ganz gleich zu stellenden Zustande der Maurerei führen würden, daß sie, wenn sie nur teilweise akklamiert würden, große Uneinigkeit herbeiführen könnten.

Das würden wir alle nicht wünschen; es wäre frivol, einen bereits vorhandenen großen Bau, welcher Reparaturen vertragen wird, zugunsten einer Bauidee, deren Realisationsfähigkeit ganz unklar ist, zusammenbrechen zu lassen.

Was meine eigene geringe Person anbetrifft, so kann ich allerdings ohne große Besorgnis auf die noch nicht zu großen Wogen blicken, welche an unsern Bau anprallen, denn innerhalb der Großloge und des Logenbundes, welchem ich gegenwärtig präsidiere, welcher sich mit der größten Freiheit bewegt und Logen dreierlei Systems schon seit fünfzig Jahren ohne die geringste Störung in sich schließt, hat das Reformieren keine rechten Anlässe gehabt und ist vor Jahr und Tag bis auf weiteres, was sich ruhig erwarten läßt, mit allgemeiner Befriedigung erledigt worden. Allein das kann mich nicht abhalten, das große Ganze der Maurerei, und zwar zunächst Deutschlands, in das Auge zu fassen, ohne Rücksicht darauf, ob sie hier nur Bundesform, dort Ordensform habe, denn schließlich ist sie doch eins, und wenn ihr Gefahren drohen, so werden es deshalb gemeinsame sein.

Allerdings ist die Zeit eine andere, bessere als jene, wo einst der Wilhelmsbader Maurer-Kongreß tagte, allein, was seit jener Zeit schon so oft angestrebt und nie zur Ausführung gelangt ist, lassen Sie es uns zur Ausführung bringen, ich meine zunächst eine einfachbrüderliche Zusammenkunft der Großmeister aller deutschen Großlogen, um sich einmal über die gegenwärtige Situation und Aufgabe der Königlichen Kunst in brüderlich herzlich offenem Austausche der Erfahrungen und Ansichten auszusprechen.

Ich stelle kein spezielles Programm auf, nach dem ich schon vorher schnell die Momente angedeutet habe, auf welche alle Reformbestrebungen fußen. Es wird jedenfalls nicht schwer sein, unserer Versammlung rasch ebenso die rechte als unschwerfällige geschäftliche Ordnung zu verleihen.

Ich glaube Ihren Ansichten zu begegnen, wenn ich es als ganz notwendig bezeichne, daß das Projekt, bevor sich dessen Realisation in Aussicht stellt, geheim gehalten werde und daß die hochwürdigen und geliebten Brüder die Versammlung ohne Vollmachten ihrer bezüglichen Großlogen zu Beschlüssen abhalten. Die Versammlung muß einen rein konsultativen Charakter bewahren, und darf keiner Großloge Präjudize schaffen. Nur so wird es möglich sein, daß sie zustande kommt und auch gute Früchte trägt, und als eine der ersten möchte ich schon jetzt die durch gegenseitige gewöhnliche Repräsentation von der deutschen Maurerwelt ausgedrückte Einigkeit der Großlogen und ihre Übereinstimmung und Einigkeit im wesentlichen bezeichnen.

Außerdem aber wird eine solche nicht offizielle Form der Versammlung den offenen Austausch der Ansichten wesentlich erleichtern.

Das protokollarisch aufgestellte Resultat der Versammlung würde aber allerdings den einzelnen Großlogen zunächst zur weiteren Erwägung vorzulegen sein.

Ein Tag wird ausreichend sein, als Versammlungsort schlage ich Berlin, oder Köthen, oder Dresden vor, ich selbst aber stimme für Berlin; als Zeit schlage ich die Mitte des Mai vor. Ich bin unschlüssig, ob zu dieser doch nicht offiziellen Versammlung, falls sie in Berlin zustande käme, Seine Majestät der König und Seine Königliche Hoheit der Kronprinz von Preußen einzuladen oder einfach nur davon in Kenntnis zu setzen sind und erwarte darüber die Ansichten der geliebten Brüder in diesem Zirkulare.

Indem ich bitte, dieses Zirkular nach nicht zu langem Aufenthalt (nicht über zwei Tage) von Bruderadresse zu Bruderadresse sicher weiterbefördern und schließlich wieder an mich gelangen zu lassen, bitte ich ferner, sich aussprechen zu wollen

1. über Annahme oder Ablehnung des ganzen Vorschlages überhaupt,
2. über den Ort der Versammlung,
3. über den Zeitpunkt,

und werde nach Eingang der Vota, wenn sich eine affirmierende Majorität ergibt, ungesäumt den geliebten Brüdern die weitere Einladung zugehen lassen."

Der Einladung folgten sämtliche Großlogen zu einer ersten Tagung, die am Pfingstfest 1868 in dem Hause der Großen National-Mutterloge in Berlin stattfand. Warnatz wurde zum Leiter der Versammlung gewählt, und nach einem Gebet hielt er eine längere Ansprache, aus der wir auszugsweise das wichtigste mitteilen:

„Es ist jetzt unter den Maurern Deutschlands eine gewisse Bewegung im Zuge, welche nicht völlig von den Logen selbst ausgeht; man darf sie weder überschätzen, noch unterschätzen, am wenigsten aber verachten und totschweigen. Jede Großloge muß sie studieren und ihr die vollste Aufmerksamkeit schenken, alle aber müssen darauf halten, daß der alte, hehre Bau in seinen Grundfesten nicht wankend gemacht, sondern gefördert werde, und wo er dessen bedarf, neuen Mörtel und neue Stützen erhalte, denn die Maurerei hat einen Ehrenplatz in dem Kultur-Entwicklungsvorgange der Menschheit, ihre Mission ist ja die der Humanität selbst.

Sie erwarten nach dem Erwähnten von mir wohl nicht ein vollständiges Bild der jetzigen Situation der Maurerei in Deutschland, ich glaube, wir alle müssen es zusammenstellen. Wird auch hier die Übereinstimmung nicht fehlen, so darf ich wenigstens eine Seite hervorheben: es ist die des Angriffs auf die Maurerei durch Maurer selbst. Man sagt, die Maurerei leide an Stagnation und an Veraltung ihrer Formen, sie müßte sich im Einklang mit den Richtungen des Zeitgeistes reformieren und weiterentwickeln. Es fragt sich, ob überhaupt und inwieweit von uns dies bestätigt werden könne. Unzweifelhaft ist allerdings, daß jede Sache mit der Zeit alt wird, die Zeiten ändern sich und mit ihnen die Menschen. Wenn der große Forscher Carl Vogt nachgewiesen hat, daß von Jahrtausend zu Jahrtausend der Mensch körperlich und geistig ein etwas anderer geworden und in letzter Hinsicht höher gestiegen ist, so kann dies in kleinerem Maße schon von Jahrhundert zu Jahrhundert gesagt werden, und selbst der einfache Rückblick in alle möglichen kulturgeschichtlichen Phasen der vor uns hundert Jahre zurückgelegenen Zeit läßt uns unschwer zugeben, daß der jetzige Mensch ein etwas anderer ist, anderen Anschauungen huldigt, andere Bedürfnisse besitzt, nach anderen Formen strebt, in Wissenschaft, Kunst und Gewerbe andere Ziele verfolgt. Somit würde man die Maurerei wohl auch hier betrachten dürfen. Wenn überhaupt, so könnten wir dabei nur an das Konkrete derselben, an ihre Form und zumeist an das Logenwesen, denken; denn die Grundsätze der Maurerei sind, möge auch von manchen das Gegenteil behauptet werden, heilige, ewige, sie sind ja die der Weisen von Konfutse an bis auf Christus, sie reformieren zu wollen wäre Bosheit oder Wahnsinn, auch hat an sie wohl noch niemand Hand angelegt als das grobe Mißverständnis unserer geschworenen Feinde.

Handelt sich also allem Anschein nach die ganze Bewegung in der Maurerwelt Deutschlands zumeist um Formen, so möchte man glauben, daß die Abhilfe nicht gar zu schwer sein könne – und doch erscheint sie nicht so leicht. Sie liegt allerdings nicht darin, daß die den Gesamtwillen der Logenbünde ausdrückenden und repräsentierenden Großlogen sich in den Strudel der Reformbewegungen mit hineinstürzen, ihr Gewissen mit einem après nous le déluge beruhigen und eine große Zerfahrenheit der Maurerwelt und damit doch auch der Maurern selbst sich entwickeln lassen. Die Hilfe liegt vielmehr, möge sie auch nicht schnell erfolgen können, darin, daß die Großlogen die Reformbewegung nicht Parteien außerhalb der Logen überlassen, sondern mit ihren Tochterlogen selbst in die Hand nehmen, mit der in der Maurerwelt überall zu übenden Liebe auffassen und sich wahren, aber vorsichtig und umsichtig erforschen, ob wirklich begründete Anlässe zum Reformieren vorhanden sind, und wo sich Veraltetes vorfindet, dem sich Neues und Besseres ohne Verflachung der nötigen Poesie der Formen und ohne Verletzung des Grundcharakters der Maurerei substituieren läßt.

Die Objekte der Reformbewegungen sind verschiedener Art, vom Kleinen bis zum Großen hinauf, ja hinauf bis zu Momenten, mit denen die ganze jetzige Form der Maurerei steht oder fällt. Ein Teil bezieht sich nämlich auf die Formation der Großlogen und deren Aufgaben und Befugnisse, ein anderer auf Rituale und Lehre, ein Teil ist von minderer Bedeutung. Hier treten nun mannigfache Schwierigkeiten vor. Die Reformer haben alle Schwierigkeiten durch eine äußerst weit gehaltene Unifikation der Maurern und durch Aufstellung einer vollständigen Zentralisation der Maurern in National-Großlogen und dieser wiederum in einer Universal-Großloge der ganzen Erde überwinden zu können geglaubt. Die Sache ist bis jetzt im Bereiche eines Planes geblieben, und gewiß wird keine Großloge zu einem solchen gefährlichen Experiment die Hand reichen können, und kein Logenbund ist des Schicksals sicher, welches dann sie (ihn) treffen würde. Die dermaligen in der ganzen Maurerwelt anerkannten und die Maurerei auch den Staatsregierungen gegenüber repräsentierenden Großlogen bzw. Logenbünde können ohne allen Nachteil für die Maurern nebeneinander fortbestehen, und es dürfte nur wünschenswert sein, eine Formel aufzusuchen, durch welche die Gemeinsamkeit und Gleichheit der Maurern im allgemeinen, ohne Zentralisation und ohne Alteration der Autonomie und System, Eigentümlichkeiten der einzelnen Großlogen und Logenbünde, bestimmter als jetzt ausgedrückt würde. Zunächst beziehe ich mich, wenn ich jetzt diese Idee nur flüchtig hinwerfe, zumeist auf die Maurern unseres ebenso großen als schönen gemeinsamen deutschen Vaterlandes, auf die große deutsche Maurerfamilie. Die verschiedenen, durch die Logenbünde dargestellten Glieder derselben haben doch gemeinsame Aufgaben und auch gewisse gemeinsame Interessen, welche sie geltend und wirksam machen wollen und sollen. Dazu ist aber eine schablonenmäßige Gleichförmigkeit der Maurerlehre nicht notwendig, eine völlig gleichmäßige Verfassung der Großlogen und Logenbünde nicht nötig, denn auch in der Maurerwelt Deutschlands treten tief begründete und altgewohnte Eigentümlichkeiten der verschiedenen ursprünglichen Stämme Deutschlands vor, deren Vermischung ebenso schwer als unnötig sein und auch in der Tat weder dem Sinne noch dem Wohle der Maurern entsprechen würde.

Wir alle sind davon entfernt, die Zeit zu antizipieren. Für manchen Bruder mag aber allerdings der ganze weitere Entwicklungsvorgang der Maurern ein zu langsamer sein; sie werden sich wohl damit trösten müssen, daß alles seine rechte Zeit haben müsse, daß auch nicht jeder alles in der Welt an sich selbst miterleben und an allem Großen selbsttätig die Hand anlegen könne, und daß die Menschheit eine sehr große Masse von Zeit einzelner allmählicher Vorgänge gebraucht habe, um auf die jetzige Höhe ihrer Entwicklung zu gelangen. Daß die Maurerei, solange als sie eine vergeistige ist, dabei ihren

Teil ehrlich mit beigetragen habe, können nur ihre Feinde und blinde Verächter leugnen. Möge nur jeder Bruder auch ferner seiner Pflicht an dem ihm zugewiesenen Arbeitsplatze eingedenk bleiben. Dann wird es der Maurerei nicht schwer werden, ihre hohe Mission auch ferner mit Erfolg zu erfüllen, die Humanität in der Welt zu fördern. Sie wird nicht untergehen, denn sie ist, wenn ich Lessings treffliche Worte gebrauchen darf, nichts Willkürliches, nichts Entbehrliches, sondern etwas Notwendiges, das in dem Wesen des Menschen und der bürgerlichen Gesellschaft begründet ist."

Schon auf dieser ersten Tagung trat der unüberbrückbare Unterschied zwischen der christlichen und der humanitären Freimaurerei klar hervor. Warnatz suchte zu vermitteln und erklärte, „daß jetzt faktisch ein gewisser Unterschied der deutschen Maurerwelt dadurch bedingt sei, daß ein Teil der Großlogen und Logenbünde das christliche Prinzip der Maurerei, ein anderer das Prinzip der Maurerei als eines Weltbundes festhalte; er selbst bekenne sich zu letzterem, ohne das erstere bemäkeln zu wollen; schließlich treffe doch beider Tendenz in einem zusammen, sei ja doch auch das Christentum in seiner von aller konfessionalen Folie entkleideten Form und Erscheinung echtes Maurertum, allein wie das Christentum bestimmt sei, die Weltreligion zu werden, so müsse auch die Maurerei danach streben, ein wahrer Welt- und Menschenbund mehr und mehr zu werden, den ein verschiedenartiges Dogma der Systeme nicht trenne und der etwas allen Logensystemen Gemeinsames und sie mit aller Freiheit als Einheit Darstellendes haben müsse. Allerdings sei dies bereits bis zu einem gewissen Punkte durch die drei großen Lichter, an erster Stelle die Bibel, gegeben; doch erscheine dem Sprecher dies nicht völlig ausreichend, da eben die allgemeinen maurerischen Prinzipien einen gemeinsamen und übereinstimmenden formellen Ausdruck finden müßten, er suche die Aushilfe in den old marks, den alten Maurerpflichten, und gebe weiteren, auch über den heutigen Tag hinausgehenden Erwägungen der Brüder anheim, ob es nicht ausführbar sei, die old marks als förmlich obligatorischen Bestandteil in die Statuten der Großlogen und Einzellogen aufzunehmen, und die Neuaufzunehmenden geradezu mit auf sie zu verpflichten. Eine Revision dieser alten Pflichten, welche die Brüder Großmeister vereint versuchen könnten, sei aber allerdings erst nötig. Man entschloß sich, diesen Gegenstand im Auge zu behalten."

Bisher hatten diese Tagungen den Namen „Großmeistertag" geführt, in Frankfurt am Main am 28. Mai 1871 wurde die Gründung des Deutschen Großlogenbundes beschlossen, und Warnatz legte die von ihm entworfenen Satzungen vor, die in vierzehn Paragraphen lauteten:

§ 1.

„Die dermalen in Deutschland bestehenden Großlogen:

1. Die Große National-Mutterloge in den Preußischen Staaten, genannt zu den drei Weltkugeln, in Berlin,
2. die Große Loge von Hamburg,
3. die Große Loge der Freimaurer, genannt zur Sonne, in Bayreuth,
4. die Große Loge von Preußen, genannt Royal York zur Freundschaft, in Berlin,
5. die Große Landesloge der Freimaurer von Deutschland in Berlin,
6. die Große Mutterloge des Eklektischen Freimaurerbundes in Frankfurt a. M.,
7. die Große Landesloge von Sachsen in Dresden,
8. die Große Loge des Freimaurerbundes zur Eintracht in Darmstadt

treten unter dem Protektorat des Deutschen Kaisers in eine nähere Vereinigung unter dem Namen

Deutscher Großlogenbund

zusammen.

§ 2.

Zweck und Aufgabe dieses Bundes ist: die Einigkeit und das Zusammenwirken der Logen in Deutschland zu wahren und zu fördern und den außerdeutschen Großlogen gegenüber eine gemeinsame maurerische Stellung einzunehmen.

§ 3.

Der Deutsche Großlogenbund anerkennt die Autonomie der in § 1 genannten deutschen Großlogen und ihrer Systeme, soweit nicht durch gegenwärtiges Statut gewisse Beschränkungen aufgestellt werden.

§ 4.

Der Deutsche Großlogenbund erkennt in Deutschland nur die bis jetzt daselbst bestehenden Systeme und deren Großlogen und überhaupt nur gerechte und vollkommene Logen an, in welchen die reine Johannismaurerei geübt wird.

§ 5.

Die Zutrittserklärung zum Deutschen Großlogenbunde erfolgt durch die auf Vollmacht der betreffenden Großloge von dem Hammerführenden Großmeister bewirkte Unterzeichnung gegenwärtigen Statuts.

§ 6.

Das Organ des Deutschen Großlogenbundes ist der Großlogentag.

§ 7.

Der Großlogentag besteht aus den Großmeistern, den deputierten Großmeistern und einem von jeder Großloge zu wählenden Bruder Meister und wird alljährlich zu Pfingsten am Sitz einer der Großlogen in regelmäßigem Wechsel unter denselben abgehalten.

In Verhinderungsfällen können Großmeister und deputierte Großmeister andere Mitglieder ihrer Großlogen substituieren.

§ 8.

Den Vorsitz am Großlogentag führt der Großmeister derjenigen Großloge, an deren Sitz die Versammlung stattfindet.

§ 9.

Der Großlogentag berät die von den Großmeistern und Großlogen an ihn gelangenden Vorlagen in rein konsultativer Weise, legt das Ergebnis den Großlogen zu weiterer Erwägung bzw. Beschlußfassung vor und bringt außerdem die gemeinsamen Beschlüsse des Deutschen Großlogenbundes zur Ausführung. Es gehören dahin Verhandlungen über alles, was die Einigkeit und allgemeine Zusammengehörigkeit der deutschen Maurer fördern oder entstandene Differenzen zwischen einzelnen Großlogen friedlich ausgleichen kann. Es gehören ferner dahin alle Verhandlungen mit außerdeutschen Großlogen über Anknüpfung näherer Verbindungen, über Anerkennung neuer Großlogen, über Abbruch früherer Verbindungen.

§ 10.

Bei zwischen einzelnen deutschen Großlogen entstandenen Differenzen bildet der Großlogentag die schiedsrichterliche Instanz. Die in Differenz befindlichen Parteien legen den streitigen Fall dem Großlogentag vor, und dieser entscheidet nach sachgemäßer Prüfung endgültig.

§ 11.

Neue Verbindungen mit außerdeutschen Großlogen anzuknüpfen und bereits angeknüpfte wieder aufzulösen ist lediglich Sache des Großlogenbundes.

§ 12.

Die Abstimmungen erfolgen bei dem Großlogentag nicht nach der Zahl der anwesenden Mitglieder, sondern nur nach Großlogen. Für Abwesende kann nicht gestimmt werden. Es gilt bei den Abstimmungen die einfache Majorität, und bei Gleichheit der Stimmen entscheidet die für diesen Fall auftretende Doppelstimme des Vorsitzenden, welcher außerdem, als Vertreter seiner Großloge, nur eine einfache Stimme besitzt.

§ 13.

Die durch den Geschäftsgang erwachsenden Ausgaben (Porti, Copialien usw.) werden von der Vorsitzenden Großloge vorlagsweise bestritten und derselben, bei dem Wechsel des Vorsitzes, von den einzelnen Großlogen nach Verhältnis der Zahl ihrer Tochterlogen zurückerstattet.

§ 14.

Zur Empfangnahme von Mitteilungen des Allerdurchlauchtigsten Protektors für den Deutschen Großlogenbund wird eine ständige Kommission niedergesetzt, bestehend aus den drei Großmeistern der in Berlin arbeitenden Großlogen."

Die Große Landesloge von Deutschland hat von Anfang an ein inneres Widerstreben gegen die Gründung gehabt. Der hervorragendste Ordensjurist, den der Orden jemals gehabt hatte, Leopold Nikisch, damals Großsekretär, äußerte sich schon am 23. Juli 1871 folgendermaßen:

„In der Sache selbst begrüße ich den „Deutschen Großlogenbund" nicht freudig, erkenne vielmehr darin ein höchst unglückliches Hinübertragen der Einheitsbestrebungen auf politischem Gebiete in das völlig heterogene, anders gegliederte, auf anderen Voraussetzungen beruhende Gebiet der Maurerei. Aber die Große Landesloge wird sich, wie die Sache liegt, nicht ausschließen können, und es wird nur unsre Aufgabe sein, mit größter Vorsicht und unerschütterlicher Festigkeit die Pressionen, die im Laufe der Zeit auf uns ausgeübt werden werden, abzuwehren. Jetzt sieht die Sache noch sehr harmlos aus; aber es wird wahrscheinlich nicht lange dauern, so wird bald die Zumutung an uns herantreten, daß wir Brüder anderer Großlogen in unsre innersten Mysterien initiieren, was uns einen um so schlimmeren Stand bereiten wird, da Royal York und die drei Weltkugeln gewiß bereitwilligst darauf eingehen werden. Doch mag diese Sorge einstweilen der Zukunft vorbehalten bleiben.

Im einzelnen will ich gegen den Entwurf mich auf einen einzigen Einwand beschränken; ich halte den § 4 in seiner jetzigen Fassung für gefährlich für uns; ich stimme für Streichung der Worte: ‚und überhaupt nur gerechte und vollkommene Logen an, in welchen die reine Johannis-Maurerei geübt wird'.

Abgesehen von der Unklarheit dieses Passus, da der Begriff „Was ist reine Johannis ‚Maurerei' nicht festgestellt ist, kann derselbe leicht eine Handhabe gegen uns werden. Will man keine Waffe gegen uns daraus machen, so können ihn die andern ja fallen lassen, er ist ja nur wertvoll und von Bedeutung als Ausfallstor gegen die Große Landesloge.

Auch dürfte vielleicht zu erwägen sein, ob eine Bestimmung über die Möglichkeit des Austritts aus dem Bunde nicht zweckmäßig wäre."

Die Großloge teilte nunmehr durch Zirkular ihren Johannislogen ihre Abänderungsvorschläge zwecks Äußerung mit. Adolf Widmann sprach sich darauf in einem Schreiben an den Landes-Großmeister völlig ablehnend aus:

„Teurer Meister! Je mehr ich über den projektierten ‚Großlogenbund' nachdenke, um so abgeschmackter und gefährlicher erscheint mir seine Form.

In diesem Sinne habe ich an meine Mitmeister geschrieben und beschwöre Sie im Interesse und bei Ihrer Liebe zur Freimaurerei, dem Widerstand, wenn er sich unter den Johannislogen selbst kundgeben sollte (wie ich hoffe), nicht entgegenzutreten, und jedenfalls die Sache am 14. September nicht zur definitiven Entscheidung zu forcieren. Es pressiert ja gar nicht und ein Monat Frist ist zu kurz.

Ich wenigstens halte mich verpflichtet, dagegen aufzutreten, soviel nur in meiner Kraft liegt..."

Auch die Große National-Mutterloge zu den drei Weltkugeln hatte an dem Entwurf eine sehr ernsthafte Kritik geübt, und in demselben Sinne erklärte sich die Große Loge zur Freundschaft. Die andern Großlogen hatten gleichfalls Abänderungen vorgeschlagen, so daß bei der Tagung am 19. Mai 1872 in den Räumen der Großen Landesloge in Berlin die Gründung beschlossen und das Statut endgültig folgendermaßen festgestellt werden konnte:

§ 1.

„Die in Deutschland bestehenden Großlogen, nämlich:

1. die Große National-Mutterloge der Preußischen Staaten, genannt zu den drei Weltkugeln, zu Berlin,
2. die Große Landesloge der Freimaurer von Deutschland zu Berlin,
3. die Großloge von Preußen, genannt Royal York zur Freundschaft, zu Berlin,
4. die Große Loge von Hamburg zu Hamburg,
5. die Große Loge von Sachsen zu Dresden,
6. die Große Mutterloge des eklektischen Bundes zu Frankfurt a. M.,
7. die Große Loge der Freimaurer, genannt zur Sonne, zu Bayreuth,
8. die Große Loge des Freimaurerbundes zur Eintracht zu Darmstadt

treten in eine nähere Vereinigung zusammen unter dem Namen Deutscher Großlogenbund".

§ 2.

Zweck und Aufgabe dieses Bundes ist, die Einigkeit und das maurerische Zusammenwirken der Logen in Deutschland zu wahren und zu fördern und den außerdeutschen Großlogen gegenüber eine gemeinsame maurerische Stellung einzunehmen.

§ 3.

Der deutsche Großlogenbund anerkennt die Autonomie der in § 1 genannten Großlogen und ihrer Systeme, soweit nicht durch gegenwärtiges Statut (§§ 5 und 6) gewisse Beschränkungen aufgestellt sind.

§ 4.

Der Großlogenbund anerkennt in Deutschland nur die im §1 genannten Großlogen und deren Tochterlogen, außerdem noch die zur Zeit bestehenden isolierten Logen, und zwar:

1. Minerva zu den drei Palmen zu Leipzig,
2. Bulduin zur Linde zu Leipzig,
3. Archimedes zu den drei Reißbrettern zu Altenburg,
4. Archimedes zum ewigen Bunde zu Gera,
5. Karl zum Rautenkranz zu Hildburghausen.

§ 5.

Darüber zu bestimmen, ob seitens der deutschen Großlogen neue Verbindungen mit außerdeutschen Großlogen anzuknüpfen und bereits angeknüpfte wieder aufzulösen sind, ist lediglich Sache des Großlogenbundes.

§ 6.

Bei Streitigkeiten, welche zwischen einzelnen deutschen Großlogen entstanden sind, bildet der Großlogenbund die schiedsrichterliche Instanz.

§ 7.

In den vorstehend (§§ 5 und 6) bezeichneten Angelegenheiten hat der Großlogenbund eine entscheidende, in allen andern, von den Großmeistern und Großlogen an ihn gelangenden Vorlagen eine beratende Stimme.

§ 8.

Streitfragen über Lehre und Ritual sind von den Verhandlungen des Großlogenbundes ausgeschlossen.

§ 9.

Das Organ des Großlogenbundes ist der Großlogentag.

§ 10.

Der Großlogentag besteht aus den acht Großmeistern und zwei von jeder Großloge zu erwählenden Brüder-Meistern, und wird alljährlich zu Pfingsten am Sitze einer der Großlogen im regelmäßigen Wechsel unter denselben abgehalten. In Verhinderungsfällen kann der Großmeister ein anderes Mitglied seiner Großloge sich substituieren.

§ 11.

Den Vorsitz am Großlogentage führt der Großmeister derjenigen Großloge, an deren Sitz die Versammlung stattfindet. Dieser Vorsitzende hat bis zum nächsten Großlogentage die laufenden Geschäfte des Großlogenbundes zu besorgen.

§ 12.

Den Gang der Verhandlungen und das Verfahren bei den Abstimmungen regelt eine auf dem nächsten Großlogentage festzustellende Geschäftsordnung.

§ 13.

Die durch die Geschäftsführung erwachsenden Ausgaben werden von derjenigen Großloge, an deren Sitz der letzte Großlogentag stattgefunden hat, vorschußweise verauslagt und demnächst von den einzelnen Großlogen zu gleichen Anteilen erstattet.

§ 14.

Jeder Großloge steht jederzeit das Recht des Austritts frei.

§ 15.

Dieses Statut ist von den bevollmächtigten Vertretern der Großlogen auf Grund der ihnen erteilten Vollmachten unterzeichnet."

Am Tag nach der Gründung, dem zweiten Pfingstfeiertag, hatte der Kronprinz die Vertreter der acht Großlogen zu sich ins Palais geladen. Er ließ sich die einzelnen Brüder durch Dachröden vorstellen und unterhielt sich mit ihnen aufs huldvollste, indem er bei mehreren an frühere Begegnungen anknüpfte. Tief schmerzlich war er bewegt von dem traurigen Ereignis, daß der Landes-Großmeister von Sachsen, Medizinalrat Warnatz, durch einen jähen Tod dahingerissen, die Krönung seines Werkes nicht mehr hatte erleben dürfen. Beim Abschied richtete der Kronprinz an die Versammlung folgende Ansprache:

„Meine Brüder! Ich wünsche Ihnen und Mir Glück zu dem, was Ihre gestrigen Verhandlungen zustande gebracht haben; es ist wieder ein wichtiger Stein in unsrem Bau und wird für die Freimaurerei segensreiche Folgen haben. Ich kann das, was erreicht worden, als einen Fortschritt bezeichnen. Die meisten von Ihnen erinnern sich der Worte, die Ich vor fast zwei Jahren in Zeiten, die noch einen durchaus friedlichen Charakter trugen, bei dem Säkularfest der Großen Landesloge ausgesprochen habe und es hat Mich

Haus der Loge Eleusis zur Verschwiegenheit in Bayreuth, in dem sich auch Museum und Archiv der Großloge zur Sonne befinden

gefreut, daß dieselben in allen deutschen Logen Anklang gefunden haben. Seitdem haben die kriegerischen Ereignisse eine festere politische Vereinigung in Deutschland herbeigeführt, und auf demselben Boden der Gemeinschaft bewegt sich auch das, was Sie zur engeren Verbindung der Deutschen Großlogen unternommen und dem Sie gestern Gestalt gegeben haben. Das, was Ich an jenem Säkularfest gesagt habe, halte Ich auch heute noch in jeder Zeile aufrecht; Ich bin überzeugt, daß je tiefer unsere maurerische Forschung eindringt in das Innere unserer Wissenschaft, sie um so mehr das lautere Wesen derselben, von Schlacken gereinigt, zur Erkenntnis bringen und den edlen Zwecken der Freimaurerei dienen wird. Diesen Bestrebungen werde Ich stets die Hand reichen. Gern hätte Ich gestern an Ihren Arbeiten Mich beteiligt, und nur andre Pflichten haben mich davon ferngehalten; aber mit der ernstesten Teilnahme bin Ich bei der Aufgabe, welcher Sie gestern oblagen, und werde nach Meinen Kräften an deren weiterer Förderung mitwirken. Ich habe Ihnen die Grüße des Kaisers zu bringen, der von den Aufgaben Ihrer

Versammlung durch Mich unterrichtet ist und ihnen den besten Fortgang wünscht. Indem Ich Meine innige Freude ausdrücke, Sie heute um Mich versammelt gesehen zu haben, begleite Ich Ihr ferneres Wirken mit Meinen besten Wünschen."

Nachdem nunmehr die Gründung des Deutschen Großlogenbundes vollzogen und das Statut angenommen war, galt es, eine Geschäftsordnung auszuarbeiten. Dies oblag dem geschäftsführenden Großmeister, General von Ziegler, von der Großen Landesloge von Deutschland. Sein Entwurf wurde mit geringen Abänderungen am Großlogentag vom 1. Juni 1873 in Bayreuth angenommen, aber er trug in seinem Paragraph Sieben den Keim zum Zusammenbruch in sich. Dieser Paragraph enthält den Satz: „Bei Abstimmungen steht jeder Großloge, ohne Rücksicht ihres Umfanges, sowie der Zahl ihrer gegenwärtigen Vertreter eine Stimme zu."

Diese Verordnung mußte zwangsläufig zu Unzuträglichkeiten führen und man muß sich wundern, daß die Große Landesloge als geschäftsführende Großloge die Gefahr nicht sofort erkannt und einen anderen Abstimmungsmodus vorgeschlagen hat. Sie war dadurch mit ihren beiden altpreußischen Schwestergroßlogen den humanitären mit gebundenen Händen ausgeliefert, denn jene vermochten keinen Antrag, der ihre Belange betraf, gegen die kompakte Mehrheit von fünf Stimmen durchzusetzen. Es war also unmöglich, die Meinung der überwiegenden Mehrheit der deutschen Freimaurer zur Geltung zu bringen, hatte doch die Große National-Mutterloge allein mehr Mitgieder als die fünf humanitären Großlogen zusammengenommen.

Diese Nachgiebigkeit der damaligen Führer in der Großen Landesloge, obwohl sie innerlich gegen die ganze Gründung waren, hat sich im Verlauf der nächsten fünfzig Jahre an den drei altpreußischen Großlogen bitter gerächt.

Der Großlogenbund arbeitete in den nächsten Jahren ganz nach seinem Grundgesetz und beschäftigte sich nur mit allgemeinen Fragen, die an den inneren Gegensätzen vorsichtig vorbeiglitten. Nur im Jahre 1876 kam es wegen Anerkennung zweier Neger-Großlogen in den Vereinigten Staaten von Nordamerika zwischen den altpreußischen Großlogen und der Großloge von Hamburg zu erregten Auseinandersetzungen.

Auf dem Großlogentag des Jahres 1878 in Hamburg trat der alte Gedanke einer vereinigten Deutschen National-Großloge wieder hervor. Der Großmeister von Royal York, Professor Herrig, hatte einen Verfassungsentwurf ausgearbeitet, aber in der Verhandlung wurden lebhafte Bedenken laut, so daß die Angelegenheit an einen Fünferausschuß zu weiteren Vorschlägen überwiesen wurde. In diesem Kollegium saß der Großmeister der Großloge zur Sonne in Bayreuth, der hervorragende Rechtslehrer Geheimrat Professor Dr. Johann Kaspar Bluntschli, der nunmehr einen Verfassungsentwurf für eine Reichs-Großloge vorlegte, der jedoch wiederum der Vertagung verfiel. Im nächsten Jahre wurde er durch einstimmigen Beschluß, „ihn zur Zeit ganz auf sich beruhen zu lassen", endgültig erledigt.

Die Frage, ob die deutschen Logen die seit dem Jahre 1870 abgebrochenen Beziehungen zur französischen Freimaurerei wieder aufnehmen sollten, beschäftigte im Jahre 1906 den Großlogentag. Die Hamburger Großloge hatte den Antrag gestellt, die Grande Loge de France wieder anzuerkennen. Diese Großkörperschaft hatte im Gegensatz zum Grand Orient de France in ihrer Satzung vom Jahre 1904 die Erörterung politischer und religiöser Fragen verboten und den Glauben an Gott ausdrücklich gefordert. Dieser Antrag wurde einstimmig angenommen. Bezüglich des Grand Orient beschloß der Großlogenbund am 7. Juni 1908, daß keine Veranlassung bestehe, mit dieser Organisation freundschaftliche Beziehungen wieder anzuknüpfen.

Erst im Jahre 1909 ist über den Antrag einer humanitären Großloge, die Wiederaufnahme freundschaftlicher Beziehungen zwischen dem Deutschen Großlogenbund und dem Grand Orient de France zu beschließen, mit fünf Stimmen für und drei Stimmen der altpreußischen Großlogen gegen den Antrag votiert worden. Da nach dem Gesetz des Großlogenbundes zur Annahme eine Dreiviertelmajorität erforderlich gewesen wäre, so war der Antrag abgelehnt. Die drei altpreußischen Großlogen haben auch danach gehandelt, sie sind am 23. September desselben Jahres im Großmeisterverein übereingekommen, dem von den humanitären Großlogen angenommenen Antrag keine Folge zu geben, und sie haben diesen ihren Entschluß durch eine gemeinsame Erklärung ihren Tochterlogen bekanntgegeben.

Großmeister Professor Dr. Bluntschli und seine Mitarbeiter

Bis zum Weltkrieg gingen die Verhandlungen des Großlogenbundes korrekt vor sich, und es ereignete sich kaum ein ernster Zwischenfall. Auch als die Feindseligkeiten begonnen hatten und der schweizerische Großmeister Quartier-la-Tente seinen Verleumdungs- und Lügenfeldzug gegen Deutschland eröffnet hatte, standen die acht deutschen Großlogen in vaterländischer Gesinnung und energischer Abwehr fest zusammen. Erst mit dem Ende des Krieges zeigte sich ein entschiedener Unterschied in der Frage, wie man sich der Freimaurerei des feindlichen Auslandes gegenüberstellen sollte.

Für die Entwicklung des Gedankens eines Menschheitsbundes in der neuesten Zeit ist es wichtig, eine Äußerung des Großmeisters von Hamburg, Staatsrats Dr. Hagedorn, in einer Großlogenversammlung vom 13. September 1919 festzulegen, worin er zu der Überzeugung kommt, daß keine Großloge des Auslandes sich für Deutschland eingesetzt, nicht einmal ein Wort gegen die aller Humanität und aller Sittlichkeit hohnsprechende Zurückhaltung der deutschen Kriegsgefangenen gefunden habe. Dann fährt er fort: „Aber nicht genug damit, daß die Freimaurerei des Auslandes schweigend und untätig beiseite gestanden hat, als es galt, im Sinne reiner Humanität und echter freimaurerischer Grundsätze zu wirken und sich zu betätigen, sie hat sich gar von kleinlicher Verfolgungssucht alles dessen, was deutsch ist oder deutsch sein könnte, nicht freizuhalten gewußt. Eine der ersten Maßnahmen des Großorients von Belgien nach seiner Rückkehr auf den heimatlichen Boden war, eine große Anzahl Brüder deutscher Abkunft aus dem Bunde auszuschließen und die Logen zu ersuchen, keine Einladungen an Brüder zu versenden, die einer bisher feindlichen Nationalität angehörten oder von solcher abstammten. Und daß die englischen und nun gar die französischen Logen in der Ablehnung der deutschen Freimaurerei nicht müde werden, ist genugsam bekannt. Ich brauche für Frankreich nur an die Vorgänge in Straßburg, Metz und Mühlhausen zu erinnern. Wahrlich, die Freimaurerei des Auslandes läßt es nicht an sich fehlen, den Haß der Völker untereinander, den der Krieg geboren hat, in der Welt zu verewigen. Diesen betrübenden Erscheinungen gegenüber ist es in verstärktem Maße Pflicht der deutschen Freimaurerei, sich auf sich selbst zu besinnen und sich fest zusammenzuschließen, um desto wirksamer in ihrer Weise den freimaurerischen Gedanken in der Welt zur Geltung zu bringen. Dem soll auch eine engere Vereinigung der fünf Großlogen dienen, die im Deutschen Großlogenbunde durch Lehre und Gebrauchtum sich seit langem nahestehen."

Diese Bereinigung, die als Gegenorganisation gegen den Großmeisterverein der drei altpreußischen Großlogen gedacht war, soll uns nun näher beschäftigen:

Der Johannisbund und die Spaltung im Großlogenbund

Im April 1918 waren in Weimar die Großmeister der fünf humanitären Großlogen zusammengekommen, um eine engere Bereinigung untereinander zu schließen und für die Pflege und Verbreitung der Freimaurerei im Sinne und nach Maßgabe der in dem Konstitutionenbuche der Großloge von England vom Jahre 1723 enthaltenen sogenannten alten Pflichten gemeinsam zu wirken und Gelegenheit zu schaffen, der Freimaurerei eine Auswirkung im Sinne der stetig sich weiter entwickelnden Zeitverhältnisse zu ermöglichen. Als Grund wurde angegeben, daß eine innere Einigung des Deutschen Großlogenbundes auf gemeinsamer sachlicher Grundlage freimaurerischer Auffassung nach den Erfahrungen der letzten Beratungen heute weniger als je möglich erscheine.

Der Großmeister von Bayreuth, Rechtsanwalt Dr. August Paret, hatte einen Satzungsentwurf und eine Geschäftsordnung ausgearbeitet, der er folgende Begründung vorausschickte:

„Seit mehr als einem Jahrhundert lebt in der deutschen Freimaurerei der immer stärker werdende Wunsch nach äußerer und innerer Einigung. Daß dieser Wunsch bisher unerfüllt geblieben ist, hat seinen Grund darin, daß in der deutschen Freimaurerei zwei Hauptrichtungen sich grundsätzlich gegenüberstehen, deren Unterschiede wesentlich in folgenden beiden Punkten gipfeln:

1. in der Art der Auffassung des freimaurerischen Gedankens,
2. in der Auffassung der historischen Grundlage der Freimaurerei.

„Die eine dieser Richtungen glaubt, den freimaurerischen Gedanken durch eine Vereinigung von menschlich brüderlich gleichgesinnten Männern des ganzen Erdenrundes ohne Rücksicht auf Stand, Nationalität, politische Partei und Religionsbekenntnis zum Ausdruck bringen und als Ausgangspunkt der historischen Entwicklung die erstbeglaubigte Urkunde, nämlich das Andersonsche Konstitutionsbuch, ansehen zu sollen, während die andere Richtung die Zugehörigkeit zum Freimaurerbunde von der christlichen Konfession abhängig machen zu müssen glaubt und zum Teil die historische Entwicklung des Freimaurerbundes aus den christlichen Ritterorden herleitet bzw. in nächste Verbindung mit denselben bringt.

„Trotz dieser inneren Verschiedenheit sind beiden Richtungen manche freimaurerische Grundsätze gemeinsam, und hat sich hieraus wenigstens insofern ein Ergebnis der Einigungsbestrebungen entwickelt, als die deutschen Großlogen und mit ihnen die freie Vereinigung der fünf unabhängigen Logen Deutschlands sich zum deutschen Großlogenbund zusammengeschlossen haben, der, im wesentlichen eine formelle Einigung, eine gemeinsame Stellung der deutschen Freimaurerei nach außen bedeutet. Ist so der deutsche Großlogenbund immerhin ein erfreuliches Ergebnis der Entwicklung deutscher Freimaurerei, so ist sie doch von einer wirklichen Einigung himmelweit entfernt, solange nicht eine Verständigung der beiden Richtungen hinsichtlich einer gemeinsamen sachlichen Grundlage über die oben erwähnten Punkte möglich wird.

„Schon im Jahre 1839 haben die Großmeister die drei altpreußischen Großlogen, welche die erwähnte christliche Auffassung in mehr oder weniger Reinheit pflegen, sich zu einer Großmeistervereinigung zusammengeschlossen, um ihren Standpunkt durch gemeinsame Vertretung zu stärken. Die Entwicklung der Zeit und mit ihr der deutschen Freimaurerei zeigt auch unter den deutschen Großlogen der anderen Richtung, den sogenannten humanitären Großlogen, das Bedürfnis eines engeren Zusammenschlusses. So traten im Jahre 1900 die Großmeister der Großlogen von Hamburg, Bayreuth und Frankfurt zu einem Großmeisterverein zusammen, dessen Zweck war:

Karl Wiebe, Großmeister der Großen Loge von Hamburg

„Gemeinsame Vorberatung und Behandlung aller wichtigeren freimaurerischen Fragen, insbesondere von prinzipieller Bedeutung, ferner Förderung der Einheitsbestrebungen in der deutschen Freimaurerei durch Verständigung über die gemeinsamen Grundprinzipien und möglichste Vereinheitlichung der Verfassung der in Betracht kommenden Großlogen.“

„Dieser Großmeistervereinigung traten im Jahre 1912 auch die Großmeister der Großlogen von Sachsen und Darmstadt bei, so daß seitdem sämtliche fünf humanitären Großlogen durch ihre Großmeister in diesem Fünfbund vereinigt waren.

„So haben sich, um es einmal klar auszusprechen, in der deutschen Freimaurerei zwei Gruppen prinzipiell verschiedener Auffassung gebildet, nämlich die drei altpreußischen Großlogen auf der Grundlage konfessioneller, christlicher Richtung, die übrigen Großlogen auf der Grundlage humanitärer Richtung. Trotzdem hat der von ihnen gemeinsam gebildete deutsche Großlogenbund sich als wertvolle äußere Einigungsform bewährt, eine Einrichtung, an welcher im Interesse beider Teile nicht gerüttelt werden soll.

„In Literatur und Presse der deutschen Freimaurerei lebt aber trotzdem der Gedanke an eine innere Einigung fort und ist bisher nicht zur Ruhe gekommen, hat vielmehr gerade in der schweren Zeit des Weltkrieges vielfach aus dem Felde wie in der Heimat neuen verstärkten Ausdruck gefunden.

„Die humanitären Großlogen waren es, welche allmählich der seit 1915 schwebenden Beratungen eines neuen Grundgesetzes für den deutschen Großlogenbund wiederholt Anlaß nahmen, auf eine Verständigung über die innere sachliche Grundlage der deutschen Freimaurerei hinzuwirken."

Danach stellten die versammelten Großmeister in voller Übereinstimmung fest, daß ihre Großlogen in ihren Verfassungen auf dem Boden der alten Pflichten ruhen und daß unbeschadet der Eigenart ihrer Verfassungen gemeinsame Grundlagen freimaurerischer Auffassung bestehen. Auf Grund dieser Gemeinsamkeit beschlossen sie, ihren Großlogen den Antrag zu unterbreiten, um die ursprüngliche Großmeistervereinigung des Fünfbundes auf die beteiligten Großlogen zu übertragen, einen „Johannisbund" innerhalb des Deutschen Großlogenbundes zur Pflege und Förderung ihrer Interessen im Sinne der gemeinsamen Grundsätze freimaurerischer Auffassung zu gründen. Verfassung und Geschäftsordnung wurden darauf einstimmig angenommen.

Innerhalb der drei altpreußischen Großlogen stand man dem Johannisbund von Anfang an mißtrauisch gegenüber. Er sollte ein Gegenstück zu dem altpreußischen Großmeisterverein sein, aber man war der Überzeugung, daß er sich zu einem Gegensatz entwickeln würde. Vor allem aber hatte es den Anschein, als ob die Freimaurerei Deutschlands zu einem politischen Instrument herangebildet werden sollte. Vollkommen ablehnend verhielten sich die altpreußischen Großlogen gegenüber den Bestrebungen, erneut internationale Beziehungen anzuknüpfen, von dem Gesichtspunkt ausgehend, daß es in keinem einzigen Lande eine andere als nationale Freimaurerei gebe. In allen Ländern werde das nationale Interesse in den Vordergrund gestellt, und erst wenn dieses vollauf befriedigt sei, denke man an internationale Zwecke. Daher müsse die Freimaurerei in Deutschland in erster Linie deutsch sein, Nationalbewußtsein fördern.

Bis zum Jahre 1920 war den altpreußischen Großlogen noch keine amtliche Mitteilung über den Johannisbund zugegangen. In ihren Kreisen glaubte man, es unmöglich zulassen zu können, innerhalb des Großlogenbundes einen Unterverband wirken zu lassen, der etwa gar widersprechende Beschlüsse fasse. Von seiten der fünf humanitären Großlogen wurde die Unterlassung der Benachrichtigung damit begründet, daß noch die Zustimmung der Großloge zur Eintracht fehle, weil ein Teil ihrer Logen sich im besetzten Gebiete befände und die Zusammenberufung der Johannislogenvertreter Schwierigkeiten bereite. Außerdem bedürfe die Geschäftsordnung des Johannisbundes noch der Durchberatung durch die Großmeister und es sei infolge der ungünstigen Verkehrs- und Verpflegungsverhältnisse noch nicht möglich gewesen, eine Sitzung anzuberaumen.

Die amtliche Mitteilung über die Gründung des Johannisbundes erfolgte erst im Sommer 1920 und sie wurde in der Sitzung des altpreußischen Großmeistervereins eingehend besprochen. Man bestritt den fünf Großlogen, sich zu einem Bunde im Bunde zusammenzuschließen, die Gründung bedeute eine Gefahr, schon die Bezeichnung als Humanitäre Großlogen Deutschlands müsse in der Außenwelt die Meinung erwecken, als sei den altpreußischen Großlogen die Humanität fremd. Gegenüber der Behauptung des Fünferbundes, daß der altpreußische Großmeisterverein ja auch ein Bund im Bunde sei, wurde geltend gemacht, daß der Großmeisterverein ja schon mehrere Jahrzehnte bestanden habe, als der Großlogenbund erst gegründet wurde.

Im nächsten Jahr spitzten sich die Verhältnisse durch allerhand unliebsame Vorgänge zwischen den beiden Richtungen derart zu, daß die Große Landesloge beschloß, aus dem Deutschen Großlogenbund auszutreten und sich mit den beiden Schwester-Großlogen ins Benehmen setzte, diesen Schritt gemeinschaftlich zu unternehmen. Zunächst wurde der geschäftsführende Großmeister des Großlogenbundes, Staatsrat Dr. Hagedorn in Hamburg, vertraulich von dem beschlossenen Austritt verständigt und dieser feinfühlige, vornehme und streng christlich gesinnte Mann bemühte sich auf jede Weise, die Sezession der Altpreußen aufzuhalten.

Hagedorn wies dann darauf hin, daß der Großlogenbund im nächsten Jahre sein fünfzigjähriges Bestehen zu feiern hätte, und daß es ein betrübendes Schauspiel wäre, wenn statt des frohen Jubiläums der Bruch erfolgte. Er erbot sich sogar, nach Berlin zu kommen, um im Wege der persönlichen Aussprache eine Einigung zu erzielen.

Es war aber zu spät, der Beschluß der Großen Landesloge, von ihrem höchsten Gremium gefaßt, war nicht rückgängig zu machen und die Gründe, die inneren Gegensätze, die ewigen, seit Bestehen immer schärfer werdenden Reibungen bestanden ungehindert fort und würden kaum durch einen Verordnungsakt des Großlogentages aus der Welt zu schaffen gewesen sein.

Über die Gründe des Austritts der drei altpreußischen Großlogen sind wir aus den Akten genau unterrichtet. Da war es zunächst der schwerfällige Satzungsapparat, der jedes schnelle Eingreifen und jede kurzfristige Entscheidung unmöglich machte. Die Möglichkeit, dem geschäftsführenden Großmeister

Staatsrat Dr. Hagedorn, Großmeister der Großen Loge von Hamburg

die Vollmacht zu geben, im Namen des Großlogenbundes sofort zu handeln, war nicht gegeben, weil er, ob er nun an der Spitze einer humanitären oder einer altpreußischen Großloge stand, nie der Zustimmung der andern Großmeister oder der andern Großlogen gewiß sein konnte. Dazu waren die inneren Gegensätze zu groß. Diese inneren Gegensätze bewegten sich hauptsächlich um die nationale und religiöse Frage.

Die erste Frage hatte durch die Wiederaufnahme der Beziehungen zwischen deutschen und außerdeutschen Großlogen praktische Bedeutung gewonnen. „Die Weltmachtstellung Deutschlands", so äußert sich die amtliche Begründung der drei Altpreußen, „nach dem Frieden von 1871 ließ eine freundschaftliche und brüderliche Annäherung an die Weltmaurerei auch für die altpreußischen Großlogen unbedenklich und mit deutscher Ehre und Würde vereinbar erscheinen. Die vom Sieger so großmütig ausgestreckte Bruderhand wurde zwar ergriffen, indessen geschah dies, wie die Erfahrung gelehrt hat, nur zu dem Zwecke, auch diesen an sich nicht wichtigen Faktor zu benützen, um die Deutschen in Sicherheit zu wiegen und sich in aller Stille zu einem gemeinsamen vernichtenden Schlage gegen unser Vaterland zu rüsten. Die Erfahrungen der letzten fünfzig Jahre sollten uns darüber belehren, wo wir unsere Feinde und unsere Freunde zu suchen haben. Das Vernichtungswerk, an dem die Weltmaurerei erfolgreich mitgearbeitet hat, ist nach der Absicht unserer Feinde noch nicht vollendet, und die Befürchtung, Deutschland könne sich einst von diesem Schlage erholen, wird unseren Feinden dauernd die Waffe gegen uns in die Hand drücken, wird sie dauernd zu unseren offenen oder geheimen Gegnern machen. Daran vermag auch die deutsche Freimaurerei, vermögen alle schönen Redensarten von Menschenliebe und Menschenverbrüderung, in denen sich die sogenannte humanitäre Weltmaurerei nicht genug tun kann, nicht das geringste zu ändern.

„Hier ist eine Grenze, an der sich humanitäre Freimaurerei und altpreußische nationale Freimaurerei scharf voneinander scheiden. Wir drei altpreußischen Großlogen lehnen es ab, an der allgemeinen humanitären Welt- und Menschenverbrüderung teilzunehmen. Wir sind starke Gegner der Bemühungen, von uns aus mit der Freimaurerei derjenigen Länder wieder anzuknüpfen, die gegen uns im Krieg gestanden haben und noch stehen, oder deren führende Freimaurer (Alpina) sich während des Krieges in Erklärungen und Artikeln auf die Seite unserer Feinde stellten, uns bekämpften und verdächtigten und für die schwere Not unseres um seine Existenz ringenden Volkes kein Verständnis hatten. Durch die Verfassung des deutschen Großlogenbundes haben wir aber nicht den Einfluß, die humanitäre Richtung in Deutschland zu verhindern oder die unserem vaterländischen Empfinden entsprechende Stellungnahme gegen jeden universellen, kosmopolitischen Verbrüderungsgedanken zum Ausdruck zu bringen.

„Ähnlich steht es mit der religiösen Frage. Wir drei altpreußischen Großlogen glauben, daß uns die reine christliche Lehre das Licht und die Wahrheit gebracht hat, ohne die die Freimaurerei, auch die sogenannte humanitäre überhaupt nicht denkbar wäre, weit entfernt von Dogmatismus und konfessionell beengtem Christentum sehen wir doch in dem Meister von Nazareth die Verkörperung wahren Menschentums und lassen uns durch nichts von unserer geschichtlichen Eigenart abbringen, nur solche Suchende in unsere Johannislogen aufzunehmen, die sich mit uns zu diesem Christus bekennen. In dieser unserer Stellung werden wir fortgesetzt in der maurerischen Presse der anderen Großlogen angegriffen, sogar verhöhnt und verspottet, ohne hiergegen bei dem deutschen Großlogenbund Schutz, für unsere Eigenart durchweg Verständnis zu finden und diese Störungen des Friedens verhindert zu sehen.

„Es darf daher nicht wundernehmen, daß alle vaterländisch gesinnten Kreise des deutschen Volkes von irgendwelcher Bedeutung die deutsche

Oskar Lehmann
Großmeister der Deutschen Bruderkette

Freimaurerei als pazifistisch, international, auch als unchristlich orientiert ansehen und daß sie auch in den anderslautenden Kundgebungen des deutschen Großlogenbundes, wie sie dank der Einmütigkeit der ausnahmslos vaterländisch gesinnten Großmeister hin und wieder zustande kamen, nur den Versuch erblicken, die Öffentlichkeit irrezuführen.

„Wir drei altpreußischen Großlogen wollen nicht länger diesen Verdächtigungen und Unterstellungen ausgesetzt sein, sondern die Möglichkeit und das Recht haben, von unserer Position aus rascher, klarer und wahrer, als es bisher geschehen ist, die Angriffe zurückzuweisen. Übrigens ist es auch mehrfach vorgekommen, daß die Ausführungen gemeinsam auf dem Großlogentag gefaßter Beschlüsse, die dem Ermessen der einzelnen Großlogen nach der Satzung überlassen werden mußte, von einigen derselben abgelehnt wurde; ein Zeichen, daß die Einigung im Großlogenbund doch nur künstlich und irreführend war.

„So diente der deutsche Großlogenbund nicht nur nicht zur einheitlichen Vertretung der deutschen Freimaurerei, zur Hebung ihres Ansehens sowie zu ihrer Förderung und Verbreitung, sondern er mußte geradezu als eine Fessel empfunden werden, die die Großlogen in ihrer inneren Entwicklung hemmte und sie nach außen insofern in einer unzutreffenden Beleuchtung zeigte, als für die Handlungen einer einzelnen Großloge auch jede andere im deutschen Großlogenbunde mit ihr vereinte Großloge verantwortlich erschien.

„Die Ursache dieser sich allmählich bis zur Unerträglichkeit steigernden Mißverhältnisse liegt nicht in der Fassung des Grundgesetzes des deutschen Großlogenbundes, an der seit Jahren und immer vergeblich gearbeitet und geändert worden ist. Der Grund liegt vielmehr in der Aussichtslosigkeit, sachliche Gegensätze durch ihre künstliche Einzwängung in eine gemeinsame Form beseitigen zu wollen. Jeder solcher Versuch muß scheitern, weil er naturwidrig ist. Organismen, wie die Großlogen, müssen sich frei entfalten können. Gepreßt in eine ihre Lebenskraft hemmende Form, müssen sie entweder ersticken oder die Fesseln sprengen. In Gottes Garten können viele Bäume nebeneinander gedeihen, blühen und Früchte tragen, nur muß man jedem Raum, Luft und Licht vergönnen. Eine deutsche Freimaurerei, die nicht nur vaterländisch und christlichreligiös gesinnt ist, sondern auch von der Allgemeinheit und der Öffentlichkeit als solche anerkannt werden soll, kann nur auf einem neuen Boden aufgebaut werden. Wir sehen kein anderes Mittel, als die alte Form zu verlassen und eine neue andersorganisierte an ihre Stelle zu setzen, der die Macht eingeräumt wird, gegen alle ihre inneren Gegner, die in ihre vaterländische und christlichreligiöse Gesinnung Bresche zu legen versuchen, vorzugehen, sie als solche zu kennzeichnen und sie von sich abzuschütteln. Dann mag ein neuer, gesunder freimaurerischer Kern, gebildet aus der großen Majorität der wahrhaft deutsch und christlich gesinnten Freimaurer, eine neue, nicht bloß dem Wort nach, sondern auch der Tat nach deutsche Freimaurerei begründen.

„Wir haben den Beschluß, gemeinsam aus dem deutschen Großlogenbund auszutreten, nicht unbedacht oder übereilt gefaßt; wir sind uns der Bedeutung und des Ernstes unseres Schrittes wohl bewußt und haben uns auch nicht verschlossen gegen die Gründe, die für ein Bleiben im deutschen Großlogenbunde sprechen. Wir wissen: Er war wenigstens vor der Außenwelt ein Symbol des deutschen freimaurerischen Einheitsgedankens, unsere Trennung von ihm könnte den Eindruck der Schwäche, der alten deutschen Uneinigkeit und Zersplitterung auch auf dem Gebiet der Freimaurerei in der breiten Öffentlichkeit erwecken. Wir sind auch gefaßt darauf, daß man unserem Schritt falsche Beweggründe unterlegen, daß man ihn als lediglich von antisemitischen, chauvinistischen Empfindungen veranlaßt deuten wird. Wir haben das alles berücksichtigt und das Für und Wider gegeneinander abgewogen. Aber die Gründe für den Austritt überwogen doch schließlich an Gewicht und Bedeutung erheblich die Gründe gegen den Austritt. Und die Aussprache sowie der nahezu einstimmig gefaßte Beschluß auf unseren Jahresversammlungen haben uns in der Überzeugung von der Berechtigung unserer Auffassung bestärkt.

„Die gegenseitige Anerkennung der deutschen Großlogen und Logen und die daraus sich ergebenden Rechte und Pflichten bleiben durch unseren Austritt unberührt, ebenso wie unsere Beteiligung an den gemeinsamen charitativen Stiftungen der deutschen Freimaurerei.

„So sehen wir mit Ruhe der Zukunft und der Beurteilung unseres Schrittes entgegen. Wir haben ein gutes Gewissen!"

Damit war der deutsche Großlogenbund praktisch erledigt, jedenfalls nicht mehr Vertreter der freimaurerischen Majorität in Deutschland. Es wurden noch Bestimmungen für den Verkehr zwischen den beiden Gruppen, den christlichen und den humanitären Großlogen, verabredet, auch der gegenseitige Besuch der Johannislogen erlitt zunächst keine Änderung. Amtlich blieb der Verkehr von Großloge zu Großloge aufrechterhalten. Die beiden Richtungen setzten sich in Kenntnis von Maßnahmen, die die gesamte Freimaurerei in Deutschland betrafen, ebenso verlangten die Beteiligung der drei Altpreußen an den gemeinsamen Stiftungen des deutschen Großlogenbundes und ihr Sitz im Verwaltungsrat, daß der Verkehr nicht ganz abgebrochen wurde.

Da faßte die Große Landesloge von Sachsen in ihrer Großlogenversammlung vom 4. Juni 1924 folgende Beschlüsse:

1. Beim Bundesvorstand des Großlogenbundes einen Antrag auf Auflösung des deutschen Großlogenbundes anzubringen.

2. Nach Befinden den Austritt der Großen Landesloge von Sachsen aus dem deutschen Großlogenbunde zu erklären.

3. Die Gründung einer Geschäftsstelle der deutschen Freimaurergroßlogen anzustreben.

Nach längerer Aussprache wurden die Vorschläge des Großbeamtenrates mit allen gegen eine Stimme angenommen.

In allerneuester Zeit ist die letzte Entscheidung gefallen. Drei Großlogen, die von Hamburg, die des Eklektischen Bundes in Frankfurt am Main und die Großloge zur Sonne in Bayreuth, haben die amtlichen Beziehungen zu der Großloge von England wieder aufgenommen. Da die drei altpreußischen Großlogen darin eine für sie untragbare Maßnahme erblickten, so haben sie den Beschluß gefaßt, die Beziehungen zu diesen drei Großlogen abzubrechen.

Die Wirkung auf den deutschen Großlogenbund war, daß die Große Freimaurerloge zur Eintracht in Darmstadt ihren Austritt aus diesem Rumpfgebilde erklärte.

Der Geschichtsschreiber muß es sich versagen, zu dieser Frage Stellung zu nehmen. Wir haben in diesem Werk vielfach darauf hinweisen müssen, daß die Beurteilung freimaurerischer Ereignisse nur aus dem Geiste der Zeitströmung möglich ist, der die Menschen und ihre Äußerungen maßgebend beeinflußt. In Deutschland ringt heute eine neue Epoche mit den Lebensgesetzen einer alten. Alles Denken und Geschehen ist noch in Fluß. „Auch dieser Dampf ist Opferdampf." Die Gemüter der deutschen Menschen sind erregt durch die scharfen politischen und wirtschaftlichen Auseinandersetzungen, Maßlosigkeiten im Ausdruck sind tägliches Erlebnis. Noch ist in keiner Richtung ein Abschluß zu erblicken, und so mag es dem Geschichtsschreiber nicht verdacht werden, wenn er unter das schwerwiegende Problem der Wiederanknüpfung amtlicher Beziehungen zu den Großlogen des Feindbundes den Schlußstrich noch nicht setzt.

IV. Großloge Deutsche Bruderkette

Die jüngste der freimaurerischen Großkörperschaften in Deutschland entstand aus dem Zusammenschluß von fünf St.-Johannis-Logen, die zu den ältesten Deutschlands gehören. Es sind „Minerva zu den drei Palmen" in Leipzig, „Archimedes zu den drei Reißbretern" in Altenburg, „Balduin zur Linde" in Leipzig, „Karl zum Rautenkranz" in Hildburghausen und „Archimedes zum ewigen Bunde" in Gera.

Die Geschichte dieser fünf Logen ist mit der geistigen Bewegung in der Freimaurerei Deutschlands eng verknüpft, und es mag daher angebracht erscheinen, sich hier noch einmal in das Werden dieser freimaurerischen Arbeitsstätten zu vertiefen.

Schon im Jahre 1736 traten sieben Brüder, die im Ausland, wahrscheinlich in Frankreich, Freimaurer geworden waren, in Leipzig zusammen, um Loge zu halten. Anfänglich blieben sie im Hintergrund, denn die damalige Zeit war der Freimaurerei nicht besonders günstig, und sie hätten allerlei Mißhelligkeiten zu befahren gehabt, wenn sie sich in der Öffentlichkeit als Freimaurer kundgegeben hätten. Erst am 20. März 1741 eröffneten sie eine Loge unter dem Namen „Aux trois compas" (Zu den drei Zirkeln), die ihrerseits im Jahre 1742 eine Loge in Altenburg gründete, wie wir schon im ersten Band kurz dargestellt haben. Die Leipziger Loge vereinigte sich mit der im Jahre 1746 errichteten Loge „Minerva" und nahm den Namen „Minerva zu den drei Zirkeln" an. Diese Loge hat alle Phasen der strikten Observanz durchgemacht und sogar auch das Klerikat gepflegt. Sie besitzt daher die reichsten Archivschätze aus jener Zeit, darunter ein wertvolles Instruktionsstück der klerikalen Akten in lateinischer Sprache, außerdem das Tagebuch Karls von Hund und neun Bände in rotem Maroquin gebundene Akten und Protokolle der strikten Observanz. In Leipzig hat auch unter der Ägide der Minerva jene ominöse Vorkonferenz für die Wahl des Herzogs von Södermanland zum Heermeister der siebenten Provinz stattgefunden, deren Niederschrift gleichfalls im dortigen Archiv aufbewahrt wird.

Die Minerva hat tapfer durchgehalten, hat vielfache Reformen überstanden, und sie ist, wenn es auch nicht in ihrem Grundgesetz ausgesprochen wird, dem christlichen Prinzip unbeirrt treu geblieben. Aber sie hat stets weitestgehende Duldsamkeit geübt und auch in dem nichtchristlichen Freimaurer den Bruder geachtet und jedem überlassen, ohne Polemik das Ziel des religiös-ethischen Weges nach seiner Fasson zu verfolgen. Auf Grund ihrer Verfassung hat die Minerva Johannislehrlinge, Gesellen und Meister, dann ein Direktorium (Schottenloge) mit siebenundzwanzig Meistern, ferner den „Inneren Verein" und endlich die Obermeisterschaft, wovon stets der Meister vom Stuhl Mitglied ist.

Mit der Abkehr von der strikten Observanz hat die Minerva nie wieder Anschluß an eine Großloge gesucht und hat sich auch, wie oben erwähnt, im Jahre 1811 der Großen Landesloge von Sachsen versagt. Sie blieb unabhängig und ist heute eine der größten Logen Deutschlands. Viele Männer von Bedeutung haben der Minerva als treue Mitglieder angehört, so der Fabeldichter Lichtwer, Christian Gottfried Körner, der Vater Theodor Körners, Samuel Christian Friedrich Hahnemann, der berühmte Arzt und Begründer der Homöopathie, Johann Georg Eck, Professor der Moral und Dichtkunst, der Nachfolger Gellerts an der Universität Leipzig, Christian Daniel Ehrhard, ein berühmter Rechtsgelehrter, Karl Otto Müller, Professor des römischen Rechts und sächsischen Privatrechts, Julius Viktor Carus, ein hervorragender Zoologe, der erste Übersetzer der Schriften Darwins, und der deutsche Dichter Siegfried August Mahlmann.

Aus der Minerva ist dann die zweitälteste Loge in Leipzig „Balduin zur Linde" im Jahre 1776 von elf Freimaurern gegründet worden. Sie wurde von Ernst II., Herzog von Gotha und Altenburg, damals Landesgroßmeister der Großen Landesloge in Berlin, eingesetzt, und zwar in der Provinzialloge „Zum Rautenkranz" in Gotha. Balduin blieb bis 1807 unter der Konstitution der Landesloge, dann erklärte sie sich für unabhängig und erwirkte 1809 eine Stiftungsurkunde von der englischen Provinzialloge in Hamburg, nahm das Schrödersche Ritual an und trat 1815 in den Verband der Großen Landesloge von

Logenhaus der Johannisloge Minerva zu den 3 Palmen in Leipzig
Sitz der Großloge „Deutsche Bruderkette"

Sachsen, löste sich 1824 aber wieder aus diesem Bunde. Sie bearbeitet außer den drei Johannisgraden noch in einem Engbund philosophische Probleme der Maurerei und steht seit 1819 mit der Minerva in einem brüderlichen Vertragsverhältnis zur Wahrung gemeinsamer Interessen und gegenseitiger Beziehungen.

Die dritte St. Johannisloge der Großloge Deutsche Bruderkette ist „Archimedes zu den drei Reißbretern" in Altenburg. Sie wurde von Albrecht Anton von Rüxleben und seinen beiden Schwägern, den Freiherren Bachoff von Echt, im Jahre 1742 gegründet, von der Großloge von Obersachsen „Aux trois aigles blancs" eingesetzt und erhielt den Namen „Aux trois planches à tracer", der 1786 in den deutschen Namen umgewandelt wurde.

Bis zum Jahre 1745 arbeitete Archimedes nach dem neu-englischen Ritual, schloß sich dann auf Anregung des Herzogs Ernst II. an die Große Landesloge in Berlin an, bei der sie aber nur bis 1785 blieb. Sie hat dann wechselnde Schicksale durchgemacht, bis sie im Jahre 1803 ein von dem Arzt und Schriftsteller Dr. Pierer vorgelegtes Ritual, angeblich das älteste seit 1650 in allen Logen gebrauchte, annahm. Im Archimedes ist stets ein lebendiger wissenschaftlicher Geist gewesen, viel wertvolle Schriften sind bis zum heutigen Tag aus dem Kreise ihrer Brüder hervorgegangen, von besonders bleibendem Wert ist das berühmte Altenburger Konstitutionsbuch. In jener Zeit wurde die St. Johannisloge „Zum ewigen Bunde“ in Gera gegründet. Von 1804 bis 1806 bestand eine Direktorialloge für Altenburg und Gera.

Als vierte im Bunde erscheint nun „Archimedes zum ewigen Bunde“, die aus einem Klub „Die Halle zum Tempel“ hervorgegangen ist und mit einer Legitimation als Deputationsloge von Altenburg versehen worden war. Da aber von den deutschen Großlogen der Altenburger Loge das Recht, Logen zu gründen, bestritten wurde, so fehlte der Geraer Arbeitsstätte die Anerkennung, und sie sah sich veranlaßt, in London eine Stiftungs-Urkunde nachzusuchen, die ihr auch von der englischen Provinzialloge in Hamburg erteilt wurde, wobei Friedrich Ludwig Schröder hilfreiche Hand leistete. In diesem Verhältnis blieb die Loge bis 1832, stand jedoch eigentlich, da Hamburg sich schon 1811 von London losgesagt hatte, direkt unter der Großen Loge von London. Dies war jedoch ein Verhältnis, das nur dem Namen nach existierte, in Wirklichkeit war sie seit dem Jahre 1811 unabhängig.

Die fünfte Loge der Deutschen Bruderkette ist „Karl zum Rautenkranz“ in Hildburghausen. Sie wurde 1786 gegründet, nachdem schon in den Jahren 1748 bis 1760 eine Johannisloge „Erneste“ unter der englischen Großloge bestanden hatte. Der Provinzial-Großmeister von Hannover, Herzog Karl von Mecklenburg-Strelitz, hatte gelegentlich eines Besuches in Hildburghausen die Anregung zur Gründung gegeben, eine Stiftungs-Urkunde von England erwirkt und eine Zeitlang den ersten Hammer geführt. Die Loge hatte besonders enge Beziehungen zu ihrem Fürstenhaus, sie versammelte sich in einem Raum des Schlosses, und die männlichen Verwandten des Herzogs gehörten ihr alle als Mitglieder an. Herzog Friedrich von Sachsen-Hildburghausen (1763 bis 1834) regierte auch seit 1826 in Altenburg. Er war der Schwiegersohn des Strelitzer Herrn, der, wie wir wissen, der Vater der Königin Luise war, und somit war Friedrich Schwager des Königs Friedrich Wilhelm III. von Preußen. Infolge der napoleonischen Kriege lockerte sich die Verbindung mit der Londoner Großloge, bis sie endlich ganz aufhörte und „Karl zum Rautenkranz“ sich für unabhängig erklärte. Sie nahm das Schrödersche Ritual an. In den Jahren 1827 bis 1832 wurde eine engere Verbindung mit der Loge in Meiningen beschlossen derart, daß ein gemeinsamer Meister vom Stuhl den Vorsitz in beiden Logen führte. Im Jahre 1849 beschloß der Beamtenrat, auch nichtchristliche Kandidaten aufzunehmen.

In diesen fünf Logen war der Gedanke an einen Zusammenschluß immer lebendig gewesen. Bald nach der Gründung des Deutschen Großlogenbundes im Jahre 1872 begann ein Briefwechsel unter den vorsitzenden Meistern, der

Freimaurer-Logenhaus Archimedes zu den drei Reißbretern im Orient von Altenburg, erbaut 1804

auf eine engere Verbindung hinzielte. Man dachte zunächst nicht an eine Großloge, sondern wollte nur eine festere Einheit für die Verhandlungen im Großlogenbunde gewinnen, denn die Stellung der fünf unabhängigen Logen war nicht gerade sehr angenehm und brachte ihnen Hemmungen aller Art. Da gründeten sie die „Freie Vereinigung der fünf unabhängigen Logen" und beschlossen am 14. Oktober 1883 eine Satzung, die am 29. Dezember desselben Jahres vollzogen wurde. Die wichtigsten Bestimmungen dieser Satzung, die im Jahre 1901 geringe Abänderung erfuhr, waren folgende:

„Hauptsächlicher Zweck der Vereinigung ist die einheitliche und gemeinsame Vertretung der fünf Logen bei den deutschen und außerdeutschen Großlogen und Verbänden, insonderheit auch bei der Viktoria-Stiftung.

Der Logenbund nimmt weder andere aus den bestehenden Großlogen und Logenverbänden ausgeschiedene Logen an und auf, noch gründet er neue Logen.

Vertreter des Logenbundes ist der aus den Meistern vom Stuhle als solchen und je zwei von jeder Loge zu wählenden Brüder Meistern bestehende Logentag, welcher aus seiner Mitte ein Mitglied als Bundes-Vorsitzenden und ein zweites Mitglied als dessen Stellvertreter zur Leitung der Geschäfte und Ausführung der Beschlüsse wählt. Der Vorsitzende resp. sein Stellvertreter vertreten die unabhängigen Logen bei der Viktoria-Stiftung.

Der Logentag ist beschlußfähig, wenn vier Logen vertreten sind.

Gegenstände der Gesetzgebung, des Rituals und der inneren Verhältnisse der einzelnen Logen können nie zur Beschlußfassung gestellt werden, ausgenommen, wenn es sich um allgemeine organische Bestimmungen der deutschen Maurerwelt handelt.

Der Zutritt zum Logenbunde erfolgt durch Unterzeichnung dieser Satzungen durch den Meister vom Stuhl der betreffenden Loge."

Mit dieser Gründung war der erste Schritt zur Errichtung der neunten Großloge in Deutschland getan, und in der Tat tauchte der Gedanke auch schon sehr bald in dem Briefwechsel der vorsitzenden Meister der fünf unabhängigen Logen auf. Die Absicht, die Vereinigung zur Großen Loge zu erheben, klang zwar nur ganz leise an, besonders dann, wenn sich in den Verhandlungen des Großlogenbundes Schwierigkeiten ergaben. Schuldirektor Albert Linge, der vorsitzende Meister der „Minerva", hat oft und oft seinem Unmut über diese Organisation Ausdruck verliehen, ganz offen in seiner Festrede zum fünfundzwanzigjährigen Bestehen der Vereinigung. Aber erst neun Jahre später gewann der Großlogengedanke festere Gestalt: In einem Protokoll des Logentages, der am 29. September 1907 in Hildburghausen abgehalten wurde, stand auf der Tagesordnung die Frage nach der Umbildung der freien Vereinigung zu einer selbständigen Großloge, „um dadurch Sitz und Stimme im Großlogenbund und auf die Entwicklung der deutschen Freimaurerei den Einfluß ausüben zu können, den maurerischer Geist und Gemüt gebieten". In der Sitzung wurde angeregt, eine Studienkommission zu wählen und diese mit den Vorarbeiten zu betrauen. Jener Anregung wurde Folge gegeben, und so kam die Sache in Fluß. Aus einem Schreiben von Albert Linge an den damaligen Meister vom Stuhl der Loge „Balduin", Justizrat Harrwitz, vom 12. Dezember 1907 erfahren wir, daß der Studienausschuß vollzählig ernannt war. Linge bat nun, Harrwitz möge seine Gedanken für die Arbeit des ernannten Gremiums zum Ausdruck bringen. Harrwitz glaubte sich abwartend verhalten zu müssen, man dürfe die Sache nicht übereilen und müsse erst einmal zusehen, welche Vorschläge der Deutsche Großlogenbund zur Besserung der Stellung der fünf Unabhängigen machen würde. Auch gegen einen Statutenentwurf, dessen Schaffung Linge zur Erwägung gegeben hatte, sprach sich Harrwitz aus. Bevor nicht endgültig die Errichtung einer Großloge beschlossen sei, habe eine solche Arbeit keinen Zweck.

Die Ereignisse des Weltkriegs, die den fünf Unabhängigen eine Festigung ihrer Stellung im Großlogenbund brachten, haben den Wunsch zur Errichtung einer Großloge etwas in den Hintergrund treten lassen, bis er im Jahre 1924 ernstlich wieder aufgenommen wurde.

Es folgten nun schnell hintereinander mehrere Sitzungen, in denen die schwebenden Fragen ausgiebig durchgesprochen und geklärt wurden, so daß völlige Übereinstimmung darüber herrschte, eine Großloge mit allen Rechten und Pflichten der bereits bestehenden Großkörperschaften zu gründen. Justizrat Rudolf Hase in Altenburg, ein Freimaurer von umfassenden Kenntnissen und einem warmen Herzen für die Sache, wurde mit dem Entwurf zu

Albert Linge, Schuldirektor

einem Grundgesetz betraut, und er entledigte sich dieser Aufgabe so erfolgreich, daß seine ganze Arbeit mit ganz wenigen Änderungen am 18. und 19. Oktober 1924 angenommen und nach Zustimmung der einzelnen Bundeslogen am 16. November desselben Jahres, dem letzten Logentag der Vereinigung, verkündet werden konnte.

Zum Großmeister war Oskar Lehmann, Meister vom Stuhl der St. Johannisloge „Balduin zur Linde", gewählt worden, und nachdem dann die übrigen Großbeamten nach dem Vorschlag eines Wahlausschusses aus der Urne hervorgegangen waren, wurde um halbzwölf Uhr vormittags des 16. November 1924 die Großloge „Deutsche Bruderkette" gesetzlich errichtet.

Der Name sollte darauf hinweisen, daß die Großloge dem Ernst der Zeit entsprechend nicht Weltverbrüderung und damit Pazifismus und Internationalismus, sondern Deutschtum pflegen wolle zur Aufrichtung des daniederliegenden Vaterlandes. Bei der Wahl des Namens, so heißt es offiziell, „ging man von der Erwägung aus, daß derselbe auf die freimaurerische Symbolik hinweise und die deutsche Einstellung der Großloge betonen solle."

Das Grundgesetz stellt folgende allgemeinen Grundsätze auf:

„Die Freimaurerei bezweckt, in einer zumeist den Gebräuchen der zu Bauhütten vereinigten Werkmaurer entlehnten sinnbildlichen Form die sittliche Veredlung des Menschen zu fördern. Sie betrachtet deshalb als die Hauptaufgabe der Loge die innere Arbeit an der Veredlung und sittlichen Vervollkommnung ihrer Mitglieder.

„Bei ihren Mitgliedern setzt sie den Glauben an Gott als den allmächtigen Baumeister aller Welten, an eine sittliche Weltordnung und an die Unsterblichkeit der Seele voraus und verlangt von ihnen die Betätigung des höchsten Sittengesetzes: „Liebe Gott über alles und deinen Nächsten als dich selbst."

„Bibel, Zirkel und Winkelmaß sind dem Freimaurer die Sinnbilder der jedem Maurer obliegenden Pflichten und als solche unveränderliche Hauptsinnbilder der Freimaurerei. Zweck und Wesen der Freimaurerei sind in den drei Johannisgraden vollständig erhalten.

„Der Freimaurerbund ist keine geheime Verbindung. Zweck, Geschichte, Gesetzgebung und Statistik des Freimaurerbundes sind kein Geheimnis.

Die Verschwiegenheit der Freimaurer bezieht sich nur auf die Formen der freimaurerischen Arbeit und auf das Gebrauchtum."

In einem zweiten Abschnitt erfolgen nähere Bestimmungen und Definitionen:

„Die Großloge Deutsche Bruderkette ist ein Verband der zu ihr gehörenden Johannislogen. Die Großloge bezweckt, ihre eigenen und die Angelegenheiten der verbündeten Logen gemeinsam wahrzunehmen und allgemeine freimaurerische Angelegenheiten zu fördern.

Die Verfassung, das Gebrauchtum und die inneren Verhältnisse der verbündeten Logen können nur Gegenstand der Beschlußfassung sein, wenn es sich um allgemeine Bestimmungen der deutschen Freimaurerei handelt.

Die Großloge anerkennt und bearbeitet in ihrem Bereiche die Johannismaurerei in dem Lehrlings-, Gesellen- und Meistergrad, ohne einer Bundesloge, bei der höhere Grade bestehen, diese zu verbieten.

Die Großloge steht auf nationalem Boden. Sie fordert von den Mitgliedern ihrer Bundeslogen Bekenntnis zu deutschem Volkstum und Opferbereitschaft für das deutsche Vaterland. Die Großloge hält in der Idee den Zugang zu ihren Bundeslogen allen Männern offen, die ihre geistigen Grundlagen anerkennen, ihre Zwecke billigen und ihre Voraussetzungen erfüllen. Einschränkungen bei der Auswahl Suchender nach Zeit- und Personenverhältnissen oder Eigenart einer Loge bestimmt jede Loge nach eigenem pflichtmäßigem Ermessen. Die verbündeten Logen arbeiten je nach einer der in den fünf Logen bisher gebräuchlichen Lehrarten. Jede Loge erläßt für sich besondere Gesetze (Ortsgesetze); sie dürfen dem Bundeszwecke und diesem Grundgesetze nicht zuwider laufen. Die beschlossenen Ortsgesetze oder Änderungen solcher sind der Großloge zur Kenntnisnahme mitzuteilen."

Man sieht, daß diese Satzungen den Bundeslogen jede Freiheit gestatten, die mit dem großen religiös-ethischen Ziel der Freimaurerei vereinbar sind. Sie verwerfen keine Hochgrade, wenngleich sie den Gedanken aussprechen, daß Zweck und Ziel der Freimaurerei in den drei Johannisgraden vollständig enthalten seien.

Unzweifelhaft liegt darin eine gewisse Inkonsequenz, die aber sich als notwendig erwies, wenn man die Schottenloge der Minerva bestehen lassen wollte. Der Zwiespalt ist nur so zu lösen, daß die Großloge als solche den Standpunkt vertritt, die drei Johannisgrade erschöpften den Inhalt der Freimaurerei, daß sie aber denjenigen suchenden Seelen, die im Johannis-Meistergrad nicht die Befriedigung ihres maurerischen Ideals finden – und das sind alle Mitglieder der größten Loge der Deutschen Bruderkette, der Loge „Minerva zu den drei Palmen" –, keinen Gewissenszwang auferlegen wollen. Bezüglich der Aufnahme von Nichtchristen stellt das Grundgesetz den einzelnen Logen die Handhabung völlig frei, wenngleich in den Schottengrad der Minerva Nichtchristen kein Zutritt gewährt werden kann.

Das Ritual dieses Grades war ein Entwicklungsergebnis aus den Clermontischen und strikten Observanzgedanken, also eine reine Christusloge. Später ging die Schottenloge, die den Namen „Pallas Athene“ führt, zum Ritual der allgemeinen altschottischen Loge, der Großen National-Mutterloge zu den drei Weltkugeln über, und sie hat auch deren neueste Reformen übernommen.

Wandelhalle im Obergeschoß der Loge Minerva in Leipzig

V. Wandlung und Handlung

Wir sind am Ende der zweihundertjährigen Geschichte der Freimaurerei in Deutschland angekommen, und da verlangt es der landläufige Stil, den Blick zurückzuwenden. Solch ein Rückblick hat mir immer den Eindruck einer Verlegenheit gemacht, weil der Geschichtschreiber das große Endergebnis seiner Forschungen, den letzten Sinn aller Geschichtschreibung, nicht finden konnte. Der Weisheit letzter Schluß ist die Beantwortung der Frage, wohin am Ende eines zweihundertjährigen Werdens sich die Freimaurerei wenden muß, um im Strome der Zeit beharren zu können. Ein Rückblick ist darum meist immer eine Wiederholung, ein Schiffskatalog aller Geschehnisse und eine Anführung der großen Verdienste, die die handelnden Personen im Leben der Erscheinung gehabt haben. Die führenden Geister in der Geschichtschreibung haben nie Rückblicke gegeben, sondern eine kritische Synthese des von ihnen durchwanderten Forschungsgebietes.

Und so wollen wir es auch halten, und wir wollen die allgemeine Form des unpersönlichen Wir verlassen und zur allerpersönlichsten Form der Darstellung übergehen, zur Ich-Form, denn es ist verständlich, daß die Leser, die dem Geschichtschreiber bis hierher gefolgt sind, nun seine ureigenste Meinung hören und wissen wollen, welchen Standpunkt er zu den großen Problemen einnimmt, die unsere Jetztzeit der Freimaurerei stellt. – Was in diesem Kapitel gesagt wird, ist meine eigene Meinung und hat nichts mit der Lehre irgendeiner Großkörperschaft zu tun. Haben bisher die Urkunden gesprochen, hinter deren Geist und Willen der Geschichtschreiber unparteiisch zurücktreten mußte, so spricht er jetzt selbst, und er ist sich vollkommen der Verantwortung bewußt, die er vor dem Richterstuhl der Wissenschaft übernimmt.

Die besondere Form der Freimaurerei, die im dritten Jahrzehnt des achtzehnten Jahrhunderts aus England nach Deutschland kam, war eine Vereinigung mit rein geselligem Charakter. Man hatte die alten Urkunden des christlichen Baugewerkes benutzt, um die äußere Struktur einer Sozietät zu schaffen, in der vor allem gut gegessen und reichlich getrunken wurde. Die gute Gesellschaft Londons gefiel sich, in der Vermummung von Maurern und Steinmetzen einherzugehen, ohne die ethisch-religiösen Grundelemente der alten Zunft, die im dreizehnten und vierzehnten Jahrhundert von Deutschland nach den britischen Inseln gekommen war, zu übernehmen. Besondere geistige Interessen wurden in diesen Logen, die ihre Namen nach der Bierschenke trugen, in der sie ihre Feste feierten, in keiner Weise gepflegt. Aus den alten Zunftstatuten nahm die Londoner Großloge die alten Pflichten, die für Deutschlands Freimaurerei maßgebend wurden, in der Verbrüderung einen internationalen Menschheitsbund zu erblicken. Die deutschen Freimaurer des achtzehnten Jahrhunderts schwärmten in Utopien und glaubten an eine Religion, in der alle Menschen einig wären. Diese Auffassung ist in den christlichen Logen Preußens nie herrschend gewesen. Es hat wohl Zeiten gegeben, wo man an eine Weltbrüderschaft glaubte, aber die weltpolitische Entwicklung drängte immer mehr auf eine nationale Freimaurerei.

In der Freimaurerei Deutschlands gelangte, wie wir erkannt haben, der deutsche Geist mit all seinen edlen Eigenschaften und mit allen seinen Fehlern und bedenklichen Schwächen zur Entfaltung. Wir kennen diese zur Genüge, brauchen also keinen Rückblick. Schauen wir mutig voraus und stellen wir uns ehrlich die Frage, was wird aus der Freimaurerei im dritten Jahrhundert ihres Lebensweges werden? Wie muß sie sich wandeln, um lebensfähig zu bleiben, wie muß sie handeln, um sich das Herz des deutschen Volkes zu erhalten? Wir dürfen vor der erschütternden Tatsache die Augen nicht verschließen: Die Logen haben den starken Nachwuchs nicht mehr wie früher. Seien wir uns darüber klar, diese im innersten Wesen des deutschen Volkes ehedem wirkende Kulturkraft beginnt anscheinend zu altern.

Ja, zu altern! Alle Anzeichen sprechen dafür, diese englisch orientierte Freimaurerei zeigt greisenhafte Züge: Ein grämliches Feilschen um nichtige Dinge, wie Prestigefragen, Kantönligeist, Persönligeist. Dabei geht es um die schwerstwiegenden Belange eines ganzen Volkes, eines ganzen Zeitalters.

Kann diese Freimaurerei es vor dem großen gigantischen Schicksal des hart ringenden Deutschtums verantworten, mit wichtiger Miene um Formen zu streiten, die längst überholt sind, sich zu entzweien um Fragen, die keine mehr sind, Geheimnisse zu hüten, die seit langem auf dem Markt des Tages laut verkündet werden? Alles Erscheinungen, die in den Reihen der Gegner nur ein halb verächtliches, halb mitleidiges Lächeln erwecken. Diese Gegner sind heute nicht mehr der Meinung, daß die Freimaurerei ein Satansbund, eine gefährliche übermächtige Geheimgesellschaft sei, die Throne stürzt, Altäre zerbricht, blutige Kriege erregt und die Menschheit unter das Weltjoch des Mammonismus schickt. Es gibt zwar auch heute noch verbohrte Fanatiker, die an diesem Unsinn festhalten. Die ernst zu nehmenden Gegner erklären die Freimaurer für harmlose gutartige Schwärmer, die sich hinter verschlossenen Türen mit hochtrabenden Titeln beehren, Altertümler etwa wie die Berliner Pankgrafen, nur daß diese lustig sind, sich selbst belachen und eine handhafte Trinkerkumpanei aufrichten. Solche Geringachtung ist bitterer als die leidenschaftlichste Schmähung.

Und was tut die Freimaurerei? Nichts, oder so gut wie nichts. Sie klagt über die feindliche Zeit, über die traurigen wirtschaftlichen Verhältnisse, sie fühlt sich mißverstanden oder unverstanden, sie widerlegt in glänzenden Flugschriften alle, auch die irrsinnigsten Vorwürfe mit sieghafter Dialektik, aber sie kann den Gegner nicht überzeugen, eben weil ihre Dialektik so folgerichtig sieghaft ist, so selbstbewußt und selbstsicher, weil die Kunst der Widerlegung so außerordentlich fein, Maß und Gewicht so überaus zuverlässig geaicht sind. Mit all diesen Abwehrschriften ist nichts getan, es bleibt ein Vorbeireden aneinander, wie wenn ein wissender und erfahrener Greis zu einem Willensstarken, tatenfrohen Jüngling spräche. Diese Art Freimaurerei ist eben alt geworden, beinahe überaltert, und wenn ihr nicht zu neuer Jugend zu helfen ist, so soll sie zu Grabe getragen und ihr ein ehrliches De profundis nachgesungen werden.

Aber ich glaube, soweit sind wir noch nicht. Im Ritual der Großen Landesloge von Deutschland findet sich ein Wort, schlicht und anspruchslos, aber von hoher Weisheit, das sagt, alle Erscheinungen müssen von Zeit zu Zeit ihre

Form ändern, um lebensfähig zu bleiben, manchmal unter schmerzlichen Erschütterungen. Und die Form ist es, um die es geht, nicht um die Idee.

Das Einströmen neuer Gedanken droht die Form zu sprengen und wird sie sprengen, wenn die Freimaurerei nicht selbst das enge Gewand abwirft. Hat denn das Christentum etwas anderes getan, als nach dem Tode Johannis des Evangelisten die Hoffnung der Gläubigen auf die Wiederkunft des Heilandes im Fleisch endgültig ausgelöscht war? Nein, es warf die orientalischen Formen ab, und das jugendstarke germanische Gotenvolk nahm die religiöse Überzeugung auf und hob sie aus der schwülen Dämonie des orientalischen Mystizismus in den reinen Äther wallhallischer Höhe. „Mein Reich ist nicht von dieser Welt", dies unvergleichlich hohe Wort des Ewigen von Nazareth hatte, durch die germanische Seele gegangen, die orientalische Form gesprengt. Was die germanische Seele an Glaubensinnigkeit und brüderlicher Liebe dem Christentum gegeben hat, das begreift man erst, wenn man die herrlichen Briefe des Angelsachsen Wynfrith-Bonifatius liest, der in seinem achtzigsten Lebensjahr bei Dockum von heidnischen Friesen im Dienste der christlichen Liebe erschlagen wurde, wenn man die Taten seiner germanischen Schüler insonderheit Lull, Denehart, Burchard betrachtet. Daß das Christentum die Welt überdrang, daß den Menschen das Heil gebracht werden konnte, ist der Glaubenskraft der Germanen zuzuschreiben.

Denselben Vorgang erlebten wir in der Freimaurerei. Was Deutschland von England erhielt, waren nur Äußerlichkeiten, lediglich eine Form menschlichen Zusammenschlusses, ein leeres Gefäß, in das der deutsche Idealismus deutsche Religiosität und deutsche Ethik hineingoß, die schon seit dem vierzehnten Jahrhundert in den deutschen Gesellschaften und Verbrüderungen herrschend gewesen waren. Aber diese Form ist dem Geist der neuesten Zeit nicht mehr genügend, und es hilft keine noch so feine Spekulation, die Formen englischer Herkunft beleben will, denn es ist ein neuer Geist aufgekommen, und der Geist baut sich die Form, in der er sich manifestieren will. Dazu kommt, daß die frühere Form des deutschen Idealismus in dem gewaltigen Krieg zusammengebrochen ist, es ist eine neue Generation aufgewachsen, und sie hat ein neues, ein anderes Ideal, nicht weniger erhaben und edel, als das in den Massengräbern Frankreichs, Rußlands, Rumäniens, Makedoniens und Arabiens begrabene. Sie hat auch ein neues Verbrüderungsideal. Es ist stolz und hoch, aber in seinen Grundlagen enger umrissen, als das der Vorkriegszeit. Das alte Ideal ist bei der heutigen Jugend völlig unmöglich und abgetan. Sie fühlt ein hartes Ideal in sich lebendig geworden, an dem sich ein altes Naturgesetz bewahrheitet, nämlich dies: Je rauher und unfruchtbarer der Heimatboden, desto treuer die Liebe seiner bodenständigen Männer zu ihm, je gefahrvoller Leben und Beruf, desto inniger die Anhänglichkeit, je bedrängter und unglücklicher das geknechtete Vaterland, desto leidenschaftlicher das patriotische Gefühl, desto wilder der Haß gegen seine Feinde und Widersacher. Die Not schweißt Volk und Vaterland autogen zusammen. So wächst das neudeutsche Ideal auf, das Schiller mit seinem Prophetenblick in die These faßte: „Der Starke ist am mächtigsten allein." Alle fremden Impulse müssen aus dem Volksganzen ausgebrannt und ausgeschnitten werden. Die neue Jugend braucht keinen Völkerbund und keine Konferenzen mit andern, letzten Endes uns doch feindlichen Nationen. Die deutschen Menschenmillionen sind ein unüberwindlicher Faktor im Leben der Völker. Selbstbesinnung auf die eigene innere Kraft und der Wille, des Auslandes zu entbehren; das Erwachen des Selbstbewußtseins und des Größenbewußtseins, Niederkämpfen des undeutschen Luxus, hinaus mit all dem Fremden, was sich in Kunst, Leben, Wissenschaft und Wirtschaft, in Bürgertum und Proletariat eingefilzt hat. Es ist kein Segen dabei, aber es hilft auch keine ministerielle Kleiderordnung. Die Zeit der Reden, Parteireden, Wahlkampfreden, Hetzreden sollte vorbei sein. Es gilt zu handeln, es gilt einen Bund aufzurichten, der alle Deutschen umfaßt. Gegensätze müssen versöhnt, nicht vertieft werden, Klüfte müssen überbrückt, nicht aufgerissen werden, ein Himmel spannt sich über unserm armen Vaterland, alle deutschen Kräfte müssen in einem Willen münden, Wahrheit soll das Schillerwort werden, „Wir wollen sein ein einzig Volk von Brüdern, in keiner Not uns trennen und Gefahr". Wenn niemand den Mut hat, diese Volksverbrüderung zu schaffen, wenn die Politiker versagen, wenn sich kein Meister findet, dann muß die Freimaurerei den ihr innewohnenden Geist der Einigkeit und Toleranz in das Volk tragen, um es zur Selbstbesinnung zu führen.

Dazu aber gehört eine Freimaurerei, die wie das Gottesbewußtsein, wie die Christustatsache einen unveränderlichen inneren Wert hat. Der Wert einer Kulturerscheinung richtet sich aber danach, ob er nur wenigen, ob er vielen oder ob er allen von Wert ist.

Die Menschen sind die Krönung einer Reihe von Schöpfungsgedanken Gottes. Dies ist meine unantastbare Prämisse, wer mir darin nicht folgen kann oder will, mit dem philosophiere ich nicht; den Freimaurern, die diese Prämisse nicht anerkennen, möchte ich sagen, der hat auch keine Begabung zur freimaurerischen Kunst, wird nie ein Freimaurer werden. Atheisten gehören nicht der göttlichen Weltordnung an, sondern dem Chaos. Sicher aber sind sie gottgewollte Erscheinungsformen, wie die Giftpflanzen im Haushalt der Natur, sie sind das, was die symbolische Terminologie der christlichen Urzeit Söhne des Teufels nannte. Wie tief das empfunden ist, wir kosmisch gefühlt, zeigt uns die Entwicklung des Teufels-Symbols; der Teufel war ursprünglich ein Engel, ein Bote, das heißt ein Willensgedanke des ewigen Gottes. Als aber der Gedanke eigenen, im Plane der Welt nicht begründeten Willen zeigte, verfiel er dem Chaos. So sah das ganze menschliche Wesen der Urchristen die Erscheinung des Bösen an.

Unsere Zeit hat für diese primitive Symbolik nur das Gefühl der Verehrung alten Geistesgutes. Die geschärfte Theologie unserer Tage kennt das Böse nur als menschliche Unzulänglichkeit, als Anfang des sittlichen Vervollkommnungsweges. Ist das Böse, die menschliche Unzulänglichkeit, einmal in des Menschen Bewußtseinskreis getreten, so ist es schon überwunden. „Heute noch wirst du mit mir im Paradiese sein", sagt Jesus zu dem Mörder am Kreuz, der seine eigene Untat im Lichte der Reinheit des Meisters abgewogen hatte. In demselben Augenblick war sie auch schon ausgelöscht.

Wenn nun der Mensch die Krone des göttlichen Schöpferwillens ist, so ist er es zunächst doch nur für diese Erde. Er ist angepaßt an seinen irdischen Lebenskreis. Dieser Kreis ist aber noch nicht die Vollendung; alle Formen der Entwicklung treffen hier zusammen, aber alle sind endlicher Natur. Sie entstehen, entfalten sich, spalten sich in Unterschiedlichkeiten, messen in Liebe und Streit ihre Kräfte aneinander, zerfallen und vergehen. Für das irdische Auge ist dieses der Tod, für den in Sehnsucht über die Erde hinaus tastenden Geist ist es nur eine Verwandlung.

Das irdisch Bedingte im Menschen ist die Verschiedenheit aller Funktionen; ja sogar die Symptome der Funktionen sind bei keinem gleich. Daß äußerlich nur Ähnlichkeiten, aber keine Gleichheiten vorkommen, bedarf keiner besonderen Feststellung. Die stärkste Form der Ähnlichkeiten nennt man in ihrer Zusammenfassung Rasse, die scharf ausgeprägt nur noch in den farbigen Typen der Menschheit vorkommt. Bei den Weißen haben sich seit der allgemeinen Vermischung, die sich aus vorgeschichtlichen und geschichtlichen Wanderungen ergab, kaum noch Rasseunterschiede erhalten.

Über all diesen körperlichen Unterschieden, die naturgemäß auch eine intellektuelle und sensuelle Verschiedenheit bedingen, sogar auf den Charakter abfärben, gibt es eine Einheit nichtkörperlicher Natur. Sie ruht im Bewußtsein eines jeden Menschen und scheidet sich von allem Triebhaften ab.

Diese Einheit zu ergründen, muß die vornehmste Aufgabe für den sein, der den Kerngedanken der Freimaurerei, seine Handlungs- und Wandlungsfähigkeit erkennen will. Landläufig bezeichnet die Sprache diese Einheit als Seele, und da tritt gleich sprachlich der Unterschied im Denkziel der Völker klar hervor. Die Seele im romanischen Denken geht sprachlich auf den lateinischen Ausdruck animus und anima zurück, stammverwandt mit dem griechischen ἄνεμος, das Wehen, Luftzug, Hauch bedeutet. Im Lateinischen wird die weibliche Form anima für die rein irdische Lebenskraft gebraucht, die männliche Form animus ist die geistige, begehrende Lebenskraft. Es wird also hier der Unterschied zwischen einer materiellen und einer immateriellen Seele gemacht.

Das griechische Altertum, das die Seele *ηύχψ* nannte, verband ebenfalls damit den Begriff des Hauches, abgeleitet von dem Verbum *φύχω*, das eigentlich abkühlen heißt; *ψυχρός* , kalt, erfrischend. Zu dem rein Geistigen konnten sich auch die Griechen nicht erheben, der Hauch, der Atem, war ihnen das Kriterium des Lebens, also etwas in den Raum Gestelltes.

Die vorexilischen Juden glaubten die Seele im Blute gebunden, nephesch. Sie war ihnen rein körperlich und der Vergänglichkeit unterworfen, sie strömte mit dem Blute aus. Es gab daher in ihrem Denken keine unsterbliche Seele. Für die Juden nach dem Exil gab es das religiöse Ideal des ewigen Lebens, aber man dachte stets nur an ein gottgewolltes Leben auf dieser Erde. Die Vorstellung eines Fortlebens der Seele nach dem Tod kannte man nicht. Die Seele war beinahe gleichbedeutend mit Leben. Späterhin wird sie eine selbständige, nach dem Religiös-Sittlichen strebende Kraft. Und schon in dieser Denkperiode wird häufig Geist für Seele gebraucht, so bei Jesus Sirach, so im Buch Judith, die uns nur griechisch überliefert sind, wo von einer Entseelung des Geistes gesprochen wird. Erst Jesus bringt klar den Gedanken der unsterblichen Seele zum Ausdruck, wenn er (Matth. 10, 25) von denen spricht, die den Leib töten, aber die Seele nicht töten können.

Der germanische Glaube an die Unsterblichkeit der Seele ist in allen Urkunden, sowohl altisländischen wie altschwedischen wie altnorwegischen, schon früh bezeugt. Rein sprachlich betrachtet geht das Wort Seele, gotisch saiwala, auf eine angenommene germanische Urform saiwalo zurück, die man mit dem lateinischen saeculum verwandt meinte. Es würde dann ein Zeitbegriff damit verbunden sein, aber das scheint mir nicht wahrscheinlich. Vielmehr will mir dünken, daß ein Zusammenhang mit dem sanskritischen sayâlu, was schläfrig bedeutet, besteht, also den Begriff des Unbewußten umfaßt. Dies um so mehr, als die germanische Seelenlehre das Scheiden der Seele vom Leib nicht nur im Tode, sondern auch im Schlafe annimmt. Das germanische Denken stellt sich unter Seele etwas rein Geistiges, von allem Körperlichen Abgezogenes vor, etwas Überräumliches, vielleicht sogar überzeitliches und dabei etwas dem Körper Unbewußtes, das sich schon im Schlafe loslösen und ein selbständiges Leben führen kann. Durch diese innere Einstellung waren die Germanen prädestiniert, die über das Judentum, selbst das prophetische, hinausgehende Lehre Jesu von der Seele und ihrer Unsterblichkeit unter den Völkern der Erde zu verbreiten.

Es ist jetzt ganz deutlich geworden, daß der nichtkörperliche Teil des Menschen von den verschiedenen Rassen und Völkern ganz verschieden aufgefaßt wird. Die große asiatische Religion, der Buddhismus, der von den Gegnern der christlichen Freimaurerei immer angepriesen wird als die das Christentum überhöhende Religion, sagt über die Unsterblichkeit der Seele gar nichts: „Es ist vom Erhabenen (dem Buddha) nicht enthüllt." Es ist auch nicht enthüllt, ob der Vollendete jenseits des Todes ist oder nicht ist. Der Erhabene hat nicht einmal enthüllt, daß der Vollendete jenseits des Todes, weder ist, noch auch nicht ist. Man erkennt daran die hohe Weisheit des Buddha, daß er das absolut Unergründliche zu ergründen gar nicht unternimmt, denn das Wissen davon ist nicht zweckdienlich, „weil es ein wahrhaft heiliges Leben nicht begründet und zur Weltabkehr, Leidenschaftslosigkeit, Aufhebung, Beruhigung, zum höheren Wissen, zur Erwachung, zum Nirvâna nicht hinführt". Der von der Geist-Leiblichkeit Erlöste kann durch nichts mehr bezeichnet werden; der Buddha hat also gar nicht versucht, sich das Unvorstellbare vorzustellen. Seine Jünger glaubten zwar, daß er durch das Wissen davon erleuchtet gewesen sei.

Die Verschiedenartigkeit von Rassen und Völkern hat auch eine Verschiedenartigkeit der Anschauung des nichtkörperlichen Teils der Menschennatur erzeugt. Mit dieser Erkenntnis aber wissen wir noch gar nichts von dieser Natur überhaupt, und wir müssen versuchen, uns davon Kenntnis zu verschaffen, soweit die Begrenztheit unseres Denkens dies ermöglicht, weil wir uns sonst nicht dem Kerngedanken der Freimaurerei nähern können, noch weniger seine Wandlungsfähigkeit und seine Kraft der Einstellung auf unsere Zeit zu erfassen vermögen.

Als unbestritten ist anzunehmen, daß dem irdischen Menschen eine nicht der Erde angehörende Kraft innewohnt, denn die brutale Theorie, daß das Gehirn die Gedanken erzeuge wie der Magen den Magensaft, darf gefühlsmäßig als völlig überwunden betrachtet werden. Jedem Menschen, welcher Rasse oder Kulturstufe er angehört, ist die Überzeugung eingepflanzt, daß der Mensch eine Geist-Leiblichkeit sei. Ich will vorläufig diesen Ausdruck, der zunächst gar nichts sagt, beibehalten, bis wir den überirdischen Impuls auf einen engst begrenzten Begriff gebracht haben.

Als Geist haben wir anzusehen, was nicht mit unseren irdischen Sinnesorganen wahrgenommen werden kann. Es tritt uns entgegen als Vorstellen und Denken. Beides sind völlig außerhalb des menschlichen Willens eintretende Funktionen, wobei die Frage zu stellen ist, ob der Vorstellungsakt oder der Denkakt der ersterscheinende sei. Ich glaube, es dürfte zu beweisen sein, daß die Vorstellung, die Phantasie, eher war als das Denken. Zuerst tritt in dem bis heute als körperliches Gefäß des Geistes angenommenen Gehirn blitzartig die Vorstellung von irgend etwas auf, was man ungenau als Idee bezeichnet. Sie ist stets in ihrer großen Struktur ein fertiges Ganzes, wenn auch die Einzelheiten noch im Nebel des Unbewußten verschwinden. An die Idee, die erst Produkt der Vorstellung ist, schließt sich das Denken an, das die Idee ausgestaltet, bis sie zur vollendeten irdischen Form und zur Erscheinungstatsache für die Menschheit wird. Damit ist der Geist zur Körperlichkeit, zur Materie herabgestiegen, die eigentlich sein Geschöpf geworden ist auf dem Wege von der Vorstellung zur Idee durch den Denk-Akt.

Wenn nun der Denkprozeß sich auf die Materie, auf alles irdisch Wahrnehmbare herabläßt, um ihre Wesenheit, ihre Kausalität, ihre Entfaltung und ihr Erlöschen zu ergründen, so nennt man dies Wissenschaft, in der alle Nebenfunktionen des Vorstellens und Denkens, wie Vernunft, Verstand, Empfindung, Erinnerung und Erfahrung, zum tätigen Ausdruck gelangen.

Alle diese Erscheinungen sind gebunden an den Raum, den sie notwendig voraussetzen müssen. Weil alles sich im Raume vollzieht: Entstehung, Entwicklung und Vollendung, können wir verstehen, daß die Wissenschaft vom Raume, die Geometrie, für die Freimaurerei die erste, die Königin der Wissenschaften wurde. Aller Raumvorstellung liegt die Geometrie als Idee zugrunde, sie ist das gewaltige Agens aller Freimaurerei. Damit findet auch das Symbol des Teppichs und aus ihm resultierend die Gestalt der Loge als Rechteck ihre Erklärung. Die Freimaurerei stellt eben ihre Wirkungssphäre in den Raum, und folgerichtig deutet sie das Logen-Viereck als die Welt, die den menschlichen Sinnen erfaßbar ist. Das bedeutet die Ablehnung aller Mystik aus inneren Gründen, also auch die Beschäftigung mit religiösen Problemen, nicht die Religion selbst, die ja den ganzen Weltraum als tragende Kraft umhüllt und durchflutet. Aber sie kann als überräumlich und überzeitlich nicht Ziel der freimaurerischen Lehre sein, wenngleich sie den menschlichen Vertretern der Freimaurerei wesenhaft innewohnt, denn kein Mensch ist ohne Religion denkbar. In der letzten Konsequenz ist auch der Atheismus eine Religion. Wenn der Atheist sagt, Gott ist nicht, so muß er notwendig eine Vorstellung von Gott haben, denn kein Mensch kann etwas leugnen, das nicht mindestens in seiner Idee existiert. Die atheistische These vom Nichtsein Gottes fordert als unerläßliche Vorbedingung das Sein Gottes. Eine absolute Negation kann es nicht geben. Ein Nein ist unmöglich ohne ein mindestens vorgestelltes Ja. Dies sagt uns in der exaktesten Form die Geometrie: Es ist unmöglich, sich eine Minus-Reihe ohne die Plus-Reihe vorzustellen, ein –x bedingt ein +x, eine Minus-Ordinate ist ohne die Plus-Ordinate nicht denkbar, eine Cosinus-Linie kann nicht ohne die zugehörige Sinus-Linie bestehen. Wenn die Freimaurerei die Unsterblichkeit der Seele voraussetzt, so führt ihr die Geometrie den schlagenden Beweis dafür: Der Mensch bei seiner Geburt sei als +~ gesetzt, er reift dann, wie die Zahl der Null, dem Tode entgegen, der als der Punkt ±0 betrachtet werden kann. Von da an entwickelt sich der Mensch wie die Zahl bis zum Endpunkt, der als – ~ bezeichnet wird. Ebensowenig wie die Zahlenreihe bei +0 aufhört, sondern sich von –0 mit dem umgekehrten Vorzeichen bis zu –~ fortsetzt, so der Mensch nach dem Tode, der also kein Aufhören, sondern lediglich eine Verwandlung ist, und dies entspricht durchaus der freimaurerischen Lehre und Vorstellung vom ewigen Osten.

Kehren wir noch einmal zum Atheismus zurück. Der Atheist sagt, ich glaube nicht an Gott, wobei er die Vorstellung von Gott nicht leugnen kann. Seine Religion ist also der Unglaube, seine Theologie der Beweis vom Nichtsein Gottes, was ebenso trugschlüssig ist wie der Beweis vom Sein Gottes. Die höchste Form des Atheismus ist der spekulative Buddhismus, der völlig Raum-Religion ist und trotzdem entschieden mystisch, da sein Letztes, das Nirvâna, jenes große Mysterium darstellt, das der Erhabene nicht enthüllt hat. Soviel aber ist sicher, daß der Buddha von Gott keine Vorstellung hatte, er konnte sich nur Götter vorstellen, wie sie ihm aus der alten Brahma-Religion bekannt waren, und demgemäß beschäftigte er sich nur mit dem Menschen, seinem Leben und Leiden im Irdischen. Aber er hat uns doch etwas gelehrt, das unschätzbar für das religiöse Innenleben der Menschheit ist. Wenn der Buddha auch keine Vorstellung von Gott hatte, so glaubte er doch, und das ist der Widerspruch in ihm selbst, an eine ewige Kraft im Menschen, einen unvergänglichen Geist-Menschen, der, im Leib-Menschen gebunden, danach strebt, sich immer mehr zu befreien. Nicht in einem Leben und Sterben, sondern in mehreren Leben und Toden, zu denen der Mensch immer wieder geboren wird, bis im letzten Leben die völlige Loslösung des Geist-Menschen vom Leib-Menschen vollzogen und er das jenseitige Ufer – auch hier eine Raumvorstellung vom Jenseits – erreicht hat. Dabei ist zu bemerken, daß für den Buddha auch die höchsten Götter aus dem Brahmanismus vergänglich waren, nur das Geist-Wesen, der Geist-Mensch, hat einen Schein von Unvergänglichkeit.

Der Weg, der zum völligen Entkörperlichen des Geist-Wesens führt, ist Aufhebung aller Begierden und Leidenschaften, die auf Nicht-Geistung beruhen. Abkehr von der Welt und ihrem Getriebe, dazu das Kongeniale im Christentum, „Liebt nicht die Welt, wenn einer die Welt liebt, ist in ihm nicht die Liebe des Vaters“ (1. Joh. 2, 15). Alles, auch Seele und Geist, sind Bildungen und Einbildungen, Nichtwissen, Bewußtsein bleibt, solange der Mensch im Irdischen lebt, bis es auch erlischt und sinnliches Wesen durch sittliches Wesen aufgezehrt ist. Dann verschwinden Name und Gestalt, der Übergang ins Nirvâna ist vollzogen, in ein „unerkennbares, unendliches, von allen Seiten leuchtendes Bewußtsein; dort finden Wasser, Erde, Luft und Feuer keinen Boden; dort hört Langes und Kurzes, Kleines und Großes, Schönes und Unschönes, dort hören Name und Gestalt gänzlich auf. Durch die Aufhebung des Bewußtseins hört dort auch dieses auf“.

Es wäre sehr merkwürdig, wenn diese Lehre, die im nördlichen Indien im siebenten Jahrhundert vor Christi Geburt entstand, im dritten Jahrhundert schon anerkannte Staatsreligion war, nicht das religiöse Denken des werdenden Monotheismus in Palästina befruchtet haben sollte. Das Christentum hat soviel Züge, die an des Buddha Gedankenwelt erinnern, daß man sich nicht von dem Gedanken losmachen kann, es habe das buddhistische Gesetz auf die christliche Lebensbetätigung Einfluß gewonnen.

Aber das erhabene Beispiel Jesu in der Hingebung des eigenen Willens-Ichs an den Willen Gottes des Vaters, das große Opfer nicht für die eigene Erlösung, sondern für die Erlösung der Menschheit, die Austilgung des buddhistischen Hyper-Egoismus, dies ist die lebenweckende Kraft des Christentums. Aus einer herrlichen Lebensphilosophie ohne Gott ist die beseligende Sicherheit geworden, in allem, in Leben und Tod in der Hand eines liebevollen und gerechten Gottes zu sein, dessen Wege zwar Geheimnis seiner Unendlichkeit sind, dessen Walten aber lauterste Gerechtigkeit ist. Die Erlösung von der Welt und ihren Kräften ist die Vereinigung mit Gott. Vereinigt aber kann nur Gleichartiges werden. Was aber von der Welt ist, ist wohl von Gott, aber nicht göttlich. „Alles in der Welt, das Begehren des Fleisches und das Begehren der Augen und der Betrug des Lebens sind nicht aus dem Vater, sondern aus der Welt." (1. Joh. 2, 16.) Dies alles von sich abtun und überwinden, hatte schon der Buddha gelehrt, führe zur völligen Loslösung des Geistmenschen vom Leib-Menschen. Dies wird nun auch zum Weg des Christen, der zur Reinheit des Gott-Impulses von der Leibhülle führt. Dieser Gott-Impuls ist der metaphysische Mensch in uns, und er löst sich vom körperlichen los, wie der Baum im Herbst die Blätter von sich schüttelt, so daß nur das Gerüst des Baumes übrigbleibt, das im vollen Laubschmuck verschwunden war; wie die Wolke den Regen ausgießt und doch noch als lichter Dunst in der Höhe schweben bleibt.

Es ist ein ewiges Ringen in uns des Gottgeistes mit dem Leibmenschen, das entschieden wird durch die mehr oder weniger starke Hingabe des Leibmenschen an den Gottgeist. Dies ist die Freiheit der Kreatur und bedingt die Mannigfaltigkeit der Entwicklung des menschlichen Ethos.

Ich verkenne nicht, daß darin eine scheinbare Vermenschlichung Gottes liegt, der in seiner Allmacht und Güte diesen Kampf gar nicht entstehen lassen sollte. Aber hier würde ich mit dem Buddha eins sein in dem Ausspruch, dies Geheimnis habe der Erhabene nicht enthüllt. Es ist das Geheimnis des göttlichen Willens, der Unendlichkeit, die in der freimaurerischen Symbolik durch den Zirkel dargestellt wird. Aber dieser Wille ist ins Erhaben-Sittliche gesteigert durch unser Bewußtsein, daß er nur gerecht und dem Weltganzen dienlich sei, was das freimaurerische Symbol des rechten Winkels ausspricht.

Wenn wir dem Problem des freien Willens ernsthaft auf den Grund gehen, so müssen wir uns gestehen, daß unser freier Wille doch nur scheinbar ist, denn unser Handeln wird bestimmt und begrenzt durch unsere körperliche Veranlagung, das heißt durch den Gottgeist in uns. Davon zeugt die ganze sinnlich erscheinende Natur, insofern als die eine Blume reichlicher blüht und treibt als die andere, ein Tier großer und stärker wird als das andere, obgleich es von derselben

Gattung ist. Allein wir haben den Trost Jesu des Christus im Evangelium Matthäi am zwanzigsten, wo von den Arbeitern im Weinberg erzählt wird, daß der Herr des Weinbergs denen, die in der elften Stunde die Arbeit begannen, denselben Lohn reichte wie denen, die des ganzen Tages Last und Hitze getragen hatten. Wieder das hohe Lied von der Liebe und Gerechtigkeit Gottes. Hüten wir uns nur vor der Selbstüberschätzung, damit uns nicht der Herr des Weinbergs dasselbe sagen muß, wie dem unzufriedenen Arbeiter: „Machst du böse Augen, weil ich gut bin?" (Matth. 20, 15).

Die Vorstellung von einer inneren Kraft, die körperlos ist, aber doch nur durch den Körper wirken kann, findet sich bei den Menschen aller Rassen und Religionen. Sie ist die mystische Gemeinsamkeit aller Menschen. Schon Kant betonte die Zweiheit des Menschen in der Einheit, ein Subjekt, das in zwei Personen zerfiele. Das Leben gestalte sich aus einer Verbindung der Seele mit dem Leib. Die Geburt ist der Anfang dieser Verbindung, der Tod ihr Ende; aber die Geburt ist nicht Anfang des Lebens der Seele; ebensowenig wie der Tod sein Ende. Also sind Geburt, Leben und Tod nur Zustände der Seele. Wenn der Leib vergeht, bleibt die Substanz, also war sie vor dem Leibe und wird nach dem Leibe sein.

Auf dieser Überzeugung ruht der Kerngedanke der Freimaurerei, das esoterische Wissen vom Licht, jener geheimen Kraft in uns, die das tatbewußte Zeugnis des uns innelebenden Gottmenschen ist. Die Wissenden finden ihre Lebensformung in dem Bruderschaftsgedanken. Es kann niemand Freimaurer werden, der nicht an die Unsterblichkeit der Seele glaubt. Die Wissenden haben das Bedürfnis, sich zusammenzuschließen, um eine Höherentwicklung jener inneren Kraft zu erreichen durch Überwindung der rein körperlichen Triebe. Man hofft in einer engen Verbrüderung durch Lehre und Beispiel und Gemeinsamkeit der Weltanschauung dem idealen Ziele des Göttlichen in uns näherzukommen.

Da aber der Gottgeist in uns in jeder menschlichen Persönlichkeit verschieden in Ausdehnung und Wirkung ist, so wird eine Verbrüderung nur dann ihr Ziel erreichen und die Brüder befriedigen, wenn sich nur Menschen zusammenschließen, deren Gottgeist möglichst gleichartig in Kraftart und Betätigungsart ist. Die alles umfassende innere Einheit nennt die mittelalterliche Philosophie die unio mystica, ihre ganze Wirkenssphäre nennen wir Weltanschauung, und sie hat ihre Ausstrahlungen nach der religiösen, sittlichen und politischen Erlebenstatsache.

Es liegt also in der Natur des Verbrüderungsgedankens, daß er sich in verschiedenen Formen manifestiert. In Deutschlands Freimaurerei stellt er sich in zwei großen Gruppen dar. Die eine Gruppe sieht eine Verbrüderung nur zweckvoll und lebensbefriedigend unter Christen an, die andere legt die entscheidende Bedeutung auf eine Verbrüderung aller, die an Gott und an eine Unsterblichkeit der Seele glauben – wir wissen, was wir unter Seele zu verstehen haben –, mögen sie Christen, Mohammedaner, Buddhisten, Juden oder Parsen sein.

Leider aber kann es geschehen, daß die Formung des äußeren Lebens, der Bruderschaftsgedanke, den Kerngedanken, das Wissen vom Licht, überwuchert. Das ist eine Entartung der Freimaurerei, die im Formalen, in den „alten Pflichten", stecken bleibt.

Beide Richtungen sind in der Geschichte der Freimaurerei eine unbestrittene Tatsache, sie zu übersehen wäre gänzlich unwissenschaftlich. Es ist nun menschlich begreiflich, daß jede Richtung an ihre allein seligmachende Sendung glaubt. Das darf aber niemals, wenn wir als eine hervorstechende Eigenschaft des Verbrüderungsgedankens die Toleranz erkannt haben, zu Streitigkeiten, literarischen Fehden und Verketzerungen anders empfindender Männer führen. Ganz verfehlt ist, in der Freimaurerei Deutschlands von einer Judenfrage zu sprechen, denn die Judenfrage ist in allen Ländern eine politische, vielleicht religiöse, niemals aber eine freimaurerische Frage. In der Freimaurerei kann es nur eine Nichtchristenfrage geben. Daß sie in Deutschland praktisch nur auf Juden bezogen werden kann, weil weder Mohammedaner noch Buddhisten noch Parsen in größerer Zahl bei uns leben und sich der Freimaurerei anzuschließen trachten, kann die Tatsache nicht ändern, daß es keine Judenfrage in der Freimaurerei gibt. Sie ist nur durch eine künstliche Verquickung mit politischen Parteimaximen in die Mentalität des Freimaurertums übergegangen. Eine Berechtigung hat sie, wie gesagt, nicht.

Eine besondere Stellung zu dieser Frage nimmt die Große Landesloge von Deutschland ein. Sie ist und nennt sich einen christlichen Orden. Dieser Orden verwendet in seiner ersten Abteilung freimaurerisches Gebrauchtum. In einem religiösen Orden ist der Verbrüderungsgedanke zwar eine notwendige Vorbedingung, aber er ist abhängig gemacht und eng verbunden mit dem religiösen Bekenntnis, ja dieses ist die Hauptsache, weil ohne die Einheitlichkeit des Bekenntnisses in einem religiösen Orden keine Verbrüderung denkbar ist. Der Orden hat zu keiner Zeit den Kerngedanken der Freimaurerei verlassen, stets das Wissen vom Licht als das Originäre betont und als einzige Grundlage seiner Lehre betrachtet.

Schon Johann August Starck hatte es Nettelbladt gegenüber klar ausgesprochen, daß das Ordensziel, die mystische Vereinigung mit Christus auf dem Wege der Freimaurerei nicht zu erreichen sei. Und auf diesem Standpunkt steht die Große Landesloge von Deutschland heute ausgesprochener denn je, denn sie hat ihrem alten Namen neuerlich in bewußter Betonung ihres ursprünglichen Inhalts die erklärende Charakteristik hinzugefügt „Deutsch-Christlicher Orden". Damit ist sie bewußt und ausgesprochen von der englisch orientierten Freimaurerei abgerückt und reformatorisch zurückgekehrt zur rein christlichen Freimaurerei. Die Lehre der Großen Landesloge ist, wie aus unserer Darstellung im zweiten Bande dieses Werkes hervorgeht, eine symbolische Christologie, wobei die Johannisloge das Werden christlichen Erlebens unter dem Gesetz des alten Bundes darstellt; ihr Patron, Johannes der Täufer, hatte seit der Taufe Jesu im Jordan erkannt, daß sein Wesen abnehmen, das Wesen Jesu wachsen müsse. Jesu Taufe im Jordan, diese völlige Unterwerfung unter das altjüdische Gesetz, ist der Leitgedanke der Johannisloge der Großen Landesloge von Deutschland, die in dieser symbolischen Handlung die hohe Sittlichkeit der zehn Gebote anerkennt. Die zweite Ordensabteilung, die Andreasloge, stellt als den Ordensweg die Nachfolge Christi in seinem Leben und Sterben dar; Patron ist Andreas, derjenige Jünger Jesu, der ihn zuerst fragte: „Meister, wo wohnst du?" und dem Jesu antwortete: „Kommt und seht." Die dritte Ordensabteilung, das Kapitel, ist getragen von dem Willen der Brüder, der sich in den Worten ausdrückt: „Wir werden kommen." Das Ziel ist, wie schon ausgesprochen, die mystische Bereinigung mit Christus, das will sagen, daß der Gottgeist in uns durch die Erkenntnis der religiösen Sendung des Ewigen von Nazareth in sich selbst den Christusgedanken gebiert, daß sich also dasselbe im seelischen Innern des Menschen wiederholt, was sich bei der Geburt des Sohnes im Wesen Gottvaters vollzog: Es ist die Anschauung seiner selbst, die mystische Selbstbesinnung auf das eigene immaterielle Ich und so der Anfang der Erlösung vom Staube.

Selbstbesinnung und Selbstanschauung, der Christusweg vom Unbewußten zum Bewußten, vom Unendlichen zum Endlichen, das Werden der sittlichen Tat aus dem sinnlichen Triebleben, das ist das letzte Ziel des Kapitels der Landesloge. Mit jener Art Freimaurerei, wie sie uns aus dem englischen Logenleben überkommen ist, hat das alles nicht das geringste zu tun. Schon Zinnendorf war im Jahre 1766 bewußt, wie die strikte Observanz, von jener Freimaurerei abgerückt. Die Führer seiner Johannislogen hießen der Großmeister, später Logenmeister, in der strikten Observanz kam der Ordenscharakter noch schärfer zum Ausdruck, denn dort hieß der Vorsitzende der Johannisloge Hauskomptur. Einen Meister vom Stuhl, dieses für die Herkunft aus der Bauhütte charakteristische Logenamt, kennt die Landesloge nicht. Sie kennt auch nicht wie in allen andern Großlogen besondere Abzeichen jeder einzelnen, wie es in andern Großlogen heißt, Bauhütte, sondern sie trägt ein einziges Zeichen für alle Johannislogen, die als Siedlungen des Ordens anzusehen sind. Auch die Mönchsorden tragen jeder ihr einheitliches Ordenskleid, die geistlichen Ritterorden unterschieden sich durch Farbe des Kreuzes und des Mantels.

Allerdings vertritt auch die Landesloge den Bruderschaftsgedanken, aber nicht im Sinne der englisch orientierten Freimaurerei, wo er Grund- und Hauptgedanke ist, sondern nur als Mittel, das religiöse Ziel zu erreichen, das jener Freimaurerei fremd ist. Diese will eine Verbrüderung von Menschen verschiedenster Religionen und Weltanschauung erreichen, zum Zweck der Humanität, also einer rein menschlichen, in den Raum gestellten Willenserscheinung. Ein hohes und edles Ziel, zu dem sich sicherlich Christen und Juden, Mohammedaner und Buddhisten ehrlich verbinden können. Das höhere religiöse Ziel aber werden sie bei dieser Art Verbrüderung nicht erreichen. Sie suchen es auch gar nicht in ihren Logen, sie fordern für die Zugehörigkeit kein bestimmtes Bekenntnis, es genügt der Glaube an Gott und an die Unsterblichkeit der Seele. Da aber die Buddhisten und Juden, wie ich dargetan habe, keinen klar ausgesprochenen Glauben an die Unsterblichkeit der Seele haben, so ist die natürliche Folge, daß sie mit dem Eintritt in eine Freimaurerloge Deutschlands – denn nicht alle ausländischen Freimaurerlogen fordern den Unsterblichkeitsglauben – mit der Grundlage ihres Bekenntnisses gebrochen haben.

Die beiden andern altpreußischen Großlogen, die Große National-Mutterloge zu den drei Weltkugeln und die Große Loge von Preußen, genannt zur Freundschaft, suchen den Verbrüderungsgedanken gleichfalls durch den Zusammenschluß von nurchristlichen Mitgliedern zu verwirklichen. Sie halten aber an dem freimaurerischen Charakter streng fest und lehnen den Ordensgedanken ab. Diese Ablehnung scheint jedoch nicht wesenhaft zu sein, denn der Ersatz des Wortes Orden durch Bund ändert an der Tatsache nicht das geringste. Die Stellung der beiden genannten Großlogen ist rein deutsch-patriotisch.

Damit soll nicht gesagt werden, daß die sechs Großlogen der humanitären Richtung in Deutschland nicht deutsch-patriotisch gesonnen wären. Ein Zweifel an ihrer vaterländischen Treue ist in keiner Weise gerechtfertigt. Freilich kommt durch den wenn auch nur rein amtlichen Verkehr mit Großlogen des Feindbundes eine gewisse internationale Gebundenheit auf, die noch verstärkt wird durch das innere Bekenntnis zur „allgemeinen Bruderkette auf dem Erdenrund“. Dazu ist zu bemerken, daß zunächst nur drei von diesen sechs Großlogen den Verkehr mit der Großloge von England wieder aufgenommen haben, die Große Landesloge von Sachsen, die Große Loge zur Eintracht in Darmstadt und die Große Loge Deutsche Bruderkette haben den Verkehr mit ehemals feindlichen Großlogen abgelehnt, so daß also die Mehrheit der deutschen Großlogen, sechs an der Zahl, eine geschlossene deutsch-vaterländische Front bildet.

Gerade der Schein von Internationalität wird der Freimaurerei in Deutschland, soweit sie sich englisch kleidet, von den Gegnern ganz besonders übelgenommen, und dem ist meines Erachtens nur zu entgehen durch die Rückkehr der Freimaurerei zum Ordensgedanken. Es ist dabei nicht nötig, die geschichtlich gewordene Stellung des deutsch-christlichen Ordens der Großen Landesloge von Deutschland anzunehmen, aber man kann die Form des internationalen Verbrüderungsgedankens ändern.

Zurück zur Volksgemeinschaft, Aufrichtung einer deutschen Freimaurerei in Form und Wesen. Es mag in der Jugend der Freimaurerei berechtigt gewesen sein, jede politische Äußerung auszuschließen. In dem Zeitalter des Absolutismus, in dem die Freimaurerei Ausbreitung gewann, hatte Deutschland eine geschlossene Staatsidee, deren Form darin bestand, daß der allein verantwortliche Monarch regierte und die Untertanen gehorchten. Die Gegenleistung des Monarchen gipfelte darin, daß er seine Untertanen schützte gegen die Ungesetzlichkeit innerer und äußerer Gegner und eine möglichst jeden befriedigende Volkswirtschaft ermöglichte.

Man hat sich während des wirtschaftlichen Niederganges der Nachkriegszeit mit der neuen Staatsform abgefunden, aber volkstümlich geworden ist sie in Deutschland niemals. Es darf als eine Tatsache der Geschichte anerkannt werden, daß auch die republikanische Staatsidee ein erfolgreiches Staatsleben und glückliche Staatsbürger zu schaffen vermocht hat, aber nur Menschen mit politischer Kinderlähmung können glauben, daß man selbst unter dem Einfluß des Goetheschen Weimar in wenigen Monaten eine der politischen Vorstellung von Millionen adäquate Verfassung hervorbringen kann, besonders wenn die konstituierende Nationalversammlung unter dem beherrschenden Einfluß einer Partei steht, die doktrinär einseitig und subjektiv proletarisch ist. Der turbulente Rückschlag ist denn auch nicht ausgeblieben.

Deutschland ist in einem seelischen Aufruhr. Es geht nicht nur um die Verfassung, es geht um Leben und Sterben des ganzen Volkes. Aus dem Trümmerhaufen politischer Ideen reißen die Parteien kompakte Brocken los, schlagen sich blutige Köpfe und, was noch schlimmer ist, blutige Seelen. Eine Gigantomachie aller gegen alle von leidenschaftlichster Wildheit ist entbrannt. Das Traurige dabei ist nur, daß diese sich als Giganten gebenden Streiter impotente Pygmäen sind, die Schlagworte für Ideen halten und von den homerischen Helden nur das Schimpfen angenommen haben.

Über dieses brausende, kochende Meer, in dessen turmhohen Wogen Deutschlands Glück und Zukunft zu versinken drohen, schreitet der Ewige von Nazareth mit jener himmlischen Ruhe eines gottgeborenen Vertrauens, und weder die Wut der Elemente, noch der Haß der Menschen kann seine göttlichen Sohlen berühren.

Wer die Tiefe dieses Symbols begriffen hat, für den leuchtet über all dem chaotischen Gedanken-Müll der segnende Lichtstrahl der Bruderliebe.

Wenn die Frommen des alten Bundes als Grund- und Eckstein ihrer Sittenlehre den Satz prägten, Gott über alle Dinge und den Nächsten wie sich selbst lieben, so meinten sie mit diesem Nächsten nur den Volksgenossen. Das war eine geistige Autarkie, die drei Jahrtausende überdauert hat. Die Freimaurerei in Deutschland glaubte, sie könne die Nächstenliebe auf die Menschheit ausdehnen: eine verderbliche Ideologie, aus der uns nur der Notschrei der Fischer vom Galiläischen Meer an Jesum retten kann: „Herr, hilf, wir versinken!“

Das Hakenkreuz ist die altindische Swastika, das Symbol des ewig um sich selbst kreisenden Menschenwillens, ein Bild nutzlosen Drehens um die eigene Achse, eine schöpferische Leere, ein Sisyphos-Wälzen erratischer Geistesblöcke. Solch ein Beginnen ist zum Mißerfolg verdammt, es erhitzt nur die Gemüter, aber erwärmt nicht die Seelen und heiligt nicht die Tat. Die Bewegung, die unter dem Zeichen des Hakenkreuzes steht, ist von einer Kraft und Schichtentiefe, wie Deutschland sie ähnlich nur in der Erhebung von 1813 erlebt hat. Sie gilt Männern jeden Alters, insbesondere aber der Jugend als ein neues Evangelium, und es darf der Freimaurerei nicht gleichgültig sein, welchen Lauf diese Bewegung nimmt. Es sind wertvolle Kräfte in ihr gesammelt, die ins Leere schießen, aber sie sind getragen von einer herrlichen vaterländischen Begeisterung und einem christlichen Opferwillen, die, in die richtige Kampfstellung gebracht, Großes für die Befreiung unseres Vaterlandes leisten können. Diese Kräfte mit den anderen nationalen Kräften zu einer geschlossenen vaterländischen Front zusammenzuschließen, wäre eine erhabene Aufgabe der Freimaurerei Deutschlands. Noch verkennt das Hakenkreuz die Kraft des vaterländischen Gedankens in der Freimaurerei, denn das Hakenkreuz dreht sich immer in demselben atemlosen Lauf um sich selbst, und es wird nicht zum Ziel kommen. Die Stunde naht heran, wo das Hakenkreuz überwunden sein wird von dem Kreuz Christi, das in die Erde gepflanzt ist, sein Haupt in den Himmel reckt und beide Arme nach rechts und links breitet, um das Zerstreute zu sammeln.

Also heraus aus dem Turm!

Ein altgriechischer Philosoph sah das Grundprinzip der Welt in den zwei Urkräften φιλία und νεῖκος, Liebe und Streit. Des Streites hat Deutschland schon übergenug gehabt, und nichts ist errungen worden, die Not ist nur immer höher gestiegen, und die Weltgeltung des einst großen Deutschland ist immer problematischer geworden. Man soll es einmal mit der anderen Urkraft, mit der Liebe, versuchen. Das heißt die Lebensform der Freimaurerei, den Bruderschaftsgedanken, wie eine Feuerflocke in die Nacht der politischen Verwirrung schleudern. Was nützt es, eine königliche Kunst in verschlossenen Tempeln ausüben, die Weisheit in geheimen Ritualen zu verbergen und zu der politischen Not der deutschen Volksgenossen zu schweigen.

Auch die Freimaurerei unserer Zeit ist das getreue Spiegelbild des unentwirrbar sich selbst zerfleischenden Volksknäuels in Deutschland. In diesem Streit Partei zu nehmen, ist die Zeit noch nicht reif, auch hat die Stunde dazu noch nicht geschlagen, denn der Freimaurerei muß die Rettung des Vaterlandes vorangehen. Diesem gehören alle Kräfte seelischer und wirtschaftlicher Art aller derer, die im Geiste des Evangeliums „guten Willens“ sind.

Quellen und Literatur

Bahridt, Dr. Carl Friedrich, Geschichte und Tagebuch seines Gefängnisses usw. Berlin und Wien 1790.

Beleuchtung der Verfahrungsweise der Hochwst: Großen Loge des ekl. Freimaurer-Bündnisses zu Frankfurt a. M. Gegen die dasige ger.: und vollk.: St. Joh. □ „Carl zum aufgehenden Lichte". Mainz 1844.

Bergmann, Alwin, Die Große Landesloge von Sachsen und ihre Bundeslogen. Dresden 1911.

Das neue Heim der Loge Minerva zu den drei Palmen in Leipzig. Leipzig 1906.

Denkwürdigkeiten des Mecklenburg-Strelitzischen Husaren-Regiments in den Jahren des Befreiungskampfes 1813 bis 1815.

Dennert, Friedrich, Die Feldloge Carmen Sylva zur Deutschen Treue. Bukarest 1918.

Die Freimaurerei im Oriente von Hannover. Hannover 1859.

Erklärung der Loge Carl zum neuen Lichte im Orient zu Alzey etc. Alzey 5844.

Erlenmeyer, Albrecht, Die Gründung der St. Johannis-Loge Friedrich zur Vaterlandsliebe im Or.: zu Coblenz. Berlin 1901.

Erlenmeyer, Dr. Albrecht, Friedrich Ribbentrop als Freimaurer.

Erste Arbeit der Feldloge Zum Eisernen Kreuz im Osten im Orient, Warschau. Warschau 1915.

Feßler, Altenmäßige Aufschlüsse über den Bund der Evergeten in Schlesien. Freyberg 1804.

Friederich, G., Für Wahrheit, Recht und Frieden usw. Frankfurt a. M. 1844.

Gegen den geheimen Rath Schmalz zu Berlin. Leipzig und Altenburg 1816.

Haarhaus, Julius R., Deutsche Freimaurer zur Zeit der Befreiungskriege. Jena 1913.

Hoffmann, Dr. Karl, Verfassungs-Urkunde und Gesetze der teutschen Gesellschaft. 1815.

Hoffmann, Leopold Alois, Aktenmäßige Darstellung der Deutschen Union. Wien 1796.

Kloß, Georg, Aktenmäßige Beleuchtung der Persönlichkeiten und Behauptungen usw. Frankfurt a. M. 1844.

Kloß, Georg, Der schädliche Einfluß der sogenannten höheren Grade auf die wahre Freimaurerei. Frankfurt a. M. 1844.

Kloß, Georg, Über die Unstatthaftigkeit des Versuchs ein positives Christentum in die Freimaurerlogen hineinzuziehen. Frankfurt 1844.

Kretschmann, C. G., Beantwortung einiger Stellen aus der näheren Beleuchtung der deutschen Union, ... usw. Leipzig 1789.

Krug, Wilhelm Traugott, Das Wesen und Wirken des sogen. Tugendbundes. Leipzig 1816.

Lang, Dr. phil. Gustav, Aus dem Ordensleben des 18. Jahrhunderts. Heilbronn 1929.

Lebensregeln für echte Freimaurer. Frankfurt 5829.

Lehmann, Professor Dr. August, Der Tugendbund. Berlin 1867.

Manifest der Gründe, welche die Große Mutter-Loge des eklektischen Freimaurer-Bundes zu Frankfurt um Main bewogen haben, ihre seitherige Tochter- und Bundesloge Carl zum aufgehenden Lichte aus dem eklektischen Bunde zu entlassen. Frankfurt 1844.

Mehr Noten als Text oder die Deutsche Union der Zwey und Zwanziger (Bode). Leipzig 1789.

Meinecke, Friedrich, Die deutschen Gesellschaften und der Hoffmannsche Bund. Stuttgart 1891.

Nähere Beleuchtung der deutschen Union, wobey zugleich gezeigt wird, wie man für einen sehr wohlfeilen Preis Schottischer Maurer werden kann.

Frankfurt und Leipzig 1789.

Nies, Prof. Dr. Karl, Der Freimaurerbund zur Eintracht. Mainz 1896.

Nies, Prof. Dr. Karl, Die Jubelfeier des fünfzigjährigen Bestehens des Eintrachtbundes am 22. März 1896 in Darmstadt. Mainz 1896.

Ohr, Wilhelm, Aus einem Jahr Feldlogenarbeit. München 1916.

Ohr, Wilhelm, Bruder Lebey. Leipzig 1916.

Ohr, Wilhelm, Der französische Geist und die Freimaurerei. Leipzig 1916.

Pott, Degenhard, Pragmatische Geschichte und endlicher Ausschluß der Deutschen Union usw. Leipzig 1798.

Protokoll der am Sonntag, den 21. März 1886 im Or.: Darmstadt abgehaltenen Festarbeit der Großen Freimaurerloge „Zur Eintracht". Darmstadt 1886.

Seemann, H., Geschichte der „Vereinten Loge Irene zu den 3 Sternen, Tempel der Wahrheit und Prometheus" zu Rostock. Bützow 1930.

Scherbius, J. J., Christentum als Grundlage der eklektischen Freimaurerei. Frankfurt a. M. 1844.

Scherbius, J. J., Über den Zusammenhang des Christentums mit der Freimaurerey. Frankfurt a. M. 1844.

Schleiermacher, F., an den Herrn Geheimenrath Schmalz. Berlin 1815.

Schmalz, Geheimrat, Letztes Wort über politische Vereine. Berlin 1816.

Taeschner-Stettin, T., Die Feldloge „In Ketten zum Licht". Leipzig 1921.

Wenige Worte vom Untugendbund in Bemerkungen zu der Schrift des Herrn geheimen Raths Schmalz. Westdeutschland 1815.

Wieland, Ludwig, Über die Schmalzische Vertheidigungsschrift gegen Herrn Staatsrath Niebuhr. Erfurt 1816.

Aktenmäßige Entgegnung der ger. u. vollk. St.-Joh.-Loge Carl zum aufgehenden Lichte zu Frankfurt am Main auf das Manifest der Gründe usw. Frankfurt a. M. 1844.

X. Y. Z. oder Neue Aufschlüsse über die Deutsche Union und Schottische Maurerei. Berlin 1789.

W. BÜXENSTEIN, BERLIN

Namenverzeichnis

Nachwort

Nachwort

Mit dem Reprint der drei Bände zur Geschichte der Freimaurerei in Deutschland von Ferdinand Runkel hat die Edition Lempertz in Königswinter bei Bonn das bisher in seiner Vollständigkeit, historischer Genauigkeit und Reichweite einzigartige Standardwerk zur Freimaurerei im deutschsprachigen Raum vorgelegt. Zugleich kann man es als das neueste Werk auf seinem Gebiet bezeichnen, denn mit seiner Herausgabe im Jahre 1932 endete praktisch die Ausübung der Freimaurerei. Um diese Zeit verschärfte sich in Deutschland ihre Verfolgung und das radikale Verbot durch das Naziregime nahm der „Kulturerscheinung" Freimaurerei ihre Existenzgrundlagen. Verfolgung, der 2. Weltkrieg und seine Folgen haben materielle und ideelle Werte der Logen in Deutschland fast vollständig zerstört. Ein Wiederaufbau sowohl im Westen als auch im Osten konnte daher nur allmählich vonstatten gehen. Die wenigen von Verfolgung und Krieg geschwächten Logen haben zunächst schrittweise versucht, an der materiellen und organisatorischen Wiederherstellung des Freimaurerordens zu arbeiten. Das war schwierig genug. Räumlichkeiten und dergleichen sowie Einrichtungen für die Zusammenkünfte mussten beschafft werden. Gleichzeitig musste die Idee der Freimaurerei, das Feuer ihrer ethischen Ideale neu angefacht werden. In der ersten Phase eine fast unmögliche Aufgabe, wenn man bedenkt, dass sich in wirtschaftlich schwieriger Zeit die Menschen eigenen Problemen zuwenden und für traditionelle Organisationsformen mit dem Ziel der Verbesserung ihrer Persönlichkeit weder Zeit noch Interesse haben.

Würde der heutige Betrachter die Entwicklung der ersten zweihundert Jahre deutscher Freimaurergeschichte bis in die Gegenwart ergänzen wollen, würde er auf eben diese Lücke der Kriegs- und Nachkriegszeit stoßen. Es müsste eine Phase des Wiederaufbaus untersucht werden, von der man nicht genau weiß, wann sie abgeschlossen ist und wann ein normales Wachstum der freimaurerischen Bewegung wieder eingesetzt hat. Zwar lassen sich vergleichbare Zahlen finden, etwa für die wiedererstandenen oder neu errichteten Ordenshäuser oder über die Größe der Logen bzw. die Zahl ihrer Mitglieder und ähnliche Daten. Aber die Kraft der Ausstrahlung ihrer Ideen ist kaum messbar und erst recht nicht vergleichbar. Die heutigen freimaurerischen Bruderschaften sind in einem Umfeld tätig, das nicht im Entferntesten vergleichbar ist mit den gesellschaftlichen Verhältnissen, wie sie Ferdinand Runkel vorfand und beschrieben hat. Die wankende staatliche Ordnung, die totalitären Verirrungen des

Nationalsozialismus und des kommunistischen Sozialismus, der allgemeine Zusammenbruch der sozialen Ordnung, all diese Erscheinungen gehören zu einer Vergangenheit, in der für Freimaurerei kein Platz mehr war.

In unserer freien demokratischen Gesellschaft hat sie sich wieder gefunden. Allerdings musste sehr viel von dem Gedankengut, das noch in die Jahrzehnte des 19. Jahrhunderts zurückreichte, von den Wiederbegründern der Freimaurerlogen beiseite gelegt werden, um wenigstens einen bescheidenen Wiederaufbau zu schaffen, mit dem man zunächst in einer neuen Welt bestehen konnte. Selbstverständlich wurde die geschichtlich gewachsene Orientierung am „Deutschen Wesen" bis hin zu den Auswüchsen des Rassismus als erstes über Bord geworfen. Auch die Autoritätsgläubigkeit wilhelminischer Prägung war zu überwinden. Das war zunächst nicht so ganz einfach. Sie wirkte – wie Ferdinand Runkel in seinem dritten Band eingehend beschreibt – selbstverständlich auch in den Freimaurerlogen mit dem hier erfolgreichen hierarchischen Ordensprinzip.

Zum Wandel oder zur Veränderung auch der Freimaurerei hat Ferdinand Runkel zum Abschluss seines dritten Bandes im Kapitel *Wandlung und Handlung* gefordert, dass „alle Erscheinungen von Zeit zu Zeit ihre Form ändern müssen, um lebensfähig zu bleiben."

Seine Sorge galt bereits bei Erscheinen seines Werkes der Form der Freimaurerei, durch die sie gegen totalitäre Gefahren geschützt werden konnte. Vom Inhalt freimaurerischer Lehre und ihrer Ausstrahlungskraft über die Zeit hinaus war er ohnehin überzeugt. Diese vergleicht er beispielhaft mit den Lehren des Christentums, des Islam und des Buddhismus und zeigt, dass die die Zeiten überdauernde Wirksamkeit der Freimaurerei eben mit dem Bezug auf religiöse Quellen zu tun hat. Angesichts der bedrohlichen Entwicklungen für F. Runkel eine wichtige Beweisführung! Er fürchtete die nationalistischen Tendenzen. Das Volk sei in seelischen Aufruhr geraten. Gigantomanie griff um sich. Obwohl der Autor von den früheren „vaterländischen" Zielen geprägt war, heißt es wörtlich bei ihm: „Das Traurige ist nur, dass die sich als Giganten gebenden Streiter impotente Pygmäen sind, die Schlagworte für Ideen halten und von den homerischen Helden nur das Schimpfen angenommen haben." F. Runkel warnt eindringlich vor der Ideologie „des um sich selbst kreisenden Hakenkreuzes" und ist schon zu seiner Zeit überzeugt, dass sie nicht zum Ziel kommen wird!

Die heutige Lage der Freimaurerei sieht ganz anders aus. Das gesellschaftliche Umfeld hat sich total verändert und die Freimaurerei muss auf die neuen Vorstellungen der Menschen eingehen. Dazu gehört die Suche nach persönlicher Orientierung in einer Welt heftigen Wandels auf wirtschaftlichem, kulturellem und religiösem Gebiet; die Suche nach gesicherter Identität im persönlichen Bereich und die mit dem Schlagwort der Globalisierung bezeichnete Erkenntnis, dass wir nicht allein sind auf dieser Welt.

Alle drei Tendenzen sind nicht neu. Sie haben die Menschen zu allen Zeiten bewegt. Schon Aristoteles spricht von der „altheia", der Unverborgenheit des Seins. Die Mythen der Anfangszeit und die Erfassung und Einordnung des Religiösen durch kirchliche Organisationen sind erfolgreiche Bestrebungen, dem Menschen Orientierung und Halt in seiner Unvollkommenheit und Endlichkeit zu geben.

Jede Zeit bringt ihre individuellen Anforderungen an den Menschen mit sich. Vielleicht macht es die heutige „ihren" Menschen besonders schwer: Neue Medien produzieren virtuelle Welten, die den Menschen verwirren, ihn von der Realität entfremden und ihn seine Maßstäbe verlieren lassen können. Reichtum, Wohlstand und Armut werden ebenso selbstverständlich dargestellt wie Raub und Gewalt, obwohl in Wirklichkeit erhebliches Bemühen um Erfolg beziehungsweise moralisches Verhalten erforderlich wäre. Der Einzelne weiß nicht mehr, wo er steht, führt ein Leben voller Ungewissheiten und erkennt – mit den Worten von Romano Guardini – „dass die Möglichkeit der Sinnzerstörung zum Dasein gehört." Die Nachfrage nach alternativer Lebenshilfe steigt und der Esoterik-Markt boomt. Der Mensch begibt sich auf die Suche. Oftmals weiß er nicht genau, was er eigentlich sucht.

Auch aus Ferdinand Runkels Darstellung ist ersichtlich, dass die Freimaurerei seit jeher ihre Aufgabe darin sieht, dem suchenden Menschen eine Basis zu bieten, ohne einfache Lösungen zu versprechen, wie es Sekten oder Geisterheiler vorgeben. Sie nimmt den Einzelnen in ihr Lehrsystem auf und konzentriert sich einzig und allein auf seine freie persönliche Entwicklung, seine individuelle Sicherung in seinem Aufgabenfeld. Als übergeordnetes Ziel wird die Humanität genannt. Und die Bedeutung der Freimaurerei wird oftmals daran gemessen, welche Persönlichkeiten, die Mitglied einer Loge sind, besondere Leistungen in Kultur, Politik, Wissenschaft und Wirtschaft erbringen. Diese Zusammenhänge erkennt der kritische und kulturhistorisch interessierte Leser in Ferdinand Runkels Werk. Der Autor zeigt im historischen Ablauf exakt und zuverlässig auf, wie sich die Freimaurerei in den jeweiligen Phasen vor allem im deutschsprachigen und europäischen Raum gerade auf diesem Aufgabengebiet entfaltet hat. Bemerkenswert, mit welcher Genauigkeit und kritischer Distanz der Autor sich auf die vorhandenen Quellen bezieht und dem vielfach auch heute noch als „geheimnisvoll" beschriebenem Phänomen der Freimaurerei klare, deutliche und zuverlässige Umrisse verleiht.

Bei Ferdinand Runkel ist nachzulesen, was es mit dem so genannten „Geheimnis" auf sich hat. Was früher unter gewaltbereiten absolutistischen Herrschern zum Selbstschutz notwendig war, nämlich die Fähigkeit zur absoluten Verschwiegenheit und diese von den Logenmitgliedern zu fordern und durchzusetzen, ist heute auch die wichtigste Grundlage für die sichere Entwicklung der

Logen. Allerdings in einem ganz anderem Sinne! Heute ist es das Ziel, mit Hilfe der Verschwiegenheit Vertrauen zwischen den Logenmitgliedern aufzubauen! Dieses Vertrauen, dessen Fehlen in der modernen ökonomisch bestimmten und mechanisierten Welt immer lauter beklagt wird, beeinflusst heute ganz entscheidend die wachsende Attraktivität der Freimaurerei.

Wie werden die Freimaurer heute gesehen? Welche Bedeutung haben sie heute wirklich? Welche Ziele verfolgen sie und warum wird man Freimaurer? Um der Humanität willen? Sind sie ein Klub, der Freiheit, Gleichheit, Brüderlichkeit wie zu Zeiten der Aufklärung anstrebt? Warum auch heute nur ein Männerbund, ohne Frauen? – Diese und ähnliche Fragen wird man stellen, nachdem Herkunft, Quellen, Ziele und Geschichte dieser gesellschaftlichen Erscheinung im vorliegenden Werk geklärt sind.

Eine exakte Darstellung eines heutigen Bildes ist bei einer Vereinigung mit sittlicher, ethischer oder moralischer Zielsetzung naturgemäß schwierig. Wie soll ihr Wert gemessen werden? Soll die Zahl der Mitglieder, ihr politisches, wirtschaftliches oder kulturelles Engagement als Maßstab herangezogen werden? Außerdem kommt es darauf an, wer zu welchem Zeitpunkt und zu welchem Zweck die Fragen stellt.

Eine ins Internet gestellte Meinungsumfrage der Großen Landesloge der Freimaurer von Deutschland e.V. (GLLFvD) vom März 2004 richtete sich an Freimaurer und Nichtfreimaurer und hatte bei etwa 2800 Besuchen mit einer überdurchschnittlichen Rücklaufquote von 18 % unter anderem folgende Ergebnisse: Aus rund drei Viertel der Antworten ergibt sich ein gesteigertes Interesse an der Freimaurerei. Erwartungsgemäß lassen rund 90 % der Antworten klare Sympathie für die Freimaurerei erkennen. Und das, obwohl die Antwortenden nach eigenem Bekunden keinen Freimaurer kennen. Bemerkenswert ist weiter ein hoher Grad an Vorinformation: Zwei Drittel geben an, bereits einschlägige Publikationen gelesen zu haben. – Ein weiteres Ergebnis der Antworten von Freimaurern selbst ist aufschlussreich: Rund 80 % der befragten Freimaurer sind bereit, sich öffentlich als Freimaurer zu bekennen! Hier hat sich also ein erheblicher Wandel vollzogen. Freimaurer sehen ihr Image von totalitären Wahnideen befreit. Offenbar ist ihnen auch der von der interessierten Öffentlichkeit oder von manchen Autoren verwendete Reizbegriff sektiererischer Geheimbündelei kein Thema mehr. Dennoch – so die Umfrageergebnisse – wird mehr Information in unserer pluralistischen Mediengesellschaft gefordert.

Es gibt eine Reihe von Vereinigungen, die leicht mit der Freimaurerei verwechselt werden können; ja, einige spekulieren sogar auf eine solche Verwechslung. Bei dem in langen Zeiträumen organisch gewachsenen und systematisch weiterentwickelten Organisationsprinzip ist das verständlich. Es entspricht sogar modernen gruppendynamischen und psycho-sozialen Erkenntnissen. In einer knappen, aber höchst aufschlussreichen Schrift von F. W. Haack (*Freimaurer*, München, 1993) sind solche Vereinigungen aufgelistet und ihren Zielen nach analysiert. F. W. Haack weist vorab darauf hin, dass der Begriff „Loge“ ebenso wenig wie die Begriffe „Kirche“ oder „Gemeinde“ geschützt ist. Jede Vereinigung kann sich also „Loge“ nennen oder ein Psychokonzern sich als „Scientology Church“ bezeichnen.

Nehmen wir das Beispiel der angeblichen Freimaurerloge P2 in Italien, das 1981 durch die Presse ging. Etwa 1000 Männer aus Politik, Wirtschaft und Militär hatten sich nach Art eines Geheimbundes um einen so genannten „Großmeister“ zusammen gefunden. Es handelte sich um einen knallharten, auf wirtschaftliche und politische Einflussnahme ausgerichteten Geheimbund ohne jeglichen Bezug zur Freimaurerei. Im Abschlussbericht über die damalige Affäre aus dem Jahre 1984 fand sich denn auch kein Hinweis auf Freimaurerverbindungen.

Der Reiz des „Geheimnisvollen“ hat beispielsweise noch 1998 das britische Unterhaus bewogen, im innenpolitischen Ausschuss eine Untersuchung darüber durchzuführen, ob in drei konkrete Skandale aus den Jahren 1974, 1986 und 1989 Freimaurer verstrickt waren. Die Verdächtigungen haben sich als haltlos erwiesen. Bei dieser Gelegenheit wurde festgestellt, dass in der United Grand Lodge 8600 Logen mit 340 000 Mitgliedern in England und Wales vereinigt sind.

Andere Organisationen, wie Rosenkreuzer oder auch Rotarier, werden manchmal mit Freimaurern in Verbindung gebracht. Bei den Rosenkreuzern handelt es sich um einen Sammelnamen für verschiedene esoterische Gruppierungen ohne jeglichen freimaurerischen Bezug. Die Rotarier sind eine nichtfreimaurerische Bruderschaft mit dem Ziel des „Dienens im privaten, geschäftlichen und Gemeinschaftsleben“ sowie der „Förderung gegenseitigen Verstehens“. Sie genießen großes, eigenständiges Ansehen und sind auch in Deutschland weit verbreitet.

Zum Verhältnis zwischen den christlichen Kirchen und der Freimaurerei ist zu sagen, dass die evangelische Kirche stets eine offene Haltung eingenommen und keine Einwendungen gegen die Mitgliedschaft ihrer Angehörigen in einer Loge erhoben hat. Das Verhältnis zur katholischen Kirche war zunächst schwierig, hat sich im Laufe der letzten Jahrzehnte jedoch erheblich gewandelt. Der gegenwärtige Stand der offiziellen Beziehungen kann wie folgt beschrieben werden: Nach Änderung des Canon Juris Canonici (CIC) im Jahre 1983 werden Freimaurerlogen im Kirchenrecht nicht mehr erwähnt. Mit Exkommunikation sind nur noch die Mitglieder solcher Organisationen bedroht, „die gegen die Kirche wühlen“. Zuvor hatte die Deutsche Bischofskonferenz im Jahre 1980 nach sechsjährigen Gesprächen mit den Vereinigten Großlogen von Deutschland noch eine Erklärung veröffentlicht, wonach „die gleichzeitige Zugehörigkeit zur katholischen Kirche und zur Freimaurerei unvereinbar ist." Inzwischen gibt es Erklärungen katholischer Kirchenrechtler in Deutschland, die nicht mehr von einem „Zerwürfnis" ausgehen und den katholischen Beteiligten ihre Entscheidung selbst überlassen. Tatsächlich gibt es denn auch viele Katholiken in den Logen hierzulande. Im Kern liegen die unterschiedlichen Standpunkte im jeweiligen Toleranz- und Wahrheitsverständnis.

Immer wieder wird die Frage nach Frauenlogen bzw. nach dem Verhältnis zu den Frauen gestellt. Selbstverständlich gibt es auch in Deutschland, wie in den übrigen europäischen Ländern und den USA, reine Frauenlogen und zum Teil auch gemischte Logen mit Frauen und Männern. Sie spielen keine große Rolle und entstehen meistens im Umfeld einer regulären Freimaurerloge. Das mag unter anderem daran liegen, dass Frauen ihre persönliche Entwicklung eher auf Menschen in ihrer unmittelbaren Nähe ausrichten, wie Lebenspartner, Kinder, Familie, Nachbarn und den engeren Freundeskreis. Sie tendieren offenbar nicht so sehr zu Verbindungen mit Gleichgesinnten auf der Grundlage ideeller Ziele mit festen Regeln und Formen, die für eine längere Dauer gedacht sind. Einer dauerhaften Existenz gemischter Logen steht allgemein entgegen, dass Verhaltensweisen aus Positionen der Über- oder Unterlegenheit entstehen oder einfache Eitelkeiten bei den männlichen und weiblichen Mitgliedern das dauerhafte Gefüge der Gemeinschaft stören. – Die Freimaurer beziehen nach wie vor die Frauen in ihre Gemeinschaft ein, und zwar durch konkrete rituelle Schritte bei der Aufnahme. Eine Loge wird kaum einen „Suchenden" – so wird der Beitrittswillige genannt – aufnehmen, dessen Ehefrau oder Lebenspartnerin nicht damit einverstanden wäre. Die größere Verbreitung von Frauenlogen in den USA hängt damit zusammen, dass sie stärker um soziale und karitative Zwecke bemüht sind, während in Paris beispielsweise einige Frauenlogen mit etwas vereinfachten Ritualen, aber freimaurerischen Zielvorstellungen dauerhaft und erfolgreich arbeiten. Der Bonner Logenmeister Peter Stier hat im März 2003 das Thema auf die einfache Formel gebracht: „Aufgeklärte Frauen sind geborene Freimaurer!" Aber dennoch sei ein kurzer Blick auf die derzeitige Situation der weiblichen Freimaurerei in Deutschland gestattet: Im Jahre 1949 ist in Berlin die erste deutsche Frauenloge gegründet worden. Die Großloge der „Alten Freien und Angenommenen Maurer" hat dabei als Pate fungiert. In den siebziger Jahren sind in Düsseldorf und Wetzlar zwei weitere Frauenlogen gegründet worden. Im Jahre 1982 kam es dann zur Bildung einer Großloge unter dem Namen „Zur Humanität". Heute gibt es insgesamt elf Frauenlogen unter dem Dach dieser Großloge.

Die weltweite Freimaurerei erfasst gegenwärtig etwa sechs Millionen Mitglieder. Davon leben allein rund 2,5 Millionen in den USA. Darum muss unbedingt ein Blick auf Nordamerika gerichtet werden, um das Wirken von Freimaurern in der jüngeren Vergangenheit und Gegenwart zu verstehen.

Seit der amerikanischen Unabhängigkeitserklärung im Jahre 1776 trifft man bereits auf sichtbare Spuren der Freimaurer: Von den 13 Unterzeichnern dieser Erklärung waren acht Freimaurer. Das ist eigentlich nicht verwunderlich. Die ersten Einwanderer aus England haben das freimaurerische Gedankengut als wesentlichen Besitz mit in die neue Welt genommen und von Beginn ihrer Niederlassung an nicht nur daran festgehalten, sondern ihren Alltag sowie ihre gesellschaftliche Organisation mit diesen Prinzipien gestaltet. Selbstverständlich haben die ersten Siedler an den Bau von Gotteshäusern zuerst gedacht, nachdem sie ihre eigenen Unterkünfte fertig hatten. Die freie Ausübung ihrer Religion ohne irgendwelche obrigkeitlichen Beschränkungen war jedoch das nächste Ziel nach Sicherung ihrer primären Lebensbedürfnisse. Nachdem genügend Raum in Gestalt von Gotteshäusern und Kirchen für die Religionsausübung entstanden war, hat man sich zunächst in einfachen Gemeinschaften zusammengefunden, „provisorische" Tempelarbeiten durchgeführt, ähnlich wie in den so genannten „Feldlogen", die die Militärs im Zusammenhang mit kriegerischen Auseinandersetzungen im alten Europa veranstalteten, um allmählich der Freimaurerei einen festeren Rahmen zu geben. Logen wurden mit den persönlichen Erfahrungen aus ihrer alten Welt gegründet. Aber in der neuen Welt mit dem nach unbedingter Freiheit strebenden Willen, keine Einschränkungen ihrer Absichten und Arbeiten hinzunehmen, von wem sie auch immer ausgehen mögen! Wie in allen Bereichen des heutigen amerikanischen Lebens ist auch in der nordamerikanischen Freimaurerei etwas von dem anfänglichen Pioniergeist zu spüren: Streben nach Freiheit für den Einzelnen und seine Gemeinschaft sowie Lösung praktischer Probleme, wie sie sich gerade ergeben! Das hat zur Folge, dass amerikanische Freimaurer einander respektieren, auch wenn sie beispielsweise in ihrer jeweiligen Lehrart, ihren Vorschriften bei der Bekleidung oder sogar in ihrem öffentlichen Auftreten erheblich voneinander abweichen. Wichtig ist den Amerikanern, dass Lösungen für das tägliche Leben erzielt werden. Demgegenüber spielen in europäischen Logen Fragen ihrer Geschichte, der Einhaltung historisch entstandener Vorschriften sowie das Bekenntnis zu althergebrachten Zielen eine allgemein größere Rolle. Auch Unterschiede zwischen den Großlogen in einzelnen europäischen Ländern werden sorgfältig und genau beachtet. In Europa ist für jedes Land nur eine Großloge erlaubt, während in USA bei insgesamt rund 80 Großlogen für einige Staaten zwei oder mehrere Großlogen bestehen.

Zum Verständnis der nordamerikanischen Freimaurerei gehört die Kenntnis des Ordens „Eastern Star", einer freimaurerischen Vereinigung von Frauen mit großem Einfluss auf das soziale und karitative Leben in den USA. Der im Jahre 1850 von Dr. Robert Morris gegründete „Eastern Star" zählt nach eigenen

Angaben gegenwärtig rund 1 Million Mitglieder. Mitglieder können nur Frauen werden, die in einer familiären Verwandtschaftsbeziehung zu einem Freimaurer stehen. Organisatorisch unterstehen die einzelnen Logen – hier „Chapter" genannt – gegenwärtig 46 Großlogen verteilt über die nordamerikanischen Staaten mit unterschiedlicher Dichte. So gibt es beispielsweise in Texas 536 Logen bzw. „Chapter", in Kalifornien 286, während Washington D.C. 9 „Chapter" hat. Hinzu kommen neun Großlogen mit insgesamt 118 Logen im Ausland. In Deutschland gibt es inzwischen ebenfalls einen Ableger des „Eastern Star". Der „Eastern Star" führt in beachtlichem Umfang Jugendprojekte durch. Es werden Einrichtungen geschaffen, in denen die Kinder und Jugendlichen von Freimaurern schon im Alter von 11 bis 12 Jahren auf freimaurerische Ziele hin unterrichtet und ausgebildet werden. Der Schwerpunkt der Arbeit des Frauenordens liegt im karitativen Bereich. So unterhält der Orden Krankenhäuser für behinderte Kinder, in denen die Angehörigen ebenfalls aufgenommen werden. Waisenhäuser werden unterhalten und spezielle Fonds für medizinische Forschung sind vom „Eastern Star" begründet worden: Für die Krebsforschung, Arthritis- und Herz-Kreislaufforschung und Augenerkrankungen beispielsweise. Fasst man die Mittel zusammen, die von den amerikanischen Großlogen einschließlich des „Eastern Star" für karitative Zwecke aufgebracht werden, so kommt man auf einen Betrag von 0,5 Milliarden Dollar im Jahr oder rund 1,5 Mio. Dollar pro Tag!

Die nordamerikanische Freimaurerei konnte sich in solchem Umfang verbreiten und ihre heutige Bedeutung erlangen, weil sie nicht, wie in den europäischen Ländern, von Regierungen oder irgendwelchen obrigkeitlichen Instanzen in ihrer Entwicklung gehemmt oder unterdrückt worden ist. Auch kennt die amerikanische Geschichte der Freimaurerei nicht – wie in Europa geschehen – die teilweise heftigen Angriffe von Gegnern und Verleumdungen. In der amerikanischen Gesellschaft sind Vereinigungen, die auf Freiheit, Gleichheit und Brüderlichkeit – heute würde man vielleicht sagen „Solidarität" – ausgerichtet sind, eine Selbstverständlichkeit! So wird auch heute mit Selbstverständlichkeit akzeptiert, dass die gültige 1-Dollar-Note immer noch die aus dem Jahre 1921 stammenden freimaurerischen Symbole als Kennzeichen hat. Nun darf man wirklich nicht von der Vorstellung ausgehen, als seien beim Druck der Banknoten „geheime Kräfte" im Hintergrund wirksam gewesen, die mit allen Kräften der Freimaurerei auf dem „Greenback" zum öffentlichen Durchbruch verhelfen wollten. Zwar waren zu jenem Zeitpunkt in der Führung der amerikanischen Notenbank einige Freimaurer tätig, diese haben aber bestimmt nicht mit Nachdruck auf Merkmale ihrer Ordenszugehörigkeit bestanden. Vielmehr waren auch sie verpflichtet, den 1-Dollar-Schein zum Zahlungsmittel zu machen, das bei allen Amerikanern Anklang findet! Und so war das „Alles-Sehende-Auge-Gottes“ bei der überwiegenden Zahl christlicher Amerikaner ein durchaus geläufiges Symbol. Das Auge, das auf einer ägyptischen Pyramide ruht, entsprach in den zwanziger Jahren dem auch in den USA vorhandenen Trend zur Ägyptologie.

Beide Symbole besaßen also einen ausreichenden Bekanntheitsgrad, um als Kennzeichen für den „Greenback“ zu dienen.

Viele Außenstehende versuchen immer wieder vergeblich, der Freimaurerei dunkle Machenschaften zu unterstellen. Angesichts der großen Zahl der „berühmten“ bzw. großen Persönlichkeiten, vor allem in den USA von heute, die sich zur Freimaurerei bekennen, werden solche Versuche immer wieder scheitern. Zu groß ist die Akzeptanz der Freimaurerei jenseits des Atlantiks.

Bevor abschließend die heutigen Organisationsformen beschrieben werden, kann festgestellt werden, dass die Freimaurerei heute in der Bundesrepublik keine ernsthaften Gegner mehr hat. Zwar wird es immer wieder Einzelne geben, die mit dem falsch verstandenen Vertrauensgrundsatz der Verschwiegenheit in Publikationen kritische Untertöne anklingen lassen. Aber es ist schon bemerkenswert, dass die Freimaurerei sich davon in ihrer Geschichte – was sich an vielen Stellen in F. Runkels historischem Werk prüfen lässt – überhaupt nicht hat beeindrucken lassen. Das freimaurerische Selbstbewusstsein war immer stärker. Nur totalitäre Gewalt mit dem Anspruch auf das gesamte Leben des Menschen konnte ihr etwas anhaben. Schwierigkeiten könnten ihr möglicherweise durch gewaltbereite Islamisten entstehen. Wenn man sich jedoch vergegenwärtigt, dass es allein in Istanbul heute über 170 Logen, darunter englische, französische, griechische und zwei deutschsprachige Logen gibt, dann kann man auch unter möglichen islamistischen Einflüssen mit Zuversicht in die Zukunft blicken. Allerdings muss sich die hierzulande traditionsorientierte Freimaurerei stärker ihren zukünftigen Aufgaben, nämlich ihrer originären Arbeit an der Vervollkommnung des einzelnen Menschen bewusst werden, um jene Akzeptanz zu erreichen, wie sie in den USA aber auch in Frankreich oder Großbritannien selbstverständlich ist.

In Deutschland sind die rund 400 Logen als selbständige, in das öffentliche Vereinsregister eingetragene Vereine in fünf so genannten „Großlogen“ zusammengefasst. Kriterien für die jeweilige Zuordnung sind bei gleicher Zielsetzung unterschiedliche Lehrinhalte. Die Logen der „Großen Landesloge der Freimaurer von Deutschland e.V.“ sind deutlich christlich ausgerichtet und bezeichnen sich auch als „Freimaurer-Orden“. Die Logen der AFAM („Alte Freie und Angenommene Maurer von Deutschland“) verfolgen das Ziel allgemeiner Humanität und Toleranz und konzentrieren sich auf weniger Grade in ihrem inneren Aufbau. Dies sind die eigentlichen Unterschiede, die sich jedoch kaum auf die Beziehungen untereinander auswirken. Die fünf Großlogen wiederum haben sich im Jahre 1958 zu „Vereinigte Großlogen von Deutschland – Bruderschaft der Freimaurer“ zusammengeschlossen. Eine weltweite gemeinsame Organisation aller Großlogen gibt es nicht. Internationale Kontakte bestehen auf allen Ebenen ohnehin direkt und informell.

Dr. Peter Broers, Bonn

Anhang

Vereinigte Großlogen von Deutschland-Bruderschaft der Freimaurer,
Großsekretariat, Emserstr. 12–13, 10719 Berlin

Die Adressen der darin vereinigten einzelnen Großlogen sind:

Großloge A.F.u.A.M.v.D.
Emserstr.12–13, 10719 Berlin

Große Landesloge der Freimaurer von Deutschland (Freimaurer-Orden)
Peter-Lenne-Str.1–3, 14195 Berlin

Große National-Mutterloge „Zu den Drei Weltkugeln“
Heerstr. 28, 14052 Berlin

American-Canadian Grand Lodge, A.F.A.M.
Hermannstr. 39, 60318 Frankfurt/Main

The Grand Land Lodge of British Freemasons in Germany
Philosophenweg 52, 41844 Wegberg

Weitere Adressen im Internet, z.B.: www.freimaurerorg.de

Erklärung der ersten Nachkriegstagung deutscher Freimaurer in der Frankfurter Paulskirche am 19. Juni 1949:

„Grundsätze der Freimaurerei“

„Die Freimaurerei vereinigt Männer, die in bruderschaftlichen Formen durch ehrwürdige, rituelle Handlungen geistige Vertiefung und sittliche Veredelung erstreben. Allgemeine Menschenliebe, Brüderlichkeit, Mildtätigkeit und Erziehung hierzu, was alles sie unter Humanität begreift, sind ihre Hauptaufgaben.

Glaubens-, Gewissens- und Denkfreiheit sind den Freimaurern höchstes Gut. Sie nehmen daher ohne Ansehen des religiösen Bekenntnisses, der Rasse, der Staatsangehörigkeit, der politischen Überzeugung und des Standes vorurteilslose Männer von gutem Rufe als Brüder auf.

Der Freimaurer erkennt im Weltenbau, in allem Lebendigem und im sittlichen Bewusstsein des Menschen einen göttlichen Schöpfergeist voll Weisheit, Stärke und Schönheit und verehrt ihn unter dem Sinnbild des allmächtigen Baumeisters aller Welten.

Die Freimaurerei ist ein ethischer, kein politischer Bund und beteiligt sich nicht an politischen oder konfessionellen Parteikämpfen. Sie ist keine Religionsgemeinschaft, keine geheime Verbindung, verlangt keine gesetzwidrige Verschwiegenheit und vermittelt keine geheimen Kenntnisse.“